BIOGRAPHIE

UNIVERSELLE

ou

DICTIONNAIRE HISTORIQUE

CONTENANT

LA NÉCROLOGIE DES HOMMES CÉLÈBRES DE TOUS LES PAYS
DES ARTICLES CONSACRÉS A L'HISTOIRE GÉNÉRALE DES PEUPLES
AUX BATAILLES MÉMORABLES, AUX GRANDS ÉVÉNEMENTS POLITIQUES
AUX DIVERSES SECTES RELIGIEUSES, ETC., ETC.

DEPUIS LE COMMENCEMENT DU MONDE JUSQU'A NOS JOURS

PAR UNE SOCIÉTÉ DE GENS DE LETTRES

sous la direction

DE M. WEISS

BIBLIOTHÉCAIRE A BESANÇON

NOUVELLE EDITION

TOME SIXIÈME

TAB — ZYR

SUPPLÉMENT

PARIS

FURNE ET Cie LIBRAIRES-ÉDITEURS

55, RUE SAINT-ANDRÉ-DES-ARTS

M DCCC XLI

BIOGRAPHIE UNIVERSELLE

EN SIX VOLUMES

TOME SIXIÈME

PARIS — IMPRIMERIE DE H. FOURNIER ET Cᵉ, 7, RUE SAINT-BENOIT.

BIOGRAPHIE UNIVERSELLE.

T

TABARAUD (MATHIEU-MATHURIN), prêtre, né à Limoges en 1744, fit ses études au séminaire de St-Sulpice, dont il sortit pour entrer à l'Oratoire en 1764. Après avoir enseigné les humanités à Nantes, il fut chargé de professer la théologie à Arles, puis à Lyon. Supérieur du collége de Pézénas en 1783, il l'était de celui de La Rochelle en 1787, lorsqu'il fit imprimer deux *Lettres* en faveur de l'édit de nov. 1787, relatif à l'état civil des protestants. Au commencement de la révolut., il était supérieur à Limoges, et se prononça contre les nouv. décrets dans deux *Lettres* à l'évêque constitutionnel Gayvernon, et dans des *Observations sur une lettre pastorale* du même. Dénoncé par le club de Limoges, il vint chercher un asile à Lyon, puis à Paris. Après les massacres de septembre, il se rendit en Angleterre et demeura dix ans à Londres, travaillant à la rédaction de div. journaux, entre autres le *Times*, l'*Oracle* et l'*Anti-Jacobin-Review*. Il rédigea, de concert avec le P. Mandar, la lettre écrite à Pie VI en 1798 par plus. évêques pour compatir à ses tribulations. Tabaraud profita du concordat de 1801 pour rentrer en France, et Fouché, son ancien confrère, lui fit proposer un évêché qu'il refusa. Pour échapper aux sollicitat., il se retira dans sa province, et continua de se livrer à ses trav. littér., passant 6 mois à Limoges, dans sa famille, et le reste à Paris. En 1811, nommé censeur de la librairie, il profita de cette position pour attaquer les livres de théologie et de piété qui contrariaient ses idées jansénistes. Censeur honoraire en 1814, il obtint une pension de retraite. Ses *Principes sur la distinction du contrat et du sacrement de mariage*, 1816, furent réfutés par M. Boyer, de St-Sulpice, et condamnés par M. Dubourg, évêque de Limoges. Blessé par la censure du prélat, il publia pour sa défense plus. *Lettres* remplies d'amertume, même envers le souverain pontife, qui avait confirmé la sentence de Limoges. Peu après, il réchauffa la dispute par son écrit *du droit de la puissance temporelle dans l'Église*, et en 1825 il donna encore une nouvelle édit. fort augmentée du livre des *Principes*. Tabaraud, quoique avancé en âge et affligé d'une cataracte depuis 1814, ne laissait pas que de travailler encore, dictant à un secrétaire. Sur la fin de sa vie il recouvra la vue, et mourut à Limoges le 9 janvier 1832. Ses principaux ouvr. sont : *Traité historique et critique de l'élection des évêques*, Paris, 1792, 2 vol. in-8. Le but de l'auteur est de montrer que l'élection des évêques appartenait au clergé, et que le peuple n'y prenait part qu'en manifestant ses vœux. — *Principes sur la distinction du contrat et du sacrement de mariage*, 1816, et réimpr. avec des addit. en 1825. — *Histoire critique du philosophisme anglais*, 1816, 2 vol. in-8. C'est une de ses meill. productions. — *Lettres à M. de Beausset, pour servir de supplém. à son Histoire de Fénélon*. — *Histoire de Pierre de Bérulle, cardinal, fondateur de l'Oratoire*, 1817, 2 vol. in-8, pleine de recherches, mais aussi de partialité. — *Vie du P. le Jeune, dit le Père l'Aveugle, prêtre de l'Oratoire*, Tabaraud a fourni de nombreux articles à la *Biographie universelle*.

TABARI (ABOU-DJAFAR-MOHAMMED-EBN-DJORAÏR), histor. et jurisconsulte, né l'an 839 de J.-C. (224 de l'hég.) à Amol, capitale du Tabaristan, mort à Bagdad en 925, possédait des connaissances étendues et variées, dont il a fait preuve dans un gr. nombre d'ouvr. Les deux principaux sont un comment. sur le *khoran*, et une *Histoire* ou chronique universelle depuis le commencem. du monde jusqu'à l'an 302 de l'hég. (917 de J.-C.). Cette hist. a été trad. en turk et en persan.

TABARIN, célèbre farceur du commencem. du 17ᵉ S., courut, avec Mondor, son associé ou son maître, la ville et la province, débitant ses quolibets et ses drogues. Il s'est trouvé des imprimeurs pour recueillir en plus. vol. et à div. reprises, les plaisanteries souv. grossières, les jeux de mots insipides dont Tabarin réjouissait la société du Pont-Neuf, et de la place Dauphine. Les curieux recherchent l'*Inventaire universel des œuvres de Tabarin, contenant ses fantaisies, dialogues, paradoxes, farces, rencontres et conceptions*, ouvrage où, parmi les subtilités tabariniques, on voit l'éloquente doctrine de Mondor, ensemble les rencontres, coqs-à-l'asne et gaillardises du baron de Gratelard, 1622, in-12.

TABARRANI (PIERRE), médecin, membre de l'institut de Bologne, né à Lombricci, dans l'état de Lucques, en 1702, fut emmené par le cardinal

Salviati à Rome, où il se livra avec ardeur à l'étude de l'anatomie, de là se rendit successivem. à Bologne, où il se lia avec les doct. Galeazzi et Beccari, puis à Padoue pour connaître le gr. anatomiste Morgagni, dont il obtint l'estime. Appelé en 1759 à la chaire d'anatomie de Sienne, il la remplit jusqu'à sa mort en 1779. On lui doit entre autres ouvr.: *Observ. anat.*, Lucques, 1755, in-4, rec. honoré des suffrages de Haller, van Swietten, Morgagni et Portal.

TABOR (JEAN-OTHON), jurisconsulte, né en 1604 à Bautzen, mort à Francfort en 1674, occupa 22 ans une chaire de droit à Strasbourg, fut ensuite conseiller intime et directeur de la chancellerie à Gustrow, puis employé par le duc de Mecklenbourg dans différentes missions. Les dernières fonctions qu'il remplit furent celles de premier professeur de droit et de chancelier de l'université de Giessen. Il a laissé, entre autres ouvrages: *Filus ariadneus per sinuosos Pandectarum juris anfractus viam monstrans*, Strasbourg, 1642, 1657, in-fol. — Henri TABOR, médec., né en 1757, mort à Francfort-sur-le-Mein en 1795, est principalem. connu par sa *Collectio dissertat. et programm. quod in usus med. elaboravere inclyt. acad. heidelberg. professores*, Heidelberg, 1791, in-8. — Robert TABOR, qui se faisait appeler le *chev. Talbot*, vint en 1679 en France, où, à l'aide du quinquina, il guérit le dauphin d'une fièvre très opiniâtre. Le succès de cette cure lui fit une grande réputat., et le roi lui acheta son remède pour le rendre public. C'est de là qu'on appela long-temps *remède anglais* l'infusion du quinquina dans le vin. On connaît de Robert Tabor, sous le nom du chev. Talbot: *Pyretologia, or a rational accunt of the cause and cure of agues, with their signs*, Londres, 1672, in-8.

TABOUET (JULIEN), *Taboetius*, historien et jurisconsulte, né à Chantenay, près du Mans, mort vers 1562, fut procureur-général près le sénat de Chambéry, et par la suite détenu dans cette même ville, grâce aux fâcheuses affaires qu'il s'attira par son humeur tracassière. Joly, dans ses *Remarques sur le Dict. de Bayle*, donne la liste de ses ouvr., peu importants, sur l'histoire, la jurisprudence et la politique. Nous nous contenterons de citer: *De republicâ et linguâ francicâ ac gothicâ, deque diversis ordinibus Gallorum vetustis et hodiernis, necnon de primâ senatuum origine*, etc., Lyon, 1559, in-4.

TABOURIER (PIERRE-NICOLAS), né en 1755 à Chartres, mort curé de St-Pierre de cette ville en 1806, est auteur de plus. écrits dans lesquels il défend la constitution civile du clergé et fait l'apologie des nouvelles idées religieuses et politiques. Il suffira de citer son *Tableau moral du clergé de France*, etc., 1789, in-8.

TABOUROT (ÉTIENNE), plus connu sous le nom de sieur *des Accords*, né en 1547 à Dijon, mort en 1590, fut procureur du roi au bailliage et à la chancellerie de sa ville natale, ce qui ne l'empêcha pas de publier plus. ouvr. plus ou moins facétieux ou originaux, tels que *les Bigarrures et touches du seigneur des Accords, avec les escraignes dijonnoises et les apophtegmes du sieur Gaulard, gentilhomme de la Franche-Comté bourguignotte*, Paris, 1662, in-12. — *Les Portraits des quatre dern. ducs de Bourgogne, de la maison de Valois, avec leurs épitaphes et l'abrégé de leurs vies*, latin et franç., Paris, 1587, in-8, etc. « Il avait beauc. d'esprit et d'érudition, dit Bayle, mais il donna trop dans la bagatelle. » Jehan TABOUROT, oncle du précéd., mort à 76 ans en 1595, fut chanoine et official de Langres, et a publié sous le voile anagrammatique de Thoinot Arbeau: *l'Orchesographie, traité en forme de dialogues, par lequel toutes personnes peuvent facilement apprendre et pratiquer l'honnête exercice des danses*, Langres, 1589, in-4, très rare.

TACCOLI (NICOLAS), généalogiste, né en 1690, et mort en 1768 à Reggio, se livra à de grandes recherches dans l'unique intention d'abord de prouver l'ancienneté et la noblesse de sa famille. Comme il avait amassé une foule de matériaux, il alla plus loin et fit une histoire de son pays, mais la fit mal. On s'aperçoit qu'il avait eu primitivem. un autre dessein. Cet ouvr. est divisé en 3 vol., dont le premier parut sous le titre de *Compendio delle diramuzioni o sieni discendenze de' Taccoli, con alcune memorie istoriche più rimarcabili della città di Reggio*, Reggio, 1742. — *Memorie storiche della città di Reggio di Lombardia*, Parme, 1748, et Carpi, 1769, 2 vol. in-4. L'ouvr. précéd. en est l'introduction.

TACFARINAS, chef des Africains révoltés contre Rome, au temps de Tibère, était Numide de nation; il se mit à la tête de plus. peuplades, les Muzulains, les Maures, les Érithiens, etc., et menaça d'anéantir la puissance romaine en Afrique. Tour à tour vainqueur et vaincu, sans jamais se reposer sur ses succès ni se décourager de ses défaites, il se rendit si importun aux Romains que Tibère donna l'ordre à Junius-Blæsus, proconsul d'Afriq., d'offrir à tous les insurgés une amnistie générale, mais de poursuivre encore plus vigoureusement Tacfarinas, et de tâcher de se rendre maître de sa personne. Ce chef lutta long-temps; mais enfin, après avoir, pendant huit ans, combattu pour l'indépendance de son pays, il perdit la vie dans un combat contre le nouv. proconsul Dolabella.

TACHARD (GUI), jésuite, missionnaire de la province de Guienne, se disposa, par l'étude des mathématiq. à la carrière des missions. Vers 1680, il accompagna le maréchal d'Estrées dans les colonies de l'Amérique-Méridionale, où il resta près de 4 ans. Plus tard il accompagna le chev. de Chaumont, envoyé par Louis XIV à Siam, et revint en France chercher de nouv. missionnaires, qu'il eut la satisfaction de voir accueillis par le roi de Siam. Il fut chargé par ce prince, dont il avait gagné la confiance, d'accompagner comme interprète les ambassadeurs qu'il envoyait à Louis XIV et au pape. Dès qu'il se fut acquitté de sa commission il s'empressa de retourner aux Indes, gagna Pondichéry et résolut de passer dans le Moghol. Il y mourut vers 1711 au Bengale, d'une maladie contagieuse. Outre plus. *lettres* dans le recueil des *Lettres édifiantes*, on a de lui : *Voyage de Siam des PP. jésuites*, envoyés par le roi aux Indes et à la Chine, avec leurs observations astronomiques et leurs remarques de physique, de géographie, d'hydrographie et d'histoire, Paris, 1686, in-4, fig. — *Second voyage de Siam*, ib., 1689, in-4, fig.

TACITE (Marcus-Claudius-Tacitus), empereur romain, fut élu par le sénat en 275. Il signala son avénement au trône par l'abandon au profit de l'état de ses immenses revenus, et donna de sages réglem. qui malheureusement furent bientôt négligés. Il songea ensuite à l'organisation de l'armée, et repoussa les Goths. Ce bon prince n'occupait le trône que depuis six mois, lorsqu'il fut, dit-on, assassiné ; mais on ignore le genre et le lieu de sa mort, arrivée, selon toute apparence, en 276. Il aimait les lettres et professait une sorte de culte pour l'histor. Tacite, dont il s'honorait d'être descendu.

TACITE (Caïus-Cornélius-Tacitus), historien latin, d'une famille équestre, vivait au 1er S. de l'ère vulgaire et au commencement du 2e : on ne connaît point le lieu de sa naissance. Il suivit d'abord le parti des armes, et parut ensuite au barreau. Vespasien commença sa fortune, qui fut accrue par Titus et plus encore par Domitien. On présume qu'avant l'avénem. de ce dernier, il n'avait encore été que questeur, édile, et peut-être tribun ; mais alors il fut nommé préteur, et, après la mort de Domitien, il parvint au consulat l'an 97. Il écrivit cette année même la *Vie* d'Agricola, et l'année suiv. les *Mœurs des Germains*. Malgré la perfection de ces deux tableaux, ce sont les *Annales* et les *Histoires* qui ont immortalisé surtout le nom de Tacite. Ces deux grands ouvrages ne nous sont parvenus que mutilés, et nous avons encore à regretter son panégyriq. de Verginius, son discours contre le proconsul Priscus, ses autres plaidoyers, ses poésies et un livre de facéties. Le dialogue sur les causes de la corruption de l'éloquence lui est attribué par les uns, et par d'autres à Quintilien : la prem. opinion a des partisans plus nombreux et paraît plus probable. On suppose que Tacite mourut octogénaire vers l'an 134 ou 135. Il avait été lié très intimem. avec Pline-le-Jeune, son collègue au barreau ; tous deux furent chargés par le sénat de soutenir l'accusation intentée par les Africains contre le proconsul Marius-Priscus (*v. Lettres de Pline*, liv. II, épitre 2) ; et ce fut à sa prière que Pline traça la relation détaillée de l'éruption du Vésuve, où son oncle avait péri. Telle était l'affinité qui existait entre ces deux grands écrivains, dont cependant les caractères différaient essentiellem., que, de leur temps, nommer l'un c'était faire penser à l'autre. Tacite étant un jour au cirque à côté d'un chevalier romain, homme érudit, celui-ci, qui désirait de le connaître, lui adressa une question à laquelle Tacite satisfit en lui disant : *Vous me connaissez, et j'en ai l'obligation aux lettres ;* à quoi l'autre repartit : *Êtes-vous Tacite ou Pline ?* On sait que l'empereur Tacite se glorifiait de descendre de l'illustre historien : toutefois aucune notion ne nous est parvenue sur ses enfants. Marié dès l'an 79 à la fille de Cn.-Junius-Agricola, il était avec elle absent de Rome depuis 4 ans lorsque son beau-père y périt. Mais quelle avait été la cause de son éloignement ? était-il forcé ou volontaire ? voilà ce qu'on ignore. Il est vraisemblable qu'il en employa le temps (de 89 à 95) à voyager chez les Germains. Il est impossible de tracer ici la bibliographie complète de Tacite ; quant au mérite de l'historien, il est peut-être encore au-dessus des éloges de ses admirateurs : au nombre des plus enthousiastes sont Tillemont, La Bleterie, Thomas, Chénier. Tacite est, suivant Racine, *le plus grand peintre de l'antiquité*, et au jugement de La Harpe, il n'a fait que des chefs-d'œuvre. Et pourtant, même sur les points qu'exaltent les uns, d'autres l'ont censuré. Rollin, Voltaire, Mably, se sont faits ses aristarques ; et il n'est pas besoin de dire que chacun d'eux eut ses motifs particul. de le reprendre. Il n'y en avait pas assurément pour lui prodiguer autant d'injures que l'a fait Budé, et surtout Linguet. La plus ancienne édit. des ouvr. de Tacite est de Venise vers 1469. Après celle des Juntes, des Aldes, des Gryphes, des Elzevirs, les meilleures édit. sont celles qui se recommandent par les notes de Nic.-Heinsius, J.-A. Ernesti, Brotier, commentateurs qu'avaient précédés Alciat, B. Rhenanus, H. Savile, Juste Lipse, Gruter, Grotius, Gronovius, etc. Parmi les plus récentes on distingue celles de Londres, 1790, d'Édimbourg, 1798, de Leipsig, 1801, édition d'Ernesti, augmentée par Oberlin ; reprod. par Lemaire de 1819 à 1821, et de Calonne, Paris, 1824, 5 vol. in-12 ; enfin celle de Panckoucke, 1826-27, 4 vol. in-fol. Tacite a été traduit dans presque toutes les langues de l'Europe, et spécialement dans la nôtre par Perrot d'Ablancourt, Amelot de La Houssaye, La Bletterie, Dotteville, Dureau de La Malle, 3e édit., 1818, et en dernier lieu par Burnouf, Paris, 1827 et suiv., 6 vol. in-8, et M. Panckoucke. J.-J. Rousseau a trad. le prem. livre des *Histoires* et d'Alembert des morceaux choisis, tous deux avec la supériorité de talent qui les distingue.

TACONNET (Toussaint-Gaspar), comédien, né à Paris en 1730, mort en 1774, débuta sur le théâtre de la Foire, s'engagea ensuite dans la troupe de Nicollet, à la fortune duquel il contribua sans en être plus riche lui-même, mais sans en être plus triste. Il mourut en 1774 à l'hôpital. Il a laissé un gr. nombre de pièces et de farces, dont aucune n'est restée au théâtre. A la suite de l'une d'elles (*le Procès du chat*), on en trouve une liste dont 25 sont indiquées comme impr. Les *Spectacles de Paris*, 22e partie, 1773, en contiennent une liste plus considérable. Préville a donné l'idée la plus juste de la manière dont Taconnet jouait les savetiers en disant : « Il serait déplacé dans les cordonniers. » — TACONNET (Jacques), frère aîné du précédent, et comme lui comédien au théâtre de Nicollet, est auteur du *Congé de semestre*, comédie en un acte, mêlée de vaudevilles.

TACQUET (ANDRÉ), jésuite, né en 1611, mort en 1660 à Anvers, professa les mathématiq. pend. 15 ans avec succès, et laissa plus. ouvrages en latin sur cette science, un entre autres où il suppose la terre immobile par respect pour Riccioli et pour les livres saints. Cet ouvrage se trouve, avec d'autres traités de géométrie pratique, d'architecture militaire, d'optique, dans ses *Opera mathematica*, Anvers, 1668 et 1669, in-fol.

TADINO (GABRIEL), général italien, né à Martinengo, près de Bergame, vers l'an 1480, étudia la médecine qu'il quitta pour apprendre sous un ingénieur français l'art des fortifications. Il servit les Vénitiens dans la guerre qui suivit la ligue de Cambrai. Reçu chev. de St-Jean-de-Jérusalem, il fut un des plus braves défenseurs de Rhodes, et prit ensuite du service dans les armées de Charles-Quint qui le fit gr-maître de son artillerie. Dans sa vieillesse, il fut encore, par ses conseils, utile aux Vénitiens, durant la fameuse guerre de Chypre (*v.* LÉPANTE).

TADJ-EDDYN-ILDOUZ ou ILDIZ, roi de Ghazna, resta possesseur plus ou moins paisible du trône qu'il devait à la protection du sulthan gauride Schehab-Eddyn-Mohammed, jusqu'au jour où il eut l'imprudence d'attaquer le fameux sulthan du Kharizme, Mohammed, qui le dépouilla et ne lui laissa que le Kerman. Ildouz, profitant de quelques circonstances favorables, rentra bientôt dans l'Hindoustan et pénétra jusqu'à Dehly; mais vaincu et fait prisonnier par Schams-Eddyn l'an 1215, il mourut dans les fers, après avoir régné 9 ans. Le Kerman passa sous la domination des rois de Perse.

— **TADJ-EDDYN** (Aly-Ben-Kaïr), historien arabe, né à Bagdad, mort en 1275 de J.-C. (674 de l'hég.), a laissé : *Histoire du Kaire*. — *Histoire des khalyfes*. — *Hist. des hommes illustres*, en 5 vol., in-4.

TAFTAZANI (SAAD-EDDYN-MAS'-OUD-AL), jurisconsulte et théologien, fils d'Omar, et mort en 1389 à Marasch, a laissé une *Grammaire arabe;* un *Traité du droit civil*; un *Comment. du Koran*, et d'autres ouvr. de jurisprudence, de logique et de métaphysique.

TAFURI (JEAN-BERNARDIN), biographe, né en 1695 à Nardò, dans le pays d'Otrante, où il mourut en 1769, est auteur d'un assez gr. nombre d'opusc. insérés dans la *Raccoltà calogeran*. et de compilations historiques assez médiocres. Son principal ouvr. est l'*Istoria degli scritt. nati nel regno di Napoli*, Naples, 1744-70, 9 vol. in-12, moins superficielle que la *Biblioth. napolitana* de Toppi et Nicodemo.

TAGAULT (JEAN), médecin, né à Vimeu en Picardie, mort en 1545, avait pris le doctorat à Paris. Il professa la chirurgie avec éclat, fut 4 ans doyen de sa compagnie, et joignit à la pratique de l'art de guérir la culture des belles-lettres. Ses ouvr., qui ont joui dans le temps d'une très grande faveur, paraissent imités de ceux de Guy de Chauliac, mais se recommandent par un style plus correct. Les principaux sont : *Comment. de purgantibus medic. simplicibus lib. II*, Paris, 1537, in-4, et 1571, in-8; Lyon, 1549, in-16, 1553, in-12. — *De chirurg. institut. lib. V.*, Paris, 1543, in-fol.; Venise, 1544, 1549, in-8; Lyon, 1547, 1560, 1567, in-8; Zurich, 1555, in-fol.; Francfort, 1574, in-fol.; trad. en ital., Venise, 1550, in-8; en franç., Lyon, 1580, et Paris, 1618, in-8; en holl., Dordrecht, 1621, in-fol.

TAGEREAU (VINCENT), né dans l'Anjou, avocat au parlement de Paris, est auteur du *Vrai praticien français*, Paris, 1633, in-8, et d'un *Discours sur l'impuissance de l'homme et de la femme*, 1612, in-8, ouvrage curieux et recherché, il en existe une édition de 1611 qui présente quelques différences, mais les amateurs les estiment également l'une et l'autre.

TAGLIACARNE. — V. THÉOCRÈNE.

TAGLIACOZZI (GASPAR), chirurgien, né en 1546 à Bologne, où il mourut en 1599, après y avoir occupé pend. plus. années la chaire d'anatomie, a publié, sur les moyens de rétablir les nez coupés, l'ouvrage méthodique, le plus complet que nous ayons même aujourd'hui sur cette opération. Cet ouvrage, intitulé : *De curtor. chirurgiá per institutionem*, etc., Venise, 1597, in-fol., fig., a été réimpr. sous ce titre : *Chirurgia nova de narium, aurium, labiorumque defectu per insitionem cutis ex hamero, arte hactenùs omnibus ignotâ, sarciendo*, Francfort, 1598, in-8. On y trouve ce principe général que l'épiderme seule peut servir à réparer les nez mutilés, parce qu'il n'y a que la peau qui soit presque partout la même, et qu'il ne peut y avoir d'adhésion qu'entre des parties analogues; mais ce qu'on y remarque surtout, c'est qu'il rejette expressément la peau du front comme difficile à se joindre et d'un autre tissu que celui du nez. Cepend. c'est avec cette peau que M. Lisfranc a fait de si belles opérations. Il faut convenir toutefois qu'avant lui les Anglais, qui suivaient la même méthode, ne réussissaient pas souvent. Les Indiens, dont ils se montraient en cela les imitateurs, étaient, à ce que l'on assure, plus heureux ou plus habiles.

TAGLIAZUCCHI (JÉRÔME), littérateur, né en 1674 à Modène, où il mourut en 1751, occupa des chaires dans différentes villes, et forma entre autres élèves, à Milan, la célèbre Marie Gaëtane Agnesi, à laquelle il apprit le grec et l'algèbre. Parmi ses ouvr. assez nombr. on distingue : *Prose e Poesie toscane*, Turin, 1735, in-4. — *Raccolta di prose e poesie ad uso delle regie scuole*, ib., 1744, 2 vol. in-8, etc.

TAHUREAU (JACQUES), poète français, né vers 1527 au Mans, servit quelque temps dans les guerres contre Charles-Quint, revint bientôt à Paris cultiver les lettres et s'y acquit l'estime des poètes les plus renommés de son temps. Il mourut en 1555, dans la fleur de l'âge. « C'était, dit La Croix du Maine, le plus beau gentilh. de son siècle et le plus dextre à toutes sortes de gentillesses. » Il avait, peu de temps avant sa mort, livré à l'impression trois différents recueils de vers. En 1574, ses poésies, mises toutes ensemble, furent réimprimées par Jean Ruelle à Paris, in-8, pour Robert le Mangnier. Il y a de l'aisance et quelquefois de l'harmonie dans la diction de Tahureau, et s'il eût vécu plus longtemps, il avait assez d'imagination, de talent et d'étude, pour faire quelque chose de mieux.

TAIE ou THAI-LILLAH (ABOUBEKR-ABD-EL-KERIM), 24ᵉ khalyfe abbasside de Bagdad, mort à 76 ans, l'an de l'hégyre 392 (de J.-C. 1003), avait remplacé son père Mothy-Lillah, forcé d'abdiquer en 974. Il fut protégé successivement par l'émir al Omrah-Adhad-Eddaulah et ses deux premiers fils. Mais le 3ᵉ, Bóha-Eddaulah, le força d'abdiquer le titre de khalyfe, qu'il avait porté 18 ans.

TAIKO-SAMA, le prem. cubo ou chef temporel du Japon. Cet empire, depuis sa fondation, était gouverné par un daïro, qui réunissait les deux autorités civile et religieuse. Fide-Jos (c'est le nom primitif de Taiko-Sama), après avoir rempli les fonctions les plus viles auxquelles le condamnait sa naissance, devint le favori et le lieutenant d'un général qui s'était rendu maître de quelques provinces, et il lui succéda. Dès-lors, il combla d'honneurs le daïro, l'enferma dans un palais magnifique pour le soustraire comme une divinité à tous les regards et s'empara peu à peu de sa puissance. Il ruina et fatigua les grands qu'il craignait, dans des guerres désastreuses, prolongées à dessein, et maintint le peuple dans l'obéissance par des lois rigoureuses, sans oublier pourtant la prospérité de l'empire. Il est le premier chef japonais qui ait persécuté les chrétiens, mais, selon d'autres, s'il en a fait périr quelques-uns, ce ne fut pas sans de justes raisons.

TAILHIE (JACQ.), prêtre, né à Villeneuve dans l'Agénois, vers le commencem. du 18ᵉ S., a publ. des *Abrégés* de Rollin, son maître. Son *Abrégé de l'Histoire ancienne*, Lausanne, 1744, 5 vol. in-12, a été souvent réimprimé, notamm. à Lyon, 1803, fig. L'*Abrégé de l'Histoire romaine*, Paris, 1755, 4 vol. in-12, l'a été plus. fois aussi, entre autres à Lyon, 1803, 1825, 5 vol. in-12. On lui doit en outre : *Histoire de Louis XII*, Paris, 1755. — *Abrégé chronolog. de l'Hist. de la société de Jésus*, etc., 1759, 2 part. in-12; nouv. édit., augmentée, 1760, in-12.

TAILLANDIER (CHARLES-LOUIS), bénédictin, né en 1705 à Arras, mort à Paris en 1786, s'est livré surtout à des recherches sur les antiquités nationales. Il a fait paraître : *Projet d'une histoire générale de Champagne et de Brie*, 1738, in-4. — *Dictionn. de la langue bretonne* par D. Lepelletier, avec une sav. préface qui contient l'histoire de la langue celtique; et le 2ᵉ vol. de l'*Hist. de la province de Bretagne*, par D. Morice, qui l'avait associé à cet import. travail. — TAILLANDIER (J.-Bapt.), jésuite, fit le tour du monde par le Mexique et les Philippines, et prêcha l'Évangile à Pondichéry. On trouve de lui quelq. observat. dans les *Lettres édifiantes* (v. le *Journal des sav.*, 1715, pag., 286).

TAILLASSON (J.-JOSEPH), peintre, né en 1746 à Blaye près de Bordeaux, mort à Paris en 1809, eut, comme tant d'autres, à lutter contre ses parents avant de pouvoir se livrer à son goût pour les arts. On remarque dans ses tableaux beaucoup de sensibilité et d'expression; mais peut-être le travail n'y est-il pas assez dissimulé. On a de lui : *Observat. sur quelq. grands peintres*, 1807, in-8. Parmi les tableaux qui font honneur à son talent, on cite : *Virgile lisant l'Énéide à Auguste*, et la *Mort de Sénèque*.

TAILLE (JEAN de LA), poète, né à Bondaroy, près de Pithiviers, vers 1540, fut destiné à la magistrature, et néanmoins suivit quelque temps le parti des armes; mais il laissa l'un et l'autre pour la poésie et la littérat. Il n'était pas mort en 1607. On a de lui des *tragédies*, des *poèmes*, des *comédies*, des *élégies*, etc. Sa tragédie de *Saül-le-Furieux*, 1572, in-8, est précédée d'un discours sur l'*Art de la tragédie*; son *Histoire abrégée des singeries de la Ligue*, 1595, in-8, pamphlet piquant, a été réimprimée à la suite de la *Satire Ménippée*, Ratisbonne, 1711, et Paris, 1824. — TAILLE (Jacq. de La), frère cadet du précédent, né en 1542 à Bondaroy, mort à Paris en 1562, a laissé plusieurs *tragédies*, et un ouvr. dont les principes n'ont pas fait fortune : *la Manière de faire des vers en français, comme en grec et en ital.*, 1573, in-8.

TAILLEFER DE MAURIAC (PIERRE-JEAN-FRANÇOIS-ARMAND de), ancien colonel de cavalerie, né au château de Fontbizol, entra fort jeune dans les gardes-du-corps du roi, et dans les prem. jours de la révolution se signala par son dévouement. Il sortit ensuite de France, suivit les princes dans l'exil, se trouva à Mittau à l'époque du mariage du duc d'Angoulême, et apposa même son nom au contrat. Le calme le ramena dans sa patrie, où il vécut tranquille, et mourut en 1830, à 83 ans.

TAILLEFER (WEGRIN, comte de), de la même famille que le précéd., s'appliqua dès sa jeunesse à la recherche des antiquités du Périgord, et en forma une collection devenue la base du musée de Périgueux, dont il fut le prem. conservateur. Il se fit une réputation par ses *Antiquités de Vésone*, Périgueux, 1821-26, 2 vol. in-4. Cet ouvrage, précédé d'une excellente dissertation sur les Gaulois, contient la description des monuments de cette antique cité et de son territoire. Taillefer avait publié, en 1804, l'*Architecture soumise aux principes de la nature et des arts*, livre dans lequel il recherche les moyens qui peuvent rapprocher les trois architectures d'une unité théorique et pratique. Ce modeste savant mourut en 1833, à Périgueux, à l'âge de 72 ans.

TAILLEPIED (NOEL), historien, né vers 1540 dans le diocèse de Rouen, mort à Angers en 1589, fut successivem. cordelier et capucin, et a laissé, entre autres ouvr. : les *Vies de Luther*, de *Carlostadt* (André Bodestein), et de *P. Martyr*, Paris, 1577, in-8. — *Histoire de l'état et république des Druides*, 1585, in-8. — *Recueil des antiquités et singularités de la ville de Rouen*, 1587, in-8. — *L'Antiquité de Pontoise*, 1587, in-8. — *Traité de l'apparition des esprits*, 1602, in-12, édit. préférée par les curieux. Tous ces ouvr. sont rares et recherchés.

TAISAND (PIERRE), jurisconsulte, né en 1644 à

Dijon, où il mourut en 1715, était parent de Bossuet. Il se distingua comme avocat, et acquit ensuite une charge de trésorier de France, mais n'abandonna point l'étude de la jurisprudence. On cite de lui : *Commentaire sur la coutume du duché de Bourgogne*, 1698, in-fol. — *Histoire du droit romain*, Paris, 1678, in-12. — *Les Vies des plus célèbres jurisconsultes de toutes les nations*. Cet ouvrage que Taisand laissa MS. fut publié par son fils, religieux de Cîteaux, Paris, 1721, in-4. Ferrière fit imprimer des *addit*. à cet ouvrage en 1737 (*v*. les *Vies des commentat*. de la coutume de Bourgogne, par Bouhier, et la *Bibliothèque de Bourgogne*).

TAITBOUT (J.-Étienne), seigneur de Marigny, né vers 1680 à Paris, issu d'un officier belge qui s'était établi en France sous le règne de Henri IV, fut chargé de plusieurs missions difficiles dans le Levant, et remplit long-temps les fonctions de consul à Scio. — Le chev. Alexis-Jean-Eustache Taitbout, seigneur de Marigny, son fils, né à Paris vers 1705, servit d'abord dans les mousquetaires, et, après avoir mérité d'honorables distinctions par sa bonne conduite dans différentes affaires, fut nommé en 1734 consul-général à Alger. Il passa en la même qualité à Naples en 1741, se retira en 1766, et mourut à Paris en 1778. — Taitbout de Marigny (J.-Alexis-Vict.-Eust.), fils du précéd., né à Paris en 1731, parcourut la même carrière que ses ancêtres, et se fit remarquer par l'intégrité la plus sévère et par des talents distingués. Pendant sa gestion du consulat général d'Alexandrie d'Égypte, une sédition lui fournit l'occasion de déployer la fermeté de son caractère. Les habitants français de cette ville lui durent leur salut. A l'époque où la révolution éclata, il résidait en Morée comme consul-général. Il alla s'établir à Théodosie, en Crimée, et y mourut en 1807. — Une autre branche de cette famille a possédé, pendant tout le 18ᵉ S., la charge de greffier en chef et conservat. des hypothèques de l'Hôtel-de-Ville de Paris : c'est d'elle qu'une des rues de la capitale a pris le nom de *Taitbout*.

TAI-TSOU, emper. de la Chine, fondateur de la dynastie des Tcheou postérieurs l'an 951, mort en 954, âgé de 53 ans, déploya dans sa jeunesse de grands talents militaires que rehaussait encore l'éclat d'une illustre naissance, et fut l'un des quatre mandarins nommés par l'emper. Kao-Tsou les tuteurs de son fils Yu-ti. Celui-ci reconnut mal leurs services, les fit mourir, extermina leurs familles ; Tai-Tsou seul échappa, et après le meurtre du jeune emper., auquel il n'avait point pris part, fut forcé d'accepter le trône, qu'il ne put occuper long-temps pour le bonheur de son peuple. Ce fut la 2ᵉ année de son règne que fut publ. l'édition des *Neuf-King*, véritable édit. *princeps*, dit Abel Rémusat, qui fixe l'époque de l'établissement de l'art typographique à la Chine.

TAI-TSOUNG, emper. de la Chine, mort en 997, avait succédé, l'an 977 à son frère Tai-Tsou, chef et fondat. de la dynastie des Song, qui s'était affermi sur le trône en faisant le bonheur de son peuple. Le nouvel empereur marcha dans la même route, donna les plus grands témoignages de son respect pour la mémoire de Confucius, forma une bibliothèq. de 80,000 vol., et montra toujours pour sa mère une tendresse et un respect qui approchaient de l'adoration.

TAIX (Guillaume de), chanoine de l'église de Troyes, etc., né vers 1532 à Fresnai, près de Châteaudun, mort en 1599, a laissé : *Recueil sommaire des propositions faites aux états de Blois, en 1576*, etc., publ. par Nicolas Camusat dans les *Mélanges histor.*, Troyes, 1619, in-8. — *Mémoires des affaires du clergé de France en 1576, 1579, 1580, 1585 et 1586*, etc., Paris, 1625, in-4.

TAKASCH ou TAGASCH (Ala-Eddyn), sulthan du Kharizme, fut obligé, à la mort d'Il-Arslan, son père, de soutenir ses droits les armes à la main contre son plus jeune frère Sulthan-Chah-Mahmoud. La guerre dura plusieurs années, et Sultan-Chah, quoique vaincu, se maintint dans la partie orient. du Khoraçan jusqu'à sa mort, en 1193, qui laissa Takasch seul paisible possess. de l'empire. Le reste de son règne fut employé à de nouv. guerres pour agrandir ses possessions ou pour les défendre. Il mourut en 1200. C'est le prem. prince turk qui ait placé un croissant au faîte de ses palais.

TAKY-EDDYN-OMAR (Mélik-el-Modhaffer), prem. roi de Hamah, principauté qu'il reçut à titre de fief en 1178, du grand Saladin son oncle, suivit ce prince dans toutes ses guerres, et contribua beaucoup à consolider sa puissance. Ayant, en récompense de ses services, obtenu de son oncle d'autres possess., cet accroissem. de puissance lui inspira le désir des conquêtes. Dans le cours d'une expédition contre les Arméniens, il mourut l'an 1191. Sa race subsista jusqu'en 1342, et fournit 8 princes.

TAKY-EDDYN est un des nom. surnoms sous lesquels est parfois désigné Makrisi.

TALBERT (François-Xavier), littérateur, né à Besançon en 1728, entra de bonne heure dans l'état ecclésiast., et fut pourvu d'un canonicat du chap. de St-Jean dans sa ville natale. Plus tard il obtint le titre de gr.-vicaire de l'évêque de Lescar, M. de Noé ; il eut aussi quelques bénéfices, entre autres le prieuré du Mont-des-Malades, diocèse de Rouen. Il émigra dès le commencem. de la révolution, et mourut à Lemberg, dans la Gallicie, en 1803. Il s'était fait une grande réputation par ses sermons, à Paris, à Versailles, à Lunéville, et surtout par les nombreuses couronnes que lui décernèrent les princip. acad. de France. Celle de Dijon ayant, en 1754, proposé la question *de l'origine de l'inégalité*, etc., rendue à jamais fameuse par le discours de J.-J. Rousseau, Talbert remporta le prix ; mais il souffrit toujours avec peine qu'on lui rappelât son prétendu triomphe sur un aussi puissant adversaire. Ses principaux ouvr. sont : *Ode sur l'industrie*, couronnée par l'acad. de Pau en 1769, où l'on remarque plus. stances que ne désavoueraient pas les plus habiles versificat. — *Éloge de Bossuet*, couronné par l'acad. de Dijon en 1772. — *Éloge de*

Montaigne, couronné par l'acad. de Bordeaux en 1774, Paris, 1775, in-8.—*Éloge du card. d'Amboise*, couronné par l'acad. de Rouen, 1777. — *Éloge du chancelier de l'Hôpital*, couronné à Toulouse, 1777.—*Éloge de Boileau*, couronné à Villefranche, 1779, in-8.

TALBOT (John), surnommé *l'Achille anglais*, né à Blechmore dans le Shropshire, vers 1373, fut un des plus gr. hommes de guerre de son pays. Lord-lieutenant d'Irlande depuis 1414, il y signala son zèle contre des insurgés. En 1417 il passa en France avec Henri V, et se distingua par son courage et son dévouem. sous les ordres de Warwick, de Salisbury et de Suffolk. Devenu génér. en chef, après le désastre de ce dern., il fut fait prisonnier par Xaintrailles, qui lui rendit la liberté sans rançon. Il eut bientôt l'occasion de déployer envers Xaintrailles, fait prisonnier à son tour, la même générosité. Par une série de beaux faits d'armes, il essaya de soutenir la fortune chancelante de son pays contre Charles VII, et ses services lui valurent successivem. les titres de comte de Shrewsbury, de Wexford et de Waterford. Donné en otage au roi de France par le duc de Sommerset, régent d'Angleterre, remis bientôt après en liberté, il resta quelque temps sans prendre part à aucune expédition; il reparut enfin dans la Guienne en 1452, remporta plusieurs victoires, et vint à l'âge de plus de 80 ans, en 1453, se faire tuer devant Castillon, dont il voulait faire lever le siège aux Français. La piété, l'humanité, la bonne foi, la modération de Talbot égalaient sa valeur héroïque. — TALBOT (Charles), de la même famille que le précéd., né en 1684, nommé lord-gr.-chancelier et baron de la Grande-Bretagne en 1733, mourut en 1737 regretté de ses concitoyens, dans le souvenir desquels il vit comme grand orateur, magistrat intègre et homme de bien. — TALBOT (Robert), antiquaire anglais, né au commencem. du 16e S., à Thorp, dans le comté de Northampton, mort en 1558, trésorier de la cathédrale de Norwich, a fait sur les antiquités de son pays des recherches utiles consignées dans plus. MSs. qu'il a légués à *New-College* et à d'autres établissem.—TALBOT (Pierre), archev. de Dublin, né en Irlande en 1620, mort en 1680 au château de Dublin, où il avait été emprisonné comme coupable d'avoir pris part au prétendu complot des papistes, a laissé plus. ouvr. de controverse, parmi lesq. on remarque : *Traité de la nature de la foi et de l'hérésie*, Anvers, 1657, in-8. — *Traité de la religion et du gouvernement*, Gand, 1670, in-4.—TALBOT (Catherine), Anglaise assez célèbre, née en 1720, morte en 1770, a laissé quelq. opuscules qui ont été réunis après sa mort par une amie, et imprimés sous le titre d'*Essais sur divers sujets*, 7e édit., 1812, 2 vol. in-8. On lui attribue le 30e n° du *Rambler*, et l'on assure qu'elle eut quelque part aux *Lettres athéniennes*.

TALLART (Camille d'Hostun, duc de), maréchal de France, né en 1652, mort en 1728, fit son apprentissage sous le gr. Condé et sous Turenne, et mérita, par son courage et son habileté, le grade de lieuten.-gén. en 1693, et le bâton de maréchal en 1703. La même année il gagna sur les impériaux, à Spire, une bataille décisive qui assura pour toujours l'Alsace à la France. Le maréchal dut la victoire à son activité et à ses bonnes dispositions. Il perdit bientôt après la fameuse bataille de Hochstett, et ne put s'en prendre qu'à ses fautes inconcevables. Fait prisonn. et conduit à Londres, on dit qu'il contribua, par ses intrigues auprès de la reine Anne, à faire rappeler Marlborough de l'armée d'Allemagne. Au reste, il avait déjà montré son habileté comme négociat., dans une ambassade en Angleterre, vers le temps et au sujet de la mort de Charles II, roi d'Espagne. Tallart fut, sous Louis XV, membre du conseil de régence, puis ministre d'état.

TALLEMANT (François), littérateur, né vers 1620 à la Rochelle, mort à Paris en 1693, sous-doyen de l'Académie franç., posséda plusieurs bénéfices, et fut 24 ans aumônier de Louis XIV. On ne connaît guère de lui que la traduct. de Plutarque, qui l'a fait qualifier par Boileau de *sec traducteur du français d'Amyot*. Cette version parut à Paris en 8 vol. in-12, de 1663 à 1665, et eut, pendant la vie de l'auteur, quelq. autres éditions; mais elle déplut généralement, et Boileau ne fut pas le seul qui se déclara contre elle. — TALLEMANT (Paul), cousin du précéd., et comme lui prêtre, littérateur et académicien, né en 1642, et mort à Paris en 1712, écrivit, à l'âge de 18 ans, un *Voyage à l'île d'Amour*, en vers et en prose, imprimé à Paris en 1663, in-12, et qui reparut en Hollande en 1667, dans un recueil de pièces nouvelles et galantes. Ce fut le seul titre qui lui ouvrit en 1666 les portes de l'Académie franç., encore fermées pour l'auteur d'*Andromaque* et pour Boileau. Tallemant, qui avait alors 24 ans, ne composa plus guère que des *harangues*, des *panégyriques*, des *compliments*, qui lui valurent des pensions, des bénéfices, etc. En 1675, Colbert le plaça dans l'acad. des médailles, qui depuis prit le titre d'acad. des inscriptions, et il y remplit les fonct. de secrét. perpétuel depuis 1694 à 1706, où, sur sa démission, il fut remplacé par de Rozo.

TALLEYRAND paraît avoir été, dans l'origine, un nom de terre qu'ajoutèrent à leur nom, au commencement du 12e S., plus. comtes souverains du Périgord, et qui devint par la suite le titre distinctif d'une branche cadette de cette maison, sans cesser néanmoins d'être porté par quelq. seigneurs de la branche aînée. Le dern. comte de Périgord, dans cette branche, fut Archambaud VI, dont les biens furent confisqués par arrêt du parlement du 19 juin 1509, et qui mourut en 1425, sans postérité. Le comté de Périgord, donné au duc d'Orléans, arriva par son mariage à Antoine de Bourbon, et fut réuni par Henri IV, son fils, à la couronne en 1589. La branche cadette des comtes de Périgord n'est pas éteinte, et ses membres, dont quelques-uns ont acquis une grande illustration, furent connus sous les noms de sires, puis comtes de Grignols, enfin de princes de Chalais et de Talleyrand. — TALLEYRAND DE PÉRIGORD (Hélie), cardinal, né en 1301, mort en 1364 au moment de partir, comme légat, pour une nouvelle croisade sollicitée par Pierre Ier, roi de Cypre, et prêchée par Urbain V, cultiva et protégea les lettres, et fut l'ami de Pétrarque. Grâce aux talents et à l'instruction qu'il réunissait à une haute naissance et à une fortune considérable, accrue par d'heureuses spéculations commerciales, il exerça toujours une gr. influence dans le sacré collége, et fit 4 papes, trouvant plus beau sans doute, dit Pétrarque, d'en faire que de l'être lui-même. Sous ces 4 papes, Benoît XII, Clément VI, Innocent VI, Urbain V, dont la reconnaissance lui laissa un gr. pouvoir, il joua souvent le premier rôle dans les négociations les plus importantes. La faction dont il était le chef fit nommer Charles de Luxembourg empereur, en 1346, à la place de Louis V, excommunié par Clément V. Ce fut encore lui qui alla solliciter à Londres la liberté du roi Jean, et obtint, au nom d'Édouard III, une trêve de 2 années.

TALLEYRAND (HENRI de), comte de Chalais, né vers 1599, élevé avec Louis XIII, mérita la confiance de ce prince par ses qualités aimables; il le suivit aux siéges de Montpellier et de Montauban, et se signala sous ses yeux dans diverses circonstances. La duchesse de Chevreuse, qu'il aimait, lui fit partager sa haine contre le cardinal de Richelieu, et il entra dans un complot dont le but était d'obtenir le renvoi du ministre ou de l'assassiner. Richelieu, instruit des projets de Chalais, le fit arrêter à Nantes, où il avait suivi le roi sans défiance, et une commission fut créée pour le juger. On tira de lui des aveux qui compromettaient la reine-mère; mais il les rétracta dès qu'il fut condamné, et se prépara à mourir en chrétien. Ses amis avaient fait cacher l'exécuteur, qui fut remplacé par un prisonnier; celui-ci, n'ayant pas l'habitude de se servir du glaive, s'arma d'une doloire dont il frappa trente fois l'infortuné jeune homme, avant d'avoir séparé sa tête du tronc. Cette horrible scène eut lieu le 19 août 1626. Chalais avait 26 ans. — TALLEYRAND (Charles II de), frère aîné du précédent, né vers 1596, chargé des affaires de France à la cour de Russie, fut desservi par un de ses collègues et relégué par le tzar en Sibérie, où il resta 3 ans : exemple atroce de despotisme de la part d'un souverain qui n'était pas son maître. De retour en France en 1635, il épousa en 1637 Charlotte de Pompadour, et mourut vers 1650.

TALLEYRAND-PÉRIGORD (ALEXANDRE-ANGÉLIQUE de), cardinal, pair de France, etc., né en 1736, coadjuteur en 1766 de M. de la Roche-Aymon, archev. de Reims, lui succéda sur ce siége en 1777. Dévoué aux intérêts de son diocèse, sa charité inépuisable s'occupa de soulager les malheureux, d'ouvrir un asile aux vieux prêtres, d'entretenir les hospices, tandis que sa vigilance s'étendait sur les manufactures, encourageait l'industrie, amenait d'Espagne un troupeau de mérinos, remplaçait le chaume par la tuile sur les maisons des paysans. La révolution vint. Le prélat, député à la 2e assemblée des notables, puis aux états-génér., signa les protestations du côté droit, émigra, suivit la fortune de Louis XVIII, dont il devint le grand aumônier en 1808 et avec lequel il rentra en France en 1814. Nommé archev. de Paris en exécution du concordat de 1817, il ne prit possession de ce siége que deux ans après, et mourut en 1821.

TALLEYRAND (AUGUSTE, comte de), pair de France, né à Paris en 1770, suivit son père ambassadeur à Naples, et passa en Italie les temps les plus orageux de la révolut. Rentré en France en 1800, il fut nommé chambellan de Napoléon et ambassad. en Suisse, poste qu'il remplit presque constamment jusqu'en 1824. Pair de France après la seconde restaurat., il donna sa démission après la révolution de 1830, et mourut à Milan en 1832.

TALLEYRAND-PÉRIGORD (CHARLES-MAURICE de), diplomate célèbre, né à Paris en 1754, descendait de l'anc. famille des comtes de Périgord. Un accident l'ayant rendu boiteux, il entra dans l'état ecclésiastique, pour leq. il ne se sentait aucune vocation, et fut nommé en 1788 à l'évêché d'Autun. Doué d'un esprit vif et facile qui se révélait par une conversation pleine de charmes, il obtint dans le monde de brillants et rapides succès. Député de son ordre aux états-génér., il prit place à l'assemblée constituante parmi les hommes les plus influents, et s'y fit particulièrem. remarquer par ses vues sur l'instruction publique, et sur les grandes questions de finances. Rapporteur du comité de constitution, il fit décréter que les biens du clergé seraient déclarés nationaux, et en provoqua la vente. Après avoir prêté le serment exigé des ecclésiastiq., il sacra les nouv. évêques, et concourut ainsi à l'établissem. de l'Église constitutionnelle; mais tolérant par principes comme par caractère, il prit plusieurs fois la défense des prêtres non assermentés. Le 14 juillet 1790, jour de la fête de la fédération, il célébra la messe au Champ-de-Mars sur l'autel de la patrie, et bénit les drapeaux des gardes nationales et des troupes. Après la mort de Mirabeau, il lut à l'assemblée le discours de ce gr. orateur sur les successions. La session terminée, il se rendit à Londres, en même temps que Chauvelin, dans le but d'assurer la paix extérieure. N'ayant pu y réussir, il revint en France; mais le règne de la terreur l'obligea bientôt de retourner en Angleterre, d'où il passa en Amérique. Rappelé en 1796 sur la proposition de Chénier, il fut, même avant son retour, nommé membre de l'Institut, et, peu après, ministre des relat. extérieures par le directoire. Prévoyant la chute prochaine du gouvernem. directorial, il se rapprocha de Bonaparte, qui lui fit confidence de ses vastes projets sur l'Orient, dont la conquête de l'Égypte ne devait être que le prélude. Lorsque le héros revint de cette expédit. lointaine, Talleyrand l'accueillit. Il concourut à la révolut. du 18 brumaire, et Napoléon l'associant à ses conseils le fit son ministre des affaires étrangères. Malgré son assentiment aux desseins secrets du 1er consul, il ne fut jamais son admirateur enthousiaste. En secondan son élévat. il n'avait pas voulu donner à la France un maître absolu ; il sentait bien que le besoin du moment n'était pas tant la liberté que l'ordre ; mais dès cette époque son vœu paraît avoir été l'établissement d'une monarchie avec deux chambres. Admis à l'intimité du consul, il n'est pas douteux qu'il ait connu son projet de faire arrêter le duc d'Enghien ; mais il ne l'est pas moins que, lors même qu'il l'aurait tenté, jamais il n'aurait pu faire changer sa résolution à l'égard de ce malheureux prince. Ce fut vers ce temps-là que Talleyrand, relevé de ses vœux par un bref de Pie VII, épousa Mme Grandt, mais sans fêtes et sans bruit, de manière à ne point braver l'opinion. En 1806 il fut nommé gr.-chambellan, et quelq. jours après prince de Bénévent. Tombé deux ans après dans une espèce de disgrâce, sans que l'on en ait jamais bien connu le véritable motif, il vint habiter sa terre de Valançay; mais quoique éloigné du théâtre des événem. il n'en resta pas moins l'objet constant de l'attention publique. Lorsque les événem. qu'il avait prédits eurent amené les armées de l'Europe à Paris, Talleyrand fit proclamer la déchéance de Bonaparte, et appelé au conseil des souver. alliés, concourut puissamm. au retour de l'anc. dynastie. Membre du gouvernem. provisoire, il signa la proclamation qui annonçait que le règne de Bonaparte était fini, et quelques jours après alla recevoir à la barrière le comte d'Artois, lieutenant-général du royaume. A son arrivée Louis XVIII le nomma son ministre des affaires étrangères et pair de France. Envoyé plus tard en qualité de ministre plénipotentiaire au congrès de Vienne, il s'y trouvait encore lors du retour de Napoléon, qui l'excepta nominativem. de l'amnistie, et il alla rejoindre le roi à Gand. Il rentra en France avec Louis XVIII, reprit le portefeuille des affaires étrangères et fut nommé président du conseil ; il fit déclarer l'hérédité de la pairie, repoussée alors par les royalistes purs, et méditait div. projets tendant à l'affermissem. du régime constitutionnel ; mais la chambre de 1815 le força de quitter le pouvoir, et depuis il fut complètement étranger aux conseils de Louis XVIII et de Charles X, sans l'être aux affaires publiques, sur lesq. sa haute position lui donnait tant d'influence que chaque parti s'inquiétait de son opinion. Lorsqu'en 1830 le duc d'Orléans eut pris le sceptre, tombé un instant au pouvoir de la multitude, Talleyrand, appelé dans ses conseils, fut envoyé à Londres, avec la mission d'y travailler à maintenir la paix en Europe. Lorsque son œuvre lui parut complète, il voulut que ce succès qu'il jugeait glorieux pour lui, mît fin à sa carrière diplomatique, et il se démit de l'ambassade d'Angleterre. La confiance de Louis-Philippe le suivit dans la retraite, et il fut souvent consulté sur les points les plus importants et les situations les plus difficiles. Quoique affaibli par une maladie dont les progrès lents, mais sensibles, inquiétaient ses amis, il se rendit à l'Institut (janv. 1838) et dans une séance publ. y lut l'*Éloge de Reinhart*, habile diplomate, son ami. Ce discours, remarquable par les vues morales, fut comme ses adieux au public. Dès-lors il ne s'occupa plus que de sa fin prochaine ; le matin de sa mort il fit lire en présence de témoins la déclaration de ses sentim. religieux, reçut ensuite les sacrements de l'Église, et vers le soir expira le 27 mai 1838, ayant conservé jusqu'à la fin toute sa connaissance. Les *Mémoires* qu'il a laissés, et qui sont, dit-on, déposés en Angleterre, ne doivent être publiés que trente ans après sa mort. On a de Talleyrand quelq. écrits, insérés dans les *Recueils* de l'Institut, entre autres un *Mémoire* sur les relations commerciales de l'Institut, et un autre sur l'utilité de fonder des colonies françaises sur les côtes de l'Afrique. Son rapport *sur l'instruct. publique* à l'assemblée constituante, 1791, in-4, contient d'excellentes vues. M. de Barante a prononcé l'*Éloge* de Talleyrand à la chambre des pairs, et M. Mignet, à l'Institut.

TALLIEN (Jean-Lambert), né à Paris en 1769, était fils d'un portier du marquis de Bercy, qui se chargea de lui faire faire des études. Il fut successivement clerc de procureur, employé dans des bureaux de commerce et de finances, enfin prote à l'imprimerie du *Moniteur*. Vers la fin de 1791 il rédigeait, sous le titre de l'*Ami du citoyen*, un journal rempli de déclamations violentes contre la cour. A la même époque, orateur du club des jacobins, il acquit ainsi sur la multitude une influence qu'il entretenait par de nouveaux écrits. Nommé dans la nuit du 9 au 10 août secrétaire-greffier de la commune de Paris, il attacha son nom à plus d'une mesure désastreuse de cette époque. On l'a souvent accusé de n'avoir pas été étranger aux massacres de septembre, et malheureusem. pour sa mémoire cette accusation paraît fondée ; mais il est certain aussi que, dans ces journées déplorables, il sauva plus. victimes. Député de Seine-et-Oise à la convention, il demanda à l'ouverture de la session que l'assemblée prêtât le serment de ne point se séparer avant d'avoir donné au peuple français un gouvernement fondé sur les bases de la liberté et de l'égalité. Dans les débats qu'amena le procès de Louis XVI, il se signala par son exagération ; il voulut interdire à ce malheur. prince le droit de se choisir des conseils. Il vota contre l'ajournem. de la discussion du procès, pour la peine de mort, contre l'appel au peuple, enfin contre le sursis. Le jour même de l'exécution il entrait au comité de sûreté générale, où ses actes continuèrent à porter le même cachet de violence. Il s'opposa au décret d'accusat. contre Marat, proposa de mettre hors de la loi ces députés girondins qui s'étaient soustraits au décret d'arrestation porté contre eux, et se déclara le défenseur de Rossignol. Au commencement de 1794, envoyé en mission à Bordeaux, il s'y montra d'abord l'exécuteur docile des lois cruelles de l'époque ; mais il ne tarda pas à s'opérer un gr. changem. dans sa conduite. La belle Mme de Fontenay, née Cabarrus, qu'il épousa depuis, ne contribua pas peu sans doute à ce changem. Il destitua, comme tyrannique, la commiss. milit. et le comité révolutionn. de Bordeaux, mais, ainsi qu'il devait s'y attendre, il fut rappelé à Paris, où ses collègues lui reprochèrent son *modérantisme*. Pour se tirer d'embarras, il se mit à déclamer contre les nobles, et se fit le défens. du fameux Jourdan *Coupe-Tête*. Par ce moyen il recouvra son crédit, et fut même élu secrét., puis présid. de la convent. Cependant le danger croissait, et plus d'une fois il vit éclater contre lui, en signes non équivoques, la colère de Robespierre et de ses partisans. Dès-lors se groupèrent autour de lui ceux qui partageaient ses craintes, et c'est ainsi que se prépara la chute de Robespierre. Le 9 thermidor, au commencement de la séance, Saint-Just ayant pris la parole, Tallien l'interrompit brusquement, et, accusant Robespierre, déroula tous ses projets aux yeux de l'assemblée, qui répondit à cette vive attaque par les cris : *A bas le tyran!* Billaud-Varennes se lève et retrace les crimes du despote. Tallien reprend la parole, pour déclarer qu'il s'est armé d'un poignard, et qu'il en percera le nouv. Cromwell, si la convention ne le décrète d'accusation. Il fait briller son poignard, et l'assemblée se lève pour témoigner son adhésion. Tallien fait décréter la permanence de la convention dont la séance se prolonge toute la nuit, et le lendemain jusqu'à quatre heures du soir. Suspendue jusqu'à sept, elle est reprise alors, et Tallien, qu'accueillent de vifs applaudissements, vient annoncer à la convention que ses ennemis ont péri sur l'échafaud : ainsi fut accomplie cette gr. révolution du 9 thermidor, qui tira la France d'un abîme. Tallien, élu membre du comité de salut public, continua sa lutte contre les jacobins, et contre les royalistes qui cherchaient à s'élever sur leurs ruines. On le vit successivem. provoquer la juste punition de Carrier, de Fouquier-Tainville, de Joseph Lebon, voter le rapport d'un décret qui déclarait la ville de Bordeaux en état de rébellion, combattre le désastreux principe du *maximum* légal imposé au prix des subsistances, plaider pour la mise en liberté de Mme de Tourzel, gouvernante des enfants de Louis XVI, proposer la suppression des comités révolutionnaires, et réclamer l'inviolabilité des lettres. C'est ainsi qu'il cherchait à faire oublier les égarements de sa vie passée. Mais les journaux, libres alors et presque tous rédigés dans le sens royaliste, ne lui tenaient aucun compte des services réels qu'il ne cessait de rendre. Cependant la nouv. victoire que la convent. remporta sur les restes de la montagne dans la journée de prairial, victoire à laquelle il avait pris une part très active, lui rendit un peu de faveur. Envoyé en qualité de commiss. à l'armée de Hoche, il fut témoin de l'affaire de Quiberon, et, pour n'être point forcé d'ordonner l'exécution des lois contre les émigrés, se hâta de revenir à Paris, où il recommença de déclamer contre les royalistes. Au 13 vendémiaire il fut un de ceux qui les combattirent avec le plus d'acharnement; et, après leur défaite, il proposa l'établissement d'une commission de cinq membres, chargée de présenter des mesures de salut public. Il en fit lui-même partie, et, prévoyant que les élections nouv. lui feraient perdre son influence, il parut disposé à s'appuyer sur des mesures arbitraires. Élu par le sort au conseil des cinq-cents, il y fut accusé d'avoir des relat. avec les Bourbons, et quoique sa conduite démentît cette accusat., il fut obligé d'en prouver la fausseté. Lorsque le 18 fructidor eut rendu le pouvoir à son parti, il usa de la victoire avec modérat., défendit plus. de ses collègues atteints par la loi de déportat., et rendit même service à des personnes qui ne partageaient pas ses opinions. Il sortit du conseil le 1er prairial an VI (20 mai 1798), et suivit Bonaparte en Égypte comme membre de la commission des arts. Il y devint administrateur des domaines nationaux, membre de l'institut, et concourut à la rédaction de la *Décade* qui s'imprimait au Kaire. Menou, resté général en chef, le renvoya en France. Dans la traversée, il fut pris par les Anglais et conduit à Londres, où les fêtes les plus brillantes lui furent données par l'opposit., qui ne vit en lui que l'homme du 9 thermidor. Ce fut encore le souvenir de cette journée qui le protégea contre l'aversion de Bonaparte, jadis son protégé, et lui valut la place de consul à Alicante, avec l'autorisation de résider à Paris. Cette faveur a donné lieu d'insinuer qu'il rendait des services secrets à la police; mais cette imputation est loin d'avoir été prouvée. En 1815 il signa l'*acte additionnel*; cepend. à la seconde restauration il ne fut point exilé; mais il perdit son traitement. Il mourut à Paris en 1820, accablé d'infirmités et dans un état complet d'isolement. Son mariage avec Mme de Fontenay avait été annulé peu de temps après son retour d'Égypte.

TALMA (François-Joseph), le plus grand tragédien de notre temps, né à Paris le 15 janvier 1765, passa ses prem. années en Angleterre, où son père exerçait la profession de dentiste, et fut renvoyé en France à 9 ans pour y commencer ses études. Dès cette époque, il décela ses dispositions pour la scène. Cette vocation se développa rapidement lorsque, de retour à Londres, le jeune Talma se fut réuni à plus. de ses compatriotes pour jouer quelq. petites comédies franç., qui attirèrent tout ce qu'il y avait de plus distingué dans West-End. On le pressa de débuter à Drury-Lane, et peu s'en fallut qu'il ne s'y décidât. Cependant il revint en France, et pend. 18 mois il y pratiqua l'état de son père. Dans le même temps il exerçait ses talents pour la scène au théâtre de Doyen, où il recueillait des applaudissements mérités. Son projet d'embrasser la carrière théâtrale étant arrêté, il entra à l'école de déclamation fondée en 1786, et il y reçut les conseils de Molé, Dugazon et Fleury. Le 21 nov. 1787 il débuta par le rôle de Séide dans la carrière qu'il devait parcourir avec tant d'éclat. On fut frappé de la noble régularité de ses traits, de la grâce de son maintien et de la chaleur de son débit. Malgré le succès qu'il obtint dans les autres rôles d'épreuve, il fut laissé dans l'emploi des confidents. Une sérieuse étude de l'histoire occupa ses loisirs, et c'est ainsi qu'il prépara cette réforme du costume, tentée si inutilem. par Lekain, Mlle Clai-

ron et Mlle Saint-Huberti. Ce fût au commencem. de la fameuse année 1789 qu'on le vit, dans le rôle de Proculus de la tragédie de *Brutus*, paraître pour la prem. fois vêtu dans toute la sévérité du costume antique. Les grands événements dont il fut le témoin ne contribuèrent pas peu à développer l'admirable talent dont il devait les germes à la nature. Il se trouva d'ailleurs en communication avec tous les hommes supér. de cette époque. Comme la plupart d'entre eux il aima la liberté avec passion; mais il déplora toujours les excès dont elle fut le prétexte. Le prem. rôle que créa Talma fut celui de Charles IX dans la tragédie de Chénier; vint ensuite, dans le *Journaliste des ombres*, pièce de circonstance, celui de J.-J. Rousseau, dans leq., au jugement de Grimm, il porta la vérité d'imitat. au plus haut point. Délivré des tracasseries de ses confrères dont il ne partageait point les opinions politiques, et corrigeant par degrés, d'après l'expérience et les conseils de la critique, ce qu'il y avait de trop violent dans sa verve, il finit par donner à son jeu un degré de perfection dont ses contemporains n'avaient pas eu d'exemple. On sait que l'empereur Napoléon l'admettait souvent dans son intimité. Ce grand acteur mourut à Paris le 19 octobre 1826. La gravure a représenté ses dern. instants, et son buste a été exécuté par M. David. Plus. discours ont été prononcés à ses funérailles, notamm. par M. Lafon, son camarade à la Comédie-Française. Les princip. rôles créés par Talma, ceux où il a poussé le plus loin l'élévation de son talent sont Manlius de Lafosse, Othello et Hamlet de Ducis, Sylla de M. Jouy, Régulus de M. L. Arnault, Oreste dans la *Clytemnestre* de M. Soumet, Léonidas de Pichat, et surtout Charles VI de M. Delaville, qui peut être regardé comme le chant du cygne. Talma est auteur de *Réflexions sur Lekain et sur l'art théâtral*, 1825, in-8, réimpr. la même année avec les *Mémoires de Lekain* (*Collect. de mémoires sur l'art dramat.*, (v. la nécrologie de Talma (par Duviquet), *Journal des Débats*, 20 octobre 1827, et la *Notice* que lui a consacrée M. Lemercier, *Revue encyclopédique*, 1827, t. III, p. 289.

TALMONT (Gabrielle de Bourbon, princesse de), fille de Louis Ier, comte de Montpensier, fut mariée à Louis II, sire de La Trimoille, l'un des plus grands généraux de son siècle, et mourut au château de Thouars, en 1516, du chagrin que lui causa la perte de son fils, tué à la bataille de Marignan. Elle cultivait les lettres selon le goût du temps, et a laissé quelq. livres de dévot., tels que : *Contemplation sur la nativité et passion de N. S. J.-C.*; le *Château du St-Esprit*, etc.

TALMONT (A.-Phil. de La Trimoille, prince de), chef vendéen, émigra d'abord, et fit une première campagne dans l'armée des princes. Rentré en France au commencement de 1793, il se joignit aux insurgés de la Vendée, qui le nommèrent général de cavalerie, et montra dans cette guerre désastreuse une grande valeur et quelques talents militaires. Tombé dans une patrouille de la garde nationale, il fut traîné pend. deux mois de prison en prison, et décapité devant l'entrée principale de son château à Laval. Un de ses domestiq., nommé Matelein, auq. on offrit sa grâce, ne voulut pas lui survivre, et monta sur le même échafaud que son maître.

TALON (Omer), professeur de belles-lettres, né dans le Vermandois en 1510, mort en 1562 à l'âge de plus de 50 ans, fut l'ami de Ramus, dont il partagea les idées de réforme pour l'enseignement, mais non pour les doctrines religieuses. Parmi ses ouvr., qui n'offrent plus aucun intérêt, on trouve un traité de rhétorique (*Institutiones oratoriœ*), qui eut de son temps une grande vogue. Ils ont été recueillis par Th. Freig, Bâle, Perna, 1575, in-4. Le P. Daire en a donné la liste dans l'*Hist. littér. d'Amiens*, p. 94 et suiv.

TALON (Omer), célèbre avoc.-gén. au parlem. de Paris, né vers 1595, mort en 1652, fit entendre le prem. au barreau une éloquence simple et dégagée de tout cet appareil ridicule d'érudit. alors à la mode. Il montra, dans les troubles de la Fronde, son attachement aux lois, son dévouem. à la cause royale, et toujours le plus noble caractère. Il a laissé des *mémoires* qui sont ceux d'un bon citoyen et d'un sage magistrat. Ses *plaidoyers* et ses *discours* les plus import. ont été publ. avec ceux de son fils par M. Rives, sous le titre d'*OEuvres d'Omer et de Denis Talon*, Paris, 1821, 6 vol. in-8. — TALON (Denis), fils du précéd., auquel il succéda dans la charge d'avocat-gén., né en 1628, mort en 1698 président à mortier, marcha sur les traces de son père. Il fut un des rédacteurs de ces ordonnances rendues par Louis XIV, et dont rien n'avait encore égalé la sagesse. C'est à tort qu'on lui a long-temps attribué le *Traité de l'autorité des rois dans le gouvernement de l'Église*. — TALON (Jacq.), prêtre de l'Oratoire et parent du célèbre avocat-général, suivit le card. de La Valette dans ses campagnes de 1635 et 1636. Après la mort du cardinal il entra dans les ordres, fut député de sa congrégation à l'assemblée du clergé en 1645, et mourut en 1671, à l'âge de 73 ans. Outre des ouvr. de dévotion, on a de lui : les *Mémoires du card. de La Valette*, publ. pour la 1re fois, 1772, 2 vol. in-12. — TALON (Nicolas), jésuite, né en 1605 à Moulins, mort en 1691 à Paris, outre une *Oraison funèbre de Louis XIII*, 1643, in-4, et plus. ouvr. ascétiques, a publ. l'*Histoire-Sainte*, Paris, 1640 et années suiv., 4 t. in-4. Dans cet ouvr., il s'était proposé un but assez bizarre : persuadé que beaucoup de personnes ne pouvaient plus goûter l'ancienne et majestueuse simplicité des Écritures, il résolut d'écrire une histoire des Juifs qui fût à la fois édifiante et agréable. Cependant il finit par se borner à choisir les principaux événem. qu'il distribua par chapitres. D'ailleurs il ne se fit aucun scrupule de paraphraser les discours qui ne sont qu'indiqués dans le texte, et d'y joindre des détails et des réflexions qui lui appartiennent en propre. Il existe de cette compilation ridicule une belle édit. in-fol., Paris, Cramoisy, 1665, 2 vol.

TAMBRONI (Joseph), littérat., né en 1773 à Bo-

logne, fut secrétaire de la législat. cisalpine, aux congrès de Rastadt et de Vienne, puis attaché à la légation ital. à Paris et au ministère des affaires étrangères, confié au comte Marescalchi, son protecteur. Enfin il fut consul à Livourne, puis à Rome. En 1814, rentré dans la vie privée, il concourut à la rédact. du *Giornale arcadio*, et publia différents opuscules qui lui ouvrirent les portes de plus. acad. Il mourut à Rome en 1824. On lui doit, entre autres ouvr. : *Compendio stelle storie di Polonia*, Milan, 1807, 2 vol in-8. — *Intorno alla vita di Canova, Comentario*, Venise, 1825, in-8.
— TAMBRONI (Clotilde), sœur du précéd., née en 1758, et mort en 1817 à Bologne, savait les langues grecq., lat., française, angl., espagnole, et même occupa quelq. années la chaire de langue grecque dans sa ville natale, où souvent des femmes ont eu le titre et rempli les fonctions de professeur. On a d'elle quelq. *poésies*, telles que : *Ode pindarica gr. ital. per la ricuperata salute dell' arcivescovo di Bologna*, Bologne, 1793, in-8.

TAMERLAN, héros tatare que les histor. orientaux nomment *Timour-Beig* ou *Emir-Timour*, et et les Chinois *Tlei-mou-eul*, naquit en l'an 736 de l'hég. (1336 de J.-C.) dans la province de Kesch, que son père Sargaï, chef de la tribu de Berlas, possédait à titre de fief. Il était issu de Djagathaï, l'un des fils du fameux Djenguyz-Khan, et le fondateur d'un empire qui prit son nom. De bonne heure Tamerlan, par la supériorité de son génie, annonça les hautes destinées qui l'attendaient. Devenu chef de la tribu de Berlas quelq. temps après la mort de son père, et maintenu par Toglouk-Timour, nouveau khan de Djagathaï, dans le commandement où il avait remplacé son oncle Hadjy Seif-Eddyn Berlas, Tamerlan, préférant bientôt à ce poste honorable les chances d'une entreprise difficile, alla joindre dans le désert de Khiwa l'émir Houcein, son beau-frère, qui maintenant déjà avait tenté d'établir sa puissance dans la Transoxane après que cette vaste province fût tombée sous le joug du conquérant Toglouk. C'est à cette époque que Tamerlan, dans un combat qu'il eut à soutenir sur les frontières du Seïstan, reçut deux blessures qui le rendirent pour toujours boiteux et manchot. Touglouk Timour étant mort (765—1363). Tamerlan et Houcein réussirent, avec des forces très infér., à évincer Élias Khodjah, son successeur, puis ils firent proclamer khan de Djagathaï un prince de la race de Djenguyz appelé Kaboul-Aglen, homme nul sous lequel ils demeurèrent en possession du pouvoir que déjà tous deux songeaient à s'approprier à l'exclusion l'un de l'autre. Cette révolution ramena devant Samarkand avec de nouv. troupes Élias-Khodja, qui fut encore réduit à évacuer la Transoxane (le Mawar-el-nahr), mais non sans avoir remporté cette fois une victoire importante sur Tamerlan et son beau-frère. Ces deux émirs ne tardèrent pas à s'engager l'un contre l'autre dans une lutte où, après s'être honoré d'abord par de la générosité et de la modération, Tamerlan, vainqueur de Houcein près de Balkh, le força d'abdi-

quer la souveraineté entre ses mains, puis le laissa égorger par deux généraux qui en voulaient à sa vie. Les enfants du malheur. émir furent également immolés; ses femmes et ses trésors furent la proie du vainqueur, qui s'assit alors sur le trône de Djagathaï (771—1370). Ceint de la couronne et du baudrier royal, Tamerlan reçut des grands de l'état les surnoms de *Saheb-Keran* (maître du monde), de *Kour-Khan*, etc. Il établit dès-lors sa résidence à Samarkand, s'appliqua à rendre cette ville florissante, y convoqua une assemblée générale des grands de l'empire, et, après avoir assuré par de sages mesures la tranquillité intér. et une bonne administrat., il commença (772—1371) cette série de victoires et de conquêtes qui mirent en ses mains le Kaptchak, le Kaschgar et le Kharizme, provinces qui formaient autrefois avec la Transoxane, l'empire de Djagathaï. Il ne s'y vit pas plus tôt affermi que ses regards se portèrent vers la Perse, dont il commença la conquête par une invasion dans le Khoraçan (782—1380). Des tours construites avec les têtes des vaincus furent l'affreux trophée de chacun de ses triomphes : une fois même il en éleva avec les corps de 2,000 prisonniers, qu'il entassa tout vivants entre la brique et le mortier; et, chose étrange, le barbare qui se complaisait à ces atrocités respecta presque toujours les savants, les artistes et les prêtres ou docteurs. Revenu à Samarkand, il y met ordre aux affaires de l'empire, et se dispose à une nouvelle expédition (788—1386) dans laquelle il débute par la soumiss. de Tauris, de l'Adzerbaïdjan et de tous les pays jusqu'à l'Araxe. La Géorgie est envahie, son roi Bagrat V traîné à la suite de Tamerlan, qui l'oblige à embrasser l'islamisme. Dans le même temps Ibrahim, cheick du Chirwan, accourait se prosterner devant le conquérant tatare, et obtenait, à force de bassesses, d'être maintenu dans sa souveraineté. Ce contagieux exemple est suivi par une foule de petits princes; un cepend., Zein-Alabedin, fils du chah modhafféride Choudjah, veut essayer de la résistance; presque aussitôt il voit Ispahan, la plus forte de ses places, investie par Tamerlan, qui l'emporte d'assaut, et y réduit tout à feu et à sang (789—18 nov. 1387). La reddition de Chyraz fut la suite de cette boucherie horrible, où 70,000 têtes avaient servi à ériger des monuments du désastre de Zein-Alabedin. Un oncle de cet infortuné fut placé sur le trône de Chyraz par Tamerlan, que des troubles intérieurs rappelaient à Samarkand. Le mirza Omar-Cheikh, son fils, avait été vaincu près d'Otrar par les troupes de l'émir rebelle du Kaptchak, Toktamisch, qui de plus menaçaient le cœur de l'empire de Djagathaï, où elles avaient exercé de grandes dévastations. Tout rentre dans l'ordre à la présence du terrible Timour, qui, dans l'automne de 792 (1390), va en personne punir Toktamisch de son audace. Après plus de 4 mois d'une marche pénible au milieu de montagnes désertes, il l'atteint entre le Yaïk et le Volga, lui livre une bataille décisive, et ne doit une victoire chèrement payée qu'à la trahison du porte-étendard du valeureux Khan-Toktamisch. Cette expédition terminée, Tamerlan, de retour à Samarkand, en partit de nouveau (juin 1392) pour achever la conquête de la Perse. Ce fut encore par les massacres et l'incendie qu'il signala sa marche triomphale jusqu'à Chyraz, où Chah-Rokh, un de ses fils, apporta à ses pieds la tête de l'intrépide Chah-Mansour, le dern. des Modhafférides. Omar-Cheikh, autre fils de Timour, est placé par lui sur le trône de Perse : celui de l'Adzerbaïdjan est adjugé au myrza Miran-Chah ; et se mettant en marche contre Bagdad, d'où le sultan Ahmed-Djelaïr fuit à son approche, le conquérant tatare se contente d'y lever une contribution ; il reçoit la soumission de Bassora et de Moussoul, et, avant de traverser le Tigre, est arrêté un moment devant Tekrit par l'émir Haçan, bandit fameux qu'il fait exterminer ainsi que ses soldats. Presque aussitôt maître de la Mésopotamie et de la Basse-Arménie, il réunit tous ses efforts contre Cara-Youçouf, chef de la tribu du Mouton-Noir, fait assiéger à la fois toutes ses places fortes, et lui-même court en Géorgie pour punir le roi Bagrat d'avoir ressaisi sa couronne. Mais au moment où toutes ses entreprises divisent ses forces, il se décide à les réunir pour marcher encore contre Toktamisch, qui se remontait dans le Chirwan. Après avoir fait une revue de ses guerriers, au nombre de 400,000, Timour quitte le rivage de la mer Caspienne (28 févr. 1395), et bientôt il se trouve en présence avec l'armée du Kaptchak entre le Terek et le Volga, à peu près sur le même terrain où il a déjà vaincu Toktamisch, qui cette fois encore est forcé de céder à sa fortune. Timour poursuivit, dit-on, ce vaillant ennemi jusque dans Moscou ; il ravagea plus. provinces de la Russie et de la Pologne ; puis, revenant par Azof, le Kouban, la Circassie et le pays des Abkhas, il ne laissa presque que des ruines pour limites entre ses états et celui des princes russes, qui purent songer dès-lors à secouer le joug des Tatares. Timour laissa de nouvelles traces de ses vengeances en traversant la Géorgie et la Perse pour rentrer dans la Transoxane. Son absence de Samarkand avait duré cinq années : une seule fut donnée au repos, aux fêtes, ainsi qu'aux affaires de l'intérieur ; après quoi, conquérant plus que sexagénaire, il se prépara à la plus difficile et la plus brillante de ses expéditions. A la fin de mars 1398 (redgeb 800) on le vit partir de Samarkand avec 92,000 hommes de cavalerie, se dirigeant vers l'Indoustan. La marche de Timour jusqu'à Dehly offrit une alternative d'obstacles sans nombre et d'exécrables cruautés. Vainqueur de Mahmoud, il prend et saccage sa capitale, traverse le Gange, défait Moubarek, khan de Thouglouk-Pour, et, après avoir également vaincu ceux des autres princes qui ne s'empressaient pas de se soumettre, il revint (28 avril 1399) à Samarkand, où son premier soin fut de fonder une mosquée magnifique. Il songeait à prendre quelque repos ; mais autant ses conquêtes étaient rapides, autant les vaincus s'empressaient de secouer le joug à la première occasion favorable. Il lui fallut se remettre en campagne (10 sept. 1399) contre Ahmed Djelaïr, qui, avec les secours du Turkoman Cara Youçouf, avait recouvré presq. tout le Diarbekr, et menaçait Tauris. La disette et les rigueurs de la saison l'arrêtèrent dans sa marche tandis qu'il dévastait la Géorgie pour punir une nouvelle levée de boucliers du roi de cet état. Il revint camper dans la plaine de Carabagh, près de l'Araxe, et ce furent deux de ses pet.-fils qui achevèrent la campagne, l'un, le mirza Roustem, en réprimant le sulthan de Bagdad, l'autre, Iskander, en se rendant maître du royaume de Khotan. Cepend. au printemps Timour fond de nouveau sur la Géorgie, impose l'islamisme aux peuples, et, après bien du sang répandu, il accorde la paix au roi George pour diriger bientôt tous ses efforts contre le sulthan Bajazet Ier, qui vient d'envahir une partie des états de l'empire grec, et qui prétend imposer un tribut à l'émir d'Arz-roum et d'Arsendjan, vassal du monarque tatare (1400). Ce dern., écrasant une armée turque près de Césarée, se porte sur Siwas, et, au mépris de la capitulat., pille cette ville, la réduit en cendres, et fait enterrer vivants 4,000 hommes qui composaient la garnison. Bientôt, maître de Malathia, il passa de là en Syrie, s'empara d'Alep, et les cruautés inouïes qu'il y exerça décidèrent la plupart des autres villes à se rendre, afin de détourner les coups du terrible Timour. S'avançant vers Damas, il trouva le sulthan Barkok campé devant cette place et disposé à la défendre. Les premiers combats furent à l'avantage des Mamlouks, et une action génér. étant restée indécise, Timour songeait à en venir à un accommodem., lorsque, la désunion s'étant mise parmi les chefs ennemis, il réussit enfin à se rendre maître de Damas, qu'il laissa dévasté (17 février 1401), pour se porter au delà de l'Euphrate jusqu'à Bagdad, dont il s'empara, et où il fit également un épouvantable massacre. Plus de 90,000 têtes servirent à l'érection de 120 tours qui, avec les mosquées, les collèges et les hôpitaux, seuls monuments qu'il respecta, marquèrent la place de la ville détruite. Div. raisons, dont la principale était la lassitude de ses soldats, l'empêchèrent de pousser plus loin la guerre contre Bajazet, qui lui-même demandait la paix. Campé près de l'Araxe, il y occupa le temps des quartiers d'hiver à faire creuser un canal de navigation qu'il nomma *Nahr-Berlas*; et, dès le retour de la bonne saison, il se remit en campagne après avoir remonté le moral de son armée en faisant intervenir les prestiges d'un astrologue : il se dirigea vers l'Anatolie (13 redjeb 804—16 février 1402). Rien n'avait été négligé de la part de Timour pour que la paix se rétablît entre lui et le sulthan ; mais Bajazet refusa d'adhérer aux proposit. du monarque tatare. Une bataille générale a lieu près d'Ancyre ; l'armée des Othomans est enfoncée, et le sulthan, après des efforts inouïs, tombe aux mains de Timour, qui d'abord le traite avec générosité. On ne croit plus maintenant aux contes qu'on a faits au sujet de la captivité où le héros tatare tint son ennemi vaincu (*v.* BAJAZET); il y aurait lieu plutôt d'être surpris de la générosité qu'il montra à son égard, si l'on ne savait à quel point le mérite personnel était respecté de Timour. Il faut croire par la même raison que l'orgueil, les saillies furibondes du sulthan obligèrent son vainqueur à prendre bientôt avec lui un autre ton que celui de la pitié ; mais il ne cessa point d'être généreux. Pendant un mois de séjour à Koutayeh, Tamerlan y célébra ses triomphes par des fêtes magnifiques, et s'occupa aussi de relations et d'arrangements au-dehors. Au milieu de déc. 1402, il vint assiéger Smyrne, et malgré la belle défense des chev. de St-Jean-de-Jérusalem, qui y avaient soutenu sept ans l'effort des armes de Bajazet, il s'en empara au bout de 15 jours, et la rasa après avoir massacré ses habitants. A peu d'intervalle, il reçut la soumission du sulthan d'Égypte, fit encore une expéd. sanglante en Géorgie, et en juillet 1404 il était de retour à Samarkand, après une absence de 7 années. Rien ne manquait à la gloire et à la fortune du conquérant tatare : cependant son ambition n'était pas satisfaite : il aspirait depuis long-temps à soumettre la Chine. Ce ne fut pas sans de grands efforts qu'il parvint à disposer ses guerriers à une telle entreprise. Enfin un corps d'élite de 200,000 chevaliers est équipé, et le 27 novembre 1404 Timour quitte pour la dern. fois sa résidence impériale. Bravant les rigueurs de la saison, il parvient jusqu'à Otrar ; mais là, saisi par une fièvre violente, il est emporté en peu de jours, à 69 ans, le 18 fév. 1405, après 36 ans de règne. Après lui, son colossal empire eut à peu près le même sort que celui qu'avait fondé Alexandre ; mais sa dissolution fut moins rapide, et ce n'est pas assurément le seul rapprochement qu'il soit permis de faire entre les deux héros. Né obscur dans un pays barbare, Timour eut à vaincre plus d'obstacles que n'en rencontra le fils de Philippe, commandant à des Macédoniens : aussi ses conquêtes furent-elles plus sanglantes. A côté des violences atroces dont on a lu le récit, quoique fort incomplet, il est juste de placer quelq. traits du caractère privé de Tamerlan, à qui les histor. accordent plus d'élévation d'âme qu'on n'en devait attendre d'un aussi impitoyable guerrier. « La terre, disait-il, ne doit avoir qu'un maître, comme il n'y a qu'un Dieu dans le ciel : et qu'est-ce que la terre avec tous ses habit. pour l'ambit. d'un gr. prince ? » Il avait voulu être enterré à Samarkand dans le même tombeau que l'iman Bereké, *pour qu'au jour du jugement ses mains suppliantes, implorant l'assistance d'un intercesseur, pussent tenir la robe de cet enfant du prophète.* Étant un jour au bain avec plusieurs courtisans, et s'égayant avec eux par un jeu d'esprit qui consistait à estimer ce que valait chacun des assistants, il demanda à celui qu'on avait chargé d'être le priseur à combien il l'évaluait lui-même : *Je vous estime trente-cinq aspres,* dit celui-ci.— *C'est ce que vaut la serviette que j'ai autour de moi,* reprend le monarque. — *Mais je vous mets à ce prix justement à cause de la serviette,* reprend l'autre ; et cette réponse valut un présent considérable au railleur, qui vraisemblablement était ce poète Ahmed-Kerami, auquel on doit une histoire en vers du monarque tatare intit. : *Timour-Nameh*. Des ouvr. sur Tamerlan, le plus complet et le plus exact est le *Zafar*, ou *Dhafer-Nameh* (le Livre de la victoire), trad. en français par Petis de La Croix. Langlès a publié, avec une *Vie* de ce conquérant, les *Instituts politiques et militaires de Tamerlan*, ouvrage qu'on suppose avoir été écrit en monghol par ce monarque lui-même, mais dont il n'existe qu'une vers. persane par Abou-Thaleb Al-Hoceiny. On a conservé une lettre de Tamerlan, écrite en persan et adressée au roi de France Charles VI (*v. le mém.* lu par Silvestre de Sacy à l'Instit. le 3 juill. 1812).

TAMIM ou TEMYM, 6e prince de la dynastie des Sanhadjides, commença en 1061 à régner sur l'Afrique, et mourut en 1108, âgé de 79 ans. Pendant ce long règne, il fut presque toujours occupé à soumettre des rebelles dans ses états, ou à lutter contre les Grecs et les chrétiens de Sicile. Il laissa 60 filles et 40 fils. L'un d'eux, Yahia, lui succéda.

TAMIMI (ABOU-THAHER-MOHAMMED), littérateur maure d'Espagne, composa un recueil de 50 *Mécamat*, ou *Disc. académiques*, dont il existe un exemplaire à la biblioth. du Vatican. — Un autre TAMIMI, de Maroc, a écrit une *Histoire du règne des Maures en Espagne*, qui se trouve à la bibliothèque académique de Leyde, n° 1798.

TAMMEAMÉA, roi des îles Sandwich, commença la civilisation de son pays, lui donna quelques-uns des arts de l'Europe, des navires, des armes à feu, de bonnes lois de police et de sûreté générale, le goût du commerce et l'émulation de faire de nouvelles choses. Il s'était mis en 1794 sous la protection du roi d'Angleterre, représenté par Vancouver, et dès-lors il ouvrit avec plus de confiance ses ports aux Européens, contre lesquels il avait ou pensait avoir ainsi un appui en cas de violence. Mais il n'eut pas besoin d'y recourir, et mourut, après un règne long et heureux, en 1819, à Ovaïhy. Son fils Rio-Rio, qui lui succéda, vint mourir en 1824 à Londres avec sa femme.

TANAQUIL, *Tanaquilla*, femme de Tarquin-l'Ancien, qu'elle avait épousé avant son élévation, passait pour habile dans l'art des augures. S'il faut en croire Tite-Live, elle prédit les glorieuses destinées de Servius-Tullius, encore enfant. Ce qui est mieux prouvé, c'est qu'après le meurtre de son époux (*v.* TARQUIN) elle contribua puissamm. à la fortune de cet esclave devenu roi.

TANARA (VINCENT), né vers le commencement du 17e S. à Bologne, où il mourut vers 1667, partagea sa jeunesse entre les travaux de la guerre et l'amusement de la chasse ; mais il s'éprit tout d'un coup de l'étude à la vue de la riche bibliothèq. du cardinal Sforza, et composa plusieurs ouvr., dont un seul a été publié ; c'est un tabl. de la vie champêtre sous le titre de l'*Economia del cittadino in villa*, Bologne, 1664, in-4, plus. fois réimpr.

TANCARVILLE (JEAN II, vicomte de MELUN, comte de), l'un des plus vaillants chevaliers de son temps, combattit les infidèles en Prusse et en

Espagne, les Anglais dans l'Angoumois et la Normandie, et mérita d'être nommé par le roi Jean aux deux charges de grand-chambellan et de gr.-maître de France. Il négocia ensuite le mariage de Philippe, depuis duc de Bourgogne, avec la fille de Robert de Mâle, comte de Flandre. Fait prisonnier à la funeste bataille de Poitiers, en 1356, et emmené en Angleterre avec le roi, il revint en France en 1358 pour travailler à la délivrance de son maître. La seule nouvelle de son retour effraya les Parisiens, alors excités à la révolte par Charles-le-Mauvais et par Marcel. Bientôt après le dauphin chargea Tancarville et quelq. autres des négociat. de la paix de Bretigny. Jean, rendu à la liberté, le fit entrer dans son conseil, et le nomma souverain maître des eaux-et-forêts. Tancarville conserva sous le roi Charles V une gr. influence, et mourut l'an 1382, gouvern. de Champagne, de Bourgogne et de Languedoc. — Guillaume IV, vicomte de MELUN, comte de TANCARVILLE, 2⁰ fils du précéd., fut gr.-chambellan, et remplit div. négociations importantes sous le règne de Charles VI, qui, dans un acte public, lui donna le titre de prince du sang (*nostri consanguinei*). Il fut tué en 1415 à la bataille d'Azincourt, ne laissant qu'une fille.

TANCHELIN, hérésiarque, né à Anvers, répandit les idées les plus hardies et les plus absurdes sur la religion, et, malgré le scandale public de ses mœurs, parvint à faire un gr. nombre de prosélytes dans la Hollande, le Brabant et une partie de l'Allemagne. Il faut voir dans Bayle les marques inconcevables de respect que lui prodiguaient ses sectateurs. Cet audacieux brigand, qui tuait ceux qu'il ne pouvait persuader, partit pour Rome afin d'attaquer la religion dans son sanctuaire même. A son retour, arrêté et emprisonné par ordre de l'archev. de Cologne, il s'échappa; mais il fut tué par un prêtre catholique dans le cours d'une navigation, en 1115.

TANCRÈDE, un des chefs de la prem. croisade, Sicilien d'origine du côté de son père et Normand du côté de sa mère, sut dès sa jeunesse allier le courage le plus intrépide à toutes les vertus les plus hautes, et fut le modèle des chevaliers de son temps. Cependant il se reprochait ses exploits, qui lui semblaient condamnés par l'Évangile, et la crainte de déplaire à Dieu enchaînait encore l'essor de son courage. Mais une guerre sainte fut prêchée par Urbain II en 1096, et Tancrède se réunit à son cousin Bohémond, prince de Tarente, pour aller joindre l'armée des croisés. Ils abordèrent tous deux en Épire, et bientôt Tancrède signala sa valeur contre les Grecs au passage de la rivière Vardari. Bohémond, séduit par l'empereur Alexis, se décida à lui rendre hommage. Tancrède rejoignit alors les autres chefs croisés qui se rassemblaient sous les murs de Nicée, et se distingua au siége de cette ville. Il eut une querelle avec Baudoin pour la possession de la ville de Tarse; tous deux, à la tête de leurs guerriers, en vinrent aux mains : on les réconcilia, et Tancrède, dont la modération fut généralem. admirée, alla prendre d'autres villes, et se joignit ensuite à l'armée qui assiégeait Antioche. Sa patience admirable, son généreux désintéressement dans la disette qui se fit sentir aux assiégeants comme aux assiégés, ne contribuèrent pas peu à retenir l'armée et les chefs sous les murs de la ville. Elle fut prise pendant qu'il était occupé ailleurs : mais il se vengea sur les Persans, dont il fit un affreux carnage. Au printemps de 1099, on marcha sur Jérusalem, et Tancrède eut l'honneur de planter le prem. l'étendard des Francs au lieu même où naquit le Sauveur. Ce fut encore lui qui découvrit la forêt où les croisés prirent le bois nécessaire aux échelles et aux machines de guerre. La ville sainte fut prise. Tancrède, au milieu des massacres dont se souillèrent les chrétiens, fut un modèle de modération et d'humanité. Bientôt après il contribua puissamm. au gain de la bataille d'Ascalon, qui rendit inutile le secours tardif du soudan du Kaire. Resté en Orient avec ses chevaliers, il reçut de Godefroi la ville de Caïphas et la principauté de Galilée. A l'avénem. de Baudoin au trône de Jérusalem, il consentit à lui rendre hommage, malgré leur ancienne animosité et leurs nouvelles divisions. Appelé en 1100 par les députés d'Antioche, il gouverna cette ville pendant la captivité de Bohémond, et la lui rendit à son retour dans un état plus florissant. Choisi pour gouverner le comté d'Édesse pend. la captivité de Baudoin du Bourg, il remporta une victoire décisive sur les musulmans. Bohémond, en s'embarquant pour la France en 1103, laissa encore une fois sa principauté aux mains de son cousin, qui se trouva d'abord dans une pénurie extrême; mais il fit face à tout, battit le prince d'Alep, prit Artésie, Apamée, et lutta contre une multitude infinie de Turks qui envahissaient la Mésopotamie. Bientôt il eut à lutter contre le comte d'Édesse, rendu à la liberté, et contre Josselin, qui avait eu la lâcheté d'appeler les Turks à son secours : Tancrède fut encore victorieux. De nouveaux différends qui s'élevèrent entre lui et Bertrand, fils de Raymond de Saint-Gilles, et le comte Baudoin du Bourg, ne servirent qu'à prouver sa modération et son dévouement à la cause commune des chrétiens. Dès-lors on ne le voit plus combattre que les infidèles : il prend Sarepta et un château appelé Vetulum, dans les montagnes de Djiblah. C'est là son dernier exploit. Il mourut de maladie à Antioche en 1112, laissant, dit Guillaume de Tyr, dans le monde un souvenir illustre de ses hauts faits et de la sagesse de son administrat., et dans l'Église la mémoire éternelle de ses aumônes et de ses œuvres de piété. On a sur ce héros : *Gesta Tancredi*, par Raoul de Caen, trad. en franç. dans la *Collect.* de M. Guizot, tom. XXIII, et *Histoire de Tancrède*, par M. Delbarre, Paris, 1822, in-12.

TANCRÈDE, roi de Sicile, fils naturel de Roger, duc de Pouille, et petit-fils du roi Roger II, eut d'abord du chef de sa mère le comté de Lecce. Emprisonné par Guillaume I⁰ʳ, son oncle, qui craignait de lui voir élever des prétent. au trône, il parvint à s'échapper et se retira à Constantinople, d'où il revint après la mort de son oncle, et fut bien accueilli par son cousin Guillaume II. A la mort de ce dernier, Tancrède, que sa bravoure, sa prudence et sa générosité avaient rendu cher aux Siciliens, fut proclamé roi et couronné en 1190. A peine sur le trône, il eut à lutter contre Henri VI de Souabe, qui revendiquait les droits de sa femme Constance, tante du dernier roi. Le maréchal Testa, général de Henri, envahit la Pouille, de concert avec le comte d'Andria : mais les maladies l'en débarrassèrent ; le comte d'Andria périt dans une embuscade. D'un autre côté, Richard Cœur-de-Lion faisait valoir à main armée les prétentions les plus extravagantes; son départ pour la Terre-Sainte délivra Tancrède d'un adversaire redoutable. Devenu possesseur pacifique des Deux-Siciles, il maria, en 1191, son fils Roger avec la fille d'Isaac-Ange, empereur de Constantinople. Cette même année, Henri VI entra dans le royaume de Naples; les maladies combattirent encore pour Tancrède : Constance, étant tombée entre ses mains, après l'avoir traitée en reine, il la renvoya comblée de présents vers son mari. La guerre n'en continua pas moins avec des succès variés de part et d'autre. Enfin, dans une 3e campagne, en 1193, Tancrède eut quelques avantages sur Conrad *Mosca in Cervello*, général d'Henri VI. Mais, à la fin de l'année, il perdit son fils Roger, et lui-même mourut au commencement de 1194, laissant le trône à son 2e fils Guillaume III. Dans ces temps d'une barbarie profonde, Tancrède aimait et cultivait avec succès les lettres, les mathématiques, l'astronomie et la musique.

TANCRÈDE. — V. ROHAN.

TANNEGUI DU CHATEL, vaillant capitaine du 15e S., s'était déjà distingué par quelq. exploits, lorsqu'il entra au service du duc d'Orléans, qui le nomma son 1er chambellan. Il accompagna Louis d'Anjou qui tentait de reconquérir le trône de Naples, et, de retour de cette expédit., fut nommé maréchal de Guienne et prévôt de Paris. Il déjoua plusieurs complots des Bourguignons, et sauva le dauphin (depuis Charles VII) de leurs mains, lorsque la trahison les eut rendus maîtres de Paris. Les Anglais ravageaient alors la France. Tanneguy, chargé de négocier avec le duc de Bourgogne, pour le détourner de s'unir aux ennemis communs, eut avec lui une entrevue à Montereau, où le duc fut assassiné. Ce crime fut imputé par les Bourguignons à Tanneguy ; mais les autres historiens l'en ont lavé. Le dauphin, devenu roi, récompensa son fidèle serviteur ; mais les courtisans ne purent voir sans envie sa haute faveur. Tannegui, malgré les efforts du roi pour le retenir, s'exila en Provence, où il mourut en 1449, âgé d'environ 80 ans. Il avait été consolé dans sa retraite par plusieurs charges honorables et plusieurs missions importantes (*v. l'Histoire des ducs de Bourgogne* de M. de Barante, tome 4). — TANNEGUI DU CHATEL, vicomte de LA BELLIÈRE, neveu du précéd., formé par son oncle à l'art de la guerre, marcha sur ses traces. A la mort de Charles VII, il fut le seul courtisan qui resta près du corps de son bienfaiteur et dépensa 30 mille écus, qui ne lui furent remboursés que dix ans après. Louis XI lui accorda toute sa faveur, le nomma grand-maître des écuries, gouverneur du Roussillon, chevalier de St-Michel, etc., et l'employa dans des guerres et des négociations. Tannegui fut blessé mortellement au siège de Bouchain en 1477, à côté du roi, qui se chargea du soin de ses obsèques.

TANNER (MATHIAS), jésuite, né à Pilsen, Bohême, en 1630, mort à Prague au commencem. du 18e S., fut recteur du collége de cette ville, après l'avoir été de celui d'Olmutz, et provincial à Rome. Entre autres écrits, on a de lui : *Societas Jesu usque ad sanguinis et vitæ profusionem in Europâ, Asiâ, Africâ et Americâ militans, sive vitæ et mortes eorum qui in causâ fidei interfecti sunt*, Prague, 1675, in-fol. — TANNER (Adam), jésuite, professeur de théologie à Vienne et chancelier de l'univ. de Prague, né en 1572 à Inspruck, mort en 1632, a publié de nombr. ouvr., entre autres : *Astrologia sacra*, Ingolstadt, 1621, in-fol. — TANNER (Bernard), né à Prague, voyagea dans plusieurs contrées de l'Europe, et fut nommé en 1678 gentilhomme interprète de l'ambassade que Jean Sobiesky, roi de Pologne, envoya au tzar Féodor Alexievitsch. La relation qu'il a laissée de cette ambassade fait connaître les mœurs des Moscovites à cette époque; elle est intit. : *Legatio polono-lithuanica in Moscoviam*, etc., *à teste oculato*, Bern. Leop. Franc. *Tanner*, Nuremb., 1689, in-4. — TANNER (Thomas), biographe angl., archidiacre de Norwich, chanoine du chapitre du Christ d'Oxford, évêque de St-Asaph, né en 1674, mort à Oxford en 1735, a laissé : *Bibliotheca britannica-hibernica, sive de Scriptoribus qui in Angliâ, Scotiâ et Hiberniâ ad sæculi XVII initium floruerunt*, Londres, 1748, in-fol.; c'est l'ouvr. le plus complet qui existe sur l'hist. littér. d'Angleterre.

TANNEVOT (ALEXANDRE), né en 1692 à Versailles, obtint la place de 1er commis des finances, et mourut en 1773, avec le titre de censeur royal. Il a laissé un gr. nombre de poésies assez médiocres, parmi lesquelles on ne cite plus qu'une chanson sur le livre de l'esprit d'Helvétius. Cette chanson, un peu longue, se trouve perdue dans les *Poésies diverses* de Tannevot, 1732, in-12; nouv. édit., 1766, 2 vol. in-12.

TANSILLO (Louis), poète italien, né vers 1510 à Venosa, mort à Teano (royaume de Naples) en 1568, fut le contemporain de l'Arioste et du Tasse, auxquels il peut être comparé pour l'harmonie, le choix des expressions et le charme du style, qualités d'autant plus étonnantes qu'il passa une partie de sa vie dans les camps et à la suite de don Garcia, fils de don Pèdre, vice-roi de Naples. Son poëme le plus connu, mais qui n'est pas le meilleur, est *il Vendemmiatore*, Naples, 1534, in-4, trad. en franç. par Mercier (de Compiègne), sous ce titre : le *Jardin d'Amour, ou le Vendangeur*, Paris, 1798, in-12. — *Le Lagrime di san Pietro*, Vicho, 1585, in-4, ont été trad., ou plutôt imitées en vers par Malherbe. — *La Balia, poemetto*, etc., Verceil,

1767, in-4. — *Il Podere*, Turin, 1769, in-12. Ces deux dern. poèmes sont les meilleurs de Tansillo.

TAN-TAO-TSI, ministre et général chinois, vivait au commencement du 5ᵉ S. Ou-Ty, fondateur de la petite dynastie des Soung, l'éleva au plus haut grade, celui qui correspond à notre ministre de la guerre, et lui confia en mourant la régence de l'empire, en attendant la majorité de son fils Chao-Ty. Les trois autres ministres, associés à la régence, sacrifièrent à l'intérêt de l'état le jeune prince, dont les penchants vicieux les effrayaient, et le firent mourir. Tan-Tao-Tsi, qui n'avait point participé à ce crime, obtint toute la confiance du nouvel empereur, frère de Chao-Ty; mais, malgré ses import. services à l'armée comme au conseil, des envieux réussirent à lui enlever l'amitié de son prince, et à le faire condamner à mort l'an 436.

TANTARANI (Moïneddin-Achmed), poète arabe, professait à Bagdad du temps de Nizam-Almouk, mort en 1091. Il composa en l'honneur de ce prince un poème vanté dans tout l'Orient, publié par Sacy dans sa *Chrestomathie*, avec une traduct. franç., faite d'après le MS. arabe de la bibliothèq. royale, d'après deux autres MSs., l'un de la bibliothèque bodléienne, n° 1274, l'autre de la bibliothèque de Leyde, n° 1637, et d'après un commentaire qui se trouve avec ce dernier MS.

TANTALE (mythol.), roi de Phrygie, ayant reçu les dieux à sa table leur fit servir les membres de son propre fils Pélops, qu'il avait égorgé. Il se flattait d'abuser ses hôtes célestes et de se jouer ainsi de leur puissance; mais les dieux ayant aussitôt découvert cet horrible mystère, plongèrent le roi impie dans le Tartare, où il éprouve une soif et une faim cruelles sans pouvoir jamais les satisfaire.

TANTALE, chef des Lusitaniens, successeur de Viriathe et moins heureux que lui, fut contraint par Servilius-Cépion de se rendre avec toute son armée, l'an 141 avant J.-C. Il fit toutefois cette condition que les Romains donneraient à ses soldats des terres à cultiver pour qu'ils pussent subsister sans être forcés de se livrer au brigandage.

TANUCCI (Bernard), ministre napolitain, né en 1698 à Stia en Toscane, se fit de bonne heure une sorte de réputation en Italie par la chaleur qu'il mit à soutenir les prétentions bien connues de Pise, relativement à la découverte des Pandectes. Plus tard, pour satisfaire don Carlos qui, prêt à punir un criminel, avait été un moment arrêté par l'inviolabilité des temples, il se chargea de prouver que le droit d'asile est une violation des lois divines et humaines. Ce fut l'origine de sa fortune. Il accompagna don Carlos à la conquête du royaume de Naples, et devint son premier ministre quand le prince fut devenu roi. Des innovations nombreuses et non préparées, des attaques imprudentes contre le pouvoir pontifical et les privilèges de la noblesse, des ordonnances arbitraires mises trop souvent à la place et au-dessus des arrêts rendus par les tribunaux, un code demeuré presque inconnu au peuple pour leq. il fut rédigé, un système financier fondé tout entier sur des lois fiscales, les savants les plus recommandables oubliés, ou dédaignés, ou repoussés, tels furent les actes qui signalèrent son long ministère. L'influence de la reine Caroline le fit sortir du conseil. Remplacé en 1776, il mourut à Naples en 1783. On a de lui : *Epistola de Pandectis pisanis in amalphitanâ directione inventis ad academicos etruscos, in quâ confutantur quæ Guido Grandius opposuit*, etc., Florence, 1731, 2 vol. in-4.

TAPLIN (Guillaume), chirurgien vétérinaire anglais, mort en 1807, fit faire à son art de grands progrès. On a de lui : *Observations pratiques sur les blessures faites aux chevaux par des épines*, etc., 1790, in-8. — *Compendium, ou Traité abrégé de la ferrure pratique et expérimentale*, 1796, etc.

TAPPER (Ruewarb), doyen et chancelier de l'univ. de Louvain, né à Enkhuysen, fut envoyé par Charles-Quint au concile de Trente, déploya toute sa vie, en faveur de la doctrine catholiq., le zèle le plus pur, soutenu par les plus rares connaissances, et mourut à 72 ans, en 1559 à Bruxelles, où il avait été appelé par Philippe II. Ses Œuvres ont été recueillies à Cologne, 1582, in-fol.; on y distingue: *Explicatio articulorum facultatis*. Dans sa préface, l'auteur fait voir d'une manière claire et solide, que, depuis les apôtres, l'Église a constamment fait usage de l'autorité que J.-C. lui a confiée, et qu'elle a décidé en dernier ressort les questions qui se sont élevées parmi les fidèles.

TARABOLOUS (Ali-Pacha, dit), nommé grand-visir par Achmet II en 1693, laissa prendre Scio par les Vénitiens et piller par les Arabes la caravane de la Mekke. A la mort d'Achmet, il voulut placer sur le trône Ibrahim, enfant de 3 ans. Mais Mustapha II, proclamé en 1695, fit étrangler Tarabolous, sous prétexte de malversation.

TARAFAH (Amrou ben Alabad), poète arabe, né vers la fin du 6ᵉ S., assassiné à l'âge de 26 ans par l'ordre d'Amrou, roi de Hira, était passionné pour les plaisirs, la poésie et les combats. On lui doit un poème, l'un des sept qui portent le nom de *Moallakah* (Suspendus), où l'on retrouve les principes de la morale épicurienne. Reiske a publié à Leyde en 1742 la *Moallakah* de Tarafah, avec une traduction latine, des gloses arabes, un prologue et des notes remplies d'érudition.

TARAISE, patriarche de Constantinople, né dans cette ville vers le milieu du 8ᵉ S., mort en 806, n'accepta qu'à regret une aussi haute dignité, vaincu par les instances d'Irène, et signala son zèle en faisant condamner par le concile de Nicée, en 787, l'hérésie des iconoclastes, et en s'opposant au dessein de Constantin de répudier son épouse et de la remplacer par une des suivantes de sa mère. Le *discours* de Taraise à l'impératrice Irène, pour se défendre d'accepter les fonctions de patriarche, et ses *lettres* au pape Adrien et aux évêques se trouvent dans le Recueil des Conciles du P. Labbe, tome VII, pag. 34 et suiv.

TARBÉ (Pierre-Hardouin), imprimeur, né en 1728 à Sens, mort en 1784, a publ. dans l'*Almanach historique de Sens*, de 1765 à 1781, ses recherches sur l'histoire civile, ecclésiastique et militaire de sa ville natale et du diocèse. — TARBÉ (Louis-Hardouin), fils du précédent, né en 1755 à Sens, mort en 1806, malgré le penchant qui l'entraînait vers les lettres, fut avocat et premier commis des finances sous les ministères de Necker et de Calonne, puis directeur des contributions sous de Lessart. Devenu ministre lui-même de cette partie importante, il en créa toute l'organisation, qui depuis n'a guère subi de changement. Quand il vit que rien ne pouvait arrêter la marche des événem., il donna sa démission en 1792. Obligé de se cacher, il revint à Sens dès que le calme fut rétabli ; désormais tranquille, il refusa les hautes fonctions qui lui furent offertes, et vécut d'une pension de six mille francs, que lui avait obtenue le duc de Gaëte. Sa famille conserve de lui quelq. poésies, tant originales que traduites. Parmi les premières on distingue la romance célèbre de *la Folle par amour*, qui commence par ce vers :

C'est dans les champs de la Neustrie.

—TARBÉ (Charles), frère du précédent, né à Sens en 1756, député à l'assemblée législative, puis au conseil des cinq-cents, mort en 1804 à Cadix, où les chambres d'assurance de Rouen et du Hâvre lui avaient confié une mission honorable, avait été d'abord négociant. Quand il parut à la tribune, on fut étonné de la clarté et de la profondeur qu'il apporta dans la discussion des plus hautes questions de la politique et de l'ordre social. Ses opinions furent les mêmes que celles de son frère, et, comme elles, invariables. Il combattit surtout les mesures proposées par les négrophiles, en prédisant qu'elles amèneraient la ruine des colonies, sans améliorer réellement la condition des esclaves.

TARCAGNOTA (JEAN), historien, né vers la fin du 15e S. à Gaëte, mort en 1566 à Ancône, était allié à la malheureuse famille des Paléologues. Le plus considérable de ses ouvrages est une *Histoire universelle*, qui, malgré de grands défauts d'exécution, est le meilleur essai de ce genre dans la langue italienne. En voici le titre : *Dell' Istorie del Mondo, le quali con tutte quelle particolarità che bisognano, contengono quanto dal principio del mondo fin a' tempi nostro è successo*, Venise, 1562, 4 vol. in-4 ; réimpr., ibid., 1573, 1585, 1588, 1592, 1598, 1606. — V. MARULLI.

TARDIEU (MARIE FERRIER), devenue fameuse par son avarice sordide, fut assassinée dans sa maison, en 1665, avec son mari, lieuten.-criminel de Paris. Tout prouve que Boileau n'a pas fait un tableau exagéré de la lésinerie de ce malheureux couple. — TARDIEU (Nic.-Henri), graveur célèbre, élève de G. Audran, né en 1674 à Paris, fut admis en 1716 à l'académie, et mourut en 1749. Il a gravé la *suite* des batailles d'Alexandre, une *Madeleine*, le *Sacre de Louis XV*, etc. — TARDIEU (Jacques-Nicolas), fils du précédent, publia aussi des gravures très estimées : les *Misères de la guerre* ; le *Déjeuner flamand*, d'après Téniers, etc. — TARDIEU (Pierre-François), cousin du précéd., marcha dignement sur ses traces. On cite son *Jugement de Pâris*, d'après Rubens. — Ant.-Franç. TARDIEU, dit de l'*Estrapade*, graveur géogr., né en 1757 à Paris, où il mourut en 1822, travaillait dès 1778 à Malines à la gravure de la *carte* du Ferraris. Ses princip. ouvr. sont, outre 8 *plans* in-fol. des *Capitales de l'Europe*, faisant partie de l'*Atlas* de Mentelle : les cartes des *Palatinats de Cracovie, Plock, Lublin* et *Sandomir*, gravées pour le roi de Pologne (Stanislas-Auguste) ; l'*Atlas du Voyage aux terres australes*, de Péron, et celui de l'*Hist. des guerres des Français en Italie*, d'après Lapie, etc.

TARDIEU (ALEXANDRE), graveur, né à Paris en 1758, de la même famille, étudia sous le célèbre Wille, et en s'attachant à imiter la manière de Nanteuil et d'Edelinck, se plaça parmi les artistes les plus remarq. de son temps. Le grand mérite qui le distingue, c'est de rendre avec autant d'esprit que d'exactitude les maîtres dont il reproduit les ouvrages, en adoptant une manière analogue à son talent. Émule de Bervic, il lui disputa le gr. prix de gravure en 1791, et le remplaça plus tard à l'Institut. Ses princip. ouvr. sont deux portraits de *Voltaire*, d'après Largillière et Houdon ; le portrait en pied de *Marie-Antoinette* et celui de la *Reine de Prusse*, d'après Mme Lebrun ; *Montesquieu*, d'après David ; la *Psyché*, d'après Gerard ; *Napoléon* en pied, d'après Isabey ; *Ruth et Booz*, d'après Hersent, etc. Tardieu mourut en 1837. M. Desnoyers est son élève.

TARDIF (GUILLAUME), lecteur ordinaire du roi Charles VIII, né au Puy-en-Velai vers 1440, a laissé des compilat. et des traductions. Nous citerons de lui : *Grammatica et Rhetorica* (Paris, Cæsaris, vers 1480), in-4, excessivem. rare. — *Apologues et Fables d'Ésope*, trad. du latin, de Laur. Valle, Paris, Ant. Vérard (1490), in-fol. de 36 f. — *Anti Balbina, vel Recriminatio tardiviana in Balbum*, ib., 1495, in-4 : ce Balbi (Jérôme), l'avait attaqué vivem. dans une satire intit. : *Rhetor gloriosus*. On ignore l'époque de sa mort.

TARDIN (JEAN), médecin à Tournon, n'est connu que par quelq. écrits encore recherchés des curieux. Telle est son *Histoire nat. de la fontaine qui brûle près de Grenoble*, etc., Tournon, 1618, in-12. On lui doit encore : *Disquisitio de eâ quæ XI° mense peperit*, ibid., 1640, et Paris, 1765, in-8.

TARDY (JEAN), conseiller au Châtelet en 1591, fut pendu, par ordre de la faction des Seize, avec Brisson et Larcher, dans la chambre haute du Châtelet. Il est curieux de rappeler que les brigands dressèrent une sentence de mort contre ces trois magistrats, et l'écrivirent au-dessus des signatures de plus. notables bourgeois, qu'ils avaient surprises sous un autre prétexte. — TARDY (Claude), profess. d'anatomie, né en 1607 à Langres, mort vers 1670, s'était fixé à Paris, où il travailla puissamment à prouver la circulation du sang, nouvellement découverte par Harvey. La plupart de ses ouvr. sont écrits en latin. Nous citerons : *Quæstio medica discutienda in scholis medicorum*, etc., 1543, in-4 ;

— *In librum Hyppocratis de virginum morbis commentatio*, Paris, 1648, in-4. — *Cours de méd.*, ibid., 1662, in-4.

TARELLO (Camille), auteur agronomique italien, a publié : *Ricordo d'agricoltura*, Venise, 1567, in-8 ; réimpr. à Mantoue en 1577, 1622 et 1735 ; à Trévise en 1731 ; enfin de nouveau à Venise en 1772, in-4, avec des *notes* du P. Scosteni. Quelq.-uns de ses conseils ont trouvé une justice tardive en Suisse et en France. Yvart en a fait sentir l'importance dans un *Traité particulier sur les assolements*, 1822.

TARGA (Léonard), médecin, né en 1730 à Vérone, mort en 1815, avait étudié à Padoue sous Morgagni. On lui doit une édit. estimée des œuvres de Celse (*Celsi opera*), Padoue, 1769, 2 vol. in-4.

TARGE (Jean-Baptiste), historien, né à Paris vers 1720, mort à Orléans en 1788, professa les mathématiques à l'école militaire lors de sa création. Outre des traductions de plus. ouvr. historiq. anglais, on lui doit : *Histoire de l'avénement de la maison de Bourbon au trône d'Espagne*, Paris, 1772, 6 vol. in-12, etc.

TARGET (Gui-Jean-Bapt.), célèbre avocat, né en 1733 à Paris, se fit par ses plaidoiries, et surtout par ses consultations, une renommée qui lui ouvrit les portes de l'Académie franç. en 1785, et le porta l'un des premiers à l'assemblée des états-généraux comme député de sa ville natale. Il s'y montra le zélé défenseur des droits ou des réclamations du tiers-état ; mais son éloquence diffuse, surchargée de détails fastidieux, fit tort à sa réputation, et fut long-temps l'objet des railleries du public, trompé dans son attente. Plus tard, il laissa échapper une belle occasion d'agrandir sa renommée d'orateur : il eut la faiblesse de refuser de défendre Louis XVI, qui l'avait nommé un de ses avocats. Sous le régime de la terreur, il fut le secrétaire du comité révolutionnaire dont était président le savetier Chalandon ; mais on assure que Target employa son influence sur ce président, qui savait à peine lire, pour sauver un gr. nombre de personnes. Nommé en 1798 conseiller à la cour de cassation, il donna des preuves de ses profondes connaissances et de son jugem. sain en matière de jurisprudence. Il mourut en 1807. On a de lui plus. ouvr., entre autres : *Observations sur le commerce des grains* (faites en 1769), Paris, 1776, in-12. — *Mém. sur l'état des protestants en France*, 1787.

TARGIONI-TOZZETTI (Jean), médecin - botaniste, né en 1712 à Florence, remplaça Michelli, son maître, dans la charge de directeur du jardin botanique de Florence, dont il compléta le catalogue. Il fut ensuite nommé conservat. de la bibliothèque de Magliabecchi, puis médec. des gr.-ducs de Toscane. Il mourut en 1783, laissant, entre autres ouvr. sur les sciences, qu'il cultivait avec succès : *Relazioni di alcuni viaggi fatti in diverse parti della Toscana*, etc., 2ᵉ édit., 1768-79, 12 vol. in-8. — *Notizie degli aggrandimenti delle scienze fisiche, accaduti in Toscana nel Corso di anni sessanta, nel secolo 17*, Florence, 1780, 4 vol. in-4.

TARIK-BEN-ZEIAD, capitaine arabe, pénétra le prem. en Espagne, et en commença la conquête. Ce fut à la sollicitation de quelques seigneurs visigoths, fatigués de leur roi Rodrigue, et par l'ordre de Mousa-ben-Noseir, gouv. d'Afrique, que Tarik, qui déjà avait soumis toute la Mauritanie, débarqua le 28 avril 711 à Algésiras. La même année il gagna la bataille de Guadalète sur Rodrigue, le tua de sa main, et bientôt une gr. partie de l'Espagne lui fut soumise. Il la gouvernait en paix, lorsque Mousa vint lui enlever le fruit de ses travaux. Tarik, rendu par le khalyfe Walid 1ᵉʳ à la liberté et à de nouv. expéd. toujours heureuses, ne vécut pas mieux avec son ancien gouvern. Le khalyfe, fatigué de leurs dissensions, leur retira le commandement. Tarik mourut dans l'obscurité ; mais son nom vivra à jamais dans celui de *Gibraltar*, formé par altérat. de *Djebal-Tarik* (mont de Tarik). C'est à tort que l'on a fait deux et même trois personnages différents de Tarik, au moyen de quelques variantes dans l'orthographe de son nom et de ses surnoms. Il est constant que c'est le même qui opéra les deux prem. débarquements en Espagne, et qui en commença la conquête.

TARIN (Jean), né en 1586 à Beaufort en Anjou, profess. au Collège royal, mort en 1666 à Paris, a publié plus. traduct. et des *poésies* latines. Un de ses fils, gouverneur de St-Domingue, fut tué en combattant contre les Anglais. — Tarin (Pierre), habile anatomiste, né au commencem. du 18ᵉ S. à Courtenai, dans le Gâtinais, n'eut jamais que le grade de bachelier. Outre d'excellents articles dans l'*Encyclopédie*, et quelques traduct. d'ouvr. d'anatomie, on lui doit entre autres écrits : *Anthropotamie, ou l'Art de disséquer*, etc., Paris, 1750, 2 vol. in-12, fig. — *Adversaria anatomica*, ibid., 1753, in-4, fig. — *Dictionnaire anatomique*, suivi d'une *Bibliothèque anatomique et physiologique*, ibid., 1753, in-4. — *Observations de médecine et de chirurgie*, ib., 1758, 3 vol. in-12.

TARLATI (Guido), gentilh. toscan, se trouvait, au commencement du 14ᵉ S., le chef de sa famille, invariablem. attachée aux gibelins. Évêq. d'Arezzo, il s'empara de la souveraineté de cette ville en 1323. Il surprit peu de temps après Città di Castello, qu'il soumit aux gibelins, et s'attira par-là l'excommunication du pape Jean XXII. Au parlem. de Trente, en 1327, il détermina Louis IV, empereur élu, à venir à leur secours ; mais, ayant perdu son influence sur l'emper., il mourut de chagrin à Montenero, près de Livourne, au mois d'octobre même année. — Tarlati (Pierre), dit *Saccone*, frère du précéd. et son successeur, en 1327, à la souveraineté d'Arezzo et de Città di Castello, était déjà maître d'un petit état que ses ancêtres lui avaient laissé dans la partie la plus sauvage des Apennins. Habitué de bonne heure à braver toutes les rigueurs des saisons et à mépriser la mollesse et le luxe de la moderne Italie, il résolut d'être le roi de ces affreux pays, où il n'avait qu'un fief, et bientôt toutes les hautes montagnes de la Toscane, de la Romagne et de la Marche-d'Ancône lui furent soumises; mais une guerre contre les Florentins, dans laq. l'entraîna son allié Mastino de la Scala, lui fit perdre Arezzo en 1337. Il n'en demeura pas moins l'ennemi des Florentins et des guelfes, auxquels son habileté dans la guerre de partisan, ses ruses, ses attaques imprévues furent souvent funestes. Il mourut vers 1356, âgé de 96 ans, et put dès-lors prévoir qu'après lui la fortune abandonnerait sa famille.

TARLO (Jean), noble polonais, resta fidèle à Jean-Casimir, tandis que toute la noblesse des palatinats de Posen et de Kalisch se soumettait à Charles-Gustave, roi de Suède. Arrêté comme rebelle et emprisonné à Grandenz, il parvint à s'évader, quand Stanislas Potocki et George Lubomirski eurent mis le siège devant cette ville (1659). Il y revint le même jour, servant de guide à l'armée polonaise, monta le premier à l'assaut, et tomba percé de coups en s'enveloppant dans son drapeau.

TARNOWSKI (Jean), dit *le Grand*, d'une des plus illustres familles de Pologne, né en 1488, parcourut dans sa jeunesse les côtes de la mer Noire, la Syrie, la Palestine et l'Afrique, où il combattit pour le roi de Portugal contre les Maures. Partout sur son passage il laissa les princes et les peuples charmés de ses qualités personnelles. Créé comte de l'empire par Charles-Quint, il en reçut, aussi-bien que du pape Léon X, les lettres les plus honorables pour Sigismond Ier. Nommé bientôt par le roi châtelain de Woiniski et palatin de la Petite-Russie, il déploya dans une campagne contre les Russes une valeur chevaleresque. Envoyé au secours des Hongrois, attaqués par Soliman, il reçut à son retour le titre de grand général de la couronne, marcha contre les Moldaves, qui envahissaient la Pokucie, en 1531, et les battit complétement à plus. reprises. Il triompha dans Cracovie avec un éclat et des distinct. dont jamais roi peut-être n'honora un sujet. Il eut de nouv. les Russes à combattre, les Moldaves à repousser, et fut partout vainqueur. Ce guerrier, si brave sur le champ de bataille, était encore un modèle de générosité et de désintéressem. Il mourut à Tarnow en 1571. Ami des lettres, il les avait cultivées dans ses loisirs. Entre autres ouvrages, on a de lui en polonais: *Conseils sur l'art militaire*, Tarnow, 1558, in-4. — Un *Traité sur les lois et les discours* les plus importants qu'il a tenus dans les diètes de Pologne (en lat.). Sa *Vie* a été publiée par M. Thadée Mostowski dans les *Auteurs polonais*.

TARQUIN (Lucius-Tarquinius-Priscus), 5e roi de Rome, était fils d'un riche habitant de Corinthe, nommé Démarate, qui, ayant été forcé de s'expatrier, alla s'établir à Tarquinies. Lucumon (c'est le nom sous lequel il était alors connu), renonça bientôt au séjour de sa ville natale, où son origine étrangère le faisait dédaigner, pour se fixer à Rome, où il savait que cette qualité même serait un titre de faveur. Il pouvait avoir alors 25 ans; Ancus était dans la 8e année de son règne (627 avant J.-C.). Lucumon changea son nom en celui de Lucius-Tarquinius, et, grâce à sa valeur guerrière, à sa prudence dans les conseils, et surtout au noble usage qu'il fit de ses richesses, il ne tarda pas à devenir, après le roi, le personnage le plus considérable de sa patrie adoptive. Ancus, en mourant, le nomma tuteur de ses deux fils; mais Tarquin réussit à se faire décerner la couronne au détriment de ses pupilles. C'était de l'ingratitude; mais la royauté n'était pas héréditaire à Rome, et ses droits valaient bien ceux de ses pupilles. Pour se rendre agréable aux plébéiens, auxquels il devait son élévation, il tira de leur ordre cent hommes, qu'il promut au rang de patriciens et de sénateurs. Il embellit et fortifia Rome, qui lui dut entre autres monuments ces égoûts que l'on admire encore, et prépara sur le mont Tarpéien l'emplacement de ce Capitole qui reçut long-temps les vœux de l'univers. Il doubla par deux fois le nombre des chevaliers, puis, à propos d'un changement qu'il parut vouloir introduire dans cet ordre, il eut soin de se faire contredire par un célèbre augure, Attus-Nævius, auquel il porta le défi de couper un caillou avec un rasoir. L'augure fit ce miracle aux yeux du peuple émerveillé, qui, de ce moment, ne cessa de montrer le plus gr. respect pour la science des auspices. On est porté à croire que le roi ne s'était pas proposé d'autre but, et qu'il avait préparé lui-même d'avance toute cette scène. Tarquin eut souvent les armes à la main. Sa prem. guerre eut lieu contre les peuples du Latium. Il les battit, et célébra sa victoire avec un appareil jusqu'alors inconnu. Les Sabins eurent leur tour, et n'obtinrent la paix qu'en cédant aux Romains Collatie et son territoire. Il fit ensuite aux Latins une guerre dont les résultats furent importants, s'il est vrai qu'il prit les villes de Cornicule, de Ficulnée, de Camérie, de Crustumère, d'Amériole, de Médullie et de Nomente avec leurs dépendances. Quant à la guerre contre les Étrusques dont parle Denys d'Halicarnasse, et qui, selon lui, dura neuf ans, c'est un de ces faits hasardés qu'on trouve souvent dans cet historien. Il est toutefois certain qu'à cette époque les deux nations étrusque et romaine s'offrent à nous réunies en une seule. Ne pourrait-on pas expliquer cette réunion en supposant, ce qui n'est pas invraisemblable, que Tarquin était un des rois (*Lucumons*) de l'Étrurie, qui, appelé à régner dans Rome au même titre que Numa, par la seule réputation de sa puissance et de sa sagesse, joignit à l'état romain la partie de l'Étrurie sur laquelle il régnait déjà, soit du chef de son père, soit par un mariage avec une princesse du sang royal de la *Lucumonie* de Tarquinies. Au reste, il ne faut point s'attendre à connaître la vérité tout entière sur les premiers temps de Rome. Tarquin, après avoir travaillé pendant 38 ans à la gloire et au bonheur de sa patrie adoptive, fut massacré dans son palais par des assassins qu'avaient apostés, dit-on, les fils d'Ancus. C'était, comme l'observe judicieusement un critique moderne, attendre bien long-temps pour punir l'usurpat. du trône, et d'ailleurs ces jeunes princes ne furent pas les successeurs du monarque assassiné.

TARQUIN-*le-Superbe* (Lucius-Tarquinius-Superbus), 7ᵉ et dernier roi de Rome, était petit-fils de Tarquin-l'Ancien, et gendre de Servius-Tullius. Son frère, nommé Arons, avait aussi épousé une des filles de ce monarque. Leurs femmes portaient le même nom, celui de Tullia. Lucius, trouvant dans sa belle-sœur une déplorable conformité d'ambition perverse et d'audace, entretint d'abord avec elle un commerce incestueux, qui fut le prélude de nouveaux crimes. S'étant débarrassés par le poison, l'un d'une femme, l'autre d'un époux, ils formèrent ensuite, sous ces auspices sanglants, les nœuds d'un affreux hyménée, et ne tardèrent pas à ravir à Servius le trône et la vie (l'an 534 av. J.-C.). Dès le premier jour de son règne, Tarquin s'annonça comme un despote. Il ne se fit élire ni par le sénat, ni par le peuple, et prit la couronne comme un bien héréditaire, quoique la légitimité résidât dans l'élection. Après un tel début, il ne pouvait régner que par la terreur. Il extermina la plupart des sénateurs, régla l'administration, décida de la paix ou de la guerre, sans prendre l'avis d'aucun corps de l'état, se réserva le jugement des causes capitales, ou se reposa de ce soin sur des magistrats vendus ou subjugués. Les plébéiens ravis de voir les grands humiliés, changèrent de sentiments, lorsqu'ils furent chargés d'impôts arbitraires et de corvées, et qu'ils se virent exposés chaque jour aux excès d'une tyrannie violente et soupçonneuse. Ce fut par leurs mains et au prix de leurs sueurs que s'élevèrent tant de magnifiques monuments, destinés à faire la gloire de Rome, mais aussi à déposer éternellement contre la cruelle domination de Tarquin. Ce tyran, soutenu contre la haine de ses sujets par des troupes étrangères et par des alliances avec les rois voisins, put étendre son empire au-dehors sans craindre les révoltes intérieures. Placé à la tête d'une confédération de quarante-sept villes, la plupart du Latium, il soumit les Sabins et les rendit tributaires, combattit ensuite les Volsques avec avantage, et entreprit de soumettre Gabies, ville alors fort considérable. Ne pouvant y réussir par la force, il eut recours à la ruse. Sextus, son fils, feignant d'avoir été maltraité par lui, se retira chez les Gabiens, dont il gagna la confiance et qui l'élevèrent bientôt au commandement général de leurs troupes. Le jeune prince envoya alors consulter son père sur la conduite qu'il devait tenir. Le roi mena le messager de son fils dans son jardin, et abattit devant lui les têtes des pavots qui s'élevaient au-dessus des autres : ce fut là sa seule réponse, elle signifiait qu'il fallait se débarrasser des principaux personnages de Gabies. Le fils, digne de comprendre l'ordre affreux de son père, se hâta de l'exécuter. Tarquin, profitant des troubles causés par cette exécution même dans la ville ennemie, y fit son entrée, sans éprouver de résistance, et, contre l'attente universelle, se montra humain et même généreux, par politique. Il se voyait puissant au-dehors, redouté au-dedans : il jeta les fondements et commença la construction du Capitole, acheta les livres sibyllins qui passaient pour contenir les destinées de l'état, et s'occupa d'organiser pour le despotisme un peuple né pour vivre libre. La violence exercée par son fils Sextus sur Lucrèce fut l'occasion plutôt que la cause, qui amena la ruine de sa famille et la destruction de la royauté. Ce fut l'an de Rome 244 et dans la 25ᵉ année de son règne qu'il fut banni avec tous les siens par une loi curiate. Il avait alors 75 ans; mais sa vie politique était loin d'être terminée, et bientôt il montra combien il lui restait encore d'ambition et d'énergie. Des députés de la ville de Tarquinies, où il avait trouvé un favorable accueil, vinrent à Rome demander son rétablissement ou du moins la restitution de ses biens. Cette dernière réclamation fut la seule à laquelle on résolut de faire droit; mais une conspiration, fomentée par ces députés perfides parmi les jeunes patriciens fut découverte (*v.* Brutus); le décret de restitution, qui commençait à s'exécuter, fut rapporté, et les biens abandonnés au pillage de la multitude. Le tyran déchu recourut alors à la force, mit dans son parti Tarquinies, Véies et d'autres villes de la Tyrrhénie, et quoique vaincu, ne désespéra pas de sa fortune. Il implora et obtint l'appui de Porsenna, roi de Clusium, l'une des principales souverainetés de la Toscane. Un moment il eut l'espoir de reconquérir son trône à l'aide d'un si puissant allié; mais ce prince, après avoir imposé des conditions fort dures aux Romains, dont il admirait le courage, abandonna la cause de leur tyran. Tarquin se tourna alors vers les Sabins, ou plutôt son fils Sextus gagna à sa cause ces peuples, ainsi que les villes de Fidènes et de Camérie. Sextus se conduisit avec beaucoup d'habileté et de courage dans cette nouvelle lutte; mais il fut obligé de céder à la fortune naissante de la république romaine. Son père ayant trouvé encore le moyen d'intéresser à sa cause trente nations de la confédération latine, et de tramer dans Rome, parmi les plébéiens mécontents, une seconde conspiration, la guerre reprit avec plus de fureur et dura quatre ans, pendant lesquels Sextus joua un grand rôle, mais toujours sans succès. Enfin fut donnée, sur les bords du lac Régille, une bataille gagnée par les Romains, et où périt l'intrépide fils de Tarquin, qui, chassé lui-même du territoire des Latins, et resté seul de toute sa famille, alla mourir à Cumes. — V. Collatinus.

TARRAKANOFF (Anne-Pétrowna, princesse de), née en 1755 du mariage clandestin d'Élisabeth, impératrice de Russie et d'Alexis Razumoski, fut enlevée jeune encore par le prince Radziwill, qui voulait l'opposer un jour à Catherine II. Elle vivait à Rome avec une seule gouvernante, quand le comte Alexis Orloff, par des promesses insidieuses, obtint sa confiance, s'unit à elle par un feint mariage et l'entraîna à Livourne, où elle eut l'imprudence de demander à visiter un bâtiment russe. De ce jour Anne-Pétrowna disparut. Les uns ont dit qu'elle périt dans les plus affreux supplices; d'autres assurent qu'enfermée dans la forteresse de St-Pétersbourg, elle y fut noyée, après six ans de captivité, en 1777, dans son cachot, par un débordement de la Néwa. L'histoire de cette malheureuse princesse a été l'objet de plus. composit. littéraires, entre autres d'un roman publié à Paris en 1813, par Mme de R., sous le titre de *Anna-Pétrowna, fille d'Élisabeth*, in-12.

TARRIBLE (JEAN-DOMINIQUE-LÉONARD), jurisconsulte, né en 1753 à Auch, remplit diverses fonctions publiques pend. la révolution, et devint, après le 18 brumaire, membre du tribunat ; il concourut à la rédaction du Code civil, et fut l'un des collaborateurs des *Annales du notariat*, 1803 à 1807, 9 vol. in-8, où l'on trouve de lui un traité *de la tutelle et des servitudes*. De la portion qui lui appartient du Commentaire sur le Code civil (les 3 dern. vol. sont de lui), il a tiré et publié séparém. un *Manuel des justices de paix*, Paris, 1806, in-8. Nommé conseiller à la cour des comptes, il mourut à Paris en 1821. M. Brière de Surgey, président de la cour des comptes, prononça sur sa tombe un discours inséré dans le *Moniteur* du 4 mars.

TARSIA (GALEAZ de), poëte italien, né à Cosenza vers 1476, mort en 1530, avait passé les premières années de sa vie sous les drapeaux de Frédéric II d'Aragon. Il aima la fameuse Vittoria Colonna, dont il célébra les talents et les charmes dans de beaux vers, sans pouvoir la rendre sensible à la passion qu'elle lui avait inspirée. Dans ses poésies peu nombreuses (*rime*), Naples, 1758, in-8, on trouve un coloris frais et une grande énergie de style. — TARSIA (Paul-Antoine de), historien, né à Conversano, dans la Pouille, mort à Madrid en 1670, avait embrassé l'état ecclésiastique, et a laissé quelques ouvrages peu recherchés. Les principaux sont : *Historiarum cupersanensium libri III*, Madrid, 1649, in-4 ; réimpr. par Burmann, dans sa *Collection des historiens d'Italie*, tom. IX, part. 5e.— *Tumultos de la ciudad y regno de Napoles, en el anno 1647*, Lyon, 1670, in-4.

TARTAGLIA (ANGE-LABELLO), condottiere italien, d'abord lieutenant de Sforza, se brouilla avec lui en 1406, servit sous Braccio de Montone, le quitta, se mit au service du pape Martin V en 1421, et se trouva encore une fois sous les ordres de Sforza qui l'appliqua au chevalet pour lui tirer l'aveu de ses intelligences avec Braccio, et lui fit trancher la tête. — TARTAGLIA (Nicolas), géomètre, mort à Venise en 1557, était le fils d'un pauvre messager de Brescia, et resta privé de toutes ressources à l'âge de 6 ans. Long-temps il fut le plus malheureux des hommes ; mais doué d'une admirable constance, il apprit seul les mathématiques qu'il enseigna depuis avec le plus grand succès à Vérone, à Vicence, à Brescia, etc. Il appliqua l'un des premiers les mathématiques à l'art de la guerre. Parmi ses ouvrages assez nombreux on distingue: *Quesiti ed invenzioni diverse*, Venise, 1550, 1551, in-4, et 1554, in-4, avec un traitement assez curieux qui traite de l'art de fortifier les places. — *La Travagliata invenzione, ossia regola generale per sollevare non solamente ogni affondata nave, ma una torre solidita di metallo*, ibid., 1551, in-4.

TARTAGNI (ALEXANDRE), jurisconsulte, mort en 1477 à Bologne, âgé de 53 ans, professa le droit pendant 30 ans dans plusieurs villes d'Italie ; ses contemporains l'avaient surnommé le *Docteur de la vérité*. Il publia sur le digeste, le code, les clémentines, les décrétales, des *commentaires* qui eurent un gr. succès. Ses Conseils (*Consilia*) ont été très utiles à Dumoulin, qui y puisa la plus grande partie de sa science.

TARTAROTTI (JÉRÔME), littérateur, né en 1706 à Roveredo, mort en 1761, fonda dans sa patrie une société littéraire, dont les membres prirent le nom de *dodonei*. Il lutta fortement contre les scolastiques, et publia, entre autres ouvrages, *del Congresso notturno delle lammie, con due dissertazioni sopra l'arte magica*, Roveredo, 1749, in-4 ; c'est un traité sur le sabbat, dont il s'applique à prouver l'imposture. — *Ragionamento intorno alla poesia lirica toscana*, 1728, in-8. — *Memorie antiche di Roveredo*, 1754, in-4.

TARTAROTTI (Jacq.), frère du précéd., né en 1708, mort en 1737, notaire à Roveredo, a laissé quelques poésies médiocres et d'autres ouvrages, parmi lesquels nous citerons : *Raccolta delle iscrizioni più antiche della val Lagarina*, dans les *Memorie antiche di Roveredo* de son frère.

TARTERON (JACQUES), jésuite, né en 1644 à Paris, mort dans cette ville en 1720, est connu par des traduct. d'*Horace*, de *Juvénal* et de *Perse*, qui furent d'autant mieux accueillies qu'il n'en existait point alors de supportable ; mais elles ont été surpassées depuis par celles de MM. Campenon et Després, de Dusaulx, de Sélis et de Lemonnier. Sa version des *Épîtres* et des *Satires* d'Horace parut en 1685 : celle des *Odes* en 1704, et réimpr. l'année suiv. Sa version de *Juvénal* et de *Perse*, imprimée en 1688, eut aussi plusieurs éditions.

TARTINI (GIUSEPPE), célèbre musicien, né en 1692 à Pirano de l'Istrie, fut destiné par ses parents à l'état ecclésiastique ; mais ne se sentant aucun goût pour la théologie, il commença l'étude du droit ; il en fut distrait par son goût naissant pour la musique et par une passion bien plus forte pour l'escrime. Un mariage clandestin avec une demoiselle de Padoue à laquelle il donnait des leçons de musique, lui fit craindre, lorsqu'il fut découvert, la vengeance de la famille de sa femme. Forcé de prendre la fuite, il mena quelque temps une vie errante et misérable. Ayant trouvé un asile dans un couvent à Assise, il s'y livra sérieusement à des études musicales, et s'étant fait pardonner son mariage, il commença dès-lors à jeter les fondements de sa réputation à Venise. Nommé, en 1721, chef d'orchestre de l'église de St-Antoine à Padoue, il ne tarda pas à s'y fixer, et il y mourut en 1770. Tartini fut à la fois virtuose habile et compositeur fécond. On lui doit quelques ouvrages estimés sur l'art qu'il cultivait. En voici les titres : *Trattato di Musica, secondo la vera scienza dell' armonia*, Padoue, 1754, in-4. — *Risposta alla critica del di lui Trattato di Musica di M. Serre di Ginevra*, Venise, 1767, in-8. —*Dissertazione dei principi dell' armonia musicale, contenuta nel diatonico genere*, Padoue, 1767, in-4. Sa musique, gracieuse, tendre et touchante, prouve la plus exquise sensibilité, et n'a pas besoin du secours de la parole pour se faire entendre au cœur.

TARUFFI (JOSEPH-ANTOINE), poète italien, né en 1722 à Bologne, mort en 1786 à Rome, étudia d'abord la jurisprudence pour obéir à sa famille, et remplit quelq. fonctions diplomatiq. en Pologne et à Vienne; mais il doit toute sa renommée à ses poésies, recueillies à Rome en 1760. L'ami de Métastase, il publia son *Éloge*, Rome, 1785.

TARUTIUS (LUCIUS), ou Tarruntius, surnommé *Firmanus*, était né à Firmium, dans le Picentin, et vivait au temps de Cicéron et de Varron, qui furent ses amis. Il avait écrit en grec un livre sur l'astronomie, selon Pline, ou peut-être sur l'astrologie judiciaire dont il s'occupait beaucoup, et à laquelle il est avéré que croyait son ami Varron. Il est mentionné par Pline au nombre des auteurs dont il a tiré les matériaux du 18e livre de son *Histoire naturelle*.

TASCHEREAU DE FARGES (PAUL-AUGUSTE-JACQ.), homme de lettres, né vers 1750 dans le midi de la France, avait fait la guerre de l'indépendance en Amérique. Il embrassa les principes de la révolut. avec chaleur, et se lia avec les principaux démagogues, notamm. avec Robespierre, qui lui fit donner des missions importantes. Désigné pour remplacer Bourgoing dans l'ambassade de France à Madrid, la guerre entre les deux pays l'obligea de quitter l'Espagne. De retour à Paris, il fut membre d'un comité révolutionnaire, dissous au 9 thermidor (21 juillet 1794), lorsque tomba Robespierre. Entraîné dans sa chute, il fut arrêté; mais on le relâcha peu après, faute de preuves. Taschereau figura en 1796 dans l'insurrection du camp de Grenelle, puis dans celle de Babeuf. En 1799, il faisait partie de la société du Manège. Arrêté par la police comme ayant dans un écrit préconisé Robespierre, il fut conduit au Temple, et y resta jusqu'aux événements du 30 prairial. Toutes les accusations portées contre lui, soit avant, soit après le 9 thermidor, n'ont pu être prouvées. Toutefois il inspirait de la défiance, et le gouvernem. impérial le fit encore arrêter le 20 juillet 1807, et l'exila de Paris. Après avoir passé dans l'oubli tout le temps de la restaurat., il mourut à Paris du choléra en 1832. Il a publié: *Épître à Maximilien Robespierre*, 1795, in-8. — *Le gouvernement napoléoniste*, ode à la vérité, 1812, in-8. — *De la nécessité d'un rapprochement sincère et réciproque entre les républicains et les royalistes*, 1815, in-8. — *Ode à la clémence politique et réciproque*, 1815, in-8.

TASCHFYN (ABOU'L-MOEZZ, ABOU-OMAR), *al Masmoudy*, roi de Maroc, combattit, de 1126 à 1138, en Espagne, où son père Aly l'avait envoyé après la mort de son oncle Temym, gouverneur de ce pays, y reprit un grand nombre de places fortes, remporta plusieurs victoires, entre autres celle de Zalaka sur le roi Alphonse, et il eût sans doute établi dans la Péninsule la domination de sa famille (celle des Almoravides), si son père ne l'eût rappelé pour l'opposer aux Almohades, sectaires, qui déjà appuyaient leurs opinions et leur pouvoir sur de gr. succès. Taschfyn, constamment malheureux dans cette nouvelle guerre, vit son père mourir de chagrin, lui succéda en 1143, et ne put se rendre la fortune plus favorable. Enfin dépouillé de presque toutes ses possessions en Afrique et luttant en vain, par ses lieutenants, contre l'Espagne encore une fois soulevée, il périt dans une dernière tentative sous les murs d'Oran en 1145. Sa dynastie s'éteignit en 1146, par la défaite et la mort de son fils.

TASMAN (ABEL-JANSSEN), navigateur hollandais, a rendu d'importants services à la géographie et fait de nombreuses découvertes. Chargé par van Diemen, gouverneur-général de la compagnie des Indes, en 1642, de reconnaître l'étendue du continent austral, il découvrit dans ce premier voyage une terre qu'il nomma Van-Diemen, une autre qu'il appela Terre-des-États et qui porte aujourd'hui le nom de Nouvelle-Zélande, un groupe de petites îles qu'il nomma les Trois-Rois, les principales îles de l'Archipel des Amis et quelques-unes de celui de Fidji, etc. Le succès de cette expédition engagea van Diemen à lui en confier une seconde, sur laquelle on n'a aucun renseignement positif. Les Hollandais ont montré une indifférence coupable pour la gloire d'un homme qui a tant fait pour eux. Malgré cela son nom reste attaché à une rivière de la Carpentarie, à une île de la terre Van-Diemen, à une baie de la Nouvelle-Zélande, et le nom de *Tasmanie* commence à remplacer celui de Van-Diemen.

TASSE (OMODÉE), inventeur ou plutôt restaurateur des postes vers la fin du 13e S., paraît être la tige de la famille des Tasse, illustrée par le chantre des croisades. — TASSE (Bernard), poète, de la même famille que le précéd., né en 1493 à Bergame, éprouva jeune encore de gr. malheurs domestiques et demeura orphelin sans fortune. Ses talents lui obtinrent successivement la protection du comte Guido-Rangone, général des troupes du pape, de la duchesse de Ferrare et du prince de Salerne, dont il partagea les revers. Il ne tarda pas à retrouver de nouv. protecteurs; accueilli noblement par le duc d'Urbin, il passa en 1560 à la cour de Mantoue, en qualité de gr.-secrétaire, et mourut en 1569 à Ostille, dont le duc lui avait confié le gouvernement. Ses ouvr. auxquels peut-être la postérité eût moins songé sans la gloire immortelle de son fils Torquato qui semble se réfléchir sur eux, sont l'*Amadis de Gaule*, poème en cent chants, où brille plutôt l'art du versificateur que le génie du poète; imprimé en 1560, in-4, aux frais de l'acad. vénitienne, il l'a été depuis plus. fois; la meilleure édit. est celle que l'on doit à l'abbé Serassi, Bergame, 1775, 4 vol. in-12, précédée d'une vie de l'aut. — *Floridant*, épisode de l'*Amadis*, en XIX chants, Bologne, 1587. — 5 livr. de *Rime*, avec des *églogues*, des *odes*, des *élégies*, des *silves*, etc. Bergame, 1749, 2 vol. in-12; enfin un *Traité de la poésie et des lettres,* dont l'édit. la plus complète est celle de Padoue, 1733, 3 vol. in-8.

TASSE (TORQUATO TASSO, ou LE), né à Sorrente en 1544, fut obligé, dès sa plus tendre enfance, de quitter sa patrie, pour aller rejoindre son père dans l'exil. Il reçut sa première éducation à Rome, et fit admirer ses talents précoces, à l'âge où les autres enfants bégaient à peine les éléments des langues. Pour paraître docile aux volontés de son père, poète lui-même, et qui craignait de le voir suivre la même carrière, il alla étudier le droit à l'université de Padoue; mais la plus grande partie de son temps fut consacrée à la composition du poème de *Renaud,* dans le genre de l'Arioste. Cet essai d'un écolier excita un enthousiasme général; il en parut seul mécontent, et dès-lors il conçut le plan de son immortelle *Jérusalem délivrée.* Il commença par soumettre à l'examen d'une critique indépend. les principes constitutifs de l'épopée, et, une fois convaincu de la nécessité d'une action simple et unique, il eut le courage de lutter contre l'exemple donné par l'Arioste, et contre les préventions mal raisonnées des partisans de cet admirable génie, qui opposaient le succès prodigieux des chants irréguliers du *Roland furieux,* à l'oubli dont était frappée l'*Italie délivrée* du Trissin, composée d'après les modèles homériques. Le Tasse était occupé d'établir les bases de son monument, lorsque, sur l'invitation du duc Alphonse, il se rendit à la cour de Ferrare en 1565. A mesure qu'il avançait dans son travail, il en lisait des morceaux aux sœurs du duc. On a dit que l'une d'elles surtout, la princesse Léonore, l'écoutait avec un tendre intérêt, auquel son amour-propre ne fut pas seul sensible. S'il y eut quelque liaison de cœur entre lui et cette princesse, pédante, maladive et privée de tous les dons de la beauté, il est permis de croire qu'elle fut toute platonique. Mais il n'est pas démontré que cette Léonore, célébrée dans quelq. sonnets du poète de Sorrente, fût véritablement la sœur du duc Alphonse. Deux autres dames de ce nom, vivaient alors à la cour de Ferrare, et l'on ne peut dire précisément laquelle des trois eut l'honneur d'inspirer une passion à un grand homme : peut-être ni l'une ni l'autre. Quoi qu'il en soit, le Tasse éprouva bientôt d'autres peines que celles de l'amour. La mort de son père en 1569 le plongea dans une profonde tristesse, dont le tirèrent difficilement ses études poétiques et un voyage qu'il fit en France, au commencem. de 1571, à la suite du cardinal d'Este. La France était alors livrée à ce calme trompeur qui précéda les massacres de la St-Barthélemi. Le jeune poète reçut du roi Charles IX, qui faisait aussi des vers, un accueil si flatteur, que les courtisans s'en alarmèrent. Il n'en fut pas moins réduit à emprunter un écu pour vivre, et il quitta ce malheureux pays sans regret vers la fin de 1571. De retour à Ferrare, où le duc et les princesses conservaient encore pour lui la même estime et la même bienveillance, il reprit avec une nouvelle ardeur la composition de son gr. ouvrage. Dans les intervalles de repos que lui laissait la muse héroïque, il écrivit le drame pastoral d'*Aminte,* qui fut joué devant la cour en 1573, et qui enleva les suffrages de toute l'Italie. Le Tasse fut presque indifférent à ce triomphe; il sentait qu'une gloire plus éclatante lui était réservée, et il travaillait sans relâche à sa *Jérusalem délivrée,* qui fut terminée en 1575. Il s'empressa de la soumettre aux critiques de quelques gens de goût, dont il reçut avec docilité les observations, lorsqu'elles lui parurent raisonnables. Les soins minutieux que lui coûta la correction de son poème et quelques contrariétés qu'il éprouva à la cour de Ferrare, enflammèrent son sang, et jetèrent le trouble dans ses idées, qui furent encore bouleversées davantage par les terreurs religieuses. En vain Alphonse et ses sœurs cherchèrent à ramener le calme dans son esprit agité : le malheur. poète, égaré par les craintes chimériques qui lui montraient des ennemis dans ses plus chers bienfaiteurs, sortit secrètem. de Ferrare en 1577, sans argent, sans guide et presque sans vêtement. La douce société d'une sœur chérie, qu'il n'avait pas vue depuis long-temps, et la paisible influence du beau ciel de Naples, dissipèrent pour un moment sa sombre mélancolie. Bientôt il sentit le besoin de revoir Ferrare; mais il avait excité la colère du duc, ce qui faisait croire à ses romanesques amours avec la princesse Léonore, et il ne retrouva que ses places, mais non la faveur dont il avait joui, dans ces jours de bonheur qui ne devaient plus revenir. Il brisa de nouveau ses chaînes, se réfugia à la cour de Mantoue, qui le laissa dans la détresse, puis auprès du duc d'Urbin, qui, sensible à ses malheurs, ranima un instant son courage et son génie. De sombres idées vinrent encore assaillir son imagination, et lui persuadèrent qu'il serait mieux à la cour de Savoie. Il y fut reçu en effet avec les égards qu'il avait droit d'attendre; mais un penchant irrésistible l'entraînait vers Ferrare, où il arriva au milieu des préparatifs du mariage d'Alphonse avec Marguerite de Gonzague. Repoussé par les courtisans, outragé par les domestiques, il s'emporta en invectives contre son ancien protecteur, qui se chargea de justifier cette colère d'un homme de génie malheureux, en le faisant ignominieusem. enfermer dans un hôpital de fous (1579). On ne lui épargna pas les vexations, et l'on acheva de troubler sa raison en ajoutant les maux du corps aux peines de l'âme. Pour comble de tourment, il apprit que sa *Jérusalem* venait de paraître à Venise, d'après une copie informe, tombée entre les mains d'un spéculateur. Mais cette prem. publication, suivie aussitôt de plus. autres, répandit sa gloire avec rapidité dans toute l'Europe. Il croyait jouir paisiblem. de ce triomphe, qui peut-être lui eût fait oublier tant d'infortunes; mais l'envie le força d'entrer dans une longue polémique, où l'on vit figurer tous les littérateurs du temps, et surtout l'acad. de la Crusca, dont l'injustice et la dureté furent révoltantes. Il répondit à ses adversaires, dont le nombre ne l'intimida point, avec beaucoup de modestie et d'habileté, et s'appliqua

principalement à défendre la mémoire de son père qu'on avait confondu avec lui dans les mêmes attaques ; mais de tels efforts portèrent un dernier coup à sa santé et à sa raison. Mis en liberté par Alphonse sur les vives instances des ducs d'Urbin, de Mantoue, de Toscane et du pape lui-même, il s'éloigna aussitôt de Ferrare, et se traîna de ville en ville, accueilli quelquefois avec honneur, poursuivi plus souvent par la misère. Se trouvant à Naples en 1592, il sentit son âme flétrie se ranimer, et le premier usage qu'il fit de sa force fut de composer un nouveau poème, sur lequel il fondait toute sa gloire. Il en était venu à regarder sa *Jérusalem* comme un enfant adultérin dont il fallait désavouer la naissance. Peut-être rougissait-il des louanges excessives qu'il avait prodiguées à la maison d'Este, et dont il avait été payé par tant d'ingratitude. Comme s'il était arrêté que la fortune se jouerait de lui jusqu'à son dernier jour, il apprit qu'on lui préparait à Rome les honneurs du triomphe, s'y résigna, non sans répugnance et avec un pressentiment pénible, et ne put en jouir. A peine arrivé dans la capitale du monde chrétien, il tomba malade et se fit transporter au couvent de St-Onofrio, où il expira le 25 avril 1595, désabusé de toutes les gloires et de toutes les joies de ce monde, après avoir ordonné la destruction de ses ouvrages. Cet ordre ne fut pas plus exécuté que celui de Virgile. Sa *Jérusalem délivrée*, publ. pour la prem. fois sous le titre de *il Goffredo*, Venise, Cavalcalupo, 1580, in-4, fut réimpr. sous le nom qui lui est resté, Casalmaggiore, 1581, in-4, et Parme, 1581, in-4 et in-12. Parmi les autres édit. nombr. qui en ont paru, on distingue celle de Paris, Didot, 1784, 2 vol. in-4. Ce poème, trad. dans toutes les langues de l'Europe, l'a été en vers franç., par Baour-Lormian, Paris, 1795, 2 vol. in-8 ; 1797, 2 vol. in-4 ; 1819, 3 vol. in-8, avec une notice par M. Buchon ; et en prose par Mirabaud, Paris, 1724, 2 vol. in-12 ; Panckouke et Framery, ibid, 1783, 5 vol. in-18, et Lebrun, ib., 1774, et 1813, 2 vol. in-8, avec une *Notice* par Suard. Parmi les autres écrits du Tasse, on ne peut se dispenser de citer : *il Rinaldo*, Venise, 1562, in-4 ; trad. en franç. plus. fois, notamment par Cavellier, Paris, 1813, in-12. — *Aminta, favola boschereccia*, Venise, Alde, 1581, in-8 ; Paris, 1655, in-4, avec les notes de Ménage ; trad. en vers franç. par Baour-Lormian, Paris, 1813, in-18 ; et en prose par Berthre de Bourniseaux, ib., 1802, in-12. — *Le differenze poetiche, per risposta ad orazio Ariosto*, Vérone, 1581, in-8. — *Gerusalemme conquistata*, Rome, 1593, in-4, et Paris, 1595, in-12. — *Rime*, Milan, 1619, 6 vol. in-12. — *Lettera nella quale si paragona l'Italia alla Francia*, Mantoue, 1581, in-8. — *Dialoghi e discorsi*, Veniso, 1586, in-12. — *Apologia in difesa della Gerusalemme liberata*, Ferrare, 1585, in-8. — *Discorsi sull' arte poetica e sul poema eroico*, Venise, 1587, in-4. Ses *Opere complete* ont été publiés par M. Rosini, Pise, 1821 et années suiv., 30 vol. in-8.

TASSE (Faustin), poète italien, d'une autre famille que les précéd., né à Venise vers 1541, et mort dans cette ville à la fin du 16ᵉ S., a laissé, entre autres ouvr., 2 liv. de *Poésies toscanes*, Turin, 1573. — Tasse (Augustin), peintre, né en 1566 à Pérouse, mort à Rome en 1643, s'est fait un nom par ses paysages, où il a représenté des *navires*, des *scènes de pêche, de tempête*, etc. — Tasse (Hercule), écrivain du 16ᵉ S., a laissé quelq. ouvrages, parmi lesq. nous citerons : un *Recueil de poésies*, avec des *notes* de Corbelli, Bergame, 1593, et un *Traité de la réalité et perfection des devises*, ibid., 1612, in-4. Bien qu'il eût publié une *diatribe* contre les femmes et le mariage, il épousa une demoiselle de Bergame distinguée par sa beauté. — Tasse (le comte François-Marie), peintre et poète, né en 1710 à Bergame, mort en 1782, a laissé : *Vies des peintres, sculpteurs et architectes de Bergame*, mis au jour par son fils Hercule, Bergame, 1792, 2 vol. in-4.

TASSEL (Richard), peintre, né à Langres en 1588, reçut les prem. leçons de peinture de son père, artiste estimable, et se rendit en Italie pour y étudier les chefs-d'œuvre ; à Bologne, il fréquenta l'atelier du Guide, et se fit ensuite connaître à Rome par la facilité de son pinceau. De retour en France, il refusa de s'établir à Paris, et vint à Langres, où il mourut après 1663. On voit dans cette ville plus. de ses tableaux, ainsi qu'à Lyon et à Dijon. Sa manière rappelle celle du Guide et du Caravage ; mais ses productions furent trop nombr. pour être soignées. On dit que Tassel avait aussi des talents pour la sculpt. et pour l'architect.

TASSET (Joseph), musicien, né en 1732 à Chartres, mort à Nantes en 1801, dès l'âge de six ans jouait assez bien de la flûte pour en donner des leçons, et devint bientôt le prem. artiste de l'Europe sur cet instrument, auq. il ajouta plus. clefs et donna une plus gr. perfection. Il inventa même des flûtes d'un nouveau genre. Pendant le séjour qu'il fit en Angleterre, il eut pour élèves les personnages les plus distingués par leur naissance, et pour amis Sterne, Ferguson et Guthrie.

TASSIE (James), célèbre modeleur du 18ᵉ S., né près de Glascow, fut d'abord tailleur de pierre, et vécut dans l'indigence. Mais instruit par le docteur Quint à jeter en pâtes les pierres gravées, il fit de tels progrès dans cet art que les plus habiles antiquaires ne pouvaient souvent distinguer les copies des originaux. Une honnête aisance fut la récompense de ses travaux. Le catalogue descriptif de sa collect. générale a été publ. en angl. et en franç., 1791, 2 vol. in-4, fig., par E. Raspe, sous ce titre : *Catalogue descriptif d'une collection générale de pierres gravées (gems) anciennes et modernes, tant camées qu'intailles, tirées des plus célèbres cabinets de l'Europe, jetées en pâtes coloriées, en émail blanc et en soufre, par James Tassie, modeleur, précédé d'une introduction sur les diverses utilités de cette collection, l'origine de l'art de graver sur les pierres dures et les progrès des compositions appelées pâtes*.

TASSIN (René-Prosper), savant bénédictin, né à Loulay, diocèse du Mans, en 1697, mourut en 1777 à Paris. Outre quelq. ouvr. d'érudition, en société avec D. Toustain, son ami, on lui doit l'*Histoire littéraire de la congrégation de St-Maur*, Paris et Bruxelles, 1776, in-4. — Léonard TASSIN, né à Vandœuvre (Champagne), suivit la clinique des hôpitaux de Paris avant de pratiquer son art à la suite des armées, et mourut en 1687 à Maestricht, chirurgien-major de l'hôpital milit. de cette ville. On a de lui deux écrits assez remarquables : *la Chirurgie militaire, ou l'Art de guérir les plaies d'arquebuse*, Nimègue, 1675, in-18; Paris, 1688, in-8. — *Administrat. anat. et myologie*, Paris, 1678, 1688 et 1695, in-12; Lyon, 1692, in-12; trad. en allemand, Nuremberg, 1674, et en hollandais, 1730, in-12.

TASSONI (Alexandre), poète ital., né en 1565 à Modène, malgré son caractère indépendant et caustique, fut successivem. au service du cardinal Ascagne Colonne, du duc de Savoie Charles-Emmanuel, du card. Ludovisi, neveu de Grégoire XV, enfin du duc de Modène François Ier, dont il mourut conseiller en 1635. Tassoni a laissé quelques ouvr. qui attestent de gr. connaissances en physiq., en géographie, en morale, en politique, en hist., en littérature. Mais sa réputation est fondée uniquement sur la *Secchia rapita* (le Seau enlevé), poème héroï-comique, Modène, 1744. Voltaire l'a jugé un ouvr. plat, sans invention, sans imaginat., sans variété, sans esprit et sans grâce. Apostolo Zenq ose le placer au-dessus du *Lutrin*. On en doit une agréable imitat. en vers à Creusé de Lessert, 5e édit., 1812, 2 vol. in-18. — TASSONI (Alexandre), né à Collalto, dans la Sabine, en 1749, mort en 1818 à Rome, au moment d'être nommé cardinal, a publ., entre autres ouvr. : *La Religione demostrata e difesa*, Rome 1805, 3 vol. in-8.

TASTE (Louis-Bernard de LA), évêque de Bethléem, né en 1692 à Bordeaux, mort en 1754 à St-Germain-en-Laye, est auteur des *Lettres théologiques aux écrivains défenseurs des convulsions et autres prétendus miracles du temps*. La prem. est du 15 avril 1733; la vingt-unième et dernière du 1er mai 1740. Le recueil forme 2 vol. in-4. Taste fut récompensé de son zèle par des bénéfices ecclésiastiques, plus avantageux que son titre d'évêque sans diocèse.

TATE (Francis), antiq., né dans le comté de Northampton en 1560, mort en 1715, avait étudié à Oxford, puis à Middle-Temple. Il a laissé plus. ouvr., dont quelq.-uns ont été insérés par Gough dans la *Collectanea curiosa*.

TATHEVASTI (Grégoire), doct. arménien, né vers le milieu du 14e S., mort en 1410, a laissé un *Corps* complet de *théologie*, des *Sermons*, des *Commentaires* sur quelques parties de l'Ancien et du Nouv.-Testament, etc., que l'on trouve parmi les MSs. de la Biblioth. du roi.

TATIEN, philosophe platonicien, né en Syrie vers l'an 130, après avoir visité les villes les plus célèbres de l'Orient, et avoir acquis par l'étude, ainsi que par les voyages, des connaissances très étendues, se rendit à Rome avec l'intent. d'y demeurer comme au centre des lumières. La comparaison qu'il fit des vices grossiers de la religion païenne et des contradict. choquantes des systèmes des philosophes avec la doctrine des chrétiens, le porta à se ranger, plutôt par lassitude que par conviction, parmi les disciples de St Justin. Il était trop imbu des idées platoniciennes pour qu'elles ne se mêlassent pas à ses nouvelles opinions. Après la mort de son maître, il ne tarda pas à s'abandonner aux écarts de son ardente imagination. Ayant quitté Rome vers l'an 172 pour retourner en Orient, il y jeta les fondements d'une secte qui, de la Mésopotamie, s'étendit dans les provinces de l'Asie-Mineure, dans les Gaules, en Espagne, et pénétra jusqu'à Rome. Ses sectateurs reçurent le nom d'*encratites* ou continents, et d'*hydroparastates* ou aquariens, parce qu'il leur avait prescrit, entre autres choses, de s'interdire le mariage et de fuir l'usage du vin, se fondant, d'une part, sur ce que le prophète Amos reproche aux Juifs d'avoir fait boire du vin aux Nazaréens, et d'autre part, sur ce qu'il est dit dans l'*Épître aux Galates* (ch. VI, 87) : *Celui qui sème dans la chair recueillera la corruption de la chair*. Tatien avait composé un grand nombre d'ouvr.; mais il ne nous reste que son *Discours aux Grecs*, dont l'édit. la plus recherchée est celle qu'a publ. Guill. Worth sous ce titre : *Tatiani oratio ad Græcos, et Hermiæ irrisio gentilium philosophorum gr.-lat., cum notis varior.*, Oxford, 1700, in-8. — TATIEN *de Mésopotamie*, qui doit avoir vécu dans le 5e S., a écrit une *Harmonie des Évangiles*, que Victor de Capoue a traduite en latin, en l'attribuant mal à propos à Tatien d'Alexandrie. Cette traduction a été insérée dans la *Bibliothèque des Pères*.

TATISCHTCHEF (Basile-Nikilitsch), homme d'état et histor. russe, né en 1686, fut du nombre des jeunes gens que Pierre-le-Grand envoya chercher dans les pays étrangers les arts et les sciences qu'il voulait transplanter dans son empire, et montra un zèle et une habileté que son maître sut récompenser. D'abord officier d'artillerie attaché au collége des mines et chargé de missions en Sibérie, il fut nommé en 1725 grand-maître des cérémonies, et chargé l'année suiv. d'une négociation secrète en Suède, où il resta jusqu'en 1726. Appelé en 1737 aux fonctions de gr.-maître des mines, avec des attributions très étendues, il se rendit en Sibérie, y réorganisa le service dont il était chargé, et s'occupa de rédiger un *Code des mines* de Russie. Il prit sa retraite en 1745, et mourut dans une de ses terres près de Moscou en 1750. Tatischtchef avait conçu le plan d'une histoire générale de la Russie, depuis les temps les plus reculés jusqu'à l'avénem. du tzar Michel Theodorovitsch en 1713; mais il n'eut que le temps d'amasser des matériaux pour ce gr. ouvr. : son travail, mis en ordre par Müller, a été publ., les 3 prem. vol., à Moscou, de 1769 à 1774; et le 4e à Pétersbourg, 1784, in-4 : ainsi corrigé, cet ouvrage offre, de l'avis même des critiques les plus sévères, un corps d'histoire très utile à consulter. On lui doit aussi un *Atlas de la Sibérie* en 20 feuilles, publ. en 1745, et un *Dictionn. histor., politique et civil de la Russie* (qui s'arrête à la lettre *L*), Pétersbourg, 1793. Quelques autres de ses productions, encore inédites, ont péri dans un incendie.

TATIUS (Titus), roi des Cures dans le pays des Sabins, était déjà assez avancé en âge lorsque l'enlèvement des filles du Latium et de la Sabinie par les Romains lui mit les armes à la main contre ce peuple naissant, l'an 8 de Rome (745 ans avant J.-C.). Loin d'imiter la précipitat. des Céniniens, des Crustuminiens, des Antemnates, il ne se mit en campagne que 2 ans après l'offense qu'il avait reçue; aussi fit-il aux Romains une guerre assez redoutable. Maître de la citadelle de Rome, Tatius eut encore à combattre. Trois batailles générales furent livrées, et ce fut pend. la 3e, selon Plutarque et Tite-Live, que les Sabines se précipitèrent entre les deux armées, et les forcèrent à conclure un traité par lequel les Romains et les Sabins, désormais réunis en une seule nation, reconnurent l'autorité de deux rois, Tatius et Romulus. Denys d'Halicarnasse, le seul qui nous donne des détails sur ce règne commun, dit que le prince sabin s'établit sur les monts Quirinal et Capitolin, qu'il contribua à l'agrandissement de Rome, et qu'il bâtit des temples au Soleil, à la Lune, à Saturne, à Rhéa, etc. Les deux rois, avec un accord parfait, vainquirent ensemble les habitants de Camérie, qu'ils réduisirent en colonie romaine; mais ils commencèrent à se désunir à propos d'un déni de justice, dont Tatius se rendit coupable envers les Laviniens. Ceux-ci l'ayant attiré à Lavinium pour la solennité d'un sacrifice, le massacrèrent au pied de l'autel. Il est permis de croire que Romulus n'était pas étranger à ce meurtre. *L'Art de vérifier les dates* place la mort de Tatius à la 15e année de Rome (739 av. J.-C.). — V. ACHILLE TATIUS.

TAUBE (Frédéric-Guillaume de), conseiller de régence autrichien, né à Londres en 1724, mort à Vienne en 1778, a contribué beauc. à améliorer les manufactures et à perfectionner la statistique de l'Allemagne, son pays adoptif. Entre autres écrits on lui doit : *Description géographique et historique du royaume d'Esclavonie*, Vienne, 1777, in-8. — *Description historique et politique des manufact., du commerce, de la navigation et des colonies des Anglais*, Vienne, 1774, in-8; 2e édit., augm., ib., 1777, 2 vol. in-8. — Daniel-Jean TAUBE, médecin du roi d'Angleterre et de l'élect. de Brunsvick-Lunebourg, né en 1727 à Zell, mort en 1799, est principalem. connu par une histoire de la raphanie épidémique qui ravagea sa patrie en 1770 et 1771. Cet écrit a pour titre : *Geschichte der Kriebelkrankheit*, Goettingue, 1782, in-8.

TAUBEL ou TAUEBEL (Chrétien), imprimeur de l'univ. de Halle, fut appelé vers 1780 à Vienne pour y diriger l'imprimerie impér., et mourut après 1806. On a de lui en allem. : *Manuel orthotypographique, ou Introduction à l'art typographique*, Halle et Leipsig, 1785, in-8. — *Manuel pratique pour les commençants dans l'art typographique*, Leipsig, 1791, in-8. — *Dictionnaire théorique et pratique de l'imprimerie et de la fonderie en caractères*, Vienne, 1805, 2 vol. in-4.

TAUBMANN (Frédéric), poète latin et philologue, né à Wonseich, dans la Franconie, en 1565, mort professeur de belles-lettres à Wittemberg en 1613, a publ. trois *Recueils de vers* aujourd'hui peu recherchés, un *Recueil de saillies*, en allem., et des *Commentaires* estimables sur *Plaute*, Wittemberg, 1621, et sur *Virgile*, 1618, in-4.

TAUENTZIEN-WITTEMBERG (Frédéric-Bodislas-Emman., comte de), général d'infanterie prussienne, né en 1761 à Potsdam, d'un père qui s'était illustré par la défense de Breslau, dans la guerre de sept ans, fut élevé à l'école militaire de Berlin, entra dès l'âge de 14 ans porte-drapeau dans le régiment des gendarmes, devint peu après officier, puis aide-de-camp du prince Henri, fit avec lui la campagne de 1778, et l'accompagna dans son second voyage en France. Rappelé de l'armée en 1794 pour être envoyé comme ambassadeur en Russie, il y demeura jusqu'après le couronnem. de Paul Ier, et remplit ensuite div. missions, durant lesquelles il fut promu au grade de major-général (1801). Sa bravoure et ses bons services lui valurent d'honor. distinctions; et à l'ouverture de la campagne de 1806, il eut le commandement de l'avant-garde du corps de Hohenlohe. Sa bonne conduite à la bataille d'Iéna lui mérita le grade de lieuten.-génér., et il commanda le 4e corps d'armée prussien jusqu'à 1813, époque à laquelle, placé sous les ordres de Bulow, il fit preuve de bravoure et de talents distingués, notamm. à l'affaire de Dannewitz. Le 12 octobre, Ney le débusqua de Dessau; mais il prit sa revanche en enlevant Wittemberg d'assaut le 28 du même mois. En vertu d'une convent. qu'il stipula au mois d'avril suiv. avec le général Lemarrois, gouverneur de Magdebourg, les Français évacuèrent cette place; et ayant eu ainsi une part importante au succès de la campagne, il reçut du roi, avec le surnom de *Wittemberg*, le titre de comte et la grande-croix de Fer. Sa vie n'offre plus rien de remarquable. Il mourut à Berlin le 20 février 1824.

TAULER ou TAULÈRE (Jean), écrivain mystique de l'ordre de St-Dominique, né en Allemagne vers 1294, mort à Strasbourg en 1361, a été comblé d'éloges par Luther, Mélanchthon et les autres chefs de la réforme, ainsi que par Bossuet. Ses *OEuvres*, écrites en allem., étaient peu connues avant que Surius en eût donné une *Version latine*, Paris, 1623; Anvers, 1685. Elles ont été réimprimées plus. fois en allem. dans l'ordre adopté par Surius. L'édit. de Francfort, 1720, in-4, donnée par P.-J. Speyer, passe pour la meilleure. On distingue particulièrem. ses *Institut. divines*, souv. réimprim. in-8 et in-12, et trad. plusieurs fois en français, notamm. par Loménie de Brienne, Paris, 1665, in-8. On peut consulter G.-Fred. Hempel, *Memoria J. Tauleri instaurata et loco exercitii academici exhibita*, Wittemberg, 1688, in-4.

TAULÈS (le chev.), militaire et négociateur, né vers 1725, mourut vers 1812 dans un âge avancé. Son principal ouvr., précédé d'une *Notice* sur l'auteur, est intit. : *L'Homme au masque de fer, mémoire historique, où l'on réfute les différentes opinions relatives à ce personnage mystérieux, et où l'on démontre que le prisonnier fut une des victimes des jésuites*, 1825, in-8.

TAUNAY (A.), sculpteur, né à Paris en 1768, mort en 1824 à Rio de Janeiro, où il s'était rendu avec plus. autres artistes à l'invitation du gouvernement du Brésil, a orné le palais impérial de Boa Vista d'un beau *Buste de Camoëns*. On connaît de lui à Paris, une *Statue en pied du général Lasalle* et un *Buste de Ducis*.

TAURELLI (Lelio). — V. Torelli.

TAUSAN ou TAGESEN (Jean), un des premiers apôtres du luthéranisme, né à Birkinde, dans l'île Fuhnen (Danemarck), en 1494, banni pour ses opinions, fut rappelé dans sa patrie, nommé le 2e évêq. luthérien de Ripen, et mourut en 1561. Ses ouvrages de controverse sont énumérés dans la 1re partie de la *Bibliothèque danoise*.

TAUVRI (Daniel), anatomiste, né à Laval en 1669, mort en 1701, a publié, entre autres ouvr. : *Nouvelle anatomie raisonnée, ou les Usages de la structure du corps de l'homme et des autres animaux, suivant les lois des méchaniques*, Paris, 1690, 1693, 1698 et 1700, in-12. — *Traité des médicaments et de la manière de s'en servir*, ibid., 1690, 1699 et 1711, in-12. Fontenelle lut son *Éloge* à l'acad. des sciences, dont il était associé.

TAVANNES (Gaspar de Saulx de), maréchal de France, né à Dijon en 1509, page de François Ier, combattit à Pavie près de son maître, dont il partagea la captivité. Plus tard, distingué par Charles, duc d'Orléans, dern. fils de François Ier, il entra au service de ce prince; et se livra comme lui, pend. la paix, aux exercices les plus violents, et aux entreprises les plus téméraires. La guerre se ralluma, et, soit avec le duc, soit avec ses gens d'armes, il fit de beaux exploits au siége d'Yvoi (1542), à La Rochelle (1543), et à la bataille de Cérisolles (1544); mais lors du traité qui suivit il se montra plus attaché aux intérêts du prince qu'il servait qu'à ceux du pays. Il reconnut bientôt son erreur, et le roi, après la mort du duc d'Orléans, en 1545, n'eut pas de peine à se l'attacher. La guerre ayant recommencé, Tavannes, nommé maréchal-de-camp (major-général) de l'armée destinée à envahir les Trois-Évêchés, réussit à faire ouvrir les portes de Metz au roi, qui le nomma gouverneur de Verdun. En 1554, il détermina le gain de la bataille de Renti, et ne tarda pas à obtenir de Henri II la lieutenance-générale du gouvernem. de Bourgogne, sous le duc d'Aumale, avec des priviléges extraord. qui le rendaient presque l'égal du gouverneur. Maréchal-de-camp de l'armée envoyée en Italie au secours du pape, en 1556, après le rappel du duc de Guise, ce fut lui qui ramena les troupes en France à travers un pays couvert d'ennemis. Le traité de Cateau-Cambrésis, qu'il désapprouva, vint le condamner pour quelque temps au repos; mais, après la conjuration d'Amboise, nommé par la commission temporaire lieutenant-général en Lyonnais, Forez et Dauphiné, il combattit avec succès les protestants de ces provinces, qui s'étaient révoltés. Il ne montra pas moins d'ardeur à poursuivre ces religionnaires dans le gouvernement de Bourgogne, et ce fut par son influence que le parlem. de Dijon, seul entre toutes les cours souveraines du royaume, refusa d'entériner l'édit de 1562. Cependant, au milieu de ses succès, on lui ôta le commandement de l'armée royale, pour le donner au duc de Nemours. Il rentra dans la retraite, usa et s'y rendre encore des services à son prince. Lorsque la guerre se ralluma, il ne manqua pas d'être rappelé, et fut attaché cette fois au duc d'Anjou, depuis Henri III. Les victoires de Jarnac et de Moncontour, l'armée royale sauvée à la Roche-Abeille, le siége de Poitiers levé, tels furent les exploits qui signalèrent cette partie de sa carrière militaire, et lui valurent l'honneur, jusqu'alors sans exemple, de voir créer pour lui une 5e charge de maréchal de France, dont la suppress. était subordonnée à son décès ou à celui de l'un des 4 autres maréchaux. La St-Barthélemi arriva, et Brantôme raconte que, dans la matinée, Tavannes parcourait les rues de Paris en criant : *Saignez, saignez; les médec. disent que la saignée est aussi bonne en tout ce mois d'août qu'en mai*. On a tenté de le justifier de toute participat. à ce massacre; mais toujours est-il certain qu'il conseilla de chasser les protest. du royaume, sans leur laisser le temps de se reconnaître, qu'il obtint bientôt après le gouvernement de Provence, et qu'en 1573 il fut chargé du siége de La Rochelle avec le duc d'Anjou. Il tomba malade en route, et mourut au château de Suilly, près d'Autun. On estime ses 4 *Avis au roi*, qui se trouvent joints aux différentes édit. des *Mém.* publiés par son fils. — Tavannes (Guillaume de Saulx, seigneur de), fils aîné du précédent, né en 1553, fit ses prem. armes sous les ordres de son père, et se signala dans plus. rencontres, notamment à la bataille de Jarnac. Devenu en 1574 lieuten. du roi en Bourgogne, il sut conserver la tranquillité dans cette province et en maintenir une partie sous l'autorité de Henri III, malgré les efforts du duc de Mayenne. Entre autres villes, il prit Flavigni, où, de concert avec quelq. autres membres du parlement restés fidèles, il fit transférer cette cour, qui passa de là à Semur, aussitôt qu'il eut pu s'en rendre maître. Aux prem. nouvelles de la mort de Henri III, il se déclara pour Henri IV, et, quoique contrarié dans toutes ses mesures par le duc d'Aumont, gouvern. de la Bourgogne, il fit pend. 3 ans la guerre contre son frère, le vicomte de Tavannes, qui commandait les forces de la Ligue. Il se distingua au combat de Fontaine-Française en 1595, et, loin de prétendre aux récompenses auxquelles il avait tant de droit, il poussa le désintéressem. jusqu'à céder la lieutenance-générale de Bourgogne au baron de Seneci, qui avait mis

cette condition à sa soumission et à celle de la ville d'Auxonne, qu'il tenait encore pour la Ligue. Il se retira dans ses terres, où il mourut en 1635, laissant des *Mémoires des choses advenues en France et guerres civiles, depuis l'année* 1560 *jusqu'en* 1596. La meilleure édit. est celle de Paris, 1625.
— TAVANNES (Jean DE SAULX, vicomte de), frère puîné du précédent, né en 1555, fut admis, dès l'âge de 11 ans, dans la ligue formée à Dijon par son père contre les protestants. En 1573 il était au siége de La Rochelle, auprès du duc d'Anjou, dep. Henri III, et il fit tout ce qui dépendait de lui pour empêcher la levée de ce siége. Plus tard, il partit pour la Pologne avec le même prince; mais il ne revint pas avec lui en France. Il prit part à la guerre que les Moldaves faisaient aux Turks, et subit une courte captivité. Délivré, il se trouvait en 1575 au combat de Dormans, où il dégagea de la mêlée le duc de Guise, grièvement blessé. Il se signala par son acharnement contre les protestants, et ensuite contre Henri III lui-même. Il porta aussi les armes contre Henri IV, auquel il consentit à se soumettre en 1595, sous la condit. qu'il serait confirmé dans le grade de maréchal de France, qu'il tenait du duc de Mayenne. N'ayant point obtenu cette faveur, il rentra dans le parti des mécontents, et, après de nouvelles traverses, fut heureux de pouvoir vivre tranquille dans ses terres. On ignore la date de sa mort; mais celle de son testament est de 1629 : il avait alors 74 ans. On lui doit des *Mémoires*, ou plutôt une *Vie* du maréchal de Tavannes, son père, ouvrage très remarquable, que, sans aucun doute, n'ont jamais lu les aut. qui l'ont attribué à Guill. de Tavannes, lequel a d'ailleurs laissé aussi des *Mém.* Ceux dont il est ici question, imprimés secrètem. au château de Suilly, près d'Autun, in-fol., l'ont été de nouveau, dans le même format, par Fourmy, Lyon, 1657. Ils font partie de la collection des *Mémoires relatifs à l'histoire de France*. — TAVANNES (Jacques DE SAULX, comte de), petit-fils du précéd., mort en 1683 à l'âge de 63 ans, suivit le grand Condé dans ses campagnes, et parvint au grade de lieuten.-général. On a de lui des *Mém. sur la guerre de Paris, dep. la prison des princes, en* 1650, *jusqu'en* 1653, Paris et Cologne, 1691, in-12.

TAVELLI (Joseph), théolog. ital., né en 1764 à Brescia, mort en 1784 à Pavie, a laissé entre autres écrits cités avec éloge dans les *Nouv. ecclés.: Essai de la doctrine des Pères grecs touchant la prédestination et la grâce*, Pavie, 1782, in-8.

TAVERNIER (JEAN-BAPTISTE), célèbre voyageur, né en 1605 à Paris, mort vers 1686 à Moscou, avait parcouru dès l'âge de 22 ans une grande partie de l'Europe, dont il parlait presq. toutes les langues; mais c'est surtout par ses voyages dans les diverses régions de l'Orient qu'il s'est immortalisé. Parti dans la seule vue de courir des aventures, il fit, pour se défrayer, quelq. spéculations dont le succès l'engagea pour toujours dans le commerce des diamants et des pierreries, qui lui valut une fortune immense. Louis XIV lui octroya des lettres de noblesse. La relation de ses *Voyages en Turquie, en Perse et aux Indes* a été réimprimée souv. et trad. en anglais, en allem. et en holland. La meilleure édit. franç. est celle de 1679, 3 vol. in-8 (Hollande). Quoique Tavernier, comme dit Voltaire, soit plus un marchand qu'un philosophe, on lui doit savoir gré des services qu'il a rendus par ses voyages dans un siècle où plusieurs contrées de l'Europe même étaient inconnues aux peuples savants de l'Europe.
— Nicolas TAVERNIER, professeur au collége royal de France, né à Beauvais en 1620, mort en 1698, outre une édition de *Vell.-Paterculus*, Paris, 1658, in-12, a publ. des opusc. en latin sur lesquels on peut consulter l'*Hist. du collége royal*.

TAVIEL (le baron de), lieuten.-général d'artillerie, né à St-Omer en 1767, fut condisciple de Napoléon à Brienne, et sortit de l'école en 1782 pour entrer au service. Pend. les guerres de la révolut., il se distingua sur presque tous les champs de bataille; il commandait l'artillerie du 4e corps aux batailles de Leipsig, de Lutzen et de Bautzen, et, pendant les *cent-jours*, il eut le commandem. du siége de Béfort. Après les événem. de 1830, il fut replacé dans le cadre de réserve, et mourut en 1831.

TAVORA (la marquise de) joua un rôle dans la conjuration ourdie contre le roi de Portugal Joseph Ier (v. AVEIRO et POMBAL).

TAXÈS ou TOXÈS, 4e duc de Hongrie, mort en 971, commença à régner du vivant de son père Zollan en 957, et, comme lui, fut l'effroi des Grecs d'Orient. Il vainquit en plusieurs rencontres l'empereur Nicéphore, le força d'implorer le secours des Russes, dont le chef Svientoslas ne tarda pas à se joindre à Taxès contre son allié. L'empereur Zimiscès vengea Nicéphore, en 970, par la défaite complète des forces réunies de Taxès et de Svientoslas. Taxès, quoiqu'il fût demeuré païen, protégea la religion chrétienne, dans le sein de laq. il choisit une épouse pour son fils.

TAYLOR (JOHN), poète angl., dit le *Water-Poet* (poète d'eau), parce qu'il était batelier, né vers 1584 dans le comté de Glocester, mort vers 1655, fut le chansonnier constant et le pamphlétaire de la cause royale dans la malheureuse révolution qui ôta le trône et la vie à Charles Ier. Ses écrits, dont la renommée ne s'est point étendue hors de l'Angleterre, ont été réunis en un vol. in-fol., 1650. — TAYLOR (John), théologien angl. de la secte des *dissenters*, né dans le comté de Lancaster au commencem. du 18e S., mourut à Warrington en 1761. Outre la *Concordance de la Bible anglaise et hébraïque*, Londres, 1754, 2 vol. in-fol., il a laissé plusieurs ouvr. qui lui ont fait une réputat. de socinianisme.
— TAYLOR (Jérémie), év. anglican, né en 1613 à Cambridge, mort en 1667, accompagna le roi Charles Ier dans toutes ses campagnes en qualité de prédicat. ordin., et vécut dans les chagrins et la misère sous le protectorat de Cromwell. Charles II, rétabli sur le trône, le nomma év. de Down et de Connor, administrateur de l'évêché de Dromore, vice-chancelier de l'univ. de Dublin, et membre du

conseil privé d'Irlande. Taylor a laissé en anglais plus de 36 ouvr. de théol. et de controverse, dont les princip. ont été réunis sous le titre de *Symbolum theologicum*, Londres, 1674, in-fol. Les Anglais l'ont surnommé le *Shakespeare des théologiens*.

TAYLOR (BROOK), mathématicien célèbre, né en 1685 à Edmonton, dans le Middlesex, mort en 1731, cultiva la peinture et la musique avec succès; mais c'est aux mathématiques qu'il doit surtout sa réputation. Il est l'inventeur de la fameuse formule analytique que les géomètres appellent théorème de Taylor, et dont Lagrange fait la base de sa théorie des fonctions analytiques. Ce théorème est le principal résultat ou plutôt le résumé de son livre, intitulé : *Methodus incrementorum directa et inversa*, Londres, 1715, 1717. Taylor a publié en outre : *New principles of linear perspective*, 1715, et d'autres écrits sur les sciences, la morale et les arts, dont on trouve une grande partie dans les *Transactions philosophiques*. Il fut secrétaire de la soc. royale, et compta parmi ses nombreux amis lord Bolingbroke. — Le chev. John TAYLOR, fameux oculiste anglais, mort à Paris quelq. temps après 1767, parcourut plus. fois les différents états de l'Europe, étalant le faste et la magnificence d'un gr. seigneur. Il fut accueilli dans toutes les cours, et généreusem. récompensé par les rois, les princes et le pape; mais il a nui lui-même à sa réputation par son incroyable vanité. Dans un recueil qu'il a publ. sous le titre d'*Anecdotes de la vie du chevalier Taylor*, etc., il donne la liste des gr. personnages qui l'ont honoré de leur confiance et la note des présents qu'il en a reçus. Ses principaux ouvrages sont : *Mécanisme du globe de l'œil*, Londres, 1750, in-8, trad. en 8 langues. — *Traité sur les maladies de l'organe de la vue*, Paris, 1735, in-12. — TAYLOR (John), philologue anglais, né vers 1704 à Shrewsbury, mort en 1766 à Londres, chanoine du chapitre de St-Paul, s'est fait un nom par ses excellentes édit. de *Lysias* et de *Démosthène*. Ses autres ouvr. sont : *Essai sur la loi universelle*, Londres, 1754, in-4. — *Éléments du droit civil*, ib., 1755, in-4, etc. — TAYLOR (Silas), antiquaire anglais, né en 1624, mort en 1678, a laissé : *History of Harwich*.

TAYLOR (JAMES), mécanicien anglais, mort le 18 sept. 1825 à Cumnoch, âgé de 67 ans, avait eu part, avec M. Miller, à la prem. expérience, faite en 1788, de l'application de la vapeur à la navigation. L'ann. suiv. il fit seul l'essai d'une navigat. sur un bateau à vapeur mieux confectionné; mais le manque de fonds ne lui permit pas de donner tout le développem. désirable à sa découverte, qui, poursuivie par Fulton et Bell, est enfin parvenue dep. quelq. années à sa perfection, sans que le prem. inventeur en ait retiré le moindre honneur.

TAZZI-BIANCANI (JACQUES), antiquaire, né en 1729 à Bologne, mort en 1789, fut associé à presq. toutes les académ. d'Italie, et consulté par les plus savants antiquaires de l'Europe. Il a laissé un *Tr. des patères antiques*, encore inédit, et d'autres ouvrages d'érudit., dont quelq.-uns sont imprimés dans les *Mém.* de l'institut de Bologne.

TCHAMTCHIAN (MICHEL), historien arménien, né en 1738 à Constantinople, mort dans cette ville en 1823, a publ. une *Grammaire arménienne*, rédigée en arménien, Venise, 1779, in-4. — *Hist. d'Arménie*, Venise, 1784, 1785 et 1786, 3 vol. in-4, en arménien littéral, dont il existe un *Abrégé* par Mekhitar Dzaghigean, Venise, 1811, in-8, et beaucoup d'autres livres ou opuscules sur la théol. et sur des matières ascétiques.

TCHAOUSCH ou TCHAVOUSCH-PACHA, grand-visir, reçut les sceaux de l'empire en 1648, après la mort d'Ibrahim. Il s'unit à la sulthane Terkhan, mère du jeune Mahomet IV, contre la sulthane Kiosem, mère d'Ibrahim, à laq. pourtant il devait sa fortune. Une conspirat. tramée contre lui n'eut d'autre effet que de faire tomber les têtes de Kiosem et de quelq.-uns de ses partisans; mais peu de mois après, en 1649, le visir fut poignardé par les parents de ceux contre lesq. il avait été forcé de sévir. Selon d'autres histor., il mourut en 1656 d'une fièvre chaude. Les Ottomans le vénèrent comme un homme qui, dans des jours orageux, sut gouverner avec une grande fermeté et pourtant avec justice.

TCHELEBI-EFENDI (RECHID MUSTAPHA, plus connu sous le nom de), homme d'état et écrivain turk, reis-efendi en 1802, approuva la réforme que Sélim III essaya d'introduire dans son armée, et publia sur cette mesure nécessaire, mais difficile, un écrit apologétiq., trad. en franç. par M. Dezos, de la Roquette, dans le *Tableau historiq., géographique et politiq. de la Moldavie et de la Valachie*, Paris, 2ᵉ édit., 1824.

TCHELEBI (KHATIB). — V. HADJY-KHALFA.

TCHEOU-KONG, législat., philosophe, homme d'état chinois, vivait 11 siècles av. J.-C. Il aida son frère aîné, Won-wang, à renverser la dynastie des Chang et à s'emparer du trône, fut comblé d'honneurs, et nommé par ce frère mourant régent de l'empire et tuteur de son fils Tching-wang. Le nouv. empereur un moment écouta de perfides conseils; son oncle s'exila volontairem.; mais bientôt il fut rappelé, honoré plus que jamais, et mérita ces nouveaux honneurs par de nouv. services. Il mourut à Fong l'an 1106 av. J.-C. Tcheou fut un des hommes les plus instruits de son siècle et de sa nation qu'il a contribué à policer. Il a laissé plus. ouvr., et prit une grande part au livre des Kits, où l'on trouve des renseignem. précieux sur les mœurs et l'antiquité des Chinois. Son éloge est dans les *Mémoires* des missionnaires sur la Chine, t. III, p. 34-38.

TCHEREPANOF (NICÉPHORE), professeur d'hist., de statistique et de géogr., à l'univ. de Moscou, où il mourut en 1825, était né en 1762 à Viatka, et avait été employé à div. missions scientifiques. On ne connaît de lui que des traduct. russes d'ouvr. allem. et franç., et entre autres de l'*Hist. universelle à l'usage de l'institut de Ste-Catherine*, Moscou, 1811, in-8.

TCHING-KIS ou GENGIS-CAN. — V. DJENGUYZ-KHAN.

TCHING-TCHING-KONG, amiral ou pirate chinois, connu des Européens sous le nom de Koxinga, crut pouvoir se fier aux promesses des Tatares-Mandchoux, qui envahissaient la Chine; mais indigné de leur trahison, il leur jura une haine éternelle, et remporta sur eux plusieurs victoires. Il faisait la guerre au nom d'un descendant des Ming, qui vint à mourir. Dès-lors il ne pensa plus qu'à se former pour lui-même un établissem. solide. Dans ce but il chassa les Hollandais des îles Formose et Pong-hou, prit le titre de roi, s'unit aux Anglais pour lutter contre les Mandchoux, et mourut vers 1670, laissant à son fils le trône qu'il avait fondé, mais que ses ennemis détruisirent en 1683.

TCHOURLOULI-ALI-PACHA, gr.-visir d'Achmet III, était apprenti chez un barbier, lorsqu'un officier turk, charmé de son esprit naturel et de son extérieur agréable, se chargea de sa fortune. Placé dans le sérail, il plut à Mustapha II, et, après la déposit. du sulthan, il fut envoyé pacha à Tripoli de Syrie, puis créé en 1705 gr.-visir. Il se laissa corrompre par l'or du tzar Pierre. Charles XII, qui conservait sa fierté dans le malheur, l'accusa auprès du sulthan Achmet de trahison. Déposé et relégué à Mitylène en 1770, il fut décapité l'année suiv. et sa tête exposée à la porte du sérail. Ce visir a laissé une réputat. d'éloquence, de pénétration, de sagesse et surtout d'équité.

TEACH, surnommé *Barbe-Noire* (*Black-Beard*), fameux pirate, né en Angleterre, avait d'abord fait des courses contre la France pour des armateurs à la Jamaïque. En 1716 il se fit pirate, et se signala par une férocité et une farouche intrépidité dont on rapporte des actes nombreux. Les deux Carolines surtout eurent à souffrir de ses brigandages. Un marin anglais, Robert Maynard, débarrassa le monde de ce monstre.

TEBALDEO (ANTOINE TIBALDEO ou), poète, né à Ferrare en 1456, jouit dans son temps d'une réputat. peu méritée, et mourut dans la misère en 1538. On a de lui : *Sonetti e Capitoli*, Modène, 1499, in-4. — *Epigrammata*, dans les *Carmina illustr. poetarum*, de Toscano, t. 1er, et d'autres poésies ital. encore inédites dans la *Raccolta* de Calogerà.

TEBRIZI (ALOU-ZACARIA-YAHYA, fils d'Ali), surnommé *Scheibani*, et plus connu encore sous le nom d'*Ebn-Alkhatib*, né à Tébriz ou Tauris l'an de l'hég. 424 (1031 de J.-C.), mort à Bagdad en 502 (1109 de J.-C.), a laissé des commentaires sur le *Hamasa*, sur le *Diwan*, et d'autres ouvr. de littérature très estimés.

TÉDENAT, mathématicien, membre correspondant de l'Institut, section de géométrie, mort en 1832, dans un âge assez avancé, est auteur de plusieurs ouvrages sur les sciences mathématiques et physiques. M. Libri a été nommé son successeur. Tédenat habitait St-Geniez, départ. de l'Aveyron.

TEDESCHI (NICOLAS), ou *Nicol. Panormitain*, célèbre canoniste, né à Palerme ou à Catane vers 1389, prit jeune l'habit de St-Benoît, et bientôt ouvrit un cours de droit canonique avec un succès qui répandit sa réputat. dans toute l'Italie. Nommé en 1434 archev. de Palerme, il reçut plus tard le chapeau de cardinal, et mourut de la peste, dans son diocèse, en 1445. Ses ouvr., peu intéressants aujourd'hui, ont été recueillis, Venise, 1617, 9 vol. in-fol.

TEGEL (ÉRIC), historiographe, mort à Stockholm en 1638, a publié en suédois des *généalogies* des rois de Suède, de Pologne et de Danemarck; une *Histoire de Gustave Ier*, Stockholm, 1622, 2 part. in-fol.—Une *Histoire d'Éric XIV*, 1751, in-4. Cette édit. est augmentée de remarques judicieuses.

TEGLATH-PHALASAR, successeur, de Phul, au 2e empire d'Assyrie, fut heureux dans toutes ses guerres, entre autres dans celle qu'il entreprit pour Achaz, roi de Juda, contre les rois de Syrie et d'Israël. Il régna 19 ans, et mourut vers l'an 730 avant J.-C.

TEIA, dern. roi de la monarchie des Ostrogoths en Italie, après avoir vainement soutenu Totila contre Narsès, et lutté long-temps malgré sa mauvaise fortune, vint à la rencontre de Narsès qu'il joignit près de Nocera, au pied du Vésuve, et lui livra en 553 une bataille qui dura deux jours. Teïa fut tué le prem. jour du combat, après avoir donné des preuves éclatantes de valeur.

TEICHMEYER (HERMANN-FRÉDÉRIC), célèbre médecin, né en 1685 à Minden dans le Hanovre, mort en 1746 à Iéna, où il avait occupé avec la plus gr. distinct. la chaire de physique expérimentale, et fait avec le même succès des cours d'anatomie, de médecine légale, de chirurgie, de botanique et de chimie. On a de lui une foule de *dissertations*, recueillies en partie par Haller, son élève le plus illustre ; des *Institutiones medic. legalis et forensis*, Iéna, 1740, 1762, in-4, et plusieurs autres ouvrages de médecine, fort estimés à l'époque de leur publication, mais qui depuis ont été surpassés.

TEIFASCHY (ABOU'L-ABBAS-AHMED-AL), Ibn Youçouf, Ibn Mohammed, commerçant arabe au 13e S., a laissé un ouvrage curieux sur les pierres précieuses, dont Raineri a donné une traduct. en italien sous ce titre : *la Fleur des pensées sur les pierres précieuses*, avec le texte arabe et des notes, Florence, 1818, gr. in-4.

TEISSIER (ANTOINE), né en 1632 à Montpellier, mort en 1715 à Berlin, fut un des écrivains protestants que la révocation de l'édit de Nantes força d'aller porter en pays étranger leurs talents et leurs lumières. D'Aguesseau et Baville voulurent le faire rentrer en France; il refusa constamment. Il a laissé un gr. nombre d'écrits qui sont pour la plupart des trad., et des compositions historiques et biograph. Les plus connus sont : *Éloges des hommes savants, tirés de l'histoire de M. de Thou*, etc., Utrecht, 1696, 2 vol. in-12; Leyde, 1715, 4 vol. in-12. — *Catalogus auctorum qui librorum catalogos indices, bibliothecas, virorum litteratorum elogia, vitas aut orationes funebres scriptis con-*

signárunt, Genève, 1686, in-4. — *Traités pour la réunion des protestants*, ibid., 1636, in-12.

TEISSIER (GUILLAUME-FERDINAND), magistrat, né vers 1779 à Versailles, fut nommé conseiller de préfecture de la Moselle en 1815, et sous-préfet de Thionville en 1819. Après la révolution de 1830 il devint préfet de l'Aude, et mourut à Carcassonne en 1834. Membre ou corresp. de plus. sociétés savantes, il a fourni des *Mém.* à la société des antiq. de France, et publié quelques ouvr. littér. On lui doit entre autres une *Histoire de Thionville*, 1828, et un *Essai sur l'imprimerie messine*, 1828, in-8.

TÉKÉLI (ÉMERIC), né en 1658, fut long-temps le chef des mécontents de la Hongrie, et battit six fois les armées de l'Autriche, qu'il fit un moment trembler. Les ministres de Léopold s'abaissèrent à employer contre lui la perfidie. Tékéli indigné appela les Othomans à son secours : Cara-Mustapha lui amena 220,000 hommes, et alors s'ouvrit la fameuse campagne de 1683, où Tékéli se signala par des cruautés inouïes que la fureur même des Turks ne put égaler. Il avait dressé des chiens de guerre, comme jadis les Castillans en Amérique. Le prince de Bade, profitant du temps que perdait le Hongrois en cruautés, le surprit auprès de Presbourg, délivra cette ville, et rétablit la fortune de son parti. Cara-Mustapha rejeta sur Tékéli toutes les fautes de cette expédition; mais celui-ci prouva aisément que le grand-visir seul était coupable. Cependant, deux ans après, il fut lui-même mis aux Sept-Tours par ordre de Mahomet IV : cette injustice révolta les Hongrois, qui se donnèrent enfin à l'Autriche. En vain la Porte rendit la liberté à Tékéli, le nomma vayvode de Transylvanie, puis roi de Hongrie; il avait perdu son influence et ne se montra qu'un chef de brigands dans la guerre qu'il fit en Esclavonie et en Servie. Il assista, déjà accablé par l'âge et les infirmités, à la bataille de Zenta, et vit la déroute complète des Othomans. La paix de Carlowitz mit fin à la guerre en 1699, et la finit aussi la carrière politique du comte Tékéli, qui mourut à Nicomédie en 1705, presque oublié. Les *Mémoires* du comte Betlem Niklos *sur les troubles de la Transylvanie*, 1736, 2 vol. in-12, offrent des éclaircissem. touchant ce personnage, qu'on a souvent confondu avec Michel TÉKÉLI, premier ministre de Transylvanie, et qui avait devancé Émeric Tékéli dans le command. des mécontents de Hongrie.

TÉLAZIX, roi des Mexicains, élu en 1485, fut empoisonné après un règne de 4 ans, pendant lequel il ne se signala que par sa lâcheté et son incapacité totale. Il était fils de Montézuma 1er.

TÉLÉSILLE, femme célèbre par son courage autant que par son talent pour la poésie, florissait vers l'an 520 av. J.-C. à Argos, qu'elle préserva de sa ruine en sortant à la tête des femmes contre Cléomène, roi de Sparte, qui, ne voulant point compromettre sa gloire militaire avec de pareilles troupes, se retira sans combattre. Une fête fut établie en l'honneur de Télésille, et une statue lui fut érigée. Il ne nous reste de ses poésies que quelques fragments, recueillis par Wolf dans les *Poetriarum octo fragmenta et elogia*, Hambourg, 1734, in-4, et précédemment par Orsini dans les *Carmina novem illustrium fœminarum*, Anvers, 1668, in-8.

TELESIO (ANTOINE), dit *Thylefius* ou *Tilesius*, littérateur, né à Cosenza, dans le roy. de Naples, en 1482, mort dans cette ville vers 1533, avait professé les b.-lettres à Milan et à Rome, où il se lia avec Paul Jove et Jérôme Vida. On a de lui des *poésies latines*, des *notes* sur Horace, et d'autres ouvr. qui ont été recueillis par Daniele, Naples, 1762, 1808, in-4. — TELESIO (Bernardin), philosophe et mathématicien, neveu du précéd., né à Cosenza en 1509, fut un des prem. qui luttèrent contre l'autorité d'Aristote dans les écoles, et c'est là son principal mérite; car ses opinions sur les différ. points qui divisaient alors les philosophes ne valaient pas mieux que celles qu'il combattait. On a de lui : *De rerum naturâ juxtà propria principia*, Genève, 1588, in-fol. — *Varii de naturalibus rebus libelli*, Venise, 1590, in-4.

TÉLESPHORE (St), pape, succéda l'an 127 à St Sixte Ier, souffrit le martyre selon toute apparence vers 158, et eut pour success. St Hygin.

TELL (GUILLAUME), l'un des chefs de la révolution suisse de 1307, né à Burghau, canton d'Uri, passa la prem. partie de sa vie dans l'obscurité; mais sa haine pour la tyrannie et l'importance des services qu'il rendit à son pays lui ont acquis un nom immortel. Gessler, homme farouche et soupçonneux, nommé gouverneur de la Suisse par l'emper. Albert, avait fait élever sur la place publique d'Altorf un chapeau, représentant sans doute le chapeau ducal d'Autriche, auquel il prétendait que tout le monde rendît hommage. Tell n'obéit point, fut arrêté, et Gessler voulut le conduire lui-même dans son chât.-fort de Kusnacht. Le bateau était arrivé à la hauteur de Gruttli, où la conjuration avait pris naissance, lorsqu'une violente tempête força Gessler à en abandonner la conduite à Tell. Celui-ci, maître du gouvernail, s'approcha du rivage, y sauta et laissa le tyran dans le plus grand danger. Gessler eut pourtant le bonheur d'y échapper; mais comme il passait dans un chemin creux pour gagner Kusnacht, Tell lui décocha une flèche, et l'étendit mort sur la place. On a voulu révoquer en doute l'authenticité de ce fait aussi-bien que de l'acte de cruauté réfléchie de Gessler, qui aurait ordonné à Tell d'enlever avec une flèche une pomme placée sur la tête d'un de ses enfants. Au reste, il est vrai de dire que la même fable est racontée dans l'histoire de Danemarck. Il paraît que Guillaume Tell se trouva en 1315 à la bataille de Morgarten, et qu'il mourut en 1554 à Bringhen, receveur de l'église de ce bourg. L'hist. de Guillaume Tell a été le sujet de plus. ouvrages littér., entre autres d'un roman de Florian, d'une tragédie de Lemierre et d'un admirable drame de Schiller (*v.* l'art. SUISSE).

TELLER (GUILLAUME-ABRAHAM), théologien allemand de l'Église réformée, né à Leipsig en 1734, mort en 1804, avait été, pour ses opinions peu religieuses, déclaré hérétique à Helmstadt, dont il était prem. pasteur et où il professait la théologie. Il vint en 1767 s'établir à Berlin, et y fut nommé membre du consistoire, prem. pasteur de l'église de St-Pierre et académicien. Il connaissait parfaitement les langues orientales, l'histoire et surtout celle de l'Église réformée. On a de lui : *Doctrine de la foi chrétienne*, en allem., Helmstadt, 1764, in-8 : c'est l'ouvr. qui le fit condamner comme hérétique. — *Dictionnaire du Nouveau-Testament*, Berlin, 6ᵉ édit., 1805, in-8. — *Morale pour tous les états*, etc., Berlin, 1797, 2 vol. in-8 (en allemand). Ces deux dern. ouvr. sont d'une hardiesse qui approche quelquefois de l'impudence. Parmi ses autres ouvr., assez nombreux, où règnent les mêmes principes et le même ton, on cite *la plus ancienne Théodicée, ou l'Explication des trois premiers chapitres du prem. livre de l'histoire des temps antérieurs à Moïse*, Berlin, 1802 : cet ouvr. a été réfuté par J.-A. Deluc, dans une brochure intit. : *Principes de théologie, de théodicée et de morale*, etc., Hanovre, 1803, in-8.

TELLES D'ACOSTA (DOMINIQUE-ANTOINE), ancien intendant de Mᵐᵉ la dauphine, conseiller du roi, grand-maître enquêteur et général réformat. des eaux-et-forêts de France au département de Champagne, a publié : *Instruction sur les bois de marine, contenant des détails relatifs à la physique et à l'analyse du chêne, et en ce qui concerne l'économie et l'amélioration des bois en général*, Paris, 1780, in-12.

TELLEZ DE SYLVA (don MANUEL), marquis d'Alegrete, né en 1682 à Lisbonne, où il mourut en 1736, cultiva les lettres, dont le goût était héréditaire dans sa famille, fut élu par le roi Jean V prem. secrét. perpétuel de l'acad. d'hist. fondée en 1720, et publia : *Poematum lib. primus et epigramm. centuria prima*, Lisbonne, 1722, in-8 ; La Haye, 1723, in-4. — *Collecao dos documentos, statutos et memorias da acad. real da hist. portugueza*, ib., 1721-27, 7 t. in-fol. — *Histor. da acad. real de hist. portugueza*, ibid., 1727, in-4. — Balth. TELLEZ, jés. et hist., né en 1595 à Lisbonne, où il mourut en 1675, après avoir été provincial de son ordre, a publ. sous le titre de *Cronica*, etc., une *Hist. de la soc. des jésuites en Portugal*, Lisbonne, 1644-47, 2 vol. in-fol. (la période la plus intéressante de l'hist. de ces bons pères n'était point venue alors, v. POMBAL); et une *Hist. génér. d'Éthyopie*, aussi en portug., Coimbre, 1660, in-fol., très rare.

TELLEZ (ÉLÉONORE). — V. ÉLÉONORE TELLEZ.

TELUCCINI (MARIUS), dit *le Bernia*, l'un des poètes les plus féconds du 16ᵉ S., ne nous est connu que par ses product., qui sont : *Artemidoro, dove si contengono le grandezze degli antipodi*, Venise, 1566, in-4 (roman en vers de XLIII ch.). — *Erasto*, Pesaro, 1566, in-4 (poème en IX ch. et en octaves). — *Le pazzie amorose di Rodomonte secondo*, Parme, 1568, in-4 (poème en XX ch. et en octaves). — *Parigi e Vienna, ridotto in ottava rima*, Gênes, 1571, in-4.

TEMANZA (THOMAS), biographe et architecte, né en 1705 à Venise, où il mourut en 1789, surintendant des eaux de cette ville et membre de plus. corps savants, a laissé un assez gr. nombre d'ouvr., parmi lesq. on distingue : *le Antichità di Rimino, libri II*, Venise, 1741, petit in-fol., fig. — *Vita di Andrea Palladio, Vicentino*, ib., 1763, in-4. — *Vite de' piu celebri architetti e scultori veneziani, che fiorirono nel secolo XVI*, ib., 1777, 2 vol. in-4. — *Degli scamilli impari di Vitruvio*, ibid., 1780, in-8. Comme architecte, ses princip. ouvr. sont : la façade de Ste-Marguerite à Padoue ; une rotonde à Piazzola ; le pont de Dolo sur la Brenta, et l'église de Ste-Marie-Madeleine, où il est enterré.

TEMPELHOF (GEORGE-FRÉDÉRIC), tacticien, né en 1737 à Tramp, dans la Moyenne-Marche, mort à Berlin en 1807, s'engagea comme simple soldat dans un régim. d'infanterie, et fit plus. campagnes où son courage et ses profondes connaissances dans les mathématiq. et dans l'art de la guerre le firent remarquer. Le gr. Frédéric, qui conçut pour lui une haute estime, le chargea d'instruire les meilleurs officiers d'infanterie et de cavalerie dans les inspect. de Berlin et de la Marche, le nomma major et commandant d'un corps d'artillerie, et lui accorda des lettres de noblesse. Frédéric-Guillaume II le chargea d'instruire les deux princes, ses fils aînés, dans les mathémat. et la science de la guerre. Frédéric-Guillaume III lui conféra en 1802 l'ordre de l'Aigle-Rouge, le nomma lieuten.-général et instituteur des deux jeunes princes, ses frères. On a de ce tacticien, qui était en relation avec Euler, Lambert, Sulzer, Lagrange et d'autres savants, un assez gr. nombre d'ouvr., parmi lesquels il faut distinguer : *le Bombardier prussien*, 1781, in-8. — *Géométrie pour les soldats et pour ceux qui ne le sont pas*, Berlin, 1790, in-8. — *Histoire de la guerre de sept ans en Allemagne, entre le roi de Prusse et l'impératrice-reine*, avec ses alliés, trad. de l'anglais du gén. Lloyd, avec plans et remarques, 2ᵉ édit., Berlin, 1794, 5 vol. in-4. — *Art de la guerre, expliqué par des exemples*, ouvr. posth., Zerbst, 1808, in-8.

TEMPLE (le chev. GUILLAUME), homme d'état et écrivain distingué, né à Londres en 1628, fit d'excellentes études et acquit surtout une connaissance approfondie de la langue latine qui plus tard lui fut très utile dans ses négociations. Il commença ses voyages à 19 ans, passa deux années en France, visita la Hollande, la Flandre, l'Allemagne, et apprit les langues de tous ces pays. A son retour en 1654, il alla vivre dans la retraite en Irlande, au sein de sa famille et avec une femme adorée, éclairant son esprit et fortifiant son caractère par l'étude de l'hist. et de la philosophie. Il ne voulut accepter aucun emploi sous Cromwell. A la restauration de Charles II, en 1660, il fut élu membre de la convent. d'Irlande, où il manifesta la plus vive opposit. contre le poll-bill, présenté par les lords justiciers. Nommé l'année suiv. membre du parlem., il montra une parfaite indépendance et une rare impartialité, tour à tour votant pour et contre les ministres. Il fut un des commissaires députés au roi par ce parlement en 1662, et vit à Londres le duc d'Ormond, qu'il revit plus tard à Dublin, et dont l'estime lui valut la protection de lord Clarendon et du secrét. d'état Arlington. Ce dernier, en 1665, le chargea, au nom du roi, d'une commission secrète auprès de l'évêque de Munster : il s'agissait d'engager ce prélat à s'unir à l'Angleterre contre la Hollande. Le traité était déjà conclu, et l'on avait à peine appris le départ de Temple. En 1666, il fut chargé d'une semblable mission auprès du même prélat qui, mécontent de ses nouv. alliés, menaçait de se déclarer pour les Hollandais; mais Temple arriva trop tard; l'évêque avait conclu un traité à Clèves avec les États-Généraux. La paix qui ne tarda pas à être signée lui permit de visiter encore une fois les Provinces-Unies et de connaître le grand-pensionnaire de Witt. Il eut bientôt à s'applaudir d'avoir gagné l'amitié de ce grand homme, avec lequel il fut chargé de conclure en 1668 le fameux traité de la *triple alliance* entre l'Angleterre, la Hollande et la Suède : ce ne fut l'ouvrage que de cinq jours. La même année il concourut à la paix signée à Aix-la-Chapelle. Enfin deux ans après une nouv. mission auprès des Provinces-Unies lui fut offerte ; sa délicatesse ne lui permit pas de l'accepter, et il alla dans sa maison de Shene, près de Richmond, rédiger ses *Observations sur les Provinces-Unies*, et une partie de ses *Mélanges*. Il reparut sur la scène politique en 1674, comme ambassad. extraordin. au congrès de Nimègue, et après la signature de la paix en 1678, il accepta l'emploi de secrét.-d'état. Se trouvant dans le conseil en opposition avec Shaftesbury, et fatigué enfin des affaires, il se retira dans sa petite terre de Moor-Park, dans le Surrey, où il mourut en 1698, ou suiv. Chalmer en 1700, après avoir vu la révolution de 1688, sans y prendre part et sans vouloir même que son fils s'y engageât. Outre les ouvr. déjà cités, on a de lui plus. vol. de *Lettres;* une *Introduct. à l'histoire d'Angleterre;* des *Mém.* qui sont, pour la postérité, ce qu'il a laissé de plus intéressant. Ses ouvr. ont été réimpr. en 1814, 4 vol. in-8. — TEMPLE (John), fils du précédent, fut pendant plus. mois secrétaire-d'état au départem. de la guerre, et se noya dans la Tamise en 1689, laissant dans le bateau un billet par leq. il accusait lui-même son incapacité qui avait causé, disait-il, beauc. de préjudice au roi et au royaume. On lui accordait pourtant assez généralem. beauc. d'habileté. On croit que sa mort fut occasionnée par le chagrin qu'il conçut en voyant le général Hamilton, dont il avait garanti la fidélité, trahir les intérêts du roi Guillaume. Il laissa, de son mariage avec une Française, deux filles, auxq. leur aïeul, le chevalier Guill. Temple, laissa toute sa fortune, mais sous la condition expresse qu'elles n'épouseraient pas de Français.

TEMPLEMANN (Peter), médecin anglais, né en 1711, mort en 1769, fit ses études à l'univers. de Leyde, sous Boerhaave et d'autres profess. distinguées, et revint à Londres en 1739, pour y exercer son art. Mais l'habitude de vivre avec les gens instruits et dans la meilleure société l'avait rendu tellement difficile, qu'oubliant les devoirs du médecin, il voulut, pour ainsi dire, choisir ses malades. L'indolence et la raideur de son caractère nuisirent à son avancement, et lui fermèrent, malgré son mérite reconnu, le chemin de la fortune. On a de lui : *Remarques et observat. curieuses en physique, anatomie, chirurgie, chimie, botanique et médecine,* Ier vol., 1753; IIe vol., 1754 (l'aut. se proposait de porter l'ouvrage à 12 vol.). — Une traduct. des *Voyages en Égypte et en Nubie,* par Norden, 1757, in-fol. et in-8. — Une édit. des *Select cases,* etc., par le doct. Woodward, 1757, in-8.

TEMPLIERS (les), appelés aussi les Chevaliers du Temple, furent institués au commencement du 12e S. (environ l'an 1118) par des croisés français, dans le but de protéger les pèlerins et de leur rendre facile l'accès des saints lieux. Les prem. membres de cette association religieuse et milit., au nombre de neuf, se lièrent par un vœu solennel en présence du patriarche de Jérusalem, et Baudouin II leur donna pour résidence dans cette ville une maison située près du Temple : c'est de là que les nouveaux religieux prirent le nom sous lequel ils ne tardèrent pas à se rendre fameux. Accru promptement par la ferveur des fidèles, l'ordre des templiers, qui ne se soutint d'abord qu'à l'aide d'aumônes, finit par acquérir d'immenses richesses, et il est naturel de penser qu'en perdant leur pauvreté ils se dépouillèrent aussi des vertus du christianisme, qui réprouve le luxe et la mollesse. Cependant la reconnaissance des papes, des rois et des peuples s'était complue à accroître le lustre qu'avait acquis l'ordre, notamm. par sa défense héroïque dans Ptolémaïs, lors du siége de cette ville par les Sarrasins (v. Croisades). Mais son importance souleva parmi d'autres ordres militaires et religieux une rivalité qui se changea bientôt en une haine implacable. Déjà sa destruct. était résolue, lorsqu'en 1307 deux chevaliers qui avaient suivi en France le grand-maître, Jacques de Molai, furent condamnés, comme convaincus de plus. forfaits, à finir leurs jours dans les cachots. Ces deux hommes, poussés par le désir de la vengeance et aussi par l'espoir de recouvrer leur liberté, firent informer le surintendant des finances, Enguerrand de Marigny, qu'ils avaient à faire des révélat. dont le roi pourrait tirer plus d'utilité que de la conquête d'un royaume. Dans l'état de délabrem. où se trouvaient les finances de l'état. On n'attendait qu'un prétexte pour dépouiller les chevaliers du Temple de leurs richesses, devenues scandaleuses, vu la détresse où la France se trouvait alors réduite. Le ministre de Philippe-le-Bel saisit l'occasion qui lui était offertes, on entendit les déposit. des deux chevaliers, qui firent un détail affreux des infamies commises, suivant eux, dans leur ordre, et dont ils confessaient avoir été les témoins ou les complices. C'est sur un pareil témoignage que, le 13 octob. de la même année, on fit arrêter à la fois tous les templiers qui se trouvaient en France. Guillaume de

Nogaret et le dominicain *Imbert*, confesseur du roi et revêtu par le pape du titre d'inquisit., chargés de la poursuite de cette déplorable affaire, ne mirent que trop de zèle à seconder les vues du monarque et du pontife d'Avignon (Clément V) contre les restes dispersés de l'ordre du Temple. Tout fut mis en œuvre pour obtenir contre eux des témoignages accusateurs : tortures, promesses de grâces et de récompenses à ceux des prévenus qui s'avoueraient coupables, violences atroces envers ceux que ne pouvaient ébranler l'appât de l'or ni les horreurs d'un bûcher. C'est ainsi qu'on arracha au plus grand nombre des chevaliers l'aveu de quelques crimes honteux dont ils étaient accusés, et qui offensaient à la fois la nature, la religion et les mœurs. Trente-six de ces malheureux périrent au milieu des tortures. Jacques Molai, sur sa demande, avait été envoyé, avec d'autres chefs de l'ordre, auprès du pape pour s'expliquer devant lui ; mais sa marche fut arrêtée à Chinon, où des cardinaux vinrent l'interroger. On rapporte, sans preuves bien certaines, que le grand-maître céda d'abord à la crainte des tortures et de la mort, ou à l'espérance d'obtenir pour les siens quelques conditions favorables, en ne contrariant pas les projets de Philippe-le-Bel. Quoi qu'il en soit, afin de donner une apparence juridique aux moyens violents qui devaient amener la destruct. de l'ordre, le pape convoqua un concile œcuménique à Vienne, et nomma une commiss. qui se rendit à Paris dans le but de dresser l'informat. nécessaire pour motiver la décision du concile. Molai fut amené devant les commissaires du St-siége, et on lui lut les pièces de la procédure. Quand il entendit celles qui mentionnaient les aveux, vrais ou supposés, faits par lui à Chinon, il manifesta son étonnement et son indignation. L'affaire prit alors un caractère tout différent. Un très gr. nombre de chevaliers qui, forcés par les tourments, avaient fait des aveux devant les inquisiteurs, les révoquèrent devant la commission papale, et déclarèrent avec énergie qu'ils défendraient l'ordre jusqu'à la mort, de corps et d'âme, devant et contre tous, contre tout homme vivant, excepté le pape, le roi de France, etc. Le grand-maître demanda avec instance qu'on le conduisît devant le pape, qui devait le juger. Cinq cent quarante-six chevaliers, soit de ceux qui précédemment avaient fait des aveux, soit de ceux qui avaient résisté aux moyens des oppresseurs, se constituèrent défenseurs de l'ordre, et le nombre s'en éleva bientôt à neuf cents ; mais la détermination du pape et du roi était irrévocablem. prise. Les chevaliers furent partagés en 3 classes. Ceux qui, ayant rétracté les aveux précéd., soutenaient l'innocence de l'ordre, furent livrés au jugement des inquisiteurs. Tous ceux qui persistaient dans leur rétractation furent déclarés *hérétiques relaps*, livrés à la justice séculière et condamnés au feu. Ceux qui n'avaient jamais fait d'aveux et qui persistaient à n'en pas faire furent condamnés à une détention perpét. comme templiers *non réconciliés*. Quant à ceux qui ne rétractèrent pas les aveux déjà faits, ils furent mis en liberté, reçurent l'absolution, et on les déclara templiers réconciliés. La procédure, le jugem. et le supplice des prétendus relaps ne demandèrent que 24 heures, et, le 12 mai au matin, cinquante-quatre chev. furent livrés aux flammes. Les historiens ont attesté unanimement l'intrépidité de ces nobles victimes jusqu'à la mort. D'autres exécut. eurent lieu en France. Dans les pays étrangers les templiers, malgré les poursuites du pape et de Philippe-le-Bel, résistèrent avec succès, parce qu'on n'employa pas contre eux les terribles moyens dont on avait fait usage en France. Le 15 octobre 1311 le pape ouvrit le concile œcuméniq. de Vienne ; mais les membres de ce concile ayant été d'avis d'entendre les templiers en leur défense, le souverain pontife, sans consulter l'assemblée, publia le décret d'abolition de l'ordre du Temple par voie de provision. Cependant Jacques de Molai était encore en prison à Paris. Il avait toujours réclamé son jugem., que le pape s'était réservé en personne. Trois commissaires furent nommés par ce dernier pour juger le grand-maître, ainsi que trois autres chefs de l'ordre. Après une longue procédure, les accusés, placés sur un échafaud dressé dans le parvis de l'église Notre-Dame, venaient d'entendre la lecture d'une sentence qui les condamnait à la réclusion perpétuelle, lorsque Molai, rendant hommage à l'innocence de l'ordre, déclara qu'il aimait mieux renoncer à la vie que de faire des aveux mensongers qui terniraient la gloire de cette institut. respectable. L'un des trois chevaliers parla dans le même sens. Le conseil du roi, assemblé à l'instant, condamna Molai et son compagnon à la mort, sans réformer la sentence des commissaires du pape et sans faire prononcer aucun tribunal ecclésiast. Le bûcher fut dressé à l'endroit même où est aujourd'hui la statue de Henri IV, et les deux victimes y furent brûlées à petit feu le 18 mars 1314. Jusqu'au dern. soupir ils protestèrent de leur innocence et de celle de l'ordre. Quelq. histor. ont rapporté que le gr.-maître, avant de mourir, avait cité le pape Clément V et le roi au tribunal de Dieu. « Si ces sortes de traditions, a dit un écrivain, ne sont pas véritables, elles permettent du moins de croire que l'opinion publique qui les accueillit jugeait que les condamnés étaient innocents. » Toute l'affaire des templiers s'explique d'ailleurs par ce mot profond de Bossuet : « Ils avouèrent dans les tortures ; mais ils nièrent dans les supplices. » On peut consulter : l'*Histoire de la condamnation des templiers*, par Dupuy, Bruxelles, 1751, in-4. — *Histoire apologétique des templiers*, par le P. Le Jeune, Paris, 1789, 2 vol. in-4. — *Procès de l'ordre des templiers* (en allem.), Hambourg, 1792, in-8. — *Mémoires histor. sur les templiers*, par Grouvelle, Paris, 1805, in-8, et surtout l'écrit intitulé : *Monuments historiques relatifs à la condamnat. des chevaliers du Temple et à l'abolit. de leur ordre*, par Raynouard (qui a composé sur le même sujet une tragéd. estimée), Paris, 1813, in-8.

TÉNA (Louis de), théologien, né à Cadix vers le milieu du 16e S., occupa successivem. avec distinction des chaires de philosophie et de théologie, celle d'interprète de l'Écriture sainte, reçut de Philippe II l'administrat. des colléges royaux et la dignité de chanoine théologal au chapitre de Tolède, et mourut en 1622, évêque de Tortose. On a de lui : *Commentaria et Disputationes in epistolam D. Pauli ad Hæbrœos*, Londres, 1661, in-fol. —*Isagoge in sacram Scripturam*, in-fol.

TENCIN (Pierre GUÉRIN de), cardinal, archevêque de Lyon, né à Grenoble en 1680, mort en 1758, fut d'abord prieur de la maison de Sorbonne, puis grand-vicaire et grand-archidiacre de Sens, enfin abbé de Vézelai, diocèse d'Autun, et eut à soutenir en cette qualité un procès qui fit tort à sa réputation, et dont ses liaisons avec Law ne contribuèrent pas peu à rappeler plus tard le scandale. Il n'en fut pas moins le conclaviste du cardinal de Rohan, qu'il accompagna à Rome en 1721, et qui lui fit obtenir l'emploi de chargé d'affaires de France. Nommé archevêque d'Embrun, il fut sacré par le pape en 1724. A peine eut-il pris possession de son siége, qu'il concourut à la condamnat. de Soanen, évêque de Senez, prononcée en 1727 par le concile de la métropole d'Embrun. Dès ce moment, quoique les décrets du concile eussent été approuvés par les deux puissances, l'archev. eut à lutter contre les avocats, le parlement même et les partis puissants des philosophes et des jansénistes. C'est alors qu'il publia une foule de *lettres pastorales* et de *mandements*, dont quelques-uns furent supprimés. Nommé cardinal en 1739, il assista au conclave de 1740, et fut appelé la même année à l'archev. de Lyon, dont il ne prit possess. qu'en 1742. Le card. de Fleury le fit nommer ministre-d'état ; mais, à la mort de ce premier ministre, voyant baisser son crédit, il quitta la cour en 1752. Il ne prit plus aucune part aux débats du clergé et du parlement, et vécut dans son diocèse, où il se fit estimer par d'abondantes aumônes.

TENCIN (Claudine-Alexandrine GUÉRIN de), sœur du précédent, née à Grenoble en 1681, fut forcée par ses parents de prendre le voile au couvent de Montfleury ; mais, après 5 ans de profess., elle protesta contre ses vœux, et passa comme chanoinesse au chapitre de Neuville, près de Lyon. Bientôt elle vint à Paris ; le pape lui accorda un rescrit qui la dégageait de tout lien religieux, mais qui ne fut pourtant pas fulminé. Mme de Tencin n'en vécut pas moins dans le monde, où elle s'occupa beauc. de la fortune de son frère, à l'exemple duquel elle se jeta dans les spéculat. financières et dans le parti des constitutionnaires ; elle mit même tant d'ardeur à défendre la bulle *Unigenitus*, qu'elle reçut l'ordre de se retirer à Orléans. L'intrigue et l'ambition ne purent la préserver de l'amour : elle eut du chevalier Destouches-Canon un fils qui fut d'Alembert. La Fresnaye, un de ses amants, se tua chez elle d'un coup de pistolet, et ce suicide, regardé d'abord comme un assassinat, la conduisit au Châtelet, puis à la Bastille, d'où elle ne tarda guère à sortir. Ce fut alors qu'elle résolut de faire oublier tant de scandales par une vie plus régulière. Elle rassembla chez elle les gens de lettres et les savants les plus distingués. Aimée de Montesquieu, elle défendit de tout son pouvoir l'*Esprit des lois* contre les censures amères qui assaillirent cet immortel ouvrage. Elle entretint avec Benoit XIV une correspondance suivie, et mourut en 1749 à Paris. On doit à Mme de Tencin des romans estimés et souvent réimprimés. Ils ont été réunis à ceux de Mme de la Fayette en 1786, 7 vol. petit in-12. La même collect., augmentée de deux romans de Mme de Fontaine, a été réimpr., Paris, 1804, 5 vol. in-8, avec des *Notices* et un *Essai sur les romans*, par Auger, puis en 1808, 4 vol. in-8 ; enfin avec des *Notices* de MM. Jay et Étienne, Paris, 1825, 5 vol. in-8. *Le Comte de Comminges*, le chef-d'œuvre de Mme de Tencin, *peut*, dit La Harpe, *être regardé comme le pendant de* la Princesse de Clèves.

TENDE (René de Savoie, comte de), fils naturel de Philippe II, duc de Savoie, reçut de son frère le duc Philibert, dit *le Beau*, la charge de lieut.-général et des lettres de légitimation, et se rendit à Rome pour les faire confirmer par le St-siége ; mais son acte de légitimation fut annulé par l'empereur, grâce aux intrigues de Marguerite d'Autriche, deuxième femme de Philibert. Alors il se retira près de la duchesse d'Angoulême, sa sœur, et, se voyant déclaré criminel de lèse-majesté en Savoie, ayant perdu ses biens par la confiscation, il s'attacha à la France, parvint aux plus hautes dignités sous le règne de François Ier, son neveu, et lui rendit des services signalés en Suisse, à la bataille de Marignan, à l'attaque de la Bicoque, enfin à la bataille de Pavie (1525), où il se couvrit de gloire et reçut des blessures auxquelles il succomba. — Tende (Claude de Savoie, comte de), fils du précéd., né en 1507, entra de bonne heure dans la carrière militaire, fut fait prisonnier à la bataille de Pavie, revint en France, fut nommé colonel des Suisses, et accompagna Lautrec dans son expédition de Naples. Ayant succédé à son père dans la place de gouverneur et sénéchal de Provence, il repoussa les attaques de Charles-Quint avec vigueur, et sut échapper à l'influence des partis, sévissant également contre les huguenots séditieux et contre les faux catholiques. Suspendu de ses fonctions par les intrigues de ses ennemis, il fut rétabli dans sa charge par Henri II ; mais lorsque l'édit de 1562 eut permis le libre exercice du culte réformé, le soin qu'il mit à le faire exécuter réveilla la haine des catholiques, qu'il chercha à apaiser en s'adjoignant dans la charge de gouvern. son fils d'un premier lit, le comte de Sommerive. Celui-ci, pour se venger de sa belle-mère, leva des troupes, et força son père à s'enfuir en Piémont. Le comte de Tende, rappelé par la cour, mourut subitement à Cadranache en 1566.— Tende (Honorat de Savoie, comte de Villars et de), frère puîné du précédent, né en 1509, se signala, jeune encore, dans les guerres que la France eut à soutenir, s'enferma en 1553 dans Hesdin, assiégé par le prince Emmanuel-Philibert, dep. duc de Savoie, qui le fit prisonnier, fut blessé dangereusem. à la bataille de St-Quentin, et se jeta néanmoins dans Corbie, qu'il sauva. Nommé lieuten.-général en Languedoc (1560), il déploya une telle rigueur contre les protestants qu'on le rappela, mais pour lui confier une division de l'armée roy., à la tête de laquelle il combattit en Touraine, au siége de Poitiers, à St-Denis, à Moncontour. Nommé lieutenant-général de Guienne en 1570, il reçut l'année suivante le bâton de maréchal, eut la charge d'amiral après Coligni, et mourut à Paris en 1580. — TENDE (Gaspar de), littérateur, né à Manne, en Provence, en 1618, mort à Paris en 1697, servit avec distinction dans le régiment d'Aumont, fut intend. de la maison de la reine de Pologne Louise-Marie de Gonzague, et contrôleur de la maison de Jean-Casimir, qu'il suivit en France après son abdication; enfin il accompagna en Pologne l'évêque de Marseille, depuis cardinal de Janson, qui décida l'élection du gr. Sobieski. On a de lui : *Traité de la traduction*, Paris, 1660, in-8. — *Relat. historique de Pologne*, Paris, 1688, 1697, in-12, sous le nom de *Hauteville*.

TENIERS (DAVID), dit *le Vieux*, peintre, né en 1582 à Anvers, où il mourut en 1649, fut élève de Rubens, et composa dans sa manière quelques gr. tabl. qui eurent du succès; mais s'étant lié d'amitié à Rome avec Adam Elzheimer, dit *Tedesco*, il ne peignit plus comme lui que des figures de petite proportion. On a de lui des *Réunions de charlatans, de buveurs, de fumeurs*, des *Intérieurs de ménages rustiques*, des *Scènes villageoises*, etc., où l'on trouve la naïveté grotesque des mœurs flamandes. Teniers-le-Vieux a moins de célébrité que son fils; mais a-t-il moins de talent et de mérite? C'est encore une quest. pour bien des amateurs; car ceux mêmes dont le goût est le plus exercé distinguent difficilem. leurs ouvrages, et d'ailleurs il ne faut pas oublier que le père fut le créateur de sa manière, et que le fils n'en fut que le très habile imitateur. — TENIERS (David), dit *le Jeune*, fils et élève du précédent, né à Anvers en 1610, mort à Bruxelles en 1694, débuta par l'imitat. des grands peintres de son temps, et sut rendre leurs manières, souvent opposées, avec une habileté merveilleuse, qui ne pouvait être comparée qu'à son extrême rapidité d'exécution. On le surnomma le *Protée* ou le *Singe de la peinture*. Mais bientôt il résolut de ne plus imiter que la nature, et de cette époque datent ses véritables titres à la gloire. Aucun peintre ne l'a égalé peut-être pour la facilité et la légèreté du pinceau et pour le sentiment intime et prompt de la vérité. On sait qu'il s'exerça dans le genre créé par son père, et pourtant ce peintre si vrai des tavernes, des cabarets et des fêtes villageoises, vécut dans les plus hautes classes de la société, fut créé gentilhomme de la chambre de l'archiduc Léopold, reçut de la reine Christine son portrait avec une chaine d'or, eut D. Juan d'Autriche pour élève, fut honoré enfin de l'utile protection du roi d'Espagne, du prince d'Orange, du comte de Fuensaldana et de l'év. de Gand. Louis XIV seul, renfermé dans son goût trop exclusif pour les grands sujets et les grandes choses, ne lui rendit pas justice. Le musée royal possède de ce maître 14 tabl., parmi lesquels on remarque les *Œuvres de miséricorde*, *l'Enfant prodigue*, la *Chasse au héron*, le *Joueur de cornemuse*, la *Tentation de St Antoine* et la *Noce de village*. Une partie de son œuvre a été publiée sous le titre de *Theatrum pictorium*, Anvers, 1658, 1660, 1684, 245 pl., et en franç. sous ce titre : *le gr. Cabinet de tabl.*, etc., 1755, in-fol. Il existe, d'après ce maître, des estampes innombrables, dues pour la plupart à Lebas. Teniers lui-même a gravé à l'eau forte quelq.-uns de ses tableaux. — TENIERS (Abraham), frère de Teniers-le-Jeune et élève de son père, ne fut qu'un peintre médiocre et un copiste exact, mais froid de la nature.

TENISON (THOMAS), archevêque de Cantorbéry, né en 1636 à Cottenham, dans le comté de Cambridge, demeura pend. le protectorat de Cromwell constamment attaché à la cause royale et à l'Église établie. Nommé en 1665 à la cure de St-André-le-Grand, il montra un courage et un dévouem. admirables durant la peste qui ravagea cette paroisse. Dans l'hiver rigoureux de 1683, il distribua, dit-on, plus de 500 livres sterling. Évêque de Lincoln en 1691, il devint deux ans après archevêque de Dublin, et succéda en 1694 à Tillotson sur le siége de Cantorbéry. Tenison fut un des régents de la Grande-Bretagne pendant l'interrègne qui suivit la mort de la reine Anne et précéda l'arrivée de George Ier. Il couronna ce prince, et mourut en 1715. On a de ce prélat des sermons, des lettres, et divers traités de théologie, parmi lesq. on distingue : *The creed of M. Hobbes examined, in a feigned conference between him and a student in divinity*, 1670, in-8. — *Baconiana*, 1679, in-8, dont Émery s'est servi pour la composition du *Christianisme de Bacon*. — *The protestant and popisch Ways of interpreting Scripture impartially compared*, Londres, 1689, in-4.

TENIVELLI (CHARLES), biographe, né en 1756 à Turin, fusillé en 1797 sur la place de Montcaliéri, par l'ordre du roi de Sardaigne, pour avoir eu la faiblesse, dans une insurrect. populaire, de céder au vœu de la multitude, qui lui ordonna d'improviser sur la place publ. un disc. à la louange du peuple et contre la taxe des comestibles, ne put achever le gr. ouvr. qu'il méditait, et qui devait servir de continuat. aux collect. de Muratori. On n'a de lui que sa *Biografia piemontese*, Turin, 1784-92, 5 vol. in-8.

TEN-KATE (LAMBERT), philologue, né en 1674 à Amsterdam, où il mourut en 1731, est, avec Balthazar Huidcoper, le grammairien qui a rendu le plus de services à la langue hollandaise. On a de lui : *Rapport entre la langue gothique et la langue hollandaise*, 1710. — *Introduction à la connaissance de ce qu'il y a de plus relevé dans la langue hollandaise*, 1723, 2 vol. in-4. — Un rec. de *Poésies morales;* quelques ouvrages de religion, originaux ou traduits, entre autres la version du traité grec de Pléthon *sur les quatre vertus cardinales*, à la suite du *Traité de la vie et de la mort*, par Philippe de Mornay, 1728.

TENNANT (Smithson), chimiste, né dans le comté d'York en 1761, mort à Boulogne-sur-Mer en 1815, des suites d'une chûte de cheval, n'a laissé aucun ouvrage, mais seulement des *mém.* particuliers, dans les *Transactions philosophiques*, dans le *Journal scientifique* de Nicholson, et dans les *Transactions* de la société de géologie. Il fut un des premiers à adopter la théorie antiphlogistiq., et paraît même, suivant Thompson, avoir entrevu les effets merveilleux de l'électricité voltaïque.

TENNENT (Gilbert), ministre de New-Brunswick aux États-Unis, mort en 1765, établit en 1743 une Église presbytérienne à Philadelphie, et prêcha dans plus. provinces avec beauc. de succès. Accusé d'immoralité dans un pamphlet intit. *l'Examinateur*, il y répondit par *l'Examinateur examiné*, qui fut bientôt suivi de *la Paix de Jérusalem*, ouvrage par lequel il cherchait à amener une réconciliation. — Tennent (Guillaume), frère du précédent, ministre de Free-Hold, dans le New-Jersey, habile théologien, a publié une *Notice sur le retour de la religion à Flee-Hold et en d'autres lieux*.

TENNHART (Jean), visionnaire, né en 1661 à Dodergast, en Saxe, mort à Cassel en 1720, avait, dès sa plus tendre enfance, cru voir le diable lui apparaître sous la figure d'un homme portant un collet jaune noué avec un cordon noir. Il se destina d'abord à l'état ecclésiastiq., se fit ensuite barbier, et, comme tous ceux de cette profession, se mit à courir le monde, toujours rêvant, toujours divulguant ses rêveries. Il se fixa enfin à Nuremberg, y gagna beauc. d'argent, épousa une femme riche, et devint plus raisonnable. Mais la mort de sa femme et d'un de ses enfants troubla encore une fois sa raison. Ses nouvelles visions, ses prédicat., ses écrits scandaleux, ses principes contraires aux dogmes de la religion établie et même à la morale, lui valurent plus. longues détentions. Le *Dictionnaire historique* de Hirshing contient la liste des ouvrages de Tennhart : partout il s'y donne comme appelé de Dieu à la conversion du genre humain et comme *l'écrivain de la voix intérieure*.

TENON (Jacques-René), chirurgien, membre de l'Institut, né à Sépaux, près de Joigny, en 1724, fut en 1744 nommé chirurgien de première classe aux armées, fit en cette qualité la campagne de Flandre, et à son retour obtint au concours la place de premier chirurgien de la Salpêtrière, où il fit un cours de chirurgie. Il fut un des premiers à reconnaître les avantages de la vaccine. Chargé par Louis XVI d'aller visiter les hôpitaux de l'Angleterre, il en rapporta une ample collection d'observations utiles. Député en 1791 à l'assemblée législative, il s'y fit remarquer par la sagesse de ses opinions. Échappé à la révolution dont il eut beaucoup à souffrir, il mourut à Paris en 1816. On a de lui plus. *mém.* dans le *Magasin encyclopédique*, dans le *Recueil des mém. des savants étrangers* et dans les *Mém. de l'acad. des sciences*; et en outre : *Observations sur les obstacles qui s'opposent aux progrès de l'anatomie*, 1785, in-4. — *Cinq Mém. sur les hôpitaux de Paris*, ib., 1788, imprimés par ordre du roi.

TENTERDEN (Charles Abbott, baron), premier président de la cour du banc du roi, vice-président de la chambre des lords, etc., l'un des plus savants jurisconsultes anglais, naquit en 1762 à Cantorbéry, où son père exerçait la profession de barbier. Le premier fruit de ses études fut un ouvrage remarquable sur la *Jurisprudence maritime*, qui lui valut la protection des lords Eddon et Ellenborough ; avec leur appui, il entra dans la carrière de la magistrature, où ses talents, son activité, sa prudence et surtout ses connaissances profondes dans le droit national ne tardèrent pas à le porter aux plus éminentes dignités. Ce magistrat distingué mourut en 1831, à Londres, âgé de 78 ans, léguant à div. établissem. charitables une fortune immense qu'il avait acquise par ses travaux.

TENTZEL (Guillaume-Ernest), philologue et numismate, né en 1659 à Arnstadt, d'abord régent au gymnase de Gotha, fut ensuite, mais pendant peu de temps, historiographe de la maison de Saxe, et mourut en 1707. Outre des *Dissert.* dans les *Acta eruditorum*, dans les *Observationes hallenses*, etc., on a de lui : *Exercitationes selectæ in duas partes distributæ*, Leipsig, 1692, in-4. — *De ritu lectionum sacrarum*, Wittemberg, 1685, in-4. — *Monatliche unterredungen* (Entretiens mensuels), Leipsig, 1689-98, 10 vol. in-8, le plus anc., dit-on, des journaux littéraires de l'Allemagne.— *Saxonia numismatica, sive nummophylacium numismatum*, etc., Francfort, 1705, 8 part. in-4, lat. et allem.; et quelques autres ouvrages moins importants, dont on trouve les titres dans les *Mém.* de Niceron, III, 184-99. — André Tentzel s'est fait une réputat. au 17e S. par un ouvrage étendu sur les momies ; on lui doit en outre quelques opusc. cités dans la *Biographie* du *Dictionn. des sciences médicinales*.

TERBURG (Gérard), peintre flamand, né à Zwol en 1608, mort à Deventer en 1681, visita l'Allemagne, l'Italie, l'Angleterre, la France et l'Espagne, où il séjourna quelque temps, et reçut du roi le titre de chevalier. On voit encore de lui, dans différentes galeries, beaucoup de tableaux, dont presque tous les sujets sont pris dans la vie privée. Le plus remarquable est celui qui représente le congrès de Munster, dont Suyderhof a fait une gravure estimée.

TERCIER (Jean-Pierre), né en 1704 à Paris, où il mourut en 1767, fut secrétaire d'ambassade à Varsovie, contribua beaucoup au rétablissement de Stanislas, et resta jusqu'au dernier moment dévoué à la cause de ce malheureux monarque. Long-temps premier commis du ministère des affaires étrangères et censeur royal, il fut en 1747 nommé membre de l'académie des inscriptions, dont il enrichit la collection de *mémoires* assez remarquables *sur la conquête de l'Égypte par*

Selim, sur la dynastie des Sophis, sur la prise de Rhodes, etc.

TÉRENCE (Publius-Terentius-Afer), poëte latin, ne nous est connu que par six comédies, comptées parmi les chefs-d'œuvre de la littérature latine, et par une *notice* que lui a consacrée Suétone. Né selon toute apparence à Carthage, vers l'an 192 ou 193 av. l'ère vulgaire, il n'avait que 8 ou 9 ans à la mort de Plaute, arrivée en 184. On conjecture qu'il fut enlevé par quelques hordes africaines dans une guerre particulière contre les Carthaginois, et vendu à des marchands romains. Il devint l'esclave du sénateur Térentius-Lucanus, qui distingua ses talents, le fit élever avec beaucoup de soin, l'affranchit de très bonne heure et lui donna son nom. Ses succès dramatiques lui valurent, avec une brillante réputation, l'amitié de quelq. personnages illustres, tels que Lælius et Scipion-Émilien, bien jeunes encore, et qui n'avaient pas acquis une très grande célébrité lorsque Térence jouissait déjà de toute la sienne. D'après cela, on peut apprécier la valeur de ces suppositions envieuses, qui leur attribuaient la meilleure part dans les compositions comiques du poète africain. Cependant Térence eut la faiblesse de s'affliger de ces bruits, par lesq. la malveillance cherchait à lui ravir sa gloire. Réduit, si nous en croyons Porcius, à une indigence extrême, il sortit de Rome et disparut. D'autres disent au contraire qu'il avait amassé une petite fortune, et qu'il la porta en Grèce ou bien en Asie, avec l'intention d'y finir ses jours en paix. Soit en allant chercher cette retraite, soit en revenant en Italie, il perdit, à ce qu'on assure, 108 pièces de théâtre qu'il avait traduites, extraites ou imitées de Ménandre. Quelques-uns racontent qu'il périt lui-même dans ce naufrage; d'autres qu'il mourut à Stymphale ou Leucade, en Arcadie, du chagrin que lui causa une perte si cruelle. Suétone place sa mort sous le consulat de Cornélius-Dolabella et de Fulvius Nobilior, 159 ans avant notre ère. Le malheureux poëte était encore à la fleur de l'âge, comme on voit. Les six comédies qui nous restent de lui sont : l'*Andrienne*, jouée pour la première fois aux fêtes mégalésiennes ou de Cybèle, Fulvius et Glabrion étant édiles curules, sous le consulat de Marcellus et de Sulpitius, l'an 588 de Rome (166 av. J.-C.); l'*Hécyre, ou la Belle-Mère*, qui parut sous le consulat d'Octavius et de Manlius, l'an 163 avant J.-C; l'*Heautontimorumenos, ou l'Homme qui se punit lui-même*, joué l'an 163 avant J.-C., sous le consulat de Sempronius et de Juventius; le *Phormion*, donné l'an 161 av. J.-C., sous le consulat de Fannius et de Valérius-Messala; l'*Eunuque*, représenté quelques mois après ou avant le *Phormion*, sous les mêmes consuls; enfin les *Adelphes*, qui furent joués un an avant la mort de l'auteur, l'an 594 de Rome (160 av. J.-C.), sous les consuls Anicius-Gallus et Cornélius-Céthégus. Térence, qui doit presque tout le fond de ses pièces à Ménandre, a fourni d'heureuses inspirations à plusieurs poëtes modernes, parmi lesquels il est glorieux pour lui de compter Molière. Baron, ou,

sous son nom, le P. de La Rue, a donné une imitation de l'*Andrienne*, et une des *Adelphes*, intitulée *l'École des Pères*. Les commentateurs, les traducteurs, les critiques n'ont pas manqué de porter sur Térence mille jugements contradictoires, et de le placer, les uns au-dessus, les autres au-dessous de Plaute, selon qu'ils étaient plus disposés à admirer un style élégant, une décence parfaite de langage et une régularité sévère, ou bien une gaîté souvent grossière, mais toujours franche, et animée quelquefois par le comique le plus vrai. César, dans quelques vers qui nous sont parvenus, l'appelle un demi-Ménandre (*ò dimidiate Menander!*), et regrette, avec une sorte de douleur patriotique, qu'il soit resté au-dessous des Grecs pour n'avoir pu réunir aux grâces du style la force comique (*vis comica*). La versification de Térence a été l'objet de recherches particulières. Peu d'auteurs classiques ont été plus souvent copiés au moyen-âge que Térence : aussi trouve-t-on seulem. à la bibliothèque royale plus de vingt MSs. complets ou incomplets de ses comédies. Parmi les interprètes modernes, pour ne rien dire des anciens, qui se sont exercés sur Térence, on distingue Ange Politien, Érasme, Dolet, Mélanchthon, Gabriel Faërne, Muret, Daniel Heinsius, Tanneguy Le Febvre, Bentley, Westerhovius, Zeune et M. Bruns. Ces interprètes du poète ont été aussi ses principaux éditeurs. En 1779, on comptait déjà 395 éditions de Térence qui paraissaient dignes d'être remarquées, et dont le catalogue se trouve dans celle de Deux-Ponts. Parmi les traductions nombreuses qui ont paru en français, nous citerons celles que l'on doit aux littérateurs de Port-Royal, Paris, 1647, in-12, plus. fois réimpr.; à Mme Dacier, 1688, 3 vol. in-12; à Le Monnier, Paris, 1771, 3 vol. in-8, fig. Cette excellente traduction a été réimpr. en 1820, dans le Théâtre des Latins, et plus récemment, précédée d'un *Essai sur la comédie latine, et en particulier sur Térence*, par Auger, Paris, 1825, 6 vol. in-18. H.-G. Duchesne essaya sans succès de traduire Térence en vers franç. (1806, 2 vol. in-8).

TÉRENTIA, femme de Cicéron, qui l'épousa, selon l'opinion la plus probable, l'an 676 de Rome, vécut long-temps avec lui dans l'union la plus parfaite. Ce fut elle, dit-on, qui engagea son mari à déposer contre Clodius, accusé d'avoir violé les mystères de la bonne déesse, et attira ainsi sur l'orateur les persécutions qui plus tard lui coûtèrent la vie. Ce fut elle encore qui détermina Cicéron à punir de mort les complices de Catilina. Pendant l'exil de son époux en 695, elle resta à Rome pour veiller à leurs intérêts communs et y courut les plus grands dangers. L'année suivante elle le vit revenir et partagea la joie de son triomphe. Cependant elle se livrait depuis long-temps à des profusions extravagantes qui finirent par déranger beaucoup les affaires de son mari. Celui-ci eut recours au divorce l'an de Rome 707, et Térentia épousa la même année l'historien Salluste, un des plus violents ennemis de Cicéron, et après la mort de Salluste, en 718, l'orateur Messala-Corvinus.

Dion-Cassius lui donne un 4° mari, Vibius-Rufus, qui fut consul sous Tibère. Térentia vécut selon les uns jusqu'à 103 ans, suivant les autres jusqu'à 106, et suivant d'autres enfin jusqu'à 117 ans. Les lettres de Cicéron représentent Térentia comme une femme de beaucoup d'esprit, pleine d'activité et d'adresse, mais possédée de vues ambitieuses qui la poussèrent dans de nombreuses intrigues et même dans des crimes (*sceleratè quædam facere. Ad Att.*, XI, 16); et, ce qui paraît mieux prouvé, d'une prodigalité effrayante.

TÉRENTIANUS MAURUS, poète qu'on suppose avoir vécu dans le 3ᵉ S., n'est guère connu que par un poème de 2,981 vers *sur les règles de la poésie*. Publié pour la première fois en 1497 à Milan par G. Merula, il a été reproduit par Putschius dans les *Grammat. lat. auctores antiqui*; par Maittaire dans le *Corpus poetar.*, et séparément, Francfort, 1584, in-8.

TÉRENTIUS (Jean), médecin, né à Constance en 1581, entra chez les jésuites à Rome, et fut envoyé missionnaire en Chine, où il mourut on ne sait en quelle année. Il a travaillé à une édit. de l'*Abrégé des plantes* de Recchi, et laissé sur la botanique, dont il avait fait une étude particulière, quelques renseignements curieux; mais sa correspondance a été en grande partie perdue. Il est question de lui dans le *Pinax* de Gaspar Bauhin, pag. 342, et l'on trouve une de ses lettres dans les Commentaires de Faber sur Recchi, pag. 556.

TERKHAN-KHATOUN, épouse et mère des deux sulthans du Kharizme (*v.* Takasch et Mohammed Ala-Eddyn), eut la plus grande influence sous le règne de son fils Mohammed, et vit même souvent ses ordres exécutés avant ceux du sulthan. On lui donnait le titre de khodavendé djihan (dame du monde), et elle prenait elle-même ceux de protectrice de la foi et du monde et de reine des femmes. Elle haïssait Djelal-Eddyn, l'aîné des enfants de Mohammed, et voulut, mais inutilement, engager celui-ci à assurer le trône à son second fils, Cothb-Eddyn. Irritée du refus qu'elle essuya, elle abandonna la capitale du Kharizme, que menaçait alors Djenguyz-Khan, et se retira dans la forteresse d'Ilan ou Elak, où bientôt elle fut assiégée. Ne pouvant se résoudre à chercher un asile auprès de Djelal-Eddyn, elle jura de préférer l'esclavage, l'opprobre et les traitements les plus rigoureux à une protection qui eût blessé son orgueil. Forcée de capituler en 1220, elle fut envoyée à Djenguyz-Khan, et mourut dans les fers sous le poids des chagrins et des humiliations.—Terkhan-Khatoun, épouse de Mélik-Chah, 3ᵉ sulthan seldjoukide de Perse, voulant assurer le trône à son fils Mahmoud, provoqua la disgrâce et peut-être la fin du sage ministre qui gouvernait l'empire, et après la mort du sulthan l'an 485 (1092), disputa le pouvoir au nom de son fils à Barkyarof, frère aîné de ce prince, qui la vainquit et voulut bien lui laisser Ispahan, où elle était parvenue à couronner Mahmoud. Elle mourut ainsi que son fils favori en 478 (1094); mais leur mort ne mit pas fin aux troubles qu'ils avaient excités. — Terkhan-Khatoun, épouse du sulthan Sandjar, gouverna la Perse orientale avec beaucoup de sagesse pendant la captivité de son époux chez les Fozzes, et mourut l'an 551 (1196).

TERKHAN, sulthane validé, mère de 3 emper. Mahomet IV, Soliman II et Achmet II, régente pendant la minorité du premier de ces princes, gouverna l'empire avec sagesse et fermeté, et décora Constantinople d'établissements utiles et de monuments magnifiques. La sulthane était née dans la religion chrétienne, et l'on vit avec étonnement sa mère, qui ne voulut jamais se faire mahométane, vivre avec elle dans le sérail et y jouir du libre exercice de son culte et des respects des grands, du peuple et de l'empereur.

TERLON (Hugues de), né à Toulouse, fut, en 1655, chargé par Mazarin d'aller complimenter sur son mariage le roi de Suède, et sut tellem. plaire à ce prince, qu'après la mort de l'ambassad. français à Stockholm, Charles-Gustave demanda que le même emploi lui fût transmis. Terlon accompagna le roi dans son expédit. de Seelande en 1658, présida, en qualité de médiateur plénipotent., aux négociations de Tostrup, et assista ensuite aux conférences qui amenèrent en 1660 le traité de Copenhague entre la Suède et le Danemarck. Il conclut encore en 1662, avec la Suède, le traité de Stockholm, par lequel fut renouvelée l'alliance de Fontainebleau. Chargé par Louis XIV, en 1664, d'engager les régents de Suède à accéder au traité d'alliance conclu en 1663 entre la France et le Danemarck, il ne put obtenir que la neutralité de la Suède, et fut envoyé comme ambassadeur extraordinaire à Copenhague, où il demeura jusqu'à la fin de 1675. Il a laissé des *Mém.* sur ses négociat. depuis 1656 jusqu'en 1661, Paris, 1681, 2 vol. in-12.

TERMINIO (Ant.), littérateur, né vers 1525 à Conturci (royaume de Naples), mort vers 1580 à Gênes, dont il continuait les annales commencées par Bonfadio, est auteur de poésies, dont quelq.-unes font partie des *Rime spirituali* de Ferdinand Caraffa, marquis de Santo-Lucido, Gênes, 1559, in-4, et de quelq. vers latins dans un recueil publié par Dolce, Venise, 1554, in-8.

TERNAT (Ternatius), évêq. de Besançon, mort vers 680, avait écrit l'histoire chronologique des évêques ses prédécesseurs, ouvrage import., mais qui malheureusement ne nous est point parvenu. La ville de Besançon lui dut une nouvelle église, qui, donnée dans la suite aux bénédictins, est devenue l'abbaye de St-Vincent, fameuse par les sujets distingués qu'elle a donnés à la religion et aux lettres.

TERNAUX (Guill.-Louis), célèbre industriel, né à Sedan en 1763, se trouvait à 16 ans à la tête de la maison de commerce de son père, dont des revers avaient ébranlé la fortune. Bientôt, à force de talent et d'activité, il surmonta les difficultés de sa position, et vit enfin prospérer ses affaires. En adoptant les principes de la révolution, il se montra l'ennemi de tous les excès. Mis hors la loi en 1793, il fut contraint de prendre la fuite pour se soustraire à l'échafaud. Rentré en France, il se prononça contre le consulat à vie et contre l'empire. En 1815 il suivit les Bourbons dans l'exil. Député de Paris en 1818 et en 1827, il vota constamment dans la chambre avec l'opposition modérée. Le soin qu'il donnait aux affaires publiques ne lui faisait pas négliger les siennes, il pouvait suffire à tout. C'est à lui que l'industrie française est redevable des *cachemires Ternaux* et de l'introduction des chèvres du Thibet, dont le poil est employé par les Orientaux à confectionner ces précieux tissus. On lui doit aussi l'établissement en France des silos pour la conservation des grains. Toujours prêt à seconder les entreprises utiles, il remplissait une foule de fonctions gratuites; les sociétés philanthropique, d'encouragem., d'agriculture, d'horticulture, d'instruct. élément., etc., s'étaient empressées de l'appeler dans leurs conseils, où sa parole était toujours utile. Ruiné par la révolution de 1830, il soutint ce nouveau revers en homme de courage. Déjà il avait la consolat. de voir ses affaires se relever, lorsqu'il mourut d'apoplexie à St-Ouen, le 2 avril 1833, à 68 ans.

TERPAGER (Pierre), théologien de l'Église réformée, né en 1654 à Ripen en Jutland, mort chanoine de cette ville en 1737, est auteur de : *Ripæ cimbricæ, seu urbis Ripensis in Cimbriâ sitæ descript.*, etc., Flensbourg, 1736, in-4, et d'autres ouvrages sur le même sujet. — Son fils, Terpager (Laurent), pasteur à Mehruen en Seelande, a publié plus. *Dissertat. latines*, dont la plus remarquable est : *De typographiæ natalibus Daniâ.*

TERPANDRE (poëte et musicien), né à Lesbos, florissait dans le même temps qu'Arion, et fut le prem. qui, suivant Athénée, remporta le prix aux jeux carniens, dont l'institution remonte à la 26e olympiade (276 ans av. J.-C.). Il enrichit la lyre d'une ou de plus. cordes, fut couronné 4 fois de suite aux jeux olympiques, apaisa par ses chants une sédition à Sparte, et vit ses airs, partout admirés, devenir populaires et commencer partout l'ouverture des jeux publics. Il fixa par des notes le chant convenable aux poésies d'Homère, introduisit de nouveaux rhythmes dans la poésie, et, si l'on en croit Pindare, inventa les scolies ou chansons bachiques. Aucun de ses ouvrages ne nous est parvenu (v. les *Remarques* de Burette sur le *Dial.* de Plutarque *touchant la musique*, dans le *Recueil de l'acad. des inscript.*, t. X).

TERRASSON (Jean), abbé, né en 1670 à Lyon, fut un véritable philosophe pratique. Enrichi par le système de Law en faveur duquel il avait écrit, il éprouva tous les embarras des richesses, sans en goûter les agréments, et se montra peu sensible à la perte d'une fortune dont il n'avait pas joui. Nommé en 1721 profess. de philosophie au collége de France, il remplit cette chaire avec beaucoup de zèle. Il était déjà membre de l'acad. des sciences; il fut admis à l'Acad. française en 1532, et mourut à Paris en 1750. Sur la fin de sa vie il perdit absolument la mémoire. Entre autres ouvrages on a de lui : *Trois lettres sur le nouveau système de finances*, 1728, in-4 (c'est un roman). — *Mémoire pour justifier la compagnie des Indes, contre la censure des casuistes qui la condamnent*, 1720, in-12. — *Séthos, histoire ou Vie tirée des monum.-anecdotes de l'ancienne Égypte*, 1731, 3 vol. in-12, dans lequel Voltaire trouve de beaux morceaux. — Terrasson (André), frère aîné du précéd., prêtre de l'Oratoire, est mis au nombre des meilleurs prédicateurs du second ordre. On trouve quelques-uns de leurs sermons dans la collection des *Orateurs chrétiens*, Paris, 1820. Consultant plus son zèle que ses forces, le carême qu'il prêcha dans la cathédrale de Paris lui causa un épuisement, dont il mourut en 1723, âgé d'environ 54 ans. Ses *Sermons* ont été recueillis et publiés après sa mort, 1726 et 1736, 4 vol. in-12. — Terrasson (Gaspar), oratorien, frère du précéd., qu'il surpassa comme prédicateur, était né à Lyon en 1680. Après avoir professé dans plus. maisons de son ordre les humanités et la philosophie, il abandonna l'enseignement pour se livrer à la prédication. Plus tard il fut obligé de quitter l'Oratoire et la chaire par attachement pour le jansénisme, et mourut à Paris en 1752. Ses *Sermons* ont été impr., 1749, 4 vol. in-12. — Terrasson (Matthieu), jurisconsulte, cousin des trois précéd., né à Lyon en 1669, mort à Paris en 1734, travailla pendant 5 ans au *Journal des savants*, et donna des consultations qui lui acquirent le surnom de *Plume dorée*. Ses *OEuvres* furent publiées par son fils, 1737, in-4. — Terrasson (Antoine), fils du précédent, né à Paris en 1705, mort en 1782, fut censeur royal, conseiller au conseil souverain de Dombes, puis chancelier de cette principauté, avocat du clergé et professeur au collége de France. On a de lui : *Histoire de la jurisprudence romaine*, 1750, in-fol. — *Discours sur les progrès de l'éloquence du barreau et sur ceux de la jurisprudence sous le règne de Louis XIV*, dans le t. Ier de l'*Histoire littéraire du règne de Louis XIV*, par l'abbé Lambert, 1751, 3 vol. in-4. — *Mélanges d'histoire, de littérature, de jurisprudence, de critique*, etc., 1768, in-12.

TERRAY (l'abbé Joseph-Marie), contrôleur-général des finances, né à Boen, petite ville du Forez, en 1715, dut le commencement de sa fortune à un oncle, prem. médecin de la mère du régent, qui lui acheta, en 1736, une charge de conseiller-clerc au parlem. de Paris. Il mena d'abord une vie conforme à la modicité de son revenu et à la gravité de l'état ecclésiastique, et acquit au palais la réputation d'un magistrat zélé, austère, laborieux et doué d'une incroyable aptitude à débrouiller les affaires les plus compliquées. Mais dès que l'opulent héritage de son oncle et quelq. protections qui furent la conséquence naturelle de sa nouvelle position, lui eurent permis de secouer impunément le joug des convenances que lui imposait son double caractère de magistrat et de prêtre, il étonna tout le monde par le scandale de ses mœurs et le cynisme de son langage. En même temps il se lança dans la carrière de l'ambition, avec une confiance justifiée par beaucoup d'esprit et par une santé capable de résister aux plus grands travaux ; mais son extérieur était ignoble et repoussant, et ses succès à la cour auraient pu être difficiles, s'il n'eût eu tant d'adresse et d'impudence. En séparant sa cause de celle de sa compagnie, lors de la démission générale des parlementaires en 1755, il gagna la faveur de Mme de Pompadour, avec laquelle il travailla ensuite à l'expulsion des jésuites. Dans cette affaire, il fut rapporteur, puis commissaire pour recevoir l'abjurat. de tous les membres de la *société* qui se résignèrent à la faire, et dèslors son crédit s'accrut rapidement. Il songeait à remplacer l'Averdy au contrôle-général, et tout en s'applaudissant des fautes de ce ministre, il le secondait avec une apparence de zèle, qu'il avait soin de faire apercevoir à Louis XV. Ce monarque lui sut gré d'avoir pris part au fameux arrêt du conseil de 1764, autorisant l'exportation des grains, sous prétexte de hausser le prix de la propriété, mais en effet pour doubler le produit des vingtièmes et pour ouvrir la porte au plus odieux monopole, qui désormais fut administré par une compagnie de capitalistes. Le même ordre de choses se continua sous Mayon-d'Ynvau, successeur de l'Averdy, et l'on pense bien que Terray en profita pour augmenter beauc. sa fortune : ce qui ne l'empêchait pas toutefois de rechercher et d'obtenir une popularité illégitime, en rédigeant les remontrances du parlement contre les mesures financières du ministre. Ni cette popularité, ni ces gr. richesses ne pouvaient lui suffire : il voulait le contrôle des finances, et il y parvint à la fin de 1769, mais ce fut là l'écueil de la faveur dont il jouissait dans le public. Il s'engagea bientôt dans les mêmes voies que ses prédécesseurs, si impitoyablem. critiqués par lui, et fit plus mal encore. Le principe dont il partit eût fait pourtant beaucoup d'honneur à ses lumières, s'il en eût poursuivi les conséquences par une marche graduée. Il avait en horreur l'usage, si commode en apparence, des dettes publiques, ne se fiait point aux promesses trompeuses du crédit, et croyait que le grand secret de la finance, le seul véritablem. utile, était d'établir le niveau entre la dépense et la recette. Mais il eut le tort impardonnable de chercher cet équilibre par deux moyens honteux, la banqueroute et le monopole des grains : et cependant il pouvait alors trouver de grandes ressources pour l'exécution de son plan dans le développement de l'industrie de la France, qui était en paix depuis plus. années avec toute l'Europe. Par malheur il se proposait moins de balancer entre elles la dépense et la recette de l'état, que de fournir de l'argent aux prodigalités de Louis XV, pour se maintenir en place : ce fut l'action la plus lâche et la plus funeste dont il pût se rendre coupable, car il ruina son pays et déshonora son roi. Tantôt avec l'appui du parlement, où il conserva d'abord quelque influence, tantôt sans la participation de cette compagnie, dont il dédaignait les remontrances, il lança sur la France une foule d'édits désastreux. Pour faire apprécier le début de son administration, il suffira de dire qu'il mit tout d'abord la main sur la caisse d'amortissement, fit suspendre le paiement des billets des fermes, diminua les arrérages de divers effets royaux, réduisit les pensions et les gratifications, principalem. celles accordées au mérite et à l'indigence, et consacra même pour cette dernière mesure une rétroactivité de deux années. Il s'ensuivit une crise financière qui amena des procès, des banqueroutes, des suicides ; et pendant ce temps le contrôleur-général insultait au mécontentem. public par des plaisanteries qui annonçaient une étonnante démoralisation. Après avoir jeté le désespoir dans Paris, il frappa les provinces, les villes de commerce surtout, et porta un dernier coup à la compagnie des Indes : rien ne devait plus surprendre de la part d'un homme qui n'avait pas même respecté les tontines où les artisans et les domestiques avaient placé leur pécule. Toutes ces mesures fiscales, et bien d'autres encore, furent prises par lui dans la prem. année de son ministère : l'on est effrayé d'une activité si prodigieuse et si mal dirigée. Lors même qu'il s'avisa de faire le bien, il le fit mal. Ainsi lorsqu'il voulut ramener à son ancien taux l'intérêt de l'argent, réduit à 4 pour cent en 1766, par une opération forcée de l'Averdy, il avait évidemm. pour but d'empêcher que les régnicoles ne plaçassent leurs fonds ailleurs qu'en France, et d'y attirer même ceux des capitalistes étrangers ; mais il tenta cette mesure dans un moment où toute confiance était détruite, et il ne réussit qu'à grever l'état de plus forts intérêts. Lors du gr. coup d'état frappé par Maupeou sur les parlem., l'abbé Terray se tint dans l'ombre ; mais il s'en applaudit, et désormais délivré de toute contradiction pour l'enregistrement de ses édits, il donna une plus vaste carrière à son génie fiscal. Il soumit successivem. toutes les charges et même la collation des ordres royaux à la contribution ; il ne ménagea pas non plus les princes du sang ni le clergé ; il s'empara d'une partie des revenus de l'université ; il créa de nouv. charges pour créer de nouveaux impôts ; il augmenta les droits d'entrées sur les choses les plus essentielles ; enfin, pour tout dire en un seul mot, il fut le contrôleur-général le plus prodigue que l'on ait vu d'édits bursaux, et en fit paraître jusqu'à onze le même jour. Au milieu de la misère publique, dont il était la seule cause, et qui ne l'empêchait pas de porter à 60 mille livres par mois la pension de Mme du Barry, sa digne protectrice, il prononçait parfois des mots dont la dureté, mêlée de moquerie, fait horreur et peine, ou dont le cynisme, assaisonné d'un esprit infernal, est bien la censure la plus amère de cette époque déplorable. Il avait dès 1770 révoqué l'autorisation d'exporter des grains à l'étranger, et le peuple, dans son imprévoyance, s'était réjoui de cette mesure ; mais bientôt le monopole fut organisé, presque ouvertem., pour le compte du roi, et leur hausse ou leur baisse fut calculée uniquement dans le but de multiplier les chances avantageuses de cet odieux trafic, dont le ministre aussi retira d'énormes bénéfices. Pour le récompenser du mal qu'il avait fait à son pays, on lui donna la place d'intendant-général des bâtiments, à laquelle était attachée la direct. des beaux-arts; et, chose singulière! il fit quelque bien et un bien durable dans ce nouv. poste. Mais l'avénement du vertueux Louis XVI vint le repousser dans la vie privée. Il tomba en même temps que Maupeou, d'Aiguillon et Boynes, le 24 août 1774, jour qu'on nomma *la St-Barthélemi des ministres*. Il mourut à Paris en 1778, chargé de haine et de mépris. On a les *Mémoires* de l'abbé Terray, etc. (Londres, 1776), par Coquereau, avocat.

TERREROS Y PANDO (ÉTIENNE), jésuite et sav. grammairien, né en 1707 à Val-Trucios dans la Biscaye, mort en 1782 à Forli en Italie, où il s'était réfugié après l'expulsion de son ordre d'Espagne, avait professé la rhéthorique et les mathématiques avec succès. On a de lui : *Diccinario castellano con las voces de ciencias y artes, y sus correspondientes en las tres lenguas francesa, latina e italiana*, Madrid, 1785-87-88-93, 4 vol. in-fol., et des trad. en espagnol, parmi lesq. on remarque celle du *Spectacle de la nature* de Pluche, Madrid, 1753-56, 16 vol. in-4.

TERREVERMEILLE (JEAN de), doct. en droit et avocat à la sénéchaussée de Beaucaire, né à Nîmes, où il mourut en 1430, défendit avec courage les droits du dauphin pend. la démence de Charles VI. On a de lui un écrit plein de vigueur, publié en 1420, imprimé plus d'un siècle après sous ce titre : *Aureum singulareque opus Joannis de Terrâ rubeâ*, etc., Lyon, 1526, in-4.

TERRIER DE CLÉRON (CL.-JOSEPH), magistrat distingué par ses lumières et son courage, né en 1697 à Besançon, mort en 1765 du chagrin que lui causa la perte de son fils, fut présid. de la chambre des comptes de Dole, et contribua puissamment à faire refleurir l'agriculture et le commerce dans la Franche-Comté. Son opposit. vigoureuse aux mesures du ministère et ses fréquentes remontrances au roi lui valurent l'honneur d'être exilé et mis à la Bastille. Parmi ses ouvr. on remarque : *Discours sur la dignité et les devoirs de la magistrature, et sur la nécessité et l'emploi du tribut*, 1757, in-8. — *Observations sur la vérification des lois bursales*, 1757, in-8. — TERRIER (Jean), lieutenant-général du bailliage d'Ornans, né dans le 16° S. à Vesoul, de la même famille que le précéd., mort en 1634, a publié un ouvr. réimpr. sous ce titre : *Attributs de la Ste Vierge*, Besançon, 1668, in-4. — TERRIER (Jacq.), fils du précéd., mort en 1658, doyen des conseillers au parlement de Dole, a laissé MSs. des *notes* sur le droit romain et sur la coutume de la province, et un *Recueil* d'arrêts du parlement de Dole.

TERRIN (CLAUDE), antiquaire et numismate, né vers 1640 à Arles, mort en 1710, a publié : *La Vénus et l'obélisque d'Arles, ou Entretiens de Musée et de Calisthène*, Arles, 1680, in-12; plusieurs *dissertations* intéressantes dans le *Journal des savants*, les *Mémoires de Trévoux*, et la *Continuation des Mémoires de littérature* par le P. Desmolets.

TERRY (ÉDOUARD), voyageur anglais, né vers 1590, accompagna sir Th. Roe, ambassad. auprès du grand-moghol, et resta deux ans à la cour de ce prince. A son retour il fut nommé recteur de Greenford, dans le Middlesex, où il passa le reste de ses jours. On a de lui : *Voyage aux Indes-Orientales*, etc., Londres, 1655, in-8; ibid., 1778, in-8.

TERSAN (CH.-PHILIPPE CAMPION de), abbé, sav. archéologue, né en 1736 à Marseille, mort à Paris en 1819 dans un âge avancé, a donné le catalogue des médailles antiq. et mod. du cabinet de M. d'Enneri (avec M. Gosselin), Didot, 1788, in-4. Il possédait un riche cabinet, toujours ouvert aux savants, dont Grivaud de Vincelles a publié *le Catalogue*, précédé d'une notice sur Tersan.

TERSERUS (JEAN), savant prélat suédois, né en 1605 en Dalécarlie, fut d'abord placé sur le siége d'Abo; mais une explication qu'il donna du catéchisme de Luther excita contre lui un violent orage et lui fit perdre sa place. Ce ne fut que huit ans après qu'il obtint l'évêché de Linkœping. On a de lui : *Explication du catéchisme*, 1663; plusieurs sermons, des lettres et la relation d'une assemblée des notables en 1660, insérée dans *Historick Maerkvaerdigheter, Z Del*.

TERTULLIEN (QUINTUS-SEPTIMUS-FLORENS-TERTULLIANUS), l'un des plus illustres doct. de l'Église, né à Carthage vers l'an 160, fut élevé dans la religion païenne, et se montra même l'ardent adversaire du christianisme. La constance des martyrs lui ouvrit les yeux, et dès-lors il devint l'un des plus éloquents défenseurs de cette foi sublime à laquelle il avait insulté. Il a explíqué les motifs de sa convers. dans l'*Apologie* qu'il publia en faveur des chrétiens à l'époque des proscriptions ordonnées par Plautien, cet indigne favori de Sévère. Tertullien, qui était marié, mais qui n'avait pas eu d'enfants, se sépara de sa femme pour se consacrer à l'état ecclésiastique. Il déplut au clergé de Rome par son rigorisme, et ne tarda pas à repasser en Afrique, mécontent de tout ce qu'il avait vu. Le désir d'atteindre à une plus grande perfection lui fit adopter les erreurs de Montan; il y persista ensuite par orgueil et il brava les censures de l'Église, qu'il continua pourtant de servir par ses ouvrages, en attaquant toutes les erreurs qui tendaient à s'établir en Afrique. Il abandonna plus tard les montanistes, et fonda une secte nouvelle, dont on trouvait encore des traces à Carthage du temps de St Augustin. Il mourut dans un âge avancé vers 245. Malgré l'obscurité de son style, il a tant d'énergie, de vivacité, d'éclat et d'élévation, qu'il a trouvé dans tous les temps de nombreux admirat. : il suffira de nommer Bossuet, qui dans plusieurs de ses écrits en parle avec enthousiasme, et M. de Châteaubriand, qui l'a surnommé *le Bossuet de l'Afrique*. Parmi les écrits de Tertullien on distingue : l'*Apologétique*, dont il a été question plus haut, et que tous les critiques s'accordent à regarder comme un chef-d'œuvre d'éloquence et de raison ; le *Traité contre les Juifs*, modèle de controverse ; les *Cinq livres contre Marcion*, l'un des trésors de l'ancienne théologie. On a plus. éditions de ses *OEuvres complètes*. Celle qu'on doit au sav. Rigault, Paris, 1628, n'a pas été surpassée et a été reproduite plus. fois. Indépendamm. des réimpressions de Paris, 1641, 1664, 1675, in-fol., on recherche celle de Venise, 1746, in-fol. Plusieurs ouvrages de l'éloquent docteur ont été traduits en français, entre autres l'*Apologétique*, par l'abbé Meunier, 1822, in-12.

TERZI ou TERZO (OTTOBON), tyran de Parme, s'était instruit dans l'art de la guerre à l'école d'Albéric de Barboano, et avait commandé les armées de Jean-Galeaz Visconti, prem. duc de Milan. A la mort de Jean-Galeaz, il profita des guerres civiles pour s'emparer de la souveraineté de Parme en 1404, et bientôt après de Plaisance et de Reggio, et gouverna ces trois villes moins en souver. qu'en chef de brigands. Philippe-Marie Visconti envoya contre lui son général Facino-Cane, qui fut vaincu en 1407 à Binasco. Les plus fréquentes attaques de Terzi étaient dirigées contre le marq. d'Este, auquel cependant il offrit la paix ; mais au milieu de la conférence qui eut lieu à Rubbiera en 1409, il fut tué par Sforza Attendolo, l'un des officiers du marquis, et son cadavre, transporté à Modène, fut abandonné aux outrages de la populace.

TESAURO (ANT.), jurisconsulte, né à Fossano, dans le Piémont, au commencem. du 16ᵉ S., mort en 1586 à Turin, dont il avait été nommé sénateur, rétablit l'ordre et la justice dans le gouvernement d'Asti, qui lui fut confié dans des temps difficiles. On a de lui : *Novæ decisiones sacri senatûs pedemontani*, Turin, 1602, in-fol., et Venise, 1605.— TESAURO (Gaspard-Antoine), fils du précédent, a publié : *Tractatus de augmento ac variatione monetarum*, Turin, 1602, in-fol. — *Quæstionum forensium libri IV*, etc., ibid., 1604, in-fol. — *De censibus*, ibid., 1612, in-fol. — TESAURO (Emmanuel), 2ᵉ fils du précédent, né à Turin en 1581, fut professeur à Milan, et a laissé : *Elogia XII Cæsarum cum epigrammatibus*, Oxford, 1627, in-12. — *Oratio in quâ probatur academiam cremonensem Animosorum esse verum Herculis templum*, Crémone, 1620.— *La Magnificenza*, disc., Turin, 1627.— TESAURO (Charles-Antoine), frère du précédent, né à Turin en 1587, mort en 1655 au Vatican, dont il était pénitencier, a publié : *De pœnis ecclesiasticis seu censuris latæ sententiæ praxim bipartitæ*, Rome, 1640. — TESAURO (Alexandre), né à Fossano en 1558, mort à Turin en 1621, est auteur d'un poëme intit. : *la Séréide*, Turin, 1585 ; Verceil, 1777, in-8. — TESAURO (le comte Emmanuel), historien, fils du précédent, né en 1591 à Turin, où il mourut en 1677, fut élevé par ses contemporains presque aussi haut que Davila et Guicciardini. La postérité a cassé cet arrêt, et les écrits de Tesauro ne trouvent presque plus de lecteurs. On a de lui un grand nombre d'ouvrages, parmi lesquels on citera : *Campeggiamenti, ovvero istorie del Piemonte*, Turin, 1640, in-fol. ; Ivrée, 1646, in-fol. — *Ermenegildo, tragedia*, Turin, 1661, in-12. — *Del regno d'Italia sotto Barbari*, ibid., 1664, in-fol. — *La filosophia morale, derivata dall' alto fonte del grande Aristotele*, ibid., 1670, in-fol. ; Trévise, 1704, in-12 ; trad. en espagnol, Barcelone, 1692, in-12.— TESAURO (Camille), médecin et professeur de philosophie à Salerne, d'une autre famille que les précéd., est aut. de *Pulsuum opus absolutissimum*, Naples, 1594.

TESEO-AMBROSIO. — V. AMBROSIO.

TESMAN (JEAN), jurisconsulte et diplomate, né en 1643, professa le droit et l'éloquence au gymnase académique de Steinfurt ; il accompagna en Angleterre le duc de Montmouth, qu'il avait connu à Paris, et fut employé à Berlin et à Bremen pour des affaires des comtes de Steinfurt. Envoyé pour les intérêts du comte de Bentheim, dont la tutelle lui avait été confiée, auprès de Christophe Galen, électeur de Cologne, puis aux États-Généraux, et ensuite à Berlin. Il alla en 1674 comme profess. en droit à Marbourg, où il mourut en 1693. On a de lui un écrit où il prétend que Christine avait le droit de juger et de faire périr Monaldeschi ; une édition de l'ouvrage de Grotius *De jure belli et pacis*, Francfort, 1696, in-fol. ; et des dissertat., dont 10 ont été recueill. sous ce titre : *Dissertationum academicarum volumen I*, Marbourg, 1685, in-8.

TESSANECK (le P. JEAN), jésuite et l'un des commentat. de Newton, né vers 1720 en Bohême, mort après 1780, avait été nommé, lors de la suppression de son ordre, professeur de mathématiq. transcendantes à l'univers. de Prague. On a de lui : *Expositio sectionis secundæ et tertiæ libri primi principiorum mathematicorum philosophiæ naturalis à Newtono inventorum*, Vieux-Prague, 1766, in-8. — *Newtonis philosophiæ naturalis principia mathematica, commentationibus illustrata*, lib. I, ib., 1768, in-8 ; 1780, in-4, etc. (*v. Effigies virorum eruditorum Bohemiæ*, par Born et Adrien Voigt, Prague, 1773 et 1775).

TESSÉ (RENÉ DE FROULAI, comte de), maréchal de France, né vers 1650 dans le Maine, dut à la protect. de Louvois les titres de maréchal-de-camp et de chevalier de l'ordre du roi, avant de s'être signalé par aucune action d'éclat, puis le gouvernement d'Ypres et les grades de lieutenant-génér. et de colonel-général des dragons. Il servit sous les ordres de Catinat en Italie, fit lever aux impériaux le blocus de Pignerol, reçut en 1696 la mission de détacher le duc de Savoie de l'alliance de l'Autriche, et ne put y réussir. Il battit en 1701 Trautsmandorf entre Mantoue et Castiglione, et, nommé maréchal en 1703, défit les Portugais devant Badajoz. Il assiégea inutilement Barcelone ; mais rappelé en France, il fit lever aux Piémontais le siége de Toulon (1707). Il fut envoyé l'année suiv. ambassadeur à Rome, puis à Madrid, d'où il revint mécontent, et se retira chez les camaldules, où il mourut en 1725. On a de lui trois opuscules historiques ou politiques, publiés dans le *Recueil A* (*v.* PERAU). Grimoard a publié *Mémoires et lettres du* maréchal de *Tessé*, Paris, 1806, 2 vol. in-8. — V. FROULAY.

TESSIER (HENRI-ALEXANDRE), agronome, né en 1740, fit ses études dans un séminaire et porta long-temps dans le monde le titre d'abbé, quoiqu'il ne fût pas dans les ordres. Jeune encore il se fit un nom par ses recherches pour le perfectionnement de l'agriculture et l'amélioration des races d'animaux domestiques. Reçu doct. en médecine de la faculté de Paris, il fut admis en 1782 à l'académie des sciences, où dès-lors il lut plus. *Mém.* importants sur divers objets d'utilité publique. A l'époque de la révolut. il fut nommé médecin en chef de l'hôpital militaire de Fécamp, et plus tard chargé des cours d'agriculture et de commerce aux écoles centrales. Il fit partie de l'Institut dès sa formation, obtint le titre d'inspecteur-général des bergeries-modèles de France, et mourut à Paris en déc. 1837, à 97 ans. Ce savant modeste a fourni un gr. nombre d'articles à l'*Encyclopédie méthodique*, au *Dictionn. des sciences naturelles*, au *Cours d'agricult.* de Rozier, etc. Il a été, de 1798 à 1817, l'un des principaux rédacteurs des *Annales françaises de l'agriculture*, 70 vol., et il a publié en outre plus. ouvrages importants, entre autres: *Traité des maladies des grains*, 1783, in-8. — *Résultat des expériences faites à Rambouillet sur la* CARIE, 1785, in-8, trad. en ital., ainsi que le précédent.

TESSIN (NICODÈME, comte de), sénat. de Suède et grand-maréchal de la cour, né en 1654 à Nikœping, mort en 1718, est surtout connu par ses travaux d'architecture, parmi lesquels on distingue le *Palais du roi* à Stockholm et le *Château royal de Drotningholm*. De ses écrits en latin ou en suéd., le seul qui soit cité est un traité *De cometarum naturâ*, 1700, in-fol. — TESSIN (Charles-Gustave, comte de), fils du précédent, né en 1795 à Stockholm, révéla de grands talents dans les discussions politiques qui s'élevèrent en Suède après la mort de Charles XII, et fit triompher le parti des chapeaux. Nommé président de la noblesse à la diète de 1738, il fit changer le systême de gouvernement dans les points les plus essentiels, et décider qu'on accorderait les plus grands encouragem. aux manufactures et au commerce, alors trop négligés. Il conseilla de préférer à l'alliance de l'Angleterre et de la Russie celle de la France, et fut envoyé comme ambassadeur à Paris, où il resta de 1739 à 1742, et conclut le traité qu'il désirait. De retour dans son pays, il fut envoyé en Danemarck pour rétablir la bonne intelligence entre ce roy. et la Suède, puis à Berlin pour négocier le mariage de Louise-Ulrique, sœur de Frédéric, prince royal de Suède. Comblé de dignités et d'honneurs, il dirigea de 1747 à 1752 les affaires étrangères comme présid. de la chancellerie, en même temps qu'il remplissait les fonctions de gouverneur du prince royal, dep. Gustave III. En 1761, fatigué de lutter contre l'obstinat. des partis, il résigna toutes ses charges, et se retira dans sa belle terre d'Akeroe, en Sudermanie, où il vécut et mourut en sage, en 1770. Il avait adressé à son royal élève une suite de lettres relatives à la morale, à la politiq., à l'administration, qui furent imprimées et qui ont été traduites en français et en d'autres langues. On lui doit en outre plusieurs discours académiques, et un *Essai sur la manière d'adapter la langue suédoise au style des inscriptions*.

TESSON DE LA GUERIE (J.), né à Coutances en 1744, mort à Paris en 1776, est auteur d'une comédie en un acte et en prose, intitulée *la Fille de trente ans*, 1775, in-8, et des *Amours de Lucile et de Doligny*, Amsterd., 1770, 2 vol. in-12.

TESTA (DOMENIGO), né en 1746 à San-Vito, sur les collines de Préneste, fut d'abord professeur de philosophie à Palestrine, puis à Rome, de 1774 à 1786. Ce fut là qu'en 1776 il publia un ouvr. intitulé: *De sensuum usu in perquirendâ veritate*. Secrétaire du nonce à Paris en 1789, il courut risque d'être mis à la lanterne. Après la prise de la Bastille, de retour en Italie, il entra dans l'enseignement et fut nommé profess. de philosophie à Milan. Il accompagna Pie VII à Paris en 1804, lors du sacre de Napoléon. En 1810, il fut relégué en Corse, et ses biens furent confisqués; en 1814 il devint secrétaire des brefs aux princes et protonotaire, et mourut à Rome en 1832, laissant plus. ouvr. importants.

TESTELIN (LOUIS), peintre, né en 1615 à Paris, fut élève de Vouet, et devint dans son école le compagnon d'étude de la plupart des gr. peintres du 17e S. Membre de l'académie de peinture à sa création en 1648, il fut nommé professeur en 1650, et fit pour Notre-Dame deux tableaux: *St Pierre ressuscitant Tabithe* et la *Flagellation de St Paul et de Silas*. Lebrun, son ami, le consulta plus d'une fois sur ses travaux. Il mourut en 1655. — TESTELIN (Henri), peintre, frère du précéd., né en 1616, mort vers 1695 à La Haye, où il s'était retiré après la révoc. de l'édit de Nantes, avait été membre, puis secrétaire de l'académie de peinture, et professeur en 1656. On a publié depuis sa mort un ouvrage qui porte son nom: *Sentiments des plus habiles peintres sur la pratique de la peinture et sculpture*, etc., Paris, 1699, in-fol.

TESTI (FULVE), poète italien, né en 1593 à Ferrare, fut d'abord commis dans les bureaux de César d'Este. Il s'attira la colère du cabinet de Madrid par un petit poëme dédié au duc Charles-Emmanuel de Savoie, fut condamné au bannissement et à une forte amende. Il obtint son pardon par de nouveaux vers où il désavouait les prem., et fut honoré de la confiance du prince Alphonse, qui le plaça à la tête de sa bibliothèque et le chargea de fonder une académie: le duc de Savoie le dédommagea de sa disgrâce momentanée par de nouvelles faveurs qui éveillèrent l'ambit. du poète. Mais ses démarches à Rome et à Modène ne furent pas heureuses, et il fut obligé de se consoler par l'étude des rigueurs de la fortune. Enfin, sous Alphonse III, il fut nommé secrét.-d'état, et sous le duc François envoyé successivem. à Rome, à Mantoue, à Milan, à Venise, à Vienne, et récompensé de ses services par un fief avec le titre de comte. Nommé à l'ambassade de Madrid, puis gouvern. de Garfagnane, il prit ensuite part aux conférences de Castelgiorgio, d'Acquapendente et de Venise : mais convaincu en 1646 d'avoir entretenu une correspondance secrète avec Mazarin, il mourut la même année, probablem. de mort tragique. On a de lui : *Rime*, Venise, 1653. — *L'Italia* (S. D.), in-4. — *Miscellanea di lettere* (S. D.), in-12. — *Opere scelte*, Modène, 1817, 2 vol. in-8.

TESTU (JACQUES), abbé de Belval, membre de l'Académie française, né à Paris, mort en 1706, dans un âge assez avancé, s'annonça par quelques succès dans la carrière de la prédication ; mais sa santé l'obligea bientôt d'y renoncer. Partageant dès-lors ses loisirs entre la culture des lettres et les cercles les plus spirituels, il obtint l'amitié de Mme de Sévigné et la protection de Mmes de Montespan, de Thianges et de Maintenon, qui ne purent cependant lui faire donner un évêché, parce que Louis XIV ne le trouva pas *assez homme de bien* pour conduire les autres. On a de cet abbé : *Stances chrétiennes sur divers passages de l'Écriture et des Pères*, Paris, 1705, in-12. — TESTU (Jean), abbé de Mauroy, mort en 1706, fut admis à l'Acad. française sans avoir pour y entrer aucun titre que la protection de MONSIEUR, frère de Louis XIV.

TETENS (JEAN-NICOLAS), conseiller-d'état et des finances à Copenhague, né en 1737 à Tetenshull, dans le duché de Schleswick, mort à Copenhague en 1807, a publié en allemand : *Essai philosophique sur la nature humaine et sur ses développem.*, Leipsig, 1777, in-8.—*Considérations sur les droits réciproq. des puissances belligérantes et des puiss. neutres sur mer*, Copenhague, 1805, in-8, etc.

TETI (CHARLES), ingénieur, né à Nola, dans le royaume de Naples, mort à Padoue vers 1595, servit successivement l'empereur Maximilien II et la république de Venise. Il fortifia plus. villes, entre autres Pergame, où il construisit le bastion dit *de la Chapelle*. On a de lui : *Discorsi di fortificazioni, expugnazioni*, etc., *lib. VIII*, Venise, 1589, in-4, et ibid., 1617, in-fol.

TÉTRICUS (P. PIVÉSUS ou PÉVUSIUS), empereur, prit la pourpre à Bordeaux en 268. Son autorité, qui s'étendait sur les Gaules et sur une partie de l'Espagne et de la Grande-Bretagne, fut souv. méconnue, et l'on voit par les médailles qu'il remporta des avantages multipliés sur ses ennemis. Mais le trône, qu'il devait aux intrigues et à l'influence de Victorine, n'avait point de charmes pour lui dans ces temps d'agitation ; il remit volontairement la Gaule à Aurélien. Assez sage pour oublier le rang dont il était descendu, il mourut heureux dans une condition privée qui ne fut point sans honneur. De Boze a publié : *Histoire de l'empereur Tétricus éclaircie et expliquée par les médailles* (*Mémoires de l'acad. des inscriptions*, XXVI, 504-22).

TETPEL ou TEZEL (JEAN), dominicain, né vers 1470 à Pirna, dans la Misnie, fut chargé de prêcher les indulgences que le St-siége venait d'accorder aux chevaliers teutoniques pour les aider à soutenir la guerre contre les Russes, et, quoique sa conduite fût peu régulière, recueillit des sommes considérables. Ayant fait un voyage à Rome pour implorer le pardon de ses fautes, il en revint avec le titre d'inquisiteur de la foi et la commission de prêcher de nouv. indulgences, dont il fit un scandaleux trafic. Luther l'attaqua, et il répondit par un ouvr. intit. : *Propositiones centum et sex lutheranis adversæ, quibus catholicum de indulgentiis dogma propugnabat.* Il fit même brûler à Francfort les écrits de son adversaire. Cet acte de violence, qui fut si funeste, lui attira de la part de Miltitz, légat apostolique en Allemagne, de vifs reproches qui le firent mourir de chagrin en 1519 à Leipsig (*v.*, sur Tetzel, la *Germania sacra et litteralis* de Godef, Hecht, Wittemb., 1717, in-8).

TEULIÉ (PIERRE), général italien, né en 1765, suivait la carrière du barreau, lorsque la révolut. française vint lui en offrir une nouvelle. Il organisa la garde nationale de Milan, qui fit plus tard la force de l'armée italienne, marcha contre les Autrichiens qui menaçaient la Lombardie, et, après les premiers succès des armées françaises, fut chargé d'organiser un gouvernement provisoire à Vérone et à Vicence. Après de nouveaux exploits et des prodiges de valeur, il vit son général, Lahoz, abandonner le parti des Français ; mais cet exemple n'ébranla point sa fidélité. Il en fut récompensé par le général Grenier, qui le nomma son chef d'état-major. Cependant les ennemis l'emportèrent pour un moment ; Teulié vint en France, où, par l'ordre du consul, il réorganisa la légion ital., et, de retour en Italie, signala de nouv. son courage. Nommé ministre de la guerre, la sagesse de ses mesures, ses rigueurs nécessaires et son activité lui firent beaucoup d'ennemis qu'il satisfit en donnant sa démission. Plus tard, mis à la tête d'un conseil pour achever l'organisat. de l'administrat. militaire, et destitué sur d'injustes soupçons, on le vit, quand il en reçut l'ordre, en 1805, se rendre au camp de Boulogne, où il fut élevé au rang de général de division. En 1807 il entra dans le Hanovre, et la même année fut tué sous les murs de Colberg. Le gouvernement de cette ville honora sa mémoire en accordant une trêve de 24 heures, et en arborant un crêpe sur ses remparts.

TEUTONIQUE (ORDRE), confrérie de chevaliers qui s'institua devant St-Jean-d'Acre vers l'an 1191, à l'instar des hospitaliers de St-Jean-de-Jérusalem et des templiers, eut d'abord pour objet de pourvoir au soulagem. des croisés malades ou blessés. On suppose que ses fondat. furent des bourgeois de Lubeck et de Brême, qui établirent une sorte d'hospice sous une tente faite avec les voiles d'un vaisseau teutonique. Mais il faut remarquer qu'alors les ordres sur le modèle desquels se forma celui-ci commençaient à jouir d'une gr. considération dans la chrétienté, et jetaient déjà les fondements de leur puissance future : celle des chevaliers teutoniques ne devait pas être moindre. L'ordre fut confirmé sur la demande de Henri, roi de Germanie, par une bulle de Célestin III en date du 21 février 1192. Les chevaliers teutoniques furent placés sous la règle de St Augustin; leur costume était le manteau blanc chargé d'une croix noire. D'abord soumis à l'obédience des patriarches et autres prélats, ces hospitaliers devinrent bientôt un ordre militaire. Vers 1230 un duc Prast de Cujavie (Conrad), appela les chevaliers teutoniques en Prusse pour subjuguer et convertir cette nation encore idolâtre, et leur donna pour résidence la ville de Culin. En sanctionnant cette donation, Frédéric se déclara le protecteur de l'ordre, et rangea les chevaliers parmi les gr. vassaux de l'empire. Un événement qui eut beauc. d'influence sur les progrès de leur fortune, c'est qu'un autre ordre religieux et milit., celui des chev. porte-glaive (fondé dep. peu d'années par Albert d'Apelderen, 3ᵉ évêque d'Yxküll), s'incorpora à l'ordre teutonique, afin de défendre avec plus d'avantage, contre les évêques de Riga, les Danois, etc., ses prétentions sur l'Esthonie, dont il revendiquait la possession, en vertu du pacte de son institution qui lui allouait un tiers des conquêtes faites sur les idolâtres. Cette fusion eut lieu le 22 septembre 1236, Mais les ci-devant chevaliers porte-glaive formèrent dans l'ordre une langue distincte, celle de Livonie. En 1352, la totalité de l'Esthonie fut achetée moyennant 19,000 marcs d'argent, du roi de Danemarck, par le grand-maître de l'ordre. Louis d'Erlichshausen, qui était revêtu de cette dignité (19 oct. 1466), fut obligé, à la suite d'une défaite, d'abandonner à la Pologne la partie occidentale de la Prusse : ses successeurs prêtèrent hommage aux rois de Pologne jusqu'à Frédéric, duc de Saxe, élu en 1498. Albert de Brandebourg, qui lui succéda vers 1512 dans la dignité de gr.-maître de l'ordre en Prusse, voulut s'affranchir de ce vasselage. Après cette levée de boucliers, il vint, en qualité de vassal de l'empire, requérir près de la diète de Nuremberg des secours qui lui furent refusés. Courroucé de cette indifférence, il commença par s'arranger avec Sigismond Iᵉʳ, roi de Pologne, lui céda définitivement, par le traité de Cracovie, la partie occidentale de la Prusse (nommée dep. Prusse-Royale), et reçut en échange de ce prince l'investiture du titre héréditaire de duc de la Prusse-Orientale. Aussitôt après il se déclara pour la réforme religieuse, et se maria. L'exemple d'Albert entraîna la plupart des chevaliers; mais ceux de Livonie, et quelq.-uns parmi les autres langues, protestèrent contre ce qu'avait fait Albert de Brandebourg; on lui nomma un successeur, lequel alla fixer sa résidence à Mergentheim ou Mariental, en Franconie. Dès le 10 août 1520, Albert avait concédé aux chevaliers livoniens, par une convent. signée à Kœnigsberg, le droit de se choisir un chef, leur assurant en même temps la jouissance et entière possession de Reval et de Narwa, des pays d'Allentacken, Jerwen et Wierland, enfin les ville, château et domaines de Wesemberg. Toutefois, un nouvel acte d'Albert, comme grand-maître de l'ordre, en date du 25 janvier 1525, replaçait sous son obédience immédiate les chev. livoniens, auxquels il interdisait de rechercher auprès des empereurs ou des papes aucun privilége dérogatoire à cette obédience. On voit par-là, qu'indépendamment de leur fidélité à la communion romaine, les chevaliers livoniens avaient un motif de ne pas suivre les traces d'Albert, dont ils sollicitèrent à outrance la mise au ban de l'empire. C'est au milieu de toutes ces rivalités et jalousies des puissances religieuses que le luthéranisme s'établit en Allemagne. Charles-Quint reconnut dans le titre de grand-maître de l'ordre Walter de Cromberg, l'investiture du titre d'administrateur de l'ordre de Prusse, et réunit sous sa maîtrise les possessions de l'ordre en Allemagne, qui avaient dépendu immédiatement de la province de Prusse. De tels titres, qui donnaient au nouveau gr.-maître, dans les diètes, le même rang qu'avait tenu Albert, n'était au fond qu'une puissance fictive : en vain l'ordre comptait-il, indépendamment de la principauté de Mergentheim, les douze bailliages de Franconie, d'Alsace et de Bourgogne, d'Autriche, de l'Adige, de Coblentz, d'Altenhiesen (Belgique), de Westphalie, de Lorraine, de Hesse, de Saxe, de Thuringe et d'Utrecht. Un nombre considérable de chev. embrassèrent successivem. la réforme; ils furent défaits dans la bataille sanglante d'Ermis, par les Russes (2 août 1560); et par un traité conclu à Wilna le 28 nov. de l'année suiv., la province de Livonie se soumit au roi de Pologne. Ainsi que l'ordre de Malte, l'ordre teutonique, *en considération des services militaires de ses membres*, fut soustrait à la sécularisation dans les dispositions (section III, XXVI) du recès de la députation de l'empire (25 février 1803). Mais deux ans plus tard, en vertu du traité de Presbourg (art. 12) la dignité de gr.-maître de l'ordre, les domaines et revenus qui y étaient attachés, furent rendus héréditaires dans la personne et la descendance direcle et masculine de l'archi-duc Antoine, frère de l'empereur d'Autriche. La guerre ayant éclaté en 1809, Napoléon rendit, le 24 avril, un décret qui supprima l'ordre Teutonique dans tous les états de la confédération; ses biens furent réunis au domaine des princes dans les états desquels ils étaient situés, et qui, par forme de dédommagement, furent tenus à faire des pensions aux membres de l'ordre. Furent exceptés de cette dernière clause ceux des chevaliers qui auraient porté les armes contre les états de la confédération, ou qui seraient restés en Autriche depuis la déclaration de guerre. L'art. 15 de la confédération germanique, conclue à Vienne le 7 juin 1815, ratifia cette disposition envers les chev. sans exception, et chargea la diète de Francfort de son exécution.

TEXEIRA (JOSEPH), dominicain portugais, né en 1543, mort en 1604 à Paris, où il avait suivi l'infant D. Antoine, auquel il s'était attaché lors de son avénement au trône, et qu'il ne voulut jamais abandonner, a publ. : *De Portugalliæ ortu, regni ignitiis, denique de rebus à regibus universoque regno præclarè gestis compendium*, Paris, 1582, in-4; et d'autres ouvr. sur lesquels on peut voir les *Mém.* de Niceron, t. V. — TEXEIRA (Pierre), historien et voyageur portugais, né vers 1570, résida plusieurs années en Perse, et surtout dans l'île d'Hormuz, où il étudia la langue persane pour pouvoir lire et traduire Mikhond, auteur de l'histoire la plus étendue de la Perse. Il visita ensuite plus. provinces de l'Inde, et revint en Portugal, en passant par le Mexique et par d'autres colonies de l'Amérique. Il fit un autre voyage par terre dans plus. contrées de l'Asie, et, de retour en Europe, parcourut l'Italie, la France, et se rendit à Anvers, où il publia : *Relaciones de Pedro Texeira, del origen, descendencia y sucecion de los reyes de Persia y de Hormuz, y de un viage hecho por el mismo autor, desde la India-Oriental hasta Italia por tierra*, 1610, petit in-8. Cotolendi en a donné une assez mauvaise trad. sous ce titre : *Voyages de Texeira, ou l'Histoire des rois de Perse*, etc., Paris, 1621, 2 part. in-12.

TEYMOURAZ Ier, roi de Géorgie, né vers la fin du 17e S., fut donné comme otage à Chah-Abbas-le-Grand, qui le rendit à la liberté lorsque les événements l'appelèrent au trône, en lui faisant jurer qu'il serait toujours vassal de la Perse. Teymouraz fut fidèle à ce serment : mais il eut l'imprudence d'épouser une princesse qu'Abbas avait demandée en mariage, et par-là s'en fit un ennemi terrible. Abbas, eu 1614, fit envahir la Géorgie, dont il donna le gouvernem. à Bagrat-Mirza. Teymouraz, retiré dans une forteresse du Caucase, lutta quelque temps contre Bagrat, et fut, après de vains efforts, obligé de se réfugier auprès du gr.-seigneur, qui lui donna la ville de Konieh et les revenus de quelq. terres dans l'Asie-Mineure, et qui consentit même à s'engager pour lui dans une guerre malheureuse. Pressé par les Turks de se faire mahométan, il se retira en Russie, et, rentré dans la Géorgie, fut, après quelques vains succès, forcé de céder une seconde fois à la fortune de Chah-Abbas; il reparut à la mort de ce prince, sur la scène politique, remporta de gr. avantages, rendus bientôt inutiles par le nouveau roi de Perse, Chah-Séfy, et se réfugia enfin auprès de son beau-frère Alexandre, roi d'Imireth. Mais il n'eut pas la consolation d'y finir ses jours en repos. L'Imireth fut conquis, et le malheureux Teymouraz, fait prisonnier, fut conduit par ordre d'Abbas II à la cour de Perse, où il mourut, en 1659, de vieillesse, de maladie et de chagrin.

THAARUP (THOMAS), poète danois, né en 1749 à Copenhague, d'abord professeur d'histoire, de géographie et de belles-lettres à l'acad. des cadets de la marine, fut, de 1794 à 1800, membre de la direction du théâtre royal, et mourut en 1821. Ses *Poésies*, qui consistent en petites composit. dramatiques et en chants sacrés, ont été recueillis après sa mort en un fort vol. in-8, et publ. par K.-L. Rahbek, Copenhague, 1822.

THABET (BEN CORRAH, BEN HAROUN), nommé *Tabit* par les Européens, philosophe, mathématicien et médecin, de la secte des Sabéens et de la ville d'Harran, dans la Mésopotamie, né l'an 221 de l'hég. (835 de J.-C.), et mort en 288 (900), composa en arabe environ 150 ouvr. et 16 en syriaque, sur la dialect., les mathématiq., l'astrologie et la médecine. On en peut voir la liste dans Casiri, t. I, p. 386 et suiv. — SENAN ou SINAN, fils de Thabet, fut prem. médecin du khalyfe Caher-Billah, qui le chargea d'examiner la capacité des médecins de Bagdad, et de signaler les charlatans. Il mourut l'an 331 de l'hégyre (942-3 de J.-C.), laissant sur l'astronomie et la médecine plus. ouvr. très estimés dans l'Orient. — THABET-BEN-SENAN, fils et petit-fils des précéd., fut médecin de l'hôpital de Bagdad, et composa une *Histoire* de son temps depuis l'an 290 de l'hég. (902 de J.-C.) jusqu'à l'an 360 (970), époque de sa mort. — Hélal, fils du 2e Thabet, médecin et philosophe, continua l'ouvr. de son père.

THAHER (AL-KHOUZAÏ-BEN-HOCEIN-BEN-MABAB), fondat. de la dynastie des Thahérides, avait servi avec distinction sous le khalyfe Haroun-al-Raschid, et, quand la guerre éclata entre les deux fils de ce monarque, commanda l'armée du Khoraçan, où régnait Al-Mamoun. Il obtint de gr. avantages, fit périr le khalyfe Amin, rendit encore des services importants à son maître, et en fut noblem. récompensé. Mais il eut de justes raisons de craindre que le khalyfe Al-Mamoun ne songeât à venger le meurtre de son frère ; il demanda donc et obtint le gouvernem. du Khoraçan, et, quand il se crut assuré de l'affection des peuples, monta en chaire dans la mosquée de Méron, et prononça publiquement un anathème indirect, contre le khalyfe. Il mourut, dit-on, la nuit suiv., d'une maladie soudaine ou peut-être d'un poison violent, en 207 (822).

THAHMAS-KOULI-KHAN. — V. NADIR-CHAH.

THAHMASP Ier (ABOU'L-MODHAFFER-BEHADER-KHAN-CHAH), 2e roi de Perse de la dynastie des Sofys, succéda à son père, Chah-Ismaël, l'an 930 (1524), à l'âge de 10 ans. Il livra en personne une bataille aux Ousbeks, qui étaient entrés dans le Khoraçan l'an 935 (1528), les défit et les repoussa au-delà du Djihoun. Il vainquit également les Ousbeks du Kharisme, avec lesquels il fit la paix, en épousant la fille de leur khan. L'an 936 (1526), il entra en vainqueur dans Bagdad, dont s'était emparé Daoulfekar, un des chefs kizil-bachis. Les victoires qu'il remporta ensuite sur la tribu de Tekelou forcèrent les chefs dispersés de cette tribu d'implorer la protection des Othomans, et l'engagèrent ainsi dans une guerre contre des adversaires plus redoutables. Il perdit Bagdad, Moussoul et plus. autres places de l'Irak et du Diarbeki ; mais du moins il sut éviter les batailles rangées, harceler l'ennemi, auquel il ne pouvait opposer d'artillerie, et lui faire plus de mal encore qu'il n'en reçut. L'an 945 (1538), il mit fin à la dynastie des rois de Chyrwan, et réunit à la Perse cette province, dont il donna le gouvernement à son frère Elkas-Mirza ; mais celui-ci se révolta, fut vaincu, et, réfugié auprès de Soliman, l'entraîna en 955 (1548) dans une guerre contre Thahmasp, qui sut s'en tirer mieux encore que de la prem. Un autre de ses frères, Bahram-Mirza, se révolta aussi, et ne fut pas plus heureux qu'Elkas-

Mirza. Thahmasp s'empara de la Géorgie, attira ainsi une 3ᵉ fois Soliman dans ses états, mais signa la paix avec lui à Amasie l'an 961 (1554). Il passa les vingt dern. années de sa vie dans un repos honteux, et se déshonora en faisant ou en laissant assassiner Bajazet III, qui était venu chercher auprès de lui un asile contre la vengeance de Soliman. Thahmasp mourut en 984 (1576), à l'âge de 64 ans, dont il en avait régné plus de 53, empoisonné, dit-on, par une de ses femmes. — THAHMASP II (Chah), roi de Perse, de la dynastie des Sofys, fut reconnu à Cazbyn, où il était allé chercher un asile, par l'ordre de son père Chah-Houcein, assiégé dans Ispahan et réduit aux dernières extrémités par les Afghans en 1722. Mais Mir-Mahmoud, devenu maître d'Ispahan, ne le laissa pas jouir en paix du titre de roi. Thahmasp, obligé de se retirer à Tauris, se livra aux plaisirs, et envoya contre le chef des Afghans des troupes qui furent battues. Bientôt les Russes l'attaquèrent par le nord, et les Turks entrèrent dans ses états par l'occident ; en vain il essaya de fléchir par des ambassad. ces puissants ennemis ; il ne réussit qu'à faire avec Pierre-le-Grand un traité qui n'empêcha pas celui-ci d'en conclure un autre avec les Turks, pour opérer le démembrement de la Perse. Le sofy établit sa cour à Fehrabad, où il demeurait spectateur indifférent de la lutte engagée entre les princes qui se disputaient ses états, quand le fameux Nadir, mis à la tête des armées, fit rentrer sous sa domination Ispahan et la Perse-Méridionale. Thahmasp, jaloux des succès de son lieutenant, qui semblait n'avoir relevé le trône des Sofys que pour s'y placer lui-même, voulut se signaler par quelq. action d'éclat, et rompit un traité conclu par Nadir avec les Turks ; mais il n'éprouva que des revers, et fut enfin déposé par Nadir (1732). On croit qu'il fut tué 7 ans après par ordre de Riza-Kouli-Mirza.

THAÏS, courtisane grecq., se trouvait à Athènes lors de l'incendie de cette ville par Alexandre-le-Grand, qu'elle suivit en Asie, et, dans un moment d'ivresse du conquérant, lui mit dans les mains la torche qui brûla Persépolis. Après la mort de cet illustre amant, sur qui elle avait pris tant d'empire, elle devint une des femmes de Ptolémée, roi d'Égypte, dont elle eut plus. enfants. — THAÏS illustre pénitente, née en Égypte dans le 4ᵉ S., fut élevée dans la religion chrétienne, qu'elle abandonna pour se livrer publiquem. à la prostitution. Plus tard elle se convertit à la voix de St Paphnuce, anachorète de la Thébaïde, et, après avoir jeté au feu tout ce qu'elle avait amassé par le crime, se soumit à une pénitence rigoureuse dans un monastère. Sa fête est marquée au 8 octobre dans le ménologe des Grecs.

THAÏ-TSOUNG, emper. de la Chine, fut le véritable fondateur de la dynastie des Tang ; car ce fut lui qui, voyant la faiblesse de la dynastie des Souy, résolut de faire passer la couronne sur la tête de son père Ly-yun, simple gouverneur d'une province, et, sans la participation de ce vieillard timide et irrésolu, excita les peuples à la révolte, et le fit enfin proclamer empereur sous le nom de Kao-tsoun. Il garda lui-même son nom de Li-chi-min, ne voulut point être déclaré prince héritier, parce qu'il avait un frère aîné, et ne put cepend., par sa modérat., obtenir l'amitié de ses frères, qui périrent enfin de sa main au moment même où ils cherchaient à l'assassiner. Reconnu alors prince héritier, il succéda bientôt après, l'an 626, à son père qui se démit de l'empire. Les fêtes du couronnement furent troublées par une invasion des Turks ; mais la contenance ferme de l'emper. et ses prem. préparatifs de guerre suffirent pour leur faire accepter la paix. Thaï-tsoung songea à organiser une armée puissante et aguerrie, sans oublier pour cela les lettres, les savants et l'administration intérieure de l'empire, qui fut réglée avec une rare sagesse. Son fils, révolté contre lui, éprouva sa clémence ; les complices seuls de la révolte furent punis. L'emper., qui avait toujours fait la guerre par ses lieutenants, entreprit en personne une expédit. en Corée, remporta plusieurs victoires, mais vint échouer contre Gan-chi-tching, capitale de ce royaume, et en mourut de chagrin en 649. Il est auteur d'un livre intitulé *Ti-fou*, et d'un autre sous le titre de *Miroir précieux*, desquels le P. Duhalde a donné l'analyse. Ce fut sous le règne de ce prince qu'O-lo-peu apporta l'évangile à la Chine en 635, et l'on dit qu'après s'être fait rendre compte de la nouvelle doctrine, il en favorisa la prédication.

THALEBI ou THAALEBI (ABOU-MANSOUR-ABD'-EL-MELEK-AL), né à Nischabour, en Perse, l'an 350 de l'hég. (961 de J.-C.), et mort en 430 (1038), en 429 (1037), et suivant d'autres enfin, en 427 (1035), est aut. d'un gr. nombre d'ouvr., parmi lesquels on distingue une *Anthologie* ou *Florilége* de sentences tirées de plus. poëtes et orateurs, qui se trouve à la biblioth. royale, et *Intelligence de la langue arabe*. Son chef-d'œuvre, *la Perle des hommes du plus grand mérite de ce siècle*, est à la biblioth. roy., n° 1370. — SEIF-EDDYN-AL-THALEBI, natif ou originaire d'Amide, en Mésopotamie, fit des innovations en matière de théologie, fut persécuté au Kaire, et se réfugia à Hamah, puis à Damas, où il mourut à 82 ans en 631 (1234).

THALÈS, l'un des sept sages de la Grèce, né en Phénicie l'an 639 av. J.-C., alla en Égypte à l'âge de 14 ans pour se former en écoutant les leçons des prêtres de ce pays. Il apprit d'eux les prem. élém. de la géométrie, et puisa dans leur conversation le goût des sciences naturelles et un profond respect pour la divinité. De retour dans sa patrie vers l'an 609, il la quitta de nouveau vers 587, pour venir habiter Milet, où les Grecs avaient établi depuis plus. siècles une république indépendante, et il y reçut le droit de bourgeoisie. Il préférait avec raison ce séjour à celui de la Phénicie, toujours menacée de la guerre par les Scythes ou par les Égyptiens. Sa mère, qui l'avait suivi dans sa patrie adoptive, le pressa, comme elle l'avait déjà fait, de se marier ; mais il lui avait autrefois répondu qu'il était trop tôt, et il lui dit alors qu'il était trop tard :

peut-être y avait-il plus d'égoïsme que de sagesse dans cette réponse. On serait tenté de le croire, lorsqu'on se rappelle que, pour se justifier auprès de Solon de n'avoir point voulu avoir de famille, il apprit à ce véritable sage la mort prétendue de son fils, et parut jouir d'une douleur qu'il regardait comme un argument en faveur du célibat. La véritable gloire de Thalès est d'avoir cultivé l'astronomie avec succès, d'avoir dissipé par des raisons physiques les frayeurs que causaient au peuple les éclipses, et d'avoir fondé l'école ïonique, de laq. sont dérivées toutes les sectes de la philosophie grecque : ce furent ses services, sans doute, qui lui firent décerner par les habitants de Milet et de l'île de Cos un trépied d'or, trouvé par les pêcheurs, et dont la Pythie avait ordonné de faire hommage au plus sage. Il eut la modestie de transmettre à Byas de Priène ce riche présent, qui, après avoir passé ainsi par les mains de ceux qu'on appelle les sept sages de la Grèce, lui revint encore comme au plus digne. Cette fois le philosophe de Milet l'offrit à Apollon-Isménien, et crut avoir rempli les intentions de l'oracle. Thalès ne séjourna pas continuellement à Milet. A l'âge de 69 ans il se rendit en Égypte, sur l'invitat. d'Amasis, et à son retour il passa par Sardes, où il vit le jeune Crésus. Il tint à ces deux princes un langage franc et hardi. Ce père de la philosophie mourut à l'âge de 90 ans, dans la 58e olympiade, commencée le 15 juillet 548. Lucien le fait parvenir jusqu'à 100 ans. On sait que Thalès avait composé un *traité* sur les solstices, un autre sur les équinoxes, divers écrits en vers sur les météores, et une *Astronomie nautique*.

THALÈS ou THALETAS, poëte-musicien, né dans l'île de Crète, fut contemporain et ami de Lycurgue, et introduisit à Sparte, ainsi qu'en Arcadie et dans Argos, plusieurs sortes de danses. On conte que ses chants eurent la vertu de guérir Sparte d'une peste et d'y apaiser une sédition. Au reste, il paraît qu'il n'était pas seulem. un poëte lyrique, mais un gr. philosophe et un habile politique. Ses *Odes* étaient dictées par une intention morale, et prêtaient aux lois une force d'autant plus efficace qu'elle était plus douce (*v*. les *Mémoires de l'académie des inscript.*, t. X, p. 289).

THALIUS (JEAN), médecin allem., qui occupe une place honorable parmi les fondateurs de la botanique au 16e S., a publié : *Sylva Hercynia, sive Catalogus S.....*, ou *Catalogue des plantes qui croissent dans les montagnes et autres lieux voisins de la forêt Hercynienne, qui touche à la Saxe,* Francfort-sur-le-Mein, 1588, in-4, dont Haller a dit : *Eximium opus et ex proprio clarissimi viri labore natum*. Linné a donné à un genre de la famille des balisiers le nom de *thalia*.

THALLELÉE ou TALLELOEUS, jurisconsulte grec du 6e S., cité avec éloge dans la constitution que Justinien a placée en tête des *Pandectes*, et nommé par Cujas l'*OEil des lois*, paraît avoir été l'un des principaux rédacteurs de la compilation connue sous le nom de *Corpus juris justinia-* *neum*. Il fut chargé seul de traduire en langue grecque le *Digeste* pour les provinces d'Orient. Ce travail ne nous est point parvenu, mais l'on peut s'en faire une idée par les nombreux fragments que l'on retrouve sous le nom de Thalleléee, dans les Basiliques.

THALLUS a écrit des *Histoires syriennes*, dont les anciens ont parlé avec éloge; elles ne sont pas parvenues jusqu'à nous, et nous ne les connaissons que par les passages que St Justin, martyr, Tertullien, Minutius-Félix, Eusèbe, etc., en ont cités. On a remarqué que cet auteur était parfaitement d'accord avec Phlégon, en ce qui regarde les ténèbres arrivées à la mort de J.-C. (*v*. PHLÉGON).

THAMAR, Chananéenne, épousa Her, fils aîné de Juda, vers l'an du monde 2350. Her ayant été puni par une mort subite de quelques crimes que l'Écriture ne désigne pas, Juda engagea Onan, son second fils, à épouser Thamar; mais cette union ne plaisant pas à Onan, il se livra à des pratiques criminelles qui furent punies de mort. Thamar demanda en mariage le dernier des fils de Juda, nommé Scela, qui lui fut refusé. Alors, s'étant déguisée, elle alla sur le grand chemin attendre Juda, se prostitua à lui, et devint mère de Pharès et de Zara, qui sont nommés dans la généalogie de J.-C.

THAMAR, reine de Géorgie, succéda à son père George III l'an 1184. Elle remporta des victoires éclatantes sur ses ennemis, recula les frontières de ses états, rendit tributaires plusieurs princes chrétiens ou musulmans, et fit reconnaître son autorité dep. la mer Noire jusqu'à la mer Caspienne. S'il faut en croire les historiens géorgiens, dont les récits semblent exagérés, elle se signala par des conquêtes encore plus étendues. Elle dut une partie de sa gloire à deux frères d'une origine illustre, Zak'haré, à qui elle conféra la charge de *spazalar*, ou généralissime de ses armées, et Ivané, qui reçut d'elle la dignité d'*atabek*, avec la direction générale de toutes les affaires intérieures. Suivant les historiens géorgiens, elle mourut l'an 1198, et eut pour success. son fils George IV, surnommé *Lascha*. Mais on voit, par une anc. inscription, qu'elle vivait encore en 1201. On peut donc présumer qu'elle avait associé son fils au trône en 1198, et qu'elle ne mourut qu'en 1206 ou 1207. C'est au règne de cette princesse et à celui de son père et de son fils qu'on fixe l'époque la plus brillante de la littérature géorgienne.

THAMAS-KOULI-KAN. — V. NADIR-CHAH.

THAMER (THÉOBALD), théologien allemand, fameux par son opposit. aux dogmes des luthériens, était originaire de Rosheim, petite ville de la Basse-Alsace. Après avoir étudié à Wittemberg, sous Luther et Mélanchthon, puis à Francfort-sur-l'Oder, il fut appelé à Marbourg en 1543, comme professeur de théologie et prédicateur. Il ne tarda pas à se déclarer contre le dogme des concordatistes, qui, malgré l'obscurité de la formule, exprimait clairement qu'en recevant le pain et le vin, non-seulem. les vrais pénitents, mais aussi les indignes, recevaient vraiment le corps et le sang de J.-C. Les efforts du landgrave Philippe-le-Magnanime pour calmer ce fougueux sectaire ne l'empêchèrent pas d'attaquer bientôt après le fameux dogme de la justification, qui, suivant Luther, s'opère par la foi seule sans les bonnes œuvres. Il résulta de cette opposition et de toutes les discussions qui en furent la conséquence, un gr. scandale dans l'Église protestante, et Thamer finit par être suspendu de ses fonctions. Il essaya plus. moyens de vengeance, et ayant, sans toutefois abjurer, accepté la place de second prédicat. à l'église catholique de St-Barthélemi à Francfort, en 1550, il se mit à prêcher contre ses coreligionnaires, auxquels il reprocha de ne reconnaître qu'une seule autorité, celle des Écritures, leur enseignant qu'il y en avait encore deux autres, notamm. la conscience de l'homme, qui fut admise depuis par les protestants. Cependant Thamer fut destitué par l'élect. de Mayence comme encore trop imbu des principes de la réforme. Il recommença avec plus d'ardeur sa lutte contre ses coreligionnaires, s'attira des persécut., et se décidant enfin à rentrer franchem. dans le sein de l'Église catholique, publia sa justification en 1562. Il fut alors envoyé professeur de théologie à Fribourg, où il mourut en 1569.

THAN (PHILIPPE de), né dans le village de Than, à 5 lieues de Caen, mort vers 1126, est auteur du *Livre des créatures*, 1107, et du *Bestiaire*, 1123; ce dern. ouvr. est une traduct. du livre de Théobald : *De naturâ animalium, vel avium, seu bestiarum*. Ces ouvrages n'existent qu'au musée britannique et dans la biblioth. du Vatican. — THAN (de), professeur de philosophie et recteur de l'université de Caen, est aut. d'une *Gramm. lat. et franç.*, 1751, 5 vol. in-12.

THA-THA-TOUNG-O, ministre de Djenguiz-Khan au 13ᵉ S., était de la nation des Ouïgours, dont il appliqua l'alphabet à la langue monghole. Il avait été d'abord chargé d'expédier les ordres et de garder le sceau d'or du prince de la nation des Naïmans, nommé Taï-yang, et lui était resté fidèle, même après la ruine de sa principauté. L'histoire des Monghols donne à ce ministre une rare intelligence et une profonde instruction.

THAUMAS DE LA THAUMASSIÈRE (GASP.), sieur du Puy-Ferrand, né vers le milieu du 17ᵉ S. à Bourges, où il mourut en 1712, a publié : *Hist. du Berri et du diocèse de Bourges*, 1689, in-fol.; elle est rare et recherchée. — *Notes sur la coutume de Berri*, 1701, in-fol. — *Notes sur la coutume du Beauvoisis*, 1690, in-fol. — *Traité du franc-alleu de Berri*, 1667, 1701, in-fol.

THÉAGÈNE, célèbre athlète de l'île de Thasos, remporta jusqu'à quatorze cents couronnes en divers lieux de la Grèce. Comme Milon de Crotone, il mangeait, dit-on, un bœuf en un jour. Après sa mort, un oracle d'Apollon le fit mettre au rang des dieux. — THÉAGÈNE, de Rège, historien grec, qui vivait 528 ans avant J.-C., écrivit divers ouvrages cités par Eusèbe, mais qui ne sont pas venus jusqu'à nous.

THÉAULON (ÉTIENNE), peintre, né en 1744 à Aigues-Mortes, mort en 1780 à Paris, excellait à rendre les scènes populaires. Plusieurs de ses ouvrages ornaient les boudoirs de Bagatelles à côté de ceux du Greuze, des Lagrenée et des Fragonard.

THÉBÉSIUS (ADAM-CHRÉTIEN), médecin de Hirchberg en Silésie, membre de l'acad. des Curieux de la nature, est connu par de bonnes observations sur divers points d'anatomie pathologique insérées dans les recueils de cette compagnie. On cite particulièrement de lui une savante dissertation *de Sanguinis circulo in corde* (Leyde, 1708, 1716, in-8, et Leipsig, 1739, in-4), qui a fait donner son nom à la valvule de la veine coronaire gauche du cœur. Les orifices des veines cardiaques entourant la fosse ovale sont aussi appelés par les anatomistes *trous de Thébésius*. — Deux autres médecins du même nom, Adam-Sébastien et Jean-Ehrenfried, ont aussi pratiqué leur art à Hirchberg au 18ᵉ S., et sont auteurs de divers ouvrages; on cite, entre autres, du second : *Hebammenkunst* (ou Guide des sages-femmes), Leignitz, 1757, 1759, 1769, 1779, in-8.

THÉDEN (JEAN-CHRÉTIEN-ANTOINE), 1ᵉʳ chirurgien de l'armée prussienne sous Frédéric II, né en 1714 à Steinbeck, dans le Mecklenbourg, mort en 1797, concourut aux progrès de son art, fit plusieurs découvertes, parmi lesq. on cite son eau vulnéraire, ses cathartères, ses pompes de poitrine, ses tenailles pour extirper les polypes. Il a publié deux écrits remarquables (en allem.) : *Nouvelles Observations et expériences servant à enrichir la chirurgie*, Berlin, 1771, in-8. — *Instruction pour les sous-chirurgiens des armées*, 1774, 2 vol. in-8.

THEIL. — V. PORTE DU THEIL.

THEIS (MARIE-ALEXANDRE de), littérateur, né à Paris en 1738, mort en 1769, a publié : *le Singe de La Fontaine, ou Contes et Nouvelles en vers, suivis de quelques poésies*, 1773, 2 vol. in-12; deux comédies intitulées : *le Tripot comique, ou la Comédie bourgeoise*, et *Frédéric et Clitie*, imité du *Faucon*, de La Fontaine; *Encyclop. morale ou le Code primitif*, 1785, in-12.

THEKAKISQUI, chef des Iroquois, né en 1756, mort en 1802 à Chillowi, fit d'abord des excursions sur le territoire des Espagnols dans l'Amérique-Septentrionale, devint ensuite l'auxiliaire des Anglais dans leur guerre contre les États-Unis, mit tout à feu et à sang dans la Caroline, et dévasta entièrement le district de Ninety-Six. Il y eut un traité en 1794 à Philadelphie, par lequel ce chef céda à la confédération américaine une partie du territoire des Iroquois. Dès-lors son peuple, qui n'avait encore su vivre que de la chasse, devint une nation agricole, grâce à la paix et au grand nombre d'esclaves noirs pris dans les excursions précédentes et qui furent distribués entre les guerriers des tribus iroquoises.

THÉLIS (le comte de), philanthrope, né vers 1750 dans le Forez, mourut vers 1790 dans une de ses terres, découragé et complètement oublié, après avoir passé toute sa vie à faire le bien ou à proposer des mesures utiles. Dès 1772, il réclama, à l'exemple du duc de Charost, la suppression des *corvées*, dont il démontra l'inutilité par les raisons les plus victorieuses, c'est-à-dire par des travaux exécutés à ses frais dans ses domaines. On a de lui: un opusc. *sur la législation du flottage des bois*, Paris, 1775, in-8. — *Moyens proposés pour le bonheur des peuples qui vivent sous le gouvernem. monarchique*, in-4. — *Réflexions d'un militaire*, in-4. — *Mémoires sur les rivières et canaux*, 1779, in-4. — *Plan d'éducation nationale en faveur des pauvres enfants de la campagne*, 1779, in-12.

THELWALL (John), né à Londres en 1766, étudia successivem. les belles-lettres, le droit, la médecine, et en 1787 publia son prem. ouvr. intit. : *Contes et légendes*, qui fut suivi en 1799 de 2 vol. de poésies qui eurent du succès. Partisan jusqu'à l'enthousiasme des principes de la révolut. française, il se fit orateur populaire, et s'efforça, par des harangues furibondes, de soulever le peuple de Londres. Poursuivi par un acte du parlem., il fut obligé de quitter la capitale, et tenta, mais sans succès, de produire quelque effet dans les provinces. De retour à Londres, il y donna des leçons de philosophie et d'éloquence qui lui procurèrent une aisance honorable; néanmoins on le vit encore figurer dans les réunions politiques de 1818, et il acheta même à cette époque la propriété du *Champion*, journal que, malgré tout son talent, il ne put faire prospérer. Il mourut à Bath en 1834, laiss. la réputat. d'un homme de beauc. d'esprit, mais qui certainem. aurait pu faire de ses facultés un meill. usage pour lui et pour les autres.

THÉMINE (PONS DE LAUZIÈRE, marquis de), maréchal de France, né vers 1552, obtint du roi Henri III une compagnie de gendarmes, et, nommé sénéchal du Quercy, empêcha les ligueurs de s'établir dans le Rouergue et le Haut-Languedoc. Il fit lever, en 1592, au duc de Joyeuse, le siége de Villemur, arrêta le prince de Condé en 1616, et reçut le même jour le bâton de maréchal. Il combattit ensuite les rebelles avec succès dans le Languedoc et dans le comté de Foix, et fut, en 1627, appelé au gouvernement de la Bretagne. Des plaintes ayant été portées contre lui par le parlement à raison des désordres commis par ses soldats, il mourut de chagrin à Aurai la même année.

THÉMISTIUS, rhéteur et sophiste grec, né dans un bourg de la Paphlagonie, florissait pendant la seconde moitié du 4e S. Il fit sous les yeux de son père Eugénius, homme de mérite, des progrès rapides dans la philosophie péripatétique et dans l'art d'écrire. Après avoir propagé, par ses leçons et par son exemple, le goût des études philosophiq. dans plus. villes de l'Orient, où il séjourna successivement, il se fixa à Byzance, et pendant vingt ans, soit comme philosophe, soit comme orateur, soit comme membre du sénat, il jouit, dans cette nouvelle capitale de l'empire, de l'admiration des peuples et de la faveur des princes qui se succédèrent sur le trône depuis Constance, fils de Constantin, jusqu'à Théodose. Dans cette suite de sept empereurs se trouve Julien, auquel il ne plut pas moins qu'aux autres, tous zélés partisans de la relig. chrétienne. Quoiqu'il fût lui-même païen, il est permis de croire qu'il profita des exemples de vertu et des enseignements de haute morale donnés par le christianisme ; car le fonds de sa doctrine était un éclectisme sage, relig. et plein de tolérance. On ignore l'année de sa mort, comme celle de sa naissance; mais on pense qu'il ne vécut pas au-delà du 4e siècle. Il laissa de nombr. ouvr., parmi lesquels il y avait sans doute beaucoup de *lettres*, aujourd'hui perdues. Photius lui attribue des *commentaires* sur toutes les *œuvres* d'Aristote. St Augustin, Boëce, Cassiodore, Simplicius, Suidas en ont cité quelques-uns, et plus. subsistent en manuscrit. On n'a imprimé que ses *Paraphrases* sur les dernières *Analytiques*, sur les 8 livres de *Physique*, sur les 3 livres de *l'Ame*, sur ceux de la *Mémoire*, du *Sommeil* et de la *Veille*, des *Songes*, de la *Divination par le sommeil*. A cela il faut joindre ses *Panégyriques* et ses *Déclamations*. L'édition la plus complète des écrits de Thémistius, et la seule qui soit recherchée, est celle du P. Hardouin, Paris, 1684, in-fol.

THÉMISTOCLE, Athénien, naquit dans le bourg de Phréas, vers le milieu de la 61e olympiade (535 ans av. J.-C.), d'une famille très obscure; il n'en montra pas moins dès son enfance une gr. fierté, et une ambition qu'il mesurait moins sur sa naissance que sur son génie. Cependant, au milieu de ses idées de gloire et des sérieuses études que lui imposait le soin de son avenir, il se livra plus d'une fois à de gr. écarts : son âme ardente ne pouvait connaître de bornes ni dans le bien ni dans le mal. Il assista à la bataille de Marathon, et dès ce moment les trophées de Miltiade l'empêchèrent de dormir. Prévoyant que cette victoire, où ses imprudents concitoyens puisaient les motifs d'une entière sécurité, serait le prélude d'une lutte terrible contre les Perses, il s'occupa de donner à son pays une marine formidable, et, n'oubliant pas l'intérêt de sa gloire, il se fraya un chemin au commandement de l'armée par l'exil de son rival Aristide. Il savait pourtant, dans l'occasion, sacrifier son amour-propre à la cause générale. Il le prouva bien en cédant à Eurybiade, amiral des Lacédémoniens, le commandement de la flotte des Grecs, et plus tard, lorsqu'après la nouvelle de la perte des Thermopyles, bravant les menaces du même Eurybiade, il lui dit avec un admirable sang-froid : *Frappe, mais écoute*. Il détermina les Athéniens à abandonner leur ville, fit monter sur les vaisseaux tous ceux qui pouvaient porter les armes, envoya les autres à Trézène, et se prépara à combattre; mais ne pouvant rassurer Eurybiade et les autres généraux qui voulaient se retirer, il eut recours à la ruse, et donna avis à Xerxès que les Grecs se disposaient à prendre la fuite. Ce monarque leur ferma tous les passages, et les obligea ainsi d'accepter cette bataille de Salamines (l'an 480 avant J.-C.), dont Thémistocle eut tout l'honneur. Après avoir ainsi préservé la Grèce de l'invasion des Barbares, il travailla sans relâche, et quelquefois sans une trop scrupuleuse équité, à rendre à sa patrie l'influence que lui avait fait perdre Lacédémone. Pour cela, il fit reconstruire les murs d'Athènes, fortifia le Pirée et dirigea toutes les forces de la république vers la marine. Il combattit avec succès la proposition des Lacédémoniens, d'exclure du conseil des amphictyons les villes qui n'étaient pas entrées dans l'union générale contre les Perses, mesure dont l'adoption aurait assuré à Lacédémone la prépondérance dans les délibérations : aussi ses chefs s'attachèrent-ils dès-lors à lui susciter des ennemis ; ils n'y réussirent que trop : Thémistocle, banni pour 5 ans, choisit Argos pour sa retraite. La découverte de la trahison de Pausanias, roi de Sparte, dont il avait repoussé les propositions, fit tomber entre les mains des Lacédémoniens quelques lettres qui compromettaient Thémistocle. Cité devant le conseil des amphictyons pour y rendre compte de sa conduite, plutôt que d'obéir, il préféra aller demander l'hospitalité à Admète, roi des Molosses, son ennemi personnel, puis il se mit entre les mains du grand roi Artaxerxès. Celui-ci l'accueillit avec une générosité et une munificence qui parurent d'abord désintéressées ; mais bientôt il voulut le faire entrer dans ses projets hostiles contre la Grèce. Thémistocle refusa de payer à ce prix ses bienfaits, et s'empoisonna l'an 470 avant J.-C. Il était âgé de 65 ans.

THÉOBALD ou THIÉBAUT, fils de Wladislas Ier et frère de Wladislas II, rois de Bohême, défendit les états de son frère en 1142, pendant que celui-ci allait implorer le secours de l'empereur Conrad, et en 1147, pendant qu'il était dans la Terre-Sainte. Frédéric Barberousse l'invita aux fêtes de son mariage en 1157, et l'admit ensuite à son expédition en Silésie ; mais ce fut surtout dans les campagnes d'Italie que Thiébaut se distingua. La guerre finie, il resta en Italie à l'armée de l'empereur, où il mourut. — THÉOBALD (Louis), littérateur, né à Sittingburn, dans le comté de Kent, est connu par quelques ouvrages de critique et de poésie ; et surtout par ses éditions de Shakespeare, par son travail sur ce poète, et par les vives discussions dans lesquelles il s'engagea avec Pope. Ce dernier ayant donné en 1725 une édition de Shakespeare, en 7 vol. in-4, Théobald fit paraître, en 1726, *Shakespeare restored*, dont il a été donné deux autres édit. en 1762 et 1767, Londres, 7 vol. in-8.

THÉOCRÈNE (Benoît TAGLIACARNE, plus connu sous le nom de), littérat., né vers la fin du 15e S. à Sarzana, dans l'état de Gênes, parvint en 1514 à la dignité de chancelier ou secrét. de la république. Ayant vu sa fortune ruinée en 1522 par la prise de Gênes, il vint chercher un asile en France à la suite des Frégose, ses protect., et fut nommé précept. des fils de François Ier; il entra plus tard dans les ordres, obtint, en 1535, l'évêché de Grasse et deux riches abbayes, et mourut en 1536 à Avignon, sans avoir cessé de cultiver les lettres dans la bonne comme dans la mauvaise fortune. On a de lui : *Poemata quæ juvenis lusit*, Poitiers, 1536, in-4. Il avait composé les *Annales de l'état de Gênes*, ouvrage qui est perdu.

THÉOCRITE, le père de la poésie pastorale, né à Syracuse, florissait dans le 3e S. av. J.-C., puisqu'il fut contemporain de Ptolémée-Philadelphe, qui, par ses libéralités, l'attira à sa cour. Voilà tout ce qu'on sait de certain sur la vie de cet illustre poète. Ses ouvrages ne sont pas les prem. qu'ait inspirés la muse pastorale chez les Grecs ; mais leur perfection a fait oublier tous ceux qui les avaient précédés : c'est ainsi qu'Homère passe pour le plus ancien des poètes épiques, parce qu'il a effacé tous ses devanciers. Théocrite ne connait dans l'églogue d'autre rival que Virgile ; encore a-t-il sur le poète l'avantage d'avoir choisi le mécanisme de versification qui convenait le mieux à la poésie bucolique. Il est vrai que, d'un autre côté, il s'est permis trop souvent des expressions indécentes et grossières, qui auraient répugné à la voix chaste et pure du cygne de Mantoue. Au reste, la victoire est encore indécise entre ces deux chantres harmonieux des plaisirs champêtres : l'un précéda l'autre et lui servit de modèle, c'est tout ce que l'on peut se permettre de dire, pour aider ceux qui seraient tentés de se porter juges dans ce grand procès. Mais leurs qualités sont différentes, et paraissent devoir rendre à jamais impossible entre eux tout parallèle : le premier se distingue par ses grâces simples et naïves, par son naturel, par son harmonie sans recherche ; le second par sa douceur, son exquise sensibilité, son élégance et sa ravissante mélodie. On a de Théocrite 30 *idylles*, 23 *épigrammes* ou *inscriptions*, où l'on croit entendre toujours résonner quelques accents affaiblis de la lyre champêtre. Parmi les nombreuses édit. de ses *Idylles*, on estime celles d'Oxford, 1699, in-8, et 1770, 2 vol. in-4, en grec et en latin ; de Londres, 1729, in-8, avec des *notes* ; de Glascow, 1746, petit in-4, en grec ; de Leipsig, 1810, in-fol. L'édition grecque de Théocrite, Moschus et Bion, Parme, Bodoni, 1792, in-8, est très recherchée. Parmi les traduct. on distingue : en prose, celles de Gail, Paris, 1792, in-8 et in-12, et de L.-J. Geoffroy, ibid., 1800, in-8 ; et en vers, celle de Servan de Sugny, 1822, in-18. On en annonce une nouvelle en vers, par M. de Mancy, dont on a déjà une trad. des *Bucoliques* de Virgile.

THÉODAT, roi des Ostrogoths en Italie, fut élevé sur le trône, après la mort d'Athalaric, par Amalasonte, qu'il épousa en 534, et que bientôt après il fit assassiner. En 535 la Sicile fut conquise par Bélisaire, sans que Théodat fit un mouvement pour la défendre. Il acheta ensuite de Justinien la paix, aux conditions les plus humiliantes. Une victoire remportée en Dalmatie par ses généraux lui ayant rendu le courage, il refusa d'exécuter le traité. Il fut puni de sa mauvaise foi par la prise de Naples. De nouv. revers amenèrent l'armée à choisir pour roi Vitigès, son général, en 536. Celui-ci le fit assassiner aussitôt après son élection.

THÉODEBERT Ier, roi d'Austrasie, succéda à son père Thierri en 534. La haute réputat. de courage et d'habileté qu'il s'était acquise en combattant les Danois lui avait mérité le titre glorieux de *Prince utile*. Ses oncles voulurent lui ravir son héritage; mais il les intimida et s'unit à eux pour détruire le royaume de Bourgogne, dont il eut sa part. Appelé par les Ostrogoths et Justinien, qui se faisaient la guerre, il les laissa s'affaiblir l'un par l'autre, et les attaqua successivem. avec avantage. Il se disposait à marcher sur Constantinople, et déjà il avait intéressé dans sa querelle les Gépides, les Lombards et d'autres peuples, quand il mourut d'une chute de cheval en 548, au milieu de ses projets ambitieux, qui s'étendaient peut-être jusqu'à l'espoir de réunir sous sa puissance tous les lambeaux de la domination romaine. Il n'est point de prince, dans ces temps barbares, qui fût plus digne de concevoir un pareil dessein. — THÉODEBERT II, roi d'Austrasie, succéda à son père, Childebert II, 596. Il fut élevé par son aïeule Brunehaut, qui, expulsée du royaume par les seigneurs d'Austrasie, voulut le rendre responsable de cette violence. Elle excita contre lui son frère Thierri, et, favorisée par la victoire, le fit mourir en 612, à l'âge de 27 ans. Trois des enfants de Théodebert furent massacrés par l'ordre des vainqueurs.

THÉODELINDE, femme d'Autharis, roi des Lombards, qu'elle épousa en 589. Son mari étant mort l'année suiv., ses sujets lui permirent de donner la couronne à celui qu'elle choisirait pour époux; elle choisit Agilalphe, duc de Turin, qui se montra digne de cette faveur. Elle le ramena bientôt à la foi catholique. A la mort d'Agilalphe elle fut chargée de la tutelle d'Adaloald, leur fils, et l'exerça probablement de 614 à 625. Elle mourut chérie de ses sujets, et laissant la réputation d'une sage et pieuse princesse.

THÉODEMIR, prince du sang royal des Visigoths d'Espagne, commanda la flotte qui, suivant les auteurs espagnols, vainquit celle des Maures d'Afrique vers l'an 695 de J.-C., et remporta une autre victoire navale sous le règne de Witiza. Il soutint, l'an 92 de l'hég. (711 de J.-C.), les prem. efforts des musulmans pour s'emparer de l'Andalousie, se trouva à la fameuse bataille de Guad-el-Lethe, près de Xerès, et sauva une partie de l'armée des Goths en se retirant au-delà de la Sierra-Morena, où il paraît qu'il prit le titre de roi. Vaincu par Abd-el-Aziz, fils du lieuten. de Mousa, il conclut en 713 avec ce prince un traité honorable et avantageux. Moyennant un léger tribut, il fut reconnu souverain d'un petit état formé de quelques districts des provinces de Valence, de Murcie et de la Nouvelle-Castille. Ce traité fut maintenu par le khalife Walid Ier, et Théodemir fut même exempté du tribut auq. sa principauté avait été assujettie. Il mourut quelques années après, et son nom resta longtemps à la prov. qui prit depuis celui de Murcie. — THÉODEMIR, abbé de Psalmodi, mort vers l'an 825, était un homme d'un grand savoir. Il avait composé quelques écrits de controverse, dont on trouve des fragments dans les *OEuvres* de Jonas, évêque d'Orléans.

THÉODOR (J.), plus connu sous le nom de TABERNÆMONTANUS, médec., né vers l'an 1520 à Bergzabern, duché de Deux-Ponts, mort à Heidelberg en 1590, forma de bonne heure le projet de continuer les recherches de son maître Tragus (le Bouc) sur les plantes de l'Allemagne, et après 36 ans d'études, il fit paraître en 1588 un prem. vol. in-fol., sous le titre de *Nouvel Herbier complet*. Sa mort vint suspendre la publicat. de cet ouvr.; mais son libraire Bassœus, pour en donner au moins une idée, publia la collect. complète des figures, rangées dans l'ordre qu'elles devaient avoir, avec leur nom, sous ce titre: *Icones plantarum seu stirpium.... omnis generis, tàm inquilinorum quàm exoticorum*, etc., Francfort, 1588 et 1590, in-4 oblong, 1128 pag., 2 fig. sur chaque page. Nicolas Bräuer, médecin, se chargea d'analyser les MSs. de Tabernæmontanus, et les publia en 1590, mais en les abrégeant; car les 2 vol. qu'il donna pourraient aisément être réunis en un seul.

THÉODORA, impératrice d'Orient, femme de Justinien, née dans une condition abjecte, suivit dans sa jeunesse un certain Hécebole, comédien, et parut sur le théâtre dans plus. villes d'Égypte, d'où elle fut successivement chassée par les magistrats, à cause de ses mauvaises mœurs. Justin régnait encore lorsque Justinien s'éprit des attraits de cette femme, dont il fit d'abord sa maîtresse; et tel était l'ascendant qu'elle prit sur ce prince, qu'il l'aurait dès-lors épousée sans les remontrances de sa mère et de son aïeule; mais après la mort de ces deux princesses, il consomma cet hymen flétrissant. Couronnée avec Justinien en 527, elle disposa bientôt de l'autorité suprême, et cachant ses fureurs sous le masque de la religion et de la politique, elle s'abandonna à une série de crimes et de turpitudes. Cependant elle déploya une gr. force de caractère, lorsqu'en 532 une sédit. terrible mit Justinien à deux doigts de sa perte. Le zèle et le dévouement de Bélizaire ayant rétabli l'autorité de l'emper., Théodora reprit le cours de ses désordres. Son palais devint un lieu de prostitution, où d'infâmes courtisanes partageaient ses orgies. On lui doit la justice de dire qu'elle seconda son époux dans l'entreprise qui fait son principal titre de gloire, la réforme et la rédact. des lois (v. JUSTINIEN). Elle mourut d'un cancer au mois de juin 548. Procope parle d'elle d'une manière contradictoire dans ses *Anecdotes* et dans son *Histoire*. — THÉODORA, impératr. d'Orient, né vers l'an 815 à Ébissa en Paphlagonie, fut choisie pour épouse par l'empereur Théophile, et se montra digne du trône par ses vertus et sa piété. Nommée régente à la mort de son mari (842), elle gouverna l'état avec beaucoup de sagesse, étouffa l'hérésie des iconoclastes dont Théophile s'était montré l'adhérent, soutint plus. guerres en Asie contre les Sarrazins, soumit à son autorité les Esclavons, établis dans la Thrace. Un des événements les plus singuliers de sa régence fut la conversion de Bogaris, roi des Bulgares, qui avait osé lui déclarer la guerre, et qui s'estima heureux d'obtenir son amitié. Dès que son fils Michel III eut atteint sa 15e année, elle lui remit le pouvoir, et peu de temps après Bardas, son frère, la fit enfermer avec ses filles dans un couvent, où, suiv. l'*Art de vérifier les dates*, elle mourut quelques jours avant la catastrophe qui priva son fils du trône et de la vie (*v.* Basile Ier et Michel III). L'Église grecque honore Théodora comme une sainte.

THÉODORA, femme de Léon-l'Arménien, fut épargnée par les conjurés qui venaient d'ôter la vie à son époux, et conduite à l'île de Protée avec ses quatre fils, qu'elle eut la douleur de voir mutilés; elle fut transférée vers l'an 823 dans l'île de Chalcis, comme on le voit par une lettre de Théodore Studite, qui la félicite d'avoir abjuré l'erreur des iconoclastes.

THÉODORA, fille de Constantin VIII, partagea le trône avec sa sœur l'impératr. Zoé, après que le sénat eut déposé Michel V, dit *Calaphate*. Elle fut dépouillée de toute autorité, lorsque pour la 3e fois sa sœur eut fait un empereur en épousant Constantin-Monomaque; mais à plus de 70 ans elle ressaisit le sceptre qu'elle soutint avec fermeté jusqu'à sa mort, en 1056. Elle avait régné seule 1 an et 9 mois. Michel Stratiotique fut désigné par elle son successeur. En elle finit la famille de Basile-le-Macédonien.

THÉODORA, dame romaine, de 890 à 920, disposa de l'autorité pontificale. Aussi riche que belle et dissolue, elle avait pour amants la plupart des nobles romains. Jean X, qu'elle fit élire au souver. pontificat, n'est point un des plus mauvais papes qui aient gouverné l'Église. Marozia, sa fille, exerça dans Rome une autorité non moins scandaleuse. L'époque de la mort de Théodora n'est point connue.

THÉODORE *de Cyrène*, surnommé *l'Athée*, vivait à la fin du 4e S. av. J.-C. Ce fut son livre *sur les dieux* qui lui valut le surnom sous lequel il est encore désigné; mais ce titre était donné par le peuple à tous ceux qui ne respectaient pas ses erreurs superstitieuses et la multitude innombrable de ses divinités. On a plus d'une raison de croire qu'il ne fut pas athée, dans le sens attaché aujourd'hui à ce mot. Exilé de sa patrie, il vint à Athènes, où il se fit de mauvaises affaires avec l'aréopage, et finit, à ce qu'il paraît, par boire la ciguë comme Socrate. Il fut le fondateur de la secte des *théodoriens*, l'une des trois subdivisions de l'école de Cyrène.

THÉODORE Ier, élu pape en 642, était Grec de nation, né à Jérusalem d'un évêque du même nom, et succéda à Jean IV. Dans un concile tenu à Rome, il fit condamner Paul, patriarche de Constantinople, pour n'avoir point fait ôter des églises l'affiche de l'ecthèse d'Héraclius, et pour avoir favorisé l'erreur de Pyrrhus, qui professait le monothélisme. Théodore mourut en 649, laissant la réputat. d'un pontife doux, charitable et rempli de zèle. Il eut pour successeur St Martin Ier. — Théodore II, élu pape en 898, né à Rome, succédait à Romain; il eut lui-même pour succèss. Jean IX, après un pontificat de 20 jours, qui avait fait concevoir les plus belles espérances.

THÉODORE (Ste), vierge et martyre, ayant, sous Dioclétien, refusé de sacrifier aux idoles, se vit, malgré la condition illustre dans laquelle elle était née, condamner à la prostitution. Conduite aux lieux infâmes, un chrétien appelé Didyme, l'y suivit habillé en soldat, et favorisa son évasion en la revêtant de son costume. Didyme, livré au juge, confessa hautem. J.-C., et fut condamné à avoir la tête tranchée. Lorsqu'on le conduisait au supplice, Théodore accourut lui disputer la couronne du martyre. Loin d'être attendri par ce trait de générosité, le juge y mit fin en les faisant exécuter tous les deux. *V.* le traité *de Virginate* de St Ambroise; et les *Acta sincera* de dom Ruinart. Corneille a puisé dans l'hist. de Théodore le sujet d'une tragédie.

THÉODORE, évêq. de Mopsueste, né à Antioche vers l'an 350, s'appliqua dans sa jeunesse à l'éloquence; mais ayant vu St Jean-Chrysostôme, son condisciple, quitter le barreau pour se livrer à l'étude des lettres sacrées, il suivit son exemple et se retira dans un monastère près d'Antioche, où il partagea tout son temps entre la prière et la lecture. Ordonné prêtre vers l'an 382, il combattit avec beaucoup de talent l'hérésie des apollinaristes, qui faisait de grands progrès en Orient, et mérita d'être élu en 392 évêque de Mopsueste, qu'il avait délivrée des ariens. Malgré le zèle qu'il montra pour maintenir la pureté de la foi, il paraît probable qu'il eut quelque penchant pour le pélagianisme. Cepend. il assista au concile de la province de Cilicie, assemblé pour condamner les erreurs de cette secte, et les anathématisa. Mais la crainte de se voir condamner lui-même pour ses opinions, déjà suspectes, peut expliquer sa conduite. Il mourut en 428. Sa mémoire ne tarda pas à être attaquée par St Cyrille d'Alexandrie; son nom fut ôté des diptyques de son église, et enfin sa personne et ses écrits furent anathématisés par le 5e concile œcuméniq., assemblé à Constantinople en 555. On fait monter le nombre de ses écrits à dix mille et plus (*v.* les *Mémoires* de Tillemont, tome XII, p. 444); mais il n'est pas vraisemblable qu'il ait pu composer autant d'ouvr. Il ne nous reste de lui qu'un *Commentaire sur les Psaumes* dans la *Chaîne* du P. Corder. On trouve des fragments de quelques-uns de ses autres écrits dans l'ouvr. de Facundus *De Tribus capitulis*, dans les *Actes* du 5e concile œcuménique, dans la *Biblioth.* de Photius, et dans le vol. publ. par l'abbé Maï: *Scriptor. veterum nova collectio è vaticanis codicib.*, Rome, 1825, in-4.

THÉODORE, surnommé *Lecteur*, pour avoir occupé cet emploi dans l'église de Constantinople, vivait au 6e S. Il composa en grec une histoire appelée par lui *Tripartite*, quoiqu'elle ne soit divisée qu'en deux livres dont le premier commence à la 20e année de Constantin, et le second finit au règne de Julien. Cet ouvr. a été imprimé en grec, par Robert Estienne, Paris, 1544, in-fol.; en grec et en lat., Genève, 1612; avec les notes de Valois,

Paris, 1675, in-fol.; et trad. en franç. par Cousin, dans son *Histoire de l'Église.*

THÉODORE, surnommé *Ascidas*, était visiteur ou chef d'un monastère en Palestine, lorsqu'il vint à Constantinople vers l'an 535, dans le dessein de répandre les erreurs des origénistes. Il sut se mettre en crédit auprès de l'emper. Justinien et surtout de l'impératr. Théodora, et obtint ainsi l'archev. de Césarée. Il abusa de sa faveur pour faire publier en 546 un décret impér. portant condamnation des *OEuvres* de Théodore de Mopsueste, de la *lettre* d'Ibas et de l'*écrit* de Théodoret contre les douze anathèmes de St Cyrille. Tous les évêq. de l'empire grec ayant reçu l'ordre de souscrire ce décret sous peine d'être déposés ou exilés, il y eut un grand scandale dans l'Église. Le pape Vigile condamna ce qu'on nommait les *trois chapitres*, sans rien préjudicier à l'autorité du concile de Calcédoine et à condition que personne ne parlerait et n'écrirait plus sur cette question. Une décision si sage n'apaisa pas les troubles suscités par Théodore, qui finit par être privé de l'épiscopat et de la communion catholique. Enfin eut lieu à Constantinople, en 563, un concile reconnu par l'Église œcuménique, et qui confirma solennellem. celui de Chalcédoine et le plaçant au même rang que les quatre prem. conciles généraux. L'archev. de Césarée, qui avait perdu presque toute son influence depuis la mort de l'impératr. Théodora, n'eut plus alors de prétexte pour troubler l'Église.

THÉODORE (St), sacré archev. de Canterbury par le pape Vitalien en 668, à l'âge de 66 ans, prit possession de son siége l'année suiv. Né à Tarse en Cilicie, il avait étudié à Athènes, et s'était acquis à Rome, dans le monastère où il vivait, une grande réputation de sainteté. Il était d'ailleurs très versé dans les sciences divines et humaines. Le titre de primat d'Angleterre, qu'il avait reçu du pape, lui donna le pouvoir d'introduire dans ce pays d'utiles réformes au profit de l'Église et des lettres. Il mourut en 690. Son nom est attaché au fameux *Pénitentiel, ou Recueil de Canons* qu'il publia pour régler le temps que devait durer la pénitence publique, selon l'espèce et la gravité du péché. On en doit à Jacques Petit l'édit. la plus exacte, Paris, 1677, in-4.

THÉODORE (J.), religieux de St-Sabas en Palestine, fut envoyé à Constantinople vers l'an 820 par le patriarche de Jérusalem, pour rendre témoignage contre la doctrine des iconoclastes. Il était accompagné de son frère Théophane, qui partagea son dévouem. et ses souffrances. Ils furent frappés de verges et imprisonnés par ordre de Léon-l'Arménien, après la mort duquel ils revinrent à Constantinople, où ils opérèrent quelques conversions. Mais ils furent de nouveau enfermés sous Michel-le-Bègue. L'emper. Théophile, par un raffinem. bizarre de cruauté, leur fit piquer le visage de manière à y graver douze vers iambiques, puis il les envoya en exil. Théodore y mourut en 833.

THÉODORE DE PHARAN, ainsi nommé de la ville de Pharan en Arabie, dont il avait été élu évêque, est communém. regardé comme le premier auteur du monothélisme. Il paraît que c'est en 626 dans un faux concile de Constantinople, que pour la prem. fois il fut question de cette hérésie, laq. consiste à ne reconnaître en J.-C., quoiqu'il ait deux natures, qu'une volonté et qu'une opération. Si Théodore est le premier auteur de cette hérésie, ce qui n'est pas prouvé, il est certain du moins que ce n'est pas lui qui a le plus contribué à l'établir et à la propager; et Sergius, patriarche de Constantinople, y prit une part bien plus active, ainsi que 2 autres personnages, Cyrus, évêque de Phaside, et Athanase, patriarche des jacobites. On ne sait ni où ni à quelle époque mourut Théodore.

THÉODORE-PRODROME, moine grec du 12e S., est principalem. connu par le roman des *Amours de Rhodanthe et de Dosiclès*, dont la prem. et jusqu'ici l'unique édition a été donnée par Gaulmin (Paris, 1625, in-8). « Tout y est mauvais, dit M. Boissonade, l'invention, les détails et le style. » Gaulmin a joint au texte une version latine fort infidèle, mais qui l'est moins pourtant que la version française de Godart de Beauchamps. Parmi un grand nombre d'opuscules, échappés à la plume trop féconde de Théodore, et dont on trouvera la liste dans la *Biblioth. grecque* de Fabricius, on lit avec quelq. plaisir sa tragédie burlesque de la *Galéomachie*, son dialogue satirique d'*Amarantus, ou les amours d'un Vieillard*, inséré par Dutheil dans le 8e vol. des *Notices des MSs.*, et son dialogue de l'*Amitié exilée*, dont les édit. sont nombreuses.

THÉODORE-STUDITE, né à Constantinople en 759, était depuis 15 ans religieux dans le monastère de Saccudion, lorsqu'en 795 il fut désigné par ses confrères pour succéder à son oncle Platon, qui en était abbé, et qui lui confia aussitôt le gouvernem. de la maison. Il sut maintenir et faire exécuter la décision de son oncle, qui avait aboli dans le monastère l'usage, si contraire à la vie monastique, de se faire servir par des esclaves. Bientôt il refusa de communiquer avec l'empereur Constantin, qui avait donné le scandale de répudier Marie pour épouser Théodote, une des filles attachées à la maison de l'impératrice. Il fut d'abord fustigé, puis exilé à Thessalonique : mais après la mort de Constantin en 797, il fut rappelé et passa quelque temps dans son monastère de Saccudion. Les Barbares, qui poussaient leurs incursions jusqu'aux portes de Constantinople, l'ayant obligé de se réfugier dans cette ville, il s'établit au monastère de Stude, où il ne trouva que douze religieux ; bientôt il en réunit mille sous sa conduite : de là lui vient le surnom de *Studite*. Cette maison présentait un admirable spectacle de paix, d'ordre et de travail : sans négliger l'étude des saintes lettres, les religieux, pour n'être à charge à personne, exerçaient divers métiers, comme ceux de maçons, de charpentiers, de forgerons, de tisserands, etc. Théodore se brouilla bientôt avec l'emper. Nicéphore, et fut enfermé dans une île voisine de Constantinople : c'était encore une punition de sa vertueuse fermeté ; car il avait refusé de communiquer avec le patriarche, qui venait de rétablir Joseph, prêtre déposé précédemment pour avoir béni le mariage illégitime de Constantin. Il ne fut rappelé qu'en 811, par Michel-Curopalate, successeur de Nicéphore. La paix dont il jouit alors ne tarda pas à être troublée par la persécut. que l'emper. Léon-l'Arménien fit subir à l'Église d'Orient pour abolir le culte des images. Le saint abbé de Stude se signala par son zèle et sa courageuse liberté entre tous les adversaires des iconoclastes, et fut enfermé dans un château à Métope près d'Apollonie, puis à Bonite, lieu plus retiré dans la province de Natolie. Du fond de ces deux prisons, au milieu des mauvais traitements et malgré la surveillance la plus sévère, il ne cessa d'instruire et d'encourager par ses lettres tous ceux qui étaient restés fidèles à la foi catholique, et d'implorer pour eux la protection du pape Pascal. Après avoir été plus d'une fois flagellé à outrance, il fut transféré en 819 à Smyrne, dont l'archev., qui était un des chefs des hérésiarq., se plut à aggraver sa déplorable position. Enfin Michel-le-Bègue monta sur le trône en 820, et proclama la liberté des opinions, quoiqu'il tînt lui-même pour les iconoclastes. Théodore sortit de prison l'année suiv.; mais ni son élargissem. inattendu, ni l'accueil distingué qu'il reçut partout dans son voyage de Smyrne à Constantinople, ni la faculté qui lui était donnée de professer hautem. sa doctrine ne purent le satisfaire. Brisé, mais non abattu par tant de combats livrés pour la défense de la vérité, le saint prêtre mourut le 11 nov. 826, dans la péninsule de St-Tryphon. Les Grecs honorent sa mémoire le jour de sa mort, et l'Église latine le lendemain. Plus. de ses ouvrages ont été publ., en grec et en lat., dans le 5e t. des *OEuvres* du P. Sirmond, Paris, imprimerie royale, 1696, in-fol. Pour les autres on peut consulter la *Bibliotheca græca* de Fabricius, t. IX, p. 234-249.

THÉODORE. — V. BALSAMON, GAZA, MÉTOCHITE et NEUHOF.

THÉODORET, évêque de Cyr, était né vers 387, d'une famille illustre d'Antioche. Après la mort de ses parents, qui lui avaient fait donner une forte et pieuse éducation, il distribua ses biens aux pauvres et se retira dans un monastère près d'Apamée. Il en fut tiré de force en 423, pour être placé sur le siége épiscopal de Cyr, petite ville située dans la partie de la Syrie nommée Euphratienne. Il rendit de gr. services à son diocèse, même sous le rapport temporel. Heureux s'il ne se fût point mêlé aux querelles religieuses de son temps. Mais son amitié pour Nestorius, dont il ne partageait pourtant pas les erreurs, le porta à se déclarer contre St Cyrille, qu'il fit pour un moment déposer de son siége d'Alexandrie. Il se réconcilia bientôt lui-même avec ce saint patriarche; mais ce ne fut que long-temps après qu'il consentit, pour le bien de la paix, à condamner Nestorius. Le zèle qu'il déploya contre l'hérésie d'Eutychès fournit à ses ennemis l'occasion de le perdre auprès de l'emper. Il reçut l'ordre de se retirer dans son diocèse avec la défense d'en sortir, et pend. ce temps Dioscore, patriarche d'Alexandrie, assemblait un concile, et le faisait condamner sans l'entendre, sans même le citer. Il poursuivit la réparat. de cette injustice, et l'obtint enfin sous l'empereur Marcien. Il revint alors à Cyr, où il mourut vers 458. La meilleure édition de ses ouvr. est celle qu'on doit au P. Sirmond, Paris, 1642, in-fol., 4 vol., auxq. on réunit *Auctarium*, publ. par le P. Garnier en 1684. J.-D. Schulze et J.-Aug. Nouselt en ont donné une édit. également gr. et lat., Halle, 1767-74, 10 vol., in-8.

THÉODORIC Ier, roi des Goths ou Visigoths, était fils d'Alaric. Choisi, en 419, pour succéder à Vallia, il vint assiéger Arles en 426; mais acceptant les conditions avantageuses que lui offrit Aétius, il différa ses projets d'envahissement. Il revint, en 436, mettre le siège devant Narbonne. Littorius, chargé de la défense de cette place, tint d'abord en échec Théodoric, qui, plus. fois battu, remporta à son tour une victoire décisive sur le général romain, qu'il fit prisonnier. La paix fut conclue entre Aétius et le roi goth, qui voulut aussi resserrer son alliance avec les Vandales, par le mariage d'une de ses filles avec le fils aîné de Genséric. Mais Genséric ayant, sur de faux soupçons, renvoyé sa bru mutilée, Théodoric prit les armes pour venger cet outrage. Au moment où les hostilités allaient commencer (451), la partie des Gaules qu'occupait Théodoric, fut menacée d'une invasion des Huns, conduits par Attila, et peut-être appelés par Genséric. Il se joignit alors aux Romains pour attirer Attila dans sa marche, et l'ayant atteint, périt dans la sanglante bataille qu'ils lui livrèrent sur les bords de la Marne. Théodoric avait régné glorieusement pendant 32 ans. Thorismond, l'aîné de ses fils, qui lui succéda, ne conserva le trône que deux ans, il fut assassiné par ses frères en 453. — THÉODORIC II, frère de Thorismond, le remplaça sur le trône. Il contribua beaucoup à faire élire emper. Avitus pour qui son père avait professé une gr. estime, et dans les entretiens duquel il avait lui-même puisé du goût pour la philosophie et les lettres. Provoqué insolemm. par Réchiaire, roi de Suèves, son beau-frère, il marche à sa rencontre, le défait près de la rivière *Urbicus*, et lui fait trancher la tête pour s'assurer la possess. de ses états; il comprime ensuite la révolte d'Agilulfe, son lieuten. en Espagne, fait alliance avec Genséric, et, de concert avec lui, entreprend de renverser Majorien, élu empereur à la place d'Avitus, déposé et mis à mort. En 462 Théodoric se rapproche de Ricimer, qui de fait gouvernait l'empire, et en obtint la cession de Narbonne. Au moment où il méditait de plus import. conquêtes, il fut assassiné par Euric, son frère, qui l'avait secondé dans le crime auq. il devait le trône. Il était âgé de 43 ans, dont il en avait régné 15. Sidoine-Apollinaire, dans une de ses *Lettres* (VIII, 2), fait un pompeux éloge de ce prince.

THÉODORIC, roi des Ostrogoths, surn. *Amale*, naquit en 457, de la race royale de sa nation. Élevé, comme otage, à la cour de Constantinople, il fut renvoyé à 16 ans dans son pays, qui comprenait alors une partie de la Pannonie et de la Mœsie. Deux ans plus tard, du consentement unanime des Goths, il succéda à Théodemir. Réunissant à la valeur et au courage l'instruct. et l'habileté qu'il avait acquises des philosophes et des rhéteurs de la Grèce, il songea de bonne heure à se créer par les armes un établissem. lointain, comme l'avait fait Odoacre en Italie. Ses vues étaient tournées vers l'empire d'Orient; mais séduit par les caresses et les présents de Sabinien, lieutenant de Zénon, il devint l'allié de ce prince qui le nomma général de sa garde, le désigna consul l'an 484, et même, dit-on, l'adopta à la manière des Barbares. Soit que, résolu de garder à Zénon la foi promise, il jugeât comme trop éloigné le moment auquel aspirait son ambition, soit qu'il se crût assez sûr de sa faveur pour aller faire au loin l'essai de sa fortune, ou bien même qu'il lui répugnât de concourir par ses services à l'affermissement de l'empire grec, il se fit autoriser à entreprendre une expédition contre l'Italie, où régnait Odoacre sous le titre de patrice. La nation entière des Ostrogoths se mit en marche dans l'automne de 488, et au mois de févr. de l'année suiv. elle menaçait déjà les passages de l'Italie par les Alpes. Théodoric les franchit en passant sur le corps des Gépides; il pénètre dans le Frioul, atteint Odoacre au-delà du Lisonzo et de l'Adige, et une prem. victoire le rend maître de Milan et de la Lombardie-Supérieure. Cependant de Ravenne, où il s'était retranché après sa défaite, Odoacre était venu fondre sur les Ostrogoths. Théodoric, se portant au secours des siens qui viennent d'être refoulés par le patrice de Rome, le bat une 2ᵉ fois, et l'oblige de se réfugier encore une fois dans Ravenne, où il est réduit à capituler après un siége de 30 mois (5 mars 493). Il avait accordé d'honorables conditions à Odoacre, mais il le fit massacrer peu de jours après dans un festin. C'était peu pour Théodoric d'avoir soumis l'Italie; il s'attacha à gagner le cœur des peuples, s'affermit par des alliances avec les chefs des Francs, des Vandales, des Visigoths et des Bourguignons. L'emper. Anastase, qui avait remplacé Zénon, le reconnut en qualité de roi d'Italie (497), et lui renvoya les insignes et ornem. du trône d'Occident. A son entrée dans Rome (500) les honneurs suprêmes lui furent rendus. La sécurité intérieure fut affermie par plus. victoires sur les Bulgares et les Gépides; il reçut la soumission des Visigoths de la Gaule-Narbonnaise, dont il avait embrassé la défense contre les Francs, étendit son pouvoir sur presque toute l'Espagne, et enfin sur la Souabe et la Rhétie; de sorte que la plus gr. partie de l'ancien empire d'Occident se trouvait réuni sous son autorité. L'Italie était redevenue florissante par l'agriculture et le commerce : les ravages qu'avaient causés pendant tout un siècle les invasions des Barbares furent réparés et leurs traces mêmes disparurent. Théodoric qui, nourri dans la croyance des ariens, s'était rendu respectable à l'Église par sa déférence envers les papes et par l'entière liberté qu'il avait laissée aux catholiques, vit la fin de son règne troublée par des dissensions religieuses. Une persécution générale s'étant soulevée en Orient contre les ariens (525), Théodoric députa le pape Jean 1ᵉʳ à l'emper. Justin, pour réclamer en faveur de ses frères la liberté de conscience, dont jusque-là les catholiq. d'Occident avaient joui sous son sceptre. Cette mission fut sans succès et le roi ostrogoth commença les représailles dont il avait menacé Justin. Soupçonnant le pape Jean d'avoir fort mal rempli sa mission, il le fit jeter en prison avec les sénateurs qui l'avaient accompagné. Des conspirations se tramèrent; elles coûtèrent la vie à Boèce, personnage consulaire, puis à Symmaque son beau-père. Nous ne rattacherons pas la mort de Théodoric, survenue à Ravenne le 30 août 526, à la prétendue vision qui montra au roi ostrogoth la tête d'Odoacre dans celle d'un poisson. Il faut probablement ranger avec cette fable le prétendu édit de persécution qu'aurait signé Théodoric contre les catholiques, peu de temps avant sa mort. Ce prince eut pour successeur son petit-fils Athalaric, fils d'Amalasonte. Cassiodore, ministre de Théodoric, a écrit sa *Vie*. Jornandès, évêque de Ravenne, a décrit son règne dans son histoire *De rebus gothicis*.

THÉODOSE Iᵉʳ (FLAVIUS), surnommé *le Grand*, empereur romain, né l'an 346 en Espagne, était fils d'un général que Gratien fit décapiter en 376; il n'avait que dix-huit ans quand, placé par ce même prince à la tête d'une armée, il attaqua les hordes barbares qui couvraient la Thrace, la Grèce, la Pannonie, et les força de repasser le Danube. En récompense de ce service, et peut-être pour réparer envers Théodose l'injustice dont son père avait été la victime, Gratien, qui d'ailleurs désespérait de conserver sous sa puissance les provinces d'Orient, en investit Théodose qu'il proclama emper. à Sirmium, en présence de l'armée, le 19 janv. 379. Les éclatants succès qu'il obtint sur les Goths les réduisirent à la soumission, et les autres hordes qui ravageaient les provinces demandèrent la paix. Sur ces entrefaites, Théodose tomba gravem. malade; dès qu'il fut rétabli il se rendit à Constantinople pour y remédier aux maux que l'arianisme causait dans l'église et dans l'état. Il reçut Athanaric, roi des Goths, et lui accorda un honorable asile, ainsi qu'à ceux de ses sujets qui lui étaient demeurés attachés dans sa disgrâce. Peu après se tint le concile œcuméniq. de Constantinople, à l'issue duquel Théodose, dont les Goths avaient renforcé les troupes, marcha à la rencontre d'autres hordes qu'il tailla en pièces, et dont il incorpora les débris à son armée. L'Orient recouvrait le calme sous le sceptre de ce prince. Gratien, son collègue et son bienfaiteur, auquel l'Occident n'était pas moins redevable, est subitement renversé du trône par Maxime. Théodose en accordant à l'usurpat. le titre d'Auguste, y mit la condition qu'il respecterait du moins les états du jeune Valentinien. De vifs chagrins domestiques vinrent troubler la félicité dont il jouissait. Il eut la douleur de perdre successivement sa fille Pulchérie et l'impératrice Flaccile, bien digne de tous les regrets qui la suivirent à là tombe. Une nouvelle invasion de Barbares le vint distraire de ses chagrins; et, de retour à Constantinople après les avoir défaits, il épousa Galla, sœur de Valentinien II, qui régnait en Italie. Il montra beaucoup de munificence envers son jeune beau-frère; mais les secours qu'il lui envoya dans le temps qu'une famine horrible désolait Rome l'ayant réduit à lever de nouvelles taxes, les habitants d'Antioche abattirent les statues de l'emper., celles d'Arcadius et d'Honorius ses fils, ainsi que de Flaccille leur mère. Théodose irrité donna l'ordre de détruire la ville et d'en massacrer les habitants; mais à peine rendu, cet arrêt fut révoqué, et les prières de St Chrysostôme et de l'évêque Flavien obtinrent le pardon complet des habitants d'Antioche. Sur ces entrefaites, Maxime s'avançait en Italie, et s'était emparé des états de Valentinien. Théodose s'empressa de marcher au secours de son beau-frère, défit Maxime qui fut pris et décapité (*v.* MAXIME), et réunit ses états à ceux de Valentinien. Justine, mère de ce prince, étant morte vers ce temps, Théodose passa trois ans en Occident, pour gouverner le vaste empire de son beau-frère. Il avait laissé son fils Arcadius à Constantinople. Peu après son départ, les ariens s'étant révoltés, il donna à ce jeune prince une grande leçon de modération que lui-même fut loin de mettre en pratique lors de l'émeute de Thessalonique. Le massacre de 7,000 habitants de cette ville fut la punition féroce de cette révolte, qui avait commencé au sujet d'un cocher du cirque. Mais d'humiliantes expiations furent imposées par St Ambroise à l'empér. repentant, qui s'y soumit avec la résignation la plus parfaite (*v.* RUFIN). Cependant Valentinien atteignait sa 20e année; Théodose lui remit les rênes du gouvernement et revint à Constantinople que menaçaient de nouv. hordes de Barbares. A peine 2 ans s'étaient écoulés depuis son retour, qu'informé de l'assassinat commis sur Valentinien par Arbogaste, il fit ses dispositions pour aller le venger. Le 5 sept. 394, son armée rencontra celle du général gaulois non loin d'Aquilée. Arbogaste eut l'avantage du prem. choc; mais Théodose, ramenant les siens au combat, fondit sur les troupes du Barbare et les défit complètement. Les vaincus voulant acheter ainsi leur pardon, immolèrent eux-mêmes l'infortuné Eugène qu'Arbogaste avait revêtu dé la pourpre; et celui-ci n'évita le même sort qu'en se perçant de son épée. Maître de l'Occident, il en donna le trône à Honorius, son 2e fils, sous la direction de l'habile général Stilicon. Mais à peine avait-il réglé ces choses importantes, qu'il mourut d'une hydropisie le 17 janv. 395, âgé seulement de 50 ans. Le règne de ce prince est l'une des plus brillantes époq. du moyen-âge. Il faut voir le tableau qu'en a tracé l'éloquent Fléchier dans sa *Vie de Théodose-le-Grand*.

THÉODOSE II, dit *le Jeune*, empereur d'Orient, petit-fils du précéd., n'avait que 8 ans lorsque la mort d'Arcadius, son père, en 408, l'appela sur un trône ruiné et avili par les intrigues d'indignes favoris. Anthémius, qui tenait les rênes de l'état pendant sa minorité, ne négligea rien pour en retarder la chute. Ce fut par ses conseils que Théodose refusa de reconnaître le gén. Constance dans la dignité impériale d'Occident, qu'Honorius l'avait appelé à partager avec lui; il lui donna pour conseil et pour appui sa sœur Pulchérie, dont la précoce sagesse suppléa aux qualités qui manquaient à Théodose. Cette princesse lui choisit pour femme la belle et savante Athénaïs. Une guerre qu'il eut à soutenir contre les Perses s'étant terminée par un traité durable, rien ne troubla sa tranquillité jusqu'en 425, qu'il envoya une armée en Occident pour assurer au jeune Valentinien III, à qui plus tard il donna sa fille Eudoxie en mariage, le trône vacant par la mort d'Honorius, et qu'un secrétaire-d'état avait usurpé sous le nom de Jean Ier. Bientôt les querelles religieuses de Nestorius et de St Cyrille l'occupèrent tout entier. D'abord zélé partisan du premier, il le chassa pour rappeler l'évêq. d'Alexandrie, qu'il avait exilé. En 438 parut le Code, dont il avait confié la rédaction à Antiochus et à six autres jurisconsultes; il ne reste que des fragm. de cette compilat., dont il est difficile d'apprécier le but: elle fit accuser l'emper. de dureté par les païens; les chrétiens lui reprochèrent de consacrer des erreurs dangereuses. Cependant Genséric avait envahi l'empire de Valentinien; Théodose envoya contre lui des forces qui ne préservèrent point l'Italie des ravages du prince vandale, et presque dans le même temps Attila, se précipitant sur l'empire d'Orient, y porta le massacre et le pillage. Incapable de le combattre, l'empereur voulut faire assassiner ce redoutable ennemi, qui en fut informé, et ne se montra que plus impitoyable. Le dernier acte auq. Théodose prit part fut l'expulsion de St Flavien par les partisans d'Eutychès après le concile fameux dit *brigandage d'Éphèse*. Ce prince mourut d'une chute de cheval en 450. Sa sœur Pulchérie, appelée à lui succéder, donna sa main et le trône à Marcien. — THÉODOSE III, d'abord receveur des deniers publics à Adramite, en Bithynie, fut proclamé empereur d'Orient par l'armée romaine qui venait de se mutiner à Rhodes. Revêtu de la pourpre malgré ses refus, il fut conduit à Constantinople, où il reçut l'abdication d'Anastase, qu'il relégua à Thessalonique. Léon-l'Isaurien, qui commandait une armée en Orient, ayant refusé de reconnaître le nouvel empereur, celui-ci, à la demande du sénat, qui appréhendait de mécontenter Léon au moment où l'on avait besoin de lui pour faire face aux Sarrasins, abdiqua volontairem. (717) pour s'enfermer avec son fils dans un couvent, où ils passèrent le reste de leur vie.

THÉODOSE *de Tripoli*, géomètre, né dans la Bithynie, et non sur la côte d'Afrique, comme son surnom pourrait le faire supposer, était contemporain de Géminus de Rhodes et de Sosigènes, deux astronomes qui florissaient 50 ans avant l'ère chrét. Cette opinion, qui est celle de Vossius, a été adoptée par Montucla, Delambre et d'autres astronomes distingués. Des trois *opuscules* qui nous restent de Théodose, le principal est son traité de la *Sphère*, regardé long-temps comme classique en astronomie. La meilleure édition est celle de Jean Hunt, gr. et lat., Oxford, 1707, in-8. Cet ouvrage a été trad. en franç. par D. Henrion, Paris, 1615, in-8. Les deux autres opuscules sont : *de Habitationibus liber I*; et *de Diebus et Noctibus lib. II*, publ. en grec et en lat., à la suite de la *Sphère*, par Conrad Dasypodius, Strasbourg, 1572. Delambre faisait peu de cas de ces trois écrits.

THÉODOSE, dit *le Gammairien*, né à Syracuse vers le milieu du 9e S., fut attaché en qualité de diacre à la cathédrale de cette ville par l'évêque Sophrone, avec lequel il subit une dure détention à Palerme, après la prise de Syracuse par les Sarrasins en 880. C'est là qu'il écrivit à Léon, archidiacre de la même église, une *lettre* assez intéressante, qui a été imprimée plus. fois. Hase l'a publ. avec une nouvelle traduct. et des *notes* philologiq. et historiq., à la suite de l'*Hist. de Léon, diacre*, Paris, 1819, in-fol., p. 177.

THÉODOTION ou THÉODOTE, le 3e traduct. de l'Ancien-Testam. en grec, vivait sous l'empereur Commode. Il paraît qu'il était de Synope, dans le royaume de Pont, et que, dégoûté du marcionisme, sa prem. croyance, il adopta le système des ébionites. Il dut publier sa traduction av. l'an 160 de J.-C., puisque St Irénée, qui écrivait à cette époque, en parle dans ses *Livres contre les hérésies*. Ce n'est d'ailleurs que celle des Septante qu'il arrangea à sa manière, et qu'il conforma aux erreurs des ébionites. Elle occupe la 6e colonne dans les *Hexaples* d'Origène (*v.* Hexaples Origenis, t. I, p. 56).

THÉODULFE, évêq. d'Orléans, né vers le milieu du 8e S. dans la Haute-Italie, fut appelé par Charlemagne à sa cour vers l'an 781, et pourvu de l'abbaye de Fleury et ensuite de l'évêché d'Orléans, il s'occupa de rétablir dans son diocèse l'anc. discipline et d'y faire fleurir les bonnes études, et publ., dans ce double but, des *Capitulaires* qui servirent de modèles aux autres prélats. Il établit des écoles, fonda ou répara des églises, dota des couvents, et fut un des restaurateurs des lettres en France. Charlemagne, qui avait pour lui une haute estime, le chargea de réformer l'administration de la justice dans les deux provinces narbonnaises, et l'admit, avec quelques évêques, à signer son testament. Louis-le-Débonnaire hérita des sentiments de son père pour Théodulfe, le choisit pour aller à la rencontre du pape Étienne IV, et l'accompagner jusqu'à Reims, faveur qui lui valut le *pallium* et le titre d'archevêq. Mais l'année suiv. (817), accusé d'avoir pris part à la conjuration de Bernard, roi d'Italie, il fut dépouillé de ses bénéfices, et exilé en 818 à Angers, où il mourut en 821. On trouve un excellent abrégé de ses *Capitulaires* dans l'*Hist. ecclésiast.* de Fleury, t. IX, p. 502-8. La meilleure édit. de ses autres ouvr. est celle qu'on a dans la collect. des *OEuvres* du P. Sirmond, t. II, p. 913-1128 (*v.* pour de plus gr. détails, la *Storia della letterat. ital.* de Tiraboschi, t. III, 201-9).

THÉOGNIS, poète philosophe, né vers la 59e olympiade (6e S. avant J.-C.), était de Mégare, comme il nous l'apprend lui-même. Mais il y avait deux villes de ce nom, l'une en Sicile, l'autre en Achaïe : de laquelle a-t-il voulu parler ? C'est une question qui n'a point été résolue. Les événements de sa vie ne sont guère mieux connus : tout ce qu'on en peut recueillir, d'après les vers qui nous restent de lui, c'est qu'il n'eut point à se louer de ses concitoyens ; qu'il vécut en exil, et choisit Thèbes pour retraite ; que, né d'une famille noble et opulente, il avait perdu sa fortune, et en avait à peine rassemblé quelques débris. Suidas lui attribue des *Maximes élégiaques*, en 2800 vers, qu'il paraît distinguer des *Sentences*, qui n'en ont aujourd'hui que 1392 ; d'autres *Préceptes* de conduite, et enfin des *Parénèses* : mais l'ouvrage le plus cité par les anciens, et dont les trois précédents n'étaient probablem. que des divisions, est celui que nous possédons encore, du moins en grande partie ; c'est le poème intit. : *Sentences élégiaques*. On éprouve, à la lecture de ces vers moraux, un charme de poésie qu'il est bien rare de rencontrer dans ces sortes d'ouvrages. Théognis occupe presque toujours le prem. rang dans les div. collections des *Poètes gnomiques*. Il a été publié aussi séparém. plus. fois. M. Boissonade lui a donné place dans sa *Collection des poètes grecs*, Paris, 1823 et ann. suiv., in-32. Théognis, qui, dans la plupart des édit., est accompagné d'une version latine, a été trad. en franç. par Nic. Pavillon, Paris, 1578 ; par Lévesque dans la *Collect. des moralistes anciens*, Paris, 1783, etc.

THÉON, mathématic. grec, surn. *l'Ancien*, pour le distinguer de Théon d'Alexandrie, dont l'article suit, était de Smyrne, et florissait sous les règnes de Trajan et d'Adrien, au commencem. du 2e S. de l'ère chrét. On ne connaît aucune des particularités de sa vie. Il avait composé un *Traité d'astronomie*, dont il ne reste que quelques lignes, publiées par Boulliau, d'après un MS. de la biblioth. royale ; mais nous avons encore de lui un abrégé des quatre sciences mathématiques : l'arithmétiq., la musique, la géométrie et l'astronomie. Boulliau en a donné les deux prem. parties, accompagnées d'une *version* et de *notes*, sous ce titre : *Eorum quæ mathematicis ad Platonis lectionem utilia sunt expositio*, Paris, 1644, in-4. On croit que les deux parties encore inédites sont conservées parmi les MSs. de la bibliothèque ambrosienne de Milan.

THÉON, sophiste ou rhéteur d'Alexandrie, paraît avoir vécu sous les Antonins ou un peu plus tard, vers le même temps que le célèbre Aphtonius. Il avait composé plus. ouvrages que cite Suidas ; mais il n'est plus connu que par ses *Progymnasmata*, ou *Exercices préparatoires*, espèce de cahiers de rhétorique, où l'on trouve, dans un ordre assez peu méthodique, des règles et des exemples sur la fable, le conte, la sentence, etc. La meilleure édit. de ces *Exercices* est celle de Leyde, 1626, in-8, que l'on doit à Daniel Heinsius. Elle est accompagnée d'une trad. lat. plus ancienne, mais revue et corrigée par le savant éditeur. Les *Règles* du genre épistolaire, imprimées parmi les *OEuvres* de Libanius, sont attribuées à Théon par quelq. critiques.

THÉON, célèbre mathématic., contemporain de Pappus, florissait dans la seconde moitié du 4ᵉ S., et fut un des plus illustres professeurs de l'école d'Alexandrie. Les deux principaux ouvrages qui nous restent de lui sont destinés à faciliter l'étude des mathématiques; ce sont des *Commentaires sur les Éléments* d'Euclide et sur l'*Almageste* ou *Syntaxe* de Ptolémée. Le prem. fut publié pour la première fois à la suite d'Euclide, par les soins de Grynée, Bâle, Hervage, 1533, in-fol. Il a été traduit en latin par Commandino, et souvent réimpr. Le second se composait de 13 livres, qui ne nous sont pas tous parvenus; on regrette la fin du Xᵉ, le XIᵉ tout entier et le commencem. du XIIᵉ. Ce second *Commentaire*, quoique faible, n'en est pas moins, après les livres de Ptolémée lui-même, l'ouvrage d'astronomie le plus important et le plus curieux qui nous reste des Grecs. Il parut à la suite de l'édit. *princeps* de Ptolémée, Bâle, J. Walder, 1538, in-fol., encore par les soins de l'infatigable Grynée. Porta publia le prem. liv. en latin, Naples, 1588, in-4; et avec le second, ibid., 1605, in-4. Une trad. française de ces deux livres a été donnée par l'abbé Halma, Paris, 1821, 2 vol. in-4, avec le texte grec corrigé et des *notes*. On ignore si Théon est le véritable auteur des *Tables manuelles* qui portent son nom, mais que plus. MSs. attribuent à Ptolémée, et que Halma publia en entier, d'après un MS. de la Bibliothèque du roi, Paris, 1822-23, 2 vol. in-4, avec une trad. française et des *notes*. Pour l'honneur de Théon, il n'est pas démontré qu'il soit l'aut. du *Commentaire sur Aratus*, qu'on lui attribue généralement, et qui ne contient que des remarques puériles et des observat. astrolog. Cependant Halma l'a traduit et publ. à la suite des *Tables manuelles*.

THÉOPHANE, historien et poète grec, était de Mitylène dans l'île de Lesbos, qu'il abandonna probablement à l'époque où les Mityléniens, par une trahison dont il ne voulut pas être complice, livrèrent à Mithridate Manius-Aquilinus, l'un des généraux romains. Il s'attacha bientôt à la fortune de Pompée, auquel il montra beauc. de dévouement, et qui le récompensa en lui faisant accorder le droit de bourgeoisie romaine. Après la mort de ce grand homme, il implora la clémence de César, dont on croit qu'il favorisa de tout son pouvoir les vues ambitieuses. Il est probable qu'il ne survécut que peu d'années au dictateur. De tous ses ouvr., le plus important était l'*Histoire des guerres des Romains sous le commandement de Pompée*. Il ne nous en reste que 4 fragments, 3 dans Strabon, et le 4ᵉ dans Plutarque. L'abbé Sévin croit en avoir découvert un 5ᵉ dans Stobée. De toutes les poésies de Théophane, on ne connaît que 2 *Épigrammes* insérées dans l'*Anthologie*.

THÉOPHANE (St George), confess. et l'un des aut. de l'*Hist. byzantine*, né vers l'an 1751, épousa par pure obéissance une jeune et riche héritière avec laquelle il vécut dans la continence; il la détermina ensuite à embrasser la vie religieuse, et se retira lui-même dans le monastère de *Megal-Agre* (grand champ), qu'il avait fondé dans la Mysie, et dont il fut le prem. abbé. Sa réputat. de sagesse, de sainteté et d'éloquence fit bientôt accourir vers lui de toutes les provinces de l'Orient les fidèles qui avaient besoin de conseils. Le zèle qu'il mit à défendre le culte des images, sous Léon-l'Arménien, lui coûta la liberté, et l'exposa à de mauvais traitements, auxquels il succomba en 818. On lui doit une *Chronographie*, qui s'étend depuis 284 jusqu'à 813, et qui a été publiée par les soins du P. Combefis, avec la *version* du P. Goar, Paris, 1655, in-fol.

THÉOPHANE ou THÉOPHANON, impératrice d'Orient, fut tirée d'une condition abjecte par le jeune Romain, fils de Constantin VII, qui l'épousa en 959. Ses artifices déterminèrent son mari à se rendre maître du trône par un parricide. Quatre ans après elle se débarrassa elle-même, par un breuvage empoisonné, de Romain, dont elle avait deux enfants; et, maîtresse de l'empire, elle crut se donner un appui en favorisant l'usurpation de Nicéphore-Phocas, qui l'épousa. Plus tard cependant elle le fit assassiner (969); mais le principal ministre de ce dernier crime, Zimiscès, en montant sur le trône, exila cette femme abominable, qui toutefois reparut à la cour lorsque ses fils eurent réussi à s'élever au pouvoir. L'époque de sa mort n'est pas connue.

THÉOPHILE (St), évêque d'Antioche et l'un des Pères de l'Église, était né de parents idolâtres, qui le firent instruire dans les sciences et les lettres. Frappé des vérités sublimes du christianisme, il en embrassa la croyance, et mérita d'être élevé au siège épiscop. d'Antioche vers l'an 168 de J.-C. Ce saint prélat, qui mourut vers l'an 190, avait écrit beaucoup d'ouvr. pour la défense des pures doctrines contre les erreurs de Marcion et d'autres philosophes païens; mais il ne nous est resté de lui qu'une *Apologie de la foi chrétienne*, en 3 liv., adressés à son ami Autolyque. Cet ouvrage a été plus. fois imprimé en latin et en grec, notamm. à Zurich, 1546; à Oxford, 1684, in-4, et à Hambourg, 1724, in-8.

THÉOPHILE, empereur d'Orient, successeur de Michel-le-Bègue, son père, était né à Amorium en Phrygie. A peine fut-il couronné (3 octobre 829), qu'il fit rechercher les assassins de Léon, et ceux-ci, estimant qu'il songeait à les récompenser de ce meurtre, auquel il devait le trône, se présentèrent d'eux-mêmes. Théophile leur fit trancher la tête. Cependant les Arabes pressaient l'empire de toutes parts. Il marcha contre eux en personne (830), fut d'abord battu, puis les vainquit ensuite, et en dernier lieu essuya un échec tel qu'il ne dut son salut qu'au courage désespéré d'un de ses généraux appelé Manuel, à qui plus tard il voulut indignement faire crever les yeux sur d'injustes soupçons. La fuite de Manuel lui épargna ce crime, et il lui rendit sa faveur. En 837, Théophile s'étant rendu maître de la Syrie, fit raser la ville de Zapetra, lieu de naissance du khalife Motasem, qui se vengea de cette bravade en détruisant à son tour Amorium, dont les habitants furent passés au fil de l'épée. La mort de l'empereur suivit de près cet événem. : atteint d'une profonde mélancolie, il s'obstina à ne prendre aucun aliment, et expira en 842, laissant le trône à Michel, son fils, sous la régence de Théodora.

THÉOPHILE, dit *l'Indien*, parce qu'il était né à Diu, d'où, jeune encore, il avait été envoyé comme otage à la cour de Constance II, embrassa la vie monastique, et, consacré évêque par les ariens, il fut mis à la tête d'une mission partie vers l'an 343 pour l'Arabie-Heureuse, et chargée de solliciter auprès du chef de la tribu des Homérites ou Hamyarides, en échange de riches présents, la permission de bâtir dans ce pays des églises pour les sujets de l'empire qui y voyageraient, ainsi que pour les naturels qu'on réussirait à convertir. Cette mission eut un grand succès; le prince lui-même embrassa la foi chrétienne, et érigea à ses frais trois églises, à Tasar, à Adane ou Aden, et dans une autre ville qu'on croit être El-Katif. Théophile retourna ensuite à l'île Diu, poussa ses pieuses excurs. dans les Indes, visita même les Éthiopiens-Axumites, et à son retour jouit d'un grand crédit à la cour de Constance. S'étant attaché particulièrem. au césar Fl.-Const.-Gallus, il fut enveloppé dans la catastrophe de ce prince, et envoyé en exil (354). De nouveau compromis dans les tentatives des ariens, après le concile de Sirmium (358), Théophile fut relégué à Héraclée, dans le Pont, et y finit ses jours.

THÉOPHILE (Théophilos), jurisconsulte grec, qui florissait l'an 533 de J.-C., professa le droit avec distinction à Constantinople, et fut, avec son collègue Dorothée, chargé par Justinien de rédiger, sous la direction de Tribonien, les *Institutions, ou Élem. de droit*, qui, réunis au Digeste, au Code et aux Novelles, forment toute la compilation justinienne. Théophile est auteur d'une paraphrase grecque des Institutes, qui en est encore aujourd'hui le meilleur commentaire. Cet ouvr., vraiment précieux, quoique trop peu connu, ne fut découvert qu'au commencem. du 16e S., par Viglius Zuichem, profess. de droit à Louvain, qui s'empressa de le publier, et le dédia à Charles-Quint. De toutes les éditions de cette paraphrase, la plus récente, la plus complète et même la plus correcte est celle qu'a donnée du texte grec, avec une traduction latine en reg., Guill.-Ott. Reiz, La Haye, 1751, 2 vol. in-4.

THÉOPHILE, surnommé *Protespatharius*, moine grec, qui vécut, suivant Fabricius, au 7e S., sous le règne de l'emper. Héraclius, se distingua comme philosophe péripatéticien et comme médecin. Il a laissé plusieurs ouvrages, parmi lesq. nous citerons : *De hominis fabricâ libri V* (en grec), Paris, 1540, in-16; ib., 1555, in-8; réimpr. plus. fois, et notamm. avec une traduction latine, ibid., 1576, in-8. — *De urinis liber singularis*, impr. avec une traduct. lat., ibid., 1608, in-12.

THÉOPHILE, surnommé tantôt *Monachus*, tantôt *Presbyter*, vécut dans le 10e ou le 11e S., et fut un artiste très recommandable pour cette époque. Il paraît que son vrai nom était *Roger*. Quant à sa patrie, elle est inconnue. On lui doit, sur les procédés usités de son temps, un ouvrage très intéressant pour l'histoire des arts. Il y traite successivement de la peinture et des couleurs les plus propres à être employées sur les murs, la toile, le bois et le vélin; l'art de peindre sur le verre et d'exécuter des mosaïques avec des cristaux colorés; de l'orfévrerie et des arts qui en dépendent, tels que l'art de *nieller*, celui de damasquiner, celui de monter les pierres fines. Cet ouvrage a été imprimé sous le titre de : *Diversarum artium schedula*, dans les *Mémoires d'histoire et de littérat. tirés de la bibliothèque du duc de Wolfenbuttel*, Brunswick, 1781, 6e partie. On en voit un exemplaire MS. à la biblioth. royale, intitulé : *De omni scientiâ picturæ artis*. L'article le plus remarquable est celui de la peinture à l'huile. Quelques personnes, d'après une lecture trop peu réfléchie de ce passage, ont cru y reconnaître la peinture à l'huile telle que nous la pratiquons; mais c'est une erreur. Théophile ne parle que de peintures exécutées avec de l'huile de lin pure ou seulem. concentrée au feu; il ajoute que, lorsqu'il veut s'en servir pour représenter des fleurs ou des figures, il trouve fort long et fort incommode d'attendre qu'une couleur ait séché pour en établir une autre par-dessus. Cette confidence nous prouve qu'il ne faut pas se presser d'enlever à van Eyck l'honneur d'avoir inventé la véritable peinture à l'huile.

THÉOPHILE VIAUD, ou plutôt *Viau*, mais plus connu par son prénom, naquit à Boussères-Ste-Radegonde, village de l'Agénois, en 1590, et vint à Paris en 1610. Ce fut alors qu'il forma avec Balzac une liaison très étroite, qui donna même lieu à des médisances, mais qui ne dura pas long-temps. Ils se brouillèrent à la suite d'un voyage en Hollande (1612); et l'on a quelque raison de penser que les torts étaient du côté de Balzac. A son retour, Théophile se fit connaître par des poésies assez médiocres, par des saillies spirituelles et des impromptus fort heureux, qui le mirent en faveur auprès de quelques jeunes seigneurs, dont le rapprochaient d'ailleurs son goût pour les plaisirs et ses manières de bonne compagnie; mais quelques vers satiriq. lui suscitèrent de puissants ennemis, qui prirent le prétexte de ses mœurs déréglées pour le perdre. Il reçut du roi en 1619 l'ordre de sortir de France, et se rendit à Londres, où il ne put obtenir l'honneur d'être présenté à Jacques 1er. La meilleure de ses pièces est peut-être celle qu'il adressa à Louis XIII pendant cet exil, et qui commence par ce vers :

Celui qui lance le tonnerre.

Ayant obtenu la permission de rentrer dans sa patrie, il abjura le calvinisme, probablem. pour vivre à l'avenir plus en sûreté, mais il ne réforma ni ses mœurs ni son penchant à la satire, et il se vit exposé à de nouvelles accusations. On lui attribua la publicat. du *Parnasse des vers satiriques* (1622) : recueil rempli d'obscénités sacriléges. Quoiqu'il fût bien l'auteur de plus. pièces de ce recueil, tout porte à croire que l'impression en avait eu lieu par le fait seul des libraires et sans sa participation. Il n'en fut pas moins poursuivi criminellem., grâce à la cruelle activité de plus. membres de la société de Jésus, parmi lesq. on cite les PP. Garasse, Guérin, Raynaud et Voisin. Condamné par contumace en 1623, à être brûlé vif, comme coupable de lèse-majesté divine et humaine, il fut protégé quelq. temps contre la rigueur de cette sentence et contre le ressentiment des jésuites par le duc de Montmorenci, qui lui donna asile à Chantilly, et par le roi lui-même, qui lui continua sa pension, sans oser toutefois prendre sa défense ouvertement; enfin il fut arrêté et emprisonné, et, après une procédure de 18 mois, il parvint, malgré la haute influence de ses persécuteurs, à faire commuer sa peine en un simple bannissement de la capitale. Bientôt même, par le crédit du duc de Montmorenci, qui devait plus tard porter sa tête sur un échafaud, il put revenir à Paris; mais y il mourut des suites de ses souffrances en 1626, à l'âge de 36 ans. Malherbe ne tenait Théophile *coupable de rien, que de n'avoir rien fait qui vaille au métier dont il se mêlait,* celui de poète. Ce jugem. paraît avoir été généralem. ratifié par la postérité. Cepend., tout en rendant à Théophile la justice de croire qu'il ne méritait pas tant de persécut., il faudrait peut-être aussi lui accorder quelq. talents comme poète et comme prosateur : c'est de quoi l'on serait convaincu, si l'on voulait se donner aujourd'hui la peine de parcourir ce qu'il a écrit. Ses *OEuvres*, en 2 parties, furent imprimées pour la prem. fois, de son aveu et avec privilége, en 1621. Il s'en fit une seconde édition dès l'année suiv. La 3e partie ne parut qu'en 1626 à Rouen, par les soins de Scudéri. Dix-huit ans après la mort de l'aut., sa correspondance fut publiée par Mairet sous ce titre : *Nouvelles OEuvres de M. Théophile, composées d'excellentes lettres latines et françaises.*

THÉOPHRASTE, né à Érésos, dans l'île de Lesbos, la 2e année de la 102e olymp. (371 ans avant J.-C.), se rendit, jeune encore, à Athènes pour y suivre les leçons de Platon, qui ne tarda pas à le distinguer, mais qui pourtant laissa la direction de son école à Speusippe, son neveu. Celui-ci ayant adopté les dogmes de Platon sans en garder les mœurs austères, une foule de disciples quittèrent l'académie : Théophraste fut de ce nombre. Il parcourut en voyageur éclairé toute la Grèce et ses îles, délivra Lesbos, sa patrie, des tyrans qui l'opprimaient, se rendit ensuite en Macédoine, et, après la bataille de Chéronée, rentra dans Athènes, qu'il avait quittée douze ans auparavant. Bientôt Aristote vint l'y retrouver, et ce fut pour ouvrir dans le Lycée une école nouv., dont Théophraste ne dédaigna pas d'être l'un des auditeurs, quoiqu'il eût été chez Platon le compagnon d'études du philosophe de Stagyre. Il le remplaça dans la direct. du Lycée vers la 114e olympiade, et donna un nouveau lustre à cette école déjà célèbre, où l'on vit des rois s'asseoir parmi ses nombreux disciples. Ce succès presque merveilleux, dans un temps où les malheurs d'Athènes faisaient fuir ses principaux habitants, où l'exil frappait ceux qui n'avaient pas pris la fuite, où les places publiq. et les théâtres étaient déserts, ce succès et plus encore les censures éloquentes et vraies que le vertueux philos. lançait hardiment sur tout ce qu'il trouvait de condamnable, éveillèrent contre lui l'envie et la persécution. On le dénonça comme coupable d'impiété; mais il lui suffit de développer devant ses juges l'ensemble de sa morale, et il fut absous. Cepend. ses ennemis ne se tinrent pas pour battus. Afin de l'atteindre plus sûrement et de lui ôter les moyens d'une juste défense, ils obtinrent une loi qui fermait toutes les écoles et interdisait aux philosophes d'enseigner, soit publiquem., soit en particulier. Cette loi inconcevable fut rapportée au bout d'un an, et Théophraste reparut dans les jardins du Lycée avec plus d'éclat que jamais. Il y jouit de la tranquillité d'âme que donnent la vertu, l'habitude du bien, l'absence de toute ambition et l'étude des merveilles de la nature, et mourut, entouré de ses disciples, à l'âge de 85 ans, dans la 3e année de la 123e olympiade. On compte jusqu'à 229 ouvrages de lui, dont la liste a été conservée par Diogène-Laërce. Ils roulent sur la grammaire, la logique, la rhétoriq., la poésie, l'art musical, les sciences mathématiques et physiques, la morale et l'économie politique. Ces écrits ne sont pas tous arrivés jusqu'à nous; mais il en reste de nombreux fragments épars, qu'en 1826 M. Thiébeaut de Berneaud annonçait avoir l'intent. de réunir. Les trois principaux ouvrages de Théophraste sont l'*Histoire des plantes*; le *Traité des causes de la végétation*, et le livre des *Caractères*. Le seul énoncé de ces titres montre qu'il y a deux hommes à considérer dans Théophraste, le naturaliste et le philosophe. Pour apprécier son mérite comme naturaliste, il suffira de dire que l'élève et l'ami d'Aristote fut comme lui un prodige de science, et qu'il devina presque ces secrets de la nature qui ne se révèlent aujourd'hui qu'aux observations les plus laborieuses. Comme philosophe et comme moraliste, tout le monde a jugé Théophraste, car tout le monde a lu son livre des *Caractères*, qui a servi de modèle à notre La Bruyère, et dont il existe plusieurs trad. françaises, parmi lesquelles nous citerons celle de La Bruyère lui-même, donnée en 1688, et celle du docteur Coray de Smyrne, publiée en 1799. C'est une suite de tableaux esquissés de la main d'un maître. Partout on y admire un esprit vif et original, un jugem. sûr et délicat, un style plein d'élégance, une gr. finesse d'aperçus et un atticisme délicieux. Le désordre que l'on y remarque parfois vient de ce que nous ne possédons pas l'ouvr. entier. Schneider l'a très bien observé : nous n'en connaissons réellement que des extraits dus à des plumes inexpérimentées, à des rapsodes, pour trancher le mot. On a plusieurs éditions et trad. partielles de divers traités de Théophraste. L'édit.

la plus complète de ses *OEuvres* est celle de Daniel Heinsius, Leyde, 1613, in-fol.

THÉOPHILACTE, surnommé *Simocatta*, l'un des auteurs de l'*Histoire byzantine*, nous apprend lui-même qu'il était né dans la Locride. Il remplit à la cour de l'empereur Maurice plusieurs charges importantes. On présume qu'il mourut vers l'an 640 : à cette époque il devait être âgé d'environ 70 ans. On a de lui : *Historiæ rerum à Mauricio gestarum lib. VIII, ab anno* 502 *ad ann.* 602, Paris, 1648, in-fol. : cet ouvrage, qui fait partie de la *Byzantine*, a été trad. en français par le présid. Cousin. — *Physica problemata*, gr.-latin, Leipsig, 1653, in-4; et des *Lettres*, au nombre de 85, plusieurs fois imprimées, notamment en 1599 par les soins de J. Gruter, avec la version latine de Kimedoncius.

THÉOPOMPE, roi de Sparte au milieu du 8ᵉ S. avant notre ère, montra des vues élevées, et honora le trône par beaucoup de modération. Ce fut lui qui institua les éphores, magistrats au nombre de cinq, investis du droit de contrôler les actes du sénat et même du roi. Le prétexte de cette innovation lui avait été fourni par les plaintes du peuple au sujet de la rixe survenue entre les Lacédémoniens et les Argiens pour la possession d'un petit pays nommé Thyréa, rixe qu'on voulut faire vider par 300 champions nommés de part et d'autre, et qui se trouva décidée en fav. des Lacédémoniens, sans toutefois qu'aucun des combattants survécût à cette boucherie, le dernier restant, nommé Othriades, s'étant lui-même percé de son épée après une aussi horrible victoire. Une série de guerres encore plus déplorables s'allumèrent bientôt. Les Messéniens, au mépris de la sainteté d'une fête que célébraient annuellem. les Spartiates aux confins de la Messénie, avaient enlevé quelq. filles lacédémoniennes qu'ils déshonorèrent. Les Spartiates vengèrent cet attentat. Euphaès, roi des Méséniens, fut défait et périt de ses blessures; mais, à son tour, Théopompe, après s'être vu enlever la ville d'Ithôme, tomba dans les mains d'Aristodème avec 300 Spartiates, et fut impitoyablement égorgé avec eux. Pausanias, liv. IV, et Diodore, liv. XV, rapportent de Théopompe plusieurs traits qui décèlent une haute sagesse.

THÉOPOMPE, de l'île de Chio, orateur et historien, vivait dans la 105ᵉ olympiade, vers l'an 358 avant J.-C. Il suivit son père Damasistrate dans l'exil, ne fut rétabli dans sa patrie qu'à l'âge de 46 ans par Alexandre-le-Grand, et après la mort de ce prince passa en Égypte, où il ne put trouver d'asile. On ignore le lieu et l'époque de sa mort. Il était disciple d'Isocrate, et la Grèce n'offrait aucune ville un peu considérable, où il n'eût prononcé avec succès quelque harangue. Comme historien, il passe pour être beaucoup plus digne de foi quand il loue que quand il blâme. Il eut toutefois plusieurs des qualités nécessaires pour écrire l'histoire : aussi Strabon, Athénée, Denys d'Halicarnasse, Pausanias, Diodore de Sicile, Plutarque, Laërce et une foule d'autres anciens auteurs le citent souvent. Il s'était fait connaître surtout par deux ouvr. histor. L'un était l'*Hist. de la Grèce* en XII liv., commençant où Thucydide avait fini, et se terminant à la bataille navale de Cnyde; l'autre, intit. *Philippica*, était destiné à retracer le règne de Philippe de Macédoine, et se divisait en LVIII liv. Aucun des ouvr. de Théopompe n'est parvenu jusqu'à nous.

THÉOS ou THÉOT (CATHERINE), misérable visionnaire, née en 1725 dans un village près d'Avranches, vint à Paris pour y chercher des moyens d'existence. Elle se persuada qu'elle était tantôt la mère de Dieu, tantôt une nouvelle Ève, appelée à régénérer le genre humain. Le gouvernement la fit renfermer, et, quand sa détention l'eut calmée, la remit en liberté, et l'on ne parla plus d'elle qu'en 1794. Ce fut alors que les sectaires de la déesse Raison allèrent la chercher dans un galetas qu'elle habitait et où elle débitait ses rêveries. Senart fut chargé de l'arrêter par ordre du comité de sûreté générale, et Vadier présenta les conférences qui se tenaient chez cette femme comme les actes d'une ligue de prêtres perturbateurs; on l'accusa d'entretenir des liaisons avec Pitt, avec le baron de Batz, avec la duchesse de Bourbon, la marquise de Chastenay et d'autres personnages qu'elle n'avait sans doute jamais connus, et on la mit à la conciergerie, où elle mourut, à l'âge d'environ 70 ans. On trouve les plus gr. développem. sur Catherine Théos dans l'opusc. de Vilate intit. : *les Mystères de la Mère de Dieu dévoilés*, formant la 3ᵉ partie des *Causes secrètes de la révolution* (du 9 au 10 thermidor), réimpr. dans la *Collection des mém. relatifs à la révolut. française*, 20ᵉ livr., p. 271 et suiv.

THÉRAMÈNES, orateur athénien, fameux par sa versatilité, qui lui fit donner le surnom de *Cothurne*, était né dans l'île de Céos vers le milieu du 5ᵉ S. av. J.-C. Adopté par Agnon, l'un des principaux citoyens d'Athènes, il fut élevé avec soin, et eut pour maître d'éloquence le rhéteur Prodicus de Céos. Après avoir contribué, avec Pisandre et l'orateur Antiphon, à abolir la démocratie pour y substituer la tyrannie des quatre cents, il se mit à la tête du parti qui rétablit l'ancien gouvernem., et rappela Alcibiade (411 av. J.-C.). Il eut deux ans après le commandem. de 20 galères, avec lesq. il maltraita rudement les villes alliées dont la foi paraissait douteuse; l'aristocratie fut renversée par lui dans l'île de Paros, et, chargé d'un immense butin fait dans cette campagne, il porta des secours au roi de Macédoine, puis vint se joindre à Thrasybule sur les côtes de Thrace. Maintenu dans le commandem. d'une portion de la flotte athénienne réunie à Sestos, au printemps de l'an 409, il contribua à la défaite de l'armée navale du Péloponèse, et l'année suivante mit à contribution Chalcédoine, dont il avait fait le siège à la tête de 50 vaisseaux, et eut part avec Alcibiade à la prise de Byzance. Théramènes eut à se justifier devant le peuple, en 405, de n'avoir pas exécuté la mission qu'il avait eue de faire rendre les honneurs funèbres aux Athéniens morts au combat naval des Arginuses, où lui-même avait commandé l'aile droite de l'armée. Il réussit à rejeter le blâme sur les généraux qui lui étaient subordonnés. Personne n'était coupable, puisqu'une tempête violente avait dispersé les 47 galères envoyées pour ramasser les dépouilles des morts ; mais l'adroit orateur comprit qu'il ne pourrait faire admettre aucune justification, et il aima mieux se sauver seul que de risquer de se perdre en joignant sa cause à celle de ses généraux, qui, de leur côté, n'avaient pas balancé à chercher leur salut en l'accusant de négligence. Il se fit députer à Lysandre après la malheureuse journée d'Ægos-Potamos, et fut retenu par le vainqueur pend. 3 mois, au bout desquels, envoyé avec de pleins pouvoirs à Lacédémone, il n'obtint des éphores, pour Athènes, que des conditions qui la réduisirent à entrer dans la ligue lacédémonienne. Malgré les efforts qu'il opposa à l'établissem. de l'oligarchie des trente tyrans, il se laissa comprendre dans leur nombre, partagea d'abord le système de conduite de Critias, puis s'honora en opposant toute son influence aux odieux desseins de cet homme sanguinaire, qui dès-lors songea à le perdre. Accusé par lui devant le sénat d'avoir des intelligences avec Thrasybule, Théramènes rejeta sur son adversaire tout l'odieux de ses inculpations ; mais l'audace prévalut sur l'éloquence : Critias, introduisant dans le sénat ses satellites en armes, prononça la condamnation de son rival au nom de tout ce conseil suprême, que l'épouvante rendit muet. Théramènes se réfugia en vain au pied des autels : il en fut arraché pour être traîné au supplice (l'an 403 av. J.-C.). Cicéron, dans les *Tusculanes*, dit qu'il but la ciguë, comme s'il eût étanché sa soif. Lançant à terre ce qui restait au fond du vase, il s'écria avec un accent à la fois ironique et inspiré : *Je passe la coupe au beau Critias*, prédisant ainsi la mort prochaine de son cruel ennemi (*v.* CRITIAS).

THÉRÈSE, comtesse souver. de Portugal, fille naturelle d'Alphonse VI, roi de Castille et de Léon, et sœur de la fameuse Urraque, fut mariée vers 1093 à Henri de Bourgogne, prince franç. par leq. des généalogistes ont rattaché l'origine de la prem. maison roy. de Portugal à la race de Hugues Capet (*v.* l'art. PORTUGAL). Devenue veuve et régente l'an 1112, elle livra l'état à de méprisables favoris, ce qui ne l'empêcha pas de profiter des troubles de la Castille pour entrer en Galice (1120), où elle s'empara de plusieurs places ; mais vaincue sur les bords du Minho par sa sœur Urraque, le Portugal fut ravagé. Elle n'arrêta ces désastres qu'en gagnant par des complaisances, ou par de l'argent, l'archevêque de Compostelle, qui, rappelant ses troupes, diminua les forces de l'armée castillane. En 1127, Thérèse fit une nouvelle invasion en Galice, au mépris de la trêve que lui avait accordée Urraque : elle échoua dans cette entreprise, et fut obligée de s'humilier devant Alphonse Raymond, son neveu, qui dicta les conditions de la paix. C'est ce moment que choisirent les seigneurs mécontents pour proclamer roi du Portugal Alphonse Henriquez, dont le parti triompha des adhérents de sa mère. Confinée dans une prison, Thérèse y mourut le 1er novembre 1130.

THÉRÈSE (Ste), réformatrice de l'ordre des carmélites, née le 28 mars 1515 à Avila (Castille-Vieille), était la cadette des trois filles d'Al-Sanchez de Cépède et de Béatrix d'Hahumade. Élevée dans les principes d'une ardente piété, elle éprouva dès l'enfance de si vifs élans de l'amour divin, qu'elle résolut un jour d'aller, avec un de ses frères, chercher dans le pays des Maures la couronne du martyre. Ils se mirent en chemin, mais à quelque distance de la ville, ils furent rencontrés par un oncle qui les ramena. La ferveur de Thérèse ne fit qu'augmenter jusqu'à l'époque où elle perdit sa mère (1527) ; mais alors elle se relâcha, et bientôt elle prit un goût très vif pour les frivolités et les amusem. du monde. Son père, qui veillait sur sa conduite, après lui avoir fait en vain les plus sages réprimandes, la plaça chez les relig. augustines d'Avila. Les bons exemples qu'elle eut sous les yeux dans cette maison et les entretiens de la supérieure, ramenèrent Thérèse aux sentiments de piété. Tels furent même ses progrès dans la dévotion, qu'au bout de quelque temps elle prit la résolut. de se consacrer à Dieu dans un monastère ; elle en demanda la permission à son père qui la lui refusa ; mais croyant devoir agir d'après ses propres pensées, elle alla se présenter aux carmélites, demandant à y être admise au nombre des novices. A peine Thérèse eut-elle prononcé ses vœux (sept. 1534), qu'elle fit une maladie si grave que son père obtint de la faire soigner dans sa maison. Elle n'y voulut demeurer que 4 mois, au bout desq. une crise terrible succéd. à d'affreuses souffrances, elle se fit ramener dans son couvent, afin, dit-elle, de ne point *mourir dans une terre étrangère*. Après huit mois passés entre la vie et la mort, elle resta encore trois ans privée de l'usage de ses membres. Son retour aux vanités mondaines suivit promptement sa convalescence (1537) ; car, ainsi qu'elle nous l'apprend avec autant d'ingénuité que de componction dans sa *Vie* écrite par elle-même, elle était retombée tout-à-fait dans la dissipation, lorsqu'elle perdit son père (1539). Le prêtre qui avait assisté don Sanchez se chargea de diriger la jeune religieuse. Il lui fit reprendre le salutaire usage des méditations ; mais, nonobstant ses pieux avis, Thérèse continua de se laisser entraîner au monde, et, suiv. ses propres paroles, elle passa vingt ans encore dans les tourments d'une lutte intérieure, s'efforçant d'*allier le ciel avec la terre*. Les seuls moments de souffrance et de maladie la rendaient tout entière à Dieu, pour retomber bientôt après. De là cette invocation qu'elle faisait souvent : *Seigneur, ou souffrir ou mourir.* Ce fut la lecture des Confessions de St Augustin qui ranima la ferveur dans le cœur de Thérèse ; elles lui suggérèrent l'inébranlable résolut. de fuir les occasions qui l'avaient plongée dans les distract. coupables. Déjà, dans ses instants de grâce, elle avait travaillé à gagner d'autres âmes au Seigneur : ce fut désormais l'un de ses goûts les plus vifs, comme la pratique des œuvres extérieures devint son infaillible remède contre les peines d'esprit dont elle fut souvent accablée. Plus. traits de sa vie attestent que l'humilité, la douceur et la simplicité s'alliaient à une piété ardente et à une charité toute céleste. Se sentant bien affermie dans les voies de la vertu, Thérèse se mit en devoir de travailler à la sanctification des autres. D'abord elle entreprit de réformer son ordre, où de grands relâchem. s'étaient introduits. En 1562, elle vint à bout d'établir à Avila un monastère où la règle était observée dans toute sa sévérité, et qui fut mis sous l'invocation de St Joseph. Non-seulement elle obtint, à force de persévérance, la permission de demeurer dans le nouvel institut, dit des *Carmélites déchaussées*, mais 4 ans plus tard elle eut l'autorisation de fonder d'autres maisons sur un même plan que celle de St-Joseph. La seconde fut celle de Medina-del-Campo. Elle ne se borna pas à établir la réforme dans les convents des femmes; elle la porta aussi dans plus. couvents d'hommes, aidée dans cette entreprise par St Jean-de-la-Croix. Le nombre des uns et des autres s'élevait à 14, lorsque Ste Thérèse mourut dans un monastère de sa règle à Albe, le 5 octobre 1582, jour qui, par suite de l'introduction du calendrier grégorien, fut compté pour le 15. C'est à cette date que l'Église célèbre la fête de Ste Thérèse, qui fut canonisée en 1621 par Grégoire XV. Son corps, transporté d'Albe en 1585 au couvent de St-Joseph à Avila, y fut rétabli l'année suiv. par un ordre du souverain pontife. Ces précieuses reliques y sont conservées au couvent des carmélites, sous un riche mausolée. Indépendamm. de sa *Vie*, dont on a plusieurs trad. franç., entre autres par de Villefore, réimpr. à Lyon, 1824, 2 vol. in-12., on a de Ste Thérèse des *lettres* (cartas), des *statuts* pour les couvents des carmélites, un traité *Sur la manière de visiter les monastères*, un autre *Sur le chemin de la perfection*, des *Avis à ses religieuses*, des *Méditations sur le Pater*, le *Château de l'âme*, des *Pensées sur l'amour de Dieu*, des *Méditations sur la communion*, et enfin un *Cantique* après la communion, dit *Glose de Ste Thérèse*. Ses OEuvres (*Obras de Sta Teresa de Jesu*), ont été publ. par fra Diego-de-la-Conception, gén. des carmélites, Bruxelles, 1675, 2 vol. in-fol. Don Juan de Palafox, évêque d'Osma, a commenté ses *lettres*, Saragosse, 1658, in-4; et Arnaud d'Andilly a publ. des trad. de ces divers écrits dont on a d'autres trad. partielles par l'abbé Chanut, Pelicot, Chappe de Ligni, Saint-Victor (*Biblioth. des dames chrét.*), etc. Cette édit. a été surpassée par celle de Madrid, 1778 ou 1793, 6 vol. in-4, dont 4 pour les *lettres*. On peut consulter sur les détails de la canonisation de Ste Thérèse : *Beatæ Theresiæ vitæ relationes Paulo V factæ*, Barcelone, 1621, in-8, et à la Biblioth. du Roi : *Acta authent. canonisat. Ste Theresiæ*. L'abbé Eymery a publié l'*Esprit de Ste Thérèse*, etc., avec ses *opuscules*, 3e édit., Paris, 1820, in-8. On a plus. *Vies* abrégées de Ste Thérèse. La traduction française des *OEuvres* et des *Lettres* a été réimprim., Lyon, 1818, 6 vol. in-12, et Avignon, 1828, 6 vol. in-8.

THERMES (Paule de la Barthe, seigneur de), maréchal de France, né à Couserans en 1482, servit en 1528 sous les ordres de Lautrec, au siége de Naples, fut deux ans prisonnier chez les Turks avant de pouvoir revenir en France, et reçut à son retour, de François Ier, une compagnie de cent chevau-légers, à la tête de laquelle il se signala dans les campagnes du Piémont et dans le Roussillon. Il obtint, pour prix de ses exploits, le gouvernem. de Savillan, qu'il défendit avec succès contre les efforts réunis du duc de Savoie et du marquis de Vasto, et plus tard le gouvernem. de Lans, château près de Turin; il rendit encore de gr. services dans le Piémont, et contribua beauc. à la victoire de Cérisoles, où il fut fait prisonnier. Racheté bientôt après, quand la guerre eut commencé en 1547, il s'empara du marquisat de Saluces et de Revel, place forte du Piémont. Envoyé deux ans après en Écosse, il y combattit les Anglais avec avantage. A son retour il fut envoyé près du pape Jules III, pour l'engager à désarmer, et sur son refus il alla se renfermer dans Parme qu'il défendit contre toutes les forces du pontife, fit ensuite révolter la petite république de Sienne, enfin, soumit l'île de Corse presque entière à la France. Nommé par Henri II command-gén. du Piémont, il fit les campagnes de 1555 et 1557, revint en France, où la bataille de St-Quentin avait jeté l'alarme, prit Calais, dont le gouvernement lui fut donné, s'empara de Dunkerque, et reçut enfin le bâton de maréchal. Vaincu bientôt après à Gravelines par le comte d'Egmond, fait prisonnier, et relâché à la paix de Cateau-Cambrésis en 1559, il prit parti, dans nos malheur. divisions, pour les Guises, dont il ne prévoyait pas les vues ambitieuses, fut nommé gouverneur de Paris, et chercha à y rétablir le calme : mais sa modération lui attira une disgrâce honorable, suivie bientôt de sa mort, en 1562. Ses faits d'armes, oubliés aujourd'hui, le placèrent dans son temps au rang des premiers capitaines.

THERMUSE, reine des Parthes, était une esclave italienne que l'emper. Auguste envoya, avec d'autres présents, à Phraates IV, et qui, devenue sa concubine, puis sa femme, le détermina à envoyer comme otages à Rome, les quatre enfants légitimes qu'il avait eus d'un autre mariage, et à laisser la couronne à Phraataces, le fils qu'elle lui avait donné. Ce jeune prince hâta la mort de son père, pour monter sur le trône, vers l'an 9 de J.-C., et fut assassiné la même année avec sa mère, qui avait secondé son horrible projet.

THÉROIGNE DE MÉRICOURT, connue par ses liaisons avec quelq. meneurs de la révolution et par la part qu'elle prit à leurs intrigues, ainsi qu'aux mouvem. populaires, était fille d'un riche cultivateur des environs de Liége, et se trouvait à Paris avant 1789, dans une condition tout au moins suspecte. La feuille intit. *les Actes des apôtres*, fit long-temps de la Théroigne le plastron de ses quolibets, lui donnant pour amant le député *Populus*, qui ne la connaissait pas. La Théroigne tenait chez elle des réunions politico-littéraires auxquelles assistèrent bon nombre de personnages influents. On conjecture qu'elle avait une mission spéciale lorsqu'au commencement de 1791 elle se rendit dans les Pays-Bas, elle y fut arrêtée par les agents de l'empereur et conduite à Vienne, où elle resta détenue pend. un an. Elle reparut dans les groupes et dans les tribunes de Paris au mois de janvier 1792; au mois de mai on l'arrêta dans les Tuileries pour la fouetter publiquement. Dans la journée du 10 août elle joua un rôle atroce. Cette malheureuse tomba peu après dans une démence complète, et mourut à l'hospice de la Salpétrière en 1817.

THÉSIGNY (Franç.-Denis DOMILLIER de), fils d'un trésorier de France, qui lui laissa avec cette charge honorifique une fortune plus qu'aisée, fréquenta de bonne heure les coulisses des théâtres, et travailla quelquefois pour celui du Vaudeville, dont il épousa une des actrices (Mlle Desmares). Deux enfants étaient nés de cette union que Thésigny fit rompre par le divorce. A sa mort (1825), un procès s'engagea au sujet de sa succession, entre les fils de l'actrice et des collatéraux qui obtinrent gain de cause. M. Beuchot a recueilli les titres des div. pièces données au théâtre du Vaudeville par Thésigny (*Bibliogr. de la France*, 1826, p. 264). Il suffira de mentionner : *la petite Métromanie* (avec Chazet), an VI, in-8, et *Catinat à St-Gratien* (avec Philippon de La Madelaine), an XI (1802), in-8.

THESPIS, le créateur de la tragédie, était né dans un petit bourg de l'Attique, nommé *Icarie*. Il existait avant lui des poètes; mais tout leur art consistait à faire chanter par le chœur les hymnes en l'honneur de Bacchus. Thespis eut l'idée d'introduire dans ces jeux un personnage, dont les récits, en délassant le chœur, soutiendraient l'attention de l'auditoire. Ces récits, qui n'étaient dans le principe que l'accessoire, formèrent bientôt le corps de la tragédie, et les chœurs n'en furent plus que l'accompagnement. La chronique de Paros fixe à la prem. année de la 61e olympiade (536 ans av. J.-C.) la représentation de sa tragédie d'*Alceste*; mais Corsini prouve (*Fasti attici*) que ce n'était pas la prem. qu'il eût donnée dans le genre dont il était l'inventeur. On a les titres de quelq. autres de ses pièces : *le Combat de Pélias*, ou *Phorbas*, *les Prêtres*, *les jeunes Grecs et Penthée*. Banni d'Athènes, Thespis courut les bourgs voisins avec ses acteurs sur un chariot qui leur servait de théâtre. Pour remplacer la lie dont ils se barbouillaient le visage, il imagina de leur faire prendre des masques, qui furent d'abord de simple toile. Voilà tout ce que fit le baladin grossier d'Icarie pour cet art, qui devait être un jour le plus noble amusement des nations civilisées. On peut consulter, pour plus de détails, les *Recherches sur l'origine et les progrès de la tragédie*, par l'abbé Vatry, dans les *Mém.* de l'acad. des inscript., t. XV, p. 255; et le *Voyage du jeune Anacharsis*, chap. 69.

THEUDIS, 12e roi des Visigoths et le premier d'entre eux qui ait résidé en Espagne, était Ostrogoth de naissance. Il n'eut d'abord que le titre de vice-roi en Espagne, où l'avait envoyé le roi d'Italie, Théodoric-le-Grand, pour résister aux invasions des Francs; mais il sut s'y rendre indépend., et, après la mort d'Amalaric, dern. roi de la race des Visigoths, se faire élire roi en 531 ou 532. Les Francs lui enlevèrent tout ce qu'il possédait au nord des Pyrénées : il le reprit sur eux; ils passèrent encore une fois les Pyrénées en 542, et vinrent mettre le siége devant Saragosse : il les repoussa encore une fois. Après d'inutiles efforts pour reprendre Ceuta, que lui avait enlevé Justinien, il vécut tranquille dans ses états, laissant, quoique attaché à la secte des ariens, pleine liberté de culte et de conscience aux catholiques, et fut assassiné dans son palais à Barcelone en 548.

THEUDISÈLE ou THÉODISÈLE, 13e roi des Visigoths, avait commandé avec distinction les armées de Theudis, dont on pense qu'il était le neveu. Élevé par les Goths sur le trône en 548, il ne tarda pas à les faire repentir de leur choix par ses dissolutions et ses cruautés, et fut assassiné après un règne d'un an et quelques mois, vers la fin de 549 ou au commencem. de l'année suiv., par ses courtisans, si l'on en croit les auteurs espagnols, mais suiv. Grégoire de Tours, par le clergé dont il se préparait à dévoiler une pieuse supercherie.

THÉVENARD (Antoine-Jean-Marie), vice-amiral, né en 1735 à St-Malo, fils d'un capitaine au service de la compagnie des Indes, fit avec lui sa prem. campagne de mer à 14 ans sur *le Neptune*, qui soutint 3 combats en moins de 6 mois. En 1754, il eut le commandement d'une patache armée en croisière pour détruire les établissem. des Esquimaux sur la côte de Terre-Neuve, mission qu'il exécuta ponctuellem. Dans l'intervalle qui suivit cette expédition jusqu'en 1769, qu'il passa dans la marine royale avec le grade de capitaine de port, il s'était livré à d'import. trav. dans les chantiers de St-Malo, d'où sortirent les deux prem. canonnières faites en France, avec lesquelles il protégea efficacement notre commerce sur les côtes de la Manche, et captura plus. corsaires de Guernesey. De sav. *Mém.* sur divers objets de l'art nautique lui valurent successivement les titres d'acad. de la marine (1775), de correspondant de l'académie des sciences, et enfin d'acad. ordinaire en 1785. L'année précéd. il avait été promu au grade de chef d'escadre. Il se montra le partisan des réformes politiques, et fut appelé par Louis XVI, en 1791, au ministère de la marine. Mais des difficultés sans nombre l'obligèrent à donner sa démission au bout de quelq. mois, et il alla prendre le commandement de la marine et du port de Brest. L'année suiv. il fut envoyé dans le même emploi à Toulon, puis bientôt après à Rochefort; et partout il fit preuve de talent comme marin, comme ingénieur et comme administrateur. Il eut en 1801 la préfecture maritime de Lorient, fut nommé plus tard gr.-officier de la Légion-d'Honneur, et porté au sénat en 1810. Thévenard venait d'être nommé par le roi commandeur de St-Louis, lorsqu'il mourut le 9 fév. 1815. Il avait fait réimpr. ses *Mémoires relatifs à la marine*, Paris, 1800, 4 vol. in-4. (v. pour plus de détails la *Biogr. des Malouins célèbres*.

THÉVENEAU (NICOLAS), sav. jurisconsulte, né à Poitiers dans le 16° S., a publ. un *Commentaire* (estimé) *sur la coutume du Poitou*, Poitiers, 1595, in-8; une trad. de l'*Enchiridion* d'Imbert, Lyon, 1559, in-8; un traité de la *Nature des contrats*, Poitiers, 1599; un abrégé de *Paradoxes forenses*. — THÉVENEAU (Charles-Simon), mathématicien et poète, né à Paris en 1759, mort en 1821, professa les mathématiques, dès l'âge de 15 ans, à l'école de la marine à Brest, revint à Paris pend. la révolution, et obtint dans une administrat. un emploi, dont la raideur de son caractère ne lui permit pas de jouir long-temps. Il passa le reste de sa vie souvent dans une extrême indigence et toujours dans la dépendance la plus humiliante, aidant des poètes dans leurs travaux, à raison de 6 fr. pour 3 heures ou pour un bon repas, dînant chaque jour de la semaine chez un hôte déterminé, et perdant le reste de son temps au lit et au café, dans des excès de débauche qui pouvaient passer pour de vrais tours de force. On a de lui : *Cours d'arithmét. à l'usage des écoles centrales et du commerce*, 1800, in-8, et à la suite des *Éléments d'algèbre*, par Clairaut, 1801, 2 vol. in-8. — *Tables des logarithmes*, dans le *Cours d'arithmétique* de Bezout, 1802, in-8. — *Plan du poème de Charlemagne*, suivi du 1er chant, etc., 1804, in-8. — *L'Illusion*, poème, précédé et suivi d'autres *poésies*, 1816 et 1818; des articles dans les *Annales dramatiques*, 1808 et années suiv., 9 vol. in-8.

THÉVENIN (FRANÇOIS), célèbre chirurgien, mort à Paris, son lieu de naissance, en 1656, poussa très loin l'habileté dans toutes les opérations de son art. Il traitait l'hydrocèle au moyen de caustiques et de l'introduction des bourdonnets dans la cavité de la tunique vaginale, et était le partisan déclaré de l'opération de la bronchotomie. Bien qu'il se soit borné le plus souv. à emprunter ses idées aux ouvr. d'Ambroise Paré, il n'en est pas moins placé au rang des hommes qui contribuèrent au progrès de la chirurgie en France. Ses ouvrages, recueillis après sa mort par Guillaume Parthon, parurent sous le titre d'*OEuvres de Thévenin, contenant un Traité des opérations, un Traité des tumeurs, et un Dictionn. des mots grecs servant à la médecine*, Paris, 1658, 1669, in-4.

THÉVENOT (MELCHISÉDECH), voyageur, né vers 1620 à Paris, mort à Issy en 1692, visita dans sa jeunesse les princip. états de l'Europe. Envoyé par le gouvernem. à Gênes en 1645, et à Rome en 1652, il assista, par ordre du roi, en 1654 au conclave où Alexandre VII fut élu, et, de retour à Paris, se livra entièrem. à l'étude. On a de lui : *Relations de divers voyages curieux qui n'ont point été publiés, et qu'on a trad. ou tirés des origin. des voya-*

geurs franç., espagnols, etc., Paris, 1663-1672, 4 part. en 2 t. in-fol. — *Recueil de voyages*, Paris, 1781, in-8. — *De l'art de nager*, Paris, 1695, in-8; 1781, in-8, augmenté d'une *Dissertation sur les bains orientaux*, par P. de L.-C. aa P. — THÉVENOT (Jean de), voyageur, neveu du précédent, né en 1633 à Paris, parcourut d'abord l'Angleterre, la Hollande, l'Allemagne et l'Italie, visita ensuite Malte, Constantinople, la Natolie, l'Égypte, Suez, la mer Rouge, Tunis et les ruines de Carthage, et revint en France par l'Italie. La passion des voyages n'était pas éteinte en lui. Il partit de Marseille en 1664, vit Alexandrie, Séide, Damas, Alep, Mossoul, descendit le Tigre jusqu'à Bagdad, visita la Perse, passa à Bassorah, ensuite à Surate, parcourut le Guzerate, et vit Ahmedabad et Cambaye, traversa la péninsule de Surate à Masulipatan, passa par Brampour, Aurengabad et Golconde, examina les fam. pagodes d'Élora, revint à Surate, rentra en Perse, et mourut à Miana, petite ville à 30 lieues de Tauris, en 1667, comme il se disposait à retourner en Europe par l'Arménie et l'Asie-Mineure. On a de lui : *Voyage au Levant, contenant*, etc., Paris, 1664, 1665, in-4; suite du même voyage, etc., in-4. — *Voyage contenant la relation de l'Indostan, des nouveaux Mogols et des autres peuples et pays des Indes*, Paris, 1684, in-4. Ces div. relations ont été réunies sous le titre de *Voyages de M. Thévenot, tant en Europe qu'en Asie et en Afrique*, Paris, 1689, 5 vol. in-12; Amsterdam, 1705, 1725, 1727, 5 vol. in-12, et trad. en holland. et en allemand. — V. COULON DE THÉVENOT.

THÉVENOT (MAGLOIRE), instituteur, né en 1746 à Dampierre, près d'Arcis-sur-Aube, mort en 1821 à Troyes, où il avait établi un pensionnat qui, même dans les temps les plus orageux de la révolution, ne fut point fermé, a donné, entre autres ouvrages : *Éléments des langues latine et franç.*, Troyes, 1783, in-12. — *Principes de grammaire française*, ib., 1801, in-12. — *Questions sur les principes généraux de la langue française*, 1810, in-8. — *Anthologia poetica latina*, Paris, 1811, 2 vol. in-8. — V. MORANDE.

THÉVENOT DE SAULES (CLAUDE-FRANÇOIS), jurisconsulte, né en 1723 à Coiffi-la-Ville, en Champagne, plaida la cause des jésuites au parlement avec distinction. Il accepta la place d'avocat-général à Orléans, lors de la création des conseils supérieurs par le chancelier Maupeou. Le parlem. de Paris ayant été rétabli en 1774, il se vit exclu du barreau, et se retira à Vesoul, où il mourut en 1797. On a de lui : *Traité sur les substitutions fidéi-commiss., avec des commentaires sur l'ordonnance de 1747*, in-fol. et in-4. — *Dictionnaire du Digeste, ou Substances des Pandectes justiniennes*, 1808, 2 vol. in 4.

THEVET (ANDRÉ), voyageur, né à Angoulême en 1502, mort à Paris en 1590, à l'âge de 88 ans, a été taxé d'ignorance et de mensonge, et ne méritait peut-être que le reproche d'une excessive crédulité. Jeune, il entra dans l'ordre des cordeliers, et, après avoir achevé ses études, il conçut le désir de perfectionner ses connaissances par les voyages. Ayant obtenu de ses supérieurs la permission de visiter l'Italie, il saisit l'occasion qui lui fut offerte de parcourir l'Asie-Mineure, la Grèce, la Terre-Sainte. Il fit ensuite un voyage au Brésil, qu'il ne put examiner, parce qu'il tomba malade, et, de retour en France, il fut nommé aumônier de la reine Catherine de Médicis, et pourvu de la charge d'historiographe et de cosmographe du roi. On a de lui : *Cosmographie du Levant*, Lyon, 1554, 1556, in-4. — *Les singularités de la France antarctique*, Paris, 1556, in-4 ; Anvers, 1558, in-8 ; trad. en ital., Venise, 1584, in-8. — *Les vrais Portraits et Vies des hommes illustres grecs, lat. et païens*, etc., Paris, 1584, 2 vol. in-fol., et 1621, 8 vol. in-12, sous ce titre : *Histoire des plus illustres et savants hommes*.

THEW (ROBERT), graveur, né en 1758 à Padington, dans l'Yorkshire, mort en 1802 à Stevenage, en Hertfortshire, se forma lui-même, et ses premiers essais parurent si surprenants que, sur la recommandation de Fox, de la duchesse de Devonshire et de lady Duncannon, il fut nommé graveur d'histoire du prince de Galles. On cite, parmi ses estampes, celle du tableau de Westall, représentant *le Carlin, Wolsey, entrant dans l'abbaye de Leicester*.

THIARD (PONTUS de), évêque de Châlons-sur-Saône et l'un des poètes composant cette ridicule *Pléiade* dont Ronsard était le chef, né vers 1521 au château de Bissy, mort en 1605 dans son château de Bragny, fut député de sa province aux états de Blois en 1588, y défendit avec courage l'autorité royale attaquée par la Ligue, et ne démentit point sa fidélité à l'autorité légitime pendant les troubles qui suivirent la mort de Henri III. On a de lui : *Deux discours de la nature du monde et de ses parties*, Paris, 1578, in-4. — *Extrait de la généalogie de Hugues Capet, roi de France,*, etc., Paris, 1594, in-8. — *OEuvres poétiques*, Paris, 1573, in-4. — THIARD (Henri de), dit *le cardinal de Bissy*, de la même famille que le précédent, né en 1657, mort en 1737 à l'abbaye de St-Germain-des-Prés, l'un de ses bénéfices, fut d'abord promu au siége de Toul, et prit une gr. part aux contestations élevées en Lorraine à l'égard de quelques édits du duc Léopold Ier, jugés contraires à l'autorité de l'Église. Il succéda à Bossuet sur le siége de Meaux, fit plus. *mandements* contre la théologie de Juénin, et un gr. nombre d'*instructions, de lettres pastorales* et de *mandements* contre les opposants à la bulle *Unigenitus*, Clément XI le nomma cardinal en 1715. — THIARD (Claude de), connu sous le nom de *comte de Bissy*, neveu du précédent, né en 1721, mort en 1810, fit avec distinction les campagnes de 1742 à 1761 en Bavière, en Bohême, en Flandre, dans les Pays-Bas et en Allemagne, et obtint le commandem. du Languedoc en 1771. Il cultiva les lettres, fut lié avec les plus illustres écrivains de son temps, traduisit les deux prem. *Nuits* d'Young, *le Roi patriote*, et quelq.-unes des *Lettres sur l'histoire*, de Bolingbroke, et fut reçu en 1750 à l'Acad. franç., où il eut pour successeur M. Esmenard. — THIARD (Henri-Charles), comte de), frère puîné du précéd., né en 1726, prit part aux campagnes de 1742 à 1761, et parvint de grade en grade à celui de lieuten.-général. Appelé, en 1782, au commandem. de la Provence, il passa en 1787 à celui de la Bretagne, province toujours difficile à gouverner, et dont il ne put apaiser les troubles. Le roi, en le rappelant, lui donna le cordon bleu. Fidèle à ce malheur. prince, il fut blessé à la journée du 10 août 1792, vécut errant pend. les deux années suiv., et périt sur l'échafaud en 1794. Il cultiva les lettres, dont le goût était héréditaire dans sa famille. Delille lui a consacré quelques vers dans l'*Homme des champs*, ch. IV. On a publié : *OEuvres posthumes du comte de Thiard*, 1799, 2 vol. in-12.

THIBAULT (JEAN-THOMAS), peintre et architecte, né le 27 nov. 1757 à Montierender (Haute-Marne), fut attaché d'abord aux travaux du prince de Conti à l'Ile-Adam, se livra spécialem. à la peinture du paysage, et à l'architecture. Les conseils de Boullé et Pâris le mirent en état de se présenter avec avantage à plus. concours académiques. Il fit le voyage de Rome, y perfectionna ses heureuses dispositions par des études aussi nombr. que variées, d'après les monum. antiq. et les meill. aut. De retour en France, il fut employé aux trav. du palais de Neuilly, de Malmaison, de l'Élysée, etc. On le chargea aussi de divers travaux à l'étranger, notamm. de la restauration de l'hôtel-de-ville d'Amsterdam, de l'embellissement du palais de La Haye, ainsi que de la construction ou de l'achèvement de divers autres monuments en Hollande. Il mourut à Paris en 1826, membre de l'acad. des beaux-arts, et profess. de perspective à l'école de peinture. Comme professeur, il avait surtout le mérite d'être simple et précis. Il s'occupait à ses derniers moments d'un ouvr. qui a été publié par M. Chapuis, son élève, sous le titre d'*Application de la perspective linéaire aux arts du dessin*, Paris, 1827, in-4, 55 pl. M. Vaudoyer, son collègue à l'acad., prononça sur sa tombe un *discours* inséré au *Moniteur* du 1er juillet.

THIBAUT, 6e du nom, comte de Champagne et de Brie, né en 1201, fut élevé à la cour de Philippe-Auguste, sous la tutelle de sa mère Blanche, fille de Sanche-le-Sage, roi de Navarre. Sa minorité fut troublée par les prétentions au comté de Champagne du seigneur de Brienne, mari d'une de ses cousines. La cause, portée devant une assemblée de pairs et de barons du royaume, fut décidée en faveur de Thibaut, qui, en 1221, accorda des dédommagem. au seigneur de Brienne, et prit l'administration de ses états. Il accompagna Louis VIII dans son expédition contre les Albigeois, l'abandonna bientôt après, et, à la mort de ce prince, entra dans une ligue formée contre Blanche de Castille, régente du royaume ; mais il se sépara bientôt de la ligue, voulut ensuite se joindre au comte de Bretagne, l'un des chefs des rebelles, renonça encore à ce projet, et ne réussit, par cette conduite toujours irrésolue, qu'à mécontenter les grands vassaux, qui appuyèrent les prétentions de la reine de Chypre, cousine du comte, entrèrent dans ses états, et ne lui accordèrent la paix qu'à l'intercess. du roi, et à condition que des dédommagements seraient donnés à la reine de Chypre. Thibaut fut obligé en outre de céder à Louis IX ses droits sur les comtés de Blois, de Chartres, de Sancerre et de Châteaudun, qu'il essaya depuis, mais vainement, de racheter quand il fut devenu roi de Navarre, en 1234. Il partit en 1239 pour une nouv. croisade contre les infidèles, et après une absence de deux années, marquée par des revers continuels, il rentra dans ses états, où il mourut en 1253. Il reçut en naissant le titre de *Posthume*, plus tard celui de *Grand*, qu'il dut à la flatterie, enfin le surnom plus mérité de *Faiseurs de chansons*, qu'il tint de ses *OEuvres* légères, accueillies par ses contemporains avec enthousiasme, mais dont le charme est presque perdu pour nous. Sa prétendue passion pour Blanche de Castille n'est qu'une fable (*v.* à l'appui de cette opinion, les *Chansons* de Thibaut, Paris, 1742, 2 vol. in-12).

THIBAUT (ANNE-ALEXANDRE-MARIE), curé de Souppes, près de Nemours, fut député du clergé aux états-généraux de 1789 et vota constamm. avec la majorité de l'assemblée nationale. Élu évêque du Cantal, après la session il se retira dans son département. Député à la convention, il y vota, dans le procès de Louis XVI, pour l'appel au peuple et pour le sursis, et, s'étant réuni aux girondins, mérita d'être attaqué plus. fois par Carrier, Couthon et Robespierre. Après le 9 thermidor il fut employé dans les comités, dont il fut fréquemm. le rapporteur, et déploya une assez gr. fermeté contre les terroristes, qui cherchaient à ressaisir le pouvoir. Nommé deux fois au conseil des cinq-cents, il se montra favorable à la révolution du 18 brumaire, et devint membre du tribunat. Son opposit. aux envahissem. successifs de Bonaparte le fit comprendre, en 1802, dans la prem. élimination du tribunat. Thibaut mourut dans la retraite en 1812.

THIBOUST (CLAUDE-LOUIS), imprimeur, né à Paris en 1667, mort en 1737, s'appliqua surtout à l'impression des livres classiques élémentaires, et donna des éditions qui furent long-temps recherchées pour la correction et la pureté du texte. On a de lui un poème: *De typographiæ excellentiá.*
— THIBOUST (Claude-Charles), imprimeur et littérateur, fils du précéd., né en 1701, mort à Bercy en 1757, a publ. une traduct. du poème de son père sur l'*Excellence de l'imprimerie*, 1754. — *Claustrum carthusiæ Parisiorum, à celeber. Lesueur coloribus expressum, carmen historicum gallicè redditum*, etc., 1755, 1756, in-4.

THICKNESS (PHILIPPE), écrivain anglais, né en 1719 à Farthinghoe en Northamptonshire, mort subitement en 1792, dans une voiture publique, à quelq. distance de Boulogne, servit quelq. temps en Géorgie, à la Jamaïque et en Angleterre, acheta le gouvernem. du fort Landguard, le résigna en 1766, et se mit à voyager avec sa nombr. famille, voulant se fixer tantôt en Espagne, tantôt en France ou ailleurs, ne se fixant nulle part et consumant en courses vaines et en folles dépenses toute sa fortune. On distingue parmi ses nombreux ouvr.: *Observations sur les coutumes et les mœurs de la nation française, où cette nation est justifiée des calomnies de quelq. écrivains; Esquisses et caractères des personnages les plus éminents et les plus singuliers, actuellement vivants*, 1770; *Mémoires de Ph. Thickness, ex-gouverneur du fort Landguard, et malheureusem. père de George Touchet, baron Audley*, 1788, 2 vol. in-8.

THIÉBAULT (DIEUDONNÉ), littérat., né en 1733 à La Roche en Lorraine, professa d'abord chez les jésuites, dans les collèges de Nancy, de Chaumont, etc. Il prit parti pour ses maîtres dans leurs différends avec le parlem., et publia quelq. écrits qui firent une gr. sensat. Appelé à Berlin comme profess. de grammaire générale à l'école militaire fondée par Frédéric, il resta 20 ans auprès de ce prince, qui l'honora de son estime et de son amitié, et lui confia souvent le soin de corriger ses ouvr. De retour en France en 1784, il conçut et rédigea div. projets d'utilité publique, dont un, la formation d'une *compagnie d'assurances contre les incendies*, fut alors jugé inexécutable. Un autre *sur la réorganisat. de la librairie en France*, lui ouvrit le chemin de la fortune. Nommé chef des bureaux de la direct. de la librairie, il obtint bientôt après d'autres places analogues, et reçut plus tard le privilége, pour 50 ans, du journal qui seul était autorisé à rendre compte des travaux des assemblées provinciales et nationales, devint successivem. présid. d'une acad. de censure, sous-directeur, puis directeur de la librairie. Il perdit toutes ces places à la révolut., fut nommé en 1793 commissaire pour la réunion du Tournaisis à la France, et après avoir occupé quelq. emplois peu importants, parmi lesquels il faut remarq. pourtant celle de chef du secrétariat du directoire; il mourut en 1807, proviseur du lycée de Versailles. L'académie de Berlin le comptait au nombre de ses membres. On a de lui: *Nouveau plan d'éducation publique.—Les adieux du duc de Bourgogne et de l'abbé de Fénélon*, Paris et Berlin. — *Essai sur le style*, 1774, in-8.—*Traité de l'esprit public*, 1797 — *Frédéric-le-Grand, sa famille, sa cour, ses amis et son gouvernement*, 5 vol. in-8.

THIELMANN (le baron J.-A.-FRÉDÉRIC de), général de cavalerie saxon, fit ses premières armes contre les Français en 1792, 1793 et 1794. Nommé par son souverain en 1813 commandant de Torgau, il servit avec distinct. dans toute la campagne, et concourut au succès du combat d'Altenburg. Il assista plus tard à la bataille de Waterloo, devint commandant-général des troupes prussiennes sur le Rhin, et mourut à Coblentz le 10 oct. 1824.

THIEME (MARTIN-HENRI), sous-recteur au collége dit *Kloster* à Berlin, né en 1749 à Verben en Saxe, mort fou en 1797, a donné une édit. estimée de la *Cyrépodie* de Xénophon, 1784, et du *Tableau de Cébès*, 1786.—THIEME (Charles-Aug.), profess.

à Leipsig, mort en 1795, a donné une bonne édit. de *Xenophontis opera gr. et lat., ex rec. Fr. Welsii*, Lips., 1763-66, 4 vol. in-8, et avec un nouv. titre, ibid., 1801. — THIEME (Charles-Traugott), sav. profess., né en 1745 à Canitz près d'Oschatz, mort en 1802, a publ. : *Première nourriture pour le bon sens*, Leipsig, 1776, 1806, in-8. — *Sur les Obstacles du libre développement de l'esprit en Allemagne*, 1788, in-8.

THIÉMON, appelé aussi *Diethmar*, peintre, sculpteur, fondeur et doreur, né vers 1045 dans la Bavière, fut abbé de St-Pierre dans le diocèse de Salzbourg, puis archevêq. de cette ville, et mourut en Terre-Sainte en 1101. Il a été placé à tort ou à raison au rang des martyrs.

THIERMAIER (FRANÇ.-IGNACE), médec. allem., mort vers 1720, attaché à la cour de l'électeur de Bavière, avait reçu le doctorat à Montpellier en 1651, et rempli d'abord une chaire à l'univ. d'Ingolstadt. Outre une édit. des *Consultat. de médec.* de Thomas Mermann, Ingolstadt, 1675, in-fol., il a publié entre autres écrits : *Scholiorum et consiliorum med. libri II*, Munich, 1673, in-fol.

THIERRI Ier ou THÉODORIC, roi d'Austrasie ou de Metz, eut d'abord à lutter contre ses frères, auxq. il s'unit ensuite pour détruire le royaume de Thuringe, dont le roi Hermenfroi fut précipité du haut des murs de Tolbiac, contre la foi des serments. Thierri mourut en 534, âgé de 51 ans, après en avoir régné 23. Il avait éprouvé avec succès la valeur de son fils Théodebert contre les Danois, et le premier, dit-on, il donna aux peuples de Bavière un code de lois, rédigé par d'habiles jurisconsultes.—THIERRI II ou THÉODORIC-LE-JEUNE, roi d'Austrasie et de Bourgogne, né en 587, passa ses prem. années à la cour de Théodebert II, son frère aîné, mineur ainsi que lui, et sous la tutelle de Brunehaut, leur aïeule, qui tenait en main la régence. Cette femme ambitieuse, chassée par les seigneurs de la cour de Théodebert, se retira dans le royaume de Thierri, et alluma entre les deux frères une guerre dans laq. Théodebert succomba. Thierri le fit massacrer avec ses enfants, pour s'assurer la possession de ses états ; mais il fut bientôt puni de ses cruautés. Il avait épargné une fille de son frère dont la beauté fit sur lui une vive impression : comme il se disposait à l'épouser, Brunehaut prévoyant qu'une épouse aimée pourrait bien lui demander compte de la mort de son père, se sauva par un nouv. forfait. Thierri mourut empoisonné en 613, à l'âge de 26 ans.

THIERRI Ier, roi de France, exclu, dès le berceau, de la succession de son père, Clovis II, fut appelé au trône de Neustrie et de Bourgogne par l'ambitieux Ébroïn, qui voulait régner sous son nom, et détrôné bientôt par son frère Childéric II, roi d'Austrasie, qui profita de la haine de la nation pour Ébroïn. A la mort de Childéric, Thierri ressaisit la couronne ; mais un fils de Sigebert reparut pour réclamer le royaume d'Austrasie, et Ébroïn armant les peuples, au nom d'un fils supposé de Clotaire III, força le faible Thierri à lui donner encore une fois la place de maire du palais. Sa mort débarrassa le jeune roi d'un tyran pour lui en donner un autre dans Pepin d'Héristal. Celui-ci, maître de l'Austrasie, sans porter le titre de roi, arma contre Thierri les seigneurs mécontents, le vainquit à Testri en Vermandois, devint maire du palais du roy. de Neustrie, et fut ainsi le véritable roi de toute la France. Thierri vécut dès-lors sans autorité, ne conservant de roi que le titre, et mourut en 692, à l'âge de 40 ans. — THIERRI II ou THIERRI IV, roi de France, surnommé *de Chelles*, du nom d'un monastère, où il avait été élevé, succéda à Chilpéric II en 720, à l'âge de 7 ans. Le trône sur leq. il aurait dû monter plus tôt puisqu'il était le fils de Dagobert II (mort en 715) lui fut rendu par Charles-Martel, qui, plus hardi ou plus fort que ses prédécess., ne laissa pas même paraître le nom du jeune prince dans les grands événements de cette époque, signant lui-même les traités, recevant les ambassadeurs, exigeant des seigneurs le serment de fidélité. Thierri mourut en 736 ou 737.

THIERRI (JEAN), aveugle, né vers la fin du 16e S. à Pin, bailliage de Vesoul, se fit recevoir docteur en théologie et en droit à l'univ. de Dole, prêcha même avec talent, ouvrit à Besançon une école dont sortirent plusieurs élèves distingués, publia : *Definitiones philosoph.*, Pin, 1634, in-24, et mourut en 1660.

THIERRIAT, agronome et membre de la société d'agricult. de Soissons, a publ. : *Observations sur la culture des arbres à haute tige, particulièrem. les pommiers*, Angers, 1752, in-12. — *Instruct. familières sur les princip. objets qui concernent la culture des terres.* — Deux *Mémoires sur les bois*, Paris, 1763 et 1764, in-12.

THIERRY (HENRI), chef d'une famille de typographes, a imprimé quelques vol. du *Corpus juris civilis*, publ. en 1576, 5 vol. in-fol. — S. *Hyeronymi opera*, 1582, in-4, etc. — THIERRY (Rolin), neveu et success. du précéd., mort en 1625, fut un des imprim. de la *Sainte-Union*. C'est de ses presses que sont sortis le *Dialogue d'entre le maheustre et le manant, contenant les raisons de leurs débats en ces présents troubles au royaume de France*, 1594, in-8 ; réimpr. dans l'édit. de la *Satire Ménippée* de 1711. — La *Somme de St Thomas*, 1607, in-fol.—*Bellarmini opera*, 1615, 4 vol. in-fol. — THIERRY (Denis), fils du précéd., né en 1609, mort en 1657, a imprimé beaucoup d'ouvr. — THIERRY (Denis), fils du précéd., mort en 1712, fut le libraire de Boileau, qui le nomme dans son *Épître X*. Il a donné, entre autres édit. celle de l'*Hist. de France* par Mézeray, 1685, 3 vol. in-fol. Son nom se trouve encore sur les prem. édit. des *OEuvres de Molière*, entre autres sur celle de 1682.—THIERRY DE VILLE-D'AVRAY (Marc-Antoine), l'un des 4 prem. valets-de-chambre de Louis XVI, né à Versailles, sut gagner l'affect. de son maître, qui lui conféra le titre de mestre-de-camp du régim. Dauphin-Dragon, érigea sa terre de Ville-d'Avray en baronnie, et lui confia différ. emplois de sa maison. Ces faveurs et la fortune rapide qui en fut la suite éveillèrent l'envie ; mais Thierry la désarma par sa modérat., son empressem. à rendre service et la protection éclairée qu'il accorda aux lettres et aux arts. Resté fidèle à Louis XVI, dans son malheur, il fut enfermé à l'Abbaye, et y périt dans les massacres de sept. 1792.

THIERRY DE NIEM, né au 14ᵉ S. en Westphalie, fut attaché, pend. plus de 57 ans, à la cour de Rome, sous les papes Grégoire XI, Urbain VI, Boniface IX, Innocent VII et Grégoire XII, accompagna Jean XXIII au concile de Constance, composa ensuite une invective contre lui, et mourut peu après en 1416. L'on a dit, mais cela ne paraît pas prouvé, qu'il fut revêtu du titre d'évêque de Cambrai. On a de lui : *De schismate libri III*, Nuremberg, 1532, in-fol.; Bâle, 1566, 1592, in-fol.; Strasbourg, 1608 et 1629.—*De potestate pontificis atque imperatoris* (dans le recueil de Goldast : *Monarchia S. Romani imperii*); et d'autres ouvr. épars dans différ. collections.

THIERS (JEAN-BAPTISTE), théologien, né en 1636 à Chartres, professa dès l'âge de 22 ans avec distinction, et n'obtint d'autre récompense de ses talents que la cure de Champrond en Gastine, qu'il permuta contre celle de Vibraye, diocèse du Mans, où il mourut en 1703. Sa vie, partagée entre l'étude et les devoirs de son état, n'offre point d'évènem. remarquable. On a de lui un gr. nombre d'ouvr., la plupart de critique et de polémique, parmi lesquels nous citerons : *De festorum dierum immunitione liber*, Lyon, 1668, in-12. — *Traité de l'exposition du St-Sacrement de l'autel*, Paris, 2 vol. in-12. — *L'avocat des pauvres, qui fait voir l'obligation qu'ont les bénéficiers de faire un bon usage des biens de l'Église et d'en assister les pauvres*, Paris, 1676, in-12. — *Dissertat. sur les porches des églises, dans laquelle on fait voir, etc., et qu'il n'est permis d'y vendre aucune marchandise, non pas même celles qui servent à la piété*, Orléans, 1679, in-12. — *Traité des superstitions selon l'Écriture sainte*, Paris, 1704, 1741, 4 vol., etc. (v. le t. X, p. 146, des *Mém.* de Niceron).

THIERY (NICOLAS-JOSEPH), botaniste, né en 1739 à St-Mihiel, en Lorraine, forma l'entreprise difficile de naturaliser à St-Domingue la cochenille, qui n'existait alors qu'au Mexique, où les Espagnols la gardaient avec un soin jaloux. Il réussit à conserver et même à multiplier ce précieux insecte dans la colonie; mais après sa mort, en 1780, les colons perdirent le fruit de ses travaux, et St-Domingue resta privé de la cochenille. Le cercle des *philadelphes* du Cap-Français honora la mémoire de Thiery en publiant son *Traité de la culture du nopal et de l'éducation de la cochenille dans les colonies françaises de l'Amérique*, précédé de l'historique d'un voyage à *Guaxaca*, 1787, 2 vol. in-8.

THIEULLIER (LOUIS-JEAN le), médecin, né à Laon, mort en 1751 avec la réputat. d'un bon praticien, a laissé entre autres écrits : *Observationes medico-practicæ*, Paris, 1732, 1739, in-12.—*Consultationes medicæ*, ibid., 1752, in-8; trad. en franç., ibid., 1745, 4 vol. in-12.

THILLAYE (JEAN-BAPTISTE-JACQUES), médecin, né en 1752 à Rouen, étudia la chirurgie sous Lecat, vint ensuite à Paris suivre les cours et obtint l'emploi de prevôt de l'école pratique après y avoir remporté plusieurs prix. Reçu en 1784 membre du collége et de l'acad. royale de chirurgie, il remplit une chaire d'anatomie jusqu'à l'établissement des nouv. écoles, époque où il fut nommé professeur à celle de Paris et conservat. des collections. Plus tard on lui confia la chaire de démonstration des drogues usuelles et des instrum. de chirurgie. Il mourut en 1822, médecin de l'hôpital St-Antoine. Moins remarquable par la profondeur que par la flexibilité de ses talents, ce professeur improvisait au besoin, avec facilité et méthode, des leçons sur les branches div. de la médecine. Outre un grand nombre de notes, d'observat. et de rapports dans les bulletins de l'ancienne faculté de médec., il a publié un *Traité des bandages et appareils*, Paris, 1798, 1808 et 1815, in-8; trad. en allemand par Gruber, 1798, in-8. Il a trad. de l'anglais et annoté les *Éléments d'électricité et de galvanisme* de G. Singer, 1816, in-8.

THILORIER (JEAN-CHARLES), avocat et mécanicien, né vers 1750, mort en 1818, publia pour la défense de Cagliostro, dans l'affaire du collier, un *Mémoire* qui fut lu avec plaisir, et deux *Mém.* dans l'affaire de Favras; il offrit, en 1798, de construire un camp portatif et une montgolfière pour effectuer le projet de descente en Angleterre. On ne fit que rire de sa proposition extravagante, et quelq. années après, il donna au public deux inventions plus utiles, le *Radeau plongeur* pour la remonte des fleuves, et les voitures qu'il appela d'abord *passe-partout*, puis *voitures à croix*. Outre ses *Mém.*, on a de lui : *Genèse philosophiq., précédée d'une dissertat. sur les pierres tombées du ciel*, 1803, in-8. — *Système universel, ou de l'univers et de ses phénomènes, considérés comme les effets d'une cause unique*, 1815, 4 vol. in-8.

THION DE LA CHAUME (CLAUDE-ESPRIT), médecin militaire, né à Paris en 1750, fut d'abord destiné au barreau, et avait reçu les degrés de licencié en droit, lorsqu'il alla prendre le doctorat à la faculté de médecine de Reims. Envoyé successivement médecin à l'hôpital militaire de Monaco (1775), puis à celui plus important d'Ajaccio (1778), il mérita par ses talents et son zèle d'être attaché comme prem. médecin à l'armée destinée à faire le siége de Minorque, et ensuite de Gibraltar. Depuis quelque temps, une épidémie meurtrière (le *typhus gravior*) accablait les escadres française et espagnole combinées, lorsqu'au mois de sept. 1783 elles vinrent mouiller dans la baie d'Algésiras. Le nombre des malades s'élevait à 500, et l'hôpital de la marine n'en pouvait contenir que 50. Thion fit établir un camp sous des tentes, et mit à combattre l'épidémie une constance et un dévouement des plus honorables. Il fut lui-même atteint de ce mal, qui emporta un grand nombre de personnes attachées au service de l'ambulance. Rentré en France à la conclusion de la paix, il y fut accueilli avec une grande distinction, et reçut du comte d'Artois (Charles X), qui avait été témoin de ses succès, la charge de médecin de quartier. Menacé d'une phthisie pulmonaire, qui se décida subitement vers le commencem. de 1786, il résolut de passer dans le Midi de la France, moins dans l'espoir d'y guérir qu'afin de dérober aux personnes qui lui étaient chères le spectacle de sa destruction, et il mourut le 28 octobre à Montpellier. Son *Éloge* (par Roussel), se trouve au t. VI du *Journal de méd. milit.*, 1787; et Vicq-d'Azyr lui a consacré une *Notice* dans les *Mém.* de la soc. royale de médecine pour 1789. Parmi ses ouvr. on distingue : *Mémoire sur la maladie épidémique qui a régné dans les vaisseaux, parmi les troupes de France faisant partie de l'escadre combinée, à leur débarquement à Algésiras* (tome II du *Journal de médecine milit.*). On lui doit aussi une trad. annotée de l'ouvrage anglais de Lind : *Essai sur les maladies des Européens dans les climats chauds et sur les moyens de les prévenir*, Paris, 1785, 2 vol. in-12.

THIOUT (Antoine), horloger, né vers 1694 à Jonvelle, bailliage de Vesoul, mort à Paris en 1767, soumit à l'académie des sciences, en 1724, 1726 et 1737, plusieurs pièces de mécanique et d'horlogerie de son invention, décrites dans les tomes IV et VII du *Recueil des machines*, et publia un *Traité de l'horlogerie mécanique et pratique*, 1741, 2 vol. in-4.

THIRION (Didier), député de la Moselle à la convention, vota, dans le procès de Louis XVI, contre l'appel au peuple et pour la mort, défendit vivem. Marat le 26 févr. 1793, provoqua le 2 mai l'établissem. du *maximum*, s'éleva contre les girondins, et prit une grande part au triomphe de la *montagne*. Élu secrétaire, il fut bientôt après envoyé dans la Vendée; mais rappelé par un décret rendu sur un rapport de Couthon, il ne fut plus chargé d'aucune mission par les comités. Il fréquenta alors assidûment le club des jacobins, et garda à la convention un silence qu'il ne rompit qu'aux approches du 9 thermidor pour attaquer Robespierre. Se détachant alors de cette *montagne* qu'il avait si long-temps servie, mais avec laq. il craignait d'être enveloppé dans une ruine commune, il abandonna les jacobins, parla contre les comités, les sociétés populaires, et changeant encore une fois peu de temps après, réclama des institutions républicaines et une éducation nationale; il défendit Collot-d'Herbois, fit un rapport sur les apprêts d'une fête commémorat. de la mort de Louis XVI, fut décrété d'arrestat. après la révolte des 2 et 3 prairial an III, et resta détenu jusqu'à l'amnistie. Nommé commissaire du direct. près le tribunal de Bruges, il rentra ensuite dans l'instruction publique par laquelle il avait débuté, et mourut en 1814.

THIRIOT ou THIERRIOT, ami de Voltaire, né en 1696, mort en 1772, doit à ce titre la plus gr. partie de sa célébrité. Il avait connu Voltaire dans une étude de procureur, où ils travaillaient tous deux contre leur gré, et il lui rendit plus tard le service peu important de réciter et de faire valoir ses vers nouveaux et ses poésies fugitives dans les cafés et dans les salons. Il fut en outre l'éditeur de quelques-unes de ses productions, entre autres des poëmes sur la *Loi naturelle* et sur le *Désastre de Lisbonne;* il se chargea constamment, pendant les longues absences de Voltaire, de ses affaires littéraires à Paris, et fut un de ceux auxquels le grand poëte confiait l'examen de ses ouvr. avant leur publication. Voilà ce qu'il fit pour Voltaire, qui lui abandonna le profit des *Lettres philosophiques* imprim. en anglais en 1733, le fit nommer correspond. littéraire du prince royal, dep. le Grand-Frédéric, lui céda la moitié de ses droits d'auteur sur le *Droit du Seigneur*, l'aida souvent de sa bourse, et fit même pour lui des vers à Mlle Sallé. Dans les querelles entre Voltaire et Desfontaines, Thiriot tint une conduite assez équivoque, et même eut d'autres torts plus graves envers son ancien ami, qui lui pardonna tout, et ne voulut point, disait-il, trahir *une amitié de soixante années*.

THIROUX DE CROSNE (Louis), lieutenant-général de police, fils de Mme d'Arconville, connue par ses liaisons avec les savants et par d'estimables traduct. (v. Arconville), naquit à Paris en 1736. Nommé maître des requêtes, il fut en cette qualité chargé par le chancelier Maupeou, de la révision de l'arrêt rendu à Toulouse contre la famille Calas. Adjoint à l'intendance de Rouen en 1767, puis nommé intendant en exercice, il dota cette ville et la Normandie de plus. établissements utiles. En 1775, il fut appelé à l'intendance de Lorraine, et en 1785, à la charge de lieut.-général de police. Quoiqu'on l'ait assez généralement jugé comme au-dessous d'une place aussi difficile, il n'en est pas moins vrai qu'il rendit un service immense à la capitale en détruisant, malgré les préjugés religieux et la crainte plus légitime du danger qui pouvait résulter d'un remuement général, le cimetière des Innocents, où, depuis Philippe-le-Bel, on enterrait par an plus de 3,000 cadavres. Il mourut sur l'échafaud en 1794.

THISTLEWOOD (Arthur), conspirat. anglais, né en 1772, servit d'abord comme lieutenant dans le 5e régiment de la milice de Lincolnshire; mais ayant donné sa démission, il se plongea dans tous les désordres, consuma des sommes considérables au jeu dans des paris, fit plusieurs voyages en France et en Amérique, et, perdu de dettes et de réputation, fut arrêté lors des troubles de Spafields, comme l'un des complices de Watson. Relâché quelque temps après, parce qu'il n'y avait pas contre lui de charges suffisantes, il proposa à lord Sidmouth un cartel qui lui attira de nouvelles poursuites. Il parut dès-lors décidé à rester plus tranquille; mais il s'était lié intimement avec deux hommes d'une audace incroyable, Thom. Brunt, cordonnier, et James Ings, boucher, et s'était engagé avec eux dans un complot contre la vie des ministres du roi. Ils en fixèrent l'exécution au 23 févr. 1820, jour où lord Harrowby, présid. du conseil, donnait un dîner diplomatiq. Lord Harrowby, informé de leur plan, laissa continuer les préparatifs du dîner, et ne le contremanda qu'à 8 heures du soir. Les conjurés, pleins de confiance, préparaient leurs proclamations au peuple et à l'armée, quand on les arrêta, malgré leur vive résistance. Thistlewood fut surpris dormant tranquillem. dans une maison éloignée de son quartier. Condamnés à mort au nombre de cinq par le tribunal d'Old-Bailey, ils furent exécutés le 1er mai, et moururent avec beaucoup de calme et de résolution.

THIULEN (Laurent-Ignace), né à Gottembourg, en 1746, d'une famille honorable de Stockholm, portait dans ses prem. années le nom de Birger. On voulut le placer parmi les pages de la reine; mais il préféra voyager pour apprendre le commerce. Il se rendit à Lisbonne, puis à Cadix, où se trouvaient les jésuites du Mexique qu'on allait déposer en Italie, et s'embarqua secrètem. sur le bâtiment qui devait les y transporter. Les jésuites ayant été débarqués en Corse, il partagea d'abord leur prison; mais le command. français d'Ajaccio le fit mettre en liberté. Il se rendit à Gênes et de là à Ferrare, où il abjura le luthéranisme. Un mariage avantageux lui fut proposé; mais sa résolut. d'entrer dans l'institut de St-Ignace était déjà prise irrévocablem., et de Bologne, où il fit ses prem. vœux, il fut envoyé au collège de Modène. A la suppression de la société en 1773, il accepta l'asile que le marquis Malvezzi lui offrait à Bologne, et, après avoir reçu les ordres dans cette ville, il y enseigna la rhétorique aux écoles pies. A l'époque de la révolution française, il rédigea la *Gazette de Bologne*, où il insérait beaucoup de morceaux des gazettes allemandes. Les autres ouvr. qu'on a de lui sont : la traduct. ital du *Tableau général de la Suède*, de Catteau-Calleville, 1790, 2 vol. in-8. — *Rébellion des animaux contre l'homme*, 1794, in-8, apologue ingénieux en vers. — *Vocabulaire pour entendre la langue révolutionnaire*, Venise, 1790, 2 vol. in-8. — *Réfutation de Bolgeni sur le serment civique :* il avait déjà publié sur ce sujet un opuscule sous le titre d'*Opinion..., fastes de la révolution française*, 3 vol. in-8. — *Histoire universelle, sacrée et profane*, avec une continuation d'Hardion et Linguet, 1804 et 1806. 11 vol. — *Sur le zodiaque d'Égypte*, trad. de l'allem. du jésuite Gussmann, Venise, 1802. — *Dialogues des morts*, 1816, in-12. Thiulen encouragé dans ses travaux par Pie VI, reçut du card. Vincenti des marques d'estime. Gustave III, roi de Suède, lui accorda de son propre mouvem. main-levée du bannissement et de la confiscat. Mais ce prince n'existait plus quand le rescrit royal arriva en Italie. Banni de Bologne dans les prem. années de la républiq. cisalpine, il se retira à Rome chez le chargé d'affaires de Suède, jusqu'en 1799 que les Autrichiens occupèrent Bologne. Alors il se hâta d'y retourner; mais après la victoire de Marengo, Venise lui servit d'asile. De retour à Bologne, il y mourut en 1832.

THOFAIL (Ibn-Abou-Djafar), philosophe et médecin, né à Séville en 571 de l'hég. (1175), donna des leçons à Averroës, à Maimonide, etc. C'est sous son nom, et sous le tit. de *Philosop. autodidactus*, que Pococke publia, en 1650 et 1700, à Oxford, en arabe et en latin, le fameux roman d'*Haiben Jaktan*, qu'on trouve MS. à la biblioth. bodléienne à Oxford, n° 133, et qui a été trad. en anglais, en holland., en hébreu, en persan, etc.

THOGHRUL 1er ou THOGHRUL-BEIG (Abou-Thaleb-Rokn-Eddyn-Mohammed), fondateur de la dynastie turke des Seldjoukides, n'eut d'abord que le titre de chef de sa tribu, à laquelle Mahmoud, sulthan de Ghazna, avait accordé pour cautionnement les districts septentrionaux du Khoraçan sous Mas'oud, fils de Mahmoud, Thoghrul fit des excursions dans le Kharizme et dans diverses parties du Khoraçan, battit les généraux du sulthan, occupé à reculer ses frontières dans l'Indoustan, s'empara de Hérat, de Nischabour, où il se fit reconnaître souverain, consolida sa puissance par une victoire remportée sur Mas'oud même l'an 431 (1039), et dès-lors fit faire la khothbah en son nom dans toutes les mosquées du Khoraçan. Il enleva Ispahan au dernier rejeton d'une branche des Bowaïdes en 443 (1051), fit de cette ville la capitale de son empire, et, en 447 (1055), prit Bagdad, et délivra de la tyrannie du rebelle Bessasiry le khalyfe Caïm, qui le combla de dignités et d'honneurs, et le proclama monarque de l'Orient et de l'Occident. Thoghrul, qui, suivant l'usage des peuples barbares, avait partagé entre les princip. chefs seldjoukides les pays conquis, eut alors à s'en repentir. Son frère Ibrahim-Inal et son cousin Koutoulmich s'unirent contre lui à Bessasiry. Thoghrul les vainquit près d'Hamadan, et n'ayant pu prendre que son frère, il le fit étrangler l'an 450 (1058). Il poursuivit quelque temps son cousin inutilem. accourut à Bagdad, dont Bessasiry s'était rendu maître encore une fois, rétablit le khalyfe Caïm dans tous ses droits pontificaux en 451 (1059), apaisa tous les troubles par la défaite et la mort de Bessasiry, punit les Arméniens et les Géorgiens, qui avaient favorisé la révolte de son frère et de son cousin, obtint pour récompense de ses travaux la main de Séida, fille du khalyfe, et mourut quelque temps après en 455 (1063), à l'âge d'environ 70 ans, dont il avait régné 24 ou 26. — Thoghrul II (Aboul-Modhaffer-Rôkn-Eddyn), 8e sulthan seldjoukide (v. Mas'oud-Aboul-Fethah). — Thoghrul III (Mogaïth-Eddyn), 14e et dernier sulthan de la même dynatie, succéda à son père Mélyk-Arslan vers l'an 582 (1186), mais ne jouit réellement du pouvoir qu'à la mort de l'atabek Pehlevan-Mohammed en 582 (1186); encore eut-il à lutter contre le frère et le success. de cet atabek, Kisil-Arslan, qui voulait le maintenir en tutelle. Thoghrul le vainquit, se rendit maître de tout l'Irak-Adjem, et triompha aussi de l'armée envoyée par le khalyfe Nasser au secours de Kisil-Arslan; mais, ayant eu trop de confiance dans la soumission apparente des émyrs rebelles, il fut fait prisonnier, et ne parvint à s'échapper qu'après la mort de l'atabek. De nouveaux dangers l'assaillirent : la veuve de Pehlevan, de concert avec son fils Coutlouk-Ynanedj, voulut l'empoisonner, et fut elle-même forcée de boire le poison. Le sulthan pardonna à son complice, qui excita le sulthan du Kharizme (*v.* TAKASCH), à entrer dans l'Irak, et malgré les mauvais succès de cette prem. expédition, l'engagea dans en entreprendre une autre, dans laquelle il tua lui-même de sa main Thoghrul en 590 (1194). Les Orientaux mettent ce prince au rang de leurs héros et de leurs plus grands poètes.

THOGHTEKIN (ABOU-MANSOUR-DHAHIR-EDDYN), fondat. de la dynastie des thoghtékinides à Damas, fut d'abord mamlouck ou esclave de Toutousch, prince seldjoukide, souverain de la plus grande partie de la Syrie, parvint aux prem. grades militaires, et devint atabek et premier ministre sous Dekak, 2e fils de ce prince. Il assista à la bataille d'Antioche, où les musulmans furent vaincus par les croisés, joua un rôle important dans toutes les affaires de Syrie, et après la mort de Dekak, en 497 (1104), mit sur le trône et déposa tour à tour un frère et un fils du feu roi, et se décida enfin pour le fils, dont l'extrême jeunesse favorisait ses projets d'ambition. Il signala sa tutelle par la défaite de Hugues de Tibériade et de Gervaise, son successeur, et s'unit cependant aux Francs par un traité secret contre le sulthan de Perse, craignant avec raison que les Seldjoukides ne le dépouillassent des états qu'il avait usurpés. Réconcilié plus tard avec Maudoud, roi de Moussoul, qui avait commandé les armées persanes, il prit part à sa victoire sur le roi de Jérusalem, et n'en fut pas moins accusé de l'avoir fait assassiner. En 509 (1115), pour résister aux forces de la Perse, commandées par Acsencar, il s'unit successivement à Ylghazy, roi de Mardin, et aux princes chrétiens, recommença la guerre contre ces dern., fut battu, se fortifia par l'alliance d'Acsencar, ne fut pas plus heureux, et mourut en 522 (1128), après un règne d'environ 22 ans. Thoghtekin fut un prince habile, actif et vaillant, mais perfide, cruel, et ne connaissant d'autre loi que son intérêt.

THOMAN (MAURICE), jésuite, né à Leutkirch en Souabe, en 1722, était à Goa lors de la suppress. de son ordre en Portugal; amené à Lisbonne et jeté dans un souterrain humide de la citadelle de St-Julien, sur les bords du Tage, il y demeura 16 ans. Enfin réclamé par l'ambassad. d'Autriche, il put revoir sa patrie, et alla mourir dans le Tyrol, à Batzen, en 1790. Il a publié en allemand : *Vie et Voyage de M. Thoman, ex-jésuite et missionn. en Asie et en Afrique, écrits par lui-même*, Augsbourg, 1788, in-8. — THOMAN DE HAGELSTEIN (David), sénateur d'Augsbourg et député de cette ville à la diète de Ratisbonne, a publ. en allem., vers 1700 : *Actes publics, Constitutions et Propositions relatifs au système monétaire en Allemagne*, Augsbourg, in-fol.

THOMANN (JEAN-NICOLAS), médecin, né à Grunsfeld en 1764, pratiqua son art dans divers lieux de sa province, fut nommé professeur et médecin en chef de l'hôpital de Wurtzbourg, et mourut en 1805. Outre des *Mémoires* disséminés dans les journaux de l'Allemagne, il a publ. : *Dissertat. de maniá et amentiá*, Wurtzbourg, 1798, in-8, et *Annales instituti med.-clinici wirceburgensis*, ib., 1799-1803, in-8. — J.-G. THOMANN, né vers 1756 à St-Gall, mort à Paris en 1826, est aut. *des Arbitrages franç.*, en 120 tableaux, Paris, 1817, in-4. Il a laissé MSs. les *Arbitrages anglais* et un *Cours d'arithmétique*.

THOMAS (St), ou *Didyme*, (deux mots, l'un hébreu, l'autre grec, qui signifient *jumeau*), était né en Galilée d'une famille de pêcheurs. Il est nommé le huitième parmi les apôtres de Jésus, qu'il suivit dans les trois dern. années de sa prédication, et auquel il montra le plus tendre attachement. Il ne voulut pas croire à la résurrection du Sauveur sur le rapport qui lui en fut fait. Jésus ayant apparu une seconde fois à ses disciples, s'adressant à Thomas, lui dit : *Portez ici votre doigt, voyez mes mains et mon côté, et ne soyez pas incrédule, mais fidèle*. Thomas s'écria : *Mon Seigneur et mon Dieu!* Alors Jésus reprit : *Vous avez cru, Thomas, parce que vous avez vu, mais heureux ceux qui croiront sans avoir vu!* Thomas alla prêcher l'Évangile aux Parthes, mais on ignore les particularités de son apostolat. L'on présume qu'il reçut la palme du martyre à Calamine, ville que Tillemont conjecture être Calamone, dans l'Arabie. Les divers ouvrages qui lui ont été attribués sont apocryphes, et ont été condamnés par le pape Gélase.

THOMAS (St) *d'Aquin*, naquit en 1227 au château de Roche-Sèche, près du Mont-Cassin, ou, selon quelq. auteurs, dans la ville même d'Aquinas, d'une ancienne et illustre famille. Il commença ses études dès l'âge de cinq ans, à l'abbaye du Mont-Cassin, et fut envoyé, lorsqu'il en eut treize, à l'univ. de Naples. A peine y eut-il passé 2 ans, que, sentant le besoin de la retraite, il prit la résolution d'embrasser la vie monastique. Sur ses pressantes instances il fut admis au nombre des novices dans le couvent de St-Dominique à Naples. Ses parents s'efforcèrent de le détourner de sa vocation : prières, menaces, mauvais traitements, détention, piége tendu à son innocence, tout fut employé, mais sans succès. Des ordres de l'empereur Frédéric II et du pape Innocent IV ayant fait cesser la violence contre laquelle il luttait depuis un an, il put faire sa profession en 1243. Il se rendit alors à Cologne pour y étudier la philosophie et la théologie sous Albert-le-Grand, et il suivit à Paris ce savant professeur lorsqu'il y fut appelé pour enseigner au collège de St-Jacques. Il revint avec lui à Cologne en 1248, et il y fut ordonné prêtre. Quel que fût son amour de la retraite, il prêchait souvent, parce que c'était l'esprit de son ordre et la volonté de ses supérieurs; mais il s'attachait moins à se faire admirer qu'à instruire et à édifier : c'était aussi dans ce but qu'il donnait des leçons de théologie, et qu'il composait, quand il était rendu à lui-même, ces ouvrages qui ont assuré sa réputation.

Il retourna en 1253 à Paris, où il trouva bientôt l'occasion de signaler son zèle et ses talents en faveur de la vie monastique. Les priviléges accordés par les souverains pontifes aux franciscains et aux dominicains portèrent ombrage à l'univ. de Paris, qui ne voulut plus admettre ces religieux dans son sein. Guillaume de Saint-Amour composa à ce sujet un ouvrage où, sous prétexte de défendre les droits de l'université, il attaquait l'institution même des ordres mendiants. Thomas écrivit un livre pour faire l'apologie de ces ordres. L'affaire fut évoquée à Rome, et les deux écrivains, qui venaient déjà de mesurer leurs forces, furent choisis pour aller plaider dans cette gr. querelle. Thomas l'emporta, et cela devait être, puisque le juge était un pape, Alexandre IV; mais il faut dire que, s'il gagna une mauvaise cause devant un tribunal incompétent, du moins il eut le mérite, bien remarquable dans un controversiste, un avocat et un moine (car tel était son triple caractère), de garder une sage réserve dans son langage, et de ne point substituer les injures aux raisons. Il revint en France, en 1255, prendre ses degrés et le bonnet de docteur à l'univ. de Paris, puis il retourna en Italie, sur l'invitation d'Urbain IV, qui le chargea de composer l'office de la fête du St-Sacrement. Ce travail lui fit beaucoup d'honneur. De retour à Paris en 1269, il continua de se livrer à la prédication et à l'enseignement; car il avait eu la modestie de vouloir demeurer simple religieux, et de refuser toutes les distinctions auxq. l'amitié des papes Innocent IV et Clément IV, et du roi St Louis, lui permettait de prétendre. En 1272, sur les pressantes sollicitations de Charles d'Anjou, roi des Deux-Siciles, il fut envoyé à Naples par le chapitre général de son ordre pour y enseigner la théologie. Deux ans après, le pape Grégoire X l'invita à se rendre à un concile général qu'il venait de convoquer à Lyon, dans la vue de réunir les Grecs schismatiques à l'Église romaine. Le saint docteur tomba malade en route, et s'étant fait transporter à l'abbaye de Fosse-Neuve, diocèse de Terracine, il y mourut dans les sentiments de la plus fervente piété, en 1274. Jean XXII le canonisa en 1323, et Pie V le déclara docteur de l'Église en 1567. On a lieu de regretter que Thomas se soit trop attaché à la méthode scolastique en usage de son temps. On peut aussi faire bien des reproches à sa latinité; mais il faut lui reconnaître un génie vaste, des connaissances étendues, une justesse et une solidité de raisonnement qui lui assurent le premier rang parmi les théologiens scolastiques, et qui l'ont fait surnommer l'*Ange de l'école* ou le *Docteur évangélique*. Sa doctrine sur la grâce et la prédestination est la plus adoptée dans les écoles : on appelle ceux qui la suivent *thomistes*, pour les distinguer des *scotistes*, des *congruistes*, etc. Il y a un gr. nombre d'édit. de ses OEuvres, parmi lesquelles se distinguent celles de Venise, 1594, et d'Anvers, 1612; mais on y a souvent inséré des ouvr. apocryphes, et l'on en a omis plus. de très authentiques. La plus exacte est celle de Rome, 1570, 17 vol. in-fol., sur laquelle ont été faites la plupart des édit. subséquentes. La bibliothèque du roi en possède un exemplaire *sur vélin*. Le P. Touron a donné la *Vie de St Thomas d'Aquin*, Paris, 1737, in-4.

THOMAS (Antoine-Léonard), littérat. distingué, né à Clermont-Ferrand en 1732, fit ses études à Paris, avec beaucoup d'éclat, et entra chez un procureur, afin de satisfaire au vœu de sa mère, qui espérait trouver dans ses talents une ressource pour elle-même et pour ses autres enfants. Pend. quelque temps il trouva dans sa piété filiale le courage de sacrifier aux formes arides de la procédure son amour passionné des lettres; mais enfin sa vocation l'emporta et lui fit accepter une humble chaire de sixième ou de cinquième dans un des colléges de Paris, celui de Beauvais. Il débuta dans la littérat. par les *Réflexions philosophiques et littéraires sur le poème de la religion naturelle*, publ. en 1756, sans nom d'auteur, et qu'il condamna plus tard à l'oubli. La même année il adressa une *Ode à Moreau de Séchelles, contrôleur-général des finances,* au nom de l'univ., dont les revenus furent augmentés de 20,000 fr. : le poète avait atteint son but, c'est le seul éloge que l'on puisse faire de sa pièce. En 1757, à l'occasion du désastre de Lisbonne, il présenta à l'acad. de Rouen un *Mémoire sur les causes des tremblements de terre*, qui obtint un accessit, et qui n'a d'autre mérite que d'avoir été dicté par un sentim. religieux. En 1759, il publia *Jumonville*, poème en IV chants, dont le sujet est le meurtre d'un jeune officier, assassiné en Amérique par les Anglais (*v.* Washington). Ce poème, dans lequel on trouve de généreuses inspirations et quelq. beaux vers, commença la réputation du jeune écrivain. A cette époque l'Acad. française proposa pour sujets des prix d'éloquence, les éloges des grands hommes de la nation. Son *Éloge du comte de Saxe* obtint le prix en 1759; mais lorsque furent passés les prem. transports d'un enthousiasme, qui s'adressait plus au héros qu'à l'orateur, où il jugea qu'il avait trop oublié l'une de ses propres maximes, qui se trouvait à la fin de son discours et qu'il supprima depuis, probablem. parce qu'on lui en faisait l'application : « *Les grands mots expriment faiblement les grandes douleurs.* » Son *Éloge du chancelier d'Aguesseau* fut couronné en 1760 : c'était le second que proposait l'acad., et cette fois l'orateur, ne cherchant pas à émouvoir, mais à instruire, évita les écarts d'une fausse chaleur. Il avait concouru, la même année, pour le prix de poésie, et il n'eut que le prem. accessit; mais l'acad. exprima le regret de n'avoir pas un prix à lui donner, et un hommage plus doux encore lui fut rendu par un curé de campagne, qui fit imprimer à ses frais l'*Épître au peuple* (c'était la pièce de Thomas), la lut publiquement dans son église et en distribua les exemplaires à ses paroissiens. En 1761, son *Éloge de Duguay-Trouin*, où l'on admire quelq. beaux morceaux et beaucoup de patriotisme, vint ajouter à sa réputation; en

1762, le prix de poésie fut décerné à son *Ode sur le temps*, où l'on trouve une strophe sublime. Au milieu des études par lesquelles il lui fallait acheter ses succès littéraires, Thomas ne négligeait aucun de ses devoirs de professeur ; mais pour suffire à ce double travail, il dérobait au sommeil une partie des nuits et ruinait insensiblement sa santé, dont le déplorable état le força de quitter la carrière de l'enseignement : il occupait alors une chaire de troisième. Il accepta une place de secrétaire particulier du duc de Praslin, ministre des affaires étrangères. Son *Éloge de Sully*, couronné en 1763, jugé diversement par les critiques, eut le suffrage du public, parce que l'auteur avait eu le courage d'attaquer les courtisans et les fermiers-généraux. Il montra bientôt une autre sorte de courage, non moins difficile : il refusa d'entrer en concurrence avec Marmontel pour un fauteuil à l'acad., parce que c'eût été servir le ressentiment du duc de Praslin, qui croyait avoir à se plaindre de l'auteur des *Incas*. Thomas sortit de chez son protecteur, et écrivit son *Éloge de Descartes*, qui fut couronné en 1765, et lui acquit plus d'honneur que tous les précéd. Il partagea pourtant le prix avec Gaillard ; le public cassa cet arrêt, et Gaillard lui-même reconnut la supériorité de son rival. En 1766, quatre mois après la mort du jeune prince sur qui reposaient les espérances de l'état, parut l'*Éloge de Louis, dauphin de France*. Cette fois Thomas n'avait point en perspective une couronne académiq. : il évita la plupart des défauts qu'on reproche à ses autres discours, l'enflure, la prétention à l'effet, le vague des idées, l'abus des termes abstraits et des ornements utiles, et il eut quelq.-unes des qualités qu'on regrette trop souvent de ne pas rencontrer chez lui ; enfin, ce qui ne lui était jamais arrivé, il sut toucher et émouvoir, parce que sa douleur était vraie. En 1767 les portes de l'Acad. s'ouvrirent pour lui. Il termina son discours de réception par la promesse de ne rien écrire, de ne rien faire dont il ne pût s'honorer auprès de ses confrères et de ses compatriotes. Son style parut avoir dépouillé presque tous ses défauts pour revêtir de nouv. qualités, lorsqu'il lut son *Éloge de Marc-Aurèle* à l'Acad., le jour de la St-Louis 1770. Il y est encore rhéteur, même dans la simplicité qu'il affecte ; mais il s'élève souvent à une haute éloquence, et c'est, sans contredit, son meilleur ouvrage. En 1712 il publia un *Essai sur le caractère, les mœurs et l'esprit des femmes dans tous les siècles*. C'était encore un panégyrique qui pourtant ne plut guère à celles qui en étaient l'objet. Les femmes furent moins touchées des doctes flatteries d'un si froid raisonneur qu'elles ne l'avaient été des reproches amers et véhéments de ce Rousseau, dont la colère même prouvait l'ardente sensibilité. En 1773 Thomas donna une édition de ses ouvrages en prose, 4 vol. in-8, et 4 vol. in-12. Les deux prem., entièrement nouveaux, renfermaient l'*Essai sur les Éloges*. L'auteur, après avoir donné l'exemple à ceux qui le remplaceraient, voulut leur donner aussi des préceptes, et il faut convenir qu'il fit, pour tracer l'histoire et les règles de ce mauvais genre, un bon livre et un livre intéressant. Voilà à peu près tous les écrits publiés par Thomas, dans le cours d'une vie tourmentée de continuelles souffrances. Son caractère était honorable, il aima la gloire avec passion et ne connut point l'envie ; il était pauvre, et il ouvrit plus d'une fois sa bourse à des écrivains malheureux ; il sut conserver dans le monde une pureté de mœurs vraiment virginale, et il n'en eut pas moins d'indulgence pour des faiblesses qu'il ne connaissait pas. Enfin il eut des amis véritables parmi les hommes distingués de son temps, tels que Marmontel, Delille, Chamfort, Chabanon, Barthe et Ducis. Il mourut en 1785 à Oullins, village voisin de Lyon, avec le calme d'une conscience irréprochable. En 1802 presque tous ses ouvrages connus furent publiés par Desessarts en 7 vol. in-8, dont les 2 dern. contiennent les *OEuvres posthumes*, savoir : *le Czar Pierre Ier*, poème épique, dont on a six chants, et qui devait en avoir douze, mais dont la médiocrité ne permet pas d'éprouver de vifs regrets pour ce qui nous en manque ; un *Traité de la langue poétique* ; une *Correspondance* assez considérable ; enfin quelques pièces de vers et quelq. morceaux d'histoire et de critique. Une édition compacte, augmentée de plus. morceaux d'histoire, parut chez Belin, 1819, 2 vol. in-8, avec une *Notice* très exacte, par M. Villenave. La plus récente est celle de 1825, 6 vol. in-8, avec une *Notice* fort étendue par M. Saint-Surin.

THOMAS (Antoine-Jean-Baptiste), peintre, né à Paris en 1791, obtint au concours de 1816 le premier grand prix de peinture, fut envoyé à Rome, et, à son retour en France, chargé de travaux importants, se concilia l'estime publique. Il mourut en 1833. Ses principales composit. sont : *le Christ chassant les vendeurs du Temple*, à l'église St-Roch ; *Achille de Harlai résistant aux menaces de Bussy-Leclerc*, et *la Journée des Barricades* ; ces deux tableaux appartiennent au conseil-d'état ; *la Procession de St-Janvier, à Naples*, tabl. de genre d'un gr. mérite ; *l'Ermite cherchant un asile dans un temps orageux*. Thomas a publ. ses souvenirs d'Italie sous ce titre : *Un an à Rome et dans ses environs*. Ce bel ouvrage se compose de 72 lithographies avec un texte.

THOMAS DE CANTIMPRÉ ou CATIMPRÉ, légendaire et versificateur latin, né, suivant l'opinion la plus probable, en 1201 à Lewes ou Lewis, près de Bruxelles, fut élevé à Liége dans le goût des lettres et de la piété, de 1206 à 1216, et devint en 1217 chanoine régulier de l'ordre de St-Augustin dans l'abbaye de Cantimpré, d'où lui est venu son surnom. Il y séjourna un peu plus de 15 ans, et y reçut la prêtrise. Vers 1232, il embrassa la règle des dominicains ou frères-prêcheurs dans le couvent de Louvain. Ses supérieurs l'envoyèrent à Cologne suivre les leçons d'Albert-le-Grand. Dès 1237 il avait quitté cette ville pour se rendre à Paris, où il acheva ses études, et où il était encore en 1238. On le retrouve à Louvain en

1246, remplissant les fonctions de sous-prieur et de lecteur ou professeur. On a supposé qu'il avait été élevé à l'épiscopat; mais il y a toute apparence que sa plus haute dignité a été celle de prédicat.-général dans une province monastique, composée de cantons de l'Allemagne, de la Belgique et de la France. Juste Lipse et J.-Alb. Fabricius le font mourir en 1263; mais cette date n'est pas certaine. On a de lui quelq. *Vies* dans les *Acta sanctorum*. Son principal ouvrage, qui, sous le titre singulier de *Bonum universale de apibus*, n'annonce pas très clairement 2 livres d'histoires édifiantes et miraculeuses, est une sorte de recueil agiographique, où l'aut. fait connaître, par leurs œuvres, les plus saints personnages de son pays et de son temps. On en doit à Colvener des édit., Douai, 1597, 1607, 1625, in-8, et au dominicain Vincent Willard une trad. franç. Bruxelles, 1650, in-4.

THOMAS DE JÉSUS (le P.), écrivain ascétique, né à Lisbonne en 1529, embrassa la règle des ermites de St-Augustin, et tenta d'y introduire de nouvelles austérités; mais ses confrères l'en empêchèrent. Il suivit le roi Sébastien dans sa funeste expédition d'Afrique, fut fait prisonnier et tomba entre les mains d'un *marabout* ou moine musulman, qui le maltraita beaucoup, mais inutilement, pour le faire changer de religion. Ayant été délivré par l'ambassadeur portugais, il ne voulut point retourner dans sa patrie, et il dévoua le reste de sa vie à instruire et à consoler les malheur. chrétiens, esclaves chez les Maures. C'est au milieu de ces saints exercices qu'il mourut à Maroc en 1582. On a de lui un traité de la *Passion de J.-C.*, qui a été trad. en franç. par le P. G. Alleaume, jésuite, sous le titre de *Souffrances de Jésus-Christ*, Paris, 1693, 2 vol. in-12; 1703, 4 vol. in-12.

THOMAS DE PARIS (le P.), capucin, né vers 1670, fut destiné par ses supér. aux missions du Levant et se rendit à Constantinople. Le P. Alexis de Sommevoir, gardien des missions de l'ordre dans l'Orient, lui remit, à ses dern. moments, les MSs. d'un ouvr. auquel il travaillait dep. quarante années, en le priant de le publier. Le P. Thomas repassa en France pour remplir cette tâche, et, grâce à lui, parut le *Trésor de la langue grecque vulgaire et de la langue italienne*, 1709, 2 vol. in-4. Comme complém. nécessaire de ce *Dictionnaire* de son ami, il publia, la même année, une *Nouvelle Méthode pour apprendre les principes de la langue grecque vulgaire, divisée et partagée en douze heures*, in-8 de 353 pages.

THOMAS DE VILLENEUVE (le B. GARCIAS, connu sous le nom de), né à Funellana, diocèse de Léon, vers 1487, professa la philosophie à l'acad. d'Alcala, puis à l'univ. de Salamanque, embrassa ensuite la règle des ermites de St-Augustin, et ayant reçu les ordres en 1520, se dévoua entièrement à la prédication et à la direction des âmes. Il accepta malgré lui l'archev. de Valence; et donna dans ce poste éminent l'exemple de toutes les vertus évangéliques. Lorsqu'il vit sa fin approcher, il distribua tout ce qui lui restait aux malheureux, et ordonna que le lit sur lequel il était couché fût, après sa mort, porté aux prisonniers. Il mourut en 1555, et fut canonisé en 1658. Ses ouvrages ont eu plus. édit. La prem. est de Ségovie, 1681, 2 vol. in-4; la plus récente d'Augsbourg, 1757, in-fol.

THOMAS. — V. BECKET, CAJETAN, CARIGNAN, DOUVRE, FOSSÉ, GIRAC, KEMPIS, MICHEL II, dit *le Bègue*, etc.

THOMASIUS (JACQUES THOMASEN, plus connu sous le nom latinisé de), célèbre philologue, né à Leipsig en 1622, y professa successivement, pend. plus de 40 ans, la philosophie, la dialectique et l'éloquence, et mourut en 1681. Au nombre de ses élèves il compta l'illustre Leibnitz. Outre une édit. des *OEuvres* de Muret, Leipsig, 1672, on lui doit une foule de programmes, de thèses et de dissert., parmi lesquelles nous citerons : *Origines historiæ philosophicæ et ecclesiasticæ*, Leipsig, 1665, in-4; Halle, 1699, in-8 : à cette édition est jointe la liste de ses autres dissertations. — THOMASIUS (Chrétien), savant professeur, fils du précédent, né à Leipsig en 1655, mort à Halle en 1728, rendit à sa patrie le service immense d'attaquer les vieilles routines des écoles, et de substituer la langue allemande à la langue latine pour l'enseignement. Ces innovat. donnèrent une vogue extraordinaire à Thomasius, en même temps qu'elles lui firent de tous les partisans d'Aristote et des doctrines anciennes autant d'ennemis, effrayés de la hardiesse du professeur et exaspérés encore par ses railleries peu ménagées. Un ouvr. périodique, qu'il entreprit en 1688, porta au comble le mécontentem. de ses rivaux. Ils portèrent leurs plaintes à Berlin; mais le journaliste y trouva un protecteur puissant dans le comte de Haugwitz, grand-maréchal de la cour, et s'abandonna plus que jamais à son humeur caustique. Enfin le clergé de Leipsig intervint dans ces débats continuels et le fit bannir. Thomasius se rendit à Halle, où il professa avec plus d'éclat encore et avec la même hardiesse d'opinions, mais protégé par Frédéric, qui l'honorait, et qui lui conféra le titre de conseiller intime. On a de lui, en latin ou en allemand, un très grand nombre d'ouvr. de philosophie, de jurisprud., de polémique, etc., parmi lesquels on distingue : *Historia sapientiæ et stultitiæ, sive opuscula et excerpta varia theologico-historico-philologica*, Halle, 1693, 3 vol. in-8. — *Institution de jurisprudence divine, avec les principes du droit naturel et du droit des gens*, ibid., 1709, 4 vol. — *Observations sur le traité de Sam. Pufendorf concernant la puissance spirituelle du St-siége*, Leipsig, 1717, in-8. — *Pensées libres, plaisantes, sérieuses, mais cepend. raisonnables et légitimes, ou Entretiens mensuels sur les ouvr. nouveaux*, Helmstadt, 1723-25, 4 vol. in-4.

THOMASSIN (Louis), oratorien, né à Aix en 1619, enseigna les belles-lettres dans différents colléges, la philosophie à Pézénas, la théolog. à Saumur, puis à Paris, au séminaire de St-Magloire. Dans les loisirs que lui laissait ce nouveau poste, il tenta de concilier les doctrines des molinistes et des jansénistes; mais les dissertations latines qu'il composa dans cette intention en 1667, au nombre de 17, sur les conciles, ne réussirent qu'à exciter contre lui et contre sa congrégation même la colère des parlements et de l'archevêque de Paris. Plus tard il se proposa le même but dans ses *Mémoires sur la grâce*, et put se convaincre qu'il ne faut jamais se placer comme médiateur entre deux opinions religieuses. Le général de l'Oratoire, effrayé des conséquences que pouvait avoir pour la congrégation cette irritation générale des esprits, engagea l'auteur à se retirer dans la maison de l'institution. Il y composa la plupart des ouvr. auxq. il doit sa réputat., et mourut à Paris en 1695. On citera de lui : *Ancienne et nouvelle discipline de l'Église*, etc., 1678, 1679, 3 vol. in-fol., dont il donna lui-même une traduct. latine, mais dans un autre ordre, 1688, 3 vol. in-fol. Le pape Innocent XI fut si satisfait de cet ouvrage qu'il voulut attirer l'auteur à Rome, où il se proposait de lui donner le chapeau de cardinal.—*Dogmes théologiques*, 1680-84 et 1689, 3 vol. in-fol. — *Glossarium universale hebraic.*, Paris, 1697, in-fol. — *Traité dogmatique et historique des édits et autres moyens dont on s'est servi pour établir et maintenir l'unité dans l'Église*, Paris, 1705, 2 vol. in-4. — Des *Traités* sur diverses parties de doctrine et de liturgie, etc. — THOMASSIN (Claude), oratorien, cousin du précédent, né en 1613 à Manosque, dont il fonda et dota le séminaire, et où il mourut en 1692, se fit une réputat. par ses talents pour la chaire et pour la poésie. On a de lui : *le Chrétien désabusé du monde*, en vers, 1688, in-12, etc. — THOMASSIN (Philippe), graveur, né à Troyes vers la fin du 16e S., mort à Rome à l'âge de 70 ans, compta parmi ses élèves Cochin, Dorigny et Callot. Son ouvrage le plus remarquable est un *recueil* de portraits des souverains et des capitaines les plus illustres, publié en 1600 et dédié à Henri IV. — THOMASSIN (Simon), membre de l'acad. roy. de peinture, neveu du précédent, né à Paris, où il mourut en 1732, a gravé plus. estampes d'après les tableaux de gr. maîtres, et un gr. nombre de portraits; il a donné aussi toutes les statues et bas-reliefs qui ornent le château de Versailles, Paris, 1694, in-8 et in-4; La Haye, 1723, 2 part. in-4. — THOMASSIN (Henri-Simon), membre de l'acad. roy. de peinture, fils et élève du précédent, né en 1688 à Paris, où il mourut en 1741, fut supérieur à son père et à son grand-oncle pour la pureté du dessin et la vigueur de la touche. Son chef-d'œuvre est une estampe d'après le Fety, intitulée *la Mélancolie*. — THOMASSIN (Thomaso-Antonio VICENTINI, connu sous le nom de), comédien, né à Vicence en 1682, vint en 1716 à Paris, où il remplit à la Comédie-Italienne les rôles d'arlequin avec une agilité, une grâce et une gaîté surprenantes, et mourut cependant de mélancolie en 1759. — THOMASSIN (Vincent-Jean), son fils, né à Paris en 1717, fut attaché au Théâtre-Italien depuis 1732 jusqu'en 1756, et mourut vers 1769. — THOMASSIN (Guillaume-Adrien), fils du précéd., débuta au même théâtre en 1749, à l'âge de 5 ans, dans un ballet à la suite du *Retour de la paix*, comédie de Boissy, et mourut en 1807 dans une extrême indigence. — THOMASSIN (Louis), ingénieur du roi, né à Paris vers la fin du 17e S., a publié : *Traité des fortifications*, 3 vol., le prem. in-4, les deux autres in-8. — *Lettres sur les canaux proposés pour former la jonction des mers par la Bourgogne*, Dijon, 1726, 1727, in-8. — *Nouveaux mém. contre le projet et l'examen de la jonction de la Saône à la Seine par Dijon, dans lesquels on démontre l'impossibilité de cette entreprise*, Dijon, 1733, avec carte.

THOMASSIN (JEAN-FRANÇOIS), chirurgien, né en 1750 à Rochefort, près de Dole, après avoir terminé ses études médicales, fut attaché comme chirurgien au régim. d'Artois (cavalerie). Lors des guerres de la révolution il fut nommé chirurgien en chef à l'armée du Rhin, puis à l'armée des Côtes-de-l'Océan. Plus tard, devenu médecin de l'hôpital militaire de Besançon, il ouvrit dans cette ville des cours d'anatomie et de chirurgie qui furent très fréquentés. Connu depuis long-temps dans la littérature médicale, il avait remporté en 1777 un prix à l'acad. de Dijon, par une *Dissertat. sur la pustule maligne;* d'autres mém. lui avaient mérité jusqu'à quatre médailles d'or de l'ancienne acad. de médecine, qui avait fini par se l'associer. Il mourut à Besançon en 1828, correspondant de l'Institut, officier de la Lég.-d'Honn., etc. Outre un assez gr. nombre d'articles dans les journaux de médecine, et une bonne édit. des *Observations iatro-chirurgiques* de Covillard, 1791, in-8, fig., on lui doit une *Dissertat. sur l'extraction des corps étrangers des plaies*, 1788, in-8; une *Description abrégée des muscles*, 1799, in-8, etc.

THOMASSIN DE JUILLY (BERNARD-JOSEPH), littérateur et militaire distingué, né en 1723 à Arc en Barois, où il mourut en 1798, a fait insérer quelques poésies fugitives dans le *Mercure*, et une *Vie du maréchal Catinat*, 1775, in-12. — THOMASSIN DE MONT-BEL (Pierre), littérateur, neveu du précédent, né en 1779 à Arc en Barois, où il mourut en 1810, a publié *la Bataille d'Iéna*, poème, Paris, 1806, in-8. — *Le siége d'Alise, ou la Gaule subjuguée*, tragédie en 5 actes et en vers, 1809, in-8.

THOMON (THOMAS-JEAN THOMAS de), habile archit., né à Paris en 1759, embrassa la carrière des arts contre le gré de ses parents, et suivit avec un grand succès les leçons de Leroi, premier professeur de l'acad. d'architecture. Envoyé à Rome en 1785, aux frais du gouvernem., il s'y trouvait encore lorsque la révolution éclata. Thomon, que le comte d'Artois venait de nommer son architecte (1791), et que la reconnaissance attachait d'ailleurs à la famille de Polignac, renonça dès-lors à revenir en France. Le prince d'Esterhazy l'appela en Hongrie en 1796, et il y demeura jusqu'en 1798, qu'il se rendit en Russie. Nommé archit. de l'empire, il fut chargé de l'exécution d'un grand nombre d'édifices publ. et de monum., tels que le gr. théâtre, la Bourse, les magasins à suif de Pétersbourg, trois fontaines sur le chemin de Tsarskoe-Selo, et un temple funéraire à la mémoire de l'emper. Paul à Pavlofsk ; à Pultava, la colonne triomphale en mémoire de la victoire de Pierre-le-Grand sur les Suédois ; à Odessa, le théâtre et l'hôpital. De nombreuses distinctions et un traitement élevé le récompensèrent de ses travaux. Il mourut en 1813, par suite d'une chute qu'il fit en visitant les décombres du théâtre de Pétersbourg, l'un de ses chefs-d'œuvre, qu'un incendie avait consumé. Aux titres de membre de l'académie des beaux-arts, de professeur à la même académie, il joignait ceux de major au corps du génie des communicat. de terre et de professeur à l'école d'applicat. de ce corps. Un style pur, élégant et correct distingue tous ses ouvrages. L'architecture ne fut pas d'ailleurs le seul art qu'il cultiva ; on a de lui des dessins et des gravures d'une exécution remarquable, et il a peint à l'aquarelle des tableaux qui décorent le palais de l'Ermitage, et que l'on retrouve dans plus. galeries particulières de Pétersbourg et de Moscou. Thomon est auteur des deux ouvrages suivants : *Observat. sur un ouvrage qui a pour titre* l'Académie impériale des beaux-arts à Pétersbourg, 1807.—*Traité de peinture, précédé de l'origine des arts*, 1809.

THOMPSON (ÉDOUARD), écrivain, né à Hull, dans le comté d'York, mort en 1786, obtint le grade de lieutenant dans la marine, se distingua par plusieurs actes de bravoure, et publia quelq. écrits qui n'ont souvent d'autre mérite que celui de la licence. Il recueillit lui-même ses productions les plus condamnables vers 1769, en 2 vol., sous le titre de la *Cour de Cupidon.* Cependant on a de lui des ouvrages plus estimables. Un opuscule en vers irréguliers, intitulé : *Échappée de Trinculo au jubilé.—Lettres d'un marin* (Sailor's Letters), *écrites à quelques-uns de ses amis en Angleterre pend. ses voyages dans l'Europe, l'Asie, l'Afrique et l'Amérique*, de 1744 à 1759. — THOMPSON (William), poète anglais, mort vers 1766, doyen de Raphoe, en Irlande, après avoir occupé les cures de South-Weston et Hampton-Poyle, en Oxfordshire, publia par souscriptions, en 1757, ses *Poèmes sur divers sujets (Poems on several occasions),* suivis de la tragédie de *Gondibert et Berthe,* 2 vol. in-8. — THOMPSON (William), peintre, né à Dublin en 1726, mort en 1798, a donné : *les Principes du beau,* 1798, in-4. — THOMPSON (Alexander), littérateur anglais, mort à Édimbourg en 1803, à l'âge de 41 ans, a publié : *le Whist*, poème en II chants, 1791, in-8. — *Le Paradis du goût (the Paradise of taste).* — *Essai sur les romans,* épitre en vers, etc., 1794, in-4.—*Mélanges germaniques,* recueil de drames, dialogues, contes, etc., traduits de l'allemand. — THOMPSON (Gilbert), médecin de la secte des quakers, mort à Londres en 1804, à l'âge de 76 ans, a laissé : *Dissertatio de exercitatione,* Édimb., 1753, in-8. — *Mémoires sur la vie et tableau du caract. du docteur J. Fothergill,* 1782, in-8. — *Traduct. d'Homère et d'Horace, suivies de poésies originales,* in-8.

THOMSON (JACQUES), célèbre poète, né en 1700 à Ednam, dans le comté de Roxburh, en Écosse, mort à Kew en 1748, ne parut pas se distinguer de ses camarades dans ses études. Dès-lors cepend. il se livrait à son goût pour la poésie, qu'avait développé en lui, avec l'amour de la nature, son séjour à la campagne, où Will. Bennet, homme d'esprit et amateur de vers, l'emmenait passer les vacances. Destiné d'abord à l'état ecclésiastiq., il y renonça bientôt ; incapable de prendre aucune profession, il vécut quelq. temps dans l'indigence, dont ne put le tirer la vente de ses prem. ouvr. Cepend. son beau talent finit par le sortir de l'obscurité ; il eut alors de nombreux amis et des protecteurs qui le servirent utilement. Son poème des *Saisons*, dont chaque saison avait été impr. séparém., fut publ. en 1730. L'année précéd. il avait fait représenter sa tragédie de *Sophonisbe.* Dans un voyage qu'il fit vers ce temps en Italie avec le fils ainé du chancelier Talbot, il recueillit les matériaux de son poème de la *Liberté,* en V chants, qu'il publia à son retour. En 1738, il donna la tragédie d'*Agamemnon*. Le prince de Galles lui assigna sur sa cassette une pension de 100 louis, et plus tard il obtint la place d'intend. des Iles-sous-le-Vent sans être forcé de quitter l'Angleterre. Tranquille désormais sur son sort, il donna au théâtre, en 1745, *Tancrède et Sigismond,* la meilleure de ses tragéd., et la même année il publia le *Château de l'indolence*, poème en II chants. La meilleure édition de ses ouvr. est celle de 1761, 2 vol. in-4. Ses *Saisons* ont eu une foule d'édit., parmi lesq. on doit distinguer celle de Bodoni, Parme, 1794, in-4, et celle de 1810, avec grav., par Bartolozzi et Tomkins. Ce poème a été traduit en prose par Mme Bontemps, 1759 ; par Deleuze, 1801 et 1806, in-12 ; par F. B., 1806, in-8 ; et en vers franç. par J. Poulin, 1802, 2 vol. in-8.

THORDO, THORD DEGN (DIACONUS), ou *Lille Thord Degn,* prem. juge de la province de Nord-Jutland, sous Waldemar III, vers le milieu du 14e S., a réuni les anciennes lois de la nation noise dans un code publié à Ripen, 1504, et à Copenhague, 1508, in-4, en danois, qui lui a fait donner le titre de *Daciæ (Daniæ) legifer.* Ludevig a publié la version latine de ce code dans ses *Reliquiæ manuscriptor. omnis ævi diplomatum ac monumentorum ineditorum*, t. XII, p. 166. Éric Krabbe en a laissé une traduct. allem., publ. dans les *Monumenta* de Westphal.

THORE (JEAN), méd., né en 1762 à Montault, dans l'Armagnac, était fils d'un tisserand. Après avoir terminé ses classes au collége d'Auch, il alla étudier la médecine à Bordeaux, où il suivit avec un goût particulier les leçons de botanique de Latapie. Employé à l'armée des Pyrénées-Occident. jusqu'à la paix avec l'Espagne en 1795, il s'établit ensuite à Dax, fut, en 1809, nommé méd. en chef de l'hôpital militaire, et conserva cet emploi jusqu'à la suppression de l'établissement en 1815 : il mourut d'apoplexie en 1823. On a de lui : *Essai d'une chloris du départ. des Landes,* 1803, in-8. — *Promenade sur le golfe de Gascogne, ou Aperçu topographique, physique et médical des côtes occidentales de ce golfe,* Bordeaux, 1810, in-8. Cet ouvr. lui a valu une médaille de l'acad. de Bordeaux. M. Bory de Saint-Vincent a consacré une *notice* à Thore dans le journal d'agriculture de la Gironde (l'*Ami des champs*), août, 1823.

THORENTIER (JACQUES), oratorien, mort dans la maison de St-Honoré, à Paris, en 1713, se distingua par ses talents comme prédicat. et comme profess. de philosophie et de théologie dans plus. colléges. On a de lui : l'*Usure expliquée et condamnée par l'Écriture et la tradition*, 1689. — *Consolations contre les frayeurs de la mort*, 1695, in-12. — *Dissertation sur la pauvreté religieuse*, ouvr. posth., 1726, in-12.

THORER (ALBAN), ou *Albanus Thorinus*, sav. médecin suisse, né Wintherthur en 1489, mort en 1550, doit être regardé comme l'un des restaurateurs de la méthode d'enseignem. mutuel. Il occupa avec distinction une chaire de théorie médicale à Bâle, et n'obtint pas de moindres succès dans la pratique. On a de lui : un *Rec. d'anc. auteurs de matière médicale*, Bâle, 1528, in-fol. — Des édit. et des traduct. des ouvr. de méd., etc. — *Cottidiani colloquii libellus*, Bâle, 1541, traité fort rare et qui contient sa méthode d'enseignement.

THORESBY (RALPH), antiq., né à Leeds, dans le comté d'York, en 1658, mort en 1725, fonda le *Museum thoresbianum*, et fut reçu, en 1697, membre de la soc. roy. de Londres. On a de lui : *Ducatus leodensis, ou Topographie de Leeds et des contrées adjacentes*, 1714. — *Vicaria leodensis, ou Hist. de l'église de Leeds*, Londres, 1724. On peut voir la liste de ses autres ouvr. dans la *Biographie britannique*.

THORILD (THOMAS), poète suédois, né à Gothenbourg en 1759, mort en 1808, débuta par rédiger le *Nouveau critique*, feuille périodiq. (1784), composa contre le poète Kelgren une satire virulente et injuste intitulée *Mercuriale*, et présenta la même année à la société *Utile dulci*, les *Passioni*, poème didactique en vers hexamètres, qui n'obtint pas le prix malgré le mérite que l'on reconnut à cette pièce. Il donna ensuite *les Plaisirs de l'imagination*, ode en prose poétiq., *dédiée à Kelgren, poète des Grâces* (trad. en franç., en 1788, dans les *Mélanges de littérat. suédoise*, publ. par M. Agander). Il parut alors renoncer à la poésie, et suivit le cours de jurisprudence à Upsal, où il soutint une thèse intit. : *Critique de Montesquieu*. Il voulut alors entrer dans la carrière administrative, mais sa conduite et ses plaisanteries impolitiques lui fermèrent toute voie à l'avancement, et il n'eut d'autre ressource que de publier sur la politique, la philosophie, la morale, un gr. nombre de pamphlets, dont les princip. sont : *Critique des critiques, suivie d'un Essai sur la législat. du monde spirituel* (1771), *Sur la clémence* (1792), *Sur le principe de l'instruction* (1793), *la Justice ou la loi éternelle de toute société* (1794). Ses ennemis le firent condamner à la déportation, et il ne rentra plus dans son pays, quoiqu'on eût reconnu l'injustice de la sentence.

THORILLIÈRE (LENOIR DE LA), comédien de la troupe de Molière, puis de l'hôtel de Bourgogne, remplit avec succès, à ce dernier théâtre, les rôles de rois et de paysans, et mourut, en 1679, du chagrin que lui causa le mariage de sa seconde fille, Thérèse, avec Dancourt, qui l'avait enlevée. La Thorillière était gentilh. et avait été capit. de cavalerie.

— THORILLIÈRE (Pierre LA), comédien, fils du précédent, et bien supérieur à son père, né en 1656, mort en 1731, reçut de Molière les premières leçons, et joua les valets et les comiques avec une rare perfect., pendant 47 ans. Dans ce long intervalle, il créa un nombre infini de rôles, depuis Hector dans le *Joueur*, de Regnard, en 1696, jusqu'à Pasquin dans *les Fils ingrats*, de Piron, en 1728.

THORILLIÈRE (Anne-Maurice LA), reçu par faveur, en 1722, sans début, fut sifflé pendant 15 ans dans les rôles de confidents et de seconds amoureux, prit, à la retraite de Duchemin, les rôles de pères et de financiers, dans lesq. il réussit mieux, se retira en 1759, et mourut la même année, à l'âge de 63 ans.

THORISMOND, fils aîné et successeur de Théodoric Ier, roi des Visigoths, avait environ 28 ans lorsqu'il fut élu roi, en 451, sur le champ de bataille de Méri-sur-Seine, où son père venait d'être tué en combattant Attila, de concert avec les Romains. Deux ans après Thorismond fut assassiné par son frère Théodoric II, sous le prétexte qu'il se disposait à rompre l'alliance avec les Romains (v. THÉODORIC II).

THORKELIN (GRIM-JEAN), profess. à l'univ. de Copenhague, gardien des archives royales de Danemarck, conservat. de la bibliothèque Arna-Magnéenne, membre de la société islandaise, a publié : *Diplomatarium arna-magnæanum exhibens monumenta diplomatica*, etc., 1786, 2 vol. in-4. — *Eyrbyggia Saga, sive Eyranorum historia*, etc., 1787, in-4.

THORLABSEN (JEAN), pasteur à Baegisa, en Irlande, mort dans un âge très avancé, en avril 1820, charma ses loisirs par une traduct. islandaise du *Paradis perdu* de Milton, et entreprit celle de la *Messiade* de Klopstock, dont il ne put achever que les 14 prem. chants. Le voyageur Henderson ayant, en 1819, dans une de ses relations, donné quelq. particularités sur la personne et sur la résidence singulière du vieux poète islandais, dont le revenu annuel ne s'élevait pas au-dessus de 150 fr., bien qu'il eut deux paroisses à administrer, il lui fut envoyé d'Angleterre un riche présent, et cet exemple porta le gouvernement danois à lui accorder une pension.

THORNHILL (sir JAMES), peintre anglais, né à Weymouth en 1676, mort en 1734, étudia les différentes manières des artistes étrangers en Hollande, en Flandre et en France, fut nommé prem. peintre d'histoire de la reine Anne, qui le désigna pour peindre, dans le dôme de la cathédrale de St-Paul, l'hist. de ce saint. On cite de lui beaucoup d'autres ouvr. remarquables ; son chef-d'œuvre est le réfectoire et le salon de l'hôpital des marins à Greenwich. Il se distingua dans les genres du portrait et du paysage, et eut des succès comme architecte.

THORNTON (Bonnel), littérat. anglais, né en 1724, mort en 1768, entreprit, jeune encore, à l'univ. d'Oxford, un ouvr. périodique sous le titre de *l'Étudiant*; il travailla ensuite au *public Advertiser*, feuille qui eut une gr. vogue, et en 1754 rédigea, en société avec Colman, et avec beaucoup de succès, un ouvr. dans le genre du *Spectateur*, intit. : *le Connaisseur*, qui fut réimpr. à Londres en 1793, 4 vol. in-12. On lui doit en outre une traduct. des comédies de Plaute, des *poésies* satiriques ou badines, et il a inséré plus. articles dans *l'Aventurier*, dans la *Chronique de St-James*, et dans le *Journal de Covent-Garden*.

THOTT (Othon, comte de), ministre-d'état danois, né en 1703, mort en 1785, réunissait à l'activité d'un homme d'état une grande instruction et un amour éclairé pour les lettres. Il avait formé une biblioth. considérable dont le catalogue a été publié sous ce titre : *Catalogus biblioth. thottsianœ*, Copenhague, 1788-95, 12 vol. in-8. Il avait un cabinet d'antiquités, de camées, etc., et un médailler très riche dont on a publié également le catalogue en 1789, 2 vol. in-8.

THOU (Augustin de), seigneur de Bonneuil et du Bignon, près Orléans, d'où sa famille tirait son origine, parut avec éclat au barreau, fut nommé conseiller, puis président, et mourut en 1544. — Thou (Christophe de), fils aîné du précéd., mort en 1582, à l'âge de 74 ans, servit avec zèle les rois Henri II, Charles IX et Henri III, dans plus. charges honorables, entre autres dans celle de prem. présid. au parlement. Pasquier a dit que *sa vie fut belle et honorable, et la fin comme la vie.* — Thou (Nicolas de), évêque de Chartres, frère puîné du précéd., resta fidèle à Henri III pendant les troubles de la Ligue, et fut un des partisans de Henri IV; mais son excessive prudence et sa crainte d'encourir la vengeance des ligueurs lui firent publier des mandements pour le card. de Bourbon, un moment roi sous le nom de Charles X. Quand les temps furent devenus plus favorables, le timide prélat manifesta plus ouvertem. son zèle pour le roi légitime, qui le récompensa de ses intentions plus que de ses services. L'évêque de Chartres fit partie de l'assemblée du clergé tenue en cette ville, qui examina les bulles d'excommunication fulminées contre Henri IV par Grégoire XIV et Sixte-Quint, et qui les déclara *nulles, injustes et suggérées par les ennemis de la France*. Il fut un des prélats appelés à St-Denis, en 1595, auprès de Henri IV, pour l'instruire dans la religion catholique, et ce fut lui qui eut l'honneur de le sacrer, le 27 février 1594, dans son église cathédrale. Il mourut en 1598, dans son château de Villebon, près de Paris. On a de lui : *Instruction des curés pour instruire le simple peuple dans le diocèse de Chartres*, Paris, 1579. — *Cérémonies observées au sacre et couronnement du très chrétien et très valeureux Henri IV, roi de France et de Navarre*, ibid., 1594, in-4; 1610, in-8.

THOU (Jacques-Auguste de), si célèbre comme magistrat et surtout comme historien, naquit à Paris en 1553. Il était le 3e fils de Christophe de Thou, prem. présid. du parlement, et fut, en conséquence du hasard qui lui avait donné deux frères aînés, destiné à l'état ecclésiastique. Il se mit en mesure de répondre aux vues de sa famille, et se livra avec ardeur aux études qui lui étaient devenues nécessaires, pour remplir dignem. une profession dont il sentait toute l'importance. En 1573 il accompagna Paul de Foix en Italie, et il sut mettre ce voyage à profit pour son instruction. Il était parti sous le règne de Charles IX, il revint à Paris sous celui de Henri III, et ce fut pour reprendre avec une nouvelle activité le cours de ses études. Dès cette époque cepend. les factions qui déchiraient le royaume et le poste élevé qu'occupait son père, lui offrirent à lui-même plus d'une occasion de faire admirer sa prudence et son habileté précoces dans les affaires publiques. Il fut pourvu en 1576 d'une charge de conseiller-clerc; mais il ne tarda pas à quitter ces fonctions et l'état ecclésiast. : il résigna ses bénéfices, devint maître des requêtes, obtint la survivance de la charge de présid. à mortier qu'avait son oncle, Auguste de Thou, et se maria, pour mieux rompre avec sa prem. profession. De gr. travaux et une gloire pure l'attendaient dans la nouv. carrière où il entrait : lorsque Henri III, forcé d'abandonner la capitale, envoya des commissaires dans les provinces, de Thou se rendit en Normandie et en Picardie, et y prépara habilement les esprits en faveur de la cause royale. A son retour, en 1588, il fut nommé conseiller-d'état, et depuis cette époque il prit une part active aux affaires. Il était à Paris lorsqu'on y apprit l'assassinat des Guises, et ce ne fut pas sans une peine extrême qu'il réussit à sortir de cette ville. Il rejoignit Henri III, et contribua beaucoup à lui persuader de se réunir franchement au roi de Navarre. Un édit ayant transféré le parlement à Tours, il fut appelé à y exercer la charge de président, dont il n'avait encore que la survivance. Peu après il partit, à travers mille dangers, pour aller solliciter en Allemagne et en Italie des secours d'hommes et d'argent. Il fut informé à Venise de l'attentat de Jacques Clément, et se hâta de revenir en France et d'y offrir ses services à Henri IV, qu'il suivit cinq années dans les camps, persuadé que c'était le poste le plus convenable pour le sujet fidèle d'un prince obligé de conquérir son royaume. Après la reddition de Paris, de Thou, qui, par la mort de son oncle, se trouva président à mortier, parut toujours au premier rang : ce fut lui qui, de concert avec quelques conseillers, rédigea les articles du célèbre édit signé à Nantes en 1598, et qui défendit avec le plus de force et de talents les libertés de l'Église gallicane contre les prétentions ambitieuses de la cour de Rome. Sous la régence faible et orageuse qui succéda au règne de Henri, le vertueux magistrat fut un des trois directeurs des finances qui remplacèrent Sully; mais ce fut à regret qu'il accepta ces fonctions, si peu analogues à ses connaissances et aux travaux de toute sa vie. Une injustice vint ajouter à son dégoût : son beau-frère, Achille de Harlay, que l'âge et les infirmités faisaient songer à la retraite, voulut lui résigner sa charge de premier président du parlement de Paris. Ce projet s'accordait avec les promesses du feu roi et de la régente ; cependant la charge fut donnée à Nicolas de Verdun (1611). On avait consulté Rome sur le choix à faire, et Rome s'était gardée de donner son suffrage à celui que désignait l'opinion publique : il était devenu trop odieux et par ses actes et par sa grande Hist. mise à *l'index* en 1609. De Thou éprouva un découragem. qui manqua lui faire quitter la cour et les affaires. Ses amis le dissuadèrent de cette résolut., et il n'abandonna pas son poste ; mais il avait été frappé au cœur, et il demeura inconsolable jusqu'à sa mort, en 1617. L'équitable postérité a trouvé dans de Thou plus d'un titre à son estime et à sa reconnaissance ; elle a vu en lui le citoyen sage et vertueux, le sujet fidèle et dévoué dans des temps de désordres et de factions, le magistrat intègre, éclairé et de mœurs sévères, l'habile homme d'état, et surtout le grand histor. Au milieu de la vie la plus occupée, de Thou osa concevoir le projet d'écrire l'histoire de son temps sur un plan si vaste, qu'on a lieu d'être surpris qu'un seul homme ait pu l'exécuter ; mais c'est là le moindre mérite de cet ouvrage, proclamé par d'excellents esprits le plus parfait qu'aient vu éclore les temps modernes. Quelques taches pourtant déparent cette immense composition ; mais on ne saurait trop admirer l'esprit de sage tolérance, de vertueuse franchise dont chaque page est empreinte et vivifiée, et qu'on s'étonne de rencontrer dans ces temps d'intrigues, de mensonges et de pieuses barbaries. Les contempor. furent frappés comme nous de ce contraste, qui n'était point honorable pour eux : ils s'en vengèrent sur l'audacieux censeur, en versant sur ses derniers jours le poison de l'injustice et de la calomnie. Il trouva quelques consolat. dans l'amitié et les suffrages des hommes les plus éclairés de son époque, tels que Casaubon, J. Scaliger, P. Pithou, Ant. Loysel, Nic. Rapin, Ronsard, Florent. Chrétien, Pierre Dupuy, Scévole de Ste-Marthe, et dans le propre témoignage de sa conscience, qui lui disait que son écrit était une bonne action, dont les générations à venir lui tiendraient compte. Cinq éditions de son livre parurent de son vivant, et durent être pour lui un heureux présage de sa renommée. Il mourut pendant qu'on imprimait la sixième. Enfin les 138 livres de son *Histoire*, qui, dans la plupart des édit. précéd., avait souffert des mutilations exécutées ou ordonnées par lui-même, les *suppléments* donnés par Rigault, son ami, les *mémoires* de sa vie, dont la rédaction lui est attribuée par les uns, et par les autres à Rigault, ses *lettres* et d'autres pièces, notamment des morceaux de poésie latine, furent réunis dans la magnifique édit. de 1733, que l'on doit à l'Anglais Thomas Carte. C'est sur cette édit. qu'a été donnée la traduction en 16 vol. in-4, Londres (Paris), 1734, dont les auteurs sont l'abbé Le Mascrier, Adam, Lebeau, l'abbé Desfontaines et l'abbé Leduc. On a plusieurs *Vies* et *Éloges* du présid. de Thou. Lémontey lui a consacré une *Notice* dans la *Galerie française*, et MM. Chasles et Patin ont partagé le prix décerné par l'Acad. franç., en 1824, au meilleur ouvrage sur le gr. historien.

THOU (FRANÇ.-AUGUSTE de), fils aîné du précéd., naquit à Paris vers 1607. A la mort de son père, il lui succéda dans la charge de maître de la librairie du roi, où ce grand homme avait rendu de notables services, et fut autorisé à se faire suppléer, à cause de son extrême jeunesse. Reçu conseiller au parlement à l'âge de 19 ans, il joignit bientôt à ce titre celui de maître des requêtes, et un peu plus tard celui de conseiller-d'état. Il avait visité avec fruit la plupart des états de l'Europe ; il possédait des connaissances variées ; il avait un beau nom et la confiance du premier ministre : tout lui promettait de grands succès dans la carrière de l'ambition. Mais il consentit à servir d'intermédiaire dans la correspond. que la duch. de Chevreuse exilée entretenait avec la reine ; il fit même la faute d'écrire à cette dame des lettres qui tombèrent entre les mains du cardin. de Richelieu : dès-lors il vit bien que tout espoir d'avancem. et de fortune lui était interdit, tant que cet homme gouvernerait la France, et il se lia avec ses ennemis, surtout avec Cinq-Mars. Cependant il ne connut le traité négocié par Fontrailles avec l'Espagne qu'après sa conclusion, et il le désapprouva fortement. Il n'en fut pas moins arrêté et mis en jugement (1642). Une commission fut assemblée à Lyon. Laubardemont, qui en était rapporteur, voyant que les juges ne trouvaient point de prétexte pour condamner de Thou, persuada à Cinq-Mars que le seul moyen d'obtenir sa grâce était de charger son ami : Cinq-Mars eut cette faiblesse, et le malheureux de Thou fut condamné à mort en vertu d'une ordonnance de Louis XI, oubliée depuis long-temps, et qui même n'avait jamais reçu d'application. Richelieu témoigna une extrême surprise de cette condamnation, qu'il désirait sans l'espérer. La précipitation mise dans cette affaire vaut la peine d'être remarquée : les interrogatoires et le récolement des deux accusés, les conclusions du rapporteur, l'arrêt et son exécution, tout fut terminé dans l'espace de huit ou neuf heures. De Thou, après avoir pardonné au grand-écuyer, qu'il aimait sincèrement, chercha dans la religion la force dont il avait besoin, et subit son arrêt avec un admirable courage. Ses parents ne purent obtenir sa réhabilitation, même après la mort de Richelieu, parce qu'on craignit, en reconnaissant son innocence, d'autoriser la non révélation des complots tramés contre l'état. On trouve les pièces de son procès dans le *Journal* de Richelieu, dans les *Mémoires* de Montrésor, etc. L'abbé d'Artigny en a rassemblé plusieurs, qui étaient inédites, dans le t. IV de ses *Mémoires de littérature*. On peut encore consulter les pièces citées dans la *Biblioth. histor. de la France*, III, 33742-49.

THOUIN (ANDRÉ), professeur de culture au Jardin-du-Roi, né à Paris en 1747, fut encouragé, dès ses premiers pas dans la carrière, par Buffon et Bernard de Jussieu. Appelé en 1764 à la place de jardinier en chef, que son père avait remplie pendant près de 20 ans, il tripla l'étendue du jardin de l'École de botanique, augmenta ses richesses en végétaux exotiques, agrandit les serres, et les remplit de plantes qu'il tira des diverses parties du globe. Ces travaux lui méritèrent l'estime de J.-J. Rousseau, de Linné, de Malesherbes, et lui ouvrirent les portes de la société d'agriculture de Paris et de l'acad. des sciences. Élu membre du conseil-général du.départem. de Paris en 1790, il rendit de gr. services aux campagnes. Professeur d'économie rurale à l'école normale, il fut envoyé en Hollande en 1794, dans la Péninsule italique en 1796, et fut récompensé de ses recherches dans ces deux contrées par une couronne de chêne et une médaille d'or. Il devint membre de l'Institut à sa formation, reçut un des premiers l'étoile de la Légion-d'Honneur, obtint en 1806 la création d'une école d'agricult.-pratique, et devint, sur la fin de sa vie, l'arbitre des propriétaires et des sociétés savantes. Il mourut en 1823. On a de lui : *Essai sur l'exposition et la division-méthodique de l'économie rurale, sur la manière d'étudier cette science par principes et sur les moyens de l'étendre et de la perfectionner*, 1805, in-4. — *Monographie des greffes*, Paris, 1821, in-4. — Une foule d'autres *Mémoires* et *Instructions*, disséminés dans plus. recueils, et dont M. Thiébaud de Berneaud a donné la liste dans l'*Éloge historique de Thouin*, qu'il lut le 28 déc. à la société linnéenne. Son *Cours d'agriculture et de naturalisation des végétaux* a été publ. par son neveu Oscar Leclerc, Paris, 1827, 5 vol. in-8, et atlas in-4 de 65 pl., précédé de l'*Éloge* de l'auteur, par Cuvier, et d'une *Notice* par l'éditeur. — Jean Thouin, frère du précéd., mort en févr. 1827, jardinier en chef du Jardin-du-Roi et membre de la société.d'agriculture, remplit avec autant de zèle que d'intelligence l'utile emploi qui, de génération en génération, s'était conservé dans sa famille. M. Gabriel Thouin, frère du précédent, aujourd'hui employé comme architecte au même établissem., est auteur d'un ouvr. intitulé : *Plans raisonnés de toutes les espèces de jardins*, Paris, 1819, in-fol., avec 50 pl.

THOURET (Jacques-Guill.), l'un des membres les plus célèbres de l'assemblée constituante, né à Pont-l'Évêque en 1746, avait d'abord exercé avec le plus grand succès la profession d'avocat au parlement de Normandie; il fut élu le prem., en 1789, député aux états-généraux par le tiers-état de la ville de Rouen. Nommé président le 3 août à une grande majorité, il céda aux murmures du parti révolutionnaire, qui n'avait point participé à cette nomination, et se démit de la présidence. Il passa bientôt au comité de constitution, dont il fut le membre le plus influent, et qui le nomma son rapporteur : on le vit dès-lors constamment à la tribune, présentant de nouveaux projets et les défendant avec la plus grande habileté. Il vota pour qu'il ne fût accordé au roi qu'un *veto* suspensif, fut l'adversaire le plus redoutable du clergé, parla pour la prolongation des vacances des parlements, et provoqua l'organisation d'un nouvel ordre judiciaire; il contribua beaucoup à faire décréter la division des provinces en départem., districts, cantons et municipalités, et fut porté de nouveau à la présidence sans difficulté, en 1790. Alors ses nombr. motions, relativement au clergé et à la législation administrative et judiciaire, devinrent des lois. Plusieurs de ses propositions, dont le résultat eût été d'affaiblir trop l'autorité royale, furent jugées imprudentes dans une monarchie constitutionnelle et ajournées. Thouret, qui, après le voyage de Varennes, avait fait décréter que le roi serait mis sous la surveillance du commandant de la garde nationale, fut choisi le 3 septembre pour lui présenter l'acte constitutionnel. Nommé président le 12 pour la quatrième fois, il reçut Louis XVI le jour où le monarque se rendit à l'assemblée pour déclarer qu'il acceptait la constitution. Après la session, il devint président du tribunal de cassation, espéra vainement, par la soumission et le silence, d'échapper à la proscription, et mourut sur l'échafaud le 22 avril 1794. Outre un grand nombre de *discours*, de *rapports*, etc., on a de lui : *Abrégé des révolutions de l'ancien gouvernem. français*, extrait de *l'abbé Dubos et de l'abbé Mably*, 1800, in-18. La 2e partie : *Observations sur l'histoire de France*, extraite de *Mably*, a été réimprimée plus. fois. — *Tableaux chronologiques de l'histoire ancienne et moderne*, 1re partie, 1821, in-fol. obl. — THOURET (Michel-Augustin), médecin, frère du précéd., né à Pont-l'Évêque en 1748, mort en 1810, fut admis à la société royale de médec. lors de sa formation, en 1776, et désigné l'un des commissaires pour surveiller les fouilles du cimetière des Innocents, qu'on voulait supprimer. Associé plus tard à Colombier comme inspect.-général en survivance des hôpitaux civils et maisons de force du royaume, il fut nommé membre du conseil de santé des hôpit. militaires et médecin au départem. de la police. Il perdit toutes ses places en 1792, et fut en butte aux persécutions. Lorsqu'après la chute de Robespierre le gouvernement voulut réorganiser l'instruction publique, Thouret travailla, de concert avec son ami Fourcroy, à établir l'école de santé, aujourd'hui la faculté de médec., fut nommé professeur et direct. de cet établissement utile, et, par ses soins et ceux de Corvisart, on vit renaître le goût des études médicales. Après la révolution du 18 brumaire, il fut appelé à l'administration des hospices et du Mont-de-Piété, fut nommé membre du conseil de salubrité, entra au tribunat, et y resta jusqu'à sa suppression. Il reconnut l'un des premiers l'importance de l'heureuse découverte de Jenner, et contribua beaucoup à la propagation de la vaccine. Entre autres ouvrages, on a de Thouret : *Recherches et doutes sur le magnétisme animal*, 1784, in-12. — *Extrait de la correspond. de la société royale de médecine, relativem. au magnétisme*, 1785, in-8. — *Des mém.,* des *observations* et des *recherches* dans les *mém.* de la société royale.

THOURET (Guillaume-Franç.-Antoine), fils du constituant, élu député du Calvados en 1831, signa la protestation du 6 janvier 1832 contre l'express. de *sujets* appliquée aux Français, et mourut la même année. Depuis 15 ans il s'occupait de recueillir les matériaux d'une *Encyclopédie* disposée par ordre alphabétique, dans laquelle il avait consigné pour chaque mot de la langue française tous les renseignements bibliographiques qui peuvent lui être appliqués. Cet ouvrage, en 30 vol. in-4, a été donné après la mort de Thouret à la biblioth. de la ville de Paris.

THOUTMOSIS ou **THOOUTMÈS**, c'est-à-dire enfant de *Thoôut* (l'Hermès des Égyptiens), serait, suivant les conjectures des savants qui, de nos jours, explorent la science obscure des hyéroglyphes, le nom, rendu à sa vraie forme, de plusieurs Pharaons de la 18e dynastie que les écrivains grecs ont diversement altéré en ceux de *Thouthmosis*, *Tethmosis*, *Thmosis*, etc. On cherche aussi à démontrer que les personnages du nom de Thoutmosis sont identiques avec d'autres mentionnés sous une désignation différente, notamm. dans les fragments que l'histor. Josèphe nous a conservés des *Ægyptiaques* de Ménéthon, etc. Mais, quelque ingénieuses que puissent paraître ces supputations, elles sont beaucoup trop vagues pour qu'il soit permis de les classer au rang des notions historiques. Suivant ces conjectures, le premier Thoutmosis, fils de *Misphra-Thoutmosis*, qui commença, vers l'an 1800 av. notre ère, l'expulsion de la dynastie des *Hycsos* ou *rois-pasteurs*, aurait aussi porté le nom de *Chébron*; après un règne de 13 ans il aurait eu pour success. *Aménophis Ier*, remplacé lui-même au bout de 20 ans et 7 mois par sa sœur *Amensès* ou *Amensé*, laquelle occupa le trône 21 ans et 9 mois, jusqu'à l'avénement de *Mephrès ou Miphris* (le *Mœris* ou *Myris* des historiens grecs), dont on fait le deuxième Thoutmosis. On croit posséder des effigies de ce Pharaon, qui aurait régné avec gloire 12 ans et 9 mois, laissant après lui le trône à un prince qu'on suppose être *Aménophis Ier*. A ce dernier aurait succédé, au bout de 5 ans et 10 mois, un troisième Thoutmosis, père du célèbre *Aménophis II*, le Mnemon égyptien des Grecs ou *Phaménophis*. Le règne de Thoutmosis III aurait été de 9 ans et 8 mois; celui de son fils de plus de 30 ann., après lesquelles viendraient *Horus*, puis *Achenchersès* ou *Chencherès*, le même que *Thmauhmot*, et enfin sept autres souverains jusqu'au fondateur de la 19e dynastie, qui est Ramessès-Sésostris (*v.* Sésostris).

THOUVENEL (Pierre,) médecin, né en 1747 en Lorraine, se fit d'abord connaître par les recherches qu'il entreprit sur les eaux de Contrexeville, et par l'établissement qu'il y fonda à ses frais. La société royale de médecine le récompensa de son zèle par le titre d'associé, et le ministère, en lui donnant l'emploi d'inspect. des eaux minérales de France. Cette distinction fut suivie bientôt de plus. autres, et Thouvenel, pourvu d'emplois éminents, honoré dix fois en 14 ans de palmes académiques, semblait destiné à une carrière heureuse et paisible; mais le zèle qu'il déploya pour la défense du magnétisme animal et de la faculté hydroscopique et métalloscopique, ses continuelles recherches sur cette matière, et ses efforts constants pour en confirmer la théorie par de nouvelles expériences, l'engagèrent dans une lutte funeste à son repos et à son bonheur. La révolution, dont il n'adopta point les principes; le força de s'exiler en Italie, où il combattit encore pour son système, et composa plusieurs ouvrages, parmi lesquels on distingue un *mémoire* couronné par l'académie de Rome. De retour en France, le gouvernement impérial lui rendit l'inspection des eaux minérales, et le nomma son premier médec. consultant. Il mourut en 1815. On a de lui : *Prem. et second mémoire physique et médicinal sur les rapports qui existent entre la baguette divinatoire, le magnétisme et l'électricité*, Paris, 1781 et 1784, in-8. — *Mémoire sur l'électricité organique et minérographique*, Brescia, 1790.—*Mém. sur l'aréolgie et l'électrologie*, etc., Paris, 1806, 3 vol. in-8.

THOUVENIN (Joseph), célèbre relieur, né vers 1791, obtint en 1823 une médaille à l'exposition des produits de l'industrie. Il eut l'idée de faire laminer le carton, et renouvela l'usage des matrices en cuivre pour imprimer toutes sortes de dessins sur le maroquin et sur la peau. On lui doit de nouveaux fers à dorer qui sont d'un très bon emploi. Passionné pour son art, il s'occupait encore d'imaginer de nouveaux perfectionnem. lorsqu'il fut enlevé par une mort prématurée en 1834.

THOYNARD. — V. Toinard.

THRASÉAS (Lucius-Pœtus), sénateur romain et sectateur de la philosophie stoïcienne, né à Padoue vers le commencement de l'ère chrétienne, parcourut d'abord la carrière des honneurs militaires, et, à l'avénem. de Néron, il tenait un rang distingué dans l'état, tant par ses dignités que par la juste considération que lui avaient acquise son mérite personnel et ses hautes vertus. Gendre de Pœtus, il s'efforça de détourner sa belle-mère Arrie de l'héroïque résolution qu'elle prit en voyant son époux impliqué dans la conjuration de C.-Scribonius contre Claude; mais il devait bientôt montrer lui-même que la crainte de la mort ne le ferait pas descendre jusqu'à supporter l'infamie. Lorsque se décelèrent les horribles penchants de Néron, Thraséas crut protester assez énergiquement contre ses prem. actes de tyrannie, en s'abstenant de prendre part aux délibérat du sénat. Il n'ignorait pas qu'une opposition moins mesurée, loin d'obtenir un effet salutaire, n'aboutirait qu'à dégrader davantage le sénat. Afin de rendre plus manifestes ses intentions il se mêla avec quelque chaleur dans une discuss. qui concernait la police des spectacles de Syracuse. En vain donna-t-il encore une frappante leçon de courage, en refusant d'entendre l'infâme apologie que Sénèque fit, au nom de l'emper., du meurtre d'Agrippine. Il savait que sa perte était certaine; mais cette convict. ne l'ébranla point. « Mon nom, disait-il, vivra dans la postérité, au lieu que ces sénateurs prudents, qui se ménagent avec tant de soin, ne seront connus que par leur supplice. » Deux fois sa généreuse indépendance entraîna les suffrages de ses collègues avilis. Ce fut d'abord à l'occasion du jugement d'Antistius, contre qui l'on proposait de remettre en vigueur l'odieuse loi de lèse-majesté, inventée par Auguste et que Claude avait abolie : tous les sénateurs avaient opiné pour la mort, quand, prenant la parole, Thraséas sut intéresser à la justice l'orgueil des magistrats, qui presque tous se rangèrent à son avis, et ne prononcèrent contre Antistius que la peine du bannissement ; l'autre fois ce fut lors de la délibération relative à une accusation portée contre le proconsul Timarque, coupable de vexat. envers les citoyens de Crète et de propos outrageants envers le sénat de Rome. Thraséas saisit cette occasion pour faire abroger l'usage où étaient les provinces de décerner des éloges à leurs gouvernants, qui presque toujours les achetaient au prix de lâches complaisances. La découverte de la conjuration de Pison ayant entraîné la perte de Sénèque et de plus. autres personnages illustres, Néron, débarrassé de toute contrainte, ordonna la mise en jugem. de Thraséas, et ce vertueux sénat. fut condamné à se donner la mort. Le principal reproche qu'on lui faisait était de n'avoir pas voulu assister à l'apothéose de Poppée : ce fut le farouche Marcellus qu'on chargea de soutenir cette inique accusation. Instruit de sa sentence par le questeur, Thraséas, qui ne s'était montré occupé que du soin de consoler ses amis et de persuader à Arrie, sa digne épouse, de se conserver pour leur fille, dont elle demeurait l'unique appui, se fit ouvrir les veines des bras, et expira dans de violentes douleurs l'an 66 de J.-C., laissant avec l'un des plus nobles exemples de fermeté d'âme une mémoire vénérée des Romains. Thraséas avait écrit l'*éloge* de Caton d'Utique ; le sien le fut par Rusticus-Arulénus, qui paya de sa tête cette fidélité au gr. homme qu'il avait pris pour modèle.

THRASYBULE, l'un des plus grands citoyens d'Athènes, était fils de Lycus. Il commandait l'infanterie pesamment armée à Samos, vers l'an 411 av. J.-C., et, se servant de son autorité sur ses soldats, il leur fit jurer de ne point reconnaître le gouvernement des quatre-cents, récemment établi sur les ruines de la démocratie, et qui fut à son tour renversé. Réuni à Sestos avec Théramènes, et Alcibiade qu'il avait fait rappeler de l'exil, il eut une part importante à la victoire remportée près de Cyzique sur les Péloponésiens. L'an 408, ayant éprouvé un échec devant Éphèse, il conduisit ses 30 galères en Thrace, et, après la soumission de cette contrée, il alla forcer aussi Thasos et Abdère à se déclarer pour les Athéniens. A l'expiration de son commandement, qui avait été prolongé d'un an, il assista au combat des Arginuses, et fut un des généraux désignés pour rendre les derniers devoirs aux morts dans cette sanglante journée (*v.* Théramènes). Banni par les 30 tyrans, il se retire à Thèbes, et, rassemblant ses compagn. d'exil, s'avance avec eux vers l'Attique (402 ans avant J.-C.), s'empare de la forteresse Phylé, et se trouve bientôt maître de forces assez considérables pour que les trente crussent devoir lui proposer d'occuper parmi eux la place que la mort de Théramènes laissait vacante. Thrasybule ne songe qu'à les renverser ; à la tête de 1,000 hommes il surprend le camp de leurs soldats devant Phylé, et remporte une victoire décisive à Munichie. La modération qu'il fit voir après ce triomphe accrut le nombre de ses partisans. Cependant un conseil de dix membres, pris dans chaque tribu, remplaça les trente tyrans, et ce conseil, ayant résolu de terrasser Thrasybule, sollicitait des secours de Pausanias, roi de Sparte. Celui-ci ouvre avec lui une correspondance secrète, et se porte médiat. entre les Athéniens. La république est reconstituée sur ses anciennes bases, les trente et leurs successeurs sont bannis ; mais un décret met leurs biens à l'abri de toute confiscation. Thrasybule ne s'honora pas moins, en faisant rendre une loi portant que personne ne pourrait être recherché ni puni pour ce qui s'était passé durant les troubles. Ce vertueux citoyen se crut plus que récompensé des services qu'il avait rendus à sa patrie par la couronne d'olivier que lui décernèrent les Athéniens. Ennemi de l'ingratitude autant qu'il l'avait été du despotisme, il n'oublia point les secours qu'il avait reçus des Thébains, et, lorsque ceux-ci se trouvèrent menacés par les Spartiates, il détermina les Athéniens à épouser leur querelle. Ce fut lui qu'on chargea de conduire la flotte destinée à les secourir. Après avoir parcouru l'Ionie, s'être assuré de la Thrace et avoir mis Méthyme en état de blocus, etc., il se porta devant Aspende, en Cilicie, et lui imposa une forte contribut. Mais, au mépris de la capitulat., une partie de ses troupes s'y livrèrent au pillage, et les habitants irrités se vengèrent en attaquant de nuit le camp de Thrasybule, qui fut massacré dans sa tente (l'an 390 avant J.-C.). La *Vie* de cet illustre Athénien a été écrite par Cornélius-Népos. — Il ne faut pas le confondre avec Thrasybule, fils de Thrason, qui, après la défaite d'Antiochus, lieuten. d'Alcibiade, quitta l'armée pour aller accuser ce général devant le peuple d'Athènes.

THRASYLLE, astrologue, se trouv. avec Tibère à Rhodes, lui prédit son prochain rappel, affirmant, ce qui se trouva exact, qu'un vaisseau prêt à aborder lui en apportait la nouvelle. On rapporte de lui plusieurs autres traits semblables, notamment qu'il devina un jour la résolut. que le prince avait formée de se débarrasser de lui, en le faisant précipiter du haut d'une muraille, résolution qu'il fit heureusement révoquer. — Parmi les autres personnages de ce nom, il faut distinguer un général athénien que l'armée, soulevée contre les quatre-cents par Thrasybule, mit à sa tête avec ce dern. et quelques autres. — Vers le même temps vivait à Athènes un fou appelé Thrasylle, lequel s'imaginait que tous les vaisseaux arrivant dans le Pyrée lui appartenaient. — Enfin il y eut du même nom un poète et musicien célèbre de Philonte, ville du Péloponèse, qui florissait l'an 57 de J.-C. On n'est pas sûr qu'il ne soit pas le même que l'astrologue (*v.* à ce sujet deux *dissertat.* dans les *Mémoires* de l'acad. des inscript.: l'une au tome X, par l'abbé Sévin, qui les croit identiques; l'autre au t. XIII, par Burette qui soutient une opinion contraire).

THROSBY (John), topographe anglais, né vers 1740, dans le comté de Leicester, mort en 1803, a publ.: *Mémoires sur la ville et le comté de Leicester*, 1777, 6 vol. in-12. — *Histoire et antiquités de l'ancienne ville de Leicester*, 1791, in-4, etc.

THSAO-THSAO, ministre du dernier empereur chinois de la dynastie des Han, né au milieu du 2e S. de notre ère, doit être regardé comme le véritable fondateur de la dynastie de Wei ou Goei, quoique le titre d'empereur n'ait été pris que par son fils. Il dut sa fortune, selon l'usage, aux troubles de son pays. Pendant une peste qui affligea l'empire, l'an 173, un empirique, par les guérisons miraculeuses qu'il opéra, parvint à se créer un parti puissant et battit plusieurs fois les troupes impériales. Thsao-Thsao remporta une victoire éclatante sur ces rebelles, qu'on appelait les *bonnets-jaunes*, et s'ouvrit par ses succès le chemin aux premières dignités. Après la mort de l'empereur Ling-Ti, l'an 189, un nouveau chef de rebelles, Toung-Tcho, s'étant fait proclamer gouverneur de l'empire, Thsao-Thsao vendit ses terres pour enrôler des troupes, et la Chine fut en proie à une guerre civile, qui ne finit qu'à la mort de l'ambitieux gouverneur, assassiné l'an 192 de J.-C. Cependant les *bonnets-jaunes* qu'on croyait dissipés reparurent. Thsao-Thsao parvint à les soumettre, tira l'empereur de la servitude où le retenaient quelques grands, se fit nommer premier ministre et commandant-général de toutes les forces de l'empire, s'occupa dès-lors sans relâche de guérir les maux causés par des guerres longues et cruelles; et, sans prendre le titre d'empereur, conserva les honneurs et la puissance de la dignité suprême jusqu'à sa mort, arrivée en 220.

THSENG-TSEU ou plutôt THSENG-SEN, surn. *Tseu-Iu*, l'un des princip. disciples de Confucius, né dans le roy. de Lou vers l'an 505 av. J.-C., est auteur de deux ouvrages célèbres, le *Taï-Hio, ou le Livre de la grande science*, sorte de traité de politique et de morale, et le *Hiao-King*, ou le liv. de l'*Obéissance filiale*. Le premier a été trad. par les missionnaires, et fait partie de l'édit. chinoise-latine dite de Goa. Noël en a donné une autre traduction dans ses *Libri classici sex*. M. Marshman en a publié le texte entier avec une *version* anglaise à la suite de son *Clavis sinica*, impr. à Sirampour, et le P. Cibot en a composé une paraphrase en français insérée au tome Ier de sa collect. des *Mém.* de nos missionnaires. Il n'existe de traduct. complète du second que dans la collect. de Noël.

THSIN-CHI-HOUANG-TI ou WANG-TCHING, emper. de la Chine, le 1er de la dynastie des Thsin, parvint au trône à l'âge de 13 ans, après la mort de son père Tchouang-siang-wang, l'an 247 avant J.-C. L'empire était alors divisé en 7 royaumes indépendants; c'était une suite de l'imprudence des monarques ses prédécess., qui avaient distribué des fiefs à leurs plus fidèles serviteurs, et Thsin-Chi résolut de ressaisir tout ce qu'ils avaient laissé échapper à leur autorité. Il commença par construire des fortifications pour garantir ses frontières des incursions fréquentes des Turks *Hioung-nou*, qui occupaient la Mogolhie actuelle. Aidé de son prem. ministre Li-zu, il sema la division entre tous les rois qui se partageaient les différentes parties de l'empire, les laissa s'affaiblir dans des guerres funestes; et, les attaquant tour à tour dans le moment le plus favorable, unit successivement au nombre de ses provinces les royaumes de Han, de Wei, de Tchau, de Tchou, de Yan, etc. Il prit alors, l'an 221 avant J.-C., le titre de *Tsin-chi-houang-ti* (prem. emper. auguste des Thsin). Ce prince construisit partout de magnifiques édifices, établit des routes publiques, ouvrit des canaux, et assura la paix et le repos à son peuple, en exterminant la plus gr. partie des Turks *Hioung-nou* et des autres tribus dont le voisinage inquiétait sans cesse les frontières de la Chine. Tant de services n'ayant pu imposer silence aux grands qui regrettaient l'ancien état de choses et appuyaient leurs représentat. sur les anciens livres; l'empereur fit brûler, l'an 213 av. J.-C., presque tous les ouvrages historiques, principalem. ceux de Confucius. Quoiqu'on doive attribuer à cette mesure barbare l'ignorance où l'on est resté sur l'histoire des premiers siècles de la Chine, il ne faut point dissimuler le bien qui, sous ce règne, résulta pour les lettres de la découv. du papier et du pinceau à écrire, et de l'introduct. d'une manière plus facile de tracer les caractères. Thsin-chi-ouang-ti, dont la fermeté quelquefois despotiq. fit le bonheur de ses sujets livrés jusqu'alors aux tyrans féodaux, est un des plus gr. empereurs qui aient régné en Chine. Il mourut en 210 pendant une tournée qu'il faisait dans les provinces orientales de son empire.

THUCYDIDE, historien grec, né vers 471 avant J.-C., était Athénien et descendait de deux familles illustres, l'une en Thrace, l'autre dans l'Attique. Olorus était le nom de son père. On raconte qu'il assista, jeune encore, aux jeux olympiques, où il entendit avec une vive émotion la lecture que fit Hérodote de son ouvrage; ce dut être en 456. Il était à Thasos lorsqu'il reçut ordre d'aller au secours d'Amphipolis. Aussitôt il se mit en mer avec sept vaisseaux pour empêcher les habitants de cette ville d'écouter les propositions de l'ennemi ou pour occuper au moins le port d'Éion. Il arriva trop tard devant la prem. place qui avait déjà traité avec Brasidas, général des Lacédémoniens; mais il réussit à mettre la seconde en sûreté. Il fut exilé, et il ne se plaignit pas de cette rigueur, mais il ne faut pas en conclure qu'il était coupable. L'un des hommes les plus riches de son temps, grâce aux mines d'or qu'il possédait et exploitait dans un canton de la Thrace, c'est un motif de penser qu'il ne fit point de bassesses pour s'enrichir. Tout ce qu'il serait permis de conjecturer, c'est que les Athéniens furent en droit de lui reprocher de la négligence et des retards funestes. Son exil dura 20 ans et se termina par conséquent en 403, quand la guerre du Péloponèse finissait. Pline-l'Ancien a dit que les Athéniens l'avaient rappelé, faisant ainsi cesser eux-mêmes une de ces rigueurs extrêmes qui touchent de près à l'injustice. Dès l'ouverture de la guerre du Péloponèse, il avait entrepris d'en raconter les événements; ce travail continua de l'occuper durant son exil, et pour le perfectionner il profita des facilités que lui offraient ses relations tant avec les Athéniens qu'avec leurs ennemis. Il vécut au moins jusqu'à 395 et probablem. quelq. années au-delà, peut-être jusqu'aux prem. mois de 391, ainsi que le conjecture Dodwel; mais à la fin de cette même année 391, il n'était plus vivant, car ses héritiers communiquaient ses écrits à Xénophon. On ne saurait dire ni où ni comment il mourut, si ce fut en Thrace ou à Athènes, de vieillesse ou de maladie, naturellement ou sous les coups d'un assassin. Les traditions suivies à ce sujet sont inconciliables. Mais qu'importe? C'est l'ouvrage même de Thucydide qu'il est utile de bien connaître. On doute que ce soit lui qui l'ait divisé en livres, car il paraît que cette division n'a pas été constamment la même. On convient toutefois aujourd'hui assez généralement d'en compter huit. Le prem. contient des vues générales sur les plus anciens temps de la Grèce, puis une exposit. des causes prochaines, des préparatifs et de l'ouverture de la guerre du Péloponèse. Le livre II embrasse les trois prem. années de la guerre, d'avril 431 à juillet 428. Les six années suiv., jusqu'au printemps de 422, fournissent la matière des livres III et IV. Vient ensuite, dans le livre V, le récit de la mort de Cléon et de Brasidas et de tous les événements qui se succédèrent jusqu'au mois d'octobre 416. Le livre VI, prenant les événem. au point où il les a laissés le précédent, les conduit jusqu'au milieu de 414, où commence le livre VII, lequel se termine à l'automne de 413. Mais quoiqu'il ne corresponde ainsi qu'à une seule année, il est bien celui de tous où l'intérêt historique est porté au plus haut degré. On a voulu révoquer en doute l'authenticité du livre VIII. Il faut convenir qu'on n'y retrouve pas le gr. historien qui, dans le livre précédent, s'était montré avec toutes ses qualités. Mais, selon toute apparence, il se proposait de retoucher et de perfectionner cette partie de son ouvr., qui d'ailleurs ne devait pas être la dernière, car elle se termine en 412, 21e année de la guerre du Péloponèse, et il avait annoncé le projet d'étendre son travail jusqu'à la 27e et dern. année. Denys-d'Halicarnasse est le seul qui ait critiqué sévèrement, ou, pour mieux dire, avec une injustice aveugle et passionnée, l'historien de la guerre péloponésiaque; mais ce grand homme a été bien vengé par les suffrages de Cicéron, de Quintilien, de Lucien et d'autres écrivains, et par l'admiration plus prononcée encore et plus complète des modernes. Il a sur Hérodote, le seul rival que l'antiquité trouvât chez les Grecs à lui opposer, un avantage immense; c'est qu'il sait écarter les fictions et les fables, et ne se propose évidemment d'autre but que d'écrire une histoire exacte. Les harangues sont la seule espèce d'embellissement qu'il se permette. On l'a beaucoup blâmé d'en avoir fait un usage trop fréquent et d'avoir ainsi donné à ses succèss. un exemple dont ils n'ont pas manqué d'abuser. Mais il faut reconnaître que, si l'on trouve chez lui 39 harangues et d'autres morceaux oratoires moins étendus, ils forment une partie essentielle de son histoire, qu'on ne les en retrancherait pas sans l'appauvrir, sans amortir l'éclat dont elle brille, et même sans éteindre la lumière qui la doit éclairer. C'est là en effet qu'il peint les personnages, là qu'il prépare ou achève ses récits, là qu'il explique les causes et les effets des événements. Les harangues politiques surtout sont admirables, ce qui n'empêche pas qu'on ne trouve parfois dans les autres beaucoup d'à-propos, d'énergie et d'éloquence. Il est une chose dont on ne peut que lui savoir un gré infini lorsqu'on a lu Hérodote, c'est d'avoir dans son récit à l'exception d'une seule digression considérable sur les Pisistratides, redouté toujours de sortir d'un sujet qu'il avait circonscrit avec scrupule. On pourrait même se plaindre de la sévérité extrême avec laquelle il écarte souvent ce qui avoisine sa matière. Quant à son style, on y trouve cette dignité et cette énergie constante que les anciens rhéteurs désignaient par le nom de sublime. Il n'est pas toujours exempt d'obscurité; et puisque les anciens ont remarqué cette imperfection, il faut bien l'imputer à l'auteur. Cependant on doit présumer que les copistes l'ont fort augmentée. Nous ne citerons point d'édition avant celle de Hudson, Oxford, 1699, in-fol., et reproduite en 1731, Amsterdam, in-fol., dans celle de Duter qui fut reproduite elle-même en 1759 à Glascow, 8 vol. in-8. On doit aux soins de Bredenkamp l'édition purement grecque de Brême, 1791, ou Leipsig, 1799, 2 t. in-8, à l'usage des écoles. Le travail le plus estimable qui ait été publié en France sur Thucydide, est la version de P.-Ch. Levesque, Paris, 1795, 4 vol. in-8. Gail a mis au jour, depuis 1807, 10 vol. in-4, où se trouvent le texte, les scolies, des variantes extraites de 15 MSs. de la Biblioth. du roi, une version latine corrigée, une version franç., qui a été imprimée aussi à part, 4 vol. in-8; une série de remarques historiques et philologiques, etc., etc.

THUGUT (le baron François), homme d'état, né à Lintz en 1739, fils d'un pauvre batelier de cette ville, fut attaché en 1754 à l'ambassade de Constantinople, et nommé 3 ans plus tard interprète de l'internonce autrichien, il obtint ensuite la place de résident, puis celle d'internonce, qu'il occupait en 1770, lors de la guerre entre les Russes et les Turks. Il montra de l'habileté au congrès de Forkchany, en 1772, ainsi que dans plus. autres missions, et mérita le titre de baron, la croix de commandeur de St-Étienne et la confiance de Marie-Thérèse, qui, en 1777, l'envoya plusieurs fois auprès de ses deux filles, les reines de France et de Naples, sans résultat, mais non pas sans but politique, et en 1778 auprès de Frédéric II pour lui faire des ouvertures pacifiques, mais de telle nature qu'elles ne purent être accueillies. Ce mauvais succès n'empêcha pas Thugut d'être envoyé à Varsovie comme ministre d'Autriche en 1780, puis d'être chargé, en 1788, de l'administration générale de la Moldavie et de la Valachie, et d'avoir ensuite le titre de ministre plénipotentiaire en France, où il contribua, dit-on, beauc. à mettre Mirabeau dans le parti de la cour. Rappelé à Vienne après la mort de Léopold, il détermina François II à entrer dans la coalition contre la France, obtint la direction générale de la chancellerie d'état sous la présidence du prince de Kaunitz, et, à la mort de celui-ci, en 1794, lui succéda comme premier ministre. Mais il fit la faute de séparer toujours les intérêts de son souverain de ceux de ses alliés, et fut puni de son égoïsme par les succès de l'armée française : l'Autriche n'échappa à une ruine complète qu'en signant le traité de Léoben (1797), dont une des conditions secrètes fut le renvoi de Thugut. Lors de la deuxième coalition, en 1799, François II, qui ne l'avait sacrifié qu'à regret, lui rendit le portefeuille des affaires étrangères, et le lui conserva, malgré le mécontentement et les réclamat. des cabinets de Londres et de Pétersbourg. Il était réservé à Bonaparte de faire renvoyer, après la paix de Lunéville, un ministre toujours prêt à entrer dans les coalitions contre la France. Thugut parut reprendre cepend. quelque crédit en 1806, fut chargé de la direction d'une branche de la diplomatie, se retira décidém. des affaires en 1808, et mourut à Vienne en 1818.

THUILERIES (CLAUDE DU MOULINET, plus connu sous le nom d'abbé des), écrivain estimable, né à Séez en Normandie en 1667, mort à Paris en 1728, a donné : *Lettres écrites à un ami sur les disputes du jansénisme*, Paris, 1710, in-12, et a consigné ses recherches laborieuses dans un grand nombre d'ouvrages, parmi lesq. nous citerons : *Dissertat. sur la mouvance de Bretagne*, Paris, 1711, in-12. — *Mémoire où il est prouvé que le livre des miracles de St Martin, etc., est d'un imposteur* (*Mémoires de Trévoux*, juin, 1716). — *Remarques touchant l'origine de la maison de France et ses prérogatives* (*Mercure*, décembre 1720). — *Dictionnaire universel de la France ancienne et moderne*, Paris, 1726, 3 vol. in-fol.

THUILLERIE (GASPARD COIGNET DE LA), ambassadeur de France à La Haye, fut envoyé au congrès de Bromsebro comme médiateur entre les rois de Suède et de Danemarck, et, après une négociation longue et épineuse, qu'il dirigea seul, il parvint à faire signer, en 1645, le traité de Bromsebro, qui rendit la paix au nord de l'Europe. — THUILLERIE (Jean-Franç. JUVENON ou JOUVENOT, dit La), acteur et auteur dramatique, né vers 1653, débuta sur le théâtre de l'Hôtel de Bourgogne, en 1672, dans les prem. rôles tragiques, fut reçu, en 1674, pour ceux de rois et de paysans, passa dans la troupe de la rue Guénégaud en 1680, et mourut en 1688. Des quatre pièces qui composent ses œuvres, la seule qui ne lui ait pas été contestée est son *Crispin précepteur*, comédie en un acte et en vers, jouée en 1679, imprimée en 1680 : les trois autres, la tragédie de *Soliman*, celle d'*Hercule*, et *Crispin bel esprit*, comédie en un acte et en vers, jouée avec succès en 1681, impr. en 1682, ont été attribuées à l'abbé Abeille. La Thuillerie avait beaucoup de vanité, et n'était pas aimé de ses camarades.

THUILLIER (dom VINCENT), bénédictin de la congrégation de St-Maur, né à Couci, diocèse de Laon, en 1685, mort sous-prieur à l'abbaye de St-Germain en 1736, se signala parmi les appelants lors des querelles de la bulle, et révoqua ensuite son appel pour écrire l'*Histoire de la constitution* Unigenitus. On a de lui : *Traduction* de Polybe, impr. avec les *Commentaires* de Folard (*v.* FOLARD et POLYBE); une version lat. du *Traité d'Origène contre Celse*, dans l'édit. d'Origène du P. de La Rue; une édit. des *Œuvres posthumes* de D. Mabillon et D. Ruinart, Paris, 1724, 3 vol. in-4, etc. — J.-L. THUILLIER, botaniste, mort à Paris en 1822, ne s'éleva qu'à l'aide d'une perspicacité singulière au-dessus de la profession de jardinier; son peu de conduite, d'ailleurs, et la rudesse de son caractère décelaient assez sa première éducation. On a sous le nom de cet homme, qui faisait métier de composer des herbiers pour les amateurs, une *Flore des environs de Paris*, 1790, in-12, et 1799, in-8, avec augmentat., ouvr. auq. on suppose que L-C.-M. Richard a participé.

THULDEN (CHRÉTIEN-ADOLPHE), professeur de théologie et chanoine de l'église de Ste-Marie, à Cologne, né à Wolksmarck, en Westphalie, a publié : *Historia nostri temporis ab anno* 1652 *ad annum* 1659, Cologne, 1659, in-8. — *Tractatus historico-politici ab anno* 1618, ib., 1679, 8 vol. in-12 et 5 vol. in-8, etc. — THULDEN (Diodore), premier docteur en lois à l'université de Louvain, conseiller à la cour royale de Malines, a publié : *Comment. ad codicem justinianæum*, Louvain, 1650, 1701, in-fol. — *Tract. de principiis juris*, ib. — *De causis corruptor., judiciorum*, ib. — THULDEN (Théod. van), peintre et graveur, né en 1607 à Bois-le-Duc, où il mourut en 1676, fut un des élèves les plus distingués de Rubens, et celui qui, par la grandeur des idées, la manière de composer et de peindre, approcha le plus de ce grand maître. Il paraît même certain qu'il n'a pas été étranger à l'exécution de la fameuse galerie peinte par Rubens, et qui porte son nom. Égalem. habile dans les tableaux d'histoire et dans la peinture de genre, il a peint des foires et des kermesses qui rappellent les chefs-d'œuvre de Téniers. Ses meilleurs tableaux d'histoire sont le *Martyre de St Adrien*, dans l'église St-Michel de Gand, et *Jésus recevant sa mère dans le ciel*, peint pour le maitre-autel des jésuites à Bruges. Il a gravé à l'eau-forte beaucoup d'estampes recherchées des amateurs, et marquées ordinairement des lettres T. V. T. Le musée possède de ce maître un tableau représentant un *sujet mystique*.

THULEMEYER (Henri-Gunther), professeur de l'univ. de Heidelberg, né à Lippstadt en 1642, mourut en 1714 dans une forteresse où l'empereur d'Allemagne l'avait fait enfermer comme prévenu d'avoir entretenu une correspondance criminelle avec le maréchal de Villars. On a de lui : *Masur. Labionis homicida. excusatus*, Nuremberg, 1679, in-4. — *Continuatio juris europæi à Stagemeiero cœpti*, Francfort, 1681, in-4.

THUMMEL (Marie-Auguste de), littérateur allemand, né vers 1730 dans les environs de Leipsig, fut un des ministres du duc E.-Fréd. de Saxe-Cobourg, dans les états duquel il établit des fabriques importantes. S'étant retiré des affaires en 1783, il partagea son temps entre les voyages et les travaux littéraires. On a de lui : *Wilhelmine, ou le Pédant marié*, poème héroï-comique en prose, Leipsig, 1764, petit in-8 (cet ouvrage, trad. en français par Huber, a donné à Nicolaï l'idée de la *Vie et opinions de Sebaldus Nothanker*, l'un des meill. romans de l'Allemagne). — *L'Inoculat. de l'Amour*, conte en vers, Leipsig, 1771, très petit in-8. — *Voyage dans le midi de la France*, Leipsig, in-8.

THUMBERG (Daniel de), directeur des ponts-et-chaussées en Suède et membre de l'acad. des sciences de Stockholm, mort à Calscrona en 1788, âgé de près de 80 ans, a publié, en suédois et en français : *Méthode pour faire des constructions sous les eaux*, Stockholm, 1764. On montre, comme des chefs-d'œuvre, les écluses et les travaux qu'il a fait exécuter à Trollhetta et à Sweaborg.

THUNBERG (Charles-Pierre), célèbre botaniste suédois, élève de Linné, vint dès 1770 à Paris, et s'y lia, pend. son séjour, avec les savants les plus distingués. L'année suivante, sur la proposition de Burmann, profess. de botanique à Amsterdam, il fut envoyé par la compagnie hollandaise au Japon, pour en examiner les product. naturelles, dont la plupart étaient alors inconnues. Il demeura trois ans au cap de Bonne-Espérance pour s'y perfectionner dans la langue néerlandaise, et se rendit en 1775 au Japon. Ayant gagné la confiance des interprètes et du gouverneur de l'île de Dezima, seul endroit où les Européens peuvent stationner, il obtint la permission de faire dans les montagnes voisines quelq. excursions, d'où il rapporta un gr. nombre de plantes rares; il visita l'île de Ceylan en 1776, avec non moins de fruit. De retour en Europe en 1778 il obtint peu de temps après la chaire de botanique à l'univ. d'Upsal, et mourut en 1798. On a de lui : *Flora japonica*, 1784, in-8, fig. — *Voyage au Japon par le cap de Bonne-Espérance*, trad. en franç. par Langlès, 1796, 2 vol. in-4 ou 4 vol. in-8. — *Nova insectorum species*, Upsal, 1781-91, in-4, fig. — *Dissertat. sistens insecta suecica*, 1784-94, in-4, fig.

THUNMANN (Jean), sav. suédois, né dans la province de Sudermanie en 1746, mort en 1778, fut appelé par le ministère prussien à une chaire de l'univ. de Halle, où il fit de gr. recherches sur l'histoire, et obtint, en 1773, le prix proposé par le prince Jablonowski pour un *Mémoire* sur deux peuples anciens, les Stawanes et les Comanes. Il parlait et écrivait correctem. l'allem., le franç., l'ital., l'angl., l'espagnol, et connaissait le grec classique et le grec moderne, l'hébreu, le syriaque, l'arabe, l'albanais, le turc, le walache, le circassien. On a de lui : *Recherches sur l'hist. ancienne de quelques peuples du Nord*, Berlin, 1772. — *Recherches sur l'hist. des peuples de l'Europe-Orientale*, Leipsig, 1774, in-8. — *De confiniis histor. et poeticæ orationis*, Halle, 1772. — *Sur l'ancienne littérature poétique du Nord*, ib., 1775. — *Sur la découverte de l'Amérique*, ib., 1776.

THURLOE (John), secrét.-d'état, né dans le comté d'Essex en 1616, mort à Lincoln's-Inn en 1668, se fit remarquer surtout par son extrême modération dans les temps orageux qu'il eut à traverser. Il suivit d'abord la carrière du barreau, fut nommé secrét. des commissaires du parlement au traité d'Uxbridge, puis admis à Lincoln's-Inn en 1647, obtint l'année suiv. la place de receveur ou clerc des amendes de la chancellerie. Quoiqu'il n'eût pris aucune part au meurtre de Charles Ier, des postes import. lui furent confiés pendant toute la durée de la république et du protectorat. On le voit, en 1651, secrét. de Saint-Jean et de Walter-Strickland, ambass. près des Provinces-Unies; en 1652, secrétaire du conseil-d'état; secrét.-d'état en 1653, et chargé, en 1655, de la direction du *postage* intérieur et extérieur. Admis au parlement l'année suiv., il reçut de ce corps des remercîments pour avoir découvert le complot d'Harrisson, et rendu d'autres services à l'état. En 1657, il entra au conseil privé et fut élu l'un des gouverneurs de Charter-House; en 1658, il fut nommé chancelier de l'université de Glascow. Richard Cromwell le maintint dans le poste de secrét.-d'état et de conseiller-privé, malgré les réclamations et les murmures des chefs de l'armée. Thurloe se montra digne de cette protection par les efforts qu'il fit au parlem., où l'avaient porté les suffrages de l'univ. de Cambridge, pour empêcher Richard de dissoudre ce corps. Il voulut être encore utile à son pays sous Charles II, et offrit ses services à ce prince, qui ne l'accueillit qu'avec méfiance. Il se vit accusé de haute trahison, emprisonné, puis remis en liberté, et se retira alors à Great-Milton, dans le comté d'Oxford, où il fut souvent consulté par Clarendon sur les affaires étrangères. On a de lui une collection de *Papiers d'état* (*state Papers*), publiée par le doct. Birch, 1742, 7 vol. in-fol. Il parut la même année à Londres une brochure au sujet de cette publication sous le titre de *Lettre à un ami*, en angl., in-8.

THURLOW (lord Édouard), lord chancel. d'Angleterre, né au village d'Ashfield, dans le comté de Suffolk, en 1732, fit de très mauvaises études à l'univ. de Cambridge, qu'il quitta sans avoir pris aucun degré. Mais une fois reçu au barreau, en 1758, il y déploya un grand talent qui, soutenu de protections puissantes, lui donna entrée au parlement. Nommé conseiller du roi, puis en 1770 solliciteur-général, et en 1771 procureur-général, il appuya, dans la chambre des communes, avec beaucoup d'éloquence, l'accusation intentée par le général Burgoyne contre lord Clive, et se montra l'un des plus habiles défenseurs de l'administration de lord North, qui le fit créer pair de la Grande-Bretagne, et lui fit donner le grand sceau en 1778. Après la chute de lord North, Thurlow conserva, sous le nouveau ministère, sa place de chancelier, mais en 1783, lors de la formation du ministère qu'on appela de la *coalition*, il résigna son emploi pour se mettre, avec lord Cambden, à la tête de l'opposition. Il rentra dans l'administration comme lord-chancelier, lorsque Pitt fut placé à la tête des affaires, et agit de concert avec lui dans la discuss. du bill de régence : mais, n'ayant point partagé son opinion sur la nécessité de déclarer la guerre à la France, il se retira en 1792, et, malgré la franchise de son langage dans la chambre haute, ne se mit point dans les rangs de l'opposition. Il continua ainsi le reste de sa vie de censurer les mesures qui lui semblaient injustes ou funestes, ou d'approuver ce qui lui paraissait bon et salutaire, avec une fermeté inébranlable et une rare impartialité. Lord Thurlow mourut en 1806. On a imprimé de lui plus. trad., entre autres celle du *Combat des rats et des grenouilles* d'Homère, à la suite du *Clair de lune* (*Moon-Light*), petit poëme d'Ed. Thurlow, son neveu.

THURMANN (Gaspar), bibliogr., né à Rostock dans le Mecklenbourg en 1654, mort à Hambourg en 1704, exerça quelq. temps la profession d'avocat et fut nommé conseiller du duc de Saxe-Lauenbourg. On a de lui plus. ouvr. peu estimés, entre autres : *Bibliotheca academica de rebus et juribus academiar. et academicor.*, etc., Halle, 1700, in-4.

THURNEISSER (Léonard), aventurier, né à Bâle en 1531, apprit d'abord le métier d'orfèvre et de graveur, étudia un peu la chimie et l'histoire naturelle chez un médecin, et se mit à courir le monde. Il réussit d'abord assez mal; mais l'administration des mines du Tyrol, qui lui fut confiée en 1558, lui donna de grandes richesses. Il entreprit alors de nouv. voyages, parcourut l'Écosse, les îles Orcades, l'Espagne, le Portugal, l'Éthiopie, l'Égypte, l'Arabie, la Syrie, la Terre-Sainte, le Levant, l'Italie, la Hongrie, et revint en Allemagne, où l'électeur de Brandebourg le nomma son médecin et le combla de faveurs. Il joua un rôle très brillant à Berlin, y établit un laboratoire de chimie, une fonderie de caractères et une imprimerie destinée exclusivement à l'impression de ses OEuvres. Le temps des triomphes ne dura pas toujours pour lui. En 1582, complètement ruiné et décrédité, il quitta la Prusse furtivem., se rendit en Italie, où il recommença son métier d'empirique, mais sans obtenir la même vogue qu'en Allemagne. Il revint mourir à Cologne en 1596. On trouvera la liste de ses nombreux ouvrages dans l'*Adumbratio eruditorum basilensium*, par Herzog. — Thurneisser

(Jean-Jacques), graveur, né en 1636 à Bâle, où il mourut en 1718, a exécuté un nombre considérable d'estampes dont on trouve quelques-unes dans l'*Académie de Landrart*, notamment celles de *Latone*, de *Laocoon* et d'*Antinoüs*. — Son fils, mort en 1730, fut aussi un graveur habile et eut part aux OEuvres de son père.

THUROCZ ou THUROCZI (Jean), historien hongrois, né vers 1420, embrassa l'état ecclésiastique et joignit à un talent distingué pour la prédication le goût des recherches historiques. On a de lui une compilat. sous le titre de *Chronicon regum Hungariæ* (commençant à Attila au 5ᵉ S., et finissant en 1464, au couronnement de Mathias Corvin), Augsbourg, Ehr. Ratoldt, in-4. La seule bonne édition de la chroniq. de Thurocz, est celle qui a paru dans les *Scriptores rerum hungaricar. veteres ac genuini*, Vienne, 1746, 3 vol. in-fol. — Thurocz (Ladislas), histor. hongrois, de la même famille, né vers la fin du 17ᵉ S., était jésuite. On a de lui un abrégé de l'histoire de Hongrie, sous ce titre : *Hungaria cum suis regibus*, Tirnau, 1729, in-fol.; ibid, 1772, in-4, avec des additions.

THUROT (François), corsaire, né à Nuits en 1727, sortit à 16 ans du collége de Dijon pour faire l'apprentissage de la chirurgie chez un praticien de cette ville, et au bout de deux ans alla furtivement s'embarquer comme chirurgien sur un corsaire à Dunkerque. Fait prisonnier dès sa première expédition, il réussit à s'évader et se remit en mer, cette fois comme simple matelot. Après avoir fait plusieurs courses, il devint pilote, puis capitaine, enrichit par les prises faites sur les Anglais ceux d'entre les armateurs de Dunkerque qui lui confièrent leurs corsaires, et finit par en équiper un à ses frais. Lorsque la guerre, un moment suspendue, se fut rallumée en 1755, il accepta le commandem. de plus. bâtiments, à la tête desquels il ruina en moins de six mois le commerce anglais dans les mers du Nord. Le bruit de ses exploits lui fit offrir un commandement dans la marine royale qu'il accepta, et, chargé de croiser dans la Manche sur la corvette *la Friponne*, il n'y prit pas moins de 60 navires de commerce pendant la campagne. Ce ne fut là toutefois que le prélude d'actions plus importantes. Placé bientôt à la tête d'une division composée de deux frégates et de deux corvettes, il apareilla de St-Malo le 12 juillet 1757, et commença une expédit. dont le résultat fut des plus glorieux : outre des prises considérables, et le désastre qu'il fit essuyer à une division anglaise de 4 voiles à la hauteur d'Édimbourg, Thurot ayant engagé dans les parages de la Norwége une lutte infiniment inégale contre vingt pinques armées en guerre, réussit à les mettre en déroute et à en capturer deux qu'il conduisit à Christiansund. Sa traversée de là pour revenir en France ne lui fit pas moins d'honneur. Non-seulement il avait su éviter les frégates envoyées à sa poursuite par le gouvernem. anglais, mais en rentrant dans le port de Dunkerque (3 déc. 1758), il amenait un brick et deux gros bâtiments qu'il avait capturés en route. La réputation que lui acquirent ses services lui valut le commandement d'une expédition qu'il conseilla d'entreprendre comme devant nuire le plus efficacem. à l'Angleterre. Il s'agissait d'opérer une descente sur les côtes britanniques. L'armem. effectué, il appareilla de Dunkerque le 15 octobre 1759 ayant sous ses ordres cinq frégates et une corvette que montaient 1,500 hommes d'élite commandés par le brigadier Flobert. Un coup de vent qui sépara trois bâtiments de l'escadre n'empêcha pas qu'avec le reste et environ 1,000 hommes, il débarquât le 10 janvier 1760, dans la baie de Carrick-Fergus. Cette place fut investie, et occupée après quelques jours de siége; mais, privé de la moitié de ses forces, Thurot, embarquant sur ses frégates la garnison prisonnière, appareilla pour revenir en France. Un autre coup de vent le sépara de deux de ses bâtiments, et bientôt il se trouva en tête trois frégates anglaises avec lesquelles il ne put éviter une insoutenable lutte. Il se battit en désespéré, et atteint au milieu de l'action par une décharge de pierrier, il expira glorieusem. le 20 janvier 1760. Le *Belle-Isle*, qu'il montait, fut presque aussitôt obligée d'amener pavillon. On a une *Vie du capitaine Thurot*, 1791, in-8, anonyme.

THUROT (JEAN-FRANÇOIS), helléniste, né en 1768 à Issoudun, fit d'excellentes études dans son pays natal, et vint ensuite à Paris pour s'y perfectionner dans la connaiss. des langues anciennes. Entré dans la carrière de l'enseignement, il s'y fit remarquer, et obtint en 1811 le titre de profess.-adjoint de philosophie à la faculté des lettres, puis en 1824 la chaire de grec au collège de France. Il fut admis à l'acad. des inscript. le même jour que Champollion le jeune, et mourut du choléra en 1832. Parmi ses ouvr. on distingue: *l'Apologie de Socrate* d'après Platon et Xénophon, grec-franç., 1806, in-8; les *Phéniciennes* d'Euripide, avec un choix de scholies grecques, des notes franç. et le texte, 1815, in-8; plusieurs *Dialogues* de Platon; la *Morale* et la *Politique* d'Aristote; *Vie de Laurent de Médicis*, trad. de Roscoe, 1799, 2 vol. in-8. — *Hermès, ou Recherches philosophiques sur la grammaire universelle*, trad. de Harris, avec des remarques et des additions.

THYESTE (mythol.), fils de Pélops et d'Hippodamie, père d'Égisthe et frère d'Atrée, séduisit Europe, femme de son frère, qui, pour s'en venger, mit en pièces l'enfant né de ce commerce adultère, et le fit servir sur la table de Thyeste. Les poètes disent que le soleil recula d'horreur et se couvrit de nuages pour ne point voir une action si exécrable.

THYSIUS (ANTOINE), historien et philologue, né à Harderwick vers 1603, fut nommé professeur de poésie à Leyde en 1635, obtint quelques années après, la chaire d'éloquence et une chaire de droit, succéda en 1655 à Heinsius dans la place de bibliothécaire, et mourut en 1665. Outre des édit. de *Salluste*, de *Justin*, de *Sénèque* le tragique, de *Valère-Maxime*, de *Lactance*, de *Velléius-Paterculus*, d'*Aulu-Gelle*, de l'*Histoire de Polydore Virgile*, etc., on a de lui: *Discursus politicus de magistratibus atheniensium, collatio atticarum ac romanarum legum*, Leyde, 1645, in-16, à la suite de l'ouvr. de Postel, *De republicâ Atheniensium; Compendium historiæ batavicæ à Julio Cæsare usquè ad hæc tempora*, ibid., 1645; et avec quelq. addit., 1652, in-16, etc.

TIARA (PÉTRÉIUS ou PIERRE), humaniste et médecin, né en 1514 à Worcum, dans la Frise, professa successivem. la langue grecque à Louvain, à Douai, à Leyde et à Franeker, où il mourut en 1586. On a de lui des traduct. latines du *Sophiste* de Platon, Louvain, 1553, in-12; de la *Médée* d'Euripide, Utrecht, 1543, in-12, etc.; et des poésies latines, parmi lesq. on cite: *Poemation de nobilitate et disciplinâ militari veterum Frisiorum*, Franeker, 1597, in-12 (v. pour plus de détails le *Parnassus lat.-belgicus* de M. Hoeufft, Amst., 1819, in-8, et les *Vitæ Belgarum qui lat. carm. scripserunt*, Bruxelles, 1822, in-8).

TIBALDO ou TIBALDI. — V. PELEGRINI.

TIBBON (JUDA-ABEN), savant rabbin du roy. de Grenade à la fin du 12e S., a laissé un gr. nombre de traductions estimées de l'arabe en hébreu. Les principales sont: *Chovâd allevavoth* (le Devoir des cœurs), Naples, 1490. — *Agiographa, seu Proverbia, Job, Daniel, Esdras, Ruth*, etc. (v. le *Dict. histor.* de Rossi). — TIBBON (Samuel-Ben-Juda-Aben), fils du précédent, mérita comme lui le titre de *Prince-des-Traducteurs*. Parmi ses nombreuses traduct., nous citerons: *Abunasaris alpharabii liber principiis naturalibus; Aristotelis Liber de meteoris, seu de signis cœlis* (v. la *Biblioth. des rabbins espagnols* par Rodriguez de Castro). — TIBBON (Moïse-Ben-Samuel-Aben), appelé aussi *Tibbonide*, fils du précéd., florissait dans le roy. de Grenade vers 1720. Il fit, comme son père et son aïeul, des traduct. estimées des hébraïsants, parmi lesq. on distingue: *R. Mosis Maïmonidis liber præceptorum; ejusdem liber de vocabulis logicis, seu logicæ compendium*, Crémone, 1566, Il a traduit aussi de l'arabe en hébreu presque tous les ouvr. d'Averroës, ceux d'Aristote et des plus célèbres philos. et médecins de l'antiquité.

TIBÈRE (CLAUDIUS-NÉRO), empereur romain, né à Rome l'an 54 avant notre ère, de Tibérius-Néro, grand-pontife, et de Livie, fille de Drusus-Claudianus, courut de grands dangers dans son enfance, après l'assassinat de César, dont son père avait été l'un des partisans les plus dévoués; mais son aventureuse destinée fut bientôt fixée par le mariage de Livie avec le triumvir Octave, qui dès le principe lui montra une tendresse toute paternelle. Le jeune Tibère paraissait mériter cet attachement du maître du monde par ses progrès rapides et par ses talents prématurés; mais ses vices aussi se développaient, au point qu'un Grec, son précepteur, avait coutume de dire de lui: « C'est de la boue détrempée avec du sang. » Nommé questeur dès l'âge de 19 ans, il s'occupa de l'intendance des vivres avec beaucoup d'habileté. Il alla ensuite, comme tribun militaire, se former contre les Cantabres à un plus rude apprentissage. De là il passa en Orient, subjugua l'Arménie, dont il rendit le trône à Tigrane, et reçut du roi des Parthes les aigles romaines enlevées sur Crassus. Au sortir de cette glorieuse expédition, il gouverna pendant un an la Gaule, nommée *Chevelue*. Il soumit les Rhœtes et les Vindéliciens, combattit avec succès en Germanie, en Pannonie, en Dalmatie, et, après avoir ramené à Rome le corps de son frère Drusus, mort dans cette guerre, alla achever la défaite et la soumission des Germains. A son retour, il eut les honneurs de l'ovation, avec les ornements du grand triomphe, privilége jusque-là sans exemple, puis fut créé consul et décoré de la puissance tribunitienne pour cinq ans. Cependant il se détermina tout à coup à quitter Rome et les affaires. Il se retira dans l'île de Rhodes, et y vécut en simple particulier, fréquentant les écoles des sophistes et les gymnases, et n'ayant près de sa personne qu'un seul ami du rang de sénateur, quelques compagnons obscurs de ses débauches et un astrologue. Cette affectation de modestie ne l'empêchait pas de recevoir les visites des proconsuls et des lieuten. de l'empereur qui se rendaient en Asie. Lorsque le temps de son tribunat fut expiré, il sollicita son retour à Rome, ne pouvant plus craindre, disait-il, ce qu'il avait voulu surtout prévenir, une apparence de rivalité avec le fils de l'empereur; il éprouva un refus, et dès-lors sa retraite volontaire devenant un exil forcé, il vécut non-seulement en homme privé, mais en homme suspect et menacé. Enfin Auguste se laissa fléchir par les prières de Livie, qu'appuyait le consentem. de Caïus, l'héritier présomptif de l'empire; et Tibère, après huit ans d'éloignement, revint à Rome, pour y vivre d'abord aussi retiré et aussi modeste que dans son île. Mais la mort prématurée de Caïus et de son frère Lucius vint tout changer. Tibère, adopté par l'emper., en même temps qu'Agrippa, dernier frère de Caïus, fut de nouveau revêtu de la puissance tribunitienne, et mis à la tête des légions de Germanie. Plusieurs campagnes, marquées par des victoires sur différents peuples germains, tels que les Marcomans, les Pannoniens, les Dalmates, les Illyriens, prouvèrent qu'il n'était point un général inhabile, et la défaite de Varus, qui survint à la même époque, fit encore ressortir l'éclat de sa fortune et de son talent. Chargé de réparer ce grand désastre, il y réussit par sa vigilance, son activité, son courage, quelquefois aussi par la ruse. Il revint triompher à Rome, puis il repartit pour la guerre d'Illyrie; mais il rebroussa chemin pour assister aux derniers moments de l'empereur. A peine ce prince eut-il cessé de vivre, que le dernier fils d'Agrippa, cet autre enfant adoptif d'Auguste, déjà relégué loin de la cour par les intrigues de Livie, reçut la mort dans sa prison : « *Ce fut*, dit Tacite, *le premier crime du nouveau règne.* » Cependant Tibère voulait préparer et légitimer son avénement. En vertu de la puissance tribunitienne, il convoqua le sénat, et, feignant une profonde douleur, fit lire par son fils Drusus le discours qu'il avait composé, il entendit ensuite la lecture du testament d'Auguste, qui, agissant comme particulier et non comme prince, disposait de sa fortune et non de l'empire. Le fils de Livie, institué héritier pour les deux tiers de cette belle succession, dont l'autre tiers était dévolu en diverses parts au peuple romain, se fit supplier d'accepter aussi l'empire. Dans ce débat si énergiquem. dépeint par Tacite, on ne sait ce qu'il faut le plus admirer, la servitude du sénat, ou l'hypocrisie du futur despote. Cette comédie paraîtra moins ridicule, si l'on songe que l'établissement impérial n'avait encore été confirmé par aucune transmission, qu'Auguste lui-même avait feint de n'en jouir que pour dix ans, enfin que les légions s'agitaient dans plusieurs provinces. La vertu de Germanicus et les promesses de Drusus firent taire la révolte, et le nouvel emper. entra en possession d'un pouvoir aussi paisible qu'étendu. Il parut d'abord en user avec modération, et marqua beaucoup de déférence pour le sénat, et même pour les fantaisies du peuple; mais sous le voile de cette fausse modestie, il cachait des projets despotiques, que trahissaient de temps à autre ses paroles hautaines, et dont l'exécution ne tarda pas à commencer par la suppress. des comices : Auguste en avait conservé l'image comme une dern. forme de la liberté populaire. Insensiblement l'habile tyran essaya son influence, d'abord par la surveillance sévère de la justice, puis par la réforme des mœurs; et lorsqu'il fut assuré de cette influence, il la tourna bientôt au profit du despotisme : c'est ainsi qu'après avoir écarté les accusat. de lèse-majesté, il parut disposé à les accueillir. Cepend. il n'osait encore mettre à découvert ses affreux penchants : la gloire de son neveu Germanicus l'inquiétait et le contenait. Mais ce jeune prince mourut, et l'on peut soupçonner, avec Tacite, que l'emper. n'était point étranger à cette mort qui fit verser tant de larmes. A partir de cette époque, le gouvernement de Tibère, jusque-là mêlé de quelque bien, devint chaque jour plus cruel. Il quitta Rome cette année pour aller habiter la Campanie, laissant aux mains de Séjan, déjà ministre, une partie de son pouvoir, mais ne renonçant pas à donner ses ordres du fond de sa retraite. La paix de l'empire était faiblement troublée de temps en temps par quelques guerres dans l'Afrique ou la Thrace, et quelques révoltes dans les Gaules. Les seuls événements remarquables de ce règne sont donc l'avilissement, les iniques sentences, les délations du sénat et l'attention continuelle du tyran à s'élever sur les débris de ce corps jadis puissant et respecté. Il sut l'asservir au point d'en faire l'instrument docile de ses vengeances, même lorsqu'elles frappaient quelques-uns de ses membres : cependant il lui laissa, avec une sorte de dérision, un simulacre de pouvoir dans les choses indifférentes, la liberté, par exemple, de discuter longuement les titres sur lesquels se fondait le droit d'asile réclamé pour les temples de quelques villes d'Ionie. Si quelque chose pouvait justifier les envahissements tyranniques de Tibère, ce serait la bassesse empressée qu'il trouva dans le sénat : un seul trait suffit pour en donner une idée. L'empereur effaça un jour de la liste des accusations le nom d'un citoyen; et aussitôt un sénateur lui reprocha, comme un abus de pouvoir, cet acte qui dérobait à la justice du sénat un homme coupable de lèse-majesté : c'était là une de ces bassesses bien faites pour fatiguer Tibère, dont l'esprit, au milieu des cruautés et de la débauche, avait conservé sa perspicacité et sa justesse naturelles. Une chose étonne surtout dans l'histoire de ce tyran; c'est qu'avec un tel esprit et un tel caractère il se soit laissé quelque temps dominer par Séjan : cette faiblesse était portée si loin, que Tacite n'en trouve d'autre explication que le caprice du sort et la colère des dieux contre Rome. Peut-être vaut-il mieux l'expliquer par ce dégoût des hommes et des choses qui lui faisait sentir la nécessité d'un aide dans tous ses crimes, et par le dévouement apparent et maintes fois éprouvé de ce Séjan, qui avait ses motifs pour paraître docile (v. SÉJAN). Se croyant sûr de la fidélité de son favori, Tibère passa dans l'île de Caprée, où il essaya de cacher son ennui, ses crimes et ses infâmes plaisirs. Les sophistes, dont il aimait l'érudition frivole, qu'il honorait de son amitié et de ses questions pédantesques et capricieuses, furent plus d'une fois aussi exposés à ses cruautés imprévues. Quoiqu'il parût souvent négliger le soin des affaires, son activité n'en était pas moins grande pour le mal; et du fond de son affreux repaire, il faisait peser sa tyrannie sur Rome, et de Rome sur l'univers. Les délateurs continuaient leur métier et le sénat ses atroces jugem., comme sous les yeux du maître. La mort de Livie enleva une dernière protection aux Romains. Déjà depuis quelque temps, et par le crime de Séjan, était mort Drusus, le fils du tyran, qui ne le regretta point; car il se trouvait encore affranchi, par ce meurtre, d'un des hommes qui le forçaient à dissimuler ses horribles penchants. Il chercha alors à perdre Agripinne et son fils; mais tel était le prestige du nom de Germanicus, que le sénat hésita, que le peuple murmura, et que la persécution de cette illustre famille dut être ajournée. C'est à cette époque du règne de Tibère, et pendant les prem. temps de sa retraite à Caprée, que se place le martyre du divin législateur. L'on a dit que le monstre, qui gouvernait alors le monde romain, avait eu l'idée de protéger la religion nouvelle; mais on a plutôt des motifs de présumer que, s'il s'occupa jamais du christianisme, ce fut en frappant quelques-uns de ses sectateurs dans la foule de ces malheureux Juifs qu'il envoyait périr en Sardaigne : les Romains alors ne distinguaient pas les chrétiens des Juifs, et les confondaient dans une commune haine. Séjan lui-même finit par devenir l'objet des soupçons de son maître, qui, après s'être préparé lentement à le faire tomber, envoya au sénat une longue lettre, dans laq., à la suite de vagues digressions et de quelques éloges donnés au puissant favori, non sans mélange de blâme, l'ordre était prononcé de l'arrêter et de le faire mourir. Cet ordre fut accueilli par des transports de joie du sénat et du peuple. A partir de ce jour les fureurs de Tibère n'eurent plus de bornes, et, sous prétexte de punir les complices de son ancien ministre, il frappa une foule de victimes innocentes. Dans son ardente soif du sang, il se chargea lui-même d'une partie des poursuites, fit torturer les prévenus sous ses yeux, et s'avança même jusqu'à Sorrente et aux portes de Rome, afin de surveiller le zèle des bourreaux. Bientôt il alla de nouveau cacher derrière les rochers de son île, non plus seulement ses cruautés, mais ses débauches, qu'une plume moderne ne saurait exprimer, et dont l'empire faisait les frais par le sacrifice honteux de tout ce qu'il renfermait de beauté et de jeunesse. Les prétendus partisans de Séjan ne furent pas seuls condamnés à périr, mais ses ennemis mêmes furent enveloppés dans une pareille proscription. Le jeune Drusus, petit-fils du tyran, mourut de faim en prison, et son aïeul fit lire dans le sénat les détails de son affreuse agonie; Agrippine périt de la même manière, et son meurtrier chercha à flétrir sa mémoire par des calomnies. Le sénat, pendant ce temps, applaudissait ou restait muet. Un souverain étranger, Artaban, roi des Parthes, fut le seul homme qui osa écrire à Tibère pour lui reprocher ses infamies, ses meurtres, ses parricides, sa vieillesse inutile et souillée : Tibère le punit en excitant dans ses états des troubles qui finirent par lui faire perdre la couronne. Enfin ce monstre alla rejoindre toutes ses victimes le 16 mars de l'an 37, dans la 78e année de son âge, après un règne de 23 ans. Les uns disent que sa mort fut naturelle; d'autres, et c'est l'opinion la plus générale, assurent qu'il fut étouffé par les ordres de Macron. La joie des Romains, lorsqu'ils apprirent cet événement, égala au moins celle qui avait suivi la mort de Séjan. Tibère avait écrit sur sa *Vie* des *Mémoires* fort abrégés et pleins de la même hypocrisie que ses discours. Domitien n'avait pas d'autre lecture.

TIBÈRE (ALEX.), né dans le 1er S. à Alexandrie d'Égypte, d'un Juif aussi opulent qu'élevé en crédit, abjura sa religion pour embrasser le paganisme, et parvint à se faire nommer, par les Romains, gouvern. de la Judée. Il s'acquitta de cet emploi avec un grand zèle. Son père, *alabarque* ou gouvern. d'Alexandrie, étant mort, Tibère céda le gouvernem. de la Judée à Cumanus, et se rendit à Alexandrie pour exercer le même emploi, vers l'an 63 de J.-C.; il eut à réprimer quelque temps après la violente sédition des Juifs, et se vit dans la nécessité de faire couler le sang de ses anciens coréligionnaires, après avoir vainement tenté de les faire rentrer dans le devoir par les voies de la douceur. Plus tard il fit proclamer Vespasien emper. par les deux légions qui se trouvaient dans la même ville et par ses habitants. Titus le choisit pour son lieuten. dans la guerre que ce prince fit aux Juifs de Jérusalem. Il paraît que Tibère mourut pendant le siége de cette ville.

TIBÈRE-CONSTANTIN, emper. d'Orient, né en

Thrace au 6e S., d'une famille obscure, embrassa de bonne heure le parti des armes, parvint au grade de capitaine des gardes de l'emper. Justin II, qui le choisit pour son successeur, d'après les conseils de l'impératr. Sophie en 574. Il était secrètement marié à Anastasie, et, après la mort de Justin (378), il la fit asseoir avec lui sur le trône, renversant ainsi les espérances de Sophie, qui s'appliqua dès-lors à susciter des ennemis au nouvel empereur. La fermeté de Tibère triompha de toutes ces menées. Après avoir comprimé une conspirat. qui avait failli le perdre, il borna toute sa vengeance à priver l'impér.-douairière des honneurs dont elle avait abusé et à faire des reproches paternels à son principal complice, Justinien, fils de Germanicus. Les peuples purent enfin contempler sur le trône un prince également remarquable par ses vertus publiques et privées. Le règne de Tibère, qui avait ajouté à ce nom celui de Constantin, devenu populaire, fut malheureusement trop court. Atteint d'une maladie grave, il mourut en 582, ayant à peine le temps de se donner un successeur parmi les plus dignes d'un tel choix. — TIBÈRE-ABSIMARE (Tibérius-Augustus), emper. d'Orient, né vers le milieu du 7e S., d'une famille obscure, était parvenu à un grade assez élevé dans la milice sous le règne de Léonce, lorsque les troupes aux ordres du patrice Jean le proclamèrent empereur en 698. Son nom était Absimare : il prit celui de Tibère, et signala d'abord son avénement au trône par la défaite complète des Sarrasins, qui depuis quelque temps tenaient l'armée impériale en échec. Profitant de l'enthousiasme de ses soldats, il les conduisit à Constantinople, dont il s'empara malgré la résistance de Léonce, et fit enfermer ce prince dans un monastère. Il s'occupa ensuite de gagner l'affect. des peuples en réformant les abus les plus graves ; mais comme il ne pouvait espérer d'affermir son autorité tant que Justinien II, héritier légitime de l'empire, serait en état de réclamer ses droits, il chargea des sicaires d'assassiner ce jeune prince. Justinien, averti, alla solliciter le secours des Bulgares, qui le replacèrent sur le trône, et il fit trancher la tête à Tibère et à Léonce en 707. On a de ce prince, ainsi que du précéd., des méd. en bronze, en argent et en or.

TIBULLE (ALBIUS-TIBULUS), chev. romain, est l'un des poètes les plus distingués de son siècle, qui fut celui de Virgile. Ce que l'on sait de sa vie se réduit à bien peu de chose. Les commentateurs n'ont même pu s'accorder sur l'époque précise de sa naissance et sur celle de sa mort. On est seulement certain qu'il fut enlevé jeune aux lettres et à ses amis, parmi lesquels il faut nommer Horace et Ovide. Il suivit M.-Valérius-Messala-Corvinus à la guerre des Gaules, et y mérita même, dit-on, des récompenses militaires. Mais la douceur de son caractère, son amour des plaisirs, son humeur indolente, son goût pour la campagne et la faiblesse de sa santé durent lui faire préférer une vie plus paisible. La nature et la fortune avaient beaucoup fait pour lui : il vécut heureux dans le calme d'une condition privée et ne connut d'autres peines que celles de l'amour auxquelles il doit son immortalité. Nous avons sous son nom 4 livres d'élégies : elles respirent une sensibilité profonde, une exquise délicatesse et cette douce mélancolie qu'on ne trouve ni chez Properce, ni chez Ovide, qui le suivirent dans la même carrière. Gallus l'y avait précédé. Il est remarquable que Tibulle n'a pas laissé un seul vers en l'honneur de Mécène et de son maître tant flatté. On a lieu de croire qu'il avait été dépouillé d'une partie de ses biens au temps des proscriptions. C'est peut-être la cause de son silence. Parmi les nombr. édit. de Tibulle, dont la plus anc. est de 1472, on distingue celles des Aldes, dont la dernière, de 1515, servit de base à celles de Muret, 1554, et d'Achille Statius, 1567; celle de Broukhusius, 1708, contenant de bonnes leçons dont le mérite serait plus grand sans la partialité de l'édit. pour Scaliger, dont le travail est moins estimé; enfin celles de Brindeley, de Barbou, de Baskerville, etc. La plus estimée est la 2e de Heyne, Leipsig, 1777, reproduite par Voss, Heidelberg, 1811. Ses traducteurs français en prose sont : l'abbé de Marolles, 1618; Pezay, 1771 ; Longchamps, 1776; M. Pastoret, 1783; Mirabeau et Lachabeaussière, 1796; en vers : M. Mollevaut, 1806, in-12, 6e ou 8e édit., 1821, in-18; et M. Baderon-Saint-Geniez, 1814, in-8. Des traduct. ou imitat. de morceaux de Tibulle ont été publ. par beaucoup d'écrivains.

TICHO. — V. BRAHÉ.

TICKELL (THOMAS), poète anglais, l'un des premiers du second ordre, né en 1681 à Brédekick dans le Cumberland, entra dans la carrière des emplois sous les auspices d'Addison, et se fit connaître par des poésies de circonstances qui eurent un gr. succès. Il fit paraître une traduct. en vers du prem. livre de l'*Iliade*, au moment où Pope publia la prem. partie de la sienne. Addison préféra l'œuvre de Tickell, et fut trompé cette fois par son goût. Pope crut qu'Addison même était l'aut. de l'ouvr. qu'il vantait, et il se trompait aussi. Telle fut cependant la cause de leur rupture. Addison, devenu secrétaire-d'état, le nomma sous-secrétaire, et ce fut lui qu'il chargea de publ. ses *œuvres*. Tickell était secrétaire des lords-juges d'Irlande, quand il mourut en 1740. Outre la *Notice* biograph. qu'il a placée en tête des *OEuvres* d'Addison, ainsi qu'une touchante élégie sur sa mort, on lui doit les articles relatifs à la poésie pastorale ins. dans le *Guardian*. Le plus connu de ses petits poèmes est le *Voyage roy.* (*the royal Progress*), impr. dans le *Spectateur*, ainsi que plus. autres de ses compositions. — TICKELL (Richard), de la même famille, commiss. de l'administrat. du timbre, mort à Hamptoncourt en 1793, est auteur de quelques poésies et autres opuscules, et d'un pamphlet original intit. : *Anticipation des débats de la chambre des communes*, qui ont été réimpr. en 1800.

TIEDEMANN (DIÉTRICH), profess. de philosophie et de langue grecque à l'univers. de Marbourg, né en 1745 dans le duché de Brême, mort en 1803, commença par être instit. de jeunes Russes, puis profess. de langues anciennes au collége Carolin à Cassel. Devenu l'ornem. de l'univ. de Marbourg, il étendit le cercle de ses leçons en proportion du nombre de ses audit., qui fut très considérable. Ses principes furent d'abord ceux de Wolf, un peu modifiés par la doctrine de Locke; mais dans la suite il se confia à la méthode expérimentale. On a de lui, entre autres ouvr. : *Dialog. Platonis argumenta exposit. et illustrata*, Deux-Ponts, 1786, in-8. — *De antiquis quibusd. musœi fredericiani simulacris*. Et en allem. : *Recherches sur l'origine des langues*, Riga, 1772, in-8. — *Système de la philosophie stoïcienne*, Leipsig, 1776, 3 vol. in-8. Enfin *Esprit de la philos. spéculative depuis Thalès jusqu'à Berkeley*, Marbourg, 1787-97, 6 vol. in-8 : c'est son principal ouvrage.

TIEFFENTHALER (le P. Joseph), célèbre missionnaire, né vers 1715 à Bolzano dans le Tyrol, embrassa la règle des jésuites, et partit en 1743 pour le Mongol; il séjourna trente années dans les Indes, s'y livra à des recherches sur la littérature, les mœurs, la religion des Hindous, et mourut en 1771. Sa *Descript. géographiq. de l'Hindoustan*, Berlin, 1785, et Paris, 1786, in-4, a servi aux progrès de la science, mais ne serait plus aujourd'hui le meilleur guide à suivre. Bernouilli a réuni à cet ouvrage (qui forme ainsi 3 vol. in-4) les *Recherches historiq. et géographiq. sur l'Hindoustan*, par Anquetil-Duperron, ainsi que la carte du cours du Gange et du Gogra, et la carte générale de l'Inde par le major Rennel.

TIELCKE (Jean-Gottlieb), né en 1731, mort en 1787, était, de simple grenadier, devenu capitaine de génie et d'artillerie dans l'armée saxonne, après avoir pris part aux princip. événem. de la guerre de sept ans. On a de lui plus. ouvr. destinés aux gens de guerre, entre autres : *Mémoires pour servir à l'art militaire et à l'histoire de la guerre de 1756 à 1763*, avec plans et cartes, 5 vol., Freyberg, 1776, 2ᵉ édit.

TIEPOLO (Jacob), élu doge de Venise en 1229, avant que Pierre Riani, son prédécess., eût rendu le dern. soupir, prit part à la guerre des guelfes contre Ferrare, abdiqua sa dignité en 1249, étant déjà fort avancé en âge, et mourut la même année. — Laurent Tiepolo fut doge de Venise en 1268. C'est à sa nomination qu'on employa pour la prem. fois tout ensemble la voie du sort et celle de l'élection, usage bizarre suivi dès-lors tant que la république a subsisté. Il mourut en 1275, et eut pour success. Marini Morosini. — Tiepolo (Boemond), de la même famille, fut le chef d'une conspiration formée en 1310 pour renverser, à l'aide du peuple et de quelq. nobles du prem. rang, l'aristocratie établie depuis quelq. années. Il échoua dans ses projets, et mourut dans l'exil. La conspirat. ne servit qu'à faire établir le fameux conseil des dix. — Tiepolo (Jean-Baptiste), peintre, plus connu sous le nom du *Tiepoletto*, né à Venise en 1692, élève de Grégoire Lazzarini, orna de peintures magnifiques les églises et les palais de Milan et d'autres villes d'Italie; il se distinguait par une rare facilité et une manière ingénieuse. Il mourut à Madrid en 1769. — Tiepolo (Jean-Dominique), fils du précéd., suivit la même profess. et grava plus. tableaux de son père et d'autres peintres avec succès. On cite avec distinct. ses estampes représentant la *Fuite en Égypte*. — Tiepolo (Nicolas), noble vénitien, poète et philosophe, florissait vers 1525; sa plus gr. gloire est d'avoir été l'ami de Bembo et de l'Arioste. Ses *rime* se trouvent dans le recueil de Giolito, Venise, 1547. — Jacq. Tiepolo, noble aussi qui vivait au 16ᵉ S., est aut. d'une ode pindariq. intit. : *les Lis d'or*, 1575, ainsi que d'autres pièces dont Dominiq. Ferrari a publ. la collection.

TIERNEY (George), publiciste anglais, né à Gibraltar en 1761, était fils d'un négociant. Après une prem. tentative infructueuse, il fut nommé à la chambre des communes en 1796, par le bourg de Sottewark. En 1788, sous le ministère de Pitt, il avait publié des *Essais sur la situation réelle de la compagnie des Indes comparée à ses droits et à ses priviléges*, où il se déclarait contre le ministère. Il fut donc de l'opposition, et en devint même le chef. Partisan de la révolut. franç., il la soutint avec ardeur: ce fut là une de ses idées fixes. Une autre fut la réforme parlementaire. Ennemi acharné de Pitt, dont il attaquait indistinctement tous les actes, ce ministre l'ayant une fois accusé d'avoir parlé en ennemi de l'Angleterre, Tierney demanda qu'il fût rappelé à l'ordre. Le ministre insista, et il s'ensuivit un duel où tous deux firent feu deux fois et se manquèrent; Pitt termina le différend en tirant son 3ᵉ coup en l'air. Tierney, fidèle à son système, combattit continuellement le système de coalition et de subside payé par l'Angleterre aux puissances en guerre avec la France. Il fit une motion pour la paix. Un changement de ministère survenu en 1802 lui procura des emplois lucratifs. Aussi sous Pitt, sous Fox et sous lord Grenville, il fut secrétaire en chef du gouvernem. d'Irlande, puis chef du corps de contrôle pour les affaires de l'Inde. Les électeurs de Southwark lui préférèrent un autre candidat; mais il fut nommé dans un bourg qui dépendait du gouvernement. Depuis 1800 il se rapprocha de l'opposition, blâma la traite des nègres, l'attaque de Copenhague, l'entrée des Anglais en Espagne, la publicité donnée aux affaires de la princesse de Galles, etc. En 1817 il fut malade; mais quand il reparut au parlem., il montra qu'il n'avait rien perdu de son talent. Il fut un temps où beauc. d'Anglais faisaient baptiser leurs enfants sous le nom de Tierney; plus tard les mêmes électeurs signalaient leur mépris pour lui, en donnant à leurs chiens un nom qu'ils avaient tant vénéré. Tierney mourut en 1830, à l'âge de 69 ans.

TIFERNAS (Grégoire), né vers 1415 à Città di Castello, mort à Venise à l'âge de 50 ans, enseigna successivem. le grec dans sa patrie, à Naples, à Milan, à Rome et même à Paris, où cette langue était alors presque inconnue. On conjecture que des envieux mirent fin à ses jours par le poison. De tous les écrits qu'avait laissés Tifernas, il ne reste qu'un *Recueil de vers latins*, impr. à la suite d'*Ausone*, Venise, 1472, in-fol., et souv. reprod. notamm. à Strasbourg, 1508, in-4 (*v.* les *Remarques sur le Dictionn. de Bayle*, par Joly).

TIGELLIN (SOFÉNIUS-TIGELLINUS), d'une naissance obscure, mérita, par ses débauches scandaleuses, de devenir le ministre et le favori de Néron. Après la mort de Burrhus et la retraite de Sénèque, ce fut lui qui dirigea le jeune emper. dont il avait déjà gagné la confiance. Faire périr Sylla et Plautus, encourager la passion criminelle de Néron pour Popée, noircir même la vertu d'Octavie, tels furent ses prem. services. Bientôt Rome est réduite en cendres, et c'est dans les jardins de Tigellin que se manifeste d'abord l'incendie : l'on ne sait rien de plus. C'est encore lui, dit-on, qui fit échouer la conspiration de Pison, ou du moins il déploya alors une telle activité à punir, qu'il obtint les ornem. du triomphe et deux statues. A la mort de Néron, il dut lui-même la vie à un favori du nouvel empereur. Mais Othon remplaça bientôt le vieux Galba, et envoya à Tigellin l'ordre de mourir. Après de longues hésitations, il se coupa la gorge avec un rasoir, en l'an 69.

TIGNY (MARTIN GROSSETÊTE de), né à Orléans en 1736, se livra avec ardeur à l'étude des insectes. Sa femme, qui partageait les mêmes goûts, mit en ordre les produits de leurs recherches communes et en composa l'*Hist. naturelle des insectes*, Paris, 1801, 10 vol. in-12. De Tigny, sous le nom duquel parut cet ouvr., était mort en 1799.

TIGRANE ou DIKRAN I*er*, roi d'Arménie, de la race des Haïganiens, fils et success. d'Érovant I*er*, monta sur le trône l'an 565 av. J.-C., et par ses qualités brillantes fit le prem. connaître l'existence des Arméniens aux nations étrangères. Il se lia d'une étroite amitié avec Cyrus et lui donna sa sœur en mariage. Plus tard Cyrus s'étant révolté contre Astyages, roi des Mèdes, celui-ci, pour enlever à son petit-fils rebelle son plus puissant protect., voulut se défaire de Tigrane ; mais ce projet fut découvert par la femme même d'Astyages à Tigrane, dont elle était la sœur aînée. Tigrane joignit alors ses forces à celles de Cyrus, remporta plus. victoires sur le vieux Mède, et le tua de sa propre main dans une dern. bataille. Il aida, par la suite, Cyrus, devenu roi des Mèdes et des Perses, dans ses guerres contre Crésus, roi de Lydie, et Balthasar, roi de Babylone. Il mourut l'an 520 av. J.-C. Sous son règne l'Arménie comprenait le Mont-Caucase, la Géorgie, l'Albanie et la Cappadoce.

TIGRANE II, ou plutôt ARDASCHÈS, autre roi d'Arménie, de la race des Arsacides, succéda à son père Arschag I*er* ou Arsace l'an 118 ou 114 av. J.-C. Il fit plusieurs guerres à son parent le roi des Parthes Mithridate II, et réussit enfin, après des succès long-temps balancés, à briser l'orgueil de ce prince qui, comme tous ceux de sa nation, s'attribuait sur les autres rois une prééminence de titre et de pouvoir. Il fit alliance ensuite avec le gr. Mithridate, roi de Pont, et lui donna sa fille. Mais au moment où il se préparait, de concert avec son gendre, à une nouvelle expédit. dans l'Asie-Mineure, il fut assassiné par un de ses généraux l'an 91 av. J.-C.

TIGRANE III, dit *le Grand*, roi d'Arménie, fils du précéd., étendit sa dominat. sur toutes les contrées voisines, conquit la Perse, la Syrie, et prit le titre de *Roi des Rois*. Il épousa sa nièce Cléopâtre, fille de Mithridate, roi de Pont, auquel il rendit la Cappadoce, que les Romains lui avaient enlevée. Mithridate, vainqueur à son tour des Romains, déplut, par son orgueil, au roi d'Arménie, qui se regardait comme le monarque de l'Orient. Aussi Tigrane ne l'aida que faiblement dans ses guerres nouvelles ; il consentit à lui donner un asile, mais il refusa de le voir. Bientôt la fierté avec laq. Lucullus vint réclamer Mithridate, réconcilia Tigrane avec son beau-père malheureux. Il voulut le venger ; mais il fut vaincu par Lucullus à plusieurs reprises. Cependant il commençait à rétablir ses affaires, quand la révolte de son fils l'obligea d'abandonner le roi de Pont, qui ne put tenir contre Pompée, son nouvel adversaire, et, dans sa détresse, implora une seconde fois la protection de son gendre. Tigrane lui ordonna de sortir de ses états, et bientôt lui-même il se remit à la discrétion des Romains, qui lui conservèrent tous ses titres avec l'Arménie et la Mésopotamie. Leur médiat. lui fut utile encore dans une guerre contre les Parthes. Tigrane demeura leur plus fidèle allié jusqu'à sa mort, arrivée vers l'an 55 av. J.-C. Depuis quelque temps il avait associé à son pouvoir Artabaze ou Artavasde, son fils, qui lui succéda. On a des médailles et médaillons de Tigrane-le-Grand.

TIGRANE, fils d'Artabaze, captif d'abord à Alexandrie, puis à Rome, devint roi d'Arménie, avec l'autorisation d'Auguste, s'unit aux Parthes contre les Romains, et mourut l'an 6 av. J.-C., au moment où les Romains se préparaient à le punir de son ingratitude. — TIGRANE IV, son fils, exclu du trône par les Romains, rentra en Arménie avec le secours des Parthes, en chassa le roi Artavasde, dont il prit la place, et qui mourut bientôt après. Un autre roi fut nommé par Caïus-César, au nom d'Auguste. Tigrane essaya vainem. de se faire reconnaître, et fut tué l'an 2 avant J.-C., dans une guerre contre des peuples barbares que l'histoire ne nomme pas. — TIGRANE V, petit-fils d'Hérode, roi de Judée, amené dès son enfance à Rome, y fut élevé dans le polythéisme. Nommé roi ou plutôt gouvern. de l'Arménie, il entretint des intelligences avec les Parthes, et fut mis à mort par l'ordre de Tibère vers l'an 34 de J.-C. — TIGRANE VI, neveu du précéd., formé dans Rome à une obéissance servile, reçut de Néron l'Arménie démembrée, et y remplaça Tiridate, vaincu par Corbulon, jusqu'à ce que les Arméniens, soutenus par les Parthes, rappelassent Tiridate, vers l'an 61 ou 62. — TIGRANE VII, succéda à Diran I*er*, son frère, sur le trône d'Arménie vers l'an 142, ne fit rien de remarquable pend. un règne de 20 ans, et fut expulsé par Lucius-Vérus, qui nomma pour le remplacer, vers l'an 161, Sohème, prince d'une autre branche de la race des Arsacides. Il paraît que ce dernier n'occupa point le trône, et que ce ne fut qu'en l'année 178 que Tigrane VII fut remplacé par son fils Vologèse ou Vagarsck (*v.* le t. II des *Mémoires* de Saint-Martin sur l'Arménie).—TIGRANE VIII, fils d'Arsace IV, lui succéda vers l'an 408, concurremment avec son frère Arsace. Des différends s'étant élevés entre les deux frères au sujet du testament de leur père, Tigrane VIII céda ses droits au roi de Perse, et Arsace les siens à l'emper. Théodose. Ainsi fut démembré le roy. après de longs troubles.

TIL (SALOMON van), théologien de l'Église réformée, né en 1644 à Wesop, près d'Amsterdam, remplit pend. 10 ans avec distinction une chaire de théologie à l'univ. de Leyde, et mourut en 1731. Il approuvait la doctrine de Jean Cocceïus. On a de lui un grand nombre d'ouvr. de controverse et de théologie, tant en latin qu'en hollandais; les principaux sont : *la Poésie et la musique des anciens, mais principalem. des Hébreux, éclairées par des recherches curieuses*, Dordrecht, 1692, plus. fois réimpr. — *Le Paradis des Gentils ouvert à tous les incrédules*, ibid., 1694, in-4, avec une suite publiée deux ans après. — *Malachias illustratus*, ibid., 1701, in-4. — *La paix de Salem affermie en charité, en confiance et en vérité*, ibid., 1687, in-4. — Des *Commentaires* latins sur l'Écriture sainte, etc., 1744, 3 vol. in-4.

TILENUS (DANIEL), ministre calviniste, né en 1563 en Silésie, mort à Paris en 1633, avait suivi d'abord la doctrine d'Arminius; il adopta ensuite celle des *remontrants*, s'engagea dans des discussions théolog. à Sedan avec le ministre Dumoulin, à Paris avec l'évêq. d'Évreux, J. Davy Duperron, à Orléans avec G. Caméron, etc. La protection du roi d'Angleterre ne le préserva point d'une accusation d'hérésie qui lui fut intentée à Londres. D. Tilenus passa toute sa vie à disputer, à blâmer et à être blâmé. Il a laissé un grand nombre d'écrits, entre lesquels on distingue ses *Observations sur le concile de Laodicée*, dont la préface contient quelq. circonstances de sa vie.

TILING (JEAN), médecin, né en 1688 à Brême, reçut le doctorat à Leyde, et de retour dans sa ville natale y professa successivem. la médecine, la logique, la physique et la métaphysique, et mourut en 1715, médecin pensionné. Outre des édit. de l'*Arsenal* de Schultet, augm. de *notes*, Leyde, 1693, in-8, et des *Observations* de Nuck, Iéna, 1698, in-8, il a publié beaucoup de *dissertat.* lat., au nombre desquelles on distingue : *De constitutione et usu bilis*, 1693, in-4. — *De fœtus in utero nutrione*, 1698, in-4. — *De lue venereâ*, 1711, in-4. — TILING (Matthieu), membre de l'acad. des Curieux de la nature sous le nom de *Zephyrus II*, était né à Jevern, dans la Westphalie, et prit, en 1625, le grade de docteur à l'univ. de Rinteln, où il remplit bientôt une chaire. Dans la suite, il fut nommé médecin de la cour de Hesse, et mourut à Cassel en 1685. Quelques-uns de ses *opuscules* ont eu les honneurs de la réimpression. De ce nombre sont : *De admirandâ renum structurâ ac usu*, in-12, Francfort, 1672, 1699 et 1719.—*Anatomia lienis ad circulat. sanguinis accommodata*, in-12, Rinteln, 1673, 1676. On distingue parmi les autres: *Anchora salutis sacra, sive de laudato opiato, medicamento cœlitùs demisso liber singularis*, Francfort, 1671, in-8. — *De recidivis tractatus aureus*, Minden, 1679, in-12.

TILLADET (JEAN-MARIE DE LA MARQUE de), d'une famille ancienne de l'Armagnac, où il naquit vers 1650, suivit d'abord le parti des armes, puis professa pendant 15 ans la théologie et la philosophie chez les PP. de l'Oratoire à Paris. Admis à l'acad. des inscript. en 1701, il mourut à Versailles en 1715. On trouve de ses dissertat. dans le *Rec.* de l'académie, t. I à III. Son *Éloge*, par De Boze, t. III, pag. 331-34, a été reproduit par Niceron, littérat., et avec des addit. dans le *Dictionnaire* de Chauffepié, etc. Tilladet est l'édit. d'un recueil de *Dissertat. sur div. matières de religion et de philosophie*, Paris, 1712, 2 vol. in-12.

TILLEMONT (SÉBASTIEN LE NAIN de), historien, né en 1637 à Paris, fit ses études à Port-Royal, où il reçut des leçons de logique de Nicole. Dès cette époque il avait lu Tite-Live et Baronius, et avait pris du goût pour l'histoire; il étudia ensuite la théologie, les livres sacrés et les écrits des Pères. Cependant, malgré les sollicitations de Buzanval, évêque de Beauvais, il hésita à embrasser l'état ecclésiastique, et ne reçut la prêtrise qu'en 1676, vaincu par les instances d'Isaac de Saci, qui voulait lui léguer la direct. spirituelle de Port-Royal. Tillemont s'honora par ses vertus dans cette carrière où il était entré si tard. Chassé de cette retraite en 1679 avec les autres solitaires, il alla demeurer à Tillemont, entre Montreuil et Vincennes; il fit un voyage en Hollande en 1681, pour visiter Arnauld et les autres réfugiés. De retour en France, le reste de sa vie s'écoula doucem. au sein de l'amitié, de l'étude et de la religion, et il mourut à Paris en 1698. Sans parler des écrits d'Arnauld, d'Hermant, de du Fossé, de Goibaud-Dubois, de Lambert, de Filleau de la Chaise, auxq. Tillemont a coopéré, on a de lui : *Histoire des empereurs et des autres princes qui ont régné durant les six prem. siècles de l'Église*, etc., 6 vol. in-4, qui parurent de 1690 à 1738. — *Mémoires pour servir à l'histoire ecclésiastiq. des six prem. siècles*, etc., 16 tom. in-4, qui parurent de 1693 à 1712, l'hist. du 6ᵉ S. n'est pas complète; l'auteur ne l'a conduite qu'à l'année 513. On a publié : *Idée de la vie et de l'esprit de M. Le Nain de Tillemont* par l'abbé Tronchay, Nancy, 1706, etc.; sa *Vie*, Cologne, 1711 (v. les *Éloges* de Perrault, la *Bibliothèq. des auteurs ecclésiastiq.* de Dupin, le *Dictionnaire* de Chauffepié, et le t. XV des *Mém.* de Niceron).

TILLET (MATTHIEU), agronome, né à Bordeaux vers 1720, admis à l'acad. des sciences en 1758, mort en 1791, a publ. : *Dissertation sur la ductilité des métaux et les moyens de l'augmenter*, Bordeaux, 1750, in-4.—*Précis des expériences faites à Trianon sur la cause qui corrompt les blés*, 1756, in-8, et 1785, in-4. — *Hist. d'un insecte qui dévore les blés de l'Angoumois*, 1763, in-12.— Et avec Abeille : *Observat. de la société royale d'agriculture sur l'uniformité des poids et mesures*, 1790, in-8. — TILLET (Louis-Guillaume du), évêque d'Orange, né au château de Montramay en 1729, fut, pendant 20 ans, le modèle de l'épiscopat et le père des pauvres, qu'il accueillit tous, sans exclure de ses aumônes les juifs et les protestants. On le vit en 1784 braver avec une intrépidité héroïque la fureur des eaux de l'Ouvèze pour secourir des malheureux. Lors de la convocation des états-généraux dont il fit partie, il publia : *Sentiments d'un évêque sur la réforme à introduire dans le temporel et la discipline du clergé*, in-12, ouvr. dans lequel il engageait les ecclésiastiq. à combler le déficit des finances. Il ne voulut point prêter le serment civique, et se retira dans le château de Blunay-Lezmetz-sur-Seine, où il mourut en 1794. On a de lui un *Abregé chronologique de l'histoire sacrée*, qu'il avait fait imprimer pour les écoles de son diocèse. Ses *sermons* mériteraient d'être recueillis. — V. DUTILLET et TITON.

TILLI (JEAN TZERCLAES, comte de), général allem., porta d'abord l'habit de jésuite, qu'il quitta pour prendre les armes. Il se signala en Hongrie contre les Turks, reçut le command. des troupes de Bavière sous le duc Maximilien, entra en 1620 dans la Haute-Autriche et eut une gr. part au gain de la bataille de Weissemberg. En 1621 il marcha contre Mansfeld, un des soutiens de la maison palatine et des protestants, et reprit sur lui Pilsen et Thabor. En 1622, il défit près d'Aschaffembourg le prince Christiern de Brunswick, s'empara de Heidelberg, Manheim, etc. On le voit ensuite, tantôt seul, tantôt avec Wallenstein, marcher de succès en succès dans la Vétéravie, la Hesse, les états de Brunswick, la Westphalie, et gagner enfin sur les Danois la fameuse bataille de Lutter, près de Wolfenbuttel, dont le pape Urbain VIII le félicita au nom de l'Église. Il poursuivit ses succès contre la ligue protestante jusqu'en 1629, fut envoyé alors à Lubeck en qualité de plénipotentiaire pour la conclusion de la paix avec le Danemarck, et revint prendre le commandem. de l'armée impériale retirée à Wallenstein ; mais ayant désormais à lutte un adversaire plus redoutable, Gustave-Adolphe, il n'obtint plus que des avantages momentanés et d'une faible importance, et perdit enfin une bataille près de Leipsig qui lui enleva en un jour sa réputation du prem. général de l'Europe. Gustave soumit tout le pays depuis l'Elbe jusqu'au Rhin, et Tilli, dépouillé par l'empereur du commandement général qui fut rendu à Wallenstein, attaqua vainement Nuremberg, essaya sans succès de dégager Helbronn, et ne réussit qu'à prendre la citadelle de Wurtzbourg. Forcé de fuir devant Gustave, il se retira en Bavière, se retrancha dans la petite ville de Rain sur le Lech, et après d'inutiles efforts pour empêcher le roi de Suède de passer cette rivière, fut atteint d'une blessure mortelle à laq. il succomba peu de jours après à Ingolstadt en 1632.

TILLI (MICHEL-ANGE), botaniste, né à Castelfiorentino en 1655, mort à Pise en 1740, partagea toute sa vie entre l'étude de l'histoire naturelle, la pratique de la médecine et l'instruction de la jeunesse. On lui doit : *Catalogus plantarum horti pisani*, Florence, 1723, in-fol. Honoré de l'amitié du célèbre naturaliste Redi, qui le fit nommer médecin des galères toscanes, il enrichit la science d'un gr. nombre d'observations et d'expériences, entretint une correspondance active avec les plus illustres botanistes de l'Europe, fut reçu membre de la société royale de Londres, et s'occupa surtout d'agrandir le jardin public de Pise et d'y naturaliser les plantes exotiques les plus précieuses. Il avait fait plusieurs voyages, un, entre autres, à Constantinople, où il avait été appelé pour soigner la santé du gr.-seigneur, et un à Tunis, où il rendit la santé au bey. Fabroni a fait l'*Éloge* de Tilli, t. IV, p. 175 des *Vitæ Ital.* (v. aussi le *Comment.* de Calvi).

TILLIOT (JEAN-BÉNIGNE LUCOTTE, seigneur du), philologue et antiquaire, né en 1668 à Dijon, où il mourut en 1750, s'était formé à grands frais un cabinet de médailles, de livres, de tableaux, etc., que l'abbé Papillon cite comme un des ornem. de la capitale de la Bourgogne. On a de lui : *Mémoires pour servir à l'histoire de la fête des fous*, Lausanne, 1741, ou Genève, 1745, in-4 ; ibid., 1751 ou 1752, in-8, et des MSs. dont on trouve les titres dans la *Biblioth. de Bourgogne*, art. LUCOTTE.

TILLOCH (ALEXANDRE), écrivain anglais, né à Glasgow en 1759, mort en 1825, coopéra très activement à la rédact. du journal *the Star* (l'Étoile), et fonda le *philosophical Magazine*, ouvr. périodique pour les sciences mathématiq. et physiq. Il avait inventé un nouv. procédé typographique, qui n'est autre que la stéréotypie, et travailla au perfectionnem. des machines à vapeur.

TILLOTSON (JEAN), célèbre prédicateur, né dans le Yorkshire en 1630, se livra d'abord aux fonctions pénibles de l'enseignement dans le collége de Clare-Hall. La société de Cudworth, la lecture de Chilingworth et les entretiens de Wilkins l'ayant arraché au calvinisme en 1661, il ramena plusieurs non-conformistes à l'Église anglicane. Il commença dès-lors à se faire une réputation par son talent pour la chaire, et devint aumônier de la société des avocats de Lincoln's-Inn, à Londres, puis en 1672, doyen de Cantorbéry. Un de ses sermons, prêché devant le roi en 1680, fut attaqué par quelques théologiens comme contraire aux principes fondamentaux de l'Église anglicane. Il se maintint pourtant assez en crédit sous l'insouciant Charles II. Il n'en fut pas de même sous Jacques II, qui ne put lui pardonner ses efforts antérieurs pour le faire exclure du trône. Mais bientôt les règnes de Guillaume et de Marie, dont il se montra le zélé partisan, vinrent l'élever aux plus hautes dignités. Il obtint successivement le doyenné de St-Paul de Londres, une prébende dans la même église, la place de secrét. du cabinet du roi, enfin l'archevêché de Cantorbéry en 1691, et en même temps

7.

l'entrée au conseil privé. On l'accusa de *socinianisme* publiquement, on l'accabla de pamphlets. Fort d'ailleurs de la protection royale, il souffrit tout avec une dignité pleine de modération, et mourut à Lambeth en 1694. La meilleure et la plus complète édition de ses *OEuvres* est celle que le docteur Warburton a publiée en 12 vol. in-8. Burnet, Dryden, Addison, ont porté sur les sermons de Tillotson le jugement le plus favorable; mais le cardinal Maury, dans son *Essai sur l'éloquence de la chaire*, en porte un jugement bien différent.

TILLY (Pierre-Alexandre, comte de), né en 1764 dans le Maine, descendait d'une ancienne famille de Normandie, qui s'est subdivisée en un gr. nombre de branches. Admis à 15 ans dans les pages de la reine, il en sortit pour entrer sous-lieutenant dans le régim. des dragons de Noailles. Sa carrière militaire se ressentit d'une jeunesse très orageuse et très dissipée, et il donna de bonne heure sa démission. Adversaire déclaré de la révolution, il publia des articles dans les pamphlets périodiq. du temps, tels que les *Actes des apôtres*, la *Feuille du jour*, etc. Il prit, en 1792, la défense de Louis XVI, et le 27 juillet de cette année écrivit à ce prince une lettre remarquable, qui, d'abord publiée à Paris, fut réimpr. à Berlin en 1794. Après la journée du 10 août, il se retira en Angleterre, où il séjourna 4 ans, passa ensuite aux États-Unis d'Amérique, revint en Europe en 1799, parcourut successivem. div. contrées d'Allemagne, et devint chambellan du roi de Prusse. Rentré en France en 1812, il en sortit en 1815, et se suicida à Bruxelles vers la fin de cette année. Son nom, après une célébrité éphémère et très peu historique, serait resté dans l'oubli où il était tombé depuis 1792, sans la publication de ses *Mémoires* qui retracent franchement et fidèlement les mœurs de l'époque : c'est la révélation de l'état de la société sous le règne de Louis XVI. Les *Mémoires* autographes du comte de Tilly ont paru à Paris, 1823, 3 vol. in-8. — TILLY (le comte de), lieuten.-général, d'une autre famille en Normandie, devint colonel de cavalerie en 1792, puis aide-de-camp de Dumouriez, et, nommé commandant de Gertruydenberg, fit une belle défense, terminée par une capitulation honorable. Envoyé bientôt après avec le titre de général en chef à l'armée des Côtes-de-Cherbourg, il remporta quelques victoires sur les Vendéens. Général divisionnaire en 1794 à l'armée du Nord, puis à celle de Sambre-et-Meuse, gouverneur de Bruxelles en 1796, on le retrouve sous l'empire dans les campagnes d'Autriche, de Prusse, de Pologne et d'Espagne. Nommé par le roi en 1814 grand-officier de la Légion-d'Honneur, il fut chargé en 1815, par Bonaparte, de présider le collége électoral du Calvados, et fut porté à la chambre des représentants, où il garda le silence. Il mourut en 1822.

TILSIT, ville de Prusse, située sur la Tilse et près du Niémen, a donné son nom à deux traités fameux qu'y conclut Napoléon avec l'empereur de Russie, Alexandre, et avec Frédéric-Guillaume III, roi de Prusse, les 7 et 9 juillet 1807. Ces traités, dont on peut dire que les conditions furent dictées par Napoléon, avaient été précédés d'une campagne fort glorieuse pour les armées franç. Ils devaient couronner l'œuvre commencée par l'établissement de la confédération du Rhin, c'est-à-dire mettre les puissances du Nord dans l'impossibilité de renouer contre la France une nouvelle coalition.

TIMAGÈNES, historien, né à Alexandrie, fait prisonnier par les Romains lorsque cette ville tomba en leur pouvoir, l'an 699 de Rome, fut vendu à Faustus, fils de Sylla, qui lui rendit quelq. temps après la liberté. Sa détresse le réduisit à exercer d'abord le métier de cuisinier et ensuite celui de porteur de chaise. Plus tard il ouvrit une école de rhétorique; mais il paraît qu'il eut moins de célébrité comme rhéteur que comme historien. Il eut bientôt des amis puissants, parmi lesquels on compte l'illustre Pollion (C.-Anisius), et Auguste lui-même. Ses sarcasmes lui ayant ôté la faveur de ce prince et l'ayant même fait chasser du palais, il fut recueilli dans sa disgrâce par Pollion, dont il quitta pourtant aussi la maison pour aller terminer sa vie à Dabanum, ville de l'Oschoène. Il avait écrit une *Histoire d'Auguste*, qu'il jeta au feu lors de sa disgrâce; un *Périple* de la mer entière en V liv.; une *Histoire des rois*, c'est-à-dire d'Alexandre et de ses successeurs, dont Quinte-Curce paraît avoir fait usage, et enfin une *Hist. des Gaules*, à laquelle Ammien-Marcellin a beaucoup emprunté. — TIMAGÈNES, rhéteur et historien, né à Milet, écrivit en V livres l'histoire d'Héraclée, ville de Pont, et des hommes qui l'avaient illustrée.

TIMANTHE, né à Cithne, l'une des Cyclades, vers l'an 400 av. J.-C., est regardé comme un des peintres les plus célèbres de l'antiquité. Il entra en lice avec Parrhasias, Colotès et d'autres artistes renommés, et plus. fois obtint sur eux l'avantage. Le tableau qui lui fit le plus d'honneur fut celui du *Sacrifice d'Iphigénie*, que l'on voyait encore à Rome sous Auguste. Après avoir épuisé toutes les ressources de l'art pour donner à chaque personnage le caractère propre à sa situation, il sentit que le pinceau était insuffisant pour rendre la douleur paternelle; et, par un de ces traits de génie qui n'appartiennent qu'aux grands maîtres, il peignit Agamemnon le visage caché dans sa draperie, laissant à l'imagination le soin de représenter l'état déplorable de ce père, décidé à sacrifier au bien public l'objet de ses plus chères affections. Un autre tableau de Timanthe prouve qu'il réussissait dans plus d'un genre; nous voulons parler de ce *Cyclope endormi*, auprès duquel il avait placé des satyres mesurant la longueur de son pouce avec un thyrse.

TIMÉE, *de Locres*, philosophe, ne fut sans doute pas un des disciples immédiats de Pythagore, comme on l'a cru long-temps; mais, né dans la Grèce chez les Locriens-Épizéphyriens, il put recueillir les tradit. encore récentes de cette école mystérieuse. Si l'on s'en rapporte au témoignage des divers interlocuteurs du dialogue de Platon qui porte le nom de *Timée*, cet héritier des doctrines pythagoriques avait un génie capable d'embrasser tout le cercle des connaissances humaines. Il jouissait d'une grande considération dans sa patrie, où il remplit les prem. magistratures, et il passait surtout pour un très habile astronome. Suidas cite de lui un *Traité de mathématiques*, une *Vie de Pythagore* et un livre *sur la Nature*, qui est peut-être celui que nous avons encore sous ce titre : Περὶ ψυχᾶς κοσμω καὶ φύσεως (*sur l'âme du monde et sur la Nature*). Ce manuel philosophiq., divisé ordinairem. en 6 chap., ressemble à l'extrait d'un plus gr. ouvrage. C'est une analyse un peu sèche, mais précise et méthodique, du système de l'idéalisme. Quelques savants ont prétendu que ce traité n'était qu'un abrégé du *Timée* de Platon. Il est certain que les doctrines religieuses, et parfois des phrases entières du *Traité de l'âme du monde*, se retrouvent dans le sublime écrit de l'élève de Socrate. Mais le traité qui nous est parvenu sous le nom de Timée de Locres sera toujours bien précieux, quelle que soit l'opinion que l'on adopte sur son authenticité. Nous en avons deux traduct. franç. accompagnées du texte, l'une du marquis d'Argens, *avec des Dissertations sur les principales questions de la métaphysique, de la physique et de la morale des anciens*, Berlin, 1763; l'autre, de l'abbé Batteux, Paris, 1768.

TIMÉE-LE-SOPHISTE, grammairien, vivait du 2e au 4e S.; il est auteur d'un *Dictionnaire* spécial de locutions platoniques, qui ne s'est retrouvé que dans un MS. du 10e S. qui renferme d'autres glossaires. On en a deux excellentes éditions dues au sav. Dav. Ruhnken, Leyde, 1754, in-8; ib., 1789, in-8. Ce n'est peut-être qu'un recueil alphabétique des gloses marginales éparses dans les MSs. de Platon, ou l'abrégé des dictionnaires platoniques d'Harpocration et de Boëthus, perdus aujourd'hui.

THIMMERMANN (Théodore-Gérard), médecin, né en 1727 à Duisbourg, où il prit ses grades, vint exercer à Erberfeld, fut nommé en 1760 profess. d'anatomie à Rinteln, et quelques années après se retira à Mœurs, où il mourut en 1792. On ne connaît de lui que des *opuscules* académiq., tels que *Programma de emphysemate*, Rinteln, 1765, in-4. — *Periculum med. belladonnæ*, ibid, 1765, in-4. — *Dissert. de spinâ ventosâ*, ibid, 1765, in-4. — *De herniis*, ib., 1767, in-4. — *De opii abusu*, ib., 1784, in-4. — *Diatribe antiquariomedica de dæmoniacis Evangeliorum*, ib., 1786, in-4. — *Dissertatio de ossium structurâ eorumque carie et spinâ ventosâ*, ib., 1778, in-8.

TIMOCRÉON, athlète et poète comique rhodien, né vers l'an 476 av. J.-C., se rendit fameux tout à la fois par sa voracité et par son humeur satirique. Il ne reste de lui que quelq. fragm. dans le *Corpus poetar. græcor.*, Genève, 1606 et 1614, 2 vol. in-fol.

TIMOLÉON, né à Corinthe vers l'an 410 av. J.-C., annonça de bonne heure autant de haine pour la tyrannie, que Timophanes, son frère aîné, avait montré d'adresse à capter la confiance des Corinthiens. Abusant de son crédit et de ses richesses, ce dernier s'était entouré d'hommes corrompus, qui l'exhortaient sans cesse à s'emparer du pouvoir; et il avait obtenu de ses imprudents concitoyens, pend. la paix, une garde de 400 hommes. Cette concession l'enhardit, et dès-lors il agit en tyran. Timoléon, après avoir veillé quelque temps avec une sollicitude discrète sur la conduite de son frère, se décide à lui faire de vives représentations. Il le conjure d'abdiquer un pouvoir odieux : Timophanes reste sourd aux sages avis qui lui sont donnés; son frère revient à la charge, et cette fois il est accompagnée de deux citoyens respectables, leurs amis communs. Timophanes répond d'abord par une dérision amère, puis par des menaces et des violences. Fatigués de sa résistance, les deux compagnons de Timoléon poignardent le tyran. Les uns exaltèrent la démarche de Timoléon comme un sublime effort de vertu, les autres la regardèrent comme un forfait; le plus gr. nombre en apprenant la mort de Timophanes, regrettaient que son frère en fût le complice. On lui intenta une action qui n'eût pas de suite; mais, frappé de l'improbation presque générale, Timoléon, après avoir voulu mettre fin à ses jours, prit l'inébranlable résolution de quitter Corinthe. Son exil volontaire dura plus. années. Il était de retour dans sa patrie, mais sans s'y mêler aux affaires publiques, lorsqu'après 20 ans (345 av. J.-C.), on le nomma par acclamation chef d'une armée destinée à aider les Syracusains à secouer pour la 2e fois le joug de Denys-le-Jeune. Sa conduite devait, suivant une décision des juges, ou l'absoudre de toute culpabilité dans le meurtre de son frère, ou être tenue comme une preuve concluante contre lui, s'il ne montrait en cette circonstance l'héroïsme qu'on était en droit d'attendre de sa haine pour la tyrannie. Dix galères faiblem. équipées sont mises sous les ordres de Timoléon, qui doit traverser une flotte carthaginoise apostée pour lui intercepter le passage, et vaincre Icétas, tyran de Léontium, lequel, avec l'appui de Carthage, songe à soumettre Syracuse, dont il ne semble que menacer le tyran. Il aborde en Sicile, y voit accroître ses forces par l'alliance des insulaires qui ont pénétré les perfides desseins d'Icétas; et, après avoir envoyé à Corinthe le tyran Denys, qui s'est remis entre ses mains avec ses trésors et ses troupes, il établit une garnison dans la citadelle de Syracuse, et força Icétas à s'éloigner. Une courte expédition lui suffit pour purger l'île de tous les petits tyrans, et il se contenta de les réduire à la condition de simples particuliers, cette punition lui semblant avec raison, et plus terrible pour les coupables, et plus profitable à la morale des peuples. De retour à Syracuse, il y affermit de plus en plus la liberté en lui donnant pour base le respect des lois et la répress. de la licence. La prospérité de Syracuse alarma les Carthaginois, qui débarquèrent 70,000 hommes à Lilybée, sous la conduite d'Asdrubal et d'Amilcar. Timoléon marche à leur rencontre avec 7,000 soldats, dont 5,000 désertent en route. Il se félicite de ce que les lâches se sont déclarés avant le combat. L'exemple de son intrépidité entraîne les braves qui lui restent, et, secondé par l'opportunité de son attaque, il demeure vainqueur au combat de Crimèse. Outre un immense butin, il y fit un nombre de prisonniers égal à ce qu'il comptait de combattants. Avec l'aide des Carthaginois, Icétas avait repris les armes, ainsi que Mamercus, tyran de Catane. Timoléon, forcé d'aller les combattre en personne, les défit l'un après l'autre. Le premier, fait prisonnier, fut traduit devant le peuple, qui le voua au supplice, ainsi que sa femme et ses filles. Hippon, tyran de Messine, qui avait donné asile à Mamercus, ne put échapper, non plus que son hôte, à la vengeance populaire, et subit une peine infamante. Cependant Carthage avait demandé la paix. Délivrée de ses tyrans, la Sicile renaissait à son antique splendeur : l'agriculture et le commerce florissaient dans cette île naguère déserte, sous la protection des lois. Timoléon put alors, conformément à la décision de ses anc. juges, se croire lavé de toute incriminat. relative au meurtre de Timophanes. Il abdiqua l'autorité qu'il avait exercée pendant 4 ans, pour vivre en simple citoyen de sa patrie adoptive. Devenu aveugle dans sa vieillesse, c'est alors surtout que durent paraître plus touchantes les marques de vénérat. dont ne cessa d'être entouré le bienfaiteur de la Sicile. Les Syracusains décrétèrent que le jour de sa naissance serait regardé comme un jour de fête, et qu'ils demanderaient un général aux Corinthiens toutes les fois qu'ils auraient à soutenir une guerre étrangère. Ce gr. homme mourut dans un âge très avancé, vers la dern. année de la 110e olym., l'an 337 av. J.-C. De magnifiques obsèques lui furent décernées, et ses enfants conservèrent les riches domaines que lui avait donnés la république. Une vie aussi glorieusem. remplie n'a pas manqué d'historiens. Outre ses biogr., Plutarque, Cornélius-Nepos et Diodore de Sicile, on peut consulter sur Timoléon divers écrivains modernes, notamm. Barthélemy, *Voyage d'Anacharsis*, chap. IX et LXIII.

TIMON le *Misanthrope*, était de Collyte, bourg de l'Attique. Né quelque temps avant la guerre du Péloponèse, il est très probable que le spectacle de cette époque, si féconde en malheurs, en vices et en crimes, contribua à développer en lui ce caractère morose, auquel il doit son surnom et sa célébrité. Il paraît aussi qu'il ne prit en haine ses semblables qu'après avoir éprouvé leur fausseté et leur ingratitude. Il avait fait l'emploi le plus généreux d'une fortune légitimement acquise. Lorsqu'elle fut épuisée, il vit la perte de ses amis suivre celle de ses biens, et, rompant dès-lors tout commerce avec le genre humain, il alla se livrer, dans une solitude profonde, aux sombres méditations d'une philosophie chagrine ; ou, s'il rentrait quelquefois dans Athènes, c'était pour applaudir, par une cruelle ironie, aux erreurs et aux folies de ses concitoyens. Sa mort fut digne de la dernière partie de sa vie : il fit une chute, se cassa la jambe, et porta le dégoût de l'existence, ou l'aversion pour les hommes, au point de refuser les secours de l'art et de laisser la gangrène se mettre à sa plaie. On a dit qu'il était parvenu, sans doute par les travaux de l'agricult., qui seuls pouvaient se concilier avec son humeur sauvage, à se créer une nouvelle fortune, et qu'alors il se montra aussi avare et aussi dur qu'il avait été libéral et généreux. Cette assertion, probablement calomnieuse, ne paraît pas avoir été admise par Pline, qui met Timon au rang des sages (*Hist. nat.*, t. VII, p. 19), ni par Stobée, qui lui attribue cette maxime : « La cupidité et l'avarice sont la cause de tous les maux de l'humanité. »

TIMON, poète et philosophe grec, né à Phlionte, dans le Péloponèse, vers le milieu du 3e S. avant l'ère vulg., fréquenta l'école de Stilpon, puis celle de Pyrrhon-le-Sceptique, dont il devint le plus illustre disciple. Comme il n'avait qu'une fortune à peine suffisante aux besoins de sa famille, il se rendit à Chalcédoine, pour y enseigner la philosophie et l'art oratoire. Après s'y être enrichi, il alla visiter l'Égypte, et fut accueilli par Ptolémée-Philadelphe, qu'il n'épargna pourtant pas dans ses vers satiriques. Il passa ensuite à la cour du roi de Macédoine, Antigone, surnommé *Gonatas*, qui lui montra aussi de la bienveillance et de l'estime, et il finit par se fixer à Athènes, où il mourut presque nonagénaire. Son caractère, empreint de légèreté ironique et de gaîté railleuse, semblait merveilleusement propre à développer et à faire valoir sa doctrine, qui était le scepticisme absolu. Il se moquait de tous les philosophes, mais surtout d'Arcésilas, chef de la seconde académie, qui nuisit le plus au pyrrhonisme, en sachant se renfermer dans le doute méthodique. Comme poète, Timon jouissait d'une assez haute estime, justifiée du moins par une grande fécondité. Ses poésies les plus célèbres étaient *les Silles,* qui l'ont fait appeler *le Sillographe :* c'étaient trois livres de railleries mordantes contre tous les philosophes, excepté Pyrrhon et peut-être Xénophane. On voit que les Romains n'étaient pas les inventeurs de la satire, comme l'ont prétendu Horace et Quintilien. Les fragments peu nombreux de Timon, recueillis dans Athénée, Diogène-Laërce, Plutarque, Sextus-Empiricus, Eusèbe, etc., ont été impr. plus. fois, et tout récemment par F. Paul, dans un traité *de Sillis Græcorum*, Berlin, 1821, in-8.

TIMON (SAMUEL), jésuite et historien hongrois, né dans le comté de Treuschin en 1675, mort dans la maison de son ordre à Cassovie en 1736, est auteur des ouvrages suiv. : *celebriorum Hungariæ urbium et oppidorum Chorographia,* Tirnau, 1702, in-4, plusieurs fois réimpr. avec les additions du P. G. Szerdahelyi. — *Imago antiquæ et nov. Hungariæ*, Vienne, 1754, in-4, 2e édit., contenant un supplément qui avait paru en 1755. — *Epitome rerum hungar.,* Cassovie, 1736, in-fol. — *Purpura pannonica,* ib., 1745, 2e édit.

TIMONI (ÉMANUEL), médecin grec, membre des universités de Padoue et d'Oxford, et de la société royale de Londres, est l'inventeur de la méthode d'inoculer par incision, apportée par Maitland en Angleterre. Outre une *lettre* au Dr Woodward sur l'inoculation, dont on trouve un extrait dans les *Transactions philosophiques*, n° 1339, on a de lui : *Histoire de l'inoculation*, Constantinople. — *Tractatus de novâ variolas per transmutationem excitandi methodo*, Leyde, 1721, in-8.

TIMOPHANES, tyran de Corinthe, fut assassiné dans une conjuration dont son frère Timoléon était l'un des chefs (*v.* TIMOLÉON).

TIMOTHÉE, général athénien, fils de Conon et disciple d'Isocrate, servit d'abord avec distinction sous les ordres de son père, puis fut mis à la tête des forces navales de la république, l'an 376 avant J.-C., au moment d'une rupture qui éclata entre Athènes et Sparte. Après avoir ravagé les côtes de la Laconie, il s'empara de Corcyre, dans la mer d'Ionie, soumit un grand nombre de villes sur les côtes de l'Épire et de l'Acarnanie, et, resté maître de la mer, fit reconnaître la supériorité d'Athènes sur Lacédémone, par un traité conclu sous la médiation du roi de Perse, Artaxercès-Memnon. Ces succès valurent à Timothée l'érection d'une statue sur la place publique, à côté de celle de Conon, son père. Destitué pour s'être détourné des instructions qu'il avait reçues, il fut replacé plus fois à la tête des armées athéniennes, et s'illustra par de nouveaux exploits. Il soumit les Olynliens et les Bysantins, prit Toronc, Potidée, secourut Cizyque, s'empara de l'île de Samos, et, à la suite d'une expédition glorieuse en Asie-Mineure, rapporta 1,200 talents pris sur l'ennemi. Dans la guerre que les Athéniens eurent à soutenir contre les alliés, et qui fut appelée *sociale*, Timothée fut, ainsi qu'Iphicrate, accusé d'avoir abandonné Charès, leur collègue, et condamné à une amende de 100 talents. Hors d'état de payer cette somme, il se retira à Chalcis, puis à Lesbos, où il mourut. Le peuple se repentit plus tard de la sévérité de son jugement, et réduisit l'amende à 10 talents, qui furent payés par Conon, fils de Timothée. Plutarque a écrit la *Vie* de ce général, dont Élien ainsi qu'Athénée citent plusieurs mots aussi piquants qu'ingénieux. Cicéron, dans le *Traité des devoirs*, loue la supériorité du génie de Timothée et l'étendue de ses connaissances.

TIMOTHÉE, poète et musicien, né à Milet, ville de Carie, dans la 85e olympiade, l'an 446 av. J.-C., fut accueilli par des murmures, lorsqu'il se fit entendre pour la première fois en public; mais les encouragements d'Euripide le retinrent dans une carrière où il devait rencontrer la gloire. Il excella sur la lyre ou cithare, qu'il enrichit de quatre cordes selon Pausanias, ou de deux seulement selon Suidas. Cette innovation déplut aux Lacédémoniens, qui la condamnèrent par un décret que Boèce a conservé (*de Musicâ*, I, ch. 1). Elle trouva d'ailleurs de nombreux adversaires, et ne fut guère ménagée par les poètes comiques; mais leurs attaques ne servirent qu'à étendre la réputation de Timothée. Après avoir brillé dans les principales villes de la Grèce, il vint à la cour d'Archélaüs, roi de Macédoine, et mourut dans ce pays deux ans avant la naissance d'Alexandre-le-Grand. Il ne reste de Timothée que des fragments recueillis par Grotius dans les *Excerpta ex traged. et comed. gr.*, etc., Paris, 1626, in-4.

TIMOTHÉE, célèbre musicien de Thèbes, fut un des artistes invités à concourir à l'embellissement des fêtes qui devaient signaler le mariage d'Alexandre-le-Grand. Il excellait surtout à jouer de la flûte; et l'on rapporte qu'avec cet instrument, il excitait ou apaisait à son gré les passions du héros macédonien. Avant Burette on le confondait avec le Timothée dont l'article précède (*v.* ses *Remarques sur le Dialogue de Plutarque touchant la musique*).

TIMOTHÉE (St), disciple de St Paul, naquit en Lycaonie, probablement à Lystre, d'un père païen, mais d'une mère chrétienne, et mérita d'être associé aux travaux du grand apôtre, l'an 51 de J.-C., quoiqu'il fût bien jeune encore. Ils parcoururent ensemble les autres provinces de l'Asie, et prêchèrent l'évangile à Philippes, à Thessalonique et à Bérée. Resté seul dans cette dernière ville, Timothée alla consoler et fortifier les fidèles de Thessalonique dans une persécut. violente; puis il vint à Corinthe rendre compte à son maître de sa mission. Plus tard, il fut envoyé en Macédoine pour y recueillir des aumônes destinées à soulager les chrétiens de Jérusalem, et de là à Corinthe pour rappeler les fidèles de cette église à la pureté des doctrines évangéliques. A son retour, il fut mené en Macédoine et en Achaïe par St Paul, dont il partagea ensuite la première captivité à Rome. Il est probable qu'il se rendit encore dans cette ville lors du second emprisonnement de ce maître chéri, qui souffrit le martyre l'an 66. Selon toute apparence, il obtint lui-même cette palme sanglante et sacrée sous l'empire de Nerva, l'an 97, après avoir été le premier évêque d'Éphèse. Au reste, il n'est généralement connu que par les *épîtres* que lui adressa St Paul.

TIMOUR. — V. TAMERLAN.

TINCTOR (JEAN), célèbre musicien dont on ne connaît point la patrie, florissait à la fin du 15e S. Il avait d'abord étudié le droit; plus tard il embrassa l'état ecclésiastique, alla perfectionner en Italie son goût pour la musique, fut l'un des fondateurs de l'école napolitaine et l'un des musiciens de Ferdinand d'Aragon, roi de Sicile. Parmi ses traités sur la musique, tous écrits en latin, dont on conserve le recueil à la biblioth. San-Salvador, à Bologne, on en distingue un sur l'*Origine de la musique*, un autre de l'*Art du contre-point*, un autre de la *Valeur des notes*, etc.

TINDAL (MATTHIEU), écrivain anglais, fameux par son audacieuse incrédulité, né en 1656, mort à Oxford en 1733, après avoir changé plus fois de parti et de religion, suivant les circonstances, est auteur de plus. ouvr. parmi lesq. on remarque : *Droits de l'Église chrétienne défendus contre les prêtres romains et contre tous les autres qui prétendent à un pouvoir indépendant*, 1706, il en publia la 2e partie en Hollande sous le titre de *Traité des fausses Églises; le Christianisme aussi ancien que le monde*, 1730, in-4. Le premier de ces ouvrages fut condamné au feu par les tribunaux, et lui attira des poursuites auxquelles il n'échappa que par la fuite. — TINDAL (Nicolas), neveu du précédent, né en 1687, mort en 1774, a donné des traductions en anglais des *Antiquités sacrées et profanes* de D. Calmet, 1724; de l'*Histoire d'Angleterre* de Rapin-Thoyras, 1726, 6 vol. in-8, ainsi qu'une continuation de cette histoire, réimpr. avec l'ouvr. en 1757, 21 vol. in-8; enfin une traduction de l'*Histoire de l'empire othoman*, par le prince Cantemir, in-fol. — TINDAL (William), membre de la société des antiquaires et chapelain de la Tour de Londres, se tua en 1804, à l'âge de 50 ans. On a de lui : *Excursions d'un jeune homme* (*Juvenile excursions*) *dans la littérature et la critique*, 1791, in-12. — *Les malheurs et les avantages du génie mis en constraste*, essai poétique en III chants, en vers blancs, 1804.

TINELLI (TIBÈRE), peintre, né en 1586 à Venise, où il mourut en 1638, a laissé des *portraits* et des *tableaux* d'histoire qui sont d'une touche facile, d'une belle couleur et d'un dessein correct. On voit quelques-uns de ses ouvrages dans les églises de Venise, de Vérone et de Padoue.

TINGRY (PIERRE-FRANÇOIS), profess. de chimie et d'histoire naturelle, né à Soissons en 1743, mort en 1821 à Genève, où il était établi depuis 1770, et qu'il regardait comme sa seconde patrie, y fit des cours publics et particuliers de chimie et de minéralogie, et fut un des savants qui, avec Saussure, donnèrent l'idée et commencèrent la formation de la société des arts. Par un acte de dernière volonté, il attacha à la chaire de chimie de l'acad. de Genève la jouissance de sa maison de campagne. On a de lui plus. écrits, parmi lesq. on distingue : *Prospectus pour un cours de chimie à l'usage des artistes*, 1777, in-4. — *Mémoire sur les remèdes antiscorbutiques* qu'on peut tirer de la *famille des crucifères*, couronné par l'acad. de Dijon en 1785. — *Traité théorique et pratique sur l'art de faire et d'appliquer les vernis sur les différents genres de peinture, les couleurs simples et composées*, Genève, 1803, 2 vol. in-8. — Plus. *observations* ou *dissertations* dans le *Journal de physique*, les *Mém*. de la soc. des Curieux de la nature, etc.

TINSEAU (JEAN-ANTOINE), savant prélat, né à Besançon en 1697, obtint, jeune encore, la confiance de l'archev. Ant.-Pierre II de Grammont, qui se reposa sur lui des soins de l'administration du diocèse. Appelé en 1745 à l'évêché de Belley, il y fit refleurir l'ancienne discipline, et tint chaque année des assemblées synodales, dont il publia les décisions, Lyon, 1749, in-12. Il fut transféré en 1751 sur le siége de Nevers, où il mourut en 1782, laissant la réputat. d'un pasteur vertueux, simple, bienfaisant et zélé pour l'instruction des jeunes ecclésiastiques.

TINSEAU D'AMONDANS (CHARLES-MARIE-THÉRÈSE-LÉON), maréchal-de-camp du génie, de la même famille, né à Besançon en 1749, n'était encore que lieuten. quand il fut reçu, en 1773, correspondant de l'académie des sciences. Il prit une part active aux délibérations de la chambre de la noblesse franc-comtoise, en 1788, et fut chargé d'aller avec trois autres députés porter à Versailles un mémoire contenant les représentations les plus énergiq. contre les dangers du système suivi par le ministère. Il émigra en 1791, rejoignit l'armée du prince de Condé à Worms, publia une protestation contre toute espèce de réforme, et fit la campagne de 1792. Il se trouvait à Toulon lors de la reprise de cette ville par l'armée républicaine, et, de retour en Angleterre, eut la mission de parcourir la Haute-Italie et la Suisse, puis rejoignit l'armée de Condé. Le roi de Prusse ayant reconnu la républ. par le traité de Bâle (1795), Tinseau proposa, dans un écrit rendu public, de déclarer déchus de tous leurs droits les princes qui traiteraient à l'avenir avec la France. Quelque temps avant le 18 fructidor il se rendit à Besançon pour y organiser une insurrection royaliste; mais ayant été découvert, il se vit obligé de s'enfuir en Suisse. Rentré sous la bannière de Condé, il fit les campagnes de 1796 et 1797, reçut la croix de St-Louis et le grade de major, puis de lieutenant-colonel du génie. Après le licenciement de l'armée, il se retira en Angleterre, rendit d'import. services au cabinet de St-James, qui sut l'en récompenser. Il reparut en Italie comme chef d'état-major de Souvarof, retourna en Angleterre, où le comte d'Artois le nomma son aide-de-camp, se trouva en Portugal quand les Français y entrèrent, et ne cessa de fournir des plans et de donner des conseils à toutes les coalitions qui se succédèrent jusqu'en 1813. Il ne rentra dans sa patrie qu'en 1816, et mourut à Montpellier en 1822. On a de lui de nombreux écrits, parmi lesquels nous citerons : *Essai sur les deux déclarations du roi*, du 25 juin 1789, Worms et Coblentz, 1791, in-8. — *Mémoire sur l'état de l'armée de Condé* (en Allemagne), 1796, in-8. — *Apologie des émigrés français*, Londres, 1804, in-8. — *Essai sur les relations politiq. de la Russie et de la France*, ibid., 1805, in-8. — *Statistique de la France*.

TINTÉNIAC (le chev. de), l'un des prem. chefs royalistes de la Bretagne, entra fort jeune dans la marine; mais les écarts plus que blâmables de sa jeunesse le forcèrent d'en sortir. Dès le commencement de la révolut. il se déclara contre ses principes, entra dans la conspiration de La Rouarie, dont il devint aide-de-camp, et, après la mort de ce chef, passa en Angleterre. Chargé par Pitt, en 1793, d'aller s'aboucher avec les chefs vendéens, il pénétra, à travers mille dangers, jusqu'au château de la Boulaye, près de Châtillon, et détermina par ses rapports le départ de la première expédit. anglaise, commandée par lord Moira (depuis lord Hastings), qui n'arriva qu'après la ruine presque totale du parti vendéen. Charette et Stofflet ayant organisé de nouveaux rassemblements, Tinténiac fut renvoyé vers ces deux chefs en 1794. Il eut, en retournant à Londres, une conférence avec le comte de Puisaye, qui lui donna le grade de chef de division parmi les chouans. Dès-lors il devint le lien entre le cabinet de St-James et les royalistes. En 1795 il combattit avec valeur sous le chef breton

Boishardy, refusa de signer le traité de La Mabilais et repassa en Angleterre. Après la rupture de ce traité, il revint en Bretagne, donna lui-même le signal convenu au commodore de l'escadre angl., sir John Warren, partagea les revers et les succès qui suivirent cette fameuse expédit. de Quiberon, et périt enfin de la main d'un grenadier français, près du château de Coëtlogon.

TINTORET (Jacq. Robusti, plus connu sous le nom de), peintre célèbre, né en 1512 à Venise, où il mourut en 1594, était fils d'un teinturier, et de là lui vient le nom de *Tintoret*. Admis au nombre des élèves du Titien, qui ne put voir sans jalousie ses rares dispositions et se hâta de le renvoyer, il redoubla d'ardeur, et, tout en se proposant d'imiter le dessin de Michel-Ange et le coloris du Titien, résolut de devenir le chef d'une nouvelle école. On le vit jour et nuit s'appliquer à copier le nu, dont il corrigeait les imperfections par l'étude de l'antique, chercher à se former un clair-obscur plus vigoureux, en dessinant le modèle à la lampe, s'instruire, à force de travaux et d'expériences réitérées, dans la science des raccourcis. Tant de qualités acquises étaient réunies en lui à un génie que Pierre de Cortone qualifie de *fureur pittoresque*. C'est principalement dans l'art de donner la vie à ses figures que le Tintoret l'emporte sur tous les maîtres, et les artistes disent proverbialem. : *C'est chez le Tintoret qu'il faut étudier le mouvement*. Il était doué d'une étonnante facilité; mais il en a malheureusem. abusé pour multiplier des product. peu dignes de lui, et qui ont fait dire à Annibal Carrache que le Tintoret est souvent inférieur au Tintoret. Paul Véronèse lui a reproché d'avoir suivi trop de manières différentes, et les gens de goût regretteront toujours de ne pas trouver dans ses figures cette noblesse et cette dignité qui caractérisent Titien. On doit mettre au premier rang des chefs-d'œuvre du Tintoret le *Crucifiement de Jésus-Christ*, que l'on voit dans l'école de St-Roch, et surtout le *Miracle de St Marc*, qui se trouvait dans l'école de St-Marc à Venise. Parmi les 6 tabl. de ce maître que possède le musée on distingue son *Portrait* et un tableau de *Suzanne au bain*. — Dominique Robusti, fils du précédent et son meilleur élève, né en 1565 à Venise, où il mourut en 1637, a imité son père; mais il en est resté à une distance immense. On cite pourtant de lui quelques vastes *machines*, particulièrement celles qu'il a remplies de portraits, talent dans leq. le Zanetto le regarde comme égal à son père; on estime aussi son tabl. de la *Madeleine pénitente*, que l'on voit au Capitole. — Maria Robusti, fille et élève de Jacques Tintoret, connue sous le nom de *Marietta Tintorella*, née à Venise en 1560, morte en 1590, pouvait se distinguer dans la peinture historiq., mais se borna à peindre le portrait. De son temps on mit ses ouvrages presq. au niveau de ceux du Titien.

TIODA, architecte, né dans le 9ᵉ S., fut chargé par Alphonse-le-Chaste, roi des Asturies, de construire à Oviédo la basiliq. de St-Sauveur, démolie en 1380, et deux autres églises sur les côtés, l'une dédiée à la Vierge, l'autre à St Michel, qui subsistent encore. Il construisit aussi le *Palais du roi*, que l'on croit être celui qu'habite actuellem. l'év. d'Oviédo. On lui doit encore l'*Église de St-Julien, extra muros*, et deux autres églises non loin d'Oviédo, l'une, et la plus grande, appelée *Santa-Maria*, l'autre sous l'invocation de St Michel. Cette dernière a servi de modèle à un grand nombre des églises les plus remarquables de l'Espagne.

TIPHAIGNE DE LA ROCHE (Charles-Franç.), médecin et littérateur, né en 1729 à Montebourg, diocèse de Coutances, où il mourut en 1774, est auteur de plusieurs ouvrages, parmi lesq. on remarque : *l'Amour dévoilé, ou le Système des sympathistes*, 1751, in-12. — *Giphantie*, 1760, 2 part. in-8; ce roman moral, critique et satirique, a été traduit en anglais. — *Essai sur l'hist. économique des mers occident.* de France, 1760, in-8. — *Sanfreen, ou Mon dernier séjour à la campagne*, 1765, in-12, reprod. sous le titre de *la Girouette, ou Sanfrein*, 1770, in-12 ; ce petit roman obtint le suffrage de Fréron (*Année littéraire*, 1765, t. IV, pag. 175).

TIPHAINE (Claude), jés., né à Paris en 1571, mort à Sens en 1641, professa la philosophie et la théologie pend. plus. années, et fut recteur de différents collèges ; il avait, dit-on, sur la grâce, des sentiments opposés à ceux de sa compagnie. On a de lui : *Declaratio ac defensio scholastica doctr. sanctor. Patrum de hypostasi et personâ*, Pont-à-Mousson, 1634, in-4, etc.

TIPPOU-SULTHAN-BEHADOUR, dernier nabad de Maïssour (ou *Mysore*, suivant l'orthographe anglaise), né en 1749, porta d'abord le nom de *Feth-Aly-Khan*, puis celui de *Tippou-Saheb*, sous lequel il est plus généralem. connu, et qui semble avoir prévalu même sur ceux de *Tippou-Khan* et *Tippou-Sulthan*, qu'il prit en montant sur le trône, en 1782, après la mort de son père Haïder-Aly. Les Anglais continuèrent contre le fils la guerre qu'ils faisaient au père, et s'emparèrent au commencement de 1783 d'Onor, de Condapour, de Mangalor, de Bednor et d'Anampour. Tippou, à la tête de 25,000 hommes, parmi lesquels était un corps de 1,000 Français, força le général Mathews à une capitulation qui fut violée de part et d'autre. La paix de Versailles, entre la France et l'Angleterre, hâta la conclusion d'un traité entre Tippou et les Anglais, qui fut signé à Mangalor en 1784, et par lequel les deux parties se firent des restitutions et des promesses. Quelq. légers avantages, obtenus dans cette première guerre par Tippou, l'affermirent dans cette haine héréditaire qu'il portait aux tyrans de l'Inde, mais le remplirent en même temps d'une présompt. qui fut la principale cause de sa ruine. Il eut l'ambition, la bravoure, non la prudence, la modérat. et les talents politiques de son père. Ayant pris les titres de sulthan, de vainqueur, et plus tard même celui de *padischah* (empereur), pour soutenir le rang imaginaire où il s'était placé, il se ruina par des dépenses qui n'étaient point en proportion avec la modicité de ses revenus ni avec la faible étendue de ses états. Il comptait sur la France, et il y envoya, en 1787, six ambassadeurs, dont trois par mer arrivèrent à leur destination. Ils furent reçus en audience publique par Louis XVI (1788) ; mais ils ne rapportèrent dans leur pays qu'un nouveau traité d'alliance, qui ne fut utile à rien. Tippou, aigri par le peu de succès de cette ambassade, fit périr deux de ces agents, qui n'étaient point coupables. Bientôt il donna le signal d'une nouvelle guerre (1789), en élevant des prétentions sur les forts de Cochin, d'Akkotah et de Cranganor, situés dans les états d'un de ses vassaux, possédés alors par les Hollandais. Ceux-ci, pour sauver Cochin, vendirent leurs autres établissem. au radjah de Travancore, sur lequel tomba la vengeance du nabad de Maïssour ; mais les Anglais se déclarèrent pour le radjah contre l'ambitieux nabad. Les campagnes de 1790 et 1791 furent sans résultat décisif. En 1792, s'ouvrit une troisième campagne, dans laq. Tippou eut à lutter, non plus contre les Anglais seuls, mais encore contre les forces réunies des Mahrattes et du Nizam. Il vit tomber au pouvoir de ses ennemis plusieurs places, et, contraint de se renfermer dans Seringapatnam, sa capitale, il fut forcé de consentir un traité onéreux. Cette guerre, entreprise témérairem., lui coûta 67 forts, 800 pièces d'artillerie et 50,000 hommes. Entouré de tribus séduites par ses vainqueurs, il envoya en 1797 un ambassad. jusque dans le nord de l'Inde, auprès de Zeman-Chah, roi de Kaboul, pour l'engager dans une alliance dont le but devait être de chasser les Européens de l'Hindoustan, d'y anéantir la religion des brahmes, et d'y rétablir l'antique splendeur du trône de Delhy. Après avoir échoué de ce côté, Tippou envoya secrètem. deux ambassad. à l'Ile-de-France, pour y proposer une alliance avec le gouvernement français et demander des troupes (1797-98). Il en reçut un renfort d'un peu moins de 100 hommes. Ce fut pour les Angl. un prétexte de recommencer la guerre contre *le citoyen-prince Tippou-le-Victorieux, l'allié, l'ami de la république française, sa cousine-germaine* : c'est là le titre grotesque dont l'avait affublé le club de Seringapatnam. Le marquis de Wellesley (dep. lord Wellington), gouvern.-général de l'Inde, fit marcher deux armées contre le nabad de Maïssour, qui, battu deux fois de suite à Sidasir et à Malavéli, se vit forcé de s'enfermer dans sa capitale, où il périt après une vigoureuse défense, le 4 mai 1799. Il était âgé de 50 ans, dont il en avait régné 16 et demi. Avec lui s'anéantit cet *empire* de Maïssour, comme on a bien voulu l'appeler, dont la plus gr. étendue ne surpassa jamais de beauc. la moitié de la France. On peut consulter : *Hist. des progrès de la chute de l'empire de Mysore sous les règnes d'Haïder-Aly et de Tippoo-Saïb*, avec cartes, portraits et plans, Paris, 1801, 2 vol. in-8. — *Relation de la guerre avec Tippo-Sulthan, depuis décembre 1789 jusqu'à la paix de Seringapatnam, février 1792*, par Roderic Mackensie, Calcuta, 1793, 2 vol. in-8. — *Histoire de la campagne qui termina la guerre avec Tippoo-Sulthan-Behadour*, par le major Dirom, Londres, 1793, gr. in-4, fig. — *Histoire des opérations de l'armée commandée par le général George Harris, et du siège de Seringapatnam*, par Alex. Beatson, Londres, 1800, grand in-4, fig. — *Lettres choisies de Tippoo-Sulthan à divers fonctionnaires publics, commandants militaires, gouverneurs, agents diplomatiques et commerciaux*, etc., mises en ordre et trad. en anglais par W. Kirkpatrick, avec des notes et *fac-simile*, Londres, 1811, in-4. Tippou est le sujet d'une tragédie de M. de Jouy, représentée en 1812, imprimée la même année, précédée d'une *Notice* et du portrait du prince indien.

TIQUET (Marie-Angélique Carlier, dame), née à Metz en 1657, perdit son père à l'âge de 15 ans, et demeura maîtresse d'une fortune considérable. Joignant à cet avantage l'esprit et la beauté, Mlle Tiquet aurait pu choisir un époux parmi les jeunes gens les plus aimables ; mais elle fut sacrifiée à M. Tiquet, conseiller au parlem., déjà sur le retour de l'âge. L'aversion qu'elle conçut bientôt pour lui devenant plus forte de jour en jour, elle sollicita une séparat. qu'elle ne put obtenir. Forcée de demeurer avec un mari qui lui était odieux, c'est alors qu'elle chercha à s'en débarrasser par l'assassinat et le poison. Condamnée à mort par le Châtelet, cette sentence fut confirmée par le parlement, et elle périt sur l'échafaud, à l'âge de 42 ans, en 1699. Gastaud, alors avocat, publia l'*Oraison funèbre de Mme Tiquet*, dont le P. Chauchemer publia la *critique*. Ces pièces ont été recueillies en un vol. in-8. On les trouve aussi dans les *Causes célèbres*, IV, 43, V. 485.

TIRABOSCHI (Jérôme), célèbre littérateur, né à Bergame en 1731, entra dans l'ordre des jésuites, et, s'étant fait connaître par des ouvr. import., fut placé en 1770 à la tête de la biblioth. ducale de Modène. Il consacra sa vie à d'utiles travaux, et mourut en 1796, décoré des titres de chevalier et de conseiller du duc de Modène. Ses princip. ouvr. sont : *Vetera humiliatorum monumenta, annotationibus ac dissertationib. prodromis illustrata*, Milan, 1766, 3 vol. in-4. — *Bibliotheca modenese*, 5 vol. in-4, suivis d'un 6e, intitulé : *Notizie di pittori, scultori, incisori ed architetti modenesi*, 1787, in-4, etc. — *Storia della letteratura italiana*, Modène, 1772-82, 13 vol. in-4 ; ib., 1787-1795, 16 vol. in-4 ; Florence, 1805-12, 20 vol. in-8, etc. Cet ouvr., le meilleur qui existe en ce genre, et dont Ginguené a beaucoup profité pour son *Hist. de la littérature italienne*, a été abrégé en franç. par Landi, Berne, 1784, et ce résumé a été trad. en ital. par G.-A. M. (le père Mostagani), Venise, 1801, 9 vol. in-8. L'abbé Zannoni en a donné un autre abrégé en ital., 1800, 8 vol. in-8. La partie relative à la poésie italienne a été publiée séparém. par Matthias sous ce titre : *Istoria della poesia italiana*, Londres, 1803, 3 vol. in-12. Jageman a reproduit en allem. tout ce qui a rapport aux arts, Leipsig, 1777, 5 vol. in-8.

TIRAQUEAU (André), jurisons., né à Fontenai-le-Comte vers 1480, mort en 1558, occupa longtemps la charge de sénéchal dans sa ville natale, fut nommé en 1515 conseiller au parlement de Bordeaux sans l'avoir sollicité, passa en 1541 au parlement de Paris, où, par une distinction sans exemple, il fut admis à la grand'chambre, sans débuter par les enquêtes ; enfin, il fut employé utilement dans plusieurs affaires importantes par François Ier et Henri II. Citoyen aussi utile que magistrat éclairé, il donna à l'état 15 enfants. Son vaste savoir l'avait fait surnommer *le Varron* de son siècle. Dans ses nombreux ouvr., publiés par son fils Michel en 5 vol. in-fol., Paris, 1574, on distingue : *De legibus connubialibus et de opere maritali ; De judicio in rebus exiguis ; De pœnis legum ; De nobilitate et jure primogenitorum.*

TIRIDATE, prince arsacide, neveu de Phrahates V, fut désigné par Tibère le success. de ce prince sur le trône des Parthes, et fut installé par Vitellius, alors préfet de Syrie, tandis qu'Artaban était réduit à fuir. Mais Vitellius ne se fut pas plus tôt retiré qu'Artaban, rappelé par les Parthes, promptement désabusés de l'espoir qu'ils avaient mis en Tiridate, reparut à la tête d'une armée qui s'accrut de tous les mécontents. Ce prince prit la fuite sans combattre, et perdit sans retour une couronne qu'il n'était pas digne de porter (36 ans av. J.-C.); aussi ne l'a-t-on pas compris parmi les rois parthes.

TIRIDATE Ier, roi d'Arménie, aidé de Vologèse, son frère, roi de Parthes, conquit ce pays sur Rhadamiste. Vologèse s'étant retiré, Rhadamiste rentra dans ses états, dont sa cruauté le fit encore chasser. Tiridate eut à soutenir long-temps les efforts de son compétiteur ; mais il finit par en triompher. Corbulon ayant été envoyé de Rome pour établir en sa place Tigrane VI, il ne fut pas aussi heureux dans cette nouvelle lutte. Réduit à chercher un asile en Médie, il consentit enfin à se rendre à Rome pour y recevoir des mains de Néron la couronne de l'Arménie. Tiridate mourut vers l'an 75. Tacite et Dion nous ont transmis des détails sur le voyage de Tiridate et la réception que lui fit Néron. Il en reçut des sommes considérables, dont il se servit pour rebâtir sa capitale, *Artaxate*, qu'il nomma *Néronée*. — TIRIDATE II, fils de Khosrou, était encore enfant lorsque son père fut assassiné (232). Conduit à Rome par Ardavazt-Mantagouni, prince de sa maison, il y reçut une éducation conforme à son rang, et se concilia l'estime du maître de l'empire, qui lui donna une armée pour reconquérir le trône de ses pères. Il s'y assit l'an 259, après avoir chassé les Persans. Ardavatz devint alors comme le connétable du jeune roi, qui lui conféra le titre de *sbarabied*. Se reposant sur lui d'une partie des soins du gouvernement, Tiridate fit un voyage à Rome, pend. leq. les Persans envahirent plus. provinces de l'Arménie. A cette nouv. il accourt, et, secondé par les légions de Syrie, fond sur les Persans, les taille en pièces, et reste maître d'un immense butin. La perte d'Ardavatz mêla toutefois le deuil à ce triomphe. Tiridate continua de régner avec gloire, et à sa mort, survenue en 314, après un règne de 56 ans, les peuples le surnommèrent *le Grand*. Ce prince avait reçu le baptême des mains de St Grégoire vers l'an 275, et son exemple avait été imité par les grands ; mais le peuple ne renonça que difficilement à ses anc. croyances, bien que des églises et des monastères eussent été de bonne heure fondés dans toutes les provinces. Tiridate eut pour successeur son fils Khosrou II.

TIRIN (JACQUES), jésuite, né en 1580 à Anvers, mort en 1636, se distingua par son zèle dans la mission de Hollande, et publia : *Commentarii in vetus et Nov.-Testamentum*, Anvers, 1632, 3 vol. in-fol. ; ibid., 1656, 2 vol. in-fol. ; c'est une compilation utile.

TIRON (TULLIUS-TIRO), affranchi de Cicéron, dont il avait été successivem. le secrét., puis l'intendant, contribua beaucoup à perfectionner chez les Romains la *tachygraphie* ou l'art d'écrire aussi vite que la parole. C'est à lui que l'on est redevable du recueil des *lettres* de son maître. On sait qu'il avait composé une *Vie* de l'orateur romain, le *recueil* de ses bons mots (*joci*), en 3 liv., et quelq. autres ouvrages. Les notes ou signes tachygraphiq. de Tiron, ainsi que celles de Sénèque, ont été publ. avec des explicat. par Gruter dans le *Corpus inscript*. Le travail le plus complet qu'on ait sur cette matière est l'*Alphabetum tironianum* de Carpentiers, Paris, 1741, in-fol. La sténographie, si utilement employée aujourd'hui, est un dérivé de la tachygraphie des anciens.

TIROU, compilateur, né en Flandre, a publ. le prem. une *Hist. de Lille et de sa châtellenie*, 1730, in-12. Elle est curieuse et intéressante, mais on y trouve quelq. tradit. fabuleuses, et le style n'en est pas châtié.

TISCHBEIN (JEAN-ANTOINE), peintre, né à Haina, dans le pays de Hesse, en 1720, mort en 1784 à Hambourg, où il avait établi une école de dessin, a publié en allem. : *Instructions pour apprendre la peinture par principes*, 1771, in-8. — TISCHBEIN (Jean-Henri), frère puîné du précédent, né comme lui à Haina en 1722, fut d'abord placé chez un mauvais peintre en tapisserie. Un tapis qu'il mit en vente à la foire de Francfort, et qui décelait un véritable talent, lui mérita la protection du comte de Stadion. Grâce à ce seigneur généreux, il put venir en France, où il étudia cinq ans à Paris sous Vanloo. Il visita ensuite les écoles et les antiquités de Florence, de Bologne, de Rome et de Venise, où il prit des leçons de Piazetta. De retour en Allemagne, Guillaume VIII, landgrave de Hesse-Cassel, le nomma son peintre, puis directeur de l'acad. fondée en 1776, enfin professeur de peinture au collège Carolin. Il fit abandonner à ses nombreux élèves la manière de Rembrandt, pour leur faire étudier la nature et cet heureux mélange de couleurs qui caractérise l'école vénitienne. On peut lui reprocher toutefois d'avoir donné dans l'excès contraire à celui de Rembrandt, et d'avoir mis dans ses tabl. un coloris trop vif. Tischbein mourut à Cassel en 1789. Cet artiste s'est exercé principalem. sur des objets mythologiques, et s'il a traité quelquefois des sujets de l'Histoire-Sainte et de l'anc. hist. d'Allemagne, il s'est donné dans ses composit. la même liberté que s'il se fût agi de la fable. — TISCHBEIN (Jean-Henri-Conrad), peintre de paysage et d'hist. naturelle, neveu du précéd., né à Haina en 1742, mort à Cassel en 1808, s'exerça aussi dans la gravure à l'eau forte et sur le bois, et publia : *Traité élémentaire de la gravure à l'eau-forte, avec 84 feuilles de gravures tirées selon cette méthode*, Cassel, 1790, in-fol. (en allemand). — TISCHBEIN (Jean-Henri-Guill.), peintre d'histoire, frère du précéd., né en 1751, travailla à Hambourg, en Hollande, à Hanovre, à Berlin, et visita Rome et Naples, où il fut nommé directeur de l'acad. de peinture. On a de lui : *Têtes de différents animaux dessinées d'après nature*, Naples, 1796, in-fol. — *Collection of engravings from antique vases*, Naples, 1791, 4 vol. in-fol., dont on a publié la copie en France sous ce titre : *Recueil de grav. d'après des vases antiques*, etc., Paris, 1803-1806, 4 vol. contenant 240 pl. — *Homère dessiné par Tischbein, d'après des antiques expliqués par Heine* (en allemand), Goettingue, 1801 à 1804, publié en France sous ce tit. : *Figures d'Homère, dessinées d'après l'antique*, etc., Metz, tome I, 1801, t. II, 1802.

— TISCHBEIN (Jean-Frédéric-Auguste), peintre de portraits, frère du précédent, né à Maestricht en 1750, mort à Heidelberg en 1812, fréquenta pend. sept ans les écoles de France et d'Italie, fut à son retour nommé peintre de la cour du prince Waldeck, avec le titre de conseiller, et, en 1800, professeur et directeur de l'école des beaux-arts à Leipsig. Ses portraits sont très recherchés.

TISIAS, orateur, né en Sicile, auquel Aristote et Cicéron attribuent l'honneur d'avoir le premier fixé des règles pour l'éloquence, florissait vers l'an 406 av. J.-C. Il accompagna Géorgias Léontin, son élève, dans une ambassade à Athènes, et eut la gloire de donner des leçons à Isocrate.

TISIUS. — V. THYSIUS.

TISSAPHERNES, satrape de Perse sous Artaxercès-Mnémon, commandait un corps de troupes à la célèbre bataille de Cunaxa. Pour récompense d'autres services qu'il rendit à ce prince, notamm. en lui livrant les chefs grecs qu'il avait attirés dans un piége (v. CLÉARQUE), il en obtint la main de sa fille et le gouvern. des provinces qui avaient obéi au jeune Cyrus avant sa révolte. Mais un échec que Tissaphernes essuya contre les Lacédémoniens offrit à la reine Parysatis, qui lui imputait la mort de son fils Cyrus, une occasion de le perdre auprès d'Artaxercès, et il fut assassiné par ses ordres à Colosse en Phrygie.

TISSARD (FRANÇ.), sav. profess., né à Amboise, mort en 1598, est le premier qui ait fait imprimer en France des livres grecs et hébreux, parmi lesq. on remarque une *Grammaire hébraïque* dédiée au jeune duc de Valois, depuis François Ier, 1508, in-4. — TISSARD (Pierre), prêtre de l'Oratoire, né en 1666 à Paris, où il mourut en 1740, a publ. à Troyes, conjointement avec son confrère Vinot, un petit recueil de *Fables choisies de La Fontaine*, trad. en vers latin, réimpr. à Anvers (Rouen), 1758, in-12.

TISSERAN (JEAN), cordelier de Paris, se distingua par ses prédicat., et fonda en 1494, pour les filles de mauvaise vie et sous l'invocat. de Ste Madeleine, une maison de refuge, qui, grâce aux nombr. conversions qu'il opéra, compta bientôt plus de 200 pénitentes.

TISSET (FRANÇ.-BARNABÉ), mort à Paris en 1814, à l'âge de 55 ans, est auteur des ouvr. suiv. : *Vie privée du général Bonaparte*, Paris, an IV, in-8 (ce livre fut mis à l'index à Vienne). — *Relation exacte et véritable de tout ce qui vient de se passer à Rome, et découverte d'un grand ouvrage mis à l'index à Rome par le pape et les inquisiteurs, contenant les noms et portraits, d'après nature, des prêtres, nobles et agioteurs de France et d'Europe*, an IV, in-8 de 32 pag. — *Abrégé des principaux événements de la vie de J.-C., ou Pot-Pourri sacré à l'usage des fidèles croyants, amateurs du Nouveau-Testam.*, messidor, an IV, in-8 de 32 p. — *Tisset au citoyen politique Fouché de Nantes*, an IV, in-8. — *Vie politique et privée des sept ministres de la république* (Scherer, Lambrecht, Talleyrand, Le Tourneux, Dondeau, Ramelle, Pleville), in-8 de 8 pag. — *Vie privée de Pierre-Gaspar Chaumette, dit Anaxagoras, ex-procureur de la commune de Paris, trad. au tribunal révolutionn. avec plus. de ses complices, présentée aux sans-culottes*, an II, in-8 de 8 pag., et beauc. d'autres opuscules.

TISSIER (le P. BERTRAND), religieux de Cîteaux, introduisit en 1664 la réforme dans l'abbaye Bonnefontaine, diocèse de Reims, dont il était prieur, et mourut vers 1670. On lui doit la publicat. du recueil intit. : *Biblioth. Patrum cistercensium*, etc., Bonnefontaine, 1660-69, 8 tomes en 4 vol. in-fol., très rare. Il s'en trouve un exempl. complet à la biblioth. du roi.

TISSOT (JEAN-MAURICE), mathématic., né à Pontarlier dans le 16e S., mort vers 1650, 2e présid. de la chambre des comptes à Dole, servit avec distinction en Italie sous le duc de Longueville, à l'armée du roi d'Espagne, en Flandre et dans le comté de Bourgogne, lors de l'invasion de cette province par les Français en 1636. On lui doit, entre autres ouvr., la *carte du comté de Bourgogne*, en 4 feuill., 1642, reproduite plus. fois avec des corrections, notamment en 1675.—TISSOT (Simon-André), médecin, né à Grancy, dans le pays de Vaud, en 1728, étudia la médec. à Montpellier, et vint se fixer à Lausanne, où il se fit connaître par une nouvelle manière de traiter la petite-vérole. Il publia successivem. divers écrits estimables qui lui valurent une pension de la république de Genève, une médaille de la chambre de santé du canton de Berne, la chaire de médecine du collège de Lausanne, le titre de membre de la société roy. de Londres, et les offres les plus honorables de la part des rois de Pologne et d'Angleterre. Il les refusa; mais en 1780, il accepta de Joseph II une chaire à l'univ. de Pavie, où il ne fut pas d'abord apprécié comme il devait l'être. Il fallut une épidémie, dont les ravages se répandirent sur la Lombardie, pour prouver la sagesse de sa méthode et son expérience consommée: l'enthousiasme pour Tissot fut dès-lors porté au comble, et on grava même en son honneur, sur le portique des écoles, une inscription commençant par ces mots : *Immortali præceptori*, etc. Après trois ans de professorat, il revint à Lausanne, où il put jouir encore quelques années de sa gloire. C'est là qu'il mourut, le 13 juin 1797. On a un *Recueil* de ses ouvrages, latins et français, publié par lui-même, Paris, 1769 et années suiv., 10 vol. in-12; et une édit. de ses *Œuvres choisies*, Paris, 1809, 8 vol. in-8, avec des *notes* du Dr Hallé. Le plus répandu, comme le plus célèbre de ses ouvrages, est son *Tentamen de morbis ex manustupratione ortis*, Louvain, 1760, qui parut en franç. dans le même temps, sous le titre de l'*Onanisme, ou Dissertation*, etc. Son *Avis au peuple sur sa santé*, Lausanne, 1761, in-12, souv. réimpr. et trad. dans toutes les langues, n'est pas moins connu, et bien des personnes le préfèrent encore à la *Médecine domestique* de Buchan; mais quelque simples que soient ses prescriptions, quelque clairs que soient ses conseils, il est encore plus prudent, en cas de maladie, de recourir à un médecin. — Tissot (Clément-Joseph), médec., parent du précédent, né à Ornans en 1750, fut, pend. près de 20 ans, chirurgien dans plus. corps d'armée ou dans les hôpitaux militaires; il porta le secours, en 1806, aux prisonniers autrichiens cantonnés dans la Souabe, qui souffraient d'une dyssenterie épidémique, et, pour prix de son zèle, reçut de l'archid. Charles une lettre flatteuse avec un riche présent, et le diplôme de membre honoraire de l'acad. de médecine et de chirurgie de Vienne. Il eut le titre de médecin consultant du duc d'Orléans, et mourut à Paris en 1826, vice-président de la société de médecine-pratique. Outre trois mémoires couronnés par l'acad. de chirurgie, de 1779 à 1783, on a de lui : *Gymnastique médicale*, Paris, 1781, in-12; des *Observations sur les causes des épidémies dans les hôpitaux militaires*, et des *Recherches topographiques*, insér. dans le XVe vol. des *Mémoires de médec. militaire*, en déc. 1824. — Alexandre-Pascal Tissot, magistrat et littérat., de la même famille, né en 1782 à Mornas (dép. de Vaucluse), mort à Paris en 1823, avait occupé l'emploi de chef de bureau au ministère des cultes. Outre divers ouvr. laissés MSs. ou imparfaits, et des *articles* fournis aux *Tablettes univ.* (t. I-IV), on lui doit : *Code et Nouvelles de Justinien, Nouv. de l'emper. Léon, fragm. de Caïus, d'Ulpien et de Paul, trad. unique faite sur l'édition d'Elzevir, revue par D. Godefroy*, Metz et Paris, 1807-10, 4 vol. in-4, ou 18 vol. in-12, faisant partie d'une collection intit. : *Corps de droit romain en lat. et en franç.*, 14 vol. in-4 ou 68 vol. in-12. — *Le Trésor de l'ancienne jurisprudence romaine*, etc. (avec A.-G. Daubenton), Metz, 1811, in-4. — *Manuel du négociant*, Paris, 1808, in-4, etc.

TITE, disciple de St Paul, né de parents idolâtres, devint, après sa conversion, le compagnon fidèle de ce grand apôtre. L'an 51 de J.-C., il assista avec lui au concile tenu à Jérusalem sur les observances légales. Il remplit ensuite heureusem. plus. missions dont le chargea son maître, qui lui adressa deux *Épîtres* et l'établit évêque de Crète. Tite gouverna sagem. cette Église, répandit la foi dans les îles voisines, et mourut dans un âge avancé.

TITE-LIVE (Titus-Livius), célèbre histor. latin, naquit à Padoue, d'une ancienne famille, sous le consulat de Pison et de Gabinus, l'an de Rome 695. Uniquement occupé de la composition de ses ouvrages, il passait une partie de l'année à Rome et l'autre à Naples, attiré par la beauté du climat et le besoin d'être seul. Après la mort d'Auguste, il retourna à Padoue, où il mourut à l'âge de 76 ans, la 4e année du règne de Tibère (770 de Rome). Auguste l'honora de son amitié, et lui confia même l'éducation du jeune Claude, depuis emper.; mais cette bienveillance du maître du monde n'altéra point l'impartialité de l'historien, qui se permit de louer Brutus, Cassius, et surtout Pompée : il est vrai aussi que le maître du monde ne sut pas mauvais gré à l'historien de cette impartialité, et, l'appela quelquefois en riant le *Pompéien*. Tite-Live s'était exercé dans plus d'un genre; mais son principal titre à l'immortalité est l'*Histoire romaine*, qu'il avait écrite en CXL ou CXLII livres, depuis la fondation de Rome jusqu'à l'an de Rome 745. On a lieu de présumer qu'il mit à composer ce gr. ouvr. tout le temps qui s'écoula depuis la bataille d'Actium jusqu'à la mort de Drusus, c'est-à-dire environ 21 ans. Mais il en produisait en public de temps en temps quelque partie, et ces publications répandirent au loin sa renommée. On dit qu'un Espagnol vint exprès de Cadix à Rome pour le voir, et s'en retourna aussitôt après avoir eu cet honneur. On ne sait pas si c'est l'historien lui-même qui a partagé son ouvrage en décades, c.-à-d. de dix en dix livres. A l'égard des sommaires qui sont à la tête de chacun de ces livres, on ne croit pas devoir les lui attribuer; mais ils ont leur utilité, puisqu'ils servent à faire connaître les faits rapportés dans les livres qui nous manquent. Or, il ne nous en est parvenu que 35, dont quelques-uns même ne sont pas entiers. C'est à div. époques, et par portions, que ce trésor littéraire a été tiré de la poussière. Plus d'une fois on a eu l'espoir de le compléter par de nouvelles découvertes; mais cet espoir a été bientôt trompé. Seulement, en 1772, Paul-Jacques Bruns et Giovenazzi, en examinant un MS. du Vatican, timbré 24, du format in-8, parvinrent à déchiffrer un fragment du livre XCIe, que le prem. fit paraître à Leipsig en 1770, et qui a été réimpr. assez souv. depuis, notamment dans l'édit. de Deux-Ponts, t. XII. Jean Frenshémius a eu l'idée de combler les lacunes de Tite-Live par des suppléments, comme il l'a fait aussi, mais avec moins de bonheur, pour Quinte-Curce. Ni Frenshémius ni d'autres ne pourront jamais nous consoler de cette perte immense. On trouvera dans plus. historiens une critique plus sévère, une abnégation plus absolue, des préjugés nationaux et une raison plus impartiale : mais où trouvera-t-on une narration plus rapide et plus vive, un style plus admirable, qui sache être simple sans bassesse, élégant et orné sans affectation, grand et sublime sans enflure, nombreux ou serré, doux ou véhément, selon les circonstances, mais toujours clair et parfaitement intelligible ? Les harangues que l'histor. latin prête à ses personnages lui ont été reprochées par les modernes comme des hors-d'œuvr. et des infidélités ; mais elles sont si éloquentes et si belles qu'on les regretterait pour elles-mêmes si elles venaient à disparaître. A la renaissance des lettres, les savants se prirent pour Tite-Live d'une admiration passionnée : aujourd'hui on le juge plus froidement ; mais l'estime que l'on conserve pour lui est plus raisonnée. Les éditeurs de Deux-Ponts ont partagé en six âges les éditions de Tite-Live qui se sont succédé dep. 1469 jusqu'en 1738-46, époque où Drakenborch publia la sienne. La plus rare est celle de Venise, 1470, et parmi les meilleures on distingue celles d'Elzévir, 1634, 3 vol. in-12; 1665, 3 vol. in-8; de Doujat, *ad usum delphini*, 1676 et 1680, 6 vol. in-4; de Drakenborch, 1738-46, 7 vol. in-4; de Crévier, 1735, 6 vol. in-4; de Deux-Ponts, 1784, 13 vol. in-8; et enfin de Lemaire, 13 vol. in-8, dans sa *Collect. des auteurs latins*. La plus ancienne version complète de Tite-Live en français est celle de Pierre Bercheure ou Berchoire, Paris, 1514-15, in-fol.; la meilleure est celle de Dureau de La Malle, achevée par M. Noël, Paris, 1810 à 1812, 15 vol. in-8 ; réimpr. en 1824, 17 vol. in-8.

TITI ou TITO (SANTI di), architecte et peintre, né en 1538 à Borgo-San-Sepolcro en Toscane, sut tirer parti de sa connaiss. des effets de la perspective, pour donner à la scène de ses tableaux quelque chose de grand et de majestueux. On cite de lui un *Baptême* et une *Résurrection de J.-C.*, et la *Cène d'Emmaüs*, à Florence. — TITI (Robert), littérateur, de la même famille, né en 1551 à San-Sepolcro, mort en 1609 à Pise, où, sur l'invitation du grand-duc Ferdinand, il était allé, vers les dernières années de sa vie, occuper une chaire de belles-lettres, a publ. : *Carminum liber primus*, dans le Recueil des poésies latines de Pierre Gherardi, Florence, 1571, in-8. — *Locorum controversorum libri X*, etc., ibid., 1583, in-4 : cet ouvrage fut attaqué par Joseph-Juste Scaliger, et Titi lui répliqua par un écrit intitulé : *Pro suis controversis assertio*, ib., 1589, in-4. — *Ad Cœsaris commentarios de bello gallico prælectiones IV*, ibid., 1598, in-4.

TITIEN (TITIANO VECELLI, dit LE), le plus gr. peintre de l'école vénitienne, naquit en 1477 à Piève de Cadore. Envoyé de bonne heure à Venise, il y suivit quelque temps les leçons de Sébast. Zuccato ; mais il quitta cet artiste médiocre pour s'attacher à Gentil Bellini, et se perfectionna ensuite près de Giorgione dont il allait être bientôt l'émule. En 1505 on les chargea tous deux des peint. extérieures du nouv. *Fondaco de' Tedeschi*. La façade principale fut confiée au Giorgione ; mais le *Triomphe de Judith* qu'exécuta le Titien sur l'un des côtés du bâtiment, le plaça dans l'opinion au-dessus de son compétiteur. Un autre gr. ouvr., l'*Assomption*, qui se voit aujourd'hui dans l'une des salles de l'acad. des beaux-arts, le mit tout-à-fait hors de ligne. Le sénat le chargea d'achever les peintures commencées dans la salle du grand-conseil par J. Bellini, et pour le récompenser lui accorda le titre de premier peintre de la république. Appelé par Alphonse d'Este, duc de Ferrare, à concourir à la décoration de son palais de Castello, il peignit le *Triomphe de l'Amour*, et ces fameuses *Bacchanales* qu'un siècle plus tard Augustin Carrache qualifia les premiers tableaux du monde. Pendant son séjour à Ferrare le Titien peignit la fameuse Lucrèce Borgia, et le beau tabl. connu sous le nom du *Denier de César*, qui fait l'ornement de la galerie de Dresde. Il était de retour à Venise en 1515 ; et peu de temps après il reçut du pape Léon X l'invitation de se rendre à Rome ; mais ses amis, en le détournant de faire ce voyage, lui firent perdre l'occasion la plus favorable pour agrandir son talent. Il résista égalem. aux offres de François 1er, satisfait de sa fortune et de l'estime que lui témoignaient ses compatriotes. L'Arétin, le fléau des grands et des rois, était le flatteur du Titien. Il ne s'était guère éloigné de Venise, lorsqu'en 1529 il se rendit à Bologne pour faire le portrait de Charles-Quint. Ce monarque posa jusqu'à trois fois devant lui, le créa chevalier, puis comte-palatin, le combla de richesses, et finit par ne pouvoir plus se passer de lui. Le Titien ne le quitta que pour aller enfin voir Rome, où Paul III le pressait de se rendre. L'âge où il était parvenu ôtait à ce voyage tout l'intérêt que 20 ans plus tôt il aurait eu pour les arts. Pendant le séjour d'un an qu'il fit à Rome, il travailla pour le pape et pour les Farnèse. La *Danaé*, qu'il fit pour le duc Octave, est un de ses plus admirables chefs-d'œuvre ; Michel-Ange y trouva pourtant quelq. défaut. « Quel dommage, dit-il à Vasari, qu'à Venise on n'apprenne pas à bien dessiner ! Si le Titien était secondé par l'art comme il a été favorisé par la nature, personne au monde ne ferait si vite ni mieux que lui. » Peu apprécié à Florence où il alla en sortant de Rome, le Titien se hâta d'arriver à Venise, où l'appelaient ses amis et ses affections domestiques. Il se trouvait disposé plus que jamais à vouer ses talents au magnifique Charles-Quint. Il rejoignit ce prince à Augsbourg, et le suivit à Inspruck, où il ébaucha son beau tableau représentant la *Trinité* accueillant les membres de la famille impériale, et qui ne fut terminé qu'en 1555. A son retour à Venise le sénat voulut le charger d'une partie des peintures de la chambre du conseil ; mais accablé de travaux, il fit admettre à sa place son fils, Horace Véronèse et le Tintoret, réparant ainsi envers ce dernier le tort qu'il avait eu de l'écarter de la salle de la Biblioth., alors qu'il redoutait de trouver en lui un rival. Après la mort de Charles-Quint, il continua de travailler pour Philippe II. *Diane et Actéon*, *Andromède et Persée*, *Médée et Jason*, *Pan et Syrinx*, *Vénus et Adonis*, tiennent le premier rang parmi les compositions que Titien exécuta pour le monarque espagnol. Elles respirent une fraîcheur d'imagination à peine concevable de la part d'un vieillard qu'avait dû épuiser plus d'un demi-siècle de la vie la plus active. La gravure a pu seule faire connaître le nombre prodigieux des tabl. du Titien. Entre les derniers qu'il exécuta, on distingue le *Martyre de St Laurent*, la *Flagellation de Jésus-Christ*, une *Madeleine*, et cette *Cène* qu'il proclamait son meilleur ouvrage, fruit précieux de sept ans d'étude. Presque centenaire, il mourut de la peste qui ravagea plus. quartiers de Venise en 1576; et, par une dérogation aux réglem. sanitaires, ses restes, soustraits à la destruction prescrite pour les corps pestiférés, furent déposés dans l'église des *Frari*. Un fils dénaturé, Pomponio Vecelli, dissipa indignement l'héritage du Titien, sans même lui consacrer une pierre sépulchrale. Ce ne fut que 45 ans après la mort de ce grand peintre que Palme-le-Jeune érigea son buste dans l'église de St-Jean et St-Paul. On avait eu le projet en 1794 de lui dresser un magnifique sarcophage, dont Canova présenta le projet. Parmi les 22 tableaux que le musée possède du Titien, outre les beaux portraits de *François Ier*, d'*Alphonse d'Avalos*, d'un *commandant de Malte*, etc., on distingue, *le Christ aux roseaux*, les *Pèlerins d'Emmaüs*, *Ste Agnès*, *St Jérôme*, *Jupiter* (sous la forme d'un satyre) *et Antiope*. Le cabinet des estampes possède un Recueil d'environ 850 grav. faites d'après le Titien. M. Mayer, auteur du livre *Dell' imitazione pittorica, dell' eccellenza delle opere di Tiziano, e della vita di Tiziano* (Venise, 1818, in-8), a rassemblé une collection considér. d'estampes d'après le Titien, dont il promettait le catalogue. Un tableau du Titien qui mérite d'être mentionné particulièrement, c'est le *Martyre de St Pierre*, dont un édit du sénat défendait sous peine de mort la sortie de Venise, et qui toutefois, enlevé par le conquérant de l'Italie, s'est vu au Louvre jusqu'en 1815. — V. VECELLI.

TITIUS (GOTTLIEB ou THÉOPHILE-GÉRARD), jurisconsulte, né à Nordhausen en 1661, fut nommé en 1709 profess. en droit à l'univ. de Leipsig, l'année suivante conseiller au tribunal d'appel de Dresde, en 1713 assesseur au tribunal supérieur de Leipsig, et mourut en 1714. Il avait été l'un des commissaires nommés en 1706 pour examiner la conduite des ministres de l'électeur qui avaient signé le traité d'Alt-Ranstadt entre Charles XII et Auguste II. Il avait vécu pendant 20 ans dans la solitude, et consacré tout son temps à examiner les différentes parties de la jurisprudence, en s'appuyant sur les principes d'une philosophie droite et simple. Outre des *dissertations* sur divers objets de jurisprud., recueillies par Hommel, Leipsig, 1729, in-4, on cite de lui: *Specimen juris publici romano-germanici*, etc.; Leipsig, 1698, in-12, 1705, in-8, et 1717. — *Droit féodal germanique*, etc. (allemand),

1699, in-12; 1750, in-8. — *Observationes in Puffendorf libros II, de officio hominis et civis*, 1703, in-12. — *Essai sur le droit canonique d'Allemagne pour les états protestants* (allemand), 1701.

TITON DU TILLET (ÉVRARD), célèbre amateur des lettres, né à Paris en 1677, mort en 1762, conçut l'idée de consacrer un monument durable à Louis XIV et aux grands hommes qui ont illustré son règne, et en fit exécuter un modèle en petit par Louis Garnier, élève du fameux Girardon, qui mit 10 ans à ce travail. C'est ce modèle, si connu sous le nom de *Parnasse français*, qui a préservé Titon du Tillet de l'oubli. Cet homme généreux, à peine au-dessus d'une modeste aisance, ne put élever ce monument en grand, comme il en avait eu l'intention, dans un jardin ou sur une place publique; mais les lettres ne sont pas ingrates pour ceux qui les aiment, et elles ont placé le nom de Titon avec honneur dans leurs fastes. Il faut lui savoir gré d'avoir fait frapper à ses frais une suite de *médailles* représentant Louis XIV et les principaux poètes ou musiciens de son règne, d'avoir encouragé et secouru les jeunes écrivains peu aisés avec une générosité qui n'eut d'égale que sa discrétion, enfin d'avoir accueilli le neveu du grand Corneille et recommandé sa petite-nièce à Voltaire. Le modèle du *Parnasse fr.* est aujourd'hui à la Bibliothèque du Roi. On a de Titon du Tillet: la *Description de ce monument*, 1726, in-12; réimpr., 1732, in-fol., fig. — *Essais sur les honneurs et les monuments accordés aux illustres savants pendant la suite des siècles*, Paris, 1734, in-12. On trouve des *éloges* de Titon du Tillet dans l'*Année littéraire* de Fréron, 1763, I, 265, et dans le *Mercure*, mai 1764.

TITSINGH (ISAAC), voyageur hollandais, né à Amsterdam vers 1740, passa de bonne heure aux Indes-Orientales, où il parvint à l'emploi de conseiller de la compagnie. Envoyé chef du commerce au Japon en 1778, il alla plusieurs fois à Yédo, comme ambassadeur de la compagnie, saluer l'empereur séculier, et par ses manières prévenantes il sut se faire au Japon des amis avec lesquels il ne cessa depuis d'entretenir une correspondance réglée. Il quitta ce pays en 1784, rapportant une foule d'objets curieux, et, nommé peu de temps après gouverneur de Chinchoura, comptoir près de Chandernagor, il n'abandonna ce poste qu'en 1794, pour aller ambassadeur en Chine. Il s'y fit aimer comme au Japon, et dans cette mission, terminée le 11 mai 1795, obtint tout ce que l'on pouvait espérer d'un prince et d'une nation si peu favorables aux Européens. Après un séjour de 33 ans en Asie, Titsingh revit son pays natal, et il se disposait à publier le résultat de ses observations, quand une maladie aiguë l'emporta en 1812. On a publié, d'après ses manuscrits: *Cérémonies usitées au Japon pour les mariages et les funérailles*, etc., Paris, 1819, 2 vol. in-8, dont un, oblong, renferme 76 planches. — *Mémoires et Anecdotes de la dynastie régnante des Djogouns*, etc., Paris, 1820, in-8, fig. Abel Remusat en fut l'édit. — *Descriptions de la terre Jeso*, trad. du japonais, dans le

t. XXIV des *Annales des voyages*. La bibliothèque du roi lui est redevable de l'*Encyclopédie japonaise*, collection importante.

TITUS-SABINUS-VESPASIANUS (Flavius), empereur romain, fils aîné et successeur de Vespasien, né l'an de Rome 794 (de J.-C. 40), grandit à la cour de Néron dans l'intimité de Britannicus, dont il faillit partager le sort en goûtant au breuvage empoisonné que Néron destinait à ce jeune prince. Les plus heureux dons de la nature, joints à des talents variés, firent admirer Titus avant que ses vertus lui gagnassent tous les cœurs. D'abord tribun légionnaire en Germanie et dans la Grande-Bretagne, il avait passé de cette charge aux emplois civils, et exercé la questure, lorsqu'à 26 ans il suivit son père, chargé par Néron de soumettre la Judée révoltée. A la tête de deux légions qu'il amenait d'Alexandrie, il commença par la prise de Jotapat et la réduction de Jaffa, où Titus-Trajan lui réserva l'honneur d'entrer le premier. Le siège de Tarichée, opiniâtrement défendue, l'assaut de Gimale et enfin la soumission de Giscale couronnèrent cette glorieuse campagne, durant laquelle il vit, pour la première fois, Bérénice, qui lui inspira une vive passion. Sur la nouvelle de l'avènement de Galba, Titus fut envoyé par Vespasien saluer le nouvel empereur au nom des légions de Judée. Il arrivait à Corinthe, quand, informé de la mort de Galba, il reprit la route d'Orient, et, par son retour, détermina les légions de Syrie en faveur de Vespasien, qui fut proclamé empereur. Tandis qu'il va se faire reconnaître en Égypte, puis à Rome, Titus se rend devant Jérusalem, seule ville de Judée qui n'a pu encore être soumise. Trois chefs, Éléazar, fils de Simon, Jean de Giscale et Simon, fils de Gioras, s'en étaient partagé les divers quartiers, et se montraient disposés à la plus opiniâtre résistance. Au mois de mars 70, Titus était campé devant ses murs. Maître des deux premières enceintes, il tente encore d'ébranler la constance des assiégés par des promesses de pardon; mais telle était l'opiniâtreté des Juifs, animés aux combats par les lévites, que, si le vainqueur s'arrêtait pour les épargner, c'était l'instant qu'ils choisissaient pour revenir à la charge avec une nouvelle fureur. La résolution de Titus de les épargner ne faisait que prolonger la résistance; enfin il redoubla d'efforts, moins par le désir de vaincre que pour faire cesser les horreurs auxquelles la ville était en proie. Un assaut est ordonné; l'impuissance de la sappe et du belier contre les murailles du temple l'oblige à en faire incendier les portes, et, malgré l'ordre donné par l'empereur d'épargner le *saint des saints*, un légionnaire, lançant une poutre embrasée dans l'une des salles qui entourent le sanctuaire, le livre aux flammes, qui le devaient consumer (10 août 70). Sa destruction fut le signal de la soumission des Juifs et du massacre des lévites, que Titus n'avait plus de raison pour épargner. Une partie de la ville restait encore debout; les murs en furent battus par les beliers, et le 8 sept. un nouvel incendie acheva la destruction de Jérusalem, dont il ne resta sur pied que les 3 tours bâties par Hérode. Onze cent mille Hébreux, suivant l'historien Josèphe, avaient péri dans le siége de Jérusalem, et il porte à deux cent mille ceux qui, dans le reste de la Judée, étaient tombés sous le fer des Romains depuis le commencement de la guerre. Après avoir pris les mesures nécessaires pour assurer la conservation de sa conquête, Titus, que quelques circonstances firent soupçonner d'aspirer à l'empire, traversant l'Égypte, vint visiter à Argos le célèbre Apollonius, et, s'embarquant de là pour Rhége, vint en toute hâte surprendre Vespasien à Rome. Il lui suffit, pour dissiper les injustes soupçons élevés contre lui, de s'écrier en l'embrassant: « Me voici! mon père, me voici! » Toute l'Italie partagea la joie de l'empereur et du sénat, et un double triomphe fut décerné à Vespasien et à son fils. L'arc érigé en mémoire de cet événement subsiste encore, et porte en relief les insignes de la religion des Hébreux qui servirent à orner ce triomphe. Associé dès-lors au pouvoir suprême, Titus exerça, conjointement avec Vespasien, la censure, le tribunat et sept consulats: loin d'abuser de la confiance de son père, il se montra toujours le ministre le plus respectueux et le plus fidèle. Mais il ne fut pas également à l'abri de tout reproche quant à l'exercice même de sa haute autorité: ce ne fut qu'après que la mort de Vespassien (juin 79) eut mis en ses mains l'empire, que Titus abjura totalement les écarts de sa jeunesse et ses scandaleuses dissipations. On le vit commencer une vie nouvelle, en réformant ses entours et en renvoyant de Rome la reine Bérénice que les Romains craignaient qu'il n'épousât, ayant répudié Marcilla-Furnilla, sa femme, dont il avait une fille (Julia-Sabina). La passion du bien public parut occuper désormais tout entière l'âme de Titus; son respect pour les lois allait jusqu'au scrupule; il se croyait d'autant moins libre dans ses actions que, par l'autorité absolue dont il était investi, elles échappaient à tout contrôle. *Autre chose est,* répondait-il à un courtisan dont il avait appuyé les demandes près de Vespasien, *de solliciter un autre ou de juger soi-même, d'appuyer une demande ou d'avoir à l'accorder.* Il se montra rigoureux envers les délateurs, et flétrit par des peines infamantes ces suppôts de la tyrannie. Une autre mesure, qui ne lui fait pas moins honneur, fut l'abolition des poursuites pour crimes de lèse-majesté. La plus belle des prérogatives du pouvoir fut aussi celle dont il était le plus jaloux. *J'ai perdu un jour!* s'écria-t-il à la fin d'une journée qu'il avait passée sans accorder de grâce. En prenant possession du grand pontificat, il avait déclaré qu'il ne souillerait jamais ses mains du sang d'aucun citoyen, et ce ne fut pas un vain engagement: il montra en plusieurs occasions qu'il le tenait pour sacré, notamment en comblant de ses bontés deux jeunes patriciens qui avaient conspiré contre lui, et en associant au pouvoir son frère Domitien, qui ne cessait de lui tendre des embûches. Sa clémence, sa générosité et son amour de la justice le firent proclamer *l'amour et les délices du genre humain.* Malheureusement un si beau règne fut de courte durée : Titus mourut presque subitement le 13 sept. 81, au village de Réate, dans la maison même où Vespasien avait rendu le dern. soupir. La rumeur publique accusa Domitien de l'avoir empoisonné, mais cette accusation ne paraît point fondée ; toutefois il est certain qu'il ordonna qu'on abandonnât Titus avant même qu'il fût mort, et que pas même un esclave ne se trouva pour lui fermer les yeux. Le musée du Louvre possède un buste et une statue de ce prince.

TOALDO (Joseph), profess. de géographie physique et astronomique à l'univ. de Padoue, né à Pianezze, près de Vicence, en 1719, mourut en 1798. Padoue lui dut un observatoire et le premier paratonnerre qu'on ait élevé dans les états vénitiens. Il s'occupa beaucoup des phénomènes météorologiques, et, ayant remarqué qu'au bout de 18 mois ils recommencent et se succèdent à peu près dans le même ordre, il dressa les tables de trois de ces périodes, auxquelles il donna le nom de *Saros*, et que les astronomes appelèrent aussi *cycles Toaldini*. On a de lui plus. *dissertat.* dans les journaux italiens, les actes de la société palatine, les mémoires des acad. de Paris, de Berlin et de Londres. Ses principaux ouvr. sont : *Trigonometria piana e sferica*, Padoue, 1769, in-4.; ibid., 1772, 1794, in-4. — *Saggio meteorologico sulla vera influenza de astri*, 1770, in-4, trad. en franç. par Daquin, 1784, in-4. — *Nuova apologia de conduttori metallici*, 1774, in-4. Ce mémoire en faveur des paratonnerres a été trad. en franç., 1779, in-8. — *La meteorologia applicata all' agricoltura*, 1775, in-4, trad. en franç. — *Trattato di gnomonica*, 1789, in-4. — *Schediasmata astronomica*, 1791, in-4. — *Completa Raccolta d'opuscoli, osservazioni e notizie diverse*, etc., Venise, 1802, 4 vol. in-8. Salmon a donné une *Notice* sur Toaldo, *Magasin encycloped.*, 5ᵉ année, VI, 469.

TOAS (mythologie), roi de la Chersonèse-Taurique, croyant être agréable à Diane, immolait à cette déesse tous les étrangers qui abordaient sur ses côtes. Mais ce culte sanguinaire devint si odieux aux hôtes célestes que Minerve, en leur nom, ordonna à Oreste et à Iphigénie d'enlever la statue de Diane du temple qui lui était consacré dans la Tauride. Ce fut en vain que Toas se disposa à poursuivre les exécuteurs de la volonté des dieux : Minerve l'arrêta par des signes de sa puissance.

TOBIE (Bon-Maître), de la tribu et de la ville de Nephtali ou Thesbe, fit dès sa tendre jeunesse preuve d'une vertu austère, et continua d'adorer le Seigneur au milieu des superstitions qui entraînaient tout Israël aux autels élevés par Jéroboam. Il épousa une femme de sa tribu, nommée Anne, dont il eut un fils élevé dans ses principes. Emmené captif à Ninive avec sa famille et toute sa tribu, du temps de Salmanazar, roi des Assyriens, il sut gagner la confiance du monarque, qui le fit son pourvoyeur, et lui laissa une grande liberté. Dans la persécution que Sennachérib, fils de Salmanazar, suscita contre les Hébreux, Tobie trouva l'occasion d'exercer sa charité envers ses frères, et alluma ainsi la fureur du roi ; mais il parvint à s'y soustraire. Après la mort de Sennachérib il fut rétabli dans ses biens, et put recommencer le cours de ses bonnes œuvres, non sans péril. Dieu voulut éprouver sa résignation, en permettant qu'il devint aveugle, par un accident singulier, à l'âge de 56 ans ; Tobie, dans cette situat., demanda la mort comme une grâce, et croyant que sa prière allait être exaucée, il fit venir son fils pour lui donner de tendres et sages avis. Il lui dit en même temps qu'il avait autrefois prêté 10 talents d'argent à Gabélus, habitant de la ville de Ragès, et qu'il fallait retirer cette somme de ses mains. Le jeune Tobie partit sous la conduite de l'ange Raphaël qui prenait le nom d'Azarias, et que le Seigneur même avait chargé de veiller au succès de son voyage. Dès la première nuit il vit sur les bords du Tigre un grand poisson, qui l'effraya ; mais, d'après l'instruct. de l'ange, il le tira de l'eau et en prit *le cœur, le fiel et le foie*, pour des remèdes qui devaient plus tard lui être indiqués. A Ecbatane, d'après les conseils de l'ange, il alla loger chez Raguel, son parent, dont il épousa le soir même de son arrivée la fille unique, Sara, quoiqu'elle eût eu déjà sept maris, étranglés par le démon Asmodée la première nuit de leurs noces ; mais il évita ce sort en passant avec sa femme les 5 premières nuits dans la continence et la prière, et en mettant dans *le feu une partie du cœur et du foie du poisson*, ainsi que l'ange le lui avait prescrit. Pend. les fêtes du mariage, l'ange partit pour Ragès, et en ramena Gabélus qui s'acquitta de sa dette. Le jeune Tobie reprit alors le chemin de Ninive, avec sa femme, et, par le conseil de l'ange, il prit le fiel du poisson, et en frotta les yeux de son père, qui recouvra aussitôt la vue. Azarias, pressé vivement d'accepter une récompense pour tant de services, se fit connaître et disparut. Ce fut alors que Tobie entonna ce superbe cantique, que l'on peut voir dans le livre de *Tobie*, chap. XIII. Le saint vieillard vécut encore 42 ans, et mourut à Ninive à l'âge de 102 ans. Le jeune Tobie demeura dans cette ville tant que sa mère vécut ; mais aussitôt qu'il l'eut perdue, il se retira à Ecbatane auprès de Raguel, dont il recueillit le riche héritage. Il y mourut âgé de 99 ans (v. D. Calmet, la *Bible* de Vence, et Jahn, *Introduct. in libros sacros*).

TOBIESEN. — V. Duby.

TOBIN (John), auteur dramatique anglais, né à Salisbury en 1770, manifesta de bonne heure un goût très vif pour le théâtre : toutefois il était destiné à n'y obtenir des succès qu'après sa mort. Opéras, comédies, tragédies, drames, tout ce qu'il présenta aux acteurs fut refusé, à l'exception d'une farce, jouée avec succès au profit d'un comédien, mais qu'il retira bientôt, voulant débuter plus glorieusement dans la carrière dramatique. Enfin il parvint, non sans peine, et après avoir essuyé encore un refus à Covent-Garden, à faire recevoir par les direct. de Drury-Lane une pièce dont il avait calqué les plans sur ceux des pièces de Shakespeare et de Fletcher, *la Lune de miel* (*the Honey-Moon*). Cependant sa santé étant ruinée, on lui conseilla de voyager pour la rétablir, et il mourut sur le navire qui le conduisait à Bristol, en 1804. *La Lune de miel*, représentée en 1805, fut applaudie depuis sur tous les théâtres d'Angleterre et en Amérique, et elle a été trad. par M. Ch. Nodier, dans les *Chefs-d'OEuvre des théâtres étrangers ; le Couvre-Feu* fut représenté vers 1806 et impr. en 1807 ; *l'École des auteurs*, en 1808 ; *la Table de Pharaon, ou le Tuteur* (*the Guardian*), en 1816 ; toutes eurent du succès. Miss Benger a publ. des *Mémoires sur John Tobin*, Londres, 1820, in-8. MM. Scribe, Mélesville et Carmouche ont donné, en 1826, *la Lune de miel*, comédie-vaudeville en 2 actes, in-8. — TOBIN (James), frère du précéd., mort en 1815, cultiva la poésie avec succès dans sa jeunesse. On a de lui des *Observations sur l'Essai de Ramsay, relatif au traitem. et à la conversion des esclaves africains dans les colonies à sucre*, 1785, 1787 et 1788, in-8.

TOBLER (Jean), prêtre, né en 1732 à Ste-Marguerite, village de Rhintal, mort à Zurich en 1808, fut l'élève et l'ami des Breitenger, des Bodmer, des Gesner, et prit part à leurs travaux et à leurs succès pour la réforme qu'ils introduisirent dans les lettres en Allemagne et en Suisse. On a de lui des écrits ascétiques, des *poésies* religieuses et une excellente traduct. allem. des *Saisons* de Thompson, Zurich, 1757, in-8.

TOCHON, *d'Annecy* (Joseph-Franç.), numismate, né au château de Mez, près d'Annecy, en 1772, fut contraint par la réquisition d'entrer dans l'état militaire, se distingua dans plus. occasions, mais parvenu en 1797 au grade de capitaine, donna sa démission pour pouvoir se livrer tout entier à l'étude. Il visita l'Italie, et lorsque les troubles de ce pays l'obligèrent, en 1800, de revenir en France, il se fixa à Paris, rapportant de ses voyages une collect. de bronzes, de vases et de médailles, etc., qui, cédée par le possesseur au gouvern. en 1817, est un des ornem. du musée royal. Élu membre de la chambre des députés en 1815 par le départem. du Mont-Blanc, il n'y siégea que quelque temps, la Savoie ayant cessé de faire partie de la France. En 1816, l'académie des inscript. l'admit à la place que Ginguené laissa vacante ; il mourut en 1820. On a de lui : *Dissertation sur l'époque de la mort d'Antiochus-Sidetès, roi de Syrie*, 1815, in-4. — *Notice sur une médaille de Philippe-Marie Visconti, duc de Milan*, 1816, in-4. — *Dissertat. sur l'inscript. grecque d'un vase trouvé à Tarente*, etc., 1816, in-4. — *Mém. sur les médailles de Marinus, frappées à Philippopolis*, 1817, in-4. Son plus import. ouvr. a été publ. après sa mort, sous ce titre : *Recherches sur les médailles des nomes ou préfectures de l'Égypte*, 1822, impr. royale, in-4.

TODD (Hugh), théolog. anglais, né en 1658 à Blencow, dans le Cumberland, mort en 1728, a publ. en angl. une *Descript. de la Suède*, une *Vie de Phocion*, etc.

TODE (Henri-Julien), naturaliste, né à Zolenspieker, dans le duché de Holstein, en 1733, mort en 1797 surintendant à Schwerin, a publié : *Cantiques chrétiens*, 1771, in-8. — *Fungi meklenburgenses selecti*, Lunebourg, 1790 et 1791, 2 vol. in-4, avec 17 pl. — Des *dissertat.* dans les *Mém.* de la société d'hist. naturelle de Berlin.

TODE (Jean-Clément), médecin du roi de Danemarck et profess. de méd. à l'univ. de Copenhague, né à Zollenstocker, près de Hambourg, en 1736, mort en 1805, a mis son nom, comme rédacteur ou collaborat., à la tête de 127 product. médicales, philosophiq., littér. ou polémiq., dont 70 ont paru en danois, 33 en allem., 22 en latin et 2 en franç. Les principales sont : *Biblioth. medico-chirurgic.*, Copenhague, 1774-87, 10 vol. in-8. — *Annales médicales*, ibid., 1787-92, 13 n^{os} in-8. — *Science médicale en général*, ibid., 1798, 2 vol. in-8. — *OEuvres en prose*, ib., 1793, 8 vol. in-8. — *Fables originales et contes pour la jeunesse des deux sexes*, ibid., 1793, in-8. — Plus. comédies, dont deux eurent du succès, *les Officiers de marine*, et *le Démon des mariages*.

TODERINI (Jean-Bapt.), littérat., né en 1728 à Venise, où il mourut en 1799, professa la philosophie chez les jésuites, et, après la suppress. de cet ordre, s'attacha au baïle Gazzoni, qu'il suivit, en 1781, dans son ambassade à Constantinople. Le plus connu de ses ouvr. est son histoire de la littérat. des Turks, dont il connaissait à peine la langue : *Della letteratura turchesha*, Venise, 1787, 3 vol. in-8, trad. en français par Cournand, Paris, 1789, 3 vol. in-8, et en allem. par Hansleutner, 1790, in-8.

TOFINO DE SAN-MIGUEL (don Vicente), astronome espagnol, né en 1740, mort à Madrid en 1806, entra de bonne heure dans la marine, et fut, en 1770, nommé profess. de l'acad. des gardes-marines de Léon, il entreprit, en 1783, par l'ordre de Charles III, de relever les côtes d'Espagne, ainsi que les îles reconnues par les marins dans les voyages d'Amérique. Les talents dont il fit preuve et ses services furent récompensés ; il devint successivement direct. des compagnies des gardes roy. de la marine, brigadier des armées navales, et membre de l'acad. d'hist de Madrid ; il était correspondant des acad. des sciences de Paris et de Palma. On a de lui : *Compendio de la geometria elemental y trigonometria rectilinia*, Ile de Léon, 1771, in-4. Cet ouvrage, souvent réimpr., est encore en usage dans les écoles espagnoles. — *Observaciones astronomicas hechas en Cadix en el observatorio real*, Madrid, 1776 et 1777, 2 vol. in-4. — *Atlas des côtes d'Espagne*, 1786, in-fol. max., etc.

TOGRAI (Mouayyad-Eddyn-Abou-Ismaïl-Hocein Al-), né à Ispahan, s'est rendu célèbre par ses écrits en prose et en vers, qui lui ont fait donner les titres de *Fakhr-Elcattab* (l'honneur des hommes de plume), et de *Alostad* (le maître ou le docteur). Visir de Mas'oud, fils de Mohammed, Seldjoukide, sulthan de Mossul, il fut pris dans une bataille que son maître perdit contre son frère Mahmoud, et mis à mort à l'âge d'environ 60 ans. Le plus célèbre de ses écrits est un poème intitulé : *Lamiyya al-adjem*, publié avec une version latine d'Ed. Pococke, Oxford, 1661, et avec une autre version lat. de Golius, Utrecht, 1707; Franeker, 1769. Il en existe des traduct. en franç., en anglais et en allem., dont on trouve l'indicat. dans la *Biblioth. arabica* de Schnurrer. Le texte seul de ce poème a été publié avec le poème de Schanfara, qui porte le même titre, Cassan, 1814.

TOICT (NICOLAS du), jésuite, né à Lille en 1611, signala son zèle apostolique au Paraguay; il devint supérieur de cette province, et mourut vers 1680. On a de lui : *Historia provinciæ paraguariæ soc. Jesu*, Liége, 1673, in-fol., trad. en anglais dans la *Collect. des voyages de Churchill*, t. VI, p. 3-116.

TOINARD ou THOYNARD (NICOLAS), seigneur de Villan-Blin, né à Orléans en 1629, mort à Paris en 1706, s'appliqua dès sa jeunesse à l'étude dès langues anciennes et des médailles, et se fit la réputation d'un savant antiquaire. On a de lui deux *dissertations* lat., dont l'une sur des médailles de Galba, de Caracalla et de Trajan, 1689, in-4, et l'autre sur l'emper. Commode, 1690, in-4; une *Concorde grecque des quatre évangélistes*, 1707, in-fol., qui ne parut qu'après sa mort, et quelques opuscules dans une polémique qu'il soutint contre les jésuites au sujet de la traduct. du *Nouv.-Testament* de Mons.

TOIRAS (JEAN DU CAYLAR DE SAINT-BONNET, maréchal de), né à St-Jean-de-Gardonnenque, dans les Cévennes, en 1585, atteignit l'âge de 35 ans avant d'avoir montré ce qu'il devait être un jour. Il dut à son habileté dans l'art de prendre les oiseaux la faveur de Louis XIII, qui le nomma lieuten. de sa vénerie et capit. de sa volière. Mais tout à coup la passion de la guerre et l'amour de la gloire vinrent l'enflammer et lui révéler sa force : sans parler des siéges de St-Jean-d'Angély, de Montauban et de Montpellier, où il servit avec distinct., ni de la part active qu'il prit à l'expulsion du duc de Soubise de l'île de Ré, il suffit de rappeler la belle défense qu'il fit de cette même île, en 1627, contre les Anglais, commandés par Buckingham, et le siége de Casal, qu'il soutint en 1630 contre les forces réunies de l'Autriche et de l'Espagne, sous les ordres de Spinola. Il reçut, pour récompense de ses services, le bâton de maréchal, et bientôt après le command. de l'armée française au-delà des Alpes, puis le titre d'ambassadeur extraordin., avec Servien, pour les négociat. de la paix entre le duc de Savoie et le duc de Mantoue. Il signa les trois traités de Cherasco et celui qui donna Pignerol à la France, et réussit enfin à liguer le duc de Savoie avec Venise; mais l'éclat de sa renommée et la fierté de son caractère indisposèrent contre lui le card. de Richelieu, qui ne tarda pas à le priver de ses gouvernem., de ses traitem., de ses pensions, et le réduisit ainsi presq. à la misère. Toiras, abandonné de son ingrate patrie, errant de ville en ville, refusa constamment les offres des puissances étrangères, qui voulaient se l'attacher : cette noble fidélité à ses devoirs de Français l'éleva encore plus haut dans l'estime de l'Europe. Lorsq. la guerre fut rallumée, il accepta, avec l'autorisat. de Louis XIII, le grade de lieut.-général du duc de Savoie, allié de la France, et vint se faire tuer à Fontanelle, dans le Milanez, en 1636, pour ce pays et pour ce roi qui l'avaient méconnu. Il y a une *Hist. du maréchal de Toiras*, par Michel Baudier, Paris, 1644, in-fol. et in-12.

TOKTAMISCH-AGLEN, khan ou empereur du Kaptchak, issu, à la 5e génération, de Djenguyz-Khan, était sujet d'Ourousch-Khan, prince soupçonneux, qu'il fut obligé de fuir pour éviter d'être la victime de ses craintes légitimes ou mal fondées. Dès-lors ennemi déclaré de son souverain, il essaya de lui ravir le trône, fut vaincu l'an 777 de l'hég. (1375), et se réfugia à Samarkand, où Tamerlan l'accueillit, et lui donna plus. districts de l'empire du Kaptchak. Attaqué dans ses nouveaux états par Couthloug-Bouga, fils d'Ourousch-Khan, ensuite par un autre fils du même prince, Tockta-Kaya, enfin par Timour-Melick, fils aussi et successeur d'Ourousch, il fut vaincu plus. fois; mais, toujours protégé par Tamerlan, il obtint de ce puissant monarque de plus gr. secours, et se rendit maître de Saganak, où il fut installé khan en 778 (1376). Il reprit l'avantage sur Timour-Melik, conquit Seraï et le Kaptchak presque entier, pénétra en Russie l'an 784 (1382), brûla Moscou, Wladimir-Sviengorod, Mojaïsk, Perejeslavie, Kolumna, et ravagea la principauté de Rezan. Mais ici commence pour lui une longue suite de malheurs qu'il mérita par son ambition et son ingratitude : en 787 (1385), il fait entrer en Perse une nombreuse armée, qui prend et saccage Tauris, dévaste l'Adzerhaïdjan, et exerce d'horribles cruautés contre les musulmans; en 789 (1387), ne voyant plus dans son bienfaiteur que l'usurpateur de l'empire de Djagathaï, il se déclare le vengeur de la famille de Djenguyz-Khan, obtient quelq. faibles succès sur les généraux de Tamerlan; mais, vaincu en plusieurs rencontres par ce conquérant lui-même, il perd une bataille décisive en 797 (1395), entre le Terek et le Volga, et se retire auprès de Vithoud, grand-duc de Lithuanie, qui eut l'imprudence de prendre son parti contre les Monghols, et attira ainsi au sein de ses états leurs armes victorieuses en 802 (1400). Toktamisch, errant et misérable désormais, eut un moment l'espoir d'être rétabli par Tamerlan sur le trône du Kaptchack; mais Tamerlan mourut avant d'avoir accordé ce généreux pardon, et l'ancien emper. du Kaptchak fut tué en Sibérie par Djanibeig, en 808 (1406).

TOLAND (JOHN), écrivain irréligieux, né en 1670 à Redcastle, près de Londonderry en Irlande, de parents catholiques, embrassa de bonne heure le presbytérianisme, et, dès l'année 1696, fit paraître à Londres son livre intit. : *le Christianisme sans mystères*, qui excita contre lui un tel orage qu'il fut obligé de prendre la fuite. L'orage passé, il en excita un autre, en 1698, par la publicat. de la *Vie de Milton* et sa *défense*, ouvrage dirigé contre l'authenticité des livres du Nouv.-Testament. Ces livres furent suivis de plusieurs autres, dans lesquels il ne respecta pas plus les grands principes fondamentaux de la morale et de la théologie naturelle que les vérités qui forment la base de la révélat. Quelq.-uns ont été honorés d'une réfutat. par Leibnitz, Clarke et Gordon. Toland, regardé comme un homme sans probité par Collins même, l'un de ses protecteurs, et traité par Swift de misérable, mourut en 1722. On a publ. ses *OEuvres posthumes*, 1726, 2 vol. in-8; 2e édit., 1747, avec une *notice* sur la vie et les écrits de l'auteur, par Desmaiseaux.

TOLÈDE (D. Pèdre de), dit *le Grand*, vice-roi de Naples, né en 1484 à Alva de Tormets, dans la Castille, fut d'abord page de Ferdinand-le-Catholique, dont il gagna l'amitié; il servit avec distinct. dans la guerre de Navarre contre Jean d'Albret, puis mérita la confiance de Charles-Quint, qui le nomma vice-roi de Naples, pour défendre ce roy. contre les musulmans. Il entra en fonct. en 1532, et signala son administrat. par de sages réformes, par le soin continuel d'embellir la ville, par l'expulsion des Juifs, qui s'étaient rendus odieux comme usuriers, et surtout par son opposit. inébranlable aux progrès de l'hérésie. Il poussa même le zèle à cet égard jusqu'à supprimer toutes les académies instituées à Naples, persuadé que les lumières devaient nuire à la foi. D'après les ordres de son souverain, il y établit, par un édit de 1547, des tribunaux d'inquisition. Mais les Napolitains se soulevèrent, le peuple s'unit à la noblesse par un serment dit de la *Sainte-Union*, le sang coula, et Charles-Quint, pour apaiser ces troubles, fut forcé de supprimer la même année l'inquisition. Tolède, obéi mais détesté des Napolitains, mourut en 1553. — Tolède (don Pèdre de), connétable de Castille, de la même famille que le précéd., nommé général des galères de Naples, se signala contre les Turks et fit avec succès, en 1595, une descente sur les côtes de la Morée. Devenu l'un des favoris et des confidents de Philippe III, ce prince le sachant parent de la reine Marie de Médicis, jeta les yeux sur lui pour l'ambassade de France. Il était chargé de la double mission de détacher Henri IV de l'alliance des Provinces-Unies, et de lui proposer le mariage du dauphin avec une infante. Admis devant le roi le 7 juillet 1608, il repartit au commencem. de 1609, sans avoir rien obtenu. Dans une conversat. assez vive avec Henri IV, aux menaces de ce prince, qui s'écriait qu'*on le verrait bientôt à Madrid*, il répliqua par ce mot, si calme et si fier : *Le roi François Ier y fut bien.* — Tolède (don François de), de la maison d'Oropesa, fut nommé vice-roi du Pérou, et fit son entrée à Lima en 1566. Il y attira par de perfides promesses, en 1571, le jeune Inca Tupac-Amaru, fils de Manco II, et le fit périr sur l'échafaud, malgré les prières et les larmes des Espagnols eux-mêmes. De retour en Espagne en 1581, il reçut de Philippe II un accueil foudroyant, fut accusé de malversation, dépouillé de ses richesses immenses, et jeté dans une prison où il mourut accablé de chagrins et de remords.

TOLET (François), cardinal, né à Cordoue en 1532, fut, à l'âge de 15 ans, nommé professeur de philosophie; il entra ensuite dans la compagnie de Jésus, et fut envoyé à Rome, où il professa avec distinction la philosophie et la théologie. Prédicateur de Pie V, de Grégoire XIII, de Sixte V et d'Urbain VII. Il obtint aussi l'estime et la confiance de Grégoire XIV, d'Innocent IX et de Clément VIII, qui le nommèrent leur théologien ordinaire, et lui confièrent des missions importantes. Il accompagna le cardinal Commendon dans sa légation d'Allemagne, dont le but était de former, avec l'emper. Maximilien et le roi de Pologne Sigismond-Auguste, une ligue contre les Turks. Il y déploya les talents d'un habile négociateur, reçut en 1593 le chapeau de cardinal, en récompense de ses services, et contribua puissamment, en 1595, à lever les scrupules de Clément VIII, pour faire absoudre Henri IV. Il mourut à Rome en 1596, sincèrement regretté de ce prince, qui lui fit faire des services solennels à Paris et à Rouen. On a de lui : *Commentarii et annotationes in Evangelium Joannis*, Rome, 1588, in-fol. — *Commentar. in Lucam*, Rome, 1600, in-fol.—*Commentar. in epist. ad Romanos*, 1602, in-4. — *Summa conscientiæ*, Rome, 1618, trad. en plus. langues, notamm. en français, sous le titre d'*Instruction des prêtres*. Bossuet a loué cet ouvr. — Tolet (Jean), religieux anglais de l'ordre de Cîteaux, fut créé cardinal en 1244 par Innocent IV, nommé évêque de Porto en 1261 par Urbain IV, et mourut en 1274. Il a laissé des *élégies*, des *satires*, des *harangues*, et quelq. écrits théologiq., philosophiq. et historiques.— François Tolet, lithotomiste de l'hôpital de la Charité, mort à Paris en 1724 à 77 ans, est auteur d'un *Traité de lithotomie ou de l'extract. de la pierre hors de la vessie*, Paris, 1681, in-12, réimpr. plus. fois. — Pierre Tolet, médecin de l'hôpital de Lyon au milieu du 16e S., a laissé quelq. *opuscules* aujourd'hui sans intérêt.

TOLLET (Élisabeth), dame anglaise, distinguée par son esprit, née en 1694, morte en 1754, fut honorée de l'amitié de Newton, qui encouragea ses premiers essais. Elle ne voulut pas, malgré cet illustre suffrage, les livrer au public, et ce fut un an après sa mort que l'on publia un volume de ses *poèmes*, dont un choix a été inséré dans la *Collection* de Nichols. — Tollet (George), son neveu, mort en 1779, a donné des *notes* estimées sur Shakespeare.

TOLLIUS (Corneille), philologue, né vers 1620 à Utrecht, obtint en 1648 la chaire d'éloquence et de langue grecq. à l'acad. d'Harderwyck, où il exerça la plus gr. influence sur le choix des professeurs, et mourut vers 1662. On a de lui des édit. de l'ouvrage de J.-P. Valeriano, *de Infelicitate litteratorum*, Amsterdam, 1647, in-12; de Paléphrate, *de Incredibilibus*, ibid., 1649, in-12; de l'*Histoire* de Jean Cinnamus, ib., 1612, in-4.—Tollius (Alex.), frère cadet du précéd., mort en 1675 à Harderwyck, où il était profess., a donné l'édit. d'*Appien*, Amsterdam, 1670, 2 vol. in-8, qui fait partie de la collect. *Variorum*. — TOLLIUS (Jacq.), philologue et alchimiste, frère des précéd., né vers 1630 à Utrecht ou aux environs de cette ville, mort dans la misère en 1696, quoiqu'il crût avoir trouvé le secret de faire de l'or, fut d'abord commis de J. Blaeuw, libraire d'Amsterdam, puis secrét. de Heinsius, qui, s'apercevant qu'il gardait des copies de ses notes, le renvoya. Nommé recteur du gymnase de Gouda, quelques intrigues dans lesquelles il se trouva mêlé lui firent perdre cette place. Il se rendit alors à Noordwyck, où il donna des leçons particulières et exerça la médecine; mais ces ressources étant insuffisantes, il sollicita et obtint, en 1679, la chaire d'humanités au collége de Duysburg. Chargé en 1687, par l'élect. de Brandebourg, de visiter les mines d'Allemagne et d'Italie, à son retour il trouva l'électeur prévenu contre lui et se retira en Hollande, où il ouvrit sans autorisation une école que bientôt on le força de fermer, et n'eut plus désormais pour se soutenir que ses rêves d'alchimiste. Outre une édit. d'*Ausone*, Amsterdam, 1669 ou 1671, in-8, qui fait partie de la collection *Variorum*, et une excell. édit. de *Longin*, Utrecht, 1694, in-4, on a de lui des traduct. lat. de divers ouvrages et des écrits originaux, dont le seul qui soit encore recherché est : *Epistolæ itinerariæ, observat. et fig. ordonnatæ, curâ et studio Henr. Chr. Henninii*, Amsterd., 1700 ou 1714, in-4. — TOLLIUS (Hermann), philologue, né à Breda en 1742, mort à Leyde en 1822, fut appelé en 1767 à une chaire d'histoire, d'éloquence et de grec à l'académie d'Harderwyck. Ayant perdu sa femme, il fit, pour se distraire de sa douleur, un voyage à Paris, où il fréquenta les savants, et recueillit des matériaux précieux à la biblioth. du Roi. Nommé success. de Burmann à l'athénée d'Amsterdam, il fut, en 1784, chargé de l'éducation des enfants du stathouder Guillaume V, dont il partagea la mauvaise fortune avec un rare dévouement. Obligé de s'exiler, il refusa de l'emploi en Allemagne, en Angleterre et ailleurs, et, de retour dans sa patrie, fut nommé en 1809 profess. de statistique et de diplomatie à Leyde. Au bout de quelque temps il échangea cette chaire contre celle de littérature grecque et latine. Ses princip. ouvr. sont : *Apollonii lexicon homericum*, gr., cum notis Villoisonii, Leyde, 1788, in-8. — Un *Recueil d'écrits politiques, ou Mémoires concernant la république des Provinces-Unies*, 1814-16, 3 vol. in-8.

TOLOMAS (CHARLES-PIERRE-XAVIER), jésuite, né en 1705 à Avignon, professa les belles-lettres à Lyon, et fut admis à l'acad. de cette ville. Ayant, en 1755, attaqué dans une harangue les encyclopédistes, tous les amis de d'Alembert déclarèrent qu'ils se retireraient de l'académie, si Tolomas ne donnait sa démission : il y consentit, et mourut en 1763. On a de lui : *Dissertation sur l'hyène*, 1755, in-12. — *Dissertation sur le café*, 1757, in-12. — *Discours sur la philosophie d'Épictète*, 1760, in-8, et un assez grand nombre de *mémoires* et de *dissertations*, MS., notamment un sur l'*architecture des Égyptiens*.

TOLOMEI (JEAN-BAPTISTE), card., né en 1653 à Florence, entra dans l'institut des jésuites et ne tarda pas d'obtenir de grands succès dans l'enseignement. Employé dans toutes les affaires importantes par Clément XI, il reçut de ce pontife le chapeau de cardinal en 1712, et ne voulut rien changer pour cela à sa manière de vivre simple et modeste. Il mourut en 1726. On a de lui : *Philosophia mentis et sensuum*, Rome, 1696, in-fol. — TOLOMEI (Nicolas), jésuite, de la même famille, né à Sienne en 1699, montra du talent pour la chaire à Rome et à Florence où il mourut peu de temps après la suppression de son ordre, en 1774. On a de lui : *Vocation de St Louis de Gonzague, jésuite*, souvent réimprimée.

TOLOMMEI (CLAUDE), littérateur, né en 1492 à Sienne, mort à Rome en 1555, se fit recevoir docteur en droit et voulut ensuite être dépouillé publiquement de son laurier doctoral. En 1516 il se rendit à Rome, où il entra dans le parti papal qui méditait la ruine de Sienne; banni de sa patrie, il servit successivem. Hippolyte de Médicis et Pierre-Louis Farnèse, dont il gagna la faveur; il en obtint une place de magistrat à Parme, qu'il perdit à la mort de son protecteur; s'étant retiré alors à Padoue, il y ouvrit un cours de morale, et fut bientôt informé de sa nomination à l'évêché de Corsola. Ses compatriotes, oubliant ses torts, le rappelèrent et le mirent au nombre des citoyens chargés de réformer les lois. Il fut même envoyé auprès de Henri II pour resserrer les nœuds entre Sienne et la France. Sienne lui doit la fondation des académies de *la Vertu* et de *la Sdegno*, dont la première surtout ne s'occupa guère que de questions ridicules et d'innovations malheureuses, si l'on excepte ses travaux pour éclaircir le texte de Vitruve. Outre un ouvrage polémique contre le Trissin, *delle Lettere nuovamente aggiunte* (à l'alphabet italien) *libro di Adriano Franci intitolato il Polito*, Rome, 1524, in-4, on a de Claude Tolommei, entre autres opuscules, *Versi e regole della nuova poesia toscana*, ibid., 1539, in-4. — *Lettere*, lib. *VII*, Venise, 1547, in-4, trad. en franç. par Vidal, Paris, 1572, in-8. — *De corruptis Verbis juris civilis*, etc. (v. la *Lett. ital.* de Tiraboschi, et les *Exercitationes vitruvianæ*, de Poleni, p. 50).

TOLOSANI (ANTOINE), général de l'ordre de St-Antoine de Vienne, né en 1555 à Toulouse, mort en odeur de sainteté en 1615, soumit son ordre à la réforme, fut un des bons prédicateurs de son temps, combattit avec vigueur l'usure et les mauvaises mœurs, et fut le fléau des calvinistes. Il a écrit contre eux : *Démonstration que ce que l'Église enseigne de la présence réelle n'est que la parole de Dieu*, etc., Lyon, 1608. — *L'Adresse du salut éternel et Antidote de la corruption qui règne dans ce siècle*, etc., Lyon, 1612, in-8. Ces deux ouvr. furent dédiés l'un au roi, l'autre à la reine. La *Vie de Tolosani* par J. de Loyac a été publiée sous le titre du *Bon Prélat*, Paris, 1645, in-8.

TOLOTSCHANINOF (Nicéphore-Mateievitsch), boïard russe, fut envoyé par son souverain en ambassade auprès du tzar d'Imireltie l'an 1650, avec le diacre Ievlef, et rédigea la relation de ce voyage que l'on conserve MS. à la bibliothèque du synode à Moscou.

TOLSTADIUS (Éric), ministre d'une paroisse de Stockholm, né en 1675, mort en 1759, fut un des premiers qui donnèrent en Suède quelque éclat à l'éloquence de la chaire. Ses *Sermons* impr., au nombre de onze, sont encore très répandus dans sa patrie. On en trouve la *notice* dans Stricker, *homilet. Bibl.*, p. 140.

TOLSTOY (le comte Pierre), l'un des plus fidèles serviteurs de Pierre-le-Grand, fut envoyé par ce prince en ambassade à Constantinople en 1702, et assura la paix avec la Turquie. Moins heureux plus tard quand il se plaignit de l'asile accordé par la Porte à Charles XII, il fut mis aux Sept-Tours, et n'obtint sa liberté qu'en 1714. Il accompagna Pierre en 1716 dans son voyage de Hollande, fut chargé par lui de quelques négociations avec l'Angleterre, le suivit à Paris, et de là fut envoyé à Vienne pour reprocher à Charles VI d'avoir accueilli le fils du tzar, puis à Naples pour chercher ce jeune prince qu'il ramena à Moscou. Pierre lui confia, en 1719, une négociation moins odieuse à Berlin; il l'emmena dans sa campagne de Perse en 1722, et ne se sépara de lui qu'à la mort, après l'avoir récompensé de ses services, en lui donnant successivement plusieurs terres, les titres de conseiller privé, de sénat., de président du collège de commerce, de comte de l'empire, et le cordon de St-André. Tolstoy jouit de la même faveur sous Catherine Ire; mais, sous Pierre II, fils du malheureux Alexis, accusé d'avoir cherché à l'éloigner du trône et de s'être opposé à son union avec la fille de Menzikoff, il fut dépouillé de ses biens et enfermé, avec son fils, le comte Jean, dans le couvent de Soloretskoï, où il mourut en 1728.

TOMASELLI (Joseph), naturaliste, né en 1733 à Soave, près de Vérone, embrassa l'état ecclésiastique, et consacra ses loisirs à la culture des sciences; il a plutôt fait preuve, dans ses ouvrages, de patriotisme que de savoir. Plusieurs cependant furent couronnés par la société agricole de Vérone, qui l'admit au nombre de ses membres en 1795: il faut surtout lui savoir gré de s'être fait le champion des théories nouvelles contre les vieux préjugés de la routine et d'avoir défendu la nomenclature de Lavoisier contre le P. Pini; il mourut à Vérone en 1818. On a de lui: *Dialoghi sopra l'arte di fare il nitro*, Vérone, 1792, in-8. — *Risposta all' osservazioni del A. Pini sulla nuova teoria e nomenclatura chimica*, ibid., 1793, in-8. — *Teorie generali di agricoltura*, ibid., 1796, in-8. (voy. son *Éloge* en ital. par Bene, 1825, in-8).

TOMASINI (Jacques-Philippe), biographe, né à Padoue en 1597, mort en 1654 à Città-Nuova, en Istrie, dont Urbain VIII l'avait fait évêque pour le récompenser de son amour éclairé pour les lettres, eut le courage de lutter contre le mauvais goût de son siècle et d'opposer sans cesse Pétrarque à Marini. Parmi ses ouvrages, on distingue: *Éloges des hommes illustres de Padoue* (en latin), 1630, in-4; réimpr., 1634, 2 vol. — *Petrarcha redivivus, Laura comite*, Padoue, 1650, in-4, fig.; c'est à cet ouvrage, qu'il présenta au pontife, que Tomasini fut redevable de sa fortune.

TOMITANO (Bernardin), médecin, né à Padoue en 1506, écarté d'une nouvelle chaire qu'il avait sollicitée, fut admis à l'acad. des *Infiammati*, alla s'établir à Venise, et s'attacha au célèbre Baglioni, qu'il suivit en Chypre. La fin tragique de son protect. le conduisit au tombeau en 1576. On a de lui: *Quattro libri della lingua toscana, ove si prova la filosofia esser necessaria al perfett' oratore e poeta*, Padoue, 1570, in-8. — *Corydon, sive de Venetorum laudibus*, églogue, Venise, 1556, in-4. — *Consiglio sopra la peste di Venezia del 1556*, Padoue, 1556, in-8. — *Contradictionum solutiones in Aristotelis et Averrois dicta*, etc., ib., 1562, in-4. — *De morbo gallico lib. II*, dans le rec. des écrits sur le même sujet (*v.* Luvigni). — *Vita e fatti di Astorre Baglioni libri VIII*, biographie dont il existe plus. copies à Pérouse, et qui mériterait d'être publiée. Morelli, dans ses *Opuscoli*, tom. III, p. 255, donne des détails sur B. Tomitano.

TOMKUS (Jean-Mernawchiew), sav. hongrois, né à Sebenico, mort à Rome en 1639, s'y était fait connaître avantageusem. des cardinaux Baronius, Pazmany, Barberini et Sacheti, qui le firent nommer évêque de Bosnie, en 1631, visiteur de l'ordre des barnabites, censeur des livres religieux et protonotaire apostolique. On a de lui: *Unica gentis Aureliæ, Valeriæ, Salonitanæ, Dalmatinæ, nobilitas*, Rome, 1628, in-4. — *Dialogi de Illyrico et rebus dalmaticis*, Rome, 1634. — *Pro sacris ecclesiarum ornamentis et donariis contra eorum detractores*, Rome, 1635, in-8.

TOMMASI (Joseph-Marie), cardinal, né à Alicate en Sicile en 1649, se sentit dès sa jeunesse entraîné vers l'état ecclésiastique par une vocation puissante. Il prononça ses vœux chez les théatins de Palerme, en 1666, et fut nommé card., en 1712, par Clément XI, qui l'avait consulté avant d'accepter la tiare. Sa nouv. position ne changea rien à la simplicité de ses goûts et à la sévérité de ses mœurs. On le vit faire lui-même le catéchisme aux enfants, et il ne profita de sa fortune que pour faire plus de bien aux pauvres et embellir des églises. Ce savant prélat mourut en 1713. On a de lui plus. ouvr. sur la liturgie ancienne: *Codices sacramentorum nonagentis annis vetustiores*, Rome, 1680, in-4. — *Antiqui lib. missarum*, 1696, in-4. — *Institut. theolog. antiquorum Patrum*, 1709, 1710 et 1712, 5 vol. in-8. Tous ces ouvr. ont été réunis dans une édition commencée à Rome en 1747, par le P. Vezzozi, et qui forme 11 vol. in-4. Le P. Borromeo de Padoue, Fontani et D. Bernini ont écrit la *Vie* du card. Tommasi: une plus récente, publ. à Rome, 1803, in-4, est l'ouvr. d'un théatin qui ne s'est pas nommé. — Le père, l'oncle, un des frères et quatre sœurs du cardinal, ont offert aussi de gr. exemples de piété et de vertu. — TOMMASI (Jean de), dernier grand-maître titulaire de l'ordre de St-Jean-de-Jérusalem, né à Crotone dans le roy. de Naples en 1731, fut d'abord page d'honneur du gr.-maître Emmanuel de Pinto, puis entra dans la marine de l'ordre, dont il devint commandant en chef. Le zèle et le talent qu'il déploya dans cette charge importante, les services qu'il rendit au gr.-duc de Toscane, Léopold, comme son ministre auprès du grand-maître, le firent connaître avantageusement du roi de Naples et de l'empereur de Russie, qui, lorsque les grandes puissances eurent résolu de rétablir l'ordre de Malte en 1802, le recommandèrent à Pie VII : ce pontife lui conféra en 1803 le titre de grand-maître. Mais Tommasi, après avoir en vain réclamé l'évacuation de l'île par les Anglais, convoqua une assemblée générale de ses chevaliers à Messine, où il se fit reconnaître. Il établit sa résidence à Catane, obtint pour son ordre le couvent des Augustins, et pour lui un palais voisin, où il mourut en 1805 (*v.* MALTE).

TOMORÉE (Frère PAUL), archevêq. de Colocza et généralissime de l'armée de Hongrie sous le jeune roi Louis II, avant de prendre l'habit monastique avait porté les armes, et s'était marié deux fois. La mort prématurée de ses deux femmes lui avait paru un avis secret du ciel et décidé sa vocation. Louis II, plein de confiance dans ses talents, le chargea du gouvernem. des pays et des places fortes situés entre la Saxe, la Drave et le Danube; il avertit ce prince de l'approche de Soliman, et fit résoudre la bataille de Mohacz (1526), si funeste aux Hongrois; mais il sut du moins s'y faire tuer, avec le courage d'un soldat.

TOMRUT. — V. TOUMERT.

TONDU (PIERRE-HENRI-MARIE), dit *Lebrun*, né à Noyon en 1754, entra dans l'état ecclésiastiq. et fut connu dans le monde sous le nom de *l'Abbé Tondu*, qu'il changea pour celui de *Lebrun*. Ennuyé de la soutane, il s'engagea dans un régim. d'infanterie, déserta, se fit ouvrier imprimeur, puis journaliste, dans le pays de Liége, prit quelq. part aux troubles de ce pays, et le quitta pour venir dans la petite ville d'Herve rédiger le *Journal général de l'Europe*. Appelé à Paris en 1790 par les chefs les plus influents de la révolution, Dumouriez, alors ministre des affaires étrangères, le plaça dans ses bureaux; il parut plus. fois à la barre de l'assemblée législative, et, après la catastrophe du 10 août il obtint le portefeuille du ministère dont il était commis. Il fit alors plus. rapports à l'assemblée, entre autres sur les ouvertures de paix faites par le duc de Brunswick, sur le refus de la Porte othomane de recevoir Sémonville comme ambassad., sur les dispositions hostiles de l'Angleterre, etc.; enfin il fut l'organe ou le directeur des plus importantes affaires de la diplomatie de cette époque. Ses discours étaient modérés, et il paraît certain qu'il avait formé, de concert avec Dumouriez, un plan pour sauver Louis XVI. Enveloppé plus tard dans la proscript. du parti de la Gironde, il fut condamné à mort en 1793.

TONDUZZI (JULES-CÉSAR), historien, né en 1617 à Faenza, mourut en 1673. On a de lui : *Faventinæ historiæ breviarium*, Faenza, 1670, in-8. — *Istorie di Faenza*, ibid., 1675, in-fol., ouvrage posthume, continué par Cavina depuis la fin du 14e S. jusqu'en 1600.

TONE (THÉOBALD-WOLF), né à Dublin en 1763, abandonna le barreau pour se livrer à la polit., et quoique professant la religion anglicane, embrassa la cause des catholiques d'Irlande avec beauc. de zèle; il publia en leur faveur deux brochures qui le firent admettre dans la société des wighs de Bedford, et nommer secrétaire du comité central de l'opposition. Il fonda ensuite l'association des *Irlandais unis*. Menacé par le gouvernement angl., il chercha un asile en Amérique, puis en France, où il se concerta avec Hoche sur les expéditions de la baie de Bantry et du Texel, et servit comme adjudant-général dans les armées françaises, notamment dans l'expédition du général Hardi en 1798. Fait prisonnier par les Anglais, il fut condamné à être pendu, et se tua dans sa prison.

TONG (EZRAEL), ministre puritain, né en 1621 à Holby, mort en 1680, possédait parfaitement l'hist. natur. et la chronolog.; il obtint des succès comme institut., et il avait du talent pour la poésie; mais il n'en serait pas moins oublié sans la part qu'il prit avec Oates à la dénonciation du prétendu complot des catholiq. contre Charles II. On a de lui : *Abrégé de la grammaire; le royal Martyre;* plus. *pamphlets* contre les jésuites, etc.

TONSI (JEAN), biographe, né en 1528 à Milan, entra dans l'ordre des *humiliés*, et, pour n'avoir pas dévoilé le complot tramé par quelques-uns de ses confrères contre l'archevêque de Milan, fut relégué dans la chartreuse de Garignan. Il obtint bientôt la permission de se retirer en Toscane, et gagna l'estime de François de Médicis, qui le nomma grand-prieur de St-Étienne et recteur de l'université de Pise. Rappelé à Milan en 1586, il y mourut en 1601. On a de lui : *Disceptationes calvinicæ*, trad. de l'ital. de Panigarola, Milan, 1594, in-4. — *De vita Emmanuelis-Philiberti, Allobrogum ducis, libri II*, Turin, 1596, in-fol.; trad. en italien par l'auteur, Milan, 1602, in-4.

TONSTALL (CUTHBERT), savant prélat anglais, né vers 1476 à Tacford, dans le Hertfordshire, mérita, par ses talents et ses connaissances, d'être appelé au conseil de Henri VIII, et, s'étant montré assez complaisant pour écrire en faveur de la dissolution du mariage de ce prince avec Catherine d'Aragon, il en fut récompensé par l'évêché de Londres en 1522, et celui de Durham en 1530. Après la mort de Henri VIII, qui l'avait désigné l'un des régents du royaume pend. la minorité d'Édouard, le duc de Northumberland supprima son évêché, et le malheur lui rendant le sentiment de ses devoirs, il désavoua publiquement sa faiblesse. Il mourut en 1559 dans une prison où l'avait fait enfermer Élisabeth. On a de lui : *De arte supputandi libri IV*, Lond., 1522, in-4; Paris, Rob. Estienne, 1529, 1535, 1538, in-4.—*Compendium et synopsis in X libros Ethicorum Aristotelis*, Paris, 1554, in-8, etc.

TONTI, banquier italien, qui vint se fixer en France, imagina les emprunts en rentes viagères, appelés de son nom *tontines*. Le ministère établit pour la première fois une tontine en 1653. On eut encore recours à cet expédient funeste en 1689, 1696 et 1709. — TONTI (le chevalier), fils du précédent, suivit d'abord la carrière des armes, et fit la guerre en Sicile. Étant venu à Paris solliciter de l'emploi, il fut associé à l'expédit. de La Salle au Mississipi; chargé de la garde du fort Niagara, qui venait d'être établi entre les lacs Érié et Ontario, il sut gagner l'amitié des chefs des sauvages. En 1681 il acheva la construction d'un fort sur la rivière des Illinois, et lui donna le nom de St-Louis. Resté presque seul, par la mort de La Salle et de ses autres compagnons, il se fixa dans le pays des Illinois, dont il était aimé, et d'Iberville, nommé commandant de la Louisiane, l'y trouva en 1700, vivant du produit de sa chasse et de la vente des pelleteries. A partir de cette époq. on ne sait plus rien sur lui. Les cantons qu'il avait habités sur les bords du Mississipi furent appelés *petits et gr. Tonticas*. On a sous son nom : *Les dernières découv. de La Salle dans l'Amérique-Septentrionale*, Paris, 1697, in-12 (*v*. le tome LVI de l'*Hist. générale des voyages* de Prevost, édition in-12).

TONTOLI (GABRIEL), historien, né vers 1610 à Manfredonia, dans la Pouille, mort en 1665, évêq. de Ruvo, n'avait point les qualités requises pour écrire l'histoire, et manquait surtout de la fermeté nécessaire pour ne respecter que la vérité. On a de lui : *Il Masaniello, ovvero discorsi narrativi sopra la sollevazione di Napoli*, Naples, 1648, in-4. —*Memoriæ diversæ metropolitanæ eccles. sypontinæ, ex apostolicis in Vaticano monumentis, et aliundè deductæ*, Rome, 1654, in-4. — *Collectio jurium eccles. garganicæ contra Sypontinam*, ib., 1655, in-4.

TOOKE (le révérend WILLIAM). littérateur angl., né à Islington en 1744, remplit d'abord les fonct. de ministre de l'Église anglicane à Cronstadt, fut appelé en 1774 à l'emploi de chapelain de la factorerie anglaise de Pétersbourg, et, pendant un séjour de 18 ans qu'il fit dans cette ville au milieu de la société la plus brillante, il composa plus. ouvr. importants relatifs à la Russie. De retour à Londres en 1792, il y consacra ses loisirs à la culture des lettres, et mourut en 1820. On a de lui : *La Russie, ou Tableau historiq. de toutes les nations qui composent cet empire*, 1780, 4 vol. in-8. — *Variétés littéraires*, 1795, 2 vol. in-8. — *Extraits de journaux étrangers et MSs. originaux impr. pour la prem. fois*, 1798, 2 vol. in-8. — *Vie de Catherine II, impératrice de Russie*, 1797, 3 vol. in-8. — *Tableau de l'empire russe sous le règne de Catherine II, jusqu'à la fin du 18ᵉ S.*, 1799, 3 vol. in-8. — *Histoire de la Russie depuis la fondation de cet empire jusqu'à l'avénem. de Catherine II*, 1800, 2 vol. in-8, etc.— George et Andrew TOOKE, aïeux du précédent, méritent d'être mentionnés : le premier, après avoir pris une part active à l'expédition contre Cadix en 1625, vint passer le reste de ses jours dans le Hertfordshire, sa patrie, et composa quelques opuscules en prose et en vers, notamm. une élégie sur la mort du prince Rupert. Andrew, mort en 1731, permier maître de l'école de Charter-House, avait d'abord professé la géométrie au collége de Gresham. Outre un *Synopsis græcæ linguæ*, 1711, on a de lui plus. traductions anglaises, notamm. celle du *Panthéon* de Pomey, dont la 10 édition parut en 1726.

TOOKE. — V. HORNE-TOOKE.

TOPAL-OSMAN ou *Osman-le-Boiteux*, grand-visir de Mahmoud Iᵉʳ, fait prisonnier dans sa jeunesse et conduit à Malte, sut inspirer tant de confiance à un Marseillais nommé Arnaud, que celui-ci consentit à le racheter et à lui rendre la liberté. Osman, arrivé au Kaire, paya plus que le prix de sa rançon, entra dans la carrière des honneurs, se distingua dans la guerre de Morée en 1715, et parvint de grade en grade au visiriat en 1731. Ce fut alors qu'il donna des preuves de sa reconnaissance au généreux Arnaud, qui vint le trouver à Constantinople. Ses talents et son habileté égalaient ses vertus. Il fit la paix avec la Perse, dont il obtint la cession de la Géorgie, il fit renaître l'abondance et refleurir le commerce dans l'empire; mais ses efforts pour introduire dans les milices othomanes la discipline des armées européennes furent un prétexte dont se servirent avidement le kislar-aga et la sultane Validé pour le faire déposer en 1732. On voulut toutefois adoucir sa disgrâce en lui donnant le commandement des frontières asiatiq. du côté de la Perse. Là, quoique abandonné presq. aux seules ressources de son génie par la jalousie du nouveau visir, Osman servit encore son pays utilement; il battit deux fois le fameux Thamas-Kouli-Khan, et mourut les armes à la main vers la fin d'octobre 1733, laissant après lui la réputation d'un des plus généreux, des plus habiles et des plus vertueux ministres dont s'honore l'hist. des Othomans.

TOPFER (HENRI-AUGUSTE), philosophe et mathématicien, né à Leipsig en 1758, se fit une gr. réputation comme professeur, tant à Leipsig qu'à l'école nationale de Grunma. Admis à la retraite en 1828, il mourut à Dresde en 1833. La plupart des gr. géomètres allemands furent ses élèves ou ses amis. On lui doit plus. ouvrages estimables, entre autres : *Analyse combinatoire*, 1793, et cartes générales sur l'*Encyclopédie des sciences et des beaux-arts*, *l'antropologie et la morale*, publiées de 1806 à 1808.

TOPHAM (ÉDOUARD), littérat., mort à Doncaster en 1820, avait été major dans les gardes-du-corps du roi d'Angleterre et propriétaire du journal *le Monde* (*the World*). On a de lui : *Lettres écrites d'Édimbourg, contenant des observations sur la nation écossaise*, 1776, in-8. — *Adresse à Edm. Burke sur sa lettre aux shériffs de Bristol*, 1777, in-4. — *Vie de John Elwes*, 1790, in-8, et 1805.

TOPINO-LEBRUN (Franç.-Jean-Bapt.), peintre d'histoire, né à Marseille en 1769, connut à Rome David, qui l'admit au nombre de ses élèves à Paris. Le disciple partagea l'exaltation républ. de son maitre. Nommé en 1793 juré au tribunal révolutionnaire, malgré la bonté et la douceur de son caractère, il se laissa entraîner à voter un gr. nombre de condamnations injustes. Plus tard il refusa la place de président de la commission populaire d'Orange, et prouva ainsi, comme l'a dit Chauveau-Lagarde, qu'il était *plutôt un ami exalté de la révolution qu'un ennemi de l'humanité.* Plus. fois même, au milieu de ses redoutables fonctions, il se prononça en faveur des victimes. Éliminé de la liste des jurés, un arrêté, signé de presq. tous les membres du comité de salut publ., le traduisit lui-même devant le terrible tribunal, et il ne dut son salut qu'au 9 thermidor. Il se déclara pour la convention au 13 vendém., et fut compris l'année suivante dans les mandats décernés contre les complices de Babœuf. Plus tard il suivit, en qualité de secrétaire, Bassal, chargé d'une mission secrète du directoire en Suisse. De retour en France en 1797, il s'occupa un peu de son art, mais plus encore des affaires politiq., se fit remarquer parmi les jacobins du Manége, et, s'étant trouvé impliqué dans la conspiration contre le premier consul, qui échoua le 10 octobre 1800, il fut condamné à mort et exécuté en 1801. Son tabl. de la *Mort de Caïus Gracchus*, couronné au salon, lui valut une récompense du gouvernement.

TOPLADY (Auguste-Montague), théologien anglican, né en 1740 à Farnham, en Surrey, mort en 1778, ne fut jamais, malgré ses talents, d'autre bénéfice que la cure de Bread-Hembury, en Devonshire, où il vécut pauvre et honoré de ses paroissiens. On a donné après sa mort une édit. complète de ses *OEuvres*, 6 vol. in-8, suivis d'un volume de pièces posthumes. Le plus estimé de ses ouvrages est : *Preuve historique du calvinisme doctrinal de l'Église d'Angleterre*, 1774, 2 vol. in-8.

TOPPI (Nicolas), histor., né vers 1603 à Chieti, étudia la jurisprudence, et prit ses degrés à l'université de Naples, dont il obtint deux fois la place d'archiviste. Il mourut en 1681. On a de lui plus. ouvr., parmi lesquels on distingue : *De origine omnium tribunalium nunc in Castro capuano fidelissimæ civitatis Neapolis existentium, deque eorum viris illustribus*, Naples, 1655, 1666, 3 vol. in-4. — *Biblioth. neapolitana, ed apparato agli uomini illustri in lettere di Napoli e del regno*, ibid., 1678, in-fol. Il faut joindre à ce vol. les additions de Nicodemi.

TORCHE (l'abbé de), littérateur médiocre, né vers 1635 à Béziers, entra chez les jésuites, mais son goût pour le plaisir le força bientôt d'en sortir. Il vint à Paris, où il écrivit des nouvelles, des contes et des poésies d'un genre frivole. Mais de nouvelles intrigues eurent pour lui des suites fâcheuses qui l'obligèrent de revenir à Béziers : étant allé voir un de ses parents à Montpellier, il y mourut en 1675. On a de lui : *le Berger fidèle*, trad. de l'italien en vers français, Paris, 1664, in-12. — *L'Aminte* du Tasse, trad. de l'italien en vers français, Paris, 1666, 1676, in-12; La Haye, 1679 et 1681, in-12. — La *Philis* de Scyre, trad. de l'italien en vers français, Paris, 1669, in-12. — *Le Démêlé de l'esprit et du cœur*, Paris, 1668, in-12. — *Le Chien de Boulogne, ou l'Amant fidèle*, Paris, 1668, in-12; Cologne, 1669, 1679, in-12.

TORCY (Franç. de), prêtre, approuva par ses sermons et par ses écrits les décrets de l'assemblée constituante sur le clergé, devint grand-vicaire de l'évêque constitutionnel de la Marne, fut promoteur du synode tenu à Reims en 1801, et assista, comme procureur fondé de son évêque, au concile national de la même année ; il y fut même nommé vice-promoteur. Mais on a lieu de croire qu'après le concordat il ne fut pas employé, et on ignore ce qu'il devint. Il a laissé plusieurs ouvrages de controverse, parmi lesquels nous citerons : *Éclaircissements sur la constitution civile du clergé de France*, 1791, in-8. — *L'Église gallicane vengée de toute accusation de schisme, et préjugés légitimes de schisme contre ceux qui l'en accusent*, St-Omer, in-8. — *Traité de l'accord des institutions républ. avec les règles de l'Église*, in-8. — V. Colbert.

TORDENSKIOLD (Pierre), vice-amiral danois, né en 1691 à Drontheim, fils de Jean Wessel, porta le nom de son père jusqu'à ce qu'en récompense de ses exploits le roi lui donna celui de *Tordenskiold* ou *Tordenschild*, qui signifie *foudre-bouclier*. Placé d'abord dans la maison d'un barbier, il en sortit secrètement en 1704, et vint à Copenhague, où il fut mis à l'école de navigation. Le dévouem. et l'activité dont il donna des preuves comme matelot, puis comme cadet de la marine royale, lui firent confier successivem. un corsaire et une frégate avec le titre de lieutenant. En 1714, après un combat furieux contre une grosse frégate suédoise, il s'aperçut qu'il n'avait plus que quatre coups à tirer, et, ne pouvant d'ailleurs tenter l'abordage parce que la mer était trop haute, il envoya un trompette au capitaine ennemi pour lui emprunter de la poudre. Le capit. ne lui en envoya pas ; mais il l'invita d'aller à bord du batiment suédois, dont les officiers voulaient boire à sa santé. Il accueillit cette offre amicale avec une cordialité égale à sa bravoure, et les deux frégates se séparèrent au milieu des salutations les plus courtoises de leurs équipages. Cette action un peu chevaleresque fit traduire Wessel devant un conseil de guerre ; mais il fut acquitté et nommé aussitôt capitaine de vaisseau. Il aurait même obtenu le commandem. d'une petite division qu'il demandait pour balayer les mers du Nord, si l'amirauté n'avait fortement déclaré qu'on ne pouvait accorder tant d'honneurs si rapidem. à un si jeune homme. Il commença donc avec une seule frégate la campagne de 1715, qui n'en fut pas moins glorieuse pour lui. Ses nombr. faits d'armes lui valurent, après la prise de Stralsund, des lettres de noblesse, le nom honorable de *Tordenskiold*, le titre d'adjudant-général de son souverain et l'inspect. des flottes danoises. Il acheva de mériter ces récompenses en 1716, en capturant dans le port de Dynekiln l'escadre suédoise, composée d'une frégate, de onze galères, de vingt-un bâtim. de transport chargés de munitions. A son arrivée à Copenhague, il reçut le grade de commandeur, le cordon bleu et une médaille, puis il se remit en mer, et gagna par de nouveaux services le commandement en chef des armements qui se faisaient pour les flottes du Nord. Charles XII ayant été tué (1718), Tordenskiold se hâta de porter cette nouv. au roi de Danemarck, qui le nomma vice-amiral. Encouragé par cette dernière distinct., il termina sa carrière militaire par un fait d'armes plus beau que tous les précédents : ce fut la prise de la ville de Marstrand et de la citadelle de Carlstein, qui la domine (1719). Deux médailles furent frappées pour éterniser le souvenir de cette importante conquête, et le vainqueur, nommé membre de l'amirauté, fut comblé de bien d'autres marques de la faveur de son maître. La paix entre la Suède et le Danemarck ayant été signée à Friederichsbourg en 1720, Tordenskiold tourmenta le roi pour obtenir la permiss. de voyager, et se rendit à Hambourg, puis à Hanovre, fêté et honoré en tous lieux comme un héros. Mais il eut dans cette dernière ville une querelle avec un colonel Stahl, joueur déterminé, auquel il avait eu un des motifs de reprocher son vice honteux : un duel s'ensuivit, dans lequel il succomba, par un de ces coups malheureux où la supposit. d'un guet-apens est assez vraisemblable. Le brave marin entrait alors (1720) dans sa 31e année. Un jeune Danois a publié en 1747, en 3 vol. in-4, la biographie de quelques hommes illustres, où l'on trouve la vie très détaillée de Tordenskiold. Le même ouvrage a paru en allem., Copenhague, 1753, 3 vol. in-8.

TORDESILLAS. — V. HERRERA.

TORELLI ou TORELLO (GUIDO-SALINGUERRA Ier), guerrier, dont le nom vient par contraction de *Saliens in guerra*, fut d'abord gouverneur de Ferrare, et s'en fit reconnaître, en 1118, seigneur souverain. Il favorisa le commerce, étendit la ville, la fortifia, et bâtit l'église de Tous-les-Saints, où il fut enterré. — TORELLI II, fils du précédent, lui succéda comme seigneur de Ferrare en 1150, fit un traité avec l'empereur Henri VI, vit éclater entre sa maison et celle des marquis d'Este cette haine qui fit verser tant de sang pendant un siècle dans le Ferrarais, le Padouan et la marche de Trévise, et mourut en 1197. — GIACOMO, petit-fils de Torelli et fils de Salinguerra II, fut rappelé par les Ferrarais, et obligé de se retirer ensuite à la cour d'Ezzelin II, son beau-père. — SALINGUERRA III, fils du précédent, fut créé, en 1301, chef de la ligue des villes de Bologne, Forli et Imola, fit plus. campagnes avec honneur, et, rappelé par les Ferrarais, fut proclamé 5e seigneur de Ferrare en 1308 : mais il ne put se maintenir dans cette souveraineté, dont le dépouillèrent les marquis d'Este en 1310.

TORELLI (GUIDO II), descend. de Salinguerra III, apprit le métier de la guerre sous son père et sous le général Carmagnole, et mérita l'estime du duc de Milan, Jean-Marie Visconti, dont il reçut, en 1406, l'investiture des fiefs de Guastalla et de Montechiarugolo. Il servit ensuite sous les drapeaux d'Otton de Tersi et du marquis d'Este, et, rappelé au service du nouv. duc de Milan, Philippe-Marie Visconti, lui resta fidèle. Il enleva plus. places au marquis d'Este, entre autres Parme, soumit Gênes, s'empara de Gaëte, et délivra la reine de Naples Jeanne II Durazzo. Cette princesse le récompensa de ses services par l'investiture de plus. fiefs et le titre de baron de la Pouille et du Capouan. De retour à Milan, il contribua puissamment à rendre à François Sforce l'affection du duc, et il fut ainsi la première cause de la grandeur de cette illustre maison. Il battit, dans le Crémonais, en 1451, Carmagnole, son ancien maître dans l'art de la guerre, fut nommé commandant en 1432 dans la Valteline, la Valcamonique, le Bressan et le Bergamasque, et mourut à Milan en 1449, comblé d'honneurs et de dignités par son souverain. — TORELLI (Orsina), femme du précédent, aussi remarquable par son courage que par sa rare beauté, fut chargée par son mari, depuis 1422, de la régence de Guastalla, où elle soutint un siège en 1426, contre une division vénitienne de l'armée commandée par Carmagnole. On raconte qu'elle s'arma d'un casque et d'une cuirasse, mena elle-même ses troupes au combat, tua de sa main plus. guerriers ennemis, et revint victorieuse et couverte de sang. On voit encore sur les murs de l'église de St-Barthélemi, à Guastalla, une fresque destinée à consacrer le souvenir de ce glorieux fait d'armes. — Une petite-fille de la précéd., Donella SANVITALI, est célèbre aussi par sa courageuse défense de Sala en 1485, contre Amurath Torelli, son cousin, qu'elle tua d'un coup d'arquebuse, après avoir fait des prodiges de valeur sur la brèche.

TORELLI (LÉLIO), en latin *Taurellus*, jurisconsulte, connu surtout par l'édition qu'il a donnée des *Pandectes florentines*, né à Fano en 1489, reçut le grade de bachelier à l'âge de 22 ans dans la faculté de droit de Pérouse, devint le chef de la magistrature de sa ville natale, et fut député par son corps au pape Léon X en 1520. Scanderberg-Comnène, qui avait obtenu du St-siége la seigneurie de Fano, s'étant rendu odieux à ses nouveaux sujets, Torelli, secondé par les jeunes patriciens, le chassa de cette ville ; il se justifia aisément de cette action courageuse, et le pape Clément VIII, le nomma même gouverneur de Bénévent, qu'il sut préserver de la peste et de la famine qui désolaient une partie de l'Italie. Plus tard il alla s'établir à Florence, où il fut accueilli avec empressement par le gr.-duc Cosme de Médicis. Nommé l'un des cinq auditeurs de la Rote, il fut ensuite élu podestat de Florence, chancelier et prem. secrétaire du grand-duc, membre et bientôt après l'un des chefs de l'acad. florentine, sénateur enfin, et mourut en 1576, après avoir vu son nom inscrit sur le livre de la noblesse. On a de lui des vers latins et italiens et quelques discours, 3 opuscules de droit : *Ad Gallum et legem Velleam; Ad Catonem et Paulum Enarratiunculæ; De militiis ex casu.* Mais son principal titre à la reconnaissance des savants, c'est son édition des Pandectes, intitulée : *Digestorum seu Pandectarum libri L, ex Pandectis florentinis repræsentati*, Florence, Torrentino, 1553, 3 vol. in-fol. Outre sa *Vie*, publiée à Florence, 1770, in-4, on peut consulter les *Fasti consolari dell' acad. fiorent.* et les *Osserv. istor. sopra i sigilli ant.* de Manni, t. IX et XXI. — TORELLI (Pomponio), littérateur, né en 1536, descendant des comtes de Guastalla, épousa la nièce du pape Pie V, et fut admis à l'académie des *Innominati* de Parme. Chargé en 1584, par le duc Octave Farnèse, d'une mission en Espagne, son heureux résultat devint pour lui une source de nouvelles faveurs. Il mourut à Parme en 1608. On a de lui : *Rime amorose*, Parme, 1575, in-4. — *Trattato del debito del cavaliero*, ibid., 1596, in-4. — *Carminum libri VI*, ib., 1600, in-4; des tragédies, entre autres : *Il Tancredi*, ibid., 1597, in-4; *la Mérope*, ib., 1589, in-4. — TORELLI (Jacq.), architecte-machiniste, né en 1608 à Fano, de la famille de Lélio, s'acquit une telle réputation qu'il fut invité par Louis XIV à venir à Paris. Il y exerça son talent au théâtre du *Petit-Bourbon*, et contribua beauc. au succès de l'*Andromède* de Corneille en 1650. Les Parisiens, étonnés de la nouveauté et de la hardiesse de ses essais, le surnommèrent *Grand-Sorcier*; de retour en Italie en 1662, il fit construire à Fano, d'après ses dessins, le théâtre de la *Fortune*, dont il fit présent à la ville, et mourut en 1678. — TORELLI (Louis), biographe, né en 1609 à Bologne, conduit par des chagrins domestiques dans un cloître, embrassa la règle de St-Augustin, parcourut avec talent la double carrière de l'enseignement et de la prédication, et mourut en 1683. On a de lui : *Ristretto delle vite degli uomini e delle donne illustri dell' ordine agostiniano*, etc., Bologne, 1647, in-4. — *Secoli agostiniani, ovvero storia generale dell' ordine di Sant' Agostino, vescovo d'Ippona, diviso in 15 secoli*, ibid, 1659, 1686, 8 vol. in-fol. — TORELLI (Joseph), littérateur, né en 1721 à Vérone, où il fit son cours de droit à Padoue, fut reçu docteur. Afin de n'être pas distrait de son ardeur pour l'étude, il refusa toutes les places qui lui furent offertes, et mourut dans sa patrie en 1781. Outre une édition d'Archimède, la plus complète que l'on ait de cet ancien géomètre, et qui, précédée d'une *Notice* sur Torelli, par Sibiliato, parut sous ce titre : *Archimedis quæ supersunt omnia cum Eutocii Ascalonitæ commentariis, cum novâ versione lat.*, etc., Oxford, 1792, in-fol., on remarque parmi ses ouvr. : *De principe gulæ incommodo, ejusque remedio*, Cologne (Vérone), 1744, in-12. — *Traduzioni poetiche, o sia tentativi per ben tradurre in verso*, 1746, in-8. — *De Nihilo geometrico, libri II*, 1758, in-8. — *Geometrica*, 1769, in-8. — *Il Pseudolo, commedia di Plauto, con alcuni idilli di Teocrito et di Mosco*, Florence, 1765, in-8. — *De probabili vitâ morumque regula*,

Cologne (Vérone), 1774, in-12. — *Lettera sopra Dante contra Voltaire*, 1781, in-8. Pindaminte a donné l'*Éloge* de Torelli, t. II, partie 2e des *Memorie della societa ital.* (v. aussi Ugoni, *Lett. ital. del 18° secolo*).

TOREN (OLAUS), voyageur suédois, né près de Gothenbourg, dans la Vestrogothie, mort à Næsinge, près Stræimstadt en 1753, étudia l'histoire naturelle sous Linné à Upsal, et débuta par un voyage à Cadix, il s'embarqua comme aumônier en 1750 sur un vaisseau de la compagnie des Indes-Orientales, et fut de retour en 1752. Les lettres qu'il avait écrites à Linné, ont été insérées à la suite du voyage d'Osbech, sous ce titre : *Voyage des Indes-Orientales à Surate, à la Chine*, etc. Cet ouvrage a été traduit en franç. par Dominique Blackford, Milan, 1771, in-12. Linné a donné le nom de *Torenia* à un genre de la famille des scrophulaires.

TORFÉE ou TORFASON (THORMODE), historiographe, né en 1640 à Engoe, petite île sur la côte méridionale d'Islande, fut, en 1660, nommé par Frédéric II interprète pour les antiquités islandaises, et chargé de recueillir les MSs. qu'il pourrait découvrir dans ce pays alors très peu connu. Il fut récompensé de ses recherches utiles par le titre d'historiographe des deux royaumes de Danemarck et de Norwège, et mourut en 1719. On a de lui : *Commentatio historica de rebus gestis Færeyensium seu Farœnsium*, etc., Copenhague, 1695, in-8. — *Series dynastarum et regum Daniæ, à primo eorum, Skioldo, Odini filio, ad Gormum Grandævum*, etc., ibid, 1702, in-4. — *Trifolium historicum, seu dissertatio historico-chronol.-critica, de tribus potentissimis Daniæ regibus, Gorvo Grandævo*, etc., ib., 1703, in-4; c'est une continuation de l'ouvrage précéd. — *Hrolfi Krakii inter potentissimos in ethnicismo Daniæ reges celeberrimi*, etc., ibid, 1705, in-8. — *Historia Vinlandiæ antiquæ, seu partis Americæ septentrionalis*, etc.—*Gronlandia antiqua, seu veteris Gronlandiæ descriptio*, etc., ib., 1706, in-8. — *Hist. rerum norvegiar.*, etc., 1711, ib., 4 vol. in-fol. — *Orcades, seu rerum orcadensium historia*, ib., 1715, in-fol.; enfin un gr. nombre de MSs. conservés à la bibliothèque royale de Copenhague, et d'après lesq. Suhm a publié : *Torfæana, sive Tarmodi Torfæi notæ posteriores in seriem regum Daniæ*, 1797, in-4.

TORIBIO ou TURIBE (St), archevêq. de Lima, né en 1538 en Espagne, avait rempli pend. 5 ans les fonctions de président ou de prem. magistrat de Grenade, quand le siége de Lima vint à vaquer. Philippe II voulant faire cesser les désordres dans ce malheureux pays, jeta les yeux sur Toribio comme le plus capable de remplir ses intentions. Toribio refusa d'abord, se fondant sur les canons de l'Église qui défendent à un laïque de recevoir l'épiscopat; mais le roi persista dans son choix : il prit donc le parti de se soumettre, et ayant reçu les ordres sacrés, il arriva à Lima en 1581. Le nouveau prélat ne se laissa point décourager par la vue de tant de maux ni par le souvenir des efforts infructueux de Las-Casas pour les réparer. On ne saurait comprendre ni dire quelles fatigues et quels dangers il eut à essuyer et avec quelle héroïque persévérance il accomplit sa noble mission. Il employa 17 ans à faire 3 visites dans toutes les parties de son diocèse, fondant partout où il en était besoin des séminaires, des églises, des établissem. pour les pauvres et pour les malades. Pendant les affreux ravages d'une peste, il renouvela l'exemple sublime que Charles Borromée avait donné à l'ancien monde, et se montra partout enfin, aux yeux de l'Indien étonné, comme un dieu bienfaisant. Ce vertueux prélat mourut dans l'exercice de la charité en 1606, et fut béatifié en 1679 par Innocent XI, puis canonisé en 1726 par Benoît XIII.

TORNÉ (PIERRE-ANASTASE), évêque constitutionnel, né en 1727 à Tarbes, entra dans la congrégation des doctrinaires, et professa la philosophie à Toulon. Il se livra ensuite au ministère de la chaire, et y obtint des succès qui lui valurent la place d'aumônier de Stanislas, le titre d'associé à l'acad. de Nancy, un canonicat de la cathédrale d'Orléans et le prieuré de St-Paul-de-Bagnères-de-Bigorre. Ayant adopté les principes de la révolution, il fut nommé évêque du département du Cher et métropolitain du centre, en 1791. Député à l'assemblée législative, il montra d'abord de la modération, et parla même en faveur des prêtres non assermentés; mais jeté bientôt dans les rangs des jacobins, soit par la peur, soit par l'effet d'une exaltation progressive, il provoqua la suppression du costume ecclésiastique, vota pour la destruction des congrégat. religieuses, et fit supprimer les préfets apostoliques des colonies. En 1793, il maria dans sa cathédrale un prêtre avec une religieuse, et annonça qu'il placerait avantageusem. dans son diocèse les prêtres mariés qui seraient inquiétés ailleurs. L'un des premiers il abjura son état, il écrivit à la convention qu'il avait été jusque-là un fourbe et un imposteur, se maria depuis, et fit dire à ses confrères eux-mêmes qu'il *épouvanta l'Église par une des plus horribles apostasies qu'on ait vues.* Il mourut dans sa ville natale en 1797. Outre des *Sermons*, Paris, 1765, 3 vol. in-12, on cite de lui : *Oraison funèbre de Louis XV*, Tarbes, 1775, in-4. — *Leçons élémentaires de calcul et de géométrie*, 1775, in-8. Barbier lui attribue : *Esprit des cahiers présentés aux états-généraux, augmenté de vues nouvelles, par L. T.*, 1789, 2 vol. in-8.

TORNIEL ou plutôt TORNIELLI (AUGUSTIN), savant annaliste, né en 1543 à Barengo dans le Novarèse, entra dans la congrégation des barnabites, dont il fut élu trois fois général, il refusa l'évêché de Mantoue et celui de Casal, content de cultiver en paix les lettres et l'histoire, et mourut à Milan en 1622. Au nombre de ses amis il compta Vincent de Gonzague, duc de Mantoue, St Charles Borromée et le cardinal Baronius. On a de lui : *Annales sacri et profani, ab orbe condito ad eumdem Christi passione redemptum*, Milan, 1610; Francfort, 1611; Anvers, 1620, 2 vol. in-fol.; Lucques, 1757, 4 vol. in-fol. : un *Abrégé* de cet ouvr., précédé de la *Vie* de l'auteur, a été publ. par Sponde (v. les *Mémoires* de Niceron, t. XXI, pag. 134-38, et la *Bibl. script. mediol.* d'Argellati, t. II, p. 11, 2179). — TORNIELLI (Jérôme-François), prédicat., né en 1693 à Cameri, mort en 1752, entra chez les jésuites, et suivit la carrière de l'enseignem., puis celle de la prédication, dans laquelle il eut de gr. succès. Il cultiva aussi la poésie, et eut l'idée, blâmée comme trop profane, de mettre des paroles pieuses sur les airs les plus connus, voulant par ce moyen habituer le peuple d'Italie, passionné pour la musique et les vers, à ne chanter que des hymnes sacrés. Outre son recueil de *sette Canzonnette in aria marinaresca, sopra le sette principali feste di nostra Signora*, Milan, 1738, in-8, et Modène, 1818, in-16, on a de lui : *Prediche quaresimali*, Milan, 1753, in-4; Bassano, 1820, in-4. — *Panegirici e Discorsi sacri*, Milan, 1767, in-8, et Bassano, 1822, in-8. Loya a donné l'*Éloge* de Jérôme Tornielli dans les *Piemontesi illustri*.

TORQUATUS. — V. MANLIUS.

TORQUEMADA (JEAN de), en latin *de Turre cremata*, cardinal, né à Valladolid en 1388, prit l'habit de St-Dominique, et devint prieur de la maison de son ordre à Valladolid, puis à Tolède. Appelé à Rome par le pape Eugène IV, ce pontife lui conféra la dignité de maître du sacré palais, et le nomma son théologien au concile de Bâle. Il y fit condamner les erreurs de Wiclef et de Jean Huss, soutint plus. dogmes attaqués par les hérétiques, entre autres celui de l'Immaculée Conception, et quitta Bâle en 1437. Il assista aux dern. séances du concile indiqué par le pape à Ferrare, et transféré depuis à Florence, y travailla avec beaucoup d'ardeur à terminer le schisme des Grecs, et mérita d'obtenir du pape le titre de *Défenseur de la foi*. Député par Eugène vers Charles VII pour l'engager à faire la paix avec les Anglais, il fut nommé cardinal pendant sa légation. Il contribua puissamm. à maintenir l'assemblée de Bourges dans la communion d'Eugène, que le concile de Bâle venait de déposer. Après la mort de ce pontife, il fut nommé par Calixte III évêque de Palestrine, transféré par Pie II sur le siége de Sabine, et mourut en 1468. Il a laissé 27 ouvrages imprimés et 14 MSs. Parmi les prem. on distingue : *Expositio brevis et utilis super toto psalterio*, Rome, Ulrich Han, 1470, gr. in-4; Augsbourg, J. Schutsler, 1472, in-fol.; Maïence, Schoyeffer, 1474, in-fol. — *Commentarii in decret. Gratiani part. V*, Lyon, 1519, VI tom. in-fol.; Venise, 1578, 4 vol. in-fol.; Rome, 1725 (v. l'*Histoire des hommes illustres de l'ordre de St-Dominique*, par Touron.)

TORQUEMADA (THOMAS de), prem. inquisiteur-général de l'Espagne, était de la même famille que le précéd. Né à Valladolid vers 1420, il entra dans l'ordre de St-Dominique. L'inquisition, établie en Espagne depuis 1233, était devenue si redoutable sous le règne d'Isabelle et de Ferdinand, que Sixte IV, voulant modérer le zèle des inquisiteurs, leur donna des adjoints pris comme eux parmi les dominicains. Thomas fut un de ces nouveaux inquisiteurs. Mais loin de remplir les intentions du pontife, il surpassa tous ses prédécesseurs en cruauté et en avarice. Nommé inquisiteur-général de Castille en 1483, puis la même année inquisit.-génér. d'Aragon, il reconnut cette double faveur par son zèle à propager les maximes dominatrices de la cour de Rome, et à multiplier les confiscations dont Ferdinand était avide. Fort de l'appui du pape et du roi, il créa d'abord 4 tribunaux subalternes à Séville, Cordoue, Jaën et Ciudad-Réal, promulgua la constitution de son nouvel empire sous le titre d'*Instructions* en 1484, auq. il ajouta 11 art. en 1490, puis 15 en 1498. Ces instruct. laissèrent la vie des prévenus aux caprices et à la passion des juges. Cependant les inquisiteurs éprouvèrent une vive résistance à Terruel, à Valence, à Lérida, et surtout à Barcelonne. Des émeutes éclatèrent de toutes parts, et Innocent VIII fut obligé, pour affermir l'autorité de Torquemada, de le confirmer par deux bulles dans la charge de gr.-inquisiteur d'Espagne, et de lui conférer le titre honorifique de *confesseur des souverains*. Dès-lors il ne mit plus de bornes à ses excès. Il obtint une ordonnance du conseil de la *suprême*, qui enjoignait de ne payer les bons royaux qu'après l'acquit des dépenses du tribunal ; il poussa l'audace jusqu'à faire pénitencier don Jacques de Navarre, neveu du roi Ferdinand, fit comparaître devant lui le capitaine-général de Valence, brûla plus. bibles hébraïques et plus de 6,000 autres vol., fit bannir de l'Espagne plus de 80,000 juifs non baptisés, obtint le droit de se faire escorter par 40 fusiliers de l'inquisition à cheval et 200 à pied, enfin excita tant de plaintes, qu'il fut forcé d'envoyer à Rome un de ses assesseurs pour faire l'apologie de sa conduite, et qu'Alexandre VI, après avoir d'abord eu l'idée de le dépouiller de son office, lui adjoignit 4 collègues sous le prétexte de donner un appui nécessaire à sa vieillesse. Torquemada mourut le 16 sept. 1498. Quoique l'inquisition existât avant lui, on peut l'en regarder comme le véritable fondateur. Pour achever le portrait de ce monstre d'avarice et de cruauté, il suffira de dire que, pendant les 16 années de son ministère, il fit brûler 8,800 victimes en réalité, et 6,500 en effigie, et qu'il en condamna 90,000 à l'infamie, à la prison perpétuelle, à la confiscation ou à l'exclusion des emplois.

TORRE (PAGANO DE LA), seigneur de Valsanina, au pied des Alpes milanaises, acquit un gr. crédit dans le parti guelfe par le soin qu'il prit des Milanais blessés ou fugitifs, lors de leur déroute à Corte-Nova en 1237, et fut choisi pour chef de cette république dans les dissensions qui la déchirèrent en 1242. Il conserva ce rang avec la même influence jusqu'à sa mort, en 1256, et fonda sur l'amour de ses concitoyens la grandeur de sa famille.
— TORRE (Martino DE LA), neveu du précéd., lui succéda en 1256 comme podestat de la crédence. Il s'honora dans ce haut rang par sa clémence envers des conspirat., fut nommé en 1259 seigneur de Lodi, obtint en 1263 la seigneurie de Novare, et mourut la même année au commencem. d'une guerre qu'il venait d'entreprendre contre la noblesse et l'archev. de Milan. — TORRE (Philippe DE LA), frère du précéd., lui succéda, et mourut en 1265, au moment où il se disposait à joindre l'armée française pour la conquête de Naples. Malgré un règne si court, il eut le temps d'affermir l'autorité de sa maison et de l'étendre sur les villes de Côme, Verceil et Bergame, et de se rattacher au parti guelfe, dont son prédécesseur avait paru se séparer. — TORRE (Napoléon DE LA), neveu du précédent, lui succéda dans la seigneurie de Milan en 1265, et exécuta les conventions conclues par Philippe avec la maison d'Anjou, qui voulait reconquérir Naples. La ville de Brescia se soumit à son autorité en 1266 ; mais il perdit en même temps celle de Verceil, surprise par les gibelins. Pour faire lever l'interdit sous lequel la cour pontificale tenait Milan, il fut obligé en 1268 d'accepter l'archevêque que cette cour avait donné aux Milanais, et de relâcher les revenus ecclésiastiques qu'ils avaient séquestrés. Le pape étant mort, Napoléon chassa les officiers de l'archev. et séquestra de nouveau ses biens. En 1269, voulant se venger d'une insulte qu'il avait reçue à Lodi de la puissante famille des Vestarini, il prit la ville d'assaut, fit périr les Vestarini dans les supplices, éleva deux forteresses pour ôter aux habitants de Lodi tout espoir de liberté, et dès-lors ne régna plus que par la terreur sur les peuples qui s'étaient soumis à lui volontairement. Mais la ville de Côme donna le signal de la révolte en 1271, et lui fit rendre les Comasques qu'il retenait dans ses prisons. Bien qu'il eût été reconnu comme vicaire impérial à Milan par Rodolphe de Hapsbourg, il eut à défendre sa souveraineté et sa vie contre Othon Visconti. Surpris par Othon à Desio en 1277, il fut renfermé par les Comasques dans une cage de fer à Monte-Baradello, où il mourut en 1278. — TORRE (Guido DE LA), neveu du précédent, fait prisonnier à la bataille de Desio, fut enfermé avec son oncle dans une cage de fer, d'où il s'échappa après la mort de celui-ci, en 1278. Avec le secours du patriarche d'Aquilée, son oncle aussi, il commença une guerre de partisan dans la Lombardie, et, grâce à une sédition excitée par Albert Scotto, seigneur de Plaisance, ennemi de Matthieu Visconti, il put rentrer comme simple particulier à Milan, après 25 ans d'exil, et bientôt en fut regardé comme le souverain. Mais il fit la faute d'accepter la seigneurie de Plaisance en 1306, et s'attira ainsi le ressentiment d'Albert, qui lui reprit sa seigneurie. Des violences qu'il exerça contre Gaston, son parent, archev. de Milan, lui aliénèrent les cœurs des Milanais. L'empereur Henri VII, dont il n'était que le vicaire, vint le visiter en 1310, et avec l'emper. entrèrent à Milan tous les ennemis de Guido et tous les exilés, surtout Matthieu Visconti. Guido chercha à soulever les guelfes en 1311, pour chasser Henri VII et tous ses ennemis ; mais il échoua dans son entre-

prise et s'enfuit à Crémone, où il mourut en 1312.

TORRE (MARC-ANT. MAMMUCCA della), d'une famille noble de Capo-d'Istria, fut appelé en 1650 à Constantinople, en qualité de drogman de la légation impériale, et pend. 33 ans remplit les mêmes fonctions auprès de huit ministres impériaux qui se succédèrent à la Porte. Il risqua souvent sa vie pour le service de sa cour, et fut même une fois sur le point d'être pendu; mais le defterdar ou ministre des finances, son ami, l'arracha des mains de ceux qui le conduisaient au supplice. Un des plus grands services qu'il rendit à l'Autriche fut de déjouer les intrigues des insurgés hongrois. Lors de la guerre entre la Turquie et l'empire en 1683, Mammucca, traîné par le grand-visir jusque sous les murs de Vienne, faillit y être tué par des Polonais, qui, trompés par son costume, le prenaient pour un Turk. Il n'osa retourner en Turquie qu'après le traité de Carlowitz, et demeura ainsi pendant 15 ans séparé de sa famille, qu'il avait laissée à Constantinople. Toutefois il sut se rendre encore utile à l'Autriche, en lisant les correspondances turkes interceptées, et en composant plus. *Mém.* intéressants. On lui conféra, en 1701, le titre de comte de l'empire et de conseiller aulique effectif, faveurs tardives auxquelles il ne survécut pas longtemps. — TORRE (Philippe del), archéologue, né en 1657, d'une famille noble de Cividal de Frioul, se fit recevoir doct. en droit à l'univ. de Padoue, puis entra dans l'état ecclésiast., pour succéder à son oncle dans la possession d'un riche bénéfice. S'étant rendu à Rome, il s'y fit connaître par ses recherches historiques, et fut emmené à Bologne, en qualité d'auditeur, par le card. Imperiali. Après six ans d'absence il revint à Rome, où il publia des éclaircissements sur div. points relatifs à la religion des anciens Persans. Admis par Clément XI dans la commission chargée d'examiner les disposit. du concile de Nicée et de Grégoire XIII sur la réformation du calendrier, il fut récompensé de ses travaux par l'évêché d'Adria en 1702. Il continua de se livrer avec la même ardeur à ses recherches. On a de lui : *Monumenta veteris Antii*, Rome, 1700 et 1714, in-4, fig. — *De annis imperii M.-Aurelii Antonini Eliogabali, et de initio imperii ac duobus consulatibus Justini junioris*, Padoue, 1713, in-4, et Venise, 1741, avec la *Vie* de l'auteur. — *Lettera intorno alla generazione de' vermi*, dans l'ouvrage de Vallisnieri, *Nuove Osservazioni ed esperienze intorno all' ovaja*, etc., ibid., 1713, in-4. — TORRE (Jean-Marie della), physicien, né à Rome en 1713, remplit avec distinction une chaire au séminaire archiépiscopal de Naples, et se fit remarquer de Charles III, qui lui confia la direction de sa bibliothèque, de l'imprim. royale et du musée d'antiquités. Au milieu de ces occupations, peu conformes à ses goûts, il ne négligea pas les sciences naturelles, et, s'il fut quelquefois égaré par l'esprit de système, il montra du moins toujours un zèle estimable pour l'avancement des sciences; il eut le courage de descendre plus. fois dans les flancs du Vésuve, pour en explorer les cavités, et tenta d'en prédire les éruptions; il fut récompensé de ses généreux efforts par les suffrages des savants et des principales acad. d'Europe, dont il devint membre correspondant, et mourut à Naples en 1782. On a de lui un assez grand nombre d'ouvrages, parmi lesquels on distingue : *Scienza della natura generale e particolare*, Naples, 1774, 5 vol. in-4. — *Institutiones physicæ*, 1753, in-8.— *Elementa physices generalis et particularis*, 1767, 9 vol. in-8. — *Storia e fenomeni del Vesuvio, col catalogo degli scrittori vesuviani*, 1755, in-4. — *Supplemento alla storia del Vesuvio fino all' anno 1759*, 1759, in-4, traduit en franç. par l'abbé Péton, Paris, 1760, in-8 (v. son *Oraison funèbre*, par Ant. Bianchi, en italien, Naples, 1782, in-4). — TORRE (Bernard de LA), né à Naples en 1736, fut en 1791 nommé évêque de Marsico-Nuovo, et bientôt après de Lettere et Gragnano. Ayant, lors de l'invas. des Français en 1799, manifesté des idées démocratiques dans une lettre pastorale, il fut arrêté et banni dès que l'ancien gouvernem. eut été rétabli. Il se retira en France, et rentré en Italie, demeura à Rome jusqu'en 1806. A cette époque, il fut choisi par Joseph Bonaparte pour administrer le diocèse de Naples; il devint plus tard aumônier des enfants de Murat, et, lors du retour de Ferdinand IV, en 1815, il se retira dans son diocèse de Lettere et Gragnano. Il mourut à Portici en 1820. On a de lui : *Caractères des incrédules*, 1799; le *Rétablissement du christianisme*, poème, 1806, etc.

TORREMUZA — V. LANCELOT-CASTELLO.

TORRENTINO (LAURENT), imprimeur, né à Zwol, vers le commencem. du 16ᵉ S., fut attiré à Florence par le duc Cosme. Sa réputation s'étendit dans toute l'Italie, et bientôt même effaça celle des plus habiles typographes de son temps. Il fut invité par Emmanuel-Philibert de Savoie, à venir fonder une imprimerie en Piémont; mais comme il se disposait, avec le consentement de Cosme, à se rendre à Mondovi, il mourut en 1563. La série des ouvrages sortis de ses presses se compose de 244 articles, parmi lesq. on distingue : les *OEuvres* de St Clément d'Alexandrie, 1551, 3 vol. in-fol.; la 1ʳᵉ édit. des *Pandectes florentines*, 1553, in-fol., et celle de l'*Histoire* de Guichardin, 1561, in-fol. Moreni a publié : *Annali della tipografia fiorent. di Lor. Torrentino*, Florence, 1811, in-8, réimpr. en 1819.

TORRENTINUS (HERMAN), vulgairement *Vas-Beeck*, grammairien, né vers le milieu du 15ᵉ S. à Zwol, dans l'Overyssel, mort vers 1520, fit partie de la congrégation des clercs de la vie commune, qui possédaient alors plus. écoles dans les Pays-Bas, et professa pendant quelq. années la rhétorique au collége de Groningue. On a de lui : *De generibus nominum, de Heteroclitis*, etc., Deventer, s. d., in-4. — *Alexandri* (de Villedieu) *doctrinale cum commentariis*, ib., 1503, in-4. — *Elucidarius carminum et historiarum, vel vocabularius poeticus, continens historias, provincias, urbes, insulas, fluvios et montes illustres*, etc., Haguenau, 1510, in-4. Cet opuscule, souvent réimpr.; est le prem. essai que l'on connaisse d'un dictionnaire historique (v. les *Mémoires* de Paquot, édit. in-fol., t. I, p. 499-501).

TORRENTIUS ou VAN-DER-BEKEN (Liévin), prélat belge, humaniste et poète latin, né à Gand en 1525, fut chargé de plusieurs missions import., et se fit connaître avantageusement à Rome, où il séjourna quelq. années, des hommes les plus distingués par leur mérite ou leurs dignités. Nommé en 1576 évêque d'Anvers, il fut créé en 1594 archevêque de Malines; mais il n'avait pas même pris possession de son siége lorsqu'il mourut à Bruxelles en 1595. Par son testament il fonda le collége des jésuites de Louvain, auquel il légua sa bibliothèque, estimée 30,000 florins. L'historien de Thou et après lui Gérard Brandt disent qu'il désapprouva les violences en matière de religion; mais on sait qu'il fit dans une pièce de vers latins l'apothéose du fanatique assassin de Guillaume de Nassau. On a de lui : *Poemata*, Anvers, 1579 et 1594, in-12; une édit. de *Suétone*, Anvers, 1578 et 1592, et dans la collection des *Variorum*, une édition d'*Horace*, avec comment., Anvers, 1602, in-4. — TORRENTIUS (Jean), peintre, né à Amsterdam en 1589, sut mettre dans ses tableaux en petit une finesse, une grâce et un ton de couleur admirables. Mais il s'est déshonoré par le choix de ses sujets, dont l'obscénité surpasse ce que l'on connaît de l'Arétin. Ses mœurs d'ailleurs étaient conformes à ses honteuses compositions. Prévenu d'avoir présidé les assemblées d'une secte d'adamites, dont les principes de morale étaient plus que blâmables, il fut arrêté, subit la question sans faire le moindre aveu, et fut néanmoins condamné à 20 ans de prison. On lui permit, à la recommandation d'amis puissants, de passer en Angleterre, où il recueillit quelques succès et le mépris. Plus tard il revint à Amsterdam, et fut obligé de s'y cacher jusqu'à sa mort en 1640. Le gouvernement fit brûler par le bourreau tous ceux de ses ouvr. que l'on put découvrir.

TORRES (Louis de), archevêque de Mont-Réal, né à Malaga en 1533, fut envoyé par Pie V, en 1570, légat extraordinaire en Espagne, et réussit à négocier entre Philippe II et Venise la ligue à laquelle on dut en grande partie la victoire remportée par les chrétiens sur les Turks en 1571 (v. LÉPANTE). Il mérita l'estime du pape Grégoire XIII, qui le chargea de plus. missions importantes, et mourut à Rome en 1584. TORRÈS (Louis de), neveu du précéd., né en 1552 à Rome, lui succéda dans l'archevêché de Mont-Réal, fut proclamé cardinal en 1606, par Paul V, et mourut en 1609. Les cardinaux Baronius et Borromée, le Tasse et d'autres personnages illustres furent en correspondance avec ce prélat. On a de lui : *Historia della chiesa di Monreale, scritta da Gio. Luigi Leilo*, Rome, 1596, in-4, divisée en 4 parties. — TORRÈS (Louis da MOTTA FEO), amiral portugais, né à Lisbonne en 1769, fit ses prem. armes sur la flotte qui se rendit à Naples en 1792, et se réunit à la flotte anglaise de l'amiral Howe, pour croiser sur les côtes de France. Il commanda, en 1797 et 1798, les batteries flottantes destinées à défendre l'entrée du Tage, partit bientôt pour le Brésil, et fut nommé gouverneur de la partie nord. De retour en Portugal en 1805, il alla croiser sur les côtes d'Afrique, s'empara de plus. corsaires d'Alger et de Tunis, et, lorsque sa patrie fut attaquée par les Français en 1808, il abandonna une forte somme d'argent pour les besoins de l'état, et combattit avec courage à la tête de 3 légions. Rappelé en 1811 au Brésil, il fut créé vice-amiral, puis envoyé en 1816 au royaume d'Angola, où il exerça 4 ans les fonctions de capitaine-général. Il revint à Lisbonne en 1821, fut employé dans les conseils de l'amirauté, et mourut en 1822, du chagrin que lui causa la révolution des cortés.

TORRICELLI (ÉVANGELISTA), célèbre géomètre, né en 1608 à Faenza, commença son éducation chez les jésuites de cette ville, alla ensuite étudier à Rome, où il se lia bientôt avec Castelli, disciple chéri de Galilée, et composa son premier ouvrage : *Sur la chute accélérée des corps, et la Courbe décrite par les projectiles*. Sa réputation commençant alors à s'étendre, il entra en relation avec Roberval, Fermat, Mersenne et d'autres géomètres français, qui s'occupaient de problèmes difficiles sur l'air et le centre de gravité de la cycloïde, et quoique les plus habiles y eussent échoué, en donna une solution, dont Roberval lui disputa vivement la priorité. Torricelli fit bientôt une découverte bien autrement importante, celle du *baromètre*, que personne ne lui a contestée, et grâce à laquelle son nom ne périra jamais. Galilée, plein d'estime pour le jeune savant, dont Castelli d'ailleurs lui avait fait l'éloge, l'invita à venir le trouver à Florence, et lui fit un accueil tout paternel; mais Torricelli ne jouit que trois mois des conversations de l'illustre vieillard, et sembla n'être venu que pour lui fermer les yeux et lui succéder dans la place de profes. de mathématiques à l'acad. de Florence, que lui offrit le gr.-duc, avec le titre de son mathématicien. Torricelli mourut comme Pascal, à l'âge de 39 ans. On a de lui : *OEuvres géométriques*, en lat., Florence, 1644, in-4. — *Travail sur le cours de la Chiana*, t. IV du *Recueil des écrits sur le mouvement des eaux*, 2e édit., Florence, 1768, in-4; une *Lettre* à Roberval sur le centre de gravité de la parabole, sur la cycloïde, etc., dans les *Mém.* de l'acad. des sciences de Paris, t. III, p. 159.

TORRIGIANO (*Turrisanus*), médecin, né vers 1270 à San-Sepolcro, sur le territoire de Florence, mort, à ce que l'on croit, à Bologne vers 1350, après avoir renoncé à l'exercice de la médecine pour entrer dans l'ordre des chartreux, a laissé : *Crusiani monaci cartusiensis, plus quàm commentum in librum Galeni qui Michrotechni intitulatur*, Bologne, 1489, in-fol., Venise, 1504-47 et 1557, in-fol. — Pierre TORRIGIANO, sculpteur florentin, né vers 1472, florissait à Rome au temps de Michel-Ange. Appelé, sur sa réputat., en Angleterre, il y exécuta, en concurrence avec d'autres artistes, beaucoup de beaux ouvrages, tels que le *catafalque* de Marguerite, comtesse de Richmond et mère de Henri VII, ainsi que celui de ce prince lui-même. Torrigiano se rendit ensuite en Espagne, où il fit entre autres pour la chapelle royale à Grenade une figure de la Charité et un *Ecce Homo*, qui passent pour des chefs-d'œuvre, et qu'on ne compare qu'aux statues de St Jérôme et de St Léon, qu'il exécuta pour le couvent des hiéronymites de Séville. La fin de cet artiste fut déplorable. Un gr. seigneur lui ayant commandé une statue de la Vierge, il y donna les soins accoutumés; mais comme on ne la lui voulait payer que 30 ducats, il la brisa de colère. L'inquisition instruite de cette circonstance, se saisit du malheureux Torrigiano, qui fut condamné à payer de sa vie l'outrage fait, non à la mère de Dieu, mais à l'indigne patron qui lui avait commandé cette image. Pour échapper à la honte ou au bûcher, il se laissa mourir de faim l'an 1522.

TORRIGIO (François-Marie), érudit, né à Rome vers 1580, mort vers 1649, a composé un grand nombre d'ouvr. presque tous insignifiants, parmi lesquels cepend. on distingue : *Notæ ad vetustissimam Ursi Togati ludi pilæ vitreæ inventoris inscriptionem*, Rome, 1630, in-4. — *Le sacre grotte vaticane, cioè narrazione delle cose più notabili che sono sotto il pavimento di san Pietro*, ibid, 1639, in-8.

TORRIJOS, général espagnol, né à Madrid en 1791, d'une famille illustre, servit avec distinction dans la guerre de l'indépendance, et fut fait en 1813 brigadier-génér. Désigné par Ferdinand VII pour commander en second l'expédition que dirigeait le général Morillo contre la Colombie, il refusa cette mission, à cause de sa répugnance à combattre les patriotes d'un autre hémisphère. Plus tard, arrêté à Murcie pour insubordinat., il fut mis en prison, et n'en sortit qu'après plus de deux ans, lors de l'insurrection de Riégo. Employé depuis 1820 à 1823, il défendit les places de Carthagène et d'Alicante contre l'armée française, et, fait prisonnier, il fut amené en France, d'où il passa en Angleterre. Il s'y livra à des travaux littéraires, et on lui doit une traduct. espagnole des *Mémoires de Gourgaud et de Montholon*. Le gouvernement anglais, informé des relations qu'il entretenait avec l'Espagne, lui retira sa pension. Quelq. temps avant les événem. de juillet, il tenta d'entrer en Espagne par le midi, tandis que d'autres exilés devaient y pénétrer par le nord. Débusqué à Malaga, avec 39 de ses compagnons, ils furent cernés par des forces supérieures, faits prisonniers et fusillés deux jours après.

TORRITA (Fra Giacomo-Degli ALTIMANNI de), ouvrier en mosaïque, né vers 1305 à Torrita, près de Sienne, mort vers 1295, exécuta, tant à Rome qu'à Florence, des ouvrages qui le firent considérer comme le prem. artiste de son temps. Ce qui reste de lui dans ces deux villes suffit pour justifier les éloges de ses contemporains, et c'est avec raison qu'on le désigne comme le restaurateur de son art en Italie. L'abbé Louis de Angelis a publié *Notizie istor. di Frà Giac. Torrita*, Sienne, 1821, in-8.

TORRUBIA (Joseph), historiographe des franciscains, né vers la fin du 17e S. à Grenade, entra dans l'ordre de St-Pierre-d'Alcantara. Nommé secrétaire du P. Fogueras, commissaire-général du Mexique, et chargé d'y réformer les ordres religieux, il fut mis en prison avec son maître par ces ordres soulevés contre eux. De retour en Europe, il entra dans l'ordre des franciscains, où il parvint aux premières dignités. Il recommença ses voyages, résida aux îles Philippines, à Canton, parcourut toutes les provinces de l'Amérique-Méridionale, se livrant partout à des recherches sur l'hist. naturelle, et mourut au monastère d'Aracœli en 1768. On cite de lui, en espagnol : *Dissertation historico-politico-géographique des îles Philippines; Propagation du culte mahométan en icelles*, etc., Madrid, 1736, in-4, et 1753, in-8. — *Description poétique de la plante Gia qui se trouve dans les campagnes de la Havane*, 1749, in-4. — *Introduction à l'histoire naturelle de l'Espagne*, Madrid, 1754, t. Ier, in-fol.; en allem., Halle, 1773, in-4. — *Chronique de l'ordre séraphique*, Rome, 1756, in-fol.

TORSELLINO ou TURSELLIN (Horace), jésuite et historien, né en 1545 à Rome, professa 20 ans les belles-lettres au collége romain, fut ensuite chargé de la direction du séminaire que son ordre possédait à Rome, remplit enfin les fonctions de recteur à Florence et à Lorette, et revint à Rome où il mourut en 1599. On a de lui : *De vitâ S. Francisci-Xaverii libri VI*, Rome, 1596, in-4, trad. en franç., en italien et en espagnol. — *De particulis latinæ orationis*, ib., 1598, in-12. — *Epitome historiarum à mundo condito ad ann.* 1598, Rome, in-12, continué par le P. Ch. Caraffa, et jusqu'en 1658 par le P. Phil. Briet, Utrecht, 1703, 1710, in-8; trad. en franç. par l'abbé Lagneau, Paris, 1706, 1757, 4 vol. in-12; Amsterdam, 1708, 3 vol. in-12 : cet ouvrage fut condamné au feu par le parlement en 1761, comme renfermant des maximes pernicieuses.

TORSELLO. — V. Sanuto.

TORSTENSON (Léonard, comte de), l'un des gr. capitaines du 17e S., né en 1595, au château de Forstena, d'une des plus illustres familles de la Suède, fut d'abord page de Gustave-Adolphe, qui l'emmena en Livonie, et eut l'occasion de reconnaitre son intelligence dans une affaire importante. « Le roi, dit Voltaire (*Siècle de Louis XIV*, chap. 3), près d'attaquer un corps de Lithuaniens et n'ayant point d'adjudant auprès de lui, envoya Torstenson porter ses ordres à un officier-général pour profiter d'un mouvement qu'il vit faire aux ennemis; Torstenson part et revient. Cependant les ennemis avaient changé leur marche; le roi était désespéré de l'ordre qu'il avait donné : « Sire, dit Torstenson, daignez me pardonner; voyant les ennemis faire un mouvem. contraire, j'ai donné un ordre contraire. » Le roi ne dit mot; mais le soir ce page servant à table, il le fit souper à côté de lui, et lui donna une enseigne aux gardes, quinze jours après une compagnie, ensuite un régiment. » Lorsque Gustave entreprit la guerre d'Allemagne en 1630, Torstenson se signala, dès l'ouverture de la prem. campagne, par la prise de plus. villes, et contribua puissamment aux succès des Suédois à Leipsig et au passage du Leck; mais fait prisonnier au combat de Nuremberg et conduit à Ingolstadt, il ne fut échangé qu'après la bataille de Lutzen. Il prit alors la ville de Landsberg, alla en Suède recevoir de la régence, en 1634, le titre de gr.-maître de l'artillerie, retourna en Allemagne, et y servit avec distinction sous Banier, auquel il succéda dans le commandement-général de l'armée suédoise. Il eut d'abord à rétablir l'ordre et la discipline; il y réussit, marcha contre les Autrichiens, les défit en 1642, dans la plaine de Breitenfeldt, et pénétra en Bohème et en Moravie, il fut envoyé contre les Danois, et leur enleva en quelq. mois le Holstein, le Sleswig et le Jutland; il détruisit ensuite une grande partie de l'armée de Gallas, et remporta une victoire décisive en 1645, contre une nouv. armée autrichienne à Jankowitz. Obligé, par ses infirmités, de demander sa retraite, il la reçut en 1646, avec le titre de comte, le don de terres considérables, et le gouvernem.-général de la Vestrogothie et de plus. provinces voisines. Il assista, en 1650, au couronnement de Christine, et détourna, pour un moment, cette princesse du projet qu'elle conçut dès-lors d'abdiquer. Torstenson mourut en 1654 dans de longues souffrances, et fut enterré dans l'église des Chevaliers à Stockholm, non loin du tombeau de Gustave-Adolphe. Sa *Vie* a été écrite en suédois par Charles-Reinhold Berch. Son *Éloge* par Gustave III, qui avait fait proposer ce sujet pour prix d'éloquence à l'acad. qu'il venait de fonder à Stockholm, obtint le prix.

TORTELLIUS (Joannes Aretinus), grammairien, né à Arezzo vers 1400, y obtint la dignité d'archiprêtre de la cathédrale. Plus tard il se rendit à Rome, et fut nommé par Eugène IV sous-diacre de l'église romaine, puis camérier d'honneur, conseiller, secrétaire de Nicolas V, qui lui confia le soin de sa bibliothèque. Tortellius, mort en 1466, jouit pend. sa vie de la réputat. d'un savant du premier ordre : mais aujourd'hui il n'est connu que par ses livres de grammaire, encore ne peuvent-ils servir qu'à retracer l'état de science au milieu du 15e S. On a désigné ces livres sous divers titres : *De potestate litterarum; De orthographiâ; Lexicon; Commentariorum grammaticorum lib. II.* Quelq. bibliographes, trompés par ces dénominat. div., en ont fait autant d'ouvr. distincts : ce n'est pourtant que le même ouvr. On en compte 15 éditions dans ce siècle qui vit naître l'imprimerie; la 1re, et par conséquent la plus recherchée, est celle de Rome, 1471, in-fol. Il s'en trouve un exemplaire à la biblioth. de Ste-Geneviève.

TORTI (François), médecin, né à Modène en 1658, obtint dans sa ville natale une chaire de médecine à l'âge de 25 ans, reçut le titre de médecin ordinaire du duc François, et fut admis à la familiarité de ce prince; il conserva la même faveur sous son successeur, qui fonda à sa sollicitation un amphithéâtre d'anatomie. Torti honora sa vieillesse par des actes nombreux de bienfaisance et par la fondation d'une chaire de médecine, et mourut en 1741. On a de lui : *Therapeutice specialis ad febres quasdam perniciosas, inopinatò ac repentè lethales, unâ verò chinâ-chinâ peculiari methodo ministratâ*, Modène, 1709, in-8, réimpr. plusieurs fois; la meilleure édit. est celle de Louvain, 1781, 2 vol. in-8. — *Responsiones iatro-apologeticæ ad criticam dissertat. de abusu chinæ-chinæ*, Modène, 1715. — *Mutinensium medicorum methodus antipyretica vindicata*, etc. Modène, 1819. Sa *Vie* a été publ. par Muratori.

TORTOLETTI (Barthélemi), poète, né à Vérone vers 1560, mort à Rome, peu après 1647, entra dans les ordres, et fit partie de l'acad. des *humoristes*, où il prononça jusqu'à huit discours pour défendre le grand Pompée contre les accusations d'Alex. Guarini. On a de lui : *Ossuniana conjuratio, quâ Petrus Ossunæ regnum neapolitanum sibi desponderat*, Venise, 1623, in-4 (anonyme). — *Giuditta vittoriosa*, poème héroïq., Rome, 1628, in-8. — *Juditha vendex et vindicata*, poème en V chants, ibid., 1628, in-4. — *Academia Pompeïana, seu defensio Magni Pompeii in administratione belli civilis*, Rome, 1639, in-8.

TORY (Geoffroy), en latin *Torinus*, libraire et grav., né vers 1480 à Bourges, mort en 1536, avait pour enseigne un vase antique percé d'un foret et placé sur un livre clos à trois chaînes et cadenas, avec les mots *non plus :* de là lui est venu le nom de *Maître au pot cassé*, que lui donnent les amateurs d'estampes. Outre des trad. franç. de quelq. ouvr. de Lucien, des *Politiques* de Plutarque, etc., on lui doit la révision de plus. impressions de Henri Estienne, et un ouvr. très recherché des curieux : *Champ fleury auquel est contenu l'art et la science de la due proportion des lettres attiques, qu'on dit autrem. antiques et vulgairem. lettres romaines, proportionnées selon le corps et le visage humain*, Paris, 1529, pet. in-fol., fig.; réimpr. sous le titre de *l'Art et la science de la vraie proportion des lettres antiques*, etc., Paris, 1549, in 8.

TOSCAN (George), un des conservateurs du jardin du roi, né à Grenoble en 1756, mort à Paris en 1826, bibliothéc. du muséum d'histoire naturelle, a publ. : *Histoire du Lion du muséum national et de son chien*, 1795, in-8. — *Mém. sur l'utilité de l'établissement d'une bibliothèque au Jardin-des-Plantes*, in-8. — *L'Ami de la nature, ou Choix d'observations*, etc., 1800, in-8. Toscan avait été l'un des rédacteurs de la *Décade philosophique*; il a eu part, avec Amaury-Duval, à la traduct. des *Voyages dans les Deux-Siciles et dans quelques parties des Apennins*, de Spallanzani, 1796, réimpr. en 1800, 6 vol. in-8, avec des notes de Faujas de Saint-Fond. Enfin Barbier lui attribue : *de la Musique et de Nephté*, aux mânes de l'abbé Arnaud, 1790, in-8.

TOSCANE (ducs de). — V. Boniface, Médicis, etc.

TOSCANELLA (Horace), littérat. du 16e S., fut

un de ces infatigables écrivains qui fourmillaient alors en Italie, et qui avaient trouvé un moyen commode de se donner une certaine réputation, celui de s'entre-louer. Mais cette gloire distributive ne l'empêcha point de passer toute sa vie dans un état voisin de l'indigence, dont ne purent le tirer ni ses nombr. traduct., ni ses ouvr. élémentaires, ni les faibles émoluments attachés à ses modestes fonctions de précepteur. Ses princip. écrits sont : *Istituzioni oratorie di Quintiliano*, Venise, 1566, in-4. — *Nomi antichi e moderni delle provincie, città*, etc., *dell' Europa, Africa ed America*, ib., 1567, in-8. — *Belleze del furioso, con gli argomenti ed allegorie de' canti*, ibid., 1574, in-4.

TOSCANELLI (PAUL DEL POZZO), ou *Paul le Physicien*, astronome, né en 1397 à Florence, s'était fait dès l'âge de trente ans, une telle réputat. par ses connaissances, qu'il fut nommé l'un des conservateurs de la biblioth. que Nicolas Niccoli plaçait sous la tutelle des plus illustres citoyens de Florence. Rempli de la lecture des voyages de Marco Polo, il adopta ses rêves sur le prolongement excessif de l'Asie vers l'Orient, écrivit même à ce sujet au roi de Portugal Aphonse V, qui le consultait, et lui proposa une nouvelle route pour arriver aux Indes. Mais il raisonnait sur cette donnée fausse que l'Asie-Orientale n'est éloignée de l'Europe-Occidentale que de 120°, quoiqu'il y ait réellement entre ces deux terres 230°; et d'ailleurs il ne tenait aucun compte de la barrière insurmontable opposée aux navigateurs par l'Amérique, dont il ne soupçonnait pas même l'existence. Il communiqua le même plan à Colomb par une lettre, en 1474, lui fit partager son erreur, et ne contribua, comme on voit, qu'indirectem. à la découv. du nouv. continent. Il a rendu toutefois des services incontestables à l'astronomie en établissant un gnomon, en 1468, sur le dôme de Florence, et en faisant usage de cette méridienne pour déterminer les points solsticiaux, les variations de l'écliptique, et surtout pour corriger les *tables alphonsines*, employées jadis par les astronomes à représenter les mouvements solaires et la quantité de l'année tropique. Paul mourut en 1482.

TOSCANO (JEAN-MATTHIEU), littérat., né à Milan vers la fin du 15e S., fut particulièrem. protégé par Catherine de Médicis, et mourut en France peu après l'année 1576. On a de lui : *Octo cantica sacra, è sacris Biblis, latino carmine expressa*, Paris, 1575, in-8. — *Psalmi Davidis, ex hebraïcâ veritate, latinis versibus expressi*, ibid., 1575, in-8. — *Carmina illustrium poetarum italorum*, ibid., 1576, 2 vol. in-16. — *Peplus Italiæ, in quo illustri tùm carmine tùm solutâ oratione recensentur*, ibid., 1578, in-8. — Un autre Matthieu TOSCANO, Romain, mort à Condom en 1624, a publié : *Anthologia epigrammatum, nunc primùm edita*, Bordeaux, 1620, in-8.

TOSCHI (DOMINIQUE), cardinal, né en 1535 à Castellarano, diocèse de Reggio, étudia la jurisprudence à Rome, où tout en éclairant son esprit, il était obligé de pourvoir à son existence ; il obtint le siége épiscopal de Tivoli en 1595, revint à Rome en qualité de gouverneur, fut décoré de la pourpre par Clément VIII en 1599, et après la mort de Léon XI, en 1605, fut sur le point d'être élu son successeur. Toschi, dont le cardinal Baronius fit échouer l'élection, n'en témoigna aucun ressentiment; il mit la dern. main à ses livres de droit civil et canoniq., et les dédia même au pape Paul V, qui avait obtenu les suffrages du conclave. Il accordait une active protection aux jeunes gens studieux et sans fortune, leur rappelant, pour exciter leur émulation, qu'il était lui-même le fils d'un pauvre notaire de village. Il mourut en 1620. On a de lui : *Practicæ conclusiones juris*, Rome, 1605-08, 8 vol. in-fol.; Francfort, 1612 ; Venise, 1617 ; Cologne et Anvers, 1620 ; Lyon, 1654 et 1661. — *Tractatus de jure statuum in imperio romano*, Francfort, 1620, in-4. — *Theologicarum quæstionum ac tractationum omnium series*, Bologne, 1663, in-4 (*v*. Tiraboschi, *Bibliot. modenese*).

TOSELLI (FLORIAN), biographe, né en 1699 à Bologne, où il mourut en 1768, prit l'habit des capucins, parvint aux plus hautes dignités de son ordre, et remplit div. missions à Malte, à Rome et à Milan. On a de lui : *Manuale confessariorum ordinis capuccinorum*, 1757, in-16. — *Institutio theologica, juxta omnia dogmata, scholastico nervo instructa*, 1746, 4 vol. in-4. — *Bibliotheca scriptorum ordinis minorum sancti Francisci capuccinorum*, etc., 1747, in-fol.

TOSETTI (URBAIN), philosophe, né à Florence, professa la philosophie à Rome, sous les pontificats de Benoît XIV et de Clément XIII, et mourut en 1768, au moment où il venait de recevoir sa nomination de recteur au collége de Parme. On a de lui : *De societate mentis et corporis dissertatio psycologico-physica*, Rome, 1754, in-4.

TOSTAT (ALPHONSE), célèbre théolog. espagnol, né à Madrigalejo, petit bourg de l'Estremadure, en 1400, parcourut le cercle des connaiss. humaines, et fut regardé comme l'esprit le plus vaste de son siècle. Il remplit avec éclat, dans sa gr. jeunesse, une chaire de théologie, fut député au concile de Bâle, où il se fit remarquer par son érudition et son éloquence. De là il se rendit en Italie, et y soutint, en présence du pape Eugène IV, 21 propositions théologiques, dont quelques-unes furent désapprouvées par le pontife, et réfutées par le card. Jean de Torquemada. De retour en Espagne, il fut nommé évêque d'Avila, membre du conseil royal de Castille et grand-référendaire. Il mourut en 1454, et fut inhumé dans le chœur de la cathédrale. On a de lui des *Commentaires* sur les livres histor. de la Bible et sur l'Évangile de St Matthieu, Venise, 1507, 1596, 13 vol. in-fol., suivis d'*opusc*. sur diverses matières. — Un *Commentaire* (en espagnol) *sur la Chronique d'Eusèbe*, Salamanque, 1506, 5 vol. in-fol. — *Quatorze questions* (en espagnol) *sur l'hist. sacrée et la mythologie païenne*, Anvers, 1551. — Enfin d'autres écrits, en si grand nombre que ses compatriotes ont calculé qu'il avait employé cinq feuilles par jour, l'un portant l'autre (*v.* la *Biblioth. des aut. ecclésiastiques* de Dupin).

TOTILA, roi des Ostrogoths, était duc de Frioul pend. les règnes d'Hildibald, son oncle, et d'Éraric. La monarchie des Ostrogoths, ébranlée par les victoires de Bélisaire, ne comprenait plus que les provinces entre le Pô et les Alpes. Totila, qui, pour éviter d'être assassiné comme Hildibald, était entré en négociation avec les Grecs, fut porté sur le trône à la fin de l'année 541 par ces mêmes Goths qu'il redoutait, et qui venaient de massacrer Éraric. Le nouveau roi était jeune, prudent et courageux ; mais il se trouvait à la tête d'une nation dégénérée et abattue par des défaites, et il ne dut ses premiers succès qu'au hasard ou aux fautes des généraux grecs. Ces succès toutefois lui donnèrent une armée, qui, s'étant grossie, lui permit de s'avancer dans le midi de l'Italie et de prendre Bénévent et Cumes. Il s'empara de Naples après un long siége, et se conduisit envers les habitants de cette ville d'une manière qui ne sentait point le barbare. Il eut l'attention de soigner lui-même leur régime, afin que, passant d'une extrême disette à une extrême abondance, ils ne fussent point victimes de leur prem. avidité. Au reste, ce ne fut pas la seule occasion où il fit bénir sa justice et sa générosité. Trop faible pour laisser des garnisons dans les villes qu'il prenait, il était dans la nécessité de faire aimer son joug s'il voulait garder ses conquêtes. En 545, Bélisaire fut envoyé contre Totila, mais avec si peu de soldats et d'argent qu'il ne put empêcher le roi goth de prendre Spolète, Assise, Pérouse, Plaisance, et Rome même, dont il fit abattre les murailles. On assure qu'il voulait aussi raser les plus beaux édifices de cette ville, de crainte que les Grecs ne s'y fortifiassent contre lui. Bélisaire l'ayant prié de respecter ces monum. d'une gloire passée, il préféra le culte des souvenirs à son propre intérêt. Bélisaire rentra dans Rome dès que les Goths eurent quitté cette ville (547), et s'y fortifia de manière à pouvoir y soutenir un nouveau siége ; mais il fut rappelé en 548 pour être chargé encore une fois de la guerre de Perse, et Totila reprit Rome l'année suivante. Ne pouvant obtenir la paix de Justinien, il attaqua la Sicile, qu'il dévasta en gr. partie, et réduisit les Grecs à n'avoir plus en Italie que quelques partis errants et quelq. forteresses éloignées les unes des autres. Narsès reçut en 551 la mission de tout réparer. Après avoir rassemblé en Illyrie une armée, il entra en Italie, et vint chercher Totila dans l'Apennin, entre Matelua et Gubio, dans un lieu nommé Tagina, où les Goths furent défaits (552), après la bataille la plus sanglante. Leur roi, blessé mortellement, expira peu de jours après, et sa mort ne tarda pas à entraîner la ruine de la monarchie des Ostrogoths, qu'il était seul en état de défendre encore.

TOTT (Claude-Akeson), général suédois, remporta sur les Russes en 1573 une victoire signalée près de Lode en Livonie, et fut nommé quelques années après gouvern. et sénéchal de toute la Finlande. Accusé en 1590 d'avoir pris part à un complot qui avait pour but de changer la succession en Suède, il obtint sa grâce à la demande du roi de Pologne Sigismond, et mourut en 1596. — Tott (Claude, comte de), sénat. de Suède, né en 1616, fut en grande faveur auprès de Christine, qui, dit-on, eut même l'intent. de lui donner sa couronne Quoi qu'il en soit, il fut nommé en 1672 ambassadeur en France, ouvrit l'année suiv. un congrès à Cologne pour la pacification générale, et mourut en 1674 à Paris.

TOTT (François, baron de), né en 1733 à Chamigny, près de la Ferté-sous-Jouarre, était fils d'un gentilh. hongrois, venu en France avec le maréchal de Berchiny. Capitaine dans le régiment de Berchiny, où il servait depuis les campagnes de Bohême, en 1755, il accompagna son père envoyé en Turquie à la suite du chev. de Vergennes. Attaché après la mort de son père à l'ambassade franç., il passa de 1757 à 1763 à Constantinople. Étant venu en France par congé, il eut occasion de développer au duc de Choiseul ses vues sur un traité de commerce avec le khan des Tatares, et sur les moyens d'ouvrir à notre pavillon l'entrée de la mer Noire, il obtint du ministre le consulat de Crimée, dont il prit possess. en 1767, et par son influence sur le khan amena entre la Russie et la Turquie une rupture que le duc de Choiseul appelait de tous ses vœux. Il contribua probablement à faire déposer le khan Makhsoud-Guéraï et rétablir Crym-Guéraï, qui pourtant l'éloigna de la Crimée. De retour à Constantinople, s'étant fait connaître du sulthan par une carte du théâtre de la guerre, et une autre de la Russie, il fut chargé de la réforme des pontons et de l'artillerie turque, puis du soin de défendre les Dardanelles contre la flotte d'Orloff, et réussit également dans ces deux entreprises. La Porte lui dut encore l'indication des moyens qui pouvaient mettre à couvert ses frontières du côté d'Oczakow et de la Crimée, l'établissem. d'une nouvelle fonderie de canons, des canonniers plus instruits, enfin la construction de plusieurs châteaux à l'embouchure de la mer Noire. La Porte lui témoigna plus. fois la plus haute estime, et ce fut à la recommandation de cette puissance qu'il obtint, en 1773, le grade de brigadier des armées du roi. L'invincible aversion des Turks pour les arts de l'Europe et pour toute améliorat. lui causait des dégoûts qu'il ne dissimulait pas toujours ; il sollicita son rappel ; et les Turks le virent partir sans regrets. Tott, peu après son retour en France fut chargé de l'inspect. générale des consulats dans les échelles du Levant, en Égypte et en Barbarie. Il partit de Toulon en 1777, revint à Paris après 17 mois, fut promu au grade de maréchal-de-camp en 1781, et nommé vers 1787 command. de Douai. En 1790, ses opinions ayant soulevé contre lui la garnison, il se retira en Suisse, puis à Vienne, et de là en Hongrie dans les terres d'un ancien ami de sa famille, et mourut à Tatzmansdorf en 1793. On a de lui : *Mémoires sur les Turks et les Tartares*, Amst. (Paris), 1784, 4 vol. in-8 ; 1785, 2 vol. in-4 ; trad. en allem., en anglais, en danois et en suédois.

TOTTLEBEN (Gottlob-Henri, comte de), aventurier, né en Saxe vers 1710, annonça de bonne heure ses perverses inclinations par la préférence qu'il donnait sur toute autre lecture à la *Vie de Cartouche* et à la *Pratique des filous*. Admis au nombre des pages du roi Auguste III, il plut à ce prince par le récit de ses tours d'adresse, et devint gentilhomme de la chambre. Peu de temps après le roi lui donna pour épouse la comtesse de Siewertz, avec la charge de conseiller du premier tribunal de justice. Il se livra plus que jamais alors à son goût pour la débauche. S'étant rendu coupable de prévarications, il fut dépouillé de sa place et forcé de se soustraire par la fuite aux enquêtes ordonnées contre lui. L'empereur Charles VII ayant refusé ses services, il se rendit à La Haye, où le stadhouder consentit à le charger de la formation d'un régiment, dont il le nomma d'avance colonel. Mais lorsque le stadhouder vint passer la revue de ce corps, il le trouva dans un si mauvais état, qu'il en prononça sur-le-champ le licenciement. Chassé de Berlin, il se rend à Pétersbourg, où il est autorisé à lever un corps franc de 12,000 hommes, dont il obtient le commandement, pénètre en Prusse sous les ordres du général Fermor, contribue à la victoire de Gross-Jagersdorf, obtient le grade de lieutenant-général, et entre en vainqueur dans la Poméranie-Prussienne, où il exerce des brigandages effroyables. En 1760, il force Berlin à capituler, et traite cette ville aussi inhumainement que la Poméranie. Frédéric le force de s'éloigner; il se dirige du côté de Belgrade où il est battu, prend Kolin par capitulat. et s'y conduit encore en brigand. Mais le temps de ses prospérités n'était plus. On intercepte une correspondance qu'il entretenait avec le roi de Prusse; il est mis en jugement et condamné à mort en 1763; mais les sollicitat. de sa fille font commuer sa peine. Banni de la Russie, il rentre en 1769 au service de Catherine, qui l'envoie en Géorgie soutenir le prince Héraclius. Il soumet la Circassie, revient en 1771 à Pétersbourg recevoir l'ordre de St-Alexandre-Newski, commande en Lithuanie en 1772, et meurt en 1773 à Varsovie.

TOTZE (Eobald), profess. de droit public et d'histoire à l'univ. de Butzow, etc., né en 1715 à Stolpe, en Poméranie, mort à Butzow en 1789, a publ.: *Histoire des Provinces-Unies, ou Nouvelle Histoire du monde*, Halle, 1770, 17 vol. in-4. — *Introduction à la statistique en général, et en particulier à celle des états européens*, Butzow et Wismar, 1779, 4ᵉ édit.; 1790 à 1799, 2 vol. in-8. —*Histoire du moyen-âge, depuis l'émigration générale des peuples jusqu'à la réformat.*, Leipsig., 1790, 1ᵉʳ vol. (le 2ᵉ n'a point paru).

TOUCHE (La), grammairien, né dans le 17ᵉ S., d'une famille protestante, fut obligé de quitter la France après la révocat. de l'édit de Nantes, passa en Angleterre et y obtint la bienveillance du duc de Glocester. C'est sous le patronage de ce prince qu'il publia: *l'Art de bien parler français*, etc., Amst., 1696, in-12; réimpr. en 1710, ibid., 2 vol. in-12; et pour la 4ᵉ fois en 1730, La grammaire de La Touche fut long-temps en usage à l'étranger (Goujet, *Bibliothéq. franç.*, tome Iᵉʳ). Au nombre des raisons que faisait valoir l'auteur de la *Dédicace* pour recommander l'étude de la langue française, on voit avec peine qu'il ait présenté l'utilité qu'offrirait sa connaissance pour abaisser cette monarchie « devenue si redoutable par mer et par terre depuis 30 ans, qu'il est de la gloire et de l'intérêt de l'Angleterre de ne souffrir jamais qu'elle s'étende au-delà de ses justes bornes. » — V. Guimond.

.TOUCHET (Marie), née en 1549, fille d'un apothicaire d'Orléans, fut la maîtresse de Charles IX dont elle eut 2 fils; l'un mourut enfant, et l'autre, Charles, bâtard de Valois, reçut le titre de duc d'Angoulême, et fut père du père. duc de ce nom. Après la mort du roi qui lui conserva jusqu'à la fin le plus tendre attachem., elle épousa François de Balzac d'Entraigues, gouverneur d'Orléans et chev. des ordres du roi, et se montra digne d'une aussi brillante existence par une conduite sage et même sévère. Elle termina sa vie dans la retraite, s'y livrant à des lectures solides et dignes de son esprit qui, selon Le Laboureur, était *incomparable*. L'exemple de ses désordres fut plus puissant que son active vigilance sur ses deux filles: l'aînée, la célèbre marquise de Verneuil, fut maîtresse de Henri IV; l'autre vécut 10 ans avec le maréchal de Bassompierre.

TOU-FOU, surnommé *Tseu-Meï*, l'un des plus célèbres poètes de la Chine, né vers le commencement du 8ᵉ S. à Siang-yang, dans la province de Hou-kouang, annonça dès sa jeunesse d'heureuses disposit., et n'obtint pourtant pas de succès dans ces concours littéraires qui ouvrent aux Chinois la route des emplois et de la fortune. Entraîné vers la poésie, il renonça volontiers aux grades que les lettrés recherchent avec tant d'ardeur, et de 742 à 755, donna trois de ces poèmes descriptifs qu'on nomme *Fou*. Le succès qu'il obtint fixa sur lui l'attention de l'empereur, qui voulut lui confier l'administrat. d'une province. Tou-Fou, en vrai poète, n'accepta qu'un titre honorifique, et demeura dans la détresse; mais bientôt il songea à implorer le secours du souverain, et obtint une pension. Malheureusement l'emper. fut contraint d'abandonner sa capitale à un rebelle. Le poète, fait prisonnier, trouva moyen de s'échapper, et se réfugia en 757 à Foung-thsiang, dans le Chen-si. S'étant adressé au nouvel empereur, Sou-Tsoung, il en reçut une charge importante. Mais son noble courage à défendre un magistrat qui avait encouru la disgrâce du prince le fit destituer et reléguer à Tsin avec un emploi très inférieur. Il se démit de cette place et vint à Tching-tou, dont le commandant milit., nommé Yan-Wou, lui obtint une place qui fournissait à ses besoins sans lui imposer de fonctions. Son bonheur fut de courte durée, et la mort de son protecteur le força bientôt de reprendre sa vie errante. Enfin vers 768, surpris par la crue soudaine d'un fleuve au milieu duquel il s'était hasardé sur une barque, il resta dix jours dans un temple abandonné, sans secours ni provisions. Lorsqu'à la suite d'une si longue abstinence on lui apporta des vivres, il mangea beauc., et mourut d'indigestion. Il partage avec Li-Thaï-Pe, son rival et son contemporain, la gloire d'avoir réformé la poésie chinoise.

TOULAN (Franç.-Adrien), membre de la commune du 10 août, né à Toulouse en 1761, s'établit à Paris en 1787, comme libraire marchand de musique, et embrassa la cause de la révolution avec ardeur. L'un des commissaires chargés de surveiller les prisonniers du Temple, il en fut d'abord l'un des plus exagérés; mais bientôt vivement touché des vertus de Louis XVI, il travailla, de concert avec Cléry et Turgy, à adoucir la captivité de ce prince et de sa famille. Après le 21 janv., il conçut le hardi projet de faire évader Louis XVII et les princesses, s'entendit pour cela avec le chev. de Jarjayes, et détermina le commiss. Lepitre à s'engager dans l'entreprise; mais les irrésolutions et les frayeurs de ce dernier la firent manquer. De nouv. débats s'étant élevés dans la convention sur les mesures à prendre contre les Bourbons, les municip. devinrent plus vigilants et plus sévères, et le projet de faire évader toute la famille royale devint impossible. Toulan voulut du moins sauver la reine, dont la vie était menacée, et il est permis de croire qu'il eût réussi, sans l'obstacle que Marie-Antoinette mit elle-même à l'exécution du projet, en refusant de se séparer de ses enfants. Toulan, devenu suspect, et d'ailleurs trahi par de faux amis auxq. il avait eu l'imprudence de montrer un présent de la reine, fut arrêté; mais il parvint à s'évader pendant qu'on dressait le procès-verbal de son arrestat., et, caché dans Paris, continua de rendre quelques services à la famille royale. Forcé de s'éloigner, il se rendit à Toulouse; puis à Bordeaux, où il s'établit écrivain public, et vécut six mois tranquille et ignoré sous le nom de *Roch Alimertre*. Mais sa femme, en demandant un passeport pour Bordeaux, fit soupçonner que Toulan était réfugié dans cette ville. Arrêté par ordre du comité de sûreté générale, il fut envoyé à Paris, traduit au tribunal révolutionnaire, et mourut sur l'échafaud en 1794 (v. les art. Jarjayes et Lepitre, et le *Précis des tentatives qui ont été faites pour arracher la reine à la captivité du Temple*, in-8; les *Mémoires hist. sur Louis XVII*, etc.).

TOULICHEN, diplomate et administrat. mandchou, né en 1667 dans la province de Liao-toung, entra dans la carrière administrat., et obtint bientôt la charge de rédacteur des pièces officielles. Dix ans plus tard l'emper. Kháng-Hi l'envoya dans les provinces de Chan-si et de Chen-si, pour distribuer des grains aux habitants que pressait une disette affreuse, et ensuite dans plus. districts méridionaux, avec l'ordre d'y inspecter les cours des rivières et des canaux, et d'y faire fabriquer des cuirasses pour l'armée. Toulichen, récompensé de ses services par plusieurs titres, entre autres celui d'*amban* ou grand de l'empire, fut chargé de la perception des impôts dans les contrées voisines de la grande muraille, et de la direct. des haras impériaux, placés en dehors de cette barrière de la Chine; mais il perdit bientôt ses places et ses titres, et alla vivre, en vrai sage, dans un village où il trouva encore son père et sa mère. L'empereur vint le chercher dans sa retraite pour lui confier une miss. difficile auprès du khan des Torgòòts, Ayouka : il s'agissait de l'inviter à retourner dans l'ancienne patrie de sa horde. Toulichen resta 15 jours auprès d'Ayouka, et, s'il ne réussit pas complétement dans sa négociat., du moins il parvint à lui arracher un acte formel de soumission qui semblait le ranger parmi les vassaux de la Chine. Il reçut à son retour le titre de sous-secrét., et bientôt après celui de prem. secrétaire de ministère de la guerre, et fit partie, sous le règne d'Young-Tching, du congrès qui s'assembla en 1727 sur les bords de la rivière Bosò, pour fixer les limites de la Chine et de la Russie. Le traité conclu la même année, et ratifié en 1728, est encore aujourd'hui la base des relations qui existent depuis un siècle entre les deux empires. On a de Toulichen la relation de son voyage chez les Torgòòts, en angl. sous ce titre : *Narrative of the chinese embassy to the khan of the Tourgouth Tartars*, Londres, 1821, in-8.

TOULLIER (C.-B.-M.), savant jurisconsulte, surnommé le *Pothier moderne*, né vers 1760 en Bretagne, était, avant la révolut., agrégé à la faculté de droit de Rennes. Pendant les troubles politiques il vécut dans la retraite; mais lors du rétablissem. des écoles, en 1803, il fut nommé professeur à celle de Rennes, et bientôt il en devint doyen. Accusé en 1815 d'avoir montré des principes hostiles à la dynastie des Bourbons, il fut remplacé dans le décanat par M. de Corbières, un de ses élèves, et depuis ministre de l'intérieur. Cette disgrâce fut utile à Toullier; jaloux d'acquérir de nouveaux droits à l'estime publique, il s'occupa de perfectionner l'ouvrage auq. il devait sa réputat., et eut le plaisir de le voir accueilli par les jurisconsultes, et cité comme une autorité par les tribunaux. Toullier mourut à Rennes en 1835. Son ouvrage est intit. : *le Droit civil français suivant l'ordre du code*, etc., 1811-20, 9 vol. in-8. La 5e édit., Paris, 1829-31, est en 15 vol. in-8, dont le dernier contient une table générale analytique des matières.

TOULMIN (Joshua), anabaptiste, né à Londres, mort en 1815 à Birmingham, ministre d'une congrégation ancienne, signala son zèle pour la défense des principes du docteur Priestley, et publia plus. ouvrages, entre autres : *Mémoires sur la vie et les écrits de Fauste Socion*, 1777, in-8. — *Dissertations sur les preuves du christianisme*, 1785, in-8. — *Tableau historiq. de l'état des protestants non-conformistes en Angleterre*, 1814, in-8.

TOULONGEON (François - Emmanuel, vicomte de), historien et littérateur, né au château de Champlitte en 1748, fut d'abord destiné à l'état ecclésiastique, qu'il abandonna pour suivre la carrière des armes. Partisan des idées de réforme que Voltaire avait mises à la mode, il lui rendit en 1776 une visite à Ferney, et reçut du philosophe un accueil plein de bienveillance. Il cultivait les lettres et les arts avec succès et recherchait la société des hommes instruits. Lors de l'assemblée des états en 1788, il s'unit à la minorité de la noblesse pour supplier le roi d'établir l'égale répartition de l'impôt et de supprimer d'autres abus signalés par les cahiers. Député aux états-généraux, il crut devoir remettre alors au roi son brevet de colonel des chasseurs de Franche-Comté, pour s'occuper uniquem. de ses nouv. devoirs. Il fit partie du petit nombre de nobles qui se séparèrent de leur ordre pour se réunir au tiers-état; mais il vota toujours avec le parti modéré. Nommé plus. fois secrét. de l'assemblée, il prit beaucoup de part à la nouv. organisation de l'armée, ainsi qu'à celle des ponts-et-chaussées et de l'instruction publique. Après la session, il ne voulut accepter aucun emploi, et, retiré dans le Nivernais, fut assez heureux pour échapper aux persécutions de la terreur. Il devint membre de l'Institut (classe des sciences morales) peu après sa création; et s'empressa de lui communiquer différ. mémoires. Élu en 1802 et en 1809 député de la Nièvre au corps législatif, puis nommé commandant de la Légion-d'Honneur, il ne se laissa point entraîner par ces faveurs inattendues loin de ses études chéries, et mourut en 1812. On cite de lui : *Principes naturels et constitutifs des assemblées nationales* (Besançon), 1788, in-8. — *Manuel révolutionnaire*, etc., Paris, 1796, in-18, 1802, in-8; trad. en allem. — *Histoire de France, depuis la révolution de* 1789, Paris, 1801-1810, 4 vol. in-4 ou 8 vol. in-8. — *Recherches historiques et philosophiq. sur l'amour et le plaisir* (poème en III chants), Paris, 1807, in-8. — *Les Commentaires de César*, trad. en franç., Paris, 1813, 2 vol. in-12, réimpr. en 1825.

TOULOUBRE (Louis VENTRE, seigneur de LA), jurisconsulte, né en 1706 à Aix, y remplit la chaire de professeur de droit français et l'office de substitut du procureur-général au parlement, et mourut en 1767. On a de lui : *OEuvres de Scipion du Périer, avec des observations sur l'état actuel de la jurisprudence*, 1760, 3 vol. in-4. — *Recueil des actes de notoriété* donnés par les avocats et procureurs-généraux au parlement de Provence, 1756, 1772, in-8. — *Jurisprudence féodale suivie en Provence*, 1756, in-8, réimpr. sous ce titre : *Jurisprudence féodale observée en Provence et en Languedoc*, 1765, 2 vol. in-8. — V. MONTJOIE.

TOULOUSE (Louis-ALEXANDRE DE BOURBON, comte de), 3e fils légitimé de Louis XIV et de Mme de Montespan, né à Versailles en 1678, était à peine âgé de 5 ans, lorsqu'il fut créé amiral de France, et n'en avait que 12, lorsqu'il fit preuve d'une étonnante intrépidité aux sièges de Mons et de Namur. La guerre de la succession d'Espagne vint lui offrir de nouv. occasions de se distinguer. En 1702 il se porta successivement à Messine et à Palerme avec six vaisseaux, et fit reconnaître dans ces deux villes l'autorité de Philippe V. En 1704 il sortit de Brest avec 25 vaisseaux de ligne, et se dirigea sur Toulon, dans l'intention de se réunir à l'amiral Duquesne, dont il rallia l'escadre, composée de 19 vaisseaux, à la hauteur d'Alicante. On eut bientôt connaissance de l'armée anglaise, commandée par l'amiral Rooke, et forte de 70 bâtiments de guerre, dont 45 vaisseaux. Malgré l'infériorité de ses forces, le comte de Toulouse fit ses dispositions pour soutenir le combat, s'il lui était présenté, et profita toutefois du vent pour se rapprocher de Toulon, où il rentra, sans avoir été attaqué. Mais il brûlait de se mesurer avec l'amiral Rooke, et il ne tarda pas à se remettre en mer, avec 49 vaisseaux de ligne et 65 galères. Il rencontra, à environ 11 lieues nord et sud de Malaga, l'armée des alliés, composée de 65 vaisseaux et de plus. galiotes. Un combat meurtrier s'engagea, dans lequel les alliés, malgré leur supériorité, furent battus sur tous les points et perdirent beaucoup de monde. Le comte de Toulouse eut tout l'honneur de cette journée. La paix vint le rendre au calme de la vie privée, et lui permettre de déployer des vertus d'un autre genre. Un seul fait pourrait suffire à son éloge : il a trouvé grâce devant Saint-Simon, l'ennemi déclaré des enfants légitimés de Louis XIV, et a forcé ce frondeur impitoyable à dire qu'il était *l'honneur, la vertu, la droiture, l'équité même*. Il n'entra point dans toutes les intrigues de sa belle-sœur, la duchesse du Maine, et fut récompensé de sa conduite modérée par l'estime générale et même par la bienveillance du duc d'Orléans, régent, qui ne le dépouilla point, comme les autres princes légitimés, des honneurs et des prérogatives réservées aux princes du sang royal. Il épousa, en 1723, Marie-Victoire-Sophie de Noailles, marquise de Gondrin, et il goûta dans cette union un bonheur sans mélange jusqu'à sa mort, arrivée en 1737. Un fils, le duc de Penthièvre, fut l'unique fruit de ce mariage. La comtesse de Toulouse passa le reste de ses jours à Rambouillet, où elle avait tenu, du vivant du comte, une cour qui rivalisait, par son élégance, avec celle de Sceaux, et n'en avait ni l'affectation prétentieuse ni le faux bel-esprit. L'étude, la bienfaisance, les devoirs d'une religion éclairée, occupèrent ses tristes et longs loisirs dans cette douce retraite, où elle mourut en 1766.

TOULOUSE-LAUTREC (le comte de), né au commencem. du 18e S., d'une ancienne famille du Languedoc, était entré jeune dans la carrière militaire, et se trouvait maréchal-de-camp, lorsqu'il fut envoyé par la sénéchaussée de Castres aux états-génér. de 1789, où il se montra tout d'abord l'adversaire des réformes, et dont il ne tarda pas à s'éloigner, pour aller, disait-il, prendre les eaux. Mais s'étant arrêté quelque temps dans les environs de Toulouse, il fut arrêté par ordre de la municipalité de cette ville, comme prévenu de manœuvres contre-révolutionnaires. On en référa à l'assemblée nationale, et il fut acquitté. Après la session il émigra en Espagne, et fut dénoncé comme entretenant une correspondance avec les royalistes du midi de la France. En 1794 il passa au service de Russie, avec le grade de lieuten.-général. S'étant rendu à Berlin en 1795, il y fut arrêté et emprisonné pour avoir vendu, prétendit-on, de faux assignats. Il mourut en prison, et l'on répandit le bruit qu'il s'était tué. Mais cette assertion ne paraît pas prouvée.

TOUMAN-BEY Ier (AL-MELIK-AL-ADEL-SEIF-EDDYN), sulthan d'Égypte, n'occupait le trône que depuis trois mois lorsqu'à la suite d'une révolte de l'armée il en fut renversé (ramadan 906 — avril 1501). Il périt peu après de la main des rebelles, et Kansouh-al-Gauri fut proclamé en sa place. — TOUMAN-BEY II (al-Melik-al-Aschraf), dernier sulthan de la 2e dynastie des Mamlouks, né en Circassie, parvint d'emplois en emplois jusqu'au poste important de *dewadar* ou secrétaire-d'état, sous son oncle, le sulthan Kamsouh-al-Gauri. Chargé du gouvernem. de l'Égypte, pend. l'expédition de ce prince en Syrie, il fut, après sa fin malheureuse, en 922 (1516), élu sulthan, et reçut le titre de *melik-al-aschraf* (le roi illustre). Il sortit alors du Kaire, établit son camp hors du faubourg Reidanieh, y éleva une redoute formidable et attendit Sélim Ier, déjà vainqueur de son oncle. Sélim tourne la redoute, et, tombant sur l'armée égyptienne, en fait un gr. carnage. Touman se jette dans le Kaire, et, après s'y être défendu pendant 5 jours et 3 nuits, se retranche dans Djizeh, où, avec une poignée de soldats, il tint ferme pend. un mois. Vaincu une 3e fois et forcé de se cacher, il fut découvert dans une marais par la trahison d'un cheikh, et pendu au Kaire en 923 (1517).

TOUMERT, TOUMROUT, et vulgairement TOMRUT (MOHAMMED-AL-MAHDY-BEN-ABDALLAH BEN), célèbre imposteur et fondateur, en Afrique, de la secte et de la dynastie des *al-Mohades*, naquit vers l'an 480 de l'hég. (1087 de J.-C.). Après avoir étudié la théologie à Bagdad sous le célèbre Ghazaly, il revint en Mauritanie en 510 (1116), se lia intimem. à Tremecen avec le jeune Abd'-el-Moumen, et commença dès-lors à s'annoncer pour le véritable mahdy ou 12e imâm, qui doit paraître à la fin du monde, et à débiter ses principes sur l'unité de Dieu, qui ont fait donner à ses sectateurs le nom d'*al-mowahedoun* ou unitaires. Affichant dans sa doctrine, son extérieur et ses actes, une pieuse austérité, il excite les peuples à se soulever contre la dynastie des al-Moravides, se transporte à Maroc, sous le règne d'Aly, en 514 (1120), y prêche publiquem. dans une mosquée sa doctrine, et, appelé devant Aly, cité ensuite devant les docteurs et les théologiens, embarrasse ceux-ci par des questions captieuses, et ose faire au prince lui-même de sévères remontrances. Chassé de Maroc, il dresse une tente hors de la ville, continue ses déclamations contre le roi, se voit condamné à mort, sans être découragé, et se réfugie à Tynamâl. C'est là qu'il se forme un parti nombreux, qu'il déclare hautement ses prétentions, et qu'après avoir eu l'audace de faire en son nom la *khothbah* (prière), il se prépare à lutter à main armée contre le souverain de Maroc. Un lieutenant du prophète remporte sur Aly une prem. victoire. Plein de confiance alors, le prétendu mahdy, de 516 à 519 (1122 à 1125), étend sa secte et son pouvoir bien avant dans l'Afrique. De retour à Tynamâl et fatigué de ses expéditions, il charge du commandem. de ses troupes et décore du titre d'imâm son fidèle ami Abd'-el-Moumen, et, toujours heureux jusqu'à son dernier moment, meurt entre les bras de ce général qu'il a vu revenir vainqueur des al-Moravides en 524 (1150), la 9e année de son règne.

TOUP (JOHN), célèbre philologue, né à St-Yves, dans le comté de Cornouailles, en 1713, mort en 1785, embrassa l'état ecclésiastique, fut pourvu d'une cure dans le comté où il avait vu le jour, ne se maria point, et consacra toute sa vie à des recherches utiles. Mais son éloignem. de la société lui donna, dans ses critiques, un ton d'âpreté qui lui attira de la part de Reiske les qualificat. d'*homo truculentus et maledicus*, quoique au fond il fût le plus doux des hommes. On a de lui : *Emendationes in Suidam, in quibus plurima veterum Græcorum loca, cùm explicantur, tùm emaculantur*, Londres, 1760, 1764, 1766, 1775, 4 vol. in-8; réimpr. sous ce titre : *Opuscula ad Suidam cùm appendiculâ notarum et emendationum*, Leipsig, 1781, in-8; Oxford, 1790, 4 vol. gr. in-8, rare.— *Glossæ selectæ ineditæ, epistola de Syracusiis*, dans l'édition de *Théocrite*, par Warton, Oxford, 1770, gr. in-4. — *Curæ posteriores, sive appendicula notarum atque emendationum in Theocritum Oxonii publicatum*, Londres, 1772, in-4; une édit. de *Longin*, Oxford, 1778, grand in-4, 1778, 1789 et 1806, in-8.

TOUQUET, ex-colonel et libraire, un instant célèbre par ses éditions économiques de Voltaire et de la charte, mourut en mars 1834, âgé de 54 ans, à Blankenberg, près d'Ostende, où il s'était retiré depuis sa faillite.

TOUR (PIERRE-FRANÇOIS DE LA), 6e supérieur-général de l'Oratoire, né à Paris en 1653, professa les b.-lettres dans plus. colléges de sà congrégat., et devint direct., puis supér. du séminaire de St-Magloire. Il fut élu en 1696 supér.-gén. de l'Oratoire par la protect. de Bossuet, de Letellier et du cardinal de Noailles, qui estimaient ses talents, son érudition et sa rare prudence. Il prévit les troubles qui devaient résulter de la bulle *Unigenitus*, proposa, pour les prévenir, des mesures énergiques qui ne furent pas adoptées, et prit une très grande part à l'accommodem. de 1720. Il mourut en 1733. Ses lumières lui méritèrent la confiance des plus grands magistrats, entre autres de d'Aguesseau. Il fut le confesseur de Mme de Montespan, des princes de Condé et de Conti, et d'autres illustres pénitents. Il avait refusé l'évêché d'Évreux, sous Louis XIV, et l'administration de l'archevêché de Rouen, sous la régence. On n'a d'imprimé de lui que quelques *lettres* circulaires pour la convocat. des assemblées triennales de sa congrégation. —

TOUR (Bertrand de LA), prédicat. et fécond écriv., né vers 1700 à Toulouse, se consacra aux missions étrangères, et fut en 1729 nommé doyen du chapitre de Québec et conseiller-clerc au conseil-supérieur de cette ville. De retour en France peu de temps après, il fut pourvu d'une cure à Montauban, et devint l'un des fermes appuis de l'acad. de cette ville, à laq. il établit des prix de littérat. et d'agriculture, etc. Il mourut en 1780, léguant une somme dont le revenu devait être employé à doter chaque année deux filles pauvres de sa paroisse. On a de lui : *Apologie de Clément XIV*, in-12. — *Réflexions morales, politiques, historiques et littéraires sur le théâtre*, in-12, d'abord en 7, puis étendues jusqu'à 20 vol. — Tour (Maurice-Quentin de La), peintre de portraits, né en 1704 à St-Quentin, où il mourut en 1788, s'est surtout distingué dans la peinture au pastel. On cite de lui le *Portrait de Restout, peintre du roi*, sur lequel il fut, en 1746, reçu membre de l'acad.; ceux de *Louis, dauphin de France*, gravé par Daullé; de *Charles, prince de Galles*, gravé par Aubert, de *René Frémin, sculpteur du roi*, gravé par Surrugues fils; du *Maréchal de Lowendal*, gravé par Wille; enfin ceux du *Maréchal de Saxe* et de *J.-B.-S. Chardin, peintre de portr.*, que l'on voit au musée du Louvre. La Tour fonda deux prix de 500 francs, l'un applicable au meilleur tableau de perspective linéaire et aérienne, l'autre qui devait être décerné par l'académie d'Amiens, à la plus belle action ou à la découverte la plus utile dans les arts. Enfin sa ville natale lui doit une école gratuite de dessin. — Tour (Jean-Bapt. Bonaffos de La), jésuite, né en 1712 à Montréal, diocèse de Carcassonne, après la suppression de son ordre, se consacra aux missions dans les provinces méridionales de la France, où il s'acquit la réputat. d'un gr. prédicateur. Épuisé de fatigues, il revint dans sa ville natale, où il mourut en 1777. On a de lui : *Cantiques ou Opuscules lyriques sur divers sujets de piété*, souvent impr. in-12 et in-8. — Tour (Simon de La), autre jésuite, né à Bordeaux en 1697, fut instituteur du prince de Conti, principal du collége Louis-le-Grand, et procureur-gén. des missions étrangères. Il est surtout connu par la lettre que lui adressa Voltaire, et dans laq. il se plaît à exalter les talents et les vertus de ses anciens maitres. Lors de la suppression de la société, exilé à Besançon, il y mourut en 1766. — Tour (Charles-Jean-Baptiste des Galois de La), vicomte de Glené, seigneur de Chezelles, etc., né en 1715 à Paris, fut successivement conseiller au parlem. d'Aix (1735), maître des requêtes, président du gr.-conseil, puis intendant et prem. président du parlem. de Provence; à ces dern. fonctions il joignit, par un singulier cumul, celles d'inspecteur du commerce du Levant et de président du conseil d'Afrique, ce qui n'empêcha pas que, lors de la guerre d'Italie, il fût encore chargé de *certains détails* d'administrat. militaire. Député à l'assemblée des notables en 1787, il y fut assez mal venu des gens de sa robe, qui, par rapport aux faveurs singulières qu'il avait reçues de la cour, le regardaient comme aussi peu indépend. en sa nouvelle qualité qu'il ne l'avait été comme magistrat. Il sut toutefois s'arranger de telle sorte que l'assemblée des communes de Provence lui décerna, en 1788, une médaille avec cette inscription : *Le tiers-état de Provence à C.-J.-B. des Galois de La Tour, intendant du pays, son ami dep. plus de 40 années*. Arrêté pend. la terreur, il eut le bonheur d'échapper aux massacres, et mourut à Paris en 1802. — Étienne-Jean-Baptiste de La Tour, son fils, mourut en 1820, archevêque de Bourges, à l'âge de 70 ans.

Tour (Baillet, comte de La), général autrichien, né au château de La Tour, dans la province de Luxembourg, vers le milieu du 18ᵉ S., fit ses prem. armes en 1778 contre les Turks, devint colonel d'un régiment de dragons de son nom, puis gén.-major, et fut employé, en 1789, par Joseph II pour comprimer l'insurrect. des Pays-Bas. Il commandait à Tournai en 1792, lors de la bataille de Jemmapes, et, rentré l'année suiv. dans la Belgique, eut une grande part aux succès rapides du prince de Cobourg. Nommé feld-maréchal-lieuten., le corps qu'il commandait obtint seul quelque avantage à Watignies. En 1794, il se distingua près de Landrecies et sur la Sambre, et fut chargé de couvrir les mouvements rétrogrades des armées de la coalition. En 1795, il fit la campagne de Franconie. Créé génér. d'artillerie en 1796, il commanda un corps d'armée sur le Haut-Rhin, ne put empêcher Moreau de passer ce fleuve, et se retira derrière le Lech, lorsque le général français opéra devant des forces supérieures cette retraite si justement vantée. Chargé de le poursuivre, il ne sut point profiter de ses avantages. L'année suivante, il ne disputa pas mieux à Moreau le passage du Rhin, et déjà il commençait à se retirer sur la Bavière, quand les préliminaires de Léoben mirent fin aux hostilités. Nommé alors gouverneur de la Styrie, puis de la Haute-Autriche, il mourut en 1806 à Vienne, président du conseil aulique.

TOUR D'AUVERGNE. — V. Auvergne, Bouillon et Turenne.

TOUR-DU-PIN-GOUVERNET (René de La), né en 1543 à Gouvernet (Dauphiné), avait été, à l'époque de la Ligue, l'un des chefs du parti protest. dans sa province ; devenu chambellan de Henri IV, maréchal-de-camp et conseiller, il commanda en Bas-Dauphiné, fut gouvern. de Dié, de Mévouillon, Montélimart, etc., puis reçut de Louis XIII une pension de 10,000 liv., et mourut en 1619. — Tour-du-Pin-Gouvernet (Jean-Frédéric de La), comte de Paulin, ministre de la guerre, né à Grenoble en 1727, fit ses prem. armes, en 1741, en Westphalie, puis en Bohême. Il se distingua dans la guerre de sept ans, et parvint, de grade en grade, à celui de lieuten.-général et au commandem. du Poitou, de l'Aunis et de la Saintonge. Élu, en 1789, député de la noblesse de Saintes aux états-génér., il fit partie de la minorité de son ordre qui se réunit au tiers-état. Louis XVI l'ayant nommé ministre de la guerre, il présenta pour l'organisat. de l'armée un plan qui ne fut point adopté, et fit, pendant son court ministère, de vains efforts pour ménager à la fois sa popularité et le parti de la cour. Il vivait retiré à Auteuil, lorsqu'en 1793 il fut appelé comme témoin dans le procès de Marie-Antoinette. La franchise et le courage avec lesq. il répondit aux interpellations qui lui furent adressées ne pouvaient manquer de le conduire à l'échafaud. Traduit devant le sanglant tribunal en 1794, il périt le 28 avril. — Tour-du-Pin-Gouvernet de La Charce Philippe-A.-G.-Victor-Charles), cousin du précéd., et comme lui lieut.-général, avait fait les mêmes campagnes, et s'était distingué à Lawfeld. Commandant et lieut.-général de Bourgogne en 1765, il fut nommé membre des assemblées des notables en 1787 et 1788. Appelé aussi en témoignage dans le procès de la reine qu'il connaissait à peine, il fut arrêté le même jour que son cousin et périt avec lui.

TOUR-DU-PIN-MONTAUBAN (René, marquis de La), né en Dauphiné vers 1620, combattit avec distinction en Italie, en Allemagne et en Catalogne, et fit la campagne de 1664 contre les Turks à la tête d'un corps que Louis XIV envoya, sous les ordres du comte de Coligni, au secours des impériaux commandés par Montécuculli. Il concourut en 1668 à la conquête de la Franche-Comté. Après la soumission de la Hollande en 1672, à laquelle il avait eu part, il fut nommé gouverneur de Zutphen et de Nimègue, puis créé maréch.-de-camp. Blessé au combat de Senef et fait prisonnier à la journée de Mulhausen, dont il avait décidé le succès, de l'aveu même de Turenne, il fit ensuite sous les ordres la belle campagne de 1675, contribua à la victoire d'Alteinheim sous le maréchal de Lorges, et fut nommé lieut.-général en 1677 ; il combattit encore en Sicile sous le maréchal de Vivonne, devint gouverneur de Messine, et eut part à la prise de Puycerda. En récompense de ses longs services il fut nommé lieuten.-général au gouvernement de Franche-Comté, et mourut à Besançon en 1687.— Tour-du-Pin-Montauban (L.-Pierre de La), neveu du précéd., mort en 1731 évêque de Toulon, avait rivalisé de zèle et de charité avec Belzunce dans la peste qui ravagea la Provence en 1720. — Tour-du-Pin de La Charce (Jacq.-Franç.-René de La), de la même famille, né à Ypres en 1720, mort à Paris en 1765, fut abbé d'Ambournai, gr.-vicaire de Riez, puis chanoine de Tournay. On a ses *Sermons* en 6 vol. in-12. — V. Charce.

TOURAN-CHAH Ier, 22e roi d'Hormuz, succéda, l'an 1346, à son père Cothb-Eddyn Ier. Après avoir repris l'île de Kiech sur son cousin Schady, il se rendit maître des îles Bahraïn à la faveur des dissensions qui s'y élevèrent à la mort de ce dernier, et mourut à Hormuz en 1377, après un règne de 32 ans. — Touran-Chah II (Fahkr-Eddyn, 26e roi d'Hormuz, détrôna, en 1436, son frère Seif-Eddyn III, fut confirmé dans sa souverain. par Chah-Rokh, son suzerain, et mourut vers l'an 1466, après un règne paisible de 30 ans.—Touran-Chah III 32e roi d'Hormuz, fut mis sur le trône, vers 1513, par Reis-Nour-Eddyn, ministre ambitieux qui s'associa son neveu Reïs-Ahmed, ne laissant au prince que le simulacre de l'autorité. Il fut délivré de cette tutelle par Alphonse d'Albuquerque, qui, venu en 1515 devant Hormuz à la tête d'une flotte, imposa à Touran-Chah un traité avant l'exécution duquel Reïs-Ahmed fut assassiné et ses adhérents bannis. L'habile Portugais, qui avait dirigé ce coup d'état, régna dès-lors dans Hormuz, sans paraître se mêler des affaires du gouvernem. Il sut même persuader au prince qu'il était libre, et en obtint des regrets à son départ et des larmes à sa mort. L'ouvrage du gr. homme s'écroula entre les mains de ses successeurs. Les ministres hormusiens, reprenant sur leur roi l'ascendant qu'ils avaient perdu, l'engagèrent dans une guerre contre le prince de Lahsa, révolté, et déterminèrent même les Portugais à s'unir à eux pour cette expédition. Le rebelle fut tué ; El-Katif et les îles Bahraïn furent soumises, et Mir-Aschraf, ministre et général des Hormusiens, en eut le gouvernement. Les Portugais, affaiblis par leurs succès, auxquels les troupes d'Hormuz n'avaient pris qu'une faible part, furent massacrés dans plus. villes du royaume. Maîtres cependant d'une citadelle, ils forcèrent Touran-Chah et toute sa cour de se retirer dans l'île de Keischme, d'où ce prince envoya demander la paix et faire ses excuses au gouverneur Portugais. Mais Aschraf, pour prévenir le châtiment réservé à sa perfidie, assassina le roi en 1522, et mit sur le trône son neveu Mahmoud ou Mohammed Padischah, fils de Seif-Eddyn. Les aventures de Touran-Chah et celles de son frère Seïf-Eddyn forment le fond du roman de Mme de Gomez, intit. *Anecdotes persanes.*

TOURAN-CHAH. — V. Melik et Moadham.

TOURAN-DOKHT, ou plus exactem. POURAN-DOKHT, reine de Perse, de la dynastie des Sassanides. D'abord l'âme des conspirat. dirigées contre l'usurpateur Schahryar ou Schahrbarz, elle parvint à le faire assassiner, et fut reconnue reine l'an 629 ou 631. Elle choisit pour premier ministre et pour général de ses armées Feroukh-Zad, l'un des trois frères qui avaient immolé l'usurpateur, et dignement secondé par lui, elle fit fleurir la justice, rétablit la tranquillité au-dedans, maintint la paix au-dehors, protégea le peuple contre l'oppression des grands, et fit même condamner à mort plus. de ces petits tyrans qu'elle ne pouvait réduire. Mais, pour le malheur de la Perse, une mort imprévue enleva Touran-Dokht, après un règne de 16, ou, suivant d'autres, de 7 mois. On soupçonna, non sans fondement, quelques seigneurs de l'avoir empoisonnée.

TOURLET (René), médecin, helléniste, né en 1770 à Amboise, acheva ses humanités au collége de Pont-le-Roi, où il apprit les mathématiques, le grec et les langues vivantes, et de là se rendit à Orléans, où il suivit les cours de droit et de philosophie. Venu à Paris, il y étudia la physique, et il alla ensuite à Montpellier, où il reçut ses grades en médecine. Fixé dès l'année 1799 à Paris, il y concourut à la rédaction de différents journaux, tels que les *Annales littéraires*, le *Magasin encyclopédique*, etc., et fut chargé de la partie scientifique et littér. du *Moniteur.* Cet estimable savant mourut au mois de janvier 1836. Indépendamment de nombreux articles, remarquables par un style clair et pur, une critique raisonnée et judicieuse, et la plus stricte impartialité, on doit à Tourlet des traduct. de Quintus de Smyrne : *la Guerre de Troie*, 1800, 2 vol. in-8; des *OEuvres* de Pindare, 1818, 2 vol. in-8, adoptée en 1822 par la commission des livres classiques, et des *OEuvres* de l'empereur Julien, 1821, 3 vol. in-8.

TOURNEFORT (JOSEPH PITTON de), célèbre botaniste, né à Aix en 1656, annonça de bonne heure les plus rares dispositions et le penchant le plus prononcé pour la science qui devait l'immortaliser. Aussi connut-il en peu de temps toutes les plantes de la Provence qu'il habitait. Entré au séminaire malgré lui, il sut dérober chaque jour plusieurs heures à la théol. pour les donner à l'étude de la physique, de la chimie, de la médecine et surtout de la botanique. Rendu à la liberté par la mort de son père, en 1677, il parcourut les montagnes du Dauphiné et de la Savoie, alla étudier deux ans la médecine et l'anatomie à Montpellier, visita la Catalogne, puis les Pyrénées, et rapporta de ces courses une riche collection de plantes. Appelé en 1683 à Paris, par Fagon, qui se démit en sa faveur de la place de profess. de botanique au Jardin-du-Roi, il donna à ce jardin un accroissement considérable. Voulant lui conquérir de nouvelles richesses, il retourna en Espagne en 1688, visita le Portugal, pénétra jusqu'en Andalousie, voyagea en Angleterre, en Hollande, et, après avoir refusé la chaire de botanique à Leyde, revint en France, et fut nommé en 1691, membre de l'acad. des sciences. Il fit paraître en 1694 son prem. ouvr. intitulé : *Éléments de botanique, ou Méthode pour connaître les plantes*, Paris, 3 vol. in-8. Tournefort eut la gloire d'entrer plus avant que ses prédécesseurs dans les vrais principes : la description méthodique des parties de la fleur et du fruit, ainsi que l'établissement rationnel et systématique des genres, lui assurent l'honneur d'avoir été le prem. *restaurateur de la science*. Reçu, en 1698, doct. en médec. de la faculté de Paris, il fut envoyé en 1700 par Louis XIV dans le Levant, et visita l'île de Candie, l'Archipel, Constantinople, les côtes méridionales de la mer Noire, l'Arménie turque et persane, la Géorgie, le mont Arara, et revint par l'Asie-Mineure, visitant Tocat, Angora, Pruse, Smyrne et Éphèse. De tous les lieux où il fit quelq. séjour, il faisait passer en France des descriptions et des dessins d'antiquités, de plantes et d'objets des autres règnes. A son retour, il obtint la chaire de médecine au collège de France, et jouit paisiblement des faveurs du souverain, de l'estime de ses compatriotes et de l'admiration de l'Europe. Il était encore dans l'âge de la force, lorsque, victime d'un accident, il mourut en 1708. Outre l'ouvrage cité plus haut, on a de lui : *De optima methodo instituendâ in rem herbariam*, 1697, in-8 de 27 pag. — *Histoire des plantes qui naissent aux environs de Paris, avec leur usage en médecine*, 1698, in-12. — *Institutiones rei herbariæ* (traduct. latine de ses *Élém.*), 1700, 3 vol. in-4. — *Voyage du Levant*, impr. au Louvre, 2 vol. in-4; à Lyon, 1717, 3 vol. in-8; Amst., 1718, 2 vol. in-4 : cette édit. est précédée de l'*Éloge* de Tournefort par Fontenelle, et d'un abrégé de sa *Vie*, contenu dans une *lettre* de M. Lauthier à M. Begon. — Un *Traité de matière médicale*, et une *Histoire et Usage des médicam. et leur analyse chimique*, Paris, 1717, 2 vol. in-12, publ. par Bernier.

TOURNELY (HONORÉ), doct. et profess. de Sorbonne, né en 1658 à Antibes, mort en 1729, avait, après 24 ans d'exercice, quitté sa chaire de théologie lors des divisions qui s'élevèrent dans la faculté en 1716. S'il faut en croire l'anecdote que raconte Voltaire. (article ZÈLE, *Dictionn. philosophique*), comme le tenant d'un des confrères du P. Tournely, ce docteur avait une merveilleuse facilité d'argumentation. C'est de 1725 à 1730 qu'il fit paraître ses traités de théologie, à la révision desquels il avait consacré les prem. loisirs de sa retraite. Le lazariste Collet fut le prem. continuat. de ses cours de théol., dont on a un abrégé par J. Montaigne.

TOURNEMINE (le P. RENÉ-JOSEPH), jésuite, né à Rennes en 1661, après avoir professé avec éclat les humanités, la philosophie et la théologie dans différ. collèges, fut appelé à Paris, en 1701, pour prendre la direction du *Journal de Trévoux* (1702-1736), qu'il a enrichi d'une foule *d'analyses* et de *dissertat.* sur des sujets d'histoire, de chron., de littérat., de géogr., de numism., etc. Il mourut à Paris en 1739, fort regretté de ses nombr. amis. On vante sa bienveillance envers les jeunes auteurs et l'empressem. qu'il mettait à les aider de ses conseils. Le tome XLII des *Mémoires* de Niceron et le *Dict.* de Chauffepié, contiennent la liste détaillée de ses ouvr. Indépendamm. des nombr. *Dissertat.* dont on vient de parler, on lui doit les *Tables chronologiques* de la Bible de J.-B. Duhamel, 1706, in-fol.; des *Réflexions sur l'athéisme*, impr. avec le *Traité de l'existence de Dieu* par Fénélon; une édit. des *Commentaires de Ménochius sur l'Écrit. sainte*, Paris, 1719, 2 vol. in-fol., etc. Rien de plus connu que le dystique suiv., qui fit fortune dans les collèges des jésuites :

C'est notre père Tournemine
Qui croit tout ce qu'il imagine.

TOURNERIE (ÉTIENNE LE ROYER DE LA), jurisc. et magistrat, naquit en 1730 à Mantilli, près de Domfront. Avocat avant la révolut. et pourvu de différ. charges, il fut après 1790 nommé successiv. commissaire près le tribunal du district de Domfront, juge au tribunal de départ. à Alençon, puis juge au tribunal de la prem. de ces villes, et mourut en 1812. On cite de lui : *Tr. des fiefs à l'usage de la province de Normandie*, Rouen, 1763, in-12; nouv. édit., augm. d'un *Tr. des droits honorifiq.*, ibid., 1773, in-12, 1784. — *Nouv. commentaire portatif de la coutume de Normandie*, ib., 1771, 1773, 1784, 2 vol. in-12.

TOURNET (JEAN), avocat, né à Paris dans la

dernière moitié du 16e S., a publ. : *Oraison funèbre de Pompone de Bellièvre*, 1607, in-8. — J. *Tournet, advocati parisiensis, Gallio*, 1629, in-4. — *Arrêts notables des conseils du roi et des cours souveraines, donnés en matières bénéficiales et causes eccles.*, 1631, 2 vol. in-fol., et des trad. d'ouvr. de jurispr., notamm. de ceux de Chopin.

TOURNEUR (Pierre Le), littér., né à Valognes en 1736, mort à Paris en 1788, débuta dans la carrière des lettres par deux *disc. académiq.*, couronnés à Montauban et à Besançon. Il donna ensuite une traduction des *Nuits d'Young*, dont le succès toujours croissant, l'engagea à entreprendre, avec Cathuelan et Rutlige, la traduction du théâtre de Shakespeare. Cette publicat., et surtout la *préface* des traduct., fut vivem. critiquée par Voltaire, qui crut y voir l'intention de sacrifier au dramaturge angl. la gloire de nos plus grands poètes. Le Tourneur, par sa modérat., mit le bon droit de son côté. On peut distinguer, parmi ses nombr. traduct. les *Nuits et OEuvres div. d'Young*, Paris, 1769-70, 4 vol. in-8 et in-12. — *Méditat. sur les tombeaux*, par Hervey, ib., 1770, in-8. — *Hist. de Richard Savage, suivie de la vie de Thompson*, ib., 1771, in-12. — *Théâtre de Shakespeare*, ib., 1776, et ann. suiv., 20 vol. in-8. Cette version a été reproduite, avec des *corrections*, par M. Guizot, 1824, 13 vol. in-8. — *Ossian, fils de Fingal, poésies galliques*, ib., 1777, 2 vol. in-8. — *Clarisse Harlowe*, Paris ou Genève, 1784-87, 10 vol. in-8, fig. — *Choix d'élégies de l'Arioste*, 1785, in-8. — *Voyage de Sparmann au cap de Bonne-Espérance*, ib., 1787, 5 vol. in-8. — *Vie de Frédéric, baron de Trenck*, 1788, 4 vol. in-12.

TOURNEUR (Le). — V. Letourneur.

TOURNIE (Jacques-Joseph), mécanicien, né en 1690 à St-Claude, où il mourut en 1768, avait, en faisant ses cours de théologie, appris sans maître la sculpture, la peinture, la gravure, l'horlogerie et l'optiq. Imaginant pouvoir concilier les systèmes de Copernic et de Tycho-Brahé, il fabriqua une sphère, qui n'obtint pas de l'acad. des sciences l'approbat. qu'il en avait attendue. Le cabinet de MM. de Saint-Sulpice posséda long-temps des *planisphères* de son invention.

TOURNON (François de), né en 1489 à Tournon en Vivarais, fut nommé archevêq. d'Embrun à 28 ans. L'un des conseillers de la régente pendant la captivité de François Ier, il négocia la délivrance de ce prince et signa le traité de Madrid. Il eut ensuite la principale part aux négociat. qui amenèrent la paix de Cambrai. Renvoyé en Espagne pour demander la main d'Éléonore, il ramena cette princesse, et fit en Guienne la cérémonie de son mariage avec François Ier. En récompense de ses services, il obtint l'archev. de Bourges, l'abbaye de St-Germain-des-Prés et le chapeau de cardinal. Il n'eut pas le même bonheur dans la mission qu'il eut de raccommoder le roi d'Angleterre avec le St-siège; mais il réussit à détacher les princes d'Italie de l'alliance de l'emper. La guerre s'étant rallumée, François Ier lui donna le titre de son lieuten.-gén.; et il se trouva ainsi mêlé à toutes les opérat. de la guerre, dont on lui attribue en partie les succès. Choisi, en 1538, pour représenter le roi aux conférences de Nice, entre Paul III et l'empereur, il y signa une paix de dix ans. Il devint bientôt après, par la disgrâce du connétable de Montmorency, l'unique arbitre des destinées de l'état; et, faisant de son pouvoir un usage tantôt louable, tantôt condamnable, il ordonna ou du moins il toléra des cruautés horribles contre les calvinistes et les Vaudois, dans le même temps qu'il augmentait la biblioth. du roi, fondait l'imprim. roy., protégeait les gens de lettres et les savants les plus illustres, et amassait 4 millions dans le trésor royal. A l'avénement de Henri II, il fut envoyé en Italie, où les Guises, qui redoutaient son influence, le laissèrent 8 ans. Il y coopéra à l'exaltat. de Jules III, négocia un traité avec le nouv. pontife, et souleva contre l'empereur plus. princes d'Italie. Ce service lui valut l'archev. de Lyon, et de la part du pape le titre d'év. de Sabine : c'est égalem. à cette occasion que les Vénitiens frappèrent une médaille en son honneur. A son retour en France, en 1555, trop fier pour subir la loi de la duchesse de Valentinois, qui gouvernait l'état, il se retira dans son diocèse, et s'y déchaîna contre les calvinistes. Obligé de retourner à Rome avec la mission d'entraîner Paul IV dans une guerre contre Charles-Quint, il fit tous ses efforts pour maintenir la paix; mais il ne réussit point dans ce projet, que dictait la prudence. Il resta cepend. en Italie, chargé des affaires de France. Après la mort de Paul IV il balança le choix des cardinaux, et n'en obtint pas moins la confiance de Pie IV, qui le nomma évêq. d'Ostie et doyen du sacré collège. Rappelé après la mort de Henri II, il fit recevoir dans le roy. l'ordre, déjà célèbre, des jésuites, croyant s'opposer par cette mesure aux progrès du calvinisme. Enfin, après avoir empêché François II d'assassiner le roi de Navarre, il vit s'ouvrir le règne funeste de Charles IX. Il se fit remarquer aux états d'Orléans en 1560 et au colloque de Poissy, qu'il présida l'année suiv., et mourut à St-Germain-en-Laye en 1562. Il avait pris, pendant 39 ans et sous quatre rois, la part la plus active aux affaires. « C'était, dit Varillas, un ministre laborieux, capable selon le temps, qui avait l'esprit pénétrant et le jugement net, et qui se piquait d'aller au solide. » Divers auteurs ont écrit sa *Vie*, notamment le P. Ch. Fleury, Paris, 1779, in-12. — TOURNON (Charles-Thomas Maillard de), né à Turin en 1668, gagna la confiance du pape Clément XI, qui lui conféra la dignité de patriarche et le nomma son vicaire apostolique aux Indes et à la Chine, avec la mission d'interdire aux nouveaux chrétiens tous les usages qu'il jugerait contraires à la pureté de la foi catholique. Arrivé en 1703 à Pondichéry, il vit les rites pratiqués par les chrétiens malabares, les proscrivit par un décret, en 1704, et partit aussitôt pour Manille, d'où il continua sa route jusqu'à la Chine. A peine y eut-il mis le pied, que, réunissant à Canton les chefs des missions, il leur déclara le but de son voyage, et leur imposa l'obligation de faire disparaître des églises les signes et emblèmes relatifs au culte du ciel et des ancêtres. Admis, par le crédit des jésuites, à l'audience de l'emper. Khang-hi, il lui fit des proposit. qui lui déplurent, et reçut l'ordre de sortir de Pé-king en 1706. Il s'arrêta à Nan-king, et y publia, en 1707, le fameux mandem. par leq. il interdit aux nouv. chrétiens la pratiq. des anc. cérémonies, et enjoint aux missionnaires de se conformer à cette instruct., sous les peines canoniques. L'empereur irrité le fit saisir et conduire à Macao, où les Portugais, chargés de le garder, lui firent subir des traitem. rigoureux, auxq. il succomba en 1710, après avoir été créé cardinal par le pape, et revêtu dans sa prison des insignes de sa nouv. dignité. Ses mémoires authentiq. ont été publiés par les soins du card. Passionnei, sous ce titre : *Memorie storiche della legazione e morte del card. di Tournon, esposticon monumenti rari ed autentici, non più dati in luce*, Rome, 1762, 8 vol. in-8.

TOURNON (PHILIPPE-CAMILLE-CASIMIR MARCELIN de), pair de France, comptait parmi ses ancêtres le card.-archev. de Lyon. Auditeur au conseil-d'état en 1806, il fixa dès cette époq. l'attention de Napoléon, qui ne tarda pas à lui confier des fonct. importantes. Nommé d'abord intendant à Bareuth, il fut enlevé par un parti autrichien en 1809, et conduit prisonnier en Hongrie. L'armistice qui suivit la victoire de Wagram lui ayant rendu la liberté, il fut chargé la même année de la préfecture de Rome, qu'il administrait encore lors des événem. de 1814, qui mirent momentanément Rome et les états du St-siége au pouvoir des Napolitains. Napoléon, pendant les *cent-jours*, voulut lui confier la préfecture du Finistère, puis celle de l'Hérault, mais il ne crut pas devoir les accepter. Après la seconde restauration, Louis XVIII le nomma préfet de la Gironde; en 1818, maître des requêtes en service extraordinaire; préfet du Rhône en 1821, et conseiller-d'état. Il entra en 1824 à la chambre des pairs, dont il se proposait d'écrire l'*histoire*, lorsqu'une mort prématurée l'enleva en 1833. Il avait publ. l'année précéd. un ouvr. intéress. sous ce titre : *Études statistiques sur Rome et la partie occidentale des états romains*.

TOURON (le P. ANTOINE), biographe et controversiste, né dans le dioc. de Castre en 1688, mort à Paris en 1775, a publ. : *Vie de St Thomas d'Aquin*, Paris, 1737, in-4. — *Vie de St Dominique de Guzman*, ibid., 1739, in-4. — *Hist. des hommes illustres de l'ordre de St-Dominique*, ibid., 1743-49, 6 vol in-4. — *De la Providence*, etc., ibid., 1752, in-12. — *Hist. génér. de l'Amérique*, ibid., 1768-70, 14 vol. in-12; c'est, comme l'auteur le dit lui-même, une *Histoire ecclésiastique du Nouveau-Monde*.

TOURREIL (JACQUES de), littérat., né à Toulouse en 1656, mort à Paris en 1715, se voua d'abord à l'étude du droit. Il obtint en 1681 et 1683 deux prix d'éloquence à l'académie et, se livrant dès-lors à la littérature, il publia en 1691 une *version* franç. de la prem. *Philippique*, des trois *Olynthiennes* et de la *Harangue sur la paix*, qui lui valut les bonnes grâces du contrôleur-général Pontchartrain et son admission à l'acad. des inscript. et à l'Acad. française. Après avoir prononcé, comme académicien, plusieurs *discours*, et publié des *Essais de jurisprudence*, Paris, 1694, in-12, où il traite les questions les plus graves de la manière la plus frivole à la fois et la plus fastidieuse, il eut le bon esprit de refaire sa *version* de Démosthène, en ajoutant aux cinq *harangues* déjà traduites trois autres *Philippiques* et les *discours* sur la Chersonèse et sur la *lettre* de Philippe. Ce second travail n'ayant pas eu l'approbation générale, il eut le courage de le refaire une troisième fois, et y consacra les quinze dern. années de sa vie, tout en s'occupant de quelq. autres écrits, entre autres de l'*Histoire du règne de Louis XIV*, conjointem. avec les autres membres de l'acad. des inscriptions. Il est fâcheux qu'il ait su trouver du temps aussi pour empêcher par ses intrigues l'admission de Chaulieu à l'Acad. française. On a une édit. complète des *OEuvres de Tourreil*, publ. par Massieu, son confrère, Paris, 1721, 2 vol. in-4 ou 4 vol. in-12. — TOURREIL (Amable de), frère du précéd., mort en 1719 à Rome, où il venait d'être détenu dans les prisons de l'inquisition, après avoir été pendant quatre ans au château St-Ange, passe pour le véritable auteur du livre intit. : *l'Innocence opprimée par la calomnie, ou Histoire de la congrégat. des filles de l'enfance de Jésus*, 1688, 2 part. in-12, attribué aussi à Ant. Arnauld et à Quesnel.

TOURRETTE (MARC-ANTOINE-LOUIS CLARET de LA), naturaliste, né en 1729 à Lyon, y remplit, pendant 20 ans, une charge de magistrature, qu'il quitta pour se livrer tout entier à son goût pour l'histoire naturelle. Il se forma une collection très considérable d'insectes, un herbier très riche et une suite très nombr. d'échantillons des mines du Lyonnais, du Dauphiné et de l'Auvergne; il recueillit dans un vaste parc, transformé en pépinière, tous les arbres et arbustes étrangers qui purent s'y acclimater, et dans un jardin à Lyon plus de 3,000 espèces de plantes rares; il voyagea pend. plus. années en Italie et en Sicile, herborisa avec J.-J. Rousseau, son ami, à la Grande-Chartreuse, et entretint une correspondance suivie avec Linné, Haller, Adamson, Jussieu et les plus célèbres naturalistes de son temps. Il mourut à Lyon à la fin du siége de cette ville en 1793. On a de lui : *Démonstrations élémentaires de botanique*, 1766, 2 vol. in-8 (avec Rozier, son ami). — *Voyage au Mont-Pila*, 1770, in-8. — *Chloris Fugdunensis*, 1785, in-8. — *Conjectures sur l'origine des belemnites*, dans le Dictionn. des fossiles de Bertrand. — *Mémoires sur les monstres végétaux*, dans le *Journal économique*, juillet 1761. — *Mémoire sur l'helmenthocorton, ou mousse de Corse*, dans le *Journal de physique*.

TOURTELLE (ÉTIENNE), médecin, né en 1756 à Besançon, montra d'abord pour l'étude une ardeur infatigable, dont un malheureux amour vint le distraire, au point que, prenant conseil de sa seule douleur, il s'enferma dans un cloître. Mais le calme de cette retraite lui rendit la paix intérieure et le goût du travail, et dès-lors il traça le plan de son *Histoire philosophique de la médecine*. Il alla suivre pendant 4 ans les leçons des plus habiles professeurs de Montpellier et de Paris, revint pratiquer son art dans sa ville natale, s'occupa de quelques questions d'économie rurale proposées par les académies, et remporta deux prix, l'un à Besançon, l'autre à Grenoble. En 1788 il obtint au concours une des chaires de médecine de l'université de Besançon, et lors de la suppression des univ., il fut attaché comme médecin principal à l'armée du Rhin. En 1794, il passa comme professeur à l'école spéciale de Strasbourg, et y obtint pendant 4 ans le plus brillant succès; mais le mauvais état de sa santé le força d'abandonner sa chaire pour venir occuper à Besançon la place de médecin en chef de l'hôpital militaire. Il y mourut en 1801. On a de lui: *Élém. d'hygiène, ou de l'influence des choses physiques et morales sur l'homme*, Strasbourg, 1797, 2 vol. in-8; ib., 1802; Paris, 1815, 1822, 2 vol. in-8 (trad. en espagnol, Madrid, 1801, 2 vol. in-8). — *Éléments de médecine théorique et pratique*, Strasbourg, 1799; Paris, 1815, 3 vol. in-8. — *Éléments de matière médicale*, Paris, 1802, in-8. — *Histoire philosophique de la médecine*, ibid, 1804, 2 vol. in-8; enfin, de nombr. MSs. — TOURTELLE (Marie-François), fils du précéd., né en 1785 à Besançon, mort professeur-suppléant à l'école de médecine de Strasbourg en 1813, est auteur d'un *Traité d'hygiène publique*, Strasbourg, 1812, 2 vol. in-8.

TOURVILLE (ANNE-HILARION DE COTENTIN, comte de) naquit à Tourville en 1642, et fut reçu chevalier de Malte à 14 ans. Après avoir fait avec une gr. distinction ses caravanes sur les vaisseaux de la religion et avoir mérité pour de brillants services une récompense glorieuse de la république de Venise, il fut fait capitaine de vaisseau par Louis XIV en 1667, et désigné 6 ans plus tard pour faire partie de l'expédition que le duc de Beaufort conduisit à Candie. Il se distingua aussi sous le comte d'Estrées dans les guerres de 1671 à 1673, notamm. au fameux combat de Soulth-Bay (juin 1672). Il commanda en 1675 un des vaisseaux de l'escadre du chevalier de Valbelle, envoyée au secours des Messinois révoltés contre l'Espagne, et l'année suivante, sa belle conduite à la bataille d'Agousta, gagnée par Duquesne sur l'amiral Ruyter (21 avril 1676), lui valut le grade de chef d'escadre. Il commanda en 1677 l'avant-garde de la flotte du marquis de Vivonne dans le combat livré en vue de Palerme aux Espagnols et aux Hollandais réunis, combat où il coula ou fit sauter 12 vaisseaux de l'escadre des alliés. Après la paix de Nimègue, il prit part aux diverses expéditions de Duquesne contre Alger et Tripoli, ainsi qu'au bombardement de Gênes. Il avait été promu en 1682 au rang de lieuten.-général des armées navales. Des corsaires algériens ayant infesté de nouveau la Méditerranée, il les balaya dans une campagne de 6 mois, et rentra à Toulon avec quantité de leurs bâtim., à bord desq. s'étaient trouvés des captifs chrétiens. Lorsqu'en 1688 Louis XIV déclara la guerre à la Hollande, Tourville eut le commandement de cinq vaisseaux qui devaient se joindre à l'armée navale aux ordres du maréchal d'Estrées. Il ne la rallia qu'après avoir capturé deux bâtiments de la compagnie des Indes richement chargés et les avoir expédiés pour la France sous l'escorte de deux de ses vaisseaux. Avec les trois qui lui restaient, il avait aussi forcé, après 3 heures de combat, deux vaisseaux espagnols qu'il rencontra à saluer son pavillon. La ruine d'Alger en 15 jours de bombardement marqua le terme de cette expédition. Nommé depuis peu de temps vice-amiral des mers du Levant, le comte de Tourville commanda en 1689 une des deux escadres qui portèrent en Irlande d'inutiles secours au roi Jacques II renversé de son trône (*v.* CHATEAU-REGNAULT). La campagne suiv., plus import. par ses résultats, mais dont aussi le succès coûta plus d'efforts, ajouta à la réputation de Tourville, qui, de concert avec le comte d'Estrées, termina l'expédition en se rendant maître d'un convoi considérable mouillé dans la baie de Tingmouth. Tandis qu'un armement considérable se formait à La Hogue pour transporter de nouveau Jacques II en Angleterre, deux escadres furent équipées, l'une à Brest sous le commandem. de Tourville, l'autre à Toulon sous celui du comte d'Estrées. Une tempête empêcha cette dernière de rallier le pavillon de Tourville, qui lui-même retenu par les vents contraires dans la rade de Brest, y reçut ordre de chercher l'armée anglaise, dont on venait d'apprendre la sortie, et de la combattre forte ou faible. Louis XIV n'eut pas plus tôt fait expédier ces instructions à Tourville, que, mieux informé sur le nombre des ennemis, dont l'armée combinée comptait 88 vaisseaux, il lui dépêcha de nouv. ordres pour qu'il différât toute attaque jusqu'à ce qu'il fût rejoint par 23 vaisseaux que devaient lui amener le comte d'Estrées, le marquis de La Porte et le comte de Château-Regnault. Mais Tourville était en mer à la tête de 44 vaisseaux, et lorsque, le 29 mai, l'escadre franç. rencontra la flotte ennemie à la hauteur de La Hogue, une brume épaisse empêcha d'abord qu'on n'en reconnût le nombre, et alors même que ses prem. instructions eussent été moins précises, Tourville n'eût pu que difficilem. tenter une retraite. Dans ce combat jusque-là sans exemple, les dispositions de Tourville furent si admirablement combinées, la bravoure des matelots et des chefs fut si héroïque, qu'il tint à peu de choses que la victoire ne restât à l'escadre française. La perte en hommes avait été à peu près égale de part et d'autre. Les vaisseaux anglais ne furent pas moins maltraités que les nôtres, dont l'opiniâtre résistance suggéra enfin aux alliés l'idée de cesser le combat pour empêcher la retraite d'un ennemi si redoutable. Cette retraite effectivement était devenue presque impossible, et Louis XIV put, en apprenant un si grand désastre, se féliciter de n'avoir pas du moins à regretter la perte de Tourville. Cet échec ne nuisit point à la réputation de Tourville. L'amiral Russel lui écrivit pour lui témoigner son admiration sur l'extrême valeur qu'il avait montrée en l'attaquant avec des forces si inférieures. Nommé maréchal de France en 1693, il eut cette même année l'occasion de prendre sa revanche du désastre de La Hogue. Chargé avec 71 vaisseaux d'intercepter un riche convoi de bâtim. anglais et holland., il l'attaqua le 28 juin à la hauteur du cap St-Vincent, prit en peu d'heures 27 bâtim. et en brûla 45, tant de guerre que de commerce. Cette expédition causa aux alliés une perte de plus de 80 bâtiments et d'environ 36 millions. La paix de Ryswick (1697) lui donna un repos qu'il n'avait pas encore connu et que sa santé lui rendait nécessaire ; il fut même réduit bientôt à renoncer au service de mer, et vint se fixer à Paris, où il mourut le 28 mai 1701. On a sous son nom des *Mém.* (1743 et 1758, 3 vol. in-12), roman informe de l'abbé Margon. C'est d'après les ordres et sous les yeux de Tourville que le P. Lhoste, alors aumônier sur les vaisseaux de son commandem., écrivit le *Traité de la tactique navale*, qui servit longtemps à la marine française (*v.* PAVILLON). — Le comte de Tourville marié à la veuve du marquis de La Popelinière, en eut un fils unique, Louis-Hilarion, qui périt à 20 ans au combat de Denain (1712), étant colonel d'infanterie.

TOUSSAIN (JACQUES), *Tussanus*, savant helléniste, né à Troyes vers la fin du 15ᵉ S., vint de bonne heure à Paris, où il se rendit fort habile dans les lettres grecques et lat., la philosophie et la jurisprudence. Il obtint vers 1532 une chaire de langue grecq. au collége royal, et eut l'honneur de former des élèves tels que Fréd. Morel, Turnèbe et Henri Estienne, et mourut en 1547. Sans parler de quelq. pièces de *vers* et de la part qu'il prit à la traduct. latine de la *Grammaire* de Théod. Gaza, on lui doit : la publication des *Lettres* de Budé, avec *Notes*, Paris, Badius, 1526, in-4 ; Bâle, 1528, in-4 ; une édit. des *Epigrammes* de Jean-Lascaris, 1527, in-8 ; un *Dictionnaire grec et latin*, 1552, in-fol. (*v.* son *Éloge*, par Turnèbe, et les *Mémoires* de l'abbé Goujet, *sur le collége royal*, t. I·, p. 415-19. — Daniel TOUSSAIN, théolog. protestant, né en 1541 à Montbéliard, professait la langue hébraïque à Orléans, lorsque, contraint à sortir de France dans les guerres de religion, il s'attacha à l'électeur palatin. Il mourut à Heidelberg en 1602. Entre autres ouvr., il a publié l'*ancienne doctrine de la personne et du mystère de Jésus-Christ*, Neustadt, 1585, in-4. — Son fils, Paul TOUSSAIN, fut conseiller ecclésiastique de l'électeur palatin, et député au synode de Dordrecht. Outre une *Notice* sur la vie et les travaux de son père, Heidelberg, 1603, in-4, il a laissé quelques écrits de controverse et de théologie.

TOUSSAINT (FRANÇ.-VINCENT), littérateur, né à Paris vers 1715, suivit d'abord la carrière du barreau, qu'il ne tarda pas à abandonner pour celle des lettres. Il connut bientôt quelques-uns des chefs du parti philosophique, adopta leurs principes, et se chargea de rédiger la partie jurisprudence pour l'*Encyclopédie*. En 1748 il publia le livre des *Mœurs*, le prem. ouvrage, dit La Harpe, où l'on se soit proposé un plan de morale naturelle, indépendant de toute croyance religieuse et de tout culte extérieur. Les magistrats le laissaient circuler librement, quand l'auteur s'avisa de donner la justification de plus. points de sa doctrine sous le titre d'*Éclaircissements* : le livre et son apologie furent condamnés au feu. Toussaint se retira à Bruxelles, où il fut chargé de la rédaction d'une *Gazette française*, publiée sous l'influence de l'Autriche, et dans laquelle d'atroces injures étaient prodiguées au roi de Prusse. Frédéric ne l'invita pas moins de se rendre à Berlin en 1764, pour y occuper la chaire de logique et de rhétorique à l'école militaire. Accueilli avec bonté par le roi, il se permit des familiarités et des indiscrétions qui lui firent promptem. perdre cette faveur, dont il n'était pas digne, et tomba dans une maladie de langueur à laquelle il succomba en 1772, après avoir condamné hautement le scandale de sa conduite et de ses écrits. Outre des traduct. de l'anglais et de l'allemand, et des articles dans le *Journal étranger*, le *Journal* de Gauthier d'Agoty, le *Journal littéraire*, publié par les professeurs français à Berlin, de 1772 à 1776, 27 vol. in-12, on cite de lui : *les Mœurs* (Paris), 1748, in-12 ; Berlin, 1767, in-12 ; ib., 1771 ; trad. en allem., Breslau, 1762, in-8. — *Éclaircissements sur le livre des mœurs*, 1762, in-12 ; trad. en allem., Breslau, 1763, in-8.

TOUSSAINT DE SAINT-LUC (le P.), carme réformé des Billettes de Bretagne, mort en 1694, a publié : *Mémoires sur l'état du clergé et de la noblesse de Bretagne*, Paris, 1691, 3 part. en 2 vol. in-8. — *Mémoire de l'institution, progrès et priviléges de Notre-Dame-du-Mont-Carmel et de St-Lazare*, Paris, 1666, in-12, et d'autres écrits sur le même ordre.

TOUSSAINT-LOUVERTURE, homme noir d'un génie extraordinaire, et qui, durant les troubles de Saint-Domingue, s'est élevé à un pouvoir sans bornes dans cette colonie, y était né en 1743. Nourri dans l'esclavage, il ne dut que fort peu au commencement d'instruction qu'il avait reçu d'un autre noir, son parrain. Toutefois, à l'époque où éclata la prem. insurrection, il avait déjà mérité d'être tiré du rang des autres esclaves pour devenir le surveillant d'une partie de ceux de son maître, le comte Noé. Les convulsions auxquelles l'ancienne colonie franç. fut en proie en ayant fait disparaître les propriétaires d'esclaves, Toussaint fut un de ceux qui songèrent à rendre St-Domingue un état indépendant. Il s'attacha dans ce but au parti qui repoussait le nouveau régime, tout en acceptant la liberté. Au reste, peu disposé à servir d'instrum. à l'ambition d'aucun des chefs noirs, il passa du côté des Espagnols avec Jean-François ; mais il le quitta quand il le vit, revêtu de la grandeur d'Espagne et du titre de lieuten.-général, prêt à livrer

St-Domingue à de nouv. maîtres. Dès ce temps, ses succès militaires lui avaient acquis un ascend. prodigieux sur les noirs. Ceux qui composaient sa troupe entrèrent avec lui dans le parti de la France, et par lui les républ. recouvrèrent sur les Espagn. et les Anglais la plupart des places de la côte ouest de l'île. Toussaint, qui avait beauc. contribué à faire reconnaître l'autorité du gén. Laveaux, fut confirmé par le directoire dans le grade de général de brigade. Il justifia cette élévation dans une nouv. campagne contre les Anglais, et fut nommé, environ six mois après, général de division et lieuten. au gouvernement de St-Domingue. Cependant les Anglais, se flattant de le gagner, lui firent en secret des offres auxquelles il parut disposé à se rendre; ce ne fut de sa part qu'un stratagème, et il pensa ainsi s'emparer du major Thomas Brisbanne. De nouv. commissaires étaient arrivés de France, présidés par Santhonax. Celui-ci parut d'abord apprécier les services immenses qu'avait rendus Toussaint-Louverture : cepend. il s'éleva bientôt entre eux des rivalités de pouvoir, et Toussaint, reconnu chef des armées de St-Domingue, se débarrassa de Santhonax, en l'obligeant à se rembarquer pour la France, et, comme pour attester au directoire qu'il n'avait pris cette mesure extrême que dans des vues d'intérêt public, il envoya immédiatem. en France ses deux fils, sous prétexte d'y faire leur éducat., mais dans le fait pour y servir d'otages. Dans le même temps, et pour lutter plus efficacem. contre le général Rigaud, qui s'était fait un parti très puissant parmi les mulâtres, Toussaint se saisissait du pouvoir civil dans la colonie, en faisant nommer député au corps législatif le commissaire Raymond. Cependant le directoire donnait pour successeur à Raymond le général Hédouville, avec la mission spéciale d'observer et de contenir Toussaint. Lorsque Hédouville arriva à St-Domingue, les Anglais allaient évacuer les places qu'ils occupaient encore. Le général français crut devoir intervenir dans ces accommodem.; mais sa participat. fut éludée. La prise de possess. du môle St-Nicolas et des autres places fut, pour Toussaint, l'occasion de fêtes triomphales. Il s'occupa promptem. d'y établir le même ordre que dans le reste de la colonie. Une insurrection ne tarda pas à éclater contre Hédouville, qui fut contraint à se rembarquer. Il s'en manifesta une autre presque aussitôt parmi les mulâtres dévoués à Rigaud. Toussaint fond sur eux, arrache de leurs mains les prisonniers blancs qu'ils sont au moment d'immoler, et déclare *que les hommes de couleur ont été assez punis, qu'ils doivent être pardonnés par tout le monde, comme ils le sont par lui-même, qu'ils peuvent rentrer dans leurs domiciles, qu'ils seront protégés et traités comme frères.* Cet acte de clémence ne put apaiser les mulâtres; leur insurrection ne put être éteinte que dans des flots de sang. D'incroyables efforts avaient enfin rendu la tranquillité à St-Domingue; Toussaint en avait conquis la partie espagnole; un soulèvem. des noirs, aussitôt comprimé, n'avait fait qu'affermir l'autorité de Toussaint: tout à coup, et au moment où l'on apprenait en France qu'une constitution proclamée par l'assemblée centrale de St-Domingue lui déférait le titre de président à vie, une escadre de 54 bâtiments de guerre, sous les ordres du général Leclerc, beau-frère de Bonaparte (déc. 1801), est envoyé contre la colonie, qu'elle doit replonger dans de nouveaux et plus déplorables désastres. L'approche de l'escadre annonçait des intentions violentes; la réponse que fit Christophe, alors lieuten. de Toussaint, fut que la terre brûlerait avant que l'escadre mouillât dans la rade, et en effet, le débarquem. se fit à la lueur de l'incendie du Cap. Toussaint, pend. ce temps, se préparait à la plus opiniâtre résistance. On s'était flatté de l'ébranler par l'appareil de la force, et de le gagner ensuite par des promesses flatteuses. Ce fut de la bouche même de ses deux fils qu'il entendit et les louanges et les protestat. d'amitié du nouv. chef de la France. La lettre dont Bonaparte avait chargé les fils de Toussaint ne produisit pas l'effet qu'on en attendait; il renvoya ses enfants au capitaine-général, qui eut à son tour la générosité de permettre qu'ils retournassent près de leur père. Une proclamat. du gén. Leclerc mit hors la loi Toussaint et Christophe. Ce dernier et le général Dessalines se soumirent successivem., imitant l'exemple d'un autre chef noir, appelé Maurepas, qui commandait dans la partie du sud. La guerre jusque-là avait été fort meurtrière, et en plus. occasions Toussaint avait donné de nouvelles marques d'une valeur peu commune; mais, abandonné des siens, il consentit à entrer en arrangement. Sa soumission mit la colonie au pouvoir de Leclerc; mais retiré dans l'une de ses habitations, Toussaint ne parut qu'y attendre l'occasion de recouvrer l'intégralité de sa puissance. Ce fut du moins sur de tels soupçons qu'on lui tendit un piège pour s'emparer de sa personne et le transférer en France avec sa famille. Débarqué à Landerneau, il fut amené à Paris, enfermé au Temple, et de là conduit au fort de Joux, près de Besançon, où il mourut le 27 avril 1803, après 10 mois de captivité. La restauration rendit la liberté à ceux des membres de sa famille qui lui avaient survécu. On trouvera les plus amples détails sur Toussaint-Louverture dans l'ouvr. de M. A. Métral, *Histoire de l'expédition des Français à St-Domingue*, Paris, 1825, in-8, dans laquelle sont insérés des *Mémoires d'Isaac Toussaint*. En tête est un portrait du général noir, et à la fin des *notes* de son fils Isaac sur sa vie. Il y a plus. autres *Vies* de Toussaint-Louverture.

TOUSTAIN (dom CHARLES-FANÇOIS), bénédictin, né au Repas, diocèse de Séez, en 1700, mort à St-Denis en 1754, a laissé un assez grand nombre d'ouvr., soit imprimés, soit MSs., dont on trouve la liste dans l'*Histoire littér. de la congrégat. de St-Maur*. Le plus important est le *Nouveau Traité diplomatique*, Paris, 1650-65, 6 vol. in-4. Il fut aidé dans ce travail par son confrère D. Tassin. Parmi les autres, on distingue: *la Vérité persécutée par l'Erreur, ou Recueil de divers ouvrages des*

Saints Pères sur les gr. persécutions des huit premiers siècles de l'Église, etc., La Haye, 1733, 2 vol. in-12. — De l'Autorité des miracles dans l'Église, in-4. — TOUSTAIN (Gaspar-François de), chevalier-seigneur de Richebourg, né à Richebourg en 1716, de la même famille que le précéd., fut successivement garde-du-corps, mousquetaire et lieuten. des maréchaux. Emprisonné sous le règne de la terreur, il fut rendu à la liberté après le 9 thermidor, et mourut en 1799. Il a laissé plusieurs opuscules MSs., entre autres une *Dissertation sur l'origine de l'échiquier en Normandie*, qui remporta le prix en 1786, à l'académie de Rouen.— TOUSTAIN-DUMANOIR, de la même famille que le précéd., fut une des dern. victimes des lois contre les émigrants. Condamné à mort par un conseil de guerre, il fut exécuté dans la plaine de Grenelle en 1800, et mourut avec un grand courage.

TOUTOUSCH (TADJ-ED-DAULAH), fondat. d'une branche de la dynastie des Seldjoukides en Syrie, fut envoyé l'an 469 de l'hég. (1076 de J.-C.), par son frère Mélik-Chah Ier, sulthan de Perse, pour achever la conquête de la Syrie; mais il se laissa gagner par l'argent du général Atziz, qui avait commencé l'expédit., et lui abandonna la gloire de la terminer. En 471 (1070), il vint secourir le même Atziz, investi dans Damas par les Égyptiens, et ne le sauva que pour le faire périr. Il reçut bientôt les soumissions de Baalbeck, et soutint dans Damas un siége contre les troupes du khalife d'Égypte, qu'il leur fit lever en 475 (1083). Trois ans après il s'empara du château d'Halep, et attaqua même la ville; mais il se retira à l'approche de Mélik-Chah, dont l'émir assiégé avait imploré la protect. Cependant les Égyptiens, rentrés en Syrie, lui enlevèrent ses conquêtes. Toutousch, secouru par Acsancar-Cacem-Ed-Daulah, émir d'Halep, et par celui de Roha, reprend Baalbek; mais, abandonné de ses alliés, que révoltent ses airs de hauteur et ses injustices, il est forcé de retourner à Damas. La mort de Mélik-Chah, en 485 (1092), releva ses espérances. Il fait, dès l'année suiv., prononcer la khothbah en son nom à Damas, puis envoie demander au khalife de Bagdad de le proclamer sulthan. N'en ayant obtenu qu'une réponse évasive, il fait déclarer pour lui les émirs de Syrie, et détermine par ses succès l'irrésolution du khalyfe; mais, au milieu de ses conquêtes, il se voit obligé de retourner en Syrie, que les Égyptiens envahissent, et de lever de nouv. troupes pour résister à son neveu Barkiarok, fortifié de l'alliance d'Acsancar. Il obtient d'abord sur eux de nombreux avantages, prend et fait périr le traître Acsancar; mais, vaincu à son tour près de Reï, il est tué dans la bataille en 488 (1095).— TOUTOUSCH, ou plutôt TAKASCH ou TANASCH, frère du précédent, se révolta dans le Khoraçan contre le sulthan Mélik-Chah, son frère, qui le vainquit, l'assiégea dans Termed l'an 476 (1089), et lui pardonna. Après la mort de Mélik-Chah, il refusa de reconnaître Barkiarok, prit le titre de sulthan, fut vaincu l'an 486 (1093), et noyé avec son fils par l'ordre du prince.

TOUTTÉE (D. ANTOINE-AUGUSTIN), bénédictin de la congrégation de St-Maur, né à Riom, en Auvergne, en 1677, mort à l'abbaye de St-Germain-des-Prés, en 1718, professa deux ans la philosophie à Vendôme, quatre ans la théologie à St-Benoît-sur-Loire, et fut appelé en 1708 à St-Denis pour y enseigner la même science. On lui doit une excellente édit. des *OEuvres de St-Cyrille* de Jérusalem, Paris, 1720, in-fol.

TOWERS (JOSEPH), écrivain anglais, né Londres en 1737, fut d'abord placé chez un papetier pour faire les commissions, et mis ensuite en apprentissage chez un imprimeur. Il profita des avantages de cette position pour s'instruire, devint imprimeur lui-même à Sherborne, puis dans la capitale, et se livra dès-lors ardemm. à son goût pour les lettres. En 1766, il se chargea de rédiger la *Biogr. britannique*, dont les 7 prem. vol. sont de lui. Il ne laissait passer aucun événement politique, sans lancer une brochure contre le ministère ou ses partisans. Plusieurs de ses opuscules lui ayant paru mériter de survivre aux circonstances qui les avait fait naître, il les réunit en 1796, 3 vol. in-8. On y remarque : *Justification des opinions politiques de Locke; Observations sur l'Hist. d'Angleterre; Observat. sur les droits et les devoirs des jurés; Essai sur la vie, le caractère et les écrits de Sam. Johnson.* Towers mourut en 1799. — TOWERS (Johnson), maître de l'école grammatic. de Tunbridge, mort en 1772, a donné une traduct. anglaise des *Commentaires de César*, 1755.

TOWERSON (GABRIEL), théologien anglais, né dans le Middlesex, mort en 1697, a publié entre autres ouvrages : *a brief Account of some expressionis in St Athanasius' Creed*, Oxford, 1663, in-4.— *An Explicat. of the Decalogue and of the Catechism*, Londres, 1676-80, 3 part. in-fol.

TOWNLEY (CHARLES), antiquaire anglais, né en 1737, mort à Londres en 1805, fit un long séjour à Rome, et visita les parties les plus reculées de la Grande-Grèce et de la Sicile, examina partout les monuments de la sculpture antique, et parvint à se former une collection nombreuse de morceaux d'un travail exquis ou curieux. Après sa mort, les conservateurs du muséum britannique obtinrent du parlement une somme de 20,000 fr., pour acheter les *marbres de Townley*. On y remarque une tête d'Homère, une apothéose de Marc-Aurèle, un jeune Vérus, une Isis, etc. On ne cite de lui qu'une *Dissertation sur un casque* (the ribchester Helma), dans les *vetusta Monumenta* de la société des antiquaires. Sa passion pour les arts ne l'empêcha pas, dans une année de détresse, de distribuer aux pauvres une somme équivalant au quart de ses revenus. — TOWNLEY (James), ecclésiastique et professeur, né à Londres en 1715, mort en 1778, fut intimement lié avec le célèbre acteur Garrick, et composa même quelques pièces qui eurent du succès, notamment *High life below stairs* (le beau monde hors du salon, 1759). Il fut aussi l'ami du peintre moraliste Hogarth, et eut quelque part à son *Analyse de la beauté*.

TOWSTON (William), voyageur anglais, fit trois voyages aux côtes d'Afrique en 1555, 1556 et 1558, et recueillit de grands profits de ses entreprises; mais il eut à lutter souvent contre les Portugais, jaloux à l'excès de faire seuls le commerce de l'Afrique. On trouve sur ce voyageur quelques détails dans l'*Histoire des voyages* de l'abbé Prévost, in-12, tome II, page 575.

TOZZI (Luc), médecin, né à Frignano, près d'Aversa, en 1638, mort à Naples en 1717 se fit connaître d'abord par quelques observat. sur la comète de 1664. Il se mit vers 1666 à la tête de l'académie des *discordanti*, pour balancer l'influence des *investiganti* et s'opposer aux progrès des *secreti*. Ses talents le firent nommer suppléant de Thomas Cornelio à la faculté de médecine, et bientôt profess. à l'université de Naples. Il se rendit en 1695 à Rome, où il réunit aux fonct. d'archiâtre pontifical celles de professeur de médecine à la Sapience. A la mort d'Innocent XII il revint à Naples, et fut nommé par le duc de Medina-Cœli proto-médecin du royaume. Ses *OEuvres* ont été recueillies, Venise, 1721, 5 vol. in-4.

TRABEAS (Quintus), poète comique de l'ancienne Rome, florissait dans le 5e S. de la républ., du temps de Régulus. Cicéron a cité de lui divers fragments que Mettaire a insérés dans son *Corpus poetarum*.

TRACHALUS (Galérius), orateur romain, fut désigné consul avec Silius-Italicus, pour l'an 68, par Néron, qui se subrogea seul à leur place. Il obtint la faveur d'Othon, dans les discours duq. on crut reconnaître sa manière, et n'échappa qu'avec peine aux proscriptions qui signalèrent l'avénem. de Vitellius. Voilà tout ce que l'on sait de sa vie. Quintilien a fait un gr. éloge de son éloquence; la beauté de son organe est constatée par le proverbe: *Trachalio vocalior*.

TRACY (le P. Bernard DESTUTT de), écrivain ascétique, né au château de Parai-le-Fresi, près de Moulins, en 1720, mort à Paris en 1786, entra, dès l'âge de 16 ans, dans la congrégation des théatins, et de tous les emplois qui lui furent offerts, n'y accepta que celui de maître des novices, pour n'être point détourné de ses occupations littéraires. On a de lui : *Conférences ou exhortations sur les devoirs des ecclésiastiques*, Paris, 1768, in-12. — *Traité des devoirs de la vie chrétienne*, 1770, 2 vol. in-12. — *Vie de St Guetan de Thienne, fondateur des théatins*, 1774, in-12. — *Vie de St Bruno, fondateur des chartreux*, 1785, in-12.

TRACY (Ant.-Louis-Claude DESTUTT de), pair de France, né dans le Bourbonnais en 1754, d'une ancienne famille originaire d'Écosse, après avoir achevé ses études avec distinct. embrassa la carrière des armes, et servit quelque temps dans la cavalerie. Il était colonel du régim. de Penthièvre en 1789. Député par la noblesse de sa province aux états-généraux, il s'y montra favorable à toutes les réformes demandées par l'opinion. Après la session de l'assemblée constituante il se retira dans un domaine qu'il possédait à Auteuil, et il y vivait au milieu de sa famille, occupé d'études philosophiq., lorsqu'il fut arrêté comme suspect et jeté dans les prisons de la terreur, d'où il ne sortit qu'après le 9 thermidor. Libre, il retourna dans sa retraite étudier les graves questions dont l'examen avait adouci les ennuis de sa prison, et y passa plus. années entouré d'amis qui partageaient ses goûts. Dès la créat. de l'Institut il en fut élu correspond.; nommé membre du comité d'instruct. publique en 1799, il fut, après le 18 brumaire, appelé au sénat, où il sut conserver l'indépendance d'un honorable caractère. Créé pair de France par Louis XVIII, il ne fut ni employé, ni inquiété pendant les *cent-jours*. Rentré à la chambre des pairs, il y vota constamment avec les défenseurs des libertés publiques, et mourut à Paris en 1836. Il était depuis 1808 membre de l'Acad. française, où il avait remplacé son ami Cabanis, et où il eut pour success. M. Guizot. Plusieurs discours furent prononcés sur sa tombe. On a de lui : *Observat. sur le système actuel d'instruct. publique*, 1801, in-12. — *Elém. d'idéologie*, 1801, in-8; cette 1re partie fut suivie de quatre autres : *la Grammaire*, 1803; *la Logique*, 1805, et *le Traité de la volonté et de ses effets*, 1815. Ce dern. ouvrage, qui forme les 4e et 5e parties de *l'Idéologie*, est un traité d'économie politique. — *Essai sur le génie et les ouvrages de Montesquieu*, 1808, in-8. — Plus. *Mémoires* insérés dans le *Recueil* de l'Institut, classe des sciences morales et politiques. Destutt de Tracy, comme philosophe, appartient à l'école sensualiste dont l'abbé de Condillac est le chef en France, et qui depuis quelque temps a trouvé de nombreux adversaires.

TRADENIN (Przibicon de), fut chargé en 1374, par l'emper. Charles IV, d'écrire l'histoire du roy. de Bohême, et commença dès-lors à mettre en ordre les matériaux précieux que le prince lui confia ou lui donna les moyens de recueillir. Il devait examiner attentivement les faits et n'admettre dans son ouvrage aucun des récits hasardés et fabuleux qui défiguraient les chroniques anciennes. C'est ce qu'il fit avec bonheur dans sa *Chronique* dite *Pulkava*. Mais il n'a conduit son travail que jusqu'à l'année 1330, la mort l'ayant empêché de donner la dernière partie du règne de Jean et celui de Charles IV.

TRADESCANT (Jean), naturaliste et voyageur hollandais, mort avant 1656, dans un âge très avancé, parcourut plus. pays de l'Europe, et se fixa en Angleterre, d'où il alla recueillir des plantes aux Baléares et dans d'autres îles de la Méditerranée. A son retour il établit un jardin à Lambeth, reçut le brevet de jardinier du roi en 1629, et fut le premier dans sa patrie adoptive qui forma une collect. d'histoire naturelle. — Tradescant (Jean), fils du précéd., mort en 1662, voyagea en Virginie, d'où il rapporta, entre autres plantes, celle qui porte son nom (*Tradescantia*), et continua la collection commencée par son père, connue alors sous le nom d'*Arche de Tradescant*. On a de lui en anglais : *Musæum Tradescantianum, ou Rec. de ra-*

retés conservées à *South-Lambeth*, près de Londres, 1656, in-8.

TRADONICO (Pierre), doge de Venise, élu dans une sédition du peuple en 837, fut tué en 864 par des nobles dans un couvent où il célébrait la fête de St-Zacharie. Il était originaire de Pola en Istrie. Il eut pour prédécesseur Jean, et pour successeur Urso-Participatio, qui poursuivit ses meurtriers.

TRAETTA (Thomas), célèbre compositeur, né à Bitonto, dans le royaume de Naples, en 1727, mort à Venise en 1777, débuta à l'âge de 23 ans par l'opera *di Farnace*, qui eut un grand succès. Après avoir figuré sur les principaux théâtres de l'Italie, il obtint un engagem. au théâtre impérial de Vienne ; en 1765, il fut nommé professeur au conservatoire de l'*Ospedaletto* à Venise. Appelé par l'impératrice Catherine, il demeura 7 ans à Pétersbourg, vint à Londres, où la faiblesse de sa santé ne lui permit pas de se fixer. Musicien profond et rêveur, Traetta excelle surtout dans les effets sombres et pittoresques de l'harmonie. Ses principaux opéras sont : *Ezio*, à Naples, 1750, *Ippolito ed Aricia*, à Parme, 1757 ; *Ifigenia*, à Venise, 1759 ; *Armida*, ib., 1760 ; *l'Isola disabitata*, à Pétersbourg, 1759 ; l'*Olimpiade*, ib., 1770 ; la *Didone*, ib., 1772 ; *Germonda*, à Londres, 1776 ; *la Disfatta di Dario*, à Naples, 1778.

TRAGUS. — V. Bock.

TRAFALGAR, promontoire de l'Andalousie (Espagne), à l'entrée du détroit de Gibraltar, par les 6° de longitude ouest et 36° latitude nord, a donné son nom au combat mémorable qui eut lieu le 21 octobre 1805 entre une flotte anglaise, aux ordres de l'amiral Nelson, et deux escadres française et espagnole combinées, l'une commandée par le vice-amiral Villeneuve, l'autre par le contre-amiral Gravina. La flotte anglaise se composait de 27 vaisseaux de ligne formés en deux colonnes, dont la 2e, de 15 voiles, obéissait au vice-amiral Collingwood. La flotte combinée était forte de 33 bâtim., dont 18 franç. et 15 espagnols. L'avant-garde française, formée d'une division sous les ordres du contre-amiral Dumanoir, ne put exécuter avec précision ses manœuvres, la lame jetant ses navires sous le vent de l'ennemi ; celui-ci put ainsi écraser le corps de bataille, tandis que 10 vaisseaux de l'avant-garde franç. étaient réduits à l'inaction par suite du désordre qu'il y eut dans les disposit. de l'attaque. L'avantage demeura aux Anglais ; mais ils eurent à pleurer la perte de leur amiral. Des prodiges de valeur honorèrent la défaite des Français et des Espagnols, qui perdirent, outre plus. de leurs chefs, 19 vaisseaux, tant pris que brûlés ou coulés à fond. Bien que la table de loch du vaisseau *le Formidable*, que montait le contre-amiral Dumanoir, attestât qu'il avait exécuté ponctuellement tous les signaux qui lui furent faits à la journée de Trafalgar, et que le même officier eût fait preuve de courage avant de succomber dans le dernier engagement qu'il eut à soutenir, le 4 novembre suivant, dans sa retraite sur l'île de Ré, il n'en fut pas moins traduit devant un conseil d'enquête comme accusé d'une coupable indécision. De justes éloges furent donnés par ce conseil à la bravoure des autres chefs et matelots de la division.

TRAJAN (Marcus-Ulpius-Trajanus-Crinitus), empereur romain, surn. *Optimus* (très bon), naquit à Italica, près de Séville, l'an 52 de J.-C., d'une famille très ancienne, mais sans illustration. Il fit ses prem. armes avec assez d'éclat pour être distingué par Domitien, et se conduisit avec assez de prudence pour ne point éveiller les soupçons de ce tyran, qui lui laissa obtenir le consulat l'an 91, et le mit ensuite à la tête des légions de la Basse-Germanie. Ce fut dans ce poste important qu'il acquit les titres qui, plus tard, le recommandèrent à l'estime de Nerva. Il fut adopté à l'âge de 42 ans par cet emper., dont il devint le plus ferme appui dans ces temps de troubles et de séditions. Après la mort de son père adoptif (l'an 98), il fut reconnu emper. d'une voix unanime par le sénat, le peuple et les armées ; mais il était alors dans les contrées que baignent le Rhin et le Danube, et il crut devoir y rester quelque temps encore pour contenir les Barbares dans les limites de leur territoire, et pour rétablir la discipline dans les armées de l'empire. Il ne prit le chemin de Rome que dans la seconde année de son règne. L'ordre et la régularité de sa marche triomphale, sa simplicité, sa modestie, son affabilité lui firent décerner par le sénat le titre de *Père de la patrie*. Il accepta cet honneur après quelque hésitation, et ne voulut y voir qu'un engagement de rendre heureux les peuples qui se confiaient en lui. Accessible à tout le monde, il eut des amis, tous distingués par leur mérite et leur vertu, et il plaça en eux une confiance que l'on chercha vainem. à altérer. Il n'eut que deux défauts : le penchant aux excès de table et le goût de débauches qui nous paraissent inconcevables, et que les anciens pardonnaient même à leurs sages. Mais chez Trajan les faiblesses de l'homme n'influèrent jamais sur la conduite de l'empereur. Ainsi, quoiqu'il ne bût jamais jusqu'à perdre la raison, il défendit d'exécuter les ordres qu'il pourrait donner après de longs repas. Plus empressé de satisfaire les citoyens que les soldats à son avénement au trône, il fit en entier la gratification destinée au soulagement du peuple avant d'avoir complété celle qu'il accordait aux troupes. Il dispensa ses sujets des contributions prétendues volontaires qui se percevaient à l'occasion de chaque nouveau règne. Il donna la plus grande attention à l'approvisionnem. de Rome, et la purgea de cette race malfaisante de délateurs qui avait régné sous Domitien et était demeurée impunie sous Nerva. En même temps il rechercha les hommes indépendants, élevés et fermes, pour leur donner de préférence les dignités. Il renonça à une gr. partie du domaine impérial, et laissa rentrer dans la circulation, par des ventes ou par des dons, cette multitude de palais, de maisons de plaisance, de jardins superbes que les prem. Césars avaient acquis par des confiscations odieuses. Peu curieux de rien bâtir pour lui-même, il couvrit tout l'empire de monuments, dont quelq.-uns subsistent encore en entier ou ruinés. Tels sont à Rome la colonne trajane, le pont d'Alcantara sur le Tage, et un gr. nombre de routes et de voies militaires dans diverses contrées. La reconnaissance de l'univers se manifesta envers lui par le titre d'*Optimus*, qui lui fut donné par la voix des peuples. Malheureusement ce prince, nourri au milieu des camps et passionné pour la gloire, voulut remettre en vigueur l'ambitieux projet, abandonné depuis Auguste, de pousser la domination romaine jusqu'aux limites du monde. Il se signala d'abord contre les Daces, et quoiqu'il eût trouvé un rival digne de lui dans le brave Décébale, leur roi, il le vainquit, et lui ayant permis de racheter son royaume à des conditions que le sénat romain fut appelé à ratifier, il revint dans la capitale de l'empire l'an 103 pour y triompher et prendre le surnom de *Dacique*. Vinrent alors deux années de paix qui furent employées à introduire dans l'administration publique d'utiles réformes. Mais Décébale ayant violé le traité qui lui avait été imposé, la guerre recommença l'an 105, et ne fut terminée que l'année suivante par la mort volontaire de ce prince et la réduction de la Dacie en province romaine. C'est à cette occasion que fut élevée la colonne trajane. Pendant qu'il gagnait des batailles et du terrain au-delà du Danube, un de ses lieuten., Cornélius-Palma, subjuguait l'Arabie-Pétrée, qui fut aussi réduite en province romaine l'an 107 de J.-C. Après 8 ans de paix marqués par la refonte générale des monnaies et par la construction d'une immense chaussée qui traverse les marais Pontins, Trajan profita, pour porter la guerre en Asie, d'un prétexte que lui fournit le roi des Parthes Chosroès, en disposant du trône vacant d'Arménie, dont Rome prétendait avoir seule le droit de donner l'investiture. Il partit à la tête de ses légions l'an 114 de J.-C., et sans se laisser arrêter par les concess. tardives de Chosroès, il se mit en possession de l'Arménie. S'il n'eût voulu que réhabiliter la gloire de l'empire, son but était atteint ; mais il voulait conquérir le royaume des Parthes, et il entra dans la Mésopotamie, dont plus. villes importantes se rangèrent rapidement sous sa loi. Tant d'exploits lui firent décerner les surnoms glorieux d'*Arménique* et de *Parthique*. Dans le même temps il forçait l'Arabie-Pétrée de recevoir un gouverneur romain, portait ses aigles victorieuses entre le Pont-Euxin et la mer Caspienne, donnait un roi aux Albaniens, subjuguait les princes de l'Ibérie et de la Colchide, et par les armes de son lieuten. Lucius-Quiétus, triomphait des Mardes, peuple belliqueux et féroce, de la Médie. L'année suiv. (115), il entreprit une seconde campagne contre les Parthes. Il soumit sans peine l'Adiabène et toute l'Assyrie, et redescendit ensuite vers le pays de Babylone sans éprouver de résistance. Il n'eut qu'à se montrer devant Ctésiphon pour s'en rendre maître. Suze, ancienne métropole des Perses, lui ouvrit ses portes. La prudence demandait qu'il s'occupât d'affermir ses conquêtes, moins difficiles à faire qu'à conserver. Mais il était possédé du désir d'égaler, de surpasser même Alexandre. Après avoir parcouru dans toute sa longueur le golfe Persique, il s'avança jusqu'au Grand-Océan, et, regrettant de n'être plus assez jeune pour porter la guerre chez les Indiens, il se rabattit sur l'Arabie-Heureuse, dont il ravagea les côtes et soumit le territoire ; puis il revint par le Tigre et l'Euphrate à Babylone, où il offrit des sacrifices aux mânes du héros macédonien. Mais les Parthes avaient profité de son fastueux voyage pour reprendre l'offensive, et avec succès, ce qui le força de recommencer la guerre. Il rétablit à peu près dans ces contrées sa domination ; mais renonçant à l'idée de réduire le royaume des Parthes en province romaine, il se contenta de lui imposer, à la place de Chosroès, un monarque de son propre choix, qui fut Parthamaspatès, prince arménien, du sang des Arsacides (117 de J.-C.). Après avoir pris quelques autres arrangements analogues, qui eurent pour résultat d'étendre les limites de l'empire au-delà du Tigre et de lui donner une longueur d'environ 2,000 lieues d'Occident en Orient, il se disposait à marcher contre les Juifs, qui, depuis deux ans, épouvantaient l'Afrique et l'Asie des plus horribles cruautés pour venger la perte de leur existence politique. Il fut alors attaqué d'une maladie de langueur à laq. il succomba le 11 août 117 de J.-C., dans la 64e année de son âge et la 20e de son règne. Ce fut à Sélinunte en Cilicie, qui prit le nom de Trajanopolis. Il eut la douleur de voir avant d'expirer Chosroès rappelé, Parthamaspatès détrôné, et l'Arménie et la Mésopotamie rendues à leurs anciens maîtres. Un autre chagrin pour lui fut de savoir qu'Adrien serait son successeur, grâce aux intrigues de Plotine. Trajan, malgré les vices dont on rougit pour lui, malgré ses persécut. dirigées isolém. contre quelq. chrétiens, malgré sa folle passion des conquêtes, est regardé comme le souverain le plus accompli dont l'histoire ait jamais parlé. Son règne, si glorieux, se recommande encore comme époque littéraire. C'est sous lui que fleurirent Plutarque, Pline-le-Jeune, Tacite, Quinte-Curce, Suétone, Florus, Quintilien, Juvénal, Frontin, etc. Les seuls écrits de l'antiquité où l'on puisse trouver des renseignem. sur lui sont sa correspondance avec Pline-le-Jeune, le panégyrique qu'a fait de lui cet écrivain sans altérer la vérité, parce que cela eût été inutile, et les extraits de Dion-Cassius, par Xiphilin, avec les abrégés d'Eutrope, d'Aurélius-Victor et de Paul-Orose. Parmi les modernes qui ont écrit sa *Vie* ou qui l'ont jugée, on citera Tillemont, Crévier, Gibbon, Voltaire, Montesquieu. *Le Triomphe de Trajan*, opéra d'Esménard, fut représenté en 1807 avec un gr. éclat.

TRAKHANIOT (George), diplomate russe, était Grec d'origine. Il vint à Rome avec Thomas Paléologue, après la conquête du Péloponèse par Mahomet II, et accompagna la princesse Sophie, fille de Thomas, lorsqu'elle se rendit en 1472 à Moscou pour y épouser Iwan III. Il gagna la confiance du grand-duc, qui le chargea de plusieurs missions importantes en Allemagne, entre autres du soin de trouver une princesse royale pour le prince Vassili, et d'engager des mineurs, des architectes, des médecins et d'autres artistes. En passant par Lubeck, il réussit à décider un imprim. d'une grande réputation, nommé Barthélemi, à transporter ses presses en Russie. Il conserva le même crédit sous le règne de Vassili III, qui lui donna des missions diplomatiq. en Italie, l'admit dans son conseil, et le nomma grand dignitaire de l'empire.

TRALLES (BALTHAZAR-LOUIS), médecin du roi de Pologne, né en 1708 à Breslau, refusa les offres qui lui furent faites par plus. souverains, voulant vivre indépendant, et mourut dans sa ville natale en 1797, membre de l'acad. impériale de Vienne et de la société royale de Berlin. On cite de lui : *Précautions que doit prendre une bonne mère pour la santé de son enfant nouveau-né* (allem.), Breslau, 1750, in-8. — *Usus opii salubris et noxius in morborum medelâ, solidis et certis principiis superstructus*, ibid., 1757, in-4, réimpr. sept fois jusqu'en 1784. — *Vexatissimum nostrâ œtate de insitione variolar. vel admittendâ vel repudiandâ argumentum*, ibid., 1765, in-8, réimpr. à Naples, 1780, in-8. — *De animœ existentis immaterialitate et immortalitate cogitata*, Breslau, 1774, in-8; en allem., ibid., 1776, in-8. L'impératrice Marie-Thérèse fut si satisfaite de cet ouvr. qu'elle envoya à l'aut. une tabatière en or.

TRANQUILLE (le P.), de Bayeux, capucin, persécuté dans son ordre, pour son opposition à la bulle *Unigenitus*, se réfugia en Hollande en 1727, et fixa son séjour à Utrecht, où il vivait encore en 1770, sous le nom d'*Osmont du Sellier*. On a de lui : *Instruct. théologique en forme de catéchisme sur les promesses faites à l'Église*, Utrecht, 1753. — *Justification des discours et de l'histoire de M. l'abbé Fleury*, 2 t., dont le 1er parut en 1736, et le 2e en Hollande (Nancy), 1738.

TRANSTAMARE. — V. HENRI.

TRAPEZUNTIUS. — V. GEORGE DE TRÉBIZONDE.

TRAPP (JOSEPH), poète angl., né à Cherington, dans le comté de Glocester, en 1679, remplit div. fonctions ecclésiastiq. dans l'Église anglicane, fut professeur à l'univ. d'Oxford, et mourut en 1747. On a de lui : *Abramule, ou l'Amour et l'Empire*, trag. représentée en 1704. — *Caractère du parti actuel des whigs*, Londres, 1711. — *Virgile*, trad. en vers libres. — *Anacréon et le Paradis perdu* de Milton, trad. en latin. — TRAPP (Joseph), fils du précéd., a traduit en anglais *Vie de Linné*, avec la liste de ses ouvr. et la vie de son fils, Londres, 1794, in-4. — *Voyage à Madagascar et dans les Indes-Orientales; avec les Mémoires sur le commerce de la Chine*, par Brunel, 1793, in-8.

TRAPPE (ordre de la), abbaye fondée en 1140 par Rotrou, comte de Perche, fut réformée en 1663 par l'abbé de Rancé (*v.* ce nom).

TRATTNER (JEAN-THOMAS, baron de), célèbre imprimeur, né à Johrmannsdorf, près de Guns en Hongrie, en 1710, mort à Vienne en 1798, quoique sans parents et très pauvre, sut, par sa probité et son intelligence, se procurer des amis par le secours desquels il acheta, en 1748, une imprimerie peu considérable et presque tombée. Il l'eut bientôt relevée et agrandie, et il y ajouta cinq succursales, à Agram, à Pest, à Inspruck, à Lintz et à Trieste; il eut aussi 8 librairies et 18 dépôts de livres, tant dans les états autrichiens que dans des villes étrangères. Enfin, par ses efforts et ses voyages, il donna à l'imprimerie et à la librairie une impulsion très favorable au développem. intellectuel de la nation autrichienne. Pour récompenser son zèle, Marie-Thérèse le mit à la tête de l'imprimerie de la cour, François Ier le nomma chevalier de l'empire, et Léopold II baron du roy. de Hongrie. On lui a reproché toutefois de nombreuses contrefaçons.

TRAUCAT (FRANÇOIS), jardinier, né à Nîmes dans la prem. moitié du 16e S., est le premier qui ait rendu l'important service de propager en France la culture des mûriers. A l'époque où Olivier de Serres recevait de Henri IV l'ordre de planter vingt mille mûriers aux Tuileries, et d'en fournir aux généralités de Lyon, de Tours, d'Orléans et de Paris, les pépinières de Traucat, mises en rapport dès 1564, en avaient déjà enrichi le Languedoc et la Provence de plus de quatre millions. Il développa les moyens de donner à cette culture la plus grande extension, et en démontra tous les avantages dans un *Disc. abrégé sur les vertus et propriétés des mûriers*, etc., dédié au roi, Paris, 1606.

TRAUN (OTHON-FERDINAND, comte de), feldmaréchal au service d'Autriche, né en 1677, d'une des plus anciennes familles de la Bavière, se fit connaître si avantageusement dans la guerre de la success. d'Espagne, qu'en 1704, à l'âge de 27 ans, il était colonel et général-adjudant. Il servit ensuite en Lombardie, en Sicile, fut nommé général-major en 1723, gouverneur de Messine en 1727, puis commandant-général des troupes de l'Autriche en Sicile; mais n'ayant pas assez de forces pour s'y maintenir, il passa le détroit et soutint dans Capoue un siége de deux mois; il reçut en 1735 le grade de général d'artillerie, et en 1736 le gouvernement de Milan, qu'il défendit avec succès contre des forces supérieures. Il fut cependant disgracié, et, après avoir remis son commandem. au général Lobkowitz, il alla servir sous le prince de Lorraine, en Allemagne, et put s'attribuer la plus gr. partie des succès qu'obtint l'armée autrichienne : c'est du moins le jugement porté par Frédéric II, qui va même jusqu'à dire qu'*il regarde cette campagne comme son école dans l'art de la guerre, et M. de Traun comme son précepteur*. Traun, reçu à Vienne en 1746 de la manière la plus flatteuse, fut nommé gouverneur de la Transylvanie en 1747, et mourut l'année suiv. à Hermanstadt.

TRAUTSON (JEAN-JOSEPH, comte de), cardinal et archevêq. de Vienne, né en 1704, fit ses études à Rome et à Sienne, et à son retour, fut nommé successivement chanoine à Saltzbourg, à Passau, à Breslau, abbé commandataire de deux maisons religieuses, coadjuteur en 1750, et archevêque de

Vienne en 1751, avec le titre de conseiller intime de l'impératrice. Devenu dès lors le prélat le plus puissant à la cour, il adressa en 1752, aux ecclésiastiques de son diocèse, une lettre pastorale dans laquelle il se plaignait de l'ignorance où le clergé entretenait les fidèles au lieu de leur expliquer les vérités fondamentales de la religion. Cette lettre excita des plaintes dans toute l'Allemagne; mais son influence ne fit qu'augmenter. Marie-Thérèse le chargea de réformer l'univers. de Vienne, et l'en nomma *protecteur*, en lui confiant la surintendance des études dans son diocèse. Trautson força les jésuites de partager les places de l'enseignem. avec les autres ordres religieux ; il détermina la cour de Rome à diminuer le nombre des fêtes, obtint le direct. du *Collegium Theresianum* fondé pour l'éducation des nobles destinés au métier des armes, reçut le chapeau de cardinal en 1756, et mourut d'apoplexie en 1757.

TRAVASA (Cajetan-Marie), histor., né à Bassano en 1698, prit l'habit des théatins à Venise, où il professa la philosophie dans l'école de son ordre, et se fit connaître par son talent comme prédicateur. Il y mourut en 1774. On a de lui un assez grand nombre d'ouvr., dont les principaux sont : *Storia critica della vita d'Ario, primo eresiarca del IV° secolo*, Venise, 1746, in-8. — *Storia critica delle vite degli eresiarchi de' tre primi secoli*, ibid., 1752-62, 5 vol. in-8, portrait. — *Istruzioni e regole per tacere e per parlare come conviensi in materia di religione*, ib., 1764, in-8.

TRAVERS (Nicolas), prêtre appelant, né à Nantes en 1686, mort en 1750, soutint que tout prêtre, sans être approuvé d'aucun évêque, pouvait absoudre validem., et souvent même licitem., publia à ce sujet, en 1734, une *Consultation sur la juridiction et l'approbation nécessaires pour confesser*, en 7 questions. Cet ouvr. ayant été censuré et réfuté, Travers publia : *la Consultat. défendue par l'auteur contre le mandement de M. Languet, le livre du P. Bernard et la censure de 86 docteurs*, 1736, in-4. Il refondit cette réponse qu'il fit impr. sous ce titre : *Pouvoirs légitimes du premier et du deuxième ordre dans l'administrat. des sacrem. et le gouvernem. de l'Église*, 1744, in-4. L'apologie fut, comme l'ouvr., censurée et refutée, et l'aut. exilé dans le couvent des cordeliers de Savenay, d'où on lui permit de sortir en 1748, mais avec défense de rien faire imprimer sur les affaires de l'Église. Outre les ouvr. indiqués et plus. MSs. qui ont passé dans la biblioth. publiq. de Nantes, on cite de lui : *Catalogue des princes et comtes, seigneurs de Nantes, depuis les Romains jusqu'en 1750*, Nantes, 1750, in-12.

TRAVERSARI (Charles-Marie), relig. servite, né à Lugo dans le Ferrarais, professa la théologie à Mantoue, fut un des adversaires de Houteim, et mourut vers 1790. On a de lui : *Ennodii Faventini de romani pontificii primatu, adversùs Justinum Febronium, theologico-historico-critico dissertatio*, Faenza, 1771, in-4. — Une *Dissertat.* (en latin) *theologico-polémique sur la communion du sacrifice non sanglant de la loi nouvelle*, Pavie, 1779. — *Instruction sur le sacrifice de la messe* (en ital.), Pavie, 1780. Ces deux derniers écrits furent mis à l'index, 1781. — V. Ambroise-le-Camaldule.

TRAVOT (le baron Jean-Pierre), lieuten.-gén., né en 1767 à Poligny (Jura), entra simple soldat dans un régim. d'infanterie, et s'éleva rapidement au grade d'adjud.-général. Il fut employé en cette qualité en 1796 sous le gén. Hoche dans la Vendée, fit Charette prisonnier à la Chabottière en Poitou, et contribua beaucoup à la pacificat. des départements de l'Ouest. Nommé général de brigade, il continua de commander contre les chouans en 1799 et 1800. Général de division en 1805, il fut nommé commandant à Nantes, et servit ensuite sous le général Junot, lors de la conquête du Portugal. Après la convention de Cintra, il rejoignit l'armée d'Espagne, avec laquelle il rentra en France, il commandait une division à la bataille de Toulouse, où il se signala par son sang-froid. Au retour de Napoléon en 1815, nommé commandant des départements de l'Ouest, il livra plusieurs combats aux Vendéens, qui avaient repris les armes, et parvint encore une fois à rétablir le calme dans ce malheureux pays. Napoléon l'appela le 4 juin à la chambre des pairs, mais il n'y siégea point. Retiré dans sa famille après le second retour du roi, il y fut arrêté en 1816, traduit devant un conseil de guerre et condamné à mort le 20 mars, anniversaire du jour où Napoléon rentrait aux Tuileries. Cette peine ayant été commuée, il fut conduit au château de Ham ; il en sortit au bout de deux ans, mais les émotions violentes avaient altéré sa raison, dont il ne recouvra plus l'usage. Il mourut dans une maison de santé à Montmartre en 1836. Sa douceur et son humeur conciliante lui avaient acquis la reconnaissance des habitants de la Vendée. Une statue en bronze lui a été élevée sur la principale place de la ville de Fontenay, aux frais du département.

TRÉBATIUS (Caïus), surnommé *Testa*, savant juriscons. romain, eut pour maître dans la science du droit Maximus-Cornélius, et fut probablement celui de Labéon. Il était de la secte d'Épicure, et ce fut sans doute à la conformité de ses opinions philosophiq. avec celles de César, qu'il dut l'amitié de ce généreux protecteur, qui le nomma tribun dans ses légions, et lui permit de toucher les émoluments de cette place, sans en remplir les devoirs. Trébatius demeura constamment attaché au parti de César pend. la guerre civile, et sut se maintenir en faveur sous Auguste. Au reste, il était éloquent, plein de probité et de prudence. Macrobe et Aulu-Gelle lui attribuent divers traités sur les *religions*, qui ne nous sont pas parvenus. Il avait en outre publié plus. ouvr. sur le droit civil ; car on trouve un gr. nombre de ses décisions dans les *Pandectes* de Justinien.

TREBATTI (Paul-Ponce), sculpteur, né à Florence ou dans les environs vers 1500 ou 1505, dut arriver en France, avec le Rosso, en 1530, ou avec le Prematice, en 1531. Il se fit connaître à Paris, en 1535, par le tombeau du prince *Alberto Pio da Carpi*, officier savoyard, au service de François Ier. Ce monum., qu'on a vu long-temps au musée des monum. franç., est maintenant déposé au musée des sculptures modernes. Tout porte à croire que Trebatti, qui, comme nous l'apprend Vasari, fut employé tout d'abord à Fontainebleau à exécuter des figures de stuc, en ronde bosse, continua d'être employé sous Henri II. Jean Goujon, chargé des décorations du Louvre (le vieux Louvre), dut s'associer des collaborateurs; aussi Brice nous dit-il qu'*il y a dans l'attique quelque chose de Paul-Ponce*. Il est certain qu'il travailla aussi à décorer l'intérieur de ce bâtim., surtout la chambre de parade et la chambre particulière du roi. Cette dernière subsistait encore en 1807, et les connaisseurs y admiraient principalement un petit cabinet de travail. Une partie des décorations du petit château de Meudon, appelé *la Grotte*, et, selon toute apparence, les tombeaux de Charles de Maigné ou de Magny, capitaine des gardes de la porte, et d'André Blondel de Roquancourt, enfin trois génies placés sur un monum. en l'honneur de François II, furent encore l'ouvr. du même maître. Catherine de Médicis l'employa ensuite à décorer le château et le jardin des Tuileries, et la rotonde appelée *la Chapelle ou le Tombeau des Valois* : c'est là qu'il plaça ce *Christ mort, qui est*, dit Sauval, *la plus belle pièce que Ponce ait jamais faite*. On cite d'autres ouvr. de Trebatti, ou qui lui ont été attribués avec plus ou moins de vraisemblance.

TREBELLIEN (Caïus-Annius), fameux pirate, se fit déclarer empereur dans l'Isaurie, sous le règne de Gallien l'an 264, perdit une bataille, et fut tué un an après son usurpation (*v. les Trente Tyrans* de Trébellius-Pollio). — Trebellien (Rufus), préteur, sous Tibère, se suicida pour se soustraire à une accusation de lèse-majesté.

TREBELLIUS — V. Pollion.

TRÉDIAKOFSKI (Wassili-Kirilowitsch), poète et littérateur russe, né en 1703, sentit le besoin de s'instruire par les voyages, et visita, fort jeune, la Hollande, l'Angleterre et la France. Il suivit à Paris les leçons de Rollin, se fit recevoir à l'univ., et après avoir étudié cinq ans les lettres françaises, retourna à Pétersbourg, où il fut secrétaire de l'acad., professeur de rhétorique et plus tard conseiller de cour. C'est là qu'il mourut en 1769. Trédiakofski a beaucoup contribué par ses préceptes au perfectionnem. de la littérature russe, qu'il ne lui fut pas donné d'avancer par son exemple. Un style lourd et sans élégance dépare la correction qu'il a mise dans ses ouvr. en prose; quant à ses poésies, elles sont au-dessous du médiocre. Il a été fait à Pétersbourg une édit. complète de ses nombr. ouvr., tous écrits en russe, et parmi lesq. il suffira d'indiquer la trad. de l'*Histoire ancienne* et de l'*Hist. romaine* de Rollin, en 26 vol. in-12, 1749-62, et 1761-67. — *L'Art de la versification russe*, 1735. — *Déidamie*, trag. en 5 actes; la *Télémachide*, ou trad. en vers du Télémaque de Fénélon, 1766. — *Considérations sur la versification russe dans les temps anc., moyens et modernes* (Mém. de l'acad., juin 1755). — *Considérations sur les antiquités les plus célèbres de la Russie*, 1773; et les traduct. de l'*Argénide* de Barclay, de l'*Art poétique* de Boileau; et des *Mémoires sur l'artillerie*, par Saint-Remi, 1732, 2 vol. in-12.

TREIBER (Jean-Philippe), profess. en droit à l'univ. d'Erfurth, né à Arndstadt en 1675, enseigna d'abord à l'univ. d'Iéna, et fut réprimandé par le sénat académique et mis aux arrêts pour s'être expliqué avec trop de liberté sur ce qui tient à la religion. Il n'en publia pas moins, quelque temps après, en allemand, une feuille périodique intit. : *Manière de confondre, par la seule raison, la raison qui veut aller trop loin dans les choses de la foi*, Iéna, 1704. Cette feuille ayant produit une vive et fâcheuse sensation parmi les ministres protestants, l'auteur fut emprisonné pendant six mois, et plus révolté que vaincu par cette punition, embrassa la religion catholique en 1706. Nommé bientôt profess. à l'univ. d'Erfurt, il ne s'occupa plus que du droit romain comparé avec la jurisprudence d'Allemagne, et mourut en 1727. Ses principaux ouvr. sont : *Series dichotomica titulorum in institutionibus imperialibus conspicuorum*, Erfurt, 1707, in-fol. — *Conspectus dichotomicus juris feudalis atque publici romano-germanici*, etc., ibid, 1717, in-fol. — *Genuina per spicuitas institutionum Justiniani*, etc., ibid, 1725, in-4.

TREILHARD (le comte Jean-Baptiste), ancien membre du directoire exécutif, etc., né à Brive, dans le Bas-Limousin, fut d'abord avocat au parlement de Paris, où il commença sa réputation par des plaidoiries pour sa ville natale contre la maison de Noailles. Lors de l'institution du parlem. Maupeou, il se retira du barreau, et n'y reparut qu'au retour des anciens magistrats. C'est alors que sa clientelle s'accrut encore : la maison de Condé, la ferme et la régie générale le choisirent pour conseil, et il fut même nommé inspecteur des domaines. Élu député aux états-généraux par la ville de Paris en 1789, il y débuta par quelques observations conciliatrices sur la réunion des ordres, se prononça pour que le pouvoir législatif résidât dans une seule chambre, et pour le *veto* absolu. Devenu membre et rapport. habituel du comité ecclésiastique, il présenta et fit adopter tous les décrets relatifs au clergé, proposa la suppression des ordres religieux, appuya la demande d'aliéner des biens ecclésiastiq. jusqu'à concurrence de quatre cents millions, s'opposa à ce que l'administration de ces biens fût laissée au clergé, et insista fortement pour que les actes de naissance, de mariage et de décès fussent exclusivem. reçus par les autorités municipales. En 1791, il sollicita pour Voltaire les honneurs du Panthéon, fut porté à la présidence, qu'il remplit avec une fermeté remarquable en présence des tribunes tumultueuses, et fit partie de la députation qui présenta la nouvelle constitution à Louis XVI. Pend. la session de l'assemblée législative, il présida le tribunal criminel de Paris. Élu député à la convention par le départem. de Seine-et-Oise, il fut porté bientôt après à la présidence; il vota, dans le procès du roi, contre l'appel au peuple, pour la mort et pour le sursis, et cepend., en sa qualité de président, osa censurer Robespierre, dont l'influence était dès-lors effrayante et qui remplissait les tribunes de furieux et de brigands. Nommé membre du comité de salut public, il fut envoyé dans le départem. de la Gironde après le 31 mai; mais il fut mis en arrestation pendant quelq. jours, et quitta Bordeaux pour se rendre dans le départem. de la Dordogne, d'où il fut bientôt rappelé comme trop modéré. Il rentra au comité de salut public 3 jours après la mort de Robespierre, remplaça Barrère comme rapport., proposa la ratification du traité conclu avec la Prusse, et fit adopter l'échange de la fille de Louis XVI contre les députés prisonniers en Autriche. Admis au conseil des cinq-cents, il le présida plus. fois; il en sortit en 1798, devint membre du tribunal de cassation, ministre plénipotent. à Lille, ambassadeur à Naples, puis envoyé au congrès de Rastadt, et enfin porté au directoire exécutif. Un an après, il en fut exclus par La Révellière-Lépeaux et Merlin. Lors de l'établissement du gouvernement consulaire, il fut nommé vice-président, puis président du tribunal d'appel de Paris, fut appelé au conseil-d'état, où il prit une part très active à la discussion des Codes. Comblé dans sa vieillesse d'honneurs et de dignités, il mourut à Paris en 1810, à l'âge de 68 ans.

TREILLARD (Anne-François-Charles, comte), lieuten.-génér. de cavalerie, né à Parme en 1764, de parents franç., entra, dès 1780, dans le régim. de la Reine dragons. Il fit les campagnes de 1792 et 1793 aux armées du Nord et de la Moselle, des Ardennes et du Rhin, et les suivantes aux armées de Sambre-et-Meuse et en Allemagne; celles de 98 et 99 en Suisse, celles de 1800 et 1801 avec l'armée gallo-batave. Après avoir été employé sur les côtes de l'Océan, à la grande armée, en Allemagne et en Pologne (1806 et 1807), en Espagne (1808), en Allemagne (1809), en Espagne et dans le Portugal (1810-1813); il se battit en France (1813-1814). On cite de lui plus. actions d'éclat. En avant de Philippeville, il était de garde avec 50 chevaux, attaqué par les Autrichiens, il est blessé; néanmoins il tient ferme, et donne à son régiment le temps de se déployer. Il commandait aussi à Fleurus l'avant-garde du corps de Moreau. Près Coblentz, il prit 180 chevaux, et contribua à la prise de cette ville; près Kreutznach, il fit 2,500 prisonniers; au siége de Mayence, il prit un bataillon de pandours et 120 hussards; sur le Rhin, il fit 2,000 prisonniers. Il se distingua à Forlem, à Wertingen, à Austerlitz, à Iéna, à Pulstrok; et le soir même de cette dernière affaire (1806) Bonaparte le nomma général de division. Mis à la retraite en 1815, il fut remis en disponibilité en 1830, et mourut à Charonne en 1832. M. Mazères, son neveu, prononça son *Éloge* sur sa tombe.

TRELLON (Claude), poète militaire au 16e S., a été tiré d'un long oubli par l'abbé Goujet, qui n'a pu toutefois déterminer l'époque de sa naissance ni de sa mort. On a de lui : *le premier Livre de la flamme d'amour, avec l'histoire de Padre Miracle et de l'Amant fortuné, en prose, plus diverses poésies*, Paris, 1591, in-8; Lyon, 1592, in-8. Il existe quatre autres édit. du même livre, dont deux sous le titre d'*OEuvres poétiq.*, Lyon, 1594, 1595, in-12, et deux sous le titre de la *Muse guerrière*, 1597, 1604, in-12. Le seul ouvrage que Trellon ait avoué est celui qu'il donna lui-même sous ce titre : *le Cavalier parfait, du sieur de Trellon, où sont comprises toutes ses OEuvres*, Lyon, 1605, in-12; 1614, 2 vol. in-12.

TREMBECKI (Michel), chambellan du roi de Pologne Stanislas-Auguste, et l'un des meilleurs, peut-être le prem. des poètes de sa nation, a laissé une belle trad. en vers du 4e liv. de l'*Énéide;* celle de l'*Enfant prodigue* de Voltaire ; de petits *poèmes*, des *odes*, des *épîtres* et des *fables*. La majeure partie de ses ouvrages est inédite, et mériterait d'être rassemblée et publiée. Il a dû laisser dans ses papiers une grande histoire de Pologne, en latin et en Polonais, dont il s'est long-temps occupé.

TREMBLAY. — V. Frain et Joseph.

TREMBLAYE (le chev. de La), né dans l'Anjou en 1759, mort en 1807, n'est guère connu que par les vers que lui adressa Voltaire et les lettres qu'il recevait de temps en temps du patriarche de Ferney, et qui, selon l'express. de d'Alembert, *lui tournaient la tête de vanité*. On a cependant de lui des *poésies* dans div. recueils ; *Sur quelques contrées de l'Europe*, 1788, 2 vol. in-8, en prose, mêlée de vers ; *OEuvres posthumes*, 1808, 2 vol. in-12.

TREMBLEY (Abraham), célèbre naturaliste, né à Genève en 1700, résolut de voyager pour perfectionner ses connaissances et trouver un emploi, il se chargea de l'éducation des enfants du comte de Bentinck, résident anglais à La Haye, et employa ses loisirs à l'étude de l'hist. naturelle. Le premier il découvrit les mœurs, les habitudes et la singulière organisation du polype à bras, déjà vu par Leuwenhoeck et dessiné par Jussieu, et se voyant encouragé par Bonnet et par Réaumur, auquel il faisait part de ses découvertes, il publia: *Mémoires pour servir à l'histoire d'un genre de polypes d'eau douce, à bras en forme de cornes*, Leyde, 1744, in-4, avec 13 pl. ; Paris, 2 vol. pet. in-8. Il suivit son protecteur à Londres, où la société roy. l'admit dans son sein, et dans un voy. qu'il fit à Paris, l'académie des sciences le nomma son correspondant. Attaché bientôt après comme gouverneur au duc de Richmond, il parcourut avec son élève l'Allemagne et l'Italie; de retour à Genève en 1757, il devint membre du grand-conseil, et fit partie de la commiss. chargée de l'approvisionnement. Dans les troubles qui désolèrent sa patrie, il sut mériter l'estime, et mourut en 1784, emportant les regrets de tous les partis. Outre l'ouvr. cité plus haut et des *Mém.* dans les *Transactions philosophiques*, on a de lui : *Instructions d'un père à ses enfants sur la nature et la religion*, Genève, 1775, 2 vol.

in-8. — *Instructions d'un père à ses enfants sur la religion naturelle et révélée*, ibid., 1779, 3 vol. in-8. — *Instructions d'un père à ses enfants sur le principe de la religion et du bonheur*, ibid., 1782, in-8. On a : *Mémoire historique sur la vie et les écrits d'Abr. Trembley*, Neuchâtel, 1787, in-8.

TREMELLIUS (Emmanuel), profess. et théol., né vers 1510 à Ferrare, de parents juifs, embrassa la religion catholique, puis la réformée, et, forcé de quitter l'Italie, se retira d'abord à Strasbourg d'où il passa bientôt en Angleterre. Il revint ensuite en Allemagne après la mort d'Édouard VI en 1553, et professa publiquement à Hornbach et à Heidelberg. Il se rendit ensuite à Metz, puis à Sédan, où il accepta une chaire d'hébreu, et mourut en 1580. On a de lui : *Targum in duodecim prophetas minores*, Heidelberg, 1567, in-8. — *Novum Testamentum ex syriaco lat.*, 1579 et 1621, in-4. — *Biblia sacra, id est*, 1° *Libri quinque Moschis lat. recens ex hebræo facti, brevibusque scholiis illustrati*, Francfort, 1575, in-fol.; 2° *Lib. histor.*, etc., ib., 1576; 3° *Lib. poetici*, etc., ibid., 1579; 4° *Libri prophetici*, ibid., 1579; 5° *Lib. apocryphi... cum notis brevibus Franc. Junii*, ibid., 1579.

TRÉMOILLE ou TRIMOUILLE (Louis II, sire de La), vicomte de Thouars, prince de Talmont, né en 1460, fut mis, dès l'âge de 27 ans, à la tête des troupes que Charles VIII envoya contre le duc de Bretagne, et gagna, en 1488, la bataille de St-Aubin-du-Cormier, où furent faits prisonn. le duc d'Orléans, dep. Louis XII, et le prince d'Orange. Ses succès amenèrent le traité de Sablé, par lequel le duc François II se vit contraint de rendre hommage de ses états au roi, et hâtèrent le mariage de la duchesse Anne avec Charles VIII, qui réunit la Bretagne à la France. Lors des guerres d'Italie, il fit transporter, en 1495, avec des peines incroyables, l'artillerie franç. à travers l'Apennin, et obtint, après la victoire de Fornoue, où il commandait le corps de bataille, la lieutenance-générale de l'Angoumois, de l'Aunis, de l'Anjou et des Marches de Bretagne. Deux ans après son avénement, Louis XII, qui, comme on sait, disait qu'*un roi de France ne venge pas les querelles d'un duc d'Orléans*, lui confia le commandement de l'armée d'Italie. La Trémoille conquit la Lombardie, et força les Vénitiens de lui livrer le duc Louis Sforce de Milan et son frère, à son retour obtint le gouvern. de Bourgogne, et fut fait amiral de Guienne, puis de Bretagne. Chargé en 1503 de faire la conquête du royaume de Naples, il échoua dans son entreprise par l'effet des instructions qu'on le forçait de suivre. Il se signala en 1509 à la journée d'Agnadel, éprouva encore un revers en 1513 à Novarre, mais sut réparer dignem. cet affront par sa belle défense de la Bourgogne, par son intrépidité à la bataille de Marignan, et par le succès avec lequel il défendit, en 1522 et 1523, la Picardie, presque sans troupes, contre les forces de l'empire et de l'Angleterre. Enfin il périt glorieusement en 1525, à la bataille de Pavie, livrée contre son avis. On n'aurait point achevé le portrait de ce héros, si l'on oubliait qu'il s'acquitta avec succès de plus. négociations auprès d'Anne de Bretagne, de Maximilien, roi des Romains, du pape Alexandre VI et des Suisses, et qu'il négocia l'affaire du concordat avec le parlement. Comme Bayard, il fut honoré du beau nom de *Chevalier sans reproche*, et le mérita. — Trémoille (Henri-Charles, duc de La), prince de Tarente, né à Thouars en 1620, se rendit en Hollande dès qu'il eut terminé ses exercices, et malgré la faiblesse de sa santé, pour faire ses premières armes sous le prince d'Orange (Frédéric-Louis), son grand-oncle. Il fut désigné peu de temps après pour accompagner le prince Guill. en Angleterre, et assister à son mariage avec la fille aînée de Charles Ier. A son retour en Hollande, il fit la campagne de 1640 comme volontaire, et s'acquit bientôt la réputat. d'un excellent officier ; mais la mort de son grand-oncle, et le chagrin que lui donna le mariage de la princesse d'Orange, qu'il aimait de l'amour le plus vif, le déterminèrent à repasser en France, où il ne tarda pas à entrer dans la ligue des princes contre le premier ministre. Il se signala dans les guerres de la Fronde, enleva aux troupes du roi plusieurs villes de Champagne qu'il ne put conserver, fut chargé de diriger le siége de Rocroy, et voyant son parti s'affaiblir, se retira en Hollande. Bientôt cependant il sollicita l'autorisation de rentrer en France, et revint à Paris en 1655. Malgré l'accueil flatteur de la reine-mère et du roi, il ne put se détacher du prince de Condé, résista aux sollicitations de Mazarin, qui le tint plus. mois au secret dans la citadelle d'Amiens, et le relégua dans ses terres, où il resta jusqu'à la paix des Pyrénées. Dans un voyage qu'il fit en Hollande en 1663, les états lui firent accepter le titre de général, et l'employèrent utilement contre l'év. de Munster. Enfin il résolut de se fixer en France. Il fit son abjuration entre les mains de l'évêque d'Angers en 1670, et mourut en 1672. On a de lui des *Mémoires* publ. par Griffet, Liége, 1767, in-12. — Trémoille (Ch.-Armand-René de La), mort en 1741, est auteur des paroles et de la musique des *Quatre parties du monde*, et de diverses *chansons* impr. dans les rec. du temps. — V. Condé.

TRENCHARD (Jean), publiciste anglais, né en 1669, étudia les lois avec succès, mais renonça de bonne heure au barreau pour se livrer entièrement aux discussions politiques. Il fit paraître en 1698, un pamphlet qu'il avait composé avec Moyle sous le titre de : *Argument pour montrer qu'une armée permanente est en opposition avec un gouvernem. libre*, et donna la même année une *Hist. succincte des armées permanentes en Angleterre*. En 1720, il publia sous le nom de *Caton*, avec Thom. Gordon, d'abord dans le *London Journal*, et ensuite dans *British Journal*, une série de *lettres* qui se succédèrent pend. près de 3 ans sur les affaires publiques. Gordon réunit ses écrits aux siens, et les publia sous le titre de *Lettres de Caton, ou Essais sur la liberté civile et religieuse et sur d'autres sujets importants*, 4° édition, 1737, 4 vol. in-12. Trenchard, élu membre du parlem. par un bourg de Sommerset, mourut en 1725. On cite encore de lui *le Wigh indépendant*, et Ant. Collyns lui attribue, entre autres écrits : *Histoire naturelle de la superstition*, 1709, trad. en franç. par d'Holbach, Londres, 1767, in-12. — *Considérations sur les dettes publiques*, 1709. — *Réflexions sur l'ancien wigh*, 1719.

TRENCK (François, baron de), command. des pandours au service d'Autriche, né à Reggio, en Calabre, en 1711, fut conduit à l'âge de 6 ans en Slavonie par son père, qui y possédait de riches domaines, et retourna encore enfant en Italie, où il assista à la bataille de Melazzio ; il fut ensuite placé au collége à Vienne, où il se fit craindre et détester de ses maîtres et de ses condisciples. Nommé à l'âge de 16 ans officier dans le régiment de Palfy, il eut plus. duels, et fendit la tête d'un coup de sabre à un fermier qui lui refusait de l'argent. Aux avantages d'une taille gigantesq. et d'une force extraordinaire, il joignait le talent de l'ingénieur, le goût de la musique, la connaissance de la plupart des langues vivantes. Il entra, en 1738, capitaine au service de la Russie, et fit deux campagnes contre les Turks avec distinct. : mais deux fois il fut sur le point d'être fusillé pour avoir frappé son colonel. Deux fois le général Munnich le sauva de la mort ; et toutefois Trenck alla, pour sa seconde faute, faire six mois de travaux forcés dans la forteresse de Kief. De retour dans ses terres en Slavonie, il organisa des compagnies de *pandours* pour détruire les brigands établis sur les frontières de ce pays et de la Turquie, et parvint à les faire disparaître. En 1740, il offrit de lever à ses frais, pour Marie-Thérèse, un régiment de *pandours*, et, avant de se rendre à Vienne, il se jeta sur les brigands qu'il put rencontrer, et en incorpora 300 dans sa troupe. Il ne put maintenir sous la discipline ces hommes féroces qu'en les étonnant par ses cruautés, et les cruautés ne lui coûtaient rien. En 1741, il joignit l'armée autrichienne dans les environs de Neiss, puis, accourant sur les bords du Danube, il en ouvrit le passage, poursuivit les Bavarois et les Français jusqu'en Bavière, et mit tout à feu et à sang. En 1742, il prit d'assaut Deckendorf, Reichenhall, Cham, et dans cette dern. ville exerça des atrocités inouïes. Appelé à Vienne pour rendre compte de sa conduite, il fut rendu à la liberté au bout d'un mois, porta le nombre de ses *pandours* à 4,000, et s'empara d'une île du Rhin, vis-à-vis le fort Mortier ; à la fin de la campagne, il avait fait 4,000 prisonn. et enlevé 25 canons et 10 drapeaux. En 1743, il traversa successivement deux bras du Rhin, emportant un fort tenant à Philipsbourg, et se répandit dans l'Alsace. Forcé l'année suivante de repasser le Rhin avec l'armée autrichienne, il se tint à l'arrière-garde dont il protégea la retraite avec succès. A la bataille de Sorr ou Soraw, en 1745, chargé d'attaquer Frédéric II par ses derrières, il s'arrêta à piller son camp tandis que le prince Charles se faisait battre, et fut accusé d'avoir relâché le roi de Prusse. Il comparut à Vienne devant un conseil de guerre :

condamné seulement à payer 120,000 florins aux officiers qu'il avait chassés arbitrairement de son régiment, il refusa long-temps de se soumettre à cette sentence. Cité devant un nouv. conseil de guerre pour avoir fait une offense publiq. à Marie-Thérèse, on lui reprocha les cruautés commises à Cham. Comme il sentait que sa justification serait bien faible, il gagna ses gardiens, et s'enfuit en Hollande avec la baronne de Lestock, qu'il devait épouser. Il y fut découvert, et condamné, par un nouveau jugement, à être enfermé dans la citadelle de Brunn, où il s'empoisonna, à ce que l'on assure en 1749. Sa *Vie* a été écrite par Fréd. Trenck, son cousin (v. aussi : *Mém de François, baron de Trenck, command. des pandours, etc., écrits par lui en italien, trad. en français*, Paris, 1788, 2 vol. in-12.

TRENCK (Frédéric, baron de), cousin du précédent, né à Kœnigsberg en 1726, possédait à 13 ans les langues et l'histoire anciennes, et dès l'âge de 17 ans fut présenté à Frédéric II comme l'élève le plus remarquable de l'univ. de Kœnigsberg. Le roi l'engagea à quitter ses études pour entrer dans la carrière des armes, et le jeune étudiant n'eut pas à se repentir d'avoir accepté les offres de son souverain ; car il obtint l'avancem. le plus rapide, fut choisi pour montrer la nouvelle manœuvre à la cavalerie silésienne, et, par une faveur que ne pouvait guère espérer un officier de 18 ans, fut admis dans la société de Voltaire, de Maupertuis, de Jordan, de La Mettrie, etc. Trenck réunissait aux dons naturels de l'esprit et à la plus brillante éducation les avantages, quelquefois si précieux, de la force, de la beauté et de la jeunesse : mais ces avantages même, qui lui procurèrent un bonheur éphémère, devaient faire le malheur du reste de sa vie. La princesse Amélie le remarqua dans les fêtes qui furent données en 1743, à l'occasion du mariage de la princesse Ulrique avec le roi de Suède : le jeune officier fut assez hardi pour répondre à l'amour de la sœur de son roi, et bientôt, comme il le dit dans ses *Mémoires*, il fut *le plus heureux mortel de Berlin*. Le secret de cette intrigue demeura caché pendant quelque temps, et Trenck, comblé de grâces et de bontés par Frédéric, qui le traitait plutôt en père qu'en souverain, fit les campagnes de 1744 et 1745, et s'y distingua ; mais de graves imprudences effacèrent l'éclat de ses services. Ses ennemis profitèrent pour le perdre de la correspondance, nullement coupable, qu'il entretenait avec son cousin Franç. Trenck, commandant des pandours, et ce fut là le motif ou plutôt le prétexte de sa prem. détention. Enfermé dans la forteresse de Glatz, où Frédéric voulait le laisser seulem. une année, il crut y être pour toute la vie, et s'en échappa quand il n'avait plus qu'un mois à attendre. Après avoir essuyé toutes les privations, et fait plus de 300 lieues à pied, il arriva presq. nu à Elbing en Pologne. Les secours qu'il y reçut de sa mère et de la princesse Amélie lui permirent d'aller à Vienne, où il eut à défendre sa vie contre des spadassins armés contre lui par son cousin, alors impliqué dans un procès criminel. Il se rendit de là en Hollande avec l'intent. de passer aux Indes, et renonça à ce projet pour entrer au service de Russie, en qualité de capitaine des dragons de Tobolsk. Après diverses aventures, dans lesq. il dut à son audace et à son rare sang-froid le bonheur de n'être pas repris par les Prussiens, il arriva à Moscou, et bientôt il eut gagné la faveur d'Élisabeth, inspiré une vive passion à une princesse russe, plus jeune et plus belle qu'Amélie, et séduit la femme jusqu'alors vertueuse du chancel. de Russie, son protecteur. Il quitta la Russie, en 1749, pour aller recueillir à Vienne l'héritage de son cousin Franç. Trenck. Il passa par Stockholm, où la reine de Suède, sœur de son Amélie, lui fit l'accueil le plus affectueux, et arriva en 1750 à Vienne, où, pour être habile à succéder à son cousin, il abjura le luthéranisme, et, après trois ans de peines pend. lesq. il avait eu à soutenir 63 procès, ne recueillit de l'immense fortune qui devait lui appartenir que 63,000 florins. Pour oublier tant de tracasseries, il fit un voyage en Italie, et, à son retour à Vienne, fut nommé capitaine de cuirassiers. La mort de sa mère l'ayant forcé, en 1758, de se rendre à Dantzig, il y fut arrêté par l'ordre de Frédéric, conduit à Berlin, et de là à Magdebourg, où il resta 9 ans et 5 mois dans un affreux cachot. Enfin les portes de sa prison s'ouvrirent en 1763, vraisemblablem. à la sollicitat. de la reine de Prusse, et surtout de la princesse Amélie. De retour à Vienne, il fut détenu six semaines dans les casernes impériales, par les intrigues des spoliateurs de la succession de Franç. Trenck. Remis en liberté, il ne fut dédommagé de cette injustice que par le grade de major, et alla se fixer à Aix-la-Chapelle, où il épousa, en 1765, la fille du bourgmestre. Là, tout en faisant avec succès le commerce des vins de Hongrie, il correspondait avec Joseph II, publiait chaque année quelq. nouv. écrits, rédigeait la feuille hebdomad. intit. l'*Ami des hommes*, et fondait (1772) une Gazette très bien reçue du public, mais qu'il eut la sagesse de supprimer, dès que Marie-Thérèse l'eut désapprouvée. De 1774 à 1777, il parcourut la France et l'Angleterre; en France, il se lia avec Franklin et le ministre Saint-Germain, qui lui firent les propositions les plus avantageuses pour l'engager à passer en Amérique; mais il préféra continuer, au sein de sa famille, son commerce de vins, qui prospérait. Obligé d'y renoncer par une escroquerie concertée entre des négociants et des magistrats de Londres, il retourna à Vienne, où les bontés de Marie-Thérèse et les missions confidentielles dont il fut chargé lui firent concevoir des espérances de fortune, que la mort de cette souveraine vint bientôt détruire. Retiré dans son château de Zwerbach en Hongrie, il s'y livra pendant 6 ans, sans succès, à des exploitations agricoles, et, décidé enfin à chercher de nouv. ressources dans sa plume, publia par souscription ses *poésies*, ses divers ouvr. et l'*histoire* de sa vie, qui lui rapportèrent prodigieusement. En 1787, après 42 ans d'exil, il revit sa patrie et la princesse Amélie, qui lui promit de protéger ses enfants, et qu'il eut le malheur de perdre la même année. Il fit alors un voyage à Kœnigsberg, et trouva son patrimoine dissipé; mais la vogue de ses *Mémoires* put le consoler un moment de tant d'infortunes. Diverses brochures politiq., qu'il publia sur la révolution franç., lui attirèrent le ressentiment de la cour impériale. Conduit prisonnier à Vienne, il resta 17 jours aux arrêts, et ne recouvra sa liberté qu'en perdant une pension de 2,000 florins, qu'on lui avait accordée à condition qu'il n'écrirait plus. Il revint en France en 1791; mais il n'y reçut point l'accueil qu'il espérait, et vécut à Paris dans un état voisin de la misère. Les monstres qui dirigeaient le parti de la montagne, sans pitié pour sa vieillesse et ses longues infortunes, l'enfermèrent à St-Lazare comme émissaire secret du roi de Prusse, et, n'ayant pu trouver contre lui de preuves suffisantes, l'accusèrent d'avoir pris part à la conspiration des prisons; conduit à l'échafaud, en 1794, le même jour que les poètes Roucher et André Chénier, il mourut avec un courage digne de sa renommée. De tous les écrits de Trenck, l'histoire de sa vie mérite surtout d'être lue. Il y en a deux trad. franç., l'une du baron de Bock, Metz, 1787, 2 vol. in-12; l'autre par Le Tourneur, Paris, 1795, 4 vol., même format. On lira encore avec intérêt l'*Examen politiq. et critiq. de l'hist. secrète de la cour de Berlin*, dans lequel il réfute les assertions de Mirabeau contre les souverains du Nord.

TRENCK (MAURICE-FLAVIUS, baron de), journaliste, de la même famille, né à Dresde, fit d'abord, comme officier du génie et avec la permission de la cour, un voyage en Espagne pour diriger les fortifications de Carthagène, il quitta le service de l'Autriche, et, après avoir voyagé pend. cinq ans, se fixa à Neuwied sur le Rhin, où il établit, en 1785, un journal politiq. allem., sous le titre de *Dialogues des morts*, qui eut un succès prodigieux. Obligé de quitter Neuwied, il alla s'établir à Francfort, et y mourut en 1810.

TRENEUIL (JOSEPH), littérateur, né à Cahors en 1763, fit son droit et prit ses grades à Toulouse; mais 3 couronnes obtenues successivement au concours des *Jeux flor.* le déterminèrent à suivre son goût pour la poésie. Il se chargea de l'éducat. d'un enfant de la famille Castellane, à laquelle il s'attacha et dont il partagea l'exil et la captivité. Malgré le dévoûment qu'il montra en cette occasion, il ne publia son poème des *Tombeaux de St-Denis*, composé depuis long-temps, que quand un décret impérial, du 20 février 1806, qui ordonnait l'érection de *trois autels expiatoires*, l'eut assuré que les jours de péril étaient passés. Nommé conservateur de la biblioth. de l'Arsenal, à la sollicitation de Murat, son condisciple, il ne put se dispenser de célébrer le mariage de Bonaparte avec une archiduchesse d'Autriche et la naissance du roi de Rome. Il fit ensuite paraître l'*Orpheline du Temple*, le *Martyre de Louis XVI* et la *Captivité de Pie VI*, quand le retour des Bourbons lui permit de les publier. Nommé direct. de la biblioth. de l'Arsenal, il mourut en 1818. Il avait donné l'année précédente le *Recueil* de ses poésies, in-8, précédé d'un *Discours sur l'élégie héroïque*; une 2ᵉ édit. a paru en 1824, in-8, précédée d'une *notice* et augmentée de plusieurs pièces.

TRENTA (PHILIPPE), prélat, né en 1731 d'une famille noble d'Ascoli, embrassa l'état ecclésiastiq., obtint divers emplois, et, nommé évêque de Foligno en 1785, mourut dans cette ville en 1795. On a de lui: un *Recueil de six tragédies*, Foligno, 1757, in-4; Lucques, 1766, in-4; une 7ᵉ tragédie, l'*Ange*, qui remporta le 2ᵉ prix au concours dramatique de Parme en 1774, Bodoni, in-4; *Limon* (jardin orné de fleurs), *sive urbanarum quæstionum Libri III*, Rome, 1782, in-4.

TRENTO (JÉRÔME), jésuite, né à Padoue en 1728, mort à Venise en 1784, est cité comme un des meilleurs modèles de l'éloquence sacrée en Italie. On a de lui: *Prediche quaresimali*, Venise, 1785, in-4; 1798 et 1816, in-4; *Panegirici e Discorsi morali*, 1786, in-4; 1818, in-4.

TRENTSCHIN (MATTHIEU de), palatin de Hongrie, commandait en 1278 les troupes hongroises à la bataille de Stillfried. Après la mort de ce prince et celle d'André III, il se déclara contre Charles-Robert, qui venait d'entrer en Hongrie, avec un légat du pape, pour se faire sacrer roi, et décida les magnats les plus puissants à envoyer en 1301 une députation à Prague, pour offrir la couronne au prince Wenceslas, âgé de 12 ans. La cour de Rome ayant reconnu Charles, il protesta en 1308, de concert avec Wladislas de Dobrogos, contre l'influence que voulaient s'arroger les papes. Excommunié par le légat, il leva des troupes, assiégea dans Gran l'archevêque-primat du royaume, qu'il força de capituler et vint mettre le siège devant Kaschau, il livra sous les murs de cette place, à Charles, en 1312, une bataille dont le succès incertain ne l'empêcha pas de saisir le pouvoir suprême, et de faire battre monnaie en son nom. Il profita du mécontentement de la nation bohémienne pour se jeter, en 1315, sur la Moravie et se retira devant le roi Jean, qui marchait au secours de cette province. Charles-Robert, pressé par les invitations ou plutôt par les menaces du haut clergé, se disposait, en 1318, à convoquer une diète pour statuer sur les mesures à prendre; mais la mort inopinée de Trentschin le laissa paisible possesseur du trône.

TRESCHOW professa la théologie à l'université de Copenhague, puis à celle de Christiania. En 1814 il devint membre du gouvernem. norwégien, conseiller-d'état et directeur du ministère des cultes et de l'instruction. Son ouvrage sur *l'Esprit du christianisme, ou Instruction évangélique*, est très estimé. Ce philosophe, homme d'état, mourut à Christiania en 1833, à 82 ans.

TRESHAM (HENRI), peintre anglais, natif d'Irlande, mort en 1814, joignit la culture des lettres à celle des beaux-arts. On a de lui plusieurs morceaux de poésies, entre autres une pièce intitulée *the sea-sick Minstrel* (le ménestrel atteint du mal de mer).

TRESSAN (PIERRE DE LA VERGNE de), missionnaire, né en 1618, au château de ce nom, dans le Languedoc, fut élevé dans la religion réformée. S'étant converti à la foi catholique, il résolut d'entrer dans les ordres sacrés; mais, loin de rechercher les dignités auxquelles sa naissance lui permettait de prétendre, il voulut s'enfermer dans un cloître, et y passer sa vie dans les exercices de la pénitence. Le pieux évêque d'Aleth, Nicolas Pavillon, sous la conduite duquel il s'était placé, le détourna de ce projet, l'envoya en Palestine visiter les lieux saints, et, à son retour, l'engagea à entrer dans les missions du Languedoc, où il se fit bientôt une grande réputation de vertu et de talent. Directeur d'un grand nombre de dames distinguées, parmi lesquelles il suffira de citer la princesse de Conti, la maréchale de Schomberg et Mᵐᵉ de Grignan, il n'en fut pas moins exilé du Languedoc pour avoir pris part à la *Théologie morale*; mais cet ordre sévère ne tarda pas d'être révoqué. Il se noya en voulant traverser le Gardon en 1684. On lui attribua un ouvrage qui parut quatre ans après sa mort, sous ce titre : *Relation nouvelle d'un voyage de la Terre-Sainte, ou Description de l'état présent des lieux où se sont passées les principales actions de la vie de Jésus-Christ*, Paris, in-12. Mais l'abbé Goujet et d'autres critiques jugent cet ouvrage tout-à-fait indigne de lui. On lui doit: *Examen général de tous les états et conditions, et des péchés qu'on peut y commettre*, Paris, 1670, 3 vol. in-12.

TRESSAN (LOUIS-ÉLISABETH DE LA VERGNE, comte de), littérateur distingué, né au Mans en 1705, fut admis dès l'âge de 15 ans à partager les études et les amusements de Louis XV, encore enfant, et se fit bientôt remarquer des écrivains qui formaient alors la société du Palais-Royal. Il leur communiqua ses premiers essais, et en reçut des conseils et des encouragements. Obligé toutefois de s'appliquer aux sciences propres à l'homme de guerre, il y fit de rapides progrès. Il obtint bientôt le brevet de mestre-de-camp dans le régiment du régent, et devint par son esprit, ses grâces et son enjouement, l'un des ornements d'une cour jeune et brillante. Son oncle, l'archevêque de Rouen, pour l'arracher à cette vie si pleine de dissipation, le fit voyager en Italie. Tressan découvrit à Rome, dans la bibliothèque du Vatican, une collection unique de nos romans de chevalerie, écrits en langue romane, et revint à Paris avec un goût décidé pour ce genre d'ouvrages. La guerre ayant éclaté en 1733, il partit comme aide-de-camp du duc de Noailles, assista au siège de Kehl, se distingua l'année suivante à l'attaque des lignes d'Eslinghen et dans la tranchée devant Philipsbourg, où il fut blessé. Nommé à la paix brigadier et enseigne de la compagnie écossaise des gardes-du-corps, lorsque la guerre se ralluma en 1741, il fut employé à l'armée de Flandre; il obtint le grade de maréchal-de-camp en 1744, servit en cette qualité aux siéges de Menin, d'Ypres et de Furnes, fit l'année suivante le siége de Tournai, sous les ordres de Louis XV, et fut son aide-de-camp à la bataille de Fontenoi, où il reçut deux blessures. Nommé gouverneur du Toulois en 1750, il fut appelé peu de temps après à la cour de Lunéville, avec le titre de grand-maréchal, et n'usa de son crédit sur Stanislas que pour seconder les vues bienfaisantes de ce prince; mais des épigrammes contre des courtisans, et surtout des couplets contre des dames en faveur à la cour de France, refroidirent Louis XV à son égard, et bientôt il faillit perdre aussi la bienveillance de Stanislas pour avoir affecté, dans un discours à l'académie de Nancy, des sentiments trop philosophiques. Tressan fit approuver son discours par la Sorbonne, et s'honora en refusant les propositions que lui fit faire le roi de Prusse pour l'attirer à son service; mais il ne montra ni franchise ni dignité dans la querelle de Palissot et des philosophes qui demandaient que son nom fût rayé du tableau des académiciens de Nancy. Lorsque l'éducation de ses enfants fut terminée, il vint s'établir à Paris, puis à Franconville, dans la vallée de Montmorenci. C'est à cette époque qu'il fournit, à la *Bibliothèque des romans*, les *extraits* de nos anciens romans de chevalerie, auxquels il doit en grande partie sa réputation. Il fut admis à l'Acad. française en 1781. Depuis long-temps il était de l'acad. des sciences, de la société royale de Londres et de beaucoup d'autres sociétés. Il mourut en 1783. Ses *OEuvres choisies*, publiées par Garnier, Paris, 1787-91, 12 v. in-8, fig., ont été réimprimées, notamment en 1823, ibid., 10 vol. in-8, fig., précédées d'une *notice* sur l'auteur et ses ouvrages, par M. Campenon, et augmentées de plus. morceaux inédits. On doit citer de Tressan *l'Essai sur le fluide électrique considéré comme agent universel*, ibid., 1785 ou 86, 2 vol. in-8, qui lui assure, d'une manière incontestable, l'honneur d'avoir expliqué le premier les principaux phénomènes de cet agent de la nature. Condorcet fit son *Éloge* à l'académie des sciences. — Tressan (La Vergne, abbé de), fils puiné du précédent, né dans le Boulonnais, en 1749, était grand-vicaire de l'archev. de Rouen quand la révolution éclata. Il parcourut l'Italie, l'Allemagne, la Russie, et s'établit en Angleterre. Éditeur de la traduction par son ami Delille du *Passage du Saint-Gothard*, poëme de la duchesse de Devonshire, il publia dans le même temps, comme une œuvre posthume de son père, le roman de *Robert-le-Brave*, réimprimé, Paris, 1800, in-8 et in-18; Londres, 1801, in-8. Rentré en France après le 18 brumaire, il partagea son temps entre l'étude et le soin d'un troupeau de mérinos, et mourut en 1809. Outre le roman déjà cité, on lui doit: la *Mythologie comparée avec l'Histoire*, Londres, 1776, in-8; Paris, 8ᵉ édit., 1826, 2 vol. in-12, et la traduction des *Sermons* de Hug. Blair, Paris, 1807, 5 vol. in-8.

TRÉTER (Thomas), savant polonais, fut emmené à Rome par le cardinal Hosius, évêque de Varmie. Chargé d'affaires près du St-siége par la reine Anne Jagellon, il remplit les mêmes fonctions sous les rois Bathory et Sigismond III, de manière à gagner la bienveillance de Grégoire XIII et de Clément VII. On a de lui: *Q. Horatii Poemata cum annotationibus et indice*, Anvers, 1576, in-8. — *Romanorum imperatorum Effigies cum elogiis*, Rome, 1583, in-8. — *Vitæ episcoporum warmiensium, ex Annalibus heilsbergensibus collectæ*, Cracovie, 1685, in-fol.

TREUER (Gottlieb-Samuel), profess. de droit public à l'université de Goettingue, né à Francfort-sur-l'Oder en 1683, mort à Goettingue en 1743, a publ. un grand nombre d'écrits, parmi lesquels on distingue: *Observations sur le droit absolu que les princes s'arrogent* (allem.), Leipsig, 1719, in-8. — *Origine des cercles de l'empire germanique et circonstances dans lesquelles ils ont été établis* (allem.), Helmstadt, 1722, in-4. — *Monstrum arbitrarii juris territorialis, legibus imperii è Germaniâ profligatum*, Francfort, 1739, in-4. — *Pædia juris feudalis universalis*, 1735, in-8.

TREUTLER (Jérôme), célèbre jurisconsulte, né en 1565, fils d'un tailleur de Schneidnitz, en Silésie, obtint plusieurs chaires qu'il remplit avec une haute distinction; nommé syndic du magistrat de Bautzen et *procurateur* de la chambre de la Haute-Lusace, il fut anobli par l'empereur Rodolphe II, sous le nom de Treutler de *Kroschortz*, et mourut en 1607. Son ouvrage le plus connu est: *Selectarum disputationum ad jus civile justinianæum volumina II*, Marbourg, 1592, 2 vol. in-4, souvent réimprimé et commenté par plusieurs jurisons.

TREUTTEL (Jean-George), libraire, né à Strasbourg en 1744, consacra quelques années à voyager dans le midi de la France, en Suisse et en Italie, et partout forma des relations avec les savants. De retour dans sa ville natale, il s'associa à Bauer, libraire instruit, dont plus tard il devint le successeur. A l'époque de la révolution, il rendit à sa ville, entre autres services, celui de préserver du pillage une partie de ses archives. Membre du conseil municipal, il fut destitué après le 10 août, et se retira à Versailles, où il resta près de deux ans en surveillance. C'est à cette époque qu'il jeta, de concert avec M. Würtz, son neveu et depuis son beau-frère, les fondements du grand établissement de librairie devenu l'un des plus importants de la capitale. Ainsi que Panckoucke le père, il mérita, par ses procédés envers les gens de lettres et les savants, quelque chose de plus que leur estime. Plusieurs villages de l'Alsace ayant été incendiés dans l'invasion de 1815, il appela l'intérêt sur les victimes de ce désastre, et recueillit de fortes sommes qui concoururent à le réparer. Il en fit de même lors de la terrible inondation qui ravagea une partie de son pays en 1824. Il était le doyen d'âge du consistoire de la confession d'Augsbourg à Paris, quand il mourut en 1826. Ses restes ont été déposés à Grolai, où il avait fondé, en faveur des pauvres enfants catholiques, un établissement d'instruction primaire, ainsi qu'un lieu de refuge pour les vieillards. On a recueilli, sous le titre d'*Obsèques de J.-G. Treuttel*, etc., son *Éloge funèbre*, par MM. les pasteurs Goepp et Boissard, ainsi que quelques autres *discours*, et des *strophes* (en allem.) sur sa mort, par M. le pasteur Jaegle.

TREUVÉ (SIMON-MICHEL), chanoine et théologien de Meaux, né à Noyers, en Bourgogne, en 1651, mort à Paris en 1730, travailla au *Bréviaire* de Meaux sous la direction de Bossuet. Quelques-uns de ses ouvrages eurent de la vogue dans le temps, entre autres les *Instructions sur les dispositions qu'on doit apporter aux sacrements de pénitence et d'eucharistie*, 1670, in-12.

TRÉVILLE. — V. LATOUCHE.

TREVISANI (FRANÇ.), peintre, né à Capo-d'Istria en 1656, est souvent désigné par le surnom de *Romain*, pour le distinguer de son frère Angiolo, qui ne quitta jamais Venise. Il eut pour prem. maître un peintre flamand qui avait un talent particulier pour peindre de petits sujets, et fit de tels progrès dans ce genre qu'avant l'âge de douze ans il exécuta un tableau de son invention, dont les connaisseurs furent étonnés. Il se rendit alors à Venise pour y étudier sous le Zanchi, puis vint à Rome où le cardinal Flavio-Chigi lui confia des travaux importants, tandis que le duc de Modène le chargeait de copier les plus beaux ouvr. du Corrége et de Paul Véronèse. Bientôt après le cardinal son protecteur lui obtint la dignité de chevalier. Clément XI l'honora de son estime et lui confia l'exécution d'un des prophètes du palais de St-Jean-de-Latran et d'une partie de la coupole du dôme d'Urbin. Il représenta, dans les pendentifs, les *Quatre parties du monde*, peinture admirable par le coloris, l'imagination et la beauté du dessein. Sa réputation s'étendit jusqu'en Russie, et Pierre-le-Grand lui demanda plus. tableaux qu'il paya magnifiquement. Personne ne posséda jamais au même degré que ce maitre le talent d'imiter toutes les manières. Celui de ses ouvrages qu'il regardait comme son chef-d'œuvre est un crucifiement de petite dimension qu'on voit à Forli, dans la galerie des seigneurs Albiccini. On trouve de ses ouvrages à Bologne, à Camerino, à Pérouse, à Forli et surtout à Rome, où il mourut en 1746. Le musée possède deux tableaux de Trevisani : *la Vierge couvrant d'une draperie l'enfant Jésus qui dort*, et *Jésus, assis sur une table, montrant à sa mère une grenadille, symbole mystérieux de la passion*.
— TREVISANI (Angiolo), frère du précédent, né à Capo-d'Istria, fut aussi élève de Zanchi, mais ne quitta point Venise comme son frère, et devint un des prem. artistes de l'école. On voit de lui, dans la Chartreuse et dans plus. autres églises de Venise, des tableaux remarquables ; mais c'est dans le portrait surtout qu'il s'est mis hors de ligne.

TREVISANO (PAUL), voyageur, né à Venise vers 1432, parcourut la Syrie, l'Égypte, l'Arabie, la Palestine et l'Éthiopie, et fit en 1483, dans l'ile de Chypre, un assez long séjour, dont il profita pour écrire un ouvr., qui malheureusem. est perdu : *De Nili origine et incremento ; item de Æthiopum regione et moribus Liber*, etc., il fut plus tard chargé de négocier avec le soudan d'Égypte un traité de paix au nom du gr.-maître de l'ordre de St-Jean-de-Jérusalem, et devint provédit. de la république de Venise à Salo, dans le Brescian, où il était encore en 1505. TREVISANO (Marc-Antoine), doge de Venise, succéda à Franç. Donato en 1553, sut faire respecter la neutralité de la républiq., malgré la guerre allumée en Italie entre Charles-Quint et Henri II, et mourut en 1554 après un règne de moins d'une année.

TREVISIO (ANDRÉ), célèbre médecin, né à Occimiano dans le Montferrat, ou, selon quelques autres, à Fontanello dans le Novarais, fit et publia des observations sur les fièvres épidémiques qui régnèrent en 1587 et 1588 dans le duché de Milan, et s'acquit par-là une grande réputation, fut nommé prem. médecin et gentilhomme de la chambre de l'infante Isabelle-Claire-Eugénie et de l'archiduc Albert, son époux, gouverneur des Pays-Bas. De retour en Italie, il s'établit à Pavie, et fonda dans le couvent des Augustins de Casal, en 1614, un collège avec des bourses pour 7 pauvres étudiants du Montferrat. On cite de lui : *De causis, nat., moribus et curatione pestilentium febrium vulgò dictarum cum signis sive petechiis*, Milan, 1588, in-4. — *Phœnix principum, sive Alberti Pii morientis Vita*.

TREW (ARDIAS), mathématicien, né à Anspach en 1597, mort en 1669 à Altdorf, où il avait professé la physique, et élevé, en 1657, le premier observat. qu'on ait vu dans ces contrées, fit des découvertes heureuses dans la théorie de la musique. On a de lui : *Compendium fortificatorum*, Nuremberg, 1641, in-12. — *Directorium mathematicum, quo tota mathesis et omnes ejus partes..... methodicè disci possunt*, 1657, in-4, fig. — *Théorie du calendrier* (allem.), Lunebourg, 1666, in-4. — TREW (Christophe-Jacques), médecin et botaniste célèbre, petit-fils du précéd., né à Lauf, en Franconie, en 1695, après avoir terminé ses études, parcourut la Suisse et une partie de l'Allemagne, demeura 13 mois à Paris, visitant les hôpitaux, les bibliothèques, les cabinets d'histoire naturelle, les établissements d'anatomie, de botanique et de chimie, se rendit de là en Hollande, vit Hambourg et Dantzick, et revint en 1720 à Nuremberg, d'où sa réputation ne tarda pas à s'étendre dans toute la Franconie. En 1727 il fut admis à l'acad. de Nuremberg, qui le choisit pour son directeur en 1746 ; il fit paraître en 1730 de la société *Norique* nouvellement formée à Altdorf, et qu'il dirigea de 1734 à 1745, et fut membre honoraire des acad. des sciences de Londres, de Berlin et de Florence. Il mourut en 1769. Se souvenant des services rendus à son gr.-père par la ville de Nuremberg, il fit à l'univ. d'Altdorf, un don digne de la munificence d'un prince. C'étaient des MSs., des livres rares, des dissertations, des gravures, des tableaux, des machines et instruments de chirurgie et de physique, enfin des productions des trois règnes de la nature. Sa bibliothèque était composée de plus de 34,000 vol., sans compter les dissertations reliées en 346 vol. Sa veuve ajouta à ce legs un capital de 6,000 florins. Les principaux ouvr. de Trew sont : *De differentiis quibusdam inter hominem natum et hominem nascendum*, Nuremb., 1756, in-4. — *Traité élément. de l'anatomie, autant que cette science peut être nécessaire aux peintres* (allem.), 1767, in-fol. — *Plantæ selectæ nominibus propriis notisque illustratæ, in æs incisæ et vivis coloribus representatæ*, ib., 1750 à 1760, in-fol. — *Hortus nitidissimus omnem per annum superbiens floribus*, etc., ib., 1750 à 1768, in-fol. — *Cedrorum Libani historia earumque character botanicus, cum illo laricis, abietis, pinique comparatus*, etc., ib., 1757 à 1767, in-fol.

TRIAL (Antoine), acteur, né à Avignon en 1736, après avoir joué la comédie pend. quelques années en province, débuta en 1764 au Théâtre-Italien, par les rôles de *Bastien* dans le *Sorcier*, de *Colin* dans le *Maréchal*, etc. Il quitta cet emploi pour prendre celui des comiques, des paysans, des valets poltrons, dans lequel il se fit une réputation méritée. Ayant embrassé avec une ardeur exagérée les principes de la révolution, il entra au comité révolutionn. de la section Lepelletier en 1793, et fut chargé des actes civils de son arrondissement. Il remplissait encore ces fonctions au 9 thermidor. Accusé d'avoir envoyé plus d'une victime à l'échafaud, ce qui n'était que trop vrai, quoiqu'il ne fût pas né méchant, on le força de se mettre à genoux et de chanter le *Réveil du peuple*, au milieu des huées et des sifflets. Le lendemain, quand il se présenta pour remplir ses fonctions municipales, on lui fit essuyer de nouvelles mortifications. Désespéré il rentra chez lui, et la honte, les remords, ou le poison peut-être, terminèrent ses jours (1795). TRIAL (Marie-Jeanne Milon, épouse en secondes noces d'Antoine), née à Paris en 1746, morte en 1818, débuta au Théâtre-Italien en 1766, sous le nom de Félicité Mandeville, par les rôles de *Laurette* dans le *Peintre amoureux*, et de *Perrette* dans les *deux Chasseurs*, et fut obligée, par le mauvais état de sa santé, de quitter le théâtre en 1786. Elle partagea les opinions révolutionnaires de son mari, et contribua même, dit-on, à lui donner cette exaltation qui fit son malheur. — TRIAL (Armand-Emmanuel), fils unique des précéd., né à Paris en 1770, mort en 1803, montra de bonne heure des dispositions pour la musique. Il composa celle de 3 opéras comiques, joués sur le théâtre Favart : *Julien et Colette, ou la Milice*, paroles de Parisau, 1788; *Adélaïde et Mirval*, avec Patrat, 1791; les *deux petits Aveugles*, poème de Noël, 1792. — TRIAL (Jean-Claude), violoniste et compositeur, oncle du précéd., né à Avignon en 1734, mort subitement en 1771 à Paris, où il était avec Berton l'un des direct. de l'Opéra, a fait la musique de *Sylvie*, de *Théonis*, de *la Chercheuse d'esprit*, d'*Ésope à Cythère*, de plus. *cantates*, etc. Il fut un des bons violonistes de son temps; mais ses compositions sont froides, sans couleur et sans caractère.

TRIBOLO (Nicolo, dit Le), sculpteur, né à Florence en 1500, fut d'abord placé comme apprenti chez un menuisier, qu'il quitta pour suivre les leçons du Sansovino. Il s'appliqua sans relâche à modeler et à dessiner, et, devenu bientôt assez habile pour travailler de lui-même, fut appelé à Bologne, où il fit, pour la façade de l'église de Ste Pétrone, deux statues en marbre de Sibylles qui enlevèrent tous les suffrages. Employé à Pise par Anastase de Pietra-Santa, sculpteur habile et son intime ami, il travailla ensuite pour François Ier, et pour Clément VII, auq. il facilita la prise de Florence en 1529. Les gr.-ducs de Toscane, Alexandre et Cosme Ier, l'employèrent aussi, notamment à l'occasion des fêtes offertes à Charles-Quint lors de son passage à Florence, après l'expéditon de Tunis, et pour celles du mariage d'Éléonore de Médicis avec le vice-roi de Naples. Les plus remarquables ouvr. de Tribolo sont : une statue de la *Nature*, placée par François Ier dans le château de Fontainebleau ; deux figures de *Victoires*, sculptées sur une des faces de la citadelle élevée à Florence par le grand-duc Alexandre; les groupes de marbre dont il orna, par l'ordre de Cosme Ier, la fontaine de son château de Castello, et parmi lesq. on admire surtout une *Nymphe* qui, en pressant ses cheveux, en fait sortir de l'eau. Son siècle enfin ne lui offrit pas de rival dans la sculpture ; mais il ne réussit pas aussi bien quand il voulut être ingénieur et diriger le cours des eaux du territoire de Florence. Il mourut en 1550.

TRIBONIEN (Tribounianos), célèbre jurisconsulte, né à Side en Pamphilie vers le commencement du 6e S., d'une famille obscure, sut réunir aux connaissances les plus étendues et les plus variées beaucoup de douceur et d'urbanité, un esprit souple, insinuant, persuasif, une gr. facilité d'élocution et un talent merveilleux pour apprêter la louange. Avec tous ces avantages, il ne pouvait manquer de s'élever aux plus hautes dignités. Il plaida quelque temps devant les hautes cours de Constantinople, appelées *préfectures judiciaires*, et ne tarda pas à être admis comme rapporteur au conseil de Justinien qui le nomma successivement questeur, maître des offices, préfet du prétoire, consul, et en fit vraiment un premier ministre sous ces titres divers. Lorsque l'empereur voulut reconstruire l'édifice d'une nouvelle législation avec les matériaux nombreux, mais épars et confus, que lui offrait l'ancienne, ce fut Tribonien qu'il mit à la tête de cette vaste entreprise. C'est donc à lui qu'il faut rapporter la plus grande partie des éloges et des reproches qui ont été adressés à la compilation ordonnée par le chef de l'empire. Tribonien s'associa, il est vrai, pour collaborateurs, Théophile, Dorothée, les deux Constantin, Cratinus, Étienne, Mennas, Prosdocius-Fulthomius, Timothée, Thalalée, Léonide, Léontius, Platon, Jacques et Jean; mais leurs travaux furent entièrem. subordonnés à sa direction. Les trois collections qui sortirent de leurs mains sont : le *Code*, le *Digeste* (qu'on appelle aussi les

Pandectes) et les *Institutes*. Le *Code* fut destiné à réunir toutes les constitutions des empereurs et à établir entre elles une parfaite harmonie. Terminé au bout d'un an, il fut question de rassembler aussi en un corps d'ouvrage les lois proprem. dites, les plébiscites, les sénatus-consultes, les édits prétoriens, en un mot, l'ancienne et la plus belle jurisprudence de Rome. Cette tâche était immense. Il est vrai que le chef de la compilation justinienne reçut toute latitude pour modifier et supprimer ce qui pouvait gêner son plan et pour ajouter au besoin. Quant aux points controversés entre les auteurs, la solution en fut donnée par 50 décisions impériales, dont c'était là l'unique objet. Ainsi s'éleva, dans l'espace de trois années, l'immense monument qui reçut le nom de *Digeste* ou de *Pandectes*. L'on eut aussi l'idée toute nouvelle de rédiger des *Institutes* ou *Éléments* de droit qui fussent en harmonie avec la nouvelle législation et en rendissent l'étude plus facile. Pour ce travail, moins important que les autres, Tribonien ne s'associa que deux collaborat., Théophile et Dorothée. Toute la compilation, ainsi formée de trois parties, ne coûta que quatre années à ses rédacteurs. Commencée en 530, elle fut achevée en 534. Toutefois on ne s'en tint pas là ; on publia une seconde édit. du *Code* pour y faire quelques modificat. et pour y introduire les 50 décisions postérieures dont nous avons parlé. Ce nouveau *Code*, appelé par les légistes le *Codex repetitæ prælectionis*, est le seul qui nous soit parvenu. Plus tard, Justinien ne se fit pas scrupule d'ajouter ou de retrancher, de déroger même à sa propre législation par de nouvelles constitutions, qu'on recueillit aussi après sa mort sous le titre de *Novelles*, et qui composent aujourd'hui avec le *Code*, le *Digeste* et les *Institutes*, ce que nous nommons le *Corpus juris justinianeum*. Ce ne sont là pour nous sans doute que des lois mortes ; mais c'est la raison écrite qui a présidé à la rédaction de toutes nos lois modernes. A ce titre, l'habile jurisconsulte, par qui fut rédigé un si gr. ouvrage, a des droits à notre reconnaissance. Ce n'est pas que ses compilations soient parfaites ni qu'elles aient atteint le degré de perfection qu'elles auraient eu s'il se fût moins pressé de remplir sa tâche. Il méritait de sévères reproches qui ne lui ont point été épargnés. Seulement nous considérerons en lui l'homme et le magistrat, et nous rappellerons que plus d'une fois il fit un trafic honteux de la justice. Dire qu'il eut Justinien pour complice, ce n'est point le justifier, c'est expliquer son impunité. Il était encore en pleine faveur lorsqu'il mourut vers l'an 547 de Jésus-Christ (*v.* Ludewig : *Vita Justiniani Magni atque Theodoræ Augustorum, necnon Triboniani*, Halle, 1731, in-4).

TRIBOULET, fou en titre d'office, né à Blois vers la fin du 15e S., suivit Louis XII en 1509 dans son expédition contre les Vénitiens, et, après la mort de ce bon maître, fut pris en affection par François Ier, qui se plaisait, dit-on, à lui demander son avis sur des cas embarrassants. Les réponses que l'on prête à ce pauvre idiot prouveraient qu'il avait à lui seul plus d'esprit et de jugement que tous les membres du conseil royal. Elles ont été imaginées à plaisir et recueillies sans examen par les compilateurs d'*anas*, de *dictionnaires* et de *récréations historiques*. Suivant Bernier (*Hist. de Blois*), Triboulet, loin d'être un de ces fous spirituels qui réjouissent par de bons mots ou qui disent au hasard quelque chose de sententieux, n'était, malgré sa célébrité, qu'un misérable imbécile dont les naïvetés sans doute n'auraient point été remarquées sans le bonheur qu'il eut d'obtenir la bienveillance de deux rois. Jean Marot et Rabelais ont daigné s'occuper de Triboulet, et M. Victor Hugo, dans sa comédie : *le Roi s'amuse*, lui a donné une importance à laquelle le pauvre idiot ne se serait sans doute jamais attendu.

TRIBUNO (Pierre), doge de Venise, élu par le peuple en 888, mort en 912, gouverna l'état avec sagesse et bonté, obtint de l'empereur d'Orient la dignité de protospapathaire, et de l'emper. d'Occident, Gui ou Guido de Spolette, plus. privilèges pour les Vénitiens ; il eut le prem. à repousser les invasions des Hongrois, et les défit, en 906, devant Rialto et Malamocco. — TRIBUNO-MEMMO, doge de Venise, élu en 979, s'étant déclaré pour le parti des *caloprini* contre celui des *morosini*, commença une guerre civile qu'il n'eut plus le pouvoir d'arrêter. Les *caloprini* s'étant détachés de lui, en 983, pour rechercher la protect. d'Othon II, il exerça sur toute leur maison des vengeances implacables, et après leur avoir permis, en 988, de rentrer à Venise, à la sollicitation de l'impératr. Adélaïde, il les laissa massacrer par les *morosini*. Son fils Maurice, qu'il envoya à Constantinople, en 991, pour lui assurer la success. de sa dignité, le trouva mort à son retour, et fut écarté par le peuple, qui préféra Pierre Oviéolo.

TRICALET (Pierre-Joseph), écrivain ascétique, né à Dole en 1696, destiné, jeune encore, à l'état ecclésiastique, fut envoyé à Nozeroy pour y faire son cours de philosophie sous les cordeliers ; mais on fut obligé de le renvoyer à sa famille. Ni cet affront, ni la douleur qu'en éprouva sa mère ne purent le déterminer à changer de conduite. Arrivé à l'âge de prendre un état, après une retraite au séminaire, il retourna secrètem. aux cordeliers de Nozeroy, résolut de rompre toutes ses habitudes ; il prit quelq. temps après ses degrés en théologie, fut ordonné prêtre, et fit dès-lors de rapides progrès dans l'étude des sciences sacrées et dans la pratique de toutes les vertus chrétiennes. Pourvu d'une cure considérable, il la résigna sur-le-champ et vint à Paris, où il entra, en 1721, dans la communauté de St-Nicolas-du-Chardonnet ; il y remplit successivem. les fonct. de prof. et de supér., fut nommé l'un des gr.-vicaires de l'archev. de Paris, et se retira en 1744 à Villejuif, où il mourut en 1761. On a de lui : *Abrégé du Traité de l'amour de Dieu de St François de Sales*, Paris, 1756, in-12. — *Bibliothèq. portative des Pères de l'Église*, ibid., 1758-62, 9 vol. in-8 ; ibid., 1787, 8 vol. in-8. — *Précis historiq. de la vie de J.-C.*, ibid., 1760, in-12; 1777. — *Les Motifs de crédibilité*, etc., ibid., 2 vol. in-12.

TRICAUD (Anthelme), littérat., né à Belley en 1671, embrassa l'état ecclésiastique, et fut pourvu d'un canonicat du chapitre d'Ainay, à Lyon. Mais ayant excité des troubles dans le chapitre par son opposit. à la bulle *Unigenitus*, il fut exilé en 1735 à Paris, et il y mourut en 1739. Il est souvent désigné par le titre d'abbé de Belmont. On a de lui : *Remarques critiq. sur la nouv. édit. du Dictionn. historiq. de Moréri donnée en 1704* (par Vaultier), Paris, 1706, in-12. Bayle les fit réimpr. avec un avertissem. et des notes, 1706, in-8 ; et dep. 1730 on les retrouve dans toutes les édit. de son *Dictionnaire*. — *Hist. des dauphins français et des princesses qui ont porté en France la qualité de dauphines*, Paris, 1713, in-12. — *Campagnes de M. le prince Eugène en Hongrie et des généraux vénitiens en Morée pend. les années 1716 et 1717*, Lyon, 1718, 2 vol. in-12. — *Relation de la mort du feu pape (Innocent XIII) et du conclave assemblé pour l'élect. de Benoît XIII*, Nancy, 1724, in-12.

TRICHET-DUFRESNE (Raphael), numismate et bibliophile, né à Bordeaux en 1611, s'attacha au duc d'Orléans (Gaston), qui lui fit entreprendre plusieurs voyages pour recueillir des antiquités et des objets d'art. Lors de la fondat. de l'imprimerie royale, il en fut nommé le correcteur. Il succéda plus tard à Gabriel Naudé dans la place de biblioth. de la reine Christine, qu'il accompagna dans son premier voyage en Italie, où il acheta pour son propre compte, et à vil prix, une foule de livres rares et curieux. Il mourut à Paris en 1661. On a de lui les *Vies de Léonard de Vinci et de L.-B. Alberti*, insérées dans le *Trattato della Pittura*, dont il donna la prem. édit., 1651. — *Fables div., tirées d'Ésope et d'autres aut., avec des explicat.*, Paris, 1659, 1689, in-4, fig. de Sadeler.

TRICOT (Laurent), maître-ès-arts et instit. en l'univers. de Paris, mort dans cette ville en 1778, est auteur de deux ouvr. élémentaires pour l'enseignement de la langue latine : *Nouv. Méthode*, Paris, 1754, in-12, réimpr. plus. fois. — *Rudiment*, 1756, in-12 ; ibid., 13ᵉ édit., 1776. Ces deux ouvr. utiles eurent un gr. succès et le méritaient. S'ils ont cessé de figurer parmi les livres élémentaires, il faut en chercher la cause dans les progrès qu'a faits, depuis un demi-siècle, l'art d'apprendre les langues. — Tricot (l'abbé), chanoine de St-Quentin, né en 1754 à Paris, où il mourut sur l'échafaud révolutionn. en 1794, a publié plus. pièces en vers et en prose dans l'*Almanach des Muses* et dans d'autres recueils, notamment dans celui de la *Société nationale des Neuf-Sœurs*.

TRIER (Jean-Paul), directeur des mines de Glucksbrunn, né à Mora, dans le duché de Saxe-Meinungen, en 1687, mort en 1768, vit le tzar Pierre-le-Grand, en 1711, à Dresde, et sut gagner son estime. Il est auteur de plus. ouvr. sur l'hist. de la religion réformée, dans lesq. il ne ménagea pas les ministres. A leur tour, les ministres ne l'épargnèrent point en chaire, et le consistoire de Meiningen porta même plainte contre lui au duc régnant. Ses écrits les plus connus sont : *Observat. sur le livre de la concorde*, etc. (allem.), Francfort et Leipsig, in-4. — *Observat. sur le catéchisme de Heidelberg ; Biographie de J.-P. Trier, écrite par lui-même, et publ. après sa mort par un de ses amis*, Eisenach, 1770, in-8.

TRIEST (Antoine), prélat belge, né au château d'Auweghem, près d'Audenaerde, en 1576, obtint l'évêché de Bruges en 1616, et passa peu de temps après sur le siège de Gand. Il édifiait par son exemple plus encore que par ses discours ; charitable envers les pauvres, il protégea les lettres et les arts, cultiva la botanique avec amour, et fut l'ami de Rubens, de van Dyck, de Téniers et de tous les grands artistes de son temps. Il mourut en 1657, léguant sa bibliothèque aux carmes déchaussés, des sommes considérables au mont-de-piété, afin que cet établissem. pût prêter aux pauvres sans intérêt, d'autres sommes pour l'embellissem. de son église, enfin le tiers de sa fortune aux pauvres de Gand, auxquels, par une autre de ses fondations, on répartissait chaque jour 30 pains, et tous les mois un certain nombre de chemises (v. l'*Éloge* de ce prélat dans le *Discours sur l'état ancien et moderne de l'agriculture et de la botaniq. dans les Pays-Bas* (par Vanhulthem), 1817, in-8).

TRIEWALD (Samuel), conseiller du duc de Holstein-Gottorp, né à Stockholm en 1688, mort en 1742 dans le Holstein, accompagna l'ambassad. du duc, qui se flattait d'obtenir le trône de Suède. On prétend qu'il parlait et écrivait 9 langues. Il a laissé des *Poésies* allem. et des traduct. en vers suédois de plusieurs morceaux de Boileau et de La Fontaine. — Triewald (Martin), ingénieur, frère du précéd., né à Stockholm en 1691, fit un séjour de dix années en Angleterre, où il suivit les cours de physique de Desaguliers, et gagna la confiance de Newton. De retour en Suède, il obtint des emplois importants et répandit le goût des sciences physiques en inventant ou en perfectionnant plus. procédés utiles. S'étant beauc. occupé d'une machine au moyen de laquelle on pût vivre sous l'eau, il écrivit à ce sujet, en suédois, un *Traité* qui fut impr. deux fois, Stockholm, 1741, in-4, fig. Cet habile mécanicien mourut en 1747, membre de la société royale d'Upsal, de l'acad. de Stockholm et de la société royale de Londres.

TRIGAN (Charles), historien, né en 1694 à Quètreville, diocèse de Coutances, embrassa l'état ecclésiastique, fut nommé à la cure de Digoville, et mourut en 1764. On a de lui : *Hist. ecclésiastiq. de la province de Normandie*, Caen, 1756-61, 4 vol. in-4. Elle finit en 1204 ; mais l'auteur en a laissé la continuation MS. jusqu'au 14ᵉ S.

TRIGAUT (Nicolas), *Trigautius*, jésuite, né à Douai en 1577, s'embarqua pour Goa en 1607, arriva dans cette ville la même année, et n'en partit qu'en 1610 pour Macao, d'où il aborda enfin à la Chine. Chargé bientôt après d'aller exposer en Europe l'état et les besoins des missions, il résolut, à son arrivée dans l'Inde, de poursuivre son voyage par terre, et traversa en pèlerin la Perse, l'Arabie déserte et une partie de l'Égypte; il fut présenté par ses supérieurs, à Rome, au pape Paul V, qui lui fit l'accueil le plus flatteur, et, ayant obtenu ce qu'il désirait, il repartit pour la Chine, où il arriva 7 ans après en être sorti, amenant avec lui près de 44 missionnaires. Malgré l'extrême délicatesse de sa santé, il accepta l'administrat. spirituelle de trois vastes provinces, se livra sans relâche aux fonct. de son ministère, et sut trouver du temps pour étudier l'histoire et la littérature des Chinois. Épuisé de fatigues, il mourut à Nanking en 1628. On citera de lui : *Epistola de suâ in Indiam navigatione*, ins. dans l'ouvr. de P. Jarric. — *Hist. des choses les plus mémorables advenues dans les Indes*, t. III, p. 1-41. — *De christianâ expeditione apud Sinas susceptâ ab societate Jesu, ex Matthœi Riccii comment. lib. V*, Augsb., 1615, in-4; Lyon, 1616, in-4; Cologne, 1617, in-8, avec addit.; trad. en franç. sous le titre de *Voyage des PP. jésuites en Chine*, Paris, 1617, in-8, et en espagnol par Ed. Fernandez, 1621, in-4. — *De christianis apud Japonios triumphis, sive de gravissimâ ibidem persecutione contra fidem Christi, exortâ anno* 1612, *libri V*, Munich, 1623, in-4, fig.; trad. en français par le P. P. Morin sous ce titre: *Hist. des martyrs du Japon dep. l'an* 1612 *jusqu'en* 1620, Paris, 1624, in-4. — Un *Vocabulaire chinois*, 3 vol. — Une *Paraphrase latine des cinq king*, etc. (v. la Bibl. societ. du P. Southwel, page 637).

TRIGLAND (JACQUES), théologien, né à Harlem en 1652, mort en 1705 à Leyde, où il avait été deux fois recteur de l'univers., se signala par son ardeur intolérante dans les disputes sur le système de Jacques Arminius et des remontrants. Parmi ses nombreux ouvrages on distingue : *De civili et eccles. potestate, et utriusque ad se invicem tùm subordinatione, tùm coordinatione*, etc., Amst., 1642, in-12. — *De Josepho patriarchâ in sacri bovis hieroglyphico ab Ægyptiis adorato*, Leyde, 1700, in-4. — *Conjectanea ad quædam obscura fragmenti de Dodone loca*, dans le *Thesaur. antiq. grœc. Gronovii*, t. VII.

TRIGUEROS (don CANDIDE-MARIE), littér. espagnol, né en 1736 à Orgaz, en Castille, embrassa l'état ecclésiastiq., obtint un bénéfice à Carmone, et profita de ses loisirs pour écrire un gr. nombre d'ouvrages, où généralement l'on remarque de la précipitat. et de la négligence. Ses ouvr. les plus estimés sont : *el Poeta filosofo, o poesias filosoficas*, en vers pentamètres, sans nom d'auteur, Séville, 1774, in-4. — *Poesias de Melchior Diaz de Toledo, poeta del siglo XVI*, Séville, 1776, poète supposé, sous le nom duquel l'aut. fit passer ses propres vers avec succès. — *S. Felipe Neri al clero*, Séville, 1784, in-4. — *La Riada* (l'inondation), poème allégorique sur le débordement du Guadalquivir, Séville, 1784. — *Los Menestrales* (les artisans), l'une des meilleures comédies du théâtre espagnol, au jugem. de Sempère, Madrid, 1784. On lui doit encore des *Dissertat.*, des *Discours*, des *Rapports*, sur des objets d'antiquités, d'hist. naturelle et d'économie politique; enfin il a laissé de nombreux MSs., parmi lesq. on cite 9 tragéd , 9 coméd., 5 pastorales, des traduct. en vers castillans du *Livre des psaumes*, des *Églogues* et de l'*Énéide* de Virgile, de div. morceaux de l'*Iliade* et de l'*Odyssée*, de plusieurs *Odes* d'Anacréon, de Sapho, de Pindare, d'Horace, de divers passages de Sophocle et d'Euripide. Trigueros fut membre de l'acad. des bonnes lettres, de la société économique de Séville, correspond. du Jardin-Royal de Madrid, associé honoraire de la société économiq. de San-Lucar, et biblioth. des études roy. à Madrid.

TRILLER (DANIEL-GUILLAUME), poète, né à Erfurt en 1695, mort en 1782, profess. à l'univers. de Wittemberg avec le titre de conseill. et de méd. de l'élect. de Saxe, avait été médecin du prince de Nassau-Saarbruck, avec leq. il fit un voyage en Suisse, en France et en Hollande. Ses *Poésies* se distinguent surtout par la propriété, la clarté et l'élégance de l'expression; mais on n'y trouve ni cette force de génie ni cette ardeur d'imagination, prem. qualités du vrai poète. Il eut de plus le tort d'écrire contre la *Messiade* de Klopstock, pour tourner en dérision les hexamètres de la poésie allem. Ses principaux ouvr., tous en allem., sont : *Considérations poétiques sur différents objets pris dans l'histoire naturelle et la morale, avec des morceaux trad. du grec et du latin*, Hambourg, 1750-55, 5 vol. in-8. — *Nouv. fables à la manière d'Ésope*, Hambourg, 1750, in-8. — *Enlèvem. du prince de Saxe, ou le Charbonnier bien récompensé, en IV liv. avec grav. et observat. historiq.*, Francfort, 1745, in-8. — *Wurmsamen, ou la Semence de vers*, poème épique, prem. chant, 1751, in-8. — *L'Inoculation*, poème physique et moral, 1766, in-8.

TRIMMER (mistriss SARA), dame anglaise, morte en 1815, a consacré une partie de sa vie à l'instruction et au perfectionnement moral de la jeunesse, et a composé dans ce but plus. ouvrages estimables, parmi lesquels nous citerons : *Introduction à la connaissance de la nature et à la lecture des écritures saintes*, traduite en français. — *Histoires fabuleuses, destinées à enseigner le traitement qu'on doit aux animaux*, traduites en français par David de St-George, Genève, 1789, 2 vol. in-12. — *l'Économie de la charité*, 1787, in-12; l'auteur y fait un appel aux dames riches et bienfaisantes en faveur des écoles gratuites ouvertes le dimanche aux jeunes filles sans fortune, etc. On a publié en 1816: *Mémoire sur la vie et les écrits de mistriss Trimmer*, Londres, 2 vol. in-8.

TRIMOND (CHARLES de), prieur de Cabrières, né à Nîmes en 1620, mort à Fontainebleau en 1686, s'acquit une si grande réputation par ses remèdes contre toutes sortes de maladies, que Louis XIV le fit venir à Paris en 1680, pour la duchesse de Fontanges, attaquée d'une hémorragie rebelle à tous les efforts de la médecine. Toute la cour cria merveille, et crut la duchesse guérie; mais elle mourut l'année suivante de la maladie dont on la disait délivrée. Louis XIV appela cependant une seconde fois le prieur de Cabrières en 1686, sans doute pour lui demander quelque recette contre la fistule, dont il subit toutefois l'opération la même année. C'était surtout contre les hernies que l'habile prieur prétendait avoir un puissant spécifique. Le roi voulut en apprendre la composition, promit de garder le secret jusqu'à la mort de l'inventeur, et, pour rester fidèle à sa parole, prépara long-temps lui-même le breuvage et l'emplâtre qui formaient le remède. Aussitôt après le décès de l'abbé de Trimond, on publia la formule de son spécifique sous le titre de *Remède du prieur de Cabrières*. On trouve à ce sujet quelques détails dans l'*Histoire du Moxa* de Valentin. Dionis, dans son *Cours d'opération de chirurgie*, dit que le prieur de Cabrières n'était point un charlatan, et qu'il donnait volontiers ses remèdes aux indigents, bien qu'il en gardât le secret.

TRINCANO (Didier-Grégoire), ingénieur, né à Vaux, en 1719, obtint la place de profess.-adjoint à l'école d'artillerie de Besançon. Il servit comme ingénieur au siége de Fribourg (1744), en Provence, en Italie et enfin au siége de Berg-op-Zoom (1747), et revint à la paix reprendre ses modestes fonctions de profess. suppléant. En 1754 il remporta le prix des arts à l'acad. de Besançon, par un mémoire sur cette question : *Quelle serait la manière la plus économique de fabriquer du sel en Franche-Comté ?* Deux ans après il fut envoyé au dey de Tunis, qui demandait à la France des ingénieurs, et fit fortifier la ville de Kairovan. Nommé à son retour profess. de mathématiques des chevau-légers et des pages, il établit à Versailles une école qui a fourni des élèves distingués et imagina plus. systèmes de fortification, qui, malgré son espoir, n'ont pas prévalu contre ceux de Cohorn et de Vauban. Il mourut vers 1792. On a de lui : *Discours sur les fortifications*, etc., Besançon, 1755, in-4 ; — *Éléments de fortification*, etc., Paris, 1768, in-8, 1786, 2 vol. in-8, avec 51 pl. ; — *Traité complet d'arithmétique*, ib., 1781, 1787, in-8. — Trincano (Louis-Charles-Victoire), fils du précédent, né à Besançon en 1754, fut, jeune encore, adjoint à son père comme profess. à l'école de Versailles. Il obtint de l'emploi dans les bureaux de la guerre, se fit ensuite recevoir avocat au parlem. et ne tarda pas à se faire connaître au barreau. Il venait de concourir pour une chaire à la faculté de droit, quand la mort l'enleva en 1785. On cite de lui : *Nouveau système d'ordre renforcé*, dans les *Éléments de fortification de son père*, t. I, p. 266 ; — *Mémoires sur les logarithmes et quantités négatives*, à la suite du *Traité d'arithmétique* de son père.

TRINCAVELLI (Victor), l'un des grands médecins du 16e S., né en 1496 à Venise, se distingua, jeune encore, comme praticien habile et comme savant helléniste, et ne tarda pas à être pourvu d'une chaire de philosophie ; il s'occupa dès-lors de préparer de nouvelles éditions d'une foule d'auteurs grecs, qui n'étaient connus que par des versions lat. infidèles ou défectueuses. S'étant dévoué généreusement pour le salut des habitants de l'île Murano, atteints d'une maladie épidémique, il vit s'accroître sa réputation, fut à son retour reçu en triomphe par ses concitoyens et admis, par acclamation, au collège de médecine. Choisi, en 1551, pour succéder à J.-B. Monti dans la faculté de Padoue, il exerça sur cette école une influence prodigieuse, dont il usa pour rappeler les élèves à l'étude des médecins grecs et notamment d'Hippocrate, sans être injuste pourtant à l'égard des Arabes. Il servit l'humanité jusqu'aux dern. jours de sa vieillesse avec un zèle qui ne put être égalé que par son désintéressement, et mourut en 1568. On a de lui des édit. *princeps* des *OEuvres* de Thémistius, 1534, pet. in-fol. ; des *Commentaires* de Jean-le-Grammairien sur Aristote, 1535-36, 4 vol. in-fol. ; de l'*Histoire de l'expédition d'Alexandre* par Arrien, 1535, in-8 ; des *Sentences* de Stobée, 1535, in-4 ; des *Poèmes* d'Hésiode, 1537, in-4, etc. Ses *OEuvres médicales* ont été recueillies en 2 vol. in-fol., Lyon, 1586, 1592 ; Venise, 1599, avec la *Vie* de l'aut. par Maruccini (v. les *Scrittori venez.* du P. Degli Agostini, t. II, p. 529).

TRINCI (Conrad de), prince de Foligno, fut élevé à la souveraineté en 1377 par l'influence du parti gibelin, après l'assassinat de son frère Trincio de Trinci, et conserva son indépendance au milieu des guerres civiles qui désolaient l'Italie ; mais assiégé dans Foligno en 1439 par le patriarche Vitelleschi, qui s'introduisit dans la ville par trahison, il eut la tête tranchée ainsi que ses deux fils, et sa principauté fut réunie à l'état de l'Église.

TRIONFETTI (Jean-Baptiste), botaniste, né à Bologne en 1656, peut être regardé comme le fondateur du jardin botanique de Rome, quoiqu'il existât avant lui. Nommé directeur de cet établissement en 1698, il parvint à y rassembler environ six mille espèces tirées en grande partie des états romains, collection considérable qui avait le mérite de recomposer la flore du *Latium*. Il mourut en 1708. On a de lui : *Observationes de ortu et vegetatione plantarum, cum novarum stirpium historiâ*, Rome, 1685, in-4 ; — *Sylloge plantarum horto romano additarum*, ib., 1687, in-4, etc. — Trionfetti (Lelio), frère aîné du précéd. et meilleur botaniste que lui, mort à l'âge de 75 ans, en 1722, à Bologne, où il avait professé, pendant 40 ans, la philosophie et l'histoire naturelle, a beaucoup écrit, mais n'a rien fait imprimer. On trouve le catalogue de ses ouvrages inédits dans les *Scrittori bolognesi* de Fantuzzi, t. VIII, p. 118.

TRIP (Luc), poète hollandais, né à Groningue, dont il fut magistrat, et où il mourut en 1783, s'est placé parmi les poètes les plus distingués de sa nation par un recueil de méditations poétiques sur des sujets religieux, portant le titre de *Loisirs utilement employés*, Leyde, 1774, in-8.

TRIPPEL (Alexandre), sculpteur, né à Schaffhouse, en 1747, se distingua par la noble simplicité de l'invention, non moins que par la finesse, la netteté et la justesse de l'exécution. Dans un séjour de trois ans qu'il fit à Paris, il conquit l'estime des connaisseurs par le beau modèle de son groupe allégorique sur la Suisse. Il se rendit ensuite à Rome où il fut chargé de différents travaux pour la Russie; et il y mourut en 1795.

TRIPTOLÈME (mythologie), fils de Céléus, roi d'Éleusis, fut nourri par Cérès, qui même avait voulu lui donner l'immortalité. Ayant appris de cette bonne déesse l'art de cultiver la terre, il vint le premier l'enseigner dans la Grèce. Les Athéniens se gouvernèrent d'abord d'après les lois qu'il leur avait données.

TRISSINO (GIOVAN-GIORGIO), poète italien, appelé en France Trissin ou le Trissin, naquit à Vicence en 1478. Il perdit son père en bas âge, et il ne paraît pas que sa mère ait pris un grand soin de son éducation littéraire. Il commença ses études assez tard; mais il répara promptement le temps perdu, et la littérature ancienne lui devint bientôt familière. Dès les premières années du pontificat de Léon X, il revint à Rome, où ses talents et son savoir lui concilièrent l'estime publique. Il n'était encore connu que par quelques essais, lorsqu'il donna en 1514 ou 1515 sa célèbre *Sophonisbe*, la première tragédie raisonnable et purement écrite que l'Europe ait vue, dit Voltaire, après tant de siècles de barbarie. Cette pièce, son principal titre de gloire, malgré de nombreuses imperfections, fait époque dans l'histoire de la versification italienne : elle est écrite en vers non rimés (*versi sciolti*), à l'exception d'un fort petit nombre de passages, tels que les chœurs; et cette liberté, qu'on lui reprocha d'abord, a été généralement adoptée par les auteurs dramatiques de l'Italie. Au 16e S. la culture des lettres ne paraissait point incompatible avec l'esprit des affaires. Trissin fut chargé par Léon X de plusieurs négociations importantes à Venise, auprès du roi de Danemarck, Christian II, et des emper. Maximilien et Charles-Quint, et il sut s'en acquitter à la satisfaction de tout le monde : ces deux derniers souverains lui accordèrent plus d'une marque honorable de leur estime. Après la mort de Léon X (1521), il revint à Vicence, où il profita de ses loisirs pour publier, en 1529, plusieurs écrits relatifs à l'orthographe italienne, à la grammaire, à la poétique. Entre autres réformes grammaticales, il proposait de ne plus confondre les voyelles *i* et *u* avec les consonnes *j* et *v*; c'est la seule de ses idées que les Italiens aient adoptées : les autres furent vivement combattues et n'eurent guère de défenseurs. Il fut arraché par Clément VII à ses études critiques et philologiques, et envoyé de nouveau à Venise et à la cour de Charles-Quint; mais il ne tarda pas à revenir à Vicence, d'où il faisait habituellement quelq. voyages à Rome. L'état de sa fortune était florissant, grâce aux bienfaits des papes et des empereurs; mais de grands chagrins étaient réservés à sa vieillesse. Il eut à plaider d'abord contre des communes qui dépendaient de lui, et ensuite contre un de ses fils, né d'un premier mariage, qui réclama l'héritage de sa mère et réussit à le dépouiller de la plus grande partie de ses biens. Pour dissiper la douleur que lui causait ce scandaleux procès, le Trissin poursuivait dans le même temps ses travaux littéraires avec beaucoup de courage, soit à Vicence ou à l'Isola di Murano, près de Venise, ou à Rome. Il avait entrepris, depuis 1525, le poème de l'*Italia liberata da' Gotti*; et en 1547, outre sa comédie des *Simillimi* ou des *Ménechmes*, il publia les neuf premiers chants de ce grand ouvrage; les autres parurent l'année suiv., au nombre de dix-huit. La comédie est bien médiocre : le poème est tombé depuis long-temps dans l'oubli, et le mérite. Après avoir perdu son procès contre un fils dénaturé, il se réfugia, en 1549, à Rome, et il y mourut l'année suiv. à 71 ans. Une édit. de ses *Œuvres complètes* a été donnée par Scipion Maffei, Vérone, 1729, 2 vol. pet. in-fol., dont le premier contient ses poésies, le second ses écrits en prose. Quelques autres personnages, selon toute apparence de la même famille, sont mentionnés dans les articles suivants. — TRISSIN (Léonard), habitant de Vicence, ayant embrassé contre Venise le parti de l'empereur Maximilien, essaya, en 1509, de prendre possession de Trévise au nom de ce prince, et n'y réussit point. La même année, commandant pour le même souverain dans Padoue, il ne put empêcher la faible garnison de se rendre à André Gritti. Fait prisonnier de guerre, il n'échappa au supplice que par sa qualité de commissaire impérial (v. l'*Hist. de Venise*, de Daru, liv. 20, nos 10-15). — TRISSIN (Louis), de Vicence, professeur de philosophie à Ferrare, dès l'âge de 20 ans, mort en 1543, victime de son inconduite, à peine âgé de 26 ans, est auteur d'un in-8 intitulé : *Problematum medicinalium libri VI, ex Galeni sententiâ*, Bâle, 1547, et réimpr. à Padoue en 1629. — TRISSINO (Antonio-Maria), chevalier vicentin de l'ordre des camaldules, fit imprimer en 1549, sous le nom du Solitaire (*del Solitario*), des *Poésies sacrées et morales*, in-12. — TRISSINO (Gaspar), de Vicence, clerc régulier somasque, a traduit en vers latins la *Sophonisbe* de Giovan-Giorgio Trissino, et dédié cette version au pape Urbain VIII (1623-1644). On ne l'a point impr., mais il s'en conserve deux MSs. chez les somasques de Vicence.

TRISTAN (NUNO), voyageur portugais, fit un premier voyage aux côtes d'Afrique en 1440, et reçut de Gonzalez la dignité de chevalier, dans le lieu qui en prit le nom de *Puerto del Cavallero*. Il s'avança ensuite jusqu'au cap Blanc, et n'y ayant trouvé que des traces d'habitations, sans aucun habitant, remit à la voile pour le Portugal. Dans un second voyage en 1443, il découvrit quelques îles voisines de la côte, ramena des esclaves et quelq. richesses; il en entreprit un troisième en 1446, et enleva 20 esclaves. Le prince Henri, émerveillé de résultats qui lui en faisaient espérer de plus grands, le pressa de partir en 1447. Cette fois Tristan s'avança jusqu'au Rio-Grande, à 60 lieues au-delà du cap Vert; mais ayant entrepris de remonter le fleuve, il fut assailli par une multitude de nègres armés de flèches empoisonnées, et succomba avec la plupart des siens.

11.

TRISTAN (Louis), grand-prevôt de Louis XI, né dans les premières années du 15e S., servit avec quelq. distinction dans les guerres de Charles VII contre les Anglais, et fut créé chevalier par Dunois en 1451, sur la brèche de Fronsac, où il avait fait preuve d'une rare intrépidité. Il servit ensuite sous Louis XI, et fut remarqué de ce prince, qui l'attacha à sa personne avec le titre de grand-prevôt de son hôtel : dès lors il ne fut plus que l'exécuteur des ordres de son souverain. Louis XI le menait partout à sa suite, l'appelant son *compère*, familiarité qui caractérise à la fois et le monarque et le ministre digne d'être l'ami d'un tel prince. Valet en tout semblable à son maître, il le surpassa peut-être par son insouciante facilité à commettre le crime, et par l'affreux talent de plaisanter au milieu de ses terribles fonctions. Le *compère* de Louis XI mourut dans un âge avancé, laissant de gr. biens à son fils, Pierre Tristan-l'Ermite.

TRISTAN (Louis), peintre, né en 1586 à Tolède, où il mourut en 1640, fut l'élève de Dominique Théotocopulos, surnommé *le Grec*, dont il sut, avec un rare discernement, acquérir les qualités brillantes en évitant ses défauts. Vélasquez le préféra pour maître à tous les artistes qui florissaient en Europe, et ce choix suffit pour prouver de quelle réputation il jouissait alors. Il n'avait que trente ans lorsqu'il peignit les célèbres tableaux du grand autel d'Ypres. Son tableau de la *Trinité* est de 1626 : le *Moïse frappant le rocher*, et *Jésus au milieu des docteurs de la loi*, passent pour ses deux chefs-d'œuvre. On les conserve à Madrid.

TRISTAN (Jean), sieur de St-Amand et du Puy-d'Amour, sav. et laborieux numismate, né à Paris vers la fin du 16e S., forma de bonne heure une collection de médailles, la plus nombreuse et la plus belle qu'on eût vue jusqu'alors en France, et fit paraître en 1635 la première partie d'une *histoire des empereurs par les médailles*, dont il promettait la continuation si l'ouvrage était accueilli. Cette prem. partie s'arrêtait à Commode. L'édition en ayant été promptement épuisée, l'auteur en donna une 2e en 1644, avec des corrections et des additions, et y joignit deux autres vol. qui vont jusqu'à Valentinien. La vie de Tristan ne présente plus guère dès lors qu'une suite de querelles sur différents points d'érudition, quelquefois avec ses meilleurs amis. Il mourut en 1656. On a de lui : *Commentaires historiques, contenant l'histoire générale des empereurs*, etc., Paris, 1644, 3 vol. in-fol.— *Traité du Lys, symbole divin de l'espérance*, contenant la juste défense de sa gloire, dignité et prérogative, ibid., 1656, in-4. — Trois ouvrages polémiques contre son ami le P. Sirmond, jésuite, et un contre Angeloni.

TRISTAN-L'ERMITE (François), poète dramatique, né au château de Soliers, dans la Marche, en 1601, se prétendait issu de Tristan-l'Ermite, grand-prevôt de Louis XI, et comptait aussi au nombre de ses ancêtres Pierre-l'Ermite, auteur de la première croisade. Ayant eu le malheur, à l'âge de 13 ans, de tuer en duel un garde-du-corps, il s'enfuit en Angleterre, et bientôt sans ressource, résolut d'aller en Espagne trouver don Juan de Velasquez son parent, mais en passant par le Poitou, il eut recours à la bienveillance de Scévole-de-Sainte-Marthe, qui, charmé de ses dispositions pour les lettres, le retint chez lui 15 ou 16 mois, et lui obtint la place de secrétaire du marquis de Villars-Monpezat. Ce poste l'ayant mis en évidence, il fut reconnu par d'Humières, prem. gentilhomme de la chambre, qui le fit rentrer en grâce. Il s'attacha bientôt après comme gentilhomme, à Gaston, duc d'Orléans, et travailla pour le théâtre. Sa tragédie de *Mariamne*, représentée en 1637, eut un succès jusqu'alors sans exemple. Depuis il compta ses triomphes par ses pièces, toutes oubliées maintenant, si l'on en excepte *Mariamne*. Il entra à l'Acad. franç. en 1649. Mis par ses contemporains à côté de Corneille, Tristan mena toute sa vie une conduite déréglée qui répondait parfaitement au désordre habituel de son extérieur. Il mourut en 1655. On a de lui 5 tragédies, une tragi-comédie, une pastorale et une comédie. Sa *Mariamne* a été réimprimée avec deux autres de ses tragéd., dans le tome II du *Théâtre-Français*, Paris, 1737, 12 v. in-12. On cite encore de lui : *les Amours*, 1638, in-4. — *La Lyre*, *l'Orphée* et *Mélanges poétiques*, 1641, in-4. — *Les Vers héroïques*, 1648, in-4. — *Lettres mêlées*, 1642, in-8. — *Plaidoyers historiques*, 1645 ou 1660, in-8. — *Le page disgracié*, etc., 1643, in-8 ; 1665 ou 1667, 2 vol. in-12. C'est l'histoire de la jeunesse de l'aut., etc., etc. — TRISTAN-L'ERMITE (Jean-Baptiste), seigneur de Souliers, frère du précéd., mort vers 1670, chevalier de St-Michel et gentilhomme ordinaire du roi, cultiva aussi la poésie ; mais il s'appliqua surtout à l'hist. et à la science héraldique. Outre quelques pièces de vers disséminées dans les *recueils* du temps, et une édit. du *Cabinet de Louis XI*, Paris, 1664, in-12, on a de lui un assez grand nombre de compilations généalogiques peu estimées, parce qu'il ne les composait que pour flatter ceux dont il espérait des pensions ou de l'argent. On cite *les Forces de Lyon*, etc., 1658, in-fol. — *Les Corses français*, etc., Paris, 1662, in-12. — *Naples française*, ib., 1663, in-4. — *Histoire généalogique de la noblesse de Touraine*, etc., ib., 1667 ou 1669, in-fol.

TRITHÈME ou TRITHEIM (Jean), historien et théologien, né à Trittenheim, dans l'électorat de Trèves, en 1462, était au berceau quand il perdit son père, et fut tenu long-temps dans la plus profonde ignorance ; à peine à 15 ans avait-il commencé à lire. Emporté par sa passion pour l'étude, que les obstacles n'avaient fait qu'enflammer encore, il prit le parti de quitter la maison maternelle, alla s'instruire à Trèves, puis dans quelques autres villes, particulièrement à Heidelberg, et ne se décida qu'en 1482 à retourner à Trittenheim. Mais, forcé par le mauvais temps de s'arrêter au monastère de Spanheim, à peine y eut-il séjourné une semaine, qu'il demanda à y faire profession. Il était le dernier des profés quand ses confrères l'élurent pour abbé en 1483. Tout en s'occupant de remédier à l'état déplorable de l'abbaye, il montra plus de zèle encore pour la réforme intérieure et morale de sa communauté, exigea des mœurs plus régulières et s'efforça surtout de bannir l'ignorance et l'oisiveté. Il n'avait trouvé dans le couvent que 14 vol., comme il le dit lui-même, et dès 1502 il en avait réuni 1,646, et bientôt après 2,000, collection très considérable pour le temps, et qui ne tarda pas à attirer d'Italie, de France et de toutes les parties de l'Allemagne, une foule de seigneurs, de prélats, de littérat., charmés d'ailleurs de voir et d'entendre l'auteur d'une réforme si rapide. Les princes qui ne pouvaient le visiter eux-mêmes lui envoyaient des nonces et des orateurs pour traiter avec lui d'affaires littér. Quoique ses vertus et sa piété fussent au moins égales à son savoir, il n'en fut pas moins exposé aux accusations banales de sorcellerie, de nécromancie et de magie. En 1505, pendant qu'il était à Heidelberg, où Philippe, comte palatin du Rhin, l'avait appelé pour conférer avec lui sur une affaire monastique, il reçut la nouvelle d'une révolte de ses moines, incapables de supporter plus long-temps un abbé qui prétendait les obliger à s'instruire et à mener une vie régulière. Il se décida à ne jamais retourner auprès d'eux, et fut dédommagé de son sacrifice par l'abbaye de St-Jacques à Wurtzbourg, dont il prit possession en 1506, et où il passa les dix dernières années de sa vie, ne voulant accepter aucune des places plus éminentes qu'on s'empressait de lui offrir. Il mourut en 1516. Parmi les nombreux ouvr. qu'il a laissés, les seuls qui aient conservé quelq. intérêt sont : *Chronique d'Hirsauge de 830 à 1513*, renfermant beaucoup de détails importants qui appartiennent à l'histoire de l'Allemagne et de la France, St-Gall, 1690, 2 vol. in-fol. — *De Scriptoribus ecclesiasticis*, Paris, 1497, 1512, in-4 ; Hambourg, 1718, in-fol. — Deux liv. de *Lettres familières à des princes d'Allemagne*, etc., Haguenau, 1536, in-4. — Deux liv. de *Sermons, ou Exhortations*, etc., Anvers, 1574, in-8 ; Florence, 1577, in-4 ; Milan, 1644, in-4 — *La Polygraphie*, en VI liv., Francfort, 1550, in-4 ; Cologne, 1564 et 1571, in-8 ; Strasbourg, 1609 et 1613, in-8 ; trad. en français, sous le titre de *Polygraphie et universelle escriture cabalistique*, etc., Paris, 1541, in-4. — *Stenographia, hoc est, Ars per occultam scripturam animi sui voluntatem absentibus aperiendi*, etc., Cologne, 1635, in-4. Neuf de ses ouvrages ont été réunis par Marquard Freber, sous le titre d'*Opera historica*, Francfort, 1604, in-fol. ; et vingt autres par le jésuite J. Busée, sous le titre d'*Opera spiritualia*, Mayence, 1604, in-fol.

TRITTO (Jacques), compositeur, né à Altamura, en 1735, mort à Naples en 1824, fut l'élève de Nic. Fago, surnommé *le Tarentino*, qu'il remplaça dans la direction du conservatoire de la *Pietà*, et, lors de la fondation du *Collège royal de musique*, il fit partie du comité chargé de diriger cette nouvelle école. Quoique plusieurs de ses pièces de théâtre soient applaudies encore aujourd'hui en Italie, il a montré beaucoup plus de talent dans les musiques d'église. On cite de lui un *Credo* à cinq voix et une grand'messe à huit, avec accompagnement de deux orchestres. Il a publié *Scuola del contrappunto, ossia teorica musicale*, Milan, 1816, in-4.

TRIVETH ou TREVETH (Nicolas), historien et philologue à Londres, né vers 1258, et mort en 1324, entra dans l'ordre des dominicains et fut élu prieur dans son couvent. Il reste de lui des ouvrages de théologie, de philologie et d'hist., écrits en style barbare, mais qui prouvent l'étendue et la variété de ses connaissances. Les princip. sont : des *Commentaires* sur la Genèse, l'Exode, le Lévitique, les Paralipomènes et les Psaumes ; l'*Exposit. des XXII livres de la Cité de Dieu, de St Augustin*, dans l'édit. de Mayence, Schoeffer, 1473, in-fol. ; — *Annales ab anno 1136 ad annum* 1307, dans le *Spicilegium* de dom d'Achery, tom. VIII de l'édit. in-4, et III de l'édit in-fol. ; et Oxford, 1717, in-8.

TRIVISANO (Marc), biographe italien, né au commencement du 17e S., mort à Venise vers 1674, mérita, par un trait extraordinaire de générosité envers son ami Nicolas Barbarigo, d'être surnommé le *Héros*, et justifia ce titre dans la guerre du Frioul en 1616. On a de lui : *Pompe funebri celebrate a' suoi concittadini morti nell' ultima guerra contro il Turco*, Venise, 1673, in-4, etc. — Trivisano (Bernard), neveu du précéd., né à Venise, en 1652, étudia avec succès les langues, la géographie, l'histoire, la politique, la philosophie et les mathématiques ; il voyagea ensuite en Allemagne, en France, en Angleterre, et fut accueilli partout avec distinct., notamment à la cour de Louis XIV. De retour en Italie, il consacra une partie de sa fortune à l'augmentation de sa bibliothèque et de ses collections de statues et de médailles, fut nommé gouverneur de Bellune, puis magistrat de la *quarantia*, enfin professeur de philosophie, et mourut en 1720 dans sa terre de Vogliano. Entre autres ouvrages, on a de lui : *l'Immortalità dell' anima*, Venise, 1699, in-4 ; — *Meditazione filosofice*, ib., 1704, in-4 ; — *Prælectiones fundamentales*, ibid., 1719, in-8. Son *Éloge* par Lioni, se trouve dans le *Giorn. de' lett. d'Italia*, t. XXXIV. — V. Bernard-le-Trévisan et Trevisano.

TRIVULCE (Jean-Jacques), Milanais, né vers 1447, fit ses premières armes sous François Sforce, duc de Milan, qui l'envoya, très jeune encore, avec son fils Galeaz-Marie, servir en France le roi Louis XI. En 1483, il fut un des lieutenants-généraux de l'armée du duc et du pape contre les Vénitiens. Désigné par Galeaz-Marie un des conseill. de régence de son fils Jean Galeaz, il se vit éloigné des affaires par l'ambition de Louis-le-Maure, et se dévoua dès lors au service de divers princes étrangers. Quand Charles VIII porta la guerre en Italie, en 1494, Trivulce se jeta dans le parti de la maison d'Aragon, fut soupçonné de trahison pour avoir rendu Capoue après une courte résistance, et ne tarda pas à se déclarer pour les Français. Chargé par Charles VIII de la défense d'Asti, il se maintint dans cette ville par le secours des guelfes de Lombardie, y amena une nouvelle armée en 1499, sous le règne de Louis XII, étendit de là ses intrigues parmi les Lombards et les guelfes, et parvint en moins d'un mois à conquérir tout le duché de Milan, et à forcer Louis-le-Maure de s'enfuir en Allemagne. Récompensé de ses services par le titre de maréchal de France et de gouverneur du Milanez, il exerça dans son gouvernement des violences qui provoquèrent en 1500 le retour en Italie de Louis-le-Maure; mais il fut assez heureux pour étouffer la sédition à sa naissance, en faisant prisonniers les deux Sforze dans Novarre. Il se distingua de nouveau dans la guerre qu'excita en Italie la ligue de Cambrai, et, après la mort de Ch. d'Amboise, en 1511, obtint le commandement de l'armée française. Il eut l'honneur de former Gaston de Foix au métier des armes, et, devenu son lieutenant ou plutôt son conseil, quand ce prince prit le commandement de l'armée, il eut la plus grande part à ses succès. Rappelé au commandement suprême après la mort du jeune héros, il se vit sur le point de conquérir encore une fois le duché de Milan et de faire prisonnier Maximilien Sforze; mais il fut battu à la Rioute, près de Novarre, en 1513, peut-être par sa faute. Employé en 1515 sur les frontières d'Italie par François Ier, il rendit de grands services, notamment à la bataille de Marignan, qu'il appelait une *bataille de géants*. A la fin de la campagne, il fut chargé de conduire des secours aux Vénitiens, assiégea avec eux Brescia, dont il ne put se rendre maître, tomba dans la disgrâce, s'éloigna et mourut en 1518 (*v.* Rosmini, *Istoria della vita e delle gesta di Gian-Giacopo Trivulzio, soprannominato il Grande*, Milan, 1815, 2 vol. in-4, fig.). — Trivulce (René), frère du précéd., se déclara gibelin au moment où son frère cherchait à ressusciter le parti guelfe, commanda les armées de Louis-le-Maure, déploya contre la mauvaise fortune une rare constance, et, après la captivité de son maître, entra au service des Vénitiens, où il resta jusqu'à sa mort. — Trivulce (Théodore), leur neveu, entra au service de France pendant la guerre de Naples. L'un des généraux qui se virent contraints, en 1504, de livrer Gaëte à Gonsalve de Cordoue, il se distingua ensuite à la bataille d'Agnadel en 1509, puis à celle de Ravenne en 1512, et fut chargé bientôt, avec le consentement du roi de France, du commandement général de l'armée vénitienne. Mais lorsque les Vénitiens eurent quitté l'alliance de la France pour celle de l'empereur, Trivulce rentra au service de François Ier, et fut chargé du gouvernement de Milan, qu'il évacua lors de la captivité du roi. En 1524, il reçut le bâton de maréchal et le gouvernement de Gênes. Mais forcé bientôt de livrer cette ville et sa citadelle à André Doria, il fut dédommagé par le gouvernement de Lyon, où il mourut en 1531. — Trivulce (Ant.), frère du précéd., se déclara pour les Français lorsqu'ils se rendirent maîtres du Milanez, fut fait card. en 1500, à la sollicitation du roi de France, et mourut en 1518. — Trivulce (Scaramutia), neveu de J.-J. Trivulce, se fit un nom comme jurisconsulte, fut successivement conseiller-d'état en France sous Louis XII, évêque de Côme et de Plaisance, puis cardinal, et mourut en 1527. — Trivulce (Aug.), neveu de Théodore, obtint successivement, entre autres dignités importantes, les évêchés de Bayeux, de Toulon, de Novare, et l'archevêché de Reggio. Il fut l'ami de Bembo et de Sadolet, et mourut à Rome en 1548, laissant MS. une histoire des papes et des cardinaux. — Trivulce (Ant.), neveu de J.-J., mort près de Paris en 1559, fut référendaire des deux signatures, puis évêque de Toulon, et ensuite vice-légat d'Avignon; il s'opposa fortement à l'entrée des hérétiques dans le comtat, et fut envoyé légat en France, où il eut part à la conclusion du traité de Cateau-Cambrésis. — Trivulce (Jean-Jacques-Théodore), petit-neveu du précéd., servit avec distinction dans les armées de Philippe III, embrassa ensuite l'état ecclésiastique, fut fait cardinal en 1626, devint successivement vice-roi d'Aragon, puis de Sicile et de Sardaigne, gouverneur-général du Milanez, ambassad. d'Espagne à Rome, et mourut à Milan en 1657.

TROC (Michel-Abraham), juriscons. et littérat., né à Varsovie, établi à Leipsig pendant une partie du 18e S., a publié dans cette ville: *Bibliotheca polono-poetica*, 2 vol. in-8. On lui doit encore un *Dictionn. polonais, allem. et franç.* (*v. Biblioth. poetar. polonor.* de Zaluski).

TROGUE. — V. Pompée.

TROILI (Placide), hist., né à Montalbano vers 1687, entra dans l'ordre de Cîteaux, et fut bientôt appelé à diriger un couvent, dit *le Sagittaire*, en Calabre. Mais, accusé d'avoir trahi les intérêts de ses confrères, il fut expulsé du couvent, et se retira dans le monastère de Realvalle, où il mourut en 1757. On a de lui: *Istoria generale del reame di Napoli...; una colle prime popolazioni, costumi, leggi, polizia, uomini illustri e monarchi*, Naples, 1748-54, 5 t. en 11 vol. in-4, etc. (*v. Storici napol.*, p. 600).

TROILIUS (Samuel), archevêq. d'Upsal, né en 1706 dans la Dalécarlie, mort en 1764, fit briller son éloquence aux diètes en qualité d'orateur de son ordre, et mérita, par ses connaissances, d'être admis à l'académ. des sciences de Stockholm. Il a laissé des *Mandem.*, des *Oraisons funèbres*, etc. — Troïlius (Uno de), fils du précéd., né à Stockholm en 1746, ayant obtenu de brillants succès dans ses études, voyagea aux frais de l'université d'Upsal. Il parcourut l'Allemagne et la France, vit à Paris J.-J. Rousseau et d'autres écriv. célèbres, passa en Angleterre, d'où il partit, avec Banks et Solander, pour aller visiter l'île de Staffa et l'Islande. En 1775, il retourna par la Hollande en Suède, obtint la modeste place d'aumônier d'un régiment, bientôt après celle de prédicateur ordinaire, et, s'étant fait connaître par la publication de son voyage, fut promu, de dignités en dignités, à l'archevêché d'Upsal en 1786. Il travailla dès lors sans relâche au bien de l'Église suédoise, à l'amélioration du clergé, et, en sa qualité de vice-chancelier de l'univ. d'Upsal, aux progrès des études. Il fut l'orat. de son ordre aux diètes de 1789, 1792 et 1800, et mourut en 1803. On a de lui : *Lettres sur un voyage en Islande*, Upsal, 1777, in-8. — *Mémoires relatifs à l'hist. de l'Église et de la réforme en Suède*, ibid., 1790-95, 5 vol. in-8.

TROLLE (Gustave), archevêque d'Upsal, né en Suède vers la fin du 15e S., était fils d'Éric Trolle, qui avait prétendu vainement à la dignité d'administrateur. Suénon Sture, l'heureux compétiteur d'Éric, crut pouvoir gagner Gustave en lui faisant donner l'archevêché d'Upsal. Le nouv. prélat s'étant ligué avec Christian II, roi de Danemarck, fut déposé par les états et son château rasé; appelant alors ouvertement le roi de Danemarck, il lança, de concert avec le pape, l'interdit contre l'administrateur et ses partisans. Il parvint même à ressaisir son archevêché et à poser, en 1510, sur la tête du monarque danois la couronne de Suède. Mais bientôt, battu par Gustave Wasa, et forcé de quitter le royaume, il suivit en Flandre Christian, détrôné en Suède, en Danemarck et en Norwége. Il l'accompagna ensuite dans son expédition en Norwége, et ce prince ayant été fait prisonnier par le nouveau roi, Frédéric, Trolle demeura quelque temps dans l'inaction. Il reparut après la mort de Frédéric, et périt dans un combat sanglant, près de la ville de Malmoë, en 1535. — TROLLE (George-Herman de), contre-amiral de Suède, né en 1680, se forma dans la marine anglaise et hollandaise, servit ensuite Charles XII contre les Danois et les Russes, et, fait prisonnier, refusa les proposit. de Pierre-le-Grand. De retour en Suède, après une longue et pénible captivité, il eut le commandem. du prem. navire que la compagnie des Indes de Gothenbourg expédia pour la Chine, et fut le premier Suédois qui fit ce voyage. Le résultat en fut heureux. Il commanda plus. expédit. dans la Baltique pend. la guerre de 1742, obtint le grade de contre-amiral, reçut des lettres de noblesse, et mourut en 1765.

TROLLÉ (Herluf), amiral danois, né en 1516, reçut de Christian III des marques de la plus haute confiance. Créé chevalier en 1559, au couronnem. de Frédéric II, il fut chargé en 1561 de l'exploitat. des mines dans plusieurs domaines du roi. Nommé amiral en 1564, il quitta le port de Copenhague à la tête de 25 vaisseaux de guerre, fit sa jonct. avec la flotte de Lubeck, et obtint deux fois l'avantage sur la flotte suédoise. En 1565, il se mit de nouv. en mer, rencontra les Suédois et leur présenta le combat. Mais ayant reçu deux blessures graves, il n'y survécut que peu de temps.

TROMBELLI (Jean-Chrysostome), philologue, né près de Nonantola en 1697, embrassa l'institut des chanoines réguliers de St-Sauveur, dont il devint le chef en 1760. Engagé malgré lui dans une dispute littéraire avec Kiesling, il mit dans sa défense une modération qui lui conquit l'estime et l'amitié de son adversaire lui-même. Il mourut en 1784. Ses principaux ouvrages sont: *le Favole di Fedro, tradotte in versi volgari*, Venise, 1735, in-8. — *De cultu sanctorum dissertationes decem, quibus accessit appendix de cruce*, Bologne, 1751 et suiv., 6 vol. in-4. — *Priorum quatuor de cultu sanctorum dissertationum Vindiciæ*, ibid., 1751, in-4 (sous le nom de *Philalethes Aphobos*). — *Veterum patrum latinorum opuscula, nunquàm antehàc edita*, ibid., 1751-55, 2 part. in-4. — *Tract. de sacramentis per polemicas et liturgicas dissertationes distributi*, ibid., 1772 et suiv., 13 vol. in-4. Garofalo Vincent a publ. : *de Vitâ J.-Chrys. Trombelli comment.*, Bologne, 1788, in-8 (*v.* Fantuzzi, *Sritt. bolon.*, VIII, 122).

TROMMIUS (Abraham van der Trom, en lat.), sav. théologien, né à Groningue, perfectionna son éducat. par un voyage en Allemagne, en France et en Angleterre, et, à son retour en Hollande, fut nommé pasteur du village de Haren. Il quitta cet emploi en 1671 pour venir exercer à Groningue les fonctions du saint ministère qu'il y remplit, pendant 48 ans, avec un zèle que l'âge ne put affaiblir, et mourut en 1719, à l'âge de 86 ans. Son ouvrage le plus remarquable est : *Concordantiæ græcæ versionis, vulgò dictæ LXX interpretum, cujus voces secundum ordinem elementorum sermonis græci digestæ recensentur*, Amsterd., 1718, 2 vol. in-fol. (*v. Mém.* de Paquot, in-fol., I, 505).

TROMP (Martin), célèbre marin hollandais, né à La Brille en 1597, fit son apprentissage dès la plus tendre enfance, comme la plupart des grands hommes de mer. Il avait 11 ans lorsque son père, commandant une frégate, fut tué dans une action contre un forban anglais. Fait prisonnier lui-même, il resta plus de deux ans, employé comme mousse, avant d'être échangé. Rendu à sa patrie, il obtint un avancement assez rapide ; cependant des dégoûts et des injustices lui firent abandonner pendant quelq. temps la carrière où il s'était déjà fait connaître. En 1637, créé lieutenant-amiral par le stathouder Frédéric-Henri, il eut le commandem. d'une escadre de 11 vaisseaux, avec laq. il battit les Espagnols, très supérieurs en nombre. Cette victoire lui valut une chaîne d'or de la part des États et l'ordre de St-Michel de la part du roi de France. Il obtint dans la même campagne plusieurs autres avantages, dont le plus important, comme le plus célèbre, est celui qu'il remporta devant les Dunes. Après avoir rendu encore d'importants services à son pays, surtout dans les campagnes de 1640 et 1641, il eut à lutter contre l'Angleterre, dont la marine prit un accroissement remarquable sous le protectorat de Cromwell. Il commença les hostilités avec Robert Blake, en 1652, et dès lors il combattit successivement, et quelquefois avec avantage, Blake et Richard Deane, tantôt sur les côtes de Portland et de Bevesier, de Niéuport, de Dunkerque, enfin de Catwick, sur les côtes de Hollande, où il fut tué à son bord le 8 août 1653. Ses obsèques eurent lieu à Delft avec une gr. pompe, et un monument y fut élevé à sa mémoire. Les médailles frappées pour consacrer le souvenir de ses hauts-faits ont été gravées dans l'*Histoire métalliq. des Pays-Bas*, par van Loon. — TROMP (Corneille), fils du précédent, né à Rotterdam en 1629, capitaine de haut-bord dès l'âge de 21 ans, se distingua aux batailles que van Galen livra aux Anglais, en 1652, devant Porto-Longone, et l'année suivante dev. Livourne; il se fit remarquer encore dans la courte campagne de 1656, terminée par la voie des négociations, et ne reparut sur le théâtre des événem. qu'en 1662. Il châtia rudem. cette année les pirates algériens, et protégea la rentrée en Hollande d'un riche convoi de l'Inde. Lorsque la guerre avec l'Angleterre eut éclaté en 1665, il se signala sous les ordres de Wassenaer d'Obdam. Nommé quelq. temps après chef de la flotte hollandaise, il fut obligé d'abandonner le commandement à Ruyter, qui arrivait des côtes de Guinée, et refusa de servir sous ses ordres; mais resté sur la flotte, loin de seconder l'amiral, il parut le laisser avec plaisir dans le danger, et, sur les plaintes de Ruyter, appuyées par le grand-pensionnaire de Witt, il fut dépouillé de sa commission de lieutenant-amiral. Rejeté par son pays, il fut assez vertueux pour résister aux propositi. avantageuses de l'ambass. de France; mais il ne fut pas assez grand pour étouffer dans son cœur l'amour de la vengeance : on l'accuse d'avoir assisté, en 1672, et même applaudi à l'assassinat des frères de Witt. Rétabli dans ses fonct. en 1663 par Guillaume III, il se réconcilia avec Ruyter, servit sous lui dans plus. affaires importantes, et fut plus d'une fois tiré par lui du danger. Les États ayant projeté de faire une descente sur les côtes de France, Tromp, chargé de l'expédit., sortit du Texel en 1674; mais il ne put mettre à exécution cette difficile entreprise, et se contenta de ramener de Cadix au Texel un convoi marchand. L'année suivante, il se rendit à Londres sur l'invitation du roi Guillaume, qui le nomma baron et le combla des distinctions les plus flatteuses. En 1676, il fut envoyé à Copenhague avec une flotte pour secourir le Danemarck contre la Suède, et eut la plus grande part aux succès des Danois. A son retour, il fut revêtu du titre de lieut.-amiral-général des Provinces-Unies, et reçut en 1691 le commandem. de la flotte destinée à agir contre la France; mais il mourut la même année. L'*Histoire métallique des Pays-Bas*, t. II, p. 530, et t. IV, p. 43, offre la gravure de deux médailles frappées en son honneur. Sa *Vie* a été publiée à La Haye, 1694, in-12.

TRON (NICOLAS), doge de Venise, succéda à Christophe Moro en 1471, et mourut en 1475. La brièveté de son règne et les limites étroites de l'autorité ducale ne lui permirent de se distinguer par aucune action remarquable. C'était un homme riche, libéral et magnanime; il eut pour success. Nicolas Marcello.

TRONCHAY (GEORGE du), littérateur, né à Moranne, près d'Angers, en 1540, mort au Mans en 1582, était très versé dans la connaissance des médailles et dans celle du grec et du latin. Ménage dit que l'on faisait grand cas de sa *Remontrance des plaintes du tiers-état du Maine*, de sa *Grammaire française*, de son *Livre des étymologies*, de celui des *Proverbes*, etc. — TRONCHAY (Louis du), frère du précédent, tué par des soldats en 1569, comme partisan de la religion réformée, avait écrit une *Histoire des troubles religieux*, restée inédite. — TRONCHAY (Louise-Agnès de BELLÈRE du), religieuse, née au château du Tronchay, près d'Angers, en 1639, morte à Paris en 1694, avait fait concevoir à ses parents les plus belles espérances par tous les avantages naturels dont elle était douée, et que rehaussait encore la plus brillante éducat.; mais elle avait résolu de se consacrer à Dieu, et parvint à suivre sa vocation. Elle fut quelq. temps folle par le souvenir de ses fautes passées; mais, dès qu'elle revint à elle, ce fut pour se vouer tout entière au service des pauvres. Sa vie a été publiée sous ce titre : *le Triomphe de la pauvreté et des humiliat., ou la Vie de M*lle *du Tronchay*, appelée *Sœur Louise*, Paris, 1733, in-12.

TRONCHET (FRANÇOIS-DENIS), célèbre jurisconsulte, né à Paris en 1726, ne fit qu'une courte apparit. au barreau, dont les débats éclatants lui convenaient moins que les travaux paisibles de la consultation. Pendant la courte existence du parlement Maupeou, il ferma son cabinet, et, après le retour des anciennes cours souveraines, il n'épargna aucun effort pour rétablir l'harmonie entre ceux de ses confrères qui avaient imité son exemple et ceux qui s'en étaient écartés. Il était bâtonnier des avocats lorsque la ville de Paris le nomma député aux états-généraux. Persuadé de la nécessité des réformes, il s'opposa cependant aux innovat. qui devaient amener la chute de la monarchie. Mirabeau l'appelait le *Nestor de l'aristocratie*; mais ses intentions étaient pures, et il se fit écouter quelquefois au milieu de tant de passions. Il appuya la suppression des droits de primogéniture et de masculinité, et l'égalité dans les partages. Quoiqu'il aperçût les vices de la constitution à laq. il avait travaillé, sentant le danger de la retoucher dans un moment de fermentation, il vota pour qu'elle ne pût être révisée qu'après plusieurs législatures. Il était président de l'assemblée lors de la mort de Mirabeau. Quand Louis XVI le choisit pour l'un de ses défenseurs, il accepta cette dangereuse mission sans hésiter; mais il n'était qu'avocat et jurisconsulte, et il fallait être plus que cela dans cette grande circonstance. Obligé de se soustraire aux recherches des comités révolutionnaires, il ne recouvra sa tranquillité qu'après la chute de Robespierre. Il avait rouvert son cabinet lorsqu'il fut député par le départem. de Seine-et-Oise au conseil des anciens, où il siégea pendant 4 ans, occupé d'importants travaux sur la législation. Après le 18 brumaire, nommé prem. présid. de la cour de cassation, et chargé ensuite de rédiger un projet de code civil avec Bigot-Préameneu, Portalis et Malleville, il fit adopter une gr. partie de nos lois municipales préférablem. aux institutions de droit romain. Quoiqu'il n'aimât point Bonaparte et n'en fût point aimé, il fut porté au sénat en 1801, et doté de la riche sénatorerie d'Amiens.

Tronchet mourut en 1806, et fut inhumé au Panthéon. François de Neufchâteau, président du sénat, prononça son *Éloge* funèbre ; de La Malle célébra aussi dans un *discours* les vertus de son ancien confrère, et Lavallée publia sur lui une *Notice historique*. Tronchet a laissé MSs. : un *Tableau de l'établissement du mahométisme*, des traduct. en vers de quelques *fragments* de l'Arioste, de Milton, de Thomson, une tragédie de Caton d'Utique, etc.

TRONCHIN (Théodore), théologien protestant, né en 1582 à Genève, fut successivem. professeur d'hébreu et de théologie et recteur de l'académie. Il prit part au synode de Dordrecht, en 1618, comme député de sa ville natale. Chargé par l'Église calviniste, en 1635, de conférer avec le théologien écossais Jean Dury, pour tâcher de réunir les luthériens et les réformés, il composa divers écrits à ce sujet. Il mourut à Genève en 1657. — TRONCHIN (N. Dubreuil), de la même famille, né en 1640, mort en Hollande en 1721, rédigea long-temps la *Gazette française* d'Amsterdam, qui eut la plus grande célébrité, et publia div. ouvr. de politique (v. *l'Histoire littéraire de Genève*, par Senebier).

TRONCHIN (Théodore), célèbre médecin, de la même famille, né à Genève en 1709, suivit les cours de l'univ. de Cambridge, étudia la médecine sous Boerhaave, et fut nommé présid. du collège de médecine et inspecteur des hôpitaux d'Amsterdam. Il épousa une petite-fille du gr.-pensionnaire Jean de Witt, et refusa la place de prem. médecin du stathouder. De retour à Genève en 1657, il reçut le titre de professeur honoraire de médecine. Plusieurs princes se disputèrent l'avantage de l'attirer dans leurs états; mais il refusa les offres les plus brillantes. Appelé par le duc d'Orléans en 1756, pour inoculer ses enfants, ce prince parvint à lui faire accepter la place de son prem. médecin. La France, devenue son pays adoptif, lui dut la propagation d'une hygiène simple et naturelle, et le perfectionnement des procédés de l'inoculation. Il consacrait régulièrem. deux heures par jour à recevoir les pauvres, et, pendant ces consultations, il avait près de lui un sac d'argent pour donner à chaque malade de quoi se procurer les médicam. qu'il prescrivait : aussi, malgré le produit considérable de sa pratique, il ne laissa à ses enfants qu'une fortune médiocre : mais il leur légua une réputat. sans tache, et un nom que ses talents, ses vertus et quelq. vers de Voltaire ont rendu immortel. Non moins distingué par l'élégance de ses manières, le charme de sa conversat. et les agrém. de sa personne, que par la profonde connaissance qu'il avait de son art, Tronchin compta parmi ses amis Voltaire, J.-J. Rousseau, Diderot, Thomas, etc. Il mourut à Paris en 1781. Si l'on en excepte des *articles* de médecine dans l'*Encyclopédie*, et une édit. des *OEuvres* de Baillon, avec une *Préface*, on n'a de lui que deux thèses, *De nymphâ* et *De clytoride*, Leyde, 1736, in-4; un petit traité *De colicâ pictorum*, Genève, 1757, in-8, et enfin des *observations* sur la cure d'une ophtalmie et sur des hernies épiploïques internes, dans le t. V des *Mémoires de l'acad. de chirurgie*. Senebier assure (*Histoire littéraire de Genève*, t. III, p. 140) que Tronchin avait laissé en MS. un gr. nombre d'ouvr. précieux sur presque toutes les parties de l'art de guérir; mais on ignore ce qu'ils sont devenus. Son *éloge* fut prononcé par Louis à l'acad. de chirurgie, et par Condorcet à l'acad. des sciences. On trouvera une *Notice* sur Tronchin dans la *Nécrologie des hommes célèbres de France*, t. XVII, p. 257-79. Son portrait a été gravé d'après Liotard, in-4, avec une rare perfection.

TRONCHIN (Jean-Robert), jurisconsulte, parent du précéd., né à Genève en 1711, fut, dès l'âge de 28 ans, chargé de négocier un traité entre le roi de Sardaigne et la république. Nommé bientôt après procur.-général, il se vit à la tête de l'ordre judiciaire de son pays, et fut regardé généralement comme fort supérieur à sa place. Lors de la persécution dirigée contre l'*Émile* et le *Contrat social* de Rousseau, Tronchin prit la défense du gouvernement dans les *Lettres écrites de la campagne*, auxquelles Jean-Jacques répondit par les fameuses *Lettres de la montagne*. L'effervescence du peuple genevois fut portée au comble par ce dernier écrit, et la démocratie triompha. Tronchin renonça aux affaires publiques et se retira à la campagne, où il fit le plus noble usage de sa fortune considérable. Il mourut dans le pays de Vaud en 1793.

TRONCY (Benoît du), littérateur, fut contrôleur du domaine du roi et secrétaire de la ville de Lyon du temps de la Ligue. Destitué lorsque Lyon se soumit à Henri IV, il réclama vainement contre cette disgrâce, qu'il prétendait n'avoir pas méritée, et mourut vers 1600. Il a publié en 1584 une trad. du *Traité de la consolation* (attribué à Cicéron), sous ce titre : *Excellant opvscvle de Marc-Tvlle Ciceron, par leqvel il se console soy-mesme svr la mort de sa fille Tvllia*, etc., in-8 de 80 feuillets. On conjecture qu'il est l'auteur de l'ouvr. facétieux intitulé *Formvlaire fort récréatif de tovs contracts, donations, testaments, codicilles et avtres actes qvi sont faicts et passés par dev. notaires et tesmoins*, etc. Lyon, Rigaud, 1594, 1603, 1610 et 1618, petit in-12, réimpr. à Lyon, 1627.

TRONSON (Louis), supérieur-général de la congrégat. de St-Sulpice, né en 1622 à Paris, compta parmi ses élèves Fénélon. Il refusa lui-même plus. fois l'épiscopat, et mourut en 1706. On cite de lui : *Examens particuliers à l'usage des séminaires*, Lyon, 1690, souvent réimprimés, et sous le titre d'*OEuvres de Tronçon…*, édit. revue et mise dans un meilleur ordre par MM. de Saint-Sulpice, Lyon, 1827, in-12. — *Forma cleri, ou Recueil des mœurs des ecclésiastiques*, nouv. édit., 1824, 3 vol. in-8. — *Traité de l'obéissance*, 1822, in-12. — *Manuel des séminaristes, ou Entretiens sur la manière de sanctifier ses principales actions*, avec quelq. autres opuscules, 1823, 2 vol. in-12. — *Retraite ecclésiastique, suivie de méditations sur l'humilité*, 1823, in-12.

TRONSON DU COUDRAY (Philippe-Charles-

JEAN-BAPTISTE), officier d'artillerie, né à Reims en 1738, s'était acquis quelque réputation dans son arme, lorsqu'à l'époque de la guerre des États-Unis, sur sa réputation, il fut appelé par le congrès en Amérique. A son arrivée, nommé général-major d'artillerie dans l'armée de Washington, il se noya malheureusem. en 1777, en traversant la rivière de Schuykill. On a de lui : *Artillerie nouvelle, ou Examens des changements faits dans l'artillerie franç. depuis 1765*, Amsterdam, 1772, in-8. — *Mémoire sur la meilleure méthode d'extraire et de raffiner le salpêtre*, Paris, 1774, in-8. — *Mémoire sur la manière dont on extrait en Corse le fer de la mine d'Elbe*, ib., 1775, in-8. — *Discussion nouvelle des changements faits dans l'artillerie*, 1776, in-8.

TRONSON DU COUDRAY (GUILL.-ALEXANDRE), frère du précédent, né à Reims en 1750, fut destiné d'abord à l'état ecclésiastique ; mais, en sortant du séminaire, il embrassa la carrière du commerce. Bientôt il se trouva engagé dans un procès qu'il plaida lui-même avec un gr. succès, et dès-lors, il résolut de se vouer au barreau. Ses débuts éclatants fixèrent sur lui l'attent. publique, et lui valurent une nombreuse clientelle, dont il justifia la confiance par de nouv. triomphes. Quoiqu'il sentît bien la nécessité des réformes, la révolut. ne le compta pas au nombre de ses partisans. Target ayant refusé de défendre Louis XVI, et le bruit s'étant faussement répandu que Tronchet lui-même reculait devant ce dangereux honneur, il écrivit au président de la convention qu'il désirait être l'avocat de l'auguste accusé, et réitéra son offre généreuse dans une lettre qu'il adressa à tous les journaux (16 décembre 1792). Il n'obtint pas l'honneur qu'il ambitionnait ; mais les nombreuses victimes qui furent traduites au tribunal révolutionn. trouvèrent en lui un zélé défenseur. Après la mort de Marie-Antoinette, qu'il avait défendue avec Chauveau-Lagarde, il faillit payer de sa vie son dévouement à une grande infortune. Porté plus tard au conseil des anciens, il osa se déclarer ouvertement contre le directoire, fut transporté à Cayenne, et de là dans les déserts de Synamari, où il expira en 1798, au moment où ses compagnons d'exil se disposaient à gagner le rivage plus hospitalier de Surinam. On a de lui des *Instructions rédigées pour ses enfants et ses concitoyens*.

TROOST (CORNEILLE), peintre d'Amsterdam, né en 1697, se montra également supérieur dans la peinture historique, dans celle de genre et dans le portrait. On regarde comme son chef-d'œuvre le tableau dans lequel il a représenté les princip. chirurgiens d'Amsterdam, assis autour d'une table sur laquelle est un cadavre, tandis que le profess., debout et le scalpel en main, fait une démonstration d'anatomie. Ses petits tableaux étaient peut-être plus recherchés encore. Ce sont des scènes familières, dont la composition spirituelle et gaie, la touche légère et facile, la couleur délicate et transparante l'ont fait surnommer le *Watteau hollandais*. On vante surtout un *Corps-de-garde* où sont assemblés des officiers ; *une Dame et un jeune Seigneur faisant de la musique* ; une composit. ingén. tirée du *Tartufe* de Molière, etc. Troost mourut en 1750, laissant 5 filles, dont l'une, nommée Sara, peignit le portrait avec un talent remarquable.

TROSCHEL (JEAN), graveur au burin, né à Nuremberg vers 1592, mort à Rome en 1633, se distingua par une étonnante facilité et une grande finesse d'exécution. Ses ouvr. les plus remarquables sont : la *Conception de la Vierge*, d'après Bernard Castelli ; *l'empereur Julien*, auquel on montre le *cœur d'un taureau, sur lequel se trouve empreinte une croix surmontée d'une couronne*, d'après Ant. dalle Pomarance ; le *portrait de Louis XIV*, que l'on regarde comme son chef-d'œuvr. Plus. de ses estampes sont marquées des lettres HT entrelacées. — TROSCHEL (Pierre), fils du précéd. et son élève, né à Nuremberg vers 1620, a gravé quelq. pièces au burin marquées des lettres P. T., avec la date.

TROST (MARTIN), orientaliste, né en 1588 à Hoexter en Westphalie, mort à Wittenberg en 1636, a publié : *Novum Testamentum syriacè cum vers. lat., item variantes lectiones ex quinque impressis editionib. collectæ*, Koethen, 1621, in-4. — *Lexicon syriacum ex inductione, omnium exemplariorum Novi Testamenti syriaci adornatum, adjectà vocabulorum significatione lat. et germ.*, Koethen, 1623, in-4. — *De mutatione punctorum hebræorum generali*, Vittenberg, 1633, in-4, etc. — TROST (Jean-Marie), médecin, fils du précéd., a publié : *De dysenteriâ*, Runthel, 1677, in-4. — *De lithiasi*, ib., 1678, in-4. — *De febre per se nunquàm lethiferâ*, Halle, 1714, in-4.

TROTTI (le chevalier JEAN-BAPTISTE), peintre, né à Crémone en 1555, mort après 1602, avait des qualités pittoresques extrêmem. séduisantes, qui expliquent la préférence qu'il obtint de son temps sur des artistes plus habiles. Dans la plupart de ses ouvrages, il s'efforça surtout d'imiter le style riant, aimable, franc et brillant du Sojaro. Peut-être prodigua-t-il trop le blanc et d'autres couleurs éclatantes. C'est ce qui fait que l'on reproche à quelques-uns de ses tableaux de ressembler à la peinture sur porcelaine. Il avait encore plusieurs autres défauts qui l'empêchèrent d'être mis au premier rang des maîtres de l'art, mais ses têtes sont d'une beauté ravissante. Parmi ses tabl. fort nombr. on distingue : la *Décollation de St Jean*, à St-Dominique de Crémone ; les différ. *Conceptions de la Vierge*, dans les églises de St-François et de St-Augustin de Plaisance ; la *Ste. Marie égyptienne repoussée du temple*, dans l'église de St-Pierre de Crémone. — TROTTI (Euclide), neveu et élève du précéd., fut un de ses plus heureux imitateurs. On lui attribue le tableau de *l'Ascension*, à St-Antoine de Milan, et deux autres, dont les sujets sont tirés de la *Vie de l'apôtre St Jacques*. Jeune encore, il se rendit coupable de haute trahison, et fut jeté dans une prison, où il mourut, à ce que l'on croit, du poison que lui firent prendre ses parents pour lui épargner l'infamie du supplice.

TROTZ (CHRÉTIEN-HENRI), jurisconsulte, né en 1701 à Colberg, mort en 1773 à Utrecht, où il était professeur de droit holland., a publié : *De termino moto*, Utrecht, 1750, in-4 (c'est un traité de l'origine des *bornes*); une édit. estimée de l'ouvrage de Herm. Hugon : *De primâ scribendi origine et universâ rei litterariæ antiquitate*, etc., ib., 1738, in-8. — *De libertate sentiendi dicendique jurisconsultis propriâ*, Franeker, 1741, in-4. — *Theses juris publici ad leges fundamentales fœderati Belgii*, ibid, 1745 à 1747, in-4. — *Jus agrarium fœderati Belgii*, ib., 1755, 2 vol. in-4. — *Jus agrarium Romanorum*, 1753, in-4.

TROUILLE (JEAN-NICOLAS), ingénieur maritime, né à Versailles en 1750, fut attaché de bonne heure au service du port de Brest. Élu en 1795 député du Finistère au conseil des cinq-cents, il y vota constamm. avec le parti qui voulait un complet retour à l'ordre et à la justice. C'est en grande partie à lui que fut due la conservation du Palais-Royal et de ses jardins, ainsi que celle du château de Versailles, dont l'aliénation ou la destruction avait été proposée par le directoire. A l'exposition du Louvre en 1798, il présenta deux plans d'hôpitaux maritimes, qui furent désignés pour le prix offert au meilleur ouvrage d'architecture. Il fournit un grand nombre d'autres plans pour les ports de Brest et de Rochefort, dont les principaux sont mentionnés dans l'*Annuaire nécrologique*. Trouille mourut à Brest en 1825.

TROUILLET (JACQUES-JOSEPH), savant ecclésiastique, né en 1716 à Ornans, fut admis en 1771 à l'acad. de Besançon, où il lut plusieurs mémoires pleins d'érudition, et le *plan d'une Hist. des saints de Franche-Comté* qu'il se proposait de publier. Le savant abbé Bullet, son maître et son ami, l'institua son héritier; mais il s'empressa de faire l'abandon de tous ses droits aux parents pauvres de ce professeur. Ayant refusé le serment, il fut mis en réclusion pend. la terreur, et se retira plus tard à Lons-le-Saunier, où il mourut en 1809. Outre l'ouvr. dont on a parlé, on a de lui les quatre dissertat. suiv. : *Quel était l'Hercule appelé Ogmius par les Gaulois, et pourquoi la représentat. de ce dieu était-elle accompagnée des attributs que rapporte Lucien?* couronné par l'acad. de Besançon en 1756. — *Quelles étaient les voies romaines dans le pays des Séquanais*, 1756. — *Est-ce à titre de conquête ou d'hospitalité que les Bourguignons furent admis dans les Gaules?* couronné en 1758. — *Quelles ont été les villes principales du comté de Bourgogne depuis le 11e siècle?* Ce mémoire partagea le prix en 1759.

TROUVILLE (JEAN-BAPT.-EMMANUEL-HERMAND de), ingénieur-hydraulicien, né à Paris en 1746, cultiva la physique dès sa jeunesse avec beaucoup d'ardeur, et dépensa en expériences des sommes considérables. Il conçut alors de magnifiq. projets d'utilité publiq., où l'on trouva souvent des vues ingénieuses, mais inexécutables et d'ailleurs peu avantageuses. En 1787 il remit à l'acad. des sciences la descript. d'une machine qui, dit-il, doit transporter les fleuves et les mers sur les plus hautes montagnes. Il présenta en 1792 à la municipalité de Paris un projet d'inondat. artificielle au moyen de deux grands réservoirs, servis chacun par une nouv. machine à vapeur capable d'élever à 30 pieds de hauteur 33,792 toises cubes d'eau en 48 h., avec 720 liv. de charbon. Enfin, en 1798, il présenta le plan pour l'établissement d'un canal du Hàvre à Paris par le parc de Versailles, dont il n'évaluait la dépense qu'à 50 millions. Trouville mourut pauvre et ignoré en 1813. Ses mémoires et ses machines sont déposés au conservat. des arts et métiers. On trouve une courte *notice* sur cet artiste dans le *Moniteur* du 16 sept.

TROYA D'ASSIGNY (LOUIS), prêtre appelant du diocèse de Grenoble, vint à Paris, et soupçonné de travailler aux *Nouvelles ecclésiast.*, fut mis à la Bastille en 1728. Relâché l'année suiv., il continua de publ. des brochures anonymes sur les disputes du temps, et mourut en 1722. Nous citerons de lui : *Dénonciat. faite à tous les évèques de France par le corps des pasteurs ou autres ecclésiastiq. du second ordre, des jésuites et de leurs doctrines*, 1727, in-4. — *La vraie doctrine de l'Église au sujet des abus qui se sont introduits dans son sein*, 1751, 2 vol. in-12. — *Dissertation sur le caractère essentiel à toute loi de l'Église en matière de doctrine*, 1755, in-12, etc., etc.

TRUBLET (NICOLAS-CHARLES-JOSEPH), trésorier de l'église de Nantes, archidiacre et chanoine de St-Malo, né en 1697 dans cette ville, où il mourut en 1770, se fit connaître de bonne heure dans la littérature. Lorsque le *Télémaque*, proscrit pend. les dernières années du règne de Louis XIV, put enfin paraître librement, il fit insérer à ce sujet dans le *Mercure* (1717) un article qui mérita l'attention de Fontenelle et de La Motte. Dès ce moment il adopta, pour les exagérer encore, les paradoxes de ces deux écrivains spirituels; mais dans son ardeur insensée de prouver que des vers franç., et même de beaux vers, lus de suite, ne pouvaient l'être *sans ennui*, il eut la maladresse de citer ceux de Voltaire, et d'appliquer à la *Henriade* ce trait satirique lancé par Boileau contre la *Pucelle* de Chapelain :

Et je ne sais pourquoi je bâille en la lisant.

Voltaire se vengea en le vouant, dans *le Pauvre diable*, à un ridicule qui durera autant que cette étonnante satire. Trublet s'était mis sur les rangs pour l'académie dès 1736; il prévoyait sans doute qu'on le ferait attendre, et voulait se ménager long-temps à l'avance les droits de l'ancienneté. Il fit bien, car il ne parvint à se glisser au fauteuil tant désiré qu'en 1761. Au demeurant, l'abbé Trublet était un honnête homme, qui joignait à des qualités estimables et à un esprit solide, mais privé d'originalité, le charme d'une conversation instructive et amusante. On a de lui : *Essais de littérat. et de morale*, 1736, in-12; réimpr. plus. fois en 4 vol. in-12, et trad. en plusieurs langues. — *Panégyriq. des saints*, etc., 1755, in-12; 1764,

2 vol. — *Mém. pour servir à l'histoire de la vie et des ouvr. de M. de La Motte et de M. de Fontenelle,* Amsterd., 1761, in-12.

TRUCHET (Jean), mécanicien, né à Lyon en 1657, mort en 1729, fit profession dans l'ordre des carmes sous le nom de P. Sébastien. Envoyé à Paris pour y faire ses cours de philosophie et de théologie, il ne s'y occupa guère que des études relatives à la mécanique. Il ne tarda pas à se faire connaître de Colbert, qui lui donna le brevet d'une pension de 600 livres, et l'engagea à étudier l'hydraulique. Le P. Sébastien eut une très grande part à la conduite des eaux dans les jardins de Versailles, et plus tard on ne fit en France aucun grand canal sans prendre son avis; il eut seul la direct. de celui d'Orléans. Admis comme honoraire à l'acad. des sciences en 1699, il fut chargé par ses confrères d'examiner les machines soumises au jugement de l'académie. C'est à lui que l'on doit celle que les charpentiers nomment un *diable* à cause de sa force, et au moyen de laq. on transporte les plus grands arbres sans les endommager. On a de lui, dans le recueil de l'académie : *Explication de la machine qui a été faite pour examiner l'accélération des boules qui roulent sur un plan incliné, et la comparer à celle de la chute des corps,* année 1699, pag. 283. — *Mémoire sur les combinaisons des carreaux mi-partis,* ann. 1704, p. 363. — *Observat. de la hauteur du baromètre,* faites à Clermont et sur le Mont-d'Or, comparées avec celles de Maraldi, ann. 1705, p. 219. Le *Rec. des machines* de l'acad. en contient trois du P. Sébastien. L'*Éloge* de cet habile mécanicien a été fait par Fontenelle.

TRUCHSÈS (Gebhard), fut élu archevêque de Cologne en 1577, et nommé deux ans après l'un des commissaires de l'empereur à la diète convoquée à Cologne pour aviser aux moyens de pacifier les troubles des Pays-Bas. Dans une procession qu'il avait proposée lui-même, à l'effet d'appeler sur cette assemblée les bénédict. du ciel, il s'éprit d'une passion violente et subite pour la belle Agnès de Mansfeld, chanoinesse de Guerichen, et l'épousa secrètement (1582). Voulant conserver à la fois sa femme et l'électorat de Cologne, il embrassa la réforme et tenta de l'introduire dans son diocèse; mais le chapitre et les magistrats de Cologne se réunirent pour s'opposer à son dessein. Gebhard conduisit alors la belle Agnès à Rosenthal, et fit bénir son mariage par un ministre luthérien. Excommunié par le pape, il leva des troupes pour se maintenir dans la possession de son siége; mais il fut chassé de Bonn et se réfugia en Hollande en 1584. Il y prit du service et fit la campagne de 1586 sous les ordres du comte de Leicester. Il manifesta le désir et ne put obtenir la permiss. de passer en Angleterre. La belle Agnès, qui se rendit à Londres auprès de la reine Élisabeth, ne réussit pas mieux. Gebhard se vit enfin réduit à mendier en Allemagne des secours qu'on ne lui accorda pas, et y mourut misérable en 1601. Mich. d'Issel a donné l'histoire des guerres de Gebhard et d'Ernest de Bavière.

TRUDAINE (Daniel-Charles), conseiller-d'état, intendant-génér. des finances et membre de l'académie des sciences, né à Paris en 1703, mort en 1769, porta ses vues sur toutes les parties de l'administrat., selon les div. places qu'il occupa, et contribua puissamment à la prospérité de l'état. Ainsi les ponts d'Orléans, de Moulins, de Tours, de Saumur, les projets et les prem. fondements de celui de Neuilly, sont dus au zèle qu'il montra comme directeur des ponts-et-chaussées.

TRUDAINE DE MONTIGNY (Jean-Charles-Philibert), fils du précéd., né en 1733 à Clermont, fut adjoint en 1757 à son père, devenu intendant-général des finances, et le remplaça dans cette charge importante en 1769. L'abbé Morellet a porté de lui ce jugem. impartial : « Voulant un peu plus qu'il ne pouvait, il n'en était pas moins un homme estimable et bon, éclairé, juste et ami du bien. » Nous ajouterons qu'il donna des preuves d'un noble désintéressement, et qu'aux vertus du magistrat et du citoyen, il sut réunir les agréments de l'homme du monde. Il vit sa charge d'intendant des finances supprimée en 1777, et mourut la même année. Il possédait des connaissances presque universelles, qui lui avaient valu une place de membre honor. à l'acad. des sciences. — Ses deux fils, qui s'étaient montrés favorables aux réformes que promettait 1789, périrent sur l'échafaud révolutionn. en 1794. Le plus jeune, connu sous le nom de Trudaine de La Sablière, avait été conseiller au parlement de Paris. C'est lui qui esquissa sur un des murs de sa prison, un arbre, faible encore, avec cette devise : *Fructus matura tulissem.*

TRUGUET (Laurent-Jean-Franç.), amiral, né à Toulon en 1752, fils d'un chef d'escadre, entra dès l'âge de 15 ans dans la marine comme élève, et fut bientôt admis dans la compagnie des gardes de pavillon. Il avait déjà fait huit campagnes soit comme garde, soit comme enseigne de vaisseau, lorsque éclata la guerre d'Amérique, dans laquelle il servit avec beauc. de distinction. Attaché à l'état-major du comte d'Estaing, il l'accompagna dans ses différentes expéditions, et eut le bonheur de lui sauver la vie après le malheureux assaut de Savannah. Cette action lui valut la croix de St-Louis, qui ne s'accordait à de jeunes officiers que pour des faits éclatants. De retour en Europe, il suivit dans son voyage en Grèce M. de Choiseul, qui demanda l'autorisation de l'emmener dans son ambassade en Turquie. Truguet obtint le commandement d'une corvette qui devait rester aux ordres de l'ambassad., et fut en outre chargé de l'instruction des officiers de la marine turque, pour lesq. il composa un traité pratique de la manœuvre des vaisseaux et des éléments de tactique navale, qui furent trad. en langue ottomane et impr. à Constantinople. Pendant son séjour dans le Levant, il leva des cartes exactes de l'Archipel, de la mer de Marmara et de la mer Noire, et d'après les instructions secrètes du gouvernem., entra, dans l'intérêt du commerce français, en négociation avec les beys d'Égypte, ainsi qu'avec les principaux chefs arabes du désert. A son retour en France en 1787, il reçut du roi des témoignages de satisfact. pour la manière dont il s'était acquitté de ses différentes missions, et fut envoyé en 1791 en Angleterre pour étudier les ressorts de la puissance navale britannique. Nommé capitaine de vaisseau en 1792, la même année il fut élevé au grade de contre-amiral. La chute du trône ayant fait ajourner l'exécution du vaste plan qui lui avait été confié, son escadre fut destinée à seconder les opérations de l'armée employée à la conquête du Piémont, et il reçut ensuite l'ordre d'aller attaquer la Sardaigne; mais il échoua dans cette entreprise, et ramena son escadre à Toulon. Dénoncé alors il fut mis en arrestation, et ne recouvra la liberté qu'après le 9 thermidor. Nommé ministre de la marine par le directoire, il se hâta de la réorganiser, en rappelant les anciens officiers qui comme lui avaient été destitués et incarcérés, assura le service des ports malgré des obstacles sans nombre, et s'occupa de mettre nos colonies d'Amérique en état de repousser les attaques des Anglais. Il avait conçu le projet d'opérer une descente en Angleterre ainsi qu'en Irlande. L'expédit. d'Irlande échoua; celle d'Angleterre ne fut pas même tentée. Truguet, remplacé dans le ministère de la marine, fut nommé ambassadeur à Madrid; mais au moment où d'accord avec les ministres espagnols il s'occupait de prévenir, par d'utiles modificat. dans le gouvernement une révolution, aussi facile alors à diriger qu'à prévoir, il fut rappelé de Madrid, et pour prix de ses services exilé en Hollande. Après le 18 brumaire, nommé conseiller-d'état, il fut peu de temps après chargé du commandem. de diverses flottes que les circonstances ne lui permirent pas de mettre en mer. Il commandait l'armée navale de Brest lors de l'avénement de Napoléon à l'empire; cette armée ayant montré de la répugnance pour cet acte, le nouvel empereur en rendit Truguet responsable, et, après l'avoir destitué de son commandem. ainsi que du conseil-d'état, le raya de la liste de la Légion-d'Honneur. Après cinq ans de disgrâce, Truguet fut nommé préfet maritime à Rochefort, puis direct. de la marine de Hollande lors de sa réunion éphémère à la France. Les événements de 1814 le ramenèrent à Paris. En 1815 il fut chargé par le roi de prendre les mesures nécessaires pour s'opposer à l'occupation de Brest par les étrangers. Nommé pair en 1819 il ne cessa de prendre part aux discussions relatives à la marine, qui lui est redevable d'un grand nombre des améliorat. qu'elle a reçues depuis cette époque. Il mourut vivement regretté en 1839.

TRUMBULL ou TRUMBAL (Guillaume), homme d'état, né en 1636 à East-Hampsted, dans le comté de Berks, fit ses débuts en 1667 comme avocat à la cour du vice-chancelier, fut remarqué de l'illustre Clarendon, et obtint successivem. divers emplois honorables. Il se trouvait en France en qualité d'envoyé extraord. lors de la révocat. de l'édit de Nantes. Ses démarches en faveur des protestants ayant déplu, il fut rappelé en 1686, et nommé ambassadeur extraord. auprès de la Porte othomane, où il resta jusqu'en 1691. Quatre ans après il fut élevé à la dignité de lord de la trésorerie, devint membre du conseil privé, et enfin principal secrétaire-d'état. Il résigna tous ses emplois en 1697, pour aller vivre paisible au lieu de sa naissance, et il y mourut en 1716.

TRUSLER (John), né en 1735 à Londres, mort à Bathwick en 1820, avait quitté la profession de pharmacien pour embrasser le ministère évangéliq. Sans moyen de fortune et reconnaissant lui-même son incapacité, il s'avisa d'un projet dont l'exécut. lui donna quelque aisance. Il abrégea les sermons des théologiens les plus distingués, et publia ces abrégés sous la forme de MSs., de manière à épargner aux ecclésiastiques non-seulement le soin de composer leurs discours, mais aussi la peine de les transcrire. Entre autres écrits, on a de lui: *Hogarth moralisé*, 1766, in-8.— *Agriculture pratique*, 1780, in-8.— *Vue sommaire des lois constitutionnelles d'Angleterre*, 1788, in-8.— *Vie et Aventures de William Ramble*, 1793, 3 vol. in-12. — *Essai sur la propriété littéraire*, 1798, in-8.— *Pensées philosophiq. sur l'homme*, 1810, 2 v. in-12.

TRYPHIODORE, grammairien et poète grec, était Égyptien, suivant Suidas, qui nous a conservé les titres de quelques-uns de ses poèmes: ce sont les *Marathoniques*, *Hippodamie*, la *Destruction de Troie*, et une *Odyssée lipogrammatique*, ce qui veut dire que dans chacun des vingt-quatre chants qui la composent, une lettre de l'alphabet est omise. On conjecture que Tryphiodore écrivait à la fin du 5e ou au commencement du 6e S. La *Destruction de Troie* est le seul de ses ouvr. qui nous soit parvenu. Ce petit poème, de 681 vers, n'est qu'une sèche analyse, où l'on trouverait difficilement deux passages dignes d'être remarqués. Il a pourtant eu plus. édit. parmi lesq. on distingue celles de Cambridge, 1791, et de Londres, 1804, in-8, que l'on doit aux soins de Thom. Northmore. Une trad. franç. de ce poème fait partie des *Nouveaux mélanges de poésies grecques*, etc. (par Scipion Allut), 1799, in-8.

TRYPHON ou DIODOTE, né, suivant Strabon, à Cassiana, forteresse sur le territoire d'Appamée, combattit pour l'usurpateur Alexandre Bala contre Démétrius-Nicator, et après la mort d'Alexandre, devint le tuteur de son fils Antiochus, qu'il avait fait déclarer roi de Syrie; mais il ne tarda pas à ravir le trône avec la vie à son pupille. Ce fut alors qu'il prit le nom de Tryphon: il n'avait encore porté que celui de Diodote. Il devint bientôt odieux à ses nouveaux sujets, à ses alliés et même à ses soldats, et fut obligé de prendre la fuite devant Antiochus (Évergètes ou Sidètes), frère de Démétrius Nicator, qui profita habilem. de la disposition des esprits. Tryphon se réfugia d'abord à Dora, puis à Orthriade et enfin à Apamée, où il périt, selon les uns, de sa propre main, selon les autres, par l'ordre d'Antiochus. On place cet événement à l'an 134 av. l'ère vulg. Il avait régné trois ans.

TSAI-YU, prince chinois de la famille des *Ming*,

florissait dans le 16ᵉ S. de notre ère. Il cultiva les arts, et développa le vrai système de la musique chinoise dans un ouvrage intitulé *Liu-liu-tsing-y*, c.-à-d. Explication claire sur ce qui concerne les *liu* ou tons musicaux. C'est dans cet ouvr. surtout que le P. Amiot a puisé pour composer son *Traité de la musique des Chinois, tant anciens que modernes*, inséré dans le 6ᵉ vol. des *Mémoires* sur la Chine.

TSCHARNER (BERNARD), membre du conseil souverain de Berne, mort en 1778, a rédigé presque tous les articles du *Dictionnaire de la Suisse*, et publié en 3 vol. une *Hist. de la Suisse* (allem.), qui n'a pu soutenir la concurrence avec celle de Müller. — TSCHARNER (Nicolas-Emmanuel), son frère, né à Berne en 1727, mort en 1794, avait rempli d'une manière distinguée les premiers emplois de l'administration de son pays. Il a laissé plusieurs petits ouvr. qui se recommandent par l'utilité de leur objet et la simplicité de leur style. On les trouve dans les *Mémoires de la société économique de Berne*, dans les *Éphémérides d'Iselin* et dans le *Muséum de Fuessli*. On lui doit aussi quelques pièces en vers que Burkli a insérées dans son *Recueil de poésies helvétiques*. — TSCHARNER (Béat-Rodolphe), frère des deux précéd., a publ. en 2 vol. et en allem. une *Histoire de Berne*.

TSCHEBOTAREF (CHARITAS-ANDREVITSCH), mort en 1815, conseiller-d'état, premier recteur et professeur émérite de l'univ. de Moscou, a fondé dans cette ville la société russe d'histoire et d'antiquités. Ses ouvrages, parmi lesquels on remarque une *Histoire de Russie*, à l'usage de ses auditeurs, sont restés MSs.

TSCHERNING (ANDRÉ), poète, né en 1611, à Bunzlau en Silésie, mort en 1659, profess. à l'univ. de Rostock, seconda les efforts des savants de son siècle, qui cherchaient à donner des formes plus régulières à la langue allem., et fit paraître dans ce dessein: *Observations sur les fautes que l'on commet en écrivant et en parlant notre langue, avec des morceaux choisis dans les meilleurs poètes allemands, comme Opitz et Flemming*, Lubeck, 1639, in-12. On a de lui en outre: *Printemps de poésies allem.*, Breslau, 1642, in-8, 1646. — *Pièces qui précèdent l'été de mes poésies*, Rostock, 1655. Il n'a fait paraître ni l'*Été*, ni l'*Automne*, ni l'*Hiver*, comme il se le proposait.

TSCHIRNHAUSEN (EHRENFRID WALTER de), physicien et géomètre, seigneur de Kieslinswald et de Stolzenberg dans la Haute-Lusace, né en 1651, montra de bonne heure un goût décidé pour les sciences. Après avoir servi quelque temps comme volontaire, dans la guerre de la Hollande contre la France, il visita l'Angleterre, l'Italie, la Sicile, l'île de Malte et l'Allemagne, et revint à Kieslingswald mettre en ordre ses recherches. En 1682, il revint à Paris pour la 3ᵉ fois, exposer ses découvertes à l'acad. des sciences. La plus importante était celle des verres brûlants, qu'on appelle les *caustiques de Tschirnhausen*, et qui lui valut une place d'associé, puis de membre de l'académie. De retour dans son pays, il résolut de perfectionner les instruments d'optique, et pour cela il établit plus. verreries en Saxe, avec l'autorisation de l'élect. Bientôt on vit sortir de ses mains un nouveau verre de lunette, convexe des deux côtés, ayant 32 pieds de foyer et plus d'un pied de diamètre: il en aurait même eu deux, s'il n'eût été endommagé. Il ne voulut accepter de l'empereur Léopold que son portrait, et refusa le titre de baron, ainsi que celui de conseiller intime d'état que l'élect. de Saxe voulait lui conférer. En 1701, il retourna pour la 4ᵉ fois à Paris, y lut plus. mémoires à l'acad., et communiqua à l'un de ses confrères le secret de fabriquer de la porcelaine parfaitement semblable à celle de la Chine. De retour en Saxe, il y éprouva de vifs chagrins, et mourut en 1708. Outre ses travaux contenus dans les mémoires de l'acad., on a de lui: *Medicina corporis, seu cogitationes admodùm probabiles de conservandâ sanitate*, Amst., 1686, in-4. — *Medicina mentis, seu tentamen genuinæ logicæ, in quâ disseritur de methodo detegendi incognitas veritates*, ibid., 1687, in-4; réimpr. tous deux avec des corrections, Leipsig, 1695, in-4.

TSCHOULBOF (MICHEL-DMITRIEVITSCH), secrétaire-général du sénat de Russie, mort en 1793, est auteur d'une *Histoire du commerce de la Russie*, Pétersb., 1781, 41 vol. Il fut aussi l'éditeur du *Dictionnaire juridique*, ibid., 1792-93, 5 vol.

TSCHUDI (VALENTIN), curé de Glaris, mort en 1555, ne cessa de recommander la concorde et la tolérance à ses paroissiens qu'il voyait partagés entre l'Église romaine et le parti de la réforme. Désirant de tout son cœur que la diversité des opinions ne les empêchât pas de s'aimer, le matin il disait la messe pour ceux qui voulaient la messe, et le soir il prêchait pour ceux qui préféraient le sermon. Il renonça toutefois au catholicisme et se maria. Il fit fonder à Glaris un hôpital où les malades des deux communions étaient soignés avec le même zèle. Il a laissé une *Histoire de la réformation du canton de Glaris*, MS. à Glaris et à Zurich.

TSCHUDI (GILLE), *le Père de l'histoire suisse*, né à Glaris en 1505, mort en 1572, occupa dans sa patrie divers emplois de magistrature, et sut se concilier l'estime et la confiance du parti protestant comme du parti catholique, auquel il était resté fidèle. Ses principaux ouvrages sont: *Descriptio de priscâ ac verâ Alpinâ Rhætiæ cum alpinarum gentium tractatu*, Bâle, 1530 et 1560. — *Cartes de la Suisse*, 1560 et 1595. — *Chronique de la Suisse* (en allem.), Bâle, 1734, 2 vol. in-fol. — *Description de l'ancienne Gallia comata*, Constance, 1758. — *De Lentiensium, Germanorum, Aug. Vindelic., Octodori Veragrorum, equestris Coloniæ, nomine et situ*, dans les *Scriptores rer. germ.* de Sikard. Ses MSs., beaucoup plus nombreux, sont disséminés dans les bibliothèques de Zurich, St-Gall, Glaris, etc. (v. les *Mémoires sur sa vie et ses écrits*, par Ildephonse Fuchs, St-Gall, 1805, 2 vol. in-8, en allem.). — TSCHUDI (Dominique), abbé et l'un des restaurateurs du monastère de Muri, né en 1596 à Baden, où il mourut en 1654, a publié:

Origo et genealogia gloriosissimorum comitum de Hapsburg, monast. *murensis*, ord. *S. Bened. in Helvetiâ fundatorum*, etc., Constance, 1651, in-8. On a de lui plus. MSs. — TSCHUDI (Jean-Henri), curé de Schwanden, né à Glaris en 1670, mort en 1729, est aut. d'un gr. nombre d'écrits, parmi lesq. on distingue : *Histoire du canton de Glaris*, 1714, — *Conversations du mois*, journal curieux, en 12 vol., qui parurent de 1714 à 1726. — *Histoire des jésuites*, 1716.

TSCHUDI (Jean-Baptiste-Louis-Théodore baron de), bailli de Metz, puis ministre du prince de Liége, mort à Paris en 1784, s'était occupé d'agriculture et de poésie. On a de lui : *Traité des arbres résineux conifères, extrait et traduit de l'angl. de Miller, avec des notes*, 1768, in-8. — *De la transplantation, de la naturalisation et du perfectionnement des végétaux*, 1778, in-8. — Des articles de botanique dans l'*Encyclopédie* d'Yverdun. — *Les Danaïdes*, tragédie lyrique en cinq actes, musique de Gluck et de Salieri, jouée en 1784, impr. in-4. — Le baron de TSCHUDI, conseiller au parlement de Metz, fut réduit par les circonstances à se faire comédien en Russie, puis devint secrétaire du comte Ivan Schouvaloff et en même temps de l'acad. de Moscou, puis enfin gouverneur des pages de l'impératrice Élisabeth. De retour en France, il s'occupa beaucoup de franc-maçonnerie, et mourut en 1769. Nous citerons de lui : *l'École flamboyante, ou la Société des franc-maçons, considérée sous tous les rapports*, 1766, 2 vol. in-8. — *L'Écossais de St-André d'Écosse, contenant le développement total de l'art royal de la franc-maçonnerie*, 1780, in-12. On le croit auteur du roman obscène de *Thérèse philosophe*.

TSE-TIEN-HOUNG-HEOU, la Sémiramis des Chinois, fut appelée d'abord *Ou-chè*, du nom de son père, gouverneur de la ville de King-tcheou dans le Hou-koang. Après la mort de Tay-tsoung qui l'avait admise, sous le nom d'*Ou-mei*, parmi ses femmes du second ordre, elle sut enflammer Kao-tsoung, fils et successeur de ce prince, et lui ayant persuadé qu'elle n'avait jamais été la femme de son père, elle se fit élever, du consentement de l'impératrice, à la dignité de reine. Bientôt elle présida les assemblées des ministres, et l'un de ses premiers actes fut de chasser sa bienfaitrice du lit de l'empereur, et de la faire indignem. mutiler. Elle substitua ensuite un de ses fils à l'héritier légitime du trône, dont elle fit périr tous les partisans dans l'exil ou les supplices. Une fois maîtresse du gouvernement, elle s'occupa de faire fleurir les lettres et les arts, l'agriculture et le commerce, mais sans pouvoir apaiser ses remords ni renoncer à la cruauté : ses frères eux-mêmes ne trouvèrent point de grâce devant cette furie, et elle fit successivement dégrader et bannir de la cour ses propres fils, dont les talents et les vertus lui portaient ombrage. Après la mort de Kao-tsoung (683), elle fit déposer Tchoung-tsoung, déclaré prince héritier, et le relégua dans une province frontière. Les princes de la dynastie des *Tsoung* s'étant révoltés, trouvèrent la mort en combattant, ou se la donnèrent pour éviter les supplices, et livrèrent ainsi l'empire aux fureurs de leur rivale. Cependant elle se vit forcée de rappeler son fils Tchoung-tsoung, pour ne pas compromettre sa propre sûreté, et de lui rendre le titre de prince héréditaire. Bientôt elle le vit rétabli dans tous ses droits par une conspiration qui la précipita elle-même du trône, et à laquelle elle ne survécut que peu de mois. Elle mourut à l'âge de 82 ans (v. la *Vie d'Ou-chè*, par le P. Amiot, dans les *Mémoires sur les Chinois*, t. V).

TSEU-SSÉ, dont le véritable nom était *Youanhian*, petit-fils de Confucius, fut l'un de ses principaux disciples. Il avait 37 ans lorsqu'il perdit son aïeul : ne se jugeant pas encore assez instruit, il se fit le disciple de Tching-seu, formé comme lui par les leçons de l'illustre philosophe. Plus tard, il alla s'établir dans une chaumière pour y cultiver en paix la sagesse. Son premier titre est l'ouvrage intitulé : *Tchoung-young, ou l'Invariable milieu*, dans lequel il traite, en XXIII ch., du *milieu*, sorte d'état moral qu'il considère comme l'état moyen auquel doivent tendre toutes les actions humaines, auq. doivent se réduire toutes les passions, et qui seul est compatible avec les inspirations du ciel, les vues de la nature, la voix de la raison et la pratique de la vertu. Abel Remusat, dans le t. X des *notices et extraits des MSs.*, en a donné une édit. critique renfermant, outre le texte chin., la version mandchoue et une double traduct. entièrement nouvelle, en franç. et en lat. Tseu-ssé mourut vers 455 avant J.-C., à l'âge de 62 ans.

TUAIRE (François), peintre. né à Aix en Provence en 1794, montra des dispositions aussi heureuses que précoces pour les arts, et vint étudier à Paris dans l'atelier de Prudhon. Une ardeur excessive pour le travail le conduisit au tombeau en 1823, au moment où ses talents commençaient à se développer et sa réputation à croître avec sa fortune. Il avait peint avec succès, pour l'impératrice Joséphine, *Vénus et les Amours*, et, pour le château de Fontainebleau, *Psyché en prison, condamnée à séparer des grains de blé et secourue par l'Amour*.

TUBALCAIN ou TUBAL-CAIN, fils de Lamech, né vers l'an 2975 avant J.-C., passe pour avoir inventé l'art de travailler les métaux. « Il se servit du marteau, dit l'Écriture, et fabriqua toutes sortes d'objets en fer et en airain (Genèse, ch. IV, 22). » On ne peut s'empêcher de remarquer la ressemblance qui existe entre Tubalcain et Vulcain, sous le double rapport du nom et des fonctions.

TUBERO (Quintus-Ælius-Pætus), petit-fils de Paul-Émile et neveu du dern. Scipion-l'Africain, brigua la préture et ne l'obtint pas. Il dut cette disgrâce à son extrême pauvreté ; mais il s'en consola en donnant des consultations qui eurent une grande influence sur les décisions des juges. — TUBERO (Quintus-Ælius), jurisconsulte, de la même famille, se porta l'accusateur de Ligarius, qui, défendu par Cicéron, fut déclaré innocent. Il regarda ce jugement comme une mortificat. d'autant plus grande que Ligarius était vraiment coupable. Il quitta le barreau et se livra dès lors aux travaux du cabinet. On trouve dans les Institutes quelques extraits de ses ouvrages ; mais des expressions anciennes et inusitées en rendent la lecture fatigante.

TUBERON (Louis), abbé d'une maison religieuse en Dalmatie, dans le 16ᵉ S., a laissé : *Commentarior. de rebus suo tempore, nimirùm ab anno Christi* 1490 *usquè ad annum* 1522, *in Pannoniá et finitimis regionibus gestis, libri XI*, publ. à Francfort en 1603, et à Vienne en 1746, dans les *Scriptores rerum hungaricar.*, tome II.

TUBI (JEAN-BAPTISTE), dit *le Romain*, sculpteur, né à Rome vers 1650, fut membre de l'acad. de Paris, et mourut dans cette ville en 1700. On admire sa copie de *Laocoon*, et parmi ses composit. originales, la *Fontaine de Flore*, les figures de *l'Amour*, de *Galathée*, du *Poëme lyrique*, qu'on trouve également à Versailles. Il a aussi sculpté, d'après les dessins de Lebrun, le mausolée de Turenne ; excepté les figures de *la Sagesse* et de *la Valeur*, qui sont de Marsy. Ce monument, qu'on voyait à St-Denis, a été transporté en 1800 dans l'église des Invalides.

TUCCARO (ARCHANGE), fameux acrobate, né à Aquila, dans les Abruzzes, vers 1535, eut l'honneur de *sauter* devant la cour de France, à Mézières, en 1570, lors du mariage de l'archiduch. Isabelle avec Charles IX. Ce jeune prince se l'attacha avec le titre de *saltarin du roi*, et devint un de ses plus grands admirateurs. On a de Tuccaro trois *Dialogues de l'exercice de sauter et voltiger en l'air, avec les fig. qui servent à la parfaite démonstration et intelligence dudit art*, Paris, 1599, in-4 ; Tours, 1616, in-4. On ignore la date de la mort de Tuccaro, mais on conjecture qu'elle eut lieu peu après la publication d'un petit poème qui a pour titre : *La presa et il giudizio d'amore, in rima*, Paris, 1602, in-12.

TUCKER (ABRAHAM), littérat., né à Londres en 1705, se maria en 1736, perdit sa femme en 1754, et fit imprimer, sous le titre de *Peinture d'un amour sans art*, toutes les lettres qu'elle lui avait écrites pendant qu'il voyageait dans les différentes parties de l'Angleterre et de l'Écosse ; mais il est surtout connu par son grand ouvrage intitulé : *The ligt of nature pursued*, 7 vol. in-8, dont les 3 premiers furent publiés en 1768, sous le nom supposé d'Édouard Search, et les 4 autres ne parurent qu'après la mort de l'auteur arrivée en 1774.

TUCKER (JOSIAS), écrivain politique anglais, né dans un village du pays de Galles en 1711, embrassa l'état ecclésiastique et remplit successivem. différents emplois dans le clergé de Bristol. Son exactitude à remplir ses devoirs religieux ne l'empêcha pas de se livrer à des études que des esprits austères ou envieux voulaient regarder comme incompatibles avec sa profession. Il publia plusieurs traités sur la science du commerce, écrivit en faveur des deux bills proposés, en 1751 et en 1753, à l'effet de naturaliser en Angleterre les protestants étrangers et les juifs, et mit au jour, en 1774, quatre *disc.* (*Four tracts*), sur des sujets politiq. et commerciaux. En 1781 il publia un *Traité concernant le gouvernement civil*, où il combat les principes de Locke touchant l'origine, l'étendue et la fin des institutions civiles. On cite encore de lui plus. écrits, un entre autres, où il se déclare pour la liberté entière du commerce. Il mourut en 1799.

TUCKEY (JAMES-KINGSTON), navigateur, né en 1776, à Greenhill en Irlande, s'embarqua dès l'âge de 15 ans, fit plusieurs voyages, et servit avec distinct. dans les mers des Indes et des Moluques. Nommé, en 1802, premier lieutenant du *Calcutta*, qui devait aller former une nouvelle colonie dans le New-South-Wales, il reconnut avec beaucoup d'exactitude le Port-Philip, ainsi que la côte voisine sur le détroit de Bass. Après avoir subi une captivité de neuf ans en France, il reçut la mission, en 1816, d'aller explorer le Zaïre, qui arrose le Congo, et de s'assurer si, comme le prétendent quelques géographes, ce fleuve n'est que la continuation du Niger, dont l'embouchure est encore le sujet de tant d'hypothèses. Lorsqu'il eut remonté jusqu'à 280 milles dans l'intérieur des terres, il fut obligé de revenir sur ses pas, et succomba lui-même (1816) aux fatigues qui avaient emporté la plupart de ses compagnons. On a de lui : *Relation d'un voyage fait pour établir une colonie au Port-Philip, dans le détroit de Bass*, Lond., 1805, in-8. — *Géographie et statistique maritime*, ibid., 1815, 4 v. in-8. — *Relation d'une expédition entreprise en* 1816 *pour explorer le fleuve Zaïre*, etc., ibid., 1818, in-4, carte et fig. ; traduit en franç., Paris, 1818, 2 vol. in-8 et atlas.

TUDOR (OWEN-MEREDITH) est la souche de la maison de Tudor, qui a donné plusieurs rois à l'Angleterre. Il épousa secrètement Catherine, fille de Charles VI, roi de France, et veuve de Henri V, roi d'Angleterre. Dans les longues querelles de la rose blanche et de la rose rouge, il embrassa le parti de la maison de Lancastre, fut fait prisonnier à la bataille de *Mortimer's Cros* (1461), et décapité sur-le-champ par ordre du duc d'York, qui prit le nom d'Édouard IV en montant sur le trône. — Edmond TUDOR, un des fils d'Owen, fut le père du roi d'Angleterre Henri VII.

TUET (JEAN-CHARLES-FRANÇOIS), chanoine de Sens, né à Ham en 1742, mort en 1797 à Sens, avait été prof. au collége de cette ville, de 1764 à 1782. On a de lui : *Éléments de poésie lat.*, Sens, 1778, 1783, 1787, in-12. — *Le guide des humanistes, ou Principes de goût développés par des remarques sur les plus beaux vers de Virgile et autres bons poètes latins et français*, 1780, in-12. — *Matinées senonaises, ou Proverbes franç., suivis de leur origine*, etc., 1789, in-8. C'est le meilleur ouvrage qui eût paru sur cette matière avant le *Dictionn.* de La Mésangère. — Plus. MSS. conservés dans la biblioth. de M. T. Tarbé, de Sens. — TUET (Esprit-Claude), frère puîné du précéd., né vers 1745, fut prêtre du diocèse de Noyon, puis prem. vicaire de St-Médard à Paris, où il mourut vers 1787.

Nous citerons de lui : *Manuel propre à MM. les curés, vicaires et ecclésiastiq. chargés de la partie des mariages*, 1785, in-8, 2ᵉ édit., augmentée des *Empêchements dirimants*, 1786, in-8.

TUFO (Jean-Baptiste del), histor., né vers 1546 à Averse, prit l'habit des clercs réguliers connus en France sous le nom de théatins, fut placé par Sixte-Quint, en 1687, sur le siége d'Acerra, et, s'étant démis de son évêché en 1603, revint à Naples, où il mourut en 1622. On lui doit une *Histoire* de son ordre, depuis sa fond. jusqu'en 1609, sous ce titre : *Istoria della religione de' Padri clerici regolari*, Rome, 1609, 1616, 2 vol. in-fol.

TULL (Jetro), agriculteur, né dans le comté d'York vers 1680, visita toutes les contrées de l'Europe pour en observer le sol, la culture et les différentes product., et, de retour dans sa patrie, y fit l'essai de div. méthodes, qui ne furent pas toujours heureuses, mais qui attestaient son zèle infatigable. Il publia en 1731 son *Specimen*, en 1733 son *Essai sur l'économie domestique*, trad. en franç. par Duhamel, et mourut en 1740.

TULLIA, l'aînée et la plus perverse des filles de Servius-Tullius, épousa Aruns, l'aîné et en même temps le plus vertueux des fils de Tarquin-l'Ancien, tandis que sa sœur, femme très vertueuse, fut mariée à ce Tarquin, surnommé par l'histoire *le Superbe*. Ces deux unions mal assorties furent rompues par le crime : Tullia et Tarquin-le-Superbe, liés par un commerce adultère, firent périr, l'un son frère, l'autre sa sœur, pour ne plus trouver d'obstacles à un mariage qui devait être le premier triomphe de leur atroce ambition. Tullia excita bientôt son nouveau mari, par les plus violents discours, à renverser du trône Servius-Tullius, et eut ensuite la barbarie de faire passer son char sur le corps sanglant de son père. Les Romains donnèrent le nom de *Scélérate* à la rue qui vit cette lâche action d'une fille dénaturée. Tullia fut chassée de Rome peu de temps après avec son époux (*v.* Tarquin-le-Superbe).

TULLIA, fille de Cicéron, née l'an de Rome 677 (77 av. J.-C.), épousa en troisièmes noces P.-Cornélius-Dolabella ; mais elle ne trouva pas dans cette union le bonheur dont elle s'était flattée. Cependant il ne paraît pas qu'elle ait eu recours au divorce, puisqu'elle mourut en 708 dans la maison de son mari en mettant au monde un fils. Elle est célèbre par les grâces de son esprit et la réunion des qualités les plus aimables, mais surtout par la tendre amitié que lui porta son père. Ce grand homme, dont tant de beaux ouvr. attestent la haute raison, se laissa égarer par la douleur paternelle, au point de vouloir diviniser sa fille lorsqu'il l'eut perdue. La part qu'il fut obligé de prendre aux gr. intérêts politiq. qui s'agitèrent alors l'empêcha seule d'exécuter ce bizarre projet : du moins voulut-il éterniser sa douleur par un traité *sur la Consolation ;* mais cet ouvrage est au nombre de ceux qui sont perdus.

TULLIN (Chrétien BRAUMAN), poète, né en 1728, à Christiania en Norwége, mort en 1765, est considéré comme le premier poète classique de sa nation. Ses *OEuvres* ont été publiées par sa veuve, Copenhague, 1770, 3 vol. in-8, dont les deux derniers contiennent ses *Pensées*, en prose.

TULLUS-HOSTILIUS, 3ᵉ roi des Romains, fut élu par le peuple après la mort de Numa-Pompilius, l'an de Rome 83. Son élection fut ratifiée par le sénat. Il est représenté par les historiens comme non moins guerrier que Romulus. Son expédition contre les Albains est devenue célèbre par le combat des Horaces et des Curiaces, qui donna à Rome la victoire et l'empire. Il existait encore, au temps d'Auguste, des monum. incontestables de ce combat, qui prouvent du moins l'authenticité du règne de Tullus-Hostilius ; or, c'est un avantage qui manque aux règnes de Romulus et de Numa. On doit remarquer que le procès du jeune Horace donna lieu au prem. exemple d'un appel au peuple d'une sentence roy., droit dont les tribuns surent si bien abuser dans la suite contre les consuls et le sénat. La soumission des Albains fut suivie de l'attaque des Fidénates et des Véiens, qui donna lieu au supplice de Métius-Suffétius. Albe fut ensuite rasée, et ses habitants transportés à Rome dont ils doublèrent la population, et où quelques-uns d'eux furent admis dans le sénat et dans l'ordre équestre. La guerre fut déclarée alors aux Sabins dont la défaite accrut beauc. la prépondérance des Romains ; mais ceux-ci furent affligés bientôt d'une contagion cruelle dont Tullus-Hostilius fut atteint lui-même. Dès lors ce prince ne fit que languir au milieu des plus minutieuses pratiques de la superstition, et mourut l'an de Rome 114, sans que l'on ait pu savoir précisément de quelle manière. Selon Tite-Live, il aurait été frappé de la foudre ; d'après la chronologie la plus ordinairement adoptée, son règne fut de 32 ans.

TULP (Nicolas), médecin et magistrat d'Amsterdam, né en 1594, mort en 1674, remplit pendant plus de 50 ans les fonctions de conseiller-échevin, et fut élu quatre fois bourgmestre. On lui dut la fondation du collége de médec., et il y donna pendant long-temps des leçons d'anatomie. On a de lui : *Observationes medicæ*, in-12, dont il parut cinq éditions de 1641 à 1716. L. Wolzogen fit son *Oraison funèbre*.

TUNELD (Éric), géogr. et histor. suédois, mort vers la fin du 18ᵉ S., est auteur d'une *Histoire d'Engelbrecht Engelbrechtson*, et d'une *Géographie de la Suède*, classique dans le pays.

TUNSTALL (James), critique anglais, né vers 1719, mort en 1772 dans l'indigence, joignait au savoir et au talent beaucoup de douceur et de modestie. Nous citerons de lui : *Epistolæ ad virum eruditum Conyers Middleton, vitæ M. T. Ciceronis scriptorem*, Cambridge, 1741, in-8. — *Observations sur le Recueil des épîtres entre Cicéron et Brutus*, 1744. — *Justification du droit qu'a l'état de prohiber les mariages clandestins, sous peine de nullité absolue*, etc., 1755, in-8 (*v.* Tonstall).

TUPAC-AYMARU ou TUPA-MARU (Joseph-Casimir-Boniface), cacique péruvien, né en 1745 dans le district de Tintaï, qui fait partie de la vice-royauté de Lima, descendait de la famille des Incas. Élevé dans la religion catholique, il n'en nourrissait pas moins, depuis son enfance, une haine implacable contre les tyrans de son pays, bourreaux de ses aïeux. Il profita d'une sédition qui éclata dans la ville d'Arequipa pour se saisir de don Antonio Arriaga, corrégidor de Tintaï, qu'il fit pendre (1780). Il massacra ensuite 1,500 hommes qu'avait envoyés contre lui le corrégidor de Cusco, prit le titre d'inca, arbora l'étendard de ses ancêtres, et se vit bientôt à la tête de 25,000 hommes armés et disciplinés. Mais il se mit alors à faire une guerre de barbare, et exerça tant de cruautés dans le Pérou, sans distinction d'amis ni d'ennemis, qu'un grand nombre de naturels se joignirent contre lui aux Espagnols. Il fut pris et écartelé vers le milieu de l'année 1781. — TUPAC-AYMARU (Diego), après s'être caché pendant quelque temps, se déclara le success. et le vengeur de son frère Joseph (1782). Soutenu de son neveu Cutari, il commit d'horribles dévastations et vint bloquer la ville de la Paz, qui fut réduite à la plus affreuse extrémité, mais dont il se vit pourtant obligé de lever le siège. Le gouvernement espagnol, résolu d'avoir recours à la douceur pour désarmer les Indiens, publia une amnistie. Diego se rendit avec son neveu au camp de ses ennemis à la fin de 1782 et y fut bien accueilli. Il est toutefois probable qu'il finit ses jours dans les fers.

TUPPO (FRANÇOIS), jurisconsulte napolitain, né vers 1445, mort probablement vers la fin du 15e S., fut l'ami et l'associé de Sixte Riessinger, qui vint en 1471 fonder à Naples le premier établissement typographique. Il publia alors un grand nombre d'ouvrages inédits, qui malheureusement ne sont guère que des *Comment.* sur le Code, des *Gloses* sur le droit coutumier, et tous ces inutiles travaux qui composaient le fond de l'ancienne jurisprudence. Après le départ de Riessinger (1479), il resta seul à la tête de l'imprimerie. On a de lui : *Favole di Esopo*, Naples, 1485; Aquila, 1493, in-fol.; Venise, 1492, 1495, in-4; ib., 1553, in-8. C'est une traduct. en mauvaise prose de 66 apologues, précédés de la *Vie d'Ésope* en latin et en italien.

TURA (COSME), appelé aussi *Cosmè* par Vasari, peintre, né à Ferrare en 1406, mort en 1469, a laissé plusieurs tableaux estimables parmi lesquels on cite : la *Crèche* que l'on voit dans la sacristie de la cathédrale de Ferrare; les *Actes de la vie de St Eustache*, dans le couvent de St-Guillaume, et la *Vierge entourée de saints*, qui décore l'église de St-Jean.

TURAMINI (ALEXANDRE), jurisc., né à Sienne vers 1558, professa le droit dans sa ville natale, à Naples et à Ferrare, et remplit pendant quelque temps à Florence les fonctions d'auditeur *della rota*. Son plus grand travail est un *Commentaire* sur un livre du *Digeste* (*De legibus*). Ses ouvrages de juriprud. ont été réimpr. à Sienne, 1769, in-fol. Ses essais littéraires n'ont pas encore été rassemblés. Nous citerons seulement : *Sileno, favola boschereccia*, Naples, 1599, in-8 (v. Borsieri, *Discorsi sulla vita e gli scripti d'Al. Turamini*, Milan, 1818, in-8).

TURBILLY (LOUIS-FRANÇOIS-HENRI DE MENON, marquis de), agronome et militaire, né en 1717, d'une famille distinguée d'Anjou, entreprit de gr. améliorations dans ses terres qui étaient considérables, et imagina de distribuer des prix pour le plus beau blé et le plus beau seigle récoltés dans son canton. C'est le premier encouragement de ce genre donné en France. On lui doit en outre l'idée de l'établissement des sociétés d'agriculture et les premières tentatives faites en France pour détruire la mendicité. Malheureusement son imaginat. trop vive le jeta dans des entreprises difficiles, qui, jointes aux procès et aux dilapidations dont il fut victime, le ruinèrent. Cependant ses créanciers, tout en saisissant son bien, lui en laissèrent l'administration jusqu'à sa mort en 1776. Les agriculteurs consultèrent avec fruit son *Mémoire sur les défrichements*, 1760, in-12, dont la prem. partie seulement a été réimpr. sous le titre de *Pratique des défrichements, revue et corrigée*, 1760, in-12; 1811, in-8.

TURCHI (ALEXANDRE), peintre, né à Vérone en 1580, mort à Rome en 1650, se forma un style qui n'est pas dépourvu de vigueur, mais dont la grâce et la noblesse sont les qualités dominantes. C'est surtout dans la distribution des couleurs qu'il se montra supérieur. Il avait adopté une teinte d'un rouge doré qui égaie sa toile, et qui est un des signes auxquels on le reconnaît. On cite de lui ; à Vérone, le *Supplice des XL martyrs*, dans l'église de St-Étienne, et la *Mère de douleur*, dans celle de la Miséricorde ; et à Rome, la *Fuite en Égypte* dans l'église de St-Romuald. Le musée du Louvre possède de lui cinq tableaux : le *Déluge*, *Samson endormi livré aux Philistins par Dalila*, la *Femme adultère amenée devant Jésus-Christ*, le *Mariage mystique de Ste Catherine d'Alexandrie*, la *Mort de Marc-Antoine*.

TURCHI (CHARLES), évêque de Parme, né dans cette ville en 1724, mort en 1803, était de l'ordre des capucins, où il remplit plusieurs charges importantes. Le duc de Parme, Ferdinand, le nomma son prédicateur et le chargea de l'éducation de ses enfants. On imprima plusieurs ouvrages de Turchi de son vivant. Après sa mort il parut à Rome une édition magnifique de ses *OEuvres inédites*, 3 vol. in-fol. Elles ont été réimpr. depuis dans plusieurs villes d'Italie. On a, en outre, un *Recueil* de ses mandements, lettres pastorales et homélies épiscopales, en 4 vol.

TURCKHEIM (JEAN, baron de), publiciste, né à Strasbourg, d'une ancienne famille alsacienne, y remplissait, avant la révolution, les premières fonctions municipales. Député de cette ville à l'assemblée constituante, il y plaida les intérêts de ses concitoyens. Au temps de la terreur, il se retira sur l'autre rive du Rhin, et fut employé en diverses occasions comme négociateur par plusieurs princes

d'Allemagne. Il mourut en 1824 dans sa terre d'Altorf, grand-duché de Baden. Parmi ses ouvr., on cite avec distinction les *Histoires généalogiques des maisons de Bade et de Hesse.*

TURENNE (HENRI DE LA TOUR-D'AUVERGNE, vicomte de), l'émule du grand Condé, sur lequel il l'emporta comme tacticien, né à Sedan le 16 septembre 1611, était le 2ᵉ fils de la Tour-d'Auvergne, duc de Bouillon, et d'Élisabeth de Nassau, fille de Guillaume Iᵉʳ, prince d'Orange. Son goût pour la profession des armes se manifesta dès l'enfance par une admiration exclusive pour l'hist. des gr. capitaines de l'antiquité. Pour montrer à ses parents que la faiblesse de sa constitution ne l'empêcherait pas de supporter les fatigues de la guerre, il passa toute une nuit d'hiver sur les remparts de Sedan : on l'y trouva le lendemain endormi sur l'affût d'un canon. Après avoir fait un apprentissage de 5 années dans la guerre de Hollande sous ses oncles Maurice et Henri de Nassau, il obtint, à son retour en France, un régiment d'infanterie. Dès ses débuts en Lorraine, sous le maréchal de La Force, une action d'éclat lui valut le brevet de maréchal-de-camp. Chacune des campagnes suivantes ne fit qu'ajouter à la réputation du jeune guerrier, qui fut nommé lieuten.-général en 1639. Les événements qu'entraîna la mort de Louis XIII lui préparèrent un rôle plus important. Dans le but de le lier plus étroitement au parti de la cour dont le duc de Bouillon, son frère, se séparait décidément, Mazarin lui fit donner le bâton de maréchal. Mais le cauteleux ministre, voulant l'éloigner de l'Italie, l'envoya recueillir en Allemagne les débris de l'armée défaite à Duttlingen. L'ayant promptement réorganisée, il la conduisit devant Fribourg. L'arrivée du prince de Condé à la tête d'un renfort le plaça au second rang dans cette campagne (1644), où l'on put déjà remarquer l'avantage du sang-froid de Turenne sur la brillante impétuosité de son émule de gloire. Le comte de Mercy, laissant le premier occupé de quelques siéges sur le Rhin, suivit Turenne en Franconie, où il tenta vainement de le surprendre avec toutes ses forces en avant de Mariendal. La belle retraite du maréchal réduisit à peu de chose l'avantage de Mercy, qui l'expia trois mois après à la journée de Nordlingue. Les exploits de Turenne, après qu'il eut opéré sa jonction dans la Hesse avec le général suédois Wrangel, hâtèrent la conclusion du traité de Westphalie, après lequel les dissentions intérieures prirent un nouveau degré de violence. La vive passion qu'il nourrissait pour la duchesse de Longueville le détermina, bien plus que les sollicitations du duc de Bouillon, à se prononcer contre Mazarin, qui le remplaça dans son commandement. Retiré en Hollande, il reparut un moment à la cour après la paix de Ruel, et ne se lia que plus étroitement avec le parti de la Fronde lors de l'arrestation des princes. Ayant levé une armée, il s'empara du Catelet, de la Capelle, etc. Son projet était de venir délivrer les princes à Vincennes ; mais la défection de ses alliés l'empêcha de rien entreprendre de considérable. Battu à Rhétel par l'armée royale aux ordres du duc de Praslin, cette défaite l'éclaira sur la misérable jactance du parti où il s'était laissé entraîner. Il ne tarda pas à se rapprocher de la cour, et ce fut avec beaucoup de zèle qu'il reprit les armes pour le jeune roi, lorsqu'il le vit dans un extrême péril. La victoire qu'il remporta sur Condé près de Gien, mit une seconde fois la couronne sur la tête de Louis XIV, comme le dit la reine-mère, dans l'enthousiasme que lui causa ce succès inespéré. Il aurait écrasé l'armée des princes au fameux combat du faubourg St-Antoine, sans l'assistance que les Parisiens prêtèrent au prince de Condé. Turenne, qui à deux reprises différentes s'était excusé d'accepter la main d'une nièce de Mazarin, sous prétexte de la différence de religion, épousa en 1653 la fille du duc de La Force. Peu de mois après il fut envoyé de nouveau contre les Espagnols, dont Condé était resté l'auxiliaire. La levée du siége d'Arras termina cette brillante campagne de 1654, où il avait débuté par la prise de Rhétel, de Mouzon et de Ste-Menehould. En 1656 il répara, par sa belle retraite sur le Quesnoy, l'échec essuyé par le maréchal de la Ferté à Valenciennes. La victoire des Dunes, qu'il avait remportée sur Condé, hâta la conclusion de la paix des Pyrénées (7 nov. 1659), qui lui permit enfin de goûter quelque repos après trente années d'agitations et de combats. Il avait depuis 1657 le tit. de colonel-gén. de la cavalerie : à l'époque de son mariage avec l'infante Marie-Thérèse, Louis XIV lui donna celui de maréchal-gén. des armées. Il parait que les croyances auxquelles Turenne était demeuré attaché jusque-là, et qu'il devait abjurer bientôt, empêchèrent seules qu'il ne fût fait alors connétable. Son abjuration (23 oct. 1668), est généralement attribuée à Bossuet, qui composa dans ce but son *Exposition de la foi.* Tant que dura la paix, il ne cessa de se rendre utile en prenant part aux affaires les plus importantes. Mais son initiat. aux secrets de la politique devint l'occasion d'une des fautes qu'il se reprocha le plus, celle de s'être laissé arracher, par une belle personne qu'il courtisait, la confidence des motifs du voyage de MADAME en Angleterre. Louis XIV dut la lui pardonner facilement. Lorsque ce monarque eut ouvert, par une campagne d'apparat, la guerre de Hollande, il laissa Turenne à la tête de l'armée avec le titre de généralissime. Ce parti était prudent, car le bruit de ses conquêtes, aussi aisées que rapides, devait faire surgir la coalition que le maréchal eut bientôt sur les bras. Quoiqu'il eût en tête Montécuculli, il n'en porta pas moins, avec des forces très inférieures, le théâtre de la guerre au cœur de l'Allemagne. A peine revenait-il triomphant, qu'on l'envoya combattre une nouvelle ligue à la tête de laquelle se trouvait l'électeur de Brandebourg, au mépris de la foi jurée. Le guerrier, jusque-là si prudent, osa tenter la fortune au fameux combat de Sintzeim, qu'heureusement il gagna : ce succès décida du reste de la campagne, et c'est alors que, maître du Palatinat, Turenne

12.

souilla son triomphe par la dévastation de ce malheureux pays, dont trente villages furent livrés aux flammes. La fortune ne permit pas à Turenne d'ajouter à ce ravage celui de la rive gauche du Rhin, où il s'était porté dans ce dessein. Ces condamnables duretés avaient ramené au combat les impériaux en force : une nouvelle campagne s'ouvrit (1674) sous les plus défavorables auspices pour les Français. Gorgés de butin, ils n'avaient pu du moins s'amollir dans les cantonnements du Palatinat. Obligé à la retraite, Turenne, feignant d'abandonner précipitamment ses positions, attira les impériaux à sa poursuite, et rentrant par les Vosges dans l'Alsace, d'où il les avait délogés, les battit à Mulhausen, puis à Turkeim, et enfin les réduisit à repasser le Rhin (6 janv. 1675). La gloire du maréchal parut d'autant plus éclatante, qu'on n'ignorait pas qu'il avait osé prendre sur lui de vaincre, tandis qu'on lui enjoignait d'éviter toute rencontre par une prompte retraite. Ce gr. homme fut tué par un boulet, le 27 juillet 1675, au moment où, joyeux d'avoir attiré Montécuculli sur un terrain de son choix près de Satzbach, il se croyait déjà sûr de la victoire. Un monument marque encore le lieu où il expira. Son corps, placé dans St-Denis à côté du tombeau des rois, fut transporté en 1800 dans l'église des Invalides par l'ordre du Ier consul Bonaparte. Outre le *Siècle de Louis XIV*, les *Oraisons funèbres* de Mascaron et de Fléchier, divers *Éloges*, notamment par le présid. Lamoignon, et les *Lettres* de Mad. de Sévigné, on pourra consulter sur Turenne les *Mémoires* de ses deux dern. campagnes par Deschamps, 1756, 2e édit.; la *Collection de ses Mémoires* publ. par Grimoard, 1782, 2 vol. in-fol.; l'*Histoire* des quatre dernières campagnes par le même, sous le nom de Beaurain; enfin plus. *Vies* de ce gr. capitaine par Courtilz, Raguenay et Ramsay. La dernier contient les *Mém.* du vicomte de Turenne écrits par lui-même.

TURGOT (St), né en Écosse vers l'an 1045, comptait parmi ses aïeux Togut, roi danois, dont le règne remonte à 1000 ans avant l'ère chrétienne, Premier ministre du roi Malcolm III, il avait quitté le cloître pour venir à la cour; il mourut évêque de St-André en 1115. On a de lui, entre autres ouvr., une *Vie du roi Malcolm et de la reine Marguerite*, en langue vulgaire; l'*Hist. du monastère de Dunelm*, en latin.

TURGOT (MICHEL-ÉTIENNE), né à Paris, en 1690, descendait de la même famille que le précéd., dont une branche s'établit en Normandie au 13e S. Il était président en la seconde chambre des requêtes du palais, lorsqu'en 1729 il fut nommé prévôt des marchands. En cette qualité, il s'occupa sans relâche de l'assainissement et de l'embellissement de la capitale, et fit construire, entre autres beaux ouvrages, cet immense égout qui embrasse tout le côté de la rive droite de la Seine. Après avoir rendu les plus gr. services dans cette charge, qu'il remplit 11 ans, il fut fait conseiller-d'état, puis président du gr.-conseil en 1741, et mourut dans la retraite en 1751.

TURGOT (ANNE-ROBERT-JACQ.), baron de l'Aulne, contrôl.-général des finances, né à Paris en 1727, était le 3e fils du précédent. Destiné à la carrière ecclésiastiq., il étudia la théologie avec zèle, tout en s'appliquant aux lettres et aux sciences. Il avait à peine 23 ans lorsque, dans un discours d'apparat qu'il dut prononcer en sa qualité de prieur de Sorbonne, il prédit (1750) comme inévitable la séparation des colonies américaines de leur métropole. Vers le même temps il démontrait, dans une bonne dissertation, les inconvénients du papier-monnaie, réfutait, dans deux lettres sur l'existence des corps, les paradoxes de Berkeley, dont il avait entrepris de traduire l'ouvr., et composait, pour le concours de l'acad. de Soissons, un traité sur la quest. : *Quelles peuvent être, dans tous les temps, les causes de la décadence du goût dans les arts, et des lumières dans les sciences?* Ne se sentant aucune vocation pour l'état ecclésiastique, il y renonça du consentement de son père, et fut fait maître des requêtes (28 mars 1753), après avoir été pourvu successivem. des charges de substitut du procur.-général et de conseiller au parlem. Ses liaisons antér., plus peut-être qu'aucun calcul, l'avaient mis dans le parti du ministère (v. MAUPEOU). Il fit partie de la chambre royale créée pour remplacer le parlem. exilé (mai 1753) : de là les dispositions hostiles que plus tard il devait trouver dans ce corps, dont il avait encore combattu le rappel à l'avénement de Louis XVI. Des traduct. en prose et en vers des chefs-d'œuvre des anciens, ainsi que de bons ouvr. modernes, et la publicat. de divers écrits d'économie politique, remplirent les loisirs de sa charge, et le mirent en relation avec les littérateurs et les publicistes de l'époque. L'un des plus zélés adeptes de la secte des *économistes*, il était lié particulièrement avec Quesnay et Gournay, chefs de cette société, alors partagée en deux écoles, et se proposa de fondre leurs théories en un même système. Plein de l'idée qu'un bien immense résulterait pour l'état de l'introduction des réformes qu'il méditait, il aspirait aux prem. places de l'administration, et il s'en ouvrit le chemin en s'attachant à l'intendant du commerce Gournay, qu'il accompagna en 1755 et 1756 dans ses excursions à l'est et au midi de la France, pour y visiter les principales places de commerce. Un voyage que Turgot fit en Suisse et son *pèlerinage* à Ferney se rapportent à la même époque. Appelé en 1761 à l'intendance de la généralité de Limoges, il put enfin commencer à réaliser quelq-unes de ses réformes. Procédant sur une échelle restreinte, il parvint à y mettre en pratique ses théories, qu'accueillit la reconnaissance. Les corvées supprimées, la construct. de canaux et de routes nouv., la limitation des chemins vicinaux, la répartition de l'impôt rectifiée par le cadastre, les encouragements donnés à l'agriculture, l'établissement d'ateliers de charité, des mesures sanitaires et d'autres innovations, toutes égalem. dirigées vers l'amélioration de l'état des artisans et des pauvres cultivateurs, telles furent les *singularités* qu'eurent à lui reprocher les autres intendants de provinces. Aux actes de justice il avait joint ceux d'une bienfaisance active et éclairée : ses bonnes intentions n'auraient pu être méconnues des Limousins. Il en fut de même dans tout le royaume après que le choix du roi l'eut appelé au ministère ; mais là trop d'obstacles s'opposaient à ce qu'il atteignît d'aussi heureux résultats avec les mêmes moyens : une austère probité, le zèle du bien, des vues saines, mais peu de connaissance des hommes et une confiance puérile dans l'ascendant que l'équité doit avoir sur eux dans le conflit même de leurs intérêts. Il tenait depuis un mois le portefeuille de la marine, lorsque la chute des ministres Terray et Maurepas (20 juillet 1774) le poussa au contrôle-général des finances. Comme Louis XVI, que ce choix fit bénir des amis du peuple, Turgot était l'homme d'un meilleur temps : il se forma contre les vastes plans qu'il combinait une ligue formidable du clergé, qui le taxait d'athéisme parce qu'il entendait l'assujétir aux impôts fonciers, des gens de finances dont il allait réprimer les exactions, de la noblesse dont il limitait les priviléges, et enfin du parlem. qu'il avait dès long-temps mécontenté en faisant par sa conduite la censure de cette opposit. systématique aux vues du roi qu'affectait imprudemm. cette compagnie, trop jalouse de ses prérogatives. Les malveillants s'unirent aux nombr. ennemis du ministre, dont on parvint à ruiner le crédit par les attaques mortelles du ridicule, à défaut de bonnes raisons. Plusieurs édits avaient proclamé la liberté du commerce des blés. Cette mesure, commandée au ministre par la conséq. de ses principes, se trouva malheureusement en coïncidence avec une disette que la cupidité des propriétaires de grains ne manqua pas d'exagérer beaucoup : de là des émeutes populaires soudoyées par ceux qui avaient intérêt à décréditer le système du contrôleur-général. Moins de deux ans s'étaient écoulés au milieu d'une lutte vigoureuse, lorsque Turgot fut remplacé au ministère par Clugny (mai 1776). Il s'était honoré par tous les genres de courage : il eut, en se retirant, celui d'adresser à Louis XVI un avertissement qui eût dû frapper davantage cet infortuné monarque, puisqu'il avait été à même d'apprécier l'homme dont il disait un jour : « Il n'y a que M. Turgot et moi qui aimions le peuple. » Voici en quels termes s'exprimait le contrôleur-général dans cette lettre : « Je conjure Votre Majesté de se tenir en garde contre la faiblesse ; elle est la cause principale de la misère des peuples et du malheur des rois : c'est la faiblesse, Sire, qui a conduit Charles Ier à l'échafaud. » Cet homme de bien, qui, s'il n'avait d'autre titre à la célébrité, occuperait encore comme savant une place fort distinguée dans les souvenirs de la postérité, fut emporté par une attaque de goutte le 20 mars 1781. Il était membre de l'acad. des inscript., où son *Éloge* fut prononcé par Dupuy (*Mém.* XLV, p. 124). — Ses *OEuvres*, recueillies par Dupont de Nemours, qui les a fait précéder de *Mémoires* très étendus sur l'auteur, ont paru de 1808 à 1811, 9 vol. in-8. On a une *Vie* de Turgot, par Condorcet, 1786, in-8. — On peut consulter aussi les *Mémoires* de l'abbé Morellet. — *Particularités et observat. sur les ministres des finances*, par Monthyon, et l'*Hist. du XVIIIe Siècle*, de M. Lacretelle.

TURGOT (le chev. ÉTIENNE-FRANÇOIS), marquis de Consmont, frère du précéd., né à Paris en 1721, alla faire ses caravanes à Malte, dont il commandait une galère, et, après avoir fait ses preuves comme officier, se signala dans cette île par des talents administratifs. De retour en France en 1764, il fut élevé au grade de brigadier des armées du roi. Il proposa au duc de Choiseul de régénérer la colonie de Cayenne, et de former dans la Guiane un nouvel établissement sous le nom de *France-Équinoxiale*. Nommé gouvern.-général de ce pays, il ne réussit point dans ses projets de colonisation, et revint dire en France qu'il était impossible de réussir. On en a jugé autrement depuis ; mais il était difficile à cette époque de ne pas s'effrayer de tant d'obstacles. Après avoir subi une détent., dont ses différends avec l'intend. Chanvallon furent la cause, il se voua entièrement à l'étude. Il avait de grandes connaissances en histoire naturelle, en chirurgie, en médecine et en agriculture, et dès 1762 il était associé libre de l'acad. des sciences. Entre autres *Mémoires* insérés dans le *Recueil* de cette société, on a de lui des *Observat. sur l'espèce de résine élastique de l'Ile-de-France, à peu près semblable à celle de Cayenne* (1769). Il mourut à Paris en 1789.

TURGY (LOUIS-FRANÇOIS), né en 1763 à Paris, faisait partie de la maison de Louis XVI avant la révolution, et trouva le moyen de s'introduire au Temple le jour même où ce prince y fut conduit avec sa famille. Ce fut lui surtout qui facilita la correspondance des augustes prisonniers entre eux et avec le monde, dont ils étaient séparés. Contraint de sortir du Temple en 1793, il suivit la royale orpheline dans son exil. Il devint en 1814 premier valet-de-chambre et huissier du cabinet de MADAME, obtint des lettres de noblesse, fut nommé officier de la Légion-d'Honneur, et mourut en 1823. Ses *Fragm. historiq. sur le Temple*, rédigées par M. Eckard, ont été insérées dans la 3e édition des *Mémoires sur Louis XVII*.

TURHEIM (ULRICH de), l'un des plus célèbres troubadours ou minnesingers allemands du 13e S., continua le poème de *Tristan*, de Gottfried de Strasbourg, qui se trouve, sous le n° 154, parmi les MSs. transportés de Heidelberg à la bibliothèq. du Vatican. Il est aussi l'aut. des *Aventures d'Élies* (v. les *Miscellanea* de Docen, II, 154, 500 et 304), et, s'il faut en croire Rodolphe de Montfort, son ami, *du roi Artus* (ou *Arthur*), *ou la Table ronde*, poème dont le Vatican possède six copies. Turheim et Eschenbach travaillèrent ensemble à un poème épiq. intitulé : *Wilhelm der Heilige markgraf von Oranze*, ou *le St Guillaume, margrave d'Orange*, qui se trouve au Vatican sous les n°s 395 et 404. Des trois parties dont il se compose, la 2e seulem. est d'Eschenbach.

TURLOT (François-Claude), littérat. estimable, né à Dijon en 1745, embrassa l'état ecclésiastiq., et fut chargé de l'éducation d'un des fils naturels de Louis XV, l'abbé de Bourbon, qu'il accompagna dans un voyage à Naples, où son élève mourut en 1787. Il était aumônier de Mme Victoire, et bientôt après il fut nommé vicaire-général de l'évêque de Nancy. La révolution le priva de ses places et de ses bénéfices; mais il supporta ce revers avec courage, et s'en consola par l'étude. Il obtint en 1796 l'une des places de conservateur à la bibliothèque nationale, la conserva sous l'empire et la restauration, et mourut en 1824. Ses principaux ouvr. sont : *Études sur la théorie de l'avenir*, Paris, 1810, 2 vol. in-8. — *De l'Instruct.*, 1816 et 1819, in-12. — *Abailard et Héloïse, avec un aperçu du 12e S.*, etc., 1822, in-8.

TURNÈBE (Adrien), savant profess., né en 1512 aux Andelys, en Normandie, fut un des restaurat. des lettres en France. Nommé par le crédit du cardinal de Châtillon prof. d'humanités à Toulouse, il s'y était fait une grande réputation, lorsqu'en 1547 il fut appelé à Paris, où il remplit d'abord la chaire de grec au collège royal, puis celle de philosophie grecq. et latine. A ses leçons se formèrent les élèves les plus distingués, parmi lesquels on distingue Henri Estienne et Génebrard; la douceur de ses mœurs, autant que son esprit, lui donna pour amis les hommes supérieurs de l'époque, Montaigne, Lhôpital, de Thou, etc. Son amour pour les lettres lui fit accepter la direction de l'imprimerie royale pour les livres grecs, et de 1552 à 1556 il y donna plus. éditions estimées. Turnèbe mourut en 1565. Ses *ouvrages*, publiés d'abord séparément, ont été recueillis, Strasbourg, 1600, 3 t. in-fol. Indépendamm. des ouvr. recueillis dans ce vol., on lui doit, sous le titre d'*Adversaria*, des observations détachées sur les anciens auteurs, en 3 part., qui furent réunies pour la prem. fois dans l'édition de Paris, 1580. — Ses deux fils, Adrien, mort en 1594, et Étienne-Adrien, conseiller au parlement, publièrent quelques-uns des ouvrages de leur père avec des *correct.* et des *augmentat.*

TURNER (William), naturaliste, né à Morpeth dans le commencem. du 16e S., mort en 1568, fut emprisonné, puis obligé deux fois de quitter l'Angleterre, pour avoir mis trop d'ardeur à propager les principes du célèbre réformateur Ridley, son ami. Il est le premier qui ait publié en anglais un *Herbier* (*new Herbal*); la 1re part. parut à Londres en 1551, la 2e à Cologne en 1562, et la 3e, ibid., 1568, avec une édit. plus complète. Comme zoologiste, il a donné : *Avium præcipuarum, quarum apud Plinium et Aristotelem mentio fit, brevis et succincta historia*, Cologne, 1554, in-8.

TURNER (Robert), prêtre, né à Barnstaple, dans le Devonshire, mort à Gratz en 1599, remplit avec succès plus. fonctions honorables hors de sa patrie, entre autres celles de recteur de l'univers. d'Ingolstadt et de conseiller-privé de Guillaume, duc de Bavière. On lui doit entre autres ouvrages : *Vita et martyrium Mariæ, reginæ Scotiæ*, in-8.

— *Orationes XVII*, Ingolstadt, 1602, in-8. — *Tractatus VII*, ibid., in-8. — *Epistolarum centuriæ II*, ibid., in-8. — TURNER (William), théologien angl., né dans le Flinshire, fut vicaire de Walberton, et publia en 1695 une *Histoire de toutes les religions*, Londres, in-8. — TURNER (Daniel), né en 1701, mort en 1798, pasteur d'une congrégation de la secte des *baptistes*, a publié entre autres écrits : *Défense de la poésie sacrée contre le doct. Johnson*, 1785. — *Pensées détachées* (free thoughts) *sur l'esprit de libre examen en matière de religion*, 1792. — TURNER (Daniel), médecin et chirurgien anglais, de la société royale de Londres, est surtout connu par les deux ouvr. suivants : *Traité des maladies de la peau*, Londres, 4e édit., 1731, in-8; trad. en français par Boyer de Pébrandier, Paris, 1743, 2 vol. in-12. — *Des Maladies honteuses*, Londres, 1732, 2 vol. in-8; trad. en franç. par Lassus, Paris, 1777, 2 vol. in-12. — TURNER (Dawson), botaniste angl., mort en 1818, membre de la société roy. et de plus. acad. allem., a publ. sur la *mousse*, ses genres et ses espèces, un ouvr. savant sous ce titre : *Muscologiæ hibernicæ spicilegium*, Yarmouth et Londres, 1804, in-12, avec 16 pl. L'auteur garda tous les exemplaires pour en faire des présents. — TURNER (Samuel), voyageur, né dans le comté de Glocester vers 1749, mort à Londres en 1802, est connu par son ambassade auprès du Tchou-Lama, qu'en 1783 le célèbre Hastings, gouverneur-général des possessions britanniques dans les Indes, le chargea d'aller complimenter sur sa nouvelle incarnat. Turner a fait connaître lui-même les détails de son voyage dans sa *Relation d'une ambassade à la cour du Tchou-Lama, en Thibet, contenant la relat. d'un voyage en Boutan et dans une partie du Thibet, avec des observations botaniq., minéralogiq. et médicales, par Saunders, et des vues dessinées par Davis*, Londres, 1800, in-4, fig.; trad. en français par Castera, Paris, 1802, 2 vol. in-8, avec atlas.

TURNER (John-Matthias), prélat anglais, né à Oxford, d'une famille pauvre, et orphelin dès son jeune âge, fit dans son village natal d'excellentes études sous la direct. d'amis charitables. Attaché quelque temps à la famille Londonderry, il occupa de 1823 à 1829 div. fonctions pastorales où il se fit remarquer. A la mort de Héber, évêque de Calcutta, on lui offrit ce siége vacant, qu'il accepta malgré sa santé chancelante. Il ne tarda pas à être la victime du climat, et mourut en 1831 dans sa ville épiscopale.

TUROCZI. — V. THUROCZ.

TUROT (Joseph), remplissait au 18 brumaire la place de secrétaire-général du ministère de la police; dès lors aussi il travaillait à la *Gazette*. Il en devint propriétaire vers le même temps, et la vendit à M. Bellemare, depuis commissaire-général de police. Turot, qui était entré dans une entreprise de fournitures, fut impliqué dans des accusations auxquelles cette affaire donna lieu en 1806, et traduit devant un conseil de guerre qui l'acquitta. Depuis ce temps jusqu'en 1815, il vécut à

Paris sans emploi. Durant les *cent-jours*, il devint commissaire-général de police dans les départem. du Nord. La 2ᵉ restauration le rejeta dans sa nullité. Il mourut à Paris en 1825. Il a publié quelq. brochures anonymes, entre autres : *de l'Opposit. et de la liberté de la presse*, 1799, in-8.

TURPIN, TULPIN ou TILPIN, à qui l'on donne quelquefois le prénom de *Jean*, n'est fameux que par le roman qui lui a été long-temps attribué. On sait fort peu de chose sur sa vie. Il avait été moine de St-Denis avant d'être archevêque de Reims, et dans le tableau chronologique des prélats de cette église, son nom est le 29ᵉ, entre Abel et Wlfar. Turpin assista en 769, avec onze autres prélats français, au concile de Rome, où Étienne III fit condamner l'anti-pape Constantin. Il était révéré dans son diocèse comme un saint personnage, et, entre autres bonnes œuvres, il enrichissait la bibliothèque de son église de MSs. qu'il faisait copier par ses clercs. Trithème et d'autres écriv. disent qu'il fut le secrétaire, l'ami, le compagnon d'armes de Charlemagne; mais là commence une suite de détails indignes de l'histoire, et que nous ne rapporterons pas. On conjecture qu'il mourut vers 800. Le livre qui porte le nom de Turpin renferme des faits qui ne permettent pas de lui assigner une date antérieure à la fin du 11ᵉ ou au commencem. du 12ᵉ S. Le prem. qui en ait parlé est Rodolphe de Tortaire, moine à l'abbaye de Fleuri de 1096 à 1145. De toutes les conjectures que l'on s'est permises sur le véritable auteur de cette chronique, la plus plausible est celle de Gui Alard, qui croit qu'elle fut rédigée vers 1092, à Vienne en Dauphiné, par un moine de St-André. Il en avait déjà paru plus. trad. franç. lorsque le texte latin vit le jour pour la prem. fois, en 1566, dans un *Recueil* in-fol., publ. par Schard à Francfort-sur-le-Mein. L'édition la plus récente est celle qu'en a donnée M. Ciampi, Florence, 1822, in-8. Cet ouvr., intitulé assez inexactement *de Vità Caroli magni et Rolandi*, n'a pour sujet que les exploits de Charlemagne et de son neveu Roland en Espagne. Ce fond historiq. est presq. méconnaissable au milieu des détails imaginaires qui le surchargent. Cette fabuleuse chronique doit une grande partie de sa célébrité à l'Arioste, qui prétend s'appuyer sur le prétendu Turpin, lorsqu'il ne suit en effet que les caprices de sa folle imagination (*v. la Bibliothèq. des romans*, juill. 1777, et les *Mélanges tirés d'une gr. bibliothèque*, t. F).

TURPIN (François-Henri), historien, né à Caen en 1709, mort en 1799 à Paris, dans l'indigence, fut souv. forcé de mettre sa plume aux gages des libraires. Cepend., il ne négligeait rien pour s'assurer la protection des dispensateurs des grâces et de la fortune. On peut en juger par ce passage de la dédicace de son *Hist. de Siam* à M. de Boynes, devenu ministre de la marine : « Je suis dans l'habitude de chérir et de respecter les ministres qui vous ont précédé; et ma reconnaissance, qui les suit jusq. dans leur retraite, en justifiant ce qu'ils ont fait pour moi, me rend plus digne de vos bienfaits. » Ce n'est pas sur ce ton que les gens de lettres de notre époque parlent aux grands et aux ministres. Parmi les ouvrages de Turpin, on distingue les *Vies de Louis II de Bourbon, prince de Condé, de Charles et de César de Choiseul*, maréchaux de France (formant les t. XXIV à XXVI des *Hommes illustres de la France*, commencés par d'Auvigny et continués par l'abbé Pérau). — *Hist. universelle*, Paris, 1770-78, 5 vol. in-12. — *Hist. civile et naturelle du roy. de Siam*, ib., 1771, 2 vol. in-12. — *La France illustre, ou le Plutarque franç.*, etc., ibid., 1775-85, 4 vol. in-4.

TURPIN DE CRISSÉ (Lancelot, comte), célèbre tacticien, membre des acad. de Berlin, de Nancy et de Marseille, né dans la Beauce vers 1715, obtint en 1780 le grade de lieuten.-général après 40 ans de services et 17 campagnes, et fut nommé l'année suiv. gouvern. du fort de Scarpe à Douai. Il émigra, et mourut en Allemagne vers 1795. Ses princip. ouvr. sont : *Essai sur l'art de la guerre*, Paris, 1754, 2 vol. gr. in-4 avec 25 pl., trad. en allem. par ordre du gr. Frédéric, en angl. et en russe. — *Commentaires sur les mémoires de Montécucculi*, ib., 1769, 3 vol. in-4, fig.; Amsterdam, 1770, 3 vol. pet. in-8., fig. — *Commentaire sur les institutions de Végèce*, Montargis, 1770, 3 vol. gr. in-4, avec 20 pl. — *Commentaires de César avec des notes historiques, critiques et militaires*, ib., 1785, 3 vol. gr. in-8, avec 45 pl., Amsterdam, 3 vol. in-8.

TURQUIE (la), vaste empire qui s'étend en Europe, en Asie et en Afrique, n'existe dans la plénitude de sa puissance que dep. environ quatre siècles. Scythes d'origine, les Turks n'étaient à l'époque des conquêtes de Djenguyz-Khan, dans le 13ᵉ S., qu'une tribu éparse sur les bords de la mer Caspienne. Cette tribu, dite aussi les *Tatares Ogusiens*, était sans doute un reste de la monarchie turkestane, qui, selon les histor. du Bas-Empire, comprenait au 6ᵉ S. le pays situé entre la mer Noire et la Chine. Les Turcs ne durent se ranger sous la loi mahomét. qu'après le khalyfat d'Omar, à la secte duquel ils sont demeurés attachés. Il y avait environ 50 ans que le khalyfat de Syrie s'était écroulé dans des dissensions civiles lorsqu'après la chute de la dynastie seldjoukide s'éleva un jeune conquérant, Osman ou Othman Iᵉʳ à qui l'on rattache la fondation de l'empire qui depuis a gardé son nom. Après un règne glorieux de 27 années ce conquérant laissa à Orkhan, le plus jeune de ses fils, l'an de l'hég. 726 (de J.-C. 1326), son nouvel état, composé d'une gr. partie de la Bithynie (Asie-Mineure), de la Phrygie, la Cappadoce, la Lydie, la Carie, etc. Orkhan conquit sur les Grecs Nicée et Gallipoli; il envoya combattre les Thraces et les Bulgares, son fils Soleiman Tchélébi, qui mit aussi mettre le siège devant Constantinople, et périt au milieu de ses conquêtes en Europe. Mourad ou Amurath Iᵉʳ, 2ᵉ fils d'Orkhan, et son successeur, l'an 61 de l'hég. (1360), établit à Andrinople le siège de son empire. Après avoir enlevé aux Grecs toute la Thrace, il défit les Bulgares, puis les Serviens. Il créa la milice fameuse des janissaires, qui rendit des services signalés aux sulthans, mais finit par disposer du sceptre, et fut enfin supprimée par Mahmoud II. Salué empereur sur le champ de bataille de Cassovie l'an 792 (de J.-C. 1390), Bajazet devait porter à l'empire grec de plus rudes atteintes que ses prédécesseurs. Maître de la Macédoine, de la Thessalie, etc., il pressait vivement le siége de Constantinople, lorsqu'instruit de l'approche de Tamerlan, il se porta avec toutes ses forces à la rencontre du conquérant tatare qui le vainquit et le fit prisonnier. L'élévation subite d'une puissance rivale retarda un moment celle des Osmanlis. Gouverné par des mains plus fermes, l'empire d'Orient se fût relevé de ses humiliations; mais sa chute n'était que différée. Après le règne peu remarquable de Mahomet Ier (816-1413) et celui d'Amurath II (825-1422), que signalèrent des troubles intérieurs, plus. révoltes de janissaires, des guerres heureuses contre les chrétiens (v. J. Huniade, Ladislas, Scanderberg), et enfin les deux abdications temporaires du sulthan en faveur de son fils Mahomet II (1443-1445), ce dern. prince, ceint pour la 3e fois du baudrier impérial (1451), commença une série non interrompue de victoires qui mirent fin à l'empire d'Orient par la prise de Constantinople, sa capitale (v. Constantin-Dracosès). C'est ici le lieu d'esquisser les principaux traits de l'histoire de cet empire, qui, fondé au détriment de la puissance romaine par Constantin-le-Grand, l'an 312 de notre ère, avait survécu sans gloire un peu moins de 10 siècles à l'empire d'Occident, dont il n'était qu'un démembrement. Seul maître de l'empire de l'Orient et de l'Occident après la mort de Licinius, qu'il fit étrangler en 324, Constantin-le-Grand eut sept successeurs à Constantinople jusqu'à Théodose, qui réunit aussi les deux couronnes sur sa tête après avoir défait Arbogaste, meurtrier de l'empereur Valentinien (394). Les deux états demeurent séparés depuis leur partage entre les fils de Théodose. C'est pour cela qu'on regarde comme le prem. emper. d'Orient Arcadius, qui du vivant même de son père avait eu le gouvernem. des affaires à Constantinople en 388. Depuis Arcadius, qui régna de 395 à 408 jusqu'à Alexis Ducas, dit *Murzulphe*, que les croisés précipitèrent du trône pour y placer le comte de Flandre Baudouin, en 1204, l'Orient avait obéi à 86 maîtres qui se succédèrent dans la puissance souveraine, la partagèrent ou se la disputèrent. La nouvelle dynastie fondée par Baudouin, celle des Latins ou des emper. français de Constantinople, fit place, après 58 ans, à une autre souche d'emper. grecs, successeurs de Michel Paléologue. Cet usurpateur, ayant détrôné Baudouin II en 1261, avait dépouillé de ses droits le fils de Théodose II Lascaris, Jean, héritier de l'empire de Nicée, qu'avaient fondé, avec l'aide des Musulmans, les héritiers de cet Alexis Murzulphe, détrôné et mis à mort par les barons franç. (v. Lascaris). La domination des souverains du bas-empire ne présente à l'histoire qu'un tissu de troubles, de perfidies, de crimes, mêlés de querelles théologiques. La dissension des églises d'Orient et d'Occident, d'abord sur le culte des images, puis au sujet de la suprématie à laquelle prétendaient, chacun de son côté, les pontifes de Constantinople et de Rome (v. Nicolas Ier), avait tourmenté long-temps l'empire avant d'amener la séparation que consomma le patriarche Photius en 880. C'est ce schisme peut-être qui, à l'époque des croisades, anima contre les Grecs les chevaliers chrétiens bien plus que les perfidies d'Isaac-l'Ange et d'Isaac III. Revenons à Mahomet II. Après avoir remplacé la croix par ses bannières sur le dôme de Ste-Sophie, aussitôt convertie en mosquée, le sulthan songea à s'emparer du reste du pays et des îles dépendant de l'empire grec; Venise seule apportait quelque obstacle à ces envahissements, qui excitèrent les alarmes des puissances européennes, alors qu'il n'était plus temps de les empêcher. Cette république se vit enlever par les musulmans Eubée, sa principale colonie; et quand pour venger cette perte P. Mocenigo ravagea Mythilène et Chio, il ne frappa guère que les malheur. Grecs, déjà si maltraités par leurs nouveaux maîtres. Une monstrueuse alliance entre le pape Alexandre VI et les Turks contre le roi de France, Charles VIII, est l'événem. le plus singulier du règne de Bajazet II (886-1481), qui paya des sommes considérables au vicaire de J.-C. pour prix du meurtre de son frère Zizim, dont le pontife sut tirer encore un bon parti avant de l'empoisonner. Fort maltraité par les Mamloucks dans une guerre qu'il entreprit contre eux, le même Bajazet, après avoir fait essuyer de gr. pertes aux Vénitiens, ne leur accorda la paix que lorsqu'ils eurent à la tête de leurs flottes le fameux Gonzalve de Cordoue. Les janissaires qui s'étaient plus. fois révoltés sous ce règne proclamèrent Sélim Ier (918-1512), contre le gré de Bajazet, qui voulait abdiquer en faveur d'Achmet, son autre fils. Les historiens ont tracé un portrait peu flatteur de ce Sélim; ce fut toutefois un prince habile, à en juger par l'éclat qu'il ajouta à la puissance othomane. La Perse humiliée, la Syrie conquise, les Mamlouks écrasés, l'Égypte réunie à sa couronne : tels furent les grands actes de son règne. Les Vénitiens, pend. ce temps, étaient au nombre de ses alliés. Soliman-le-Magnifique commença (1520) une autre série de triomphes. Il entra vainqueur dans Bude, capitale de la Hongrie; les Moldaves et les Valaques se soumirent à sa puissance pour éviter l'esclavage. Pendant ce temps un pirate, le fameux Barberousse, posait l'étendard du croissant sur les côtes barbaresques, puis sur les forts de Rhodes, que Mahomet II avait attaqués en vain. La capitale de l'Autriche fut la digue où vint se briser la fortune de Soliman, qui assiégea vainement aussi l'île de Malte. Au moment où la puissance de Charles-Quint chancelait devant le formid. sulthan, François Ier s'était fait son allié : cette répétit. coupable de la faute d'Alexandre VI ne devait pas être la dernière. La fameuse guerre de Chypre, terminée presque sans fruit pour les chrétiens par la victoire de Lépante, occupa une gr. partie du règne de Sélim II (1566), qui le premier porta atteinte aux capitulat. des chrétiens, en convertissant en mosquées leurs principales églises. La puissance othomane était parvenue à son plus haut période; elle commença à décroître du moment où elle cessa de s'étendre. Amurath III débuta (1575) par immoler ses cinq frères et faire jeter à la mer deux sulthanes enceintes. Ce prince, qui avait vécu jusqu'à 31 ans éloigné des affaires, montra cepend. quelque habileté. Deux campagnes contre les Perses offrirent un inutile aliment à la turbulence des janissaires, qui plus. fois se révoltèrent. Bientôt éclata en Hongrie la guerre que Sinam-Pacha termina heureusem. par la défaite de l'archiduc Mathias, et par la prise de Raab qui fut traîtreusement vendue aux Turks par son gouv. le comte de Hardec. Mahomet III, en montant sur un trône souillé du sang de ses frères et de celui de dix sulthanes laissées enceintes par Amurath (1595), abandonna la conduite du gouvernement à ses ministres. La guerre de Hongrie fut continuée toutefois par les généraux de l'empire, qui, dans une embuscade tendue aux chrétiens en firent un gr. massacre. La vie de Mahomet III s'écoula dans un voluptueux repos qu'il paya par les souffrances d'une décrépitude anticipée. Sous son règne avaient commencé ces intrigues de sérail qui bientôt devaient livrer aux femmes l'autorité dont la loi les écarte rigoureusem. Moins indolent que son père et beaucoup plus humain que ses prédécesseurs, Achmet Ier, qui commença à régner à 15 ans (1603), s'appliqua d'abord à réprimer quelques pachas qui, croyant l'occasion opportune pour se rendre indépendants, recherchaient dans ce but l'alliance du sophi de Perse. La guerre se poursuivait avec des succès variés dans la Basse-Hongrie. Afin de réunir ses forces contre le sophi et les pachas rebelles, Achmet conclut une trêve de 10 ans avec l'emper. Rodolphe, ainsi que des accommodements avec les autres puissances de l'Europe. Mais ces gr. préparatifs demeurèrent sans autre résultat que de ramener plus. sandjiaks sous l'autorité du sulthan, qui accepta les propositions d'arrangement que lui fit la Perse. La paix profonde dont jouissait l'empire ne fut troublée que par quelq. hostilités de la part du gr.-duc de Toscane, qui poussa Fra-Eddyn à la guerre contre Achmet. Le jeune sulthan mourut au moment d'aller combattre en personne l'émir des Druses (16 nov. 1617). Mustapha Ier, son frère puîné, après un règne insignifiant de 4 mois, fut déposé, et fit place à Othman II, enfant d'Achmet, que les janissaires ne tardèrent pas à massacrer pour rappeler Mustapha. Une campagne malheur. contre les Polonais avait seule marqué le règne d'Othman, qui périt dans sa 17e année (1031-1622). A peine Mustapha eut-il recouvré la puissance souveraine, que les janissaires en délivrèrent l'empire en le reléguant pour la 2e fois dans une prison (1032-1623). Amurath IV, dit l'*Ivrogne*, et surn. aussi le *Victorieux*, commanda en personne une expédition contre la Perse, s'empara de Bagdad, et mit autant de soin à complaire aux janissaires qu'il paraissait peu se soucier de l'affect. des peuples. Beauc. de sang coula pend. son règne, souillé surtout par le meurtre de Bajazet, son frère. Du moins son habileté arrêta l'écroulement de l'empire, qui redevenait florissant, lorsqu'à sa mort il laissa le trône à Ibrahim (1049-1640). Prince aussi lâche que son père s'était montré vaillant, le nouv. sulthan ne prit aucune part aux événem. militaires de son règne; la guerre contre les cosaques fut conduite par le gr.-visir Mustapha, qui s'empara d'Azof; le capitan-pacha Louçouf et Mousa-Pacha, chefs d'une expédit. contre les Vénitiens, investirent l'île de Crète, se rendirent maîtres de la Canée; mais ils échouèrent devant Candie par la belle défense de Foscolo. Ibrahim perdit à la fois dans une révolte des janissaires le trône et la vie (1059-1649). Salué emper. à 7 ans, Mahomet IV fut d'abord gouverné par son aïeule et sa mère, les sulthanes Kiosem et Lerkhann. Une conspiration tramée par la prem. fut découverte et la perdit. La fermeté du gr.-visir Kiuperli abrégea les troubles de la minorité de Mahomet. Candie tomba enfin au pouvoir des Othomans après une résistance héroïque. Mais la prospérité de l'empire cessa avec la vie du gr.-visir. Sous l'administration de Cara-Mustapha, une guerre imprudente contre l'Autriche et la Pologne eut pour résultat la perte d'une portion de la Hongrie, et de plus celle de la Morée, de Corinthe et d'Athènes. Les janissaires révoltés précipitèrent Mahomet du trône pour y placer (1687) Soliman II, peu capable d'arrêter tous les désastres qui battaient en ruine la puissance othomane. Tandis que le nouv. sulthan est réduit à se réfugier dans Andrinople, l'empereur Léopold s'avance en maître au cœur de la Servie, et Morosini à la tête d'une flotte vénitienne prélude à la conquête du Péloponèse par la prise de Ste-Maure, de Coron et de Prévesa. Cependant une nouv. révolution du sérail porte Achmet II sur le trône (1691). Ce prince inepte voit Chio enlevée par les Vénitiens, et de plus gr. orages s'amonceler autour de lui; il était au lit de mort quand on lui annonça la ligue formée contre l'empire entre l'Autriche, la Pologne, la Russie et les Vénitiens (1106-1695). Son successeur, Mustapha II, se met aussitôt en campagne. Fier de quelq. succès contre les Vénitiens, il repousse toute offre de paix avec les chrétiens, passe le Danube et la Thyesse, vient assiéger Peterwaradin, et, forcé par le prince Eugène d'accepter une bataille, est battu complétement à Zenta. Dans le même temps la prise d'Azof par Pierre-le-Grand ouvrait aux Russes le chemin de la Circassie, et leur permettait de tourner pour ainsi dire la Turquie d'Europe, tandis que les Vénitiens occupaient le reste de ses forces dans l'Archipel. La diversion que causa Charles XII aux forces russes préserva l'empire d'un péril imminent. La paix de Carlowitz fut conclue. Moins de 3 ans après les janiss. déposaient Mustapha, et ceignaient du baudrier son frère Achmet III dans Constantinople (1703). Ce prince que dominait la crainte, parut d'abord fort jaloux de maintenir la paix. Il en occupait les loisirs à grossir ses trésors. Mais le roi de Suède, Charles XII, qui avait reçu du sulthan un honorable asile, réussit à vaincre ses répugnances et le poussa à une nouv. guerre contre les Russes (1711). L'avantage de la prem. campagne fut pour les Turks; le tzar consentit le fam. traité du Pruth, que les deux parties furent peu de temps après sur le point de violer. Après une expédition contre les Perses et la reprise de la Morée sur les Vénitiens, le présomptueux visir Khoumourdi voulut se mesurer avec le prince Eugène, et les armes othomanes échouèrent encore devant celles de ce héros. La paix de Passarowitz fut conclue. Bientôt un nouvel incident troubla les fêtes du sérail. La révolte des Afghans contre le sophi de Perse, Husseim, allait livrer ce roy. démembré aux Russes et à quelq. tyrans subalternes. Le sulthan arma pour avoir part à cette proie. Mais au milieu des négociations entamées à ce sujet, un guerrier obscur s'élève, le fameux Thamas-Kouli-Khan, dont les exploits commençaient à alarmer l'empire othoman, quand, à la suite d'une insurrect. fomentée parmi les janissaires par le fameux Patrona-Kalil, Achmet fut remplacé par son neveu Mahomet V ou Mahmoud (1730). Le nouv. sulthan signala son avénement par l'abolit. de l'impôt extraordin. dit *bédéad*, récemment établi par Achmet, et cause principale de l'insurrection. Au milieu des troubles de Constantinople à peine étouffés dans des flots de sang, un pacha proscrit par le sulthan reprenait quelque avantage sur les Persans. Mort le 13 déc. 1754, Mahmoud emporta le regret d'avoir laissé étendre la puissance russe sur le pays désert en deçà du Borysthène, limites des deux empires. Son frère Osman III, pend. un règne de 3 ans, marqué par le terrible incendie de Constantinople en 1755, se souilla de cruautés que ne rachetait aucune habileté. Il expira de mort naturelle laissant le trône à Mustapha III (1757). Pour parer aux nouveaux malheurs qui allaient fondre sur l'empire il eût fallu un gr. prince : Mustapha n'avait que des qualités vulgaires. L'abaissement de la Porte devenait extrême après les désastres que lui avait fait essuyer la Russie. Les *whabis*, secte fanatique née sous le précéd. règne, menaçait la Mekke; l'Égypte était soulevée; les Grecs faisaient les premiers pas vers cette indépendance pour laquelle tant de sang devait couler; Catherine II, maîtresse de la Crimée, sapait sur tous les points les fondem. de la puiss. othomane, dont se détachaient plus. pachas (v. Ali, etc.). Toutefois un succès passager obtenu en Valachie par Moussou-Oglou consola les dern. instants de Mustapha. Son frère, Abdul-Hamid, lui succéda (janv. 1774). La prochaine campagne devait être une guerre d'exterminat. : les généraux russes imposèrent à la Porte, effrayée de ces désastres, la paix de Koustchouk-Kaynardji (21 juillet 1774), qui affranchit les Tatares de Crimée et prépara leur réunion à l'empire de Catherine (1783). Le divan reprit courage : et dans le voyage d'apparat que fit l'impératr. de Russie en Crimée avec Joseph II, elle ne vit pas sans surprise l'escadre othomane qui mouillait à l'embouchure du Dniester. Hassan-Pacha, qui avait secondé avec zèle les efforts du sulthan pour raffermir sa puissance, fut mis à la tête de cette flotte. La campagne de 1788 s'ouvrit par la bataille d'Oczakow, dont l'avantage, chèrement payé, demeura à Souvarof. Les impériaux, alliés des Russes, franchissaient la Moldavie; ils avaient pris Tubacz et quelq. autres places sous les yeux de Joseph II, quand une attaque subite des Turks le contraignit à se replier jusqu'à Largosh : le bannat de Temeswar fut saccagé par les vainqueurs, dont la fortune se brisa bientôt devant celle des confédérés à Oczakov. La prise de cette ville termina la campagne, et coûta la vie à 25,000 Othomans. Ce fut le dernier événement du règne d'Abdul-Hamid, qui, mort le 7 avril 1786, eut pour successeur son neveu Sélim III, qui, précipité du trône en 1807, y fut remplacé l'année suiv. par son frère Mahmoud II. Ce prince tenta de sauver l'empire, et prit pour cela tous les moyens en son pouvoir. Il introduisit la tactique européenne dans ses armées et supprima les janissaires, mais il est à craindre que ces mesures ne puissent préserver le trône des Othomans de sa chute, comme elles ont été insuffisantes pour comprimer l'élan des Grecs vers leur affranchissement. Mahmoud mourut en 1839, au moment où les gr. puissances européennes délibéraient sur la question d'Orient, et le monde attend encore le résultat de leurs conférences (v. l'art. Russie).

TURREAU DE GARAMBOUVILLE (le baron Louis-Marie), lieutenant-général, né à Évreux en 1756, était capitaine d'infanterie quand la révolution éclata. Il en embrassa les principes et fut employé en 1792 à l'armée de la Moselle, passa dans la Vendée en qualité de chef de brigade, et après la défaite des républicains à Coron, partit, quoique blessé, pour aller prendre le commandement de l'armée des Pyrénées-Orientales. On lui donna les provisions de général en chef avec le brevet de général divisionnaire. Après quelques avantages, il n'éprouva que des revers, et reçut du comité de salut public l'ordre de retourner à l'armée de l'Ouest. Charette, resté seul à la tête d'un parti, entretenait encore la guerre civile que la convention croyait près de s'éteindre. Turreau voyait, au contraire, la Vendée renaître de ses cendres : cédant d'ailleurs aux instructions et aux menaces du terrible comité, il partagea 15 mille hommes d'élite en douze colonnes, auxquelles il donna la mission de dévaster en tous sens le territoire vendéen (1794). Ce système d'extermination n'ayant réussi qu'à donner une nouvelle force morale aux royalistes, il finit par renfermer entièrement son armée dans des camps retranchés, répartis sur les limites de la Vendée. On accepta son plan, mais on lui ôta le commandement des troupes. Après la mort de Robespierre, il fut dénoncé par Merlin de Thionville pour ses cruautés dans l'Ouest, et montra dans cette circonstance une fermeté qui prouve qu'il n'avait fait qu'exécuter les ordres de la convention. Pouvant profiter de l'amnistie du 13 vendém. (14 oct. 1795), il persista à demander des juges, en obtint et fut acquitté. Vers la fin de 1796, il fut chargé d'un commandement en Suisse, se distingua dans la campagne de 1799, et servit avec zèle et habileté le premier consul dans sa seconde irruption en Italie. En récompense il eut d'abord un commandement en Piémont, puis la mission d'organiser le Valais et de diriger les travaux de la route du Simplon, et enfin la place de ministre plénipotentiaire aux États-Unis (1804). Mécontent du congrès, il demanda son rappel et revint en France en 1811. On s'aperçut qu'il avait de l'humeur contre les Américains en lisant son *Aperçu sur la situation politique des États-Unis*, qu'il ne put faire imprimer qu'en 1815. Il fit la campagne d'Allemagne de 1813, fut nommé par Louis XVIII chevalier de St-Louis, servit ensuite Bonaparte et le gouvernement provisoire, fit partie de l'armée de la Loire, et mourut en 1816 à Conches, départ. de l'Eure. Ses *Mémoires pour servir à l'histoire de la Vendée* ont été trad. en plus. langues.

TURREAU DE LINIÈRES (Louis), cousin germain du précéd., né à Orbec en Normandie vers 1770, fut nommé, en 1790, administrat. du départ. de l'Yonne, et l'année suivante, député suppléant à l'assemblée législative, où il ne fut point appelé. Il siégea au directoire du départ., se lia bientôt avec le président Lepelletier de Saint-Fargeau, et parvint à se faire nommer député à la convention. Il se rangea tout d'abord parmi les *montagnards* les plus forcenés, vota la mort de Louis XVI sans appel ni sursis, alla bientôt après propager les doctrines les plus anarchiques à Noyers, à Tonnerre, à Ravières, et fut envoyé la même année (1793) dans la Vendée où il déploya le même zèle que ses collègues. Dénoncé pour ses cruautés à la convention, il fut défendu par Carrier, qui lui obtint même un congé *pour se remettre de ses fatigues*. Nommé secrétaire en 1794, après la chute de Robespierre, oubliant alors le sang qu'il avait lui-même fait couler, il se prononça contre les terroristes. Il fut envoyé quelques mois après commissaire à l'armée d'Italie, et il y fit célébrer en 1795 l'anniversaire de la mort du roi. Tous ses actes postérieurs prouvèrent que, s'il avait un instant montré un peu de modération, il était au fond toujours attaché au parti de la *montagne*. N'ayant point été réélu aux conseils législatifs à la fin de la session, il devint garde-magasin à l'armée d'Italie, où il mourut quelque temps après.

TURRECREMATA. — TORQUEMADA.

TURREL (Pierre), en latin *Turellus*, recteur du collége de Dijon, né à Autun, mort vers 1547, fut traduit en justice comme coupable de sortilége, et acquitté. On lui doit, entre autres ouvrages : *le Période, c'est-à-dire la fin du monde, contenant la disposition des choses terrestres par la vertu et l'influence des corps célestes*, Lyon, 1531. — *Hist. de Bourgogne*, et *Table chronologique du même pays*, qui se conservaient MSs. dans la biblioth. de Philibert de la Mare. — Un autre Pierre TURREL, Champenois, avocat au parlem. de Paris, publia en 1576, contre le *Franco-Gallia* de Hotman, un ouvrage dans lequel il soutient la réalité de la loi salique et nie l'élection des anciens rois francs.

TURRETTINI (Benedict), né à Zurich en 1588, était de l'une de ces familles qui sortirent d'Italie au 16e S., pour professer librem. les doctrines de la réformation. Nommé pasteur et profess. de théologie à Genève en 1612, il fut député au synode d'Alais en 1620, et chargé l'année suivante d'aller solliciter, auprès des États-Généraux et des villes anséatiques, les secours nécessaires pour mettre Genève en état de défense, mission qu'il remplit avec un succès complet. Il mourut en 1631, laissant un grand nombre d'écrits dont on peut voir le détail dans Senebier, *Histoire littér. de Genève*. — François TURRETTINI, son fils, né en 1623, mort en 1687, remplit auprès des Hollandais, en 1661, une mission semblable à celle de son père, et se plaça, comme professeur de théologie et comme pasteur, parmi les hommes les plus distingués de l'Église de Genève. On cite de lui principalem. un cours de théologie encore consulté : *Institutiones theologiæ elenchticæ*, Genève, 1679-85, 3 vol. in-4. — TURRETTINI (Jean-Alphonse), fils du précédent, né en 1671, termina ses études théologiq. en 1691, visita ensuite la Hollande, l'Angleterre et la France, et se lia avec quelques-uns des hommes les plus célèbres de ces contrées. De retour dans sa patrie, il se consacra en 1694 au ministère évangélique, fut agrégé l'année suivante au corps des pasteurs, et nommé profess. extraordinaire d'histoire ecclésiastique en 1697. A cette place il joignit la chaire de théologie en 1705, et les remplit toutes deux jusqu'à sa mort arrivée en 1737. Il avait conçu le projet de réunir les diverses branches de l'Église réformée dont il était une des principales lumières. Son esprit de sagesse et de modération, a exercé une heureuse et durable influence sur le clergé de Genève. On a réuni ses ouvrages sous ce titre : *Turrettini (J.-A.) opera omnia*, Leuwarde, 1775, 3 vol. in-4. — Michel TURRETTINI, de la famille des précéd., né en 1646, mort en 1721, fut pasteur et profess. des langues orientales à Genève. On a de lui un *Catéchisme familier pour les commençants*, et quelques sermons.— TURRETTINI (Samuel), son fils, né en 1688, le remplaça dans la chaire des langues orientales en 1718, fut nommé profess. de théologie l'année suivante, et mourut en 1727. On a de lui des *thèses De iis qui ultimis seculis divinas revelationes jactàrunt*, 1722, in-4, trad. en franç. par Jacques-Théodore Leclerc, depuis professeur à Genève, et publié avec un supplément, par l'auteur, sous ce titre : *Préservatif contre le fanatisme, ou Réfutation des prétendus inspirés des derniers siècles*, Genève, 1723, in-8.

TURRIEN (François TORRÈS, plus connu sous le nom de *Turrianus*), né vers 1504 à Herrera, diocèse de Valence en Espagne, fut envoyé par Pie VI en 1562, au concile de Trente, où il se déclara fortement contre la communion sous les deux espèces. De retour à Rome, il y prit l'habit de la société de

Jésus, et mourut dans cette ville en 1584. On a de lui un gr. nombre d'ouvrages théologiques et une traduct. d'auteurs ecclésiastiques, dont on trouve la liste dans Niceron, t. XXIX, p. 129-42. Le plus connu est son traité : *Pro canonibus apostolorum, et pro epistolis decretalibus pontificum apostolicorum defensio adversùs centuriatores magdeburgenses*, Florence, 1752; Paris, 1073; Cologne, 1575, in-8. L'auteur y soutient l'authenticité des fausses *décrétales*, assertion qui a été facilem. réfutée par David Blondel.

TURSELIN (HORACE). — V. TORSELLINO.

TUSSER (THOMAS), agronome, surnommé le *Varron anglais*, né en 1515, dans le comté d'Essex, mort à Londres vers 1580, essaya deux fois d'établir une ferme qui ne prospéra point. L'on trouve pourtant des connaissances et des vues sages dans l'ouvrage qu'il publia en vers sous ce titre : *Cinq cents objets de bonne agriculture (Five hundred points of good husbandry)*. Ce livre, qui parut en 1557, obtint 12 édit. dans l'espace de 50 années. Les meilleures sont celles de 1580 et 1585; mais elles sont très rares. Le docteur W. Mavor en a donné une nouvelle en 1812, précédée d'une *notice* biographique sur l'auteur, et accompagnée de notes et d'un glossaire.

TUTCHIN (JEAN), écrivain angl., mort en 1707 dans la plus affreuse misère, avait été, sous le règne de Jacques II, la terreur du gouvernement par la virulence de ses pamphlets. Outre ses ouvr. politiques, on a de lui des *poésies*, et notamment un drame : *le malheureux Berger*, 1685, in-8, qui a été imprimé dans la collection de ses poèmes. On trouve quelques détails sur cet écrivain dans les *OEuvres* de Swift et dans l'édit. des *OEuvres* de Pope par Bowles.

TUTILON, bénédictin de St-Gall, mort vers l'an 908, fut peintre, statuaire, poëte et musicien. Après s'être perfectionné par les voyages dans la théorie et la pratique des arts, il exécuta, tant pour son monastère que pour les pays voisins, divers ouvrages qui lui firent une grande réputation. On admirait surtout une image de la Vierge, qu'il sculpta dans la ville de Metz, et dont la perfection parut miraculeuse. Il faut conjecturer que Tutilon avait été richement doté par la nature, et qu'il ne lui manqua que de naître dans un meilleur temps.

TUTINI (CAMILLE), historien, né à Naples vers 1600, entra dans les ordres, et s'occupa d'éclaircir l'histoire de sa patrie. Mais quelques idées hardies, jetées au milieu de beauc. de détails insignifiants, le compromirent gravement et le forcèrent de se retirer à Rome, où il continua ses travaux sous la protection du connétable Colonne et du cardinal Fr.-Marie Brancaccio, et mourut en 1667. Ses principaux ouvrages sont : *Dell' origine e fondazione de' Seggi di Napoli, del tiempo in cui furono istituiti, della separazione de nobili dal popolo*, etc, Naples, 1644, in-4. — *Prospect. historiæ ordinis carthusiani*, etc., Viterbe, 1660, in-8 (*v.* Soria, *Storici napoletani*, p. 608).

TWARDOWSKI (SAMUEL), gentilhomme polonais et poëte célèbre, a publ. des *odes*, des *épitres* et deux poèmes, l'un dont le héros est Uladislas IV, 1649, et l'autre a pour sujet *la Guerre avec les Cosaques, les Tatares, les Moscovites, les Suédois, les Hongrois*, etc., 1666 (*v. Bibliot. poet. polonor.* de Saluski).

TWARTKO Ier, fils d'Étienne Cotromanowitsch, lui succéda dans le duché de Bosnie en 1359, et fut proclamé roi de Bosnie, de Rascie et de Pomoric en 1376, par la protection de Louis, roi de Hongrie, son beau-frère, aux enfants et à la veuve duquel il enleva plus tard plus. places. Il se réconcilia en 1385 avec la veuve de Louis; mais dès l'année suiv., oubliant ses promesses, il la laissa décapiter par des sujets rebelles, et s'entendit même avec eux pour agrandir son propre territoire. Forcé un moment par Sigismond, en 1388, d'arrêter le cours de ses félonies, il recommença bientôt ses entreprises coupables sur les possessions dépendantes de la Hongrie. Mais bientôt il eut à défendre ses états héréditaires contre les Turks, et après la sanglante bataille de Cassovie (1389), il conclut avec eux un traité d'alliance. Déserteur de la cause des chrétiens, il vint à la tête d'une armée de Turks et de Bosniaques mettre le feu aux faubourgs de Zara, s'empara de presque toute la Dalmatie, et mourut en 1392. — Son fils TWARTKO II, dit *Scurus*, suivit son exemple en travaillant à rendre la Bosnie indépendante. Mais malgré la ligue offensive et défensive qu'il fit avec Wladislas, roi de Naples, il ne put empêcher Sigismond de partager le roy. de Bosnie et de Rascie, et de le rendre de nouveau tributaire de la Hongrie. Il parvint plus tard à rétablir sa domination dans la Bosnie septentrionale, et n'ayant point d'héritier, il donna par testament (1427) ses états à la famille des Cilley, à laquelle il tenait par les femmes.

TWEDDEL (JOHN), littérateur et voyageur anglais, né en 1769 à Threcpwood, près d'Hexham en Northumberland, mort à Athènes en 1799, a publié : *Prolusiones juveniles, præmiis academicis dignatæ*, 1793, in-8, reprod. avec des fragm. de ses autres ouvr., sous ce titre : *Remains*, etc., *Restes de J. Tweddel*, etc., précédés de mémoires biographiq. par l'édit., Robert Tweddel, Londres, 1815, in-4, fig.

TWELLS (LÉONARD), théologien de l'université de Cambridge, mort en 1742, est auteur d'une *Vie de Pokocke*, en anglais, et de quelques écrits de critique sacrée ou de controverse, tels que : *A critical examination of the late new text and version of the Testament, in greek and englis*, et a *Vindication of the Gospel of St Matthew*, in-8.

TWINING (THOMAS), savant anglais, né vers 1734, entra dans l'état ecclésiastique, et obtint en 1770 la cure de Ste-Marie à Colchester. Là s'arrêta sa fortune, malgré son mérite et ses connaissances aussi variées que profondes. Il mourut en 1804. On lui doit une trad. angl. de la *Poétique d'Aristote*, avec des notes, et deux *Dissertat.* sur l'imitat. poétique et musicale, 1789, in-8, et un *Précis histo-*

rique sur les Pharisiens, avec un parallèle entre les anciens et les modernes, 1798, in-8.

TWISS (RICHARD), homme de lettres et voyageur, né en 1747 à Rotterdam, était fils d'un marchand anglais établi dans ce pays. Il visita successivement l'Angleterre, l'Écosse, la Hollande, la Belgique, la France, la Suisse, l'Italie, l'Allemagne, la Bohême, le Portugal, l'Espagne, et finit par l'Irlande, dont il ménagea peu les habitants dans une relation qu'il donna de son voyage. Les Irlandais se sont vengés sans faire de grands frais d'esprit ni de malice, en attachant son nom à un meuble de nuit aussi nécessaire que peu noble. Twiss mourut en 1821 à Comdon-Town, membre de la société royale. On trouve dans l'*Annual biography and Obituary*, 1822, pag. 446 et suiv., des détails curieux sur son entrevue avec le patriarche de Ferney dans une de ses excursions. Entre autres ouvrages, on a de lui : *Voyage en Espagne et en Portugal, fait en 1772 et 1773*, Londres, 1775, in-4, cartes et fig.; trad. en franç., Berne, 1776, in-8. — *Voyage en Irlande fait en 1775, avec la vue du saut des Saumons à Ballyshannon*, Londres, 1776, in-8, fig.; trad. en franç. par Millon, an VII, in-8, avec cartes et fig.—*Tournée à Paris pend. la révolution*, 1792, in-8. — *Des Mélanges*, 1805, 2 vol. in-8.

TWYNE (JOHN), antiquaire, né dans le Hamptonshire, mort en 1581, est auteur d'un ouvrage intitulé : *De rebus albionicis, britannicis atque anglicis commentar. lib. II*, Londres, 1590, in-8. — Brian TWYNE, petit-fils du précéd., est auteur d'un ouvr. sur l'univ. d'Oxford, intit. : *Antiquitatis acad. oxoniensis apologia in tres libros divisa*, Oxford, 1608, in-4. Le but de cet écrit est de prouver, contre l'opinion de Caïus, qu'Oxford est plus ancien que Cambridge.

TYCHO. — V. BRAHÉ et CURTZ.

TYCHSEN (OLAUS ou plutôt OLOUF-GERHARD), célèbre orientaliste, né en 1734 à Tondern, duché de Sleswick, sut profiter dès sa jeunesse de toutes les occasions qu'il trouva d'apprendre des langues. On le vit étudier avec succès les antiquités grecq. et latines, l'anglais, l'arabe, l'éthiopien, l'hindoustani et le tamoul; mais ce furent sans contredit l'hébreu rabbinique et le patois juif allemand qui l'occupèrent toujours de préférence. La facilité avec laquelle il parvint à parler et à écrire l'un et l'autre langage, attira sur lui les regards du doct. J.-H. Callenberg, qui l'employa, mais sans succès, dans une mission dont le but était de convertir les Juifs du nord de l'Allemagne, de la Prusse, du Danemarck et de la Saxe. Tychsen, appelé à Butzow par le duc Frédéric de Mecklenbourg, qui venait d'y fonder une université, n'y eut d'abord que le titre d'agrégé (1760); mais trois ans après, il fut nommé profess. ordinaire des langues orientales. Lorsque l'univ. de Butzow fut réunie à celle de Rostock, il y continua ses fonctions. Il obtint successivement du duc de Mecklenbourg les titres de conseiller aulique, de conseiller de la chancellerie et de vice-chancelier, fut nommé membre de la société royale d'Upsal et de l'acad. des inscript. de Stockholm, honoraire de l'acad. royale de Padoue, de la soc. royale des sciences de Copenhague, de celles de Berlin, de Munich, et enfin de l'université de Casan. Toutes ces distinctions flattèrent beaucoup sa vanité, qui d'ailleurs fut quelquefois assez grande pour lui faire rechercher un triomphe d'un moment dans des opinions paradoxales, dont il ne pouvait méconnaître la fausseté; toutefois il a rendu d'importants services à la littérature orientale dans deux de ses branches, l'interprétat. des inscriptions arabes écrites en caractères coufiques, l'éclaircissem. des monnaies musulmanes. Quant à ce qui regarde le premier objet, on trouve ses explicat. dans divers recueils, tels que le *Journal pour servir à l'histoire de la littérat. et des arts*, de Murr; les *Morceaux pour la littérature arabe* (*Beytræge zur arabischen litteratur*); la *Description des ornements impériaux et autres curiosités de la ville de Nuremberg*, du même auteur, etc. Sur l'autre objet favori de ses études, on se contentera d'indiquer : *Introductio in rem numariam muhammedanorum*, Rostock, 1794, in-8; et un supplément intitulé : *Introduct. in rem numariam muhammed. additamentum I*, ibid., 1796, in-8. Tychsen mourut à Rostock en 1815.

TYDEMAN (MINARD), savant hollandais, né en 1741 à Zwolle en Ower-Yssel, mort en 1825, professa l'éloquence, le grec, le droit naturel et public dans plusieurs acad. de sa patrie, et montra qu'il n'était pas moins propre aux affaires qu'à l'enseignem., par la manière dont il remplit les fonct. de greffier des états de sa province en 1790. Sans parler de plus. harangues académiq., des thèses ou dissertat. publiées sous le nom de ses disciples, mais auxq. il eut au moins beaucoup de part, on citera de lui : un *Mémoire sur l'origine du langage et sur le cratyle de Platon*, dans le *Recueil* de la société philologique holland. de Leyde. — *Syntagma dissertationum ad philosophiam moralem pertinentium, enchiridion studiosi jurisprudentiæ naturalis*.

TYERS (THOMAS), écriv. anglais, né vers 1726, mort en 1787, avait des connaissances variées, résultat d'une immense lecture, mais peu de profondeur et d'originalité. Son esprit, sa fortune considérable et la douceur de son commerce, lui assurèrent beaucoup d'amis, parmi lesq. on compte Johnson, lord Hardwicke et l'évêque Lowth. Nous citerons de lui : *Rapsodies sur Pope*, 1781; 2e édit., 1782. — *Essai histor. sur Addison*, 1782, 1783. — *Conversations polit. et familières*, 1784. — *Esquisses biogr. sur le doct. Johnson* (dans le *Gentleman's Magazine*, 1784).

TYMOUR-CHAH, 2e souverain de la monarchie moderne d'Afghanistan, né à Meschehd en 1746, un an environ avant que son père Ahmed ne se fit proclamer roi à Candahar, lui succéda en 1773, et fut obligé de disputer un moment la couronne à son frère Soliman, protégé par le visir du royaume. Se voyant possesseur des vastes états que son père avait formés aux dépens de la Perse, de l'Hindoustan et de la Tatarie-Ouzbeke, il fit tout pour vivre en paix avec ses voisins et pour rendre ses sujets heureux, et sut affaiblir avec une rare habileté la tribu des *Douranis*, dont l'influence féodale était trop redoutable à l'autorité souveraine. Il y eut toutefois plus. révoltes sous le règne d'un prince si sage, mais il sut les déjouer par sa vigilance, ou les réprimer par ses armes. Héritier de la reconnaissance de son père envers les descendants de Nadir-Chah, il prit quelque part aux affaires de la Perse orientale, et maintint le vieux et aveugle Chah-Rokh dans la souveraineté de Meschehd et d'une partie du Khoraçan. Il fut moins heureux dans une expédition contre les Tatares ouzbecks, qui se termina par une paix, dont le rusé Chah-Mourad, régent du roy. de Bokhara, recueillit tous les avantages. Les voyageurs et les écriv. anglais ont accusé Tymour-Chah d'indolence, d'avarice et de lâcheté; mais l'on sait qu'il ne faut pas avoir trop de confiance dans les Anglais sur tout ce qui regarde l'hist. moderne de l'Inde. Nous pourrions citer plus. traits qui prouveraient que Tymour fut un bon et vertueux prince. Nous dirons seulement que, quoiqu'il pût mettre 200 mille hommes sur pied, ses troupes réglées ne consistaient qu'en un corps de 30 mille cavaliers. Il mourut en 1793, et eut pour success. le fougueux et imprudent Zeman-Chah, l'un de ses fils.

TYMPE (JEAN-GOTTFRIED), sav. théologien, né en 1699 à Biedritz, dans le duché de Magdebourg, mort profess. à l'univ. d'Iéna en 1768, avec la réputat. d'un des prem. orientalistes de l'Allemagne, a laissé plus. ouvr., parmi lesquels nous citerons seulem. : *Schediasma, quo iterandæ concordantiarum, pronominum tàm separatorum... scripturæ sacræ Vet. Test. originalis rationes exponuntur*, Iéna, 1723. — *Prima quinque Geneseos capita et pars sexti hebraicè...; in usum auditorum*, Iéna, 1727, in-8.

TYPOTIUS (JACQUES TYPOEST, plus connu sous le nom latinisé de), historien, né à Bruges vers le milieu du 16ᵉ S., étudia le droit à Louvain, mais il ne l'y professa jamais, comme on l'a prétendu. Appelé à la cour de Jean III, roi de Suède, il s'y fit beaucoup d'ennemis par son humeur satirique, fut mis en prison en 1582, et ne recouvra la liberté qu'à l'avénement de Sigismond III (1594). Alors il se retira près de l'empereur Rodolphe II, qui le nomma son historiographe, et mourut à Prague en 1601. Outre un livre d'emblèmes (*Symbola divina et humana*), recherché pour les belles estampes de Sadeler, on citera de lui : *Relatio historica de regno Sueciæ bellisque ejus civilibus et externis, non regis Sigismundi tantùm et principis Caroli, sed et majorum*, Francfort, 1605, in-8, très rare. Bayle lui a donné un curieux article dans son dictionnaire.

TYRCONNEL (RICHARD TALBOT, duc de), fils de Pierre Talbot, gentilhomme irlandais, fut accusé, en 1677, d'avoir trempé, avec son père, dans une conspiration qui aurait été, dit-on, formée par les catholiques d'Angleterre pour assassiner le roi Charles II, massacrer les protestants et rétablir le culte romain. Cepend. il rentra bientôt en faveur par la protect. du duc d'York, depuis Jacques II, sous le règne duq. il fut envoyé en Irlande (1686) pour commander l'armée, avec un pouvoir indépendant du lord-lieutenant, et l'injonction de favoriser spécialement les catholiques. Son zèle à seconder les projets de Jacques fut récompensé par le titre de vice-roi et de lord-député d'Irlande, et il justifia cette nouv. récompense par de nouvelles entreprises contre les protest., qui n'eurent toutefois d'autre résultat que de lui attirer la désapprobation générale. Il démêla de bonne heure les projets ambitieux du prince d'Orange, et, dans la lutte qui s'ouvrit entre le beau-père et le gendre, il soutint avec courage la cause du malheureux Stuart; mais après les succès obtenus par le général Ginckle, il proposa de se soumettre au nouveau souverain de l'Angleterre, et ne survécut pas longtemps à cet acte de faiblesse ou de prudence.

TYRRELL (JACQUES), histor. et écriv. politique, né à Londres en 1642, mort à Shotover, près d'Oxford, en 1718, concourut de tout son pouvoir à la révolution qui renversa Jacques II, et tenta d'établir les droits de Guillaume III à la couronne, dans 14 dialogues (en angl.), qu'il recueillit en un vol. in-fol., sous ce titre : *Bibliothèque politique, ou Recherches sur l'ancienne constitution du gouvernement anglais*, etc. Son principal écrit est l'*Histoire générale, ecclésiastique et civile d'Angleterre depuis les temps les plus anciens*, publ. de 1700 à 1704, 5 vol. in-fol.

TYRTÉE, poète fameux par ses chants guerriers, était Athénien, et florissait vers la 4ᵉ année de la 25ᵉ olympiade (an 684 avant J.-C.). Fatigués de la résistance que leur opposaient les Messéniens, leurs ennemis, les Spartiates, après avoir consulté l'oracle de Delphes, demandèrent aux Athéniens de leur envoyer un homme qui pût les aider de ses conseils; ceux-ci, peu jaloux de contribuer à la puissance d'une nation rivale, leur envoyèrent Tyrtée par une sorte de dérision. Cet auxiliaire était un pauvre maître d'école borgne et boiteux; mais, sous ces dehors, il cachait une âme ardente et un puissant génie. Ses chants guerriers enflammèrent un peuple belliqueux, relevèrent son courage abattu par une prem. défaite, et terminèrent par une victoire une guerre qui avait duré 18 ans. Les Lacédémoniens, en reconnaissance des services que Tyrtée leur avait rendus, lui accordèrent le titre de citoyen, et une loi ordonna qu'à l'avenir les généraux fissent réciter ses poésies à l'armée rassemblée autour de leurs tentes. Tyrtée, flatté de ces honneurs, fixa sa demeure à Sparte. L'hist. se tait sur la suite de la vie et sur la mort de ce poète qu'Horace place à côté d'Homère. Nous ne possédons que trois fragm. de ses chants. Ils ont été imprimés en 1568 dans un *recueil* de poésies publié par Fulv. Ursinus, et par Brunck au t. 1ᵉʳ de ses *Analectes*. Klotz en donna un édit. particulière, avec un *comment.*, Altemb., 1764, 1767, in-8. On en a une traduct. ital., par

Lamberti, Paris, 1801, in-4, et une franç., par M. Hautome, ibid., 1826, in-12. M. F. Didot a publié aussi en 1826 les *Fragments de Tyrtée*, avec une traduct. en vers, in-8.

TYRWHITT (THOMAS), habile critique, né à Londres en 1730, mort en 1786, avait fait une étude approfondie des langues anciennes, et connaissait presque toutes celles de l'Europe. Son goût pour l'étude ne lui permit de garder que peu de temps deux emplois honorables, celui de sous-secrétaire au département de la guerre, et plus tard celui de secrétaire de la chambre des communes. Nous citerons de lui: *Observat. et conjectures sur quelq. passages de Shakespeare*, Londres, 1766, in-8. — *Explication de plus. inscriptions grecques* dans l'*Archæologia britannica*, ibid., 1770, in-4. — Une excellente édit. des *Contes de Canterbury*, par Chaucer, avec des *notes* et un *glossaire*, ibid., 1772-78, 4 ou 5 vol. in-8; Oxford, 1798, 2 vol. in-4. — *Dissertatio de Babrio, fabularum œsopicarum script.*, ib., 1776, in-8; Erlang, 1785, in-8.

TYSON (JAMES), poète dramatique, né en 1799 à Londres, où il mourut en 1820, n'avait que 15 ans lorsqu'il commença à écrire dans le *Morning Chronicle*, et qu'il publia (1815), un pamphlet d'économie politiq. (*a Brief historical View*, etc.) qui fut favorablement accueilli. Ses tragédies de *Léoni* et de *Ruffin* avaient été refusées aux théâtres de Drury-Lane et de Covent-Garden, lorsqu'il fit en 1816 un prem. voyage en France, où il revint en 1819. C'est pend. ce dern. voyage qu'il rédigea, sous la forme de lettres, ses *Observat. sur plus. points de notre état social à cette époque*. Un de ses amis, qui a recueilli ses diverses compositions sous le titre de *Letters, Poems*, etc., Londres, 1822, in-12, a placé en tête une *Notice* sur sa vie. Tyson avait entrepris une *Histoire du gouvernem. civil de l'Angleterre*, que sa mort prématurée l'empêcha de terminer.

TYSSENS (PIERRE), peintre, né à Anvers en 1625, mort en 1692, obtint une si grande réputat. dans le genre de l'hist., qu'on le mettait presq. au même rang que Rubens. Le tabl. de l'*Assomption*, qu'il fit pour l'autel de la Vierge dans l'église de St-Jacques d'Anvers, enleva tous les suffrages. Malines, Alost et sa ville natale eurent de lui plus. ouvr. remarquables, tant par la couleur que par la composition.—TYSSENS, peintre, né à Anvers en 1660, et que l'on croit le fils du précéd., avait un talent particulier pour peindre des trophées composés de vieilles armures, de mousquets, de damas, de tambours, etc.; mais, voyant que ce genre ne réussissait pas, il se mit à peindre des fleurs et des oiseaux. Ses oiseaux furent recherchés à l'égal de ceux de Boel et de Hondekoeter. Il passa alors en Angleterre, où il mourut.—TYSSENS (AUGUSTIN), peintre, frère du précéd., né vers 1659 à Anvers, cultiva le paysage avec un talent réel. Ses ouvr. représentent ordinairem. des troupeaux de moutons, des vaches, des chevaux, etc.

TYTLER (WILLIAM), littérat., né à Édimbourg en 1711, mort en 1792, cultiva en même temps la poésie, la musique et la peinture, sans négliger les études philosophiq. Nous citerons de lui: *Recherche historique et critique sur les témoignages portés contre Marie, reine d'Écosse, et examen des histoires du docteur Robertson et de M. Hume, relativement à ces témoignages*, 1759, in-8; cet ouvr., trad. en français, a été réimpr. en 1790 en 2 vol.—*Dissertat. sur la musique écossaise*, dans l'*Histoire d'Édimbourg*, par Arnot. Ce fut Tytler qui mit au jour, en 1783, les *Restes poétiques de Jacques Ier, roi d'Écosse*, précédés d'une *Dissertation sur la vie et les écrits de ce prince*.—TYTLER (Alexander-Fraser), lord Woodhouselee, fils du précédent, mort à Édimbourg en 1813, fut un des juges de la cour de session et de la haute cour de justice en Écosse. Nous citerons de lui: *Essai sur les principes de la traduction*, 3e édit., 1813, in-8. — *Éléments de l'hist. générale, ancienne et moderne*, etc., 6e édit., Londres, 1817, 2 vol. in-8.
— TYTLER (Henri-William), méd. anglais, mort à Édimbourg en 1808, à l'âge de 56 ans, est auteur d'un *Voyage du cap de Bonne-Espérance en Angleterre* (*Voyage home from the cap of Good Hope*), et de plus. trad. en vers de poètes anciens, très estimées pour leur fidélité.

TZETZÈS (JEAN), poète et grammairien grec, né vers 1120 à Constantinople, eut une incontestable facilité pour écrire et beaucoup d'érudition, mais plus encore de jactance et de vanité. On ne connaît de sa vie que quelques particularités peu intéressantes. Si, comme on le croit, il est l'aut. d'un petit poème sur la mort de l'empereur Alexis Comnène, il a dû vivre jusqu'en 1183. Sans attacher à ses ouvr. le prix qu'il y mettait lui-même, on conviendra avec du Theil qu'il est possible d'en tirer un parti avantageux pour l'éclaircissem. des passages obscurs chez les anc. auteurs. Ses principaux écrits sont: *Chiliades XIII, sive variarum historiar. liber, versibus politicis gr. conscriptus*; ce recueil, dans le genre des *ana*, publ. pour la prem. fois avec une version latine de Paul Lacisio de Vérone, et une *Préface* de Nicolas Gerbelius, Bâle, 1546, in-fol., à la suite de l'*Alexandra* de Lycophron, très rare, a été reproduit par Lectius dans les *Poetæ græci veteres*, Genève, 1614, t. II, p. 274, et réimpr. par les soins de M. Kiesling, Leipsig, 1826, in-8. — *Allegoriæ myth., phys., morales, carmen iambicum*, Paris, 1616, in-8, avec une version latine. — *Carmina iliaca, cum ipsius Tzetzæ scholiis græcis et notis Fred.-Nath. Mori* (ed. Theoph. Schirach), Halle, 1770, in-8, réimpr. sous ce titre: *Ante-Homerica, Homerica, Post-Homerica*, Leipsig, 1793, in-8 (*v.* la Biblioth. græca de Fabricius, et l'*Hist. de la littér. grecq.*, par Schoell, etc. — TZETZÈS (ISAAC), frère du précédent, fut pourvu d'une des principales dignités de la ville de Berrhoée, près du lac de Bebois, dans la Macédoine. Il partagea le goût de son frère pour les lettres et les sciences: aussi lui a-t-on attribué long-temps, sur la foi de quelq. copistes, le *Commentaire sur l'Alexandra* de Lycophron, dû à Jean Tzetzès.

TZETZI ou **DETZI** (Jean-Barovius), en latin *Decius*, littérat., né à Tolna, dans la Transylvanie, vers le milieu du 16ᵉ S., s'instruisit dans les langues anciennes, la philosophie et la jurisprudence, et visita, pour perfectionner ses connaissances, la Moldavie, la Russie, la Pologne, la Prusse et une partie de l'Allemagne. L'époque de sa mort est incertaine. On cite de lui : *Hodoiporicum itineris transylvanici, moldavici*, etc., Wittemberg, 1587, in-4. — *Syntagma institutionum juris imperialis hungarici, quatuor perspicuis quæstionum ac responsionum libris comprehensum*, Clausenbourg, 1595, in-4, rare.

TZSCHIRNER (le doct. H.-G.), théologien, né en 1778 près de Chemnitz, en Saxe, avait été appelé deux fois à une chaire de théologie à Wittenberg, quand il accepta, en 1809, celle qu'on lui offrit à Leipsig, et se plaça bientôt au prem. rang des prédicateurs protestants. Sa carrière fut des plus laborieuses, et sa mort, arrivée en 1828, fit quelq. sensation en Allemagne. On a parlé beauc. de son dern. ouvr. *sur le catholicisme en France*. Cet écrit, publié par Krug, est demeuré incomplet. Nous citerons encore son *Traité sur le catholicisme et le protestantisme considérés sous le point de vue politique*, trad. en franç., Strasb., 1823, in-8.

U

UBALDINI (Roger d'), élevé à l'archevêché de Pise en 1276, était regardé comme le vrai chef des gibelins. Il eut plus. sujets de se plaindre d'Ugolin, qui passait sans scrupule d'un parti à l'autre, et qui, après avoir fait avec lui une alliance, lui manqua de parole en refusant de l'associer à la seigneurie (1288), et tua même un de ses neveux. Roger attendit le moment favorable pour se venger, et quand il fut arrivé, il fit enfermer le comte avec ses enfants dans une tour, dont il jeta les clés dans l'Arno (v. Ugolin de La Gherardesca). Ce terrible épisode des dissensions civiles de l'Italie a été raconté par Dante dans son fameux poème de *l'Enfer*, et c'est au talent du poète qu'il doit toute sa célébrité.

UBALDINI (Petruccio), histor., né à Florence vers 1524, mort à la fin du 16ᵉ S. en Angleterre, où ses opinions religieuses l'avaient forcé de chercher un asile, a publié : *la Vita di Carlo Magno*, Londres, 1581, in-4. — *Descrizione del regno di Scozia e delle isole sue adjacenti*, Anvers, 1588, in-fol. — *Le Vite delle donne illustri del regno d'Inghilterra e di Scozia*, Londres, 1591, in-4.

UBERTI (Farinata de'), chef de la faction gibeline à Florence, avait été chassé de cette ville avec tout son parti en 1250. Dès qu'il vit Manfred affermi sur le trône de Naples, il se rendit auprès de lui, en obtint de faibles secours, avec lesquels il gagna en 1260 l'importante bataille de l'Arbia, qui mit en son pouvoir toutes les villes de la Toscane, y compris Florence. On savait que les Florentins étaient très attachés aux guelfes. Dans une diète tenue par les vainqueurs, il fut résolu d'une voix unanime de raser cette ville. Farinetta s'opposa seul à cette imprudente violence, et sut l'empêcher. On croit qu'il mourut avant le 11 novemb. 1266, jour où les gibelins furent de nouv. chassés de Florence. Il est un de ces guerriers qui doivent au Dante une grande partie de leur célébrité. —

Uberti (Boniface ou *Fazio degli*), petit-fils du précédent, fut enveloppé dès sa naissance dans les malheurs qui pesèrent sur sa famille. Ébloui de la gloire du Dante, il donna une description poétique de la terre à peu près comme le chantre de Béatrix avait rendu compte de son triple et mystérieux voyage; mais il ne put qu'effleurer son sujet, et laissa seulement un aperçu sur l'Italie, la Grèce et l'Asie. C'est là ce qui compose son poème du *Dittamondo* (les dicts du monde), mauvaise copie d'un grand modèle. Ce poème, dont les premières éditions fourmillent de fautes, a été réimpr. avec les correct. nombreuses de Perticari (Milan, 1826, in-12). Mais elles n'ont pas suffi pour épurer le texte, et Monti croit impossible qu'on parvienne à le rétablir. L'ouvrage ne vaut pas la peine qu'on se donnerait. Uberti vécut dans la plus gr. détresse, et mourut à Vérone peu après l'année 1367. Quelques-unes de ses poésies furent recueillies par Allacci; d'autres parurent à la suite de la *Bella Mano*, de Conti, Paris, 1595, in-12, et dans un *Recueil de poésies toscanes*, publié par Ph. Giunta, Florence, 1527, in-8.

UCELLO (Paolo), peintre florentin, né en 1389, mort en 1472, fit faire d'immenses progrès à la perspective, qui jusqu'à lui était demeurée dans l'enfance. Dans le cloître de Ste-Marie-Nouvelle, à Florence, on voit encore quelq. traits de l'hist. d'*Adam* et de *Noé* qui attestent ses efforts heureux pour atteindre un but si louable. Il avait chez lui une grande quantité d'oiseaux de toutes espèces, qu'il s'occupait sans cesse à dessiner. C'est de là que lui vient le surnom d'*Ucello*.

UCHANSKI (Jacques), archevêque de Gnesne et primat de Pologne, avait été successivem. référendaire du royaume, évêque de Culm, puis de Cujavie, lorsqu'il fut transféré à l'église métropolitaine de Gnesne par Pie IV (1562), quoiqu'il eût été précédemment excommunié par Paul IV pour avoir favorisé les doctrines de la réforme. Il jouit d'une grande faveur auprès du roi Sigismond-Auguste, qu'il ne put empêcher toutefois de se séparer de sa 3ᵉ femme, Catherine, sœur de l'emper. Maximilien. Après la mort de Sigismond et pend. l'interrègne, Uchanski remplit les fonct. royales; mais il rencontra beaucoup d'obstacles de la part des dissidents, et ce ne fut pas sans peine qu'il parvint à rassembler dans les champs de *Kaskos*, vis-à-vis de Varsovie, la diète qui donna la couronne à Henri, duc d'Anjou. Il était loin d'applaudir à ce choix, qu'il fut obligé pourtant de proclamer. Aussi, lors de la fuite de Henri, il s'empressa de rassembler les états de Pologne, qui fixèrent à ce prince un terme de rigueur pour reparaître, sous peine de voir ses droits annulés par une nouvelle élection. Cette élect. eut lieu effectivem. et tourna au profit de l'emper. Maximilien. Tout avait été conduit par le primat. La noblesse, indignée de ce qu'on ne l'avait pas consultée cette fois, proclama reine la princesse Anne, fille du roi Sigismond-Auguste, et lui désigna pour mari Étienne Bathory, palatin de la Transylvanie. Le prélat s'opposa vainement à cette nouv. nominat. Il mourut en 1581, après avoir causé beaucoup de scandale et fait peu de bien.

UCHOREUS, nom grécisé, donné par Diodore de Sicile à l'un des plus anciens pharaons ou rois d'Égypte, qui, suivant cet historien, aurait été le 8e successeur du fameux Osymandyas. Il s'ensuit que cet *Uchoreus* doit avoir appartenu à la seconde moitié du 22e S., et à la 16e dynastie égyptienne, l'une des diospolitaines ou thébaines. Il n'est mentionné par aucun autre historien que Diodore. Mais des savants recommandables pensent que ce n'est pas une raison pour révoquer en doute son existence. *Uchoreus*, ainsi nommé d'après son père, suivant Diodore, fut le fondateur de Memphis, la plus belle ville de toute l'Égypte; mais, suivant d'autres récits, il se pourrait qu'il eût été seulem. le second fondateur de Memphis, et que cette ville eût commencé d'exister long-temps avant lui (*v.* Hérodote et Manéthon).

UDALRICH (Ulric), duc de Bohême, usurpa ce titre sur son frère Jaromir en 1012, et, pour intéresser à sa cause le chef de l'empire, lui jura fidélité et reçut de lui l'investiture de son nouveau duché, comme s'il ne l'eût possédé qu'à titre de fief. Cependant, il eut à lutter contre son autre frère Boleslas III, qui avait possédé la Bohême avant lui et avant Jaromir. La paix entre eux ne fut conclue qu'en 1018. Udalrich fit conquérir la Moravie en 1025 par son fils Brzétyslas, auquel il en donna ensuite le gouvernement. Mais cette entreprise coupable et hardie attira au duc de Bohême de vifs reproches de la part de l'empereur. Le duc revint ensuite à Prague, où il mourut en 1037.

UDINE (Jean d'), peintre, né en 1489, mort à Rome en 1562, fut élève du Giorgion, puis de Raphaël. On croit que son nom de famille était *Ricamatore*. Ses *chars*, ses *treilles*, ses *colombiers*, ses *volières*, peints dans le Vatican et dans beauc. d'endroits de l'Italie, sont d'une vérité frappante; et dans la représentat. des animaux et des oiseaux, il passe pour avoir atteint le plus haut degré de perfection. Il réussissait également à imiter tous les objets de nature morte, et surtout à peindre dans le genre grotesque.

UFFENBACH (Pierre), médecin, étudia son art en Italie, et revint le pratiquer à Francfort-sur-le-Mein, sa patrie, où il mourut en 1635. Sans parler des édit. et des trad. qu'il a données de plus. ouvr. de médecine, de chirurgie, etc., nous citerons de lui : *Thesaurus chirurgicus*, Francfort, 1610, in-fol. — *Dispensatorium galeno-chimicum*, ibid., 1631, in-4. — Uffenbach (Zacharie-Conrad d'), célèbre bibliophile, né à Francfort en 1683, entreprit plusieurs voyages dans le but d'accroître ses collections de médailles, d'antiquités et surtout de livres. De 1703 à 1711, il visita toute l'Allemagne, la Prusse, les Pays-Bas et l'Angleterre. Admis en 1721 au sénat et ensuite au conseil privé de sa ville natale, il mourut en 1734. Il avait publié le catalogue de ses livres sous ce titre : *Bibliotheca uffenbachiana universalis, sive Catalogus librorum tàm typis quàm manu exaratorum, quos summo studio collegit Zach. Conr. ab Uffenbach*, Francf., 1729-31, 4 vol. in-8. — Uffenbach (Jean-Frédéric d'), frère du précédent et membre du sénat de Francfort, né en 1687, fut aussi constamment occupé à enrichir une bibliothèque et un cabinet sur lesquels on trouve des renseignem. dans la *Description de la ville de Francfort*, publ. par Muller en 1747. Il mourut en 1769. Il cultivait avec succès la poésie lyriq. allemande, et composait lui-même la musique qui devait accompagner son texte. Nous citerons de lui : *Recueil de poésies*, Hamb., 1733, in-8. — *Succession de J.-C.*, 1726.

UGGERI (l'abbé Ange), savant antiquaire, né en 1754 dans la Lombardie, s'appliqua à l'étude des arts sans négliger les devoirs de son état, et s'acquit bientôt la réputat. d'un très habile architecte par les différents édifices dont il embellit plusieurs villes d'Italie. Passionné pour l'antiquité, il s'établit à Rome, où il devait trouver tant d'occasions d'exercer son érudition et son incroyable sagacité. Ses travaux lui ouvrirent les princip. académies et lui méritèrent l'amitié des hommes les plus distingués. Le pape Léon XII le désigna en 1825 secrétaire de la commission chargée de la restaurat. de l'église St-Paul. Il mourut en 1837, à 83 ans. Son principal ouvr. est intit : *Giornate pittoresche degli edifici antichi di Roma e dei contorni*, Rome, 1800 et années suiv., 7 vol. in-4 oblong, fig., avec un texte français.

UGHELLI (Ferdinand), né à Florence en 1595, mort en 1670, remplit dans l'ordre des cisterciens divers emplois honorables, dont il était digne par ses vastes connaissances et par ses vertus. On a de lui un ouvr. plein de recherches, intit. : *Italia sacra, sive de episcopis Italiæ opus*, Rome, 1644 et années suiv., 9 vol. in-fol.; réimpr. à Venise de 1717 à 1733, 10 vol. in-fol., avec beaucoup d'augmentations.

UGOLIN (le comte). — V. Gherardesca.

UGONIUS (Mathias), évêque de Famagouste en Chypre, florissait au commencem. du 16e S. On a de ce prélat : *Tractatus de dignitate patriarchali*, Bresse, 1507, in-fol. — *Synodia Ugonia... de conciliis*, ib., 1532, in-fol., fort rare. Ce dern. ouvr. est un des plus vigoureux qui aient été écrits en faveur des maximes de la primitive Église.

UHLICH (GOTTFRIED), piariste ou religieux des écoles-pies, né en 1743 à St-Poelten en Autriche, professa l'éloq. à Vienne, puis la numismatique et la diplomatie à Lemberg en Gallicie, où il mourut en 1794. Nous citerons de lui : *Histoire de la guerre de la succession de Bavière après la mort de l'élect. Maximilien-Joseph*, Prague, 1779, in-8.— *Vie de Marie-Thérèse*, ibid., 1782, in-8, etc.

UILKENS (JACQUES-ALBERT), théologien et naturaliste, né à Wierum, village voisin de Groningue, en 1772, mort en 1825, s'occupa particulièrem. de rechercher les rapports qui existent entre la religion et l'hist. naturelle. On accorde une mention particulière à ses *Discours sur les perfections du Créateur considérées dans la créature*, 4 vol. in-8.

UITENBOGAARD (JEAN), théolog. hollandais, de la communion dite des *remontrants*, né à Utrecht en 1557, fut successivem. pasteur dans sa ville natale et à La Haye, et devint l'un des plus ardents défenseurs d'Arminius son ami, dont il avait toutefois embrassé la cause uniquem. parce qu'il la regardait comme celle de la vérité. L'arminianisme finit par être violemment attaqué; les remontrants furent traités de jésuites, d'amis de l'Espagne, et désignés par toutes sortes de moyens à la haine du peuple. Après la mort du grand-pensionn. Barnevelt (1619), Uitenbogaard crut devoir quitter La Haye et se retirer à Anvers, puis à Paris en 1621. Il reçut dans ces deux villes l'accueil le plus distingué ; mais il n'oublia point sa patrie, et lorsque le prince Frédéric-Henri, son élève, fut parvenu à la tête des affaires, il essaya de rentrer en Hollande. Il n'obtint cette justice que vers 1629. Ayant reparu en chaire en 1632, il excita des plaintes et des protestat. auxquelles on ne fit droit qu'en 1637. Il ne prêcha plus depuis cette époque, se contenta de fréquenter les assemblées de sa communion, et arriva ainsi à la fin de sa carrière en 1650. Ses nombr. écrits sont presque tous du genre polémique et en langue hollandaise. On en peut voir le catalogue dans le *Trajectum eruditum* de G. Burmann, p. 435-455.

ULEFELD (CORNIFIX ou CORFITO, comte d'), fut le favori de Christiern IV, roi de Danemarck, qui le nomma grand-maître de ses états et vice-roi de Norwége, le choisit pour son gendre, l'envoya son ambassad. extraord. à la cour de France en 1647, et ne cessa de le combler de bienfaits. Mais sous Frédéric III, fils et success. de Christiern IV, il fut disgracié et se vit exposé aux plus atroces calomnies. Retiré en Suède, il montra pour le service de sa patrie adoptive un zèle qui alla quelquefois jusqu'à lui faire oublier ses devoirs envers son prince légitime. Ayant fini par tomber dans la disgrâce des Suédois eux-mêmes, il eut alors l'imprudence de retourner à Copenhague, fut retenu quelq. temps prisonnier, et obtint ensuite la permiss. de voyager en Europe. Pendant son absence il fut condamné à mort et exécuté en effigie (1663), pour avoir tramé une prétendue conspirat. dans le but de détrôner le roi de Danemarck. Il mourut l'année suiv. de mort naturelle.

ULLOA (ALPHONSE de), histor., passa de bonne heure d'Espagne en Italie, et après avoir servi quelque temps sous les ordres de Ferdinand de Gonzague, s'établit à Venise, où il mourut vers 1580. Il était parvenu à écrire l'ital. avec la même facilité et la même élégance que sa langue maternelle. Aussi a-t-on de lui une foule de traduct. italiennes d'ouvr. espagnols et portugais. Parmi ses écrits originaux, on distingue : *Vita dell' imperator Carlo Quinto*, Venise, 1560, in-4 ; ibid., 1566, in-4 ; ibid., Alde, 1575, in-4. — *Vita del gran capitano D. Ferrante Gonzaga*, ibid., 1563, in-4. — *Commentarios de la guerra de Flandes*, ibid., 1568, in-4.

ULLOA (ANTONIO de), né à Séville en 1716, fut un des hommes qui honorèrent le plus l'Espagne par ses longs et utiles services comme voyageur, marin, administrateur, et par ses travaux scientifiques. Il entra dans la marine en 1733, et sut inspirer à ses chefs une telle confiance qu'il fut, à peine âgé de 19 ans, chargé de la mission la plus honorable. Voici à quelle occasion. L'académie des sciences de Paris ayant obtenu, par l'entremise du gouvernement, l'autorisat. d'envoyer quelq.-uns de ses membres (v. BOUGUER, LA CONDAMINE et GODIN) dans la province de Quito, au Pérou, pour y prendre la mesure d'un arc du méridien à l'équateur, et déterminer ainsi la figure de la terre, il fut décidé, par le ministère de Philippe V, que deux offic. de la marine royale espagnole seraient adjoints aux savants académiciens, dans le double but de les protéger auprès des autorités du pays et de partager avec eux l'honneur d'une opération si importante. Antonio de Ulloa fut un de ces deux élus. De retour de cette longue et pénible expédition, il en publia la *Relation historique*, Madrid, 1748, 2 vol. in-4, fig. et cartes, qui fut trad. en français par de Mauvillon, sous le titre de *Voyage historique de l'Amérique méridionale*, etc., 1752, 2 vol. in-4. La guerre qui, pend. le cours de cette expédition, avait éclaté entre l'Angleterre et l'Espagne, fournit à Ulloa et à son collègue plus d'une occasion de rendre des services d'un autre genre à leur patrie, sans leur faire négliger le but spécial de leur mission. De retour en Espagne, après avoir subi en Angleterre une captivité assez douce, Ulloa reçut de son souverain, Ferdinand VI, l'accueil le plus flatteur et des récompenses méritées. Au reste, il s'efforça toujours, pend. la suite d'une carrière très active, de concilier son goût pour l'étude avec les nombr. commissions qui lui furent confiées par son gouvernement. Ainsi, lorsque la paix de 1762 eut fait passer la Louisiane sous la dominat. de l'Espagne, il fut envoyé pour prendre possession de ce beau pays et y organiser une nouvelle administration. S'il ne réussit pas dans cette entreprise que l'attachement des colons pour la France rendait assez difficile, il recueillit du moins les matériaux d'un ouvrage qu'il publia en 1772 à Madrid, en un vol. in-4, sous ce titre : *Noticias americanas, entretenimientos fisico-historicos sobre la America meridional y la septentrional-*

oriental. Il mourut dans l'île de Léon en 1795. Il était parvenu au grade de lieuten.-gén. des armées navales et avait commandé plus. escadres, mais sans éclat et même une fois avec assez d'imprévoyance pour mériter d'être traduit devant un conseil de guerre qui l'acquitta, probablem. en considération de son mérite supérieur comme savant. Et en effet, l'Espagne lui doit d'autres bienfaits plus durables que des victoires, le prem. cabinet d'histoire naturelle et le prem. laboratoire de métallurgie qu'elle ait possédés, la connaissance du platine et de ses propriétés, de l'électricité et du magnétisme artificiel, le perfectionnement des arts de la gravure et de l'imprimerie, et le secret de fabriquer des draps fins par le mélange des laines *churlas* avec la laine des mérinos. — ULLOA (Martin de), neveu du précéd., né à Séville en 1730, fut président de l'audience royale de sa ville natale, ce qui ne l'empêcha pas de satisfaire son goût pour les lettres et pour les recherches historiques. Il mourut à Cordoue en 1800. Nous citerons de lui : *Mém. sur l'origine et le génie de la langue castillane*, Madrid, 1760, 2 part. in-4. — *Mémoire sur la chronologie des différents royaumes de l'Espagne*, ib., 1789, 2 t. in-4.

ULLOA Y PEREYRA (Luis de) poëte espagnol, né vers la fin du 16e S. à Toro, petite ville sur le Duero, fut quelque temps corrégidor de la ville de Léon, par la protect. du comte-duc d'Olivarez, et, s'étant démis de cette charge, mourut dans la retraite en 1660. Il avait un véritable talent qu'il a trop souvent gâté par la recherche et l'affectation. Ses *Œuvres en prose et en vers* ont été recueillies, Madrid, 1659 et 1674, in-4. On y remarque un poëme en 76 octaves, intit. : *Raguel*, que Millin a trad. en franç. dans le 2e vol. des *Mélanges de littérature étrangère*.

ULPHILAS ou WULFILAS, évêque des Goths vers le milieu du 4e S., était originaire de la Cappadoce. Ses ancêtres, d'après le témoignage de Philostorge, emmenés captifs par les Goths, lorsque ces peuples se jetèrent en 266 sur la Lydie, la Phrygie, la Troade et la Cappadoce, avaient répandu parmi ces Barbares la religion chrétienne et un commencem. de civilisation. Ils durent conserver ainsi une certaine supériorité morale sur leurs vainqueurs, et être admis facilem. aux places qui demandaient de l'instruction. Ulphilas devint l'évêque de sa nation adoptive, pour laq. il traduisit en langue gothique les Stes Écritures. Après leur défaite par les Huns, les Goths qui restèrent en Orient députèrent Ulphilas à Constantinople en 377, pour prier l'emper. Valens de leur assigner une province dans laquelle il leur fût permis de s'établir. L'évêque obtint pour eux la permission de se fixer sur la rive droite du Danube, dans la Mœsie et dans la Thrace. Mais les ordres de Valens furent mal suivis, et les Goths, maltraités par les généraux grecs, se mirent à piller la Thrace, résistèrent à l'emper. lui-même, et après l'avoir complétem. battu, le brûlèrent dans une cabane où il s'était retiré. Ulphilas ne paraît pas avoir survécu aux gr. événem. de l'an 378; car sous l'emp. Théodose, depuis l'an 379 jusqu'en 395, l'évêque des Goths était Théomime, qui sans doute lui avait succédé. La traduct. de l'Ancien et du Nouv.-Testament par Ulphilas est pour les savants qui étudient les antiquités du nord, d'autant plus précieuse, qu'elle présente le plus ancien document écrit dans une des langues septentrionales. Ce qui reste de cette traduction nous est parvenu dans deux MSs., dont l'un, appelé *Codex argenteus*, est à présent dans la bibliothèque de l'univ. d'Upsal; l'autre, le *Codex carolinus*, appartient à la biblioth. du duc de Brunswick-Wolfenbuttel. L'un et l'autre *Codex* a eu jusqu'à présent cinq éditions. La plus récente du *Codex argenteus* a paru à Weissenfels en 1805, in-4, sous ce titre : *Version gothique d'Ulfilas, le plus ancien document en langue germanique, d'après le texte d'Ihre, avec une version interlinéaire littérale en latin, une grammaire et un glossaire*, par F.-C. Fulda, F.-H. Reinwald, J.-C. Zahn (allem.). La dernière du *Codex carolinus* est celle qu'a publ. Steenwinkel dans ses *Taelgundigen mengelingen*, avec trad. holland. en regard, Leyde, 1781 à 1785.

ULPIEN (DOMITIUS-ULPIANUS), célèbre jurisconsulte romain, fut un des assesseurs de Papinien, dans la préfecture du prétoire, sous les emper. Alexandre et Caracalla. Parvenu lui-même à cette dignité sous Héliogabale, il y fut maintenu par Alexandre-Sévère, sous lequel il remplit encore plus. autres fonct. honorables, entre autres celles de secrét.-d'état et de préfet des approvisionnements. Sévère le prit même pour tuteur, et ne se conduisit pend. les prem. années de son règne que d'après ses sages conseils, dictés autant par la probité que par la science des lois. Mais l'amitié de l'emper. ne put préserver l'habile et vertueux jurisconsulte de la fureur des soldats, dont il avait fait abolir plus. priviléges, et qui le massacrèrent vers l'an 230 de J.-C., presque dans les bras de son protecteur. Les passages extraits des écrits d'Ulpien, dans les *Pandectes*, forment à eux seuls une masse aussi considérable que ceux qui ont été empruntés à tous les autres jurisconsultes réunis. La *Collatio mosaicarum et romanarum legum* en renferme aussi un gr. nombre. Il nous reste de lui, en outre, une espèce de traité scientifique du droit romain, intit. : *Liber singularis regularum* : c'est ce qu'on désigne aujourd'hui sous le titre de *Fragmenta Ulpiani*.

ULRIC, comte de Cilley, fut nommé en 1457 gouvern. de la Bohême, par Albert d'Autriche; mais dès lors il intriguait pour se faire nommer roi, et fut destitué. Après la mort d'Albert, il s'insinua dans la confiance d'Élisabeth, sa veuve, et s'opposa de tous ses efforts à ce qu'elle épousât Vladislas, roi de Pologne, auq. elle devait donner, avec sa main, le trône de Hongrie. Il emmena même la reine avec lui, fit couronner l'enfant dont elle était accouchée trois mois après la mort de son époux, et les envoya tous deux à Presbourg. Le grand Huniade, ennemi des Cilley, s'étant déclaré pour le roi de Pologne, Ulric parut céder; mais il rejoignit bientôt la reine, qu'il entraîna à Vienne. Il se crut alors assez puissant pour imposer des conditions à ceux qui lui en avaient dicté, et de là plus. combats et plus. négociations, où il montra beauc. de mauvaise foi. Enfin Huniade fit au bien du roy. un gr. sacrifice en mariant son fils aîné à la fille d'Ulric, auquel il fit donner de nouveaux titres. Ulric parut embrasser la cause de son pays avec ardeur : il réussit à se faire remettre par l'empereur Frédéric, alors en Italie, le jeune fils d'Élisabeth, qui fut depuis Vladilas V, roi de Hongrie; mais son unique but était de régner sous le nom de ce prince. La mort de la fille d'Ulric, qui, avait épousé le fils d'Uniade, vint rompre le faible lien qui unissait ces deux puissantes familles, et depuis elles ne connurent plus de modération. Ulric qui, resté à la cour, travaillait à se maintenir dans la faveur du jeune Vladislas V, laissa tout le poids de la guerre contre les Turks au brave Huniade, qui survécut peu de jours à ses victoires de 1456. A la nouvelle de cette mort qu'il avait tant désirée, Ulric se fit déclarer capitaine-général du roy. à la place de son rival, et consentit même à une réconciliation apparente avec la famille de ce héros. Il se proposait d'en finir avec elle par quelq. gr. coup; mais ses projets furent découverts par Vladislas Huniade, qui le fit assassiner, croyant pouvoir user légitimement de trahison envers un traître.

ULRIC (Philippe-Adam), jurisconsulte, né en 1692 à Louda, dans l'évêché de Wurtzbourg, visita dans sa jeunesse les principaux états de l'Europe, dans le but d'étudier les différentes méthodes d'agriculture. De retour dans sa patrie, il s'occupa d'y répandre les connaissances utiles qu'il avait acquises, et quitta l'enseignem. du droit pour se faire lui-même fermier. Toutes ses entreprises lui réussirent, et son exemple fut un puissant encouragement pour ses voisins. Devenu riche, il employa sa fortune au bien public : il réforma les écoles, fonda un hôpital, et se signala par une foule d'autres actes de charité. On a la *Vie* de cet homme de bien, par le docteur Oberthor, Wurtzbourg, 1783, in-8.

ULRIC. — V. Udalric.

ULRICH (Jean-Jacques), né en 1569 à Zurich, où il mourut en 1638, après y avoir long-temps professé la théologie, a publié un très grand nombre d'écrits parmi lesq. on remarque: *De religione Ecclesiarum græcanicarum, tùm vetere, tùm hodiernâ*, 1621. — Ulrich (Jean-Jacq.), né en 1683 à Zurich, où il mourut en 1731, profess. de morale et de droit naturel, a publié, entre autres ouvr. : *Historia Jesu Nazareni à Judæis blasphemè corrupta, versione ac notis illustrata*, Leyde, 1705, in-8. — *Miscellanea tigurina*, 1722-1724, 3 vol. in-8, etc. — Ulrich (Jean-Gaspar), né en 1705 à Zurich, où il mourut en 1768, occupa dans sa patrie divers emplois ecclésiastiq. Son *Histoire des Juifs en Helvétie*, 1765, est très curieuse. — Ulrich (Jean-Rodolphe), né en 1728 à Zurich, où il mourut en 1795, y professa le droit naturel et la morale, et y devint premier pasteur. On a de lui des *Sermons* et des écrits ascétiques.

ULRIQUE-ÉLÉONORE, femme de Charles XI et mère de Charles XII, rois de Suède, née en 1656, était fille de Frédéric III, roi de Danemarck. Elle ne posséda pas le cœur de son époux; mais, en revanche, elle obtint l'amour et la reconnaissance de la nation suédoise. Cette princesse avait de l'instruct. et du goût pour les lettres. Elle mourut en 1693. — Ulrique-Éléonore, fille de la précéd., née en 1688, fut mariée en 1715 par Charles XII, son frère, au prince Frédéric de Hesse-Cassel. Après la mort de Charles, tué devant Fredérichshall, la nécessité de disposer du trône fit naître deux partis, dont l'un travailla pour le duc de Holstein, fils de la sœur aînée du roi, et l'autre pour Ulrique-Éléonore et son époux. Les états déclarèrent qu'aucun des prétendants n'avait droit à la couronne, et qu'il fallait procéder à une élection; mais la résolution était déjà prise de nommer Ulrique-Éléonore, qui, pour être plus sûre encore, promit de renoncer au pouvoir absolu introduit par Charles XI, et de laisser aux états le choix d'une forme de gouvernement. Elle fut donc proclamée reine en 1719, et l'on établit une constitution qui partageait le pouvoir entre le monarque, le sénat et les états. Effrayée de la guerre que les Russes poursuivaient avec succès contre les Suédois, la reine proposa, dès l'année suiv., de confier les rênes de l'administrat. à son époux : cette proposit. fut acceptée par les états, et le prince Frédéric devint ainsi roi de Suède. Ulrique, douée de plusieurs qualités estimables, mais non de cet esprit supérieur qui fait porter légèrem. le sceptre dans les circonstances difficiles, vécut depuis dans la retraite, se livrant aux douceurs de l'étude, applaudissant aux succès d'un époux qu'elle aimait sans réserve, et lui pardonnant ses nombreuses infidélités. Elle mourut en 1744, et avec elle s'éteignit la dynastie de Deux-Ponts qui avait occupé le trône de Suède depuis Charles X, successeur de Christian.

UMEAU (Jean), professeur de droit à l'univ. de Poitiers, né dans cette ville en 1598, mort en 1682; a laissé plus. ouvr. parmi lesquels on distingue les *Conventus juridici Parnassi*, dont Gueret a su profiter. — Son père, François Umeau, mort en 1599, doyen de la faculté de médecine de Poitiers, est connu par deux ouvr., dont l'un est un *Traité sur la rate* (en latin), Paris, 1578, in-8. — Son oncle, Pierre Umeau, avocat à Poitiers, se fit connaître comme un furieux ligueur. — Son neveu, François Umeau, mort en 1683, doyen de la faculté de médecine de Poitiers, combattit la circulation du sang dans un opuscule intit. : *In circulationem sanguinis Herveanum exercitatio anatomica*, Poitiers, 1759, in-8.

UNFROI, 3ᵉ fils de Tancrède de Hauteville, succéda, en 1501, à Drogon son frère, dans le commandem. des aventuriers normands qui fondèrent le royaume de Naples. Ce fut lui qui, après avoir battu et fait prisonnier le pape Léon IX à Civitella

(1053), obtint de ce pontife l'investiture des provinces conquises. Il mourut en 1057, laissant pour successeur Robert Guiscard, son frère, dont il n'avait pu voir sans envie les succès et les talents supérieurs.

UNGER (Jean-Frédéric), secrét. intime du duc de Brunswick, né en 1716, mort à Brunswick en 1781, est auteur de plus. écrits parmi lesquels on distingue le suivant : *Du prix des blés, de sa marche, de ses variations et de l'influence qu'il a sur les affaires les plus importantes de la vie humaine*, Goettingue, 1752.

UNION (don Louis-Firmin de CARVAJAL Y VARGAS, comte de La), général espagnol, né à Lima en 1752, fut élevé au collège des nobles à Madrid, et entra au service comme cadet en 1765. Il fit partie de l'armée franco-espagnole qui forma le blocus de Gibraltar en 1779, puis de celle qui conquit Minorque en 1781. Il revint ensuite devant Gibraltar, et se distingua dans cette nouvelle expédition. Il venait d'être nommé maréchal-de-camp, lorsqu'en 1791 il fut envoyé sur les côtes d'Afrique avec l'armée destinée à soutenir Oran. On dut à sa présence d'esprit et à sa valeur la conservation de la tour *del Nacimiento*, poste important, que les Maures assiégeaient avec des forces considérables, et dont la perte n'eût pas manqué d'entraîner celle d'Oran. Lorsque la guerre éclata entre la France et l'Espagne en 1793, il ne tarda pas à mériter le grade de lieuten.-général, et après avoir servi successivement sous les ordres de Ricardos et d'O-Reilly, qui moururent tous deux en 1794, il fut placé à la tête de l'armée dite du *Roussillon*, et nommé en même temps capitaine-général de la Catalogne et président de l'audience royale de cette province. La jalousie des généraux, naguère ses collègues et même ses supérieurs, la sévérité imprudente qu'il déploya, le découragement de ses troupes, et, plus que tout cela, le talent de Dugommier et de Pérignon, qui le combattirent l'un après l'autre, l'empêchèrent d'être aussi heureux comme général en chef, qu'il l'avait été comme général divisionnaire. Bientôt l'armée espagnole évacua le territoire français, et l'armée française envahit à son tour le territoire ennemi. Le comte de La Union eut le tort de ne point vouloir ratifier une capitulat. conclue par un de ses généraux. Cette imprudence devint le motif ou le prétexte du fameux décret par leq. la convention défendit de faire des prisonniers espagnols. Il fut tué quelq. mois après (20 nov. 1794), et ses troupes se replièrent alors sur la Fluvia, abandonnant aux Français le Lampourdan, l'un des boulevards de l'Espagne.

UNROCH (Henri ou Erich), duc de Frioul, fut l'allié fidèle et l'un des plus vaillants généraux de Charlemagne, qui l'employa contre les Huns. Ces Barbares, établis dans la partie de la Pannonie qui depuis a pris le nom de Hongrie, étant entrés dans la ligue formée par les ducs de Bavière et de Bénévent avec les Grecs contre Charlemagne, ce prince descendit le Danube en 791, pour châtier les restes peu redoutables du peuple d'Attila. Le duc de Frioul, qui s'avançait en même temps sur la rive droite du fleuve à la tête des troupes de l'Italie, fut le seul qui vit l'ennemi, et sa seule présence suffit pour le mettre en fuite. En 795, Unroch eut le commandement d'une armée qui pénétra en Pannonie sans trouver de résistance, et revint chargée de richesses. En 796, il fut le lieutenant de Pépin, fils de Charlemagne, dans une nouvelle expédit. contre les Huns, plus pénible, mais aussi heureuse que les deux premières. Une quatrième campagne eut lieu en 797 avec un égal succès. Enfin en 799, le duc de Frioul, rentré dans la Pannonie, battit complétement et fit prisonnier Theudon, le chef des Huns; mais il périt lui-même malheureusement dans une embuscade. Theudon eut la tête tranchée, et avec lui tomba la monarchie des Huns, faible débris de la terrible domination d'Attila.

UNTERBERGER (Ignace), peintre, né à Karales dans le Tyrol en 1744, fit un assez long séjour en Italie, et vint s'établir à Vienne en 1776. Quelques tableaux historiques, et surtout des arabesques et des camées d'un genre nouveau, lui firent une réputation et lui valurent de nombreuses commandes. Le plus important de ses ouvr. est l'*Hébé*, qui présente l'ambroisie à Jupiter transformé en aigle. Cet artiste distingué, connu aussi par quelq. inventions utiles en mécanique, mourut en 1797.

UNZER (Jean-Auguste), médecin et littérateur, né en 1727 à Halle, dans le duché de Magdebourg, exerça la médecine avec succès dans sa ville natale, à Hambourg et à Altona. On lui doit un assez grand nombre d'écrits en allemand, dont les plus remarquables sont : *Pensées sur le sommeil et les songes*, Halle, 1746, in-8. — *Le médecin, ou Journal de médecine*, Hambourg, 1759 à 1764; réimpr. 1769, 6 v. in-8. — *Physiologie de la nature animale dans les corps vivants*, Leipsig, 1771, in-8. — *Recherches physiologiques, relatives aux critiques adressées à la Physiologie d'Unzer*, ib., 1773, in-8. — Unzer (Jeanne-Charlotte), sa femme, morte en 1782, membre honoraire de plusieurs académies, publia quelques poésies et en outre des *Principes de conduite et de sagesse pour les femmes*, Halle, 1754, in-8 ; 1767. — Unzer (Louis-Auguste), né en 1748 à Wernigerode, où il mourut en 1775, est auteur de quelques écrits, parmi lesquels nous citerons son *Traité sur les jardins chinois*, Lemgo, 1773, in-8.

UPHAM (W.-Édouard), connu dans le monde littéraire par un ouvr. en anglais, intit. : *Rameses*, par une *Histoire de l'empire othoman*, ainsi que par la traduct. des *Livres sacrés de Ceylan*, qui lui assure un rang distingué parmi les orientalistes, mourut en 1833 dans un âge peu avancé.

URBAIN (St), né au commencement du 4ᵉ S., au village de Colmiers, près Grancez-le-Château, mérita, par sa vertu et sa piété, d'être élevé sur le siége de Langres après la mort d'Honoré, cinquième évêque de cette ville. Il fit tant pour son Église, qu'il parut en être véritablem. le fondat. Il assista au concile de Valence en 375, et mourut l'année suivante. Sa fête se célèbre le 23 janvier.

URBAIN Ier (St), pape, success. de St Calixte Ier, fut élu en 222. On croit qu'il subit le martyre en 230. — URBAIN II, élu pape en 1087, succéda à Victor III. Il était Français et se nommait Eudes ou Odon. Il avait été placé sur le siége épiscopal d'Ostie par Grégoire VII, dont il possédait toute la confiance et dont il déclara formellement vouloir suivre en tout les traces. Les troubles causés par les prétentions de l'antipape (*v.* GUIBERT) se renouvelèrent plus. fois sous le pontificat d'Urbain II, et ne finirent même que sous Pascal, son successeur. Urbain n'en montra pas moins d'énergie dans l'exercice de son pouvoir ainsi contesté. La première croisade fut l'œuvre de sa haute influence autant que des prédications de Pierre-l'Ermite. Ce fut en 1095 qu'il vint en France pour achever, au concile de Clermont, ce que l'ardent solitaire avait commencé. Il mourut à Rome en 1099, quelques jours après la prise de Jérusalem par les croisés. On trouve de lui cinquante-neuf *Lettres* dans le *Recueil des conciles* du P. Labbe. — URBAIN III (Hubert PRIVELLI ou CRIVELLI, pape sous le nom d'), fut élu en 1185, et succéda à Luce III, qui l'avait fait archevêque de Milan et cardinal. Il eut à lutter, et presque toujours sans succès, contre l'empereur Frédéric-Barberousse, qui ne ménageait point le clergé ni le St-siége. Mais un plus grand sujet de chagrin pour le pontife fut d'apprendre que les infidèles avaient repris Jérusalem. Il succomba à sa douleur, et mourut à Ferrare en 1187. Son success. fut Grégoire VIII. — URBAIN IV (Jacq. PANTALÉON, pape sous le nom d'), succéda à Alexandre IV en 1261. Il était né à Troyes en Champagne, d'une famille obscure, et s'était élevé par son mérite jusqu'à la dignité de patriarche de Jérusalem. Il augmenta le nombre des cardinaux et institua la fête du St-Sacrem. Il offrit à Louis IX, pour un de ses enfants, la couronne de Sicile, qui fut refusée par ce saint roi et acceptée par Charles d'Anjou. Il mourut à Pérouse en 1264, et eut pour success. Clément IV. On trouve des *Lettres* de ce pontife dans les *Conciles* du P. Labbe, et dans *l'Italia sacra* d'Ughelli. — URBAIN V (Guillaume GRIMAUD ou GRIMOARD, pape, sous le nom d'), succéda à Innocent VI en 1362. Il était d'une famille noble de France, et tint d'abord sa cour à Avignon. Cédant aux instances des Romains et de l'empereur Charles IV, il consentit à retourner à Rome (1367), pour faire cesser les maux causés en Italie par la longue absence des pontifes. L'année suiv., il eut le crédit de faire venir l'empereur dans les états de l'Église, pour en punir et soumettre les usurpateurs. En 1370, il retourna à Avignon pour travailler au rétablissement de la paix entre la France et l'Angleterre; mais il y mourut la même année. Il s'était fait aimer et considérer pour sa magnificence, sa charité envers les pauvres, son impartiale équité et son zèle contre les clercs déréglés et simoniaques. Il eut pour successeur Grégoire XI. — URBAIN VI (Barthélemi de PRIGNANO, pape, sous le nom d'), était né à Naples, et fut élu en 1378. Son élection fut orageuse. Il succédait à Grégoire XI, qui avait enfin rétabli la résidence du souverain pontife à Rome. Le peuple de cette ville, qui craignait de se voir enlever encore ce privilége, voulait un pape romain, et le demandait en tumulte autour du conclave, composé de 16 cardinaux, dont 4 seulement étaient Italiens. Le conclave, afin de ne point paraître céder tout-à-fait aux clameurs populaires, résolut de fixer son choix sur un Napolitain, et ce fut ainsi qu'Urbain ceignit la tiare. A peine fut-il assis sur la chaire de St Pierre, qu'il usa de son droit de réforme et de réprimande avec une sévérité excessive, vu la corruption du clergé. Les cardinaux mécontents se retirèrent à Agnani, et prétendant que l'élection d'Urbain, ayant été forcée, était nulle, élurent un nouveau pape qui prit le nom de Clément VII. Les puissances se partagèrent entre les deux pontifes, varièrent dans leur attachement, et plus. finirent par adopter la neutralité. Urbain créa vingt-six cardinaux pour remplacer ceux qui l'avaient abandonné, appela à son secours Charles de Duraz, en lui proposant la couronne de Naples, et ne tarda pas à se brouiller avec ce prince, puis avec ses cardinaux de nouvelle création, qui méditèrent de l'interdire. Il en fit jeter six en prison après les avoir fait appliquer à la question et les avoir dégradés, puis il procéda à l'excommunication de tous ses ennemis. Assiégé dans le château de Nocera par Charles de Duraz, que de telles fureurs ne pouvaient intimider, il parvint à s'échapper, et se réfugia successivement à Salerne, en Sicile et à Gênes, traînant partout ses cardinaux prisonniers, dont il finit par se défaire, à l'exception d'un seul, sauvé par les prières du roi d'Angleterre. Charles de Duraz étant mort, Urbain partit pour s'emparer du royaume de Naples, qu'il regardait comme sa propriété. Mais les suites d'une chute grave l'arrêtèrent en chemin et le ramenèrent à Rome où il mourut en 1389. Son caractère offre un mélange bizarre de mysticisme et de cruauté, d'ambition et de dévotes pratiques. Il eut pour successeur Boniface IX. — URBAIN VII (Jean-Bapt. CASTAGNA, pape, sous le nom d'), succéda à Sixte-Quint en 1590, et mourut au bout de 13 jours seulem. d'un pontificat, dont la douceur de son caractère, son intégrité, son esprit de justice, son expérience dans les affaires, avaient fait concevoir les plus belles espérances. Il eut pour successeur Grégoire XIV. — URBAIN VIII (Maffeo BARBERINI, pape, sous le nom d'), succéda à Grégoire XV en 1623. Son élection fut généralem. approuvée à cause de l'intégrité de ses mœurs et de l'habileté qu'il avait montrée dans les nombreux emplois dont il avait été investi dès sa plus tendre jeunesse. Il travailla à la conversion des hérétiques, surtout des schismatiques d'Orient, s'occupa de la béatification et de la canonisation de quelques saints personnages, fit bâtir de nouvelles églises, en répara d'anciennes, enfin condamna le livre de Jansénius par cette bulle trop fameuse de 1642: tels furent quelques-uns des actes de son administration spirituelle. Sa vie politique mérite aussi d'être remarquée. Il réunit au domaine du St-siége le duché d'Urbin, les comtés de Montefeltro et de Gubio, la seigneurie de Pesaro, et le vicariat de Sinigaglia. Il enleva même Castro au duc de Parme en 1639, et ne lui rendit cette ville qu'en 1644. Il mourut cette même année, et eut pour success. Innocent X. Urbain VIII connaissait parfaitement la langue grecque et cultivait avec succès la poésie. Ses vers ont été imprimés à Paris au Louvre, 1642, in-fol., sous ce titre: *Maffei Barberini poemata*. On trouve ses *poésies* ital. à la suite.

URBAIN (FERDINAND de SAINT-), célèbre artiste, né à Nancy en 1654, quitta sa patrie fort jeune encore, et visita les académies les plus renommées d'Allemagne et d'Italie, pour se perfectionner dans tous les arts du dessin. Il remplit pend. dix années les fonctions de premier graveur et de prem. architecte du conseil municipal de Bologne, et passa ensuite au service des papes Innocent XI, Alexandre VIII et Innocent XII, avec les titres de prem. architecte et de direct. de leur cabinet de médailles. En 1703, cédant aux instances de son souverain, Léopold Ier, duc de Lorraine, il revint à Nancy, où il fut investi des mêmes fonct. qu'il avait remplies en Italie, et où il mourut en 1731, comblé de faveurs. C'est surtout comme graveur, et spécialement graveur pour médailles et monnaies qu'il s'est fait un nom. Toutes les matrices sorties de son burin ont été transportées à Vienne, où on les montre dans le cabinet des médailles de l'empereur.

URBIN (ducs d'). — V. MONTEFELTRO et ROVÈRE.

URCEUS CODRUS (ANTOINE), littérat. italien, né en 1446 à Rubiera, entre Modène et Reggio, professa les humanités à Forli, puis l'éloquence et la langue grecq. à Bologne, où il mourut en 1500. Ses *OEuvres*, publ. par Phil. Béroald, Bologne, 1502, in-fol., avec sa *Vie*, par Barth. Bianchini, ont été réimpr., Venise, 1506, in-fol.; Paris, 1515, in-4; Bâle, 1540, même format.

URFÉ (ANNE d'), poète plus que médiocre, né dans le Forez, en 1555, d'une ancienne et illustre famille, alliée aux maisons de Lascaris et de Savoie, s'éprit d'amour pour la belle Diane de Châteaumorand, la plus riche héritière de sa province, et l'épousa selon toute apparence en 1575, mais au plus tard en 1577. Ce mariage, résultat d'une inclination mutuelle, fut pourtant annulé, sur la demande des deux époux, par sentence de l'officialité de Lyon en 1598. D'Urfé entra dans les ordres l'ann. suivante, obtint successiv. plusieurs bénéfices, et mourut en 1621. Il avait été bailli, puis lieuten.-général du Forez, et Henri IV, dont il défendit avec un zèle constant les droits au trône, l'avait nommé membre de ses conseils d'état et privé. La *Diane* d'Anne d'Urfé est un rec. de 150 sonnets, demeurés MSs., à l'except. de 5 que Duverdier a publ. dans sa *Biblioth. franç.*, où il cite quelq. autres ouvr. du même auteur.

URFÉ (HONORÉ d'), l'aut. de l'*Astrée*, frère cadet du précéd., naquit à Marseille en 1567. Étant en 1583 au collége de Tournon, il y représenta avec ses camarades une espèce de drame de sa composition. Il embrassa la profession des armes, obtint une compagnie de 50 hommes, et signala sa valeur dans la guerre de la Ligue, ainsi que son habileté dans les négociations dont il fut chargé en Savoie et à Venise. Après la dissolution du mariage de son frère, il épousa Diane de Château-Morand, pour ne pas laisser sortir de sa maison les grands biens qu'elle y avait apportés. L'âge et surtout la malpropreté de Diane, toujours environnée de gros chiens, qui entrenaient dans sa chambre et presq. dans son lit une odeur insupportable, finirent par rebuter son second époux. Il se sépara d'elle, et alla vivre dans une terre qu'il possédait aux environs de Nice. Ce fut là qu'il composa son *Astrée*, dont la 1re partie, publiée en 1610, eut un succès extraordinaire. Il n'avait pas entièrement achevé ce roman, lorsqu'il mourut à Villefranche en 1625. Baro, son secrétaire, le termina sur ses MSs. Les meill. édit. de l'*Astrée* sont celles de Paris, 1637, et de Rouen, 1647, 5 vol. petit in-8. Les bergers du Lignon vinrent remplacer les héros de chevalerie dont on était las; et les esprits, fatigués du spectacle continuel des troubles civils, durent trouver beaucoup de charme dans la description, même fausse et maniérée, des plaisirs calmes et simples de la campagne. Un examen plus approfondi des circonstances au milieu desquelles parut ce livre singulier et la lecture de l'*Astrée*, si quelqu'un aujourd'hui pouvait s'y résigner, feraient concevoir cet engouement des contemporains, partagé dans l'âge suivant par Segrais, Pelisson et La Fontaine. Parmi les autres écrits, bien moins connus, du même d'Urfé, nous citerons : *la Syreine*, Paris, 1611, 1618, in-8, et *la Sylvanire, ou la Morte vive*, fable bocagère, 1625, in-8.

URIE HÉTÉEN (*Feu du Seigneur*), était le mari de Bethsabée. Quand David s'aperçut qu'elle était enceinte, il fit venir Urie à Jérusalem, où il le retint deux jours, l'engageant à aller passer la nuit dans sa maison. David poussa la précaution jusqu'à l'enivrer ; mais Urie persista à se tenir aux portes du palais, avec les officiers de garde, pendant les deux nuits qu'il passa à Jérusalem. Alors le roi l'envoya au siége de Rabba, où, par son ordre, il fut exposé à l'endroit le plus dangereux : il y fut tué (2e *Livre des rois*, chap. 11). — URIE, souverain pontife, successeur de Sadoc II, eut, au mépris des lois du Seigneur et au grand scandale d'Israël, la complaisance coupable de ne plus offrir les sacrifices et les oblations que sur un autel nouveau, dont le modèle lui avait été donné par le roi Achaz (4e *Livre des rois*, chap. 16). — URIE, fils de Séméi et de Cariathiarim, contemporain de Jérémie, prophétisa les mêmes choses que lui devant le roi Joakim, par les ordres duquel il fut tué (*Jérémie*, chap. 26).

URQUIJO (MARIANO-LUIS, chev. de), ministre espagnol, né dans la Vieille-Castille en 1768, puisa de bonne heure, dans une éducation soignée et des voyages faits avec fruit, ces idées de philosophie et de sage liberté qui furent la règle de sa conduite politique. Il ne tarda pas à avoir, à propos d'un petit écrit, quelque démêlé avec le St-office, qui pourtant le traita avec assez d'indulgence, grâce au titre d'officier de la prem. secrétairerie d'état, dont il s'était trouvé tout d'un coup revêtu par les soins du comte d'Aranda : ce fut ainsi que le chemin des emplois publics lui fut ouvert. Il était arrivé à la place de prem. commis de la prem. secrétairerie d'état et des dépêches, lorsque le portefeuille lui en fut confié provisoirem. au mois d'août 1798, puis définitivem. par la retraite de Saavedra. Le jeune ministre, doué d'un caractère ferme et d'un esprit actif, s'efforça de réformer les abus introduits dans l'organisat. du clergé, encouragea l'industrie, travailla à relever la marine nationale, montra assez de véritable amour des sciences pour braver les inquiétudes jalouses de l'Espagne, et ouvrir l'Amérique aux investigations de l'illustre baron de Humboldt, propagea la vaccine dans sa patrie, l'affranchit en certains points de la dépendance de Rome, et s'éleva enfin, par le seul éclat de ses services, à la plus haute faveur. Il osa songer alors à supprimer le tribunal de l'inquisition pour en reverser les biens sur des établissements utiles ; mais il n'était pas encore assez puissant, et il se contenta de rendre ce tribunal tant soit peu dépendant de l'autorité royale, et de donner quelques garanties à ses justiciables. Ces modificat. suffirent pour soulever la plus grande partie du clergé contre Urquijo, qui, fort de l'amitié de son roi, aurait conjuré peut-être cet orage, s'il n'eût rencontré un ennemi redoutable dans le favori Godoï. Disgracié à la fin de 1800, et conduit à la citadelle de Pampelune, il y fut tenu au secret le plus rigoureux jusqu'à l'avénem. de Ferdinand VII au trône, en 1808. Redevenu libre, il mit tout en œuvre pour détourner son souverain du funeste voyage de Bayonne. L'on voit, par sa correspondance, qu'il prévoyait dès lors les malheurs de son pays, et qu'il indiquait le moyen de les prévenir. Après l'abdicat. des princes espagnols, il accepta, sous le nouveau roi, la place de ministre d'état. Il ne devait plus recouvrer son ancienne influence ; mais il eut du moins la joie de voir le tribunal de l'inquisition supprimé en 1808 par Napoléon, et en 1813 par les cortès. Fidèle au roi Joseph dans ses revers, il vint se fixer en 1814 à Paris, où il mourut en 1817, quelq. temps après avoir reçu de son ancien maître, Charles IV, l'assurance d'une affection que rien n'avait pu éteindre.

URRAQUE ou URRACCA, reine de Castille, fille d'Alphonse VI, veuve de Raymond de Bourgogne (1100), épousa, six ans après, Alphonse-le-Batailleur, roi d'Aragon et de Navarre. Les galanteries scandaleuses et l'humeur acariâtre de la princesse la firent détester de son nouvel époux. Ses querelles avec lui devinrent publiques. La beauté d'Urraque entraîna dans son parti beaucoup de grands seigneurs qui voulurent déposer Alphonse : mais ce prince, s'avançant à la tête d'une armée, les obligea de reconnaître son autorité. Urraque se vengea, en exilant ses anciens favoris, et sur ce point elle ne trouva pas d'opposition de la part d'Alphonse ; mais elle ne se montra dès lors que plus éhontée. Elle entretenait publiquem. un commerce criminel avec le comte de Lara, qui se fit ouvertem. son champion après que le roi indigné eut fait enfermer Urraque dans un château-fort. Les nobles castillans, soulevés par Lara, délivrèrent la princesse, que son époux répudia enfin, sans vouloir toutefois lui rendre l'intégralité de sa dot : de là une nouvelle guerre (1111). D'abord réduite à fuir, Urraque obligea ensuite Alphonse à évacuer la Castille, où elle régna jusqu'en 1117, que ses sujets appelèrent sur le trône Alphonse-Raymond, issu de son premier mariage. Une telle femme ne pouvait être qu'une marâtre : elle le prouva en soulevant un parti contre son fils, qui, vainqueur, lui donna la liberté, après l'avoir contrainte de renoncer à la couronne. Ayant cepend. trouvé le moyen de ressaisir une partie du pouvoir, elle fit la guerre à sa sœur Thérèse (*v.* ce nom), pour lui arracher les places de la Galice, dont elle s'était emparée pendant les démêlés d'Urraque avec son époux et son fils. Une maladie violente mit fin aux jours d'Urraque en 1126, et cet événement passa pour une punition du ciel, qu'elle avait outragé en pillant le trésor de l'église de St-Isidore-de-Léon.

URREA (JÉRÔME de), écriv. espagnol, né vers 1515 à Epila, en Aragon, se distingua au service militaire pendant la seconde moitié du règne de Charles-Quint, qui le fit chevalier de l'ordre de St-Jacques. Comme beaucoup d'autres gentilshommes attachés à ce prince, il se délassait des fatigues de la guerre par la culture des lettres et de la poésie. La plus estimée de ses productions est un *Dialogue* (en prose) *sur le véritable honneur militaire et les moyens de concilier l'honneur avec la conscience*, Venise, 1566, in-4 ; Madrid, 1575, in-8.

URUITA (JOSEPH de), général, né en Biscaye vers 1728, parvint de grade en grade à celui de brigadier, dans lequel il servait en 1791, lors du siége de Ceuta par le roi de Maroc. Il fit la campagne de 1793 contre la France en qualité de maréchal-de-camp, et obtint la même année le titre de lieuten.-général. A la fin de l'année suiv., il avait acquis une assez belle réputation pour être appelé au commandem. de l'armée de Catalogne, devenu vacant par la mort du comte de La Union, et pour être nommé en même temps capitaine-général de la Catalogne et président de l'audience royale de la même province. Il rétablit un peu ou du moins il soutint les affaires de l'Espagne, surtout lorsque Schérer eut remplacé Pérignon dans le commandement de l'armée française. Il avait repris l'offensive lorsque fut signée la paix de Bâle (1795). Élevé bientôt après au grade de capit.-général, qui équivaut à celui de maréchal de France, il fut encore chargé de plus. autres fonct. honorables ; mais, loin de faire sa cour au favori Godoï, prince de la Paix, ayant refusé de commander sous lui l'armée destinée contre le Portugal, il mourut à Madrid, en 1800, dans une sorte de disgrâce.

URSATUS. — V. Orsato.

URSIN (Jean-Henri), antiquaire, mort en 1667 surintend. ecclésiast. à Ratisbonne, a publié entre autres ouvr. : *Compendium historiæ de ecclesiar. germanicar. origine et progressu, ab ascensione Christi usquè ad Carolum Magnum*, Nuremberg, 1664, in-8. Ursin (George-Henri), son fils, né en 1647, enseigna les belles-lettres à Ratisbonne, où il mourut en 1707. On lui doit plus. ouvr. philologiques, entre autres : *Grammatica græca et selecta græca ex optimis linguæ auctoribus excerpta*, Nuremberg, 1691, réimpr. en 1714, in-8. — Ursin (Jean-Frédéric), né en 1735 à Meissen, en Saxe, mort en 1796 à Boritz, où il était pasteur, est particulièrement connu par une traduct. allem. de la *Chronique de Dithmar*, qu'il publia, précédée de la *Vie* de l'aut., à Dresde, 1790. Il avait préparé du même ouvr. une édit. lat., avec des *Notes*, qu'il n'eut pas le temps de livrer au public; mais son travail a été employé par Wagner, dans son édit. : *Dithmari Chronicon*, etc., Nuremberg, 1807, in-4.

URSINS (Anne-Marie de La Trémoille, princesse des), si célèbre dans les fastes de l'Espagne, était Franç., et avait épousé en 1659 Adrien-Blaise de Talleyrand, prince de Chalais, qu'elle suivit dans l'exil en 1663, lorsque son duel fameux contre La Frette, le chevalier de Saint-Aignan et le marquis d'Argenlieu, l'obligea de quitter la France. Restée veuve bientôt après, elle fut protégée et peut-être aimée par les cardinaux de Bouillon et d'Estrées, qui lui firent épouser en 1675 le duc de Bracciano, chef de la puissante famille Orsini (des Ursins); déjà vieux et possesseur d'une grande fortune : de cette époque date l'existence politique de la princesse des Ursins. Son luxe, le charme de son esprit, la grâce de ses manières, son ambition et son habileté, qui perçaient déjà, lui eurent bientôt acquis dans Rome une influence qui s'accrut encore après la mort de son second époux. Elle se trouvait ainsi libre, riche et presque puissante, lorsqu'on parla du mariage du roi d'Espagne, Philippe V, avec la princesse de Savoie (1701). Elle accepta la charge de *camarera-mayor* de la jeune reine, dont elle eut bientôt captivé la confiance, et, par ses soins, lui donna bientôt sur son époux un ascendant dont elle profita elle-même. Forte de la double amitié de Philippe et de son épouse, elle commença l'exécution d'un plan conçu vraiment dans l'intérêt de la nation qu'elle venait d'adopter. Elle se fit tout-à-fait Espagnole, rappela les grands du pays dans les emplois d'administr. publique, et s'efforça de les relever de leur abaissement. Mais ses projets éprouvèrent une vive opposition de la part de ces hommes eux-mêmes, qu'elle voulait affranchir de la tutelle étrangère. Les plus gr. obstacles toutefois lui vinrent des agents de la France, qu'elle était forcée de ménager, et qui combattaient son système, le regardant comme funeste à leur propre crédit. Une longue lutte s'engagea entre le card. d'Estrées, ambassadeur de France, et la princesse des Ursins, qui réussit (1703) à le faire rappeler. L'abbé d'Estrées remplaça son oncle; mais ayant bientôt cessé d'être un instrument docile des volontés de celle à qui il devait son élévation, il fut à son tour rappelé. Le crédit de la princesse avait souffert de cette lutte; elle ne tarda pas à recevoir de Louis XIV l'ordre de se retirer en Italie (1704). Craignant de se voir reléguée pour toujours loin des affaires, elle désirait vivem. aller à Versailles porter sa justificat.; n'ayant pu en obtenir l'autorisat., elle réussit au moins à rester en France, et s'établit à Toulouse. Là, dans une apparente inaction, elle attendit des temps meilleurs. Une intime union entre les deux couronnes restait bien difficile, grâce au mécontentem. qu'éprouvait la jeune épouse de Philippe V du renvoi de sa favorite. Louis XIV consentit à entendre la justificat. de Mme des Ursins, qui revint à Paris au commencem. de 1705, et retourna bientôt à Madrid, où elle fut accueillie par le roi et la reine avec de gr. démonstrations de joie. Elle avait promis de seconder les vues et les intérêts de la France, et elle chercha à prouver son dévouement. Loin de favoriser comme autrefois les Espagnols, elle les abandonna, les desservit, les éloigna. Elle mit si peu de mesures dans l'accomplissem. de son nouv. système, qu'elle contribua sans doute à diminuer les ressources de Philippe V, qui bientôt fut mis à deux doigts de sa perte. Elle n'en ménagea pas davantage les généraux que lui envoyait la France, et elle fit rappeler, après de longues querelles, le maréchal de Bervick, d'abord, et ensuite le duc d'Orléans lui-même. Cependant ces démêlés fréquents altéraient le crédit de Mme des Ursins à la cour de Versailles, qui, d'ailleurs aigrie par des désastres inouïs, se cententa d'envoyer à Philippe V un général dont elle ne se servait pas : c'était ce Vendôme qui, contre l'attente universelle, affermit la dynastie des Bourbons au-delà des Pyrénées. Pendant la crise terrible où se trouva l'Espagne, Mme des Ursins montra un courage qui ne contribua pas peu à soutenir celui de ses maîtres et de leurs sujets. Lorsque les temps devinrent meilleurs, elle persista dans son système d'éloigner des emplois les Espagnols, sans avoir égard aux représentat. de la cour de France. Elle acheva de se mettre mal avec cette cour par le projet ambitieux, qu'elle suivit obstiném., de se faire donner une souveraineté dans les Pays-Bas. La reine mourut en 1714, laissant, il est vrai, à son amie, dans le roi son époux, un protecteur bienveillant. Ce prince, jeune, d'un tempéramment ardent et attaché fortement à ses principes religieux, ne pouvait demeurer long-temps veuf. Mme des Ursins se résigna à lui chercher une femme; mais trompée par Alberoni, qui commençait alors sa carrière d'intrigues, elle jeta les yeux sur Élisabeth Farnèse, nièce et hérit. du duc de Parme, dont elle croyait que la reconnaissance lui assurerait la même influence dans les affaires. Elle alla au-devant de sa nouv. souveraine à quelq. lieues de Madrid; mais à peine avait-elle eu le temps de lui donner sur l'étiquette de la cour espagnole un avis, autorisé par la charge de *camarera-mayor*, que la jeune princesse, s'emportant sur un si léger motif, donna l'ordre qu'elle fût enlevée et conduite hors du roy. Jetée à l'instant même dans un carrosse escorté de gardes, elle fut conduite ainsi jusqu'à la frontière, sans suite, sans autre vêtements que son habit de cour, par un froid rigoureux, au mois de déc. 1714. L'accueil qu'elle reçut à Paris de Louis XIV dut lui prouver que tout était fini pour elle. De France elle passa en Savoie, puis à Gênes et ensuite à Rome, où elle se fixa. Son existence y était assurée par l'exactitude de Philippe V à lui payer ses pensions : c'était au reste la seule faveur qu'elle avait pu obtenir de lui. Pour avoir encore une sorte d'occupation malgré son grand âge, elle s'attacha à la fortune du prétendant Jacques Stuart, et tint la maison de ce prince. Elle mourut en 1722 (v. les *Mémoires* de Saint-Simon et ceux de Duclos). Les *Lettres inédites de Mme de Maintenon et de la princesse des Ursins*, ont été impr. 1826, 4 vol. in-8. M. Alexandre Duval a fait représenter, sous le titre de la *Princesse des Ursins*, en 1825, une pièce romanesque, comprise dans la collection de ses *OEuvres*.

URSINS — V. Benoît XIII, Jouvenel des Ursins, Montmorenci et Orsini.

URSULE (Ste), vierge et martyre, passe pour avoir été la fille d'un prince de la Grande-Bretagne, et pour avoir été martyrisée à Cologne ou près de Cologne, en 453. Le nombre des compagnes de cette sainte s'étend depuis 11 jusqu'à 11 mille. Le peuple, qui aime l'extraordinaire, a adopté ce dernier nombre, et appelle ces saintes les *onze mille vierges*. Le *Martyrologe* se contente de nommer cette vierge et ses compagnes, sans déterminer leur nombre, qu'il est impossible de constater. Ste Ursule, regardée comme la patronne de la Sorbonne, a d'ailleurs donné son nom à un ordre de religieuses destinées à l'éducation de la jeunesse.

USHER (Jacques), archevêque d'Armagh, plus connu sous le nom latin d'*Usserius*, né à Dublin en 1580, s'appliqua dès l'âge de 14 ans à l'étude de l'histoire avec une gr. ardeur. Ayant perdu son père, qui était greffier de la chancellerie d'Irlande, il céda à son frère le droit qu'il avait à cet emploi lucratif pour s'attacher entièrement à l'étude de la théologie, des PP. et des scolastiques. Dès 1601, il s'adonna à la prédication et dirigea principalem. ses sermons contre les catholiques. Ses talents et la faveur du roi Jacques Ier lui valurent successivem. une chaire de théologie à l'univ. de Dublin en 1607, la dignité de chancelier de l'église de St-Patrick, l'évêché de Meath, la place de membre du conseil privé d'Irlande, et, en 1624, l'archevêché d'Armagh. Dans ces deux dern. places, il déploya le plus gr. zèle contre les catholiques, publia un gr. nombre d'ouvr. dont quelq.-uns ont pour but de montrer que la croyance des premiers chrétiens est la même que celle des réformés. Il ne croyait pas que l'épiscopat fût un ordre distinct de celui de la prêtrise, du moins quant à leur divine institution. La prééminence de l'un sur l'autre ne lui paraissait être que de discipline. Il resta constamment attaché à la cause de Charles Ier, et voua même à sa mémoire une sorte de culte pieux. Dépouillé des revenus de son archevêché par la révolte des catholiques d'Irlande, il se vit exposé à plus d'une persécution, se réfugia à Londres chez la comtesse de Péterboroug, et mourut dans une maison de campagne de cette dame à Ryegate, au comté de Turrey, en 1656. Parmi ses ouvr., nous citerons : *De Ecclesiarum christianarum successione et statu*, Londres, 1613. — *De la religion des anciens Irlandais et Bretons* (en angl.), ibid, 1622, 1631; in-4. — *Britannicar. ecclesiar. antiquitates*, Dublin, 1639, in-4; avec des corrections et augmentat., Londres, 1687, in-fol. — *Annales Veteris et Novi Testamenti*, ibid, 1650-54, Paris, 1675; Genève, 1722. M. Aiquin a publié les *Vies de Selden et d'Usher* en un vol. in-8. — Usher (James), écrivain angl., né en 1720, de la même famille, mais de parents catholiq., prit les ordres dans l'Église romaine, après avoir sans succès exploité une ferme et fait le commerce des draps. Il ouvrit à Kensington-Gravel-Pits une école qu'il dirigea utilem. jusqu'à sa mort, arrivée en 1772. Il est auteur de quelques productions ingénieuses, parmi lesquelles nous citerons seulement un *Nouveau système de philosophie*, où il censure Locke, et *Élio, ou Discours sur le goût, adressé à une jeune dame*.

USSERMANN (Émilien), savant bénédictin, bibliothécaire au monastère de St-Blaise, né en 1737 à St-Ulrich, dans la Forêt-Noire, mort dans son couvent en 1798, s'est fait connaître d'une manière avantageuse par son recueil intit. : *Monumenta res allemanicas illustrantia*, des presses de l'abbaye de St-Blaise, 1792, 2 vol. in-4.

USSIEUX (Louis d'), littérateur et agronome, né à Angoulême en 1747, s'établit de bonne heure à Paris. Dans les premières années de la révolution, retiré dans un domaine près de Chartres, il y partagea son temps entre l'étude, l'éducation d'un troupeau de *mérinos* et des essais d'agriculture, qui ne réussirent pas toujours. En 1795, il fut député par le départem. d'Eure-et-Loire au conseil des anciens, où il ne se fit pas beauc. remarquer. Il retourna, dès qu'il le put, à ses travaux agricoles, fut élu en 1801 membre du conseil-général de son département, et mourut près de Chartres en 1805. Associé dans sa jeunesse à la plupart des entreprises littéraires, il publiait chaque mois des nouvelles historiques, et faisait paraître en même temps des trad. de l'allemand et de l'italien. Il eut part avec Bastide l'aîné à l'*Histoire de la littérature franç.*, Paris, 1772, 2 vol. in-12, donna quelq. pièces de théâtre peu remarquables, mais fournit des articles import., entre autres celui de la *Vigne*, à la continuation du *Cours d'agriculture* de l'abbé Rozier, ainsi que plus. mémoires aux *Recueils* de la société d'agriculture. Ses principaux ouvr. sont : *Histoire abrégée de la découverte et de la conquête des Indes par les Portugais*, Paris, 1772, 2 vol. in-12. — *Décaméron français*, ibid, 1774, 2 vol. in-8, fig.

— *Nouvelles françaises*, ibid., 1775, 3 vol. in-8.

USTARIZ (Jérôme), le premier Espagnol qui se soit distingué par ses connaissances en économie politique, naquit dans la Navarre vers la fin du 17e S., et mourut vers 1760. Il est principalement connu par son ouvr. intitulé : *Théorie et pratique du commerce et de la marine*, 1724, in-4; Madrid, 1742, in-fol.; trad. en franç. par Forbonnais, Paris, 1753, in-4. — Ustariz (Gabriel), né à Caracas, dans l'Amérique espagnole, vers 1772, embrassa d'abord la carrière militaire, qu'il quitta pour jouir des douceurs de la vie privée au milieu de ses propriétés. En 1810 éclata la révolut. de Caracas, qu'il favorisa de ses conseils et de ses facultés, et dont il fut un des plus constants défenseurs. Il fut tué en 1814, au moment où le général Moralès faisait triompher le parti royaliste, qui devait être bientôt abattu.

USTÉRI (Léonard), né en 1741 à Zurich, y fut successivem. professeur et chanoine. Les réformes opérées en 1773 dans les écoles et le gymnase de cette ville lui sont dues en grande partie. Il y fonda pour les filles des classes inférieures une école qui devint bientôt le modèle d'un nombre considérable d'établissements pareils en Helvétie et en Allemagne. Conservateur de la biblioth. et membre de la société physique, il rendit d'importants services à l'une et à l'autre. Cet utile citoyen mourut en 1789. On a de lui quelques écrits relatifs aux travaux de cette société ou au régime de l'école qu'il avait fondée.

USTRZYCKI (André-Vincent), évêq. de Przmamisl vers la fin du 17e S., s'est fait connaître surtout par des traduct. en polonais du latin, de l'ital. et du français. On cite particulièrem. sa traduction en vers de l'*Enlèvem. de Proserpine* de Claudien, et de l'*Achilléide* de Stace.

USUARD, compilateur du *Martyrologe* qui porte son nom, embrassa la vie religieuse à l'abbaye de St-Germain-des-Prés. Ayant été envoyé en Espagne pour chercher le corps de St Vincent, il ne put pénétrer à Valence, où le corps était conservé; mais il rapporta de Cordoue les corps des SS. martyrs George, Aurèle et Nathalie. Charles-le-Chauve le félicita beaucoup sur le succès de son voyage. Usuard reçut de ce prince la mission de composer un nouveau *Martyrologe*, et, après avoir rempli cette tâche, mourut en 876 ou 877. Ce travail d'Usuard, qui ne tarda pas à être adopté par la plupart des Églises de France, d'Allemagne et d'Italie, a servi de base au *Martyrologe* romain. Il fut impr. pour la prem. fois à Lubeck en 1475, in-fol., à la suite du *Rudimentum novitiorum*. Les curieux recherchent l'édit. de Florence, 1486, in-4, regardée comme originale, attendu que l'ouvr. n'avait paru jusqu'alors que dans des recueils; mais la meilleure est celle d'Anvers, 1714, in-fol., que l'on doit au P. Sollier (*v.* l'*Hist. littér. de France*, par D. Rivet, t. V, p. 436).

UTENHOVE ou UYTTENHOVE (Charles), né à Gand vers 1536, mort à Cologne en 1600, cultiva les muses grecq. et latines. On a recueilli quelq.-unes de ses pièces dans les *Deliciæ poetarum belgicorum*, t. V.

UVA (Benoît dell'), bénédictin de la congrégat. du Mont-Cassin, né à Capoue vers 1530, n'est plus connu aujourd'hui que par des poésies italiennes en l'honneur de la religion. On sait qu'il habita Naples pendant la plus grande partie de sa vie, qui fut assez longue; mais on a sur lui fort peu d'autres renseignements. Son recueil poétique a été impr. plusieurs fois, entre autres à Venise, 1737, in-12, sous ce titre : *le Vergini prudenti, con tutte le altre rime*, etc. On y trouve des morceaux qui méritaient d'attirer davantage sur l'auteur l'attent. des biographes.

UXELLES (Nicolas de BLÉ, marquis d'), maréchal de France, né à Châlons en 1652, d'une ancienne famille de Bourgogne, fut destiné à l'état ecclésiastique; mais son frère aîné ayant été tué, il lui succéda dans le gouvernement de la ville et citadelle de Châlons. Il fit ses prem. armes, en 1674, au siége de Besançon; et son avancement fut rapide, grâce surtout à la protect. de Louvois. En 1688, il servait en qualité de lieuten.-général, sous les ordres du dauphin, au siége de Philisbourg, et à la fin de la campagne il fut fait chevalier des ordres du roi. L'armée française ayant été obligée d'évacuer l'Allemagne, il resta chargé de défendre Mayence contre toutes les forces de l'empire. Il fit dans cette ville une résistance vigoureuse, mais enfin il fut obligé de capituler (1689). On savait qu'il était la créature de Louvois, on le soupçonna d'avoir rendu Mayence pour retarder la paix, qui devait nécessairement diminuer l'influence du ministre de la guerre, et on le hua en plein spectacle à Paris. Louis XIV, au contraire, lui fit l'accueil le plus flatteur, lui laissa, pendant tout le reste de la campagne, le commandem. des troupes stationnées en Alsace, le comprit en 1703 dans sa nombreuse création de maréchaux, et l'envoya en 1710, avec le cardinal de Polignac, négocier la paix à Gertruydenberg. D'Uxelles ne montra pas dans cette circonstance une grande habileté, et cepend., après la mort de Louis XIV, il fut nommé présid. du conseil des affaires étrangères et admis au conseil de régence. Il eut l'air de vouloir lutter contre le régent; mais il lui céda bientôt, et mourut à Paris en 1730, laissant une bien faible réputation, même comme général. Saint-Simon et l'abbé de Saint-Pierre l'ont peint sous des couleurs assez défavorables.

UZ (Jean-Pierre), poète, né à Anspach (Franconie), en 1720, étudia la jurisprudence à Halle; mais dès cette époque il traduisit en allemand, de concert avec deux de ses amis, les plus beaux morceaux d'Homère, de Pindare et d'Anacréon. Ce prem. travail lui donna l'idée d'imiter la versificat. des anciens; ses essais en ce genre ne le satisfirent point, et dès ce moment il prit la résolution de ne plus écrire qu'en vers rimés. Il eut plus tard, à cette occasion, de longs et vifs démêlés avec les savants allem. que l'on appelait *miltoniens* ou *anglomans*, à cause qu'ils repoussaient l'usage de la rime, à l'exemple de Milton. Tout en cultivant la poésie, Uz remplit plus. places de magistrature à Anspach. Il venait d'être nommé premier juge du tribunal de cette ville, lorsqu'il mourut en 1796. Ses poésies ont paru en plusieurs recueils ; le plus complet est celui de Leipsig, 1768, 2 vol. in-8. Quelques-unes de ses pièces ont été trad. dans le *Choix de poésies allem.*, Paris, 1766, et Avignon, 1770, in-8.

UZÈS (ALDEBERT d'), né à Uzès, au commencement du 12e S., de la famille de ce nom, l'une des plus puissantes du Bas-Languedoc, élu évêque de Nîmes en 1141, jouit de beaucoup de considérat. dans l'Église et de faveur auprès du roi Louis-le-Jeune. Il fut chargé par le pape Alexandre III de réconcilier le comte de Toulouse, Raimond V, avec Constance, sa femme, sœur du roi de France ; mais il échoua dans cette négociation difficile. Il fut un des Pères du concile de Lombez (1165), qui condamna la doctrine des Albigeois, et contribua ainsi à préparer les longs malheurs dont son pays fut bientôt accablé, et auxquels l'établissement de l'inquisition mit le comble. Il mourut en 1180.

UZZANO (NICOLAS d'), homme d'état florentin, fut lié d'une étroite amitié avec Thomas Albizzi, qui gouverna la république de Florence de 1382 à 1417. Il succéda à son crédit, et demeura comme lui attaché au parti guelfe et à l'aristocratie ; mais il se montra plus modéré que les Albizzi, et par cela même plus habile. Il s'efforça d'étouffer les anciennes haines, d'assoupir les vengeances, et de maintenir la paix intérieure. Au dehors, sa conduite fut égalem. pacifique : il donna un asile au pape Martin V, assura à sa patrie l'alliance de Braccio de Montone, le prem. général de son temps, fit la paix avec le duc de Milan (1419), et termina égalem. par un traité glorieux, en 1428, la guerre que Philippe-Marie Visconti avait déclarée aux Florentins en 1423. Mais Renaud, fils de Thomas Albizzi, eut assez d'influence pour entraîner de nouveau les Florentins dans une guerre contre les Lucquois (1429), qui ne répondit point aux espérances du jeune ambitieux, et qui contribua à ranimer les factions dans Florence. Uzzano mourut en 1432, et, deux ans après sa mort, tout son parti fut exilé.

V

VACA DE GUZMAN (JOSEPH-MARIE), poète espagnol, né dans le royaume de Grenade en 1745, fut avocat et recteur perpétuel du collège de St-Jacques à Alcala-de-Henarès, et mourut vers 1805. On a de lui un poème sur *la Destruction des vaisseaux de Cortez*, trad. en franç. par M. Mollien ; un autre sur *la Reddition de Grenade* : tous les deux couronnés en 1778 et 1779 par l'acad. roy. de Madrid ; 5 *Églogues* et 4 *Lettres* contre les détracteurs de ses poésies. — VACA DE GUZMAN Y MANRIQUE (don Gutierre-Joachim), frère du précédent, auditeur à la chancellerie royale de Grenade, mort vers 1802, a trad. de l'ital. en espagnol les *Voyages de Henri Wanton aux terres inconnues australes*, etc., Madrid, 1778, 4 vol. in-8. — Un *Rapport sur les tremblements de terre dans le roy. de Grenade*, Grenade, 1779, in-4.

VACCA (FLAMINIO), sculpteur romain, principalement connu comme restaurateur de statues, florissait sous le pontificat de Sixte-Quint (1580). On a de lui un recueil intitulé : *Memorie di varie antichità di Roma*, terminé par l'aut. en 1594, et publ. en 1704 à Rome par Ottavio Falconieri.

VACCA-BERLINGHIERI (FRANÇOIS), médecin, né en 1732 à Ponsacco, fut professeur de chirurgie à l'université de Pise. Il refusa la place de médecin du roi de Pologne, qui l'aurait distrait d'une pratique très active, composa plus. ouvr. qui le placèrent au rang des prem. médecins de l'Italie, et mourut en 1812. On a de lui : *Considerazioni intorno alle malattie putride*, Lucques, 1781, in-8. — *Saggio intorno alle principali malattie del corpo umano*, etc., Pise, 1799, in-8. — *Lettere fisico-mediche*, ib., 1790, in-4. — *Riflessioni su' i mezzi di stabilire e di conservare nell' uomo la sanità*, etc., ibid., 1792, in-4 ; Venise, 1801, in-8. — *Codice elementare di medicina pratica*, Pise, 1794, 2 vol. in-8. — *Meditazioni sull' uomo malato e sulla nuova dottrina de Brown*, ibid., 1795, in-8. — *Filosofia della medicina*, Lucques, 1801, in-8. — *Di un nuovo potere della missione di sangue*, Pise, 1804, in-8, et quelques autres écrits moins importants. — André VACCA-BERLINGHIERI, fils du précédent, mort en 1826 à Pise, où il était professeur de chirurgie et de clinique, fut un des plus habiles chirurgiens de son temps.

VACCARO (ANDRÉ), peintre, né en 1598 à Naples, où il mourut en 1670, fut élève de Girolamo Imparato. Il suivit d'abord la manière du Caravage, puis celle du Titien. On trouve un gr. nombre de ses composit. dans sa patrie. Le musée royal possède de cet artiste un tableau représentant *Vénus au désespoir sur le corps expirant d'Adonis*. — VACCARO (François), peintre et grav. à l'eau forte, né à Bologne vers 1636, fut élève de l'Albane. On cite les fresques qu'il exécuta dans une des chapelles de l'église de St-Vital de Bologne. On connaît de lui, comme graveur, 12 pièces représentant *vues perspectives* de ruines, de fontaines et d'édifices d'Italie. Il avait composé un *Tr. de perspective* dont il grava lui-même les planches. On ignore l'époque de sa mort.

VACCHIERY (CHARLES-ALBERT), littérateur, né en 1745 à Dachau, en Bavière, devint membre de l'acad. des sciences de Munich en 1779. Deux ans après il fut nommé membre du conseil administratif de l'univers., puis curateur en chef des écoles et de l'instruction dans le royaume, conseiller intime du roi, et enfin chancelier de la cour suprême. Il mourut à Munich en 1807. On a de lui, dans les *Mémoires* de l'académie, un gr. nombre de *Dissertations* relatives à l'hist. de Bavière. Il a laissé plusieurs ouvr. MSs. sur le même sujet.

VACHET (JEAN-ANTOINE LE), institut. des sœurs de l'*union chrétienne*, naquit à Romans, en Dauphiné, vers 1603. Après avoir visité Rome, où il se rendit en mendiant, il entra chez les jésuites de Dijon, et vint plus tard recevoir les ordres sacrés à Paris. Se dévouant au service des pauvres et des malades; il fit des missions dans les campagnes, dans les prisons et les hôpitaux, dressa les statuts de l'institution des sœurs de l'*union chrétienne*, fondée par Anne de Croze, fut honoré de l'estime de St Vincent de Paul, et mourut en 1681, direct. des dames hospitalières de St-Gervais. Entre autres ouvr. de piété, il a laissé l'*Artisan chrétien*, etc., Paris, 1670, in-12. L'abbé Richard a publ. la *Vie de Le Vachet*, contenant l'analyse de ses ouvr., Paris, 1692, in-12. — Bénigne VACHET, missionn., né à Dijon en 1641, prêcha dans plus. contrées de l'Asie et de l'Afrique, revint ensuite en France, et mourut à Paris en 1720, laissant en MS. la relat. de ses voyages. Sa *Description de l'île de Bourbon* se trouve dans la *Relation des missions des évêq. franç. aux roy. de Siam, de la Cochinchine*, etc., Paris, 1674, in-12. — VACHET (Pierre-Joseph du), né à Beaune au commencem. du 17ᵉ S., entra dans la congrégat. de l'Oratoire, devint curé dans le diocèse de Bordeaux, et mourut vers 1655. On a de lui un *Recueil de poésies latines* publ. après sa mort, Saumur, 1664, in-8.

VACQUERIE (JEAN DE LA), un des notables d'Arras lorsque Louis XI voulut s'emparer de cette place en 1476, répondit avec fermeté aux envoyés du monarque chargés de presser la soumission des habitants; mais il fallut céder à la force. Contre toute attente, Louis XI le fit venir à Paris et lui conféra, en 1481, l'emploi de premier président du parlement. La Vacquerie, dans cette place éminente, ne montra pas moins de fermeté. Le roi ayant envoyé au parlement plus. édits onéreux, en menaçant les magistrats de son courroux, s'ils en refusaient l'enregistrement, le prem. président se rendit au palais à la tête de sa cour: « Sire, dit-il, » nous venons remettre nos charges entre vos » mains, et souffrir tout ce qu'il vous plaira plutôt » que d'offenser nos consciences. » Louis XI, étonné de ce langage courageux, révoqua sur-le-champ ses édits, et renvoya les magistrats en les invitant à continuer de bien rendre la justice. Après la mort de ce monarque, La Vacquerie fit encore des protestations très énergiques sur la régence, et mourut vers 1497.

VADDÈRE (JEAN-BAPTISTE), historien, né à Bruxelles vers 1640, embrassa l'état ecclésiastique, partagea sa vie entre la pratique de ses devoirs et l'étude de l'histoire, et mourut en 1691. On a de lui: *Traité de l'origine des ducs et duché de Brabant*, etc., avec une *Réponse aux Vindices de Ferrand sur les fleurs de lys*, Bruxelles, 1672, in-4; cet ouvr., plein de recherches intéressantes, a été réimpr., ib., 1784, 2 vol. in-8, par les soins de Paquot. Vaddère a laissé plus. ouvr. en MSs.

VADÉ (JEAN-JOSEPH), né à Ham (Picardie) en 1720, fut amené de bonne heure à Paris, où son penchant pour la dissipation fut tel qu'il ne put apprendre les éléments du latin. Plus tard, la lecture des auteurs franç. et la fréquentat. des spectacles ornèrent son esprit. La burlesque originalité de ses ouvr. lui valut quelq. protecteurs au moyen desq. il obtint divers emplois subalternes; mais les excès auxquels il s'était livré dès sa première jeunesse abrégèrent sa carrière, et il mourut à Paris en 1757. Ses contemporains ont fait l'éloge de son cœur et de son caractère. Vadé fut le prem. qui s'avisa de faire usage de l'idiome *poissard*, langage grossier, mais énergique, employé dans les halles et marchés de Paris. Ses Œuvres ont été recueillies en 4 vol in-8, ou 6 vol. in-12. Elles consistent en vingt opéras comiques, vaudevilles, parodies et pastorales, le poème de la *Pipe cassée*, des *Bouquets* poissards, des *Epitres* en vers, des *Madrigaux*, des *Fables*, des *Chansons* et des *Amphigouris*. Voltaire a publié plus. *Pamphlets* sous les noms supposés de *Guillaume et de Jérôme Vadé*. L'*Année littéraire*, 1757, t. IV, contient un *Éloge* de Vadé par Fréron, qui avait été lié avec ce poète.

VADIANUS (JOACHIM WATT), littérateur, né à St-Gall en 1484, étudia d'abord dans sa patrie, puis à Vienne, voyagea en Hongrie, en Pologne, en Allemagne et en Italie, devint profess., ensuite recteur de l'univ. de Vienne, et revint dans sa patrie, où il occupa différ. places de magistrature depuis 1526 jusqu'en 1551, année de sa mort. Il a laissé un gr. nombre d'ouvr., dont les principaux sont: *Ægloga cui titulus Faustus, de insignibus familiæ Vadianorum elegia*, Vienne, 1517, in-4. — *Comment. in Pomponium Melam*, 1818, souvent réimprimé. — *Scholia in Plinii Historiam naturalem*, 1531. — *Epitome Asiæ, Africæ et Europæ*, etc., 1535. — *Consilium contra pestem*, 1546. — *Farrago antiquitatum alemannicarum*, dans la *Collection* de Goldast. Il a légué plus. MSs. concernant l'histoire de sa patrie, ainsi que toute sa bibliothèque, à la ville de St-Gall.

VADIER (MARC-GUILLAUME-ALEXIS), était conseiller au présidial de Pamiers, lorsqu'il fut député par le tiers-état du comté de Foix aux étatsgénéraux de 1789. Il ne partagea aucune occasion remarquable des premiers trav. de l'assemblée constituante; mais après l'arrestat. du roi à Varennes, il proposa de le traduire à la haute cour nationale. En sept. 1792, député du départ. de l'Arriège à la convention, il s'y plaça dans les rangs de la *montagne*, et vota la mort de Louis XVI sans appel ni sursis. Au 31 mai il se montra l'un des adversaires les plus acharnés des girondins, et plus tard il pressa la condamnat. de Danton et de Camille Desmoulins. Entré au comité de sûreté générale, et voyant dans tous les détenus des ennemis de la révolution, il imagina, pour hâter leur supplice, ces conspirat. des prisons, dont le résultat fut de conduire à l'échafaud des hommes qui ne se connaissaient même pas. Ce fut encore lui qui fit de Catherine Théos l'âme d'une conspiration que Robespierre même trouva ridicule. Vadier lui en garda rancune, et s'étant uni aux thermidor., dont il ne partageait pas les principes, il l'accusa, non d'avoir versé le sang des Français, mais d'avoir gêné les trav. du comité de sûreté génér. Dénoncé deux fois après le 9 thermidor comme l'un des chefs des terroristes, il fut acquitté deux fois; moins heureux le 5 frimaire an III (2 mars 1795), il fut condamné à la déportation avec Billaud-Varennes, Collot-d'Herbois et Barrère. Il trouva le moyen de se soustraire à cette peine en se cachant dans Paris, et reparut sur la scène politiq. en mai 1796. Compromis dans la conspirat. de Babeuf, il fut acquitté par la haute cour de Vendôme (1797), mais envoyé à Cherbourg, d'où il ne put revenir à Paris que sous le gouvernem. consulaire. Condamné à l'exil par la loi de 1816, il se retira dans les Pays-Bas, et mourut à Bruxelles en 1828, à l'âge de 93 ans.

VÆNIUS. — V. VEEN.

VAHAN-LE-GRAND, prince de Daron, en Arménie, de la race des Mamigoneans, se révolta contre les Persans sous le règne de Firouz, et conserva quelque temps l'avantage dans cette lutte inégale; mais vaincu par la trahison d'un de ses alliés en 483, il fut obligé de chercher un asile dans des montagnes inaccessibles. Plus tard il rétablit l'indépendance de sa patrie, et visita la cour de Perse, où il fut reçu avec de gr. honneurs. De retour d'Arménie, il ne s'occupa plus que de réparer les maux que la guerre avait causés à ses sujets, et mourut en 511. Sous son règne les erreurs d'Eutychès se répandirent en Arménie et furent adoptées par la plupart des membres du clergé.

VAHL (MARTIN), botaniste, né en 1749 à Bergen en Norwège, étudia l'hist. naturelle à Copenhague et se rendit ensuite à Upsal pour y suivre les leçons du célèbre Linné. Nommé lecteur au jardin de botanique de Copenhague, il visita, aux frais du roi, la Hollande, la France, l'Espagne, les côtes d'Afrique, l'Italie, la Suisse, l'Angleterre, la Laponie, etc. A son retour il fut chargé de professer la botanique, d'abord au gymnase, puis à l'univers., joignit à cette chaire la place d'inspecteur du jardin royal, et mourut à Copenhague en 1804. On a de lui : *Symbolæ botanicæ, sive plantarum.... exactiores descriptiones*, Copenhag., 1790 à 1794, 3 cahiers in-fol. avec 75 pl. — *Eclogæ americanæ, seu descriptiones plantarum*, etc., 1796 à 1807, 5 cah. in-fol. avec 30 pl. — *Icones illustrationi plantarum americanarum*, etc., 1798, in-fol., avec 30 pl. — *Enumeratio plantarum vel ab aliis vel ab ipso observ.*, ib., 1805 et 1807, 2 vol.; cet ouvrage posthume a été continué. Vahl a pris part à la publication de la *Zoologie danoise;* il était en correspondance avec Cuvier et Fabricius, et a laissé un riche herbier.

VAIDJAN ou VIDJAN (ABOU-SALEM-MOHAMMED, BEN VASTEN ou WASCHRAN), géomètre et astronome, né à Koufah vers le milieu du 10e S. de l'ère chrétienne, vécut à Bagdad sous les règnes des princes bowaïdes Adhad-el-Daulah et ses fils. Un observatoire fut construit sous sa direction à Bagdad, et il fut chargé d'y observer le solstice d'été et l'équinoxe d'automne l'an 378 de l'hég. (988 de J.-C.). Casiri a donné le texte et la traduct. des procès-verbaux de ses observat. On doit encore à Vaïdjan plus. ouvr. de mathématiques et d'astronomie, tels que des *Commentaires sur les Éléments d'Euclide;* un *Traité du centre de la terre;* un autre *de la perfection du compas;* une *Addit. au 2e livre d'Archimède,* etc.

VAILLANT (WALLERANT), peintre et graveur, né à Lille en 1623, se rendit fort jeune à Anvers, où il entra dans l'atelier d'Érasme-Quellinus, et devint bientôt habile dessinateur et bon coloriste. Il se borna au genre du portrait, et en fit plus. qui le mirent en crédit. Après avoir passé 4 ans à la cour de France, il revint à Amsterdam avec une grande fortune, et mourut en 1677. Il est le premier qui ait gravé en manière noire. Ses planches en ce genre sont au nombre de 17 d'après ses propres dessins, et de 21 d'après différents maîtres. Il a gravé aussi au burin 4 portraits qui sont très rares. Ce sont ceux de l'emper. Léopold, de l'électeur de Mayence, J.-Philippe, de Charles-Louis, comte palatin, et de son épouse Sophie. — Jean VAILLANT, frère et élève du précéd., né à Lille en 1624, cultiva la peinture avec quelques succès; mais il y renonça pour se livrer au commerce par suite d'un mariage qu'il contracta à Francfort. — Bernard VAILLANT, 2e frère de Wallerant et son élève, né à Lille en 1625, le suivit dans ses voyages. Il abandonna le pinceau pour le crayon, acquit une grande réputation comme dessinateur de portraits, s'établit à Rotterdam, et mourut d'apoplexie à Leyde vers 1670. Plus. habiles artistes ont gravé d'après ses dessins, et lui-même a exécuté quelq. planches en manière noire, qui sont marquées ordinairem. B. V. F. — Jacques VAILLANT, 3e frère de Wallerant et aussi son élève, voyagea en Italie, fut ensuite appelé à la cour de l'électeur de Brandebourg, y peignit plus. tableaux d'histoire et des portraits, et mourut prématurément. — André VAILLANT, le plus jeune des 5 frères, né à Lille en 1629, fut encore l'élève de son aîné, préféra le burin au pinceau, vint à Paris étudier la gravure, alla ensuite joindre son frère Jacques à Berlin, grava 2 portraits d'après lui, les seuls que l'on connaisse, et mourut dans un âge peu avancé.

VAILLANT (JEAN-FOI), célèbre numismate, né à Beauvais en 1632, quitta l'étude des lois pour celles de la médecine, et, reçu docteur, exerça son art dans sa patrie. Un fermier des environs de Beauvais lui ayant apporté des pièces antiques qu'il avait trouvées, Vaillant les voulut expliquer, et ce fut ainsi que se développa en lui le goût de la numismatique. Il vint à Paris, et fut distingué par Colbert, qui lui proposa de voyager pour enrichir le cabinet du roi. Dès ses premières excursions en Italie, en Sicile, dans la Grèce, il recueillit un si gr. nombre de médailles rares, que dès-lors le cabinet du roi tint le prem. rang en Europe. Dans un second voyage, pris par un corsaire d'Alger, il obtint sa liberté au bout de 4 mois et demi; mais en revenant en France, craignant de retomber dans les mains des corsaires, il avala une vingtaine de médailles d'or qu'on lui avait restituées. Cette imprudence pouvait lui être funeste, cependant arrivé à Marseille, il parvint à se débarrasser de son fardeau intérieur qui l'incommodait beaucoup. Il repartit bientôt, et cette fois il alla jusqu'en Égypte et en Perse, d'où il rapporta de nouv. richesses numismatiques. A l'organisation de l'acad. des inscript., Vaillant en fut nommé membre. Il mourut en 1706. On lui reproche d'avoir introduit beauc. de barbarismes dans le langage des antiq. On a de lui : l'*Explication* du choix des médailles en gros bronze du cabinet de l'abbé de Camps. (*Epistola ad totius Europæ antiquarios, utrùm laurea Eumenio Pacato concedenda?* Paris, 1662, in-4. — *Numismata imperator. romanor. præstiora*, etc., ib., 1674, in-4 ; 1694, 2 vol. in-4. — *Seleucidarum imperium, sive Historia.., ad fidem numismatum accommodata*, ib., 1681, in-4 ; La Haye, 1732, in-fol. — *Numismata ærea imperatorum augustorum et cæsar. in coloniis*, etc., ibid., 1688 et 1697, in-fol. — *Numismata imper. aug. et cæsarum à populis romanæ dictionis*, etc., ibid, 1695, in-4 ; Amsterd., 1701, in-fol. — *Historia Ptolemæorum, Ægypti regum, ad fidem numism. accommodata*, Amst., 1701, in-fol. — *Nummi antiqui familiar. romanarum*, etc., ib., 1703, 2 part. in-fol. — *Arsacidorum imper., sive regum Parthorum hist.*, etc., Paris, 1725, 2 vol. in-4, publ. par l'acad. des inscript., dans les *Mémoires* de laq. on trouve plus. dissertat. et morceaux du même savant. L'*Éloge* de Vaillant par de Boze est imprimé dans le t. Ier. — VAILLANT (Jean-François-Foi), fils du précéd., né à Rome en 1665, fit ses prem. études à Beauvais, et les acheva à Paris. Initié par son père dans les secrets de la numismatique, il voyagea en Angleterre, suivit à son retour les cours de la faculté de Paris, et reçut le doctorat en 1691, il fut admis à l'acad. des inscript. en 1702, et mourut en 1708. On connaît de lui : *Dissertation sur une médaille qui représente Achéus, roi de Syrie* (*Mémoires* de Trévoux, janv. 1705) ; autre sur une *médaille* de Septime-Sévère, ibid., févr. 1705. Il avait composé dans sa prem. jeunesse un *Traité* sur la nature et l'usage du *café*, mais cet écrit a disparu. Outre son *Éloge* par de Boze, on peut consulter les *Mémoires* de Niceron, et le *Dictionn.* de Chauffepié.

VAILLANT (SÉBASTIEN), célèbre botaniste, né en 1669 à Vigny, près de Pontoise, annonça dès l'âge le plus tendre une inclination décidée pour l'étude des plantes. Mais son père, organiste des bénédictins de Pontoise, qui ne voyait pas où ce goût pourrait le conduire, lui fit apprendre la musique, et ses progrès furent si rapides, qu'à 11 ans il put suppléer son père. S'étant lié avec les chirurgiens de l'hospice, il se voua bientôt à l'art de guérir. Reçu aide-chirurg. en 1688, il vint exercer à Évreux, puis dans les armées, et assista à la bataille de Fleurus. Étant venu quelque temps après à Paris, il y suivit assidûment les leçons de Tournefort, qui l'employa utilement pour son *Histoire des plantes des environs de Paris*. Il devint ensuite secrétaire de Fagon, prem. médecin de Louis XIV, qui lui fit obtenir la direct. du Jardin-Royal, et lui résigna ses places de profess. et de démonstrateur. Il fut admis en 1716 à l'acad. des sciences. La méthode de Tournefort ne le satisfaisant point, et ayant deviné le système que Linné a depuis développé si heureusem., il donna quelq. exemples de sa nouv. méthode dans des *Mém.* lus à différentes séances de l'acad. Affaibli par l'excès du travail, il succomba en 1682, avec le regret de ne pouvoir mettre la dernière main à son *Botanicon parisiense*, auquel il travaillait depuis 38 ans. On a de lui : *Discours prononcé le 10 juin 1717 à l'ouverture du jardin royal des Plantes*, etc., réimpr. en latin avec le franç. en regard, sous le titre de *Sermo de structurâ florum*, etc., Leyde, 1718, 1728, in-4. — *Nouveau genre de plantes nommé Araliastrum*, sans date et sans indication de lieu : *Établissem. des nouveaux caractères de 3 familles... de plantes à fleurs composées*, etc., et 6 *Mémoires* sur des sujets semblables, lus à l'acad. et insérés dans son *Rec.* de 1718 à 1721. — *Botanicon parisiense, operis majoris prodromus*, Paris, 1723, in-8 ; Leyde, 1745, in-12. — *Botanicon parisiense, ou dénombrement par ordre alphabétique des plantes qui se trouvent aux environs de Paris*, etc., Leyde et Amsterdam, 1727, in-fol., avec plus de 300 fig.

VAILLANT. — V. LEVAILLANT.

VAILLANT DE GUELLE (GERMAIN), né à Orléans au 16e S., fut conseiller au parlem. de Paris, abbé de Paimpont, évêque d'Orléans en 1586, et mourut en 1587 à Mehun-sur-Loire. On a de lui : un *Commentaire sur Virgile*, Anvers, 1575, et des vers dans les *Deliciæ poetarùm gallorum*. Plus. de ses écrits périrent dans les guerres civiles. Scévole de Sainte-Marthe a fait son *Éloge*. — VAILLANT (Dom Guill.-Hugues), bénédictin, né à Orléans, mort professeur de rhétorique au collège de Pont-le-Voi en 1678, a laissé div. pièces de poésie lat., *poèmes, odes, hymnes*, etc., et un recueil d'épigrammes à la louange des saints, sous le titre de *Fasti sacri*, Paris, 1674, 2 vol. in-8.

VAISSETTE (D. JOSEPH), sav. bénédictin de la congrégat. de St-Maur, né en 1685 dans le diocèse d'Alby, termina ses études à Toulouse, se fit recevoir avocat, et fut pourvu de la charge de procureur du roi. Mais bientôt il résolut d'embrasser la vie religieuse pour se soustraire aux embarras et aux soins qui le détournaient de son goût pour l'étude. Ayant fait profession en 1711 au monastère de la Daurade, il fut appelé 2 ans après à l'abbaye de St-Germain-des-Prés, il s'occupa dès-lors sans relâche de la rédaction de l'*Hist. du Languedoc*, et mourut épuisé de fatigues en 1756. On a de lui : *Dissertation sur l'origine des Français*, Paris,

1722, in-12. — *Hist. générale du Languedoc*, etc., ib., 1730-45, 5 vol. in-fol., fig. — *Abrégé* de l'ouvrage précéd., 1749, 6 vol. in-12. — *Géographie historique, ecclésiastique et civile*, etc., ib., 1755, 4 vol. in-4 ou 12 vol. in-12; une *lettre à Fontenelle* sur Romieu de Villeneuve, ministre de Raymond-Bérenger, etc., dans le *Mercure* de mars 1751. On trouve une *Notice* sur Vaissette dans l'*Histoire de la congrégation* de St-Maur.

VAKHTANG V, roi de Géorgie, de la race des Bagratides, monta sur le trône en 1703 après la mort de Kai-Khosrou, son oncle; mais ayant refusé d'embrasser l'islamisme, il fut remplacé en 1711 par son frère Iesseï. Après avoir résisté longtemps encore aux sollicitations qui lui furent faites d'abandonner le christianisme, il feignit de céder et fut réintégré dans sa dignité en 1719. Vassal du roi de Perse, Vakhtang eut à lutter contre son suzerain lorsqu'il revint à sa prem. croyance. Le chah Thahmasp II ayant donné la Géorgie à Constantin III, prince ou roi de Kakhet, Vakhtang implora le secours des Turks, qui chassèrent le roi intrus, mais ne rétablirent pas dans ses états le roi légitime. Celui-ci prit le parti, en 1724, de se retirer en Russie avec sa famille, et mourut quelq. années après à Astracan. Il est auteur d'une *Chronique universelle de Géorgie*, dont on conserve plusieurs copies en Russie; c'est d'après cette chronique que de Guignes a donné, dans son *Histoire des Huns*, la liste de tous les souver. de la Géorgie. Vakhtang a composé aussi une *description géographique* de tous les pays caucasiens. Klaproth en a inséré quelq. fragm. dans son *Voyage au Caucase*.

VALA ou WALA, abbé de Corbie, proche parent de Charlemagne, fut élevé par les soins de ce monarque, qui le fit intend. de son palais. Peu touché en apparence des grandeurs, Vala quitta brusquem. la cour pour embrasser la vie monastique, fut élu abbé de Corbie après la mort de son frère Adalhard, et du fond de son cloître continua d'exercer une gr. influence, par suite de l'opinion que l'on avait de ses talents et de ses vertus. Après la mort de Charlemagne, l'abbé de Corbie se jeta plus que jamais dans les intrigues politiques. Chargé de veiller sur l'éducation du jeune Lothaire, il accompagna ce prince en Italie et favorisa son ambition criminelle. Louis-le-Débonnaire ayant ressaisi sa couronne, offrit à Vala le pardon de sa conduite; mais l'abbé rejeta cette grâce et fut enfermé dans une forteresse. Cette punition ne l'empêcha pas d'agir dans de nouveaux troubles qui ne tardèrent pas à éclater. Il mourut à l'abbaye de Bobio en 836. Radbert a écrit la *Vie* de ce moine ambitieux. Elle a été publiée par Mabillon dans les *Acta sanctor. ordin. S. Benedicti*, t. V, p. 458.

VALADA ou VALADATA, ou mieux WALIDA, princesse mahométane, née à Cordoue dans le 11e S., était fille de Mostacfi-Billah, l'un des dern. souver. maures d'Espagne, de la dyn. des Ommeyades. Elle s'adonna à la rhétoriq. et à la poésie, fut liée avec les littérateurs les plus célèbres de son temps, et mourut en 484 de l'hég. (1091). Elle avait composé plus. écrits assez remarquables, dont on n'a conservé que quelq. vers qui se trouvent traduits en latin par J. Yriarte, dans la *Biblioth. arabico-hisp.* de Casiri.

VALADON (le P. ZACHARIE), capucin, né à Auxonne vers 1680, fut chargé en 1717 de visiter les établissem. que son ordre possédait dans l'Asie-Mineure. Le bâtiment sur leq. il revenait en France étant entré dans le port de Marseille au moment où la peste y exerçait les plus gr. ravages, il se dévoua tout entier au service des malades. Atteint lui-même du terrible fléau, il eut le bonheur d'en échapper, et retourna quelques années après dans l'Orient pour y reprendre ses travaux apostoliques. Il parcourut successivem. l'île de Chypre, la Syrie, la Palestine, revint en France, et reçut à son passage à Marseille des témoignages d'estime et de reconnaissance des habitants de cette ville pour son noble dévouement. Retiré dans le couvent de son ordre, à Dijon, il y mourut en 1746. Il a laissé la *relation* de ses voyages en Orient, dont Amanton, membre de l'acad. de Dijon, conservait une copie qu'il croyait autographe.

VALARESSO (ZACCARIA), poète, né à Venise vers 1700, d'une famille patricienne, se fit connaître par un essai piquant dans un genre de littérature très cultivé en France, mais qui l'est peu en Italie. En 1724, il publia une parodie de l'*Ulisse il Giovane*, trag. de l'abbé Lazzarini, sous ce tit.: *Il Rutzvanscad il Giovane, arcisopratragichissima tragedia di Catufio Panchiano*, réimpr. avec l'*Ulisse il Giovane*, dans les *Observations sur la coméd.*, Paris, 1736; dans le *Nuovo teatro italiano*, Venise, 1743; dans le *Parnasso italiano*, 1791, et dans la *Raccolta di tragedia*, 1825, in-8. On ne connaît pas d'autre product. de Valaresso, qui mourut en 1769.

VALARSACE ou VAGHARSCHAG, 1er roi d'Arménie de la dynastie des Arsacides, était fils [de Mithridate Ier, ou Arsace-le-Grand, roi des Parthes. Les Arméniens, las d'obéir à des princes amovibles nommés par les Séleucides, s'adressèrent au roi des Parthes, alors le plus puiss. monarque de l'Orient, pour avoir un gouvern. de son choix. Mithridate leur amena son frère à la tête d'une armée, pénétra sans résistance dans la ville capitale d'Artaxate, et en chassa le roi Artavazde, qui évita une mort ignominieuse en se donnant la mort. Placé sur le trône d'Arménie (150 ans av. J.-C.), Valarsace se montra digne de ce poste. Il envahit les états voisins, vainquit Mithrobarzane, roi de la Petite-Arménie, soumit les habit. des frontières de la Cappadoce, du Pont, les Lazes et tous les peuples barbares du Caucase, fit ensuite fleurir l'agriculture dans ses états, s'appliqua à civiliser les différents peuples placés sous sa domination, s'établit à Nisibe dont il fit sa capitale, assura la prospérité de l'Arménie par les établissements, les fondat. les plus utiles, fit former un corps d'histoire de tous les monum. historiques qu'il put rassembler, et partagea les succès que les Arsacides obtinrent sur les rois de Syrie, Démétrius-Nicator et Antiochus-Sidétès. Après avoir fait le bonheur de ses sujets pendant un règne de 22 ans; Valarsace mourut l'an 127 av. J.-C. Ce prince, que tous les écrivains comblent d'éloges comme législateur et comme restaurat. de la monarchie arménienne, eut pour successeur son fils Arsace ou Arschag.

VALART (Joseph), grammair. et critiq., né près d'Hesdin (Artois) en 1698, de parents indigents, fut élevé par charité au collége d'Amiens, où il fit d'excellentes études, et après avoir embrassé l'état ecclésiastique, ouvrit dans la même ville une école que ses talents firent d'abord prospérer. Mais son caractère insouciant et fantasque, son incurie, mirent le désordre dans ses affaires. Réduit à une existence embarrassée, il trouva un asile à Guise, dans la maison d'un fermier-général, qui le choisit pour précepteur de son fils. Il retourna ensuite à Amiens, puis vint à Paris, où un de ses amis le fit nommer professeur et préfet des études à l'école militaire. Plus tard il abandonna ces places et obtint une pension. Retiré dans sa ville natale, il y mourut en 1781. On lui doit des édit. d'Ovide, Végèce, Frontin, Horace, Celse, Cornélius-Népos, Quinte-Curce, César, etc.; de l'*Imitation de Jésus-Christ;* du *Nouv.-Testament*. Il a publié en outre : *Abrégé de la Gramm. latine*, Paris, 1756, in-12; souv. réimpr. — *Analogie des genres, des prétérits et des supins*, 1759, in-12. — *Parabolœ evangelicœ mysteria*, 1742, in-8. — *Prosodie, ou versification latine*, 1742, in-12. — *Grammaire française*, 1742 et 1744, in-12. — *L'Art d'apprendre à lire en très peu de temps.*, etc., 1745, in-8. — *Géographie abrégée*, 1745, 2 vol. in-12. — *Prosodie française*, 1749, in-12. — *Dictionnaire des mots latins les plus communs*, etc., 1756, in-8. — *Méthode pour la traduct. du franç. en latin*, 1759, in-8. — *Dialogi selecti ad usum scholœ regiœ-militaris*, 1761, in-12. — *Examen de la latinité* du P. Jouvency, 1746, in-12 (on y joint ordinairem. les réponses de l'auteur aux apologistes du jésuite). — *Supplém. à la Grammaire générale de Beauzée*, etc., 1769, in-8. — *Lettres de Cicéron, mises à la portée des enfants*, Paris, 1771, in-12; et plus. autres *opuscules critiques* d'un intérêt médiocre. On trouve une *Notice* sur Valart, par le P. Daire, dans le *Magasin encyclopédique*, 1812, t. IV.

VALAZÉ (Charles-Éléonore Dufriche de), membre de la convention, né à Alençon en 1751, d'une famille honorable, après avoir fait de bonnes études, entra lieuten. dans le régim. d'Argentan, et revint ensuite dans ses foyers. S'occupant de philosophie et de littérature, en même temps qu'il se livrait à l'économie rurale, il fit paraître, en 1784, un traité des *Lois pénales*, in-8, qui fut accueilli avec éloge par les journaux du temps. Il avait antérieurem. adressé à l'acad. des sciences un *Mémoire sur les causes de l'élévation des vapeurs de l'atmosphère*, etc., et il continua ses travaux littéraires et agricoles jusqu'en 1789, époque où la révolution lui ouvrit une autre carrière. Il en adopta les principes avec ardeur, fut nommé maire d'Erray, près d'Alençon, et, en 1792, fut député à la convention par le départem. de l'Orne. S'étant lié avec Vergniaux, il défendit avec courage et dévouem. le parti des *girondins*, et dès le principe se signala parmi les adversaires de Marat, il dénonça les mesures adoptées par la commune de Paris, qui devait plus tard avoir une funeste influence. Il fut nommé rapporteur dans le procès de Louis XVI, et vota pour l'appel au peuple, pour la mort et pour le sursis. Du reste, il n'eut point de mission dans les départements, et ne se fit plus remarquer dans la convention que par sa résistance à la tyrannie de Robespierre et de la commune de Paris, et par ses protestations contre les violences du 31 mai. Arrêté le 2 juin, décrété d'accusation le 28 juillet, il fut condamné à mort le 30 octobre 1793. Pendant le prononcé de son arrêt, il s'enfonçait dans le sein un poignard qu'il tenait caché sous ses vêtements. Un de ses compagnons d'infortune le voyant frisonner et pâlir lui dit : « Tu trembles, Valazé. — Non, répondit-il, je meurs, » et il tomba sans vie sur les gradins du banc où il était placé. Il fut porté en cet état au pied de l'échafaud où périrent les autres chefs du parti girondin. Son collègue Pénières publia en l'an III (1795) : *Défense de C.-E. Dufriche Valazé*, *impr. d'après son MS.*, etc. Outre les *Lois pénales* dont une nouv. édit. parut en 1802, on a de Valazé un conte philosophique (*le Rêve*), dans la *Bibliothèque des romans*, ann. 1783; et un opuscule moral intitulé : *A mon fils*, in-8. M. Louis Dubois fit imprimer en 1802 une *Notice* sur Valazé, in-8.

VALBONNAIS — V. Bourchenu.

VALCARCEL (Joseph-Antoine), agronome espagnol, né à Valence vers 1720, mérita bien de son pays en l'initiant aux découvertes des auteurs étrangers dans l'économie rurale, auxquelles il joignit les résultats de ses propres observations. Tel fut le but de son gr. ouvr. ayant pour titre : *Agricultura general, y gobierno de la Casa del Campo*, Valence, 1765-86, 7 vol. in-4. Dans l'intervalle de cette publicat., il avait fait paraître une *Instruction sur la culture du riz*, 1768; et une autre *sur la culture du lin et sur sa préparation pour le filer*, 1781. Valcarcel mourut dans sa patrie vers 1792.

VALCARENGHI (Paul), médecin, né à Crémone, mort en 1780, membre de plus. sociétés savantes d'Italie, fut professeur à l'univ. de Pavie et aux écoles palatines de Milan, agrégé aux collèges de Crémone, de Ferrare et de Brescia. Entre autres ouvr. on a de lui : *De aortœ aneurismate observationes binœ*, Crémone, 1741. — *Dell' uso e dell' abuso del rabarbaro*, etc., 1748. — *Riflessioni medico-pratiche*, etc., 1749. — *De potentiâ vel impotentiâ ad connubium ob virulentam gonorrhœam*, etc., 1749. — *In ebenbitor tractatum de malis limoniis commentaria*, etc., 1758. — *Discorsi due epistolari sopra una terra salina purgante*, 1757.

VALCKENAER (Louis-Gaspard), l'un des plus illustres philologues modernes, né en 1715 à Leeuwarden en Frise, étudia les langues savantes de l'Orient et de l'Occident aux acad. de Franeker et de

'Leyde, et débuta dans la carrière de l'enseignem. par l'emploi de co-recteur au gymnase de Campen. Appelé en 1741 à la chaire de grec de Franeker, puis à celle des antiquités grecques, il passa en 1766 à l'univ. de Leyde, où il joignit à la chaire de langue et d'antiquités grecques, celle de l'histoire nationale, et mourut en 1785. Ce savant a formé d'excellents élèves, dont un assez gr. nombre sont morts prématurément. On a de Valckenaer: *De ritibus in jurando à veter. Hebrœis maximè ac Grœcis observatis*, Franeker, 1735, in–4. — *Specimina academica*, ibid, 1757, in–4. — *Amonius de adfinium vocabulorum differentiâ* (l'auteur y a joint quelq. opusc. inédits d'anciens grammairiens grecs et autres), Leyde, 1739, in-4; une réimpression du *Virgilius collat. scriptor. grœcor.*, etc., de Fulvius-Ursinus, avec des addit., 1747, in-8. — *Euripidis Phœnissœ*, avec des scolies, des observat. critiques, etc., Franeker, 1755, in–4. — *Euripidis Hippolytus*, etc., Leyde, 1768, in–4. — *Theocriti decem Idyllia cum notis*, etc., 1773, in-8. — *Callimachi elegiarum Fragmenta*, etc., 1799, in-8. — *Hymnus in Apollinem, cum emendationibus, inedit.*, 1787, in-8. — *Diatribe de Aristobulo judæo philosopho*, etc., 1806, in-4. Éverard Schidius a publié à Utrecht en 1790, in-8, *Valckenarii observat. academicæ*, etc., suivies des *Prælectiones academicæ* de J.-D. van Lennep: *De analogiâ linguæ græcæ*; et il a paru à Leipsig en 1809, *L.-G. Valckenarii opuscula philolog., critica et oratoria, nunc primùm conjunct. edita*, 2 vol. in-8. J.-A.-H. Tittmann a publ.: *Davidis Ruhnkenii, L.-G. Valckenarii et alior... Epistolæ*, etc., 1802, 2 vol. in-8. — Jean VALCKENAER, fils du précéd., fut d'abord profess. de droit à Franeker. Il embrassa la cause dite *des patriotes* contre la maison d'Orange, et se réfugia en France après le rétablissement du stadhouderat. Lors de l'invasion de son pays par les Français en 1795, il y fit paraître un ournal intit. l'*Avocat de la liberté batave*. Nommé profess. de droit à Leyde, il eut une mission à Berlin pour négocier le remboursement d'un emprunt fait en Hollande par le gouvernem. prussien. A son retour il fut élu membre du corps législatif de la nouvelle république, puis ambassadeur en Espagne, à deux reprises. Revenu en Hollande, il reprit sa place au sénat, fut reçu membre de l'institut holland., puis envoyé à Paris, en 1810, pour détourner Napoléon de son dessein d'incorporer le royaume de Hollande à la France. Ayant échoué dans cette dernière mission, il ne prit plus de part aux affaires. Retiré dans une campagne aux environs d'Harlem, il y acheva ses jours en 1820 au milieu de ses livres et d'un petit cercle d'amis. Il a laissé de sav. dissertat. sur le droit, et quelques écrits de circonstances. — Isaac VALCKENAER, oncle de Louis-Gaspar, se fit connaître comme un bon humaniste, et fut successivem. recteur de l'école latine de Leuwarden et de La Haye. Il a publié *Ciceronis Epistolæ selectæ*, 1716, in-8.

VALDEMAR Ier, surnommé *le Grand*, roi de Danemarck, né en 1131, était fils de St Canut, assassiné par Magnus. Sa mère, pour le soustraire aux périls qui le menaçaient, l'emmena en Moscovie, où il passa ses prem. années. Revenu en Danemarck à la mort d'Éric II en 1137, il fut trouvé trop jeune pour occuper le trône auq. sa naissance lui donnait des droits. Il les fit valoir en 1146, à la mort d'Éric III; mais Suénon III et Canut V, ses concurrents, parvinrent à l'exclure. Il prit le parti de Suénon contre Canut, fils de Magnus, qui lui retenait une partie de son héritage paternel. Son secours fut très utile à Suénon, qu'il accompagna ensuite à la cour de l'emper. Frédéric Ier, où il se porta caution des engagements pris par ce même prince. En 1154, mécontent de Suénon, il se rapprocha de Canut, et fiança sa sœur utérine. Il devint ensuite le médiateur entre les deux rois; et Suénon ayant fait assassiner Canut au milieu d'une fête donnée à l'occasion de la paix, Valdemar se sauva en Jutland, où il fut poursuivi par Suénon, qui périt à la suite d'une bataille (*v.* SUÉNON). Appelé alors au trône de Danemarck, il s'en montra digne par ses belles qualités et par ses exploits; il délivra le royaume de tous ses ennemis sur la côte méridionale de la Baltique, refusa de prendre part à la querelle de Frédéric-Barberousse avec la cour de Rome, contraignit Erling, roi de Norwége, à la paix, aida l'emper. à réduire la ville de Lubeck, qui s'était révoltée, et mourut en 1181, empoisonné, dit-on, par un abbé, Jean de Scanie, qui se vantait de posséder de grands secrets dans l'art de guérir. Ce fut Valdemar qui fit rédiger les codes appelés la *Loi de Scanie* et la *Loi de Seeland*, encore en vigueur dans le Danemarck. Ses deux fils, Canut VI et Valdemar, régnèrent successivement.

VALDEMAR II, dit *le Victorieux*, né en 1170, créé duc de Sleswig en 1188, sous le règne de son frère Canut VI, ne tarda pas à signaler sa bravoure. Il commanda, en 1200, l'armée danoise envoyée dans le Holstein, emporta toutes les places fortes de ce pays, entra en triomphe dans Hambourg, et soumit Lubeck. A la mort de son frère, en 1202, les états lui décernèrent la couronne. Aussitôt après son installation, il s'embarqua pour Lubeck, où il fut reconnu roi des Slaves, et seigneur de Nordalbingie. Le comte de ce pays, qui forme presq. tout le Holstein actuel, Adolphe, renonça à tout ce qu'il possédait au nord de l'Elbe, et finit ses jours en paix. Valdemar suivit assez long-temps les traces glorieuses de son père, et porta la monarchie danoise au plus haut degré de puissance; mais la fortune l'abandonna vers l'an 1223. Henri, comte de Schwerin, contraint de faire hommage de ses états au monarque danois, dissimula son ressentiment et réussit à gagner les bonnes grâces de Valdemar, qui l'admit dans son intimité. Une nuit, après avoir soupé avec le roi, que les plaisirs de la table avaient plongé dans un sommeil profond, Henri fit saisir ce prince par des hommes apostés, qui l'emmenèrent dans le Mecklenbourg, où il fut enfermé au château de Schwerin. La nouvelle de cet attentat jeta le Danemarck dans une gr. consternation; le sénat pria l'emper. Frédéric II de s'intéresser au monarque captif, et le pape Honoré III fit sommer le comte Henri de le remettre en liberté. Un congrès de princes allem. fut réuni à Northausen, puis à Bordewick; mais les ennemis de Valdemar dominant dans cette assemblée, on exigea de lui des conditions si dures qu'il refusa d'y souscrire. De nouvelles négociations furent entamées, et le roi sortit enfin de captivité, s'engageant à payer une rançon énorme, et à céder la Norwége ainsi que d'autres territoires. Le comte Henri n'exécuta pas toutes les conditions qui lui étaient prescrites par le traité signé en 1225. Valdemar rentra en campagne, et conquit la partie orientale du Holstein; mais il essuya ensuite des revers, et conclut en 1229 une paix qui lui coûta le Holstein, le Mecklenbourg et la majeure partie de la Poméranie. Ce prince s'occupa alors de la réforme des lois, fit rédiger le *Code de Jutland*, et mourut en 1241. Il eut pour successeur Éric VI, son second fils, l'aîné, Valdemar, ayant été tué par accident à la chasse.

VALDEMAR III, 5e fils de Christophe II, monta sur le trône de Danemarck en 1340. A la mort de son père en 1333, le royaume était dans une triste position qui dura sept ans. Il se trouvait à la cour de l'empereur Louis de Bavière, lorsqu'il reçut la nouvelle de son élection. Avec le titre de roi, il n'avait ni puissance réelle, ni argent, mais il réussit à se procurer tout ce qui lui manquait. Dans une entrevue qu'il eut à Varberg, en 1343, avec Magnus, roi de Suède, il lui céda pour une somme considérable toutes les possessions danoises à l'est du Sund, et on lui rendit le château de Copenhague. En 1347, il fit la cession de l'Estonie au gr.-maître des chevaliers porte-glaives; avec l'argent qu'il se procura par ces moyens, il racheta successivement ses domaines engagés, et les dissens. de la Suède lui donnèrent ensuite la facilité de recouvrer la Scanie et la Blekingie. Il eut à soutenir une guerre contre une ligue formée entre la Suède, la Norwége, les comtes de Holstein, le duc de Mecklenbourg et les villes anséatiques: un traité y mit fin en 1364. Deux ans après, il prit part à la guerre que Magnus, père d'Haquin, son gendre, fit au duc de Mecklenbourg. Nommé roi par les Suédois. Plus tard, il se vit dans la nécessité de quitter son royaume, où il ne se croyait plus en sûreté, et se rendit auprès de l'emper. Charles IV, qui se borna à lui donner des lettres contenant des menaces contre les confédérés. Valdemar, sans en faire usage, revint en 1372 dans ses états dévastés par l'ennemi; et, durant les trois dernières années de son règne, s'occupa d'économies et de réformes qui lui attirèrent encore des tracasseries de la part de la noblesse. Il mourut en 1375, au château de Gurve, en Seeland. En lui s'éteignit la ligne masculine qui régnait en Danemarck depuis un temps immémorial. Ce prince vaillant, actif, juste, quoiq. d'un caractère opiniâtre et emporté, ne fut pas apprécié dans les temps malheureux où il régna. Restaurat. de son pays, il ne s'attira que la haine de la majeure partie des Danois. Le prem., il prit le titre de roi des Goths.

VALDÈS (JEAN), *Valdesius* et *Valdesso*, socinien, né en Catalogne, avait eu plus. missions de Charles-Quint en Allemagne, et ses stations dans ce pays, pend. les six prem. années de la réformation, lui avaient donné le temps de connaître et d'embrasser secrètement les nouvelles doctrines. Fixé en dernier lieu à Naples, il y fut le chef d'une réunion de théolog. et de gens du monde, curieux des mêmes nouveautés. Il tenait des conférences où l'on mettait en discussion les dogmes exposés dans les livres de Luther, de Mélanchthon, de Bucer et de quelq. anabaptistes. Cette société, trop faible pour attaquer la religion dominante, continuait de faire profess. extérieure de catholicisme. Dans le même temps, Lélius Socin professait à Vienne le nouvel arianisme auquel son nom est resté attaché. J. Valdès paraît avoir été un des premiers propagateurs de cette secte. Protégé par son titre de secrétaire du roi d'Espagne, il ne fut point inquiété, et mourut à Naples en 1540. Ce fut deux ans après que les gouvernem. d'Italie, et particulièrement celui de Naples, s'occupèrent sérieusement d'étouffer les germes du socinianisme. On a de J. Valdès: *le Cento et dieci considerazioni, nelle quali si ragiona delle cose piu utile, piu necessarie e piu perfette della cristiana professione*, publ. par Curion à Bâle, 1550, in-12; traduit en franç., Lyon, 1563, in-8; et en anglais, Oxford, 1668, in-4. — *Due Dialoghi, l'uno di Mercurio e Caronte... l'altro di Lattantio e di un archidiacono... di spagnuolo in italiano con molta accuratezza tradotti e revisti*, Venise, S. D., in-8. — Deux Ferd. VALDÈS furent profess. à Alcala, l'un de langue grecque, l'autre de médecine, dans le 16e S. Le premier est auteur d'une *Introductio in grammaticam græcam*, 1556. Le second, d'un *Tr. de l'utilité de la saignée dans la petite vérole et autres maladies des enfants*, en lat., Séville, 1583, in-4, et trad. en espagn. — Alphonse-Inigo VALDÈS, avocat à Madrid, est auteur d'un *Tractatus eleemosynæ, ex visceribus et medullis utriusque juris excerptus*, Madrid, 1588. — Franç. VALDÈS, mestre-de-camp dans l'armée espagnole sous le règne de Philippe II, a publ.: *Espejo y disciplina militar en el qual se trata del oficio del sargente mayor*, Bruxelles, 1586 et 1590, in-4; Madrid, 1591, et Anvers, 1601, in-8. — Diego VALDÈS, né dans les Asturies au 16e S., fut avocat et profess. de droit canonique à Valladolid, puis magistrat à Grenade. On a de lui: *De dignitate regum Hispaniæ*, Grenade, 1602, in-fol., et des *additions* aux *Lecturæ variorum jurium* de Rodrigue Suarez, Valladolid, 1590. — Jean de VALDÈS Y MELENDEZ, qu'il ne faut pas confondre avec le poète Melendez-Valdès, vivait à la fin du 16e S. On a de lui des *Poésies* dans le recueil de P. de Espinosa: *Flores de poetas ilustres de España*, Valladolid, 1605, in-4.

VALDÈS (don ANTONIO), ministre d'état, né dans les Asturies vers 1735, entra dans l'ordre de Malte, dont il devint plus tard bailli, et servit ensuite dans la marine espagnole, où il parvint au grade de chef d'escadre. En 1781, le roi Charles III lui confia le portefeuille de la marine, et Valdès justifia ce choix. Plus tard, sans quitter le ministère, il fut nommé lieutenant-général des armées navales. Il conserva long-temps son poste sous Charles IV, qui le combla de nouvelles faveurs; mais, n'ayant pas su gagner les bonnes grâces du fameux favori, Emmanuel Godoï, il se vit forcé de donner sa démission en 1796. On lui laissa toutefois, avec ses titres, les traitements de conseiller-d'état et de capit.-général. Il vécut dans la retraite jusqu'à l'époque de la révolution d'Espagne, en 1808. Alors il fut nommé membre de la junte de Séville, qui depuis se retira à Cadix. Valdès mourut dans l'île de Léon vers 1811. — Il a laissé plus. neveux, dont un, Raphaël VALDÈS, entré de bonne heure au service, devint maréchal-de-camp, et assista en cette qualité au siège de Toulon en 1793, puis fut nommé lieutenant-général, et fit les campagnes de 1794 et 1795 en Catalogne. — Un autre, don Cayetano VALDÈS, entré dans la marine, assista comme brigadier à la bataille navale de Trafalgar en 1805, devint ensuite chef d'escadre, puis lieutenant-général, prit parti pour les cortès contre les Français, ensuite contre Ferdinand VII, fut condamné, en 1815, à une détention de 10 ans, recouvra sa liberté en 1820, fut membre des cortès de 1822, obligé de fuir l'année suivante, et compris dans la sentence de 1826, qui a condamné à la peine de mort et à la confiscat. des biens 65 membres des cortès qui avaient voté la déchéance du roi.

VALDIVIA (don PEDRO de), capitaine espagnol du 16e S., fit ses prem. armes en Italie, où il s'acquit la réputation d'un bon officier. Il accompagna Pizarre au Pérou, contribua par ses bonnes dispositions à la défaite du parti d'Almagro, fut nommé gouverneur du Chili, dont il acheva la conquête, et fonda la ville de S.-Iago. Les troubles du Pérou forcèrent Pizarre à rappeler son habile lieutenant. Valdivia revenait avec le dessein de servir Gonzale Pizarre, frère du conquérant, dans sa rébellion; mais ayant appris l'arrivée de la Gasca, envoyé par Charles-Quint pour rétablir l'autorité royale, il passa sous ses drapeaux et contribua puissamment au triomphe du parti royaliste en 1568. Nommé capit.-général de tout le Chili, il soumit les naturels du pays qui avaient profité de son absence pour détruire presque tous ses établissements, et, poursuivant ses conquêtes à travers un pays immense, fonda la ville de la Conception sur la côte de la mer du Sud, et une autre ville qu'il nomma Impériale, et Villa-Rica, à cause des riches mines qui l'avoisinent. Cette extension de territoire affaiblit les forces espagnoles. Attaqué en 1559 par les *Araucanas*, la peuplade la plus intrépide de cette partie de l'Amérique du Sud, Valdivia, vaincu, fut attaché à un arbre et assommé par ses adversaires, après avoir vu massacrer tous ses soldats.

VALDO (PIERRE), chef des hérétiques connus sous le nom de *Vaudois*, né dans le 12e S. à Vaux, sur les bords du Rhône, s'établit à Lyon et acquit par le commerce une fortune considérable. Frappé de la mort subite d'un de ses amis, il résolut de mener une vie pénitente, vendit ses biens, en distribua le prix aux pauvres, et, touché de leur ignorance autant que de leur misère, fit traduire quelques livres de la Bible qu'il se chargea de leur expliquer. Voulant imiter dans tous ses points la conduite des apôtres, il s'attribua et reconnut à ses disciples, hommes et femmes, la mission d'annoncer la parole de Dieu. L'archevêque de Lyon leur ayant interdit la prédication publique, ils la continuèrent en secret, soutenant que tout laïc, homme de bien, a le même droit que les prêtres d'enseigner et d'administrer les sacrem. Cette doctrine fut condamnée par le concile général de Latran en 1179. Valdo, chassé de Lyon, se réfugia dans les montagnes du Dauphiné et du Piémont, d'où ses disciples se répandirent dans toute l'Europe, d'abord sous le nom de *lionistes* ou *léonistes*, ou sous celui de *sabbatès* ou *insabbatès*, de la forme de leur chaussure, et ensuite sous celui de *Vaudois*, du nom de leur fondateur. Ils se multiplièrent surtout en Provence, en Languedoc, dans les Pays-Bas, en Allemagne, adoptant les mœurs des différentes sectes. Flaccus-Illyricus dit que Valdo était un homme instruit, et lui attribue la prem. trad. de la Bible en idiome vaudois. Les Vaudois, détruits dans le reste de l'Europe, n'existent plus maintenant que dans trois vallées du Piémont, où ils forment une population d'environ 20,000 âmes, possédant 13 églises. On peut consulter sur leurs dogmes l'*Hist. des variations*, etc., par Bossuet, et le *Dict. des hérésies* de l'abbé Pluquet.

VALDORY (CLAUDE), jésuite, né en 1601 à Rouen, fut employé dans les missions de France pend. 40 ans, consacra le reste de sa vie à la composition d'ouvr. ascétiq., parmi lesq. on distingue: *Traité de la servitude à la croix*, 1660, in-8. — Guillaume VALDORY, mort en 1620, officier, est auteur d'un *Discours du siége et désassiégem. de la ville de Rouen en* 1591, in-8. — On a d'un autre VALDORY des *Anecdotes du ministère du cardinal de Richelieu et du règne de Louis XIII*, tirées du *Mercurio* de Siri, Amsterdam (Rouen), 1717, 2 vol. in-12.

VALDRADE. — V. LOTHAIRE.

VALDRIGI (FRANÇOIS, comte), né à Modène en 1761, étudia le droit à l'univ. de sa ville natale, où il fut reçu docteur. En 1790, il devint recteur civil de la ville de Trente, et à l'expiration de ses fonctions fut nommé juge au tribunal de Modène. Il était en 1800 professeur de droit au collège de Bréra à Milan, et membre de la cour des comptes de cette ville. Plus tard il s'occupa de la trad. du *Code Napoléon en langue latine*, 1807, in-4. En 1814 il obtint la chaire de droit coutumier à l'univ. de Milan. Il publia en 1816 un *Éloge de Gravina*. Ce savant mourut à Milan en 1834.

VALENÇAY. — V. ESTAMPES.

VALENCE (CYRUS-MARIE-ALEX. DE TIMBRUNE TIMBRONE, comte de), né à Agen en 1757, d'une anc. famille de Guienne, entra au service dans l'artillerie en 1774, passa ensuite capitaine dans un régiment de cavalerie, devint aide-de-camp du maréchal de Vaux, et reçut le grade de colonel en 1784. Vers ce même temps il fut nommé premier écuyer du duc d'Orléans, et colonel du régim. de Chartres (dragons). Nommé en 1790 maréchal-de-camp, il fut employé à l'armée de Luckner, puis à celle de Dumouriez, qui lui fit donner le grade de lieuten.-général. Il commanda la réserve à l'affaire de Valmy, fit preuve de courage et de dévouement dans cette journée, fut chargé de suivre les Prussiens dans leur retraite, et s'empara de Charleroi et de Namur. En 1793 il eut le commandement du corps qui devait faire face au prince de Cobourg, et fut blessé grièvem. dans une charge de cavalerie à la bataille de Nerwinde. Ayant quitté l'armée avec Dumouriez, il fut mis hors la loi par la convent., et se retira successiv. en Angleterre, en Hollande, dans les environs de Hambourg, enfin dans le Holstein, où il vécut obscurém. jusqu'à l'époq. de l'établissem. du gouvernem. consulaire. Rentré en France en 1801, il fut nommé sénateur en 1805, fut employé à l'armée d'Espagne en 1808, puis en Allemagne et en Russie, où il commandait une division de cavalerie. Sur la fin de 1813, il fut envoyé commissaire extraordinaire à Besançon pour organiser la défense de cette frontière, et fit des efforts inutiles pour empêcher l'invasion des alliés. Revenu à Paris, il signa, le 1er avril 1814, comme secrétaire du sénat, la déchéance de Napoléon, et fut nommé pair par le roi le 4 juin suivant. En 1815, il fit partie de la nouvelle chambre des pairs, et après la défaite de Waterloo, il fut un des commissaires nommés par le gouvernement provisoire pour traiter d'un armistice. Au retour du roi, il cessa de faire partie de la chambre des pairs; mais il y rentra en 1819, se rangea dans le parti de l'opposit. sans se montrer d'une manière trop hostile, et mourut en 1820. Outre ses discours à la chambre des pairs, depuis 1819, on a de lui un *Essai sur les finances de la républiq. franç. et sur les moyens d'anéantir les assignats*, Hambourg, 1796, in-8. Mme de Genlis, dans ses *Mémoires*, parle beaucoup du comte de Valence, qui était son gendre.

VALENCIENNES (Pierre-Henri), paysagiste, né à Toulouse en 1750, vint suivre à Paris les leçons de Doyen, alla ensuite étudier en Italie les beaux ouvr. du Poussin et de Claude Lorrain, et, en les copiant, acheva de former son style. A son retour en France, il fut admis à l'acad. de peint., et créa une école d'où sont sortis la plupart des paysagistes renommés dans ces derniers temps. Valenciennes ne fit point partie de l'Institut, parce qu'au moment de sa formation, on n'admit dans la classe des beaux-arts que des peintres d'histoire; mais il n'en fut pas moins regardé comme un artiste supérieur. Il mourut à Paris en 1819. Son principal ouvrage est un grand paysage historique représentant *Cicéron*, alors questeur en Sicile, *découvrant le tombeau d'Archimède* (au Louvre). Ses autres product. les plus remarquables sont : *Philoctète dans l'île de Lemnos; OEdipe trouvé sur le mont Cythéron; OEdipe devant le temple des Euménides*. On lui doit un bon *Tr. de perspective et de l'art du paysage*, Paris, 1800; ib., 1820, in-4.

VALENS (Publius-Valérius), l'un des 30 tyrans, était neveu de Julius-Valens, tué sous le règne de Dèce, en 251, quelques jours après avoir pris la pourpre. Nommé proconsul de l'Achaïe par Gallien, il en maintint les habitants dans le devoir, puis après l'usurpation de Macrin, se fit proclamer lui-même auguste par ses soldats. Il marcha contre Pison, qui venait de prendre le même titre en Thessalie, le vainquit et le fit tuer. Peu de jours après, il éprouva le même sort de la part de ses propres soldats en 261, après un règne de six semaines. Les médailles qui existent de ce prince sont suspectes.

VALENS (Flavius), empereur, né vers l'an 328 dans la Pannonie, était le second fils de Gratien, comte d'Afrique, et fut d'abord officier du palais de Julien. Valentinien son frère l'ayant associé à l'empire en 364, il fut chargé du gouvernem. des provinces d'Orient, et fixa sa résidence à Constantinople. La révolte de Procopius, parent de Julien, troubla le commencement de son règne. Les succès qu'obtint ce rebelle l'effrayèrent au point qu'il offrit d'abdiquer l'empire; mais la fermeté de ses ministres lui sauva cette honte, et Procopius, livré par ses généraux, eut la tête tranchée. Valens, voulant se concilier l'affection des nombreux ariens qu'il comptait parmi ses sujets, se fit baptiser par Eudoxe, leur chef, qui exigea de lui le serment de rester attaché à cette doctrine. Il fit ensuite la guerre aux Goths et aux Perses, et remporta de brillants avantages par lui-même ou par ses lieutenants. Il admit les Goths dans l'empire, et leur assigna des terres à cultiver. Mais la conduite de ses ministres à l'égard de ces peuples les mit en révolte. Réduits à une affreuse misère, ils prirent les armes et se vengèrent sur les autres sujets de Valens. Ce prince marcha contre eux, et, leur ayant livré bataille dans la Basse-Mœsie, fut complétem. défait. Blessé lui-même dans la mêlée et transporté dans une maison voisine, les Goths y mirent le feu, et il périt au milieu des flammes avec tous les officiers de sa suite en 378. Ce prince possédait quelques qualités estimables. Il apporta de l'ordre et de l'économie dans les dépenses de l'état; mais sa timidité le rendait cruel aussitôt qu'il se croyait menacé. On a de lui des médailles dans tous les métaux.

VALENTI-GONZAGA (Silvio), né à Mantoue en 1690, acheva ses études à Rome, fut successivem. archimandrite de Messine, camérier d'honneur de Clément XII, nonce dans les Pays-Bas, puis en Espagne, et reçut le chapeau de cardinal en 1738; plus tard, il eut le titre d'évêque de Sabina. Benoît XIV se l'attacha comme secrétaire-d'état, et dans la suite le fit son camerlingue. Valenti donna de grands encouragements aux lettres, aux arts et aux sciences; il mit un gr. ordre dans les finances, favorisa le commerce, en un mot, ne négligea rien de tout ce qui pouvait établir la prospérité des états romains. Ce ministre estimable mourut à Viterbe en 1756, des suites d'une attaq. d'apoplexie. Son *Éloge*, par Todeschi, a été impr. en 1766. — VALENTI-GONZAGA (Ludovico), neveu du précéd., et comme lui cardinal, se distingua aussi par son goût pour les beaux-arts et les sciences. Ce fut lui qui fit restaurer à Ravenne le monum. en l'honneur du Dante. — Plusieurs autres personnages de cette famille ont occupé des places importantes à la cour de Rome, à Vienne et à Milan.

VALENTIA (GREGORIO), jésuite, né en 1551 à Medina-del-Campo, fut envoyé de Rome par ses supérieurs en Allemagne, où il professa la théologie à Dillingen, puis à Ingolstadt. Il revint en 1598 occuper une chaire au collége romain, et mourut en 1603 à Naples, où il était allé pour rétablir sa santé. Outre une foule de traités de controverse, dont les princip. ont été recueillis en un vol. in-fol., Lyon, 1591. On a de lui des *Commentaires sur la Somme de St Thomas*, ibid., 1591, 4 tom. in-fol.; Ingolstadt, 1595. — Pierre de VALENTIA, jurisconsulte, né à Cordoue en 1554, fut historiographe de Philippe III, et mourut à Madrid en 1620. Il possédait bien le grec et l'hébreu. On a de lui un bon *Commentaire* sur les *Académiques* de Cicéron, Anvers, 1596, in-8; trad. en franç. par Dav. Durand. Il avait composé beauc. d'autres ouvr. qui sont restés MSs. dans les biblioth. d'Espagne.

VALENTIN, élu pape le 1er sept. 827 pour succéder à Eugène II, était Romain. Élevé dans le palais de Latran, il avait été ordonné sous-diacre par le pape Paschal, et fait archidiacre par Eugène. Son pontificat ne dura que 40 jours. Il mourut le 10 octobre, et eut pour success. Grégoire IV.

VALENTIN, hérésiarque du 2e S., né à Phrebon ou Pharbé (Égypte), se rendit habile dans la littérature et les sciences des Grecs, brigua, dit-on, l'épiscopat, et, ayant échoué, résolut de se faire le chef d'une nouvelle secte. Imbu des principes de Pythagore et de Platon, il mêla la doctrine des idées et les mystères des nombres avec la théogonie d'Hésiode et l'Évangile de St Jean, le seul qu'il regardât comme authentique. C'est ainsi qu'il se fit un système approchant de celui de Basilidès et des *gnostiques*. Il compta bientôt en Egypte un gr. nombre de disciples. Encouragé par ce succès, il vint à Rome, sous le pontificat d'Hygin, dans le dessein de s'y faire des partisans; mais, après avoir été deux fois exclus de l'assemblée des fidèles, il fut excommunié vers l'an 143. Loin de reconnaître ses erreurs, il ne s'occupa qu'avec plus de zèle à les propager, et sa secte s'étendait déjà dans un gr. nombre de provinces de l'Orient, lorsqu'il mourut vers 161. St Clément d'Alexandrie cite de Valentin des *lettres* et des *homélies*, qui se sont perdues. Ses disciples se divisèrent en plus. sectes, les *sethiens*, les *caïnites* et les *ophites*. On peut consulter l'*Histoire ecclésiastique* de Fleury, l'*Histor. critica philosoph.* de Brucker, et le *Dictionnaire des hérésies* de Pluquet.

VALENTIN (MOÏSE), peintre, né à Coulommiers en 1600, fit de rapides progrès dans son art, et passa en Italie, où il se lia d'amitié avec le Poussin. Protégé par le card. Barberini, il fut, à sa recommandation, chargé de peindre, pour la basilique de St-Pierre, le *Martyre des SS. Processe et Martinien*. Ce tableau, son chef-d'œuvre, est du nombre de ceux qui furent apportés à Paris en 1797. Valentin mourut en 1632, pour s'être baigné dans une fontaine des environs de Rome, au sortir d'un repas où il s'était peu ménagé. Le musée possède encore de cet artiste 11 tableaux, dont les plus connus sont : *l'Innocence de Suzanne reconnue; le Jugement de Salomon*, et *le Denier de César*. La plupart des product. de Valentin ont été gravées par d'habiles artistes.

VALENTIN (MICHEL-BERNARD), médecin et naturaliste, né à Geissen en 1637, exerça la médecine à Fribourg, puis revint occuper une chaire à l'université de sa patrie, et y mourut en 1726. Entre autres ouvrages, il a publié : *Historia moscæ, adjunctis meditationibus, de Podagrá*, Leyde, 1686, in-12. — *Medicina novo-antiqua*, etc., Francfort, 1698, 1713, in-4. — *Pandectæ medico-legales, seu responsa medico-forensia*, etc., ibid., 1701, 3 vol. in-4. — *Polychresta exotica in curandis affectibus probatissima*, etc., ibid., 1704, in-8. — *Musæum musæorum, sive descriptio rerum naturalium* (allem.), 1704-14, 3 vol. in-fol.; trad. en latin par Becker, 1716. — *Praxis medicinæ infallibilis*, 1711, 1715 et 1726, in-4. — *Historia simplicium*, etc., 1716, in-fol., fig. — *Viridarium reformatum, seu regnum vegetabile*, etc., 1719, in-fol., fig. — *Amphitheatrum zootomicum*, etc., 1720, in-fol., fig. — *Corpus juris medico-legalis*, 1722, 2 vol. in-fol. — *Aurifodina medica*, etc., 1723, in-fol., fig. — *Cynosura materiæ medicæ*, Strasbourg, 1726, 3 vol. in-4. Tous ces ouvrages attestent la variété des connaissances de l'auteur. — Christophe-Bernard, son fils, comme lui profess. à Giessen, et membre de l'acad. des Curieux de la nature, a publié : *Tournefortius contractus, sub formá tabular. sistens instit. rei herbariæ*, etc., Francfort, 1715, in-fol., etc.

VALENTIN (LOUIS-ANTOINE), chirurgien, né à St-Jean-d'Angély en 1756, fut reçu membre du collége royal de chirurgie, membre honoraire de l'acad. royale de médecine et chev. de l'ordre de St-Michel. Il quitta la France en 1791, y revint sous le gouvernem. consulaire, et mourut à Paris en 1823. On a de lui : *Question chirurgico-légale relative à l'affaire de la demoiselle Famin*, etc., Berlin, 1768. — *Éloge de Lecat*, Paris, 1769, in-8. — *Recherches critiques sur la chirurgie moderne, avec des lettres à Louis*, S. D. — *Question médico-légale : examen du procès-verbal de l'ouverture du corps de Louis XVII et des causes de sa mort*, impr. en Allemagne sous la rubrique de Paris, in-8 de 16 pages, sans nom d'auteur ni d'imprimeur. Valentin y soutient que, d'après l'autopsie même, le jeune prince a été empoisonné.

VALENTIN (BASILE). — V. BASILE.

VALENTINE DE MILAN, duchesse d'Orléans, fille du duc de Milan Galéaz Visconti et d'Isabelle de France, épousa en 1389 Louis, duc d'Orléans, frère de Charles VI, roi de France. Ce monarque étant tombé en démence, Valentine lui prodigua les soins les plus empressés. Elle charmait ses ennuis, calmait ses agitations; il la nommait sa sœur chérie. Quelque chagrin que dussent lui causer les infidélités de son mari, Valentine ne l'en aimait pas moins avec tendresse. Le duc d'Orléans, déterminé par les intrigues du parti bourguignon, éloigna sa femme de la cour. Elle y revint toutefois peu de temps après; mais elle se trouvait à Château-Thierry, vers la fin de 1407, lorsqu'elle apprit la mort tragique de son époux. Elle se rendit alors à Paris, traversa cette ville accompagnée d'une longue suite de femmes vêtues de deuil, et vint se jeter aux pieds du roi, demandant vengeance. Charles VI la promit; mais la reine Isabelle sut éloigner de Paris Valentine, qui se retira près de ses enfants à Blois. Les regrets de la mort de son époux réduisirent cette princesse à un désespoir auquel elle ne put survivre. Ayant assemblé ses enfants à son lit de mort, elle les exhorta à soutenir l'honneur de leur maison et à poursuivre la vengeance du meurtre de leur père, puis elle expira, en 1408, à l'âge de 38 ans. Les droits de Valentine sur le duché de Milan devinrent le motif des guerres entreprises en Italie par Louis XII et François Ier.

VALENTINIEN Ier (FLAVIUS-VALENTINIANUS), empereur romain, né en 321, dans la Pannonie, fils de Gratien, comte d'Afrique, avait été d'abord tribun dans les gardes de Julien, puis avait servi dans la même qualité sous Jovien, dont l'armée le proclama le successeur (364). Valentinien, qui, se trouvant alors à Ancyre, accourut aussitôt à Nicée, y fut proclamé auguste, et dès le lendemain partit pour Constantinople. S'étant associé Valens, son frère, il lui céda les provinces de l'Orient, puis il se rendit en Italie. Informé plus tard que les *Alemani* (Germains) venaient de pénétrer dans les Gaules, il envoya d'abord quelques légions pour les repousser, et s'avança lui-même jusqu'à Paris (*Lutetia*), où il reçut presque aussitôt l'avis d'un soulèvement en Illyrie. Il voulait s'y rendre pour étouffer promptem. la sédition; mais les prières des princip. habitants des Gaules le retinrent dans ce pays, menacé de nouvelles invasions. En effet, les *Alemani* y rentrèrent l'année suiv. (366), et obtinrent d'abord quelq. avantages; mais Valentinien les repoussa au-delà du Rhin, et fit élever sur les bords de ce fleuve une ligne de forteresses, où il plaça des garnisons. De nouv. tentatives des Barbares pour pénétrer dans les Gaules furent encore réprimées. Les Pictes ayant envahi la Grande-Bretagne, l'empereur confia le soin de cette guerre à Théodose, qui s'illustra par ses exploits, puis se rendit lui-même sur les bords du Rhin, pour y surveiller les mouvements des Germains, qui menaçaient sans cesse la tranquillité de l'empire. Il passa le fleuve en 368, battit de nouveau les *Alemani*, et leur fit donner des otages. Après avoir prolongé son séjour dans les Gaules jusqu'en 373, Valentinien revint en Italie, d'où il passa bientôt dans la Pannonie. Il battit les Quades, qui avaient envahi cette province, les poursuivit jusque dans l'Illyrie, et brûla leurs villes. Il mourut en 375, au camp de Bregentie, des suites de la rupture d'un vaisseau dans la poitrine. Valentinien eut presque toutes les qualités qui font les gr. princes; mais elles furent effacées par son extrême sévérité, qu'il poussa jusqu'à la férocité, s'il faut en croire l'historien Ammien-Marcellin. — VALENTINIEN II (Flavius-Valentinianus-Junior), emper., fils du précédent, né vers la fin de l'an 371, fut salué du titre d'auguste par les légions d'Illyrie six jours après la mort de son père (375). Son frère Gratien, déjà revêtu de ce même titre, s'empressa de ratifier le choix de l'armée pour éviter la guerre civile, et, détachant l'Italie de ses états, en forma l'apanage du jeune Valentinien. Celui-ci, conduit à Milan, y fut élevé par sa mère, Justine, dans les erreurs de l'arianisme. La faveur accordée à cette croyance par l'impératrice-mère excita l'indignation de St Ambroise, et fit perdre à Valentinien l'affection de la plus gr. partie de ses sujets. Maxime, vainqueur de Gratien, profita de la disposit. des esprits pour se rendre maître de l'Italie. Justine se retira avec son fils dans Aquilée, d'où elle ne tarda pas à partir pour Constantinople, à l'effet d'y implorer la protect. de l'emper. Théodose. La défaite et la mort de Maxime rétablirent Valentinien dans la possession de l'Italie en 388. Théodose y ajouta les prov. au-delà des Alpes, enlevées à l'usurpateur, et, en quittant Valentinien, lui laissa Arbogaste, un de ses lieuten., pour l'aider de ses conseils. Celui-ci, abusant de la faiblesse de son pupille, finit par s'emparer de l'autorité. Valentinien se hâta d'instruire Théodose de la conduite d'Arbogaste, et, sans attendre sa réponse, dépouilla l'audacieux général de tous ses emplois; mais, peu de jours après cet acte de fermeté, il fut trouvé mort dans son palais à Vienne (Gaule), le 15 mai 392. On conjecture qu'il fut étranglé par des eunuques. — VALENTINIEN III (Flavius-Placidius-Valentinianus), empereur, né à Ravenne en 419, fils de Placidie et de Constance, resta sous la tutelle de sa mère qui le conduisit à Constantinople, où il fut élevé sous les yeux de Théodose-le-Jeune. Il reçut le titre de césar à Thessalonique, et se rendit ensuite à Rome, où il fut revêtu de la pourpre par le patricien Hélius en présence du sénat. Placidie gouverna l'empire au nom de son fils pend. la longue minorité de ce prince, et, jalouse de conserver le pouvoir, elle éloigna de lui tout moyen de s'instruire et de s'exercer. Après la mort de sa mère, Valentinien resta sous la dépendance d'Aétius. L'amour qu'il conçut pour la femme du patricien Maxime devint la cause de sa perte. Le patricien, voulant venger son honneur outragé, gagna deux soldats de la garde, qui massacrèrent Valentinien dans le Champ-de-Mars, où ce prince regardait l'exercice de ses troupes, le 16 mai 455. En lui finit la race de Théodose, et Maxime lui succéda sur le trône d'Occident.

VALENTYN (FRANÇ.), fut attaché comme ecclésiastique au service de la compagnie des Indes, et partit en 1685 pour Batavia. Après avoir exercé quelque temps les fonct. de prédicat. à Japara, il alla les remplir à Amboine, et fut bientôt en état de prêcher en malais. Un nouv. gouvern. l'envoya plus tard à Neyra; mais comme l'Église malaise d'Amboine restait sans ministre, il y fut rappelé en 1688, et c'est alors qu'il s'occupa de traduire la Bible en malais. En 1694 il revint en Europe pour rétablir sa santé; mais il retourna en 1706 à Batavia, qu'il quitta une seconde fois en 1714 pour revenir dans sa patrie. Alors il réunit les matériaux qu'il avait recueillis dans les Indes, et les publia en hollandais sous ce titre : *les Indes orientales, anciennes et modernes, comprenant un traité exact et détaillé de la puissance nederlandaise dans ces contrées*, Dordrecht et Amsterd., 1724-26, 8 vol. in-fol., avec cartes, fig., etc. Cet ouvrage peut être encore consulté par ceux qui voudront écrire sur les Indes-Orientales, et les cartes sont bonnes pour le temps où elles parurent. On ignore l'époque de la mort de l'auteur.

VALERA (DIEGO), historien, né vers 1412 à Cuença en Castille, fréquenta de bonne heure les écoles les plus célèbres, perfectionna ses connaissances par des voyages, et fut accueilli par le roi Jean II, qui l'envoya deux fois en Allemagne comme ambassadeur. Éloigné des affaires sous le règne suivant, il s'appliqua dans sa retraite à l'étude de l'histoire et de la philosophie; mais Ferdinand et Isabelle s'empressèrent de le rappeler à la cour, où il fut revêtu de la charge d'historiographe. On ignore l'époque de sa mort. On a de lui : *Cronica de España abreviada*, qui finit avec le règne de Jean II, Séville, 1482, in-fol.; cette édit. est la 1re, mais toutes les suiv. sont rares et recherchées. — Un *Traité de la Providence*, Séville, 1494, in-fol., et plus. autres ouvr., cités par Ferreras, et pour la plupart restés MSs.

VALÈRE-MAXIME (VALERIUS-MAXIMUS), histor., né sous le règne d'Auguste, servit en Asie sous le consul Sextus-Pompée, l'an 14 de J.-C. De retour à Rome, il ne prit aucune part aux affaires publiq., et consacra ses loisirs à l'étude de l'histoire, qu'il envisagea principalem. sous le rapport des mœurs. Il ne nous reste de ses écrits que l'ouvr. intit. : *De dictis factisque memorabilibus*, lib. IX, dont la 1re édit. est sans date (on la croit imprimée en 1469 à Strasbourg, par Mentel); il en parut deux autres en 1471, à Mayence et à Venise, et depuis un gr. nombre, surtout dans le 16e S., parmi lesq. on distingue celle de Plantin, 1567, in-8. La plus complète des édit. modernes pour la critique est celle de Kapp, Leipsig, 1782, in-8. Celle que M. Hase a donnée en 1822 fait partie de la collect. des *Classiques* de Lemaire. On a des traduct. de Valère-Maxime dans les princip. langues de l'Europe. Les plus récentes en franç. et les plus estimées sont celles de MM. Peuchot et Allais, Paris, 1822, 2 vol. in-12, et de Tremion, 1827-28, 3 vol. in-8. Nous citerons, pour les bibliophiles, un *abrégé* de Valère-Maxime, en français, par Jean de Hangest, valet-de-chambre de Charles VII, imprimé à Paris, 1497, in-fol., avec le *Gouvernement des princes*, et le *Trésor de la noblesse*. Il existe de ce vol. des exemplaires sur vélin.

VALÉRIA (GALÉRIA), impératrice romaine, fille de Dioclétien, fut mariée, l'an 292, à Galère-Maximin. N'ayant point d'enfant de cette union, elle adopta Candidien, fils naturel de son mari. Celui-ci, en mourant, recommanda sa femme et son fils à Licinius, qui répondit bien mal à cette confiance. Valéria et sa mère, Prisca, se réfugièrent dans le camp de Maximin-Daza, qui, ne se conduisant pas mieux à leur égard, exila les deux princesses dans les déserts de la Syrie. A la mort de Maximin-Daza, elles revinrent secrètement en Grèce pour se soustraire aux persécut. de Licinius; mais, découvertes à Thessalonique, après avoir eu la douleur de voir massacrer le jeune Candidien, ces impératrices infortunées furent décapitées, et leurs corps jetés à la mer en 315. On a quelq. médailles fort rares de Valéria en or et en argent; celles en bronze sont plus communes.

VALÉRIANUS (JOANNES-PIERIUS), ou plutôt VALERIANO BOLZANI, littérat., né en 1477 à Bellune, dans la Marche trévisane (et non à Bolzano, comme l'ont dit quelq. biographes, qui ont pris son nom de famille pour celui de sa patrie), servit d'abord comme domestique, et ne commença d'apprendre à lire qu'à l'âge de 15 ans; mais il fit de rapides progrès dans ses études. Valla et Lascaris lui apprirent les langues grecque et latine. Protégé du card. Bembo, de Léon X et Clément VII, il refusa les évêchés de Capo-d'Istria et d'Avignon, et n'accepta que la place de protonotaire apostolique. Fatigué de la cour, il se retira dans sa patrie en 1528; mais il revint à Rome l'année suiv. sur l'invitat. du card. Hippolyte de Médicis, qui avait été son élève. En 1557 il se retira de nouveau à Padoue, où il mourut en 1558. On a de lui : *De fulminum significationibus*, Rome, 1517, in-8. — *Pro sacerdotum barbis defensio*, 1531. — *Castigationes et varietates virgilianæ lectionis*, dans l'édit. de Virgile, Paris, Rob. Estienne, 1552, in-fol., et dans d'autres édit. postérieures. — *Poemata*, Bâle, 1538, in-8. — *Amorum libri V, et alia poemata*, Venise, 1549, in-8. On trouve un choix de ses *poésies* dans les *Deliciæ poetarum ital.* — *Sphæræ compendium*. — *Dialogo della volgare lingua*, etc., Venise, 1620, in-4, édit. princeps. — *Antiquitatum bellunensium sermones quatuor*, ibid., 1620, in-4. — *Contarenus, sive de litteratorum infelicitate libri II*, ib., 1620, in-8; trad. en partie dans les *Soirées littéraires* de Coupé. — *Hieroglyphica, sive de sacris Ægyptiorum aliarumque gentium litteris commentariorum, libri VIII*, etc., Francfort-sur-le-Mein, 1678, in-4. La 1re partie avait déjà paru à Bâle en 1566.

VALÉRIEN (PUBLIUS-LICINIUS-VALERIANUS), empereur, s'était élevé par ses talents aux plus hauts grades militaires. Revêtu de la pourpre vers l'an 253 de J.-C., concurremment avec Émilien, il supplanta facilem. ce rival. Il était alors à la tête des légions de la Gaule et de la Germanie, et touchait à sa 60e année. Un de ses prem. soins fut d'associer à l'empire son fils Gallien. Après un règne de 7 ans, il voulut marcher lui-même contre Sapor, roi des Perses, qui venait d'envahir l'Arménie, alliée des Romains. Vaincu sous les murs d'Édesse et cerné dans ses retranchem., il fut obligé de se livrer à la discrétion du vainqueur, qui l'abreuva d'outrages jusqu'à ce qu'il eût succombé à sa douleur, et son corps empaillé fut conservé, dit-on, pendant plus. siècles, comme un trophée, dans un des temples de la Perse. Cette tradit. a paru douteuse, et tout porte à croire que les lettres du prince d'Orient à Sapor, alléguées ou rapportées par les historiens, sont supposées.

VALÉRIUS. — V. Messala et Publicola.

VALÉRIUS-FLACCUS (Caïus), poète latin, né, selon les uns, à Padoue, selon d'autres, à *Setia* (Sessa), en Campanie, était issu d'une branche pauvre de l'illustre famille de Valérius-Publicola. On croit qu'il vint de bonne heure à Rome, où il ne tarda pas à se distinguer par ses talents et l'aménité de son caractère. Honoré de la protect. des emper. Vespasien et Titus, il fut heureusement oublié du farouche Domitien, et mourut vers la 111e année de notre ère, qui était la 14e du règne de Trajan. Il ne nous reste de lui qu'un poème, qui même n'est pas achevé, sur le même sujet qu'Apollonius de Rhodes avait traité long-temps avant lui, l'expédition des Argonautes. Ce poème, malgré l'état d'imperfection où il nous est parvenu, suffit néanmoins pour justifier le cas que faisaient de son auteur Martial, Pline-le-Jeune, Juvénal et surtout Quintilien, dont le jugement est une autorité en matière de goût, et qui ne balance point à regarder la mort prématurée de Valérius comme une perte réelle pour les muses latines. Quelques phrases injurieuses, jetées par La Harpe dans les dernières lignes d'un *appendice* à son chapitre de l'épopée grecque et latine, ne prouvent qu'une chose; c'est que le profess. du Lycée n'avait pas même parcouru l'ouvrage qu'il jugeait avec une morgue si magistrale. Il est vrai qu'il n'existait alors en France aucune traduct. de l'*Argonautique* de Valérius-Flaccus : celle en vers de Dureau de La Malle ne date que de 1811, et celle en prose de Caussin de Perceval n'a paru qu'en 1828 dans la *Biblioth. classique* de Panckoucke. Le poème de Valérius-Flaccus a eu plus. édit., parmi lesquelles on distingue celle d'Altenbourg, 1781, 2 vol. in-8, dont le second contient le savant *commentaire* de Wagner, reproduit par Lemaire dans les *Classiques latins*.

VALESIO (Jean-Louis), peintre, né à Bologne en 1561, et mort à Rome dans un âge prématuré, sous le pontificat d'Urbain VIII, fut un de ces hommes qui, n'ayant qu'un talent assez médiocre, savent le faire valoir au moyen de la flatterie et de l'art de s'insinuer près des grands. Aussi eut-il un carrosse, tandis qu'Annibal Carrache avait à peine le strict nécessaire. L'on voit encore à Rome quelq.- unes de ses product. à fresque et à l'huile, dont la meill., sans contredit, est la figure de la *Religion*, qu'il peignit dans le cloître de la Minerve. On a de lui des eaux fortes qu'on estime plus que ses tableaux. Elles sont gravées avec un fort bon goût, et consistent en *emblèmes allégoriq. et ornements de livres.* — Jacques et François Valesio ont aussi cultivé la gravure, mais avec peu de succès.

VALESIUS. — V. Valois.

VALETTE (Jean Parisot de la), 48e grand-maître de l'ordre de St-Jean-de-Jérusalem, né en 1494 d'une très ancienne famille qui avait donné des capitouls à Toulouse, était grand-prieur de St-Gille de la langue de Provence et lieuten.- général du gr.-maître Claude de La Sangle, dont il fut unanimem. élu success. en 1557. Son premier soin fut de forcer les prieurs et les commandeurs d'Allemagne et de Venise à rentrer sous l'obéissance qu'ils devaient à l'ordre, et à se soumettre aux taxes imposées par les chapitres généraux. Il s'empressa ensuite de réparer avec éclat les injustices qui pouvaient avoir été commises par ses prédécess. Ce fut alors seulement qu'il songea à tourner ses armes contre les infidèles. Il s'unit à Jean de La Cerda, duc de Medina-Cœli, vice-roi de Sicile, pour tenter la conquête de Tripoli; mais cette entreprise manqua par la présomptueuse impéritie de La Cerda, et coûta près de 14,000 hommes à la chrétienté. La Valette, pour réparer ce désastre, donna la plus gr. activité à ses armem., et, grâce à lui, l'ordre se montra plus redoutable que jamais sur mer. Les commandements furent confiés aux chevaliers les plus expérimentés, et chaque jour fut marqué par de nouv. succès. Soliman, irrité et alarmé par l'audace toujours croissante de cette poignée de chrétiens, jura de les exterminer, fit partager sa fureur à tout son peuple, et prépara l'armement le plus considérable (1565). Le grand-maître vit toute l'étendue du danger, et résolut de le braver. A sa voix, plus de 600 chevaliers arrivèrent à Malte, la plupart suivis de domestiques courageux, qui devinrent de bons soldats. Les commandeurs, que leur âge ou leurs infirmités retenaient dans leurs provinces, lui firent passer la meilleure partie de leurs biens. Le pape Pie IV lui fournit une somme de dix mille écus. Philippe II promit des troupes et donna l'ordre à don Garcia de Tolède, vice-roi de Sicile, de pourvoir à la sûreté de Malte. Malheureusement ce secours se fit trop attendre, et La Valette se trouva abandonné à ses propres forces; mais il sut les tripler en se multipliant lui-même partout, et remplissant tour à tour les fonctions de soldat, de capitaine, d'officier d'artillerie, d'infirmier, d'ingénieur. La flotte turque parut à la hauteur de Malte le 18 mai 1565. Elle était composée de 159 vaisseaux de guerre chargés de 30,000 janissaires et spahis, et suivie d'un grand nombre de bâtiments qui portaient la grosse artillerie et les munitions. Il y avait dans l'île 700 chevaliers, sans compter les frères servants et 8,500 hommes, tant soldats de profession qu'habitants enrégimentés. Les Turks, après avoir, non sans obstacle, opéré leur débarquement, ouvrirent leurs opérations par le siége du fort St-Elme, sous la conduite de Mustapha, leur général. Ils firent chaque jour de nouveaux progrès, surtout après l'arrivée du renégat Occhialy et du fameux Dragut, qui leur amenèrent des renforts. Les chevaliers chargés de la défense du fort savaient combien il était important de faire une vigoureuse résistance pour donner au vice-roi de Sicile le temps d'arriver. Mais ils se laissèrent aller plus d'une fois au découragement, et eurent besoin d'être ranimés par le gr.-maître, qui, n'étant point enfermé avec eux, dirigeait néanmoins tous leurs mouvements, leur faisait sans cesse passer des recrues, des vivres et des munitions, leur adressait tantôt des exhortat., plus souvent des reproches, et tirait continuellement du fort St-Ange et de l'île de La Sangle sur les assiégeants. Tout cela n'empêcha pas le fort St-Elme de tomber, après un mois d'une lutte opiniâtre, au pouvoir des Turks, qui crurent intimider les chrétiens par d'atroces barbaries. Le grand-maître, par représailles, fit égorger tous ses prisonniers, et défendit expressément d'en faire d'autres à l'avenir : c'était annoncer qu'il n'espérait son salut que de la victoire. Tous les forts de l'île furent bientôt investis et pressés à la fois par les infidèles, qui avaient perdu, il est vrai, le brave Dragut, mais qui voyaient encore à leur tête Mustapha et son collègue Piali. La Valette, auquel le vice-roi de Sicile venait enfin d'envoyer un secours de 600 hommes, sut faire tête à ses deux puissants adversaires, en créant sans cesse de nouv. moyens de défense contre de nouveaux moyens d'attaque, en s'exposant lui-même aux plus grands dangers, en relevant par son incroyable fermeté d'âme le courage souvent abattu de ses compagnons, et en travaillant à reconstruire les retranchements endommagés par le feu de l'ennemi. Pendant cette héroïque défense, don Garcia, si long-temps attendu, entra dans Malte avec 6,000 hommes. Les Turks effrayés se rembarquèrent avec précipitation. Mais, ayant appris combien était faible le renfort qui avait causé leur terreur panique, ils revinrent à la charge. Il fallut toutefois employer le bâton pour leur faire quitter leurs vaisseaux. Ils combattirent mollement et livrèrent aux chevaliers une facile victoire. Ainsi fut terminée, au bout de 4 mois, ce fameux siége de Malte, qui avait coûté aux infidèles plus de 30,000 hommes, suiv. Vertot, ou 20,000 seulem. d'après de Thou. La perte des chrétiens fut considérable aussi, et le grand bourg de Malte, après sa délivrance, ressemblait à une place emportée d'assaut, pillée et abandonnée par l'ennemi. Cependant un mouvem. de joie électrique se répandit dans toute la chrétienté avec le nom glorieux de La Valette. Le pape Pie IV offrit le chapeau de cardinal au gr.-maître qui le refusa, probablement parce qu'il ne voulait pas abaisser sa dignité de souverain en acceptant un rang dans la cour d'un prince étranger. Non content d'avoir sauvé Malte, il entreprit de la mettre en état de défense pour l'avenir, de relever toutes les places détruites, et de bâtir sur l'emplacement du fort St-Elme une ville nouvelle, nommée la Cité Valette. Ses derniers jours furent empoisonnés par le chagrin que lui causèrent quelq. démêlés avec Rome, et en outre, le libertinage et l'insubordination de quelques chevaliers espagnols. Il eut recours au plaisir de la chasse pour dissiper sa profonde mélancolie, et fut frappé d'un coup de soleil dont il mourut en 1568.

VALETTE (Bernard de La), né en 1553, était le frère du duc d'Épernon, dont il n'eut ni la fierté insultante, ni l'ambition sans frein, ni les vices brillants. Il fut plus estimable, et il est moins connu. Après s'être distingué surtout dans les guerres du Piémont, il fut nommé gouverneur du Dauphiné en 1583, gouvern. de Provence en 1587, et plus tard amiral de France. Il fut tué au siége de Roquebrune, près de Fréjus, en 1592, ne laissant point de postérité. — VALETTE (Bernard, duc de La), fils du duc d'Épernon, né à Angoulême en 1592, se signala en 1636 contre les Espagnols qui étaient entrés dans le pays de Labour, et ensuite contre les *croquants*, paysans révoltés de la Guienne, dont le nombre et l'audace inquiétaient le gouvernement. Il était colonel-général de l'infanterie dans l'armée qui, sous les ordres de Condé, passa la Bidassoa en 1638, et il fut chargé de diriger l'assaut qui devait être donné à Fontarabie. Il temporisa, prétendant que la brèche n'avait pas assez de largeur, et reçut du prince de Condé, qui se défiait de son courage ou de sa fidélité, l'ordre de se retirer dans un quartier-général éloigné et de céder son poste à l'archevêque de Bordeaux (v. Sourdis). Il obéit; mais avant que l'assaut pût être donné, une armée espagnole force les lignes franç. que Sourdis et Condé abandonnent précipitamm. pour regagner leurs vaisseaux. La Valette, resté dans les lignes, rallie les débris de l'armée, les conduit à Bayonne, et se voit imputer le revers de Fontarabie. Il publie, pour se justifier, un écrit, dont Condé fait paraître une ample réfutation. Enfin l'ordre lui est intimé de la part du roi de venir à la cour rendre compte de sa conduite. Mais craignant avec raison la colère de Richelieu, qui s'est engagé publiquement à faire contre lui l'office de procureur-général si le cas y échoit, il se sauve en Angleterre; et là il consigne en toute sûreté sa justification dans un nouvel écrit. Pendant ce temps, on instruit son procès en France, et on établit pour le juger un tribunal extraordinaire, présidé par le roi lui-même, et composé de ducs et pairs, de conseillers-d'état, de tous les présid. à mortier et du doyen du parlement. Il était bien surprenant de voir un roi assis au rang des juges; mais ce qui le fut davantage encore, ce fut la chaleur qu'il montra dans cette affaire. Le rapport fait et les conclusions du procur.-général Molé entendues, on alla aux opinions, et le roi prit lui-même les voix. Les membres du parlement, de gré ou de force, furent de l'avis des conclusions, après avoir demandé, pour la plupart, que l'affaire ne fût point traitée dans le conseil, mais renvoyée au parlement, puisque l'accusé était duc et pair. Le président de Bellièvre fut celui qui montra le plus de dignité. Il exprima hautement combien ce lui semblait une chose inconvenante qu'un roi acceptât le rôle de juge, et, sommé d'opiner sur le fond, il déclara n'avoir pas d'autre avis à donner. Les conseillers-d'état, les ducs et pairs, le chancelier, le cardinal et le roi opinèrent dans le sens des conclusions. La séance terminée, le roi appela les présidents et le doyen du parlement, et leur adressa ces singulières paroles : « Je suis fort mécontent de vous. Vous me désobéissez toujours. Ceux qui disent que je ne puis pas donner les juges qu'il me plaît à mes sujets, quand ils m'ont offensé, sont des ignorants qui sont indignes de posséder leurs charges. » Le lendemain, un arrêt du conseil ordonna que le duc de La Valette serait pris au corps et amené à la Bastille, sinon ajourné à son de trompe; que cependant ses biens seraient saisis, etc. Les juges par commission ne tardèrent pas à se réunir dans le cabinet du roi. Le procur.-général Molé requit dans ses conclusions que le duc de La Valette fût déclaré criminel de lèse-majesté, coupable de trahison, de lâcheté, de désobéissance, condamné à être décapité et ses biens confisqués. Tous les juges-commissaires furent de l'avis des conclusions, excepté encore le président Bellièvre. Cette sentence inique fut exécutée en effigie à Paris, à Bordeaux et à Bayonne (1639). Après la mort de Louis XIII, que venait de précéder celle de Richelieu, La Valette rentra en France, et fit casser par le parlement l'arrêt rendu contre lui (1645). Il succéda à son frère dans le gouvernem. de la Guienne, et fut aussi gouverneur de Bourgogne; mais il s'embarrassa peu de faire estimer sa vie et aimer son administration. Il mourut à Paris en 1661. On trouve à la Bibliothèque du roi, parmi les MSs. de Fontanieu, le *Procès criminel fait au duc de La Valette ès années* 1638 et 1639, in-fol. Une relation de ce procès a été impr. dans le 2ᵉ vol. des *Mémoires de Montrésor*. — VALETTE (Louis de NOGARET, cardinal de La), frère du précédent, né en 1593, fut d'abord abbé de St-Victor de Marseille, puis archev. de Toulouse. Il suivit quelq. temps le parti de Marie de Médicis et l'abandonna pour s'attacher au cardinal ministre, dont il devint l'esclave le plus dévoué. Au reste, il était aussi celui du capucin Joseph, et méritait bien l'épithète de *cardinal-valet* que lui donnait son père, le duc d'Épernon. Dans cette fameuse *journée des dupes*, qui vit chanceler un moment la fortune de Richelieu, ce fut La Valette qui lui donna le conseil de suivre le roi à Versailles et de tenter un dernier effort, qui fut heureux, comme on a pu le voir ailleurs. La Valette obtint de Richelieu, en 1635, le commandem. d'une armée composée de 18,000 hommes et de 6,000 chevaux, qui fut envoyée en Allemagne et se joignit à celle du duc de Weymar. Ce général conserva la principale autorité et laissa volontiers tous les honneurs au cardinal. Les deux armées réunies attaquèrent avec succès le camp de Galas devant la ville de Deux-Ponts, et forcèrent Mansfeld à lever le siége de Mayence. Mais le cardinal s'était peu occupé des moyens de faire vivre les soldats au-delà du Rhin, et se vit obligé de ramener en France une armée qui allait périr ou se dissoudre, et qu'il ne put empêcher d'être entamée dans sa retraite. Arrivé à Paris, il prit part au plan d'une nouv. campagne; mais il reçut de Rome un bref qui lui défendait, en sa qualité de prélat catholique, de partager désormais le commandement avec un prince luthérien. Ce bref demeura toutefois sans exécution, grâce aux humbles remontrances de Richelieu et de Louis XIII. La Valette rentra en Allemagne avec une armée de 18,000 hommes (1637), et fit une campagne assez heureuse. L'année suivante, il remplaça le maréchal de Créqui dans le commandem. de l'armée d'Italie, et commença par conclure un traité d'alliance offensive et défensive avec la duch. de Savoie; mais il ne fut pas heureux cette fois comme général. Cependant il venait de prendre Chivas et de battre les Espagnols lorsqu'il mourut de la fièvre à Rivoli en 1639. Il venait d'accepter avec une lâche résignation l'arrêt qui condamnait son frère à être décapité (*v.* l'art. précéd.). La servilité ne fut pas son seul défaut; il y joignit un gr. désordre de mœurs, beaucoup d'avidité, de prodigalité et d'orgueil. Les *Mém*. de sa *Vie* par Jacques Talon, ont été impr. sous ce titre : *Mém. de Louis de Nogaret, cardinal de La Valette, général des armées du roi en Allemagne, Lorraine, Flandre et Italie, années* 1635-39, Paris, 1772, 2 vol. in-12.

VALETTE (Louis de THOMAS de La), 7ᵉ supérieur-général de l'Oratoire, né à Toulon en 1678, était destiné par ses parents à entrer dans l'ordre de Malte et à servir dans la marine royale. Mais sa piété le conduisit à embrasser la vie religieuse. Il fut nommé en 1710 directeur de l'institut. de Paris, puis, en 1730, supér. de la maison de St-Honoré, et en même;temps assistant du général, qu'il remplaça plus tard, non sans avoir fait une vive résistance. Les sollicitat. pressantes de M. Vintimille, archev. de Paris, et du card. de Fleury, les ordres du roi lui-même, furent nécessaires pour le fléchir. Son gouvernement, d'abord assez tranquille, fut un peu troublé par la bulle *Unigenitus*. Le P. La Valette, après avoir résisté long-temps aux instances de Boyer, évêque de Mirepoix et ministre de la feuille des bénéfices, fit enfin recevoir cette bulle, dans l'assemblée.de 1746, comme une loi d'économie qui défendait l'usage du livre des *Réflexions morales*. Ce genre d'acceptation ne satisfit aucun parti; mais la cour eut la sagesse de s'en contenter. La Valette employa dès lors son esprit conciliant à réparer les maux dont avait souffert sa congrégation. Il mourut en 1772, après avoir donné à l'Église l'exemple de toutes les vertus. Il n'y a d'imprimé de lui que ses lettres circulaires pour la convocation des assemblées générales de l'Oratoire.

VALETTE (le P. LA), jésuite, qui s'est acquis une célébrité honteuse comme partie principale dans la banqueroute frauduleuse qui occupa le parlem. de Paris en 1759 et 1760, et fournit contre la société quelq. arguments de plus pour motiver sa suppression, était depuis 1747 supérieur des missions de la Martinique, et associé avec un juif établi à la Dominique. Il faisait le monopole du commerce de ces îles, lorsqu'en 1755, sur la plainte des habitants, le ministère le rappela. Peu après sa société obtint qu'il fût renvoyé à son poste, moyennant promesse de ne plus se mêler d'affaires commerciales. Il repartit avec le titre de visit.-général et de préfet apostoliq., et il n'en recommença pas moins à équiper des vaisseaux. Ils tombèrent aux mains des Anglais, et furent vendus : sous ce prétexte, et pour une valeur de 1,200,000 fr. qu'avait produite aux Anglais la vente de leur prise, le P. La Valette déclara une faillite d'environ trois millions. Le P. Sacy, procureur des missions de Paris, et correspondant de La Valette, fut impliqué avec lui dans les poursuites des parties lésées; en vain obtinrent-elles contre eux deux sentences déclarées exécutoires contre toute la société établie en France; « il était, dit Voltaire (*Histoire du parlem. de Paris*, ch. 48), aussi difficile de faire payer la société que d'avoir de l'argent des deux jésuites Sacy et La Valette. »

VALETTE (SIMÉON FAGON, dit), né à Montauban en 1719, quitta sa patrie, jeune encore, par suite de la proscription judiciaire de son père, et depuis lors mena une vie errante. Voltaire lui donna quelque temps asile en 1759, lui fit raconter ses malheurs et les embarras de sa vie, et, d'après ce récit, conçut l'idée du *Pauvre diable*. Vers 1760, Valette revint à Montauban, et y donna des leçons de mathématiques à un prix médiocre. Il mourut dans les environs de cette ville en 1801. Parmi ses ouvr. on distingue : *La trigonométrie sphérique résolue par le moyen de la règle et du compas*, 1757, in-8. On lui doit encore : *L'Astronomie*, poème, dans le *Mercure*, janvier 1769. Il a inséré plusieurs autres pièces de poésie dans le même journal, de mai 1744 à 1775, et peut-être plus tard.

VALGUARNERA (MARIANO), littérat., né en 1564, d'une famille noble de Palerme, embrassa l'état ecclésiastiq., fut en grande considérat. auprès d'Urbain VII. Mongitore, qui en fait un portr. flatteur, le peint comme un homme très instruit dans la philosophie, la théologie et les mathématiq., comme un polyglotte, enfin comme un poète qui faisait des vers ital., latins et grecs. Cependant l'essai le plus important qu'il nous ait laissé de son talent appartient à l'érudition historiq. : c'est le seul que nous citerons ; il a pour titre : *Discorso dell' origine e dell' antichità di Palermo e de' primi abitatori della Sicilia e dell' Italia*, Palerme, 1614, in-4. Valguarnera mourut en 1634.

VALIERO (AUGUSTIN), cardinal et littérat., né à Venise en 1531, obtint en 1561 l'évêché de Vérone, que lui céda son oncle Bernard Novagero. Admis dans le sacré collége par Grégoire XIII en 1583, il fut placé par Clément VIII sur le siége de Palestrine. Il mourut en 1606 du chagrin que lui causa l'interdit lancé par Paul V contre les Vénitiens. Ses principaux ouvr. sont : *Rhetorica ecclesiastica*, trad. en français par l'abbé Dinouart, Paris, 1750, in-12. — *De cautione adhibendâ in edendis libris*, Padoue, 1719, in-4 ; on y trouve, à la suite d'une courte *Notice* sur l'aut., le *Catalogue* de ses ouvr., tant impr. que MSs. — VALIERO (André), sénat., de la même famille, né à Venise, a publ. l'*Historia della guerra di Candia*, en VIII livres, 1679, in-4.

VALIERO (BERTUCCIO), doge de Venise, en 1656, vit les commencements de son règne illustrés par la victoire que remportèrent les Vénitiens sur Sinan-Pacha, et dont la conséquence fut la conquête de Ténédos et de Lemnos, que toutefois les Turks reprirent l'année suiv. Pour obtenir l'appui du pape Alexandre VII, Valiero et le sénat rappelèrent les jésuites, après 50 ans d'exil. Il mourut en 1658, et eut pour success. Jean Pesaro. — VALIERO (Sylvestre), fils du précédent, fut doge de Venise en 1694, après Franç. Morosini et pend. la guerre glorieuse que firent les Vénitiens aux Turks. D'autres victoires plus éclatantes, celles du prince Eugène, valurent aux chrétiens le traité avantageux de Carlowitz, ratifié à Vienne en 1690, par lequel la république acquit la souveraineté de la Morée, avec les îles d'Égine et de Ste-Maure. Valiero mourut l'année suivante et eut pour success. Louis Mocenigo.

VALIGNANI (ALEXANDRE), jésuite, né à Chieti en 1537, fut envoyé aux Indes-Orientales en 1573, et y remplit les fonct. de visiteur et de principal avec un zèle que soutenait sa santé robuste. Il mourut à Macao en 1606. On lui doit, entre autres ouvrages : *Commentarii ad Japonios et ad cæteras Indiæ nationes christianæ fidei mysteriis imbuendas, libri II*, dans la *Biblioth. de Possevin*, dont ils forment les livres X et XI. — *Litteræ de statu Japoniæ et Chinæ, ab anno 1580 ad annum 1599*, Anvers, 1603, in-12.

VALIN (RENÉ-JOSUÉ), né à la Rochelle en 1695, y fut avocat, procureur du roi, du corps de ville et de l'amirauté, et membre de l'acad. Il mourut en 1765. On cite encore son *Commentaire sur l'ordonnance de la marine du mois d'août* 1681, 1760, 2 vol. in-4.

VALINCOUR (JEAN-BAPTISTE-HENRI DU TROUSSET de), né à Paris en 1653, fut un de ces littérateurs titrés qui, sous le règne de Louis XIV, n'ayant ni un talent remarquable ni une grande naissance, jouaient le rôle d'auteurs auprès des gens de qualité, et celui d'hommes de qualité auprès des auteurs. Il avait peu d'instruction, et il s'en ressentit toujours. Cependant il acquit, par de petits vers et par des morceaux de prose de courte haleine, la réputation d'homme de goût. Il remplaça Racine à l'Acad. franç., et fut admis en 1721 à l'acad. des sciences comme amateur de physiq. et de mathématiques. Boileau, dont il était le collègue dans la charge d'historiographe, lui adressa la XIe *satire* sur le vrai et le faux honneur. Valincour entra dans la maison du comte de Toulouse en qualité de gentilhomme, devint secrét. de la marine, puis secrét. des commandements de son patron, et combattit à ses côtés à la bataille navale de Malaga. Il mourut en 1750. On lui doit : *Lettres de la marquise de*** sur la Princesse de Clèves*, Paris, 1678, in-12, réimpr. avec ce roman de Mme de la Fayette, 1807, in-8.— *Vie de François de Lorraine, duc de Guise*, Paris, 1668, in-12. — Quelques *Odes* d'Horace, trad. en vers; des *stances*, des *contes*, etc.

VALKENBURG (DIRCK ou THIERRY), peintre, né à Amsterdam en 1675, mort en 1721 d'une attaque d'apoplexie, attribuée aux chagrins que lui causa sa femme, peignait le portrait avec goût. Son coloris était juste et vrai, sa touche était vigoureuse, et il avait le mérite de saisir la ressemblance; mais c'est surtout par ses tableaux de nature morte qu'il obtint la réputat. qu'il a conservée. Parmi les plus remarquables, on cite : un *Lièvre mort;* des *Oiseaux morts*, avec quelques *attributs de chasse;* un *Chat qui tient un coq sous ses pattes*.

VALLA (LAURENT), né à Rome en 1406, se livra de bonne heure et long-temps à l'étude de la langue grecque; mais c'est surtout comme latiniste qu'il s'est rendu célèbre. En 1431, après avoir vainem. sollicité du pape Martin V l'emploi de secrétaire apostolique, il alla recueillir à Plaisance quelques biens de famille, puis il se rendit à Pavie, où il devint professeur d'éloquence. Il se permit de fréquentes plaisanteries, et même écrivit un pamphlet très piquant contre Barthole, qui enseignait alors le droit romain dans cette ville; mais ce n'était là que le prélude des combats opiniâtres qu'il devait livrer à plusieurs autres savants. Les querelles littér., sans goût, sans décence, sans ménagem., étaient peut-être une des nécessités de cette époque, où l'orgueil du savoir, concentré entre quelq. hommes, ne connaissait aucune limite, et où l'on avait assez à faire de polir la latinité du style, sans songer à mettre de la politesse dans les formes de la polémique. Valla ne resta pas long-temps à Pavie. Une peste ayant dispersé les élèves de l'université, il alla enseigner à Milan, à Gênes, à Florence. Bientôt il fut connu du roi d'Aragon, Alphonse, et il le suivit dans ses guerres et ses voyages, de 1435 à 1442, époque où ce prince se rendit maître de Naples. Valla retourna l'année suiv. à Rome, où il y termina son ouvr. intitulé *Declamatio de falsò creditâ et ementitâ Constantini donatione*, dans lequel il ne ménageait point les prétentions du St-siége. Le pape et les cardinaux se réunirent pour procéder contre lui; mais averti à temps, il s'enfuit déguisé vers Ostie, passa à Barcelone, et revint à Naples pour la seconde fois. Là, il s'attira de nouvelles tracasseries par les provocat. contenues dans ses discours et ses écrits. Barthélemi Fazio, Antoine de Palerme et un prédicat. nommé Antoine de Bitonto, furent ceux qui lui donnèrent le plus de peine. Cependant, au milieu de ces disputes, il écrivait son *Traité des élégances de la langue latine* en VI livres, ouvrage qui fut adopté par toutes les écoles, et qui continua de faire texte d'enseignement pend. la plus grande partie du 16e S. Le roi Alphonse, auquel les études philologiques plaisaient singulièrem., lui donna un diplôme enrichi d'une bulle d'or, dans laquelle il le déclarait illustre en presque toutes les sciences, ainsi qu'en la poétique. Il le nomma de plus son secrét., le choisit pour un de ses historiographes, et l'emmena dans son expédit. contre les Florentins; mais bientôt il l'engagea à retourner à Naples, où, à peine arrivé, Valla reçut de Nicolas V, élu depuis peu (1447), une lettre qui l'invitait à revenir se fixer à Rome, sous des conditions avantageuses. Le savant philologue, à qui ses querelles avaient rendu le séjour de Naples désagréable, accepta cette proposition avec empressement; mais son sort était de toujours disputer : il disputa donc à Rome contre plus. personnages connus, entre autres le Pogge, qui lui lança successivement cinq *Invectives*, et, sous le titre d'*Antidote*, une réponse pleine d'emportem. Chose singulière! les deux rivaux dédiaient leurs libelles au pape, témoin passif et curieux de tant d'injures et de calomnies répandues de part et d'autre. Valla, quoiqu'il eût été nommé secrét. apostoliq. et chanoine de Latran, retourna dans ses dernières années à Naples, où, toujours bien accueilli par Alphonse, il mourut en 1457. L'édit. de ses *OEuvres*, Bâle, 1543, contient tout ce qu'il a écrit, excepté son *Histoire de Ferdinand d'Aragon*, et ses trad. latines de *Thucydide*, Lyon, 1543; d'*Hérodote*, Paris, 1510, in-4; des *Fables* d'Ésope, Venise, 1519, in-4; et enfin de l'*Iliade* d'Homère, en prose, Venise, 1502, in-fol. Tiraboschi a donné sur Valla une *Notice*, que Ginguené a reproduite (*Hist. littér. d'Italie*, t. III).

VALLA (GEORGE), autre érudit du 15e S., né à Plaisance, probablem. de la même famille, fit des cours publics d'éloquence à Milan, à Venise, à Pavie, où il vivait en 1471. Il n'est pas certain qu'il ait été profess. à Ferrare; mais il l'était en 1481 à Venise. Il paraît qu'il fut emprisonné en 1499, pour avoir eu l'imprudence de dire son opinion sur la guerre que se faisaient alors le duc de Milan et Trivulce. Son innocence reconnue, il fut bientôt réintégré dans ses fonctions, mais il survécut peu à son élargissement. Il était savant humaniste et très versé dans toutes les sciences naturelles et dans la médecine en particulier, quoiqu'il n'en fit pas profession. Son principal ouvr. est une sorte d'encyclopédie des connaissances du 15e S., qui atteste une instruct. immense, quoique informe et gâtée par bien des préjugés; il est intit. : *Georgii Vallæ Placentini viri clariss. de expetendis et fugiendis rebus opus*, 2 vol. in-fol., belle et unique édit., donnée en 1501 à Venise, chez les Aldes, par son fils Jean-Pierre Valla.

VALLA (NICOLAS), jurisconsulte franç., dont le véritable nom est *du Val* ou *Duval*, mais qui n'est connu que par un ouvr. où son nom est ainsi latinisé, vécut au 16e S., et fut conseiller au parlem. de Paris, puis à celui de Rennes. Cet ouvrage, qui est estimé, a pour tit. : *De rebus dubiis et quæstionibus in jure controversis tractatus viginti*. La 4e édit. est de Paris, 1583, in-8; et la 5e d'Arnheim, 1638, in-4.— V. VALLE (Nic. della).

VALLA (JOSEPH), oratorien, né à L'hôpital dans le Forez, professa les humanités, la philosophie et la théologie dans plus. maisons de sa congrégat. Il enseignait à Lyon lorsque, pour remplir les vues de l'archevêque, M. Montazet, il composa ses *Institutiones theologicæ*, 1782, 6 vol. in-12, 2ᵉ édit., avec des correct. ; et ses *Institutions philosophiq.*, 1783, 5 vol. in-12, réimpr. plus. fois. Le premier de ces ouvr. essuya d'assez vives critiques, qui ne l'empêchèrent pas d'être adopté dans plus. écoles de France et même d'Italie : il est vrai qu'après la mort de M. Montazet, il fut mis à l'*index* (1792). Le second, où, pour plaire à son patron, l'auteur admit d'abord le système des idées innées, est purgé de cette erreur dans les édit. données après la mort du prélat. Valla mourut à Dijon en 1790. Il est, avec le P. Guibaud, son ami, le principal auteur du *Dictionnaire historiq. et critique*, imprimé à Troyes par les soins de l'abbé Barral.

VALLANCEY (Charles), ingénieur anglais, mort dans un âge très avancé vers les prem. années du 19ᵉ S., s'était lié de bonne heure avec le marquis de Townshend d'une amitié qui fut le principe de son avancement. Ce seigneur ayant été nommé vice-roi d'Irlande, lui donna la place d'ingénieur en chef de ce royaume. Outre quelq. ouvr. sur son art, on lui doit entre autres : *Grammaire de la langue hiberno-celtique*, 1773, in-4 ; 2ᵉ édition, augmentée, 1781. — *Essai ayant pour objet d'éclaircir l'histoire ancienne des Iles-Britanniques*, 1786, in-8.

VALLARSI (Dominique), savant ecclésiastique, né à Vérone en 1702, se livra aux études sacrées et aux langues grecque et hébraïque. Il reçut de Benoît XIV un bénéfice dans le diocèse de Vicence, fut nommé réviseur au St-office pour les langues orientales et agrégé à différentes sociétés savantes. Il mourut à Vérone en 1771. Son principal titre à l'estime des savants est l'édit. qu'il a donnée des *OEuvres* de St Jérôme, Vérone, 1734, 12 vol. in-fol.; Venise, 1756, 24 vol. in-4.

VALLE (Jérôme), poète, né à Padoue, est surtout connu par son ouvr. sur la passion de J.-C., intitulé *Jesuida*. C'est un poème publié sans nom d'auteur, à Bâle, en 1551, in-fol., mais qui l'avait été déjà sous le nom de Valle à Leipsig et à Vienne en 1510, in-4, et qui le fut plus tard à Anvers. Ce poète vivait encore en 1457. — VALLE (André della), architecte, né à Padoue dans le 16ᵉ S., fit construire, sur ses dessins, la *Chartreuse* que l'on voit à deux milles de cette ville, et dont les proportions et l'ensemble sont très remarquables.

VALLE (Nicolas della), que Bayle appelle *Valla*, mort à Rome en 1473, avant la fin de sa 22ᵉ année, était, selon Vossius, doct. en droit et chanoine de St-Pierre à Rome. Il a laissé deux traduct. : l'une de près de la moitié de l'*Iliade*, impr., mais par fragments, en 1474 et en 1510, in-4 ; l'autre des *Opera et dies* d'Hésiode, Bâle, 1518, in-4, et dont il y a plus. édit.

VALLE (Pierre della), voyageur, né à Rome en 1586, cultiva d'abord les lettres et la poésie avec quelque succès et fut admis dans l'académie des humoristes. Le désir de se signaler dans la carrière des armes le fit entrer au service, et plus tard il eut l'occasion de faire une campagne sur une flotte espagnole. De retour à Rome, une contrariété qu'il éprouva dans ses amours lui inspira le projet de prendre l'habit de pèlerin, et d'aller en Orient visiter les lieux saints. Il s'embarqua à Venise en 1614, et vit successivem. Constantinople, l'Égypte, Jérusalem, la Syrie et Babylone. Il épousa à Bagdad une jeune Assyrienne chrétienne, avec laquelle il partit pour la Perse (1616). Accueilli par Chah-Abbas, il parcourut une gr. partie de ses états ; mais dans le trajet sa femme succomba (1621). Continuant ses voyages seul, il vit Surate, Ahmed-Abad, Cambaye, Goa, Canara, etc., et traversant le golfe Persique, et passant par Bassora, Alep, Cypre, Malte et la Sicile, revint à Rome en 1626. Le pape Urbain VIII voulut le voir, le nomma son camérier d'honneur, et ne cessa de lui donner des marques de sa bienveillance. Piétro jouissait d'une assez grande considérat. à Rome, où il mourut en 1652. Outre quelq. discours académiq. sans importance, on a de lui : *Viaggii descritti in lettere familiari al suo amico Mario Schipano, divisi in tre parti, cioè la Turchia, la Persia e l'India*, Rome, 1650, 1653, 3 vol. in-4 ; trad. en franç., Paris, 1661-63, 4 vol. in-4 ; Paris et Rouen, 1745, 8 vol. in-12.

VALLE (Guillaume della), cordelier, né à Sienne vers 1730, est l'auteur des *Lettere sanesi sopra le belle arti*, t. II, Rome, 1785, III, ibid, 1786, in-4, ouvr. entrepris dans le but de prouver que la renaissance des arts en Italie n'est due ni aux Grecs ni aux artistes toscans, leurs disciples, mais que les arts n'ont jamais péri tout-à-fait en Italie, puisqu'on trouve à Sienne et à Pise une succession non interrompue d'artistes.

VALLÉE (Geoffroy), fameux par son irréligion, né à Orléans dans le 16ᵉ S., d'une famille considérable, passait pour un des plus beaux hommes de son temps, aimait beaucoup le plaisir et se piquait d'une recherche excessive dans sa toilette. Il avait d'ailleurs peu d'esprit et ne connaissait pas même les premiers principes de l'orthographe. Il s'avisa pourtant de publier ses opinions, qui étaient, non pas l'athéisme proprem. dit, mais un déisme très relâché, dans un écrit de 16 pag. in-8, S. D., ni nom de ville ou d'imprimeur, sous ce titre : *La béatitude des chrestiens, ou le Fléau de la foy, etc.* L'édition fut supprimée avec tant de soin, qu'on n'en connait d'autre exemplaire que celui qui servit pour l'instruction du procès. L'auteur, convaincu de ne pas jouir de son bon sens, par une contradiction inexplicable, fut néanmoins condamné à être pendu (1572). Cet arrêt fut exécuté en 1574, d'après les réclamations d'un confesseur du faible Charles IX.

VALLÉE (Joseph La), littérat., né en 1747 près de Dieppe, embrassa jeune la profession des armes, et profita de ses loisirs pour donner au public quelq. pièces de poésie et des romans, dont le succès décida sa vocation pour les lettres. Il s'établit à Paris, devint membre de l'Athénée, et concourut à la rédaction d'un gr. nombre d'ouvr. Peu de temps après la création de la Légion-d'Honneur, dont il fut nommé membre, il obtint la place de chef de division à la gr. chancellerie de cet ordre. Ayant perdu sa place à la restauration, il se retira à Londres, où il mourut en 1816. Il joignait à beaucoup d'esprit naturel une instruction solide et variée, et une gr. facilité pour le travail. Nous citerons de lui : *Les bas-reliefs du 18e S.*, avec des notes, Londres (Paris), 1786, in-12. — *Cécile, fille d'Achmet III, empereur des Turks*, ib., 1788, 2 vol. in-12 ; réimpr. plus. fois. — *Le Nègre comme il y a peu de blancs*, ib., 3 vol. in-12. — *Lettres d'un Mamlouck*, Paris, 1803, in-8. — *Annales nécrologiques de la Légion-d'Honneur*, ibid, 1807, in-8 ; et une foule d'*odes*, d'*épitres* et de fragments en prose et en vers, lus à la société philotechnique, dont il fut long-temps le secrétaire.

VALLEMONT (Pierre Le Lorrain, plus connu sous le nom d'abbé de), physicien, numismate et littérateur médiocre, né à Pont-Audemer en 1649, se chargea de deux éducations particulières, dont l'une le retint 10 ans à Versailles. Dans les loisirs que lui laissaient ses fonct. de pédagogue, il lisait tous les ouvr. qui paraissaient sur les sciences ou parcourait les jardins du château, examinant les pratiques des jardiniers. C'est ainsi qu'il fut amené à se croire un habile physicien. Il devint antiquaire, sans plus de frais, en fréquentant le cabinet du roi. Lorsqu'il quitta Versailles, il fut attaché, comme professeur, au collège du cardinal Le Moine, où il se forma un cabinet de machines, d'objets d'hist. naturelle et de médailles. Il se retira plus tard à Pont-Audemer, où il mourut en 1721. Parmi ses ouvr. on citera : *la Physique occulte, ou Traité de la baguette divinat. et de son utilité pour la découverte des sources d'eau, des minières, des trésors cachés, des voleurs et des meurtriers fugitifs*, etc., Paris, 1693, in-12, fig.; Amsterdam, 1696 ; Paris, 1709 ; La Haye, 1722, 1747, 2 vol. in-12. — *Éléments de l'histoire, ou ce qu'il faut savoir de chronologie, de géographie, de blason, etc., avant que de lire l'histoire particulière*, Paris, 1696, 2 tom. in-12 ; 1729, 4 vol. in-12 ; 1758, 5 vol. in-12. — *Suite des médailles impériales*, ib., 1706, in-12.

VALLERIOLE (François), médecin, né à Montpellier dans les prem. années du 16e S., exerça son art à Valence en Dauphiné, puis à Arles, où il avait été appelé par le vœu des magistrats et des citoy. en 1544, pour s'opposer aux progrès d'une épidémie. Il mérita par son zèle le titre de patricien et s'établit dans cette ville, d'où il passa, en 1572, sur la demande du duc de Savoie, à l'univ. de Turin, pour y remplir les fonctions de prem. professeur en médecine. Il y mourut en 1580. Nous citerons de lui : *Enarrationes et Responsiones medicinales*, Lyon, 1554, in-fol. — *Loci communes medici*, ib., 1562, in-fol. — *Tractatus de peste*, ibid, 1566, in-16. — Son fils, Nicolas Valleriole, suivit la même carrière, publia deux *Traités sur la peste*, et mourut en 1631. — Son arrière-petit-fils, Pierre Valleriole, était avocat et consul d'Arles en 1726.

VALLES ou VALESIO (Franç.), surnommé *Covarruvias*, du lieu de sa naissance dans la Castille-Vieille, professa la médecine à Alcala de Henarrès, devint médecin de Philippe II, et se fit une grande réputation par l'érudition qu'il déploya dans plus. ouvr. où il cherchait à concilier les idées des médecins grecs et arabes. Parmi ses écrits, dont la plupart ont eu de nombr. édit., on citera : *In IV libros meteorolog. Aristotellis comment.*, Alcala, 1558, in-8. — *Comment. in Galeni artem med.*, 1569, in-8. — *De urinis, pulsibus et febribus*, 1569, in-8. — *Methodus medendi, in IV lib. divisa*, 1589, in-8.

VALLET (Pierre), jardinier de Henri IV, est auteur de l'ouvr. suiv., qui eut beaucoup de succès, mais surpassé dep. long-temps : le *Jardin-du-Roi*, Paris, 1608, in-fol.; 2e édit., sous le titre : *Hortus regius*, 1650, in-fol., avec 75 pl. — Paul-Joseph Vallet, lieuten.-général de police à Grenoble, où il mourut en 1790, a publié divers écrits de polémique, plus. articles dans l'*Encyclopédie d'Yverdun*; une *Méthode pour faire des progrès rapides dans les sciences et les arts*, 1767, in-12 ; *l'Art de limiter les terres à perpétuité*, 1769, in-12.

VALLETTA (Joseph), né en 1636 à Naples, dut sa réputation à son extrême avidité d'apprendre. Il se forma une biblioth. de 18,000 vol., la plus riche qu'eût jusque-là possédée un particulier. Invité par le duc de Toscane à venir occuper un siége au sénat de Florence, il ne voulut point quitter sa patrie, où il jouissait d'une haute considération, et mourut en 1714. Le *Giornale de' lett. d'Italia*, t. XXIV, p. 49-105, contient de longs détails sur Valletta et sur sa bibliothèque. Il avait traduit quelq. ouvr. de l'angl., et composé quelq. opusc. — Nicolas Valletta, né dans la Campanie en 1750, fit ses études à Naples, et, en les terminant, fut nommé professeur suppléant à la faculté de droit. Il remplit ensuite successivem. plus. chaires, et mourut en 1804, doyen de la faculté. On a de lui : *De animi virtute ethices syntagma*, Naples, 1772, in-8. — *Delle Leggi del regno napolitano*, 1786, 3 vol. in-8. — *Juris rom. Institut. brevi... methodo concinnatæ*, 1782, 2 t. in-8. — *Cicalata sul fascino volgarmente detto Jettatura*, 1787, in-8, réimprimé en 1814, avec une *Notice* sur l'auteur, par Urb. Lampredi. — *Elogio funebre del march. Baldassare Cito*, in-4 ; des *dissert.*, des *poésies* spirituelles, etc. (v. son *Éloge*, par Ch.-Ant. de Rosa, Naples, 1815, in-8).

VALLEYTRIE (La), poète peu connu, était d'Angoulême. Venu jeune à Paris, il y fut employé dans les fêtes de la cour, et, tour-à-tour ligueur ou royaliste, dédia son *Episémasie* au duc de Guise, et le *Recueil* de ses *Œuvres poétiques*, 1602, in-12, à Sully (v. *la Biblioth. franç.* de l'abbé Goujet, t. XXIV, p. 20).

VALLI (Eusèbe), né en 1762 à Pistoja, suivit des cours de médecine à Pise, et s'étant épris d'une passion décidée pour les expériences, alla observer la marche et les effets de la peste à Smyrne et à Constantinople, où il concourut à accréditer la vaccine,

Un moment il se persuada que la vaccine devait être aussi un préservatif de la peste qu'il ne manqua pas de s'inoculer; mais il eut le bonheur d'échapper à cette expérience. Après avoir servi 10 ans comme médecin militaire en Dalmatie et en Espagne, il revint pour la 3e fois en Italie en 1815; mais il s'embarqua quelq. semaines après pour la Havane, dans le but d'y observer la fièvre jaune. Afin d'en mieux apprécier les symptômes, il se mit en contact avec un homme atteint de la fièvre; mais il succomba le lendemain 14 sept. 1816 à cette terrible maladie, victime de son zèle pour la science. On a de lui : *Mem. sulla peste di Smyrne, nel* 1784, in-12. — *Mem. sulla tisi ereditaria*, Florence, 1796, in-12. — *Sulla peste di Constantinopoli, del* 1803, in-12. — *Su i mezzi d' empedire la fermentazione de varj liquidi estratti*, ib., 1814, in-12.

VALLIA ou WALLIA, 4e roi des Visigoths, succéda, l'an 415, à Sigéric, qu'il avait fait périr pour venger la mort d'Ataulphe, son parent. Une tempête ayant dispersé ses vaisseaux au moment où il se disposait à porter la guerre aux Vandales d'Espagne, l'emper. Honorius, jugeant la circonst. favorable pour lui enlever les provinces qu'il avait dans les Gaules, envoya contre lui Constance; mais celui-ci offrit la paix à Vallia (416), qui poursuivit alors, mais pour le compte de l'empire, ses projets de conquêtes sur les Vandales, les Suèves et les Alains. Après les avoir forcés de se reconnaître tributaires d'Honorius, il repassa les Pyrénées, et vint en 419 prendre possess. d'une partie de l'Aquitaine que lui céda Honorius en récompense de ses services. Comblé de gloire, le fondat. de l'établissem. visigoth des Gaules mourut vers 420, et eut Théodoric Ier pour successeur.

VALLIER ou VALÈRE (St), *Valérius*, diacre, attaché à Didier, évêque de Langres, sa patrie, se mit à la tête du troupeau après le martyre de son vénérable pasteur, qui n'avait pas craint de venir conjurer le Vandale Chrocus d'épargner à sa capitale les horreurs d'un siège. Atteint à Port-sur-Saône au moment où il fuyait vers les montagnes du Jura avec les restes de la population, Vallier fut massacré ainsi que la plupart des siens. On lui érigea une chapelle au lieu de son supplice, et ses restes furent transportés plus tard à Molème. L'Église honore sa mémoire le 22 octobre. On conserve une partie de ses reliques dans la cathédrale de Langres.

VALLIER (Franç.-Charles), comte de Saussay, né en 1703 à Paris, acquit une charge de présid. au parlement, qu'il revendit pour acheter un régiment d'infanterie, et mourut subitement en 1778, marié depuis peu de temps, à l'âge de 75 ans. On a de lui : *l'Amour de la patrie*, poème, 1754, in-8. — *Le Citoyen*, poème en III chants, 1759, in-8. — *Le triomphe de Flore*, en un acte, musique de Dauvergne, 1765, in-8. — Des pièces en vers et en prose, 1762, in-8. — *Éloge de Chevert*, en vers libres, 1769, in-8. — Des odes, des épitres, notamm. une *aux Grands et aux Riches*, 1764, in-8.

VALLIÈRE (Jean-Florent de), lieuten.-général d'artillerie, né à Paris en 1667, entra au service comme cadet en 1685, et fit toutes les campagnes dans la dernière partie du règne de Louis XIV. On dit qu'il avait assisté à 60 sièges et à 10 gr. batailles. Il commandait en chef l'artillerie au siège du Quesnoy (1713), et avec 34 pièces, il en démonta 80 en 24 heures. Nommé après cet exploit brigadier des armées, il fut ensuite chargé de la réorganisation de l'artillerie, dont il régla les calibres, les réduisant à cinq. Il établit aussi des écoles d'application. Successivem. maréchal-de-camp et direct.-général de l'artillerie (1719-20), il fit comme lieutenant-général la campagne de 1733, et se distingua par d'habiles dispositions à la bataille de Dettingen. Il mourut en 1759, membre de l'acad. des sciences, où Granjean de Fouchy prononça son éloge. — Le marquis de Vallière (Joseph-Florent), son fils, né à Paris en 1717, servit dès l'âge de 17 ans au siège de Philisbourg comme commissaire extraordinaire. Il commanda une batterie à la journée de Dettingen, suppléa son père au siège de Fribourg, et après plus. campagnes lui succéda en 1747 dans la direct. générale des écoles et des bataillons d'artillerie. Il eut part la même année à la prise de Berg-op-Zoom, et, après la campagne suiv., fut fait lieuten.-général. Fidèle aux tradit. de son père, il protesta, en 1758, contre la séparat. des armes du génie et de l'artillerie, dont il commandait depuis 3 ans les corps réunis en qualité de directeur-général, en 1761. Il se rendit, avec l'agrément du roi, en Espagne, où Charles III l'appelait pour créer des établissem. d'artillerie sur le même pied que ceux de la France. Deux années lui suffirent pour tout organiser. Il résista aux instances qu'on lui fit pour le retenir sur cette terre étrangère, et n'accepta que le titre de marquis et un portrait du monarque espagnol, à l'invitation duquel il se rendit plus tard à Naples pour le même objet. Tombé en discrédit avec son système, il reprit faveur sous le ministère de Monteynard, mais il succomba à un épuisem. total en 1776. Il était depuis 1761 associé libre de l'acad. des sciences. Le recueil de cette compagnie contient un *Mémoire*, où il réfute les object. qu'on avait élevées contre la longueur des pièces telle que la prescrivait l'ordonn. de 1752.

VALLIÈRE (Louise-Françoise de La Baume Le Blanc de La), née en 1644, d'une famille originaire du Bourbonnais et établie en Touraine, fut élevée à la cour de Gaston, duc d'Orléans, où M. de St-Remi, 2e mari de sa mère, avait la charge de premier maître d'hôtel. Après le mariage du prince avec Henriette d'Angleterre, Mlle de La Vallière fut placée près d'elle comme fille d'honneur. Ses vertus séduisantes, bien plus que ses attraits, l'avaient fait distinguer de toute la cour avant qu'elle attirât l'attention de Louis XIV. C'est à Fontainebleau et en 1661 que leur intimité commença. Vers le même temps, le surintend. Fouquet, méconnaissant les sentiments de Mlle de La Vallière, avait osé lui adresser des hommages qui furent reçus avec indignation. L'amante du roi restait confondue dans la foule quand déjà elle était en réalité l'objet de fêtes magnifiques, telles que celle de 1662, qui a fait donner le nom de *Carrousel* à l'enceinte où elle fut célébrée. La première grossesse de Mlle de La Vallière fut un secret, même pour la cour. Elle eut du roi quatre enfants, dont deux seulement vécurent : Mlle de Blois, depuis princesse de Conti, et le comte de Vermandois, qui furent légitimés en 1667. Louis XIV érigea la même année en duché la terre de Vaujour, ainsi que deux baronnies pour ses enfants. L'envie même n'aurait pu faire à Mlle de La Vallière un crime de la faveur du prince qu'elle employait uniquement à faire le bien. Une telle femme aurait dû fixer le cœur de l'inconstant Louis, mais il n'en fut pas ainsi. Une première fois elle s'échappa des Tuileries pour se réfugier au couvent de Ste-Marie à Chaillot, après avoir essuyé de la part de son royal amant des reproches très vifs sur le refus de trahir le secret d'un ami, bien qu'il intéressât le monarque. Le redoublement de tendresse qui suivit cette courte séparation ne fut que passager. Mme de Montespan gagnait de plus en plus dans le cœur du prince, et sa hauteur et son insolence envers Mlle de La Vallière croissaient dans la même progression. Excédée de tant d'insultes, elle voulut pour la 2e fois se retirer au couvent de Chaillot (février 1671); mais elle se laissa ramener à Versailles. Plus de deux ans s'écoulèrent sans qu'elle fit connaître qu'elle était revenue à ses idées de retraite; mais une maladie qui la mit aux portes du tombeau la ramena au dessein de réparer sa vie passée. Lorsqu'au mois d'avril 1674 elle prit congé du roi pour se rendre au couvent des Carmélites, il la vit partir d'un œil sec. Sa profess. eut lieu le 3 juin 1675. Ce fut la reine qui lui donna le voile. Dans cette retraite, sœur Louise de la Miséricorde vécut, comme elle le dit un jour à la reine, sinon *aise*, du moins *contente*. Après avoir supporté, avec un courage que l'amour divin seul peut inspirer, les mortifications d'une pénitence austère, elle mourut le 6 juin 1710. Sa *Vie*, par un anonyme, est un ouvr. fort mince. On en doit une autre (Paris, 1776, in-12), à l'abbé Lequeulx, qui a mis en tête ses lettres au maréchal de Belfonds, et y a joint le sermon prononcé à sa prise d'habit par l'abbé Fromentières. M. Quatremère de Roissy a publ. en 1823 : *Histoire de Mme de La Vallière, duchesse et carmélite*, in-12. La vie si intéressante de Mlle de La Vallière a fourni le sujet d'un roman historique à Mme de Genlis, qui a donné une nouvelle édit. des *Réflexions sur la miséricorde de Dieu, par une pénitente*, ouvr. publié en 1680, sous le nom de Mlle de La Vallière, mais dont elle n'est pas l'aut.

VALLIÈRE (Louis-César La Baume Le Blanc, duc de la), petit-neveu de la précéd., et bibliophile célèbre, né en 1708 à Paris, eut la charge honorifique de grand-fauconnier de la couronne, et partagea ses loisirs entre l'étude, les plaisirs de la campagne et la société des beaux-esprits. C'est dans son château à Montrouge qu'il réunit sa collection de livres, la plus belle qu'eût jamais possédée un particulier. Il y recevait avec une politesse exquise les savants qui venaient le consulter. Dernier rejeton mâle de sa famille, il mourut en 1780, ne laissant qu'une fille, Mme la duchesse de Châtillon. Voltaire entretint avec lui une correspondance suivie. Quoiqu'il eût vendu plusieurs fois ses doubles, sa bibliothèque était très considérable. Le *Catalogue* en fut publié en deux parties, la 1re, rédigée par Debure et Van Praët, Paris, 1783, 3 vol. in-8, fig.; la 2e, par Noyon, 1788, 6 vol. in-8. Outre sa *Lettre* sur les *Sermones festivi* d'Urceus Codrus, impr. dans les *Mélanges littéraires* de Voltaire, on a de lui quelques pièces de vers et deux romances : les *Infortunés Amours de Gabrielle de Vergy et de Raoul de Coucy*, et les *Infortunés amours de Comminges*, recueillies l'une et l'autre par Moncrif dans son choix de chansons. Il a eu part à la *Bibliothèque du Théâtre-Français depuis son origine*, 1768, 3 vol., publ. in-8, dont il existe des exempl. gr. pap.

VALLISNERI (Antoine), naturaliste, né en 1661, au château de Tresilico dans le duché de Modène, embrassa la profession de médecin, et, tout en l'exerçant, s'occupa d'expériences qui commencèrent sa réputation. En 1700, il fut appelé à la chaire de médecine pratique de Padoue. Pour ménager les préventions de ses collègues, il feignit le plus grand respect pour les anciens, et poussa la complaisance au point de trouver, dans quelques expressions obscures de leurs livres, toutes les belles découvertes modernes. Mais cet innocent artifice ne lui servit pas long-temps de sauvegarde. Les vieux professeurs ne tardèrent pas à s'apercevoir que dans ses leçons il parlait favorablem. des doctrines modernes, et dès lors ils lui firent une guerre terrible. Mais encouragé par Frédéric Marcello, procureur de St-Marc et réformateur des études de Padoue, il enseigna sans crainte les nouvelles découvertes en anatomie. Dans ses loisirs il explorait d'autres branches de l'hist. naturelle et de la physique, et s'instruisait par des voyages. Son mérite lui valut plus. distinctions flatteuses de la part des plus éminents personnages. Il en accepta quelques-unes, en refusa d'autres, et mourut à Padoue en 1730. Il avait pris une part active aux progrès des sciences; mais c'est principalement à ses recherches sur les divers systèmes de la génération qu'il dut sa célébrité et les suffrages de Buffon et d'autres savants recommandables. Il adopta le système des œufs, et combattit par des arguments nouveaux celui de la génération spontanée. A ne le considérer que comme médecin, on trouve dans ses écrits le germe de plus. principes sur lesquels s'appuie l'école actuelle d'Italie. Parmi ses nombreux ouvrages on distingue : *Dialoghi sopra la curiosa origine di molti insetti*, Venise, 1700, in-8, 2e édit. — *Considerazioni ed esperienze intorno alla generazione de' vermi ordinari del corpo umano*, Padoue, 1710, in-4. — *Varie lettere spettanti alla storia medica e naturale*, ibid., 1713, in-4. — *Esperienze ed osservazioni intorno all' origine, sviluppi, e costumi di varii insetti*, etc., ibid., 1713, in-4. — *Lezione academica intorno all' origine delle fontane*, Venise, 1715, in-4. — *Istoria della generazione dell' uomo e degli animali, se sia da' vermicelli spermatici o dalle uova*, etc., ibid., 1721, in-4. Une édition complète de ses OEuvres a été publ. sous ce titre : *Opere fisico-mediche stampate e manoscritte del Ant. Vallisneri, raccolte da Antonio suo figliuolo*, Venise, 1733, 3 vol. in-fol.

VALLOT (ANTOINE), médecin, né à Reims ou à Montpellier en 1594, fut d'abord prem. médecin de la reine-régente Anne d'Autriche, et succéda en 1652 à Vautier dans la charge de prem. médecin du roi et dans l'administrat. du Jardin-des-Plantes. Six ans après, il devint surintendant de cet établissement, à la prospérité duquel il contribua. Il donna même, sous le titre d'*Hortus regius*, un *Catalogue* des plantes qui s'y trouvaient réunies au nombre de plus de 4,000 espèces et variétés. Il mourut en 1671. Comme praticien, il s'était fait beaucoup d'honneur en guérissant Louis XIV de la maladie que ce monarque éprouva en 1658 à Calais.

VALLOTTI (FRANÇOIS-ANTOINE), musicien, né à Verceil en Piémont, l'an 1697, entra dans l'ordre des cordeliers, et fut successivement organiste et maître de chapelle de St-Antoine de Padoue. Sa musique, grave et majestueuse, ne tarda pas à être vantée par toute l'Europe. Il mourut à Padoue en 1780, peu de temps après avoir mis au jour le Ier vol. *Della scienza theorica e pratica della moderna musica*, Padoue, 1779, in-4. Deux autres volumes sont inédits. Fanzago a publié en 1792 son *Éloge* avec ceux de Tartini et de Gozzi.

VALMIKI, le plus ancien et le plus célèbre des poètes épiq. de l'Inde, n'est guère connu que par ses œuvres, ou plutôt par son œuvre, car le *Ramayana* seul lui est expressément attribué dans la tradition nationale. Cette tradition, toute fabuleuse, le représente comme un de ces solitaires inspirés qui vivaient en commerce avec les dieux, et le place dans des temps extrêmement reculés, dans ceux où parut son héros lui-même, *Rama* ou *Sri-Rama*, personnage entièrement mystique et divin, législateur, triomphateur par excellence, bienfaiteur du monde, modèle de toutes les vertus, type sacré du prêtre et du guerrier tout à la fois. On entrevoit, d'après cela, que le caractère de ce poème, comme d'ailleurs de toute poésie épique chez les Hindous, est profondément moral et religieux. L'action principale du *Ramayana*, à laquelle viennent se rattacher une foule d'épisodes, les uns touchants, les autres merveilleux, la plupart d'un haut intérêt, est la victoire de *Rama* sur le géant Ravana, roi de Lanka ou Ceylan. On dit que le poème tout entier ne contient pas moins de 24 mille *slokas* ou distiques, distribués en VII livres, dont chacun se divise en un gr. nombre de sect. Les deux premiers livres du texte samscrit du *Ramayana* ont été publiés, avec une traduct. angl. littérale, par W. Carey et J. Marshman, à Serampore, de 1806 à 1810, 3 vol. in-4. A.-W. Schlegel en promettait une édit. complète, en samscrit et en latin, avec un *Commentaire*. Dès 1808, son frère, François Schlegel, avait donné en vers allemands les deux premières sections du prem. livre. Chézy en a publ. deux épisodes. Enfin, un profess. de Berlin, M. Fr. Bopp, en a traduit aussi un épisode en 1816, à la suite de son *Conjugationssystem der samscrit sprache*. On a des *Extraits* (en français) de plus. de ces traduct. dans les *Religions de l'antiquité*, d'après Creuzer, t. Ier, Paris, 1825, p. 199, 251.

VALMONT DE BOMARE (JACQUES-CHRISTOPHE), naturaliste, né à Rouen en 1731, refusa de suivre la carrière du barreau, à laquelle le destinait son père, et vint à Paris à l'âge de 19 ans pour s'y livrer à l'étude des sciences. Il apprit les éléments de l'art pharmaceutique, et exerça pendant deux ans la profession d'apothicaire. Sa réputation naissante lui valut un brevet de naturaliste-voyageur du gouvernement, et en cette qualité il visita les Alpes, les Pyrénées, la Suisse, l'Italie, l'Allemagne, l'Angleterre, la Suède, la Laponie et l'Islande. Il revint en 1756, riche de connaissances et chargé d'une abondante récolte, surtout en minéraux. La même année il ouvrit un cours public d'histoire naturelle, qu'il continua jusqu'en 1788, et dont le prodigieux succès popularisa en France le goût de cette science, jusqu'alors très négligée. Il vit s'ouvrir devant lui les portes des plus célèbres acad., et reprit ses cours en 1795 jusqu'en 1806, époque à laquelle il sentit ses forces s'affaiblir. Il mourut l'année suiv. emportant les regrets de tous ceux qui avaient pu apprécier, non pas seulement ses talents, mais son cœur excellent, son esprit droit, sa probité rare et son inépuisable bienfaisance. Ses principaux ouvr. sont : *Traité de minéralogie*, Paris, 1762, 2 vol. in-8. — *Dictionnaire raisonné, universel, d'hist. naturelle*, Paris, 1765, 5 vol. in-8, auxquels fut ajouté un *supplément* en 1768; Yverdun, de 1768 à 1770, 6 vol. avec des *notes*, fournies par Haller, Deleuze et Bourgeois ; Paris, 1775, 9 v. in-8; 1791, 15 v. ; Lyon, 1800, 15 vol. in-8. Ce *Dictionnaire* a servi de type à tous les ouvrages de ce genre qui ont paru depuis.

VALOIS (CHARLES, comte de), 3e fils de Philippe-le-Hardi, né en 1270, eut en apanage le comté de Valois, formé pour lui de 4 châtellenies. Il reçut en 1284 l'investiture des royaumes d'Aragon et de Valence, et du comté de Barcelone : cette générosité que prétendait lui faire le pape Martin IV, aux dépens de Pierre d'Aragon, n'eut pas un heureux résultat. En 1290, après la mort de son père, le comte de Valois épousa Marguerite, fille de Charles II, roi de Sicile, et, ayant renoncé à toutes ses prétentions sur le royaume d'Aragon, il reçut de son beau-père, par forme de dédommagement, les comtés d'Anjou et du Maine. Dans la guerre que Philippe-le-Bel ne tarda pas à déclarer à l'Angleterre, il reprit aux Anglais la Réole et St-Sever, puis il passa en Flandre, d'où il ramena Gui de Dampierre à Paris, pour l'obliger à rendre hommage au roi, mais aussi sous la promesse de le rétablir dans ses états. Cette promesse ne fut point ratifiée par le roi, et Charles indigné se retira dans ses terres. Ce fut alors qu'il épousa en secondes noces Catherine de Courtenay, petite-fille de Baudouin II, dern. emper. de Constantinople. Il passa avec elle en Italie, fut reçu par Boniface VIII, qui le déclara emper. d'Orient, l'établit son vicaire dans cette même Italie, et lui donna, avec le titre de *défenseur de l'Église*, des secours pécuniaires. Sur l'invitation du pontife, il alla rétablir la paix dans Florence par l'expulsion des guelfes, puis il marcha contre Frédéric d'Aragon, son compétiteur, qu'il battit d'abord, mais auquel il fut ensuite obligé de demander une paix honteuse. Rappelé par Philippe-le-Bel, il rejoignit l'armée de Flandre, et contribua au gain de la bataille de Mons-en-Puelle (1304). Il se flatta un moment d'être empereur d'Allemagne. Clément V, qui avait promis de le favoriser, pressa pourtant les électeurs de porter leurs suffrages sur un prince allemand, qui fut Henri de Luxembourg. Philippe-le-Bel étant mort, le comte de Valois s'empara de toute l'autorité sous son neveu *Louis-le-Hutin*, déjà majeur, et sut conserver son influence sous le règne suivant par des concessions faites à la noblesse, et par des victoires remportées en Guienne sur les Anglais. Il mourut en 1325 à Nogent-le-Roi ou à Pathay, avec la réputation du plus grand capitaine de son temps. Ses dern. jours avaient été empoisonnés par le souvenir du supplice d'Enguerrand de Marigny, qu'il avait fait condamner pour satisfaire une vengeance particulière, sans respecter aucune des formes établies. Il avait bien aussi profité des dépouilles des Templiers ; mais il ne paraît pas avoir eu part à l'abolition de cet ordre, plus malheureux que coupable. On a remarqué que le comte de Valois, sans être roi lui-même, avait été fils de roi, frère de roi, oncle de trois rois et père de roi. Philippe VI, dit de Valois, était son fils aîné.

VALOIS (Henri de), seigneur d'Orcé, historiographe du roi et critique estimable, né à Paris en 1603, après avoir fait de brillantes études chez les jésuites, suivit quelque temps la carrière du barreau pour plaire à son père, et se consacra ensuite exclusivement à la culture des lettres. Il avait livré au public ses prem. essais lorsque l'affaiblissem. de sa vue le força de suspendre ses travaux. Il les reprit bientôt, grâce à la générosité du président de Mesmes, qui, en lui accordant une pension considérable, le mit en état d'avoir un secrétaire. Il tenait en outre du roi deux traitements, de 1,200 livres chacun, comme historiographe et comme homme de lettres, et recevait de Mazarin une pension dont ce ministre lui assura la continuation par son testament. Une autre pension lui fut allouée par l'assemblée du clergé, dont il avait reçu la mission de publier une édition des auteurs grecs qui ont écrit l'histoire de l'Église. Valois mourut en 1676. Divers opuscules qu'il avait publ. séparément, ont été recueillis sous ce titre : *H. Valesii emendationum libri V, et de criticâ libri II*, etc., Amsterdam, 1740, in-4. Parmi ses autres travaux, on distingue : *Ammiani Marcellini rerum gestarum libri XVIII*, Paris, 1636, in-4, excellente édit. — Les *Histoires* ecclésiastiq. d'Eusèbe, de Socrate et de Sozomène, de Théodoret et d'Évagre, avec les *Fragments* de celle de Philostorge, ibid., 1659, 1668, 1673, 3 vol. in-fol. — VALOIS (Adrien de), seigneur de La Mare, frère du précéd., né à Paris en 1607, employa plusieurs années à étudier les monuments, soit imprimés, soit MSs., relatifs à l'hist. de France. Il montra, dans ses recherches et dans les ouvrages qui en furent le fruit, une critique judicieuse, et mérita le titre d'historiographe du roi, avec un traitement de 1,200 fr., et de plus une pension comme homme de lettres. La fortune aurait plus fait encore pour lui, s'il n'eût répudié quelques-unes de ses faveurs. Il raconte lui-même que M. de Montausier lui fit proposer la place de sous-précepteur de M. le dauphin ; mais on exigeait qu'il restât célibataire et qu'il portât l'habit ecclésiastique : il ne crut pas devoir se soumettre à de telles conditions, et il se félicita d'avoir pris ce parti. Il mourut en 1692. Entre autres écrits, nous lui devons deux ouvr. importants sur notre histoire : *Gesta Francorum seu rerum francicarum*, t. I, II, III, Paris, 1646-58, 3 vol. in-fol. — *Notitia galliarum ordine litterarum digesta*, ib., 1676, in-fol. — VALOIS de LA MARE (Charles de), fils du précéd., né à Paris en 1671, prit ses degrés en droit, se fit recevoir avocat en 1696, mais ne fréquenta pas le barreau, et refusa d'acheter une charge de magistrature pour pouvoir se livrer sans partage à la culture des lettres et de la numismatique. Il parvint à former un cabinet très précieux, et fut admis en 1705 à l'acad. des inscript., dont il suivit toujours les séances avec une exactitude rigoureuse. Il mourut à Paris en 1747. Parmi ses nombreux *Discours, Dissertat.* ou *Mémoires*, insérés dans le *Recueil* de l'acad., on citera sa *Dissertation sur les Amphyctions*, t. III, p. 191-227, et t. V, p. 405-15. — Son *Hist. de la prem. guerre sacrée*, t. VII, p. 201, et son *Hist. de la seconde guerre sacrée*, t. IX, p. 57 ; t. XII, p. 177.

VALOIS (Louis LE), jésuite, né à Melun en 1639, professa dix ans la philosophie à Caen et, plein de zèle pour les pauvres, eut beaucoup de part à la fondation de l'hôpital-général de cette ville. Rappelé plus tard à Paris, il fut nommé confesseur des princes, petits-fils de Louis XIV, et devint ensuite supérieur de la maison professe, rue St-Antoine, où il mourut en 1700. On a de lui des *OEuvres spirituelles*, publ. par le P. Bretonneau, 1758, 3 vol. in-12, et réimpr. plus. fois.

VALOIS (Yves), physicien et littérateur, né à Bordeaux en 1694, embrassa la règle de St Ignace, et remplit pend. plus de 30 ans, avec zèle et succès, la chaire d'hydrographie à l'école de La Rochelle. Lors de la suppression de l'Institut, il se retira problem. dans sa famille ; mais on ignore le lieu de sa retraite et l'époque de sa mort ; son nom ne figura plus, en 1769, dans la liste des académiciens de La Rochelle. Ses principaux ouvr. sont : *la Science et la pratique du pilotage*, La Rochelle, 1755, in-4. — *Conjectures physiques sur* la cause, la nature et les propriétés du sel marin, dans les Mém. de Trévoux, 1744, mars, p. 430-61. — *Entretiens sur les vérités fondamentales de la religion pour l'instruction des officiers et gens de mer*, La Rochelle, 1747, 2 vol. in-12. — *Recueil de dissertat. littéraires*, Paris, 1765, ou Nantes, 1766, in-8.

VALORI (BACCIO ou BARTOLOMMEO, dit *l'Ancien*), né à Florence en 1354, d'une famille patricienne, fit partie, pour la première fois, des dix de Balie en 1390, et fut réélu six fois pour cette magistrature. Il remplit successivement les fonctions de gonfalonier de justice, d'ambassadeur et d'autres encore, et mourut en 1427 (v. les *Famiglie nobili fiorentine*, par Sc. Ammirato). — VALORI (François), neveu du précéd., né à Florence en 1439, fut employé à plus. ambassades, et nommé quatre fois gonfalonier de justice. Il porta dans les affaires publiques l'élévation d'âme que lui avait donnée l'étude de la philosophie platonicienne, et mérita le titre de grand citoyen que lui accorde Ammirato. Il désirait vivement la réforme des abus dénoncés par Savonarola, son ami; mais il ne put accomplir son dessein patriotique, et, après avoir tenté vainement de sauver ce moine éloquent et fougueux, il périt avec lui, victime de la même émeute populaire, en 1498. — VALORI (Nicolas), né à Florence, d'une famille patricienne, remplit plus. emplois publics et quelques ambassades, dont la plus importante fut celle auprès de Louis XII, roi de France. Inculpé dans la conspiration de Boscoli et de Capponi, et condamné à une réclusion perpétuelle, il recouvra la liberté par l'intervention de Léon X. On a de lui une *Vie de Laurent de Médicis*, publ. pour la prem. fois par Mehus, Florence, 1749, in-8 de 67 pag., et trad. en franç. par Goujet, Paris, 1761.

VALORI (le comte FRANÇOIS-FLORENT de), né à Toul en 1763, servait dans les gardes-du-corps lorsque cette troupe essaya de défendre le palais de Versailles dans les journées des 5 et 6 octobre 1789, et fut licencié peu de temps après. Lors du départ du roi, il fut un des trois gardes qui l'accompagnèrent, et furent ramenés de Varennes avec l'infortuné monarq. Conduit prisonnier à l'Abbaye, il n'en sortit qu'après l'acceptation de la nouvelle constitution. Valori fut alors chargé par la reine d'une mission auprès de la princesse de Lamballe, à Bruxelles, et, forcé par les événements de rester hors de France, il fit plusieurs campagnes au service de Prusse, et ne rentra dans sa patrie qu'en 1814. Il suivit à Gand Louis XVIII, qui venait de le nommer officier dans une compagnie de ses gardes, en obtint au retour le grade de maréchal-de-camp et la charge de grand-prévôt du département du Doubs, et mourut à Toul en 1822. Il avait donné un *Précis du voy. à Varennes*, Paris, 1816, in-8.

VALPERGA DI CALUSO (THOMAS DES COMTES MASINO), mathématicien et littérat., né à Turin en 1757, servit quelque temps à bord des galères de Malte, et se rendit ensuite à Naples, où il prit l'habit de l'Oratoire à l'âge de 24 ans. Élu bibliothécaire, puis professeur de théologie, il aurait passé sa vie dans cette retraite paisible et studieuse, si le gouvernem. napolitain n'eût, en 1768, exclu des ordres religieux tous les étrangers. Il revint alors dans sa ville natale, où il mena la même vie simple et retirée. Il y fonda une société littéraire, et fut associé à l'acad. de peinture et à celle des sciences, dans laquelle il exerça pendant 18 ans les fonctions de secrétaire. Il ne se délassait de ses travaux que par des voyages, qui étaient pour lui une nouvelle source d'instruction. Ce fut dans un de ces voyages, en 1772, qu'il se lia d'une amitié durable avec Alfieri, et Caluso fut l'éditeur de ses Œuvres posthumes. De 1800 à 1814, il ouvrit dans sa propre maison une école où il enseigna à quelq. jeunes gens les littératures grecq. et orientale, dont il avait déjà rétabli le goût en Piémont, en les professant à l'université de Turin. Il remplit successivem., dans la même ville, les fonctions de membre du grand-conseil et de directeur de l'Observatoire pour la partie astronomiq. En 1814, il fut nommé président et direct. d'une des classes de l'acad. des sciences et des lettres, et mourut en 1815 à Turin. Il était correspond. de l'Institut de France, de la société italienne de Vérone et d'un grand nombre d'autres sociétés sav. Mathématiques, langues orientales et poésie, voilà les trois classes entre lesquelles on peut distribuer ses nombreux ouvrages. Il publiait sous son propre nom ceux de mathématiq., sous celui de *Didymus Taurinensis* ceux qui regardaient les langues orientales, et sous le nom pastoral d'*Euforbo Melesigenio* ses vers italiens, latins ou grecs. On citera de lui : *Litteraturæ copticæ rudimentum*, Parme, 1785, in-8. — *De l'Orbite d'Herschell ou Uranus, avec de nouvelles tables pour cette planète* (Mém. de l'acad. de Turin), 1786-87. — *De la Navigation sur la sphéroïde elliptique, ses loxodromies et son plus court chemin*, 1788-89. — *Masino, scherzo epico*, Turin, 1791, in-12; Brescia, 1808, in-8. — *De la Résolution des équations numériq. de tous les degrés* (acad. de Turin), 1792-1800. — *Prime lezioni di grammatica ebraica*, Turin, 1805, in-4. — *Della Poesia, libri III*, ibid., 1806, in-4. — *Latina carmina, cum specimine græcorum*, ibid., 1807, in-8. — *Versi italiani*, ibid., 1807, in-8. Prosper Balbo a publié une *Vie* de l'abbé Valperga, sur lequel on trouvera une ample *Notice* dans le *Magasin encyclopédiq.*, 1815, t. IV, p. 390.

VALSALVA (ANTOINE-MARIE), anatomiste, né à Imola en 1666, pratiqua la médec. en même temps qu'il était profess. d'anatomie à l'univ. de Bologne, et chirurgien de l'hôpital des Incurables. Il simplifia les instruments de chirurgie, en diminua le nombre, et rendit d'autres services. Telle était son ardeur pour la science, qu'il la communiquait à tous ceux qui l'entouraient, et plus d'une fois ses domestiques se trouvèrent chirurgiens en sortant de sa maison. Il mourut à Bologne en 1725. Il s'était occupé surtout de l'organe de l'ouïe, cette partie si curieuse et si difficile de l'anatomie, et a laissé sur ce sujet un ouvrage devenu classique en Italie : *De aure humanâ tractatus, in quo integra ejusdem auris fabrica, multis novis inventis et iconibus suis illustrata, describitur omniumque ejus partium usus indagatur*, etc., Bologne, 1704, in-4; Utrecht, 1707; Genève, 1716; Venise, 1740, in-4. Morgagni, son élève, à qui on doit cette édit., y a joint une *Vie* de l'auteur, et trois *Dissertat.* inédites de ce grand anatomiste.

VALSECCHI (dom VIRGINIUS), sav. bénédictin, de la congrégat. du Mont-Cassin, né à Brescia en 1681, professa la philosophie, les sciences sacrées et le droit canon à Florence, se livra aussi avec succès aux antiquités, et obtint en 1711 une chaire d'Écriture sainte et d'histoire ecclésiastiq. à l'univ. de Pise. Il mourut en 1739 à Florence, abbé de son monastère. Nous citerons de lui : *De initio imperii Severi Alexandri Augusti dissertatio*, Florence, 1715. — *Epistola de veteribus Pisanæ civitatis constitutis*, etc., *ad D. Guidonem Grandi*, etc., Florence, 1727, insérée par Godefroi Hoffmann dans le 5e vol. de l'*Historia juris romano-justinianœi*, Leipsig, 1726. — VALSECCHI (Antonin), dominicain, né à Vérone en 1708, fut chargé de l'enseignement de la philosophie dans un couvent de son ordre à Venise, précha ensuite dans les principales villes d'Italie, et fut élu professeur de théologie à l'univers. de Padoue, où il mourut en 1791, après 33 ans d'exercice. Nous citerons de lui : *Dei fondamenti della religione, e dei fonti dell' empietà*, Padoue, 1765, 5 vol. in-4. — *Prediche quaresimali*, Venise, 1792. — *Panegirici e discorsi*, Bassano, 1792 (v. Zeno, *Note al Fontanini*, t. II ; les *Vitæ ital.* de Fabroni, t. IV, etc.).

VALTERIE (l'abbé de LA), né à Verneuil, dans le Perche. On a depuis long-temps oublié ses traductions d'*Homère*, de *Perse* et de *Juvénal*; mais quelq. curieux recherchent encore celle de l'*Iliade* et de l'*Odyssée*, de l'édit. de Hollande, suivant la copie, 1682, 4 vol. in-12, à cause des gravures de Schoönebeck.

VALTRINI (JEAN-ANTOINE), jésuite, né à Rome en 1556, enseigna les belles-lettres, la théologie morale et la sainte Écriture au collége romain, et mourut à Lorette en 1601. Nous citerons de lui : *De re militari veterum romanor., lib. VII*, Cologne, 1597, in-8. — *Annuæ litt. soc. Jesu*, ann. 1581 et 1582.

VALTURIO (ROBERT), né à Rimini, fut conseill. de Sigismond-Pandolphe Malatesta, seigneur de Rimini, et vivait encore vers la fin du 15e S. L'ouvrage qui lui donna quelque réputat. est intitulé : *De re militari*, divisé en XII livres, impr. la prem. fois à Vérone, 1472, in-fol., fig.; ensuite à Bologne, 1483; réimpr. à Paris, 1532 et 1534, avec des corrections; traduit en français par Louis Meigret, Paris, 1555.

VALVASONE (ÉRASME de), poète italien, estimé parmi ceux du second ordre, était seigneur de Valvasone, château du Frioul, où il naquit en 1523. Vivant dans une inaction à laquelle le condamnait peut-être la situation de son domaine entre deux puissances jalouses, la maison d'Autriche et la république de Venise, il partagea ses loisirs entre les études littéraires et la chasse, pour laquelle il avait un goût passionné, qu'il sut mettre à profit dans l'intérêt de sa gloire poétique. En effet, son principal ouvrage, la *Caccia*, est un des meilleurs poèmes didactiques de l'Italie. Cette composition, en V chants et en octaves, ne fut publiée par l'auteur qu'en 1591, quoique ce fût l'œuvre de sa jeunesse, et fut réimprimée en 1602, Venise, in-12. Parmi ses autres écrits, assez estimés, nous citerons : l'*Angeleida*, épopée en octaves et en III chants, sur le combat des bons et des mauvais anges, Venise, 1590, in-4. — *Lagrime di S. Maria Maddalena*, qu'on trouve souvent à la suite des *Lagrime di S. Pietro* de L. Tansillo, Venise, 1592, in-8, et 1613, in-12. Valvasone mourut en 1593.

VAMBA ou WAMBA, 30e roi des Visigoths, fut élu en 672 pour succéder à Recesvind, et n'accepta qu'à regret ce dangereux honneur. Il se fit sacrer et couronner par le clergé à Tolède, cérémonie jusqu'alors inusitée chez les Goths. Les fâcheux pressentim. qui lui avaient fait d'abord refuser le trône ne tardèrent pas à se réaliser. Des révoltes éclatèrent dans la Cantabrie et la Vasconie (la Biscaye et la Navarre). Le comte de Nimes, l'évêque de Maguelonne et d'autres seigneurs de la Septimanie, accueillirent les Juifs qu'il venait de bannir et se liguèrent contre lui. Le duc Paul, auquel il avait cru pouvoir confier une partie de son armée, fit soulever la Catalogne, franchit les Pyrénées, se fit proclamer roi dans Narbonne, et se ménagea l'appui des seigneurs mécontents de la Gaule gothique. Vamba, dans ces circonstances difficiles, déploya une activité, une présence d'esprit, un courage qu'on n'attendait pas de son âge avancé, et soumit rapidement la Vasconie, la Cantabrie, la Catalogne, Narbonne, Beziers, Agde, Maguelonne et Nîmes. Il accorda la vie à tous les rebelles et renvoya libres tous les étrangers. La paix dont purent jouir alors ses sujets ne fut plus troublée que par une invasion des Arabes, presque aussitôt repoussée. Vamba, malgré ces services et d'autres encore, fut forcé, en 680, par une insigne perfidie, de prendre l'habit monastiq. et de signer son abdication en faveur du comte Ervige, qu'il avait comblé de bienfaits. Il passa ses dern. années dans le couvent de Pampliega, près de Burgos, et mourut en 683 ou 687. Ce prince, digne de vivre dans un autre temps et d'obtenir plus de reconnaissance, avait travaillé à réprimer l'ambition, les débauches et les crimes des évêques.

VAMMALE (ANTOINE BRÈS de), prieur-commandataire de Comequiert, né en 1725 à Alais, après avoir rempli les pénibles fonctions de l'enseignem. dans le séminaire de sa ville natale, se livra à la prédication avec succès. Les seuls de ses discours qui aient été imprimés sont un *Panégyrique de St Louis*, prononcé devant l'Acad. franç. en 1766, et une *Oraison funèbre de Louis XV*, prononcée en 1774 dans la cathédrale de Toulouse. L'archevêque, M. de Brienne, dont il avait l'estime et la confiance, l'avait nommé l'un de ses vicaires-généraux, et se reposait en partie sur lui de l'administrat. de son diocèse. Il mourut au château de Brienne en 1781.

VAN-ALPHEN (Antoine), vicaire apostolique de Bois-le-Duc, né en 1748 à Boxtel, fit ses études à Louvain et fut nommé en 1774 lecteur au collége de Driutius. Admis la même année à la licence, il fut en 1777 promu à la chapellerie de Boxtel, désigné en 1782 coadjuteur du vicaire apostolique de Bois-le-Duc, place dans laq. il remplaça Aërts en 1790, et nommé en 1785 à la cure de Schyndel. En 1798, voyant que la suppression de l'univ. de Louvain allait ôter les moyens de continuer la success. des prêtres de son vicariat, il établit à Bois-le-Duc un séminaire qu'il transporta l'année suivante à Hexelaar. L'église de Bois-le-Duc fut tranquille sous la république batave et sous le règne de Louis Bonaparte; mais, lorsque Napoléon se fut emparé de la Hollande, il imagina de rétablir l'évêché de Bois-le-Duc, érigé en 1559, et qui, depuis la conquête des Hollandais en 1629, avait été administré par des vicaires nommés d'abord par le chapitre, puis par le pape. Van-Alphen ne s'étant point prêté à ce projet, fut enfermé en 1810 à Vincennes, puis mis en surveillance à Malines et à Anvers. Pressé de donner sa démission ou de remettre ses pouvoirs à un prêtre qu'on lui désignait, Van-Alphen s'y étant refusé fut ramené à Paris, où il resta jusqu'en 1814. Son retour à Bois-le-Duc fut une véritable fête. Il reprit ses fonct. de vicaire apostolique et de pasteur à Schyndel, qu'il remplit jusqu'à sa mort en 1831.

VAN-BAALE (Henri), poëte dramatique hollandais, mort à Dordrecht le 12 février 1822, âgé de 40 ans, est auteur de deux tragéd. : *de Saracene*, Amsterdam, 1809, et *Alexander*, ibid., 1816.

VAN-BEMMELEN (Abraham), professeur à La Haye, où il mourut à 59 ans, a publié en holland. des *Éléments de physique expérimentale*, 4 vol. in-8; des *Leçons d'algèbre*, et une *Introduction à l'architecture hydraulique*.

VANBRUGH (John), auteur comique et architecte, né vers l'an 1672, d'une famille originaire de Gand et établie en Angleterre, quitta le service militaire pour embrasser la carrière dramatique, et donna successivem. plus. comédies. Ayant fait construire, sur ses propres plans, un théâtre à Londres, il en devint directeur avec Congrève. Vanbrugh avait étudié l'architecture avec fruit, et, indépendamm. de la salle dont on vient de parler, il construisit plus. beaux édifices, palais et châteaux, notamm. ceux de Blenheim, de Howard et de Carlisle. Il avait cédé à Congrève sa part dans l'administration théâtrale, lorsqu'en 1704 il obtint l'office de roi d'armes. Il fut nommé intendant des bâtiments de la couronne en 1715, l'année suiv. inspecteur des bâtim. de l'hôpital naval de Greenwich, et il mourut en 1726 au palais de White-Hall. Deux de ses comédies ont été insérées dans le recueil intit. : *The new english Theatre*, Londres, 1776, 12 vol. in-12.

VANCOUVER (George), navigateur anglais, né vers 1750, entra de bonne heure dans la marine, et fit avec Cook les 2e et 3e voyages autour du monde. En 1780, il servit dans l'escadre des Antilles, sous l'amiral Rodney, et fut employé jusqu'en 1789 dans la station de la Jamaïque. Il avait fait preuve d'un courage et d'une habileté tels, qu'en 1790 le gouvernem. lui confia une mission d'une haute importance. Il s'agissait de décider la question, si long-temps débattue, s'il existe dans l'Amérique-Septentr., entre le 30e et le 60e degré de latitude, une mer intérieure ou des canaux de communication entre les golfes connus de l'Océan-Atlantique et du gr. Océan. Nommé capitaine de vaisseau, command. la corvette *la Découverte* et le brick *le Chatam*, il partit de Falmouth le 1er juillet 1791, atterrit le 26 sept. à la côte sud de la Nouvelle-Hollande, découvrit le port George, et longea la terre jusqu'au 122° 8" de longitude. Il alla mouiller ensuite dans une baie de la Nouvelle-Zélande, où il avait déjà séjourné avec Cook, puis parcourut les archipels des *Amis* et des *Sandwich*, reconnut la nouvelle Albion, l'entrée de J. de Fuca, fit ensuite route au sud vers Noutka, passa quelque temps dans le port de Monterey, et remit à la voile pour l'archipel des Sandwich. Il reconnut la côte d'Amérique par 56° 2" nord, retourna au sud, revit les établissem. espagnols de la Nouvelle-Californie, atteignit Ovaïhy, et reçut du souverain de cette île la cession qu'il en fit au roi d'Angleterre en 1794. Vancouver commença sa 3e campagne par le nord, fit de nouv. découv., visita les comptoirs russes, parcourut soigneusement toutes les baies, anses, détroits, canaux, explora l'archipel des rois George et du prince de Galles, la grande île de l'Amirauté, et termina ses opérations dans le port Conclusion, par 56° 14" nord et 225° 57" est. Il revint ensuite en Europe, en faisant de nouvelles explorat. sur sa route, débarqua le 13 sept. 1795 sur la côte occidentale d'Irlande, et vint immédiatem. à Londres rendre compte du succès de sa mission. Il avait fait une reconnaiss. très exacte de la côte nord-ouest de l'Amérique, ce qui l'avait amené à la conviction de l'impossibilité d'une communication par navires entre le grand Océan-Septentrional et l'intérieur du continent de l'Amérique dans l'étendue qu'il avait parcourue. Bien que ce long voyage eût altéré sa santé, Vancouver vécut assez long-temps pour rédiger la plus gr. partie de sa relation. Il mourut à Pétersham en 1798, avant la fin de l'impression de son ouvr. Son frère, J. Vancouver, y mit la dern. main et le publia sous ce titre, en anglais : *Voyage de décou. à l'Océan-Pacifique du nord et autour du monde*, etc., *exécuté de 1790 à 1795*, etc., Londres, 1798, 3 vol. in-4, avec atlas in-fol.; trad. en franç., Paris, an VIII (1800), 3 vol. in-4, et atlas in-fol.; une autre traduct. abrégée a été donnée par Henry, ibid., 1800, 5 vol. in-8, et atlas in-4.

VANDA ou VENDA, élevée sur le trône de Pologne vers l'an 750, après la mort de Cracus et celle de ses deux frères, trompa l'attente de ses sujets en rejetant les sollicitat. de Ritiger, prince voisin qui demandait sa main, et en répondant qu'elle aimait mieux exercer l'autorité du souverain que d'être son épouse. Ritiger insista, menaça, s'avança sur les frontières de Pologne, et Vanda alla au-devant de lui. Avant d'en venir aux mains, le prince envoya des ambassadeurs pour faire une dernière demande qui fut refusée. A leur retour au camp, les envoyés, pénétrés d'admiration pour la reine de Pologne, déclarèrent que cette guerre étant inutile et injuste, ils quitteraient les drapeaux de Ritiger. Il paraît que ces envoyés étaient des seigneurs influents, car le prince céda à leurs représentations, et, de désespoir, se donna la mort. Les Moraviens, dont il était le chef, firent la paix avec Vanda. Cette princesse, après être entrée en triomphe dans la ville de Cracovie, dont son père était le fondat., et avoir offert un sacrifice aux divinités polonaises, craignant que quelq. désastre ne vînt troubler son bonheur, se précipita dans la Vistule. On retrouva son corps, qui fut enterré hors de la ville, dans un lieu où on lui érigea un monum. La tradition veut que cet emplacement soit celui du bourg et couvent de *Mogila*, nom qui signifie en polonais tertre, tombeau. La tragéd. de *Vanda*, donnée par M. G. de Baer au t. XXIII des *Chefs-d'OEuvres des théâtres étrangers* (Paris, 1825), comme trad. du polonais de J. Niemcewitz, n'est, au jugement des littérat. nationaux, qu'une création du soi-disant traduct., ainsi que la *notice* qu'il a mise en tête. Il en est de même, ajoute-t-on, des deux autres pièces qui, dans ce recueil, suivent celle de *Vanda*, et sont également de M. G. de Baer (v. le *Journal de Varsovie*, II, 1825, p. 244-74).

VAN-DALE (ANTOINE), antiquaire, né à Harlem en 1638, abandonna les occupations commerciales pour se livrer à l'étude de la médecine, se fit recevoir docteur, et allia la culture des lettres à l'exercice de sa profession. Il obtint la place de médecin de l'hôpital de Harlem, et la remplit jusqu'à sa mort, en 1708. Il était de la secte des mennonites ou anabaptistes pacifiques (*v.* MENNO). On a de lui : *De oraculis veterum ethnicorum dissertationes II*, Amsterd., 1700, in-4. — *Dissertationes de origine et progressu idololatriæ et superstitionum*, etc., ibid., 1696, in-4. — *Dissert. IX antiquitatibus quin et marmoribus, cùm Romanis tùm Græcis illustrandis inservientes*, ibid., 1702 et 1743, in-4. — *Dissert. super Aristeâ de LXX interpretibus*, etc., ibid., 1704, in-4 (*v.* ARISTÉE). On peut consulter sur Ant. Van-Dale son *Éloge* par Leclerc, les *Mém.* de Niceron, tom. XXXVI, et le *Dictionnaire* de Chauffepié.

VANDENESSE (JEAN de), surintendant de la maison impériale, né vers la fin du 15ᵉ S. à Gray, en Franche-Comté, fut pendant près de 40 ans attaché à l'empereur Charles-Quint, qui, en mourant, le recommanda à Philippe II. Maintenu encore plus. années dans ses fonct. par ce prince, Vandenesse se retira dans sa patrie, où il mourut dans un âge avancé. Il a laissé en MS. le *Journal des voyages de l'emper. Charles-Quint et du roi Philippe II, son fils, de 1514 à 1560*, in-fol. Le MS. original existe à la biblioth. de Tournay, mais on en trouve plus. copies à Paris, à Besançon et en Flandre. La société d'hist. des Pays-Bas annonce la prochaine publication de cet ouvr. rempli de détails curieux. — Guillaume VANDENESSE, frère du précéd., partagea avec lui la confiance de Charles-Quint, et fut aumônier de ce prince, qui le nomma ensuite évêq. de Coria. — V. CHABANES (J. de).

VANDERBOURG (MARTIN-MARIE-CHARLES BOUDENS de), littérat., né en 1765 à Saintes, d'une famille noble, acheva ses études à l'école milit., entra dans la marine et fit en 1782 une campagne dans l'Inde, sur la frégate l'*Hermione;* il était en 1789 lieut. de vaisseau. Forcé d'émigrer en 1793, il s'établit en Allemagne, où il occupa ses loisirs forcés par une étude approfondie de la langue et de la littérat. des Allemands. Ses talents lui méritèrent l'estime du comte de Stolberg, qui lui procura un emploi dans les îles danoises Sous-le-Vent; il demeura en Amérique jusqu'en 1800, et revint en France en 1802. Divers ouvr. en prose et en vers l'avaient fait connaître d'une manière avantageuse, lorsqu'il remplaça en 1814 L.-S. Mercier à l'Institut. Il continua de se livrer entièrement à la culture des lettres, et mourut à Paris en 1827. Outre la part qu'il eut à la rédact. du *Publiciste*, des *Archives littér.*, du *Mercure étranger*, et du *Journal des sav.*, on lui doit la publicat. des *poésies* de Clotilde de Surville, des trad. de l'allem. telles que le *Woldemar* de F.-H. Jacobi, 1796, 2 vol. in-12; le *Voyage en Italie* de F.J.-L. Meyer, 1802, in-8; du *Laocoon, ou des Limites respectives de la poésie et de la peinture*, par Lessing, 1802, in-8. — *Cratès et Hipparque*, roman de Wieland, 1818, 2 vol. in-18; mais le plus beau titre de Vanderbourg est sa traduct. en vers franç. des *Odes d'Horace*, 1812-13, 2 vol. in-8. Il a fourni plus. articles à la *Biographie universelle*. M. Daunou a prononcé son éloge à l'Institut le 2 août 1839 (*Moniteur* du 28 octobre).

VANDERBURCH (FRANÇOIS), archevêq. de Cambrai, né en 1567 à Gand, d'une ancienne famille (*v.* BURCH), courut les plus gr. dangers dans son enfance par suite des représailles que les protestants, victime de la cruauté du duc d'Albe, exerçaient parfois sur les catholiques. Son père, mis en prison, vit sa maison livrée aux flammes, ses terres ravagées, et rendu ensuite à la liberté, fut obligé de fuir avec toute sa famille. Le jeune Vanberburch fut envoyé avec sa mère auprès d'un oncle de celle-ci, doyen du chapitre d'Utrecht. Après avoir terminé ses études, il embrassa l'état ecclésiastiq., devint vicaire-général de l'évêque d'Arras, puis chanoine de Mons, et successivem. évêque de Gand et archevêque de Cambrai. Il se signala dans ces deux postes par l'exercice de toutes les vertus pastorales, et fonda à Cambrai un établissem. pour les jeunes filles de familles honnêtes et peu aisées, qui donna plus tard à Mᵐᵉ de Maintenon l'idée de la maison de St-Cyr. Ce digne prélat mourut à Mons en 1644. En 1823, la *Société d'émulation* de Cambrai mit au concours l'*Éloge* de Vanderburch, et adjugea le prix à M. H.-R. Duthilloeul.

VAN DER GOES (Hugues), peintre, né à Bruges vers l'an 1366, fut un des prem. à employer le procédé de la peinture à l'huile. On ignore l'époque de sa mort. Parmi ses ouvr. que le temps a épargnés, on cite son tableau de la *Vierge*, placé dans l'église de St-Jacques de Gand. La galerie de Vienne possède de cet artiste quatre tableaux précieux : une *Ste-Famille*, un *St Jean-Baptiste*, *St Jean et St Jérôme* (formant les volets du tableau précéd.), et une *pastorale*.

VAN DER HEYDEN (Jean), peintre, né à Gorcum en 1627, d'abord élève d'un peintre sur verre, parvint par lui-même à un gr. degré de perfection dans la représentation des monuments publics. On cite dans ce genre ses tableaux de *l'Hôtel-de-Ville d'Amsterdam*, *la Bourse*, *le Bureau du poids public*, *l'Église neuve*, de la même ville, *la Bourse de Londres*, *le Calvaire de Cologne*. Il avait aussi des connaissances en mécanique, et on lui doit le perfectionnement des pompes à incendie ; il a écrit un *Traité* sur cette matière, Amsterd., 1690, gr. in-fol., orné de pl. de son invention et gravées par lui-même. Le musée possède de cet artiste trois tableaux : la *Vue de l'hôtel-de-ville d'Amsterdam* ; la *Vue d'une église et d'une place* d'une ville hollandaise ; et la *Vue d'un village* situé sur le bord d'un canal. Van der Heyden mourut à Amsterdam en 1712.

VANDER MÆSEN (Edme-Martin), général français, né à Versailles en 1767, s'engagea comme simple soldat, en 1782, dans le régiment de Touraine. Devenu officier à l'époque de la révolution, et chargé de l'instruction de deux bataillons du Jura, dont l'un le choisit pour son commandant, il fit en cette qualité la campagne de 1793 sur le Rhin, se signala dans plus. occasions, et fut nommé, l'année suiv., chef de demi-brigade, ou colonel. En 1796, il parvint au grade de général de brigade par suite de sa brillante conduite dans plus. affaires, et notamm. à la bataille de Stokach. Quelque temps après il fut fait prisonn. près de Manheim. Échangé en 1801, il partit pour les Indes en qualité de lieutenant du général de Caën, et fut nommé général de division. Rentré en France en 1810, après la perte de nos colonies, il fut employé à l'armée d'Espagne, où il continua de se distinguer par sa bravoure et ses qualités militaires. Il mourut glorieusement, atteint d'une balle, au passage de la Bidassoa, le 1er sept. 1813.

VAN DER MERSCH (Jean-André), l'un des chefs de l'insurrection des Pays-Bas en 1788, né à Menin en 1734, entra jeune dans le régiment de Lamarck, se distingua pendant la guerre de sept ans en Flandre et en Allemagne, parvint au grade de lieutenant-colonel, et reçut la croix de St-Louis sur le champ de bataille. Il passa en 1778, au service d'Autriche, et y obtint le grade de colonel. La paix le ramena dans ses foyers avec une pension. Les innovations introduites par l'empereur Joseph II, dans le gouvernem. des Pays-Bas, ayant excité le mécontentement des divers ordres de l'état, Van der Mersch fut choisi par les chefs de l'insurrect. pour la diriger. A la tête de 3,000 hommes, il battit les Autrichiens A Turnhout le 27 oct. 1789, fit des progrès dans la *Campine*, puis entama avec le ministère autrichien des négociations qui furent sans résultat, entra dans Namur, et poussa ses avant-postes jusque dans le pays de Luxembourg. Par suite des intrigues du gouvernem. prussien, qui voulait diriger la nouv. révolution selon ses propres intérêts, Van der Mersch, accusé de haute trahison, fut enfermé dans la citadelle d'Anvers, en avril 1796, transféré plus tard à Louvain, et remis en liberté à l'approche des armées autrichiennes au mois de déc. suivant. Il se rendit alors à Lille, y séjourna quelque temps, puis retourna mourir à Menin en 1792. On a publié : *Mémoire historique et pièces justificatives pour M. Van der Mersch* (par un de ses officiers nommé Dinne), Lille, 1791, 3 vol. in-8.

VAN DER MONDE (Charles-Augustin), médecin, né à Macao en 1727, d'une famille originaire de la Flandre française, passa d'assez bonne heure en Europe avec son père, qui s'établit à Paris vers 1732, et s'y fit recevoir membre de la faculté de médecine. Dirigé dans ses études par son père, il fut fait docteur en 1748, pratiqua la médecine avec quelque succès, publia plusieurs ouvrages estimés, et mourut subitement en 1762. On a de lui : *Histoire d'une maladie curieuse de la peau*, trad. de l'ital. de Curzio, médecin napolit., Paris, 1755, avec de très bonnes *notes*. — *Essai sur les moyens de perfectionner l'espèce humaine*, ibid, 1756, 2 vol. in-12. — *Dictionnaire de santé*, ibid, 1760, 2 vol. in-12. Il rédigea pendant plus. années le *Journal général de médecine*, continué jusqu'à nos jours. — Van der Monde, mathématicien, né à Paris en 1735, d'une autre famille que le précéd., fut l'élève du géomètre Fontaine, puis de Dionis-du-Séjour, entra à l'acad. des sciences en 1771, prit beaucoup de part à ses travaux, et publia successivem. plus. *Mémoires* très intéressants dans ses recueils. Nommé professeur d'économie politique à l'école normale lors de sa création en 1795, il fit partie de l'Institut organisé cette même année, et mourut d'un vomissem. de sang le 1er janvier 1796. Son *Éloge* a été prononcé à l'Institut (où il eut pour success. Carnot) par Lacépède, alors secret. de la classe des sciences physiq. et mathématiques.

VAN DERSTRAETEN (Ferdinand), économiste, né à Gand en 1771, suivit la carrière du commerce, voyagea en Angleterre, en France, en Allemagne et s'appliqua particulièrem. à rechercher les causes de la prospérité publique chez les différentes nations anciennes et modernes. Fixé dans sa patrie, et débarrassé de ses affaires commerciales, il se livra à l'étude de l'agriculture flamande, et fut poursuivi devant les tribunaux pour avoir, dans le 1er vol. de son ouvr. sur *l'État actuel du royaume des Pays-Bas*, 1819-23, 2 vol. in-8, annoncé la ruine de l'industrie belge. Condamné à 3,000. flor. d'amende, il essuya diverses autres condamnations pour des articles de son journal : *l'Ami du roi et de la patrie*. Il venait de subir deux mois de détention, dans les prisons de la cour d'assises de Bruxelles, lorsqu'il mourut subitement en 1523.

VAN DER ULFT (Jacques), peintre, né à Gorcum vers 1627, s'appliqua d'abord à la peinture sur verre, et se plaça ensuite au rang des plus habiles artistes de son pays. On ignore l'époque de sa mort. Parmi ses product. les plus remarquables, on cite : une *Entrée triomphale dans Rome*, tableau capital d'un beau fini ; une *Vue des environs de Rome* ; un *Port de mer d'Italie*. Il n'avait jamais visité cette contrée, mais il dessinait ses sites et ses fabriques d'après des estampes. Le musée possède deux tableaux de Van der Ulft : une *Porte de ville* et une *Place publique* où se font des préparatifs de fête.

VAN DER VYNCKT (Luc-Joseph), publiciste, né en 1691 à Gand, prit ses degrés en droit à l'université de Louvain, voyagea ensuite en France, en Italie, en Allemagne, et, à son retour, fut nommé membre du conseil de Flandre en 1729. Il consacra les loisirs que lui laissaient ses fonctions à l'étude de l'histoire de sa patrie, et mourut à Bruxelles en 1779. On a de lui : *Recherches historiq. et chronologiques sur les gouverneurs et gouvernantes des Pays-Bas* (en flam.) ; une *Histoire des Pays-Bas*, commençant au mariage de Philippe-le-Bel en 1495, et finissant à la paix de Westphalie. Cet ouvr., écrit en franç., et revu par M. de Méan, fut d'abord imprimé à Bruxelles, à 5 exempl. seulem. (le gouvernem. autrichien qui avait commandé cet ouvr. en limita le tirage à ce nombre), et réimprimé sur les prem. épreuves, avec de nouv. corrections de style et un grand nombre de pièces justificatives, 3 vol. in-8. Van der Vynckt a laissé plusieurs autres ouvrages MSs. dont on trouve la liste dans une *Notice* par Gérard (v. *Mém.* de l'acad. de Bruxelles, tom. III).

VAN DER WERF (Adrien), peintre, né en 1659 près de Rotterdam, élève de Van der Neer, de retour dans sa ville natale, peignit plus. portraits qui commencèrent sa réputation, et l'étendit par plus. beaux ouvr. parmi lesq. on cite un plafond représentant la *Renommée entourée de génies*. L'électeur palatin, pour lequel il avait travaillé, l'anoblit lui et sa famille, et se l'attacha par une pension successivem. augmentée. Il ne fut pas moins généreusement récompensé par le duc de Wolfenbuttel, qui lui avait commandé une *Madeleine pénitente*. Wan der Werf mourut à Rotterdam en 1722. Ses product. sont très nombr.; le musée en possède sept : *Adam et Ève, près de l'arbre de la science du bien et du mal ; Moïse retiré du Nil par la fille de Pharaon ; la Chasteté de Joseph ; un Ange annonçant aux bergers la venue du Messie, Madeleine dans le désert ; Séleucus cédant Stratonice à son fils Antiochus ;* deux *Nymphes dansant devant une jeune femme qui joue de la flûte*. Toutes ses productions sont remarquables par un travail précieux, mais qui dégénère souvent en froideur. — Pierre Van der Werf, frère du précéd. et son élève, né en 1665, copia d'abord les tableaux de son frère, composa ensuite lui-même, et mourut à Rotterdam en 1718. Ses meilleures productions ont été retouchées par son frère.

VANDI (André-Jean-Dominique), chimiste, né à Bologne vers l'an 1670, mort dans la même ville en 1763, a publié les ouvr. suiv. : *De remediis*, etc. — *Dissertatio medico-chymico*, Bologne, 1720. — *De auri tincturâ philosophicâ*, etc. — *Dissertatio*, ib., 1720. — *De utilitate et præstantiâ philosophiæ chymicæ*, etc., ibid, 1730. — *De remediis officinalibus*, ib., 1732.

VAN-DOEVREN (Gauthier), médecin, né en 1730 à Philippine, dans la Flandre-Hollandaise, fut reçu docteur à Leyde en 1753, professa l'anatomie et la chirurgie à Groningue, revint ensuite à Leyde occuper une chaire de médecine, et y mourut en 1783. On a de lui un *Traité* sur les maladies des femmes, en holland., et deux *Dissertat. acad.* en latin.

VAN-DYCK — V. Dyck.

VANE (Henri), homme d'état, né dans le comté de Kent en 1589, d'une famille distinguée, visita dans sa jeunesse les principaux états de l'Europe. A son retour, créé baronnet par Jacques Ier, il représenta Carlisle à la chambre des communes et fut nommé trésor. du prince de Galles (dep. Charles Ier). En 1631, il fut envoyé en Danemarck pour renouveler le traité d'alliance avec Christian IV. Nommé principal secrétaire-d'état en 1640, il eut assez de crédit pour faire prononcer la dissolution du parlem. d'Irlande, en haine du lord Strafford. Charles Ier lui retira sa confiance, à cause de l'animosité qu'il avait montrée contre l'infortuné lord lieutenant, et plus tard cette disgrâce si bien méritée devint un des griefs invoqués contre le monarque. On ne voit pas toutefois que Vane ait joué aucun rôle durant la rébellion. Il mourut dans la retraite en 1637.

— Sir Henri Vane, fils aîné du précéd., né en 1612, adopta dans sa jeunesse quelq.-unes de ces opinions républicaines qui devaient un jour amener la guerre civile dans sa patrie. A son retour d'un voyage en France et à Genève, il manifesta, dit-on, une telle aversion pour la discipline et la liturgie de l'Église anglicane, que son père en témoigna un profond mécontentem. Il résolut de se rendre à la Nouv.-Angleterre, qui servait, à cette époque, de refuge aux ennemis de l'Église, et son père finit par y consentir. A son arrivée en Amérique, Vane fut nommé, par les habitants, gouverneur des Massachusetts ; mais s'il faut en croire quelques historiens, il se rendit si odieux qu'il fut obligé de se rembarquer avant la fin de l'année (1635). Nommé membre du parlement, il parut, pendant quelque temps, vivre en bonne intelligence avec le gouvernement ; il partagea l'animosité de son père contre Strafford, et lorsque la révolte eut éclaté, il épousa les intérêts du parlement avec un zèle fanatique. En 1642, il fut un des commissaires envoyés pour inviter les Écossais à venir au secours du parlem., et l'un des plus ardents promoteurs de la ligue connue sous le nom de *covenant*. Il fut aussi, en 1645, l'un des commissaires du traité d'Uxbridge, et de celui de l'île de Wight en 1648. Comme beaucoup d'autres parlementaires, il ne prévoyait pas les conséquences des mesures auxq. il prenait part; car il désapprouva fortem. les violences que l'armée exerçait contre le parlem., de même que l'exécution de Charles Ier, et il s'éloigna des affaires pendant ces déplorables événements. Lors de l'établissem. de la république en 1649, il fit partie du conseil-d'état, et y resta jusqu'à la dissolution du parlem. par Cromwell en 1653. Il avait des principes trop républicains pour se soumettre à l'usurpateur. Celui-ci, après avoir enjoint à Vane de donner des garanties pour sa conduite à venir, le fit renfermer à Carisbrooke, où il resta 4 mois. Cromwell essaya en vain de l'intimider ou de le séduire; Vane fut inflexible non-seulement pend. la vie du protecteur, mais encore sous le court règne de son fils. Après l'abdication de Richard, Vane fut nommé membre de la commiss. de sûreté et du conseil-d'état, puis présid. du même conseil, et il proposa une nouvelle forme de gouvernement républicain : cette proposition fut repoussée par ses amis qui le confinèrent dans une propriété qu'il avait au comté de Durham. A la restauration, persuadé qu'il n'avait rien à craindre, il ne voulut pas devoir s'éloigner; mais la part qu'il avait prise à toutes les mesures violentes qui avaient renversé le gouvernement royal, le firent comprendre parmi les ennemis les plus dangereux de Charles II. En conséquence il fut traduit en justice, déclaré coupable, et décapité à Tower-Hill le 14 juin 1662. Clarendon dépeint Vane comme un homme profondément dissimulé, spirituel, doué d'une sagacité merveilleuse pour découvrir les projets des autres, tandis qu'il restait lui-même impénétrable. On a de lui en angl. : *Question salutaire, proposée et résolue*, etc., Londres, 1656, in-4. — *Les méditations de l'homme retiré*, etc., 1656, in-4 (c'est un traité mystique). — *De l'amour de Dieu et de l'union avec Dieu*, 1657, in-4. — *Épître générale au corps mystique de J.-C. sur la terre*, etc., 1662, in-4. — *La face des temps*, etc., 1662, in-4. — *La cause du peuple établie*, etc., 1662, in-4. — Vane avait formé, dans le puritanisme, une secte particulière dont les adeptes s'appelèrent *seekers* (chercheurs) ou *vanists*, et dont la doctrine se rapprochait de celle de la préexistence et des idées d'Origène, qui admettait que tous diables et pécheurs seront généralement sauvés.

VAN-EFFEN — V. EFFEN.

VAN-EUPEN (PIERRE-JEAN-SIMON), né à Anvers en 1744, embrassa l'état ecclésiastique, et s'acquit de la réputation comme prédicateur. Successivement professeur au séminaire épiscopal, chanoine et grand pénitencier d'Anvers, il se prononça fortement contre les innovat. projetées par Joseph II. Lié depuis long-temps avec van der Noot, il ne prit toutefois une part ostensible à la révolution de 1788, qu'après la victoire remportée sur les Autrichiens à Turnhout (v. VAN DER MERSCH). Il devint secret. des états de Brabant et du congrès souverain, eut une grande part au rejet des propositions pacifiques de l'emper. Léopold, et, à l'approche des troupes autrichiennes en 1790, s'enfuit en Hollande. Il revint dans sa patrie en 1794; mais sa présence alarmant les conventionnels en mission à Bruxelles, il y fut arrêté comme otage, conduit à la citadelle de Lille, et transféré à Paris, puis à Bicêtre, d'où il ne sortit qu'au commencement de 1795. On lui permit alors de se retirer dans un village près d'Utrecht. Il y remplit pendant près de 10 ans les fonct. sacerdotales, et mourut en 1804. On ne connaît de lui aucun ouvrage.

VAN-EYCK ou JEAN *de Bruges*. — V. EYCK.

VAN-GOYEN (JEAN), peintre, né à Leyde en 1596, se plaça par ses productions au rang des bons paysagistes de son temps: et mourut à La Haye en 1656. Il a gravé à l'eau forte d'après ses compositions. Le musée possède de cet artiste : *Vue d'un village sur le bord d'un canal*.

VAN-HELMONT (SÈGRES-JACQUES), peintre, né à Leyde en 1683, fut élève de son père Matthieu, dont on a de jolis tableaux de genre, représentant des boutiques, des laboratoires, des marchés, etc. Ses ouvr. obtinrent une gr. vogue. Il eut de nombreuses commandes; mais l'excès du travail abrégea sa vie; il mourut à Bruxelles en 1726, à 43 ans. Parmi ses productions on distingue : *La profanation du St-Sacrement*, tableau capital; *le Sacrifice d'Élie*; *le Peuple d'Israël portant ses bijoux au gr. prêtre Aaron pour la fabrication du veau d'or*; *le Baptême de Clovis*. Ces tableaux sont placés dans différentes églises de Bruxelles. — V. HELMONT.

VAN HELT STOCCADE (NICOLAS), peintre, né à Nimègue en 1614, fut élève de David Ryckaert-le-Vieux, son beau-père. Dès qu'il se crut en état de tirer un parti avantageux de ses talents, il fit le voyage de Rome comme pour se perfectionner dans le dessin, puis alla étudier à Venise la couleur des maîtres de cette école. En revenant d'Italie, il s'arrêta plusieurs années en France, où ses productions (dans le genre historique) furent très recherchées, et où il obtint le titre de peintre du roi. On ignore l'époque de sa mort. Ses tableaux capitaux sont *Andromède*, *Clélie*, *Joseph distribuant du blé aux Égyptiens*.

VAN-HOECK (JEAN), peintre, né à Anvers en 1600, fut un des élèves les plus distingués de Rubens. Déjà connu comme artiste habile, il voulut visiter l'Italie : arrivé à Rome *incognito*, ses ouvr. le décelèrent malgré lui, et il reçut de tous les hommes éclairés l'accueil le plus flatteur et le plus honorable. Le pape chercha à le fixer près de lui; mais Van-Hoeck donna la préférence à l'empereur Ferdinand II, qui l'appelait à sa cour. Il y séjourna plus. années, ne pouvant suffire aux ouvr. qu'on lui demandait, tant dans les états héréditaires que dans les autres parties de l'Allemagne. Il revint ensuite dans sa patrie, où il mourut en 1630. Parmi les nombreuses productions de cet artiste, presque toutes très remarquables, on cite : *Pallas foulant aux pieds les vices et embrassant la Prudence*, et le *Portrait équestre de l'archiduc Léopold-Guillaume*. — Robert VAN-HOECK, que l'on croit parent du précéd., né à Anvers en 1609, s'acquit une gr.

réputat. par ses tableaux de *Campements d'armée*, de *Marches*, d'*Attaques*, etc. Il peignit aussi le genre historique et le paysage.

VAN-HOOREBEKE (Charles-Joseph), botaniste et pharmacien, né à Gand en 1790, mort dans cette ville en 1821, membre de l'institut du roy. des Pays-Bas, a formé l'herbier de la Flandre occidentale que possède aujourd'hui la société d'agriculture et de botanique de Gand. Ses concitoyens lui ont dédié une plante originaire des Cordilières du Chili, sous le nom de *hoorebekia chiloensis*, qui a fleuri pour la première fois en Europe, au mois d'août 1816.

VANIÈRE (Jacques), poète latin, né en 1664 à Chausses, diocèse de Béziers, embrassa le règle de St Ignace, et professa les humanités et la rhétorique dans divers collèges. Il sollicita de ses supérieurs la permission d'aller prêcher l'Évangile dans les Indes, mais il ne put l'obtenir. Plusieurs petits poèmes latins : *les Étangs, le Colombier, la Vigne* et *le Potager* l'avaient fait avantageusement connaître ; il conçut le projet de les refondre et de les réunir dans un seul corps d'ouvrage ; et c'est ce qu'il exécuta dans le *Prædium rusticum*, poème qui eut le plus gr. succès et qui fit la réputation de son auteur. Il s'occupa aussi d'un *Dictionnaire* franç.-latin, qui devait former 6 vol. in-fol., mais qu'il ne put terminer. Il mourut à Toulouse en 1739. Les dix prem. livres du *Prædium rusticum*, son principal titre littéraire, furent impr. à Paris, 1710, in-12 ; mais ce poème ne parut complet qu'en 1730. Les édit. les plus estimées sont celles de Barbou, Paris, 1744, petit in-8, et 1786, in-12. Le *Prædium* a été trad. en français par L.-E. Berlaud d'Halouvry, Paris, 1766, 2 vol. in-12 ; et par A. Lecamus, dans le *Journal économique*, années 1755 et 1756. On doit encore à Vanière un *Dictionnarium poeticum*, Lyon, 1710, 1722, 1750, in-4, dont on a fait un *Abrégé* pour les commençants ; et un *Rec.* de poésies fugitives sous le titre d'*Opuscula*, Toulouse, 1730, in-12. Le P. Lombard a publié la *Vie* de Vanière, 1759, in-8. — Vanière, neveu du précéd., mort à Paris en 1768, a publié : *Nouv. Amusem. poétiques*, 1755, in-12. — Une traduct. des *Odes d'Horace*, 1761, in-8. — Des *Discours* et *Cours de latinité*, 1780, 2 vol. in-8.

VANINA D'ORNANO, femme du fameux Sampietro. On a parlé à l'article Sampietro de sa catastrophe. Elle a fourni le sujet de deux romans historiques : l'un, par Mme la comtesse de Bradi ; l'autre, par Mme L. Clarke, Paris, 1825, 2 v. in-12.

VANINI (Lucilio), philosophe prétendu athée, né dans la seigneurie d'Otrante, au royaume de Naples, en 1585, fut envoyé à Rome pour y étudier la philosophie et la théologie, et de retour à Naples, tout en continuant l'étude de la philosophie, il s'occupa de médecine et d'astronomie. Ayant embrassé l'état ecclésiastique, il s'adonna à la prédication ; mais tourmenté du désir d'apprendre, il ne tarda pas de se rendre à Padoue, où il perfectionna son instruction *dans tous les genres de savoir*. Nourri de la lecture d'Averroès, de Cardan, de Pomponace et surtout d'Aristote, il revint dans sa patrie, et forma, dit-on, l'étrange projet d'aller prêcher l'athéisme dans le monde avec une douzaine de ses camarades (cette assert. des PP. Mersenne et Garasse n'est point prouvée). Quoi qu'il en soit, à son départ pour la France il se fit appeler Jules-César. De France il alla en Allemagne, s'avança jusqu'en Bohême, vint dans les Pays-Bas, s'arrêta quelque temps à Amsterdam, et passa ensuite à Genève. Ne s'y croyant pas en sûreté, il se rendit à Lyon, et quitta bientôt cette ville pour Londres, où il ne fut pas mieux accueilli par les protestants qu'il ne l'avait été par les catholiques. Mis en prison, il en sortit sur la réclamation de quelques personnes, et reprit le chemin de l'Italie. Établi à Gènes, il ouvrit une école pour y enseigner diverses sciences ; mais sous le prétexte de son impiété, on souleva bientôt la populace contre lui. Obligé de fuir, il revint à Lyon, où, pour se mettre à l'abri de la persécution, il publia l'ouvrage intitulé : *Amphiteatrum*, dans lequel il s'imposait la tâche de réfuter les erreurs de Cardan. N'étant point rassuré sur les dispositions des habitants à son égard, il s'en retourna en Italie, puis revint presqu'aussitôt en France ; il se retira dans un monastère de Gascogne dont il fut chassé *à cause de ses mauvaises mœurs*, se réfugia à Paris et trouva le moyen de s'introduire chez le nonce du pape, qui lui ouvrit sa riche bibliothèque, où il puisa de nouveaux documents pour corroborer son incrédulité. Placé sous une protection aussi puissante, Vanini put continuer son apostolat avec sécurité ; il séduisit beaucoup de jeunes gens, des médecins, des poètes, etc. Le P. Mersenne porte le nombre de ses prosélytes à plus de 50,000. Vers le même temps, il devint aumônier du maréchal de Bassompierre, à qui il dédia ses *Dialogues de la nature*. Il quitta Paris en 1617, au moment où la Sorbonne censurait cet ouvrage, et il se réfugia à Toulouse, où il continua à dogmatiser et à se faire des adeptes. Il y professa simultanément la médecine, la philosophie et la théologie avec ses principes et sa méthode ordinaires. Ayant été chargé de l'éducation des enfants du premier président du parlement, il donna de l'ombrage au procureur-général, qui le mit en cause. Arrêté en novembre 1618, il allait être élargi, lorsqu'un gentilhomme, nommé Francon, vint déposer que Vanini avait souvent révoqué en doute l'existence de Dieu et tourné en dérision les mystères les plus augustes de la religion. Le P. Garasse (*Doct. des beaux-esprits de ce temps*, etc.) ajoute qu'il y eut d'autres dépositions secrètes conformes à celle de Francon. Vanini se défendit avec éloquence pendant le cours de la procédure qui dura six mois, au bout desquels il fut condamné, à la pluralité des voix, à avoir la langue coupée et à être pendu et brûlé. L'exécution de cette sentence eut lieu sur la place St-Étienne, à Toulouse, le 19 février 1619. On a de Vanini : *Amphitheatrum æternæ providentiæ divino-magicum*, etc., Lyon, 1615, in-8, avec approbat. et privilége, très rare. — *De admirandis naturæ, reginæ deæque morta-*

lium, arcanis libri IV, Paris, 1616, in-8. Cet ouvr., composé de 60 dialogues, est encore plus rare que le précéd. Il en avait composé plus. autres qui sont restés inédits. On a beaucoup varié sur le caractère et les mœurs de Vanini. Un grand nombre d'écrivains en parlent fort mal. Bayle et Arpe ont cherché à pallier un peu ses défauts. On peut consulter : *De vitâ et scriptis famosi athei J. C. Vanini*, par J.-M. Schramm, 1799 ; *la Vie et les sentiments de Luc. Vanini*, par Durand, 1717, in-8 ; *Apologia pro Julio Cæsare Vanino*, par P.-F. Arpe, 1712, in-8. ; les *Mémoires* de Niceron, t. XXVI ; le *Dictionnaire* de Chauffepié ; le *Dictionnaire des livres condamnés au feu*, par Peignot ; et enfin l'ouvrage du P. Garasse, indiqué plus hau t.

VANLOO (Jacques), tige d'une famille de peintres célèbres, né à l'Écluse en 1614, alla se perfectionner à Amsterdam et vint se fixer à Paris où il se livra spécialement au genre du portrait. S'étant fait naturaliser, il fut admis à l'acad. royale de peinture, et mourut en 1670. — Louis Vanloo, fils du précédent, né à Amsterdam, vint fort jeune étudier à Paris, où il précéda son père, et remporta le 1er prix à l'acad., qui se le serait agrégé, si une affaire d'honneur ne l'avait forcé de chercher un asile en Italie. Il se fixa d'abord à Nice, et lorsqu'il put revenir en France, il s'arrêta dans la ville d'Aix, où il se maria et mourut vers 1712. Il avait peint, pour la chapelle des pénitents-gris à Toulon, un *St François* qui lui fit beaucoup d'honneur. — J.-B. Vanloo, fils du précéd., né à Aix en 1684, manifesta de très bonne heure ses disposit. pour le dessin. Élève de son père, il s'établit d'abord à Toulon où il se maria, puis à Aix où, pendant un séjour de cinq ans, il peignit plus. tabl. qui commencèrent sa réputation. Dans un voyage qu'il fit à Turin, il mérita la bienveillance du prince de Carignan, qui lui proposa de l'envoyer à Rome à ses frais étudier les œuvres des grands maîtres. Arrivé à Rome, il entra chez le peintre Benedetto Luti, sous lequel il fit de rapides progrès dans les différentes parties de l'art. Il fut ensuite appelé à Paris par son protecteur, qui le logea dans son hôtel, et pour leq. il exécuta plus. grands tableaux d'après la fable. Toutefois, malgré ses succès dans le genre historique, il s'adonna plus particulièrement au portrait. Il fit celui de Louis XV sans avoir eu de séance. Ce portrait ayant été trouvé ressemblant, le roi en commanda un autre en pied, qui servit de modèle pour un gr. nombre de copies. Membre de l'acad. en 1731, il devint professeur-adjoint en 1733, et titulaire en 1737. Accueilli en Angleterre par Robert Walpole, il fit le portrait de ce ministre et de plus. autres personnages marquants. Des raisons de santé l'obligèrent de revenir en France ; il se rendit à Aix pour y prendre l'air natal, et mourut dans cette ville en 1745. On a gravé ses portraits de Louis XV en pied et à cheval, ceux de la reine, Marie Leckzinska, et de mesd. de Pric et de Sabran. — Carle ou Charles-André Vanloo, frère du précéd., né à Nice en 1705, entra comme lui dans l'atelier de Bened. Lutti, peignit d'abord des décorations, revint en France avec son frère, qu'il aida dans la restauration des peintures du Primatrice à Fontainebleau. De retour à Rome, il y remporta le prix de dessin à l'acad. de St-Luc, et exécuta plus. tableaux à fresque et sur toile. Étant venu à Turin, il y fut chargé de plusieurs travaux par le roi de Sardaigne. Arrivé à Paris en 1729, il fut admis à l'académie en 1735. Nommé successivement professeur, prem. peintre du roi, directeur de l'école de peinture, il mourut en 1765. Cet artiste, beaucoup trop loué de son vivant, a été beaucoup trop déprécié après sa mort. Il n'eut sans doute qu'un talent très inférieur si on le compare aux gr. maîtres de l'art ; mais ce fut un peintre distingué pour l'époque où il vécut. Ses productions sont extrêmement nombreuses. Le musée en renferme deux, qui offrent le type des qualités et des défauts de l'auteur : le *St-Esprit présidant à l'union de la Vierge et de St Joseph* ; *Énée portant son père Anchise au milieu de l'incendie de Troie*. — Louis-Michel Vanloo, fils de Jean-Bapt. et neveu du précédent, né à Toulon en 1707, reçut les leçons de son père, qui l'envoya à Rome, où il remporta le prix à l'académie de St-Luc. De retour à Paris, il fut reçu à l'acad. royale avant son père. En 1736, il fut appelé en Espagne et y reçut le titre de prem. peintre du roi. Il avait abandonné le genre historique pour se livrer au portrait, et il y obtint beaucoup de succès. Revenu en France après la mort du roi Philippe V, il mourut à Paris en 1771. On peut citer de lui : le *Portrait en pied de Louis XV en habits royaux*, et le tableau dans lequel il s'est représenté avec toute sa famille. — Charles-Amédée Vanloo, frère du précéd., né à Turin en 1718, fut aussi l'élève de son père ; il accompagna à Rome son oncle et son frère Louis-Michel, y obtint les mêmes succès, et, de retour en France, fut appelé à Berlin, où il résida long-temps et acquit de la réputation comme peintre d'histoire et de portraits.

VAN-LOON (Gérard), historien et numismatographe, né à Leyde en 1683, mort vers 1760, a publié entre autres ouvr. en hollandais : *Histoire métallique des Pays-Bas, depuis l'abdication de Charles-Quint jusqu'à la paix de Bade en 1716*, La Haye, 1723, 4 vol. in-fol., trad. en franç. par Van-Effen, ib., 1732-37, 5 vol. in-fol. — *Histoire anc. de Hollande*, ib., 1752, 2 vol. in-fol. — *Numismatique moderne*, ibid, 1734, in-fol. — *Essai sur les marchés hebdomadaires et annuels*, etc., ibid, 1743, in-8. — *De l'allodialité du comté de Hollande*, ibid, 1748, in-8. — Un autre Van-Loon (Guillaume), a publié avec H. Cannegieter le *Recueil d'édits et d'arrêts de la province de Gueldre*, Nimègue, 1701, et Arnheim, 1740, 5 vol. in-fol.

VANNETI (Joseph-Valérien), littérateur, né à Roveredo en 1719, exerça divers emplois publics dans sa patrie, y encouragea la culture des lettres en y fondant une acad., et mourut vers 1766. On a de lui : *Poésies burlesques*, suivies d'un poème trad. de l'allemand, sur l'origine de la foudre et des éclairs, 1750. — *Barbologie, ou dissertation sur la barbe*, suiv. de quelq. poésies nouv. 1759. — *Leçons sur le dialecte roveretin*, 1762. — *Des lettres*, etc. Il a laissé plus. ouvr. MSS. Sa *Vie* a été écrite par J.-B. Chiaramonti, Brescia, 1766. — Clementino VANNETI, fils du précéd., né à Roveredo en 1754, se fit connaître dès l'âge de 13 ans par divers opuscules italiens et latins, il se livra ensuite à l'étude des anciens avec beaucoup de zèle, fut membre de plusieurs sociétés savantes, et mourut en 1795. On a de lui plus de 40 ouvrages, dont on trouve la liste dans sa *Vie*, par A. Cesari, Vérone, 1818; les princip. sont : l'*Épître sur les poésies de Martial*; d'autres adressées aux poètes Monti, Pindemonte et Bettinelli, plus. *Biographies* d'hommes de lettres en latin; *Mémoires sur le séjour de Cagliostro à Roveredo*, 1789; et des *Observations sur Horace*, 1792, 3 vol. in-8.

VAN-NEVE (FRANÇ.), peintre et graveur à l'eau forte, né à Anvers en 1627, se forma sur des ouvr. de Rubens et de van Dyck, puis alla en Italie perfectionner sa manière d'après l'antique et Raphaël. De retour dans sa patrie, il se fit un nom par un gr. nombre de tableaux dans le genre historique; la ville d'Anvers en conserve plusieurs. Il s'occupa avec un grand succès de la gravure à l'eau forte, et les pièces nombr. qu'il a gravées offrent une exécution facile et brillante. Elles représentent pour la plupart des paysages ornés de figures héroïques. On cite entre autres : *Diane et Endymion; Écho et Narcisse; et Vénus couchée au bord d'un canal, regardant l'Amour plongé dans l'eau jusqu'aux épaules.*

VANNI ou VANNIUS (FRANÇOIS), peintre, né à Sienne en 1563, est compté parmi les restaurateurs de la peinture au 16e S. Son premier maître fut Ventura, à Sisburi; envoyé par ses parents à Rome, il y dessina d'après Raphaël et les meilleurs maîtres, et parcourut ensuite la Lombardie pour étudier les chefs-d'œuvre. De retour à Rome, il y travailla pour le pape Clément VIII, qui lui conféra le titre de chevalier. Il mourut en 1609. Cet artiste, qui s'est approprié la manière du Baroche, possédait de gr. connaissances en architecture et en mécanique, et il a laissé quelques eaux fortes estimées. On voit de ses tableaux à Parme, Bologne, Rome, Sienne et plus. autres villes de l'Italie. Le musée en possède trois : un *Ange présentant des aliments à la Vierge pour l'Enfant Jésus; une Ste-Famille; le Martyre de St Irène*, et cinq beaux *dessins*. — Michel-Anne VANNI, fils du précéd. et son élève, n'atteignit point à la célébrité de son père. On cite cependant son tableau de *Ste Catherine occupée à réciter l'office avec Jésus-Christ*. Ce qui a contribué le plus à sa réputation, c'est son procédé pour colorer les marbres. On voit à Sienne le tombeau qu'il érigea à son père en 1636, orné de colonnes, de frises, de festons, etc., dessinés sur des tables de marbre blanc, mais coloriées avec tant d'art qu'on le croirait composé de différentes espèces de marbre. — Raphaël VANNI, frère du précéd., né en 1596, resta orphelin à l'âge de 13 ans, et fut confié aux soins d'Annibal Carrache, sous lequel il fit de gr. progrès. Il vécut long-temps à Rome, où il fut employé dans les travaux qui eurent lieu à cette époque, et mourut vers 1660. On trouve un assez grand nombre de ses productions en Toscane. — Jean-Baptiste VANNI, peintre, né à Pise en 1599, suivit les leçons de Christophe Allori, dont il imita la manière, visita les principales écoles de l'Italie, en copia ou dessina les product. les plus remarquables, et grava aussi à l'eau forte, entre autres, les *Noces de Cana*, de Paul Véronèse. Il mourut à Florence en 1660. — Furino VANNI, peintre, né à Pise, vivait dans le 14e S. Le musée possède de cet artiste, sur lequel on a peu de détails, un tableau peint sur bois et sur un fond doré, représentant *la Vierge et l'Enfant Jésus recevant les adorations des esprits célestes*.

VANNUCCHI. — V. ANDRÉ DEL SARTO.

VAN-OBSTAL (GÉRARD), sculpteur, né à Anvers en 1597, mort à Paris en 1663, recteur de l'acad. royale, acquit quelque réputation par ses bas-reliefs et ses travaux sur l'ivoire. Sa production la plus remarquable était la *Statue de Louis XIV* placée sur la place St-Antoine.

VAN-OS (JEAN), peintre, né en 1744 à Middelharnas, dans la Zélande, fut d'abord placé chez un vitrier barbouilleur pour apprendre son état, et apprit de lui-même les premiers éléments du dessin. A 17 ans, il quitta sa profession pour s'appliquer à l'étude de la nature, et plus particulièrement à celle de la matière. Il s'établit à La Haye, où le poète Speks lui inspira l'amour des lettres, et lui conseilla de peindre les fleurs, genre dans leq. il obtint de gr. succès. Ce fut à Amsterdam qu'il eut l'occasion d'admirer les belles productions de van Huysum et de van der Velde. Il mourut en 1818. Ses tableaux, très estimés en Hollande, sont répandus dans les cabinets des amateurs. Il y en a deux à Pétersbourg, commandés par l'impératrice Catherine II.

VAN-PRAET (JOSEPH-BASILE-BERNARD), né en 1754 à Bruges, fils d'un imprim.-libraire, prit dès son enfance un goût très vif pour les études bibliographiq. qui devaient remplir et honorer sa vie. Destiné au commerce de la librairie, il fut placé en 1779 à Paris, chez Guill. Debure, où il acheva d'acquérir l'instruction nécessaire. En 1783 il concourut à la rédact. du *Catalogue* des livres rares du duc de la Vallière (3 vol. in-8), resté l'un des meill. ouvr. de Bibliographie. Attaché dès l'année suiv. par l'abbé Desaulnays à la biblioth. du roi comme simple employé, il devint plus tard l'un des conservat. de ce précieux établissement, qu'il ne cessa d'enrichir des ouvr. les plus rares et les plus curieux. Son immense érudition et l'infatigable obligeance avec laq. il la mettait au service de tous les savants, avaient depuis long-temps étendu sa réput. dans toute l'Europe, et diverses acad. de France et des Pays-Bas se l'étaient associé, lorsqu'en 1830 il fut admis à l'acad. des inscript., sans qu'il eût sollicité cet honneur. La santé constante dont il avait joui jusqu'alors, et qu'il devait à son activité non moins qu'à la régularité de ses mœurs, ne tarda pas à s'affaiblir. Après avoir langui pend. près de deux ans, il mourut à Paris en 1837. Daunou prononça en 1839 son éloge à l'acad., où il eut pour success. M. Guigniaud. Indépendamm. de sa coopérat. au *Catalogue de la Vallière*, on a de lui : *Catalogue des livres imprimés sur vélin de la biblioth. du roi et des biblioth. publiq. et particulières*, 1822-28, 10 vol. in-8. — *Notice sur Colard Mansion*, célèbre imprimeur de Bruges, 1829, in-8. — *Recherches sur le seign. de la Gruthuyse*, 1831, in-8. Ce seigneur flamand possédait en 1472 une collect. de MSs. dont une gr. partie appartient aujourd'hui à la biblioth. royale. — *Inventaire de la bibliothèque du Louvre*, fait en 1373 par Gille Mallet, avec des notes, 1836, in-8.

VAN STABEL (PIERRE-JEAN), contre-amiral, né à Dunkerque en 1742, entra jeune dans la marine marchande, et fut appelé au service royal en 1778 comme officier auxiliaire, il se distingua par sa bravoure et son activité, reçut du roi une épée en 1780, devint enseigne en 1784, et commanda div. petits bâtiments de guerre. Promu au grade de capitaine en 1792, il ramena des États-Unis un convoi de 170 bâtiments chargés de grains et de denrées coloniales, et entra dans le port de Brest sans en avoir perdu un seul, ayant fait au contraire dans sa route onze prises à l'ennemi. Cette belle conduite lui valut le grade de contre-amiral. En 1794 il commanda l'escadre légère dans l'armée navale aux ordres de l'amiral Villaret-Joyeuse, et ramena tous ses vaisseaux à Brest, tandis que l'amiral perdit plus. des siens. Van Stabel eut ensuite plus. autres commandements, et en dernier lieu celui des forces navales dans les mers du Nord. Il mourut à Anvers en janvier 1797.

VAN-STORK (ABRAHAM), peintre, né à Amsterdam vers 1650, n'eut d'autre maître que la nature, qu'il étudia avec assiduité, et devint l'un des plus habiles peintres de marine qu'ait eus la Hollande. Une de ses productions capitales est la *Réception du duc de Marlborough sur les bords de l'Amstel*. Cet artiste mourut en 1708. — Son frère cadet peignit avec succès le paysage, notamment quelq. *vues* du Rhin.

VAN-SWANEVELT (HERMAN), paysagiste, né à Voerden, en Hollande, en 1626, reçut, à ce que l'on présume, ses prem. leçons de Gérard Dow. Il se rendit ensuite à Rome, où il entra dans l'école de Claude Lorrain qu'il prit pour modèle. Son séjour dans cette capitale des arts lui fit donner le nom d'*Herman d'Italie*, sous lequel il est également connu. Il mourut à Rome en 1690. Si cet artiste n'a point atteint le haut degré auquel Claude Lorrain est parvenu sous le rapport de la franchise de la touche, il le surpassa peut-être dans la manière de peindre la figure et les animaux. Le musée possède quatre de ses *paysages*, tous ornés de figures remarquables par la chaleur des tons et les beaux effets de lumières. Van-Swanevelt a beauc. gravé à l'eau forte, et ses estampes, au nombre de plus de cent, sont très recherchées. On en trouve l'indication dans le *Manuel de l'amateur* d'Huber et de Rost.

VAN-SWIETEN (GÉRARD), médecin, né à Leyde en 1700, fit ses études dans cette ville célèbre, où il eut pour maître Boerhaave, qui l'honora de son amitié. Reçu docteur en 1725, il publia pour sa thèse inaugurale, une *dissertation* sur la structure et l'usage des artères. Boerhaave n'avait donné que la substance de sa doctrine dans ses *aphorismes* et dans quelq. autres écrits : Van-Swieten se chargea d'en publier les développements, et c'est ce qu'il fit dans ses *Commentaria in H. Boerhaavii aphorismi de cognoscendis et curandis morbis*, Leyde, 1741-1772, 5 vol. in-4. En 1745, il fut appelé à Vienne par l'impératrice Marie-Thérèse, pour y occuper une chaire à l'université. Bientôt après il obtint la place de prem. médecin, et fut créé baron de l'empire. La capitale de l'Autriche lui dut bientôt un amphithéâtre anatomique, un laboratoire de chimie et un Jardin-des-Plantes, où l'on fit des démonstrations, des préparat. anatomiques et des instruments pour la chirurgie. Cette ville lui fut encore redevable de plusieurs établissem. non moins utiles pour les progrès des sciences. Il mourut à Schoenbrunn en 1722. Ses *Commentaires* ont été trad. en franç. par part., savoir : par Paul : les *Fièvres intermittentes*, 1766, in-12. — *Les maladies des enfants*, 1769, in-12. — *Le Traité de la pleurésie*, in-12 ; par Louis : les *Aphorismes de chirurgie*, 1768, 7 vol. in-12. On lui doit encore une *Description abrégée des maladies qui règnent le plus communément dans les armées*, Venise, 1759, in-8, en franç. ; un *Traité de la médecine des armées*, en allemand, trad. en franç. ; un *Essai sur les épidémies* (en latin), publié par les soins de Stoll, 1782, 2 vol. in-8.

VAN-SWINDEN. — V. SWINDEN.

VAN-UDEN (LUCAS), peintre, né à Anvers en 1595, fut élève de son père, artiste peu connu ; mais ses heureuses dispositions lui tinrent lieu d'un maître plus habile. Il étudia la nature, s'appliqua à en retracer fidèlement les différents phénomènes, et se fit bientôt remarquer. Rubens, qui fut des prem. à apprécier son mérite, l'aida de ses conseils, et orna même plusieurs de ses *paysages* de *figures* charmantes. Ses compositions, recherchées dès lors avec empressem., obtinrent une vogue extraordinaire. Van-Uden mourut dans sa patrie en 1662. Il a gravé à l'eau forte seize *paysages*, tant d'après lui-même que d'après Rubens et le Titien. — Jacques VAN-UDEN, son frère et son élève, peignit tout-à-fait dans sa manière, mais fut loin d'avoir son talent. Toutefois quelq.-uns de ses *paysages* ont passé pour des productions de son aîné.

VAN-VITELLI ou VAN VITEL (GASPAR), peintre, né à Utrecht en 1647, étudia d'abord sous la direct. de Matt. Verrhoes, et passa ensuite à Rome, où il s'appliqua principalement à peindre l'architecture et le paysage. Après avoir visité successivement Venise, Bologne, Milan, Florence, et séjourné quelque temps à Naples, il revint se fixer à Rome, où il fut admis à l'acad. de St-Luc, et mourut en 1736. L'usage où il était de porter des lunettes lui fit donner le surnom de *Gaspare degli Occhiali*. Ses tableaux, répandus dans toute l'Europe, retracent tout ce que Rome renferme de plus beaux monuments, et les édifices célèbres des autres villes. — Louis VAN-VITELLI, fils du précédent, célèbre architecte, né à Naples en 1700, était un peintre habile à l'âge où on n'est qu'élève. Il étudiait en même temps l'architecture sous Ivara, et promettait de surpasser bientôt son maître. Le cardinal de San-Clemente, pour lequel il avait déjà exécuté une fresque et un tableau, n'hésita point à le conduire à Urbin pour restaurer le palais *Albani*. Van-Vitelli construisit dans cette ville les églises de *St-François* et de *St-Dominique*, et le talent qu'il développa dans ces constructions lui valut, à l'âge de 26 ans, la place d'architecte de St-Pierre de Rome. Après avoir concouru au projet du grand *portail* de St-Jean-de-Latran, ouvr. qui fut adjugé par le pape à Galilei, Jean Vitelli fut chargé des travaux d'Ancône, où il construisit le *Lazaret*. D'autres ouvrages, plus ou moins importants, l'occupèrent ensuite, tant à Ancône, d'où il envoyait des projets pour les différentes villes d'Italie, qu'à Rome. Le roi de Naples, Charles III (dep. roi d'Espagne), voulant élever un palais à Caserte, en chargea Jean Vitelli, dont la réputation était alors très grande, et qui y mit le comble par cet édifice, le plus beau monument architectural de son siècle. La direction de cette entreprise, immense par ses détails, ne l'empêcha point de donner ses soins à d'autres ouvrages, qui auraient pu exiger tous les soins d'un autre artiste. Van-Vitelli mourut à Caserte en 1773. Il avait publié en 1756, à Naples, les *plans* et *dessins* du palais de Caserte. Les *Memorie degli architetti* de Milizia contiennent une *Notice* sur ce grand artiste. Un de ses neveux a publié sa *Vie* d'après ses MSs., Naples, 1823.

VARANDA (JEAN), médecin, né à Nîmes vers le milieu du 16ᵉ S., fit ses études à Montpellier, où il fut reçu docteur en 1587. Dix ans après, il obtint une chaire au concours, qu'il remplit avec beauc. de réputat. Doyen de la faculté en 1609, il mourut en 1617. Ses ouvr., écrits en latin, sur la physiologie, la pathologie, etc., ont été recueillis par Henri Gras, et publiés sous le titre de *J. Varandæi*, etc., *Opera omnia theorica et practica*, Montpellier et Genève, 1620, in-8; Lyon, 1657, in-fol. Il manque à cette collect. deux traités impr. séparém. par les soins du même éditeur, savoir: *Elephantiasis seu lepra*, et *de Lue venereâ et hepatide*, Genève, 1620, in-8.

VARANO, ancienne famille de la Marche d'Ancône, dont plus. membres ont joué un rôle dans l'histoire d'Italie pendant les 14ᵉ, 15ᵉ et 16ᵉ S. — Ridolfo VARANO, un des chefs du parti guelfe au 13ᵉ S., profita de l'anarchie que le séjour des papes à Avignon entretenait dans l'Église pour usurper la souveraineté de Camerino, qui se conserva plus de deux siècles dans sa famille. Il fut assassiné en 1350. — Ridolfo II VARANO, neveu du précédent, s'empara de la souveraineté de Camerino après avoir assassiné son oncle, et, pour s'y affermir, rechercha l'alliance du pape Innocent VI, et celle du cardinal Albornoz. Nommé général de l'armée pontificale, il battit et fit prisonnier Galeotto Malatesti, et fit rentrer la Romagne dans l'obéissance de l'Église. Il commanda, en 1362, l'armée florentine dans la guerre de Pise. Chassé de Camerino par un légat, il recouvra cette ville quelque temps après, commanda de nouveau l'armée florentine, sans trouver d'occasion d'accroître sa réputat., et mourut vers 1392. — Gentile VARANO, que l'on croit fils du précéd., lui succéda en 1393, et fit confirmer par le St-siège l'indépendance de la souveraineté de Camerino. — Ridolfo III VARANO, qui lui succéda vers 1415, eut à défendre son indépendance contre Braccio de Montone, seigneur de Pérouse, et contre les Malatesti. — Berardo VARANO, fils aîné du précéd., gouverna d'abord en commun avec ses deux frères, Jean et Pierre-Gentile, leur petite principauté; mais voyant avec peine son héritage se subdiviser, il fit assassiner ses frères. Alors le peuple de Camerino, excité par l'évêque de Recanati, prem. ministre d'Eugène IV, massacra Berardo et tous ses enfants. Camerino se soumit ensuite à François Sforce, qui, vers cette époq. (1435), fit la conquête de la Marche d'Ancône. — Jules VARANO recouvra la principauté de Camerino vers 1460, après qu'elle eut été évacuée par Franç. Sforce, et régna obscurément jusqu'en 1502, qu'il fut fait prisonn. par César Borgia, qui le fit étrangler avec deux de ses fils. — Le troisième, Jean II VARANO, échappé au massacre de sa famille, fut rétabli dans la principauté de Camerino par les Orsini et les Vitelli; mais abandonné de ses protect., il s'enfuit peu de temps après à Venise pour éviter le ressentim. de Borgia. Il recouvra sa principauté après la mort d'Alexandre VI, et le pape Jules II l'érigea en sa faveur en duché. Sous le pontificat de Léon X, ce duché, disputé entre Jean-Matthieu et Sigismond VARANO, fils du précédent, finit par rester à Sigismond, qui s'en empara à main armée en 1522. Son fils, Jean-Marie, qui lui succéda, fut le dern. duc de Camerino de sa famille. Ce duché passa à la maison Farnèse. Les Varano continuèrent long-temps encore à réclamer leur héritage auprès de la chambre apostolique. — Constance VARANO, femme savante, de la famille des précéd., née en 1428, demanda, dès l'âge de 14 ans, dans un très beau discours en vers, à l'épouse de Franç. Sforce (alors maître de la Marche d'Ancône), la restitution de la seigneurie de Camerino. Elle adressa quelque temps après une épître du même genre à Alphonse, roi de Naples, dont la protect. lui valut effectivem. la réintégrat. de sa famille dans Camerino. Constance épousa en 1445 Alexandre Sforce, seigneur de Pérouse, et mourut en 1460. Ses *Discours* latins ont été impr. dans les *Mélanges* de l'abbé Lazzarini, t. VII. — Battista VARANO, fille de la précédente, épousa Frédéric, duc d'Urbin, en 1459, et mourut en 1472, après s'être fait, comme sa mère, une réputation littéraire. — Une autre Battista, fille de Jules Varano, fut religieuse de Sta-Chiara. Crescimbeni a publié son *Éloge* sous le titre de *Beata Battista*.

VARANO (D. ALPHONSE de), littérateur, de la famille des précédents, né à Ferrare en 1705, fut élevé au collège des Nobles de Modène, et se voua entièrement à la culture des lettres, surtout de la poésie. Il s'essaya d'abord avec peu de succès dans l'art dramatique; puis, quittant les traces de ses contemporains, il rendit le prem. à la poésie ital. la gravité, l'accent mâle et l'élévation que Dante lui avait donnés, et dont on s'était tant écarté dans les derniers siècles. Varano mourut en 1788. On a de lui : *Opere poetiche*, Parme, 1789, 3 vol. in-12. Le 1er vol. contient *le Poesie liriche*; le 2e, les *Visioni sacre e morali*, et le 3e trois tragédies : *Demetrio, di Giscola* et *Agnese*; l'édit. de Venise, 1805, 4 vol. in-8, plus complète, est précédée d'une *Notice* sur l'auteur. Ses *Opere scelte*, Milan, 1818, in-8, sont enrichis de la *Vie* de l'auteur par Reina.

VARCHI (BENOÎT), poète et historien, né à Florence en 1502, fit ses études à Padoue et à Pise; il prit part à l'expulsion des Médicis (1527), et, forcé lui-même, quelque temps après, de s'expatrier, il charma par la culture des lettres le temps de son exil, qu'il passa soit à Venise, soit à Padoue et à Bologne. La réputat. qu'il se fit comme écrivain décida Cosme Ier à le rappeler. Ce prince, protecteur des lettres, lui donna une pension, et facilita l'établissement de l'acad. florentine, auquel Varchi eut la plus grande part. Il le chargea ensuite d'écrire l'histoire des derniers temps de la république et de l'origine de la puissance des Médicis. Varchi embrassa l'état ecclésiastique vers la fin de sa vie, et mourut en 1565 à Monte-Varchi, village de la vallée de l'Arno, dont sa famille était originaire. Outre quelques oraisons funèbres et des traduct. ital. du traité *de Consolatione* de Boèce, Florence, 1551; Parme, 1798, in-4; du traité de Sénèque *de Beneficiis*, Florence, 1554, in-4; Venise, 1758; divers morceaux de poésie et de prose mentionnés par Tiraboschi, Varchi a laissé : *Istoria fiorentina, nella quale si contengono le ultime rivoluzioni della repubblica*, etc., publ. par le chev. Settimani, Cologne (Florence), 1721, in-fol., et trad. en franç. par Requier, 1754, 3 vol. in-8; 1765, 2 v. in-12. — *L'Ercolano, dialogo nel quale si ragiona delle lingue*, etc., Florence, Giunti, 1570, in-4, souv. réimpr., et récemm. dans l'édit. des *Classiques ital.*, 1804, 2 vol. in-8. On trouve d'amples détails sur la vie et les ouvr. de Varchi en tête de l'édit. que Battori a donnée de l'*Ercolano*, Florence, 1750, in-4 (v. aussi l'*Histoire de la littérat. ital.* par Guinguené).

VARDANE ou BARDANE, 20e roi des Parthes. — V. BARDANE.

VARDES (FRANÇOIS-RENÉ CRESPIN DU BEC, marquis de), célèbre par ses intrigues, né vers 1613, était le fils du marquis de Vardes et de la comtesse de Moret, l'une des maîtresses de Henri IV. Colonel d'un régiment de cavalerie de son nom, en 1646, il prit part à la guerre de Flandre. Nommé maréchal-de-camp en 1649, il fut employé à l'armée royale dans les guerres de la Fronde, devint lieuten.-gén. en 1654, et obtint en 1655 la charge de capitaine-colonel des cent-suisses. Louis XIV, qui le distingua entre tous les autres courtisans, en fit le confident de sa passion pour la belle La Vallière; mais bientôt la part qu'il eut dans l'intrigue odieuse dirigée contre MADAME (v. Henriette-d'Angleterre) le fit disgracier au moment où il allait être nommé duc et pair. D'abord enfermé à la Bastille, il fut envoyé plus tard à la citadelle de Montpellier, et eut ensuite cette ville pour lieu d'exil, avec la permission de faire quelq. voyages à l'extérieur. Mme de Sévigné le vit en Provence et à Vichy. Il y avait déjà 18 ans qu'il était éloigné de la cour, lorsque Louis XIV, voulant causer une surprise générale, le rappela par une lettre de sa main en 1683. Vardes parut à Versailles dans son ancien costume, et se jeta aux genoux du roi, qui l'accueillit avec une extrême bienveillance, et ses gr. entrées lui furent rendues comme capitaine des cent-suisses. Il mourut à Versailles en 1688. Les *Lettres* de Mme de Sévigné renferment des détails intéressants sur ce personnage, qu'elle regretta, « parce qu'il n'y a plus, dit-elle, d'homme à la cour bâti sur ce modèle-là. »

VARELA Y ULLOA (don JOSEPH), officier de marine, né dans la Galice en 1748, entra au service à 11 ans, obtint un avancem. rapide, et se fit connaître avantageusem. dans l'Europe savante. Chargé de divers commandem. et de commissions importantes, il s'en acquitta avec le plus grand succès, et fut fait chef d'escadre en 1792. Il était, depuis plusieurs années, profess. de mathémat. à l'acad. des gardes-marine. Parti de Cadix en 1794 avec une division composée d'un vaisseau et de trois frégates, et ayant relâché à la Havane, il y mourut le 25 juillet suivant. Il avait, en 1776, aidé le célèbre Borda à mesurer géométriquement le pic de Ténériffe et à lever le plan des îles Canaries, ainsi que la côte d'Afrique, depuis le cap Spartel jusqu'au cap Vert. Il était correspondant de l'acad. des sciences de Paris. — D. Pedro VARELA Y ULLOA, parent du précéd., grand bailli honoraire de l'ordre de Malte, fut reçu à la cour d'Espagne comme ambassadeur du gr.-maître en 1795, et nommé peu de temps après ministre de la marine. En 1797, il quitta ce portefeuille pour celui des finances, et mourut à Aranjuez le 11 juin de la même année.

VARENIUS (AUGUSTE), théologien luthérien, né dans le duché de Lunebourg en 1620, mort en 1684, est auteur d'un comment. sur Isaïe, impr. à Rostock et à Leipsig, 1708, in-4. On trouve en tête sa *Vie*, avec un catalogue de ses ouvr. tant impr. que MSs. — Jean VARENIUS, né à Malines en 1460, mort en 1536, a laissé une *Syntaxe de la langue grecque*, Anvers, 1578.

VARENIUS (BERNHARD VAREN, connu sous le nom latinisé de), célèbre géographe, né à Amsterdam vers le commencem. du 17e s., exerça d'abord la profession de médecin. Passionné pour l'étude des sciences exactes, particulièrem. des mathématiques et de la physique, il s'y livra avec persévérance ; et, des circonstances particulières l'ayant mis en relat. avec un gr. nombre de navigat., ses compatriotes, il dirigea principalem. son applicat. vers la géographie. Après avoir débuté par une *Description* du Japon et du roy. de Siam, 1673, in-8, il publia une grande géographie scientifique, qui l'a classé parmi les géographes modernes, immédiatem. après d'Anville. Varenius mourut vers 1680. Son gr. ouvrage est intit. : *Geographia generalis in quâ affectiones generales telluris explicantur*, etc., Amst., 1664, in-12; 2ᵉ edit., publ. et commentée par Newton, Cantorbery, 1681, in-8; réimpr. à Londres, 1736, 2 vol. in-8. La *Géographie* de Varenius a été trad. en angl. par Dugdall, Londres, 1736, 2 vol. in-8; et en franç. par de Puisieux, Paris, 1755, 4 vol. in-12.

VARENNE (Jacques de), greffier des états de Bourgogne, fut chargé par le ministère de Louis XV, de composer un *Mémoire pour les élus généraux des états du duché de Bourgogne*. Cet ouvr., qui mécontenta les parlements, fut condamné par celui de Dijon (7 juin 1763) à être brûlé par la main du bourreau. L'auteur, d'abord protégé par Louis XV, qui le décora du cordon de St-Michel, ayant cessé d'être soutenu par ce monarque, fut en butte à la vindicte des magistrats, à tel point, qu'il n'échappa à une sentence définitive qu'en vertu d'une le ttre d'*abolition*. Varenne perdit sa charge; mais le prince de Condé le dédommagea en le faisant nommer receveur-gén. des états de Bretagne. Pendant son séjour à Paris, en 1763, Varenne fit imprimer des pièces qu'il avait trouvées dans les archives du parlement de Bourgogne, sous le titre de *Registre du parlement de Dijon de tout ce qui s'est passé pendant la Ligue*. Cette publicat. suscita contre l'auteur de nouvelles poursuites auxquelles l'exil du parlement mit fin. Varenne mourut à Paris vers 1780. On lui doit encore : *Considérat. sur l'inaliénabilité du domaine de la couronne*, Paris, 1775, in-8. — VARENNE de Fenille (Philippe-Charles-Marie,), fils du précéd., né à Dijon, s'établit dans la Bresse, où il se livra à toutes sortes d'expériences agricoles. Plus tard il devint receveur des impositions de la province. Arrêté comme fédéraliste en 1794, il fut conduit à Lyon, et exécuté par ordre d'Albitte, sans jugement, au mois de février de la même année. On a de lui : *Observations, Expériences et Mémoires sur l'agriculture*, Lyon, 1789, in-8, fig. — *Réflexions sur une question importante d'économie politique*, Paris, 1790, in-8 de 56 pag. — *Observat. sur les étangs*, Bourg, 1791, in-8. — *Mémoires sur l'aménagement des forêts nationales*, etc., ibid., 1792, 2 vol. in-8. — *Observations sur le voyage agricole d'Arthur Young en France; Procédé simple pour acquérir la connaissance exacte des accroissements successifs d'un taillis; Expériences relatives à la culture du maïs et du froment.* Ces trois derniers écrits, publiés séparément à Bourg en 1793 et 1794, se trouvent dans la *Feuille du cultivateur*.

VARGAS (Louis de), peintre, né à Séville en 1502, commença à peindre sur la serge, méthode adoptée à cette époque pour donner de la légèreté à la main. Il partit ensuite pour Rome, où il entra chez Pierino del Vaga, qui l'initia dans les principes de Raphaël son maître. De retour en Espagne, après avoir séjourné sept ans dans la cité classique, Vargas n'obtint pas d'abord le succès qu'il s'était promis en portant dans sa patrie le goût qu'il avait puisé en Italie. Ses ouvrages parurent inférieurs à ceux de deux peintres flamands, Antoine Florès et Pierre Campana, qui se trouvaient alors en Espagne, et dont le dernier était lui-même disciple de Raphaël. Il prit alors le parti de retourner à Rome, s'y livra à de nouvelles études pendant sept autres années, et revint à Séville, où le prem. tableau qu'il mit au jour, une *Nativité*, lui obtint tous les suffrages. Le second n'eut pas moins de succès. Il fut chargé d'embellir les principaux édifices religieux et particuliers d'un grand nombre d'ouvr. à l'huile et à fresque, qui lui ont acquis une juste renommée. Presque toutes ses peintures à fresque ont dépéri; mais ses plus beaux ouvr. ornent encore la cathédr. et un gr. nombre d'églises de Séville. Vargas mourut en 1560. On cite comme son chef-d'œuvre le *Calvaire* qu'il a peint pour l'hôpital de *Las Bubas*. — André de Vargas, autre peintre, né à Cuença en 1613, étudia la peinture assez tard à Madrid, sous la direction de F. Camillo, qui se servit de lui dans presque tous ses travaux, et lui procura de fréquentes occasions de travailler seul. Il mourut à Cuença en 1674. Ses tableaux se voient à Madrid, à Cuença, à Hiniesta et dans les cabinets de quelques amat. Il peignit aussi à fresque la chapelle du sanctuaire de l'église cathédrale de sa patrie. On reconnaît dans ses productions un dessinateur habile et un bon coloriste.

VARGAS (François), jurisconsulte espagnol du 16ᵉ S., fit partie du conseil souverain de Castille sous les règnes de Charles-Quint et de Philippe II, fut chargé de plus. missions importantes en Italie, devint conseiller-d'état, et, sur la fin de sa vie, se retira dans un monastère de l'ordre des hyéronimites, où il mourut en 1560. On a de lui : un *Traité* (en latin) *de la juridiction du pape et des évêques*, Venise, 1563, in-4. — *Lettres et Mémoires touchant le concile de Trente*, trad. en franç. par Levassor, Amsterd., 1700 et 1720, in-8. — Jean de Vargas, autre jurisc. esp., fut le prem. membre de ce tribunal de sang créé par le duc d'Albe dans les Pays-Bas en 1566, sous le nom de *Conseil des troubles*, et se montra digne d'y siéger par la férocité qu'il y déploya.

VARGAS-MACCIUCCA (François), marquis de *Vatolla*, magistrat, né en 1699 à Teramo dans les Abruzzes, fut élevé chez les jésuites de Naples, où il montra de bonne heure un goût très vif pour le dessin et la sculpture. Envoyé à Rome, il y reçut le meilleur accueil des cardinaux Orsini et Lambertini (qui plus tard devinrent tous deux papes, sous les noms de Benoît XIII et Benoît XIV), et continua de se livrer avec la plus gr. application à l'étude des sciences et des arts, tant industriels que libéraux. Étant retourné à Naples, il se soumit au vœu de sa famille, qui le destinait à la carrière judiciaire ; il parvint aux prem. magistratures du roy., et devint le Mécène des savants et des littérateurs de son pays. Il mourut en 1785. On a de lui : *la Dignità della ragioni di stato e guerra*, Naples, 1732. — *Sulla ricompra di taluni tributi dal fisco alienati*, 1743. — *Sull' abuso delle doti delle monache*, 1745. — VARGAS-MACCIUCCA (Michel, duc de), antiquaire, de la même famille, né à Salerne en 1742, entra dans la magistrature comme ses ancêtres, se livrant en même temps à l'étude des langues savantes, telles que l'hébreu, l'étrusque et le phénicien. Il consacra la plus gr. partie de sa vie à des recherches laborieuses sur l'origine des prem. habitants de son pays, et mourut à Naples en 1794. Ses principaux écrits sont : *Delle antiche colonie venute a Napoli*, Naples, 1764, 2 v. in-4. — *Spiegazione di un raro marmo greco, nel quale si vede l'antico modo di celebrare i giuochi lampadici*, ibid., 1791, in-4.

VARGAS Y PONCE (don JOSEPH), né à Cadix vers 1755, s'était déjà fait connaître comme littérateur et comme géographe, lorsqu'il fut désigné pour faire partie des officiers qui devaient seconder don Vincent Tofiño chargé de lever les plans des possessions maritimes de l'Espagne. Il donna particulièrement ses soins à la publicat. de l'*Atlas des côtes d'Espagne*, dont il dirigea le dessin et l'impression. Il donna les mêmes soins à la publication du *Routier* de la partie méridionale, et il composa l'*Introduction*. Plus tard, il publia la *Descript. des îles Pityuses et Baléares*, 1787, gr. in-4 ; et la *Relation du dernier voyage dans le détroit de Magellan, fait par la frégate la Santa-Maria de la Cabeza*, 1788, in-4. Vargas, membre de l'acad. d'histoire, depuis long-temps était capitaine de frégate, lorsqu'il prit sa retraite. Il fut député aux *cortès* après la révolution de 1820, et mourut à Madrid en 1821.

VARIGNANA (BARTHÉLEMI de), médecin, né à Bologne dans le 13e S., suivit les leçons de Taddeo d'Alderoto, et bientôt ouvrit lui-même une école qui fut très fréquentée. Exilé de sa ville natale pour avoir embrassé le parti de l'emper. Henri VII, ce prince le récompensa de son dévouem. en le nommant son prem. médecin. Varignana mourut vers 1318. Il a laissé des *Commentaires* sur plusieurs livres d'Hippocrate et de Galien conservés dans quelq. bibliothèq. d'Italie. On trouve une bonne *Notice* sur ce médecin dans l'ouvr. du P. Sarti : *De professoribus bononiens.* — Guillaume de VARIGNANA, fils du précédent, pratiqua la médecine, et professa cette science avec succès à Bologne, dans la prem. partie du 14e S. On a de lui plus. ouvr. qui ont été recueillis et publiés sous ce titre : *Secreta sublimia ad varios curandos morbos verissimis auctoritatibus illustrata*, Lyon, 1526, in-4 ; Bâle, 1536, 1545, in-4 ; 1597, in-8. — Pierre et Matthieu de VARIGNANA, professèrent la médecine à Bologne vers 1381. Le gr. nombre de médecins sortis de cette famille a fait dire à un poète :

Varignana domus medicorum semper alumna.

VARIGNON (PIERRE), géomètre, né en 1654 à Caen, fils d'un architecte de cette ville, se destinait à l'état ecclésiastique, et venait d'achever son cours de théologie quand il se lia avec l'abbé de St-Pierre, qu'il suivit à Paris, en 1686, pour y perfectionner ses connaiss. dans les mathématiq. Les savants du prem. ordre l'accueillirent avec empressement : et, jaloux d'étendre de plus en plus le cercle de son savoir, il prit de Duverney des leçons d'anatomie. Admis en 1688 à l'acad. des sciences, il fut nommé la même année à la chaire de mathématiques au collège Mazarin, et remplaça, en 1704, Duhamel dans la chaire du collège de France. Il mourut d'apoplexie en 1722. Outre un gr. nombre d'articles dans le *Recueil* de l'acad. des sciences, et le *Projet d'une nouvelle mécanique* (1687, in-4), on a de Varignon : *Nouvelles conjectures sur la pesanteur*, 1690, in-12. — *Nouvelle mécanique ou statique*, 1725, 2 vol. in-4. — *Éclaircissements sur l'analyse des infiniment petits et sur le calcul exponentiel de Bernouilly*, 1725, in-4. — *Traité du mouvement et de la mesure des eaux courantes et jaillissantes*, 1725, in-4. — *Éléments de mathématiques*, 1732, in-4 ; c'est la traduction des leçons de Varignon au collège Mazarin, publiée par Cochet. — *Démonstration de la possibilité de la présence réelle de J.-C. dans l'Eucharistie*, insérée dans un *Recueil de pièces fugitives sur l'Eucharistie*, publié par Vernet, avec une *Préface*, Genève, 1730 et 1747, in-8. L'*Éloge* de Varignon a été fait par Fontenelle (v. les *Mémoires* de Niceron, t. XI et XX ; et l'*Hist. des philosophes modernes* par Saverien, tome V.

VARILLAS (ANTOINE), historien, né en 1624, à Gueret, fut d'abord instituteur de quelques jeunes gens avec lesquels il vint à Paris, où il ne tarda pas à trouver des protecteurs. Ce fut sur leur recommandation qu'il obtint, en 1648, la place d'historiographe du duc d'Orléans, Gaston, frère de Louis XIII. Plus tard, il se lia avec P. Dupuy, garde de la bibliothèque royale, et fut nommé son adjoint. Colbert l'ayant chargé de collationner la copie qu'il venait d'acquérir des MSs. de Brienne (v. BRIENNE), avec les originaux conservés à la bibliothèque, Varillas s'en acquitta avec tant de négligence qu'il fut renvoyé. On lui accorda toutefois une pension de 1,200 livres, et il se retira dans la communauté de St-Côme, pour y travailler plus tranquillement à l'histoire de France qu'il avait entreprise. Il s'occupa ensuite d'une hist. des hérésies, qui lui valut une pension de l'assemblée du clergé, au moment où Colbert lui retirait celle qui lui avait été accordée en sortant de la bibliothèq. L'histoire des hérésies fut attaquée à sa publicat. par Burnet et Laroque, et Varillas resta convaincu de plagiat et d'inexactitude. Dès lors il perdit la réputation qu'il s'était acquise par son *Histoire de France*, et ne trouva plus de libraire qui voulût se charger de l'impression de ses ouvrages. Il mourut en 1696. Ses ouvr. sur l'*Hist. de France* (Paris, 1685 et années suiv., 14 vol. in-4, ou 23 vol. in-12), comprennent les règnes de Louis XI à Henri IV, et la minorité de St Louis. Il a publ. en outre : *La politique de la maison d'Autriche*, Paris, 1658, in-12. — *La Pratique de l'éducation des princes*, etc., ibid., 1684, in-12. — *Anecdotes de Florence, ou Histoire secrète de la maison de Médicis*, La Haye, 1685, in-12 (ouvrage rempli d'inexactitudes et de faussetés. — *Histoire des révolut. arrivées dans l'Europe en matière de religion*, Paris, 1686-89, 6 vol. in-4 ou 12 vol. in-12. — *Politique de Ferdinand-le-Catholique*, Amst. 1688, 3 vol in-12. On a publié : *Varillasiana, ou Ce que l'on a entendu dire à M. Ant. Varillas, historiographe de France*, Amst. (Paris), 1734, in-12, précédé d'une *Vie* détaillée de cet écrivain, par Boscheron. On peut consulter les *Mémoires* de Niceron, t. V et X.

VARIN ou WARIN (JEAN), grav. en médailles, né à Liége en 1604, fut élevé parmi les pages du comte de Rochefort, dont son père était gentilhomme, et, consacrant tous ses loisirs à la culture du dessin, y acquit de l'habileté. La réputat. que lui valut l'invent. de procédés plus parfaits pour la frappe des médailles le fit appeler à Paris, et il gagna la bienveillance de Richelieu par le talent qu'il mit à graver l'effigie de ce ministre sur le sceau de l'Acad. franç. Nommé garde-général des monnaies, il fit les poinçons pour une refonte des petites pièces d'or et d'argent, ainsi que les matrices des médailles consacrées aux princip. événements du règne de Louis XIII, et obtint plus tard la charge d'intend. des bâtim. de la couronne, et fut un des prem. membres de l'acad. de peinture et sculpture (1664). Varin fit de Louis XV la statue en marbre, ainsi que deux bustes en bronze de grandeur colossale. Il avait entrepris l'*Hist. métalliq.* de ce prince. On peut consulter sur Varin la *Gazette* de Loret et les *Lettres choisies de Guy Patin à Spon*. Perrault a publ. son *Éloge* dans les *Hommes illustres de France*. — Thomas VARIN, seigneur d'Audeux, né en 1610 à Besançon, où il mourut en 1668, avait rempli long-temps la charge de juge en la *régalie*. Entre autres ouvr., on cite de lui : *Besançon tout en joie*, etc., 1659, in-4. — *L'État de l'illustre confrérie de St-Georges*, 1663, petit in-fol. — *Narré fidèle et curieux de tout ce qui s'est passé dans l'heureuse prise de possession de la cité de Besançon* (par le marq. de Castel-Rodrigo), 1664, in-4.

VARIN (JOSEPH), habile graveur, né à Châlons-sur-Marne en 1740, mort en 1800, a embelli de ses estampes un gr. nombre d'éditions, parmi lesq. il suffit de citer : *Voyage pittoresque de Naples et de Sicile*, par l'abbé de St-Non, 1774. — *Voyage en Grèce*, par Choiseul-Gouffier. — *Tableau de l'empire othoman*, par d'Osson-Mouradja. — *Voyage pittoresque de Syrie, de Phénicie et de Palestine*, par Cassas. Joseph avait un frère qui le seconda dans plusieurs de ses travaux.

VARIN (JACQUES), né à St-Thomas-la-Chaussée, près de Rouen, en 1740, étudia la botanique à Paris dans les moments de loisir que lui laissait la profession d'imprimeur, qu'il avait embrassée pour vivre. Les connaissances positives qu'il acquit de cette manière le firent placer à la tête du jardin des plantes de Rouen, dont il travailla, pendant trente-deux ans, à accroître et à conserver les richesses avec un zèle qui avait quelque chose de la sollicitude paternelle. Il mourut en 1808. On lui doit, entre autres services, d'avoir importé en France le mastic inventé par Forsyth, pour fermer les plaies des arbres et opérer la régénérescence des troncs de ceux qui sont pourris.

VARIUS (LUCIUS), poète latin, contemporain de Virgile et d'Horace, a été confondu quelquefois, mais à tort, avec trois ou quatre personnages du nom de Varus, et l'on en rapporte plus. faits peu vraisemblables. On élève moins de doutes sur la part qu'il eut à la révision et à la publication de l'*Énéide*. On raconte que Virgile mourant ordonnait de brûler ce poème, que Varius et Tucca s'y opposèrent, et que le poète les chargea de le corriger, mais sans y faire aucune addition, et leur légua deux douzièmes de ses biens. Au reste, Virgile n'a nommé Varius que dans son testament; mais Horace se plaît à lui témoigner sa reconnaissance et son admiration dans plus. endroits de ses écrits, et nous savons, au moyen de ces documents incomplets, que Varius avait le génie de l'épopée, et qu'il avait entrepris en l'an 29 un poème épique, où les exploits d'Agrippa et d'Octave étaient célébrés, qu'il était cher à l'empereur, et qu'il s'était joint au chantre de Mantoue pour recommander Horace à Mécène. D'après les mêmes documents, il paraîtrait que Varius avait cessé de vivre l'an 11 ou 10 avant J.-C. Il ne nous reste de lui que quinze *vers*; encore y en a-t-il deux dont il n'est pas démontré qu'il soit l'auteur. On les trouve cités dans la 16ᵉ *Épître* d'Horace; les treize autres ont été recueillis par Maittaire (*Op. et Fragm. poetarum latinorum*, t. X, pag. 1527). Il est impossible d'apprécier le mérite poétique de Varius ; mais on doit s'en fier aux hommages que lui ont rendus Horace, Quintilien et l'aut. du *Dialogue sur les causes de la décadence du bon goût*.

VARLET (DOMINIQUE-MARIE), évêque de Babylone, né à Paris en 1678, exerça quelque temps le ministère dans différentes paroisses, et passa comme missionnaire dans la Louisiane où il resta six ans. Rappelé en 1718, et nommé évêque d'Ascalon et coadjuteur de l'évêque de Babylone, il apprit le jour même de son sacre (1719), la mort du titulaire, et se mit en route pour l'aller remplacer. Il passa par la Hollande, où il se lia dès lors avec les opposants de ce pays, et donna ainsi des inquiétudes à la cour de Rome, qui transmit à l'évêque d'Ispahan l'ordre de le déclarer suspect. Varlet ne fit donc que paraître en Perse, et revint en Hollande, où il se livra entièrem. aux appelants, sans s'inquiéter des censures de Rome. Cependant il publia une prem. apologie de sa conduite en 1724, une seconde en 1727 (toutes deux réunies depuis en 1 vol. in-4); et d'autres écrits qu'il est inutile d'énumérer. Il mourut à Rhynwick, près d'Utrecht, en 1742. On le regarde comme le fondateur du schisme d'Utrecht. V. les *Nouvelles ecclés.*, 8 juillet et 25 nov. 1742.

VARLET DE LA GRANGE (CHARLES), comédien, né à Amiens, fils d'un riche procureur, se trouva sans ressources par suite de la mort de son père et de l'infidélité de son tuteur. Il vint à Paris en 1658, et débuta dans la troupe du Palais-Royal, où Molière fit de lui un bon acteur. Il passa en 1673 au théâtre de la rue Guénégaud, et fut conservé lors de la réunion avec la troupe de l'hôtel de Bourgogne en 1680. Il avait d'abord joué dans les deux genres ; mais à cette époque il quitta la tragédie, et s'en tint aux rôles du haut comique, dans lesq. il se fit applaudir long-temps encore. Il remplaça Molière dans la direction de sa troupe, et dans ce poste difficile fit preuve de beaucoup de zèle, d'intelligence et de probité. Il mourut en 1692, du chagrin d'avoir marié sa fille à un homme qui la rendait malheureuse. Il avait donné avec Vinot, en 1682, une édition des *OEuvres de Molière.* — Achille VARLET, dit *Verneuil*, frère du précédent, fut admis, par sa protection, à jouer les *confidents tragiques* et les *utilités* dans la comédie à la rue Guénégaud et à l'hôtel de Bourgogne. Il se retira en 1684, et mourut à Amiens en 1707.

VARNIER, médecin, né à Vitry-sur-Marne en 1709, fit ses études médicales avec distinction à Paris et à Montpellier, et, malgré les avantages qu'il était sûr de trouver dans l'une ou l'autre de ces deux villes, il préféra le séjour de son lieu natal, d'où les offres les plus flatteuses ne purent le tirer. Il publia plus. opuscules utiles, parmi lesquels on remarque un *Mémoire* sur les moyens d'empêcher la carie des froments, inséré dans le *Journal* de Verdun, juillet 1741, et d'intéressantes observat. dans les 3 dern. vol. des *Consultat.* de Thieulier. Ce savant médecin mourut à Vitry en 1790.

VAROLI (CONSTANT), chirurgien, né à Bologne en 1543, y enseigna l'anatomie avec succès. Appelé à Rome par le pape Grégoire XIII, qui le nomma son prem. médecin, il y mourut en 1575, à 32 ans. On a de lui en lat., une *Lettre sur les nerfs optiques et sur quelques autres nerfs observés dans la tête de l'homme*, etc., Padoue, 1573, in-8, et Francfort, 1591, ouvrage fort estimé.

VARON (CASIMIR), littérateur, né en 1761, fit un voyage à Rome dans le but de s'y livrer à l'étude des beaux-arts. Obligé de quitter précipitamment cette ville après l'assassinat de l'ambassad. franç. en 1793, il perdit le fruit de ses travaux, entre autres *Mémoires inédits* de Winckelmann. De retour à Paris, il fut nommé membre de la commiss. temporaire des arts, puis administr. du département de Jemmapes. Il mourut à Mons en 1796. Il a publié dans la *Décade* quelq. pièces de vers et un *Essai sur le paysage historique de la campagne de Rome.* On assure que c'est à lui que l'on doit la rédaction des *Voyages* de Le Vaillant.

VAROTARI (DARIO), peintre, né à Vérone en 1539, vint de bonne heure à Padoue, où il fonda une école florissante. Son dessin est châtié, mais timide ; son coloris, quoique vrai et harmonieux, n'a ni la beauté ni la vigueur des artistes vénitiens. Padoue, Venise, la Polésine possèdent de ses tableaux, qui sont peu nombreux. Il mourut en 1596, laissant deux enfants : Claire et Alexandre, qui furent ses meill. élèves. — Claire se distingua dans le portrait. Elle vivait encore en 1660. — VAROTARI (Alexandre), né à Padoue en 1590, fut l'honneur de cette école. Resté orphelin jeune encore, il se rendit à Venise, où il reçut, du lieu de sa naissance, le nom de *Padovanino*, sous lequel on le désigne encore aujourd'hui. Il partagea son temps entre Venise et Padoue, et c'est dans ces deux villes seulement que l'on trouve un grand nombre de ses tableaux publics. Il se forma surtout d'après le Titien, et l'on convient généralem. qu'il se rapproche de son modèle plus qu'aucun autre imitateur de ce grand peintre. Il a touché le paysage d'une manière admirable dans ses petits tableaux. Il a fait preuve d'une science parfaite du raccourci, et peut-être a donné le meilleur exemple de ce genre de peinture dans les trois belles histoires, tirées de la *Vie de St André*, qu'il a peintes à Bergame dans l'église sous l'invocation de ce saint. Le tableau des *Noces de Cana*, qui se trouve à Venise dans le chapitre de la charité, passe pour son chef-d'œuvre. Néanmoins l'éclat et la fraîcheur des teintes n'y sont pas portés au même degré que dans ses quatre tableaux de la *Vie de St Dominique*, que l'on voit dans le réfectoire du couvent de St-Jean et St-Paul. Le musée possède un dessin du Padovanino, à la plume et lavé, représentant une *Réunion joyeuse de six personnes des deux sexes dans un jardin.* — VAROTARI (Dario), le jeune, fils et élève du précéd., est vanté par le Boschini, dans son poème de la *Carta del Navegar*, comme médecin, poète, peintre et graveur. Il florissait en 1660.

VARRON (M.-TÉRENTIUS-VARRO), consul romain, était fils d'un riche boucher, dont il exerça lui-même le métier pendant quelque temps. Ses richesses et sa présomptueuse ambition le poussèrent dans la carrière des honneurs, et la populace, qu'il sut cajoler adroitement, le fit passer avec rapidité par les charges de questeur, d'édile plébéien, d'édile curule et de préteur. Il acheva de se concilier la faveur de la multitude, en appuyant les prétentions du maître de la cavalerie Minutius, qui demandait une autorité égale à celle du dictateur Fabius-Maximus. Peu après les comices s'ouvrirent, et il fut élevé au consulat pour prix de son servile dévouement aux intérêts de la haine populaire. On lui donna toutefois pour collègue L-Æmilius-Paulus. Tous deux entrèrent en fonctions au commencem. de 538 (av. J.-C. 216), et partirent par le midi de l'Italie à la tête d'une armée de 87,000 hommes. Annibal, partout vainqueur, mais affaibli par ses victoires, était peut-être sur le point de succomber, si l'on eût suivi le système prudent de Fabius, adopté par le consul Émile ; mais Varron s'empressa d'accepter la bataille devant Cannes, petite bourgade de la Daunie sur l'Aufide (aujourd'hui *Ufanto*). On sait quelle boucherie les Carthaginois y firent des Romains. Émile resta dans la foule des morts ; 4,000 hommes environ, échappés au massacre, se réfugièrent dans les villes voisines ; Varron, le coupable auteur de ce grand désastre, reparut dans Rome, et reçut les félicitations du sénat pour n'avoir pas désespéré du salut de la république. On le prorogea même dans le commandem. l'année suiv. (215 avant J.-C., 537 de Rome); mais c'était une tactique pour relever le courage des Romains, et l'on eut soin de ne confier au présomptueux général que des entreprises d'une médiocre importance : encore y montra-t-il de nouveau son incapacité. On ne retrouve bientôt plus son nom dans l'histoire, où il n'aurait jamais dû figurer.

VARRON (Marcus-Térentius-Varro), né à Rome l'an 116 avant l'ère vulgaire, suivit les leçons de Stilon à Rome, d'Antiochus-d'Ascalon à Athènes, et fit une étude particulière des doctrines philosophiques de l'académie et du portique. A son retour il parut au barreau de Rome sans beaucoup d'éclat; mais il se jeta avec plus de succès dans la carrière des fonctions civiles et militaires. Après avoir été quelque temps associé aux fermiers des revenus de l'état, il fut élu triumvir, puis tribun du peuple. A l'âge de 49 ans, chargé par Pompée du commandement d'une flotte grecque, il remporta sur les côtes de la Cilicie une victoire qui lui valut une couronne rostrale, distinction jusqu'alors sans exemple. Lors de la guerre civile, ses anciennes relations l'entraînèrent dans le parti de Pompée qui le nomma son lieutenant dans l'Espagne-Ultérieure. Il se tint d'abord en repos, tâtant la fortune et parlant même avantageusem. de César, dont il avait aussi cultivé jadis l'amitié. Lorsqu'il crut voir, d'après les prem. événem., que le destin se déclarerait pour Pompée, il ne négligea aucun moyen de persuasion ni de contrainte pour entraîner toute sa province dans le parti qu'il était alors déterminé à suivre, et rassembla de toutes parts des troupes, de l'argent, des blés, des navires; mais les succès de César, les défections qui en furent la conséquence, et l'impossibilité même de s'enfuir en Italie, décidèrent Varron à mettre tout ce qu'il avait de vivres et d'argent entre les mains de l'heureux vainqueur. Il acheta ainsi la faculté de retourner à Rome, où il attendit la fin de la guerre. Il se tint caché quelq. temps après les dern. triomphes de César, mais il reparut dès qu'il vit la modération du dictateur, dont il ne tarda pas à devenir assez l'ami pour recevoir de lui la mission d'établir et d'arranger la bibliothèque publique. Quelq. auteurs attribuent à Varron d'autres fonct., qui paraissent avoir été remplies par d'autres personnages du même nom. Quant à celui dont il s'agit, depuis l'an 49, il ne s'est plus mêlé d'affaires publiques. Il n'en fut pas moins l'an 42, à l'âge de 74 ans, inscrit par les triumvirs sur la liste des proscrits. Ses seuls crimes étaient ses anciennes relations avec Pompée et avec Cicéron, son mérite personnel et surtout ses richesses considérables, qui avaient tenté l'avidité d'Antoine. Il fut obligé de se cacher pendant quelque temps ; mais enfin son nom fut rayé de la liste fatale, et il put passer dans une retraite paisible et studieuse le reste de sa vie, qu'il termina dans sa 90e année. On fixe sa mort à l'an 27 av. J.-C. A l'âge de 84 ans il avait, selon Aulu-Gelle, écrit 490 vol. ou livres, et Pline dit qu'il continuait d'en composer 4 ans plus tard. Il est certain qu'il embrassa dans ses ouvr. presque toutes les connaissances acquises de son temps, grammaire, poétique, philosophie, politique, navigation, agriculture, arts du dessin et doctrines religieuses ; mais, de tant d'ouvr. il ne reste que de courts fragments, excepté de deux, le *Traité de la langue latine* et le *Traité d'agriculture;* le prem., composé primitivement de XXXIV liv. dont 7 nous sont parvenus, sauf des lacunes et des *fragments* des autres, a été imprimé, Venise, 1474, in-fol., c'est l'édit. *princeps*. Parmi les nombreuses édit. qui ont suivi, l'une des meilleures est celle qui fait partie de la *Collection* de Deux-Ponts, 1788, 2 vol. in-8. On fait aussi beaucoup de cas de l'édit. critique donnée par M. L. Spengel, Berlin, 1826, in-8. *Le Traité d'agriculture,* divisé en III livres, qui traitent de l'art du cultivateur, des troupeaux et de l'économie rurale, fait partie des *Rei rusticœ scriptores*, impr. pour la prem. fois à Venise, Jenson, 1470, in-fol., et dont les éditions sont fort multipliées : dans le nombre on distingue celles de Leipsig, 1773, in-4 ; Manheim, 1781, in-12, Deux-Ponts, 1787, in-8; Leipsig, 1794-97, in-8. Les deux ouvr. de Varron et les *fragments* de ses autres livres ont été plus ou moins complétement rassemblés dans les édit. de Henri-Estienne, 1569, 1573, 1581, et de Leyde, 1601, in-8. Ses 3 livres sur l'agricult. ont été trad. en franç. par Saboureux de la Bonnéterie. Parmi les *fragm*. de Varron, on en trouve un assez gr. nombre de sa *Satire Ménipée*, pas assez néanmoins pour faire connaître le plan, les détails et les caractères de cette composit. Des *Notices* par M. Hanckius, Vertramius, Ausone-Popina, G.-S. Vossius, Alb.-Fabricius, sur la vie et les écrits de Varron, se trouvent en très grande partie dans les édit. de ses OEuvres.

VARRON (P. Térentius-Varro-Atacinus), poète latin, naquit vers l'an de Rome 672 (av. J.-C. 82) à Narbonne (*Narbo-Martius*) ou dans la petite ville d'Atax. Envoyé à Rome pour s'y livrer à l'étude des lettres et de l'éloquence, il s'y consacra entièrem. à la poésie, et contribua puissamm., avec Lucrèce et Catulle, à la faire sortir de l'enfance. Son début fut une traduct. en vers du poème des Argonautes, d'Apollonius de Rhodes, qu'il publia sous le titre de *Jason*. Il donna ensuite un poème épique, dont le sujet était la soumission des Séquaniens par César (*de Bello Sequanico*), et qui fut reçu avec enthousiasme. On cite en outre de lui 3 ouvrages didactiq. en vers, une *Chorographie, ou descript. des lieux;* les *Libri navales*, enfin l'*Europe ou Europe*, car l'on ignore complétement s'il y chante la fille d'Agénor ou la partie du monde à laquelle la princesse fugitive dohna son nom. Varron avait aussi composé des élégies, des épigrammes et diverses poésies fugitives. Enfin il s'était essayé dans la satire avec peu de succès, s'il faut en croire Horace (lib. I, sat. X, v. 45 et seqq.). Mais Ovide et Properce parlent de ses autres ouvr. avec éloge. Il n'en reste que quelques fragments, insérés par Wernsdorf dans sa collection des *Poetæ latini minores*, t. V, p. 1535, etc. La *Chorographie* se trouve dans l'*Anthologie* de P. Burmann, t. II, p. 1535 et suiv. D. Rivet a inséré une *notice* sur Varron Atacinus dans l'*Histoire littéraire de la France*, t. Ier, p. 108-14.

VARTAN, sav. docteur arménien, passa les dern. années de sa vie au monastère de Kaloudsor, et y mourut en 1271. Ses princip. ouvr. sont : une *Hist. d'Arménie* depuis le commencem. du monde jusqu'à l'an 1267 de J.-C.; la biblioth. du roi n'en possède que des fragm.; des *Fables*, dont un *choix* a été publié, Paris, 1825, in-8, avec une traduct. littérale, par St-Martin; des *Commentaires sur l'Ancien-Testament*, sur le *Cantique des Cantiques*, sur *Daniel*. On lui attribue un petit traité géographique sous ce titre : *Géographie courte et abrégée, faite par le vertabied Vartan, le nouvel interprète de l'Écriture et le second illuminateur*; mais il est à croire que cet ouvrage est plutôt celui d'un de ses disciples. Saint-Martin en a donné la traduct. avec des *notes*, dans le t. II de ses *Mém. sur l'Arménie*. Les écrits de Vartan se trouvent parmi les MSs. de la bibliothèque du roi.

VARTAN-HOUNANIAN, archevêque arménien, né en 1644 à Tokat, dans l'Arménie-Turque, partit en 1665 à la suite d'un légat envoyé par le patriarche des Trois-Églises à Léopol, où la congrégation de la propagande de Rome avait depuis quelq. années fondé un collège pour l'éducat. des jeunes Arméniens. Quoique diacre, il quitta le légat pour entrer dans ce collége, où il recommença ses études. L'esprit et le zèle qu'il montra fixèrent sur lui l'attention de la cour de Rome, et après avoir passé rapidement par les divers degrés de la hiérarchie ecclésiastique, il fut élevé au siége pontifical de Léopol. Il travailla avec succès à répandre la pure doctrine catholique parmi les Arméniens de la Pologne, et convoqua à Léopol (1689) un synode provincial où fut consommée sa réunion et celle de ses prosélytes avec l'Église romaine.

VARTAN-LE-GRAND, prince de Daron en Arménie, de la race des Manigonéans, né vers la fin du 4e S. de l'ère chrétienne, gouverna l'Arménie avec le patriarche Sahag, son oncle, pendant l'interrègne qui commença l'an 415 de J.-C., après le départ du roi Schahpour. Trois ans après, ils allèrent à la cour de Perse en ramenèrent pour roi Ardaschès ou Ardaschir, qui opprima ses nouveaux sujets et fut rappelé vers 428. Ce prince n'eut pour successeur qu'un simple gouverneur, sous lequel Vartan continua de commander les troupes. L'Arménie était tranquille depuis quelq. années, lorsque le roi de Perse Iezdedjerd II voulut en forcer les habitants à abandonner le christianisme (442). Irrité de leur résistance, il enleva en 450 plusieurs de leurs princes, qu'il détermina par ses menaces à embrasser le culte des mages. Vartan était du nombre; mais lorsqu'il eut vu la persécution suscitée dans son malheureux pays, il rentra et fit rentrer ses compagnons d'apostasie dans la foi de leurs pères, et jura avec eux de vaincre ou de mourir pour cette sainte cause. Il organisa et mit en mouvem. une vaste insurrection, qui aurait pu rendre à l'Arménie son indépendance, sans la mort de l'emper. Théodose II dont il avait réclamé l'appui. Il persévéra néanmoins dans sa noble entreprise. Mais tandis qu'il triomphait des Persans sur les bords du Cyrus, délivrait l'Albanie, ouvrait le défilé de Derbend et appelait les Huns comme auxiliaires, il fut affligé d'une défection qui lui annonçait sa ruine prochaine. En effet, il périt glorieusement dans une bataille, près des frontières de l'Adzerbaïdjan, l'an 451. — VARTAN-LE-PETIT, arrière-petit-fils de Hamaïcag, frère de Vartan-le-Grand, s'empara de la ville de Tovin en 571, et se rendit indépendant avec l'appui de l'emper. de Constantinople; mais il ne put résister aux forces et aux talents du général Bahram Tchoubin (depuis roi de Perse). L'Arménie fut soumise de nouveau à la Perse.

VARTOMANUS (LUDOVICUS) ou plutôt *Louis Varthema* ou *Barthema*, gentilhomme bolonais et patrice romain, se fit un nom par ses voyages dans le 16e S. Parti de Venise, il visita l'Égypte, l'Arabie, l'Inde, en-deçà et au-delà du Gange, les îles de l'Archipel-Oriental, les Moluques, la côte orientale de l'Afrique, le cap de Bonne-Espérance, et revint par Lisbonne à Rome. Son voyage, ou, comme il l'appelle lui-même, son itinéraire, est un des plus importants pour l'histoire de la géographie et pour l'histoire en général, et pourtant il a été fort négligé jusqu'à ce jour. Il paraît que Barthema avait écrit son ouvr. en ital. vulgaire; mais cette rédaction originale est perdue. Pour y suppléer on en a div. traduct. La version latine d'Archange Madrignan est intitulée : *Ludovici, patritii romani, itinerarium novum Æthiopiæ, Ægypti, utriusque Arabiæ, Persidis, Syriæ ac Indiæ ultrà citràque Gangum*, etc., 1511, in-fol.; Venise, 1518; Rome, 1519, dans Grynæus, *Novus orbis*, 1532, p. 64, et 1555, p. 162.

VARUS (QUINTILIUS), général romain, obtint la faveur d'Auguste, qui le déclara consul avec Tibère pour l'an 739 (13 av. J.-C.). Il fut fait ensuite proconsul de Syrie, et après la mort d'Hérode, il appuya les droits d'Archelaüs son fils au trône de Judée, et châtia sévèrem. ceux qui s'étaient soulevés contre ce prince. Velléius-Paterculus dit qu'il était entré pauvre dans la Syrie riche, et qu'il sortit riche de la Syrie pauvre. Nommé gouverneur de la Germanie, il s'occupa du projet insensé d'en plier les peuplades guerrières à de nouv. institut. calquées sur celles des Romains. Au milieu du mécontentement général excité par sa conduite et dont il était averti, il poussa son aveugle confiance dans Arminius jusqu'à se laisser mener avec l'armée romaine dans l'intérieur de la Germanie, où elle fut attaquée à l'improviste et anéantie. L'imprudent général, pour ne pas survivre à la honte de sa défaite, se tua l'an 9 de l'ère chrétienne. Auguste, en apprenant ce grand revers, tomba dans un tel désespoir, qu'on l'entendit pendant plus. mois s'écrier souvent : *O Varus! rends-moi mes légions!* — V. ALFENUS.

VASARI (GEORGES), peintre et écrivain pittoresque, né à Arezzo en 1512, d'une famille où l'amour des arts était héréditaire, se forma surtout à Rome en dessinant les ouvr. de Michel-Ange, de Raphaël et des meilleurs artistes de cette école, ainsi que les plus beaux marbres antiques. On découvre dans sa manière la trace de ces diverses études ; mais on ne peut y méconnaître sa prédilection pour Michel-Ange. Ce n'était pas assez pour lui d'être peintre, il voulut encore être architecte. et déploya dans cet art une grande habileté. Appelé, en 1553, à Florence par le gr.-duc Cosme Ier, il présida aux vastes travaux que ce prince ordonna, parmi lesq. on ne saurait oublier le *Palais des offices* ni le *Palais vieux*. Comme peintre, s'il n'existait de lui que la *Conception* dans l'église de St-Apostolo de Florence, la *Décollation de St Jean* dans l'église de ce saint à Rome, le *Festin d'Assuérus*, aux Bénédictins d'Arezzo, et quelq. autres ouvrages auxquels il a mis le temps nécessaire, sa réputation serait bien plus brillante ; mais il voulut trop faire, et le plus souvent il sacrifia le fini à la célérité. C'est comme écrivain pittoresque qu'il faut considérer Vasari, et alors sa renommée s'agrandit beaucoup. Il a écrit sur les préceptes de l'art et sur la vie des artistes, et a donné aussi quelq. opuscules moins connus sur ses *apparats* et sur ses peintures. Il fit imprimer son livre à Florence par le Torrentino, 1550, 2 vol. La 2e édit., qui contient de nombreuses additions, sortit des presses des Juntes en 1568. Elle n'en est pas moins remplie d'incorrections et d'erreurs de noms et de dates ; et quoique ce même livre ait été réimprimé à Rome en 1759, avec les notes et les correct. de Bottari, à Florence en 1767, avec de nouvelles notes du même, à Sienne, avec les notes et correct. du P. Della Valle, à Milan, 1807-11, 16 vol. in-8, dans la collect. des classiques italiens, et à Florence, 1822-23, 6 v. in-8, il y reste encore un gr. nombre de fautes à relever dans la nomenclature et la chronologie des artistes. Son silence sur certains personnages sera facilement expliqué et excusé, si l'on veut bien se souvenir que jamais ouvrage de nomenclature ne peut être complet aux yeux de tout le monde, et que, pour compléter autant que possible, Vasari n'épargna ni le temps, ni les recherches, ni les voyages. Quant à ses jugements, toujours impartiaux, s'ils offrent parfois quelque chose qui a lieu de surprendre, il faut l'attribuer aux principes qu'il avait puisés dans sa première éducation. Il s'était habitué à regarder Michel-Ange comme le plus grand peintre qui eût jamais existé, et le dessin comme la part la plus essentielle de l'art, ne faisant d'ailleurs nul cas de la beauté du coloris ou de l'idéal des formes. Voilà d'où viennent quelques-unes de ses opinions qu'on blâme sur le Bassan, sur le Titien et sur Raphaël lui-même. Mais il n'en reste pas moins le père de l'histoire pittoresque, et son ouvr. sera toujours un modèle utile à consulter lorsque l'on voudra écrire sur les arts. Il a paru en 1803 les 2 prem. vol. d'une traduction française des *Vies des peintres, sculpteurs et architectes les plus célèbres*, par G. *Vasari*. Une nouv. traduction, par Léopold Léclanché est promise en 10 vol. in-8, dont cinq sont en vente (mai 1840). Le musée possède deux de ses tableaux : l'*Annonciation* et la *Passion*, avec cinq dessins. Vasari mourut en 1574.

VASBOURG ou VASSEBOURG (RICHARD), archidiacre de l'église de Verdun, né à St-Michel en Lorraine vers 1490, fit imprimer à Paris, 1549, in-fol., les *Antiquités de la Gaule-Belgique, depuis Jules-César jusqu'à son temps*, ouvrage qui devrait porter le titre d'*Hist. générale de l'Europe*, puisqu'on y trouve les *Vies* des papes, des empereurs et des rois avec beaucoup de faits qui ne regardent pas la Belgique.

VASCO DE QUIROGA, premier évêque de Michoacan, au Mexique, mort en 1556, au village d'Umapa, fut le bienfaiteur des Indiens tocarques, dont il encouragea l'industrie et auxquels il donna des institutions qui se sont conservées jusqu'à nos temps. Les indigènes ont sa mémoire en vénération.

VASCO. — V. BALBOA et GAMA.

VASCOSAN (MICHEL), né à Amiens, vint de bonne heure à Paris où il se fit recevoir imprimeur dès 1530 ; il le fut de l'univ. et du roi, et justifia cette distinction par l'élégance et la correct. des ouvrages sortis de ses presses qui seront toujours recherchés des amateurs. Il est un des premiers imprimeurs à Paris, qui aient rejeté le caractère gothique. Vascosan mourut en 1576. Son édit. des *Vies des hommes illustres de Plutarque*, trad. par Amyot, 1567, 7 vol. in-8, et des *OEuvres morales*, 1574, 6 vol. in-8, sont portés à de très hauts prix dans les ventes.

VASCONCELLOS (MICHEL de), fils du chancelier P. Barbosa, fut avec Diego Soarez, son beau-père, le principal instrument dont se servit le duc d'Olivarez pour opprimer le Portugal soumis alors à la domination de l'Espagne. Revêtu du titre de secrétaire d'état, il couvrait, sous le masque du dévouement, ses coupables exactions, qui irritèrent au plus haut point la nation portugaise. Une conjuration se forma, et si secrètement, que la veille même du jour où elle devait éclater, il se rendit sans défiance à une fête qu'on lui avait préparée sur les bords du Tage. Le lendemain Pinto, suivi de quelq. hommes déterminés, se rendit au palais du ministre. Vasconcellos, informé du péril qui le menaçait, se cacha dans une armoire pratiquée dans le mur de son appartement. Les conjurés l'y découvrirent, et le corps de l'odieux ministre, percé de coups d'épée, fut jeté par la fenêtre aux cris de *vive la liberté et D. Juan, roi de Portugal!* On le traîna dans les rues pendant deux jours, au bout desquels il fut enterré par charité dans le couvent des Frères de la Miséricorde (*v. Révolut. de Portugal*, par Vertot).

VASCONCELLOS (Augustin-Manuel de), écriv. portugais, né en 1583, trempa dans une conspirat. contre le roi Jean IV, et eut la tête tranchée à Lisbonne en 1641, avec deux de ses complices, le duc de Caminha et le comte d'Armainar. On a de lui la *Vie de D. Duarte de Meneses, 3º comte de Viana;* Lisbonne, 1627, in-4.— *La Vie et les actions du roi Jean II de Portugal*, en espagnol, Madrid, 1639, in-4; et en franç., Paris, 1641. — D. Juan-Rodriguez de Vasconcellos, comte de Castel-Melhor, était gouverneur du Brésil pour Philippe IV à l'époque de la révolut. qui affranchit le Portugal du joug espagnol. Accusé de s'être montré le partisan de la maison de Bragance, il fut arrêté, jeté dans un cachot, puis transféré au château de Carthagène, d'où il s'évada en 1641. Accueilli à Lisbonne par Jean IV, il le servit bravem., commanda en chef l'armée portugaise en 1645, et mourut en 1658 à Ponte de Lima. — Don Luis-Souza Vasconcellos, comte de Castel-Melhor, son fils, ministre et favori d'Alphonse VI, s'honora par sa lutte contre les ambitieux desseins de l'infant, depuis Pierre II, et de la reine, sa coupable amante ; il fut contraint de s'expatrier lorsqu'ils eurent détrôné l'imbécile Alphonse, et vécut en Angleterre jusqu'à la mort de Marie-Élisabeth de Savoie. — Antoine Vasconcellos, jésuite, est auteur des ouvr. suiv. : *Anacephaleosis, id est summa capita actorum regum Lusitaniæ*, etc., Anvers, 1641, in-4. — *Relatio persecutionis japonicæ*, ann. 1588 et 1589. — Vasconcellos (Simon), autre jésuite portugais, né en 1599, passa de bonne heure au Brésil, et y resta jusqu'à sa mort arrivée en 1670. On a de lui (en portug.) : *Chronique de la compagnie de Jésus dans le Brésil*, Lisbonne, 1660, in-fol. — *Vie de J. Almeyda.— Vie de Jos. Anchieta.*

VASI (Joseph), dessinat. et graveur, né en Sicile en 1710, vint se fixer à Rome, où il passa la plus grande partie de sa vie, et y mourut en 1782. On a de lui les plus beaux monuments de Rome, publ. avec un texte par le P. Bianchini de l'Oratoire, en deux collect., dont voici les titres : *Delle Magnificenze di Roma, tanto dentro che fuori*, etc., 1761, 10 vol. in-fol.— *Tesoro sacro, cive le basiliche, le chiese, i cimiterrj e i sanctuarj di Roma*, etc., 1778, 2 vol. in-fol. Il avait publié l'année précédente (1777) : *Itinarerio istruttivo di Roma nella pittura, scultura e architettura*, etc. J.-B. Piranesi (*v. ce nom*), fut un des élèves de Vasi.

VASQUEZ DE CORONADO (François), était gouverneur de la Nouvelle-Galice lorsque A. de Mendoza, vice-roi du Mexique, le chargea d'aller reconnaître les riches contrées que Marco de Niza (*v. Niza*) prétendait avoir découvertes. Vasquez partit de sa province en 1540, avec une troupe assez nombreuse pour jeter les fondements de quelques colonies, et, parvenu à 30 lieues du pays indiqué par Niza, y envoya des détachements qui ne rencontrèrent que des montagnes arides, raboteuses, et de misérables huttes. Quelques jours après on entra dans une vallée moins stérile et plus peuplée. Vasquez marcha ensuite au N.-E., fut mal reçu dans un lieu appelé *Cibola*, dont les habitants refusèrent de lui fournir des vivres et le blessèrent même, ainsi que plusieurs hommes de sa suite. L'expédition entra ensuite dans le pays de Tucayan, et Vasquez, avec 29 cavaliers seulem., poussa plus avant dans le nord. Mais craignant d'être surpris par le mauvais temps et le débordem. des rivières, il revint sur ses pas, rallia ses divers détachem. et rentra dans la Nouvelle-Galice, après avoir parcouru 500 lieues de terrain vers le N.-E. et le N. Le vice-roi fut très mécontent de ce qu'il n'avait établi aucune colonie. La relation de son *Voyage* se trouve dans le tome III de Ramusio.

VASQUEZ (Gabriel), jésuite, né en 1551, dans la Nouvelle-Castille, professa à Ocana et à Madrid, et fut appelé par ses supérieurs à Alcala, puis à Rome, où il enseigna pendant vingt ans la théologie avec un grand succès. Étant retourné à Alcala pour y rétablir sa santé, il y mourut en 1604. On a de lui un gr. nombre d'ouvr. qui ont été recueillis en 10 vol. in-fol. La meilleure édit. est celle de Lyon, 1620. Les principes de morale de Vasquez sont les mêmes que ceux d'Escobar.

VASQUEZ (Alphonse), peintre, né à Rome vers 1575, de parents espagnols, vint à Séville à l'âge de 7 ans, et fut élève d'Ant. Arfian ; il ne tarda pas à surpasser son maître. La réputation qu'il s'était acquise lui fit confier, en 1598, l'exécution du superbe catafalque qui fut élevé dans la cathédrale pour les funérailles de Philippe II. Il avait embelli plusieurs églises de Séville de peintures à fresque, dont il ne reste plus qu'un médaillon de St Louis-Beltrand, et quelq. ornem. du cloître de St-Paul. Parmi ses tabl. on cite une *Madeleine*, un *Christ mort*, entouré de la Vierge, de St Jean, de St Joseph et de St François d'Assise, et le *Mauvais riche*. Cet artiste mourut vers 1640. — Jean-Bapt. Vasquez, peintre et sculpteur, né à Séville dans le 16ᵉ S., acquit une réputat. méritée dans les deux arts qu'il cultiva. On cite parmi ses tableaux *la Vierge présentant une grenade à l'enfant Jésus.*

VASSAL (Fortanier de), card., né à Vailhac, dans le Quercy, vers la fin du 13ᵉ S., entra dans l'ordre de St-François, et fut envoyé à Paris pour y faire ses études. Après avoir rempli les différentes charges de l'ordre dans sa province, il en fut nommé vicaire-génér. par le pape Clément VI, en 1342, et général l'année suivante. S'étant rendu en Italie, il y visita les provinces et les maisons de l'ordre, et favorisa la réforme de l'observance, d'où sont sortis les cordeliers et les récollèts. En 1347, nommé archevêque de Ravenne, puis patriarche de Grado en 1351, et enfin cardinal en 1361, il mourut de la peste la même année à Padoue. Il avait été chargé par le pape de plusieurs négociations importantes, et s'en était acquitté avec succès. Il a laissé des *commentaires* sur l'*Écriture sainte*, sur le livre de la *Cité de Dieu* de St Augustin et sur le Maître des *sentences*, des *sermons*, des *dis-*

cours et des questions *quolibétiques.*— Guillaume de Vassal, parent du précéd., fut à la fois guerrier et magistrat, et mourut vers la fin de 1567. — Jacques de Vassal, marquis de Montviel, de la même famille, né en 1659, embrassa la carrière milit., fit toutes les campagnes de 1680 à 1715, fut nommé maréchal-de-camp en 1718, lieuten.-gén. en 1734, et mourut à Paris en 1744. — Jean-Bapt. Vassal, comte de Montviel, frère du précéd., né en 1675, prit aussi le parti des armes, servit en Allemagne, en Italie, en Espagne, en Flandre, fut nommé maréchal-de-camp en 1730, et mourut en 1735. — Deux autres frères du marquis de Montviel furent tués au siége de Barcelone en 1714.

VASSALI-EANDI (Antoine-Marie), savant Piémontais, né à Turin en 1761, était neveu et élève du savant prédicat. Eandi. Il embrassa la carrière ecclésiastique, et professa la philosophie à Tortone et la physique à l'université de Turin. Accueilli par Napoléon, il en reçut la croix d'honneur en 1805, et fut nommé secrétaire perpétuel de l'acad. des sciences du Piémont, directeur du musée d'hist. naturelle et de l'observat. de Turin. Mis à la retraite en 1814 avec le titre de profess. honoraire, il mourut à Turin en 1825. Il était correspondant de l'Institut de France. Ses principaux ouvr. sont : *Conjectures sur l'art d'établir des paratonnerres chez les anciens Romains,* 1791. — *Physicæ elementa et geometriæ,* 1793, 3 vol. in-8. — *Lettres sur le galvanisme,* 1799. — *Mémoires et notices historiques de l'acad. des sciences de Turin,* de 1792 à 1809. — *Annales de l'Observatoire de Turin,* de 1809 à 1818. — *Rapport sur le tremblement de terre de Pignerol,* 1808. — *La meteorologia torinese, ossia risultamenti delle osservazioni fatte del 1757 al 1817,* Turin, 1819, in-4 (v. *Saggio sulla vita e sugli scritti del profess. A.-M. Vasali-Eandi,* par Secondo Berutti, son neveu, Turin, 1825, in-8.

VASSELIER (Joseph), littérat., né à Rocroy en 1735, entra dans l'administration des postes, fut commis de la direction de Lyon, et mourut dans cette ville en 1798. Lié avec Voltaire, il allait passer une partie de l'automne à Ferney. On a de lui : *Épître sur la paix,* Lyon, 1793, in-8. — *Poésies,* précédées de la *Vie* de l'aut., Paris, 1799, 3 part. in-18. Vasselier avait de la vivacité et de l'originalité dans l'esprit. On trouve quelq. *lettres* de lui dans la *Correspondance* de Voltaire.

VASSELIN (George-Victor), né en 1767 à Paris, était avocat à l'époque de la révolut., dont il embrassa les principes sans en partager les excès. Ainsi que Pigeau, il ouvrit chez lui, en 1794, un cours de jurisprudence, et le succès de ses leçons le détermina à les rédiger ; mais il mourut en 1801 avant d'avoir achevé ce travail. On a de lui : *Théorie des peines capitales, ou Abus et danger de la peine de mort et des tourments,* ouvrage présenté à l'assemblée nationale, 1790, in-8. — *Adresse d'un citoyen français à ses représentants sur la constitut.* de 1793, in-8.—*Respect à la propriété, ou le seul point de ralliement des représentants aux représentés,* etc., 1796, in-8. — *Mémorial révolutionn. de la convention, ou Hist. des révolut. de France,* etc., 1797, 4 vol. in-12, rare. — *Cours de droit civil,* 1801, in-8. Cet ouvr., en 8 cahiers, a été complété pour les deux dern. par M. C. Guynemer. Vasselin avait entrepris un journal intit. : *le Cri public,* etc., qui fut supprimé le 18 fructid. an V (4 sept. 1797).

VASSEUR (Jacques Le), archidiacre, chanoine, puis official de l'église de Noyon, né à Vimes dans le Ponthieu, mort après 1633, fut élevé chez les jésuites de Douai et de Tournai, professa d'abord à Orléans et à Paris, où il était recteur de l'univ. en 1609. On cite de lui un assez grand nombre d'écrits, dont les princip. sont : *le Bocage de Jossigny, où est compris le Verger des vierges et plusieurs autres pièces saintes, tant en vers qu'en prose,* Paris, 1608, in-8. — *Diva Virgo medioponana* (N.-D. de Moyen-Pont) *apud Marchœsiam agri peronensis,* ibid., 1622, in-8.—*Annales de l'église cathédrale de Noyon,* 1633, 2 vol. in-4. — *Epistolar. centuriæ II,* 1623, in-8.—*Les devises des rois de France, lat. et franç.,* etc., *avec paraphrase en vers lat.* par Michel Grevet de Chartres, ib., 1609, in-8. — Louis Le Vasseur, médecin de Paris, a publié quelq. écrits de controverse contre Delcboe : *Sylvius confutatus,* etc., 1675, in-12, etc.

VASSIF-EFFENDI (el Hadgi-Ahmed), débuta dans la carrière des emplois sous le règne de Mustapha III, fut disgracié sous le règne suivant, puis nommé *reis effendi* (ministre des affaires étrangères) par le sulthan Sélim III en 1805. On présume qu'il fut une des nombreuses victimes de la révolution qui précipita ce prince du trône. On a de lui des *Annuaires de l'empire othoman* (en turck), commençant à l'année 1752 (1166 de l'hég.) jusqu'en 1802 (1217 de l'hég.); mais cette dernière partie n'a pas été publiée et ne se retrouve plus. La préface de cet ouvrage offre des particularités sur l'auteur, qui, avant son élévat. au ministère, avait été en ambassade à Madrid. Il avait écrit la relation de cette ambassade, dont il promit une copie à Ruffin.

VASSILI ou BASILI (Jaroslawitsch), gr.-duc de Russie dans le 13e S., succéda à son frère Jaroslaf, par la protection du khan des Tatares, au préjudice de son cousin Dmitri, qui avait des droits au grand-duché comme l'aîné de sa famille. Sous son règne, le khan des Tatares, dont il était le vassal, fit faire un nouveau dénombrem. des habitants de toutes les provinces de la Russie, afin de pouvoir fixer sur des bases plus exactes le tribut que ce pays devait lui payer. Vassili mourut à l'âge de 40 ans, en 1275, et eut pour successeur Dmitri Ier.—Vassili II (Dmitriéwitsch), grand-duc de Russie, fils aîné de Dmitri-Donskoï, n'avait que 11 ans lorsqu'il fut envoyé en otage, en 1385, auprès du khan des Tatares. Il s'échappa secrètement en 1388, et se réfugia près du hospodar de Moldavie. Celui-ci lui fournit les moyens de gagner Moscou en le recommandant à Jagellon, qui le fit escorter par un détachement de nobles polonais. Vassili II succéda à son père en 1389, et fut confirmé dans la souveraineté de la Russie par le khan des Tatares. Après avoir réuni à son grand-duché deux principautés qui en avaient été détachées, Vassili, de concert avec son beau-père Vitold, gr.-duc de Lithuanie, fixa les frontières des deux états; mais il se brouilla avec ce prince par le refus de lui fournir des troupes pour une expédition contre les Tatares. Quelque temps après, Édigée, lieutenant de Tamerlan, s'avança jusque sous Moskou, dans l'espoir de la soumettre par la famine. Vladimir, qui en était le gouverneur, réussit à éloigner les Tatares moyennant une somme de 3,000 roubles. Après leur retraite, la peste et la famine achevèrent de ravager la Russie, et Vassili mourut au milieu de la désolation générale en 1425, à l'âge de 53 ans, après en avoir régné 36. Ce prince avait entretenu des relations amicales avec les emper. de Constantinople Manuel et Paléologue, qui devint son gendre. — VASSILI III (Vassiliewitsch), fils du précéd., n'avait que 10 ans lorsqu'il succéda à son père en 1425. Pendant son règne, la Russie fut le théâtre de guerres désastreuses. La peste et la famine y exercèrent d'horribles ravages. En 1446, les Tatares de Casan ayant fait une irruption dans le gr.-duché, Vassali se porta à leur rencontre, fut défait, et tomba au pouvoir des vainqueurs. Il recouvra bientôt la liberté par suite de la division qui régnait parmi les Tatares, et rentra dans sa capitale, où l'attendait une plus gr. infortune. Les fils d'Youri, s'étant emparés de Moscou par trahison, l'arrêtèrent et lui crevèrent les yeux; mais les habitants se soulevèrent en faveur de leur prince et chassèrent ses indignes parents. Vassili mourut en 1461, et eut pour successeur son fils Ivan III. — VASSILI IV (Ivanowitsch), fils d'Ivan III, né en 1478, tomba, jeune encore, dans la disgrâce de son père, qui le déshérita et mit la couronne sur la tête de son petit-fils Dmitri. Plus tard Vassili réussit à recouvrer l'affection de son père, qui le nomma grand-prince de Novogorod et de Pleskof, puis le proclama gr.-duc et héritier du trône. Après la mort d'Ivan, Vassili fit enfermer Dmitri son neveu, qui mourut dans sa prison. Il ne fut point heureux dans la guerre qu'il entreprit contre le khan de Casan. Alexandre, roi de Pologne et gr.-duc de Lithuanie, étant mort en 1506, Vassili conçut le projet de réunir ces deux états à la Russie, et déclara la guerre à Sigismond, successeur d'Alexandre. Après plusieurs chances variées, la paix se rétablit en 1509; mais les hostilités recommencèrent en 1514, et les Russes s'emparèrent de Smolensk, qui depuis 110 ans était sous la domination des gr.-ducs de Lithuanie. Les Tatares de Tauride et de Casan envahirent les provinces méridionales de la Russie en 1521, y firent de gr. ravages et se retirèrent emmenant une multitude d'habitants qu'ils vendirent à Caffa et à Astracan. Vassili voulut tirer vengeance de cette invasion et marcha sur Casan; mais s'étant laissé surprendre, il fut battu et forcé à la retraite. Ce prince, sous la médiation du pape Clément VII et de Charles-Quint, conclut ensuite une trêve avec Sigismond, et mourut en 1533, après avoir pris l'habit religieux des mains du métropolitain de Moscou. Vassili IV a beaucoup agrandi l'empire russe; mais ce fut un prince cruel et avare. — VASSILI V (Ivanowitsch-Schouiski), descendant de Vladimir-le-Grand, s'empara de la régence pendant la minorité de Féodor II. Ce dernier, ayant été renversé par un aventurier appelé le *faux Dmitri* (v. les faux DÉMÉTRIUS), Vassili marcha contre l'usurpateur, qu'il abandonna à la fureur du peuple, et ceignit de suite la couronne; mais il ne put empêcher les suites du mécontentem. des gr. qui voulaient conserver le droit de la décerner à l'extinct. de la famille régnante. La révolte commença en Ukraine; Vassili réussit à étouffer cette prem. insurrection, dont un esclave, nommé Bolotnikoff, était le chef. Une autre s'éleva parmi les Cosaques, qui mirent à leur tête un prétendu fils du tzar Féodor. Vassili attaqua ces rebelles, les défit et fit périr leurs chefs dans les supplices. Un 3ᵉ aventurier, sorti de Starodoub, se prétendant fils d'Ivan II, parut ensuite sous le nom de Dmitri, et obtint des avantages signalés. Sigismond, roi de Pologne, jugeant les circonstances favorables, crut devoir déclarer la guerre à la Russie pour reconquérir ses anciennes possessions. Vassili, soutenu d'abord par un corps de 5,000 Suédois que lui avait envoyé Charles IX, en fut abandonné, et les habitants de Moscou s'étant soulevés au mois de juin 1610, le tzar, son épouse, ses deux frères, Dmitri et Ivan, furent livrés au général polonais Jelkowski, qui les fit conduire au camp du roi Sigismond. De là ils furent transportés à Varsovie, où ils moururent en captivité. Le trône de Russie fut occupé par Michel Romanof.

VASSOULT (JEAN-BAPTISTE), né à Bagnolet, près de Paris vers 1667, embrassa l'état ecclésiastique, et fut chargé d'enseigner la grammaire et les lettres aux pages du roi. Estimé de Louis XIV, il obtint la confiance de la dauphine, dont il fut l'aumônier et le professeur. Il affectionnait particulièrem. Tertullien, dont il se proposait de traduire tous les ouvr.; il n'a donné que son *Apologétique, ou Défense des prem. chrétiens contre les calomnies des Gentils, avec des notes pour l'éclaircissement des faits et des matières*, Paris, 1714, in-4; 1715, in-12. Cet écriv. mourut à Viroflay en 1745.

VASTHI (*qui boit*), femme d'Assuérus, roi de Perse, dont l'empire s'étendait depuis les Indes jusqu'à l'Éthiopie, sur 127 provinces. La 3ᵉ année de son règne, ce prince, à la suite d'un festin donné à ses officiers et à ses satrapes, ordonna qu'on lui amenât la reine Vasthi avec le diadème sur la tête, pour faire admirer aux convives sa rare beauté. Vasthi refusa d'obéir, ne voulant pas, au mépris des coutumes orientales, se donner ainsi en spectacle. Assuérus irrité consulta son conseil sur ce qu'il avait à faire, et il se trouva un conseiller qui, après avoir démontré que la punition de Vasthi était une affaire d'intérêt public, demanda que sa couronne fût donnée à une autre plus docile. L'avis parut bon, et Vasthi fut répudiée. Esther ne tarda pas à lui succéder dans le lit et sur le trône d'Assuérus.

VATABLE ou VATEBLÉ (François), savant hébraïsant, né à Gamache, diocèse d'Amiens, fut d'abord curé de Bramet, dans le Valois, puis professeur d'hébreu à Paris, lorsque François Ier fonda le collége royal. Il mourut abbé de Bellozane en 1547. Il fut le restaurat. de la langue hébraïque en France; mais il n'était pas moins versé dans le grec que dans l'hébreu. Il avait traduit les traités d'Aristote, intit.: *Parva naturalia*, qu'on trouve dans l'édit. de Duval. Au reste, il a peu écrit. On a dit que ses écoliers ayant recueilli ses *notes* sur l'Ancien-Testament, Robert Étienne les imprima en 1545, dans son édit. de la nouvelle Bible latine de Léon de Juda; mais ces *notes*, aussi-bien que la version, avaient été empruntées par le sav. éditeur aux réformés de Zurich. La Bible qui porte le nom de Vatable, contient la version vulgate et celle de Léon de Juda.

VATACE (Jean-Ducas, dit *Batatzétès*, ou), empereur de Nicée, né à Didymotiche en Thrace, prit les rênes du gouvernement à la mort de son beau-père, Théodore Lascaris, en 1222. Il avait alors 29 ans, et jouissait de l'estime générale que lui avaient acquise ses qualités brillantes. Quatre monarchies impériales, Constantinople, Thessalonique, Nicée, Trébizonde, se disputaient le territoire si étroit laissé par les Seldjoucides et les Huns aux descendants des Romains. Vatace brûlait de les réunir lorsque l'occasion lui fut offerte de commencer cette grande entreprise. Sur les sollicitations d'Alexis et d'Isaac, frères de Lascaris, qui prétendaient avoir des droits à la couronne de Nicée, l'empereur de Constantinople, Robert de Courtenay, eut l'imprudence d'attaquer Vatace, fut battu, et, pour obtenir la paix, signa un traité par lequel il lui conférait la possession d'une gr. partie de ses conquêtes. Vatace, tout en s'occupant de rendre heureux ses sujets d'Asie par le développem. pacifique de l'agriculture et du commerce, forme des alliances avec les princes orientaux, et entretient le courage de ses soldats par de petites expéditions. Il assiégeait Rhodes en 1233, lorsque les Latins tombent à l'improviste sur ses états. Il vole à leur défense; mais en vain il détache du parti des Latins le roi de Bulgarie Asan, et s'allie avec lui; il voit sa flotte et celle des Bulgares anéanties deux fois de suite (1236 et 1237) devant Constantinople. Asan l'abandonne, puis revient à lui, puis l'abandonne encore pour se ranger parmi ses ennemis. Frédéric, emper. d'Allemagne, et d'abord aussi son allié, montre la même inconstance. Enfin les Scythes-Comanes se joignent également aux Latins contre Vatace, qui lève le siège de Constantinople, perd Tzurullum (1240), et désormais hors d'état de tenir en Europe, se jette sur l'Asie, où il enlève à son tour plus. places, jusqu'à ce que, vaincu encore une fois complètement, il consent une trêve de deux ans (1241). Mais la mort d'Ionas, chef des Scythes-Comanes, vient lui donner l'espoir de ressaisir ses conquêtes. Le résultat de la guerre qu'il entreprit alors, et qui dura deux ans (1241-42), fut un traité par lequel Jean Comnène, empereur de Thessalonique, consentit à le reconnaître son vassal. Vatace se hâta de repasser dans ses états, et réussit à rompre l'alliance contractée avec Baudouin par le sulthan d'Iconium, Gaïath-Eddyn II. Jugeant alors que l'occasion était venue de reconquérir l'Europe, il enleva Démétrius, despote de Thessalonique (1246), prit la plus gr. partie des villes de la Hongrie, et se jetant sur les possessions françaises, s'empara de nouv. de la ville de Tzurullum (1247). Les années suiv. se passèrent en conférences pour la réunion des deux églises, sans que cependant il négligeât l'accomplissement de ses projets ambitieux. Il déclara la guerre à Michel Comnène, prince de Bérée et allié de Baudouin, et il venait de conquérir encore quelques villes quand il tomba malade à son retour en Asie. Il se fit conduire à Smyrne, puis à Nymphée, où il mourut en 1255, à l'âge de 62 ans et dans la 33e année de son règne.

VATER (Chrétien), né à Juterbock en 1651, fut nommé en 1690 professeur de médecine à Wittenberg, où il mourut en 1732. On lui doit quelques ouvr., entre autres des éléments de médecine sous ce titre: *Institutiones medicæ*, Wittenberg, 1722, in-4. — Vater (Abraham), fils du précédent, né à Wittenberg en 1684, fut, en 1710, nommé à la prem. chaire de médecine à l'univ. de cette ville. Pour perfectionner ses connaissances, il visita l'Allemagne, la Hollande, les Pays-Bas et l'Angleterre, et, à son retour, il quitta la chaire de médecine pour prendre celle de botanique et d'anatomie. Il mourut en 1751. Il est le premier qui ait introduit en Allemagne l'inoculation de la petite-vérole. Ses principaux ouvr. sont: *De methodo novâ transplantandi variolas per insitionem*, Wittenberg, 1720, in-4. — *Physiologia medica, seu de actionibus corporis humani sani doctrina, mathematicis atque anatomicis principiis superstructa*, Iéna, 1751, in-4. — Vater (Jean-Séverin), savant distingué, né en 1771 à Altenbourg en Saxe, fut, en 1798, nommé professeur à l'univ. d'Iéna, et l'année suivante, professeur des langues orientales à celle de Halle, Il alla occuper, en 1810, la chaire de théologie à Kœnigsberg, revint à Halle en 1820, prendre de nouveau possess. de la chaire des langues orientales, et mourut en 1826. Nous citerons de lui: *Livre de lecture en langue arabe, syriaque et chaldéenne, avec des morceaux arabes jusqu'à présent inédits, un vocabulaire et des indications grammaticales*, Leipsig, 1802, in-8. — *Tableaux synchronistiques de l'histoire ecclésiastique, depuis l'origine du christianisme jusqu'aux temps modernes*, Halle, 1803, in-fol. — *Grammaire générale avec comparaison des langues anciennes et modernes*, ibid, 1805, in-8. — *Gramm. pratique de la langue russe, avec une introduct. à l'histoire de cette langue, et à celle de ses grammaires*, Leipsig, 1808, in-8. — *Population de l'Amérique, mise en rapport avec les peuples de l'ancien continent qui ont passé dans le Nouveau-Monde pour l'habiter*, ibid, 1810, in-8. — *Langue des anciens habitants de la Prusse, ce qu'il nous en reste, grammaire et dictionnaire*, Brunswick, 1821, in-8. — *Histoire universelle et chronologique de l'Église chrétienne, depuis le commencement de la réformation jusqu'à nos jours*, ib., 1823, in-8.

VATINIUS (P.), fougueux démagogue, de l'origine la plus obscure, naquit à Rome même, de l'an 654 à l'an 660 de sa fondation. Le spectacle des guerres civiles de Sylla et de Marius, signalées par tant d'horreurs, l'avait habitué de bonne heure à mépriser les lois, les dieux, la morale, et à tout oser pour parvenir aux honneurs. Comme on ne pouvait prétendre aux charges publiq. avant 30 ans accomplis, il attendit cet âge au milieu des orgies et des débauches les plus honteuses, et s'acquit, par sa vie infâme et par quelques traits de bravoure, une sorte de réputation parmi tous ces hommes vicieux et turbulents, à la tête desquels on voyait déjà César, et qui appelaient de tous leurs vœux un bouleversement général. Grâce à leur influence, il fut nommé questeur en 691, l'année même du consulat de Cicéron. Envoyé à Puteoli (Pouzzoles), il s'y permit des concussions si criantes, que des plaintes au nom de la ville furent adressées contre lui au consul, alors occupé de sévir contre Catilina. Loin d'être puni, Vatinius fut envoyé en Espagne, où il put se livrer plus librem. encore à des rapines plus scandaleuses. Revenu à Rome, et nommé tribun du peuple, l'an 695, par le crédit de César, il seconda ses projets en faisant emprisonner son collègue au consulat, Bibulus, qui, effrayé de tant d'audace, lui abandonna sa part d'autorité. Rien ne fut respecté par l'impudent tribun, ni les lois, ni les usages de l'état, ni le *veto* de ses propres collègues, ni les avis sacrés des auspices, qu'il demanda pourtant à diriger, en briguant, mais inutilement, la dignité d'augure. L'année suivante, après s'être fait adjuger par le peuple le titre de lieutenant de César dans les Gaules, il partit sans attendre la ratificat. de ce plébiscite par un sénatus-consulte. Apprenant qu'on l'accusait à Rome, il s'y rendit de lui-même dans l'espoir de se concilier la faveur publique par sa feinte déférence; mais, lorsqu'il se voit près d'être condamné, il implore le secours des tribuns, dont la puissance exorbitante n'avait pas encore été jusqu'à s'opposer au cours de la justice : il n'en trouva pas moins un protecteur dans Clodius, alors tribun, avec l'appui duquel il sut éviter sa condamnation par l'abus de la force. L'an 700 (av. J.-C. 54), il osa disputer la préture à Caton, et il l'emporta. Six ans après, il se chargea de lever des troupes pour César dans l'Italie-Méridionale, puis, passant l'Adriatique, il obtint sur Octavius, lieutenant de Pompée, plus. avantages qui le forcèrent d'évacuer toute l'Illyrie, sa récente conquête (707 de Rome). Ce succès valut à l'heureux vainqueur la jouissance du consulat pendant les dern. jours de l'année, et la mission, un peu plus tard, de contenir cette même province dans l'obéissance. Ce ne fut pas chose difficile tant que vécut le dictateur; mais après sa mort l'Illyric se jeta dans le parti de Brutus (710 de Rome). Vatinius n'en obtint pas moins le triomphe deux ans après, comme si la fortune avait voulu se jouer jusqu'au bout de l'opinion publique.

VATRY (RÉNÉ), littérateur, né à Reims en 1697, embrassa l'état ecclésiastique, et se contenta d'un canonicat de St-Étienne-des-Grès à Paris, qui lui donnait à peine le nécessaire, afin de pouvoir disposer d'une plus grande partie de son temps. Cependant il se laissa nommer plus tard procureur, puis principal du collége de Reims à Paris, se chargea ensuite de remplir gratuitement la chaire de littérat. grecque au collége de France, et devint même inspecteur de cet établissement. Il mourut en 1769, après 16 années d'affaiblissement moral causé par une attaque d'apoplexie. Il était membre de l'acad. des inscript. et l'un des rédacteurs du *Journal des savants*. Outre l'analyse de quelques-uns de ces *Mémoires*, le Recueil de l'académie en contient de lui plus., parmi lesq. nous indiquerons : *Dissertation* où l'on examine, s'il est nécessaire qu'une tragédie soit en 5 actes, t. VIII, p. 188 (la négative y est adoptée). — *Dissertation* où l'on traite des avantages que la tragédie ancienne retirerait de ses chœurs, ib, p. 199. — *Observations sur la vieille comédie*, t. XXI, p. 145 (v. l'*Éloge de Vatry*, par Le Beau, t. XXXVIII).

VATTEL (EMMERICH de), publiciste plus célèbre qu'estimé, né à Couvet, principauté de Neuchâtel, en 1714, se prépara à la carrière des fonctions publiques par une étude particulière de la philosophie et par des méditations suivies sur les ouvr. de Leibnitz et de Wolf. Né sujet du roi de Prusse, il se rendit à Berlin en 1741, pour offrir ses services à Frédéric II ; mais, n'y trouvant pas d'emploi vacant, il passa deux ans après à la cour de Dresde, où il se fixa. Auguste III lui donna, avec une pension, le titre de conseiller d'ambassade, et l'envoya ensuite à Berne en qualité de ministre de Saxe. Rappelé de cette mission, en 1758, pour travailler à Dresde dans le cabinet, il reçut bientôt après le titre de conseiller-privé; mais le zèle qu'augmentèrent en lui ces distinctions honorables porta un coup funeste à sa santé. Il mourut en 1767 à Neuchâtel, où il était allé respirer l'air natal pour la seconde fois. Il avait toujours consacré aux lettres le loisir que lui laissaient les affaires. C'est ainsi qu'il put écrire et publier des *Mélanges de littérature, de morale et de politique;* des *Loisirs philosophiques*, etc. Mais l'ouvrage qui l'a le plus fait connaître est intitulé : *Droit des gens, ou Principes de la loi naturelle appliqués à la conduite et aux affaires des nations et des souverains*, Neuchâtel, 1758, 2 vol. in-4 ou 3 vol. in-12; trad. en plus. langues, et honoré de plusieurs éditions, parmi lesq. nous citerons celles d'Amsterdam, 1775, 2 vol. in-4, qui contient une *Notice* sur la vie de l'auteur. Les principes posés par Vattel dans cet ouvrage sont tout à l'avantage des peuples, mais les conséquences qu'il en tire contredisent trop souvent le but qu'évidemment il se proposait.

VATTEVILLE (don JUAN de) ou WATTEVILLE,

abbé de Baume, né à Besançon vers 1615, embrassa jeune la profession des armes, et servit l'Espagne dans les guerres qu'elle eut à soutenir contre la France pour le maintien de ses possessions en Italie. Mais, ayant tué en duel un gentilh. espagnol, et craignant d'être poursuivi, il revint en Franche-Comté et entra dans un couvent de Chartreux, où il subit volontairem. 3 ou 4 années de la pénitence la plus austère. Ennuyé de la vie cénobitique, il résolut d'aller en Espagne solliciter sa réintégration dans son grade. Au moment de s'échapper du couvent, il est surpris par le prieur, qu'il poignarde. En route, il se prend de querelle avec un officier, qu'il tue, et bientôt après une affaire pareille, qui lui arrive à Madrid, le force à se cacher de nouveau. Accueilli dans une abbaye de dames nobles, il enlève une des religieuses, qu'il conduit à Lisbonne, puis à Smyrne, où sa maîtresse meurt. Il se rend alors à Constantinople, prend le turban, et parvient rapidem. aux premiers emplois de l'armée; mais, sentant son crédit s'affaiblir, il trahit la nation dont il est l'hôte, et rentre ainsi en grâce auprès de l'Espagne. Après avoir reçu du pape l'absolution de son apostasie, il est pourvu (1659) de l'abbaye de Baume, l'un des plus riches bénéfices de la Franche-Comté, et il est nommé deux ans après haut-doyen du chapitre de Besançon : il allait être fait archevêque, si les chanoines ne s'y fussent opposés. Il obtient, en 1665, une charge de maître des requêtes au parlem. de Dole, et va demander des secours aux Suisses contre l'invasion projetée par Louis XIV. Il échoue complétement dans cette mission, et il travaille lui-même à faire passer la Franche-Comté sous la domination de la France, à laq. il s'est vendu. Son zèle lui fut payé en argent et en places lucratives, dont il fut dépouillé lorsque le traité d'Aix-la-Chapelle eut rendu cette province à l'Espagne (1668). Mais il y rentra en 1674, à la suite des armées françaises. Pour être plus assuré d'une vie tranquille, il ne reprit que son abbaye de Baume, où il vécut en grand seigneur, ou plutôt en pacha, avec une espèce de sérail. Il mourut en 1702, à l'âge de 90 ans (v. les OEuvres de l'abbé de St-Pierre, t. XIII, p. 150-67; de Duclos, t. IX, p. 117; et le *Radoteur*, année 1777, t. II. — VATTEVILLE (Charles, baron de), frère aîné du précédent, représenta l'Espagne avec zèle et habileté aux conférences qui précédèrent le traité des Pyrénées en 1657. Nommé depuis à l'ambassade de Londres, il prit dans une cérémonie publique le pas sur l'ambassadeur de France, injure diplomatique dont Louis XIV exigea la réparation. Vatteville fut rappelé, mais non disgracié, car il fut nommé vice-roi de la Biscaye, et ensuite ambassadeur en Portugal. Il mourut à Lisbonne, du chagrin que lui causa, dit-on, la dern. trahison de son frère.

VATTIER (PIERRE), orientaliste, né à Montreuil-l'Argile, près de Lisieux, en 1623, fut médecin de Gaston, duc d'Orléans, et obtint en 1658 la chaire d'arabe au collège de France, qu'il remplit avec distinction jusqu'à sa mort, en 1667. Ses princip.

ouvr. sont : *Histoire du grand Tamerlan*, contenant l'origine, la vie et la mort de ce fameux conquérant, traduite de l'arabe d'Achamed, fils de Guéraspe, Paris, 1658, in-4. — *Portrait du gr. Tamerlan, avec la suite de son Histoire jusqu'à l'établissement de l'empire du Mogol*, ibid., 1658, in-4. — *Logique du fils de Sina, communément appelé Avicenne*, trad. d'arabe en français, ibid., 1658, in-8, très rare. — *Nouvelles pensées sur la nature des passions, où leurs vraies différences et les dépendances qu'elles ont les unes des autres sont méthodiquement découvertes, et leur nombre infini mis en ordre*, ibid., 1659, in-4.

VAUBAN (SÉBASTIEN LE PRESTRE de), maréchal de France, né en 1633 à St-Léger-de-Foucheret, près de Saulieu en Bourgogne, resta orphelin dès l'enfance, sans protecteur et sans fortune, et fut accueilli par un prieur, qui lui apprit à lire, à écrire, à calculer, et lui donna les prem. éléments de géométrie. Il vécut ainsi jusqu'à sa 17e année, au milieu de compagnons rustiques dont il partageait les jeux et soutenait les fatigues, et cette manière de vivre, en fortifiant sa santé, lui fit voir de près la misère du peuple, qu'il s'appliqua depuis à soulager. Tout d'un coup il s'échappa de la maison du bon prieur, et se rendit à l'armée espagnole auprès de Condé, qui le reçut comme cadet, et le récompensa bientôt de sa bravoure par le grade d'officier. Vauban sut trouver des loisirs pour étudier, et montra dès lors une prédilection marquée pour les travaux de l'ingénieur ; mais, par une faute que son âge et son amour irréfléchi du métier de la guerre peuvent seuls pallier, il n'avait encore fait usage de ses talents naissants que contre son roi et sous des drapeaux étrangers. Il fut pris heureusement par un parti de royalistes et conduit à Mazarin, qui lui obtint une lieutenance. Vauban ne tarda pas à être mis sous les ordres du chevalier de Clerville, l'officier du génie le plus renommé de ce temps, et il obtint lui-même, en 1655, le brevet d'ingénieur, qu'il acheva de mériter par ses progrès rapides dans l'art difficile de défendre et d'assiéger les places. Dès 1658 on le crut digne de diriger les sièges de Gravelines, d'Ypres et d'Oudenarde. Arrivèrent bientôt six années de paix, pendant lesq. il fortifia Dunkerque, Fort-Louis et Mardick, que les Anglais venaient de céder à la France (1662). Il faut remarquer qu'en cette circonstance il sut concilier la défense de ces villes avec les intérêts du commerce, au moyen d'un canal de communication qui pouvait, au besoin, remplir ce double objet. Dans la guerre qui recommença en 1667, il réduisit la plupart des places de la Flandre à capituler, et le soin de les rendre imprenables lui fut confié : telle était déjà sa célébrité, qu'il ne se faisait, qu'il ne se projetait même aucun ouvr. de fortificat. sans qu'il fût consulté, même lorsqu'il s'agissait d'examiner les plans de ses maîtres, Clerville et Mesgrigny. Sa présence était devenue nécessaire à la fois sur tous les points, et pend. qu'il créait la frontière du Nord, il recevait de Louvois l'ordre de visiter les places du Midi. De retour en Flandre, après avoir parcouru la Savoie avec ce ministre et l'avoir étudiée sous le rapport de son art, il reprit ses travaux, où chaque jour on put admirer de nouvelles et d'importantes améliorations, qu'il ne devait qu'à son génie inventif. Il consignait en même temps dans un écrit, sur l'invitation du ministre, le développement de son système, et réclamait surtout la création d'une troupe spéciale pour le service du génie. Il revint plus d'une fois dans la suite sur cette idée, que la raison devait enfin faire triompher. Il accompagna Louis XIV dans la guerre contre les Hollandais en 1673, dirigea les principaux siéges, rasa ou fortifia les places conquises, et s'honora surtout par la prise de Maestricht, pour laquelle il inventa le système des parallèles. Il se rendit de là en toute hâte sous les murs de Trèves, en reconnut les fortifications, en traça le plan d'attaque, et, sans en attendre la reddition, dont il avait déterminé l'époque, alla rejoindre le roi pour visiter la Lorraine et l'Alsace. L'année suiv., après avoir indiqué les ouvr. qu'il convenait de faire sur les côtes de France et avoir défendu Oudenarde, il fut nommé brigadier des armées du roi. En 1675, il donna le conseil d'accueillir Cohorn, le seul rival qu'il eût en Europe, et qui, mécontent du prince d'Orange, offrait ses services à la France. Cette même année il prit Aire, Condé, Valenciennes, et reçut un brevet de maréchal-de-camp. A partir de cette époque, il ne se fera plus de siége important sans son intervention, les généraux se disputeront l'avantage de le posséder dans leurs armées, Louis XIV et son ministre recommanderont à tout le monde de bien ménager une vie si précieuse, et cependant il faudra forcer ce grand homme, toujours modeste au milieu de tant de triomphes et d'hommages flatteurs, à accepter la charge de commissaire-général des fortifications, vacante par la mort de Clerville (1677). Nous pouvons à peine énumérer sommairement les travaux qui signalèrent l'exercice de ses nouvelles fonct. : Dunkerque, Ypres, Menin, Cassel, Charlemont, Maubeuge, Philippeville, Longwi, Sarrelouis, Thionville, Bitche, Phalsbourg, Béfort, Lichtenberg, Haguenau, Schelestadt, Huningue, Landskroon, Fribourg, Besançon, Strasbourg, Pignerol, Bayonne, St-Jean-Pied-de-Port, le fort d'Andaye, St-Jean-de-Luz, St-Martin-de-Ré, Brouage, Rochefort, Brest, Antibes, Belle-Ile, et un grand nombre d'autres ports, ou forteresses, ou places de guerre, furent ou fortifiés, ou réparés, ou créés même. Grâce à l'activité qu'il avait déployée depuis le traité de Nimègue, lorsque la guerre se ralluma en 1683, l'ennemi fut surpris de trouver la France, pour ainsi dire, inexpugnable sur tous les points. L'armée française entra en Belgique, et Vauban s'empara de Courtray, puis de Luxembourg, qui passait pour imprenable, et dont il augmenta la force par de nouveaux ouvr. C'est à ce siége qu'il inventa les cavaliers des tranchées, qu'il changea la marche des sapes, et la rendit plus sûre et moins coûteuse; car il pensait toujours, avant tout, à ménager le sang du soldat. Le siége de Philisbourg, où il eut à lutter contre ses propres fortifications, fut peut-être ce qui lui fit le plus d'honneur; mais l'on ne peut taire pourtant ceux de Mons, de Namur, du Fort-Guillaume, l'un des ouvrages de Cohorn, et de Charleroi. Au milieu de sa gloire, il voyait avec douleur l'état déplorable où était tombée la France. Enfin la paix de Ryswick (1697) vint changer la nature des travaux de Vauban. Le bâton de maréchal lui fut donné en 1703, non sans une vive résistance de sa part; car il prévoyait que, cette dignité lui interdisant de servir sous un général, il ne pourrait plus diriger de siége. Il dirigea pourtant encore, et avec succès, celui de Brisach, sous le commandement du duc de Bourgogne; mais ce fut le dernier. Désespéré des revers de la France et de l'inaction à laquelle le condamnait son grade de maréchal, mais toujours dévoré de l'amour du bien public, il s'occupa de mettre en ordre l'immense collection de matériaux, de projets, de plans qu'il avait recueillis ou conçus, dans le cours d'une vie si laborieuse, sur la levée des troupes, la stratégie, les fortifications, tout ce qui compose l'administration militaire, la marine, les finances, le régime intérieur et la religion même. Il forma de ces matériaux 12 vol. in-fol., qu'il intitula modestement : *Mes oisivetés*. C'est au milieu de ces travaux que la mort le frappa en 1707. Sept volumes de son *Recueil* sont égarés : les Ier, 3e et 7e existent dans la biblioth. de M. Le Pelletier de Rosambo, qui descend de Vauban par les femmes, ainsi que M. Le Pelletier d'Aulnay. L'énumération des écrits de Vauban serait aussi étendue que celle de ses travaux, et ne pourrait être encore qu'incomplète. Il suffira de dire qu'on les divise en trois sect. : la 1re comprend les *Mémoires* sur les siéges, les places et les frontières, les canaux et les rivières navigables; la 2e renferme les *Traités* généraux ou œuvres militaires; dans la 3e on peut classer les *OEuvres diverses*. Carnot, le général Dembarrère et M. Noël ont fait l'éloge de Vauban. Voltaire l'avait appelé le premier des ingénieurs et le meilleur des citoyens; Fontenelle avait vu en lui un Romain, qu'il semblait que le siècle de Louis XIV eût dérobé aux plus heureux temps de la république, et St-Simon lui-même l'avait déclaré le plus honnête homme de son siècle, le plus simple, le plus vrai, le plus modeste, etc. Ces louanges ne sont pas suspectes; mais on en sentira mieux toute la justesse, si l'on veut lire l'*Histoire du corps du génie*, par M. Allent.

VAUBAN (ANNE-JOSEPH LE PRESTRE, comte de), arrière-petit-neveu du maréchal, né à Dijon en 1754, mort en 1816, entra comme sous-lieutenant dans les dragons de la Rochefoucaud; à l'âge de 16 ans, suivit plus tard Rochambeau en Amérique en qualité d'aide-de-camp, et revint en France, en 1782, avec des dépêches de ce général. Il était colonel du régiment d'Orléans (infanterie), lors du départ de Louis XVI pour Varennes. Il émigra à cette même époq., fit la campagne de 1792 comme aide-de-camp du comte d'Artois, accompagna ce prince en Russie, passa ensuite en Angleterre, et fit partie, en 1795, de l'expédition de Quiberon. Après avoir cherché de nouveau un asile en Angleterre, puis en Russie, il profita de la permission de rentrer en France, et s'établit à Paris où il vivait très retiré. Dans une visite faite par la police, en 1806, dans son domicile, on lui enleva le MS. de ses *Mémoires historiques pour servir à l'hist. de la guerre de la Vendée*, et le gouvernem. s'empressa de les publier. Comme l'auteur y parle avec assez peu de ménagement des émigrés et même de ses anciens maîtres, on crut assez généralement alors que c'était là une manœuvre de la police impériale; mais l'ouvrage ayant été reproduit en 1814 après le retour des Bourbons et pendant les *cent-jours*, l'auteur n'a point réclamé contre cette publication. Beauchamp a réfuté quelques passages de ces *Mémoires* dans la *Préface* de la 4e édit. de son *Hist. des guerres de la Vendée*.

VAUBOIS (le comte de), pair de France, né vers 1760 à Château-Vilain, en Champagne, d'une famille noble, entra jeune au service dans l'artillerie, et se trouvait capitaine en 1789. Attaché en 1793 à l'armée des Alpes, il fut employé au siége de Lyon, où il emporta, le 25 septembre, les redoutes qui défendaient les Broteaux. L'année suiv. il se signala contre les Piémontais, et ne cessa de donner des preuves de valeur dans les diverses campagnes d'Italie, notamment dans celle de 1796, où il remporta plus. avantages sur les Autrichiens. Désigné pour faire partie de l'expédit. d'Égypte, il concourut à la prise de Malte, dont Bonaparte lui donna le commandement, qu'il conserva jusqu'en 1800, époque à laq. il fut contraint de capituler, après avoir perdu la moitié de sa garnison et rejeté huit sommations. Pendant qu'il défendait Malte avec un courage héroïque, il avait été nommé sénateur par le 1er consul, qui plus tard le fit gr.-officier de la Légion-d'Honneur et lui donna la sénatorerie de Poitiers avec le titre de comte. En 1814 il vota la déchéance de Napoléon, et fut nommé par le roi membre de la chambre des pairs. N'ayant point été employé pend. les *cent-jours*, il reprit, au second retour du roi, sa place à la chambre, où il vota constamment avec l'opposition constitutionnelle. Modéré par principes et par caractère, il ne prit aucune part à tous les événements qui se succédèrent pend. la restaurat., et finirent par amener la catastrophe de 1830. Il continua dès lors de siéger à la chambre, et mourut en 1838.

VAUBONNE (le marquis de), lieut.-général, né dans le comtat Venaissin en 1645, servit d'abord en France; mais obligé de s'expatrier à la suite d'une affaire d'honneur, il entra au service de l'empereur d'Allemagne et obtint un avancem. rapide. Il se signala dans le Trentin en 1703, à la prise de Gaëte en 1708, et devant Fribourg en 1713, où il commandait un corps de 20,000 hommes, lorsqu'il fut obligé de se retirer à l'approche du maréchal de Villars. Nommé commandant du roy. de Naples, il passait par Rome lorsque dans un accès de démence il se précipita d'un 3e étage en 1715.

VAUCANSON (Jacques de), mécanicien, né à Grenoble en 1709, manifesta, dès sa plus tendre enfance, son goût et ses dispositions pour la mécanique. Il saisit de lui-même la structure et le jeu d'une horloge à laquelle il ne pouvait toucher, et, avec du bois et des instruments grossiers, il en fit une autre qui marquait les heures assez exactement. Après plusieurs essais de ce genre, il vint étudier à Paris, et préparer ainsi les merveilles qui ont immortalisé son nom. Les perfectionnements qu'a reçus la mécanique feront difficilem. oublier l'automate qui jouait de la flûte, celui qui jouait à la fois du tambourin et du galoubet, et surtout les deux canards qui barbotaient, allaient chercher le grain, le saisissaient dans l'auge, l'avalaient, et lui faisaient subir une espèce de trituration. Vaucanson fit, pour la *Cléopâtre* de Marmontel, un *aspic* qui s'élançait en sifflant sur le sein de l'actrice. Chargé par le card. de Fleury de l'inspection des manufactures de soie, il ne tarda pas à perfectionner le moulin à organsiner. Il conserva, pour son art, la même activité et la même passion jusqu'à la fin de sa vie qu'il termina en 1782. On lisait sur sa tombe, dans l'église de Ste-Marguerite, cette épitaphe : *Bonis omnibus, pietate, caritate, verecundiâ flebilis*. Vaucanson était un véritable homme de bien. Son *Éloge*, comme membre de l'acad. des sciences, a été prononcé par Condorcet.

VAUCEL (Paul-Louis du), ami et agent de Quesnel et d'Arnaud, né à Évreux vers 1640, mort à Maestricht en 1715, fut d'abord attaché comme secrétaire à Pavillon, évêque d'Aleth, connu par sa résistance aux ordres du roi touchant la régale. Exilé à St-Pourçain, il passa de là en Hollande (1681), et s'y lia avec Arnauld, qui crut pouvoir faire de lui un agent secret du parti janséniste à Rome. Du Vaucel partit en 1682 pour Rome, où il s'établit sous le nom de *Valloni*, et entretint avec Arnaud et Quesnel une correspondance suivie. Obligé de quitter Rome, il voyagea en Italie et dans d'autres pays, toujours pour la même cause. Il a donné une édition des *Statuts synodaux d'Aleth*, 1674, in-12, et du *Traité de la régale*, de Caulet, 1681, in-4. Lui-même composa un *Traité latin sur la régale*, 1689, in-4, et une *Relation de ce qui s'était passé touchant la régale à Aleth et à Pamiers*, 1681, in-12.

VAUDOIS (les). — V. VALDO.

VAUDREUIL (Philippe Le Rigaud, marquis de), entré jeune dans la carrière des armes, fut nommé, en 1689, gouverneur de Mont-Réal, et en 1703 de tout le Canada. Il montra dans cette charge importante beaucoup de courage et de fermeté, et mourut à Québec en 1725. — Vaudreuil (Louis-Philippe Rigaud, marquis de), fils du précéd., né en 1723, parcourut avec distinction la carrière de la marine. Fait prisonnier en 1756, dans un combat opiniâtre, les Anglais lui laissèrent son épée et le renvoyèrent quelque temps après sans échange. Il commanda un vaisseau au combat d'Ouessant (1778), fut chargé l'année suivante de s'emparer du Sénégal, et, cette expédition terminée, croisa dans les mêmes parages, où il fit pour 8 millions de prises. Il alla joindre ensuite l'armée navale du comte d'Estaing, et, après la prise de la Grenade, il refusa le commandement de St-Domingue, parce qu'il jugeait que ce n'était point la place d'un marin en temps de guerre. Il continua donc de servir avec distinct. jusqu'à la paix de 1783. Rentré alors en France, il fut nommé lieut.-général et gr.-croix de St-Louis. Député aux états-généraux en 1789, il siégea au côté droit, il émigra, revint dans sa patrie après le 18 brum., et mourut à Paris en 1802. — VAUDREUIL (Joseph-François-de-Paule, comte de), de la même famille, né à St-Domingue en 1740, fit la guerre de sept ans, et obtint, en récompense de ses services, le grade de lieutenant-général et la charge de gr.-fauconnier de France. Il suivit le comte d'Artois au siège de Gibraltar (1782), et plus tard en émigration. De retour avec ce prince en 1814, il fut nommé pair de France et gouverneur du Louvre, charge qu'il remplissait à sa mort en 1817.

VAUGE (GILLE), oratorien, né à Beric, diocèse de Vannes, professa la théologie d'une manière distinguée au séminaire de Grenoble, et mourut à l'institution de Lyon en 1739. On a de lui : le *Catéchisme de Grenoble,* souv. réimpr. ; le *Directeur des âmes pénitentes,* 2 vol. in-12, etc.

VAUGELAS (CLAUDE FAVRE de), célèbre grammairien, né à Chambéry vers 1585, mort à Paris en 1650, fut d'abord gentilhomme ordinaire, puis chambellan de Gaston, duc d'Orléans. Il resta constamment attaché à ce prince, tant de fois disgracié ; mais comme il en était mal payé de ses gages, il contracta des dettes dont il ne put jamais se libérer. L'étude le consola des rigueurs de la fortune. Il avait acquis une connaissance approfondie de la langue, et s'était fait la réputat. de la parler très correctement, genre de mérite fort rare à cette époq. ; c'est à ce titre seul qu'il fut admis à l'Acad. française lors de sa fondation. Le choix de ses confrères, approuvé par Richelieu, le mit à la tête de la grande entreprise du *Dictionnaire.* Le nom de Vaugelas passera jusqu'à la dernière postérité, quoiqu'on lise peu ses ouvrages aujourd'hui. On a de lui : *Remarques sur la langue française,* Paris, 1647, in-4 ; ibid., 1738, 3 vol. in-12, avec les *Notes* de Patru et de Th. Corneille. — *Quinte-Curce, de la Vie d'Alexandre-le-Grand* (trad. à laquelle il travailla 30 ans), Paris, 1653, in-4 ; 1659, même format (v. l'*Hist. de l'Acad. franç.,* et les *Mém.* de Niceron, t. XIX, p. 294-303).

VAUGIRAUD (PIERRE-RENÉ-MARIE, comte de), vice-amiral, né aux Sables-d'Olonne en 1741, s'embarqua en 1756 comme garde de la marine, fut nommé enseigne en 1762, et commanda un aviso dans l'escadre d'évolution sous les ordres du comte d'Orvilliers, qui n'eut qu'à se louer de sa conduite. Au combat d'Ouessant, il remplaça dignem. M. Duchaffault, forcé par une blessure grave de quitter son poste. Bientôt il devint major en second, puis major-général des flottes combinées de France et d'Espagne, qui devaient effectuer une descente en Angleterre. Il remplit ensuite les mêmes fonctions sur la flotte du comte de Grasse, qu'il préserva de la ruine dont elle était menacée par l'embrasement du vaisseau l'*Intrépide,* mouillé devant le Cap à St-Domingue. Déjà il avait rendu le même service à Brest, lors de l'incendie du *Roland.* Après le malheureux combat soutenu par de Grasse, le 12 avril 1782, contre l'amiral Rodney, Vaugiraud fut traduit devant un conseil de guerre chargé de juger la conduite des principaux officiers ; mais il fut acquitté honorablement, et reçut même du roi, avec une lettre flatteuse, le brevet d'une pension de 1,200 livres. Stationné devant la Martinique en 1789, il se réunit au gouverneur Vioménil pour comprimer les mouvements d'insurrection qui se manifestaient dans cette colonie. De retour en France, il se retira dans ses terres en Poitou, et crut pouvoir se défendre à main armée contre les révolutionnaires qui venaient l'attaquer dans son château ; mais l'assemblée nationale l'ayant décrété de prise de corps, il se vit forcé d'émigrer avec sa famille. Coblentz, l'armée de Condé, l'Angleterre, Quiberon, l'Isle-Dieu le virent tour à tour négocier ou combattre pour la cause royale. A peine rentré en France avec les princes qu'il n'avait point quittés, il fut nommé vice-amiral et gouverneur de la Martinique. Louis XVIII le fit gouverneur-général des Antilles, qu'il sut maintenir dans la ligne du devoir. Toutefois, en 1818, rappelé par une décision ministérielle, une enquête fut admise sur sa conduite, et il lui fut défendu de paraître devant le roi jusqu'à ce que la commission eût prononcé. Cette mesure lui causa un tel chagrin, qu'il y succomba en 1819.

VAUGONDY. — V. ROBERT.

VAUGUYON (ANTOINE-PAUL-JACQ. de QUÉLEN, duc de LA), né à Tonneins en 1706, mort à Versailles en 1772, fit les campagnes de 1733, 1734 et 1735 en qualité de colonel d'infanterie, et se distingua aux sièges de Kehl et de Philipsbourg, à l'attaq. des lignes d'Eslingen et au combat de Clauzen. Promu en 1743 au grade de brigadier, il servit aux sièges de Menin, Ypres, Tournai, Oudenarde, Anvers et Maestricht. Il contribua beauc. au gain de la bataille de Fontenoy (1745) par la présence d'esprit qu'il eut de ne point arrêter le feu de sa batterie quand les boulets vinrent à lui manquer, et de faire tirer à poudre sur la redoutable colonne anglaise. Élevé au grade de maréchal-de-camp pour cette action, il se distingua encore à Rocoux et à Laufeld, fut créé lieutenant-général en 1748, chevalier commandeur des ordres du roi en 1753, et justifia ces récompenses par de nouv. services. Mais c'est surtout comme gouverneur des quatre petits-fils de Louis XV qu'il mérite une place dans l'histoire. L'aîné, le duc de Bourgogne, mourut à l'âge de 10 ans, en 1761. Les trois autres devaient régner successiv. sous le nom de Louis XVI, de Louis XVIII et de Charles X. Le duc de La Vauguyon était un homme pieux et éclairé. — Le duc de LA VAUGUYON, lieutenant-général, fils du précédent, né en 1746, fut envoyé à 30 ans comme ambassad. près les États-Généraux, réussit, dans l'intérêt du commerce français, à y balancer l'influence de la diplomatie anglaise, et, à son retour, rapporta au roi les vœux des Hollandais pour une alliance offensive et défensive. Créé chevalier de l'ordre du St-Esprit en 1784, et nommé à l'ambassade d'Espagne, il entra très avant dans la confiance du comte de Florida Blanca, ministre dirigeant du cabinet de Madrid, concerta avec lui les moyens de resserrer les liens qui unissaient les deux roy., et mérita ainsi la décorat. de l'ordre de la Toison-d'Or que lui conféra Charles III (1788). Rappelé l'année suivante pour prendre le portefeuille des affaires étrangères, il ne le garda que quelq. jours et retourna à son ambassade d'Espagne. Il y fut remplacé par Bourgoing le 1er juin 1790, à l'occasion des différends qui s'étaient élevés entre les cabinets de Madrid et de St-James, et qu'on attribuait à ses négociations. Mais il ne quitta point cette résidence, et publia un exposé de sa conduite politique ainsi que sa correspondance avec le ministre Montmorin. Ce *Mémoire*, lu à l'assemblée constituante (2 août 1790), dissipa les injustes soupçons qu'on avait accrédités contre lui. Appelé par Louis XVIII à Vérone en qualité de ministre à la fin de 1795, il suivit plus tard à Blackenbourg ce prince qu'il servit fidèlem. Cependant, moins de 18 mois après, il encourut sa disgrâce, et fut remplacé par le comte de Saint-Priest (*v.* le *Moniteur* de févr. 1797). Revenu en Espagne, il y resta jusqu'en 1803, époque à laq. il rentra en France. La restaurat. le tira d'une retraite absolue. Nommé membre de la chambre des pairs, il y vota constamment avec l'opposition, et mourut en 1828. Le duc de Choiseul prononça son *Éloge* dans la séance du 10 avril.

VAULCHIER (MATTHIEU), né dans le 16e S. à Arlay, près de Lons-le-Saunier, joignait à des connaissances assez étendues pour le temps le courage d'un soldat. Il servit Charles-Quint dans les guerres d'Allemagne, et reçut de ce prince, avec la charge d'un de ses rois d'armes, le surnom de *Franche-Comté*. Il a trad. l'espagnol en franç. le *Commentaire* de don Louis d'Avila *de la Guerre d'Allemagne*, Anvers, 1550, in-8.

VAULX-CERNAY (PIERRE, moine de), embrassa jeune la vie religieuse dans l'abbaye de ce nom au diocèse de Paris. Il prit une part active à l'expédition contre les Albigeois, et en écrivit la relation de 1206 à 1218. Cette *Histoire*, publ. pour la prem. fois, Paris, 1615, in-8, par les soins de Nic. Camusat, a été insérée depuis par Duchesne dans sa *Collection des historiens de France*, t. V, et par D. Tissier dans le t. VII de la *Bibliotheca cisterciensis*. Elle a été trad. en français par Arnaud de Serbin, Paris, 1565, in-8, et récemm. par M. Guizot, sur l'édit. de Tissier. Cette dern. trad. forme le t. XIII de la collect. des *Mém. relatifs à l'hist. de France*, Paris, 1823 et ann. suiv., 31 vol. in-8, dont le 1er contient une introduct. par M. Guizot.

VAUMORIÈRE (PIERRE d'ORTIGUE de), littérat. médiocre, né vers 1610 à Apt en Provence, vint jeune à Paris, où il fut accueilli dans le gr. monde.

Ses qualités aimables, ses manières élégantes le firent généralement chérir; mais il avait la passion du jeu, qui le ruina complétem. C'est alors qu'il fit ressource de sa plume. Outre la continuation du *Faramond* de La Calprenède, dont il donna les 5 dern. vol., on a de lui : *le Grand Scipion*, 1658, 4 vol. in-8. — *Hist. de la galanterie des anciens*, 1671, 2 vol. in-12, très rare. — *Diane de France*, 1674, in-12. — *Mlle de Tournon*, 1679, in-12. — *Agiatis, reine de Sparte*, 1685, 2 vol. in-12. — *L'Art de plaire dans la conversation*, 1688, 1698, in-12. — *Harangues sur toutes sortes de sujets, avec l'art de les composer*, 1688, 1693 et 1713, in-4. La 5e édit. est augmentée de son *Éloge* par Mlle de Scudery. Vaumorière mourut fort pauvre en 1693.

VAUQUELIN, né en 1726, fut embarqué dès l'âge de 10 ans sur un bâtiment que commandait son père. Son premier fait d'armes fut un combat très vif contre une frégate anglaise, qu'il contraignit de s'éloigner (1745). Le zèle et l'habileté qu'il mit, dix ans plus tard, à reconnaître les ports de la Grande-Bretagne, lui valurent le commandement d'une frégate, avec ordre de porter des renforts et des munitions à Louisbourg. Il fit des prodiges pour la défense de cette colonie, mais voyant que ses efforts seraient inutiles, il traversa la flotte anglaise pour aller en France solliciter des secours. Chargé de conduire trois frégates au Canada, il retarda quelque temps la prise de Québec (1759). Lorsqu'il vit la place prête à succomber, il essaya de s'échapper; mais il fut pris sur son bâtiment, auquel il avait mis le feu pour ne pas tomber dans les mains des Anglais. Ce trait d'intrépidité lui valut enfin le grade de lieuten. de vaisseau (1763) dans la marine royale, où la noblesse avait seule alors le droit de prétendre au commandem. Mais des envieux eurent le crédit de le faire enfermer lorsqu'il venait de se signaler par de nouveaux services. A peine rendu à la liberté, il fut trouvé percé de coups (1763), sans qu'on ait jamais pu découvrir les auteurs de ce crime. — V. DESYVETAUX et FRESNAYE.

VAUQUELIN (LOUIS-NICOLAS), chimiste, l'un des fondat. de la société philomathique, né en 1763 à St-André d'Héberiot (Calvados), avait 14 ans lorsqu'il entra comme garçon de peine chez un pharmacien de Rouen. Deux années après, il vint à Paris, où il se livra à l'étude avec trop peu de réserve, tomba malade et fut transporté à l'Hôtel-Dieu; dès qu'il fut guéri, il entra chez un pharmacien. Fourcroy, qui visitait souvent cette pharmacie, le prit en affection, et se l'associa. Vauquelin trouva ensuite les moyens d'avoir une pharmacie à son compte. Ses travaux le faisant connaître, il devint successivem. inspect. des mines, membre de l'ancienne acad. des sciences, puis de l'Institut, professeur au muséum d'hist. naturelle et à l'école royale de pharmacie, professeur à la faculté de médecine et au collége de France, inspect.-génér. de la monnaie, etc. Il était député du Calvados lorsqu'il mourut dans son lieu natal en 1830. Vauquelin n'était pas un professeur brillant; mais il était simple, méthodique, et possédait le talent de l'analyse. Il n'a publié que le *Manuel de l'essayeur*, 1812, in-8; mais on lui doit un assez gr. nombre de *Mémoires*, dont plus. rédigés en société avec Fourcroy, et qui ont été insérés dans les *Annales de chimie*, dans le *Journal de chimie*, dans les *Annales du muséum*, dans le *Journal de physique*, dans l'*Encyclopédie méthodique* et dans les *Recueils de l'acad. des sciences*. Les plus remarquables sont, dans les *Annales de chimie: Sur la nature de l'alun*, 1797; *Sur la nouvelle substance métallique contenue dans le plomb rouge de Sibérie* (chrome), 1798; *Notice sur la terre du Brésil;* cette terre (la clucine) était inconnue avant Vauquelin; *des Mémoires sur l'urine*, 1779; *Sur l'eau de l'amnios des femmes et des vaches*, 1800; *Sur le vert d'antimoine; Observations sur l'idendité des acides pyro-muqueux, pyro-tartareux, pyroligneux, et sur la nécessité de ne plus les regarder comme des acides particuliers; sur les pierres dites tombées du ciel*, 1804; *Examen chimique pour servir à l'histoire de la laite des poissons*, 1807; *Analyse de la matière cérébrale de l'homme et de quelques animaux*, 1812; *Expérience sur le daphné alpina; Analyse de l'urine de l'autruche et expérience sur les excréments de quelq. autres familles d'oiseaux* (*Annales du muséum d'hist. naturelle*), Paris, 1811.

VAUTIER (FRANÇOIS), né à Montpellier en 1592, devenu prem. médecin de la reine Marie de Médicis, sut prendre sur cette princesse un gr. ascendant, et se rendit odieux par-là même au cardinal de Richelieu, qui le fit enfermer de 1631 à 1643 dans les prisons de Senlis, puis à la Bastille. Il reparut à la cour dès que ses fers furent brisés, et ayant reçu le titre de prem. médecin de Louis XIV, réclama, en cette qualité, la surintendance du Jardin-des-Plantes, qui primitivement y était attachée, et l'obtint non sans beaucoup de difficultés. Entre autres améliorations qu'on lui dut, il faut noter la substitution d'un cours d'anatomie aux leçons insignifiantes que l'on donnait alors dans le jardin. Il mourut en 1652.

VAUTRIN (HUBERT), ancien jésuite, né à St-Nicolas en 1742, mort à Nancy en 1832, chanoine de la cathédrale de cette ville, est auteur de l'*Observateur en Pologne*, 1817, in-8; du *Cadran à la portée de tout le monde*, 1812, in-12, et de quelq. *Mémoires de physique*.

VAUVENARGUES (LUC DE CLAPIERS, marquis de), célèbre moraliste, né à Aix, en Provence, en 1715, avait reçu de la nature une constitut. aussi faible que son âme était généreuse et son esprit supérieur. Il entra dans la carrière militaire à 17 ans; mais les fatigues qu'il eut à supporter dans la funeste retraite de Prague ruinèrent pour jamais sa santé. Il quitta le service à peine âgé de 26 ans, n'étant que capitaine. L'activité de son âme avait besoin de trouver un aliment: il tourna ses vues vers la diplomatie. Se voyant sans fortune, sans protect., et ne voulant point recourir à l'intrigue, il écrivit directem. au roi et au ministre des affaires étrangères pour leur exposer avec une noble confiance sa situation et ses projets. Le ministre, M. Amelot, lui répondit par ces promesses vagues que l'on peut se dispenser de tenir sans paraître avoir manqué à sa parole, et dès lors, s'il connaissait déjà les hommes, il dut renoncer à l'espoir de rien obtenir. Il était retourné dans le sein de sa famille lorsqu'il fut frappé d'une petite vérole qui le défigura entièrement et le laissa dans un état d'infirmité et de souffrances sans remède et presq. sans relâche. Comme Pascal, il se mit à composer, dans la solitude et au milieu des plus vives douleurs, quelques écrits où sa belle âme s'est peinte tout entière et sans effort. Moins profond et moins sublime que cet admirable penseur, il se fait plus aimer peut-être, parce qu'il ne paraît pas se complaire à humilier l'espèce humaine, à l'écraser sous le poids de ses misères; on voit qu'il cherche des consolat. pour lui-même et pour les autres. C'est un trait qui le distingue encore de La Bruyère et de La Rochefoucauld. Il vécut en honnête homme, en sage, et mourut en 1747. Voltaire, qui fut son ami, eut toujours pour lui la plus tendre vénérat., et s'honora par le touchant hommage qu'il rendit à sa mémoire dans l'*Éloge funèbre* des officiers morts pendant la guerre de 1741. La prem. édition des ouvr. de Vauvenargues parut en 1746, in-12, sous ce titre: *Introduction à la connaissance de l'esprit humain, suivie de réflexions et de maximes*. Parmi les suivantes, on distingue celles de M. de Fortia d'Urban, 1797, 2 vol. in-12, et de Suard, Paris, 1806, 2 vol. in-8. Les éditeurs de la collect. des *Prosateurs français* ont publ. en 1818, sous le titre de *Supplément*, tout ce qui restait inédit des écrits de Vauvenargues. Ce supplément a été reproduit dans la belle édit. de Brière, Paris, 1821, 3 vol. in-8. Un *Éloge* de Vauvenargues, par M. Ch. de Saint-Maurice, couronné par l'acad. d'Aix, a été impr. en tête de ses *OEuvres posthumes*, 1821, in-8.

VAUVILLIERS (JEAN), né à Noyers, en Bourgogne, vers 1698, occupa successivem. les chaires de troisième, de seconde et de rhétorique au collége de Dormans-Beauvais, et fut nommé coadjuteur-survivancier de l'abbé Vatry, lecteur de grec au collége royal. Il prononça quelq. harangues lat. au nom de l'université, entre autres une sur la bataille de Fontenoy, qui fut imprim. sous ce titre: *Ludovico victori moderato, oratio in collegio Dormano Bellovaco habita*, etc., 1746, in-4. On lui doit aussi l'édition grand in-8, 1752, du *Schrevelii lexicon græco-lat*. Vauvilliers mourut en 1766.

VAUVILLIERS (JEAN-FRANÇOIS), savant helléniste, fils du précédent, né à Paris en 1737, fit, sous la direction de son père, de rapides progrès dans la connais. des langues anciennes. Nommé, dès 1766, professeur de grec au collége royal, il fut admis à l'acad. des inscriptions en 1782. La révolution, qui vint arrêter le cours de ses travaux, le fit lieutenant du bon et faible Bailly, maire de Paris. En cette qualité il se trouva tout à coup, au milieu de la disette réelle ou factice, chargé des subsistances. Il eut besoin de tout le jugement, de toute l'activité et de toute la force de caractère dont il était doué, pour se mettre au niveau de ses nouv. fonctions, si étrangères à ses habitudes antérieures; mais il réussit au-delà de toute espérance. Cependant, la marche de la révolution le mit bientôt dans la nécessité de donner sa démission de membre de la municipalité de Paris, et même de sa chaire de professeur. Échappé comme par miracle aux proscriptions de la terreur, il fut nommé quelq. temps après par le ministre Benezech, agent supérieur pour les subsistances. Mais il se démit encore de cette charge pour ne pas prêter le serment de haine à la royauté. Poursuivi par le directoire comme royaliste, il fut acquitté de toutes les accusations amassées contre lui par la haine la plus aveugle; et, à peine sorti de prison, fut député par l'assemblée électorale de Versailles au conseil des cinq-cents. Il n'y démentit pas l'opinion qu'on avait de ses talents et de ses principes. Compris dans la liste de déportation du 18 fructidor, il se réfugia en Suisse, puis en Russie, où Paul Iᵉʳ l'invita de se rendre en lui adressant sa nomination à l'acad. de Pétersbourg. La protection de l'empereur Alexandre ne lui manqua pas non plus; mais, épuisé de fatigues il mourut en 1801. On a de lui : *Essai sur Pindare*, Paris, 1772, in-12. — *Examen du gouvernement de Sparte*, ib., 1769, in-12. — *Sophoclis tragœdiæ septem*, etc., 1784, 2 vol. in-4. — *Extraits des divers auteurs grecs à l'usage de l'école militaire*, 1768, 6 vol. in-12. *Témoignage de la raison et de la foi contre la constitut. civile du clergé*, 1791, in-8. — *Questions sur les serments, en particulier sur celui de haine à la royauté*, 1796. Il a laissé MS. : *Idées sommaires sur les sociétés politiques*, ouvr. qui lui avait coûté 15 ans de travaux.

VAUX (Noel JOURDA, comte de), maréchal de France, né en 1705, au château de Vaux, diocèse du Puy, entra en 1724 lieutenant au régim. d'Auvergne, servit avec distinction en Italie, en Corse et en Bohême, et obtint le régiment d'Angoumois. Sa belle conduite dans les guerres de Flandre lui valut le grade de brigadier après la prise de Bruxelles par le maréchal de Saxe. Il justifia cette récompense par de nouveaux services, fut envoyé en Corse pour s'y mettre à la tête des troupes, et fut fait lieutenant-général. De retour sur le continent, il se distingua à la bataille de Corbach; aux siéges de Cassel et de Wolfenbuttel, au combat de Johannisberg, etc., et fut nommé commandant en second de la province des Trois-Évêchés, et commandeur de l'ordre de St-Louis (1764). Envoyé de nouv. en Corse (1769), il soumit en trois mois cette île, qui jusque-là avait paru indomptable. Enfin les preuves de talent et de courage qu'il avait données dans 19 siéges, 10 combats et 4 batailles, lui méritèrent la dignité de maréchal de France en 1783. Il mourut à Grenoble en 1788.

VAUXCELLES (Simon-Jérôme BOURLET, abbé de), littérateur, né à Versailles en 1733, fit ses études d'une manière distinguée, et ne tarda pas à se faire connaître par son talent pour la chaire, qui lui valut le titre de prédicateur du roi et plus. bénéfices. Il vécut à Paris, dans la société des gens de lettres, parmi lesq. il comptait pour amis Delille et Thomas, ses anciens condisciples. Il travailla successivement au *Mercure*, au *Journal de Paris*, à la *Quotidienne*, au *Mémorial*, et fut proscrit au 18 fructidor avec Fontanes et La Harpe, ses collaborateurs. Ayant échappé à la déportation, il obtint, après le 18 brumaire, l'autorisation de rester à Paris, chercha des ressources dans de nouv. publications littéraires, et mourut en 1802. Outre de nombr. articles, on a de lui : *Éloge d'Aguessau*, 1670, in-8. — *Panégyrique de St Louis*, 1761, in-4 et in-8. — *Oraison funèbre de Louis XV*, 1774, in-4. — *Discours aux enfants du duc d'Orléans*, sur la mort de leur aïeul (Louis-Philippe-Xavier), 1786, in-8. — Une édit. des *Lettres de Mᵐᵉ de Sévigné*, 1801, 10 vol. in-12, avec une *Vie* de cette dame et des réflexions sur ses *Lettres*. — Un *Commentaire* sur les *Oraisons funèbres* de Bossuet, 1805, in-8. — Des *Notes* sur le prem. vol. des *Mém. secrets* de Duclos, dans le t. VI des *OEuvres complètes*, édit. d'Auger.

VAVASSEUR (le P. François), poëte latin et littérateur, né en 1605 à Paray dans le Charolais, embrassa la règle de St-Ignace, et ne put rester étranger aux tristes querelles du jansénisme. Appelé à Paris pour remplacer au collége de Clermont, le P. Pétau, il se montra digne du choix dont l'avaient honoré ses supérieurs, et mourut en 1681. Il possédait le grec, l'hébreu, et surtout le latin : l'abbé d'Olivet le regarde comme le meilleur humaniste de son temps. Ses *Poésies* furent publ. par le P. Lucas, son confrère, Paris, 1683, in-8, précédées d'une courte *Notice* sur l'auteur et de quelq. vers à sa louange. Ses *OEuvres* ont été recueillies en un vol. in-fol., Amsterd., 1709, sous ce titre : *Fr. Vavassoris opera omnia, antehàc edita theologica et philologica, ad quæ accesserunt inedita et sub ficto nomine emissa* (v. les *Mémoires de Nicéron*, t. XXVII ; le *Parnasse français* de Titon du Tillet, et la *Bibliothèque des auteurs de Bourgogne*). — V. LEVAVASSEUR et MASSEVILLE.

VAYER — V. MOTHE et BOUTIGNY.

VAYRAC (l'abbé Jean de), né au village de ce nom, dans le Quercy, fit un séjour de 20 ans en Espagne, se rendit à Paris vers 1710, et mourut après 1725. Nous citerons de lui : *L'État présent de l'empire*, Paris, 1711, in-12. — *Lettres et Mémoires du card. Bentivoglio*, 1713, 2 vol. in-12. — *Maximes de droit et d'état*, 1716. — *Histoire des révolutions d'Espagne*, 1719, 4 vol. in-12, et depuis 5 vol. in-8. — *État présent de l'Espagne*, 1718, 4 vol. in-12. — *Dissertation historique, topographique et critique sur la véritable situation d'Uxellodunum, dont il est parlé dans les commentaires de César, avec un plan dressé sur les lieux*, ibid., 1725.

VAYRINGE (Philippe), habile mécanicien, né en 1684 à Nouillonpont en Lorraine, est un exemple frappant de ce que peut la persévérance jointe au génie. Il commença par travailler chez un serrurier de Metz, qui lui promit 20 sous par mois, et bientôt il fut en état de faire une horloge sans avoir eu de maître. Il se rendit à Nancy, où il se maria avantageusement et établit une boutique d'horlogerie. Il ne tarda pas à être connu, et fut nommé horloger de la ville, puis mécanicien du duc Léopold, qui le fixa à Lunéville en lui donnant un traitement honorable. Dans un voyage que Vayringe fit à Londres, il apprit la géométrie, l'algèbre et l'usage de toutes les machines de physique. Il fut chargé, en 1751, de faire à l'acad. de Lorraine un cours de physique expérimentale, qui eut le plus gr. succès. Lors de la cession de la Lorraine à la France, il accompagna le duc Léopold en Toscane, quoiqu'il eût reçu les offres les plus brillantes pour ne pas s'expatrier. Mais dans un voyage qu'il fit à Gravina, ville située au milieu de marais, il y prit la fièvre, et mourut à Florence en 1744 (*v.* la *Biblioth. de Lorraine*, par D. Calmet, p. 987-99, et les *Observations* de l'abbé Desfontaines, t. X, p. 280).

VEAUX (ANTOINE-JOSEPH), général français, né à Seurre en 1764, entra au service dès sa première jeunesse, comme simple soldat, devint officier au commencement de la révolution, et fut nommé général de brigade en 1797. Lors de l'invasion des alliés en 1814, il prit de son chef le commandem. de la ville d'Auxonne, qu'il sauva. Mis à la demi-solde après le rétablissement des Bourbons, il alla au-devant de Bonaparte en mars 1815, fut nommé lieuten.-général, commandant la 18e division militaire et membre de la chambre des représentants, où il se montra l'un des plus chauds partisans du maître éphémère de la France. Traduit devant la cour d'assises de Dijon en 1816, il fut acquitté, et se donna la mort lui-même l'année suiv., par suite d'une aliénation mentale.

VECCHIETTA (LORENZO DI PIERO), sculpteur et fondeur, né à Sienne en 1482, mort en 1540, exécuta le tabernacle en bronze du maître-autel de la cathédrale de Sienne, ainsi que les ornements en marbre qui subsistent encore aujourd'hui. On lui doit en outre un *Christ nu* en bronze, exécuté pour la chapelle des peintres siennois dans l'hôpital de la Scala, et deux statues en marbre des *Apôtres St Pierre et St Paul*, pour la loge des officiers de la banque. Il cultiva aussi la peinture avec quelque succès.

VECCHIETTI (JEAN-BAPTISTE), prêtre et savant orientaliste, né à Cosenza en 1552, mort en 1619, est auteur d'une *Relation de la Perse*, qui est restée MS. à la biblioth. de Nanni à Venise. — VECCHIETTI (Jérôme), frère du précédent, entra aussi dans les ordres et se livra à l'étude de l'histoire sacrée et de la théologie. Ayant composé un grand ouvr. de chronologie sous ce titre : *De anno primitivo ab exordio mundi ad annum julianum accommodato, et de sacrorum temporum ratione*, Augsbourg, 1621 ou 1623, in-fol.

VECCHIO DI SAN BERNARDO (FRANÇOIS MENZOCCHI, dit le), peintre, né à Forli vers 1510, mort en 1574, n'eut d'abord qu'un dessin très maigre : mais il adopta par la suite un style correct, gracieux, animé et d'une admirable expression. Outre deux tableaux latéraux qui ornent la chapelle de St-François-de-Paule dans la basilique de Notre-Dame de Lorrette, et dont l'un représente le *Sacrifice de Melchisédech*, l'autre le *Miracle de la manne dans le désert*, on vante beaucoup une grande machine qu'il a peinte à fresque dans l'église de Ste-Marie *della Grata*, à Forli, et qui représente *Dieu le Père environné des chœurs des anges*. — Pierre-Paul et Sébastien MENZOCCHI, ses fils et ses élèves, furent des artistes d'un goût naturel et sans recherche, mais dont les inventions sont extrêmement ordinaires. Il existe de Sébastien, le moins faible des deux, un tableau qu'il peignit dans le couvent de St-Augustin en 1593.

VECCUS, patriarche de Constantinople, se fit connaître de bonne heure par son érudition, son éloquence et ses vertus. Il était *chartophylax*, c'est-à-dire gardien des archives de Ste-Sophie, lorsque Michel Paléologue le nomma chancelier et chef de la justice. Plus tard (1269), il fut envoyé en ambassade auprès de St Louis à Tunis, pour négocier la réunion des deux Églises. Il paraît qu'à cette époque il ne croyait pas à la légitimité d'une telle réunion; car, 3 ans après, il fut emprisonné pour avoir contrarié publiquem. le désir qu'avait l'empereur de mettre à exécution ce gr. acte politique. Rendu bientôt à la liberté, grâce aux murmures qui éclatèrent de toutes parts, il médita plus. ouvr. sur la question du schisme, et frappé des preuves de l'orthodoxie des Latins, il devint le partisan le plus ardent de la réconciliation des deux Églises. Cette réconciliation s'opéra en effet au 2e concile général de Lyon (1274), où Veccus fut député par l'empereur; mais cette mesure fut illusoire, et les Grecs n'en persistèrent pas moins à regarder les Latins comme des hérétiques. Le patriarche Joseph, qui partageait cette opinion et cherchait en secret à la faire triompher, fut déposé. Veccus le remplaça en 1275, et se fit estimer de tous les hommes sages; mais les intrigues de la princesse Eulogie le forcèrent à donner sa démission. Rétabli sur son siége en 1280, il en resta paisible possesseur jusqu'à l'avénement d'Andronic, qui le relégua dans un monastère de la Bithynie, où il mourut en 1298. Il avait composé sur la réunion et le schisme un gr. nombre d'ouvr. dont plus. ne nous sont point parvenus : ceux qui restent se trouvent pour la plupart dans la *Grèce orthodoxe* (*Græc. orthodoxa*) d'Allatius. On se contentera de citer : *De l'union et de la concorde des Églises de l'anc. et de la nouv. Rome; De l'injustice soufferte par Veccus, quand on l'a chassé de son siége*; et enfin *Apologétiques où l'on prouve qu'aucun des usages des Grecs n'est détruit par l'acceptation de l'union avec les Latins*.

VECELLI ou VECELLIO (FRANÇOIS), peintre, né à Cadore en 1483, mort dans un âge fort avancé, était frère et élève du Titien, dont son style se rapproche beaucoup. On cite de lui un assez grand nombre de peintures dans l'église de St-Sauveur à Venise, et une admirable *Nativité de Notre-Seigneur* à St-Joseph de Bellune. Mais un tableau qui excita la jalousie même du Titien est celui que l'on voit dans l'église de St-Vit de Cadore, et qui représente le *Saint titulaire en habit militaire*, au milieu d'autres saints. — Horace VECELLIO, neveu du précéd., fils et élève du Titien, né à Venise, se montra, comme peintre de portraits, digne de marcher sur les traces de son père. Mais la recherche de la pierre philosophale lui fit négliger son art et l'empêcha d'acquérir autant de réputation qu'il avait de talent. D'ailleurs la peste qui ravagea Venise en 1576, l'enleva dans un âge très peu avancé. — Marco VECELLIO, neveu et élève du Titien, né à Cadore en 1545, mort en 1611, est celui qui, après ce grand maître, a fait le plus d'honneur à sa famille. Il existe de lui plusieurs tableaux d'autel à Venise, à Trévise et dans le Frioul. L'une des paroisses de Cadore possède la plus remarquable de ses compositions : c'est un *Crucifix*, de chaque côté duquel sont deux sujets tirés de la vie de *Ste Catherine, vierge et martyre*. — Tiziano VECELLIO, fils du précéd., surnommé *Tizianello*, florissait dans les premières années du 17e S. Les ouvr. qui existent encore de lui à Venise se sentent du goût maniéré qui commençait alors à s'introduire dans l'école vénitienne. Cependant les artistes estiment ses portraits et ses têtes de caprice coiffées d'une manière bizarre. Il peignait encore en 1648. — Fabrizio VECELLIO, d'une autre branche que les précéd., mort en 1580, s'est fait connaître par un excellent tableau qui orne la salle du conseil de Piève. — César VECELLIO, son frère, mort vers 1680, est plus connu comme graveur que comme peintre. Il a publié à Venise deux *Recueils* d'estampes : *Ogni sorta di mostre di punti tagliati, punti in aria*, etc., rare. — *Degli abiti antichi e moderni di diverse parti del mundo*, etc., 1590, in-8; réimpr. en 1664. — THOMAS VECELLIO, autre peintre de la même famille, mort en 1620, est connu par une *Nativité* et une *Cène* de Notre-Seigneur, que l'on conserve dans l'église paroissiale de Lozzo.

VEDRIANI (LOUIS), historien, né à Modène en 1601, mort en 1670, a laissé divers ouvr. estimés et véritablement utiles, mais écrits sans correction et souvent inexacts. Les principaux sont : *Recueil des peintres, sculpteurs et architectes de Modène*, ibid., 1662, in-4. — *Vies et Éloges des cardinaux de Modène*, ibid., 1663, in-4. — *Histoire de Modène*, ibid., 1667, in-4.

VEEN (OTTO van) ou *Otto-Vænius*, peintre, né en 1556 à Leyde, refusa les offres avantageuses de plusieurs souverains pour consacrer ses talents à son pays. Le prince de Parme, alors gouverneur des Pays-Bas, l'honora du titre d'ingénieur en chef et de peintre de la cour d'Espagne. L'archiduc Albert, successeur du prince de Parme, le fit venir à Bruxelles et lui donna l'intendance des monnaies. Cet artiste, qui eut l'honneur de former Rubens, était historien et poète; il mourut en 1636. On a de lui, entre autres ouvrages, la *Guerre des Bataves contre les Romains*, tirée des IVe et Ve livres de Tacite, Anvers, 1612, in-4, avec 40 estampes. — *Les Emblèmes d'Horace*, avec des explications en vers latins, français, italiens et flamands. — *La Vie de St Thomas d'Aquin*, ornée de 32 pl., etc. — Gilbert van VEEN, son frère, mort à Anvers en 1628, grava au burin, dans la manière de Corn. Cort, la *Promesse de mariage d'Isaac et de Rebecca*, d'après Balth. Peruzzi, en 6 feuill., et plus. beaux portraits.

VEGA (GARCILASO de LA), capitaine espagnol, né à Badajoz, accompagna don Pedro d'Alvarado au Pérou en 1535, se jeta dans le parti des Pizarre, suivit Gonzale Pizarre dans son expédition des Amazones, et reçut en récompense de ses services un département d'Indiens, qui valait 48 mille ducats de rente. Il abandonna tout-à-fait le parti de Gonzale Pizarre en 1546 pour passer sous les drapeaux du président La Gasca. Fidèle depuis au parti royaliste, il fut nommé gouverneur de Cusco et intendant de la justice. Il mourut en 1559 dans le chef-lieu de son gouvernement, où il s'était fait aimer par une administration paternelle et avait fondé plus. établissem. utiles, notamm. un hôpital pour les Indiens. — V. GARCIA-LASO et LOPE.

VÉGA (GEORGE, baron de), officier d'artillerie, né en 1754 à Sagoritz en Carniole, fut nommé ingénieur dans la Carniole, puis en Hongrie, et eut occasion de se faire connaître avantageusement de Joseph II. Placé par ce prince au 2e régiment d'artillerie comme lieutenant, il y professa long-temps les mathématiques, se distingua dans plus. campagnes contre les Français, et devint successivem. major, lieut.-colonel, chevalier de l'ordre de Marie-Thérèse et baron de l'empire. Il était destiné à parvenir aux premiers rangs de l'armée lorsqu'il périt de la manière la plus funeste en 1802. On trouva son corps sur les bords du Danube; mais ce ne fut qu'en 1811 qu'on découvrit qu'il avait été assassiné et jeté dans le fleuve par un meunier des environs de Rusdorf, qui l'avait dépouillé. Véga, mathématicien distingué, était membre de plus. académies, entre autres de celles de Gottingue, d'Erfurt et de Berlin. Il a laissé : *Cours de mathématiques à l'usage du corps d'artill. de l'armée impériale* (allemand), Vienne, 1786 à 1800, 4 vol. in-4 ; 1802, in-fol. — *Collect. complète des grandes tables logarithmo-trigonométriques* (allemand), Leipsig, 1794, in-fol. — *Manuale logarithmico-trigonometricum*, etc., ibid., 1800, in-4 ; 1814. — *Système naturel des mesures, des poids et des monnaies*, Vienne, 1803, in-4, etc.

VÉGÈCE (FLAVIUS-VÉGÉTIUS-RENATUS), le plus célèbre des auteurs qui ont écrit en latin sur l'art militaire, florissait vers la fin du 4e S., sous Valentinien II. On conjecture qu'il habitait Constantinople. L'ouvrage que nous avons de lui est intitulé : *De re militari libri V*. C'est, comme il nous l'apprend lui-même, un extrait de ce qu'il avait trouvé de plus intéressant sur la discipline des Romains ; dans les écrits de Caton-le-Censeur, de

Cornél. Celse, de Frontin et de Paterne, ainsi que dans les ordonnances d'Auguste, de Trajan et d'Adrien. Parmi les édit. de Végèce, on distingue celles de Valart, Paris, 1762, in-12, et de Schwebel, Nuremb., 1767, in-4, et Strasb., 1806, in-4. Parmi les traduct. franç., nous citerons celles de Nicol. Volkyr, Paris, 1536, in-fol., fig. en bois ; de J.-J. de Walhausen, Amst., 1616, in-fol., fig. de Bourdon de Sigrais ; Paris, 1755, in-12 ; Amst., 1744 ; Paris, 1759, in-12, et 1767, avec l'édit. de Schwebel déjà indiquée ; enfin de Bougars, Paris, 1772, in-12. On consultera avec fruit les *Commentaires* de Turpin de Crissé sur Végèce, et l'*Essai* de Galitzin sur son 4e livre seulement. — VÉGÈCE (Publius), souvent confondu, mais à tort, avec le précéd., est auteur d'un traité de l'art vétérinaire, intitulé : *Artis veterinariæ, sive Mulomedicinæ libri IV*, dont l'édition la plus complète et la plus estimée est celle que l'on doit à J.-M. Gesner, Manheim, 1781, in-8. Une traduct. de cet ouvrage, par Saboureux de la Bonnèterie, forme le 6e vol. des *Anciens ouvr. relatifs à l'agriculture*.

VEIGA (Eusèbe de), astronome, né en 1718 à Revelles, dans le diocèse de Coimbre, prit l'habit de St-Ignace, et fut profess. de mathématiques au collége de Lisbonne. Lors de l'expulsion des jésuites du Portugal, il se rendit à Rome, y concourut à la rédact. des *Effemeride astronomiche*, et y mourut recteur de l'hôpital royal des Portugais en 1798. On a de lui : *Planetario lusitano explicado com problemas... para uso de nautica e astronomia em Portugal, e suas conquistas*, Lisbonne, 1758, in-8. — *Planetario romano, cioe Effemeride astronomiche*, Rome, 1786-94, 8 vol. in-8, etc. On trouve une courte *Notice* sur le P. Veiga, dans Cabellero, *Biblioth. scriptorum societatis Jesu supplementum*, 274.

VEITH (Laurent-François-Xavier), jésuite et théologien, né en 1725 à Augsbourg, occupa une chaire d'écriture sainte et de controverse à Ingolstadt, et, après la suppress. de la société (1773), professa la théologie au lycée catholiq. de sa ville natale où il mourut en 1796. Parmi ses ouvrages, tous en latin, nous citerons : des avis et des règles, *Monita et Regulæ*, pour ceux qui veulent étudier l'Écriture ; *Scriptura sacra contra incredulos propugnata*, Augsbourg, de 1789 à 1795, VIII part. ; réimpr. à Malines, 1824, 5 vol. in-12 (*v.* le *Supplément à la Biblioth. des écrivains jésuites*).

VELASCO (Grégoire-Hermandès de), poète espagnol, né à Tolède vers le milieu du 16e S., a laissé des traductions en vers que les critiques de sa nation placent au premier rang : *el Parto de la Virgen*, trad. ou plutôt imité du poème latin de Sannazar, Tolède, 1554 ; Madrid, 1569, in-8 ; la 1re et la 4e églogues de Virgile, insérées, ainsi que l'ouvr. précédent, dans le *Parnasso español* de Sedano, tom. I et V ; et l'*Énéide*, Alcala, 1585, in-8, réimpr. à Tolède, à Madrid, à Anvers et à Saragosse. Lope de Véga, dans sa revue des poètes contemporains, intitulée *Laurel de Apolo*, célèbre l'élégance et la pureté des traductions de Velasco.

VELASCO (le P. Nicolas de), cordelier espagnol, n'est connu que par le rôle qu'il joua dans la conspiration du marquis d'Ayamonte au 17e S. D'accord avec le duc de Medina-Sidonia pour faire déclarer l'Andalousie indépendante, Ayamonte cherchait l'occasion d'instruire de ses plans le roi de Portugal, qui devait l'aider à les exécuter. Il jeta les yeux sur le P. Velasco, qui ne tarda pas à tout gâter par sa vanité imprudente. Un Castillan, nommé Sanche, qui se trouvait dans les prisons de Lisbonne, obtint sa liberté par le crédit du négociateur secret, qui bientôt lui avoua le motif de son voyage en Portugal, et lui remit même des lettres pour le marquis d'Ayamonte. Sanche courut à Madrid et révéla tout au duc d'Olivarez. Le cordelier Velasco, qui s'était flatté un moment de jouer un rôle politique au-dessus de ses forces, quitta la cour de Lisbonne pour rentrer dans un couvent où il mourut peu de temps après (1641).

VELASCO (Francisco de), général espagnol, né vers le milieu du 17e S., fut nommé vice-roi de Catalogne sous le règne de Charles II. Il tenta vainement, en 1695, de faire lever le siège de Barcelone au duc de Vendôme. A l'avènement de Philippe V au trône d'Espagne, il se déclara franchem. pour ce prince, défendit long-temps Barcelone contre les flottes et les armées réunies des Anglais et des impériaux, et ne rendit cette place qu'en 1706, lorsque les habitants eux-mêmes, manquant de tout, étaient près de se soulever en faveur de l'Autriche. Velasco fut ensuite gouverneur de Ceuta en Afrique et de Cadix, et mourut à Séville en 1716.

VELASQUEZ (Diégo), premier gouverneur de Cuba, né de 1460 à 1470 à Cuellar, dans la province de Ségovie, accompagna Christophe Colomb dans son 2e voyage (1493), et s'établit à St-Domingue, qui portait alors le nom d'*Ile-Espagnole* (Isla espanola). Il mérita la confiance de Nicolas de Ovando, gouverneur de cette colonie naissante, et chargé par lui de soumettre la province de Haniguayaga (1503), il remplit sa mission avec succès, et fonda dès lors plusieurs villes. Diégo Colomb, fils de Christophe, arrivé à St-Domingue en 1509 pour y exercer les fonctions d'amiral des Indes, chargea Velasquez de la conquête de Cuba. Celui-ci n'éprouva pas beaucoup de résistance de la part des naturels ; mais à peine venait-il de fonder Baracoa, la prem. ville de la colonie, que des plaintes furent portées contre son administration devant les juges nouvellement arrivés à l'Ile-Espagnole pour recevoir les appels. Ce fut Fernand Cortez, son secrétaire, qui se chargea de cette mission odieuse. Velasquez lui pardonna généreusement son ingratitude et le combla même de nouveaux bienfaits. Sous son administration Cuba devint florissante ; il y fonda plus. villes, entre autres Carenas, qui depuis a acquis tant d'importance sous le nom de la Havane. Velasquez seconda de tout son pouvoir l'expédition qui fit voile de Santiago de Cuba, en 1517, pour découvrir le cap Catoche, pointe orientale de l'Yucatan, ainsi que celle qui, partie du même port l'année suiv., découvrit le *Mexique*. Il chargea Fernand Cortez de la conquête de ce pays; mais bientôt il se repentit d'avoir choisi ce héros pour lieutenant, et essaya d'entraver sa marche victorieuse (v. Cortez). Le chagrin qu'il éprouva des succès de ce jeune guerrier, qui était toujours à ses yeux un serviteur rebelle, lui causa une maladie dont il mourut en 1523 ou en 1524.

VELASQUEZ (Jacques-Rodriguez de SILVA Y), peintre et chef de l'école de Madrid gallo-espagnole, né à Séville en 1599, fut d'abord élève de Herrera-le-Vieux, qu'il abandonna pour François Pacheco; mais l'étude de la nature fit plus pour lui que les leçons d'aucun maître. Il ne négligea pas pourtant de former son goût par l'examen réfléchi des belles collections du Pardo et de l'Escurial, et, dans un voyage qu'il fit en Italie, il étudia les chefs-d'œuvre de Titien, Tintoret, Paul Véronèse, Michel-Ange, Raphaël et les merveilles de l'antique. Rappelé à Madrid par l'ordre du roi, qui le combla de marques de bienveillance, il fut renvoyé une seconde fois en Italie, en 1648, pour y choisir les modèles nécessaires aux études de l'académie des beaux-arts que le roi avait l'intent. de fonder à Madrid. Ce voyage fut presque un triomphe pour Velasquez, et le retour mit le comble à la faveur dont il jouissait auprès de son souverain. Il mourut comblé d'honneurs à Madrid en 1660. Parmi ses product. les plus remarquables, on distingue le célèbre tableau de la *Tunique de Joseph*, le *Portrait du comte-duc d'Olivarez*, dans le fond duquel on voit le choc de deux armées, et son fameux tableau de famille représentant, outre un gr. nombre de personnages, l'*impératrice Marie-Marguerite d'Autriche, infante d'Espagne, à la fleur de son âge*. Le musée possède son portrait de l'*infante Marguerite-Thérèse, fille de Philippe IV, roi d'Espagne, et de Marie-Anne d'Autriche, son épouse*, et deux de ses dessins: le *Portrait d'un cardinal* et *la mort de St Joseph assisté par la Vierge et le Sauveur*.

VELASQUEZ (Alexandre-Gonzalez), peintre et architecte, né à Madrid en 1719, mort en 1772, fut élu successiv. par l'académie des beaux-arts sous-direct. de la classe d'architecture et de celle de peinture. Le roi créa même pour lui, sur la proposition de l'académie, une chaire de perspective. Sans parler des décorations que lui durent plus. églises et plus. théâtres de Madrid, cette ville renferme de lui des monuments qui font honneur à ses talents.—Velasquez (Antoine-Gonzalez), frère du précédent, né à Madrid en 1729, mort en 1793, se forma à Rome dans l'art de la peinture, et composa dès lors plus. ouvr. qui lui méritèrent des éloges universels. De retour en Espagne en 1753, il travailla pour plus. églises et plus. monastères, et fut nommé peintre de Charles III, puis direct. de l'acad. de peinture. C'est surtout par ses nombreuses fresques qu'il a mérité sa réputation. — Velasquez (Louis-Gonzalez), frère des précéd., né à Madrid en 1715, mort en 1764, peignit à fresque la coupole de l'église de St-Marc (1752), et fut récompensé de ce grand et bel ouvrage par le titre de sous-direct. de l'acad., et plus tard par l'emploi de peintre du cabinet du roi.

VELASQUEZ CARDENAS Y LÉON (Joaquin), géomètre et astronome, né au Mexique en 1732, apprit d'abord plusieurs langues indiennes et l'usage de l'écriture hiéroglyphique des Astèques; mais on a lieu de regretter qu'il n'ait rien publié sur cette branche intéressante de l'antiquité. Placé ensuite au collége Tridentin de Mexico, où il ne trouva, pour ainsi dire, ni professeurs, ni livres, ni instruments, il suppléa, par son génie et sa persévérance aux ressources qui lui manquaient, fut nommé professeur à l'université, et devint le géomètre le plus distingué qu'ait eu la Nouvelle-Espagne depuis Siguenza. Chargé d'une mission à la Californie, il y fit un grand nombre d'observations astronomiq., releva le premier une énorme erreur de longitude dans les cartes de cette péninsule, et étonna par ses connaissances l'abbé Chappe et plusieurs autres savants européens. Le service le plus essentiel qu'il ait rendu à sa patrie est l'établissement du *tribunal* de l'école des mines, dont à sa mort, en 1786, il était président avec le titre de directeur général.

VELASQUEZ DE VELASCO (Louis-Joseph), marquis de Valdeflores, littérateur et antiquaire, né à Malaga en 1722, étudia d'abord la jurisprudence, la philosophie d'Aristote et la théologie ecclésiastique, et fut ensuite chargé de la direct. d'un voyage ordonné par le roi Ferdinand VI pour recueillir tous les anciens monuments de l'Espagne. Il se livra dès lors avec plus d'ardeur aux études qu'il préférait, et qui lui valurent le titre de correspondant de l'acad. des inscriptions de Paris. Mais des écrits séditieux, publiés à l'occasion de la fameuse émeute de 1766, et qu'on lui attribua, le firent emprisonner. Il ne recouvra sa liberté qu'en 1772, et mourut peu de mois après dans le voisinage de Malaga. Nous citerons de lui: *Essai sur les alphabets des caractères inconnus que l'on voit sur les plus anciennes médailles et autres monuments de l'Espagne*, Madrid, 1752, gr. in-4. — *Origine de la poésie castillane*, Malaga, 1754, in-4. — *Annales de la nation espagnole depuis les temps les plus anciens jusqu'à l'entrée des Romains*, ib., 1759, in-4. — *Conjectures sur les médailles des rois goths et suèves d'Espagne*, ib., 1759, in-4.— *Notice du voyage d'Espagne entrepris par ordre du roi, et d'une nouvelle Histoire générale de la nation depuis les temps les plus anciens jusqu'en 1516*, Madrid, 1765, in-4. Il a laissé beaucoup d'ouvrages MSs.

VELBRUCK (François-Charles, comte de), né en 1719 près de Dusseldorff, mort en 1784 à Liége, dont il était prince-évêque depuis 1772, signala sa trop courte administr. par de nombr. établissements de bienfaisance et par la protect. qu'il accorda aux lettres, aux sciences et aux arts. Il fut en quelque sorte le créateur de Spa, qui devint bientôt le rendez-vous de l'élite de la société européenne (v. son *Éloge funèbre* par le poète Reynier, Liége, 1785, in-4 de 10 pages).

VELDE (Isaïe van den), peintre, né à Leyde vers 1597, se fit une belle réputat. par ses tableaux de bataille. Il grava aussi à l'eau forte, et l'on a de sa main quatre *paysages* exécutés avec beauc. d'intelligence et de fermeté. —VELDE (Jean van den), frère du précéd., né à Leyde vers 1598, vivait encore en 1677. Il excellait à peindre des paysages, des kermesses, des scènes rustiques; mais c'est comme graveur qu'il est plus spécialement connu. Huber et Rost, dans le *Manuel des amateurs de l'art*, indiquent les plus remarq. de ses productions, au nombre de 98. Parmi ses portraits, au nombre de 12, on distingue celui d'Olivier Cromwell, grand in-fol., très rare. — VELDE (Guill. van den), dit *le Vieux*, dessinat., né à Leyde en 1610, fit plus. voyages sur mer dans sa jeunesse, et, sans autre maître que son génie, parvint à représenter parfaitement toutes sortes de navires et de scènes maritimes. Plus tard on le vit quelquefois assister de son propre mouvem. à une bataille navale, et chercher le péril pour le mieux peindre. En 1666, chargé par les états de dessiner le combat qui eut lieu en vue d'Ostende entre les flottes anglaise et hollandaise; il reproduisit avec une exactitude étonnante chaque mouvement de cette grande action. Charles II l'appela à la cour d'Angleterre, et Jacques II sut l'y retenir, en montrant pour lui la même estime que son prédécesseur. Il mourut à Londres en 1693. — VELDE (Guill. van den), *le Jeune*, fils du précéd., né à Amsterdam en 1633, fut appelé en Angleterre par Jacques II, et chargé de peindre les actions les plus mémorables des flottes anglaises. Il excellait à représenter l'agitation des vagues et leur brisement contre les rochers. Ses ciels sont clairs, et les nuages touchés avec une si grande légèreté, qu'on croit les voir passer dans l'air. Il fut regardé de son temps comme le plus habile peintre de marine qu'on eût vu jusqu'alors. Guillaume mourut à Londres en 1707.—VELDE (Adrien van den), l'un des plus gr. paysagistes de la Hollande, né en 1639 à Amsterdam, apprit de lui-même à dessiner des chèvres, des moutons et des vaches, eut ensuite Wynants pour maître, et ne tarda pas à faire les progrès les plus rapides. Il fit une étude particulière de la figure, ce qui ajouta un grand prix à ses propres paysages, et lui permit d'orner ceux de plusieurs artistes du premier mérite, tels que Ruysdael, Holbema, Moucheron, van der Heyden, et Wynants lui-même. Il mourut dans sa patrie en 1672, à 33 ans. Lorsqu'on songe au peu d'années qu'a vécu Adrien, à ses travaux considérables et aux qualités nombr. et brillantes qui le distinguent, il faut reconnaître qu'il dut être doué d'une facilité extraordinaire et infatigable. Quoiqu'il soit surtout connu comme paysagiste et peintre d'animaux, on voit de lui, dans l'église catholique d'Amsterdam, une *Descente de croix*, dont les personnages sont grands comme nature, et qui renferme une foule de beautés. Il a peint avec autant de succès une suite de sujets historiq. tirés de la passion de J.-C. Il a laissé en outre un certain nombre d'estampes gravées d'une pointe ferme et spirituelle. Le musée possède de ce maître six paysages : un *Troupeau de bœufs ou de moutons au bord d'une rivière;* un *Pâtre et sa femme jouant avec leur enfant en faisant paître leur troupeau;* un *Pâturage couvert de troupeaux; Promenade d'un prince de la maison d'Orange sur la plage de Scheveingen; Paysage et animaux*, et les *Amusements de l'hiver.*

VELDE (CHARLES-FRANÇOIS van der), romancier allemand, né à Breslau en 1779, commença sa carrière littéraire, en 1809, par de petites pièces qu'il faisait insérer dans les journaux. Il travaillait en même temps pour les théâtres de Breslau, de Vienne, de Prague et de Magdebourg: mais, voyant le peu de succès de ses ouvr. dramatiques, il se mit à composer des romans qui furent très bien accueillis, et qui lui ont valu le surn. de *Walter-Scott allemand*, mais il n'approcha que de loin du romancier écossais. Velde mourut en 1824. Ses OEuvres, publiées à Dresde, 14 vol. in-8; 2ᵉ édit., 18 vol., ont été trad. en franç. par M. Loève Veimars, Paris, 1826-28, 16 vol. in-12. Cette collect. contient les romans suiv. : *Arwed Gyllenstierna; les Patriciens; les Anabaptistes; Paul de Lascaris; Asmund Thyrsklingurson; Gunima; Christine et sa cour; les Hussites; le roi Théodore, l'ambassade en Chine; la Conquête du Mexique; Contes et légendes.*

VELDECK ou VELDIG (HENRI de), l'un des plus anciens *minnesingers*, ou poètes de l'Allemagne, vivait à la fin du 12ᵉ et au commencem. du 13ᵉ S., à la cour des princes de Thuringe et de la Basse-Saxe. Il fut un de ceux qui contribuèrent le plus à l'illustration de l'époq. que l'on appelle la période des emper. souabes. Ses poésies sont : l'*Énéide*, dont on trouve des copies dans les biblioth. de Gotha, de Vienne et de Dresde, et qui a été publiée dans le *Recueil* de Müller, Berlin, 1484; c'est moins une traduct. du poème latin qu'une imitat. de l'ouvr. publié en langue française ou provençale par Chrestiens de Troyes sous le titre de *Roman de l'Éris et l'Énéide mis en rimes. — Ernest, duc de Bavière,* poème épique, qui se trouve MS. à la bibliothèque de Gotha. — *Légende du bienheureux St Gervais, évêq. de Maestricht,* poème en IV chants, dans la *Collection* de Manassen et à la biblioth. du Vatican.

VELLA (JOSEPH), chapelain de l'ordre de Malte, se trouvant à Palerme en 1782, visita la biblioth. de l'abbaye de St-Martin, et imagina d'annoncer qu'il y avait découvert un MS. arabe concernant l'hist. de la Sicile. Bientôt il prétendit qu'on avait fait de semblables découvertes à Fez, et qu'on y avait même trouvé une suite de médailles confirmatives du contenu des MSs. Sous les auspices et aux frais d'Alphonse Airoldi, archevêq. d'Héraclée, qui se déclara son protecteur, il fit paraître, en 1799, le prem. vol. du *Codice diplomatico di Sicilia sotto il governo degle Arabi*, etc. C'était une prétendue traduct. italienne faite par Vella du MS. arabe. Cinq autres volumes se succédèrent, qui devaient être suivis de deux autres. L'impudent faussaire, sans s'effrayer des doutes qui s'élevèrent dès lors sur le *Codice diplomatico*, fit paraître à Palerme en 1795, aux frais du roi de Naples, le texte arabe avec la traduct. ital. du prétendu MS. découvert à Fez, et intit. : *Kitab divan Mesr, ou Libro del consiglio d'Egitto*. Mais enfin son imposture fut dévoilée, et il se vit condamné, en 1796, à 15 ans de prison. Vella mourut en 1815 (*v. Relation d'une insigne imposture littéraire, découverte dans un voyage fait en Sicile*, en 1794, par Hager, Erlang, 1799, in-8; et le *Magasin encycloped.*, 5e année, t. VI, p. 330-356; 6e année, t. V, p. 328-339).

VELLÉDA ou VÉLÉDA, célèbre prophétesse de la nation des Bructères, vivait à peu près au milieu du 1er S. de l'ère chrétienne. En 70, lorsque la Gaule presque entière se souleva à la voix de Civilis, elle prit part tout d'abord à ce gr. mouvement et prédit l'anéantissement des Romains, alors en proie aux guerres civiles. Les premiers succès des troupes révoltées parurent devoir justifier sa prophétie, et ne contribuèrent pas peu à jeter de nouveaux alliés dans la coalition. Les dépouilles les plus magnifiques et les plus nobles captifs furent pour Velléda, dont on voit le nom en toute circonstance figurer à côté de celui de Civilis. Cepend. les Romains, une fois ralliés autour du trône paternel de Vespasien, eurent bientôt repris l'avantage sur les Gaulois. On vit alors Velléda jouer encore un gr. rôle, en pacifiant les Gaules à la prière de Céréalis aussi facilem. qu'elle les avait troublées. Il paraît néanmoins qu'à une époque postérieure elle appela de nouveau ses concitoyens à la liberté; car elle fut prise par Rutilius-Gallicus et menée en triomphe à Rome. Depuis, l'histoire n'en fait plus mention. Le caractère prêté par Tacite (*Hist.*, lib. *IV et V*) à cette prophétesse a fourni à l'auteur des *Martyrs* un des épisodes les plus brillants de son poème, livre VIII et IX.

VELLÉIUS-PATERCULUS, historien latin, né vers l'an 755 de Rome, d'une famille équestre, fut d'abord tribun des soldats, et commanda la cavalerie sous les ordres de Tibère, qu'il suivit dans neuf campagnes consécutives. Questeur, tribun du peuple, et enfin préteur l'année de la mort d'Auguste, il n'avait qu'un pas à faire pour arriver au consulat; et quelq.-uns prétendent même qu'il y parvint, mais rien ne le prouve. On conjecture qu'il fut enveloppé dans la disgrâce de Séjan, et qu'il périt avec cet indigne ministre, auquel, dans ses écrits, il a prodigué les éloges les plus inconcevables : cette basse flatterie est le défaut capital de Paterculus. Il avait écrit un *Abrégé* de l'histoire de la Grèce, de l'Orient, de Rome et de l'Occident, qui ne nous est pas parvenu tout entier. Nous n'avons de lui qu'un *Fragment* de l'ancienne histoire grecque, avec l'histoire romaine depuis la défaite de Persée jusqu'à la 6e année de Tibère. Le livre de Paterculus, que le président Hénault appelle *le modèle inimitable des abrégés*, est une des lectures les plus agréables que nous ait léguée l'antiquité. Parmi les éditions, au nombre de plus de 50, qui en ont été données, on distingue celles d'Alde Manuce, 1571; d'Elzevir, 1639, *cum notis variorum*; Leyde, 1668, 1719, 1744, in-8; de Barbou, 1746, in-12; de la *Collection des classiques latins* de Lemaire, 1822, in-8. Parmi les traduct. franç., celle de l'abbé Paul, Avignon, 1784, in-8; Paris, 1790, in-12, était la plus estimée avant qu'eût paru, dans la *Bibliothèque latine-franç.* de Panckoucke, celle de M. Després, 1825, in-8.

VELLEJUS (ANDRÉ-SÉVERIN), historiographe et conseiller de Frédéric II, roi de Danemarck, né au bourg de Vedèle, en Jutland, mort en 1616, à l'âge de 74 ans, est le premier qui ait tiré des MSs. et publié *Adami Bremensis Historia ecclesiastica*, avec des notes, Copenhague, 1579, in-8. On lui doit, entre autres ouvrages, *Saxon-le-Grammairien*, trad. en langue danoise, ibid., 1575, in-fol.; réimpr. en 1610. — *Descriptio Islandiæ, per Gudbrandum episcopum Islandiæ communicata*, ibid. — *Vita Sunonis Thuffveskœg*, Sora, 1642, in-8. — *Centuria cantilenarum danicorum, de priscis Danorum regibus et rebus gestis*, ibid., 1643, in-8.

VELLUTELLO (ALEXANDRE), littérat. lucquois, né dans les 1res années du 16e S., a donné une édit. des *Sonnets* de Pétrarque, Venise, 1525, in-4, avec des *notes* et la *Vie* de l'aut., et une de la comédie d'Aug. Richi, *i tre Tiranni*, ibid., 1533, in-4. On lui doit encore un *Commentaire sur la divine Comédie* de Dante, ibid., 1544, in-4, réimpr. plus. fois, notamm. avec celui de Landino, ibid., 1564, in-fol.

VELLUTY (DONATO), savant magistrat, né à Florence en 1313, mort en 1370, comme il entrait de nouveau dans les fonct. de gonfalonnier de justice, est auteur d'une chronique de sa ville natale, dont Marie Manni, imprimeur et critique célèbre, donna le premier une édition sous ce titre : *Cronica di Firenze dell' anno 1300 in circa, fino al 1370*, Florence, 1731, in-4.

VELLY (PAUL-FRANÇOIS), historien français, né en 1709, à Grugny, près de Reims, entra chez les jésuites, qu'il quitta en 1740, non sans conserver des relations d'amitié avec plusieurs d'entre eux. Il fut même employé dans leur collège de Louis-le-Grand en qualité de précepteur; mais, pour s'affranchir un jour des pénibles fonctions qu'il remplissait, il se livrait à des études sérieuses. Il ne débuta toutefois dans la carrière littéraire qu'en 1755, par la traduction d'un opuscule satirique de Swift (le *Procès sans fin* ou *l'Hist. de John Bull*). Déjà il s'occupait d'un ouvrage plus important. En 1755, il publia les deux 1ers vol. d'une nouvelle *Histoire de France*, qui contenaient les règnes des Mérovingiens avec ceux des Carlovingiens et des quatre premiers Capétiens. Il essuya des critiques, auxquelles il répondit dans la *Préface* du 5e vol., où *l'Histoire* est continuée jusqu'à la mort de Philippe-Auguste (1223). Les trois suivants ont pour matière les règnes de Louis VIII, St Louis, Philippe III et Philippe-le-Bel. L'auteur travaillait au VIIIe, quand il mourut d'un coup de sang en 1759. Les libraires Desaint et Saillant donnèrent une 2e édit. in-12 des huit premiers tomes de cet ouvr.

en 1761 et 1762. La 3me, en 15 vol. in-4, de 1770 à 1789, contient les continuations de Villaret et Garnier. Velly a été jugé diversement par Voltaire, Mably, Gaillard, l'abbé Lebeuf, les journalistes de Trévoux, Nonotte, etc. Le fait est qu'on ne le lit plus guère, quoiqu'il mérite tous les éloges possibles pour la droiture de ses intentions, sa véracité, sa franchise ; mais il a trop négligé l'étude des sources, sans laq. on ne pourra jamais écrire une bonne hist. de France (*v.* des *Notices* sur Velly dans l'*Année littér.*, 1760. t. III, p. 259, et à la fin du t. III de la *Biblioth. historiq. de la France*).

VELTHEIM (AUGUSTE-FERDINAND, comte de), membre de la société royale de Londres et de celle de Helmstadt, né en 1741 au château de Harbk, dans le duché de Magdebourg, mort à Brunswick en 1801, s'appliqua de bonne heure à l'étude de la minéralogie, et fut nommé en 1766 sous-inspect. des mines dans le Hartz. D'autres fonctions importantes qu'il eut à remplir ne l'empêchèrent pas de fonder, dans ses domaines de Harbk, plus. établissements utiles à la science, et de publier un assez gr. nombre d'ouvr., parmi lesquels on distingue : un *Traité de minéralogie*, Brunswick, 1781, in-fol. — *Formation du basalte, et ancien état des montagnes en Allemagne*, réimprim. plusieurs fois. — *Réformes dans la minéralogie*, Helmstadt, 1793. — *Sur la statue de Memnon, l'émeraude de Néron, et sur la méthode des anciens pour tailler la pierre et le verre*, ibid., 1793, in-8. Ses *OEuvres* réunies ont paru sous le titre de : *Recueil des traités historiques, archéologiques et minéralogiques*, ibid., 2 vol. grand in-8.

VELTHUYSEN (LAMBERT), en latin *Velthusius*, né à Utrecht en 1622, mort dans la même ville en 1685, pratiqua quelque temps la médecine, à laq. il renonça de bonne heure pour se livrer exclusivement à la théologie et à la métaphysiq. En 1668, il fut député par les chefs de sa ville natale aux assemblées ecclésiastiq. ; mais son zèle à défendre leurs droits lui fit beaucoup d'ennemis, qui cherchèrent des opinions hétérodoxes dans ses écrits, et le firent destituer en 1674. Entre autres ouvr., on a de lui des *Traités médico-physiq*, Utrecht, 1657, in-12. — *Dissertat. sur l'usage de la raison dans les controverses et questions théologiq.*, etc., ibid., 1668, in-12. — *Traité moral sur la pudeur naturelle et la dignité humaine*, ibid., 1676, in-4. Il avait publ. lui-même une édition de ses œuvres sous ce titre : *Lamb. Velthusii opera omnia duab. partibus*, Rotterdam, 1680, in-4.

VELTWYCK (GÉRARD), né vers la fin du 15e S. à Ravestein, ou selon d'autres à Utrecht, mort à Vienne en 1555, se consacra d'abord à l'enseignement, et devint recteur des écoles de Louvain. Charles-Quint le mit au nombre de ses conseillers, lui confia diverses négociat., qui furent très bien remplies, et le nomma trésorier de l'ordre de la Toison-d'Or. On a de lui un poème en vers hébr. : *Schevile Tohn*, c'est-à-dire *les Sentiers du désert*, Venise, Bomberg, 1539, in-4 (c'est une critique des rites judaïques).

VENANCE (JEAN-FRANÇOIS DOUGADOS, plus connu sous le nom de P.), littérateur, né à Carcassonne en 1763, résolut d'entrer dans l'ordre des capucins pour n'avoir rien qui pût le distraire de son goût pour la poésie ; mais quelques-unes de ses pièces lui ayant concilié l'estime et la bienveillance de M. de Cambis, command. du Languedoc, celui-ci obtint du cardinal de Bernis la sécularisat. du jeune auteur, qui n'était pas encore engagé dans les ordres. Ayant adopté les principes de la révolution, il fut nommé professeur d'éloquence à Perpignan, prit les armes dans la guerre entre la France et l'Espagne, et parvint au grade d'adjudant-général. Envoyé à Paris pour exposer le dénûm. de l'armée, il périt sur l'échafaud en 1794, pour avoir favorisé l'évasion de plusieurs girondins. Ses *OEuvres* ont été recueillies et publiées par M. de La Bouisse, 1810, in-18. — V. FORTUNAT.

VENCE (HENRI-FRANÇOIS de), commentateur de la Bible, né vers 1676 à Pareid, en Voivre, dans le Barrois, embrassa l'état ecclésiast., fut nommé précepteur des jeunes princes de Lorraine, et plus tard, en récompense de ses soins, prevôt de l'église primatiale de Nancy. S'étant chargé de surveiller l'édition de la *Bible* du P. de Carrières, qui fut impr. à Nancy, de 1738 à 1743, en 22 vol. in-12, l'abbé de Vence y ajouta 6 vol. d'*Analyses* et de *Dissertations sur les livres de l'Ancien-Testament*, et 2 vol. d'*Analyses ou Explications des psaumes*. Il était occupé de revoir ce travail quand il mourut à Nancy en 1749. Les éditions de la *Bible*, publ. par Rondet, renferment quelques-unes de ces *Dissertations*. L'édit. d'Avignon, 1767-73, 17 vol. in-4, est connue, pour la même raison, sous le nom de *Bible de Vence*. C'est sous le même titre qu'elle a été réimpr., Paris, 1827 et suiv., 26 vol. in-8.

VENCESLAS Ier (St), duc de Bohême, né en 907, fut élevé par son aïeule, Ste Ludmille, dans la religion chrétienne. Il n'avait que 13 ans lorsq. la mort lui enleva son père, le duc Vratislas (920). Sa mère, Drahomire, qui était païenne, s'empara de la régence et fit périr Ludmille, après l'avoir forcée à lui abandonner la tutelle du jeune prince. Alors, Drahomire révoqua les lois que Borzivoy et Vratislas avaient portées en faveur du christianisme ; mais dès que Venceslas eut atteint sa 18e année (925), il déclara qu'il voulait prendre en main les rênes de l'administration, et après avoir soumis les partisans de sa mère qui se soulevèrent, il s'occupa de rétablir l'ordre, la tranquillité et la religion dans ses états. Depuis 5 ans il faisait régner avec lui toutes les vertus, lorsqu'en 930 Henri Ier, empereur d'Allemagne, porta la guerre en Bohême, s'il faut en croire les chroniques, qui d'ailleurs ne donnent à ce sujet aucun détail. Il paraît toutefois que, depuis cette époque, le duc aida l'empereur dans plusieurs guerres et en reçut le titre de roi, avec permission de mettre une aigle dans ses armes. Cependant Venceslas avait eu l'imprudence de rappeler Drahomire, qui, de concert avec son autre fils, Boleslas, l'attira à Buntzlau, et l'y fit assassiner en 935. Ce prince a été mis au rang des martyrs.

VENCESLAS II, duc de Bohême, passa 18 ans dans l'exil, non toutefois sans essayer d'enlever le trône à son oncle Frédéric, qui l'avait usurpé; mais il ne réussit point, et ce fut au duc Conrad, son autre oncle, qu'il succéda en 1191; encore eut-il pour compétiteur Przémislas, par leq. il fut chassé après un règne de trois mois. La protect. de l'empereur Henri allait peut-être lui faire ressaisir sa couronne, lorsqu'il fut arrêté et jeté par le margrave de Lusace dans une prison, où il succomba sous le poids de ses malheurs en 1192.

VENCESLAS III, roi de Bohême et le 2e des Ottocares, né en 1205, fut déclaré successeur de son père, Przémislas II, en 1226, reçut l'onct. royale deux ans après, et, son père étant mort en 1230, régna seul en Bohême. Il était alors en guerre avec Frédéric, duc d'Autriche, qu'il battit et poursuivit jusqu'au cœur de ses états. Il donna la Moravie à son propre fils, Przémislas, et accorda au marquis de Brandebourg des troupes qui le firent triompher de l'archevêque de Magdebourg. Les évêques d'Allemagne portèrent plainte contre lui devant l'empereur Frédéric II, à la diète de Bomberg : Venceslas brava l'empereur, et quitta la diète sans prendre congé de lui. Cepend. des amis communs les réconcilièrent, et le roi de Bohême fut même chargé quelque temps après de soumettre le duc d'Autriche, qui avait méprisé l'autorité impériale. Il réussit complètement; mais les exactions qu'il exerçait sur ses propres sujets amenèrent un soulèvement, à la tête duquel il eut la douleur de voir son fils Przémislas. Il sut apaiser ces troubles intérieurs, et il fut heureux d'en venir à bout; car bientôt il eut à défendre ses frontières contre les Tatares, qui venaient de gagner la bataille de Liegnitz (1241). A peine était-il tranquille de ce côté que le clergé soulevé lui arracha des concessions. Bientôt les insolentes provocations de Frédéric, duc d'Autriche, l'obligèrent de reprendre les armes. Il fut encore heureux cette fois, et parvint même, après la mort de son ennemi, à faire proclamer son fils, Przémislas, souver. du duché d'Autriche (1252). Il mourut l'année suiv. à Prague. Rien ne nuisit plus à ses qualités brillantes qu'une libéralité excessive, qui le mit dans la nécessité de lever sur ses peuples des impôts considérables.

VENCESLAS IV, dit *le Vieux*, roi de Bohême et de Hongrie, né vers 1270, parvint au trône à l'âge de 8 ans, au moment où Rodolphe de Habsbourg marchait en vainqueur sur la Bohême, dont le dern. roi, Ottocare-Przémislas, venait de perdre la vie à la bataille de Laa, près de Vienne. Othon, marquis de Brandebourg et cousin du jeune Venceslas, vint à son secours, mais ce fut pour se faire déclarer régent et pour stipuler avec l'empereur l'abandon définitif de plus. provinces, déjà ravies à Ottocare. Le marquis fit alors peser le joug le plus tyranniq. sur les grands, sur le peuple et sur le roi lui-même, qu'il retint prisonnier. Venceslas, devenu majeur en 1288, se vit obligé de ratifier les cessions de provinces faites en son nom. Quelques années se passèrent, et un hasard inattendu lui offrit deux sceptres presque au même instant. Il fut couronné dans Gnesne roi de Pologne, sans avoir brigué cet honneur, vainquit ses compétiteurs à l'aide du comte de La Lippe, mit fin à l'anarchie qui désolait son nouveau royaume, et retourna en Bohême, comblé de bénédictions. Le sceptre de Hongrie ne tarda pas à lui être offert. Il l'accepta pour son fils Venceslas, auquel les Hongrois se soumirent et donnèrent le nom de Ladislas. Mais Boniface VIII fulmine contre l'irrégularité d'une élection faite sans son consentement, et adjuge la couronne de Hongrie à Marie, reine de Naples. L'emper. Albert prit parti dans cette querelle, porta ses ravages dans la Bohême, et fut bientôt contraint de se retirer. Venceslas n'en fut pas plus tranquille. La Pologne murmura contre les trois gouverneurs qu'il lui avait donnés. Il en destitua deux. Les Hongrois se plaignirent de son fils, et l'assiégèrent même dans le château de Bude. Il vint l'en dégager (1305), et mourut la même année d'une fièvre lente. Ce prince est le héros de la tragédie de Rotrou, pièce où il n'y a de vrai que la peinture de son caractère.

VENCESLAS V, surnommé *le Jeune*, né, en 1289 ou 1290, de Venceslas IV, était âgé de 12 ans lorsq. des députés hongrois vinrent offrir le sceptre de leur pays à son père, qui proposa de transférer à son fils la dignité dont on voulait le revêtir. Le jeune Venceslas mécontenta ses nouveaux sujets par sa légèreté, sa mollesse et son amour effréné des plaisirs, tandis que son compétiteur, Charobert, voyait augmenter chaque jour le nombre de ses partisans. Il fut trop heureux enfin de regagner la Bohême, emportant avec lui le diadème dont il avait été décoré 3 ans auparavant. Il porta la même incapacité sur le trône de son père en 1305, vendit son diadème à l'ambitieux Othon de Brandebourg, tandis que la Hongrie semblait s'offrir à lui encore une fois, et se mit en marche pour la Pologne, dont il persistait à se dire le roi, mais dont la conquête n'était pas facile. Il fut assassiné à Olmutz en 1306, au milieu des fêtes et des festins par lesq. il préludait à sa grande entreprise. Il est probable que ce crime doit être imputé à la maison de Habsbourg, qui éteignait ainsi la race antique des Przémislas Ottocare.

VENCESLAS VI, empereur d'Allemagne et roi de Bohême, surnommé tantôt *l'Ivrogne* et tantôt le *Fainéant*, né en 1359, fut présenté en 1376 à la candidature de l'empire par son père Charles Ier ou Charles IV de Luxembourg, dont on a dit qu'il avait ruiné sa maison pour arriver à l'empire, et l'empire pour relever sa maison. Toutes les difficultés furent aplanies avec de l'or ou du moins des promesses, et quelque temps après (1378) Charles IV étant mort, le jeune prince hérita non-seulement du trône héréditaire de Bohême, mais encore du trône électif de l'empire. Il donna d'abord des espérances qu'il fut loin de réaliser. Urbain VI et Clément VII se disputaient le siège de St Pierre. Venceslas embrassa l'obédience du premier, et ne sut pas empêcher les évêques de Bavière, d'Autriche et de Lorraine de se ranger du côté du second. Bientôt il donna une nouvelle preuve de son impéritie et de sa légèreté en sanctionnant, par lettres de 1379, les usurpations des gr. feudataires dont les voix l'avaient élevé au trône impérial. Pend. une peste qui ravagea la Bohême, Venceslas se retira à Aix-la-Chapelle, où il acheva de se corrompre. Il laissa des hordes de brigands parcourir toutes les provinces, ferma les yeux sur les ligues que formaient entre eux les seigneurs sous prétexte de garantir leurs domaines du pillage, et ne montra d'énergie que pour essayer de soumettre tous ses peuples au pouvoir spirituel d'Urbain VI; encore ses efforts furent-ils accompagnés de violences et de cruautés, et suivis bientôt après de nouvelles débauches et d'une plus grande apathie. Il paya cher ses infâmes voluptés. Forcé de rendre le Haut-Palatinat au comte Robert, et d'abandonner plus. places fortes aux ducs Étienne, Frédéric et Jean de Bavière (1384), il vit toutes les parties de ses états en proie à des guerres intestines, et la Silésie et la Bohême exposées aux invasions des Polonais. Après avoir partagé les fureurs fanatiq. du peuple contre les Juifs, il vendit sa protection à cette race malheureuse, et mit par cet acte le comble au mécontentement général. Quatre ans après (1394), il fut déposé par les magistrats et le peuple de Prague, et jeté en prison. Il parvint à s'échapper, remonta sur le trône, en fut renversé encore une fois et enfermé (1397), puis ressaisit encore les rênes du gouvernement. Ce fut alors que, pour mettre fin au schisme de l'Église, il se rendit auprès du roi de France, qui obtint de lui tout ce qu'il voulut au milieu des fumées de l'ivresse (1398). De retour en Bohême l'année suiv., il ne mit plus de bornes à ses dépenses, et par suite aux mesures vexatoires par lesquelles il cherchait à se procurer de l'argent. Enfin les électeurs réunis à Landstein le déclarèrent solennellement déchu du pouvoir impérial (1400). Venceslas protesta contre cet arrêt à la face de l'Europe et garda le titre d'empereur. Mais quoiqu'il eût des partisans, comme il ne faisait rien pour revendiquer ses prétendus droits, on l'eût bientôt oublié. Il ne renonça à ses prétent. qu'en 1410. Réduit à ses états héréditaires, il montra la même indolence mêlée à la même férocité, et vit les dernières années de son règne troublées par les révoltes de ses barons et ensanglantées par l'hérésie de Jean Huss. L'un des partisans de ce sectaire, Jean Ziska, annonçait hautem. l'intent. de venger la mort de son maître, lorsq. l'ex-emper. mourut lui-même en 1419, d'une attaq. d'apoplexie causée par un violent accès de colère. Tous les historiens s'accordent à peindre Venceslas comme un Sardanapale et un Néron. Comme plus tard Louis XI, il faisait de l'exécuteur des hautes-œuvres son ami et son confident, et l'appelait son compère.

VENDOME (César, duc de), appelé *César Monsieur*, fils aîné de Henri IV et de Gabrielle d'Estrées, né en 1594 au château de Coucy, en Picardie, fut légitimé l'année suivante, créé duc de Vendôme, et fiancé en 1598 à la fille unique du duc de Mercœur, qui lui céda le gouvernement de Bretagne par contrat de mariage. Henri IV lui donna rang après les princes du sang (1610), et songea même, dit-on, aux moyens de lui assurer sa couronne s'il n'avait pas d'héritier. Plus tard, Vendôme tenta de soulever la Bretagne, sous prétexte de venger la mort de son père, et parce que, disait-il aussi, le mariage de Louis XIII avec une infante d'Espagne était contraire au bien de l'état. L'approche de l'armée royale et la défect. de ses partisans l'obligèrent à se soumettre. Il fut alors employé contre les réformés, sur lesquels il obtint plusieurs avantages; mais s'étant engagé dans la conspiration de Chalais contre Richelieu, il fut arrêté (1626), enfermé dans le château d'Amboise, puis dans celui de Vincennes, et ne recouvra sa liberté qu'au bout de 4 ans, après s'être démis de son gouvernement. Il alla servir en Hollande, puis négocia sa rentrée en France, où on le laissa quelque temps paisible. Mais en 1641, accusé faussement d'avoir attenté à la vie de Richelieu, il alla chercher un asile en Angleterre, d'où il ne revint qu'après la mort du cardinal. Enveloppé dans la disgrâce du duc de Beaufort son fils, comme l'un des chefs du parti des *importants*. Il fit cependant sa paix avec Mazarin, et fut nommé en 1650 gouverneur de Bourgogne et grand-maître, chef et surintend.-général de la navigat. et du commerce de France. Il rendit encore quelq. services à l'état, et mourut à Paris en 1665, dans l'inaction que lui imposaient ses infirmités. Il avait beaucoup d'esprit, et c'était là tout le bien qu'on en pouvait dire.

VENDOME (Louis, duc de), fils aîné du précéd., né en 1612, fut connu sous le nom de *Mercœur* jusqu'à la mort de son père. Il fit ses prem. armes en Piémont (1630), alla ensuite servir en Hollande avec son père, et ne reparut à la cour qu'après la mort de Richelieu. Nommé en 1649 vice-roi et commandant des troupes françaises en Catalogne, il y obtint quelq. avantages; mais il ne tarda pas à résigner sa vice-royauté, parce qu'on refusa de lui envoyer du renfort. Son mariage avec Laure Mancini (1651) le mit en faveur. Il devint commandant de la Provence, où il apaisa des troubles, fut ensuite nommé (1656) command. de l'armée de Lombardie, conjointement avec le duc de Modène, et créé chevalier des ordres du roi (1661). C'était du reste un général médiocre et de peu d'esprit. Il embrassa l'état ecclésiastique après la mort de sa femme, fut créé card. en 1667, nommé légat *a latere* en France par le pape Clément XI, et mourut à Aix en 1669.

VENDOME (Louis-Joseph, duc de), fils aîné du précéd., né en 1654, porta jusqu'à la mort de son père le nom de *duc de Penthièvre*. Il fit ses prem. armes dans l'invasion de la Hollande (1672), servit sous Turenne dans ses dern. campagnes, fit celle de Flandre sous le maréchal de Créqui (1677) en qualité de brigadier des armées, et reçut l'année suiv. le brevet de maréchal-de-camp. Nommé gouverneur de la Provence en 1681, puis lieuten.-général et chevalier des ordres du roi en 1688, il se distingua aux sièges de Mons et de Namur, au com-

bat de Leuse, et surtout à celui de Steinkerque. En 1693, il fut envoyé en Italie sous les ordres de Catinat, et la part qu'il prit à plus. victoires de ce maréchal, surtout à celle de la Marsaille, lui valut rang au parlement au-dessus des pairs, la charge de général des galères, et enfin le commandement en chef de l'armée de Catalogne (1695). Il investit la même année Barcelone, dont tout annonçait que le siége serait long et difficile, et dont la prise contribua beauc. à amener la paix de Rysvick. Lors de la guerre de la succession d'Espagne, chargé d'aller en Italie réparer les fautes de Villeroi, il se vit à la tête d'une armée supérieure à celle des impériaux; mais ceux-ci étaient commandés par le prince Eugène. Il débuta de la manière la plus brillante (1702), et parut déployer une activité qui ne lui était pas ordinaire; mais il se laissa surprendre dans la plaine de Luzara, et ne dut qu'à la valeur française le bonheur de rendre la victoire indécise après une action meurtrière, qu'un général plus prudent aurait évitée. Il fut décoré pourtant de l'ordre de la Toison-d'Or par Philippe V, dont il avait à la prem. entrevue conquis la confiance. Après avoir obtenu plus. avantages dans le Tyrol sur le comte de Stahrenberg, et dans le Piémont sur le duc de Savoie, il se mesura encore une fois (1706) avec le prince Eugène à la bataille de Cassano, où le hasard, suppléant à l'imprévoyance du général, rendit la victoire indécise comme à Luzara. Le dernier exploit de Vendôme en Italie fut de surprendre l'armée impériale dans ses quartiers d'hiver à Calcinato; encore demeura-t-il dans l'impossibilité de profiter de ce prem. avantage. Il fut envoyé en Flandre en 1708 pour remplacer Villeroi qui venait d'être battu à Ramillies. Il n'y fut pas heureux, et peut-être dut-il son malheur à ses fautes. On lui reproche de n'avoir rien fait pour empêcher la jonction du prince Eugène avec Marlborough, ni pour opérer la sienne avec Berwick. Ainsi fut perdue la bataille d'Oudenarde si funeste à la France. Il eut le tort de traiter avec trop peu de ménagem. le duc de Bourgogne auquel il imputait sa défaite. Toutefois, sa réputat. d'habileté n'ayant pas été obscurcie par les revers de cette déplorable campagne, il fut chargé de porter secours à Philippe V lorsque celui-ci vit la couronne prête à lui échapper. Vendôme, quoique souffrant de la goutte et déjà d'un âge avancé, déploya dans cette guerre une activité et une énergie qui sauvèrent le petit-fils de Louis XIV. Tous deux rentrèrent dans Madrid (1710) au milieu des cris de *vive Philippe V! vive Vendôme!* et bientôt la victoire de Villa-Viciosa affermit le prince français en Espagne et rétablit la gloire du général. Ce fut après cette bataille décisive que le duc fit étendre par terre tous les drapeaux et les étendards pris à l'ennemi, et dit au jeune monarque : « Je vais don-
» ner à Votre Majesté le meilleur lit sur lequel un
» roi ait jamais pu coucher. » Peu de temps après, voulant soumettre quelques corps d'insurgés qui tenaient encore pour l'Autriche, il se rendit en Catalogne; mais il mourut subitement au milieu de ses triomphes à Tignaroz en 1712. Philippe V ordonna que toute l'Espagne prît le deuil, et le fit enterrer à l'Escurial dans le tombeau des infants. Les talents milit. de Vendôme ont été jugés diversement ; mais tout le monde est d'accord sur le scandale de sa vie privée et de ses goûts infâmes, dont il semblait faire parade avec un cynisme révoltant. Sa bonté et son désintéressem, qui sont incontestables, doivent être attribués peut-être à sa faiblesse, et d'ailleurs ces vertus excellentes ne profitèrent la plupart du temps qu'aux intrigants et aux fripons dont il était sans cesse entouré. On a un *Éloge de Vendôme* par M. de Villeneuve, couronné à l'acad. de Marseille en 1783. Dieulafoy et Gersain ont fait représenter sur le théâtre du Vaudeville, en 1807, *les Pages du duc de Vendôme*, pièce en un acte, dont M. Aumer a fait un ballet, joué à l'Opéra en 1820. MM. Mennechet et Empis ont donné sur le même théâtre, en 1823 : *Vendôme en Espagne*, drame lyrique en un acte, ouvrage de circonstance. On a publié à la même occasion et dans la même année : *le duc de Vendôme en Espagne, précis historique de sa vie et de ses dern. campagnes*, par un ancien militaire, in-8.

VENDOME (Philippe de), frère du précédent, né en 1655, fut reçu chevalier de Malte dans son enfance, et fit ses premières armes au siége de Candie (1669). Il fit ensuite les campagnes de Hollande, d'Allemagne et de Flandre, fut nommé maréchal-de-camp en 1691, et se distingua à la prise de Namur et aux combats de Leuze et de Steinkerque. Devenu grand-prieur de France et lieutenant-général en 1693, il prit part aux victoires de Catinat en Italie, passa de là en Catalogne où il contribua aux succès de son frère, fut ensuite chargé du commandement de la Lombardie, et obtint sur les impériaux plus. avantages, et notamm. après de Castiglione (1705). Il ternit sa gloire à la bataille de Cassano en se tenant éloigné de l'action. Il est vrai qu'il servait sous son frère, qui ne lui envoya pas l'ordre d'y prendre part. Quoi qu'il en soit, il fut disgracié, perdit tous ses bénéfices, et alla vivre à Rome avec une pension de 24 mille livres. Rentré en France au bout de cinq ans, après avoir été arrêté un moment en Suisse par le conseiller Mesner (v. ce nom), il se fixa dans son palais du Temple, où il mourut en 1727, digne des regrets des gens de lettres, auxq. il accorda une protect. éclairée. La Fare et Chaulieu furent ses amis et les compagnons de ses plaisirs. — V. Geoffroi et Matthieu.

VENDRAMINO (André), doge de Venise, succéda à Pierre Mocenigo en 1476, maintint la république en paix pend. que le trouble régnait à Milan et à Florence, et mourut en 1478.

VENEGAS (Michel), jésuite espagnol du 18e S., fut employé dans les missions au Mexique et en Californie, et s'occupa de recueillir d'utiles documents sur la géographie de cette dern. contrée et sur l'hist. des missionn. qui parvinrent à la soumettre. Ses MSS. ont été mis en ordre et publ. par le P. Burriel, sous ce titre : *Noticia de la Califor-*

nia y de su conquista, etc., Madrid, 1757, 3 vol. in-4. C'est sur la traduction anglaise de cet ouvr. qu'a été publ. en franç. l'*Hist. naturelle et civile de la Californie*, trad. par E. (Eidous), Paris, 1767, 3 vol. in-12.

VENEL (Gabriel-François), médecin, né à Combes, diocèse de Béziers en 1723, se livra plus particulièrement à l'étude de la chimie, et fut dans cette science l'élève de Rouelle, dont il devint l'ami, puis le rival. Reçu membre de la société royale et nommé profess. de la faculté de médecine de Montpellier, il mourut dans cette ville en 1775. On a de lui plus. *Mémoires* dans le *Recueil des savants étrangers*; et l'*Encyclopédie* lui doit, à commencer du 3e vol., un gr. nombre d'articles concernant la chimie, la pharmacie, la physiologie et la médecine. Il fut chargé par les états de Languedoc de faire des expériences sur la houille; elles furent heureuses, et il publia un ouvr. à ce sujet en 1774, sous le titre d'*Instruction sur l'usage de la houille*. On a de lui, en outre, un *Précis de matière médicale*, Paris, 1787, 2 vol. in-8, publ. par Carère.

VENEL (Jean-André), médecin, né sur les bords du lac de Genève en 1740, établit à Orbe, dans le pays de Vaud, une maison de santé, où il s'occupa de redresser les difformités des jambes et de corriger la torsion de l'épine du dos. Il mourut en 1791 au milieu de ses malades, auxquels il s'était voué avec zèle. On a de lui : *Nouveaux secours pour les corps arrêtés dans l'œsophage, et description de quatre instruments propres à retirer les corps par la bouche*, Lausanne, 1769, in-12. — *Essai sur la santé et l'éducation médicinale des filles destinées au mariage*, Yverdun, 1776, in-12. — *Description de plus. nouveaux moyens mécaniques, propres à prévenir, à borner et même à corriger, dans certains cas, les courbures latérales*, etc., 1788, in-8.

VENERONI (Jean VIGNERON, connu sous le nom de), né à Verdun dans le 17e S., vint à Paris, après avoir italianisé son nom, se fit passer pour Florentin, et réussit à faire complétem. illusion sur son origine. Il contribua puissamment à répandre en France le goût de la langue et de la littérature italienne, et fut nommé secrétaire-interprète du roi. Ses ouvr. les plus importants sont : *le Maître italien*, 1710, in-12, grammaire dont on a donné un gr. nombre d'éditions, parmi lesq. il faut distinguer celle de Gattel, Lyon, 1803, in-8. — *Dictionnaire italien-français et franç.-italien*, 1708, in-4, effacé par celui d'Alberti. — *Dictionnaire-manuel* en quatre langues : franç., ital., allem. et russe, Moscou, 1771, in-8.

VENETTE (Jean de), romancier et chroniq., né vers 1307 au village de Venette, près de Compiègne, fut prieur du couvent du Carmel à Paris, assista à la plupart des chapitres-généraux de cet ordre à Lyon, à Milan, à Metz, à Toulouse, à Ferrare, etc., et mourut en 1369. Il est auteur d'un assez gr. nombre d'ouvr., parmi lesq. les plus remarquables sont : la *Seconde continuation* de la *Chronique* de Guillaume de Nangis, de 1340 à 1398,

publiée par D. d'Achery dans le *Spicilegium*, t. XI, p. 785-920, et réimpr. dans le t. III de l'édition in-fol. du même recueil. — *Chronicon carmelitarum liber I*, imprimé dans le *Speculum carmelitarum*, Venise, 1507, in-fol. — *Roman des trois Maries* (la mère du Sauveur, Marie Cléophas et Marie Salomé), en rime française, dont on conserve deux MSs. à la bibliothèque du roi, sous les nos 7581 et 7582. Sainte-Palaye en a donné l'extrait dans les *Mémoires de l'académie des inscriptions*, t. XII, p. 520-33; et Jean Droyn en a fait une espèce de version libre en prose, qui a été impr. plus. fois dans le 16e S., et d'après laquelle l'abbé d'Artigny a publié, dans les *Nouveaux Mém. de littérature*, t. VI, p. 237-91, le *Recueil des principaux endroits du roman des trois Maries*.

VENETTE (Nicolas), docteur en médecine, et profess. d'anatomie et de chirurgie à La Rochelle, naquit en cette ville vers 1632, et y mourut en 1698. On a de lui : *Traité du scorbut et de toutes les maladies qui arrivent sur la mer*, 1671, in-12. — *Observations sur les eaux minérales de la Rouillasse en Saintonge, avec une Dissertation sur l'eau commune*, 1682, in-12. — *De la générat. de l'homme, ou Tableau de l'amour conjugal*, Amst., 1688, in-12; Parme, 1689, in-8; trad. en allemand, en anglais, en hollandais. Ce livre n'est qu'un roman médical, rempli d'erreurs et d'histoires indécentes. — *Traité des pierres qui s'engendrent dans les terres et dans les animaux, où l'on parle des causes qui les forment*, etc., Amst., 1701, in-12, fig. — *Traité du rossignol*, Paris, 1697 et 1707, in-12. — *Traité de la taille des arbres*, ib., in-12.

VENEZIANO (Antonio), peintre, né à Venise, décora cette ville de tableaux qui excitèrent l'admiration et l'envie de ses contemporains, mais qui n'existent plus. Il termina à Pise les peintures de la *Vie de St Ranieri*, que Simon Memmi avait commencées, et qui sont encore un des ornements du *Campo Santo*. Il avait pour peindre à fresque un procédé particulier qui a permis à ses ouvrages de conserver jusqu'à nos jours une fraîcheur étonnante. Il finit cependant par abandonner son art pour se livrer à l'étude de la chimie et de la botanique, et il professa long-temps la médecine avec un gr. succès. Il périt victime de son dévouement dans la peste qui désola Florence en 1383.

VENEZIANO (Dominique), peintre, né à Venise en 1420, fut assassiné vers 1476 par André del Castagno, qui, ayant obtenu de lui le secret de la peinture à l'huile, voulait en demeurer l'unique possesseur. Les meilleurs ouvrages de Dominique ont péri. Il ne reste de lui qu'un tableau à Ste-Lucie de Magnuoli, quelques sujets historiq. sur l'escalier, exécutés avec le plus gr. soin, et un *Christ entouré de plusieurs saints*, peint sur le mur du monastère degli Angeli. — VENEZIANO (Augustin), graveur, dont le nom de famille était de' *Musis*, né à Venise vers 1490, mort à Rome vers 1540, fut un des meilleurs élèves de Marc-Antoine Ramondi, dont il égale souvent la finesse de burin, mais jamais le dessin correct. Il marquait ses pl. des initiales A. V., en y ajoutant la date de l'année. Huber et Rost, dans le *Manuel des amateurs de l'art*, citent de lui huit portraits, 28 *sujets sacrés*, 26 *sujets historiq. ou mythologiq.*, 138 *sujets de sa composit.*

VENIERO (Antonio), doge de Venise en 1382, succédait à Michel Morosini. Par son imprudence il laissa Jean-Galeaz Visconti, seigneur de Milan, étendre ses frontières jusqu'aux bords de l'Adriatique, par la conquête de Vérone et de Padoue; mais grâce à François Carrare et aux Florentins qui chassèrent Visconti du rivage des lagunes, la faiblesse du doge ne fut pas si funeste à Venise qu'elle aurait pu l'être. Antoine mourut en 1400.
— Veniero (François), élu doge de Venise en 1554 pour succéder à Marc-Antoine Trevisani, réussit à faire oublier deux ans sa république au milieu des gr. événements de cette époque, et mourut en 1556. — Veniero (Sébastien), fut, à la mort de Louis Mocenigo, élu doge en 1577, du consentement unanime des électeurs, et dès le premier jour de leur assemblée. Il méritait bien ce glorieux témoignage de l'estime de ses concitoyens. A la bataille de Lépante (1571), il commandait la flotte vénitienne, et quoiqu'il fût alors âgé de 70 ans, personne n'avait montré plus que lui de vigueur et d'intrépidité. La jalousie des autres généraux l'empêcha de s'emparer de Ste-Maure, comme il en avait le projet; mais les Vénitiens, dont on voulut éveiller contre lui les soupçons, furent justes envers un de leurs plus généreux défenseurs. Veniero mourut en 1578, après un règne de moins d'une année.

VENIERO (Dominique), littérateur célèbre, né à Venise vers 1517, entra de bonne heure dans la carrière des emplois publics, que ses infirmités le forcèrent d'abandonner : dès l'âge de 32 ans, il fut privé sans retour de l'usage de ses jambes. Sa maison devint alors le rendez-vous des poètes et des hommes les plus instruits. Il fut fondateur, avec Bodoaro (1558), de la célèbre *académie vénitienne*. Le Tasse lui-même daigna plus d'une fois le consulter. Cependant Tiraboschi lui reproche d'avoir le premier, en Italie, depuis la renaissance des lettres, composé des *acrostiches*, et donné, dans quelq.-uns de ses *sonnets*, le funeste exemple des *concetti*. Veniero mourut en 1582. Ses *poésies*, éparses dans les *Raccolte* de Dolce et de Ruscelli, ont été réunies par l'abbé Serassi, Bergame, 1751, in-8. — Veniero (François), frère aîné du précéd., mort en 1581, dans un âge avancé, est cité par Ghilini (*Teatro d'uomino letterat.*, t. I, p. 65) comme l'un des plus sublimes génies, des plus grands philosophes et des plus habiles politiques que Venise ait jamais produits. De Thou en parle avec éloge. On a de lui : *Discorsi soprà i tre libri del Aristotile, dove tratta dell' anima*, 1555, in-8. — *Discorsi soprà i libri della generazione e corruzione d'Aristotile*, 1576, in-4. — *Dialogo della volontà humana.* — Veniero (Laurent), frère aîné des précéd., fut l'élève et l'ami du fameux Pierre-Arétin. Il déshonora sa plume par deux poèmes : *la P...... errante* et *la Zaffetta, ou le Trentuno*, Venise, 1531 et 1538, in-8; reproduits avec quelq. autres pièces du même genre, Lucerne, 1651, in-8, sous le nom de Maffeo Veniero, archev. de Corfou, imputation calomnieuse, dont le prélat a été justifié pleinement. Laurent ne vivait plus en 1550. — Veniero (Maffeo et Louis), fils du précéd., héritèrent de son talent pour la poésie, mais ils en firent un meilleur usage. Maffeo, le plus célèbre des deux, est l'archev. de Corfou dont on vient de parler. Tiraboschi cite sa tragédie d'*Idalba* (Venise, 1596, in-4; 1610, in-12) comme une des meill. du théâtre italien au 16e S. L'abbé Serassi a joint les *rimes* de Maffeo et de Louis à celles de leur oncle Dominique (v. ci-dessus).

VENINI (l'abbé Francesco), mathématicien, poète et philologue, né vers 1737 à Milan, où il mourut en 1820, avait professé quelq. temps à Parme. Le meilleur de ses ouvr. est celui qu'il a intitulé : *De principj dell' armonica musicale e poetica, e della lora applicazione alla teoria ed alla pratica della versificazione italiana*, etc., Paris, 1798.

VENINO (Ignace), le plus grand prédicateur de l'Italie au 18e S., né en 1711 à Como, dans le Milanez, mort en 1778, recteur du collége de Brenta à Milan, appartenait à l'ordre des jésuites. Ses *sermons* (*Prediche quaresimali*) furent publiés à Milan, 1780, in-8. Ses *Panégyriques* parurent dans la même ville en 1782. On trouve une courte *Notice* sur Venino dans le *Supplement. Biblioth. soc. Jesu*, p. 276.

VENISE, l'une des gr. cités d'Italie, et naguère république florissante, fait partie maintenant du royaume lombardo-vénitien, dont elle est une des deux capitales (v. Lombardie). Construite sur pilotis à la surface d'îlots marécageux de la mer Adriatique, dans le vaste golfe auquel cette ville donne son nom, et sur le point le plus avancé vers le nord-ouest, Venise eut pour fondateurs, environ l'an 596, quelques commerçants de Padoue, qui, cherchant un asile après l'invasion des Lombards, s'arrêtèrent en ce lieu. Ce n'est pas qu'on n'ait fait remonter plus haut son origine en la rattachant aux Vénètes de l'Armorique, ou aux Hénètes de la Paphlagonie. Quoi qu'il en soit, la nouvelle colonie s'accrut rapidement; tout le monde y était nécessairement actif et industrieux. Les bourgades dont elle se composait, et qui obéissaient chacune à un tribun sous le patronage de Padoue, finirent par se rendre indépendantes, et se constituèrent en une république, dont le gouvernem. demeura partagé entre un magistrat suprême et électif appelé *doge*, un sénat composé des personnages les plus notables (on en fixa le nombre à 120), et le grand-conseil formé du reste de la noblesse; (celle-ci se divise en 4 classes : la prem. formée des douze familles qui se prétendent issues des tribuns, et de quatre autres qui signèrent avec les premiers la fondation de l'église de St-George en 800; la 2e de ceux dont les noms se lisent au livre d'or écrit en 1297; les deux dern., des familles agrégées successivement par le sénat). Cette puissance naissante, qui plus tard devait servir de rempart à la chrétienté contre le colosse othoman (v. TURQUIE), s'affermit par de fréquentes luttes contre les Hongrois, qui, au 10ᵉ S., se ruaient périodiquem. sur l'Italie et l'Allemagne. Maîtresse des côtes de l'Adriatique au nord et à l'est, elle protégea les états romains et contint l'ambition des empereurs. Ses flottes dominaient sur la Méditerranée aux temps des prem. croisades, et c'est à l'aide de ses secours que les barons français fondèrent l'empire latin de Constantinople (1204). Après le démembrement du trône des Comnène, les Vénitiens s'emparèrent d'une partie des îles de l'Archipel (v. H. DANDOLO). Leur république avait atteint son plus haut point de splendeur à l'époque où les dissensions fameuses des guelfes et des gibelins commencèrent à couvrir l'Italie de sang et de ruines. Gênes, dont les forces maritimes étaient devenues redoutables, mit à profit les fautes des doges J. Dandolo et P. Gradenigo, ainsi que les fréquentes révoltes des peuples tributaires de Venise, pour ravir l'empire des mers à cette république, que venait d'humilier le roi de Hongrie Louis Iᵉʳ (1350). Lorsqu'après une suite d'avantages obtenus contre eux, Bajazet II accorda la paix aux Vénitiens, il leur restait encore d'importantes possessions dans l'Archipel, qui leur furent enlevées successivem. A l'époque de la fameuse guerre de Chypre, sans les efforts de Pie V, surtout sans la fortune de don Juan, c'en était fait peut-être dès ce temps de la puissance vénitienne : la seule île de Corfou demeurait en la possession de la république. Dans des guerres plus récentes avec la France, la Hollande et l'Angleterre, son commerce, jadis fort considérable, fut presque totalement anéanti. Entraîné par l'Autriche dans l'une des premières coalitions contre la France, Venise fut conquise par le général Bonaparte, qui, par les traités de Lunéville et de Campo-Formio, la céda à l'empereur avec une partie de ses domaines, réunissant le reste à la république cisalpine, moins les îles vénitiennes qui restaient en la possession de la France. Le traité de Presbourg (26 déc. 1805), reconstruisit les anciens états de Venise pour les incorporer au royaume d'Italie, dont ils formèrent 9 départements. Les Vénitiens se flattèrent, mais vainement, en 1814 de recouvrer leur indépendance. Cette république, depuis son établissement jusqu'à 1797, avait compté 120 doges, dont on trouve la liste chronologique dans l'*Art de vérifier les dates*, t. XVII, p. 434, *ad fin.*, édit. in-8, avec la continuat. par Saint-Allais. Daru, de l'Acad. franç., a publié une bonne *Histoire de la république de Venise*, en 8 vol. in-8, 4ᵉ édit., Paris, 1828.

VÉNIUS (OTTO). — V. VEEN.

VENTENAT (ÉTIENNE-PIERRE), botaniste, né à Limoges en 1757, entra dans la congrégation de Ste-Geneviève, et s'y distingua bientôt par ses dispositions pour la chaire ; mais entraîné par son goût pour les sciences, il s'y livra dès lors exclusivement. Lors de la suppression des ordres religieux, il obtint la chaire de botanique au Lycée, puis la place de bibliothécaire du Panthéon, et devint membre de l'Institut. Ventenat mourut en 1808. Il s'était marié à l'exemple de plus. de ses confrères. Ses principaux ouvr. sont : *Tableau du règne végétal*, 1799, 4 vol. in-8. — *Description des plantes nouvelles ou peu connues du jardin de J.-M. Cels*, 1800, in-fol. — *Le Jardin de la Malmaison*, 1803 à 1805, 2 vol. in-fol. — *Choix de plantes*, ib., 1803 à 1808, in-fol. — *Decas generum novorum*, ibid, 1808, in-fol. Ces quatre ouvr. sont ornés de belles planches, coloriées avec soin. On trouve une *Notice* sur Ventenat dans le *Journal de botanique*, oct. 1808.

VENTIDIUS-BASSUS (PUBLIUS), général romain, était d'Asculum (*Ascoli*), et fut du nombre des prisonniers, lors du sac de cette ville par Pompée, l'an de Rome 645 (av. J.-C. 89). Orphelin et en bas âge, il végéta long-temps dans l'indigence, d'abord porteur de litière, puis soldat, et entreprit ensuite de fournir des mulets aux équipages des officiers et aux transports. Il alla exercer ce trafic à l'armée de César dans les Gaules vers l'an 697, et attira l'attention de ce grand homme, qui lui confia plus. entreprises importantes, et, satisfait de ses services, le nomma successivement, lorsqu'il eut la toute-puissance, sénateur, tribun du peuple et préteur. Après la mort de César, Ventidius s'attacha à la fortune d'Antoine, auquel, en sa qualité de préteur, il fut très utile, sans toutefois pouvoir lui amener à propos des secours pendant la guerre de Modène. Antoine lui ménagea le consulat dans ses stipulations avec Octave, qui enfantèrent le second triumvirat. Ventidius fut, avec Pollion, pendant la guerre de Pérouse (41 av. J.-C.), le principal lieutenant de son patron ; mais ce fut surtout en Orient qu'il se couvrit de gloire. Il y fut envoyé, après la conclusion du traité de Brindes, et enleva rapidement l'Asie-Mineure et la Syrie aux Parthes, encore fiers du désastre de Crassus, et enhardis par les dissensions de Rome. Ventidius pouvait suivre le cours de ses succès et réduire peut-être l'empire des Arsacides en province romaine ; mais il ne voulut point irriter la jalousie, déjà visible, d'Antoine, et revint à Rome, où il triompha. Il passa le reste de sa vie dans les affaires, et mourut universellement regretté.

VENTURI (POMPÉE), jésuite, né à Sienne en 1693, mort à Ancône, enseigna la philosophie à Florence, et la rhétorique à Sienne, à Prato, à Florence et à Rome. Il est surtout connu par son commentaire du Dante, qui a pour titre : *Dante con una breve e sufficiente dichiarazione del senso letterale, diversa in più luoghi da quella degli antichi commentatori*, dédié à Clément XII, Lucques, 1732, 3 vol. in-8 ; Vérone, 1749, in-8, Venise, 1739 et 1751, in-8.

VENTURI (JEAN-BAPTISTE), physicien, né à Bibiano, dans le duché de Reggio, en 1746, professa dès l'âge de 23 ans la métaphysique et la géométrie au séminaire de cette ville, fut chargé en 1773 de la chaire de philosophie de Modène, et bientôt après des fonctions d'ingénieur de ce petit état.

Envoyé à Paris en 1796, à la suite du comte de San-Romano, il y resta, comme simple particulier, pour se livrer entièrement aux sciences, lut plus. *Mémoires* à l'Institut, et donna aux *Annales de chimie*, au *Journal des mines* et au *Magasin encyclopédique* quelques *extraits* d'ouvrages scientifiques. De retour dans sa patrie, il fut nommé membre du corps législatif de Milan, et plus tard professeur de l'école du génie à Modène. Le renversement du gouvernement républicain (1799) lui coûta la liberté, qu'il ne recouvra qu'après la bataille de Marengo. La chaire de physique de l'université de Pavie et des décorations chevaleresq. lui firent oublier sa disgrâce. Il fut pendant 12 ans le chargé d'affaires du royaume d'Italie à Berne, et mourut à Reggio en 1822. Ses principaux ouvr. sont : *Indagine fisica su i colori*, Modène, 1801. — *Commentarj sopra la storia e le teorie dell' ottica*, t. I, Boulogne, 1814, in-4. — *Dell' origine et de' progressi delle odierne artigliere*, Reggio, 1815, in-4. — *Storia di Scandiano*, Modène, 1822. — *Essai sur les ouvrages physico-mathématiques de Léonard de Vinci, avec des fragments tirés de ses MSs.*, Paris, an V (1797), in-4, fig., opusc. très curieux.

VENTURINI (JEAN-GEORGE-JULES), officier du génie, né à Brunswick en 1772, mort en 1802, servit son prince dès sa jeunesse, et fit toutes les campagnes de la révolution. On lui doit, entre autres ouvr., tous écrits en allem. : *Nouveau jeu de tactique militaire, agréable et utile, destiné aux écoles militaires*, Schleswig, 1798, in-8, avec pl. — *Livre élémentaire sur la tactique appliquée ou sur la science militaire, avec des exemples pris sur le terrain*, 2ᵉ édit., 1800, 7 vol. in-8, avec figures et cartes. — *Système mathématique appliqué à l'art militaire*, 1801, in-8. — *Revue critique de la dern. campagne du 18ᵉ S.*, Leipsig, 1801, in-8. — *Livre élémentaire de la géographie militaire des contrées du Rhin*, Copenhague, 1802, 2 vol. in-8.

VÉNUS (mythol.), déesse de la beauté et de l'amour, naquit selon les uns de l'écume de la mer, et selon les autres de Jupiter et de Dioné. Épouse de Vulcain, elle lui fut plus. fois infidèle. Les poètes en ont fait l'amante de Mars, dont elle eut Cupidon et Hermione ou Harmonie; de Mercure, dont elle eut Hermaphrodite; d'Adonis, pour lequel elle abandonna l'Olympe, et dont elle déplora long-temps la mort prématurée; et enfin d'Anchise, dont elle eut Énée. Dans la contestation qui s'éleva parmi les déesses au sujet de la beauté, elle obtint de Pâris la pomme. Vénus était surtout adorée à Cnide, à Paphos, à Cythère, dans Amathonte. Les Romains l'honoraient d'un culte particulier comme mère d'Énée, fondateur d'Albe. On la représente assise avec Cupidon sur un char traîné par des cygnes ou par des colombes. Les poètes lui donnent une ceinture merveilleuse, qui prêtait des grâces et de la beauté aux femmes qui la portaient, et qui inspirait infailliblement de l'amour.

VENUSINUS (JONAS-JACQUES), sav. danois, né dans l'île de Huéna, professa la physique, l'éloquence et l'histoire à Copenhague, fut historiographe du roi Christiern IV, et mourut présid. de l'acad. royale de Sora en 1608. Outre une traduct. de l'*Imitat. de J.-C.* en langue danoise, Copenhague, 1599, in-8, et réimpr. plusieurs fois, on a de lui : *Dissertatio de historiâ*, 1601, in-4. — *In Timæum Platonis*, 1602 et 1603. — *De comparandâ eloquentiâ*, 1606, in-4. — *Disticha in reges Daniæ latina, cum horum iconibus*, in-fol.

VENUSTI (MARCEL), peintre, surnommé *le Mantuano*, né à Mantoue en 1515, obtint l'estime de Michel-Ange, dont il adopta le style, mais sans tomber dans l'affectat. si ordinaire aux imitateurs. Il doit la plus grande partie de sa gloire au talent supérieur avec lequel il a su revêtir de tous les charmes de la peinture les idées de ce gr.-maître. Cependant il ne manquait pas du génie de l'invention, et de nombreux tableaux de sa composit. en sont la preuve. Le plus célèbre de ses ouvr. est la copie du *Jugement dernier* de la chapelle Sixtine, qu'il fit pour le cardinal Farnèse, et que celui-ci envoya à Naples, dont elle est un des plus beaux ornements. Cet artiste mourut en 1576.

VENUTI (RIDOLFINO), laborieux antiquaire, né à Cortone en 1705, après avoir terminé ses cours embrassa l'état ecclésiastiq., et vint à Rome perfectionner ses connais. par l'examen des monum. et par le commerce des artistes et des savants. Nommé par le pape Benoît XIV présid. de la commission des monum. antiq. et garde du cabinet du Vatican, il allait être élevé à de nouv. honneurs, lorsqu'il mourut en 1763. Outre une foule de *Dissertations*, dans les *Mémoires* de l'académie de Cortone, dans le *Giornale romano* de Pagliarini, qu'il rédigea de 1742 à 1744, etc., il a laissé un gr. nombre d'ouvr., dont les princip. sont : *Collectanea antiquitatum romanar. centum tabulis incisarum et notis illustratarum*, Rome, 1736, gr. in-fol. obl. *Antiqua numismata maximi moduli ex museo Alex. card. Albani in vaticanâ biblioth. translata*, ib., 1739-44, 2 vol. in-fol., fig., rare et rech. — *Numismata romanor. pontificum à Martino V ad Benedictum XIV, aucta et illustrata*, ib., 1744, in-4. — *Osservazioni sopra il fiume Clitunno, del suo culto*, etc., ib., 1753, in-4, fig. — *De deâ Libertate ejusque cultu apud Romanos et de libertinorum Pileo*, ib., 1762, in-4. — *Descrizione topografica delle antichità di Roma*, ib., 1763, 2 vol. in-4; 2ᵉ édit., 1803. — *Descrizione topografica ed istorica di Roma moderna*, ib., 1766, 2 vol. in-4. — *Vetera monumenta quæ in hortis cœlimontanis et in œdibus Mathæorum adversantur*, etc., ib, 1779, 3 vol. in-fol. Cet ouvr. fut achevé et publié par Amaduzzi.

VENUTI (PHILIPPE), antiquaire et littérat., frère du précéd., né en 1709 à Cortone, obtint un canonicat de St-Jean-de-Latran, et fut, en 1739, chargé par son chapitre de l'administrat. des revenus de Clérac en Guienne. Son séjour à Clérac lui fournit l'occasion de connaître Montesquieu, et de gagner l'amitié de ce grand homme. De retour à Rome en 1750, il obtint peu de temps après la prevôté de Livourne, et, retiré dans sa famille, y mourut en 1769. Il était associé étranger de l'académie des inscript., membre de celle de Bordeaux et de la plupart des sociétés littéraires d'Italie. On a de lui des *Dissertat.* dans le *Recueil* de l'acad. de Cortone: *Il Triomfo letterario della Francia, poemetto in terza rima*, Avignon, 1750, in-8. — *Dissertat. sur les anc. monum. de la ville de Bordeaux*, etc., 1754, in-4. — *Expositio duodenorum numismatum, antehác ineditor. ex gazoph. Ant. de Froy Angli*, 1760, in-4, fig.

VERA (don PEDRO de), célèbre capitaine, né vers 1440 à Xérez de la Frontecra, en Andalousie, d'une illustre famille, avait déjà donné des preuves d'une rare intrépidité, lorsqu'Isabelle et Ferdinand l'envoyèrent à la Grande-Canarie avec le titre de gouverneur et capit.-gén. Il débuta par faire arrêter et conduire en Espagne son prédécess., Juan Rejon, dont il confisqua les biens pour s'en appropriar la majeure partie (1480). Voulant se débarrasser autant que possible de la population indigène, il usa de perfidie pour faire embarquer un grand nombre de Canariotes, qu'il envoya en Europe. Sa conduite révolta les habitants qui restaient; mais il parvint à les réduire, malgré les obstacles qu'il trouva dans le courage de ses adversaires et dans la nature même du pays, coupé de bois et de précipices. L'année 1485 le vit terminer cette conquête importante. Il s'occupa alors de consolider la domination espagnole dans la Canarie, et pour y parvenir, après avoir déporté une partie des insulaires, il répartit les terres entre ses soldats, attira des îles voisines plus. habitants riches et industrieux, fit venir de Madère des cannes à sucre, obtint divers priviléges pour l'île qu'il gouvernait, et se montra, en un mot, aussi habile administrateur que grand guerrier. Les habitants de Gomera s'étant révoltés contre leur gouverneur, Hern. Pezarra, et l'ayant assassiné (1488), Vera promit une amnistie générale s'ils mettaient bas les armes, et, malgré sa promesse, il périr dans divers supplices tous les hommes au-dessus de 15 ans. Une foule d'autres cruautés excitèrent contre lui la haine des insulaires et même de ses compatriotes, et le firent rappeler par Ferdinand et Isabelle, qui pourtant l'employèrent dans la guerre contre les Maures grenadins (1492), et le comblèrent d'honneurs et de marques de bienveillance. Il mourut quelq. années après à Xérez, laissant la réputat. d'un homme à gr. vues, mais perfide et cruel.

VERA (CEVERIO de), arrière-petit-fils du précédent, né dans l'Andalousie, servit d'abord dans l'armée espagnole en Amérique, où il embrassa l'état ecclésiastiq. à l'âge de 40 ans. De retour dans sa patrie, il y obtint quelq. bénéfices et se rendit ensuite à Rome, où il fut accolyte du pape Clément VIII. Il visita les lieux saints, et, après avoir parcouru l'Asie, il mourut à Lisbonne en odeur de sainteté (1606). On a de lui: *Viage de la Terra Santa*, Madrid, 1597, in-8, et un *Dialogue contre les pièces de théâtre usitées en Espagne*, Malaga, 1605.

VERA Y FIGUEORA Y ZUNIGA (don JUAN ANTONIO de), comte de La Roca, histor. et diplomate, né dans la Catalogne en 1588, mort à Madrid en 1658, remplit diverses fonct. import., entre autres celles d'ambassad. extraordin. près de la républiq. de Venise et d'autres états d'Italie. On a de lui: *el Embaxador*, Séville, 1620, in-4; trad. sous le titre du *Parfait ambassadeur*, Paris, 1635, in-4; Leyde, 1709, 2 vol. in-12. — *El Fernando o Sevilla restaurada, poema heroico escrito en los versos de la Gerusalem liberada del Tasso*, Milan, 1632, in-4. — *Epitome de la vida y hechos del emperador Carlos V*, ibid., 1645, in-16; Madrid, 1654, in 4; Bruxelles, 1656, in-4; trad. en franç. par Duperron-le-Hayer, Paris, 1662, in-4; Bruxelles, 1663, in-12, etc.

VÉRAC (CHARLES-OLIVIER DE SAINT-GEORGES, marquis de), lieuten.-général, né en 1743, dans le Poitou, était à 10 ans titulaire de la charge de lieut.-général de cette province. Admis dès 1757 dans le corps des mousquetaires, il fit quatre ans après sa prem. campagne comme aide-de-camp du duc d'Havré, son beau-frère, et fut blessé du même coup de canon qui tua ce général. Cette double circonstance le fit nommer colonel. Il débuta dans la carrière diplomatique en 1772 comme ministre à Cassel, passa ensuite avec le même titre à la cour de Danemarck, et en 1779 fut envoyé près de Catherine II, pour négocier la neutralité de la Russie dans la guerre de la France avec l'Angleterre. Nommé cinq ans plus tard à l'ambassade de Hollande, il en fut rappelé avant la ratification d'un traité qu'il avait négocié, et dont le principal objet était un emprunt. Il occupait depuis deux ans l'ambassade suisse, où il avait remplacé M. de Vergennes, lorsque, en 1791, il envoya sa démission en apprenant l'arrestation du roi à Varennes. Rentré en France (1801), il fut réduit à solliciter son ancien grade de maréchal-de-camp. En 1814, il fut fait lieut.-général, mis à la retraite en 1816, et mourut en 1828. Fiévée lui a consacré une *Notice nécrologique* dans le *Journal des Débats* du 22 novembre.

VERANZIO (ANTOINE), négociateur célèbre, né en 1504 à Sebenico, en Dalmatie, d'une famille illustre, se fit connaître de l'év. Étienne Broderic et de Martinusius, depuis cardinal, qui étaient les ministres influents du roi de Hongrie, Jean Zapolya Ier, et qui lui ouvrirent la carrière des emplois. Il remplit div. missions auprès de Sigismond, roi de Pologne, de la république de Venise, des papes Clément VII et Paul III, de François Ier, roi de France, de Henri VIII, roi d'Angleterre. L'empereur Ferdinand Ier ayant été couronné roi de Hongrie après l'abdicat. d'Isabelle et de son fils, Jean II nomma Veranzio évêq. des Cinq-Églises et conseiller-d'état, et, connaissant ses talents, l'envoya vers Ali-Pacha, beiglerbeig de Bude (1553), et peu de temps après en Turquie, où régnait alors Soliman Ier. De retour à Vienne en 1558, Veranzio fut chargé par Maximilien II, en 1567, d'une nouvelle mission à Constantinople, où il conclut avec Sélim II une paix avantageuse à la chrétienté. Il fut nommé archev. de Gran ou de Strigonie, puis vice-roi de Hongrie (1569), et enfin cardinal quelques jours avant sa mort arrivée en 1573. Sa famille conserve de lui plus. MSs. précieux, dont Kovachich a publié le catalogue sous ce titre : *Elenchus chronologicus actorum partim originalium authenticorum, partim authographorum, partim apographorum, ex archivo verantiano draganichiano.* C'est d'un de ces MSs. que Leunclavius a tiré son *Histoire*, ses *Annales* et ses *Pandectes sur l'hist. des Turks*, ouvr. que les savants désignent sous le nom de *Codex veranzianus.* — VERANZIO (Fauste), neveu du précéd., év. *in partibus* de Canadium, a publié : un *Dictionnaire en cinq langues*, Venise, 1595. — *Logica nova, suis instrumentis formata et recognita*, ib., 1616, in-4. — *Machinæ novæ, additâ declaratione latinâ, italicâ, gallicâ, hispanicâ et germanicâ*, in-fol.

VERAU (AUGUSTIN), dominicain, né à l'île Ténériffe, fut lecteur de philosophie au couvent des bénédictins d'Orotara, et mourut après 1760, avec la réputat. d'un des plus habiles humanistes de son temps. Entre autres ouvr., on a de lui : *El arte pequeño de Gramatica latina ; Arte metrica o Poética latina; Nomenclator Castellano y latino; Alectoromachia*, poème héroï-comique latin, composé à Ciudad de Laguna en 1758.

VERAZZANI (JEAN), navigat. florentin, né vers la fin du 15e S., fut employé par François Ier à faire de nouv. découvertes dans la partie septentrionale de l'Amérique. Les auteurs varient sur la date de son départ; mais on voit par sa lettre au monarque franç., qu'il devait être en mer avant le mois de juillet 1524. Il parcourut les côtes de l'Amérique-Septentrionale dep. le 50e degré de latit. jusqu'à Terre-Neuve, et eut même connaissance de la *Nouvelle-France*. Les sentiments sont partagés sur sa fin, qui paraît toutefois avoir été malheureuse. La relation de son voyage, qu'il avait envoyée au roi, se trouve dans la *Collection* de Ramusio et dans l'*Hist. générale des voyages.*

VERBEECQ (PHILIPPE), peintre et grav. à l'eau-forte dans le goût grignoté, né en Hollande vers 1599, a mis son nom sur ce chiffre sur les pièces qu'il a gravées, ce qui n'a pas empêché de les confondre quelquefois avec les product. de Rembrandt. Comme peintre, ses ouvrages sont pour ainsi dire inconnus; comme graveur on peut citer de lui : *Esaü vendant son droit d'ainesse*, gr. in-fol.; *un Homme à genoux devant un roi d'Orient, assis sur son trône*, in-4; *un Berger*, avec la date de 1619; *le Buste d'une jeune femme, le Buste d'un jeune homme, vus des trois quarts*, pendants; la *Figure d'un jeune homme debout*, ces trois dern. pièces avec la date de 1639.

VERBIEST (le P. FERDINAND), missionnaire célèbre et astron., né vers 1630 à Bruges, embrassa la règle de St-Ignace, et fut envoyé à la Chine en 1659. Pendant la violente persécution qui signala la minorité de l'empereur Khang-hi, il fut mis en prison avec ses confrères; mais ce prince ne tarda pas à le nommer président du tribunal des mathématiques pour réparer le désordre du calendrier impérial, et, charmé des talents du missionnaire, voulut en recevoir des leçons. En 1681 il fut chargé de diriger une fabrication de canons de fonte, et bientôt il put offrir à l'empereur un parc de 300 pièces de canon, la plupart de campagne. Il jouissait alors du plus grand crédit, dont il n'usait que pour l'avantage de la religion. Il mourut en 1688, au moment où il venait de faciliter l'admission à la Chine du P. Lecomte et de ses compagnons. Ses funérailles furent célébrées avec une pompe extraordinaire. Il avait adopté le nom chinois de Nan-hoai-jin et le surnom de Thun-pé. Il a composé en langue chinoise div. ouvr. dont on trouve le catalogue dans le *Ching-kiao-sin-teng*, qui a servi de base au *Catalogus Patrum soc. Jesu* du P. Phil. Couplet. Ils sont presque tous au cabinet des MSs. de la biblioth. royale. Les uns sont relatifs à la théologie; les autres, en bien plus grand nombre, roulent sur des sujets de physiq. et d'astronomie. Parmi ces dern., nous citerons : *Nian-khi-choue*, ou notice sur le baromètre; plusieurs planisphères; *Liber organicus astronomiæ Europæ apud Sinas restitutæ*, 1668, pet. in-fol., publié de nouv. avec des augmentat. et des comment. par les soins du P. Couplet, sous ce titre : *Astronomica europea sub imperatore tartaro-sinico Cam-hy appellato, ex umbrâ in lucem revocata*, etc., Dilingen, 1687, pet. in-4.

VERCELLONI (JACQUES), médecin piémontais, né à Sodervolo en 1676, mort vers 1740, a publié deux ouvr. estimés : *De glandulis œsophagi conglomeratis et humore vero digestivo*, Asti, 1711, in-4. — *De pudendorum morbis et lue venereâ tetrabiblion*, ib., 1716, in-8; trad. en franç. par Jean de Vaux, Paris, 1730, in-8.

VERCI (JEAN-BAPT.-MATTHIEU), historien, né à Bassano en 1739, mort à Rovigo en 1795, a publié un assez gr. nombre d'ouvr., entre autres : *Hist. de Deli, ou Aventures curieuses d'un Turc*, Venise, 1771, in-8. — *Notice sur la vie et les ouvr. des écrivains de Bassano*, 1775, 2 vol. in-12. — *Notice sur la vie et les ouvr. des peintres, sculpt. et grav. de Bassano*, 1775, in-8. — *Histoire des Ezzelins*, 1779, 3 vol. in-8; on en retrouve un extrait à la fin de l'*Art de vérifier les dates*, édition de 1783-87, in-fol. — *Hist. de la Marche trévisane*, 1786-90, 20 vol. in-8.

VERCINGÉTORIX, chef gaulois du pays des Arvernes, était le fils de Celtille, homme puissant, qui fut tué par les habitants de la Celtique au moment où il allait prendre le titre de roi. Très jeune encore, il se contenta de gémir en silence pendant la prem. expédit. de César dans les Gaules; mais il prit les armes lorsque ce conquérant fut retourné en Italie. En vain l'influence de quelques-uns de ses concitoyens, jaloux ou effrayés de son audacieuse entreprise, le fit bannir; il rassembla des forces assez imposantes pour rentrer dans Gergovie

18.

et s'y fit déclarer roi, puis il réussit à rassembler les Senonais, les Parisii, les Pictones, les Cadurces, les Turone, les Aulerques, les Andégaves, les Lémovices et les Armoricains dans une confédération dont il fut proclamé le généralissime. Pour attacher tous ces peuples à la cause commune par des nœuds indissolubles, il prit leurs premiers citoyens à titre d'otages. Se mettant alors en campagne contre ceux qui refusaient de prendre part à la guerre de l'indépendance, il obligea, tant par lui-même que par son lieuten. Luctérius, les Rutheni et les Bituriges, ainsi que les Nitiobriges et les Gabali, à secouer aussi le joug des Romains. Mais César, parti de la Cisalpine aux prem. nouv. de l'insurrect., tombe au milieu des Arvernes et porte partout le fer et le feu. Cependant il cherche à passer l'hiver en paix, afin de préparer ses approvisionnements et de prévenir la défect. de ses alliés. Vercingétorix, pour contrarier ce dessein, va mettre le siège devant une autre Gergovie qui appartient aux Boïens, et force ainsi son redoutable adversaire à continuer les hostilités ; mais il est lui-même victime de sa témérité, et voit tomber au pouvoir des Romains Vellaudunum, Genabum, Noviodunum, tandis que la capitale des Bituriges est menacée. L'intrépide Gaulois ouvre alors l'avis de tout incendier ; c'était le seul moyen d'affamer et d'anéantir l'armée ennemie ; mais cet avis ou plutôt cet ordre ne fut pas exécuté partout. Les habitants d'Avaricum obtinrent que leur ville ne serait point brûlée ; mais elle fut enlevée par les Romains, qui firent un carnage horrible des assiégés. Malgré cet échec, Vercingétorix ranime le courage des siens, fait entrer dans la confédérat. presque tous les peuples qui jusque-là sont restés spectateurs de la lutte, et se voit au moment de reléguer l'armée de César en-deçà de la province romaine ou de la détruire totalement. Mais César, après s'être fortifié par sa jonction avec son lieut. Labiénus et par de nouv. levées, laisse croire qu'il cherche à se réfugier en Germanie. C'était une ruse pour attirer les Gaulois et leur faire abandonner le système de guerre qu'ils avaient suivi. Vercingétorix renonce lui-même à ce système dont il a donné l'idée, et engage, sur les confins de la Séquanaise et des Lingons, une bataille où il est vaincu. Il s'enferme alors dans Alise, dont il est enfin forcé d'ouvrir les portes après une vigoureuse et mémorable résistance. Il languit 6 ans dans un cachot, orna le triomphe de son vainqueur (46 avant J.-C.), et fut ensuite étranglé. Ainsi périt à la fleur de l'âge le plus habile des capitaines qu'eût eu à combattre César dans les Gaules.

VERDIER (César), chirurgien, né à Morières, près d'Avignon, en 1685, mort en 1759, avait été pend. 25 ans démonstrateur d'anatomie aux écoles de chirurgie de Paris. On a de lui : *Abrégé d'anatomie du corps humain*, 1725 ; 7e édit., 1768, 2 v. in-12 ; des *Notes* dans l'édition de l'*Abrégé de l'art des accouchem.*, par Mme Bourgeois, 1759, in-12 ; des *Mém.* dans ceux de l'acad. royale de chirurgie.

VERDIER (Jean), médecin, né en 1735 à la Ferté-Bernard, dans le Maine, fut chargé de donner des soins à Louis XVI pendant sa détention. Il fit cesser en 1794 une épidémie qui régnait à Compiègne. Nommé par son district élève de l'école normale, il fut ensuite profess. de médecine légale à l'académie de législation. Il mourut à Paris en 1820. On a de lui : *Jurisprudence générale de la méd. en France*, 1763, 2 vol. in-12. — *Jurisprudence particulière de la chirurgie en France*, 1764, 2 vol. in-12. — *Cours d'éducation à l'usage des élèves destinés aux premières professions et aux grands emplois de l'état*, 1777, in-12. — *Tableau analytique de la grammaire générale appliquée aux langues sav.*, 1803, in-12. — *Plan d'osthautropie, nouvel art de traiter les difformités organiques par des exercices appropriés et de nouv. machines élastiques et mobiles*, etc.

VERDIER-DUCLOS (Thomas-Denis), frère du précédent, né à la Ferté-Bernard en 1744, y remplit les fonctions de médecin de l'Hôtel-Dieu dep. 1788. Pendant la révolution, il fut nommé juge de paix, puis juge au tribunal civil de son district, et enfin au tribunal criminel de la Sarthe ; mais il n'abandonna jamais l'exercice de sa profession, et mourut dans sa ville natale en 1813. On lui doit quelq. opuscules de son état, entre autres : *Hist. d'une symphyséotomie pratiquée avec succès pour la mère et pour l'enfant*, 1787, in-8.

VERDIER-HEURTIN (Jean-François), neveu du précéd., né à Paris en 1767, servit d'abord comme chirurgien dans les armées de la républiq., et vint ensuite exercer la médecine à Paris, où il mourut en 1823. On a de lui entre autres ouvrages : *Disc. sur un nouvel art de développer la belle nature et de guérir les difformités*, etc., 1784, in-8. — *Journal de médecine populaire, d'éducation et d'économie* (avec son père), an VII, 8 num. in-8. — *Discours et essai aphoristique sur l'allaitem. et l'éducation physique des enfants*, etc., 1804, in-8.

VERDIER (Suzanne Allut, dame), née à Montpellier en 1745, morte en 1813 à Uzès, où l'avait fixée son mariage avec un riche négociant, bégaya secrètement des vers dès l'âge de 10 ans, et à 12 se fit connaître par une petite élégie sur l'attentat de Damiens contre la vie de Louis XV. A la connaissance des langues anciennes et de la plupart des langues modernes, elle joignait un talent remarquable pour la peinture et pour la musique. Ses product. se distinguent par l'élégance, l'harmonie, la sensibilité, et un goût pur, puisé dans la lecture des ouvrages classiques de tous les âges et de tous les pays. Quelques-unes ont été insérées dans les *Almanachs des Muses*. La plus considérable est un poème en IV chants, les *Géorgiques languedociennes*, dont on trouve des fragments étendus dans la *Notice des travaux de l'académ. du Gard*, pour 1807 et 1810. Sa famille possède le *Recueil* complet de ses œuvres. Mme Verdier montra toujours le caractère le plus simple et le plus modeste, et fut avant tout femme d'ordre et bonne mère de famille.

VERDIZZOTI (Jean-Marie), littérateur, né vers

1530 à Venise, mort vers 1607, fut l'ami de Titien, dont il reçut des leçons de peinture; mais il fit de cet art plutôt un délassement qu'une occupation constante. Comme littérat., on cite de lui la trad. in ottava rima du 2º livre de l'*Énéide*, Venise, 1560, in-8. — *Cento favole morali de' più illustri antichi et moderni autori greci e latini, scelte e trattate in varie maniere di versi volgari*, etc., 1570, in-4; 1577 ou 1595, in-4. — *Genius*, 1575, in-4 (poème sur l'enthousiasme poétique). — *Il Boemondo ovvero dell'Acquisto d'Antiochia, poema eroico*, 1607, in-4.

VERE (le chevalier François) servit d'abord dans le corps de troupes anglaises qu'Élisabeth envoya au secours des États-Généraux, sous le comte de Leicester, se distingua par sa bravoure et ses talents, et reçut, en 1596, le commandement de Flessingue, que le comte d'Essex avait demandé pour lui-même. Une expédition contre Cadix l'éloigna de la Hollande, où il revint en 1597 pour s'y distinguer encore et prendre, avec le titre de gouverneur de Brill, le commandement des troupes anglaises au service des États. En 1601, il s'enferma dans Ostende avec 1,700 hommes, que vinrent renforcer quelques compagnies anglaises, et y soutint un siége de huit mois contre l'archiduc Albert et 12,000 Espagnols; il repoussa tous les assauts avec un succès égal à son courage, et après avoir essuyé 163,200 coups de canon qui firent de la ville un amas de ruines, il en remit le commandement à Frédéric van Dorp, que les États-Généraux avaient nommé son successeur. Il fut confirmé dans son gouvernement de Brill par Jacques Iᵉʳ, qu'il s'était empressé de reconnaître; mais la paix ayant été conclue en 1604, il rentra dans la vie privée, et mourut en 1608. Ses *Mémoires* ou *Commentaires* sur les actions auxquelles il avait pris part ont été publiés par Will. Dillingham, Cambridge, 1657, in-fol. — Le chevalier Horace Vere, frère cadet du précédent, né en 1565 à Kirby-Hall, dans le comté d'Essex, fit la guerre dans les Pays-Bas avec son frère, qu'il seconda vaillamm. au siége d'Ostende. Il commanda les troupes auxiliaires envoyées par Jacques Iᵉʳ à l'électeur palatin, et mérita par ses services d'être élevé à la pairie sous le titre de baron de Tilbury, à l'avénement de Charles Iᵉʳ. Il mourut en 1635. — Vere (Robert de), comte d'Oxford, favori de Richard II, fut créé par ce prince marq. de Dublin, puis duc d'Irlande; mais ces faveurs lui valurent la haine des nobles, qui le forcèrent de chercher un asile (1388) dans les Pays-Bas, où il mourut quelques années après. — Vere (James), négociant anglais, mort à Edmonton en 1779, avait acquis à Londres une fortune considérable, dont il appliqua une partie à soulager les malheureux. On a de lui : *Recherche physiq. et morale sur les causes de cette inquiétude et de cette maladie intérieure de l'homme, dont se sont plaints tous les âges*, 1778, in-8 (et in-4, tiré à 12 exempl.), réimpr. récemm., in-12.

VÉRÉLIUS (Olaus), antiquaire, né en 1618 à Ragnisdstorp, diocèse de Linkœping (Ostro-Gothie), visita le Danemarck, le Holstein, les Pays-Bas, la Suisse, l'Italie et la France, et revint dans sa patrie, riche de nouvelles connaissances. Nommé successivement à plusieurs places importantes de l'enseignement, entre autres à celle de professeur des antiquités nationales à l'université d'Upsal, il les remplit avec distinction, et mourut en 1682. On a de lui entre autres ouvrages : *Gothrici et Rolfi, Westrogothiæ regum, historia linguâ antiquâ gothicâ conscripta, cum vers. et notis.*, Upsal, 1664. — *Herrauds och Bosa saga, hoc est Herraudi et Bosæ historia, cum novâ interpretatione juxtâ antiquum textum gothicum, è veteri MSo. edita et notis illustrata*, ibid., 1666. — *Fragmentum historiæ Olai Tryggiasonii per Oddum Munck, linguâ veteri gothicâ conscriptum, publicat. cum notis brevibus*, ibid., 1665, in-8. — *Historia Hervoræ, linguâ veteri gothicâ seu islandicâ, cum interpretatione suecicâ et annotationibus*, ibid., 1672, in-fol. — *Manuductio compendiosa ad Runographiam scandicam antiquam rectè intelligendam*, ibid., 1675.

VEREYCKEN (Godefroy), médec., né à Anvers en 1558, contribua à l'établissem. du collége des médecins de cette ville, et mourut à Malines en 1633. On n'a de lui que l'ouvrage suiv. : *De cognitione et conservatione sui*, Malines, 1625; ibid., 1633, in-12.

VERGARA (Nicolas de), dit *le Vieux*, peintre d'histoire, peintre sur verre et sculpteur, né vers 1510 à Tolède, dirigea pendant 32 ans les travaux de peinture et de sculpture de la cathédrale de cette ville, exécuta lui-même une partie des vitraux, et mourut en 1574. — Vergara (Nicolas de), dit *le Jeune*, fils et élève du précédent, né vers 1540 à Tolède, où il mourut en 1606, remplaça dignement son père dans la direction des travaux, tant de peinture que de sculpture, de la cathédrale de Tolède. — Vergara (Joseph), peintre, né en 1726 à Valence, mort en 1799, directeur de l'acad. de St-Charles de cette ville, était doué d'une ardeur infatigable, à laquelle on doit un nombre immense de portraits et des essais dans tous les genres, de peintures à l'huile, à fresque, en détrempe. On cite de lui particulièrement le tableau de *Mentor et Télémaque*, dont il fit hommage à l'académie de Ste-Barbe de Valence, et qui dep. a été transféré à celle de St-Fernand; et une *Conception de la Vierge*, placée dans la bibliothèque du couvent de St-François. — César-Antoine Vergara, numismate, né vers 1680, dans le royaume de Naples, embrassa l'état ecclésiastique, et fut chapelain du cardinal J.-B. Spinola. On a de lui : *le Monete del regno di Napoli da Raggerio a Carolo VI, raccolte e spiegate*, Rome, 1715, gr. in-4.

VERGÈCE (Ange), habile calligraphe, né dans l'île de Crète, fut appelé à Paris par François Iᵉʳ, qui lui fit dresser le catalogue des MSs. de sa bibliothèque, dont le nombre n'allait pas, à cette époq. (1544), au-delà de 260. Henri II lui fit copier le *Cynegeticon, ou Poëme de la chasse*, d'Oppien, pour Diane de Poitiers. On dit que le proverbe *écrire comme un ange* fut fait pour Vergèce, qui vécut jusque sous le règne de Charles IX; et, en effet, son écriture grecque était si belle, qu'elle servit de modèle à ceux qui gravèrent les caractères de cette langue pour l'imprimerie roy. sous François Ier. On lui doit en outre une trad. du grec en latin du traité de Plutarque : *De fluviorum et montium nominib.*, Paris, Ch. Estienne, 1556, in-8.

VERGENNES (Charles GRAVIER, comte de), né à Dijon en 1717, était fils d'un président à mortier au parlement de cette ville. M. de Chavigny, ambassadeur en Portugal, l'emmena avec lui à Lisbonne en 1740, puis, trois ans après, à Francfort, lorsque la France voulut placer la couronne impériale sur le front de l'électeur de Bavière, et enfin à Lisbonne encore une fois, après la mort de l'emper. Charles VII. Vergennes, chargé d'éclaircir une question qu'embrouillaient de volumineux mémoires, la résuma en quatre pages, avec une clarté et une simplicité qui furent remarquées. Nommé ministre du roi auprès de l'élect. de Trèves (1750), il sut le maintenir dans une irrésolution qui empêcha pour l'instant l'impératrice-reine de faire élire roi des Romains son fils Joseph, encore enfant. Il réussit encore à faire manquer cette élect. au congrès de Hanovre, où il déploya le talent d'un négociateur consommé, puis à Manheim, où il arriva (1753) au moment qu'un traité secret allait être signé, pour cet objet, entre le faible électeur et Marie-Thérèse. Le poste de ministre plénipotentiaire en Turquie fut la récompense du jeune diplomate (1755), et bientôt il sut se faire donner le titre d'ambassadeur. Sa position était difficile. L'alliance de la France avec Marie-Thérèse et la tzarine donnait à la Porte des craintes que l'Angleterre et la Prusse entretenaient de tout leur pouvoir. Vergennes sut persuader au gr.-seigneur de garder la neutralité; et la paix de 1763 mit un terme aux intrigues contre lesquelles il avait lutté avec succès, et non pas sans peine. Lors des troubles occasionnés en Pologne par l'élect. de Poniatowski et par l'intervention tyrannique de Catherine II, Vergennes ne remplit qu'avec répugnance les instructions du cabinet de Versailles, qui lui enjoignaient de faire déclarer la guerre à la Russie par la Porte; il connaissait mieux que personne combien le colosse othoman était impuissant pour une telle lutte. Enfin, malgré l'ambassadeur français, malgré la Porte peut-être, la déclaration de guerre eut lieu (1768); mais Vergennes fut rappelé. Il fut du moins consolé dans sa disgrâce par les témoignages de regret du divan et du commerce français au Levant, et alla attendre dans la retraite la chute du duc de Choiseul. Envoyé en ambassade à Stockholm en 1771, il trouva le royaume partagé entre les deux partis connus sous le nom des *bonnets* et des *chapeaux;* et la diète peu disposée à confier au fils du feu roi les destinées de la Suède. Comme sa mission était de chercher à relever l'autorité roy., on lui attribua une gr. part dans la révolut. qu'opéra Gustave III en ceignant la couronne (*v.* Gustave III et Suède). Cependant le nouveau monarque avait seul frappé ce coup décisif, qui effrayait à bon droit le sage, mais timide Vergennes. Louis XVI, à son avénem. au trône, s'empressa de lui confier le ministère des affaires étrangères (1774). Le traité de Soleure (1777), par leq. il assurait à la France l'alliance des cantons suisses, fut une de ses prem. opérations. Bientôt l'insurrection des colonies angl. de l'Amérique vint offrir à la France l'occasion d'humilier l'Angleterre. Vergennes la saisit, et signa une alliance avec les députés des États-Unis (1778), sans songer au grand mouvement que pouvait imprimer et qu'imprima à la France le contre-coup de la révolution américaine. Il montra plus d'habileté dans les négociations de Teschen, qui se terminèrent par le traité de 1779, et dont le résultat fut de maintenir la balance germanique. Nommé président du conseil des finances après la paix de 1783, il se déclara contre le système prohibitif qu'il voyait peser dep. si long-temps sur le commerce, et réussit à faire passer ses vues dans un traité avec l'Angleterre, qui fut signé en 1786. Ce fut un des derniers travaux de Vergennes. Il ne vit point la 1re assemblée des notables dont il avait conseillé la convocat., et mourut en 1787, regretté de Louis XVI, qui demeura persuadé, mais à tort, qu'il eût empêché la révolution. Vergennes avait été 24 ans ambassadeur et 13 ans ministre. Mais quoiqu'il eût rempli les premières fonct. avec habileté et même avec une sorte d'éclat, il n'avait point les qualités supérieures qu'exige la suprême direct. des affaires. On trouve de lui quelques écrits dans la *Politique de tous les cabinets de l'Europe*. Rulhières a publié un morceau assez curieux sous ce titre : *le comte de Vergennes*. On a aussi : *Portrait du comte de Vergennes*, 1788, in-8, et enfin une *Vie* ou plutôt un *Éloge* de ce ministre par de Mayer, Paris, 1789, in-8.

VERGENNES (Constantin GRAVIER, comte de), maréchal-de-camp, fils du ministre, entra au service en 1777, parvint au grade de colonel, et eut le commandem. des gardes de la Porte. Lorsque ce corps fut licencié, il entra dans la diplomatie, puis il émigra. Quand les gardes de la Porte furent rétablis en 1814, il en reprit le commandement, et fut nommé maréchal-de-camp. En 1815, il reçut la croix d'officier de la Lég.-d'Honneur. En 1818, il fut porté sur le cadre de l'état-major de l'armée, et mis à la retraite en 1829. Il mourut en 1832.

VERGERIO (Pierre-Paul), dit l'*Ancien*, l'un des plus grands littérateurs de son temps, né à Capo-d'Istria vers 1349, étudia la philosophie et l'éloquence à Padoue, puis la jurisprudence à Florence sous Franç. Zabarella, qui devint son plus zélé protecteur. Il remplit la chaire de dialectique à Padoue, de 1393 à 1400 avec beaucoup de succès, et y reçut, à plus de 50 ans, le laurier doctoral dans les facultés de droit et de philosophie. Il accompagna au concile de Constance le cardinal Zabarella, qu'il eut la douleur de perdre, et s'attacha à l'emper. Sigismond, qu'il suivit en Hongrie, et il y mourut en 1419. On a de lui : *De ingenuis moribus*, Milan, 1474, in-4; ib., 1477, souvent réimpr. — *Petrarchæ Vita*, dans le *Petrarchus redivivus* de J. Tomasini. — *Vitæ principum carrariensium*, dans le t. VI du *Thesaurus antiquit. Italiæ* de Burmann, et dans le t. XVI des *Rerum italicar. scriptores* de Muratori. — *Orationes et Epistolæ variæ historicæ*, dans le même recueil de Muratori, à la suite de l'histoire des princes de Carrare, etc., et beaucoup de MSs. (*v.* la *Storia letterat.* de Tiraboschi, VI, 723-28).

VERGERIO (Pierre-Paul), fameux apostat, de la même famille que le précéd., né à Capo-d'Istria vers la fin du 15e S., se fit d'abord, à Padoue et à Venise, la réputation d'un habile avocat et d'un très honnête homme. Étant devenu veuf, il se rendit à Rome, où il prit l'habit ecclésiastique, et obtint bientôt les bonnes grâces de Clément VII, qui le chargea, en 1532, d'aller s'opposer en Allemagne aux progrès du luthéranisme. Il y fit un second voyage pour annoncer la convocation prochaine d'un concile-général, et, de retour en Italie (1536), fut envoyé auprès de l'empereur Charles-Quint, et ensuite nommé évêque de Modrusch dans la Croatie, puis de Capo-d'Istria. Dans les premiers temps de son épiscopat, il chercha, du moins en apparence, à prémunir contre les nouv. doctrines les peuples confiés à ses soins; mais, s'il faut en croire ses adversaires, il tint une conduite plus qu'équivoque à la diète de Worms (1541), et commença dès lors à professer, ainsi que son frère, l'évêque de Pola, les opinions de Luther. Dénoncé à Rome, il refusa de comparaître devant les juges qu'on lui nomma, et mena une vie errante jusqu'en 1549, époque à laquelle il quitta l'Italie pour aller dans le pays des Grisons dans la Valteline exhaler son ressentiment contre l'Église romaine. Quoiqu'il eût déplu même aux protestants par l'amertume de son zèle, il n'en fut pas moins appelé (1553) par le duc de Wirtemberg à Tubingue, où il mourut en 1565. Parmi les nombr. opuscules de Vergerio, les curieux recherchent encore les suivants : *Le otto difensioni del Vergerio, owero trattato delle superstizioni d'Italia e dell' ignoranza de' sacerdoti*, Bale, 1550, in-8. — *Concilium non modò tridentinum, sed omne papisticum, perpetuò fugiendum esse omnibus piis* (Berne), 1555, in-4. — *Retrattazioni del Vergerio*, 1556, in-8. — *De oratione et usu sacramentorum et cœnæ Domini*, Tubingue, 1559, in-8. — Une *Vie* très détaillée de Vergerio fait partie des *OEuvres* de Carli, t. XV, édit. de Milan, in-8.

VERGEZ (Jean-Marie, baron), né en 1757 à St-Pé (Hautes-Pyrénées), entra au service en 1778 comme simple soldat; il fit la campagne de 1792, et fut nommé l'année suiv. capitaine dans le 1er bataillon des chasseurs de la Montagne. Le 18 thermidor an IV, il fut élu chef de bataillon sur le champ de bataille; le 18 pluviôse an V, il passa dans la 12e brigade de ligne; le 16 floréal an VII, il fut, pour la seconde fois sur le champ de bataille, promu au grade de chef de brigade. A la prise du fort Maja, en Espagne, il se présenta le prem. à la porte, enleva aux ennemis deux drapeaux, éteignit des mèches disposées pour faire sauter le fort, et par son intrépidité sauva nos colonnes. Il en fut de même à la prise de Tolosa et à celle de Lecumberry. Le 3 germinal an IV, à l'armée des Côtes-de-l'Océan, il fit prisonnier Charette, chef des Vendéens, après l'avoir blessé d'un coup de pistolet. Employé ensuite à l'armée d'Italie, il se signala par sa rare intrépidité à l'affaire de l'Estortas, où à la tête d'un détachem. il enleva une batterie de vingt pièces de canon. Il contribua beauc. au succès de la bataille de Novi. En 1806 il fit avec distinction la campagne de Saxe, combattit à Averstaedt et à Iéna, où il fut blessé. Fait général de brigade la même année, il fut mis à la retraite en 1810. Il obtint en 1825 le grade honorifique de lieuten.-gén., et mourut à Paris en 1831.

VERGIER (Jacques), littérateur, né à Lyon en 1655, destiné à l'état ecclésiastique, en porta quelque temps l'habit; mais il le quitta pour entrer dans l'administration de la marine. Il remplit les fonctions d'écrivain principal au Hâvre, puis de commissaire à Dunkerque, se démit de sa charge en 1714, et vint se fixer à Paris, où il fut assassiné en 1720. Il excellait à faire des parodies et des chansons; ses contes peu nombr. sont le premier de ses titres au souvenir de la postérité. Imitateur faible, mais naturel de La Fontaine, il est à celui-ci ce que Campistron est à Racine. On a plus. édit. de ses *OEuvres*; la plus jolie est celle de Londres (Paris, Casin), 3 vol. in-18 (*v.* les *Lettres bourguignonnes* par Amanton, 1823, in-8).

VERGIER DE HAURANNE (Du). — V. Barcos et Saint-Cyran.

VERGILE ou VIRGILE. — V. Polydore.

VERGINIUS-RUFUS (Lucius), né dans les environs de Côme l'an 14 de J.-C., fut trois fois consul, l'an 63 sous le règne de Néron, l'an 70 sous Othon, et l'an 97 sous Nerva, son ami, qui l'avait arraché à sa retraite studieuse. Il mourut cette même année à l'âge de 84 ans. L'empire lui avait été offert par les légions, pend. la tyrannie et après la mort de Néron, puis après la mort d'Othon; mais il l'avait toujours refusé. Son dernier refus, que les soldats prirent pour une marque de mépris, avait failli lui coûter la vie. Pline-le-Jeune a fait de ce vertueux citoyen un grand éloge dans plus. de ses *lettres*, où il l'appelle *Verginius*.

VERGNIAUX (Pierre-Victorin), l'un des chefs du parti girondin, et le plus éloquent de ses orateurs, né en 1759 à Limoges, fils d'un avocat distingué de cette ville, y avait lui-même suivi le barreau avant de s'établir à Bordeaux, où il jouissait de la réputation la plus brillante. On a apprécié ailleurs les principes et les talents de cette députation de la Gironde qui, avec Vergniaux, comptait les Guadet, les Grangeneuve, les Gensonné, etc. On sait qu'après s'être signalé d'abord par la vigueur et l'audace de ses attaques contre les anciens principes de la monarchie, ce parti devint le noyau autour duquel se groupèrent les patriotes modérés, afin de lutter contre les jacobins. Ceux-ci, dont la *Gironde* avait cru les forces peu redoutables alors qu'ils ne la dépassaient que sur le terrain des réformes, la poussèrent, aussitôt qu'elle voulut s'arrêter, dans le gouffre où la démagogie devait elle-même se perdre après la ruine de toutes les institutions sociales. L'influence de Vergniaux fut marquée dès les prem. séances de l'assemblée législative. Porté à la présidence (29 oct. 1791), s'il ne dirigea point la marche de la majorité, il la suivit avec ardeur. De ce temps date le décret qui prononçait la peine de mort contre les émigrés. Ce fut Vergniaux qui, le 27 déc., rédigea, pour accompagner le *discours* du roi, cette *adresse* où l'on incitait le peuple français à la guerre contre la nation allemande, afin de le *soustraire à l'esclavage*. Il appuya de toutes ses forces la mise en accusation de M. de Lessart, dont le résultat fut de porter au ministère des hommes de son opinion. Ainsi que ceux de son parti, il crut pouvoir contenir les jacobins par la formation d'un camp de 20,000 hommes près de Paris, et cette mesure fut décrétée après qu'eut été prononcé le licenciem. de la nouv. garde du roi (29 mai 1792). Les constitutionnels, autre fraction de l'assemblée, s'étaient unis aux girondins en cette circonstance. Leur alliance ne tarda pas à se rompre. Effrayée de dangers imaginaires, la populace avait couru aux armes (20 juin). Ce mouvement était surtout l'ouvrage des girondins. Vergniaux entreprit de pallier l'illégalité de l'admission de pétitionnaires en armes à la barre de l'assemblée. Cependant la tourbe des insurgés s'était portée aux Tuileries; la personne du roi allait se trouver exposée à leurs insultes : l'assemblée envoya en qualité de commissaires, pour les disperser, Isnard, Merlin de Thionville et Vergniaux. Ce dernier, monté sur les épaules d'un homme, harangua la multitude, qui, plus docile aux injonctions du maire Péthion, se dissipa. Cet événem. qui, sans doute, n'avait été provoqué de la part des girondins que comme un moyen d'amener la cour à leurs vues par la frayeur, n'eut pour eux aucun bon résultat., et compromit leur popularité. Il était difficile qu'il en fût autrement. Les jacobins, toujours prêts à profiter des manœuvres de leurs antagonistes, y parvenaient d'autant plus sûrem., qu'on se défiait moins de leur habileté, et puis la populace comprenait tout d'abord leurs suggest., tandis que les girondins devaient, en la faisant mouvoir, garder le secret de leur tactique. Vainement Vergniaux, Guadet et Gensonné essayèrent-ils de reprendre le dessus en entamant, par l'intermédiaire du peintre Boze, une négociation avec la cour. De semblables démarches, faites par les jacobins, étaient pareillement accueillies des royalistes, pour qui c'était un expédient de combattre les deux factions l'une par l'autre. Cette certitude acquise déchaîna tout-à-fait Vergniaux, qui en vint à soulever directement la question de la déchéance du roi dans un de ses *discours* de la plus haute éloquence. Cette sortie, non moins imprudente qu'audacieuse, ne fit qu'avancer le triomphe de *la montagne*, qui alors préparait la terrible insurrection du 10 août. Dans cette journée, où il

présidait l'assemblée nationale, Vergniaux déploya un sang-froid et une énergie admirables. Il fut aisé d'apercevoir son attendrissem., ses regrets peut-être, lorsqu'il fut contraint à proposer, *comme voie de salut*, la déchéance du roi que demandait à grands cris une populace forcenée qui avait investi la salle des séances. De plus grands désordres encore allaient marquer le jour suivant : Vergniaux et son parti demeuraient les seuls et impuissants défenseurs du trône : la stupeur qui avait frappé tous les esprits ne permettait plus de triomphes à l'éloquence : le parti constitutionnel n'existait plus ; la redoutable commune de Paris s'était organisée. Lutter avec le courage du désespoir contre les rapides empiétements de cette faction nouvelle, dénoncer ses forfaits et braver sa vengeance, voilà tout ce que put faire l'éloquent orateur ; il fut réélu pour la convention par le départem. de la Gironde. Successivem. membre du bureau, secrétaire, puis du comité de constitution, il continua de lutter contre l'entraînement démocratique, en s'attachant à démasquer Robespierre, et en demandant que Marat fût poursuivi à cause de ses écrits incendiaires. Dans le procès de Louis XVI il appuya de toutes ses forces la proposition faite par Salles, tendant à sauver les jours du roi ; il se surpassa lui-même en prédisant les maux qu'allait appeler sur la France le crime dans lequel lui-même devait tremper peu de jours après par son vote ; il avait toutefois demandé de nouveau que le jugement fût renvoyé au peuple avant de se prononcer pour la peine de mort. C'est lui encore qui occupait le fauteuil le jour où fut rendue cette déplorable sentence. Vergniaux, qui s'était honoré en combattant l'érection du tribunal révolutionn., attira sur sa tête et celles des siens les poignards de la montagne. Il n'échappa à un prem. péril que pour en affronter de nouveaux. Dénoncé par Robespierre comme ennemi de la république, avec Guadet, Brissot, Rabaut-Saint-Étienne, Valazé, Ducos, etc.; il répondit par une de ses plus admirables improvisations, et il fit subir à son accusateur la honte d'un échec auprès de l'assemblée que déjà il dominait par l'épouvante. Enfin le 31 mai une foule frénétique envahit la salle des séances, proférant des cris de mort contre les 22 députés girondins, voués à la proscript. par la montagne ; et le 2 juin une nouvelle insurrection obligea la convention à lancer contre eux un décret d'accusation. Gardé à vue depuis ce temps, il osa diriger encore les foudres de son éloquence contre les hommes de sang qui, le taxant de *royalisme*, devaient bientôt l'envoyer à l'échafaud. Le procès des girondins fut entamé le 25 oct. 1793 : six jours après le bourreau montrait à la populace leurs têtes ensanglantées. Vergniaux n'avait pas 35 ans. On n'a point recueilli ses *discours*, dont les principaux se trouvent dans le *Choix de rapports, opinions et discours prononcés à la tribune nationale*, 1re série, Paris, 1818-25, 24 vol. in-8, publié par Lallement. L'*Éloge de Vergniaux*, par M. Gédéon-Genty de Laborderie, a été couronné le 24 mai 1809 par la société d'agriculture, sciences et arts de Limoges.

VERGY (Antoine de), comte de Dammartin, s'attacha d'abord à Jean-sans-Peur, duc de Bourgogne, puis au roi d'Agleterre, qui le créa maréchal de France pendant la maladie de Charles VI. Devenu capitaine-général de la Bourgogne et du Charolais, et chevalier de la Toison-d'Or, il défit les troupes de Charles VII à Crevant, près d'Auxerre (1423), se trouva à la bataille de Bulgneville (1432), et mourut en 1439. — VERGY (Guillaume de), sénéchal de Bourgogne, mort après l'an 1272, était l'époux de Laure, fille de Matthieu Ier, duc de Lorraine. Cette dame est l'héroïne du roman de la *Comtesse de Vergy*, dont l'auteur (*v.* VIGNACOURT) l'a supposée veuve même avant l'époque de son mariage, en plaçant ses aventures à la cour d'Eudes III, duc de Bourgogne.

VERGY (Antoine de), archev. de Besançon, de la même famille que les précéd., né en 1488, reçut l'onction épiscopale en 1517, et, à peine installé sur son siége, s'occupa de défendre les priviléges de son église, attaqués en même temps et par les citoyens de la ville et par le parlem. de la province. Les tribunaux ecclésiastiq., dont il protégeait l'indépendance malgré les gouverneurs de Besançon, firent un tel abus de l'excommunication, que l'on vit jusqu'à 40 mille excommuniés à la fois dans la province. Le parlem. de Dole s'éleva contre cette tyrannie; l'archevêque se plaignit à l'empereur Charles-Quint, auprès duquel il avait été élevé, et dont il avait toute l'affection. Enfin il mourut en 1541, sans avoir voulu revenir de ses prétentions, et cette querelle ne fut terminée qu'en 1558 par un concordat inséré dans les ordonnances du comté de Bourgogne, liv. VI, chap. 6.

VERHEYDEN (François-Pierre), né à La Haye en 1657, mort dans sa patrie en 1711, obtint de véritables succès dans la sculpture, qu'il abandonna pourtant, à l'âge de 40 ans, pour se livrer exclusivement à la peinture. Il a composé des tableaux d'une vaste dimension représentant des *chasses* au cerf, au sanglier, animées d'un feu extraordinaire. Peu d'artistes ont su rendre avec autant de vérité et de légèreté les animaux, leurs habitudes, leurs allures et leurs mouvements. — L'aîné de ses enfants, peintre et sculpt., mourut cinq jours après lui : le plus jeune, nommé Matthieu, exerça la peinture avec succès.

VERHEYEN (Philippe), célèbre anatomiste, né en 1648 dans le Brabant, laboura la terre jusqu'à l'âge de 22 ans. Alors il commença ses études d'après l'avis de son curé, et, en 1677, il était en théologie ; mais, ayant subi l'amputation d'une jambe, il se vit exclu de l'état ecclésiastique, auquel il aspirait, et s'appliqua à l'étude de la médecine. Il obtint à l'univers. de Louvain (1689) la chaire d'anatomie, à laquelle on joignit, en 1693, celle de chirurgie. Il mourut dans ces fonctions en 1710. Son principal ouvr. est intit. : *Corporis humani anatomia, in quâ tàm veterum quàm recentiorum anatomicorum inventâ methodo novâ describuntur, ac tabulis œneis repræsentatur*, Louvain, 1693, in-4; Bruxelles, 1710, in-4; Amsterdam, 1731. — *Supplementum anatomicum, sive anatomiæ corporis humani liber secundus*, etc. Cet ouvrage a été réimpr. avec le *Compend. theoricopractic.* du même auteur, Bruxelles, 1710, in-4; Naples, 1717, in-4. On trouve l'*Éloge* de Verheyen dans le *Journal des savants*, 1710, p. 109.

VERHOEK (Pierre), peintre et poète hollandais, fut également médiocre dans ces deux arts. Né à Bodegrave en 1633, il mourut à Amsterdam en 1702. Le recueil de ses *Poésies* a été publié, Amsterdam, 1726, in-4.

VÉRINE, impératr. d'Orient, femme de Léon Ier, parut uniquement occupée de ses devoirs tant que vécut son époux ; mais, après la mort de ce prince, elle conspira contre son gendre Zénon, après lui avoir ouvert elle-même le chemin du trône, et réussit à lui faire prendre la fuite. Son dessein était de faire couronner Patrice, son amant; mais, trompée dans ses vues elle eut la douleur de voir couronner son propre frère Basilisque. Elle aida alors Zénon à remonter sur le trône; mais celui-ci, fatigué de ses intrigues, la fit enfermer dans le château de Papyre, en Isaurie, où elle mourut en 484.

VERINO (Ugolin), poète latin, né à Florence en 1442, mort en 1505, a laissé plusieurs ouvr. médiocres, parmi lesq. on doit à peine distinguer ses trois livres *de Illustratione Florentiæ*, 1483, in-4. — VERINO (Michel), poète latin, fils du précédent, né à Minorque, fut amené jeune à Rome, où il fut placé sous la direction des meill. maîtres. Ses progrès répondirent à leurs soins, mais il mourut en 1514, à l'âge de 19 ans. On a de lui des distiques moraux (*Disticha ethica*), où il a su renfermer les plus belles sentences de Salomon et des philosophes de l'antiquité. L'édit. la plus complète et la plus correcte est celle d'Ant.-Aug. Renouard, dans son recueil intit. : *Carmina ethica, ex diversis auctoribus*, Paris, 1795, gr. in-18.

VERIOFKIN (Michel-Ivanowitsch), littérateur, mort en 1795, conseiller-d'état et correspondant de l'acad. des sciences de Pétersbourg, a enrichi la littérature russe d'une foule de traductions, entre autres des *Mémoires du duc de Sully*, Moscou, 1770-77, 17 vol.; de l'*Histoire générale des voyages* de La Harpe, ibid., 1782-88, 22 vol.; de l'*Histoire de l'empire ottoman* de l'abbé Mignot, ibid., 1789, 14 vol.; du *Dictionnaire géographiq.*, dit de *Vosgien*, par J.-B. Ladvocat; du *Coran*, d'après la version franç. de Savary, 1790, 2 vol. in-8, etc.

VERJUS (Louis de), comte de Crécy, habile négociateur, né à Paris en 1629, remplit d'abord une mission en Portugal, fut envoyé en 1669 en Allemagne, pour traiter avec les princes opposés à la maison d'Autriche; fut, 10 ans après, nommé plénipotentiaire à la diète de Ratisbonne, et concourut, en 1697, à ce traité de Ryswick, qui parut un affront à l'orgueil français, mais qui cepend. prépara les voies aux Bourbons pour arriver plus tard au trône d'Espagne. Verjus avait cultivé les lettres dans le tumulte des affaires, et avait été admis à l'Acad. française en 1679. Il mourut en 1709. On lui attribue : *Réfutat. d'un libelle adressé à M. le prince d'Osnabruck*, etc., Paris, 1674, in-12 (c'est une réponse à la *Sauce au Verjus* de Lisola); et quelques pièces dans les *Recueils* du temps. Son *Éloge*, par d'Alembert, se trouve dans le tome II, p. 383-90, de l'*Histoire des membres de l'Acad. française*. — L'abbé de VERJUS, son frère, né vers 1631, mort en 1663, montra toujours un goût passionné pour l'étude, qui accrut peut-être la faiblesse de sa santé, mais qui le consola de ses souffrances. On a de lui un *Recueil de panégyriques*, 1664, in-4. Dans la *préface* (pag. 27), on annonce que quelqu'un se proposait de donner un recueil de ses *lettres*. — Le P. Antoine VERJUS, jésuite et frère des précéd., né à Paris en 1632, mort en 1706, professa les humanités dans divers colléges de Bretagne, et accompagna, en 1672, son frère, le négociateur, en Allemagne, où il se fit aimer et estimer même des protestants, dont il ne ménageait guère les opinions. Ayant été nommé procureur des missions du Levant, il fit envoyer de nouveaux missionnaires dans les Indes-Orientales et à la Chine, et les favorisa de tout son pouvoir. Outre son édit. du recueil intit. : *Selectæ orationes panegyricæ PP. soc. Jesu*, Lyon, 1667, 2 vol. in-12, nous citerons sa *Vie de St François de Borgia*, Paris, 1672, in-4 et in-12.

VERKOLIE (JEAN), peintre, né à Amsterdam en 1650, mort à Delft en 1693, apprit la peinture sans maître, à moins que l'on ne veuille tenir compte de 6 mois de leçons qu'il prit de Jean de Lievens pour se perfectionner dans toutes les parties d'un art si difficile. Les sujets qu'il aimait à peindre de préférence sont des assemblées, des festins, des scènes galantes. Sa couleur est bonne, et son pinceau plein de douceur; son dessin, quoique sans finesse, ne manque pas de correction; ses compositions sont ingénieuses. Il est un des artistes qui se sont le plus distingués dans la gravure en manière noire, pour laquelle il n'avait point eu de maître. Le musée possède de lui un tableau qui représente une *femme tenant sur ses genoux un enfant enveloppé de langes*. — VERKOLIE (Nicolas), fils et élève du précéd., né en 1673 à Delft, où il mourut en 1746, fut supérieur à son père dans la gravure en manière noire ainsi que dans la peinture. Il peignit et grava avec succès le portrait et l'histoire. Les ouvr. qui ont le plus contribué à sa réputat. sont : *Bethsabée au bain, le Reniement de St Pierre, Moïse exposé sur les eaux*, et une jolie *couturière* à laquelle un jeune homme fait la cour, scène de nuit éclairée par une bougie dont l'effet est très piquant. Le musée possède de lui un tableau représentant *Proserpine occupée à cueillir des fleurs avec ses compagnes dans les prairies d'Enna*.

VERLAC (BERTRAND), né à Montpellier ou dans les environs en 1757, était avocat au présidial de Nîmes en 1781; il abandonna le barreau pour accepter la place de profess. d'anglais à l'école de la marine. Monge, qui l'avait connu, devenu ministre de la marine, le nomma commis principal au bureau des colonies orientales. En 1810, malgré la haine qu'il portait à Napoléon, il accepta les fonct. de commiss. de police à Bois-le-Duc, puis à Anvers; mais il ne put se faire installer. Il mourut à Paris, à l'hôpital de la Charité, en 1819. On a de lui : *Poëmes et poésies*, Nîmes, 1782, in-8; La Haye, 1786, in-8; 1802, in-8. — *Nouveau plan d'éducat. pour toutes les classes de citoyens, avec un Traité de la liberté civile*, trad. de Price, Rennes, 1790, in-8. — *Mémoire sur les écoles de marine*, etc., 1791, in-8. — *Règne de Buonaparte, quatorze satires en vers français, par un imitateur de Juvénal*, 4 cahiers in-8 (7 de ces satires n'ont pas vu le jour). — *Histoire de mes voyages en France, en Hollande, en Belgique et en Angleterre, avant mon arrestat. à Paris sous la tyrannie de Napoléon*, etc., Bruxelles, 1813, in-8, etc.

VERMANDOIS (HÉRIBERT ou HERBERT, comte de), fils d'Herbert, assassiné par le comte de Flandre, descendait de Pépin, roi d'Italie, le second fils de Charlemagne. Il entra dans la ligue des gr. vassaux contre Charles-le-Simple, et, profitant de la détresse des royalistes après la bataille de Soissons, il s'empara par ruse de la personne du roi, qui mourut prisonnier à Péronne (929). S'étant brouillé avec Raoul, comte de France, il s'allia avec Henri, roi de Germanie; mais chassé du Vermandois, il fut obligé de renoncer à une partie de ce comté pour obtenir la paix. En 936, Louis-d'Outremer, monté sur le trône, lui pardonna sa trahison, ce qui n'empêcha pas le perfide vassal de s'allier avec Hugues-le-Grand, fils de Raoul, contre le faible monarque. Il s'empara des domaines de St-Remi et de Reims, dont il chassa l'archevêque, pour y placer son fils. Soutenu par Othon, il tenta de rentrer en possession des villes du Vermandois qu'il avait perdues; mais il fut arrêté dans ses projets par une maladie de langueur dont il mourut (943). Le peuple regarda cette mort comme la punition de son impiété (*v. la Chronique de Flodoard*).

VERMANDOIS (RAOUL, comte de), dit *le Vaillant*, fils de Hugues-le-Grand et petit-fils de Henri Ier, roi de France, naquit vers 1094. Il aida Louis-le-Gros à abaisser la puissance des gr. vassaux, et le servit dans la guerre contre Gui de Rochefort et Thibaut, comte de Blois et de Champagne, auquel il enleva le château du Puiset (1112). Élevé à la dignité de gr.-sénéchal en 1131, il partagea dès lors les soins du gouvernement avec l'abbé Suger, dont il mérita l'estime. Ayant accompagné Louis-le-Jeune à Bordeaux lors du mariage de ce prince avec Éléonore de Guienne, il épousa lui-même la belle Alix ou Adélaïde, sœur cadette d'Éléonore, après avoir répudié sa première femme, sœur du comte de Blois. Sur la demande de celui-ci, qui ne respirait que la vengeance, Raoul fut excommunié. Cependant le roi ravagea les terres de Thibaut pour l'obliger à faire lever l'excommunicat. Plus tard, lorsqu'il partit pour la Terre-Sainte, ce fut à son beau-frère qu'il confia le commandem. des troupes qui devaient rester à la disposit. du régent Suger.

Raoul fit des dons aux abbayes pour réparer le scandale de son divorce, et mourut en 1151 ou l'année suiv., regretté de ses vassaux et de son souverain. Le seul reproche fondé qu'on puisse lui adresser est d'avoir dépouillé sa sœur du comté d'Amiens pour s'agrandir. On trouve sa *Vie* parmi celles des *Hommes illustres de France*, par d'Auvigny, VII, 56-94.

VERMANDOIS (Louis DE BOURBON, comte de), fils naturel de Louis XIV et de la duchesse de La Vallière, né en 1667, fut légitimé en 1669, et nommé la même année amiral en remplacement du duc de Beaufort. Il mourut à Courtrai d'une fièvre maligne en 1683, au retour de sa prem. campagne. Malgré les vifs regrets qu'excita sa perte prématurée, on n'aurait presque rien à dire de lui si l'auteur des *Mémoires secrets pour servir à l'histoire de la cour de Perse* (Amsterdam, 1745) n'eut essayé de le faire passer pour ce fameux *Masque de fer*, dont la destinée est restée si mystérieuse. Sainte-Foix, dans le dernier vol. de ses *Essais historiques sur Paris*, et plus. autres écriv., ont réfuté victorieusement cette supposition. Un mot en démontrera l'absurdité. Le *Masque de fer* mourut à la Bastille en 1703. — V. l'article MASQUE DE FER.

VERME (JACOB), condottiere du 15e S., était de Vérone et d'une famille gibeline. Il servit fidèlem. Jean-Galeaz Visconti, qui le désigna par son testament comme un des conseillers de régence de son fils. Il n'abusa point de son autorité comme tous ses collègues pour se former une petite principauté. En 1404, il passa au service des Vénitiens, et après avoir commandé leurs armées contre François de Carrare, il sollicita le conseil des dix de faire périr avec toute sa famille ce prince, son ennemi personnel. — Taddéo de VERME, fils de Jacob, se fit aussi quelque réputat. dans la même carrière.

VERMEIL, né à Montpellier vers la fin du 16e S., se livra dès sa jeunesse à l'étude des sciences militaires, signala ses talents au siège de sa ville natale (1622), alla faire ensuite le commerce au Caire et à Constantinople, passa de là en Éthiopie, et obtint de l'empereur des Abyssins le commandem. d'une armée de 10,000 hommes, avec laquelle il battit un prince voisin. L'empereur le nomma son principal ministre et le chef de toutes ses armées. Vermeil mourut en Abyssinie vers le milieu du 17e S.

VERMEIREN (AUGUSTIN), né en 1656 à Dendermonde en Flandre, mort à Bruges en 1703, prieur du couvent des carmes de l'ancienne observance, où il portait le nom de P. Augustin de Saint-Gommer, est auteur du *Fabuliste moral*, en vers flamands, avec des notes, Gueldre, 1710, in-4.

VERMEULEN (CORNEILLE), dessinateur et graveur au burin, né en 1644 à Anvers, où il mourut en 1702, a gravé le portrait avec une rare perfection. On estime moins ses sujets historiques. Parmi ses nombreux portraits, on distingue: *le maréchal de Luxembourg*, d'après Rigaud; *le maréchal de Catinat*, d'après Vivier; *Anne de Boulen*, femme de Henri VIII; *Olivier Cromwell*.

VERMEYN (JEAN-CORNELIS), peintre hollandais, né à Berwick, mort à Bruxelles en 1559, fut élève de son père, aussi nommé Cornelis. Il plut beauc. à Charles-Quint, qui voulut l'avoir avec lui dans ses voyages, et qui le mena même à Tunis, où ses talents comme ingénieur furent très utiles à l'armée impériale. Vermeyn représenta div. actions de cette guerre, notamm. le siége et la vue de Tunis. Il avait orné de belles compositions l'abbaye de St-Waast en Flandre, et les églises de Ste-Gudule et de St-Gorecks, à Bruxelles. — Un de ses frères, nommé Jean, habile orfévre et savant modeleur, fut également honoré de la protection de Charles-Quint.

VERMINA, fils de Syphax, roi de Numidie, dépouilla Massinissa de ses états et fut battu à son tour par ce prince réuni aux Romains, qui le firent servir d'ornement au triomphe de Scipion-l'Africain (203 av. J.-C.), et pourtant, par un effet de leur politique, lui rendirent, après la mort de son père, la partie de la Numidie qui n'avait pas été annexée au royaume de Massinissa.

VERMOND (l'abbé MATTHIEU-JACQUES de), était docteur de Sorbonne et bibliothécaire au collége Mazarin, lorsque ses liaisons avec Loménie de Brienne, lui ouvrirent une carrière plus conforme à son esprit d'intrigue. Marie-Thérèse, désirant que sa fille, Marie-Antoinette, dont le mariage avec le duc de Berri (Louis XVI) était arrêté, se perfectionnât dans la langue française; lui avait donné pour lecteurs deux comédiens, qui ne tardèrent pas à être renvoyés sur les représentations du cabinet de Versailles. L'impératrice demanda un ecclésiastique pour les remplacer, et le duc de Choiseul, sur la recommandation de Loménie, confia cette mission assez importante à l'abbé de Vermond, dont les relations avec le parti philosophique lui parurent une garantie suffisante. Dénué de tout avantage extérieur, mais sachant concilier une gr. finesse avec une sorte de brusquerie qui lui donnait l'air de la franchise et de l'originalité, l'abbé eut bientôt gagné l'amitié de la jeune archiduch. L'instituteur revint en France avec son élève; il eut le talent de se faire regarder comme nécessaire pour revoir les lettres qu'elle écrivait à Vienne, et conserva sur elle le même ascendant. Il encouragea l'aversion déjà très forte que la dauphine montrait pour l'étiquette rigoureuse de la cour de Versailles, applaudit à ses railleries sur les gens qui lui en rappelaient les règles, et, dans la crainte de perdre son influence, l'empêcha de voir familièrement MESDAMES, filles de Louis XV, dont les sages conseils lui auraient épargné bien des torts apparents et le ressentiment de plusieurs familles puissantes. A l'avénement de Louis XVI, l'abbé s'efforça de jeter la reine dans le tourbillon des affaires publiques, et l'engagea, mais inutilement, à demander le rappel du duc de Choiseul. Louis XVI avait une antipathie marquée pour l'instituteur de sa femme, auquel il n'adressa même qu'une seule fois la parole en sa vie; mais celui-ci n'en jouissait pas moins d'une assez gr. influence, qu'il sut conserver avec beaucoup d'adresse. Riche en biens ecclésiastiques, recevant les hommages assidus des ministres et des prélats, il borna son ambition à dominer dans l'intérieur de la reine. Mais là il ne souffrait aucun partage, et se montrait jaloux des moindres officiers de la maison. Il se retira de la cour devant le crédit toujours croissant de la comtesse Jules de Polignac; mais au bout de 15 jours on l'y vit reparaître, sur l'invitation de Marie-Antoinette, dont il obtint préalablement l'assurance qu'il n'aurait à recevoir d'ordres que d'elle en personne, et qu'elle lui ferait donner 80,000 livres de revenus en biens ecclésiastiques. Il commença alors un second règne, qu'il étendit cette fois sur les affaires de l'état, en poussant la reine à y prendre part autant que possible. Il contribua ainsi à faire arriver Loménie de Brienne au contrôle-général et à la présidence du conseil, et se fit l'instrument de la cabale secrète qui visait à mettre l'action du gouvernement entre les mains de Marie-Antoinette. Dans la déplorable affaire du collier, ce fut lui surtout qui conseilla à cette malheureuse princesse de donner un éclat trop imprudent à sa juste vengeance contre le cardinal de Rohan. Lors des prem. troubles de la révolution, il devint l'objet de l'exécration publique, au point que la reine l'engagea à se rendre (1789) à Valenciennes, où commandait le prince d'Esterhazy. Il ne put rester long-temps dans cette ville et partit pour Coblentz, puis pour Vienne, où il mourut. Tous les mémoires du temps, et particulièrement ceux de Bezenval et de Mme Campan, s'accordent à le peindre comme un intrigant dangereux. L'abbé Georgel, qui lui devait de la reconnaissance, est le seul qui parle de lui avec quelques ménagements.

VERNAGE (MICHEL-LOUIS), médecin, né à Paris en 1697, mort en 1773, fut reçu docteur régent de la faculté à l'âge de 21 ans, et se vit bientôt recherché de ses confrères, du grand monde et des gens de lettres. Voltaire l'a célébré en beaux vers dans un de ses discours philosophiques. Fort jeune encore, il fut appelé auprès du roi de Pologne, Stanislas, malade à Chambord, et le sauva. Il prit part, en 1752, au traitement de la petite-vérole du dauphin, fils de Louis XV, et obtint un heureux succès, que le roi récompensa en lui octroyant des lettres de noblesse. Devenu l'ancien de sa compagnie depuis 1770, il remplissait de plus à cette époque les fonctions de censeur royal. Il n'a publié, et encore sans y attacher son nom, que ses *Observations sur la petite-vérole naturelle et artificielle*, Paris, 1775, in-12 (v. l'*Éloge historique de Vernage*, par Malouet, en 1776).

VERNAZZA (JOSEPH), antiquaire et philologue, né à Albe (*Alba Pompeia*) en 1745, reçut dès l'âge de 20 ans le grade de docteur en droit à l'univ. de Turin, et fut ensuite employé dans divers ministères. Conciliant ses devoirs avec ses goûts, il s'occupa de recherches sur les antiquités romaines et sur celles de son pays, résolu de ne point perdre son temps et celui de ses lecteurs à ressasser des découvertes déjà faites. On lui dut la connaissance des véritables origines de la peinture à l'huile et de l'art typographique en Piémont. Mais c'est surtout à son talent pour déchiffrer les inscriptions anciennes, qu'il faut attribuer sa gr. réputation. Ne possédant qu'une fortune médiocre, il s'était mis, par ses acquisitions précieuses, dans un état de gêne qui devint plus pénible par la persécution momentanée qu'il essuya lors de l'invasion du Piémont par les Français. Il fut néanmoins préposé sous l'empire à la bibliothèque publique de Turin, avec la charge d'enseigner l'histoire et les belles-lettres. Destitué après la restauration, il fut rappelé à l'enseignem. par le ministre Balbe. En 1816, il fut créé conseiller du roi et du prince de Carignan, et mourut en 1822. Entre autres ouvr. on a de lui : *Dissertation sur les monnaies de Suze; Essai sur les anciens peintres à l'huile du Piémont; Dissertation sur la patrie de Christophe Colomb*, etc. Son *Éloge*, par le professeur Boucheron, fut lu à l'acad. des sciences de Turin, 23 juin 1822.

VERNE (LÉGER-MARIE-PHILIPPE TRANCHANT, comte de LA), né en 1769 au château de Borrey, près de Vesoul, alla puiser, jeune encore, à l'université de Goettingue, la connaissance du droit public et le goût des idées philosophiques qui dominaient alors dans les écoles de l'Allemagne. Il n'en fut pas moins effrayé de la marche de la révolution, qu'il avait approuvée d'abord, et rejoignit l'armée des princes à Coblentz. Après avoir fait la campagne de 1792, il se rendit à Pétersbourg, où il fut employé dans les bureaux du prince Alexandre-Kourakin. Rentré en France en 1800, il était attaché depuis 7 ans au dépôt général de la guerre comme traducteur pour la langue allemande, lorsqu'il mourut en 1815. Ses princip. ouvr. sont : *Esprit du système de guerre moderne*, trad. de l'allem., Paris, 1803, in-8. — *Voyage d'un observateur de la nature et de l'homme dans les montagnes du canton de Fribourg*, etc., ib., 1804, in-8. — *L'Art militaire chez les nations les plus célèbres de l'antiquité et des temps modernes, analysé et comparé*, etc., 1805, in-8. — *Traité de la gr. tactique prussienne*, etc., trad. de l'allem., 1808, in-8.

VERNEREY (JEAN), *Verneretus*, littérateur, né vers 1540 à Passonfontaine, près de Pontarlier, fit ses études à Dole et à Paris, et alla se perfectionner ensuite sous les plus célèbres profess. de Bologne, de Pavie et de Padoue. Il revint en France au plus tard en 1575, et mourut peu après son retour, avant l'âge de 40 ans. On a de lui : *Compendiosa Institutio in universam dialecticam ex Aristotele, Ripio, aliisque auctoribus collectam*, Pavie, 1565, in-4; Lyon, 1575, in-8, etc.

VERNES (JACOB), pasteur de Genève, né dans cette ville en 1728, fut lié d'abord avec Rousseau, et se rangea néanmoins parmi ses adversaires lors de la condamnat. de l'*Émile*. Cette humeur susceptible qui l'arma contre le catholicisme de Rousseau ne l'empêcha pas de rester lié intimement avec Voltaire, et cette liaison ne l'empêcha pas non plus de se ranger parmi les ennemis décidés des philosophes qu'il attaqua vivement dans son ouvr.

intitulé : *Confidence philosophique*, 1771, in-8 ; 4e édit., 1788, 2 vol. in-8 ; trad. en allem. et en angl. Vernes mourut en 1791. Nous citerons encore de lui : *Lettres sur le christianisme de J.-J. Rousseau*, ib., 1763, in-8. — *Dialogue sur le christianisme de J.-J. Rousseau*, ibid, 1763, in-8. — *Réponses à quelques lettres de J.-J. Rousseau*, ibid, 1765, in-8, — *Des Sermons*, Lausanne, 1792, 2 vol. in-8, précédés de la *Vie* de l'aut. par son fils.

VERNET (JACOB), professeur de théologie à Genève, né dans cette ville en 1698, mort en 1789, pendant sa longue carrière étudia presque toutes les sciences ; mais il rapporta tous ses travaux à son étude favorite, celle de la religion et de l'Écriture sainte. Dans ses voyages en France, en Italie, en Allemagne, en Angleterre, il se lia avec plus. personnages distingués, entre autres, Montesquieu, Rousseau et Voltaire. Mais il finit par se brouiller avec ce dernier, dont il avait relevé quelques erreurs. On trouve la liste complète de ses écrits dans le *Mémoire sur sa vie et ses ouvrages*, par M. Saladin, son petit-fils d'alliance, 1790, in-8 ; les plus intéressants sont : *Traité de la vérité de la religion chrétienne*, 10 vol. in-8, dont le 1er parut en 1730 et le dern. en 1788. — *Dialogues socratiques, ou Entretiens sur divers sujets de morale*, Paris, 1745 ; avec addit., ibid, 1755. — *Lettres sur la coutume moderne d'employer le* vous *au lieu du* tu, *et sur la question: Doit-on employer le tutoiement dans les versions de la Bible?* La Haye, 1752, in-12. — *Instruction chrétienne*, Neuchâtel, 1752, 4 vol. in-8 ; Genève, 1756, 1771 et 1807, 5 vol. in-12.

VERNET (CLAUDE-JOSEPH), peintre célèbre, né à Avignon en 1714, s'embarqua pour l'Italie à l'âge de 18 ans pour aller se perfectionner dans son art, dont il n'avait encore reçu de leçons que de son père Antoine, artiste d'ailleurs assez habile. Ce prem. voyage de mer détermina la direction de son talent et l'agrandit, au point qu'il n'avait déjà plus de rival comme peintre de marine quand il arriva à Rome: Il s'empressa pourtant d'entrer chez Bernardin Fergioni, qui cultivait ce genre avec succès. Les premiers temps de son séjour à Rome furent pénibles, et il fut obligé de tirer parti de son pinceau pour suppléer aux faibles ressources qu'il avait apportées de France. Mais bientôt son talent et son aimable caractère lui donnèrent une foule d'admirateurs utiles et d'amis distingués. Il se maria et fut reçu membre de l'acad. de St-Luc. Enfin, après 22 ans d'absence, il fut rappelé par Louis XV, qui voulait le charger de peindre les ports principaux de France. Ce fut dans la traversée que, pour tracer sur son livre de souvenirs l'esquisse d'une tempête, il se fit attacher au mât du navire. A son arrivée à Paris, il fut reçu membre de l'acad. de peinture, puis il alla visiter les différents ports qu'il devait représenter, et, en moins de 10 années, il s'acquitta de cette tâche ingrate et difficile avec la supériorité que l'on était en droit d'attendre de son talent. Il revint alors avec amour à son premier genre, et continua de protester pour ainsi dire à lui seul, par une foule de nouveaux chefs-d'œuvre, contre le mauvais goût qui avait envahi toutes les branches de l'art du dessin. Élevé au rang de conseiller de l'acad. en 1766, il mourut en 1789, tenant encore le pinceau. On trouve en lui deux manières tout-à-fait différentes et presque opposées. La première, qu'il se forma au commencem. de son séjour à Rome, se rapproche de celle de Salvator Rosa, dont elle a la vigueur et la fierté. La seconde, qu'il adopta quelque temps avant son retour en France et qu'il conserva jusqu'à la fin de sa carrière, se distingue par des teintes plus variées et par une facilité merveilleuse. On porte à plus de deux cents les tableaux qu'il a exécutés seulement de 1752 à 1789. Le musée en possède vingt-sept, dont la collection des ports de France, au nombre de quinze, et *le Soir, ou la Tempête*, regardé comme son chef-d'œuvre, et que Balechou a gravé d'une manière admirable.

VERNET (ANTOINE-CHARLES-HORACE, plus connu sous le nom de CARLE), peintre célèbre, né en 1758 à Bordeaux, fut élève de son père, dont l'article précède. En 1775 il remporta le second grand prix et le premier en 1782, et se rendit à Rome en qualité d'élève-pensionnaire. De retour à Paris en 1788, il fut admis à l'école royale de peinture, sur la présentat. de son tabl. représentant le *Triomphe de Paul-Émile*, vaste composit. du plus bel effet, et que l'on voit maintenant au musée. Doué de l'organisation la plus heureuse et d'une prodigieuse facilité de travail, il traitait avec une égale facilité divers genres ; un goût prononcé pour l'équitation le mit à même de faire une étude particulière des chevaux, et aucun peintre ne l'a surpassé dans la représentation de ce noble animal, qu'il a peint sous toutes les formes et dans toutes les positions imaginables. Carle mourut à Paris en 1836, laissant un fils (Horace) qui soutient dignem. la réputation de son père et de son aïeul. Parmi ses productions on distingue : une *Revue dans la cour des Tuileries par le 1er consul*, grand dessin qui a été gravé ; les *Batailles de Rivoli, de Marengo, de Tolosa* et *de Wagram*, au musée de Versailles ; *l'Entrée des Français dans Milan ; le Matin de la bataille d'Austerlitz* : Napoléon y est représenté entouré de ses maréchaux, auxquels il donne ses dernières instructions. Ses plus beaux portraits sont celui de *Napoléon*, gravé plus. fois, et celui du *duc de Berry*, représenté à cheval, en costume de colonel-général des dragons. On doit en outre à Carle Vernet des *Collections d'études* en tout genre, qui ont été gravées et qu'il a lithographiées lui-même avec beaucoup de succès.

VERNEUIL (CATHERINE-HENRIETTE DE BALZAC D'ENTRAIGUES, marquise de), était fille de François d'Entraigues, gouvern. d'Orléans, et de Marie Touchet, qui avait été la maîtresse de Charles IX. Henri IV devint éperdum. amoureux d'elle après la mort de la duchesse de Beaufort, et se laissa bientôt arracher, outre cent mille écus, la promesse de l'épouser, si, dans l'année, elle lui donnait un fils. L'ambitieuse d'Entraigues accoucha avant terme : mais à peine rétablie, elle alla recevoir l'hommage des drapeaux conquis par Henri IV dans la Maurienne sur les troupes du duc de Savoie. Lors du mariage de son royal amant avec Marie de Médicis, elle manifesta un ressentiment dont la violence ne pût être apaisée que par le don du marquisat de Verneuil. Elle vint habiter le Louvre, et y mit au monde un fils un mois après la naissance du dauphin, et, l'année suivante, une fille, qui fut mariée au duc d'Épernon. Elle eut plus d'une querelle avec Sully et avec la reine, et manqua un jour d'être souffletée par Henri IV; elle se vit enfin obligée de rendre à ce prince la promesse de mariage qu'elle en avait reçue. Mais elle se fit payer cette complaisance 20,000 écus. Lorsqu'elle eut perdu l'espoir d'épouser son amant, elle osa concevoir l'idée de le détrôner, et devint l'âme d'une conspirat., dont son père et le comte d'Auvergne, son frère utérin, étaient les princip. agents. Ceux-ci furent condamnés à mort. La marquise, effrayée, eut recours à la clémence du roi qui lui fit grâce entière, et, à sa considération, commua la peine des deux coupables en une détention. Elle passa le reste de ses jours tantôt à Verneuil, tantôt à Paris, où elle mourut en 1633, à l'âge de 50 ans.

VERNEY (Pierre), médecin, né vers la fin du 15° S. à Semur, dans l'Auxois, a laissé, *Emmanuel, pronostication aphoristique, personnelle et perpétuelle du divin et maître des médecins Hypocras*, Lyon, Leprince (vers 1520), in-4, goth. de 8 feuill., très rare. — *Le livre des principes, prévisions ou pronostiques du divin Hypocras*, etc., Lyon, P. de Sainte-Lucie, 1539, in-8 de 19 feuill.; ibid., Dolet, 1542, in-8 de 38 pages. — VERNEY (Pierre), méd., né à Dole vers 1577, y fut pourvu de la chaire de langue grecq., qu'il échangea bientôt contre celle d'anatomie, et se chargea de faire en même temps des cours de matière médicale et de botanique. Il mourut en 1630. Le seul ouvrage imprimé que l'on connaisse de lui est l'*Antidote apologétic de la peste*, suivi d'un petit traité latin *De recto syrupi de cassià usu epilogismus*, Dole, 1629, in-8. Il a laissé quelq. MSs.

VERNIER (Pierre), mathématic., né vers 1580 à Ornans, fut nommé capitaine commandant du château de cette ville, conseiller du roi d'Espagne, et direct.-gén. des monnaies du comté de Bourgogne. On lui doit l'instrument que des astronomes ont attribué à Nonius; mais les réclamations de Lalande l'ont fait restituer à Vernier, dont il est juste de lui conserver le nom. Il a donné l'explication de son instrument sous ce titre : *La construction, l'usage et les propriétés du quadrant nouv. de mathémat.*, Bruxelles, 1631, in-8. On lui attribue un *Tr. de l'artill.*, resté MS. Vernier mourut en 1637.

VERNIER (Théodore), pair de France, né à Lons-le-Saunier en 1731, était en 1789 l'un des avocats les plus distingués du barreau de cette ville. Devenu membre de l'assemblée constituante, il en fut élu président en 1791. Homme honnête et droit, l'estime et les égards de ses collègues furent la récompense de ses bonnes intentions et de son zèle. Renvoyé par son départem. à la convention, lors du procès de Louis XVI, il déclara qu'il ne se regardait pas comme juge, et vota pour le bannissement et pour l'appel au peuple. Après s'être opposé vainem. aux projets désorganisateurs de la montagne, il finit par être décrété d'arrestation pour avoir protesté contre la journée du 31 mai. Il se réfugia dans le Jura, puis dans le canton de Zurich, dont les habitants lui offrirent les lettres de bourgeoisie. Rappelé dans le sein de la convention en 1794, il la présidait dans les fameuses journées de prairial (mai 1795), et sut braver les menaces d'une populace furieuse. Élu membre du conseil des anciens, il le présida le 21 janvier 1796, et prononça le serment de haine à la royauté. Après la journée du 18 brumaire, à laquelle il eut beaucoup de part, il entra au sénat et dans les conseils privés de Bonaparte, aux projets duquel il s'opposa néanmoins avec fermeté. Nommé commandeur de la Légion-d'Honn., puis comte, puis le maître de la France, il fut appelé par Louis XVIII à la chambre des pairs en 1814, et maintenu dans cette haute dignité lors du second retour des Bourbons. Il mourut à Paris en 1818. Nous citerons de lui : *Éléments de finances*, Paris, 1791, in-8. — *Sur l'éducation*, ibid., 1802, in-8 de 41 p. — *Notices et observat. pour préparer et faciliter la lecture des Essais de Montaigne*, ib., 1810, 2 vol. in-8.

VERNIER (Jean), curé de Pin, en Franche-Comté, dans la première moitié du 17e S., établit dans ce village, d'après les conseils de son confrère Perrenin Menestrier, une imprimerie qu'il dirigea lui-même pend. plus. années, et d'où sont sortis quelq. ouvr. de liturgie, les *Heures paroissiales*, encore désignées dans le diocèse de Besançon sous le titre d'*Heures de Pin*, deux ouvr. ascétiq. de Perrenin Menestrier; les *Définitions philosophiq.* de J. Thierry, et les *Attributs de la Ste Vierge* par J. Terrier. Cette imprimerie ne subsistait plus en 1637.

VERNIER (Jean-Baptiste-Thadée), prêtre, né en 1760 à Ouvans, diocèse de Besançon, entra, n'étant encore que diacre, dans la maison des missionnaires de Beaupré. Au commencement de la révolution, il refusa le serment et se retira en Suisse, où il resta deux ans. Rentré en France, il enseigna en secret la théologie à quelq. jeunes gens des montagnes que les excès de la terreur n'empêchaient pas d'aspirer au saint ministère. Lors du rétablissem. du culte en 1802, il fut nommé desservant de la succursale d'Ouvans, et continua d'y enseigner avec succès la philosophie et la théologie. En 1814, il passa, sans l'avoir sollicité, à la place de directeur et de professeur au grand séminaire de Besançon. Deux ans après, il rentra dans la communauté des missionnaires de Beaupré, dont il devint le supérieur en 1821. Il continua dès lors ses exercices de prédicat. dans div. paroisses avec cette ardeur apostoliq. dont il était enflammé. Les habitants des campagnes aimaient à entendre sa voix, et ses *Discours* ont fait un bien immense. On lui doit une édit. augmentée des *Méditations* du P. Médaille; des *Méditations sur les vérités de la vie chrétienne*, Besançon, 1832, in-8, dont le fond est de Beuvelet; *Theologia practica sub titulis sacramentorum*, 1828, 2 vol. in-8. L'auteur y montre une grande science, beaucoup de modestie et une expérience consommée. L'abbé Vernier mourut en 1834.

VERNINAC DE SAINT-MAUR (RAIMOND), né à Gourdon, dans le Querci, en 1762, avocat à Paris, n'était connu que par quelq. pièces de vers insérées dans les journ., lorsqu'en 1791 il fut nommé l'un des trois commissaires médiateurs chargés de rétablir la tranquillité dans le Comtat-Venaissin. Cette commission ne put empêcher les *brigands* de Vaucluse de rentrer en triomphe à Avignon, et d'y braver la municipalité, qui s'était opposée à leurs pillages. C'est à la dissidence de Verninac, avec ses collègues (v. LESCÈNE DES MAISONS et MULOT), qu'on a généralement attribué, non sans raison, l'ascendant que de furieux démagogues prirent dès lors sur la municipalité de cette ville. Il consentit à accompagner leurs députés à Paris, fit à l'assemblée constituante un rapport rassurant sur l'état du Comtat, retarda ainsi l'envoi de nouv. commissaires, et assuma, en quelq. sorte, la responsabilité des massacres de la *Glacière* (16 et 17 oct. 1791). Malgré ce triste début, Verninac fut chargé d'affaires de France en Suède (1792), envoyé extraordin. auprès de la Porte othomane (1795), préfet du Rhône (1800), et ministre plénipotent. en Helvétie (1801). Dans toutes ces fonctions, il montra une habileté, une sagesse et une modérat. qui firent oublier les prem..torts politiques. Rappelé à Paris, en 1802, sous le prétexte d'y assister aux séances de la *consulta* helvétique, réunie sous les ordres de Bonaparte, il fut disgracié pour avoir défendu l'indépend. du Valais, dont le maître de la France voulait faire un département. Les Valaisans, en revanche, lui accordèrent, ainsi qu'à sa famille, le titre et les droits de citoyens du Valais. Verninac mourut à Mansle, près d'Angoulême, en 1822. Nous citerons de lui: un *Recueil de poésies fugitives*, Paris, 1787, in-18, et une *Description physique et politiq. du départem. du Rhône*, ib., 1802, in-8. L'*Éloge historiq. de R. Verninac*, par M. Dumas, est imprimé dans le t. IV des *Archives historiq. du départ. du Rhône*.— L'abbé VERNINAC DE SAINT-MAUR, frère ou oncle du précéd., vicaire-gén. de Rodez, prononça, dans l'église du Val-de-Grâce, en 1786, l'*Oraison funèbre de Louis-Philippe, duc d'Orléans*, dont le *Mercure de France* du 29 juillet rend un compte favorable.

VERNIQUET (EDME), architecte, né à Châtillon-sur-Seine en 1727, mort en 1804, enrichit la Bourgogne d'une foule d'églises, de châteaux, de ponts, d'usines, etc., fit exécuter des travaux importants dans le Maine, le Poitou, l'Ile-de-France et d'autres provinces, et seconda Buffon dans ses projets d'améliorat. au Jardin-du-Roi. Mais il est surtout connu par son plan de Paris sur une échelle d'une demi-ligne pour toise, travail immense qui lui coûta 28 ans de soins et d'application. Ce plan, composé de 72 feuill. grand atlas, y compris les cartouches et les cartes des opérat. trigonométriques, parut en 1796.

VERNON (ÉDOUARD), amiral anglais, né à Westminster en 1684, commença sa carrière, en 1702, sous l'amiral Hopson, et fut envoyé la même année aux Indes-Occidentales, sous le commodore Walker. Parvenu au grade de contre-amiral après plusieurs exploits qui portèrent des coups funestes au commerce français, il fut nommé membre du parlem. à l'avénement de George II (1727). Il reçut, en 1739, une commission de vice-amiral, avec l'ordre d'aller détruire les établissements espagnols dans les Indes-Occidentales; la prise de Porto-Bello, qu'il emporta en moins de deux jours, fut pour lui et pour sa nation la source d'avantages considérables. D'autres services, mais bien moins éclatants, qu'il rendit ensuite aux Anglais, ne l'empêchèrent pas d'être rayé de la liste des amiraux, pour avoir désobéi aux ordres des lords de l'amirauté, et pour avoir forcé les hommes qu'il commandait à un service trop pénible. Dès lors il ne se mêla plus des affaires publiq. qu'en sa qualité de membre de la chambre des communes, et mourut subitem. en 1757, dans sa terre de Nacton, en Suffolk.

VERNULÆUS (NICOLAS DE VERNULZ, en lat.), littérateur estimable, né à Robelmont, dans le duché de Luxembourg, en 1583, mort en 1649, fut un des professeurs qui contribuèrent le plus à la réputation de l'univ. de Louvain dans le 17e S. Il a laissé un gr. nombre d'ouvr. MSs. Nous citerons les princip.: *Institutionum politicarum libri VI*, Louvain, 1624, in-12. — *Institutionum moralium libri IV*, ib., 1625, in-12. — *Institutionum œconomicarum libri II*, ibid., 1626, in-12 (ces trois ouvr. ont été réimpr. en 1647 et 1649, in-fol.).— *Tragediæ*, ibid., 1656, 2 vol. in-12 (v. l'*Histoire littér. des Pays-Bas*, par Paquot).

VERNY (CHARLES-FRANÇOIS), poète, né à Besançon en 1753, mort à Paris en 1811, entra dans les aides, mais ne tarda pas à se démettre de son emploi, pour ne pas être témoin des vexations qu'il ne pouvait empêcher. Aussi se montra-t-il favorable à la révolut., qui lui faisait espérer la réforme des abus dont il avait gémi. Ses ouvrages respirent la morale la plus pure, et sa conduite fut constamment en harmonie avec ses écrits. On a de lui: *Idylles sentimentales, suivies de mes vœux*, Genève (Besançon), 1787, in-8. — *Roxane, poème héroï-comique en V chants, suivi de Pièces justificatives*, Genève (Besançon), 1788, in-8; Paris, 1809, in-18.— *Le Départ du volontaire du Jura*, idylle, 1792, in-8. Il a laissé plus. ouvr. MSs. M. Agniel a publ. une *Notice* sur Verny dans le *Nouvel almanach des muses*, 1812.

VÉRON (FRANÇOIS), jésuite, né à Paris vers 1575, était à peine revêtu du sacerdoce qu'il parcourut différentes provinces du royaume en qualité de missionnaire. Enflammé d'un nouveau zèle par ses succès, il sortit de la société, en 1620, pour travailler plus librement à la conversion des protestants. Par lettres-patentes du 16 mars 1622, le roi l'autorisa à faire ses prédicat. dans les places publiques, et à disputer avec tous ceux qui se présenteraient, sans pouvoir en être empêché. Lorsque les querelles du jansénisme commencèrent, l'infatigable controversiste publia le *Bâillon des jansénistes*, comme il avait écrit dans sa jeunesse l'*Abrégé de l'art et méthode nouvelle pour bâillonner les ministres*; ce qui a fait dire que l'auteur *méritait le bâillon qu'il voulait mettre aux autres*. Il mourut curé de Charenton en 1649. Ses princip. ouvr. sont: *Traité de la puissance du pape*, Paris, 1626, in-8. — *De la primauté de l'Église, ou de la Hiérarchie en icelle*, ibid., 1641, in-8. — *Le Moyen de la paix chrétienne*, ib., 1659, in-8. — *Méthode de traiter les controverses de religion*, ib., 1638, in-fol. — Pierre-Antoine VÉRON, astronome, né aux Authieux-sur-Buchy en 1736, manifesta de bonne heure des dispositions pour les mathématiq., et quoique destiné par son père à l'état de jardinier, il parvint à suivre sa vocat.; mais ce fut pour entrer dans les emplois subalternes de la marine. Après plus. voyages infructueux pour son avancement, mais non pour son instruction, il partit en 1767 avec Bougainville pour faire le tour du monde. Il remplit les fonct. de pilote dans cette fameuse expédition, mérita l'estime et la confiance de Bougainville, et fut autorisé à débarquer, avant le terme du voyage, à l'Ile-de-France, où Poivre voulait utiliser ses connaissances. De là il fit voile avec M. de Trémignon pour les Moluques, s'occupa continuellement pendant cette longue traversée, de l'observation des longitudes en mer, et détermina aussi la longitude de toutes les terres. Mais son zèle ne tarda pas à lui devenir funeste. Étant abordé à Timor, il descendit à terre pour faire des observat. plus suivies, fut atteint du typhus, et y succomba en 1770, à peine âgé de 34 ans.

VÉRONÈSE (PAUL CALIARI, plus connu sous le nom de), peintre célèbre, naquit à Vérone en 1528 ou 1530, selon divers biographes. Fils d'un sculpteur, le jeune Paul fut élevé par un de ses oncles, peintre. Ses premiers essais révélèrent son génie. S'élevant bientôt à la hauteur du Titien et du Tintoret (v. ces noms), il les surpassa par une élégance plus recherchée et une variété d'ornem. plus abondante. Son imagination vive et féconde laisse cependant à désirer plus de choix dans ses poses, plus de finesse dans ses expressions, et, nous devons le dire, plus de goût dans le dessin et dans le costume de ses personnages. Il faut lui reprocher aussi d'avoir beaucoup trop négligé dans ses compositions l'unité de temps, de lieu et d'action. Paul Véronèse a travaillé principalement pour la ville de Venise, où l'on retrouve aujourd'hui celles de ses productions, dont la guerre nous avait rendus possesseurs sous le régime républicain. Le musée royal de Paris a conservé dix morceaux de ce peintre : *les Noces de Cana*, tableau remarquable par la multitude des figures, la beauté du coloris, la hardiesse de l'ordonnance; *Loth et ses filles; Suzanne et les deux vieillards; Esther devant Assuérus; la Vierge et l'enfant Jésus*, une *Ste-Famille, les Pélerins d'Emmaüs, Jésus dans la maison de St-Pierre, le Portement de croix, le Christ entre les larrons*, et enfin *une Femme donnant la main à un enfant*. Véronèse mourut en 1588. Le célèbre Guide (v. ce nom) a dit de lui « que s'il avait à choisir entre tous les peintres, il voudrait être Paul Véronèse; que dans les autres on reconnaissait l'art, au lieu que dans celui-ci la nature se montrait dans toute sa vérité. »

VERPOORTENN (GUILLAUME), né à Lubeck vers 1610, mort en 1685 à Cobourg, où il remplissait les fonct. de surintend.-général, est connu par le projet, qu'il fit agréer au duc Ernest, de l'établissement d'un tribunal de douze théologiens, chargé d'examiner les questions difficiles, de les décider, et d'étouffer ainsi toute dissension entre les différentes sectes de la réforme. On aurait ainsi rétabli, dans les communions réformées, le principe de l'autorité qui avait fourni des motifs apparents pour abandonner l'Église catholique. Mais le projet échoua. — VERPOORTENN (Philippe-Théodore), fils du précéd., né à Cobourg en 1657, fut profess. de langue grecque et de poésie à l'univ. de Wittemberg et à Altdorf, où il mourut en 1712. On a de lui : *Regnum salaminium in Cypro*, Cobourg, 1704, in-4. — *De ducatibus in veteri Germaniæ regno hæreditariis*, ibid., 1707, in-4. — *De peregrinorum apud Græcos veteres conditione*, ib., 1708, in-4. — VERPOORTENN (Albert-Menon), frère du précéd., né à Gotha en 1672, remplit des fonctions honorables dans l'instruction publique à Cobourg et à Dantzig, où il mourut en 1752. Nous citerons de lui : *Histoire de la réforme dans le duché de Cobourg* (allem.), 1722, in-8.

VERRÈS (C.-LICINIUS), le plus fameux concussionnaire dont il soit parlé dans l'histoire, naquit à Rome vers l'an 119 av. J.-C. Sa jeunesse se passa dans les plus infâmes débauches. A la faveur des troubles civils et de son zèle apparent pour la cause populaire, il fut nommé questeur de Carbon, qui avait alors (86 av. J.-C.) un commandement dans la Gaule cisalpine. Il ne tarda pas à passer, avec la caisse militaire, dans les rangs des nobles; mais il n'obtint ni l'estime ni la confiance de Sylla, qui se contenta de le payer de son infamie, en lui laissant la jouissance de son vol et lui livrant quelq. victimes des proscriptions. Verrès passa ensuite en Asie (82 av. J.-C.) comme lieutenant du proconsul Dolabella, et fut chargé de conduire la guerre contre les pirates, dont il surpassa de beaucoup les brigandages dans toute la province et même hors de la province, joignant trop souvent à sa cupidité insatiable une horrible dissolut. de mœurs et une inflexible cruauté. Tous ses forfaits ne l'empêchèrent pas d'être nommé préteur (76 av. J.-C.), et d'obtenir même la préture urbaine, c'est-à-dire celle de Rome, qui ne fut pour lui que l'occasion de commettre de nouvelles exactions. Au bout d'un an il fut envoyé en Sicile avec le même titre. La durée totale de cette nouvelle préture, grâce à deux prorogations qu'il obtint, fut de trois années, qu'il employa à exécuter en grand ce qu'il avait huit ans auparav. ébauché en Asie. Il faut lire les *Verrines* de Cicéron pour se faire quelque idée des excès d'avarice, de libertinage, de barbarie et d'extravagance, dont se rendit coupable l'indigne préteur. Il fut enfin rappelé à Rome, où l'attendaient des accusateurs; mais il se riait de leurs efforts, et disait hautement qu'il avait divisé ses trois années de larcins en trois parts, une pour son avocat, une pour ses juges et une pour lui-même. Cicéron se chargea de la cause des Siciliens, et Verrès, qui commençait à trembler, lui fit disputer le titre et les droits d'accusateur par un certain Q.-Cæcilius, dont il était bien sûr d'avoir bon marché. L'habile orateur fit décider en sa faveur cette question préjudicielle, et déploya ensuite une telle activité, que l'infâme concussionnaire n'eut plus d'autre ressource que de traîner l'affaire en longueur jusqu'à l'entrée en charge des nouveaux consuls, Hortensius, son défenseur, et Q.-Métellus, qui lui était vendu. Cicéron vit que la célérité dans cette cause était la première condition du triomphe; il se contenta donc de produire, après un court exorde, les témoins et les pièces, ajoutant seulement un mot de temps en temps pour expliquer les faits et en tirer des inductions. Hortensius crut inutile de prendre la parole, et Verrès partit pour l'exil (72 avant J.-C.), après avoir rendu aux Siciliens, comme dommages et intérêts, 45 millions de sesterces (environ 9 millions). Cicéron, regrettant d'avoir perdu un sujet qui prêtait à de si beaux développements d'éloquence, rédigea, après le gain de sa cause, les cinq mémoires connus sous le nom de *Secunda actio in Verrem*, qui les distingue du plaidoyer si rapide et si efficace dont nous avons parlé, et que l'on nomme *Prima actio*. Voici les titres de ces cinq mémoires : *de Præturâ urbanâ; de Jurisdictione siciliensi; Frumentaria; de Signis; de Suppliciis.* Verrès ne revint à Rome qu'au bout de 24 ans, lors de la loi de César qui rappela tous les bannis; mais il ne tarda pas à être proscrit (l'an 43), pour avoir refusé de céder à Antoine, triumvir et tout-puissant, de magnifiques vases de Corinthe.

VERRI (PIERRE), né à Milan en 1728, entra d'abord au service de l'Autriche, et se trouva à la bataille de Sorau; mais, ayant renoncé à la carrière militaire pour s'occuper d'économie politique et d'administration, il fut élu conseiller du gouvernement en 1763. Il rendit un service important à sa patrie en réclamant et obtenant l'abolition des fermiers-généraux, et fut nommé (1765) conseiller au conseil suprême d'économie, qui approuva cette réforme. Il était l'âme d'une société choisie, dans laquelle on remarquait les Beccaria, les Frisi, les Carli, etc., et, sans ses conseils, Beccaria n'aurait point écrit son fameux traité *des Délits et des Peines.* Il fut élu successivem. vice-présid. de la chambre des comptes, conseiller-d'état et conservateur de la société patriotique fondée à Milan pour encourager l'agriculture, les arts et les manufactures ; mais en 1786, par suite d'une nouvelle organisat., il perdit tous ses emplois. Dix ans après, lors de l'entrée des Français à Milan, il fut appelé à faire partie de la municipalité, et mourut à l'hôtel-de-ville en 1797. Ses princip. ouvr. sont : *Meditazioni sull' economia politica*, Milan, 1771; Turin, 1801, in-8. — *Riflessioni sulle leggi vincolanti, principalmente il commercio de' grani*, Milan, 1796, in-8. — *Storia di Milano*, 1783, 2 vol. in-4; 1824, 4 vol. in-8. — *Scritti inediti* (ouvrage posthume), Londres (Lugano), 1825, in-8.

VERRI (le comte ALEXANDRE), frère du précéd., né à Milan en 1741, parut d'abord avec beaucoup d'éclat dans la carrière du barreau; mais il ne tarda pas à sentir les vices de la législation civile et criminelle de son pays, et, voulant remonter aux véritables sources du droit public chez les différents peuples, il se livra à l'étude de Grotius, de Puffendorf, de Montesquieu et des encyclopédistes. Il vivait, comme son frère, dans la société de Carli, de Frisi, de Beccaria, avec lesquels il publia, sous le titre du *Café*, une feuille périodique qui eut du succès. Vers 1766, il se rendit à Paris avec Beccaria, s'y lia avec les philosophes, fit ensuite un voyage à Londres, et revint se fixer à Rome, où il composa deux tragédies, *Panthée* et la *Conjurat. de Milan*, impr. sous le titre d'*Essais dramatiq.*, mais dont le succès au théâtre fut équivoque. Il eut alors le bon esprit de tourner ses vues vers une autre partie de la littérature. Nous ne parlerons pas toutefois de son *Iliade* abrégée, ni des blasphèmes antihomériques qui furent la conséquence de cette malheureuse entreprise. Il vaut mieux, pour sa gloire, nommer les ouvrages suivants : *Biblioteca scelta di opere italiane antiche e moderne, volume unico*, Milan, 1818, in-12. — *Essai sur l'hist. générale d'Italie, depuis la fondation de Rome jusqu'à nos jours*, dont M. Lestrade annonça une trad. franç. en 1827. — *Analyse et commentaire de la Cyropédie de Xénophon.* — *Commentaires, Analyses et Critiques des principaux orateurs grecs.* — *Le roman de Sapho*, in-8, traduit en franç. par M. Joly de Salins. — *Les Nuits romaines au tombeau des Scipions*, traduit en anglais, en allemand, et en français par M. Lestrade, 3e édit., Paris, 1826, 2 vol. in-8, grav. — *La Vie d'Érostrate*, traduite en français par le même. Ses *Opere scelti*, Milan, 1822, 2 vol. in-8, précédés de la *Vie* de l'auteur par le chev. Maggi, contiennent les *Nuits romaines*, les *Aventures de Sapho*, et la *Vie d'Érostrate*. Verri mourut à Milan en 1816.

VERRI (CHARLES), frère du précédent, passa la moitié de sa vie dans ses terres, occupé d'améliorations. Sa réputation, comme agronome, lui ouvrit les portes de la société des géorgogiphiles de Florence, de celle d'agriculture de Brescia, etc., et son goût pour la musique et pour la peinture lui fit donner dans sa patrie la présidence de l'acad. des beaux-arts. Il accepta en 1802 la préfecture du département du Mela (Brescia), fut appelé au conseil d'état en 1805, reçut en 1808 la mission d'organiser les trois départ. de la Romagne, qui venaient d'être réunis au royaume d'Italie, et entra au sénat l'année suiv. Après la chute de Bonaparte, il présida quelques jours le gouvernem. provisoire qui se forma à Milan. Rentré dans la vie privée, il s'occupa de nouveau d'agriculture, et mourut à Vérone en 1823. On distingue parmi ses ouvrages : *Sulla collivazione delle viti* : *Saggio di agricoltura pratica*, et *Saggio sul modo di propagare, allevare e regolare i gelsi*, inséré dans la *Biblioteca scelta di opere italiane*, trad. en français sous ce titre : l'*Art de cultiver les mûriers*, etc., Lyon, 1826, in-8

VERRINA (JEAN-BAPTISTE), l'un des complices de Fiesque dans la conjuration contre les Doria, fut celui qui rattacha tout le parti populaire à ce jeune ambitieux. Mais il s'était endetté, et avait besoin plus que tout autre d'une prompte révolution ; aussi poussa-t-il le chef apparent du complot dans les entreprises les plus hasardeuses. Lorsque Fiesque se fut noyé, il perdit courage, et resta sur sa galère au lieu de se mettre à la tête des conjurés, dont sa timidité causa la ruine. Il eut lui-même la tête tranchée (1547).

VERRIUS-FLACCUS (M.), fameux grammairien, florissait vers l'an 10 de l'ère chrét. Il avait été esclave ; devenu libre, il ouvrit à Rome une école de gramm., qui fut bientôt la plus renommée de la ville. Auguste le nomma précepteur de ses petits-fils (Caïus et Lucius-Agrippa, césars), lui permit de s'établir dans le palais impérial, avec toute sa classe, à condition qu'il n'accepterait pas de nouveaux élèves, et lui donna annuellement cent mille sesterces (environ 19,000 francs). Verrius mourut sous Tibère dans un âge extrêmement avancé. Des *fragments* d'un calendrier romain qu'il avait rédigé, sous le titre de *Fastes*, ont été découverts en 1770, et publ. par Foggini en 1779. On les trouve aussi dans le *Suétone* de Wolf, Leipsig, 1802, 4 v. in-8. On a quelq. autres *fragments* de Verrius dans les *Auctores linguæ latinæ*, de Denis Godefroy, p. 109.

VERROCHIO (ANDRÉ), sculpteur, né vers 1422 à Florence, mort à Venise en 1488, surpassa tous ses contemporains dans l'art de travailler le bronze. Parmi ses chefs-d'œuvre en ce genre, on distingue les deux excellentes statues représentant *Jésus-Christ et saint Thomas qui lui touche ses plaies*, dans l'église d'Orsanmichele de Florence ; mais son œuvre capitale fut la statue équestre de *Bartolommeo Colleoni*, que la seigneurie de Venise fit élever sur la place de St-Jean et St-Paul. Verrochio cultiva aussi la peinture avec succès, et en donna des leçons à Lorenzo di Credi, à Pierre Perrugin et à Léonard de Vinci. Il fut, en outre, l'un des meilleurs musiciens de son temps.

VERRUE (JEANNE D'ALBERT DE LUYNES, comtesse de), née en 1670, veuve à l'âge de 34 ans, maria sa fille au prince de Carignan, et devint elle-même la favorite de Victor-Amédée II, duc de Savoie, et premier roi de Sardaigne, dont elle gouverna la cour et les états ; mais, pendant les orages qui troublèrent le règne de ce prince, elle vint s'établir à Paris, où elle se fit connaître par son esprit, par ses relations avec les philosophes et les artistes, par ses riches collections de tableaux et de livres, et surtout par un amour des plaisirs qui lui valut le surnom de *Dame de volupté*. Cette dame mourut en 1736. — VERRUE (Barbe de), femme poète du 13e S., vivait sous le règne de St Louis. Des *Stances* de cette dame, tirées d'un MS. de la bibliothèque de St-Germain, ont été publiées dans la *Décade philosophique*, an X.

VERSCHAFFELT (le chev. PIERRE de), sculpt., connu en Italie sous le nom de *Pietro Fiamminyo* ou *Pierre-le-Flamand*, né à Gand en 1710, mort en 1793 à Manheim, où il était directeur de l'acad. des beaux-arts et premier sculpteur de la cour, a laissé, tant dans cette ville qu'à Rome, à Bologne, à Naples et à Ancône, des productions qui passent pour des chefs-d'œuvre. On a publié sa *Vie* en allemand, Manheim, 1797, in-8.

VERSCHUURING (HENRI), peintre, né à Gorcum, mort dans un naufrage à deux lieues de Dordrecht en 1690, s'était fait connaître comme peintre d'histoire, lorsqu'il résolut de se consacrer exclusivement au genre des batailles. Il suivit l'armée hollandaise en 1672, dessinant les campements, les armées en bataille, les attaques, les siéges, les marches, et parvint ainsi à donner à ses tabl. cette vérité, cette exactitude, qui en font le plus grand prix. Tous ses ouvrages rappellent les études assidues qu'il avait faites pendant sept ans en Italie. Le plus remarquable représente un *Parti bleu qui pille un château*. Ses dessins ne sont pas moins précieux que ses tableaux. On a de lui quatre eaux-fortes extrêmement précieuses, mais aussi très-rares, qui sont : une *Déroute de cavalerie*, un *Voyageur en manteau*; le *Dogue couché*; le *Lévrier debout*.

VERSE (NOEL AUBERT de), littérateur et controversiste médiocre, né au Mans vers le milieu du 17e S., se fit recevoir médecin à la faculté de Paris ; mais entraîné par son caractère volage, il se rendit bientôt en Hollande, y embrassa le calvinisme, et fut établi pasteur dans les environs d'Amsterdam. Il ne tarda pas à devenir socinien, et se fit suspendre de ses fonct. Il eut ensuite de vifs démêlés avec le ministre Jurieu, se sépara insensiblement des sociniens et même des protestants, rentra en France et dans le sein de l'Église romaine vers 1690, et reçut une pension du clergé pour écrire contre ses coreligionnaires. Il mourut à Paris en 1714. On citera de lui : *Réponse au Traité de M. de Meaux* (Bossuet), *touchant la communion des deux espèces*, Cologne (Amsterdam), 1683, in-12. — *Le Protestant pacifique*, etc., Amst., 1684, in-12 (publié sous le nom de *Léon de la Guitonière*). — *L'impie convaincu, ou Dissertation sur Spinosa*, 1684, in-8. — *L'Avocat des protestants*, 1687, in-12. — *L'Anti-socinien, ou Nouvelle apologie de la foi catholique*, Paris, 1692, in-12.

VERSOIS ou VERSORIS (FAURE de), abbé de St-Jean-d'Angely, se chargea d'empoisonner le duc Charles de Guienne, frère de Louis XI. Jeté en prison avec un gentilh. de la bouche nommé Laroche, il confessa, ainsi que son complice, avoir agi d'après les instructions du roi. Craignant que les coupables n'échappassent à la faveur des troubles, Lescun, ministre du duc de Bretagne, les fit transférer dans les états de ce prince, où, 18 mois après, on allait reprendre leur procès en présence de commissaires délégués par le roi de France, lorsque Laroche s'évada, et l'on trouva Versois étranglé dans sa prison.

VERSORIS (Pierre de), avocat, né à Paris, en 1528, d'une famille dont le véritable nom était Le Tourneur, fut de son temps un des oracles du barreau. Il était recherché surtout dans les causes difficiles : telle fut celle dont les jésuites le chargèrent en 1564. L'université leur avait accordé le droit d'enseigner, mais à condition qu'ils se conformeraient à ses réglements, ce qu'ils négligèrent d'exécuter : de là un procès entre l'université et les PP. tenant le collége de Clermont à Paris. Versoris, qui avait en tête Étienne Pasquier, ennemi juré du nouvel institut, sut glisser si adroitement sur le point où gisait toute la discussion, que la cause fut appointée (avril 1565), ce qui était un véritable triomphe pour ses clients, puisque les choses demeuraient *in statu quo*, et que les jésuites restaient en possession de leur collége. Peu de temps après Versoris quitta le barreau avec une fortune considérable, et devint chef du conseil des Guises et garde de leurs sceaux. En 1576 il fut député aux états de Blois, et porta la parole pour le tiers-état. Il mourut en 1588.

VERSTEGAN (Richard), né à Londres vers le milieu du 16e S., refusa de prêter le nouveau serment lors du changement de religion, et fut obligé de se réfugier à Anvers. Il y publia, en 1587, *Theatrum crudelitatum hæreticorum nostri temporis*, 12 feuilles in-4, avec des grav.; trad. en franç., ib., 1588, in-4. Ce livre lui suscita parmi les nouveaux réformateurs de nombreux ennemis, qui le forcèrent de se retirer à Paris. Là, sur la dénonciation de l'ambassad. d'Angleterre, il fut mis en prison par ordre du roi, et ne recouvra sa liberté qu'à la sollicitation des chefs de la ligue. De retour à Anvers, il s'y livra à l'étude des antiquités, qu'il cultivait depuis long-temps, et publia en anglais : *Recherches pour retirer de l'oubli tout ce qui concerne la nation anglaise*, Anvers, 1606, in-4; Londres, 1653 et 1674, in-8. On conjecture qu'il ne survécut que peu d'années à cette publicat.

VERT (dom Claude de), savant liturgiste, né à Paris en 1645, embrassa la règle de St-Benoît, obtint l'estime de ses confrères et fut constamment revêtu de divers emplois, qui ne ralentirent point son ardeur pour l'étude. Il s'occupa surtout d'éclaircir l'origine des cérémonies de l'Église, et consigna ses recherches pleines d'érudition et d'intérêt dans un gr. ouvr. intit. : *Explication simple, littérale et historique des cérémonies de l'Église*, Paris, 1709-13, 4 vol. in-8, fig. Les deux derniers vol. furent publ. par le P. Desmolet, l'auteur étant mort subitement en 1709, pend. l'impress. de son ouvr. Les autres écrits de D. de Vert n'offrent point le même intérêt. On en trouve le titre dans les *Mémoires* de Niceron, tom. XI.

VERTOT (René Aubert, abbé de), célèbre historien, né en 1655 au château de Benetot dans le pays de Caux, embrassa l'état ecclésiastique et ne tarda pas à donner des preuves d'une dévotion exaltée, qui le conduisit, à l'insu de sa famille, dans un couvent de capucins. Mais bientôt sa vie fut en péril, et on le décida, non sans peine, à entrer dans l'ordre moins austère des prémontrés. Le prieuré de Joyenval lui fut conféré par un bref du pape et des lettres du roi; mais les murmures de ses confrères le décidèrent à s'en démettre, et il obtint la cure de Croissy-la-Garenne, près de Marly. Il se livra alors à l'étude, sans négliger ses devoirs de pasteur, et fit imprimer en 1689 son prem. ouvr., l'*Histoire de la conjuration du Portugal*. Bientôt après il obtint une cure d'un assez gros revenu, aux portes de Rouen, et n'en travailla qu'avec plus d'ardeur. Sept ans après son premier ouvrage, il publia l'*Histoire des révolutions de Suède*, dont 5 édit. parurent coup sur coup, avec la même date, et qui fut trad. en plus. langues. En 1701, lorsque le roi donna une forme nouvelle à l'acad. des inscript., Vertot reçut le titre d'associé. On se relâcha pour lui de la rigueur du réglement qui exigeait résidence, et il lui fut permis de ne venir siéger qu'en 1703. Il fut nommé pensionnaire en 1705; et dès lors nul ne se montra plus assidu ni plus zélé. En 1710 il fit paraître un *Traité de la mouvance de Bretagne*, où il combattait les prétentions des Bretons à se dire indépendants de la monarchie franç., avec laquelle ils étaient liés plutôt que confondus. Mais son œuvre favorite était l'*Histoire des révolutions de la république romaine*, qui parut en 1719 et obtint des applaudissements universels. Ce fut alors que l'ordre de Malte le pria de rédiger ses annales en un corps complet d'histoire, qu'il publia en 1726. Pendant qu'il travaillait à ce long ouvrage, il fut nommé secrétaire interprète, puis secrét. des commandements de la princesse de Bade, femme du duc d'Orléans, fils du régent, et se trouva ainsi en possession d'un revenu considérable et d'un logement au Palais-Royal. Il passa la dernière partie de sa vie dans l'aisance et le repos, mais aussi dans un état d'infirmité continuelle, qui l'empêcha d'exécuter les divers projets qu'il avait en tête. Vertot mourut en 1735. On dut regretter de son temps, plus qu'on ne le ferait aujourd'hui, qu'il eût cessé d'écrire. L'histoire était pour lui, avant tout, une œuvre littéraire; il n'aspirait point à saisir la vérité de couleur et négligeait le scrupuleux détail des faits pour viser presque uniquement à l'effet dramatique. On entend de nos jours autrement le devoir de l'historien. L'édition la plus complète de ses *OEuvres choisies*, est celle de Paris, 1819 à 1821, 12 vol. in-8.

VERTRON (Claude-Charles Guyonnet de), littérateur médiocre, mort septuagénaire à Paris en 1715, fut membre des acad. d'Arles, de Nîmes et des *Ricovrati* de Padoue, et l'on voit dans ses écrits que sa surprise était grande de n'avoir pas été appelé à l'Acad. franç. Un discours qu'il composa sur le *Mérite des dames* l'engagea dans une lutte, qui mit au grand jour toute sa galanterie. Des dames de province lui en témoignèrent leur reconnaissance par une médaille d'argent avec cette devise : *Au protecteur du beau sexe.* S'étant marié, sur le retour de l'âge, avec une femme jeune et coquette, il fut, malgré sa galanterie, l'époux le plus insupportable. Les titres d'historiographe de Louis XIV et de chev. des ordres du Mont-Carmel et de St-Lazare, le consolèrent des peines que lui causait cette union. On a de lui : *Parallèle de Louis-le-Grand*, avec les princes qui ont été nommés grands, Paris, 1685, in-12. — *La nouvelle Pandore, ou les Femmes illustres du règne de Louis-le-Grand*, ib., 1698, 2 vol. in-12.

VERTUE (George), graveur et antiquaire angl., né à Londres en 1684, mort en 1756, adopta une manière un peu froide, mais vraie et correcte. Horace Walpole a donné un catalogue de ses estampes au nombre de près de 500. Cet écrivain acheta la collection de *Notes et observations* MSs. (en 40 vol.), rassemblées par Vertue, et en composa un livre qui parut sous ce tit. : *Anecdotes of painting*, etc. (*Anecdotes sur la peinture en Angleterre*), 1762, 5 vol. in-4; 1782, 5 vol. in-8; 1786, 4 vol. in-8.

VÉRUS (Aétius), césar, porta dans sa jeunesse le nom de Lucius-Aurélius-Céionius-Commode; mais lorsqu'il eut été adopté par Adrien (an 135 de J.-C.), il prit le nom sous lequel nous le désignons. Nommé préteur, puis créé césar, et envoyé gouverneur dans la Pannonie, il s'y conduisit avec prudence. Il avait été désigné consul pour l'an 136, et il fut continué dans cette charge pour l'année suivante. Il mourut à Rome subitement le 1er janvier 138. On a sa *Vie* par Spartien, l'un des auteurs de l'*Histoire auguste*. — Vérus (Lucius-Aurélius), empereur, fils du précéd., né à Rome an 130, fut adopté avec Marc-Aurèle, par T.-Antonin, auquel Adrien lui-même avait imposé cette adoption. Vérus, qui tenait de son père un goût très vif pour les plaisirs et la dissipation, fit peu de progrès dans l'étude des lettres et de la philosophie, et n'en fut pas moins nommé questeur en 153, avant l'âge fixé par les lois. Désigné consul en 154, il le fut une second fois en 161. Après la mort d'Antonin, Marc-Aurèle déclaré seul empereur par le sénat, s'empressa de créer son frère adoptif césar et auguste, se l'associa, lui promit sa fille en mariage, et lui donna mille preuves de la plus tendre affection. Vérus, de son côté, montrait alors une déférence toute filiale au prince qui avait bien voulu être son collègue, et cherchait à cacher, sous une apparente gravité son goût effréné pour les plaisirs; mais envoyé pour combattre Vologèse, roi des Parthes, qui avait déclaré la guerre aux Romains, il s'arrêta dans toutes les villes sur son passage pour se livrer à la débauche, laissant à ses généraux le soin de la guerre qui fut terminée par la soumission des Parthes (165), et revint triompher à Rome, sans l'avoir mérité. Il est vrai qu'il voulut partager avec Marc-Aurèle les titres qui lui avaient été si facilement conférés de Parthique, d'Arménique et de Médique. Mais depuis son retour il cessa d'avoir le même respect pour son collègue, et se livra en toute liberté aux plaisirs de la table. Capitolin a décrit un festin donné par Vérus à douze convives, qui coûta six millions de sesterces; et ce n'est pas la seule extravagance qui le range parmi les Héliogabale et les Caligula, dont il se distinguait, au reste, par la douceur et la franchise de son caractère. Il fut complètement inutile à Marc-Aurèle dans la paix comme dans la guerre, et mourut en 169. Sa *Vie* a été écrite assez mal par J. Capitolin, l'un des aut. de l'*Histoire auguste*.

VERWEY (Jean), ou *Phorbœus*, savant humaniste, né à Delft en 1648, remplit les fonctions de recteur au gymnase de Goude, puis à La Haye, et mourut en 1692. On a de lui : *Medulla Aristarchi Vosciani*, Goude, 1670, in-8; souvent réimpr. — *Nova via docendi græca*, etc., ibid, 1684 ou 1691, in-8; ibid, 1702, avec l'*Index nomin. græcor.* de R. Kettel, Amsterdam, 1710.

VERZASCHA (Bernard), médecin, né en 1629 à Bâle, où il mourut en 1680, se fit connaître par son *Herbier, ou Description des plantes*, avec fig., publ. en allem. à Bâle en 1678.

VERZOZA (Jean), ou *Berzoza*, littérat. distingué, né à Saragosse en 1523, joignait à la connaissance des langues anciennes et de plusieurs langues modernes beauc. de talent pour la poésie et une grande habileté pour les affaires. Chargé de div. missions par Charles-Quint, il s'en acquitta avec succès et mourut à Rome en 1574. On citera de lui : *Liber de prosodiis græcæ linguæ*, Louvain, 1544, in-8, très rare (la biblioth. du roi en possède un exemplaire). — *Carmen epicinium in navalem victoriam Joannis Austriaci, devictà ad Echinadas Turcarum classe*, Salamanque, 1572, très rare. — *Epistolarum libri IV, versibus scripti*, Palerme, 1575, in-8; Alcala, 1577, in-8. — *Charina, sive Amores*, Amsterdam, 1781, in-12.

VESALE (André), né à Bruxelles en 1514, est justement regardé comme le créateur de l'anatomie humaine, proscrite chez les anciens et dans le moyen-âge par les préjugés d'une religion mal entendue. Il se porta de bonne heure vers cette science, et avec une passion qui lui fit surmonter tous les dégoûts et même tous les périls. On le vit à Paris passer des jours entiers au cimetière des Innocents ou à la butte de Montfaucon au milieu des cadavres, et disputer leur proie aux vautours pour composer des squelettes avec les os des individus condamnés au dernier supplice. Il se rendit ensuite en Italie, et fut chargé d'enseigner publiquem. l'anatomie de 1540 à 1544, d'abord à Pavie, puis à Bologne, et enfin à Pise. C'est en 1543 que parut à Bâle la prem. édit. de sa grande anatomie. Bientôt il vit accourir de toutes parts les élèves et même les maîtres à ses leçons. Nommé premier médecin de Charles-Quint, il accompagna ce monarque dans tous ses voyages, et, après son abdication, il passa au service de Philippe II. Devenu homme de cour et presque étranger à l'anatomie, il favorisa néanmoins de tout son crédit l'étude de cette science. Mais ses envieux cherchèrent une occasion de le perdre, et la trouvèrent. On l'accusa d'avoir ouvert le corps d'un gentilh. encore vivant. L'inquisition demanda sa mort, et Philippe II obtint difficilement que le prétendu coupable expiât ce crime invraisemblable par un pélerinage à la Terre-Sainte. A son retour de ce périlleux voyage, Vesale fut jeté sur les côtes de l'île de Zante, où il mourut de faim en 1564. Sa grande anatomie, *De corporis humani fabricâ libri VII*, fut publiée une 2e fois avec des augmentat. et des corrections, Bâle, 1555. Dès lors, elle a été réimprimée plus. fois. Mais il n'en existe pas d'édit. plus exacte et plus complète que celle qui a été publiée à Leyde en 1725, 2 vol. in-fol., fig., par Boerhaave et Albinus.

VESLING (Jean), célèbre anatomiste, né en 1598 à Mindeu en Westphalie, mort en 1649 à Padoue au retour d'un voyage dans le Levant, entrepris pour enrichir de plantes nouvelles le jardin de cette ville, où il professait à la fois l'anatomie et la botanique, a publié entre autres ouvr. : *Observationes et notæ ad Prosp. Alpini librum de plantis Egypti, cum additamento aliarum plantarum ejusdem regionis*, Padoue, 1638, in-4. — *Syntagma anatomicum, publicis dissectionibus in auditorum usum diligenter aptatum*, ibid, 1641, in-4; la meilleure édit. est celle d'Utrecht, 1696, in-4, augmentée par Gérard Blanc. — *Observationes anatomicæ et epistolæ medicæ*, Copenhague, 1664, in-8, etc.

VESPASIANO, savant bibliophile, né à Florence dans le 15e S., exerçait l'état de libraire dans cette ville. Son érudition lui valut d'être employé par le grand-duc Cosme de Médicis à recueillir les livres et les MSs. qui formèrent le fond de la bibliothèque Laurentienne. On cite de lui : les *Vies* de plus. prélats, insérées dans l'*Italia sacra* d'Ughelli, et celles des papes Eugène IV et Nicolas V, publiées par Muratori dans le t. XXV des *Rerum italicarum scriptores*.

VESPASIEN (Titus-Flavius-Vespasianus), 10e empereur romain, né dans une bourgade voisine de Rieti l'an de Rome 760, passa les prem. temps de sa jeunesse dans une retraite simple et sévère, dont il ne sortit que malgré lui pour entrer dans les voies de l'ambition, aiguillonné par les reproches de sa mère et par l'avancement rapide de son frère, T.-Flavius-Sabinus. Il obtint l'édilité, puis la préture sous Caligula, dont il se ménagea la faveur par toutes sortes de flatteries. Investi sous le règne de Claude du commandement d'une légion, par la protection de l'affranchi Narcisse, il fit d'abord la guerre en Germanie, puis dans la Grande-Bretagne, y remporta des avantages qui lui firent décerner les honneurs du triomphe, et bientôt après le sacerdoce et le consulat. Ses liaisons avec Narcisse l'obligèrent de se faire oublier pend. les prem. années du règne de Néron ou plutôt d'Agrippine; toutefois il fut bientôt chargé du proconsulat d'Afrique, et il revint perdu de dettes; mais il répara promptement sa fortune par d'indignes manœuvres. Après avoir joui de quelque crédit à la cour de Néron, il tomba dans la disgrâce pour s'être assoupi deux fois pend. que l'empereur occupait la scène. Néanmoins, à sa grande surprise, il reçut le commandement de l'armée destinée à réprimer la révolte des Juifs. Il ne lui restait plus, pour terminer cette guerre, qu'à prendre Jérusalem, lorsqu'il apprit la mort de Néron (an de Rome 820). Il était alors si loin de songer à l'empire pour lui-même, qu'il s'empressa d'offrir son hommage au nouvel empereur. Mais Galba, Othon, Vitellius se succédèrent rapidement sur le trône, et les légions d'Orient, témoins de cette sorte de parade sanglante, s'avisèrent aussi de donner un maître au monde. Mucien, gouverneur de Syrie, qui pouvait avoir pour lui-même des vues ambitieuses, fit déclarer les troupes en faveur de Vespasien, dont il fallut vaincre la résistance. Le nouvel empereur, lorsqu'il eut accepté ce titre, prit les mesures les plus sages pour s'assurer la possession du trône. Mais la fortune se plut à lui en aplanir le chemin (*v.* Vitellius); proclamé dans Alexandrie, il fut en peu de temps débarrassé de son rival sans avoir contribué à sa mort, et fut reconnu dans Rome. Quoiqu'il ne dût l'empire qu'aux soldats, il fut assez politique pour vouloir aussi le tenir du sénat, qui lui décerna tous les titres de la souveraine puissance, par le décret si fameux sous le nom de loi *royale*. Une année s'écoula avant qu'il quittât l'Orient, et Mucien, qui se croyait le droit d'agir en maître, profita de ce délai pour ordonner dans Rome quelques exécutions et protéger les délateurs des règnes précéd. contre la juste vengeance des gens de bien. Cependant Vespasien se hâtait d'envoyer des blés en Italie, où, grâce à ce bienfait, son retour ne fut que plus ardemment désiré. Enfin il y parut, et ses manières pleines de simplicité, achevèrent de lui gagner la confiance publique. Il avait néanmoins de grands obstacles à surmonter. Toutes les parties de l'administration étaient dans un désordre affreux; le trésor était tellement ruiné et endetté, qu'il ne fallait pas moins de cinq milliards pour assurer l'existence de l'empire. Le cours de la justice était interrompu; les légions de Vitellius conservaient un profond ressentiment de leur défaite; de dangereuses préventions existaient contre tout empereur qui n'était pas de la famille des Césars, et ces préventions se trouvaient en quelque sorte justifiées par la chute rapide de Galba, d'Othon et de Vitellius. L'habile Vespasien sut tout réparer. Sa grande politique fut d'amasser de l'argent. Le but qu'il se proposait peut seul excuser la multiplicité de ses mesures fiscales; mais ses contemporains ne devaient point le juger avec la même modération ni du même point de vue que nous. Aussi fut-il l'objet de continuelles railleries. Il y répondit en plaisantant lui-même avec beaucoup d'esprit et de calme, et, ce qui vaut mieux encore, en faisant élever des monuments magnifiques, en construisant des routes, en prodiguant des secours aux villes ou aux familles frappées par quelque grand désastre, en nommant des profess. richement rétribués, en donnant l'exemple de la plus sévère économie dans sa vie privée; mais il se permit rarement de sévir contre les mécontents. Sa facilité à accueillir tout le monde, sa déférence pour le sénat, son attention à conserver au gouvernement impérial les formes républicaines, permettent de le considérer, malgré ses mœurs peu régulières, comme un des meilleurs citoyens qu'ait eus Rome dans sa décadence. On peut cependant lui reprocher d'avoir banni les stoïciens sans trop de raison, si ce n'est qu'ils réclamaient la réorganisation, désormais impossible, du régime républicain, et la mort du sénateur Helvidius-Priscus, gendre de Thraséas, ainsi que celle d'Epponine et de Sabinus. Il faut dire pourtant que, hormis cette dernière exécution dont il fut seul coupable, il ne sévit jamais contre personne sans y avoir été poussé par l'influence de Mucien, auquel, dans sa reconnaissance mal entendue, il craignait trop de résister. On compte, sous le règne de Vespasien, trois guerres : celle des Juifs, qui fut terminée par Titus l'an 822 de Rome (71 de J.-C.); celle des Bataves et des Gaulois, que Céréalis termina par la soumission de ces peuples (an 821); et l'expédition d'Agricola dans la Grande-Bretagne, commencée l'an 829 et achevée sous Domitien. Ce fut sous Vespasien que la Comagène, la Lycie, la Pamphylie et la Cilicie furent réduites en provinces romaines, et la Grèce réunie à l'empire, ainsi que Rhodes, Samos et les îles de la mer Egée. Vespasien, lorsque la mort l'enleva l'an 830 (79 de J.-C.), travaillait encore avec une ardeur infatigable au bonheur de ses peuples. Outre Suétone, Dion-Cassius, Aurélius-Victor et Paul-Orose, on peut consulter sur ce prince une dissertation de A.-G. Cramer, intitulée : *D. Vespasianus, sive de vitâ et legislatione T.-Flavii Vespasiani imp. Commentarius.*

VESPUCCI ou VESPUCE. — V. Améric.

VESTRICIUS-SPURINNA, général et poète lyrique, se distingua pendant la guerre civile d'Othon et de Vitellius, par la défense de Placentia (Plaisance), il combattit aussi avec succès en Germanie sous le règne de Trajan, et obtint les honneurs du triomphe. Dans ses moments de loisir, il composait des vers grecs et latins. On lui attribue ordinairem. quatre odes, publiées par Gaspar Barth en 1613, dans sa collection des *Poetæ latini venatici et bucolici.*

VESTRIS (GAETANO-APOLINE-BALTHAZAR), ou plutôt *Vestri*, célèbre danseur, né à Florence en 1729, vint de bonne heure à Paris, où il reçut des leçons du fameux Dupré, débuta à l'Opéra en 1748, fut reçu l'année suivante, et devint, en 1753, membre de l'académie de danse. A la retraite de Dupré, il fut jugé digne de le remplacer sur la scène lyrique. L'auteur du poème de la *Déclamation* dit que Vestris *rappelle son maître et ne l'éclipse pas*. Noverre lui accorde cependant quelque avantage sur le gr. Dupré. Les contemporains pouvaient seuls vider ce différend. Vestris semble s'être porté juge dans sa propre cause. On cite plus. traits qui attestent sa vanité ridicule. Quoiqu'il eût le titre et les émoluments de maître de ballets, ses compositions chorégraphiques n'eurent jamais beaucoup d'importance. Il quitta le théâtre en 1781, et mourut à Paris en 1808, laissant un fils qui, après avoir été aussi le plus habile danseur de l'Europe, devint pensionnaire de l'Acad. royale de musique. — Sa femme, Anne-Frédérique HEINEL-VESTRIS, né à Bareuth en 1752, débuta à l'Opéra en 1768, et mourut en 1808 quelq. mois avant lui. Elle avait fait comme lui les délices de la capitale, surtout dans le genre grave.

VESTRIS (MARIE-ROSE GOURGAUD-DUGAZON), actrice de la comédie française, née en 1746, avait pour frère l'acteur comique Dugazon, et pour sœur une actrice du même nom qui joua quelque temps les rôles de soubrettes au Théâtre-Français. Elle était déjà mariée à un acteur médiocre de la Comédie-Italienne, Paco-Vestris, frère du fameux danseur (v. l'article précéd.), lorsqu'elle débuta en 1768, à la Comédie-Française. Elle y obtint le plus brillant succès dans les amoureuses de la tragéd. et dans plus. rôles de la haute comédie, et fut reçue en 1769. Dans les prem. années de la révolution, elle passa, avec son frère Dugazon, au théâtre du Palais-Royal, plus connu depuis sous le nom de Théâtre de la république. Elle fut comprise dans la réunion opérée par le gouvernement en 1799, et mourut à Paris en 1804, peu de temps après avoir pris sa retraite, que l'affaiblissement de ses moyens avait rendue indispensable. Peu d'actrices ont créé plus de rôles tragiques. Il ne lui manqua, pour être digne de Lekain, son maître, que de réunir aux savantes combinaisons de son jeu théâtral, la sensibilité vive et pénétrante de ce grand tragédien.

VETERANI (le comte FRÉDÉRIC), l'un des meill. capitaines du 17e S., né dans le duché d'Urbin vers 1650, entra au service de l'empereur Léopold, se distingua dans la guerre contre les Turks en Hongrie, fut élevé au grade de feld-maréchal, et partagea le commandem. de l'armée autrichienne dans la campagne de 1686. Il défit le grand-visir, hâta ainsi la reddition de la place importante de Ségedin, et, après un gr. nombre d'autres exploits, mourut sur un champ de bataille, en 1695. Ses *Mémoires*, en italien, *sur la guerre de Hongrie, de 1693 à 1694*, ont été publiés pour la prem. fois à Leipsig en 1771.

VÉTRANION, empereur, né dans la Mœsie, avait vieilli dans les camps, et ne possédait d'autre instruction que celle d'un soldat, lorsque, parvenu au commandem. de la Pannonie, et trouvant dans l'assassinat commis sur Constant par Magnence, l'occasion de se rendre indépendant, il se fit décerner le titre d'auguste à Sirmich le 1er mars 350. La soumission qu'il affecta envers Constance le fit reconnaître par ce dern., dont toutefois il abandonna les intérêts pour faire cause commune avec Magnence. L'empereur s'avança alors vers la Dacie à la tête d'une armée considérable, feignit d'être disposé à traiter Vétranion comme son égal ; mais ayant facilement gagné les légions de Pannonie par des largesses, il se fit reconnaître seul maître de l'empire. Dans l'enthousiasme qu'excita la harangue de Constance, les soldats furent sur le point de mettre en pièces Vétranion, qui se jetant aux pieds de l'empereur, et lui remettant le diadème et la pourpre, en obtint des bienfaits qui lui permirent d'aller vivre heureux à Pruse, dans lla Bithynie, où il termina ses jours l'an 356. Vétranion n'avait porté le diadème que 10 mois, il était chrétien, l'histoire loue sa piété et son inépuisable bienfaisance.

VÉTRONIUS-TURINUS, courtisan de l'empereur Alexandre-Sévère, fut mis à mort, vers l'an 230, par l'ordre de ce prince, pour avoir impudemment trafiqué de l'influence qu'il prétendait avoir sur ses déterminations. Il n'est pas connu à d'autre titre dans l'histoire (v. la *Vie d'Alexandre-Sévère*, par Lampride).

VETTER (LOUIS-RODOLPHE), médecin, né en 1765 à Karlsberg, en Carinthie, fut nommé professeur de physiologie et d'anatomie à l'université de Cracovie, où il mourut en 1806. Ses princip. ouvr., écrits en allem., sont : *Leçons sur la physiologie*, Vienne, 1794-1805, in-8. — *Aphorismes tirés de l'anatomie pathologique*, 1803, in-8.

VETTORI (LÉONELLE), médecin italien, connu également sous les noms de *Victorius*, de *Victoriis* et de *Leonellus Faventinus*, né à Faenza, dans la Romagne, vers le milieu du 15ᵉ S., professa la logique à Bologne, puis la philosophie et l'art médical, avec un succès extraordinaire, et mourut dans cette ville en 1520. Son admiration pour les médecins arabes était trop exclusive ; et les ouvr. qu'il a laissés paraissent peu dignes de sa grande réputation. Les princip. sont : *De ægritudinibus infantium tractatus*, Ingolstadt, 1554, in-8. — *Practica medicinalis*, ibid, 1545, in-4. — VETTORI (Benoît), médecin, neveu du précéd., né à Faenza en 1481, où il mourut en 1561, nous apprend lui-même, qu'en 1534, il professait la médecine à l'académie de Padoue. Six ans après, il fut mis en possession d'une chaire à l'école de Bologne. On citera de lui : *Compendium de dotibus medicinar.*, Padoue, 1550, in-8. — *Liber de morbo gallico : huic anectitur de curatione pleuritidis per sanguinis missionem liber Hippocratis et Galeni scopum*, Florence, Torrentino, 1551, in-8, avec 9 pl., belle et rare édition. — *Practica magna de curandis morbis*, Venise, 1562, 2 vol. in-fol.

VETTORI ou VITTORIO (FRANÇOIS), médecin, né à Bergame vers 1485, mort en 1528 à Padoue, où il avait professé avec distinction la philosophie, écrivit des *commentaires* sur Platon et sur les *œuvres* qui nous sont parvenues de Galien et d'autres médecins. Tous ses MSs. ayant été brûlés en 1514, dans l'incendie de sa maison, il entreprit de réparer cette perte, et il est probable qu'il avait fort avancé la traduct. latine de *Galien*, avec des *notes*; mais elle n'a point été publiée. On trouve sur cet écrivain une *Notice* exacte et détaillée dans la *Storia della letterat. ital.* de Tiraboschi, t. VII, p. 679.

VETTORI (PIERRE), en latin *Victorius*, né en 1499 à Florence, fut l'un des meilleurs critiques de son temps et le restaurateur de l'éloquence en Italie. Quoiqu'il eût combattu les Médicis de sa plume et de son épée, le grand-duc Cosme, qui connaissait ses talents, ne l'en nomma pas moins professeur d'éloquence grecque et latine, en 1538. Il vit accourir à ses leçons un nombre prodigieux d'élèves, et eut la gloire de former la plupart des savants qui répandirent tant d'éclat sur cette patrie des lettres dans le 16ᵉ S. Il mourut comblé de gloire et d'honneurs dans sa patrie en 1585. Il est presque impossible de se faire une juste idée de tous ses travaux comme philologue et comme critique. Nous nous contenterons de citer de lui : des *Commentaires* fort estimés sur la *rhétorique*, la *poétique*, la *politique* et la *morale* d'Aristote, Florence, Giunti, 1548-73-76-84, 4 v. in-fol. — *Delle lodi e della coltivazione degli ulivi*, ibid, 1569, in-4, 1574, in-4 ; reproduit en 1622, 1718 et 1762. — *Variarum lectionum lib. XXXVIII*, ibid, 1582, in-fol. Bandini a donné une *Vie* de Vettori, exacte et détaillée, à la tête des *clarorum Italorum et Germanorum Epistolæ ad P. Victorium*, Florence, 1758, in-4.

VETTORI (ANGE), médecin ital., que l'on croit avoir vécu dans le 17ᵉ S. à Rome, où il mourut avant l'année 1640, a laissé : *Consultationes medicæ*, Rome, 1640, in-fol. — VETTORI (Victor), poète et médecin, né en 1697 à Ortiglia, dans le Mantouan, mort à Mantoue en 1763, a publié un *Recueil de poésies* (*Piacevoli rime*), Milan, 1744, in-8, réimpr. plus. fois, et une *Histoire de la fièvre*, Mantoue, 1756, in-8.

VETTORI (FRANÇOIS), en latin *Victorius*, célèbre antiquaire, né à Rome vers 1708, mort en 1778, montra une grande habileté dans l'art de lire les inscriptions, ainsi que dans la numismatique et la glyptographie, et fut nommé par le pape Clément XIV directeur du musée du Vatican. Entre les nombreuses dissertat. qu'il a publ. on distingue les suiv. : *Dissertatio glyptographica, sive Gemmæ duæ vetustissimæ emblematibus, et græco artificis nomine insignatæ, explicatæ et illustrat.*, Rome, 1759, in-4, fig. — *Del Culto di Cibele presso gli antichi, Dissertazione colla quale s'illustra una statuetta di marmo pario, del museo Vettori*, ibid, 1753, in-4, fig.

VÉTUS ou LEVIEIL (JEAN), littérat. et homme d'état, né à St-Amour, petite ville de Bourgogne, dans le 16ᵉ S., vint de bonne heure à Paris, où il se fit répétiteur pour se procurer les moyens de faire ses cours de jurisprudence et de médecine. Après avoir pris ses grades dans ces deux facultés, il remplit avec succès plus. missions en Allemagne pour le card. de Lorraine et pour le roi Charles IX. En récompense de ses services, il fut appelé à plus. fonctions honorables, entre autres à celles de présid. au parlement de Bretagne, et reçut des lettres de noblesse. Il se trouva engagé dans le parti de la Ligue, où il paraît qu'il se conduisit avec beaucoup de modération. Il vivait encore en 1595, mais on ignore l'époque de sa mort. On cite de lui : *Orationes in medicinæ commendationem et in gratiam octodecim medicæ laureæ candidatorum institutæ*, etc., Paris, 1560, in-8. — *Négociations du sieur J. Vétus, envoyé par Charles, cardinal de Lorraine, évêque de Metz, archevêque de Reims, à la ville d'Augsbourg, depuis le 6 janvier jusqu'en mai 1666*, in-fol., conservé parmi les MSs. de la Biblioth. du roi, *fonds Dupuy*, n° 544.

VEZZOZI (Ant.-Franç.), savant biographe, né à Arezzo vers 1705, embrassa la vie religieuse dans l'ordre des théatins, et s'étant fait connaître avantageusem., fut envoyé par ses supérieurs à Rome, où il occupa la chaire d'histoire ecclésiastiq. au collège de la Sapience. Revêtu de divers emplois honorables, il fut enfin nommé supérieur-général de son ordre, et mourut en 1785 dans le couvent de St-Sylvestre, *in monte Cavallo*. Son principal ouvr. est l'histoire littéraire des théatins sous ce titre : *i Scrittori de chierici regolari detti teatini*, Rome, 1780, 2 vol. in-4.

VIAIXNES (dom Thierry de), bénédictin de la congrégation de St-Vannes, né à Châlons-sur-Marne en 1659, se fit estimer dans son ordre par ses mœurs irréprochables, ses prédications et son zèle pour l'enseignement; mais l'ardeur avec laquelle il soutint les opinions du jansénisme le conduisit deux fois aux prisons de Vincennes, lui attira d'autres persécutions encore, et finit par le faire bannir du royaume. Obligé de chercher un asile successivement dans le Hainaut, à Bruxelles, chez les bénédictins de Wlierbeeck, près Louvain, et enfin en Hollande, il mourut à Rynwick, près d'Utrecht, en 1735. Parmi ses ouvrages, la plupart anonymes, on distingue le *Problème ecclésiastique proposé à M. l'abbé Boileau de l'archevêché : A qui doit-on croire, de messire Louis-Antoine de Noailles, évêque de Châlons, en 1695, ou de messire Louis-Antoine de Noailles, archevêque de Paris, en 1696*, publié en 1698, in-12, brûlé par arrêt du parlement. L'art que mit l'auteur à voiler ses sentiments dans cet écrit dupa beaucoup de monde dans le parti des jésuites; non-seulement on l'attribua à quelques membres de cette société, mais l'un d'eux même, le P. Soliastre, Flamand, s'en fit l'édit. : *Acta omnia congregat. et disputationum quæ, coram Clemente VIII et Paulo V, sunt celebratæ in congreg. de auxiliis*, Louvain, 1702, in-fol., ouvrage dont l'impartialité n'a pu être contestée même par ses adversaires.

VIAL DU CLAIRBOIS (Honoré-Sébastien), directeur de l'école des ingénieurs de vaisseaux et chef du génie maritime à Brest, né à Paris en 1733, dut tous ses grades à ses talents reconnus, et ne quitta le service qu'en 1810, lorsque son gr. âge et de longues fatigues l'y forcèrent. Il mourut à Brest en 1816. On a de lui : *Traité élémentaire de la construction des vaisseaux à l'usage des élèves de la marine*, Paris, 1787-1805, 2 vol in-4, fig.— *Traité de la construction des vaisseaux*, trad. de Chapman, avec des *notes*, Brest, 1781, in-4, fig.

VIALART DE HERSE (Félix), évêque de Châlons-sur-Marne, né à Paris en 1603, était fils d'un conseiller au parlement et de Charlotte de Ligny, l'une des femmes qui prirent le plus de part aux œuvres charitables de St Vincent de Paul. Sacré en 1642, il se dévoua tout entier à l'administrat. de son diocèse; il établit un séminaire qu'il dota de revenus suffisants, fonda un collège à Vitry, et par ses soins trois communautés de filles se formèrent à Châlons pour les écoles, et de sages institutrices furent répandues dans tout le diocèse. Il mourut en 1680. Les protestants mêmes applaudirent à ses travaux et admirèrent ses vertus; quelq.-uns rentrèrent dans le sein de l'Église. Le diocèse de Châlons lui dut un *Rituel*, publié en 1649, des *ordonnances, mandements et lettres pastorales* pour le rétablissement de la discipline.

VIANE ou VIAN (François van), théologien, né à Bruxelles en 1619, mort à Louvain en 1693, a laissé un gros traité latin *de Ordine amoris*, Louvain, 1685, in-8, et un autre inédit *de Gratiâ*, dont il existe de nombr. copies. — Viane (Matthieu van), théologien, frère du précéd., mort à Louvain en 1663, à l'âge de 40 ans, a laissé un *opusc.* en latin sur l'ignorance du droit naturel, que Nicole a traduit en français et accompagné d'une *préface* et de *notes*.

VIANI (Anton.-Maria), peintre, surnommé *le Vianino*, né à Crémone vers 1540, fut l'élève de Campi, dont il adopta le style et la manière. Accueilli avec distinct. par le duc de Mantoue, Vincent de Gonzague, qui se l'attacha comme peintre, il eut le même titre auprès de ses trois success., et mourut dans un âge assez avancé. Ses tableaux les plus remarquables sont le *St Michel* et le *Paradis* que l'on voit à Mantoue, le 1er dans l'église de Ste-Agnès, le 2e dans celle des Ursulines. — Viani (Jean), peintre, né à Bologne en 1636, mort en 1700, dessina sans relâche d'après le nu, étudia l'anatomie jusqu'à la fin de ses jours, et rechercha en tout le vrai, qu'il sut embellir. Son tableau de *St Jean de Dieu*, qui décore l'hôpital des Buonfratelli, à Bologne, et celui de *St Philippe-Benisi, porté au ciel par deux anges*, dans le vestibule des Servites, passent pour ses meill. ouvrages.— Viani (Dominique), fils et élève du précéd., né à Bologne en 1668, mort à Pistoie en 1711, n'a point atteint l'exactitude et la noblesse de dessin, la vérité, la variété et l'éclat de coloris qui distinguent son père; mais il peut-être plus de grandiose, une touche plus fière et un goût d'ornem. plus somptueux. C'est de lui qu'est le *St Antoine convertissant un hétérodoxe au moyen d'un miracle*, que l'on admire dans l'église du St-Esprit de Bergame.

VIANI (George), numismate, né à Pise en 1762, mort en 1816, cultiva d'abord les belles-lettres et la poésie, qu'il ne tarda pas à abandonner pour se livrer à l'étude de la numismatique. S'étant proposé pour but de compléter le travail de Zannetti, il acquit bientôt une telle connaissance des vieilles monnaies d'Italie, qu'il fut souvent consulté par les ministres des finances de divers gouvernem., par les directeurs des monnaies et par les négociants. Entre autres ouvrages on a de lui : *Saggio poetico*, Londres (Final), 1784, in-4. — *Glicera*, Berlin (Lucques), 1785, in-8. — *Memorie della famiglia cibo e delle Monete di Massa di Lunigiana*, Pise, 1808, in-4, fig. — *Lettera intorno alle Monete, ed alla Zecca di Pistoja*, ib., 1813, in-8, fig. Il a laissé beaucoup de MSs. Séb. Ciampi a publié une *Notice* sur Viani, Florence, 1817.

VIARD ou WIART, simple frère convers de la Chartreuse de Lugny, près de Châtillon-sur-Seine, quitta son monastère pour aller vivre avec plus d'austérité dans une vallée profonde, appelée le *Val-des-Choux*, à la distance d'environ 2 lieues de Lugny. Il y avait environ 100 ans qu'il existait dans cette vallée un monastère, lorsque Viard y entra, l'an 1293. C'est à tort que le savant Fleury et les auteurs du *Gallia christiana* lui en attribuent la fondation. Le prem. supérieur du *Val-des-Choux* se nommait Gui (Guido), et le deuxième Humbert. Cet ordre avait environ 30 maisons dans la Bourgogne. La règle qu'on y observait était un composé des règles des Chartreux, de Cîteaux et de St-Benoît.

VIARD (le comte PIERRE-JOSEPH de), général autrichien, né à Bitch en 1655, mort en 1718 à Chisbourg, en Transylvanie, avait servi sous 3 empereurs, et s'était trouvé à plus de 50 batailles ou combats, notamment aux importantes journées de Peterwaradin et de Belgrade, au succès desquels il avait beaucoup contribué.

VIAS (BALTHASAR de), poète latin, né en 1587 à Marseille, se fit recevoir docteur en droit à l'univ. d'Aix, mais ne fréquenta point le barreau, et partagea son temps entre la culture de la poésie, la numismatique et l'astronomie. Il assista pourtant aux états-généraux de 1614 en qualité d'assesseur de sa ville natale, et fut nommé par Louis XIII gentilhomme de la chambre et conseiller-d'état. Il mourut en 1667. On citera de lui : *Henricœa*, Aix, 1606, in-4. — *Silvæ regiæ, quibus selecti francorum annalium et politioris litteraturæ flores inseruntur*, Paris, 1623, in-4. — *In Nicol. Cl. Fabricium de Peiresc Epicedion*, 1642, in-4. — *Charitum libri III*, Paris, 1660, in-4. Bougerel a donné l'*Éloge* de Vias dans les *Mém. pour servir à l'histoire de plus. hommes illustres de Provence*, 174-202.

VIAUD. — V. THÉOPHILE.

VIBIUS-SÉRÉNUS (C.), délateur sous le règne de Tibère, contribua beaucoup à la mort du malheureux Libon, et, n'ayant pas été récompensé comme il croyait devoir l'être, s'en plaignit amèrement dans une lettre qu'il eut l'impudence d'adresser à l'empereur. Celui-ci prit cette plainte pour une injure, et huit ans plus tard, le fit exiler dans l'île d'Amorgus, sur une fausse accusat. portée contre lui par son propre fils. — VIBIUS-CRISPUS, habile orateur et plus adroit courtisan, jouit d'une grande influence à Rome, sous le règne de Néron, mais ne put cepend. qu'adoucir la peine à laquelle fut condamné son frère pour concussion : plus tard, et sous Othon, il fit condamner le délateur de ce frère, quoiqu'il eût exercé lui-même ce métier infâme, mais lucratif. C'est de lui que Juvénal fait un portrait assez curieux dans sa 4ᵉ satire. Grâce à son humeur enjouée, à sa prudence et à ses bassesses, il traversa heureusem. les règnes des empereurs les plus sanguinaires, et atteignit l'âge de 80 ans. — VIBIUS-SÉQUESTER est un ancien géographe sur lequel on n'a que des renseignem. incomplets, car l'époque même où il florissait est incertaine ; le sav. Oberlin se contente de dire qu'il a vécu du 5ᵉ au 7ᵉ S. On a, sous son nom, un opuscule intit. : *De fluminibus, fontibus, lacubus, nemoribus, paludibus, montibus, gentibus, quorum apud poetas fit mentio*, dont l'édit. la plus récente est celle d'Oberlin, Strasbourg, 1778, in-8, enrichie de notes de divers commentateurs.

VIBORG (ERIC-NISSEN), célèbre vétérinaire danois, né dans le duché de Sleswick en 1759, fut d'abord destiné à l'état ecclésiastiq., auquel il renonça d'après les conseils du profess. Abildgaard pour s'attacher à l'étude de la science vétérinaire, jusque-là très négligée en Danemarck. Il voyagea pendant trois ans aux frais du gouvernem. danois, et fut nommé, à son retour, professeur à l'école vétérinaire de Copenhague. En 1796, il fut envoyé en Pologne, en Ukraine et en Moldavie pour y choisir des étalons et des poulinières. En 1801, il fut chargé de la direction de l'école dont il était professeur, et de tous les autres établissements de ce genre. Enfin il fut fait conseiller d'état et chev. de l'ordre de Dannebrog, et mourut en 1822 ; il était correspond. de l'Institut de France, etc. Parmi ses nombreux écrits, on citera : *Recueil de dissertations pour les médecins-vétérinaires et pour les économes* (danois et allem.), Copenhague, 1795, 2 vol. in-8. — *Sur les effets opposés du salpêtre et des différents sels que l'on fait entrer dans les veines des animaux par voie d'injection* (allem.), Archives du Nord, 1803. — *Réponses à différentes questions qui ont rapport à la castration des animaux* (allem.), Tubingue, 1805. — *Travaux de la société royale vétérinaire*, Copenhague, 1808. — *Guide pour soigner les étalons, les poulinières et les poulains jusqu'à ce qu'ils aient atteint leur 5ᵉ année* (danois), ibid., 1824, in-8. — *Description des plantes que l'on peut élever dans les terres sablonneuses et de leur utilité pour arrêter les sables mouvants sur les côtes occidentales du Jutland* (danois et allem.), ibid., 1789, in-8, avec pl. C'est ici le lieu de dire qu'il découvrit et fit connaître les moyens de prévenir ou d'éloigner un fléau qui jusque-là avait désolé les côtes du Jutland, sans que l'on sût comment y remédier. Aussi fut-il nommé inspect.-général du *flugsand* ou des *sables mouvants*. Une *Notice biographique* sur Viborg a été publ. en danois par son frère, Copenhague, 1823.

VIC (DOMINIQUE de), seigneur d'Ermenonville,

ut l'un des servit. les plus dévoués de Henri IV. Une blessure qu'il reçut à la jambe en 1586 ne lui permettant plus de monter à cheval, il vint à Chartres, où il passa trois ans dans un état continuel de souffrances ; mais enfin, d'après le conseil de l'historien de Thou, son ami, il se fit couper la jambe, rejoignit l'armée royale et se couvrit de gloire à la bataille d'Ivry. Outre la permission d'ajouter à ses armes une fleur de lis dans un champ d'azur, il obtint le gouvernem. de St-Denis (1591), celui de la Bastille après la reddition de Paris, à laq. il avait beaucoup contribué, et le gouvernem. de Calais, avec le grade de vice-amiral (1602). En 1604 il remplit les fonctions d'ambassadeur extraordinaire près des ligues grises, et fut nommé conseiller-d'état après la mort de Henri IV. Mais en passant dans la rue de la Ferronnerie devant l'endroit où ce bon prince avait été assassiné, il fut saisi d'une douleur si vive, qu'à peine put-il retourner chez lui et qu'il mourut le lendemain (1610) (*v.* les *Mémoires* de Sully, le *Journal de Henri IV* et l'*Histoire* de de Thou).

VIC (dom CLAUDE de), bénédictin de St-Maur, né à Sorèze, diocèse de Lavaur, en 1670, mort à l'abbaye de St-Germain-des-Prés en 1734, au moment où il allait se rendre à Rome avec le titre de procureur-général de sa congrégation, eut beauc. de part à l'*Histoire générale du Languedoc*, par dom Vaissette ; mais le seul ouvr. que l'on ait de lui est la traduct. latine de la *Vie de Mabillon*, par Ruinart, Padoue, 1714, in-4. — VIC (Gérard de), chanoine de Carcassonne au 17ᵉ S., a donné en latin une *Chronique historique* des évêques de cette ville, 1667, in-fol.

VICAIRE (PHILIPPE), doyen de la faculté de théologie de Caen, né dans cette ville en 1689, mort en 1775, embrassa le parti des jésuites avec une ardeur dont il eut lieu de se repentir. Le parlem. de Rouen ayant, en 1762, rendu un arrêt contre cette société, Vicaire refusa de l'inscrire sur ses registres et fut privé de toutes ses fonctions, dans lesquelles il ne paraît pas qu'il soit jamais rentré. Son principal ouvr. est l'*Exposit. fidèle et preuves solides de la doctrine catholique, adressées aux protestants*, etc., Caen, 1770, 4 vol. in-12.

VICAT (BEAT-PHILIPPE), professeur de droit à Lausanne, né à Aigle, ville du pays de Vaud, en 1715, mort en 1770, a publié un gr. nombre d'ouvrages, parmi lesquels on distingue : *Prælectio de successione testamentariâ, ex jure naturali, civili et statutario*, 1748. — *Haepprecht, comment. de institut. juris civilis justinianei*, avec des notes, 1748, 2 vol. in-fol. — Sa femme, Catherine-Élisabeth CURTAT, née en 1712, morte en 1772, s'occupa beauc. de la culture des abeilles et d'autres objets d'économie domestique. On lui doit une nouvelle construction de ruches, supérieure à toutes les précédentes, et une méthode de faire des essaims artificiels, qui lui a mérité, après sa mort, la prime que la société économique de Berne avait promise pour cette découverte. Ses *Mémoires* font partie du 5ᵉ vol. de la collect. allem. de cette société.

VICAT (PHILIPPE-RODOLPHE), médecin, frère cadet du précéd., né à Payerne en 1720, mort à Lausanne en 1783, membre correspond. de l'acad. de Gœttingue, de la société médicale helvétique, etc., a publ. : *Mémoire sur la plique polonaise*, Lausanne, 1775, in 8. — *Histoire des plantes vénéneuses de la Suisse*, rédigée d'après Haller, Yverdun, 1776, 2 vol. in-8, fig. — *Supplément au dictionnaire d'hist. naturelle* de Valmont de Bomare, Lausanne, 1778, in-8, etc.

VICENTE (GIL), le plus ancien et le plus célèbre des poètes comiques portugais, mort à Évora en 1557, à l'âge d'environ 77 ans, étudia d'abord la jurisprudence à l'univ. de Lisbonne. Il venait de terminer ses cours, lorsqu'à l'occasion de la naissance de Jean III, fils de la reine Marie, il composa une sorte de monologue pastoral en 12 stances, qui fut récité en présence de la reine Béatrice et de la duchesse de Bragance en 1502. C'est là que commence sa brillante carrière dramatique, qu'il termina, en 1536, par un de ses plus piquants ouvr., la comédie intitulée : *Floresta d'engaños*. Plusieurs nations avaient un théâtre avant les Portugais ; mais Gil Vicente fut le prem. auteur qui consacra exclusivem. son génie au perfectionnem. des jeux de la scène, et qui par des succès répétés et durables, assura son influence, non-seulement sur les œuvres dramatiq. de sa nation, mais encore sur celles des nations étrangères. La Bible et les romans de chevalerie lui fournirent tous les sujets de ses compositions. Les critiques français de l'école classique n'y reconnaîtraient nulle part l'observation des règles d'Aristote ; ils pourraient y condamner le mélange bizarre du sacré avec le profane, des siècles anciens avec des temps plus modernes, une confusion des mètres divers au moins égale à l'incertitude de la marche de la fable, et bien d'autres vices que l'on devine d'après cela. Mais il faudrait être bien prévenu pour ne pas admirer la richesse prodigieuse de son invention, la vivacité et la vérité de son dialogue, la suavité et l'harmonie poétique de son langage, la grâce et la délicatesse comique qui brillent partout dans ses drames et justifient l'enthousiasme de ses compatriotes. Aucun de ses ouvr. n'avait été imprimé pendant sa vie ; mais il les avait laissés la plupart écrits de sa propre main. Luis Vicente, son second fils, y ajouta ceux qui restaient, et les fit imprimer avec quelq. autres de son frère aîné, Gil Vicente, sous ce titre : *Compitaçao de todas las obras de Gil Vicente, o qual se reparte en cinco livros*, etc., Lisbonne, 1562, in-fol. Une autre édit. plus correcte, a été publ. en 1586, in-4, par André Lobato. Plus. des ouvr. dramatiq. compris dans cette collect. ont été réimpr. séparém., mais il est fort difficile aujourd'hui de se les procurer. Quant aux *Œuvres complètes* de Gil Vicente, on n'en connaît que quelq. exemplaires dans les gr. bibliothèques. M. Buchon, qui se propose d'en publier une édit. à Paris afin de sauver d'un oubli, et peut-être d'un anéantissem. complet, ce poète dramatique si éminent, a été obligé d'en faire prendre une copie sur un des exempl. de la bibliothèque publique de Lisbonne.

VICHMANN (Bourkhard), littérat. russe, né à Riga en 1786, fut successivem. profess. d'histoire et de statistiq., précept. des jeunes princes de Wurtemberg et secrétaire du comte de Romanzof; il obtint ensuite le titre de directeur des écoles de Courlande, et mourut à Paris en 1722. Parmi ses ouvr., la plupart écrits en allem., nous citerons: *Tableau de la monarchie russe*, Leipsig, 1813. — *Collect. d'ouvr. inédits relatifs à l'hist. ancienne de la Russie*, t. Ier, Berlin, 1820. — *Aperçu chronologique de l'histoire moderne russe*, Leipsig, 1821, 2 vol.

VICHNOU-SARMA, nom du brahme auquel est attribué le rec. d'apologues, si connu depuis longtemps en Europe sous le titre de *Fables de Pilpay* ou *Bidpaï*, mais dont l'original, écrit en langue samscrite, porte le nom de *Pantcha-tantra* ou *Pantchopac'hyana*, et a donné naissance à d'autres ouvr. écrits dans la même langue. On ne sait à quelle époque écrivait Vichnou-Sarma, ni même si c'est un personnage historique ou supposé. Le *Pantcha-tantra* a été, dit-on, composé pour l'instruction de trois jeunes princes. Mais peut-être ce recueil n'est-il lui-même qu'une nouv. rédact. d'apologues plus anciens. M. l'abbé Dubois a donné à Paris, en 1826, une traduct. franç. du *Pantchatantra*, faite d'après diverses versions écrites dans quelq.-uns des idiomes vulgaires de l'Inde (v. le *Journal des savants*, août 1826; et dans ce dict. l'article Pilpay).

VICHY (Roch-Étienne de), évêque d'Autun, né en 1753 à Poulhaguet, diocèse du Puy, mort en 1829 à Paris, quitta la carrière des armes pour l'état ecclésiastique, entra au séminaire de St-Sulpice, et reçut la prêtrise. Nommé aumônier de la reine à l'époque des premiers attentats, il partagea tous ses dangers. Puis il habita la Suisse, trouva ensuite un asile dans les états de l'électeur de Bavière, et rentra en France quand le calme commença à renaître. Napoléon voulut l'attacher à sa chapelle, et lui offrit même l'épiscopat, mais il refusa ses offres, et ne reprit qu'auprès de Madame les fonct. qu'il avait exercées auprès de la reine. En 1819, il fut nommé à l'évêché d'Autun. Trois ans après, le roi le fit pair et conseiller-d'état. La maison des dames du Sacré-Cœur à Autun fut le résultat de ses soins.

VICIANA (Martin), historien espagnol, né dans le royaume de Valence vers le commencement du 16e S., a laissé une histoire de sa patrie, qui lui coûta 46 ans de recherches et qui parut sous ce titre: *Cronica de la inclita ciudad de Valencia*, 1560-66, in-fol., 4 part., très rare.

VICO (Jean de), prince de Viterbe et d'Orviète dans le 14e S., et chef du parti gibelin, profita du séjour des papes à Avignon pour se faire accorder la souveraineté de presque toutes les villes du patrimoine de St Pierre. Excommunié par Clément V, en 1352, il se vit attaquer, deux ans après, par Albornoz, légat d'Innocent VI, et fut obligé de rendre les villes qu'il avait soumises et de se contenter du gouvernem. de Corneto, Civita-Vecchia et Respampano. Il demeura 21 ans dans cet état d'abaissem. La guerre entre les Florentins et le pape lui donna, en 1375, l'occasion de rassembler ses anciens partisans, qui lui ouvrirent bientôt les portes de Viterbe, puis celles de sa citadelle. La maison de Vico commença alors à régner de nouv. dans le patrimoine de St Pierre.

VICO (Enea), antiquaire et graveur, né à Parme au commencement du 16e S., mort à Ferrare, selon Huber et Rost, probablement avant 1560, passe pour avoir été le prem. qui ait écrit en Italie sur la science numismatique, ou du moins qui ait essayé de l'assujétir à des règles. Il publia à Parme, en 1554, les médailles d'or, d'argent et de bronze des douze Césars, gravées et expliquées par lui (*Omnium Cæsarum verissimæ imagines ex antiq. numismatis desumptæ*, in-4). Cet ouvrage fut réimpr. à Rome en 1614 et en 1730. Nous citerons encore de lui: *Discorsi sopra le medaglie*, Venise, 1555; ibid., 1558; Paris, 1619; Parme, 1691. — *Imagine delle donne Auguste*, Venise, 1557, dont une traduction lat., par Natale Conti, a été jointe aux *Discorsi* et réimpr. avec des *notes* de Duval, Paris, 1619.

VICO (Francesco de), histor. espagnol, devint, sous Philippe IV, conseiller-d'état et chef de la chancellerie des roy. d'Aragon et de Sardaigne. Il est principalem. connu par son *Histoire générale de l'île et du royaume de Sardaigne*, Barcelonne, 1639. Cet ouvr. a été surpassé depuis en italien et en français.

VICO (Jean-Baptiste), l'un des plus profonds penseurs modernes, né en 1668 à Naples, où il mourut en 1744, après avoir professé 40 ans la rhétorique à l'univ. de cette ville, passa sa vie au sein de la médiocrité et de la dépendance, et fut poursuivi encore au-delà de la tombe par la même fatalité, qui laissait son nom presq. ignoré à l'Europe, alors qu'il méritait de prendre rang parmi les notabilités contemporaines comme juriste, philosophe, historien et critique. Aux souffrances que lui fit ressentir l'injuste médiocrité de sa fortune se joignirent d'autres peines non moins cuisantes, celles dont l'accablèrent les désordres ou les infirmités de ses enfants. Un ulcère à la gorge termina, par une longue agonie, des jours qu'avaient pu seuls soutenir l'étude et le travail. Cet homme, qui probablem. se fût ouvert la plus brillante carrière s'il eût consenti à entrer dans les ordres religieux, ne trouva guère que des admirateurs dans ceux qui devaient s'honorer d'être ses Mécènes: il arrivait au terme de sa vie lorsqu'il obtint le titre d'historiographe du roi de Naples. Voilà en substance ce qu'offre de matériel l'existence de Vico; mais elle reste marquée par d'import. travaux. L'ouvrage où il les a en quelq. sorte résumés, celui qui doit assurer à son nom une juste célébrité, est intitulé: *Cinque libri de' principj d'una scienza nuova d'intorno alla comune natura delle nazioni*, Naples, 1725 (dédiés au cardinal Laurent Corsini, depuis Clément XII); 2e édit., totalem. réfondue, 1730; réimpr. en 1744 par les soins de Genn. Vico, fils de l'auteur, avec augmentat. de *notes* nombr., qu'il avait laissées en MSs. Il a été fait à Naples en 1817 une réimpress. de l'édit. originale. Celle de 1744 a été reproduite en 1801 à Milan, puis à Naples, 1811 et 1816. Il en a été fait une traduct. allem. par W.-E. Weber, Leipsig, 1822, et une franç. par M. J. Michelet, sous le titre de *Principes de la philosophie de l'histoire...*, *précédés d'un discours sur le système et la vie de l'auteur*, Paris, 1827, in-8. Les div. *opuscules* de J.-B. Vico ont été recueillis par M. Ch.-Ant. de Rosa, marq. de Villa-Rosa, à Naples, 1818, 4 vol. in-8; et les morceaux encore inédits, ont vu le jour en 1818 par les soins de M. Ant. Giordano. Vico a écrit lui-même un *mémoire* sur sa vie inséré dans le t. Ier de ses *opuscules*.

VICOMTERIE DE SAINT-SAMSON (Louis de La), l'un des révolutionnaires les plus exaltés, né en 1732, avait essayé vainement de se faire un nom comme littérateur. Les brochures et les vers de circonstance qu'il publia dès 1789, ne purent le tirer de l'oubli; mais il s'avisa de publier successivement 3 ouvrages piquants pour l'époque : les *Crimes des rois de France, depuis Clovis jusqu'à Louis XVI*, 1791, in-8. — *Les crimes des papes*, 1792, in-8; et la *République sans impôts*, 1792, in-8. Il eut alors un nom populaire et fut porté à la convention par la ville de Paris. Il y prononça un discours *sur le procès de Louis XVI*, dans leq. il se déclara ouvertem. pour la condamnation, et qu'il fit imprimer avant même que ce procès fut commencé; il vota pour la mort de ce malheureux prince, contre l'appel et le sursis. Après le 31 mai il devint membre du comité de sûreté générale, et prit part à toutes les opérations du régime de la terreur jusqu'au 9 thermidor. Exclus alors du conseil de sûreté générale, il fut, après les journées de prairial (mai 1795), décrété d'accusat.; mais il réussit à s'évader et fut amnistié quelques mois après. Sorti de la convention, il ne fit plus partie d'aucune assemblée, vécut d'un emploi subalterne dans la régie du timbre, et mourut à Paris en 1809.

VICQ-D'AZYR (Félix), médecin et anatomiste célèbre, né à Valogne en 1748, sut réunir, aux connaissances indispensables à sa profession, le talent d'écrire purement et quelquefois avec éloquence. Dès 1773, après avoir terminé sa licence, il ouvrit un cours d'anatomie humaine qui eut le plus gr. succès; mais ses envieux eurent le crédit de lui faire refuser l'usage de la salle de la faculté. Antoine Petit, profess. d'anatomie au Jardin-du-Roi, le choisit alors pour faire des leçons à sa place; mais il ne put lui assurer la survivance de sa chaire, qui fut donnée à Portal. Vicq-d'Azyr, réduit à donner des leçons particulières dans sa propre demeure, dut au hasard la protection de Daubenton, dont il épousa la nièce. Plusieurs *Mémoires*, où il consigna ses recherches anatomiques, lui ouvrirent les portes de l'acad. des sciences en 1774. Lassonne, premier médecin du roi, le char- gea, en 1775, de porter des secours à quelques provinces du midi, ravagées par une épizootie meurtrière, et le fit nommer secrétaire perpétuel de la société de médecine qui fut établie l'année suiv. Les éloges qu'il y prononça des principaux membres de la société lui concilièrent d'honorables suffrages; et bientôt il prit un tel rang parmi nos meilleurs écrivains, que l'Acad. franç., en 1788, le choisit pour succéder à Buffon. Il professait depuis quelques temps l'anatomie comparée à l'école vétérinaire d'Alfort. Nommé médecin de la reine en 1789, il obtint en même temps la survivance de la place de 1er médecin du roi. Il mourut d'un anévrisme en 1794, à 46 ans. Les travaux purement scientifiques de Vicq-d'Azyr sont nombreux et import., et roulent sur des sujets très divers, mais principalem. sur l'anatomie tant humaine que comparée. Outre ses mémoires dans les recueils de l'acad. des sciences et de la société de médecine, on citera de lui : *Traité d'anatomie et de physiologie*, 1786, in-fol., avec 35 pl. color. — *Système anatomique des quadrupèdes*, dont le 2e vol. parut en 1792, tandis que le 1er n'a pas même été commencé. — *Médecine des bêtes à cornes*, 1781, 2 vol. in-8. Moreau de la Sarthe et Lémontey ont publié des *Éloges* historiques de Vicq-d'Azyr, le premier en 1797, le second en 1826. Moreau a donné une édit. de ses Œ*uvres*, Paris, 1805, 6 vol. in-8, avec atlas in-4.

VICTOIRE (Louise-Thérèse), connue sous le nom de Madame, fille de Louis XV, née à Versailles en 1733, sut faire respecter à la cour licencieuse de ce prince la pureté de ses mœurs et sa piété angélique. Lorsque son père fut attaqué de la petite-vérole qui devait l'emporter, elle voulut s'enfermer avec lui pour le soigner, et gagna le même mal, mais elle en guérit. Obligée de quitter la France en 1791 avec sa sœur aînée, Mme Adélaïde, dont elle ne se sépara jamais, elle alla chercher en Italie un asile qu'elle trouva d'abord dans les états du roi de Sardaigne, puis à Rome, et enfin à Naples. Lorsque les Français s'approchèrent de Naples en 1798, la princesse effrayée fut obligée de fuir encore; mais elle succomba aux fatigues du voyage en 1799, quelques jours après son débarquement à Trieste, et six mois avant Mme Adélaïde. Louis XVIII fit apporter en France et déposer dans le caveau royal de St-Denis (1817) les dépouilles mortelles de ses tantes.

VICTOR Ier (St), pape, Africain de nation, succéda à St-Eleuthère en 185. Son pontificat fut marqué par la condamnation et l'excommunication de Théodore de Byzance, qui niait la divinité de J.-C., et par la fixation de la fête de Pâques au dimanche qui suit le 14e jour de la lune de mars. Il subit le martyre en 197, et eut pour successeur St Zéphirin. — Victor II (Gébehard, pape sous le nom de) était évêque d'Eichstet et parent de l'empereur Henri III, auquel ses conseils avaient été souvent très utiles, et qui eut de la peine à se séparer de lui. Il fut élu en 1055, près d'un an après la mort de St Léon IX, et mourut en Toscane en 1057, après avoir essayé de réprimer la simonie en France. Son successeur fut Étienne IX. — VICTOR III, élu pape en 1086, après la mort de Grégoire VII, se nommait Didier, et passait pour l'un des gr. personnages de son siècle. Abbé du Mont-Cassin dès 1057, il n'accepta le pontificat suprême qu'avec répugnance. Forcé par l'anti-pape Guibert de se retirer dans son monastère, il battit les Sarrasins, fit anathématiser l'anti-pape dans un concile, et mourut après 4 mois de pontificat. On a de ce pape 3 vol. de dialogues sur les miracles de St Benoît et autres moines du Mont-Cassin. — VICTOR, anti-pape, — V. INNOCENT II, pape.

VICTOR (St), d'une famille de Marseille, servait dans les armées romaines lorsqu'il fût arrêté comme chrétien pendant la persécution de Dioclétien et de Maximien. Il souffrit le martyre le 21 juillet 303, jour auquel l'Église célèbre sa fête.

VICTOR (FLAVIUS), fut créé césar et auguste par son père Maxime en 383. Ce prince lui laissa, suivant quelq. auteurs, le commandem. des Gaules lorsqu'il eut résolu de porter la guerre en Italie. La ruine du père fut bientôt suivie de celle du fils, qui fut mis à mort par ordre de Théodose (388).

VICTOR ou VICTORINUS (CLAUDIUS-MARIUS), rhéteur et poète, vécut à Marseille et mourut vers 450 sous Valentinien III. Il a laissé 3 liv. de vers hexamètres, dans lesquels il raconte l'histoire de la Genèse; à la suite se trouve une épître en vers contre les mœurs corrompues de son siècle.

VICTOR, VICTORIN ou VICTORIUS (MARIANUS), mathématicien, né dans l'Aquitaine, alla s'établir à Rome, où l'on conjecture qu'il remplit les fonctions de la cléricature. Il entreprit et acheva, l'an 457, un nouveau canon pascal, qui, de son nom, fut appelé *Victorin*, et fut adopté par les Églises d'Occident. Il a été publié par le P. Gilles Boucher, jésuite, avec une explication, sous ce titre : *De doctrinâ temporum, sive commentarius in Victorii Aquitani et aliorum canones paschales*, Anvers, 1633 ou 1634, in-fol. (v. l'*Histoire littéraire de la France*, II, 424-28).

VICTOR, évêque de *Vite*, dans la Bysacène, fut enveloppé dans la persécution suscitée contre les catholiques en 483 par Hunnéric, roi des Vandales, et se retira à Constantinople ou en Épire. Sa mort, dont on ignore l'époque précise, n'a pu être que postérieure à l'an 487. Son nom est inscrit dans le Martyrologe au 23 août. On a de lui : *Historia persecutionis vandulicæ sive africanæ sub Genserico et Hunnerico, Vandalorum regibus*, dont la meilleure édition est de D. Ruinart, Paris, 1694, in-8. Cette histoire a été trad. en franç. par François de Belleforest, 1563, par Arnaud d'Andilly, 1664.

— VICTOR, évêque de *Tunes* ou *Tunones* en Afrique, au 6e S., montra, pour la défense des trois chapitres, un zèle inébranlable, qui lui fit éprouver les traitements les plus rigoureux. On conjecture qu'il mourut dans un couvent à Constantinople, vers 566. Il paraît qu'il est l'auteur d'une *Chronique universelle*, dont il nous reste un fragment, de 544 à 565, publ. par Canisius, dans les *Antiquæ lectiones*; par Jos. Scaliger, dans le *Thesaurus temporum*; et par André Schott, dans l'*Hispania illustrata*, IV, 117. On lui attribue encore un traité *de Pœnitentiâ*, inséré par les bénédictins dans l'*Appendice*, au tome II de leur édit. des *OEuvres* de St Ambroise.

VICTOR-AMÉ Ier. — V. SAVOIE.

VICTOR-AMÉ ou AMÉDÉE II, duc de Savoie, puis roi de Sicile, et ensuite de Sardaigne, né en 1565, venait d'entrer dans sa 8e année lorsqu'il succéda à son père Charles-Emmanuel II, sous la régence de Marie de Nemours. Des négociations entamées par cette princesse, pour obtenir à son fils la main de l'infante de Portugal, alarmèrent les seigneurs et les états de Savoie et de Piémont. Usant de leur crédit auprès du jeune duc pour le soustraire à l'influence de la régente, les marquis de Pianezze et de Parala, au nom de toute la noblesse du pays, le conjurèrent de se saisir des rênes de l'état. A leur demande il signa l'arrestation de sa mère, qui resta quelque temps détenue dans une forteresse, mais ne tarda pas à reprendre sur lui tout son ascendant. Cependant la manière dont il avait manifesté ses refus ne permettait point de revenir sur le projet de mariage avec l'infante; il épousa une nièce de Louis XIV, Anne, fille de Philippe, duc d'Orléans (1684). Il avait recommencé la guerre contre les malheureux Barbets ou Vaudois, ses sujets. Vers le même temps il entra secrètement en négociations avec le duc de Bavière et le roi d'Angleterre, Guillaume. Ce prétexte suffit à Louis XIV, mécontent, pour jeter en Piémont 18,000 hommes sous les ordres de Catinat (1690). Victor-Amédée ayant reçu des troupes de ses alliés, vint attaquer imprudemment Catinat qui le mit en déroute à Staffarde (18 août 1690). Heureusem. le prince Eugène l'aida à rétablir ses affaires. En 1692 il résolut de porter le théâtre de la guerre en France; mais atteint de la petite-vérole, il fut obligé de revenir à Turin. Cette guerre se termina par des intrigues qui ramenèrent Victor-Amédée au parti de la France (29 août 1696). A l'époque où fut conclue la paix de Ryswick (20 sept. 1697), il y avait un an que ce prince commandait, avec le titre de généralissime, une armée de 50,000 Franç. et Piémontais. Entraîné malgré lui dans la ligue de l'Espagne et de la France contre l'Autriche, il ne tarda pas à s'en séparer; mais la cour de France ayant connu ses projets, Vendôme reçut l'ordre de désarmer les troupes savoyardes qu'il avait dans son armée. Victor-Amédée, irrité de cet affront, fit arrêter tous les Français qui traversaient ses états, et saisir les magasins qu'ils y avaient établis. Le 8 novembre 1703, il accéda à la grande alliance contre la France; mais, quoique le comte Gui de Stahremberg fût parvenu à le joindre avec l'armée impériale (13 janvier suiv.), et lui eût amené un corps de cavalerie, il n'en vit pas moins tomber successivem. ses forteresses aux mains du duc de Vendôme, dans le même temps que Berwick et La Feuillade le pressaient vivem. sur d'autres points. Dans cette extrémité, ce prince trouva un refuge dans les vallées de ces Vaudois, que lui et ses ancêtres avaient si cruellement persécutés. Une gr. victoire, remportée par le prince Eugène devant Turin, sur les Français, que Vendôme ne commandait plus (*v.* VENDÔME et ORLÉANS), rétablit la fortune du duc de Savoie. La Lombardie fut évacuée en vertu de la capitulation de Milan (13 mars 1707), et la même année (26 juillet), Victor-Amédée se présenta devant Toulon, où le maréchal de Tessé lui fit éprouver un rude échec. Malgré des revers presque constants, et en dépit même du peu de zèle qu'il commençait à manifester pour la cause des coalisés, il lui fallut se remettre en campagne, et il échoua encore dans une tentative d'invasion qu'il fit par le Dauphiné au mois de juillet 1708. La guerre se poursuivit mollem., et presque sans sa participation, jusqu'au moment où les préliminaires de la paix de Londres (8 octobre 1711) posèrent les bases de la paix générale. La Savoie devait être rendue à Victor-Amédée, qui, par le traité conclu avec l'Espagne à Utrecht (13 août 1713), reçut de Philippe V la cession de l'île et du royaume de Sicile. Cette couronne royale, qu'il ceignit solennellem. à Turin le 22 septembre, était depuis long-temps l'objet de son ambition. L'élévation de Victor-Amédée empira le sort des Piémontais, qui eurent à payer des impôts excessifs pour l'entretien de la nouvelle cour. Cependant le prince, jaloux à l'extrême des prérogatives royales, se brouillait avec le St-siége, et voyait plus de 400 ecclésiastiques siciliens quitter le sol natal pour se réfugier près de Clément XI, dont il avait bravé les censures. La politique adroite et ferme d'Alberoni allait lui susciter des difficultés plus graves. Ce ministre, après avoir conquis la Sardaigne sur les impériaux (août 1717), songeait à remettre l'Espagne en possession de la Sicile. Déjà sa flotte avait pris Palerme, Catane, Messine; Victor-Amédée fut réduit à céder la Sicile à l'empereur, qui en échange lui abandonna ses prétentions sur la Sardaigne. Le 10 nov. 1718, il accéda à la quadruple alliance dont Philippe V adopta lui-même les clauses (26 janvier 1720); et Victor-Amédée fut mis en possession de l'île de Sardaigne, constituée pour lui en royaume (*v.* SARDAIGNE). Ce n'est que sept ans plus tard que ses différends avec la cour de Rome furent accommodés par le marquis d'Ormea. L'agitation avait jusque-là rempli les jours de Victor-Amédée; elle était devenue pour lui un besoin que pouvaient à peine satisfaire les soins qu'il se donna durant la paix pour l'administration intérieure de son petit état. Veuf depuis quatre ans, il venait d'épouser, plus que sexagénaire, la comtesse de St-Sébastien, veuve aussi, et âgée de 50 ans. Il ne s'en tint pas à imiter en ce point Louis XIV, il voulut suivre un autre exemple fameux, celui de Charles-Quint, et comme lui, il abdiqua la couronne un mois après (3 sept. 1730) en faveur de son fils (*v.* CHARLES-EMMANUEL III). Peu de temps après, quittant brusquement le château de St-Alban, près Chambéry, où il s'était promis de vivre en *gentilhomme de province*, il se rendit à Turin en l'absence du jeune roi, se flattant d'y trouver tous les esprits disposés à accueillir sa résolution de remonter sur le trône; mais, arrêté par ordre du conseil, il fallut employer la force pour le transporter au château de Montcalier, où il vécut tranquille et mourut résigné, le 31 octobre 1732, laissant la réputat. du plus grand prince de la maison à l'élévation de laquelle il a le plus efficacement contribué.

VICTOR-AMÉDÉE III, roi de Sardaigne, né en 1726, fils de Charles-Emmanuel III, fit, en 1745, ses premières campagnes à côté de son père, et se signala aux batailles de Coni et de Bassignana. Il épousa en 1748 l'infante, fille de Philippe V, princesse avec laquelle il vécut dans une parfaite union, et monta sur le trône en 1773. La paix dont jouirent ses états pendant les 28 prem. années de son règne, lui permit de s'occuper d'importantes réformes; l'organisation militaire fut changée; d'utiles constructions furent achevées; et la Savoie, affranchie des droits du péage, vit s'élever les digues de l'Arve et du Rhône. Il fit avec la reine un voyage dans cette province, en 1775, à l'occasion du mariage de son fils, le prince de Piémont, avec l'une des sœurs de Louis XVI. Les dépenses occasionnées par les fêtes achevèrent d'épuiser le trésor royal. Turin fut le premier asile des princes franç. en 1789. Victor-Amédée détestait les principes et surtout les premiers résultats de la révolution; il refusa de recevoir Sémonville comme ambassadeur. Menacé par les Franç., il fit avancer des troupes sur ses frontières (avril 1792). Elles furent franchies cinq mois après par l'armée de Montesquiou, qui s'empara presque sans résistance de la Savoie et du comté de Nice. Victor-Amédée avait compté sur l'assistance de l'Autriche et de l'Angleterre; sa sécurité lui devint funeste. Ayant voulu prendre l'offensive, il échoua complètement par l'impéritie du baron de Vins, général en chef autrichien. Poursuivant leurs avantages, les Français pénétrèrent au cœur du Piémont (1794) par la vallée du Tanaro dans le même temps que leurs lignes occupaient le col de Tende et la plupart des autres passages des Alpes occidentales. La bataille de Loano, gagnée par Schérer, le 24 nov. 1795, renversa l'espoir que conservait Victor-Amédée de recouvrer la portion de ses états tombée aux mains des républicains. Mais la gravité du péril rendant quelque énergie à son conseil, il y fut décidé qu'on épuiserait les moyens extrêmes. Des alliances furent renouvelées; on recevait de toutes parts des secours ou des promesses, quand Bonaparte vint fondre sur Turin après avoir séparé les Autrichiens des Sardes. Étourdi par des coups aussi rudes, Victor-Amédée demande une suspension d'armes, et ne l'obtient qu'en livrant pour places de sûreté Coni et Tortone. Ce malheureux prince ne survécut que six mois à cette capitulation, et mourut d'une attaque d'apoplexie à Montcalier, le 15 oct. 1796. Charles-Emmanuel, son fils, lui succéda.

VICTOR-EMMANUEL Ier, II, III et IV. — V. SAVOIE.

VICTOR-EMMANUEL V (Gaston-Jean-Népomucène), roi de Sardaigne, né en 1759, fils puîné de Victor-Amédée III, porta d'abord le titre de duc d'Aoste. Il avait pris beaucoup de part à la lutte que son père engagea contre la France à l'époque de la révolution, lutte qui fut si fatale aux états sardes; il lui fallut être témoin de l'alliance offensive et défensive, conclue à Turin le 8 avril 1797, entre la république française et le roi Charles-Emmanuel IV, son frère. L'abdication de ce dernier, en 1802, transmit ses droits à Victor-Emmanuel, qui, réduit à l'île de Sardaigne, n'en exerça qu'avec plus d'activité, dans cette sphère étroite, sa passion de gouverner. Les soins qu'il se donna pour l'amélioration des revenus de son petit état furent au moins infructueux. Il eut néanmoins le bonheur d'échapper à l'attention du conquérant devant qui tremblaient tous les trônes de l'Europe. Après la chute de Napoléon, il fut remis en possession de la meilleure partie de l'anc. duché de Savoie, augmenté de plus. petits domaines. Plus tard, un traité conclu à Vienne (20 mai 1815) entre les cinq gr. puissances et lui, l'investit du territoire de la république démembrée de Gênes. Si les conditions mises à cette largesse par l'Autriche et la Russie furent qu'il consacrerait toute la ténacité dont on le savait capable à comprimer dans ce pays les idées nouv. d'indépendance, il est certain que Victor-Emmanuel ne négligea rien pour remplir cette tâche. Aussi fut-il arrêté, par le 2ᵉ traité de Paris, qu'il rentrerait en possession de la partie de la Savoie laissée à la France, etc. Quelque paternelle que pût être sa dominat., elle froissait les esprits préoccupés de l'avantage d'un gouvernem. représentatif; une réact. d'ailleurs était inévitable après la compression que leur avait fait subir la coalit. des rois. Les peuples d'Espagne et de Portugal n'eurent pas plus tôt donné le signal de l'insurrection, qu'un mouvem. semblable se manifesta jusqu'au-delà des Alpes. Il tint à peu de chose que Victor-Emmanuel ne proclamât une charte calquée sur celle de France (1821). Mais l'Autriche, à qui cette révolution eût enlevé son influence sur les états sardes, ne manqua pas d'intervenir. Deux partis d'ailleurs divisaient les constitutionnels; ce fut le plus exigeant qui triompha momentanément. On a esquissé cet événement à l'art. Santa-Rosa. Avec ce gr. mouvement coïncidait celui de Naples, qu'on a aussi esquissé à l'art. Ferdinand Iᵉʳ. Ce fut un trait bien honorable pour Victor-Emmanuel V d'abdiquer un trône où il était si fier d'être remonté, plutôt que d'agir contre sa conscience. Par cette abdicat., qui fut spontanée et sincère, la couronne de Sardaigne passa au duc de Genevois, qui était absent. Le prince de Carignan eut la régence jusqu'à ce que le nouveau monarque, sous le nom de Charles-Félix, vint prendre les rênes de l'état cinq jours après (19 avril 1821). Victor-Emmanuel, qui avait conservé le titre honorifique de roi avec une pension d'un million de livres, mourut au château de Montcalier le 10 janvier 1824.

VICTORIA (don Vincent), peintre espagnol, né à Valence en 1658, mort à Rome en 1712, trouva en Italie comme chez ses compatriotes des protecteurs éclairés de son talent. Pourvu d'un riche canonicat à Xativa, près Valence, il obtint le titre d'antiquaire du pape, qu'il méritait bien par ses recherches laborieuses et profondes dans la science des antiquités, et fut nommé peintre de Cosme III, gr.-duc de Toscane. Ce fut pour ce prince qu'il grava le célèbre tableau de Raphaël, connu sous le nom de la *Vierge de Foligno*. Pour apprécier son mérite, comme peintre, il faudrait avoir vu les ouvr. dont il a enrichi en Espagne Valence, Morella et Forcal. Quant à ceux que possède l'Italie en grand nombre, on les a souvent fait passer pour être de Carle Maratte, son maître : c'est assez dire quelle est leur valeur.

VICTORIN (M.-Piauvonius-Victorinus-Augustus), fils de la célèbre Victorine (v. ce nom), fut associé par Posthume à l'empire en 264, et après la mort de ce prince et de Lollien, resta seul maître des Gaules. Il étendit même son autorité sur l'Espagne et la Grande-Bretagne, et repoussa toutes les attaques de Gallien. Il avait de grandes et belles qualités; mais les désordres où l'entraîna son goût excessif pour les femmes excitèrent contre lui une sédition, dans laq. il périt l'an 268 (v. Trébellius-Pollion, *Histoire des trente tyrans*). — Victorin (L.-Aurélius-Piauvonius-Victorinus-Augustus), fils du précéd., proclamé empereur après sa mort par les légions stationnées à Cologne, fut massacré quelques jours plus tard dans une nouvelle sédition.

VICTORIN DE FELTRE, célèbre instituteur, né vers 1379 dans la ville dont il prit le nom, s'était, quoique pauvre, rendu très habile dans la grammaire, la dialectique, la philosophie et les mathématiques. Chargé de remplir, en 1422, la double chaire de rhétorique et de philosophie à l'université de Padoue, il vit avec peine qu'il ne pouvait corriger ses élèves de leurs habitudes vicieuses, et dès l'année suiv., résigna cet emploi, pour aller établir à Venise une école qui fut bientôt très fréquentée. Cédant aux instances de Jean-François de Gonzague, seigneur de Mantoue, qui voulait lui confier l'éducation de ses enfants, il alla se fixer dans cette ville en 1425, et y ouvrit une nouvelle école, où accoururent bientôt des élèves de toutes les parties de l'Italie, de la France, de l'Allemagne et même de la Grèce. Dès lors il se livra à l'exercice de toutes les vertus, nourrissant et entretenant à ses frais les enfants dont les familles étaient pauvres, consacrant ses bénéfices de chaque année à soulager des malheureux, à doter des filles vertueuses, à racheter des captifs. A peine peut-on croire, dit Tiraboschi, qu'il se soit trouvé, dans un siècle encore grossier, un homme tel que Victorin. Ce sage instituteur mourut en 1447 à l'âge de 68 ans (v. sa *Vie*, par le Prendilacqua, l'un de ses élèves, publiée avec des *notes*, par Jacques Morelli. Tiraboschi en a donné l'extrait dans la *Storia della letterat. ital.*).

VICTORINE (Aurélia-Victorina-Pia-Félix-

Augusta), sœur de l'empereur Posthume, suivant quelq. auteurs, signala sa valeur contre Gallien, et reçut des soldats le titre de mère des camps (*mater castrorum*); elle obtint aussi celui d'auguste et fit associer son fils Victorin à l'empire par Posthume. Après la mort de Victorin, elle fit reconnaître empereur son petit-fils; mais le jeune prince ayant subi le sort de son père, elle disposa de l'empire des Gaules en faveur de Marius, puis de Tétricus. Elle mourut en 268. L'histoire l'a comparée, avec quelque raison, à la fameuse Zénobie.

VICTORINUS (Fabius-Marius), orateur, rhéteur et grammairien du 4e S., né en Afrique, professa long-temps à Rome avec beaucoup d'éclat, et mourut sous Valentinien et Valens en 370. Païen pend. la plus grande partie de sa vie, il se convertit enfin au christianisme, circonstance qui paraît lui avoir ouvert la route des honneurs. On a de lui plus. ouvr., parmi lesq. on distingue un traité de la prononciation, de l'orthographe et de la versification, intitulé ordinairement : *De orthographiâ, carmine heroïco, ratione metrorum*, ou *de Re grammaticâ, orthogr., carm. herm., rat. metr. libri IV*, Tubingue, 1537, in-8; 1584, in-8; et dans les *Grammatici antiqui* de Putsch, 1605, in-4; p. 1939; et des *Commentaires sur les livres de l'Invent.*, de Cicéron, impr. plus. fois, notamment dans les *Rhetores lat. antiqui*. Ses ouvr. théologiq., assez nombreux, ont été réunis dans le t. IV de la *Grande bibliothèque des PP.*, Lyon, 1675.

VICTRICIUS (St), patron des marins, né dans les Gaules vers 330, fut d'abord soldat dans les armées romaines. Ayant embrassé le christianisme, il alla vivre quelque temps dans la retraite, dont il sortit pour prêcher l'Évangile dans le pays des Morins et des Nerviens (la Flandre et la Picardie). Nommé évêque de Rouen en 385, il passa en Angleterre vers 394, pour y rétablir la paix de l'Église, troublée par des hérésies. Il mourut en 410. L'abbé Lebœuf a fait imprimer, avec de savantes notes, un ouvr. de ce saint intit. *de Laude sanctorum*.

VICUGNAYZUAZO (don Bernardo de), 46e évêque des Canaries, né à Logrono vers 1637, d'une des meilleures familles de la Castille, aborda au port de Luz-de-Canaria en 1692, pour prendre possession de son diocèse, qu'il trouva déchiré par de violentes et scandaleuses altercations entre les religieux et les séculiers. Il parvint à y rétablir l'ordre, et mourut universellement regretté en 1705 (*v.* Viera, *Notic. de la Hist. gen. de la isl. Can.*, t. IV, p. 149-156).

VIDA (Marc-Jérôme), célèbre poète latin, né à Crémone en 1490, mort sur le siége épiscopal d'Albe en 1566, après l'avoir occupé pend. 34 ans, et donné des preuves d'une rare valeur à la prise de cette ville par les Français, a laissé : *Scacchia ludus* (Jeu des échecs), Rome, 1527, in-4; trad. en franç. par Desmasures, et par M. Levée, avec d'autres ouvr. de Vida, 1809, in-8. — *Poeticorum libri III*, Rome, 1527, in-4; Oxford, 1723, in-4; trad. en franç. et réuni par l'abbé Batteux aux *Poétiques* d'Aristote, d'Horace et de Boileau, sous le titre des *Quatre poétiques*, Paris, 1771, 2 vol. in-8 et in-12; trad. en vers par M. Barrau, 1808 et 1810, in-8, et par M. Valant, sous le titre de l'*Éducation du poète*, 1814, in-12. — *Bombycum libri II* (poème sur les vers à soie), Lyon et Bâle, 1537; trad. en franç. par Crignon, 1786, in-12, et par M. Levée, 1819, in-8. — *Christiados libri VI*, Crémone, 1535, in-4, trad. en français par l'abbé Souquet de Latour, avec le texte en regard, et une préface sur la *Vie* et les ouvr. de Vida, 1826, in-8. — *Dialogi de reipublicæ dignitate, lib. II*, Crémone, 1556, in-8, etc. La plupart de ces ouvrages ont été recueillis dans la belle édition des frères Vulpi, Padoue, 1731, 2 vol. in-4. Les *Poésies* ont été impr. à Crémone, 1550, 2 vol. in-8; à Oxford, 1722, 4 vol. in-8, etc. Le P. Vairani, dominicain, a donné une *Notice* sur Vida dans ses *Cremonensium monumenta*, Rome, 1778. Une autre *Vie* de ce poète, par Tadisi, Bergame, 1788, mérite d'être lue.

VIDAL (Pierre), troubadour provençal, eut, dans sa jeunesse, de nombreux succès auprès des femmes; mais son indiscrétion le livra à la vengeance d'un mari, qui lui fit fendre, selon les uns, ou, selon les autres, percer la langue. A peine guéri, le poète imprudent reprit le cours de ses galanteries, et fut bientôt obligé de s'expatrier pour avoir adressé à la vicomtesse de Marseille un hommage qu'elle voulut prendre pour une insulte. Après avoir habité successivement Gênes, le Montferrat, la Lombardie et Milan, il se rendit en Palestine, à la suite du roi Richard, selon l'abbé Millot, ou du marquis de Montferrat. Ce fut dans ce voyage qu'il acheva de perdre la raison. Il alla jusqu'à s'imaginer qu'il était empereur d'Orient, et dès lors tout le reste de sa vie ne fut plus qu'une suite d'extravagances. Il paraît certain qu'il mourut vers l'an 1290, à la cour d'Alphonse III, roi d'Aragon. Les MSs. qui nous restent des poètes provençaux contiennent environ 60 pièces de P. Vidal. L'abbé Millot a donné une analyse et des extraits des plus intéressantes dans son *Histoire des troubadours*, t. II, p. 281-309. Raynouard en a publié neuf dans son *Choix des poésies des troubadours*, t. III, p. 318-26; t. IV, p. 23, 105-110, 118-121 et 186 (*v.* la *Vie* de P. Vidal, par Ginguené dans l'*Histoire littér. de la France*, t. XV).

VIDAL (Raymond), de Besaudun, troubadour provençal, sur lequel on n'a point de renseignem. certains, mériterait cepend. d'être connu. Bastero le suppose auteur d'une *Grammaire* et d'une *Poétique* (*v.* la *Crusca provenzale*, Rome, 1724, p. 114) : aucun autre biographe n'a parlé de la *Poétiq*. Millot a donné l'analyse de deux *nouvelles* de Raymond, l'une intit. : *de la Patience en amour*, et l'autre *le Jaloux châtié* (*Hist. des troubadours*, t. III, p. 277-308). Raynouard a publié la seconde dans son *Choix de poésies*, t. V, p. 597. — VIDAL (Arnaud), poète, de Castelnaudary, est le premier qui ait obtenu la violette d'or (1324), au collège de la Gaie science, nouvellem. établi à Toulouse. Dans le courant de la même année, il fut créé docteur en gaie science (*v. Mémoire pour servir à l'histoire des Jeux-Floraux*, par Poitevin-Peitavi, t. XIV. — VIDAL, *de Nimes*, avocat du roi à la sénéchaussée de cette ville, de 1499 à 1517, est aut. d'un ouvr. de jurisprudence intitulé : *Tractatus insignis et præclarus de collationibus*, qu'on trouve dans la gr. collect. impr. en 1588 à Venise, 18 vol. in-fol., sous ce titre : *Tractatus universi juris*. — VIDAL (Jacques), surn. *le Vieux*, peintre d'histoire, né à Valmaseda en 1583, mort en 1615, était chanoine de la cathédrale de Séville, où l'on plaça, par une délibération particulière du chapitre, deux de ses tableaux représent., l'un un *Christ*, l'autre une *Vierge*. — Jacques VIDAL, *de Liendo*, dit *le Jeune*, neveu et élève du précédent, né à Valmaseda en 1693, mort à Séville en 1648, peignit pour la sacristie de la cathédrale de Valence, plusieurs tableaux représentant le *Christ*, la *Vierge*, *St Jean-l'Évangéliste*, etc., et se fit surtout remarquer par sa belle copie du tableau de Raphaël, dont le sujet est l'*Archange St Michel victor. du démon*. — VIDAL (Denis), peintre, né à Valence en 1670, exécuta avec succès des peintures à fresque dans plusieurs églises de sa ville natale et d'autres villes d'Espagne. — VIDAL (Barthélemi), médecin, né à Martigues, petite ville de Provence, en 1741, mort à Marseille en 1805, secrét. de la société médicale et membre de l'acad. des sciences de cette ville, laissa la réputation d'un habile praticien et d'un bon observateur. On citera de lui : *Dissertation sur la lèpre de Marseille*, dans les *Mémoires* de la soc. royale de médecine. — *Essai sur le gaz animal*, considéré dans les maladies, Marseille, 1809, in-8. On trouve une *Notice* sur Vidal, par Achard, dans le *Magasin encyclopédique*, t. III, p. 231-36.

VIDEL (LOUIS), très médiocre écrivain, né à Serres dans le Gapençois en 1598, mort à Grenoble en 1675, a publié : *Hist. du duc de Lesdiguières*, 1666, in-12. — *Le Promenoir de la reine à Compiègne*, 1641, in-12. — *La Mélante, aventures amoureuses du temps*, 1624, in-8, etc.

VIDELER ou VIDILLER (REINMAR), minnesinger du 13e S., vécut à la cour de Léopold VII, duc d'Autriche; il accompagna ce prince dans son expéd. de la Terre-Sainte en 1217; et, ce prince étant mort en 1250, il célébra son bienfait dans ses *Complaintes*. On a de lui des *poésies* publiées dans le *Recueil de Manessen*, Zurich, 1758. Elles sont très estimées, ainsi que celles de son fils REINMAR II, ou *le Jeune*, qui ont été recueillies également par Manessen.

VIDONI (PIERRE), cardinal, né à Crémone en 1759, fut élevé au collège Nazaréen à Rome. Il devint en 1781 prélat de la maison du pape, vice-légat de Ferrare en 1784, et en 1790, ponent de la consulte. Pie VII lui conféra en 1801 le gouvernement d'Ancône, et y ajouta en 1806 celui d'Urbin et de Pesaro. Il fut promu au cardinalat dans le consistoire du 8 mai 1816, et mourut en 1830. Ce prélat ayant acquis à Rome le palais de Stoppani, célèbre par les dessins de Raphaël, et dans lequel on conserve les quatre *tables* des fastes sacrés de Verrius-Flaccus, trouvées dans les ruines du forum de Palestrine, les fit restaurer et en publia une belle *édition*.

VIDUA DE GONSAVO (CHARLES, comte de), voyageur célèbre et audacieux, parcourut l'Europe, la côte occidentale de l'Amérique, une gr. partie de l'Asie et de l'Archipel indien, et se proposait de visiter la Nouvelle-Hollande, lorsqu'il périt le 26 mai 1833 à Menado, sur la côte des Célèbes, en examinant une source d'eau bouillante. S'étant penché imprudemment sur la source, son pied glissa, il enfonça dans l'eau et eut toute la jambe cruellement échaudée : trois jours après il avait cessé d'exister.

VIDUS-VIDIUS (GUIDO-GUIDI), plus connu sous le nom latinisé de), célèbre médecin, né à Florence dans les prem. années du 16e S., exerça l'art de guérir dans sa patrie de la manière la plus brillante. Appelé en France, il y reçut un accueil distingué de François 1er, qui le nomma son prem. médecin et créa pour lui la place de lecteur en médecine au collège royal fondé récemment. Les médecins de Paris eux-mêmes rendirent un éclatant hommage à son mérite en le priant de joindre à son cours de médecine un cours d'anatomie. Après la mort de François Ier, aux bienfaits duquel il devait une fortune considérable, il fut rappelé à Florence par Cosme de Médicis, qui le fit son premier médecin. Il alla professer la philosophie, puis la médecine à l'univ. de Pise; il remplit cette dern. chaire pendant 20 ans avec le plus gr. succès, et mourut en 1569. Ses ouvr. sont très nombreux. Vidus-Vidius, son neveu, médecin de la reine de France et professeur à Pise, les a recueillis en 5 vol., Venise, Giunti, 1614; édition reproduite à Francfort, 1626, 1643 et 1667 (*v. l'Histoire de l'anatomie*, par Portal, t. Ier; l'*Histoire du collège royal*, par l'abbé Goujet; et la *Storia della letterat. ital.* de Tiraboschi).

VIEIL ou VIEL (PIERRE LE), peintre sur verre, né à Paris en 1708, mort en 1772, rétablit les belles vitres du charnier de St-Étienne-du-Mont, et répara celles de l'église de St-Victor. On a de lui l'*Art de la peinture sur verre et de la vitrerie*, Paris, 1774, in-fol., 13 pl. — *Essai sur la peinture en mosaïque*, Paris, 1768, in-12. — VIEIL (Guill. Le), peintre sur verre, probablem. de la famille du précédent, né à Rouen vers 1675, mort à Paris en 1731, fut chargé par Mansard de peindre les vitraux de la chapelle du château de Versailles. On cite comme son chef-d'œuvre un panneau représentant le pape Pie V.

VIEILH DE BOISJOLIN (CLAUDE-AUGUSTIN), littérat., né à Paris en 1788, fils du traduct. de la *Forêt de Windsor*, s'appliqua dès sa jeunesse à l'étude des mathématiq., et, forcé par des revers de famille d'entrer simple soldat dans l'arme du génie, fit en Espagne les campagnes de 1808, 1809 et 1810. Ses protect. lui firent alors obtenir l'emploi d'adjoint au payeur-général de l'armée; mais à la retraite des Français en 1813, il perdit tout ce qu'il avait à la journée de Vittoria, et revint en France blessé. Compris dans le nombre des agents du trésor qui furent réformés, il resta sans emploi jusqu'à la restauration. Admis en 1817 dans la maison du roi, il fut bientôt signalé pour ses opinions libérales et réformé, encore une fois, sans traitement. Il embrassa alors le commerce de la librairie, qu'il quitta pour la direct. d'une imprimerie. A la mort de Rabbe, il le remplaça dans la direct. de la *Biographie universelle et portative des contempor.*, ouvrage auquel il a fourni un très grand nombre d'articles. Il travaillait au *Supplém.* lorsqu'il fut enlevé par une attaque de choléra, en juin 1832. On a de lui : *Sur l'éducat. des femmes*, 1818, in-4. — *Notice biographiq. sur le baron Fourier*, 1830, in-8. — *Notice historiq. sur Louis-Philippe d'Orléans et sur Lafayette*, précéd. de quelq. mots *sur la nécessité de se réunir au duc d'Orléans*, 2 août 1830, in-8. — Des *poésies* éparses dans des recueils, et quelq ouvr. MSs.

VIEILLARD - BOISMARTIN (ANTOINE), avocat, né à Paris en 1745, reçu de bonne heure au parlement de Rouen, y défendit quelquefois avec succès un grand nombre de personnes accusées de crimes capitaux. Retiré à St-Lô pendant la révolution, il y remplit à plus. reprises les fonctions de maire. En 1791 nommé accusat. public près du tribunal criminel de Coutances, il poursuivit avec vigueur la répression des désordres, préludes du renversement du trône, et donna sa démission après le 10 août. Il eut le courage de porter publiquement le deuil de Louis XVI, et pourtant fut réélu maire de St-Lô par la population, mais destitué brutalement par un proconsul. En 1800 il rentra dans la carrière judiciaire, et mourut en 1815. Outre un gr. nombre de *Mémoires* sur des matières civiles et criminelles, on a de lui 3 tragédies non représentées, dont une, *Théramène ou Athènes sauvée*, St-Lô, an IV (1796), offre, sous d'autres noms, le tableau du 9 thermidor.

VIEILLEVILLE (FRANÇ. DE SCEPEAUX, sire, et depuis maréchal de), né en 1509, se proposa pour modèle, dès son jeune âge, le *Chevalier sans peur et sans reproche*, et en approcha assez pour être cité parmi les plus braves. *Chateigneraye*, disait-on, *Vieilleville et Bourdillon sont les trois hardis compagnons*. A la valeur la plus brillante, il joignait la prudence, l'habileté dans les affaires, l'équité, le désintéressem. et surtout une modérat. bien rare à cette époque. Il s'occupa constamment d'adoucir les rigueurs du connétable de Montmorenci, chargé de réprimer les troubles de la Guienne et de l'Angoumois, et offrit sa vaisselle pour aider le roi à s'emparer des Trois-Évêchés. Après avoir rendu d'importants services dans cette guerre, il fut un des princip. négociat. du traité de Cateau-Cambrésis, en 1559, et reçut le bâton de maréchal en 1562. Ce fut sur lui que Charles IX jeta les yeux pour remplir la charge de connétable, vacante par la mort de Montmorenci ; mais le vieux guerrier refusa cette haute faveur. D'autres distinctions honorables le dédommagèrent de ce sacrifice volontaire, et il venait même de recevoir le roi dans son château de Duretal, lorsqu'il mourut empoisonné en 1571. Ses *Mémoires*, écrits par Carloix, son secrétaire, ont été publ. pour la prem. fois en 1757, en 5 vol. in-12, commentés par le P. Griffet, jés. Ils ont été réimpr. dans la *Collection* de Petitot.

VIEIRA ou VIEYRA (SÉBASTIEN), jésuite portugais, né en 1570 à Castro-d'Aire, diocèse de Lamégo, prêcha pendant plus. années au Japon avec autant de zèle que de succès. Nommé vice-provincial et administrateur de l'évêché, il brava tous les dangers pour remplir les devoirs que lui imposait ce double titre, et termina sa vie par le martyre en 1634. On a de lui quelques *Lettres* dans le *Recueil* des missions, année 1615. — Ant. VIEYRA, jésuite, né à Lisbonne en 1608, signala pend. longtemps et à plus. reprises, son zèle apostolique au Brésil, et réussit à civiliser plus de 600 lieues de pays et à y faire régner avec l'Évangile les arts utiles et la liberté. Cette conduite ne manqua pas de lui faire des ennemis de tous les colons, qui le calomnièrent auprès du roi de Portugal. D'un autre côté, il mérita par ses vertus la haine des favoris d'Alphonse VI, fut emprisonné, persécuté, et ne vit son mérite apprécié dignement que par le pape Clément X, les cardinaux et la reine Christine, qui, dans un voyage qu'il fit à Rome, cherchèrent à lui faire oublier ses disgrâces par l'accueil le plus flatteur. De retour au Brésil, il fut nommé visiteur de la province, et passa ses dern. années au collège de Bahia, où il mourut en 1697. Le *Recueil* des *OEuvres* du P. Vieyra, imprimé à Lisbonne de 1679 à 1718, forme 15 vol. in-4, dont les 13 prem. contiennent ses *Sermons*. Quelques-uns de ses ouvr. sont restés MSs. Le P. Oudin lui a consacré une *Notice* très détaillée dans les *Mémoires* de Niceron, t. XXXIV.

VIEL ou VEIL (CHARLES-MARIE de), né à Metz, fut élevé dans la religion judaïque. Ayant été converti par Bossuet à la foi catholique, il voulut se faire religieux, entra d'abord chez les augustins, puis chez les chanoines réguliers de Ste-Geneviève. En 1679 il quitta la cure qu'il desservait, et passa à Londres, où il embrassa la communion anglicane. Ce ne fut pas là son dernier mot en fait d'apostasie. Dès l'année suiv., il se fit anabaptiste, et épousa la fille d'un homme de cette secte. Viel avait eu de puissants amis, dont il s'aliéna le cœur par cette conduite. Il se vit obligé de chercher de faibles ressources dans l'exercice de la médecine, et mourut quelques années après, en 1684. On citera de lui : *Commentaire sur Joël*, Paris, 1676, in-12. — *Explicatio litteralis duodecim prophetarum minorum*, Londres, 1680, in-12. — *Acta sanctorum apostolorum, ad litteram explicata*, ibid., 1684, in-8. — VIEL ou de VEIL (Louis COMPIÈGNE de), frère du précédent, converti aussi par Bossuet, devint interprète du roi pour les langues orientales, et, imitant son aîné dans sa défection, embrassa la religion protestante. On citera de lui : *Catechismus Judæorum in disputatione et dialogo magistri et discipuli*, en hébreu et en latin, 1679 ; Franeker, 1690, in-8. — Un Fréd. RAGSTAT DE WEILE, rabbin allemand, dont Bayle fait mention, ne doit pas être confondu avec les précédents. Il quitta le judaïsme fort jeune encore pour embrasser la communion réformée, et publia, à l'âge de 23 ans, un livre contre les Juifs, intitulé : *Theatrum lucidum, exhibens verum Messiam, Dominum nostrum, ejusque honorem defendens, contra accusationes Judæorum*, Amst., 1671, in-12.

VIEL (CHARLES-FRANÇOIS), architecte, né à Paris en 1745, débuta dans la carrière de l'architecture par son magnifique projet d'un monum. destiné à l'hist. naturelle. Les princip. trav. qu'il a exécutés sont le Mont-de-Piété, l'hôpital Cochin, le gr. bâtiment de la Pitié, le gr. amphithéâtre de l'Hôtel-Dieu et le grand égout de Bicêtre. Mais ce qui le distingue particulièrem. des autres architectes qu'a produits la France, c'est qu'il a su parler de son art en habile écrivain. Il mourut à Paris en 1819. Ses principaux ouvrages sont : *Lettre sur l'architecture des anciens et celle des modernes*, 1781-87, in-8. — *Projet, Plan et Élévation d'un monum. consacré à l'hist. naturelle*, 1780, in-4. — *Principes de l'ordonnance et de la construct. des bâtiments*, t. Ier, 1797, t. V, 1814, etc. On trouve une *Notice* nécrologique sur Viel, dans les *Annales des arts*, 3e année, t. V.

VIEL (ÉTIENNE-BERN.-ALEXANDRE), oratorien, né à la Nouvelle-Orléans en 1736, mort en 1821, au collége de Juilly, avait consacré plus de 30 années à l'éducation de la jeunesse. Sa traduction en vers latins du *Télémaque*, fut publiée aux frais de six de ses anciens élèves, sous ce titre : *Telemachiados libri XXIV*, Didot, 1808, in-12.

VIELLART (RENÉ-LOUIS-MARIE), avocat, né à Reims en 1754, fut député par le tiers-état de sa province aux états-généraux, où il vota avec la majorité. Il avait rempli déjà plusieurs fonct. import. dans la magistrature, lorsqu'après le 18 brumaire (oct. 1799) il fut nommé juge à la cour de cassat., puis présid. de la section criminelle. Il concourut à la rédaction des codes civil et criminel, fut fait commandant de la Légion-d'Honneur et l'un des cinq inspect.-gén. de l'univ., et mourut à Paris en 1809. Il a publié l'écrit suivant : *Opinion présentée au comité des droits féodaux sur l'abolit. des justices seigneuriales*, etc., 1790, in-8.

VIEN (JOSEPH-MARIE), peintre célèbre, né à Montpellier en 1716, annonça de bonne heure de rares dispositions pour les arts du dessin. Venu à Paris en 1741, il obtint, six mois après, une médaille d'encouragem., et se livra à un travail d'autant plus assidu qu'il avait besoin de son talent pour vivre. Son zèle infatigable ne tarda pas à être récompensé par un premier prix de peinture qui lui ouvrit la route de Rome. Incapable de rester un moment oisif, il fit, pend. la traversée, une superbe esquisse du massacre des Innocents, et, à peine arrivé dans la capitale des beaux-arts, il se livra avec passion à l'étude de l'antique et du modèle vivant. De retour à Paris, il fut reçu presque aussitôt à l'acad., d'abord comme agrégé, puis comme académicien, enfin comme professeur. Plus. cours étrangères essayèrent en vain de l'attirer par les offres les plus avantageuses. Regardé par tous les véritables connaisseurs comme le premier peintre d'hist. de son temps, il fut successivement nommé recteur de l'acad. de peinture, membre de celle d'architecture et directeur de l'école franç. à Rome (1771). De retour à Paris en 1781, il continua de travailler comme dans sa jeunesse, et fut nommé prem. peintre du roi en 1788. Mais la révolut. lui enleva ses places et ses honoraires, et le fruit de ses épargnes devenait insuffisant pour soutenir sa famille, lorsque le prem. consul l'appela au sénat-conservateur, et lui donna les titres de comte et de commandant de la Légion-d'Honneur. Il mourut à Paris en 1809. C'est Vien qu'on doit considérer comme le régénérateur de la peinture en France. David et Vincent furent ses élèves et ne firent que continuer son ouvrage. Sans compter les dessins et les ébauches de ce grand artiste, on a de lui jusqu'à 179 tableaux, parmi lesq. on cite particulièrement : *la Prédication de St Denis*, dans l'église St-Roch ; *l'Ermite endormi*, au musée royal ; *St Germain, évêque d'Auxerre*, et *St Louis remettant la régence entre les mains de Blanche de Castille*; *Hector excitant Pâris à s'armer pour la défense de Troie*; les *Adieux d'Hector et d'Andromaque*. On a de lui en outre un bon nombre d'eaux-fortes. Une *Notice* sur sa vie et ses ouvr. a été insérée dans le *Magasin encyclopédique*, nov. 1809. — VIEN (Mme Marie REBOUL), femme et élève du précéd., morte en 1805 à l'âge de 77 ans, excellait à peindre ce qu'on appelle si impropremt la nature morte, les oiseaux, les coquillages, les fleurs.

VIENNE (JEAN de), amiral de France, né vers 1342, défendit Calais avec un courage admirable contre Édouard III en 1347 (v. ÉDOUARD III et EUSTACHE DE SAINT-PIERRE), se distingua dans toutes les guerres que Charles V eut à soutenir contre les Anglais, et fut nommé successiv. gouvern. de Honfleur en 1370, lieut. de roi dans la Basse-Normandie, et enfin amiral de France. Il dirigea plusieurs expéditions sur les côtes d'Angleterre en 1377, et y brûla plusieurs villes. Il eut quelques succès l'année suiv. en Normandie, et se signala, en 1382, à la bataille de Rosbecq, gagnée sur les Flamands. Trois ans après, il fut chargé de mener aux Écossais, alors en guerre avec les Anglais, des secours trop faibles pour qu'il pût obtenir aucun avantage. Le vieil et infatigable amiral porta ensuite ses armes en Espagne, et on le retrouve plus tard avec le duc de Bourgogne en Barbarie et au siége de Carthagène, puis en 1396, parmi les seigneurs français qui soutenaient le roi de Hongrie contre les Turks. Il mourut la même année à la bataille de Nicopolis, où il commandait l'avant-garde.

VIENNE (GUILLAUME de), surnommé *le Sage*; né vers la fin du 14e S., de la même famille que le précédent, servit avec beaucoup de zèle les ducs de Bourgogne Jean et Philippe, qui le comblèrent, surtout ce dernier, de bienfaits et d'honneurs. Son attachement pour la maison de Bourgogne ne l'empêcha pas d'être nommé, en 1408, gr.-chambellan du dauphin de France, et d'obtenir plus tard le gouvernement du Languedoc. Il mourut en 1434. — V. DEVIENNE.

VIENNET (JACQUES-JOSEPH), né en Languedoc en 1754, fit la guerre de sept ans, et depuis vécut dans la retraite jusqu'à l'époque de la révolution. Député par le département de l'Hérault à l'assemblée législative puis à la convention, il montra dans ces deux assemblées une rare modération. Dans le procès du roi, il vota l'appel au peuple, la réclusion et le sursis. Entré au conseil des anciens en 1795, il se retira dans ses foyers en 1798, et mourut en 1824. — Son frère, Esprit VIENNET, fut pendant 40 ans curé de la paroisse de St-Méry à Paris, prêta le serment à la constitut. civile du clergé, et mourut en 1796, fort regretté de ses paroissiens.

VIERA Y CLAVIJO (Don JOSEPH de), physicien et historien, né aux îles Canaries vers 1738, fut envoyé de bonne heure en Espagne pour y achever ses études. Ayant embrassé l'état ecclésiastique, il consacra ses loisirs à la culture des sciences et des lettres avec un égal succès, et mourut à Madrid en 1799. Parmi ses ouvr. on distingue les suivants : *Noticias de la historia general de las islas Canarias*, Madrid, 1772 à 1783, 4 vol. in-4. — Un *Poème didactique sur les vents non variables*, en IV chants, ibid., 1780, in-4. — *Éléments de physique et de chimie*, ibid., 1784, in-4. — *Hist. des îles Maïorque et Minorque*, ibid. 1789, in-8.

VIÈTE (FRANÇOIS), célèbre mathématicien, né à Fontenai-le-Comte en 1540, est regardé comme l'un des principaux fondateurs de l'*Analyse mathématique*. Il a le premier enseigné la méthode pour construire géométriquement les équations. On lui doit aussi la géométrie des sections angulaires. C'est à tort qu'on a regardé Descartes comme le prem. auteur de l'applicat. de l'algèbre à la géométrie ; cette découverte est de Viète. Un des gr. services qu'il rendit encore à son pays, fut de découvrir la clef des caractères de convention que le gouvernem. d'Espagne employait alors pour sa correspondance secrète. Dans ses dernières années il voulut corriger le *Calendrier grégorien*, et en dressa un nouveau, accommodé aux fêtes et aux rites de l'Église romaine, qu'il mit au jour en 1600, mais la cour de Rome rejeta ce travail réellement utile. Il mourut en 1603. Fr. Schooten, aidé de Jacq. Golius et du P. Mersenne, a recueilli les ouvrages de Viète en 1 vol. in-folio, Leyde, 1646. On n'y trouve pas ceux qui ont pour tit. : *Canon mathematicus*, imprimé en 1579. — *Harmonicum cœleste*, ni quelques autres *Fragments*.

VIEUSSENS (RAYMOND), anatomiste, né dans un village du Rouergue en 1641, mort dans un âge avancé à Montpellier, appartient à l'école de cette ville, bien qu'il n'y ait rempli que les fonctions de médecin de l'hôpital de St-Éloy. On sait qu'il publia en 1715 son dern. ouvr., le *Traité des liqueurs du corps humain*, Toulouse, in-4. Ses droits à une célébrité durable sont ses trav. névrographiques ; il les a consignés dans sa *Nevrographia universalis*, Lyon, 1685, qui, malgré ce titre ambitieux, n'offre que la description du cerveau, de la moelle de l'épine et des nerfs de l'homme, mais incomparablem. plus ample et plus fidèle que tout ce qu'on avait fait jusqu'à cette époque. La collection de ses *Œuvres* a été publ. par son petit-fils, 1774, 4 v. in-4.

VIEUVILLE (CHARLES, marquis de LA), surintendant des finances, né à Paris vers 1582, mort dans cette ville en 1653, suivit d'abord la carrière des armes, et devint prem. capit. des gardes-du-corps, maréchal-de-camp et lieut.-général de la Champagne et du Rhetelois. La charge de gr.-fauconnier de la couronne, qu'il obtint en 1612, lui permit d'approcher souvent de Louis XIII, dont il eut bientôt toute la confiance. Admis dans les conseils du monarque, il s'unit aux ennemis du surintendant Schomberg pour le renverser, et fut nommé à sa place (1623); mais il ne tarda pas à s'apercevoir que les revenus étaient loin d'égaler les dépenses, et il résolut de réduire les grosses pensions, accordées presque toujours à la faveur et à l'intrigue. La haine des courtisans, qui se répandit en invectives et en pamphlets, lui fit sentir la nécessité de s'assurer la protect. de la reine. Il dut, pour cela, favoriser l'entrée au conseil du cardinal de Richelieu, qu'il n'aimait pas, et qui le força bientôt de donner sa démission (1624). Après avoir subi une captivité de treize mois au chateau d'Amboise, La Vieuville parvint à s'évader, et se retira sur le territoire étranger. Il obtint cepend, en 1626 la permission de rentrer en France ; mais, ayant pris part aux intrigues dirigées contre le premier ministre, il crut prudent d'aller rejoindre Gaston à Bruxelles en 1631. Il fut condamnée à mort l'année suivante par arrêt d'une chambre de justice établie à l'Arsenal, et ses biens furent confisqués. Il revint à Paris sous Louis XIV, fut réintégré dans ses biens, ses honneurs et ses emplois, par un arrêt du parlement (1643), et reçut en 1651 le titre de duc et pair, et la direction des finances ; mais il ne vécut pas assez pour réaliser les plans par lesq. il s'était engagé à rétablir le crédit sans impôts onéreux. Il laissa toutefois la réputation d'un ministre habile et surtout désintéressé.

VIEUVILLE (le chev. de LA), de la même famille que le précédent, né en Bretagne vers 1760, était capit. dans les gardes-franç., lorsqu'il émigra en 1790. Il fit la campagne de l'armée des princes en 1792, passa en Angleterre et de là en Bretagne, où il débarqua avec Tinténiac en 1794. Il ne réussit guère dans les diverses entreprises dont on le chargea, et fut tué en 1796 dans une action qui s'engagea, dans la forêt de Villequartier, entre les républicains et un détachem. de royalistes.

VIGAND (JEAN), théologien de quelque réputat. parmi les luthériens, né à Mansfeld en 1523, fut disciple de Luther et de Mélanchthon, exerça le ministère dans différ. villes, et, nommé surintend. des églises de la Poméranie-Prussienne, mourut en 1587. Outre quelques écrits théologiq. il a laissé un ouvr. de botanique, intit. : *Catalogus herbarum in Prussiâ nascentium*, etc.

VIGANO (SALVATOR), maître de ballets, né à Naples en 1769, fut attaché successivem. comme danseur aux théâtres des princip. villes d'Europe. Ce fut à Bordeaux qu'il fit représenter le premier ballet de sa composit., la *Fille mal gardée*. Il en donna plus. au théâtre de Vienne, entre autres son *Prométhée*. De retour en Italie, il y dansa dans plus. gr. villes, renonça à la scène pour se fixer à Milan, et s'y consacrer exclusivem. à la composition. Grâce à sa bonne direct. et à ses pantomimes intéressantes, le ballet du grand théâtre de Milan devint un de premiers de l'Italie. Vigano mourut en 1821.

VIGAROUS (BARTHÉLEMI), habile chirurgien, né à Montpellier en 1725, fut nommé successivement prem. chirurg. interne de l'Hôtel-Dieu, démonstrateur d'anatomie à la faculté de médecine, profess. aux écoles de chirurgie, membre de la société roy. des sciences, l'un des chirurg. en chef du principal hospice civil, et chirurgien-major de l'hôpital militaire. Il mourut en 1790, laiss. MSs. plus. ouvr. publ. par son fils sous le titre de : *OEuvres de chirurgie pratique, civile et militaire, de Barthélemi Vigarous*, Montpellier, 1812, in-8. — VIGAROUS (François), frère puîné du précéd., et docteur en médec. dans la même faculté, fut pourvu en 1776 d'une chaire qu'il remplit honorablem., et mourut en 1792.

VIGÉE (LOUIS-GUILL.-BERN.-ÉTIENNE), homme de lettres, né à Paris en 1758, se fit connaître, avant la révolution, par un gr. nombre de *poésies* fugitives, et fut secrétaire du cabinet de MADAME. Emprisonné sous le règne de la terreur, il ne recouvra la liberté qu'après le 9 thermidor. Plus tard il célébra souv. et avec enthousiasme le jeune vainqueur de l'Italie, et ne lui retira son tribut d'encens ni sous le consulat ni sous l'empire. Il fit après La Harpe, mais non avec le même succès, un cours de littérature à l'Athénée. Nommé en 1814 lecteur du roi, dès lors il voua sa muse au culte de la nouvelle dynastie. Il brigua l'honneur d'être admis à l'Acad. franç., et, piqué de l'inutilité de ses démarches, il s'en vengea par des épigrammes. Vigée mourut en 1820. Sans parler de sa coopération aux *Veillées* et à l'*Almanach des muses*, ainsi qu'à la *Nouv. bibliothèque des romans*, on citera de lui : *les Aveux difficiles*, 1783, in-8. — *L'Entrevue*, 1788, in-8, sa meill. pièce. — *La Belle-Mère, ou les Dangers d'un second mariage*, comédie, 1788, in-8. — *Le Pour et le Contre, dialogue religieux, moral, politique et littér.*, 1818, in-8. M. le baron de Ladoucette annonçait en 1822 une édition des *OEuvres* de Vigée, augm. de son *Cours de littérature*. On trouve des *notices* sur cet écrivain dans l'*Annuaire nécrologiq.* et dans la *Suite du Répertoire du Théâtre-Français*, t. XXIII, p. 83-85.

VIGENÈRE (BLAISE de), traducteur, né en 1523 à St-Pourçain, dans le Bourbonnais, mort à Paris en 1596, à l'âge de 73 ans, des suites d'une débauche, a perdu toute sa réputat., parce qu'il n'a point connu le véritable génie de la langue française. Ses traduct., si vantées par les contempor., sont écrites d'un style barbare. Quant aux *notes* dont il les a accompagnées, elles prouvent beauc. d'érudition. Parmi ses traductions, nous citerons celles des *Chroniq. et annales de Pologne*, d'Herbert de Fulstein, Paris, 1573, in-4; des *Commentaires* de César, ibid., 1576, in-fol. et in-4; des *Dialogues sur l'amitié* de Platon, Cicéron et Lucien, ibid., 1578, in-4. Parmi ses ouvr. originaux, on distingue : *Traité des comètes ou étoiles chevelues, apparaissantes extraordinairement au ciel, avec leurs causes et effets*, Paris, 1578, in-8, rare. — *Traité des chiffres ou secrètes manières d'écrire*, ibid., 1586, in-4, rare (*v.* les *Mémoires* de Niceron).

VIGER (FRANÇ.), *Vigerius*, jésuite, né à Rouen, où il mourut en 1647, a donné une excellente traduct. lat. des livres de la *Préparation évangélique* d'Eusèbe, avec des *notes*, Paris, 1628, 3 vol. in-fol.; et un traité *De idiotismis præcipuis linguæ græcæ*, 1632, in-12; Leyde, 1766, in-8; Leipsig, 1802; Oxford, 1813, 2 part. in-8.

VIGIER (GÉRARD), carme déchaussé, mort en 1658, est auteur de l'*Histoire parénétique des trois protecteurs de la Haute-Auvergne, avec quelq. remarques sur l'hist. ecclésiastiq. de cette province*, Paris, 1636, in-8, et de *la Monarchie féodale et historique de France*, trad. en franç. par le P. Modeste de Saint-Amable, Paris, 1770, 2 vol. in-8. — VIGIER (Jean), avocat au parlem. de Paris, mort vers 1648 dans un âge très avancé, est connu par un bon *Commentaire sur la coutume d'Angoumois et d'Aunis*, publ. en 1650, dont la 2e édit., donnée par son petit-fils, Franç. Vigier, Angoulême, 1720, in-fol., est augmentée de *notes* intéressantes. — Jean VIGIER, médec. de Castres, qui florissait vers la même époque, avait étudié avec assez de fruit les auteurs grecs, arabes et latins qui ont traité de l'art de guérir. Entre autres ouvr. on lui doit : les *Aphorismes d'Hippocrate*, trad. en franç., enrichis de très belles et riches notes et comment., etc., Lyon, 1620, in-12. — *La grande Chirurgie des ulcères*, etc., ib., 1656, 1659. Ses opuscules de chirurgie ont été recueillis sous le titre d'*Opera med. chirurg., in quibus nihil desiderari potest*, etc., La Haye, 1659, in-4. — François-Antoine VIGIER, oratorien, né vers la fin du 17e S., fit avec un gr. succès les *conférences* sur l'hist. ecclésiastique d'abord à Tours, et ensuite au séminaire de St-Magloire. Il composa un nouveau *Bréviaire* pour le diocèse de Paris, imprimé en 1736. Cet ouvrage essuya les critiques amères de quelques théolog., mais adopté successivem. par la plupart des évêq., il est devenu d'un usage si général, qu'on pourrait le qualifier de *Bréviaire gallican*. On doit encore au P. Vigier le *Martyrologe* de Paris, et en grande partie les *Bréviaires* de Vienne et d'Albi. Devenu assistant du P. de La Valette, général de l'Oratoire, il entra dans toutes ses vues de pacification pour faire recevoir la constitut. *Unigenitus*, et mourut vers 1760.

VIGILANCE (VIGILANTIUS), le prem. hérésiarque qu'aient produit les Gaules, naquit, suiv. la plus commune opinion, au bourg de Calaguri, dans le pays de Comminges, après la prem. moitié du 4e S.

De retour dans les Gaules, après un voyage aux saints lieux, dans leq. il avait vu St Jérôme, il tint des discours peu mesurés contre cet illustre docteur, parla et écrivit contre le culte qu'on rendait aux martyrs et à leurs reliques, attaqua les miracles qui se faisaient à leurs tombeaux et l'usage de leur adresser des prières, et condamna les jeûnes, les veilles, le célibat des clercs, la profession monastique, les aumônes qu'on distribuait aux pauvres et celles qu'on envoyait à Jérusalem. St Jérôme le réfuta par des lettres, puis par un traité particulier qu'il fit répandre dans les Gaules. Depuis cette époque, il ne fut plus question des erreurs de Vigilance : on présume même qu'il les abjura ; car, au rapport de Gennade, l'évêque de Barcelone lui confia le soin d'une église de son diocèse.

VIGILANCE (Publius), né à Strasbourg vers la fin du 15e S., professa pend. plusieurs années la poésie, la philosophie et la littérature grecque et latine, à Francfort-sur-l'Oder. Ayant conçu le projet de faire un voyage en Italie pour y rechercher les monuments des lettres anciennes, il fut assassiné près de Ravensbourg, en Souabe, en 1512. On a de lui un *recueil* d'épigrammes et de poésies div., et quelq. autres écrits peu importants.

VIGILE, pape, né à Rome, fut élevé sur le St-siége en 537, du vivant même de St Silvère, après la mort duquel cette élection si irrégulière fut confirmée (538). Le nouveau pontife devait son élévation à l'impératrice Théodora, chef du parti des acéphales (*sans tête*), qui croyait pouvoir l'employer facilem. à combattre le concile de Chalcédoine. Des historiens ont même avancé que, pour en faire un instrument plus docile, l'impératrice lui avait promis 700 livres d'or : mais la fermeté avec laquelle il s'opposa aux projets des Orientaux rend fort douteux ce prétendu marché. On exigeait de lui qu'il condamnât les *trois Chapitres* (c'étaient trois ouvrages de Théodore de Mopsueste, Théodoret et Ibas, plus ou moins empreints des erreurs de Nestorius et d'Eutychès, sur le mystère de l'incarnation et sur l'union des deux natures en J.-C.). Comme il ne se pressait pas d'obéir, il reçut l'ordre de se rendre à Constantinople. A son arrivée dans cette ville, Justinien avait déjà condamné les *trois Chapitres ;* il excommunia Théodora et le patriarche Mennas, qui avaient souscrit à la décision impériale ; mais obligé de révoquer cette sentence, il en vint même jusqu'à condamner les *trois Chapitres* par un écrit qu'il appela *Judicatum*, mais *sans préjudice du concile de Chalcédoine*, et sous la condition qu'il n'en serait plus parlé à l'avenir. Cette manière d'éluder la question, honorable pour le caract. pacifique de Vigile, ne satisfit personne. Des évêques se séparèrent de sa communion, d'autres l'excommunièrent dans un concile particulier, d'autres encore refusèrent de se rendre à un concile général, qui paraissait être le seul moyen de calmer l'effervescence des esprits. Enfin, après avoir essuyé les traitements les plus humiliants, et même les persécut. les plus atroces,

Vigile fut réduit, pour faire cesser le scandale d'une si funeste division, à déclarer publiquement qu'il adhérait à la décision du concile de Constantinople, qui, tout en prononçant les anathèmes contre les auteurs des *trois Chapitres*, avait renouvelé l'expression de son respect et de son attachement à la doctrine des quatre grands conciles précéd., dont celui de Chalcédoine était le dernier. Cette affaire difficile étant ainsi terminée, Vigile se mit en route pour l'Italie ; mais il mourut à Syracuse en 555. On peut dire qu'il rendit un gr. service à la religion en défendant avec tant de courage la sainteté de l'un des plus célèbres conciles et la mémoire de son auteur, St Léon, l'un des plus gr. papes qu'ait eus l'Église (*v.* Fleury, *Histoire ecclésiastique*).

VIGILE, évêq. de Tapse en Afrique, fut enveloppé dans la persécution d'Huneric, roi des Vandales, vers l'an 484. Il avait composé plus. ouvrages contre les ariens, les nestoriens et les eutychiens ; mais comme il les publia pour la plupart sous le nom des PP. de l'Église qui avaient vécu avant lui, il reste quelques doutes sur l'authenticité de ceux que lui attribuent les critiq. modernes. Le P. Chiflet (Pierre-Franç.), a donné une bonne édit. des *OEuvres de Vigile de Tapse* dans un recueil intit. : *Victoris vitensis et Vigili tapsensis opera*, Dijon, 1664, in-4. — VIGILE, évêque de Trente, sous le nom duq. on a imprimé quelquefois, mais à tort, les cinq livres contre *Eutychès*, qui sont de Vigile de Tapse, porta les lumières de la foi dans les montagnes des Alpes, et y fut assommé à coups de pierres par les idolâtres vers l'an 400 ou 405, sous le consulat de Stilicon.

VIGLIUS, célèbre jurisconsulte du 16e S., né à Zuichem, dans les Pays-Bas, professa pend. deux ans à l'univ. de Bourges, et après avoir voyagé en Allemagne et en Italie, se fit prêtre, et fonda un hôpital dans le lieu de sa naissance et un beau collége à Louvain. Il remplit plusieurs fonctions importantes dans sa patrie, et mourut président du conseil-d'état à Bruxelles en 1577, à 70 ans. Il avait publié à Bâle les *Institutes* de Justinien, et fait imprimer à Padoue des *notes* sur le titre *des Testaments*. Un *mémoire* qu'il avait laissé sur sa vie a été publié dans les *Analecta belgica*, par Papendrecht, ainsi que ses *lettres* à Hopperus, son ami le plus intime et conseiller d'état de Flandre.

VIGNACOURT (Maximilien de), littérateur, né à Arras vers 1560, mort à Louvain en 1620, fut chargé de diverses missions en France, en Espagne et dans les Pays-Bas. On citera de lui : *Discours sur l'état des Pays-Bas*, Arras, 1593, in-8. — Δεινώσις *in res belgicas anni* 1598, Anvers, in-4, même année. — VIGNACOURT ou WIGNACOURT (Alof de), 53e gr.-maître de l'ordre de Malte, succéda, en 1601, à don Martin Garcez dans cette haute dignité. Quoiqu'il eût souvent à rétablir la paix entre les chevaliers des différentes langues et à défendre leurs priviléges contre divers princes, et même contre la cour de Rome, il accrut la marine de l'ordre, répara les fortifications de Gozo et celles

de la petite île de Comino, et fit construire le magnifique aquéduc qui s'étend de la cité Notable à la cité Valette. Il mourut en 1622, à l'âge de 75 ans.
— VIGNACOURT (Pierre-Adrien de), neveu du précédent, élu 62e grand-maître en 1690, et mort en 1697, à l'âge de 79 ans, se fit aimer des chevaliers et des habitants; mais on lui reproche beaucoup de faiblesse. Malte lui dut plus. établissements utiles (*v.* Vertot, *Histoire de Malte*). — Adrien de LA VIEUVILLE, comte de VIGNACOURT, littérateur, de la même famille, reçu chevalier de Malte en 1692, et mort en 1774, avait été commandeur de son ordre et prieur de Champagne. On citera de lui : la *Comtesse de Vergy*, nouvelle historique, galante et tragique, Paris, 1722, in-12, souvent réimpr. — *Adèle de Ponthieu*, nouvelle historique, ibid., 1723, 2 vol. in-12. — *Mémoires de M*me *de Saldaigne*, écrits par elle-même, Londres (Paris), 1745, 2 vol. in-12.

VIGNATE (JEAN de), gentilhomme de Lodi, profita de l'anarchie causée en Lombardie par la mort de Jean-Galeaz Visconti pour s'emparer, en 1404, de la souveraineté dans sa patrie. Plus tard, il se fit aussi décerner la seigneurie de Plaisance; mais l'empereur Sigismond, en lui confirmant la possession de Lodi, l'obligea d'abandonner Plaisance. Vignate, se croyant assuré de l'amitié du duc Philippe-Marie, se rendit en 1416 à Milan sur sa demande; mais Philippe le fit saisir et enfermer dans une cage de fer, où on le trouva mort quelq. jours après. Lodi se soumit alors au duc de Milan.
— VIGNATE (Louis), aussi jurisconsulte, né dans la même ville vers la fin du 16e S., publia quelques écrits peu importants sur le droit canon.

VIGNAU (le sieur DES JOANOTS DU), resta 9 ans à Constantinople ou dans div. contrées de l'empire othoman, comme secrétaire de l'ambassade franç., et s'y rendit très habile dans la connaissance des langues orientales. A son retour en France, il fut nommé secrétaire-interprète du roi pour la marine. On a de lui : *État présent de la puissance othomane, avec les causes de son accroissement et de sa décadence*, etc., Paris, 1687, in-12. — *Le secrétaire turck, contenant l'art d'exprimer ses pensées sans se voir, sans se parler et sans s'écrire, avec plusieurs particularités du sérail*, etc., 1618, in-12. — Jean du VIGNAU, sieur de Warmion-Bourdeleus, est auteur de : la *Délivrance de Jérusalem, mise en vers français de l'italien de T. Tasso*, ib., 1595, in-12.

VIGNE (ANDRÉ de LA), poëte franç., fut secrét. du duc de Savoie, puis de la reine Anne de Bretagne. Il obtint ensuite le titre d'orateur du roi Charles VIII, qu'il accompagna dans son expédit. de Naples (1493), et mourut vers 1527, âgé d'environ 70 ans. Son principal ouvr. est : *le Vergier d'honneur, de l'entreprise et voyage de Naples*, etc., Paris, S. D., in-fol., gothique; on en a tiré *la Louange des rois de France*, Paris, 1508, in-8, et le *Journal du voyage de Naples*, imprimé par extraits dans le *Recueil des écrivains de l'histoire de Charles VIII*, Paris, 1617, in-4, et 1684, in-fol.

— VIGNE (Jacques), avocat à Bordeaux vers la fin du 16e S., a laissé : *Paraphrasis ad consuetudinem Santangeliacam*, publ. par son fils, 1687, in-4.

VIGNE (MICHEL de LA), médecin, né en 1588 à Vernon, en Normandie, fut le médecin de Louis XIII, qui n'en voulut point d'autre dans sa dern. maladie. En qualité de doyen de la faculté de Paris, il plaida pour elle contre les médecins étrangers, et obtint en sa faveur un arrêt de la grand'chambre du parlem. en 1644. Ses deux plaidoyers furent imprimés sous ce titre : *Orationes duæ adversùs Th. Renaudot et medicos extraneos*, Paris, 1644, in-4. Il mourut en 1648. — VIGNE (Michel de La), fils du précéd., et médecin aussi, mais assez médiocre, a publié, outre la *Vie* de son père, *Diæta sanorum, sive ars sanitatis*, Paris, 1671, in-12. — VIGNE (Anne de La), sœur du précédent, née à Paris en 1634, morte en 1684, a laissé des vers gracieux et faciles, mais qui manquent quelquefois d'harmonie et de coloris. On les trouve dans les *Vers choisis* du P. Bouhours. On en a recueilli quelq.-uns dans un petit vol. in-8, Paris, 1673, et dans le *Parnasse des dames* par Sauvigny. — VIGNE (Claude de La) de Frécheville, petit-neveu de la précéd., né à Paris en 1695, s'y fit recevoir docteur en 1719, fut nommé médecin du roi en 1726, obtint trois ans après l'agrément de la charge de médecin ordinaire de la reine, plus tard la survivance d'Helvétius, et mourut en 1758, regretté de tous ses confrères. Il a laissé MSs. un *Traité des plantes*, un autre des *fièvres*, une *Physique générale et particulière du corps humain*, et un *Traité des maladies*, latin et français.

VIGNERON (CLAUDE-BONAVENTURE), conventionnel, né en 1750 à Genevreuille (Haute-Saône), se voua de bonne heure à l'étude des lois, et jouissait déjà de la réputat. d'un jurisconsulte distingué, lorsqu'éclata la révolution de 1789. Il en adopta les principes en ami des réformes et d'une sage liberté, fut nommé procureur-gén.-syndic de son département, puis en 1792 député à la convention. Dans le procès du roi il vota pour le bannissem. à la paix, pour l'appel au peuple et pour le sursis. Après la session il passa au conseil des anciens, et fit ensuite partie du corps-législatif, où il siégea sans interruption jusqu'en 1814. Au retour de Napoléon, il fut encore membre de la chambre des représentants. Rendu à la vie privée par la restauration, il reprit ses travaux de jurisconsulte, et mourut à Vesoul en 1832.

VIGNES (PIERRE DES). — V. PIERRE.

VIGNEUL-MARVILLE. — V. ARGONNE.

VIGNIER (NICOLAS), médecin, né à Troyes en 1530, ayant embrassé de bonne heure le calvinisme, fut obligé de se retirer à Bar-sur-Seine, puis en Allemagne. De retour en France, et, étant rentré dans la communion catholique, il fut fait médecin de Henri III, historiographe de France et conseiller-d'état. Il mourut à Paris en 1596, laissant, entre autres ouvr. : *Rerum burgundiarum chronicon, depuis 408 jusqu'en 1482*, Bâle, 1575, in-4. — *Sommaire de l'histoire des Français*, Paris,

1579, in-fol. — VIGNIER (Nicolas), fils du précéd., fut ministre de l'Église réformée de Blois, et rentra, sur la fin de ses jours, dans le sein de l'Église catholique. On a de lui plus. ouvr. ascétiques et de controverse dont on trouve les titres dans les *Mém.* de Niceron, t. XLII. — VIGNIER (Jérôme), fils du précéd., né en 1606 à Blois, opéra la conversion de son père en rentrant lui-même dans la religion catholique. Il se fit admettre dans la congrégation de l'Oratoire en 1630, dont il gouverna plusieurs établissements avec succès, et finit par se fixer, en 1648, dans le séminaire de St-Magloire, où il mourut en 1661. Ses relations avec la famille de Gondi, et l'édition qu'il donna de quelq. ouvrages inédits de St Augustin sous le titre de : *S. Augustini operum supplementum* (1654, 2 vol., in-fol.), lui attirèrent quelq. désagréments. Nous citerons de lui : *Véritable origine des maisons d'Alsace, de Lorraine, d'Autriche*, etc., Paris, 1649, in-fol., dont J.-J. Chiflet donna, l'année suiv., une trad. lat., à Anvers, sous le titre de *Stemma austriacum.* — VIGNIER (Jacq.), jésuite, né à Bar-sur-Seine, de la même famille que les précéd., mort à Dijon en 1669, est auteur de quelq. ouvrages de dévotion. Il avait préparé une histoire du diocèse de Langres, qui est restée MS. dans la bibliothèque du collège de Dijon, mais il en a paru un abrégé sous le titre de *Chronicon lingonense*, Langres, 1665, in-8. — VIGNIER (Henri), oratorien, né à Bar-sur-Seine en 1641, de la même famille que les précéd., mort à Paris, dans la maison de St-Honoré, en 1707, a publié des *Exercices de piété*, 1703, in-12, etc. — Un autre VIGNIER fit imprimer à Saumur (1676 et 1684) un ouvr. intit. *le Château de Richelieu.*

VIGNOLE (JACQ. BAROZZIO, plus connu sous le nom de), architecte célèbre, né à Vignole, petite ville du duché de Modène, en 1507, mort à Rome en 1573, est le premier qui ait fixé les règles du goût en architecture. Après s'être appliqué quelque temps à la peinture, dans sa patrie, sans beaucoup de succès, il fit le voyage de Rome, et se livra, dans cette capitale des arts, à une étude approfondie des principes et de la manière des anciens. Il vint séjourner en France deux ans, et y fit quelques travaux peu remarquables : mais, de retour en Italie, il construisit plus. ouvrages importants à Bologne, à Parme, à Pérouse, à Rome. Son chef-d'œuvre fut le palais de Caprarola, monum. admirable qu'il éleva, par ordre du cardinal Alexandre Farnèse, sur le sommet d'une colline environnée de précipices. Ce fut lui qui donna les dessins du palais de l'Escurial, et, dans cette occasion, l'emporta sur 22 autres architectes, les plus célèbres de son temps, qui concoururent avec lui. Il avait écrit, entre autres ouvrages, et dès son début dans la carrière des arts, un *Traité de la perspective*, devenu classique, qui a été commenté par Ignazio Dante en 1583, et un *Traité des cinq ordres*, trad. et commenté par Daviler, Paris, 1691, 3 vol. in-4, et 1738, 2 vol. in-8. L'édition de ses *OEuvres complètes* a été commencée à Paris, en 1815, par MM. Lebas et de Bret, in-fol., fig.; il n'en a paru que 14 livraisons (*v.* la *Vie de Vignole*, qui se trouve en tête du *Cours d'architecture*, publié à Paris en 1738, gr. in-4).

VIGNOLES. — V. DESVIGNOLES.

VIGNOLI (JEAN), archéologue et numismate, né vers 1680 à Petigliano, ville de Toscane, embrassa l'état ecclésiastique, fut nommé bibliothécaire du Vatican en 1720, et mourut à Rome en 1753, laissant quelq. ouvr. qui ont suffi pour le placer au rang des plus savants antiquaires de l'Italie. Nous citerons : *Dissertatio de columna imperatoris Antonini Pii, una cum antiquis inscriptionibus*, etc., Rome, 1705, in-4. — *Antiquiores pontificum Denarii*, ibid, 1709, in-4, fig.; l'édition donnée par Ben. Fioravanti, ibid, 1734, in-4, est augmentée d'un tiers.

VIGNOBLE (le comte MARTIN de), général français, né à Massilargue, Languedoc, en 1755, était capitaine à l'époque de la révolution, dont il adopta les principes. Nommé adjudant-général en 1794, et sous-chef de l'état-major de Bonaparte en 1796, il fut fait général de brigade sur la demande du jeune vainqueur de l'Italie, en récompense de sa brillante conduite. Après le traité de Campo-Formio, il remplit successivem. les fonctions de chef d'état-major et celles de ministre de la guerre de la république cisalpine. Les nouv. services qu'il rendit à la reprise des hostilités, en 1799, le firent appeler par Berthier, ministre de la guerre, au poste de secrétaire-général. Il suivit bientôt après Bonaparte en Italie, et fut chargé de réorganiser la république lombarde. Général de division en 1803, et en même temps chef d'état-major de l'armée de Hollande, il remplit les mêmes fonctions sous Eugène Beauharnais, à l'armée d'Italie, qu'il ramena en France, en 1814, après la chute de Boparte. Employé par Louis XVIII, il vécut dans la retraite pendant les *cent-jours*, et fut récompensé plus tard de son inaction par le commandem. de la 18e divis. militaire, la préfecture de la Corse, le titre de conseiller-d'état et une place à la chambre des députés, dont il faisait partie lorsqu'il mourut en 1824. On a de lui un *Précis historique des opérations de l'armée d'Italie en* 1813 *et* 1814, Paris, 1817 et 1818, in-8. Il a laissé MS. un *Précis historique de la campagne de* 1809.

VIGO (JEAN de), célèbre chirurgien, né à Gênes vers la fin du 15e S., fut appelé à Rome en 1503, par le pape Jules II, qui le nomma son médecin. On a de lui : *Practica in arte chirurgicâ copiosa, continens novem libros*, Rome, 1514, in-fol., réimpr. plus de 10 fois, et trad. en presque toutes les langues ; la trad. franç. a pour titre : *Pratiques de chirurgie de très excellent docteur en médecine Jean de Vigo*, 1550, in-fol. On cite aussi son petit traité de *Morbo gallico*, 1518.

VIGOR (SIMON), archevêque de Narbonne, né à Évreux au commencem. du 16e S., assista au concile de Trente en qualité de théologien du roi de France, et s'y fit remarquer par son érudition. Il remplit plus. fonctions importantes dans l'Église avant d'être élevé sur le siège de Narbonne, et montra pour la religion catholique un zèle qui produisit quelques conversions, mais qui passerait aujourd'hui pour de l'intolérance. Ce prélat mourut à Carcassonne en 1575. Nous citerons de lui : *Oraison funèbre d'Élisabeth de France, reine d'Espagne*, Paris, 1568, in-8, et des *sermons*, qui, malgré leur faiblesse, ont été réimprimés en 1584; et en 1597, in-4. — VIGOR (Simon), neveu du précéd., fut conseiller au gr.-conseil pend. 39 ans, et mourut en 1684 à l'âge de 68 ans, c'était un zélé défenseur des prérogatives de l'Église gallicane. On citera de lui : *De l'état et du gouvernem. de l'Église*, divisé en 4 livres : 1° *de la Monarchie ecclésiastique*; 2° *de l'infaillibilité*; 3° *de la discipline ecclésiastique*; 4° *des conciles*; in-8, réimprimés avec 3 autres écrits du même auteur sur les mêmes matières, Paris, 1685, in-4.

VIGOR (mistress), dame angl., morte à Windsor en 1783, à l'âge de 84 ans, avait eu deux maris avant d'épouser William Vigor, de la secte des quakers. Le prem. était consul-général en Russie, et le second était résident près de cette même cour. Elle dut à sa position favorable et à son talent pour observer, les détails vraiment curieux qu'elle a consignés dans les *Lettres d'une dame qui a résidé pend. un grand nombre d'années en Russie à son amie, en Angleterre, accompagnées de notes historiques*, Londres, 1775, in-8.

VIGOUREUX (LA), fameuse empoisonneuse, fut brûlée en place de Grève avec La Voisin et d'autres complices, après que le jugement de la marquise de Brinvilliers eût mis la justice sur les traces de ces misérables (*v.* VOISIN).

VIGUERIE (PIERRE), né à Carcassonne vers le milieu du 18º S., mort en 1813, avait donné en 1805 le prem. vol. d'une compilation indigeste, qu'il prétendait être l'histoire de sa ville natale. Deux autres vol. sont restés MSs., et il est probable qu'ils ne verront jamais le jour. — VIGUERIE (Jean), chirurgien de l'Hôtel-Dieu de Toulouse, né en 1745, mort en 1802, a laissé des *Observat. anatomico-chirurgicales sur les fractures, sur la réductibilité du sac herniaire*, etc.

VIGUIER (PIERRE-FRANÇOIS), orientaliste, né à Besançon en 1745, entra dans la congrégation de St-Lazare, et fut envoyé par ses supérieurs, en 1772, sur la côte d'Alger, où il se voua tout entier au soulagement des esclaves chrétiens. Nommé préfet apostolique à Constantinople, il se rendit dans cette ville en 1783, et ne cessa, pendant 16 ans, de travailler avec zèle au maintien de la foi catholique en Orient. De retour en France vers 1802, il fut chargé quelque temps de la direction des dames de la Charité, et mourut à Paris en 1821. On lui doit entre autres ouvr. : *Éléments de la langue turque*, Constantinople, 1790, in-4. — *De la distinction primitive des psaumes, en monologues et en dialogues*, etc., nouv. édit., accompagnée de *notes*, Paris, 1806 et 1807, 2 vol. in-12; réimpr. sous ce titre : *Exposition du sens primitif des psaumes*, etc., ib., 1818-19, 2 vol. in-8.

VIGUIER (PAULE de), plus connue sous le nom de *la belle Paule*, qu'elle reçut de François Iᵉʳ, était née à Toulouse en 1518. Elle épousa, pour obéir à ses parents, le sire de Baynaguet, conseiller au parlement, qui la laissa veuve peu d'années après, ce qui lui permit de donner sa main à Philippe de La Roche, baron de Fontenille, qu'elle avait distingué même avant son premier mariage. Elle vécut heureuse avec cet époux de son choix, et se conserva long-temps belle. Elle aimait les lettres, et il est resté quelques *vers* de sa composition, qui ne manquent ni de facilité ni d'élégance. Sa maison, devenue comme le temple des arts et le rendez-vous des personnages les plus illustres de l'époque, fut respectée des deux partis dans les troubles des guerres civiles. La marquise de Lambert rapporte que la ville de Toulouse fit un procès à *la belle Paule*, pour la contraindre de se montrer à son balcon au moins 2 fois par semaine. Le peuple se serait soulevé, s'il eût été plus long-temps sans la voir. Elle mourut en 1610. Gabriel de Minut a publié sur cette dame un ouvrage bizarre, intitulé *de la Beauté, discours divers, pris sur deux belles façons de parler, desquelles le grec et l'hébreu usent, l'hébreu* TOB, *et le grec* CALON, *l'agathon, voulant signifier ce qui est naturellem. beau et naturellement bon, avec la* PAULE-GRAPHIE; *ou Description des beautés d'une dame toulonaise, nommée la belle Paule*. L'auteur y a décrit toutes ses beautés, sans exception.

VILARIS (MARC-HILAIRE), pharmacien et chimiste, né à Bordeaux en 1720, reçut des leçons du célèbre Rouelle à Paris, fut ensuite employé pendant quelque temps dans les hôpitaux de l'armée de Hanovre, et, de retour dans sa ville natale, s'y fit recevoir apothicaire en 1748, et mourut en 1792. On lui doit la découverte du *kaolin*, qui détermina l'établissement de la manufacture de porcelaine de Limoges. Ce fut encore lui qui imagina le procédé de préparer les viandes pour les voyages de long cours, en employant le procédé de la dessication; mais des difficultés sans nombre s'opposèrent à l'exécution de tous ses projets, et lui firent passer les dernières années de sa vie dans le découragement. On trouve le résultat de ses travaux dans les *Recueils* de l'acad. de Bordeaux, dont il était membre, et une *Notice* sur sa *Vie* dans le *Magasin encyclopédique*, 1798, III, 54-61.

VILATE (JOACHIM), l'un des agents du comité de salut public, né en 1768 à Ahun, petite ville du Limousin, fut d'abord profess. à Guéret et à Limoges. Venu à Paris en 1792, il s'y fit remarquer par un zèle ardent pour le parti le plus exalté. Après la journée du 31 mai 1793, il fit un voyage à Bordeaux, comme secrét. des représentants Isabeau et Neveu. A son retour il prit le nom de *Sempronius Gracchus*, et fut chargé par les comités et Robespierre d'espionner les membres de la convent. Dénoncé par Chénier et Legendre comme l'espion des comités, aux approches du 9 thermidor, et conduit à la Force, il y resta prisonnier jusqu'au moment où, traduit devant le nouveau tribunal révolutionnaire avec les membres de l'ancien, il fut condamné à mort et exécuté (1795). Il avait publié, pour sa justification : *Causes secrètes de la révolution du 9 thermidor*, 1795, in-8, etc. ; réimp. avec quelq. autres écrits du même auteur, dans la *Collect. des Mém. relatifs à l'hist. de la révol.*

VILLA (GUIDO, marquis de), se distingua dans les guerres du Piémont au milieu du 17e S. Il s'était attaché et resta constamm. fidèle à Madame royale, Christine de Savoie, sœur de Louis XIII. Il avait le grade de lieutenant-général au service de France, lorsqu'il fut tué au siége de Crémone en 1648 (*v.* les *Elogi degli capitani illustri*, de Laur. Crazzo, p. 248).— VILLA ou VILLE (Ghiron-Franç., marquis de), fils du précédent, s'était déjà fait connaître dans les guerres d'Italie, lorsqu'il fut autorisé par son souverain, le duc de Savoie, à offrir ses services aux Vénitiens contre les Turks, qui se disposaient à recommencer le siége de Candie (1665). Nommé général en chef de l'infanterie vénitienne, il voulut tenter tout d'abord un coup de main sur la Canée ; mais il ne réussit point. Il construisit alors (1666) un camp retranché sous les murs de Candie, et s'y défendit quelque temps. Forcé de se renfermer dans la place, il ne la quitta que sur un ordre du duc de Savoie, après en avoir glorieusement prolongé la défense. Il s'embarqua pour Venise (1668), et revint ensuite à Turin, où il mourut peu de temps après des suites de ses blessures. On a publié ses *Mémoires* sous ce titre : *Viaggi del marchese Ghiron-Franc. Villa, in Dalmatia e Levante, con la relazione de' successi di Candia*, etc., Turin, 1668, in-4 ; traduit en franç. et abrégé par Jos. Ducros, Paris ou Lyon, 1669, in-12, et par d'Alquié, Amst., 1671, in-12.

VILLA (ANGE-THÉODORE), savant helléniste, né vers 1720 dans un bourg du Pavesan, remplit avec beaucoup de distinction la chaire d'éloquence et de grec à l'univ. de Pavie, et mourut en 1794. Indépendamment d'une foule d'*Opuscules* dans la *Raccolta milanese*, dont il fut l'un des fondateurs, on citera de lui : le poëme de *Coluthus* sur l'enlèvem. d'Hélène, trad. en vers italiens, avec le texte grec, revu et corrigé d'après un MS. de la bibliothèque Ambros., Milan, 1749, in-8, réimpr. en 1755, avec la trad. des *Harang.* de Gorgias et d'Isocrate, etc. —*Lezioni d'eloquenza*, etc., Pavie, 1780, in-8.

VILLALOBOS (FRANÇOIS LOPE de), médecin et poëte, né à Tolède vers 1480, essaya de décider ses compatriotes à prendre les ouvr. des anciens pour modèles dans leurs compositions dramatiques ; et dans ce but publia en 1515 la traduction en prose de l'*Amphytrion* de Plaute. Il ne réussit guère à faire partager son opinion qu'à quelques érudits. Découragé par l'inutilité de ses efforts, il résolut dès lors de se livrer tout entier à la pratiq. de l'art médical. Il fut médecin ordinaire de Charles-Quint, puis de Philippe II, et mourut vers 1560. On connaît de lui : *el Sumario de la medicina, con un tratado sobre las pestiferas bubas*, Salam., 1498, in-fol. — *Glossa in Plinii Historiæ naturalis primum et secundum libros*, Alcala, 1524, in-fol.

VILLALOBOS (RUY LOPEZ de), navigateur espagnol, fut chargé en 1542, par don Antonio de Mendoza, vice-roi de la Nouvelle-Espagne, d'aller reconnaître les îles situées à l'ouest. Il découvrit, entre autres terres, les îles *del Coral* et *los Jardines*, qui font partie des groupes orientaux de l'archipel des Carolines ; les *Matalotes*, qui appartiennent au groupe le plus occidental, et qui ont conservé leur nom ; les *Arrecifes*, aujourd'hui Pelew ; une gr. île à laquelle il donna le nom de *Cæsarea Caroli*, et que l'on croit être l'île de Luçon. Dans le voisinage de cette dernière il en vit une petite (1543), qu'il appela *Antonia* ou *Saragan*, et parvint à s'établir malgré les habitants ; mais la famine le força d'en sortir au bout de quelq. temps, pour aller mendier, dans plus. établissements portugais, des vivres qui lui furent inhumainement refusés. Villalobos mourut accablé de chagrin dans l'île d'Amboine (*v.* la 7e *Décade* d'Herrera, liv. V, et le *Traité des différents chemins*, etc., *avec les découvertes faites jusqu'en* 1550, par D. Ant. Galvan.

VILLALPANDE (JEAN-BAPT.), jés., né à Cordoue en 1552, étudia la littérature sacrée sous la direct. du P. Jérôme Prado, qui, plus tard, ayant entrepris d'expliquer les prophéties d'Ézéchiel, l'associa à son travail, et l'emmena avec lui à Rome. Après la mort de son maître, Villalpande continua le commentaire qu'il laissait imparfait ; mais il mourut lui-même à Rome en 1608, avant de l'avoir terminé. Cependant l'ouvrage avait paru sous ce titre : *J.-B. Villalpandi et H. Pradi in Ezechielem explanationes et apparatus urbis et templi Hierosolymitani, comment. et imaginib. illustrat.*, Rome, 1596-1606, 5 vol. gr. in-fol. — VILLALPANDE (Gaspar CARDILLOS de), théologien, né à Ségovie dans le 16e S., professa l'éloquence et la philosophie à l'université d'Alcala, fut député par le collège de St-Ildefonse au concile de Trente, et revint en Espagne, où il mourut vers 1570. Il s'était fait quelque réputation par ses *Commentaires* sur Porphyre et sur l'*Organum* et les liv. de *Physique* d'Aristote ; mais tout cela est tombé dans l'oubli avec ses *Traités de controverse.* — VILLALPANDE (François TORREBLANCA de), fameux démonologue, né vers 1570 à Villalpande, petite ville du roy. de Léon, n'est connu que par un ouvrage intitulé *Epitome delictorum, seu Libri IV, in quibus de invocatione dæmonum occultâ et apertâ tractatur*, Séville, 1618, in-fol., très rare. — VILLALPANDE (Jean de), né à Ténériffe, était le chef d'une secte d'illuminés qui parut dans l'Andalousie vers la fin du 16e S. Leur doctrine ressemblait beaucoup à celle du quiétisme, et fut propagée aussi en grande partie par des femmes. Une religieuse carmélite surtout, nommée Catherine de Jésus, avec laquelle Villalpande s'était lié, montra beaucoup de zèle pour la propagation de la nouv. secte ; mais on croit qu'elle eut, avec son chef, le sort d'un grand nombre de leurs amis, qui périrent dans les supplices.

VILLAMEDIANA (le comte de), l'un des courtisans les plus aimables et les plus spirituels de la cour de Philippe IV, roi d'Espagne, se fit connaître par des *poésies* agréables, mais aussi par des *épi-*

grammes, qui, jointes à ses galanteries, furent sans doute cause de sa mort tragique. Peu après l'avénement de Philippe IV (1621), il fut averti de prendre garde à lui. Cet avis, dont il ne tint aucun compte, lui venait du confesseur de l'oncle du premier ministre. Le soir du même jour il fut poignardé dans une rue de Madrid, et, comme aucune démarche n'eut lieu pour rechercher l'assassin, on pensa que le coup avait été dirigé par le roi lui-même, dont la femme n'aurait pas été insensible au mérite de l'aimable comte.

VILLAMENE (François), graveur célèbre, né à Assise, en Italie, vers 1588, mort vers 1648 à Rome, où il travailla long-temps d'après l'antique, est surtout recommandable par la correction de son dessin. Parmi ses meilleures gravures, on citera : les *Gourmeurs*, dispute de paysans ; la *Présentation au temple*, d'après Paul Véronèse, etc.

VILLAMONT, voyageur français, natif de l'Anjou, était en 1588 à Rome, d'où il partit pour visiter l'Italie, l'île de Cypre, les lieux saints, la Syrie, l'Égypte. Il rentra dans ses foyers en 1590. Sa relation parut sous ce titre : *Voyages du sieur Villamont en Europe, Asie et Afrique*, Arras, 1598, in-12 ; Paris, 1609, in-12.

VILLANI (Jean), célèbre historien, né à Florence, fit un voyage à Rome en 1300 pour y fêter le jubilé, et en revint avec le désir d'élever un monument historique à la gloire de sa ville natale, dont les accroissements rapides et la jeunesse pleine d'espérance avaient vivement frappé son imagination, au milieu des souvenirs et des illustres débris de la ville éternelle. Il entreprit dès lors, quoique fort jeune encore, ses *Istorie fiorentine*, ouvrage immense, qu'il fit remonter aux premières époques du monde, et dans lequel il comprit, jusqu'à l'année 1348, les principaux événements contemporains de l'Europe et de l'Italie. C'est dans ce livre qu'il faut chercher tout ce que l'on peut espérer de savoir de l'auteur lui-même. Les affaires de commerce, auxquelles il se livra dans sa jeunesse, l'entraînèrent hors de l'Italie, et le rendirent témoin de plusieurs événements d'une assez grande importance. C'est ainsi qu'après avoir vu naître à Florence les factions *blanche* et *noire*, et les désordres qui en furent la suite, il parcourut la France et la Flandre, et suivit dans tous ses détails la guerre de Philippe-le-Bel et des Flamands. En 1316 et 1317 il siégeait parmi les *priori* de la républiq., et il était vers le même temps directeur de la monnaie. Il exerça de nouveau le *priorat* en 1321, et fut chargé bientôt après de présider la construct. des remparts et des tours, dont on acheva de fermer l'enceinte de Florence. Pendant une grande disette qui eut lieu en 1328, il rendit d'importants services à ses compatriotes, en qualité d'officier de la commune. Enfin, après avoir eu sa part dans toutes les calamités qui affligèrent sa patrie, après s'être vu exposé quelquefois à d'injustes soupçons, il périt victime de l'épouvantable peste de 1348. Deux raisons feront vivre ses *Istorie*. On y trouve des renseignements précieux, et on leur doit les immenses progrès que fit à cette époque la langue italienne. — Villani (Matthieu), frère du précéd., continua ses *Istorie*, et y ajouta deux livres, dont le dernier va jusqu'en 1363. Cette même année fut marquée par une nouv. peste, dite *dell' Anguinaja*, à laquelle Matthieu succomba dans un âge assez avancé. — Villani (Philippe), fils du précéd., continua aussi les *Istorie* ; mais son travail se borne à 42 chapitres, ajoutés au XIe livre de Matthieu, et comprend seulem. la fin de 1363 avec l'année 1364. Il fut élu en 1401, et de nouveau en 1404, à la chaire instituée pour l'explicat. de la *Commedia* du Dante. Pendant plus. années, il avait été chancelier de la commune de Pérouse, et on le voit quelquefois aussi qualifié de jurisconsulte. Il a laissé (en latin) une *Biogr.* des hommes célèbres de Florence, qui ne fut publiée qu'en 1747, après la publication, par Mazzuchelli, d'une anc. traduction du même ouvr., sous ce titre : *Vite d' uomini illustri fiorentini*, Venise, 1747, in-4. C'est le prem. essai de l'hist. littéraire chez les modernes. On doit placer ici quelques détails sur la publicat. des *Istorie fiorentine*, auxquelles ont travaillé les trois Villani. Restées MSs. pendant près de deux siècles, elles n'étaient connues que d'un petit nombre d'annalistes, lorsqu'il parut à Venise, en 1537, in-fol., une 1re édit., incomplète et très fautive, de Jean Villani seulement. Les frères Giunti en donnèrent une édit. bonne et complète, Venise, 1559, in-4, et publièrent les premiers la continuat. de Matthieu, ibid., 1562. Toutefois, cette édit. étant incomplète, ils en donnèrent une autre, avec ce qui manquait des trois dern. livres, et de plus le *Supplément* de Philippe, Florence, 1577, in-4. Ils complétèrent l'ouvr. en réimprimant les neuf premiers livres de Matthieu, Florence, 1581, in-4. Muratori a donné un excellent texte des trois historiens dans les t. XIII et XIV des *Scriptores rerum italicarum*. Enfin les éditeurs des *Classiques* de Milan ont donné, en 1802, l'*Histoire de Jean Villani*, formant les t. X et XVII de cette collect., in-8, et précédée d'un *Éloge* de l'auteur, par Massai.

VILLANI (Nicolas), poète et critiq., né à Pistoie, vécut à Venise, et mourut vers 1640. Sans parler de ses *Satires* latines, écrites avec beaucoup d'élégance, selon Tiraboschi, ni de ses ouvrages polémiques, dans les querelles que fit naître la publication de l'*Adone*, on cite de lui : *Ragionamento dell' academico aldeano sopra la poesia de' Greci, de' Latini e de' Toscani, con alcune poesie piacevoli*, Venise, 1634, in-4. — Villani (Jean-Pierre-Jacques), de Parme, est aut. d'un petit *Dictionn.* d'écrivains anonymes et pseudonymes, en 150 art. et en deux parties, sous ces titres : *La visiera alzata, hecatosta di scrittori che vaghi d'andare in maschera*, etc., et *Pentecoste d'altri scrittori*, Parme, 1689, in-12.

VILLAR (Noel-Gabriel-Luce), de l'Académie française, né à Toulouse en 1748, entra de bonne heure dans la congrégation des PP. de la Doctrine chrétienne, et devint rect. du collége de la Flèche, en 1786. Il adopta les principes de la révolution, fut nommé évêque constitutionnel de la Mayenne en 1791, et envoyé l'année suiv. à la convention. Sa modération, sa timidité peut-être, le préservèrent de tout excès et aussi de tout péril. Après la chute de Robespierre, il se rallia aux hommes qui voulaient l'ordre, et s'occupa avec beaucoup de zèle du rétablissement de l'instruction publique et de l'amélioration du sort de plus.' gens de lettres ; il préserva le collége de France de la suppression dont il était menacé, et fit décréter l'organisat. de la bibliothèq. nationale. Il fit partie du conseil des cinq-cents, fut, lors de la création de l'Institut (1795), nommé membre de la classe qui est devenue l'Acad. franç., et en 1800 inspect.-gén. des études. Il remplit jusqu'en 1815 les fonctions de cette place, dont il conserva le titre jusqu'à sa mort arrivée en 1826. Peu d'académiciens ont laissé moins d'écrits et des écrits plus faibles. Nous ne citerons que ses six *Notices des travaux de littérature et de beaux-arts de l'Institut national, pendant les ans IX et X.* — Un frère du précédent, avocat distingué du barreau de Toulouse, et que sa manie de citer à tout propos le philosophe de Chéronée avait fait surnommer *Villar-Plutarque*, fut chargé d'affaires de France à Mayence en 1792, et ministre de la républiq. auprès de l'état de Gênes de 1794 à 1796. De retour à Paris, il renonça à toutes les fonctions publiques, et mourut peu d'années après.

VILLAREAL (Manuel-Fernandez de), diplomate portugais, né au commencement du 17ᵉ S., fut nommé consul de sa nation à Rouen, et sut obtenir beaucoup de crédit auprès du cardinal de Richelieu, en le flattant comme ministre et comme gentilhomme de race antique. Il fit servir sa gr. influence à l'avantage du commerce portugais, et rendit encore à son pays d'autres services importants ; mais il n'en fut pas moins brûlé vif par l'inquisition, vers 1650, sur quelques légers soupçons de judaïsme. Son principal ouvrage est l'*Epitome genealogico del em. card. duque de Richelieu, y discorsos politicos sobre algunas acciones de su vida,* Pampelune, 1641, in-4 ; réimprimé sous ce titre : *el Politico christiano,* etc., ibid., 1642, in-8 et in-12, et trad. en franç. par Chantonière de Cremeuil, Paris, 1643, in-4 et in-12.

VILLARET (Guillaume), 24ᵉ grand-maître de l'ordre des hospitaliers de St-Jean-de-Jérusalem, était gr.-prieur de St-Gille, maison de la langue de Provence, lorsqu'il fut, malgré son absence et son éloignement, promu au magistère en remplacement d'Odon de Pins. Avant de se rendre à la résidence, qui était alors Limisso, dans l'île de Chypre, il visita en personne tous les prieurés des langues de France, de Provence et d'Auvergne, y rétablit la discipline, et alla ensuite à Rome demander la bénédiction du pape Boniface VIII. Il ne se passa rien de mémorable sous son administration. On doit parler toutefois du projet qu'il conçut de tirer ses chevaliers du roy. de Chypre, où ils étaient dans un état d'incertitude et de dépendance. L'île de Rhodes, anciennem. comprise dans l'empire de Constantinople, avait depuis long-temps cessé d'en faire partie, et, quoique reprise deux fois par Jean Cantacuzène et par Théodore Protosébaste, elle obéissait alors à des seigneurs de la maison de Gualla, qui d'abord en avaient été gouverneurs, puis s'y étaient rendus indépendants et avaient attiré dans leur nouv. souveraineté beauc. d'étrangers, principalement des Sarrasins et des Turks, et même des corsaires, auxq. ils ouvraient leur port et donnaient un asile. Villaret tourna ses vues vers cette île et songea à s'en emparer ; mais comme il venait de visiter les côtes qui en sont voisines et les îlots qui l'entourent, il tomba malade et mourut à Limisso. — Villaret (Foulques de), frère du précéd., 25ᵉ gr.-maître, avait déjà rempli les plus hautes fonctions de l'ordre lorsqu'il fut élu d'une voix unanime après la mort et à la place de Guillaume en 1308. Sa prem. pensée fut d'exécuter les projets de son frère sur l'île de Rhodes. Il envoya une ambassade à l'emper. Andronic II Comnène, pour lui en demander l'investiture, et en même temps il se rendit à Poitiers pour solliciter de Philippe-le-Bel des secours, et du pape Clément V un appel à la chrétienté. Il vit bientôt accourir sous ses drapeaux plus de croisés qu'il n'en pouvait accueillir ; mais il apprit qu'Andronic lui refusait l'investiture de Rhodes, et se disposait à reprendre cette île sur les Gualla. Foulques n'en persista pas moins dans son dessein, et, après s'être emparé de presque toute l'île, en assiégea la capitale. Abandonné successivem. de tous les croisés, que fatiguait la longueur du siège, et attaqué dans ces circonstances difficiles par l'armée d'Andronic, il battit les Grecs et poussa avec plus d'ardeur encore le siège de cette ville, qu'il emporta enfin d'assaut (1310). La même année, il eut à lutter contre le fondateur de l'empire turck, Othman, qu'il força de reprendre le chemin de ses états. En 1312, l'ordre des Templiers ayant été aboli par Clément V, Foulques accepta l'adjudication de leurs biens offerts à son ordre par le pontife. Ce fut là le terme de sa gloire. Enivré d'orgueil, plongé dans les plaisirs, il mécontenta les chevaliers par ses actes arbitraires, et dans une assemblée très nombreuse il fut déposé à l'unanimité. Il en appela au pape Jean XXII, et pendant qu'on instruisait cette affaire à la cour d'Avignon, il recouvra tous ses droits par la mort de son compétiteur, Maurice de Pagnac (1321). Mais le pape exigea de lui en secret que sa nouvelle promotion ne fût que nominale, et qu'il donnât, comme spontanément, sa démission, en échange d'un gr. prieuré. Le gr.-maître abdiqua, et mourut 4 ans après (1329) au château de Teiran.

VILLARET (Claude), histor. français, né à Paris vers 1715, fut destiné par ses parents au barreau. Mais l'étude des lois s'accordait mal avec son goût pour la dissipation, les plaisirs et la littérature légère. Il débuta dans la carrière des lettres au milieu des déréglements de sa jeunesse par des productions médiocres, telles qu'une comédie et des romans, qui n'eurent point de succès. Cependant sa détresse extrême le força de quitter Paris en

1748, et la passion qu'il avait conçue pour une jeune actrice le décida à se faire comédien. Il réussit assez bien dans cette nouvelle profession; ce qui ne l'empêcha pas d'en sentir tous les dégoûts et de la quitter en 1756. Plus tard cepend. il prit contre J.-J. Rousseau la défense de l'art qu'il avait exercé, et publia, sous le titre de *Considérations sur l'art du théâtre* (1758, in-8), une asez bonne réfutation de la fameuse lettre sur les spectacles. Ces écrits, et quelques autres qui ne valent guère la peine d'être cités, auraient laissé leur auteur dans l'oubli; mais une place de prem. commis à la chambre des comptes et la commission qui lui fut donnée de mettre en ordre les archives lui fournirent l'occasion d'étudier, dans quelques-unes de leurs sources, les annales de la monarchie française. Choisi pour continuer l'ouvrage de Velly, qui n'avait rédigé que les 226 prem. pag. du tom. VIII de son *Histoire de France*, Villaret l'a conduite jusqu'à la page 548 du tom. XVII, c'est-à-dire depuis 1329, seconde année du règne de Philippe de Valois, jusqu'en 1469, neuvième année du règne de Louis XI. C'est là son principal et même son unique titre à la célébrité. La partie qui lui appartient dans ce grand corps d'histoire de France est celle qu'on a le plus louée. C'était la première et peut-être la seule fois, dit Grimm, qu'un continuateur surpassait son modèle. Pour être meilleur historien, et surtout plus habile écrivain que Velly et que Garnier, Villaret n'en est pas moins resté au-dessous de cette haute mission d'écrire l'histoire, qui ne semble avoir été bien comprise que de nos jours. Il mourut en 1766. Ses études laborieuses, après les excès prolongés de sa jeunesse, n'avaient pas peu contribué à affaiblir sa santé. Gaillard a publié des *Observations sur l'Hist. de France* de Velly, Villaret et Garnier, Paris, 1801, 4 vol. in-12.

VILLARET (JEAN-CHRYSOSTOME), évêque de Casal, né à Rodez en 1759, était grand-vicaire, chanoine et théologal de sa ville natale. Député aux états-génér. en 1789 par le clergé de Villefranche, il vota toujours avec le côté droit, adhéra à l'*Exposition des principes* dressée par les évêques, et toutefois n'émigra pas. Nommé évêque d'Amiens en 1802, après le concordat, il fut transféré l'année suivante au siége d'Alexandrie-de-la-Paille, et bientôt après sur celui de Casal. Lors de la formation de l'univ. de France, il en fut nommé chancelier. Il donna sa démission de l'évêché de Casal, lorsque le Piémont fut rendu au roi de Sardaigne, et vécut dans la retraite jusqu'à sa mort, en 1824.

VILLARET DE JOYEUSE (LOUIS-THOMAS), vice-amiral, né à Auch en 1750, entra dans la marine à l'âge de 16 ans, après avoir été quelque temps dans les gendarmes de la maison du roi. Il obtint dans sa nouvelle carrière un avancem. rapide et mérité. Sa belle conduite pendant le siége de Pondichéri par les Anglais (1778) l'ayant fait nommer capitaine de brûlot, il servit d'abord en cette qualité (1781), puis comme capit. de frégate dans l'escadre de Suffren. Chargé par cet amiral, après le siége de Goudelour, d'une mission dont il ne se dissimulait pas toutes les chances périlleuses, il la remplit avec autant de gaîté que de courage, et, comme il l'avait prévu, fut fait prisonnier. La paix de 1783 le rendit à la liberté. Il n'émigra pas, ainsi que tant d'autres offic. de la marine royale, à l'époque de la révolution, et continua de servir son pays, d'abord comme capit. de vaisseau, puis contre-amiral, avec un zèle qui lui fit trouver grâce pour son titre *d'aristocrate* devant le comité de salut public. Nommé en 1794 commandant de la flotte de Brest, composée de 26 vaisseaux, il sortit de ce port avec la miss. d'aller attendre, à la hauteur des îles *Coves* et *Flores*, un convoi chargé de grains venant des États-Unis, et avec la recommandation formelle d'éviter tout engagement avant d'avoir rencontré ce convoi. Le 28 mai, Villaret eut connaissance de l'armée anglaise forte de 30 vaisseaux de ligne et commandée par Howe. Malheureusement il avait à son bord le représentant Jean-Bon-Saint-André, qui lui imposa l'obligation de combattre. Il y eut le 30 mai une escarmouche sans résultat sérieux; mais le lendemain et le surlendemain une action importante s'engagea. Dans la première journée, les Français eurent un avantage marqué, grâce aux habiles manœuvres de leur commandant; mais dans la seconde ils furent complétem. battus par la faute de quelq. officiers, qui exécutèrent mal les ordres qu'ils avaient reçus. Ce fut alors que périt le *Vengeur*. Villaret voulait essayer de rétablir le combat, quand ce n'eût été que pour dégager les vaisseaux de son arrière-garde; mais il fut forcé de donner le signal de la retraite pour se conformer encore une fois aux ordres de Jean-Bon, qui s'était caché pend. toute l'action, et qui était peu disposé à courir de nouveaux dangers. L'amiral regagna le port de Brest avec 19 vaisseaux. Nommé au conseil des cinqcents en 1796 par le départem. du Morbihan, il y forma avec les chefs du parti de *Clichy* des liaisons qui le firent condamner à la déportat. à l'époque du 18 fructidor. Il échappa à cet arrêt en se cachant, puis se rendit en exil à Oléron, d'où il ne fut rappelé que par le gouvernem. consulaire. En 1801, il fut chargé du commandem. des forces navales destinées à agir contre St-Domingue. A son retour en 1802, nommé capit.-général de la Martinique et de Ste-Lucie, il fut obligé de capituler avec les Anglais en 1809, après une vigoureuse résistance. En 1811, il fut nommé gouvern.-génér. de Venise et commandant de la 12e division milit. Il mourut dans ces fonctions l'année suivante. — VILLARET (le marquis de) frère du précéd., lieut.-colonel d'artillerie avant la révolution, émigra en 1792, fit toutes les campagnes de l'armée de Condé, rentra en France dès 1802, fut nommé maréchal-de-camp et commandeur de St-Louis lors de la restauration, et mourut à Versailles en 1823.

VILLARS (PIERRE de), archev. de Vienne, né en 1517, s'attacha de bonne heure au cardinal de Tournon, et remplit avec succès plus. missions importantes dont le chargea ce prélat. Reçu conseiller-clerc au parlem. de Paris en 1555, et promu successivem. à l'évêché de Mirepoix et à l'archevêché de Vienne, il fut appelé au conseil du roi Henri III (1575), puis aux états de Blois (1577). Le clergé le députa inutilement vers le roi de Navarre, depuis Henri IV, pour l'exhorter à embrasser la religion catholique. En 1588, il se démit de son siége en faveur de son neveu, dont l'article suit, et alla finir ses jours dans le couvent de Montcalier en Piémont (1592). — VILLARS (Pierre de), neveu du précéd., né en 1543, succéda à son oncle dans l'évêché de Mirepoix en 1575, et plus tard dans l'archevêché de Vienne, qu'il remit lui-même en 1599, avec l'agrém. du roi Henri IV, à Jérôme de Villars, son frère. Il mourut à St-Genis, près de Lyon, en 1613. On a de lui 2 vol. in-fol., imprimés à Lyon, contenant divers traités en latin sur la célébration du mariage, sur les juremens, etc. — VILLARS (Jérôme de), frère puîné du précéd., était conseiller-clerc au parlem. de Paris, chanoine et archidiacre de Vienne, lorsqu'il remplaça son frère sur le siége de cette ville. Il joua un rôle important dans toutes les affaires religieuses du règne de Henri IV, et mourut en 1626. — VILLARS (Balthasar de), frère du précéd., mort en 1629, fut premier président du parlem. de Dombes, deux fois prévôt des marchands de Lyon, et publia, en 1594, un *Abrégé très utile, contenant la doctrine chrétienne et catholique de l'institution..... du très saint et très auguste sacrement de l'autel.*—VILLARS (Pierre de), d'abord coadjuteur de son cousin Jérôme, archevêque de Vienne, lui succéda en 1626, et mourut en 1663. — VILLARS (Henri de), neveu du précédent, et d'abord son coadjuteur, lui succéda; il parvint à extirper par la persuasion quelq. restes de l'hérésie des Albigeois dans certains cantons du Dauphiné, et mourut en 1693, à l'âge de 72 ans, avec une gr. réputation de vertu et de sagesse. Ce prélat était l'oncle du maréchal Villars.

VILLARS (PIERRE, marquis de), moins célèbre par lui-même que pour avoir donné le jour au vainqueur de Denain, se fit connaître pendant la minorité de Louis XIV par la part qu'il prit au fameux duel des ducs de Nemours et de Beaufort en 1652. Il tua le comte d'Héricourt, second de Beaufort, et fut obligé de quitter la France pour quelque temps. Plus tard il servit avec distinction en Italie et en Catalogne, et fut élevé au grade de lieuten.-général. Son mariage avec une sœur du maréchal de Bellefonds, qui encourut l'inimitié de Louvois, lui ferma la carrière militaire. Il entra alors dans celle de la diplomatie, et obtint successivem. les ambassades de Copenhague, de Turin et de Madrid. En récompense de ses services, il fut compris, en 1688, dans la promotion de l'ordre du St-Esprit. Il mourut en 1698.

VILLARS (MARIE GIGAULT DE BELLEFONDS, marquise de), née vers 1624, fut mariée, en 1651, avec le marquis de Villars, dont l'art. précède. Elle le suivit dans ses diverses ambassades, et entretint, avec plusieurs dames de ses amies, une correspondance dont on a conservé une faible partie. Ses *Lettres*, publ. pour la prem. fois en 1772, petit in-12, et réimpr. en 1805, contiennent des détails curieux sur la cour d'Espagne, où elle était devenue l'amie et la consolatrice de la reine Marie-Louise d'Orléans, qui avait quitté la France avec tant de regrets pour aller épouser Charles II. Mme de Villars mourut à Paris en 1706.

VILLARS (LOUIS-HECTOR, maréchal, duc de), l'un des plus grands capit. dont s'honore la France, né à Moulins en 1653, annonça de bonne heure une ardente activité, qui s'alliait à tous les avantages extérieurs et à un esprit distingué. Il servit successivement dans le corps dont le roi en personne s'était réservé le commandement, dans ceux de Condé et de Turenne, se distingua au passage du Rhin, aux siéges d'Orsoy, de Doesbourg, de Zutphen, etc., et fixa sur lui, par des actions d'une rare intrépidité, les regards de Louis XIV, qui dès lors lui prodigua les mots flatteurs et les récompenses. Après le siége de Maestricht, il fut envoyé à l'armée de Turenne, puis à celle de Condé, qu'il étonna tous les deux par ses talents prématurés, et, après la bataille de Senef, fut nommé colonel d'un régim. de cavalerie : il n'avait encore que vingt-un ans (1674). Il fit la campagne suiv. en Flandre, sous les ordres du maréchal de Luxembourg, qui le distingua comme avaient fait Condé et Turenne, puis il fut envoyé à l'armée d'Alsace, où les suffrages du maréchal de Créqui le consolèrent de l'injuste aversion de Louvois, qui, pour le punir de ses liaisons de parenté avec le maréchal de Bellefonds, ne s'empressait pas de lui donner de l'avancem. Réduit à l'inact. par la paix de Nimègue (1678), il parut à la cour et se jeta dans plus. intrigues galantes avec une ardeur qui lui attira une disgrâce momentanée; mais il fut appelé bientôt à l'ambassade de Vienne, dans laquelle il fit preuve d'un talent assez remarquable pour les affaires, en détachant de l'alliance autrichienne l'électeur de Bavière, beau-frère du dauphin de France. Il suivit même ce prince à Munich, puis en Hongrie, et fit une campagne avec lui contre les Turks. Par malheur, à son retour, il eut à combattre un négociateur d'une nouvelle espèce, la belle comtesse de Kaunitz, que la cour de Vienne avait envoyée auprès du jeune électeur, et qui ne tarda pas à l'arracher à l'alliance française. La guerre occasionnée par la ligue d'Augsbourg allait éclater : avant que Louis portât ses armes en Allemagne, il envoya Villars tenter auprès de l'élect. de Bavière un dernier effort qui fut inutile. Le négociateur alla oublier cet échec à l'armée de Flandre, où il commanda la cavalerie du maréchal d'Humières et mérita par des exploits de partisan le grade de maréchal-de-camp (1689). Il commanda dans les campagnes suivantes un corps de 15,000 hommes avec tant de distinct. que le roi le nomma de son propre mouvement lieutenant-général, et l'envoya sur le Rhin pour aider de ses conseils le maréchal de Joyeuse, vivement pressé par le prince de Bade. La paix de Ryswick (1697) vint pour quelq. temps rendre le repos à l'Europe ; mais déjà les cabinets s'occupaient de régler le partage de la riche succession du roi d'Espagne, Charles II, menacé d'une fin prochaine. Villars fut nommé, dans ces graves circonstances, ambassadeur extraordinaire à la cour d'Autriche, la plus intéressée de toutes à s'opposer aux vues de Louis XIV (1699). Après trois ans de négociations épineuses, suivies avec habileté et patience, Villars quitta Vienne, où sa position avait toujours été difficile et parfois périlleuse pour aller recevoir quelques compliments de Louis XIV, et essuyer ensuite des dégoûts à l'armée de Lombardie, sous Villeroi. Ce fut alors qu'il épousa la belle D^{lle} de Varangeville, dont il eut le ridicule d'être jaloux, et qui fit plutôt le tourment que le bonheur de sa vie. En 1702, à l'âge de 49 ans, il commanda en chef l'armée qu'envoyait Louis XIV au secours de l'élect. de Bavière. Villars résolut de tourner les impériaux, qui occupaient le Brisgau et tous les défilés de la forêt Noire; mais à peine eut-il passé le Rhin qu'il rencontra le prince de Bade, maître de positions avantageuses; ce fut après une des actions qu'il livra pour l'en arracher que les soldats, dans leur enthousiasme, le proclamèrent maréchal (1702). Le roi souscrivit à la décision spontanée et un peu hardie de l'armée. Cependant le nouveau maréchal voyant que l'électeur, avec leq. il comptait opérer sa jonction, s'éloignait du Rhin au lieu de s'en rapprocher, repassa ce fleuve pour donner la chasse aux impériaux en Alsace et en Lorraine. Il ne tarda pas à franchir une seconde fois la limite du Rhin, et ses succès lui donnèrent le légitime espoir de pénétrer, l'année suivante, jusqu'à l'électeur; il y réussit enfin, après des peines inouïes, dont les irrésolutions du prince, toujours mal conseillé, étaient la principale cause. Désespéré de voir le faible allié de la France obéir à des conseillers vendus à l'Autriche, il sollicita plusieurs fois son rappel, malgré quelques nouv. succès, et l'obtint. Mais il accepta la mission, pénible sans doute pour un guerrier qui n'avait encore versé que le sang étranger, de soumettre les *camisards;* toutefois, on s'accorde à reconnaître qu'il ne prit point de part aux massacres de cette guerre honteuse, et qu'il y mit un terme en rétablissant par une seule campagne la tranquillité dans toutes les provinces troublées par des dissensions religieuses. Dans ce même temps, il suivait, quoique absent, les opérations de l'armée de Bavière, et il prédit le terrible désastre d'Hochstett, d'après les dispositions qu'il voyait faire des deux côtés. Cette prévoyance, qui faisait tant d'honneur à son habileté, lui valut le cordon bleu et la mission de visiter et de défendre les frontières de l'Est. Ce fut alors qu'il établit à Fronsberg et sur les hauteurs voisines un camp devenu célèbre sous le nom de camp de Sirck, et qui révéla en lui des talents qu'on ne lui soupçonnait pas pour la castramétation. Quoiqu'il fût obligé de céder successivem. la meilleure partie de ses troupes, tantôt pour l'armée de Flandre, tantôt pour celle de Provence, il reprit l'offensive avec succès dans les campagnes de 1705, 1706 et 1707, força les impériaux dans leurs fameuses lignes de Stolhoffen, où ils avaient formé un immense camp retranché, pénétra au cœur de l'Allemagne, et réussit à entretenir ses troupes aux frais de l'ennemi, sans s'oublier lui-même; il avait conçu le hardi projet de se joindre à Charles XII, roi de Suède, qui, après avoir fait un roi de Pologne, occupait alors la Saxe; mais Marlborough sema l'or pour prévenir ce coup funeste, et trouva Piper ou Gœrtz, on ne sait trop lequel, docile à ses vues. Villars passa, dans ces circonstances, de l'armée du Rhin à celle qui se rassemblait en Dauphiné pour tenir tête au duc de Savoie. Voyant ce prince hésiter sur le point d'attaque, il résolut de le prévenir et pénétra dans le Piémont; mais l'abondance prématurée des neiges l'obligea de terminer promptement cette campagne (1708), à l'issue de laquelle il fut appelé à l'armée de Flandre. Là, il sut ranimer le courage des soldats, réduits par la faim à un état de détresse et de misère difficile à concevoir, et il se prépara à lutter contre la fortune d'Eugène et de Marlborough. Alors eut lieu cette bataille de Malplaquet (1709), que les alliés gagnèrent parce que Villars, blessé grièvement, fut emporté du champ de bataille, et que le maréchal de Boufflers, qui le remplaça, fut mal secondé par un de ses officiers-généraux. Villars alla soigner sa blessure à Versailles, au milieu des plus affectueuses attentions du roi, qui choisit cette occasion pour le nommer pair de France. A peine guéri, il repartit (1710), impatient de combattre, mais n'en trouva pas l'occasion, et après avoir utilisé ses loisirs par une correspondance avec les négociateurs français à La Haye ou à Gertruydenberg, se vit forcé par sa blessure d'abandonner son commandement. Il reparut en 1711 à la tête de l'armée, et chercha vainem. encore à frapper quelq. gr. coup. Mais l'année suivante, voyant Landrecies investie par Eugène, qui, cette place une fois enlevée, pouvait entrer librement en Picardie et en Champagne, il résolut de la sauver, et pour cela d'attaquer le camp retranché de Denain sur l'Escaut, position formidable qui assurait aux alliés leurs communications avec Marchiennes, d'où ils tiraient les provisions de guerre et de bouche nécessaires à la continuat. du siège. On sait avec quel succès il conduisit cette difficile entreprise, dont les résultats furent la prise de Marchiennes, de Douai, du fort de Scarpe, du Quesnoi, de Bouchain, de St-Amand, la retraite d'Eugène jusque sous les murs de Bruxelles, et la conclusion du traité d'Utrecht (1713), auquel pourtant l'Autriche ne voulut pas souscrire. Le maréchal continua donc la guerre contre Eugène, enleva Spire, Landau, Fribourg, après des prodiges de valeur, et se rendit à Rastadt pour traiter avec son rival de la paix, dont les préliminaires furent signés en 1714. Villars, qui déjà, au milieu de ses triomphes, avait été nommé gouverneur de Provence, fut à peine de retour de sa glorieuse mission, qu'il reçut presq. à la fois deux distinct. flatteuses, la Toison-d'Or et un fauteuil à l'Acad. française; mais il ne put obtenir l'épée de connétable : ce qui ne l'empêcha pas de verser des larmes sincères sur la mort de Louis XIV. Il consacra ses loisirs à son gouvernement, et fit adopter par les états le projet d'un canal plus favorable à la navigat., qui prit le nom de *canal de Villars*. Membre du conseil de régence, il combattit inutilement le nouveau système politique, dit *de la quadruple alliance,* les désastreuses opérations de Law, et la scandaleuse influence de Dubois; mais il montra toujours beaucoup de dévouement à la personne du régent, et plut beauc. au jeune roi. Cependant il lui demanda vainement la charge de connétable avec une insistance un peu mesquine, et il finit par perdre presque entièrem. son crédit par les menées de Fleury, évêque de Fréjus. Lorsqu'on eut besoin de Villars pour la guerre contre l'Autriche (1732), on lui donna le titre de *maréchal-général de France*, dont Turenne seul avait été revêtu. Sa marche de Fontainebleau à Turin fut un véritable triomphe. A peine arrivé, malgré ses 81 ans et la saison avancée, il entreprit et accomplit la conquête du Milanez et du duché de Mantoue, disant qu'il était trop vieux pour attendre. Il lui fallut déterminer le roi de Sardaigne à continuer la guerre si heureusement commencée; mais il eut beau s'exposer avec plus d'intrépidité que jamais, il n'éprouva que de l'ingratitude de la part de ce prince, et demanda son rappel. Il tomba malade en repassant à Turin, et y mourut en 1734. Comme militaire, il jouira toujours d'une réputat. brillante et méritée : comme homme, on lui a adressé deux reproches qui ne paraissent point fondés : d'avoir trop aimé l'argent, et surtout d'avoir eu un amour-propre excessif qu'il ne cherchait pas à déguiser. Mais il s'imposa de son propre mouvement plusieurs sacrifices pécuniaires, lorsqu'il les crut utiles à l'état, et peut-être fut-il souvent poussé à se louer lui-même par l'injustice de ses ennemis. Il avait beaucoup d'esprit, d'imaginat. et de lecture, ce qui rendait sa conversation très brillante. A tant d'avantages, il joignait une taille imposante et une figure majestueuse. Il existe des *Mémoires du maréchal de Villars*, 3 vol. in-12, impr. en Hollande; mais le prem. vol. seul peut être considéré comme l'ouvrage du maréchal; les deux derniers sont une de ces compilations dont l'abbé Margon faisait trafic. Anquetil a publié une *Vie* de Villars, 1784, 4 vol. in-12.

VILLARS (Honoré-Armand, duc de), prince de Martigues et fils du vainqueur de Denain, né en 1702, fut élevé à la pairie dès 1708, en considérat. des services de son père, auquel il succéda dans la plupart de ses dignités, sans avoir ses talents. Après quelques campagnes sur le Rhin et au-delà des Alpes, la faveur l'éleva jusqu'au grade de brigadier, où elle le laissa. La mort de son père le mit en possession de la grandesse d'Espagne, du gouvernement de Provence et même d'un fauteuil à l'Acad. française. Au reste, comme académicien, il justifia le choix de ses confrères par sa déférence, par son amour pour les lettres, et, comme administrateur, il se fit aimer malgré le peu d'éclat de ses talents. La considération ne fut son partage ni en Provence ni ailleurs, et Voltaire, qui paraissait être fier de son amitié, qui le vantait parfois outre mesure, lui lança, dans d'autres circonstances, quelques traits de satire amère qui sont restés. Ce grand seigneur, bel-esprit et débauché, mourut dans son gouvernement en 1770.

VILLARS (l'abbé de Montfaucon de), littérat., né aux environs de Toulouse en 1635, de la famille des Canillac-Villars, vint à Paris vers 1667, espérant y faire dans la carrière du sacerdoce une fortune proportionnée à ses talents et à sa naissance; mais son goût pour une littérature trop frivole, son penchant à la critique et surtout la hardiesse de ses opinions, tout en lui donnant une réputat. d'homme d'esprit et même de penseur, nuisirent à son avancement. Il débuta dans les lettres par les *Entretiens du comte de Gabalis sur les sciences*, qui furent imprimés pour la prem. fois en 1670. Cet ouvrage, où étaient dévoilés agréablement les mystères de la prétendue cabale des frères de la Rose-Croix, fut censuré, et l'auteur interdit de la prédication. Le *Comte de Gabalis* fut réimpr. en 1684, et les *Entretiens sur les sciences secrètes*, destinés à faire suite à cette plaisanterie, parurent en 1715; c'est un pamphlet fort singulier contre la philosophie de Descartes. L'abbé de Villars fut assassiné en 1675 sur la route de Lyon. Il a laissé d'autres écrits tombés dans l'oubli, et que nous ne chercherons pas à en tirer.

VILLARS (Dominique), botaniste, né en 1745 dans un hameau du Gapençois, n'eut d'autres maîtres que le curé de sa paroisse, qui lui apprit un peu de latin, un arpenteur, qui lui donna quelq. leçons de géométrie, et un notaire, qui l'initia à la rédaction des actes les plus usuels. Il avait perdu son père, greffier de la commune, et qui faisait valoir en même temps une petite ferme. La mère du jeune Villars, effrayée du goût qu'il manifestait dès lors pour la médecine et la botanique, et voulant faire de lui un fermier et un greffier, espéra le fixer auprès d'elle en le mariant. Il n'avait alors que 16 ans, et l'on put croire, dans les premiers temps de son mariage, qu'il avait en partie sacrifié ses goûts à ses devoirs ; mais il s'échappa en 1765, et fit, à diverses reprises, plusieurs courses dans les provinces voisines. Fixé à Grenoble, en 1771, par une place d'élève interne à l'hôpital, il y ouvrit deux ans après un cours de botanique, ce qui ne l'empêcha pas de continuer ses excursions botaniq. En 1778, il prit ses grades à la faculté de Valence, et en 1782, il fut nommé médecin en chef de l'hôpital militaire de Grenoble. Ce fut alors qu'il appela sa famille auprès de lui. Plein de zèle pour la science, il remplissait lui seul les fonct. de plus. profess., et faisait chaque année, avec ses élèves, des herborisat. dans les Alpes ou en Suisse. Après avoir perdu en 1803 les places qui le faisaient vivre à Grenoble, il fut nommé en 1805 professeur de botanique et de médecine à l'acad. de Strasbourg. Devenu doyen de la faculté, et momentanément recteur de l'académie en 1807, il mourut en 1814.

Dans son testament, il demanda pardon à ses enfants d'avoir sacrifié leurs intérêts à son amour pour les sciences. On cite de lui : *Hist. naturelle des plantes du Dauphiné*, Grenoble, 1786, 4 vol. in-8, avec 65 pl. — *Mémoires sur la topographie et l'histoire naturelle*, etc., Lyon, 1804, in-8. — *Précis d'un voyage botanique fait en Suisse, dans les Grisons*, etc., en 1811, Paris, 1812, in-8, avec 4 pl. (v. l'*Éloge de Villars*, par M. de Ladoucette, 1818, in-8 de 16 pag.).

VILLAULT, sieur de Bellefond, voyageur franç., s'embarqua sur un navire de la compagnie des Indes, le 13 nov. 1666, en qualité de contrôleur, et visita les côtes de la Guinée. Il parvint à inspirer la plus grande confiance aux nègres, et il est probable qu'un commerce avantageux se serait établi entre eux et les Français, sans les obstacles qu'y mirent les Anglais. Villault a consigné ses observations dans un ouvrage estimable, intitulé : *Relation des côtes d'Afrique, appelées Guinée, avec la description du pays, mœurs et façon de vivre des habitants*, etc., Paris, 1669, in-12.

VILLAVICIOSA (Joseph de), poète espagnol, né à Siguenza en 1589, n'avait pas encore 26 ans, lorsqu'il donna la *Mosquea, poetica inventiva en octava rima*, Cuença, 1615, in-8, réimpr. pour la 3e fois à Madrid, par Sancha, 1777, in-8. C'est un poème héroï-comique en XII chants, que les Espagnols estiment beaucoup et avec raison. Toutefois l'auteur de cet élégant badinage crut devoir renoncer à la poésie, pour étudier le droit canonique et se pousser dans le service de la *sainte inquisition*. Son zèle ne fut pas stérile. Il fit un chemin rapide, et acquit assez de crédit auprès du gr.-inquisiteur pour obtenir des emplois à toute sa famille dans le St-office. Ce poète mourut à Cuença en 1658.

VILLE (Jean-Ignace de La), diplomate, né vers 1690, embrassa d'abord la règle de St-Ignace, et se fit remarquer dans l'enseignement; mais il rentra bientôt dans le monde, sans cesser d'être l'ami de ses anciens confrères. Devenu ministre plénipotentiaire près des états de Hollande en 1744, il termina heureusement plus. affaires importantes, et obtint, en récompense de ses services, quelques abbayes et la place de prem. commis au ministère des affaires étrangères. Lorsque les attaques contre les jésuites devinrent plus menaçantes, il employa son crédit à les protéger; mais toutes ses combinaisons étaient déjouées par le duc de Choiseul, qui s'amusait beaucoup de sa surprise. On créa pour l'abbé de La Ville la charge de directeur des affaires étrangères, qui le plaçait immédiatement après le ministre, et presque en même temps il fut nommé évêque *in partibus*, du titre de Tricomie. Ces honneurs ne devancèrent que de peu de mois sa mort, arrivée en 1774. Il avait été reçu à l'Acad. française en 1746. Il eut la principale part à la rédaction des *Mémoires touchant la possession et les droits respectifs des couronnes de France et d'Angleterre en Amérique*, Paris, 1755, 4 vol. in-4; 1756, 8 vol. in-12.

VILLEBÉON (Pierre de NEMOURS, plus connu sous le nom de), chambellan et ministre d'état du roi Louis IX, né vers 1210, suivit ce prince dans son expédition d'Égypte en 1249, et se distingua dans plus. occasions, notamm. au siége de Belin en 1253. Revenu en France l'année suiv. avec le roi, il obtint avec sa confiance une autorité qui équivalait presque à celle de premier ministre, mais dont il ne se servit que pour seconder les vues paternelles du monarque. Il accompagna son maître dans sa seconde croisade (1270), et le roi le désigna l'un des exécut. de ses dern. volontés, mais il ne devait pas revoir la France. Aussi intrépide guerrier que fidèle serviteur, il joua un rôle brillant dans la guerre contre Tunis, et mourut de douleur quelques jours après son maître. Son corps, transporté en France, fut inhumé à St-Denis, aux pieds de Louis IX.

VILLEBRUNE (Jean-Baptiste LEFEBVRE de), helléniste et orientaliste, né à Senlis vers 1732, étudia et exerça d'abord la médecine, à laquelle il renonça pour apprendre presque tous les idiomes connus de l'Europe et de l'Asie. Nommé professeur de langues orientales au collège de France et conservateur de la bibliothèque nationale, il perdit ces deux places en 1797, et fut proscrit par le directoire pour avoir proclamé, dans une lettre imprimée, la nécessité d'avoir en France un seul chef. Il se fixa à Angoulême, où il remplit jusqu'à la clôture de l'école centrale la chaire d'histoire naturelle, et ensuite celles d'humanités et de mathématiques, et mourut en 1809. Villebrune avait beaucoup de lecture, mais peu de justesse dans l'esprit et un orgueil trop irritable qui l'empêcha de mettre à profit les critiques, et le porta à chercher dans une province reculée, loin de la source de toutes les lumières, un asile contre les discussions scientifiques. Il a publié comme auteur, traduct. ou édit., environ 80 ouvr., parmi lesquels nous nous contenterons de citer : les *Nouvelles de Cervantes*, trad. nouvelle, avec des *notes*, Paris, 1776, 2 vol. gr. in-8. — *Dictionnaire des particules anglaises*, ibid, 1774, in-8, les *Aphorismes* et les *Prénotions coaques d'Hippocrate*, ib., 1786, petit in-8 (il en avait publié le texte grec, 1779, in-12). — *Manuel d'Épictète et Tableau de Cébès*, avec une trad. franç. et des notes (1795), 2 vol. in-8. — *Lettres américaines de Carli*, traduites de l'ital., 1788, et 1792, 2 vol. in-8, avec une carte.

VILLEDIEU (Marie-Hortense DESJARDINS, dame de), née à Alençon en 1632, fut entraînée, par l'amour que sut lui inspirer un de ses cousins, à commettre une première faute, dont les suites ne purent rester long-temps cachées. Obligée de quitter la maison paternelle, elle fut recueillie par la duchesse de Rohan, protectrice de sa famille, et mit au monde un fils qui ne vécut que six semaines. Elle resta quelque temps dans la maison de la duchesse, où son esprit, ses grâces et ses talents poétiques lui donnèrent une foule d'adorateurs. Dans le nombre elle distingua Boisset-de-Villedieu, qu'elle ne put épouser en France parce qu'il était déjà marié, mais avec lequel elle alla former en

Hollande une véritable union conjugale. De retour en France, Villedieu fut tué par un rival que sa femme n'avait pas écouté, et celle-ci entra dans une maison de religieuses près de Conflans. Forcée d'en sortir bientôt après, parce qu'on vint à savoir qu'elle avait écrit des romans, elle épousa un vieux marquis de Chattes, qui malheureusement avait encore sa femme, circonstance qu'elle ignorait. Le second mariage fut déclaré nul, et la marquise de Chattes redevint Mme de Villedieu, nom sous leq. elle avait déjà publié plus. ouvrages. Sa tragédie de *Manlius-Torquatus* et son *Carrousel du dauphin*, pièces également faibles, obtinrent en 1662, un succès éclatant. Mais cette gloire éphémère n'augmentant pas ses moyens d'existence, elle retourna dans sa ville natale, revit ce cousin, nommé comme elle Desjardins, qui avait causé sa première erreur, et l'épousa. Elle ne trouva pas le bonheur dans ce mariage, triste conclusion de ses premières amours, et son goût pour la dépense s'accordant mal avec sa nouvelle condition, elle mourut dans la misère en 1683, à Clinchemore, près d'Alençon. Ses poésies fugitives ne sont pas sans mérite, et les amateurs de l'ancien genre prétendent qu'ils relisent encore avec plaisir les *Désordres de l'amour*, les *Annales galantes*, les *Exilés de la cour d'Auguste*, les *Amours des grands hommes*, etc., romans souvent réimpr. On a plus. édit. de ses *OEuvres complètes*, Paris, Barbin, 1710 et 1711, 10 vol. in-12; 1721 et 1741, 12 vol. in-12 (v. l'*Hist. littéraire des dames françaises*, 1769, t. II, p. 74).

VILLEFORE (Joseph-François BOURGOIN de), membre de l'acad. des inscript., né en 1652 à Paris, mort en 1737, passa toute sa vie dans la retraite, partageant son temps entre la société d'un très petit nombre d'amis, quelques pratiques de piété et la composition de ses ouvr., parmi lesquels il suffira de citer : les *Vies des SS. Pères des déserts d'Orient*, 1708, 2 vol. in-12.—Les *Vies des SS. Pères des déserts d'Occident*, 1708, 2 vol. in-12. — Les *Anecdotes ou Mémoires secrets sur la constitution* Unigenitus, 5 vol. in-12, qui parurent en 1730, 1731 et 1733, et dans lesquels on trouve beaucoup d'esprit de parti et de prolixité.

VILLEFROY (Guillaume de), sav. orientaliste, né à Paris en 1690, se fit connaître avantageusem. du chancelier d'Aguesseau, qui lui obtint la place de secrétaire du duc d'Orléans et l'abbaye de Blasimont. Nommé vers 1750, professeur d'hébreu au collège de France, il remplit cette chaire avec distinction, et mourut en 1777. Il se chargea d'examiner les 128 MSs. arméniens que l'abbé Sevin avait rapportés de Constantinople, dont il donna des *Notices* qui furent trad. en latin et insérées dans le *Catalogue* des MSs. de la Biblioth. du roi; mais son travail ne fut publié qu'en 1739, par Montfaucon, dans la *Biblioth. bibliothecar. manuscriptor.*, 1015-27. On citera encore de lui des *Lettres pour servir d'introduction à l'intelligence des divines Écritures; et principalement des livres prophétiques relativement à la langue originale*, Paris, 1751-54, 2 vol. in-12. Il les écrivit dans le dessein d'encourager la société connue sous le nom de *Capucins hébraïsants*, qu'il avait fondée en 1744, et dont les premiers travaux avaient trouvé des contradicteurs.

VILLEGAGNON ou VILLEGAIGNON (Nicolas DURAND de), voyageur célèbre, né à Provins en 1510, fut admis, en 1531, dans l'ordre de Malte, dont son oncle, Villiers de l'Isle-Adam, était gr.-maître. Il accompagna Charles-Quint dans son expédition d'Afrique, fut un des chevaliers qui volèrent au secours de la jeune et belle Marie d'Écosse, dont les états étaient menacés par les Anglais, la conduisit en France (1548), et se rendit ensuite à Malte, menacée par les Turcks (1550). Il fit des efforts inutiles pour défendre la petite place de Tripoli, et revint en France, où Henri II le nomma vice-amiral de Bretagne. Des désagréments qu'il éprouva dans l'exercice de ses nouvelles fonctions lui firent tourner ses vues vers l'Amérique; il demanda l'autorisation d'y aller fonder une colonie, et l'obtint en 1555 par le crédit de l'amiral de Coligni, auquel il avait fait entendre que son but était d'assurer un asile aux protestants. Après une navigation assez malheureuse, il parvint à l'embouchure du fleuve Ganabara (le Rio-Janeiro), et s'y établit dans une île très forte par sa position, et qui peut-être aurait donné aux Français la facilité de faire du Brésil une de leurs colonies, sans les querelles religieuses qui troublèrent cette réunion de matelots, de soldats et d'aventuriers, et sans la négligence de la métropole à leur envoyer les renforts et les secours nécessaires. Villegagnon, qui avait pris part à ces querelles et exaspéré tous les esprits par ses rigueurs, repassa en France, où il s'engagea contre Calvin dans une controverse qui fit éclore de part et d'autre un grand nombre d'écrits. Enfin, après avoir représenté quelq. temps l'ordre de Malte à la cour de France, il mourut en 1571 dans sa commanderie de Beauvais, près de Nemours. On cite de lui : *Caroli V, imperatoris, expeditio in Africam ad Arginam*, Paris, 1542, in-8. — *De bello melitensi et ejus eventu Francis imposito*, Paris, Rob. Étienne, 1553, in-4; traduit en franç. par Nicolas Édoart, Champenois, Lyon, 1555, in-8 (v. les *Mém.* de Niceron, t. XXII).

VILLEGAS (Ferdinand-Ruiz de), poëte latin, né à Burgos vers le commencement du 16e S., fut destiné par ses parents à l'état ecclésiastique; mais il se démit d'un bénéfice dont il était déjà pourvu pour épouser une femme qu'il aimait, la belle Marianne de Lerma. Il la perdit au bout de quelques mois, et chercha des consolations dans la culture des lettres. On sait qu'il fut gouverneur de sa ville natale, et que cette charge lui fut enlevée quelque temps après par l'intrigue. Le reste de sa vie s'écoula dans l'obscurité, et l'on ignore l'époque et le lieu de sa mort. Ses *OEuvres* ont été publiées par les soins d'André Lama, sous ce titre : *Ferdinand. Ruizi Villegatis, Burgensis, quæ extant opera*, etc., Venise, 1743, gr. in-4, avec la *Vie* de l'aut., tirée de ses ouvr., par Emm. Marti.

VILLEGAS (Don Estevan-Manoel de), poëte

espagnol, né en 1595 à Negera, dans la Vieille-Castille, n'avait que 15 ans lorsqu'il traduisit Anacréon et quelques odes d'Horace. Il prit dès lors ces deux poètes pour modèles, et célébra l'amour, ses plaisirs et ses peines, dans une foule de chansons et d'élégies, dont il publia le Recueil à ses frais sous le titre d'*Amatorias* ou *Eroticas*, Nagera, 1617, in-4. Ces poésies, qu'aucun auteur espagnol n'a surpassées, n'eurent d'abord qu'un médiocre succès, et Villegas dut attribuer ce désappointem. à son propre orgueil. Il vint toutefois présenter son ouvrage à la cour et demander un emploi lucratif; mais obligé de se contenter d'une place de receveur dans sa ville natale; il y mourut en 1669, laissant de nombreux ouvrages, dont un seul a été publié. C'est la traduct. du livre *de la Consolation de Boèce*, réimpr. avec les poésies de Villegas, en 1774, édit. reproduite à Madrid, 1797, 2 vol. in-8. (*v.* QUEVEDO).

VILLEGOMBLAIN (FRANÇ. RACINE, seigneur de), né vers le milieu du 16ᵉ S., embrassa la profession des armes, se trouva à la bataille de Coutras, fut député par la noblesse de Blois aux états-généraux de 1614, et mourut vers 1630. Ses *Mémoires des troubles arrivés en France sous les règnes des rois Charles IX, Henri III et Henri IV,* furent publiés par son neveu, Rivaudas de Villegomblain, Paris, 1667-68, 2 vol. in-12.

VILLEHARDOUIN (GEOFFROY de), historien, né vers 1167 dans un château situé entre Bar et Arcis-sur-Aube, était maréchal de Champagne lorsque Thibaut, comte de Champagne et de Brie, prit la croix avec un gr. nombre de seigneurs (1199). Il fut l'un des députés qui se rendirent à Venise pour préparer l'embarquement des croisés. Mais bientôt la mort de Thibaut ayant enlevé son chef à la pieuse entreprise, Villehardouin proposa d'offrir le commandement au marquis de Montferrat qui accepta, et donna rendez-vous aux pèlerins à Venise. On eut bien de la peine à réunir tous les croisés, et plus tard à vivre en bonne intelligence avec les Grecs, et surtout avec le jeune empereur Alexis Comnène. Villehardouin fut souvent obligé d'employer son talent comme négociateur. Il se trouvait à la prise de Constantinople en 1204, et l'empereur Baudouin le nomma maréchal de Romanie. Il réconcilia Baudouin avec le marquis de Montferrat, et lui rendit un service non moins considérable en sauvant son armée d'une destruction complète, après la bataille qui avait fait tomber l'empereur lui-même aux mains des Bulgares, il servit avec le même zèle Henri, frère et success. de Baudouin, et mourut en Thessalie vers 1213. Villehardouin a laissé une *Histoire* de la conquête de Constantinople, qui comprend un espace de 9 ans, de 1198 à 1207. Ducange en a donné, en 1657, une édition avec un glossaire, une version en français moderne, et des observations très précieuses. Cette hist. a été reproduite dans le 18ᵉ vol. du recueil des *Histor. des Gaules et de la France*, 1822, in-fol., et dans le 1ᵉʳ de la *Collection*, etc., de Petitot.

VILLEMOT (PHILIPPE), astronome, né à Châlons-sur-Saône en 1651, fut curé de la Guillotière, l'un des faubourgs de Lyon, et mourut en 1713. Il avait publié, en 1707, un vol. in-12, intitulé: *Nouveau système ou Nouvelle explication du mouvement des planètes*.

VILLENA (HENRI D'ARAGON, marquis de), l'un des hommes qui exercèrent le plus d'influence sur la littérature espagnole au 15ᵉ S., naquit en 1384, d'une famille qui tenait au sang royal de Castille et d'Aragon. Attaché au service de Jean II de Castille, il obtint de ce prince, connu par son amour pour les lettres, les comtés de Cangas et de Tineo, dans les Asturies. Plus tard il consentit à renoncer à ces donat. avantageuses, et fit même retirer sa femme dans un couvent, pour pouvoir obtenir le titre de grand-maître de l'ordre militaire de Ste-Marie-de-Calatrava. Mais bientôt les membres de l'ordre contestèrent son élection, la grande-maîtrise lui fut retirée par le pape, et la calomnie, secondée par l'ignorance, le représenta aux yeux du vulgaire comme uniquement occupé d'études cabalistiques. Après sa mort, arrivée à Madrid en 1434, ses MSs., livrés à la censure d'un dominicain, furent brûlés ou ensevelis dans un oubli d'où probablement ils ne sortiront jamais. Nous n'avons que les titres de quelques-uns de ses ouvr., dont il est fort douteux qu'aucun ait été imprimé. Villena n'en a pas moins mérité une réputation impérissable par les services qu'il a rendus à la langue encore peu formée de sa nation, avec ses illustres contemporains, le marquis de Santillane et Jean de Mena.

VILLENA (JUAN PACHECO, marquis de), ministre de Henri IV, roi de Castille, surn. l'*Impuissant*, parut être monté avec lui sur le trône (1454). Les grands ne tardèrent pas à murmurer contre cet heureux et habile favori, et présentèrent au prince un mémoire qui contenait leurs griefs. Henri ôta sa confiance au marquis, et voulut lui ôter aussi le ministère; mais ce fut en vain, et Pacheco, secrètement voué au roi d'Aragon, et accusé même d'avoir pris contre le roi de Castille des engagements avec Louis XI, roi de France, sut garder le pouvoir. Il dirigeait lui-même les mécontents, qui voulaient détrôner Henri et mettre à sa place son frère Alphonse, et, tandis que l'armée royale et les troupes des insurgés vidaient leur querelle à Medina del Campo (1467), il se faisait donner la gr.-maîtrise de St-Jacques, la plus haute dignité du royaume. Le roi d'Aragon, voulant l'attacher davantage à sa cause, alla jusqu'à lui demander la main de sa fille, Béatrix Pacheco, pour son propre fils, l'infant don Ferdinand. L'ambitieux ministre refusa cet insigne honneur, dans la crainte de devenir trop odieux. Cependant la mort d'Alphonse, chef apparent des ligueurs, vint les mettre dans la nécessité de se rallier à quelque autre personnage d'un rang élevé. Isabelle, sœur de Henri, sur laquelle ils jetèrent les yeux, ne consentit à prendre leur parti qu'après avoir été déclarée princesse des Asturies, grâce à leurs manœuvres, et avec le consentement du faible roi de Castille. Celui-ci

21.

déshéritait ainsi Jeanne, sa propre fille. L'adroite Isabelle ne tarda pas à se fortifier contre son frère, contre les ligueurs et contre le ministre de la Castille, par son mariage avec Ferdinand d'Aragon. Dès ce moment, Villena craignit pour son influence un retour funeste, et changea de politique. Il aida son maître, dont il connaissait mieux que personne toute la faiblesse, à rétablir Jeanne dans ses droits, et obtint des seigneurs, en 1470, un acte tout contraire à celui qu'ils avaient donné en faveur d'Isabelle. Enfin il était parvenu encore une fois au plus haut degré de la puissance et il poursuivait avec ardeur l'exécution de ses projets, lorsqu'il mourut presque subitem., mais de mort naturelle, en 1474. Malgré ses talents supérieurs, il fut peu regretté. — Le marquis de VILLENA, son fils, hérita de ses grands biens et de sa faveur.

VILLENEUVE (HUON de), poète français, qui florissait sous le règne de Philippe-Auguste, n'est connu que par ses ouvrages. Il avait composé dix ou douze *Romans* de chevalerie que l'on ne trouve pas tous à la biblioth. du roi, si riche d'ailleurs en productions de ce genre. Son *Doolin de Mayence* a été attribué par quelq. biographes au poète Adenez. On en a imprimé plus. fois une traduction en prose, connue aussi sous le titre de *Fleur des batailles*, et dont Tressan a publié l'*Extrait* dans la *Biblioth. des romans*, février 1778. Des *Extraits* de trois autres de ses romans ont été donnés par Fauchet dans son *Rec. de l'origine de la langue et poésie françoises*. Le plus connu, probablement parce que la Bibliothèque bleue s'en est emparée, est le roman des *Quatre fils Aymon*. Le style en a été retouché, vers le milieu du 16e S., par Guy Beronay et Jean le Cueur, seigneur de Nailly, deux aut. dont on ne sait rien autre chose (*v*. Chénier, *Discours sur les romans franç*.).

VILLENEUVE (ROMÉE de), connétable et grand-sénéchal de Provence, né vers 1170, se fit connaître au moment où ce pays était à la fois déchiré par des divisions intestines et ruiné par des guerres extérieures. L'époque où il fut appelé à la tête des affaires doit se placer avant le mariage de St Louis avec Marguerite de Provence, puisqu'il y contribua de tout son pouvoir. Ayant reçu de Bérenger l'épée de connétable, il assiégea la ville de Nice qui s'était révoltée contre ce souverain, la soumit par capitulat., et en fut nommé gouverneur. Il la mit, par de nouvelles fortifications, à l'abri des attaques des Pisans et des Génois, et, tranquille de ce côté, s'occupa de faire fleurir les états du comte, son maître et son ami. Il vit s'élever contre ses projets une foule d'envieux ; mais, soutenu par l'éclat même de ses services et par la protect. de la comtesse de Provence, Béatrix de Savoie, il poursuivit sa marche avec assurance, et prit la part la plus active à tous les actes politiques, à toutes les expédit. guerrières qui firent du règne de Bérenger une époq. si glorieuse pour la Provence. En 1245, aussitôt après la mort de ce prince, qui lui avait confié la régence de ses états et la tutelle de sa 4e fille, il s'empressa de faire reconnaître la jeune princesse Béatrix. Il ne tarda pas à la marier avec Charles, comte d'Anjou, frère de St Louis, et fit insérer, dans l'acte qui disposait de l'héritage de Bérenger, une clause spéciale, par laq. la Provence devait retourner aux descendants de la reine Marguerite et de St Louis, si Béatrix mourait sans enfants mâles. L'empressem. de Villeneuve à conclure le mariage de sa souveraine mérite d'autant plus de louanges, qu'une fois la Provence placée sous son nouv. maître, le crédit du gr.-sénéchal devait nécessairement s'éclipser. En effet, l'hist. ne fait presq. plus mention de lui à partir de cette époq., et l'année même de sa mort est incertaine. On présume seulem. qu'il était âgé de plus de 80 ans. Parmi les nombreux ouvr. où il est parlé de Romée de Villeneuve, nous citerons, outre *le Paradis* du Dante, l'*Hist. de l'incomparable administration de Romieu*, par Michel Baudier, Paris, 1635, in-16 ; et *la Confrérie du St-Esprit*, roman historiq., par M. Rey-Dusseuil, 1829, 5 vol. in-12.

VILLENEUVE (HÉLION de), de la même famille, né en Provence vers 1270, entra de bonne heure dans l'ordre de St-Jean-de-Jérusalem, et s'y distingua par une valeur brillante, une rare piété et des talents politiq., qui le firent nommer grand-maître par acclamation, en 1319, à la place de Foulques de Villaret. Il ne se rendit à Rhodes qu'en 1336 ; mais tout ce temps ne fut point perdu pour l'ordre. Le grand-maître sollicita des secours auprès des princes chrétiens et du pape Jean XXII, et s'occupa des avantages des chevaliers et de tous les habitants de l'île, avec non moins d'ardeur et plus de succès que s'il s'était confiné tout de suite dans sa résidence. Aussi, quand il crut devoir s'y rendre, il y fut accueilli avec enthousiasme. Pour achever son ouvr., il prit Smyrne en 1344, remporta une victoire éclatante sur Elbée, roi de Maroc, et rendit sa bannière redoutable aux Othomans, sans négliger le soin de l'administration intérieure. Il mourut en 1346, généralement regretté.

VILLENEUVE (ROSELINE de), sœur du précéd., née au château des Arcs vers 1263, sut défendre son cœur de toutes les séductions de la cour chevaleresque des comtes de Provence, et, malgré sa beauté remarquable, ne connut d'autre amour que celui de la retraite. A dix-sept ans, elle entra dans le monastère de la Celle-Roubaud, soumis à la règle des chartreux et situé à deux lieues de Praguignan. Elle en fut nommée diaconesse en 1288, et prieure en 1310. Sa piété sincère, attestée par des jeûnes rigoureux, des prières et des austérités continuelles, ne pouvait être comparée qu'à sa charité inépuisable, qui la faisait regarder par les pauvres et les malades comme une seconde Providence. Aussi l'enthousiasme du peuple lui attribua-t-il plusieurs miracles avant et après sa mort, arrivée en 1329. L'ordre gén. des chartreux avait reconnu le culte de la B. Roseline, qu'il regardait comme l'une de ses patronnes, et dont il faisait célébrer la fête le 16 oct. On l'observait le même jour dans le diocèse de Fréjus.

VILLENEUVE (LOUIS de), sire de Trans et de

Serénon, dit *Riche-d'Honneur,* né vers l'an 1451, de la même famille que les précéd., fit avec distinct. plusieurs campagnes sur terre et sur mer, et fut chargé par Charles VIII de commander, avec le prince de Salerne, l'armée navale destinée à la conquête de Naples. Il jouit d'une faveur égale sous Louis XII, qui l'envoya deux fois en ambassade auprès du St-siége en 1498 et 1500. Ses succès dans les négociations ne l'empêchèrent pas de déployer la plus brillante valeur à la bataille d'Agnadel et aux journées de Fornoue, de Cérisoles, etc. Louis XII, pour récompenser ses services, érigea en marquisat la baronnie de Trans, par lettres-patentes du mois de février 1505. Louis de Villeneuve fut le prem. gentilh. en France qui ait reçu des lettres de marquis, enregistrées au parlem. On sait qu'à cette époque l'usage du royaume était de ne donner le titre de duc qu'aux maisons souveraines. Le nouveau marquis n'eut pas moins de crédit auprès de François Ier, qui le nomma chambellan. Il combattit vaillamm., sous les yeux de ce prince, à la bataille de Marignan, eut le malheur d'y perdre son fils unique, et alla mourir aux eaux thermales de Digne en 1516.

VILLENEUVE (Christophe de), baron de Vaucluse, seigneur de Bargemont, etc., de la même famille, né à Marseille en 1541, fut un des seigneurs qui secondèrent le plus puissamm. Claude de Savoie, gouvern. de la Provence, dans la guerre contre les protestants. Toutefois son zèle religieux ne l'empêcha pas, lorsqu'il eut appris la résolut. prise par Charles IX d'exterminer tous les hérétiq. du royaume, de se rendre à Paris, et d'arracher au roi des ordres contraires à ceux qu'il avait donnés déjà pour ensanglanter la Provence. Ce beau pays lui dut d'être préservé des horreurs de la St-Barthélemi. Le nom de Christophe de Villeneuve sera inséparable de ceux du comte d'Orthès, de l'évêque de Lisieux et de quelques autres hommes fermes et purs qui firent leur devoir. Le baron de Vaucluse continua à servir sous Henri III, Henri IV et Louis XIII, et mourut à Bargemont en 1615.

VILLENEUVE (Guillaume de), chevalier provençal, suivit Charles VIII à la conquête du roy. de Naples en qualité d'écuyer, fut nommé gouverneur de Trani, ville importante de la province de Bari, et, après le départ de son souverain, se défendit dans cette ville avec un courage qui ne fut point couronné de succès. Fait prisonnier par les Napolitains (1495), il n'obtint qu'au bout d'un an et trois jours d'une pénible captivité la permission de repasser en France. Il devint maître-d'hôtel de Charles VIII, et mit alors la dernière main à ses *Mémoires sur la conquête de Naples*, que dom Martène publia dans le *Thesaurus anecdotor.*, t. III, 1505, et que l'on retrouve dans le t. XIV de l'anc. et de la nouv. édit. des *Mémoires relatifs à l'hist. de France.*

VILLENEUVE (Pierre-Charles-Jean-Baptiste-Silvestre), vice-amiral, né à Valensoles, en Provence, en 1763, entra dans la marine à l'àge de 15 ans, franchit rapidement les premiers grades, devint chef de division en 1796, et quelques mois après contre-amiral. Chargé du commandement d'une des divisions de l'armée destinée à faire une descente en Irlande. Il ne put, à cause des vents contraires, prendre part à cette expédit. Il commanda l'arrière-garde au désastreux combat d'Aboukir, et parvint à gagner Malte. Nommé vice-amiral en 1804, il appareilla de Toulon l'année suiv. avec une escadre, qu'il alla renforcer à Cadix, puis au Fort-Royal de la Martinique. Après quelq. prises et quelq. faits d'armes peu importants, satisfait d'avoir rempli le principal but de sa mission, qui était d'attirer dans les parages des Indes-Occidentales les flottes anglaises, il fit route pour les mers d'Europe au moment même où Nelson venait d'arriver à la Barbade. Villeneuve était parvenu à la hauteur du cap Finistère, à 50 lieues au large, lorsqu'il eut connaissance de l'escadre aux ordres de sir Robert Calder. Le combat s'engagea, malgré une brume épaisse, entre l'armée anglaise et l'armée combinée de France et d'Espagne, qui eut l'avantage; mais le lendemain la mer devint très grosse, et le surlendemain les Anglais étaient presque hors de vue. L'amiral français, pensant qu'il était impossible de recommencer l'action, alla opérer, dans la baie d'Arrès, sa jonction avec l'escadre du Ferrol. Il essaya ensuite de se diriger sur Brest; mais les vents, la mer et l'inégalité de marche de ses bâtiments le forcèrent de se retirer dans Cadix, où il tint conseil. Il n'ignorait pas qu'il avait encouru la défaveur de Napoléon, et c'était à regret qu'il conservait le commandement. Ses instructions lui recommandaient d'attendre une occasion favorable pour sortir. Or, Nelson croisait, avec 33 bâtiments, à la hauteur de Cadix, et l'on convint dans l'armée combinée que les forces imposantes de l'ennemi exigeaient qu'on différât l'appareillage. L'occasion favorable qu'on demandait parut s'offrir, et Villeneuve mit dehors dans les journées des 20 et 21 oct. 1805. Alors s'engagea ce combat, si fameux sous le nom de *Trafalgar* (*v.* ce mot et Nelson), dont on connaît l'issue. L'armée combinée, se trouva mal formée en ligne, et l'amiral anglais profita habilem. de cette faute, qu'il faut attribuer à l'inexpérience des officiers placés sous les ordres de Villeneuve. Ce qu'il y a de certain, c'est que l'amiral, en sortant de Cadix, avait distribué à chaque commandant des instruct. d'une sagesse remarquable, et qu'il déploya dans le feu un admirable sang-froid. Il vit son vaisseau, le *Bucentaure,* désemparé de ses trois mâts, fit de vains efforts, faute d'embarcations, pour transporter son pavillon sur un autre bâtiment, et se laissa alors amariner. Les forces, avant le combat, étaient : du côté des Anglais 33 voiles, dont 27 vaisseaux de ligne, parmi lesquels sept à trois ponts; du côté de l'armée combinée franç. et espagnole, aux ordres de Villeneuve et Gravina, 33 vaisseaux, dont 4 seulement à 3 ponts. Les pertes de la flotte combinée, en hommes et en bâtim., furent considérables. Villeneuve, rendu à la liberté au mois d'avril 1806, quitta l'Angleterre, et débarqué à Morlaix, prit la route de Paris; mais, arrivé à Rennes, il crut devoir écrire au ministre Decrès, pour pressentir les dispositions de l'empereur à son égard. Quelq. jours après il se donna la mort, soit qu'il eût reçu une réponse défavorable, soit qu'il fût tourmenté par le souvenir d'un désastre qu'il ne méritait point d'éprouver. Sa bravoure et ses talents étaient généralement appréciés par le corps de la marine.

VILLENEUVE (Gabrielle-Susanne BARBOT, dame de), romancière, mérita par ses premiers essais la bienveillance de Crébillon, avec leq. des rapports d'humeur et de goût achevèrent de la lier d'une étroite amitié. Elle mourut à Paris en 1755, à l'âge d'environ 60 ans. On a de cette dame: les *Contes marins ou la jeune Américaine*, Paris, 1740-41, 4 vol. in-12; réimpr. sous ce titre: *le Temps et la Patience*, 1768, 2 vol. in-12. — *Les Belles solitaires*, Amsterd. (Paris), 1745, 3 vol. in-12. — *La Jardinière de Vincennes*, etc., ibid., 1753, 1771, 4 part. in-12. — *Le Beau-Frère supposé*, 1752, 4 vol. in-12. — *Le Juge prévenu*, 1754, 5 part. in-12.

VILLENEUVE-BARGEMONT (Christophe, comte de), né en 1771 à Bargemont, en Provence, d'une très anc. famille, après avoir achevé ses études à l'école milit. de Tournon, fut reçu sous-lieutenant dans le régim. de Royal-Roussillon, d'où il passa en 1792 dans la garde de l'infortuné Louis XVI. La garde royale ayant été supprimée quelq. semaines après, il quitta la France, où il ne revint que lorsque l'avénement de Bonaparte au consulat fit renaître la sécurité. Nommé en 1801 inspecteur des poids et mesures, il fut fait en 1803 sous-préfet de Nérac, et, en 1806, préfet de Lot-et-Garonne. A la restaurat. il fut un des prem. préfets qui se rendirent à Bordeaux près du duc d'Angoulême. Destitué pendant les *cent-jours*, il reprit ses fonctions au mois de juillet 1815 et passa le 6 octobre suiv. à la préfecture des Bouches-du-Rhône. Dans cette place il se montra bon administrateur, et mourut en 1829 à Marseille, vivement regretté des habitants de cette ville, qui lui est redevable d'utiles établissements. On a de lui: *Notice sur la ville de Nérac*, Agen, 1808. — *Voyage dans la vallée de Barcelonnette*, 1815. — *Statistique du départem. des Bouches-du-Rhône*, Marseille, 4 vol. in-4, avec un atlas. — *Des Rapports et des Dissertat. archéologiques* dans les *Mémoires* de la société d'agriculture d'Agen.

VILLENFAGNE D'INGIHOUL (Hilarion-Noel, baron de), savant antiquaire, né à Liége en 1753, bourgmestre en 1791, fut membre du conseil privé du prince-évêque en 1792, et se trouvait à l'époque de sa mort, en 1826, député de l'ordre équestre aux états de la province, l'un des curateurs de l'université de Liége, membre honoraire de la société libre d'émulation de cette ville, de l'institut royal des Pays-Bas et de l'académie de Bruxelles. Il se sentit de bonne heure entraîné par une passion dominante vers les recherches d'érudition, surtout vers celles qui se rattachaient à l'histoire littéraire ou politique de sa patrie. Parmi ses écrits, dont quelques-uns mériteraient d'être réunis dans une édition nouvelle, on distingue: *Mélanges de littérature et d'hist.*, Liége, 1788, in-8. — *Histoire de Spa*, 1803, 2 vol. in-8. — *Essais critiques sur différents points de l'histoire civile et littéraire de la ci-devant principauté de Liége*, 1808, 2 vol. in-12. — *Mélanges pour servir à l'histoire civile, politique et littéraire du ci-devant pays de Liége*, 1810, in-8. M. de Chênedollé a publié une *Notice sur le baron de Villenfagne*, 1826, in-8.

VILLEPATOUR (Louis-Philippe TABOUREAU de), lieutenant-général d'artillerie, né à Paris en 1719, se distingua dès l'âge de 15 ans à la bataille de Parme, au point que le général d'Affry demanda pour lui la croix de St-Louis. Son extrême jeunesse fut un obstacle à cette faveur; mais il l'obtint à la fin de la campagne de 1744 en Allemagne. De nouveaux services le firent nommer, en 1761, maréchal-de-camp et inspect. d'artillerie, et en 1780 lieuten.-général, avec le titre d'inspecteur-général d'artillerie. Il mourut à Bezons, près de Paris, en 1781, laissant des *Mémoires* inédits de ses campagnes, que Laplace a publiés dans son *Recueil de pièces intéressantes*, t. II, p. 508-50, et t. III, p. 140-157.

VILLEQUIER (René de), baron de Clairvaux, épousa en premières noces Françoise, bâtarde de Guillaume de la Marck, et l'assassina en 1577, dans le château de Poitiers. On ignore la cause de ce meurtre: les uns l'attribuent à un accès de jalousie qui n'était que trop fondé; d'autres ont prétendu que Villequier s'était chargé de punir sa femme des dédains qu'avait essuyés de sa part le roi Henri III. Quoi qu'il en soit, Villequier resta en faveur et fut même décoré du cordon du St-Esprit, à la prem. promotion. — Villequier (Louis, duc d'Aumont, connu sous le nom de marquis de), né à Paris en 1667, est surtout connu par l'ambassade extraordinaire dont il fut chargé près de la reine Anne d'Angleterre, et dont le but était la conclusion de la paix. La reine Anne, qui la désirait aussi, le reçut avec les plus grands honneurs (1713); mais la plupart des seigneurs étaient loin de penser comme elle, et ce ne fut pas sans fondement qu'on les soupçonna d'avoir fait mettre le feu à l'hôtel de l'ambassade française pour amener une rupture. Peu de temps après, le marquis reçut son audience de congé, qui fut accompagnée d'un présent magnifique de la reine, et suivie d'une gratification considérable de Louis XIV. Il mourut à Paris en 1723.

VILLEQUIER (Antoinette de MAIGNELAIS, baronne de), cousine germaine d'Agnès Sorel, sut parvenir à la plus haute faveur auprès de Charles VII, du vivant même de cette célèbre favorite. Elle reçut du roi plus. dons considérables, notamment à l'occasion de son mariage, en 1450, avec le baron André de Villequier, seigneur de St-Sauveur en Touraine, etc. Antoinette ne paraît pas avoir été la rivale de sa cousine, mais elle lui succéda dans le poste de maîtresse, si envié par les femmes moins tendres qu'ambitieuses. Antoinette gouverna avec encore plus de hauteur qu'Agnès, disposa des emplois et des bénéfices, et conserva toute sa faveur jusqu'à la mort de son royal amant (1461). Elle se réfugia alors en Bretagne chez le duc François II, auprès duquel elle joua le même rôle et dont elle eut 4 enfants.

VILLERMAULES (Michel), missionnaire, né vers 1667, au village de Chamcey, en Suisse, étudia chez les jésuites de Fribourg, entra dans la congrégat. de St-Sulpice, et fut envoyé par ses supérieurs au Canada, où il passa dix-huit années. De retour en Europe, s'étant mis à étudier l'*Augustinus*, il vit bientôt s'évanouir toutes les illusions qu'il conservait encore sur le compte des jésuites, fit dès lors cause commune avec les appelants, et n'épargna pas les PP. dans ses *Anecdotes sur l'état de la religion dans la Chine*, 1733 et années suiv., 7 vol. in-12. Il mourut à Paris en 1757 (v. les *Nouvelles ecclésiast.* du 17 juillet 1759, et le *Nécrologe des défenseurs de la vérité*, t. III).

VILLEROI (Nicolas de NEUFVILLE, seigneur de), ministre sous quatre de nos rois, né en 1542, passa, dès l'âge de dix-huit ans, pour un habile politique, et fut employé par la reine Catherine de Médicis dans deux négociations importantes en Espagne et en Italie. Il devint secrét. d'état en 1567, et, sans rien perdre de son crédit sur la reine-mère, il s'insinua dans l'intimité de Charles IX, qui le recommanda en mourant à son successeur. Aussi fut-il confirmé dans ses fonct. par Henri III; mais il fut destitué en 1588, comme partisan des Guises : toutefois il est probable que le vrai motif de cette destitution fut une querelle qu'il avait eue avec d'Espernon, et dans laquelle ce favori l'avait grossièrement insulté. Villeroi, forcé de prendre un parti, quoiqu'il eût bien voulu rester neutre, accepta une des prem. places dans le conseil du duc de Mayenne; mais trop habile pour entrer dans les vues des ligueurs, il se fit un des chefs du *tiers-parti*, qui ne voulait ni d'un prince protestant, ni de la domination espagnole. Lorsqu'on traita de la reddition de Paris, il eut, au nom de Mayenne, plus. conférences avec Henri IV, auquel il montra beaucoup d'aversion pour le protestantisme, et qu'il ne reconnut pour légitime souverain qu'après son abjuration. Rétabli dans la place de secrétaire d'état en 1594, il travailla avec zèle à pacifier le royaume ; mais son antipathie pour le caractère et les vues de Sully, auquel il avait d'ailleurs disputé vainement plus. charges, l'empêcha de faire tout le bien qu'on avait lieu d'attendre de son expérience dans les affaires, et l'aveugla au point de le jeter dans une ligue formée contre ce gr. ministre par la marquise de Verneuil et les autres mécontents. De son côté il se fit des ennemis qui l'accusèrent d'entretenir des relat. coupables avec l'Espagne : mais Henri IV n'accueillit point ces soupçons. Après la mort de ce prince, Villeroi fit adopter le système de l'alliance espagnole, tant combattu par Sully, et, pour se ménager l'appui du favori d'Ancre, dont il était d'ailleurs jaloux, il lui proposa d'unir leurs intérêts par le mariage de leurs enfants, et contribua beaucoup à lui faire donner le bâton de maréchal. Il s'aperçut bientôt du peu de compte qu'il devait faire sur un pareil ami ; il laissa voir qu'il s'en était aperçu, et fut destitué. Peu de jours après il fut rappelé sur les plaintes des états-gén., (1614), puis sacrifié encore une fois aux caprices du favori de Marie de Médicis. Il fut, après la mort tragique de cet intrigant, rétabli dans toutes ses charges par Louis XIII, et mourut à Rouen en 1617, laissant la réputation d'un habile politique. On a sous son nom : *Mémoires d'état servant à l'hist. de notre temps, depuis 1567 jusqu'en 1604*, Paris, 1622, in-4 et in-8 ; avec une *Continuation* jusqu'en 1620, par Mesnil-Basire, Paris, 1634-36, 4 vol. in-8. Ces *Mémoires*, dégagés de toutes les pièces dont les avait surchargés Mesnil-Basire, ont été réimpr. dans l'anc. *Collection des Mémoires relatifs à l'histoire de France*, t. XLI et XLII, et dans celle de Petitot, t. XLIV. On a encore de ce ministre des *Lettres écrites au maréchal de Matignon, de 1581 à 1596*, Montélimart, 1749, in-12, et un gr. nombre de pièces MSs. à la bibliothèq. du roi. P. Mathieu a publ. *Remarques d'état et d'hist. sur la vie et les services de M. de Villeroi*, Lyon, 1618, in-12.

VILLEROI (Charles de NEUFVILLE, marq. de), fils du précédent, porta le nom de *marquis d'Alincourt* jusqu'à la mort de son père, sur les inspirat. duquel il régla constamm. sa conduite dans les troubles civils. Il fut gouverneur de Pontoise pour la Ligue, l'un des conseill. du duc de Mayenne, prevôt de Paris (1592), et fut député plus. fois vers Henri IV pour entamer avec lui quelques négociations. Ce prince, à son avénement au trône, le fit gouvern. du Lyonnais, mais il lui refusa plus tard la charge de grand-maître de l'artillerie, parce qu'il lui trouvait *les ongles trop pâles*, selon les *Mem.* de Sully. En 1600, Villeroi alla négocier à Rome le mariage de Henri IV avec Marie de Médicis, et à cette occasion il reçut de nouv. faveurs de la cour. Il mourut à Lyon en 1642, à l'âge de 70 ans.

VILLEROI (Nicolas de NEUFVILLE, marquis, puis duc de), fils du précédent, né en 1597, obtint en 1615 la survivance de la charge de gouverneur du Lyonnais. Il fit ses premières armes en Piémont sous le maréchal Lesdiguières, servit dans les troubles de la France, et fut ensuite employé à l'armée d'Italie. Nommé gouverneur de Pignerol et de Casal (1633), il quitta l'Italie pour venir aux sièges de Valence et de Dole, sous le prince de Condé. En 1640 il était à celui de Turin, et servit ensuite en Catalogne et en Lorraine. Il fut nommé presque en même temps (1646) gouvern. de Louis XIV et maréchal de France, prit peu de part aux intrigues de la minorité, et, quoique haï de Mazarin, sut se maintenir à la cour et y conserver, ce qui est plus difficile, la réputation d'honnête homme. Il avait d'ailleurs un esprit cultivé et beaucoup de jugement. Louis XIV, qui l'aimait beaucoup, le nomma successivem. chef du conseil des finances, chevalier du St-Esprit, et duc et pair. Villeroi mourut en 1685.

VILLEROI (FRANÇOIS DE NEUFVILLE, duc et maréchal de), fils du précéd., né en 1643, fut élevé avec Louis XIV, et se fit remarquer dans sa jeunesse par les agréments de sa personne, l'extrême élégance de sa parure et ses succès auprès des femmes de la cour, qui ne l'appelaient que *le Charmant*. Le rôle peu honorable qu'il joua, pour perdre dans l'esprit de Mme Henriette le marquis de Vardes, son rival auprès de la comtesse de Soissons, le fit exiler. Retiré à Lyon, dont son père était gouverneur, il s'y consola par de nouvelles galanteries; mais il ne tarda pas à être rappelé par le roi, dont il était déjà le favori. Cependant, au milieu de ses triomphes de cour, Villeroi était à peine connu dans l'armée. La bataille de Nerwinde (1693) est la prem. où son nom se trouve cité pour une action de courage; cette année même il fut compris dans une nomination de maréchaux de France, et deux ans après il reçut le bâton, en même temps que la charge de capit. des gardes, vacante par la mort de Luxembourg. Il alla aussi remplacer cet habile général dans le command. de l'armée de Flandre, où tout d'abord, avant d'avoir rien fait, il fit pressentir combien son incapacité et sa présomption coûteraient cher à la France. Il débuta par laisser capituler Namur, après avoir été pendant un mois entier spectateur immobile de l'héroïque défense du maréchal de Boufflers; et trouva le secret, pend. toute la campagne suiv., de rester inaperçu, quoique ayant conservé le même commandement. La paix de Ryswick le rejeta dans l'obscurité; mais la guerre de la succession le remit en évidence. Il reparut en Italie, donnant des ordres à Catinat, traitant le duc de Savoie comme un simple général à la solde de la France, et l'appelant *Mons de Savoie*, se faisant battre à Chiari (1701) par le prince Eugène, pour l'avoir attaqué malgré l'avis de ses meilleurs officiers-généraux, enfin se laissant prendre lui-même dans Crémone par les impériaux (1702); il n'y eut pas de mal cette fois, puisque la ville fut sauvée par la valeur de la garnison française et que celle-ci se trouva débarrassée de son général. Mais les ennemis le relâchèrent, et la nouvelle défaite des Français à Vignamont, près de Huy (1703), attesta qu'ils étaient encore commandés par le favori du roi. Ce n'était là toutefois que le prélude de la sanglante déroute de Ramillies (1706), où, grâce aux dispositions insensées et à l'entêtement coupable du maréchal, il suffit d'une demi-heure à Marlborough, pour s'assurer une facile victoire, qui coûta à la France vingt mille hommes tués ou pris, tous les drapeaux, tous les bagages de son armée, et plus de douze places fortes de la Flandre et du Brabant. Villeroi, à partir de ce jour funeste, cessa de paraître à la tête des armées, et, quoique déjà plus que sexagénaire, chercha près du beau sexe à se consoler de sa honte, mais non de sa disgrâce, car Louis XIV, toujours aveugle, avait paru vouloir s'accuser lui-même, pour mieux excuser son indigne favori. Celui-ci fit pourtant une dernière et heureuse campagne en 1714 contre les bouchers de Lyon, qui, à l'occasion d'un impôt sur la viande, avaient excité un mouvement populaire; il s'était offert lui-même à rendre ce service à l'état. Habile à exploiter jusqu'à la fin la bienveillance royale, il se fit assurer, par les dern. dispositions du monarque, la place de gouverneur de son petit-fils; faveur qui ne l'empêcha pas, s'il faut en croire Saint-Simon, qui paraît avoir été bien informé, de se faire l'entremetteur du marché par lequel Philippe d'Orléans put prendre connaissance du testament de son oncle. Philippe, grâce à cette précaution, se trouva prêt à agir, lors de l'avénement de Louis XV. Villeroi, pour prix de sa complaisance perfide, prit place au conseil de régence : bientôt après il n'eut qu'à demander, et il fut nommé président du conseil des finances. Il se déclara pour le duc du Maine contre le duc d'Orléans, mais timidement. Toute son opposition se borna à peu près à manifester des craintes continuelles et hypocrites pour la vie de son royal élève, et à réveiller, mais avec plus d'insolence que n'en avait jamais montré personne, les soupçons injurieux qui avaient plané autrefois sur le régent. Ce prince ne voulut pas d'abord accréditer ces soupçons, en renvoyant ou en punissant le gouvern. du jeune roi; mais enfin, fatigué de tant d'orgueil, de nullité et de persévérance à faire le mal lâchement, et voyant d'ailleurs la majorité de Louis XV approcher, il fit saisir et transporter le maréchal dans une de ses terres. Villeroi éclata en plaintes et en menaces, puis s'habitua à vivre oublié, et borna son ambit. à déployer une pompe puérile dans son gouvernem. de Lyon. Seulement il reparut quelquefois à la cour, après la majorité de son élève, dont il avait travaillé sans succès à gâter l'heureux naturel par des avis empreints d'une lâche méfiance et par des flatteries d'une bassesse difficile à imaginer. Il avait alors la prétention, avec son âge et son antique costume, de donner à la jeunesse des leçons de bon goût et de grâces. Il mourut à Paris en 1730, à l'âge de 87 ans. Saint-Simon a laissé de Villeroi un portrait véritable qu'on peut résumer ainsi : ce fut le plus nul de tous les hommes qui eurent jamais quelque célébrité.

VILLEROI (JEANNE-LOUISE-CONSTANCE D'AUMONT DE VILLEQUIER, duch. de), née en 1731, épousa le petit-neveu du maréchal de Villeroi, gouverneur de Louis XV, mais vécut peu avec son mari. Elle passa ses dernières années à Versailles, et y mourut en 1816. On croit qu'elle avait fourni des morceaux piquants aux *Actes des apôtres*, ainsi qu'au journal le *Petit Gautier*. Elle a fait imprimer l'*Hist. de la Grèce*, trad. par elle de l'anglais de Gillies, Goldsmith et Gast. Cette traduct. avait été revue et corrigée par Leuliette.

VILLERS (PHILIPPE de), savant jurisconsulte, né à Dijon vers 1545, remplit avec beaucoup de succès les fonctions d'avocat au parlem. de Bourgogne, et mourut doyen de sa compagnie en 1622, laissant sur les 4 livres des *Institutes* de Justinien un *Commentaire* MS. dont on a tiré le *Traité des mains-mortes*, inséré dans la *Coutume de Bourgogne*, édit. de Canat, Dijon, 1652, p. 196-215.

VILLERS (GERVAIS-AUGUSTIN de), médecin, né à Huy, en 1701, obtint en 1744 une chaire à l'univ. de Louvain, qu'il remplit avec honneur, et mourut en 1759. On lui doit entre autres ouvr. : *Analyse des eaux minérales qui se trouvent au château roy. de Marimont en Hainaut*, Louvain, 1741, in-12.

VILLERS (FRANÇOIS-TOUSSAINT), conventionnel, né à Rennes en 1749, prit d'abord le parti des armes, se fit ensuite capucin, et quitta le froc pour le petit collet avant d'avoir fini son noviciat. Il était curé d'un petit village voisin de Nantes, lorsque la révolution éclata, et il en embrassa les principes avec chaleur. Député par la Loire-Inférieure à la convention, il vota, dans le procès de Louis XVI, pour la mort, contre l'appel au peuple et contre le sursis. Plus tard il se montra l'un des chauds partisans du gr. mouvement du 9 thermidor, et vota la mise en jugement du comité révolutionnaire de Nantes. Il fit partie du conseil des cinq-cents, où il s'occupa avec beaucoup de persévérance, de talent et de succès de la réorganisation de toutes les parties de l'administration financière et domaniale. Il avait été secrétaire de la convention; il le fut aussi du conseil dont il fut élu présid. en 1798. Après la révolut. du 18 brumaire, n'ayant pas été compris dans le nouveau corps législatif, il fut nommé directeur des domaines à Nantes, et il remplit cette place jusqu'à sa mort, en 1807. On a de lui un intéressant *Mémoire sur le commerce et la navigation*.

VILLERS (CHARLES-FRANÇOIS-DOMINIQUE), littérateur, né en 1767 à Boulay en Lorraine, fut élevé chez les bénédictins de Metz, et passa en 1781 à l'école d'artillerie, d'où il sortit lieutenant en second. Il était, au commencement de 1785, en garnison à Strasbourg, alors que M. de Puységur y tenait tous les esprits occupés des expériences de Mesmer. Prosélyte de la doctrine du magnétisme animal, Villers en fit le sujet de méditations sérieuses; mais de plus graves études partagèrent aussi ses loisirs : en même temps qu'il approfondissait les langues anciennes, et particulièrement l'hébreu, il composait des tragédies et donnait carrière à son imagination dans quelq. pamphlets où, prédisant les calamités qu'allait entraîner l'ébranlement révolutionn., il s'élevait contre le *serment civique*, déplorait la *destruction des moines*, etc. Cependant le moment arrivait où sa sûreté allait être compromise par suite de son opposition aux envahissements démagogiques. Il rejoignit l'armée de Condé (avril 1792), et l'issue de la prem. campagne des alliés l'ayant déterminé à revenir dans sa ville natale, il fut, peu de jours après, forcé de prendre la fuite. Il se rendit alors à Liége, et de là successivem. à Munster, à Gœttingue et à Lubeck (1797), où il contracta des liaisons qui l'attachèrent à cette ville comme à une nouvelle patrie. Admis dans la société intime de plus. beaux esprits allemands, il y puisa un engouement extrême pour le génie de cette nation, sa littérature, ses systèmes de philosophie transcendentale. De là le dessein qu'il suivit avec persévérance d'établir une alliance intellectuelle entre les deux peuples dont il pensait pouvoir s'instituer l'interprète. Mais l'invasion de l'Allemagne par les Français était peu favorable au succès de la mission qu'il s'imposait. En effet, les Allemands, méconnaissant ses droits à leur reconnaissance, ajoutèrent leurs propres persécutions à celles que lui avaient attirées ses philippiques de la part des vainqueurs de Lubeck (*v.* DAVOUST). Après la réunion des villes anséatiques à l'empire français, contre laquelle il s'était élevé avec beauc. de force, Villers encourut de nouv. tribulat.; il fut arrêté comme *coupable de trahison et d'attentat contre les intérêts de l'emper. et l'honneur du nom français*. Mais, relâché presque aussitôt, il erra quelque temps d'asile en asile, et finit par se fixer, comme professeur de littérature franç., à Gœttingue. Le besoin d'agitation qui semblait inséparable de son existence le poussa encore à des démarches périlleuses. Il était devenu l'oracle de la cour de Cassel, et ayait mérité en 1813 de flatteuses distinctions de la part du prince royal de Suède (Bernadotte). Cependant après les événem. de 1814, et au moment où il pouvait se flatter de recueillir les fruits de son dévouement à la cause germanique, il fut écarté brusquem. de l'univ. de Gœttingue par un rescrit du cabinet de Hanovre, qui lui enjoignait de retourner en France. Toutefois cette décision fut révoquée, et l'on porta à 4,000 fr. sa pension de retraite, dont il lui fut permis de jouir partout où il voudrait établir sa demeure. Aucune offre ne put le déterminer à quitter Gœttingue, d'où on avait voulu d'abord l'éloigner; il y mourut d'une fièvre nerveuse en 1815. Ses principaux écrits sont : *Coup-d'œil sur les universités et le mode d'instruction publique de l'Allemagne protestante; sur l'état actuel de la littérature ancienne et de l'histoire en Allemagne : rapport fait à la 3e classe de l'Institut de France*, 1809, in-8; une *Introduction* pour *l'Allemagne* de Mme de Staël; un *Essai sur l'esprit et l'influence de la réformation de Luther*, couronné par l'Institut de France en 1803, réimpr. en 1804, 1805 et 1808, in-8; enfin une sorte de résumé ayant pour titre : *Philosophie de Kant, ou Principes fondamentaux de la philosophie transcendentale*, Metz, 1801, in-8.

VILLETERQUE (ALEXANDRE-LOUIS de), littérateur, né à Ligny, dans le Barrois, en 1759, entra jeune au service, et obtint, par quelques vers agréables, des succès de société, qui décidèrent sa vocation pour les lettres. Il étudia les sciences exactes et se rendit assez habile dans la physique, la chimie et l'histoire naturelle. Jusqu'à l'époque de la révolution, l'étude n'avait été pour lui qu'un moyen de remplir ses loisirs; mais privé de son état et de sa fortune, il fut obligé de chercher des ressources dans l'exercice de ses talents. Il concourut à la rédaction du *Journal des Arts*, puis du *Journal de Paris*, et publia successivem. div.

ouvrages qui furent accueillis et publiés. Attaqué jeune encore d'une maladie incurable, il passa plus de 15 ans dans de continuelles douleurs, et mourut à Chaillot en 1811. Il avait été admis à l'Institut, lors de sa formation, comme associé de la classe des sciences morales. Nous citerons de lui: *Essais dramatiques et autres œuvres*, Paris, 1795, in-8. — *Veillées philosophiques*, ou *Essai sur la morale expérimentale et sur la physique systématique*, ibid, 1795, 2 vol. in-8. Millin a publié une *Notice* sur Villeterque, dans le *Magasin encyclopédique*, 1811, t. III, p. 154.

VILLETTE (FRANÇOIS), opticien, né à Lyon en 1521, mort en 1698, se fit connaître d'une manière avantageuse par la construction de deux miroirs ardents, l'un que Louis XIV s'empressa d'acquérir pour l'Observatoire de Paris, et dont on trouve la descript. dans le *Journal des Savants*, mars 1666; l'autre, qui fut acheté par le landgrave de Hesse, et dont la descript. a été publ. à Liége en 1715, in-12. Villette eut deux fils qui héritèrent de ses talents.

VILLETTE (CHARLES, marquis de), né à Paris en 1736, fils d'un trésorier de l'extraordinaire des guerres, dont il hérita 150 mille livres de rentes, fit quelques campagnes de la guerre de sept ans et parvint au grade de maréchal-général-des-logis de la cavalerie; mais sa valeur fut toujours très suspecte : ce qui, avec les mœurs infâmes qu'on lui attribuait et dont il paraissait tirer vanité, ne contribua pas peu à le rendre l'objet d'un mépris assez général. Cependant Voltaire, qui avait pour lui une tendresse toute paternelle, l'accueillit à Ferney, flatta son orgueil littéraire au point de l'appeler le *Tibulle français*, et réussit aisément à faire de lui un de ses admirateurs les plus enthousiastes aussi-bien qu'un des utiles soutiens du parti philosophique. Il le maria en 1777, avec Mlle de Varicourt, si connue sous le nom de *Belle et Bonne* (*v.* l'art. suiv.). Le marquis de Villette logea Voltaire lors de son dernier voyage à Paris, et lorsque ce grand homme fut mort, il obtint de Mme Denis la permiss. de garder le cœur, qu'il enferma dans une urne cinéraire. Il continua de cultiver la littérature, sans plus de succès, mais avec autant de prétention, même après avoir perdu celui dont les suffrages flatteurs pouvaient seuls le soutenir. En 1784, il publia ses *OEuvres*, prose et poésie, à Paris, sous la rubrique de Londres, in-8, et il donna une édition magnifique de ses *OEuvres choisies*, Paris, in-16, sous la rubrique d'Édimbourg. Quoiqu'il eût embrassé les principes de la révolution avec chaleur, il fit de vains efforts pour être nommé député aux états-généraux. Il rédigea les cahiers du bailliage de Senlis avec une hardiesse qui fut remarquée, et renonça même, avant la décision de l'assemblée nationale, à tous ses droits féodaux. Les massacres de septembre lui inspirèrent une horreur qu'il manifesta dans une lettre énergique adressée à la *Chronique de Paris*; il se croyait alors inviolable, parce qu'il était député de Seine-et-Oise à la convention; mais la commune essaya de le poursuivre et réussit du moins à lui enlever sa popularité. Villette acheva de séparer sa cause de celle des révolutionnaires, en votant dans le procès de Louis XVI, pour la réclusion et pour le sursis. Alors déjà sa santé était totalement délabrée; il mourut le 9 juillet 1793. — VILLETTE (Reine-Philiberte ROUPH DE VARICOURT, marquise de), née à Pougny en 1757, était douée d'une beauté rare et d'un caractère aimable qui lui gagnèrent l'affection de Mme Denis, nièce de Voltaire. Celle-ci demanda la jeune de Varicourt à ses parents, qui, n'ayant d'autre fortune que leur noblesse, accédèrent volontiers à cette demande. Bientôt Voltaire lui-même conçut une très vive amitié pour la protégée de sa nièce, qu'il nomma *Belle et Bonne*, et dont il fit le mariage. Cette femme, qui avait tant de moyens de plaire, ne put captiver long-temps un mari, dont il paraît que la réputation honteuse était bien méritée. Elle chercha des consolations dans la pratique de toutes les vertus, et mourut à Paris en 1822, regrettée des pauvres dont elle était la bienfaitrice.

VILLEHEURNOIS (CHARLES-HONORÉ BERTHELOT DE LA), né à Toulon vers 1750, fut l'un des agents secrets des Bourbons, pend. leur exil, et s'efforça surtout de gagner à ces princes des partisans dans l'armée; arrêté et traduit, avec Brotier et Duverne de Presle, devant un conseil de guerre en 1797, il ne fut condamné qu'à un an de réclusion; mais bientôt après, la révolution du 18 fructidor (4 sept. 1797) fournit un prétexte pour le déporter à la Guiane. Il mourut à Sinnamary en 1799.

VILLEVIEILLE (le marquis de), officier au régiment du roi, était parent de Voltaire, qui entretint avec lui une correspondance. Les lettres du philosophe montrent que Villevieille était lié au parti des encyclopédistes. Privé, par la révolution, de ses emplois et de sa fortune, il dut au nom de Voltaire, qui le protégeait encore, d'échapper aux persécutions de la terreur, puis d'être nommé l'un des conservateurs de la bibliothèque de Ste-Geneviève, et mourut à Paris, en 1825, dans un âge très avancé.

VILLIERS (dom PLACIDE), bénédictin, né à Vesoul vers 1640, se serait infailliblement élevé aux prem. emplois de son ordre, s'il n'eût été atteint d'une maladie cruelle, contre laquelle échouèrent tous les secours de l'art. Après avoir langui plus. années dans un état continuel de souffrances, il mourut à l'abbaye de Luxeuil en 1689. Il a laissé MSs.: *Eductum à tenebris Luxovium, seu chronicon Luxoviense ex vetustis monumentis tanquàm ex pulvere erutum*, anno 1684, in-fol., et quelques *Opuscules* ascétiques, empreints d'une mélancolie qui prenait sa source dans son état.

VILLIERS (PIERRE de), littérateur, né à Cognac en 1648, fut vingt-trois ans dans la soc. des jésuites, qu'il quitta en 1689 pour entrer dans l'ordre de Cluny, où il devint prieur de St-Taurin, et mourut en 1728. Parmi ses ouvr. on distingue: *l'Art de prêcher*, poème en IV chants, Paris, 1682 et 1728, in-12. — *Entretiens sur les Contes des fées et sur quelq. autres ouvr. du temps*, ib., 1699, in-12. — *Pensées et Réflexions sur les égarements des hommes dans la voie du salut*, 1693, 3 vol. in-12 ; réimprimé en 1732.

VILLIERS (COSME DE SAINT-ÉTIENNE de), relig. carme, né à St-Denis, près de Paris, en 1683, professa, de 1709 à 1727, dans divers couvents de son ordre, notamment dans ceux de Nantes, d'Hennebon et de Saint-Pol-de-Léon, la philosophie ou la théologie. Il parcourut ensuite avec succès la carrière de la prédication, remplit divers emplois, entre autres celui de définiteur, et mourut en 1758. Son principal ouv. est la *Bibliotheca carmelitana, notis criticis et dissertationibus illustrata*, 1752, 2 t. in-folio.

VILLIERS (MARC-ALBERT de), littérateur, né à Paris vers 1739, se fit recevoir au parlement, et, renonçant au barreau, embrassa l'état ecclésiastiq. Dès lors il partagea son temps entre ses devoirs et l'étude, et mourut en 1778. Entre autres ouvr., on a de lui : *Apologie du célibat chrétien*, Paris, 1762, in-12. — *Dignité de la nature humaine*, 1678, in-12.

VILLIERS (JACQUES-FRANÇOIS de), médecin, né à St-Maixent en 1727, fut employé dans les hôpitaux de l'armée d'Allemagne pendant la guerre de sept ans, et s'étant établi plus tard à Paris, fut nommé médecin de l'école vétérinaire. Il mourut en 1794. Outre un assez grand nombre d'articles dans le *Dictionnaire encyclopédique* et dans le *Journal de médecine*, on lui doit : *Supplément au Mémoire de Vetillard sur le seigle ergoté*, Paris, 1770, in-8. — *Méthode pour rappeler les noyés à la vie*, ib., 1771, in-8.

VILLIERS DE L'ISLE-ADAM (JEAN de), maréchal de France, était né vers 1384. Dans les troubles qui désolèrent le royaume sous Charles VI, il embrassa le parti du duc de Bourgogne, Jean-sans-Peur, qui l'établit son lieutenant à Pontoise. En 1418, il s'introduisit dans Paris par trahison, et favorisa tous les crimes dont les séditieux qui l'avaient accueilli se rendirent coupables. Ce fut alors et en récompense de tels services qu'il fut nommé maréchal par le duc de Bourgogne, déclaré lieut.-général du royaume. Après l'assassinat de ce prince et le triomphe des Anglais, Henri V, désigné régent de France, au préjudice des droits du dauphin, se brouilla avec le maréchal, qu'il fit enfermer à la Bastille. L'Isle-Adam ne recouvra sa liberté qu'à la mort de Henri V (1422); et il en usa pour rejoindre les drapeaux du duc de Bourgogne, dont il seconda les projets en France et dans les Pays-Bas jusqu'au traité d'Arras (1435), qui rétablit la paix entre Charles VII et le duc Philippe-le-Bon. Confirmé dans la dignité de maréchal, il reprit aux Anglais Pontoise dont il fut nommé gouverneur, et contribua beaucoup à réduire Paris sous la domination royale. Il fut tué dans un mouvement séditieux à Bruges, en 1437.

VILLIERS DE L'ISLE-ADAM (PHILIPPE de), 45e gr.-maître de l'ordre de St-Jean-de-Jérusalem, de la même famille que le précéd., né en 1464, était ambassadeur de son ordre en France depuis plus. ann., lorsqu'il fut élevé à la dignité suprême (1521). Il partit aussitôt pour Rhodes, dont il savait que Soliman méditait de faire le siége, et il travailla avec une ardeur infatigable à mettre cette île en état de défense. Il vit bientôt (1522) paraître la flotte turque, composée de 400 bâtiments de différentes grandeurs, portant 140,000 hommes de guerre et 60,000 paysans destinés aux travaux du siége : Rhodes n'avait, pour tous défenseurs, que 600 chevaliers, 4,500 soldats, et quelq. habitants qui demandèrent à prendre les armes. Le siége que soutint le gr.-maître avec cette faible garnison est un des plus mémorables dont l'histoire fasse mention. Les Turks faisaient des prodiges de valeur ; mais la victoire, à chaque nouv. attaque, demeurait toujours aux chrétiens, qui l'achetaient par des pertes irréparables. L'Isle-Adam n'espérait aucun secours des souver. de l'Europe ; il avait vu Rhodes sur le point de tomber aux mains des infidèles par la trahison du chancelier d'Amaral, qui fut condamné à mort ; il se trouvait réduit à la dern. extrémité, sans fortifications, sans poudre, presque sans vivres ; il se décida enfin à accepter une capitulat. honorable, d'après laq. les chevaliers purent emporter, outre leurs armes, les reliques, les vases sacrés et tous les objets relatifs au culte. Ce fut le 1er janvier 1523 que la flotte chrétienne sortit de Rhodes sans savoir où elle trouverait un asile. Elle s'arrêta à Candie, puis à Messine, d'où elle fut chassée par la peste, et alla se réfugier dans le golfe de Bayes ; là, Villiers de l'Isle-Adam fit construire, non loin des ruines de Cumes, une espèce de camp retranché, où se logèrent les chevaliers, tous atteints de la contagion, et les Rhodiens qui s'étaient attachés à leur sort. Il obtint alors, non sans peine, la permission de se rendre à Rome auprès d'Adrien VI, qui mourut avant d'avoir pu rien faire pour l'ordre ; mais il trouva un protecteur et un ami dans Clément VII, qui assigna Viterbe à ses chevaliers pour leur résidence, et il put entamer avec Charles-Quint les longues et difficiles négociat. qui amenèrent enfin la cession définitive de Malte et des îles adjacentes à l'ordre de St-Jean (1530). Le grand-maître prit possession de sa nouv. souveraineté le 26 oct. de la même année. Il s'occupa des moyens de s'y affermir, révisa et modifia les anciens statuts, et s'efforça d'apaiser les divisions sanglantes qui avaient éclaté entre les différentes langues ; mais ces divisions et les déprédations du roi d'Anglet. jetèrent Villiers dans une mélancolie qui hâta sa mort, arrivée en 1534 (*v.* au mot MALTE, et l'*Hist. de Malte*, par Vertot, liv. VIII, IX et X).

VILLIUS-TAPULIUS (PUBLIUS), d'une famille plébéienne, qui avait donné plus. magistrats à la républiq., passa de l'édilité plébéienne à la préture l'an de Rome 549, et fut envoyé en Sicile avec la mission de défendre cette île contre les Carthaginois ; mais il n'eut à s'occuper que de faire passer des vivres et de l'argent à Scipion en Afrique. Cependant il demeura l'année suiv. en Sicile, avec le titre de propréteur. Sa conduite honorable, dans cette magistrature, lui valut le consulat en 553. La guerre de Macédoine lui échut en partage, guerre où il ne fit, pour ainsi dire, que préparer les succès du jeune Flamininus, son successeur. Dès 555 il fut envoyé de nouveau en Macédoine comme lieutenant du proconsul; il fut aussi l'un des dix commissaires choisis pour régler les conditions de la paix avec Philippe, vaincu à Cynoscéphales. En 556, il eut à Lysimachie, dans la Thrace, une entrevue avec Antiochus, dont le résultat fut, en rendant la guerre inévitable, de mettre du côté des Romains les apparences de la justice et de la modération. L'année suiv. il retourna près du roi de Syrie, auquel il rendit Annibal suspect, et vint à bout de retarder la guerre autant qu'il convenait à l'intérêt de Rome. L'histoire ne fait plus mention de lui qu'une seule fois, lorsqu'il fut envoyé en Grèce pour seconder les opérations de Flamininus, qui assurait l'asservissem. prochain de ce peuple, si indignement trompé (an 558). — VILLIUS (Lucius), de la même famille, tribun du peuple l'an de Rome 573, et préteur l'an 581, est l'auteur de la première loi *Annalis*, qui fixait l'âge auquel on pouvait parvenir aux différentes magistratures. — VILLIUS-ANNALIS (Lucius), préteur de Rome l'an 710, fut proscrit par les triumvirs Octave, Antoine et Lépide, fut découvert aux bourreaux par son propre fils, en faveur duquel il venait de briguer les suffrages pour la questure. — Un autre VILLIUS, dont parle Horace, fut l'amant de Fausta, petite-fille du dictateur Sylla et femme de Milon. Il se laissa surprendre, et fut assommé dans la maison de ce citoyen, non moins fameux par ses disgrâces conjugales que par son exil.

VILLOISON (JEAN-BAPT. D'ANSSE de), célèbre helléniste, né à Corbeil en 1750, avait, à l'âge de 19 ans, lu tous les classiques latins et une partie des auteurs grecs, dont il avait en même temps noté et éclairci les passages obscurs avec une rare sagacité. Quelq. mois lui suffirent pour lire, sans aucun secours, l'arabe, le syriaque et l'hébreu. Admis en 1772 à l'acad. des inscript. avec dispense d'âge, il fut bientôt associé aux principales acad. de l'Europe. Dans ses voyages en Allemagne, en Hollande et en Italie, dont le but était de faire des recherches philologiques, il se lia avec les savants de ces divers pays, et reçut d'eux les témoignages d'estime les plus flatteurs. Encouragé par le succès de ses recherches, il accompagna Choiseul-Gouffier à Constantinople en 1785, s'embarqua bientôt après pour Smyrne, visita les îles de l'Archipel, s'enfonça dans les solitudes du mont Athos, mais revint à Paris sans avoir réussi dans ses nouvelles explorations. Il n'en reprit pas avec moins d'ardeur l'accomplissem. de divers projets littéraires, que la révolution pourtant dérangea un peu. Le retour de l'ordre lui valut une chaire de grec ancien et moderne au collège de France; mais il ne put prendre possession de cette chaire créée pour lui, et mourut en 1805. Ses principaux ouvr. sont: *Apollonii Lexicon gr. Iliadis et Odysseæ*, notis atque animadvers. perpetuis illustrat., et vers. lat. adjectâ, Paris, 1773, 2 vol. in-4; Leyde, 1788, in-8. — *Longi pastoralium de Daphnide et Chloe libri IV, cum animadvers.*, Paris, 1788, 2 vol. in-8. — *Anecdota gr. è regiâ parisiensi et è venetâ S. Marci biblioth. deprompta*, Venise, 1781, 2 vol. in-4. — *Nova versio gr. Proverbiorum, Ecclesiastis, Cantici canticorum, Ruthi, Threnorum, Danielis et selectorum Pentateuchi locorum, ex codice unico S. Marci biblioth., nunc primùm eruta et notulis illustr.*, Strasb., 1784, in-8. — *Homeri Ilias ad veteris codicis veneti fidem recensita: scholia in eam antiquissima, ex eodem codice, nunc prim. eruta*, Venise, 1788, grand in-fol. On a deux Notices sur Villoison, l'une, par M. Boissonnade, dans le *Mercure*, XX, 400, et dans le *Magasin encyclopédique*, 1805, III; l'autre, par Chardon de La Rochette, dans ses *Mélanges de critiq.*, III.

VILLON (FRANÇ.), le plus fameux poète du 15e S., né à Paris, en 1431, d'une famille pauvre, annonça de bonne heure un penchant décidé pour le libertinage, et se lia dans les écoles avec des jeunes gens corrompus qui, pour la plupart, firent rapidement une mauvaise fin. Il perdit, dans ces indignes sociétés, un temps précieux qu'il regretta plus tard, et devint escroc et voleur. Il avait déjà plus d'une fois, à l'âge de 25 ans, séjourné dans les prisons du Châtelet pour des larcins de rôt, de pâtisserie ou de fromage, lorsqu'il fut condamné, sans doute pour un vol plus considérable, à être pendu avec cinq de ses compagnons. Il eut l'impudence de plaisanter en vers sur son ignominie; pourtant *le jeu ne lui plaisait pas*, et, pour se soustraire à la potence, il s'avisa d'appeler au parlement de la sentence du Châtelet. Cette innovat. fut heureuse: le parlem. commua la peine de mort en celle du bannissement, et Villon se retira sur les marches de Bretagne, près de St-Julien en Poitou. De nouvelles bassesses, dont il croyait que sa pauvreté était une excuse suffisante, le firent arrêter et conduire à la prison de Meun-sur-Loire par ordre de Thibaut d'Aussigny, évêq. d'Orléans: il dut cette fois sa liberté à la protect. de Louis XI, qu'il appelle *Loys-le-Bon*. On ne connaît ni le lieu ni l'époque de sa mort; mais il n'existait plus à la fin du 15e S., et on pourrait croire qu'il termina sa carrière orageuse à St-Maixent en Poitou. Les vers de Villon, dignes de sa vie, sont empreints d'une immoralité profonde; mais comme poète, il a obtenu les suffrages, non pas seulement de ses contemporains, mais de Rabelais, de Marot, qui fut son éditeur, et de La Fontaine, qui a beaucoup profité à son école. Tel qu'il s'offre aujourd'hui à notre goût épuré, avec ses grossièretés dont il est juste d'accuser le temps où il a vécu, Villon peut être regardé comme le créateur de notre poésie badine, et comme le véritable inventeur du genre et du style *marotiques;* un autre mérite, que ne lui dispute acun poète du même temps, c'est d'avoir perfectionné la rime, et d'avoir donné à la phrase poétique une souplesse et une énergie jusqu'alors inconnues. *Le Petit Testament*, qu'il écrivit à l'âge de 25 ans (1456), et *le Grand Testa-*

ment, qu'il composa dans sa 30ᵉ année, sont les deux principales pièces parmi ses poésies, d'ailleurs peu nombreuses; le reste consiste en *Ballades, Rondeaux*, etc. On connaît une douzaine d'éditions de ses *OEuvres*. La 1ʳᵉ parut sous Charles VIII (1489); la 2ᵉ sous Louis XII (S. D.); sept sous le règne de François Iᵉʳ, en 1532, en 1533 (c'est celle de Marot), en 1540, en 1542, et trois autres; deux enfin sous Louis XV, en 1723, chez *Coustelier*, avec une longue *Lettre* de Du Cerceau sur la vie et les œuvres de l'auteur, et en 1742 avec les *Notes* de Le Duchat. A la suite des *OEuvres* de Villon, on trouve les *Repues franches*, dont il n'est pas l'auteur, mais le héros; c'est comme l'Iliade burlesque de ses friponneries.

VILLOTTE (Jacques), voyageur, né à Bar-le-Duc en 1656, entra dans la compagnie de Jésus, et s'embarqua à Marseille en 1688 pour les missions du Levant. Il devait se rendre en Chine par la Turquie, la Perse et la Tatarie; mais il ne put obtenir du sofy et de div. princes tatares la permission de traverser leurs états pour gagner sa destination, et il resta exclusiv. attaché aux missions de Perse et de Turquie. Il remplit son apostolat dans les div. provinces de ces deux empires avec beauc. de zèle, mais non sans fatigues et sans périls, jusqu'en 1708, qu'il revint en France. Il mourut à St-Nicolas, près de Nancy, en 1743. Ses principaux ouvr. sont: *Dictionarium latino-armenicum*, Rome, 1714, in-fol. — *L'Arménie chrétienne, ou Catalogue des rois et patriarches arméniens depuis J.-C. jusqu'en 1712*, Rome, 1730, in-12. — *Voyage d'un missionnaire en Turquie, en Perse, en Arménie, en Arabie et en Barbarie*, Paris, 1730, in-12; ce *Voyage* a été mis en ordre et rédigé d'après les *Mémoires* du P. Villotte, par le P. Frizon.

VIMECARTE (F.-Stefanardo da), en latin *Vicomercatus*, poète latin, né à Milan dans le 13ᵉ S., entra dans l'ordre de St-Dominique, fut en 1292 choisi par l'archevêq. Othon Visconti pour prêcher la croisade dans son diocèse, obtint trois ans après la place de lecteur en théologie avec une prébende, et mourut en 1297. Le plus connu de ses ouvrages est un poème intitulé: *De gestis in civitate Mediolani sub Oth. Vicecomiti, archiep.* Muratori l'a publié dans les *Scriptor. rerum italicar.*, t. IX, p. 59-95, précédé d'un *avertissement*, dans lequel on trouve quelq. détails sur l'auteur. — VIMECARTE (François), né à Milan au 16ᵉ S., probablement de la même famille, fut professeur royal de philosophie à Paris, où François Iᵉʳ l'avait appelé, se rendit ensuite à Turin, et mourut en 1570 (v. l'*Histoire du collège de France*, par Goujet, t. II, p. 187-99).

VINCART (Jean), jésuite, né à Lille en 1593, mort à Tournai en 1679, professa les humanités dans div. collèges de sa compagnie, et se fit quelque réput. par son talent pour la poésie latine. Entre autres ouvrages on a de lui: *Sacrorum heroïdum epistolæ, anno sæculari soc. Jesu*, Tournai, 1640, in-12, fig.

VINCE (Samuel), profess. d'astronomie et de philosophie expérimentale à l'univ. de Cambridge, archidiacre de Bedford, membre de la société roy. de Londres, etc., mort en 1821, est auteur de plus. ouvr. estimables, parmi lesquels on cite une *Hist. complète de l'astronomie*, 1808, 3 vol. in-4.

VINCENS-DEVILLAS (Alexandre), né à Nîmes en 1725, sut joindre aux travaux du commerce, sa profession héréditaire, l'étude de la philosophie, des lettres et de l'économie politique. Il consacra plus d'une fois sa plume à la défense des protest., ses coreligionnaires, et eut une grande part aux *Mémoires* qui amenèrent l'édit de 1787. On trouve de lui dans les *Pièces*, etc., publ. par l'acad. royale de Nîmes, 1756, un *Mémoire historique sur les anciennes Amazones*. Incarcéré malgré son grand âge sous le régime de la terreur, il mourut en 1794. — Vincens (Jean-César), fils du précédent, né à Nîmes en 1755, mort en 1801, avait été député à l'assemblée législative en 1791. Il s'associa le docteur Baumes, pour la rédaction de la *Topographie de la ville de Nîmes et de sa banlieue*, etc., in-4, 1802. — Vincens-Saint-Laurent (Jacques), fils du précéd., né à Nîmes en 1758, fut nommé en 1792 capitaine dans un bataillon de volontaires du Gard, puis commissaire-ordonnat. de l'armée qui envahit la Savoie sous les ordres de Montesquiou; mais les désagréments auxq. l'exposa cette place le déterminèrent à rentrer dans sa famille. Ayant pris part à l'insurrection qui éclata dans les départements méridionaux contre la convention, après le 31 mai 1795, il fut mis hors la loi, et se réfugia en Suisse. Revenu dans sa patrie après la chute de Robespierre, il s'y livra tout entier à la culture des lettres, fut nommé secrétaire-adjoint de l'acad. du Gard, et fit dans cette société un grand nombre de rapports sur des objets de littérature, d'agriculture et d'antiquités. Son *Mémoire sur l'industrie manufacturière du départem. du Gard*, qu'il joignit à la *Topographie de Nîmes* (v. l'article précéd.), est un écrit très utile. Il mourut à Paris en 1825, associé correspond. de l'acad. des inscript., etc. M. Silvestre, secrétaire de la société royale d'agriculture a fait imprimer en 1826 une *Notice biographique sur Vincens-Saint-Laurent*.

VINCENT (St), un des plus illustres martyrs de la foi chrétienne, né à Saragosse, fut ordonné diacre par Valère, évêque de cette ville, et arrêté avec ce prélat en 303, d'après les édits de Dioclétien et de Maximien. Valère fut condamné seulement à l'exil; mais Vincent, dont on espérait fléchir le courage, fut réservé aux plus cruels supplices. Dacien, proconsul d'Espagne, imagina, pour le torturer, des raffinements de barbarie impossibles à décrire. « On est effrayé, dit St Augustin, quand on pense à ce que le saint diacre eut à souffrir. Il était soutenu par une force surnaturelle: la nature humaine, abandonnée à sa faiblesse, aurait succombé. » Les yeux toujours élevés vers le ciel, dont il attendait sa force, il expira le 22 janvier 304. Ce spectacle si merveilleux saisit d'admiration le geôlier, qui demanda et reçut le baptême.

VINCENT, chanoine et archiviste de l'église de Prague, est auteur d'une *Chronique*, en latin, sur les événements arrivés en Bohême depuis 1140 jusqu'en 1197. On pense qu'il n'a poussé lui-même son travail que jusqu'à l'année 1167, et que le reste est l'ouvrage de deux continuateurs. Cette *Chronique*, qui ouvre le 1er vol. des *Monumenta histor. Bohemiæ*, de Dobner, est d'autant plus précieuse, que Vincent avait pris une part très active aux affaires de son temps (v. Leibnitz, *Script. Brunsv.*, t. I, et Freher, *Script. Germ.*, t. I).

VINCENT (Philippe), ministre protestant, remplit avec zèle et capacité les devoirs de son état à La Rochelle, de 1626 jusqu'à sa mort en 1651. Il contribua, par son crédit sur l'esprit du peuple, à faire rendre cette place au card. de Richelieu. Son *Traité des théâtres*, 1647, et ses *Recherches sur les commencements et les premiers progrès de la réformation à La Rochelle*, Rotterdam, 1693, méritent d'être cités.

VINCENT (William), né à Londres en 1739, passa presque toute sa vie à l'école de Westminster dans les fonctions les plus pénibles de l'enseignement, et sut pourtant trouver le temps d'acquérir des connaissances étendues et variées. Il s'occupa surtout des diverses branches de l'histoire; mais il ne se mit que fort tard à écrire, ou du moins à publier ses ouvrages. Nommé un des chapelains ordinaires du roi, il devint ensuite recteur des Allalows, à Londres, et fut placé, en 1788, à la tête de son école, qu'il quitta, en 1801, après avoir obtenu une prébende dans l'église de Westminster. Il fut pourvu bientôt du doyenné de la même église, puis, en 1805, de la cure d'Islip, en Oxfordshire, ce qui lui permit de poursuivre avec plus de facilité ses sav. recherches. Il mourut en 1815, laissant la réputat. d'un érudit modeste, indulgent et charitable. Ses princip. ouvr. sont : *Voyage de Néarque, des bouches de l'Indus jusqu'à l'Euphrate, ou Journal de l'expédition de la flotte d'Alexandre*, etc., contenant l'histoire de la première navigation que des Européens aient tentée dans la mer des Indes; le *Périple de la mer Érythréenne*, 1re partie, contenant un récit de la navigation des anciens, de la mer de Suez à la côte de Zanguebar, accompagné de *dissertations*, 1800; 2e partie, contenant la description de la navigation des anciens, du golfe d'Élana dans la mer Rouge à l'île de Ceylan, 1805. Il donna, en 1807, une édit., corrigée et augmentée, de ces trois ouvr., sous ce titre : *Le commerce et la navigation des anciens dans l'Océan-Indien*, 2 vol.; un 3e, contenant le texte grec des *Indiques* d'Arrien, ainsi que les écrits détachés du doyen de Westminster, parut dans les dernières années de sa vie. Billecocq a trad. en franç. le *Voyage de Néarque*, 1800, in-4, et 3 vol. in-8.

VINCENT (François-Nicolas), fougueux démagogue, né à Paris en 1767, était clerc de procureur lorsque la révolution éclata. Il se précipita dans tous les excès, prit rang dans la faction des cordeliers, plus violente et plus sanguinaire que celle des jacobins, et obtint quelque influence dans les affaires publiques. Après la journée du 10 août 1792, il eut une place de chef dans les bureaux de la guerre, sous le ministre Pache, et, destitué l'année suiv. (1793), par Beurnonville, fut rappelé par Bouchotte, qui fit de lui son secrét.-général. Dans ce poste important, Vincent eut plus d'autorité que le ministre; mais il n'en usa que pour tourmenter la Vendée. Cependant, par une décision du comité de salut public, que provoqua le député Philippeaux, il fut mis en accusation comme l'un des auteurs des échecs qu'avait essuyés l'armée républicaine. Relâché bientôt par l'influence des cordeliers, il fut plus tard enveloppé dans la conspiration d'Hébert, traduit devant le tribunal révolutionnaire, et porta sa tête sur l'échafaud en 1794.

VINCENT (François-André), peintre d'histoire, né en 1746 à Paris, était fils de Franç.-Élie Vincent, peintre de portraits fort en vogue sous Louis XV, et qui, après avoir donné les premières leçons à son fils, le fit entrer à l'école de Vien. Ayant obtenu le grand prix en 1768, il se rendit à Rome comme pensionnaire. Mais la faiblesse de sa santé ne lui permit pas de se livrer à l'étude des gr. modèles avec autant d'assiduité qu'il l'eût fait sans ses souffrances continuelles. De retour à Paris, il fut agrégé à l'acad. en 1777, et, reçu en 1782. A la création de l'Institut, il en fut nommé membre, et mourut en 1816. Ses principaux ouvr. sont : *St Jérôme éveillé par l'ange; le président Molé saisi par les factieux*; c'est son chef-d'œuvre; *Achille luttant contre le Xante; la Piscine miraculeuse; Borée enlevant Orithie; Arie et Pœtus; Henri IV rencontrant Sully blessé après la bataille d'Ivry; Guillaume Tell précipitant Gessler dans le lac*. Ces divers tableaux sont disséminés : aux Gobelins, à St-Cloud, à Rouen, à Toulouse, etc. Ses élèves les plus distingués sont . MM. Thévenin, Horace Vernet, Mauzaisse, etc., etc.

VINCENT (Isabeau), connue dans l'histoire du fanatisme sous le nom de *la Bergère de Crest*, était née vers 1670 dans les montagnes du Dauphiné, et avait été élevée dans la religion réformée. Elle gardait les troupeaux de son parrain, lorsque tout à coup elle s'avisa de se prétendre inspirée et de parler en conséquence. Son nom parvint jusqu'en Hollande, et le ministre Jurieu se chargea de démontrer qu'elle avait été suscitée par la Providence pour la consolation et le soutien de l'Église protestante; mais l'intendant du Dauphiné l'envoya à l'hôpital de Grenoble (1688), et là cette pythonisse avoua tout son manège, dont elle témoigna le plus sincère repentir : elle mena depuis une vie édifiante (v. une *Lettre* de Fléchier au duc de Montausier *sur la Bergère de Crest*, à la fin du t. Ier des *lettres* de ce prélat).

VINCENT DE BEAUVAIS — V. Beauvais.

VINCENT DE LERINS (St), ainsi appelé d'un monastère situé dans une petite île sur les côtes de Provence (aujourd'hui St-Honorat), où Gennade dit qu'il se retira, était, selon ce même auteur, Gaulois de nation. Il paraît qu'il suivit d'abord la profession des armes, et qu'ensuite il occupa dans le monde des emplois distingués. Sa première éducation avait été soignée, et il avait fait de gr. progrès dans les lettres humaines. Arrivé au monastère, il étudia les saintes écritures, lut les ouvrages des PP., et devint un théologien profond. Il doit toute sa célébrité à un petit écrit intitulé : *Commonitorium peregrini* (avertissem. du voyageur ou du pélerin), qui a pour but de préserver les fidèles des nouveautés en matière de foi. Il le composa en 434, trois ans après le concile d'Éphèse, où le nestorianisme fut condamné, et à l'occasion de cette hérésie. On ignore la date précise de la mort de Vincent de Lerins. On sait seulem. qu'il mourut sous le règne des empereurs Valentinien et Théodose-le-Jeune, et par conséquent avant le 29 juillet de l'an 450. Il y a un grand nombre d'éditions du *Commonitorium :* la prem. est de Venise, S. D. On en pourrait compter plus de trente, imprimées à part, et davantage encore dans des recueils et dans les différ. *Bibliothèq. des PP.*, etc. La meilleure est celle de Baluze, 1663.

VINCENT DE PAUL (St), né en 1576 à Ranquines, paroisse de Pouy, diocèse d'Acqs, garda les troupeaux de son père dans son enfance. A l'âge de 12 ans, il entra chez les cordeliers d'Acqs, pour faire ses études, et se trouva bientôt en état de servir de précepteur à de jeunes enfants, ce qui lui permit de continuer son éducation, sans être à charge à sa famille. Cependant, vu l'insuffisance de ses ressources, il fut obligé de s'y prendre à deux fois pour faire son cours de théologie à Toulouse. Dans un voyage qu'il fit par mer de Marseille à Narbonne, il fut pris par des pirates et vendu à Tunis. Il y eut trois maîtres, dont le dernier était un renégat, qu'il eut la gloire de rendre à sa patrie et à sa religion, en le déterminant à prendre la fuite (1607). Vincent ne tarda pas à se fixer à Paris, où il s'occupa d'œuvres de charité : ce fut ce moment que l'on choisit pour l'accuser d'avoir volé une somme considérable au juge de Sore, son commensal et son ami; mais cette absurde accusation, qui pesa pendant six ans sur le saint personnage, ne servit qu'à mettre au grand jour sa patience vraiment évangélique. Nommé, en 1610, aumônier ordinaire de Marguerite de Valois, il passa l'année suiv. en retraite, sous la direction de Pierre de Bérulle, prit possession en 1612, de la cure de Clichy, et la quitta, en 1613, pour se charger de l'éducation des trois fils de Philippe de Gondi, comte de Joigny, dont l'un (le cardinal de Retz) fut dep. célèbre dans les troubles de la Fronde. Ce fut en 1617 que Vincent, après avoir donné la mission à Folleville, dans le diocèse d'Amiens, et préludé ainsi à toutes celles qu'il fit dans la suite, quitta la maison du comte de Joigny pour aller desservir la cure de Châtillon-les-Dombes. Il rentra, à la fin de cette même année, chez le comte ; mais il avait eu le temps de réformer de grands abus dans sa cure, d'y faire beaucoup de bien et d'y instituer une *confrérie de charité*, modèle de toutes celles qui s'établirent en France. Il entreprit plus. missions, d'abord à Villepreux, puis dans les diocèses de Beauvais, de Soissons et de Sens, et employa ses loisirs à améliorer le sort des criminels condamnés aux galères. Louis XIII, étonné de ses succès merveilleux dans cette pieuse entreprise, l'établit aumônier réal ou général des galères de France (1619). En 1623, il établit à Mâcon deux confréries de charité, une pour les hommes et l'autre pour les femmes, puis il fonda la congrégation de la mission, spécialement *destinée à instruire les peuples de la campagne, et à former au saint ministère ceux à qui le salut de ces mêmes peuples devait un jour être confié* : l'acte de cette fondation date de 1625. En 1632, il céda aux longues et vives instances d'Adrien Lebon, prieur de St-Lazare, qui lui offrait sa maison et ses biens pour concourir à l'instruction et au soulagement des habitants de la campagne ; mais, malgré sa prudente réserve dans cette affaire, et quoiqu'il eût pris l'avis des docteurs les plus éclairés, il eut un procès à soutenir contre les chanoines de St-Victor : heureusement il le gagna, et put continuer, avec plus de moyens de succès, sa bienfaisante carrière. Pénétré de douleur à la vue des maux enfantés par l'ignorance et la corruption des prêtres, il résolut d'y apporter un remède efficace, et institua dans ce but (1633) les conférences des mardis, où il parlait souv. avec une admirable simplicité, et qu'il surveillait avec une vigilance toute paternelle. En 1634, il forma l'établissement des filles de la charité, si respectées aujourd'hui encore dans le monde pour les services qu'elles rendent à l'humanité. En même temps, il organisait une compagnie de dames chargées de prendre un soin particulier des malades de l'Hôtel-Dieu. Les fléaux de la guerre, de la peste et de la famine, qui se réunirent pour ravager la Lorraine pendant une partie du gouvernement du duc Charles IV, fournirent à Vincent une occasion de signaler son zèle : il fit distribuer dans cette malheur. province, avec une étonnante promptitude et au milieu d'incroyables dangers, des aliments, des remèdes, des vêtem. et de l'argent pour 2 millions. Il assista Louis XIII dans ses derniers moments (1643), fut ensuite nommé par la régente Anne d'Autriche, président du conseil de conscience, et contribua de tout son pouvoir à introduire le calme et l'ordre dans l'Église de France et la réforme dans plusieurs ordres monastiques. En 1648, il fixa le sort des enfants trouvés, qu'il avait recueillis dans div. maisons, mais qui se trouvaient sur le point de retomber dans leur premier état de misère. Lorsque les troubles de la Fronde éclatèrent, il fut, en sa qualité de membre du conseil, entraîné dans le parti de Mazarin : sa modération déplut également et aux ministériels et aux frondeurs ; mais la désolation que portèrent les discordes civiles dans les environs de Paris, dans la Picardie et dans la Champagne, mit encore une fois au grand jour son inépuisable bienfaisance. En 1653, avec les fonds d'un habitant de Paris, dont il a seul connu le nom, il établit l'hospice du nom de Jésus pour 80 vieillards de l'un et de l'autre sexe, et donna ainsi l'idée d'un établissement plus étendu, celui de la Salpêtrière, qui s'ouvrit, en 1657, pour environ cinq mille mendiants. Dès cette époque, la santé du pieux Vincent était bien affaiblie; mais aucune œuvre utile ne se faisait sans sa participation, et on le regardait comme le père des pauvres et l'*intendant de la Providence*. Il mourut à St-Lazare le 27 sept. 1660, honoré des regrets unanimes des grands, du peuple, de la cour et de la ville. Canonisé par Clément XII en 1737, sa fête est fixée au 19 juillet. Le recueil des pièces qui ont servi à sa béatification et à sa canonisation a été impr., Rome, 1709, in-4. Il a laissé quelques écrits : *Regulæ seu constitutiones communes congregationis missionis*, Paris, 1658, in-16. — *Conférences spirituelles pour l'explication des règles des sœurs de la charité*, Paris, 1826, in-4. — *Correspondance avec les prêtres de la congrégation de la mission, et une infinité d'autres personnes*, MS. — *Lettre au pape Alexandre VII, pour solliciter la canonisation de François de Sales, prince-évêque de Genève.* Il existe trois *Vies* de St Vincent de Paul : l'une par Abelly, l'autre par Collet (*v.* ces noms); la 3e par M. B. Cappefigue, Paris, 1827, in-8 et in-12 : ce dernier ouvrage a remporté le 1er prix de fondat. roy. à la société cathol. des bons livres pour l'année 1826. — V. Ferrier et Saint-Vincent.

VINCI (Léonard de), peintre célèbre de l'école florentine, né au château de Vinci, près de Florence, en 1452, fut comblé par la nature des dons les plus précieux. Beau, bien fait, doué d'une force corporelle dont on avait peu d'exemples, il joignait à ces avantages des dispositions extraordin. pour les arts et les sciences. Non content d'exceller dans l'escrime, l'équitat., la musique et la danse, il avait acquis, dès sa prem. jeunesse, des connaissances assez étendues en mathématiques, en physique, en philosophie et dans toutes les branches de la littérat. Mais son goût dominant fut pour la peinture. Il eut pour premier maître André Verocchio, artiste distingué de Florence, qu'il ne tarda pas à surpasser. Il se rendit à Milan en 1489 pour y fondre une statue équestre que Ludovic Sforza voulait élever à son père, le duc François; mais il fit le modèle de ce monument dans une proportion tellement colossale, que la fonte en bronze, du moins on le présume, fut jugée inexécutable. Il se distingua dès lors comme mécanicien, ingénieur et architecte, et acheva pour son protecteur beauc. d'ouvrages, par lesquels il justifia son titre de direct. de l'acad. de peinture et d'architecture que ce prince venait de fonder. Ce fut à cette époq., et par ordre exprès de Ludovic, qu'il peignit, dans le réfectoire des dominicains à Milan, ce célèbre tableau de la Cène, qui passe pour son chef-d'œuvre et excite encore aujourd'hui l'admiration de tous les artistes. Lors de l'invasion du Milanais par Louis XII, Léonard reçut de ce vainqueur généreux toutes sortes de bons traitements; mais pourtant il ne goûta pas, sous la domination française, la tranquillité d'esprit qu'exige la profession des arts, et finit par retourner à Florence, où le sénat le chargea de peindre avec Michel-Ange la salle du conseil. L'émulation dont ils se piquèrent enfanta les deux gr. cartons d'esquisses, dont il est tant parlé dans l'hist. de la peinture, et qui servirent à former, pendant plus de cinquante ans, les artistes les plus distingués. Celui de Vinci représentait la défaite de Nicolas Piccinino, l'un des plus gr. généraux de l'Italie. Quoique alors Léonard fût presque sexagénaire, et que son rival eût à peine 30 ans, la victoire demeura indécise. Peu satisfait de Léon X, après avoir fait quelq. courses de Rome à Florence et de Florence à Parme ou à Milan, il écouta les propositions de François Ier, et se rendit auprès de lui en 1515. Il reçut de ce prince l'accueil le plus honorable, et, logé par le roi dans le palais de Clou à Amboise, il y resta jusqu'à sa mort arrivée en 1519. Le récit qui le fait expirer entre les bras de François Ier n'est rien moins que prouvé. Avec une âme noble et généreuse, des mœurs pures et un esprit gracieux et aimable, ce gr. artiste avait une susceptibilité d'amour-propre qui ressemblait parfois à de la jalousie. Les talents supérieurs que lui ont reconnus d'habiles juges auraient dû le préserver d'une telle faiblesse. Quoiqu'il ait été surpassé par quelques génies privilégiés, il n'en demeure pas moins le premier des peintres modernes qui ait eu le sentiment du beau et en ait su fixer les principes. Son goût sévère, sa patience à poursuivre la perfect. par de lents et continuels trav. et par une exactitude souv. minutieuse, et enfin le mérite qu'il eut de réunir, dans le très petit nombre de ses productions, les bons exemples aux bons conseils, l'ont fait regarder avec quelque raison comme le Boileau de la peinture. Il n'est pas irréprochable toutefois, comme coloriste et comme dessinateur, et cela vient surtout du désir qu'il avait de terminer les objets jusque dans leurs plus petits détails, et d'en arrêter les contours avec une précision qui ressemble souvent à de la sécheresse; mais il partage avec Raphaël l'honneur d'avoir peint les têtes de vierges les plus belles et les plus touchantes. Comme statuaire, il a laissé de superbes chevaux en relief, un admirable modèle de *J.-C. dans sa jeunesse*, et d'autres ouvr. remarquables. Comme ingén., il est admiré encore aujourd'hui pour le succès inespéré et presque miraculeux avec leq. il opéra la jonct. du canal de Martesana à celui du Tésin, pour son plan d'un canal de navigation de Florence à Pise, etc. Il excella aussi dans l'architecture militaire, au point que, après la chute de Ludovic Sforza, le duc Valentin lui confia une autorité absolue sur les fortificat. du Milanais. Il étudia l'anatomie avec beauc. d'ardeur, et fit même faire des progrès à cette science. Enfin, n'eût-il fait que cultiver les belles-lettres et la poésie, il eût encore mérité l'attention de ses contemporains. Les peintres lisent avec fruit son traité *della Pittura*, imprimé en 1651 pour la prem. fois par les soins de Trichet-Dufresne, et trad. en français la même année par Fréard de Chambray; mais à cette traduction, on préfère celle qu'a publiée Gault de St-Germain en 1803. Une très belle édit. in-4 du même traité italien a été dédiée à Louis XVIII en 1817 par M. Manzi, conservat. de la bibliothèq. Barberini, à Rome. On y trouve une *Vie* incomplète de Léonard. Les MSs. de ce grand artiste ont été recueillis en 13 vol., dont 12 appartiennent à l'Institut de France : le 13e est à la biblothèque du roi. Le musée possède de lui 9 tabl. : le *Portrait de Charles VIII*, celui d'une femme, présumé celui de *Lucrèce Crivelli*; celui de *Lisa del Giocondo*, célèbre sous le nom de *la Joconde*; un *St Jean-Baptiste*; la *Vierge aux genoux de Ste Anne*; une sainte famille, vulgairem. connue sous le nom de la *Vierge aux rochers*; l'*archange St Michel* présentant à Jésus la balance des bonnes et des mauvaises actions; *Jésus recevant la croix de jonc* que St Jean lui présente, et enfin un *Bacchus assis*. Presque tous les tableaux de Léonard ont été gravés par des artistes distingués. Le musée possède en outre 8 dessins de ce maître, dont plus. ont été gravés à l'eau forte par le comte de Caylus.

VINCIGUERRA (MARC-ANTOINE), poète satiriq. italien, florissait vers la fin du 15e S. On n'a presq. aucun détail sur les circonstances de sa vie; on sait seulem. qu'il occupa long-temps la place de secrétaire de la république de Venise, et qu'il remplit avec habileté et succès div. missions importantes. Il ne nous reste de lui qu'un recueil de satires d'environ dix-huit cents vers, et rien ne porte à croire qu'il en ait publié davantage. On le regarde comme le créateur de la satire en Italie, quoique plus d'un poète s'y fût signalé, depuis la renaissance des lettres, par des traits satiriques, plus que satiriques, peut-être. En effet, Vinciguerra ne se permet point de personnalités et n'a pas même recours aux allusions ou aux pseudonymes pour désigner les personnages ridicules ou vicieux : réserve louable sans doute, mais qui réduit ses poésies, malgré leurs titres, à n'être plus que des chapitres de morale et de philosophie religieuses. Ses satires sont écrites en *terza rima* ou *terzine*. Le style n'en est point irréprochable : on y remarque un peu d'âpreté et de sécheresse, de fréquents hellénismes, des mots purement latins bannis depuis de la langue italienne, et d'autres défauts qui sont plutôt ceux du temps que ceux de l'écrivain : mais on y admire aussi de belles et rares qualités. Ces satires, imprimées pour la prem. fois à Bologne, 1495, in-4, sous ce titre: *Opera nuova di M. Vinciguerra*, et à Venise, 1517, in-12, puis 1527, in-8, furent insérées avec celles d'Arioste, Bentivoglio, Alamanni, Nelli, etc., par Fr. Sansovino, dans son *Recueil de satires* (*Sette libri di satire*, etc.), Venise (1560), petit in-8 (v. la *Biblioth.* de Fontamini, augmentée par Ap. Zéno, etc. Parme, 1803 et 1804, t. II, p. 91, note C.).

VINDEX (C.-JULIUS), général gaulois, dont le père avait été revêtu de la dignité de sénateur et qui comptait des rois parmi ses ancêtres, employa contre Néron la gr. influence que lui donnaient ses talents, ses vertus et sa charge de propriétaire de la Séquanie. Il jura de délivrer l'empire du monstre qui le déchirait, et se trouva bientôt à la tête d'une armée d'Éduens, d'Arvernes et de Séquanais, disposés à soutenir les prétentions de Galba. L. Rufus Verginius ou Virginius reçut l'ordre de combattre les Gaulois et marcha sur Besançon, dont il fit le siége. Vindex vola au secours de cette ville, et, dans une entrevue qu'il eut avec Verginius, détacha ce général de la cause de Néron ; mais l'armée romaine, ignorant cet accord, tomba à l'improviste sur les Gaulois et en fit un horrible massacre. Vindex se tua de désespoir l'an 69, et ne vit pas le triomphe de Galba, son protégé.

VINDING (ÉRASME), né en 1615 à Vinding en Zélande, d'où il a pris son nom, et mort en 1684 à Copenhague, fut profess. de grec, d'histoire et de géographie dans l'univ. de cette ville; il remplit plus. fonctions élevées dans la magistrature, et eut la plus gr. part à la réformation des lois du Danemarck. On citera de lui : *Antiquæ Græciæ populorum origines, migrantes,* etc. dans les *Antiquités grecques* de Gronovius. — VINDING (Paul), fils du précédent, mort conseiller d'état en 1712, à l'âge de 54 ans, suivit la même carrière que son père. On cite de lui une traduct. latine, avec des *notes* d'un traité du *Talmud*. — VINDING (Érasme), fils du précéd., mort jeune en 1723, étant conseiller royal de justice et de la chancellerie, s'était annoncé dans la carrière des lettres d'une manière avantageuse.

VINDIUS (VÉRUS), célèbre jurisconsulte, fut admis dans les conseils d'Antonin-le-Pieux, et prit part à la rédaction des lois sages qui honorèrent le règne de ce prince. Le nom de Vindius est cité fréquemment au Digeste (v. les *Vies des jurisconsultes*, par Taisand, 572).

VINET (ÉLIE), l'un des plus savants hommes du 16e S., né dans un village voisin de Barbezieux vers 1519, remplit long-temps avec zèle et succès les fonctions de principal du collége de Bordeaux, et mourut en 1587. Outre des éditions corrigées et enrichies de notes des OEuvres de Sidoine Apollinaire, des traités de la *Sphère* de Proclus et de Sacrobosco, d'*Eutrope*, de *Perse*, d'*Ausone*, etc., plus. traductions latines et françaises, on a de lui quelq. écrits originaux, parmi lesq. on distingue : *Discours sur l'antiquité de Bordeaux et de Bourgsur-Mer*, Bordeaux, 1565, in-4 ; 1574, in-4. — *L'Arpenterie*, ouvrage de géométrie enseignant à mesurer les champs, etc., ibid., 1577, in-4 ; 1583, in-4 (v. un *Éloge* de Vinet, par Ch. Pascal, dans les éditions d'*Ausone*, avec les notes de ce savant, Bordeaux, 1590, 1604, in-4 ; un autre par Gabr. de Lurbe dans l'ouvr. *De illustribus Aquitaniæ viris*, 143, et un 3e par M. Joannet, couronné par l'acad. de Bordeaux et impr. à Périgueux, 1816, in-8).

VINNE (VINCENT Van der), peintre, né à Harlem en 1629, se forma en copiant des estampes avec le plus grand soin et avec une facilité étonnante. Il entra ensuite dans l'école de Fr. Hals, puis il voyagea en Allemagne, en Suisse et en France. De retour à Harlem en 1655, il s'exerça dans tous les genres : plafonds, paysages, portraits, enseignes même, il ne dédaignait aucune espèce d'ouvrage, pensant que l'on ne pouvait déroger en imitant Rubens, qui lui-même avait peint une enseigne pour la ville d'Anvers ; mais van der Vinne fit trop d'enseignes, et c'est d'autant plus regrettable qu'il avait d'excellentes qualités. Il mourut en 1702, laissant trois fils, Laurent, Jean et Isaac, qui cultivèrent la peinture avec moins de succès que lui.

VINNIUS (ARNOLD VINNEN, plus connu sous le nom de), célèbre jurisconsulte hollandais, né en 1588, prit le grade de docteur en droit à Leyde, et remplit les fonctions de recteur du collége des humanités à La Haye, de 1619 à 1633, époque à laq. il fut pourvu de la chaire du digeste à Leyde. Il mourut en 1657, à l'âge de 70 ans. A une connaissance profonde des langues grecque et latine, du droit et des antiquités, il joignait beaucoup de jugement et de pénétration, et l'art d'éclaircir les matières les plus embrouillées. Ses princip. ouvr. sont : *Institutionum imperialium commentarius*; c'est encore le meilleur commentaire des instituts ; il en existe une foule d'éditions in-4, parmi lesq. on distingue celles d'Amsterdam, Elzevirs, 1665, et de Leyde, 1709. — *Institutiones Justiniani cum notis*, Leyde ou Amsterdam, Elzevirs, 1646, 1652, 1669, in-12; Paris, 1800, 2 vol. in-12. — *Selectarum quæstionum juris civilis libri II, cum tractatibus de pactis*, etc., Utrecht, 1722, in-4; Lyon, 1746, 1755, 1761, 1767 et 1777, 2 vol. in-4. — VINNIUS (Simon), fils du précéd., reçu docteur en droit à l'acad. de Leyde, mort en 1653, à la fleur de son âge, n'est connu que par deux *Thèses* impr. avec les ouvrages de son père.

VINOT (MODESTE), fils d'un avocat de Nogent-sur-Aube, entra dans l'Oratoire en 1689, et professa avec beaucoup de talent dans plus. colléges de sa congrégation. L'archevêque de Tours voulant l'attacher à son diocèse, le nomma chanoine de sa cathédrale. Il mourut en 1731. Parmi les écrits qu'il a laissés, on distingue une traduct. en vers latins de plusieurs fables de La Fontaine, composée de concert avec le P. Tissard, et publ. en 2 vol. in-12. L'abbé de Saas en donna une 2e édition en 1738 à Rouen, sous la rubrique d'Anvers, et il y en eut une 3e en 1761.

VINSON (l'abbé PIERRE), né à Angoulême en 1762, refusa de prêter le serm. en 1791, et, pour éviter la persécution, prit le parti de se retirer en Espagne, puis en Angleterre, où il forma à Londres un établissement fort ingénieux pour l'enseignem. de l'astronomie. Rentré en France en 1814, il mourut à Paris en 1820. De toutes ses product. assez nombreuses, mais qui n'offrent plus d'intérêt, nous ne citerons que les suiv. : *le Concordat expliqué au roi, suivant la doctrine de l'Église, et les réclamations canoniques des évêques légitimes de France, suivi du précis historique de l'enlèvem. de N. T. S. P. le pape Pie VII, de ses souffrances, de son courage et des principaux événements de sa captivité*, 1816, in-8; cet ouvrage fut déféré aux tribunaux, et l'auteur condamné correctionnellement à trois mois de prison. Lors de son procès, il publia un *Mémoire justificatif*, qui fut saisi, et un autre mémoire sous le titre d'*Appel au tribunal de l'opinion publique*.

VINTIMILLE (JACQUES, comte de), sav. illustre du 16e S., dont la famille s'était réfugiée à Rhodes, était fort jeune encore lorsque cette île tomba au pouvoir de Soliman Ier en 1522. Dans les désordres qui suivirent l'entrée des janissaires, il perdit son père et sa mère, et fut embarqué sur un navire qui ramenait en France un grand nombre de chevaliers. Il s'y livra à des études assidues, d'abord à Lyon, puis à l'université de Pavie, voyagea ensuite en Espagne, en Italie, en Afrique, et servit quelque temps avec distinction. La connaissance profonde qu'il acquit des mathématiq., des langues vivantes, du dessin, de la peinture et de l'architecture, lui valut l'estime des littérateurs les plus distingués de son temps et la protection de François Ier et de Henri II, qui le nomma conseiller au parlement de Dijon. Il mourut dans cette ville en 1582, assez avancé en âge. On lui doit des traductions de la *Cyropédie*, Paris, 1547, et d'*Hérodien*, 1581, in-4.

VINTIMILLE DU LUC (CHARLES-GASPAR de), archev. de Paris, né en 1655, fut d'abord nommé évêque de Marseille en 1692, remplaça sur le siége d'Aix M. de Cosnac, et passa sur celui de Paris après la mort du card. de Noailles en 1729 : c'était l'époque des querelles du jansénisme. Le nouveau prélat, également éloigné de l'exagérat. des deux partis, aurait voulu les réconcilier ; mais il avait un caractère trop faible pour une pareille mission, et il se laissa diriger par le cardin. de Fleury, alors ministre et tout-puissant. Il fit une chose agréable aux amis de la religion en faisant fermer, au nom du roi, le cimetière de St-Médard en 1732; mais quelque temps après, il montra moins de sagesse en publiant contre les *Nouvelles ecclésiastiq.* un mandem. dont les principes ultramontains auraient encouru une condamnation du parlement, sans l'opposition formelle de la cour. Il mourut à Paris en 1746. On n'a de lui que des *Mandem., Lettres, Instructions pastorales*, etc., dont on trouve quelques-uns dans le *Journ. de Verdun*, ann. 1729-46. Le diocèse de Paris lui doit la publication du nouv. Bréviaire. — La comtesse de VINTIMILLE DU LUC, fille de ce marquis de Mailly de Nesle, dont la famille paraissait réservée à fournir des maîtresses à Louis XV, fut devancée dans la faveur de ce prince par sa sœur aînée, la comtesse de Mailly, avec qui elle fut obligée de partager l'empire qu'elle s'était flattée de posséder toute seule, puis eut une autre associée dans sa sœur, la duchesse de Lauraguais, mais travailla avec assez de succès à supplanter ces deux rivales : elle avait, pour dominer, l'avantage que peuvent donner une rare beauté et un caractère hautain, froid et ambitieux. Le roi, la voyant enceinte, la fit épouser au comte de Vintimille du Luc, neveu de l'archevêque de Paris (1739). Déjà la cour se pressait autour d'elle comme autour d'une favorite déclarée, lorsqu'elle mourut subitement à la suite d'un accouchement laborieux (1741). On cria, mais probablement sans raison, à l'empoisonnement.

VINTIMILLE-LASCARIS-CASTELARD (Paul de), grand-maître de Malte, né en 1560, élevé à la souveraineté en 1636, mort en 1657, eut à diriger les affaires de son ordre dans des circonstances bien difficiles. Le pape Urbain VIII, le roi de Pologne Vladislas IV, le duc de Montalte, vice-roi de Sicile, et les autres officiers du roi d'Espagne, paraissaient travailler comme de concert à le priver de ses faibles ressources. Le grand-maître éleva des fortifications, frappa de nouvelles monnaies, fit un emprunt à la banque de Gênes, se concilia l'amitié du pape, se fit respecter de l'Espagne par son attitude ferme, et vit ses chevaliers se signaler par leurs expéditions contre les corsaires et les Turks, et faire lever le siége de Candie, entrepris sous Ibrahim et poursuivi sous Mahomet IV. Le reste du règne de Vintimille n'offre rien de remarquable que l'acquisition pour l'ordre de l'île St-Christophe en Amérique, et l'établissement à Malte d'une bibliothèque publique.

VINUESA (dom Mathias), prêtre espagnol, occupait la cure de Tamajon à l'époque de l'invasion de l'Espagne par les Français en 1808. C'était un homme d'un esprit médiocre; il prit une part active à l'opiniâtre résistance de ses compatriotes, et n'épargna ni fatigues, ni écrits, ni prédications pour animer le peuple contre Napoléon et ses partisans. Au retour de Ferdinand VII, il signala son aversion pour les cortès de Cadix par plusieurs brochures politiques et théologiques, dont l'une est intitulée: *Préservatif contre l'esprit public de la Gazette de Madrid*. Son zèle pour les immunités ecclésiastiq. et pour les doctrines ultramontaines, lui valut les places d'archidiacre de Taragona et de chapelain d'honneur de sa majesté catholiq.; qu'il exerçait encore au commencement de la révolut. de 1820. Il publia alors une proclamation au peuple espagnol, dans laq. il exposait jusqu'aux détails les plus minutieux les mesures qu'il croyait propres à renverser le système constitutionnel. Il fut emprisonné, jugé et condamné à 10 ans de galères (1821). Des furieux, auxquels cet arrêt parut trop doux, se transportèrent à la prison de Vinuesa et l'assommèrent à coups de marteaux.

VIOLE (dom Daniel-George), bénédictin de la congrégation de St-Maur, né à Soulairs, diocèse de Chartres, en 1598, mort à l'abbaye de St-Germain d'Auxerre en 1669, avec la réputation d'un saint et savant religieux, a laissé plusieurs ouvr. imprimés ou MSs., parmi lesquels on citera: *la Vie et les miracles de St Germain, évêque d'Auxerre*, avec un *Catalogue* des hommes illustres de la ville et du diocèse, Paris, 1654, in-4 (v. l'*Hist. littér. de la congrégat. de St-Maur*, par D. Tassin, 69).

VIOMÉNIL (Antoine-Charles Du Houx, baron de), né en 1728 à Fauconcourt en Lorraine, entra au service dès l'âge de 15 ans, fit successivement, et dans divers grades, la guerre de Flandre (1747), les campagnes de Hanovre, celles de Corse, sous le marquis de Chauvelin et le maréchal de Vaux, alla en Pologne en 1770 soutenir le parti de la confédération contre les Russes, puis en Amérique (1780), et y commanda en second sous Rochambeau. Il était lieutenant-général et grand'croix de St-Louis lorsqu'à son retour en France, après la conclusion de la paix, il fut nommé gouverneur de La Rochelle. Employé en 1789 à l'armée que l'on réunit auprès de Paris, il se déclara constamment pour les mesures violentes; dont il s'exagérait le pouvoir, contre le grand mouvement de la révolution. Il scella de son sang son dévouement à la cause royale. Blessé en défendant les Tuileries au 10 août 1792, il mourut la même année des suites de cette blessure. On a imprimé les *Lettres particulières du baron de Vioménil sur les affaires de Pologne en 1771 et 1772*, Paris, 1808, in-8. — Vioménil (Charles-Joseph-Hyacinthe Du Houx de), maréchal de France, frère du précéd., né en 1734 à Ruppe, en Lorraine, assista à la bataille de Lawfeld et au siége de Berg-op-Zoom avant d'avoir achevé son éducation, qu'il alla continuer à l'école des cadets de Lunéville. Rentré dans la carrière des armes, il fit la guerre de sept ans avec distinct. comme aide-de-camp de Chevert; puis les campagnes de Corse sous le maréchal de Vaux; et fut nommé brigadier en 1770, maréchal-de-camp en 1780. Il servit en cette qualité sous Rochambeau en Amérique, obtint le gouvernement de la Martinique et des Iles-du-Vent en 1789; et sut y étouffer plusieurs insurrections. De retour en France l'année suiv., il ne tarda pas de rejoindre les drapeaux de Condé, et fit toutes les campagnes de ce corps. Il servit ensuite en Russie, puis en Portugal, où il organisa l'armée de Jean VI, qui l'avait nommé son maréchal-général, et se retira en Angleterre en 1808, cédant la place aux Français victorieux. Revenu en France en 1814, il fut appelé à la chambre des pairs, suivit Louis XVIII dans son second exil, et à son retour fut commandant de la 11e, puis de la 13e division, reçut le bâton de maréchal en 1816, et mourut à Paris en 1827. Son *Éloge* a été prononcé à la chambre par M. le duc de Damas-Cruz. — Vioménil (le chevalier Antoine-Louis Du Houx de), parent des précédents, né en 1745, marcha sur leurs traces, accompagna l'aîné en Pologne, fut son 1er aide-de-camp en Amérique, et mourut quelques années plus tard.

VIONNET (George), jésuite, né à Lyon en 1712, mort en 1754 dans la même ville, où il avait professé huit ans la rhétorique avec beauc. de succès, est connu par quelq. poésies latines, parmi lesq. on distingue: *Musæum nummarium*, Lyon (ou Aix), 1734, in-8, reproduit dans le supplém. aux *Poemata didascalica*, Paris, 1813, in-12 (v. *les Lyonnais dignes de mémoire*, II, 379).

VIOT (Marie-Anne-Henriette PAYAN DE L'ÉTANG, DE BOURDIC), née à Dresde en 1746, de parents mal partagés des biens de la fortune, à 15 ans épousa le marquis d'Antremont, qui la laissa veuve deux ans après. Dès lors elle composait avec facilité des vers pleins de naturel et d'élégance.

Elle apprit ensuite les langues, et lut avec enthousiasme les meill. aut. dans leur idiome. Remariée au baron de Bourdic, major à Nîmes, elle s'occupa surtout de poésie et de musique, et fut reçue à l'acad. de cette ville en 1782, sur la présentation d'un *Éloge de Montaigne*. Veuve pour la 2e fois, elle épousa Viot, administrateur des domaines, et vint habiter Paris. Cette dame mourut en 1802, près de Bagnols. On a d'elle plusieurs pièces dans l'*Almanach des Muses* : une *ode au Silence*, qui fut fort goûtée ; la *Forêt de Brahma*, opéra mis en musique par Éler, et dont la censure dramatique ne permit pas la représentation.

VIOTTI (BARTHÉLEMI), professeur de médecine à l'université de Turin, né vers le commencement du 16e S., n'est connu que par le traité qu'il publia en 1555 sous ce titre : *De balneorum naturalium viribus libri IV*.

VIOTTI (JEAN-BAPTISTE), célèbre violoniste, né à Fontaneto, près de Turin, en 1755, reçut de Pugnani, son compatriote, les premières leçons de son art ; mais il apprit l'harmonie d'un professeur fort ordinaire. Cepend. à 14 ans, il avait composé un concerto dont la partition est régulière, et qui se fait déjà remarquer par le style. Il quitta sa patrie à l'âge d'environ 22 ans, pour parcourir avec Pugnani presque toutes les cours du nord. Partout les deux artistes furent accueillis avec la distinction que méritait leur talent, Viotti, plus encore que Pugnani, dont la figure grotesque et les manières bizarres contrastaient avec l'élégance et l'heureuse physionomie de son élève. A Berlin, ils se séparèrent, et Viotti se rendit à Paris, où sa réputation l'avait précédé. Il débuta avec éclat au *concert spirituel* en 1782, quoiqu'il n'eût pas encore tout le fini d'exécut. qui le distingua depuis ; mais ses composit., trop mâles et trop substantielles, ne furent pas appréciées d'abord à leur juste valeur. Cepend., comme le vrai beau reprend toujours ses droits, en moins de dix années ses ouvr. se répandirent dans toute l'Europe et firent tomber la vogue de Jarnowick et de ses imitateurs. Il ne se fit entendre que deux ans aux concerts spirituels. Pour avoir éprouvé une fois la capricieuse indifférence du public, il ne reparut plus que dans de rares occasions, et toujours chez ses amis, parmi lesquels il comptait les personnes les plus distinguées dans les hautes classes. En 1786, Léonard, coiffeur de Marie-Antoinette, ayant obtenu, par la protect. de cette princesse, le privilége de l'Opéra-Italien, s'associa Viotti, qui plaça tous ses fonds dans cette entreprise. Elle ne prospéra pas, et bientôt il se trouva sans autre ressource que son talent. Il partit pour Londres en 1792, dans le dessein d'y refaire sa fortune, joua dans les concerts, s'intéressa dans l'administrat. de l'Opéra-Italien, et fit même le commerce des vins sans amasser beaucoup d'argent. Quoiqu'il fût à peu près étranger à la politique, l'envie réussit à le faire passer pour suspect, et la police lui enjoignit de quitter l'Angleterre. Il vint alors habiter une maison de campagne, près de Hambourg, que lui offrit généreusement un Anglais qui ne le connaissait que de nom. Lorsque l'orage fut passé, cédant aux instances de ses amis, il retourna en Angleterre ; mais la France était l'objet constant de ses regrets. Il y fit trois voyages, en 1802, 1814 et 1818, y fut accueilli chaque fois avec enthousiasme, et, désirant s'y fixer, accepta la direct. de l'Académie royale de musique. Mais il n'était pas né pour l'administration, et le poids de celle-ci accabla ses dernières années. Il mourut en 1824 pendant un voyage en Angleterre. L'influence de Viotti sur l'école moderne d'exécut. music. est si grande, que l'on peut dire que tous les violons qui se distinguent aujourd'hui sont ses élèves, puisqu'il a servi de modèle à ceux dont il n'a pas été le maître. Ses ouvrages gravés sont : 29 *concertos* pour violon ; 2 *symphonies concertantes* ; 36 *duos* de violon, dont font partie ceux qu'il a dédiés à ses amis, ainsi que 6 *sérénades* pour deux violons ou pour piano et violon, ou pour violon et flûte ; 21 *trios*, parmi lesquels on en trouve trois arrangés par Cherubini, son ami, pour piano et violon ; 17 *quatuors*, dont deux sont des concertos mis en quatuors par l'auteur lui-même ; 3 *divertissements* ou *nocturnes* pour violon et piano ; 1 *concerto* pour piano, arrangé ensuite pour violon ; enfin une *sonate* pour piano. La *Notice sur J.-B. Viotti*, par Baillot, est pleine d'intérêt.

VIPERANO (JEAN-ANTOINE), littérateur, né à Messine vers 1540, prit l'habit ecclésiastique, et, après avoir passé par div. fonctions, fut appelé, en 1588, à l'évêché de Giovenazzo dans la Pouille, qu'il gouverna avec beauc. de zèle et de prudence jusqu'à sa mort en 1610. Ses OEuvres ont été recueillies, Naples, 1606, 3 vol. in-fol. On trouve une liste étendue de ses écrits dans la *Biblioth. sicula* de Mongitore, t. I, p. 521, et dans les *Mém.* de Niceron, t. XXV, p.198.

VIRDOU (le P.), religieux carme, né à Saumur, mort au couvent des Billettes à Paris, en 1674, publia, sous le nom de *Licinius de Sainte-Scolastique*, div. écrits contre les jansénistes. Parmi ses autres ouvr. on cite : *De scientiis acquirendis tam divinis quàm humanis*, Paris, 1644.—*Vie du P. Philippe Thibault, auteur de la réforme des carmes de l'observ. de Rennes*, ib., 1675.

VIRET (PIERRE), célèbre théologien et l'un des chefs de la réforme en Suisse, né en 1511 à Orbe, contribua beaucoup à bannir de Genève le culte catholique. Nommé pasteur à Lausanne en 1536, il fut rappelé à Genève en 1541 pour y exercer les fonct. du ministère en l'absence de Calvin ; mais il retourna, dès qu'il le put, à Lausanne, où sa douceur et ses talents l'avaient fait chérir de tous les habitants. L'affaiblissement de sa santé l'obligea de se rendre à Nîmes, d'après le conseil des médecins ; il vint ensuite à Montpellier, puis à Lyon, où les intérêts de ses coreligionnaires l'arrêtèrent plus. années. Banni de cette ville comme séditieux en 1565, sur la dénonciation du P. Auger contre lequel il avait soutenu quelques thèses, il partit pour Orange, et de là pour le Béarn sur l'invitation de Jeanne d'Albret, et mourut à Orthez en 1571. Parmi ses nombreux ouvr., dont 29 sont cités par Niceron, nous nous contenterons d'indiquer les suivants : *De origine, continuatione, usu, auctoritate atque præstantiâ ministerii verbi Dei et sacramentorum*, Genève, 1554, in-fol. — *Satires chrétiennes de la cuisine papale* (Genève), Conrad Badius, 1560, in-8 de 132 pages, livre singulier et le plus rare de tous ceux de Viret.

VIREY (CLAUDE-ÉNOCH), né en 1566 à Sassenay en Bourgogne, se fit recevoir avocat au parlement de Dijon, devint secrétaire de Henri de Condé, qu'il suivit en Flandre, en Allemagne et en Italie, et finit par acheter une charge de secrét. du roi à Châlons, dont il fut cinq fois maire, et où il mourut en 1636. On a de lui des *Harangues* et autres pièces, insérées dans le *Mercure français*, t. XIV et XV; un poème de la *Virginité*, et d'autres poésies latines et françaises. — VIREY (Pierre), religieux de Cîteaux, mort en 1497, après avoir été successivement abbé de Châlis et de Clairvaux, est auteur, s'il faut en croire le P. Jacob, d'une *Vie de St Guillaume*, abbé de Châlis et archevêque de Bourges.

VIRGILE (PUBLIUS-VIRGILIUS-MARO), né à Andes (*Petiola*), petit bourg des environs de Mantoue, le 15 octobre de l'an de Rome 684 (av. J.-C. 70), sous le consulat de Crassus et du grand Pompée, quitta la vie des champs pour aller recevoir à Crémone les premiers bienfaits d'une éducation libérale. A la veille d'atteindre sa 16e année, il se rendit à Milan, et il y prit la robe virile le jour même de la mort de Lucrèce. C'est à Naples qu'il vint terminer ses études, et qu'il se prépara aux inspirations de la poésie en s'enfonçant dans les profondeurs de la philosophie des Grecs. Ainsi s'écoulèrent les 25 premières années de Virgile, et son talent éclata d'abord dans la maturité. Ce n'est pas qu'*Alexis*, la prem. de ses églogues dans l'ordre chronol., décelât encore l'auteur de l'*Énéide*; mais quel versificateur elle annonçait déjà ! quel charme continu de style ! quelle douceur, quelle élégance mélodieuse et quel heureux assemblage d'une foule de beautés trouvées éparses dans Théocrite ! Assuré de ses forces par le succès d'un essai aussi brillant, l'émule de gloire du bucolique grec ne va devoir désormais la plupart de ses inspirat. qu'aux événements politiq. au milieu desquels la fortune l'a placé, ou à sa reconnaissance envers d'illustres protecteurs qu'il flattera pour les attendrir sur les désastres de sa patrie. On le voit, dès le 3e églogue, mêler, au langage naïf des bergers, l'ingénieuse hyperbole du courtisan ; sous le masque d'une imitation de Théocrite son modèle, il y trace un éloge apprêté de Pollion, nommé récemm. par Antoine gouverneur de la Vénétie. Même invention sous l'apparence d'une imitat. la prem. et simple dans cette fameuse Églogue V, dont l'apothéose de César, sous le nom de *Daphnis*, semble être le principal objet; même allégorie dans celle (la première dans l'ordre des rec., et la 4e par le rang de la composition) où, prenant prétexte d'un bienfait personnel, il expose avec une verve si touchante l'affreux malheur dont seul, entre tant d'autres, il se trouve exempté par la restitution qu'on lui a faite de son patrimoine, alors que l'issue de la bataille de Philippes avait établi de vieux soldats possesseurs des domaines de l'Italie. Quelques-uns ont vu, dans le ton imposant que prend le poète en prédisant (Églogue IV) les hautes destinées d'un enfant mystérieux, *Cara deûm soboles*, une inspiration émanée du même souffle qui anima les chants sublimes du prophète Isaïe. Ces poésies pastorales-allégoriques coûtèrent à Virgile 3 ans de travail. Ce n'était que le prélude de ces immortelles *Géorgiques*, monument du génie du grand poète, en même temps qu'elles furent l'œuvre d'un excellent citoyen. Les guerres civiles n'avaient pas seulem. porté le désastre dans les campagnes, et épuisé les sources de la culture ; en imposant aux champs de nouveaux maîtres, elles ne leur avaient pu rendre que des bras inhabiles à tracer le sillon. L'industrie, l'expérience, avaient fui ; l'horrible famine allait régner sur le sol de l'Italie avec les farouches vétérans. L'habile et prévoyant Mécène comprit que l'état allait succomber sous un double fléau si l'on ne parvenait à inspirer aux Romains le goût des travaux champêtres. Il s'agissait, pour atteindre ce but, d'associer aux leçons d'un art qui répugnait à la moderne élégance tous les charmes que pouvait leur prêter le riant coloris du pinceau de Virgile. Le poète avait alors 34 ans : il alla méditer et écrire les *Géorgiques* sous le beau climat de Naples ; et sept ans plus tard les lettres lat. purent se glorifier d'un chef-d'œuvre dont la Grèce eût été fière, et consacré par l'admirat. de vingt siècles comme son plus beau titre de gloire. On suppose avec beaucoup de fondement qu'à pendant cet intervalle Virgile exerça plus d'une fois ses crayons aux peint. d'un autre ordre qu'il allait tracer bientôt dans sa magnifique épopée. Le plan de l'*Énéide*, composition tout-à-fait nationale, lui fut suggéré par l'horreur que sa belle âme éprouvait au souvenir des guerres civiles, plutôt comprimées qu'éteintes sous le poids de la puissance d'Auguste, et prêtes à se ranimer avec les idées de l'indépendance. Le but que s'y proposait Virgile fut évidemment de tracer, et pour les Romains et pour leur nouveau maître, le modèle d'un prince que celui-ci fût jaloux d'imiter, que ceux-là apprissent à chérir. Et, que l'on compare les principaux incidents de la vie supposée du prince troyen avec la chaîne des faits qui amenèrent Auguste au pouvoir suprême, il faudra reconnaître qu'Énée fut calqué sur Auguste, mais sur Auguste tel que le poète qu'il comblait de bienfaits se plaisait à le peindre aux Romains, flattés eux-mêmes avec une égale habileté dans ces attachantes images. Virgile mit plus de dix ans à composer la moitié de son *Énéide*, et il ne regardait encore son travail que comme une ébauche, lorsque, vaincu par les instances d'Auguste, il en lut à ce prince les 2e, 5e et 6e livres. On sait quel éclatant suffrage Octavie donna à l'épisode de la mort de son fils Marcellus,

Les six dern. livres de l'épopée virgilienne furent achevés en quatre ans; mais le poète ne put à son gré en faire disparaître les imperfections qu'il y reconnaissait. Il s'était rendu dans ces vues à Athènes; il y fut rencontré par Auguste, qui revenait d'Orient et qui voulut le ramener à Rome. Atteint d'une indisposition subite pendant la traversée, il mourut le 10 des kalend. d'oct., an de Rome 735, à Brindes, où l'on venait de le débarquer. Ses restes furent transportés à Naples, ainsi qu'il l'avait demandé, et on lui érigea, sur le chemin de Pouzzole, un tombeau où se lit l'épitaphe qu'il dicta pour lui à sa dern. heure. Par un excès de modestie, Virgile avait ordonné en mourant que l'on brûlât son *Énéide;* mais ses exécuteurs testamentaires se bornèrent à retrancher quelques vers imparfaits. Ses héritiers, Auguste, Mécène, L.-Varius et Plotius-Tucca, publièrent ainsi l'*Énéide*, telle que l'avait laissée Virgile, telle qu'un si gr. nombre d'édit. et de traduct. dans toutes les langues connues, et dans celle même d'Homère, l'ont reproduite depuis 2,000 ans. On trouvera les plus amples renseignements bibliogr. sur Virgile dans l'excellente *Notice* de Heyne, revue et augmentée par Barbier pour la nouvelle édition du *Virgile* de Heyne, publ. par Lemaire. Le commentaire du célèbre critique allemand a été également réimpr. par les soins d'Amar, dans la collect. des *Classiq. latins* publ. en 1824, 5 vol. in-8 et in-12. Quelque estimable qu'il soit, le travail de Heyne n'a point fait oublier celui de La Rue, qui jouira long-temps dans les classes d'une estime méritée. L'auteur de l'*Énéide* a eu aussi des commentateurs franç., au prem. rang desq. se distingue M. Tissot, auteur des *Études sur Virgile*. Pour ne parler que des édit. les plus renommées, nous citerons celles de Burmann, Amst., 1746, 4 vol. in-4; de Barbou, Paris, 1790, 2 vol. in-12; et de P. Didot le jeune, gr. in-fol., avec fig. gravées d'après les dessins de Gérard et Girodet. Entre les nombreux traduct. en vers et en prose des *OEuvres* de Virgile, quelques-uns seulement ont échappé au naufrage commun: ce sont, en vers, Delille, Gaston, Mollevaut, Becquey et Duchemin; en prose, Desfontaines, à qui sa vieille réputat. donne encore quelques lecteurs; Binet, revu par M. Noël, Morin et Deguerle, pour l'*Énéide* seulement; le beau travail de ce dernier a été complété par MM. Héguin, pour les *Bucoliq.*, et Amar, pour les *Géorgiques*. Ce dern. traduct. a fait précéder son travail d'un *Essai sur le génie et les ouvrages de Virgile*, dont nous avons extrait en gr. partie la notice qu'on vient de lire.

VIRGILE (St), évêque d'Arles en 588, était né en Aquitaine sous Clotaire Ier, reçut le *pallium*, en 595, du pape Grégoire-le-Grand, auprès duq. il fut toujours en gr. considération, et mourut en 610. Sa fête se célèbre le 5 mars.

VIRGILLES-LABASTIDE (Charles de), né en 1682 au village de St-Bonnet, près de Nîmes, mort à Beaucaire en 1755, cultiva les sciences avec succès, se signala par plusieurs inventions et découvertes utiles, et composa un gr. nombre d'opuscules sur divers sujets, la plupart restés inédits ou insérés dans le *Journal scientifique* ou dans le *Recueil* de l'académie des sciences; c'est de ce recueil que l'on a tiré ses *Observations physiques sur les terres qui sont à la droite et à la gauche du Rhône, depuis Beaucaire jusqu'à la mer, avec un moyen de rendre fertiles toutes ces terres*, Avignon, 1735, in-4.

VIRGINIE, jeune Romaine d'une rare beauté, née vers l'an de Rome 290 de parents plébéiens, fut immolée par son père à la pudeur et à la liberté, selon l'expression de Montesquieu, et sa mort (305 de Rome) fut le coup terrible qui renversa la puissance des décemvirs (v. A.-C. Crassinus). On ne conteste point ici la vérité de cette histoire, telle que la racontent Denys d'Halicarnasse et Tite-Live, tous deux d'accord cette fois sur tous les points; mais après avoir lu dans ces histor. que Virginie allait à l'école publique, conduite par sa nourrice, lorsqu'elle attira les regards d'Appius, on est forcé de se demander s'il y avait réellement dans Rome, alors si peu lettrée, des écoles publiques pour les jeunes filles adultes, et si l'on pensait à donner une aussi longue instruction à des plébéiennes surtout. Quoi qu'il en soit, au nom de Virginie se rattache le souvenir d'une des plus import. révolut. de l'hist. romaine, et sa funeste aventure a fourni un sujet de tragédie à huit auteurs franç.: Mairet (1628), Leclerc (1645), Campistron (1683), La Beaumelle, Chabanon (1769), La Harpe (1786), Leblanc de Guillet (1786), enfin M. Guiraud (1827). Alfieri, Lessing et Knowles ont traité le même sujet avec succès. — Virginia (Aula), blessa l'orgueil des dames romaines, en épousant le plébéien L. Volumnius. Elle se vit fermer le temple de la Chasteté patricienne l'année même du second consulat de son époux (457 de Rome); mais elle se consola de cet affront en consacrant dans sa maison une chapelle à la *Chasteté* plébéienne.

VIRGINIUS (Aulus), tribun du peuple, se perpétua dans cette magistrature depuis l'an de Rome 291 jusqu'à l'an 301, à la faveur des troubles excités par la loi *Terentilla*, qu'avait proposée son collègue Terentillus-Arsa, dans le but d'obtenir la rédaction d'un corps de lois régulières. Ce ne fut qu'en 301 que les décemvirs furent chargés de cette mission. Pendant cet intervalle, Virginius viola souvent les lois, sous prétexte de défendre les droits du peuple, et ce fut même lui qui chercha, mais en vain, à empêcher les Romains de s'armer contre le Sabin Herdonius l'an 293.

VIRGINIUS-ROMANUS, poète comique du temps d'Auguste, osa lutter contre le goût dépravé de ses contempor., qui avaient laissé succéder à la vraie comédie de misérables parades mimiques: le succès justifia son audace, et son nom mérita d'être placé à côté de ceux de Plaute et de Térence. Il ne reste aucun fragment des œuvres de Virginius; mais on sait par Pline-le-Jeune (liv. VI, lett. 21) qu'il alla jusqu'à faire revivre les personnalités amères et franches de l'ancienne comédie, et ridiculisa en plein théâtre des personnages vivants. On a lieu d'être surpris que tant de licence lui ait été laissée dans les prem. jours d'une monarchie renaissante, et sous un maître tel qu'Auguste. — V. Verginius.

VIRIATHE, célèbre chef lusitanien, n'était qu'un simple berger lorsqu'il se retira dans les bois pour se soustraire au joug des Romains. Ses compatriotes tentèrent, l'an 604 de Rome, de résister ouvertement à leurs oppresseurs; mais battus, ils se disposaient à se soumettre, lorsque Viriathe leur rendit l'espérance, devint leur chef, grâce à l'admiration qu'il leur inspira pour son courage, et, après avoir opéré une retraite habile qui déconcerta les Romains, les défit complétement, et fit prisonnier leur général Vétilius. Le préteur Plautius et Claudius-Unimanus eurent le même sort, et le consul Fabius-Æmilianus dut s'estimer heureux d'y échapper. Enfin, son successeur, Servilianus, après de nombreux combats, fut obligé d'entrer en négociation avec Viriathe, et de le reconnaître pour l'ami et l'allié de la république. Les états dont la possession lui fut laissée comprenaient probablement la plus gr. partie de l'Espagne ultérieure, et Arsa (Gaudiana) était sa capitale. Rome avait bien résolu de rompre cet engagement dès qu'elle le pourrait. Tout à coup, sans aucune déclaration d'hostilités Quintus-Servilius-Cépion vint surprendre Viriathe, qui, forcé d'abandonner Arsa, se retira dans les montagnes, et sut se rendre encore redoutable. Il fut assassiné par des traîtres que soudoyèrent les Romains, au moment même où ils paraissaient vouloir traiter avec lui de la paix.

VIRIEU (F.-H., comte de), d'une famille illustre du Dauphiné, était colonel du régiment de Limosin, quand les troubles, précurseurs de la révolution, éclatèrent dans sa province en 1788. Il assista aux assemblées de Vizille et de Romans, et approuva les principes libéraux qui y furent posés. Envoyé bientôt après aux états-génér., il fit partie des 47 députés de la noblesse qui se réunirent au tiers-état, constitué en assemblée nationale. L'un des plus zélés partisans de Necker, il vit avec peine son renvoi momentané; il se déclara pour le système des deux chambres, s'opposa fortement à l'établissement d'un comité de recherches, et vota toutefois en faveur de la déclarat. des droits. Dans les débats qui ne tardèrent pas à s'engager sur les bases de la constitution, il soutint l'autorité royale contre des prétent. qui lui parurent exorbitantes et périlleuses. Bientôt, persuadé que le principe démocratique avait déjà gagné assez de terrain, il manifesta la crainte qu'on ne voulût établir en France un gouvernem. fédératif, et se montra dès lors entièrement dévoué à la défense du principe monarchique. Il insista sur les avantages des deux chambres, se prononça pour le *veto* indéfini, et refusa au corps législatif le droit de nommer aux emplois et aux charges militaires. Effrayé de l'ascendant que prenaient les sociétés politiq., il figura parmi les fondateurs du *club des impartiaux*, destiné à contre-balancer l'influence des clubs démagogiques, mais qui fut dispersé presque aussitôt par les menées des jacobins; enfin il appuya la motion de dom Gerle, tendant à déclarer nationale la religion catholique, et signa la protestation du clergé. Ce dernier acte lui attira, lors de sa promotion à la présidence de l'assemblée (27 avril 1790), de grands désagrém., qui le portèrent à résigner le fauteuil. Il marcha quelq. temps encore dans la même voie, puis il cessa de concourir aux travaux de l'assemblée, et signa la protestation des 12 et 15 sept. 1791 contre ses décrets. Après la session, il se retira en Dauphiné, puis en Suisse, et enfin à Lyon. Cette ville, ayant, en 1793, pris les armes contre la convent., il concourut à sa défense sous les ordres de Précy, et périt dans une sortie, en cherchant à se frayer un chemin pour gagner la Suisse.

VIRLOYS (Charles-François Roland Le), architecte, né à Paris en 1716, construisit le théâtre de Metz (1751), conçut la première idée du *Pantographe de perspective*, qu'il perfectionna et qu'il fit exécuter (1758) pour l'instruction et l'amusem. des enfants de France. Sa réputat. s'étendit dans les pays étrangers, et lui valut le titre d'architecte du roi de Prusse, et depuis de l'impératrice Marie-Thérèse. Il mourut en 1772. Son principal ouvrage est le *Dictionnaire d'architecture civile, militaire et navale, ancienne et moderne, et de tous les arts qui en dépendent*, Paris, 1770, 3 vol. grand in-4, avec 101 pl.

VIRUÈS (don Alonso de), 24° évêq. des Canaries, né à Almédo, ville de la Castille-Vieille, à peu de distance de Valladolid, fit profession parmi les bénédictins, et devint prédicateur de l'empereur Charles-Quint, qui l'emmena en Allemagne, en 1539, pour combattre l'hérésie naissante. Revenu en Espagne l'an 1542, il fut aussitôt nommé évêque des Canaries. Il se distingua dans ce poste assez important, et mourut à Tolède en 1545. Son ouvr. le plus remarquable consiste en 20 dissertations contre Philippe Mélanchthon, sous ce titre : *Philippicæ disputationes XX*, Anvers, 1541; Cologne, 1542; ibid., 1561.

VISCAINO (Sébastien), navigateur espagnol, entreprit un voyage à la côte de la Californie en 1595, et prit formellement possession de la presqu'ile. En 1602, il fut chargé de faire une reconnaissance exacte des côtes situées sur les parallèles voisins de celui du cap Mendocino. Les maladies, le manque de vivres et la rigueur de la saison l'empêchèrent de s'élever au-delà du cap St-Sébastien, sous le 42° de latitude, et le forcèrent de reprendre le chemin d'Acapulco. M. de Humbold dit que Viscaino mérite d'être placé au prem. rang des navigateurs de son temps, et que 32 cartes, rédigées à Mexico par le cosmographe Henri Martinez, prouvent qu'il releva les côtes de la Nouv.-Californie avec plus de soin et d'intelligence qu'on ne l'avait fait avant lui. Ses relations MSs. ont été découvertes par D. Martin-Fernandez de Navarrète, directeur du dépôt hydrographique de Madrid, et insérées par lui dans sa *Collection des navigations et découvertes des Espagnols dep. la fin du 15° S.*, dont M. Dezos de la Roquette a donné une trad. franc., Paris, 1828.

VISCH (dom CHARLES de), bibliographe, né vers 1596 à Furnes, entra dans l'ordre de Citeaux, se livra long-temps à l'enseignement, et fut ensuite douze ans directeur des religieuses du Val-Céleste à Dixmude. Élu prieur du monastère de Dunes vers 1646, il revint plus tard à Bruges, et mourut en 1666. Ses princip. ouvrages sont : *Bibliotheca scriptorum ordinis cisterciencis*, Douai, 1649, in-4; Cologne, 1656, in-4 de 452 p. — *Compendium chronologicum abbatiæ de Dunis*, Bruxelles, 1660, in-12 (v. Paquot, *Mém. sur l'hist. littéraire des Pays-Bas*, t. II, p. 282, édit. in-fol.).

VISCLÈDE (ANTOINE-LOUIS DE CHALAMOND DE LA), littérat., né à Tarascon en 1692, alla de bonne heure s'établir à Marseille, où il s'acquit des droits à la reconnaissance publique par sa belle conduite dans la peste de 1720, et par les efforts heureux qu'il fit pour ranimer ou plutôt pour faire naître l'amour des lettres en Provence. Il releva l'académie de Marseille, qui le regarde comme son fondateur, et dont il fut pendant plus. années le secrétaire perpétuel. Peu d'hommes de lettres ont obtenu plus de succès académiques; mais si son nom a échappé à l'oubli, ce n'est pas à ses écrits qu'il le doit. Ses *OEuvres diverses*, publiées en 1727, Paris, 2 vol. in-12, renferment des disc., des poèmes, des odes, des cantates et quelques poésies fugitives : tout cela néanmoins ne justifie pas le titre qui lui a été donné de *Fontenelle de la Provence*. Il mourut à Marseille en 1760.

VISCONTI (OTHON), archevêque et seigneur de Milan, d'une noble famille de cette ville, était né en 1208 à Ugone. Il accompagna dans div. ambassades le cardinal Octavien des Ubaldi, qui le fit agréer par Alexandre IV en 1263 comme success. de Léon de Perego sur le siége de Milan. Martin de La Torre, qui s'était flatté d'y élever son frère Raimond, défendit l'entrée de la ville à Othon, et celui-ci se préparant aussitôt à la guerre, rassembla autour de lui les ennemis de la maison de La Torre, nobles exilés, gibelins, etc. Les tentatives qu'il fit à la tête de ses partisans furent en vain secondées par les excommunications des papes Urbain IV et Clément IV. Réduit à se tenir caché dans les environs du lac Majeur, Othon n'en sortit à la tête d'une armée nombreuse, en 1276, que pour échouer à Anghierra contre les forces de Napoléon de La Torre. Cependant la ville de Como s'étant, peu après, déclarée pour lui, il reprit l'avantage sur son adversaire, et finit par le faire prisonnier à Désio, après un combat acharné (21 janvier 1277). Ce succès valut à Othon la souveraineté de Milan à titre de seigneur perpétuel. La guerre n'en fut pas moins poursuivie par la famille de La Torre, dont le chef, horriblement maltraité par son vainqueur, languissait dans une cage de fer. Mais l'archev., déjà vieux, ne se montra plus dans les camps. Il avait pris à sa solde Guillaume VII de Monferrat, qui fut au moment de se payer de ses services en s'emparant du pouvoir souverain dans Milan. L'adroit Othon allant au-devant de ces projets, profita de l'absence du marquis son allié pour chasser ses troupes de la ville, et il mit bon ordre à ce qu'il n'y revînt jamais lui-même. Othon mourut à 87 ans, en 1295, après avoir assuré l'autorité souveraine à son neveu. — Matthieu VISCONTI, dit *le Grand*, né en 1250 à Masino, sur le lac Majeur, porta de bonne heure les armes pour la cause et sous les ordres de l'archevêque son oncle, qui, parvenu à la seigneurie de Milan, se déchargea sur lui d'une partie des soins de l'administration. Il remplaça dans le commandem. des armées milanaises le marquis de Montferrat, et lorsque se fit le partage des états de ce seigneur (1290), il s'adjugea Verceil, puis, deux ans plus tard, ajouta à cette seigneurie celle de Côme. Reconnu successivem. vicaire impérial en Lombardie et seigneur perpétuel de Milan à la place de son oncle (1294-95), il vit bientôt une ligue puissante se former contre lui. Les La Torre lui avaient enlevé en peu d'années Bergame, Novare, Verceil et Casal-St-Évèse; il avait mécontenté presque toute la noblesse lombarde, qui, avec tout le parti guelfe, se réunit contre lui aux La Torre. A la tête de cette ligue redoutable était Albert Scotto, seigneur de Plaisance, qui réussit à l'attirer dans Lodi, et à fomenter pendant ce temps, parmi les Milanais, une révolte qui força Matthieu à se remettre aux mains de ses ennemis pour en obtenir la vie sauve et la conservat. de ses biens. Sept années s'écoulèrent durant lesq. il vécut en simple particulier. Au bout de ce temps Guido de La Torre était à son tour chassé de Milan, et l'empereur Henri VII y ramenait Visconti, qui l'année d'après recouvra l'autorité souveraine (7 avril 1311), et reçut successivem. la soumission de toutes les villes de la Lombardie. Ce prince, qui avait soutenu une guerre de 20 ans contre l'Église et, affronté maintes excommunications, finit par céder aux terreurs que les prêtres n'avaient rien omis pour lui suggérer. Il résigna sa puissance entre les mains de Galeaz, l'un de ses fils, se voua tout entier aux mortifications d'une pénitence publique, et mourut au couvent de Crescenzago, proche Milan, en 1322. — Galeaz Ier, fils et success. du précédent, né en 1277, le jour même où le combat de Desio décidait la fortune de sa maison, avait épousé Béatrix d'Este, qui lui ouvrit un asile dans les états de son frère à Ferrare, lorsqu'en 1302 il se trouva banni de Milan avec sa famille. Lors du retour de Matthieu à Milan (1310), il concourut à le replacer dans son ancienne domination sur cette république. En 1313 il soumit Plaisance, s'en fit donner le vicariat par Henri VII, et s'y maintint contre une attaque des guelfes. De nouveaux faits d'armes, notamm. les manœuvres habiles par lesquelles il contraignit Philippe de Valois à évacuer la Lombardie (1320) et la prise de Crémone sur les guelfes (17 janvier 1322), lui avaient acquis beauc. d'importance personnelle avant qu'il fût investi de l'autorité souveraine par la résignation qu'en fit son père. Les négociations que celui-ci avait entamées avec le St-siége, en indisposant ses alliés, relevaient les prétentions des partis que sa fortune avait comprimés : une sédit. qui éclate dans Milan (8 nov. 1322) contraint Galeaz à sortir de cette ville ; mais il y est rappelé au bout de 34 jours, se fait proclamer de nouveau capitaine-général, et déploie une très grande valeur en maintes occasions désespérées ; mais il perd à la fois, par la brigue de ses frères Marc et Lodvisio, et son crédit près de l'empereur et son influence sur la noblesse milanaise. Arrêté à l'improviste par des émissaires de Louis IV de Bavière, il est enfermé dans les hideuses prisons de Monza, ainsi que son fils Azzo et deux autres de ses frères (le 5e des fils de Matthieu avait péri le même jour par le poison). Ils ne furent délivrés qu'après environ un an de captivité, le 25 mars 1328, moyennant une forte rançon dont Castruccio et d'autres chefs gibelins se portèrent caution. Le même Castruccio prit à son service, comme condottiero, Galeaz Visconti, qui assista depuis au siége de Pistoie, et mourut en 1328 à Pescia, misérable et sous le poids d'une excommunication. — Azzo Visconti, fils de Galeaz, avait 25 ans lorsqu'il fut jeté avec lui dans les prisons de Monza. Sa vie n'avait été jusque-là qu'une alternative de périls qui trempèrent son âme et la façonnèrent aux chances des combats. Après avoir guerroyé pour son propre compte contre Plaisance et Parme, il s'était mis à la solde de Castruccio, et avait puissamment concouru aux victoires d'Altopanio et de Monteveglio, remportées sur les Florentins et sur les Bolonais (23 sept. et 15 nov. 1325). Délivré, comme on l'a vu plus haut, avec le secours des chefs gibelins (25 mars 1328), il ne tarda pas à obtenir de Louis de Bavière le vicariat de l'empire à Milan. Dès qu'il y fut affermi, il secoua la dépendance de l'empereur, prit les armes contre lui, et mit le comble au mécontentement de son parti en faisant assassiner Marc Visconti, son oncle, qui en était l'âme. C'est par ce double crime qu'il mérita la levée des censures de l'Église. Au mois de février 1330, Jean XXII leva l'interdit jeté sur Milan, et Azzo, pleinem. reconcilié avec les prêtres, put donner tous ses soins à régler l'administration de l'état. Cepend. il entra dans la ligue de Castelbaldo contre Jean de Bohême, conjura avec le légat pontifical pour asservir l'Italie, reçut successivem. la soumission de presq. toutes les villes de la Lombardie (1337), et termina, l'année suivante, la guerre qu'il soutenait contre Mastino II de la Scala pour la défense des républiq. de Florence et de Venise. Sur ces entrefaites, une attaque subite était dirigée contre lui par Lodvisio Visconti, frère et adhérent de Marc, tandis qu'Azzo languissait frappé d'une paralysie totale. Le 3e de ses oncles, Luchino, remporta heureusem., sur le turbulent gibelin, une victoire complète à Parabiago (20 février 1339). Six mois plus tard, Azzo Visconti avait succombé à ses souffrances ; il n'avait pas eu d'enfants. L'autorité souveraine fut dévolue à Luchino, qui recueillit ainsi tout le fruit de sa victoire.

VISCONTI (Marc), 2e fils de Matthieu-le-Grand, et, comme on l'a vu, l'âme du parti gibelin pend. les troubles qui mirent fin au règne de Galeaz Ier, son frère, s'était d'abord illustré en combattant à la tête de ce même parti contre Gênes, puis contre Philippe de Valois, contre Raimond de Cardone, sur qui il remporta la victoire de Bassignana (6 juill. 1322), et enfin contre les guelfes de Milan, qu'il défit à Trezzo le 25 février 1323. Outré de voir que Galeaz allait sacrifier le fruit de tant d'efforts à l'exigence du pape, il crut parer à ce qu'il regardait comme une trahison en dénonçant les desseins de son frère à Louis de Bavière. L'extrême rigueur de ce prince mit Marc Visconti dans le cas de se repentir de son zèle indiscret. Pour assurer la délivrance de sa famille, il lui fallut se constituer lui-même l'otage des Allemands. Mais lorsq., après la mort de son père, Azzo eut recouvré la seigneurie de Milan, il se garda de rien faire pour tirer Marc, son oncle, du mauvais pas où il lui importait de le laisser, s'il ne voulait se donner, sinon un maître, du moins un rival ou un censeur trop puissant. Ne voyant ainsi d'autre moyen d'acquitter le prix de sa rançon, Marc Visconti persuade aux Allemands, à qui sa garde est confiée, d'entreprendre sous sa conduite quelque expédit. avantageuse. Avec eux il s'empare de Lucques, vend cette ville à Ghirardino Spinola, et avec sa part de cette prise se libère envers l'empereur. Des acclamat. unanimes l'accueillirent lorsqu'il rentra dans Milan. Azzo, inquiet de tant de popularité, le fit assassiner au sortir d'un festin où l'imprudent Marc s'était rendu avec confiance. — Lodvisio Visconti, cousin des précédents, seconda tous les projets du dernier contre Galeaz, sortit de Milan lorsque Marc se remit en otage entre les mains de Louis de Bavière, forma un corps de troupes allemandes sous le nom de *Compagnie de St-George*, et, à sa tête, engagea, pour se rouvrir les portes de Milan, cette bataille de Parabiago où il demeura prisonnier de son cousin Luchino (v. plus bas), au mom. où il se croyait assuré de la victoire. Retenu dans une dure captivité jusqu'à l'avénement de Jean Visconti (1349), il n'en retrouva pas moins alors tout son crédit auprès des soldats, qui le regardaient comme leur père. On le trouve encore, malgré son grand âge, à la tête des troupes milanaises qui, le 12 nov. 1356, culbutèrent sur le Tésin les bandes que J. d'Oleggio avait prises à sa solde pour se soutenir contre Bernabo Visconti. — Luchino, frère de Marc, qui avait eu la principale part à son assassinat, et qui succéda à Azzo dans la seigneurie de Milan le 14 août 1339, était né vers 1287, et s'était de bonne heure habitué au carnage dans la guerre de la Lombardie. Il commandait l'armée milanaise à Parabiago. Blessé dans cette sanglante action comme il l'avait presque toujours été dans celles auxquelles il assista, il était prisonnier et attaché à un chêne lorsqu'en le délivrant, un parti des siens lui apprit la défaite de Lodvisio, son cousin, qui à son tour demeurait son prisonnier. L'étroite captivité où il plongea Lodvisio le vengea du sang que lui avait coûté son triomphe, et le parti gibelin n'eut plus de chef dans la maison de Visconti. Les suffrages du clergé et du peuple avaient associé à Luchino, dans l'autorité suprême, son autre frère, Jean, qui, peu jaloux de la partager avec lui, s'en tint aux fonctions épiscopales dont il était revêtu. La tyrannie de Luchino fut exécrable. Habitué à une vie crapuleuse, ce monstre sembla s'acharner plus particulièrem. contre ceux d'entre les nobles dont les sentim. élevés contrastaient le plus avec les siens. Une conjuration fut ourdie en faveur des fils de cet Étienne Visconti, mort empoisonné le jour où, sur la dénonciation de Marc, l'empereur Louis de Bavière avait plongé Galeaz et les siens dans les prisons de Monza. Des flots de sang coulèrent par suite de la découverte de cette trame. Cependant, la puissance de Luchino s'accroissait au-dehors par les conquêtes de ses lieutenants, et la férocité de son humeur augmentait dans la même progression. Isabelle de Fiesque, sa 2º femme, se voyant au moment d'expier dans les supplices ses scandaleuses débauches qui venaient d'être dévoilées, prévint la vengeance de son digne époux en lui faisant prendre du poison, dont il mourut le 24 janv. 1349. On chassa de Milan ou des autres lieux qui leur avaient été dévolus comme souveraineté ses fils, la plupart bâtards ou nés de l'inceste. — Jean VISCONTI, son frère, qui lui succéda comme seigneur de Milan, avait reçu dès 1329 le chapeau de cardinal des mains de l'antipape Nicolas V. Lors de la réconciliation de sa famille avec le St-siége, il échangea cette dignité contre l'évêché de Novare, et deux ans plus tard s'empara de la souveraineté de cette ville après en avoir dépouillé Cacino Tornielli par un indigne stratagème. Le siége de Milan étant devenu vacant par l'exil de son archevêque, Jean XXII en confia l'administrat. à Jean Visconti, que neuf ans après Clément VI agréa pour titulaire. Lorsqu'il fut parvenu à la souveraineté de Milan, il se donna le plaisir toujours facile de montrer de la clémence en tirant Lodvisio, son frère, du cachot où il languissait dep. dix ans, et en rappelant les fils de son autre frère Étienne, exilés après la découverte du complot dont ils avaient été involontairement le prétexte. Mais là se borna sa générosité, et il n'eut garde d'en montrer envers les fils de Luchino, qui tous finirent misérablement leur vie. Il ne fut sorte de moyens qu'il ne tentât d'employer pour étendre sa dominat. sur toute l'Italie. Il avait mis à la tête de ses troupes Jean d'Oleggio, son fils naturel, qui lui soumit plusieurs petites souverainetés. Il venait d'acheter celle de Bologne, des frères Pepoli, quand le pape Clément VI, protestant contre cet empiétement sur le domaine de l'Église, menaça Visconti des foudres du Vatican. C'est à cette occasion que, se présentant au peuple de Milan, tenant la croix d'une main et de l'autre une épée, il fit publiquement cette réponse aux ambassadeurs du pape : *Avec l'une je défendrai l'autre.* Il eut recours toutefois à un autre expédient pour effrayer le souverain pontife ; il lui fit annoncer qu'il irait lui rendre ses devoirs avec une escorte de 12,000 cavaliers et 6,000 fantassins. Sur ce simple avis, Clément VI dispensa Jean d'un pareil cérémonial, et souscrivit à ses prétentions. Au moment d'accomplir sur la Toscane les projets d'asservissem. qu'il avait formés, le seigneur de Milan mourut en 1354. Ses trois neveux se partagèrent les possessions qu'il laissait.

VISCONTI (MATTH. II), l'aîné des fils d'Étienne, frère du précéd., eut pour sa part, dans l'héritage de son oncle Jean, Bologne, Lodi, Plaisance, Parme, Bobbio, Pontremoli et San-Donnino. La première de ces villes lui fut enlevée (17 avril 1355) par Jean d'Oleggio, qui, dans ce dessein, y avait fomenté une sédit., et ses frères, égalem. enhardis par le déplorable état de santé où l'avaient réduit les plus infâmes débauches, se défirent de lui par le poison, le 26 septembre de la même année. — GALEAZ II, frère puîné du précédent, avait pour souveraineté, avant de prendre part à sa dépouille, Côme, Novare, Verceil, Asti, Tortone et Alexandrie. Long-temps il conserva une vanité mesquine des avantages de sa figure et de sa taille. Faisant consister toute sa grandeur dans la pompe et la magnificence, il dépensa des sommes immenses à des constructions dont aucune ne lui devait faire honneur. Toute sa vie s'écoula dans la mollesse et les plaisirs, et toujours il s'en remit du soin de soutenir la guerre contre la ligue lombarde à des condottieri et des mercenaires qui, ne recevant de lui aucune solde, vivaient à discrétion aux frais de ses sujets, dont ils l'aidaient à comprimer les fréquentes révoltes. Il mourut en 1378, laissant pour héritier son fils Jean-Galeaz. — Bernabo VISCONTI, 3º fils d'Étienne, ajouta, par l'empoisonnement de son frère Mathias II, Lodi et Parme à la part qu'il avait eue dans la succession de Jean, son oncle, et qui se composait de la moitié de Milan, Crémone, Crême, Brescia et Bergame. Dur, hautain et opiniâtre, il passa sa vie à guerroyer sans profit et sans gloire. Il n'y eut d'intervalle aux contestations armées qu'il soutint alternativem. contre Oleggio, le St-siége, les maisons de la Scala, de Gonzague, de Carrare, le marquis d'Este, les républiques de Gênes, de Florence, etc., que des paix éphémères, violées de part et d'autre au premier moment favorable. Cependant il faisait peser sur ses sujets une épouvantable tyrannie. Son libertinage égalait sa cruauté. On lui connut à la fois 36 bâtards et 18 concubines enceintes. Jean-Galeaz, son neveu et son gendre, qui plus d'une fois avait eu à craindre le même acte de perfidie, le fit saisir par ses gens au milieu des feints épanchem. d'une visite de soumission, et le relégua dans une forteresse, où il périt à 66 ans, le 18 décembre 1385, après avoir été empoisonné trois fois pendant les sept mois que dura sa captivité. Il est digne de remarque que l'une des maîtresses de ce monstre s'enferma volontairement dans sa prison pour lui consacrer jusqu'au dernier moment ses consolat. et ses soins. C'est de ses bâtards que sont issues les branches encore subsistantes de la maison Visconti.

VISCONTI (JEAN-GALEAZ), prem. duc de Milan, né en 1347, fils de Galeaz II, lui succéda dans sa souveraineté en 1378, et l'on voit, par la dissimulation qu'il mit dans toutes ses actions, qu'il songea dès cette époque aux moyens de s'assurer le riche héritage de Bernabo, son oncle et son beau-père. Ayant réussi en effet à s'emparer de sa personne aux portes de Milan, il s'assura les suffrages des soldats et du peuple en abandonnant au pillage le palais et les trésors de ce prince, tandis qu'il le plongeait, ainsi que ses deux fils, dans la prison où il allait bientôt le faire empoisonner. Jean-Galeaz, qui avait de bonne heure annoncé une sagacité plus qu'ordinaire et un goût exclusif pour les affaires politiq., s'en tint à la campagne peu brillante qu'il avait conduite, pendant le règne de son père, contre le marquis de Montferrat; et bien que des guerres presque continuelles dussent remplir son propre règne, il ne parut plus à la tête des armées. Veuf, après 12 ans d'union (1372), d'Isabelle de Valois, qui lui avait apporté en dot le comté de Vertus, dont il porta long-temps le titre, il s'était remarié, en 1380, à sa cousine Catherine Visconti, fille de Bernabo. Lorsque ce dernier fut tombé victime de sa folle confiance dans les feintes vertus de son gendre, les villes qui composaient sa souveraineté reconnurent sans peine Jean-Galeaz, que son ambition démesurée poussa aussitôt à de nouvelles trahisons envers les autres princes de la Lombardie, Ant. de la Scala, Franç. de Carrare, etc. Mais une double invasion de son territoire, par les troupes du duc de Bavière et du comte d'Armagnac, le contraignit de signer en 1392 une paix générale. Il acheta de l'emper. Venceslas, au prix de 100,000 florins, le titre de duc de Milan, dont le diplôme lui fut expédié à Prague le 1er mai 1395. Le reste de son règne ne fut qu'une alternative d'intrigues, de guerres injustes et de traités presq. aussitôt violés que conclus. Il finit par soumettre Bologne (24 juin 1402), mais il mourut le 3 sept. de la même année, atteint de la peste qui se manifesta tout à coup dans la Lombardie. Il avait paru vers ce temps une comète qu'il regarda comme un signe envoyé de Dieu pour annoncer sa fin. Il laissait pour héritiers de ses états deux fils légitimes et un bâtard. — Jean-Marie, fils aîné du précéd., avait 13 ans lorsqu'il lui succéda dans le duché de Milan sous la régence de Catherine Visconti, sa mère. François Barbavara, amant de celle-ci, et fauteur du parti guelfe qui renaissait de toutes parts, abusa à tel point de son crédit, que les serviteurs restés fidèles aux intérêts du fils de Jean-Galeaz, crurent devoir s'armer pour la défense de son autorité totalement méconnue. Ils assaillirent la duchesse, la surprirent à Monza (15 août 1404), et la conduisirent au château de Milan, où peu de jours après le poison mit fin à sa vie. Ce parricide, par lequel Jean-Marie débutait dans l'exercice de l'autorité suprême, fut le présage de son règne. Flottant entre les partis gibelin et guelfe, il s'en remit tour à tour du soin de diriger les affaires à Ch. Malatesti, à Facino Cane et au maréchal de Boucicaut, alors gouverneur de Gênes. Cependant l'anarchie devenait de plus en plus effrayante; dans la même progression s'accrut la tyrannie et la férocité de Jean-Marie, qui en vint à se faire livrer les malheureux que les juges condamnaient pour les chasser aux chiens courants. Son piqueur, Squercia Gevanco, avait dressé pour cet exercice des dogues qu'il nourrissait de chair humaine. Indignée de tant d'horreurs, la noblesse milanaise se souleva et assaillit le duc au moment où il se rendait à l'église de St-Gothard. On le massacra aux portes du temple (16 mai 1412), et son corps n'y fut enseveli, par les soins d'une courtisane, qu'après être demeuré plusieurs jours exposé aux outrages de la populace. — Philippe-Marie VISCONTI, frère et successeur du précéd., né en 1391, avait hérité de son père, avec une portion de la Lombardie, le comté de Pavie, où ses tuteurs ne lui laissèrent que le simulacre de la puissance. Avant que la pitié d'une fille perdue eût soustrait aux fureurs populaires les lambeaux du corps de Jean-Marie, son frère épousait sa veuve, Béatrix Teuda, plus âgée que lui de 20 ans, et au moyen des richesses qu'elle lui apportait en dot (400,000 florins d'or), il s'assurait l'assistance des soldats pour saisir la couronne ducale. A peine maître de Milan (16 juin), il s'apprête à replacer toute la Lombardie sous le joug, et confie l'exécution de ce dessein au célèbre Fr. Carmagnola, dont plus tard il devait payer les succès par la plus affreuse ingratitude. Il ne vit pas plus tôt son pouvoir affermi que, sur une calomnieuse accusation d'adultère, il fit périr Béatrix Teuda sur un échafaud (1418). L'ambition et la perfidie qu'il avait montrées rendirent sa conduite inexplicable, lorsqu'on le vit accorder la liberté au roi Alphonse d'Aragon et à la fleur de la noblesse espagnole et napolitaine dont les Génois étaient restés maîtres par la gr. victoire de l'île Pouria (5 août 1435). Cette générosité, si c'en fut une, lui coûta la seigneurie de Gênes, qui se détacha de son obéissance lorsqu'il se fut déclaré, en faveur du prince aragonais, contre la France et la maison d'Anjou. L'histoire n'a pu découvrir les secrets ressorts de la politique de Philippe-Marie. Il se peut qu'une inquiétude soupçonneuse ait été son unique mobile, lorsqu'au moment de terminer avec avantage des guerres qui lui avaient coûté en apprêts des sacrifices ruineux, il contremandait les instructions données à ses généraux, et suspendait leurs manœuvres pour les leur faire reprendre sans s'arrêter à l'inopportunité des circonstances. Les Vénitiens appelés contre lui à la défense de François Sforza, son gendre, l'avaient réduit à accepter la paix à des conditions humiliantes, quand ce même Sforza, venu à Milan pour sceller avec lui sa réconciliation, le trouva aux bords de la tombe. Philippe-Marie mourut d'une fièvre dyssentérique en 1447. Avec lui finit la souveraineté de la maison Visconti, et l'époux de sa fille unique se fit adjuger le duché de Milan.

VISCONTI (GABRIEL-MARIE), fils naturel de Jean-Galeaz, eut pour apanage, à sa mort, les seigneuries de Crème et de Pise. Après avoir épuisé les plus odieux moyens de pourvoir aux prodigalités de sa petite cour, il entama, par l'entremise du maréchal de Boucicaut, des négociations avec les Florentins pour leur vendre Pise. Mais les citoyens de cette ville se révoltèrent, et comme il n'était pas en position de la livrer aux acheteurs, ces derniers ne lui en payèrent qu'un prix modique. Boucicaut, dont il avait éludé la participation dans cet accommodement, lui intenta une accusat. de trahison, et le fit décapiter en 1408. — Astor ou Hector VISCONTI, fils naturel de Bernabo, se mit à la tête des guelfes contre son cousin Jean-Galeaz, après l'assassinat duquel il proclama duc de Milan. Reconnu par une partie de la population de cette ville, il ne put tenir contre les forces dont disposait Philippe-Marie par suite de son mariage avec la veuve du feu duc, son frère, et, obligé de se retirer dans la forteresse de Monza ; il y fut atteint, après quatre mois de siège, par un quartier de roc qui le tua. Sa sœur Valentine se défendit encore plus. mois dans le château de Monza, et ne le rendit, par composition, que le 1ᵉʳ mai de l'année suivante.

VISCONTI ou VESCONTE (GASPAR), poète, né à Milan en 1461, de l'anc. et illustre maison de ce nom, fut chevalier doré, membre du sénat, et fit l'ornem. de la cour de Galeaz, et ensuite de Louis Sforza, qui lui confia plus. missions honorables. On cite de lui : des *Rime* (sous le titre de *Rithmi*), Milan, 1493, in-4. — *Li due amanti Paolo e Daria*, ibid., 1495, in-4, poème en VIII chants et en octaves. — Un recueil de *Sonnets*, in-4, qui est un des plus beaux MSs. qne l'on connaisse (*v*. Sassi, *Histor. typograph. mediolan.*, col. 357 ; et Argelati, *Bibl. mediol.*, II, col. 1604).

VISCONTI ou VICECOMES (JOSEPH), savant liturgiste, né à Milan vers la fin du 16ᵉ S., mort en 1633, est connu par ses *Observationes ecclesiasticæ*, Milan, 1615-26, 4 vol. in-4, fort rare.

VISCONTI (JEAN-BAPTISTE-ANTOINE), savant antiquaire, né à Vernazza, en 1722, étudia de bonne heure les langues grecque et latine avec une ardeur passionnée, qui ne lui laissait que quelques moments pour l'étude des mathématiques. Le goût dominant qui l'entraînait vers la recherche des monuments antiques le mit en relat. avec Winckelmann, dont il gagna l'estime et l'amitié, et auquel il succéda, en 1768, dans la charge de *préfet des antiquités*, ou *de commissaire aux antiquités*. Le trône pontifical était alors occupé par Clément XIII ; mais sous Clément XIV, qui s'y assit l'année suivante, et commença une collection de marbres antiques dans le Vatican, et sous Pie VI, qui poursuivit l'accomplissement de cette idée, Visconti fut chargé, non plus seulem. d'apprécier les antiques sous le rapport de l'art, d'en expliquer la signification mythologiq. et les costumes, mais d'en établir la valeur numérique et d'en surveiller les achats. On peut dire que le musée *Pio-Clementin* fut en grande partie son ouv. Ces soins l'occupèrent jusqu'à sa mort arrivée en 1784. Parmi ses ouvrages on distingue : une *Lettre au cardinal Guillo-Pallotta sur le Discobole*, etc., 1781. — Un *Mémoire sur les aqueducs qui existent aux environs de Rome, près de la Villa Casali*. — Diverses *Lettres et Notices sur des inscriptions des tombeaux des Scipions*, dans les tom. V, VIII et IX de l'*Anthologie romaine* (*v*. les *Notes* que Cancellieri a jointes à son recueil intit. : *Dissertazioni epistolari sopra la statua del Discobolo, scoperta nella villa Palombara*, etc., Rome, 1806, in-8).

VISCONTI (ENNIUS-QUIRINUS), fils aîné du précédent, né à Rome en 1751, fut de bonne heure un prodige de savoir, et justifia dans sa maturité les espérances qu'il avait fait concevoir n'étant encore qu'enfant. Des programmes imprimés (*Experiment. domesticæ institut.*, etc., Rome, 1762, in-4, et *Specimen alterum domesticæ institut.*, 1764, in-4) ont consacré le souvenir des examens publics que son père, qui s'était chargé seul de son éducation, lui fit subir à dix, puis à douze ans. A la faculté si précieuse de retenir imperturbablement ce qu'il avait appris, il réunissait dès ce temps un jugement sain, une admirable perspicacité, et, ce qui n'est pas moins digne de remarque, une modestie et une ingénuité égales aux qualités brillantes de son esprit. Quoique enfoncé dans les études abstraites, il traduisait, à treize ans, l'*Hécube* d'Euripide en vers italiens. Dans la préface de cette traduct., imprimée à Rome en 1765, le jeune auteur rendit compte de la méthode qu'il avait suivie pour apprendre les langues. Diverses pièces de vers, tant en grec et en latin qu'en langue ital., composées à la louange de l'empereur Joseph II en 1769, furent, avec d'autres légères et la traduct. restée MS. des *Olympiques* de Pindare, le fruit de ses récréations jusqu'à l'époq. où, dans la vue de vaincre sa répugnance à entrer dans les ordres, Pie VI lui retira les titres de camérier d'honneur et de bibliothécaire du Vatican qu'il lui avait donnés en 1771. Sa carrière allait être désormais tracée. Le prince Sigism. Chigi, le fit son bibliothécaire, et pour qu'il continuât ses études dans la science des antiquités et de la numismatique, lui adjoignit un sous-bibliothécaire, et exigea même qu'il prît un secrétaire. Cepend., dès 1779, il était devenu le collaborateur de son père à la descript. du musée Pio-Clémentin ; cinq ans plus tard il demeurait chargé seul de ce grand travail, dont le 1ᵉʳ vol. avait paru en 1782, sans que le frontispice annonçât l'importante coopérat. d'Ennius. Le 2ᵉ vol., que celui-ci publia en 1784, eut peut-être un succès plus éclatant. Alors cessèrent les rigueurs toutes paternelles de Pie VI envers le jeune savant. Ses pensions lui furent rendues avec le titre de conservat. du musée du Capitole ; et il épousa, au commencement de l'année suiv., la Dˡˡᵉ Doria, objet de la passion qui lui avait fait encourir l'animadversion de son père. Le vieillard toutefois approuva, à ses derniers moments, cette union, qui devait être des plus fortunées. Quelque immense que fût le travail qu'Ennius avait à poursuivre, et qui est demeuré son plus beau titre de gloire, il n'en a pas moins publié une foule d'écrits qui tous contribuèrent à l'avancem. de la science archéologique. Lors de l'invasion de Rome par les Français (octob. 1797), et de l'établissem. qu'ils y firent d'un gouvernem. provisoire, Visconti fut nommé ministre de l'intérieur; il remplit deux mois ces fonctions politiq. Devenu ensuite l'un des cinq membres du gouvernem. consulaire (1798), il déploya dans ce poste une fermeté égale à sa modération et à son intégrité. Une réélection des consuls le rendit à ses occupations scientifiques, qu'il n'avait pas abandonnées totalement. Il fut contraint de se sauver de Rome lorsque les Napolitains fondirent sur cette ville (nov. 1798), et il n'y rentra vingt-six jours après que pour être réduit à s'en échapper de nouveau un an plus tard, avec plusieurs autres fugitifs. Le navire qu'ils avaient frété faillit d'être capturé par une frégate russe, et ce ne fut que par l'entremise d'un commodore anglais, qui se trouvait à Civitâ-Vecchia, qu'il obtint les passeports à l'aide desquels il débarqua enfin à Marseille. Installé peu après (18 déc. 1799) dans l'un des emplois d'administrateur du musée des antiques et des tableaux qu'on commençait à établir dans le Louvre, Visconti eût en outre le titre de profess. d'archéologie auprès du même musée, puis celui de membre de la 4e classe de l'Institut, et, au mois d'août 1804, fut reçu dans la classe d'histoire et de littérat. anc. (académie des inscriptions). Ce fut lui qui créa le *Livret du musée*, publ. pour la prem. fois en 1801, in-12. Visconti avait publ. quelq. autres *Opuscules* scientifiques lorsque Napoléon voulut qu'il dirigeât l'entreprise de la magnifique collection de l'*Iconographie ancienne* (prem. partie, *Iconogr. grecq.*, 1808, 3 vol. in-fol., max.; 1811, 3 vol. in-4, et atlas gr. in-fol.; *Iconographie romaine*, t. 1er, 1817, grand in-fol., 1818, in-4). Ce fut aussi un bel hommage rendu à l'immense savoir de Visconti que le choix dont il fut l'objet de la part des Anglais, qui, en 1817, l'appelèrent à faire l'estimation des sculptures du Parthénon, transportées d'Athènes par lord Elgin. Depuis quelque temps déjà la constitut. robuste de Visconti s'affaiblissait, plutôt encore en raison de ses travaux trop continus qu'à cause du nombre de ses ans; il expira le 7 févr. 1818, après de longues souffrances, et reçut des honneurs funèbres dignes de la réputation européenne qu'il s'était faite. Les principales acad. du monde ont retenti de son éloge (*v.* au *Moniteur* des 11 et 18 févr. les *Discours* prononcés sur sa tombe par MM. Émeric-David et Quatremère de Quincy). Les *Annales encyclopédiques* de Millin (1818, t. II), contiennent une *Notice historique* sur Visconti, dont il nous reste à citer les principaux ouvrages. Voici les titres de ceux que nous n'avons pas encore indiqués: *Monumenti scritti del museo del Tommaso Jenkins*, Rome, 1787, in-8. — *Il museo Pio-Clementino*, ib., 1782-98, 6 vol. in-fol., fig.; l'aut. donna un 7e vol. qui parut à Rome en 1808 sous le titre de *Museo Chiaramonti; Osserv. su due musaici istoriati*, Parme, 1788, in-8. — *Osservazioni sopra un antico cammeo, rappres. Giove Egioco*, Padoue, 1793, in-4. — *Iscrizioni greche Triopee*, ora Borghesiane convers., Rome, 1794, in-fol. — *Monumenti gabini della villa Pinciana*, etc., ib. 1797, in-8. Visconti a donné des conseils pour le texte du *Musée des antiq.*, dessinés et gravés par P. Bouillon, Paris, 1811-1827, 3 vol. grand in-fol., dont les *Notices* sont de M. de Saint-Victor.

VISCONTI D'OLEGGIO. — V. OLEGGIO.

VISDELOU (CLAUDE), jésuite, né en Bretagne en 1656, fut, à l'âge de vingt-neuf ans, désigné pour faire partie d'une expédition dont tous ceux qui la composaient se sont acquis un nom dans les lettres: ses compagnons étaient les PP. de Fontaney, Tachard, Gerbillon, Lecomte et Bouvet. Son premier soin, lors de son arrivée en Chine, fut d'étudier la langue et l'écriture de cet empire. On se faisait alors une idée exagérée des difficultés de cette étude, dans laquelle il fit de gr. et rapides progrès. Il s'occupa bientôt de rechercher les notions historiques consignées dans les livres chinois sur les peuples qui ont occupé les régions centrales et septentrionales de l'Asie. Les historiens de la Chine, dont la succession non interrompue embrasse une série de vingt-cinq siècles, n'ayant jamais négligé de recueillir, sur les contrées voisines de cet empire, les renseignements qui pouvaient se rapporter à l'histoire et à la géographie, il rendit un éminent service à la science en puisant à ces sources précieuses. Avant lui, on n'avait que des matériaux incomplets, sans suite et sans liaison, d'après lesq. il eût été impossible de reconstruire l'histoire de tant de nations qui ont perdu leurs annales, si même elles en ont jamais possédé. Son MS. de l'*Histoire de la Tartarie*, 4 vol in-4, envoyé en Europe, y resta ignoré pendant plus. années, et ne fut publié que dans l'édition de la *Bibliothèque orientale* (1777-79, 4 vol. in-4, ou 2 in-fol.). A la suite de cette *Histoire*, on trouve la double interprétation franç. (littérale et paraphrasée) qu'il a donnée, avec des *Notes*, du texte de la fameuse inscription du Si-an-fou, constatant l'introduction du christianisme à la Chine, au 7e S. On regrette que le P. Visdelou n'ait pas employé son séjour à la Chine à d'autres travaux du même genre, et qu'il ait perdu beaucoup de temps en de vaines querelles lors des dissentiments qui s'élevèrent entre les missionnaires des div. ordres. Il fut nommé, en 1708, vicaire-apostolique à la Chine, et aussitôt après évêque de Claudiopolis; mais ses ennemis lui contestèrent la légitimité de son titre. Au milieu de ces débats, la persécution l'obligea de quitter la Chine; il s'embarqua pour Pondichéry en 1709. Ayant reçu du régent de France l'ordre d'y rester, il mourut dans cette ville en 1737. Son *Oraison funèbre*, par le P. Norbert, a été insérée dans les *Mémoires historiques sur les missions des Indes-Orientales* (Lucques, 1744, in-4, 2e part., p. 235-315).

VISDOMINI (FRANÇOIS), prédicateur, né à Ferrare en 1514, entra dans l'ordre des cordeliers, y fut chargé de l'enseignement des novices, et mourut à Bologne en 1753. Il a été comparé à Démosthène par son confrère Wadding, pour être parvenu à se corriger d'un bégaiement qui paraissait devoir lui interdire la carrière de la prédicat. On a de lui plus. volumes d'*Homélies* et de *Sermons*, en italien et en latin, oubliés depuis longtemps. — VISDOMINI (Antoine-Marie), littérateur génois, a laissé plusieurs vol. de *vers* et de *Commentaires* sur les tragédies de Sénèque (v. Tiraboschi, *Storia della letterat. ital.*, t. VII). — VISDOMINI (Eugène), poète, né à Parme en 1550, étudia d'abord la jurisprudence, et reçut le laurier doctoral en 1570; mais il se consacra tout entier à la culture des lettres. Les réunions littéraires qui se tenaient chez lui donnèrent naissance, en 1574, à l'acad. des *Innominati*. Nommé gouverneur de Novarre par le duc Octave Farnèse, il devint plus tard secrétaire de ce prince, et mourut en 1622. On a de lui une traduct. *in ottava rima*, du poème de Sannasar, *De partu Virginis*, Parme, 1575, in 12; et des *Sonnets*, à la tête de div. ouvrages de ses amis (*v.* les *Memorie degli scritt. parmig.* du P. Affo, t. IV, p. 521).

VISÉ ou VIZÉ (JEAN DONNEAU de), le créateur du *Mercure galant*, né à Paris en 1640, fut destiné à l'état ecclésiastique, et porta le petit collet dans sa jeunesse; mais un penchant décidé l'entraînait vers les lettres, en même temps que son goût pour les plaisirs l'avertissait de choisir une carrière indépendante. Il se maria pourtant, mais avec une femme sans fortune, et, après avoir dissipé son propre patrimoine, qui était assez médiocre; il chercha des ressources dans l'exercice de ses talents. Il débuta par quelques essais de critique, qui n'annonçaient en lui ni goût ni conscience, mais beaucoup d'aigreur: dès cette époque, il se montra bassement envieux de Molière, dont il est probable qu'il ne comprit jamais le génie. Son début au théâtre, en 1665, fut une comédie en trois actes, *la Mère coquette, ou les Amants brouillés*; cette pièce fut suivie de beauc. d'autres dont on ne connaît guère que les titres. Le peu de profit qu'il en retira, quoiqu'elles eussent de nombreuses représentations, le détermina à publier un journal sous le titre de *Mercure galant*, dans lequel, aux nouvelles de la cour, il joignait des anecdotes, des pièces de vers, l'indication des modes et l'annonce des ouvrages nouveaux; surtout, et c'était là un de ses calculs de succès; il y rabaissait de la manière la plus indécente le mérite des chefs-d'œuvre de Racine et de Molière, et réservait ses éloges pour les écrivains les plus obscurs. Tout ce qu'on peut dire pour la justification de Visé, c'est qu'il était désintéressé. Il publiait son journal par cahiers mensuels, dont la réunion forme, pour les ann. 1672 et 1673, 6 pet. vol. in-12. D'autres travaux le forcèrent d'en suspendre la publication jusqu'en 1677; depuis lors il le continua sans interruption. Il y prodigua les flatteries à Louis XIV, qui le nomma un de ses historiogr., et lui donna une pension de 500 écus avec un logement au Louvre. Visé mourut en 1710. Il avait peu d'instruction, mais, à défaut de talent, de l'esprit et de la facilité. Outre 12 pièces de théâtre, publiées de 1666 à 1695, qu'on trouve quelquefois réunies en 5 vol. in-12, et parmi lesquelles nous indiquerons l'*Embarras de Godard ou l'Accouchée*, en un acte et en vers (1667), et *les Dames vengées, ou la Dupe de soi-même*, en cinq actes et en prose (1695), on citera de lui: *Nouvelles Nouvelles*, Paris, 1663, 3 vol. in-12, reproduites sous le titre de *Nouvelles galantes et comiques*, en 1669. — *Mémoires pour servir à l'histoire de Louis XIV*, ibid, 1697-1705, 10 vol. gr. in-fol., édition exécutée avec un tel luxe que les 10 vol. ne formeraient qu'un in-12. Après la mort de Visé, son journal fut continué sous le titre de *Mercure de France* (la collection complète est d'environ 1,300 vol. in-12 et in-8. *V.* l'*Histoire des journaux*, de Camusat, t. II, p. 198-205, et l'*Hist. de notre théâtre*, par les frères Parfait, t. X, p. 175-75).

VISETTI (JACQUES), ecclésiastique et poète, né à Padoue en 1736, publia en 1775 le 1er vol. d'un poème épico-héroïque, intitulé le *Triomphe de l'Église*, en même temps qu'un autre vol. en prose, contenant le plan entier de cette épopée, qui ne fut achevée qu'en 1786, 8 vol. in-8, avec des *notes*; 2e édit., 1787, 8 vol. in-12.

VISMES DU VALGAY (ANNE-PIERRE-JACQ. de), ancien sous-directeur des fermes, né à Paris en 1745, obtint en 1778 le privilége de l'entreprise générale de l'Acad. roy. de musique, mais ne réussit pas mieux à faire sa fortune qu'à rendre florissant le théâtre, et fut réduit à résigner la direction avant l'expirat. de son bail. Ce fut pend. sa courte administrat. qu'on entendit à l'Opéra les prem. bouffons venus d'Italie. Il se retira, sur la fin de sa vie, à Caudebec, et il y mourut en 1819. On connaît de Vismes un écrit intitulé *Pasilogie; ou de la Musique considérée comme langue universelle*, Paris, 1805, in-8. Il a laissé en outre quelques opéras comiques. Son frère, Alphonse-Denis-Marie DE VISMES, dit *Saint-Alphonse*, officier d'artillerie, ancien fermier-général, etc., né en 1746 à Paris, où il mourut en 1792, a donné à l'acad. royale de musique: *les trois Ages de l'opéra*, en un acte, musique de Grétry, 1778; *Amadis de Gaule*, de Quinault, réduit en trois actes, 1779, etc.

VISSCHER (ROEMER ou ROMAIN), poète holland., né à Amsterdam en 1547, fut élevé dans l'Église catholique, à laquelle il demeura fidèle, et mourut à Alkmaer en 1620. Il brilla dans l'épigramme. Son poète favori était Martial, dont il a traduit beauc. de pièces. Les curieux recherchent ses *Emblèmes*; Amsterdam, 1614, in-4 oblong, avec de jolies gravures; sa fille Anne, en a donné une 2e édition in-8, plus soignée quant au texte. — WISSCHER (Anne); fille aînée du précéd., née à Amsterdam en 1584, morte en 1651, était poète, musicienne et peintre, modelait et gravait avec une supériorité remarquable, et possédait les langues ital., franç. et latine. Après avoir refusé plusieurs fois de brillants partis pour demeurer auprès de son père, elle finit par épouser un homme de mérite, nommé Booth van Wesel, dont elle devint veuve. Ni ce changement d'état ni l'obligation d'élever une famille naissante ne lui firent abandonner le commerce des muses. Ses vers l'ont fait saluer par Wondel du titre de *Sapho hollandaise*. — VISSCHER (Marie), sœur de la précédente, née à Amsterdam en 1594, fut son élève et sa digne émule. Elle se maria en 1623, devint veuve en 1634, et mourut en 1649. On cite d'elle une pièce religieuse: *Marie-Madeleine aux pieds de Jésus*, et la *complainte de Phyllis*, insérée par de Vries dans son *Histoire (anthologique) de la poésie hollandaise*, t. 1er. Elle resta fidèle, ainsi que sa sœur et son père, au culte catholique. Scheltema a publié à Amsterdam, en 1808, un vol. in-8 sous ce titre : *Anne et Marie Tesselschade* (surn. bien connu de cette dernière), *filles de Visscher*, avec portraits, *fac-simile*, etc.

VITA (JEAN de), canoniste et antiquaire distingué, né à Bénévent en 1708, fut chanoine de la cathédrale de cette ville et gr.-vicaire de l'archevêché; puis évêque de Rieti, et mourut en 1774. Ses principaux ouvr. sont : *Thesaurus antiq. beneventanarum*, Rome, 1754-1764, 2 vol. in-fol., fig. — *De origine et jure decimarum ecclesiasticarum*, ibid, 1757, in-4.

VITAL (St), né à Tierceville, au diocèse de Bayeux, vers le milieu du 11e S., se distingua de bonne heure par sa piété, sa modestie et ses talents. Ayant embrassé l'état ecclésiastique, il devint, en 1080, chapelain de Robert, frère utérin de Guillaume-le-Conquérant, dont il reçut une prébende dans la collégiale fondée par ce prince à Mortain, en 1082. Après 10 ans de séjour dans cette maison, se sentant appelé à une plus haute perfection, il quitta ses bénéfices, vendit son bien, en distribua le prix aux pauvres, et se retira d'abord dans les rochers voisins, puis, en 1093, dans la forêt de Craon, en Anjou, plus tard dans celle de Fougères, et enfin (1105), dans celle de Savigni, où il fonda un couvent pour ses disciples, déjà nombreux. La règle qu'il adopta fut celle de St-Benoît, modifiée par des constitutions particulières. Cette abbaye de Savigni, dont la fondation date de 1112, ne tarda pas à devenir un des plus célèbres monastères de France, et le chef-lieu d'une congrégation qui se répandit dans tout le royaume et jusqu'en Angleterre. Vital était un des religieux les plus instruits et les plus éloquents de son temps. Il le prouva au concile de Reims, tenu par Calixte II en 1119. Il passa en Angleterre cette même année, et y fit beaucoup de conversions. Il mourut au prieuré de Dampierre, à trois lieues de Savigni, en 1122. Sa *Vie* a été écrite en latin par Étienne de Fougères, chapelain de Henri II, roi d'Angleterre, et depuis évêque de Rennes. Fleury, Hélyot, etc., ont aussi parlé de lui.

VITAL de Blois, ainsi nommé du lieu de sa naissance, florissait vers la fin du 12e S. On n'a aucun détail sur sa vie; mais il est célèbre par son poème latin du *Querolus*, publié en 1186, et impr. en 1595, par Conrad Rittershuys, dans son édit. du *Querolus*, et par Commelin, sous ce titre : *Plauti Querolus, sive Aulularia elegiaco carmine reddita*, in-8. Cette pièce, trouvée originairement dans les MSs. de Plaute, lui a été long-temps attribuée. On peut lire une analyse détaillée des deux *Querolus* dans l'*Histoire littéraire de France* des bénédictins, t. XV, p. 428-434, art. *Vital*. — V. ORDERIC.

VITALIEN, général scythe, succéda à son père Patriciole dans la charge de comte ou chef de la fédération formée par les habitants de la Thrace, de la Mœsie et de la Scythie. Sur la demande des chrétiens orthodoxes, persécutés par l'empereur Anastase, il vint, l'an 513, camper à sept milles de Constantinople, et après avoir fait promettre à l'empereur qu'il réparerait ses torts, il reprit la route de la Petite-Scythie. Il eut bientôt à vaincre une armée envoyée contre lui par Anastase, qui avait violé son serment. Il pouvait détrôner ce prince parjure, et il n'aurait fait que répondre en cela aux vœux des habitants de Constantinople révoltés; mais il aima mieux lui accorder la paix, toujours aux mêmes conditions, stipulées uniquement dans l'intérêt de l'orthodoxie et de la tranquillité de l'Église. Il s'en retourna alors, comblé de présents et revêtu de la dignité de maître de la milice des Thraces. Bientôt il se vit dépouiller de cette charge par Anastase, parjure encore une fois, et recommença la guerre contre lui avec succès. Après la mort de cet emper. (518), il fut très bien avec Justin, qui le manda à Constantinople et le fit comte militaire du palais; mais devenu odieux à la faction des *bleus*, il périt assassiné pend. son consulat l'an 520. La plupart des historiens imputent ce crime au seul Justinien; mais Justin paraît y avoir consenti, puisque les coupables restèrent impunis.

VITALIEN, élu pape en 657, était né à Signia en Campanie, et mourut en 672. On l'a loué d'avoir maintenu la discipline ecclésiastique dans toute sa vigueur. On l'a soupçonné, mais sans preuves, d'avoir partagé en secret l'erreur du monothélisme.

VITEL (JEAN de), poète franç., né à Avranches vers 1560, préféra la carrière des lettres à celle du barreau, où ses amis voulaient le lancer, et vint à Paris, où il publia, en 1588, ses *Exercices poétiques*, in-8. On conjecture qu'il ne survécut pas long-temps à la publicat. de son recueil, puisqu'il y promet divers ouvr., dont aucun n'a paru (*v.* la *Biblioth. franç.* de Goujet, t. XIII, p. 275-86).

VITELLESCHI (JEAN), né à Corneto, fut d'abord secrét. du condottiero Tartaglia; mais son patron ayant eu la tête tranchée par l'ordre de Sforza (1421) il vint à Rome et obtint un emploi à la cour pontificale. Il devint le principal ministre d'Eugène IV, qui le nomma évêque de Recanati en 1431, patriarche d'Alexandrie et archevêque de Florence en 1435, et cardinal en 1437. Voyant les états de l'Église soulevés contre le pontife, qui fut obligé de s'enfuir à Florence, Vitelleschi s'efforça de les reconquérir par les armes; mais plus souv. encore il employa le poison ou l'assassinat, et quoique entouré de tyrans perfides et féroces, il les surpassa tous en perfidie et en férocité. Enfin Eugène IV, soit qu'il eût honte d'employer un homme souillé de tant de forfaits, soit qu'il le crût prêt à se former une souveraineté indépendante dans les états de l'Église, le fit arrêter et conduire au château St-Ange, où il périt par le fer ou le poison (1440).

VITELLI (NICOLAS), condottiero, montra beaucoup de dévouement à la maison de Médicis, qui lui procura la souveraineté de Città di Castello, sa patrie, et le défendit en 1474 contre les attaques du pape Sixte IV. Obligé de céder à l'orage, il fut rétabli dans sa petite souveraineté en 1482 par Laurent de Médicis, et mourut avant 1497. — VITELLI (Vitellozzo), fils du précédent, lui succéda dans la seigneurie de Città di Castello. Il embrassa, en 1497, la défense des Orsini contre le pape Alexandre VI, et leur assura la paix par une victoire décisive. L'année suivante il se mit au service de la république florentine; mais ayant vu son frère Paul périr sur l'échafaud comme traître, parce qu'il avait mal réussi dans une entreprise, il craignit pour lui-même et se jeta dans le parti des Pisans, auxquels il fut très utile. En 1502, après s'être ligué avec d'autres condottieri contre l'infâme Borgia, il eut l'imprudence de se remettre entre ses mains, et fut massacré à Sinigaglia. — VITELLI (Ciapino), habile général, de la même famille que les précéd., né à Città di Castello dans le 16e S., servit très utilement le gr.-duc Cosme de Médicis dans la guerre de Sienno, commanda les bandes italiennes, en 1564, dans l'expédit. du roi d'Espagne Philippe II contre les Maures d'Afrique, et s'y distingua beaucoup. Employé dans les Pays-Bas sous le duc d'Albe avec encore plus d'éclat, il fut créé gr.-maréchal par Philippe II, et justifia cette distinction en sauvant l'armée espagnole après la mort du comte d'Aremberg et en pénétrant au cœur de la Hollande, où il s'empara de plus. villes avec une telle rapidité, que le prince d'Orange ne put pas même essayer de les secourir. Il mourut en 1576 (v. Paul Jove, *Elogia virorum bellicâ virtute illustrium*, et Brantôme, *Vies des capitaines étrangers*, ch. XLVI).

VITELLIO ou VITELLO, mathématicien, né en Pologne dans le 13e S., de l'illustre famille des Ciolek, traduisit son nom polonais en latin par celui de Vitellio. Il est curieux aujourd'hui de voir ce qu'il a laissé sur l'optique. Son travail ne parut que long-temps après sa mort, sous ce titre : *Vitellionis perspectivæ libri X*, Nuremberg, 1533, in-fol., 1re édit. soignée par G. Tanstetter et P. Apianus. La 2e édit. (1551, in-fol.) porte ce titre : *De opticâ, id est, de naturâ, ratione et projectione radiorum, visûs, luminum, colorum atque formarum, quam vulgo perspectivam vocant, libri X*. La 3e (Bâle, 1572), où l'on trouve aussi le traité de l'Arabe Alhasen sur l'optique, a pour titre : *Opticæ Thesaurus Alhaseni Arabis libri VII, nunc primùm editi; ejusd. liber de crepusculis et nubium ascensionibus; item Vitellionis, thuringopoloni, libri X, à Fr. Risnero* (v. Mitzler, *Choix des historiens polonais*, p. 779; J. Villichius, *de Salinis cracoviensibus*, et Soltikowicz, *Histoire de l'acad. de Cracovie*).

VITELLIUS (AULUS), empereur, né à Rome, sous le consulat de Drusus et de Norbanus, l'an 15 de J.-C., était petit-fils d'un chevalier qui fut intendant d'Auguste. Lucius, père d'Aulus, avait été consul en l'an 34, puis gouverneur de Syrie; de nouveau consul en 43, collègue de Claude à la censure et enfin consul pour la 3e fois en 47; mais il est moins connu pour l'habileté qu'il déploya dans ses fonctions administratives que par le profond degré de bassesse où il se ravala comme courtisan de Caligula, de Claude, de Messaline et d'Agrippine. D'abord consul avec un autre Lucius, son frère puîné, en l'an 48, Aulus, qui avait été nourri à Caprée sous les yeux de Tibère, remplit ensuite pendant 2 ans les fonctions de proconsul et de lieutenant de Néron en Afrique. Il venait d'être envoyé par Galba dans le gouvernement militaire de la Basse-Germanie, et déjà il s'y était acquis, par sa facilité crapuleuse, une immense popularité, lorsqu'au commencem. de l'an 69 des soldats l'enlevèrent et le conduisirent à Cologne pour l'y proclamer empereur, quand on savait à peine la mort de Galba. Cœcina et Valens, ses lieutenants, que leur ambition personnelle avait liés à la fortune de Vitellius, se hâtèrent, en marchant vers Rome à la tête de leurs légions, de prévenir les coups d'Othon, avec qui son indolent compétiteur ne songeait qu'à entretenir de vains pourparlers. La bataille de Bédriac (14 avril), qu'ils gagnèrent après avoir essuyé quelq. échecs, affermit décidém. l'autorité du nouveau prince sous les drapeaux duquel se rangèrent les soldats d'Othon, aussitôt que celui-ci se fut donné la mort. Les généraux du parti vaincu trouvèrent grâce devant l'empereur, qui commença par casser les gardes prétoriennes et envoyer au supplice les assassins de Galba. A ces débuts succédèrent des actes de vengeance personnelle. C'est lui qui le premier, et, dit-on, pendant sa visite du champ de Bédriac, prononça ces horribles paroles que d'autres ont répétées : *Le corps d'un ennemi mort ne sent jamais mauvais*. Accueilli dans Rome en triomphateur par le sénat, les chevaliers, les histrions et la populace, Vitellius qu'escortaient 60,000 soldats, donna d'abord le spectacle de son abjecte intempérance en s'enivrant avec les plus dégoûtants convives qui se trouvassent parmi cette tourbe, à laquelle il fit distribuer du vin. Peu de jours après (18 juillet) il s'investit du souverain pontificat, et sè déclara consul perpétuel. Suétone, Pline et Dion-Cassius nous ont transmis le dégoûtant détail des mœurs de Vitellius, qui, adonné aux plus infâmes débauches, réunissait au même degré la sensualité et la gloutonnerie. Le récit que l'on nous donne de ses abominables cruautés complète l'opprobre dont son nom est justement flétri. Avant d'être porté à l'empire, il était tellement obéré de dettes qu'il lui fallut épuiser tous les moyens pour se soustraire aux poursuites de ses créanciers : il alla jusqu'à empoisonner, afin d'avoir son héritage, un fils que lui laissait Pétronia, sa première femme, lorsqu'il la répudia. C'est d'un de ses anciens créanciers qu'il dit en ordonnant qu'on l'immolât sous ses yeux, qu'il allait se donner un spectacle délicieux. Il faut croire toutefois avec Tacite qu'on a grossi à tort la liste de ses crimes en supposant qu'il fut le meurtrier de sa mère Sextilia, femme respectable que ses chagrins suffirent pour précipiter au tombeau. Mais à la différence près du parricide, il n'en égale pas moins en scélératesse ce Néron qu'il avait proclamé son modèle. Il n'y avait que huit mois et quelq. jours qu'il était maître de l'empire, quand Vespasien ayant été proclamé empereur par les légions d'Asie, Primus, lieuten. du nouvel usurpateur, s'empara de Rome, et fit traîner sur la place publique Vitellius demi-nu et garrotté, qui y fut mis en pièces par la populace après avoir essuyé les plus outrageantes insultes (déc. 69). Outre les anciens auteurs on consultera avec fruit sur le règne de Vitellius l'*Histoire des empereurs*, de Tillemont.

VITELLIUS (ÉRASME), prélat polonais, né à Cracovie vers 1470, fut nommé évêque de Plock en 1504, et envoyé deux fois vers le pape Jules II par le roi Alexandre. Les mêmes pouvoirs lui furent continués par Sigismond Ier, qui succéda à ce prince, son frère, en 1505. Il fut envoyé en 1518 par ce souverain, d'abord à la diète d'Augsbourg, pour y solliciter des secours contre les Turks, puis à Rome, où il devait traiter avec Léon X deux affaires importantes. Il s'agissait de régler quel successeur on donnerait à l'empereur Maximilien, dont l'héritage était convoité surtout par le prince qui s'appela depuis Charles-Quint, et de changer l'opinion du pape, qui, dans les différends survenus entre les chevaliers teutoniques de Prusse et la Pologne, penchait pour les chevaliers. Mais Vitellius se laissa séduire par les promesses de Charles et de Léon, et mit beaucoup de lenteur et de mollesse à remplir sa mission. La mort du pape, arrivée en 1521, ruina toutes ses espérances et le jeta dans un profond chagrin, auquel il succomba lui-même l'année suiv. On trouve un gr. nombre de ses lettres dans les six prem. tomes des *Acta regalia* de Stanislas Gorski, et sa *Vie* dans le t. 1er de l'ouvrage sur la *Littérature polonaise* (Cracovie, 1819, 4 vol. in-8) du comte Ossolinski, conservateur de la biblioth. impériale de Vienne.

VITENES, gr.-duc de Lithuanie, est considéré comme le fondateur de la dynastie des Jagellons. Pendant un règne de 22 ans, il fut uniquement occupé de guerres de destruction. En 1283, il se jeta sur le palatinat de Sandomir, et y commit d'épouvantables massacres. En 1286, pour se venger d'une incursion faite dans ses états par les chevaliers teutoniques, il dirigea deux corps d'armée, l'un sur le Cujavie, l'autre sur la Semigalle, et ravagea ces deux provinces : la première fut encore dévastée par lui en 1291. Mais ce fut en 1294 qu'il se surpassa par des prodiges de barbarie. Ayant passé la Vistule et traversé la Masovie, il tomba inopinément sur la ville de Lencicza, où il fit un si gr. nombre de captifs, que chacun de ses soldats en eut 20 pour sa part. Dans ses expéditions sur les pays voisins, il laissait souvent ses propres états en proie à de justes représailles. En 1315, il attaqua Memel, dont il leva le siège à l'approche du gr.-maître de l'ordre teutonique. Il mourut peu de temps après, et eut pour success. Gedymin, aïeul de Vladislas Jagellon.

VITERIC ou BETTERIC, 20e roi des Visigoths, dut le trône à un crime. Il était parvenu au commandement des armées, et venait de recevoir la mission d'enlever aux Grecs ce qui leur restait dans la Lusitanie, lorsqu'il gagna les troupes sous ses ordres, priva du trône et de la vie Liuwa II, et se fit élire roi, sans opposition, l'an 603. Il fit de vains efforts pour rétablir l'arianisme dans ses nouveaux états, se vengea de son mauvais succès en faisant couler le sang des orthodoxes sur l'échafaud, et acheva de se rendre odieux et méprisable par son avarice et ses débauches. Il crut se faire un utile allié de Théodoric II, roi d'Orléans et de Bourgogne, en le prenant pour gendre; mais ce prince, au bout d'un an de mariage, lui renvoya sa fille Hermemberge, dont il ne rendit point la dot. Ce fut alors que Viteric forma contre le Bourguignon une alliance avec Théodebert II et Clotaire II, rois d'Austrasie et de Soissons, et Agilulf, roi des Lombards, qu'il laissa agir seuls. Il fut assassiné par ses propres sujets en 610.

VITET (LOUIS), médecin distingué, né à Lyon en 1736, reçut le bonnet de docteur à la faculté de Montpellier, vint compléter ses études à Paris, et alla ensuite exercer sa profession dans sa ville natale. Il y obtint de l'administration municipale et du collége des médecins l'établissement d'un laboratoire de chimie, d'un cabinet d'histoire naturelle et d'un amphithéâtre; mais les superstitieuses clameurs de la populace, à qui l'on avait dénoncé les nouv. professeurs comme coupables de disséquer des enfants vivants, firent supprimer les cours. Il se consola et dédommagea le public par la composition de plus. ouvrages utiles. La révolution, dont les principes furent adoptés par lui avec enthousiasme, interrompit ses travaux et le jeta dans la carrière politique. Administrateur du district, puis maire de Lyon, il fut l'un des députés de cette ville à la convention (1792). Dans le procès de Louis XVI, il vota pour l'appel au peuple et la détention. Décrété d'accusation lors des troubles de Lyon, il se réfugia en Suisse, ne revint en France qu'après la chute de Robespierre. Rentré à la convention, il passa ensuite au conseil des cinq-cents, et fut un des députés peu nombr. qui montrèrent de l'énergie dans la journée du 18 brumaire. Une pareille conduite ne pouvait manquer de l'éloigner des affaires. Dans ses dern. années il revint à Paris, fut nommé correspondant de la société d'agriculture, et mourut en 1809. On a de lui : *Médecine vétérinaire*, Lyon, 1771, 3 vol. in-8, dont le succès européen fit époque dans l'histoire de la science. — *Pharmacopée de Lyon*, 1778, in-4. — *Médecine expectante*, Paris, 1803, in-8. — *Médecine du peuple*, Lyon, 1804, 13 vol. in-12. — *Traité de la sangsue médicale*, Paris, 1809, in-8, publ. par le fils de l'aut. Le docteur Pariset a publié en 1809 une *Notice* sur L. Vitet.

VITIGÈS, roi des Ostrogoths, se distingua d'abord comme général de Théodoric, puis fut chargé par Théodat, en 536, de conduire une armée contre Bélisaire en Campanie : ce fut alors qu'il fut proclamé roi par ses soldats. Il se retira sur Ravenne, pour se donner le temps de rassembler les forces des Ostrogoths, et laissa ainsi Rome à la merci de Bélisaire, qui s'en empara. Il vint l'assiéger dans cette ville l'année suiv. (537), et fut contraint par la famine et la peste de conclure avec lui une trêve. Il voyait surgir de toutes parts des ennemis : sa propre femme Mathasuinte, fille d'Amalasonte, qu'il avait épousée malgré elle pour s'allier au sang du grand Théodoric, conspirait secrètement contre lui; toute l'Italie n'attendait que l'occasion de se révolter : Milan, Bergame, Côme et Novare prirent en effet les armes. Vitigès s'étant emparé de Milan, épuisa contre cette ville tout ce que peut imaginer le besoin d'une atroce vengeance. Cepend. il cherchait partout des alliés contre Justinien. Il ne réussit qu'auprès de Chosroès, roi des Perses, qui commença les hostilités en 539; mais dans le même temps il eut à souffrir beaucoup d'une incursion en Italie de Théodebert, roi d'Austrasie, et il se trouva hors d'état de tenir la campagne. Il s'enferma dans Ravenne, y fut bientôt vivement pressé par Bélisaire, capitula en 560, et fut mené à Constantinople, où il reçut de Justinien la dignité de patrice, et mourut en 563.

VITIZA ou WITIZA, 33e et avant-dernier roi des Visigoths, fut associé au trône d'Espagne l'an 696, par son père Égica, dont la mort l'en laissa seul maître en 701. Rien de plus contradictoire que ce qu'on a écrit sur ce prince. Tout ce qu'on peut assurer, c'est que le gouvernement des Visigoths était vicieux, et que Vitiza ne fut ni un meilleur ni un plus mauvais roi que la plupart de ses prédécess.; mais le temps paraissait arrivé où l'Espagne subirait sans résist. le joug des Arabes, et en effet, ce fut sous ce règne que Moussa, gouverneur de l'Afrique pour le khalyfe Walid, conquit les îles Baléares, et fit explorer les côtes de la Péninsule pour en connaître la situation topographiq. et politique. Cependant Théodemir et le comte Julien obtinrent quelq. avantages contre les Arabes. Mais Rodrigue ou Roderic, qui avait à venger sa famille des outrages et de la cruauté de Vitiza, se révolta contre lui, le prit, lui fit crever les yeux et le remplaça sur le trône l'an 709, ou au plus tard l'an 710. Vitiza survécut peu à sa disgrâce, et mourut avant Rodrigue.

VITODURANUS (JOANNES), moine franciscain du 14e S., natif de Winterthur, mort jeune vers 1348, est auteur d'une *Chronique* qui embrasse tous les faits écoulés depuis l'emper. Frédéric II jusqu'à l'année 1348. Elle a été impr. dans différ. recueils, notamm. dans le *Corpus historicum medii œvi* de J.-G. Eckhart, Leipsig, 1723, in-fol., t. Ier, et plus exactement dans le *Thesaurus hist. helvet.*, 1755.

VITRÉ ou VITAY (ANTOINE), célèbre imprim., né peu avant 1600, de Pierre Vitré, qui avait exercé à Paris la même profession, acheta l'imprimerie de Jacques Duclou, mort vers 1616, mais dont la veuve imprimait encore en 1618, et conserva l'enseigne de son prédécesseur, un Hercule terrassant un monstre, avec les mots *Virtus non territa monstris*. Le premier produit de ses presses paraît avoir été le livret intitulé *le Brûlement des moulins des Rochellois*, in-8, 1621. Parmi les édit. qu'on lui doit, plusieurs furent bien précieuses en leur temps, car elles mettaient entre les mains des savants plus d'un ouvrage en langue syriaque, ou arabe, ou hébraïque, ou chaldéenne, etc. Le cardinal de Richelieu ayant conçu le projet d'une Bible polyglotte, supérieure à celles d'Alcala et d'Anvers, chargea Vitré de faire, en son nom, mais au compte du roi, une acquisition de MSs. et de caractères orientaux, qui fut très avantageuse. Cette acquisition ne lui fut point remboursée, et lui attira des procès qui furent encore le moindre des désagréments qu'il eut à essuyer. L'impression de cette Bible, commencée en 1628, poursuivie à travers mille obstacles, fut achevée en 1645. Elle est divisée en 9 t. ou 10 vol. (le 5e en deux part.), de format atlantique. Il n'y a qu'une opinion sur la beauté de cette édit., pour le caractère, le papier et l'exécution typographique; mais l'incommodité du format, la multitude des fautes, l'inexactitude et l'insuffisance de quelq. parties accessoires l'ont beaucoup fait déchoir de sa valeur. Vitré n'en est pas moins un des hommes qui ont le plus honoré la typographie franç. Il était loin d'avoir l'instruction littéraire des Estienne et de quelq. autres imprimeurs; mais il se montra laborieux, fort zélé pour son art, et fut assez mal récompensé. Il mourut en 1674. Il avait été honoré des titres d'imprimeur roy. des langues orientales, d'imprimeur du clergé de France, de syndic des imprimeurs et libraires de Paris, de directeur de l'imprimerie royale, d'administrat. des hôpitaux (v. les *Hist. de l'impr. et libr. de Paris*, par La Caille (p. 240-242), et par Chevillier (p. 298-500); et l'*Essai historique sur l'origine des caractères orientaux de l'imprimerie royale*, par de Guignes (p. 9-101 du tome Ier des *Notices des MSs. de la Bibliothèque du roi*).

VITRINGA (CAMPÈGE), orientaliste protestant, né à Leuwarde en 1659, fut admis au saint ministère en 1680, et pourvu presque aussitôt de la chaire des langues orientales à Franeker. Il obtint celle de théologie en 1682, remplaça Perizonius, en 1693, avec le titre de profess. d'histoire sacrée, et mourut en 1722. On citera de lui : *Archisynagogus observationibus novis illustratus*, etc., Franeker, 1685, in-4, réimpr. avec augmentat. sous ce titre : *De synagogâ vetere libri III*, etc., ibid., 1696, in-4. — *Typus theologiæ practicæ*, Brême,

1717; trad. en français par Limiers sous le titre d'*Essai de théologie pratique, ou Traité de la vie spirituelle et de ses caractères*, Amsterdam, 1721, in-8. — *Commentarius in librûm prophetiarum Isaiæ*, etc., Leuwarde, 1714-20, 2 vol. in-fol. — *Geographica sacra*, publ. par Werner, 1722, 6 vol. in-4, ouvr. savant et fort estimé (v. les *Mémoires* de Niceron, t. XXXV, p. 30). — VITRINGA (Horace), fils du précéd., né en 1680, mort en 1696, pouvait déjà passer pour un savant, comme le prouvent ses *Notes* sur les hébraïsmes de Wart, publ. par Lamb. Bos dans ses *Observationes miscellaneæ*, Franeker, 1797, in-8. — VITRINGA (Campège), frère du précéd., né à Franeker en 1693, y fut pourvu de la chaire de théologie en 1716, et mourut en 1723. On a de lui: *Epitome theol. natur.*, Franeker, 1731, in-4, et quelq. *Dissertations* sur différents passages de la Bible.

VITRUVE (MARCUS-VITRUVIUS-POLLIO), architecte romain, naquit à Formies, ville de la Campanie, aujourd'hui *Mola di Gaeta*, sous le règne d'Auguste. Il écrivit son *Traité d'architecture* dans un âge avancé, et le présenta à l'empereur, quelque temps après qu'il eut pris le surnom d'Auguste, ce qui arriva l'an 27 avant notre ère. On conclut de quelques autres renseignements qu'il mourut très vieux. Il est démontré qu'il posséda toutes les connaissances relatives aux diverses subdivisions de l'art de l'ingénieur, et qu'il fut surtout versé dans l'architecture militaire et l'architect. civile. Les talents s'unissaient en lui à la modestie et à la probité. On voit, d'après son traité, qu'il s'était procuré des notions sur les grands monuments grecs; mais rien ne prouve qu'il les ait vus lui-même, et on peut croire qu'il s'est borné à présenter les règles de l'architecture d'après les exemples qui se trouvaient sous ses yeux, et en se conformant aux pratiques établies. Comme écrivain, il n'a rien du goût ni de l'élégance qui caractérisent ceux du siècle où il a vécu, mais on a eu tort de lui reprocher l'obscurité de son style, qui vient sans doute des expressions techniques qu'il lui a fallu nécessairement employer. Son ouvrage, intitulé: *M. Vitruvii Pollionis de architecturâ libri X*, fut impr. pour la prem. fois, Venise, 1497, in-fol. L'édition d'Amst., Elzevir, 1649, in-fol., avec un *Comment.* de Guill. Philandrier et des *Notes* d'autres savants, a été long-temps la plus estimée: mais on lui préfère aujourd'hui celles de Rode, Berlin, 1800-02, 2 vol. in-4, et de Schneider, Leipsig, 1808, 3 vol. in-8. On fait encore grand cas de la traduct. qu'en a donnée Perrault, ainsi que de son *Abrégé des dix livres d'architecture de Vitruve*, Paris, 1694, in-12.

VITRY (JACQUES de), histor., né au bourg d'Argenteuil, près de Paris, ou à Vitry-sur-Seine, embrassa l'état ecclésiastique pour se conformer au désir d'une sainte femme nommée Marie, qui vivait retirée dans le monastère d'Oignies, au diocèse de Liége, et pour laquelle il eut toujours la plus gr. vénérat. Devenu chanoine régulier et curé d'Oignies, il s'appliqua à la prédicat. d'après le conseil de sa pieuse amie, et, dans cette carrière, obtint des succès qui le firent juger digne d'occuper le siége de Ptolémaïs dans la Terre-Sainte. Il fut ensuite chargé par le pape Innocent III de prêcher, en Belgique et en Allemagne, la croisade contre les Albigeois. Cette mission terminée, il se démit de son évêché entre les mains du pape Honorius III, et revint au monastère d'Oignies. Il en fut tiré par Grégoire IX, dont il reçut la pourpre et l'évêché de Tusculum, et mourut à Rome en 1244. On cite de lui un *Recueil de lettres* et quelq. *Sermons*, les *Vies* de plus. saintes femmes; mais ses écrits les plus remarquables sont : l'*Histoire orientale*, et l'*Histoire occidentale*. La prem., divisée en III livres, dont 2 ont été imprimés par Bongars dans le *Gesta Dei per Francos*, offre un tableau moral et statistique de la Terre-Sainte sous les princes chrétiens. Fr. Moschus publia, en 1597, à Douai, le 1er livre de l'*Histoire orientale*, et dans le même volume l'*Histoire occidentale*, qui n'est que l'hist. de l'Église du temps de l'auteur. La *Biographie des croisades*, par Michaud, contient une *Notice* sur les hist. de Jacques de Vitry.

VITRY (Louis GALLUCIO DE LHOSPITAL, marquis de), l'un des guerriers les plus distingués du temps de la Ligue, était d'une famille napolitaine, établie en France au 14e S. Gentilhomme servant, puis gentilhomme de la chambre du duc d'Alençon, après la mort de ce prince (1584), il passa au service de Henri III. Il se trouvait à l'armée royale, devant Paris, lors de l'assassinat de ce monarque (1590) ; il la quitta pour ne pas obéir à un prince excommunié, et devint un des plus utiles servit. du duc de Mayenne. Il contribua beaucoup à la défense de Paris, et donna au duc de Parme le temps d'arriver et de forcer Henri IV à lever le siége. Tout en combattant pour la Ligue, il sut plus d'une fois s'opposer à ses fureurs. En 1591, il fut nommé député de la noblesse aux états que Mayenne se proposait de convoquer à Reims, et qui n'aboutirent qu'à la conclusion d'une alliance avec l'Espagne. L'année suiv., il contribua à faire entrer à Rouen un secours, ce qui força le roi de se retirer; il ne cessait pourtant d'entretenir avec ce prince des relations d'estime et de bonne amitié. Aux prétendus états-généraux de Paris, en 1593, il se prononça fortement contre la prétent. qu'avaient les Espagnols de donner à la France pour reine l'infante Isabelle ; et, lors des conférences de Surène, il fut un de ceux qui s'entremirent avec le plus de chaleur dans la gr. affaire de la conversion du roi. Quand il apprit qu'enfin Henri était catholique, il s'empressa de lui rendre la ville de Meaux, dont il était gouverneur, et adressa à la noblesse de France un manifeste qui fut très utile à la cause royale. En récompense de ses services, il fut créé chevalier des ordres du roi, capit. de ses gardes, mestre-de-camp de la cavalerie légère, lieut. de la vénerie et fauconnerie, gouverneur de Meaux, et capitaine de Fontainebleau, et eut la permission de mettre une fleur de lis dans ses armes. Il devint un des appuis du trône, et mourut en 1611.—

VITRY (Nicolas de LHOSPITAL, marquis, puis duc de), fils aîné du précéd., né en 1581, lui succéda, en 1611, dans la charge de capitaine des gardes-du-corps. Il était aussi lieuten.-gén. en Brie, et pouvait prétendre aux prem. dignités de l'armée, par sa naissance et son mérite personnel ; mais il aima mieux mériter la faveur royale par un service de sicaire. Lié d'une étroite amitié avec Luynes, favori de Louis XIII, il travailla avec ce jeune parvenu à échauffer la colère du roi contre le maréchal d'Ancre, et se chargea d'assassiner, dans la cour du Louvre, l'orgueilleux protégé de la reine-mère (1617). Il détacha ensuite quelques-uns de ses satellites pour aller arrêter chez elle la maréchale, dont on sait la fin déplorable. Tous les courtisans applaudirent au meurtre de Concini, quand ils virent que Vitry en était récompensé par le bâton de maréchal. Cependant celui-ci n'était pas trop rassuré pour l'avenir, et il obtint une charge de conseiller de robe-courte au parlem. de Paris, afin de n'être jugé que par les chambres assemblées, si jamais on venait à lui faire son procès. En 1621, dans la prem. guerre de religion qui éclata sous le règne de Louis XIII, Vitry contribua à soumettre les villes de Château-Renaud, de Gien et de Gergeau. L'année suiv., il n'eut pas moins de part à la prise des places de Sancerre et de Sully, et se distingua à l'attaque de l'île de Ré et pendant le blocus de La Rochelle. Appelé, en 1631, au gouvernement de Provence, il y commit plus. abus d'autorité, et fut enfermé, en 1637, à la Bastille, dont il ne sortit qu'en 1643, à la mort de Richelieu. Il fut créé duc et pair en 1644, et mourut l'année suiv. — VITRY (François-Marie de LHOSPITAL, duc de CHATEAUVILLAIN et de), fils du précédent, né vers 1620, fut d'abord mestre-de-camp du régiment de la reine, mère de Louis XIV, entra des prem. dans le parti de la Fronde, dont il fut un des généraux, et se montra fort attaché au coadjuteur. Après les troubles, il se jeta dans la diplomatie et y déploya des talents assez remarquables. Il fut envoyé, en 1673, comme résident de France, auprès du roi de Bavière, et fut nommé, deux ans après, plénipotentiaire au congrès de Nimègue. Il mourut à Paris en 1679.

VITRY (le P. ÉDOUARD de), philologue et numismate, né vers 1670, embrassa la règle de St-Ignace, professa les mathématiques, l'astronomie, puis la théologie à Caen, et, dans ses loisirs, rédigea une foule de *Dissertations* remarquables qui furent insérées dans les *Mémoires de Trévoux de 1716 à 1722*, et parmi lesquelles on citera sa *Lettre au P. Souciet sur les poids et monnaies des Romains*, juill. 1729. On lui doit en outre une petite pièce très intéressante, sous ce titre : *Tumulus Titi-Flavii-Clementis, viri consularis et martyris illustratus*, Urbin, 1727, in-4 de 60 pages, fig., insérée, avec des *additions* du P. Zacharia, dans le t. XXXIII de la *Raccolta calogerana*. Le P. Vitry mourut vers 1730.

VITTEMENT (JEAN), savant et pieux ecclésiast., né en 1655 à Dormans, en Champagne, s'était déjà fait connaître dans les fonctions pénibles de l'enseignem. au collège de Beauvais, à Paris, et avait été recteur de l'université, lorsqu'il fut nommé sous-précepteur des ducs de Bourgogne, d'Anjou et de Berri. Il suivit le duc d'Anjou en Espagne (1700), et remplit plusieurs missions importantes de manière à satisfaire tout à la fois son élève, devenu roi, et Louis XIV, toujours si exigeant. Il refusa toutes les offres brillantes de Philippe V, pour revenir, dès qu'il le put, dans sa retraite du collège de Beauvais. Rappelé à la cour en 1715, pour y être le sous-précepteur de Louis XV, il s'y considéra comme dans un lieu d'exil, la quitta, en 1722, sans avoir voulu accepter ni abbayes, ni bénéfices, ni même une place à l'Académie, et vint mourir dans sa patrie, en 1731. Il n'a laissé que des ouvr. MSs., parmi lesq. se trouve une réfutat. du système de Spinosa et de quelques autres écrits philosophiques.

VITTORELLI ou VETTORELLI (ANDRÉ), né à Bassano, vers la fin du 16e S., embrassa de bonne heure l'état ecclésiastique et fixa sa résidence à Rome. Il renonça à toutes les dignités de l'Église pour se livrer exclusivem. à l'étude, devint un des plus savants hommes de son temps, et publia un gr. nombre d'ouvr., tant en italien qu'en lat., tous estimés. On citera les suivants : *Hist. des jubilés pontificaux*, Rome, 1625, in-8. — *Notes, éclaircissements et additions aux Vies des papes et des cardinaux*, d'Alph. Chacon, Rome, 2 vol. in-fol.

VIVANT (FRANÇOIS), chanoine de Paris, né dans cette ville en 1663, mourut en 1739, après avoir été revêtu de plus. autres dignités, tant sous le card. de Noailles que sous M. de Vintimille. Nous citerons de lui : *De la vraie manière de contribuer à la réunion de l'Église anglicane, ou Examen de différents endroits des livres de Le Courayer*, 1728, in-4. — VIVANT (Jean), frère aîné du précédent, se trouva syndic de la faculté de théol. lors de l'affaire du cas de conscience en 1703, et contribua aux mesures prises contre les signataires. Il mourut en 1739, dans sa 79e année, à Strasbourg, dont il avait été nommé suffragant, en même temps qu'évêque de Paros, *in partibus*.

VIVARÈS (FRANÇOIS), graveur, né en 1709 au village de St-Jean-de-Bruel, en Rouergue, mort en 1789, obtint beaucoup de succès dans le paysage, et fit admirer surtout le fini de ses feuillages, et la richesse de ses fonds. Cet artiste eut trois femmes qui lui donnèrent trente-trois enfants.

VIVENS (le chev. FRANÇOIS de), né en 1697 au château de Vivens, près Clairac, en Agenois, mort en 1780, étudia avec beaucoup d'ardeur les sciences physiques et mathématiques, l'économie politique et la morale, et répandit le premier, dans sa province, les meilleurs procédés agricoles. Nous citerons de lui : *Nouvelle théorie du mouvement*, Londres, 1799, in-8. — *Observations sur l'agriculture et le commerce de la province de Guienne*, 1758, 1760 et 1762.

VIVÈS (JEAN-LOUIS), l'un des plus savants hommes que l'Espagne ait produits, né à Valence en

1492, professa les belles-lettres à Louvain, puis fut appelé au collége *Corpus Christi*, nouvellem. fondé à Oxford. Là, il gagna l'estime de Henri VIII, qui le fit venir à la cour, et lui confia, pendant quelq. années, l'éducation de la princesse Marie, alors sa fille unique. Mais Vivès, ayant osé désapprouver le divorce dont Henri menaçait Catherine d'Aragon, passa six mois en prison, et n'en sortit que pour quitter l'Angleterre. Après avoir fait un voyage en Espagne, il alla s'établir à Bruges, où il mourut en 1540. Il s'était lié avec Érasme et Budé, auxquels il ne fut pas trop inférieur. Une édit. de ses *OEuvres complètes* a été publ. à Bâle en 1555, 2 vol. in-fol., et une autre à Valence, en Espagne, en 1782.

VIVIANI (Vincent), l'un des plus gr. géomètres du 17e S., né à Florence en 1622, fut le dernier élève de Galilée, et reçut, après la mort de ce gr. homme, des leçons du fameux Torricelli. Ses progrès rapides et ses travaux importants eurent bientôt étendu sa réputation dans toute l'Europe. Les princes de la maison de Médicis s'empressèrent à l'envi de le combler de leurs bienfaits; Colbert l'inscrivit sur la liste des savants étrangers, auxquels Louis XIV faisait éprouver les effets de sa munificence ; le grand-duc Ferdinand le chargea de professer les mathématiq. aux pages et à l'acad. de Florence, et le nomma son géomètre et son prem. ingénieur. Viviani était membre de l'académie *del Cimento*, de celle des Arcadiens et de la société royale de Londres, et avait été admis, en 1699, à l'acad. des sciences de Paris, dans la classe des associés étrangers ; il aurait pu être encore le premier astronome de Louis XIV ; mais il refusa ce titre par attachement pour son pays, comme il avait déjà refusé les offres de Casimir, roi de Pologne. Il mourut à Florence en 1703, comblé d'honneurs et de gloire. Ses princip. ouvrages sont : *De maximis et minimis geometrica divinatio in quintum Conicorum Apollonii Pergœi nunc desideratum*. Florence, 1659, gr. in-fol., très rare. — *De locis solidis secunda divinatio geometrica in V libros, injuriâ temporum amissos, Aristœi senioris geometrœ*, ibid., 1701, in-fol. (*v.* les *Éloges* de Fontenelle et la *Storia* de Tiraboschi, tome VIII, 258-264).

VIVIEN (Joseph), peintre, né à Lyon en 1657, mort à Bonn en 1734, prem. peintre des électeurs de Bavière et de Cologne, se fit une grande réputation par ses portraits, et sut donner au pastel une force de ton et des effets que n'avait pas connus jusqu'alors ce genre de peinture. Il entendait tellement l'artifice de la composition, qu'il groupait jusqu'à douze figures dans un espace où des peintres ordinaires n'auraient pu placer que quatre ou cinq personnages. Ses ouvrages les plus remarquables furent la *Famille de Monseigneur* (le gr. dauphin), et la *Famille électorale de Bavière*.

VIVONNE (Louis-Victor de ROCHECHOUART, comte, puis duc de MORTEMART et de), maréchal de France, né en 1655, fut enfant d'honneur de Louis XIV, mais reçut dans la maison paternelle une éducation plus soignée que celle de ce prince. Dès qu'il fut en âge de porter les armes, il alla servir en Flandre, comme volontaire, sous Turenne, et montra beaucoup de bravoure à l'attaque des lignes d'Arras, à la prise de Landrecies et de Condé, et au siége de Valenciennes. Il partit pour l'Italie, en 1665, avec le grade de mestre-de-camp, et servit dans l'armée navale commandée par le duc de Beaufort. L'année suiv., il prit part à l'expédition contre Gigeri, dans le royaume d'Alger, en qualité de maréchal-de-camp ; il remplit aussi dès lors par commission la charge de général des galères, qui ne lui fut donnée qu'en 1669 sur la démiss. du maréchal de Créqui. La guerre ayant été déclarée à l'Espagne en 1667, il passa en Flandre, où il continua de se distinguer. Après la paix d'Aix-la-Chapelle, il alla contraindre la régence d'Alger à traiter avec la France, puis il porta secours à l'île de Candie, en qualité de général de l'Église. En 1672, au fameux passage du Rhin, il reçut une blessure dont jamais il ne guérit, mais qui ne l'empêcha pas de poursuivre sa carrière militaire. Il se distingua en Hollande l'année suivante, fut nommé gouverneur de la Champagne en 1674, et envoyé, en 1675, au secours des habitants de Messine, soulevés contre les Espagnols ; il battit ces derniers sur mer, entra victorieux dans Messine, et fut compris la même année dans une promotion de huit maréchaux : le crédit de Mme de Montespan, sa sœur, ne lui fut pas inutile dans cette circonstance. On reproche à Vivonne d'avoir encouragé, par sa faiblesse et son exemple, les débauches scandaleuses de ses officiers en Sicile : il parvint avec peine à rétablir le calme chez les Messinois, mécontents de leurs défenseurs, devenus leurs tyrans, et après avoir obtenu quelques nouveaux avantages sur les Espagnols, grâce au brave Duquesne, il revint en France (1677). Il entra alors en possession de la charge de premier gentilhomme de la chambre, qu'il avait héritée de son père, et vécut en courtisan, mais sans bassesse ; car ses contes plaisants, sa gaîté intarissable et ses bons mots, dont quelques-uns sont encore répétés, lui suffirent pour gagner et conserver l'amitié de Louis XIV. Il s'occupait en même temps de ses plaisirs, avec trop peu de choix et de modération pour sa santé ; mais ce qui l'honore, c'est d'avoir aimé les lettres, d'avoir eu du goût et d'avoir vécu dans une aimable familiarité avec Molière et Boileau : ce fut lui qui présenta ce dern. à Louis XIV. Vivonne mourut en 1688, *aussi pourri de l'âme que du corps*, dit Mme de Sévigné, qui, au reste, ne le ménage pas assez dans ses lettres, quoiqu'il eût eu pour elle une véritable affection.

VIZZANI (Énée), *Vigianus*, médecin, né à Bologne en 1543, professa la logique, la philosophie et la médecine, d'une manière brillante, dans l'acad. de sa ville natale, et mourut en 1602, laissant des consultations (*Consilia medica*) dans le Rec. de Lautenbach, Francfort, 1605, in-fol. — Vizzani (Pompée), historien, de la même famille, mort en 1607, est principalement connu par la *Storia di*

Bologna, en XII livres. Les dix premiers, impr. en 1596, et en 1602, in-4, finissent à l'année 1530; les deux suivants, qui renferment la continuation jusqu'en 1598, ne furent publiés qu'en 1608. Cette histoire a été réimprimée à Milan en 1611, in-4. — VIZZANI (Charles-Emmanuel), né à Bologne vers 1617, se rendit fort habile dans les langues grecque et latine, la philosophie et la jurisprudence, fut pourvu de la chaire de logique à l'acad. de Padoue, devint ensuite avocat consistorial à Rome, puis assesseur du St-office, référendaire de l'une et l'autre signature, enfin chanoine de St-Pierre, et mourut en 1661. Sa traduct. latine d'*Ocellus-Lucanus*, accompagnée d'un savant *Commentaire*, Bologne, 1646, Amsterd., 1661, in-4, est estimée.

VLADIMIR-LE-GRAND, le 1er gr.-duc de Russie qui ait embrassé le christianisme, était fils naturel de Svientoslaff, du vivant duquel il eut Novogorod pour apanage. Après la mort de ce prince, craignant de tomber sous les coups de son frère Jaropolk, qui avait saisi la couronne, il se réfugia chez les Varègnes, peuples septentrionaux, connus aussi sous le nom de *Norwégiens* ou *Normands*. Il prit part pend. deux ans à leurs entreprises guerrières, et les employa ensuite à combattre Jaropolk, qu'il fit lâchement assassiner l'an 980, et qu'il remplaça sur le trône. Il ne tarda pas à s'apercevoir que les Varègnes devenaient puissants et redoutables, et il se ménagea contre eux l'appui des Slavo-Novogrodiens, des Tchoudes et des Krivitches, ce qui détermina ses incommodes alliés à aller offrir leurs services à l'empereur d'Orient. Malgré son amour effréné des plaisirs qui lui faisait entretenir quatre femmes, et 800 concubines, Vladimir agrandit sa domination par des conquêtes. En 981 et dans les deux annés suiv. il reprit les provinces de la Gallicie que les Polonais avaient enlevées à ses deux prédécesseurs, fit rentrer sous son obéissance les Viatyczans, et réduisit les Jadzvingoviens, qui habitaient les forêts situées entre la Lithuanie et la Pologne. Plus tard, il s'étendit au nord-ouest jusque vers la mer Baltique. La Livonie, la Courlande et une partie de la Finlande étaient comprises aussi dans son vaste empire. Après avoir soumis, par un de ses généraux, les Radimitches, peuples des bords du Bug et de la San, qui s'étaient déclarés indépendants, il porta ses armes vers l'Orient. Il vainquit les riches colonies de Bulgares, établies sur les bords du Volga et de la Kama, et leur accorda la paix. Il était dès lors résolu à s'attacher de préférence à la communion grecque; mais comme s'il eût voulu enlever aussi sa nouvelle religion à la pointe de l'épée, il alla prendre, en 988, la ville de Cherson, capitale d'une petite république régie par ses propres lois, sous la protection des souverains de Constantinople. De là il envoya déclarer aux empereurs Basile et Constantin, qu'il voulait avoir pour épouse la princesse Anne, leur sœur, et qu'en cas de refus il marcherait sur leur capitale. On lui répondit de se faire chrétien et que sa demande serait alors accueillie; mais il exigea que d'abord la princesse lui fût accordée, et on fut obligé d'y consentir. De son côté, il tint sa promesse et reçut le baptême, sous le nom de Basile ou Vassili. Son exemple fut suivi par les boyards et les premiers officiers de l'armée, et le peuple aussi reçut le baptême en masse par son ordre : quelques habitants restèrent toutefois attachés au paganisme, qui jusqu'au 12e S. a régné dans plus. parties de la Russie. Vladimir employa la violence pour les convertir, mais il prit aussi des mesures pour les éclairer en fondant des écoles, où les jeunes gens devaient apprendre la langue liturgique. Ce soin ne l'empêcha pas de fonder ou de fortifier plus. places pour protéger ses états contre les incursions des peuples voisins, auxq. il résista avec avantage. Sa conversion paraît avoir changé son caractère. Il ne chercha plus à faire des conquêtes et se contenta de défendre ses frontières. Il veilla avec une charité vraiment chrétienne sur le sort des pauvres et des malades. Il poussa même la douceur jusqu'à abolir la peine capitale, et voulut que l'homicide fût puni seulem. d'une amende; mais le nombre de malfaiteurs s'étant accru d'une manière effrayante, il consentit, à regret et sur de nouvelles instances, à rétablir la peine capitale. Il avait divisé son empire en gouvernements, et les avait confiés à ses nombreux enfants. En 1014, il apprit la révolte de l'un d'eux, Yaroslaff, son lieutenant à Novogorod. Il envoya un autre fils contre ce rebelle, et mourut l'année suivante, sans avoir réglé sa succession. Ce malheureux oubli, joint au partage de la Russie entre tant de gouvernements remis à des princes du sang, entraîna les suites les plus funestes.

VLADIMIR, fils aîné de Yaroslaff, grand-duc de Kieff, n'était âgé que de 16 ans lorsqu'il fut nommé par son père gouvern. de Novogorod et duc de la province qui porte ce nom (1038). Il alla subjuguer les Finnois ou Finlandais, mais fut forcé par la peste de rentrer en Russie (1040). L'année suiv., il reçut de son père l'ordre de marcher sur Constantinople pour obtenir la réparation d'une injure. Il ne voulut entendre à aucun accommodement, et se conduisit avec une arrogance qui ne tarda pas à porter sa peine. Il vit plusieurs de ses vaisseaux brûlés par la flotte grecque, et perdit les autres dans une tempête, tandis qu'une faible partie de son armée cherchait vainement à opérer une sorte de retraite par terre. Cependant il fut assez heureux, malgré ses fautes, pour remporter une victoire navale, qui lui permit de rentrer à Kieff avec un riche butin et un grand nombre de prisonniers. Vladimir mourut à Novogorod vers l'an 1052.

VLADIMIR II, dit *Monomaque*, et que l'on aurait pu appeler *le Grand*, avec plus de raison que son bisaïeul Vladimir Ier, naquit en 1053. Dès sa plus tendre jeunesse il se distingua par sa bravoure, sa sagesse et l'élévation de son âme. Il prit part à tout ce qui se fit d'important sous ses prédécess., Iziaslas, son oncle, Vszévolod, son père, et Svientopelk, son cousin. Il fit ses prem. armes sous Boleslas II, roi de Pologne (1068 et 69), l'accompagna en Silésie contre le duc de Bohême (1076) entra ensuite (1078) dans la principauté de Polotzk pour punir l'ambitieux Vzeslas, et marcha presque aussitôt contre Oleg et Boris, qui avaient chassé son père de Tschernigoff. La même année, il vit ce prince succéder à Iziaslas dans le grand-duché et l'autorité souveraine, et reçut de lui, en apanage, les principautés de Tschernigoff et de Smolensk, avec l'obligation honorable de protéger la Russie par ses armes. Les ennemis se montraient partout, au-dedans et au-dehors, et partout ils le trouvèrent disposé à leur résister. Les habitants de Minsk, les Viatitches, les Kumans et les Cosaques éprouvèrent tour à tour l'effet de sa valeur. Il perdit son père en 1093 : il pouvait lui succéder ; mais il céda généreusement l'autorité souveraine à Svientopelk. Pour opposer une barrière aux Kumans, qui poussaient leurs ravages jusqu'aux portes de Kieff, il engagea les princes russes, toujours divisés, à oublier leurs ressentiments, et leur fit jurer de réunir leurs forces contre l'ennemi commun (1097). Plus. victoires éclatantes furent le résultat de ses mesures conciliatrices et de ses qualités guerrières. Après la mort de Svientopelk en 1113, Vladimir, dont le nom avait retenti dans toute l'Europe, fut obligé d'accepter le grand-duché, comme le plus digne parmi les princes russes. Résolu de se consacrer à l'administration intérieure, il confia à ses fils le commandem. de ses armées, et obtint par eux des succès plus ou moins marqués sur les Tchoudes ou Livoniens, sur les Bulgares d'Orient, sur les Kumans, les Pieczyngoviens, les Torques et enfin les Grecs. Il entreprit cette dern. expédit. (1116) pour venger la mort du prince Léon, son gendre, assassiné par Alexis Comnène, et pour conserver les droits de le jeune Basile, son petit-fils, pouvait avoir au trône de Constantinople. Alexis conjura l'orage par des dons précieux et par des offres de paix, qui furent acceptées. Ce fut dans cette occasion que le métropolitain d'Éphèse, envoyé d'Alexis, plaça sur la tête de Vladimir la couronne impériale et le proclama tzar de la Russie. Vladimir est le 1er gr.-duc qui ait porté ce titre. Pour terminer une guerre extérieure, il venait de consentir à ce que la veuve de Léon et le jeune Basile abandonnassent leurs droits et rentrassent en Russie : il sut plus d'une fois étouffer la guerre civile avec la même habileté. Il mourut en 1126, universellement regretté. L'histoire s'est souvenue de la bonté de son cœur, de sa bienfaisance, de la grandeur de son âme, plus encore que de ses brillantes victoires. Il a écrit de sa main ses dern. avis à ses enfants, et ce monument, qui nous a été conservé, rappelle les leçons que 144 ans plus tard St Louis donnait à ses fils dans ses dern. moments.

VLADIMIR (Andreievitsch), dit le Brave, était neveu d'Ivan II, à la mort duquel il aurait pu faire valoir ses droits à la souveraineté ; car un usage des commencements de la monarchie donnait la prééminence au plus âgé de la famille sur le fils aîné du souverain précéd. Mais n'ayant en vue que le bien de la patrie, il voulut consacrer le système de succession en ligne directe et par ordre de primogéniture : il fit donc, en 1364, avec Dmitri, son cousin, fils aîné d'Ivan II, un traité par lequel il le reconnaissait pour son légitime maître et seigneur. Placé dès lors au second rang, il n'en fut peut-être que plus utile. Ce fut lui qui, après l'incendie de Moscou (1366), pressa le grand-duc d'élever la citadelle du Kremlin. La Russie avait alors à redouter les Tatares et Olgierd, gr-duc de Lithuanie. Ce prince étant mort en 1372, et ses fils étant désunis, le moment parut favorable pour refuser le tribut aux Tatares et pour se débarrasser de leur joug honteux. En vain le fils aîné d'Olgierd, Vladislas Jagellon, devenu roi de Pologne, s'entendit avec ces Barbares : deux victoires des Russes (1378 et 1380) l'empêchèrent de les joindre. Vladimir, qui avait contribué puissamm. à ce succès, fut proclamé alors le Brave. Le gr-duc n'ayant point de troupes soldées, fut obligé de laisser retourner dans leurs foyers toutes celles qui avaient servi sous ses drapeaux, et dix ans s'étaient à peine écoulés que les Tatares recommencèrent la guerre sous la conduite de Toktamisch. Vladimir fut encore dans cette occasion l'appui de son pays, mais il ne put l'empêcher d'être ravagé. Malgré ces nouveaux services, il n'en persévéra pas moins à établir irrévocablem. le système de succession en ligne directe par un traité qu'il signa avec Dmitri et Vassili, l'aîné des fils de ce prince. Il servit Vassili avec la même loyauté que Dmitri, et dans des circonstances aussi difficiles ; mais il mourut en 1410, pénétré de douleur à la vue des calamités qui désolaient sa patrie.

VLADIMIR, palatin de Cracovie au 13e S., montra beauc. de courage contre les Tatares-Monghols, qui s'étaient approchés jusqu'à 7 milles de la capitale de son palatinat, en ravageant tout sur leur passage. Il sut rendre quelque courage au duc de Pologne, Boleslas, dit le Chaste, et lutter parfois avec avantage contre les hordes de ses barbares ennemis ; il remporta, notamment en 1241, plus. victoires sur elles, et malgré quelques échecs qu'il essuya, il aida Boleslas à réparer ses pertes. On ignore la date de sa mort.

VLADISLAS 1er, dit Hermann, roi de Pologne, succéda à Boleslas II, son frère, en 1081, après la fuite de ce prince, qui laissa le royaume une année sans chef et sans loi. Ses premiers soins se tournèrent vers la religion, et sans attendre l'effet de ses démarches pour faire lever l'interdit jeté sur la Pologne par Grégoire VII, il ouvrit les églises et ordonna que l'on y célébrât l'office divin. Il rappela le jeune Mieczyslas, fils aîné de Boleslas, que ce prince avait emmené avec lui ; mais Mieczyslas, peu de temps après, mourut subitem., et il courut des bruits très injurieux à Vladislas. Les habitants de la Poméranie, encore païens, s'étant révoltés pour se soustraire au tribut que les Polonais leur avaient imposé ; il les soumit dans trois campagnes. Il avait malheureusement accordé sa faveur à Sicciech, homme odieux à toute la nation. Il fut obligé de l'éloigner à deux reprises pour complaire à ses sujets et pour apaiser la révolte de ses propres fils. L'un de ces deux jeunes princes, son fils naturel Zbignieff, reçut de lui en apanage la Mazovie et d'autres riches domaines. Ce premier partage marque l'époque fatale où commencèrent les démembrements et les malheurs qui ont accablé la Pologne pendant plus de deux siècles. Vladislas mourut en 1102, dans la 59e année de son âge et la 21e de son règne, laissant le trône à son fils légitime Boleslas.

VLADISLAS II, 7e roi de Pologne, succéda à son père Boleslas III en 1139; mais il n'eut en propre que la quatrième partie du royaume avec une autorité précaire sur ses frères, entre lesquels le reste avait été partagé à titre d'apanage. Dans une diète convoquée à Cracovie, il fut résolu qu'il posséderait, avec le titre de roi, l'autorité suprême et le droit exclusif de déclarer la guerre et de commander les armées, mais que ses frères gouverneraient d'une manière indépendante les provinces qui leur étaient échues. Par cet arrangement, l'anarchie devenait inévitable. De son côté, Vladislas, dirigé par sa femme Agnès, petite-fille de l'emper. Conrad II, prit des mesures qui produisirent un assez vif mécontentement: l'explosion fut déterminée par un acte de cruauté de la reine, et le palatinat de Sandomir donna l'exemple de la révolte. Cependant Vladislas avait réussi à dépouiller deux de ses frères; mais, sur la demande des évêq. du royaume, il fut excommunié ainsi que sa femme, fut battu, se sauva à Cracovie, puis alla solliciter des secours en Bohême. Sur les instances de l'emper. Conrad, le pape demanda que les provinces échues à Vladislas lui fussent restituées pour être possédées par lui comme fief de la couronne, laquelle resterait à Boleslas, élu par la nation polonaise. Deux fois le pape lança l'excommunication sur la Pologne, indocile à ses ordres; mais il n'obtint rien. Conrad et son successeur, Frédéric-Barberousse, se mirent l'un après l'autre en campagne pour protéger Vladislas, et ne songèrent qu'à leurs propres intérêts, de sorte que ce prince ne fut point rétabli, et mourut dans l'exil en 1163. Ses trois fils obtinrent de Boleslas la Silésie qui resta, depuis cette époq., séparée du royaume de Pologne.

VLADISLAS III, surnommé *Laskonogi*, succéda à son père Mieczyslas, dit *le Vieux*, dans le duché de Posen, et fut élu, en 1203, duc de Cracovie et chef de la monarchie polonaise. Il n'accepta cet honneur qu'après avoir demandé le consentement du jeune Leszko, qui, reconnu roi à la mort de son père Casimir, n'avait pas voulu jouir de cet avantage. Cependant on lui donna Leszko pour successeur en 1207, lorsqu'on fut las de ses violences. Il continua ses exactions, surtout contre le clergé, dans la Grande-Pologne, qu'il tenait de son père; aussi fut-il excommunié deux fois. Enfin il fut chassé des états qui avaient été son dernier refuge, et mourut dans l'exil en 1233.

VLADISLAS IV, dit *Lokietek*, roi de Pologne, après la mort de Leszko-le-Noir, dut son élévation au clergé et à la noblesse du palatinat de Cracovie, et fut élu contre le gré des habitants de cette ville: aussi eut-il trois compétiteurs, Henri, duc de Breslau, Venceslas, roi de Bohême, et Przémyslas, duc de la Grande-Pologne. Le dern. seul réussit à se faire couronner (1295), et mourut bientôt après. Vladislas, élu de nouveau par la diète du royaume (1296), se contenta du titre de souverain ou seigneur (*dominus regni Poloniæ*). Au bout de quatre ans il fut chassé du trône et même de ses apanages, et remplacé par Venceslas, roi de Bohême. Il se réfugia quelq. temps à Rome, puis il rentra dans le duché de Cracovie, fort de l'appui du pape Boniface VIII. Cependant ce ne fut qu'en 1309 qu'il fut reconnu seul souverain de la Pologne. Voyant que Jean, roi de Bohême, se portait son compétiteur, il voulut se ménager les suffrages du pape Jean XXII. On a dit qu'il aurait mieux fait de s'adresser aux empereurs d'Allemagne; mais on n'a pas réfléchi qu'alors le St-siège avait la prééminence sur le trône des césars, et qu'un prince, trop faible pour se soutenir lui-même, devait au moins recourir au protecteur le plus puissant. Il avait besoin d'alliés plus utiles et surtout plus actifs pour résister aux chevaliers teutoniq., ennemis irréconciliables de la Pologne; il forma une ligue dans laquelle entrèrent Gedymin, roi de Lithuanie, Charles-Robert, roi de Hongrie, et les princes de la Poméranie-Occidentale. Il se mit alors en campagne (1326), et sans trop s'inquiéter des prétentions que l'emper. Louis et le roi de Bohême Jean de Luxembourg manifestaient à la couronne, le premier pour son fils, le second pour lui-même, il força les chevaliers à rendre Bromberg, Dobrzyn et quelq. autres contrées sur la Vistule, et à conclure une trêve. Il fut bientôt obligé de marcher encore contre eux. Après leur avoir accordé une trêve, il revint par la Silésie, qu'il ravagea, afin de punir les princes silésiens, dont il avait été abandonné, et mourut à Cracovie, en 1333, dans la 73me année de son âge.

VLADISLAS V. — V. JAGELLON.

VLADISLAS VI, fils de Vladislas Jagellon, naquit en 1424. Son père eut beaucoup de peine à le faire reconnaître par la diète comme son successeur: il y réussit pourtant sans avoir besoin de confirmer les anciens priviléges comme il l'avait promis; il ne lui coûta que quelques largesses et des emplois accordés aux courtisans. Jagellon étant mort en 1434, Vladislas fut reconnu et couronné roi, malgré les réclamations de trois gentilshommes. Il entama, en 1439, pour disposer du trône de Bohême, une négociation, qui fut interrompue par la mort d'Albert, l'un des compétiteurs. Ce dernier prince était roi de Hongrie: ce fut donc encore un trône à remplir. Les grands du royaume l'offrirent à Vladislas, qui accepta avec peine et quitta la Pologne pour n'y plus rentrer. — V. LADISLAS IV.

VLADISLAS VII, roi de Pologne, né en 1595, succéda à son père, Sigismond III, en 1632, après un court interrègne, causé par les prétentions de Gustave-Adolphe, roi de Suède. Il avait manqué, dans sa tendre jeunesse, d'être élevé sur le trône des tzars à la place de Vassili V, qui en fut renversé en 1610. On lui imposait, pour seules conditions, d'embrasser la religion grecque, et de tenir, à une certaine distance de Moscou, les troupes polonaises qu'il emmènerait avec lui : l'honneur qu'on lui faisait par cette offre brillante s'adressait à sa valeur, dont le bruit s'était déjà répandu en Russie. Mais son père l'empêcha de réussir. Le jeune Vladislas, quoique mal soutenu, s'avança avec une armée victorieuse jusque sous les murs de Moscou, et s'il n'y gagna pas une couronne, il conclut une paix avantageuse à la Pologne, à laquelle furent cédés par les Russes les duchés de Smolensk et de Czernikoff (1619). L'année suiv., il marcha avec des forces peu considérables contre les nombreuses légions des Turks et des Tatares, auxquels il arracha une paix assez favorable (1621). Tels avaient été ses débuts avant d'être roi de Pologne. A peine les cérémonies du couronnement furent-elles achevées (1633), qu'il alla faire lever le siége de Smolensk aux Russes. Par ce premier succès et par d'autres encore, il força le tzar Michel Féodor à demander la paix, qui fut signée en 1634, et qui lui permit d'aller défendre ses états, menacés au nord par la Suède et au midi par les Turks et les Tatares. S'étant débarrassé avec bonheur de tous ces adversaires, et voyant la Pologne en paix (1635), il épousa Cécile-Renée, archiduchesse d'Autriche. Cette alliance ayant déplu à la France, dès qu'il se trouva veuf en 1644, il épousa Louise-Marie de Gonzague-Nevers. Il voulut alors se joindre aux Vénitiens contre les Turks, et se jeter dans les hasards d'une nouvelle guerre; mais il en fut empêché par la diète de 1646. Il mourut en 1648. On regretta en lui un prince très instruit, très actif, quoique aimant le plaisir, et qui avait établi en Pologne l'usage de la poste; mais on lui reproche d'avoir mal économisé les revenus de l'état et de n'avoir pas assez fait pour la liberté religieuse des catholiques, malgré les engagements pris par lui avec le prince Christophe Radzivil, au commencement de son règne.

VLADISLAS, dit *le Blanc*, prince polonais, célèbre par la singularité de son caractère et par la variété de ses aventures, était neveu de Vladislas Lokietek, et cousin germain de Casimir-le-Grand. Il paraissait probable qu'il monterait un jour sur le trône de Pologne; mais il fit beaucoup de tort à la légitimité de ses droits par ses prétentions prématurées qui déplurent à Casimir, et surtout par ses réclamations peu mesurées contre les réformes de ce prince. Il fit tant par ses imprudences et ses fanfaronnades, qu'il décida le roi son cousin à se désigner pour héritier présomptif le jeune Louis de Hongrie (1339). Vladislas, prenant son désespoir pour une vocation religieuse, entreprit le pélerinage des lieux saints, prit la croix à son retour afin d'accompagner les chevaliers teutoniques dans leur expédition contre les peuples demi-sauvages et païens de la Lithuanie, et embrassa ensuite la vie monastique. De l'abbaye de Citeaux, où il avait fait profession, il se rendit bientôt à Dijon, où il prit l'habit de St-Benoît dans le monastère de St-Bénigne (1366). Là, au milieu des jouissances de la richesse, il parut oublier le trône où siégeait encore Casimir; mais après la mort de ce prince (1370), il sentit se réveiller son ambition ou plutôt sa turbulente inquiétude, et il se repentit d'avoir enchaîné sa liberté par des vœux : il essaya de s'en faire délier, éprouva deux refus de la part de Grégoire XI, et n'en fut que plus prompt à agir contre Louis de Hongrie, qui, faisant gouverner ses sujets adoptifs par des subdélégués, et préférant d'ailleurs le séjour de ses états héréditaires à celui de la Pologne, s'était ainsi rendu odieux à la noblesse de ce royaume. Vladislas eut d'abord quelq. avantages assez marqués sur les partisans de son rival; mais bientôt la fortune changea; il fut fait prisonnier, et reçut de Louis, qui était son beau-frère, une riche abbaye de Hongrie, avec l'ordre d'aller s'y fixer comme abbé commendataire (1376). Il fut réduit à demander, à titre de faveur, de retourner au monastère de St-Bénigne. Plus tard, en 1383, il se fit relever de ses vœux par l'antipape Clément VII, qui espérait trouver en lui un serviteur plein de dévouement; mais il ne paraît pas que cette fois le prince soit sorti de son monastère, où il mourut en 1398; il devait avoir plus de 75 ans, dont il avait passé une grande partie à chercher ce qu'il désirait. Sa naissance et quelques qualités brillantes qu'il avait reçues de la nature furent gâtées par une vaine jactance et par une versatilité inconcevable

VLADISLAS I*er*, duc de Bohême, avait été d'abord, en 1105, le compétiteur de Svientopelk, son cousin, auquel il voulut bien céder tous ses droits. Il reçut alors des grands l'assurance d'être élu après Svientopelk, et c'est ce qui arriva en 1109. Il trouva parmi ses proches des contradicteurs de son élection; mais il réussit pourtant à affermir son autorité. S'étant réconcilié avec son frère aîné Borzivoy, l'un de ceux qui avaient élevé contre lui des prétentions ennemies, il lui céda une partie de la Bohême, qu'ils gouvernèrent ensemble dans le plus parfait accord. Vladislas mourut en 1125.

VLADISLAS II, roi de Bohême, fils du précéd., se présenta pour succéder à son oncle Sobieslas en 1140; mais les princes de sa famille le forcèrent de revendiquer ses droits les armes à la main. Vaincu, il eut alors recours à l'empereur Conrad qui le reconduisit jusqu'à Prague (1142) : tout rentra bientôt dans l'ordre, et il put diriger ses soins sur l'administration intérieure. En 1147, il prit part à l'expédition de la Terre-Sainte, d'où il revint l'année suiv. En 1158, il fut couronné roi dans une diète à Ratisbonne par l'empereur, auquel il témoigna sa reconnaissance, en le suivant dans sa campagne d'Italie, où il seconda ses efforts victorieux. Ce fut lui qui contribua le plus au rétablissement de la paix, dont il régla les principales conditions. Plus tard, les Milanais ayant manqué à leurs promesses, il donna des troupes auxiliaires à l'empereur pour marcher contre les forces de cette république. Il eut lui-même à combattre des rebelles dans sa propre famille. Enfin sa cause ayant été abandonnée par l'empereur qu'il avait si bien servi, il put voir, de son vivant, le duché de Bohême passer aux mains de Sobieslas, fils aîné du dernier duc. Il se retira dans une terre que sa seconde femme, Judith, sœur du landgrave de Thuringe, possédait en Allemagne, et il y mourut en 1173.

VLADISLAS III, duc de Bohême, succéda au duc Henri en 1193; mais après avoir gouverné pendant cinq mois, il remit l'autorité souveraine entre les mains de son frère aîné, Przémyslas II, dit *le premier des Ottocares*, se contentant de la Moravie pour apanage. Il prit part à tous les actes de son frère et vécut avec lui dans une union d'autant plus heureuse pour la Bohême, que jusque-là ce malheureux pays avait été déchiré par les dissensions de ses princes. Il mourut à Olmutz en 1222.

VLADISLAS, fils aîné du grand Huniade, né en 1431, fut élevé dans les camps sous les yeux de son père, qui, fait prisonnier, en 1448, par George, duc de Servie, son ennemi mortel, fut obligé de le donner en otage, et de le laisser fiancer à la princesse Élisabeth, petite-fille de George et fille d'Ulrich de Cilley. Cependant le jeune Vladislas ne tarda pas à être délivré par Huniade de cette servitude déguisée, et en 1453, il fut nommé duc de Croatie et de Dalmatie, et chargé d'aller soumettre, dans la Haute-Hongrie, quelques magnats révoltés. La mort de sa future femme vint rompre le lien qui unissait depuis quelq. années les deux familles. Huniade étant mort bientôt après, Ulric, chef des Cilley, jura d'exterminer tous les Huniade, qu'il appelait une race de chiens ; mais Vladislas, informé de cet horrible projet, le prévint en faisant tuer Ulric. Les magnats, qui tenaient au parti des Cilley, s'appliquèrent dès lors à persuader au roi de Hongrie que le jeune Vladislas pouvait un jour lui devenir redoutable; ils réussirent enfin à faire condamner à mort ce fils d'un héros, qui promettait de marcher sur les traces de son père, et il fut décapité à Ofen en 1457.

VLAMING (Pierre), né à Amsterdam en 1686, mort en 1733, cultiva avec succès la littérature ancienne et la poésie hollandaise. Outre plusieurs éditions soignées de bons ouvrages, il publia, en 1711, avec son ami Jean-Baptiste Wellekens, un recueil fort estimable sous le titre de *Délassements poétiques*.

VLASTA, amazone de la Bohême, faisait partie de la troupe de femmes à qui la princesse Libussa avait confié la garde de sa personne. Après la mort de cette princesse (735), elle rassembla ses compagnes sur le mont Widowlé et les excita à fonder, par la force des armes, un empire où elles régneraient en souveraines. A la nouvelle de leurs prem. tentatives, Przémyslas, duc de Bohême, leur députa, pour les ramener dans le devoir, un des seigneurs de sa suite, qu'elles renvoyèrent après l'avoir indignement mutilé. Vlasta, avec sa singulière armée, qui s'augmentait chaque jour de nouvelles recrues, désola pendant huit ans la Bohême. Elle organisa même une sorte de gouvernem.; elle créa un ordre *de la Vertu militaire*, et publia un *Code*, où elle statua, entre autres choses, qu'il était défendu aux hommes de porter les armes sous peine de mort; qu'ils ne pourraient aller à cheval que les jambes jointes et pendantes sur le côté gauche du cheval; que celui qui oserait monter autrement serait puni de mort: que les hommes, à quelque classe qu'ils pussent appartenir, devaient conduire la charrue et faire tous les travaux, tandis que les femmes combattraient pour eux; que les femmes choisiraient elles-mêmes leurs maris, et que celui qui rejetterait leur choix serait puni de mort. Dalémile, troubadour bohème au commencement du 14e S., nous a transmis en vers slaves ce qu'il a pu recueillir sur Vlasta et sur ses compagnes dans les tradit. nationales (v. le *Voyage en Allemagne et en Pologne*, par Gley, Paris, 1816; et l'*Histoire de Bohême*, par le jésuite Pubitschka, Prague, 1770, in-4, I, p. 243).

VLESCHOUWER (Jean), en latin *Carnarius*, médecin; né à Gand au 16e S., prit ses degrés à Padoue, où il occupa quelque temps une chaire de philosophie morale. De retour dans sa patrie, il y pratiqua son art avec succès, fut appelé en 1557 à la cour du duc de Holstein-Gottorp en qualité de médecin, et mourut en 1562, chanoine de Sleswig. On ne connaît de lui qu'un recueil de poésies didact. impr. à Padoue en 1555, in-8, et contenant, entre autres pièces : *Oratio de Podagræ laudibus*, et *de Thermis patavinis carmen*.

VLERICK (Pierre), peintre, né à Courtrai en 1539, mit à profit un voyage en Italie pour étudier avec soin l'antique, et peignit à Rome plusieurs tableaux remarquables. En quittant l'Italie, il revint se fixer dans son pays, où il exécuta différ. tableaux, entre autres : les *quatre Évangélistes*, un *Crucifix* entre la Vierge et St Jean, et *Judith coupant la tête à Holopherne*. On reconnaît dans tous ses ouvr. la manière de Tintoret, qu'il avait connu à Venise, et dont il avait gagné l'estime et l'amitié. Il excella aussi dans l'architecture et la perspective. En 1569, il alla s'établir à Tournai, où il mourut de la peste en 1581.

VLIERDEN (Lambert), né à Herstalle, près de Liége, en 1564, embrassa d'abord la profession des armes, dont le dégoûtèrent plus. blessures et une double captivité. Il se livra alors à l'étude des lois, prit le grade de licencié à Louvain en 1590, eut des succès brillants au barreau, où il fournit une carrière de près d'un demi-siècle, et mourut vers 1640. Parmi ses ouvr., tous écrits en latin, nous citerons : *De l'élection et du couronnement de l'emper. Ferdinand*, avec quelq. autres poèmes ; *Édits et Traités sur les monnaies qui ont été en usage dans le pays de Liége depuis 1477 jusqu'en 1623; Histoire de la ville de Liége*, etc.; le tout impr. à Liége.

VLIET (Guillaume van), peintre, né à Delft en 1584, mort en 1642, cultiva avec beaucoup de succès le genre du portrait, qu'il avait embrassé par amour du gain, après s'être distingué dans le genre historique. — VLIET (Henri van), neveu et élève du précédent, peignit avec un égal succès l'histoire, le paysage et la perspective, mais abandonna aussi tous ces genres pour celui du portrait. On estime particulièrement ses clairs de lune. — VLIET (Jean-George van), graveur hollandais, a laissé de très bonnes estampes, entre autres : *St Jérôme dans une caverne ; Loth et ses filles*, d'après Rembrandt.

VLITIUS ou VANVLIET (JEAN), philologue hollandais, dont on ne connaît positivem. ni l'année, ni le lieu de naissance, était, quand il mourut à Breda en 1666, âgé de 56 ans, à ce que l'on présume. Il cultiva avec beaucoup de succès la littérature ancienne et la poésie latine, sans négliger sa langue maternelle, dont il chercha les rapports avec les anciens idiomes du nord. Il fut lié avec les hommes les plus distingués, non-seulement de sa patrie, mais de l'Angleterre et de la France, où il voyagea. Nommé, en 1651, membre de la magistrature de Breda, avec le titre de greffier, il accompagna la même année à Londres, en qualité de secrétaire, l'ambassade extraordinaire des États-Généraux. Des chagrins domestiq. empoisonnèrent ses derniers jours. Nous citerons son travail sur Gratius, qu'il publia sous ce titre : *Jani Vlitii venatio novantiqua*, Leyde, Elzevier, 1645, in-8 de 491 p. ; et un ouvr. (en holland.) sur le droit de succession, d'après les coutumes de la ville et de la banlieue de Breda.

VOECHT (GILLE), historien, né vers la fin du 16ᵉ S. dans la Campine, petit pays dépendant de l'évêché de Liége, fit profession de la vie religieuse dans l'ordre des chanoines réguliers de Prémontré, et mourut en 1655 à l'abbaye d'Éverbeur, où l'on conservait ses ouvr. en MSs. Nous citerons de lui : *De comitatu lossensi in Tungriâ et Taxandriâ*, inséré en partie par l'abbé Chesquière dans les *Acta sanctor. Belgii*, t. I, p. 209.

VOEL (JEAN), jésuite, né en 1541, à Vaux-le-Moncelot, bailliage de Gray, professa les humanités dans divers colléges, et mourut en 1610 avec la réputation d'un habile profess. et d'un parfait religieux. Ses principaux ouvr. sont : *De ratione conscribendi epistolas utilissimæ præceptiones*, Dole, 1586 ; Tournon, 1601 ; Lyon, 1619, in-12.— *De Horolog. sciothericis*, Tournon, 1608, in-4.— *De oratore libri IV, ex Cicerone potissimum collecti*, Lyon, 1610, in-8.

VOET (GISBERT), théologien, né à Heusde en 1493, fut appelé, en 1634, à l'illustre école d'Utrecht, non encore érigée en académie ; pour y enseigner la théologie et les langues orientales. Adversaire déclaré des arminiens ou remontrants, et défenseur ardent de l'orthodoxie proclamée au synode de Dordrecht, sa vie se passa en disputes et en tracasseries, qui, tout en signalant son rare savoir, firent détester son intolérance. L'amertume de son zèle s'exhala surtout contre la personne et la philosophie de Descartes, qu'il traita de jésuite déguisé et d'athée, et qu'il accusa même, à ce dernier titre, devant le magistrat d'Utrecht. La division des théolog. holland. en coccéiens et voétiens, qui dura plus d'un siècle, venait de ses querelles avec Coccéius. Tant de fiel n'empêcha pas Voet de pousser sa carrière jusqu'à 87 ans. Nous citerons de lui : *Politica ecclesiastica*, Amst., 4 vol. in-4, 1663-1676. On trouve la longue énumérat. de ses autres ouvr. dans le *Trajectum eruditum* de Burman, p. 296-426. — VOET (Paul), fils du précéd., né à Heusde, en 1619, professa successivement à Utrecht la logique, la métaphysique, la langue grecque et le droit civil, et y mourut en 1667. On cite de lui : *De usu juris civilis et canonici in Belgio unito*, Utrecht, 1657, in-12. — *Commentarius ad institutiones juris*, Gorcum, 1668, 2 vol. in-4. — VOET (Daniel), frère du précédent, né à Heusde en 1629, mort en 1660, professa la philosophie à l'acad. d'Utrecht et publia des abrégés de physique et de pneumatiq. — VOET (Jean), fils de Paul, né à Utrecht en 1647, professa successivement le droit à Hesborn, à Utrecht et à Leyde, où il mourut en 1714. Son principal ouvr. est son *Commentarius in Pandectas*, Leyde, 1698, 2 vol. in-fol., fréquemment réimpr. — VOET (Jean-Eusèbe), poète et médecin, s'est distingué dans le genre lyrique et sacré. Ses *Poésies édifiantes* parurent à Dordrecht en 1768, in-8, et y furent réimprimées avec des poésies posthumes en 1780. Voet mourut en 1778 à la Haye, où il était inspecteur des octrois.

VOGEL (JEAN-GUILLAUME), minéralogiste, né en 1657 à Ernströda, dans le duché de Cobourg, se rendit en Hollande en 1678, s'engagea au service de la compagnie des Indes-Orientales comme mineur et essayeur, et débarqua l'année suivante à Sumatra. Nommé en 1682 directeur des mines de Silidase-Tambangh, il se rembarqua pour l'Europe en 1687, devint directeur des mines de Saxe en 1690, et mourut en 1723. On citera de lui : *Journal de mes voyages en Hollande et dans les Indes-Orientales* (allem.), Francf., 1690, 1696, 1704, in-12 ; Altenbourg, 1716, in-8. — *Les Indes-Orientales anciennes et modernes*, Gotha, 1712, in-8. — VOGEL (Rodolphe-Augustin), professeur de médecine à l'université de Goettingue, né à Erfurt en 1724, a publié, entre autres ouvrages, un livre classique qui a eu un grand nombre d'éditions, sous ce titre : *Institutiones chemiæ, ad lectiones academicas accommodatæ*, Goettingue, 1755, in-8.

VOGEL (CHRISTOPHE), compositeur, né à Nuremberg en 1756, vint à Paris vers 1776, époque où les chefs-d'œuvre de Gluck venaient d'opérer en France une révolution dans la musique dramatique. Animé par les succès de ce grand maître, il résolut de marcher sur ses traces et médita ses savantes partitions ; mais il ne parvint qu'en 1786 à faire jouer son opéra de *la Toison d'Or*, qui eut 9 représentations et donna une idée avantageuse de son talent. En 1789, parut *Démophon*, qui eut 24, et dont l'ouverture est un véritable chef-d'œuvre que l'on exécute encore aujourd'hui. Les amateurs se souviennent de l'effet qu'elle produisit au Champ-de-Mars, en 1791, à la cérémonie funèbre des officiers tués à Nancy, lorsqu'elle fut exécutée par douze cents instruments à vent, accompagnés, d'intervalle en intervalle, par douze tamtams. Vogel était mort des suites de son intempérance en 1788, à l'âge de 52 ans.

VOGELWEIDE (WALTHER de), né dans le château de ses ancêtres en Thurgovie, fut un des six minnesingers, qui, en 1206, prirent part au combat poétique livré dans le château de Wartlıbourg en présence du landgrave de Thuringe et de sa famille. Il passa toute sa vie, errant d'une cour à l'autre de l'Allemagne, et s'arrêta successivement auprès de Léopold, margrave d'Autriche, de Philippe, roi des Romains, d'Othon, margrave de Saxe, de Hermann, landgrave de Thuringe, d'Ulrich, duc de Carinthie. Il visita aussi la France, la Turquie et la Terre-Sainte. Il est certain qu'il mourut dans son château de Vogelweide, mais on ne sait en quelle année. Ses poésies, dont on trouve le MS. dans la biblioth. du Vatican, dans celles de Paris, d'Iéna et de Weingarten, ont été publiées par Manessen dans son *Recueil* (Zurich, 1758), et par Muller, dans sa *Collection* (Berlin, 1784).

VOGLER (VALENTIN-HENRI), méd., né à Helmstadt en 1622, pratiqua son art à Francfort-sur-le-Mein, à Oppenheim, et devint en 1652 professeur dans sa ville natale, où il mourut en 1677. On a de lui: *Diæteticorum Commentarius, cum disputatione de vi imaginationis in pestilentiâ producendâ*, Helmstadt, 1667, in-4. — *De rebus naturalibus et medicis quarum in script. sacris fit mentio, Commentarius*, ib., 1682, in-4.—VOGLER (Jean-Philippe), médecin, né à Darmstadt en 1746, mort à Weibourg en 1802, a laissé divers écrits sur la médecine et la botanique, impr. à Wetzlar et à Marbourg.

VOGLY (JEAN-HYACINTHE), médecin, né à Bologne en 1697, mort dans cette ville en 1762, se fit connaître par des recherches sur la génération qu'il consigna dans une dissertation intitulée: *De anthropogeniâ Dissertatio anatomico-physica*, Bologne, 1718, in-4. On cite, en outre, ses *Tablettes chronologiques de l'histoire des hommes qui ont honoré l'univers. de Bologne par leurs talents ou par leurs emplois*, ib. 1726, in-4.

VOIGT (GODEFROI), théologien et physicien, né à Dolitsch (Delitium), dans la Misnie, en 1644, fut recteur de l'école de Gustrow, puis du gymnase St-Jean de Hambourg, et mourut en 1682. Entre autres ouvrages, on a de lui: *Curiositates physicæ*, etc., Gustrow, 1668, in-8; Leipsig, 1698, in-12. — *Deliciæ physicæ*, etc., Rostock, 1671, in-8. — *Thyriasteriologia sive de altaribus veterum christianorum liber posthum.*, Hambourg, 1709, in-8.

VOIGT ou VOGT (JEAN), né à Beverstædt en 1695, mort pasteur à Brême en 1765, a laissé de nombreux écrits, parmi lesquels on citera: *Catalogus historico-criticus librorum rariorum*, Hambourg, 1732, in-8; 5e édition, 1793; c'est la plus recherchée, à raison des nombreuses améliorations de l'éditeur. — VOIGT (Jean-Chrétien),

médecin allemand, né en 1725, dut à sa taille élevée le malheur d'être placé, malgré lui, dans le régiment de la garde de l'électeur de Saxe; mais il sut mettre à profit cette violence pour s'introduire à la pharmacie de la cour, et commença dès lors ses études médicales, qu'il termina plus tard, lorsqu'il eut reçu son congé. Il mourut à Culmbach en 1810, après s'être fait connaître avantageusem. par plusieurs ouvrages, entre lesq. on distingue: *Méthode certaine pour empêcher les difformités que peut produire la petite-vérole*, Kups, 1765.

VOIS (RENÉ de), né à Poitiers en 1665, entra dans l'ordre des carmes, où il prit le nom de Théodoric de St-René, sous lequel il est principalement connu, et mourut à Paris en 1728. On citera de lui: *Justification de l'Église romaine sur la réordination des Anglais épiscopaux*, Paris, 1728, 2 vol. in-12.

VOISENON (CLAUDE-HENRI FUSÉE de), littérat., né au château de Voisenon, près de Melun, en 1708, adressa, dès l'âge de onze ans, à Voltaire, une épître en vers qui lui valut l'estime de ce gr. homme; mais cette facilité précoce l'empêcha d'avoir un vrai talent; et il ne fut qu'un poète médiocre, probablement parce qu'il avait été trop tôt un homme à la mode. Le succès d'une petite comédie de société l'enhardit à donner au Théâtre-Français, en 1739, quelq. actes sans conséquence. Ce fut cette même année, qu'à la suite d'un duel et d'une maladie grave, il entra dans les ordres pour céder enfin au vœu de sa famille. A peine ordonné prêtre, il devint gr.-vicaire de l'évêque de Boulogne, son parent, dont il rédigea les mandements, mais dans un style épigrammatique qui fut blâmé. En 1741, le siège vacant lui fut offert: il le refusa, se jugeant avec raison incapable de le remplir. Pour récompenser son désintéressem., il reçut l'abbaye du Jard, qui n'exigeait de lui ni résidence, ni devoirs au-dessus de ses forces, et dès lors il se livra sans contrainte à son goût pour le monde et pour les plaisirs. Il rentra dans la carrière du théâtre, et donna, entre autres pièces, aux Italiens, *les Mariages assortis* (1744), comédie en trois actes et en vers, qui eut du succès, et *la Coquette fixée* (1746), comédie égalem. en trois actes et en vers, qui eut 25 représentat. de suite et qui est son chef-d'œuvre. Il fit aussi quelques opéras très applaudis et souvent représentés, et quelques *oratorios*. Au milieu des dissipat. d'une vie dissolue, il était tourmenté par les scrupules d'une dévotion dont on ne pouvait contester la sincérité. Dans une maladie grave, il se laissa imposer, comme pénitence, l'obligation de dire tous les matins son bréviaire, et il n'y manqua jamais. On ne pouvait pas faire plus de compte sur ses maladies que sur toute autre chose de lui : il était à la mort aujourd'hui, ce qui arrivait souvent, vu la faiblesse de sa constitution, et demain il était à l'Opéra ou à la chasse. Quoiqu'il n'eût guère cultivé la littérature que pour embellir son existence, et qu'il parût attacher moins d'importance au succès de ses ouvrages que de ses saillies, quoique l'on remarquât, dans son bagage littéraire, assez peu considérable, des contes libertins *où l'ordure est mise en calembourgs*, selon l'expression de La Harpe, il fut reçu à l'Acad. franç en 1763. Il s'y montra toujours fort assidu, et fut chargé de porter la parole dans plus. circonstances solennelles. Malgré ses ridicules, malgré même ses mots satiriques, auxquels sa figure de singe donnait plus de malice, il était généralement aimé, parce qu'il n'avait jamais usé de son crédit que pour servir les gens de lettres, et n'avait jamais cherché à se venger d'aucune injure. Mais la versatilité de son caractère, en lui faisant tenir une lâche conduite, finit par le brouiller avec tout le monde. Ayant perdu toutes ses pensions lors de la disgrâce du duc de Choiseul, il capta la bienveillance du duc d'Aiguillon et de l'abbé Terray, recouvra ainsi ce qu'il avait perdu, et fut même nommé ministre plénipotent. du prince-évêque de Spire. Il fut le poète de Mme du Barry, comme il avait été celui de Mme de Pompadour, se jeta dans le parti Maupeou avec assez peu de discrétion pour offenser l'exilé de Chanteloup, et mérita par son ingratitude d'être mal accueilli du duc d'Orléans, du prince de Conti, des seigneurs de la cour et de ses confrères de l'Acad. Il mourut au château de Voisenon en 1775, et eut la force de badiner dans ce moment suprême, dont la crainte l'avait forcé, pendant sa vie, à garder quelq. apparence de religion. Outre les compositions dont nous avons parlé, on cite de lui des *poésies* trop négligées, des *anecdotes littéraires*, et quelques *fragments historiques*, peu intéressants. Ses *OEuvres complètes* ont été publiées en 1781, 5 vol. in-8. La Harpe a dit que, dans cette volumineuse édition, l'esprit de Voisenon *ressemblait à un papillon écrasé dans un in-folio*.

VOISIN (JOSEPH de), savant hébraïsant, né à Bordeaux vers 1610, fut, à l'âge de 20 ans, pourvu d'une charge de conseiller au parlement de cette ville, mais donna sa démission, et embrassa l'état ecclésiastique pour se livrer plus facilement à l'étude. Devenu aumônier du prince de Conti, il fit paraître, en 1660, avec l'approbat. des vicaires-gén. du diocèse de Paris, une traduct. française du *Missel romain*, qui, grâce aux intrigues de Mazarin, désireux de contrecarrer le card. de Retz, fut dénoncée par le nonce du pape à l'assemblée du clergé, condamnée par les évêques de France, mise à l'*index* à Rome, etc.; mais l'autorité exécutive n'eut aucun égard en France à ces mesures violentes. L'abbé Voisin mourut en 1685. Outre son *Missel romain*, selon le réglement du concile de Trente, latin et franç., Paris, 1660, 5 v. in-12, réimpr. plus. fois, et dont la meilleure édition est de 1752, 8 vol. in-12, on citera de lui: *Liber de lege divinâ secundum statum omnium temporum ab Adamo ad Christum, et regnante Christo, ex Hebræorum sensu*, ibid., 1650, in-8. — *Liber de jubilæo secundum Hebræorum et christianorum doctrinam*, ib., 1655, in-8 (*v.* Moreri de 1759).

VOISIN (FRANÇOIS), médecin de la vénerie du roi, de l'hospice roy. et du collége de Versailles, né dans cette ville en 1759, s'honora en 1789 par sa courageuse humanité envers des gardes-du-corps blessés qu'il parvint à arracher des mains de la populace insurgée. C'est surtout comme praticien qu'il s'est fait un nom; l'on ne connait de lui que deux *Mémoires*, l'un sur la vaccine, l'autre sur la clavelée, impr. dans le *Recueil* de la société d'agriculture du département de Seine-et-Oise, dont il était membre. Voisin mourut à Paris en 1826. Bataille lut son *Éloge* à la société d'agriculture de Versailles. — V. VOYSIN.

VOISIN (CATHERINE DESHAYES, veuve MONVOISIN, connue seulement sous le nom de LA), devineresse, était accoucheuse à Paris dans le 17e S. Cette profession ne lui fournissant pas les moyens de satisfaire son goût pour la débauche, elle spécula sur la crédulité publique, et exploita les diverses branches de cette féconde industrie avec un succès qui lui permit d'afficher un luxe scandaleux. Pendant ce temps, les révélations de la marquise de Brinvilliers vinrent répandre dans Paris de sombres inquiétudes, et firent planer des soupçons sur La Voisin. Elle fut accusée de débiter en secret des poisons, et enfermée à la Bastille, en 1679, avec 40 de ses complices, parmi lesquels on cite la Vigoureux et son frère, et un prêtre nommé Étienne Guibourg-Cœuvrit, dit *Lesage*. On établit l'année suiv., pour les juger, une chambre ardente à l'Arsenal. « La Voisin, dit Voltaire (*Siècle de Louis XIV*, ch. 26), la Vigoureux et son frère, » le prêtre, qui s'appelait aussi Vigoureux, furent » brûlés avec Lesage à la Grève. » Pourtant, s'il faut en croire Gayot de Pitaval (*Causes célèbres*, t. I, p. 430), La Voisin seule fut brûlée; mais il nous paraît difficile de croire que Voltaire se soit trompé sur un fait qu'il pouvait si bien constater. Quoi qu'il en soit, La Voisin fit la débauche et blasphéma jusqu'à son dernier moment.

VOITURE (VINCENT), bel esprit, né à Amiens en 1598, fils d'un riche marchand de vins, suivant la cour, jouant gros jeu, tenant bonne table, dut à la position de son père l'avantage d'être lancé de bonne heure dans la haute société. Il n'était encore connu que par quatre pièces de vers, deux en latin, deux en français, les seules qui aient été publiées de lui de son vivant, lorsqu'il devint le héros de l'hôtel de Rambouillet. Il compta bientôt parmi ses protecteurs, ou mieux parmi ses amis, le comte d'Avaux, le cardinal de La Valette, le comte de Guiche, le maréchal de Schomberg, Chavigny, le président de Maisons, le jeune duc d'Enghien; et, produit par eux à la cour, il fut placé, avec le titre d'introducteur des ambassad., auprès de Gaston, duc d'Orléans, dont il suivit la mauvaise fortune en Lorraine, à Bruxelles et dans le Languedoc. Envoyé par son maître en Espagne, s'il n'obtint pas les secours qu'il allait demander contre le roi de France, il gagna du moins l'estime du duc d'Olivarez. Sous les auspices de ce ministre, il fit un voyage de curiosité dans le midi de l'Espagne et jusque sur les côtes de Barbarie (1633), après quoi il s'embarqua à Lisbonne, et revint par l'Angleterre trouver Gaston à Bruxelles. Ce prince s'étant réconcilié avec le roi en 1635, Voiture se ménagea l'appui du cardinal de Richelieu ; aussi fut-il envoyé à Florence, en 1638, pour notifier au gr.-duc la naissance du fils de Louis XIII, et plus tard, on le voit accompagner le roi et son ministre dans plusieurs voyages dont les plus grands objets politiques ne lui étaient pas inconnus. Après la mort de Louis XIII et de Richelieu, il eut part à la faveur de Mazarin, et bientôt au titre de maître-d'hôtel du roi, il joignit celui d'interprète des ambassad. chez la reine ; il eut plusieurs pensions, et le comte d'Avaux, devenu contrôleur-général des finances, le nomma son premier commis, avec les appointements de 20,000 liv. et dispense de toutes fonct. Dans cette position heureuse, il affectait le rôle d'homme à bonnes fortunes. Ce qu'il y a de certain, et ses *Lettres amoureuses* le prouvent, c'est qu'il n'éprouva jamais de véritable amour. Mais personne ne savait mieux que lui prendre ce ton de liberté galante qui régnait à la cour d'Anne d'Autriche. On cite de lui quelques stances adressées à cette reine, qui ne s'offensa pas de leur familiarité hardie, et les garda même long-temps dans son cabinet. Voiture aurait pu parvenir aux plus hauts emplois s'il n'eût été détourné constamm. des affaires par la paresse et le goût des frivolités, qui l'empêchèrent même, comme littérateur, de donner à son talent une direction élevée. Il dissipa tout son esprit en chétifs à-propos de société, et, après avoir été l'homme à la mode, l'oracle de son temps, il est presq. oublié aujourd'hui. Cepend., l'oublier entièrem. serait une injustice, car peu d'écrivains ont contribué autant que lui à perfectionner notre langue. Il fut admis à l'Acad. française en 1634, et à sa mort, arrivée en 1648, cette compagnie porta son deuil, honneur qui ne fut décerné depuis à aucun académicien. Parmi ses *Lettres*, il faut remarquer celles qu'il écrivit durant son séjour en Espagne et son voyage en Barbarie, plus. de celles qu'il adressa à la marquise de Sablé, au marquis de Pisani, à M. de Chaudebonne, à Costar, et presq. toute sa correspondance avec Puylaurens et le cardinal de La Valette. Quant à ses lettres dites *amoureuses*, si elles sont froidement galantes et pleines d'afféterie, elles ont du moins ce mérite qu'elles nous retracent fidèlem. l'époque où a vécu leur auteur. Ses vers valent moins que sa prose, quoiqu'on en trouve parfois quelq.-uns d'agréables. Ses *OEuvres*, publiées par son neveu Pinchesne en 1649, in-4, furent réimpr. plusieurs fois de 1650 à 1656, tant in-4 qu'in-12, avec des augmentat., et l'ont été depuis, 2 vol. in-12. On trouve un choix de ses *Poésies* dans le t. V du *Recueil des poètes depuis Villon*, Paris, 1692, et dans la *Bibliothèq. poétique* de Fort de La Morinière, t. I. On trouve aussi un choix de ses *Lettres* et de ses *Poésies* dans un petit volume fort substantiel intitulé : *OEuvres choisies de Marot, Malherbe, Voiture et Segrais*, avec une *Notice* sur chaq. aut., in-12, Paris, 1810.

VOLCKAMMER (Jean-George), médecin et botaniste, né à Nuremberg en 1616, mort dans la même ville en 1693, est auteur d'une *Flora noribergensis*, qui eut deux éditions, dont la seconde, fort augmentée, est de 1718, in-4, fig. — VOLCKAMMER (Jean-Christophe), médecin et botaniste de la même ville, a publié : *Noribergensium Hesperidum*, Nuremberg, 1708-14, 2 part. in-fol.

VOLCKMANN (Jean-Jacques), littérateur, né à Hambourg en 1732, mort en 1803, dans sa terre de Tschortau, près de Leipsig, fit une gr. fortune par ses travaux. On lui doit plusieurs traductions des voyages, un *Dictionn. géographique*, etc. Ses *Nouvelles lettres historiq. et critiq. sur l'Italie*, 2e édit., 1777, 3 vol. in-8, sont très estimées.

VOLFIUS (Jean-Baptiste), évêque constitutionnel de la Côte-d'Or, né en 1734 à Dijon, après avoir achevé ses études entra chez les jésuites, et, à la suppression de leur institut, devint professeur de rhétorique au collège de sa ville natale. Il remplissait cette chaire depuis plus de 20 ans avec beaucoup de succès, lorsqu'éclata la révolution. Volfius en adopta les principes, fut élu évêque constitutionnel en 1791, et se démit de son siège à l'époque du concordat. Nommé chanoine de Dijon, il vécut dès lors dans la retraite, occupé principalement de littérature. En 1816 il se soumit à la rétractation exigée de lui par le nouveau prélat, et mourut en 1822, âgé de 88 ans. Sa *Rhétorique à l'usage des colléges* a été réimpr. plus. fois. On lui doit en outre plus. opuscules de circonstance qui n'offrent plus d'intérêt.

VOLKELIUS (Jean), théolog. socinien du 17e S., né à Grimma, en Misnie, publia plusieurs écrits, dont le plus célèbre porte le titre : *De verâ religione*. D'abord en V liv., Crellius l'augmenta d'un *Traité* sur l'existence et les attributs de Dieu, et le fit paraître à Racovie en 1630, après la mort de Volkelius. Les Blaeu le réimprimèrent, Amsterd., 1642, in-4. Cette édit., dont une partie des exemplaires fut brûlée par ordre des magistrats, est recherchée des curieux à raison de sa rareté.

VOLKOFF (Théodore), comédien russe, né en 1729 à Kostroma, montra dès sa plus tendre jeunesse de grandes dispositions pour l'art dramatiq. Au sortir du collège, il revint dans sa famille, à Jaroslaff, et s'associa plusieurs jeunes gens de son âge avec lesquels il représenta, dans la maison paternelle, des drames religieux. Il fit, en 1746, un voyage à Pétersbourg, où il eut occasion de voir le théâtre italien de la cour. Dès ce moment, il forma le dessein d'en établir un semblable à Jaroslaff, et d'y jouer avec ses camarades la tragédie et la comédie. Il en fut l'architecte, le peintre, le machiniste et le directeur. Bientôt la réputat. des jeunes acteurs les fit appeler à la cour (1752) pour y jouer les tragédies de Soumarokof, qui jusque-là n'avaient été représentées que par des amateurs. Un ukase (30 août 1756) ayant établi un nouveau théâtre à Pétersbourg, Soumarokof en fut nommé directeur, et Volkoff premier acteur. En 1759, il fut chargé de l'organisation d'un théâtre russe à Moscou. C'est au milieu des préparatifs qu'il faisait pour les fêtes du couronnem. de Catherine II (1763) que Volkoff mourut, laissant des élèves qui ont continué d'améliorer la scène russe, dont il fut réellement le créateur. Il a laissé un assez grand nombre de tableaux de sa composit., entre autres une *Cène* dans la cathédrale de Rezan.

VOLKYR ou VOLCYRE (NICOLE), seigneur de Serouville, surnommé *le Polygraphe du parc d'honneur*, né à Bar-le-Duc vers 1480, reçut à Paris le grade de docteur en théologie; mais on ne dit pas qu'il ait embrassé l'état ecclésiastique. Secrétaire d'Antoine, duc de Lorraine, qui lui donna des lettres de noblesse, il accompagna ce prince, en 1525, dans son expédition contre les luthériens d'Alsace, et publia l'histoire de cette expédit. sous ce titre: *Histoire et recueil de la triomphante et glorieuse victoire obtenue contre les séduits et abusés luthériens mécréants du pays d'Aulsays et autres*, Paris, 1526, in-fol., gothiq. On doit encore à Volkyr: *Epitome abrégé en vers huitains des empereurs, rois et ducs d'Austrasie*, Paris, 1530, in-4, et quelques autres ouvrages, notamment la traduction française de *Virgile* et des écrivains de l'art militaire, 1536, in-fol. Il mourut au plus tard en 1542.

VOLLENHOVE (JEAN), poète holland. au 17e S., fut docteur en théologie, et successivem. pasteur de l'Église réformée de Zwoll et de La Haye. Son chef-d'œuvre est le poème du *Triomphe de la croix*, La Haye, 1750, in-4. On lui doit un *Recueil de poésies*, Amsterd., 1686, in-4 (*v.* l'*Histoire de la poésie hollandaise*, de Vries, t. I, p. 252).

VOLNAIS (Mlle), actrice célèbre, née à Paris en 1787, était fille unique d'un riche Américain. Destinée à posséder une fortune colossale, elle se vit, dès l'âge de 14 ans, réduite à se créer, pour l'avenir, des moyens d'existence. Dès cette époque, elle se livra jour et nuit à l'étude de la peinture par obéissance, et de la déclamation par goût. Elle fut présentée en 1802 par Dazincourt, son maître, à Joseph Bonaparte, ministre de l'intérieur, qui lui fit expédier un ordre de début pour le Théâtre-Français. Elle y parut le 4 mai, dans le rôle de *Junie*, de *Britannicus*, où elle obtint un succès éclatant. Admise comme sociétaire, elle joua successivement Iphigénie, Chimène, Monime, Rodogune, Gabrielle de Vergy, Pulchérie, etc., et créa plusieurs rôles de haute comédie. L'habitude de la bonne compagnie lui avait donné tout ce qu'il faut pour réussir au théâtre dans les rôles de femmes de qualité. Après une carrière dramatique de 21 ans, elle prit sa retraite lorsqu'elle pouvait se promettre encore dix années de succès, et mourut à Versailles en 1837.

VOLNEY (CONSTANTIN-FRANÇ. CHASSEBOEUF, comte de), pair de France, membre de l'Académie française, etc., né en 1757 à Craon (Bretagne), fils d'un avocat, termina ses études avec un brillant succès à Angers, sous le nom de Boisgirais, que lui avait fait prendre son père, et, à peine âgé de 17 ans, vint à Paris, où il se montra d'abord plus empressé de satisfaire son avidité d'instruct. que d'embrasser une carrière quelconque. Il suivit néanmoins des cours de médecine pend. trois ans, sans discontinuer les travaux d'érudition vers lesq. un goût irrésistible l'entraînait. Dans cet intervalle, il avait composé, sur la chronologie d'Hérodote, un *Mémoire* qu'il adressa à l'académie des inscriptions, et dont Larcher ne dédaigna pas de faire une critique fort sévère. Ce petit ouvrage, en le faisant connaître, lui valut l'amitié du baron d'Holbach et son admission dans le cercle littéraire qui s'assemblait chez Mme Helvétius. Un héritage d'environ 6,000 liv., qu'il recueillit vers ce temps, lui fournit le moyen d'entreprendre ce voyage en Égypte et en Syrie par lequel il devait commencer son illustration. Son bagage sur le dos et armé d'un fusil, il se mit en route à pied, et, arrivé à Marseille, s'y embarqua sur un navire appareillé pour l'Orient. Après quelques mois de séjour au Kaire, il va s'enfermer chez les Druses, dans un couvent arabe situé au milieu des montagnes du Liban, et là il supplée au manque de livres élémentaires en imaginant, pour l'étude des langues orientales, une méthode dont plus tard il a tracé les principes. Huit mois lui suffirent pour être en état de converser facilement en arabe. Muni de lettres des moines qui l'avaient accueilli, il s'enfonce avec un guide dans le désert, passe quelque temps auprès d'un chef de tribu, dont il reçoit la plus cordiale hospitalité, puis, allant de ville en ville et de tribu en tribu, il parcourt ainsi l'Égypte et la Syrie. De retour en Europe au bout de 3 ans, la relation de son voyage (1787) excita le plus vif intérêt. L'impératrice Catherine II lui fit remettre, comme un témoignage de sa satisfaction, une médaille d'or que, cinq ans plus tard, Volney crut devoir renvoyer à l'autocratice russe. Le succès de ses *Considérations sur la guerre actuelle des Turks* (1788), et la vogue qu'obtint en Bretagne la feuille politiq. qu'il y publiait sous le titre de *la Sentinelle*, le firent élire député aux états-généraux par le tiers-état de la sénéchaussée d'Anjou, au moment où il venait de recevoir le titre de directeur-général du commerce et de l'agriculture en Corse. Les principes de Volney étaient ceux de la régénération politique; il agit, parla et écrivit dans ce sens durant la session de l'assemblée constituante, où il se fit remarquer (29 octobre 1789) dans la discuss. sur la propriété des biens du clergé. Élu secrétaire le 23 nov., le 29 janvier 1790 il se démit de l'emploi qu'il avait obtenu pour la Corse, et le 18 mars il fit adopter ce principe, que la nation franç. n'entreprendrait à l'avenir *aucune guerre tendante à accroître son territoire*. En 1791 parut son ouvr. intitulé *les Ruines*, dont il fit hommage à l'assemblée constituante. De grands projets d'améliorat. agricole l'amenèrent l'année suivante en Corse, où il acheta le domaine de *la Confina*, près d'Ajaccio, se flattant, non sans raison, d'y acclimater les produits végétaux de l'Amérique. Mais la révolut. qu'opéra Paoli, en détachant la Corse de la domination franç., renversa les plans de Volney, qui, par la vente à l'encan du domaine qu'il appelait ses

Petites-Indes, perdit le fruit de ses dispendieux essais. On date de cette même époque sa connaissance assez intime avec Bonaparte, alors officier d'artillerie. De retour en France, il voulut, par de nouveaux écrits, y ressaisir quelque peu de l'influence que les anarchistes commençaient à posséder exclusivement. Accusé de *royalisme*, il fut jeté en prison, et n'en sortit qu'après dix mois, au 9 thermid. (*v.* ROBESPIERRE). Il fut, en 1794, nommé professeur d'histoire à l'école normale. Mais la suppression de cette école ayant suivi bientôt sa nomination, il s'embarqua pour les États-Unis, autant par dégoût de la situation de l'Europe que par l'entraînement de la passion qu'il avait pour les voyages. Ses ouvrages ne pouvaient être un titre de recommandat. dans ce pays éminemm. religieux. Aussi se vit-il bientôt en butte aux violentes attaq. du théologien quaker Jos. Priestley, ainsi qu'aux soupçons du président J. Adams, qui lui gardait rancune des critiq. un peu vertes qu'il avait faites de sa *Défense des constitutions des États-Unis*. Ces motifs lui firent hâter son retour en France, où l'attendait un siége à l'Institut. Il seconda de tout son pouvoir la révolution du 18 brumaire, fut mis, dit-on, sur les rangs pour l'une des places de consul, refusa le portefeuille de l'intérieur, et enfin fut porté au sénat, dont il ne tarda pas à être nommé vice-président. Volney crut devoir à ses antécédents de manifester quelque opposition à l'érection du trône impérial, et en effet il envoya sa démiss. de sénateur, qui ne fut point acceptée. On lui assigna, avec la croix de commandeur de la Légion-d'Honneur, le titre de comte de l'empire, auquel il lui fallut *s'accoutumer*. Résolu d'abord à se tenir éloigné des affaires, il se retira à la campagne, où il resta quelque temps occupé de trav. historiques et philologiques. Ce ne fut qu'un peu plus tard qu'il reparut au sénat, mais presq. toujours pour déposer silencieusement dans l'urne un bulletin d'opposition. Sa liaison avec Bonaparte, déjà fort affaiblie par son opposit. dans le conseil-d'état au concordat et à l'expédit. de St-Domingue, ne survécut pas au consulat. Mais on ne voit pas que l'emper. ait montré jamais d'animosité contre le philosophe; et ce fut sans arrière-pensée que celui-ci signa, en 1814, l'acte de déchéance. L'étude de l'histoire et des langues d'Orient ne cessa pas d'être l'occupation constante de Volney, qui mourut à Paris en 1820. Il eut pour successeur à l'Académie M. de Pastoret. Il avait légué sa riche bibliothèque à M. Daru, son exécuteur testamentaire, qui la voulut remettre à la veuve de son illustre ami. Un prix de 12,000 fr., qu'il a fondé pour le meilleur mémoire sur l'étude des langues orientales, et spécialement sur la simplification de leurs caractères, demeure à la fois le gage de l'intérêt qu'il attachait à cet objet de ses profondes études et la preuve de cette modestie qu'il conserva au faîte des honneurs. Le système qu'il a lui-même établi pour faciliter l'écriture des langues d'Asie l'avait fait admettre au nombre des membres de l'acad. de Calcutta; on en a fait une heureuse application dans le magnifiq. ouvrage de la *Descript. de l'Égypte*. Les *OEuvres complètes de C.-F. Volney*, mises en ordre et précédées de la *Vie* de l'auteur (par A. Bossange), ont été publ., Paris, 1821-22, 8 vol. in-8, et réimpr. en 1825; et les *OEuvres choisies*, 1827, 6 vol. in-32.

VOLOGÈSE Ier ou PELASCH, 25e roi des Parthes, succéda à son père Vonones II, l'an de J.-C. 50 ou 51. Voulant s'assurer l'affection de ses deux frères, il donna la Médie à Pacorus, et l'Arménie à Tiridate; mais Tiridate eut à lutter contre Rhadamiste, qui s'en était emparé, et il n'obtint le titre de roi d'Arménie qu'à condition d'aller à Rome recevoir la couronne des mains de Néron, ce qui eut lieu l'an 66. Invité par cet empereur à mériter par une pareille soumission l'amitié des Romains, Vologèse répondit en termes insultants. Sans rompre la paix, il montra la même fierté envers les successeurs de Néron. Vologèse, dont on fixe la mort vers l'an 81, avait régné pend. 30 ans avec autant de prudence que de fermeté. Il eut pour successeur Artaban IV. — VOLOGÈSE II, 27e roi des Parthes, succéda, l'an 121 de J.-C., à son père Khosrou ou Chosroès, sous le règne duquel les guerres civiles avaient ébranlé la puissance des Arsacides. Il tint une conduite toute pacifique, renouvela l'alliance avec les Romains l'an 123, et ni les affronts, ni les injustices ne purent le déterminer à la rompre. Il poussa la modération jusqu'à acheter la retraite des Alains, qui le menaçaient d'une nouv. invasion. Il mourut l'an 148. — VOLOGÈSE III, fils et successeur du précédent, loin de suivre son exemple, s'empressa de renouveler les prétent. des rois parthes sur l'Arménie, gouvernée alors par des princes arsacides nommés et protégés par les Romains. Il envahit ce royaume l'an 161, y fit couronner Khosrou à la place de Sohemus, et eut d'abord des avantages assez marqués; mais bientôt les lieutenants de Marc-Aurèle et de Lucius-Vérus lui firent éprouver une suite de revers. Déposé en 165, il fut rétabli sur le trône l'année suivante, et régna jusqu'en 190 ou 191. — VOLOGÈSE IV, successeur et probablement fils du précédent, se déclara en faveur de Pescennius-Niger, qui disputait la pourpre à Septime-Sévère, et profita des troubles de l'empire pour envahir la Mésopotamie. Septime marcha contre les Parthes l'an 198, et Vologèse, après avoir essuyé de grandes pertes, fut obligé de s'enfuir de Ctésiphon avec quelques cavaliers. Il régna pourtant jusqu'en 207-208. — VOLOGÈSE V, l'un des fils du précédent, disputa le trône à son frère Artaban V, avec lequel pourtant il partagea l'empire l'an 212, dans la crainte d'une invasion des Romains. Il eut pour sa part la Susiane, la Perse, les autres contrées méridionales et les débris des anciennes capitales sur le Tigre. Il soutint une guerre désastreuse contre le Persan Ardeschir-Pabekan ou Artaxerce, fondateur de la célèbre dynastie des Sassanides, et perdit la vie dans le Kerman, vers l'an 219 ou 220 (*v.* l'*Iconographie grecque* de Visconti, t. III).

VOLPATO (JEAN), grav., né à Bassano en 1733,

exerça le métier de brodeur jusqu'à l'âge de 21 ans ; mais, ayant quitté l'aiguille pour le burin, il grava, sans autre maître que son génie, plusieurs sujets qui le firent connaître, et lui fournirent les moyens de perfectionner son talent. Rome lui est redevable en grande partie de la brillante école de gravure qu'elle possède aujourd'hui. Il a obtenu presque toujours pour ses estampes la force, la précision, l'effet et l'énergie. Il mourut à Rome en 1802. On a de lui : *Principes du dessin, tirés des meilleures statues antiques*, Rome, 1786, in-fol., atlas, 36 pl. — VOLPATO (Jean-Baptiste), né à Bassano en 1623, fut tout à la fois, si l'on en croit son panégyriste Chiappani, excellent peintre, philosophe, mathématicien ; mais il faut rabattre beaucoup du premier de ces éloges du moins, malgré le nombre considérable de ses composit. Il mourut dans sa ville natale en 1706, laissant sur les arts du dessin beaucoup d'écrits, parmi lesquels on distingue le *Courrier des amateurs en peinture*, Vicence, 1685, in-4.

VOLPI (JEAN-ANTOINE), né à Padoue en 1686, s'était déjà fait connaître par divers essais académiques, lorsqu'il forma, en 1717, de concert avec son frère Gaetano (*v.* l'article suivant), un grand établissement d'imprimerie et de librairie, auquel ils assurèrent une longue prospérité par la réunion de leurs travaux comme éditeurs. La maison qu'ils fondèrent est devenue célèbre sous le nom de *Libreria Cominiana*, ou *Volpi-Cominiana*, du nom de l'habile imprimeur avec lequel les frères Volpi s'associèrent. Jean-Antoine s'occupa principalem. des ouvrages de littérature ancienne et moderne. Parmi les auteurs dont il revit le texte, et qu'il accompagna de *Notes*, de *Préfaces*, de *Commentaires*, etc., on cite Catulle, Tibulle, Properce, Lucrèce, Dante, Pétrarque, Politien, etc. On a un recueil de ses vers lat. (*Carminum libri III*), 1725, in-4. Après avoir rempli long-temps, à l'université de sa ville natale, les chaires de philosophie et d'éloquence lat., il obtint le titre d'émérite, et mourut en 1786. Fabroni lui a consacré une *Notice* dans ses recueils biographiques. — VOLPI (Gaetano), frère du précédent, né à Padoue en 1689, se voua de bonne heure à l'état ecclésiastiq.; aussi se chargea-t-il, dans leur établissement, de diriger les éditions d'ouvrages moraux et théologiq. Il a fait preuve de connaissances bibliographiques dans le catalogue qu'il a publié sous ce titre : *la Libreria de' Volpi e la stamperia Cominiana illustrate con utili e curiose annotazioni*, 1756, in-8, très rare. — VOLPI (Jean-Baptiste), le plus jeune frère, mort en 1757, enseigna l'anatomie à Padoue et obtint l'estime du célèbre Morgagni.

VOLPINI ou VOLPINUS (JEAN-BAPTISTE), médecin d'Asti, dans le Montferrat, y pratiqua son art avec une assez grande réputation, et y mourut vers 1714, âgé de plus de 70 ans. C'était un partisan exalté de la doctrine chymiatrique, mise en vogue par Sylvius et van Helmont. On trouve le résumé de ses opinions médicales dans son ouvr. intitulé : *Spasmologia, sive clinica contracta*, etc., Asti, 1710, in-4. — VOLPINI (Joseph), méd., frère du précédent, a publié le recueil de ses opuscules sous ce titre : *Opere medico-pratiche e filosofiche*, Parme, 1726, in-4.

VOLTA (ALEXANDRE), physicien célèbre par d'importantes découvertes, né à Côme en 1745, d'une famille noble, professa d'abord la physique aux écoles de sa patrie, et fut, en 1774, appelé à l'université de Pavie, où pendant 30 années il ne cessa de concourir à l'avancement de la science par des expériences aussi ingénieuses que fécondes en grands résultats. Connu par d'heureux essais de poésie sur des sujets scientifiques, il avait révélé dès 1769, dans une dissertation *De vi attractivâ ignis electrici*, son goût pour la physique expérimentale. Des expériences qu'il fit en 1775 sur la propriété isolante qu'acquièrent les bois imprégnés d'huile, le conduisirent à la construction de l'*électrophore perpétuel*. En 1782, il imagina l'appareil beauc. plus important du *condensateur*, qui rend sensible les moindres parties du fluide électrique. Mais ce qui n'a pas manqué d'affaiblir aux yeux des savants le mérite de ces deux découvertes, c'est que Volta, peu jaloux de la précision mathématiq., ne voulut jamais les rattacher à une théorie absolue. Il avait observé l'*inflammabilité de l'air se dégageant des marais ;* les *Lettres* qu'il publia sur ce sujet en 1776 et 1777 furent trad. en français et en allemand. Sans nous arrêter à ses autres invent., le *pistolet* et la *lampe* à air inflammable (1777), l'*endiomètre*, servant à déterminer l'exacte proportion des deux gaz (l'oxigène et l'azote) dont se compose l'air atmosphériq., etc., nous nous hâterons d'arriver à son admirable invention de la *pile* (colonne électrique ou appareil électromoteur), source d'autant de découvertes en physique et en chimie, que l'ont été le télescope pour l'astronomie, le microscope pour l'hist. naturelle. « C'est là son vrai, son grand titre à l'immortalité. » L'auteur a décrit lui-même cette étonnante découverte et l'appareil qui la constate, dans une lettre au célèbre Banks (1800). Ce fut en cherchant les causes réelles du principe d'excitation électrique, mal expliqué par Galvani, que Volta découvrit avec une merveilleuse perspicacité que ce principe résidait dans les métaux hétérogènes mis en contact, ainsi que dans une infinité de corps composés. De prem. communications faites à la société royale de Londres lui avaient valu, en 1794, la médaille d'or de Copley. Ce ne fut qu'en 1801 que les sav. franç. eurent connaissance des découvertes du professeur de Pavie. Appelé alors à Paris par le prem. consul, il y reçut la médaille en or de l'Institut. Dans la suite, Napoléon ne manqua aucune occasion d'honorer Volta ; entre autres distinctions, il lui donna les titres de comte et de sénateur d'Italie, et l'inscrivit le prem. sur la liste des membres de l'Institut. Après les événements de 1814, Volta conserva les honneurs qu'il avait si bien mérités. Il mourut le même jour que La Place, le 6 mars 1826. Depuis 1802, l'Institut de France le comptait au nombre de ses associés étrangers. On trouve de piquants détails sur Volta dans *le Globe* du 12 juin 1827, t. V, n° 50. Le chev. V. Antinori a publié ses *OEuvres*, Florence, 1816, 5 vol. in-8. Son *Éloge* a été prononcé par le professeur Catenazzi.

VOLTAIRE (François-Marie AROUET de), naquit à Chatenay, près de Sceaux, le 20 février 1694. Son extrême faiblesse détermina ses parents à différer son baptême, qui n'eut lieu que le 22 novembre à la paroisse de St-André-des-Arcs. Sa mère, Marguerite d'Aumart, appartenait à une famille noble du Poitou; son père, ancien notaire au Châtelet, était trésorier de la chambre des comptes. Placé au collége des jésuites, il eut pour professeur de rhétorique le P. Lejay, qui, effrayé de l'indépendance de ses idées, lui prédit qu'*il serait en France le coryphée du déisme*. L'abbé de Châteauneuf, son parrain, était lié avec Ninon; elle le pria de lui amener son filleul, poète en herbe qui *désolait déjà par de petites épigrammes son janséniste de frère, et récitait avec complaisance* La Moïsade *de Rousseau*. Ninon lui donna par testament deux mille francs pour acheter des livres; Voltaire avait adopté cette liberté de penser qui régnait dans le salon de Ninon comme dans la société du duc de Sully, du marquis de La Fare, de l'abbé de Chaulieu, que fréquentaient également Châteauneuf et son élève. Son père, qui voulait qu'il fût magistrat et non poète, pour l'arracher à ses habitudes le fit partir en qualité de page du marquis de Châteauneuf, ambassadeur de France en Hollande. Il y avait à La Haye une dame Dunoyer; le page diplomate devint amoureux d'une de ses filles; et la mère se plaignit à l'ambassad., et fit même imprimer les lettres de l'amant, qui fut renvoyé à sa famille. Voltaire, désespérant de fléchir son père, voulut passer en Amérique, mais le père s'attendrit et le plaça chez un procureur. Comme il était facile de le prévoir, il n'y resta pas long-temps. Pendant un séjour qu'il fit à St-Ange, M. de Caumartin, le père, passionné pour Henri IV et pour Sully, lui inspira le sujet de *la Henriade*, et en lui racontant les intrigues de la vieille cour, lui fournit les premiers matériaux du *Siècle de Louis XIV*. Ce roi était mort, et aux panégyriques avaient succédé les satires. Une qui finissait par ce vers,

J'ai vu ces maux, et je n'ai pas vingt ans,

ayant été attribuée à Voltaire, il fut mis à la Bastille, où il resta plus d'un an. Le duc d'Orléans, instruit de son innocence, le fit mettre en liberté, et lui accorda une gratification. « Monseigneur, lui dit Voltaire, je remercie votre altesse royale de vouloir bien se charger de ma nourriture, mais je la prie de ne plus se charger de mon logement. » La tragédie d'*OEdipe*, dont la réception avait souffert de grandes difficultés, fut représentée en 1718. Lamotte, censeur de la pièce, déclara dans l'approbat. qu'elle promettait un success. à Corneille et à Racine. La maréchale de Villars se fit présenter le jeune auteur qui conçut pour sa protectrice une passion malheureuse. Libre de cet amour, il termina *la Henriade*, qu'il avait ébauchée à la Bastille, et fit jouer *Artémire*, tragédie qui fut fort mal reçue (1720). Éloigné de Paris par ordre du régent, il retourna vers ce temps en Hollande, et s'arrêta à Bruxelles pour y voir J.-B. Rousseau, que son talent et ses malheurs lui avaient donné le désir de connaître; mais ils sympathisèrent peu et se quittèrent ennemis irréconciliables. En 1724, Voltaire donna *Marianne*, dont la 1re représentation ne put être achevée, mais qui, reprise avec un nouveau dénoûment, fut jouée 40 fois de suite. Vers la même époque *la Henriade* parut sous le titre de *la Ligue*, d'après une copie défectueuse que s'était procurée l'abbé Desfontaines. Toute mauvaise qu'elle était, cette édition, bientôt reproduite, augmenta de beaucoup le nombre des admirateurs de Voltaire. Un jour, à dîner chez le duc de Sully, Voltaire répondit par des paroles piquantes au chev. de Rohan, homme sans principes et sans honneur, qui s'en vengea lâchement en le faisant maltraiter par ses gens. Voltaire voulut le forcer à se battre : une lettre de cachet et l'exil, après six mois de détention, lui en ôtèrent les moyens. Il revint secrètement à Paris pour essayer de rejoindre son adversaire; mais il ne put y réussir, et, forcé de repasser en Angleterre, chercha à oublier ses chagrins dans l'étude. Les *Lettres philosophiques*, publ. à Londres (1728); *Brutus* et *la Mort de César*, mis au jour quelques années plus tard, furent les fruits de son séjour dans ce pays. Il y rassembla aussi les matériaux de l'*Hist. de Charles XII*. Après trois ans, Voltaire, dont le ressentiment s'était amorti, cédant aux sollicitat. de ses amis, revint à Paris. Avec la disposition de son esprit, il n'y pouvait demeurer long-temps sans se compromettre. Une *élégie* sur la mort de Mlle Le Couvreur (1730), aux restes de laquelle la sépulture avait été refusée, lui fit craindre d'être poursuivi. Faisant répandre le bruit qu'il retournait en Angleterre, il vint se cacher à Rouen, où il fit imprimer l'*Hist. de Charles XII* et les *Lettres philosophiques*. Avant cette double publication, il fit jouer *Brutus*, qui eut peu de succès. Les *Lettres* (1731), mises en circulation par l'infidélité d'un libraire, ne furent pas poursuivies, et ce ne fut que trois ans plus tard qu'une réimpression fut saisie, l'aut. recherché, et le livre brûlé. L'*Épître à Uranie*, aujourd'hui connue sous le nom de *le Pour et le Contre* (1732), lui attira de nouveaux désagréments. Il attribua cet ouvrage à l'abbé de Chaulieu, mort depuis plus. années, et dont la réputation comme poète ne pouvait que gagner à cette supposition. *Ériphyle* et *Zaïre* eurent dans la même année (1732) un destin bien contraire; *Zaïre*, composée en 18 jours, eut un succès qui passa ses espérances. L'opéra de *Samson* ne put obtenir de paraître sur la scène; mais Voltaire en fut dédommagé par l'empressement avec lequel on rechercha son *Temple du goût* (1733). Toutefois les arrêts qu'il y prononçait indisposèrent contre lui le plus grand nombre des littérateurs. *Adélaïde du Guesclin* (1734) s'en ressentit. Un mot plaisant

fit tomber cette pièce qui fut accueillie plus tard (1752) sous le titre d'*Amélie, ou le duc de Foix*, et qui, après (1765) enleva tous les suffrages quand l'auteur lui eut rendu sa prem. forme avec son premier titre. La publication des trois premiers *Discours sur l'homme* (1734), celle de *la Mort de César* (1735), dont la représentation fut défendue, l'indiscrétion de quelques amis qui allaient récitant dans les salons des fragments de son poème inachevé de *la Pucelle*, tout enfin concourait à rendre la position de Voltaire dangereuse. Il avait hérité de son père et de son frère une fortune honnête. Une édit. de *la Henriade* faite à Londres l'avait accrue, d'heureuses spéculations venaient de l'achever. N'ayant plus besoin de cultiver des protecteurs, ni de négocier avec des libraires, il renonça au séjour de Paris. Il avait même formé le projet de renoncer à la France; mais la marquise du Châtelet, qu'il aimait, l'emmena dans sa terre de Cirey. Assemblage singulier de passion pour l'étude et de goût pour le plaisir, Émilie avait assez approfondi la métaphysique et la géométrie pour analyser Leibnitz et traduire Newton. Voltaire prit d'elle le goût des sciences, et composa les *Éléments de la philosophie de Newton* (1735), qui ne parurent qu'en 1738, et qu'il refondit en 1741. Voltaire et Mme du Châtelet concoururent en 1740 à l'académie des sciences; leurs mémoires obtinrent une mention. Une autre fois (1741), Voltaire traita la question de la mesure des forces dans le sens de Newton contre l'opinion de Leibnitz et de Mme du Châtelet elle-même, et son mémoire fut encore approuvé par l'Académie. Mais cette infidélité aux lettres ne fut pas de plus longue durée: cédant à son goût naturel et aux sollicitations de ses amis, il ne consacra pas plus de temps à une étude stérile pour sa gloire. C'est à Cirey qu'il fit *Alzire*, *l'Enfant prodigue* (1736), *Zulime* (1740), *Mahomet* (1741), *Mérope* (1743), qu'il écrivit *le Mondain* (1736), qu'il composa les trois dern. *Discours sur l'homme* (1737), qu'il prépara le *Siècle de Louis XIV* et l'*Essai sur les mœurs*, enfin qu'il acheva le poème de *la Pucelle*, ouvrage dont un talent même de beaucoup supérieur à celui qu'y a déployé Voltaire ne ferait pas pardonner l'odieuse licence. Frédéric, alors prince royal de Prusse, lui écrivit à Cirey (1736), et de cette époque date une liaison entre le prince et l'écrivain, qui ne fut pas sans influence sur l'un ni sur l'autre. Desfontaines, après de premières invectives, que Voltaire eut le tort de ne pas laisser sans réponse, composa contre son bienfaiteur (1738) un libelle, *la Voltairomanie*, qui trouva l'auteur de *la Henriade* beaucoup trop sensible. A son avènement au trône, Frédéric II le détermina à le venir trouver (1740). La guerre de la Silésie les sépara. Voltaire revint à Lille, où il fit jouer son *Mahomet* (1741). Crébillon, qu'il avait choisi pour censeur, refusa de l'approuver; mais le cardinal de Fleury accorda (1742) l'autorisat. de représenter à Paris la pièce que des clameurs forcèrent l'auteur de retirer du théâtre; trois ans plus tard,

il la fit impr. en la dédiant au pape Benoît XIV. Voltaire qui aspirait à remplacer Fleury à l'Acad. française, fit jouer *Mérope* pour se créer de nouveaux droits au fauteuil. La pièce obtint un succès éclatant; mais les intrigues de Boyer, évêque de Mirepoix, et du comte de Maurepas le firent écarter. L'Autriche et l'Angleterre menaçaient la France; l'alliance du roi de Prusse devenait précieuse. On pensa que nul autre plus que Voltaire n'était propre à déterminer ce prince en notre faveur. Mais pour que le motif de ce voyage ne fût pas soupçonné, on convint que les persécutions dont il était l'objet lui serviraient de prétexte. Le négociateur ayant réussi, il revint rendre compte de sa mission; le ministre qui l'en avait chargé n'était plus en place et ce succès resta sans récompense. Une très faible comédie-ballet, *la Princesse de Navarre* (1745), un poème sur *la Bat. de Fontenoy*, un autre opéra, *le Temple de la Gloire*, publ. dep. le refus qu'il avait éprouvé à l'Acad., ne pouvaient rien ajouter à ses titres antérieurs; cependant les portes du sénat littéraire s'ouvrirent pour lui (1746). Mais de grands changements étaient survenus dans la direction des affaires. Mme de Pompadour le servit chaudement. C'est elle qui lui avait fait demander, pour les fêtes de la cour, les deux opéras dont il fut récompensé par le brevet d'historiographe de France et de gentilhomme ordinaire de la chambre du roi. Peu disposé à faire les sacrifices que ces faveurs imposaient en retour, Voltaire, perdit bientôt son crédit; il ne lui resta que le regret d'être descendu jusqu'à vouloir tirer vengeance d'un distributeur des libelles qu'on faisait pleuvoir sur lui: on se trompa dans l'exécution de l'ordre qu'il avait obtenu contre Travenol; de là un procès en réparation qu'il perdit, à la grande joie de ceux que ses mépris n'eussent pas manqué de confondre. Il avait livré à ses ennemis le secret de son faible: ils réussirent à le dépiter tout-à-fait en protégeant ouvertement Crébillon. Voltaire, humilié, quitta Versailles pour Sceaux, où il refit les tragédies du rival qu'on lui opposait. Dans le moment où la cour s'évertuait à siffler *Sémiramis* (1748), Voltaire était reçu avec distinction par le roi Stanislas à Lunéville. Il y composa sa *Nanine*, dont la représentation ne précéda que de peu de jours la mort de Mme du Châtelet (1749), et revint à Paris chercher dans le travail quelques adoucissements à ses chagrins. *Oreste* ne tarda pas à paraître; son succès, difficilement obtenu, fut très brillant: cette pièce commença la célébrité de Lekain, que Voltaire put regarder aussi comme son ouvrage. Vers la même époque, il se rendit à Berlin, où l'appelait depuis quelq. temps son royal ami (1750). Installé à Potsdam, le poète philosophe crut d'abord habiter un autre palais d'*Alcine;* il ne tarda pas d'être désabusé. L'envie, envenimant d'imprudentes confidences, sema les méfiances entre les deux grands hommes. Déjà Voltaire ne songeait qu'aux moyens de briser ses liens, quand il eut à soutenir contre un juif, flétri depuis comme faussaire, un procès durant lequel, sous prétexte

24.

de laisser toute liberté à la justice, le roi le tint éloigné de la cour. Une réconciliation apparente suivit cette misérable affaire. Les envieux de Voltaire, au premier rang desquels était Maupertuis, n'avaient plus gardé de mesure envers lui tandis qu'ils le croyaient privé à jamais des bonnes grâces de Frédéric. Sous l'influence de ses ressentiments contre le président de l'acad. de Berlin, qui avait ameuté contre lui La Beaumelle, il écrivit sa *Diatribe d'Akakia*. Le roi, après s'être égayé de ce pamphlet, en exigea le sacrifice et ne l'obtint pas. Une 1re édition avait été brûlée au feu de sa cheminée lorsque, les presses de Hollande ayant reproduit l'opuscule, il le fit brûler par le bourreau de Berlin. Cette outrageuse sentence, si peu faite pour laver Maupertuis du ridicule dont il était couvert, excita l'indignation de Voltaire, que jusque-là tant d'agitations n'avaient pas empêché de mettre la dernière main au *Siècle de Louis XIV* (1752). Il renvoya à Frédéric la clef de chambellan et la croix de mérite dont il l'avait décoré, et n'aspira plus qu'à s'éloigner de Berlin. Il en partit enfin après un nouveau semblant de réconciliation, et sous la promesse d'y revenir après avoir pris les eaux de Plombières (1753). Il se rendit d'abord à Leipsig où il reçut de Maupertuis un ridicule cartel, puis passa quelque temps à Gotha, où il écrivit, pour complaire à la duchesse, ses imparfaites *Annales de l'empire*. Son passage à Francfort fut marqué par les traitements vexatoires que lui fit endurer Freitag, résident du roi de Prusse. Fêté à Mayence, puis à Strasbourg, il arriva enfin à Colmar, où il voulait se fixer momentanément (1754). En vain y fit-il constater juridiquement l'odieuse falsification de son *Essai sur les mœurs*, qu'un libraire de Hollande venait de publier avec des altérations qui rendaient le livre injurieux pour les rois et pour les prêtres; il n'écarta pas mieux les méfiances dont il était l'objet en faisant publiquement ses pâques; et autant pour se soustraire aux espions dont les jésuites l'avaient entouré, que pour se livrer à des recherches savantes, il alla passer trois semaines à l'abbaye de Senones. Quittant de nouveau Colmar pour se rendre aux eaux d'Aix, il s'arrêta quelque temps à Lyon, où l'enthousiasme qu'excita sa présence le dédommagea des mesquines démarches que faisait le cardinal de Tencin afin d'obtenir l'autorisation de lui faire quitter cette ville. Même accueil, mêlé d'actes hostiles de la part des ministres du St Évangile, l'attendait à Genève, où il séjourna un an, après avoir habité alternativement Monrion et les Délices (1755-58). Il finit par se fixer à Ferney, et c'est là qu'il passa ses 20 dernières années. A la place du misérable hameau qu'il y trouvait, s'éleva bientôt par ses soins une jolie ville peuplée d'ouvriers habiles, de commerçants industrieux. Un théâtre qu'il y établit, et où il jouait parfois lui-même, des bals brillants auxquels ses courtes apparitions donnaient plus d'attrait encore, enfin des divertissem. de tous genres firent de ce lieu le point de réunion de ce que le pays de Genève et les environs comptaient de plus distingué. L'affluence des étrangers qui venaient le visiter à Ferney, répandit l'abondance et la prospérité. Il en avait fait reconstruire la petite église sur un plan d'un meilleur goût. Ce fut cette circonstance et le zèle qu'il avait mis à terminer les procès intentés à ses vassaux par le fisc ou le clergé, qui lui suscitèrent les importunités les plus vives qui aient altéré la paix de sa laborieuse solitude. Sous le prétexte de la violation des formalités et d'un empiètement sur les prérogat. curiales, il fut dénoncé par l'évêque diocésain aux tribunaux, au gouvernement et au clergé. Il recourut vainement aux moyens qui lui semblaient devoir confondre l'acharnement de ses accusateurs (1768-69); il ne réussit qu'à l'accroître, et ce triste résultat l'entraîna lui-même de nouveau dans d'impardonnables inconséquences. Un autre sujet de troubles pour lui fut l'impression de la *Pucelle*, où étaient interpolés des traits sanglants contre Louis XV, sa maîtresse en titre, et plus. grands seigneurs avec lesq. Voltaire entretenait un commerce amical. Tel qu'il le reconnut pour son ouvr. dans l'édit. qu'il en donna en 1772, ce poème est loin d'être exempt de blâmables inconvenances. Exaspéré de plus en plus par les fureurs de ses adversaires, il oublia parfois lui-même la modération que lui devait donner l'assurance de la supériorité de ses forces. Tandis que cette guerre de libelles absorbait une partie de ses instants, il partageait l'autre entre des actions utiles et des travaux plus dignes aussi de sa gloire. Les soins qu'il prit de l'arrière-cousine de Corneille, élevée sous ses yeux, et dotée avec le produit des *Commentaires* qu'il composa sur les chefs-d'œuvre du gr. tragique, ses éloquents plaidoyers pour les Calas, pour la famille Sirven, ses factums en faveur de Lully, etc., etc., sont autant de témoignages de son zèle infatigable à soutenir toutes les causes où il croyait voir intéressées la justice et la vérité. Quant aux product. littéraires de Voltaire durant ce même période, leur nombre est fort considérable : on retrouve dans plus. de ses dern. tragédies, notamm. dans *Tancrède* (1760) et dans quelq. scènes d'*Olympie*, toute la vigueur et tout le brillant de son génie; mais c'est surtout dans ses *Romans*, ses *Contes* en vers, ses *Épitres* et mille badinages de sa plume, qu'on est agréablem. surpris de trouver une fraîcheur et une grâce que semble exclure l'âge auquel il les écrivit. Ce n'est pas qu'il ait conservé un égal talent jusqu'à la fin; plus. de ses dernières productions sont au contraire fort au-dessous de lui : de ce nombre est la tragédie d'*Irène*, qu'il vit jouer, celle d'*Agathocle*, représentée le jour anniversaire de sa mort, enfin plus. pièces qui ne parurent jamais au théâtre, et deux de ses quatre comédies qui méritaient peu d'y paraître, l'*Écossaise* et le *Droit du seigneur* (1760-62). Cédant aux instances de Mme Denis, sa nièce, Voltaire, âgé de 84 ans, consentit à faire le voyage de Paris. Le désir secret de faire jouer sa tragédie d'*Irène* entrait pour beaucoup dans cette résolution. Arrivé le 10 février 1778, lendemain des funérailles de

Lekain, il ne tarda pas à être comme accablé de tous les genres d'honneurs que lui décerna à l'envi la foule de ses admirateurs. Quelque délicieuse qu'en fût la cause, une irritation si continue détermina une hémorragie violente qui fit craindre pour ses jours. Il avait présenté à l'Acad. un plan pour la rédaction de son *Dictionnaire*, et s'était chargé d'en rédiger la lettre A. Ayant perdu le sommeil, il recourut à l'opium, et se trompa sur la dose. Un accident semblable avait failli 30 ans plus tôt lui donner la mort : le poison cette fois triompha aisément de ses forces délabrées ; et après une longue léthargie, durant laquelle il put à peine recueillir pour quelques instants ses esprits, il expira le 30 mai 1778. Le curé de St-Sulpice refusa de lui donner la sépulture ; on transféra son corps à l'abbaye de Scellières, dont le titulaire Mignot était son neveu. Il fut exhumé de là, treize ans plus tard, pour être déposé au Panthéon (Ste-Geneviève), dont l'un des caveaux contient encore ses restes ainsi que ceux de J.-J. Rousseau. Tandis que l'archevêque de Paris, M. de Beaumont, s'opposait à ce que l'Acad. franç. célébrât pour le défunt un service funèbre aux Cordeliers, Frédéric, fidèle aux souvenirs d'une ancienne amitié, convoquait l'acad. de Prusse à une solennité funéraire dans l'église catholique de Berlin. Le même prince, alors armé contre l'Autriche, écrivit dans son camp même l'*Éloge* de Voltaire. Sa *Vie* a été écrite par Luchet, 1781 ; par l'abbé Duvernet, 1786 ; par Condorcet, 1787 ; par le Pasy, 1819 ; par Mazure, 1821 ; et par Paillet de Warcy, 1824. La plus anc. édition des *OEuvres de Voltaire*, qui mérite d'être citée, est celle de Genève, 1768, 45 vol. in-4. Longtemps les bibliophiles n'ont recherché que l'édit. de Khel (1784-89, 70 vol. in-8) : cette publication, due à Beaumarchais, n'avait pas été égalée en luxe et en correction avant les édit. de Renouard, 1819-25, 66 vol. in-8, et de Lequien, 1822-26, 70 vol. in-8. Depuis l'année 1792, où Palissot commença une édit. de Voltaire qui fut assez mal accueillie, on n'avait pas reproduit ses *OEuvres complètes*, quand en 1817 le libraire Desoer imagina d'en donner une édit. compacte (13 gros vol. in-8, y compris la table d'Alex. Goujon). Le succès de cette entreprise donna l'éveil à d'autres spéculateurs : de 1820 à 1827, il se fit 15 réimpressions du *Voltaire* complet, dont quatre, dans le format in-8, sont dues aux frères Baudoin ; mais l'édit. avec préface, avertissement, notes par Beuchot, 1829-34, 70 vol. in-8 (Paris, Lefèvre), est incontestablement la meilleure et la plus complète que l'on ait donnée des *OEuvres* du philosophe de Ferney. Il n'est aucun écrivain, soit en vers, soit en prose, qui ait embrassé autant de genres opposés et s'y soit montré aussi constamment supérieur. Le jugement le mieux motivé qui ait été porté de Voltaire et de ses ouvrages, est celui que Linguet a consigné dans le 10ᵉ vol. de ses *Annales*, réimpr. en 1788, in-8, et avec des notes par Amar, 1817, même format.

VOLTERRE (Daniel RICCIARELLI, dit *de*), peintre et sculpteur, né à Volterra en 1509, ne fit pas pressentir, par ses premiers essais, la hauteur à laquelle il devait atteindre. Mais, s'étant rendu à Rome, il commença à s'y faire connaître d'une manière avantageuse ; Perino del Vaga, frappé de la beauté d'une de ses fresques, se l'associa dans plusieurs de ses travaux. Il peignit pour Hélène Orsini la fameuse *Descente de croix* que le Poussin mettait au nombre des chefs-d'œuvre de la peinture. On ne saurait trop louer les tableaux représentant les *Hauts-Faits de Charles-Quint*, dont il orna le cabinet de Marguerite d'Autriche, fille de ce monarque, dans le palais de Médicis à Navone. Après la mort de Perino del Vaga, il fut chargé par le pape Paul III de terminer la salle des rois dans le palais du Vatican ; mais il ne put achever ce travail, auquel Jules III, success. de Paul III, ne songea pas à donner suite. Plus tard, sous Pie IV, il obtint la direction de la moitié des peintures de cette même salle ; mais il n'y fit absolument rien, tout occupé qu'il était d'exécuter en bronze la statue équestre de Henri II, roi de France, que lui avait demandée Catherine de Médicis. Les peines et les fatigues qu'il se donna pour ce monum. abrégèrent ses jours, et il mourut en 1566, n'ayant exécuté que le cheval, qui fut transporté à Paris en 1639, et servit à porter la statue de Louis XIII, que l'on voyait sur la place Royale. Le musée ne possède de ce gr. peintre qu'un seul tableau : *David qui tue Goliath*. Personne ne s'est, plus que cet habile artiste, approché de la manière de Michel-Ange, qui l'honora de son estime, de ses conseils et de sa protection.

VOLTOLINA (Joseph-Milius), poète latin, né à Salo, sur le lac de Garda, dans le 16ᵉ S., fut un des fondateurs de l'acad. des unanimes, établie dans cette ville en 1564. Il est surtout connu par son poème *De hortorum culturá libri III*, Brescia, 1574, très rare.

VOLTSCHKOF (Serge-Savitsch), conseiller de collége, secrétaire de l'académie des sciences de Pétersbourg et directeur de l'imprimerie du sénat, mort en 1773, est auteur d'un *Dictionn. détaillé des voyageurs*, en russe, qui eut 3 éditions, 1755, 1768 et 1785. Il a donné en outre un grand nombre de trad. d'ouvr. latins, franç. et allem.

VOLUMNIUS (Titus), chevalier romain, s'est immortalisé par son amitié pour M. Lucullus, amitié si forte, qu'elle le porta à demander de ne point survivre à cet illustre partisan de Brutus et de Cassius, après le triomphe des triumvirs. Une telle grâce lui fut aisément accordée par Marc-Antoine, et il périt, en tenant la tête de son ami, l'an de Rome 711 (av. J.-C. 41).

VONCK (François), avoc. de Bruxelles, né près de cette ville vers 1735, jouissait de la réputation d'un habile jurisconsulte à l'époque où l'empereur Joseph II voulut faire dans ses provinces belgiques des innovat. qui éprouvèrent une si vive opposit. Tous les projets du monarque autrichien étaient loin de lui déplaire également ; mais les formes despotiq. et le mépris des priviléges de la nation, le révoltèrent. Il devint bientôt l'âme d'un comité d'opposit., dont Vander-Noot fut le principal agent; mais après le triomphe de celui-ci, qui devint l'idole du peuple, Vonck, moitié par dépit, moitié par attachement pour les idées démocratiq., conçut le projet de renverser le nouveau gouvernem. de son pays, où la noblesse et le clergé lui semblaient avoir trop d'influence. Il ne put cacher ses desseins jusqu'à leur exécution, et fut contraint de se réfugier précipitamment à Lille, pendant qu'on le déclarait *traître à la patrie*. Quelques mois après le retour des Autrichiens à Bruxelles, il obtint la permiss. d'y revenir (1791), et il y mourut l'année suiv., presque entièrem. ignoré. Il avait pourtant donné son nom à un parti (*les vonckistes*).

VONDEL (Juste van), poète hollandais, né à Cologne en 1587, de parents anabaptistes, se maria à l'âge de 25 ans, et dut à sa femme, qui se chargea presque seule de son commerce de bonneterie, le loisir de cultiver la poésie. Il n'avait point reçu d'éducation littéraire ; pourtant il s'était familiarisé avec le français, et, à 26 ans, il se mit à apprendre le latin et ensuite le grec. La prem. pièce remarquable qu'il donna fut sa tragédie de *Palamède*, dans laquelle il faisait allusion au meurtre juridiq. de Barneveldt. Il fut puni de son courage par une amende de 300 florins ; mais il n'en embrassa qu'avec plus d'ardeur la cause de la liberté civile et religieuse. Le coup-d'état frappé dans le fameux synode de Dordrecht contre les arminiens ou remontrants lui arracha plusieurs satires virulentes. Il n'avait pas renoncé à la carrière dramatiq., et il le prouva en donnant plus. pièces, parmi lesq. on distingue : *Marie Stuart, Lucifer, Jephté*, mais surtout *Gisbert d'Amstel, ou le Sac de la ville d'Amsterdam*, et *l'Exil de Gisbert*. Cette tragédie, représentée pour l'inaugurat. du nouv. théâtre d'Amsterdam, en 1637, est son chef-d'œuvre, et encore aujourd'hui on la revoit souvent avec un enthousiasme tout national. Elle a été trad. en franç., ainsi que *Lucifer*, dans les *Chefs-d'œuvre des théâtres étrangers*. Ses tragédies, au nombre de 32, en grande partie puisées dans l'histoire sainte ou traduites du théâtre grec, ont été recueillies en 2 vol. in-4, Amsterdam, 1720. Il n'y en a guère que la moitié qui ait paru sur la scène. Vondel se distingua aussi dans la poésie lyrique, et l'on peut croire qu'il aurait pris un assez beau rang dans l'épopée, s'il n'eût abandonné et détruit son poème commencé de *Constantin-le-Grand*. Il lui restera toujours la gloire d'avoir fait faire un pas immense à la langue et à la poésie hollandaises. Malgré ses honorables travaux, il se vit réduit à accepter, dans sa vieillesse, une chétive place d'employé au mont-de-piété d'Amsterdam. Il obtint pourtant au bout de 10 ans d'être déchargé de ces fonctions pénibles pour un poète, en conservant ses honoraires. Il mourut en 1679. Une nouvelle édition de ses OEuvres a été publiée par M. Jérôme de Vries, Amsterd., 1820, in-12. Vondel avait embrassé la religion catholiq.

VONONÈS, 17e roi des Parthes, était un des quatre fils que Phraates IV avait envoyés en otages à Rome. Ce fut lui qu'Auguste désigna, vers l'an 14 de J.-C., pour aller régner sur les Parthes, qui avaient réclamé un de leurs princes du sang royal. Vononès apportait de Rome des mœurs polies, des vertus douces et un goût de magnificence qui déplurent à des peuples durs et barbares ; ils le renversèrent du trône, où ils appelèrent à sa place Artaban, prince du sang des Arsacides. Vononès chercha un asile chez les Arméniens, et y trouva un trône ; mais il en fut encore chassé par Artaban, et se retira à Antioche, auprès de Silanus, gouverneur de Syrie. Artaban ayant renouvelé l'alliance des Parthes avec les Romains, Vononès fut transféré à Pompéiopolis, ville maritime de la Cilicie. Il tenta de s'évader, et fut assassiné l'an 19 de J.-C.

VON-VISIN (Denis-Ivanovitsch), conseiller-d'état et membre de l'académie russe, né en 1745 à Moscou, de parents originaires d'Allemagne, porta quelque temps les armes après avoir fait ses études avec distinction à l'université de sa ville natale. Il était attaché au ministère des affaires étrangères, lorsqu'en 1763 il débuta dans la carrière des lettres. Son esprit satirique lui ayant fait des ennemis, il prit le parti de voyager, et vint en France, où il reçut un accueil flatteur. C'est alors qu'il fit paraître dans divers journaux russes des *Lettres* où, loin de se montrer reconnaissant, il se livrait à des invectives contre ceux mêmes qui lui prodiguaient alors toutes les attentions de l'hospitalité. De retour en Russie (1782), il y accrut sa renommée par une composition dramatique (*le Brigadier*), qui réellement opéra une révolution dans les mœurs des gentilshommes de province. Frappé d'une paralysie, il mourut en 1792. Au premier rang de ses ouvrages, qui n'ont pas encore été tous imprimés, on peut placer ses comédies du *Mineur*, en 5 actes, 1783, et du *Brigadier*, 1784 ; une *Épître* à ses domestiques, contenant de rudes attaq. contre l'égoïsme et l'hypocrisie ; *Callisthène*, nouvelle grecque, insérée dans le *Véridique*, 1801 ; des *Lettres* à diverses personnes ; enfin des trad. russes des *Fables* de Golbéry, de l'*Alzire* de Voltaire, du *Joseph* de Bitaubé, etc.

VOPISCUS (Flavius), l'un des auteurs de l'*Hist. auguste*, florissait dans les prem. années du 4e S., sous les règnes de Dioclétien et de Constance-Chlore. Né à Syracuse d'une famille distinguée, il était venu de bonne heure se fixer à Rome, où il jouit d'une considérat. méritée. Il a écrit les *Vies* d'Aurélien, de Tacite, de Florien, de Probus, de Carus, de Numérien, de Carin. Il est généralem. regardé comme le plus habile des écriv. de l'*Hist. auguste*. Il a beaucoup d'érudition, d'ordre et de méthode ; mais il manque de critique. Les *Vies des empereurs*, par Vopiscus, sont impr. dans les div. éditions des *Historiæ augustæ scriptores*, à la suite de celles que l'on doit à Capitolin, dont elles forment la continuation. Moller a publié : *Dissert. de Flavio Vopisco*, Altdorf, 1687, in-4.

VORAGINE ou VARAGINE (Jacques de), auteur ou compilateur de la *Légende dorée*, né à Varaggio, bourg de la côte de Gênes vers 1230, prit l'habit de St-Dominique, professa les saintes lettres dans plusieurs maisons de son ordre avec un grand succès, et s'acquit une réputation par son talent pour la chaire. Il occupa 18 ans l'emploi de provincial de la Lombardie, et ne le quitta que pour celui de définiteur. Nommé à l'archevêché de Gênes en 1292, il y tint un synode dans lequel furent réglés plus. points importants de discipline, et il travailla sans relâche à réformer les mœurs de son clergé. Il mourut en 1298. C'est principalem. à sa compilation des *Vies des saints*, qu'il doit la célébrité dont il jouit encore. Elle est intitulée : *Historia lombardina, seu Legenda sancta*. Dans leur enthousiasme pour ce recueil, aujourd'hui si dédaigné, les contemporains de Voragine ne le nommaient que *Legenda aurea :* de là est venu ce nom de *Légende dorée*, sous lequel il est connu. Il a été réimprimé plus de 50 fois dans le 15e et le 16e S. On recherche les édit. de Paris, 1475, de Cologne, 1476, et de Nuremberg, 1481, in-fol. On en a une version franç. par J. de Vignery, Lyon, 1476, in-fol.; Paris, 1490, 1493 et 1496. L'ouvrage de Voragine qui peut le plus mériter l'attention des curieux est son histoire de Gênes, *Chronicæ genuenses ab origine urbis usque ad annum* 1277, publiées par Muratori dans les *Rerum italicarum scriptores*, t. IX, p. 1-56.

VORST ou **VORSTIUS** (ÆLIUS-ÉVERHARD), médecin, né à Ruremonde en 1565, étudia successivement à Dordrecht, à Leyde, à Heidelberg, à Cologne, à Padoue, à Bologne, à Ferrare, à Naples, et ne rentra dans sa famille qu'après une très longue absence. Appelé presque aussitôt à Delft pour y pratiquer son art, puis à Leyde pour y remplir une chaire de médecine, il devint profess. de botanique et direct. du Jardin-des-Plantes de cette ville, et mourut en 1624. Malgré son érudit., il n'a presque rien écrit que l'*Oraison funèbre de Ch. Lécluse*, Leyde, 1609, in-8 (v. les *Mém* de Nicéron, t. XXII, p. 96). — Worst (Adolphe), médecin, fils du précéd., né à Delft en 1597, visita l'Angleterre, la France et l'Italie pour perfectionner ses connaissances, devint le médecin du prince d'Orange, obtint ensuite à l'acad. de Leyde la chaire des institutions médicales, et, plus tard, succéda à son père dans celle de botanique et dans la direction du Jardin-des-Plantes. Il mourut en 1663, après avoir été trois fois recteur de l'académie. On lui doit une édition, rare et recherchée, des *Aphorismes* d'Hippocrate, grec et latin, de la *version* de J. Obsopée, Leyde, 1628, in-16 ; *le Catalogue des plantes du jardin de Leyde*, 1636 in-24, réimprimé plus. fois, et quelq. *Lettres*. — Vorst (Conrad von dem), théologien protestant, né à Cologne en 1569, prit le grade de docteur en 1594, et, dès l'année suiv., parcourut l'Allemagne, la Suisse et la France. Étant à Genève, il fit, à la prière de Th. de Bèze, quelques leçons qui eurent le plus gr. succès, et refusa le titre de professeur qu'on voulait lui donner. Il fut pourvu, en 1596, de la chaire de théologie à l'école de Steinfurt, et bientôt sa réputation se répandit dans toute l'Allemagne, en même temps que l'on élevait des soupçons sur sa croyance. Il fut obligé d'aller se justifier devant le conseil académique de Heidelberg d'avoir soutenu des propositions favorables au socinianisme. Après la mort d'Arminius, il fut choisi pour lui succéder à l'acad. de Leyde, et il ne tarda pas à être attaqué par Gomar, qui le cita devant les états-généraux pour y rendre compte de sa doctrine. En 1611 il fut suspendu de ses fonctions, et en 1619 il fut déposé de sa chaire et banni de la Hollande. Il mourut à Tonningen en 1622. On trouve les titres de ses nombreux ouvr. dans les *Mémoires littéraires des Pays-Bas*, par Paquot, t. III, p. 78-86, édit. in-fol. Nous citerons seulement son *Tractatus theologicus de Deo, sive de naturâ ; et attributis Dei*, Steinfurt, 1610; Hanau, 1616, in-4. — Vorst (Guil.-Henri), fils du précéd., né à Steinfurt vers la fin du 16e S., partagea l'exil de son père, revint en Hollande lorsque les disputes des gomaristes et des arminiens furent calmées, exerça les fonctions de pasteur à Leyde dans la secte des rémontrants, et mourut vers 1660. Occupé de la lecture des rabbins, il en traduisit plus. ouvr., entre autres les suiv. : *Chronologia sacra profana à mundi conditu ad annum* 5362, *vel Christi* 1592, *auctor. R. Ganz.*, etc., Leyde, 1644, in-4. — Vorst ou Vorstius (Jean), philologue, né à Wesselbourg, village du Dithmarsen, en 1623, fut inspecteur de l'école de Rostock, puis recteur de l'illustre école de Flensbourg ; mais il se démit du rectorat, et refusa la chaire de théologie d'Helmstadt, parce qu'il avait cessé de partager le sentiment des luthériens sur le dogme de la cène. Il vint à Berlin en 1660, et fut placé à la tête du collége de cette ville par l'électeur de Brandebourg, dont il devint en même temps le bibliothécaire. Il crut devoir alors déclarer sa véritable opinion sur la cène, ce qui l'entraîna dans des disputes violentes. Il mourut à Berlin en 1676. Son principal ouvrage est la *Philologia sacra, seu de hebraismis Novi-Testamenti liber*, Leyde, 1658 ; augmentée d'une 2e partie, Amsterdam, 1695 ; Francfort, 1705, in-4 (v. le *Dictionnaire* de Chauffepié).

VORTIGERN, roi breton, était comte de Dummonie. La Grande-Bretagne, privée de l'appui des légions romaines et partagée entre une foule de petits princes, se trouvait sans cesse exposée aux ravages des peuples du Nord. Pour faire cesser cette désastreuse anarchie, les Bretons élurent un roi ou chef suprême, auquel tous les autres souverains devaient être soumis. L'histoire n'a pas conservé les noms des prédécess. de Vortigern, lequel fut élu en 443. Comptant peu sur l'affection de ses sujets, dont il avait obtenu les suffrages par la ruse, il demanda des secours aux Saxons pour repousser les Écossais et les Pictes. Deux frères, Hengist et Horsa, amenèrent une armée de Saxons dans la Bretagne. Hengist reçut en récompense de ses services la province de Kent, donna en mariage au roi breton Rowna, sa fille, ou sa nièce, ou sa sœur, et ne s'unit pas moins aux Pictes, dès qu'il crut l'occasion favorable, pour dépouiller son allié. Pendant 7 ou 8 ans la Bretagne fut ravagée par les Saxons, par les Pictes et par les Bretons eux-mêmes; mais enfin ces derniers sentirent la nécessité de s'unir contre l'ennemi commun, et reprirent l'avantage. Hengist, forcé de demander la paix, donna aux principaux seigneurs bretons un festin dans lequel il les fit tous égorger, à l'exception de Vortigern, auquel il vendit la liberté et la vie au prix d'une nouvelle concession de provinces. Les Bretons, persuadés que Vortigern était le complice de Hengist, reconnurent pour leur seul souverain Ambrosius-Aurélianus, qui fit assiéger dans le château de Cambri son prédécesseur déchu. Celui-ci périt, l'an 485, dans un âge avancé, laissant une mémoire odieuse.

VOS (MARTIN de), peintre, né à Anvers en 1519, reçut les prem. leçons de son père, nommé Pierre, qui n'était pas sans talent. Il entra ensuite dans l'école franco-flamande, et alla se perfectionner en Italie. De retour à Anvers en 1559, il fut reçu à l'acad. de peinture, et jusqu'à sa mort, en 1604, multiplia ses ouvrages qui lui acquirent une fortune considérable. Anvers, qui possède ses plus belles productions, en compte dans sa cathédrale 14, parmi lesq. on distingue les *Noces de Cana* et *St Thomas-l'Incrédule*. Le musée possède un tableau de cet artiste: *la Chasse au sanglier*. — Vos (Jean), poète hollandais, florissait à Amsterdam, sa ville natale, vers le milieu du 17ᵉ S. Il donna au théâtre naissant de cette ville plus. pièces, entre autres *Aron et Titus*, où étaient violées avec intention les règles de la poétique d'Aristote. Il n'en eut pas moins assez de vogue pour que le magistrat le nommât un des six directeurs du théâtre. Il a de grands défauts, tout le monde en convient; mais on ne doit pas oublier qu'il était vitrier, et n'avait point reçu d'éducation littéraire. Il mourut en 1667. Ses poésies ont été recueill. Amsterd. 1726, 2 vol. in-4 (*v. l'Hist. de la poésie holland.* par de Vries). — Vos (Guillaume de), pasteur anabaptiste à Amsterdam, mort en 1823, à l'âge de 84 ans, remporta des palmes nombreuses dans les concours académiques, sur des questions de philosophie morale et religieuse. Il fut couronné par la société des sciences de Harlem en 1767, par la société teylerienne en 1789, en 1791 et en 1793, par le *Legatum stolpianum* de Leyde en 1797, etc.

VOSS (JEAN-HENRI), poète et critique, né à Sommersdorf, près de Wahren, en 1751, montra de bonne heure de rares dispositions pour l'étude des langues; mais il eut besoin d'un courage non moins remarquable pour soutenir son père, tombé dans l'indigence, et pour s'entretenir lui-même et pour suivre son éducation. Quelq. essais, qu'il adressa en 1702 à l'*Almanach des Muses* de Gœttingue, lui gagnèrent la bienveillance du poète Boie, qui lui fit obtenir quelques secours, et lui fournit ainsi le moyen de suivre dans cette ville les cours de philosophie, d'histoire et de philologie. Admis dans l'établissem. dirigé par le célèbre Heyne, destiné à fournir des maîtres aux écoles publiq. du Hanovre, il ne chercha pas assez à captiver la bienveillance de son maître, et de cette époque date l'inimitié qui éclata depuis entre deux hommes faits pour s'estimer. Le maître finit même par renvoyer son élève, et celui-ci, qui déjà faisait partie de la joyeuse et spirituelle réunion des *Amis de Gœttingue*, prit en 1775 la rédact. de l'*Almanach des Muses*, ou, comme on l'appela ensuite, *Anthologie* (*Blumenlese*) de Gœttingue, dont il augmenta le succès en y insérant chaque année, jusqu'en 1800, un certain nombre de pièces de sa composition. Nommé en 1778 recteur du collége d'Otterndorf dans le Hanovre, il commença, dans cette retraite, les travaux qui l'ont placé au prem. rang des traducteurs d'écrivains anciens. Quelques *extraits* de sa traduction de l'*Odyssée* et de ses *commentaires* sur ce poème, publiés en 1780, l'engagèrent dans une vive querelle avec Heyne: mais il n'en continua pas moins ses études poétiques et philologiq., tant à Otterndorf qu'à Eutin (duché d'Oldenbourg), où il passa avec les mêmes fonctions de recteur, et où son séjour se prolongea 23 ans. En 1805 il fut attaché par le gr.-duc de Bade à l'université de Heidelberg, sans toutefois être investi d'aucune fonction spéciale. Une pension du duc d'Oldenbourg, qu'il touchait comme récompense de ses longs services à Eutin, ajouta encore aux avantages de cette situation, dans laquelle il mourut en 1826. Ses prem. disputes avec Heyne ne furent pas les seules qui troublèrent sa vie. Il en eut d'autres avec le même savant au sujet de l'explication des fables de la mythologie ancienne. Voss mérite peut-être quelque indulgence, si l'on considère quel motif alluma sa colère. Il voyait la philosophie, la littérature et la critique, chez ses compatriotes, tendre chaque jour davant. vers l'enthousiasme mystique; il craignit que ce mouvem. des esprits ne fût un complot contre la liberté religieuse et politique, qu'il chérissait plus que tout au monde. Rien toutefois ne peut excuser l'emportement avec lequel il se déchaîna contre son vieil ami, le comte Fréd. de Stolberg, dont la rentrée dans le sein de la religion catholique vint fortifier ses alarmes sur les dangers de la ligue prétendue entre les doctrines nouvelles et le prosélytisme romain. Fermons les yeux sur ces déplorables querelles, où Voss eut souv. tort, sinon par le fond des choses, du moins par les formes passionnées et grossières de sa polémique, et arrêtons-nous aux véritables titres de sa gloire littéraire. La plus célèbre de ses compositions est le poème de *Louise*, en III chants (1795), auq. Goethe emprunta l'idée d'*Herman et Dorothée*. Viennent ensuite ses *Idylles*, publ. au nombre de dix-huit, de 1774 à 1800, et ses *Poésies diverses*, éparses dans ses *Almanachs des Muses*, mais qu'il a recueillies dans plus. édit., dont la plus récente est de 1825, 4 vol. C'est surtout comme traduct. qu'il s'est acquis des droits à la reconnaissance de son pays. On ne saurait trop admirer l'habileté avec laquelle il a reproduit, comme dans le miroir le plus fidèle, la forme métrique, les détails les plus minutieux de l'expression et des idées, les inversions à effet, les épithètes composées de plusieurs mots, enfin les moindres traits de l'aut. ancien qu'il faisait passer dans sa langue. Il donna successiv. des traduct. complètes d'*Homère* (1793, 2ᵉ édit., corrig., 1821); de *Virgile* (1799); d'*Horace* (1806, 2ᵉ édit., corrigée, 1820): d'*Hésiode* et du prétendu *Orphée-l'Argonaute* (1806); de *Théocrite, Bion et Moschus* (1808); de *Tibulle* et de *Lygdamus*, avec des éclaircissements (1810); d'*Aristophane* (1821); d'*Aratus*, avec le texte et un *comment.* (1824); enfin de morceaux choisis des *Métamorphoses d'Ovide* (1798), et du *Théâtre de Shakespeare*, avec ses deux fils, Henri et Abraham (1818-26).

VOSSIUS (GÉRARD), théolog. et littérat., né vers le milieu du 16ᵉ S., dans le pays de Liége, fut protonotaire apostolique et doyen de la collégiale de Tongres. Il profita d'un séjour qu'il fit en Italie pour recueillir des copies et des extraits de plus. ouvr. des PP. de l'Église, et mérita d'être compté parmi ceux qui ont mis en lumière les monuments de la littérat. ecclésiastique. Il mourut à Liége en 1609. Outre des édit., des comment. et des trad., on lui doit un manuel de rhétorique : *Rhetoricæ artis methodus per quæstiones*, Louvain, 1571, in-8.

VOSSIUS (GÉRARD-JEAN), littérateur, né en 1577 dans le voisinage d'Heidelberg, fit ses prem. études à Dordrecht, alla ensuite, à l'âge de 18 ans, étudier à Leyde la littérature grecque, les mathémat. et d'autres sciences. Il achevait à peine sa 22ᵉ année, quand on lui confia la direct. du collége de Dordrecht. Une chaire de philosophie à Steinfurt lui fut offerte en 1614; mais il préféra la direction du collége théologique qui s'établissait à Leyde, et il occupa 4 ans ce poste, que la violence des controverses religieuses lui fit abandonner, pour accepter dans la même ville une chaire d'éloquence et de chronologie. L'alliance un peu singulière de ces deux branches d'instruction s'explique par les travaux austères auxquels se livraient les Bataves de cette époque. Quoique Vossius évitât de prendre part aux querelles théologiques, il se fit des ennemis par son *Histoire du pélagianisme*, 1618, où il avait hasardé une sorte d'apologie des remontrants, disciples d'Harmensen ou Arminius. Il fut suspendu de la communion des contre-remontrants ou gomaristes en 1620, puis privé du droit d'enseigner publiquement ou en particulier, et se vit forcé par-là de modifier ou d'expliquer ce qu'on avait trouvé de répréhensible dans son livre ; mais, malgré cette espèce de rétractat., dictée par des circonstances impérieuses, il persévéra dans ses premières opinions. Il alla en 1633 prendre possession d'une chaire d'hist. à Amsterdam, et mourut en 1649. Toutes ses *OEuvres* ont été recueillies, Amsterdam, Blaeu, 1701, 6 vol. in-fol. Le 1ᵉʳ contient un dictionnaire étymologique, précédé d'un traité instructif sur les permutations de lettres. Le 2ᵉ est rempli par deux traités de grammaire. Le 3ᵉ est, en gr. partie, consacré à la rhétorique et à la poésie. Le 4ᵉ s'ouvre par un traité, fort estimé, de la manière d'écrire l'histoire, et contient en outre 4 livres sur les historiens grecs, 3 sur les historiens latins, div. opuscules et une correspondance intéressante. Les 9 livres d'un traité de l'idolâtrie ont suffi, avec leur table et une courte addition, pour remplir le 5ᵉ vol. Des écrits théologiques, parmi lesquels il faut distinguer l'*Historia pelagiana*, composent le 6ᵉ vol. Cinq de ses fils ont laissé des ouvrages. — Denis, né à Dordrecht en 1606, mort à Amsterdam en 1633, au mom. où il venait d'être appelé à la chaire d'éloquence de Dorpat, a publ. la traduction latine des *Annales*, écrites en flamand par Reidan, Leyde, 1633, in-fol.—François, né à Dordrecht, mort en 1645, est auteur d'un poème patriotique en latin, publié à Amsterd. en 1640, in-fol.— Gérard, mort en 1650, a enrichi de *notes* le *Velléius-Paterculus*, imprimé in-12 à Leyde, chez les Elzeviers. — Matthieu, né vers 1602, est auteur de 5 livres d'*Annales de la Hollande*, mis au jour à Amsterdam en 1635, in-4, augmentés depuis par Ant. Borremans, et traduit du latin en flamand par Nic. Borremans.

VOSSIUS (ISAAC), littérat., né à Leyde en 1618, le 5ᵉ fils de Gérard-Jean, se fit connaître, dès l'âge de 21 ans, par une édition du *Périple* de Scylax, auquel il joignit une *Version* latine et des *Notes* estimées. Il fit en 1642 un voyage à Rome. En 1649, on lui offrit la chaire que la mort de son père laissait vacante, et à laquelle on aurait attaché un traitement plus considérable : il la refusa, voulant rester maître de tout son temps. Cependant, il se mit au service de Christine, reine de Suède, dont il devint le bibliothécaire et le maître de littérature grecque. Il ne tarda pas à être disgracié par les insinuations de Saumaise, et probablem. aussi par l'effet de son caractère inquiet et bizarre. Ce lui fut être une consolation aussi douce que surprenante, de recevoir de Louis XIV des gratifications si honorables qui furent adressées, par l'entremise de Colbert, à plusieurs sav. étrangers. Nommé chanoine de Windsor par Charles II, en 1673, il eut à la cour de ce prince et à Londres des relations avec plusieurs personnages distingués. Il était pourtant assez déplacé dans le grand monde, où il lui arriva plus d'une fois de *braver l'honnêteté* en langue vulgaire, autant qu'il aurait pu faire en latin dans un commentaire sur Catulle ou sur Pétrone. Il mourut en 1689. Parmi ses écrits, dont on n'a pas de collection complète, on citera : *De Nili et aliorum fluminum origine*, La Haye, 1666, in-4. — *Lettres à Nic. Heinsius*, de 1637 à 1664, insérées par P. Burmann, t. III, p. 556-692, dans sa *Sylloge epistolarum*. — *De poematum cantu et viribus rhytmi*, Oxford, 1673, in-8. Les écrits d'Isaac, moins méthodiques que ceux de son père, offrent une instruction moins vaste et ordinairem. moins sûre ; mais on ne saurait lui refuser, sans injustice, une imaginat. vive, un esprit pénétrant, une érudition ingénieuse et souvent originale.

VOTIÉNUS (MONTANUS), orat., poète et grammairien, né à Narbonne sous le règne d'Auguste, mourut l'an 28 ou 29 de l'ère chrétienne aux îles Baléares, où il avait été exilé pour avoir parlé trop librem. des déréglem. de Néron. Martial et surtout Tacite font de Votiénus un portrait avantageux.

VOUET (SIMON), peintre, né à Paris en 1582, était élève de son père, Laurent Vouet, artiste médiocre, et n'en fit pas moins de tels progrès, qu'à l'âge de 14 ans il fut appelé en Angleterre pour y peindre une Française de haut rang. A son retour de ce voyage, pendant lequel il avait mis à profit son étonnante facilité, il se trouva jouir d'une certaine réputation, qui lui valut l'honneur d'être emmené à Constantinople par un ambassad. franç. Là, il peignit de mémoire Achmet Ier, qu'il n'avait pu voir qu'une seule fois à une audience solennelle, et le succès de ce tour de force lui fit faire d'autres portraits qui lui furent bien payés. Cependant il ne tarda pas à se rendre en Italie. Il y fut employé par le pape Urbain à l'embellissement de St-Pierre et de San-Lorenzo, et par les Doria à l'exécution de leurs nombreux portraits de famille. Enfin il revint à Paris sur l'injonction de Louis XIII, qui le logea au Louvre, augmenta considérablement la pension qu'il lui avait déjà fait tenir en Italie, le nomma son premier peintre, et voulut prendre de lui des leçons de pastel. Ce fut alors que Vouet, pour suffire à de nombreuses demandes, entre lesquelles son avidité ne lui permettait pas de choisir, abandonna sa première manière, forte et savante, pour se livrer à une pratique expéditive qui altéra sensiblem. la beauté de son coloris. Il est fâcheux pour sa gloire qu'il n'ait pas toujours travaillé ses tableaux comme il l'avait fait en Italie et dans les prem. années de son retour en France. Sa *Salutat. angélique* (de l'ancienne galerie de Giustiniani) et sa *Présentation au Temple*, que l'on voit au musée, sont des ouvrages remarquables. On y voit encore avec plaisir sa *Réunion d'artistes*, sa *Charité romaine*, son *Christ au tombeau* et sa *Ste-Famille*. On ne saurait nier l'infériorité de ses dernières productions, mais il ne faut pas l'exagérer comme on l'a fait, en haine de sa conduite peu généreuse envers le Poussin, lorsqu'il vit ce gr. peintre appelé en France. Les sentim. de jalousie qu'il put ressentir n'étaient que trop provoqués par cette exclamation de Louis XIII en apprenant l'arrivée de Poussin : *Voilà Vouet bien attrapé !* Les changem. un peu brusques que le nouv. directeur des trav. du Louvre introduisit dans l'architecture et les peintures d'ornement durent achever d'indisposer contre lui l'ancienne école, et Vouet, moins que tout autre, n'eût pu se défendre d'une irritation que partageaient tant d'autres artistes, moins froissés que lui. La vérité est qu'il a des droits à notre estime comme ayant beauc. contribué à ramener l'art dans les voies du bon goût. C'est de son atelier que sortirent Lebrun, Le Sueur, Mignard, Dufresnoy, comme plus tard les beaux ouvrages du Poussin formèrent à leur tour David et Girodet. Vouet mourut en 1641.

VOULLAND (HENRI), né à Uzès en 1750, était avocat à Nîmes lorsqu'en 1789 il fut député aux états-généraux par le tiers-état de sa province. Protestant comme Rabaut-Saint-Étienne, auquel il devait son élection, il le servit avec zèle dans sa haine contre le clergé catholique. Devenu membre du comité des recherches, il en fut très souvent le rapporteur ; mais d'ailleurs il ne prit aucune part aux discuss. de l'assemblée constituante. En 1791, il fut nommé membre du tribunal de cassation, et en 1792 député par le département du Gard à la convent., où il se montra très dévoué au système de Robespierre. Dans le procès du roi, il vota contre l'appel au peuple, pour la mort et contre le sursis. Peu de temps après il obtint la présidence, et fut ensuite membre du comité de sûreté générale. Après le 9 thermidor, décrété d'arrestat., puis amnistié, il vécut dès lors dans l'obscurité, et mourut en 1802 dans la plus profonde misère.

VOULTÉ (JEAN), *Vulteius* ou *Vautier*, poète lat. et professeur à Toulouse, né à Reims vers le commencem. du 16e S., fut tué en 1542 par un homme qui avait perdu un procès contre lui. On a de lui IV livres d'*Épigrammes* et un *Recueil* d'étrennes en vers latins, Lyon, 1537, in-8, et un vol. d'*Hendécasyllabes*, Paris, 1538, in-16, réimpr. dans le 3e tome des *Deliciæ poetarum gallorum*, p. 1131 et suivantes.

VOYER (RENÉ de), seigneur d'Argenson, né en 1596, d'une des plus anciennes maisons de la Touraine, qui devait aux armes toute son illustration, entra au service à l'exemple de ses pères, et combattit en Hollande sous le prince d'Orange. Bientôt il se laissa persuader d'embrasser le parti de la robe, et fut, dit Fontenelle, le premier magistrat de son nom, mais presque sans quitter l'épée. Successivem. avocat et conseiller au parlem. de Paris, puis maître des requêtes, il suivit la cour au siége de La Rochelle en qualité d'intendant d'armée, et fut envoyé de là en Périgord (1629) pour faire raser la citadelle de Bergerac, qui avait servi de place d'armes aux protestants. L'année suivante, il fut fait intendant de justice à l'armée de Dauphiné, que commandait le maréchal de Schomberg, et il prit beaucoup de soin des approvisionnements. Il serait trop long d'énumérer toutes les fonct. dont on le chargea depuis cette époque. Elles sont rapportées dans les *Mém.* de Monglat, de Marolles, etc. Les besoins de l'état, dit encore Fontenelle, le firent souvent changer de poste, mais l'envoyèrent toujours dans les plus difficiles. Enfin, las des affaires, las du monde, et se trouvant veuf depuis plusieurs années, il embrassa l'état ecclésiastique en 1651. Il mourut la même année à Venise, où il avait accompagné, pour le diriger, son fils aîné, qui n'avait été désigné qu'à cette condition à l'ambassade près de cette république. On cite de lui un *Traité de la sagesse chrétienne*, Paris, 1630, trad. en italien et en espagnol.

VOYER (RENÉ de), comte d'Argenson, fils aîné du précédent, né à Blois en 1623, n'était âgé que de 21 ans quand son père, alors surintendant du Poitou et des provinces voisines, lui subdélégua les élections de Saintes et de Cognac. A partir de ce moment, il fut le compagnon de son père dans les diverses missions auxquelles celui-ci fut appelé sous la régence d'Anne d'Autriche et le ministère de Mazarin. Nommé à l'ambassade de Venise sous la direction de son père, qu'il eut le malheur de perdre la même année, il se trouva en pied auprès de la républiq. à l'âge de 27 ans, et garda ce poste jusqu'à la fin de 1685. Pendant son ambassade, il fut chargé de plusieurs négociat. délicates, dont il se tira avec succès. Le sénat lui permit d'ajouter aux armoiries de sa maison le lion de St-Marc, avec le cimier et la devise. Sa dévotion excessive et la rigidité de ses principes le brouillèrent avec les ministres; il fut mis à la retraite, et passa les trente dernières années de sa vie dans ses terres à améliorer l'éducation et les mœurs des paysans. Il mourut dans son château d'Argenson en 1700. Il avait cultivé les lettres assez pour déplaire aux gens de cour, et publié un grand nombre d'ouvrages en vers et en prose, entre autres l'*Explicat. du livre de Job*, la *Paraphrase du prophète Jérémie* et des *Cantiques spirituels*.

VOYER-D'ARGENSON (MARC-RENÉ de), fils du précédent, né à Venise en 1652, eut la république pour marraine, et fut créé chevalier de St-Marc. Après avoir été lieuten.-général du bailliage d'Angoulême, puis maître des requêtes, il fut nommé en 1697 lieutenant-général de police de Paris. Il est regardé comme le véritable créateur de cette administrat., quoique La Reynie l'eût dirigée avant lui, et l'on convient qu'il avait toutes les qualités nécessaires pour remplir ce poste, où une si gr. part est laissée à l'arbitraire, et où l'on doit savoir imposer aux vils agents d'une autorité destinée à faire sortir le bien public du sein de la corrupt. Il se livra aux jésuites sous Louis XIV, s'il faut en croire Saint-Simon, *mais en faisant le moins de mal qu'il put, sous un voile de persécution qu'il sentait nécessaire pour persécuter moins en effet, et même pour épargner les persécutés.* Il avait rendu des services au duc d'Orléans, ainsi qu'à d'autres grands personnages, en cachant au roi et en accommodant par son autorité des aventures de jeunesse, ou même de graves erreurs de conduite; il entra au conseil *du dedans du royaume*, établi par le régent en 1715, fut nommé président du conseil et garde-des-sceaux en 1718, et l'année suiv. chancelier de l'ordre de St-Louis. Il déploya dans ces diverses fonct. beaucoup d'énergie, de zèle pour le bien public et une incroyable activité; mais il tomba lorsque fut discrédité le système de Law, dont il avait pourtant combattu les abus, et il se démit de la présidence du conseil des finances (1720). On le fit alors ministre-d'état, et l'on créa pour lui une place d'inspect.-général de la police du royaume. Il mourut en 1721. Il était membre de l'Académie française et honoraire de l'acad. des sciences. On a vanté avec raison son désintéressem., sa tolérance, son humanité (v. son *Éloge* par Fontenelle).

VOYER (RENÉ-LOUIS de), marquis d'Argenson, fils aîné du précéd., né en 1694, se trouvait conseiller au parlem. de Paris lors des gr. discussions entre la cour et cette compagnie, dont il prit les intérêts avec assez d'ardeur pour encourir les réprimandes de son père. Nommé maître des requêtes en 1718 et conseiller-d'état en 1720, il devint presq. aussitôt intendant du Hainault et du Cambresis, et l'année suivante, grand'croix, chancelier et garde-des-sceaux de l'ordre de St-Louis. Lorsqu'il se vit, par la mort du régent, privé du protect. constant de sa famille, il résigna toutes ses places (1724), hormis celle de conseiller-d'état, et consacra tous ses loisirs à de sérieuses études. Il devint l'habitué le plus assidu du *club de l'entresol*, protégé d'abord par le cardinal de Fleury, puis fermé parce que l'on y discutait d'assez graves questions de politique. Cependant, après avoir été quelque temps dans une sorte de disgrâce, il fut nommé, en 1744, conseiller au conseil royal des finances, puis ministre des affaires étrangères. Possédant de tout des notions profondes et variées, et approuvant sur plusieurs points l'esprit philosophiq., il s'efforça de concilier le progrès des lumières avec l'affermissement de l'autorité royale; mais des cabales puissantes réussirent à le faire renvoyer en 1747. Il est le dernier ministre français qui ait persisté dans les vues de Richelieu, de Mazarin et de Louis XIV, pour l'abaissement de la maison d'Autriche. Moins brillant que son frère à la cour, il fut plus grand dans la retraite, où il partagea ses loisirs entre l'étude et le commerce de ses amis et des gens de lettres. Voltaire l'a peint fidèlement en le disant plus propre à être *secrétaire-d'état dans la république de Platon qu'au conseil d'un roi de France.* Il mourut en 1757. On cite de lui: *Considérations sur le gouvernem. ancien et présent de la France*, Amsterdam, 1764, in-8. Son fils, le marquis de Paulmy, en a donné deux éditions, l'une en 1784, l'autre en 1787. — *Essais dans le goût de ceux de Montaigne*, publiés par le même éditeur, 1785; réimprimés sous le titre de *Loisirs d'un ministre-d'état*, Liége, 1787, 2 vol. in-8, et sous celui de *Mémoires du marquis d'Argenson, ministre sous Louis XV*, Paris, 1825, in-8; il a fourni le fond de l'*Histoire du droit public ecclésiastique français*, 1757, 2 vol. in-12, publ. par La Hode (le P. de La Motte), jésuite défroqué.

VOYER (MARC-PIERRE de), comte d'Argenson, frère du précéd., né à Paris en 1696, fut d'abord avocat du roi au Châtelet, puis conseiller d'état et maître des requêtes, et obtint la lieuten. de police de Paris en 1720. Il succédait à son père, élevé à la dignité de garde-des-sceaux, et il fut entraîné dans sa disgrâce pour avoir montré quelque opposition au système de Law. Nommé toutefois intend. à Tours, puis chancelier de l'ordre de St-Louis, il se vit bientôt rappelé aux fonct. de lieut.-général de police, qu'il quitta presque aussitôt pour celles de conseiller-d'état. Il avait gagné toute la confiance du régent, et il était devenu son chancelier et le surintendant de son apanage. Après la mort de ce prince (1723), il demeura chancelier du duc d'Orléans; mais lorsque le fils du régent s'enfermait à Ste-Geneviève, il resta dans le monde, où le retenait son goût pour les sciences, les arts et les plaisirs, et fit de sa maison le rendez-vous des savants et des littérateurs aimables. Il fut reçu, en 1726, membre honoraire de l'acad. des sciences. Après avoir coopéré à la rédact. des ordonnances qui ont fait tant d'honneur au chancelier d'Aguesseau, il fut chargé par ce magistrat, en 1737, de la direction de la librairie, et il remplit dignem. ce poste difficile. Nommé, en 1738, présid. du conseil, il fut appelé à l'intendance de Paris en 1740, et entra au conseil des ministres en 1742, sans aucune attribut. spéciale; mais l'année suivante il eut le ministère de la guerre avec la surintendance des postes. On était au milieu de cette guerre de la succession d'Autriche, jusque-là si malheureuse. Mais les années 1744 et 1745 amenèrent des prodiges: les armées françaises, que l'on croyait anéanties, reparurent comme par enchantem., et le ministre de la guerre eut, avec son frère, l'honneur de ce mouvement qui donna à la France des victoires et la paix trop peu avantageuse d'Aix-la-Chapelle (1748). La paix ne mit point un terme aux utiles travaux du ministre. Sous son administrat., une école milit. fut fondée, l'établissem. des Invalides fut l'objet d'une protection spéciale, une noblesse milit. fut instituée en faveur de tous ceux qui parviendraient au grade d'officiers-généraux, le beau corps des *grenadiers de France* fut formé. Ayant, à dater de 1749, réuni au départem. de la guerre celui de Paris, dans lequel était comprise la direct. des acad., il fut invité à faire partie de celle des inscriptions, et il profita de sa nouvelle position pour rendre de grands services aux gens de lettres. Il avait aussi la surveillance de l'imprimerie royale, des théâtres, de la bibliothèque du roi et des haras. Plus aimable que son frère, avec autant de talent, il fut le ministre le plus cher à Louis XV. Il sortit vainqueur de toutes ses rivalités avec les maîtresses de ce prince; mais enfin il fut exilé, en 1757, avec Machault, par le crédit de Mme de Pompadour. On le regretta moins qu'on ne l'aurait fait, s'il n'eût précédemment indisposé l'opinion publiq. par ses mesures rigoureuses contre le parlement. Il mourut en 1764 (v. les *Mémoires* de son frère, cités à l'article précédent).

VOYER (MARC-RENÉ, marquis de), fils du précédent, né en 1722, se distingua par sa bravoure à Fontenoy, y fut fait brigadier de cavalerie, et prit part à toutes les campagnes suivantes. Après la paix d'Aix-la-Chapelle, il fut nommé successivem. maréchal-de-camp, inspect.-général de la cavalerie et des dragons, direct.-général des haras sur la démission de son père, lieutenant-général de la Haute-Alsace et gouvern. de Vincennes. Dans la guerre de 1756, il reprit un rôle actif qui lui valut le grade de lieutenant-général. En 1764, après la mort de son père, il se retira dans sa terre des Ormes, et échangea la lieutenance-générale d'Alsace contre celle de Touraine et le gouvernem. de Loches, auquel il joignit la charge de grand-bailli de cette province. Appelé, en 1775, au commandement de la Saintonge et du pays d'Aunis, et chargé de l'inspection des côtes de l'Océan, ainsi que des travaux entrepris pour leur défense, il gagna dans les marais de Rochefort, qu'il se proposait d'assainir, une fièvre qui l'emporta en 1782. On lui doit l'introduction en France des chevaux de race anglaise.

VOYER-D'ARGENSON (ANTOINE-RENÉ de), marquis de Paulmy, ministre d'état, né à Valenciennes en 1722, fils de René-Louis de Voyer, marquis d'Argenson, alors intendant du Hainaut, parcourut rapidement tous les degrés de la magistrature, et se trouva, dès l'âge de 20 ans, parvenu au terme où l'on n'arrive ordinairem. qu'après avoir vieilli dans les fonctions judiciaires et administratives. Il ne tarda pas à devenir le coopérat. de son oncle, qui créa pour lui la charge de commissaire-général des guerres, et de son père, appelé dans le même temps au ministère des affaires extérieures. Nommé, en 1748, ambassad. en Suisse, il renouvela tous les anciens traités conclus entre la France et le corps helvétique, et fit abolir les prohibitions qui interdisaient à quelq.-uns des cantons réformés le service de France. Il fut rappelé, en 1751, pour être adjoint à son oncle comme secrétaire-général du départ. de la guerre, avec survivance, et il employa cinq ans à faire une inspect. détaillée des places des provinces méridionales du royaume. Il succéda à son oncle en 1757, mais n'occupa qu'une année ce poste important, et continua toutefois d'assister au conseil en qualité de ministre d'état. En 1762, il partit pour l'ambassade de Pologne, qu'il remplit avec talent dans des circonstances difficiles. De 1766 à 1770, il eut celle de Venise. Ayant sollicité vainement celle de Rome, il prit le parti de se consacrer uniquement à sa famille, à ses amis et à son goût éclairé pour les lettres et surtout pour l'histoire et la bibliographie. Sa bibliothèque, la plus complète, la mieux choisie et la plus nombreuse qu'ait jamais eue un particulier, fut achetée, en 1781, par le comte d'Artois, et déposée à l'Arsenal, dont elle prit le nom. Le marquis de Paulmy mourut en 1787, membre de l'Académie française et membre honoraire des académies des inscriptions et des sciences. On lui doit 40 vol. environ de la *Bibliothèque universelle des romans*, et 63 des *Mélanges d'une grande bibliothèque*.

VOYS (ARY ou ADRIEN), peintre, né à Leyde en 1641, se fit remarquer par son assiduité au travail et la sagesse de sa conduite, qui, avec ses talents, lui procurèrent un mariage avantageux; mais alors il changea entièrement de manière de vivre, et ne fit qu'un seul tableau pendant treize années qu'il mit à dissiper dans les plaisirs la fortune de sa femme. Cependant, lorsqu'il se vit menacé de tomber dans le besoin, il revint avec sa première ardeur à ses travaux, et, chose étonnante, ses ouvrages ne se ressentirent nullement de sa longue inaction. C'étaient de petits tableaux d'hist. ou des paysages traités avec le plus grand soin, et ornés de figures qui animaient la composition. On distingue dans le nombre: *Didon et Énée surpris à la chasse par l'orage*, et *Ste Cécile jouant d'un instrument de musique*. Le musée possède de cet artiste: le *Portrait d'un négociant à son bureau;* et un *Peintre à son chevalet.*

VOYSIN (DANIEL-FRANÇOIS), chancel. de France, né à Paris en 1654, fut reçu conseiller à 20 ans, épousa Mlle Trudaine en 1683, et dut à ce mariage la charge de maître des requêtes et peut-être l'intendance du Hainaut en 1688. Il lui dut bientôt la faveur de Mme de Maintenon, qui le fit appeler au conseil d'état en 1694, le présenta pour la place d'intend. de St-Cyr en 1701, et lui obtint le titre de secrétaire-d'état de la guerre en 1709. Les circonstances étaient difficiles. Les courtisans, dont à son insu Saint-Simon s'est fait ici l'écho, trouvèrent qu'on aurait pu faire un meilleur choix; mais Villars (*v. ses Mémoires*) a rendu une justice complète à son zèle, à la pureté de ses intent. et à son désintéressem. Il était bien certainem. étranger aux opérations militaires, et il reçut même du roi la défense d'expédier aucune affaire sans l'avoir soumise au maréchal de Boufflers. Néanmoins il garda sa place et y joignit celle de chancelier en 1714, grâce au crédit de sa protectrice, qui comptait bien trouver en lui un serviteur docile pour présenter à l'enregistrem. l'édit qui appelait au trône les princes légitimés à défaut des princes du sang. Voysin, jaloux de plaire aussi à Letellier, rédigea contre les évêques appelants un édit que d'Aguesseau, alors procureur-gén., refusa d'appuyer au parlement. Ce fut encore Voysin qui se chargea d'insinuer à Louis XIV de confirmer, par acte de dernière volonté, les dispositions déjà prises en faveur des princes légitimés; ce fut lui qui écrivit le testament du roi, et quelq. jours après il en révéla le contenu au régent, pour s'assurer la conservation des sceaux et d'autres avantages; enfin ce fut lui qui, peu de jours après la mort de Louis XIV, vint au parlem. prononcer la nullité du testament qu'il avait écrit et inspiré. Il entra au conseil de régence, n'y exerça aucune influence, parce qu'il s'était trop avili, et mourut en 1717 (*v. les Mémoires* de Duclos, et le tome 1er de l'*Histoire du dix-huitième siècle*, par M. Lacretelle).

VREE ou VREDIUS (OLIVIER de), historien flamand, né à Bruges en 1578, fit quelque temps partie de l'institut des jésuites, puis, rentré dans le monde, fut revêtu d'une charge de magistrature. Il mourut en 1652, laissant plus. ouvr. qui ont répandu bien des lumières sur l'hist. de Flandre. Les principaux sont: *Historia comitum Flandriæ, pars prima: Flandria ethnica à primo consulatu C.-Jul. Cæsaris usque ad Clodovæum, primum Francorum regem christianum, per DLIV annos,* Bruges, 1630, 2 part. in-fol. — *Historia comitum Flandriæ, pars secunda, seu Flandria christiana à Clodovæo I ad annum 767,* ib., 1632, in-fol.

VRIEMOET (EMON-LUCE), né à Embden en 1699, fut ministre de Loenen, puis de Harlingue, prit possession en 1731 de la chaire des langues orientales à l'univ. de Franeker, puis de celle des antiquités hébraïques, fut nommé quatre fois recteur, et mourut en 1760, laissant un gr. nombre d'ouvr.

estimés sur l'hist. et la philologie, parmi lesquels on distingue: *Arabismus, exhibens grammaticam arabicam novam et monumenta quædam arabica, cum miscellaneis et glossario arabico-latino,* Franeker, 1733, in-4. — *Tirocinium hebraismi, in quo continentur breve glossarium hebraicum, dicta theologiæ dogmaticæ Veteris Testamenti, hebraicè et latinè, item adnotationum ad canones grammaticos Specimen,* ibid., 1742, in-12 (*v.* Paquot, *Mémoires pour l'histoire littéraire des Pays-Bas,* t. II, p. 94).

VRIES (JEAN-FREDEMAN de), peintre, né à Leuwarde en 1527, excellait dans l'art de la perspective. Ses ouvr. sont répandus dans les Pays-Bas, en Allemagne et en Angleterre, et les amateurs paient fort cher ceux dont on peut constater l'authenticité. Ce qui n'a pas laissé que d'y ajouter un grand prix, c'est que les meilleurs maîtres de son temps se plaisaient à peindre les figures qu'il y introduisait. Une de ses plus belles compositions, que l'on voit en Angleterre, représente l'intérieur d'une chambre où se trouve un tableau de la *Salutation angélique.* Outre ses tableaux, il a laissé une quantité considérable de dessins d'architecture, qui, pour la plupart, ont été gravés, et qui forment 26 ouvr. différents. Il donna, en 1604, un gr. livre d'architecture en 30 pl., à la publication duq. on ne croit pas qu'il ait survécu long-temps.

VRIES (MARTIN GERRITZON de), navigateur hollandais, fut chargé en 1643, par van Diemen, alors gouvern.-gén. des Indes-Holland., du commandement d'une expédition composée de deux vaisseaux, et destinée à reconnaître la terre de Ieso, dont on n'avait que des idées confuses et contradictoires. Il découvrit une partie des côtes de Ieso et de celles de l'île ou presqu'île de Tchoka ou Tarakaï, si improprement nommée Saghalien, enfin les plus méridionales des Kouriles et deux détroits qui les séparent. Il a rendu aussi à la géographie de grands et réels services, malgré quelq. erreurs graves qu'on lui reproche avec raison. La navigation du *Kastricum* (c'est le nom du vaisseau qu'il montait et qui fut séparé de son compagnon par un coup de vent) est exposée très succinctem., sous le titre de *Relation de la découverte de la terre de Ieso,* dans le *Recueil* de Thévenot, et dans le tom. IV du *Recueil des voyages au nord.* Ces deux morceaux sont traduits de l'original hollandais publié à Amsterd. en 1646. On trouve cette même navigation plus détaillée dans le *Noord en Oost-Tartarye* de Witsen. C'est de là que Ph. Buache a tiré l'extrait qu'il a inséré dans ses *Considérat. géographiques et physiques.*

VRILLIÈRE (LOUIS PHÉLYPEAUX, marquis de LA), comte de Saint-Florentin, etc., né en 1672, succéda à son père, en 1700, dans le départ. des affaires générales de la religion réformée, y joignit en 1715 le départem. de la maison du roi, et fut maintenu en place par le duc d'Orléans, régent, qui pourtant avait renvoyé tous les autres ministres. Il donna sa démission en 1718, et mourut en 1725. La rue qui porte son nom, à Paris, l'a tiré d'un hôtel qu'y bâtit son gr.-père en 1620; c'est aujourd'hui la Banque de France.

VROOM (Henri-Corneille), peintre de marines, né à Harlem en 1566, visita l'Espagne et l'Italie, et revint ensuite dans sa ville natale, où il fut accablé de demandes. Un naufrage auq. il échappa miraculeusem., et dont il consacra les détails avec succès par la peinture, décida de sa vocation pour le genre des marines. On cite de lui une *suite* de dix tableaux représentant, jour par jour, les différents accidents du combat que se livrèrent, en 1588, les flottes espagnole et anglaise. Ils servirent de modèles aux tapisseries que Spierings fit pour Howard, amiral d'Angleterre.

VSZEVOLOD Ier, grand-duc de Russie, né en 1029, eut un bel apanage à la mort de son père Yaroslaff (1054), et resta franchem. uni à son frère aîné, Iziaslas, auquel appartenait la souveraineté. Il défendit ce prince contre les prétent. de Vzeslas, et l'empire contre les entreprises des ennemis extérieurs; mais plus tard, en 1073, un sujet de vif mécontentement le porta à prendre les armes, avec Svientoslas, contre son souverain et son frère. Cependant, après la mort de Svientoslas, il se réconcilia sincèrement avec Iziaslas, dont il obtint deux provinces pour surcroît d'apanage. Ce prince étant mort en 1078, Vszevolod lui succéda. Il mourut lui-même en 1093, et eut pour successeur son fils Vladimir-Monomaque.— Vszevolod II, petit-fils de Monomaque, fut nommé duc de Novogorod en 1125, et signala les commencements de son administration par une guerre malheureuse en Finlande, qui souleva contre lui les Novogorodiens. Après la mort de son gr.-père, il chassa de Tschernigoff son oncle Yaroslas, puis il se jeta sur le duché de Minsk et sur celui de Polotzk, dont il força le prince à chercher un asile à Constantinople (1129). Il travailla les années suivantes à ramener à l'obéissance les habitants de la Livonie et de l'Estonie. En 1139, après la mort du grand-duc Yaropolk, il s'empara de l'autorité souveraine par la force des armes. Il mourut en 1147, ayant gouverné avec une modération et une sagesse qu'on n'aurait point osé attendre de lui. — Vszevolod III, né en 1149, proclamé grand-duc de Russie en 1176, commença par sévir contre plusieurs seigneurs qui avaient refusé de le reconnaître; mais il n'en fut pas moins forcé, pendant un règne de 37 ans, d'avoir toujours les armes à la main pour étouffer les mécontentem. et les séditions. Il porta aussi ses armes au dehors, et obtint d'abord de grands avantages sur les Polovskiens, que nous appelons aujourd'hui *Cosaques*. Ces peuples féroces remportèrent à leur tour une victoire, suivie de massacres épouvant., et enlevèrent d'assaut (1201) la ville de Kief, qu'ils pillèrent, saccagèrent et brûlèrent. Vszevolod mourut en 1212, laissant la réputat. d'un grand et bon prince.

VUEZ (Arnould de), peintre, né à Oppenois, près St-Omer, en 1642, n'obtint qu'avec peine, vu l'extrême indigence de sa famille, le moyen de cultiver ses rares dispositions. Cependant il fit le voyage d'Italie, trouva des protecteurs à Rome, et acquit bientôt assez de renommée pour éveiller l'envie. Quelques-uns de ses rivaux formèrent le projet de l'assassiner s'il ne consentait à s'éloigner. Ayant eu le malheur d'en tuer un, il profita de l'invitation de Lebrun, pour revenir en France, où il reçut un accueil bien capable de lui faire oublier l'Italie; mais un duel qu'il fut forcé d'accepter, et où il fut vainqueur, l'obligea de fuir pour éviter les poursuites de la famille du mort, et il suivit l'ambassade française à Constantinople. Il était de retour à Paris l'année suivante, et il y reprit ses travaux. Plus tard, envoyé par Louvois à Lille pour peindre la *Présentation de la Vierge au Temple*, dont le ministre voulait faire présent à l'hôpital, il fixa son séjour dans cette ville, et y fit alors, pour la plupart des églises, ces nombreux tableaux qui ont fixé sa réputation et qui l'ont placé au premier rang des peintres de l'école flamande. Il mourut en 1724, après avoir été l'un des échevins de sa patrie adoptive. Nous citerons de lui la *Vie de St Bruno*, en 8 gr. tableaux, etc.; les *Vieillards prosternés devant l'agneau*, sujet tiré de l'Apocalypse, et la *Découverte de la Terre-Promise*.

VUILLEMIN ou WILLEMIN (Jean), poète et médecin, né à Arbois vers 1540, est nommé l'*Esculape bourguignon* par Ed. Dumonin, et l'*Hippocrate séquanais* par Pierre Matthieu. On conjecture qu'il n'a pas poussé sa carrière au-delà de 1605. Son principal ouvrage est un poème intitulé : *Historia belli quod cum hœreticis rebellibus gessit, anno 1567, Claudia de Turaine, domina Turnoniæ*, etc., Paris, 1569, in-4, rare.

VUILLERMET (Claude-François), jésuite, né à Champagnole en 1728, mort à Paris vers 1789, fut chargé de l'*Oraison funèbre* du duc de Bourgogne, qu'il prononça avec un grand succès en 1761, étant professeur de rhétorique au collége de Louis-le-Grand. Cette pièce fut imprimée sous ce titre : Ser. ducis Burgundionum laudatio funebris, Paris, Barbou, in-8 de 100 pag., avec une *Version* franç. du P. Querbœuf.

VUITASSE (Charles), docteur et professeur de Sorbonne, né à Chauny, près Noyon, en 1660, remplit pendant 18 ans une chaire de théologie, dont il fut privé en 1714 pour n'avoir pas voulu se soumettre à la bulle *Unigenitus*. Il mourut en 1716, au moment où ses démarches, pour rentrer en possession de sa chaire, allaient être couronnées du succès. On cite de lui : *Traité de la Pâque, ou Lettre d'un docteur de Sorbonne*, touchant le système d'un docteur espagnol, Louis de Léon, sur le même sujet, 1695, in-12.

VUKASSOVITSCH (Philipp, baron de), feld-maréchal-lieutenant au service de l'Autriche, né en 1755 dans la Slavonie, servit avec distinction contre les Turks, puis contre la France dans les campagnes d'Italie des années 1796, 1797 et suiv., et mourut à Vienne en 1809, des suites d'une blessure. Possédant des connaissances peu communes en mathématiques, il dirigea l'exécution des belles routes, dont l'une va de Wratnik à Zeng, et l'autre de Carlstadt à Fiume.

VULCAIN (mythol.), dieu du feu, fils de Jupiter et de Junon, ne dut la vie qu'à la déesse seule, suivant une autre tradition. Sa mère, révoltée de la laideur de l'enfant, le précipita du haut du ciel. Dans sa chute, Vulcain se cassa une jambe, et resta depuis toujours boiteux. Pour le consoler, Jupiter lui fit épouser Vénus. Il fixa sa résidence dans l'île de Lemnos, où son occupation fut de forger les foudres de Jupiter. On le représente tenant un marteau à la main, frappant sur une enclume, et entouré de Cyclopes.

VULCANIUS (BONAVENTURE DE SMET, nom latinisé par analogie en celui de), philologue, né à Bruges en 1538, se rendit en Espagne en 1559 pour y remplir les doubles fonctions de secrétaire et de bibliothécaire du cardinal Fr. de Mendoza, évêque de Burgos. Après la mort de ce prélat (1566), il fut attaché à son frère, Ferdinand de Mendoza, archidiacre de Tolède, et, après la mort de ce dernier (1570), il retourna à Bruges. Les troubles des Pays-Bas le décidèrent à se retirer à Cologne, d'où il se rendit à Bâle, puis à Genève. De retour à Anvers, il fut nommé premier recteur de l'école de cette ville. En 1580, il prit possession d'une chaire de langue grecque à l'acad. de Leyde, où il mourut en 1614. Parmi les édit. qu'on lui doit, on citera celle de l'*Hist. des Goths* de Jornandès; des *OEuvres d'Apulée*, et d'un ouvr. rare et curieux dont l'aut. est inconnu, mais qui a pour titre : *De litteris et linguá Getarum sive Gothorum : item de notis lombardicis quibus accesserunt specimina variarum linguarum*, Leyde, 1597, in-8 (v. Meursius, *Athen. Batavor.*, le *Dictionnaire* de Bayle et Niceron).

VULSON ou **WLSON** (MARC DE), sieur de la Colombière, le créateur de la science du blason, né dans le Dauphiné vers la fin du 16e S., surprit sa femme en adultère, la tua avec son complice, obtint grâce pour cette action, et, ne pouvant plus supporter le séjour de Grenoble, vint s'établir à Paris, où il acquit une charge de gentilhomme ordinaire de la chambre, fut créé chevalier de St-Michel, et mourut en 1658. On lui doit entre autres ouvr. : *Recueil de plusieurs pièces et figures d'armoiries*, Paris, 1639, in-fol., fig. — *De l'Office des rois d'armes, des hérauts et poursuivants*, etc., 1645, in-4. — *La Science héroïque*, etc., ibid., 1644 et 1669, in-fol. — *Le Vrai théâtre d'honneur et de chevalerie, ou Mém. historiq. de la noblesse*, etc., 1648, 2 vol. in-fol.

VUOERDEN (MICHEL-ANGE, baron de), né à Chièvres (Hainaut) en 1629, prit d'abord du service dans l'armée espagnole, et s'attacha ensuite au fameux comte de Fuensaldagne, qu'il accompagna à Milan, puis dans son ambassade à Paris. Il continua d'aider de ses connaissances le marquis de La Fuente, qui remplaça le comte de Fuensaldagne; mais, leurré d'espérances vaines par les ministres espagnols, il se retira à Tournai pour y exercer la charge de grand-bailli des états. Suspect aux Français lors de la conquête de cette ville, il fut exilé; mais il ne tarda pas à être en faveur, et devint successivement chevalier d'honneur au parlement de Flandre, grand-bailli des états de Lille, commissaire pour les conférences de Courtrai. Il mourut à Lille en 1699. Ses MSs. sont déposés à la bibliothèque de Cambrai, avec toutes les lettres autographes qui lui furent adressées par Louis XIV et divers personnages célèbres. Un seul de ses ouvr. a été imprimé sous ce titre : *Journal historique contenant les événem. les plus mémorables de l'histoire sacrée et profane, et les faits principaux qui peuvent servir de mémoires pour l'hist. de Louis-le-Grand*, Lille, 1684, 2 vol. in-8. Sa *Vie*, écrite par sa fille, Marie-Louise de Vuoerden de Campagne, est déposée, en un MS. in-fol., à la bibliothèque de Cambrai.

VYASA, ou *le Compilateur*, est le nom ou plutôt le surnom d'un personnage hindou, appelé encore Crichna-Dwépayana, l'un des mounis ou solitaires inspirés des anciens âges. Théologien, philosophe, poète, il marque l'une des époques les plus importantes de la littérature sanscrite, époque que l'on suppose partir du 15e ou du 14e S. avant notre ère. Fils du richi Parasara et de la vierge Satyavati, il parut, dit la tradition, dans le 3e âge du monde, comme Valmiki, le chantre du *Ramayana*, dans le second. Ce fut lui qui recueillit et mit en ordre les quatre *Védas*, livres les plus anciens et les plus sacrés de l'Inde. De là lui vint le surnom de *Védavyasa*, qui veut dire *compilateur* ou *collecteur des Védas*. Mais il ne s'en tint pas à cette collection, quelque vaste qu'elle soit, et on lui attribue également celle des dix-huit *Pouranas*, espèces de catéchismes populaires ou de romans mythologiques (v. les *Religions de l'antiquité*, d'après Creuzer, Paris, 1825, t. I, p. 207, 233, et surtout les *Notes et Éclaircissements*, p. 569 et suiv.).

VZESLAS Ier, gr.-duc de Russie, arrière-petit-fils de Vladimir-le-Grand et de la célèbre Rognéda, eut, en 1044, le duché de Polotzk en apanage; mais, voyant avec peine ses cousins, les fils d'Yaroslaff, maîtres du trône, en vertu du droit public, qui voulut long-temps en Russie que la souveraine puissance appartînt au prince le plus âgé de la famille régnante, n'importe dans quelle branche, Vzeslas prit les armes contre eux, et, après une suite de succès variés, tomba entre leurs mains par l'effet d'une trahison, fut chargé de chaînes et conduit à Kief. Le peuple, indigné de cette lâche conduite, se souleva contre Iziaslas, l'aîné des fils d'Yaroslaff, délivra Vzeslas et le proclama gr.-duc (1068); mais celui-ci ne put se maintenir en possession de l'autorité, et mourut en 1101, n'ayant réussi qu'à rendre indépendante sa principauté de Polotzk.

W

WAAJEN ou **WAEYEN** (Jean van der), théolog. protestant, né à Amsterdam en 1639, prêcha le St-Évangile à Sparendam, à Leuwarden, puis à Middelbourg, fut appelé à la chaire de théologie et de langue hébraïque de Franeker, réunit à cette place celles de prédicateur de l'université et d'historiographe des états de la Frise, fut conseiller du prince d'Orange, et mourut en 1701, avec la réputation d'un des premiers controversistes de la Hollande. Parmi ses nombreux écrits, on citera : *Summa theol. christ.*, Francfort, 1684, in-4, dont il y a un abrégé sous le titre d'*Enchiridion theolog. christ.; Capita doctrinæ de testamento et fœdere*, 1693, in-4. — Son fils, Jean van der Waajen ou Waeyen, dit *le Jeune*, né à Middelbourg en 1676, lui succéda dans les fonctions de prédicateur de l'univers. de Franeker; et mourut en 1716. On n'a de lui que sa thèse de réception pour le doctorat : *Dissertatio de impotentiâ hominis animalis ad capienda ea quæ sunt spiritûs Dei.*

WACE (Robert), poète anglo-normand du 12e S., natif de l'île de Jersey, est appelé aussi indistinctement dans les copies de ses ouvr. et dans les anciens livres qui font mention de lui, *Vace*, *Wacce*, *Waice*, *Waicce*, *Waze*, *Gasse*, *Gaice*, *Guace*, *Guaze*, *Guasco*, *Gazoe*, *Wistace*, *Huistace*, *Huace*, etc. Envoyé à Caen pour y être instruit dans les lettres, il revint encore adolescent exercer à la cour d'Angleterre les fonct. de *clerc lisant*, qu'il remplit sous Henri Ier, Henri II et Henri *au court Mantel*, rois d'Angleterre et ducs de Normandie, fut chanoine de l'église de Bayeux, et mourut en Angleterre vers 1184. On lui attribue les cinq ouvr. suivants : le *Brut d'Angleterre, ou Artus de Bretagne*, en rimes franç., dont il a été publ. 2 édit. in-4, Paris, 1543 et 1584, avec d'autres anciens romans. — Le roman de *Rou* (Rollon) et des ducs de Normandie, en vers alexandrins, impr. pour la prem. fois, avec *Notes*, par Fréd. Pluquet, Paris, 1827, 2 vol. in-8; il en avait paru une sorte de version française, composée au 13e S., Rouen, 1487, in-fol., sous le titre de *Chroniques de Normandie*, et depuis divers fragm. du texte en ont été publ. plus ou moins littéralement par de La Roque, Dumoulin, Ducange, de La Rue, Auguis, Pluquet et Depping, dans div. ouvr. de leur composition. — *Chronique ascendante* des ducs de Normandie, en remontant de Henri II à Rollon, en vers alexandrins, publ. par Pluquet dans le t. Ier des *Mém. de la société des antiquaires de Caen*, 1825, in-8. — *C'est comment la Conception N.-D. fut établie*, poème de 1,800 vers de huit syllabes, dont il existe trois MSs. à la bibliothèq. du roi, qui offrent entre eux beauc. de variantes. — *La Vie de St Nicolas*, en vers de huit syllabes; Hickes en a publié des extraits dans le *Thesaurus litteraturæ septentrionalis*. Wace avait laissé beauc. d'autres poèmes, des lais et des *servantois* qui se sont perdus. On a de très bonnes notices sur la vie et les ouvrages de ce poète anglo-normand par Bréquigny (*Notice des MSs. de la bibliothèque royale*, tome V), par D. Brial (*Histoire littéraire de la France*, t. XIII), et par Pluquet, à la tête de ses *Extraits* des romans du *Rou*.

WACHTER (Jean-George), savant philologue, né en 1673, employé au cabinet des *antiques* de Berlin, devint membre de la société royale des sciences, et passa ensuite à Leipsig, où il fut nommé conservateur des médailles et de la bibliothèq. du conseil, et mourut en 1757. Entre autres ouvr., on a de lui : *Glossarium germanicum, continens origines et antiquitates totius linguæ germanicæ,* etc., Leipsig, 1736-37, 2 vol. in-fol. — *Archæologia nummaria*, etc., Leipsig, 1740, in-4, dans les *Nova acta erudit. lips.*, novembre. — *Naturæ et scripturæ concordia*, etc., 1752, in-4. — C'est à un autre savant du même nom qu'est dû l'ouvrage allemand intitulé : *le Spinosisme dans le judaïsme, ou le Monde divinisé par la religion judaïque et par sa cabale*, Amsterdam, 1699, in-8. — Wachter (George), surintendant à Memmingen, mort vers 1730, a laissé des *Poésies div. sur le Jubilé*, publ. après sa mort, Memmingen, 1732, in-4.

WACKERBARTH (Auguste-Christophe, comte de), né en 1662 dans le Mecklenbourg, fut élevé à la cour de Saxe en qualité de page, et, pourvu de bonne heure du grade de colonel, il fit plus. campagnes sur le Rhin contre les Français dans la guerre de la succession d'Espagne. Nommé successivement major-général d'infanterie (1702), grand-maître de l'artillerie, et lieut.-général, il fut chargé d'une mission diplomatique à Vienne, employé ensuite dans les Pays-Bas, et il assista aux siéges de Lille et de Tournai. A son retour en Saxe, il devint membre du conseil privé, ministre-secrétaire d'état, eut en 1715 le commandement général des troupes saxonnes en Poméranie, mit le siége devant Stralsund, et força cette place à capituler. Depuis plus. années il avait obtenu, en récompense de ses vieux services, avec la dignité de feld-maréchal-général, le gouvernement de Dresde, lorsqu'au mois de déc. 1733 il accompagna, comme chef de son escorte, le nouveau roi de Pologne, Frédéric-Auguste III. Il assista au couronnement de ce prince et revint à Dresde, où il mourut en 1734.

WADDING (Pierre), jésuite, né à Waterford (Irlande) en 1580, enseigna successivem. la théologie à Louvain et à Prague, et mourut en 1644, chancelier de l'univ. de Gratz en Stirie et profess. de droit canoniq. Entre autres écrits, on a de lui : *Brevis refutatio calumniarum quas collegio socie-*

tatis Jesu Pragensi impegit scriptor famosi libelli cui titulus FLAGELLUM JESUITICUM, Neisse, 1634, in-4. — *Tractatus de Incarnatione*, Anvers, 1634, in-4. — *Tract. de Contractib.*, Gratz, 1644, in-4.

WADDING ou WADING (le P. LUC de), franciscain irlandais, historien et biographe, né à Waterford en 1588, passa de bonne heure, avec sa famille, en Espagne, et de là au séminaire des Irlandais à Lisbonne, il prit à 16 ans l'habit de cordelier, et plus tard vint remplir une chaire de théologie à Salamanque. Professeur en la même faculté à Rome, où il avait suivi l'évêque de Carthagène, D. Ant. de Treio, ambassad. extraordin. de Philippe II près du St-siége, il remplit quelque temps aussi les fonctions de procureur-général de son ordre et de commissaire-général des nations allemande et française. En 1628, ayant fait convertir le couvent de St-Isidore en un collége pour les Irlandais, il fut le prem. supérieur de cet établissement, qu'il pourvut d'une bibliothèq. nombreuse. Il mourut en 1657 à Rome, où l'avaient conduit, à diverses reprises, les missions dont il fut chargé. Ses principaux ouvr. sont : πρεσβεία, *sive legatio Philippi III et IV, Hispaniar. regum, ad summos pontifices Paulum V, Gregorium XV et Urbanum VIII*, etc., Louvain, 1624, in-folio, rare ; et *Annales ordin. minorum*, Lyon et Rome, 1628-54, 8 vol. in-fol., dont le P. Fonseca a publ. une nouvelle édit. refondue et augmentée, Rome, 1731-45, 10 vol. in-fol. ; il en avait paru une trad. franç. par le P. Sylv. Castet, Toulouse, 1680-83, 4 vol. in-4. On doit encore à Wadding des édit. des *Opuscules* de St Franç. d'Assise, des *Sermons* de St Antoine de Padoue, des *OEuvres* de J. Scot, etc., enfin div. opusc. biogr. et autres, tels que : *Vita B. Petri Thomæ carmelitæ*, Lyon, 1637, in-8. — *Vita J. Duns Scoti*, ib., 1644, in-8. — *Scriptores ordinis minor.*, etc., Rome, 1650, in-fol., très rare.

WADHAM (NICOLAS), fondateur du collége qui porte son nom à Oxford, était né vers 1536, dans le comté de Sommerset. Il fut élevé au collége du Christ à Oxford, et, ayant hérité d'une fortune considérable, il prit la résolution d'en consacrer la plus grande partie à la fondation d'un nouveau collége dans la même ville. Il rencontra beaucoup d'obstacles dans cette entreprise, et mourut en 1609, avant de l'avoir terminée. Toutefois, son collége, commencé en 1610, fut ouvert en 1612, par les soins et la persévérance de lady Wadham, à laquelle il avait légué ses vues philanthropiq. et sa fortune. On peut consulter, sur l'érection du collége de Wadham, l'ouvrage de Vood, *Colleges and Halls*, et l'*Histoire d'Oxford*, de Chalmers, tom. XI.

WADJIH-HEDDYN MAS'OUD (KHODJAH), 2me prince de la dynastie des Sarbedariens, dans la Perse-Orientale, succéda à son frère Abdel Rezzak en 438 de l'hég. (1337 de J.-C.), et étendit ses états par des conquêtes sur les princes voisins. Il avait rangé sous sa domination la plus grande partie du Khoraçan, lorsqu'il périt dans une embuscade que lui avait dressée le prince de Rostemdar en 745 de l'hég. (1344). Après la mort de Wadjih-Eddyn, son trône fut occupé, dans l'espace de 16 années, par huit officiers de sa maison, qui furent tous déposés ou assassinés. — Louthf-Allah, fils de Wadjih-Eddyn, placé sur le trône de son père en 761 de l'hég. (1360), en fut expulsé au bout d'un an par Pehlevan-Haçan-Damegani, son général ou visyr, qui l'enferma dans un château, où il le fit périr. La dynastie des Sarbedariens finit en 788 de l'hég. (1386), en la personne d'un parent de Wadjih-Eddyn, Khodjah-Aly-Mowaied, qui avait fait assassiner l'usurpateur Pehlevan-Haçan-Damegani, en 760 de l'hég., et qui se soumit ensuite au conquérant Timour (Tamerlan) en 782 (1380 de J.-C.).

WADSTROEM (CHARLES-BERNARD), né à Stockholm en 1746, entra jeune au service en qualité d'ingénieur, et fut d'abord chargé de la direction de divers travaux publics. Plus tard il obtint la place de contrôleur de l'or et de l'argent. Il entreprit en 1787 un voyage de découvertes dans l'intérieur de l'Afrique ; à son retour, étant débarqué en Angleterre, il communiqua au conseil privé les renseignem. qu'il avait recueillis dans son voyage, et avec l'appui de plus. personnages influents, il réussit à se faire charger, en 1789, d'une expédit. secrète dans le but d'établir une colonie anglaise sur la côte occidentale d'Afrique. Wadstroem, qui se trouvait à Paris au moment où Bonaparte se disposait à partir pour l'Égypte, se montra l'un des plus grands admirateurs de cette expédition, au succès de laquelle il était persuadé que la civilisation de l'Afrique et la liberté de l'Asie étaient attachées. Il mourut en 1799. On a de lui : *Observations sur la traite des nègres, faites dans un voyage à la côte de Guinée* (en anglais), Londres, 1789, in-4. — *An Essay on colonisation*, ib., 1794, in-8 ; traduit en français par C. Pougens, sous le titre de *Précis sur l'établissement des colonies de Sierra-Leone et de Boulama, à la côte occidentale d'Afrique*. Paris, 1798, in-8. Mss Maria Williams a donné une *Notice* sur Wadstroem, dans l'*annual Register*.

WÆCHTLER (JACQUES), célèbre théologien protestant, né à Grimme en 1638, d'abord professeur de philosophie à Wittemberg, puis archidiacre à Oschatz, fut nommé surintendant à Gommern, puis à Beltzig, et mourut dans cette ville en 1702. Parmi ses ouvrages, dont on trouve les titres au tom. 4 de la *Biographie des savants* de Joecher, on distingue, outre cinq opuscules polémiq. contre Spener : *le véritable* Memento, disce, gaude mori *du christianisme luthérien*, etc., Leipsig, 1721, in-8 ; et *Harmonia sacra paracletica, ou Consolation spirituelle par excellence de la nécessité de mourir*, l'un et l'autre en allemand (v. dans les *Memoriæ theologor.* de Pipping, déc. IX, p. 1458, son *Éloge* par Ch.-Ern. Mussigk. — WÆCHTLER (Christfried), jurisconsulte, aussi de Grimme, né en 1652, fréquenta le barreau de Dresde et de Leipsig, fut reçu docteur à Wittenberg, consacra aux travaux d'érudition les loisirs qu'il sut trouver malgré une clientèle des plus brillantes, et mourut en 1731. Le recueil de Joecher contient le catalogue de ses écrits ; les plus importants sont : *Amœnitates florent. in Lœlilii Taurelli annotata digestorum florentinorum ; Commentarius ad singulas leges tituli digestorum evictionibus ; ad Ulpianum, de gradibus culpæ in contractibus,* Wittemberg, 1680, in-4.— *De iis quæ patres concilii trident. dixerunt pro veritate evangelicâ secundùm Historiam Sfortiæ Pallavicini,* etc. On trouve son *Éloge* dans les *Acta erudit.* (ann. 1733, pag. 91), dont il fut long-temps un des principaux collaborat.— Jean-Conrad WÆCHTLER ou WICHTLER, théologien, a publié, vers l'an 1659, un gros vol. in-fol., intit. : *Homo oriens et occidens, lib. II,* etc. — Gaspar WÆCHTLER est auteur d'un *Exposé des principes fondamentaux et des maximes politiq. de la république de Hollande et de la Frise-Occidentale* (en allemand).— André-George WÆCHTLER a publ. *Antiquitates Hebræorum de israeliticæ gentis origine, factis,* Gœttingue, 1733, 2 vol. in-8, ouvr. estimé.— Jean-Christophe WÆCHTLER, a publié, en allemand, un *Manuel commode contenant la manière de se conduire galamment dans le monde* ; et un *Dictionnaire du bon ton,* Leipsig, 1758, in-8, franç.-allemand. Il est aussi l'éditeur d'un *Recueil de poèmes latins et allemands sur la passion et la mort de J.-C.,* Zerbst, 1756, in-8.

WAEL (LUCAS de), peintre flamand, né en 1591 à Anvers, où il mourut en 1676, eut, pour prem. maître son père Jean de Wael, lui-même élève de Franç. Franck, et mort jeune, puis s'était perfectionné sous Breugel de Velours, dont il imita la manière avec succès. Dans un séjour de plusieurs années en France et en Italie, il a exécuté plusieurs beaux ouvrages, tant à fresque qu'à l'huile ; ce sont la plupart des effets de lumière, d'un naturel charmant, des chutes d'eau, etc. — Corneille de WAEL, son frère, bon peintre de batailles et excellent paysagiste, mort en 1662 à Anvers, sa patrie, âgé de 68 ans, suivit en Espagne le duc d'Arschot, vice-roi des Pays-Bas, et y exécuta plus. grandes compositions pour ce seigneur et pour Philippe IV. L'amour de son art le porta à se dérober au succès qu'il obtenait pour aller avec son frère étudier les gr. modèles en Italie. Ses tableaux représentent des siéges, des attaques, des mêlées, des déroutes. Les groupes en sont généralement bien disposés ; sa couleur est brillante et harmonieuse.

WAEL DE VRONESTEIN (GUILLAUME), jésuite, né à Utrecht en 1582, mort à Bruxelles en 1659, avait assisté, comme provincial, à deux assemblées générales de sa société à Rome. Il est auteur de quelques ouvr., tels que : *Corona sacratissimorum Christi vulnerum XXXV considerationibus illustrata,* Anvers, 1649, in-8 ; Bruxelles, 1657, in-4 ; traduit en flamand, Anvers, 1654, in-8. — *Abrégé de l'Hist. de la Croix,* Anvers, 1649, etc. — Jean WAEL ou WAELS, aussi jésuite, natif de Hazebrouck, mort à Dunkerque en 1628, avait occupé quelque temps une chaire de philosophie à Douai. On ne cite de lui qu'un recueil de *Litanies de St Joseph,* en espagnol. — J.-B. WAELS, de Hardiford, près Cassel, mort à Lille en 1822, âgé de 66 ans, n'est connu que par un opuscule élémentaire intit. : *Ariadne,* ou *Guide des grammairiens,* Lille, 1820-21, 32 pag. in-8. Il paraît avoir écrit en outre un *Atlas grammatical.*

WAFER (LIONEL), chirurgien, né à Londres vers 1640, fit un prem. voyage à l'île de Bantam en 1677, et deux ans après, à la suite d'une autre expédit., s'établit à la Jamaïque, jusqu'à ce qu'il se remit en mer avec les corsaires Cook et Lynch, qui allaient croiser contre les Espagnols. Après diverses courses, une blessure au genou l'ayant mis hors d'état de suivre ses compagnons, il fut laissé, avec quatre autres Anglais, à la merci des Indiens de la côte de Darien, qui le guérirent. Il lui fallut embrasser le genre de vie de ces sauvages, qui, plus tard, ne le laissèrent partir que sous la promesse de ramener d'Angleterre des chiens et de venir se marier dans le pays. Wafer, qu'avaient recueilli successivement les capit. Dampier et Davis, las enfin du métier de pirate qu'il continua quelque temps avec ce dernier, se fit débarquer à Philadelphie, puis revint en Angleterre en 1690. On ignore l'époque de sa mort. La relation de son *voyage,* la meilleure qu'on ait encore aujourd'hui sur l'isthme de Darien, parut à Londres en 1699, in-8, et réimpr. en 1704, avec le récit de l'expédition du capitaine Nathan Davis aux mines d'or, a été trad. en franç. par Montirat, Paris, 1706, in-12, etc.

WAFFLARD (ALEXIS-JACQ.-MARIE), auteur dramatique, né à Versailles en 1787, mort à Paris en 1824, avait débuté au théâtre à 24 ans par une comédie-vaudeville, intit. : *Haydn,* ou *le Menuet du bœuf.* Son état habituel de tristesse et de mélancolie rêveuse le rendant peu propre aux démarches nécessaires à la réception de ses pièces, il intéressa presque toujours quelque associé à leur succès. Wafflard possédait une grande entente des effets dramatiques. Son dialogue est pétillant d'esprit. Il suffira de citer celles de ses pièces qu'on représente encore : *le Voile d'Angleterre,* ou *la Revendeuse à la toilette,* vaudeville en un acte (avec Moreau), 1814, in-8.— *Un Moment d'imprudence,* comédie en 3 actes et en prose (avec Fulgence), 1819, in-8. — *Le Voyage à Dieppe* (avec le même), 1821, 1824, in-8. — *Les deux Ménages* (avec Picard et Fulgence), 1822, in-8, trad. en ital. dans le *Repertorio scelto* de Gaet. Barbieri, Milan, 1824.— *Le Célibataire et l'Homme marié* (avec Fulgence), impr. deux fois en 1823, in-8. — Enfin *l'Écolier d'Oxford,* 1824, in-8, pièce posthume, réimpr. dans la *Fin du Répertoire franç.,* ainsi qu'*un Moment d'imprudence.*

WAGA (THÉODORE), religieux piariste et histor. polonais, né dans la province de Mazovie en 1739, occupa les premières places dans l'enseignem. et dans l'administration de son ordre, et mourut à Varsovie en 1801. Il est principalement connu par son *Histoire abrégée des princes et rois de Pologne,* Varsovie, 1770, in-8, ouvrage devenu classique, et dont il a été fait beaucoup d'édit. Entre ses autres ouvr., il suffira de citer : *Connaissances qui sont nécessaires à un chevalier de Malte*, etc., Varsovie, 1775, in-8. — *Lois, statuts et constitut. de la couronne polonaise et du grand-duché de Lithuanie*, etc., ibid., 1782, in-fol. — *Jurisdiction des tribunaux jugeant en dernière instance en Pologne et en Lithuanie*, 1785, in-8.

WAGENAAR (Luc-Jansen), natif d'Enckuysen, mort vers 1595, fut un pilote habile et l'un des prem. Hollandais qui écrivirent sur la navigation. Son ouvr. le plus considérable a pour titre : *Trésor du navigateur, ou Itinéraire pour toutes les mers, avec les cartes y relatives*, Leyde, 1592, in-4. Ces cartes ont été long-temps précieuses. — Jean WAGENAAR, né à Amsterdam en 1709, était destiné par ses parents au commerce, qu'il abandonna pour se vouer à des études profondes. Il commença par publier des trad. d'ouvr. anglais et français, puis successivem. des essais historiques, et d'autres écrits politiques, moraux, littéraires et critiques. Il fut nommé en 1758, historiographe d'Amsterd., et deux ans après, secrétaire de la même ville. Ces emplois lui ayant ouvert toutes les archives, il en profita pour ses travaux historiques, auxquels il fit parfois diversion en composant quelques pièces de vers. Il mourut en 1773, laissant, entre autres ouvr. en holland. : *État actuel des Provinces-Unies*,1739-1758, 6 vol. in-8. — *Histoire de la patrie, comprenant les événements arrivés dans les Pays-Bas, et particulièrem. en Hollande depuis les anciens temps jusqu'en* 1751, Amsterd., 1749-1760, 21 vol. in-8. Cet ouvr. justement estimé des Hollandais, a été fort utile à Dujardin et à Sellins, pour leur *Histoire des Provinces-Unies*, 8 vol. in-4. On en a publ. des suppléments et une continuation sous le titre de *Suite de l'Histoire de la Patrie*, Amsterd., 1788 à 1791, in-8. — *Description historique d'Amsterdam*, ibid., 1760, 3 vol. in-fol. — *Allégresse de la ville d'Amst., à l'occasion de la visite faite par S. A. Guillaume, prince d'Orange, stathouder*, etc., ib. 1768, in-8. — *Histoire de l'Église dans le 1er S.*, etc., 1768, in-8. On a publ. en 1776 une partie de sa *Correspondance*, précédée d'une notice sur l'auteur et suivie d'*opuscules historiques et politiques*, 2 vol. in-8.

WAGENHARE ou WAGHENARE (Pierre de), religieux de prémontré, né à Niewport vers 1599, et mort en 1662, est auteur de divers ouvr. dont on trouve la liste au tom. 2 des *Mém. pour servir à l'hist. littér. des Pays-Bas*, par Paquot, édit. in-fol., et entre lesq. on distingue : *S. Thomæ cantuariensis et Henrici II Anglorum regis Monomachia de libertate Ecclesiæ*, Cologne, 1626, in-8. — *Epigrammatica aliaque poemata miscellanea*; Douai, 1650. — *S.-Norbertus in se et suis vario carmine et oratione solutâ celebratus*, ib., 1650 et 1651, 2 vol. in-12.

WAGENSEIL (Jean-Christophe), orientaliste, né à Nuremberg en 1633, fut précepteur des enfants du comte Henri de Traun, puis parcourut avec le neveu du même seigneur l'Italie, la France, l'Espagne, l'Angleterre, l'Allemagne et plusieurs contrées d'Afrique. Il eut part à la munificence de Louis XIV envers les savants étrangers ; et, à son retour dans sa patrie en 1667, il fut nommé professeur d'histoire et de droit à Altdorf. Au bout de six ans il quitta sa chaire d'histoire pour enseigner les langues orientales, dans lesquelles il était fort instruit. En 1676, le comte palatin, Adolphe-Jean, lui confia l'éducation de ses deux fils, et le nomma conseiller aulique. Ce savant mourut à Altdorf en 1705. Ses principaux ouvr. sont : *Pera librorum juvenilium*, etc. Altdorf, 1695, in-12. — *De liberâ civitate Nurembergensi commentatio*, ibid., 1697, in-4. — *Sota, hoc est Liber mischnicus de uxore adulterii suspecta*, ib., 1674, in-4. Ce vol. renferme les extraits de la *Mischna* et de la *Ghemara*, hébreu et latin, avec des notes très étendues. — *Tela ignea Satanæ, hoc est, arcani et horribiles Judæorum adversùs Christum Deum... Ἀνέκδοτοι*, ib., 1681, 2 v. in-4. — *Exercitationes VI varii argumenti*, 1687, in-8; 1697, in-4. — *De re monetali veterum*, 1691, in-12. On a une *Vie* en latin de Wagenseil, Nuremberg, 1719, in-4.

WAGER (Charles), amiral anglais, né en 1666, se signala dans maints combats, et fit preuve de connaissances dans les diverses branches de l'art nautique, avant d'obtenir le commandem. d'un vaisseau de ligne. Nommé contre-amiral en 1708 après une brillante croisière contre les Espagnols, dont il captura, coula à fond ou dispersa les galions à la hauteur des Indes-Orientales, puis successivement vice-amir. et contrôleur de l'amirauté, il eut en 1720 le commandem. d'une flotte de vingt vaisseaux de ligne, avec laquelle il alla croiser dans la Baltique pour empêcher la sortie des escadres russes. En 1731, il fut élevé au grade d'amiral, et réunit ce titre en 1733 celui de haut commissaire de l'amirauté. En 1735 et 1736, il eut le commandement des escadres sur lesquels le roi Georges II se rendit en Hollande. Porté pour la 2º fois cette année à la chambre des communes, Wager se rangea dans l'opposition contre Walpole, qui le dépouilla de sa place de haut-commiss.; mais après la chute de ce ministre, il fut dédommagé par celle de grand-trésorier de la marine. Il mourut en 1743, à Chelsea et fut inhumé dans l'abbaye de Westminster.

WAGNER (Godefroi), recteur de l'univ. de Fribourg, est l'auteur pseudonyme du livre intit. : *Irenæi Carpentarii eruditorum cœlibum centuria singularis*, etc., Wittemb., 1714, in-8. Il en existe plus. édit. dont la meilleure est celle de 1717, avec le tit. *Shediasmata varia de eruditis cœlibibus cum scriptis variorum ejusd. argumenti*. On lui doit encore un autre recueil pseudonyme intitulé : *Schurzfleischiana ex scholiis Conr. Sam. Schurzfleischii collecta et edita ab Irenæo Sincero*, 1729, in-4, réimprimé plus. fois.

WAGNER (Tobie), théologien, né en 1598 à Heydenheim dans le Wurtemberg, exerça d'abord les fonct. de pasteur à Esslingen; fut ensuite profess. de théologie, puis vice-chancelier (1653-56) à l'univ. de Tubingue, dont il mourut chancelier en 1680. Ses principaux ouvr. sont: *Compendiosum dialecticum*, Ulm, 1650, in-12. — *Breviarium totius terrarum orbis geograph.*, ib. 1653, 1658, in-8. — *Limina geneal. in præcipuas magnatum Europæ familias*, 1659, in-8; réimprimé en 1668. — *Inquisitio in oracula sibyllarum de Christo*, Tubingue, 1664, in-4. — *Inquisitio theologica in acta henotica nostro potissimùm tempore*, etc., ibid., 1666, in-4. — *Institutionum historicarum lib. VII*, Ulm, 1659, 1668, in-8, etc. — Barthélemi WAGNER, professeur de philosophie et archidiacre à Penick dans le 16e S., abjura le protestantisme. On a de lui des *sermons*, plusieurs fois réimpr., notamment à Ingolstadt, 1604, in-8. — Conrad-Louis WAGNER, théolog. de Brunswick, a publié: *Tractatio academica de jure liciti sed non honesti*, etc., 1703, in-8. — *Dissertatio juris ecclesiastici de jure Sabbathi*, in-4.

WAGNER (PAUL), bourgmestre de Leipsig, né en 1617, fut d'abord membre de la cour de justice, puis assesseur de la faculté de droit, et mourut en 1697. Outre quelques dissertat. latines (*disputationes*), on a de lui un livre de prières, divisé en 8 parties, in-8. — Chrétien WAGNER, fils cadet du précéd., né à Leipsig en 1663, devint pasteur de l'église de Saint-Jean de la même ville, et mourut en 1693. Entre autres écrits on connaît de lui: *Thesis de numero mundorum*, 1677; *de Divisione majestatis in realem et personalem, adversùs monarchomacos*, Leipsig, 1677, in-4, etc. Il fut l'un des plus actifs collaborat. des *Acta eruditorum* de Leipsig, et composa le dern. livre de la seconde partie du poème de Lohenstein, intitulé: *Arminius et Thusnelda*, Leipsig, 1689-1690, in-4. — Gottfried WAGNER, frère aîné du précéd., né à Leipsig en 1652, fut maître du conseil de cette ville, contrôleur des bâtim., et mourut en 1725. Il a publ. plus. écrits polémiques sur l'origine des Américains, une traduct. en vers allem. du *Ter Tria* de Faithfull Teate, avec des notes (Leipsig, 1698), et une traduct. en prose de l'*Euphormion* de Barclay. — George-Frédéric WAGNER, jurisconsulte, né à Esslingen en 1631, fut député de cette ville à la diète de Ratisbonne, et publia quelques écrits de jurisprudence, entre autres deux thèses contre le système de Wolfg-Adam Lauterbach.

WAGNER (JEAN-JACQUES), médecin et naturaliste, né aux environs de Zurich en 1641, mort en 1695, conservat. de la bibliothèque de sa patrie, membre de l'acad. des Curieux de la nature, et de plus. sociétés sav. de la Suisse et de l'Allemagne, est principalement connu par son *Historia naturalis Helvetiæ curiosa*, Zurich, 1680, in-12.

WAGNER (GABRIEL), écrivain allemand du 17e S., avait mené une vie fort agitée avant de s'établir à Hambourg, où il obtint en 1696 une chaire de littérat. et de poésie qu'il remplit avec assez de succès. On distingue parmi ses écrits, publ. la plupart sous le pseudonyme, une dissertation *De gravitatis et de cohæsionis causâ*; *Examen* (en allemand) *de l'Essai de Thomasius sur l'essence de l'esprit*; *Réfutation du progr.* (du même) *sur l'Imit. des Franç.*, etc. Il a laissé MSs. d'autres écrits polémiques.

WAGNER (PIERRE-CHRÉTIEN), né à Hof en 1703, pratiqua successivem. à Bayreuth et à Erlangen, fut nommé médecin provincial à Pappenheim, puis appelé à Anspach par le margrave, qui lui conféra le double titre de conseiller et de médecin ordinaire. Il mourut en 1764, laissant un assez grand nombre de *dissertat.*, d'*observations* et d'*extraits*, insérés dans les *Frænkische Sammlungen*, et le *Commercium litterarum* de Nuremberg. On connaît en outre de lui: *Dissertatio de lapidibus judaicis*, Halle, 1724, in-4; et *Epist. de acidulis sichersreuthensibus*, Erlangen, 1755, in-4. Il a laissé inachevée une descript. du cabin. d'hist. naturelle de Bayreuth, dont les deux premiers livr. avaient paru en 1762, in-fol. — Jean-Gérard WAGNER, médecin, mort à Lubeck en 1759, était natif d'Helmstadt. Il suffira de citer ses *Observationes clinicæ de febri quâdam acutâ*, etc., Lubeck, 1737, in-4. — Charles-Chrétien WAGNER, né en 1732 dans la principauté de Brieg, ville où il mourut en 1796, ayant le titre de médecin provincial, avait publié des traduct. allem. de la *Matière médicale* de Geoffroy, Leipsig, 1760, 1766, in-8; des *Opusc. de La Case*, ibid. 1765, in-8. Outre sa dissertation inaug. impr. à Halle en 1775, il a écrit un certain nombre d'articles dans les *Commentarii de rebus in scientiâ naturali et medicinâ gestis*.

WAGNER (LOUIS-FRÉDÉRIC), jurisconsulte et archéologue, né à Tubingen en 1700, s'attacha au service de l'archevêq. de Cologne, qui le nomma son conseiller aulique, et le mit à même, par ses bienfaits, de satisfaire son goût pour la numismatique et la bibliographie. Mais s'étant endetté par la suite, il fut obligé de vendre son cabinet, et il passa le reste de ses jours à errer de ville en ville, travaillant à divers ouvrages pour pourvoir à sa subsistance. Il mourut en 1789, dans un tel état de misère, qu'il ne laissa pas de quoi se faire enterrer. On cite de lui: *Catalogus numorum et numismat. antiquor. Græc. et Lat., Romanor., Germanor. et aliarum Europæ nationum*, etc., Bonn, 1775, in-8. C'est le catalogue de son cabinet. Il a fourni un grand nombre d'articles aux journaux littér. de Cologne. *Voy.* l'*Allemagne savante* de Hamberger, 4e part., pag. 113.

WAGNERECK ou WANGNERECK (HENRI), jésuite, né en 1595 à Munich, mort en 1664 à Dillingen, chancelier de l'acad., a laissé, entre autres écrits dont Joecher donne les titres dans le *Dictionnaire biograph. des Savants: Notæ in Confessiones S. Augustini*, Dillingen, 1630; Cologne, 1630, in-12. — *Vindiciæ politicæ adversùs pseudo-politicos et Gasparem Scioppium*, etc., ibid. 1636, in-8; *Défense des motifs qui ont porté Christophe Bérold à la foi catholique* (en allem.), Augsbourg, 1643, in-8. — Simon WAGNERECK, autre jésuite, de Munich, et probablem. de la même famille, ayant publié quelques *Mémoires sur des médailles du musée de l'électeur de Bavière*, fut appelé à Vienne par l'emper. Ferdinand III pour y mettre en ordre le cabinet impérial des médailles antiq. Il mourut dans cette ville en 1657. On ne cite guère de lui qu'une version lat. du *Syntagma historicum*, publ. à Vienne en 1660 par Renaud Deline.

WAGNIÈRE (J.-L.), né en Suisse en 1739, succéda à Collini comme secrétaire de Voltaire, et remplit seul cet emploi jusqu'à la mort du philosophe dont il avait toute la confiance. Il revint à Ferney chargé de la procuration de Mme Denis, avec la promesse de 1,200 francs d'appointements et d'un logement dans le château. Mais trois ans plus tard cette terre fut vendue à M. de Villette, et Wagnière se vit obligé de se retirer avec sa mère, sa femme et deux enfants, sans autre ressource qu'un legs de 8,000 fr. que lui avait fait Voltaire. La munificence de l'impératrice Catherine II vint heureusement tirer d'embarras l'ex-secrét., qu'elle fit venir à Pétersbourg pour qu'il y rangeât la bibliothèque de Voltaire de la même manière qu'elle l'était à Ferney. De retour à Ferney avec une pens. de 1,500 fr., outre la somme assez considérable qui lui avait été allouée pour cette commission, Wagnière y fut totalem. oublié de la nièce du gr. homme qu'il avait servi et qui l'honorait du titre d'ami. Il habitait encore ce lieu en 1787 ; mais on ignore ce qu'il devint depuis. Il a laissé quatre opuscules relatifs à la personne ou aux ouvr. de Voltaire, qui ont été recueillis avec *Mémoire* de Longchamp, Paris, 1826, 2 vol. in-8.

WAGSTAFFE (Thomas), prélat anglais, né en 1645 dans le comté de Warwick, termina ses études au collège d'Oxford ; fut pourvu d'une cure dans le comté de Rustand, devint ensuite chapelain de la maison du chevalier Temple, et, après quelques autres promotions, chancelier de la cathédrale de Lichtfield. Privé de ses bénéfices à la révolution de 1688, par suite de son attachement aux Stuart, il se livra à l'art de guérir qu'il avait appris autrefois, et l'exerça jusqu'en 1693, époque à laquelle on lui conféra l'évêché d'Ipswich. C'est là qu'il mourut en 1712, laissant, entre autres ouvrages mentionnés dans la *Biogr. britannica* et dans le *Dictionn.* de Chauffepié : *a Vindication of king Charles the martyr*, etc., Londres, 1693, 1697, 1711, in-4 ; et *État actuel du jacobinisme en Angleterre*, ibid., 1702. — Thomas WAGSTAFFE, fils du précéd., né à Londres en 1692, remplit longtemps les fonctions de chapelain du chev. de St-George à Rome, et mourut dans cette ville en 1770, laissant une gr. réputation de savoir et de vertu. Outre quelq. opuscules de controv., on cite de lui la version des livres VI et VII de l'*Histoire de Charles XII* par Voltaire, dans le *Voltaire's Live of Charles the Twelfth*, etc., publ. à Londres par Bowyer, angl.-franç., 1755, 8e édit. Nichols a rec. de lui div. *épitaphes* dans ses *Anecdotes littér. du* 18e S. — WAGSTAFFE (William), médecin, de la même famille, qui se rattache à celle des Knightcote, né en 1685 dans le comté de Warwick, mort à Bath en 1724, membre de la société royale et du collège des médecins de Londres, avait terminé ses études à Oxford, et s'était fait ensuite de la

réputation comme praticien étant attaché à l'hospice de St-Barthélemi. Ses écrits, dont les plus connus sont les *Commentaires sur l'histoire de Tom Thumb*, la *Réfutation de Benjie* (Hoadly) *par Crépin le savetier*; l'*Histoire du fantôme de St Alban*, etc., ont été recueillis sous le titre d'*OEuvres mêlées*, Londres, 1625, in-8. Plusieurs *notes* de lui, gardées long-temps en MSs., ont été impr. dans l'éd. du *Tatler*, publ. à Londres, 1786, 6 vol. in-8. — Jean WAGSTAFFE, né à Londres, mort en 1677, est cité par Wood, *Athen., auxon. lib. sec.*, comme aut. d'opuscules aujourd'hui oubliés.

WAHABI ou **WAHHABI**, secte formée chez les Arabes au milieu du 18e S. par Mohammed-ben-Abd-el-Wahab, rejette tout commentaire ou interprétation du Koran, ainsi que la tradition et ce qu'elle attribue de supérieur à la nature humaine du khalyfe ou lieutenant de Dieu. Les wahabi se font une obligation sacramentelle de détruire les sépultures et tous les monuments consacrés par l'orgueil à l'inégalité, exceptant toutefois de cette sentence de réprobation la *kaaba* ou la maison du patriarche *Ibrahim* (Abraham). Selon eux, c'est insulter à la puissance incommensurable de Dieu que de circonscrire les lieux où l'on doit l'adorer. Ils ne reconnaissent point Mahomet comme son envoyé, et suppriment la seconde partie de la profession de foi musulmane (il n'y a point d'autre Dieu que Dieu, et Mahomet est son prophète). Repoussant toute autre prééminence que celle des princes et mouphtis ou chefs civils et religieux en exercice, ils se donnent entre eux le nom de frère, prétendent à la communauté des biens telle qu'elle dut exister à l'origine de la société humaine, et professent en un mot une religion sans spiritualisme et basée tout entière sur une théorie de morale naturelle. Les wahabi ont tenté plus d'une fois de secouer la dépendance de la Porte-Othomane. Peut-être ne leur a-t-il manqué jusqu'ici qu'un chef habile pour fonder, à l'exemple des hytes, un empire indépendant.

WAHL (JOACHIM-CHRÉTIEN, comte de), lieutenant-feld-maréchal, gouverneur du Haut-Palatinat et général-grand-maître de l'artillerie, mort en 1644, avait abjuré le protestantisme pour s'engager au service du duc de Bavière, Maximilien, dit *le Grand*. Il fut un de ses lieuten. durant les guerres de la ligue catholique contre l'union de Halle, fut comblé de bienfaits en récompense de son zèle, et ne quitta le service qu'après les préliminaires de paix arrêtés à Hambourg entre l'emper., la France et la Suède (25 déc. 1641). L'armée bavaroise eut pour chef après lui le baron de Mercy, qui devait avoir pour adversaire le grand Condé et Turenne. — Jean WAHL, né en 1641 à Altembourg, mort en 1686, recteur du collège de cette ville, est auteur de quelques dissertations qui dans le temps furent lues avec intérêt. — Zadosch WAHL, bed *Ascher*, rabbin allemand, s'est fait connaître à la fin du 17e S. par divers ouvr. philosophiques, par des *notes* sur tout l'Ancien-Testament, sur l'*Arba turim*, sur diverses grammaires, etc.

WAIFRE, duc d'Aquitaine, célèbre par la guerre qu'il soutint contre Pépin-le-Bref, avait donné asile à Grippon, frère consanguin de ce prince, et se disposait à venger ses défaites lorsqu'il se vit réduit lui-même à accepter de dures conditions de paix. Mais Pépin ne se fut pas plus tôt éloigné de la partie de l'Aquitaine, qu'il avait envahie (760), que Waifre, rompant le traité à l'instigation du comte d'Auvergne, Blandin, passa la Loire à la tête de ses troupes, ravagea le diocèse d'Autun, s'avança jusqu'aux portes de Châlon-sur-Saône, dont il brûla les faubourgs, et ne se retira que chargé d'un butin considérable. Pépin, lorsqu'il reçut la nouvelle de ces désastres, tenait l'assemblée du champ de mai à Duren, dans le pays de Juillers. Une marche rapide le conduisit en peu de jours à Nevers, où il passa la Loire, saccageant tout sur son passage; il s'avance contre Clermont, et force cette ville à lui ouvrir ses portes. Waifre tenta vainement d'opposer de la résistance au vainqueur, qui s'empara successivement des forts de Carlat, de Scoraille, de Turenne, de Cahors. Vaincu dans une bataille décisive, il s'enfuit en Saintonge, et passa de là en Périgord, où il fut assassiné par ses domestiques le 2 juin 768.

WAILLY (Noel-François de), grammairien, né en 1724 à Amiens, y reçut les leçons de l'abbé Valart, puis vint à Paris, où il ne tarda pas à se faire connaître lui-même comme bon instituteur. Il publia en 1754 ses *Principes généraux et particuliers de la langue franç.*, in-12, qui éclipsèrent la *Grammaire* de Restaut. L'auteur s'y prononçait en faveur des réformes ortographiques déjà prônées par Dumarsais et Duclos, et qui tendaient à rapprocher de la prononciation la forme graphique des mots, sans égard à leur étymologie. Devenue classique dès son apparition, la grammaire de Wailly mit son auteur en relation avec les princip. rhéteurs de l'époque. Il fit partie de l'Institut lors de sa formation, et à sa mort survenue en 1801, il y fut remplacé par l'abbé Sicard. Outre plusieurs édit. d'ouvrages classiques anc. et modernes, on lui doit divers écrits dont on trouve l'indication dans la *Notice* que lui a consacrée Sav. Leblond dans le *Magasin encyclopédiq.*, 1801, t. VI, p. 471. Le plus important est le *nouveau Vocabulaire français*, 1801, in-8, dans la rédaction duquel il avait été aidé par son fils, dont l'article suit, ainsi que par Bosquillon et Drevet. Il en a été fait une 13e édit. en 1826. Wailly concourut à l'édition du *Dictionnaire de l'Académie*, publ. en 1798.—WAILLY (Étienne-Augustin de), fils du précéd., né à Paris en 1770, fit de brillantes études au collège de Ste-Barbe, entra à l'école Polytechnique lors de sa création, fut successivement préfet des études et censeur de l'un des quatre lycées de Paris, devint, à la création de l'université impériale, proviseur du lycée Napoléon (collège de Henri IV) et mourut dans cet emploi en 1821. Dans le cours de sa carrière, prématurém. terminée, Wailly avait consacré ses loisirs à la culture des lettres et au commerce des muses. Outre plusieurs éditions de la *Gram-maire* et du *Vocabulaire français*, de son père, on lui doit un *nouveau Dictionnaire des rimes* (avec M. Drevet), Paris, 1812, in-8; la traduction en vers franç. de l'ode *Napoleone ad Danubio*, du colonel Grobert, Paris, 1805, in-8; des *OEuvres choisies de J.-B. Rousseau*, avec des notes, à l'usage des collèges, 1805 et 1818, stéréotype, in-12; une traduct. en vers des 2 prem. liv. des *odes* d'Horace, 1817, in-18, et 1818, avec le 3e livre. Le *Mémorial universel de l'industrie française*, t. V, contient une *Notice* sur E.-A. de Wailly, par M. Laya.

WAILLY (Charles de), architecte, de la famille des précéd., né à Paris en 1729, se forma sous Blondel et Lejay, reçut aussi des conseils du célèbre Servandoni, et fit en 1752 comme pensionnaire le voyage de Rome, partageant volontairem. ses 3 années avec Moreau, qui n'avait eu que le second prix. Il fut reçu membre de l'acad. d'architecture en 1767, et de celle de peinture en 1771, comme dessinateur. Les ouvrages qui ont fondé sa réputation sont l'hôtel d'Argenson à Paris, le château des Ormes en Touraine, le palais Spinola à Gênes, le second Théâtre-Français, ou *Odéon*, qu'il éleva en société avec Peyre. Wailly s'attachait particulièrement à la décoration des édifices; il a créé pour la distribution et l'ornement des intérieurs des plans aussi riches qu'élégants. Plusieurs souverains étrangers l'appelèrent à leur cour; et l'impératrice Catherine II lui fit les offres les plus séduisantes pour le fixer à Pétersbourg. Après la réunion de la Belgique à la France et la conquête de la Hollande en 1793, Wailly fut envoyé dans ces deux contrées en qualité de commissaire pour recueillir et rassembler les monuments des arts qui ont orné pendant plusieurs années le musée, dont il était l'un des conservateurs. Membre de l'Institut à sa création, il fut le principal fondat. de la *société des Amis des arts*, qui subsiste encore, et mourut en 1798. Son *éloge*, prononcé par Andrieux à l'Institut, se trouve dans les *Mém. de littérat. et beaux-arts*, t. III. Lavallée a publ. une *Notice histor. sur Charles de Wailly*, Paris, an VII (1798), in-8.

WAILLY (Pierre-Joseph de), supér.-général de la mission de St-Lazare, né en 1759 à Vacqueriettes, diocèse de Boulogne, mort en 1828, fit ses études à l'université de Douay, et fut attaché d'abord à l'église St-Louis de Versailles. Après avoir été employé dans les missions du dioc. d'Amiens, il professa la philosophie au séminaire de Chartres, et la théologie à celui de St-Brieuc. Il quitta la France en 1792, passa quelque temps en Allemagne, et fut renvoyé de bonne heure dans son diocèse par son évêque. A l'époque du concordat, l'évêque d'Arras le nomma à la cure de St-Leu; mais, préférant la vie de communauté, il devint directeur du séminaire d'Amiens en 1806, et supérieur en 1811. Il forma les collèges de Mont-Didier et de Roye, et avait sous sa direction une compagnie de missionnaires qui évangélisaient les campagnes. En 1827, supérieur-général de la mission de St-Lazare, il ne fut pas long-temps à la tête de cette congrégat, dont ses vertus lui avaient mérité d'être le chef. Ce fut un des plus dignes success. de saint Vincent de Paul.

WAINEWRIGHT (Jérémie), médecin anglais, est auteur d'un *Traité méchanique des choses non naturelles* (en angl.), Londres, 1707, 1718, 1737, in-8; trad. en latin sous le nom de l'auteur par Jean de Saint-Marc, Avignon, 1748, in-12. Autrefois les médecins appelaient non naturelles les choses les plus naturelles du monde, comme les fluides éthérés, les aliments, les affections du corps ou de l'esprit, etc.

WAKE (Isaac), né en 1575 dans le comté de Northampton, d'abord orateur à l'université d'Oxford dont il fut aussi le député au parlement, remplit des missions diplomatiques à Venise et en Savoie, et mourut à Paris, en 1632, chargé d'affaires du roi Jacques Ier. Outre un discours intitulé : *Rex platonicus, sive de potentiss. principis Jacobi regis ad acad. oxoniensem adventu*, anno 1605, Oxford, 1607, in-4, on cite de lui un *Traité sur les 13 cantons de la ligue helvétiq.*, Londres, 1655, in-8; réimpr. avec deux autres *traités* sur l'Italie et la Suède.— Will. Wake, prélat angl., né en 1657 à Blandford (comté de Dorset), fut d'abord chapelain de lord Preston, qu'il accompagna dans son ambassade près de la cour de France (1682). A l'avénement de Guillaume de Nassau, il devint prédicateur ordinaire et sous-secrét. du cabinet du roi, puis recteur de Saint-James, de Westminster, doyen d'Exeter, évêque de Lincoln (1705), et en 1716, arch. de Cantorbéry. Après avoir appuyé dans la chambre des pairs la réunion des *dissenters* à l'Église anglicane, il s'y prononça, en 1718, contre le rappel du bill de *schisme et conformité*. Son opposition à l'annulat. des actes de *corporation* et du *test* souleva des récriminations contre lui; mais il s'attira de plus sanglants reproches par la démarche où il s'engagea avec les docteurs de Sorbonne, notamment avec L.-E. Dupin, dans le but d'opérer la réunion des Églises gallicane et anglicane. On trouve des détails sur cette tentative dans l'appendix n° 3 de l'*Hist. ecclésiast.* de Mosheim, trad. en anglais par Maclaine. Wake mourut dans le palais de Lambeth en 1737. Outre 3 vol. de *sermons, mandements*, etc., on distingue parmi ses écrits : l'*Exposition de la doctrine de l'Église d'Angleterre*, écrit publié en 1686, et au sujet duquel s'engagea une longue polémique entre l'auteur et Bossuet.— *Traité historiq. sur la transsubstantiation*, 1687, in-4.— Deux *discours sur le purgatoire et sur la prière pour les morts*, 1688, in-4.— Une version angl. des *Épitres authentiques des PP. apostoliq.*, 1693, 1710, 1737.— *État de l'Église et du clergé d'Angleterre dans leurs conciles, synodes, convocations*, etc., 1703, in-fol.— *Oratio hist. de beneficiis in Ecclesiam tigurinam collatis*, 1718.

WAKÉDI (Abou Abdallah Mohammed, Ibn Waked, ou), écrivain arabe, né à Médine en 130 de l'hég., mort à Bagdad vers la fin de l'année 207 ou 209 (822 ou 824 de J.-C.), a long-temps été regardé comme l'auteur de plus. ouvr. sur les conquêtes des musulmans en Égypte, en Syrie et en Afrique, dont les principales biblioth. d'Europe possèdent des copies, et dans lesq. Simon Ockley a puisé la plus gr. partie du 1er t. de son hist. des Sarrasins. M. Hamaker a publié à Leyde, en 1825, le texte arabe de la conquête de l'Égypte, sous ce titre : *Incerti auctoris liber de expugnatione Memphidis et Alexandriæ, vulgò adscriptus Abou-Abdallah-Mahommedi, Omari filio, Wakidæo, medinensi*, avec des *notes*. Dans la préface l'éditeur démontre avec beaucoup de vraisemblance que les divers ouvr. attribués à Wakédi n'ont été écrits que long-temps après lui, et que c'est mal à propos qu'on les a mis sous son nom. *Voyez* le *Journal des Savants*, mars 1827.

WAKEFIELD (Robert), orientaliste, enseigna les langues savantes en Allemagne, puis aux univ. de Paris et de Louvain, et de retour en Angleterre fut nommé profess. d'hébreu à Oxford, où il mourut en 1537. Lors de la suppression des petits monastères il recueillit un gr. nombre de MSs. qu'il sauva par-là d'une destruction inévitable. Entre autres ouvrages on connaît de lui : *Paraphrasis in Ecclesiastem*, in-4 ; et *Kelfer Codicis, quo, præter Ecclesiæ decretum, probatur conjugium cum fratriâ carnaliter cognitâ, illicitum omninò, inhibitum, interdictum*, etc., Londres, 1528, in-4. — Gilbert Wakefield, théol. et critique, né à Nottingham en 1753, termina ses études au collége de Jésus à Cambridge, où il fut agrégé en 1776 ; après être entré dans les ordres, il fut pourvu de quelq. bénéfices ; mais il n'en conçut pas moins une aversion extrême pour tout le clergé anglican. Devenu instituteur dans l'école de Warington, puis profess. de belles-lettres à Hackney, il quitta cette place en 1791 pour se livrer entièrement aux travaux littéraires. La marche des affaires politiques le détermina à publier quelques pamphlets extrêmement hardis ; il passa toute mesure dans une réplique qu'il fit à l'adresse de l'évêque de Landaff (*v.* Rich. Watson), fut mis en jugement, et condamné à deux ans de détention. Avant l'expiration de ce temps, il fut attaqué du typhus, et mourut en 1801. Outre ses pamphlets, quelq. poésies lat. et des édit. d'Horace, de Virgile, Bion, Moschus, Lucrèce, des comment. sur les *Poésies de Th. Gray*, dont il publia une édit., 1786, in-8, ainsi que sur une partie des *OEuvres* de Pope, 1er vol., 1798, on citera de Wakefield : *Sylva critica, sive in auctores sacros profanosque comment. philologicus*, Cambridge, 1789-95, 5 part. in-8, et *tragœdiarum græcarum Delectus, in scholar. usum, cum notis*, Londres, 1794, 2 vol. in-8. Il avait écrit sur sa vie des *Mémoires* (en anglais), qui ont été impr. avec des *notes*, 1804, 2 vol. in-8. On trouve sur ce critique, fameux surtout par sa turbulence et son opiniâtreté, des détails intéressants dans le *classical Journal*.

WALAFRID-STRABON. V. Strabus.

WALBAUM (Jean-Jules), médecin et naturaliste, né en 1724 à Wolfenbuttel, suivit à l'univers. de Helmstadt les cours de chirurgie de Heister, et d'anatomie de Croll, puis vint se perfectionner sous

Haller et Brandel à Gœttingue, où il reçut le doctorat en 1749. Peu après il s'établit à Lubeck, où il se fit un nom comme praticien. De savantes recherches en histoire naturelle et plus. écrits sur des questions de médecine le firent admettre à la société des Curieux de la nature et à l'académie libre économiq. de Pétersbourg. Il mourut d'apoplexie à Lubeck en 1799. Outre quelq. trad. du franç., une foule de *mém.* et *d'observ.* insérés dans les *Annonces* de Lubeck, le *Recueil* de la société d'histoire natur. de Berlin, le *Magasin* de Hanovre, etc., ainsi que des édit. annotées des ouvr. ichthyologiques d'Artedi (1788-94, 4 vol. in-8), et de J.-T. Klein (Leipsig, 1793, in-4), on citera de Walbaum en allem. : *Pensées sommaires sur la décadence de l'art chez les accoucheuses*, etc., Lubeck, 1752, in-8.— *La Difficulté de l'art d'accoucher mise au jour par des exemples*, Butzaw, 1769, in-8.— *Description d'après nature de quatre sarcelles et de l'aigledon*, Lubeck, 1778, in-8.— *Chelonographie, ou Description de quelques tortues*, etc., 1789, in-4. On trouve une *notice* sur ce médecin dans le *Nécrologe* de Schlichtegroll.

WALCH ou **WALCHIUS** (JEAN-GEORGE), né en 1693 à Meinungen, mort en 1775, profess. de théologie à Iéna, où il avait rempli précédemment une chaire d'antiquités et de philol., est auteur d'un gr. nombre d'ouvr., dont les plus importants sont : *Hist. critica latinæ linguæ*, Leipsig, 1716, 1729, in-8 ; Venise, 1733, 2 vol. in-12. — *Plan d'étude à l'usage des colléges académiques* (allem.), Leipsig, 1718, in-8.— *Parerga academica ex historiarum atque antiquitatum monumentis collecta*, ib., 1721, in-8. — *Pensées sur le système de la nature*, etc. (en allem.), Iéna, 1723, in-8. — *Dictionnaire philosophique*, etc., 1726, grand in-8, réimpr. plusieurs fois. — *Introduction historique et théologique aux disputes sur la religion*, Iéna, 1722, 1734 et 1736. — *Introduction aux sciences théologiques*, etc., Iéna, 1737, in-4 ; 1754, in-8. — *Méditations sur la vie de J.-C.*, etc., ibid., 1746. — *Hist. ecclesiastica Novi Testamenti*, etc., ibid., 1744, in-4. — *Introduct. à la morale chrétienne*, 1747, in-8, souvent réimpr. — *Réflexions théologiques sur la secte des anabaptistes*, Francfort, 1747-1749, in-8. — *Historia controversiæ Græcorum Latinorumque de processione Spiritûs sancti*, Iéna, 1751, in-4. — *Introduction à l'hist. catéchétique*, 1752, in-4.— *Bibliotheca theologica selecta*, etc., ibid., 1757 à 1765, 4 vol. in-8. — *Bibliotheca patristica*, etc., ibid., 1770, in-8. On lui doit en outre plusieurs éditions d'auteurs anciens et modernes, entre autres celle des *OEuvres complètes de Luther*, Halle, 1740 à 1750, 24 vol. in-4.
—Jean-Ernest-Emmanuel WALCH, fils aîné du précédent, né à Iéna en 1725, fut professeur et directeur de la société latine dans cette ville. Dans le but de perfectionner ses talents il voyagea en Allemagne, en Hollande, en France, en Suisse et en Italie, et, à son retour à Iéna, il se mit en correspondance avec les savants des contrées qu'il avait visitées. Après avoir occupé plusieurs chaires, il fut appelé en 1759 à celle d'éloquence et de poésie, et mourut en 1778. Il était membre de la plupart des académies d'Allemagne et du Nord. Comme son père, il est auteur d'un grand nombre d'ouvrages, dont les principaux sont : *Commentatio, quâ antiquorum christianorum doctorum de jurejurando sententiæ percensentur et dijudicantur*, Iéna, 1644, in-4.— *Introduction à l'harmonie des évangélistes* (en allem.), 1749, in-8. — *Christianorum sub Diocletiano in Hispaniâ persecutio*, etc., 1751, in-8. — *Persecutionis christianorum in Hispaniâ ex antiq. monumentis uberior explicatio*, 1754, in-4. — *De arte criticâ*, 1757, 1771. — *Le règne minéral disposé dans un ordre systémat.*, Halle, 1762-64, 1769, 2 vol. in-8. — *Introductio in linguam græcam*, 1763, in-8. — *Histoire natur. des pétrifications*, etc., Nuremberg, 1768-73, 4 vol. in-fol. — *Commentatio de deo Taranueno*, Iéna, 1767, in-8. — *Antiquitates symbolicæ*, etc., ib., 1772, in-8. — *Le Naturaliste*, Halle, 1772 à 1778, 12 vol. (un 13ᵉ a paru après la mort de l'auteur).— Chrétien-Guillaume-Franç. WALCH, frère du précédent, né à Iéna en 1726, est un des plus célèbres historiens ecclésiastiques qu'aient eus les protestants. Il professa la théologie à l'université de Gœttingue, puis la philosophie à celle d'Iéna, et mourut subitement en 1784. On a de lui : *Historia canonisationis Caroli Magni*, Iéna, 1750, in-8. — *Hist. patriarchar. judæor. quorum in libris juris romani fit mentio*, ib., 1750, in-8. — *De Clodovæo Magno ex rationibus politicis christiano*, 1751, in-4. — *De unctionibus veterum Hebræor. convivalibus*, ibid., 1751, in-4. — *Hist. de Catherine de Bora, épouse de Luther*, Halle, 1751, in-8, réimpr. trois fois. — *Histoire de l'empire germanique*, 1753, in-8. — *Histoire de la religion évangélique luthérienne*, etc., 1753, in-8. — *Hist. adoptianorum*, 1755, in-8. — *Compendium historiæ eccles. recentissimæ*, 1758, in-8. — *Monumenta medii ævi*, Gœttingue, 1757 à 1764, 2 vol. in-8. — *Plan d'une histoire complète des hérésies, des schismes... jusqu'à l'époq. de la réformation*, Leipsig, 1762 à 1785, 11 vol. in-8 (cette histoire ne va que jusqu'au 9ᵉ S.). — *Principes pour l'histoire ecclésiastiq. du Nouveau-Testament*, 4ᵉ éd., 1792, in-8. — *Histoire moderne de la religion*, Lemgo, 1771 à 1785, 9 vol. in-8. — *Notions critiques sur les sources de l'hist. ecclés.*, 2ᵉ éd., 1773, in-8. — Charles-Frédéric WALCH, frère cadet des deux précédents, né en 1734 à Iéna, où il mourut en 1799, après y avoir rempli long-temps avec beaucoup de distinction une chaire de jurisprud., a laissé ; entre autres écrits : *Selectiorum juris controversiar. sylloge I et II*, Iéna, 1761 et 1766, in-8. — *Introductio in controvers. juris civilis recentiores inter jurisconsultos agitatas*, Iéna, 1771, 1790, in-8. — *Histoire des droits civils observés en Allemagne*, ib., 1780, in-8. — *Glossarium germanicum interpretationi constitutionis criminalis*, etc., ibid., 1790, in-8. — *De testis reo paris præstantiâ in jure germanico liber singularis*, ibid., 1756, in-8.

WALCH (ALBERT-GEORGE), littérateur, né en 1756 à Schleusingen (Saxe), mort vers 1801, recteur du collége de cette ville, a publ. de nombreux écrits, entre lesquels on distingue : *Commentatio de unitate Dei philosopho vix demonstrabili*, 1770, in-4. — *De limitibus rationis in probandá animarum immortalitate*, 1767, in-4. — *De defectibus religionis naturalis*, 1771, in-4.— *De dimensionibus nonnullis per antiquos factis*, 1774, in-4. — *De theatro primis christianis exoso*, 1777, in-4. — *Géographie mathématique, livre classique* (en allemand), 1773, 1794, in-8. — *Manuel classique, généalogique, historique et géographique pour la connaissance des princes régnants de l'Europe et de leurs maisons*, ibid., 1787-89, 2 vol. in-8. — Bernard-George WALCH, né en 1756 à Meinungen, où il mourut en 1805, bibliothécaire et archiviste du duc, a publié une traduction allem. du *Tableau de Paris*, par Mercier, Leipsig, 1783-84, 8 vol. in-8. — Une dissertation *De expeditione in Massagetas*, Gœttingue, 1767, in-4. — *Droit féodal de la Souabe, d'après un MS. de la biblioth. de Meinungen* (en allemand), ibid., 1785-86, 3 vol. in-8, etc.

WALCHER (JOSEPH), ex-jésuite, mort en 1803, conseiller de l'empereur d'Autriche, et direct. des sciences mathématiques et philosophiques à l'univers. de Vienne, était né en 1718 à Lintz, et avait fait à plusieurs reprises des cours publics de mathématiques, particulièrement de mécanique et d'hydraulique, au collége de Marie-Thérèse. Il eut part aux travaux qui furent entrepris de son temps le long du Danube, et il en donna la description dans un ouvrage intitulé : *Notice sur les travaux qui, depuis 1778 jusqu'en 1791, ont été faits sur le Danube, pour la sûreté de la navigation*, etc. (en allem.), Vienne, 1791, in-fol. On lui doit en outre le *Précis* de ses cours de mécanique, 1776, in-8.

WALCKENDORF (CHRISTOPHE de), ministre d'état, né en 1525 à Copenhague, fut nommé, sous Christian III, gouverneur de la province de Berghen, se distingua par son administration paternelle, vigilante et éclairée, et fit plus. réformes utiles. Il fut mis à la tête du trésor royal sous Frédéric II, nommé ensuite grand-trésorier. L'ordre et l'économie qu'il sut mettre dans son départem. lui valurent plus tard la place éminente de grand-maître de la cour et du royaume. Après la mort du roi Frédéric, il fut un des quatre tuteurs, administrateurs du royaume pend. la minorité de Christian IV, et se montra le bienfaiteur du peuple, le protecteur des sciences et des lettres. Il mourut en 1601, universellement regretté. — Éric WALCKENDORF, de la même famille, archevêque de Drontheim, avait été ambassad. de Danemarck en Espagne (1515), il encourut la disgrâce de Christian II, à cause d'une passion illégitime, et alla finir ses jours à Rome. C'est lui qui fit rédiger le *Missale eccles. nidrosiensis* (de Drontheim) *ad usum totius Norvegiæ* (v. l'*Hist. de Christiern II*, par J. Svaning).

WALCOURT (ÉTIENNE de), grammairien, que l'on croit natif de la petite ville du comté de Namur dont il porte le nom, tenait à Anvers une école de lang. française. Il est auteur de deux ouvrages devenus très rares : *Nouvel A B C, contenant plusieurs sentences très utiles pour apprendre à écrire et pour l'instruction de la jeunesse*, en rimes françaises, Anvers, 1576, petit in-8.— *Recueil ou Eslite de plusieurs belles chansons joyeuses, honnêtes et amoureuses, colligées des plus excellents poëtes français*, ibid., 1576, in-12 de 608 pages (v. l'*Histoire littér. des Pays-Bas*, par Paquot).

WALDAU (GEORGE-ERNEST), ministre du saint Évangile et professeur à Nuremberg, où il naquit en 1745, n'est connu que par ses ouvrages, la plupart en allemand, et dont les princip. sont : *Rec. de cantiques religieux*, 1778 et 1779, 2 vol. in-8. — *Diptycha ecclesiastica norimbergensia continuata*, 1779-80, 2 vol. in-8. — *Recueil de sermons et de discours pour différentes circonstances*, 1779-85, 12 vol. in-8. — *Histoire des protestants en Autriche*, ib., 1784, 2 vol. in-8. — *Vie des pontifes romains*, 1785, in-8. — *Histoire de la guerre des paysans en Franconie*, 1790, in-8. — *Matériaux pour l'histoire de la guerre des paysans dans la Hesse, Thuringe*, etc., 1791 à 1794, 3 vol. in-8.— *Thesaurus biogr. et bibliographicus*, 1792, in-8.— *Nouveau recueil de livres et d'écrits rares*, 1795 à 1797, in-8.

WALDECK (GEORGE-FRÉDÉRIC, prince de), né en 1620, passa du service de Hollande à celui de l'empereur Léopold Ier, qui en 1682 le créa prince de l'empire, en lui conférant le grade de feld-maréchal. Il commanda les troupes de Franconie au fameux siége de Vienne par les Turks en 1683, et eut part à la victoire. Rentré au service de Hollande, il fut nommé par les états-généraux maréchal-général, et perdit en 1690 la bataille de Fleurus contre le maréchal de Luxembourg. Il mourut en 1692, sans laisser de postérité masculine. — Son petit-neveu, mort vers 1750, après s'être démis du commandement en chef des troupes hollandaises à la suite de leur défaite à Fontenoy (1745), avait servi précédemment contre les Turks dans les armées impériales. — Frédéric, prince de WALDECK, lieutenant-général au service de Hollande en 1793, commanda l'année suivante un des corps de l'armée alliée, en l'absence du prince d'Orange. C'est à ce prince que Delille a dédié son poëme de la *Pitié*. — Louis, prince de WALDECK, servait à la même époque dans l'armée hollandaise en qualité de général-major. Il reçut, au mois de juin 1795, à l'attaque de Werwick, une blessure dont il mourut quelques jours après. — Chrétien-Auguste, prince de WALDECK, né en 1744, entra de bonne heure au service d'Autriche, et se distingua dans la guerre contre les Turks. Employé comme lieut.-général en 1792, il eut un bras emporté par un boulet au siége de Thionville, et n'en continua pas moins la campagne suivante sur la rive gauche du Rhin. Il prit part à l'attaque des lignes de Weissembourg, s'empara du fort Louis, et soutint la retraite de l'armée autrichienne. Il remplaça en 1794 le général Mack dans l'emploi de quartier-maître-général de l'armée de Flandre, passa ensuite en Portugal pour y prendre le commandem. de l'armée nationale, et mourut à Lisbonne en 1798.

WALDEGRAVE (James, comte de), né en France en 1715, d'une famille alliée à la maison de Stuart, revint en Angleterre avec son père, qui, ayant embrassé la foi protestante, fut créé comte en 1729. Nommé en 1743 un des gentilsh. de la chambre du roi, James fut bientôt honoré de la confiance et de l'intimité de George II, qui le choisit pour gouverneur de son fils, le prince de Galles. Il devint ensuite l'un des lords de la trésorerie et membre du conseil privé, et mourut en 1763, laissant des *Mémoires* qui n'ont été publiés qu'en 1821, Londres, in-4 de 176 pages. On y trouve des anecdotes sur les personnages avec lesquels sa posit. l'avait mis en contact. Ils ont été trad. en franç., Paris, 1825.

WALDEMAR Ier, roi de Suède, fils aîné d'Ingeburge, sœur d'Éric-le-Bègue, fut proclamé en 1251, malgré les intrigues de Birger, son père, qui lui-même prétendait au trône. Consacrant aux soins de l'administrat. les loisirs de la paix dont jouissaient ses états, il en améliora la législation ; il réprima l'ambition de plusieurs grands seigneurs, notamment les Folckunger, adversaires constants de la famille royale, et fonda Stockholm. Après sa mort, en 1266, ses quatre fils, Waldemar II, Magnus, duc de Sudermanie, Éric, duc de Smalland, et Benoît, duc de Finlande, se disputèrent le trône, qui demeura au duc de Sudermanie, proclamé solennellement en 1277.

WALDEMAR, électeur de Brandebourg, fils de Conrad Ier, succéda en 1300 à Jean III, son frère. Ce prince fut presque toujours en guerre avec ses voisins, entre autres avec les rois de Danemarck, de Pologne et le duc de Saxe. En 1319, ayant passé l'Oder pour entrer dans la Grande-Pologne, il fut blessé à la prem. affaire, et mourut peu de temps après.

WALDEMAR, roi de Danemarck. — V. Valdemar.

WALDIS (Bourckhard), né à Allendorf, dans la Hesse, mort à Anterode en 1554, a laissé des apologues ou fables, qui sont d'heureuses imitations de celles d'Ésope et de Phèdre. Ces fables, au nombre de 100, furent publiés pour la prem. fois en 1548, réimpr. en 1555, 1565 et 1584. Eschenbourg en a donné un *Choix*, avec des notes, Brunswick, 1777, in-8. On lui doit encore *le Psautier mis en cantiques* (allem.), Francfort, 1553, in-8. — *Le roy. des papes, livre agréable à lire*, 1555, in-4 : c'est une diatribe contre la religion catholique. — Une édition du *Theuerdanck*, poème de Melchior Pfintzing, Francfort, 1553 : elle est peu estimée.

WALDKIRCH (Jean-Rodolphe de), professeur de droit public à Bâle, sa patrie, né en 1678, mort en 1757, avait rempli une chaire de jurisprudence à Berne, puis à Lausanne. Son principal ouvr. est une *Histoire de la Suisse*, en 2 vol., 1721 et 1757, qui s'étend jusqu'à l'année 1718. — Esther-Élisabeth Waldkirch, de la même famille, née aveugle, ne s'en plaça pas moins au rang des femmes sav. de l'Allemagne par ses progrès dans les mathématiques, qu'elle apprit sous la direction du célèbre Jacques Bernouilli.

WALDMANN (Jean), né vers 1426 au village de Bliggenstorf, dans le canton de Zurich, exerça d'abord le métier de tanneur, puis servit quelq. temps en France, et revint dans sa patrie, où il se livra au barreau. Ayant acheté le droit de bourgeoisie à Zurich, il entra dans la magistrature en 1454. Un des chefs de l'armée helvétiq. à la bataille de Morat, il contribua puissamm. à la victoire de Nancy, et fut créé chevalier par le duc de Lorraine. Plus tard il fut envoyé comme ambassadeur auprès de Louis XI et du pape. Devenu bourgmestre de Zurich en 1483, il restreignit les priviléges et la licence du clergé, fit reconnaître par Innocent VIII les divers droits du gouvern. à l'égard de l'Église, et protégea l'agricult. par de sages ordonnances. Mais son influence aux diètes et la sévérité de ses mesures administratives lui ayant attiré de puiss. ennemis, ceux-ci soulevèrent un grand nombre de paysans qui avaient d'ailleurs à se plaindre eux-mêmes de Waldmann. Ce magistrat, après avoir vu assassiner sous ses yeux un de ses serviteurs les plus fidèles, fut arrêté, jeté par les séditieux dans la prison criminelle, et traduit en justice sur l'accusation d'avoir vendu son pays, d'avoir projeté des meurtres, d'avoir aspiré à la dictature. Déclaré coupable de haute trahison, il fut condamné à avoir la tête tranchée, et subit son arrêt avec le plus gr. courage, vers l'an 1490. Sa *Vie* a été écrite par J.-Henri Fuessli, Zurich, 1780, in-8 (en allem.). On peut consulter aussi l'*Hist. des Suisses*, par J. de Müller, t. V, ch. 3.

WALDPOTT DE PASSENHEIM (Henri), 1er gr.-maître des chevaliers de l'ordre teutonique, né dans le 12e S., s'était distingué pendant la 5e croisade, notamment au siége de Ptolémaïs. Justifiant par ses vertus et sa piété le choix qui le plaçait à la tête du nouvel institut (*v.* ordre Teutonique), il triompha des entraves que les Templiers voulaient opposer à son établissement ; il fit bâtir une église et un hôpital à Ptolémaïs, compléta les statuts de son ordre, établit et maintint une discipline sévère parmi ses chevaliers, et mourut en 1200. On peut consulter : *Eustochii Solli hist. teuton. equit.*, et le *Traité de l'ordre des chevaliers teutons*, par Venator.

WALDRADE ou GAULDRADE, nièce de Gonthier, archevêq. de Cologne, inspira une violente passion au roi de Lorraine, Lothaire, qui, pour s'y livrer sans contrainte, fit casser son mariage avec Theutberge, dans un concile dirigé par les archevêques de Cologne et de Trèves. Mais le pape Nicolas Ier prit la défense de Theutberge, et prescrivit au roi de renvoyer sa rivale. La crainte de l'excommunication força Lothaire à souscrire à la décision du pontife, et Waldrade fut remise aux mains d'un légat qui la devait conduire à Rome. Trompant sa surveillance, Waldrade revint près de Lothaire, qui, malgré les anathèmes du pontife, ne s'en sépara plus. Après la mort de ce prince,

Waldrade, craignant la vengeance de Theutberge, se renferma dans l'abbaye de Remiremont, et y mourut vers l'an 880. Elle avait eu de Lothaire trois enfants : Hugues, comte d'Alsace ; Gisèle, duchesse de Frise, et Berthe, comtesse d'Arles, puis marquise de Toscane. — Une autre WALDRADE, sœur de Rodolphe II, roi de la Bourgogne-Transjurane, épousa le comte Boniface, l'un des plus braves guerriers du 10ᵉ S., et qui devint duc de Spolette.

WALDSCHMIDT (BERNARD), théologien luthérien, né en 1608 à Francfort-sur-le-Mein, fut d'abord instituteur, se livra ensuite à la prédication, devint pasteur d'une des églises de sa ville natale, et mourut en 1665. On a de lui un grand nombre de *Sermons*, la plupart relatifs à l'interprétat. de l'Écriture, et quelques écrits polémiques contre un jésuite nommé Kedd. — WALDSCHMIDT (Jean-Jacques), médecin allem., né en 1644 à Rodheim, dans la Weteravie, fut reçu docteur à Giessen en 1667, devint ensuite professeur à l'académie de Marbourg, prem. médecin du landgrave de Hesse-Cassel, et mourut en 1689, affilié à l'académie des Curieux de la nature. Ses principaux ouvrages ont été réunis sous le titre d'*Opera medico-practica*, Francfort, 1695, in-4 ; ib., 1707, 2 v. in-8 ; Lyon, 1736, 2 vol. in-4, avec la *Vie* de l'auteur et un *Discours* préliminaire par J. Dolé. — Guillaume-Ulrich WALDSCHMIDT, fils du précédent, né à Hanau en 1669, d'abord chirurgien dans un régim. hessois, devint ensuite professeur d'anatomie et de botanique, puis de physique expérimentale et de médecine pratique à Kiel ; il obtint plus tard les places de médecin et de conseiller aulique du duc de Holstein, et mourut recteur de l'acad. de Kiel en 1731. Il a laissé plusieurs *Mémoires* insérés dans le *Recueil* de l'académie des Curieux de la nature ; un grand nombre de *Thèses* sur différents sujets de médecine et de chirurgie, impr. à Kiel de 1690 à 1725 ; un *Traité de l'aloès et principalem. de celui de l'Amérique*, ibid., 1705, in-4.

WALDUNG (WOLFGANG), né en 1554 à Nuremberg, y ouvrit un cours de logique, devint ensuite recteur du collége d'Altdorf, puis professeur de physique, et mourut en 1621. Bien qu'il n'eût reçu aucun grade en médecine, science dans laquelle il s'était rendu habile, il ne cessa de consacrer ses loisirs au soulagement des malades, sans que les médecins d'Altdorf cherchassent à réprimer cet empiétement sur leurs droits. On connaît de lui : *Lagographia, seu de naturâ leporum, lib. singularis*, Amberg, 1619, in-4, rare et curieux.

WALE (ANTOINE de), *Walœus*, théologien protestant, né en 1573 à Gand, se forma à Middelbourg, sous les profess. Gruter et Murdison, vint à Leyde se perfectionner dans les langues, la philosophie et la théologie, et visita les principales universités de Hollande, de France, de Suisse et d'Allemagne. Il était de retour à Leyde en 1602, et un peu plus tard il était fixé, en qualité de 8ᵉ pasteur, à Middelbourg, où il ne tarda pas à se faire une réputat. comme prédicateur et comme professeur de langue grecque, de philosophie et de théologie. Il joua un grand rôle au milieu des dissensions religieuses qui divisaient l'Église réformée en Hollande, et se mit à la tête du parti opposé aux remontrants, qui avait pour chefs Arminius et Gomar. Après le fameux synode de Dordrecht, auquel il avait assisté (1618), Wale eut la triste mission de préparer à la mort l'infortuné Barneveldt. L'année suivante, il fut appelé à Leyde pour y professer la théologie. Plus tard, il devint recteur de l'acad. de cette ville, et y mourut en 1639. Outre sa coopération à la version flamande de la *Bible*, et plus. écrits de controverse qui ne font pas moins d'honneur à sa modération qu'à son savoir, on lui doit entre autres ouvrages l'*Office des ministres*, etc. (flamand), Middelbourg, 1625, in-4 ; trad. en franç. par J. Crucius, Harlem, 1628, in-4. — *Compendium Ethicæ aristotelicæ ad normam veritatis christianæ revocatum*, Leyde, Elzevir, 1627, in-12. — *Dissertatio de Sabbatho*, etc., ibid., 1628, in-8. Ses *OEuvres théologiques* ont été réimpr. à Leyde en 1643 et 1647, 2 vol. in-fol., avec la *Vie* de l'auteur (anonyme). Cette *Vie* a été reproduite par G. Bates, dans ses *Vitæ select. aliquot viror.*, et par Joch dans les *Vitæ theol.* — Jean de WALE, médecin, fils du précéd., né en 1604 à Koukerke, près de Middelbourg, fut reçu docteur à Leyde en 1631, se livra aux recherches zootomiques dans le but de jeter un nouveau jour sur les mystères de la digestion et de la distribution des humeurs, et se déclara l'un des premiers pour le système de la circulation du sang. Il mourut en 1649, ayant le titre de professeur extraordinaire. Son travail le plus important a été mis au jour par C. Irvin, sous ce titre : *Opera medica omnia (quæ hactenùs inveniri potuère) ad chyli et sanguinis circulationem eleganter concinnata*, Londres, 1660, in-8. Bartholin a recueilli quelques lettres de J. de Wale dans ses *Epist. med.*

WALEF (BLAISE-HENRI de CORTE, baron de), littérateur, né probablem. à Liége en 1652, mort dans cette ville en 1734, s'annonça sous d'assez heureux auspices pour que Boileau, à qui il avait adressé une épître, crût pouvoir lui donner des encouragements. Versé dans la connaissance des langues, il sut tirer parti des voyages qu'il fit dans la plupart des pays de l'Europe ; sa facilité à faire des vers le servit mieux encore pour s'attirer les bonnes grâces des personnages éminents dont il voulait avoir l'appui. Tour à tour agent d'intrigues, officier au service d'Angleterre (1714), puis de Hollande, il connut tous les degrés de la fortune. Comme il était joueur et libertin, il dut finir misérablement. Moins jaloux de sa gloire qu'empressé à faire des dupes, il n'était pas plus difficile sur le genre des expédients que sur la correction de ses poésies, qu'il a recueillies en 5 vol. in-8, Liége, 1731. Pour compléter la collection de ses écrits, il faudrait y joindre deux autres vol. de vers impr. à Liége en 1725. Avec tout ce bagage, l'infatigable rimeur est resté dans une obscurité profonde. Il n'est curieux pour nous d'avoir sur lui quelques détails que parce qu'il figure dans les *Mémoires* de Mme de Staal, comme l'un des agents subalternes de la conspirat. des princes légitimés et des Espagnols contre le régent, en 1717. Il se fit le Zoïle d'Homère, de Pascal; mais mieux eût valu pour lui, dit Bruzen de La Martinière, qu'il s'en fût tenu à faire des madrigaux et de petites chansons, bagatelles dans lesquelles il réussissait assez.

WALES (William), astronome anglais, né vers 1734, ne s'était fait connaître que comme l'un des rédacteurs du *Journal des Dames*, lorsque, à la recommandation de plusieurs savants, il reçut la mission d'aller à la baie d'Hudson, observer le passage de Vénus sur le soleil. De retour en 1770, il communiqua à la société royale le journal de ses observations, qui fut imprimé dans les *Transact. philosoph*. Deux ans après, nommé astronome de l'expédition du célèbre Cook, il accompagna ce navigateur jusqu'en 1779. Reçu membre de la société royale, il obtint la chaire de mathématiq. à l'hôpital du Christ, avec la place de secrétaire du bureau des longitudes, et occupa ces deux emplois jusqu'à sa mort, en 1798. Ses principaux écrits sont: *Observations générales faites à la baie d'Hudson*, Londres, 1772, in-4. — *Observations astronomiq. faites pendant le cours d'un voyage au pôle sud et autour du monde*, de 1772 à 1775, avec Bayley, ibid., 1777, gr. in-4, fig. — *Traité des longitudes*, 1794, etc.

WALID Ier (Abou'l-Abbas), 6e khalyfe ommiade d'Orient, succéda à son père Abd-el-Melek l'an 86 de l'hég. (705 de J.-C.); mais il ne montra sur le trône aucune des gr. qualités de ses prédécesseurs. Toutefois, ses lieuten. rendirent son règne illustre par des conquêtes qui étendirent la dominat. arabe des deux rives du détroit de Gibraltar, jusqu'aux frontières des pays qui dépendaient de la Chine, depuis le Caucase et la mer Noire jusqu'à l'Océan indien. Walid fit agrandir le temple de Jérusalem, en prescrivit le pèlerinage à ses sujets, ordonna la reconstruction du temple de Médine, et fut le prem. khalyfe qui fonda un caravanseraï pour les voyageurs, et un hôpital pour les malades. Il mourut l'an 96 de l'hég. (715 de J.-C.), laissant 18 fils, dont deux seulement, Yezid III et Ibrahim, parvinrent au khalyfat, après la mort de Soleyman leur oncle, success. immédiat de Walid. — Walid II (Abou'l-Abbas), surnommé *al Fassik* (l'impudiq.), 11e khalyfe ommiade d'Orient, fils d'Yezid II, succéda à son oncle Hescham en 125 de l'hég. (743 de J.-C.). Son ivrognerie et ses débauches l'avaient fait éloigner du trône par son père, et il avait 40 ans lorsqu'il fut proclamé à Damas. On le vit bientôt s'abandonner sans mesure à ses penchants et dissiper les trésors amassés par son prédécesseur. Sans cesse environné de jeunes libertins, il parcourait les rues, donnant le spectacle des plus abominables excès. Un dévot musulman lui ayant montré, dans un verset du Koran, la condamnat. de sa conduite, il mit en pièces le livre sacré et le foula aux pieds. Zezid, cousin-germain de ce tyran, se mit à la tête des mécontents, et vint à Damas, où les habitants le proclamèrent khalyfe. Walid, alors absent de cette ville, rassembla quelques troupes à la hâte; mais, bientôt abandonné par la plupart des siens, il fut massacré dans son palais l'an 126 de l'hégyre (744 de J.-C.), n'ayant régné que 15 mois.

WALINGFORD (Richard), abbé de St-Albans (ordre de St-Benoit), né au lieu dont il a gardé le nom, sur les bords de la Tamise, est regardé comme le prem. astronome du 14e S. C'est lui qui construisit et fit placer sur la façade de son couvent la fameuse horloge où l'on voyait le soleil, la lune, les planètes, les étoiles se mouvoir avec une rapidité proportionnée à celle qu'elles semblent avoir dans les cieux. On a conservé sous son nom divers ouvrages MSs., tels qu'un recueil de mathématiq. et d'astronomie intitulé: *Canoner ou Albion; et Chronica de rebus anglicis, ab anno Christi* 449 *ad* 1035 (insérée dans les *Histor. anglic. scriptores*, de Th. Gale).

WALKER (Clément), historien anglais et ardent presbytérien, né vers 1600 à Cliffo, au comté de Dorset, mourut en 1651 à la Tour de Londres, où Cromwell l'avait fait enfermer comme auteur du livre qui a fait survivre son nom aux troubles dans lesquels il ne joua qu'un rôle secondaire. Outre son *Histoire de l'indépendance* (publ. en 3 part., de 1648 à 1651, in-4, et à laquelle un anonyme en ajouta une 4e en 1660), Walker avait écrit, selon Wood, plus. pamphlets sur les affaires du temps.

WALKER (Édouard), historien anglais, né à la fin du 16e S., de parents catholiques, fut d'abord attaché au comte d'Arundel, qui le fit nommer secrétaire de la guerre en 1639. Cinq ans après, il obtint de Charles Ier la place de clerc extraordinaire du conseil privé. Constant dans sa fidélité envers le monarque, après la mort de Charles Ier, il se rendit auprès de Charles II, qui tenait à Bruxelles une espèce de cour, et le suivit en Écosse en 1651. Il remplit auprès du même prince l'emploi qu'il avait exercé auprès du feu roi, le servit avec autant de zèle que de fidélité, en recueillit le prix à la restauration, et mourut subitement à White-Hall en 1676. On a de lui: *Iter carolinum, ou Récit succinct des souffrances de S. M. le roi Charles Ier*; et *Military discoveries*, Londres, 1705, in-fol.

WALKER (Obadiah), né en 1616 à Worsbrough, au comté d'York, mort à Londres en 1699, avait été privé à deux reprises de l'emploi de recteur de l'université d'Oxford, et même détenu à la Tour de Londres par suite de son attachement à la religion catholiq. On cite de lui, entre autres écrits: *de l'Éducation*, Oxford, 1673, in-12. — *Descript. du Groenland*, ibid., 1680, in-fol. — *Instructions sur l'art oratoire*, ibid., 1682, in-8. — *Relation de la vie et de la mort de J.-C.*, ibid., 1685, in-4. — *Instruct. pour la grammaire latine*, Londres, 1691, in-8. — *Histoire grecq. et romaine*, éclaircie par les monnaies et les médailles, 1692, in-8. — *La Vie du roi Alfred*, trad. en latin d'après le MS. de J. Spelman, 1678, in-fol. — George Walker, recteur de Donoughmore (Irlande), mérita, par l'ardeur fanatique qu'il avait déployée à la tête d'un régiment levé à ses frais pour résister à l'invasion de Jacques II (1689), d'être nommé à l'évêché de Londonderry, place qu'il avait vaillamment défendue. Il fut tué à la bataille de la Boyne (1er juillet 1690), avant d'avoir pris possession de son siége. Il avait publié : *Histoire véridique du siége de Londonderry*, 1689, in-4.

WALKER (John), grammairien, né en 1732 aux environs de Londres, mort en 1807, avait quitté la scène dramatique pour se vouer à l'enseignement. D'abord maître d'école à Kensington, il se lia avec Samuel Johnson, et plus tard il ouvrit, dans diverses villes, des cours d'élocution qui furent très fréquentés, notamment à Oxford, où il fut invité à donner des leçons particulières dans l'université. Ses principaux ouvr. sont : *Éléments de l'élocution*, 1781, in-8 ; 1799, avec changem. et addit.— *Grammaire rhétor.*, etc., 1785, 1801, in-8.— *Classiq. anglais abrégés* (Addison, Pope et Milton), 1786, in-8.— *La Mélodie du langage*, Londres, 1791, 1797, in-4; 6e édit. stéréotype, Londres, 1810, in-8.— *L'Orateur académique*, ou *Choix de débats parlementaires*, etc., 1788 ; 4e édit., 1801, in-12. — *Dictionnaire critique de prononciation et interprète de la langue anglaise*, 1798, in-8. — *Manuel de l'instituteur pour la composition anglaise*, 1801, in-12.

WALKER (George), mathématic., né vers 1734 à Newcastle, fut ministre d'une congrégat. de dissidents, consacra une partie de sa vie à l'enseignement, devint membre de la société royale de Londres, et mourut en 1807. On a de lui : *Doctrine de la sphère*, 1777, in-4.— La prem. partie d'un *Traité sur les sections coniques.*— Des *Sermons*, 1790, 2 vol. in-8.— Un *Appel au peuple anglais*, sur les lois du test, 1790 ; opuscule dont Fox faisait, dit-on, un grand cas.— WALKER (Joseph-Cooper), né à Dublin vers 1766, fut admis en 1785 à l'acad. royale d'Irlande, et mourut à St-Valery (France) en 1810, laissant, entre autres écrits : *Mémoires historiques sur les bardes irlandais*, etc., Dublin, 1786, in-4. — *Essai historique sur le costume des Irlandais anciens et modernes*, avec un *Mémoire sur leur armure et leurs armes*, 1788, in-4. Les *Transactions de l'acad. d'Irlande*, ann. 1788, contiennent de lui quelques morceaux.

WALKER (Adam), physicien, né dans le comté de Westmoreland en 1731, fut d'abord maître d'écriture et de calcul dans une école gratuite, puis donna des leçons publiq. d'astronomie dans plus. villes. Attiré à Londres par le docteur Priestley, il y ouvrit des cours qui furent très fréquentés pendant plusieurs années. Il professa ensuite la philosophie, la physiq., etc., dans les collèges d'Éton, de Westminster, de Winchester et autres grandes écoles, et mourut à Richmond en 1821. On a de lui : *Analyse de leçons sur la philosophie expérimentale*, in-8. — *Appréciation philosophique des causes et des effets du mauvais air dans les gr. villes*, etc., in-8. — *Idées suggérées dans une excursion en Flandre, en Allemagne, en Italie et en France*, Londres, 1791, in-8. — *Système de philosophie familière*, etc., ibid. 1799, in-4, avec pl. — Un *Traité sur la géographie et l'usage des globes*, in-12. — Des articles dans les *Annales d'agriculture* d'Arthur Young, et dans les *Transactions philosophiques*. Il est l'inventeur de machines propres à élever l'eau et à la pomper dans les vaisseaux, de voitures mues par le vent et la vapeur, etc. — William WALKER, fils du précédent, né en 1766, mort en 1816, est auteur d'un *Epitome d'astronom.*, Londres, 1798, in-8.

WALL (Édouard), d'une ancienne famille catholique d'Irlande, mort en France en 1631, y était venu chercher un asile après la défaite de son parti par Cromwel en 1649. D'abord haut-shérif du comté de Carlow, il avait eu le commandem. gén. des insurgés en l'absence du marquis d'Ormond ; et lors du débarquement des protestants à Dublin, il était gouvern. de la province de Leinster. Ses trois fils qui l'avaient suivi en France y prirent du service, et moururent glorieusement sur divers champs de bataille. — Marie-Joseph-Patrice, vicomte de WALL, de la même famille, né à Paris en 1764, était, à vingt-six ans, lieuten. au régim. du Roi, infanterie. Prévenus en sa faveur par un petit écrit qu'il avait composé, sous le titre de *Plan de conduite et de fortune*, le duc et la duchesse de Rohan lui donnèrent en mariage leur nièce. Mais peu après cette union, Wall fut tué en duel dans la forêt de Fontainebleau (le 16 nov. 1787). Il parut à Paris, en 1788, un recueil intit. : *Portefeuille d'un jeune homme de 23 ans*, in-12. contenant des *Mélanges* de cet intéressant officier.

WALL (William), théolog. anglais, né en 1646, mort en 1728, vicaire à Shoreham, dans le comté de Kent, est auteur d'une *Histoire du baptême des enfants*, 1707, et de *Notes critiques sur l'Ancien-Testament*, etc., 1733, 2 vol. in-8. — John WALL, médecin, né en 1708 à Powick, dans le comté de Worcester, mort à Bath en 1776, pratiqua longtemps avec succès à Worcester, et consacra aux expériment. chimiq., ainsi qu'à la culture des arts du dessin, le peu de loisirs que lui laissait une clientele nombreuse. Il a laissé div. opuscules qui ont été rec. en 1 vol. in-8 par son fils, Martin Wall, profess. de cliniq. à l'univ. d'Oxford.

WALLACE (William), célèbre guerrier écossais, né en 1276 dans le comté de Renfrew, était le plus jeune des fils de sir Malcolm Wallace d'Ellerslie, d'une famille ancienne, mais dont la fortune se trouvait très bornée. Il n'avait que dix-neuf ans lorsque, pour se venger d'une insulte personnelle, il tua le fils du gouvern. de la forteresse de Dundée. Obligé de s'enfuir pour éviter le châtiment que les délégués d'Édouard Ier, alors maître de l'Écosse, n'auraient pas manqué de lui infliger, il réunit bientôt autour de lui quelq. aventuriers que leurs méfaits, leur misère ou la haine qu'ils portaient aux Anglais forçaient à mener une vie errante comme la sienne. A la tête de cette bande, Wallace, doué d'une force prodigieuse, d'une patience à toute épreuve, obtint des succès qui augmentaient de jour en jour le nombre de ses partisans. Comme il n'y avait alors aucune autorité écossaise dans le royaume, Wallace se fit nommer par sa troupe vice-roi pour J. Baliol, retenu prisonnier en Angleterre, et força Ormesby, grand-justicier pour le roi Édouard, de se réfugier dans ce royaume, avec la plupart des officiers de sa suite. Le peuple accourut en masse sous la bannière de Wallace ; mais avant qu'on eût pu s'entendre sur l'organisat. des insurgés, une armée anglaise de 40,000 hommes traversait le sud-ouest du royaume. Wallace se vit alors abandonné par la plupart des barons de son parti. Pèrsévérant toutefois dans sa noble indépendance, il bat les Anglais sur les rives du Frith (11 sept. 1297), les force d'évacuer l'Écosse, reprend la ville de Berwick, envahit, pendant l'hiver de 1298, les comtés du nord de l'Angleterre, pousse ses ravages jusqu'à Durham, et rentre en Écosse chargé de dépouilles. Le roi Édouard, qui se trouvait en Flandre, se hâte, à cette nouvelle, de venir assembler une armée de 80,000 hommes de pied et de 7,000 cavaliers. Attaqués près de Falkirk (22 juillet 1298), les Écossais sont défaits complétem. malgré les efforts inouïs de Wallace, qui, conservant toute sa présence d'esprit, se porte dans les provinces du nord pour y organiser de nouveaux moyens de résistance. Pendant ce temps les hauts-barons excluaient le héros du conseil d'Écosse, et nommaient en sa place John Cummyn régent du royaume. Lorsqu'en 1304 Édouard en eut achevé la conquête, Wallace ne désespéra pas du salut de son ingrate patrie ; mais trahi par un de ses amis, John Monteith, qui découvrit aux Anglais le lieu de sa retraite, il fut amené à Londres chargé de chaînes, et décapité à Tower-Hill, le 23 août 1305. Son nom est encore populaire en Écosse comme le type de la bravoure et du patriotisme. Outre le ménestrel Henry qui a chanté ses exploits, et dont l'ouvrage, justement estimé comme poème national, a eu un nombre infini d'édit. (la meilleure est celle de Perth, 1790, 3 vol. in-12), plusieurs poètes ont consacré leurs chants à Wallace ; il est aussi le héros d'un roman historique de miss Jane Porter, trad. en franç. (par le chev. Du Buc), sous le titre des *Chefs écossais*, 2ᵉ édit., Paris, 1820, 5 vol. in-12.

WALLENBOURG (JACQUES de), orientaliste, né en 1763 à Vienne, fut envoyé comme élève-interprète à Constantinople en 1782, et rappelé 5 ans après lorsque Joseph II déclara la guerre à la Porte : il joua un rôle important au congrès de Szistowe (1790). De retour dans sa patrie après la conclusion de la paix, il utilisa les connaissances qu'il avait acquises dans les langues orientales, en coopérant à la 2ᵐᵉ édit. du *Dictionnaire* de Meniski. Il avait commencé la traduction franç. du *Mesnevi*, poème moral de Djélal ed-ddyn-Roumy ; mais son travail périt dans l'incendie de Pera en 1799. Wallenbourg mourut à Vienne en 1806, conseiller aulique de la chancellerie impériale.

WALLENBURCH (ADRIEN et PIERRE de), frères célèbres par leurs connaissances théologiq. et leur amitié, nés à Rotterdam vers la fin du 16ᵉ S., suivirent la même carrière, voyagèrent en France, où ils s'appliquèrent à l'étude de la jurisprudence, et furent reçus docteurs en droit et en théologie. Revenus en Hollande, ils acquirent la réputation d'habiles controversistes. Dans la suite ils furent appelés à Cologne, où Adrien fut nommé, dès son arrivée, chan. de l'église métropolitaine. Pierre reçut quelque temps après, à Mayence, les titres de chanoine, de doyen de St-Pierre et d'évêque de Mysie (*in partibus*). Adrien mourut à Cologne en 1669, et son frère en 1675. On a de ces deux théologiens différents ouvr. de controverse, qu'ils ont réunis en 2 vol. in-fol., Cologne, 1669-1671, sous le titre de *Tractatus generales de controverstis fidei*, pour le premier, et de *Tractatus speciales*, pour le second.

WALLENCODT (CONRAD-TIBÈRE de), élu 22ᵉ gr.-maître de l'ordre teutonique en 1390, mort quatre ans après, frappé d'aliénation mentale, est le premier qui substitua, au titre de grand-maître (*hochmeister*), celui de *prince par la grâce de Dieu*, et qui fit donner aux frères de l'ordre la qualification de *seigneurs*. Il avait entrepris contre les luthériens une guerre dans laquelle il perdit la moitié de ses troupes par le fer ou par la peste.

WALLENSTEIN (ALBERT-VENCESLAS-EUSÈBE DE WALDSTEIN), né en Bohême le 14 sept. 1583, fut placé comme page auprès du margrave de Burgau, fils de l'archiduc Ferdinand ; mais il resta peu dans ce poste, et consacra quelques années à visiter la plupart des pays de l'Europe, dont il apprit les langues. De retour dans sa patrie, il épousa une riche veuve, qui mourut après quatre ans de mariage, le laissant maître d'une très grande fortune. La guerre ayant éclaté entre l'archid. Ferdinand et les Vénitiens, Waldstein leva à ses frais un corps de 300 cavaliers, et alla offrir ses services à l'archiduc, qui l'accueillit avec distinction. A la fin de cette guerre, où il s'était signalé, il fut nommé colonel des milices ou *landwhers* de Moravie. Ce pays était en proie à l'insurrection : Waldstein ne put parvenir à l'apaiser, et se retira après avoir enlevé une partie des sommes contenues dans les caisses publiques. Forcé de remettre cet argent à l'empereur, il garda 12,000 écus, avec lesquels il leva un corps de mille cuirassiers qu'il offrit à son souverain. Cependant la Bohême avait aussi levé l'étendard de la révolte (1618). Waldstein reçut la mission d'aller combattre les insurgés, et le fit inutilement. En 1621, renvoyé en Moravie, il sut déjouer les efforts de Bethlem-Gabor. L'empereur récompensa ses services par le don de propriétés considérables. Peu de temps après, mandé à Vienne pour y rendre compte de sa conduite, il parvint à se justifier, et épousa la fille du comte de Harrach, favori de l'empereur. Un nouveau don de deux régiments d'infanterie le fit nommer par Ferdinand major-général. En cette qualité, il fit, pendant plus. années, la guerre en Bohême, et se distingua, notamment à la bataille de Prague, gagnée par Bucquoi, le 8 nov. 1620. En 1625, Waldstein offrit à l'empereur de lever à ses frais une armée, pourvu qu'il eût la faculté de la porter jusqu'à

50,000 hommes. Ferdinand, d'abord surpris de cette proposition, l'accepta, assigna quelques districts en Bohême pour le recrutement, et permit à Waldstein de nommer les officiers de son armée. Celui-ci ayant rassemblé 20,000 hommes, se porta vers la Franconie et les frontières de la Souabe, et se recruta, chemin faisant, de 10,000 combattants. On croit que ce fut à cette époque qu'il reçut de l'empereur le titre de duc de Friedland. Tilly, commandant l'armée bavaroise, opérait alors en Basse-Saxe : Waldstein reçut ordre de seconder le général bavarois ; mais son caractère altier ne lui permettait pas de se trouver en sous-ordre. Il se contenta donc de concerter ses mouvements avec ceux de Tilly ; et, tandis que celui-ci pressait le roi de Danemarck dans le pays d'Osnabruck et de Munster, Wadstein remportait devant le pont de Dessau une victoire complète (25 avril 1626) sur Mansfield, qui, néanmoins, s'étant recruté promptement dans le Brandebourg, vint menacer la Hongrie. Envoyé par l'empereur à la poursuite de ce général, qui avait opéré sa jonction avec Bethlem-Gabor, Waldstein défit un corps de Turks venus au secours de Gabor, et prit ou délivra plusieurs places. Après l'accommodem. de Gabor avec l'empereur, Waldstein se dirigea vers le Brandebourg, pénétra jusque dans le Holstein et le duché de Sleswick, et finit par porter son armée à 100,000 hommes, qui ne coûtaient rien à l'empereur. Il sollicita auprès de Ferdinand et obtint le titre de duc de Mecklenbourg, avec l'investiture de ce duché, enlevé aux titulaires. On lui vit jouer alors le rôle de dictateur, faisant peser son despotisme sur ses amis et ses ennemis, n'ayant plus égard aux ordres de l'empereur, et lui écrivant même des lettres insolentes. Toutefois il négocia, entre son souverain et le roi de Danemarck, le traité de Lubeck en 1629. On fait monter à plus de 200 millions de fr. les contributions levées par Waldstein pendant 7 ans que dura son commandem. dans le nord de l'Allemagne. De tous les points de l'Europe on adressait à Ferdinand des insinuations contre le redoutable général : ses nombreux et puissants ennemis obtinrent enfin sa destitution, qu'il affecta de recevoir avec calme et résignation. De Memmingen, où il était alors à la tête d'une armée formidable et toute dévouée, il se retira (16 sept. 1630) dans ses terres en Bohême, où on le vit déployer un luxe qui dépassait celui de la plupart des souverains. Quelq. historiens prétendent qu'il fit proposer ses services au roi de Suède, Gustave-Adolphe. D'autres donnent l'initiative à ce monarque, dont Waldstein aurait rejeté les propositions. Cependant Tilly, nommé généralissime de l'empereur et de la ligue allemande, cédait à l'ascendant de Gustave-Adolphe. Ferdinand, effrayé des progrès du roi de Suède, s'humilie devant le seul homme qui puisse les arrêter. Waldstein repousse les premières démarches de son souverain. Enfin, il s'engage à lever une nouvelle armée ; mais il refuse de la commander : et, lorsque les instances les plus vives de Ferdinand le décident à accepter, ce n'est qu'aux conditions d'être généralissime d'Autriche et d'Espagne, de disposer de tous les emplois, d'être indépendant dans son commandement suprême, d'avoir une principauté héréditaire en Allemagne, de gouverner exclusivem. les pays conquis, de disposer du produit des confiscations, d'avoir le droit exclusif d'amnistie, etc., enfin, en cas de revers, de pouvoir se retirer dans ses états héréditaires. Ces concessions faites, il entre en Bohême pour y attaquer l'armée saxonne, s'empare de Prague presque sans coup férir. Bientôt il se trouve maître de tout le pays, et se dirige ensuite sur Nuremberg, pour y attirer Gustave-Adolphe, qui parcourait la Bavière en triomphateur. Les deux illustres capitaines sont en présence. Gustave était inférieur en forces ; mais Waldstein, craignant d'exposer l'Autriche, et peut-être sa propre renommée, aux chances d'une bataille, se retranche, ainsi que son adversaire, espérant d'ailleurs le ruiner par la famine. Les deux armées impériale et suédoise s'observent ainsi pendant trois mois. Le roi de Suède ordonne, contre l'avis de son conseil, l'attaque du camp impérial. L'action s'engage le 24 août 1632, et dure dix heures. Les Suédois sont repoussés sur tous les points et perdent de trois à quatre mille hommes : la perte des impériaux s'élevait seulem. à mille. Il y eut encore quelq. escarmouches, durant quinze jours, au bout desquels le roi de Suède leva son camp et fit défiler ses troupes devant son adversaire qui ne tenta point de l'inquiéter. Il paraît que Gustave essaya de renouer alors ses négociations avec Waldstein, et que celui-ci refusa d'y prêter l'oreille. Waldstein se dirigea ensuite vers la Saxe, s'empara de Leipsig et de plus. petites villes des environs. Gustave, alors campé à Naumbourg, avec l'intention de se réunir à l'armée saxonne, se décide à attaquer les impériaux, qui ne comptent pas plus de 12,000 hommes, tandis que les Suédois sont au nombre de 20,000. L'action s'engagea le 26 nov. 1632, dans une plaine qui s'étend de Weissenfels à Lutzen. Gustave fut atteint d'un coup mortel au moment où il accourait de la droite pour réparer l'échec éprouvé par son aile gauche. La mort de ce prince et le retour du général Pappenheim, détaché avec un corps considérable vers la Basse-Saxe (ce qui portait alors l'armée impériale à 24,000 combattants), semblaient devoir assurer la déroute de l'armée royale ; mais le désespoir des Suédois, et les habiles manœuvres de Bernard de Weimar, qui avait pris le commandement, triomphèrent de tous les efforts des généraux impériaux, dont l'armée quitta le champ de bataille. Waldstein soumit la conduite de ses officiers à une enquête très sévère, et dix-huit furent condamnés à mort. L'armée impériale se porta ensuite sur la Silésie, au grand étonnement des partisans de l'Autriche, qui s'attendaient à le voir marcher vers la Souabe et le Rhin, dont le duc Bernard et le général Horn avaient pris la direction. Cependant Waldstein continuait ses négociations avec la Suède, la Saxe et le Brandebourg : il était d'accord avec ses alliés sur les principaux articles; mais elles furent aussi infructueuses que les précédentes. Il négociait en même temps avec la cour de France, comme on en a la preuve dans les *Lettres de Feuquières*. Au milieu de ces intrigues, Waldstein attaqua à l'improviste les Suédois près de Steinau sur l'Oder, et força le comte de Thurn à se rendre à discrétion avec un corps de 6,000 hommes. Après s'être emparé ensuite de plusieurs villes de la Silésie, il vole en Bavière à la rencontre du duc Bernard qu'il refoule sur le Haut-Palatinat, puis revient établir ses quartiers d'hiver en Bohême. Cependant le cardinal-infant s'avançait d'Italie dans les Pays-Bas. Waldstein, qui eut à lui envoyer un détachement de 6,000 hommes, crut qu'on cherchait à diminuer son influence pour le disgracier plus sûrement. Dès lors il s'occupa de son plan de défection, et s'en ouvrit à Piccolomini, celui de tous ses généraux en qui il avait le plus de confiance. Piccolomini lui représenta les dangers de son entreprise : Waldstein persista dans sa résolution; et son confident, ayant l'air de céder à la force de ses raisons, se hâta d'aller instruire la cour de Vienne de ces desseins. Waldstein convoqua ses généraux à Pilsen, fit inviter les commissaires suédois et saxons à s'y trouver, et la réunion eut lieu le 11 janvier 1634. Presque tous les chefs de l'armée signèrent un écrit par lequel ils s'engageaient à rester fidèles à la cause du généralissime. Informé de cet acte criminel, Ferdinand se hâta d'adresser à l'armée une proclamation dans laquelle il la déliait de ses serments à l'égard de Waldstein, remplacé par Gallas, accordait une amnistie à tous ceux qui auraient pu se laisser égarer, n'en exceptant que le généralissime et deux de ses lieutenants. Waldstein sentit la nécessité de presser l'exécution de son projet; mais ses généraux l'abandonnèrent sous différents prétextes. Mis au ban de l'empire, désobéi par ses soldats, trahi par ses officiers, l'homme naguère le plus puissant de l'Europe se rend à Egra, où il a donné rendez-vous au duc Bernard et aux commissaires des alliés, et se met à la merci de quelq. étrangers qui le trahissent. Le 25 janv. 1634, les conjurés font d'abord égorger dans un banquet, par des dragons irlandais, le petit nombre d'amis restés fidèles à la cause du généralissime. Celui-ci, qui s'était retiré de bonne heure dans sa chambre à coucher, y fut investi par le capitaine irlandais Deveroux, à la tête de six hallebardiers, et tué d'un coup de pertuisane. Un grand nombre de ses partisans furent arrêtés, et quelques-uns exécutés. Mais les désordres qui eurent lieu dans l'armée à la suite de cet événement furent difficiles à comprimer; on y parvint toutefois, et Ferdinand récompensa avec générosité les assassins de Waldstein. Outre deux ouvr. apolog. : l'*Istoria della vita d'Albert. Walstein*, par Gualdo Priorato, et la *Biographie de Wallenstein*, par un général prussien, on peut consulter, sur cet homme extraordinaire, l'*Hist. des Allemands* de Schmidt, et l'*Hist. de la guerre de trente ans* par Schiller, qui a fait de sa catastrophe le sujet d'une trilogie admirable (*v.* SCHILLER), imitée en partie par Benjamin Constant et M. Liadières, dont la tragédie a été représentée à Paris en oct. 1828.

WALLER (WILLIAM), général anglais, de l'ancienne famille des Waller de Spendhurst, ayant terminé ses études à Paris, alla faire ses prem. armes en Allemagne, sous les drapeaux des princes protestants coalisés contre l'empereur. De retour dans sa patrie, il fut nommé membre du long parlement pour le bourg d'Andever, s'y montra dans l'opposition au parti de la cour, et, dès le principe de la guerre civile, se rangea sous les étendards du comte d'Essex. Chef de l'expédit. dirigée contre Portsmouth, il força la garnison à reconnaître l'autorité du parlement. Mais d'autres succès ayant accru sa réputat. de bravoure et d'habileté, Cromwell, qui en conçut de l'ombrage, l'éloigna de l'armée. Waller revint alors siéger au parlem. parmi les chefs de l'opposition presbytérienne. Il fut un des onze membres que la faction des indépendants accusa de haute trahison, et il se vit contraint de fuir pour se dérober à un jugement. Revenu plus tard à Londres, il reprit sa place au parlem. jusqu'en 1648, époque où il fut expulsé de la chambre par la force des armes, et emprisonné comme suspect d'attachement à la cause royaliste. En 1659, il fut nommé conseiller d'état; il rentra l'ann. suivante au parlement comme représentant du comté de Middlesex, et mourut en 1668. On a de lui : *Méditations religieuses sur divers sujets, avec des formules journalières*, Londres, 1680, in-8. — *Apologie du caractère et de la conduite du chevalier W. Waller*, etc., impr. pour la première fois, Londres, 1793, in-8.

WALLER (EDMOND), poète anglais, de la même famille, né en 1605 à Coleshill, dans le Hertfordshire, débuta à la fois au Parnasse, au parlement et à la cour, à l'âge de 18 ans. Admis dans la familiarité de Jacques Ier, il plut à ce prince par ses saillies, et obtint un grand succès dans le monde. Il épousa une riche héritière de la cité de Londres, et, devenu veuf à 25 ans, l'ambition lui fit adresser ses vœux à la fille aînée du comte de Leicester. Trompé dans ses vues par le mariage de cette demoiselle avec le comte de Sunderland, il résolut de voyager pour se distraire de son chagrin. De retour à Londres, il contracta une nouv. alliance, et devint père d'une nombreuse famille. Lorsque le parlement fut convoqué, après une longue interruption, en 1640, Waller se montra un des plus véhéments orateurs du parti opposé à la cour; il prit la défense de son oncle Hampden, frappé d'une sentence illégale et injuste. Toutefois, en s'attachant à l'opposit., il n'en approuva pas les excès. Dans la grande question de l'abolition de l'épiscopat, il se prononça en faveur du maintien de la hiérarchie ecclésiastique; et, lorsq. la guerre éclata entre le roi et le long parlement, il envoya à Charles Ier une somme considérable. Associé d'une part aux actes du parlem. rebelle, puisqu'il continuait d'y siéger, et s'étant cepend. concilié par ses disc. la bienveill. des royalistes, Waller s'était maintenu long-temps dans un état de neutralité qui lui donnait de l'importance dans les deux partis, lorsqu'il se jeta tout à coup dans le parti du roi. La conspiration qu'il avait formée avec son beau-frère Tom-Kins, un des secrétaires du conseil de la reine, ayant été découverte, il fut arrêté. C'est alors que, cédant à une honteuse lâcheté, il avoua beaucoup plus qu'on n'avait pu découvrir. Ces aveux déshonorants et son feint repentir lui sauvèrent la vie. Après un an d'emprisonnem., il ne fut condamné qu'au bannissem., et se retira en France. S'étant fixé à Paris, il y connut Saint-Évremond, qui plus tard, exilé lui-même, devait venir en Angleterre, resserrer les liens d'une amitié qu'il avait formée avec Waller, banni de son pays. Lorsque Cromwell se fut emparé du pouvoir, Waller obtint, par l'entremise du colonel Scroop, son beau-frère, la permission de revenir en Angleterre, où le protect., oubliant ses anciens torts, l'admit dans son intimité. Le poète reconnaissant écrivit en vers le panégyrique de Cromwell, qui est considéré comme son meilleur ouvr. Lors de la restaurat., Waller, s'étant empressé, dans un nouveau poème, de féliciter Charles II sur son avénement au trône, le roi, assure-t-on, lui fit observer que cette pièce était inférieure à celle qu'il avait composée pour l'usurpateur; Waller répondit sans se troubler que les poètes réussissaient toujours mieux dans les fictions que dans les réalités. Quoi qu'il en soit, il devint un des principaux ornements de la nouvelle cour, et il fut nommé membre de tous les parlem. qui s'assemblèrent sous Charles II., ainsi que de celui qui s'ouvrit à l'avénement de Jacques II. Il mourut en 1687, un an avant la révolution qui expulsa les Stuart du trône d'Angleterre. On ignore si Waller eut le secret de la trame qui s'ourdissait alors à ce sujet; mais il est certain que son fils et l'héritier de son nom embrassa le parti du prince d'Orange. Les Œuvres de Waller ont été publ. par Fitton, Londres, 1729, in-4. Le panégyrique de Cromwell est traduit en partie en vers franç. dans le 3e vol. de la *Poétique anglaise* de Hennet. Sa *Vie* a été écrite par Johnson dans son rec. des *Vies des poètes anglais*.

WALLERIUS (JEAN-GOTTSCHALK), natural. suédois, né en 1709 dans le comté de Necke, mort en 1785, professeur de chimie, de métallurgie et de pharmacie à l'université d'Upsal, membre de l'académie d'histoire naturelle de Vienne et de l'académie des sciences de Stockholm, est considéré comme un des hommes qui, pendant le 18e S., ont contribué avec le plus de succès au développem. des sciences en Suède. Ses principaux écrits sont: *De origine et natura nitri*, Upsal, 1749; Gœttingue, 1750. — *De principiis vegetationis*, 1751, 1752. — *De nexu chemiæ cum utilitate reipublicæ*, 1752. — *De origine salium alcalinorum*, 1753. — *Censuræ circa præparationem medicamentorum chemicorum*, 1754. — *Mineralogia systematicè proposita*, 1747 et 1748; trad. en franç. par d'Holbach, Paris, 1753, 2 vol. in-8. — *Hydrologia systemat. proposita*, Stockholm, 1748 et 1749. — *Litteræ de chemiæ indole ejusdemq. genuino usu*, 1751. — *Chemia physica* (en suéd.), 1759, 1768; en latin, 1760, 1769, 2 vol. in-8. — *Elementa metallurgiæ*, 1778, avec pl. — *Systema mineralogicum*, 1772 et 1775, 2 vol. in-8. — *Meditationes physico-chemicæ de origine mundi*, etc.; trad. en franç. par Dubois, 1781, in-12. — *Elementa agric., physicæ et chemicæ*, trad. en français, Yverdun, 1766, et Paris, 1774, in-8.

WALLIN (GEORGE), savant Suédois, né en 1686 à Gniawle, dans le Nord-Land, voyagea dans les différentes contrées de l'Europe pour perfectionner ses connaissances, séjourna deux ans à Paris, et, à son retour en Suède, devint successivement professeur à l'université d'Upsal, surintendant ecclésiastique du Gothland et évêque de Gothenbourg, où il mourut en 1760. On a de lui: *Lutetia Parisiorum erudita sui temporis*, etc., Nuremberg, 1722, in-12, rare. — *Historia Josephi, ex arabico codice MS. bibl. regiæ parisiensis*, etc., Leipsig, 1722, in-4. — *Clavis numophylacii runici*, etc., Stockholm, 1743, in-4, rare.

WALLIS (JOHN), célèbre mathématicien, né en 1616 à Ashford (comté d'Essex), fit ses études à Cambridge, et, ayant embrassé la carrière ecclés., occupa successivem. différents emplois. Plus tard il développa les connaissances profondes qu'il avait acquises, et se plaça au rang des plus illustres mathématiciens de l'Europe. Il fut en correspondance avec Pascal et Fermat, étendit et créa, pour ainsi dire, la doctrine des *indivisibles* de Cavalieri, et, par son arithmétique des *infinis*, prépara les découvertes analytiques de Newton. Malgré son opposition aux doctrines des indépendants, Wallis avait été appelé pendant la révolution à la chaire *Savilienne* de géométrie. Charles II le confirma dans ce poste et dans celui de garde des archives de l'université d'Oxford. Lors de l'institution de la société roy. de Londres, il en devint un des principaux memb. Wallis fut aussi l'un des créateurs de l'enseignement des sourds et muets. Il mourut à Londres en 1703. La plupart de ses ouvr. avaient été réunis avant sa mort, Oxford, 1797-99, 3 vol. in-fol. On y ajouta dans la suite un 4e vol., contenant ses écrits qui ne sont point relatifs aux mathématiques.

WALLIS (GEORGE-OLIVIER, comte de), feld-maréchal autrichien, né en 1671, d'une famille irlandaise établie en Allemagne dès le 16e S., fut élevé parmi les pages de l'emper. Léopold, et nommé colonel (1704), général-major (1708), fut fait feld-maréchal-lieutenant (1716) en même temps que conseiller aulique au départ. de la guerre. Ses exploits en Sicile et la prise de Messine lui valurent la dignité de gr.-maître-général de l'artillerie et le commandem. de toutes les troupes de la Sicile. Il ne quitta ce pays qu'en 1733, pour aller commander sur le Rhin, puis dans l'Italie-Septentrionale, et enfin en Hongrie, où il remplaça le grand-duc de Toscane, comme chef de toutes les forces impériales, alors rassemblées dans ce royaume. La conduite de Wallis ne répondit pas à ce qu'on devait attendre de son dévouement aux intérêts de la maison d'Autriche. L'empereur Charles VI, mécontent de la paix que le feld-maréchal venait de conclure avec les Turks (1739), lui ôta le commandement de l'armée, et lui ordonna de se rendre à Ziget. Transféré à la forteresse de Spielberg, sur sa demande il obtint plus tard la permission de venir à Vienne, et le mémoire apologétique qu'il remit au conseil de guerre ne fut suivi ni de discussion ni de jugement. Marie-Thérèse, à son avénement au trône (1740), sentant le besoin de s'entourer d'hommes capables, surtout de gens de guerre, oublia les torts de Wallis, le rappela honorablement à sa cour, et lui confia le command. d'un corps d'armée en Bohême. Il jouit peu de ce retour de faveur, et mourut en 1743, à sa terre de Neukirchen. — Le comte Franç.-Paul de WALLIS, frère du précéd., fit avec distinction plus. campagnes en Italie et en Hongrie, fut nommé gouverneur de Belgrade en 1718, et mourut dans cette place en 1737. — Un autre comte de WALLIS, né en 1732, était, après de longs services, devenu feld-maréchal et présid. du conseil de guerre. Une disgrâce qu'il essuya en 1795, à la suite de revers en Italie, le priva de tous ses emplois, et il mourut à Vienne en 1798. — Joseph, comte de WALLIS, de la même famille, né en 1768, occupa successivem. plus. emplois import., et fut en 1810 appelé à la présidence de la chambre des finances d'Autriche. Chargé en 1812, par un rescrit de l'empereur, de la direction supérieure de l'approvisionnement de Vienne, il quitta le ministère des finances en 1816 pour la place de chef suprême des tribunaux de justice, et mourut en 1818, d'une attaque d'apoplexie foudroyante.

WALLIS (SAMUEL), navigateur anglais, chargé de continuer dans le Grand-Océan les explorations du commodore Byron, partit le 22 août 1766 sur la corvette *the Dolphin*, qu'il commandait, ayant deux autres bâtiments sous ses ordres. Parvenu au cap de *las Virgenes* après trois mois de navigation, il parcourut le détroit de Magellan, puis la mer Pacifique, sans découvrir de terres jusque sous le tropique, où il aperçut successiv. plusieurs îles nouvelles, notamm. celle de Taïti, dont Bougainville ne fit la reconnaissance qu'un an plus tard. Accueilli dans cette île par la reine Obéréa, il y séjourna plus d'un mois, et, remettant à la voile le 27 juillet 1767, il doubla le cap de Bonne-Espérance, fit de nouv. découvertes dans sa route, et aborda le 30 nov. à Batavia, d'où il repartit l'ann. suiv. pour l'Angleterre. Après s'être arrêté quelq. jours à l'île des Princes et avoir touché à celle de Ste-Hélène, Wallis vint mouiller à la rade des Dunes le 19 mai 1768. On ignore l'époque de la mort de ce navigateur. Son voyage, imprimé dans le rec. de Jean Hawkesworth, *An account of the voyages undertaken by the order of his present Majesty*, etc., Londres, 1773, 3 vol. in-4, a été trad. en français par Suard, Paris, 1774, 4 vol. in-4, cart. et fig. — John WALLIS, ecclésiastiq., né en 1714 à Ireby dans le Cumberland, mort en 1793 à Norton, est aut. d'une *Hist. du Northumberland*, 1769, 2 vol. in-4 : le prem., qui est le plus estimé, renferme la description des minéraux, fossiles, etc., de cette province, où l'auteur desservait alors la cure de Simonburn.

WALLIUS ou VANDEWALLE (JACQUES), jésuite, né en 1599 à Courtrai, mort vers 1680, attaché aux missions des Pays-Bas, est auteur de poésies latines beaucoup trop louées par les contempor., Anvers, 1656, in-12, et réimprimées depuis un gr. nombre de fois.

WALLOT (JEAN-GUILLAUME), astronome, né en 1743 à Pauers, dans le Palatinat, vint en France se perfectionner dans l'étude des mathématiques, accompagna Cassini dans un voyage fait par ordre du roi en 1769, et à son retour fut nommé profess. d'astronomie. Il s'occupait paisiblem. de ses trav., lorsqu'en 1794, dénoncé comme *ennemi du peuple*, il fut traduit au tribunal révolutionn., condamné à mort et exécuté au moment même où Robespierre succombait à la convention le 27 juillet (9 thermidor an II).

WALPOLE (HENRI), jésuite, natif du comté de Norfolk, subit la peine capitale à York (1595), comme aut. d'écrits où l'on crut voir des provocat. incendiaires, et dans lesq. il exprimait d'ailleurs un gr. désir du martyre. L'un de ces écrits était la *Vie d'Edmond Campian*, en vers anglais. — Richard, son frère, et jésuite aussi de même que le suivant, passa à Rome, vint professer la théologie à Séville, et mourut à Valladolid en 1607, âgé de 42 ans. Il est auteur de quelq. écrits de polémiq. religieuse. — Michel, 2e frère de Henri, né en 1570, mort à Séville en 1620, a publié, entre autres ouvr. : *Traité de la soumission des princes à Dieu et à l'Église*, St-Omer, 1608, in-4. — *Adresse aux catholiques d'Angleterre, concernant l'édit du roi Jacques Ier, sur le serment d'allégeance*, 1610, in-4. — Une trad. de l'espagnol de la *Vie de St-Ignace*, 1617, 1620, in-12, etc.

WALPOLE (ROBERT), premier comte d'Orford, ministre fameux, né en 1676 à Hougthon, dans le comté de Norfolk, terminait à Cambridge ses études théologiq. lorsque, devenu l'unique héritier de sa famille par la mort de ses deux frères aînés (1698), il fut rappelé près de son père, membre du parlement, qui lui fit épouser, en 1700, la fille du lord-maire de Londres. Élu la même année représentant du bourg de Castlerising à la chambre des communes, il y siégea parmi les whigs les plus ardents. En 1705, il fut nommé membre du conseil du prince George de Danemarck, et devint, en 1708, secrétaire-d'état au département de la guerre, puis, l'année suiv., trésorier de la marine. Il perdit ces places après le renvoi du ministère whig et la disgrâce de Marlborough. La chambre le traduisit même à sa barre sous la double accusation de péculat et de corruption notoire, le chassa de son sein et l'envoya à la Tour de Londres. Cette sentence, que l'animosité des juges dépouillait du caractère de la justice, fut loin de nuire à la renommée dont Walpole jouissait dans son parti. Le bourg de Lynn, qu'il avait déjà représenté au parlement en 1702, le réélut en 1714, et persista dans ce choix malgré l'annulation dont la chambre prétendit le frapper. Après la mort de la reine Anne, Walpole, qui avait déployé un grand zèle pour les intérêts de la maison de Hanovre, fut appelé au conseil privé de George Ier, avec le titre de payeur-général de l'armée de terre et de mer. Il eut, à l'ouverture du nouveau parlement, la présidence d'un comité chargé de faire une enquête sur la conduite du dernier ministère, dont, sur son rapport, les membres furent mis en accusat., puis condamnés (*v.* BOLINGBROKE, OXFORD, etc.). Il obtint ensuite les places de premier lord ou commissaire de la trésorerie, de chancelier et de sous-trésorier de l'échiquier. Plus. écrivains anglais l'accusent d'avoir séduit des membres de la chambre des communes pour faire la proposition du *bill* qui, en 1716, prolongea de quatre années la durée du mandat donné à ses membres : innovation qui rendait le parlem. septennal. Walpole se défendit toujours d'avoir coopéré à cette mesure. Il faisait depuis 2 ans partie du ministère, lorsque la discorde s'y introduisit à l'occasion de l'intérêt de la dette nationale que Walpole voulait réduire de 6 à 4 pour 100. Il résigna tous ses emplois en 1717, et, le jour même de cette démission, il présenta son fameux bill d'amortissement comme l'œuvre d'un propriétaire campagnard. Ce bill avait pour but d'éteindre la dette nationale, qui s'élevait, en 1716, à 47,322,000 livr. sterl. (environ un milliard deux cents millions de francs). Il proposait de réduire à 5 l'inté. et de 6 pour 100, et de rembourser le capital à ceux qui ne voudraient point accepter cette réduction. Quant aux porteurs des annuités affectées sur les fonds publics, on leur en proposait de nouvelles à 4 pour 100 pour 19 ans, à 5 pour 17 ans, etc. Pour faire face aux remboursements qui pouvaient être demandés, le gouvernement devait être autorisé à emprunter les sommes nécessaires à l'intérêt de 5 pour 100. La cour, voyant l'ascendant de Walpole sur la chambre, chercha à le gagner, et, dès les prem. mois de 1720, elle réussit à affaiblir son opposition. La place de payeur-général des troupes acheva de le décider : avant la fin de l'année, il appuya diverses propositions importantes du cabinet ; et, en 1721, il fut prem. lord de la trésorerie, chancelier de l'échiquier. Deux ans après, lorsque George Ier partit pour le Hanovre, il fut nommé l'un des lords justiciers pour l'administration du royaume, et seul secrét.-d'état. Vers cette même époque, il reçut d'autres marques éclatantes de la faveur royale. Mais ces faveurs ne tardèrent pas à exciter l'envie, et provoquèrent un examen sévère de sa conduite. On l'accusa de trahir les intérêts de la nation pour étendre les prérogatives du monarque et de prodiguer les trésors de l'état pour corrompre les membres du parlem. Ces reproches étaient fondés en partie. L'adroit ministre, prévoyant la fin prochaine de George Ier, sut se ménager la protection du prince de Galles, qui le conserva à la tête des affaires lorsqu'il monta sur le trône en 1727. Pendant les 15 prem. années du nouveau règne, il dirigea seul, et à son gré, le gouvernail de l'état, et, pour conserver le pouvoir, il sut mettre à profit la déprava. de ses contemporains. Au moyen des places, des pensions qu'il distribuait à propos, il obtint une majorité constante dans les deux chambres. Après avoir triomphé de toutes les attaques dirigées contre lui, voyant le nombre des adhérents du prince de Galles s'augmenter chaque jour (l'héritier du trône s'était mis à la tête de l'opposition), Walpole voulut essayer ses forces dans un débat élevé sur des adresses de remercîment des deux chambres et sur des élections contestées dans celle des communes, il n'obtint que l'avantage de quatre voix. C'est alors qu'il songea à se retirer du ministère, et il résigna tous ses emplois en 1742. George II, qui l'aimait et avait en lui une entière confiance, l'appela à la chambre des pairs avec le titre de comte d'Orford et une pension de 4,000 livr. sterl. Walpole mourut dans ses terres en 1745. Un gr. nombre d'Anglais l'ont appelé le *Père de la corruption*, parce qu'il se vantait souvent, dit-on, de connaître le tarif de chaque homme. Quoi qu'il en soit de l'immoralité politiq. de ce ministre, la gestion de ceux qui lui succédèrent le fit regretter assez généralement. On a de lui : *Réponse du souverain à l'adresse du comté de Glocester* (les whigs avaient donné le surnom de souverain à Charles, duc de Sommerset). — *Réponse à la représentation de la chambre des lords sur l'état de la marine en* 1709. — *Les dettes de la nation établies et considérées,* 1710. — *Explication d'une lettre sur les 35 millions,* 1710. — *Lettre d'un ministre étranger en Angleterre à N. Pettecum,* 1718. — *Quatre Lettres à un ami en Écosse sur l'enquête relative à Sacheverel.* — *Histoire succincte du parlement* (pendant une session sous le règne de la reine Anne). — *Examen du projet de la mer du Sud.* — *Rapport du comité secret, 9 juin* 1715 (relatif à la mise en accusation du ministère). — *Pamphlet contre le bill de la pairie.* — *Pensées d'un membre de la chambre basse* (relativement au projet de restreindre et de limiter le pouvoir de la couronne pour une création future de pairs), 1719. — *Lettre particulière du général Churchill* (Marlborough), *après la retraite de lord Orford.* Coxe a publié en anglais : *Mémoires sur la vie et l'administration de Robert Walpole*, etc., Londres, 1798, 3 vol. in-4. Cet ouvrage est trop apologétique pour qu'on puisse y prendre une entière confiance. — Horace WALPOLE, frère du précédent, né en 1678, entra de bonne heure dans la carrière des affaires publiques. Il accompagna le général Stanhope en Catalogne, comme secrétaire particulier (1706), et fut ensuite secrét. du chancelier de l'échiquier, puis secrét. de la trésorerie. Envoyé, en 1716, à La Haye, il obtint, en 1717, la place d'inspecteur-général de tous les revenus de la couronne en Amérique, l'ambassade de France en 1727 et, en 1730, la place de trésorier de la maison du roi. Trois ans après il fut envoyé ministre plénipotentiaire en Hollande ; il fut nommé receveur de l'échiquier en 1741, créé lord d'Angleterre en 1746, et mourut en 1757. On lui doit plusieurs écrits politiq., parmi lesq. nous citerons, d'après son neveu dont l'article suit : *Affaires des troupes hessoises à la solde de la Grande-Bretagne*, Londres, 1730. — *L'Intérêt de la Grande-Bretagne défendu avec constance*, etc., relativement à un pamphlet publié, en 1743, par lord Chesterfield et M. Waller. — *Plainte des manufacturiers sur les abus en marquant le bétail*, 1452. — *Réponse à la dernière partie des lettres de lord Bolingbroke sur l'étude de l'hist.*, 1763.

WALPOLE (Horace), le 3e et plus jeune fils du ministre, né en 1717, fut à Éton, ainsi qu'à l'université de Cambridge, le condisciple du poète Gray, avec lequel il s'était lié, et qui l'accompagna dans son prem. voyage sur le continent. De retour en Angleterre, Walpole, qui, dès 1738, avait été pourvu de trois sinécures, fut nommé membre du parlement (1741) et réélu pour trois autres sessions. Il s'y fit peu remarquer, et continua de se consacrer tout entier à la culture des lettres et des arts. Venu à Paris en 1765, il se lia d'une étroite amitié avec mad. du Deffant. Cette liaison dura 19 ans, et fut, dit un biographe, un mélange continuel de plaintes et de duretés de la part de Walpole, d'amour et de soumission de la part de la dame, alors aveugle et presque septuagénaire lorsque l'Anglais la vit pour la première fois. Walpole continua de s'occuper de littérature, et il ne lui arriva rien de remarquable, si ce n'est la mort de son neveu, dont il fut l'héritier. Mais ce surcroît de richesses et de dignités n'apporta aucun changement dans sa manière de vivre. Il ne prit point le titre de comte d'Orford, ne voulut point siéger à la chambre des pairs, et mourut en 1797. On a de lui un grand nombre d'ouvrages, dont l'édition complète, commencée à Strawberry-Hill (terre appartenant à l'auteur), en 1768, n'a été terminée qu'en 1798, 9 vol. in-4. On a publié en 1822 ses *Mémoires sur les dix dernières années du règne de George II*, 2 vol. in-4. Il a paru aussi un *Walpoliana*, 2 vol. in-18, précédé d'une *Notice*.

WALRAM ou WALTRAM, WALRABONUS, etc., évêque de Naumbourg de 1089 à 1111, était issu des comtes de Schwartzenberg. D'abord moine dans le couvent d'Hersfeld, il avait rempli plus. missions pour l'empereur Henri IV pendant ses démêlés avec le pape Hildebrand. On trouve divers écrits de ce prélat dans les *Scriptores rer. germanic.* de Freher, le *Syntagma de imperiali jurisdictione* de Schard, les *Annales* de Baronius, les *Scriptor. rer. german.* de Pestorius, la *Collection* de Durand, et dans les *Script. medii ævi* d'Eckhard.

WALSH (Nicolas), chancelier de l'église de St-Patrice, à Dublin, puis évêque d'Ossery, fut assassiné en 1585, dans son palais épiscopal, par un bourgeois cité devant lui sous la prévention d'adultère. Ce prélat avait entrepris une traduction du Nouveau-Testament en langue perse, que termina, en 1625, l'archevêque de Toam, Guillaume Daniel. — WALSH (Pierre), religieux franciscain, né en 1610 à Moortown, au comté de Kildare (Irlande), fut professeur de théologie à Louvain, et mourut à Londres en 1688. Il s'était surtout fait connaître par son zèle contre les doctrines ultramontaines. Le duc d'Ormond, lord-lieutenant d'Irlande, ayant convoqué une assemblée nombreuse du clergé à Dublin, le P. Walsh en dirigea les délibérations, et contribua beaucoup à faire adopter les articles de la faculté de Paris, du 4 mai 1663, contre le pouvoir civil et temporel du pape, sa supériorité au-dessus des conciles et son infaillibilité. On a de lui : *Histoire et justification du formulaire loyal, de la remontrance irlandaise présentée à sa majesté en* 1661, Louvain, 1674, in-fol. (ouvr. condamné par la congrégation de la propagande et par l'université de Louvain). Quatre *Lettres* sur différents sujets, Londres, 1679, in-8. — *Causa valesiana*, 1684, in-8. — *Tableau non achevé de l'état de l'Irlande, depuis l'an du monde* 1756 *jusqu'à l'an de J.-C.* 1652.

WALSH (William), littérateur, né en 1663 à Abberley, dans le comté de Worcester, mort en 1709, avait été l'un des écuyers de la reine Anne et député de Worcester et de Richmond à la chambre des communes. Quoique partisan de la révolution, il entretint une liaison intime avec Dryden, dont les opinions étaient bien différentes ; et il fut aussi le correspondant du jeune Pope. Ces relations ont fait plus pour sa renommée que quelq. productions qu'on a de lui, telles que : *Esculape, ou l'Hôpital des fous*, dialogue, trad. en franç. par La Flotte, 1764, in-8. — *Eugénie, Défense des femmes*, discours, avec une *préface* de Dryden, égalem. trad. en franç. par La Flotte, 1768, in-12. — *Recueil* (posthume) *de lettres et de poèmes érotiques et galants*, inséré dans les *Mélanges* de Dryden et ailleurs. Ses *poésies* ont été reproduites parmi les *OEuvres* des poètes anglais du second ordre, 1749.

WALSINGHAM (Thomas de), bénédictin du couvent de St-Albans, natif du comté de Norfolk, avait, sous Henri VI, en 1440, le titre d'historiographe royal. Ses ouvrages, qui ont été mis au jour par l'archevêque Parker, sont : *Hist. brevis Angliæ ab Eduardo I ad Henr. V.* ; et *Ypodigma Neustriæ*, Londres, 1574, in-fol.

WALSINGHAM (sir Francis), homme d'état, né en 1536 à Chislehurt, dans le comté de Kent, d'une ancienne famille, voyagea sur le continent au sortir de ses études, qu'il fit à l'univ. de Cambridge, et, de retour après la mort de la reine Marie, dut à la protection de sir William Cécil la qualité d'ambassadeur de France, où, renvoyé une seconde fois, en 1570, il eut à négocier le mariage d'Élisabeth avec le duc d'Alençon. Trois ans après, il obtint avec son rappel les places de secrétaire-d'état, de conseiller privé et le titre de baronnet. En 1578, il assista comme plénipotentiaire au congrès qui produisit l'*Union d'Utrecht*, à laquelle il contribua puissamment. Envoyé en France pour la 3e fois en 1581, il ne put réussir, malgré toute son habileté, à conclure une ligue offensive et défensive entre les deux royaumes ni à terminer le mariage de la reine avec le duc d'Alençon. Une autre ambassade, dans laquelle il déploya autant de zèle que de patriotisme, fut celle qu'il remplit en 1583 près du roi d'Écosse, Jacques VI, dont alors la mère était la captive d'Élisabeth (*v.* MARIE STUART). Il s'agissait de faire triompher dans ce royaume le parti protestant, auquel Walsingham était vivement attaché. Les entours de Jacques prévinrent l'effet de l'insinuante éloquence du diplomate sur l'esprit du jeune roi, qui, en oubliant les égards dus à l'envoyé d'Élisabeth, lui fournit un nouveau prétexte de sévir contre sa mère. La conspiration de Babington, dont la trame fut découverte vers le même temps par Walsingham, affranchit enfin de tout scrupule Élisabeth, dont les jours venaient d'être menacés; le conseil d'état fut consulté sur la conduite qu'elle devait tenir envers sa captive, et Walsingham, repoussant avec horreur la proposition de Leicester de s'en défaire secrètement par le poison, fit adopter l'avis d'instruire solennellem. le procès de cette infortunée reine. Il était désigné comme l'un de ses juges; mais il crut devoir se récuser aussitôt qu'elle eut insinué contre lui des récriminations qu'il n'avait pu entendre sans en être blessé. Il alla jusqu'à s'interdire l'entrée de la cour, et n'y reparut que plus. jours après que la reine d'Écosse eut subi sa sentence. Walsingham continua de servir son pays et sa souveraine avec un dévouement égal à son habileté et à la fécondité des ressources de son esprit. Il mourut le 6 avril 1590 dans sa maison de Seething-Lane, sans laisser de quoi payer ses funérailles, qui furent faites de nuit, et aux frais de ses amis. Cette pauvreté, presque incroyable, n'empêcha pas sa fille unique d'épouser successivement Philippe Sidney, le comte d'Essex et le comte de Clanricard. C'est sans fondement qu'on lui a attribué le livre, devenu très rare, ayant pour titre : *Arcana aulica, Manuel de Walsingham, ou Maximes prudentes.* Cet homme d'état est l'un de ceux qui firent le plus pour l'encouragement de la navigation et du commerce de son pays; il fonda la bibliothèque du collége du roi à Cambridge, où il avait commencé ses études; il y fit les fonds d'une chaire de théologie, que J. Rainold occupa le premier. Dudley-Digges a publié les négociations de Walsingham pendant sa seconde ambassade en France, sous le titre de *Complete ambassador*, 1655, in-fol.; la traduct. franç., par L. Boulesteis de La Contie, est intitulée : *Mémoires et instructions pour les ambassadeurs*, Amsterdam, 1700, in-4.

WALTER (JEAN-THÉOPHILE), célèbre anatomiste, né à Kœnigsberg en 1734, perfectionna ses études médicales à Francfort-sur-l'Oder. Reçu docteur à 18 ans, il se rendit ensuite à Berlin, où il se livra plus spécialement à l'anatomie, et mourut professeur en 1818. Il avait disséqué plus de 8,000 cadavres, et recueilli 2,864 pièces d'anatomie très curieuses, qui furent achetées (près de 400,000 fr.), en 1802, par le roi de Prusse, pour le musée anatomique de Berlin. Les principaux ouvr. de Walter sont : *Experimentorum in vivis animalibus revisorum specimen*, Kœnigsberg, 1755, in-4. — *Theses anatomico-physiologicæ*, etc., 1757, in-4. — *Hist. nervorum mammæ*, etc., dans les dissertations *de Mammis* de Kœlpin, 1764, in-4. — *Traité des os secs du corps humain*, etc. (allemand), Berlin, 1763, 4ᵉ édit., 1798, in-8. — *Observat. anatomicæ*, 1775, in-fol. — *Manuel de myologie* (allem.), 1777, 1784, 1795, in-8. — *Tabulæ nervorum thoracis et abdominis*, etc., 1783, in-fol. — *Sur les maladies du péritoine et de l'apoplexie* (en allemand avec le latin en regard), 1785, in-4. — *Sur l'absorption et le croisement des nerfs optiques* (allem.), 1793, in-4, fig., etc. — Frédéric-Auguste WALTER, fils du précédent, né à Berlin en 1764, mort en 1826, suivit la carrière de son père, fut professeur d'anatomie et de physique au collége de médecine et de chirurgie de Berlin, membre de l'académie, directeur du musée anatomique et premier conseiller en médecine. On a de lui : *Annotationes academicæ*, 1786, in-4. — *Manuel d'angiologie* (allem.), 1789, in-8. — *Musée anatomique de J.-T. Walter*, publié par son fils (allem.), 1796, 2 vol. in-4, avec pl. — *Recherches sur quelques maladies des reins et de la vessie* (allem.), 1800, in-8, avec 15 pl.

WALTHER (RODOLPHE), théologien luthérien, né à Zurich en 1519, fut pasteur de l'église de St-Pierre de cette ville, se distingua par son éloquence, son savoir et sa piété, fut en correspond. suivie avec Mélanchthon, J. Sturm, G. Cruciger, etc., et mourut en 1586. Outre des *poésies* latines et des *commentaires* sur le *Nouveau-Testament*, on connaît de lui plus. *Recueils d'homélies*, une *Apologie de Zwingle*; deux livres *de Ratione syllabarum et carminis*, etc. — Adolphe WALTHER, fils du précédent, mort ministre à Zurich, en 1577, à 25 ans, avait annoncé dès son jeune âge un talent remarquable pour la poésie latine. On cite de lui : *Argos Helvetia*; *Comœdia de Nabale*; *Elegia de militia christiana*; *Carmina in imagines doctorum nostri sæculi virorum.* — WALTHER (Michel), né à Nuremberg en 1593, mort en 1662, surintendant des églises du duché de Luneboung, avait occupé les mêmes fonctions dans l'Oost-Frise, après avoir été successivement chapelain de la duchesse de Brunswick-Lunebourg, puis professeur de théologie à l'acad. d'Helmstadt. Ses principaux ouvrages sont : *Officina biblica*, Nuremberg, 1636, 1668, in-4. — *Harmonia biblica*, etc., 1637, in-4, souv. réimprimée. Entre les nombr. *sermons* qu'il a publiés, on en compte 132 sur le prophète Daniel. — Son fils Michel WALTHER, né à Embden en 1638, professa successivem. la philosophie, les mathématiques et l'Écriture sainte à l'université de Wittemberg, et mourut en 1692, laissant un certain nombre de *Dissertations latines*, impr. à Wittemberg de 1657 à 1688, in-4. — Augustin-Frédéric WALTHER, anatomiste, fils du précédent, né à Wittemberg en 1688, visita les principales universités d'Allemagne, de Hollande et d'Angleterre, professa l'anatomie et la chirurgie à Leipsig, devint premier médecin de la reine de Pologne, électrice de Saxe, reprit plus tard l'enseignement de l'anatomie, et joignit à cette chaire celles de pathologie et de thérapeutique. Il mourut à Leipsig en 1746, conseiller aulique et doyen perpétuel de l'académie. Parmi ses ouvr. recueillis par Haller dans les *Disput. anatom. select. vol. VII*, on distingue : *De linguâ humanâ*, etc., Leipsig, 1724, in-4. — *De articulis, ligamentis et musculis hominis in incessu statuque dirigendis*, 1728, in-4. — *Historia suffocationis et observat. anatomicæ*, 1729. — *Observat. de musculis*, 1735, in-4, etc. Outre son *éloge*, inséré dans les *Acta erudit. lips.*, ann. 1748, p. 522-24, on peut consulter sur Walther l'*Histoire de l'anatomie* par Portal, t. IV, p. 495-99.

WALTHER (GEORGE-CHRISTOPHE), jurisconsulte, né en 1601 à Rotenbourg sur le Necker, où il mourut en 1656, avocat et directeur de la chancellerie, conseiller des comtes de Cassel et autres états du cercle de Franconie, avait été chargé par le sénat de mettre en ordre les archives de sa ville natale. Entre autres écrits, on cite de lui : *Dissertatio inauguralis de renuntiatione successionum vel hæreditatis*, 1628, in-4. — Ph.-Ad. WALTHER, né en 1622 dans l'évêché d'Halberstadt, mort à Leipsig en 1664, possédait de vastes connaissances en droit, qu'il eut fréquemment l'occasion de déployer dans des plaidoiries importantes.

WALTHER (CHRISTOPHE-THÉODOSE), né en 1699 à Soldin, dans la Nouvelle-Marche, mort à Dresde en 1741, fut un des prem. ministres du St Évangile qui visitèrent la côte du Coromandel. Débarqué à Tranquebar en 1725, il y apprit en quelq. mois les langues portugaise et tamule, et pendant 15 années que dura son séjour dans l'Inde, il remplit avec autant de zèle que de succès les fonctions de catéchiste et de prédicateur. L'établissem. évangélique de Majubarain, dû à ses soins, s'accrut promptem. sous sa direction. Outre la part qu'il eut à la traduction portugaise de la Bible impr. à Tranquebar en 1732, on cite de lui : *la Voie du salut* (en langue tamule), Tranquebar, 1727, in-12, réimprimée en 1731. — *Observat. gramm. quibus linguæ tamulicæ idioma vulgare illustratur*, ib., 1739, in-8, rare; et une chronologie indienne sous le titre de : *Doctrina temporum indica ex libris indicis et Brahmarum*, etc., publ. par Bayer à la suite de l'*Historia regni bactriani*. Schœttgen a donné la *Vie de C.-T. Walther* en latin et en allem., Halle, 1742, in-4. — V. VOGELWEIDE.

WALTON (ISAAC), né à Stafford en 1595, mort en 1683, s'est fait un nom populaire par son *Traité de la pêche à la ligne*, qui, publ. pour la prem. fois à Londres en 1653, in-12, a été fréquemment reproduit, et est encore aujourd'hui fort estimé en Angleterre. Après avoir exercé pendant près de 30 ans un petit commerce à Londres, il quitta cette capitale pour se livrer entièrement à son objet favori, la pêche. D'heureux essais en littérature et en poésie l'avaient lié avec l'archevêque Usher, l'évêque Barlow, le docteur Fuller, Chillingworth, et Ch. Cotton qui l'honora d'un attachement tout filial. On a de lui les *Vies* de sir Henri Wotton, de Richard Hooker, de George Herbert, de l'évêque de Saunderson, réunies par Th. Zouch, en un vol. in-4, Londres, 1796, avec de nombreuses *notes* littér. et historiques, et précédées d'une *Notice* sur l'auteur.

WALTON (BRYAN), orientaliste, né en 1600 à Cleaveland, dans le comté d'York, mort en 1661, évêque de Chester, avait été promu à cette dignité par Charles II. On lui doit : *Introductio ad lectionem linguarum oriental.*, Londres, 1654, in-8; 1655, in-12; et c'est lui qui a dirigé l'édition de la *Biblia polyglotta*, etc., 1657, 6 vol. in-fol., auxq. il faut joindre les deux vol. du *Dictionn. de Castel*. Il est auteur des *Prolégomènes* de cette polyglotte, publ. librement (on peut dire inexactement) en franç. par le P. Émery, de l'Oratoire, Lyon, 1699, in-8. Henri Todd a donné en 1821 des *Mém. sur la vie et les écrits de Bryan Walton*, Londres, 2 vol. in-8. — Sir George WALTON, chef-d'escadre angl., se signala par son habileté et sa bravoure, et ne dut toutefois son élévat. qu'à de très longs services : lieutenant de vaisseau dès 1692, il ne fut promu au rang de command. d'escadre qu'en 1735, et mourut en 1740.

WAMÈSE, *Wamesius* (JEAN), docteur en droit de l'université de Louvain, où il occupa une chaire de jurisprud., né en 1524 dans l'évêché de Liége, mort en 1590, très renommé pour son savoir, a laissé : *Recitationes ad tit. de appellationibus;* et *Responsorum sive consiliorum juris centuriæ VI*, publ. par Weims et Corsel, Anvers, 1665, 3 vol. in-fol. — *Consilia de jure pontificio ordine titulor. in decretalibus digesta*, Louvain, 1643, in-fol.

WANDELAINCOURT (ANTOINE-HUBERT), né en 1731 à Rupt-en-Voivre, fut d'abord professeur de littérature ancienne à Verdun, puis précepteur des enfants du duc de Clermont-Tonnerre, et successivement sous-directeur à l'école milit. de Paris, curé de Planrupt (diocèse de Châlons-sur-Marne), évêque constitutionnel de la Haute-Marne en 1791, et député à la convention en 1792. Dans le procès de Louis XVI, il se déclara pour le sursis, et vota pour la peine du bannissement. Il passa de la convent. au conseil des anciens, d'où il sortit en 1798, donna sa démission d'évêque en 1801, et mourut à Belleville, près Verdun, en 1819. Outre un assez grand nombre de livres d'éducation, tels que : *Cours de latinité*, etc., 4 vol.; *Plan d'éducation publique*, etc., 1777, in-12; *Vues sur l'éducat. d'un prince*, 1784, in-12; *Cours complet d'éducat.*, 7 vol. in-12; des *Abrégés* de grammaire, d'histoire naturelle, d'histoire générale, etc., etc., on cite de lui plusieurs écrits de controv., de morale, tombés aujourd'hui dans l'oubli. L'*Ami de la religion* dit que Wandelaincourt avait plus de facilité que de talent.

WANDELBERT ou WANDALBERT, écolâtre du monastère de Prunn, en Belgique, né vers l'an 813, mort après 870, est auteur d'ouvrages qui attestent ses vains efforts pour faire revivre les beaux siècles de la latinité à une époque de barbarie scolastique. Les principaux sont un *Martyrologe*, en vers latins, publié pour la première fois en entier par d'Achery, et renfermant environ 360 pièces, sans compter les préfaces, épîtres et discours préliminaires. — *Vie de S. Goar, ermite et confess.*, dans le *Réc.* de Surius, ainsi que dans les *Acta sanct.*, de Mabillon, tom. II, p. 276-299; enfin un *Hexaméron* ou *Poème sur la création du monde en six jours.*

WANGENHEIM (Frédéric-Adam-Jules de), capitaine au service de l'Angleterre pendant les campagnes d'Amérique de 1778 à 1783, puis grand-maître des eaux-et-forêts à Gumbinnen (Prusse-Orientale), où il mourut en 1800, était né en 1747 dans le duché de Saxe-Gotha. Outre div. morceaux insérés dans les *Mémoires de la société d'histoire naturelle de Berlin*, de 1788 à 1795, on a de lui : *Description de quelques espèces d'arbres qui croissent dans l'Amérique-Septentrionale*, etc. (all.), Gœttingue, 1781, in-8. — *Supplément à la science forestière en Allemagne*, etc., 1787, in-fol.

WANG-MANG, usurpateur chinois, était cousin de l'empereur Tching-ti, dont il gagna la confiance, et qui le revêtit de la dignité de grand-général. Des largesses excessives lui avaient fait dans le peuple un gr. nombre de partisans, et déjà son influence devenait redoutable, lorsqu'à l'avénem. de Ngaï-ti, et conformément aux dern. volontés de Tching-ti, il fut écarté de la direct. des affaires. Le nouveau prince mourut lui-même sans postérité, et alors l'impératrice-mère, tante de Wang-mang, rappela celui-ci au poste de prem. ministre. De concert, ils placèrent sur le trône, sous le nom de Phing-ti, un enfant de neuf ans, et, sous le prétexte de l'y affermir, Wang-mang fit tomber les têtes de ceux dont il redoutait l'opposition à ses desseins ultérieurs. Le poison mit fin aux jours de ce simulacre d'empereur. Un autre enfant, également pris dans la famille des Han, fut proclamé étant encore au berceau, puis enfin l'ambitieux Wang-mang le fit disparaître pour s'emparer de la couronne (an 9 de J.-C.). Il affecta le nom de *Sin* à sa dynastie, vainquit d'abord les Turks-hioung-nou, qui avaient pris le prétexte de son usurpation pour rompre la paix jurée, et réduisit à l'ancienne obéissance d'autres provinces égalem. soulevées. Maître de tout l'empire des Hioung-nou, après y avoir semé le carnage, il y établit de nouveaux dynastes, et eut encore à faire d'autres expéditions pour affermir sa prépondérance. Mais les surcharges d'impôt dont il lui fallut accabler ses sujets pour remplir le vide que ces expéditions avaient occasionné dans le trésor impérial, devinrent le prétexte du soulèvem. de toutes les provinces. Lieou-sicou, descendant du 4ᵉ empereur de la dynastie des Han, se mit à la tête des insurgés, et battit à plusieurs reprises les troupes de l'usurpateur, qui, réfugié dans un fort de la ville de Tchhangn-gan, y fut pris et décapité par les soldats, l'an 23 de J.-C. Son corps, livré aux outrages de la populace, fut traîné dans les rues et mis en pièces.

WAN-KOULI (Mohammed ibn Moustafa), lexicographe turk, natif de Wan, en Arménie, mort pendant un pélerinage à Médine, au 16ᵉ siècle de notre ère, est auteur d'une traduction turque du *Sihah al Loghat* de Djevgery. Ce dictionnaire arabe-turk, intit. *Kitab al Loghat*, est fort estimé des Othomans; il fut imprimé à Constantinople par les soins de Basmadjy-Ibrahim, 1729, 2 vol. in-fol., et réimpr. en 1746, lors du rétablissem. des presses de Constantinople, sous Osman III, puis en 1803, selon Schnurrer (*Biblioth. arabica*).

WANLEY (Humphrey), antiquaire et calligraphe, né en 1671 à Coventry, mort en 1726 dans la maison du lord Harley, fut attaché à l'établissement d'Edmund-Hall pour la collation des MSs. du Nouveau-Testament, secrétaire de la société instituée à Londres pour la propagation du christianisme, et enfin bibliothécaire du comte d'Oxford. Outre un *Catalogue des MSs. anglo-saxons*, dont il précisa ou découvrit l'existence, et qui, d'abord imprimé en anglais, fut ensuite trad. en lat. par Thwaites, et inséré dans le *Thesaurus ling. veter. septentr.*, Oxford, 1705, in-fol., on lui doit : *Fondements et Principes de la religion chrétienne*, trad. du latin d'Osterwald, Londres, 1704, in-8, et il a poussé jusqu'au n° 2407 le *Catalogue* de la bibliothèq. du lord Oxford. — Nataniel Wanley, ministre anglais, père du précédent, est auteur de deux écrits intitulés, l'un, *Vox Dei*, etc, l'autre, *Merveilles du petit univers*, 1678, in-fol.

WAN-LY (Y-kiun, Chin-tsoung-hian-houang-ti, appelé vulgairem.), empereur de la Chine, 12ᵉ de la dynastie Ming, n'avait que 10 ans lorsqu'il remplaça sur le trône son père, Mu-tsoung, en 1572. Pendant les 10 prem. années de son règne, l'état fut gouverné par le tchang-kiu-tching, précepteur et premier ministre du jeune empereur; mais il ne se fut pas plus tôt privé de cet appui, à l'instigation de conseillers perfides, que des troubles éclatèrent et achevèrent de désoler le Chen-si, où une maladie contagieuse avait déjà fait de gr. ravages. Les Mandchoux, sous la conduite de Thaï-tsou et à l'aide de plus. tribus mongoles, venaient de conquérir toute la partie nord-est du Liao-toung, jusqu'à la frontière de la Corée, lorsque Wan-ly, atteint d'une maladie grave, causée par les chagrins que lui donnaient les désastres de l'empire, y succomba vers la fin de l'été de 1620. Ce fut sous le règne de ce prince, en 1601, que le jésuite Math. Ricci arriva à la cour de Pé-king, et obtint la permission d'y demeurer.

WANSLEBEN (Jean-Michel), voyageur, né en 1635 à Sommerda, dans la Thuringe, avait été précepteur, puis soldat, lorsque, se trouvant à Erfurt en 1658, il s'engagea, par contrat, envers le professeur J. Ludolf, à faire le voyage d'Abyssinie. Il employa à s'y préparer 5 années, au bout desquell. il s'embarqua de Londres pour l'Égypte. Le Caire fut le terme de cette expédition; aussi, de retour en Europe (1665), n'osa-t-il se montrer dans sa patrie. Débarqué à Livourne, il se rendit à Rome, y embrassa la foi catholique, et prit l'habit de dominicain. Se trouvant à Paris en 1679, il réussit, près du ministre Colbert, à se faire confier la mission de retourner en Égypte, afin d'y recueillir des détails sur le pays, et d'y acheter des MSs. pour la bibliothèque du roi. Cette fois il parcourut le Delta, le Fayoum, les déserts de Saint-Macaire et de Saint-Antoine, pénétra dans la Haute-Égypte, puis, revenant par le continent d'Asie, apporta en France (avril 1676), une collection assez considérable de MSs. Il se flattait d'obtenir, en récompense de ses travaux, une chaire au collége de France et un évêché; mais il ne reçut du ministère que des reproches sur le mauvais emploi d'une partie des sommes qui lui avaient été confiées pour sa mission. Il en conçut un tel chagrin, qu'il mourut en 1679 dans un village près de Fontainebleau, où il était vicaire. Les princip. écrits de Wansleben sont : *Nouvelle relation, en forme de journal, d'un voyage fait en Égypte en 1672 et 1673*, Paris, 1677, in-12, traduit en angl. — *Histoire de l'Église d'Alexandrie, fondée par St Marc*, etc., ib., 1677, in-12, terminée par un *catalogue* des patriarches, depuis St Marc jusqu'en 1673, ainsi que des hommes illustres de la nation cophte et de leurs ouvrages.

WAPOWSKI (Bernard), historien polonais, natif de Cracovie, mort en 1535, grand-chantre de l'Église de cette ville, avait rempli diverses missions à Rome, et reçu du pape Jules II celle de décider Sigismond II à faire la guerre aux Turks. Le comte Ossolinski a donné en polonais une *Vie de Wapowski*, dont le principal ouvrage était une continuation des *Annales de Pologne*, par J. Tarnowski. Le seul fragment qui nous en reste a été imprimé à la suite de l'*Histoire de Pologne*, par Cromer, Cologne, 1689, in-fol.

WARBURTON (William), savant prélat, né en 1698 à Newark sur le Trent, fils d'un procureur, fut lui-même destiné au barreau, qu'il abandonna pour la carrière ecclésiastique. Ordonné diacre en 1723, et prêtre quatre ans plus tard, il fut promu en 1728 au rectorat de Brand-Broughton, devint successivem. chapelain du prince de Galles (1738), prédicateur de la société de Lincoln's-Inn (1746), chan. de Glocester, puis chapelain du roi (1753-4), doyen de Bristol, enfin évêque de Glocester (1760), et mourut le 7 juin 1779. Warburton avait débuté dans la carrière des lettres en se rangeant parmi les détracteurs de Pope, dont il devint l'ami et le commentateur. Après un *Recueil de traductions diverses, en prose et vers*, 1723, et un *Examen critiq. et philosophiq. des causes des prodiges*, etc., 1727, le 1er ouvr. digne d'attention qu'il fit paraître fut son traité de l'*Alliance entre l'Église et l'état, ou la Nécessité d'une religion établie*, 1736, trad. en franç. par Silhouette (Londres), 1742, 2 vol. in-12. Mais le principal fondement de sa célébrité est la *divine Legation of Moses demonstrated*, Londres, 1756, 5 vol. in-8. Ce n'est pas dire que cet ouvrage ait été bien accueilli; il souleva, au contraire, des critiques accablantes contre son auteur, qui les méritait. Outre plus. autres écrits, on doit à Warburton des éditions de Pope, de Shakespeare, etc. Son *Essai sur les hiéroglyphes des Égyptiens*, etc., a été traduit par Léonard de Malpeines, Paris, 1744, 2 vol. in-12, fig. Ses *OEuvres*, recueillies par les soins de son ami, le docteur Hurd, évêque de Worcester, Londres, 1788, 7 vol. in-4, avec une *Préface* sur la vie et les ouvr. de l'aut., ont été réimpr. en 1811, 12 vol. in-8. Sa correspondance avec Hurd a été publiée séparément, 1808, in-4. — John Warburton, antiquaire et héraldiste, né en 1681, mort en 1759, est auteur des deux ouvrages suivants : *a List of the nobility and gentry of the counties of Middlesex, Essex and Hertford*, etc., 1722, et *Vallum romanum, ar the Hist. and Antiquities of the roman Wall*, etc., 1753, in-4.

WARCISLAS. prince de la Poméranie, ayant été, dans sa jeunesse, emmené prisonnier en Allemagne, s'y convertit à la foi chrétienne, et reçut le baptême à Mersbourg. Dans la suite il joignit ses efforts avec ceux de Boleslas Krzjwousty et de saint Othon, pour convertir à cette croyance les farouches habitants de la Poméranie. Il eut le bonheur de voir ses efforts couronnés d'un plein succès, et mourut vers 1124.

WARD (Seth), évêque d'Exeter, puis de Salisbury, naquit en 1617 à Buntingford, dans le comté de Hertford. Agrégé de l'univ. de Cambridge, il perdit cette place à cause de sa coopération à un écrit dirigé contre le *covenant*, et resta quelque temps sans emploi. Il fut enfin nommé professeur d'astronomie de l'univ. d'Oxford, en remplacem. du célèbre Greaves, puis principal du collége de Jésus, président de celui de la Trinité et doyen d'Exeter. La restauration le fit évêque. Membre de la société royale de Londres à sa fondation (1661), il en fut plusieurs fois vice-président. Il mourut dans son siége de Salisbury en 1689, laissant la réputat. d'un savant distingué et d'un habile orateur. Le doct. Burnet lui succéda. Son mérite comme astronome a été apprécié par Montucla (*Hist. des mathématiq.*, t. II, p. 559, 2e édit.). Il suffira de citer, parmi ses ouvrages : *A philosophical Essay towards an erection of the being and attributes of God*, Oxford, 1652, in-8. — *De Cometis, ubi de cometarum naturâ disseritur*, etc., 1653, in-4. — *Idea trigonometriæ demonstratæ*, etc., 1654, in-4. — *Astronomia geometrica*, etc., Londres, 1656, in-8. On a une *Vie de Seth Ward*, par Walther Pope. — WARD (Nathaniel), théologien non-conformiste, né en 1570 à Havernill, mort à Shenfeld, au comté d'Essex, en 1653, avait desservi pendant 15 ans la cure d'Ipswich, à la Nouvelle-Angleterre, où il s'était réfugié en 1631, après avoir perdu, pour cause de non-conformité, la cure de Standon, bourg du comté de Hertford. On cite de lui une diatribe contre la hiérarchie épiscopale, Boston, 1713.

WARD (Édouard), poète anglais, né en 1667 dans le comté d'Oxford, mort en 1731, est plus connu par la mention que Pope a faite de lui dans sa *Dunciade*, que par ses productions, entre lesquelles se trouvent une comédie intit. : *le Ton d'un*

Café, et la diatribe piquante, mais grossière, de l'*Espion de Londres*. — Thomas WARD, né vers 1660, servit d'abord dans les gardes à cheval du roi d'Angleterre, et après avoir embrassé la foi catholique sous le règne de Jacques II se fit maître d'école. Il passa en Flandre vers 1688, et y mourut peu de temps après. Entre autres écrits on lui doit : *la Réformat. anglicane*, 2 vol. in-8, satire dans le genre d'*Hudibras*. — *Errata de la Bible protestante*, 1688, in-8. — *La Controverse sur l'ordination*, 1719, in-8.

WARD (JOHN), professeur de rhétoriq. à l'université d'Oxford, puis l'un des conservat. du musée britannique, né en 1679 à Londres, où il mourut en 1758, membre de la société royale et de celle des antiquaires, a fourni un certain nombre de mémoires aux *Transactions* de ces deux acad., et publié entre autres ouvr. les *Vies des professeurs du collège de Gresham*, Londres, 1740, in-fol. On a recueilli et publié ses leçons de rhétorique, sous le titre de *Système d'éloquence*, 1758, 2 vol. in-8, et ses *Dissertat. sur divers passages des saintes écritures*, 1761-74, 2 tom. in-8. — Bernard WARD, savant irlandais, étant venu étudier en Espagne les causes de la décadence du commerce et de l'industrie, reçut du roi Ferdinand VI la mission de recueillir les documents nécessaires pour mettre à exécution les vues qu'il avait présentées dans un écrit publié à Valence en 1750, sous le titre de *Moyens de remédier à la misère des indigents* (*Obra pia*, etc.). Revenu dans la Péninsule après quatre ans qu'il avait employés à visiter les principales villes commerciales et manufacturières d'Europe, Ward fut nommé présid. du commerce et des monnaies, et directeur de la fabrique des cristaux de St-Ildephonse. Mais il mourut avant d'avoir pu mettre en œuvre les matériaux qu'il avait rassemblés. Ils furent mis au jour par le comte de Campomanès sous le titre de *Projet économique*, Madrid, 1779. — Thomas WARD, né en 1749 à Dublin, était officier dans un des corps irlandais au service de France lorsque la révolution éclata. L'enthousiasme qu'il montra pour les idées nouvelles lui valut un rapide avancement. Lieutenant-colonel à l'armée du Nord en 1792, il mérita par sa belle conduite d'être promu au grade de général de brigade. Après la défection de Dumouriez, arrêté comme étranger et suspect, il fut traduit au tribunal révolution. et condamné à mort le 23 juil. 1794. — Arthemas WARD, major-général de l'armée américaine, mort à l'âge de 65 ans à Shrewsbury, s'était distingué sous les ordres de Washington dans la guerre de l'indépendance, et avait été deux fois membre du congrès.

WARE (JAMES), savant antiquaire, né à Dublin en 1594, d'une ancienne famille d'Yorkshire, succéda en 1632, à son père dans la place d'auditeur-général, et plus tard fut appelé au conseil privé. Son zèle pour Charles Ier lui attira des persécutions. Enfermé pendant dix mois à la Tour de Londres, il obtint ensuite un passeport pour la France, et séjourna deux ans à Paris. A la restauration, il rentra dans ses emplois, et mourut en 1666. Outre quelques éditions d'anciens ouvr., il a publ. : *Disquisitiones de Hiberniá et de scriptor. hibern.*, Dublin, 1639-44-45, ouvr. très recherché. — *De Hiberniá et antiquit. ejus disquisitiones*, Londres, 1654, 1658, in-8. — *De præsulibus Hiberniæ comment.*, 1665, in-fol. Walter Harris a donné l'édit. la plus complète de ses *OEuvres*, en angl., Dublin, 1739-45, 3 t. en 2 vol. in-fol.; réimpr. en 1764, 2 vol. in-fol. On conserve à la biblioth. cottonienne quelques-uns de ses ouvr. encore inédits. — Rob. WARD, son fils cadet, est auteur de plus. ouvr. de controv. aujourd'hui oubliés.

WARGENTIN (PIERRE-GUILLAUME), astronome, né en 1717 à Stockholm, mort à l'observatoire de cette ville en 1783, fut secrétaire de l'acad. des sciences de Suède pendant 34 ans. On lui doit la découverte des équations empyriques des satellites de Jupiter, et celle de la comète de 1742. Outre plus. *mémoires*, *discours*, *éloges*, insérés dans le Recueil de l'acad. de Suède, il a laissé : *Tabulæ novæ pro supputandis ecclipsibus tertii satellitis Jovis*, Londres, 1779.

WARHAM (WILLIAM), prélat anglais, né vers 1460 dans le comté de Hamp, fut d'abord chef d'une école de droit à Oxford, grand-chantre de Wells et garde des archives. Henri VII le chargea en 1493, avec sir Edward Poynings, de négocier, près du duc de Bourgogne, l'extradition de Perkin Warbeck ; et malgré l'insuccès de cette mission, il fut récompensé de son zèle par plusieurs offices lucratifs, et enfin promu à l'évêché de Londres (1502). Deux ans après Warham fut fait grand-chancelier, puis archevêque de Cantorbéry. Il eut aussi la confiance de Henri VIII, jusqu'au moment où le fameux Wolsey devint pour lui un rival redoutable. Bientôt, par les intrigues du nouveau favori, il se vit enlever sa place de grand-chancelier, et plus tard une partie des prérogatives attachées à son siège archiépiscopal. Il mourut en 1532, léguant une somme de 3,000 liv. sterl. pour la réparation et l'établissement d'édifices dépendant de l'archevêché de Cambridge. Il fit le partage de sa volumineuse et riche bibliothèque entre le collége dit *All-Souls* (qui eut les livres de théologie), le *New College* (ceux de droit civil et canon), et le collége de Winchester (les liv. de musique d'église). Ce prélat, qui fut le protecteur zélé des lettres et des savants, fit aussi par son testament diverses fondations pieuses. Il ne reste de lui que quelques *lettres* au célèbre Erasme, son ami, et un discours assez remarquable prononcé au parlement.

WARING (ÉDOUARD), mathématicien, né en 1734, fut appelé à la chaire de mathématiques du collège de Lucas à Cambridge, qu'avait occupée Newton, se montra digne de ce choix par les découvertes qu'il ajouta à celles de ses savants prédécesseurs, et mourut en 1798. Outre un grand nombre de morceaux sur diverses parties des mathématiques, dans les *Transact.*, de 1763 à 1791, on a de lui en latin : *Méditations algébriques*, 1770, 1776, 1782, in-4. — *Méditations analytiq.*, 1776,

1785, in-4. — *Mélanges analytiq. sur les équations algébriq. et les propriétés des courbes*. 1762, in-4; *Propriété des courbes algébriques*, 1772, in-4. Waring avait des connaissances en médecine, et son nom fut porté sur la liste des médecins de l'hôpital d'Addenbrooke à Cambridge; mais il n'a rien écrit sur cette science.

WARMHOLTZ (Charles-Gustave), conseiller du roi de Suède, né en 1710, mort en 1784, consacra sa vie à des recherches sur l'histoire de son pays. On a de lui : *Bibliotheca historica sueogothica*, Stockholm et Upsal, 1782 et suiv., 15 vol. in-8, dont les trois prem. ont paru du vivant de l'auteur.

WARNACHAIRE ou WARNACAIRE, *Warnacharius*, et probablement en langue germanique *Warn-haar*, était maire du palais de Thierri II, roi de Bourgogne, à l'époque de la mort de ce prince (613). Prévenant les sinistres desseins que forma contre lui la reine Brunehaut, il sut préparer habilement la catastrophe de cette ambitieuse princesse. Warnachaire, qui mourut en 626, avait porté le premier coup à la dynastie mérovingienne, en rendant inamovible la charge de maire du palais. — Sous Thierri Ier la Bourgogne fut gouvernée par un maire du palais également nommé Warnachaire, qui mourut en 599. — Warnachaire, prêtre, défendit l'hérésie d'Agrestius contre St Eustase, abbé de Lisieux, et mourut subitem. au concile de Mâcon en 622. — Warnachaire, était clerc de l'église de Langres dans les prem. années du 7e S. L'évêque de Paris, St Céraune, lui demanda les actes des martyrs morts pour la foi au diocèse de Langres, et il les envoya effectivem. à ce prélat en 615 (*v.* St Didier).

WARNER (William), poète anglais, né vers l'an 1558 dans le comté d'Oxford, mort au comté de Herford en 1609, a laissé plus. ouvrages, parmi lesq. on distingue : *Albion's England*, poème héroïque qui lui valut le surnom d'*Homère* et de *Virgile* de son temps; et *Syrinx or a seauenfold historie*, en prose, 1597. Headley a publ. un recueil des *Beautés* de Warner. — Ferdinand Warner, né en 1703, mort en 1768, est auteur d'un assez grand nombre d'ouvr., parmi lesq. on cite : *Système de théologie et de morale*, etc., Londres, 1750, 5 vol. in-12; 1756, 4 vol. in-8. — *Observat. sur l'hist. de Fingal et sur les autres poésies d'Ossian*, trad. par Macpherson, 1762, in-8. — *Hist. d'Irlande*, 1763, in-4. — *Hist. de la rébellion et de la guerre civile en Irlande*, 1767, in-4. — *Hist. ecclésiastiq. du* 18e S., 1756-57, 2 vol. in-fol. — *Mémoire de la vie de Th. Morus*, Londres, 1758, in-8. — John Warner, fils du précédent, né en 1736, est auteur d'un éloge de la modérat. intitulé : *Metron ariston*, impr. en 1797, et qui fit quelque sensation parmi les savants par la singularité des détails, autant que par celle du titre.

WARNER (Richard), botaniste, né à Londres en 1711, mort en 1775, s'était livré dans sa jeunesse à l'étude des lois, et ne discontinua pas de fréquenter les réunions de Lincoln's Inn, quand il se fut voué d'une manière plus spéciale aux sciences naturelles. S'étant fixé dans le comté d'Essex, il y créa un jardin botanique très remarquable, dont il publ. le catalogue sous ce titre : *Plantæ woodfordienses*, Londres, 1771, in-8. Il cultivait aussi la littérature, et on connait de lui des *Lettres à David Garrick*, concernant un glossaire sur les pièces de Shakespeare, et leur plan, 1768, in-8. — Warner (Joseph), né en 1717 à l'île d'Antigoa, fut envoyé de bonne heure en Angleterre, où il étudia la chirurgie. Il devint profess. d'anatomie à l'hôpital de St-Thomas de Londres, puis prem. chirurgien de l'hôpital de Guy, et mourut en 1801, membre de la société royale, dont les *Transactions* contiennent de lui plus. mémoires et dissert. Ses principaux ouvr. sont : *Cas qui surviennent dans la chirurgie*, Londres, 1754; 4e édit., 1784, in-8; trad. en allem. — *Description de l'œil humain*, etc., 1769, in-8. — *Account of the testicles*, etc., 1774, in-8.

WARNERY (Charles-Emmanuel), né en 1719, dans le pays de Vaud, servit successivem. dans les armées de Sardaigne, de Russie, de Prusse, et enfin passa au service de la Pologne, où il obtint le grade de major-général. Ayant obtenu sa retraite au bout de quelques années, il se retira à Breslau, et y mourut en 1786. On a de lui : *Remarque sur le militaire des Turks et des Russes*, etc., avec des plans; cet ouvrage, composé d'abord en allemand, a été trad. et publ. en franç. par l'auteur, Breslau, 1771, in-8. — *Remarques sur la cavalerie*, Lublin, 1781, in-8. — *Remarques sur l'essai général de tactique de Guibert*, etc., Varsovie, 1782, in-8. — *Mélanges de remarques sur César et autres auteurs militaires*, etc., 1782, in-8.

WARREN (Joseph), né à Roxbury, dans le Massachusetts, en 1740, exerçait la profession de médecin, lorsque les colonies anglaises d'Amérique s'insurgèrent contre la métropole. Il fut un des premiers à prendre les armes, devint président du congrès particulier de sa province, se distingua dans la double carrière administrative et milit., obtint le grade de major-général en 1775, et mourut quelques jours après d'une blessure reçue à la bataille de Breeds-hill. — Un autre Warren (James), prit aussi une grande part aux événements qui amenèrent l'indépendance des colonies de l'Amérique, devint major-général, fut, à la paix, orateur de la chambre des représentants, puis membre du conseil, et mourut en 1808.

WARREN (John Dorlase), amiral, né dans le Cornouailles en 1754, fit comme lieutenant de vaisseau les prem. campagnes de la guerre d'Amérique, et fut nommé capitaine de haut-bord. Une injustice qu'il ne tarda pas à éprouver le décida à quitter le service; mais à l'époque des guerres de la révolution franç., il reçut le command. d'une escadre destinée à croiser sur les côtes de France. Nommé contre-amiral, il concourut à la prise du fort Penthièvre en Bretagne, et lors de l'expédit. d'Irlande, en 1795, il captura le vaisseau le *Hoche*, ainsi que trois frégates ayant à bord des troupes de débarquement. Ce fut le dernier fait remarquable de cet amiral, qui, en 1815, fut appelé au conseil privé, puis envoyé à Pétersbourg avec le titre d'ambassadeur extraord. Il mourut en 1822. On a de lui : *Tableau de la force navale de la Grande-Bretagne*, 1791, in-8.

WARSEWITZ (CHRISTOPHE-STANISLAS), jésuite, mort vers 1605, directeur de la chancellerie de Pologne, remplissait cet emploi depuis le règne de Sigismond-Auguste. Ses princip. écrits sont : *Vita, res gestæ et obitus Stephani, regis Polon.*, et *in ejus obitum oratio*, Cracovie, 1587, in-4. — *Cæsarum, regum et principum Vitæ parallellæ*, Cracovie, 1603, in-fol.; Francfort, 1608, in-8. — *Orationes turcicæ quindecim*, Cracovie, 1595, in-fol. (ce sont des disc. pour engager les princes chrétiens à se réunir contre les Turks). — *De consilio et consiliariis; De legato et legatione*, Cracovie, 1595; Dantzig, 1646, in-12. — *Paradoxa*, 1590, in-4, et Rome, 1601, in-12. — *Memorabilium hominum et rerum descriptio ab orbe condito ad ann.* 1585, Cracovie, 1585, in-4. — *De optimo libertatis statu dialogus*, 1598, in-4. — *De origine et derivatione generis et nominis poloni*, Wilna, 1580, in-4 (v. Braun, *Script. poloniæ catal.*).

WARTENBERG (JEAN-CASIMIR KOLB, comte de), né en 1584 à Kaiserslautern, séjourna quatre ans en Italie, où il était venu terminer son éducat., et y obtint le commandem. de la garde du grand-duc de Toscane. En 1608 il fut nommé conseiller et chambellan de l'électeur palatin Frédéric IV. Il accompagna en Angleterre l'électeur Frédéric V lors de son mariage (1613), et après l'access. de ce prince à la couronne de Bohême, obtint le poste de commissaire-général des troupes du Palatinat, ce qui ne l'empêcha pas de remplir div. négociat. en France, en Angleterre, en Hollande, etc. Devenu gouverneur de la ville de Deux-Ponts, il suivit dans une expédition en Allemagne le roi de Bohême, après la mort duquel il s'attacha au service de sa veuve (1632). Après avoir rempli pour elle diverses négociations, il vint reprendre à la cour palatine ses fonctions de conseiller, qu'il perdit ainsi que toute sa fortune par l'issue de la bataille de Nordlingen. Rentré en grâce après un exil de 13 ans, il avait résolu de renoncer aux affaires publiques; mais les instances d'Éléonore de Brandebourg, veuve de l'électeur palatin, Charles-Louis, le décidèrent à accepter les places de membre du conseil privé et de gouverneur de Kaiserslautern. Il mourut en 1661. Il avait rédigé pour l'instruction du dernier de ses fils un écrit moral que l'électeur palatin fit imprimer, sous le titre d'*Instruction d'un père à ses enfants*, 1662 ; réimprimé à Berlin en 1696 et 1704, avec une préface de J. de Besser. — Charles-Hartwigt de WARTENBERG, fils du précédent, mort sur un champ de bataille en 1757, offic.-gén. au service du roi de Prusse Frédéric II, avait commandé un régiment de hussards pendant le règne de Frédéric-Guillaume Ier, était passé ensuite au service de Russie, et avait fait la guerre contre les Tatares, les Turks et les Polonais.

WARTENBERG (FRANÇOIS-GUILLAUME de), de la même famille, cardinal et évêque de Ratisbonne et d'Osnabruck, né en 1593, avait succédé dans les charges de grand-maître de la cour de l'élect. de Cologne et de conseiller privé au comte Frédéric de Hohenzollern, qu'il remplaça aussi dans l'évêché d'Osnabruck. L'issue de la bataille d'Oldendorff, gagnée sur les Impériaux par le duc George de Brunswick, le priva de ce siége, ainsi que de ceux de Minden et de Verden, conquis sur deux princes protestants, et que lui avait conférés Urbain VII. Il fut depuis choisi pour coadjuteur par l'évêque de Ratisbonne, et le remplaça en 1649. Quelque temps avant, il était rentré dans l'évêché d'Osnabruck, moyennant la somme de 80 000 rixdales payée au duc Gustave, que la reine Christine en avait investi. Ce fut d'Alexandre VIII qu'il reçut la pourpre, l'année même de sa mort (1649).

WARTENSLEBEN (ALEXANDRE-HERMANN de), feld-maréchal au service de Prusse, mort en 1734, était né dans la Westphalie en 1650, et avait fait ses premières armes sous les ordres de Turenne dans les Pays Bas. Il fit aussi plusieurs campagnes dans les troupes hessoises, assista à la délivrance de Vienne en 1686, combattit depuis comme volontaire pour les Vénitiens contre les Turks en Morée, et, de retour en Allemagne, il reçut du landgrave de Hesse la commission de former un régim. de dragons pour l'empereur. Servant alors contre la France, Wartensleben devint major-général de l'infanterie hessoise; il fut ensuite chargé de l'organisat. des troupes du duché de Saxe-Gotha, et reçut plus tard de l'empereur le grade de feld-maréchal, distinction méritée par sa brillante conduite en Flandre et sur le Rhin, jusqu'à la paix de Ryswick. C'est à cette époq. qu'il se mit à la solde de Frédéric Ier, roi de Prusse, et qu'il reçut, avec le grade de feld-maréchal de ses troupes, les charges de gouverneur de Berlin et de chef du conseil de guerre. — Son fils, Léopold-Alexandre, né en 1710, parvint au grade de lieutenant-général dans l'armée prussienne, se retira du service en 1756, et mourut en 1775, laissant trois fils, dont l'un fut condamné à une détention perpétuelle en raison de sa conduite à la bataille d'Iéna en 1806, et de sa participation à la reddition de Magdebourg.

WARTENSLEBEN (GUILLAUME-LOUIS-GASTON de), feld-maréchal au service d'Autriche, né en 1728, de la même famille, mais d'une autre branche que le précédent, fit d'abord une partie de la guerre de sept ans, puis alla combattre les Turks et commanda, en 1793, l'aile droite de l'armée sous les ordres du comte de Clerfayt. Devenu général d'artillerie, il remplaça en 1796 le duc de Wurtemberg dans le commandement du corps d'armée qui agissait sur la Lahn, sous les ordres de l'archiduc Charles. Il fut battu à Neuwied par le général Jourdan, se retira sur les bords du Mein, sans chercher à défendre Francfort, et continua son mouvement rétrograde jusqu'au fond de la Franconie. Toutefois, les sages dispositions de l'archiduc Charles lui ayant donné tous les moyens de reprendre l'offensive, il harcela dans sa retraite l'armée du général Jourdan, puis seconda avec intelligence les opérations du généralissime contre Moreau. Une blessure grave qu'il reçut sur les bords de l'Elz l'obligea d'abandonner son commandement; il fut nommé en 1797 gouvern.-général de la Dalmatie, et mourut peu de temps après. L'archiduc Charles, dans ses *Mémoires*, a porté un jugement sévère, mais juste, sur la capacité militaire de ce feldmaréchal.

WARTON (Joseph), littérateur, né en 1722 à Dunsford, dans le comté de Hamp, perfectionna ses études à l'univers. d'Oxford, où son père était profess. de poésie; il entra ensuite dans les ordres, obtint la cure de Winslade en 1748, puis successivement plusieurs autres bénéfices, et fut élu en 1755 maître de l'école de Winchester. Il mourut à Londres en 1800, laissant, outre des *Poëmes* et autres *Opuscules*, composés pendant son séjour à Oxford, et dont quelques-uns sont insérés dans la collection de Dodsley, un recueil d'*Odes* publ. en 1746; une édition de *Virgile*, en latin, avec une traduct. en vers anglais; trois *Essais* sur la poésie pastorale, didactique, épique, des notes, etc., 1748-1755, 4 vol. in-8; *Essai sur le génie et les écrits de Pope*, dont le 1er vol. fut publié en 1756, anonyme, et le 2e en 1792; une édit. de la *Défense de la poésie*, par Philip Sydney; et des *Observat. sur l'éloquence et la poésie*, par Ben Johnson, 1784, in-12, devenu très rare; une édition des *OEuvres* de Pope, avec une *Notice* biographiq. et des *Notes* dans lesquelles l'éditeur a refondu et réparti la substance de son *Essai* sur ce poëte célèbre. Wool a donné des *Mémoires* sur Joseph Warton, 1806, in-4. — Thomas Warton, frère puîné du précéd., né en 1728, termina ses études à l'univ. d'Oxford. Admis comme agrégé au collége de la Trinité en 1751, il devint, six ans après, profess. au collége Pembrocke, et fut promu à la chaire d'hist. fondée par Camden. Ayant, comme son frère, embrassé l'état ecclésiastiq., il obtint la cure de Kiddington, dans le comté d'Oxford, et il en eut depuis une autre dans le comté de Sommerset. Dès sa prem. jeunesse, il avait annoncé un goût décidé pour la poésie; il la cultiva toute sa vie avec succès, et écrivit l'histoire de celle d'Angleterre. Il s'était aussi occupé d'antiquités, et la société des antiquaires de Londres l'admit au nombre de ses membres en 1771. Ce littérateur s'occupait d'une édit. complète de ses *Poésies*, lorsqu'il mourut subitement en 1790. Parmi ses nombreux écrits, dont on trouve la liste à la suite de la *Notice* qu'Alex. Chalmers lui a consacrée, ainsi qu'à son frère, dans la collection des poètes anglais, publiée en 1810, on distingue : *Observations sur la reine des fées*, 1754-1762, 2 vol. in-8 (c'est celui des ouvr. de l'aut. que préférait Samuel Johnson). — *Compagnon du guide et guide du compagnon; Supplément complet à toutes les descript. d'Oxford, publ. jusqu'à ce jour*, etc., 1760, in-12, badinage ingénieux, dont la 5e édition parut en 1806, avec grav. — *Inscriptionum romanarum metricarum delectus*, 1758, in-4, très rare. — *Histoire de la poésie anglaise depuis la fin du 11e S. jusqu'au commencement du 18e*, 1774-1781, 3 vol. in-8. — *Recherches sur l'authenticité des poésies attribuées à Rowley*, 1782. — *Recueil de poésies*, 1777, 1778, 1779, 1789. — Une édition des *Poëmes de la jeunesse de Milton*, avec des notes critiques et explicatives, 1785, in-8. — Deux de ses fils, Joseph et Thomas, publièrent en commun les *Poésies* de leur père, 1747, in-8. — John Warton, doct. en théologie, mort en 1825, est auteur de quelq. écrits, réunis en 1 vol. in-8, 1826, sous le titre de *Tabl. d'agonie*, et *Conversations pastorales*, en angl.

WARWICK (Gui de BEAUCHAMP, comte de), est le premier personnage qui figure dans l'histoire comme titulaire du comté de ce nom, autrefois habité par les *Cornavii*, puis partie du royaume de Mercie pend. l'heptarchie saxonne. Gui s'étant uni au comte de Lancaster dans une révolte des barons contre Édouard II, s'empara de Gavaston, favori du roi, que les conjurés décapitèrent au château de Warwick en 1312. — Richard Beauchamp, comte de Warwick, favori de Henri V, et l'un des principaux capitaines de l'armée anglaise sous le règne de ce prince, fut ambassadeur au concile de Constance en 1414; il fit la guerre en France, devint gouverneur du jeune roi Henri VI, dirigea toute l'inique procédure de la célèbre Pucelle d'Orléans (v. Jeanne d'Arc), et ne se montra ni moins violent ni moins cruel que les autres bourreaux de cette héroïne. Après avoir tenté quelques efforts assez heureux pour retarder la ruine de la domination anglaise en France, il mourut vers 1439 à Rouen, où il résidait alors comme régent. — Son fils unique, Henri Beauchamp, comte de Warwick, se fit remarquer très jeune dans les guerres contre la France, et mourut gouverneur de Calais vers l'an 1453. — Richard Nevill, comte de Warwick, le plus célèbre de ceux qui ont porté ce nom, avait épousé la fille de Richard, sœur de Henri, duc de Warwick, et lui succéda dans ce titre. Il était frère cadet de Ralph Nevill, comte de Westmoreland, et sa sœur avait épousé le duc d'York, dont son habileté, sa valeur et ses richesses lui permirent d'appuyer efficacement les prétentions. Lorsque la guerre civile éclata, Warwick, commandant une partie des troupes du duc d'York, gagna en 1455 la bataille de St-Albans, où Henri VI fut fait prisonnier, et le gouvernement de Calais fut la récompense de ses services. En 1460, il remporta une nouvelle victoire sur l'armée royale à Northampton, et, après la mort du duc d'York, tué à Wakefield, il empêcha la reine Marguerite d'Anjou d'entrer dans Londres. C'est alors qu'ayant assemblé l'armée et le peuple de la capitale, il fit proclamer roi, sous le nom d'Édouard IV, le fils du duc d'York (1461). Quelque temps après, il livra à l'armée de Marguerite la fameuse bataille de Tawnton, si funeste au parti de Lancastre, et dont le résultat fut la soumission presque entière du roy.

Marguerite réorganisa une nouvelle armée, qui fut vaincue et mise en déroute à Exham, et le roi Édouard demeura possesseur tranquille de la couronne. Warwick, investi de toute la confiance du jeune monarque, ne put cepend. l'empêcher d'épouser Élisabeth Woodville, et de renoncer ainsi à l'appui de la France, que son mariage avec Bonne de Savoie lui aurait assuré. Mécontent de son maitre, Warwick céda aux séduct. du roi de France, auprès duquel il avait été envoyé comme ambassadeur. Plus dévoué à Louis XI qu'à Édouard, lorsqu'il revint en Angleterre, il forma un parti contre la reine et sa famille, parvint à reprendre un pouvoir plus grand que jamais, à tint le roi comme prisonnier, d'abord dans son château de Warwick, puis à Middleham. Mais bientôt il se vit contraint, par suite des intrigues de Charles-le-Téméraire, qui avait récemment épousé la sœur d'Édouard, de remettre ce monarque en liberté, et de s'enfuir sur le continent. Il croyait rentrer dans son gouvernement de Calais; mais cette ville lui étant fermée, il débarqua à Honfleur. Il reparait bientôt en Angleterre, rassemble une armée de 60,000 hommes, force Édouard de fuir en Hollande, tire Henri VI de la Tour, et se fait déclarer gouverneur du royaume. Édouard revient, à son tour, après un séjour de huit mois à la cour du duc de Bourgogne, débarque dans le comté d'York, réunit ses partisans, et s'avance sur Londres. Warwick, qui aurait pu attendre les renforts que son gendre, le prince de Galles, et la reine Marguerite allaient lui amener de France, se hâte de combattre avant leur arrivée, parce qu'il veut que la maison de Lancastre soit sauvée par lui seul. Il perd la bataille de Barnet, et se fait tuer à la tête des archers de son armée le 14 avril 1471. Telle fut la fin de cet homme entreprenant, que l'hist. a surnommé *le Faiseur de rois.* La vie de Warwick a fourni à La Harpe le sujet d'une tragédie qui a eu du succès, mais où ce poète s'est complétement écarté de la vérité historique. — Édouard, comte de WARWICK, fils du duc de Clarence (frère d'Édouard), et d'Isabelle Nevill, fille du précédent, était détenu à la Tour de Londres, où Henri VII l'avait fait mettre, lorsque Perkin Waerbeck y fut égalem. renfermé (1499). Cet aventurier proposa au jeune comte de prendre part à un complot pour égorger leurs gardiens et recouvrer leur liberté. Ce complot ayant échoué, Warwick fut traduit devant le parlement comme coupable de haute trahison, et condamné à être décapité. Henri VII fit répandre le bruit que le roi d'Espagne n'avait consenti à donner sa fille, Catherine d'Aragon, au prince de Galles (depuis Henri VIII), que sous la condition de faire périr le comte de Warwick, dernier rejeton de la maison d'York. — John Dudley porta long-temps le titre de comte de WARWICK, avant d'être créé duc de Northumberland. Son fils, Ambroise Dudley, et son petit-fils, Robert Dudley, en furent également revêtus.

WARWICK (sir PHILIP), homme d'état et écrivain, né à Londres en 1608, d'une ancienne famille du Cumberland, dont le nom n'était point un titre comme chez les précédents, fut d'abord greffier du petit sceau, et devint membre du parlem. en 1640. Il combattit dans l'armée royale pendant la guerre civile, accompagna Charles 1er dans sa fuite à l'ile de Wight, lui servit de secrétaire, ne put le suivre dans sa prison ni l'assister dans ses derniers moments, et resta fidèle à la cause royale sous Cromwell. A la restauration, il reprit ses fonctions de greffier du sceau, fut fait ensuite secrétaire de la trésorerie, puis quitta l'administrat., n'étant plus que membre du parlement, et mourut en 1683. On a de lui des *Mémoires* sur la révolut. d'Angleterre, impr. en 1701, et trad. en franç. dans la *Collection* publ. par M. Guizot ; un *Traité sur le gouvernem.,* ouvr. très médiocre.

WARWICK (VIBRAND van), navigateur hollandais, fut nommé commandant d'une flotte qui partit du Texel en 1602 pour protéger le commerce et former de nouveaux établissements dans les Indes, dans le temps où les Anglais ne dissimulaient plus leurs intent. hostiles contre les Provinces-Unies. Arrivé à Bantam, il y établit un comptoir avec dix facteurs, et le règlement qu'il fit à cette occasion servit depuis de modèle à ceux qui furent dressés pour de semblables établissements. Quelques-uns des vaisseaux de la flotte hollandaise ayant enlevé un riche galion portugais, on y trouva de très bonnes instructions concernant le commerce de la Chine. Warwick tourna ses vues de ce côté, et prépara les voies à ses successeurs, n'ayant pu lui-même ouvrir les communications avec les ports chinois. Il quitta Bantam en 1606, et revint en Hollande, avec ses vaisseaux richement chargés. — Un voyageur hollandais du même nom concourut également à l'établissement de différentes colonies de sa nation dans les Indes au commencem. du 17e S.

WASEL-BEN-ATHA (ABOU-HOD-HAÏFA), surnommé *Gazzal,* né à Médine l'an 80 de l'hégyre (700 de J.-C.), mort en 131 (749 de J.-C.), fut le fondateur de la secte musulmane dite *des Motazales* (ceux qui se retirent à part). Deux opinions divisaient les musulmans, dans le 2e S. de l'hég., sur cette question de dogme : Le musulman qui commet un péché mortel cesse-t-il d'être fidèle ? On nommait *kharedjites* (schismatiques) ceux qui tenaient pour l'affirmative, et *moumin* (orthodoxes) ceux qui soutenaient la négative. Assisté par le docteur Amrou, fils d'Obeïd, Wasel résolut ainsi la difficulté : Un musulman en péché mortel appartient à une catégorie spéciale; on ne doit point reconnaitre en Dieu d'attributs autres que l'essence; Dieu a laissé à l'homme une liberté de détermination relativement au bien et au mal, par laquelle il acquiert des mérites ou des démérites. Par la suite, les doct. de cette secte fondèrent la science du *kelam* ou *théologie* scolastique, qui, avec la connaissance de la philosophie des Grecs, multiplia parmi les musulmans les divisions religieuses, et tourna contre eux-mêmes leur intolérance et leur fanatisme.

WASER (GASPAR), orientaliste, né en 1565 à

Zurich, fit d'abord l'éducation d'un jeune patricien d'Augsbourg, avec lequel il parcourut l'Allemagne, la Hollande, l'Angleterre et l'Italie. De retour à Zurich il embrassa l'état ecclésiastique et devint professeur d'hébreu à l'académie; il joignit plus tard à cette chaire celles de langue grecque, de théologie, et mourut en 1625. On a de lui, outre des traduct. d'ouvr. theologiq. et quelques éditions d'auteurs suisses: *Institutio linguæ syræ*, Leyde, 1594, in-4, réimpr. avec des corrections et des additions, sous le titre de *Grammatica syra*, etc., ib., 1619, in 4, et 1623, in-8. — *Archetypus grammaticæ hebreæ*, etc., Bâle, 1601, in-8. — *Elementale chaldaicum*, etc., Heidelberg, 1611, in-4. — *Institutio arithmetica et de quadrato geometrico*, Zurich; 1603, in-8. — *De antiquis nummis Hebræorum, Chaldæorum et Syrorum*, etc., ibid., 1605, in-4; réimpr. dans les *Critici sacri*. — *De Antiquis mensuris Hebræorum libri III*, etc., Heidelberg, 1610, in-4, et dans les *Crit. sacri*. On peut consulter sur Waser les *Mémoires* de Niceron, tom. XXIV. — Jean-Henri Waser, fils du précéd., né à Zurich en 1600, fut bourgmestre de Zurich de 1652 à 1669, et le prem. des ambassadeurs suisses envoyés en France (1663), dans le but de renouveler l'alliance avec ce royaume. On ne connaît pas l'époque de sa mort. Il a laissé des recueils intéressants pour l'histoire de la Suisse, conservés à la bibliothèque de Zurich. — Jean-Henri Waser, né à Zurich en 1713, mort à Wintherthur en 1777, se voua à l'état ecclésiastique, et fut l'ami de Bodmer, Heidegger, Sulzer, etc. On a de lui des *Sermons*, des écrits ascétiques et de bonnes traduct. allem. des *OEuvres de Swift*, Zurich, 1756-68, 8 vol. in-8; de l'*Hudibras* de Butler; des *OEuvres de Lucien*, etc. On trouve son *Éloge* dans le *Musée allemand*, tom. Ier. — Waser (Anna), né à Zurich en 1679, et fille d'un magistrat, se livra dans sa jeunesse à la peinture, et s'attacha spécialem. à la miniature, genre dans lequel elle réussit très bien. Elle fut employée par les cours de Londres, de Bade, de Wurtemberg et de Hollande, et mourut en 1713. Son dessin est correct et ses pörtr. sont très ressemblants.

WASER (Henri), pasteur protest., né à Zurich en 1742, s'occupa avec succès des sciences physiq. et mathématiq., de l'économie politiq., de l'hist., et publia successivement en allem. plusieurs ouvr. estimés, parmi lesquels on cite: *Essai statistique sur la Suisse*, 1775. — *Essai sur les valeurs monétaires*, 1775. — *Essai sur la ville de Zurich*, 1778. — *Chronologie diplomatique*, Zurich, 1780, in-fol. Ayant eu l'indiscrétion de dérober d'anciens titres aux archives de son canton, il fut accusé de haute trahison, mis en jugement, condamné à mort, et exécuté en 1780. On a publié: *Éclaircissem. sur le procès de Waser*, Berlin, 1781, in-8.

WASHINGTON (George), l'un des fondateurs et le premier président de la républiq. des États-Unis, né en 1732 à Bridge-Creeck, bourg de la Virginie, exerça d'abord la profess. d'arpenteur. A dix-neuf ans, nommé major des milices de sa province, il se distingua dans la guerre du Canada, et développa dès lors des talents militaires très remarquables. La mort d'un frère aîné l'ayant rendu l'un des riches propriétaires de la Virginie, il était membre de l'assemblée provinciale, lorsque la discorde éclata entre l'Angleterre et ses colonies. Il fut un des sept députés de sa province au congrès qui se réunit à Boston le 14 septembre 1774. L'année suiv., il fut appelé par l'unanimité des suffrages d'un nouveau congrès au commandem. en chef des troupes de l'insurrection; l'armée anglo-américaine, assemblée devant Boston, ne s'élevait pas à plus de 14,000 hommes, presque sans munitions, avec un armem. incomplet, sans ingénieurs, sans canonniers, sans magasins, sans caisse, enfin, sans discipline. Washington triompha de tous les obstacles et donna, dans différentes circonstances, des preuves d'une haute capacité, de la plus rare prudence et d'une fermeté inébranlable. En 1777, le congrès prorogea le temps de la dictature qu'il lui avait déjà concédée, et décréta que jusqu'à la paix les opérations de l'armée seraient, quel que fût l'avis du conseil, dirigées uniquement par Washington. Les succès se balancèrent long-temps; mais, dans les circonstances les plus critiques, la victoire sanctionna les heureuses conceptions du général américain, d'ailleurs secondé par les généraux des troupes auxiliaires de la France (*v.* Rochambeau). Enfin au bout de huit ans de guerre, des négociations s'ouvrirent. Les préliminaires de la paix, entre les puissances qui avaient pris part dans cette lutte de l'Angleterre avec ses colonies, furent signés le 20 janv. 1783, et l'indépendance des États-Unis d'Amérique fut solennellement reconnue par le roi George III. Washington sut calmer les inquiétudes de l'armée dont les intérêts paraissaient négligés. Le licenciement des troupes s'opéra presque sans aucun trouble: il remit sa commission au congrès, dans une séance solennelle, le 23 déc. 1783, et se retira dans son domaine de Montvernon, sans demander aucune récompense. Au mois de mai 1787, une assemblée ou convention, réunie à Philadelphie pour réviser les articles de l'acte fédéral des états américains, élut, sur la désignation de Franklin, Washington pour président. Deux ans plus tard (30 avril 1789), la nouvelle constitution ayant été décrétée, ce grand citoyen fut appelé par l'unanimité des suffrages du sénat à la présidence du gouvernement des États-Unis. L'exercice de cette fonction suprême, qu'il remplit au gré de l'attente générale, étant limité à quatre années, Washington fut réélu en 1793, à la même unanimité, et réussit à maintenir la neutralité des États-Unis au milieu de la guerre générale que la révolution française venait de faire naître. Il profita même des circonstances pour conclure avec l'Angleterre un traité dans lequel cette puissance se relâcha de quelques-unes de ses prétentions. Ce traité excita de la fermentation: un grand nombre d'Anglo-Américains se montrèrent partisans du nouvel ordre de choses établi en France. Washington perdit beaucoup de sa popularité en

cette circonstance. Le terme de sa seconde présidence étant arrivé, il ne voulut pas être réélu; et, après avoir installé son successeur, au commencement de 1797, il alla reprendre ses occupations agricoles à sa terre de Montvernon. L'année suiv. les États-Unis, se croyant menacés d'une guerre avec la France, rappelèrent Washington au commandement en chef des troupes fédérales : c'était une fausse alarme; et l'élévation de Bonaparte au consulat mit fin aux différends qui avaient rompu l'harmonie entre les deux gouvernements. Mais avant ce résultat Washington mourut presque subitement des suites d'une inflammation de la trachée-artère, le 14 déc. 1799. Sa mort fut regardée comme une calamité publiq. : tous les citoyens des États-Unis portèrent le deuil pendant un mois; et le congrès décréta qu'un monument serait élevé en son honneur dans la ville qui prit le nom de Washington. Bonaparte porta lui-même le deuil de ce grand homme et le fit également porter aux autorités civiles et militaires. Fontane prononça, dans l'église des Invalides, son éloge funèbre, où l'illustre général est dignement apprécié. La *Vie de Washington*, par Marshall, a été traduite en français par Henri, 1807, 5 vol. in-8, avec atlas et portrait. On en a une autre par le docteur Ramsey, traduite en français, Paris, 1811, in-8. Une 3e, par M. Weem, a eu un grand nombre d'éditions.

WAASMUTH (Mathias), orientaliste, né en 1625 à Kiel, où il mourut en 1688, y avait rempli plusieurs années une chaire de logique, et visité les principales univ. de l'Allemagne, de la Hollande et de la Suisse. Outre sa *Grammaire arabe*, Amsterdam, 1654, qui est son principal titre de célébrité, on cite de lui : *Hebraismus restitutus ; Annales cœli et temporum ; Idea astronomicæ chronologiæ restitutæ*, Kiel, 1678, in-4. — *Propositio nova pro emendatione... styli calendulis loco duplicis juliani et gregoriani*, ib., 1683, in-4.

WASSE (Cornélie WOUTERS, baronne de), née à Bruxelles en 1739, fut mariée de bonne heure à un baron allemand et parcourut avec lui une partie de l'Europe, dans le but d'acquérir des connaissances. Elle s'établit en France après avoir perdu son mari, chercha des consolations à son infortune dans la culture des lettres, et mourut à Paris en 1802. Entre autres ouvrages, on a de cette dame : *Aveux d'une femme galante*, 1782, in-12. — *L'Art de corriger et de rendre les hommes constants*, Paris, in-12; réimpr., 1789, in-8; et des traduct. du *Plutarque anglais* de Th. Mortimer, 1785, 12 vol. in-8, et du *Théâtre anglais*, depuis son origine jusqu'à nos jours, ib., 1784, 1787, 12 vol. in-8, (avec sa sœur, Marie WOUTERS, connue elle-même par le roman de *Nelson, ou l'Avare puni*, Paris, 1797, 3 vol. in-12); par le *Décaméron anglais*, et par plus. pièces de vers). — Jos. WASSE, né en 1672 dans le comté d'Yorck, mort en 1738, curé d'Aynhoé (Northamptonshire), fut lié avec Clarke et Newton. Outre plus. *Mémoires* dans les *Transactions philos.*, on cite de lui une édit. de Salluste, 1770, in-4, et des *Essais* dans la *Bibliothèque littéraire* de S. Jebb.

WASSENAER (Nicolas-Jean), médecin et historien hollandais, né à Heusden, fut quelq. temps co-recteur du gymnase de Harlem, prit ensuite ses degrés en médecine, se fit agréger au collège d'Amsterdam, et mourut vers 1632. On cite de lui : *Harlemias, sive Enarratio obsidionis urbis Harlemi... anno 1572... græco carmine cum vers. lat.*, Leyde, 1605, in-4, très rare. — *Ars medica ampliata*, Amsterdam, 1624, in-4. — *Histoire des choses mémorables*, arrivées entre les Turks et les princes chrétiens en Hongrie (flam.), 1629, in-fol. — *Relation historique des événements qui se sont passés en Europe de 1621 à 1632*, 5 vol. in-4. — WASSENAER ou WASSENAAR (Gerard van), jurisconsulte, né vers 1585 à Utrecht, où il mourut en 1664, avait été successivement notaire, secrétaire et bibliothécaire du chapitre protestant de St-Pierre. Il a publié en flamand la *Pratique judiciaire* et la *Pratique notariale*, 1666, in-4.

WASSENAER (Jacques van), amiral hollandais, né en 1610, fils d'un marin distingué, fit d'abord dans l'armée de terre plusieurs campagnes comme capitaine de cavalerie, puis nommé successivem. gouverneur de Heusden et de plus. autres forteresses, il remplit avec succès diverses négociations importantes; étant entré dans la marine, à la mort de Tromp, il obtint le commandement des flottes hollandaises, fit une campagne brillante contre les Portugais dans l'Océan, et revint avec 21 bâtiments qu'il avait capturés. En 1658, il conduisit un corps de troupes au secours du roi de Danemarck, en guerre avec la Suède, et sut imposer à ses adversaires. Cet habile amiral périt dans la guerre qui éclata en 1665 entre l'Angleterre et les Provinces-Unies. Le 5 juillet, un engagement ayant eu lieu, le vaisseau que montait Wassenaer prit feu, et coula avec tout son équipage. Selon quelques versions, l'amiral l'aurait fait sauter pour ne pas amener pavillon devant les forces supérieures qui le pressaient.

WASSENBERG (Évrard de), historien, né en 1610 à Emmerick, dans le duché de Clèves, fut successivem. secrétaire, historiographe et bibliothécaire de l'archid. Léopold-Guillaume, et mourut vers 1680. Ses principaux écrits sont: *Humanæ vitæ schema*, etc., Louvain, 1636, in-8. — *Florus germanicus, sive De bello inter imperatores Ferdinandum II et III, et eorum hostes, gesto ab anno 1627 ad ann. 1640*, Francfort, 1640, in-16 ; Dantzig, 1642, souvent réimprimé. — *De rebus gestis Uladislai IV, Poloniæ regis*, Dantzig, 1641 ou 1643, in-4. — *Johann.-Casimiri, Poloniarum et Sueciæ principis, Carcer gallicus*, ib., 1644, in-4. — *Embrica, seu civitatis Embricæ descriptio, lib. III comprehensa*, Clèves, 1667, in-fol., très rare. On croit Wassenberg auteur de plusieurs écrits au sujet des droits de la reine de France, femme de Louis XIV, sur les Pays-Bas et le comté de Bourgogne.

WASSERBACH (Ernest-Casimir), historien, né

vers 1660 à Duisbourg (duché de Clèves), mort prématurément, a publié: *De origine vetustissimi lippiensis agri monumenti Hermiensburk et Hermiensul veterum Saxonum idoli*, Duisb., 1686, in-4. — *De Statuâ Arminii Witekindi et Caroli Magni ex div. monum.*, etc., Lemgo, 1698, in-8.

WASSIAN, archevêq. de Rostock dans le 16e S., est célèbre dans les annales de son pays par le courage et la fermeté qu'il déploya dans une circonstance très critique. Ivan III était sur le point de perdre le trône lorsque Wassian lui rendit la force et l'énergie nécessaires au salut de l'empire. Les Tatares, sous les ordres du khan Achmet, furent vaincus sur les bords de l'Oural; et dès cette époque (vers 1476) l'indépendance de la nation russe fut assurée. Wassian mourut en 1481. Les Russes ont sa mémoire en vénération.

WAST ou VAAST (St), en latin *Vedastus*, évêq. d'Arras, né vers la fin du 5e S., dans les environs de Limoges ou de Périgueux, exerçait le saint ministère dans le diocèse de Toul, lorsque Clovis, passant dans cette ville après la bataille de Tolbiac, demanda à l'évêque un prêtre vertueux et éclairé qui pût l'instruire des préceptes de l'Évangile et le préparer à recevoir le baptême. Wast, désigné par le prélat, remplit dignement sa mission. Le roi des Francs le recommanda pressamment à St Remi, qui le plaça sur le siége d'Arras. Le nouvel évêque civilisa les habitants de son diocèse à force de douceur, de patience et de charité, et mourut en 540, dans la 42e année de son glorieux apostolat. Il fut inhumé hors de la ville dans une petite chapelle, sur l'emplacement de laquelle Aubert, 7e évêque d'Arras, fit bâtir, en 666, une église et un monastère. Telle fut l'origine de la célèbre abbaye de St-Wast d'Arras, l'une des plus opulentes du royaume avant 1790.

WASTELAIN (Charles), jésuite, né en 1695, dans le Hainaut, fit profession en 1715, enseigna d'abord les humanités à Tournai et à Lille; il devint bibliothécaire du collége de cette ville, vécut dans la retraite après l'abolition de son institut, et mourut en 1782. Son principal écrit est une *Description de la Gaule-Belgique, selon les trois âges de l'histoire*, etc., Lille, 1761, in-4; Bruxelles, 1788, in-8.

WATELET (Claude-Henri), littérateur, né à Paris en 1718, fils d'un receveur-gén. des finances, dont il hérita la charge en 1740, consacra ses loisirs à la culture des lettres et des arts. Il apprit à peindre, à graver, à manier le ciseau du sculpteur, voyagea dans les Pays-Bas, en Italie, pour étendre et perfectionner ses connaissances, et, de retour à Paris, fut admis à l'acad. de peinture en qualité d'associé libre. Un poème sur l'*Art de peindre* lui ouvrit bientôt après les portes de l'Acad. française. Quelques autres ouvrages didactiq. et littéraires, en ajoutant à sa réputation, lui méritèrent l'estime de la plupart des savants et des littérateurs de son temps. Il mourut en 1786. Outre l'*Art de peindre*, poème en IV chants, 1760, in-4 et in-12, plus. fois réimpr., on lui doit: *Essai sur les jardins*, 1774, in-8. — *Dictionn. de peinture, de gravure et de sculpture*, terminé par Lévesque, 1792, 5 v. in-8; et deux *Recueils d'opuscules*, en prose et en vers, publ. en 1784 et en 1788. Marmontel a, dans ses *Mémoires*, très bien tracé le caractère de Watelet, qui eut Sédaine pour success. à l'Académie française.

WATERLOO (Antoine), peintre, né vers 1618 à Amsterdam ou à Utrecht, montra un talent particulier pour les paysages, et se fit une gr. réputation comme graveur; mais son inconduite le fit mourir dans un hôpital, près d'Utrecht, en 1662. On cite comme son chef-d'œuvre l'*Ange du Seigneur montrant au jeune Tobie le chemin qu'il doit parcourir*. Ses estampes, au nombre de 148, forment vingt-une suites différentes, qui sont très recherchées des amateurs. On en trouve le détail dans le *Manuel des curieux*, par Huber et Rost. — G.-Benoît Waterloo, né à Harlem, mort en 1597 à l'âge de 25 ans, cultiva la poésie latine avec succès. On trouve plusieurs pièces de lui dans les *Deliciæ poetarum belgicorum* de Gruter.

WATERLOO, village des Pays-Bas, à 4 lieues S.-E. de Bruxelles, près du Mont-St-Jean, est devenu fameux par la bataille du 18 juin 1815, où fut entièrem. désorganisée l'armée de Napoléon. C'est fort improprem. que les Anglais ont donné à cette journée sanglante le nom de Waterloo, qui ne devrait pas plus prévaloir que celui de Bleinhem, affecté par eux à notre défaite d'Hochstett. Dans cette action si mémorable, l'attaq. avait été commencée par les Français, qui, sous la conduite du maréchal Ney, après avoir délogé les Anglais de leurs positions de *Hougoumont*, et de l'autre ferme dite *la Haie-Sainte* (de midi à quatre heures), assaillirent, sur les hauteurs du Mont-St-Jean, le centre de Wellington, qui, tout en opposant une résistance opiniâtre, se préparait à la retraite, au moment où les colonnes de Blücher tombèrent tout à coup sur les derrières de l'aile droite des Français, et y répandirent le désordre par lequel commença leur déroute (quatre heures et demie). La bataille eût eu sans doute une autre issue sans l'absence d'un détachement de 40,000 hommes envoyé sous les ordres du général Grouchy, pour suivre les Prussiens dans leur retraite, et qui devait rejoindre le corps de bataille au fort de l'action. La position des Anglais pend. la bataille était assez en avant de Waterloo; le nom de ce village pouvait donc s'appliquer d'autant moins à la victoire des alliés, qu'il n'indiquait point la part décisive qu'y avaient prise les colonnes prussiennes: aussi les Allemands ont-ils continué de donner à la journée du 18 juin le nom de la *Belle-Alliance*, qui est le lieu où les deux feld-maréchaux se saluèrent réciproquement vainqueurs. Mais c'est sans doute avec plus de raison que les Français l'ont appelée journée du Mont-St-Jean.

WATHEK-BILLAH (Abou-Djiafar-Haroun II, Al-), 9e khalyfe abbasside d'Orient, succéda à son père Motâsem (*v.* Motasem-Billah) l'an 227 de l'hég. (842 de J.-C.). Il prit pour modèle son oncle

Al-Mamoun (v. MAMOUN), fut comme lui généreux, bienfaisant, accueillit, protégea les savants et les poètes, combla de faveurs les descendants d'Ali, fut zélé partisan de la secte des motazalites, et mourut l'an 232 (847).

WATRELOS ou WATERLO (LAMBERT), chroniqueur, né en Flandre vers 1107, fut chanoine régulier de St-Aubert à Cambrai, abbé du Mont-St-Éloi, près d'Arras, curé d'Osviller, près de Cateau-Cambresis, et mourut vers 1172. Il est aut. d'une *Chroniq. de Cambrai*, depuis 1108 jusqu'en 1170, dont on trouve un long fragment dans la continuation du *Recueil des historiens de France*, par D. Bouquet.

WATRIN (PIERRE-JOSEPH), général, né à Beauvais en 1772, entra comme soldat, à l'âge de 20 ans, dans la légion belge (devenue depuis le 17e régim. de chasseurs à cheval), parvint au grade de capitaine avant la fin de l'année, fut nommé adjudant-général en 1794, et bientôt général de brigade. Il fit partie en cette qualité de l'expédition d'Irlande, passa ensuite à l'armée de Sambre-et-Meuse, où il se distingua comme dans les campagnes précéd., et fut nommé général de division. Envoyé à l'armée d'Italie en 1799, il contribua à la défense de Gênes sous les ordres de Masséna. L'année suiv., il fit partie de l'armée organisée par le prem. consul pour reconquérir l'Italie, en commanda l'avant-garde au passage du Mont-St-Bernard, entra l'un des premiers dans la place d'Ivrée, prise d'assaut, et se fit remarquer à la bataille de Marengo par son intrépidité et son courage réfléchi. Employé en 1802 à l'armée de St-Domingue, sous les ordres du général Leclerc, il mourut dans cette île, victime du fléau pestilentiel qui moissonna la plus gr. partie des troupes françaises.

WATSON (THOMAS), d'abord doyen de Durham, puis évêque catholiq. de Lincoln (1557), perdit ce siège à l'avénement d'Élisabeth, subit une détent. de 20 ans à Londres, et fut relégué avec plusieurs autres ecclésiastiques dans le château de Wishich, où il mourut en 1582. Outre une tragédie latine, deux *Sermons* sur la présence réelle et sur le sacrifice de la messe, on a de lui 30 *Sermons* sur les sept sacrements, Londres, 1558, in-4. — Un autre Thomas WATSON, qui vivait dans le même siècle, a trad. en angl. l'*Antigone* de Sophocle. — WATSON (William), prêtre catholique, né à Durham vers 1560, fit ses études au collége de sa nation, à Douai, et repassa en Angleterre pour y remplir les fonct. de missionnaire. Impliqué dans la conspiration de Walter-Raleigh, il fut mis à la Tour de Londres, et exécuté le 29 novembre 1603. On a de lui : *Considérations importantes contre les jésuites et autres partisans de l'Espagne*, 1601, in-8. — *Dialogue entre un prêtre séculier et un laïc*, Reims, 1601, in-8. — *Decachordodon, ou dix Questions quodlibétiques sur l'état de la religion* (on peut consulter l'ouvrage de Dodd, *the Church history of England*, art. WATSON, et les *Historical memoirs of the english catholics* de Ch. Butler).

WATSON (WILLIAM), botaniste et physicien, né en 1715, exerça d'abord l'état de pharmacien à Londres ; admis en 1741 dans la société royale, il devint l'un des conservateurs du musée britanniq., puis (1762) l'un des médecins des enfants trouvés, et mourut en 1787. On lui doit plus. découvertes sur l'électricité. Il eut la plus grande part aux fameuses expériences qui furent faites sur la Tamise et à Soother's-Hill, en 1747 et 1748, et en dirigea d'autres concernant l'impossibilité de transmettre à travers le verre les odeurs et la vertu des purgatifs. Il a enrichi les *Transactions philosophiq.* de plusieurs écrits remarquables, parmi lesquels on distingue des *Remarques sur les champignons*, un *Mémoire sur le cannelier*, et enfin des *Expériences et observations sur l'électricité*, etc., recueillies en un vol. in-8, qui a eu trois ou quatre éditions. On lui doit encore plusieurs articles dans les *Observations médicales de Londres*, et dans d'autres du même genre. — John WATSON, né en 1724 dans le comté de Chester, embrassa l'état ecclésiastique, et, nommé juge de paix dans le même comté, partagea sa vie entre les fonctions apostoliques et judiciaires, et des travaux historiques. Il mourut en 1783. Outre quelques *Mémoires* dans l'*Archéologue anglais*, et plusieurs *Sermons*, on a de lui : *Histoire d'Halifax*, 1775, in-4. — *Lettre au clergé de l'Église des Frères moraves*, 1756, in-8.

WATSON (ROBERT), historien, né vers 1730 à St-Andrews, en Écosse, ouvrit d'abord un cours de rhétorique et d'éloquence à Édimbourg ; il professa ensuite la logique et les belles-lettres dans sa ville natale, devint principal des deux colléges réunis de cette ville, et y mourut en 1780. On a de lui : *Hist. du règne de Philippe II, roi d'Espagne*, 1777, 2 vol. in-8, trad. en franç. par Mirabeau et Durival, 1778, 4 vol. in-12. — *Hist. du règne de Philippe III*, en IV livres, dont les deux derniers sont de Will. Thomson, 1783, in-4, réimpr. en 2 vol. in-8, et trad. en français par Bonnet, 1809, 3 vol. in-8.

WATSON (HENRI), ingénieur, né vers 1737 dans le comté de Lincoln, rédigea, dès l'âge de 16 ans, la partie mathématiq. du *Journal des Dames*, dont l'éditeur était Thomas Simpson, avec lequel il se lia dans la suite. Admis dans le corps des ingénieurs militaires, il se distingua pendant la guerre de 1756, et, nommé ingén. en chef de la compagnie des Indes, construisit les ports du golfe de Bengale, qui bientôt eut une marine respectable. Après plusieurs années de travaux que l'insouciance ou la parcimonie du gouvernement et de la compagnie ne lui permit point de terminer, et pour lesquels il ne reçut même pas le remboursem. de ses avances, Watson, dont la santé était gravement altérée, prit la résolut. de revenir en Angleterre, et mourut à son arrivée à Douvres en 1780. Il avait traduit en anglais la *Théorie complète de la construction et de la manœuvre des vaisseaux*, par Euler, 1776, in-8, réimpr. en 1790, avec une *Notice* sur la vie du traducteur. Watson a laissé en Angleterre une grande réputation justifiée par les ouvrages qu'il a

construits au fort William, regardé comme le Gibraltar de l'Inde.

WATSON (RICHARD), né en 1737 dans le Westmoreland, fit ses études à Cambridge, où il professa d'abord la chimie avec succès; promu plus tard à la chaire de la faculté de théologie, il se vit dans la nécessité d'interrompre pendant plusieurs années ses travaux chimiques, qu'il reprit plus tard, entraîné par un goût dominant. Quelq. *Sermons* l'ayant fait connaître, il obtint plusieurs bénéfices, puis l'évêché de Landaff en Irlande, et mourut en 1816. On a de lui un assez gr. nombre d'ouvr., dont les plus remarquables sont: *Institutiones metallurgicæ*, 1768, in-8. — *Essai sur des sujets de chimie et leurs divisions générales*, 1771, in-8. — *Apologie du christianisme*, 1776, 1794, in-12.—*Essais chimiques*, 1761-1787, 5 vol. in-12. —*Sermons et traités religieux*, 1788, in-8.—*Apologie de la Bible*, 1796, 1797, etc., in-12. — *Réflexions sur l'invasion dont on menace l'Angleterre*, 1803, in-8. — *Communication au conseil d'agriculture sur les plantations et les jachères*, 1808. — Plusieurs *Mémoires* dans les *Transact.* de la société de Manchester et autres *Recueils.* — *Traités divers sur des sujets de religion, de politiq. et d'agriculture*, 1815, 2 vol. in-8. On a publ. à Londres en 1817 : *Anecdotes de la vie de Richard Watson*, in-4.

WATT (JAMES), habile ingénieur et mécanicien, né en 1736 à Greenock, en Écosse, vint apprendre à Londres l'art de fabriquer les instruments de mathématiques, et se chargea en 1757 de la construction de ceux de l'univ. de Glascow. Il coopéra ensuite aux trav. des ports et canaux, dont quelq.-uns furent exécutés d'après ses plans, notamment le canal Calédonien, qui traverse l'Écosse de l'est à l'ouest. Une circonstance fortuite donna bientôt une autre direction à ses études. On lui avait porté un modèle de machine à vapeur, en le priant de le mettre en ordre et de le perfectionner pour l'instruction de la jeunesse au collège de Glascow. Déjà plusieurs hommes ingénieux avaient cherché le moyen de perfectionner la première invention dans ce genre, due au capit. anglais Savary. Un quincaillier nommé Newcommen, assisté d'un vitrier appelé Crawley, avait construit une machine à vapeur, perfectionnée en 1718 par Brighton, qui inventa le moyen de faire fermer et ouvrir les robinets par la machine elle-même. Depuis 1718 jusqu'en 1764, cette machine n'avait subi aucune modificat. importante. Ce fut alors que le modèle de celle de Newcommen fut confié à Watt pour qu'il le mît en état de servir aux démonstrations de physique. Cet ingénieur remarqua que les deux tiers de la vapeur se consumaient par leur contact avec l'eau froide, et entraînaient conséquemment la perte des deux tiers du combustible. Après plus. essais, il conçut l'idée lumineuse de faire entrer et sortir tour à tour la vapeur dans le tuyau de métal, sans refroidir les parois du tube, et inventa un *condenseur*, vase vide d'air qui, communiquant avec le tuyau, s'ouvre au moment où celui-ci est rempli de vapeur, attire cette même vapeur, et reçoit au même moment un jet d'eau froide qui la condense en eau. C'est ainsi que le tube se vide complétem. et laisse du jeu au piston. Pour faire sortir ensuite l'eau du condenseur, Watt y appliqua une petite pompe à air que le mécanisme de la machine met en mouvement lorsque cela est nécessaire. Négligeant l'air atmosphérique pour le jeu des pistons, il les mit en mouvement par la force seule de la vapeur, et donna une précision en quelque sorte mathématiq. aux opérations de son appareil. On contesta d'abord à Watt la gloire de ses inventions, et ce fut seulement en 1799 que la cour du banc du roi, considérant que le perfectionnement de la machine à vapeur valait plus que sa découverte, le fit triompher de ses adversaires et le déclara véritable inventeur. Dès cette époque, Watt jouit de la considération générale; admis dans les sociétés royales d'Édimbourg et de Londres, l'Institut de France lui donna le titre d'associé étranger. Il mourut en 1819, dans sa terre d'Heathfield, près de Birmingham, à l'âge de 84 ans. Parmi les nombreuses *Notices* qui ont paru sur la vie et les inventions de ce célèbre mécanicien, nous indiquerons celles de Playfair (*Montly magazine*, 1819) et de Jeffrey (*Edinwatth Review*).

WATTEAU (ANTOINE), peintre, né en 1684 à Valenciennes, fut appelé à Paris en 1702 par les directeurs de l'Opéra pour travailler aux décorations. Congédié au bout de quelq. mois, il végéta misérable, ne trouvant qu'un prix modique de ses dessins et de ses tableaux. Claude Gillot, devinant son talent, le logea dans sa maison, et le mit en état de concourir pour le prix de l'académie qu'il remporta à l'unanimité des suffrages. Ayant quitté bientôt Paris, il retourna dans sa patrie pour se livrer à de nouvelles études, et revint avec deux tableaux qui furent exposés dans une des salles du Louvre, et le firent admettre presque aussitôt à l'académie. En 1720, il fit un voyage en Angleterre, revint à Paris la même année, et mourut à Nogent en 1721, à l'âge de 37 ans. On a de lui un grand nombre de tableaux et dessins, dits de *genre*, dont la plupart ont été gravés par les plus célèbres artistes. Son œuvre en 3 vol. contient 563 planches. Le caractère inconstant, sombre et mélancoliq. de ce peintre contrastait singulièrem. avec le genre de ses composit., qui n'offrent que des scènes champêtres, riantes et bouffonnes. Son coloris est vrai, son dessin correct et facile. L'architecture et les costumes, dans ses composit., indiquent plutôt le mauvais goût de l'époque que celui de l'artiste. Le musée possède de lui un tableau : l'*Embarquem. pour l'île de Cythère*.

WATTEVILLE. — V. VATTEVILLE.

WATTEWILLE (ALEXANDRE-LOUIS de), né en 1714 à Berne, où il mourut en 1780, y avait occupé divers emplois publics; il est auteur d'une *Hist. de la confédérat. helvétique*, 1754, 1757 et 1768, 2 vol. in-8, qui finit à l'année 1603. Son histoire de la ville et du canton de Berne, restée MS., est estimée.

WATTS (Isaac), ministre non-conformiste, né en 1674 à Southampton, mort en 1748, dans la maison de sir Th. Abney, de Newington, alderman de Londres, avait passé chez ce généreux ami les 36 dern. années de sa vie. Les plus connues d'entre ses productions sont une *Logique, ou le Droit usage de la raison dans la recherche de la vérité*, livre classique en Angleterre; le *Perfectionnement de l'entendem.*, trad. en franç. sous le titre de *Culture de l'esprit*, par Daniel de Superville, 1762, 1782, in-12; une vers. des *psaumes*, en vers; des *hymnes* et *chansons spirituelles*, etc. Sa *Vie* a été écrite par Johnson, Gibbon, Sam. Palmer, etc. On a publ. à Paris en 1827: *Méditat. pieuses*, trad. d'Isaac Watts, in-18. — William WATTS, chapelain de Charles Ier, puis du comte d'Arundel et ensuite du prince Rupert, mort en Irlande en 1642, eut beauc. de part au *Glossaire* de Spelman. On lui doit une belle édit. de *Matthieu Paris* (Londres, 1640, in-fol.), une trad. angl. des *Confessions de St Augustin*, avec des notes marginales (1631, in-12), et quelques autres écrits, mentionnés par Wood.

WATTS (mistress), plus connue sous le nom de *miss Jane Waldie*, née en 1792, se rendit habile dans le dessin et la peinture, apprit seule les langues, cultiva la littérature avec succès, voyagea en Belgique, en France et en Italie, et mourut en 1826. Plus. de ses tableaux ont été exposés à la galerie britannique. Elle a publié un écrit intitulé: *Esquisses faites en Italie* (anglais), et des *fragm. d'un journal* de son séjour à Bruxelles durant le second exil du roi de France en 1815.

WAT-TYLER (*Walter Tyler* ou le *Tuilier*), est le nom sous leq. l'histoire désigne un manouvrier de Deptford, ou peut-être un personnage de haut rang caché sous cet extérieur, qui, au mois de juin 1381, fut le promoteur d'une insurrect. populaire. Sous le prétexte de venger d'indignes violences exercées vers sa fille par l'un des collecteurs de la nouvelle capitation qu'un acte du parlem. avait sanctionnée, il tua cet homme, ameuta les paysans, ses voisins, et leur persuada que sa cause était aussi la leur. De Deptford la révolte se communiqua aux comtés de Kent, de Surrey, de Sussex et d'Essex, dont la population n'était que trop préparée à ce soulèvement, auquel se mêlèrent les wiclefites. Après être entré à Londres, où les insurgés commirent toute sorte de désordres, Wat-Tyler songea à s'emparer de la Tour, où Richard s'était retiré avec ses courtisans. Une terreur panique s'empara des hommes chargés de défendre cette forteresse, et ils en ouvrirent les portes aux rebelles. Ceux-ci massacrèrent la plupart des personnes de la suite du roi, notamment l'archevêq. de Cantorbéry. Richard, ayant réussi à s'échapper, se rendit à Mile-end-Green, où se trouvait le gros des insurgés: il leur parla; et, faisant droit à toutes les réclamations des mutins, il leur accorda, avec une exempt. générale d'esclavage et de servitude, une amnistie de tous les crimes et de tous les désordres auxquels avait donné lieu l'insurrection. La plupart des rebelles se séparèrent alors, laissant seulem. deux ou trois habitants de chaque paroisse pour veiller aux intérêts communs. En apprenant cet arrangement, Wat-Tyler déclara qu'il ne poserait point les armes jusqu'à ce qu'il vît abolies toutes les lois du royaume, et qu'il eût lui-même fait justice des législateurs. Cependant il consentit à une conférence avec Richard, qui s'était rendu à cheval à Samith-Field. Après avoir affecté de faire attendre quelq. temps le souverain, Wat-Tyler lui exposa ses prétent.; et comme Richard semblait ou ne pas le comprendre, ou ne pas se décider assez promptement, il agita, dit-on, un poignard qu'il tenait à la main. Le maire de Londres, Walworth, qui se trouvait à côté du roi, alarmé de ce mouvement, porta au chef des rebelles un coup de massue si violent, qu'il l'étendit sur la place; et un courtisan nommé Philpot l'acheva en lui passant son épée au travers du corps. La mort de Wat-Tyler mit fin à l'insurrection. Richard eut la présence d'esprit et le courage de s'avancer vers les rebelles et de les haranguer. Le plus gr. nombre rentrèrent à l'instant dans le devoir, et protestèrent de leur obéissance aux volontés du monarque. Cet événement eut lieu le 21 ou le 22 juin 1381. Walsingham, Knygton et Froissart ont donné les détails de l'insurrection de Wat-Tyler. On peut consulter aussi l'*Histoire d'Angleterre* de Rapin-Thoyras. M. de Fauconpret a publié un roman historiq. sous le titre de *Wat-Tyler ou Dix jours de révolte*, Paris, 1825, 3 vol. in-12.

WAWRZECKI (le comte Thomas), général polonais, était nonce de Braclaw, lorsqu'une diète fut réunie en 1788 pour donner au gouvernem. de la Pologne une forme plus régulière et plus stable. Il en devint un des membres, puis fut employé dans l'armée nationale, et remplaça le général Kosciusko dans le commandem. après la malheureuse bataille de Macijowice. Lors de la prise de Varsovie, il se retira dans le palatinat de Sandomir avec une partie de la garnison, et résista quelque temps aux troupes prussiennes et russes; mais il finit par se rendre, et fut conduit à Pétersbourg sur le refus qu'il fit de prêter serment à l'impératrice Catherine II. Rendu à la liberté par Paul Ier, il vécut dans ses terres jusqu'à l'invasion de la Pologne par les Français. Ayant alors levé, à ses frais, un régiment, il entra au service de Napoléon. A la retraite des Français, loin d'être persécuté, il fut nommé sénateur par l'empereur Alexandre, puis ministre de la justice du royaume de Pologne, et mourut en 1816 en Lithuanie, dans un âge avancé.

WAYNE (Antoine), général, né en 1745, dans le comté de Chester, en Pensylvanie, fut nommé en 1773 député à l'assemblée générale des colonies, et fut un de ceux qui se prononcèrent le plus vivement contre les prétentions de l'Angletere. En 1775, il entra dans l'armée insurrectionnelle, obtint le grade de colonel, devint brigadier à la fin de 1776, se distingua dans la campagne suiv., à la bataille de Brandiwine, reçut le grade de major-général en 1779, fut chargé de soutenir la guerre en Géorgie, et remporta divers avantages. Il fit partie de la convention chargée (en 1787) d'achever la constitution des États-Unis ; et, en 1792, il reçut le commandement de l'armée destinée à combattre les sauvages du N.-O. de l'Ohio. La victoire qu'il remporta sur eux amena la conclusion d'un traité de paix, le 3 août 1795. Th. Wayne mourut quelque temps après sur les bords du lac Érié.

WAYNFLÈTE (WILLIAM), chancelier d'Angleterre dans le 15e S., avait été gr.-maître de l'école de Winchester, recteur de Wraxal, prevôt du séminaire d'Éton, et sacré évêque de Winchester (1447), avant d'être appelé à la prem. magistrature du royaume, qu'il exerça de 1456 à 1460. Ayant suivi le roi Henri VI à Northampton, il y fut témoin de la désastreuse bataille qui ruina les espérances de la maison de Lancastre, et qui assura le trône à Édouard IV. Malgré son opposition au parti d'York, il ne fut point inquiété par le nouveau roi, passa le reste de sa vie dans la retraite, après avoir fondé le collége de la Madeleine à Oxford, et mourut en 1486. Chandler a composé une *Vie de Waynflète*, que l'on peut consulter pour plus de détails.

WEAVER ou WEEVER (JOHN), antiquaire, né en 1576, dans le comté de Lancastre, après avoir terminé ses études à l'université de Cambridge, visita les Pays-Bas, la France et l'Italie. De retour en Angleterre, il en parcourut les différentes contrées ainsi que de l'Écosse, et mourut en 1632. Son principal ouvrage a pour titre : *Anciens monuments funèbres qui se trouvent dans les royaumes-unis de la Gr.-Bretagne et de l'Irlande, et dans les îles adjacentes*, etc., Londres, 1631, in-fol., réimpr. en 1661 et 1676, in-4, avec les additions et corrections de W. Tooke. On lui attribue, sans beaucoup de certitude, une *Hist. de Jésus-Christ*, en vers, mentionnée dans le 2e vol. de la *Censure littér.* — John WEAVER, maître de danse anglais, mort en 1750, a composé plus. ballets-pantomimes et d'autres ouvr., tels qu'une *Histoire des mimes et comédiens chez les anciens*; *l'Art de la danse, avec un traité du geste*, etc.

WEBB (PHILIPPE CARTERET), jurisconsulte, né en 1700, fut nommé, dès l'âge de 24 ans, aux fonctions de procureur (*attorney*), qu'il exerça dans plus. villes. Élu représentant du bourg de Haselmère à la chambre des communes (en 1754 et 1761), il y utilisa, en faveur du ministère, les vastes connaissances qu'il possédait dans la science des lois parlementaires et constitutionnelles. Il fut pourvu à la fois des places de secrétaire près de la chancellerie et de maître des requêtes à la trésorerie, et mourut à Busbridge en 1770, membre de la société des antiq. de Londres. On lui doit, entre autres écrits : *Remarques sur les déclarations et la commission du prétendant*, 1745, in-4 et in-8. — *Observations sur les procédures dans les cours de l'amirauté*, 1747, in-8. — *La Question sur l'état des Juifs nés sous la domination britanniq…*, etc., 1753, in-4. — *Examen de la table de Copper, contenant deux inscript. l'une grecque et l'autre latine*. — WEBB (Francis), né en 1735 dans le comté de Sommerset), quitta la carrière ecclésiastique pour occuper un emploi civil, et mourut en 1815, laissant, outre 4 vol. de *Sermons*, quelques écrits en prose et en vers. — Daniel WEBB, natif du comté de Limmerick, mort en 1798, a publié, entre autres ouvr. : *Recherches sur les beautés de la peinture*, etc., 1769, in-8. — *Remarques sur les beautés de la poésie*, 1762. — *Observations sur l'accord de la poésie et de la musique*, 1769, in-8, etc. Th. Winstantley les a recueillis en un vol. in-4, 1803.

WEBBE (GEORGE), prélat irlandais, né en 1581 à Bromham, dans le comté de Wilt, mort en 1641 au château de Limerick, où il avait été confiné par les catholiq. insurgés, avait reçu en 1634 cet évêché de Charles Ier, dont il fut d'abord chapelain, et à qui il rendit d'importants services. Ses principaux ouvr. sont : *Pratique de la paix* (*Practice of quietmess*), etc., dont la meilleure édition est de 1705, in-8. — *Courte exposition des principes de la religion chrétienne*, Londres, 1612, in-8. — *Catalogus protestantium*, etc., 1624, in-4. — Josias WEBBE, médecin peu connu du comté de Middlesex, est auteur d'un poème en vers latins élégiaques, intitulé : *Usus et auctoritas*, Londres, 1628, in-8.

WEBBER (JOHN), artiste, né en 1751 à Londres, fils d'un sculpteur suisse, vint dans sa jeunesse travailler à Paris, et n'en rapporta que le mauvais goût de notre école de peinture à cette époque. Revenu dans sa patrie, il y cultivait la peinture et la gravure, lorsqu'il s'engagea comme dessinateur dans la 3e expédition du célèbre Cook. A son retour à Londres, il fut reçu membre de l'académie royale de peinture, et mourut en 1793. Outre la collection de ses estampes pour le 3e voyage de Cook, on a de lui des paysages et quelques vues particulières du pays qu'il avait parcouru. — Zacharie WEBBER, peintre à Amsterdam, mort en 1697, se fit remarquer moins comme artiste que comme théologien, et écrivit plusieurs ouvr. de controverse, tombés dans un juste oubli.

WEBER (VITET ou VEIT), poète suisse du 15e S., a composé des chants guerriers, les premiers que l'on connaisse en allemand. Diebold Schilling, son contemporain, en rapporte cinq dans sa *Descript. des guerres* (des Suisses) *avec la Bourgogne*, etc., publié à Berne en 1743, in-fol. ; et ce sont les seuls qui nous restent. On a tenté, dans ces derniers temps, mais sans beaucoup de bonheur, d'ajuster les strophes de Weber aux formes modernes de la langue allemande.

WEBER (ANANIAS), théologien luthérien, né en 1596 à Lindenhayn, dans la Misnie, sortit de l'académie de Leipsig pour aller remplir les fonctions pastorales à Breslau, y devint inspecteur et assesseur du consistoire, et mourut en 1665. Outre des *Sermons* et une foule d'écrits académiques et de controverse, on cite de lui : *Adventus messianus dudum factus* ; et *De* Ὀνειρολογία, *hoc est Dissertatio de insomnior. naturá et significat.* — Christian WEBER, fils aîné du précéd., né en 1628 à Mutschen, fut prédicateur aulique, conseiller du consistoire, curé de Neustadt, et mourut en 1689. On a de lui : *Dispositiones semestres concionum*, ouvrage utile aux jeunes prédicat. — Plusieurs autres ecclésiastiq. du nom de WEBER ont eu quelque réputation à Wittenberg, Hall, Magdebourg et Leipsig.— Godefroi WEBER, instituteur, né en 1632 à Berlin, où il mourut en 1698, recteur de l'acad., a laissé, entre autres ouvrages fort estimables : *Epitome rhetorices ; Lineæ historiæ universæ ; Corpus physices*, etc., etc.

WEBER (EMMANUEL), né vers 1650 à Hohen-Heyda, près de Leipsig, fut d'abord archiviste, secrétaire, puis conseill. du prince de Schwartzbourg-Sonderhaüsen. Il remplit une chaire de droit à Giessen, puis obtint les titres de bibliothécaire de l'académie et de chancelier de l'université. Le prince de Hesse l'honora aussi du titre de son conseiller. Il mourut en 1726. Ses ouvr. les plus remarquables sont : *Filum juris justinianei ariadnæum. — Histoire publique de l'Allemagne et de l'empire jusqu'au temps de Ferdinand III* (allem.). — *Examen artis heraldicæ*, 1725, in-8, fig. — *Mémoires sur la vie et la mort de Gonthier-le-Belliqueux, comte de Schwartzbourg*, Giessen, 1720, in-8 (allem.). — Emmanuel WEBER, pasteur de Pomsen, près de Leipsig, dans le 17ᵉ S., est aut. de quelq. poëmes assez estimés en Allemagne.

WEBER (HENRI), littérateur, mort à York en 1818, est principalement connu par les publications suivantes : *Metrical Romances* (romans en vers), des 13ᵉ, 14ᵉ et 15ᵉ S., avec une introduction et un glossaire, 1811, 3 vol. in-8. — *Contes et romans populaires*, 1812, 4 vol. in-8. — *Contes orientaux*, précédés d'une dissertation, etc., 1812, 3 vol. in-8. — *Explications d'antiquités septentrionales* (avec Jamieson), etc., 1814, in-4. On lui doit aussi des édit. annotées de J. Ford et de Beaumont et Fletcher.

WEBER (CARL-MARIA von), habile compositeur, né en 1786 à Eutin, dans le duché de Holstein, d'un musicien distingué, dont il reçut les premières leçons, avait acquis sous Heuschel un talent fort remarquable comme pianiste, lorsque son père le confia au savant Michel Haydn, de Strasbourg, des mains duquel il sortit en 1798, après avoir fait paraître son premier ouvr., *six fugues à huit parties*. Il vint alors se perfectionner à Munick sous Valesi, professeur de chant, et sous Kalcher, qui lui apprit cet art si difficile, et dans lequel il devait exceller, de combiner dans la composition les instruments de manière à charmer et étonner à la fois l'auditeur par la hardiesse et la mélodie des sons. Ce fut sous les yeux de ce dernier maître qu'il débuta dans la composition théâtrale. Telle fut la rapidité de ses progrès que, jugeant bientôt comme indignes de lui ses essais en ce genre, il les livra aux flammes. C'est vers le même temps que, sentant renaître le goût qu'il avait aussi montré de bonne heure pour le dessin, il vint établir avec son père un atelier de lithographie à Freyberg en Saxe. Les titres plus brillants que l'émule de Rossini a depuis obtenus ont fait pâlir celui d'inventeur de la lithographie, qui définitivement lui a été adjugé. Dès l'âge de 14 ans, il composa la musique de la *Fille des Bois*, opéra de Stienberg, qui fut vivement applaudie à Vienne, à Prague, à Pétersbourg, et que suivit, en 1801, celle plus savante de *Pierre Schmoll*. Weber dirigea ses recherches vers les études théoriques ; et revint en 1803 briller à Vienne dans le monde musical parmi les Haydn, les Vogler, les Stadler. Bientôt il fut appelé à Breslau en qualité de *maître de chapelle*. La guerre le contraignit en 1806 à quitter cette ville, et il s'attacha au prince Eugène de Wurtemberg, comme chef de sa chapelle et de son théâtre. Diverses pièces de musique instrumentale, solos, sonates, concertos, ouvertures et symphonies, furent le fruit de son séjour à Stuttgard, où il retoucha la *Fille des Bois*, qu'il reproduisit sous le titre de *Sylvana*. S'étant remis à voyager, il se trouvait en 1810 à Darmstadt, où il donna l'opéra d'*Abu-Hassan*. Chargé trois ans après de la direction de l'Opéra à Prague, il remplit son engagement avec autant de zèle que de succès. Au mois de décembre 1816 il accepta du gouvernement saxon l'invitation de créer à Dresde un opéra allemand. Cette entreprise l'occupa 4 années. Il donna à Berlin, en 1822, le *Freyschütz*, composition qui l'a placé au rang des premiers maîtres de l'Allemagne. Traduit et arrangé en français par MM. Sauvage et Castil-Blaze (1824) sous le titre de *Robin des Bois*, cet opéra soutient pend. plus de deux ans le théâtre de l'Odéon. En 1826 Weber, qui achevait son *Oberon*, ou *Roi des Elfes*, destiné au théâtre de Covent-Garden, traversa la France pour se rendre à Londres, et séjourna quelque temps à Paris. Il jouit peu de temps de ses succès dans la capitale d'Angleterre. L'*Oberon* y avait eu 27 représentations, lorsqu'il mourut le 5 juin 1826, au moment de donner une représentation extraordinaire du *Freyschütz*, qui eut lieu depuis au profit de sa femme et de ses deux enfants qu'il avait laissés à Dresde. Plusieurs articles insérés par Weber dans le *Journal du soir*, années 1817 et 1818, ainsi qu'un ouvrage sur la *Vie des artistes*, dont il a été publié des fragments, attestent qu'il eût pu se faire un nom dans les lettres. Parmi ses œuvres musicales il faut citer, outre les opéras de *Rubezahl* et d'*Euryanthe*, beaucoup de *concertos*, *concertinos* et *pots-pourris* pour forte-piano, clarinette, hautbois, basson et violoncelle, d'admirables cantates, des airs de romances, etc., etc. — Six autres artistes du même nom sont mentionnés dans le *Biographical and hist. Dictionary of Musicians*, publié à Londres en 1824 (2 vol. in-8). Le plus connu est Bernhard-Anselm WEBER, organiste du roi de Prusse, né en 1766 à Manheim, mort en 1821, et qui fit paraître de 1784 à 1810 plus. œuvres de musique théâtrale et morceaux de piano. Il avait reçu des leçons de contrepoint du célèbre abbé Vogler, d'Holzbauer et d'Einberger, et avait voyagé en Allemagne et en Hollande avec le premier de ces maîtres.

WEBSTER (WILLIAM), ecclésiastique anglais, né

en 1689, mort en 1758, vicaire de Ware et de Thundsbridge, passa ses jours dans un état de gêne, dont ne le fit pas sortir la vente de ses nombreux ouvrages qui lui ont fait la réputation d'un savant laborieux et spirituel, mais présomptueux et caustique. Outre des écrits de circonstance et des pamphlets, on a de lui : *Vie du général Monck*, Londres, 1725. — *Nécessité d'observer la loi entière*, 1730, in-8. — *Considérations sur la justesse des témoignages de la résurrection du Sauveur*, etc., 1721, in-8. — *Narré complet des faits, ou franche exposition de mes malheurs*, 1757. — John WEBSTER, vicaire de Kilwich, est auteur d'une *Metallographia, ou Histoire des métaux*, Londres, 1678, in-4; et de *Recherches sur la soi-disant sorcellerie*, trad. de l'anglais en allemand par C. Thomasius, Halle, 1719, in-4. — William WEBSTER, maître écrivain anglais, mort en 1744, a publié un *Essai sur la tenue des livres*, dont la 12e édit. est de 1755, in-12. — *Traité d'arithmétique*. — Une traduct. anglaise du *Cours abrégé de mathématiques*, par La Hoste, 3 vol. in-8.

WECHEL (CHRISTIAN), célèbre imprimeur, né en Allemagne, vint en 1522 à Paris, où il fut admis dans la corporation des imprimeurs-libraires. On croit qu'il mourut en 1554. Il est un des premiers qui publièrent des ouvrages en grec et en latin sur deux colonnes, et il eut aussi l'heureuse idée de publier séparément les différentes parties des auteurs classiq., afin de faciliter aux élèves pauvres l'acquisition de celles dont ils avaient besoin. Le Catalogue des ouvr. grecs, latins, hébreux et français, sortis de sa presse, fut impr. en 1544, in-8. Gessner l'a inséré dans ses *Pandectes*, et Maittaire, avec des additions dans ses *Annales typographiques*. — André WECHEL, fils du précéd., né à Paris vers 1510, ne s'est pas rendu moins célèbre que son père, auquel il succéda, et joignit à son fonds, en 1560, celui de Henri Estienne. Son attachement aux principes des réformés fut la cause du pillage de ses magasins par la populace en 1569; mais il eut le bonheur d'échapper au massacre de la St-Barthélemi. Il transporta alors ses presses à Francfort, et mourut dans cette ville en 1581. — Quelques écriv. lui donnent pour fils Jean WECHEL, imprim. à Francfort, de 1584 à 1594. Mais André n'avait point d'enfants, puisqu'il institua ses héritiers Claude Marni et Jean Aubri, qui continuèrent son établissement à Francfort, puis à Hanau. Les ouvrages sortis de leurs presses portent sur le frontispice, avec la marque de Wechel, ces mots : *Ex typis wechelianis*.

WECKER (JEAN-JACQUES), médecin, né à Bâle en 1528, fut d'abord profess. de dialectique, puis de rhétorique, dans sa ville natale; il se fit ensuite recevoir docteur en médec., signala son zèle pend. la peste qui désola Bâle en 1565, et fut appelé à la place de premier médec. de la ville de Colmar, où il mourut en 1586. On a de lui : *Antidotarium speciale*, Bâle, 1561, in-4. — *Antidotarium generale*, 1576, in-4. — *Medicæ syntaxis utriusque ex gr., lat. et arab. thesauris collecta*, 1562, in-fol.,

réimpr. plus. fois. — *De secretis lib. XVII ex variis auctoribus collecti*, 1582, in-8, dont il existe une édit. de 1750, avec des addit. de Th. Zwinger. — *Practicæ medicinalis generalis lib. XVII*, 1585, in-16. — *Anatomia mercuriis spargyrica*, 1620, in-4. — Une *Logique* et une *Rhétorique* en latin, et une traduction allemande des *Secrets* d'Alexis Piémontois.

WECKERLIN (GEORGE-RODOLPHE), poète allemand, né à Stuttgard en 1584, fut d'abord secrétaire du duc de Wurtemberg, Jean-Fréd., puis chargé d'affaires du même prince à Londres, où plus tard il se fixa. Les rois Jacques Ier et Charles Ier le chargèrent de diverses missions aussi honorables que difficiles, en Écosse, en Irlande, dans les Pays-Bas, en Italie et en Espagne; où il mourut vers 1651. On a de lui : deux petits livres d'*Odes* et de *Chansons*, Stuttgard, 1618, in-8, réimpr. avec des addit. sous le titre de *Poésies religieuses et profanes*, Amsterd., 1641, in-12, et augmentés de moitié, 1648. Les littérateurs allemands lui assignent, sous le rapport du génie et de la hardiesse, une place plus élevée qu'à Opitz.

WECKHERLIN (GUILLAUME-LOUIS), littérateur, né en 1739 à Bothnang, dans le Wurtemberg, après avoir terminé ses études, vint à Paris, où il se livra avec une sorte de passion à la lecture des ouvrages des encyclopédistes. Il se rendit ensuite à Vienne, et y publia quelques écrits de circonstance qui eurent du succès, mais qui le rendirent suspect au gouvernement. Après avoir subi une détention de six mois, il fut banni des états autrichiens. Il éprouva le même sort dans différentes villes, où il était allé chercher un refuge. Soupçonné d'être en correspondance avec les Français, dont les armées menaçaient l'Allemagne, il fut arrêté à Anspach. La visite que l'on fit de ses papiers n'ayant fourni aucune preuve à l'appui de cette accusation, il fut remis en liberté, et mourut bientôt de chagrin, en novembre 1792. On a de lui quelques écrits philosophiques et satiriques (en allem.), oubliés aujourd'hui; des *Journaux* et autres *Recueils* périodiques de littérature et de critique, publiés à Nordlingen, Nuremberg et Anspach, de 1777 à 1792.

WEDDERKOPF (MAGNUS de), ministre d'état, né à Husum en 1658, fut d'abord professeur de droit public et féodal à Heidelberg; il obtint ensuite la chaire du code à l'univ. de Kiel, où il se fit remarquer. Le duc de Holstein le nomma son plénipotentiaire au congrès de Nimègue (1678), puis à ceux d'Altona et de Travendal, et l'éleva plus tard au poste de premier ministre, etc. Wedderkopf mourut en 1721. On a de lui quelques écrits de jurisprudence, la plupart en latin, et assez estimés en Allemagne. — Gabriel WEDDERKOPF, frère du précéd., prédicateur aulique de la duchesse de Holstein, prem. pasteur et chef des études à Kiel, mort dans cette ville en 1696, a laissé des *oraisons funèbres* et quelq. *dissertat. théologiques*.

WEDEL (GEORGE-WOLFGANG), médecin, né en

1645 à Golzen, en Lusace, prit ses grades à Iéna, et y obtint une chaire de physiologie, après avoir pratiqué cinq ans à Gotha. Sa réputation s'étant répandue en Allemagne, il devint prem. médecin du duc de Weimar, puis de l'électeur de Mayence, fut fait conseiller aulique, comte palatin, etc., et mourut en 1721. On a de lui un très grand nombre d'écrits dont les plus importants sont : *Specimen experimenti chimici de sale volatili plantarum*, 1672. — *Opiologia*, etc., 1674, in-4. — *Exercitationes pathologicæ*, 1675, in-4. — *Theoremata medica*, etc., 1677, in-12. — *Physiologia medica*, 1679, in-4. — *Physiologia reformata*, 1688, in-4. — *Pathologia medico-dogmatica*, etc., 1692, in-4. — *Aphorismi-aphorismorum*, etc., 1695, in-12. — *Exercitat. semeiotico-pathologicæ*, 1700, in-4. — *Theoria saporum medica*, 1705, in-4. — *Liber de morbis infantum*, 1717, in-4. — *Epitome proxeos clinicæ*, 1720, in-4. — Ernest-Henri WEDEL, fils du précéd., né à Gotha en 1671, fut reçu docteur en 1695, obtint une chaire à l'univ. d'Iéna, et mourut prématurém. dans cette ville en 1709. On a de lui quelq. *dissertat.* académiques : la plus remarquable est celle qui a pour titre : *De morbis concionatorum*, Iéna, 1707; réimpr. 1742, in-4. — Jean-Adolphe WEDEL, 2ᵉ fils de George-Volfgang, né à Iéna en 1675, succéda à son frère dans sa chaire à l'univ. d'Iéna, et mourut vers 1748. Il a paru sous son nom 80 et quelques thèses en latin sur divers sujets de pathologie et de thérapeutique. — Chrétien WEDEL, frère des précéd., étudia la médecine à Amsterdam et à Leyde, se fixa à Minden, puis à Lubeck, où il mourut en 1714, à l'âge de 36 ans. — Jean-Wolfgang WEDEL, probablement de la même famille, né en 1708, mort en 1757, exerça la médecine à Iéna. Il avait un goût particulier pour la botanique, et il a laissé sur cette matière un ouvr. intitulé : *Tentamen botanicum, flores plantarum in classes, genera superiora et inferiora per characteres ex floribus delineatos*, etc., Iéna, 1747, 1749, in-4.

WEDEL (CHARLES-HENRI de), général prussien, né en 1712 dans l'Uckermack, entra au service en 1741, fit la guerre de Silésie, et celle de sept ans, se distingua dans presque toutes les campagnes, mérita son avancement aux prem. grades, et fut nommé, en 1761, ministre de la guerre. Il garda cette place importante jusqu'en 1779, époque à laquelle son âge et ses infirmités le décidèrent à solliciter sa retraite, qu'il obtint. Il mourut dans ses terres en 1782. — George de WEDEL, frère du précéd., se distingua dans les guerres de Silésie, où il servait comme lieuten.-colonel, et mourut à la bataille de Sorr en 1747.

WEDGWOOD (JOSIAS), manufacturier anglais, né en 1730, dirigea son industrie vers la poterie et fonda, dans le comté de Stafford, une manufacture de porcelaines peintes. Encouragé dans ses opérations par le gouvernem., il devint membre de la chambre générale des manufactures de la Grande-Bretagne, et mourut en 1795. Il était membre de la société royale de Londres et de celle des antiquaires. On a de lui plus. *articles* dans les *Transactions philosophiques*.

WEENIX (JEAN), peintre, né à Amsterdam en 1644, fut élève de son père, dont il copia les principaux ouvrages avec une fidélité parfaite, fut appelé sur sa réputation à la cour de l'électeur palatin, après la mort duquel il revint dans sa patrie, et y termina ses jours en 1719. Le plus grand nombre de ses tableaux représentent des animaux, des paysages, des fleurs, etc.; ils sont très estimés des amateurs. Le musée possède deux tableaux de cet artiste. — Son père, J.-B. VEENIX, né en 1621 à Amsterdam, mort près d'Utrecht vers 1660, était élève d'Abraham Bloemaert. Le musée possède de lui un tableau représentant *des Corsaires turcs repoussés*.

WEERDT (ADRIEN de), paysagiste, natif de Bruxelles, se forma à Anvers sous Charles de Queburgh, revint ensuite dans sa patrie, puis voyagea en Italie, et à son retour (1566), trouvant les Pays-Bas ravagés par la guerre, se retira à Cologne, où il mourut étant encore fort jeune. Parmi ses compositions, on cite : *Lazare, Ruth et Booz*; *la Vie de la Vierge*, et une *Nativité*. Ces sujets, exécutés dans le genre du Parmesan, dont il avait fréquenté l'école en Italie, ont été gravés par d'habiles artistes.

WEERDT (SEBALD de), navigateur hollandais, fit partie de l'expédition qui partit de l'embouchure de la Meuse le 27 juin 1598, sous les ordres de J. de Mahu, puis de Simon de Cordes, à l'effet de tenter la route des îles Moluques par le détroit de Magellan. Il joua un rôle important dans cette expédition, et donna son nom aux trois îles du détroit, appelées depuis, par abréviat., *Sebaldines*. A son retour en Hollande, en 1602, il fut nommé vice-amiral d'une flotte de 15 vaisseaux que les deux compagnies réunies expédièrent aux Indes-Orientales, et fut bien accueilli par le roi de Candy, dans l'île de Ceylan, alors en guerre avec les Portugais. Il promit à ce prince de l'aider dans cette guerre ; mais, ayant fait quelq. prisonniers aux Portugais, le roi de Candy le pria de les lui livrer ou de les faire mourir. De Weerdt leur rendit la liberté, et le prince irrité, lui ayant assigné un rendez-vous pour traiter de leurs affaires, le fit égorger par les gens de sa suite avec la plupart de ses compagnons (juin 1603). La *Relation* du voyage de Weerdt au détroit de Magellan, écrite en hollandais par Bern. Jansen, a été traduite en latin et insérée dans la 9ᵉ partie des *Grands voyages* de de Bry. On en trouve la traduction française dans le *Recueil des voyages* de la compagnie des Indes-Orientales. Le second voyage est inséré dans le 8ᵉ part. des *Petits voyages*, ainsi que dans le *Recueil des voyages* de la compagnie des Indes-Orient. — WEERDT (Gérard de) fit partie des 2ᵉ et 3ᵉ expéditions envoyées en 1595 et 1596 pour découvrir le passage au nord-est, sous le commandement de Barentsz et de Heemskerk. Il écrivit la *Relat.* de ces deux voyages d'après ce qu'il avait vu lui-même, et celle du prem. d'après le récit des personnes qui s'y étaient trouvées et qui s'étaient engagées dans les suiv.

Les cartes qu'il avait dressées des pays où les vaisseaux hivernèrent dans ces deux expéditions ont été copiées en partie dans le *Recueil* de de Bry.

WEGELIN (JACQUES), littérateur, né à St-Gall en 1721, fut d'abord pasteur et bibliothécaire de sa ville natale, puis professeur de philosophie. Il obtint en 1765 la chaire d'histoire à l'académie des nobles à Berlin, et mourut en 1791. Entre autres ouvr., on a de lui, en franç. : *Mémoire historique sur les principales époques de l'hist. d'Allemagne*, 1766. — *Mémoire sur la philosophie de l'histoire*, 1772-79, 4 vol. — *Histoire universelle*, 1776-80, 5 vol. in-4 et 6 vol. in-8 (il a trad. lui-même cette histoire en allem., 1778, in-8). Sa *Vie* a été écrite par M. Fels, St-Gall, 1792, in-8, et il a une *Notice* dans la *Nécrologie* de Schlichtegroll. Il était membre et archiviste de l'académie de Berlin. — WEGELIN (Henri) a publié un *Résumé des époques les plus importantes de l'hist. d'Allemagne*, Zurich, 1755, gr. in-4.

WEGNER (GODEFROI), théologien, né à OEls, en Silésie, fut successivement archidiacre et recteur à Neustadt, premier diacre à Francfort-sur-l'Oder, professeur extraordinaire de philosophie, premier prédicat. et membre du consistoire à Kœnigsberg, et mourut en 1709. Parmi ses nombreux ouvrages, dont on trouve la liste dans les *Programmata* de l'université de Kœnigsberg, on distingue : *Præcognita theologiæ*; *Theoria controversiarum*; *Isagoge ad Wasmuthi grammaticam hebraicam*; *Isagoge ad Kœnigii theologiam positivam*; plusieurs vol. d'*Odes*, de *Poèmes*, de *Sermons* et de *Dissertations*. — WEGNER (Henning), né à Kœnigsberg en 1584, mort en 1636, professa la jurisprudence dans sa patrie. On a de lui une *Analyse des Institutes de Justinien*; un traité *de Jure non provocandi Prussiæ ducalis*, et plus. *Dissertat.* relatives à divers points de droit.

WEICHMANN (CHRÉTIEN-FRÉDÉRIC), l'un des rédacteurs du *Patriote hambourgeois*, fut membre de la société allemande de Hambourg, ainsi que de la société royale de Londres, et mourut en 1769 à Wolfenbuttel, où il avait le titre de conseiller du duc de Brunswick. On a de lui : *Poésies inédites des plus célèbres écrivains de la Basse-Saxe*, Hambourg, 1725-38, 6 v. in-8. — *Le grand Witikind*, poème héroïque, par C.-H. Postel, avec des observations, ibid., 1724, etc.

WEICKARD (ARNOLD), méd., né à Baccarach, sur le Rhin, en 1578, fut professeur, puis doyen du collège de médecine de Francfort-sur-le-Mein, où il mourut en 1645. Ses principaux ouvr. sont : *Thesaur. pharmaceuticus galenico-chymicus*, etc., Francfort, 1626, in-fol.; ibid., 1643 et 1670, in-4. — *Pharmacopœa domestica* (allem.), 1626, in-8; ibid., 1628, in-4. — Melchior-Adam WEICKARD, né en 1742 à Romershag (pays de Fulde), fit ses études médicales à Wurtzbourg, devint successivement conseiller et premier médecin du prince de Fulde, puis professeur de médecine à l'université de cette ville. Appelé en 1784 à Pétersbourg, il y passa 5 ans et revint en Allemagne, où il exerça son art dans plusieurs villes sur les bords du Rhin. Il fut rappelé à Pétersbourg par Paul 1er, qui, pour le fixer en Russie, le nomma conseiller-d'état. Mais l'état de sa santé l'obligea bientôt de demander un congé, et il mourut aux bains de Bruckenau en 1803. On citera de lui : *Natura medicatrix, medicus naturæ minister*, Wurtzbourg, 1765, in-4. — *Considérations médicales sur la fièvre putride qui a régné en Allemagne*, Fulde, 1772, in-8. — *Observationes medicæ*, Francfort, 1775, in-8. — *Le Médecin philosophe*, 1775, 6e édit., 1798, 4 vol. in-8. — *Mélanges de médecine*, 1778-1780, in-8. — *Histoire de la doctrine de Brown*, 1796, in-8. — *Manuel de médecine pratique*, 1797, 1804, 3 v. in-8. — *Magasin de médecine théorique et pratiq.*, 1797, 4 vol. in-8. Weickard fut un des plus zélés partisans du système médical de Brown.

WEIDEN ou WEDA (HERMANN), d'une des maisons princières d'Allemagne, fut élu en 1515 archevêque-électeur de Cologne, prit possession de ce siége en 1518, et couronna l'empereur Charles-Quint à Aix-la-Chapelle en 1520. Chargé momentanément, en 1531, de l'administration de l'évêché de Paderborn, il y déploya un grand zèle pour la pure doctrine de l'Église. Les protestants furent rigoureusem. bannis de la ville épiscopale aussitôt qu'il s'en fut rendu maître. Dans un concile qu'il convoqua à Cologne en 1536, il donna de nouvelles preuves de son attachement à la discipline et aux dogmes catholiques. On le représente d'ailleurs comme étant d'un caractère doux et pacifique, de bonnes mœurs et charitable envers les pauvres. Imaginant qu'il entrait dans les vues de Charles-Quint de réformer les usages de l'Église sur tous les points où les tradit. humaines s'étaient mises à la place de la parole de Dieu, il appela près de lui Martin Bucer, et l'établit prédicateur dans la ville de Bonn (1542). Il faut croire qu'il céda par degrés à l'entraînement des novateurs, car l'année suivante il fit venir, pour travailler à la réforme, Mélanchthon, Pistorius et quelq. autres ministres protestants. Il les chargea de dresser les articles de la doctrine qu'ils professaient, et ne tint aucun compte des représentations que le clergé et l'univ. de Cologne lui firent à cet égard. Le clergé appela des ordonnances du prélat au pape et à l'empereur. L'archevêq., cité à Rome, n'envoya personne pour le représenter, et fut excommunié en 1546. Ce prélat ne s'étant point amendé, le pape insista pour qu'Adolphe de Schawembourg, nommé à la place de Weiden, fût mis en possess. de son siége, et Charles-Quint se décida à envoyer des commissaires à Cologne. On lui fit envisager les malheurs qu'éprouveraient ses états si l'on venait à y porter la guerre. Frappé de cette considération, Weiden, bien que soutenu par la noblesse et les députés des villes, dégagea ses sujets du serment qu'ils lui avaient prêté, et reconnut Adolphe pour son successeur; il se retira dans son comté de Weiden, où il mourut en 1552, plus qu'octogénaire, et persistant dans ses opinions. Adolphe rétablit le culte sur l'ancien pied dans tout l'électorat.

WEIDLER (Jean-Frédéric), astronome, né en 1691 à Gross-Neuhausen, dans la Thuringe, mort à Wittemberg en 1755, membre de la société roy. de Londres et de l'académie de Berlin, s'était lié, dans ses voyages, avec les savants les plus distingués de l'Europe. Ses principaux ouvrages sont : *Institutiones mathem.*, etc., Wittemberg, 1718, 1759, et Leipsig, 1784, 2 vol. in-8. — *Explicatio Jovilabii cassiniani*, 1727, in-4. — *Tractatus de machinis hydraulicis... max.*, 1728, 1733, in-8. — *Hist. astronomiæ*, 1741, in-4. — *Institut. geom. subterraneæ*, 1751. —*Institut. astronom.* 1754, in-4.

WEIDLING (Chrétien), juriscons., né à Weissenfels en 1600, fut recteur du gymnase de cette ville, et y occupa les chaires de droit civil, d'éloquence et d'histoire. Plus tard il remplit celle de droit féodal à l'acad. de Leipsig, professa ensuite à Kiel, puis se retira dans une petite ville des environs d'Hambourg, où il mourut en 1731. Outre un nombre considérable de *Dissertat.* et de *Programmata* académiques, on cite de lui : *Excerpta homiletica*, Leipsig, 1700, in-4. — *Excerpta oratoria*, 1700, in-4. — *Le Trésor emblématiq.*, 1702, in-4. — *Le Trésor oratoire*, 1703, in-fol. — *Le Panégyriste* et *l'Orat. funèbre*, 1706, in-8. —*Le Maître d'éloquence*, 1728, in-8 (ces dern. en allem.).

WEIDMAN (Joseph), comédien, né à Vienne en 1742, embrassa la carrière théâtrale dès l'âge de 15 ans, obtint les plus grands succès dans le genre comique sur les théâtres de Prague, de Lintz, de Gratz, et enfin sur celui de Vienne, où il occupa la scène pendant 30 ans. Il mourut en 1810, un des cinq inspecteurs du théâtre de la cour. On a de lui une comédie intitulée *Lipper*, qui est populaire dans toute l'Allemagne, et dont il jouait le principal rôle avec une rare perfection.

WEIGEL (Valentin), né à Hayn en 1533, exerça les fonctions de pasteur dans l'église de Troppau, en Misnie, depuis 1567 jusqu'à sa mort, en 1588. On cite de lui : *Theologia astrologizata; Tractatus de opere mirabili; Arcanum omnium arcanorum; Comment. in Apocalypsi; Mosis tabernaculum cum suis tribus partibus*, etc. — Nicolas Weigel, né à Brieg vers 1580, professa la théologie à Leipsig, assista, comme délégué de l'univers. et du prince de Saxe, au concile de Bâle, et mourut en 1444. On a de lui, outre plusieurs *Discours* théologiques, un *Traité des indulgences;* un *Comment. sur les propriétés*, et une *Somme des indulgences* (ces ouvr. sont écrits en latin).

WEIGEL (Erhard), astronome, né en 1625 à Weida, dans la Misnie, professa les mathématiq. à l'acad. d'Iéna, avec une gr. réputation. Ses talents lui méritèrent la faveur de plusieurs princes d'Allemagne, ainsi que de l'empereur, qui le nomma conseiller aulique. Il mourut en 1699. L'astronomie lui est redevable de plusieurs instruments aussi utiles qu'ingénieux. Parmi ses écrits, dont Jœcher a donné la liste, on distingue : *Pancosmus œthereus, seu machina nova*, et *le Miroir du ciel* (allemand), Iéna, 1713, in-4.

WEIMAR. — V. Saxe-Weimar.

WEINRICH ou WEINREICH (Valentin), philologue, né près de Hartz en 1553, fut pend. 39 ans recteur à Eisenach, et mourut dans cette ville en 1622. Outre une *Paraphrase de la prophétie de Jonas*, en vers héroïq., on cite de lui : *Succincta augustissimæ familiæ saxonicæ genealogia*, etc. — Jérémie Weinrich, son fils, lui succéda dans l'emploi de recteur d'Eisenach, et publia, entre autres ouvrages : *Augustissimorum divorum theatrum carmine iambico*, etc. — Jean Weinrich, jurisconsulte, né à Eisenach, exerçait la profession d'avocat consultant à Erfurt vers 1620. On cite de lui : *Opinion sur le droit du peuple de se soulever contre les princes et l'autorité* (allem.), rédigée en faveur du sénat d'Erfurt.

WEINRICH ou WEINDRICH (George), théologien luthérien, né en 1554 à Hirschberg, dans la Silésie, fut d'abord profess. au collége des princes à Grimma, puis pasteur à Leipsig, et mourut en 1617. Son *Éloge* funèbre, par Stegmann, est imprimé. Outre beauc. de *Sermons* et de *Dissertat.* théologiques, on cite de lui : *Hist. de la résurrect. du fils de la veuve par le prophète Élie*, etc.; *Hist. de la transfiguration de J.-C.* — Martin Weinrich, frère du précédent, pasteur de l'hôpital de Leipsig, plus tard professeur de physique et d'éloquence à Breslau, mort en 1609, a publié un *Traité sur les causes des inondations*, etc. On lui doit une bonne édit. de la *Médecine universelle* de J.-B. Montanus. — Melchior Weinrich, frère des deux précédents, fut assesseur de la faculté de théologie de Leipsig et co-recteur de l'école de St-Thomas. On connaît de lui : *Ærarium poëticum, phrases et nomina poetica... complectens*, Francfort, 1690, in-8, etc. — Jean-Michel Weinrich, théologien luthérien, né en 1683, fut inspecteur, puis recteur du lycée de Meinungen, et mourut en 1727. On se bornera à mentionner de lui cinq *Dissertations historiques et théologiq. sur des antiquités remarquables*, publ. par Wetzler avec une *Notice* sur l'auteur.

WEISE (Chrétien), littérateur et poète, né à Zittau en 1642, dirigea pendant 30 ans le gymnase de cette ville, après y avoir professé l'éloquence, la poésie et la politiq., et mourut en 1708. Sa *Vie*, en latin, par Sam. Grosser, 1710, in-8, se termine par un catalogue de ses nombreux ouvr., lequel a été reproduit par Jœcher avec exactitude. Les plus remarquables sont un roman satiriq. intitulé : *Les trois plus méchants fous fieffés de l'univers;* 16 *Tragédies* ou *Drames; Enchiridion grammaticæ*, Dresde, 1722, in-8. — *Institutiones oratoriæ*, Leipsig, 1709, in-8. — *Epistolæ selectiores*, etc., publ. par C.-G. Hoffmann, 1716, in-8. — *Doctrina logica*, Leipsig, 1731, in-8. — Plusieurs théologiens du même nom ont publié divers écrits oubliés aujourd'hui.

WEISHAUPT (Adam), fondateur de l'ordre des *illuminés*, né en 1748 à Ingolstadt, après avoir achevé ses études au séminaire des jésuites de cette ville, suivit les cours de l'université, et y obtint en 1772 la chaire de droit canonique. Depuis quelques années il s'occupait d'un projet d'association universelle sur le plan de la franc-maçonnerie, et sa nouvelle position lui permit de songer à réaliser ses vues. Encouragé par les sympathies qu'il trouva dans ses élèves les plus distingués, il créa en 1776 une société secrète sous le nom d'ordre *des perfectibilités*, et qui plus tard devint l'ordre des *illuminés*. Son organisation était en partie la même que celle des jésuites, ses anciens maîtres; mais Weishaupt l'avait modifiée de manière à ce que la nouvelle société ne pût, disait-il, produire que de salutaires effets. Voici en quels termes il définit le but qu'il se proposait : « Réunir, en vue d'un intérêt élevé et par un lien durable, des hommes instruits de toutes les parties du globe, de toutes les classes et de toutes les religions, malgré la diversité de leurs opinions et de leurs passions; leur faire aimer cet intérêt et ce lien au point que, réunis ou séparés, ils agissent tous comme un seul individu; qu'en dépit de leurs différentes positions sociales, il se traitent réciproquement comme égaux, et qu'ils fassent spontanément et par conviction ce qu'on n'a pu faire effectuer par aucune contrainte publique, depuis que le monde et les hommes existent. » Les statuts imposaient aux membres une obéissance aveugle envers leurs supérieurs, et exigeaient même en certains cas une confession orale. Ils leur prescrivaient aussi d'employer tous leurs efforts pour attirer dans la société des hommes puissants, afin d'obtenir par leur moyen de l'influence sur les affaires publiques. Ce fut là ce qui perdit l'institution naissante. Weishaupt, pour en sauver les débris, conçut le projet de les réunir à la franc-maçonnerie; mais au moment où la fusion allait s'opérer, de vives dissentions éclatèrent parmi les *illuminés*. L'autorité s'inquiéta de les voir si puissants et si nombreux; plus. furent arrêtés et condamnés à une détention plus ou moins longue, et l'électeur de Bavière interdit en 1784 toute association de ce genre dans ses états. Weishaupt, obligé de quitter Ingolstadt, eut le bonheur de trouver un asile à Gotha, dont le duc, un de ses adeptes, le fit conseiller aulique. Il passa le reste de sa vie dans cette retraite, uniquement occupé d'études philosophiques, et mourut en 1822, à 74 ans. On a de lui un assez grand nombre d'ouvr. en allem., dont les princip. sont : *Hist. complète des persécutions qu'ont éprouvées les illuminés en Bavière*, 1781. — *Descript. pittoresque de l'ordre des illuminés, avec leurs statuts*, 1788. — *Hist. des progrès de l'humanité*, 1789, 2 vol. in-8. — *De la vérité et de la perfectibilité morale*, 1793-97, 3 vol. in-8. — *Pythagore, ou l'Art secret de gouverner le monde*, 1795. — *Matériaux pour servir à la connaissance du monde et des hommes*, 1809-11, 2 vol. in-8, etc.

WEISS (François-Rodolphe), littérateur, né à Yverdun en 1751, servit d'abord en France, puis en Prusse, avec le grade de colonel, voyagea ensuite en Allemagne et en Angleterre, et devint, en 1785, membre du conseil souverain de Berne. S'étant montré favorable aux principes de la révolution, il fut nommé en 1797 commissaire-général du pays de Vaud; mais, après l'invasion de la Suisse par les Français, il se vit forcé d'aller chercher un asile en Allemagne, et ne rentra dans sa patrie qu'après l'établissement du gouvern. consulaire. Il avait déjà donné des preuves d'aliénation mentale lorsqu'il se suicida dans une auberge de Nion en 1802. On a de lui : *Principes philosophiques, politiques et moraux*, Berne, 1785, 2 vol. in-8; réimpr. 7 fois et trad. en angl. et en allem. — *Des deux chambres*, 1789, in-8. — *Coup-d'œil politique*, 1795, in-8. — *Sur les relations de la France avec le corps helvétique*, 1794, in-8. — *Réveillez-vous, Suisses, le danger approche*, 1796, in-8. — *Mém. à Bonaparte, premier consul*, etc., Berne, 1801, in-8.

WEISSE (Chrétien-Félix), poète, né en 1726 à Annaberg, dans la Saxe, se lia, pendant ses études académiques à Leipsig, avec les littérateurs et les poètes les plus distingués de l'époque, tels que Klopstock, Cramer, les Schlegel, Gellert, Rabener, etc.; mais il s'attacha plus spécialement à Lessing, qui, par ses connaissances et sa critique, eut une grande influence sur la direction de ses idées. Il avait déjà publié plusieurs morceaux de poésie, quelq. traduct. de pièces angl. et franç., et deux tragéd. (*Édouard III et Richard III*), lorsqu'il entreprit, avec Mendelsohn, un ouvrage périodique intitulé : *Bibliothèque des belles-lettres*, qu'ensuite il dirigea seul. Il donna plusieurs autres ouvrages dramatiques qui eurent beaucoup de succès, et rédigea son *Ami des Enfants*, dont Berquin a non-seulement suivi le plan et la forme, mais encore auq. il a emprunté les matériaux de son ouvrage qui porte le même titre. Retiré vers la fin de sa vie aux environs de Leipsig, il y mourut en 1804. Ses *OEuvres* ont été réimpr. plusieurs fois dans des recueils séparés : *Tragédies*, 1766, 5 vol. in-8. — *Comédie*, 1783, 3 vol. — *Opéras comiques*, 1777, 3 vol. — *Petites poésies lyriq.*, 1772, 4 vol. Ses traduct. du franç. et de l'angl. ne forment pas moins de 140 vol. ou part. : ce sont des poèmes, des romans, des ouvrages de morale. — Son fils, Chrétien-Ernest, était un des professeurs d'hist. les plus distingués de l'Allemagne.

WEITBRECHT (Josias), médecin, né en 1702 à Schorndorf, dans le Wurtemberg, pratiqua son art avec succès à Pétersbourg, et professa la physiologie et l'anatomie, et y mourut en 1747. Outre plus. *Mémoires* insérés dans les *Actes* de l'acad. russe, on a de lui : *Syndesmologia, sive Historia ligamentorum corporis humani*, 1742, in-4, avec pl.; trad. en franç. par Tarin, Paris, 1752, in-8. Portal parle de cet ouvrage avec éloge dans son *Hist. de l'anatomie*.

WEITENAVER (Ignace), jésuite, né en 1705 à Ingolstadt, occupa long-temps la chaire des langues orientales à Vienne (Autriche). Après la suppression de la société, il se retira à Deux-Ponts, où il mourut en 1785. Ses principaux ouvrages sont : *Corona mariana linguis XII exornata; cum dissertationib. de linguâ sinicâ*, Cologne, 1751, in-8. — *Miscellanea litterarum humaniorum*, etc.,

Augsbourg, 1752-53, 2 vol. in-8. — *Hexaglotton, sive Modus addiscendi intra breviss. tempus linguas gallicam, italicam, hispanicam, græcam, hebraicam et chaldaicam*, Francfort, 1756, 1762, in-4, augmenté d'un 2me vol. en 1776. — *Hierolexicon linguarum orientalium*, 1759, in-4. — *Compendium scientiarum et omnigenæ eruditionis*, 1767, 2 vol. in-8. — *Apparatus eloquentiæ catecheticæ complectens histor.* MD, lib. *VI*, 1775. — *Lexicon in quo explicantur vocabula et phrases linguæ gr. et hebr.* 1780, in-8 (*v.* le *Supplément à la Biblioth. de la soc. de Jésus*, du P. Caballero).

WEITMULE (BENESSIUS de), né en Bohème dans le 14e S., fut en grande faveur auprès de l'empereur Charles IV, et, après la mort de ce prince, prit l'habit de St-François vers 1386. On a de lui deux chroniques latines sur l'histoire de Bohème, jusqu'à l'an 1392. Dobner a publié la plus courte dans ses *Monumenta hist. Bohemiæ*, Prague, 1779, t. IV, p. 23. Balbinus et quelques autres savants bohêmes, ont fait usage de l'autre, dont on ne retrouve plus le MS.

WEITZ (JEAN), philologue, né en 1576, dans la Thuringe, consacra sa vie à l'enseignement et à la culture des lettres, et mourut en 1642, recteur de l'école de Gotha. On lui doit des édit. du poème d'*Héro et Léandre*, de Musée, Amberg, 1613, in-12; de *Prudence*, Hanau, 1613, in-12; de la *Genèse* de St-Hilaire, Francfort, 1625, in-8; des *Notes* sur Térence, Ovide, Valérius-Flaccus, Pétrone, Salvien, etc., recueillies dans différentes édit.; la *Vie de N. Reusner* (en lat.), 1603, in-4., et quelq. *Oraisons funèbres*.

WELDE (THOMAS), ministre dissident, né dans le comté d'Essex, passa en Amérique (1632), obtint la cure de Roxbury dans le Massachusett, et, en 1641, fut envoyé en Angleterre avec Hug. Peters, en qualité d'agent de sa province. Ayant rempli sa mission, il s'établit à Gateshead, et mourut vers 1665. On a de lui : *Histoire abrégée de l'origine, du règne et de la chute des antimoniens, familistes et libertins, qui ont infecté les églises de la Nouvelle-Angleterre*, etc., 1644, in-8; et, avec trois autres ministres, le *Parfait pharisien dans la société monacale* (ouvr. dirigé contre les quakers), 1654, in-8.

WELI-EDDYN (AHMED-ERDJEK-OGLOU), plus connu sous le nom de *Wely-Eddyn Ahmed-Pacha*, célèbre poète turk, naquit vers 1430, dans la Bosnie, dont son père était pacha. Gouv. du jeune Bajazet II, puis revêtu du visiriat, Wely-Eddyn, fut disgracié par Mahomet II, à cause de ses mœurs scandaleuses. Son talent pour la poésie, dont il avait déjà donné des preuves avant son élévation, lui fit recouvrer la faveur du sultan, qui lui rendit ses richesses, sa place de visir, et le maria avec une des femmes du harem impérial. Plus tard, il épousa la fille de Bajazet II, son élève, fut nommé beglier-bey de Romélie, puis pacha de Brousse. Fidèle au culte des lettres, il fut constamment, dans toutes ses places, entouré de poètes et de savants; mais il se rendit odieux à ses administrés par ses extorsions, ses prodigalités et ses débauches. Il mourut, à ce que l'on croit, en l'an 902 de l'hég. (1495 de J.-C.). Les orientalistes font un grand éloge de ses poésies, où l'on trouve réunies la grâce, l'abondance, l'harmonie et la sensibilité.

WELLEKENS (JEAN-BAPTISTE), poète holland., né à Alost (Flandre) en 1658, séjourna onze ans en Italie, cultivant à la fois la peinture et la poésie. Frappé à Venise d'une paralysie qui le força d'abandonner les crayons et la palette, il revint en Hollande, et mourut à Amsterdam en 1726. Vlaming a réuni les poésies posthumes de Wellekens aux siennes, 1735, in-8. On a encore de Wellekens une traduction, en vers holland., de l'*Aminte* du Tasse, 1715, in-8.

WELLENS (JACQUES-THOMAS-JOSEPH), évêque d'Anvers, né dans cette ville en 1726, se distingua par ses lumières et sa philanthropie, et mourut en 1784. On a de ce prélat : *Exhortationes familiares de vocatione sacrorum ministrorum et variis eorum officiis*, Anvers, 1777, 1783, etc., in-8.

WELLER DE MOLSDORF (JÉRÔME), théologien, né en 1499 à Freyberg dans la Misnie, était recteur du gymnase de Schneeberg; mais étant venu prendre le grade de docteur en droit à Wittemberg, il devint l'un des adhérents les plus enthousiastes de Luther, qui le traita comme son fils, et lui témoigna autant de confiance qu'à Mélanchthon. Weller épousa une des parentes de son patron, et fut successivement professeur de théologie, inspecteur des écoles et recteur de Freyberg, où il mourut d'un coup de sang en 1572. Ses ouvr., qui ont joui d'une grande réputation dans l'Église luthérienne, ont été réunis, 1702, 2 vol. in-fol. — Pierre WELLER, son frère, se fit remarquer comme orientaliste; mais il n'a laissé aucun écrit sur l'objet de ses études. — Jacques WELLER, de la même famille, né à Newkirchen en 1602, fut professeur de philosophie à l'univ. de Wittemberg, puis de théologie et des langues orientales à Meissen, coadjuteur à l'église principale de Brunswick, prem. prédicat. de la cour de Dresde, et mourut dans cette ville en 1664. On a de lui quelq. ouvr. dont le plus connu est une *Grammaire* grecque très estimée, et dont l'édit. la plus récente est celle de Leipsig, 1781, in-8. Ses autres écrits sont des *Sermons*, des *Oraisons funèbres; Spicilegium quæstionum hebræo-syrarum*, etc., etc. (*v.* son *Éloge* en latin par J.-Séb. Mitternacht, 1666, in-4).

WELLS (ÉDOUARD), philologue, né en 1664 dans le comté de Wilt, professa les belles-lettres au collège du Christ, fut ensuite rect. de Blechley, dans le comté de Buckingham, obtint une cure dans celui de Leicester, et mourut en 1727. Outre des édit. annotées de *Xénophon*, gr. et lat., Oxford, 1703, 5 vol. in-8, avec cartes, et de *Denis le Périégète*, 1707, in-8, on cite de lui : *Géographie historiq. de l'Anc. et du Nouveau-Testament*, avec des cartes et des tables chronologiq., 4 vol. in-8. — *Cours de mathématiques*, 3 vol. in-8. — *Paraphrase de tous les livres de l'Ancien et du Nouv.-Testament*, avec des notes, 1729, 4 vol. in-4, etc.

— Jean WELLS, mathématicien anglais, mort en 1638, a laissé un écrit intitulé : *Itinér. de l'âme au Chanaan des cieux*, etc. — Benjamin WELLS, son fils, médecin, né à Deptford en 1616, mort en 1678, est auteur d'un *Traité* estimé sur la goutte, et d'une traduction anglaise du *Médecin expérimenté* de Brice Bauderon.

WELSCH (GEORGE-JÉRÔME), médecin et philologue, né en 1624 à Augsbourg, mort en 1678, avait fait un voyage de long cours en diverses parties de l'Allemagne, de la Suisse et de l'Italie. Outre plusieurs *Mémoires et Observations*, dans les *Miscellanea* de l'acad. des *Curieux de la nature*, qui, dès son origine, l'avait admis au nombre de ses membres, on connaît de lui, entre autres : *Sylloge curationum et observationum medicinalium; Concilior. medicinalium centuriœ IV*, avec notes, etc.

WELSER ou VELSER (MARC), historien et philologue, né en 1558 à Augsbourg, d'une très ancienne famille, vint suivre à Rome les leçons d'Ant. Muret, et, de retour dans sa patrie, fut reçu avocat, puis admis, en 1592, au nombre des sénateurs. Après avoir passé successivement par toutes les charges, il était devenu consul ou duumvir en 1600. Le soin des affaires publiq. ne ralentit point son ardeur pour les lettres. Il fut le constant protecteur des savants, et mourut en 1614. Ses ouvrages, publiés séparément, de 1590 à 1602, ont été réunis par Chr. Arnold, Nuremberg, 1682, in-fol., fig., précédés d'une bonne *Vie de Welser*. On le croit assez généralement auteur du *Squittinio della libertà veneta*, que quelq. bibliographes ont attribué à don Alph. de la Cueva (*v.* BEDMAR). Il a été fait des trad. allem. de quelq.-uns de ses ouvrages, notamment des *Rerum Aug. Vindel., lib. VIII*, etc. (on peut consulter : Melch. Adam, *Vitœ jurisc. germanor.* ; le *Dictionn.* de Bayle : le t. XXIV des *Mém.* de Niceron, et les *Singularités histor.* de D. Liron).

WELSTED (LÉONARD), poète angl., né en 1689 à Abington, dans le Northamptonshire, fut official de la Tour de Londres, et mourut en 1747. On a de lui un assez grand nombre de pièces de vers, qui ont été réunies en 1 vol. in-8, précédées de sa *Vie*, Londres, 1787. Pope a fait figurer Welsted, parmi les personnages ridicules de sa *Dunciade*. — Robert WELSTED, associé du collège de la Madeleine à Oxford, a publié (avec Rich. West) une édition de *Pindare*, avec la traduct. latine en vers lyriques de Sudorius, Oxford, 1697, in-fol.

WELVOOD (JAMES), médecin, né en 1652 à Édimbourg, suivit en Hollande son père, soupçonné d'avoir eu part à l'assassinat de l'évêque Sharp; et, revenu dans sa patrie après la révolution de 1688, obtint le titre de médecin du roi Guillaume. Il mourut en 1716, laissant des *Mémoires sur les affaires d'Angleterre* (depuis 1588), in-8; et une traduction en anglais du *Banquet* de Xénophon, in-8.

WENDELIN ou VENDELIN (GODEFROY), géomètre et astronome, né dans la Campine (Pays-Bas) en 1580, après avoir terminé ses études, voyagea pour perfectionner ses connaissances, et s'arrêta quelque temps à Lyon, où il fut correcteur d'imprimerie; il visita ensuite les principales villes d'Italie, et, de retour en France, établit une école de mathématiques. Il retourna dans sa patrie en 1684; mais il la quitta presque aussitôt pour se charger d'une éducation à Paris, où il se fit recevoir avocat. La mort de son père l'ayant forcé de revenir dans son pays, il résolut de s'y fixer ; et, ayant embrassé l'état ecclésiastiq., il fut pourvu de la cure de Herck, lieu de sa naissance, où il établit une école de mathématiques, dans laquelle il donna lui-même des leçons. Il mourut doyen du chapitre de Rothnac en 1660. Il avait entretenu une correspondance suivie avec les savants les plus distingués, tels que Gassendy, Peiresc, Mersenne, Petau, Naudé, Riccioli, etc. Ses principaux écrits sont : *Loxia, seu de obliquitate solis diatriba*, etc., Anvers, 1626, in-4, rare. — *De Tetrady Pithagorœ epistolicá dissertat.*, Louvain, 1627, in-4. — *Aries, seu aurei velleris Encomium*, 1628, in-4. — *Arcanorum cœlest. lampas paradoxa*, Bruxelles, 1643, in-12. — *De pluviá purpureá bruxellensi*, 1646, in-8. — *Leges salicœ illustratœ*, etc., 1649, in-fol. — Des *Lettres* à Gassendi, dans le recueil des *OEuvres* de ce philosophe. Plus. autres ouvr. de Wendelin sur l'astronomie, la chronologie, etc., sont restés MSs. Il eut, de son temps, la réputation d'un esprit universel.

WENGIERSKI (MATHIAS), l'aîné de quatre frères qui, dans les 16e et 17e S., se rendirent célèbres par leur zèle pour la propagation du socinianisme en Pologne, naquit en 1582 en Silésie, devint, en 1607, recteur de l'école d'Ostrog, et, deux ans plus tard, fut nommé surintendant des frères (sociniens) dans la Gr.-Pologne. Il remplit ensuite les fonctions de prédicateur à la cour de la princesse de Zaslaw, et mourut en 1638. — Thomas WENGIERSKI, fut surintendant des églises sociniennes dans la Petite-Pologne. — André, frère des précédents, né en 1600, remplit d'abord les fonctions infér. du ministère dans les églises sociniennes de la Silésie, de la Grande-Pologne et de la Poméranie, visita celles de Hollande, devint provincial, *senior*, du district de Lublin, et mourut en 1649. Il a traduit en polonais : le *Janus linguarum* de Comenius, 1646 ; *Confessio latina in conventu thorunensi*, 1645 *exhibita*, Thorn, 1647. On a encore de lui, en polonais : *Ecclesiastes privatus domesticis*. — *Systema historico-chronologicum ecclesiar. slavonicarum*, etc., Utrecht, 1652, in-4.

WENGIEBSKI (THOMAS-CAJETAN), chambellan du roi de Pologne, né en 1755, d'une ancienne famille, voyagea long-temps dans les différentes contrées de l'Europe, et mourut à Marseille en 1787. Il imita en vers polonais le *Pygmalion* de J.-J. Rousseau, plusieurs *Épîtres* philosophiq. de Voltaire, le *Lutrin* de Boileau, et traduisit en prose les *Lettres persanes*, le *Bélisaire* et les premiers *Contes moraux* de Marmontel.

WENTZEL (JEAN-CHRISTOPHE), littérateur, né

en 1689 à Unterellen, dans la principauté d'Eisenach, où il pratiqua d'abord la médecine, qu'il avait étudiée à Erfurt, s'adonna aux études théologiques, fit des exercices publics sur des sujets de métaphys., d'éloquence ou de poésie, puis, s'étant livré tout entier à la musiq., devint maître de chapelle de Jean-Guillaume de Saxe. Il fut forcé, après la mort de ce prince, de revenir à ses premières études. En 1705 il était directeur de l'école du Prince à Altembourg. Appelé plus tard à Zittau comme principal du gymnase, il y mourut en 1723. Outre quatre pièces de vers (*le Bouquet de lauriers*, Iéna, 1700, in-8; *la Forêt de cyprès*, 1701, in-8; *le Bocage des roses d'Altembourg*, 1719, in-8; *le Bois de cèdres*, 1724, in-8), on cite de lui : *Eloquentia nova antiq.*, 1712, in-8. — Des *Dissert.* et des *Programmata*.

WEN-WANG naquit l'an 1231 avant l'ère chrét., dans la princip. de Tcheou (au N.-O. de la Chine), patrimoine de sa famille, qui se disait issue de l'empereur Ti-khu. La sagesse qu'il montra dans l'administration de ses états lui mérita l'estime du Ti-y qui lui confia le commandem. de toutes ses troupes. Cheou-sin, fils et successeur de Ti-y, redoutant l'influence qu'il exerçait sur l'armée, le dépouilla de ses dignités et le tint trois ans captif dans la ville d'Yeou-li. Rétabli dans ses dignités, il revint dans ses états de Tcheou, qu'il rendit florissants et qu'il agrandit. Il mourut presque centenaire, après un règne de 50 ans. Il est en réalité le fondateur de la dynastie des Tcheou, dont le premier empereur fut son fils Fa, plus connu sous le nom de *Wou-wang*. Les Chinois qui le regardent comme un des plus grands hommes que leur pays ait produits lui ont décerné l'honneur de l'apothéose; et des temples lui sont consacrés dans la plupart des villes de l'empire. Wen-wang avait composé pendant sa détention à Yeou-li des commentaires sur les *koua* ou lignes brisées de Fouhi, lesq. existent encore, et forment, avec les explications que Confucius y a ajoutées, le texte de l'*Y-king*, ou premier livre class. des Chinois.

WENZEL (CHARLES-FRÉDÉRIC), né à Dresde en 1740, fils d'un relieur qui lui fit apprendre ce métier, s'enfuit à 15 ans de la maison paternelle, et, étant arrivé en Hollande, y prit des leçons d'un pharmacien qu'il suivit dans le Groenland. Après avoir servi quelq. temps comme chirurgien dans la marine hollandaise, il vint perfectionner ses études à Leipsig (1766), puis se rendit à Dresde, où il fit d'heureux essais en chimie. Nommé par l'électeur de Saxe en 1780, directeur des mines de Freyberg, il rendit de grands services dans cette place et mourut en 1793. On a de lui plus. ouvr., en allem. sur la chimie et la métallurgie. Le plus estimé a pour titre: *Leçons sur l'affinité des corps*, 1777, 1779, in-8.

WEPFER (JEAN-JACQUES), anatomiste, né en 1620 à Schaffhouse, après avoir perfectionné ses études en Italie, revint dans sa ville natale où il pratiqua son art avec succès. Nommé 1er médecin de Schaffhouse, il obtint l'autorisat., qui n'avait encore été accordée à personne, de prendre des cadavres dans les hôpitaux pour les disséquer. Il mourut en 1695. Ses princip. écrits sont : *Observ. de apoplexiâ*, 1675, 1710; Leyde, 1734, in-8; — *Observationes de affectibus capitis internis et externis*, 1726, et Zurich, 1745, in-4 : ouvr. estimé.

WEPPEN (JEAN-AUGUSTE), né à Nordheim en 1742, remplit plusieurs fonctions judiciaires dans le pays de Hanovre, sut allier à ses devoirs la culture des lettres. Il mourut vers 1810. On cite de lui (allem.) : *Henri-le-Long*, poème historique, Gœttingue, 1778, in-8. — *L'Officier hessois en Amérique*, ib., 1783, in-8. — *Poésies*, Leipsig, 1785, in-8. — *La jeune Paysanne heureuse*, comédie en 2 actes, Gœttingue, 1786, in-8. — *Le Patronat de la ville*, poème comique en VI chants, ib., 1787, in-8. — *Contes, Fables, Épîtres, Portraits*, Hanovre, 1796, in-8.

WERDENBERG (RODOLPHE, comte de), d'une très anc. famille d'Allemagne, se rendit célèbre dans le 15e siècle par le zèle qu'il mit à défendre les habitants d'Appenzel contre l'oppression des moines de St-Gall. Il fit alliance avec les habitants de ce canton, déposa son habit et son armure de chevalier pour revêtir le costume grossier du pays, et fut élu commandant-général. Sous ses ordres, les Appenzelois triomphèrent de l'armée autrichienne dans la fameuse bataille de Stoss. Werdenberg se distingua plus tard en d'autres combats dans le Tyrol et le Vorarlberg, et assura l'indépendance du canton d'Appenzel. On peut consulter l'*Hist. des Suisses*, par J. de Müller, t. III.

WERDENHAGEN (JEAN-ANGE), publiciste, né en 1581 à Helmstadt, d'abord employé utilement comme négociateur, obtint en récompense de ses services une chaire de morale à l'université de cette ville ; mais il la perdit pour s'être exprimé avec trop de liberté sur le compte de la cour de Brunswick. De nouvelles indiscrétions qu'il commit à Magdebourg, où il s'était retiré, le forcèrent de se réfugier à Hambourg, puis à Leyde, d'où il fut rappelé par le duc de Brunswick, qui le rétablit dans ses anc. fonctions (1634). L'année suiv., il fut envoyé, par le sénat de Magdebourg, au congrès de Luneboug. Il adressa une relation de ce congrès à l'empereur, qui, frappé des idées lumineuses de l'auteur, l'éleva au rang de noble de l'empire, et lui envoya le brevet d'ambassadeur ordinaire près des villes anséatiques. Cette faveur fixa Werdenhagen à Lubeck, et il mourut à Ratzebourg en 1652, avec la réputat. d'un des hommes les plus érudits de l'époque. On a de lui un assez grand nombre d'ouvrages, dont les princip. sont: *Synopsis in Bodini libros de republicâ ; Psychologia J. Bœhmii explicata ; Opus de rebus publicis anseaticis earumque confœderation ; Epitome de arcanis rerum publ. ; Systema ethices methodicum ;* une édit. gr. et lat. des *Caractères de Théophraste*, avec des *notes*, etc.

WERDER (THIERRI de), littérateur, né à Werderhausen en 1584, voyagea en Italie et en France, puis s'engagea au service du landgrave de Hesse-

Cassel, qui lui confia div. fonctions diplomatiques. S'étant attaché plus tard à Gustave-Adolphe, il en obtint un régiment. Comblé d'honneurs et de grâces, il revint dans sa patrie, où il mourut en 1657. On a de lui des traduct. (en allem.) : *de la Jérusalem délivrée du Tasse*, Francfort, 1626, in-4; réimprimée sous le tit. de *Godefroy*, 1651, in-4, avec 24 grav., et du *Roland furieux*, de l'Arioste, 1632, 1636, in-4, rare, et des *sonnets* sur des sujets religieux.

WERDMULLER (Jean-Rudolphe), peintre, né en 1639 à Zurich, fils d'un général d'artillerie, perfectionna ses talents naturels sous la direction de Conrad-Meyer, et cultiva tout ensemble le portrait, le paysage et le genre des fleurs. A peine son génie avait eu le temps de se déployer, quand il se noya par accident dans la Silh en 1668.

WERDUM (Ulrich van), conseiller intime de la Frise-Orientale, sa patrie, puis vice-président de la chancellerie et de la chambre administrative, mort en 1681, est auteur de quelq. écrits historiq. entre autres : *Fragments de l'histoire de la Frise-Orientale, de 1148 à 1520; Généalogie de quelques familles nobles de la Frise; et Suite de la famille Werdum jusqu'en 1667*, traduit en allemand par A.-A. Gossel.

WEREMBERT ou WERIMBERT, moine du 9e siècle, que l'on croit natif de Coire et frère d'Adalbert, l'un des généraux de Charlemagne, eut de son temps la réputation d'un *homme universel*. Appelé au monastère de Saint-Gall pour y remplir les fonctions d'écolâtre, il y finit ses jours en 884. Il suffira de citer de lui : *Liber de musicâ; De arte metrorum libri II, et Commentatio de threnis, seu lamentationibus Jeremiæ*. Beaucoup d'autres ouvrages, notamment des *hymnes* et des *chants* en l'honneur de J.-C. et des saints, et une *Hist. de l'abbaye de St-Gall* lui sont attribués sans certitude par Trithème, Eisegrenius et Possevin.

WERENFELS (Samuel), né à Bâle en 1657, renonça de bonne heure à la carrière évangélique pour se consacrer au professorat, fut appelé successivement aux chaires de logique et de langue grecque dans sa patrie, devint recteur en 1721, et mourut en 1740, membre des soc. roy. de Londres et de Berlin. D'abord publ. séparém. de 1692 à 1720, ses écrits ont été rec. sous ce titre : *Opuscula theologica, philosoph. et philolog.*, etc., Lausanne, 1759, 2 vol. in-4.

WERFF (Pierre van der), magistrat, né à Leyde en 1529, seconda puissamm. Guillaume de Nassau dans ses premiers efforts pour l'indépendance de la Hollande, fut nommé jusqu'à douze fois bourgmestre de Leyde, et deux fois député aux états de la province. Sa *Vie* en holland. par Te Water, a été publ. à Leyde, 1814, in-8.

WERLHOF (Jean), né en 1660 à Helmstadt, y occupa successivement les chaires de politique, des institutes, du droit criminel et du code, devint conseiller du duc de Brunswick, et mourut en 1711, laissant un grand nombre d'*opuscules* juridiques, tant imprimés que MSs, ainsi qu'une *Histoire du Danemarck* et des *poésies* inédites. —

WERLHOF (Paul-Gottlieb), médecin, né aussi à Helmstadt en 1699, vint s'établir en Hanovre, y devint médecin de la cour, prem. médecin et prof., et mourut en 1767. Ses ouvr. ont été recueillis par Wichman, Hanovre, 1775, 3 vol. in-4, avec une *notice* sur l'auteur.

WERLOSCHNID DE PEREMBERG (Jean-Baptiste), médecin, mort vers 1720, se distingua par son zèle et son dévouement pendant la peste qui ravagea l'Allemagne de 1708 à 1710, et, de concert avec Ant. Loick, en publ. la relation sous ce titre : *Historia pestis quæ Transylvaniam, Hungariam, Austriam... aliasque conterminas provincias depopulabatur*, etc., 1715, in-8. On lui doit encore : *Abusus curationis verno-autumnalis*, Francfort, 1703, in-8.

WERNECK (le baron de), général, né en 1748 à Louisbourg, prit à 17 ans du service dans l'armée impériale, et, devenu colonel du régiment de Stein, fit plusieurs campagnes contre les Turks. Nommé général-major en 1789, il commanda une division sous le prince de Saxe-Cobourg en 1793, obtint en 1794 le grade de feld-maréchal-lieut., et fit la campagne de 1796 sous les ordres de l'archiduc Charles. En 1797, command. en chef de l'armée sur le Bas-Rhin, il fut battu par Hoche, et forcé de se retirer dans le plus grand désordre sur le Mein. A la suite de cet échec, traduit devant un conseil de guerre, il fut contraint de demander sa retraite. Rentré au service en 1801, il conclut avec le général Murat, en 1805, une capitulation qui ne fut point approuvée par sa cour. Il allait être traduit une seconde fois devant un conseil de guerre, lorsqu'il mourut subitement en 1806. Il avait fait imprimer en 1797, pour justifier sa conduite sur le Bas-Rhin, son *Rapport* à la cour de Vienne sur les événements de cette campagne. L'archiduc Charles traite sévèrement ce général dans son ouvrage qui a pour titre : *Principes de stratégie*, trad. en franç. par Jomini.

WERNER, élu en 1260 archev. de Mayence, vint recevoir à Rome le pallium des mains d'Alexandre IV. En 1273, il réunit en faveur de Rodolphe, comte de Hapsbourg, les suffrages des électeurs de l'empire à la diète de Francfort, imposa la paix aux comtes de Spanheim, après les avoir vaincus, et purgea les bords du Rhin des brigands qui l'infestaient. Il mourut en 1284, 2 ans après avoir expulsé de son électorat les Juifs qui s'y étaient établis, et contre lesquels s'acharnait une fanatique intolérance. Les anc. chroniques louent la valeur et l'humanité de ce prélat.

WERNER (Joseph), peintre, né à Berne en 1637, reçut de son père les prem. leçons de dessin, se perfectionna sous Matth. Mérian, puis suivit en Italie un riche amateur nommé Müller. Il s'adonna d'abord à la peinture à l'huile, puis à la fresque, et finit par se livrer entièrement à la miniature, genre dans lequel il excella. Sa réputation se répandit dans toute l'Europe. Appelé à la cour de Louis XIV, il peignit plus. fois ce monarque, et exécuta un grand nombre de sujets allégoriques et gracieux. Étant passé en Allemagne, il se remit à peindre à l'huile, obtint de grands succès, séjourna successivement dans plus. villes d'Allemagne et de Suisse, notamment à Berne, où il mourut en 1710. On cite parmi ses compositions en miniature, outre celles qu'il exécuta pour Louis XIV, plus. autres qu'il fit pour le poète Quinault, son ami, telles que : *les Muses sur le Parnasse*, la *Mort de Didon*, *Artémise*, etc. ; et parmi ses tableaux à l'huile : l'*Union de la justice et de la prudence*, exécuté pour l'hôtel-de-ville de Berne ; *Adam et Eve dans le paradis terrestre*. C'est surtout comme peintre en miniature qu'il a mérité d'être placé au prem. rang des artistes.

WERNER (Paul de), général prussien, né en 1707 à Raab, en Hongrie, suivit de bonne heure la carrière des armes, passa 29 ans au service d'Autriche, fit huit campagnes contre la France, six contre les Turks, et quatre contre la Prusse, sans obtenir un grand avancement, puisqu'il ne dépassa pas le grade de capitaine. Cet injuste oubli le décida à quitter le service impérial, pour entrer (en 1750), dans l'armée prussienne, où il fut aussitôt nommé lieuten.-colonel. Il justifia cette promotion pend. les prem. campagnes de la guerre de sept ans, fut nommé major-gén. en 1758, continua de se distinguer, chassa de la Silésie le général autrichien Deville, délivra la place de Colbert, assiégée par les Russes, et fut nommé lieuten.-général en 1761. Surpris ensuite et fait prisonnier par les Russes, il fut enfermé dans Kœnigsberg jusqu'à la fin de 1762, et rendu à la liberté par l'emper. Pierre III, qui tenta vainem. de le retenir à son service. De retour en Prusse, il reçut le commandem. d'un corps d'armée avec lequel il pénétra dans la Moravie, et battit plus tard en Silésie le maréchal Daun, qui fut forcé d'évacuer Schweidnitz avec une grande perte. Ce fut le dernier exploit de la guerre de sept ans. A la paix, Werner, comblé de bienfaits par Frédéric, se retira dans une de ses terres en Silésie ; il reprit en 1778 le. command. d'un corps d'armée dans la guerre de la succession de Bavière, et revint ensuite dans sa retraite, où il mourut en 1785.

WERNER (Abraham-Gottlob), l'un des plus sav. minéralogistes modernes, né en 1750 à Wehlau, dans la Haute-Lusace, fils d'un directeur de forges, reçut sa première instruction à l'école de l'hospice des orphelins de Bunzlau, et fut ensuite placé à l'école des mines de Freyberg, en Saxe. Dès l'âge de 24 ans, il publia son *Traité des caractères des minéraux*, ouvrage qui pouvait faire prévoir qu'il rendrait plus tard à la minéralogie un service analogue à celui que Linné avait rendu à la science des végétaux, par la terminologie expliquée dans sa *Philosophie botaniq*. En 1775, il fut nommé adjoint à la chaire de minéralogie de Freyberg et inspecteur du cabinet des mines. Quelques autres écrits, et surtout ses leçons, lui firent bientôt une réputation européenne. Il vint en 1802, à Paris, où il fut accueilli avec une grande distinction par tous les savants. Il était déjà l'un des huit associés étrangers de l'acad. des sciences. Malgré les offres brillantes qui lui furent faites à plusieurs reprises, il ne voulut jamais entrer dans aucun service étranger, et mourut à Dresde en 1817. Cuvier lut son *éloge* à l'Acad. Outre l'ouvr. déjà mentionné, et qui a été traduit en franç. par Picardet (Paris, 1790, in-8), on lui doit : *Nouvelle Théorie des filons avec son application à l'art d'exploiter les mines*, 1791; traduit en anglais, avec un *Appendix*, par C. Anderson (Londres, 1809, in-8), et un opuscule intitulé *Classification et Description des montagnes*, publ. en 1787. Une traduct. de la *Minéralogie* de Cronstad, et le *catalogue* du cabinet de Papst d'Ohain, sont les seuls ouvrages où il introduisit des descript. faites d'après sa terminologie, et où il fit connaître occasionnellem. ses méthodes de distribution. « Les mérites de ce gr. minéralogiste, dit Cuvier, ont fini par être appréciés par tous les peuples civilisés, et déjà, de son vivant, son nom était invoqué partout où l'on exerce l'art des mines. »

WERNER (Frédéric-Louis-Zacharie), poète, né à Kœnigsberg en 1768, eut une jeunesse fort aventureuse. Employé par le gouvernem. prussien dans l'administration à Varsovie (1796), il se fit affilier à une loge de francs-maçons, dont il devint l'orateur, et entreprit d'y introduire une sorte de mysticisme, qui fut le premier ferment de son génie poétique. En 1805, il passa dans les bureaux du ministère à Berlin, et se livra dès lors à la composition dramatique avec succès. Étant venu à Paris en 1811, il y mena une vie assez dissipée, puis se rendit à Rome, où il abjura le protestantisme ; de Rome, il passa à Vienne, y fut ordonné prêtre, et nommé prédicateur de l'une des églises de cette capitale. Bientôt on accourut en foule pour l'entendre, et aucun prédicateur n'eut autant de vogue. Le ministère sacré ne le détourna point de ses composit. poétiques ; mais elles n'eurent point le même succès. Cet homme singulier mourut à Vienne en 1823. Mme de Staël, qui avait reçu Werner à Coppet, a porté sur lui un jugement flatteur dans son ouvr. de l'*Allemagne*, t. II, ch. 24. Il est surtout connu par ses *Confessions*, ouvr. écrit en 1804, et dans lequel on trouve exposé son bizarre mysticisme. Outre le recueil de ses *Poésies*, dont quelq.-unes ont été traduites ou imitées en français, on a de lui six tragéd. : deux, *Martin Luther* et le *Vingt-Quatre février*, sont traduites dans les *Chefs-d'œuvre des théâtres étrangers*, la 1re, par Berq, avec une préface intéressante ; la 2e, par Gustave de Baer, avec une *Notice* de Ch. de Rémusat.

WERNHER (George), conseiller du roi de Hongrie et gouverneur du comté de Scharosch, publia, vers l'an 1520, des *Observations* sur les eaux minérales qui ont été recueillies dans les *Scriptores rerum hungaricarum* (Vienne, 1746, t. I) sous ce titre : *De admirandis Hungariæ aquis Hypomnemation*, etc., dans les *Comment. rerum moscovitarum*, par Herberstein, et dans la *Descript. Tartdriæ*, de Mart. Broniowski.

WERNHER (JEAN-BALTHASAR, baron de), né à Rothembourg vers 1680, professa le droit à Wittemberg avec beaucoup de succès, et fut, en récompense de ses services, nommé conseiller à la cour impériale de Vienne, où il mourut en 1742. On cite de lui : *Selectæ observationes forenses*, 1710, 2 vol. in-4; 1757, 3 vol. in-fol. — *Compendium juris quo Germani hodiè ac imprimis Saxones in foro utuntur*, 1728, in-12. — Michel-Godefroi WERNHER, neveu du précéd., mort en 1794, professeur en droit à Erlangen, a laissé : *Commentationes lectissimæ ad Digesta, imprimis ad illustr. viror. Bœhneri, Heineccii et Ludovici compendia*, 1764, 1779, 2 vol. in-8.

WERNICKE ou WERNIGK (CHRÉTIEN), poète allemand, mort en 1720 à Paris, résident du roi de Danemarck, est connu par un recueil de poésies, dont la 5e édition a été publiée par Ramier sous le titre d'*Épigrammes de Chr. Wernicke, avec celles d'Opitz et de quelq. autres poètes*, Leipsig, 1781, in-8.

WERNSDORFF (GOTTLIEB), philologue, né en 1668 à Schoenfeld, en Saxe, embrassa la carrière évangéliq., obtint une chaire de théologie à l'acad. de Wittemberg, parvint aux prem. dignités ecclésiastiques, et mourut en 1729. Outre quelques *Harangues* et *Oraisons funèbres*, on cite de lui de nombreuses *Dissertations* qui ont été recueillies et publ. à Wittemberg, 1736-37, 2 vol. in-4, précédées de la *Vie* de l'auteur. — Gottlieb WERNSDORFF, fils du précédent, né en 1710 à Wittemberg, fut successivem. profess. de littérature, d'éloquence et d'histoire au gymnase de Dantzig, et mourut en 1774. Parmi ses nombreux écrits on distingue : *Commentatio de regibus crinitis Francorum merovingicæ stirpis*, etc., Wittemberg, 1742, in-4. — *De republicâ Galatarum liber singularis*, Nuremberg, 1743, in-4. — Ernest-Frédéric WERNSDORFF, frère du précéd., né en 1718 à Wittemberg, fut professeur de théologie dans la même ville, et y mourut en 1782. On cite de lui : *De septimiâ Zenobiâ Palmyrenor. augustâ*, Leipsig, 1742, in-4. — *De fontibus historiæ Syriæ in libris Machabæorum*, 1746, in-4.

WERP (CHARLES), jésuite, né vers 1592 à Coudros, dans l'évêché de Liége, mort à Huy en 1666, avait fait profession à Tournai en 1612, et enseigné successivem. les humanités et la rhétoriq. en Flandre et en Bohême. On a de lui : *Piarum lacrymar. in quatuor fontes, seu totidem libros elegiar. divisarum*, etc., Cologne, 1640, in-16. — *De raptu manresano S. Ignatii de Loyola*, poème en IV liv., Anvers, 1647, in-4. — *Magdalena pœnitens*, etc., Leyde, 1667, in-18.

WERT ou WERTH (JEAN de), né en 1594 dans le Brabant, passa du service d'Autriche à celui de la Bavière, et, après la mort d'Aldringer, eut le commandem. des troupes bavaroises. Il contribua beaucoup à la victoire de Nordlingen (1634), battit l'année suivante le maréchal de Gassion, puis, en 1636, envahit et dévasta la Picardie. En 1637, il obtint d'abord quelq. succès sur les Suédois ; mais, battu et fait prisonnier par le duc de Weimar, il fut envoyé à Paris, où le cardinal de Richelieu et les grands seigneurs surent rendre agréables les quatre années que dura sa captivité. Échangé en 1642 contre le général Horn, il reprit le commandement de son corps d'armée, et battit le maréchal de Rantzau à Tudlingen. Il se mit ensuite, pour un moment, à la solde de l'Autriche, et, à la paix de Westphalie, quitta les drapeaux de la Bavière pour se retirer dans une terre en Bohême, où il mourut en 1652. Son nom, populaire en France, se retrouve dans les refrains de chansons du temps.

WESENBECK (MATTHIEU de), d'une famille qui a produit plusieurs jurisconsultes savants, était l'un des 16 enfants de Pierre de Wesenbeck, conseiller de la ville d'Anvers. Ayant embrassé le protestantisme pendant qu'il achevait ses études en France, il alla s'établir en Allemagne, professa le droit à Iéna, puis à Wittemberg, et mourut en 1586, laissant entre autres ouvrages : *Paratitla juris, sive comment. in Pandectas et Codicem*, souv. réimpr. avec les annotations des jurisconsultes allemands, et *Historica narratio de inquisitione hispanicâ*. A. Rauchbar et Michel de Perre ont écrit chacun une *Vie de Wesenbeck*, dont un anonyme a publié l'*Éloge funèbre*, Wittemberg, 1586, in-4. On peut encore consulter le *Theatrum erudit*. de Freher, les *Vitæ professor. Ien*. de Zeumer, et l'*Hist. litt. germ.* de Reimann. — Parmi les autres savants de la même famille, on distingue Pierre WESENBECK, dit *le Jeune*. Né à Anvers en 1546, il professa le droit à Iéna, à Wittemberg et à Altdorf, devint conseiller du prince de Cobourg, puis assesseur de la justice provinciale, et mourut à Cobourg en 1603. Ses écrits les plus connus sont des annotations sur les *Pandectes*, et un *Discours* latin sur les affaires des Vaudois et des Albigeois.

WESLEY (SAMUEL), né en Angleterre en 1662, fils d'un ministre non-conformiste, qui l'éleva dans ses principes, ne sortit de sa posit. gênée qu'après la révolut. de 1688, en faveur de laquelle il publia quelques écrits. La reine Marie lui donna la cure d'Epworth (1693), et celle de Wroote, l'une et l'autre au comté de Lincoln, et le duc de Marlborough, qu'il avait encensé dans un poème sur la bataille de Blenheim, le fit nommer chapelain d'un régim. Samuel mourut en 1735. On cite de lui la *Vie de J.-C.*, poème héroïque, 1693, in-fol. — *Élégies sur la reine Marie et l'archevêq. Tillotson*, 1695, in-fol. — *Histoire de l'Ancien et du Nouveau-Testament*, en vers, 1704, 3 vol. in-12. — John WESLEY, fils du précédent, né à Epworth en 1703, se livra dans sa jeunesse avec une grande ardeur à l'étude de l'Écriture sainte et des livres ascétiques. Admis dans les ordres en 1725, il prit, avec son frère, la direction de quinze jeunes gens qui étudiaient à Oxford (1729), et dès lors établit les bases de son système religieux. Les nouv. sectaires se livraient principalem. à l'étude de la Bible, mélant à cette occupat. la prière, le jeûne, la visite des pauvres et d'autres bonnes œuvres, sans perdre un seul moment de la journée. Cette vie pleine et réglée les fit appeler *méthodistes*, et ils adoptèrent cette dénomination qu'on leur donnait par raillerie. En 1735, Wesley et son frère s'adjoignirent quelques autres missionnaires pour aller prêcher l'Évangile en Amérique. De retour en Angleterre en 1738, il organisa définitivem. les assemblées ou *chapelles* des méthodistes sur le plan des congrégat. moraves. Il mourut en 1791. — Son frère, Charles, né en 1708, avait cessé de vivre en 1788. Le système de Wesley est développé dans l'*Histoire des sectes religieuses*, t. Ier, et dans le *Précis historique du méthodisme*, Paris, 1817, in-8. On remarque parmi ses écrits le *Papisme examiné de sang-froid*, 3e édit., Londres, 1779, in-8. — *Médecine primitive, recueil de remèdes simples*, etc., trad. en franç. par Bruyset, avec des notes de Rast, Lyon, 1772, in-12. — *Nature, objet et réglement des soc. méthodistes*, Londres, 1798, in-8. — *Des Sermons*, etc. Ses OEuvres ont été réunies, Londres, 1774, 32 vol. in-8.

WESSEL (Jean), *Wessellus*, né à Groningue vers 1419, professa la philosophie et la théologie à Cologne, puis se rendit à Louvain et à Paris. Dans la vaine querelle des *réalistes* et des *nominalistes*, il prit parti en faveur de ces derniers, passa plus tard à Bâle avec Fr. de La Rovère (dep. Sixte IV), puis revint dans sa ville natale, où il mourut en 1498. On a de lui beaucoup d'écrits, sous le titre de *Farrago rerum theologicarum*, avec une préface de Luther, Leipsig, 1522; réimpr. avec des addit., Groningue, 1614, et Amsterdam, 1617, in-4. Plus. écrivains protestants regardent Wessel comme le précurseur de Luther.

WESSELING (Pierre), habile philologue, né en 1692 à Stenford, en Westphalie, professa d'abord les lettres sacrées et profanes à Franeker. Il passa ensuite à Middelbourg pour y prendre la direction des écoles. Plus tard, il enseigna l'histoire et l'éloquence à Deventer, puis à Franeker, et à Utrecht. Il joignit à sa chaire la place de biblioth. d'Utrecht, et mourut en 1764. On a de lui : *De origine pontificiæ dominationis*, Franeker, 1723, 1724, in-fol. — *Observ. diversæ*, Amsterd., 1727, in-8. — *Probabilium liber singularis*, Franeker, in-8. — La meill. édit. du *Rec. des anciens itinéraires romains*, avec *Notes*, 1735, in-4. — *Deux Dissertations*, sur les archontes des Juifs, et sur la prétendue correction des Évangiles, Utrecht, 1758, in-8. Plus. édit. d'auteurs anciens, notamment d'Hérodote et de Diodore de Sicile, etc., etc.

WESSELY (Hartwig), savant écrivain juif, né à Copenhague en 1725, se livra dès l'enfance à l'étude avec un tel succès, qu'à l'âge de 15 ans il commença un ouvrage intitulé *Gan Nooul* (Jardin fermé), estimé pour la pureté de la morale et du style. Plus tard il se rendit à Berlin, au milieu de cette colonie juive, dont le chef était le célèbre Mendelssohn, et s'y livra comme poète aux inspirations de son génie, portant le flambeau de sa critique et de sa philosophie dans un gr. nombre d'ouvrages, tous écrits en hébreu. Dans le journal que fit paraître la société littéraire hébraïque de Berlin, sous le titre de *Hamasseph* (le Collecteur),

il publia une suite de recherches et de poèmes, parmi lesquels on distingue son *Élégie* sur la mort de Mendelssohn, son maître et son ami, auquel il regrettait de survivre. Ses autres ouvrages sont un *Commentaire* sur le Lévitique; un livre de morale intitulé *Yain Libanon* (Vin de Libanon); un autre, *Sepher Hamidoz* (Livre des mœurs); *Sepher Hanephesch* (Livre de l'âme); des *Lettres* à ses coreligionnaires; un Poème intit. *Chir Hatiphereth* (Chant de la majesté). En 1804, il s'établit à Hambourg, où il fut reçu rabin des juifs portugais, et mourut l'année suiv., à l'âge de 80 ans.

WESSEX ou WESTSEX (roy. de), le plus important des états dont se composait l'heptarchie saxonne du 6e au 8e siècle. Ce ne fut qu'après une longue résistance de la part des naturels du pays, que Cerdic ou Cedric pu t y poser les bases d'un gouvernem. monarchique. Ce fut un de ses successeurs, Egbert, qui réunit successiv. par la conquête les autres états de l'heptarchie en un seul royaume (v. Angleterre).

WEST (Gilbert), littérat. anglais, était fils du doct. West, qui donna en 1697 une bonne édition de Pindare. Gilbert, né en 1706, occupa successiv. div. places dans l'administrat., fut même proposé pour diriger l'éducat. du jeune prince de Galles, depuis George III, et mourut en 1756. On a de lui : l'*Institut. de l'ordre de la Jarretière*, espèce de poème dramat., 1742. — *Observat. sur l'histoire et les preuves de la résurrection de J.-C.*, 1747, in-8; trad. en franç. par l'abbé Guénée, Paris, 1757, in-12. — *Odes de Pindare*, avec div. autres pièces en prose et en vers, trad. du grec en vers anglais, etc., 1748, in-8. — *L'Abus des voyages, et l'Éducation*, deux poèmes dans le style de Spenser. — *Poésies diverses*, 1766, 3 vol. in-12. — West. (Thomas), antiquaire, né en 1706, passa la plus grande partie de sa jeunesse sur le continent, et embrassa la carrière de l'enseignem. Entré dans l'institut des jésuites, lors de son abolition, il se mit au service des seigneurs étrangers auxquels il servait de guide et de cicerone, en les conduisant dans les lieux les plus pittoresques, et finit par se retirer dans le Westmoreland, où il mourut en 1769. Outre l'*Hist. des lacs* (Guide to the Lakes), et l'*Hist. de Furness*, Londres, 1774, in-4, on a de lui des *Mém. sur des antiquités découvertes dans le comté de Lancastre*, insér. dans le 5e vol. de l'*Archæol. britann.* — West (Nicolas), docteur en théologie et évêque d'Ély, se prononça en faveur de Catherine d'Aragon, lorsque Henri VIII agita la question de son divorce avec cette princesse, et publia à ce sujet un tr. *De non solvendo Henrici regis matrimonio*, etc. — Édouard West, théol., mort en 1675, a laissé des *Sermons* et un traité de la *Perfection humaine*. — Richard West, jurisc., lord-chancelier d'Irlande en 1725, est auteur d'une *Dissertat. sur les crimes de haute trahison, et sur les bills de proscription;* de *Recherches sur la création des pairs;* d'une tragédie d'*Hécube*, et de quelq. articles dans la feuille périodique intit. *le libre Penseur*. — Son fils, qui fut lié avec le poète

Gray et Horace Walpole, et qui mourut à 26 ans en 1742, a laissé plusieurs morceaux de littérature, insérés dans les *OEuvres* de lord Orford (Hor. Walpole), et dans la *Vie* de Gray par Mason. — WEST (Samuel), pasteur à Boston, mort en 1809, à 69 ans, est connu par quelq. *essais*, insérés dans le *Columbian sentinel*, 1806, 1807; et par plus. *éloges funèbres*, notamment celui de Washington. — Un autre Samuel WEST, ministre du St-Évangile dans le Massachusett, fut membre de la convention réunie pour la constitution de cette colonie et celle des États-Unis, et mourut dans l'état de Rhode-Island en 1807. Outre divers *opusc.* théol. et des *sermons*, il a publ. de nombreux articles dans les journaux.

WEST (BENJAMIN), peintre d'histoire, né en 1738 à Springfield, dans le comté de Chester (état de Pensylvanie), manifesta, dès son jeune âge, un goût très prononcé pour le dessin, sans avoir vu ni tableaux ni gravure. Un de ses parents l'emmena à Philadelphie, d'où il s'embarqua pour l'Europe. Arrivé à Rome en 1760, il fut présenté au cardin. Albani, Mécène des artistes, et se lia bientôt avec Mengs et d'autres peintres renommés. Pendant les trois années de séjour qu'il fit en Italie, West acquit la correction et la pureté de dessin qui le distinguèrent plus tard, et composa plus. tableaux remarquables. Arrivé à Londres en 1763, il devint deux ans après membre, puis l'un des directeurs d'une société d'artistes, qui fut ensuite incorporée dans l'acad. royale. Ses composit., dans le genre historique, l'avaient placé dès lors à la tête de tous les peintres anglais, sans en excepter Reynolds, auquel il succéda, en 1791, dans le poste de président de l'académie. En 1802 il vint à Paris, et y fut accueilli avec la distinction que méritaient ses talents. Cet artiste mourut à Londres en 1820, fut enterré avec pompe à côté de Reynolds et de Wren dans la cathédr. de St-Paul. Il était associé de l'Institut de France et membre de plus. acad. ou sociétés, tant nationales qu'étrang. On distingue, parmi ses tableaux : *la mort de Socrate*, qui fut sa prem. composition historique ; *Oreste et Pylade* ; *Agrippine débarquant en Italie avec les cendres de Germanicus* ; *Régulus retournant de Rome à Carthage* ; la *Mort du général Wolf* ; *Jésus-Christ présenté au peuple par Pilate*, un des tableaux de la plus grande dimension. On a de West un recueil de *Discours* prononcés à l'acad. royale, Londres, 1793, in-4, et deux *Lettres* sur les avantages que la sculpture offre à la peinture. John Galt a publié, en angl., *la Vie et les Études de Benjamin West*, 2e édit., 1811, in-8.

WESTERBAAN (JACOB), seigneur de Brantwick, fut l'ami de Grotius et de Barneveld. On a de lui des poésies sur différ. sujets, qui ont été publiées à La Haye, 1672, 3 vol. in-8 (v. l'*Hist. de la poésie holland.* par de Vries, 232-241).

WESTERHOFF (ARNOLD-HENRI), philologue allemand, n'est connu que par une très bonne édit. de Térence, qu'il publia en 1729, 2 vol. in-4, avec not., comment. et index.

WESTERMANN (FRANÇ.-JOSEPH), général français, né en 1764 à Molsheim, en Alsace, s'engagea de bonne heure dans un régiment de cavalerie, où il ne resta que peu de temps. Il se trouvait à Paris au commencement de la révolut., dont il embrassa la cause avec ardeur, et fut nommé, en 1790, greffier de la municipalité de Haguenau, où on l'accusa d'avoir excité plusieurs émeutes. Poursuivi à cette occasion, il recouvra bientôt sa liberté, vint s'établir à Paris, où il se lia particulièrement avec Danton, et fut un des principaux acteurs de la catastrophe du 10 août. Nommé adjudant-général par le conseil exécutif, il fut envoyé auprès de Dumouriez, alors dans l'Argonne (*v.* DUMOURIEZ), avec des instructions relatives aux négocial. que ce général venait d'entamer avec le duc de Brunswick. Il resta employé dans son grade à l'armée qui fit la conquête de la Belgique. Après la défection de Dumouriez, compris dans les mandats d'arrêt lancés contre ses partisans, il fut arrêté et conduit à Paris. Remis en liberté sur le rapport de Lecointre à la convention, il obtint peu de temps après le grade de général de brigade, et fut envoyé à l'armée de la Vendée : ce fut lui qui pénétra le premier dans l'intérieur du pays insurgé, et il s'y distingua par l'audace de ses manœuvres et sa bravoure éclatante. Cependant battu par les Vendéens à l'affaire de Châtillon, par suite de son imprévoyance, il fut mandé à la barre de la convention, qui le renvoya aux tribunaux de l'armée : un conseil de guerre, tenu à Niort, l'acquitta, et il reprit son poste. Rentré et surpris une seconde fois dans Châtillon, il revient contre les Vendéens victorieux, en fait un grand carnage, et met le feu à cette ville, qu'il les a forcés d'abandonner. Vainqueur encore à Beaupréau, à Laval, à Granville, et l'un des princip. acteurs dans l'affaire du Mans, si fatale aux Vendéens, il achève d'écraser les débris de leur armée à Savenai. Ces succès ne le préservèrent pas de la faux révolutionnaire. Proscrit avec le parti de Danton, il fut arrêté à Paris, où il était venu apporter les trophées de cette campagne mémorable, et, condamné à mort le 5 avril 1794, il alla au supplice avec la même intrépidité qu'il portait sur le champ de bataille. Ce général avait plus de bravoure que de génie militaire. Il eût été incapable de diriger une armée; mais il fut réellement la terreur des Vendéens et le principal auteur de leur ruine.

WESTON (ÉDOUARD), né à Londres en 1565, professa la théologie à Reims et à Douai, et mourut chanoine à Bruges en 1663. On cite de lui : *Juris pontificii sanctuarium*, 1613, in-8. — *Épreuve de la vérité chrétienne par la règle des vertus*, 1614-15, 3 vol. in-4. — *Jesu Christi coruscationum Enarrationes*, Anvers, 1631, in-fol.

WESTON (RICHARD), né dans le comté d'Essex vers la fin du 16e S., devint, sous Jacques 1er, membre du conseil, puis ambassadeur à Vienne, et déploya dans cette légation autant de zèle que d'habileté. A son retour, il obtint la place de vice-chancelier, puis fut envoyé à Bruxelles, en 1622, pour conférer avec le plénipotent. Schwartzemberg, sur la restitution du Palatinat. Cette négociation, dans laq. il réussit, lui valut le poste de chancelier de l'échiquier. Il fut ensuite nommé gr.-trésorier du royaume, gouverneur de l'île de Wight, créé baron et comte de Portland. Il conserva sa faveur sous le règne de Charles Ier, et mourut en 1635, laissant 3 fils qui suivirent la même carrière. — L'aîné, Jérôme WESTON, qui succéda au titre de comte de Portland, se montra le fidèle partisan de l'infortuné Charles Ier; mais, quelque temps après sa catastrophe, il se rapprocha de Cromwel, sans toutefois solliciter ni accepter aucun emploi. Il fut, à la restauration, nommé ministre plénipotentiaire auprès des États-Génér., montra peu de sagacité dans cette mission, et mourut en 1663, au moment où la guerre allait éclater entre l'Angleterre et la Hollande. — Charles WESTON, frère du précédent, et son success. dans le titre de comte de Portland, périt en 1665, dans un combat contre les Hollandais.

WESTON (STEPHEN), évêque d'Exeter, né en 1665 à Farnborough, dans le comté de Berk, dut son élévat. subite à la protection de Robert Walpole, dont il avait été le condisciple, et mourut en 1742. On a de lui des *Sermons* publiés par le doct. Sherlock, Londres, 1749, 2 vol. in-8. — Édouard WESTON, fils du précédent, parcourut la carrière de l'administrat., obtint le titre de conseiller privé du royaume, et mourut vers 1757. On ne connaît de lui que des *Opuscules* de circonstance, et un *Discours de famille*, réimpr. en 1766. — Hugues WESTON, doyen de Windsor, né dans le comté de Leycester, fut privé de son bénéfice pour cause d'adultère; enfermé dans la tour de Londres, il y mourut en 1558. On a de lui quelques *Dissert.* et *Discours* théolog. — Robert WESTON, jurisc., mort en 1573, fut chancelier d'Irlande.

WESTON (ÉLISABETH-JEANNE de), *Westona* ou *Westonis*, née en 1586 ou 1587 dans le comté de Surrey, suivit en Bohême son père que des affaires fâcheuses avaient forcé de s'y retirer, et trouva dans ses talents le moyen de le soutenir honorablement avec sa mère, dont elle resta bientôt l'unique appui. Elle était en correspondance avec plus. savants distingués de l'Allemagne, de la Hollande et de l'Italie, et l'empereur, qu'elle avait intéressé à son sort, se disposait à prendre des mesures pour lui faire restituer une partie de ses biens, lorsqu'elle mourut en 1606, à la fleur de l'âge. Ses œuvres poétiques, publiées pour la première fois à Prague, sous le titre de *Parthenicon Elis.-Johannæ Westoniæ, virginis nobilissimæ, poetæ florentissimæ*, etc., 3 part. in-12, ont été reproduites par les soins de kalkhoff, Francfort, 1723, in-8.

WESTPHAL (JOACHIM), théolog. luthér., né en 1510 à Hambourg, professa d'abord les humanités à l'univ. de Wittemberg, fut ensuite surintendant des églises de sa patrie, et mourut dans ce poste en 1571. On a de lui un grand nombre d'écrits qui l'ont fait placer par les luthériens au rang de leurs plus habiles docteurs. Bayle en a donné la liste. Il suffira de mentionner les princip. : *Farrago confusanearum et inter se dissidentium de S. cœnæ opinionum ex sacramentariorum libris congesta*, Hambourg, 1552. — *Epistola de religionis perniciosis mutationibus; Confessio Ecclesiarum saxonicarum; Historia vituli aurei*, etc., traduit en allem., et publié à Magdebourg en 1549. Westphal n'est point, comme on l'a prétendu, un des inventeurs de l'*Ubiquité*; et c'est par erreur que Bossuet en a parlé comme tel dans son *Hist. des Variat.*— Joachim WESTPHAL, prédicateur luthérien, mort en 1569, a laissé des *Sermons* et quelques *Oraisons funèbres*. — Joachim-Christian WESTPHAL, qui vivait à Leipsig vers 1686, est aut. des ouvr. suiv. : *de Insignibus Magdeburgi*, 2e édit., Halle, 1729. — *De curioso novitatis Studio; de Ventis incendii tempore orientibus*. — Puteolus, et d'après lui Moreri, ont donné le nom de WESTPHAL, en latin *Westphalus* ou *de Westphaliâ superiore*, à un certain Jean de Wesalia, auteur de quelq. écrits théologiq. qui furent brûlés à Mayence par la main du bourreau vers 1559, comme contenant des erreurs relatives à la foi.

WESTPHAL (ERNEST-CHRISTIAN), jurisconsulte, né à Quedlimbourg en 1737, fut doyen de la faculté de droit et de l'université de Halle, conservateur du cabinet des médailles et de celui d'histoire naturelle, conseiller de justice, et mourut en 1792. On distingue, parmi ses nombreux ouvr. écrits en allem. : *Introduction systématique à la connaissance des meilleurs livres de jurisprudence*, etc., Leipsig, 1774, 1779, 1791, in-8. — *Droit particulier de l'empire d'Allemagne*, 1783-84, 1798, 2 vol. in-8. — *Droit féodal de l'Allemagne*, 1784, in-8. — *Code criminel de l'Allemagne*, 1785, in-8. — *Comment. sur les legs, les fideicommis, sur les codiciles*, etc., 1791, 2 vol. in-8. — *Droit civil d'après les principes et l'ordre des Pandectes*, 1792, 2 vol. in-4. — *Système sur les différentes espèces de legs*, etc., ouvr. posthume, précédé d'une *Notice* sur l'auteur, Leipsig, 1793, in-8.

WESTPHAL (JEAN-JACQUES-HENRI), organiste de Schwerin, né en 1750, mort en 1825, est aut. d'un écrit *Sur les monnaies, mesures et poids duns le duché de Mecklenbourg*, Schwerin, 1803. — La bibliothèque musicale qu'il a laissée passe pour la plus riche de l'Allemagne après celle de Vienne.

WESTPHALEN (JOACHIM-ERNEST de), professeur de droit à Rostock, puis chancelier et président du conseil du prince de Holstein, né à Schwerin en 1700, mort à Kiel en 1759, a publ. : *Monum. inedita rerum german., præcipuè cimbricarum et megapolensium*, Leipsig, 1739, 4 vol. in-fol.

WESTPHALIE (le roy. de), fondé par un décret de Napoléon (18 août 1807) en faveur de Jérôme, le plus jeune de ses frères, se composait de provinces cédées par le roi de Prusse dans le traité de Tilsitt, ainsi que du duché de Brunswick, de l'électorat de Hesse, etc., enlevés également à leurs souver. par la conquête. Le sénatus-consulte du 13 déc. 1810, qui incorpora la Hollande à la France, détacha du royaume de Westphalie une gr. partie de son territoire. Il fut totalement démembré par suite des événem. de la campagne de 1813, et remis en la possession de ses anciens maîtres. — Ce qu'autrefois on nommait le *duché de* WESTPHALIE était une petite province située entre les évêchés de Munster et de Paderborn, embrassant une portion du pays de l'anc. tribu saxonne des Westphaliens, qui habitaient entre le Weser et le Rhin. Il avait été conféré vers 1180 par l'emper. Henri-le-Lion à l'archevêque de Cologne. Adjugé par la députation de l'empire, en 1803, au landgrave de Hesse-Darmstadt, il a été cédé par ce dern., en 1815, au roi de Prusse. — On a donné le nom de *Cercle de* WESTPHALIE à plus. possessions situées sur la rive gauche du Rhin : de là l'origine de la désignation affectée à l'éphémère monarchie qui n'en comprenait que la moindre portion. — Le fameux *traité de* WESTPHALIE, qui débrouilla le chaos de l'oligarchie germanique et mit fin à la guerre de trente ans, fut conclu, après de longues négociations, le 20 octobre 1648.

WETSTEIN (JEAN-RODOLPHE), né à Bâle en 1594, d'une anc. famille, après avoir été quelque temps capitaine au service de la républiq. de Venise, devint successivement greffier, conseiller et bourgmestre de sa ville natale. Il rendit des services importants à la confédérat. suisse dans plus. missions diplomatiq. dont il fut chargé, et mourut à Bâle en 1660. Il avait publié l'*Histoire* et les *Actes* de ses négociations, Bâle, 1651, et il a laissé une vingtaine de vol. MSs. relatifs à l'hist. de la Suisse. — WETSTEIN (Jean-Rodolphe II), fils aîné du précéd., né en 1614 à Bâle, où il mourut en 1684, bibliothécaire de cette ville, y avait occupé successiv. les chaires de grec et de théologie. Outre plusieurs *Dissertat.* savantes, il a fait imprimer, sur un MS. de la bibliothèque de Bâle, le *Sermon de Marc Diadochus contre les ariens*, avec traduct. latine et *notes*, 1642. — Jean-Rodolphe III, son fils, né à Bâle en 1647, lui succéda dans sa chaire de théologie, et, après 26 ans de professorat, mourut en 1711. On lui doit les édit. *Princeps du Dialogue* d'Origène *contre les marcionites*, de son *Exhortat. au martyre*, ainsi que de la *Lettre à Africanus sur l'hist. de Susanne*, grec et latin, Bâle, 1674, in-4. Il a composé, entre autres écrits, 9 *Discours sur la prononciat. de la langue grecque*, Bâle, 1680, in-8, etc. — Jean-Henri WETSTEIN, frère du précédent, né à Bâle en 1649, mort libraire à Amsterdam en 1726, a donné un gr. nombre de bonnes édit., accompagnées de *Préfaces* érudites. — Jean-Jacques WETSTEIN, de la même famille, né à Bâle en 1693, apprit la philosophie et les mathématiq. sous Bernouilly jeune, et suivit la carrière ecclésiastique. Reçu ministre en 1713, il fut suspendu de ses fonctions en 1730 sur des accusations de socinianisme et d'indifférentisme, et se retira en Hollande où une partie de sa famille était déjà fixée. Il obtint une chaire de théologie à Amsterdam ; mais les magistrats de Bâle ne tardèrent pas à se repentir de s'être privés légèrement d'un si savant homme ; il fut réhabilité dans sa patrie au bout de deux ans, et nommé professeur de langue grecque en 1744. Pour le retenir à Amsterdam, on augmenta ses appointem., et on joignit peu après à sa chaire celle de l'histoire ecclésiastiq. Il mourut dans cette ville en 1754, membre des soc. royales de Berlin et de Londres. Son principal ouvr. est une collect. des *Variantes* du Nouv.-Testam., publiée sous le titre suivant : Η ΚΑΙΝΗ ΔΙΑΘΗΚΗ *Novum Testamentum editionis receptæ, cum lectionibus variantib. codicum*, MSs., Amst., 1751, 2 vol. in-fol. On lui doit encore : *Lettres de Calvin à Jean de Bourgogne*, etc., *imprimées sur les originaux*, 1744, in-8. — *Des Cantiques*, plusieurs *Sermons* et quelq. *Oraisons funèbres*. Krighaut a publié son *Éloge* en latin, 1754, in-4. — WETSTEIN (Charles Antoine de), fils de Jean-Henri, né à Amsterdam en 1743, professa la littérat. ancienne à Leyde avec une grande réputation ; mais il eut le malheur de survivre à ses facultés mentales, et mourut près de La Haye en 1797. Outre des traductions du grec en vers latins, d'Hésiode, Théocrite et Coluthus, Leyde, 1774, in-8, on cite de lui : *Cunæ Arausiacæ*, poëme sur la naissance de Guillaume Ier, roi des Pays-Bas, 1772, in-4. — *Leyda ab obsidione Hispanorum liberata*, 1771, in-4. — Des traductions en vers hollandais de la *Sophonisbe* et du *Dom Pèdre* de Voltaire, et du *Guillaume Tell* de Le Mierre, etc.

WETTZ (JUSTINIEN-ERNEST, baron de), né vers le milieu du 16e S., s'est rendu célèbre par son zèle pour la propagation du luthéranisme. Issu d'une anc. famille de la Carniole, il exerça d'abord plus. emplois importants ; mais la lecture de la Bible et des Actes des martyrs changea subitem. ses dispositions, et il résolut de se vouer dans la solitude à une vie contemplative. Il prit sur ses biens une somme de 12,000 écus pour fonder un séminaire et entretenir des élèves en théologie, qui devaient étudier les langues étrangères et se mettre en état de prêcher l'Évangile chez les peuples de l'Asie et de l'Afrique. Il donna à cette institution le nom de *Société des Amis de Jésus*, et fit paraître, en 1664, les *programmes, règlements*, etc., relatifs à cette société ; mais il ne put obtenir des états protestants l'autorisation de la réaliser. Alors il se décida à se faire lui-même missionnaire, et ayant reçu la consécration du pasteur de Zvoll, il s'embarqua pour le Nouveau-Monde, où il mourut plus. années après, au milieu des sauvages, sans avoir fait beaucoup de prosélytes. Il avait publié à Ulm, en 1660, un petit *Traité sur la vie solitaire*, etc. (en allemand).

WETZEL ou WEZEL (JEAN-GASPAR), littérateur, né à Meiningen en 1691, commença par être instituteur de quelques jeunes gens de familles riches. Ayant connu le conseiller Volker, il quitta l'enseignement pour le poste de son secrétaire, l'accompagna dans son voyage en Italie, et, de retour dans sa patrie, aida Hœnn dans la rédaction de son *Dictionnaire des erreurs*. Devenu prédicateur de la duchesse douairière de Saxe-Cobourg, il mourut à Romhild en 1755. Il avait étudié avec fruit les langues orientales. Ses princip. ouvr. sont : *Hymnopœographia, ou Hist. des poètes les plus célèbres qui ont écrit des cantiques*, Helmstadt, 1717-28, 4 vol. in-8.— *Analecta hymnica, ou Lectures pour l'hist. de la poésie lyriq. et sacrée*, Gotha, 1752-56, 2 vol. in-8.— *Hymnologia passionis*, Nuremberg, 1733, in-8.— *Hymnologia polemica*, Armstadt, 1737, in-8. — WETZEL ou WEZEL (Jean-Chrét.-Frédéric), philologue, né en 1762, mort à Berlin en 1810, avait été professeur à la maison des orphelins de Buntzlau, puis au collége de Berlin. On a de lui plus. éditions estimées et quelq. ouvr. relatifs aux langues anciennes. — Abraham van WETZEL, avocat fiscal au cercle d'Utrecht, mort dans cette ville en 1680, a laissé plus. ouvrages de droit, dont les plus remarquables sont : *De connubiali bonorum societate et pactis dotalibus*, Amst., 1674. — *Comment. ad novellas institutiones trajectinas.— De Remissione mercedis propter bellum, inundationem aquarum ac sterilitatem*. Entre beaucoup d'autres savants du même nom, on cite encore G.-F. WETZEL, juriconsulte allemand, dont on a: *Diatribe juris principum privati*, etc., Wetzlar, 1778, in-4 ; et *Observationes de juribus principum post-genitorum*, ib., 1773, in-4.

WEYDE (ROGER van der), peintre, natif de Bruxelles, et mort en 1529, fut un des artistes qui commencèrent à perfectionner la peinture dans les Pays-Bas. Quatre de ses tableaux ornent la salle du conseil de Bruxelles. On cite en outre de lui une *Descente de croix*, acquise par le roi d'Espagne, et que l'on voyait à l'Escurial.

WEZEL ou VETZEL (JEAN-CHARLES), littérat., né en 1747 à Sondershausen, se lia intimem. avec le poète Gellert, visita les principales villes d'Allemagne, de France et d'Angleterre, avec un jeune homme de famille dont il avait entrepris l'éducat., se retira ensuite dans sa patrie, où, étant tombé dans une profonde mélancolie, il vécut dans la solitude, et mourut vers 1800. Ses nombreux ouvr., tous écrits en allemand, consistent en romans, pièces de théâtre, essais philosophiq., morceaux de poésie, etc. Les plus remarquables sont : *Vie de Tobie Knaut-le-Sage*, Leipsig, 1774-75, 1777, 4 vol. in-8. — Une comédie intitulée : *Caractère farouche et Grandeur d'âme*, trad. en français et publiée à Paris sous ce tit. : *les Ennemis réconciliés*. — *Herman et Ulrique*, roman, Leipsig, 1780, 4 vol. in-8, trad. en franç. — *Essai sur la connaissance de l'homme*, ib., 1784-85, 2 vol. in-8. Il est peu d'écrivains qui aient occupé l'Allemagne autant que Wezel. On a publié : *Verge du dieu Wezel pour châtier la race des hommes, ou OEuvres de la folie de Wezel, dieu-homme*, Erfurt, 1804, 4 vol. in-8.

WHALLEY (PIERRE), critique anglais, né en 1722 à Rugby, dans le comté de Warwick, sortit de l'école des *Marchands-tailleurs* de Londres pour entrer dans le collége de St-Jean à Oxford, dont il devint membre en 1745. Il obtint successiv. plus. bénéfices, exerça les fonctions de juge de paix au village de South-Wark, après y avoir enseigné la grammaire, ainsi qu'à l'hospice du Christ, et mourut à Ostende en 1791. Outre une édit. des OEuvres de Ben Johnson, Londres, 1756, 7 vol. in-8, il a publié : *Recherches sur l'érudition de Shakespeare, avec des remarques sur divers passages de ses pièces*, ibid., 1748, in-8, etc.

WHARTHON (THOMAS), mort en 1673, membre du collége des médecins de Londres, et professeur au collége de Gresham, était né en 1610 dans le comté d'York. Il découvrit le conduit excréteur de la glande sous-maxillaire, qui porte son nom, et consigna cette découverte dans son *Adenographia, sive glandularum..... descriptio*, Londres, 1656, in-8.

WHARTON (sir GEORGE), astronome, d'une ancienne famille du Westmoreland, né en 1617 à Kirby-Kendal, embrassa la cause royale, lors des troubles d'Angleterre, sous Charles Ier, leva un corps de troupes à ses frais, puis, ruiné par la guerre, et s'étant retiré à Londres pour y tirer parti de ses connaissances astronomiq., il composa des *Almanachs*, dans lesquels il insérait des prédictions relatives aux affaires du temps, et des allégories satiriques. Cromwell le fit mettre en prison. Enfermé au château de Windsor, il y trouva le fameux William Lilly, qui l'accueillit comme un confrère, et dont il facilita l'évasion. Remis en liberté lui-même quelque temps après, il se conduisit plus prudemment qu'il ne l'avait fait jusqu'alors. A la restauration il fut nommé trésorier et payeur de l'artillerie, et mourut en 1681. Outre ses *Almanachs*, on a de lui quelques *opusc.* astronomiques et chronologiques, qui ont été réunis par Gadbury, Londres, 1683, in-8.

WHARTHON (THOMAS, marquis de), était le fils aîné de lord Philippe Wharton, qui servit le parti parlementaire pendant les guerres civiles, sous le règne de Charles Ier. Thomas, né vers 1640, siégea dans la chambre des pairs pendant les règnes de Charles II et Jacques II, et se fit remarquer par son opposition constante aux mesures de la cour. On croit généralement qu'il fut le provocateur de l'invitation adressée au prince d'Orange, de prendre les rênes de l'état. Wharton alla rejoindre ce prince à Exeter, et obtint les places de contrôleur du palais et membre du conseil privé (1689). A l'avénement de la reine Anne, il fut dépouillé de toutes ses places, et reprit dans la chambre haute son système d'opposition, qu'il soutint avec autant de vigueur que d'adresse. En 1708, il fut nommé vice-roi d'Irlande ; mais la révolution qui s'opéra dans le cabinet en 1710, l'obligea de donner sa démission, qui fut acceptée. Après la mort de la reine Anne, Wharton fut successivement nommé lord du sceau-privé, marquis de Wharton et Malmesbury, marquis de Catherlough et comte de Rathfarnham, en Irlande. Il ne jouit pas long-temps de ces dignités, et mourut en 1715. On a de lui quelques écrits dont les princip. sont : une *Paraphrase des Lamentations de Jérémie*, une autre du

55e chap. d'Isaïe, et une *élég.* sur la mort du comte de Rochester.

WHARTON (Henri), théologien, né en 1664 à Worsted (comté de Norfolk), mort en 1694, a laissé, entre autres écrits remplis de recherches savantes: *Traité historique du célibat ecclésiastiq.*, Londres, 1688, in-4. — *Anglia sacra*, ibid., 1691, 2 vol. in-fol. On lui doit en outre des éditions de plus. aut. ecclésiastiq., avec des *notes.*

WHATLEY (Thomas), membre du collége de chirurgie de Londres, mort dans le comté de Midlesex en 1821, a laissé, entre autres ouvr. (en anglais): *Observations pratiques sur la guérison des blessures et ulcères aux jambes*, etc., 1799, in-8. — *Observations pratiques sur le traitement de la gonorrhée virulente*, etc., 1801, in-8. — *Méthode perfectionnée de traiter les maladies de l'urètre*, 1804, in-8.

WHEATLEY (Charles), théologien, de l'école de St-Jean à Oxford, né en 1686 à Londres, mort en 1742, est auteur de plusieurs écrits, dont le plus connu a pour titre: *Rational illustration of the book of Common Prayer*, imprimé en 1720, et plusieurs fois depuis. — François Wheatley, né en 1747 à Londres, mort en 1801, se distingua dans la peinture par un faire large et une grande entente de la composition. On cite de lui un tableau représentant l'*Assemblée des communes d'Irlande*, qui, de même que le célèbre dessin de notre David, est une galerie de portraits de personnages fameux.

WHELER ou WHEELER (George), voyageur, né en 1650 à Breda, où ses parents s'étaient réfugiés pendant la guerre civile, parcourut d'abord la France et l'Italie, et passa ensuite en Orient avec Spon, dont il avait fait la connaissance à Rome. Après avoir visité les îles de l'Archipel, Constantinople, une partie de la Romélie et l'Asie-Mineure, ils revinrent à Athènes, puis se séparèrent vers le passage des Thermopiles. Wheler continua d'observer les antiquités de quelques parties de la Grèce, puis revint par l'Italie en Angleterre, où il s'occupa de rédiger les notes qu'il venait de recueillir. Sa relation parut à Londres, sous le titre de *Voyage de Dalmatie, de Grèce et du Levant*, 1682, in-fol., en VI livr.; Anvers, 1689, 2 vol. in-12. Wheler mourut curé de Houghton-le-Spring en 1724. On a encore de lui les deux ouvr. suiv. (en angl.): *Hist. des églises et des lieux d'assemblée des premiers chrét.*, etc., 1689. — *Le Monastère protestant, ou l'Économie de la vie chrétienne*, etc.

WHICHCOTE (Benjamin), né vers 1709, professa la théologie au collége de la Trinité de Cambridge, et fut ensuite prevôt du collége du roi. Il perdit cette place à la restauration, et vint à Londres, où il mourut en 1683, après y avoir desservi successiv. 2 églises. Outre ses *Sermons*, Londres, 1698-1701-1707, 4 vol. in-8, on a de lui: *Aphorismes moraux et religieux*, 1703, 1753, in-8.

WHISTON (William), né en 1667 à Norton, dans le comté de Leicester, termina ses études à Cambridge, devint successiv. chapelain de l'év. de Norwich, rect. dans le comté de Suffolk, adjoint, puis success. de Newton à la chaire de mathémat. de l'univ. de Cambridge. Ayant osé soutenir, dans plusieurs écrits, des opinions hétérodoxes sur le dogme de la Trinité, Whiston fut dépouillé de sa place (1710); mais il n'en mit que plus de zèle à développer sa doctrine, se jeta dans la mysticité, s'érigea en prophète, et s'entoura de douze disciples, avec lesquels il prétendait rétablir l'Église primitive. Dès lors il publia une foule d'écrits, surtout de controverse. Il fit des démarches pour être admis à la soc. royale; mais Newton, qui en était alors président, s'y opposa formellement. Malgré la manifestation de ses principes hétérodoxes, Whiston continua de faire partie du clergé anglican jusqu'en 1747. A cette époque, âgé de 80 ans, il sortit d'une Église où il venait d'entendre réciter le symbole de saint Athanase, pour aller faire profession de foi dans une congrégat. d'anabaptistes. Il mourut en 1752. On a cru retrouver, dans l'article Arianisme du *Dictionnaire philosophique*, quelq.-uns des arguments de Whiston, que Voltaire dut avoir connu en Angleterre, et auquel on suppose qu'il a fait encore d'autres emprunts. Au reste, les antagonistes du théologien anglais ont été forcés de rendre justice à son savoir et à ses vertus réelles. On se bornera à mentionner de lui: *nouvelle Théorie de la terre depuis la création jusqu'à la consommation de toutes choses*, 1796 (cet ouvr. eut 6 éditions, et fut loué par Locke et Newton). — *Exposé de la chronologie de l'Ancien-Testament et de l'harmonie des 4 évangélistes*, 1702. — Nouvelle édition d'*Euclide*, avec des *notes*, etc. (en latin), Cambridge, 1703, 1710, trad. depuis en angl., et impr. à Londres. — *Essai sur la révélat. de St Jean* (l'Apocalypse), 1706. — *Prælectiones astronomiæ*, 1707. — *Arithmétique universelle de Newton*, 1707. — *Le Christianisme primitif rétabli*, 1711, 4 vol. in-8. — *Mémoires sur la vie du doct. Sam. Clarke*, 1750, in-8 (on trouve à la fin de ce volume la liste des nombreux ouvr. de Whiston). — *Mém. sur la vie de Will. Whiston* (écrits par lui-même), 1749-50, 3 vol. in-8.

WHITAKER (John), savant ecclésiastiq., né à Manchester vers 1755, fut successiv. prédicateur d'une église de Londres, curé dans le Cornwall, et mourut en 1808. Outre des articles dans la *Revue anglaise*, le *Critique anglais* et la *Revue antijacobite*, on citera de lui: *Histoire de Manchester*, 1771, 2 vol. in-4; 1775, 2 vol. in-8, avec des corrections. — *Histoire des Bretons*, 1772, in-8; 1775, in-8. — *Défense de Marie, reine d'Écosse*, 1787, in-8. — *Passage d'Annibal à travers les Alpes constaté*, 1794, 2 vol. in-8, etc., etc. — Whitaker (Thomas Dunham), membre de la société des antiquaires de Londres, né en 1759 à Rainham, dans le comté de Norfolk, mort en 1821 vicaire de Whalley, dans le Lancastre, a publié: *Hist. de la paroisse de Whalley*, 1801, 1816, 1818, in-4. — *De motu per Britanniam civico, annis 1745 et 1746*, 1809, in-12 — *Vie et correspondance de sir George Radcliffe*, 1810, in-4. — *Hist. du doyenné de Craven*,

1812, 1816, in-4. — *Hist. du Yorkshire*, 1821, in-fol. On lui doit encore, outre ses propres *Sermons*, une édition de ceux du doct. Ewin Sandys, archevêque d'Yorck, avec la *Vie* de l'auteur, 1812, in-8, et d'autres du *Plowman*, de Pier, et du *Ducatus leodensis*, de Toresby, etc.

WHITBREAD (Samuel), né à Londres en 1758, fils d'un riche brasseur de cette ville, fit ses études à l'univ. d'Oxford, et voyagea ensuite sur le continent. Élu en 1790 représentant du bourg de Bedford à la chambre des communes, il s'y rangea du parti de l'opposition, se fit remarquer pendant plus de 30 ans parmi les orateurs les plus distingués, et se suicida en 1815, dans une crise d'aliénation mentale, causée, dit-on, par la tournure que prenaient les affaires politiques, après la bataille de Waterloo. « Son éloquence, dit un écriv. anglais, était, comme sa personne, peu soignée ; mais elle était forte de choses, et ses discours faisaient souvent une grande impression, parce qu'on était convaincu qu'il ne disait jamais que ce qu'il pensait, et qu'il n'avait en vue que le bonheur et la gloire de son pays. »

WHILBY (Daniel), théologien, né en 1638 à Rudshen, dans le comté de Northampton, fut successivement chapelain de l'évêque de Salisbury, prébendaire d'Yatesbury grand-chantre de l'église cathédrale, enfin curé de St-Edmond, dans le même comté de Salisbury, et mourut en 1726. On citera de lui : *Disc. sur les lois ecclésiastiques et civiles rendues contre les hérétiq. par les papes, les empereurs*, etc., Londres, 1682, in-4 ; 1723, in-8, avec une *introduct.* par Kennet. — *Le Conciliateur protestant*, etc., ibid., 1683, in-8. — *La Faillibilité de l'Église romaine démontrée par les erreurs palpables*, etc., 1687, in-4. — *Traité des traditions*, etc., 1688-89, 2 part. in-4. — *Tractatus de verâ Christi deitate*, etc., 1691, in-4. — *Paraphrase et comment. sur le Nouv.-Testament*, 1710, 2 vol. in-fol. On trouve la liste de ses nombreux ouvr. dans les *Mém.* de Niceron, t. XXI.

WHITE (sir Thomas), né en 1492 à Reading, employa une fortune considérable, acquise dans le commerce des draps, à des actes de générosité et de munificence qui lui concilièrent l'estime générale. Élevé successiv. aux dignités du shériff, d'alderman et de lord-maire de Londres, il déploya dans ces places autant de zèle que de prudence, sut maintenir la tranquillité publiq. pend. la révolte de sir Thomas Wyatt, fut créé baronnet par la reine Marie, fonda le collége de St-Jean à Oxford en 1555, et mourut dans la même ville en 1566. — Thomas White, natif de Bristol, mort en 1624, par son testament, légua une somme de 3,000 livres sterl. pour fonder sur l'emplacement du prieuré d'Elsingy un collége qui prit le nom de Sion. Prédicateur distingué, Thomas avait été successivem. vicaire de St-Dunstan, trésorier de Sarum, chan. d'Oxford, etc. On ne connaît que 4 *Sermons* de ce digne ecclésiastique.

WHITE ou WHYTE (John), prélat anglais, né en 1511 à Farnham, dans le comté de Surrey, fut d'abord professeur au collége de Winchester, puis recteur de Cheyton. Arrêté comme coupable de manœuvres secrètes, soit contre le gouvernement, soit contre la nouv. religion introduite en Angleterre par Henri VIII, il fut mis à la Tour de Londres, où il resta détenu jusqu'à l'avénement de la reine Marie. Rendu à la liberté et admis à la cour, il y acquit un tel crédit. qu'il obtint successiv. les évêchés de Lincoln et de Winchester. Après la mort de cette princesse, White sembla s'acharner à provoquer le courroux d'Élisabeth, qu'il injuriait publiquement avec une grossièreté cynique. Il finit par être renvoyé à la Tour de Londres, y resta un an, et n'en sortit que peu de temps avant sa mort, survenue en 1560. Outre un livre d'*Éqigrammes* lat., on cite de ce prélat : *Diacosio martyrion, sive ducentorum virorum testimonia de veritate corporis et sanguinis Christi in eucharistiâ*, etc., Londres, 1553, in-4, et une *Oraison funèbre* de la reine Marie, dont le MS. est conservé au muséum britannique. C'est dans cet opusc. qu'il dirigea contre Élisabeth ses prem., sinon ses plus virulentes sorties. On peut consulter, pour plus de détails, l'*Athenæ oxon.* de Wood, et l'*Hist. de Winchester* de Milner. — White (John), théologien puritain, connu sous le nom de *Patriarche de Dorchester*, né en 1574 dans le comté d'Oxford, contribua puissamment, en 1624, à l'établissement dans le Massachussett d'une colonie destinée à servir d'asile à ceux qui ne voulaient pas se conformer aux cérémonies et à la discipline hiérarchique de l'Église anglicane. En 1640, il fit partie de la commission établie par la chambre des pairs pour les affaires de l'Église, et il mourut à Dorchester en 1648. On a de lui : *Route qui mène à l'arbre de la vie, découverte dans plusieurs directions*, etc., Londres, 1647, in-8. — *Comment. sur les trois prem. chap. de la Genèse*, 1656, in-fol. — *Des Serm.*, etc. — Un autre John White, légiste, aussi de la secte des puritains, né en 1590 dans le comté de Pembrok, mort en 1644, après avoir concouru de toutes ses forces à la subversion de l'Église et de l'état pend. la rébellion, est désigné sous le nom de *Century White*, à cause de son livre intitulé : *The first century of scandalous and malignant Priest*, etc., 1643, in-4. — White (Richard), natif du comté de Hamp, ayant été forcé de se réfugier en Italie par suite de son attachem. à la communion romaine, prit ses grades en droit à l'univ. de Padoue, et fut appelé comme profess. royal à Douai. Il y devint chanoine de St-Pierre, et mourut en 1602. Ses principaux ouvr. sont : *Notæ ad leges decemvirorum*, Arras, 1597, in-8. — *Historiarum britannicæ insulæ.... lib. IX*, Douai, 1597-1602, 9 vol. in-8. — White (Robert), graveur, né à Londres en 1645, mort en 1704, a publié un gr. nombre de portraits gravés au burin, et quelq.-uns à la manière noire. — White (Gilbert), antiquaire, né en 1720 à Selborne, dans le comté de Hamp, où il mourut en 1793, partagea son temps entre l'étude de la littérature et celle des antiquités et de l'hist. naturelle. On a de lui : *Hist. naturelle et antiquité de Sel-*

borne dans le comté de Southampton, Londres, 1789, in-4, réimpr. en 1793 avec des additions et une *Notice* sur l'auteur.

WHITE (JOSEPH), savant orientaliste, né à Glocester en 1746, fut agrégé au collége Wadham d'Oxford en 1774, et, l'année suiv., obtint la chaire d'arabe fondée par l'archevêque Laud. Quatre ans plus tard il fut nommé prédicat. de la chapelle de Whitehall, et mourut en 1814, chanoine de la cathédrale de Glocester. On distingue parmi ses écrits : *Sacrorum evangeliorum versio syriaca philoxeniana*, 1778, 2 vol. in-4. — *Institutions civiles et militaires de Timour ou Tamerlan*, trad. du persan par le major Dawy, avec une *préface*, des *notes* et un *index*, 1783, in-4. — *Diatessaron, sive integra Hist. Domini nostri J. C.*, Oxford, 1800, in-8. — *Ægyptiaca, ou Observat. sur quelq. antiquités de l'Égypte*, etc., 1801, in-4. — *Nov. Testament. gr. lectiones variantes*, etc., 1808, 2 vol. in-8 (*v.* la *notice* que Langlès lui a consacrée dans le *Mercure étranger*). — WHITE (William), membre des sociétés de médecine de Londres et d'Édimbourg, né en 1744, mort à Yorck en 1790, a laissé quelq. opuscules, parmi lesq. on cite un *Essai sur les maladies de la bile*. Il était de la secte des quakers.

WHITE (JAMES), littérateur, né en Irlande vers 1760, vint de bonne heure à Londres, où il se fixa, et mourut à Bath en 1799, dans une extrême indigence. On a de lui, entre autres ouvrages : *Idée d'un plan pour l'abolit. du commerce des esclaves et pour le soulagement des noirs*, etc., 1788, in-8. — *Le Château de Conway*, etc., 1789, in-4. — *Aventures de J. de Gand, duc de Lancastre*, 1790, 3 vol. in-12. — *Aventures de Richard Cœur-de-Lion*, etc., 1791, 3 vol. in-12. — Des traduct. de l'*Hist. de la révolution de France*, par Rabaut Saint-Étienne, 1792, in-8, et des *Disc. prononcés par Mirabeau à l'assemblée nationale*, etc., 1792, 2 vol. in-8. — *Lettres à lord Camdem sur l'état de l'Irlande*, 1797 ou 1798. — Un autre James WHITE, instituteur à Londres, où il mourut vers 1811, a donné une trad. anglaise des *Nuées* d'Aristophane, avec des *notes*, 1759, in-12, et le *Verbe anglais*, essai grammatical dans la forme didactique, 1761, in-8.

WHITE (HENRI-KIRKE), né à Nottingham en 1785, annonça dès l'enfance les plus heureuses dispositions. Il apprit presq. seul le grec, le latin, les langues italienne, espagnole et portugaise, la chimie, l'astronomie et la musique. Résolu de suivre le barreau, il l'abandonna pour la carrière ecclésiastique; mais la position de ses parents ne permettant pas de le soutenir au séminaire, il se flatta que ses talents suppléeraient au défaut de fortune; il recueillit les opusc. qu'il avait insérés dans div. ouvr. périodiques, et les publia sous le titre de *Bocage de Clifton, Esquisses en vers et autres poèmes*, 1803. Ce début n'ayant pas eu le succès qu'il espérait, il redoubla d'efforts pour répondre à la bienveillance de ses protecteurs, et mourut d'un excès de travail en 1806 à 21 ans.

Robert Southey a réuni ce qu'on a pu trouver de ses écrits, sous le titre de *Remains* (restes) *of H. Kirke White*, 1807, 2 vol. in-8, dont la 6e édition parut à Londres en 1815, et la 7e, augmentée d'un 3e vol., en 1822.

WHITE (THOMAS). — V. ANGLUS.

WHITEFIELD (GEORGE), un des chefs des méthodistes, né à Glocester en 1714, occupait une place dans un des colléges d'Oxford, lorsqu'il fut agrégé, en 1735, à l'association religieuse fondée par les deux frères Wesley. Ordonné diacre en 1736, suivant le rite anglican, il prêcha dans sa ville natale et dans plus. autres églises avec un gr. succès. En 1738 il rejoignit J. Wesley en Amérique; mais il revint l'année suivante en Angleterre, et repassa deux mois après en Amérique pour continuer ses missions. Il était de retour en 1741. A cette époque, le méthodisme se partageait en deux branches, sous la direction de J. Wesley et de Whitefield, qui, d'amis qu'ils étaient, devinrent ennemis irréconciliables, s'accusant réciproquem. d'hétérodoxie. Whitefield fit encore cinq voyages en Amérique, et mourut à Newbury, près de Boston, en 1770. La dissidence de ses opinions avec celles de J. Wesley consistait en ce qu'il croyait les œuvres peu importantes pour la justification, si ce n'est comme preuve de la foi, et admettait la prédestination absolue et la réprobat. particulière. Du reste, il avait peu d'instruction, peu de talent littér., et on ne lit guère ses ouvr. hors de sa secte. Ce fut lui qui introduisit dans son parti la *sticomantie*, c'est-à-dire l'habitude de consulter la Bible en l'ouvrant au hasard, pour tirer du prem. verset qui se présentait à la vue des inductions sur la réussite d'une entreprise. On a de lui : des *Lettres*, des *Sermons*, des *Tr. de controverse*, etc., qui ont été recueillis en 1771, 6 vol. in-8. On peut consulter le *Précis historiq. du méthodisme*, par M. l'abbé de Labouderie, Paris, 1817, in-8.

WITEHEAD (PAUL), né à Londres en 1709, manifesta, dès ses premiers essais poétiques, des opinions qui semblaient inconciliables. Il parlait en faveur des Stuart, et attaquait en même temps avec violence le gouvernem. monarchique. Bientôt l'audace de ses écrits lui suscita de toutes parts des ennemis. Mandé à la barre de la chambre des pairs, il se cacha pour éviter sa condamnation. Peu de temps après il fut accusé d'athéisme, et n'échappa qu'avec beaucoup de peine à la vindicte des lois. Enfin, l'âge calma la fougue de son esprit, et des protecteurs puissants lui firent obtenir la place de trésorier de la chambre des pairs. Il mourut à Londres en 1774. Ses product. ont été recueillies en un vol. in-4, 1777, par Ed. Thompson, son ami, et Johnson les a insér. dans sa *Collection* des poètes anglais.

WHITEHEAD (WILL.), poète, né à Cambridge en 1715, de parents pauvres, obtint une place gratuite au collége de Winchester, et montra d'abord les plus heureuses dispositions. Dans la suite, il sut gagner la bienveillance de plusieurs hommes d'un grand mérite, qui restèrent constamment ses amis, et il publia successivement des *poésies* qui établirent sa réputation. Deux tragédies et une comédie qu'il donna au théâtre de Londres en 1750, 1754 et 1762, eurent un grand succès. Il accompagna ensuite dans leurs voyages, en qualité de gouverneur, deux jeunes seigneurs. Nommé secrét. de l'ordre du Bain, il devint poète lauréat, et mourut subitement en 1785. Il avait recueilli ses pièces de théâtre et ses *poésies* en 1774, 2 vol. in-8. Les pièces qu'il a composées depuis ont été réunies en un 3e vol., par son ami W. Mason en 1788, avec des *mém.* sur l'auteur. La *Poétiq. anglaise* de M. Hennet contient la traduct. en vers d'un de ses contes, intit. *le Chien.*

WHITEHEAD (John) se lia de bonne heure avec Jean Wesley, embrassa dep. les principes du quakerisme, et devint gouvern. d'un jeune seigneur, avec leq. il parcourut div. contrées de l'Europe; il séjourna plus. années à Leyde, et s'y livra à l'étude de la médecine et de l'anatomie. A son retour à Londres, reçu docteur, il fut porté par les quakers à l'emploi de médecin en chef d'un des hôpitaux de cette ville. Déterminé plus tard par son ami Wesley, il quitta les quakers pour s'enrôler dans les *méthodistes*, et acquit bientôt, comme prédicat., une grande réputation. Il assista Wesley dans ses derniers moments, prononça son *éloge funèbre*, et publia sa *Vie composée sur ses papiers secrets et sur ses ouvrages imprimés*, etc., Londres, 1792-96, 2 vol. in-8. Whitehead mourut en 1804.

WHITEHURST (John), mécanicien, né en 1713 à Congleton, dans le Chester, était fils d'un horloger qui se borna à l'instruire dans son état; mais il acquit dans la suite par lui-même des connaissances très distinguées. Après avoir été chargé de la construction de plus. horloges pour des édifices publics, il établit à Derby une manufacture d'instruments de physiq., dont plus. étaient de son invention. En 1775, il fut chargé de la confect. des étalons et des trébuchets à l'hôtel des monnaies de Londres, devint membre de la soc. roy. en 1779, et mourut en 1788. Son ouvrage le plus connu a pour titre : *Recherches sur l'état originaire de la format. de la terre*, Londres, 1778, 1786, 1792, in-8. Le recueil de ses *OEuvres complètes*, publié à Londres en 1792, contient les divers morceaux qu'il avait fournis aux *Transact. philos.*

WHITELOCKE (sir James), jurisconsulte distingué, né en 1570, à Londres, d'une ancienne famille du comté de Berk, fit ses cours à Oxford, fréquenta Middle-Temple, et, après avoir obtenu de grands succès au barreau, devint juge au banc du roi. Il mourut en 1632. Outre un traité de l'*Ancienneté, usage et cérémonies des combats judiciaires en Angleterre*, impr. dans les *Curious discourses* de Hearne, on cite de Whitelocke : *The sovering's prerogative and the subjects privileges discussed*, etc., Londres, 1657, in-fol. — Bulstrode WHITELOCKE, son fils, né à Londres en 1605, fut membre du long parlem.; il présida la commission chargée d'instruire le procès de lord Strafford; mais à part cette malheureuse affaire, il manifesta toujours des opinions modérées, et proposa d'entamer avec Charles Ier des négociations pour prévenir la guerre civile. Cependant il accepta du service dans l'armée parlementaire, et fut gouverneur du château de Windsor. Lorsque le roi fut mis en jugement, Whitelocke, nommé membre du comité, dit des *trente-huit*, saisit un prétexte pour n'y pas assister. Après la mort de Charles Ier, qu'il déplora sincèrem., il n'osa pas ne point reparaître au parlem., et adhéra à toutes les mesures du parti républic. Cromwell, auquel il n'inspira qu'une confiance médiocre, le nomma ambassadeur en Suède, puis, à son retour, lui conféra la pairie, avec le titre de vicomte, qu'il n'accepta point. A la restauration, il fut accueilli par Charles II; mais ce prince lui conseilla de se retirer dans ses terres du comté de Wilt, où il vécut encore 15 ans, et mourut en 1676. On a de lui : un *Précis histor. du règne de Charles Ier*, et des *Mém.* sur l'histoire d'Angleterre jusqu'à la fin du règne de Jacques Ier. Ce dernier ouvrage est incomplet, sa veuve ayant brûlé une partie du MS.

WHITFORD (Richard), chapelain de l'év. de Winchester, puis religieux au monast. de Sion, mort vers 1545, est aut. des écrits suiv. : *Préparat. pour la communion*, in-8. — *Défense des trois vœux de religion contre Luther*, 1532, in-4. — *Traité de la patience*, 1541, in 4. — Le *Psautier de Jésus*, encore en usage parmi les catholiques d'Angleterre, etc.

WHIGIFT (John), archev. de Cantorbéry, né en 1530 à Great-Grimsby, dans le comté de Lincoln, dut à son talent pour la prédication plus. bénéfices et une élévation assez rapide. Chapelain de la reine Élisabeth, puis successivem. professeur de théologie, principal du collége de la Trinité, vice-chancelier de l'univers. de Cambridge, doyen de Lincoln, curé de Feversham et évêque de Winchester (1577). Il fut transféré en 1683 sur le siége de Cantorbéry, et mourut en 1603. On lui doit plus. fondations pieuses, et l'Église anglicane le place au rang des plus zélés défenseurs de ses droits et de sa discipline.

WHITTINGTON (sir Richard), né vers 1360, fit d'abord le commerce de mercerie, se livra ensuite à de grandes spéculations, et acquit une fortune considérable, dont il sut faire un noble usage en fondant plusieurs établissements publics, collége, hôpitaux, bibliothèque, etc. Nommé trois fois maire de Londres, il fut créé chevalier par Henri V, et mourut vers 1423.

WHITTINGTON (Robert), né en 1480 à Lichtfield, mort postérieurem. à 1530, avait été gradué à l'univ. d'Oxfort docteur de grammaire, et se donnait le titre de *Protovates Angliæ.* Outre quelq. écrits de polémiq. contre W. Horman et Lily, ses confrères, et divers ouvrages élément., on cite de lui un traité *De difficultate justitiæ servandæ in reipublicæ administratione*; et un autre *De quatuor virtutibus cardineis*, dédiés l'un et l'autre au cardin. Volsey, son protect., et conservés à la bibliothèque bodléienne. — G.-D. WHITTINGTON, associé du collége de St-Jean à Cambridge, mourut prématurém. avant d'avoir mis la dernière main à l'ouvr. suivant, en anglais : *Description historiq. des antiquités ecclésiastiques de la France, ayant pour objet d'éclaircir la naissance et les progrès de l'architecture gothique en Europe*, Londres, 1808, in-4.

WHITWORTH (CHARLES), né vers 1670 dans le comté de Stafford, fut nommé, en 1702, résident à la diète de Ratisbonne, puis envoyé extraordinaire à la cour de Russie (1704); il y retourna en 1710, avec le titre d'ambassadeur extraordin., fut nommé, en 1714, plénipot. aux diètes d'Augsbourg et de Ratisbonne, et en 1716, auprès du roi de Prusse. Récompensé de ses services en 1721, par le titre de baron de Galway, en Irlande, il se rendit l'année suiv., comme ministre plénipot., au congrès de Cambrai. De retour en Angleterre en 1724, il mourut à Londres l'année suiv. On lui doit une relation très curieuse sur l'empire de Russie, tel qu'il était en 1710, publiée par Horace Walpole, dans son imprim. de Strawbery-Hill. — Lord WHITWORTH (Charles), petit-fils du précéd., né en 1760, fut envoyé extraordinaire en Pologne à 26 ans, et passa, deux ans après, en la même qualité, à Pétersbourg, où il obtint les plus gr. succès. Il était parvenu, en 1795, à faire signer à l'impératrice Catherine un traité par lequel elle s'engageait à mettre une armée de 60,000 Russes à la disposition des puissances alliées contre la France; mais Paul Ier ne ratifia pas le traité. L'habile négociateur finit par triompher des obstacles ; il obtint, en 1797, la ratification d'un traité de commerce entre l'Angleterre et la Russie ; et l'année suiv. il négocia et signa le traité provisoire qui liait le czar à la coalition, puis le nouveau traité et la déclaration des plénipotentiaires anglais et russes du 22 juin 1799. Nommé pair sur la demande de Paul Ier, il revint en Angleterre, précédé d'une grande réputation. L'année suiv., il fut envoyé en Danemarck, et conclut une convention qui termina les différends entre les cabinets de Copenhague et de Londres. Après la conclusion du traité d'Amiens, il fut nommé ambassadeur à Paris, où ses talents diplomatiques étaient nécessaires. Au mois de février 1803, les négociations avaient pris un caractère peu rassurant. Dans une entrevue qu'il eut le 17 avec le premier consul, celui-ci s'abandonna à toute la fougue de son ressentim. contre l'Angleterre, et dans les prem. jours de mai il reçut ses passeports. Après la restauration il revint à Paris sans caractère apparent, mais chargé réellement d'une mission d'observation. Il eut des conférences particulières avec Louis XVIII et les princes; et l'on croit qu'il ne fut pas étranger au changement de système qui se fit remarquer, en 1819, dans la marche du cabinet français. De retour cette même année en Angleterre, il revint peu de temps après à Paris, et repartit presque aussitôt pour Naples. L'état de sa santé l'obligea de retourner l'année suivante en Angleterre; il y vécut dès lors à la campagne, et mourut à Knole en 1825. « Lord Whitworth, dit Napoléon (*Mémorial de Ste-Hélène*),

était un homme habile, un peu intrigant, autant que j'ai pu l'observer, mais adroit..... »

WHYTT (ROBERT), médecin, né en 1714 à Édimbourg, y pratiqua son art avec succès, et fut, en 1746, nommé professeur de clinique. Membre de la soc. royale de Londres en 1752, il obtint en 1761, le titre de premier médecin du roi en Écosse, et mourut en 1766. Ses ouvrages, tous écrits en anglais, ont été réunis par les soins de J. Pringle. Édimbourg, 1768, in-4, et trad. en allem., in-8, Leipsig, 1771 ; Berlin, 1790. On a des trad. franç. de son *Essai sur les vertus de l'eau de chaux et du savon pour la guérison de la gravelle*, par Roux, 1766, in-12 ; de ses *Essais physiologiques sur les causes de la circulation des fluides dans les vaisseaux capillaires*, etc., par Thiébault, 1759, in-12 ; et des *Observations sur la nature, les causes et la guérison des maladies hypocondriaq. et hystériq.*, par Le Bègue de Presle, 1767, 1777, 2 vol. in-12. Les *Transactions philosophiques*, les *Essais médic.* d'Édimbourg, les *Observat. médicales*, les *Essais de méd. et de littérat.*, etc., contiennent div. *mémoires et observ. de Whytt*.

WIARDA (TILLEMAN-DOTHIAS), historien, né dans la Frise en 1746, mort à Aurich en 1826, membre de la 3e classe de l'institut des Pays-Bas, est principalement connu par son *Histoire de la Frise*, 1791 à 1826, 10 part. Il a laissé quelques écrits de philologie et de jurisprudence.

WIBOLD ou WIBALD, 26e évêque de Cambrai, succéda en 965 à Ansbert, et fut investi de la souveraineté du Cambresis par l'emper. Othon, qu'il était venu trouver en Italie. La fatigue du voyage dans un âge avancé, acheva d'affaiblir ses forces, et il mourut dans la même année. Ce prélat a laissé un écrit intit. : *Ludus regularis, seu clericalis*, que Balderic a inséré dans son *Chronicon cameracense et atrebatense*.

WIBOLD, WIBAULD ou GUIBALD, natif de Liége, n'avait que 55 ans lorsqu'il fut élu abbé de Stavelo en 1130. Employé dans diverses affaires importantes par l'empereur Lothaire, il accompagna ce prince en Italie, et fut élu abbé du Mont-Cassin. N'ayant pu rétablir la paix dans ce monastère, alors en proie à des divisions intestines, il le quitta secrètem. pour rejoindre l'emper., qu'il trouva mourant à Bretten, près de Trente. Il continua d'être employé par Conrad, son successeur, qui le nomma vice-chancelier. Wibold mourut en 1158, en revenant d'une mission que lui avait donnée Frédéric Ier à Constantinople. Il a laissé 441 *lettres*, utiles pour l'histoire, et qui ont été insérées dans l'*Ampliss. collect. vet. monumentor.* de D. Martène et Durand.

WICAR (J.-B.), peintre habile et célèbre dessinateur, né à Lille, mort à Rome en 1834, a légué par son testament, à sa ville natale, une superbe collection de dessins de Giotti, Raphaël, Michel-Ange et autres peintres fameux.

WICELIUS (GEORGE), théologien, né à Fulde en 1501, embrassa la vie religieuse, qu'il quitta peu de temps après pour se faire luthérien, puis rentra dans l'Église catholique, et ne s'occupa plus que des moyens de réunir les deux croyances. Sa désertion lui suscita beaucoup de tracasseries de la part de Luther, qui le fit emprisonner à Wittemberg. Mis en liberté par la protection du comte de Mansfeld, il fut honoré de la confiance des emper. Ferdinand et Maximilien, et mourut à Mayence en 1573. Ses écrits, qui ont tous pour objet la réunion des deux Églises, composés en allemand, ont été trad. en latin, et réunis dans l'appendix du *Fasciculus rerum expetendar.* d'Édouard Brown, avec les *notes* de Th. Jones. — George WICELIUS, son fils, est auteur de quelques écrits, dont le plus connu est une *Histoire de St Boniface*, en vers lat., Cologne, 1555, in-4.

WICHERLEY (WILLIAM), auteur comiq. anglais, né vers 1640 à Clive, dans le comté de Shrop, vint à 15 ans terminer ses études en France, et pendant un séjour de plus. années, fut l'objet des prévenances de la petite cour de Rambouillet, où on le détermina à abjurer le protestantisme. De retour en Angleterre, quelq. temps avant la restauration, il fut ramené à l'Église anglicane par les exhortations du doct. Barlow, et se livra ensuite à l'étude de la jurisprudence, qu'il abandonna bientôt pour la culture des lettres et pour se livrer aux dissipations que la cour de Charles II avait mises à la mode. Ses vers et ses bons mots ne tardèrent pas à lui faire une grande réputat. parmi les jeunes seigneurs. Buckingham, son protecteur, lui fit accorder une charge de sous-écuyer, un brevet de capitaine et d'autres grâces. Un mariage qu'il contracta sans demander l'aveu du roi, et qui déplut à la duchesse de Cleveland, maîtresse de Charles II, et jusqu'alors zélée protectrice du poëte, le perdit à la cour. Sa femme vint à mourir sans enfants, et au lieu d'un riche mariage il n'eut que deux procès dispendieux. Poursuivi par de nombreux créanciers, il fut mis en prison, et n'en sortit qu'à l'avénement de Jacques II, qui paya ses dettes et lui accorda une pension de 200 livres sterling. Wicherley perdit cette pension à la révolution de 1688, et mourut en 1715. En 1704, il avait publié un recueil de *poésies*, qui trouva peu de lecteurs, sous le titre d'*OEuvres posthumes*. On en fit paraître d'autres en 1726, qui n'eurent pas plus de succès ; mais il a laissé comme auteur comiq. une réputat. qui n'a été effacée que par celle de Congrève. De ses quatre comédies imprimées en 1712, in-8, Voltaire en a imité une (le *Plain Dealer*), sous le titre de *la Prude*. Cette pièce a été trad. par M. Meneschets dans les *Chefs-d'œuvre des théâtres étrangers*. Les trois autres sont d'un comique goûté en Angleterre, mais qui ne pourrait être supporté par des spectateurs plus délicats. La correspond. de Pope renferme un certain nombre de *lettres* de Wicherley.

WICHMANN (AUGUSTIN), né à Anvers à la fin du 16e S., entra de bonne heure dans l'institut de prémontré à l'abbaye de Tongrelo, dont il devint titulaire en 1644, et mourut en 1661. On distingue, entre ses écrits : *Dissert. hist. de orig. et progressu cœnobii postulani ordinis præmonstratensis*, Anvers, 1628, in-4. — *Sabbatismus marianus*, 1628, in-8. — *Brabantia mariana*, 1632, in-4 ; Naples, 1634, 2 vol. in-4, fig.

WICHMANN (JEAN-ERNEST), médecin, né à Hanovre en 1740, prit le doctorat à Gœttingue en 1762, et, de retour dans son pays après divers voyages en France et en Angleterre, y devint médecin de la cour, et mourut en 1802. On cite de lui : *Réflexions sur la diagnostique* (allem.), Hanovre, 1794-1802 ; Vienne, 1798, 3 vol. in-8. — *Dissert. de insigni venenorum quorumdam virtute medicâ*, etc., Gœttingue, 1762, in-8, etc. On lui doit aussi l'édit. des *OEuvres complètes* de Werlhof. — Burchard WICHMANN, né à Riga en 1786, mort en 1823, directeur des écoles de Courlande, a laissé, entre autres ouvrages écrits en allemand : *Tableau de la monarchie russe*, Leipsig, 1813, in-8. — *Charte sur l'élection de Michel Romanow* (trad. de l'original russe, publié pour la prem. fois en 1813), 1820, in-8. — *Collection de plusieurs écrits inédits relatifs à l'anc. histoire de Russie*, 1820, in-8. — *Musée national de la Russie*, 1820. — *Aperçu chronologiq. de l'hist. russe*, etc., 1821-25, 2 vol. in-8.

WICHMANNSHAUSEN (JEAN-CHRÉTIEN), né en 1663 à Ilsenbourg dans le comté de Wernigerode, après avoir achevé ses études voyagea dans le Levant, et, de retour en Allemagne, fut, en 1692, nommé profess. de langue grecque, puis de poésie, et enfin de langues orientales à l'université de Wittemberg, et mourut en 1727. Le plus estimé de ses ouvr. est le *Gymnasium arabicum*, Wittemberg, 1724, in-4. — WICHMANNSHAUSEN (Rodolphe-Frédéric), auteur de quelques écrits de religion et de morale, est principalem. connu par celui qu'il a intitulé : *Différence de la nature et de la grâce dans le prétendu pardon des offenses*, Wittemberg, 1745, in-8. — Jean-Burchard, conseiller de l'élect. de Saxe, mort vers 1782, a publ., entre autres écrits, tous en allemand : *Mélanges économiques*, Leipsig, 1762, in-8.

WICLEF (JOHN), fameux hérésiarque, né en 1324 au village de Vicliffe, dans le comté d'York, fut élu, en 1365, principal d'un collége fondé par Islip, archevêque de Cantorbéry. Langham, successeur de ce prélat, voulut l'éloigner de son poste, et pour l'y contraindre mit sous le séquestre les revenus du collége. Wiclef appela de ses décisions au pape Urbain V, qui donna gain de cause à l'archevêque. Ce jugement du souverain pontife et le refus de bulles pour l'évêché de Vigoore, auquel il avait des prétentions, ne contribuèrent pas peu à l'aigrir. De son côté, Urbain V avait des sujets de mécontentement contre Wiclef : Celui-ci avait défendu chaleureusement, en 1366, les droits d'Édouard III, dont le pape réclamait foi et hommage pour les royaumes d'Angleterre et d'Irlande, et les arrérages du tribut auquel Jean-sans-Terre s'était engagé et qui n'avait pas été payé depuis 32 ans. Ce zèle lui acquit la protection d'Édouard et de son fils, le duc de Lancastre, et il fut investi d'un riche bénéfice : faveur qui fut suivie de plus. autres. Wiclef s'était attaché l'université en s'opposant aux entreprises des moines, qui, sous prétexte de leur exemption, violaient les réglements universitaires. Fort de cet appui et de la protection royale, il attaqua le pouvoir des papes au spirituel et au temporel. Dans ses principes l'Église de Rome n'avait aucune prééminence sur les autres églises; les papes, les archevêques et les évêques n'étaient pas au-dessus des simples prêtres; le clergé et les moines ne devaient posséder aucun bien temporel : il ajoutait qu'en vivant mal, ils perdaient tout pouvoir temporel, et que dans ce cas l'autorité avait le droit de les dépouiller; enfin qu'on ne devait point souffrir qu'ils eussent aucune juridiction, ce droit n'appartenant qu'aux princes et aux magistrats. De ces prémisses il déduisait que ni le roi ni le royaume ne devaient se soumettre à aucun siége épiscopal; on ne devait rien lever sur le peuple qu'après que tous les biens de l'Église auraient été employés aux nécessités publiques; aucun évêque ou autre ecclésiastique ne pouvait exercer de fonctions publiques; après Urbain V, il ne fallait plus reconnaître de pape, mais vivre, à l'exemple des Grecs, selon ses propres lois. Wiclef attaqua ensuite les mystères. Selon sa doctrine, la substance du pain et du vin demeure après la consécration; il n'y a point de transsubstantiation, et Jésus-Christ n'est dans l'eucharistie qu'en figure; la confession des péchés n'est pas nécessaire quand on a la contrition; le ministère d'un prêtre n'est point nécessaire pour l'acte du mariage, et il suffit du consentement des parties; les enfants morts sans baptême peuvent être sauvés, etc. Le pape Grégoire XI, informé du progrès de cette hérésie, écrivit à l'université d'Oxford de remettre Wiclef entre les mains de l'archev. de Cantorbéry; et il mandait en même temps à ce dernier, ainsi qu'à l'évêque de Londres, de l'interroger, et d'envoyer à Rome le procès-verbal de cet interrogatoire. Ces dispositions remplies, Wiclef fut renvoyé sur la promesse qu'il fit de garder le silence. Cependant la cour de Rome, sur l'envoi du procès-verbal, préparait des poursuites que vint interrompre la mort du pape; et sur ces entrefaites un changem. s'opéra dans le gouvernem. d'Angleterre. La doctrine de Wiclef continua de faire de nombreux prosélytes qui commirent de grands excès; mais Wiclef y resta étranger. William de Courtenay, nouvel archev. de Cantorbéry, ayant assemblé un concile à Londres en 1382, on y examina 24 propositions extraites de ses écrits, dix furent déclarées hérétiques et les autres erronées. Obligé de quitter Oxford, où il ne pouvait plus rester paisiblement, il se retira dans la cure de Lutterworth, dont il était titulaire, et y mourut en 1387. Ses ouvr. les plus connus sont un *Traité de la vérité des saintes Écritures* (en anglais); un *Trialogue entre la vérité, le mensonge et la prudence* (en latin), impr. en 1525, in-4; réimpr. en Allemagne en 1723; une *Version* angl. de la Bible, faite sur la Vulgate, et publ. en 1383. Lewis a publié, en 1731, le *Nouveau-Testament de Wiclef*, avec une histoire des traduct. anglaises des saintes Écritures, réimpr. en 1759. On a une *Vie* de Wiclef, Nuremberg, 1546, et Oxford, 1612; une autre par Lewis, 1720, in-8; une 3e publ. à Londres en 1826, in-8. Jean Huss adopta les principes de Wiclef. Luther et Calvin puisèrent aussi à cette source pour composer le système religieux auquel on a donné le nom de *réformation*.

WICQUEFORT (Abraham de), diplomate, natif d'Amsterdam, s'établit fort jeune en France et fut nommé, vers 1626, résident de l'électeur de Brandebourg à Paris, poste qu'il remplit pendant 32 ans. Le cardin. Mazarin, avec leq. il s'était brouillé, demanda son rappel, et sur le retard qu'il mit à quitter la France, après l'installation de son successeur, l'envoya à la Bastille, puis le fit conduire sous escorte à Calais. De Londres il se rendit à La Haye où il trouva un zélé protecteur dans le grand pensionnaire J. de Witt, qui le fit nommer résid. du duc de Brunswick-Zell, puis secrétaire interprète et historiographe des états de Hollande. Accusé d'avoir communiqué à l'ambassad. anglais, Williamson, des papiers importants qui lui avaient été remis pour les traduire, Wicquefort fut arrêté (1676) et condamné à une détention perpétuelle. Il aurait terminé sa vie en prison, si une de ses filles n'eût réussi à l'en tirer adroitement en 1679. Il alla chercher un asile à la cour du duc de Brunswick-Zell, qu'il quitta bientôt pour se retirer dans les environs de la ville de Zell, où il mourut en 1682, dans un âge très avancé. Wicquefort avait une instruction très étendue. Il écrivait et parlait avec une égale facilité presque toutes les langues de l'Europe. Outre des traduct. franç. des voyages d'*Olearius*, de *Mandelslo*, de *Th. Herbert* et de l'*Ambassade de Figueroa* en Perse, on a de lui différents écrits dont les plus importants sont : *Mém. touchant les ambassadeurs et les ministres publics*, Cologne, 1676-79, 2 vol. in-12. — *L'Ambassadeur et ses fonctions*, La Haye, 1681, 2 vol. in-4, souv. réimpr.; traduit en allemand et en anglais (v. le t. XXXVIII des *Mémoires* de Niceron, ainsi que les *Mémoires littér.* de Paquot). — Joachim de Wicquefort, frère du précédent et comme lui natif d'Amsterdam, fut employé par les États-Généraux dans diverses négociations pend. la guerre de 30 ans. En 1635, il remplissait la place de résident à Hambourg. Plus tard il fut nommé en la même qualité, par le landgrave de Hesse-Cassel, auprès des États-Généraux, et mourut en Hollande vers 1670. On a de lui un recueil de *Lettres*, adressées à Barlée ou Baerle, avec les réponses en latin, impr. en 1696, et trad. en franç. par un sieur du Plessis (*Plessæus*).

WIDDRINGTON (sir Thomas), légiste, natif du Northumberland, mort en 1664, avait été créé chevalier par Charles Ier. Orateur de la chambre des communes pendant l'usurpation de Cromwell, il devint l'un des avocats du roi après la restaurat. On conserve de lui à la biblioth. bodléienne des *Analecta eboracensia*, qui font partie de la collection topograph. de M. Gough. — Roger WIDDRINGTON ou WIDDRINGLEN, bénédictin anglais, dont le nom de famille était Preston, et qui vécut sous les règnes de Jacques Ier et de Charles Ier, est connu par quelques écrits de controverse contre Suarez, Bellarmin, et autr. On lui doit en outre : *Étrennes de la nouvelle année, ou Explication du serment d'Allégeance*, 1619, in-8. — *Prestoni et Gremœi appelatio ad papam*, etc., 1622, in-4, etc.

WIDENFELDT ou WINDELFETS (ADAM), jurisconsulte, né dans le diocèse de Cologne, mort en 1677, à 60 ans, est auteur d'un écrit intitulé : *Monita salutaria B. Mariœ Virginis ad cultores suos indiscretos*, Gand, 1673, in-8 de 20 pag., dont il parut, l'année suiv., trois traduct. franç. anonym. On crut trouver dans cet écrit des maximes impies, et le P. Bourdaloue reçut de ses supérieurs l'ordre de l'anathématiser en chaire.

WIDENMANN (JEAN-FRÉDÉRIC-GUILLAUME), professeur de minéralogie à l'acad. de Stuttgard, mort en 1798, est auteur d'un traité en allem. *Sur le changement d'une espèce de terre ou de pierre en une autre*, etc., Berlin, 1792, in-8, et d'un *Livre élémentaire sur la partie oryctognostique de la minéralogie*, Leipsig, 1794, in-8.

WIDMANSTADT (JEAN-ALBERT de). — V. ALBERT.

WIDMER (SAMUEL), né en 1767 à Othmarsingen, dans le canton d'Argovie (en Suisse), était le neveu du célèbre Oberkampf, qui, après l'avoir initié aux secrets de son art, la fabrication des toiles peintes, l'envoya suivre à Paris les leçons de Charles, et de Berthollet. Étant revenu prendre la direction de la fabrique de son oncle, Widmer y mit heureusement ses connaissances en pratique. Il fut l'inventeur d'une machine pour graver les cylindres en cuivre destinés à l'impression des toiles, et d'une autre pour la gravure des planches de même métal. Il appliqua le système de la vapeur au chauffage de l'eau pour la teinture, découvrit une espèce de couleur, *le vert solide*, d'une seule application, que les chimistes anglais cherchaient en vain depuis long-temps, et importa d'Angleterre la machine à ouvrer le coton. Il en fit construire une dans la filature de son oncle à Essonnes, et cette machine fut bientôt introduite dans la plupart des autres filatures françaises. Le gouvernement récompensa Widmer par la décorat. de la Légion-d'Honneur; mais un excès de travail altéra pour toujours la santé de cet estimable industriel; ses facultés mentales l'abandonnèrent, et il se donna la mort en 1821. On lui a consacré, dans la *Revue encyclopédique*, tom. XXIII, pag. 304-312, une *Notice* qui a été reproduite par M. Mahul, t. VI de son *Annuaire nécrologique*.

WIEDEBURG (JEAN-ERNEST-BASILE), profess. de mathématiq. et de phys. à l'univ. d'Iéna, mort en 1789, dans cette ville, où il était né en 1733, fut d'abord bibliothécaire à Erlangen, où il remplit aussi une chaire. On distingue parmi ses écrits, tous en allemand : *Description d'un microscope solaire perfectionné*, Nuremberg, 1759, 1775, in-8. — *Cours pratique et abrégé de mathématiques*, etc., Iéna, 1762, in-8. — *Nouvelles conjectures sur les taches du soleil, les comètes*, etc., Gotha, 1776, in-8. — *Description de la ville d'Iéna*, 1785; 1795, 3 vol. in-8, etc. — Jean-Bernard, son père, a publ. : *Mathesis biblica*, Iéna, 1731, in-4.

WIEDEMANN, (LOUIS), né en 1690 à Nordlingen, établit sa réputation d'habile fondeur en jetant en bronze la statue équestre d'Auguste II, roi de Pologne, que l'on voit à Dresde. En 1738 il fut appelé à Londres pour y diriger une fonderie. Douze ans plus tard il vint à Vienne, et y obtint le grade de colonel d'artillerie. Il mourut en 1754 à Copenhague, où il s'était rendu pour couler la statue du roi de Danemarck.

WIEGLEB (JEAN-CHRÉTIEN), chimiste, né en 1732 à Langensalza, où il mourut en 1800, grand chambellan et membre de la société des sciences de Mayence et de celle des Curieux de la nature, a laissé entre autres ouvrages en allem. : *Manuel de chimie générale, appliquée aux arts*, Berlin, 1779, 2 vol. in-8.; 3e édit., 1796. — *Essais chimiques sur les sels alkalins*, 1787, 2e édit. — *Hist. des progrès et des découvertes en chimie chez les anciens et pendant le moyen-âge*, 1790, 1791, 2 vol.

WIELAND (CHRIST.-MARTIN), l'un des hommes qui ont le plus contribué à la gloire de la littérat. allemande, naquit en 1733 à Holzheim, près de Biberach, en Souabe. A cette époque, l'école littéraire de l'Allemagne, essayait de repousser l'imitation servile de la littérat. franç., pour prendre un caractère qui lui fût propre; mais, malgré les efforts de Lessing et de Gottsched, elle ne devait s'affranchir que par secousses et ne s'épurer qu'en passant par tous les degrés de la fermentation. Dès 1747 Wieland avait annoncé l'élévation et la fécondité de son génie par un grand nombre de poésies, dont il livra la plus gr. partie aux flammes, lorsqu'il vint au collège de Klosterbergen, terminer ses études qu'il avait commencées sous son père. Il s'y attacha à l'étude de la philosophie, sans négliger celle de la poésie et de la critique. De retour dans sa famille à l'âge de dix-sept ans, il se rendit l'année suiv. à Tubingue pour y étudier la jurisprudence; mais, sa vocation l'entraînant vers les belles-lettres et la philosophie, il composa dans le même temps un poème qu'il fit impr. en 1751, sous le titre de *la Nature des choses, ou le Monde le plus parfait*, en VI chants. Ce poème, auquel il fit subir plus tard des changements, qui portent plus sur le style que sur le fond des idées, est peut-être la plus étonnante production de son auteur, qui n'avait alors que 18 ans. Il publia successivement plus. autres ouvr. poétiques, et vint en 1752 à Zurich où il passa deux années sous la direction du célèbre Bodmer qu'il ne quitta que pour se charger à son tour de l'éducation de jeunes Zurichois. Appelé à Berne en 1758 pour y remplir des fonctions du même genre, il fut nommé, deux ans après, membre du conseil de Biberach, et loin que ses fonctions administratives le détournassent de la carrière littéraire et philosophique, il continua de la parcourir à pas de géant. Son emploi étant peu lucratif, et ses ouvr. ne lui ayant procuré jusqu'alors que des avantages médiocres, il crut devoir accepter, en 1769, une place de professeur à l'univ. d'Erfurt. De nouveaux écrits signalèrent le génie de Wieland pendant son séjour dans cette ville, où il ne resta que 3 ans. En 1772, la duchesse douairière de Saxe-Weimar, Amalie, l'ayant invité à venir diriger l'éducation de ses deux fils; il ne balança point à accepter une proposition aussi honorable. Au bout de quelq. années, pendant lesquelles, sans négliger ses devoirs d'instituteur, il avait poursuivi avec une gloire toujours croissante ses travaux littéraires, il put enfin s'y livrer exclusivement, libre de toute inquiétude. Il s'était lié en 1775 avec le célèbre Goethe, qui depuis exerça toujours sur lui un grand ascendant. Profondément affecté de la perte de la duchesse Amalie, sa respectable bienfaitrice, morte en 1808, il passa ses dernières années dans la solitude, recevant seulem. un petit nombre d'amis et quelq. voyageurs, et mourut le 20 janv. 1813, à l'âge de 79 ans et quelques mois. Son génie, le nombre et la variété de ses productions lui ont fait donner, le surnom de *Voltaire de l'Allemagne;* et cette qualification lui valut en 1806 une sauvegarde franç. après la bataille d'Iéna. En 1808, il avait vu plus. fois Mme de Staël, qui a fait de lui un brillant éloge dans son ouvrage intitulé l'*Allemagne*. Cette même année Wieland vit aussi Napoléon à Erfurt. Sans mentionner les nombr. éditions de ses différents ouvrages, dont on trouve la liste complète dans le *Dictionnaire* de Jordens, nous nous bornerons à indiquer la principale édit. de ses *OEuvres complètes*, Leipsig, 1791-1801, 42 vol. dans les deux formats in-4 et in-8; Vienne (contrefaçon), 1797-1805, 75 vol.; Carlsruhe, 45 vol. in-8; Leipsig, 1824-27, 51 vol. in-8.

WIELING (ABRAHAM), professeur de droit civil et féodal, et de droit public romain-germanique à l'univers. d'Utrecht, mort dans cette ville en 1746, était né à Ham (Westphalie) en 1693, et avait rempli d'abord, à Amsterdam et à Franeker, des chaires d'humanités et de jurisprudence. Ses princip. ouvr. sont: *Commentat. de lege Furiâ, de lege Voconiâ*, etc., Franeker, 1729, 1730, 1731, 3 vol. in-4. — *Lectionum juris civilis lib. II*, Amsterd., 1756, in-8. — *Animadversa de Romano-Germanorum imperio*, Franeker, 1738.

WIER ou WEYER (JEAN *Piscinarius*), médecin, né en 1515 à Grave, dans le Brabant, suivit les leçons de Corn. Agrippa, puis vint à Paris, où l'on croit qu'il reçut le doctorat. Il entreprit ensuite plusieurs voyages, visita les côtes de l'Afrique et l'île de Candie, et, de retour dans son pays, fut nommé prem. médecin du duc de Clèves. Il mourut d'apoplexie à Tecklenbourg en 1588. Ses ouvr. furent recueillis en un vol. in-4, Amsterd., 1660. Les plus remarquables sont: *de Præstigiis dæmonum et incantationibus ac veneficiis, libri VI*, trad. en français par Jacq. Grevin, 1567, in-8, et par Simon Goulart, Genève, 1579, in-8. L'auteur adressa cet écrit à tous les princes de l'Europe, en les conjurant de prendre sous leur protection les individus accusés de magie et de commerce avec les démons, et qu'il ne regarde, lui, que comme des malades ou des insensés. — *Liber apologeticus, et pseudo-monarchia dæmonum*, impr. d'abord à Bâle, 1577, in-4; c'est une suite de l'ouvrage précéd. — *De Lamiis liber et de commentitiis jejuniis*, ibid., 1577, 1582, in-4.

WIGBERT ou WIBERT, général des armées bohèmes, était petit-fils d'un roi de Danemarck. Il concourut puissamment à élever Vladislas Ier sur le trône de Bohême. En 1084 il suivit en Italie, à la tête d'une armée, l'empereur Henri IV, et contribua beaucoup à la prise de Rome. De retour en Bohême, il épousa une des filles de Wratislas, qui lui apporta en dot le comté de Groiek, en Misnie. Après la mort de Wratislas, il prit une part honorable dans les troubles qui éclatèrent en Bohême, encourut la disgrâce de l'empereur Lothaire, et mourut en 1139. Un moine de Pegau a écrit en latin la *Vie* de Wigbert.

WIGBODE, auteur mystique, contemporain de Charlemagne, composa, sur les 8 premiers livres de la Bible, un commentaire sous le titre de *Quæstiones in octateuchum*, qu'il offrit à l'empereur par deux pièces, l'une de 14 vers, l'autre de 100. A l'exception des 3 prem. chap. de la Genèse, ce n'est qu'un *Extrait* des *OEuvres* de St Jérôme et de St Isidore. On trouve une *Notice* sur Wigbode dans l'*Hist. littér. de la France*, t. IV.

WIGGLESWORT (MICHEL), ministre de Maldon, aux Massachusetts, mort en 1705, a publié (en anglais): *le Jour redoutable, ou Tableau poétique du jugement dernier*, Boston, 1702, et des *Méditations sur la nécessité, la fin et l'utilité des afflictions pour les enfants de Dieu*. — WIGGLESWORTH (Édouard), professeur de théologie au collége de Harward, est auteur de *Remarques sérieuses*, 1724, in-8, et de *Recherches sur la vérité du péché d'Adam, retombant sur sa postérité*, 1738, in-8, etc.

WIGMAN (en lang. franciq. *homme de guerre*), comte de Lunebourg, avait épousé une parente de l'empereur Othon Ier. Mécontent que ce prince eût établi Hermann Billing, grand-duc de la Saxe-Supérieure et Inférieure, il se révolta contre Hermann, et se réfugia près des Slaves-Vuloiniens, qu'il souleva contre Mieczyslas Ier, duc de Pologne. Le duc marcha contre lui, l'attira dans un piége, et Wigman, après s'être défendu avec un gr. courage, succomba en 967.

WIGNEROD (MARIE-MADELEINE de), duchesse d'Aiguillon, nièce du card. de Richelieu, fut d'abord dame d'atours de Marie de Médicis, et eut à souffrir des querelles de la reine avec le premier ministre. Elle avait épousé, en 1620, Antoine du Roure de Combalet, dont elle resta veuve de bonne heure et sans enfants. Malgré l'intérêt que lui portait Louis XIII, peu s'en fallut que la reine-mère, après l'avoir éloignée de la cour, ne la fît enlever de Paris pour la reléguer en Flandre. Ce fut à la suite d'infructueuses tentatives qu'il avait faites pour la marier au comte de Soissons, qu'en 1638 Richelieu acheta pour sa nièce le duché d'Aiguillon. Cette dame, s'étant placée sous la direction de St Vincent de Paul, concourut, par son inépuisable charité, à l'exécution de ses plans en faveur des enfants abandonnés. Non contente d'avoir doté des hôpitaux, fondé entre autres celui de Québec, et racheté un nombre considérable de captifs, elle engagea en un seul jour pour 200,000 liv. de biens, dans l'espoir de gagner au catholicisme la plus gr. partie des ministres protestants. Elle mourut en 1675, laissant une haute réputation de vertu. Fléchier prononça son *Oraison funèbre*. — Franç. de WIGNEROD, son frère, embrassa la carrière des armes, dut à la protection du cardinal de Richelieu, son oncle, un avancement rapide, fut nommé gouvern. du Hâvre, chev. du St-Esprit, général des galères, et mourut à Paris en 1646.— Son fils unique, Armand-Jean de WIGNEROD, mort en 1715 à l'âge de 86 ans, fut le père du maréchal de Richelieu. C'est lui qui fit imprimer la *Bible* latine connue sous le titre de *Bible de Richelieu*, Paris, 1656, 3 tomes réunis en un vol. in-8.— Un duc d'AIGUILLON, petit-neveu de Franç. de Wignerod, est l'édit. du *Recueil de pièces choisies, rassemblées par les soins du Cosmopolite*, 1735, in-4. Ce volume, composé de pièces libres ou impies, fut imprimé dans le château de Verret en Touraine, à un très petit nombre d'exemplaires (*v.* GRÉCOURT). C'est au même personnage qu'il faut attribuer la *Suite de la nouvelle Cyropédie, ou Réflexions de Cyrus sur ses voyages*, 1728, in-8, écrit auquel contribuèrent la princesse de Conti, l'abbé Grécourt et le P. Vinot. Le duc d'Aiguillon mourut en 1750.

WIGNEROD DUPLESSIS-RICHELIEU (ARMAND), né en 1720, était fils du duc d'Aiguillon, dont on vient de parler. Ses assiduités près de la duchesse de Châteauroux, maîtresse en titre de Louis XV, le firent envoyer à l'armée d'Italie, où il assista, en 1742, à l'attaque de Château-Dauphin, où il fut blessé. Nommé gouverneur d'Alsace, puis commandant de la Bretagne, lorsqu'en 1758 les Bretons eurent à repousser une descente des Anglais, ils l'accusèrent de s'être caché pendant l'action. De toutes parts des plaintes s'élevaient contre lui, et le parlem., qui n'avait pu obtenir son rappel, informa contre lui. Le duc, qu'encourageait la protection du dauphin, porta lui-même contre le procureur-général, La Chalotais, une accusation de haute-trahison (*v.* CHALOTAIS). Cependant, le parti opposé au duc de Choiseul, et dont le duc d'Aiguillon était un des coryphées, eut un moment le dessous. L'ancien parlement de Bretagne rétabli donna un nouvel éclat à ses plaintes. Il devenait impossible à la cour d'empêcher que l'affaire de d'Aiguillon ne fût évoquée au parlem. de Paris, et cette compagnie allait rendre un arrêt contre l'accusé, déjà remplacé dans son commandement par le duc de Duras, quand la Dubarry fit supprimer la procédure. Le parlement, justement irrité, n'en rendit pas moins un décret (4 juillet 1770) par lequel le duc d'Aiguillon, *prévenu de faits qui entachaient son honneur*, était suspendu des fonctions de la pairie jusqu'à son jugem. Cette protestation énergique attira au parlem. l'avanie que lui fit essuyer Louis XV dans le lit de justice tenu à Versailles, et où d'Aiguillon siégea parmi les pairs. Avec l'aide de la favorite, il fit enlever du greffe les pièces de la procédure, qui furent aussitôt détruites. Il supporta d'ailleurs avec impassibilité les quolibets que firent pleuvoir sur lui ces menées impudentes, narguant ainsi l'opinion publique. L'irritation des esprits fut portée à son comble lorsque, l'année suivante, après la chute et l'exil de M. de Choiseul, il le remplaça au ministère des affaires étrangères, et fit partie, avec l'abbé Terray et Maupeou, de ce triumvirat trop fameux qui, en bouleversant tout dans le royaume, prépara l'effroyable incendie qui devait éclater vingt ans plus tard. Tandis que d'Aiguillon s'occupait à de sourdes intrigues pour accroître sa part de puissance, l'Autriche et la Russie concertaient le prem. partage de la Pologne, dont le cabinet de Versailles n'eut connaissance qu'après qu'il fut effectué. On imputa cette faute immense à l'ineptie du card. de Rohan, alors ambassadeur à Vienne (*v.* GEORGEL); mais un examen attentif conduit naturellem. à cette question : Ne fut-ce pas sous l'influence d'une haine stupide pour le système politique de Choiseul, que son successeur laissa s'effectuer le démembrem. de la républiq. polonaise? Quoi qu'il en soit, le duc d'Aiguillon n'avait prodigué l'or de la France qu'à faire triompher l'absolutisme en Suède (1772), et à contrecarrer tous les projets de Choiseul, lorsque l'avènement du vertueux Louis XVI devint le signal de sa disgrâce. Il réunissait alors les portefeuilles de la guerre et des affaires étrangères. Justement détesté par la jeune reine, l'ex-ministre paya ses torts envers la France par un exil qu'il subit en 1775, et mourut obscurément. — Armand WIGNEROD-DUPLESSIS-RICHELIEU, duc d'Aiguillon, son fils, pair de France, colonel du régim. Roy.-Pologne, etc., fut député de la noblesse d'Agen aux états-généraux, se réunit au tiers-état avec la minorité de son ordre (25 juin), fut le premier à renoncer aux privilèges féodaux (4 août), et demanda qu'à la nation appartînt le droit de paix et de guerre. Il remplaça Custines dans le commandement de l'armée qui occupait les gorges de Porentruy (février 1792), fut décrété d'accusat. après le 10 août, et mourut le 4 mai 1800 à Hambourg, au mom. où lui était accordée l'autorisation de rentrer en France.

WIKES ou **WICCIUS** (THOMAS), chanoine régulier de l'abbaye d'Exeter (ordre de St-Augustin), au 14° S., a laissé, entre autres écrits, une *Chronique* de son monastère, publiée par Th. Gale dans les *Historiæ britannicæ, saxonicæ et anglo-danicæ scriptores XV*, etc., Oxford, 1687 et 1691, 2 vol. Elle s'étend jusqu'à l'an 1304, et l'on y trouve des détails intéressants sur les trois premières croisades.

WIKRAM (GEORGE), né à Colmar au commencement du 16ᵉ S., n'est connu que pour avoir rajeuni la traduct. allemande des *Métamorphoses* d'Ovide, écrite vers 1210, et imprimée par les soins d'Albert de Halberstadt à Mayence, en 1545, in-fol. La nouvelle version due à Wikram parut chez Schœffer en 1551, et eut sept édit., dont la dernière est de 1641 (Francfort), in-fol.

WILBERFORCE (WILLIAM), né à Hulle en 1759, contracta une étroite amitié avec William Pitt à l'univ. de Cambridge, où tous deux complétaient leurs études. Arrivé à l'âge prescrit par la loi, Wilberforce fut chargé par les électeurs de Hulle de les représenter au parlement, et plus tard, il reçut le même mandat de ceux du comté d'York. En 1787, il fit sa prem. motion pour l'abolit. de la traite des nègres, et, jusqu'au dernier instant de sa vie politique, il ne cessa de poursuivre avec énergie l'exécution de cette importante mesure, qu'il eut la satisfact. de voir enfin passer dans le droit politique de l'Europe. Les product. de Wilberforce sont des *Lettres*, des *Discours* parlementaires et des *Brochures*, parmi lesq. on doit distinguer ses *Vues pratiques sur les systèmes religieux dominants opposés au véritable christianisme*, publ. en 1799, et qui eut plus de 20 édit. On cite aussi son *Apologie du dimanche chrétien*, souvent réimprimée. Wilberforce avait une éloquence imposante et persuasive qui domina, pend. bien des années, dans la chambre des communes et balança souvent l'influence des hommes du pouvoir. Il mourut en 1833 à Londres, et, bien qu'il eût recommandé qu'on l'enterrât sans pompe, sa dépouille mortelle fut déposée à Westminster.

WILCOCKS (JOSEPH), littérateur anglais, né en 1723, mort en 1791, était fils de l'évêque de Rochester, précepteur des enfants du roi George II. Son principal ouvrage, intitulé : les *Conversations romaines*, 1792-94, 2 vol. in-8, est une descript. exacte et succincte des antiquités de Rome. On lui doit encore des vers latins dans les *Carmina quadragesimal.* ; les *Exercices sacrés*, compilation destinée à l'école de Westminster ; et, dans le 55ᵉ vol. des *Transact. philos.*, une *Description de quelq. appartem. et de peintures étrusq.*, etc.

WILD (JEAN), en latin *Ferus*, prédicateur ordinaire de la cathédrale de Mayence, mourut en 1554 au couvent des cordeliers de cette ville, qu'à sa considération Albert de Brandebourg avait épargné pendant les guerres de religion (1552). On trouve dans Niceron (t. XXVI, p. 198-212), la liste de ses ouvrages, au nombre de 28, imprimés la plupart après la mort de l'auteur. Les plus curieux sont ses *Comment.* sur l'Évangile de St Matthieu, Mayence, 1559, in-fol., réimprimés la même année à Anvers et à Lyon, in-8, mis à l'index de Rome pour quelq. passages qu'on a supprimés dans les édit. subséquentes, et sur l'Évangile de St Jean, Mayence, 1550, 1559, in-fol., également censurés, et réimpr. avec des retranchements.— *Hist. sacræ dominicæ passionis*, ibib., 1555, in-8 (v. le *Dictionnaire* de Bayle et la *Bibliothèque curieuse* de David Clément, t. VIII). Élie-Gotti. Dieterich a publié une dissertat. *de Joan. Fero, teste veritatis Evang.*, Altorf, 1725, in-4.

WILD (MARQUARD), conservateur de la bibliothèque de Berne, sa patrie, en 1675, appartenait à une famille patricienne de cette ville. Il enrichit d'un beau médailler la bibliothèque confiée à ses soins, et publia l'*Apologie pour la vieille cité d'Avenches ou Aventicum en Suisse*, opposée à un nouveau traité mis au jour par l'aut. de la *Découverte de la ville d'Antre*, etc., Berne, 1710, in-8, très rare (v. le *Museum helvet.*, I, 49-79).

WILD (HENRI), sav. orientaliste, né à Norwick en 1684, exerça pend. 14 ans le métier de tailleur. Ce fut pour se distraire pendant une maladie qu'il commença de se livrer, sans le secours d'aucun maître, à l'étude des langues, et, au bout de sept années, ses loisirs lui avaient suffi pour apprendre le chaldaïque, le persan, le syriaque, l'arabe, le latin et le grec. Une rencontre fortuite le fit connaître au docteur Prideaux, qui s'intéressa en sa faveur, et le fit envoyer à Oxford. Wild y fut employé dans la bibliothèque bodléienne à la traduct. et à l'analyse des MSs. orientaux. Il donna aussi des leçons à plus. élèves de l'université. De retour à Londres en 1720, il y passa le reste de sa vie sous le patronage du docteur Mead. Le seul ouvr. qu'on ait de lui est une trad. anglaise du *Voyage de Mahomet au ciel*, publ. après la mort du traducteur, en 1754.

WILDBORE (CHARLES), géomètre, né dans le comté de Nottingham, fut maître d'école à Bingham, curé de Sulney, et mourut en 1802. Il a publié, sous les noms d'*Eumènes* et d'*Amicus*, un assez grand nombre d'articles estimables dans plusieurs recueils périodiques, tels que : la *Miscellaneous correspondance* (de 1755 à 1763); le *Gentleman's Diary* (1759 et ann. suiv.); le *Journal des dames* (1759 et ann. suiv.). On en trouve aussi quelques-uns dans les *Miscellan. mathemat.* de Hutton.

WILDE (JACQUES de), numismatiste hollandais, avait réuni vers la fin du 17ᵉ S., à Amsterdam, un très riche cabinet d'antiquités et de médailles. On a de lui : *Selecta numismata antiqua*, Amsterdam, 1692, in-4. — *Signa antiqua*, ibid., 1700, in-4. — *Gemmæ selectæ antiquæ*, ib., 1703, in-4. — Marie de WILDE, sa fille, partagea son goût pour les antiquités, et grava à l'eau forte les *Signa antiqua*.

WILDE (JACQUES), né dans la Courlande en 1679, professa successivement l'éloquence et la poésie latine à l'académie de Pernau, puis le droit naturel et des gens à Kiel. Nommé historiographe de Suède en 1719, il mourut à Stockholm en 1755. Outre des *Poésies* latines et des *Discours* restés inédits, on lui doit, entre autres écrits : *Sueciæ historia pragmatica, quæ vulgò jus publicum dicitur*, etc., Stockholm, 1731, in-4. — *Præparatio hodegetica ad introductionem Pufendorfii in svethici statûs historiam*, etc., 1741, in-4. — William WILDE, magistrat anglais, mort en 1679, conseiller au barreau du roi, avait publié, en 1661 et 1674, un recueil intitulé *Yelverton's reports*. On l'a parfois confondu avec John WILDE ou WYLD, plus communément appelé *Serjeant Wilde*, qui mourut en 1669, après avoir joui d'un certain crédit pendant la rébellion et sous le gouvernement de Cromwell.

WILDENS (Jean), peintre flamand, né vers 1584 à Anvers, où il mourut en 1644, fut élève de Rubens, qui se l'associa dans l'exécut. de plusieurs tableaux. Parmi ceux qui lui appartiennent en propre, on distingue deux grands paysages représentant, l'un, *la Fuite en Égypte*, l'autre, *le Repos de la Vierge*, dont les figures, peintes par Langre, rappellent les beaux ouvrages de van Dyck.

WILFORD (François), orientaliste, né dans le Hanovre vers 1760, embrassa la carrière militaire, et servit dans les troupes hanovriennes que le gouvernement angl. envoya dans l'Inde en 1781. Après la paix de Mangalore, en 1784, Wilford s'occupa de recherches sur les antiquités de l'Inde, et plus tard de l'étude du samscrit, dans lequel il fit de grands progrès. Il devint ensuite l'un des premiers membres de la société asiatique de Calcutta, dont il enrichit les *Mémoires* d'un gr. nombre d'écrits, et mourut en 1822. Parmi ses ouvr. insérés dans le recueil précité, on citera: *Remarques sur la ville de Tagara*, célèbre dans l'antiquité par son commerce avec les Grecs; *sur l'Égypte et autres pays situés sur le Kali ou le Nil de l'Éthiopie*, etc.; *Dissertation sur Sémiramis et l'origine de la Mecque*, etc.; *sur la Chronologie des Hindous*; *Remarques sur les noms des divinités cabires*, etc.; *sur le mont Caucase*, d'après la mythol. indienne; *Essai sur les îles sacrées de l'Occident*, etc., etc.

WILFRID (St), nommé *Willferder* par les Anglo-Saxons, était né vers 634. Après avoir étudié dans les monastères de Lindisfarne et de Cantorbéry, il partit pour Rome. A son retour, il s'arrêta plus. années à Lyon, dont l'évêque, St Delphin, se proposait de le déclarer son successeur, et revint en Angleterre, où il bâtit les deux monastères de Stamford et Rippon. L'évêque de Northumberland étant mort en 664, le roi Alefrid désigna pour lui succéder Wilfrid, qu'il engagea à aller se faire sacrer par l'évêque de Paris, Agilbert. Trouvant à son retour le siége épiscopal rempli, Wilfrid se retira dans le couvent de Rippon, où il passa trois ans à prêcher, puis fut remis en possession de son évêché par St Théodore, archevêq. de Cantorbéry. Il eut part aux négociations qui préparèrent le rétablissement de Dagobert II, exilé de France en Angleterre. En se rendant par mer à Rome, Wilfrid fit naufrage sur les côtes de la Frise, et il y opéra beaucoup de conversions. Revenu dans la Grande-Bretagne, il y établit de nouveaux monastères, éprouva encore des contrariétés, recourut de nouveau au pape, fut maintenu sur son siége, et mourut en 709. On lui attribue: *De catholico celebrandi paschalis ritu; De regulis monachorum; De actis et decretis streneshalcensis concilii*; et plusieurs *Lettres* à divers personnages. Sa *Vie*, par Eddi Stefani, a été publ. par Mabillon dans les *Acta sanctorum ordinis S. Benedicti*, et par Th. Gale dans le *Recueil des historiens anglais*.

WILHELM (Jean), en latin *Janus Gulielmus*, critique et philologue, né à Lubeck en 1550 ou 1554, fréquenta d'abord différentes académies de l'Allemagne, vint ensuite à Paris, puis se rendit, pour entendre le célèbre Cujas, à Bourges, où il mourut bientôt après en 1584. Il s'était mis en relation avec tous les savants de l'époque. De Thou dit qu'il n'avait jamais entendu personne parler latin avec plus de grâce et de facilité, et Juste Lipse l'appelle le nouvel astre de l'Allemagne. Les principaux ouvrages de Wilhelm sont: *De magistratibus reipublicæ romanæ libellus*, Rostock, 1577, in-8. — *Verisimilium lib. III*, Anvers, 1582, in-8. — *Plautinarum quæstionum commentarius, in quo Plauti comœdiæ... illustrantur, corriguntur, augentur*, Paris, 1583, in-8. — *Adversùs C. Sigonium assertio*, etc., ibid., 1584, in-8 (*v.* sa *Vie* dans les *Vitæ philosophor. germanor.* de Melch. Adam; la *Cimbria litt.* de Müller, t. III, p. 305; les *Éloges des savants*, par Teissier, et une dissertation de J.-H. Seelen: *de J. Gulielmi in litt. hum. eximiis*, Lubeck, 1723, in-4). — WILHELM (Ignace-François-Xavier), conseiller intime de l'électeur de Bavière, écrivit pour le fils de ce prince un ouvrage publié en 1740 sous ce titre: *Annus politicus per XII discursus..., quibus explicantur principia principi regnum auspicaturo necessaria*, in-fol.; ces discours roulent sur les grandes actions de douze empereurs ou rois, que l'auteur propose pour exemple à son élève.

WILHELMINE DE PRUSSE. — V. LOUISE-AUGUSTE.

WILKE (George-Guillaume-Constant), agronome, né à Weimar en 1761, mort à Iéna en 1788, est aut. de plusieurs écrits en allemand, tels que: *Règles principales que l'on doit observer dans la culture des arbres*, Leipsig, 1783, in-8. — *Nouv. recueil de règles pour le jardinage*, 1787, in-8. — *Marques auxquelles on peut reconnaître et distinguer les arbres et les broussailles dans les forêts d'Allemagne*, 1788, in-8.

WILKES (John), né en 1727 à Londres, alla terminer ses études à l'université de Leyde, et ne revint en Angleterre qu'après avoir visité une partie de l'Allemagne. Nommé d'abord grand-shérif du comté de Buckingham (1754), puis à la chambre des communes en 1757 par le bourg d'Aylesbury, qui le réélut en 1761, il se trouva forcé, par le dérangement de sa fortune, à postuler près du ministère div. emplois qu'il ne put obtenir. Se jetant alors dans le parti de l'opposit., il y acquit quelque importance par la publication d'*Observations sur les papiers relatifs à la rupture avec l'Espagne*, mis sous les yeux des deux chambres du parlement. Bientôt parut dans le *North Briton*, journal qu'il avait créé en opposition avec le *Briton*, feuille ministérielle, une censure plus que hardie du discours de la couronne. Cet article le fit enfermer à la Tour de Londres, et traduire devant la cour des *plaids communs*, qui l'acquitta. Alors il établit dans sa maison une presse qu'il employa à publier les actes de l'administrat., et d'où sortit une réimpression du *North Briton*. Poursuivi pour cette feuille, qu'un jugem. condamna à être brûlée par la main du bourreau, Wilkes passa en France, et de là en Italie; puis, sur la nouvelle du changement de ministère, revint se ranger parmi les candidats au parlement, où le portèrent les suffrages des électeurs de Middlesex. Cependant la sentence rendue contre lui par contumace venait à peine d'être cassée, que la cour le condamnait, comme auteur ou imprimeur de deux libelles, à un emprisonnement de 22 mois et à une amende de 1,000 liv. st. La chambre des communes le déclara exclu de son sein. Presque immédiatement réélu, il fut encore déclaré incapable de siéger, et une troisième élection fut suivie d'un troisième bill d'incapacité. Ces violences accrurent le nombre des partisans de celui qui en était l'objet. De nombreuses pétitions furent adressées au roi pour la dissolution du parlement, et Wilkes, qui, pendant son emprisonnement, avait reçu des secours pécuniaires considérables de la part de plusieurs sociétés opposées au ministère, fut élu alderman du principal quartier de Londres. En 1772, il fut nommé l'un des shérifs pour Londres et Middlesex, et, deux ans après, élevé à la dignité de lord-maire. Il en remplit si bien les fonctions, qu'en 1774 il fut réélu au parlement, sans opposition, pour le comté de Middlesex. Le plus mémorable de ses actes parlementaires fut la motion qu'il fit, le 3 mai 1788, pour obtenir qu'on effaçât des journaux de la chambre la résolution du 17 février 1769, par laquelle on avait déclaré valable l'élection du colonel Lutrell, son compétit., qui n'avait obtenu que 296 votes, tandis que lui, Wilkes, en avait réuni 1247. Cette motion passa à la majorité de 115 voix contre 45. A partir de 1779, année dans laq. il obtint la place lucrative de chambellan de la ville de Londres, Wilkes ne s'occupa plus de querelles de parti, et cessa de travailler à ses publications. Il mourut en 1797. On a reconnu assez généralement qu'il avait de la capacité pour les affaires et un grand courage politique, bien que ses talents ne fussent pas de premier ordre. On a réuni en 3 vol. in-12, Lond., 1769, ses *Lettres* et *Disc.* L'éditeur de ce recueil, J. Almon, a donné sur Wilkes d'amples détails dans les *Anecdotes biogr. des hommes célèbres*, et J. Nichols lui a consacré un long article dans ses *Anecdotes littéraires du 18e S.*

WILKIE (WILLIAM), né en 1721 dans le West-Lothian (Écosse), exerça d'abord obscurément le ministère évangélique, fut ensuite nommé ministre de la paroisse de Ratho, puis appelé à remplir la chaire de philosophie à l'univers. de St-Andrews, où il mourut en 1772. Outre un poème épique intitulé *Épigoniade*, Édimbourg, 1753, 1759, in-8, dont la 2e édition contient un petit poème intitulé *le Songe*, on connaît de lui des fables, imitées de celles de Gay, Saint-Andrews, 1768, in-8. Amar en a trad. quelques-unes qui se trouvent dans le *Fablier anglais*, 1802, in-8.

WILKINS (JOHN), ingén. et sav. écriv., né en 1614 à Fawsley, dans le comté de Northampton, prit ses degrés à Oxford, où il avait étudié avec tant de succès, qu'avant l'âge de 13 ans il s'était rendu très habile dans la lang. grecq. Président du collége de Wadham à l'époq. de la rébellion, dans laq. il avait pris parti pour le parlem., il s'attacha plus intimem. à Cromwell, en épousant l'une de ses sœurs, veuve d'un chanoine de l'église du Christ. Il fut fait en 1659 principal du collége de la Trinité à Cambridge, et perdit cette place à la restauration. Plus tard la protection du duc de Buckingham lui valut une des cures de Londres, et, dans ce poste, ses talents comme prédicateur effacèrent tellem. le souvenir des torts qu'on pouvait lui reprocher, qu'il fut pourvu de l'évêché de Chester en 1668. Il mourut à Londres en 1672. Wilkins fut un des fondateurs de la société royale de Londres et l'un de ses principaux ornements. On cite de lui, entre autres ouvrages : *la Découverte d'un nouveau monde*, Londres, 1638, 1640, in-4. — *Ecclésiastes, ou Discours sur le don de la prédication*, ib., 1646, 9e édition, 1718, in-8. — *Magie mathématique, ou Merveilles qu'on peut opérer par la géométrie mécanique*, ibid., 1648 et 1680, in-8. — *Essai sur la langue philosoph., avec un dictionnaire y relatif*, ibid., 1668, in-fol. — *Principes et devoirs de la religion naturelle*, ibid., 1675; 7e édition, 1715, in-8. — *Sermons*, ibid., 1682, in-8. Les ouvrages philosophiques et mathémat. de Wilkins ont été recueillis en 3 vol. in-8, Londres, 1708. — David WILKINS, de la même famille, né en 1685, mort vers 1745, archidiacre de Suffolk, et bénéficier de la cure de Hadley et de Monck-Ély, s'était, après divers voy., rendu en 1709 à Rome, où il passa quatre ans à transcrire les MSs. orientaux de la bibliothèque du Vatican, ainsi que de la bibliothèque Barberini. Il avait aussi séjourné à Paris et à Amsterdam (1715-45), et y avait établi des relations avec plus. sav. Ses principales publications sont celles du *Novum Testamentum ægyptium*, etc., Oxford, 1716, in-4. des *Leges anglo-saxonicæ ecclesiasticæ et civiles*, etc., Londres, 1721, in-fol., rare et recherché; le *Pentateuchus in linguâ ægyptiacâ, è MS. vaticano*, etc., ibid., 1731, in-4; *Concilia Magnæ Britanniæ et Hyberniæ, à synodo Verolamiensi 946 ad londinensem*, 1717, etc.; ibid., 1736, 4 vol. in-fol. (c'est une réimpression des *Conciles* de Spelmann, avec des additions nombr.). On trouve quatorze *lettres* de Wilkins dans le *Thes. epistol.* de Labrosse, 365-380.

WILKINS (CHARLES), célèbre orientaliste, né vers 1750 à Hartford, dans le Sommerset, fut envoyé en 1770 au Bengale, comme employé civil de la compagnie des Indes. Il eut le courage d'y commencer et le mérite d'y continuer l'étude du sanscrit, alors complètement ignoré et considéré même comme inabordable par les Européens. Sa traduction du *Baghvad-Gita*, publiée à Londres en 1785, fixa sur lui l'attention du monde savant. Cet ouvr., qui contient un précis de la religion et de la morale des Indous, a été traduit en français par Parraud, 1787, in-8. Après cette publication, Wilkins s'occupa de graver les types persans et bengalis, les premiers dont on ait fait usage au Bengale, et qui servent encore à la compagnie pour imprimer les lois et réglements traduits en persan. De retour en Angleterre, il publia la traduction du *Hitopadesa* (ou Instruct. amicales) de *Wischnou-Sarma*, 1786, grand in-8. Ce livre, le plus considérable recueil d'apologues qui existe, a été traduit en plus de vingt langues, mais plus ou moins mutilé; ce n'est donc que dans la traduction littérale de Wilkins que l'on peut prendre une juste idée de l'original. Plus tard il donna la *Grammaire de la langue sanskrite*, Londres, 1808, in-4.— Les *Racines* de la même langue, 1815, in-4, et une nouv. édit. améliorée du *Dictionn. persan-arabe-angl.* de Richardson, 1806-10, 2 vol. in-4. Ce savant mourut à Londres en 1836, à 86 ans. Il était associé correspond. de l'acad. des inscript.

WILKS (Mark), prédicant de la secte des méthodistes à Norwich, et qu'on suppose mort vers 1821, fut un de ces niveleurs qui menacèrent l'ordre social en Angleterre à l'époque de notre révolution. Le principal écrit qu'on ait de lui est une *Histoire des persécutions endurées par les protestants du midi de la France*, 1821, 2 vol. in-8. Des *Mém.* sur sa vie, par Sarah Wilks, furent publiés la même année, in-12, avec son portrait. — On doit à un lieuten.-colonel Wilks, qui en 1804 était résident politiq. à la cour de Mysore, des *Esquisses historiques du midi de l'Inde*, 1810, 2 vol. in-4.

WILL (George-André), biographe, né près de Nuremberg en 1727, mort en 1798, professeur d'histoire à l'univ. d'Altdorf, est auteur de nombr. ouvrages parmi lesq. on distingue : *Dictionnaire savant de Nuremberg*, 1755, 4 vol. in-4, avec une continuat., Altdorf, 1802, 4 vol. in-4. — *Commercium epistolicum norimbergense*, 1756, 3 vol. in-8. — *Médailles de Nuremberg*, 1764, 3 vol. in-4. — *Hist. et descript. de l'univers. d'Altdorf*, 1795, in-8; contin. en 1808, in-8. — *Histoire et description de la ville d'Altdorf*, 1796, in-8. — *Bibliotheca norica-williana*, 1772 à 1793, 8 vol. in-8.

WILLAERTS (Adam), peintre et poète, né en 1577 à Anvers, mort à Utrecht en 1640, excellait à peindre les pêcheries et les petites marines. Sa touche est délicate et sa composition bien entendue. — Abraham Willaerts, son fils et son élève, né en 1613 à Utrecht, se perfectionna sous J. Bylaert, puis vint en France, où il entra dans l'école de Vouet. Attaché ensuite comme peintre au comte Maurice de Nassau, il n'en fut pas moins embarqué comme simple soldat sur la flotte hollandaise, lors de l'expédition d'Afrique. A son retour il fut employé de nouveau par le comte Maurice, et finit par revenir à Utrecht, où il passa le reste de sa vie. On ne connaît pas la date de sa mort.

WILLAMOV (Jean-Gottlieb), poète allemand; né en 1736 à Mohrungen, en Prusse, fut d'abord professeur au collège de Thorn, et passa ensuite à Pétersbourg pour y diriger l'école allemande. Forcé de quitter cette place par le désordre de ses affaires, il donna des leçons de dessin et de mathématiques, et s'occupait aussi de poésie quand il fut arrêté pour dettes, et mourut dans sa prison en 1777.

L'édit. la plus complète de ses *OEuvres poétiques* est celle de Vienne, 1793, 2 vol. in-8.

WILLAN (Robert), médecin, né en 1757 à Hill, dans l'Yorkshire, prit ses grades à Édimbourg, pratiqua d'abord à Darlington, dans le comté de Durham, puis vint s'établir à Londres, où il fut admis au collège des médec., à la société des antiques et à la société royale. Il mourut en 1812 dans l'île de Madère, où il s'était rendu pour rétablir sa santé, altérée par des travaux excessifs. Outre div. morceaux dans les *Mém.* de la société de médecine et dans le *Journal médical* de Londres, dans le *Monthly magazine*, on lui doit : *Description et traitement des maladies cutanées*, Londres, 1798-1801-1805-1808, 4 vol. in-4. — *Traité pratique sur le porrigo ou la teigne*, etc., Londres, 1815, in-4 (ouvr. posthume). Le doct. Bateman, qui lui a consacré une *Notice biographique* dans le *Journal médical et chirurgical d'Édimbourg*, a publié, d'après ses MSs., dont il était le dépositaire : *Tableau pratique des maladies cutanées*, 1815, in-8, etc., etc.

WILLDENOW (Charles-Louis), botaniste, né en 1765 à Berlin, y fut admis à l'acad. des sciences en 1794, obtint 4 ans après la chaire d'histoire naturelle au collège royal de médecine, puis celle de botanique en 1801, et enfin la direction du Jardin-des-Plantes. Pour enrichir cet établissement, il entreprit diverses excursions en Autriche, dans la Haute-Italie et en France, et se mit en correspond. avec les plus savants botanistes et naturalistes de l'époque. Il forma un cabinet zoologique, dont il fit présent au musée de Berlin. A sa mort, en 1812, il était membre ou correspondant de 24 sociétés savantes. Ses principaux ouvr. sont : *Hist. Amaranthorum*, Zurich, 1790, in-fol. — *Élements de botanique*, Berlin, 1792; 5ᵉ édit., 1810, ouvrage encore classique en Allemagne, et trad. en diverses langues. — *Arboriculture berlinoise spontanée*, ib., 1796, 1811, in-8. — *Species plantarum exhibentes plantas ritè cognitas ad genera relatas*, etc., ibid., 1797-1810, 5 vol. en 9 parties. — *Enumeratio plantarum horti regii botanici berolin.*, ib., 1809, in-8 (v. la *not.* que lui a consacrée Schlechtendahl au t. VI du *Magasin de la soc. des amis des sc. naturelles*).

WILLE (Jean-George), graveur, né en 1717 à Kœnigsberg, dans La Hesse, crayonna pour ainsi dire avant de parler, et, par une suite d'essais ingénieux, parvint à se rendre assez habile ciseleur pour gagner, en travaillant chez un arquebusier, une somme suffisante pour entreprendre à 19 ans le voyage de Paris. Bien accueilli par le graveur Daullé, qui lui procura des travaux à la vérité peu lucratifs, il vit promptement sa réputation se répandre non-seulem. en France, mais encore dans plus. parties de l'Europe. Il fut reçu membre de l'acad. des beaux-arts en 1761, et mourut à Paris en 1807, âgé de 90 ans. Parmi les productions de son burin on distingue : *le Portrait du maréchal de Saxe*, *les Musiciens ambulants*, *le Concert de famille*, *la Gazetière holland.*, *le petit Physi-*

cien, etc. Ses principaux élèves sont Bervic, Muller, etc.

WILLEBRAND (Jean-Pierre), ancien directeur de la police à Altona, mort en 1786 à Hambourg, a publié en allemand : *Chroniq. des villes anséatiques*, Lubeck, 1748, in-fol. — *Mém. historiq. et observat. recueillies dans les voyages*, Hambourg, 1758, in-8; Leipsig, 1769. — *Abrégé de la police*, Hambourg, 1765, in-8. — *Réflexions sur la ligue anséatique et sur l'importance de son histoire*, ibid., 1768, in-8.

WILLEHADE (St), apôtre de la Saxe, né dans le Northumberland, entra dans les ordres, et, résolu de prendre part aux travaux apostoliq. de St Willibrode et de St Boniface, s'embarqua pour la Frise vers l'an 772. Il commença sa mission à Dockum, y opéra un grand nombre de conversions, et se dirigea ensuite vers la Saxe, où il prêcha 7 ans l'évangile. A peine revenu en Frise, il entreprit le voyage de Rome, pour rendre compte de son apostolat au pape Adrien. Il revint par la France, y séjourna 2 ans, passa de nouveau en Saxe après l'entière soumission de cette contrée, et, sacré en 787 évêque des Saxons, il fixa sa résidence à Brême, ville nouvellement fondée, et y fit bâtir une cathédrale. Il mourut en 789 dans un village de la Frise. St Anschaire, son 3e successeur, a écrit sa *Vie*. On a, sous son nom, entre autres ouvrages, des *Commentaires* sur les *Épîtres* de St Paul.

WILLEMET (Remi), né en 1735 à Norroi, près de Pont-à-Mousson, fut élevé par un de ses oncles, apothicaire à Nancy, dont il embrassa la profession. Admis en 1762 au collège de pharmacie, il se livra spécialem. et avec un gr. succès à la botanique, et fut agrégé à plusieurs acad. En correspondance avec Haller, Linné et Vicq-d'Azyr, il devint professeur d'hist. naturelle, et directeur du jardin des plantes de Nancy, et mourut dans cette ville en 1807. On cite de lui : *Phytographie économique de la Lorraine*, Nancy, 1780, in-8; réimpr. sous le titre de *Phytographie encyclopéd.*, ou *Flore économique*, ibid., 1805; Paris, 1808, 2 vol. in-8. — *Lychrénographie économique*, Lyon, 1787, in-8. — *Monographie des plantes étoilées*, Strasbourg, 1791, in-8. Il a enrichi de plusieurs bons *articles* le *Dictionnaire de pharmacie* de l'*Encyclopédie méthodique*, les *Mémoires* de diverses académies, la *Feuille du cultivateur*, le *Journal de physique*, etc. Au moment de sa mort, il terminait un *Dictionn. bibliogr. des écriv. naturalistes*, dont on a annoncé la publication, mais qui n'a point paru. — Willemet (Pierre-Remi), fils du précédent, médecin, né à Nancy en 1762, vint suivre à Paris le cours de botanique de Lemonnier, y reçut le doctorat en 1784, et fut l'un des fondateurs de la société linnéenne de Paris en 1788. Il s'embarqua peu de temps après pour les Indes avec les ambassadeurs du sulthan Tipoo-Saïb, et mourut à Seringapatnam en 1790, à peine âgé de 28 ans. Outre sa thèse inaugurale : *de l'Usage du froid dans les maladies*, on a de lui plus. *Mémoires* remarquables. Il a laissé inédit un *Systema fungorum*, rédigé selon une méthode synoptique qu'il avait imaginée d'après celle de Morisson.

WILLEMIN (N.-X.), de la société royale des antiquaires de France, auteur des *Costumes civils et militaires des peuples de l'antiquité*, 1798-1802, 2 vol. in-fol., et des *Monuments français inédits*, 50 livrais. in-fol., mourut en 1833, à l'âge de 69 ans et demi. Cet artiste, qui avait consacré ses talents et sa fortune à la publication de cet important ouvrage, n'eut pas la satisfaction de le voir terminé. La 50e livraison fut publiée par sa fille, héritière de tous ses matériaux.

WILLEMUR (Louis de PENEN, comte de), général, né dans le Bigorre en 1761, entra, dès l'âge de 17 ans, au service d'Espagne, dans un régim. wallon, alors en garnison à Oran. Après une campagne en Afrique, il obtint son congé, et, revenu en France en 1779; il servit dans différents régim., jusqu'en 1791, qu'il rejoignit les princes à Coblentz. Admis dans l'armée de Condé avec le grade de lieut.-colonel de dragons, il fit toutes les campagnes jusqu'en 1799, et passa au service de l'empereur d'Autriche, qui le nomma l'un de ses chambellans en 1805. Lors de l'invasion des Français en Espagne, il obtint un congé de l'empereur pour aller servir dans l'armée des cortès. A son arrivée dans l'île de Léon en 1810, il fut adjoint à l'état-major de l'armée de La Romana, avec le grade de colonel. Sa belle conduite à l'affaire de Husaga (18 déc.) fut remarquée. Promu le 1er février 1811 au grade de brigad.-gén. de cavalerie, il assista le 16 mai à la sanglante bataille d'Albuera, qui lui fournit une nouv. occasion de se distinguer. La valeur qu'il y déploya lui valut le titre de maréchal-de-camp. En 1813 il contribua au gain de la bataille de Vittoria. Ferdinand VII, à son rétablissement sur le trône, le nomma lieuten.-gén., et plus tard gentilhomme honoraire de sa chambre. De leur côté les cortès en assemblée générale lui accordèrent des lettres de naturalisation. Lors de l'insurrection de l'île de Léon (1820), dénoncé comme auteur d'une conspirat. royaliste, il n'échappa qu'avec peine à la vengeance des constitutionnels. Le duc d'Angoulême, à son entrée à Madrid, lui confia un commandem. Nommé vers la fin de 1823 gouverneur de Barcelone, il conserva ce poste jusqu'en 1834, qu'il fut désigné président de la junte de la Navarre. Don Carlos, à son arrivée dans les provinces basques en 1835, le fit son ministre de la guerre, poste difficile, qu'il n'hésita cependant pas d'accepter. En juin 1836, il quitta le quartier royal pour aller remplir en Aragon une mission importante; mais les contrariétés qu'il éprouva lui causèrent un chagrin si vif, que sa santé en fut altérée, et il mourut le 24 août suiv. à Estella, vivem. regretté de son maître et des royalistes espagnols.

WILLENBERG (Samuel-Frédéric), professeur de jurisprud. et d'histoire à Dantzig, où il mourut en 1748, était né à Brieg (Silésie) en 1663, et avait rempli d'abord une chaire de droit à Francfort-sur-l'Oder. On citera de lui : *Selecta jurispru-*

dentiæ civilis, Dantzig, 1728, in-4, et *Tractatus de officio vocantis et vocati ad ministerium eccles.*, ib., 1748, in-8.

WILLERAM, WILLIRAM ou WALLERAM, né dans la Franconie, après avoir étudié à Paris les lettres et la philosophie, revint dans sa patrie et fut nommé écolâtre du chapitre de Bamberg; désirant mener une vie plus paisible, il quitta cette place pour s'enfermer au monastère de Fulde. L'empereur Henri III l'en fit sortir en 1048, pour lui confier l'abbaye d'Ébersberg en Bavière qu'il dirigea jusqu'à sa mort en 1085. On a sous son nom 2 *paraphrases* du *Cantique des cantiques*, l'une en vers hexamètres latins, l'autre en prose dans la langue des anciens Francs, dont il existe plusieurs MSs., Menrad Molther, profess. de belles-lettres à Heidelberg dans le 16e S., a publié le premier la *paraphr.* lat. sous ce titre: *Wilrami, abbatis, etc., in cantica Salomonis mystica explanatio... adjecta est ex spanhensi (Trithemio) auctoris vita*, etc., Haguenau, 1528, in-8. Le sav. Mérula publia la double *paraphr.*, Leyde, 1598, in-8, avec des réflexions sur la *paraphrase* francique, et une traduction hollandaise de ce texte. Marq. Freher a donné (en allem.): l'*Antique version du Cantique des cantiques*, etc., Worms, 1631, in-8. Scherz a inséré dans le 1er vol. du *Trésor des antiquités teutoniques* une nouvelle édit. du même ouvrage, avec des *Notes* et des *Remarques* d'Eccard, de Janus Houten et de Fr. Junius.

WILLERMOZ (Pierre-Jacques), médecin, né en 1735 à Lyon, après avoir occupé, de 1761 à 1763, une chaire de démonstration à l'univ. de Montpellier, revint dans sa ville natale où il ouvrit un cours de chimie, et consacra ses loisirs aux recherches scientifiq. Il mourut en 1799. Outre un assez gr. nombre d'articles dans le *Cours d'agriculture* de l'abbé Rozier, on a de lui quelques *Mémoires* dans les archives de l'académie de Lyon dont il était un des membres les plus laborieux. — Pierre-Claude-Catherine Willermoz, son fils, né à Lyon en 1767, reçut le doctorat à Montpellier en 1788, et vint occuper à Lyon une chaire d'anatomie. Envoyé comme médecin à l'armée du Nord en 1792, il fut ensuite médec. en chef aux armées de la Moselle et d'Italie, et ayant, en 1796, obtenu la même place à l'hôpital de Lyon, il revint dans cette ville où il mourut en 1810, membre de plus. académ. On a de lui des *Mémoires*, dont l'un, entre autres, *sur la Macérat. du lin et du chanvre*, écrit en italien, fut couronné par l'académie de Mantoue, 1788, in-8.

WILLET (Andrew), théologien anglican, né à Ely en 1562, mort en 1621, recteur de Barley (Hertfordshire) et aumônier du prince Henri, a laissé: *Synopis papismi*, dédié à la reine Élisabeth, in-fol. qui eut 5 édit. — *Thesaurus Ecclesiæ*, Cambridge, 1604, in-8. — *Des Commentaires sur la Genèse et l'Exode*, 1632, 4 vol. in-fol., etc. — Willet (Ralph), membre de la société des antiquaires et de la société royale de Londres, mort en 1795, a inséré, dans l'*Archéologie*, tom. II, des *Mémoires sur l'ar-* *chitecture navale de la Grande-Bretagne*, et sur *l'origine de l'imprimerie*.

WILLIAMS (Roger), officier anglais, natif du comté de Monmouth, mort à Londres en 1595, avait servi d'abord sous le duc d'Albe, puis sous les ordres du comte de Leicester dans les Pays-Bas. Outre une relation de cette guerre (*the Actions of the Low-Countries*), Londres, 1618, in-4, réimpr. dans l'édit. des *Traités* de Somers, publ. par Walt. Scott, on lui doit un *Traité succinct sur la guerre*, ib., 1590, in-4, et quelques ouvrages MSs., conservés dans la biblioth. cottonienne au muséum britannique.

WILLIAMS (John), archevêque d'York et chancelier d'Angleterre, né en 1582 à Aber-Conway, dans le comté de Caernarvon, prit ses grades à l'université de Cambridge, qui deux fois le chargea de démarches importantes avant 1609, époque où il reçut les ordres. D'abord chapelain ordin. du roi (Jacques Ier), puis doyen de Salisbury et de Westminster, il succéda en 1621 au lord Bacon comme garde-des-sceaux, et fut fait la même année évêq. de Lincoln. Buckingham, dont il s'était attiré les ressentiments, eut, à l'avénem. de Charles Ier, le crédit de faire retirer au prélat et sa dignité de doyen, et les sceaux qui furent remis au lord Coventry. Williams siégea, malgré une défense expresse, au troisième parlement convoqué par Charles Ier, et y appuya avec chaleur la *pétition de droits*. Bientôt il porta la peine de cette démarche: accusé par un certain J. Monson (1636) d'avoir tenu des propos irrespectueux contre la personne du roi, il fut trad. devant la chambre étoilée et condamné à une amende de 10,000 livres sterl. envers le souverain, et à 1,000 marcs d'argent envers son accusateur. Envoyé à la Tour de Londres, il n'en sortit qu'en 1640 par l'intervention du parlement. Les temps étaient bien changés alors. Le roi parut craindre les justes ressentiments de Williams, et descendit envers lui à des réparat. tardives, tandis que, pour soustraire ses accusateurs à la vindicte des parlementaires, il faisait biffer des registres les procédures qui avaient été faites contre lui. Le prélat montra de la grandeur d'âme en refusant de faire punir ses persécuteurs. En 1641 le roi le nomma à l'archevêché d'York. Williams resta fidèle à la cause de Charles Ier, et mourut en 1650. Ce prélat, qui cultivait les muses, adoucit par leur commerce les ennuis de son injuste captivité. Il fut un des évêques dont Charles Ier voulut prendre avis avant de violer l'engagement qui le liait envers l'infortuné comte de Strafford; mais encore que Williams ait souscrit au supplice de cette illustre victime, il est peu vraisemblable qu'il ait mis, en cette circonstance, une lâche complaisance dans ses conseils. — John Williams, savant théologien, né en 1634, dans le comté de Northampton, fut chapelain du roi Guillaume et de la reine Marie, puis obtint l'évêché de Chichester, et mourut en 1709. On a de lui, outre plus. écrits de controverse peu remarquables: *les Caractères de la révélation divine*, 1695, in-4. — Une *Histoire de la conspiration des* poudres; *Défense des quatre sermons de l'archev. Tillotson*, 1695.

WILLIAMS (GRIFFITH), prélat anglican, né en 1589 à Caernarvon, commença par desservir une cure dans le Middlesex. Successivem. prédicateur à Londres, doyen de Bangor et évêque d'Ossory en Irlande (1641), il fut expulsé de ce siége pend. la guerre civile, et se réfugia en Angleterre. Il se trouvait auprès du roi en qualité de chapelain, à la bataille d'Edge-Hill. S'étant retiré dans le pays de Galles, il y écrivit en faveur de la cause royale. A l'époque de la restauration il se rendit à Dublin, et fut le premier qui prêcha publiquement pour Charles II; il mourut à Kilkenny en 1672. On cite de lui, entre autres écrits (en angl.) : *le Bonheur des saints*, etc., Londres, 1622, in-fol., réimpr. en 1635. — *Explication des mystères, ou les Complots du parlem. pour bouleverser l'Église et l'état*, Oxford, 1643, in-4. — *Le grand Antechrist révélé*, Londres, 1660, in-fol. — *La Persécut. et l'oppress. de J. Bale et de Griffith Williams, évêques d'Ossory*, 1664, in-4. — Roger WILLIAMS, ministre dissident, né en 1599 dans le pays de Galles, mort en 1683 en Amérique, y est connu sous le surnom de *Père de la Plantation-de-la-Providence*, parce qu'en effet ce fut lui qui, avec quatre autres de ses confrères, jeta les fondements d'une ville des Massachusetts, qu'il avait désignée sous ce nom. Roger embrassa la secte des baptistes, dont il répandit les croyances parmi les naturels du pays. Il est auteur d'un certain nombre d'écrits, dont le plus remarquable a pour titre : *la Clef des langages d'Amérique, ou l'Aide de la langue des Indiens de la Nouvelle-Angleterre*, 1643, in-8, souvent réimpr. — John WILLIAMS, pasteur à Deerfield, dans le Massachusett, fut enlevé en 1704 par un parti de sauvages, et conduit prisonnier au Canada. Après plusieurs années de captivité, il obtint sa liberté et retourna dans sa patrie, où il mourut en 1729, après avoir publié, sous le titre du *Captif racheté*, un récit de ses malheurs. On cite de lui quelq. autres écrits et des *Sermons*. — WILLIAMS (Daniel), théologien, de la secte des *dissenters*, né à Wrexham en 1644, mort en 1715, eut quelq. crédit auprès de Guillaume III, qui plus d'une fois le consulta sur les affaires d'Irlande. On a recueilli ses div. écrits en 1738, 2 vol. in-8. Cet homme de bien, non content d'avoir toute sa vie pratiqué de bonnes œuvres, légua la plus grande partie de sa fortune aux indigents et à divers établissements philanthropiques. Il fit don à ses co-religionnaires d'une riche biblioth., et de la maison qui depuis est restée leur lieu de réunion à Londres (Redcross-Street, Cripplegate).

WILLIAMS (sir CHARLES HANBURY), diplomate anglais, né en 1709, débuta dans le monde politiq. comme membre de la chambre des communes, où il vota constamment en faveur du ministère (Walpole), et obtint la place de trésorier de la marine. Il parcourut ensuite la carrière diplomatique, fut successivement ambassadeur en Saxe, en Prusse, en Russie, et, peu de temps après son retour en Angleterre, mourut en 1759, dans un état d'aliénation mentale que lui avait causé le chagrin de voir ses services mal appréciés. Rulhières a donné des détails curieux sur le séjour de ce diplomate en Russie. On a de lui quelq. *satires* politiques, des *poèmes* insérés dans le recueil de Dodsley, et d'autres écrits qui ont été réunis sous le titre d'*OEuvres en vers et en prose de sir Ch. Williams*, avec des *notes* par Hor. Walpole, Londres, 1822, 3 vol. in-8.

WILLIAMS (FRANCIS), créole de la Jamaïque, où il mourut en 1770, à l'âge d'environ 70 ans, manifesta de bonne heure des dispositions qui fixèrent l'attention du duc de Montaigu, gouverneur de l'île. Ce seigneur l'envoya en Angleterre faire ses études, qu'il termina brillamment à l'univ. de Cambridge. Bien qu'il se fût surtout appliqué aux mathématiques, il publia, pendant son séjour sur le continent, une *ballade* que Grégoire cite avec éloge dans son ouvr. sur la *Littérature des Nègres*. A son retour à la Jamaïque, le duc de Montaigu voulut lui faire donner une place dans le gouvernement; mais les préjugés contre sa couleur suscitèrent de trop fortes résistances. Cependant ses talents ne restèrent pas sans fruit : il ouvrit une école de mathématiques et de langue latine. Il se plaisait à composer dans cette langue des pièces de vers. On en trouve une avec la traduction dans l'ouvrage mentionné de Grégoire. — Éphraïm WILLIAMS, fondateur d'un collège qui porte son nom aux Massachusetts, était fils d'un colonel qui lui-même fut un des fondateurs de Stockbridge. Après avoir fait dans sa jeunesse divers voyages en Europe, il porta les armes dans la guerre de 1740 à 1748, entre les Anglais et les Français en Amériq.; il avait en 1755 le commandement d'un régiment avec lequel il se joignit au général Johnson au nord d'Albany, et reçut une blessure grave dans une action dont l'avantage demeura aux siens. C'est en 1791 que fut ouvert le collége de *Williams*. Probablem. qu'alors le fondateur avait cessé de vivre. Ce collège est devenu depuis un séminaire florissant.

WILLIAMS (DAVID), écrivain, né en 1758 à Cardigan, dans le pays de Galles, après être entré, presque malgré lui, dans les ordres sacrés, se fit connaître par le succès de ses prédications devant une secte dissidente à laquelle il appartenait. Obligé bientôt, par suite de la légèreté de sa conduite, de se retirer à Londres, il y prononça une suite de sermons sur l'hypocrisie religieuse (1774, 2 vol. in-8), puis annonça, dans un *Traité sur l'éducation* (même année, in-12) des vues qu'il ne tarda pas à mettre en pratique par l'établissem. d'une école à Chelsea, où affluèrent les élèves, malgré le prix élevé de la pension. Cette école était comme une petite républiq. régie par une charte, et où l'instruction, réduite en pratique, était associée à l'étude de la politique. Elle était dans un état fort prospère lorsque, vers 1775, il en abandonna la direct. après la mort de sa femme. Il s'occupa dans la suite de la prédication, et reprit la

plume pour propager ses doctrines morales et religieuses (le déisme était alors sa croyance exclusive). Des *Lettres sur la liberté politique*, qu'il fit paraître en 1782, et dont Brissot donna une traduction, lui valurent le titre de *citoyen français*, que lui décerna l'assemblée législative ; il fut plus tard invité par le ministre Roland à venir coopérer à la constitution républicaine de la France. Williams vécut à Paris dans la société des girondins, jusqu'au jugement de Louis XVI ; il revint alors dans son pays, désespérant du salut de l'état où un tel crime était commis au nom de la liberté. Un grand projet l'occupait depuis long-temps : il s'agissait de remédier à l'imprévoyance des gens de lettres à qui d'autres soins ne permettaient guère de songer à leur intérêt personnel. Le prince de Galles se déclara le protecteur de l'entreprise, alloua une somme annuelle pour l'acquisition d'un local convenable aux réunions des souscripteurs, et le *Fonds littéraire* (c'est le nom de l'institut), solidement établi dès 1789, considérablem. accru depuis, a rendu d'importants services aux sciences et aux lettres. Williams continua de publier, de temps à autre, quelques opuscules écrits dans un esprit différent de celui qui avait signalé son entrée dans la carrière. Quand les infirmités vinrent accabler sa vieillesse, comme il avait négligé le soin de sa fortune, les souscripteurs du *Fonds littéraire* le nommèrent *résident-directeur* de cet établissement : il y mourut en 1816. Outre ceux dont on a parlé, ses principaux écrits sont : *Lettres concernant l'éducation*, 1785, in-8. — *Souvenirs royaux*, 2ᵉ édit., 1788, in-8. — *Leçons sur l'éducation*, 3 vol. in-8. — *Leçons à un jeune prince*, in-8. — *Leçons sur les principes politiques*, etc., 1789, in-8. — *Histoire du comté de Monmouth*, 1796, in-4, avec pl. — *Réclamations* (claims) *de la littérature, contenant l'origine, les motifs, les objets et les opérations de la société pour l'établissem. du Fonds littéraire*, 1803, 1816, in-8. Un *Précis de la vie et des ouvrages de Dav. Williams* a été publié en 1792, par Th. Morris. —
Le rév. Cooper WILLIAMS, né à Cantorbery en 1762, mort en 1816, recteur de Kingston en Stourmont, avait été d'abord vic. d'Ixning, puis chapelain d'un vaisseau de guerre, le *Swiftsure*, sur lequel il assista à la bataille d'Aboukir. On connaît de lui : *Histoire du château de Sudley dans le comté de Glocester*, 1791, in-fol. — *Campagne des Indes-Occidentales, sous sir Ch. Grey et sir John Jervis*, 1796, in-4. — *Voyage sur la Méditerranée*, 1802, in-4. On y trouve une relation très détaillée de la célèbre bataille d'Aboukir.

WILLIAMS (ANNA), née en 1706, était fille d'un chirurgien du pays de Galles, qui fut réduit à accepter un asile à Charter-House, après être venu solliciter à Londres la récompense qu'il croyait avoir méritée par une prétendue découverte de la longitude en mer. Anna, qui, par l'exercice de ses talents, aurait pu venir au secours de son père, perdit la vue en 1740 par une cataracte ; mais comme elle avait cultivé la littérature depuis sa jeunesse, aidée de deux de ses cousins, elle publia, en 1746, une traduct. anglaise de la *Vie de l'empereur Julien* par La Bletterie. Plus tard, elle eut l'occasion de connaître la femme de Sam. Johnson, qui prit à elle un vif intérêt, et avec laquelle elle se lia d'une étroite amitié. Cette dame étant morte, Johnson n'abandonna point Anna Williams et intéressa ses amis en sa faveur. Le célèbre Garrick fit donner sur son théâtre, au bénéfice de la pauvre aveugle, une représentation dont le produit s'éleva à 200 livres sterl. Anna publia ensuite un vol. de *Mélanges* en prose et en vers, qui trouva de nombreux souscripteurs. Elle mourut en 1783. — On a de son père (Zacharie WILLIAMS), outre l'*Exposé d'un essai pour constater la longitude en mer, par une théorie exacte de l'aiguille aimantée* (anglais et italien), 1755, un *Récit exact*, etc., du traitement qu'il avait éprouvé à la maison de refuge d'où il avait été forcé de sortir, Londres, 1749, in-4.

WILLIAMS (miss HELENA-MARIA), née à Londres en 1759, révéla de bonne heure un penchant prononcé pour la littérature. Un poème intitulé *le Pérou*, qu'elle publia à l'âge de 18 ans, obtint d'honorables suffrages. Son imagination lui montrant la révolution française comme le prélude de gr. améliorations sociales, elle fut jalouse d'assister à cet imposant spectacle, et quitta l'Angleterre en 1790 pour venir se fixer à Paris, où bientôt elle se mit en relation avec les membres les plus fameux du parti de la Gironde. Arrêtée après la journée du 31 mai, elle réussit à tromper la surveillance de ses gardiens, et se sauva en Suisse, où l'étude occupa utilem. les jours de sa proscription. De retour à Paris, elle continua d'y cultiver la poésie et les lettres, et div. publicat. ajoutèrent à sa réputat. C'est dans cette ville qu'elle mourut en 1827. Ses principaux ouvr. sont : *Lettres écrites de la France sur la première fédérat.*, 1791-92, 2 vol. in-12. — *Lettres écrites de France sur l'époq. de la terreur*, 1795, 4 vol. in-12. — *Voyage en Suisse avec des considérat. sur le gouvernement helvétique*, 1798, 2 vol. in-8. — *Aperçu de l'état des mœurs et des opinions de la république française, et de la fin du* 18ᵉ S., 1801, 2 vol. in-8. — *Correspondance politique et confidentielle de Louis XVI*, avec des observat., 1804, 3 vol. in-8, publié en anglais la même année, ouvr. apocryphe, rédigé par Sulpice de La Platière et Babié. — *Relation des événements qui se sont passés du* 1ᵉʳ *mars au 20 nov.* 1815, *et sur les persécut. des protestants du Midi*, 1816, in-8. — *Souvenirs de la révolution franç.* (trad. de l'anglais par M. Coquerel, neveu de l'auteur), Paris, 1828, in-8, 2ᵉ édit., augmentée d'une *Ode aux Grecs*, par miss Williams.

WILLIAMSON (sir JOSEPH), négociateur anglais, est connu surtout comme le bienfaiteur du collége de la Reine à Oxford, auquel il légua pour 8,000 livres sterl. de valeurs mobilières. Secrétaire-d'état en 1665, il assista, neuf ans plus tard, comme plénipotentiaire au traité de Cologne, et, à son retour, fut fait principal secrét.-d'état et membre du conseil privé, charge qu'il résigna en 1678. Il mourut en 1701.

WILLIBROD (St), apôtre des Frisons, né vers 658 dans le Northumberland, sortit du monastère de Rippon, fondé par St Wilfrid, pour passer sous la direction de St Egbert, dans un monastère d'Irlande, où il demeura douze ans. S'étant embarqué avec onze autres moines anglais pour la Frise, récemment conquise par Pepin d'Héristal, il se rendit à Rome, d'où il revint muni des instructions du pape Sergius pour continuer sa mission. Après six années de prédication, il fit un second voyage à Rome, y fut consacré évêq. sous le nom de Clément, et, de retour en Frise, fixa sa résidence à Utrecht, où il bâtit l'église du Sauveur, et répara celle de St-Martin. Aidé par les libéralités de Pepin, il fonda l'abbaye d'Epternac (698). Ce fut lui qui baptisa Pepin-le-Bref. Il passa plus tard en Danemarck, puis revint en Frise, où il continua ses prédications avec autant de succès que de zèle, et mourut en 758. Alcuin a écrit la *Vie* de ce saint prélat en 2 livres, l'un en prose, l'autre en vers. L'Église célèbre la fête de St Willibrod le 7 nov.

WILLIS (Thomas), médecin, né en 1622 à Great-Bewin, dans le comté de Wilt, prit ses degrés à l'univ. d'Oxford, y obtint en 1660 la chaire d'anatomie, puis admis à la société royale de Londres, vint en 1666 s'établir dans cette capitale. Il jouit de la confiance de Charles II et fut enlevé à son immense clientelle en 1675. Ses nombreux écrits, qui ont eu plusieurs éditions, et dont il a été fait diverses traduct., ont été recueillis sous le titre d'*Opera medica et physica*, Genève, 1676, in-4; 1680, in-4; Amsterd., 1682, in-4; Venise, 1720, in-fol. On distingue, dans cette collection: *Cerebri anatome, cui accessit nervorum descript. et usus*, Londres, 1664, in-4; 1670, in-8; Amsterd., 1664, 1667, 1683, in-12. — *Pathologia cerebri et nervosi generis, in quo agitur de morbis convulsivis et de scorbuto*, Oxford, 1667, in-4; Londres, 1668, 1678, in-12; Amsterd., 1669, 1670, et Leyde, 1671, in-12.—*De animâ brutorum*, etc., 1672, Londres, 1685, in-fol. — *Pharmaceutica rationalis*, 1674-75, 2 part. in-4; traduit en anglais, 1675, in-fol. S. Pordage a publié la traduction anglaise des *OEuvres de Willis*, 1681, in-folio. — Francis Willis, médecin, est principalement connu par les succès qu'il obtint dans le traitement des aliénés. C'est à ses soins que fut confié le roi George III lors de sa première aliénation mentale. Il fut appelé à Lisbonne pour le traitement de la reine Marie. Son regard foudroyant n'exerçait pas une action moins puissante sur les aliénés que les chaînes, les douches et les gilets de force. Il dirigea long-temps un établissement consacré au traitement de la démence à Gredfort, et mourut en 1807 à 50 ans.

WILLIS (Browne), savant antiquaire, petit-fils de Thomas, né en 1682 à Blandford, dans le comté de Dorset, mort en 1760, fut reçu en 1718 membre de la société des antiquaires de Londres, et passa 40 années à former une collection de monnaies anglaises, dont il fit ensuite hommage à l'université d'Oxford, où il avait étudié. Il disposa d'une partie de sa fortune en faveur d'un établissem. de bienfaisance, et légua des MSs. à la bibliothèque bodléienne. On distingue, parmi ses ouvrages: *Notitia parliamentaria, ou Hist. des comtés, villes et bourgs de l'Angleterre et du pays de Galles*, 1715-16-30, 3 vol. in-8. — *Hist. des abbayes parlementaires et des égl. cathédrales conventuelles*, 1718-19, 2 vol. in-8. — *Description des cathédrales de l'Angleterre*, etc., 1727, 1730 et 1735, 3 vol. in-4.

WILLOT (Amédée), né à St-Germain-en-Laye en 1757, fit ses premières armes dans la campagne de Corse en 1769, comme officier dans la légion Maillebois. Partisan de la révolution, il obtint de l'avancement, et, employé à l'armée des Pyrénées-Orientales, fut nommé général de brigade à la fin de la première campagne. Un échec qu'il éprouva le 20 avril 1793, entre Ceret et le Teth, contre les Espagnols, le fit suspendre par les commissaires de la convention; mais après le 9 thermidor, il fut renvoyé à l'armée des Pyrénées-Occidentales, et se justifia pleinement, par sa conduite, de l'accusation d'impéritie qui avait amené sa précédente disgrâce. La paix ayant été conclue avec l'Espagne en 1795, il fut envoyé dans la Vendée, où il se conduisit avec une grande modération. L'année suivante le directoire lui confia le commandement de la division militaire de Marseille. Sa conduite ferme, dans des circonstances difficiles, lui valut l'estime des habitants; il fut nommé, en avril 1797, député des Bouches-du-Rhône au conseil des cinq-cents. S'étant lié avec Pichegru, il devint, comme lui, un des chefs du parti dit de *Clichy*, et fut une des premières victimes de la journée du 18 fructidor (4 sept. 1797). Déporté à Sinamary, il forma, de concert avec ses compagnons d'infortune, un plan d'évasion qui réussit malgré de nombreux obstacles. Après s'être rendu en Angleterre, il passa en Allemagne, et y séjourna jusqu'en 1800. Il se trouvait au quartier-général de l'armée autrichienne lors de la bataille de Marengo. La victoire remportée par le premier consul ne lui laissant plus d'espoir sur le continent, il retourna en Angleterre, où il resta jusqu'à la restaurat. de 1814. Revenu en France avec les Bourbons, il fut réintégré par Louis XVIII dans son grade de lieuten.-général. En 1816; le roi lui confia le gouvernement de la Corse, qu'il administra jusqu'en 1818, et depuis vécut dans la retraite jusqu'à sa mort, en 1823. M. Boulet prononça sur sa tombe un *Discours* qui fut imprimé.

WILLOUGHBY (sir Hugh), né au 16e S. dans le comté de Derby, commanda l'expédition entreprise en 1553, d'après les rapports de Séb. Cabot, par une compagnie de négociants angl., pour la découverte d'un passage au Cathay ou à la Chine par le nord-est. Cette expédition partit de la Tamise le 20 mai, et entra, le 18 septembre, dans l'Arzina, rivière de la Laponie-Orientale, où les deux capitaines et leurs équipages périrent de froid et de faim. Le journal que l'on trouva plus tard sur le vaisseau amiral a été publié par Hakluyt, dans le tome Ier de son *Recueil de voyages*.

WILLOUGHBY (Francis), naturaliste anglais, né en 1635, fut le condisciple et l'ami du célèbre J. Ray, avec leq. il fit des recherches scientifiq. en France, en Espagne, en Italie, en Allemagne et dans les Pays-Bas, s'attachant surtout à la zoologie. A son retour, il fut nommé membre de la société royale de Londres, et mourut en 1676. Outre quelques morceaux dans les *Transact. philos.*, on a de lui : *Ornithologiæ Libri III* (avec une *préface* de J. Ray, qui en fut l'éditeur), Londres, 1676, in-fol. — *Historiæ piscium Lib. IV*, etc., publié par le même, Oxford, 1686, in-fol. — Robert-Louis Willoughby, mort en 1826 à la fleur de l'âge, a publié quelques écrits sur des matières d'économie politique. Il était correspondant de la *Revue encycl.*, où on lui a conservé une courte *notice*.

WILMSEN (Frédéric-Philippe), le *Berquin de l'Allemagne*, né à Magdebourg en 1770, se livra pendant 34 ans à la carrière de l'enseignement, et mourut en 1831 à Berlin, prem. prédicat. de l'église paroissiale. Ses ouvr. embrassent la plupart des branches et les procédés de l'enseignem. lui-même. Le jour de sa mort parut la dernière feuille de son *Histoire universelle*. De tous ses écrits, celui qui obtint le plus de succès est son *Ami des enfants*, qui eut plus de 100 édit. à 5,000 exemplaires, et qui est réimprimé tous les jours en Allemagne.

WILSON (sir Thomas), réduit sous le règne de Marie à chercher un asile sur le continent, à cause de son attachement au protestantisme, fut mis en prison à Rome, où il courut risque d'être condamné au bûcher. Sorti néanmoins sain et sauf du château St-Ange, il revint en Angleterre lors de l'avénement d'Élisabeth, fut nommé maître des requêtes, et peu après l'un des secrétaires de la souveraine. Il fut chargé en 1567 d'une ambassade pour les Pays-Bas, et succéda l'année suiv. à sir Th. Smith comme secrétaire-d'état. Il mourut en 1581, laissant les écrits suivants: *Epistola de vitâ et obitu duorum fratrum suffolciensium Henrici et Caroli Brandon*, Londres, 1552, in-4. — *The Rule of Reason, containing the art of logic*, ibid., 1551 ; 4e édit., 1567, in-4 (c'est dans cet ouvrage qu'il dirigea ses plus violentes attaques contre l'Église romaine). — Enfin *the Art of rhetoric*, 1555, in-4, plusieurs fois réimprimé.

WILSON (Arthur), né en 1596 à Yarmouth, dans le comté de Norfolk, mort en 1652 à Felstead, avait accompagné comme secrétaire Robert, comte d'Essex, dans diverses campagnes, et s'était ensuite attaché au comte de Warwick en qualité d'intendant. Outre une pièce de théâtre, *l'Inconstante*, qui a été imprimée à Oxford en 1814, in-4, avec des *notes* et quelques détails sur l'auteur, on a de lui une *Histoire de la vie et du règne de Jacques Ier*, 1653, in-fol., réimprimée en 1706 dans l'*Hist. gén. d'Angleterre*, par Kennet. — Florence Wilson, *Volusenus*, natif d'Elgin, en Écosse, mort en 1547, a laissé, outre un traité *de Tranquillitate animi*, Leyde, 1543, diverses *poésies* latines, qui ont été impr. à Londres, 1619, in-4.

WILSON (John), musicien, natif de Feversham, dans le comté de Kent, fut d'abord attaché à la chapelle, puis à la musique particulière de Charles Ier. Plus tard, 1644, il professa la théorie de la musique à l'univ. d'Oxford, puis obtint en 1656 la même chaire au collége Baliol, et fut, après la restauration, pourvu de l'emploi de gentilhomme de la chapelle royale. Il mourut à Londres en 1673. Cet artiste, qui excellait sur la viole, a composé pour cet instrument des *fantaisies* d'une grande difficulté. On connaît en outre de lui div. morceaux de chant, publiés à Oxford de 1653 à 1665. La bibliothèque bodléienne possède de lui un manuscrit contenant la musique de plus. *odes* d'Horace, et de divers passages d'Ausone, de Claudien, de Pétrone et de Stace.

WILSON (Thomas), prélat anglais, né en 1663 à Burton, dans le comté de Chester, se destinait à la profession de médecin, lorsqu'un dignitaire de l'Église le détermina à entrer dans les ordres. Il reçut la prêtrise en 1687, et 10 ans après il fut pourvu de l'évêché de l'île de Man, siége à la nomination du comte de Derby, dont le fils avait eu Wilson pour précepteur. Dans les loisirs que lui laissaient ses fonctions épiscopales, il composa quelques traités religieux en angl. et dans l'idiome du pays, et mourut en 1755. Ses écrits, d'abord publiés séparément, ont été recueillis par son fils, et publiés par son aumônier, Cruttwell, en 1780, 2 vol. in-4, avec la *Vie* de l'auteur. Ses *Sermons choisis*, au nombre de 55, ont été réimprimés en 1825, 2 vol. in-12. Une nouvelle *Vie* de Wilson, par Stowell, a été publiée en 1819, in-8. — Thomas Wilson, fils du précédent, né dans l'île de Man en 1703, embrassa l'état ecclésiastique, fit ses études à Oxford, et devint successivement chanoine prébendier du chapitre de Westminster, ministre de Ste-Marguerite, recteur de St-Étienne de Walbrook, et mourut à Bath en 1784. On lui a attribué divers écrits anonymes.

WILSON (Richard), paysagiste, né en 1714 dans le comté de Montgomery, apprit le dessin à Londres chez un peintre de portraits peu connu, puis entreprit le voyage d'Italie, où il étudia surtout les beautés naturelles. Précédé d'une grande réputation, lorsqu'il revint en Angleterre, il exposa successivement à Londres plusieurs tableaux auxquels les amateurs mirent un prix très élevé. Lors de la création de l'acad. royale de peinture, il en fut un des prem. membres; en devint ensuite bibliot., et mourut en 1782. Quelques-uns de ses compatriotes l'ont appelé *le Claude Lorrain* de l'Angleterre; mais la manière différente de ces deux artistes exclut toute comparaison. J. Wright a publié en 1824 un *Précis de la vie de Rich. Wilson, avec des observat. sur ses paysages*, Londres, in-4.

WILSON (Henri), navigateur, commandait le bâtiment de la compagnie des Indes *l'Antilope*, lorsqu'il reçut à Macao, en juin 1783, l'ordre de repartir pour l'Angleterre. Ayant mis à la voile le

21 juillet, il toucha sur des brisans dans la mer du Sud, vers les parages des îles Carolines, et, contraint d'abandonner son bâtiment, aborda avec son équipage sur une petite île déserte. Le roi des îles Pelew accueillit les naufragés, leur procura les moyens de construire un bâtiment pour retourner dans leur pays, et leur confia son second fils. Débarqué à Portsmouth en 1784, Wilson, qui prenait le plus grand soin de son pupille, eut la douleur de le voir succomber à une invasion de la petite-vérole. Il continua de servir encore long-temps, avec zèle, la compagnie des Indes; et se retira, sur la fin de sa vie, à Colgten, où il mourut en 1810. La relation du naufrage de *l'Antilope* a été écrite par G. Keate, et trad. en franç., Paris, 1780, in-4 ou 2 vol. in-8, avec cartes et pl. — Jacq. Wilson, navigateur, parti d'Angleterre, en 1796, sur le navire *le Duff*, visita successivement *O-taï-ti*, l'archipel des *Amis*, les *Marquises*, découvrit un groupe de 14 autres îles, qu'il nomma *Duff's Groop*, revint en Angleterre en 1798, et y mourut quelques années après. La relation de ce voyage par un membre de la société des missions de la Gr.-Bretagne, Londres, 1799, in-4, a été trad. en allem. On en trouve un *extrait* dans le tom. III de *l'Abrégé des voyages modernes*, par M. Eyriès.

WILTHEIM (Alexandre), jésuite, né en 1604 dans le duché de Luxembourg, où il fut préfet des études et recteur du collège, mort postérieurem. à 1674, a publié entre autres ouvr.: les *Actes de St Dagobert*, avec des *notes*, Trèves, 1655, in-4. — *Gubernatores luxemburgenses*, ibid., 1653, in-fol. — Et *de Phialâ reliquiarum S. Agathæ*, ib., 1656, in-4, fig. (v. la Biblioth. de Southwell).

WILTZ (Pierre), jésuite, né en 1671 à Arlon, dans le Luxembourg, où il mourut en 1749, a laissé un grand nombre d'ouvr. ascétiques dont on trouve l'indication dans les *Mém.* de Paquot, tome III de l'édition in-fol.

WIMPFEN - BORNEBOURG (Louis-François, baron de), né à Deux-Ponts en 1752, fit, avec un régiment français, les campagnes de la guerre de sept ans, où il se distingua dans plus. occasions. Nommé colonel d'un régim. allemand, il fut fait maréchal-de-camp, en 1771, et lieutenant-général. Il commanda, la même année, une division à l'armée du Rhin; mais destitué comme noble, il fut incarcéré pendant la terreur, ne recouvra la liberté qu'après le 9 thermidor, et mourut à Paris en 1800. On a de lui: *Refonte de l'économie de l'armée française*, etc. 1787, in-8. — *Mém.* sur sa vie, 1788, in-8 (il désavoua cet ouvr.). — *Loisirs du général Wimpfen..... ou Indices sur l'empire d'Allemagne*, etc., 1798, in-8. — *Le Militaire expérimenté ou Instruction à ses fils*, etc. 1798, in-8; trad. en allemand. — Félix de Wimpfen, frère du précéd., né en 1745, entra de bonne heure enseigne dans le régiment de Deux-Ponts, et, fait colonel pour prix de ses services, à la paix, se retira dans ses terres de Normandie. Nommé, en 1789, député aux états-généraux par la noblesse de Caen, il se réunit à l'assemblée du tiers-état avec la minorité de son ordre, et, créé lieuten.-général, en 1792, fut employé dans son grade. Il commandait la place de Thionville lorsqu'elle fut entourée par un corps d'émigrés français, et répondit au parlementaire du prince de Hohenlohe, qui lui offrit un million s'il voulait rendre la forteresse : « Je l'accepterai si on veut passer acte de cette offre devant notaire. » Ayant refusé le ministère de la guerre, il prit le commandem. de l'armée des Côtes-de-Cherbourg. Après la journée du 31 mai, il se prononça pour *la Gironde* (v. Vergniaud), et accepta le commandement des troupes que ce parti essayait de réunir dans le Calvados. La convention mit à prix la tête de Wimpfen, qui fut abandonné par ses troupes à la première rencontre avec celles de la convention. Il parvint toutefois à se soustraire aux recherches pendant la terreur, et reprit son rang dans l'armée après le 18 brumaire. Nommé plus tard inspecteur des haras, il remplit cet emploi jusqu'à sa mort, en 1814. Il avait publié en 1788, in-8, un écrit intit. : *le Manuel de Xépholius*, tiré à 100 exempl. On croit qu'il a laissé des *Mémoires*, dans lesquels se trouvent des détails précieux pour l'histoire de la révolution. — Alexandre-Stanislas, baron de Wimpfen, a publié : *Voyage à St-Domingue pendant les années* 1788-90-97, 2 vol. in-8, trad. en allem. et en anglais. — D. Louis de Wimpfen, maréchal-de-camp au service d'Espagne, se signala par sa valeur à Vittoria en 1812. — Un lieutenant-général du même nom, au service d'Autriche, mourut à Vienne en 1816, à 90 ans.

WIMPHELING (Jacques), théologien et philologue, né en 1450 à Schlestadt (Alsace), fit ses études à Fribourg et à Erfurt, et s'appliqua à l'étude du droit canon, qu'il abandonna pour la théologie. Prédicateur du chapitre de Spire, puis professeur d'éloquence, de poésie et de littérat. grecque à Heidelberg, il obtint ensuite une prébende au chapitre de Strasbourg, dont il se démit bientôt. Il contribua beaucoup à l'établissem. de la première société littéraire de cette ville, et en fut, par son savoir, un des principaux ornements. Il partagea l'opinion de Luther sur les abus qui s'étaient introduits dans l'Église chrétienne, mais ne voulut point s'associer à l'œuvre de ce réformateur. Dans ses dern. années, il revint habiter sa ville natale, et il y mourut en 1528. Il est éditeur ou auteur d'ouvrages dont Riegger porte le nombre à 89. On ne citera que les princip.: *Laudes Ecclesiæ spirensis*, poème (1486), in-4, réimpr. à la suite de la *Chronique de Spire*. — *Oratio querulosa contra invasores sacerdotum* (1492), in-4. — *Elegantiarum Medulla*, etc. (1493), in-4, réimp. plusieurs fois sous ce titre, et sous ceux d'*Elegantiæ majores* et de *Rhetorica pueris utilissima*. — *Præceptor germanicus* (1497), in-4. — *Adolescentia*, 1500, 1505, 1515, in-4 (c'est une suite de l'ouvr. précédent). — *De Integritate*, 1505, 1506, in-4. — *Cis-Rhenum Germania*, 1501, 1649, in-4. — *Epitome rerum germanicarum*, 1505, in-4; 1562, in-8; 1594, in-12, et à la suite de la *Chronique* de Witikind (Bâle, 1532), ainsi que dans les *Script. rerum germanicar.* de Schard, etc. — *De germanicæ nationis et imperii Gravaminibus contra sedem et curiam romanam*, impr. avec la *Germania* d'Æneas Sylvius, Strasbourg, 1515, inséré dans les *Script. rerum germanicar.* de Freher, et dans les *Politica imp.* de Goldast (*v.* les *Amœnit. litt. Frib.* 161-581).

WIMPINA ou WYMPNA (CONRAD), théologien, né en 1460 à Buchheim, village des environs de Wimpfen, en Franconie, professa d'abord l'art poétique et la philosophie à Leipsig, puis la théologie à l'univ. de Francfort-sur-l'Oder (dont il fut un des fondateurs), et devint chanoine des cathédrales de Brandebourg et de Hawelberg. Désigné en 1530, avec Eckius et Cochlée, pour assister à la conférence que Charles-Quint voulait faire tenir entre les catholiques et les protestants, pendant la diète d'Augsbourg, Wimpina mourut la même année. On cite de lui entre autres écrits : *Proprietatum logicalium editio et commentatio; de Erroribus philosophorum in fide Christi; de Nobilitate cœlestis corporis*, etc.

WINCKELMANN (JEAN), né en 1551 à Homberg, dans la Hesse, fut le 1er prof. de théol. à l'univ. de Giessen, créée en 1607; il passa ensuite à Marpourg, où il avait déjà enseigné, revint à Giessen, et y mourut en 1626. Outre plusieurs *comment.* sur l'Écriture sainte, insérés dans le *Thesaur. evangel. et apostol.* de Hunnius, on a de lui des *Oraisons funèbres*, des *thèses* et autres écrits dont on trouvera la liste dans le *Theatrum* de Freher. — WINCKELMANN (Jean-Juste), fils du précéd., né à Giessen en 1620, mort en 1697, conseill. et historiographe de Hesse, s'était livré à la recherche des documents historiques; mais il ne sut pas tirer tout le parti convenable des matériaux qu'il avait rassemblés. Ses principaux ouvrages sont *Hortus et Arbor philosophiæ*, etc., Darmstadt, 1662, in-12. — *De principibus Hassiæ et eorum genealogia*, Giessen, 1663, in-8. — *Arboretum genealogicum heroum europæorum*, etc., Oldenbourg, 1664, in-fol. — *Cæsarologia, sive quartæ monarchiæ descriptio à Jul. Cæsare ad imperium usque Leopoldi*, Leipsig, 1666, in-8; 1728, in-12, fig. (le corps de l'ouvr. est écrit en all.). — *Notitia hist. polit. veterum Saxo-Westphalum*, etc., Oldenbourg, 1667, in-4.

WINCKELMANN (JEAN-JOACHIM), célèbre antiquaire, né en 1717 à Steindall (Brandebourg), de parents pauvres, dut sa première éducation à la bienfaisance du recteur du collége de sa ville natale. Il obtint à 16 ans la permission d'aller suivre les cours académiques à Berlin, et, de retour à Stendall, fut nommé chef des choristes du collége. Après avoir été chargé de quelques éducations particulières, il passa à l'université de Halle, et puisa dans les bibliothèques de cette ville les vastes connaissances qu'il développa plus tard avec tant de succès. Littérature ancienne, histoire, mathématiques, jurisprudence, théologie, politique, archéologie, etc., il aborda successivem. les sciences les plus disparates. Nommé profess. et corecteur de l'univ. de Halle, il consacrait à de nouvelles études tous les loisirs que lui laissait l'exercice de ses fonctions, et ne donnait que quatre heures au sommeil. Le comte de Bunau lui confia la garde de la belle biblioth. qu'il avait formée dans sa terre de Nothenitz, près de Dresde. Ce fut dans ce poste que Winckelmann compléta son immense érudition, et conçut le plan du grand ouvr. qui a mis le sceau à sa réputation. En 1754, d'après les insinuations de M. Archinto, nonce du pape à la cour de Dresde, Winckelmann, élevé dans la croyance luthérienne, embrassa la foi catholique; il se rendit ensuite à Rome, où il reçut un accueil flatteur du pape Benoît XIV, et se lia bientôt avec plusieurs artistes célèbres et avec les amateurs les plus distingués. Après avoir passé un an à visiter les monuments et les antiquités de cette ville classique, il se rendit, dans le même but, à Naples et à Florence. En 1763, il fut nommé président des antiquités à Rome, et ensuite bibliothéc. du Vatican. Vers le même temps plusieurs académies d'Italie et la société royale de Londres l'admirent parmi leurs membres. Il résista long-temps aux sollicitations des diverses cours de l'Allemagne qui lui faisaient les propositions les plus avantageuses pour qu'il vînt s'y fixer. Après un court séjour à Vienne, où rien ne put le déterminer à renoncer au dessein de revenir en Italie, il partit comblé d'honneurs et de présents, et prit la direction de Trieste. A peu de distance de cette ville, il fut accosté par un scélérat nommé Archangeli, déjà repris de justice, condamné aux galères, et par commutation au bannissement. Ce misérable ayant su gagner la confiance de Winckelmann en affectant un grand amour pour les arts, l'illustre antiquaire lui fit voir les médailles d'or dont l'avaient gratifié les cours de Dresde et de Vienne. Enflammé par la vue de l'or, le scélérat n'attendit plus qu'un instant favorable pour s'en emparer. Ayant cru l'avoir trouvé, il frappa de plus. coups de couteau Winckelmann qui mourut de ses blessures, le 8 juin 1768, après avoir institué le cardinal Albani son légataire universel. Telle fut la fin de l'un des hommes les plus distingués de l'Allemagne, et le créateur de l'école esthétique, qui peut-être n'eût point été formée sans le grand mouvement qu'il imprima à la science. Entre les nombreux ouvrages de Winckelmann, on distingue particulièrement son *Hist. de l'art chez les anciens*, Dresde, 1764, 2 vol. in-4; trad. en français par Sellius et Robinet, Paris et Amst., 1766, 2 vol. in-8, puis par Hubert, Leipsig, 1781, 3 vol. in-4 (cette trad. est la plus estimée), et par Jansen, 1798-1803, 3 vol. in-4; en italien par un anonyme (Milan, 1779, 2 vol. in-4), et par C. Fea (Rome, 1783-84, 3 vol. in-4). Nous citerons encore : *Réflexions sur l'imitation des ouvrages grecs dans la peinture et la sculpture*, Dresde, 1756, in-4. — *Lettre sur les antiquités d'Herculanum*, 1762, in-4. — *Remarques sur l'histoire de l'art*, 1767, in-4. — *Monumenti antichi inediti spiegati ed illustrati*, etc., Rome, 1767, 2 vol. in-fol., avec 208 pl.; traduit en français par Fantin-Désodoards, Paris, 1819, 3 vol. in-4, fig.; et en allemand par Brunn,

Berlin, 1804, 2 vol. in-fol. La *Vie* de Winckelmann se trouve en tête de l'édition complète de ses *œuvres*, publ. par Fernow, Dresde, 1818-20, 9 t. en 8 vol. in-4, avec 5 cah. de plan. Mme de Staël lui a consacré plus. belles pages de son ouvr. sur l'Allemagne. Gœthe a publ. *Winckelmann et son Siècle*, Tubingue, 1805, in-8; et Ch. Morgenstern, un savant *discours* sur l'illustre antiquaire, Leipsig, 1804, in-4.

WINCKELRIED (Arnold de), paysan du canton d'Underwald, a mérité le surnom de *Décius* suisse, en se dévouant pour le salut commun. C'est lui qui, au mémorable combat de Sempach, fraya aux Suisses un passage dans les rangs de l'armée du duc Léopold, que l'avantage du nombre et de la position rendait inabordable. S'avançant jusqu'à la portée des hallebardes ennemies, il en embrassa de ses bras nerveux un faisceau qu'il appuya sur sa large poitrine, et, les entraînant dans sa chute, il fit dans cette muraille de piques une brèche où les siens se précipitèrent sur le corps du héros (9 juillet 1386). Les Suisses vainqueurs célébrèrent, en l'honneur de Winckelried et des autres braves tués à cette journée, un service dont la solennité est restée une fête nationale (v. le t. 1 de l'*Hist. des Suisses*, par Mallet).

WINCKLER (Théophile-Frédéric), archéologue, né à Strasbourg en 1771, était capitaine dans un bataillon du Bas-Rhin, lorsqu'il fut fait prisonnier au fort Vauban, et conduit en Hongrie. Pendant sa captivité, il apprit la langue du pays, ainsi que le grec moderne, et fit des observations intéressantes sur les diverses contrées qu'il eut à parcourir. Revenu à Strasbourg après son échange, il quitta le service et se rendit à Paris avec deux jeunes gens, dont l'éducation lui était confiée. Il suivit avec eux le cours d'archéologie de Millin, et, 3 ans après, obtint une place d'employé du cabinet des médailles. Il se livrait à des travaux importants, lorsqu'il fut frappé d'une apoplexie foudroyante en 1807. Outre plusieurs *articles* dans le *Magasin encycloped.*, notamm. une *notice* sur J.-J. Oberlin, son maître et son ami, on lui doit une traduct. du *Voyage à la Chine*, de J.-C. Huttner, Paris, 1799, in-18; une autre du *Voyage en Suède*, de Lenz, et celle de l'*Essai sur l'hist. des femmes*, de Jacobs. Il est aussi l'éditeur du *Répertoire du vaudeville, ou Recueil des meilleures pièces en vaudevilles*, Iéna et Paris, 1800, 2 part. in-8, avec un *disc. prélimin.* et des *notes* hist. et grammaticales.

WINDECK (Eberhard), de Mayence, fut employé pendant 40 ans par l'empereur Sigismond à des missions importantes. Il est auteur d'une *Vie* de ce prince, qui a été publiée par Mencken, dans le t. 1er des *Scrip. rer. german.*, sur un manuscrit de la bibliothèq. de Saxe-Gotha.

WINDER (Henri), théologien dissident, né en 1693 à Hutton-John dans le Cumberland, mort en 1752, pasteur à Liverpool, est auteur d'une *Hist. critiq. et chronol. de l'origine, des progrès, du déclin et de la renaissance de la science, principalement religieuse*, etc., 2e édit., Londres, 1759, 2 v. in-4, précédée de *Mémoires* sur la *Vie* de l'auteur, par George Benson.

WINDHAM, armateur anglais, natif de Norfolk, fut l'un des premiers de sa nation qui tentèrent de faire le commerce en Afrique concurremment avec les Portugais, qui s'en arrogeaient le droit exclusif. Le premier voyage, qu'il fit en 1551, fut couronné de succès; mais dans la suite sa hauteur et la violence de son caractère nuisirent à ses projets. Il mourut misérable sur la côte de Guinée, après s'être vu à la tête de vastes entreprises, dans lesq. il avait pour associé un Portugais, appelé Ant.-Anez Pinteado, dont il sut mal reconnaître le mérite et les services.

WINDHAM (Joseph), membre de la soc. roy. et de celle des antiquaires, né en 1739 à Twickenham, mort en 1811, avait exploré les diverses branches de l'érudition dans ses voyages en France, en Italie, en Suisse, etc. C'est lui qui a fourni la plupart des dessins et plans que Ch. Cameron fit graver pour son ouvr. sur les *Bains des Romains* (Londres, 1772, in-fol.), dont il a rédigé en partie le texte, ainsi que celui du 2e vol. des *Antiquités ioniennes*, publ. par la société des *dilettanti*, dont il était membre. Il a donné, dans le 6e vol. de l'*Archéologie*, des *Observat. sur un passage de l'Hist. naturelle de Pline, relatif au temple de Diane, à Éphèse*.

WINDHAM (William), ministre-d'état, né à Londres en 1750, débuta à 32 ans dans la carrière politique comme membre du parlem., où il siégea parmi les whigs les plus ardents. Il seconda Burke, en 1784, dans ses énergiques remontrances au roi, et continua de se signaler dans le parti de l'opposition jusqu'à la fin de 1791. Cependant la marche que la révolution française allait imprimer aux affaires de l'Europe le fit changer totalement d'opinions. Il passa avec Burke, son ami, dans les rangs du parti ministériel, et, à la fin de 1792, tous deux s'opposèrent à la proposition d'une réforme parlementaire. Bientôt, à l'occasion de la mort de Louis XVI, il démontra que la France n'était pas dans un état qui permît de négocier avec elle, et appuya le système du ministre Pitt pendant toute la session de 1793. Dans la suiv., il déploya tous ses moyens oratoires pour combattre les champions de la révolution franç. En 1795, il fit partie du ministère comme secrétaire-d'état de la guerre, et ce fut sur son avis que le cabinet se décida à ordonner un armement, pour appuyer les opérations du parti royaliste en Bretagne et dans la Vendée. Il fit entendre en 1797 d'énergiques protestations contre les négociations entamées avec le directoire, et il continua jusqu'au dernier moment d'appuyer le système de la contre-révolution. Dans le même temps, il se prononçait pour qu'on tolérât en Angleterre le papisme et les débris de l'Église gallicane. En 1801, après s'être élevé de nouveau contre les propositions de paix avec la France, il quitta le ministère avec Pitt et ses autres collègues, pour siéger dans le parlement sur les bancs de la nouvelle opposition. Il ne laissa échapper aucune occasion de donner l'alarme sur les projets ambitieux de Bonaparte, et, se montrant le plus violent instigateur d'une ligue européenne contre la France, il eut une gr. part à la rupture du traité d'Amiens. Provocateur de la dissolution du ministère Addington, Windham n'en fut pas moins exclu de la nouv. administration, lorsque Pitt reprit les rênes du gouvernement en 1804; mais à la mort de Pitt, en 1806, un autre ministère ayant été formé par lord Grenville et Fox, Windham reprit le portefeuille de la guerre, qu'il quitta bientôt après, lorsque la mort de Fox eut amené la désorganisation de ce dernier ministère. Redevenu membre du parlem., il continua d'y voter avec l'opposition jusqu'à sa mort, en 1810. Les Anglais placent Windham au rang de leurs hommes d'état les plus distingués et de leurs orateurs les plus éloquents. Ses *disc.* (*Speeches in parliament*) ont été recueillis en 1812, 3 vol. in-8, précédés d'une *notice* sur sa vie.

WINDHEIM (Chrétien-Ernest de), né en 1722 à Wernigerode, dans l'électorat de Hanovre, professa la philosophie à Goettingue, puis à Erlangen, où il enseigna en même temps les langues orientales, et mourut en 1766 à Tinmemroda, dans la principauté de Blankenbourg. Parmi ses ouvr., dont l'univ. d'Erlangen a publ. un programme in-fol., on distingue : *de Paulo gentium apostolo*, etc., Halle, 1745, in-8. — *Bibliothèque philos. de Gœttingue* (allem.), 1748-1757, 9 vol. in-8. — *Recherches hist. sur la vie et le gouvernement de David*, 1749, in-8. — *Fragmenta historiæ philosophicæ*, etc., 1753, in-8, etc.

WINDISCH (Charles-Gottlieb), né en 1725 à Presbourg, où il mourut en 1793, après y avoir exercé la prem. magistrature, a publ. en allem. : *l'Ami de la vertu, feuille hebdomad.*, 1767 à 1769, 3 vol. in-8. — Une autre *Feuille hebdomadaire pour les sciences et les arts*, ibid., 1771 à 1773, 3 vol. in-8. — *Descript. polit., géogr. et histor. du royaume de Hongrie*, 1772, in-8. — *Hist. abrégée de la Hongrie*, etc., 1778, in-8; réimprimée en 1784. — *Géograph. du royaume de Hongrie*, 1780, 5 vol. in-8. — *Magasin de Hongrie, contenant des recherches pour l'hist., la géogr., l'hist. nat. et la littérat. de ce royaume*, 1781-88, 4 vol. in-8. — *Nouveau Magasin de Hongrie*, 1792, in-8.

WINDUS (John), voyageur anglais, accompagna en 1720 Ch. Stewart, chef d'escadre, chargé par le roi de la Grande-Bretagne d'aller traiter de la paix avec l'empereur de Maroc, et publia la relation de cette mission sous le titre d'*a Journey*, etc. (voyage à Mequinez, résidence de l'empereur actuel de Fez et de Maroc), Londres, 1725, in-8, fig. Les notices de Windus sur la géographie du pays et sur les mœurs des Marocains sont fort curieuses.

WINÉFRIDE ou WÉNÉFRIDE (Sté), née vers le milieu du 7ᵉ S., dans le pays de Galles, d'une des principales familles de cette contrée, fut élevée dans la religion chrétienne par un religieux appelé Beunon ou Benow, et ayant reçu le voile des mains de son directeur, se retira dans un monastère que son père avait fondé près de la ville devenue depuis si célèbre sous le nom d'Holywell. Après la mort de St Beunon, elle vint habiter un couvent du Denbighshire, dont elle devint abbesse. Elle y fut assassinée par Caradoc ou Cradoc, prince du pays, qui avait conçu pour elle une violente passion. Ste Winéfride a le titre de martyre dans tous les calendriers. Il existe, à la bibliothèque cottonienne, une *Vie* de cette Ste, écrite peu après la conquête de l'Angleterre par les Normands, qui y sont appelés *Français*. On a plusieurs autres *Vies* de Ste Winéfride. Leland en a inséré une dans son *Itinerary of great Britain*, Oxford, 1710 et 1744, t. V.

WINGATE (Edmund), mathématicien, né dans le comté d'Yorck en 1593, se déclara pour le parti populaire lors de la guerre civile. Nommé juge de paix, membre du parlem. il devint un des affidés de Cromwel, et mourut en 1656. On connaît de lui, en angl. : *Usage de la règle de proport. en arithmétique et en géométrie*, etc., Londres, 1626, 1645 et 1658, in-8. — *De l'Arithmétiq. naturelle et artificielle*, 1630, in-8, souv. réimpr. — *Tables des logarithmes, des sinus et tangentes de tous les degrés*, etc., 1633, in-8. — *Construction et usage des logarithmes.* — *Ludus mathematicus*, etc., 1654, in-8. — *L'Arpenteur de terre*, etc., in-8.

WINGHEN (Joseph van), dit *le Vieux*, peintre, né en 1544 à Bruxelles, se rendit à Rome où, accueilli par un prince de l'Église, il travailla pendant quatre ans à se perfectionner dans son art, et, de retour à Bruxelles, fut nommé prem. peintre du duc de Parme, gouverneur des Pays-Bas. Il alla ensuite s'établir à Francfort-sur-le-Mein, et y mourut en 1603. La plupart de ses compositions ont été détruites dans les guerres du 17ᵉ S. Parmi celles qui subsistent, on cite : *Apelles et Campaspe, Samson pris par les Philistins, Andromède*, une *Cène*, etc. Quelques-uns de ses tableaux ont été exécutés en tapisserie; beaucoup d'autres ont été gravés. — Jérémie van Winghen, dit *le Jeune*, fils du précédent, né à Bruxelles en 1578, passa de l'atelier de son père à celui de Franç. Badens, peintre d'Amsterdam. Il parcourut ensuite l'Italie, s'arrêta particulièrement à Rome, revint se fixer à Francfort, s'y livra presque exclusivem. au genre du portrait, et mourut en 1648. Il avait acquis de bonne heure la réputation de bon coloriste.

WINOC ou WINOX (St), prem. abbé de Wormhout, monastère qu'il avait fondé d'après les instructions de St Bertin, et où il mourut en 717, était fils d'un roi breton, nommé Howel III, et s'était rendu en France pour échapper au massacre des Anglo-Saxons. Il avait eu pour compagnons Quadenoc, Ingenoc et Madoc, trois jeunes gens qui, après avoir comme lui embrassé la vie religieuse à St-Omer, eurent part aussi à l'établissem. de l'abbaye de Wormhout, dont le territoire leur fut concédé par un gentilhomme appelé Hérémar. Le lieu qui depuis s'est appelé Berg-St-Vinox, est celui où furent transportés ses restes en 920, par ordre du comte Baudouin-le-Chauve.

WINSEM (PIERRE van), *Winshemius*, poète et historien, né à Leuwarde en 1586, s'adonna successivement à la médecine et à la jurisprudence, et, après avoir complété son instruction par des voyages, prit le parti de se vouer exclusivem. à la littérature. Il accepta en 1616 le titre d'historiogr. des états de Frise, puis, en 1636, une chaire d'hist. et d'éloquence à Franeker, où il mourut en 1644. Outre plus. *thèses, oraisons funèbres* et autres morceaux académiq., on cite de lui : *Chronique ou Histoire de la Frise, jusqu'à l'année* 1622 (en flamand), Franeker, 1622, in-fol., fig. — *Historiar.... sive rerum sub Philippo II gestar. lib. IV*, 1629-33, 2 vol. in-4. — *Amores* (poésies élégiaq.), 1631, in-16. — *Panegyricus ad Gustavum II, Suecorum regem*, poème en vers héroïq., 1632, in-fol. ; 1637, in-12. — *Sirius, caniculæ stella*, poème, 1638, etc. (*v.* les *Mémoires littér.* de Paquot, édit. in-fol., t. II, p. 300 ; et les *Athen. belgicæ* de Vriemoet.) — Ménélas WINSEM, frère du précédent, médecin et botaniste, né vers 1591 à Leuwarde, pratiqua la médecine avec succès à Embden et à Franeker, professa égalem. la clinique, l'anatomie, la botanique dans cette dernière ville, et y mourut en 1639. On a, sous le titre de *Compendium anatomicum*, etc., Franeker, 1625, in-4, un recueil de thèses soutenues sous sa présidence. Il joignait le goût des lettres à ses connaissances médicales.

WINSHECOMBE ou WINCHESCOMB (JAMES), riche fabricant de draps à Newbury, conduisit à Henri VIII, lors de l'invasion des Écossais en 1513, une compagnie de cent hommes d'armes équipés à ses frais, et combattit à leur tête à la journée de Floddenfield. Après avoir servi son pays et son prince, il revint à sa fabrique, et, par les bienfaits que son immense fortune lui permit de répandre autour de lui, il s'acquit un autre genre de gloire, dont le souvenir s'est conservé dans sa patrie.

WINSHEMIUS (VITUS-OBTELIUS), philologue, ainsi nommé du bourg de Windsheim, en Franconie, où il naquit en 1501, mort en 1570, prof. de langue grecque à Wittemberg, avait commencé par exercer la médecine dans cette ville. Outre quelques *Harangues* ou *Oraisons funèbres*, et une édition de la *Syntaxe* de Mélancthon, on lui doit des traductions lat. de divers ouvr. grecs, notamment des *Idylles* de Théocrite, en vers, Francfort, 1558, in-8, et de l'*Histoire* de Thucydide, Wittemberg, 1569, in-fol. ; 1580, in-8. — Vitus-Ortelius WINSHEMIUS, son fils, né en 1521 à Wittemberg, mort en 1608, doyen de la cathédr. de Hambourg, avait rempli successivement des chaires de droit à Pavie et à Wittemberg, et avait été conseiller aulique du prince Auguste de Saxe, etc. On ne connaît de lui que des *programmes* et un *disc.* académique en latin (*v.* le t. V des *Déclamat.* de Mélanchthon).

WINSLOW (ÉDOUARD), gouverneur de la colonie de Plymouth, dans l'Amérique du nord, né en Angleterre l'an 1594, mort de la fièvre jaune en 1665, tandis qu'il se rendait d'Hispaniola à la Jamaïque, fut un des promoteurs les plus actifs de la société pour la propagation de l'Évangile. Il était revenu à diverses reprises en Angleterre pour les affaires de la colonie, et avait été chargé de la conduite de plus. expéditions militaires. On cite de lui quelques opuscules, dont l'un, *les bonnes Nouvelles de la Nouvelle-Angleterre*, a été analysé dans les *Voyages* de Purchas. Son fils et son petit-fils occupèrent égalem. des emplois publics dans la colonie de Plymouth.

WINSLOW (JACQUES-BÉNIGNE), anatomiste, né en 1669 à Odensée, en Danemarck, quitta les études théologiques pour la médecine, dont il apprit les premiers éléments sous Borrich, et vint se perfectionner en Hollande, puis en France, où il abjura le luthéranisme entre les mains de Bossuet, en 1699. Il obtint, sous les auspices de cet illustre prélat, qui lui servit de parrain, tous les avantages que sa profession et son savoir pouvaient lui procurer. Reçu à la faculté de médecine, il devint membre de l'académie des sciences, interprète de la langue teutonique à la bibliothèque du roi, professeur d'anatomie et de physique au Jardin-des-Plantes, etc. Il mourut en 1760, laissant la réputation du plus habile anatomiste de son temps. Son principal titre à la célébrité est l'*Exposit. anat. de la structure du corps humain*, Paris, 1732, 1 vol. in-4 ou 4 vol. in-12, fréquemment réimpr. et traduit en latin, en italien, en anglais et en allemand. On pourrait citer en outre les nombreux morceaux qu'il a fournis au *Recueil* de l'acad. des sciences. Son *Éloge*, par Grandjean de Fouchy, prononcé le 12 nov. 1760, est impr. dans le même recueil.

WINSTANLEY (WILLIAM), biographe anglais du 17e S., avait exercé d'abord la profession de barbier. On cite de lui : *Vies des poètes* ; *Vies des personnages éminents d'Angleterre* ; *le Martyrologe royal* ; *Raretés histor.* ; le tout in-8.

WINSTON (THOMAS), médecin angl., né en 1755, reçut le doctorat à Padoue, fut agrégé au collège des médecins de Londres, et obtint en 1615 la chaire du collège de Gresham. Il passa en France en 1642, ne rentra dans son pays qu'après que la guerre civile fut apaisée, et mourut en 1655. On a de lui des *Leçons d'anatomie*, 1659 et 1664, in-8.

WINTER (GEORGE-SIMON), écuyer et vétérinaire, né, dans le 17e S., d'une famille originaire du pays de Clèves, s'établit à Nuremberg et y donna des leçons d'équitation et d'hippiatrique. On a de lui les ouvr. suiv., qui sont très recherchés : *Tractatio nova de re equariâ*, etc. (allem., lat., ital. et franç.), Nuremberg, 1672, in-fol., fig. ; 3e édition, ibid., 1703. — *Nouveau traité de l'art du manége* (allem.), Ulm, 1764, in-fol. — *Bellerophon, sive equus peritus*, etc. (latin et allemand), Nuremberg, 1678, in-fol., avec pl. — *Hippiater expertus*, etc. (latin et allem.), ib., 1678, in-fol., fig. ; réimpr., ib., 1575 et 1778.

WINTER (NICOLAS-SIMON van), poète holland., né en 1718 à Amsterdam, travaillait en commun avec sa femme, Lucrèce Guillelmine, née van

Nerken (morte à Leyde en 1795, âgée de 77 ans); et indépendamment de la part qu'ils eurent à la traduction des *Psaumes* de David, connue sous la rubriq. de *Laus Deo, salus populo*, ils donnèrent plus. poèmes et des tragédies, dont une, *Monzongo, ou l'esclave royal*, est restée au théâtre. Van Winter, qui est surtout connu par son poème de l'*Amstel*, en VI chants, 1755, in-4, et par une imitation des *Saisons* de Thompson, a publié les *OEuvres posthumes* de sa femme, en y joignant le recueil de ses propres poésies, 1795, 2 vol. in-4.— Pierre van Winter, fils d'un premier mariage de Nicolas-Simon, s'adonna aussi à la poésie. On a de lui des traductions en vers hollandais des *Odes* d'Horace, 1804, in-4, de quelq. livres de l'Énéide et de l'*Essai sur l'homme*, de Pope.

WINTER (Jean-Guillaume de), vice-amiral, né au Texel en 1750, entra dans la marine hollandaise dès l'âge de 12 ans, et s'y fit remarquer par son aptitude et son courage. Il était parvenu au grade de lieutenant de vaisseau, lors de la révolution qui éclata en Hollande en 1787. Ayant embrassé le parti des *patriotes*, il se vit forcé de se réfugier en France, quand le stathouder l'eut emporté. Dans sa position, Winter ne pouvait que partager les principes de la révolution française; il obtint du service dans l'armée de terre, fit les campagnes de 1792, 1793 et 1794, sous Dumouriez et Pichegru, et parvint au grade de général de brigade. Lors de la conquête de la Hollande par l'armée française, en 1795, le nouveau gouvernement lui offrit de rentrer dans la marine nationale avec le grade de contre-amiral, et l'année suiv. il le nomma vice-amiral, commandant l'armée navale du Texel. En 1797 il eut à soutenir un combat très vif contre l'armée navale anglaise. Monté sur un vaisseau de 74, *la Liberté*, et attaqué par trois vaisseaux ennemis, il fut pris, conduit en Angleterre, où il reçut l'accueil que méritait sa bravoure, et échangé quelques mois après. De retour dans sa patrie, il fut honorablem. acquitté par le conseil maritime, et, peu de temps après, envoyé en France comme ministre plénipotentiaire. Louis Bonaparte, devenu roi de Hollande, accorda toute sa confiance à de Winter, le créa maréchal du royaume, et, lorsque Napoléon réunit la Hollande à l'empire, l'amiral fut traité avec la même faveur; mais il n'en jouit pas long-temps, et mourut à Paris en 1812. Ses restes furent déposés au Panthéon, et le pasteur Marron prononça son oraison funèbre.

WINTERBURGER (Jean), le plus ancien imprimeur de Vienne, en Autriche, né à Winterburg dans le 14ᵉ S., fondit lui-même ses caractères et publia un grand nombre d'ouvr. qui sont devenus extrêmement rares. Nous citerons, parmi les plus remarquables: *Flacci Satyræ*, Vienne, 1492, in-4 (on n'en connaît qu'un seul exemplaire).—*Ausonii sententiæ septem sapientium*, etc., ib., 1500, in-4. —*Arbor consanguinitatis*, etc., ib., 1500, in-4.— *Tractatus de Schachis*, etc., 1505, in-4.— *Computus novus et eccles. totius ferè astron.*, etc., ib., 1508 et 1515, in-4, fig.—*Missale pataviense*, ib., 1509.—*Aulularia Plauti comœdia*, ib., 1515, in-4. — *Antiphonarius ad rectum consuetumque cantandi ritum*, ib., 1519, in-fol. Ses éditions, toutes devenues très rares, sont conservées dans les bibliothèques publiques d'Autriche.

WINTERFELD (Jean-Charles), général prussien, né dans l'Ukermark en 1709, s'engagea comme soldat, et, s'étant fait remarquer du roi Frédéric Iᵉʳ, par ses avantages extérieurs, entra dans les gardes de ce prince, où sa bonne conduite lui mérita bientôt de l'avancem. Il était adjudant quand Frédéric II monta sur le trône. Ce prince le fit major, ensuite colonel, puis général-major, et enfin lieutenant-général en 1756. Chacun de ces grades était la récompense de faits d'armes remarquables. Atteint d'un coup de feu, il mourut en Silésie, à la fin de 1757. Frédéric II parle avec éloge de ce général dans plusieurs de ses écrits, et il lui a fait élever une statue en marbre blanc sur une des places de Berlin.

WINTERTON (Ralph), philologue, natif du comté de Leicester, mort en 1636, professeur de médecine au collége du roi à Cambridge, s'était fait la réputation d'un savant helléniste. On cite, parmi ses principales publications, une version en vers grecs des *Aphorismes* d'Hippocrate, Cambridge, 1633, in-4, avec le texte original, la vers. en vers latins de Frère, et celle en prose de J. Heurnius. — Des trad. des *Méditat.* de Gérard, Cambridge, 1631, in-8; réimpr. 5 fois; et du *Traité* de J. Zanchius *sur les devoirs qu'impose le christianisme*, Londres, 1659, in-8; enfin des édit. de *Denys-le-Périégète*, Cambridge, 1652; Londres, 1668, in-12; et des *Poetæ græci minores*, ib., 1635, in-8.

WINTHROP (Jean), premier gouverneur de la colonie angl. de Massachusett, dont il fut un des fondateurs, était né en 1587 à Gorton, au comté de Suffolk, et avait 42 ans lorsqu'il s'embarqua pour l'Amérique, muni de lettres-patentes pour la fondation de la colonie et le titre de gouverneur. Il mourut en 1649, laissant un journal exact de son administration, qui fut publié en 1790, in-8. — John Winthrop, fils du précédent, fut gouverneur de la colonie de Connecticut, qu'il administra avec beaucoup de sagesse, et mourut en 1676. Il avait des connaissances en chimie et en médecine, et l'on trouve plus. *Mém.* de lui dans les *Transactions philosophiques*.— Jean Winthrop, descendant des précédents, né en 1714, s'adonna à l'étude des mathématiques, devint professeur de physiq. au collége d'Harvard, acquit beaucoup de réputation dans cette chaire, fit plusieurs voyages scientifiq., devint membre du gr. conseil de la colonie (Massachusett), et continua de professer jusqu'à sa mort, en 1779. On a de lui un *Disc.* sur les tremblements de terre, deux sur les comètes; une *Notice* sur plus. météores ignés, observés dans le nord de l'Amérique; des *Observations* sur le passage de Mercure dans le disque du soleil, en 1740, qui ont été honorablement mentionnées dans les *Transact.* de la société royale de Londres.

WINTLE (Thomas), théologien anglais, né à Glo-

Nerken (morte à Leyde en 1795, âgée de 77 ans); et indépendamment de la part qu'ils eurent à la traduction des *Psaumes* de David, connue sous la rubriq. de *Laus Deo, salus populo*, ils donnèrent plus. poèmes et des tragédies, dont une, *Monzongo, ou l'esclave royal*, est restée au théâtre. Van Winter, qui est surtout connu par son poème de l'*Amstel*, en VI chants, 1755, in-4, et par une imitation des *Saisons* de Thompson, a publié les *OEuvres posthumes* de sa femme, en y joignant le recueil de ses propres poésies, 1795, 2 vol. in-4.— Pierre van Winter, fils d'un premier mariage de Nicolas-Simon, s'adonna aussi à la poésie. On a de lui des traductions en vers hollandais des *Odes* d'Horace, 1804, in-4, de quelq. livres de l'*Énéide* et de l'*Essai sur l'homme*, de Pope.

WINTER (Jean-Guillaume de), vice-amiral, né au Texel en 1750, entra dans la marine hollandaise dès l'âge de 12 ans, et s'y fit remarquer par son aptitude et son courage. Il était parvenu au grade de lieutenant de vaisseau, lors de la révolution qui éclata en Hollande en 1787. Ayant embrassé le parti des *patriotes*, il se vit forcé de se réfugier en France, quand le stathouder l'eut emporté. Dans sa position, Winter ne pouvait que partager les principes de la révolution française; il obtint du service dans l'armée de terre, fit les campagnes de 1792, 1793 et 1794, sous Dumouriez et Pichegru, et parvint au grade de général de brigade. Lors de la conquête de la Hollande par l'armée française, en 1795, le nouveau gouvernement lui offrit de rentrer dans la marine nationale avec le grade de contre-amiral, et l'année suiv. il le nomma vice-amiral, commandant l'armée navale du Texel. En 1797 il eut à soutenir un combat très vif contre l'armée navale anglaise. Monté sur un vaisseau de 74, *la Liberté*, et attaqué par trois vaisseaux ennemis, il fut pris, conduit en Angleterre, où il reçut l'accueil que méritait sa bravoure, et échangé quelques mois après. De retour dans sa patrie, il fut honorablem. acquitté par le conseil maritime, et, peu de temps après, envoyé en France comme ministre plénipotentiaire. Louis Bonaparte, devenu roi de Hollande, accorda toute sa confiance à de Winter, le créa maréchal du royaume, et, lorsque Napoléon réunit la Hollande à l'empire, l'amiral fut traité avec la même faveur; mais il n'en jouit pas long-temps, et mourut à Paris en 1812. Ses restes furent déposés au Panthéon, et le pasteur Marron prononça son oraison funèbre.

WINTERBURGER (Jean), le plus ancien imprimeur de Vienne, en Autriche, né à Winterburg dans le 14ᵉ S., fondit lui-même ses caractères et publia un grand nombre d'ouvr. qui sont devenus extrêmement rares. Nous citerons, parmi les plus remarquables: *Flacci Satyræ*, Vienne, 1492, in-4 (on n'en connaît qu'un seul exemplaire).—*Ausonii sententiæ septem sapientium*, etc., ib., 1500, in-4. —*Arbor consanguinitatis*, etc., ib., 1500, in-4. —*Tractatus de Schachis*, etc., 1505, in-4.—*Computus novus et eccles. totius ferè astron.*, etc., ib., 1508 et 1513, in-4, fig.—*Missale pataviense*, ib.,

1509.—*Aulularia Plauti comœdia*, ib., 1515, in-4. —*Antiphonarius ad rectum consuetumque cantandi ritum*, ib., 1519, in-fol. Ses éditions, toutes devenues très rares, sont conservées dans les bibliothèques publiques d'Autriche.

WINTERFELD (Jean-Charles), général prussien, né dans l'Ukermark en 1709, s'engagea comme soldat, et, s'étant fait remarquer du roi Frédéric Iᵉʳ, par ses avantages extérieurs, entra dans les gardes de ce prince, où sa bonne conduite lui mérita bientôt de l'avancem. Il était adjudant quand Frédéric II monta sur le trône. Ce prince le fit major, ensuite colonel, puis général-major, et enfin lieutenant-général en 1756. Chacun de ces grades était la récompense de faits d'armes remarquables. Atteint d'un coup de feu, il mourut en Silésie, à la fin de 1757. Frédéric II parle avec éloge de ce général dans plusieurs de ses écrits, et il lui a fait élever une statue en marbre blanc sur une des places de Berlin.

WINTERTON (Ralph), philologue, natif du comté de Leicester, mort en 1636, professeur de médecine au collége du roi à Cambridge, s'était fait la réputation d'un savant helléniste. On cite, parmi ses principales publications, une version en vers grecs des *Aphorismes* d'Hippocrate, Cambridge, 1633, in-4, avec le texte original, la vers. en vers latins de Frère, et celle en prose de J. Heurnius. —Des trad. des *Méditat.* de Gérard, Cambridge, 1631, in-8; réimpr. 5 fois; et du *Traité* de J. Zanchius *sur les devoirs qu'impose le christianisme*, Londres, 1659, in-8; enfin des édit. de *Denys-le-Périégète*, Cambridge, 1632; Londres, 1668, in-12; et des *Poetæ græci minores*, ib., 1635, in-8.

WINTHROP (Jean), premier gouverneur de la colonie angl. de Massachusett, dont il fut un des fondateurs, était né en 1587 à Gorton, au comté de Suffolk, et avait 42 ans lorsqu'il s'embarqua pour l'Amérique, muni de lettres-patentes pour la fondation de la colonie et le titre de gouverneur. Il mourut en 1649, laissant un journal exact de son administration, qui fut publié en 1790, in-8. — John Winthrop, fils du précédent, fut gouverneur de la colonie de Connecticut, qu'il administra avec beaucoup de sagesse, et mourut en 1676. Il avait des connaissances en chimie et en médecine, et l'on trouve plus. *Mém.* de lui dans les *Transactions philosophiques*.— Jean Winthrop, descendant des précédents, né en 1714, s'adonna à l'étude des mathématiques, devint professeur de physiq. au collége d'Harvard, acquit beaucoup de réputation dans cette chaire, fit plusieurs voyages scientifiq., devint membre du gr. conseil de la colonie (Massachusett), et continua de professer jusqu'à sa mort, en 1779. On a de lui un *Disc.* sur les tremblements de terre, deux sur les comètes; une *Notice* sur plus. météores ignés, observés dans le nord de l'Amérique; des *Observations* sur le passage de Mercure dans le disque du soleil, en 1740, qui ont été honorablement mentionnées dans les *Transact.* de la société royale de Londres.

WINTLE (Thomas), théologien anglais, né à Glo-

chapelain dans l'expédition du Canada, et il n'y signala pas moins son courage que sa charité. On cite de lui : *Querelle de l'Église épousée*, 1705. — *Défense du gouv. des Églises de la Nouv.-Anglet.*, 1718, 1772. — WISE (Jérémie), ministre à Berwick, dans le Massachusett, a publié divers *sermons* et *éloges funèbres*.

WISE (FRANCIS), antiquaire, né à Oxford en 1695, fit de bonnes études à l'université de cette ville, devint conservateur-adjoint de la bibliothèque bodléienne, membre du collège de la Trinité, fut chargé de l'éducation du comte Guilford, obtint ensuite la cure d'Ellesfield, puis celle de Rotherfield, dans le comté d'Oxford, et mourut en 1767. On cite de lui : *Asser menevensis de rebus gestis Alfredi magni*, Oxford, 1722, in-8, belle édition ornée de grav. — *Catalogue des monnaies de la bibl. bodléienne*, ib., 1750, in-fol.

WISEMAN (RICHARD), chirurgien anglais, mort à Londres vers 1680, avait accompagné le prince royal, depuis Charles II, en France, en Hollande et dans les Pays-Bas ; il rentra avec lui en Écosse, fut fait prisonnier à la bataille de Worcester, recouvra bientôt la liberté, et dès lors se fixa à Londres. On a de lui divers *traités* chirurgicaux, recueillis en 1 vol. in-fol., 1676, réimpr. en 1686 et 1719, 2 vol. in-8.

WISHART ou SFOCARD (GEORGE), un des premiers promoteurs de la réforme en Écosse, né dans ce royaume au 16ᵉ S., voyagea en Allemagne, où il vit Luther, et adopta ses doctrines. De retour en Écosse (1544), il s'occupa avec ardeur de les propager parmi ses compatriotes, mêlant à ses prédications des déclamations contre l'Église romaine et le clergé auquel il imputait toutes sortes de vices. Sa piété, son zèle, son éloquence lui attirèrent bientôt de nombreux auditeurs, et le luthéranisme fit de rapides progrès dans le royaume. Le card. Beaton, archev. de Saint-André et légat du St-siége, fit défendre à Wishart de continuer ses prédications : celui-ci n'en tint compte, et le prélat assembla un synode à Édimbourg pour aviser aux moyens de remédier au mal. Wishart, amené devant le synode, fut interrogé et sommé de cesser de répandre ses erreurs. Loin de souscrire à cette invitation, il prétendit qu'il prêchait l'Évangile dans toute sa pureté. Convaincu par-là d'hérésie et d'obstination, il fut alors livré par le synode au bras séculier, qui, suivant la jurisprudence du temps, le condamna aux flammes ; cette sentence fut exécutée en janvier 1545. Les écrivains protestants ont reproché au card. Beaton cette exécution ; mais ils n'ont pu justifier la vengeance qu'en tirèrent, quelque temps après, les sectateurs de la réforme : douze hommes ayant pénétré dans le palais de l'archevêque de Saint-André, le massacrèrent impitoyablement. Wishart est un des premiers que les protestants honorent du titre de martyr de la réformation.

WISHART ou WISCHEART (GEORGE), prélat écossais, né en 1602, dans l'East-Lothian, fut d'abord ministre à North-Leith. Ayant refusé de souscrire le *covenant*, il fut mis en prison, recouvra la liberté, et devint chapelain du marquis de Montrose. Celui-ci ayant été défait en 1645, Wishart échappé heureusement se rendit près de la reine de Bohême, sœur de Charles Iᵉʳ. De retour en Angleterre en 1660, il obtint le rectorat de New-Castle, fut nommé évêque d'Édimbourg en 1662, et mourut en 1671. On a de lui : *De rebus sub imperio Caroli magni, Britanniæ regis*, etc., *præclarè gestis commentarius*, 1646 ; trad. plus. fois en anglais, et réimpr. avec une seconde partie, trouvée, dit-on, dans les papiers de l'auteur, en 1720. Cet ouvrage est estimé.

WISNJEWSKY, (ANTOINE), prêtre piariste, né à Lenszyce en 1718, fut choisi pour accompagner quelques jeunes seigneurs dans leurs voyages en Italie, en France, en Angleterre, en Hollande, et, de retour en Pologne, il fut nommé professeur de philosophie et de mathématiques au collège des Nobles à Varsovie, et mourut dans cette capitale en 1774. On cite de lui : *Histoire de Pologne et de son droit public*, Varsovie, 1759. — *Grammatica gallica brevis et facilis ad usum scholarum piarum*, ib. 1775, in-8. *Voyez les Vitæ et Scripta piaristarum* de Bielski.

WISNIOWIECKI (MICHEL-KORIBUTH), roi de Pologne, issu de la maison des Piast, fut élevé au trône par la faction des nonces après l'abdication de Casimir V, en 1669. Loin d'aspirer à ce dangereux honneur, il n'avait pas plus tôt appris qu'on le destinait au trône, qu'il était allé se cacher dans un couvent. Ce choix eut l'approbation de l'Autriche, qui redoutait de voir élire Turenne ou Condé, que la faction des sénat. et celle de la haute noblesse avait demandés à Louis XIV par l'organe du gr.-général de la couronne, J. Sobieski : aussi l'emp. ne balança-t-il pas à donner en mariage l'une des princesses de sa maison au pauvre gentilhomme qui venait d'accepter en pleurant la couronne de Pologne. Après avoir dispersé la confédération dont Sobieski était le chef et mis à prix la tête de ce dernier, Michel Koributh se trouvait avoir épuisé tout ce qu'il pouvait montrer d'énergie, lorsqu'il fut assailli à la fois par les Tatares, les Cosaques et les Turks. Dans ce pressant péril, il aima mieux compromettre le sort de la Pologne que sa propre autorité, et signa avec la Porte le honteux traité de Buczaz (18 oct. 1672). Sobieski en fit refuser la ratification par la diète, et s'avança avec toute la noblesse contre les Othomans, sur lesquels il remporta une victoire complète dans Choczim (10 nov. 1673). Michel Koributh, mort la veille de cette mémorable journée, fut remplacé sur le trône par le libérateur de la Pologne. (V. SOBIESKI).

WISSENBACH (JEAN-JACQUES), mort en 1665, professeur de jurisprudence à Franeker, était né en 1607, dans le pays de Nassau. Il avait rempli d'abord des chaires de droit à Heidelberg, puis à Groningue, et avait visité l'Angleterre et la France. On citera de lui : *Disputationes ad jus civile*, Franeker, 1648, in-4. — *Prælectiones in codicem*, ib.,

1701, 2 vol. in-4. — *Emblemata Triboniani, seu Leges à Triboniano interpretatæ*, etc., ib., 1642, in-4; réimpr. avec J. *Wibonis Tribonianus ab emblematibus Wissenbachii liberat.*, Halle, 1736, in-8.

WISSING (WILLIAM), peintre, né à Amsterdam en 1656, mort prématurément en 1687, s'était formé à La Haye sous Dodaens. Venu en Angleterre, il y peignit le portrait dans la manière de Peter Lely, et avec tant de succès que les courtisans de Charles II voulurent avoir leurs portraits de sa main.

WISSOWATZI (ANDRÉ), théologien de la secte des unitaires, né en 1608 dans la Lithuanie, était, par sa mère, petit-fils de Fauste-Socin. Il adopta toutes les opinions de son grand-père, et, après avoir visité l'Angleterre et la France, s'établit ministre en Wolhinie. Obligé (à cause du zèle qu'il manifestait pour les intérêts de sa secte) de se réfugier successivem. en Hongrie, dans le Palatinat et en Hollande, il mourut en 1678. On a de lui plusieurs ouvr. polémiques, oubliés aujourd'hui, et des *notes* sur le Nouveau-Testament insérées dans la *Biblioth. fratrum polonorum*. On trouve dans la *Biblioth. anti-trinitariorum* une *lettre* sur la vie et la mort d'A. Wissowatzi.

WITCHELL (GEORGE), astronome et géomètre anglais, né en 1728, mort en 1785, gr.-maître de l'école royale de marine à Portsmouth et membre de la société royale de Londres, avait commencé par exercer la profession d'horloger. Outre divers morceaux, dans le *Gentleman's Diary*, et dans d'autres recueils scientifiques, on cite de lui : une *carte* représentant le passage de l'ombre de la lune sur l'Angleterre dans la grande éclipse solaire du 1er avril 1764.

WITENES, duc de Lithuanie, fut investi du pouvoir souverain en 1283, par Raymond, fils du duc Troydem, qui, après avoir vengé le meurtre de son père, rentra dans le couvent où il s'était dévoué au service de Dieu. Pendant un règne de 30 ans, Witenes fut la terreur des Polonais et des chev. teutoniques. Au retour d'une expédition contre ces dern., il fut assassiné par Gedymin, son fils, qui lui succéda en 1315.

WITEZ DE ZREDNA (JEAN), d'abord secrét. de Huniade, puis son envoyé près de l'emp. Frédéric, fut fait chancelier de Hongrie en 1453; il accompagna l'année suiv. le roi Vladislas en Bohême et en Moravie, et fut l'âme de la diète que présida Huniade en l'absence du monarque. Après la mort de Huniade, il éprouva quelques disgrâces par suite de son attachement aux fils de son digne protecteur. Le roi Vladislas étant mort lui-même presque subitement, Witez contribua à placer Mathias, fils aîné d'Huniade, sur le trône de Hongrie; mais il se brouilla plus tard avec ce prince, qui l'avait nommé archevêque de Gran et primat du royaume. Arrêté, puis remis en liberté, il mourut en 1472, ayant à se reprocher d'avoir souillé par l'ingratitude une carrière long-temps honorable. Un de ses secrétaires avait recueilli les *lettres* et *instructions* écrites au nom du grand Huniade, depuis 1445 jusqu'en 1451. Le MS. original, qui se trouve à la biblioth. impériale de Vienne, a été publié en 1746, dans le tom. III des *Scriptores rer. hungaricarum*. — Jean WITEZ, son neveu, était, en 1490, archevêque de Weszprim, dont il ouvrit les portes à l'archiduc Maximilien d'Autriche. — Michel WITEZ de CSOKONAÏ, poète hongrois, né en 1773 à Debreczin, où il mourut en 1805, est principalement connu par une épopée comique en IV chants, publiée sous ce titre : *Dorothée, ou le Triomphe des dames pend. le carnaval*, 1804, in-8.

WITEZOWITCH (PAUL), antiquaire et conseill. aulique à Vienne, où il mourut en 1713, était né à Zeng ou Segina, en Croatie. On cite de lui, entre autres ouvrages : *Stemmatographia, sive armorum illyricor. delineatio et descriptio*, Vienne, 1701. — *Bosnia captiva, sive Regnum et interitus Stephani, ultimi Bosniæ regis*, Tyrnau, 1712. — Une *Chronique croate*, et quelq. pièces en vers latins, impr. à Vienne en 1682. Ses ouvrages inédits sont déposés dans les archives du chapitre métropolitain d'Agram.

WITHER (GEORGE), poète anglais, né dans le comté de Hamp en 1588, prit parti pour le parlement lorsque la guerre éclata en 1642, leva un régiment à ses frais, et fut fait prisonnier. Remis en liberté, et plus tard nommé juge de paix par le long parlement, puis major-général de cavalerie et d'infanterie, sous Cromwell, il fut, à la restauration, dénoncé comme spoliateur, et enfermé à la Tour. Relâché au bout de trois ans, il mourut en 1667. Les compositions de Wither se ressentent de sa trop grande facilité. A. Dalrymple en a publié, en 1785, un choix sous le titre de *Juvenilia*; et sir Egerton Bridges a reproduit les pièces suivantes : *Shepherd's Hunting*, Londres, 1814. — *Fidelia*, 1815. — *Hymnes et chants d'église*, 1815, 3 vol. in-12.

WITHERING (WILLIAM), médecin et botaniste anglais, né en 1741 à Willington, dans le comté de Shrop, mort en 1799, après avoir pratiqué successivem. à Stafford et à Birmingham, était membre de la société royale de Londres, ainsi que de celle d'Édimbourg, et avait été agrégé à l'académie de Lisbonne dans un voyage qu'il fit en Portugal pour raison de santé. Outre divers *Mémoires* dans les *Recueils* de ces sociétés savantes, on cite de Withering : *Arrangement botanique dans la Grande-Bretagne*, 3e édit., fort augmentée, 1796, 4 vol. in-8. On a publié en 1822 ses *miscellaneous Tracts*; avec une *Notice* sur sa vie, Londres, 2 vol. in-8.

WITHERSPOON (JOHN), théolog., né près d'Édimbourg en 1722, fut ministre dans la ville de Paisley, et s'y fit connaître par son talent pour la prédicat. Des offres lui furent faites pour l'engager à se rendre en Hollande; mais il préféra passer en Amérique. Nommé président du collége de Prince-Town, il se prononça fortem. pour l'indépendance, fut député au congrès par l'état de New-Jersey, et mourut en 1794. On a de lui : *Caractères ecclésiastiques*, satire piquante contre le parti de l'Église d'Écosse appelé les *modérés*. — *Essai sur des sujets importants*, 3 vol in-8. — Un autre *sur la na-*

ture et les effets du théâtre. — Des Sermons. Tous ces ouvr. ont été recueillis en 1802 par les soins du doct. Rodgers. Il a fourni plusieurs articles dans l'*American Museum*, 1788.

WITHOF (Jean-Hildebrand), philologue, né en 1694 dans le comté de Tecklenbourg, fut nommé, en 1716, recteur de l'école latine de Bommel, passa ensuite profess. d'hist., d'éloquence et de littérature grecque à Duisbourg, et mourut dans cette ville en 1768. On citera de lui : *Specimen emendat. ad Guntheri Ligurinum*, 1751, 1755, in-4. — *Encœnia critica, sive Lucanus, Arrianus et Maximianus integritati restituti*, Wesel, 1741, in-4. — *Remarques critiques sur Horace et autres auteurs romains*, publiées d'abord dans l'*Intelligenz Blatt*, puis reproduites par H.-A. Grimm, Dusseldorf, 1791, 2 vol. in-8. — Jean-Philippe-Laurent Withof, fils du précéd. né à Duisbourg, où il mourut en 1789, avait quitté les études littéraires pour la médecine, qu'il apprit en Hollande ; il professait en 1750 l'anatomie, la physiologie et la pathologie dans sa ville natale, où il remplit aussi la chaire que son père avait occupée. Outre quelques écrits de médecine, on cite de lui : *Poésies morales*, Dortmund, 1755, in-8. — *Poésies acad.*, Leipsig, 1782 et 1783, 2 vol. in-8.

WITIKIND ou WITE-KIND (en anc. saxon : *Enfant blanc*), héros célèbre de la Germanie, eut pour père, suivant quelques chroniques, un des principaux chefs de la nation saxonne, nommé Werneking. Lorsque Charlemagne, après avoir repoussé l'invasion des Saxons, eut rasé la forteresse d'Eresbourg et pénétré sur leur territoire, Witikind se montra le digne antagoniste du nouvel empereur par sa valeur et sa constance. Lui seul refusa de subir le joug qu'à plus. reprises l'illustre fils de Pepin imposer aux Saxons ; et, pendant que ses compatriotes s'humiliaient devant le vainqueur, il allait éveiller l'énergie des Danois, et faisait alliance avec ces terribles hommes du Nord, qui bientôt, et pend. plus d'un siècle, devaient reporter en France tous les désastres d'une guerre d'invasion. Mettant habilem. à profit les circonstances qui attiraient Charlemagne vers d'autres frontières de ses vastes états, et les guerres nouvelles dans lesquelles ce grand prince était entraîné, Witikind, chaque fois plus audacieux, opérait dans le centre de la Germanie une insurrection, qui bientôt ramenait au combat Charlemagne, seul capable de paralyser les efforts du héros saxon. En 782, l'empereur confia le commandement de son armée au comte Théodoric, son parent. Witikind, qui cette fois n'avait pas à lutter contre le génie de Charles, remporta la victoire la plus complète sur les bords du Weser. Mais bientôt l'empereur accourt ; les Saxons, frappés de terreur, restent sourds aux incitations de leur chef, et 5,000 sont massacrés aux champs de Verden. Abandonné des siens, Witikind s'éloigne pour épier le moment de recommencer la lutte. Il ne tarde pas, en effet, à reparaître ; trois fois il présente le combat aux Français, et trois fois les Saxons, moins nombr. et moins disciplinés, sont mis en déroute. Instruit par l'expérience, il adopte un système défensif, et, mettant à profit les localités, harcèle ses adversaires avec avantage. Enfin, après plusieurs campagnes sanglantes, convaincu que le chef indomptable des Saxons ne se soumettrait jamais, Charlemagne prit la résolution de lui envoyer des prélats qui s'attachèrent à le convaincre de la sainteté du christianisme, et lui vantèrent avec adresse les douceurs de la vie civile et le charme de la paix. La persuasion fit ce que n'avait pu faire la force des armes : Witikind se rendit auprès de Charlemagne à Aigny-sur-Aisne, et reçut le baptême. Investi du titre de duc de Saxe, il repassa le Rhin et se montra jusqu'à sa mort scrupuleux observateur des traités avec les Franç. Il fut tué, en 807, dans un combat contre Gerold, duc de Souabe, selon Ét. Pasquier, — Witikind II, fils du héros saxon, ayant pris au baptême le nom de Robert, fut le père de Robert-le-Fort, bisaïeul de Hugues Capet ; mais cette opinion paraît hasardée. On croit généralement que Robert-le-Fort descendait d'Arnould, maire du palais, puis évêque de Metz au commencement du 7e S. (*v.* les *Annales Witikindi* et une *Dissert.* en allem. de J.-H. Boecler, int. : *le grand Witikind*, 1713, in-8).

WITIKIND ou WITEKIND, bénédictin, mort vers 973 à l'abbaye de Corvey (*Corbeia Nova*) en Westphalie, y avait professé la littérature sacrée et profane. Il reste de lui : *Annales de gestis Othonum* (Annales des Saxons), en III livres, qui se terminent à la mort de l'empereur Othon Ier. Cette chroniq., publiée à Bâle, 1532, in-folio, dans un recueil de morceaux historiques de la même époq., a été reproduite par R. Reineccius, Francfort, 1575, in-fol., et par H. Meibom, ib., 1621, in-fol.; puis, par le petit-fils de Meibom, dans les *Scriptor. rerum germanic.*, Helmstadt, 1688. D. Bouquet en a donné l'extrait dans son *Recueil des histor. franç.*, t. VIII.

WITOLD ou WITWALD (Alexandre), gr.-duc de Lithuanie, était cousin-germain de Vladislas Jagellon. Brouillé d'abord avec ce prince, il finit par se réconcilier, et l'accompagna en 1386 à Cracovie, où il fut baptisé en 1386, et prit le nom d'Alexandre. Ne pouvant s'entendre avec Skirgiellon, frère de Vladislas, il se retira en Prusse, d'où pendant 5 ans il ne cessa d'inquiéter le monarque polonais. La paix se rétablit encore entre ces deux princes. Jagellon nomma Witold son lieutenant en Lithuanie ; et ce dernier, après avoir repoussé les chevaliers teutoniques, pénétra dans la Livonie, dans le duché de Rezan, et agrandit considérablement ses domaines, qui s'étendaient jusqu'à la Gallicie et la Moldavie d'un côté, et de l'autre jusqu'aux bords de l'Oka, de la Soula et du Dnieper, resserrant ainsi le grand-duc de Russie, Vassili II, dans ses contrées du nord et de l'est. Ne se proposant rien moins que de renverser le trône de Tamerlan, il détermina Vassili à coopérer à ce dessein. Ayant obtenu de Jagellon ses meilleures troupes, il passa la Worska le 12 août 1399. Il livra bataille aux Tatares, fut vaincu, et ne se retira qu'avec peine du champ de bataille, y laissant les deux tiers de son armée. Après ce succès, les Tatares s'emparèrent de Kieff et envahirent les provinces voisines : mais Witold se releva promptem. de sa défaite, et, plus que jamais uni avec Jagellon, tourna ses armes contre Vassili, qui demanda la paix, puis contre les chevaliers teutoniq., qui furent vaincus près de Grundwald, en 1410, et lui cédèrent la Samogitie. Witold, au faîte de la gloire, mais accablé de chagrins domestiques, mourut en 1430. Ce prince fut le plus illustre de son temps parmi les souverains du Nord.

WITS (HERMANN), *Witsius*, théologien protestant, né en 1636 à Enckhuisen, dans la Nord-Hollande, obtint en 1675 la chaire de théologie à Franeker, remplaça cinq ans après Fr. Burmann à l'acad. d'Utrecht, puis, en 1698, F. Spanheim à celle de Leyde; il devint ensuite rect. du collège théologique de cette ville, et y mourut en 1708. Ses principaux ouvr. sont : *de OEconomiá fœderum Dei*, etc., Leuwarde, 1677, in-8, réimpr. plusieurs fois. — *Exercitationes sacræ in symbolum quod apostolorum dicitur*, etc., 1681, 1689, in-4; Amst., 1697; Herborn, 1712. — *Ægyptiaca....., sive de Ægyptiorum sacrorum cum hebraicis collatione libri III*, etc., Amst., 1683; 1696, in-4. — *Miscellanea sacra*, Utrecht, 1692-1700, 2 vol. in-4. On a recueilli les *OEuvres complètes de Witsius*, Herborn, 1712-17, 6 vol. in-4; et ses *OEuvres choisies*, Bâle, 1739, 2 vol. in-4 (*v.* les *Mém. litt.* de Paquot, t. I, édit. in-fol.).

WITSEN (NICOLAS), né en 1640 à Amsterdam, joua un rôle important à l'époq. de l'expédition de Guillaume III en Angleterre (1688.); et l'on peut consulter à ce sujet l'*Hist. de la patrie* de Wagenaar, t. XV et XVI. Il avait des connaissances peu communes en mathématiques, et il en a laissé des preuves dans sa *Construction ancienne et moderne des vaisseaux* (en Hollande), 1671, in-fol. On connaît encore de lui la *Description de la Tatarie-Septentrionale et Orientale*, 1692 et 1705, 2 vol. in-fol. Le tzar Pierre reçut une utile instruction dans la maison de Witsen, qui mourut, à ce que l'on présume, vers 1715. — Son père, Corneille WITSEN, comme lui bourgmestre d'Amsterdam, avait aussi cultivé les lettres.

WITT (JEAN de), homme d'état célèbre, né en 1625 à Dordrecht, fut élevé dans les principes de son père, qui s'était montré constamment opposé aux prétentions de la maison d'Orange. Dès 1750, nommé pensionnaire de sa ville natale, il fut, deux ans plus tard, grand-pensionnaire de Hollande. A cette époque les Etats étaient en guerre avec l'Angleterre. J. de Witt fit prendre à la marine nationale une attitude assez formidable pour forcer Cromwell à signer, en avril 1654, le traité de Westminter, dans lequel il était stipulé qu'aucun prince de la maison d'Orange ne pourrait être élu stathouder ou gr.-amiral de la république. Le gr.-pensionnaire fit convertir cet article, d'abord secret, en *édit perpétuel;* et dès lors la maison d'Orange jura une haine implacable au ministre qui contrariait si opiniâtrément ses desseins. Celui-ci s'occupa de son côté à assurer l'exécution de l'édit qu'il venait de faire rendre. Il soutint avec succès une nouvelle guerre contre l'Angleterre, après la restauration de Charles II, et s'unit ensuite avec cette puissance et la Suède, pour s'opposer aux projets de Louis XIV, dont la puissance donnait de l'ombrage à la Hollande. En 1670, de Witt forma une nouvelle alliance avec l'empereur et l'Espagne. Louis ayant brusquement attaqué la Hollande en 1672, et conquis la plus grande partie de ce pays, les Hollandais crurent ne pouvoir trouver de salut que dans le rétablissem. du stathoudérat, et y appelèrent Guillaume III, qu'ils avaient déjà nommé capitaine-général, malgré la vive opposition de J. de Witt, et de Corneille son frère. Quelq. temps après, quatre assassins attaquèrent le grand-pensionnaire dans une rue d'Amsterdam, et le laissèrent couvert de blessures. Corneille de Witt, accusé dans le même temps d'avoir voulu attenter aux jours de Guillaume III, fut condamné à un bannissement perpétuel. Le parti d'Orange, excitant la multitude, lui présentait les deux frères comme les auteurs de tous les désastres de la Hollande : Jean de Witt ayant été prendre son frère dans sa prison pour s'éloigner ensemble d'un pays qui méconnaissait leurs services, ils trouvèrent les portes de la ville fermées et la populace ameutée : une bande de furieux se jeta sur eux, les massacra, et traîna leurs cadavres au gibet. Ils en furent détachés la nuit par un ordre des États-Généraux, et ensevelis à La Haye (1672). Plusieurs médailles furent frappées en leur honneur. Peu d'hommes d'état ont réuni à un plus haut degré que Jean de Witt la vivacité de l'esprit, la solidité du jugem., l'habileté pour les négociations et pour les affaires du gouvernement. Il avait aussi des connaissances en mathémat. On cite de lui : *Elementa linearum curvarum*, Leyde, 1650. — Des *Mémoires* sur sa vie, traduits en franç. par Mme de Zoutelandt, La Haye, 1709, in-12. On a publié à Amsterdam : *Lettres et négociations entre J. de Witt et les plénipotentiaires des Provinces-Unies, aux cours de France, d'Angleterre, de Suède, de Danemarck et de Pologne*, etc., 1725, 5 vol. in-12; traduites en français, ibid., 1728. La *Vie* de Jean et de Corn. de Witt a été écrite par Mme de Zoutelandt, Utrecht, 1709, 2 vol. in-12. — Corneille de WITT, frère du précéd., né en 1623 à Dordrecht, fut bourgmestre de cette ville, servit avec distinction dans la marine hollandaise, et joua un des principaux rôles dans l'administration, sous son frère dont il partagea la fin déplorable. — Jean de WITT, chanoine d'Utrecht, mort à Rome en 1622, fut un des savants philologues de son temps. Il a revu l'*Histoire de Charles VI*, écrite en latin par Ivan, moine de St-Denis; quelq. opuscules de Fulgence, etc., etc.

WITTE (LIEVIN de), peintre, né à Gand vers 1510, fut appelé à Munich par l'élect. Maximilien, et eut une grande part à la construction et à la décoration du palais de ce prince. Il exécuta plus autres travaux dans cette ville, et y mourut vers 1580. Il n'était pas moins habile sculpteur que peintre et architecte. On cite de lui un tableau de la *Femme adultère;* des vitraux dans l'église de St-Jean à Gand; et le *Mausolée* de Louis de Bavière, dans l'église de N.-D. de Munich. Ses compositions sont rares et recherchées. — WITTE (Pierre de). V. CANDITO. — WITTE (Camille de), frère de Candito et parent de Lievin, embrassa d'abord la carrière militaire, et fut fait officier dans les gardes de l'élect. de Bavière, il voulut, comme son frère, cultiver la peinture et devint un peintre de paysage assez habile. On ignore l'époque de sa mort.—Emmanuel de WITTE, né à Alkmaer en 1607, fils d'un précepteur qui dirigea lui-même son éducation, apprit la peinture sous van Aelst, et se fixa à Amsterdam. Ses princip. ouvrages sont des intérieurs d'églises de cette ville, qu'il a représentés avec autant d'art que d'intelligence. Cet artiste disparut en 1692. On pensa qu'il s'était suicidé. — WITTE (Pierre de), né en 1620 à Anvers, jouit, comme paysagiste, d'une réputation méritée. Ses tableaux ont encore aujourd'hui un grand prix. — Son frère, Gaspar de WITTE, né en 1621, suivit la même carrière et passa fort jeune en Italie, où il séjourna plusieurs années ainsi qu'en France. De retour dans sa patrie, où sa réputation l'avait devancé, il y exécuta plusieurs tableaux, notamment des paysages en petit dans lesq. il plaça des débris d'architecture, souvenir de son séjour en Italie. Quelq. amateurs préfèrent ses tableaux à ceux de son frère. L'époque de sa mort est restée inconnue.

WITTE (GILLE de), théologien, né en 1648 à Gand, y fut élevé chez les jésuites, dont il devait être un jour l'antagoniste infatigable. Venu à Paris, il s'y lia avec le célèbre Arnault, et de retour dans son pays fut nommé doyen de l'église de N.-D. de Malines. Ayant été dénoncé pour avoir dit que le pape était soumis aux conciles, il soutint cette opinion dans divers écrits pleins de verve et de vigueur. Il fut forcé, en 1691, de se démettre de son doyenné par suite des débats qu'il eut avec l'archevêque de Malines, qui s'était déclaré contre les jansénistes, et revint à Gand; il n'y put séjourner long-temps, et passa à Utrecht, où il mourut en 1721. Presque tous ses ouvrages parurent sous le pseudonyme de *Candidus, Albanus,* etc. Barbier en a donné la liste dans son *Dictionnaire des Anonymes.* On cite encore avec éloge ses versions flam. du *Nouveau-Testament,* de la *Bible* et de l'*Imitation de J.-C.* On a publié l'*Idée de la vie et des écrits de M. G. de Witte,* Rome (Amsterdam), 1755, in-12.

WITTICHIUS-WISTHOVIUS, né en 1577 à Bosov, dioc. de Lubeck, après avoir parcouru l'Italie, l'Autriche, la Bohême, la Lithuanie, la Courlande, la Prusse et la Norwége, obtint l'emploi de recteur d'une école en Danemarck, puis celui de directeur du prince Christiern de Brunswick. En récompense de ses services il fut pourvu d'un canonicat de la cathédrale de Londen en Schonie, et mourut en 1643. On cite de lui plus. recueils d'épigrammes et de poèmes sur différents sujets, où l'auteur, dit Putschius, montre plus de mém. que d'imagination, plus d'érudition que de génie.

WITTICHIUS (CHRISTOPHE), né en 1625 à Brieg, dans la Basse-Silésie, après avoir fréquenté les acad. de Brême, de Groningue, d'Utrecht, fut pourvu d'une chaire de mathématiques à Herborn, puis à Duisbourg, et passa profess. de théologie à Leyde où il mourut en 1687. Entre autres ouvrages on cite de lui : *Theologia pacifica,* Leyde, 1671, in-4; 3e édit., 1683. — *Exercitat. theologicæ V,* 1682, in-4.— *Consensus veritatis in Scripturâ divinâ,* etc., 1682, in-4. — *Anti-Spinosa, sive examen,* etc., 1690, in-4.

WITTOLA (MARC-ANTOINE), prevôt de l'église de Bienko (Hongrie); né en 1736 à Kosel, dans la Silésie, mourut subitem. à Vienne le 25 nov. 1797. D'abord curé de Schefferling et de Prospsdorf, dans l'Autriche-Supérieure, il avait subi une destitution pour avoir approuvé comme censeur la réimpression du prospectus des *Annales des Jésuites,* par Gazaignes. Il se montra le partisan enthousiaste des réformes opérées par Joseph II. Ses princip. ouvrages, tous en allem., sont: *Lettres d'un curé autrichien sur la tolérance,* Vienne, 1781 et 1782, in-8. — *Texte d'un intolérant d'Augsbourg, avec les notes d'un Autrichien tolérant,* 1782, in-8. Il rédigea, de 1784 à 1789, la *Gazette ecclésiastiq.* (écrite dans le même esprit que les *Nouvelles ecclésiastiques*), et la reprit de 1790 à 1793, sous le titre de *Mémoires des choses les plus récentes sur l'enseignem. de la religion et l'histoire de l'Église.*

WITTWER (PHILIPPE-LOUIS), médecin, né en 1752 à Nuremberg, où il mourut en 1792, avait occupé quelq. temps une chaire à l'univ. d'Altdorf. On a de lui : *Delectus dissertat. medicarum,* etc., 1777-81, 4 vol. in-8. — *Vie de J.-R. Spielmann, professeur de médecine à Strasbourg,* 1784, in-8. — *Archives pour l'histoire de la médecine,* 1790, 2 vol. in-8. — Son père, médecin et accoucheur, est auteur d'une dissertation *De vomitu,* Altdorf, 1742, in-4.

WITZENDORF (GUILLAUME), historien, né en 1609 à Médingen dans le comté de Lunebourg après avoir visité la Hollande, l'Angleterre et le Danemarck, s'établit en Prusse. Il fut fait d'abord profess. de philosophie à Kœnigsberg, puis surintendant et pasteur à Bardewic, et enfin premier pasteur à Rastembourg, où il mourut en 1746. Son traité *De arte feliciter rempublicam administrandi* est estimé. Il a laissé plus. autres écrits de politiq. et quelq.-uns de religion et de morale.

WLADIBOY, frère puîné de Boleslas Ier, roi de Pologne, disputa le duché de Bohême à Boleslas III, son cousin, dont l'avarice et la cruauté avaient soulevé la nation (1002-03), et fut reconnu par l'empereur Henri II; mais à peine eut-il gouverné la Bohême pend. un an, qu'il fut obligé de s'éloigner et de retourner en Pologne. On ignore ce qu'il devint dans la suite.

WNYSLAS, 4e duc de Bohême, succéda en 757

à son père Vogen. On croit qu'il avait cessé de vivre et que son fils Crzemyslas lui avait succédé, lorsqu'en 789, après la conversion de Witikind, Charlemagne tenta un dernier effort contre la Bohême, et fut repoussé avec perte.

WOBESER (Ernest-Guillaume), né en 1727 à Lukenwald, dans le pays de Brandebourg, mort en 1795 à Herrnhut, chef-lieu de la communion des frères moraves qu'il avait embrassée après avoir rempli diverses missions pour le prince de Neuwied, est surtout connu par un recueil de poésies imprimé à Francfort en 1758 et à Leipsig en 1779. On lui doit aussi des traduct. en vers allem. des *Odes d'Horace*, Leipsig, 1779, et Gorlitz, 1795; de l'*Iliade*, 1781-87; des *Psaumes de David*, Winterthur, 1793.

WODUHLL (Michel), littérateur anglais, né en 1740, dans le Northampton, mort en 1816, a traduit en vers angl. toutes les tragédies et fragments qui restent d'Euripide, 1782, 4 vol. in-8; réimpr. en 3 vol. in-8. On lui doit en outre un *Recueil* de poésies (*Miscellaneous poems*), 1804, in-8.

WODROW (Robert), né en 1679 à Glasgow, où il fut d'abord biblioth. de l'univ., mort en 1734, pasteur d'Eastwood, a publ., en anglais, une *Hist. des souffrances de l'Église d'Écosse pend. les vingt-huit ans qui ont précédé la révolution*, 1721, 2 vol. in-fol. On conserve de lui en MS. à la biblioth. de Glasgow des *Notices biographiques* sur les auteurs de la réformation d'Écosse.

WOEHNER (André-George), né en 1693, dans le comté d'Hoya, mort en 1762, professeur de langues orientales à l'univ. de Goettingue, est auteur de plus. ouvrages, entre lesq. on distingue: *Grammaire de la langue grecque*, 1715 et 1753, in-8. — *Syntaxis græca*, etc., 1716, in-8. — *De endorensi præstigiatrice*, 1738, in-4. — *Dissertat. philolog. de eruditione judaicá*, 1742, in-4. — *Grammaire de la langue hébraïque, avec tableaux*, 1735. — *Antiquitates Hebræorum de israeliticæ gentis origine, fatis, rebus sacris*, etc., 1743, 2 vol. in-8.

WOELFL (Joseph), pianiste et compositeur, né en 1772 à Saltzbourg, y reçut les leçons de Léop. Mozart et de Mich. Haydn, et commença en 1794 une série de voyages. Il fit une vive sensation en Angleterre et à Paris (1801). Mais malgré les éloges unanimes que lui prodiguèrent les journaux il ne tarda pas à retourner à Londres, où il mourut en 1811. Parmi ses nombr. compositions on distingue 5 opéras, des *trios, duos, concertos* et *sonates*, des *variations* sur des airs en vogue, et une bonne méthode de piano, intitulée *School for the pianoforte*.

WOELFLEIN (Henri), *Lupulus*, agiographe, né à Berne vers 1470, fut recteur du gymnase de cette ville, et contribua beaucoup à ranimer en Suisse la culture des lettres et surtout des langues anciennes. Maître de Zwingli, il se déclara l'un des prem. pour la réforme religieuse, et devint secrét. du consistoire en 1527. On ignore l'époque de sa mort. Il a écrit en latin la *Vie de l'ermite Nic. de Flue*, Berne, 1501, plus. fois réimpr.; et la *Vie de St Vincent*, patr. de Berne, ib., 1517, in-8.

WOELLNER (Jean-Christophe), homme d'état, né en 1752 à Doeberitz, dans la Marche électorale, suivit d'abord la carrière évangélique, et fut ensuite appelé dans le conseil des domaines du prince Henri, frère du roi de Prusse. Il donna des leçons d'économie politique au prince héréditaire, qui, monté sur le trône, sous le nom de Frédéric-Guillaume, éleva son ancien profess. au rang de la noblesse en le nommant conseiller des finances et surintendant des bâtiments. Woellner, pour gagner plus sûrement la faveur du chef de l'état, s'était affilié à la secte des rose-croix, qui passa dans l'Allemagne protestante pour être composée de jésuites déguisés. Nommé en 1788 ministre d'état et de justice, et chef des affaires ecclésiastiques, il fit signer au roi le fameux édit *de religion*, qui, favorable au mysticisme, repoussait la liberté de croyance, attribut du protestantisme. Cet édit excita une rumeur dans l'Église de Prusse et occasionna des persécutions inquisitoriales. Woellner, en butte à la haine publiq., après avoir vu révoquer son édit de religion, reçut sa démiss. en 1798, et se retira dans ses terres, où il mourut en 1800. Meusel a donné la liste de ses écrits, et l'on trouve sur sa personne des détails curieux dans la *Nouv. Bibliothèque générale de l'Allemagne*. Woellner, fort éloigné qu'il était d'approuver le système de gouvernem. du grand Frédéric, et surtout sa tolérance religieuse, réussit à se faire livrer ses MSs. pour les mettre au jour. Telle fut sa négligence dans cette publicat., qu'on a pu avancer sans invraisemblance que la haine seule l'avait porté à s'en faire charger.

WOERIOT ou WOEIRIOT (Pierre), habile graveur, né en Lorraine vers 1531, s'établit à Lyon vers 1555, et se fit bientôt remarquer par la force et la délicatesse de son burin. En 1556, il publia le *Pinax iconicus antiquor. ac varior. in sepulturis rituum ex Lilio Gregorio* (Gyraldio Cynthio) *excerpta*, etc., Lyon, pet. in-8, obl. de 32 f.: ouvr. devenu extrêmement rare. On ignore l'époque de la mort de cet artiste. Il a gravé d'après Raphaël et quelques autres peintres d'Italie, et d'après ses propres dessins. On n'a pas de catalogue de ses œuvres.

WOIDE (Charles-Godefroi), orientaliste, né en 1725 dans la Grande-Pologne, ou en Hollande, suivant Chalmers, fut ministre de la confession socinienne helvétique à Lissa, passa vers 1770, à Londres pour y exercer les mêmes fonctions à la chapelle hollandaise de la cour, et fut plus tard prédicateur et aumônier à la chapelle hollandaise du palais de Sovoy. Il mourut en 1790, membre de la société royale de Londres, de celle des antiquaires, et sous-bibliothéc. du musée britannique. On lui doit une précieuse édit. du *Novum Testam. gr., è cod. manuscr. alexandrino*, etc., Oxford, 1786, in-fol., avec une sav. préface; réimpr. séparément avec des notes de G.-L. Spohn, Leipsig, 1790, in-8.

WOISARD (Jean-Louis) professeur de mathématiques au collége de Metz, membre de l'académ. de cette ville, où il était né en 1798, et où il mourut en 1828, répétit. des sciences appliquées de l'école roy. d'artillerie, avait été reçu à l'école polytechnique, et fut du nombre des élèves dont la suppression de cet établissement en 1816 vint interrompre les progrès. Dirigeant alors ses études vers la connaissance des affaires de la banque, il entreprit, sur ces matières, un ouvrage dont il n'a pu terminer que les 5 premiers chap. M. N. Berton a rec., sous le titre d'*Arithmétique appliquée aux spéculations commerciales et industrielles*, le précis des leçons données par Woisard à l'hôtel-de-ville de Metz, 1828, in-8. Ce jeune profess. s'occupait à ses derniers moments de la solution du problème des effets du tir sur l'affût des canons, pour le cours de construction des voitures et des machines de l'artillerie. Outre des rapports sur divers ouvrages, il a lu à la société acad. de Metz, des *Recherches* sur quelq. propriétés des solutions particulières des équations différentielles du prem. ordre, insér. dans les Mém. de cette société, où l'on trouve une *Notice sur Woisard*, par M. Bergerey.

WOKEN (François), né en 1685 à Ravin dans la Poméranie, enseigna la philosophie à Leipsig, et fut nommé profess. d'hébreu et de langues orientales à Wittemberg, où il mourut en 1734. Parmi ses ouvrages, mentionnés au nombre de 80 par Jœcher, on citera : *Moses harmonicus, seu harmonia Veteris et Novi Testamenti*, Leipsig, 1730, 2 vol. in-4. — *Meletemata antiquaria, philologico-critica*, Wittemberg, 1730, in-4. — *Bibliotheca theolog., philos., hist.*, ib., 1732, in-8.

WOLBODON (St.), évêque de Liége, mort en 1021, après avoir occupé ce siége pend. trois ans, avait été d'abord écolâtre et prieur du chapitre d'Utrecht. Il fut aussi, dit-on, chapelain, puis chancelier de l'empereur Henri II. Sa *Vie*, écrite par Reiner, moine de Liége, en 1130, a été insérée dans l'ouvr. de Chapeauville *De gestis episcopor. leodensium*, dans les *Acta sanct. ord. S. Benedicti* de Mabillon, et avec une autre *Vie* anonyme, dans le Recueil des bollandistes, au 21 avril.

WOLCOTT (Roger), gouverneur du Connecticut, né à Windsor (Amérique du nord), en 1679, de parents cultivateurs, se livra de bonne heure à des spéculations agricoles et acquit une fortune considérable. En 1711, il fut employé dans l'armée dirigée contre la colonie franç. du Canada, parvint au grade de major-général, devint ensuite membre de l'assemblée et du conseil des colonies, puis juge de la cour du comté, et enfin gouverneur de la province. Il occupa cette dernière place de 1751 à 1754, et mourut en 1767. On cite de lui : *Méditations poétiques*, 1725. — *Lettres de M. Hobard sur les églises congrégationnelles d'Angleterre*, 1761, in-8. — *Récit abrégé de l'agence de J. Winthrop à la cour de Charles II en 1662*. — Éraste Wolcott, son fils, né en 1725, commanda un régim. de milice dans la guerre de l'indépendance américaine, fut ensuite juge, puis membre du congrès, et mourut en 1793. On a de lui un petit *Traité sur la religion*. — Olivier Wolcott, frère du précéd., né 1727, servit dans la guerre contre la France. Il quitta la carrière militaire pour étudier la médecine ; mais il fut détourné de cette vocation par sa nominat. à la place de haut shérif du comte Lichfield, qu'il remplit avec distinction pend. 40 ans. Élu membre du congrès lors de la guerre de l'indépendance, il fut appelé au gouvernement de l'état de Connecticut en 1796, et mourut l'année suivante.

WOLCOTT (John), médecin et poète, connu sous le nom de *Peter Pindar*, né en 1738 à Dodbrook, dans le Devonshire, fut envoyé en France pour achever ses études, et, ayant embrassé la profession de chirurgien, y fit des progrès sans négliger la culture du dessin et de la poésie. En 1769 il accompagna, en qualité de médecin, Will. Trelawney, nommé gouverneur de la Jamaïque. Après la mort de ce gouverneur, il revint en Angleterre, et s'établit médecin dans la petite ville de Truro. Il y composa des satires et des odes, se retira ensuite à Exeter, puis à Londres, et mourut à Somerston, en 1819. Il a laissé un grand nombre de poésies, qui, pour la plupart, ont perdu de leur mérite, parce qu'elles sont remplies d'allusions inintelligibles. L'édition la plus récente de ses *OEuvres* est celle de Londres, 1816, 4 vol. in-24 (v. l'*Annual biogr.* de 1820).

WOLDECK D'ARNEBOURG (Jean-George), général prussien, né en 1712, dans la Vieille-Marche, fit ses premières armes dans le régiment des gendarmes, et se distingua dans les campagnes de 1741, 1742, etc. Il commanda le régiment de Saxe dans la guerre de sept ans, devint major-général de cavalerie en 1764, et mourut en 1785. Il avait acquis l'estime de Frédéric II par sa bravoure et son habileté dans les manœuvres de cavalerie..

WOLDEMAR ou WOLMAR, roi de Danemarck. — V. Valdemar.

WOLF (Jérôme), né en 1516, dans la principauté d'OEttingen, fit de grands progrès dans les langues grecq. et lat. dans les univ. de Nordlingue et de Nuremberg. Ayant embrassé la réforme luthérienne, il vint à Paris, où il fut bien accueilli de Vascosan, Ramus et Turnèbe: mais son humeur inconstante ne lui permettant de se fixer nulle part, il mena, pendant plusieurs années, une vie errante et misérable. Enfin il trouva un asile à Augsbourg chez Fugger, qui lui procura la place de principal du collége et celle de bibliothécaire. Il mourut dans cette ville en 1580. On lui doit des traductions élégantes de *Démosthène*, d'*Isocrate*, d'*Épictète*, des *Scolies de Démophile*, de *Suidas*, de *Zonare*, de *Nicétas*, de *Leonicus Chalcondylus*, de *Nicéphore Gregoras*, et quelques *Traités*, tels que *De vero et licito astrologiæ usu*, et *De expeditâ utriusque linguæ discendæ ratione;* beaucoup de notes, scolies, commentaires sur d'anciens auteurs, etc. ; tous ces ouvr. ont été impr. à Bâle, chez Oporin.

WOLF (Jean), médecin, né en 1537 à Berg-Zabern, dans le comté de Deux-Ponts, mort en 1616, fut d'abord professeur à l'univ. de Marpurg, puis médecin du landgrave de Hesse. Il a publié, entre autres écrits : *de Acidis wildungensibus earumque mineris* etc., Marpurg, 1580, in-4 ; et *Exercitat. semeioticæ in Galeni de locis affectis, lib. VI*, Helmstadt, 1620, in-4. — Son frère, Jean WOLF, jurisconsulte, fut attaché au duc de Deux-Ponts, devint ensuite conseiller du margrave de Bade, et mourut à Heilbronn en 1600, laissant: *Clavis historiarum; Tabulæ mnemonicæ historiæ universalis; Lectiones memorabiles et reconditæ, seu Opera theologico-historico-politica*, Francf., 1672, 2 vol. in-fol. — WOLF (Gaspar), médecin, né à Zurich vers 1525, prit ses grades à Montpellier, en 1538, remplaça, comme professeur de physique, Conr. Gesner, son ami, réunit plus tard à cette chaire celle de langue grecque, et mourut en 1601. On citera de lui: *Viaticum novum de omnium ferè particularium morborum curatione*, Zurich, 1565, 1578, in-12 et in-8. — *Volumen gyneciorum, de mulierum gravidarum*, etc., Bâle, 1566, 1586, in-4 ; Strasbourg, 1597, in-fol.— *De stirpium collectione Tabulæ*, etc., Zurich, 1587, in-8.— Jacq. WOLF, médecin, né à Naumbourg en 1642, pratiqua long-temps à Altembourg, vint ensuite remplir une chaire à Iéna, et mourut en 1694. On n'a de lui que des *Dissertat.* académiq. impr. à Iéna, de 1669 à 1690, in-4. — Jean-Christian WOLF, médecin, a publié un ouvrage de son père, Yves Wolf, intit. : *Observat. chirurgico-medic.. lib. II*, etc., Quedlinbourg, 1704, in-8. — Pancrace WOLF, né à Altdorf en 1674, pratiqua la médecine dans diverses villes, et fut professeur à Halle. On ignore l'époq. de sa mort. Outre plusieurs *Dissertat.*, il a publié: *auri fulminantis.Defensio*, etc. (contre l'opinion de Stahl), Halle, 1707, in-4. — *Hippocratis regulæ de febrium crisibus per abscessus*, etc., ibid., 1704, in-4. — *Hippocratis cautela, exemplo Halicarnassensis super venæ sectione intempestivá*, etc., ib., 1706, in-4. — *Physica hippocratica*, etc., Leipsig, 1713, in-8, etc. — Gaspar-Frédéric WOLF, né en 1735 à Berlin, mort en 1794, profess. d'anatomie et de physiologie à Pétersbourg, a laissé, outre quelques opuscules insérés dans les *Nova comment. Petropolitana*, une *Dissertation* sur la théorie de la génération, trad. en allemand, Berlin, 1764, in-8.

WOLF (JEAN-LAURENT), libraire à Copenhague, est classé parmi les savants danois, pour les publications suivantes: *Diarium, seu Calendarium ecclesiasticum, politicum et œconomic. perpetuum*, 1648, in-4. — *Chronol... ab ortu Christi ad ann. 1648*, 1648 à 1662, in-4.— *Norwegia, Islandia et Groenlandia illustrata*, 1651, in-4.

WOLF (JEAN-CHRISTOPHE), théologien et philologue, né en 1683 à Wernigerode, dans la Haute-Saxe, fut reçu doct. en philosophie à 20 ans, et devint corect. de l'école de Flensbourg en 1707 ; il voyagea ensuite dans les Pays-Bas et en Angleterre, et séjourna quelque temps à Oxford, collationna les MSs. grecs de la biblioth. bodléienne, dont il tira des *Variantes* et un grand nombre de *fragm.* inédits. De retour en Allemagne, il obtint le titre de professeur extraordinaire de philosophie à Wittenberg, visita Berlin, se lia intimement avec Weyssière de Lacroze, fut admis à la société royale de Prusse, et nommé, vers le même temps, professeur de langues orientales de l'acad. de Hambourg, dont il devint recteur en 1715. Ayant fait un second voyage en Hollande en 1724, pour examiner les MSs. des biblioth. de Leyde et d'Amsterdam, il en rapporta les matériaux qui lui servirent plus tard à compléter sa *Bibliothèque hébraïque*. Ses travaux immenses affaiblirent progressivement sa santé. Il tomba dans le marasme, et mourut en 1739, léguant sa riche bibliothèque à la ville de Hambourg. Les principaux ouvr. de ce savant sont : *Historia lexicorum hebraicorum*, Wittemb., 1705, in-8. — *Origenis* φιλοσοφούμενα *recognita et notis illustrata*, Hamb., 1706, in-8.— *Phædri Fabulæ cum brev. annotation.*, etc., 1709, in-8. — *Dissert. de carcere cruditorum museo*, ib., 1710, 1718, in-4. — *Biblioth. hebræa, sive Notitia tùm auctorum hebræorum, tùm scriptorum*, etc., Hamb., 1715-33, 4 vol. in-4 (excellent abrégé de la *Biblioth. de Bartolocci*, corrigée et augmentée).— *Anecdota græca, sacra et profana*, 1722-24, 4 t. in-8. — *Curæ philologicæ in Nov. Testam.*, 1725-35, 4 t. in-4. — *Biblioth. aprosiana, liber rarissimus*, etc., 1734, in-8. — *Conspectus supellectilis epistolicæ et litterariæ manu exaratæ*, 1736, in-8 (v. *Wolfii vita, scripta et merita*, etc., par Seelen, Stade, 1717, in-4, et la *Biblioth. erudit. præcocium*, de Klefeker). — Jean Chrét. WOLF, frère du précéd., avec lequel on l'a quelquefois confondu, né en 1689 à Wernigerode, visita, à l'exemple de son aîné, la Hollande et l'Angleterre, s'arrêta aussi à Oxford pour collationner les anciens MSs. grecs, et en recueillir les variantes. Revenu en Allemagne, il donna des leçons gratuites de physiq., fut nommé, en 1725, professeur de physique et de poésie au gymnase d'Hambourg, légua de son vivant sa bibliothèque à cette même ville, jouit long-temps de l'estime et de la reconnaissance de ses concitoyens, et mourut en 1770. On a de lui : *Sapphús, poetriæ lesbiæ, Fragmenta et Elogia*, etc., Hamb., 1733, in-4. — *Poetriarum octo, Erynnæ, Myrús, Myrtidis, Corinnæ, Telesillæ, Nossidis, Anytæ, Elephantidis, Fragmenta et Elogia*, grec-lat., ib., 1735, in-4. — *Mulierum græcarum quæ oratione prosá usæ sunt Fragmenta et Elogia*, Gœtt., 1739, in-4. — *Monumenta typographica quæ artis hujus præstantiss. originem, laudem et abusum posteris produnt*, etc., Hamb., 1740, 4 vol. in-8.

WOLF ou WOLFF (JEAN-CHRÉTIEN), célèbre philosophe, né en 1679 à Breslaw, annonça, dès son extrême jeunesse, les plus heureuses dispositions, que son père, brasseur de profession, s'empressa de cultiver, tant par lui-même que par d'habiles maîtres. A 20 ans, il suivit les cours de l'université d'Iéna, et prit ensuite ses degrés à Leipsig. C'est là que, mis en rapport avec Leibnitz, il reçut cette éducation philosophiq., dont il développa plus tard les résultats d'une manière si brillante. Il avait eu d'abord l'intent. de suivre la carrière ecclésiastiq., mais il préféra celle de l'enseignement. Deux dissertations, l'une sur la mécanique et l'autre sur la langue, furent ses premiers essais. Appelé à professer les mathématiques et la physique à l'univ. de Halle en 1707, il publia, peu de temps après, ses *Élémens de mathématiques*, qui furent suivis d'autres ouvrages sur le même sujet. Sa réputation n'ayant pas tardé à se répandre, plus. universités voulurent l'attirer; mais le roi de Prusse, pour le retenir, le nomma conseiller aulique en augmentant ses honoraires. L'envie vint troubler Wolff dans sa glorieuse carrière; et un discours académique, qu'il prononça en 1721, sur la philosophie, excita le faux zèle de plus. théologiens, à la tête desquels était Joachim Lange, piétiste, homme exalté dans ses opinions, et personnellem. ennemi du savant professeur. Les intrigues s'unissant aux déclamations, quelques officiers alarmèrent le roi de Prusse, en lui persuadant que la doctrine de Wolff était dangereuse pour l'armée, en offrant une excuse à la désertion. Le professeur trouva un asile honorable auprès du landgrave de Hesse, qui lui donna, avec le titre de conseiller aulique, la chaire de philosophie à l'acad. de Marbourg. C'est dans cette ville qu'il rédigea et publia le cours entier de sa philosophie, en latin. Les honneurs vinrent le consoler de sa disgrâce et du triomphe de ses ennemis en Prusse. L'académie des sciences de Paris, la société royale de Londres, l'académie de Stockholm l'admirent au nombre de leurs associés. Pierre-le-Grand, en le nommant vice-présid. de l'acad. de Pétersbourg, lui assigna une pension. Frédéric II voulut réparer l'injustice du roi son père, et rétablit Wolff dans sa chaire de Halle, avec les titres de conseiller privé, de vice-chancelier de l'université et de professeur du droit de la nature et des gens. Mais, de retour à Halle, il n'y retrouva plus son auditoire; ses écrits étant entre les mains de tous les étudiants, ceux-ci se croyaient dispensés d'assister à des leçons qui ne pouvaient leur apprendre rien de neuf. Wolff jouissait paisiblement de sa gloire et du fruit de ses travaux, lorsque de fréquentes atteintes de goutte l'ayant conduit par degrés au marasme, il mourut le 9 avril 1764. Ce fut Wolff qui renversa, dans les écoles d'Allemagne, l'empire de la philosophie aristotélique; mais son génie est très inférieur à celui de Leibnitz, qui n'a pas eu le même pouvoir. Cependant, s'il convient de reconnaître que l'illustre professeur de Halle n'a rien créé en philosophie, il faut dire aussi que nul homme, jusqu'à lui, n'avait apporté, dans l'ensemble et les détails des sciences philosophiques, une coordination plus régulière dans un système d'éclectisme vaste et indépendant; il a emprunté aux anciens, aux modernes; il a associé Descartes et Leibnitz, et puisé partout où il a cru voir le vrai; mais on lui reproche, avec raison, d'avoir composé ses doctrines d'élémens quelquefois incompatibles. Ses principaux ouvrages, en allemand, sont: *Pensées raisonnables sur les forces de l'esprit humain*, etc., Halle, 1712, traduit en franç. par Deschamps; *sur Dieu, le monde*, etc., 1719, in-8; *sur les opérations de la nature*, 1723, in-8.; *sur les actions de l'homme dans la recherche du bonheur*, 1720; *sur le bonheur des hommes*, etc., 1721, in-8. — *Institut. du droit de la nature et des gens*, etc., 1754, in 8, publié aussi en latin, et trad. en franç. par Luzac. — *Dictionn. de mathématiques*, in-8. — Les écrits latins de Wolff forment son gr. corps de philosophie. Ce sont : *Philosophia rationalis*, etc., 1728, 2 t. in-4. — *Psycologia empirica*, etc., in-4. — *Philosophia prima, sive ontologia*, etc., 1730, in-4. — *Cosmologia generalis*, etc, 1731, in-4. — *Psycologia rationalis*, etc. 1734, in-4. — *Theologia naturalis*, etc., 1736-37, 2 t. in-4. — *Philosophia practica*, etc. 1738-39, 2 t. in-4. — *Philos. moralis, sive ethica*, etc., 1732, 4 t. in-4. — *Jus naturæ*, 8 t. in-4. — *Jus gentium*, 1752, in-4. — *Specimen physicæ ad theologiam naturalem applicatæ*, in-4. Wolff a donné un gr. nombre d'art. aux *Acta eruditorum* de Leipsig.

WOLF (JEAN-CHRISTOPHE), voyageur, né en 1750 à Ploebel, dans le Mecklenbourg-Schwerin, dut sa première éducation à la charité d'un instituteur qui l'envoya terminer ses études à Berlin, où il obtint une bourse au gymnase de Grankloster et la place de chantre. Une rixe qu'il eut avec des gens d'église l'obligeant à s'éloigner, il se rendit à Hambourg, et de là à Amsterdam, où, ayant été embauché par un recrut. pour le service de la compagnie des Indes, il obtint une place de chapelain à bord d'un vaisseau. Il avait alors 19 ans. Débarqué dans l'île de Ceylan, il fut employé quelque temps dans les bureaux de l'administration, puis congédié. Au bout de 9 mois on l'y réintégra, et le gouverneur ayant reconnu sa capacité, il fut chargé de fonctions importantes. Après 20 ans de séjour à Ceylan, Wolf quitta cette île, où il fut vivement regretté, revint dans sa patrie, et y fut nommé bailli. On ne connaît pas l'époque de sa mort. On a de lui (en allemand): *Voyage à Ceylan, avec une relation du gouvernement hollandais à Jaffunapatnam*, Berlin, 1782, in-8. La 2e partie parut en 1784, avec des suppléments à divers passages de la 1re. Cet ouvr. a été traduit en angl., Londres, 1784, in-8, et en franç. par Langlès, dans un recueil intitulé: *Descript. de Pégu et de l'île de Ceylan*, etc., Paris, 1793, in-8.

WOLF (ERNEST-GUILLAUME), musicien, né en 1735 à Gross-Behringen, dans la princip. d'Eisenach, montra, dès l'âge le plus tendre, une gr. aptitude pour la musiq. Devenu à 13 ans chef des élèves de chant de l'école d'Eisenach, il s'exerça bientôt à la composition, puis enseigna les éléments de l'art, en recevant lui-même d'utiles leçons. Après avoir parcouru quelq. villes de la Saxe, il vint à Weimar, où la duchesse Amalie, ayant reconnu son talent, lui donna pour élèves ses deux fils. Ayant épousé la fille du célèbre composit. Bendu, maître de chapelle du roi de Prusse, il vint avec sa femme à Berlin, où l'on voulut le retenir; mais la reconnaissance les rappelait à Weymar, où Wolf mourut en 1792. On a de lui un très grand nombre de compositions, telles que des *cantates, romances, concertos, quinquetti*. Plus. de ces morceaux ont encore quelque vogue en Allemagne.

WOLF (PIERRE-PHILIPPE), né en 1761 à Pfaffenhofen, en Bavière, fut d'abord commis libraire à Zurich et à Munich. Il établit ensuite une maison de librairie à Leipsig en 1799, revint à Munich en 1807, fut nommé membre de l'académie royale de cette ville, et y mourut en 1808, laissant un assez grand nombr. d'ouvr. (en allem.), dont les princip. sont: *Hist. gén. des jésuites depuis l'origine de leur ordre*, Zurich, 1789-92, 4 vol. in-8; Brunn, 1792, et Leipsig, 1803. — *Hist. de l'Église romano-catholique, sous le gouvernem. de Pie VI*, ibid., 1793 à 1798, 6 vol. in-8; ibid., 1793 à 1802, 7 vol. in-8. — *Hist. de la religion et de l'Église en France*, Zurich, 1802, c'est une suite de l'ouvr. précédent. — *Sur le rétablissement des jésuites*, Lucerne, 1799, in-8. — *Hist. statistique et topographique abrégée du Tyrol*, Munich, 1807, in-8. — *Hist. de Maximilien Ier et de son époque*, Munich, 1807-1809, 3 vol. in-8.

WOLF (FRÉDÉRIC-AUGUSTE), l'un des premiers philologues de l'Allemagne, né à Haynrode, dans le Holstein, en 1757, reçut de son père, profess. à Nordhausen, les éléments de l'instruction, et étudia ensuite sous Hake et Frakstein, puis vint suivre les cours de l'univ. de Gœttingue (1777). Tout en étudiant avec une incroyable ardeur, il donnait des leçons de grec et de langues modernes (particulièrement d'anglais). Ayant obtenu par l'entremise de Heyne, qui toutefois ne lui portait pas un bien vif intérêt, la place de régent au collége d'Ilefeld (1779), il se maria dans cette ville, et en partit peu après pour aller remplir l'emploi de recteur de l'école latine d'Osterode, où il ne demeura qu'un an. Nommé en 1783 professeur à l'université de Halle, il n'arriva que par degrés à y faire admirer sa profonde érudition. C'est là que, nonobstant 50 cours différents dont il se trouva chargé, il mit au jour la plupart de ses immenses travaux philologiques. Contraint de quitter cette ville en 1806, lors de la guerre de Prusse, il vint se réfugier à Berlin, et reçut, après la paix de Tilsitt, le titre de conseiller d'état. En 1808, il eut une grande part à la fondation et à l'organisation d'une nouv. univ. à Berlin. Il y reprit son rang de profess., et vit ses leçons fréquentées par un grand nombre de personnages distingués. Au commencement de 1824, ce savant s'était décidé à faire, pour raison de santé, un voyage dans le midi de la France. Arrivé à Marseille, il y mourut d'une fluxion de poitrine le 8 août, âgé de 65 ans. Il était membre de l'académie de Berlin, et associé de l'Institut de France. Voici ses principales publicat.: le *Banquet* de Platon, avec une *introduct.* et des *notes*, Leipsig, 1782, in-8. — La *Théogonie* d'Hésiode, avec des *comment.*, 1784. — Les *OEuvres* d'Homère, Halle, 1784-85, ibid., 1794. — *Hist. de la littérature romaine* (en allem.), *à l'usage des cours académ.*, ibid., 1787, in-8. — L'*Hermès* de Harris, avec des *remarq.*, ibid., 1788. — *Demosthenis Oratio adversùs Leptinem*, avec les *scholies* et les *commentaires*, ibid., 1790. — Les *variæ Lectiones*, de Muret, avec des *notes*, ibid., 1791. — *Luciani Libelli quidam*, avec des *notes*, ibid., 1791. — Les *Hist*. d'Hérodien, en grec, texte corrigé, ib. 1792. — *Prolegomena ad Homerum*, ibid., 1795 (c'est dans ces prolégomènes qu'il représenta l'*Iliade* et l'*Odyssée* comme n'étant pas l'ouvr. du même aut., opinion que J.-B. Vico avait émise 50 ans auparavant). — *Mélanges*, en latin et en allem., ibid., 1802. — Suétone, avec des *notes*, ibid., 1802. — Une édit. d'Homère, plus parfaite que les précéd., Leipsig, 1804-1807, 4 vol. in-8. — Le *Phædon*, de Platon, Berlin, 1811, in-4. — Les *Nuées* d'Aristophane, en vers allem., avec le texte, 1811, in-4. — L'*Euthyphron*, l'*Apologie* et le *Criton* de Platon, avec une trad. lat., 1812, in-4. — La première *Satire* d'Horace, trad. en vers, avec des *remarq.*, ibid., 1815. Volf avait travaillé à plusieurs *recueils* périodiques et littéraires, de 1807 à 1819. Dugas-Montbel a donné sur Wolf une excellente *notice*, dans le tom. 1er des *Annales biographiques*, 1826.

WOLFAERTS (ARTHUR), peintre, né à Anvers dans le 17e S., emprunta la plupart de ses sujets à la Bible: ses compositions sont généralement simples, mais grandes. Il a exécuté aussi, dans le genre de Téniers, quelq. tableaux d'une touche riante. Ses productions sont répandues en Belgique, en Allemagne, en Angleterre et en France.

WOLFART (PIERRE), médecin, né en 1675 à Hanau, y obtint une chaire de physique et d'anatomie, devint médecin du landgrave de Hesse-Cassel, et mourut en 1726, doyen du collége de médecine de sa patrie. Ses princip. ouvrages sont: *Clavis philosophiæ experimentalis*, Hanau, 1701, in-4. — *Physica curiosa experimentalis*, Cassel, 1712, in-4. — *Historia naturalis Hassiæ inferioris*, ibid., 1719, in-fol. — V. WOLFHARD.

WOLFE (THÉOBALD), général né en 1726 à Westerham, comté de Kent, fit ses prem. armes dans la guerre des Pays-Bas contre les Français en 1747. Envoyé en Amérique comme gén.-major en 1758, il prit part à l'expédition du cap Breton, et fut chargé du commandement de l'expédition du Canada. Il fut blessé mortellement dans l'attaque qu'il dirigea contre Québec, et mourut au moment même où ses troupes victorieuses allaient s'emparer de cette ville, le 13 sept. 1759. Son corps fut transporté en Angleterre, et enseveli à Greenwich, dans le même tombeau que son père, officier-gén. distingué. Le gouvernement lui fit ériger un monument à Westminster, ainsi qu'au lieu de sa naissance. Rien n'est plus connu que l'estampe de Wollet, d'après West, représentant les derniers moments du général. On a publié à Londres, en 1827, la *Vie et Correspondance du gén. Wolfe*, 2 vol. in-8.

WOLFE (CHARLES), né en Irlande vers 1791, mort de phthisie en 1823 à Cork, était un modeste pasteur de village, qui publia, sans se faire connaître, diverses poésies pleines de sensibilité, notamment une *élégie* sur le trépas de sir John Moore, tué à la Corogne en 1809. Ce fut lord Byron qui révéla au monde littér. ce jeune et intéressant auteur, dont les OEuv. (*Remains*) ont été recueillies à Dublin, 1825, 2 vol. in-12, précédées d'une *notice biographique*.

WOLFERSDORF (Charles-Frédér. de), général, né en 1717 à Zella, dans le duché de Saxe-Gotha, était parvenu au grade de lieut.-colonel lorsqu'il passa, en 1756, après la capitulation de Pirna, du service de l'électeur de Saxe à celui de Frédéric-le-Grand. Mis en 1759 à la tête du régim. de Hesse-Cassel, il fut envoyé à Torgau, avec l'ordre de défendre cette place, qu'il ne rendit que sur l'ordre du roi. Il se distingua dans plusieurs autres actions de la guerre de sept ans, devint major-général en 1760, feld-maréchal-lieutenant en 1776, et mourut en 1781.

WOLFERUS, chanoine de la cathédrale de Hildesheim, en Saxe, dans le 11ᵉ S., a écrit les *Vies* de St Godehard et de St Gonthier, recueillies par Mabillon dans les *Acta ord. S. Benedicti*, t. VIII, et par Leibnitz, dans ses *Script. Brunsw.*, t. I.

WOLFFHART (Conrad), savant philolog., plus connu sous le nom grécisé de *Lycosthènes*, qu'il prit suivant l'usage du temps, naquit en 1518 à Ruffach, dans l'Alsace. Après avoir terminé ses cours académiq. à Heidelberg, il vint à Bâle (1542), où il enseigna publiquement la grammaire et la dialectique. Pourvu en 1545 de l'office de diacre, puis prédicateur à Saint-Léonard, il mourut d'apoplexie en 1561. Depuis 7 ans il était perclus de la main droite. Niceron a donné la liste des publications de Wolffhart ou Lycosthènes au t. XXXI de ses *Mém*. Les principales sont : un *Abrégé de la Bibliothèque de Gessner*, Bâle, 1551, in-4, dont Jos. Simler et Jacq. Fries ont publié des édit. augm.; Des éditions du *Livre des prodiges* de Jules Obsequens, de l'*Officina* de Ravisius Textor, de la *Géographie* de Ptolémée, etc.; enfin divers écrits originaux, tels que : *Prodigiorum et ostentorum chronicon*, Bâle, 1557, in-fol., fig. Munster, dans sa *Cosmographie universelle*, a donné l'*extrait* d'une *Hist. de la ville de Ruffach*, laissée en MS. par Wolffhart.

WOLFGANG (St), évêque de Ratisbonne, né en Souabe, descendait des comtes de Pfulingen, et s'était lié successivement avec le comte Henri, depuis archev. de Trèves, dont il fut le condisciple à l'abbaye de Richen-Au, puis avec l'archev. de Cologne, Brunon, frère de l'empereur Othon Iᵉʳ. Sa modestie et son ardente piété l'avaient porté à se défendre long-temps d'accepter aucune dignité ecclésiastique et même la prêtrise, qui lui fut conférée malgré lui par St Udalrich, tandis qu'il vivait retiré dans un monastère au fond d'une obscure forêt. C'est vers ce temps qu'il vint pour la prem. fois prêcher l'évangile en Hongrie (972). Élu évêque de Ratisbonne en 974, il employa les 20 années qu'il occupa le siége à rétablir la discipline dans le chapitre et les maisons religieuses. Il mourut à Pupping en 994. Son corps, rapporté à Ratisbonne, fut enseveli dans l'abbaye de St Emmeran. On trouve, dans le *Thesaurus anecdotor.* de D. Petz, une *paraphrase du Miserere*, sous le nom de St Wolfgang, dont l'Église honore la mémoire le jour de sa mort. Il ne faut pas le confondre avec Wolfgang, bénédictin en Bavière au 15ᵉ S., et aut. de 72 *lettres*, insérées dans le *Thesaurus* de D. Petz, et dans le *Codex diplomaticus* de Huber.

WOLFGANG (Guillaume), prince palatin, né en 1578, se mit sur les rangs avec J. Sigismond, électeur de Brandebourg, pour partager la succession du prince de Clèves et de Juliers, et, afin de réunir tous les droits sur sa tête, il demanda la main de la fille de l'électeur. Ce mariage ayant manqué par suite d'une rixe entre les deux princes, Wolfgang épousa une princesse de Bavière, abjura le luthéranisme, et opéra dans ses états des changements favorables à la croyance qu'il venait d'embrasser. Pendant la guerre de trente ans, il soutint vivement le parti de la maison d'Autriche, et mourut à Dusseldorf en 1653.

WOLFGANG (George-André), grav., né en 1631 à Chemnitz, en Saxe, s'établit à Augsbourg, où il mourut en 1716, après avoir publié un gr. nombre d'estampes dans le genre historique. — Ses fils, André-Matthieu et Jean-George, furent ses élèves. Les œuvres de Jean-George sont plus estimées que celles de son frère. On cite surtout son *Crucifix*, d'après Ch. Lebrun. Il mourut à Berlin en 1748. — Gustave-André, fils de Jean-George, né à Augsbourg en 1703, fut un bon peintre de portr. Après avoir travaillé long-temps en Angleterre, il vint se fixer à Gotha, où il devint peintre de la cour. — G.-André, fils d'André-Matthieu, né en 1692, grava pendant 20 ans à Berlin, et mourut à Augsbourg en 1775. Il passe pour un des premiers graveurs de l'Allemagne.

WOLFHARD, écrivain ecclésiastique du 10ᵉ S., fut religieux dans l'abbaye de Hassenried, au diocèse d'Utrecht. On a de lui la *Vie de Ste Walpurge*, en IV livres, dont Canisius a inséré les deux prem. dans ses *Lectiones antiquæ*. Tous les quatre ont été publiés par Surius, par les bollandistes et par Mabillon, dans les *Acta ord. S. Benedicti*, t. IV.

WOLFTER (Pierre), historien, né à Manheim en 1758, fut professeur d'histoire, puis conservateur de la bibliothèque d'Heidelberg, où il mourut en 1805. Ses princip. ouvr., tous écrits en allemand, sont : *Histoire des empereurs et de l'empire germanique*, etc., Manheim, 1785, in-8. — *Histoire des révolutions arrivées dans l'empire germanique*, Zurich, 1787, in-8. — *Histoire critique de l'exarchat et duché de Rome*, Heidelberg, 1792, in-8. — *Histoire de la réformation*, 1796, in-8. — *Histoire de Luther et de la réformation qu'il a opérée*, Manheim, 1805, in-8.

WOLKE (Chrétien-Henri), instituteur, né en 1741 à Jever, en Hanovre, enseigna les mathémat. à Klostergerode et à Leipsig, établit ensuite une maison d'éducation à Dessau, puis une autre à Pétersbourg, et finit par se fixer en 1815 à Berlin, où il fonda la société de langue allemande, et mourut en 1825. On distingue parmi ses ouvrages :

le Livre pour lire et pour penser, 1785, trad. en franç. et en russe. — *Histoire de la nature et des peuples*, 1801, le 1er vol. seulement fut trad. en russe; la censure empêcha la publication du reste. — *Méthode d'éducation physique, intellectuelle et morale*, Leipsig, 1805. — *Communication des connaissances et idées primitives*, ib., 1805. — *Poésies dans le dialecte bas-saxon*, 1804. Wolke avait tenté de réformer l'orthographe allem., en rejetant toutes les lettres qu'on ne prononce pas.

WOLLASTON (William), ministre de l'Église anglicane, né en 1659 dans le comté de Stafford, mort en 1724, s'occupa avec fruit de l'étude des langues savantes, des antiquités, de l'histoire ancienne et moderne, de la philosophie et des mathématiques. On a de lui quelq. ouvrages dont le principal a pour titre : *Tableau de la religion naturelle*, publ. pour la prem. fois à Londres en 1722; et dont l'édit. la plus récente est celle de 1750, in-8, avec une *Vie* de l'auteur. Cet écrit eut un gr. succès, bien qu'on n'en admit pas tous les principes. On en a donné un *Abrégé*, Londres, 1758; et la trad. française en avait déjà paru à La Haye, 1726, in-4. Les autres ouvr. de Wollaston sont : un poème sur les *Mouvements déraisonnables des hommes pour se procurer les agréments de la vie présente, ou le But d'une partie de l'Ecclésiaste*, Londres, 1690, in-8. — Une *Grammaire latine*, 1703, etc. — Francis Wollaston, théologien et astronome, né en 1731, fut curé d'un village dans le comté de Kent, devint membre de la société roy. de Londres, et mourut en 1815. On a de lui : *Adresse au clergé anglican et à tous les chrétiens*, 1772, in-8. — Des *observations* astronomiques dans les *Transactions philosophiques*, années 1773, 1775, 1784. — *Specimen of a gen. astron. Catalogue*, etc., Londres, 1789, in-fol. — *Fasciculus astronomicus*, contenant des observations sur la région septentrionale circum-polaire, 1800, in-4. — *Tableau des cieux*, en 10 pl., 1811, in-fol.

WOLLASTON (le doct.), physicien anglais, fit faire des progrès à la physique et à la chimie. La *pile* qui porte son nom possède une force de propagation plus grande que les autres, et produit des effets surprenants. Son *Échelle synoptique des équivalents chimiques* est connue en France, ainsi que son procédé de *décomposition de l'eau par l'électricité ordinaire au moyen de l'or*. On lui doit encore des recherches nombreuses consignées dans les *Mémoires* qu'il a publiés, dont une partie a été traduite en franç. dans les *Annales de chimie et de physique*, et dans le *Journal des mines*, etc. Il est l'inventeur de plus. instruments ingénieux, parmi lesq. on distingue le *goniomètre*, qui porte son nom, et la *camera lucida* (chambre claire), connue de tous les dessinateurs. A une époque où l'on n'avait encore aucune notion précise sur les forces électro-magnétiques, il indiqua le premier le curieux phénomène de la *rotation des aimants*, démontré plus tard par Faraday, et qui rentre comme une conséquence dans la théorie mathémat. d'Ampère. Il découvrit le *rhodium* et le *palladium*, dans le minerai de platine de Matto-Grosso, au Brésil. Sa *Méthode d'extraction du platine*, qui lui mérita une médaille d'or de la société roy. de Londres, lui valut, dit-on, une partie de sa fortune. Malade depuis plus. mois, il dictait encore des *Mémoires* qu'il laissa à la société royale, avec une somme de 2,000 liv. sterl. (environ 50,000 fr.), lorsqu'il mourut en 1828.

WOLLE (Christophe), profess. de théologie à Leipsig, où il naquit en 1700, et où il mourut en 1761, avait acquis une connaissance assez étendue des langues orientales. Nous citerons parmi ses nombreux écrits : *Regulæ hermeneuticæ ad circumspectam script. sacræ illustrationem*, etc., Leipsig, 1722, in-4. — *De ignoto Judæorum et Atheniensium Deo*, etc., 1727, in-4. — *De usu et abusu euphemismi sacri*, 1732, in-4. — *Apologia pro verâ divinitate Jesu Ch.*, etc., 1741, in-4. — *Schediasma historico-theologicum de Jesu spirituali, in Angliâ redivivo*, etc., 1750, in-4. — *Examen regularum hermeneuticarum ab Aug. Calmeto commendatarum*, etc., 1733, in-4. — *Propriétés véritables de la langue hébraïq.* (allem.), 1748, in-8. C. Wolle a publ. des édit. de *M. Antonini de se ipso libri XII*, avec l'introduction de Buddée et des observations critiq., Leipsig, 1729; de l'*Epistola critica d'Ulpien de hebraismis*, 1739, in-4.

WOLLEB (Jean), théologien, né à Bâle en 1556, fut prem. pasteur de cette ville, profess. d'Écriture sainte, et mourut en 1626. On a de lui un *Compendium theologiæ*, trad. en anglais avec des *notes* par A. Rossi; plusieurs *dissertations* théologiques intéressantes.

WOLMAR ou WOLKMAR (Melchior), jurisc., né en 1497 à Rothweil, en Suisse, professa le droit à l'univ. de Tubingue, et mourut en 1561 à Eisenach, où il s'était retiré. Il n'a rien publié sur la jurisprudence; mais il reste de lui, comme helléniste, un *Commentaire sur les deux 1ers livres de l'Illiade*, Paris, 1523, in-4; et une *Épître sur les grammaires grecques alors en usage*, en tête de l'édit. de Démétrius Chalcondyle, Bâle, 1546, in-4.

WOLSEY (Thomas), card., né en 1471 à Ipswich, dans le comté de Suffolk, était fils d'un boucher. Élevé à l'univ. d'Oxford, bachelier et maitre des arts à 15 ans, il fut mis à la tête d'une école qui, sous sa direction, acquit bientôt de la célébrité. Ayant embrassé l'état ecclésiastique, il obtint une cure dans le comté de Sommerset, et, sur la recommandation du secrét.-d'état Rich. Fox, fut employé par Henri VIII, qui le nomma son aumônier, et doyen de Lincoln. Sa gaîté, sa souplesse et sa complaisance lui méritèrent la confiance presque exclusive de Henri VIII. Appelé au conseil-d'état en 1510, il parvint bientôt au plus haut degré d'autorité, en dirigeant son maitre de manière à lui persuader qu'il n'était lui-même que l'agent de la volonté royale. Devenu l'arbitre de l'Europe par le rôle qu'il eut l'habileté de faire jouer à l'Angleterre dans les querelles des puissances continentales, il fut souvent choisi par l'empereur et le roi de France pour médiateur dans leurs différends.

Successiv. pourvu de plus. évêchés, élevé sur le siége archiép. d'York, nommé grand-chancelier du royaume, Wolsey reçut de Léon X le chapeau de cardinal et le titre de légat *à latere* dans la Grande-Bretagne. A la mort du pape, il envoya un agent à Rome pour gagner en sa faveur les suffrages du sacré collége; mais, avant l'arrivée de cet agent, Adrien VI fut installé dans la chaire de St-Pierre. Le nouveau pontife étant mort au bout d'un an, Wolsey se remit sur les rangs pour lui succéder; mais les cardinaux français firent échouer ses intrigues. Il avait reçu de Léon X la faculté d'étendre les prérogatives de légat aussi loin qu'il le jugerait convenable; il les poussa jusqu'au dernier abus. Il créa une cour ecclésiastique dont l'autorité égalait celle de l'inquisition. Comme grand chancelier et comme légat, il percevait des émoluments immenses sur les cours qu'il présidait; et, indépendamment des nombreux bénéfices dont il était pourvu dans le royaume, il recevait des pensions considérables du pape et de l'empereur: ses revenus égalaient presque ceux de la couronne; son luxe et son train répondaient à cette fortune colossale. Il fut le prem. prélat anglais qui porta de l'or et de la soie dans ses vêtements et qui en couvrit ses équipages. Parvenu au faîte des grandeurs, il en fut précipité par la fameuse affaire du divorce de Henri VIII. Ce monarque rendit son ministre et son favori responsable du contre-temps qu'il éprouvait à cette occasion. Accusé devant la cour du banc du roi d'avoir, comme légat, transgressé ses statuts, on lui retira le grand sceau; il fut envoyé en exil dans son évêché de Winchester; Henri s'empara du somptueux palais qu'il avait fait élever, et qui devint la résidence royale de Whitehall. Toutefois, lorsque la chambre des pairs eut porté contre Wolsey un bill d'accusation sur 40 chefs, dont les plus importants ne prouvaient pas que la haine de ses ennemis, le roi le fit rejeter à la chambre des communes, et lui rendit les revenus de l'archev. d'York avec une partie de sa vaisselle et de ses meubles. Wolsey, se croyant oublié de ses ennemis, et comptant encore sur un reste d'attachement de Henri VIII, espérait mourir paisiblement dans sa retraite, lorsque le duc de Northumberland vint lui signifier l'ordre qu'il avait de le conduire à Londres pour y être jugé comme prévenu du crime de haute-trahison. Le cardinal, sans se troubler, se mit en devoir d'obéir; mais, arrivé à Scheffield, il y tomba malade, resta quinze jours au lit, puis, continuant sa marche, fut forcé, par la violence de son mal, de s'arrêter à l'abbaye de Leicester, où il expira le 29 nov. 1530. Henri VIII versa, dit-on, des larmes en apprenant la mort de son ancien favori. La *Vie du cardinal Wolsey*, écrite par George Cavendish, qui fut attaché à sa maison en qualité de *gentleman usher* (gentilhomme introducteur), a été impr. pour la 2ᵉ fois avec des *notes* et *éclaircissem.* de S. W. Singer, Londres, 1827, in-8, avec grav. Le doct. Fiddes a publ. une autre *Vie de Wolsey* en 1724, in-fol.; et M. Galt a fait paraître la *Vie et l'administrat. du card. Wolsey*, Londres, 1812, in-4; 1817, in-8. On trouve un petit rec. de ses *Lettres* dans le t. X de la *Collectio amplissima* de Martenne et Durand. C'est à la munificence de ce prélat qu'Oxford doit la fondation du collége de Christ-Church, ouvert en 1524. Il a fait encore d'autres fondations dont l'utilité rachète jusqu'à un certain point, auprès des Anglais, son faste et les torts de sa conduite privée et politique.

WOLSTAN, écrivain du 10ᵉ S., était religieux du monastère de St-Pierre à Winchester; il travailla avec Landfrid, un de ses confrères, à l'*Histoire de St Swithune* (mort évêque de Winchester en 863), et composa seul, sur le même sujet, deux livres en vers latins; la *Vie de St Ethelwold*, autre évêq. de Winchester, en prose et en vers. Surius et les bollandistes ont publ. ce dernier ouvrage, et Mabillon parle de la *Vie de St Swithune* dans ses *Acta ord. S. Benedicti*, t. VI.

WOLSTEIN (Jean-Gottlieb), vétérinaire, né en 1758 à Flinsberg, dans la Basse-Silésie, fonda à Vienne un établissement, dont il fut professeur-directeur, et passa, en 1795 à Altona, où il mourut vers 1800. Entre autres ouvr., on a de lui, en allem.: *Instruct. pour les maréchaux ferrants sur les blessures faites au cheval par l'arme blanche*, Vienne, 1778; 3ᵉ édit., 1796, in-8. — *Observat. sur l'épizootie en Autriche*, etc., 1781; 4ᵉ édit., 1796, in-8. — *Livres classiques sur l'épizootie pour les habitants de la campagne*, in-8, 1796, 5ᵉ édit. — *Cinq Livres élément. sur la médec. vétérin.*, 1784, 1796, in-8. — *Sur les hernies dans les hommes et dans certaines espèces d'animaux*, 1784. — *De l'homme, de ses différ. espèces*, etc., Leipsig, 1784, in-16. — *De la manière de soigner les chevaux de cavalerie*, etc., Vienne, 1786, 1788, 2 vol. in-8; Brunswick, 1796. — *Sur les maladies intérieures des poulains*, etc., Brunswick, 1796, in-8. — *Instruct. élément. pour les médecins vétérinaires employés à l'armée*, etc., 1788, in-8, souv. réimpr. — *Réflexions sur la saignée des hommes et des animaux*, 1791, in-8. — *Instruct. sur les signes et les causes de l'épizootie parmi les bêtes à cornes*, Hambourg, 1799, in-8, etc.

WOLTAER (Jean-Chrétien), juriscons., né en 1744 à Werder, dans la Moyenne-Marche de Brandebourg, fut professeur de jurisprudence à l'univ. de Halle, et mourut dans les prem. années du 19ᵉ S. On cite de lui, entre autres ouvr.: *De successione agnatorum in feudo paterno*, Halle, 1772, in-4. — *Observationes quæ ad jus civile et brandenburgicum pertinent*, 1777 à 1779, in-8. — *De conditionum indole atque natura*, 1777, in-4. — Et en allem.: *Principes de jurisprudence pour ceux qui ne sont point initiés à cette science*, 1785, in-8. — *Biblioth. de jurisprud. de Halle*, Thorn, 1793 à 1794, in-8. — *Introduct. au droit public pour les états prussiens*, 1796, in-8.

WOLTERSDORF (Ernest-Gabriel), né à Bunzlau, en Silésie, vers 1750, professa les humanités dans cette ville, puis à Breslau, et mourut au commencement du 19ᵉ S. On a de lui, en allemand:

Lectures choisies en franç., Bunzlau, 1785, 1794, in-8. — *Sur les devoirs publics des personnes dévouées à l'instruction de la jeunesse*, Breslau, 1791; Zulickau, 1792, 2 vol. in-8. — *Recueil de synonymes français*, Leipsig, 1795, in-8. — *Vues de la nature, prises dans les ouvrages les plus recherchés*, avec grav., 1795. — *Tableau des souverains de la Silésie*, 1795, in-fol.

WOLTERUS (HENRI), chanoine de St-Anschaire, à Brême, vers le milieu du 15ᵉ S., a écrit en latin une *Chronique* de Brême qui finit en 1463. Elle a été insérée par H. Meibom dans le tome II de ses *Script. rerum germanic.*, Leyde, 1688, 5 vol. in-fol.

WOLTMAN (CHARLES-LOUIS), littérat. et diplomate, né en 1770 à Oldenbourg, mort à Prague en 1817, occupa d'abord une chaire d'hist. à Gœttingue, puis à Iéna et à Berlin, où il concourut à la rédaction des journaux littéraires et politiques. Nommé conseiller de légation du prince de Hesse-Hombourg en 1799, il devint ensuite conseiller-d'état, et se prononça hautem. contre les mesures politiques de Napoléon à l'égard de l'Allemagne. Woltman est aut. de plusieurs ouvr. historiques et littéraires qui ont été réunis, Leipsig, 1823-25, 17 vol. in-8.

WOLZOGEN (JEAN-LOUIS), né dans l'Autriche en 1596, d'une ancienne famille, quitta le catholicisme pour embrasser la réforme, et, tracassé pour ce changement, se rendit en Pologne où il se fit socinien. Il se montra zélé partisan de cette secte, et mourut près de Breslau en 1568. On a de lui quelques opuscules de controverse (en allem.), qui ont été trad. en latin par Stegmann, et insérés dans la *Biblioth. fratr. polonorum* (v. l'*Hist. du socinianisme*, par le P. Anastase Guichard, p. 540, et l'*Hist. bibl. Fabricianæ*).

WOLZOGEN (LOUIS van), savant hollandais, né en 1632 à Amersford, embrassa la carrière évangélique, et, après avoir voyagé en France, en Suisse et en Allemagne, devint pasteur de l'église wallone de Groningue, passa ensuite à Middelbourg, puis à Utrecht, où il obtint la chaire d'histoire ecclésiastique. Plus tard il se rendit à Amsterdam, où il espérait de plus grands avantages, et mourut dans cette ville en 1690, engagé dans une polémiq. très vive avec Brown, Colemann, Labadie, etc., qui l'accusaient mal à propos de socinianisme. Entre autres ouvr., on a de lui : *De scripturarum interprete contra exercitatorem paradoxum*, 1668, in-12. — *Apologie pour le synode de Naerden*, 1669, in-4. — *Orator sacer, sive de ratione concionandi*, 1671, in-8. — *Explication de la prière que l'on montre dans la Confession des péchés*, 1700, in-8. L'*Éloge funèbre* de Wolzogen a été écrit en latin par Isarn, son ami, Amsterd., 1693, in-8.

WOMOCK (LAURENT), prêtre anglican, né à Norfolk en 1612, succéda à son père dans le rectorat de Lopham. Emprisonné pend. la guerre civile à cause de ses opinions, il fut nommé à la restaurat. archidiacre de Suffolk, puis recteur de diverses églises de ce même comté, et enfin évêque de St-David, où il mourut en 1685. On a de lui des *Sermons* et quelq. écrits, tels que *The results of false principles*, 1661, in-4; et *Suffrag. protestant.*, 1683, in-8, etc. Il s'était fait la réputation d'un redoutable antagoniste des non-conformistes.

WOOD (ANTOINE), savant antiq. et biographe, né en 1632 à Oxford, fit de brillantes études à l'université de cette ville, dont il a passé sa vie à explorer les archives. Dominé par la seule pensée d'élever un monument à l'histoire littéraire de sa patrie, il s'effraya peu de heurter les personnages éminents dont ses publications pouvaient intéresser l'orgueil; aussi eut-il à soutenir contre le duc de Clarendon, chancelier de l'univers., un procès qu'il perdit. Wood mourut en 1695. On a de lui : *Historia et antiquitates univers. oxoniensis*, 1674-75, 2 part. in-fol.; c'est la traduct. faite par ordre de l'univ. du texte original, dont elle avait acquis le MS. en 1669; ce texte, long-temps inédit, a été publié par Gutsch, 1786-90, 2 vol. in-4. — *Athenæ oxonienses, an exact History of all the Writers and Bishops*, etc., 1691-92, in-fol. — Une *Défense* (en angl.) *de l'hist. de l'univ. d'Oxford*, Londres, 1693, in-4. La *Vie* d'Ant. Wood, écrite par lui-même, a été publiée par Th. Hearn, avec l'ouvr. de Th. Caïus, intit. : *Vindiciæ antiquit. acad. oxoniensis*, Londres, 1730.

WOOD (JOHN), navigat., partit en 1669 du port de Deptford, en qualité de contre-maître, sur un navire dont le capitaine avait mission de reconnaître le détroit de Magellan, et revint en Angleterre en 1671. Il écrivit une *Relation* de ce voyage, qui parut dans le *Recueil de voyages originaux*, publ. en anglais par Will. Hacke, Londres, 1699, in-8, avec carte et dessins. Le zèle qu'il avait montré dans cette expédit. engagea le gouvernem. à lui confier la conduite de celle qui fut entreprise en 1676, pour trouver un passage au nord-est. Ce voyage fut moins heureux que le premier. Son bâtim. échoua sur la côte de la Nouvelle-Zemble, mais l'équipage fut sauvé par la flûte le *Prosperous*. La *Relation* de ce 2ᵉ voyage se trouve dans le rec. intitulé : *Un account of several late voyag. and discoveries to the south and north*, etc., Londres, 1694, in-8, avec cartes, et la traduction des deux voyages dans le t. III du *Recueil des voyages du Nord*. Wood a donné des noms à divers points de la Nouvelle-Zemble. — Benjamin WOOD, navigat., parti des ports d'Angleterre en 1596, périt en mer, ainsi que la plus grande partie de son équipage, d'une maladie contagieuse. De quatre hommes seulement qui s'étaient sauvés dans une petite île, près de Porto-Rico, trois furent massacrés par les Espagnols, un seul échappa et revint en Angleterrre.

WOOD (ROBERT), savant archéologue, né vers 1717 près de Trim, dans le comté de Meath, accrut par des voyages l'instruct. qu'il avait acquise à l'univ. d'Oxford. Après une première excursion faite en 1742 dans les îles de la Grèce, il s'embarqua de Naples, au printemps de 1750, pour visiter, Homère à la main, tous les lieux dont il est quest. dans l'*Iliade* et l'*Odyssée*. De concert avec ses deux amis, Dawkins et Bouverie, il explora les îles de l'Archipel, les côtes d'Europe et d'Asie, recueillant des inscript., des médailles et des MSs. Il pénétra jusqu'en Syrie pour reconnaître l'emplacement de Palmyre, revint en Angleterre en 1752, et s'empressa de faire connaître les résultats de son voyage. Nommé secrétaire-d'état, il n'eut pas le loisir de continuer ses travaux d'érudition; mais il put consacrer encore quelques moments à la littérature. Ce savant mourut en 1775, membre de la société royale. On a de lui : *Les ruines de Palmyre, autrem. dite Tedmor au désert*, Londres, 1753, in-fol., avec 57 planches, en anglais et en français. Le texte franç. a été reproduit avec les pl., Paris, 1819, in-4. — *Les ruines de Balbeck, autrement dite Héliopolis*, etc., angl.-franç., 1757, in-fol., avec 47 pl. — *Essai sur le génie original et les écrits d'Homère*, 1769, 1775, in-4; trad. en franç., par Demeunier, Paris, 1777, in-8, orné d'une carte de l'anc. Troade. Wood a laissé plus. MSs., entre autres un *Recueil d'inscript.*, conservé au muséum de Londres. — William WOOD, théolog. anglais, né près de Northampton en 1745, mort en 1808, était ministre d'une congrégation de *dissenters* à Leeds. On ne cite de lui que quelq. vol. de *Sermons* et des *Pamphlets* politiques.

WOODESON (RICHARD), né à Kingston en 1745, professeur de droit à l'univ. d'Oxford, où il mourut en 1822, est auteur des ouvrages suivants : *Elements of jurisprudence*, 1759, in-4. — *A Systematic view of the laws of England*, 1792-93, 3 vol. in-8. — *Brief Vindication of the rights of the british legislature*, etc., 1799, in-8.

WOODFORD (SAMUEL), né à Londres en 1636, fit ses études à Oxford, embrassa la carrière ecclésiastique, fut pourvu successivement de plusieurs prébendes, et mourut en 1700, membre de la société roy. de Londres. On a de lui des *poésies* tombées dans l'oubli, mais qui ne sont pas dépourvues de mérite; un poème, entre autres, sur le retour de Charles II, offre de grandes beautés.

WOODHEAD (ABRAHAM), né dans le comté d'York en 1608, fut renvoyé de l'univ. d'Oxford comme suspect de catholicisme, et se tint long-temps caché dans un village des environs de Londres, où il se livrait à l'instruction de quelques enfants de familles catholiques. Il mourut dans cette retraite en 1678. On a de lui un assez gr. nombre d'ouvr., dont les plus remarquables sont : *Exposition raisonnable de la doctrine catholiq.*, 1666, 1667, 1673, in-4. — *De la nécessité d'un guide pour diriger les chrétiens dans la foi*, 1675, in-4. — *Exercices touchant la résolut. de la foi*, 1674, in-4. — *Considérations sur le concile de Trente*, 1671 et 1687, in-8. — *Les Pratiques de dévotion de l'Église romaine... vengées*, etc., 1672, in-8. — *Vie de Ste Thérèse*, avec différents écrits de cette sainte, 1669, in-4.

WOODHOUSE (JAMES), né en 1770 dans l'Amérique du nord, mort en 1809, profess. de chimie à l'université de Pensylvanie, a publié (en anglais) : *Manuel du jeune chimiste, avec le laboratoire portatif*, Philadelphie, 1797, in-8. — Une traduction avec des *notes*, des *Éléments de chimie*, de Chaptal, 1807, 2 vol. in-8.

WOODVILLE (WILLIAM), médecin d'un des hôpitaux de Londres, mort en 1805, a beauc. contribué, par ses écrits, à propager les bienfaits de la vaccine en Europe. On a de lui : *Hist. de l'inoculat. de la petite-vérole dans la Grande-Bretagne*, 1796, in-8. — *Botanique médicale*, 1790-95, 3 vol. in-4, avec 300 pl., réimpr. en 1802 et 1811, 4 vol. in-4.

WOODWARD (JOHN), méd., né en 1665 dans le comté de Derby, se fit d'abord connaître par un *Essai sur l'hist. naturelle de la terre et des corps qu'elle contient, spécialem. des minéraux*, etc. (en angl.), Londres, 1695, in-4. La hardiesse et la nouveauté des idées contenues dans ce livre donnèrent lieu à un gr. nombre de réfutations, gén. ou partielles. Les plus vigoureuses partirent de la plume d'Élie Camérarius, auquel il essaya de répondre. Woodward, que cette querelle n'avait pas détourné de ses occupations médicales, et dont la clientèle s'était au contraire rapidement accrue, fut associé en 1702 au collége de médecine de Cambridge. Dix ans auparavant il avait obtenu la chaire du collége de Gresham, et la société roy. de Londres l'avait admis au nombre de ses membres en 1693. Ce savant mourut en 1722, laissant, outre l'ouvr. dont on a parlé, et dont il donna une édition lat. avec des augmentations, Oxford, 1714, in-8, quelques *opuscules* d'hist. naturelle, de médecine, d'antiquités, et des *dissertations* insérées dans les *Transact. philos*. Le *Catalog.* des fossiles de son cabinet a été impr. à Londres, 1738, in-8. On doit à Moguez une traduction française de son *Essai sur l'histoire naturelle*, sous le tit. de *Géographie phys.*, Paris, 1735, in-4. Il en existe aussi une traduction allemande, Erfurt, 1745, in-8. — WOODWARD (Ezéchias), théol., mort à Uxbridge en 1675, fut l'un des plus chauds partisans de Cromwell. On connait de lui un *comment.* lat. sur les *Livres des Rois*. — Un *Traité du baptême des enfants*. — *Vestibulum*. — *Investigatio causarum miseriæ nostræ*, etc. — WOODWARD (Humphrey), jésuite angl., mort à Mayland en 1587, est auteur d'un *Comment.* sur les *Psaumes*.

WOOLHOUSE (JEAN-THOMAS), médecin oculiste, mort en 1730, avec le titre de médecin du roi Jacques II, a publié, outre divers articles dans le *Journal des Savants*, le *Mercure de France*, etc. : *Catalogue et Description d'instruments pour les opérations manuelles des yeux*, Londres, 1696, in-8. — *Expériences des différentes opérations*, etc. (faite par lui), 1711, in-12; *sur une nouvelle aiguille à cataracte* (de son invention), 1720, in-8.

WOOLLETT (WILLIAM), habile graveur, né en 1735 à Maidstone, dans le comté de Kent, mort à Londres en 1786, avait reçu les prem. leçons de son art d'un nommé Tinney. Il excella surtout dans les genres du paysage et du portrait. On cite comme ses plus beaux ouvrages les estampes de *Niobé*, *Phaëton*, *Ceyx et Alcyone*, *la Pêche*, le

Portrait de Rubens, d'après van Dyck, la *Mort du général Wolf*.

WOOLSTON (Thomas), théologien, né à Northampton en 1669, s'annonça par plus. écrits dans lesquels il présenta les miracles dont parle la *Bible* comme de simples allégories. Les théolog. crurent qu'il ne visait à rien moins qu'à saper la religion par ses principaux fondements, et s'empressèrent de réfuter ses paradoxes. L'univ. de Cambridge, le rayant de la liste de ses membres, le priva d'une chaire qu'il remplissait au collége de Sydney. Dénoncé à la cour du banc du roi par le procureur-général de la couronne, il fut condamné à une amende de 150 livres sterl. Personne n'ayant voulu le cautionner, il resta en prison jusqu'à sa mort, en 1732 ou 1733. On a de lui : *Rajeunissement de l'ancienne apologie de la religion chrét. contre les Juifs et les Gentils* (en anglais), Cambridge, 1705, in-8. — *Dissert.* lat. sur l'authenticité de la lettre qu'on dit avoir été écrite par P. Pilate à Tibère, 1720. — *Origenis Adamantis epistolæ duæ*, 1721. — Deux *Lettres* latines sur les quakers. — *Le Modérateur entre un incrédule et un apostat*, 1725. — Six *Discours sur les miracles de J.-C.*, 1727-28-29, 3 vol. in-8. Voltaire a fait de nombreux emprunts à ces divers écrits (v. l'*Hist. du philosophisme angl.* par l'abbé Tabaraud, tom. II).

WOOLTON (John), évêque d'Exeter, né en 1535 à Wigan, dans le comté de Lancastre, mort en 1594, après quinze ans d'épiscopat, a laissé quelq. traités de théologie (en anglais), publiés en 1576 et 1577, et totalement oubliés aujourd'hui.

WORCESTER (sir Thomas), homme d'état et guerrier, de la famille des Percy d'Alnwick, fut chargé, sous Richard II, de la conduite de diverses expédit. en qualité d'amiral. Il sut conserver tout son crédit auprès de Henri IV, mais il prit ensuite parti contre ce prince dans la guerre de *la rose rouge* et de *la rose blanche*. Fait prisonnier à la bataille de Shresbury, il fut décapité en 1403. — John, comte de Worcester, natif de Cambridge, fut créé par Henri VI lord député d'Irlande, ce qui ne l'empêcha pas de se ranger sous les drapeaux d'Édouard IV. En vain chercha-t-il à se cacher lors de la courte restauration de ce prince ; il fut pris et mis à mort en 1470. Ce seigneur, le Mécène des savants, avait traduit le traité *de Amicitiâ* de Cicéron, et la portion des *Commentaires* de César qui concerne l'Angleterre. — Charles, comte de Worcester, fils naturel de Henri, duc de Somerset, fut membre du conseil privé de Henri VII, remplit, avec une grande distinction, deux ambassades près de l'empereur Maximilien, et conserva son crédit à la cour jusqu'à sa mort, en 1526. — Edward, 6e comte et premier marquis de Worcester, demeura attaché à la cause de Charles Ier, et fut chargé par cet infortuné prince de plusieurs miss. ; il mourut en 1667, après avoir exécuté d'importants travaux de mécanique, et laissant un ouvr. intit. : *a Century of the names and scattings of such inventions as at present I can call to Mind*, impr. pour la prem. fois en 1663 et reproduit en 1746. Il y propose une méthode (depuis perfectionnée par Newcommen) pour élever l'eau par la force du feu. Pour donner une idée de la puissance de la vapeur, il rapporte qu'ayant rempli d'eau aux trois quarts un canon hermétiquement bouché, il l'exposa au feu, et qu'au bout de 24 heures, cette pièce éclata avec une violente explosion.

WORGAN (John-Dawes), poète anglais, mort à dix-neuf ans en 1809, était gouverneur des enfants du célèbre Jenner. On a publié, après sa mort, un choix de ses *poésies*, 1812, in-8, plus. fois réimpr.

WORLIDGE (Thomas), surnommé le *Rembrandt angl.*, né en 1700 dans le comté de Northampton, mort à Hammersmith en 1766, avait été élève de Grimaldi, puis de Louis Boitard ; mais il se borna à peindre la miniat. C'est surtout à son talent comme graveur qu'il doit sa réputation. Les plus recherchées d'entre ses nombreuses estampes, sont celles qu'il a réunies sous le titre de *Collection choisie de dessins tirés de pierres précieuses antiq.*, etc., Londres, 1768, 2 vol. petit in-fol.

WORM (Olaus), *Wormius*, médecin et antiquaire, né en 1588, dans le Jutland, reçut le doctorat à Bâle, et occupa successivem. à Copenhague les chaires de grec, de physique et de médecine. Il y mourut en 1654, recteur de l'académie, laissant, entre autres ouvr. : *Selecta controv. medicar. centuria*, Bâle, 1611, in-4. — *Quæstionum hesiodicarum heptades duæ*, Copenh., 1616, in-4. — *Historia norwegica*, ib., 1623, in-4. — *Institut. medicarum Epitome*, 1640, in-4. — *Fasti danici universam tempora computandi rationem... exhibentes*, 1643, in-fol. — *Specimen lexici runici*, 1650, in-fol. — *Historia animalis quod in Norwegiâ è nubibus decidit*, etc., 1653, in-4. — *Talshvi, seu Monument. stroense in Scaniâ*, 1628, in-4. — *Monumentum trivgaldense*, 1636, in-4. — *Musæum wormianum*, Leyde, 1655, in-fol., fig. Th. Bartholin a inséré l'*Éloge* de Worm dans sa *Cista medica* (v. aussi le *Tractat. de scriptis Danorum*, d'Alb. Bartholin). — Worm (Guillaume), fils du précédent, né en 1633 à Copenhague, où il mourut en 1704, avait reçu le doctorat à Padoue, et s'était fait de la réputation comme praticien. La 2e centurie de la *Cista medica* de Th. Bartholin, contient de lui deux *Lettres sur les vaisseaux lymphatiques et sur les réservoirs du chyle*, 1653 et 1654.

WORONZOFF (Michel, comte de), né à Moscou d'une famille distinguée, fut élevé en Angleterre, où son père était ambass. de Catherine. Il occupa différents emplois diplomatiques, et se distingua surtout dans les guerres de 1813 et 1814 en France. En 1815 il fit encore la campagne de France, où il resta jusqu'en 1818 en qualité de général en chef du contingent russe de l'armée d'occupat. A cette époque, il se rendit au congrès d'Aix-la-Chapelle, et son souverain ne tarda pas à lui témoigner, par des distinctions et des récompenses, sa reconnaissance pour ses services. Peu de temps après, il fut nommé gouverneur de la Russie-Blanche et de la Bessarabie, où il succéda au général Langeron. En juin 1826, il fut chargé d'ajuster à Akerman les différends entre la Porte et la Russie. Il mourut à Londres en 1832.

WORONZOW (Michel-Larionovitsch, comte de), gr.-chancelier de l'empire russe, né en 1710 à Pétersbourg, où il mourut en 1767, dut son élévation à la faveur de l'impératrice Élisabeth. Il continua d'avoir la principale part à la direction des affaires sous Pierre III, et ne trempa point dans la conjuration qui lui ravit le trône. Mais lorsque le pouvoir de Catherine II fut affermi, il prêta serment de fidélité à cette princesse, qui lui rendit sa place de chancelier. Les remontrances qu'il ne craignit pas de lui adresser lorsqu'elle semblait décidée à épouser Grég. Orloff, amenèrent sa disgrâce qu'il prévint en se retirant de la cour. — Alexandre Woronzow, neveu du précédent, fut président du départ. du commerce sous Catherine II, signa, en cette qualité plus. traités avec l'Angleterre et les différ. puissances du nord en 1792 et 1793, et fut ensuite ministre de Russie à Londres. Rappelé, sous le règne de Paül Ier, il vécut dans la retraite jusqu'à l'avénement d'Alexandre Ier, qui le nomma ministre des affaires étrangères et chancelier, dignités qu'il conserva jusqu'à sa mort, en 1805. — Elisabeth-Romanowna Woronzow, sœur du précédent, fut maîtresse de Pierre III, lorsqu'il n'était encore que gr.-duc, et devint favorite en titre quand il monta sur le trône. On assure que le tzar avait formé le projet de répudier Catherine pour épouser sa maîtresse, et que ce projet, imprudemment divulgué, hâta la catastrophe du malheureux prince. Exilée dans les environs de Moscou par l'impératrice, elle fut bientôt rappelée par le crédit de sa sœur, et mariée à l'amiral Palenski. On ignore l'époque de sa mort.

WORSLEY (Richard), né vers 1751, dans l'île de Wight, dont son père était gouverneur, lui succéda dans cette charge et mourut en 1805. On a de lui : *Histoire de l'île de Wight* (en angl.), Londres, 1781, in-4, fig. ; et un *catalogue* des objets d'antiq. composant son cabinet, sous le titre de *Musæum worsleyanum*, etc., Londres, 1794-1803, 2 vol. gr. in-fol. — Worsley (John), instituteur et bon helléniste, mort à Hertford vers 1775, est auteur d'une traduction anglaise du *Nouveau-Testament*, avec des *notes*, 1770, in-8. — John, son fils, qui continua de diriger son établissem., mort en 1807, a publié, en 1770, une *Grammaire de la langue latine*, suivie d'un *Paradigme des verbes français*, in-8.

WORTHINGTON (Thomas), né vers le milieu du 16e S., dans le comté de Lancastre, prit ses degrés au collège des Anglais à Douai, et reçut les ordres à Reims. Revenu secrètement en Angleterre pour y travailler au rétablissement de la religion romaine, il fut découvert et enfermé à la Tour de Londres. Condamné à la déportat. avec plusieurs autres catholiq., il se rendit en Allemagne où il se fit recevoir docteur en théologie. Plus tard il fut attaché comme prem. aumonier à l'armée du roi d'Espagne, Philippe II. Il succéda au doct. Baret dans la présid. du collége de Douai, et, pendant un voyage à Rome, il fut nommé assistant de l'archiprêtre d'Angleterre ; il avait sollicité son admission dans la société des jés. ; mais il mourut vers 1626, avant d'avoir fait profess. On lui a consacré toutefois un *article* dans la *Bibliothèque* de la société. Il est auteur de quelq. écrits, entre antres : *de Mysteriis Rosarii*, Anvers, 1610. — *Catalogus martyrum in Angliâ ab ann.* 1570 *ad ann.* 1612. On lui doit en outre une traduct. de l'angl. en latin des *Motifs* du doct. Rich. Bristow, Arras, 1606 ; Douai, 1608, in-4 ; une version angl. de l'*Ancien-Testament*, avec des *notes ; l'Angle de la doctrine chrétienne* (en angl.), etc.

WORTHINGTON (John), né à Manchester en 1618, fut principal du collège de Jésus à Cambridge, desservit ensuite plus. cures, et mourut en 1671 à Hackney, où il avait l'emploi de lecteur en théologie. On a de lui des *Mélanges* théologiq., publiés par le prélat Fowler, Londres, 1704, in-8. — *Discours choisis* (en anglais), publiés par le fils de Worthington, Londres, 1725, in-8. — Worthington (William), théolog., né en 1703, dans le comté de Merioneth, fut quelque temps maître d'étude à l'école d'Osvestry, devint ensuite chanoine de St-Asaph, puis d'York, et mourut en 1778. On cite de lui, en angl. : *Essai sur la rédemption du genre humain*, etc., Londres, 1743, in-8. — *Les Preuves du christianisme déduites des faits*, etc., 1769, 2 vol. in-8. — *Recherche impartiale au sujet des démoniaques de l'Évangile*, etc., 1777, in-8 ; il en parut une suite après la mort de l'aut., 1779, in-8.

WOTTON (Édouard), *Ododunus*, médecin naturaliste, né à Oxford en 1492, vint prendre ses grades à l'université de Padoue. A son retour dans sa patrie, il fut pourvu de la chaire de langue grecque, et peu de temps après il se fit agréger au collége de médecine. Ses talents l'ayant fait promptement connaître, le roi Henri VIII le nomma son premier médec., ce qui l'obligea de s'établir à Londres, où il mourut en 1555. On a de lui : *De differentiis animalium libri X*, publ. par J. Mason, ambassadeur d'Angleterre en France (auquel l'auteur avait confié son MS.), Paris, 1552, pet. in-fol.

WOTTON (Henri), homme d'état et littérateur, né en 1568 à Boughton-Hall, dans le Kentshire, consacra neuf années à compléter son instruction par des voyages sur le continent. Devenu secrétaire du comte d'Essex, après la mise en jugement de ce seigneur, il vint chercher un asile à Florence. Une mission secrète qu'il remplit pour le grand-duc de Toscane auprès de Jacques VI, roi d'Ecosse, lui valut de la part de ce prince, lorsqu'il fut parvenu au trône d'Angleterre, le titre de chev. et l'ambassade de Vienne. Il fut ensuite chargé de div. négociations en Italie, en Hollande, en Savoie et en Allemagne. Le roi, dont il avait compromis le caractère par une imprudence, cessa de l'employer et lui refusa la place de secrétaire d'état, qu'il sollicitait comme une retraite due à ses longs services.

Nommé prevôt du collége d'Éton, il mourut dans l'exercice de cet emploi, en 1639. On a de lui un assez grand nombre d'ouvrages, dont on trouve les titres dans le *Dictionnaire* de Chauffepié. Une partie a été recueillie sous le titre de *Reliquiæ wottonianæ*, Londres, 1651, 1654, 1672 et 1685, in-8. On trouve dans le tome II du *the Bibliogr.* une *Vie de Wotton* par sir Egerton Brydges. — Nicolas WOTTON, ecclésiastique et homme d'état, oncle du précédent, mort en 1566, avait été employé à div. ambassades sous Édouard VI et la reine Marie. Cette princesse le nomma membre de son conseil privé; il fit de même partie de celui d'Élisabeth, dont il fut le plénipotentiaire dans des négociat. avec la France.

WOTTON (WILLIAM), savant philologue, né en 1666 à Wrentham, en Suffolk, fut gradué av. l'âge de 13 ans bachelier ès-arts. Associé en 1691 au collége St-Jean de Cambridge, il obtint un riche bénéfice, devint ensuite chapelain du comte de Nottingham, et mourut en 1726 à Buxted, en Sussex. On trouve dans Chauffepié d'amples détails sur les ouvrages de Wotton, dont les principaux sont : *Hist. de Rome*, depuis la mort d'Antonin-le-Pieux jusqu'à celle d'Alexandre-Sévère, Londres, 1705, in-8. — *Linguar. veter. septentrion. thesauri conspectus brevis*, 1708, in-8, rare et recherché. — *Mélanges sur les traditions et les usages des Scribes et des Pharisiens*, 1718, 2 vol. in-8. — *Cysreithjeu Hyvel Dda ac evail, sive leges wallicæ ecclesiasticæ et civiles Hœli Boni* (gallois et latin), *cum notis*, ibid., 1730, 2 vol. in-fol. (recueil précieux pour l'histoire du pays de Galles).

WOU-HÉOU ou WOU-HOUANG-HÉOU, l'une des femmes de Kao-tsoung, qui lui donna en 655 le titre d'impératrice, signala son avénement par le meurtre de rivales dont elle redoutait le crédit, gouverna la Chine en maîtresse absolue, et fit désigner son fils comme héritier du trône impérial, au préjudice d'un prince du prem. lit. Kao-tsoung étant mort en 683, Wou-Héou déposa bientôt son propre fils Tchoung-tsoung, et monta sur le trône, en prenant le titre de grande impératrice auguste. Cette usurpation excita plusieurs révoltes, qui furent toutes apaisées. Wou-Héou régna plusieurs années avec autant de prudence que de fermeté. Le calme dont jouissait l'empire lui permit de songer à rentrer dans la possess. de différentes provinces dont les Thubétains s'étaient emparés. Elle envoya contre eux d'habiles généraux qui remportèrent d'éclatantes victoires. Son dessein était de désigner pour lui succéder un de ses neveux; mais, d'après l'avis de ses ministres, elle envoya chercher Tchoung-tsoung, qu'elle avait exilé, et le déclara prince héréditaire, quoique, d'après les lois de l'état, il fût déjà empereur. Bien qu'avancée en âge, elle ne paraissait pas disposée à remettre le pouvoir à son fils, malgré les vœux bien prononcés des grands et du peuple. En 705, un des dignitaires de l'empire, auquel s'étaient réunis plusieurs autres seigneurs, se mit à la tête de six cents hommes, força les portes du palais, y introduisit le prince héréditaire, fit égorger, en présence de l'impératrice, deux de ses favoris qui étaient accourus pour la défendre, et déclara à cette princesse altière que son règne était fini. Dans l'impuissance de résister, Wou-Héou remit à son fils les sceaux, et se retira dans un de ses palais, où elle mourut la même année, à l'âge de 82 ans. Les historiens chinois, en reconnaissant ses talents supérieurs, lui reprochent justem. les moyens qu'elle employa pour monter sur le trône et pour s'y maintenir.

WOU-WANG, premier empereur de la dynastie chinoise des Tcheou, né l'an 1169 avant l'ère chrétienne, était fils de Wen-wang, prince ou roi de Tcheou, pays qui comprenait les deux tiers du territoire chinois. A son avénem. au trône, Wou-Wang, cédant aux instances d'un grand nombre de seigneurs qui s'étaient éloignés de l'emper. Cheousin à cause de sa tyrannie, réunit une puissante armée à Meng-tsin. Cheou-sin s'avança à la rencontre des insurgés; mais dès le premier choc ses troupes lâchèrent pied et furent culbutées. L'emper. vaincu se réfugia dans un de ses palais, et, après s'être paré de ses bijoux les plus précieux, il y fit mettre le feu. Son fils Wou-keng se présenta chargé de chaînes au vainqueur, qui le reçut avec bonté, et lui fit ôter ses fers. Wou-Wang fit mettre à mort l'impératrice Ta-ki, véritable auteur de tous les désordres de l'empereur Cheou-sin. Il assura ensuite le sort de différents princes descendants des empereurs Houang-ti, Yao, Chun, Yu et Tchhing-thang, fit mettre en liberté plusieurs des honorables victimes de la tyrannie de Cheou-sin, récompensa par des souverainetés ses offic. qui s'étaient le plus signalés par leur valeur et leur fidélité, érigea des principautés en faveur de ses frères et d'autres personnages qui s'étaient distingués dans l'administration, licencia ses troupes, et établit de nouvelles cérémonies et de nouvelles marques de distinction. Ce prince commit une grande faute en détruisant l'ancienne forme de la monarchie pure, et en lui substituant une espèce de système féodal, sans avantages pour les peuples. Il mourut en 1116 (avant l'ère chrét.), sept ans après avoir ceint le diadème impérial, et eut pour successeur son fils Tchhing-wang.

WOUTERS (FRANÇOIS), peintre, né à Lierre en 1614, fut élève de Rubens; mais il ne se borna pas à peindre l'histoire, et traita le paysage avec succès. Il obtint le titre de peintre de l'empereur Ferdinand II, passa en Angleterre à la suite d'un ambassad. de ce prince, et, à la mort de Ferdinand, devint peintre et prem. valet-de-chambre du prince de Galles. L'amour du sol natal ramena Wouters à Lierre, d'où il alla se fixer à Anvers. Il y fut nommé direct. de l'académie, et mourut en 1659, atteint d'un coup de pistolet tiré par une main inconnue. Ses paysages sont préférés à ses tableaux d'hist. Il représente surtout les forêts avec une grande vérité, et a un excellent ton de couleur.—V. WASSE.

WOUWERMANS (PHILIPPE), peintre, né à Harlem en 1620, reçut des leçons de son père, Paul

Wouwermans, et de J. Wynants. Il eut beauc. de peine à se faire connaître. Bamboche jouissait alors d'une réputation presque exclusive. Wouwermans recevait un prix modiq. de ses compositions, que les marchands allaient revendre ensuite fort cher à l'étranger. L'humeur difficile de Bamboche amena un nouvel ordre de choses. Le marchand de Witte chargea Wouwermans de peindre le sujet d'un tableau que l'artiste en vogue ne voulait pas livrer à moins de 200 florins. Le tabl. de Wouwermans, traité avec une grande supériorité, fixa l'attention sur lui; et dès lors ses ouvrages furent très recherchés et enlevés aussitôt que finis. Mais il n'obtint ce succès que vers la fin de sa carrière, et lorsqu'il ne pouvait plus guère en profiter. Il mourut à Harlem en 1668. Les sujets de ses tabl. sont des chasses, des marchés aux chevaux, des attaques de cavalerie, des paysages, simples ou enrichis d'architecture, de fontaines, etc. Le musée royal en possède onze. Son œuvre gravé est très considérable. Il a gravé lui-même à l'eau forte une seule pièce très estimée, représentant un paysage au milieu duquel il a placé un cheval. Il dessinait ces animaux avec une exactitude et une fidélité très grandes; mais dans tous ses tabl. on ne voit que des chevaux de race flamande, les seuls qu'il eût eus sous les yeux. — Pierre et Jean WOUWERMANS, frères du précédent, furent ses élèves, mais ne l'égalèrent point. Jean, le plus jeune, peignit le paysage avec succès, et le peu de tableaux qui restent de lui sont estimés. Il mourut prématurém. en 1666. Le musée possède de Pierre une *Vue de Paris*.

WOVER ou DE WOWEREN (JEAN), né à Hambourg en 1574, d'une famille originaire d'Anvers, vint en 1592 suivre les cours de l'acad. de Leyde, où il se lia avec Jos. Scaliger, Gruter et d'autres savants distingués. Il séjourna ensuite à Paris, passa en Italie, obtint du pape la permiss. de compulser les MSs. du Vatican, et, de retour en Allemagne, fut fait conseiller du comte d'Ost-Frise, puis envoyé par ce prince à La Haye et à la cour de Jean-Adolphe, duc de Holstein. Étant entré au service du duc de Holstein, quelque temps après il fut nommé gouvern. de Gottorp, et mourut dans cette ville en 1612. Outre des notes fort estimées sur Pétrone, Apulée, Sidoine Apollinaire, etc., on cite de lui : *De polymathiâ*, etc., Bâle , 1603; Hambourg, 1604, in-4; Leipsig, 1665, in-8. — *Panegyricus Christiano IV, Daniæ regi, dictus*, etc., 1603, in-8.— *Commentatio de cognitione veterum novi orbis*, Francfort, 1603, in-8 (v. le *Dictionn.* de Bayle et les *Mém.* de Niceron, t. VI). — Jean WOVER ou van WOWEREN, de la même famille, né à Anvers en 1576, étudia sous Juste-Lipse à Louvain, visita la France, l'Espagne, l'Italie, l'Allemagne, fut nommé à son retour membre du conseil des Pays-Bas, et mourut en 1635. On citera de lui : *Assertio Lipsiani donarii adversùs delatorum suggillationes*, Anvers, 1607, in-4. — *Panegyr. Alberto et Isabellæ, Belgar. principibus*, ib., 1609, in-8.

WRANGEL (HERMANN), général suédois, né en 1587, fit sous Charles IX les guerres de Pologne, de Russie et de Danemarck, devint gouverneur d'Ivanogrod, fut nommé maréchal par Gustave-Adolphe, qu'il suivit en Allemagne et pour lequel il remplit plusieurs négociations importantes, obtint de la reine Christine le gouvernem. de la Livonie, et mourut en 1644. — Son fils, Charles-Gustave WRANGEL, né en 1613 dans l'Upland, servit comme volontaire, et voyagea ensuite en Hollande et en France. Il était à Paris en 1629, lorsque Gustave le rappela en Suède, le nomma gentilhomme de sa chambre, et, peu de temps après, officier de ses gardes. A la bataille de Lutzen, il concourut avec autant de talent que de valeur à assurer la victoire aux Suédois. Il servit ensuite avec une gr. distinction sous les ordres de Banier, et, après la mort de ce génér., fit partie du conseil qui dirigea provisoirement les mouvements de l'armée. Plus tard il contribua à la victoire de Leipsig, ainsi qu'aux avantages de la campagne suivante. Ayant remplacé le général Tortenson, il réussit, malgré les efforts des impériaux, à se retrancher dans la Hesse, et à y conserver des moyens de communication. Réuni à Turenne, il battit les Autrichiens sur la Nidda, passa le Danube et le Leck, et entra en Bavière, où il leva de fortes contributions. Il ne se signala pas moins dans les campagnes suiv. en Suisse, en Silésie, en Bohême, dans la Hesse, en Franconie, en Pologne et en Danemarck. Après la paix de Westphalie, Wrangel, à qui la sav. campagne de 1645 avait valu les titres de feld-maréch. et de sénateur, fut nommé maréchal du royaume, commandant-général des troupes et président du conseil de guerre. Il mourut en 1676 à l'île de Rugen, où il s'était retiré l'année précédente, après avoir résigné ses emplois militaires, laissant la réputation d'un des plus grands généraux qu'ait eus la Suède.

WRANITZKI (PAUL), directeur de la musiq. des deux théâtres impériaux de Vienne, où il mourut vers 1800, était né en Bohême, et s'était formé à l'école de J. Haydn. Il commença à se faire connaître comme compositeur en 1786, par des symphonies, et donna ensuite l'opéra d'*Oberon*, qui eut un grand succès.

WRATISLAS Ier, duc de Bohême, né en 887, était fils de Borzivoï, premier duc chrétien. Il succéda en 915 à son frère Zbignée Ier, et mourut en 920. Il fut père de Wenceslas et de Boleslas, qui lui succédèrent. WRATISLAS II, premier roi de Bohême, avait recueilli, en 1061, l'héritage de son frère Zbignée, mort sans enfants. Il céda la Moravie à ses frères Othon et Conrad, sous la condition qu'ils le reconnaîtraient pour suzerain. En 1067, il envahit et dévasta la Pologne, mais fut bientôt forcé par le roi Boleslas d'évacuer ce pays. Investi de la souveraineté de la Lusace par l'emp. Henri, dont il avait embrassé la cause, il combattit pour lui à Fladenheim, en Thuringe, contre Rodolphe, son compétiteur, et en récompense il obtint de Henri, avec le titre de roi, la main de la princesse

Judith, sa fille. Proclamé à la diète de Ratisbonne, il reçut l'onction et la couronne roy. à Prague des mains de l'archevêq. de Trèves. Il mourut en 1092, et eut pour success. son frère Conrad, qu'il avait désigné, à l'exclusion de son propre fils Brzetislas. Soixante ans s'écoulèrent avant qu'un des princes qui lui succédèrent dans la souveraineté de la Bohême prît le titre de roi, regardé jusque-là comme une prérogative conférée à la personne de Wratislas II.

WRAY (DANIEL), membre de la société royale et de celle des antiquaires de Londres, né en 1701 dans cette ville, où il mourut en 1783, trésorier de l'échiquier et conservateur du musée britannique, eut la principale part aux *Lettres athéniennes*, publiées par le comte de Hardwicke, son patron. Le 1er vol. de l'*Archœologia* contient de D. Wray des notes sur les murailles de l'ancienne Rome, ainsi que des extraits de ses lettres sur la découverte d'une belle statue de Vénus, déterrée en 1761.

WREN (MATTHEWS), né en 1585 à Londres d'une famille noble, originaire du Danemarck, fut successivement recteur de Feversham, chapelain du prince de Galles (depuis Charles Ier), chanoine de Winchester, principal d'un des colléges de Cambridge, doyen de Windsor et de Wolverhampton, vice-chancelier et secrétaire de l'ordre de la Jarretière, prédicateur du cabinet royal, prévôt de la cathédrale de Westminster, et enfin évêque d'Hereford (1634). La même année, il passa sur le siége de Norwich, et fut transféré à l'évêché d'Ély en 1638. Dénoncé 2 ans après à la chambre des pairs comme partisan du papisme et comme malversateur, il se défendit avec éloquence; on se borna à le punir par une détention dont le terme ne fut point fixé. Il demeura 18 ans enfermé à la Tour de Londres, sans consentir à entrer en négociat. avec Cromwell, qui voulait le gagner à sa cause. Réintégré sur son siége d'Ély après cette longue réclusion, il mourut à Londres en 1667. On cite de lui : *Increpatio Bar-Jesu, sive polemicæ assertiones*, etc., Londres, 1660, inséré dans le 9e vol. des *Critici sacri*. — *L'Abandon du Covenant d'Écosse* (angl.), 1661, in-4. — *Epistolæ variæ ad viros doctissimos* (un certain nombre de ces lettres sont adressées à Ger. Vossius). — Mathews WREN, fils du précédent, fut membre du parlement, secrét. de lord Clarendon, puis du duc d'York. Il avait publié (en anglais) : *Considérations sur la république d'Oceana de M. Harrington*, Londres, 1657, in-8. — *La monarchie justifiée, ou Examen du gouvernement monarchique et démocratique*.

WREN (CHRIST.), architecte, neveu de l'évêque d'Ély, né en 1632 à Knoyle, dans le comté de Wilts, fit ses études à l'université d'Oxford, et dès l'âge de 13 ans construisit une machine pour représenter le cours des astres, et fit divers instruments d'astronomie. A 16 ans il avait fait plusieurs découvertes en astronomie, en gnomonique, en statique et mécanique, et à 25 il professait les mathémat. à Oxford. Bientôt après il fut reçu doct. en droit, et, en 1663, membre de la soc. royale, qui venait d'être établie. Rien n'annonçait encore qu'il dût être un des prem. architectes de son pays et de son siècle. Vers 1665, il fit un voyage à Paris, dans le but d'examiner l'état des arts, qui commençaient à y refleurir sous les auspices d'un nouveau règne. Un grand événement, l'incendie de Londres, le rappela bientôt en Angleterre. L'habile mathémat. eut l'heureuse idée de faire servir cette calamité à l'embellissement de la capitale, et dressa un plan général de reconstruction. Soumis aux débats du parlement, ce projet ne fut adopté qu'en partie; mais il avait révélé les talents de Wren, qui, après la mort de J. Denham (1668), fut nommé architecte du roi, et, en cette qualité, chargé de la direction d'un gr. nombre d'édifices publics. En 1675, il jeta les fondements de la basilique de St-Paul, qui ne fut terminée qu'au bout de 35 ans. Pendant ce long intervalle, il érigea au lieu même où avait commencé l'incendie, et pour en perpétuer le souvenir, la fameuse colonne à laquelle les habitants de Londres imposèrent le nom de *Monument*, et dont la hauteur est de 188 pieds (franç.), en y comprenant le piédestal et le couronnement. Il construisit encore plusieurs autres édifices remarquables, tels que : le *Théâtre* (pour les exercices littér. et les réunions d'assemblées de l'université d'Oxford); l'égl. de *St-Étienne* de Wallbrook, la *Douane* de Londres, le *Palais royal* et le *Palais épiscop.* de Westminster, le *Mausolée* de la reine Marie à Westminster, l'*hôpital* de Chelsea, etc. Wren mourut en 1723, et fut enterré sous le dôme de St-Paul, privilége exclusif pour lui et sa famille. Ce gr. architecte n'a rien fait imprimer lui-même; mais plus. de ses écrits ont été rec. dans les *Transact. philos.* La biblioth du collége d'All-Souls, à Oxford, possède une collect. de ses plans et dessins. On doit à James Elmes des *Mém. sur la vie et les ouvr. de Wren*, Londres, 1823, in-4. — Christophe WREN, son fils, mort en 1747 à 72 ans, a publié : *Numismatum antiquorum Sylloge, populis græcis, municipiis et coloniis romanis*, etc., 1708, in-4. On lui doit aussi des détails sur sa famille, publ. en 1750, in-fol., avec portr., sous le titre de *Parentalia*, etc.

WRIGHT (EDWARD), mathématicien, natif de Garveston, dans le comté de Norfolk, mort à Londres vers 1620, fut agrégé au collége de Caïus à Cambridge, accompagna le comte de Cumberland dans son expédit. aux Açores en 1589, et, à son retour, fut nommé gouv. du prince Henri. On cite de lui : *Correction des erreurs qui se commettent dans la navigation* (angl.) : 1599, 1610, in-4 ou in-8; quelques *Traités* élément. de mathém., et une traduct. du *Traité des logarithmes* de Napier. Wright était aussi un habile mécanicien (v. l'*Hist. des mathém.*, par Montucla, 2e édit. t. II. p. 651).
— WRIGHT (Thomas), vice-président du collége angl. de Reims, puis doyen du chapitre de Courtrai, mort en 1630, avait subi 8 années de détention à York, sa patrie, où il était venu en 1577 comme missionnaire, après avoir professé la théologie en Espagne, en Italie et en Flandre. Il a laissé

quelq. *Traités* de théologie et des écrits de controverse, tombés dans l'oubli. — William WRIGHT, aussi du comté d'York, entra dans l'institut des jésuites à Rome en 1581, et, après avoir professé la philosophie et la théologie à Vienne et à Gratz, fut attaché aux missions d'Angleterre. Il mourut de la pierre en 1639. Il avait égalem. publié quelq. *Traités* de controv., et en avait traduit d'autres de J. Gordon, Becan, etc.

WRIGHT (ABRAHAM), théologien anglican, né à Londres en 1611, mort en 1690, rect. d'Okeham, perdit ce bénéfice, par suite de son opposition au covenant, et le recouvra à la restaurat. Outre plus. *Serm.* et quelques écrits ascétiq., on cite de lui : *Deliciæ deliciarum, sive epigrammatum ex optimis quibusque hujus noviss. sæculi poetis... Anthologia....*, Oxford, 1637, in-12, et *Parnassus biceps*, ou *Choix de diff. morceaux de poésie*, 1656, in-8. — James WRIGHT, son fils, né en 1644, mort en 1713, a laissé, entre autres ouvrages : *Hist. et antiq. du comté de Rutland*, Londres, 1684, 1687 et 1714, in-fol. — *Conversations à la campagne* (sur des sujets de littérat. et de beaux-arts), 1694, in-12. — Trois poèmes *sur la Basilique de St-Paul*, 1697, in-fol. — *Historia histrionica*, mém. histor. sur le théâtre angl., Londres, 1709, in-8 ; réimpr. en tête des *Old plays* (anc. pièces), recueillies par Dodsley. — WRIGHT (Samuel), théologien nonconformiste, né en 1682, mort en 1746, a laissé une quarantaine de *Serm.*; impr. séparément, et un *Traité sur la nouvelle naissance ou la renaissance sans laquelle il est impossible d'entrer dans le roy. de Dieu.* Ce dern. ouvrage a eu jusqu'à 15 édit. du vivant de l'auteur.

WRIGHT (JOSEPH), peintre, né à Derby en 1734, fut envoyé en 1751 à Londres où il reçut des leçons d'un peintre de portraits nommé Hudsow, et se rendit en Italie pour y perfectionner ses talents par l'étude des modèles. Il vint s'établir à Bath en 1775, et se fixa plus tard dans sa ville natale, où il mourut en 1797. L'acad. roy. de peinture l'avait élu en 1782 l'un de ses associés ; mais il déchira son diplôme, offensé qu'un autre artiste eût obtenu le pas sur lui. D'ailleurs il préférait la retraite aux agitations du gr. monde. Ses ouvr. n'en eurent pas moins une vogue extraordinaire. On en compte plus de 150 dans les collect. particul. d'Angleterre. Ses compositions consistent en portraits, en petits sujets histor. (dont le plus généralem. estimé est la *Mort du soldat*, très bien gravé par Heath), et en paysages, qui l'ont fait placer par ses compatriotes au même rang que Rich. Wilson. — WRIGHT (John WESLEY), capitaine dans la marine anglaise, est moins connu par ses talents nautiq. que par sa fin déplorable. Né en 1769 à Corke, en Irlande, il servit dès l'âge de 10 ans dans un régiment d'infanterie et passa l'année suiv. dans la marine, il quitta cette carrière, en 1785, pour le commerce ; mais lors de la guerre avec la France, il devint secrétaire du commodore Sidney Smith, fut rétabli sur les registres de la marine à sa recommandat., et l'accompagna dans une croisière sur les côtes de Normandie. Fait prisonnier avec lui à l'embouchure de la Seine, près du Hâvre, il fut enfermé dans la tour du Temple, où il resta huit mois au secret et séparé du commodore. Il en sortit avec lui, en 1798, à l'aide d'une ruse employée par Phelippeaux, et à son arrivée à Londres fut nommé lieuten. Il suivit en cette qualité Sidney Smith à bord du *Tigre*, fit la campagne de 1799 sur les côtes de Syrie, revint en Angleterre après l'évacuation de l'Égypte par les Français, et se rendit à Paris peu après le traité d'Amiens. Il en repartit après un court séjour, et, lors de la reprise des hostilités, il reçut la mission de stationner sur la côte de Normandie, et d'entretenir des relat. avec les royalistes de l'intérieur. Il opéra plus. débarquem. nocturnes vers la fin de l'été de 1803 ; mais pris avec son bâtiment, le 17 mai 1804, sur la côte du Morbihan (Bretagne), il fut conduit à Paris et renfermé à la tour du Temple, où il passa 26 jours au secret, n'en sortant que pour subir de longs interrogatoires, que l'on confrontait ensuite avec ceux de Georges Cadoudal et de Pichegru. Le procès terminé, les officiers anglais faits prisonniers avec Wright obtinrent leur liberté ; mais la captivité du capitaine devint encore plus dure. Le ministère anglais sollicita vainement son échange. On n'entendait plus parler depuis quelque temps de cet offic., lorsque la *Gazette de France* annonça, dans son n° du 29 oct. 1805, que « le capitaine Wright, détenu au Temple, *s'était* tué dans sa prison, après avoir lu dans le *Moniteur* la nouvelle de la destruction de l'armée autrichienne. » Wright fut trouvé étendu sur son lit, la gorge coupée, avec un rasoir que l'on voyait auprès de lui sur le parquet.

WRISBERG (HENRI-AUGUSTE), profess. d'accouchements, puis d'anatomie à Gœttingue, où il mourut en 1808, était né en 1739 à St-Andreasberg, dans le Hartz. Parmi ses nombreux écrits, impr. la plupart dans les *Actes* de la soc. royale de Gœttingue, on cite : *Descriptio anatomica embryonis*, etc., 1764, in-4. — *Observat. anatomicæ de quinto pare nervorum encephali*, 1777, in-4. — *Experim. et observat. anat. de utero gravido*, etc. 1782, in-8. — *Observat. anat. obstetriciæ de structura ovi*, etc., 1785, in-8. — *Commentatio anat. de nervis bracchii*, 1785, in-4. — *Sylloge commentationum anat.*, 1785, in-4. — *Commentationum medici, physiologici, anatomici, et obstetricii argumenti*, vol. I, 1800, in-8. — *De systemate vasorum absorbente*, etc., 1789, in-8, etc., etc.

WUCHERER (JEAN-FRÉDÉR.), docteur en théol. de l'univ. d'Iéna, né en 1682 à Meiningen, mort en 1737, conseiller de l'Église luthérienne de Weimar, a laissé, entre autres écrits : *Delineatio phisicæ divinæ*, Iéna, 1721, in-4. — *Institutiones philosophiæ natur. ecclecticæ*, 1725, in-8. — *Vindiciæ æternæ divinitatis J.-C. adversùs Whiston*, 1732, in-4. — *Disputationes theologiæ platonicæ, et de Arii... morte miserâ.*

WUÉNÉRIC ou WÉNÉRIC, écolâtre de l'Église de Trèves, puis évêque de Verceil, composa, lors des discussions qui s'élevèrent entre Grégoire VII et l'emp. Henri IV, un *Traité de la division de l'empire et du sacerdoce*, que D. Martenne a recueilli dans le t. 1er de ses *Anecdota*.

WUIEK ou WIEKI (JACQUES), jésuite né en Mazovie vers l'an 1540, mort à Cracovie en 1597, est auteur de plusieurs écrits théolog. en polonais qu'il serait difficile de réunir aujourd'hui. Les plus connus sont : *Postille cathol.*, Cracovie, 1573-75, 3 part. in-fol. — *Petite postille cathol.*, etc., Posen, 1582, in-fol., et la traduct. de la *Bible* en polonais, souvent réimprimée.

WULFADE, assista comme chanoine et économe de l'Église de Reims, au concile assemblé à Querci contre Gotescalc. Interdit des fonctions ecclés. par le concile de Soissons, Charles-le-Chauve ne laissa pas de lui confier l'éducation de son fils Carloman, et de l'employer dans plusieurs affaires importantes. En vain le roi, après l'avoir fait élever au siége archiépisc. de Bourges (866), sollicita la levée de son interdict.; il ne l'obtint que deux ans plus tard d'Adrien II. Depuis Wulfade assista aux conciles de Troyes, de Verberie, de Paris et de Douai. Il mourut en 876. Mabillon a recueilli dans ses *Analecta* une *Instruct. past.* adressée par ce prélat au clergé et au peuple de son diocèse.

WULFEN (FRANÇ.-XAVIER), naturaliste, né en 1728 à Belgrade, professa successivem. la philos., la physique et les mathémat. dans div. colléges des jésuites, dont il avait embrassé l'institut, et, après sa suppression, se livra exclusivem. à l'étude des sciences. Il mourut à Klagenfurt en 1805, membre des acad. de Berlin, d'Erlangen, d'Iéna et de Ratisbonne. Outre plus. morceaux impr. dans les *Recueils* scientifiq. d'Allemagne, on cite de lui : *Mémoire sur les mines de plomb de la Carinthie*, Vienne, 1785, in-fol., avec 21 pl., trad. en lat.— *Descriptiones quorumd. capensium insectorum*, Erlengen, 1786, in-4, fig. — *Mém. sur le marbre à coquillages de la Carinthie*, Nuremberg, 1790, fig. — *Plantæ rariores descriptæ*, Leipsig, 1803, in-4. — *Cryptogama aquatica*, ibid., 1803, in-4.

WULFFER (JEAN), ministre du St évangile et bibliothécaire, né en 1651 à Nuremberg, et mort dans cette ville en 1724, membre de l'acad. de Berlin, a publ. : *Schekalim, hoc est tractatus talmudicus*, etc., Altdorf, 1680, in-4. — *Theriaca judaica ad examen revocata*, etc., Nuremberg, 1680, in-4; 1715, in-12. — *De majorib. Oceani insulis earumque origine*, ibid., 1691, in-8.

WULFHAD (St), était fils de l'heptarq. Wulfère, qui, resté païen, l'ayant surpris en prières avec son frère Ruffin, les fit massacrer tous deux vers 670. C'est sur le lieu de leur sépulture que fut érigé le prieuré de *Stone* en Herfordshire. La fête de ces deux martyrs se célèbre en Angleterre le 24 juillet.

WULFIN, surnommé *Boèce*, dirigeait, au temps de Louis-le-Débonnaire, la célèbre école d'Orléans. On a sous son nom une *Vie de St Junien*, *abbé de Mairé*, recueillie par Mabillon dans ses *Analecta*, et imprimée depuis par le P. Labbe dans la *Nova bibliotheca*.

WULFRAN (St), archevêque de Sens et apôtre de la Frise, était fils d'un officier des troupes du roi Dagobert, et vécut d'abord à la cour de Clotaire III et de Ste Bathilde, sa mère. Il mourut en 720. La ville d'Abbeville, qui possède ses reliques, l'honore comme son patron. La *Vie de St Wulfran*, impr. dans le recueil de Mabillon, est l'ouvr. d'un moine de St-Vandrille, contemporain, dit-on, du St prélat.

WULSTAN (St), était natif d'*Icentum* (dans le comté de Warwick). D'abord écolâtre à l'abbaye de Worcester, il y remplit ensuite les fonctions de grand-chantre, de trésorier, puis de prieur, et fut élu évêque en 1062. Cité en 1067, sous prétexte d'incapacité, devant le synode assemblé à Westminster, sous la présidence de Lanfranc, archev. de Cantorbéry, il refusa de rendre sa crosse et son anneau, et les alla déposer dans le tombeau du roi Édouard, de qui il les tenait. Cet acte toucha Guillaume-le-Conquérant, qui le maintint dans sa dignité épisc. Il mourut en 1095 et fut canonisé en 1203. On a trois *Vies* de St Wulstan, l'une par Guill. de Malmesbury, l'autre par Fl. de Worcester; la 3e anonyme dans le recueil de Capgrave.

WUNDERLICH (JEAN), né en 1778, à Hambourg, enseigna la jurisprud. à Iéna, puis à Rinteln, et fut ensuite pourvu d'une chaire de philosophie dans sa ville natale où il mourut en 1778. Ses principaux ouvrages sont : *Commentatio de L. Volusio Mæciano, juriscons.*, etc., 1749, in-4. — *Lib. singularis de usu inscriptionum roman. veter. in jure*, 1750, in-4. — *Gens aureliana illustrata*, 1753, in-4. — *Commentatio de veterum popinis*, 1756, in-4. — *Principes sur lesquels s'appuie l'hist. du droit romain* (allem.), 1756, in-8. — *Comment. de pupillaribus*, 1756, in-8, etc. — WUNDERLICH (Jean-George), né en 1734, mort en 1802, surintend. du diocèse de Wunsiedel, dans la princip. de Bayreuth, a publ., entre autres écrits : *De formulis concordiæ in terris burgraviatûs norici*, etc., Bayreuth, 1783, in-4. — *Mém. sur la constitut. ecclésiast. de Wunsiedel*, etc. (allem.), Erlangen, 1784, in-8.

WUNDT (DANIEL-LOUIS), né à Kreutznach en 1741, mort en 1805, profess. de théologie à Heidelberg, et membre du consistoire de cette ville, a publié un assez gr. nombre d'ouvr. écrits en allem. dont les plus remarquables sont : *Hist. de la vie et du gouvernement de Charles-Louis, élect. palat.*, Genève, 1786, in-8. — *Leçons sur l'hist. du peuple juif*, etc., Heidelberg, 1788, in-8. — *Magasin pour l'hist, ecclés. et littér. de l'électorat palatin*, ib., 1789-93, 3 vol. in-8. — *Magasin pour l'hist. du Palatinat*, 1793, 2 vol. — *Abrégé de l'histoire ecclésiastiq. du Palatinat*, 1796, in-8. — Frédéric-Pierre WUNDT, frère du précéd., né à Kreutznach en 1748, mort en 1808, profess. d'histoire à l'univ. d'Heidelberg, a laissé, entre autres ouvrages : *Biblioth. topogr. du Palatinat*, Spire, 1785-1802, 3 vol. in-8. — *Hist. de l'univ. d'Heidelberg*, etc., Manheim, 1786. — *Plan pour l'hist. générale du palatinat du Rhin*, 1798, in-8. — *Le comté palatin* de Bade, sous ses rapports géographiques, statistiques et topographiques, 1804, in-8. — *Hist. et descript. de la ville d'Heidelberg*, 1805, in-8.

WUNSCH (Jean-Jacq.), général prussien, né en 1717 dans le Wurtemberg, avait servi sous les drapeaux de l'Autriche, de la Bavière et de la Hollande (1737-55), lorsqu'au commencem. de la guerre de sept ans, il entra dans un corps franc au service de Prusse. Il en fut nommé lieuten.-colonel, puis colonel, et se signala dans la campagne de 1759 par la destruct. de tous les magasins des Autrichiens. En récompense le roi le nomma l'année suiv. génér.-major, puis lieuten.-gén. en 1771. Employé dans la guerre de la success. de Bavière, en 1778, il fut à la paix chargé de l'échange des prisonniers. Le roi Frédéric-Guillaume II, en 1787, le nomma général de cavalerie et chev. de l'Aigle-Noir. Wunsch mourut à Prenzlow en 1788.

WUNSCH (Chrét.-Ernest), profess. de mathém. et de physiq. à l'univ. de Francfort-sur-l'Oder, né à Hohenstein, dans le pays de Schœnberg, vers 1730, mort vers 1805, a publié, entre autres ouvrages : un *extrait* (allem.) des *Observat. sur la nature et les arts*, par l'abbé Rozier, Leipsig, 1775-76, 2 vol. in-8; des traduct. allem. de l'*Hist. de l'astron. ancienne*, etc., par Bailly, Leipsig, 1776-77, 2 vol. in-8, et de l'*Hist. natur. des minér.* de Buffon, 1784, in-8. On cite en outre de lui : *Visus phænomena quædam*, 1776, in-4. — *Entretiens cosmologiques pour la jeunesse* (allem.), 1778-1780, 5 vol. in-8. — *Entretiens sur l'homme*, 1796-99, 2 vol. in-8.

WUNSCHWITZ (Mathias-Godefroi), général des armées impériales, né à Prague en 1632, d'une famille noble mais pauvre, dut son rapide avancement à la valeur dont il donna des preuves dans plus. circonstances. Fait conseiller aulique, en récompense de ses services, il fut créé baron par Léopold Ier (1671). Il a laissé plus. MSs. relatifs à l'hist. politiq. de l'Allemagne. — Godefroi-Daniel Wunschwitz, fils du précédent, né en 1673, parcourut l'Allemagne, la France, la Hollande, l'Angleterre, l'Espagne et l'Italie, apprit les différentes langues de ces contrées, fut, à son retour, nommé commissaire-inspect.-général du cercle de Beraun, en Bohême, et mourut à Prague en 1741. Il a laissé, comme son père, plus. ouvr. MSs. sur des sujets d'antiquités, d'histoire et de généalogie.

WURDTWEIN (Étienne-Alexandre), sav. archéologue, né en 1719 à Amorbach, devint évêque suffragant de l'archev. électeur de Mayence (1785), et mourut en 1796 à Ladenbourg. On cite de lui : *Concilia moguntina*, etc., Manheim, 1766, in-4. — *Historia diplomatica abbatiæ ilbenstadiensis*, ib., 1766, in-4. — *Diœcesis moguntina in archidiaconatus distincta*, etc., ib., 1768, 1776, in-8. — *Médailles de Mayence du moyen âge et des derniers temps* (allem.), ib., 1769, in-4. — *Subsidia diplomatica ad selecta juris ecclesiastici germanici et historiarum capita elucidenda*, Heidelberg, 1772-1780, 13 vol. in-8. — *Nova subsidia diplomatica*, ib., 1782-1789, 14 vol. in-8. — *Bibliotheca moguntina, lib. sæculo 1° typographico moguntiæ impressis instructa*, etc., Augsbourg, 1787, in-4. — *Chronicon diplomaticum monasterii Schœnau*, etc., Manheim, 1793, in-8. — *Monasticon palatinum*, 6 vol. in-8.

WURFFBAIN (Jean-Sigismond), voyageur, né en 1613, à Nuremberg, à 19 ans s'enrôla dans les troupes de la compagnie des Indes hollandaises, et, devenu sous-agent commercial, fut envoyé, en cette qualité, à Surate, puis à Moka et à Cambaye. De retour en Europe en 1645, il établit une maison de commerce dans sa ville natale, devint adjoint du tribunal de la banque, et mourut en 1661. Son père, Léonard Wurffbain, avait fait imprimer un extrait de ses lettres sous le titre de *Voyage aux Indes-Orientales*, Nuremberg, 1646, in-4. Jean-Sigismond en acheta tous les exemplaires pour les anéantir; mais l'ouvr. a été réimpr. dans un rec. de Martin Zeiller, Ulm, 1700, in-fol. — Jean-Paul Wurffbain, fils de J.-Sigismond, publia, d'après un journal écrit en hollandais et en allemand, le voyage de son père sous le titre de : *Services de J.-S. Wurffbain dans les Indes-Orientales pendant 14 ans, comme militaire et marchand en chef, décrits dans le journal exact qu'il a tenu*, etc. (allem.), Sulzbach, 1686, in-4. Le même J.-P. Wurffbain a publié : *Salamandrologia*, Nuremberg, 1683, in-4, et plus. *Mém.* d'hist. naturelle et de médec. dans les *Éphémérides des Curieux de la nature*.

WURMB (Frédéric-Louis de), prem. ministre de l'élect. de Saxe, né en 1728, mort en 1800, a publié, sous le titre de *Tombeau de Léonidas*, Dresde, 1798, 1799, in-8, un examen critique de la constitution saxonne.

WURMBRAND (Jean-Guillaume, comte de), né en 1670, perdit à la mort de l'emper. Charles VI la place de ministre d'état; il la recouvra après l'élection de François Ier, et mourut en 1756. On lui doit : *Collectanea genealogico-historica ex archivo statuum Austriæ inferioris*, Vienne, 1705, 1751, in-fol. — *Commentatio de hæreditariis provinciar. austriacar. officialibus*, Leipsig, 2° édit., 1737, in-4.

WURMSER (Dagobert-Sigismond, comte de), né dans l'Alsace en 1724, d'une famille noble, fit ses prem. armes au service de France. Son père ayant, vers 1750, pris la résolution de s'établir dans les états autrichiens, il l'y suivit et fut accueilli par la cour de Vienne. Employé dans la guerre de sept ans contre les Prussiens, il se signala dans la plupart des affaires importantes, et fut nommé successivement colonel, puis général-major. Lieutenant-général en 1778, il remporta de nouv. avantages sur les Prussiens. Appelé au commandem. gén. de la Gallicie en 1787, il reçut peu de temps après le grade de *feldzeugmeister* (général d'artillerie). En 1793, il eut ordre de rassembler un corps d'armée dans le Brisgaw, couvrit le siége de Mayence, entrepris par les Prussiens, enleva les lignes de Weissembourg, et fit capituler le Fort-Louis; mais battu à Freischweiler, il fut forcé de se retirer précipitamment, et ne put rallier ses troupes que sur la rive droite du Rhin. Desservi par des ennemis secrets, il crut devoir se rendre à Vienne pour se justifier, et fut bien accueilli par l'emper., qui lui confia, en 1795, le commandem. de l'armée du Haut-Rhin. L'année suiv., il fut envoyé en Italie pour réparer les échecs du général Beaulieu; mais après quelq. avantages il échoua contre le génie de Bonaparte et la valeur de ses troupes. Battu à Castiglione, à Montechiaro, à Lonato, repoussé de Vérone, il alla se renfermer avec les débris de son armée dans la place de Mantoue. Après s'y être maintenu jusqu'au 2 février 1797, il obtint de Bonaparte la capitulat. la plus honorable. De retour à Vienne, il fut nommé commandant-général en Hongrie, et mourut dans ce poste en 1797, laissant la réputation d'un général expérimenté, ferme dans le commandement, mais presque toujours malheureux.

WURSTEISEN (Christian), *Wurstisius* ou *Urtisius*, né à Bâle en 1544, gradué docteur en philosophie à 18 ans, obtint deux ans après la chaire de mathématiques à l'univ. Il devint ensuite secrét. d'état et chancelier de la ville de Bâle, et y mourut prématurément en 1588. On cite de lui : *Doctrina arithmeticæ*, 1563, in-4. — *Quæst. in Purbachii heoricas planetarum*, 1568, in-8. — *Chronicon mojus* (allem.), 1580, in-fol. — *Epitome historiæ basiliensis*, etc., 1577, in-8; réimpr. en 1752. — *Germaniæ historici illustres ab imperatore Henrico IV usque ad annum* 1400, 1585, 2 tom. in-fol.; réimpr. en 1670. Sa *Vie*, par J.-Ch. Iselin, a été insérée dans le *Musæum helv.*, t. VII, p. 429-52.

WURTEMBERG (roy. de), la plus petite des monarchies de l'Europe, renferme, sur une surface de 371 milles carrés d'Allemagne, une population d'environ 1,400,000 âmes, et produit un revenu annuel de 22 millions de francs : c'est dire assez que le pays est fertile, que l'industrie et le commerce y prospèrent. Enclavé entre le grand-duché de Bade et la Bavière, à l'est et à l'ouest, cet état touche à la Suisse par le sud, où le lac de Constance baigne une partie de sa frontière. On a vu plus haut que l'état de Wurtemberg, successivem. accru par l'acquisition de divers domaines de la maison de Hohenstaufen, des comtes de Vachingen, des palatins de Tubingen et du dern. duc de Teck, fut élevé, en 1495, par l'empereur Maximilien Ier, au rang de duché. Soumis au vasselage de l'Autriche, en vertu de la transact. conclue à Cadan en 1534, entre Ulric Ier et l'emper. Ferdinand, le Wurtemberg redevint fief impérial par le traité de Prague, qu'i souscrivit Rodolphe II en 1599. Depuis le règne d'Éberhard-Louis jusqu'à l'époque de la révolution française, aucun événement ne lie à l'histoire générale celle des ducs de Wurtemberg. Frédéric Ier Eugène, qui, engagé avec l'Autriche dans les pre. mières guerres contre la république franç., avait conclu ensuite avec ce gouvernem. deux suspensions d'armes (25 sept. 1795 et 17 juillet 1796), puis un traité de paix (7 août), mourut l'année suivante, laissant son fils, Frédéric II Guillaume-Charles, héritier du duché de Wurtemberg. C'est à ce prince que se rattache l'historiq. de l'érection de l'état de Wurtemberg en monarchie : on l'esquissera ici comme complém. de cet article. — Né en 1754, marié d'abord à la princesse Auguste-Caroline de Brunswick-Wolfenbuttel, puis en secondes noces (18 mai 1797) à Charlotte-Auguste-Mathilde d'Angleterre, il fut appelé sur le trône ducal par la mort de son père le 23 décembre 1797. Une constitution souscrite à Tubingue, en 1514, par le prodigue Ulric, et garantie depuis par l'Autriche, la Prusse et le Hanovre, assurait aux états de Wurtemberg le droit de surveiller l'assiette de l'impôt et l'emploi de son produit. Le nouv. duc tenta d'abord de s'affranchir de cette gêne, et de violents démêlés s'engagèrent à ce sujet entre lui et les états. Affectant d'attribuer leur opposit. aux progrès des idées démocratiques, il en fit arrêter les principaux membres, sous prétexte qu'ils entretenaient des intelligences avec les républicains français. Un traité de subsides, qu'il avait conclu (20 avril 1800) avec l'Angleterre, l'intéressant aux négociations de la paix d'Amiens, il obtint, après leur conclusion, diverses indemnités pour sa famille. La dignité électorale lui fut conférée dans le recès de la députation de l'empire (25 févr. 1803), en même temps qu'à 5 autres princes protestants. Lors de la reprise des hostilités entre la France et l'Autriche, ne prenant plus pour règle de conduite que ses idées ambitieuses, il reçut Napoléon à Ludwisbourg, où, le 4 octobre 1805, il conclut avec lui une alliance par laquelle l'empereur des Franç. garantissait l'indépendance et l'intégralité de l'électorat, et de son côté l'électeur s'engageait à fournir un corps de 8 à 10,000 homm. Ce n'était pas la première atteinte portée à la constitution germanique : en prenant de sa propre autorité le titre impérial (10 août 1804), l'archid. d'Autriche, François II, avait donné l'exemple des empiètem. Il fut suivi par les électeurs de Wurtemberg et de Bavière, qui, compris l'un et l'autre sous le titre de rois, dans le traité de Presbourg (art. 7), se firent proclamer le 1er janvier 1806. Par le même traité, le nouveau roi de Wurtemberg fut mis en possession des cinq villes dites du Danube, des deux comtés de Hohenberg, du landgraviat de Nellenbourg et de la préfecture d'Altorff, etc., etc. Cependant, au-dedans du royaume, les plus vives alarmes agitaient les esprits : chaque nouvel effort de Frédéric Ier pour se saisir du pouvoir absolu soulevait de violentes rumeurs. Il fallut, pour les réprimer, recourir aux moyens extrêmes. Dès le 12 déc. une convention, signée au quartier-général de Napoléon, à Brunn, garantit à Frédéric l'intégralité de la puissance souveraine, c'est-à-dire l'autorité despotique sur ses sujets. Le 30 du même mois les états de Wurtemberg furent cassés, et avec eux disparurent les droits constitutionnels de la nation : de là cette lutte sourde et opiniâtre qui devait un jour amener Frédéric à publier cette constitution, objet, de la part de la noblesse médiatisée, de si vaines et si amères censures. L'un des premiers, Frédéric avait pris part à l'acte de confédération des états du Rhin (12 juillet 1806). Après avoir proclamé dans le royaume la tolérance religieuse, et pris de sages mesures administratives, il en diminua le mérite par plusieurs actes de despotisme, entre autres l'ordonnance par laquelle il enjoignit aux princes et aux comtes médiatisés, sous peine de perdre le quart de leurs revenus, de passer annuellement au moins 3 mois à Stuttgard « pour y témoigner personnellem. leur dévotion au souver. » Ainsi que cinq autres princes de la confédération du Rhin, il déclara la guerre à l'Autriche en 1809, et fit presque aussitôt occuper Mergentheim. La paix de Schœnbrunn amena, entre lui et le duc de Bavière, plus. échanges de territoire. Les deux monarques traitèrent de ces échanges sans plus de considération pour la convenance des peuples que s'il se fût agi de transact. d'immeubles. Frédéric, qui, ainsi que les autres monarques de la confédérat., s'était rendu à Paris en 1809 pour assister à l'anniversaire du couronnement de Napoléon, réunit encore ses troupes à celles de la France pour la campagne de 1812 contre les Russes. Mais il suivit enfin l'exemple de la Bavière : dès le 22 octobre 1813, un de ses ministres entamait avec les puissances alliées des négociat. qui amenèrent le traité de Fulde le 8 nov. Dans son manifeste pour annoncer ce changement de système, il se bornait à reprocher à Bonaparte d'avoir laissé dégarnies de troupes et exposées à l'invasion des alliés les frontières du royaume que l'acte de confédération lui imposait le devoir de protéger. On s'accorde au reste à reconnaître qu'il avait été celui de tous les princes de la confédération du Rhin qui sut le mieux conserver son indépendance envers Bonaparte : il fut aussi le dernier à rompre avec lui son alliance. Il est vrai qu'elle était devenue plus étroite par le mariage d'une de ses filles avec le prince Jérôme, alors roi de Westphalie. S'étant rendu à Vienne en 1814 pour y assister au congrès, Frédéric, mécontent de la marche que prenaient les délibérations, quitta brusquem. la capitale d'Autriche, et, de retour à Stuttgard, annonça la résolution de donner au royaume une représentat. nationale. Il convoqua les états pour le 15 mars, afin de leur faire connaître la charte qu'il se proposait d'octroyer, et mourut le 30 oct. 1816, laissant le trône à son fils, Guillaume Ier, aujourd'hui régnant.

WURTEMBERG (comtes et ducs de). ÉMERIC III est le prem. comte de Wurtemberg, dont l'hist. fasse mention. Il descendait, suivant les généalogistes allem., d'Émeric Ier, maire du palais de Clovis et l'un des chefs de l'armée franque. Fils aîné d'Éberhard III, il fut gén. des troupes de l'emper. Henri, dit l'*Oiseleur,* se distingua par ses talents et sa bravoure, et obtint en récompense le comté de Groningue. Il vivait encore en 938. — CONRAD II, bisarrière-petit-fils du précéd., gagna par ses exploits et sa fidélité la faveur de l'emper. Henri IV, qui le rendit le seigneur le plus riche et le plus puissant de la Souabe, et lui accorda le titre et le rang de prince. Conrad mourut en 1121. — ÉBERHARD V, bisarrière-petit-fils du précéd., succéda en 1226 à son père Henri III ; il continua d'augmenter la puissance de sa famille, par des alliances ou par la guerre, et mourut en 1253. Son mariage avec la duchesse Agnès de Zahringen porta dans sa maison le comté d'Urach. — ULRIC Ier (ou V selon ceux qui comptent au rang des comtes de Wurtemberg tous les aïeux de celui-ci), fils du précédent, s'intitula le prem. comte *par la grâce de Dieu,* et fut reconnu prince immédiat de l'empire. Il était devenu maître de presque toute la Souabe, par la mort de l'infortuné Conradin, et avait épousé Agnès, duchesse de Leignitz, du sang royal des Piast. Il mourut en 1265. — ÉBERHARD Ier ou IV, dit l'*Illustre,* fils du précéd., fit la guerre à Rodolphe de Habsbourg et à ses successeurs, Adolphe de Nassau et Henri de Luxembourg, et mourut en 1325, laissant pour successeur Ulric III ou VIII. Il avait prétendu un moment à la couronne impériale, concurremment avec Corn. de Weinsberg. — ÉBERHARD II, dit *le Querelleur,* succéda en 1344 à son père Ulric III, et partagea les soins du gouvernem. avec son frère Ulric IV (mort sans postérité en 1366). Il se fit le champion du corps féodal germanique contre les cités libres ; et au milieu des guerres continuelles qu'il soutint, tant pour son compte que pour celui des empereurs d'Allemagne, il réussit encore à agrandir ses états. Il mourut en 1393, à l'âge de 80 ans. — ÉBERHARD III, surnommé *le Doux,* fils du précéd., se distingua par sa justice, son amour pour les sciences et sa piété ; son caractère conciliant le fit souvent choisir pour arbitre des contestations survenues entre les princes ses voisins ; il rendit sa cour une des plus brillantes de l'Allemagne, et mourut en 1417. — ULRIC V ou XI, *le Bien-aimé,* 2e petit-fils du précéd. et fils d'Éberhard IV, à la mort duquel (1444), il partagea les états du Wurtemberg avec son frère aîné Louis Ier, eut pour son lot le Bas-Wurtemberg et le comté de Montbéliard. La maison de Wurtemberg se trouva ainsi partagée en deux branches, celle de Suttgard et celle d'Urach ou Aurach. Ulric donna le prem. entrée dans les états aux députés des villes et à la bourgeoisie de son apanage. L'empereur Frédéric IV lui offrit le titre de duc ; mais il le refusa, prétendant que, comme un prince de l'empire, il était au-dessus de la dignité ducale. Il mourut en 1480. — ÉBERHARD IX, ou Ier comme duc de Wurtemberg, né à Stuttgard en 1445, était neveu du précéd. et fils de Louis Ier, chef de la branche d'Urach. Il succéda à son frère Louis II, en 1459, se montra le protecteur des sciences et des lettres, fonda l'université de Tubingue en 1477, et se fit remarquer parmi les princes qui se déclarèrent les partisans de la réforme. L'empereur Maximilien, auquel Éberhard avait rendu un service signalé, le fit déclarer duc de Wurtemberg et de Teck par la diète de Ratisbonne en 1496. Éberhard mourut l'année suivante, sans laisser de postérité ; il eut pour successeur Éberhard II, ou V, ou X. — ULRIC Ier, ou II, ou XII, 3e duc de Wurtemberg, né en 1487, était fils de Henri Ier, comte de Montbéliard, et neveu d'Éberhard II. Il avait onze ans lorsque les états forcèrent son oncle d'abdiquer en sa faveur. Il épousa Sabine de Bavière, sœur d'Albert d'Autriche, dit *le Sage*, et nièce de l'emper. Maximilien, qui plus tard lui confia le commandement de ses armées. Ses dissipations et ses prodigalités l'avaient déjà décrédité près de l'empereur, lorsqu'il fut cité à Vienne pour avoir poignardé de sa main un seigneur qu'il soupçonnait d'être l'amant de sa femme. Ayant refusé de comparaître, il fut mis au ban de l'empire; mais la mort de Maximilien mit fin à cette poursuite. Bientôt après la révolte d'une partie de ses sujets le força de fuir de ses états. Il resta quinze ans exilé dans la Saxe et le Brunswich. Les troubles qui survinrent en Allemagne, la guerre des paysans et les progrès des innovat. de Luther, aidèrent ce prince à recouvrer ses états. Secouru par François Ier et appuyé par le landgrave de Hesse, il remporta, en 1534, la victoire décisive de Lauffen; et l'empereur lui confia la possession de ses domaines héréditaires, sous la condit. que le Wurtemberg, cessant d'être un fief immédiat de l'empire, relèverait de l'Autriche, et reviendrait à la maison de Lorraine, en cas d'extinction de la famille ducale. Ulric prit part à la célèbre ligue de Smalkalde, vit ses états ravagés par les troupes du fameux duc d'Albe, et n'obtint la paix qu'à des conditions très onéreuses. Ce prince mourut à Tubingue en 1550. — CHRISTOPHE, dit *le Pacifique*, fils du précédent, né en 1515, hérita de tous les domaines de son père, et les augmenta; il favorisa les lettres, donna de l'extension au commerce, et exerça une grande influence sur la conclusion du traité de Passau (1552), avant-coureur de la loi organique d'Augsbourg, qui fit de la liberté de conscience une des constitutions de l'empire. Ce prince mourut en 1568, emportant les regrets d'une gr. partie de l'Allemagne. — ÉBERHARD III ou VII, 8e duc de Wurtemberg, né en 1614, était le petit-fils de Frédéric Ier, de la branche de Montbéliard, et succéda à son père Jean-Frédéric. Il prit part à la gr. coalition des princes luthériens contre la maison d'Autriche, et fit alliance avec la Suède; mais cette guerre lui fut funeste; et, après avoir vu ses états ravagés par les troupes impériales, il n'obtint la paix qu'à des conditions très onéreuses. Éberhard ne s'occupa plus alors que de cicatriser les plaies publiques; il y réussit assez promptem., raviva l'industrie, et fit reprendre au Wurtemberg son rang parmi les états du second ordre. Il mourut en 1674, et eut pour successeur son fils Guillaume-Louis. — ÉBERHARD-LOUIS, 10e duc de Wurtemberg, né en 1676, succéda, dès l'année suivante, à son père Guillaume-Louis, mort prématurément; la régence fut dévolue à son oncle Fréd.-Charles, qui gouverna sagem. ses états jusqu'en 1693. Dans la guerre de la France contre l'Allemagne, Éberhard servit activement la cause de l'empereur, et prit part à toutes les affaires jusqu'à la paix de Ryswick. La succession d'Espagne ayant embrasé de nouv. l'Europe, il fut nommé feld-maréchal des armées impériales, et se signala dans les affaires les plus importantes en Allemagne, sur le Rhin et dans les Pays-Bas; il commanda en chef l'armée de Souabe en 1710 et 1711, fut ensuite employé en Hongrie contre les Turks, et en Italie contre l'Espagne, revint dans ses états à la paix de Rastadt, et mourut en 1733. — CHARLES-ALEXANDRE, fils de Fréd.-Charles et cousin d'Éberhard-Louis, mort sans enfant mâle, lui succéda dans le duché de Wurtemberg. Ce prince, né en 1684, dès l'âge de onze ans, rejoignit l'armée impériale dans les Pays-Bas. Il prit part aux campagnes d'Allemagne, de Hongrie, du Holstein, d'Italie, fut nommé feld-maréchal de l'empire, après la paix de Rastadt, commandant-général de la Servie en 1719, succéda à son cousin en 1733, et mourut presque subitem. au château de Louisbourg en 1737.

WURTZ (FÉLIX), chirurgien, né à Zurich, exerça son art à Bâle et mourut vers 1570. On a de lui un seul ouvrage, publié par son frère Rodolphe, sous le titre de *Pratique de chirurgie* (allemand), Bâle, 1576, in-8, réimpr., tant dans cette ville que dans plus. autres de l'Allemagne, et traduit en français par F. Sauvin. Paris, 1672, in-12.

WURTZ (PAUL, baron de), général, né à Usum, dans le duché de Sleswig, d'une famille obscure, passa du service de l'Autriche à celui de Gustave-Adolphe, qui, en récompense de sa belle conduite, l'éleva successivement aux premiers grades. Après la mort de Gustave, il se retira à Hambourg pour y terminer paisiblement sa glorieuse carrière. Toutefois il accepta du roi de Danemarck le gouvernement du Holstein, avec le rang de feld-maréchal, et plus tard le commandem. gén. des troupes des Provinces-Unies, alors menacées par Louis XIV. Les talents et l'expérience de Wurtz ne purent préserver la Hollande d'une rapide invasion. Traversé dans ses desseins et humilié par le jeune stathouder Guillaume III, le vétéran reprit la route de Hambourg, d'où il envoya sa démission aux États-Généraux, et où il mourut 2 ans après en 1676.

WURTZ (GEORGE-CHRISTOPHE), médecin, né en 1756 à Strasbourg, prit ses grades à la faculté de cette ville, et y publia, dès 1778, un écrit intitulé: *Conamen mappæ gen. medicamentorum simplicium secundùm affinitates virium nat.*, etc., in-8, qui le fit connaître des savants de France et d'Allemagne. Il visita bientôt ces pays, fut agrégé à la société des Scrutateurs de la nature de Berlin, puis associé correspond. de la soc. roy. de médecine. C'est sur son *plan* que furent organisées dans les hôpitaux franç. des écoles de médecine pratique à l'instar de celles de Vienne. Pendant la tourmente révolutionnaire, il ne discontinua pas de pratiquer son art, soit à Paris, soit à Versailles, employant surtout, et souvent gratuitem., des remèdes populaires qui étaient le résultat de son expérience; il se livra de nouveau, quand les temps devinrent meilleurs, à l'améliorat. morale des classes pauvres, et mourut à Versailles en 1823. Son *Éloge funèbre* par le pasteur Boissard a été imprimé. On trouve, dans l'*Annuaire nécrologique* de 1824, les titres de ses div. ouvr.; il suffira de mentionner, outre ceux dont on a parlé : *Observations sur les maladies qui proviennent d'une âcreté, d'une dégénérescence ou d'une corruption du sang ou de la lymphe*, etc., souv. réimpr. — *Mémoire sur une institut. pieuse*, adressé au consistoire de l'Église luthérienne, 1811, in-8, etc.

WURTZ (Jean-Wendel), prêtre, né vers 1766 à Walsbronn (départ. de la Moselle), vint de bonne heure à Lyon, et y fut attaché comme vicaire à la paroisse de St-Nizier. Les événements de la révolution le plongèrent dans une grande exaltation. Un écrit qu'il publia en 1816, sous le titre d'*Apollyon de l'Apocalypse, ou les précurseurs de l'Antechrist, hist. prophétique..., ou la Révolution franç. prédite par St Jean-l'Évangéliste, suivie d'une dissertat. sur l'arrivée et le règne futur de l'Antechrist*, in-8, le fit traduire en police correctionnelle ; les grands-vicaires du diocèse de Lyon lui retirèrent ses pouvoirs, et il fut obligé de s'éloigner. De retour à Lyon, après une absence de quelq. années, il y publia une *Lettre à M. l'abbé de La Mennais*, in-8, et fut traduit de nouveau au tribunal de Lyon, qui le renvoya de la plainte. Il se retira alors à Colonges, près de Lyon, où il mourut en 1826. On a encore de lui : *Superstitions et prestiges des philosophes, ou les Démonolâtres du siècle des lumières*, Lyon, 1817, in-12 ; production qui n'a pu sortir que d'un cerveau détraqué.

WURZBOURG (Conrad de), *minnesinger* ou troubadour allem. du 13e S., n'est connu que par ses composit., dont plus. annoncent un talent remarquable ; ce sont : des *fables et chants* dans le recueil de Manessen (Zurich, 1758 in-4), et dans le MS. de Colmar. — 89 *Strophes* (dans le recueil d'Iéna). — Un *Poème de St Alexis.* — *Les Poires*, roman. — *La Guerre de Troie*, roman. — *L'Enclume d'or*, poème à la louange de la Vierge (à la bibliothèque impériale de Vienne, et dans celle des Johannites, à Strasbourg. — *Engelhart et Engeldrut*, poème épique, publié en langue allemande à Francfort, 1573, in-8 (on croit l'original perdu). — *L'Empereur Othon-le-Barbu*, conte qui se trouve dans la bibliothèque du Vatican. — Les *Niebelungen*, la *Vengeance de la reine Chriemhilde*, la *Complainte*, trois poèmes épiques qui se trouvent dans les bibliothèques de Strasbourg, de St-Gall et des jésuites de Munich ; le premier a été publié dans le *Recueil* de Rodmer (Zurich, 1757), et dans celui de Müller (Berlin, 1784), et traduit récemment en français.

WURZELBAU (Jean-Philippe de), astronome, né en 1651 à Nuremberg, où il mourut en 1725, correspondant de la société royale de Londres, de l'acad. royale des sciences de Paris, et membre de la société royale des sciences de Berlin, avait entretenu des relations scientifiques avec Leibnitz, Cassini, Lahire, Roemer, Hevelius, Tschirnhausen, etc. Ses travaux astronomiques consistent en plus. écrits et en instrum. de toute grandeur qu'il inventa ou perfectionna. On a de lui : *Tabulæ lunares horoccio-Flamsteedianæ ; Uranica noricæ basis astronomicæ, sive Rationes motûs an-* *nui*, etc., 1728, in-fol. Il a laissé MS. un riche recueil d'*Observations sur les éclipses du soleil et de la lune, sur les satellites de Jupiter, sur le passage des planètes derrière la lune, sur les taches du soleil*, etc., etc.

WUTGENAU (Godefrid-Ernest de), général d'artillerie au service d'Autriche, né en 1673 à Biela, en Silésie, fit toutes les campagnes de la guerre de la succession en Italie et en Espagne, assista, comme colonel, au siége de Belgrade, où il se signala sous les yeux du prince Eugène, devint général-major en 1724, et fut nommé gouverneur de Philipsbourg en 1733. Il défendit vigoureusement cette place ; mais le prince Eugène n'ayant pu le secourir, il se vit contraint de capituler. Chargé, en 1736, de l'inspect. des places fortes de la Hongrie, il mourut à Raab, pendant sa tournée.

WYATT ou WYAT (sir Thomas), poète anglais, né en 1503 dans le comté de Kent, était fils de sir Henri Wyat, memb. du conseil privé de Henri VIII, qui s'était signalé dans la guerre de la rose rouge et de la rose blanche, et avait commandé l'avant-garde à la journée des Éperons. Au retour de ses voyages sur le continent, il fut présenté par son père à la cour, et entra très avant dans la faveur de Henri VIII. Plus tard, disgracié par ce prince hautain et capricieux, il fut envoyé à la Tour de Londres. Ses amis réussirent à calmer le monarque, qui le nomma son ambassadeur près de Charles-Quint ; mais, atteint d'une fièvre maligne en faisant les préparatifs de son départ, il mourut dans le comté de Dorset en 1541. Ses *Poésies*, publ. avec celles de son ami Surrey en 1557, in-4, l'ont été de nouveau en 1812, 2 vol. in-4. Elles consistent en odes, sonnets, ballades, satires, etc., et sont bien inférieures à celles de Surrey. — Thomas Wyatt, fils du précédent, capitaine dans les troupes angl., joua un des principaux rôles dans la conspiration tramée par le duc de Suffolk contre la reine Marie, fille de Henri VIII. Forcé, après avoir donné des preuves de la plus grande intrépidité, de se remettre entre les mains de sir Maurice Berkely, un des officiers de l'armée royale, avec la promesse d'être traité non en rebelle, mais en prisonnier de guerre, il fut condamné à périr de la main du bourreau, et exécuté le 11 avril 1554.

WYATT (Jacq.), architecte, né à Burton, dans le comté de Stafford, en 1743, accompagna en Italie lord Bagot, nommé ambassad. près de la cour de Rome, y puisa le goût de l'antiq., et passa ensuite à Venise, où il joignit à ses premières études celle de la peinture. De retour en Angleterre à l'âge de 20 ans, il ne tarda pas à prendre place parmi les architectes de Londres les plus renommés. La construction de l'édifice appelé *Panthéon*, dans Oxford-Street, établit sa réputation, qui s'étendit bientôt dans les pays du Nord. L'impératrice de Russie chercha vainem. à l'attirer à Pétersbourg. Wyatt mourut subitement en 1813, président de l'académie de peinture, poste dans lequel il avait succédé à Benj. West. Parmi les édifices qu'il a élevés ou restaurés, on distingue le palais de Kew, l'ancienne abbaye de Fonthill, l'église d'Hanworth, le palais des lords, la chapelle de Henri VII à Westminster, le château de Windsor, Doddington-Hall, etc.

WYCK (Thomas), dit *le Vieux*, peintre et grav. à l'eau forte, né à Harlem en 1616, peignit avec succès des ports de mer, des foires, des places publiques, des scènes de charlatans, de baleleurs, des intér. de laboratoires. Il séjourna plus. années en Italie, notamment dans le royaume de Naples, dont il peignit la plupart des ports. Cet artiste mourut en 1686 à Utrecht, où il s'était fixé à son retour d'Italie. Ses tableaux ont encore un prix élevé dans les ventes. Il a gravé à l'eau forte divers petits sujets qui sont très recherchés des amateurs. — Jean Wyck, dit *le Jeune*, fils du précédent, peintre de batailles et de chasses, né à Utrecht vers 1645, fut appelé à Londres sur sa réputation, et y mourut en 1702. Il avait pris Wouvermans pour modèle, et il lui est de très peu inférieur. On cite parmi ses compositions la *Bataille de la Boyne* et le *Siége de Namur*.

WYDRA (Stanislas), jésuite, né à Kœnigsgrætz (Bohême) en 1741, professa les mathématiques à l'université de Prague, et mourut dans cette ville en 1804. On a de lui : *Elementa calculi differentialis et integralis*, etc., Prague, 1773, in-8. — *Annotationes in regulas arithmeticorum*, etc., ibid., 1773, in-8. — *Supplement. tractatus de sectionibus conicis*, ib., 1775, in-8. — *Historia matheseos in Bohemiá et Moraviá cultœ*, ibid., 1778, in-8. — *Dissertat. mathém.*, publ. de 1773 à 1803. — Quelques *Oraisons funèbres*, etc.

WYERMANN ou WEYERMANN (Jacq.), dit *Campo*, peintre, naquit à Breda en 1679. Il étudia son art à Anvers, et de là se rendit à Lille avec une jeune fille qu'il avait séduite, et qu'il abandonna bientôt. De Lille il alla à Paris, où il fréquenta les maisons de jeu et de débauche. Des aventures honteuses l'obligèrent de passer en Italie. Dans un village près de Lyon, il rencontra Cartouche, qui lui proposa d'entrer dans sa bande. Il refusa ; mais le fameux voleur ne lui en donna pas moins une bourse bien garnie. Rendu à Rome, il y fit connaiss. avec le célèbre van Dyck, et les deux artistes partagèrent quelq. mois le même logem. Un nouvel enlèvement et d'autres tours d'escroquerie forcèrent Wyermann, qui avait pris le nom de *Campo*, à quitter les états de l'Église. Il se rendit en Allemagne, et se montra partout comme un digne élève de Cartouche. Inquiété par la justice, il se réfugia à Londres, menant avec lui une riche veuve, qu'il abandonna bientôt après avoir dissipé tout ce qu'elle avait. Il revint en Hollande, où, dit-on, il reçut la visite du tzar Pierre, qu'il refusa de suivre en Russie avec le titre de conseiller-d'état. Il publiait à Amsterdam un journal dans le genre du *Spectateur*, lorsque, ayant attaqué d'une manière grossière la compagnie des Indes-Occidentales, il fut arrêté et condamné pour la vie aux trav. forcés dans la prison appelée la *Cour de Hollande*, à La Haye. Il y mourut en 1747. Dans le cours de sa vie aventureuse, il avait composé plus. écrits, parmi lesquels on cite les *Vies des artistes des Pays-Bas* (en hollandais), La Haye, 1729, 3 vol. in-4. On a publié les *Aventures singulières de Jacq. Campo-Weyermann* (holland.), La Haye, 1756 ; trad. en allemand, Francfort, 1764, in-8.

WYKEHAM (William de), chancelier d'Angleterre, né en 1324 au village de Wykeham, dans le Hampshire, d'une famille ancienne, mais pauvre, fut élevé par les soins du seigneur du lieu, dont il devint secret. Bientôt il eut l'occasion de se faire remarquer d'Édouard III, qui l'attacha à sa cour (1347), et neuf ans après le nomma intendant des construct. royales. C'est sur ses plans que furent élevés le château fort de Quenborough, plusieurs édifices à Winchester et à Oxford. La carrière des hautes dignités ne s'ouvrit dev. lui qu'après qu'il fut entré dans les ordres. Nommé successivement recteur de Pulham, inspecteur-gén. des châteaux et manoirs royaux, doyen de la chapelle royale de St-Martin-le-Grand à Londres, garde du sceau-privé, secrétaire du roi, chef du conseil privé, évêque de Winchester, gouverneur du gr. conseil, il parvint enfin au poste éminent de chancelier. Sa trop gr. sévérité lui attira des ennemis. Le parlement ayant adressé (1371) une requête au roi pour l'engager à retirer à tous les hommes d'église les dignités civiles dont ils étaient revêtus, Wykeham envoya sa démission, qu'Édouard accepta à regret. Retiré dans son diocèse, il s'appliqua à y rétablir l'ancienne discipline. Il fit bâtir un collége à Oxford, et établit à Winchester une école préparat. pour ce même collége. Dénoncé plus tard sous des prétextes frivoles, il fut traduit à la chambre des pairs, qui décréta que le prélat cesserait de faire partie du parlement, de paraître à la cour, et que son temporel serait saisi ; mais bientôt ce dernier article fut rapporté. En le remettant en possession de ses biens, on y ajouta la clause qu'il équiperait 3 vaiss., de guerre, s'il ne préférait en payer la valeur présumée au trésor. A la mort d'Édouard III, en 1377, les antagonistes du parti de Lancastre, qui avait exercé une si grande influence sur les derniers actes de ce monarque, relevèrent la tête, et l'un de leurs prem. succès fut de faire acquitter et réhabiliter complétement Wikeham. Ce prélat fit partie de la nouvelle administration, nommée par Richard II à sa majorité ; mais, en 1390, effrayé de la force avec laquelle l'opinion publiq. se manifestait contre l'insouciance du jeune roi et la dépravation de sa cour, l'évêque de Winchester et ses collègues offrirent leur démission, qui fut d'abord acceptée. Peu après, sur l'invitation que leur fit la chambre des communes de reprendre leurs fonctions, Wykeham y consentit, ainsi que les autres ministres. L'année suivante il se démit de nouveau, retourna dans sa ville épiscop., y vécut encore assez long-temps pour voir prospérer ses deux établissem. d'éducation d'Oxford et de Winchester, et mourut en 1404. La *Vie* de Wikeham a été écrite par le docteur R. Lowth. On peut encore consulter sur ce prélat l'*Histoire de Winchester*, par Milner, et l'*Histoire d'Oxford*, par Chalmers.

WYNANTS (JEAN), paysagiste, né à Harlem en 1600, fut le maître de Phil. Wouwermans et d'Adrien van der Velde, dont il emprunta le pinceau pour placer des figures dans ses composit., et mourut en 1670. Ses tableaux sont très recherchés. Le musée royal en possède trois.

WYNANTS (GODWIN, comte de), membre du conseil souverain de Brabant, puis conseiller privé de l'empereur Charles VI, né en 1661 à Bruxelles, mort à Vienne en 1732, a laissé : *Supremæ curiæ Brabantiæ decisiones recentiores*, avec des notes, Bruxelles, 1744, in-fol., et 2 vol. in-8.

WYNNE (ÉDOUARD), jurisconsulte anglais, né en 1734, mort à Chelsea en 1784, a publié : *Mélanges contenant quelques écrits de jurisprudence*, 1765, in-8. — *Eunomus, ou Dialogues concernant les lois et la constitution d'Angleterre*, 1774, 4 vol. in-8. — WYNNE (John-Huddlestone), littérateur, né en 1743 dans le pays de Galles, exerça d'abord la profess. d'imprimeur à Londres, obtint ensuite le grade d'enseigne dans un régim., donna sa démiss., revint à Londres, où il recourut à sa plume pour subvenir aux besoins de sa famille, et mourut en 1788. On a de lui : *Hist. génér. de l'empire britannique en Amérique*, etc., 1770, 2 vol. in-8. — *Hist. génér. d'Irlande*, etc., 1772, 2 vol. in-8. — *Choix d'emblèmes physiq., hist., fabuleux*, etc., en vers et en prose, 1772, in-12. — Plus, poèmes sur différents sujets. — *L'Enfant du hasard*, roman, 1787, 3 vol. in-12. — Richard WYNNE, oncle du précédent, mort en 1799, recteur d'Ayot-St-Laurent (Hertfordshire), a donné une bonne édit. du *Nouveau-Testament*, 1764, 2 vol. in-8.

WYNPERSSE (JACQ. THIENS van den), médec., né en 1761 à Groningue, reçu docteur en 1783 et mort prématurément en 1788, a publié une trad. latine de l'ouvr. anglais de Hewson, *Sur les vaiss. lymphatiques*, Leyde, 1784, 3 vol. in-8; une *Dissertat. de Ankilosi*, 1783; et plus. *Mém.* couronnés à Amsterdam, à Paris et à Utrecht.

WYNTON, WYNTOWN ou WINTON (ANDREW), chroniqueur, mort vers 1420, avait été chanoine régulier de St-Andrew et prieur du monastère de St-Serf. On a de lui la *Chron. originale d'Écosse*, écrite en vers dans la langue du pays, et dont David Macpherson a publié la partie qui se rattache plus particulièrement aux affaires d'Écosse, 1795, 2 vol. in-8, avec un glossaire, des notes et d'autres accessoires utiles.

WYRWICZ (CHARLES), jésuite polonais, né en 1716, fut recteur du collége des nobles à Varsovie, abbé commendataire de Habdow, et mourut en 1793. On a de lui, entre autres ouvrages : *Abrégé raisonné de l'histoire universelle à l'usage du collége des nobles*, Varsovie, 1766-71, 1787, 2 vol. in-8. — *Géogr. des états actuellem. existants*, etc., ibid., 1768, in-8. — *Observations*, etc., ou *Mémorial politique et historique*, journal publié de 1782 à 1785 à Varsovie, 3 vol. in-8, continué par d'autres rédacteurs jusqu'en 1793, et depuis sous un autre titre.

WYSS (BERNARD), né à Zurich vers 1463, mort vers 1525, a laissé, sous le titre de *Précis de quelques faits mémorables arrivés* (en Suisse) *depuis le comte Rodolphe de Hopsbourg*, etc., un MS. conservé dans la bibliothèque de Zurich, continué jusqu'à 1700 et considérablement augmenté par Ulrich Brennwald. — Nicolas WYSS, citoyen de Bade, puis bourgeois de Zurich, tué en 1531 à la bataille de Cappeler, est auteur d'une *Chronique* qui contient des renseignements sur l'origine du luthéranisme.—Hans-Henri WYSS a écrit une *Histoire de la ville et du canton de Zurich*, 3 gr. vol. dont on n'a imprimé qu'un fragm. intit. : *Description de la bataille de Sempach*, Zurich, 1783, in-8. — Félix WYSS, né en 1596 à Zurich, y professa la théologie, et y mourut en 1666, laissant MSs. des sermons et d'autres ouvrages latins. — Gaspard WYSS, frère du précédent, publia une *Dicteriologia græca*, et une trad. allem. des *Meditationes præparatoriæ ad sanct. cœnam*, du ministre Drelincourt.

WYTFLIET (CORNEILLE), historien et géogr., né à Louvain vers le milieu du 16e S., exerça pendant plusieurs années l'emploi de secrétaire du roi au sénat de Brabant. On a de lui : *Descriptionis ptolemaicæ argument., sive Occidentis notitia*, etc., Louvain, 1598 ; Douai, 1603; Arnheim, 1615, in-fol., avec cartes; trad. en français sous le titre d'*Histoire univers. des Indes-Occident., où il est traité de leur découv.*, etc., Douai, 1607, in-fol., avec cartes.

WYTTENBACH (DANIEL), savant philologue, né à Berne en 1746, suivit à Marbourg son père, appelé à y remplir une chaire de théologie, passa de là à Gœttingue, où il fréquenta les cours du célèbre Heyne, et, après avoir visité l'univers. de Leyde, obtint, par le crédit de Ruhnkenius, la place de professeur de philosophie et de littérature au collége des Remontrants d'Amsterdam. Se préparant dès lors à publier une édition critiq. des Œuvres de Plutarque; il y consacra tous les loisirs que lui laissaient ses fonct., puis entreprit, dans le désir de perfectionner ce travail, un voyage à Paris, où il se lia particulièrem. avec Larcher, Sainte-Croix et Villoison (1775). De retour à Amsterdam, il fut nommé en 1779 professeur de philos. à l'Illustre-Athénée, institut. alors très florissante. Une chaire nouvelle fut créée pour lui en 1785; bien qu'elle embrassât presque tous les genres de littérature et d'hist., ses cours lui laissèrent assez de loisir pour continuer d'enrichir les lettres par div. publicat. Ce laborieux savant mourut en 1820 à Leyde, où il avait accepté en 1799, après deux refus successifs, la chaire vacante par la mort de Ruhnkenius. Il était correspondant de l'Institut de France (acad. des inscriptions), membre de celui des Pays-Bas et de plusieurs autres sociétés savantes. Voici la liste de ses principaux ouvrages : *Epistola critica ad vir. cel. Dav. Ruhnkenium*, etc., Gœttingue, 1769, in-8. — Une édition du traité de Plutarque *De serâ numinis vindictâ*, avec un commentaire, 1772, in-8.—*De philosophiâ, auctore Cicerone*, etc.

(discours d'ouverture à l'Illustre-Athénée, 25 octobre 1779). — *Præcepta philosophiæ logic.*, Amsterd., 1781; Halle, 1794 et 1821, in-8. — *Selecta principum Græciæ historicorum*, avec notes, 1793, 1807, in-8. — *OEuvres morales de Plutarque*, avec la vers. latine de Xylander, comment., notes critiques, variantes, etc., Oxford, 1795-1802, en 5 vol. gr. et petit in-8 et in-4. — *Vita Ruhnkenii*, 1800, in-8. — Une édition du *Phædon* de Platon, avec un savant commentaire, 1810, in-8. Wyttenbach fut le principal rédacteur de la *Bibliothèque critique*, pour laquelle il s'était associé les philologues hollandais les plus estimés, publ. de 1777 à 1807, et continuée sous le titre de *Philomathie*, Amsterd., 1808-18, 15 livrais. Les autres écrits de ce philologue sont des discours académiques, des dissertations, des notes communiquées à plusieurs savants, ses amis ou élèves. G.-L. Mahne a publié : *Vita Dan. Wyttenbachii*, Gand, 1823, in-8, renfermant plusieurs lettres et quelques autres morceaux inéd. On en trouve une bonne analyse par Daunou dans le *Journal des savants*. (1825, p. 521-25.)

WZABECZ (Venceslas-Joachim), né à Bœhmischbrod (en Bohême) en 1740, professa la chirurgie à Bruchsal, puis à l'univ. de Prague, fut médecin du cercle de Kaurzim, et mourut à Prague en 1804. On cite de lui : *Principes d'anat. et de chirurg.*, Bruchsal, 1779, in-4. — *Principes pour la pathologie chirurgicale et pour les opérations*, ib., 1780, in-8. — *Principes pour la chirurgie pratique*, 1781, in-8, etc.

X

XACCA, personnage mythol., que les Japonais honorent comme leur législateur, fut à ce que l'on croit un philos. indien, né à Sica mille ans avant notre ère. Il prêchait l'immortalité de l'âme et la métempsycose. Il la subit lui-même, disent les brachmanes, jusqu'à 80,000 fois. Ses disciples recueillirent le corps de sa doctrine et en formèrent le livre sacré appelé *Foki-Kio*. Ce n'est que quatre siècles plus tard que parut la réformat. du brahmisme Bouddhah.

XACCA (Érasme), né en 1643, dans la petite ville d'Arca, mort vers 1710, commiss. du St-office en Sicile, après avoir rempli d'importantes missions, est principalement connu par un poème intit. : *Brève narrazione dell'incendio del monte Etna..... avvenuto nell' anno 1669*, etc., Naples, 1671, in-8. Il a laissé quelq. autres poésies conservées MSs.

XAINTONGE (Anne et Franç. de), deux sœurs, fondatrices de deux congrégations religieuses, qui suivaient la règle de St-Augustin et se vouaient à l'instruction des jeunes filles. Anne fonda son institut à Besançon en 1606; et mourut en 1621. Ses statuts furent approuvés par Innocent X en 1648. Françoise s'établit à Dijon en 1605, forma diverses autres colonies qui reçurent l'approbation de Paul V en 1619, et mourut en 1639. On trouvera des détails sur ces deux pieuses femmes dans les *Chroniques des ursulines*, par Hélyot; dans le *Catalogue* de Ph. Buonanni, et surtout dans la *Vie d'Anne de Xaintonge*, par le P. Grosez.

XAINTRAILLES, ou SAINTRAILLES, ou SAINTE-TREILLE (Jean Poton, seigneur de), l'un des guerriers les plus célèbres du temps de Charles VII, et l'un de ceux qui ont le mieux justifié le surnom donné à ce prince de *Roi bien servi*, fit ses prem. armes en 1419. Dès son entrée dans la carrière militaire, une amitié étroite l'unit à Lahire, et il y eut peu de faits d'armes où ces deux héros ne figurassent ensemble. Tous deux furent les principaux auteurs des exploits qui rendirent à Charles VII son royaume : ses services furent récompensés par les titres de bailli du Berry, capitaine de la Tour de Bourges, de Falaise et de Château-Thierry, de seigneur de Tonneins, etc., etc., enfin de maréchal de France en 1454. Il mourut à Bordeaux en 1461.

XANTIPPE, fils d'Ariphron, général athénien, succéda dans le commandement à Thémistocle après la malheureuse expédit. de Paros; il contribua beaucoup à la victoire signalée remportée sur la flotte des Perses près de Mycale, parcourut ensuite les côtes de la Chersonèse, s'empara de la ville de Sestos, mais ternit sa victoire en faisant mourir le gouverneur Artayctès et son fils. Son plus beau titre de gloire est d'être le père de Périclès. — Un autre Xantippe, Lacédémonien, commanda l'armée carthaginoise, dans la 1re guerre punique, et vainquit le consul Attilius Régulus.

XANTIPPE, femme de Socrate, avait un caractère querelleur et violent, qui mit la modérat. du sage à une épreuve continuelle : on a peu de détails sur sa personne et sur sa vie. Il paraît que ses défauts étaient rachetés par de bonnes qualités, et qu'elle eut le talent par son économie et sa prudence de trouver dans la modique fortune de son époux des ressources suffisantes pour élever sa famille. Elle montra la plus vive douleur à la mort de Socrate; ses amis craignirent même qu'elle n'y succombât. On ignore l'époque de sa mort.

XANTHUS, *de Lydie*, un des plus anciens historiens de la Grèce, né, suivant quelques auteurs, 503 ans avant J.-C., avait composé un ouvr. en IV livres intit. *les Lydiaques*, ou histoire de Lydie depuis les temps héroïques jusqu'à l'époque où il écrivait : on n'en connaît que quelques fragments, qui ont été recueillis et commentés par Frédéric Creuzer dans le livre intit. : *Historicor. græcorum antiquissimorum fragmenta*, etc., Heidelberg, 1806, in-8. Clément d'Alexandrie lui attribue aussi un ouvrage intit. : *Les Magiques*, mais il paraît que c'est un autre Xanthus, postérieur à Alexandre, qui en est l'auteur. — XANTHUS, poète lyrique, n'est connu que de nom. On croit que Stésichore, auquel il était antérieur, lui a emprunté plusieurs sujets, entre autres son *Oresléide* (*v.* STÉSICHORE).

XAUPI (JOSEPH), littérateur, né en 1688 à Perpignan, embrassa l'état ecclésiastiq. et obtint un canonicat dans sa ville natale. Étant venu se fixer à Paris, il fut admis dans le cercle littéraire de Mme Doublet, et devint l'un des rédacteurs des *Nouvelles à la main*, qui donnèrent naissance aux Mémoires de Bachaumont, il mourut en 1778. On a de lui des *Mémoires* en faveur du chapitre de Perpignan.— Une *Oraison funèbre de Louis XIV*; des *Compliments* ou *Discours* au nom de la faculté de théologie de Paris.— *Dissertations sur l'édifice de l'église primatiale de St-André de Bordeaux*; *Dissertation sur l'élection à l'archev. de Bordeaux, en* 1529, *de Gabriel de Grammont*, Bordeaux, 1751, in-4. — *Recherches historiques sur la noblesse des citoyens honorés de Perpignan et de Barcelone*, Paris, 1763, in-12, et 1776, 3 vol. avec des addit. et des pièces justificatives, etc., etc.

XAVIER (JÉRÔME), de la même famille que St François, né dans la Navarre, entra chez les jésuites d'Alcala en 1568, et trois ans après se consacra aux missions. Il se rendit dans les Indes, puis au Moghol, où il opéra un grand nombre de conversions, et mourut à Goa en 1617, au moment où il venait d'être nommé archevêque d'Angamalé. On a de lui des *Lettres* sur ses missions, et quelq. traités en latin et en persan, dont on trouve la liste dans la *Biblioth. soc. Jesu.* Le protest. Louis de Dieu a trad. du persan en latin son *Hist. de J.-C.* et celle *de St Pierre*, livres mis à l'index en 1641 et 1642.

XÉNOCLÈS, fils de Carcinus, poète tragique grec, vivait du temps de Philippe de Macédoine : on ne connaît plus que les titres de ses ouvrages; c'étaient : *OEdipe*, *Lycaon*, *les Bacchantes*, et *Athamas*, drame satirique : ces pièces remportèrent le prix de la *Tétralogie* sur Euripide dans la 91e olympiade. Il paraît qu'il y eut deux poètes du nom de Xénoclès; Aristophane regarde l'un comme un mauvais versificateur, et Démosthène cite l'autre comme un poète estimable.

XÉNOCRATE, célèbre philosophe, né à Chalcédoine vers l'an 406 avant J.-C., est surtout connu par le noble désintéressement qui lui fit refuser les riches présents que lui envoyait Alexandre, roi de Macédoine. Il avait su prendre un tel empire sur ses passions, que la fameuse Phryné, ayant fait la gageure de le faire succomber, se vit forcée de renoncer à son dessein. Disciple de Platon, il s'occupa moins de modifier ou de développer les théories de son maître que de les concilier avec le pythagorisme : il remplaça, dans l'académie d'Athènes, Speusippe, successeur de Platon, 339 ans av. J.-C., fut le chef de cette école célèbre pendant 25 ans, et mourut vers l'an 314 av. J.-C. Les Athéniens l'avaient envoyé deux fois en députation, la prem. auprès de Philippe, roi de Macédoine, et la 2e vers Antipater. Il avait écrit, à la prière d'Alexandre, un traité de l'*Art de régner*; six livres de *la Nature;* six de *la Philosophie*, et un des *Richesses;* mais aucun de ces ouvr. ne nous est parvenu. On lui attribue un traité *de la Mort*, impr. dans l'édit. de *Jambique* d'Alde, 1497, in-fol. Une *Dissertation sur Xénocrate* a été publ. à Leyde, 1822, in-8, par M. Denis van den Wynpersse. — Pline fait mention de deux autres XÉNOCRATE. On trouve des vers d'un poète de ce nom dans l'*Anthologie*.

XÉNOCRATE, médecin grec, né dans le prem. siècle de l'ère vulg., avait composé, sur l'utilité médicale des animaux, un traité qui ne nous est pas parvenu. Mais il nous reste de lui un écrit intitulé : *De la nourriture tirée des poissons*, réimprimé plus. fois, et notamment à Paris, 1814, dans les hors-d'œuvres de la *Bibliothèq. grecq.* de Coray dont il forme le tom. IIIe. Galien parle de ce médecin en termes peu avantageux. On doit cepend. reconnaître qu'au milieu de puériles et absurdes prescriptions il en avait placé de sages qui méritent l'assentim. des gens de l'art.

XÉNOPHANE, fondateur de l'école d'Élée, né à Colophon, vers la 40e olympiade (617 ans av. J.-C.), quitta sa patrie à l'âge de 80 ans (on ne sait pas au juste pour quel motif), vint s'établir à Élée, colonie phocéenne de la Grande-Grèce, et y mourut âgé de plus de 100 ans. Il paraît que, comme Homère et Hésiode, il avait vécu du métier de rhapsode, et chanté ses vers à la cour des princes de Sicile. On sait qu'il avait composé en vers plus. ouvr.; mais il n'en reste que des fragments, et l'on ne connaît pas même le titre des écrits auxquels ils appartiennent. Diogène de Laërte dit qu'il avait composé plus de 2,000 vers sur la fondation de Colophon et sur celle d'Élée; malheureusem. il n'en subsiste plus un seul. Athénée lui attribue aussi des élégies, dont il cite des fragments. Le système philosophique de Xénophane, qui tenait à la fois du pythagorisme et des doctrines contemporaines, était renfermé dans un poème en vers hexamètres intit. : *De la nature*, dont il ne reste qu'un petit nombre de fragments : c'est en les rapprochant et en les comparant entre eux, que M. Cousin est parvenu à reproduire la doctrine complète de ce philosophe. Sa métaphysique et sa théologie avaient déjà été développés par Aristote dans le livre qu'on lui attribue sur *Xénophane, Zénon* et *Gorgias*. Ce dern. écrit, ne nous étant parvenu que très altéré, a donné lieu à un grand nombre de commentaires, parmi lesquels on doit distinguer ceux de Fulleborn, Halle, 1789; de Spalding, Berlin, 1793, et de Brandis, Altona, 1813. On trouvera des détails sur l'école d'Élée et son fondateur dans les ouvr. suiv. : *Dissertation historico-philosoph. de Xénophane*, par Fœverlin, Altdorf, 1729, in-4; *Xenophanis discreta*, etc., par Tiedemann, *Nova biblioth. philosoph. et crit.* vol. I, fasc. 2e; *Mémoires de l'académie de Gœttingue*, t. X; et *Comment. eleat. pars prima*, par

Brandis, 1815. M. Cousin pense qu'il faut lire avec une extrême précaution ce que Diogène-Laërce, le faux Plutarque, le faux Origène, Galien, Théodoret, etc., ont écrit ou rapporté du philos. de Colophon.

XÉNOPHILE, sculpteur grec, avait, suiv. Pausanias, fait, de concert avec Straton, une statue d'Esculape qui ornait le temple de ce dieu à Argos. On ne sait rien sur la vie et sur les autres ouvr. de cet artiste. — Un autre XÉNOPHILE, dont on ignore la patrie et l'époque, est aut. d'une *Hist. de Lydie* dont on ne connaît aucun fragment.

XÉNOPHON, philosophe, historien et général athénien, naquit, vers l'an 445 avant l'ère vulg., à Erchie, bourgade de la tribu Égéide. Il était fils de Gryllus : là se bornent les renseignements positifs qu'on a sur sa famille et les prem. circonstances de sa vie. Il avait 15 ans lorsqu'il connut Socrate, dont il devint le disciple, et qui le prit dans une grande affection. Comme tous les jeunes Athéniens, il s'enrôla pour la défense de la patrie, et il assista à la bataille de Délium, où, dit-on, Socrate lui sauva la vie. Il paraît que, plus tard, ayant été fait prisonnier dans un combat contre les Béotiens, il reçut des leçons du sophiste Prodicus de Céos, qui dans la suite vint ouvrir une école à Athènes. Xénophon porta également les armes dans la guerre du Péloponèse. Il y a lieu de croire que, dans l'intervalle de cette guerre à celle qu'entreprit Cyrus-le-Jeune contre son frère Artaxerce, le guerrier-philosophe écrivit quelq.-uns des ouvrages que nous possédons de lui. Il faut rapporter au même temps le voyage qu'il fit en Sicile, où il fut présenté à la cour de Denys-le-Tyran. Il nous apprend lui-même dans un de ses écrits, l'*Anabase* (ou histoire de l'expédition des dix-mille), qu'un Béotien, nommé Proxène, attaché à la personne de Cyrus, lui ayant écrit pour l'engager à venir à la cour de ce prince, il se décida à quitter l'Attique pour venir à Sardes. Proxène le présenta au frère d'Axtaxerce, qui l'engagea à prendre part à la guerre qu'il préparait, disait-il, contre les Pisidiens. Xénophon consentit, ne soupçonnant pas le but réel de cette expédition. On sait quelle en fut l'issue (v. ARTAXERCE, CLÉARQUE, CYRUS). Après le massacre de Cléarque et des 24 autres chefs de l'armée grecque auxiliaire, Xénophon proposa qu'on le choisit, avec quatre autres officiers, pour remplacer les généraux si lâchement assassinés par le Satrape Tissapherne. Dès ce moment, il dirigea les opérations, et parvint à ramener ce corps d'armée des rives du Tigre aux bords de la Propontide, en face de Byzance. Cette retraite mémorable a placé Xénophon au rang des plus grands capitaines. Arrivé avec ses troupes à Chrysopolis, Seuthès, roi de Thrace, le sollicita de passer dans ce pays, pour l'aider à remonter sur le trône dont il venait d'être expulsé. Xénophon, de l'aveu des autres chefs, y consentit. L'expédition eut un plein succès ; mais l'ingrat Seuthès refusait de payer aux Grecs la somme convenue pour ce service. Xénophon en obtint une partie à force de négociations, pendant lesquelles lui et les siens firent preuve de longanimité. Cette affaire terminée, les Lacédémoniens, alors en guerre avec les satrapes Pharnabase et Tyssapherne, sollicitèrent les troupes grecques, sous les ordres de Xénophon, de les aider dans cette lutte, en leur promettant une forte solde. Xénophon, malgré le vif désir qu'il avait de revoir sa patrie, céda aux prières de ses troupes, qui le conjuraient de les conduire au moins jusqu'en Ionie, où se trouvait l'armée lacédémonienne. On conjecture qu'après cette jonction, il se rendit à Athènes, mais il n'y retrouva plus Socrate, que ses citoyens, aveuglés par de misérables sophistes, avaient fait périr par le poison. C'est à cette époque qu'on peut reporter la composition des ouvr. de Xénophon qui ont pour objet la justificat. de Socrate, de celui intit. *Économie*, enfin du *Maître de cavalerie*. Le roi de Sparte Agésilas étant parti pour son expédit. d'Asie en 395, Xénophon le rejoignit l'année suiv., et cette démarche motiva le bannissement que les Athéniens prononcèrent contre lui. Tant que dura l'expédition d'Asie, il resta près d'Agésilas qu'il suivit à son retour en Grèce; il combattit à ses côtés à la bataille de Coronée, et l'accompagna ensuite à Sparte, d'où il se rendit à Scillonte, en Élide. Sa femme et ses enfants vinrent l'y joindre. On présume que son séjour dans cette ville fut de 24 années, et on y rapporte la composition du plus gr. nombre de ses ouvr. Il y continua les *Helléniques*, écrivit l'*Anabase*, ou Expédit. des dix-mille, commença la *Cyropédie*, et publia ses *Républiques* de Sparte et d'Athènes, ainsi que les traités didactiques (l'*Hipparchique*, ou le Maître de cavalerie, l'*Équitation* et les *Cynégétiques*). L'histoire des dern. années de Xénophon est fort incertaine. Réduit à se sauver de Scillonte lorsq. les Éléens s'en rendirent maîtres (1re année de la 103e olymp.), il se réfugia à Lepréum, puis à Corinthe. Son long exil d'Athènes fut levé l'année suiv. par un décret d'Eubulus, et, s'il ne revint pas alors se fixer dans cette ville, du moins il envoya ses fils combattre sous les drapeaux athéniens dans la guerre contre Thèbes. L'un d'eux, Gryllus, périt glorieusem. à Mantinée. Xénophon, qui avait alors 83 ans, reçut cette nouvelle par l'exclamation fameuse : *Je savais que mon fils était mortel.* Désormais fixé à Corinthe, il y mourut dans la 106e olymp., l'an 355 ou 354 avant J.-C., après avoir mis la dern. main à tous ses ouvrages. Pour en compléter la liste, il reste à mentionner la *Vie d'Agésilas*, le traité des *Revenus de l'Attique*, le *Banquet*, l'*Hiéron*, les *Dits mémorables* et l'*Apologie de Socrate*. On a contesté à cet illustre écrivain son chef-d'œuvre, l'*Hist. de la retraite des dix-mille*, et cette opinion est fondée sur un passage de ses *Helléniques*, où il attribue lui-même un récit semblable à Thémistogène-le-Syracusain. Plutarque dit que Xénophon a mis cette *Hist.* sur le compte de Thémistogène, afin qu'on eût plus de confiance dans ce qu'il y disait de lui-même. Un critique judicieux, M. Letronne, résout la difficulté en proposant d'admettre, 1o. qu'il a existé en effet un ouvrage de Thémistogène sur la retraite des dix-mille, mais que ce récit incomplet a été continué par Xénophon ; 2° que les *Helléniques*, ont été composées en deux fois, et qu'à l'époque où l'auteur écrivait la 1er partie, il n'avait point composé son *Anabase*, et qu'il a dû citer conséquemment l'écrit du Syracusain, sans doute déjà publié et connu. Dans cette hypothèse, la seconde partie des *Helléniques* aurait été écrite plus tard, et publiée peut-être même après la mort de l'aut., par son fils Diodore ou son petit-fils Gryllus. Fabricius, dans sa *Biblioth. gr.*, et Gail, dans le t. VII de son édit. de *Xénophon*, ont donné le catalogue de toutes les édit. et traduct. complètes ou partielles de cet illustre écrivain. La prem. édit. des *OEuvres*, publiée par Ph. Giunta, Florence, 1516, in-fol., est incomplète ; la prem. édit complète fut publiée à Halle en 1540, avec une *Préface* de Mélanchthon ; la prem. édition gr. et lat. est de Bâle, 1545. Parmi les autres éditions on distingue celles d'Henri Estienne, Paris, 1561 et 1581 (à la dern., qui est la meilleure, se joint une *Version* latine, impr. à part); de Benj. Weiske, Leipsig, 1798-1804, 6 vol. in-8, enrichie de *Dissertat.* historiq. et littér.; enfin de Gail, Paris, 1797-1804-1808-1814, 7 vol. in-4, avec un atlas. Cette édit. pèche par le défaut de plan et d'ensemble. Gail a adopté l'ancien texte, sans l'améliorer par les *Variantes*. P.-Louis Courier a donné une nouv. édit. de l'*Hipparchique*, avec récension du texte. — Diogène de Laërte compte six autres personnages du nom de XÉNOPHON. Le 1er, Athénien, avait composé, entre autres ouvr. historiques, les *Vies* d'Épaminondas et de Pélopidas, et un poème épique *sur Thésée*, cité par Plutarque dans la *Vie* de ce héros ; — le 2e avait écrit une *Vie* d'Annibal ; — le 3e était un thaumaturge ; — le 4e était un sculpteur habile de l'île de Paros ; — le 5e était un poète de l'ancien théâtre grec ; — enfin le 6e fut un médecin de Cos, mentionné par Tacite, et qui empoisonna, dit-on, l'emp. Claude, à l'instigation d'Agrippine. — XÉNOPHON, sculpteur athénien, travailla au *Trône de Jupiter* dans le temple de Mégalopolis, et fit la statue de *la Fortune* à Thèbes. — Suidas parle encore de deux XÉNOPHON : le 1er, d'Antioche, avait composé des *Babylonica* ; — le 2e, de Cypre, avait écrit des *Cypriaca* : c'étaient des *Rec.* d'histoires amoureuses. — Pline et Solin parlent d'un XÉNOPHON, de Lampsaque, auteur d'un *Périple* qui embrassait les côtes septentrionales de l'Europe.

XÉNOPHON d'*Éphèse*, appelé communément *Xénophon-le-Jeune*, un des neuf romanciers grecs dont nous possédons les ouvrages, n'est connu que par les *Éphésiaques, ou Amours d'Habrocome et d'Anthia*, dont il ne reste qu'un MS. incomplet, conservé à la bibliothèque Ste-Marie de Florence. Suidas, le seul auteur qui fasse mention de ce Xénophon, se borne à dire qu'il composa en outre un *Traité* de la ville d'Éphèse et quelques autres ouvrages. Connues d'abord par la traduction ital. qu'en donna Salvini (Londres, 1723), les *Éphésiaques* ont été depuis plusieurs fois imprimées.

L'édition *princeps* du texte est due à Ant. Cocchi, Londres, 1726, in-4. Fr. Buonsignori, dans une autre édition (Lucques, 1781, in-4), a réuni au texte les *versions* latine, ital. et franç. de Cocchi, de Salvini et de Jourdan. A.-A. Renouard a reproduit en 1800 la version de Salvini, corrigée par le célèbre Visconti.

XERCÈS Ier, 5e roi de Perse, succéda l'an 485 à Darius, son père, qui l'avait désigné, de préférence à son fils aîné, Artabaze, né avant son avénement au trône. Après une prem. expédition contre l'Égypte, qu'il soumit à ses lois, Xercès résolut de poursuivre l'entreprise de son père contre la Grèce, réunit une armée dont on porte le nombre à près d'un million d'hommes, et, l'ayant passée en revue dans les plaines de Doriscus (Asie-Mineure), lui fit traverser la mer sur un immense pont de bateaux. Ce passage ne fut pas plus tôt effectué qu'une tempête détruisit le pont. Le grand roi, s'il faut en croire Hérodote, fit châtier la mer avec des fouets ou des chaînes de fer, et mettre à mort les constructeurs du pont. Le même historien rapporte que Xercès fit percer l'isthme du mont Athos pour donner passage à sa flotte. Arrêté aux Thermopyles par l'héroïque effort des Spartiates sous les ordres de Léonidas, Xercès ne franchit ce détroit qu'avec une perte considérable. Il soumit aisém. Thèbes, Platée et Thespies ; mais il échoua dans l'attaque de la flotte athénienne, stationnée dans les parages de Salamines, et fut complétem. défait par Thémistocle. Frappé de terreur au milieu de la confusion générale de ses alliés, Xercès regagna en fugitif la côte d'Asie, sur une petite barque, laissant les débris de son armée sous les ordres de Mardonius, son parent, qui fut complétem. défait l'année suivante à Platée. Xercès ne songeant plus désormais qu'à se rassasier de tous les plaisirs, le capitaine de ses gardes, Artaban, conçut le projet de le précipiter du trône pour s'élever en sa place. Secondé par Mithridate, chef des eunuques, il pénétra dans la chambre du roi, et le poignarda en l'an 464 avant J.-C. L'expédition contre la Grèce a fourni à Eschyle le sujet de sa tragédie *des Perses*, et l'on pense qu'il avait complété la trilogie par deux autres pièces, dont l'une était *les Salamines*. — XERCÈS II, roi de Perse, fils d'Artaxercès, dit *Longue-Main*, succéda à son père en l'an 425 av. J.-C., et fut assassiné par son frère Sogdian, qui s'empara du trône. — XERCÈS, souverain d'Arsamosate, ville capitale de la Grande-Arménie, n'est connu que par une médaille qui, d'un côté, offre son effigie, et, de l'autre, une victoire avec ces mots en grec : *Xercès, roi*.

XERÈS (FRANCESCO), historien espagnol, accompagna Pizarre dans la conquête du Pérou en qualité de secrétaire, et adressa, par ses ordres, à l'empereur Charles-Quint la relation de cette expédition. Cet écrit, publié en Espagne sous le titre de *Conquista del Piru, verdadera relacion*, etc., Salamanque, 1547, in-fol., a été trad. en italien, et inséré dans la *Collection des voyages*, par Ramusio. — Ferdinand-Perez de XERÈS a trad. *Héro-*

dien en espagnol sur la *version* latine de Politien, 1542, in-fol.

XIMENÈS (D. Roderic), archevêque de Tolède et cardinal, était issu d'une famille noble de la Navarre, et porta d'abord l'habit de franciscain. Il combattit plus d'une fois contre les Maures, et contribua beauc. à leur expulsion de l'Espagne. Ayant eu un violent démêlé avec l'archevêque de Tarragone, il vint à Lyon pour faire décider cette affaire par le pape Innocent XI, qui y tenait un concile, et mourut en retournant en Espagne en 1247. On a de lui une *Histoire d'Espagne*, en IX livres; une *Histoire des Ostrogoths*; une *Histoire des Huns et Vandales*; une *Histoire des Arabes* (de 770 à 1150); enfin une *Histoire de Rome*, dep. Janus jusqu'en l'an de la république 708. Tous ces ouvrages ont été publiés par le P. André Schott dans l'*Hispania illustrata*, t. II. L'*Histoire des Arabes* a été publ. séparément par Th. Erpenius à la suite de l'*Hist. saracenica*, d'Elmacin, Leyde, 1625, in-fol. et in-4. — Ximenès (Francesco), évêque d'Elvas dans le 14e S., est auteur d'un ouvrage intitulé *de Vita angelica*.

XIMENÈS (Pierre), théol. d'origine portugaise, né en 1514 à Middelbourg, prit ses grades à l'univ. de Salamanque, et, après divers voyages en Italie et en France, se fixa dans les Pays-Bas, d'où, lors des troubles que souleva l'odieuse tyrannie du duc d'Albe, il fut contraint de se sauver à Cologne. C'est là qu'il fit paraître le seul écrit qu'on connaisse de lui, et qui a pour titre: *Demonstratio catholicæ veritatis*, en 1595. — Joseph Albert Ximenès, prieur gén. de l'ordre des carmes, mort en 1774, a rédigé les deux dern. vol. du *Bullaire* de son ordre.

XIMENÈS (Iago), poète espagnol, natif d'Arcos, en Andalousie, dédia, en 1579, au duc d'Albe, sous qui il avait servi dans les Pays-Bas, un poème héroïque de *l'invincible cavalier le cid Ruy Dias de Bivar ou Vibar*, Alcala de Henarès, in-4. On a encore de lui un vol. de *Sonnets*, impr. en 1569. — Francesco Ximenès, peintre, né en 1598 à Saragosse, où il mourut en 1666, visita l'Italie, et, depuis son retour, enrichit les églises et les couvents de sa ville natale de tableaux d'une touche large et magnifique. Il reste aussi de lui quelq. ouvrages de chevalet. — Le cordelier Francesco Ximenès, missionnaire au Mexique, où il mourut en 1620, a laissé en MS. un *Lexique* et une *Grammaire* de la langue du pays; on lui doit en outre une traduct. espagnole de l'ouvrage de Fr. Hernandez, *Sur les plantes et les animaux dont on se sert en médecine*. — Un autre Francesco Ximenès Guillen, médecin à Séville vers la fin du 16e S., a publié quelq. écrits en réponse à son confrère J. de Lema et une dissertation intit.: *Quid sit per sapientiam mori apud Plinium*, in-4. — Ximenès (Jérôme), médec. à Saragosse, a publié: *Institution. medicarum lib. IV*, Tolède, 1583, in-fol.; Epila, 1596, in-4. — *Quæstiones medicæ*, Epila, in-fol. — (*v.* Carmona).

XIMENÈS (Léonard), jésuite, mathématicien de l'empereur, membre associé des acad. des sciences de Paris et de Pétersbourg et de div. soc. savantes d'Italie, né en 1716 à Trapani, en Sicile, d'une famille originaire d'Espagne, mort d'apoplexie en 1786, profess. de géogr. à l'académie de Florence, avait profité, pour s'avancer dans les hautes études scientifiques, des loisirs que lui laissait la place de précepteur des enfants d'un noble florentin. C'est à lui que la capitale de la Toscane doit l'observatoire de San-Giovannino. Hydraulicien, ingénieur et astronome, il a utilisé ses talents par une foule de travaux importants, tels que la route de Pistoie, le pont de Sestajone, etc. Il suffira de citer parmi ses écrits: *Primi elementi della geometria piana*, Venise, 1751, in-8. — *Osservazione del passagio di venere sotto il disco solare..... VI giugno 1761*, in-4. — *Nuove sperienze idrauliche*, etc., Sienne, 1780, in-4. — *Ristretto delle osserv. dell' ecclissi solare del 17 oct. 1781*, Rome, in-4. — *Teoria e pratica delle resistenze de' solidi ne' loro attriti*, Pise, 1782, 2 vol. in-4. — *Raccolta di perizie ed opuscolici idraulici*, etc., 1781-86, 2 vol. in-4; div. *Mém.* et *Dissertat.* dans les journaux scientifiques. L'*Éloge* de Ximenès a été écrit en ital. par L. Brenna et par Palcani (*v.* le *Supplem. biblioth. soc. jesu* du P. Caballero).

XIMENÈS (Augustin-Louis, marquis de), littérateur, né à Paris en 1726, d'une ancienne maison aragonaise, suivit d'abord, comme ses ancêtres, la carrière militaire, fut aide-de-camp du maréchal de Saxe, se distingua à Fontenoi, parvint au grade de mestre-de-camp, quitta le service en 1746, et devint un poète médiocre. En 1752, il donna au Théâtre-Français *Epicharis*, tragédie qui n'eut qu'une seule représentation; *Don Carlos*, représenté l'année suiv., eut plus de succès sans être meilleur; *Amalazonte* eut le sort d'*Epicharis*. Ces trois tragédies ont été impr. en 1772, dans un vol. où Ximenès réunit, sous le titre d'*OEuvres*, tous les essais poétiques de sa jeunesse; et 20 ans après, il publia un nouveau recueil sous le titre de *Codicille d'un vieillard*, Paris, 1792. Il se montra partisan de la révolution, mais sans fanatisme, ne prit aucune part aux événem., et ne remplit aucune fonction publique. Napoléon, qu'il encensa dans de petits vers, lui fit une pension; de pareils hommages lui valurent aussi du roi, en 1816, la croix de St-Louis. Il mourut en 1817, doyen des colonels et des poètes français, dans sa 92e année. La plupart des pièces insér. dans les deux recueils cités plus haut avaient été d'abord impr. séparément. Il avait publié aussi quelq. écrits en prose, notamment quatre lettres *sur la Nouvelle-Héloïse*, où, se faisant l'écho des passions de Voltaire, il déversait sur J.-J. Rousseau les plus outrageux mépris. Il est question de Ximenès en plusieurs endroits de la *Correspondance* de Voltaire, et l'on trouve sur lui diverses anecdotes dans les *Mém.* de Bachaumont (*v.* aussi, pour les détails bibliogr. le *Journal de la librairie*, année 1817, p. 351).

XIMENÈS DE CISNEROS (Francesco), archev. de Tolède, cardinal et régent d'Espagne pend. la minorité et l'absence de Charles-Quint, naquit en 1437 dans une petite ville de Castille. Destiné à la place de receveur des décimes, que remplissait son père, il sentit de bonne heure qu'il pouvait viser à une plus haute fortune, et, après avoir terminé avec éclat ses études à l'université de Salamanque, il embrassa l'état ecclésiastique. Pourvu d'abord d'une chaire de droit, il vint ensuite plaider à Rome les causes des Espagnols devant les tribunaux ecclésiastiques. Le pape Sixte IV ayant cru devoir récompenser ses talents par une bulle d'expectative pour le premier bénéfice vacant dans l'archevêché de Tolède, Cisneros, de retour en Castille, revendiqua l'archiprêtré d'Ucéda, alors vacant. Il n'en put prendre possession qu'au bout de 6 ans, durant lesquels, luttant pour son droit contre l'archevêq. même, il avait essuyé de violentes persécutions. Il permuta son office contre celui de grand-vicaire de Siguenza, qu'il résigna à l'un de ses frères, pour venir prendre à Tolède l'habit de St-François. Il n'eut pas de peine à se faire comme prédicateur une grande célébrité; mais il s'y déroba tout à coup en se retirant dans un couvent de son ordre, situé au milieu des montagnes qui avoisinent Tolède. Il en fut tiré à 56 ans pour remplir l'emploi de confesseur de la reine Isabelle, sur la désignat. du cardinal Mendoza, qui plus tard l'indiqua pour son success. sur le siége de Tolède (1495). Ximenès n'accepta ce poste éminent que sur une injonction expresse du pape, et continua long-temps de porter le froc sous les ornem. pontificaux, et d'habiter une cellule près des somptueux appartements de son palais. Placé par Isabelle et Ferdinand à la tête de l'administration, il déploya dans les affaires un talent égal à sa réputation de sainteté. Médiateur entre Ferdinand et l'archiduc Philippe d'Autriche (époux de l'infante Jeanne, héritière de la couronne de Castille après la mort d'Isabelle), il chercha tous les moyens de les concilier, et conserva la confiance des deux princes. Après la mort de Philippe, l'empereur Maximilien et Ferdinand prétendirent avoir les mêmes droits à la régence de Castille comme aïeuls du jeune Charles d'Autriche. Ferdinand étant haï de la noblesse castillane, il ne fallut pas moins que l'habileté de Ximenès et le crédit qu'il avait sur le clergé et sur le peuple pour surmonter les difficultés qui se présentaient en cette circonstance. Ferdinand, qui se trouvait alors dans le royaume de Naples, lui envoya les pouvoirs les plus étendus pour gouverner en son absence, et lui fit obtenir en même temps le chapeau et le titre de cardinal d'Espagne. Le retour de Ferdinand ne diminua rien au pouvoir de Ximenès. Afin d'avoir des forces qui lui manquaient pour l'exécution de ses desseins, il conçut l'idée d'opposer les villes aux seigneurs, en autorisant les communes à lever des troupes. C'est ainsi qu'après avoir formé le projet d'une expédition pour s'emparer d'Oran, il réunit une armée de 10,000 fantassins et 4,000 chevaux, pourvue de munitions de toute espèce. Oran succomba à la première attaque. Les cruautés commises dans cette place ne peuvent être imputées au cardinal, qui dirigeait lui-même l'expédition; elles appartiennent à Pierre de Navarre, commandant des troupes. A son retour en Espagne, Ximenès fut accueilli avec les honneurs du triomphe. En 1516, le roi Ferdinand l'avait nommé régent de Castille pendant l'absence de Charles d'Autriche, son petit-fils. Ce prince, de son côté, en apprenant la mort de son aïeul, appelait au même poste son ancien précepteur, Adrien d'Utrecht (dep. pape sous le nom d'Adrien VI); mais Ximenès, en laissant à Adrien le titre de régent, conserva toute l'autorité, en raison de ses talents supérieurs. D'après les lois du royaume, Jeanne était seule reine de Castille et d'Aragon, et si ses infirmités ne lui permettaient pas de prendre les rênes du gouvernem., aucun acte ne l'en avait déclarée incapable. Charles, impatient de porter le titre de roi, désirait que les états de Castille le lui donnassent conjointement avec sa mère. Ximenès crut devoir appuyer ses prétentions pour prévenir la guerre civile, et il se hâta de le faire proclamer dans Madrid. La reconnaissance de Charles eut lieu sans opposition des Castillans. Les états d'Aragon l'ajournèrent à son arrivée en Espagne. Ximenès, qui s'était opposé à l'établissement de l'inquisition en Espagne, et qui, devenu le chef de ce terrible tribunal, fit des réglements pleins de sagesse pour limiter son autorité et diminuer le nombre de ses victimes, ne put empêcher cette institut. de s'étendre rapidement. Pendant les onze années qu'il exerça les fonctions de grand-inquisiteur, plus de 50,000 condamnat. furent prononcées, et 2,500 victimes périrent dans les flammes. Quelques seigneurs osèrent un jour lui demander raison de ses actes d'autorité; Ximenès les conduisit sur un balcon, et, leur montrant de l'artillerie, dont il ordonna une décharge : « Voilà, dit-il, la dernière raison des rois; » puis, jouant avec son cordon de l'ordre de St-François : « Cela me suffit, ajouta-t-il, pour réduire des sujets rebelles. » Cepend. Charles, long-temps retenu dans les Pays-Bas, s'était décidé, après la conclusion du traité de Noyon, à passer en Espagne. Ximenès, informé de l'arrivée du monarque à Villa-Viciosa, venait à sa rencontre lorsqu'une indisposition le força de s'arrêter dans un village. Il prit alors le parti d'écrire à son souverain pour lui conseiller de congédier les étrangers de sa suite, dont le nombre et le crédit offensaient les Espagnols, et pouvaient l'empêcher de gagner leur affection. Il sollicitait en même temps une entrevue avec Charles, afin de lui faire connaître l'état de la nation et le caractère des sujets qu'il venait gouverner. Charles fit répondre au cardinal qu'il était temps qu'il allât dans son diocèse pour y achever dans le repos les restes d'une vie si laborieuse. Ximenès avait l'âme trop fière pour survivre à sa disgrâce; il mourut quelques heures après avoir reçu la missive du roi, le 8 novembre 1517. Selon d'autres versions, étant à l'extrémité au moment où cette lettre lui fut remise, il n'en connut point le contenu. L'*Histoire du cardinal de Ximenès* a été écrite en latin par Gomez de Castro (Alcala de

Henarès, 1567, in-fol.), et en français par Fléchier et Marsollier. Robertson a tracé le caractère et la vie de ce grand homme d'état dans son *Histoire de Charles-Quint*.

XIMENO (VICENTE), savant biographe, né vers la fin du 17e S. à Valence, où il obtint un canonicat, consacra 14 années à visiter les archives des chapitres et des abbayes de ce royaume, et y recueillit les matériaux d'une hist. litt. qu'il publia sous le titre de: *Escritores del regno de Valencia... desde el año 1288...*, 1747-49, 2 vol. in-fol., ouvr. rare en France, et qui est le complém. nécessaire de la *Biblioth. hispan.* de Nicol. Antonio.

XIPHILIN (JEAN), patriarche de Constantinople, mort en 1078, avait succédé dans cette dignité à Lichude en 1066. Il était d'une illustre famille de Trébizonde, et avait mené d'abord la vie érémitique dans une des solitudes du mont Olympe. Outre une *Homélie* impr. (grec et latin) par le P. Gretzer dans le t. II de son recueil *de Cruce*, on a de Xiphilin: *Decreta duo de sponsalibus*, dans le *Jus græco-roman.* de Leunclavius, t. III. — *Decretum de nuptiis prohibitis*, ib., t. IV. — Trois *Constitutions* sur des matières ecclésiastiq. La biblioth. du Vatican possède de lui un recueil MS. d'*Homélies* pour tous les dimanches de l'année. — C'est à Jean XIPHILIN, neveu du préc., qu'est dû l'*Abrégé de Dion Cassius*, compilation devenue précieuse par la perte d'une grande partie de l'original. Le travail de Xiphilin, impr. pour la prem. fois à Paris par Rob. Estienne, 1551, in-4, avec la traduct. lat. de G. Blanc d'Alby; a été réimpr. par H. Estienne, 1592, in-fol., avec les correct. de l'édit. et de Xilander. Fabricius a donné dans sa *Biblioth. græca* la liste des édit. de Dion et de Xiphilin. L'*Abrégé* de Xiphilin a été trad. dans les princip. langues de l'Europe. On en a deux trad. franç. : par Bois-Guillebert, Paris, 1674, 2 vol. in-12; et par le président Cousin, 1678, in-4 et 1686, 2 vol. in-12.

XUARÈS ou SUARÈS (RODERIC), né au 15e S. à Salamanque, où l'on suppose qu'il mourut, en avait été nommé décurion par le roi Ferdinand, après avoir été long-temps attaché à l'audience roy. de Valladolid. Son autorité est d'un gr. poids parmi les anciens juristes espagnols. Ses ouvrages dont on trouve l'indication dans la *Biblioth. hisp. nova* d'Antonio, t. II, p. 274, ont été recueillis et publiés avec *Notes* de Did. Valdès, Valladolid, 1590;

Francfort, 1594; Douai, 1614, in-fol. — Gaspard XUARÈS, ex-jésuite et botaniste, né en 1731 dans le Tucuman, province du Paraguay, fut transporté dans les états de l'Église après la suppression de son ordre, et mourut à Rome en 1804. On a de lui: *Osservazioni filologiche sopra alcune plante esotiche, fatte nel 1788-89-90*, Rome, 1789-92, in-4. — *Elogio de la señora Mar. Josefa, Bustoz, americana*, ib., 1797, in-8. — *Vida iconologica del apostol de las Indias S. Francisco Xavier*, 1798, in-8. Il a laissé en MSs. l'*Hist. de la province de Buénos-Ayres* et quelq. *Dissertations* de droit.

XYLANDER (GUILLAUME HOLTZEMANN, nom grécisé en celui de), savant philologue, né à Augsbourg en 1532, débuta à 16 ans par une traduct. du poème de *Tryphiodore*, et à 26 obtint la chaire de langue grecq. à l'acad. d'Heidelberg. Il mourut prématurément en 1576, épuisé par l'excès du travail auquel le réduisait son extrême pauvreté, et par l'abus des liqueurs fortes. L'électeur palatin Frédéric III l'avait nommé secrétaire des assemblées convoquées à l'abbaye de Maulbrun pour statuer sur des points controversés parmi les protestants. Outre des édit. lat. d'Euripide, de Théocrite, d'Étienne de Byzance et d'Horace, on lui doit une foule de trad. qui ont été appréciées par Huet dans son traité *de Claris interpret.*, t. II, ainsi que par Is. Vossius et par Wittenbach. Il suffira de mentionner celles des *Réflexions* de Marc-Aurèle, Zurich, 1558, in-8; Lyon, 1559, in-12, gr. et lat., Bâle, 1568, in-8; des *Vies* et des *OEuvres morales* de Plutarque, Bâle, 1561-70, 2 vol. in-fol.; de *Strabon*, ib., 1571, in-fol.; de *Diophante*, gr. et lat., ib., 1575, in-fol. Il a publié aussi quelq. écrits originaux, tels que : *Schediasma de astronomico horologio argentoratensi*, Strasbourg, 1575, in-4; et *Institutiones aphoristicæ logicæ Aristotelis*, etc., Heidelberg, 1577, in-4. Le t. IV des *Deliciæ poetar. germanor.* contient de lui quelq. pièces (v. le *Theatrum viror. doct.* de Freher, les *Éloges* de Teissier et le t. XIX des *Mémoires* de Niceron).

XYSTE, moine et peut-être évêque syrien, n'est connu que comme auteur d'une *Liturgie* impr. en syriaque dans le *Missel* des Maronites, en 1594, et en latin dans le 1er tome des *Liturgies orientales* par Renaudot (v. le t. 1er de la *Biblioth. orientalis* d'Assemani).

Y

YACOUB (ibn LEIZT), fondat. de la dynastie des Soffarides en Perse, exerça d'abord dans le Seïstan, sa province natale, la profession de chaudronnier, d'où lui vint le surnom d'*el Soffar*. Dégoûté de son état, il se mit à la tête de quelques bandits, avec lesq. il ne tarda pas de passer au service d'un seigneur arabe, nommé Salih-ebn-Nasrs qui depuis s'établit maître du Seïstan, après en avoir chassé les Thahérides, délégués des khalyfes abassides. A l'usurpateur Salih succéda son frère Darham, que Yacoub continua de servir, et qu'il finit par remplacer dans l'autorité souveraine en l'an de l'hég. 248 (862). De rapides invasions qu'il fit dans le Khoraçan, le Kerman et le Farsistan, effrayèrent le khalyfe Motamed, qui le décida à le reconnaître comme légitime souver. du Seïstan. De nouv. concessions, arrachées par la terreur à l'indolent khalyfe, réunirent une part. du Khoraçan (257—871) aux états de Yacoub, qui les accrut encore par div. conquêtes sur des princes voisins, et finit par y incorporer le reste du Khoraçan, le Farsistan et le Thabaristan. Il s'approchait de Bagdad à la tête d'une armée formidable, et menaçait la famille des Abbassides d'une entière destruction, lorsque la mort le surprit dans son camp en 265 (879 de J.-C.). Son frère Amrou, qui lui succéda, acheva la conquête de la Perse.

YACOUB Ier, roi de Maroc. — V. MANSOUR.

YACOUB II (ABOU-YOUSOUF), surn. *al Mansour-Billah*, 5e prince de la dynastie des Merinides en Afrique, et premier roi de Maroc de cette dynastie, avait succédé sur le trône de Fez à son frère, Abou-Bekr, en l'an 656 de l'hég. (1258), et signalé son avénement par des actes de bienfaisance. Il repoussa glorieusem. diverses attaques des chrétiens d'Espagne, contint de même l'ambition du roi de Maroc, Omar-al-Mourteda, dont il fut sur le point d'assiéger la capitale en l'an 660 de l'hég., pour punir ses continuelles agressions. Cinq ans plus tard, Abou-Dabhous, gén. disgracié par ce prince, vint demander à Yacoub des secours au moyen desquels il détrôna son maître, et le fit périr. Loin d'acquitter envers son allié les promesses qu'il lui avait faites, l'usurpateur renvoya ignominieusement l'ambassadeur du roi de Fez. Celui-ci, marchant aussitôt contre Abou-Dabhous, le vainquit, et vit rouler à ses pieds la tête sanglante de ce monarque éphémère, qui avait pris le nom de *Wathek-Billah*. Yacoub entra dans Maroc, et fut reconnu souverain de toute l'ancienne Mauritanie. Sur les sollicitations du roi de Grenade, Mohammed II, il porta de nouveau ses armes en Espagne, et obtint d'abord de grands succès en Andalousie; mais, ayant échoué devant Ecija et Séville, il conclut une trêve de 2 ans avec Alphonse X, roi de Castille, et retourna en Afrique. La trêve expirée, il revint en Espagne, y fit la guerre avec des chances div., et signa comme auxiliaire, le traité de paix conclu entre Alphonse X et le roi de Grenade. Rappelé une 3e fois en Andalousie par Mohammed II, roi de Grenade, il remporta une victoire complète sur une flotte castillane devant Gibraltar. S'étant ensuite brouillé avec Mohammed II, il se joignit à Alphonse pour assiéger Cordoue, mais il ne put s'emparer de cette place. Après quelques succès, tant sur les Maures de Grenade que sur les chrétiens espagn., Yacoub mourut à Algéziras en 685 de l'hég. (1286). Il avait régné 23 ans comme roi de Fez, et 19 comme roi de Maroc.

YAGHMOURASSEN (ABOU-YAHIA-BEN-ZEÏAN), fondateur de la dynast. des Zeïanides et du roy. de Telmesen ou Tremecen, en Afrique, mort après un règne de 40 ans, en 1282 (681 de l'hég.), sortait de la puissante tribu des Zénates, et avait profité de la décadence de la dynastie des Al-Mohades en Afrique et en Espagne pour s'établir maître de Tremecen, d'Alger, de Budjie, etc., sous le titre de khalyfe. Il soutint, avec des chances variées, plusieurs guerres contre les rois de Maroc et de Fez. Le royaume qu'il avait fondé, entamé d'abord, après trois siècles d'existence, par les fameux pirates Oroutch et Khair-eddin-Barberousse, qui, de ses débris, formèrent le roy. d'Alger, en 1514, fut définitivement anéanti en 1560, malgré l'intervention de Philippe II.

YAHIA-AL-BARMEKI (ABOU-ALI), issu, comme l'indique son surnom, de l'illustre famille des Barmekides ou Barmécides, devint, l'an 170 de l'hég. (786) visir ou premier ministre du célèbre khalyfe Haroun-al-Raschid (dont son père Khaled avait été l'instituteur), et doit avoir sa part de la gloire de ce règne, aussi heureux que brillant. Ses quatre fils, Fadhl, Djafar, Mohammed et Mousa, ne dégénérèrent point des vertus patern.; mais Djafar, devenu visir du sceau, encourut la disgrâce d'Haroun, qui lui fit trancher la tête en 187 (803). La colère du khalyfe s'étendit sur toute la famille des Barmekides. Des ordres furent expédiés, tant à Bagdad que dans les autres parties de l'empire, pour les arrêter et confisquer leurs biens. Quelq. auteurs disent qu'ils furent exterminés; mais il y a lieu de croire que le vieux Yahia, qui vivait encore, et ses fils Fadhl, Mohammed et Mousa, furent exilés à Racca en Mésopotamie, où ils finirent tristem. leurs jours, le premier en l'an 191, et les autres plusieurs années après. Les malheurs de la famille des Barmekides, ainsi que les amours de Djafar et de la sœur d'Haroun, ont fourni le sujet du roman d'*Abbassaï*, hist. orientale, Paris, 1752, in-12. La Harpe a donné au Théâtre-Français une tragéd. des *Barmécides*, et M. Hammer en a composé une (en allem.) dont le sujet est la chute de cette famille. On peut consulter sur ce même sujet la *Chrestomatie arabe* de Silvestre de Sacy.

YAHIA-AL-MOTALY, 16e roi de Cordoue, fils d'Aly-ben-Hamoud et neveu de Cacem, qui continua de disputer le trône à Abd-el-Rhaman IV, de la race des Ommeyades, eut sous son père le gouvernement de Ceuta, et soutint ensuite utilement les efforts de son oncle, qui promettait de partager l'empire avec lui, s'il réussissait à s'y maintenir. Vainqueur du parti d'Abd-el-Rhaman, Yahia voulut s'arroger tout le pouvoir, et fit prononcer la déchéance de Cacem, qui, à son tour, réussit à le chasser de Cordoue. Bientôt une conspiration mit Cacem au pouv. de son neveu, qui le fit enfermer; mais cet événement fut loin d'assurer à Yahia la domination de Cordoue, où régnèrent successivement Abd-el-Rahman V et Mohammed III. Après la fin tragique de ce dern., les Cordouans, en proie à l'anarchie, ouvrirent leurs portes à Yahia, et l'accueillirent en libérat. Il s'était maintenu jusqu'à ce moment dans la souveraineté de Malaga, d'Algésiras, de Tanger et de Ceuta. Ses gr. qualités faisaient espérer un règne fortuné, lorsqu'il périt dans une embuscade, près de Ronda, en 417 de l'hég. (1026), en marchant sur Séville, dont le gouverneur refusait de lui rendre hommage.

YAHIA-AL-DHAFER-BILLAH, success. d'Hescham-al-Cader-Billah sur le trône musulm. de Tolède, dont ce dernier venait d'être expulsé (472-1080), fut contraint en 478 (1085), par Alphonse VI, roi de Léon et de Castille, qui vint assiéger sa capitale, de se retirer à Valence, conquise autrefois par son aïeul Yahia Ier al Mamoun, et dont il conservait la souveraineté. Il périt, les armes à la main, en 485 (1092), lorsque les troupes du roi de Maroc, Youçouf-ben-Taschfyn, s'emparèrent de cette ville.

YAHIA (ABOU-ZAKHARIA-BEN-ALY-BEN-GHANIA), wali ou gouverneur de Lérida, puis de Cordoue, s'était distingué par plusieurs exploits, lorsqu'à son avénem. au trône de Maroc Taschfyn lui confia le command. de toutes les forces des Almoravides en Espagne. Sa position ne tarda pas à devenir très pénible. Une vaste insurrection, qui éclata en 1144 (de l'hég. 539) parmi les Maures de la Péninsule, le réduisit, après d'inutiles efforts contre les rebelles, à accepter l'alliance du roi de Castille, Alphonse-Raimond. Non-seulem. cette alliance rendit plus implacable la haine des Maures pour les tyrans dont ils venaient de secouer le joug, mais elle devint funeste à la cause des Almoravides, en divisant leurs forces pour seconder Alphonse-Raimond dans ses propres desseins. Obligé d'abandonner Cordoue aux Almohades, après y avoir soutenu un siége opiniâtre, Yahia vint s'enfermer dans Grenade, où bientôt il fut pressé avec la même vigueur. S'il faut en croire le récit peu vraisembl. des historiens espagn., ce capitaine fameux, qu'ils nomment *Ben-Gama*, fut massacré par les siens à Jaen, pour avoir usé de perfidie envers Alphonse, à qui il avait promis de livrer cette place. D'autres versions le font périr devant Grenade dans un dernier combat, où il avait pour auxiliaires un corps de chrétiens (janvier 1149).

YAKOUT (EMIN-EDDIN-ABOU'T-DORR), habile calligraphe arabe, mort l'an 618 de l'hég. (1221-22), s'était établi à Mosul, après avoir passé plusieurs ann. au service du sulthan de Perse, Abou'l-Fath-Melicschah : de là lui vinrent les surnoms de *Meliki* et de *Mosili*. Il jouissait d'une réputat. si gr., que les élèves arrivaient des provinces fort éloignées pour recevoir ses leçons, et qu'au rapport du biographe Ebn-Khilcan, on éleva jusqu'à 100 pièces d'or le prix d'un *Dictionn.* copié de sa main. — YAKOUT (Moheddhid-Eddin - Abou'l-Dorr), poète arabe, surnommmé *Roumi*, fut esclave av. d'être employé au collége fondé par Nizam-Elmoulc à Bagdad, où il mourut en 622 de l'hég. (1225).

YAKOUT (SCHEHAD-EDDIN-ABOU-ABDALLA), Grec de naissance, amené fort jeune comme captif à Bagdad, y fut vendu à un riche négociant nommé Asker, par les soins duq. il reçut une bonne éducation, et qui plus tard l'affranchit et l'associa à son commerce. Yakout, après la mort de son ancien patron, s'adonna plus spécialem. au négoce des livres. Quelques propos injurieux à la mém. d'Ali l'ayant fait bannir de Damas, il résida successiv. à Alep, à Mosoul, à Arbelles, à Merou, à Nisa, à Sandjar, et revint enfin se fixer dans un faubourg d'Alep, où il mourut en l'an 626 de l'hég. (1228-29). On a de lui plusieurs ouvrages, dont les plus import. sont une histoire littéraire sous le titre de : *Irschad el-alibba ila marif èt elodéba*, 4 gros vol. MSs. ; une histoire des poètes arabes, anciens et modernes; un dictionnaire géographiq., dont la bibliothèq. du roi possède un abrégé sous le titre de : *Kitab merasid elittila ala asma elamkinet ouelbikà*. Sa *Vie*, par Ebn-Khilcan, a été traduite par Hamaker, dans son *Specimen catalogi codicum MSs. orient. biblioth. acad. Lugduno-Batavæ.*

YALDEN (THOMAS), poëte anglais, né à Exeter en 1671, fut agrégé au collége de la Madeleine à Oxford, obtint une chaire de philosophie à cette université, et fut pourvu de plusieurs bénéfices ecclésiastiques. Il en fut privé, et mourut dans la retraite en 1736, après avoir subi une courte détention comme impliqué dans la conjuration d'Atterbury. Johnson a consacré, dans ses *Vies des poètes*, une notice à Yalden, qui fut l'ami de Congrève, d'Addison, d'Hopking, d'Atterbury, de Sacheverell, etc. On trouve un choix de ses Œuvres dans les rec. de Sam. Johnson et d'Anderson.

YANEZ DE LA BARBUDA (D. MARTIN), d'une des prem. familles de Portugal, était parvenu, à plusieurs faits d'armes, à la dignité de grand-trésorier de l'ordre d'Aviz, à l'époq. où Jean Ier s'empara du pouvoir. Attaché à la cause d'Éléonore Tellez, ou plutôt lié d'intérêt avec Andéiro, amant de cette princesse dissolue, Yanez passa avec elle en Castille, puis revint partager à Aljubarota l'ignominieuse défaite de ses alliés (1385). Dédommagé de la perte des possess. qu'il laissait en Portugal par le titre de grand-maître de l'ordre d'Alcántara, il ne tarda pas à se jeter dans la ridicule entreprise de conquérir le royaume de Grenade et à en expulser les Maures, en commençant par provoquer le souverain à un combat singulier. Le roi de Grenade retint captif l'envoyé d'Yanez, qui lui apportait ce défi, auquel il dédaigna de répondre. Faisant alors un appel à l'honn. et à la bravoure des Castillans, le grand-maître d'Alcantara réunit 6,000 combattants, avec lesq. il s'avança sur les frontières de Grenade. A la tête de sa troupe marchait un moine appelé Jean Sago, dont les suggestions avaient provoqué cette échauffourée, et qui lui-même était armé d'une lance surmontée de la croix. L'action s'engage sous les murs du fort de Leguadà. Abandonné de la plus gr. partie des siens, Yanez se défend avec son intrépidité accoutumée, et tombe percé de coups sur un monceau d'ennemis qu'il a immolés. Ce combat mémorable eut lieu le 26 avril 1374. Le corps d'Yanez, réclamé par les Castillans, fut enseveli avec pompe dans l'église de Notre-Dame d'Alcantara. On inscrivit cette épitaphe sur sa tombe :

Hic situs est Martinus Yvanicus,
In omni periculo experti timoris animo.

YANG-TI, 2e empereur de la dynastie chinoise des Soui, succéda en 605 à son père Owen-ti, dont on le soupçonne d'avoir abrégé les jours. L'un de ses premiers actes fut de contraindre son frère Yang-wang à s'étrangler. Il agrandit ses états de plusieurs provinces, mais échoua dans toutes ses entreprises pour s'emparer du royaume de Corée. Protecteur déclaré des lettres, il accueillait dans sa cour des savants en tous genres. Son faste était sans égal, et ses prodigalités finirent par occasionner la révolte de plus. provinces, épuisées par les impôts. Un seigneur nommé Lichi-min, plus connu sous le nom de Thaï-tsoung, réussit à s'emparer du pouvoir, et fit déclarer son père emper. Yang-ti, conservant le vain titre de *suprême empereur*, se retira dans son palais de Kiang-tou, où il fut étranglé par un de ses officiers, en 617.

YAO, fils de Ti-ko et successeur de Ti-tchi, son frère, sur le trône de la Chine, après la déposit. de ce dernier, l'an 2357 avant J.-C., établit sa résidence à Ping-yang (province de Ki-tcheou), et y fit dresser un nouveau calendrier par quatre astronomes attachés à sa cour. C'est à la 61e année du règne de ce prince (2298 av. J.-C.) que se rapporte la fameuse inondat. de la Chine, qu'il ne faut pas confondre, ainsi que l'ont fait quelques savants, avec le déluge universel. Yao prescrivit sur-le-champ les mesures nécessaires pour procurer l'écoulem. des eaux et pour réparer les dégâts qu'elles avaient occasionnés. Il vécut, encore dit-on, 40 ans après cet événement, et mourut en l'an 2258 avant J.-C. Son nom est resté en grande vénérat. à la Chine. On attribue à ce monarque l'invention de la musique *tatchoung*, réservée pour les fêtes religieuses et pour célébrer le mariage des grands hommes. On peut consulter les *Mém. des missionnaires sur les Chinois*, et l'*Hist. de la Chine*, par le P. de Mailla.

YART (Antoine), l'un des fondateurs de l'acad. de Rouen, né dans cette ville en 1710, mort en 1791, curé de Saussay, dans le Vexin, avait exercé quelque temps les fonctions de censeur royal. Il est connu par un ouvrage intit. : *Idée de la poésie anglaise*, Paris, 1749-56, 8 vol. in-12. C'est un recueil de traductions en prose de différents poèmes, précédés de discours historiques et littéraires sur chaque auteur et chaque ouvrage. On a encore de lui plusieurs opusc. en prose et en vers, dont on trouve la liste dans le *Précis des travaux de l'académie de Rouen*, tome V, avec l'extrait de l'éloge de l'auteur par Haillet de Couronne. Quelques bibliographes le croient auteur des *Mémoires ecclés. et politiq.*, concernant la translation des fêtes aux dimanches en faveur de la population, Philadelphie (Rouen), 1765, in-12.

YBERVILLE (LEMOYNE d'), né à Montréal (Canada) en 1662, fils d'un gentilhomme normand, fut chargé en 1686 de construire dans la baie d'Hudson un fort, dont il eut le gouvernement, et qu'il défendit avec une valeur incroyable contre les Anglais. Nommé en 1690 command.-gén. de tous les postes français dans ces parages, il signala encore en plusieurs occasions sa bravoure et son habileté, et parvint en 1697, avec une poignée d'hommes et secondé par Serigny, son frère, à reprendre sur les Anglais le fort Bourbon, dont la garnison était quatre fois plus nombreuse que les assaillants. En 1698, il partit de Rochefort avec deux frégates et un transport, pour aller reconnaître l'embouchure du Mississipi, qu'il remonta jusqu'à plus de 100 lieues, et sur les rives duq. il construisit un fort. L'une des branches de ce fleuve a conservé le nom d'Yberville, qui, dans les années suivantes, établit la première colonie à la Louisiane, où son nom est également resté à une cité aujourd'hui très florissante. Débarqué à la Martinique en 1706, à la tête de six bâtiments, il commença par la prise de l'île de Nièves une expédition des plus brillantes contre les Anglais, à qui il enleva 7,000 nègres et 30 bâtiments armés en guerre ou chargés de marchandises. Ce brave officier mourut à la Havane en 1706, au moment où il songeait à s'emparer de la Jamaïque. — Outre Serigny, dont on a parlé, et qui devint capitaine de vaisseau en 1720, après s'être distingué en plusieurs combats, Yberville avait plusieurs autres frères : l'un d'eux périt à ses côtés en 1697 ; l'autre, Lemoyne de Bienville, fut plus de 20 ans gouverneur de la Louisiane. Il avait été le fondateur de la colonie de la Nouvelle-Orléans. Les *Mémoires* de Trévoux contiennent de lui un *mém.* sur les naturels de ce pays. La terre de Longueil au Canada fut érigée en baronnie par Louis XIV en faveur de cette famille, dont la branche de Serigny a continué de se distinguer dans la marine.

YDELEZ (Étienne), religieux, de l'institut des frères de la charité, né vers 1540 à Port-Lesné, dans le bailliage de Quingey, remplit les fonctions de chapelain des pestiférés à Besançon, et donna égalem. ses soins aux pauvres malades en d'autres lieux. Il était attaché à l'hospice St-Laurent de Lyon, lorsqu'en 1581 il fit imprimer un opuscule devenu très rare, intit. : *Des secrets souv. et vrais remèdes contre la peste*, en II liv., in-8.

YEARSLEY (Anna), fille d'une laitière des environs de Bristol, dont elle partagea long-temps les occupations, se fit tout à coup un nom par le talent inné que développa en elle la lecture de Milton, de Pope et de Shakespeare, etc. Miss Hanna More, à qui le hasard mit entre les mains quelques fragm. de ses compositions, l'engagea à en former un recueil, et, se chargeant de sa publication, ouvrit, parmi ses opulentes connaissances, une souscript. pour le vol. in-4 qui parut en 1785 sous le titre de *Poèmes sur divers sujets, par Anna Yearsley, laitière de Bristol*, précédés d'une *Lettre* de miss More à mistress Montague, auteur de l'*Essai sur Shakespeare*. Un 2e vol. vit le jour en 1787, et, l'année suiv., parut un nouv. poème sur *l'inhumanité du commerce des esclaves*. Mistress Yearsley s'enhardit à donner en 1791, au théâtre de Bristol, une tragédie intit. : le *Comte de Godwin*, qui eut quelque succès. Elle mourut à Melkam en 1806, après avoir encore publié : *les augustes Captifs*, fragm. d'hist. secrète, etc., 1795, 2 vol. in-12 (tiré de l'*Hist. du masque de fer*). — *La Lyre champé-*

tre, recueil de poésies, 1796, in-4, et 3 autres vol. de *Poésies*, 1796.

YEBRA (Melchior de), de l'ordre des frères-mineurs de Castille, est auteur d'un ouvr. estimé de morale religieuse, intitulé : *Refugium infirmorum, en el qual se contienen muchos avisos spirituales para socorro de los afligidos enfermos*, etc., Madrid, 1596, in-8.

YELIU-THSOU-THSAI, surnommé *Thsin-khing*, célèbre ministre chinois, né en 1190 dans le pays de Yàn, de l'ancienne race des Khitans ou Liao, acquit de grandes connaissances en astronomie, en géographie, en arithmétique, et devint gouverneur de Yan-king (Péking). Lorsque Djenguyz-khan se fut emparé de cette ville, il retint près de lui Yeliu-thsou-thsai, et lui accorda toute sa confiance, après l'avoir utilement consulté sur divers sujets d'astronomie et de politique, s'il faut en croire les annalistes chinois. Quoi qu'il en soit, Yeliu obtint le plus gr. crédit sur le conquérant moghol, et devint un de ses principaux ministres. Il occupa le même poste sous Ogodaï, fils et successeur de Djenguyz (1229), puis fut nommé vice-chancelier de l'empire en 1231, après avoir sauvé, par ses sages avis, toute la populat. chinoise, que les Monghols, menacés de la famine, voulaient exterminer. Malgré les nombreux ennemis que la sévérité de son administration lui attirait, Yeliu conserva constamment la faveur d'Ogodaï, la méritant de plus en plus par ses conseils judicieux, par l'emploi des mesures les plus convenables à la gloire du prince et à la prospérité de l'empire. Ogodaï étant mort en 1241, l'impératrice Tourakina, sa femme, se fit proclamer régente, au mépris du testament du prince défunt, qui l'éloignait du trône, et remit les sceaux de l'empire, avec la direction générale des affaires, à un seigneur monghol, nommé Abder-Raman. Malgré son refus de continuer ses services, Yeliu ne fut point éloigné de la cour ; mais le chagrin que lui causait le nouvel ordre de choses conduisit ce sage ministre au tombeau en 1244, à l'âge de 55 ans. Son fils, Yeliu-tchu, lui succéda dans sa charge de vice-chancel.

YELVERTON (Henri), l'un des juges de la cour du banc du roi, puis de celle des plaids communs, né en 1566 à Islington ou à Easton-Mauduit (Northamptonshire), mort en 1630, devait son élévat. aux bonnes grâces du duc de Buckingham, dont il avait précédemment encouru la défaveur étant attorney (procureur-gén.), et qui avait fait prononcer contre lui, par la chambre étoilée, une double condamnation, sur le fait d'illégalités commises dans l'exercice de ses fonctions, puis pour s'être permis des allusions injurieuses à la personne du roi dans un discours qu'il prononça devant la chambre des lords. Outre des *disc.* et *factum* politiques, on a d'Yelverton : *Rapports de cas particuliers à la cour du banc du roi, depuis la 44e année du règne d'Élisabeth, jusqu'à la 10e de Jacques Ier*, en franç., publié par sir W. Wylde, 1661 et 1674, et traduit en angl., 1735, in-fol.

YEOU-WANG, proclamé empereur de la Chine en l'an 781 av. l'ère chrét., se laissa gouverner par une concubine, dont il eut un fils, qu'il déclara son successeur au préjudice d'un autre fils légitime. Ce dernier, qu'il avait chassé de son palais, réussit, avec l'aide des Tatares, à détrôner Yeou-wang, qui fut mis à mort par les vainqueurs, ainsi que sa maîtresse. Son fils légitime, déclaré son successeur, prit en montant sur le trône, l'an 771, le nom de Ping-wang.

YÉPEZ (don Antoine de), sav. bénédictin espagnol, gouverna successivem. plus. monastères de son ordre comme prieur et comme abbé, et mourut en 1621, supérieur-gén. des bénédictins de la congrégation de Valladolid. Outre quelq. *opusc.*, on a de lui 7 vol. in-folio de *Chroniques de l'ordre de St-Benoît*, en esp., qui ne vont que jusqu'au 12e S. Les 2 prem. parurent à Valladolid en 1609, le 3e à Pampelune en 1616, les 4 autres à Valladolid en 1613-15-22. Il en existe une traduction franç. par dom Martin Rhetelois, supér.-gén. de la congrégation de St-Vannes. — Diégo de Yépez, religieux hiéronimite, né à Yépez, près de Tolède, en 1559, fut successivement prieur des couvents de Jaen, de Zamora, de Grenade et du fameux monastère de l'Escurial. Confesseur des rois Philippe II et Philippe III, il devint ensuite évêque de Tarragone, et mourut dans cette ville en 1613. On a de lui (en esp.) : *Hist. particulière de la persécution d'Angleterre, depuis l'an* 1570, Madrid, 1599, in-4. — *Mémoire sur la vie de Philippe II, écrit par l'ordre de son fils*, Milan, 1607, in-8. — *Vie de Ste Thérèse de Jésus*, Madrid, 1587, 1615; traduit en français par le P. Cyprien de la Nativité de la Vierge, Paris, 1643, in-4.

YEREGUI (Joseph de), sav. ecclésiastique espagnol, né en 1754 à Vergara, dans le Guipuscoa, fit ses études à Malaga, puis à l'acad. de Madrid, et vint suivre à Paris les cours de physique de l'abbé Nollet. De retour en Espagne, il fut ordonné prêtre et se voua tout entier à l'éducation des enfants ; il fonda plus. écoles élémentaires qu'il dirigea lui-même, consacrant son revenu à fournir aux élèves tous les objets dont ils avaient besoin. Harcelé par les envieux que son mérite n'avait pu tarder à soulever, il quitta son pays natal en 1785 pour venir à Madrid, où il obtint l'emploi de précepteur des enfants du roi Charles III. Yereguy fut écarté de la cour après la mort de ce prince et traduit en 1792 à l'inquisition, qui produisit contre lui 101 griefs, marqués la plupart au coin de l'ineptie. Son véritable crime était peut-être d'avoir manifesté trop hautement sa pensée sur les ecclésiastiques émigrés de France en Espagne, « qui, disait-il, se prétendent riches en principes de la foi, et qui sont pauvres en pratiques de charité. » S'affligeant surtout de l'ignorance où il voyait l'Espagne plongée, il déplorait cet état comme le règne du pharisaïsme. Le redoutable tribunal l'ayant, après 5 mois de persécution, déclaré pur dans sa doctrine et dans sa conduite, il reçut du roi Charles IV, par forme de dédommagement, la place de conseiller près le même tribunal. Yereguy, sans doute, ne consentit à y siéger qu'afin d'être à portée de concourir plus efficacem. à en hâter la suppression, qu'il jugeait nécessaire à la prospérité de l'Espagne. Il écrivit et fit passer en France, pour y être publiée, une savante *apologie* des ouvrages de Grégoire, évêque de Blois, contre l'inquisition, ainsi que les pièces de son procès. Cet homme estimable mourut en 1805. Il avait fait paraître : *Idea del Catecismo nacional formado sobre las sagradas escrituras, concilios y Padres de la Iglesia*, Bagnères, 1803, in-8.

YE-WANG, empereur de la Chine, régna sans gloire et sans honneur, et mourut de 894 à 879 av. J.-C., âgé de 60 ans, dépouillé d'une partie de ses états par des princes rebelles.

YEZID Ier, 2e khalyfe ommeyade, succéda, l'an 60 de l'hég. (680) à son père Moawyah. Vainqueur de l'infortuné Hoceïn, fils d'Aly, il eut encore à disputer l'empire à Abd-allah, proclamé par les habitants de la Mecque et de Médine (681), et après avoir saccagé la dern. de ces villes, qui lui opposa pendant 3 mois une vigoureuse résistance, il se disposait à réduire l'autre, lorsqu'il mourut l'an 64 de l'hég. (683), à 39 ans. Les Chiytes ou sectaires d'Aly ont en exécration le nom d'Yezid. Ce prince eut pour success. son fils Moawyah II. — YEZID II. (Abou-Khaleb), 9e khalyfe ommeyade, petit-fils du précéd., succéda, en l'an 101 de l'hég. (720), à son cousin Omar II; il persécuta les chrétiens, et publia un édit pour la destruction des images saintes. Ce fut d'ailleurs un prince indolent, adonné aux plaisirs, et esclave de ses passions. Il mourut en 105 (724), âgé de 37 ans, après en avoir régné un peu plus de 4. — YEZID III, neveu du précéd., et success. de son cousin Valid II, qu'il avait fait assassiner, fut, disent les historiens arabes, un prince doux, juste et vertueux. Il mourut de la peste à 46 ans, et après 6 mois de règne, en l'an 126 de l'hég. (744). Il avait désigné, pour son successeur au khalyfat, son frère Ibrahim et son neveu Abd-el-Aziz, que Merwan II refusa de reconnaître.

YEZID IBN MAHLEB, célèbre capit. musulman, ayant remplacé son père dans le gouvernem. du Khoraçan (85 — 702), encourut la vengeance de Hedjaçi, pour avoir montré quelque incertitude à combattre le rebelle Abd-el-Rhaman ibn Al-Aschat. Après l'avoir dépouillé de sa charge, et lui avoir extorqué un fort à-compte sur l'amende de 6 millions d'aspres à laquelle il l'avait condamné, le lieutenant du khalyfe fit appliquer pendant plus. jours à la torture le malheureux Yezid, qui parvint enfin à se dérober à la surveillance de ses gardiens, et vint chercher un asile à la cour de Soleyman, frère du khalyfe Walid Ier. Ce prince, en poussant jusqu'à l'héroïsme l'intérêt que lui avait inspiré son hôte, réussit à le soustraire à une perte presque inévitable ; et, lorsqu'il fut lui-même parvenu au khalyfat (l'an de l'hég. 96), il confia le gouvernem. de l'Irak à Yezid, qui rentra plus tard dans celui du Khoraçan, et, par ses exploits, justifia la faveur du nouveau khalyfe. Omar II, success. de Soleyman, circonvenu, comme Walid Ier, par les ennemis d'Yezid, rappela ce dernier du Khoraçan, et le somma de verser au trésor impérial tout l'argent qu'on l'accusait d'avoir détourné à son profit. Yezid, étant dans l'impossibilité d'effectuer ce versement, fut mis en prison et y resta plusieurs années. Il recouvra sa liberté peu de jours avant la mort d'Omar ; mais Yezid II, successeur de ce khalyfe, donna l'ordre d'arrêter l'ancien gouverneur du Khoraçan et toute sa famille. Celui-ci, n'ayant plus rien à ménager, s'empara de Bassora, s'y déclara souverain indépendant, et se disposa à combattre l'armée que commandait Moslemah, frère du khalyfe. La rencontre eut lieu sur les bords de l'Euphrate, près de l'anc. Babylone. Yezid-ibn-Mahler fut vaincu, et périt glorieusem. sur le champ de bataille à l'âge de 50 ans. La plupart de ses parents, au nombre de 300, furent envoyés captifs au khalyfe, qui leur fit trancher la tête. Le dern. de ses fils, Moawyah, fut tué quelq. temps après les armes à la main. La maison des Ommeyades, en se privant du soutien de la puissante famille de Yezid, hâta le mom. de sa propre catastrophe.

YEZID. (MULEY-MOHAMMED-MAHDY-AL), emper. de Maroc, de la race des Cherifs, aujourd'hui régnante, né vers l'an 1750, inspira, très jeune encore, des soupçons à son père, qui l'envoya à la Mecque en 1778. De retour de ce pélérinage forcé, se voyant encore en butte à la méfiance paternelle, il prit le parti de se retirer à Tunis. Il revint secrètement en 1789, et se cacha près de Tétuan ; mais son père, Sidi-Mohammed, ayant découvert son asile, envoya un autre de ses fils avec 6,000 hommes pour l'en arracher. Les gardiens de l'oratoire où s'était réfugié Yezid s'opposèrent à son extradit. La mort de Sidi-Mohammed donna bientôt le trône à son fils, qui fut proclamé souverain le 11 avril 1790. Un des prem. pensées de Yezib fut de reconquérir Ceuta sur les Espagnols. Il en ordonna le siège le 24 sept., puis renonçant à cette entreprise, qu'il avait plusieurs fois quittée et reprise, il entra définitivem. en négociations avec la cour de Madrid pour tourner toutes ses forces contre son frère Muley Hachem, qui venait de soulever Maroc et plusieurs provinces. Ayant marché contre lui, il fut blessé mortellem. dans une bataille livrée à la fin de 1791, et mourut peu de jours après. Cet événement mit fin à la guerre avec l'Espagne, sans qu'il fût besoin de conclure le traité qui se négociait encore. Muley-Hachem jouit peu de son triomphe ; ses autres frères prirent les armes contre lui, et l'un d'eux, Sidi-Soleyman, plus habile ou plus heureux, après avoir vaincu ses compétiteurs, monta en 1792 sur le trône de Maroc, qu'il a occupé plus de 30 ans.

YGLESIAS (JOSEPH de), poète, né en 1753 à Salamanque, s'était fait connaître par des vers érotiques lorsqu'il embrassa l'état ecclésiastique. Depuis, il s'exerça sur des sujets graves, mais il y réussit moins, et mourut en 1791. D. Mausy lui a consacré une *notice* dans son *Espagne poétique*

(Paris, 1827, 2 vol. in-8), où l'on trouve des imitations en vers français de quelques-unes de ses poésies.

Y-HIANG, célèbre astronome chinois, issu des princes de Thang, se fit bonze, et vécut dans la retraite sur une montagne de la province de Ho-nan. Ayant acquis de grandes connaissances dans l'étude des astres, il fut mandé en 721 à la cour, pour travailler à la réforme du calendrier et à la construction d'un planisphère mobile. Jusqu'alors les livres d'astronomie chinois n'avaient traité que des astres qui sont visibles sur l'horizon de 34 à 40° de latitude. Y-Hiang envoya d'habiles élèves dans les provinces du nord et du midi, pour y faire des observations dont il se servit pour découvrir le changement que causaient aux temps et aux phases la différence des lieux du nord au sud et de l'est à l'ouest, ainsi que la différence des lieux du soleil et de la lune dans les éclipses. Ce que l'on a de ses observat. démontre qu'elles étaient assez exactes. Y-hiang travailla avec beaucoup d'ardeur à un cours d'astronomie; il en avait déjà rédigé une gr. partie lorsque la mort le surprit en 727, à l'âge de 45 ans. L'emper. Hinan-tsoung fit achever ce travail par des mathém., et le fit publier en 729 sous le titre d'*Astronomie de Ta-yan*. On n'en connaît en Europe que des extraits.

YKHSCHID ou AKHSCHID (ABOU-BEKR-MOHAMMED AL), fondat. de la dynastie des Ykhschidides, qui a régné sur l'Égypte et une partie de la Syrie, naquit à Bagdad l'an 268 de l'hég. (882 de J.-C.), d'un Turk nommé Thagadj, qui, d'abord esclave des khalyfes, puis devenu gouvern. de Damas, se prétendait issu des *Ykhschid*, ou souverains de Ferganah. Après avoir rempli div. emplois en Égypte et en Syrie sous les princes thoulounides, Al-Ykhschid fut nommé, l'an 323 de l'hég., par le khalyfe Rady-Billah, gouvern. de la prem. de ces contrées, et, à l'exemple des divers usurpateurs qui démembraient à cette époque l'empire musulman, il s'en arrogea bientôt la souveraineté. Il en obtint même l'investiture du faible khalyfe, qui lui abandonna égalem. la Syrie; mais, 4 ans après, Ykschid perdit cette province, qui lui fut enlevée par Ibn-Raïeck. Vainement tenta-t-il de la recouvrer les armes à la main; il ne put en obtenir qu'une partie par un traité, après la conclusion duquel il mourut à Damas, l'an 334 de l'hég. (946), ne laissant que des enfants en bas âge sous la tutelle de Kafour.

YLDEGOUZ ou YLDEKHOUZ (SCHAMS-EDDYN), fondateur de la dynastie des Atabecks de l'Adzerbaïdjan, fut amené fort jeune comme esclave du Kaptchak, en Perse, et du service de Mahmoud, sulthan seldjoukide, passa bientôt à celui de son frère Mas'oud, qui l'éleva au rang d'émir, et lui donna en fief le pays d'Arran (Arménie), ainsi qu'une grande partie de l'Adzerbaïdjan. Yldegouz épousa ensuite la veuve de Mahmoud, et, sous le titre modeste d'*atabeck* (père du prince), il devint maître de la plus grande partie de la Perse, ne laissant aux Seldjoukides, dans les pays soumis à son autorité, que le droit d'être mentionnés dans la *Khothbah* (prière publique). Il porta avec succès la guerre en Géorgie, vainquit aussi l'émir de Reï, Ynanedj, qu'il fit assassiner, et mourut lui-même à Hamadan, l'an de l'hég. 568 (1172), laissant pour successeurs ses deux fils Pehlevan-Mohammed et Kizil-Arslan.

YMBISE ou IMBISE (JEAN d'), bourgeois de Gand, était depuis quelque temps bourgmestre, et jouissait d'une popularité acquise par des services réels, lorsqu'en 1578, il fomenta une insurrection dont le but était de dépouiller le clergé de ses immenses richesses. Le désordre fut extrême. En vain le prince d'Orange accourut pour le réprimer. Il ne se fut pas plus tôt éloigné, qu'Ymbise fit de nouveau chasser les prêtres, mettre au pillage les églises ainsi que les couvents, et bannir même les protestants qui blâmaient ces mesures odieuses. Cet homme audacieux, ne détestant pas moins le prince d'Orange que les Espagnols, voulait rendre la ville de Gand indépendante pour y commander en maître. Il déposa les magistrats, qu'il remplaça par ses créatures, et prit lui-même le titre de chef du conseil; mais, averti que le prince d'Orange revenait à Gand, et craignant qu'on n'instruisît contre lui, il s'enfuit en Allemagne. Il se rapprocha ensuite de la Flandre, parvint à gagner la confiance des généraux espagnols en se prononçant contre le prince d'Orange, et favorisa les progrès de leurs armes dans quelques villes où il avait du crédit. En 1583, les Gantois, menacés d'un siége par les Espagnols, rappelèrent Ymbise et le rétablirent dans sa charge de bourgmestre; mais bientôt, le soupçonnant d'intelligences avec les assiégeants, ils le déposèrent et le mirent en prison. La correspondance que l'on saisit chez lui ne laissant plus de doute sur sa trahison, il fut condamné à mort, et périt sur l'échafaud en 1584.

YON (St), *Jonius* ou *Æonius*, présenté dans la légende comme un des disciples de St Denis, passe pour avoir fondé, dans la petite ville d'Arpajon, anciennem. Châtres, centre de sa mission apostolique, une église où ses prédications appelaient en foule les catéchumènes. On croit que ce saint personnage subit le martyre sur une montagne à quelq. milles d'Arpajon, l'an 290. Sa fête est indiquée au 5 août par le Bréviaire de Paris. Il paraît que c'est à lui que se rapportent les *Actes* attribués à St Lucien de Beauvais, dans le *Martyrologe romain*.

YON (...), littérateur, mort oublié vers 1774, était natif de Paris, et s'était fait recevoir avocat au parlement, mais ne fréquenta point le barreau. Outre trois pièces de théâtre en vers libres qui n'eurent pas de succès, et qui avaient pour titres: *la Métempsycose*, *l'Amour et la Folie*, *les Deux Sœurs, ou la Mère jalouse*, il a publié *les Femmes de mérite, hist. franç.*, 1759, in-8, et quelques minces *Opuscules*.

YORK (RICHARD, duc d'), né en 1416, était fils du comte de Cambridge qui, sous le règne de Henri V, subit la peine capitale comme auteur d'un complot tendant à rendre la couronne d'Angleterre aux légitimes héritiers de Richard II. Dep. l'usurpation de Henri IV, prem. Plantagenet de la branche de Lancastre, la maison d'York n'avait cessé de revendiquer ses droits. Le jeune Richard, objet de cette notice, succéda aux titres de son oncle Edward, tué en 1415 à la bataille d'Azincourt, leq. était fils aîné d'Edmond, duc d'York, 5e fils d'Édouard III, et l'un des tuteurs de Richard II. D'abord régent de France pendant la minorité de Henri VI, puis remplacé au bout de 5 ans par le duc de Sommerset, et réduit à accepter en échange le gouvernement d'Irlande, le duc Richard, qui dissimulait soigneusement ses prétentions, ne négligea rien pour recruter dans cette île le parti qu'il avait déjà en Angleterre. Quittant tout à coup l'Irlande après l'infructueuse issue d'une tentative faite en sa faveur par un aventurier qui avait, dans ce but, emprunté le nom de Mortimer, il débarque en Angleterre et se porte rapidement sur Londres, mais ne peut s'en rendre maître. Henri VI le poursuit dans le comté de Kent à la tête d'une armée supérieure en nombre, et là consent à une entrevue avec Richard, qui, sur la promesse de la convocation prochaine d'un parlement, se retire dans son château de Fotheringay. Ses partisans s'étaient flattés de le faire déclarer successeur de Henri VI, qui n'avait point encore d'enfant. Ils échouèrent, et Richard, ajournant ses ambitieux desseins, poussa la dissimulation jusqu'à offrir au roi de lui jurer sur l'hostie une fidélité inviolable. Cepend. Henri, informé de ses menées, marchait contre lui; Richard, qui vient d'échouer dans une nouvelle tentative sur Londres, se rend au camp royal, sans armes et la tête nue. Peu s'en fallut qu'il ne devînt la victime de cette fourberie, malgré la répugnance du roi à se souiller de son sang; on ne le remit en liberté que parce que le comte de March, son fils, avançait en forces pour le délivrer. A peine était-il retiré dans son château de Wigmore, que se déclara l'imbécillité totale de Henri VI. La reine Marguerite, à qui demeurait l'administration de l'état, se flattant de satisfaire ainsi le duc d'York, lui fit décerner le titre de protecteur du royaume. Mais bientôt Henri ayant paru recouvrer sa raison, le duc d'York court réunir son parti dans le pays de Galles, puis revient sur Londres, défait les troupes royales à St-Albans, et s'empare de la personne du monarque (31 mai 1455). Il n'osa toutefois usurper la couronne, et sembla vouloir se contenter du titre de protecteur, à condition qu'il n'aurait à rendre compte de ses actes qu'au parlement. Marguerite, dont il voulait par-là écarter l'influence, se hâta de faire déclarer dans le parlement que le roi était capable de reprendre le gouvernem., qui fut ôté au protecteur. Celui-ci, retiré dans le pays de Galles, passa de là en Irlande après de prem. hostilités, où son parti eut le dessous. Le célèbre comte de Warwick, son plus ferme soutien, gagna vers ce temps la bataille de Northampthon, et s'empara de la personne de Henri VI, qu'il conduisit à Londres. Le duc d'York y accourut alors lui-même, et fit présenter à la chambre des pairs une requête où il revendiquait le trône. Les lords renvoyèrent cette pièce à Henri, qui soumit la question au parlement. Il y fut convenu, après de longs débats, que ce prince conserverait la couronne sa vie durant, et qu'après lui elle appartiendrait au duc d'York et à sa descendance, à l'exclusion du fils du roi. Un serment prononcé au pied des autels consacra la réconciliation de Richard et de Henri. C'est alors que la reine Marguerite s'avança à la tête d'un parti puissant pour protester contre cette décision. La querelle fut vidée dans la plaine de Wakefield, où le duc d'York fut défait (déc. 1460). Sa tête fut présentée à la reine victorieuse, qui ordonna de la planter sur les murailles de la ville d'York, surmontée, par dérision, d'une couronne de papier; tels furent les premiers événements de cette guerre longue et sanglante des maisons d'York et de Lancastre, désignées dans l'histoire sous les noms de *Rose rouge* et *Rose blanche*. — Le jeune comte de Rutland, 2e fils du duc d'York, âgé de 12 ans, fut poignardé dans la déroute de Wakefield par lord Clifford. — Son frère aîné, le comte de March, continua la guerre avec succès, et, deux mois après la mort de son père, fut proclamé roi sous le nom d'Édouard IV.

YORK (Frédéric, duc d'), 2e fils du roi George III, né à Windsor en 1763, fut pourvu de l'évêché d'Osnabruck, mais, préférant la carrière des armes, vint en faire l'apprentissage en Prusse, auprès du vieux Frédéric II. Nommé colonel du 1er régiment des gardes du roi son père, il eut, en 1793, le commandem. des troupes que ce prince fit passer dans les Pays-Bas, et qui agirent en commun avec l'armée autrichienne aux ordres du prince de Cobourg, jusqu'à la prise de Valenciennes. Le duc d'York voulut faire isolém. le siège de Dunkerque, et fut battu complètement à Hondschoot par Houchard. Il essuya un nouvel échec l'année suivante à Turcoing. Au moment où il se retirait à Anvers, il reçut un renfort de 10,000 hommes que lui amenait le lord Moira, et, sur les énergiques instances de ce brave officier, il ne renonça au dessein de regagner la mer que pour venir prendre position derrière la Meuse, sous le canon du fort de Grave. Les Français accoururent bientôt refouler l'armée anglaise sur l'Ems et le Weser, et le duc d'York se hâta d'en faire embarquer les débris à Cuxhaven. George III n'en donna pas moins à son fils de prédilection le titre de feld-maréchal, avec le commandement suprême de toutes ses troupes de terre. En 1799, le cabinet anglais ayant entrepris, de concert avec la Russie, une expédit. en Hollande pour y rétablir la maison d'Orange dans le statboudérat, le commandem. en fut confié au duc d'York. Une série de fausses manœuvres de la part du duc, et plus encore la résolution et l'habileté du général Brune, son adversaire, firent éprouver à l'armée anglaise des pertes énormes. Battu à Alckmaar et à Castricum, le prince fut réduit à accepter une capitulation honteuse, qui lui permit de se rembarquer avec ceux des siens qui avaient échappé aux désastres de la retraite. Accueilli à son retour en Angleterre par des marques non équivoques de mécontentem., il n'en reprit pas moins ses fonct. administratives, qui devinrent pour lui la source de grands désagrém. On dénonça dans la chambre des communes un système de corrupt. qui régnait dans le département de la guerre : on en accusait personnellement le duc d'York, qui souffrait que sa maîtresse (mistress Clarke) fît le plus honteux trafic des commissions d'officier, pour en partager ensuite les profits avec lui. Le procès fut instruit, mistress Clarke déclarée coupable, et l'innocence du prince reconnue seulem. par 276 voix contre 196. L'opinion publique s'étant prononcée en faveur de cette minorité de votes, le duc d'York crut devoir donner sa démission; mais son père lui rendit au bout de deux jours sa place, qu'il conserva jusqu'à sa mort, arrivée le 5 janvier 1827. Sa fortune était tellem. délabrée par suite de ses désordres secrets, et le nombre de ses créanciers était si considérable, que plusieurs fois sa voiture et ses chevaux furent arrêtés dans les rues de Londres. Du reste, ce prince, ennemi de toute occupat. sérieuse, presq. dépourvu d'instruction, ne paraissait à la chambre des pairs que pour s'y montrer le plus fougueux adversaire des partisans de l'émancipat. catholique.

YORK (le duc d'). — V. JACQUES II.

YORK (le cardinal d'). — V. STUART.

YORKE (PHILIPPE), comte de Denbigh, de la famille de Hardwicke, né vers 1743 à Erthig, mort en 1804, membre de la société des antiquaires de Londres, avait siégé plusieurs années au parlem. Il a publié un ouvrage généalogique intitulé : *The royal Tribes of Wales*, 1799, in-4, avec portraits.

YOUNG (PATRICE), philologue, né en 1584 à Seaton, dans le Lothian, vint avec son père en Angleterre, y reçut les saints ordres, après avoir pris le grade de maître ès-arts à Oxford, et devint successivement chapelain du Collége-Neuf, bibliothécaire du prince Henri, conservateur de la bibliothèque fondée par Jacques Ier, et chanoine-trésorier de l'église de St-Paul. A la révolution de 1648, il fut dépouillé de sa place de conservateur et mis en prison. Rendu plus tard à la liberté, il se retira à Blomfield, dans le comté d'Essex, où il mourut en 1652. Il avait aidé le célèbre Selden dans la rédact. des *Marbres* d'Arundel, et on lui doit, entre autres publications, une édition de *Clemens romanus*, 1633 et 1637.

YOUNG (ÉDOUARD), poète anglais, né en 1681 à Upham, près de Winchester, était fils d'un chapelain du roi Guillaume. Élevé au collége de Winchester, il voulut ensuite étudier le droit, et ne fut reçu docteur qu'en 1719. Dès cette époque, il cultivait la poésie; mais il ne s'était encore exercé que sur des sujets de circonstance. Le poème du *Jugement dernier*, qu'il publia en 1713, offrit, au milieu de beaucoup de diffusion et d'emphase, les premières traces du genre de talent qui le devait illustrer. Il donna au théâtre, en 1719, la tragédie de *Busiris*, puis celle de *la Vengeance* en 1721. Six ans après, il entra dans l'état ecclésiastique, et fut bientôt nommé chapelain du roi George II, dont il avait célébré dans deux *Odes* l'avénement au trône. Il eut alors l'intention de renoncer à la poésie pour se livrer à la prédicat.; mais il revint promptement à son premier goût, et célébra dans une *Ode* le voyage du roi, qui venait de signer la paix de Hanovre. Plusieurs années après, la perte successive de sa femme et de sa fille le plongèrent dans la plus vive douleur, et cette douleur développa tout son génie poétique. Abandonnant les intérêts du monde, il épancha ses chagrins dans la solitude et le silence des nuits; il médita sur des tombeaux, et retraça en vers énergiques son infortune, dont rien ne pouvait le consoler. Toutefois son ancienne habitude de flatter la puissance le porta à publier, en 1745, un poème sur la situat. de l'Angleterre, où il s'élève vivement contre les entreprises du prétendant (le prince Édouard), et se fait le panégyriste de la maison de Hanovre. Après avoir fait jouer sans succès, en 1753, une pièce qu'il avait retirée de la scène en se vouant à l'état ecclésiastique, Young reprit la vie solitaire. Il continua d'exercer sa muse sur des sujets graves et mélancoliques dans son presbytère de Wellwyn, et y termina ses jours en 1765, à l'âge de 84 ans. Les OEuvres d'Young ont eu un gr. nombre d'édit., dont les meilleures sont celles de Londres, 1792 et 1802, 3 vol. in-8, fig., et de Paris, 4 vol. in-8. On a aussi une belle édit. séparée des *Nuits*, Londres, 1797, in-fol. Le Tourneur a publié une traduction française des *Nuits et OEuvres diverses d'Young*, Paris, 1769-70, 4 vol. in-8 et in-12.

YOUNG (sir WILLIAM), membre de la société royale de Londres, mort en 1815, gouverneur de Tabago, avait siégé au parlement d'Angleterre de 1784 à 1806. On citera de lui : *l'Esprit d'Athènes, investigation politique et philosophiq. sur l'hist. de cette république*, 1777, in-8; reproduit en 1786 avec des addit. et sous un nouv. titre, et réimpr. en 1804 et 1806. — *Les Droits des Anglais*, etc., 1793, in-8. — *Précis sur les Caraïbes noirs de l'île de St-Vincent*, etc., 1795, in-8; ouvrage compilé des MSs. de son père. — William YOUNG, né en 1715, mort en 1798, recteur de Pettaugh, en Suffolk, a publié, outre une traduction anglaise du *Plutus* d'Aristophane, un *Dictionn. anglo-latin et latin-anglais*, stéréotypé, 1810, in-8, après plusieurs éditions.

YOUNG (ARTHUR), célèbre agronome, né en 1741 dans le comté de Suffolk, mort en 1820, prem. secrétaire du bureau d'agriculture, membre de la société royale de Londres, de la société centrale d'agriculture de la Seine, etc., etc., avait acquis par de longues expériences et par de continuelles explorations, tant en Angleterre que sur le continent, les notions les plus profondes dans l'art auquel il a dévoué sa vie, et auquel il a fait faire de notables progrès. C'est à la ferme de Bradfield-Hall qu'il fit ses premiers essais : ils furent d'abord infructueux. Mais les lumières qu'il acquit durant plus. années de pratique, en divers lieux des trois royaumes, le mirent à même d'exploiter ensuite avec de grands succès cette propriété de sa famille.

Ses excursions et div. ouvrages qu'il publia pour propager les notions qui lui avaient coûté de si pénibles efforts, le mirent en relation avec la plupart des propriétaires de la Grande-Bretagne. Le roi George III fut lui-même un de ses correspondants, sous le nom de *M. Ralph Robinson de Windsor*. Les principaux ouvr. du célèbre agronome sont : *Letters to the landlords of the Great Britain*, 2e édit., 1771, 2 vol. in-8. — *Voyage de six semaines dans les comtés méridionaux de l'Angleterre et du pays de Galles*, 1768, 1769, 1772, in-8. — *Voyage de 6 mois dans le nord de l'Angleterre*, 2e édit., 1769; Londres, 1770, 4 vol. in-8. — *Guide du fermier pour le louage et l'aménagement des fermes*, ib., 1770, 2 vol. in-8. — *Cours d'agricult. expérimentale*, ib., 1770, 2 vol. in-4. — *Le calendrier du fermier* (Farmer's Calendar), 1770-1804, in-8; 8e édit., 1812; trad. en français sous le titre de *Manuel du fermier;* etc. — *Voyage d'un fermier dans l'est de l'Angleterre*, 1771, 4 vol. in-8 (les 3 *Voyages* ont été traduits en russe par ordre de l'impératrice Catherine). — *Économie rurale, ou Essai sur l'agronomie pratique*, etc., 1772, 1773, in-8. — *Observations sur l'état actuel des terres incultes dans la Grande-Bretagne*, 1773, in-8.— *Arithmétique politiq.*, etc., Londres, 1774, in-8; trad. en franç. par Freville, La Haye, 1775, 2 vol. in-8. — *Voyage en Irlande dans les années 1776 et 1779*, etc., Londres, 1782, 2 vol. in-8 et in-4; traduit en franç. par Millon, 1783, in-8; 1800, 2 vol. in-8. — *Annales d'agriculture*, journal mensuel commencé en 1784, et dont la collection forme 45 vol. in-8. — *Voyage en France, en Espagne, en Italie, durant les ann*. 1787-89, Londres, 1790, 1791, 1794, 2 vol. in-4. — *Voyages pendant les années 1787 à 1790*, Londres, 1792, 1794, in-4; trad. (par Soules), Paris, 1794-96, 4 vol. in-8.— *L'exemple de la France, avertissem. pour l'Angleterre*, 4e édit., 1792, in-8. — *Vue générale de l'agriculture du comté de Suffolk*, 1797, in-8 (l'aut. publia successivem. de semblables tableaux pour les comtés de Lincoln, d'Hertford, de Norfolk, d'Essex, d'Oxford). — *Recherches sur l'utilité d'appliquer les terres en friche au soutien des pauvres*, 1801, in-8. — *Essai sur les engrais*, 1804, in-8.— *Rapport gén.* (au bureau d'agriculture) *sur les clôtures*, 1809, in-8. — *Avantages de l'établissem. du bureau d'agriculture*, 1809, in-8. — *Sur la méthode de trois célèbres fermiers anglais* (Bakewell, Arbuthnot et Ducket), 1811, in-8. — *Recherches sur la valeur progressive des monnaies, déterminée par le prix des produits agricoles*, 1812, in-8. — *Baxteriana, ou Choix des OEuvres de Rich. Baxter*, 1815, in-8.— *Recherches sur l'élévation des prix en Europe*, etc., etc., 1815, in-8. Les principaux ouvr. agronomiques d'Young ont été traduits dans le recueil intit. *le Cultivateur angl., ou OEuvres choisies d'agriculture et d'économie rurale et politique*, par Lamarre, Benoît et Billecocq, avec *Notes* de Delalauze, Paris, an IX (1800-1801), 18 vol. in-8, fig. — Arthur Young, ministre anglais, père du précédent, natif du comté de Norfolk, mort en 1759, est aut. d'une dissert. hist. : *On idolatrous corrupt. in religion from the beginning of the world*, etc. — Young (Mathieu), évêq. de Clonfert et Kilmacduach (Irlande), mort en 1800, était né dans le comté de Roscommon en 1750, et avait d'abord professé la physique au collége de la Trinité à Dublin. Les *Transactions* de l'acad. roy. d'Irlande et le *Journ. philos.* de Nicholson contiennent plus. *Mém.* de ce sav. prélat, de qui l'on cite en outre : *Phénomènes des sons et des cordes musicales*, 1784, in-8. — *Principes de philos. nat.*, 1800, in-8.

YOUNG-TCHING, 3e empereur chinois de la dynastie des Mandchoux, 4e fils de Khang-hi, monta sur le trône après la mort de ce prince, en 1723. Une disette, qui eut lieu en 1725, lui fournit l'occasion de déployer sa bienfaisante sollicitude envers les classes peu aisées de l'empire. Afin d'éviter le retour de ce fléau, il fit établir dans chaque province des greniers d'abondance, et des terres encore incultes furent données aux cultivateurs les plus laborieux, avec exemption de redevances pend. un certain nombre d'années. Il se conforma religieusement lui-même à l'antique usage des empereurs, de labourer une fois chaque année, et il ordonna que le grade de mandarin de 8e classe serait conféré à l'agriculteur le plus estimé de chaque canton. Nul souverain ne s'appliqua davantage à encourager le peuple à la pratique de ses devoirs et à assurer son bonheur. Il étendit ses bienfaits jusqu'aux missionnaires européens; mais, plus tard, il forma le projet de les expulser de la Chine. Il n'avait pris aucune décision à cet égard, lorsqu'il mourut dans une de ses maisons de Plaisance, près de Pé-king, en 1735, à l'âge de 58 ans. Young-tching a publ. sous son nom une instruction aux gens de guerre, intit. : *Les dix préceptes* (trad. par le P. Amiot dans l'*Art milit. des Chinois*), et commenté les seize maximes de l'*Édit sacré* de Khang-hi. La *Vie* de Young-tching, par le P. Deshauterayes, est insérée au t. XI de l'*Hist. de la Chine* du P. Mailla.

YOUSOUF BEN ABD EL RAHMAN AL FEHRI, dernier émyr ou gouvern. de l'Espagne pour les khalyfes d'Orient, issu de la tribu des Koraïsch (celle qui avait produit Mahomet), dut à cette origine le choix que firent de lui les principaux capitaines musulmans, en l'an de l'hég. 129 (747), pour gouverner l'Espagne au nom du khalyfe. A l'anarchie qui pesait sur l'Espagne il fit succéder un régime équitable et ferme. Les concussions et la violence des fonctionnaires furent réprimées; une nouvelle division territoriale facilita l'exercice de la justice; les routes militaires furent rétablies, et les ponts relevés. Cependant la vigueur même de l'administration de Yousouf souleva le mécontentement de quelq. seigneurs. Amer-ben-Amrou, gouvern. de Séville, à la tête d'un parti gagné par ses largesses, réussit, en l'an 136, à s'emparer de Saragosse et de tout le nord de l'Espagne. Yousouf le vainquit enfin près de Calat-Ayoub, et le retint captif, ainsi que son fils. Mais cette victoire venait à peine de suspendre la guerre civile, qu'un autre événement fît chanceler le pouvoir de l'émir d'Espagne : Merwan II, khalyfe d'Orient, venait de perdre le trône et la vie. Un seul prince, Abd-el-Rahman, survivait au massacre de la race ommeyade. Accueilli en Afrique, il y reçut de la part des principaux seigneurs cordouans l'invitation de venir régner sur la péninsule, et fut effectivement reconnu comme souverain par toutes les villes de l'Espagne-Méridionale (10 reby 1er 138—25 août 755). Yousouf, qui était occupé dans le nord au moment où il reçut cette nouvelle, fit d'abord peser sa vengeance sur ses deux captifs, puis, s'avançant contre son nouveau rival, il essuya successivement deux échecs, et périt les armes à la main dans une 3e bataille, près de Lorca (142—739). Ses fils ne purent se soutenir que peu de temps contre le roi de Cordoue, qui fut assez généreux ou assez habile pour s'attacher par des bienfaits Cacem, le seul d'entre eux qui avait survécu.

YOUSOUF-BALKIN (Abou'l-Fethah), fondat. de la dynastie des Zéirides, Sanhadjides ou Badisides en Afrique, succéda, l'an 360 de l'hég. (971), à son père, Zéiri-ben-Mounad, dont il vengea la mort par une victoire complète sur les Zenates. Il assujétit cette tribu, agrandit ses états par la conquête de Thahert, Messisa, Budjie, Baskara, Bafra, etc., étendit sa domination jusqu'au désert de Sahra, et reçut du khalyfe Moezz, à titre de fief héréditaire, la souveraineté de toute l'Afrique musulmane, à l'exception des états de Barkah et de Tripoli. Ce prince ne cessa point d'être en guerre avec ses voisins pendant tout son règne, qui fut de 12 ans. Il mourut l'an 373 (984), après avoir ajouté à ses conquêtes les villes de Telmesen, Fez et Sedjelmesse. Son fils lui succéda sous le nom d'Abou'l-Cassem-al-Mansour.

YOUSOUF Ier. — V. Joussouf-ben-Taschfyn.

YOUSOUF ou JOUSSOUF II (Abou-Yacoub), 3e roi de Maroc et khalyfe de la dynastie des Mowahides ou Almohades, succéda, l'an 558 de l'hég. (1163), à son père, Abd-el-Moumen, qui lui légua le trône au préjudice de son fils aîné, Mohammed, dont il avait reconnu l'incapacité. Plusieurs actes de clémence et d'une juste fermeté ayant assuré sa domination en Afrique, il envoya son frère Abou-Hafs combattre les chrétiens d'Espagne (565-1169), marcha lui-même contre eux l'année suivante à la tête de 20,000 hommes, et bientôt maître de toute l'Andalousie, à la faveur des dissensions intérieures des Maures et des Castillans, il rangea encore sous son autorité une partie de l'Espagne-Occidentale. Après un séjour de 5 ans dans la Péninsule, il retourna en Afrique, où il apaisa une révolte dans le *Belad-el-Djérid*, et, au bout de 5 ans, il revint en Espagne, et s'avança de Séville sur les frontières de Portugal. Ayant entrepris le siège de Santarem, il fut tué devant cette place en 580 de l'hég., (1184) à l'âge de 49 ans. Il en avait régné 22. — Yousouf III (Abou-Yacoub), surnommé *al Mountaser* ou *Mostanser-Billah*, arrière-petit-fils du précédent, succéda très jeune à son père, Mehemed-al-Nasser, l'an 610 de l'hég. (1213), et régna sans trouble et sans obstacle, sous la tutelle de ses oncles et des chefs almohades, qui, ayant formé une espèce de sénat, s'arrogèrent toute l'autorité. Renfermé dans sa capitale, entouré de ses femmes et de ses eunuques, ce prince indolent mourut en 620 (1224), à l'âge de 21 ans, sans laisser de postérité. Après lui, les Almohades perdirent leurs possessions en Espagne, l'an 655 (1257), et le trône de Mauritanie en 668 (1269). — Yousouf IV (Abou-Yacoub), dit *al Naser-Ledyn-Allah*, 2e roi de la dynastie des Merinides à Maroc, succéda à son père, Yacoub, en 685 de l'hég. (1286), et fut proclamé successivement en Mauritanie et en Espagne. Après avoir pourvu à la tranquillité de l'Espagne par des traités avec Mohammed II, roi de Grenade, et Sanche II, roi de Castille, il repassa en Afrique, où il eut à apaiser plusieurs révoltes, dont une formée par son propre fils. Il fit aussi la guerre au roi de Telmesen, qui avait prêté assistance à ce dernier, et ravagea ses états. Des motifs analogues le portèrent à se mettre en campagne (690-1291) contre le roi de Castille, qui le prévint et dispersa la flotte qu'il envoyait en Espagne. Les restes de son armée n'abordèrent pas moins à Algéziras. Sanche, soutenu par le roi de Grenade, s'empara de Tarifa. Yousouf passa le détroit, et vint en personne assiéger cette place; mais après des efforts inutiles, et dégoûté d'ailleurs de ses possessions en Andalousie, il vendit ses autres villes au roi de Grenade, et retourna en Afrique, où le roi de Telmesen l'inquiétait toujours. Il vainquit ce prince en plusieurs rencontres, mais sans pouvoir le réduire. Yousouf, affecté de l'insuccès de tant d'efforts, résolut d'ensevelir sa honte et ses regrets au fond de son palais. Il y fut poignardé par un eunuque en 706 (1307), dans la 68e année de son âge. Il eut pour successeur son fils Abou-Sabit-Amir.

YOUSOUF Ier (Abou'l-Hedjadj), 7e roi de Grenade, de la dynastie des Naserides, monta sur le trône à l'âge de 15 ans en 733 (1333), après la mort de son frère Mehemed IV, assassiné à Gibraltar par un de ses officiers. Il conclut d'abord une trêve de 4 ans avec le roi de Castille, puis, aidé des conseils de son visir, il s'appliqua à réformer les lois et les ordonnances de ses prédécesseurs, altérées par les subtilités des docteurs et les iniquités des juges. En 1340 il entreprit, de concert avec le roi de Maroc, Abou'l-Haçan-Ali, le siège de Tarifa ; mais les rois de Castille et de Portugal réunis, après avoir remporté un avantage sur les bords du *Rio Salado*, le forcèrent à se retirer sur Algéziras, d'où il se rendit par mer à Alicante. L'année suiv. Yousouf, abandonné par le roi de Maroc, qu'une autre guerre rappelait en Afrique, se vit enlever plus. places, entre autres Algéziras, dont le siège dura 20 mois. Il conclut ensuite avec le roi de Castille, Alphonse Ier, une trêve de 10 ans, et périt de la main d'un assassin obscur en 755 de l'hég. (1354), à l'âge de 38 ans, pendant la fête du Beiram. Ce prince avait le goût des sciences et des lettres.

C'est à lui qu'appartiennent les inscriptions de la plupart des monuments décrits par Peyron dans son *Nouv. voyage en Espagne*, t. I. — YOUSOUF II (Abou-Abdallah), 11e roi de Grenade, de la même dynastie, succéda en 794 de l'hég. (1391) à son père, Mohammed V, et renouvela avec Henri III, roi de Castille, une trêve que l'ambition de son fils le força ensuite à rompre, et qui fut rétablie plus tard. Il mourut en 799 (1396), après un règne de 5 ans. — YOUSOUF III (Aboul'-Hedjadj), fils aîné du précédent, fut relégué dans une forteresse par Mohammed VI, son frère, qui s'empara du pouvoir, et qui, au lit de mort, le voulut faire périr pour assurer le trône à son propre fils. Yousouf, qui n'avait pu obtenir de l'exécuteur de cette mesure sanglante qu'un délai suffisant pour achever une partie d'échecs commencée quand on lui vint lire sa sentence, échappa heureusem. par la mort de son frère, survenue dans ce court intervalle. Se rendant en hâte à Grenade, il s'y fit proclamer roi (810—1408). Une trêve de 2 ans fut conclue avec la Castille; mais, au bout de ce temps, Yousouf, refusant de se reconnaître vassal et tributaire du monarque castillan, eut à soutenir contre lui une nouv. guerre, qui lui coûta la place d'Antequerra et quelq. autres. Il fit assiéger Gibraltar, en 1411, par un de ses frères, qui s'en empara, et emmena prisonnier le frère du roi de Fez, qui y commandait. Depuis il vécut en paix jusqu'à sa mort, en 1423. Ce prince, non moins estimé de ses voisins que chéri de ses sujets, eut pour successeur Mohammed VII, son fils, qui fut loin de posséder ses qualités.

YOVLEVITSCH (IGNACE), archimandrite du couvent de l'Apparition de Dieu à Polotsk, fut un des membres les plus influents du clergé russe au 17e S. On a de lui des *Discours de congratulat.* au tzar Alexis Micaelovitsch, et son *opinion* dans le concile de Moscou (t. II de la *Bibliothèque ancienne de Russie*).

YPRES (CHARLES d'), peintre, ainsi nommé du lieu de sa naissance, où il se suicida en 1564, y avait travaillé quelque temps avant de se rendre en Italie, où il s'appliqua spécialement à peindre à fresque dans la manière du Tintoret. On cite parmi ses tableaux une *Résurrection*, qu'il fit pour la ville de Tournai, et un *Jugement dernier*, que l'on voit encore dans l'église d'un bourg situé entre Bruges et Ypres. Son dessin est généralement pur.

YPSILANTI ou HYPSILANTIS (CONSTANTIN), prince grec, né à Constantinople vers 1760, dut à ses connaissances dans les lettres, et surtout dans les langues, d'être élevé à l'emploi important de drogman, ou interprète de la Sublime-Porte. Les services qu'il rendit en cette qualité lui valurent la dignité d'hospodar de la Moldavie, puis en 1802 de la Valachie. Mais, rappelé à Constantinople 4 ans plus tard, à cause de son dévouement aux intérêts de la Russie, Ypsilanti se retira en Transylvanie, d'où il intrigua pour faire soulever de nouv., contre le sulthan, Czerni-George et les Serviens, qui venaient de conclure un armistice avec la Porte. D'un autre côté, la Russie réclama la réintégration d'Ypsilanti dans sa principauté, et l'obtint. Cette condescendance du sulthan n'empêcha pas l'invasion de la Moldavie et de la Valachie par les troupes russes, et, pendant l'occupation de ces provinces, Ypsilanti, retiré à Temeswar, continuait ses intelligences avec les Serviens. Il se rendit ensuite à Pétersbourg, reprit plus tard l'administrat. de la Moldavie et de la Valachie sous l'autorité russe, et en fut bientôt dépossédé par le général Prosorovski. Il s'établit alors avec sa famille à Kief, en Russie, reçut une pension assez forte de l'emp. Alexandre, et mourut dans cette retraite en 1816, laissant huit enfants, dont l'aîné était aide-de-camp de l'empereur, et 4 servaient dans la garde impériale. — Alexandre YPSILANTI, 2e fils du précédent, entré de bonne heure au service de Russie, parvint au grade d'officier-général. En 1814 quelq.-uns des Grecs les plus éclairés ayant formé une société dans le but de répandre parmi leurs concitoyens l'instruct. et les dons de la société bibliq., et de commencer la régénérat. de leur malheureux pays, Alexandre en fut déclaré le chef. Comptant, non sans raison, sur l'appui de son souver., qui professait la même religion que lui, il établit le foyer de l'insurrection en Bessarabie, d'où il envoyait des émissaires dans les différents cantons de la Grèce. Ali, pacha de Janina (*v.* ALI-TEBELEN), ne tarda pas à se joindre aux Hétéristes. Le voisinage de l'armée russe le décida à commencer par le soulèvement de la Moldavie et de la Valachie, en appelant en même temps les provinces grecques à l'indépendance par une proclamation dans laquelle il prenait le titre de *régent* du gouvernement. La désapprobat. formelle du consul de Russie en Moldavie atténua l'effet de cette proclamat. Après quelq. marches et contremarches, Alexandre avait porté son quartier-gén. à Tergowitz, lorsqu'une armée turque entra dans les principautés, et tailla en pièces à Galatz un corps assez nombreux d'insurgés. Ayant voulu tenter les chances d'une bataille avec le peu de troupes qui lui restaient, sa petite armée fut presq. toute exterminée par la cavalerie othomane; il réussit toutefois à se retirer sur le territoire autrichien (en Transylvanie), mais il fut arrêté et enfermé dans la forteresse de Mongatz, où il resta jusqu'en 1827; il se rendit ensuite à Vienne, et y mourut en févr. 1828, au moment où il se préparait à partir pour Rome.

YPSILANTI (DÉMÉTRIUS), frère d'Alexandre, travaillant comme lui à la régénérat. de la Grèce, commandait en 1821 un corps de volontaires grecs. Après être ensuite resté dans une sorte d'oubli pendant quelques années, il reparut au printemps de 1825, à la tête de plusieurs milliers d'hommes. En juillet suiv., il s'empara de l'importante place de Tripolitza, occupée par 2,000 Turks, qu'il fit passer, par représailles, au fil de l'épée. Parmi ses autres exploits, on doit signaler la prise de Livadie (17 nov. 1827) et celle de Salone, l'ancienne *Thessalonique* (20 nov. même année). Les services que rendit à son pays le prince Ypsilanti, lui méritèrent l'honneur de faire partie du gouvernement provisoire de la Grèce. Il était encore dans la force de l'âge, lorsqu'il mourut à Nauplie, en 1832.

YPSILANTI (NICOLAS), autre frère d'Alexandre, qui fut le premier, en 1820, à donner à la Grèce le signal de l'insurrection, servait sous son frère, et commandait le corps célèbre connu sous le nom de *Bataillon sacré*, et qui comptait dans ses rangs les enfants des familles grecq. les plus illustres, dont plusieurs avaient fait des études dans les universités étrangères. A la tête de ce vaillant corps, qui fut presque entièrement détruit, on le vit se distinguer par sa bravoure et ses talents guerriers. Il partagea ensuite la captivité de son frère dans les prisons de l'Autriche ; mais l'insalubrité des cachots nuisit beaucoup à sa santé, naturellement délicate. Après son élargissement, il se retira à Kischenew, en Russie, où sa famille résidait. Depuis 15 mois il vivait à Odessa, où il mourut en 1832, âgé de 35 ans.

YRALA ou IRALA (DOMINGO-MARTINEZ de), l'un des conquérants de l'Amérique-Méridionale, né en 1486 à Bergara (Guipuzcoa), partit d'Espagne en 1534 avec un grade inférieur dans l'expédition aux ordres de don Pedro de Mendoza, et contribua à la périlleuse exploration des contrées arrosées par le Rio-de-la-Plata et ses affluents. Il fut élu en 1538 gouvern. de Buenos-Ayres en remplacem. du malheureux J. d'Ayolas, dont il était parvenu à constater le trépas, et qu'il résolut de venger. En 1542, il fut remplacé dans son commandement par Alvar Nunez Cabeza de Vaca, qui, pour mieux affermir son autorité, l'éloigna en lui confiant div. expédit. En 1545, Yrala fut substitué dans le commandem. à Cabeza par les officiers mutinés, dont il avait favorisé secrètement la révolte (*v.* CABEZA de VACA). Dirigeant habilem. la turbulente activité des Espagnols, il sut maintenir son autorité, fit de nouv. découvertes dans l'intér. de l'Amérique du Sud, pénétra jusqu'aux frontières du Pérou, et vainquit ou soumit plus. peuplades. Cet homme audacieux et entreprenant mourut à l'Assomption en 1557. On peut consulter sur les act. d'Yrala : l'*Hist. gén. des gestes des Castillans dans les îles et terre ferme de l'Océan*, etc., par Herrera (trad. en franç. par de La Coste) ; l'*Historia y descubrimiento del Rio-de-La-Plata y Paraguay*, par Ulderich Schmidel ; les *Voyages dans l'Amérique-Méridionale*, et les *Essais sur l'hist. naturelle des quadrupèdes de la province du Paraguay*, de don Felix de Azara.

YRIARTE ou IRIARTE (D. JUAN d'), sav. espagnol, traducteur-interprète à la prem. secrétairerie d'état et des dépêches, né en 1702 au port d'Orotava dans l'île de Ténériffe, mort en 1771, garde de la biblioth. royale de Madrid, qu'il enrichit de 2,000 MSs. et d'environ 10,000 vol., avait été le disciple du P. Porée au collège Louis-le-Grand, et, après plus. années de séjour à Londres, était devenu successiv. précepteur du duc de Béjar, du duc d'Albe et de D. Manoel, infant de Portugal. Outre sa coopération au *Dictionn.* et à la *Gramm.* de l'acad. royale de Madrid, dont il était membre,

ainsi que divers *articles* dans les journaux de la même ville, on peut citer de lui : *Paléographie grecque*, Madrid, in-4. — Une *Gramm. latine*, en vers castillans, ib., 1771, in-8 ; 8e édit., 1820, in-8. — Quelques autres ouvr., recueillis sous le titre d'*OEuvres choisies en prose et vers*, Madrid, 1774, 2 vol. in-4. — Don Domingo de YRIARTE, neveu du précéd., né en 1746 dans l'île de Ténériffe, suivit la carrière diplomatique, fut d'abord secrétaire d'ambassade et chargé d'affaires à Vienne et à Paris, puis ministre plénipotentiaire en Pologne. Il se rendit à Bâle avec le même titre, et signa en 1795, avec Barthélemy, la paix entre l'Espagne et la république française. Il mourut à Gironne le 22 nov. de la même année. — Don Bernard de YRIARTE, frère aîné du précéd., né vers 1734, fut membre du conseil du roi et de celui des Indes, sous les règnes de Charles III et Charles IV, prit parti pour Jos. Bonaparte lors de la révolution d'Espagne en 1808, et devint conseiller-d'état. Retiré en France après la rentrée du roi Ferdinand VII, il mourut à Bordeaux en 1814.

YRIARTE (don THOMAS de), célèbre poète espagnol, frère puîné des deux précédents, né dans l'île de Ténériffe vers l'an 1750, fut appelé par son oncle don Juan à Madrid, où il fit de brillantes études, et fut ensuite placé dans les bureaux du gouvernement, et chargé en 1771 de la direct. du *Mercure* de Madrid. Il publia successiv. des traductions de différentes pièces du Théâtre-Franç., et composa deux comédies et des poèmes qui établirent sa réputation. Poursuivi par l'inquisit. de Madrid, en 1786, comme suspect de professer la philosophie antichrétienne, il fut absous, moyennant une pénitence qui est restée secrète. Il mourut d'une maladie aiguë, vers 1791, au port Ste-Marie. On a de lui 3 comédies : *el Señorito mimado*, *la Señorita mal criada*, et *el Don de gentes*, *o la Havanera* (les deux prem. seules ont été représentées en 1778 et 1788) ; *la Musica*, poëme, Madrid, 1779, 1784, gr. in-8, fig. ; 1789, in-4, traduit en italien par l'abbé Ant. Garzia, et en français par Grainville (Paris, 1800, in-12). Ce poëme, qu'on regarde comme un des chefs-d'œuvre du Parnasse espagnol, est le plus beau titre d'Yriarte, avec ses *Fabulas literarias*, Madrid, 1782, petit in-4, souv. réimpr. Elles ont été traduites en vers franç. par M. Lanos, Paris, 1801 ; en prose par M. Lhomandie, ibid., 1804, in-12 ; en vers par M. Brunet, 1839, in-12 ; en allem. par Berterch ; en portugais (Valladolid, 1804, in-8) et imitées en vers anglais par John Belfour, 1804, in-12. On lui doit encore : des *Épîtres morales* ; une traduct. de l'*Art poétique* d'Horace ; des *Mélanges critiq. et littér.* Ses œuvres ont été réunies sous ce titre : *Colleccion de obras en verso y prosa*, Madrid, 1787, 6 vol. in-8 ; nouv. édition, plus complète, ibid., 1805, 8 vol. in-8. — Ignace YRIARTE, paysagiste, né en 1635 dans la Biscaye, mort en 1685 à Séville, où l'on conserve plus. de ses tableaux, eut de son temps une gr. réputation.

YRIEIX ou YRIER (St), en lat. *Aredius* ou *Ari*-

dius, né à Limoges en 511, fut chancelier du roi Théodebert, fonda le monastère d'Atane, et mourut en 591. On trouve la *Vie* de ce saint, avec son testament, dans les *Analecta* de D. Mabillon. Une ville, formée autour du couvent qu'avait fondé Yrieix, prit son nom, et est aujourd'hui chef-lieu d'un arrondissem. du départ. de la Haute-Vienne.

YSABEAU (Alexandre-Clément), conventionnel, né vers 1750, entra de bonne heure dans la congrégation de l'Oratoire. Il était préfet du collége de Tours, lorsque la révolution éclata. Il en adopta les principes, prêta le serment prescrit, et devint gr.-vicaire du nouvel évêque de Tours. En 1792, nommé député du départ. d'Indre-et-Loire à la convention, il vota la mort de Louis XVI sans sursis et sans appel. Il partagea en 1794 la mission de Tallien à Bordeaux, y tint la même conduite et encourut comme lui la défaveur du comité de salut public. Après la journée du 9 therm. (27 juillet 1794), à laquelle il prit une part honorable, il fut envoyé dans le départ. de la Gironde, et travailla avec zèle à réparer les maux dont il avait été l'agent presque involontaire. Il fit restituer aux familles les biens des victimes, et mettre en jugem. le président du tribunal révolutionn. Ces mesures le firent rappeler une seconde fois par le parti exagéré de la convention. Toutefois il sut conserver son crédit dans cette assemblée, devint membre du comité de sûreté générale, et suivit la majorité des votants dans ses déplacements. Réélu au conseil des anciens lors de l'établissem. de la constitution de l'an III, il se prononça en faveur de la majorité du directoire; mais on le vit fréquemm. appuyer des mesures que rejetait le parti modéré dans les deux conseils. A sa sortie de la législature, il fut nommé substitut du commissaire du direct. près l'administrat. des postes à Bruxelles. En 1814 il occupait un modeste emploi dans cette même administration à Paris. Il en fut renvoyé par le nouveau directeur-général, ne prit aucune part à la révolution du 20 mars 1815, et mourut pauvre et ignoré en 1823.

YSEMBOURG (Wolfgang-Ernest, prince d'), né en 1735, mort en 1803, s'est rendu recommandable par une administrat. aussi sage que bienfaisante. Il abolit la servitude dans sa principauté, assura le bien-être de ses sujets, favorisa les arts, les sciences, l'agriculture et tous les genres d'industrie, et embellit la ville d'Offenbach, sa résidence. Il fut un des prem. princes allemands qui traitèrent avec Bonaparte. Son fils devint colonel d'un régiment au service de France, qui porta le nom d'Ysembourg et s'associa à la gloire des armes nationales.

YSENDOORN (Gilbert), professeur de philos. à Deventer, puis à Harderwick, où il mourut en 1655, était né en 1601 à Ede, dans le Vélan, et avait reçu le doctorat à Paris, où il séjourna 2 ans. On cite de lui, entre autres ouvr. : *Compendium logicæ peripateticæ*, et *Physiologia logica et Ethica peripatetica*.

YU, prem. empereur de la dynastie chinoise des Hia, né l'an 2298 avant l'ère chrétienne, était issu de l'empereur Hoang-ti, et remplaça comme intendant des travaux publics son père, Pé-kouen, l'un des principaux officiers de l'empereur Yao. Il devint prem. ministre de Chun à l'avénement de ce prince, qui le déclara son success. (2223 avant J.-C.). Yu avait 93 ans lorsqu'il monta sur le trône, et, malgré ce grand âge, il voulut encore une fois visiter les différentes provinces, pour recueillir les observat. des sages et remédier aux abus. Ce prince mourut à Hou-ki l'an 2198 av. J.-C., à l'âge de 100 ans, et fut inhumé sur une montagne à deux lieues de Chao-hing, où des soldats sont préposés à la garde de son tombeau. On lui attribue divers ouvr. sur l'agriculture et les mathématiques, qui sont supposés. Le chapitre intit. *Yu-koung*, c'est-à-dire les travaux d'Yu, dans le livre appelé *Chou-king*, est, suivant le P. Cibot (*Mémoires des missionn.*, t. VIII), le plus beau monum. de l'antiquité dans ce genre. Le P. Amiot a envoyé à la bibliothèque roy. de Paris la copie d'une inscript. en l'honneur d'Yu, existant sur un rocher du Hou-kouang. Elle a été publiée par M. Jos. Hager sous le titre de *Monument d'Yu, ou la plus ancienne inscript. de la Chine*, Paris, Didot l'aîné, 1802, in-fol. avec fig.

YVAN (Antoine), fondateur de la congrégat. des *religieuses de la Miséricorde*, né en 1576 à Rians, bourg de Provence, de parents pauvres, reçut les éléments de l'instruct. chez les minimes de Pourrières, au service desquels il était entré, et, après avoir séjourné successivem. à Pertuis et à Arles, il se rendit à Avignon, où il fut admis dans la congrégation de la doctrine chrét. récemm. fondée. Il quitta bientôt cet institut, parce qu'on ne voulait l'y employer qu'au service domestique, et il se fit précepteur à Carpentras. Ordonné prêtre en 1606, il ne tarda pas à se démettre de la cure qui lui avait été confiée, pour se faire ermite. Après avoir passé deux ans dans la solitude, il vint s'établir à Aix, s'y livra à la prédication, et rentra chez les Pères de l'Oratoire. Ce fut en 1633 qu'il forma, avec le secours de Marie-Madel. Martin, dite *de la Trinité*, l'ordre nouv. des *religieuses de Notre-Dame-de-la-Miséricorde*, sous la règle de St-Augustin. Une maison de cet institut ayant été établie à Paris, sa fondatrice y appela le P. Yvan, qui mourut dans cette capitale en 1653. Sa *Vie* a été écrite par Gille Gondon et par l'abbé de Montez, Paris, 1787, in-12. On a de lui divers livres de piété qui ont été recueillis et publ. par le P. Léon, religieux carme, et par Gille Gondon.

YVART (Jean-Auguste-Victor), agronome et vétérinaire, l'*Arthur Young* de la France, parcourut les principaux états de l'Europe pour connaître et comparer les différentes méthodes de culture. Il était professeur à l'école vétérinaire d'Alfort, et remplaça Parmentier à l'Institut. Parmi ses ouvr., on cite : le *Traité des assolements*, qui concourut pour le prix décennal. — *Mémoire sur les végétaux qui fournissent des parties utiles à l'art du cordier et du tisserand*, cour. en 1788 par la société d'agriculture de Paris. — *Rapports sur les expériences du cit. Haudart, relatives à l'économie et à la préparation de la semence*, an VIII (1800), in-8. — *Coup-d'œil sur le sol, le climat et l'agriculture de la France, comparée avec les contrées qui l'avoisinent, et particulièrement avec l'Angleterre*, Paris, 1801, in-8. — *Objet d'un intérêt public, recommandé à l'attention du gouvernem. et de tous les amis de l'agriculture, sur la destruction des plantes nuisibles aux récoltes*, ouvr. cour. en 1807 par l'acad. de Liége. Yvart coopéra à la nouv. édit. du *Théâtre d'agriculture* d'Olivier de Serres; au *nouveau Dictionn. d'hist. naturelle*, et au *nouveau Cours complet d'agriculture*. Ce dern. ouvr. contient presque en entier le *Traité d'Yvart sur les assolements*, article *Succession de culture*, et n'a pas été imprimé ailleurs.

YVER (Jacques), sieur de Plaisance, né en 1520 à Niort, y mourut vers 1572, après avoir publié : *le Printemps d'Yver, contenant cinq histoires, discourues par 5 journées, en une noble compagnie au château du Printemps*, ouvrage devenu très rare.

YVES (St), évêque de Chartres, issu d'une famille noble du Beauvoisis, professait (1091), les sciences humaines et sacrées à la célèbre abbaye de St-Quentin de Beauvais, dont il était l'un des fondateurs. L'archev. de Sens ayant refusé de le sacrer, Yves se rendit à Rome, où le pape Urbain II confirma son élection. L'archevêque irrité assembla un concile à Embrun, et Yves fut déposé; mais Urbain annula la procédure, le rétablit sur son siége, et interdit l'usage du *Pallium* à son adversaire. L'évêque de Chartres s'attira de nouv. tribulations en se prononçant avec énergie contre le mariage de Philippe Ier avec Bertrade. Emprisonné par ordre du roi, il eut assez de modération pour s'opposer à la tentative que méditaient ses diocésains dans le but de le délivrer. Yves ne s'honora pas moins en retenant les lettres que le pape avait adressées aux évêques de France relativem. à la conduite de Philippe, et dont la publicat. eût pu occasionner des mouvem. séditieux. Il refusa de se rendre au concile convoqué à Reims par le roi, pour faire approuver son mariage; mais il assista à ceux de Clermont (1095) et de Beaugenci (1104). Humilié de l'inutilité de ses efforts pour rappeler le monarq. à ses devoirs, il voulut se démettre de son siége; le pape s'y refusa. Cepend., après la mort d'Urbain II, le saint év. eut la consolation de voir son souverain réconcilié avec l'Église. La part qu'il avait prise dans cette affaire ajouta au crédit qu'il avait déjà dans tout le royaume. St Yves mourut en 1115, après avoir occupé glorieusement son siége pendant 23 ans. Sa *Vie*, par le P. Fronteau, est placée en tête de la collect. des *OEuvres* de ce prélat, Paris, 1647; Hambourg, 1720, et Vérone, 1735. On a publié aussi l'*Esprit d'Yves de Chartres*, Paris, 1701, in-12, ouvrage devenu rare, attribué d'abord à Lenoble, mais restitué par Barbier à Varillas. On peut consulter sur St Yves : l'*Hist. des aut. sacrés*, de D. Ceillier;

l'*Hist. littér. de la France*, t. X et XI, et les bollandistes, t. XV. Voy. aussi, au t. XVI du *Recueil des hist. des Gaules*, une sav. dissert. de D. Brial, intit. : *Examen critique des histor. qui ont parlé du divorce de Philippe Ier*.

YVES-HÉLORI (St), né en 1253 au manoir de Kermartin, sur la paroisse de Menehi (Bretagne), d'une famille noble, cultiva dans sa jeunesse le droit, qu'il étudia successivement à Paris, à Orléans, puis à Rennes, où il obtint l'emploi d'official. Retourné en la même qualité dans le diocèse de Tréguier, il y reçut la prêtrise, et fut nommé recteur de Tredrez. Il mena dès lors la vie la plus austère, partageant ses jours entre des œuvres de charité et des exercices pieux. Nommé à une des principales cures du diocèse, il la régit pend. dix ans jusqu'à sa mort, en 1303. Le surnom d'*Hélori*, que lui ont conservé les biographes, tient lieu de *Filius Helori*. Il signait *Yvo Helorii de Kenmartin*. St Yves, qui de son temps eut le glorieux titre d'*avocat des pauvres*, fut canonisé par Clément VI le 19 mai 1347. Dans la *Chronique* du tiers-ordre de St-François, qui revendique l'honneur de l'avoir eu dans son sein, sa fête est indiquée au 27 octob. Les confréries de juriscons. honoraient St Yves comme leur patron. Outre le recueil des bollandistes, de Surius, etc., on peut consulter la *Vie de St Yves*, par P. de La Haye Kerhingant, Morlaix, 1623, en français et en breton.

YVES de Paris, né dans cette ville en 1593, mort en 1678 dans un couvent de capucins, où il passa ses 60 dernières années, avait été avocat av. d'embrasser la vie monastique. Outre plus. livres de dévotion totalement oubliés, on cite comme étant de lui un ouvrage intitulé : *Astrologiæ nova methodus Fr. Allaei, Arabis christiani*, Rennes, 1654-55, 5 part. in-folio. Cette édition, qui fut brûlée à Nantes de la main du bourreau, est très recherchée des curieux; mais on ne fait aucun cas de la réimpression donnée sous la même date ni des éditions postérieures, à cause des suppressions qu'on y a faites.

YVON (Pierre), né à Montauban vers 1640, se fit le prosélyte de Labadie, qu'il alla rejoindre en Hollande, et, après l'avoir remplacé comme direct. de sa secte, se transporta avec elle à Wiewert, dans la Frise, où l'on suppose qu'il mourut. Il suffira de citer parmi ses nombreux écrits, dont quelq.-uns ont été trad. en hollandais et en allemand : *Impietas convicta tractatibus duobus*, etc., Amsterd., 1681, in-8 (contre Spinosa); et *le Mariage chrétien, selon le sentiment de l'Église réformée*, ib., 1685, in-12. — L'abbé Yvon, littérat. médiocre, né en Normandie vers 1720, fut employé par Diderot et d'Alembert dans la rédaction de l'*Encyclopédie*, puis par l'archevêque de Paris à réfuter la lettre que J.-J. Rousseau avait adressée à ce prélat. Il finit par obtenir, avec le titre d'historiographe de M. le comte d'Artois, un canonic. à Coutances, où il mourut vers 1790. Outre ses articles dans l'*Encyclopédie*, on peut citer de lui : *Liberté de conscience resserrée dans ses bornes légitimes*,

Londres (Paris), 1754-55, 3 part. in-8. — *Lettre à M. Rousseau*, etc., Amsterd., 1763, in-8. — *Hist. philosophique de la religion*, Liége, 1779; Paris, 1782, 1785, 2 vol. in-8 (refonte d'un autre ouvr. qu'il avait publié en 1768, 3 vol. in-12, sous le titre de *Discours généraux et raisonnés*, etc.).

YVON (Pierre-Christophe), méd., né en 1719 à Ballon, près du Mans, quitta la congrégation de l'Oratoire pour embrasser l'art de guérir, suivit les cours de la faculté de Paris, et alla prendre le doctorat à Reims. Nommé en 1757 médec. de l'abbaye royale de Poissy, il se fixa ensuite à St-Germain, et y mourut en 1811. On ne connaît de Yvon qu'un gr. nombre d'art. dans le *Journal de médec.* Il s'y montre l'antagoniste absolu du magnétisme.

Y-YN, ministre de l'empire chin. sous le règne des premiers souverains de la dynastie de Chang, vécut, dit-on, jusqu'à l'âge de 100 années (de 1770 à 1670 avant notre ère), et fit bénir sa longue administration par des actes journaliers de prudence et de justice. Il avait rempli en même temps les fonctions de gouverneur des fils de deux de ses maîtres. On voulut qu'il désignât lui-même son success. à la première charge de l'état, et il présenta Y-tchi, son fils, qui se distingua également par son habileté et ses vertus.

Z

ZABAGLIA (Nicolas), né en 1674 à Rome, où il mourut en 1750, fut d'abord employé comme simple charpentier aux trav. du Vatican, et mérita, par l'invention de diverses machines qui eussent fait honneur à un habile mathématicien, la place d'architecte de la basilique de St-Pierre. L'appareil au moyen duquel on détache les peintures à fresque est dû à cet homme de génie, qui conserva après son élévation les habitudes et le costume même de son premier état. J. Bottari a publié : *Castelli e ponti di Nic. Zabaglia, con alcune ingegnose pratiche*, etc., Rome, 1743, gr. in-fol., ital. et latin (v. l'*Hist. des mathématiques* de Montucla, t. IV, page 821).

ZABANN ou ZABANIUS (Isaac), professeur de philosophie et de controverse au collége d'Eperiès, puis à Hermanstadt, où il mourut en 1699, surintendant de l'Église réformée et inspecteur de l'académie, a laissé quelques écrits mentionnés dans le *Specimen Hungariæ litteratæ* de Czwittinger.—Jean Zabann, son fils, fut anobli par l'empereur Léopold, et appelé aux fonctions de juge suprême des colonies saxonnes établies en Transylvanie; mais ayant trempé dans un complot, il fut destitué, mis en jugem., et condamné à perdre la tête.

ZABARELLA (Franç.), *de Zabarellis*, plus connu sous le nom de *Cardinal de Florence*, né en 1339 à Padoue, y professa le droit avec un gr. succès, fut employé à d'importantes négociations, et vint s'établir à Florence après la soumiss. de sa patrie aux Vénitiens (1406). Son mérite reconnu ne tarda pas à le faire élire par les Florentins, d'une voix unanime, au siége archiépiscop.; mais cette élection, n'ayant pas été confirmée par le pape, n'eut pas de suite. Après avoir séjourné quelque temps à Rome, où Boniface IX l'avait appelé, Zabarella retourna à Padoue, et refusa l'évêché de cette ville, qui lui fut offert. Jean XXIII, après son intronisat., le fit venir à sa cour, le nomma en 1410 archevêque de Florence, et, l'année suivante, le créa cardin.-diacre. Légat au concile de Constance en 1414, il fit partie de la commiss. nommée pour connaître des démêlés qui existaient entre les chevaliers teutoniques et les Polonais, et fut aussi l'un des commissaires pour l'examen de Jean Huss et de sa doctrine. Dans la 17e session il prononça un discours où il proposait div. expédients pour parvenir à la réformat. de l'Église, et publia même à cette occasion un écrit dans lequel il indiquait les moyens pour atteindre ce but. Ses trav. ayant dérangé sa santé, il mourut pendant la tenue du concile, en 1417. L'emper. et le concile en corps assistèrent à ses funérailles, qui furent célébrées avec une grande pompe. Ses princip. écrits sont : *Commentarii in decretales et clementinas*, 6 vol. in-fol.; et *De schismate*, Bâle, 1565, in-fol., mis à l'*index* de Rome jusqu'à correction.—Barthélemi Zabarella, neveu du précédent, professa le droit canon à Padoue, fut successivement référendaire apostolique, évêque de Spalatro, archevêque de Florence, légat de la cour de Rome en France et en Espagne, et mourut en 1445. On a de lui un traité *de Jure patronatûs*, et un assez gr. nombre de discours et de dissertations (v. Pancirole, *De claris legum interpr.*, etc.).

ZABARELLA (Jacq.), né en 1533 à Padoue, fut admis en 1564 au nombre des professeurs de l'université, où il remplit successivement les chaires de logique et de philosophie, et mourut en 1589. Accusé d'athéisme lors de la publicat. de ses ouvrages intitulés : *De inventione æterni motoris*, il déclara qu'il admettait comme chrétien les vérités qui ne peuvent être démontrées par les arguments de la philosophie; et son livre, soumis à la censure de l'inquisition, fut approuvé sans réclamation. On a de J. Zabarella un assez gr. nombre d'écrits, dont le recueil a été imprimé à Francfort, 1618, in-4 (v. l'*Hist. de l'acad. de Padoue*, par Papadopoli; l'*Hist. de la philosophie* de Brucker, tome IV).—Jacques Zabarella, dit *le Jeune*, comte de l'ordre de St-George, florissait à Padoue vers 1646. Il a laissé entre autres ouvrages : *Elogia illustr. Patavinorum*, Padoue, 1670, in-4. — *Aula heroum, sive Fasti romani ab urbe condita usque ad annum Christi 1674*, in-4. — Jules Zabarella, fils du prem. Jacques, mort prématurément par suite d'excès, eut quelq. réputat. comme mathématicien. — ZABARELLA (Paul-Bon), aussi de Padoue, ermite augustin, puis provincial et visiteur-général de son ordre, devint évêque de Romanie en Morée, archevêque de Parium, et vice-chancelier de la faculté d'éloquence dans sa ville natale, où il mourut en 1525. Outre des *Sermons*, on cite de lui un traité *De naturæ mirabilibus; Enarratio sept. psalmorum pœnit.; et De reformatione Ecclesiæ, ad Clementem VIII.*

ZABDAS, ZABAN ou SABON., l'un des génér. de Zénobie, reine de Palmyre, s'empara de l'Égypte, fut défait en Syrie par les Romains, concourut ensuite à la belle défense que sa souveraine opposa à l'emper. Aurélien, et périt, à ce que l'on croit, dans les derniers événements de cette guerre, vers 272.

ZABIRA (George), né dans l'anc. Macédoine (Roumélie), vint en qualité de commis marchand dans la Hongrie vers 1764, se rendit habile dans la connaissance du latin et des principaux idiomes de l'Europe, et mourut à Szabadszallas (petite Cumanie) en 1804, laissant, entre autres ouvrages MSs., *les Aventures des familles grecques Brancovani et Cantacuzène*, en moldave; et une biographie (ελληνικά) des auteurs grecs dep. la prise de Constantinople. Ce sav. légua ses livres et MSs. à l'église grecque de Petsch, avec un traitem. annuel de 100 florins pour le bibliothécaire.

ZABOROWA (Jacq.), publiciste polonais, employé d'abord à la grande chancellerie de la couronne, fut chargé vers 1502, sous la direction du chancelier J. Laski, de continuer le rec. des lois polonaises commencé près de deux siècles auparavant par ordre de Casimir-le-Grand. Cette continuation, dans laquelle Zaborowa joignit aux statuts de la Lithuanie le code des lois saxonnes, etc., parut sous ce titre : *Commune inclyti Poloniæ regni privilegium constitutionum et indultuum*, etc., Cracovie, 1506, in-fol. : c'est sur le modèle de cette collection que fut faite celle que le roi Sigismond Ier publia en 1532.

ZABOROWSKI (Stanislas), jurisconsulte polonais, fut, en 1506, nommé par le roi Alexandre secrétaire du trésor de la couronne, dont il devint sous-trésorier pendant le règne de Sigismond. On a de lui : *Tractatus de naturâ jurium et bonorum regis*, etc., Cracovie, 1507, in-4, très rare. — *Rudimenta grammatices*, etc. (en polonais), ibid., 1519, in-4; réimpr. plusieurs fois dans le même format. — ZABOROWSKI (Ignace), prêtre piariste, né en 1754, mort en 1803, a écrit en polonais une *Géométrie pratique*, Varsovie, 1786, 1792 et 1806, in-8; et *Logarithmes pour les écoles nationales*, ibid., 1787 et 1806, in-4. Voyez sur cet estimable professeur Bielski, *Vita piaristarum*, et au t. II des *Mém.* de l'Institut de Varsovie, son *Éloge* par P. Maleszewski.

ZABUESNIG (Jean-Christophe), littérateur, né en 1747 à Augsbourg, où il mourut vers 1795, président du corps des marchands, a traduit du français en allemand, et composé dans cette langue un assez grand nombre d'ouvrages, presq. tous pour la défense de la religion. La plus remarquable de ses traductions est celle de l'*Histoire ancienne et moderne* de Condillac, 1778 à 1780, 14 vol. in-8, On lui doit aussi quelq. pièces de théâtre.

ZABULON (Bible), 6e fils de Jacob et de Lia, naquit dans la Mésopotamie vers l'an du monde 2556, et mourut, suivant le *Testament des douze patriarches*, à l'âge de 114 ans, après avoir déclaré à ses enfants qu'il n'avait pris aucune part au crime de ses frères dans leur projet de se défaire de Joseph. La tribu de son nom eut la portion de la Terre-Promise qui s'étend depuis le lac de Galilée à l'orient, jusqu'à la mer Méditerranée à l'occident.

ZACAGNI ou ZACCAGNI (Laurent-Alexandre), conservateur de la bibliothèque du Vatican, mort à Rome en 1712, âgé de 55 ans, était entré de bonne heure dans l'ordre des augustins, et s'était rendu très habile dans la connaiss. des antiquités et dans celle des lang. grecq. et lat. Outre une dissertat. latine où il prétend démontrer que le St-siège était en possession de la ville et comté de Comacchio, avant le règne de Charlemagne, on a de lui : *Collectio monumentorum veterum Ecclesiæ græcæ et latinæ, quæ hactenùs in biblioth. vaticanâ delituerunt*, etc., Rome, 1698, in-4.

ZACCARIA (Franç.-Ant.), né à Venise en 1714, fut admis à 15 ans dans la société des jésuites, et après avoir enseigné quelque temps la rhétorique au collége de Gowitz, fut appelé à Rome, où il reçut les ordres en 1740. Il se voua dès lors à la prédication, obtint de très grands succès dans toute l'Italie, et devint en 1754 conservateur de la bibliothèque de Modène, en remplacement de Muratori. Obligé de résigner cette place lors de l'expulsion des jésuites, il se retira à Rome, où il occupa la chaire d'histoire ecclésiastique au collége de la Sapience. Il mourut en 1795. On a de lui, outre un grand nombre de MSs., cent six ouvr. imprimés, parmi lesquels il suffira de citer, comme les plus connus et les plus importants : *Storia letter. d'Italia*, Modène, 1751-57, 14 vol. in-8, et deux de supplément aux t. IV et V, Lucques, 1754. — *Osservazioni sopra vari punti d'istoria letter.*, etc., Venise, 1756, 2 vol. in-8. — *Difesa della storia letteraria d'Italia*, etc., Modène, 1754, in-8. — *Anecdotorum medii ævi... collectio*, etc., Turin, 1755, in-fol. — *Annali letterari d'Italia*, Modène, 1762-64, 3 vol. in-8.

ZACCHIAS (Paul), né à Rome en 1584, s'adonna plus particulièrem. à l'étude de la jurisprudence médicale, acquit aussi une grande réputation dans la pratique de l'art de guérir, devint médecin du pape Innocent X, puis proto-médecin des états pontificaux, et mourut en 1659. Son principal ouvrage a pour titre : *Quæstiones medico-legales*, Rome, 1621-1635, in-fol.; réimpr., Amsterd., 1651; Lyon, 1654, 1661, 1701, 1726; Nuremberg, 1726; Venise, 1757. On peut citer parmi ses autres écrits un traité *des Maladies hypocondriaques*, en ital., Rome, 1639, 1641, 1651, in-4; Venise, 1665; traduit en latin par Alph. Khonn, Augsbourg, 1671, in-8. — Sylvestre ZACCHIAS, frère du précédent, jurisconsulte, auditeur de la rote de Sienne, de Florence et de Lucques, a publié quelques livres de jurisprudence en latin. — Lanfranc ZACCHIAS, jurisconsulte de la même famille, est auteur d'un traité *de Salario*.

ZACH (CLARA, comtesse de), fille d'un magnat hongrois, était dame d'honneur d'Élisabeth, épouse de Charobert, lorsqu'en 1329 le frère de cette princesse (depuis roi de Pologne, sous le nom de Casimir III), conçut pour elle une passion que la reine lui facilita le moyen de satisfaire. Clara révéla ce secret à Félicien, son père, qui, transporté de fureur, s'introduisit dans le palais de Charobert, et fondit sur Élisabeth pour l'immoler ainsi que ses enfants. La princesse ne se garantit du coup dirigé sur sa tête qu'en la couvrant de sa main droite, dont quatre doigts furent abattus. Le roi, qui avait été aussi blessé, fut secouru par ses gardes, qui mirent Félicien en pièces. Là se fût borné la vengeance de Charobert, sans les instances de sa femme, qui ne fut satisfaite qu'après d'effroyables cruautés. Clara, arrêtée au milieu des dames de la cour, eut le nez, les lèvres et les doigts des mains coupées, puis fut conduite de ville en ville exposée aux regards de la populace. Son frère fut traîné à la queue d'un cheval, et son cadavre exposé aux animaux carnassiers; sa sœur fut décapitée; son mari périt en prison; et la diète hongroise statua (en 1330) que les descendants de Félicien, de l'un et l'autre sexe, jusqu'à la 3e génération, et ses neveux et nièces seraient décapités, et leurs biens confisqués; que les nobles alliés à cette famille seraient éloignés de la cour; et que les descendants du même Félicien, au-delà de la 3e génération, seraient condamnés pour jamais à l'esclavage.

ZACH (FRANÇOIS, baron de), célèbre astronome, né en 1754 à Presbourg, embrassa dans sa jeunesse la carrière des armes, et servit quelque temps en Autriche. Ayant donné sa démission, il résolut de voyager pour étendre le cercle de ses connaiss., et vint à Londres, où il demeura plus. années. Plus tard il rentra au service du duc de Saxe-Gotha, qui le créa général. La culture des sciences mathématiques et de l'astronomie avait occupé ses loisirs, et en 1787 le duc de Saxe-Gotha lui confia la direction de l'observatoire qu'il avait fait élever au mont Seeberg. Zach dirigea cet établissement naissant avec tant d'habileté que son renom s'étendit bientôt dans toute l'Europe. Ce fut au milieu de ses travaux qu'il entreprit en 1798, avec Bertuch de Weimar, les *Éphémérides géographiques*, qui se continuent encore, et en 1800 sa *Correspondance mensuelle pour les progrès de la géographie et de l'astronomie*, qui se termina en 1814. En 1806, il quitta l'observat. de Seeberg, et suivit la duchesse douairière de Saxe-Gotha dans ses voyages en France et en Italie. Il concourut à faire ériger des observatoires à Naples et à Lucques, et reprit en 1818, en français, à Gênes, sa *Correspondance astronomique, géogra-* *phique, hydrographique et statistique*. En 1828, il quitta Gênes, et vint à Paris pour être opéré de la pierre. Il avait trouvé dans cette ville un soulagement à ses maux, lorsque la fatale épidémie qui affligea la France l'enleva le 3 sept. 1832.

ZACHAIRE (DENIS) est le nom, peut-être supposé, sous lequel est connu un alchimiste né dans la Guyenne vers 1510. Initié de bonne heure aux chimères de l'hermétisme, il acheta, au prix de la moitié de son patrimoine, divers secrets prétendus merveilleux, dont les essais infructueux lui enlevèrent le reste de sa fortune. Étant venu à Paris en 1539, il obtint d'un étranger la connaissance d'un nouveau secret de faire de l'or, et en fit informer le roi de Navarre, Antoine d'Albret, qui promit de payer cette découverte 4,000 écus. Zachaire se rendit alors à Pau; mais quand il eut terminé son opération, le roi Antoine se borna à le remercier. L'alchimiste désappointé revint à Paris, où il se livra sans réserve à la lecture des ouvr. de Raym. Lulle et d'Arnaud de Villeneuve. De retour dans son pays, il réussit, s'il faut l'en croire, à convertir du vif-argent en or. Il partit ensuite pour Lausanne, d'où il se rendit en Allemagne, et l'on ignore ce qu'il devint ensuite. On a de lui : *Opuscule de la philosophie naturelle des métaux*, etc. (avec une préface qui renferme le précis de ses aventures), Anvers, 1567, in-8; Lyon, 1574, in-12; inséré dans la *Biblioth. des philosophes chimiq.*, t. II, et trad. en lat., avec des notes, Bâle, 1583, 1600, in-8.

ZACHARIE (Bible), roi d'Israël, succéda à son père Jéroboam II, après un interrègne de onze ans et demi, l'an 773 av. J.-C., et fut au bout de 6 mois assassiné par Sellum, fils de Jabès, qui s'empara du trône. — ZACHARIE, fils du grand-prêtre Joïada, lui succéda dans ce poste éminent, sous le règne de Joas, et fut massacré par l'ordre de ce prince. Dieu vengea sa mort, en faisant périr Joas l'année suiv., lorsque le roi de Syrie se fut emparé de Jérusalem. — Un autre ZACHARIE, que l'on croit fils du précédent, vivait sous les règnes d'Amasias et d'Ozias, rois de Juda; il eut la confiance de ce dernier prince, qu'il affermit dans les voies de la justice. Il ne faut pas le confondre avec ZACHARIE, fils de Barachie, disciple d'Isaïe, et le 11e des petits prophètes. Celui-ci reçut de Dieu avec Aggée la mission d'exhorter les Juifs à reprendre la construction du temple de Jérusalem. C'est le plus fécond et en même temps le plus obscur de tous les petits prophètes : aussi a-t-il eu de nombreux commentateurs, parmi lesquels nous citerons Mélanchthon, Stunica, Osorius, etc. — ZACHARIE, père de St Jean-Baptiste, était un des prêtres du temple de Jérusalem. Ayant refusé de croire à la parole de l'ange Gabriel, qui lui annonçait qu'il aurait un fils auquel il donnerait le nom de Jean, il devint muet, et sa langue ne se délia que lorsque l'événement prédit se fut réalisé. Quelques Pères disent qu'Hérode, roi de Judée, fit mourir Zacharie, parce qu'on avait soustrait son fils Jean au massacre des innocents, et que ce personnage est le même que celui dont J.-C. reproche la mort aux Juifs.

ZACHARIE, Juif distingué par ses vertus et ses richesses, fut traduit devant le grand sanhédrin, l'an 67, sur l'accusation d'avoir voulu livrer Jérusalem à Vespasien. Bien que déclaré innocent, il ne put échapper à l'animosité de ses ennemis, qui le massacrèrent au milieu du temple, et jetèrent son corps à la voirie. — ZACHARIE, surnommé *le Scholiaste*, fut disciple d'Ammonius à Alexandrie, devint évêque de Mitylène, et mourut en 560. On a de lui un *Discours* en grec sur la création et la fin que doit avoir le monde, traduit en latin par G. Génébrard.

ZACHARIE, d'abord trésorier de l'Église de Constantinople, puis successeur de Hesychius ou Isaac, dans le patriarchat de Jérusalem, fut emmené captif par les Perses en 614, avec tous les habitants de la ville sainte, et recouvra sa liberté lorsque le roi Siroès eut fait la paix avec l'emp. Héraclius. Il rapporta alors à Jérusalem la vraie croix que le monarque persan rendait au souverain de Constantinople, et il la remit en sa place. L'Église latine célèbre cet événement le 14 sept. sous le titre de *Fête de l'exaltation de la sainte croix*. On ignore l'époque de la mort de Zacharie.

ZACHARIE (St), pape, né en Grèce vers la fin du 7e S., succéda en 741 à Grégoire III. Les troubles excités par la révolte des ducs de Bénévent et de Spolette contre Luitprand, roi des Lombards, lui fournirent l'occasion de déployer sa sollicitude pour le peuple de Rome et son clergé. Plus tard il s'occupa de régler la discipline et le dogme en Angleterre, et dirigea les actes du concile de Clovehou. En 747, Burchard, évêque de Wurtzbourg, et Fulrad, chapelain de Pépin-le-Bref, furent envoyés à Rome pour consulter le pape sur la situation politique de ce prince, qui, bien qu'exerçant le pouvoir souverain, ne portait encore que le titre de maire du palais. Zacharie répondit aux envoyés de Pépin que, pour ne point renverser l'ordre, *il valait mieux donner le nom de roi à celui qui en avait le pouvoir*. Ce conseil fut reçu comme une décision par celui qu'il intéressait; mais dans sa naïve bonne foi le pontife n'avait pas prétendu se constituer juge. Zacharie mourut peu de temps après cet événement, devenu le plus important de son pontificat, et peut-être de l'époque. Ce fut ce pontife qui commença la fameuse bibliothèque du Vatican.

ZACHARIE (ZAKARIA AL TIFURI), dit *le Tiaphurien*, médecin arabe du 9e S., s'acquit une grande réputation sous le règne du khalyfe Motasem, et fut médecin des armées de ce prince. Il n'a laissé aucun écrit. — ZACHARIE (*Zacharias Chrysopolitanus*), dit *le Chrysopolitain*, écrivain ecclésiastique, né dans les prem. années du 12e S. à Goldsborough (*Chrysople* ou Ville-d'Or), dans le comté d'York, vint fort jeune en France, entra dans l'ordre des prémontrés, et partagea son temps entre l'étude et la pratique de ses devoirs. On ignore l'époque de sa mort. Il est auteur d'un commentaire sur la Concorde d'Ammonius, impr. pour la 1re fois en 1473, in-fol., sous ce titre: *In unum ex quatuor, sive de concordiâ evangelistarum*; il a été inséré dans la *Biblioth. des Pères*, t. XIX de l'édit. de Lyon. On conservait des *Homélies* du même écrivain, dans l'abbaye d'Alne, au diocèse de Liége.

ZACHARIE (LELIO), *de Vicence*, né vers 1450, entra dans les ordres à 30 ans, devint chanoine de Latran, évêque de Sébaste en Arménie, et mourut en 1522. On a de lui: *Orbis Breviarium*, etc., Florence, 1493, et Venise, 1502, in-4, plusieurs fois réimpr. et trad. en ital. (c'est un extrait des anc. géographes). — *De gloriâ et gaudiis beatorum*, Venise, 1501. — ZACHARIE, surnommé *Lipelloo*, vicaire de la chartreuse de Juliers, mort en 1597, a écrit les *Vies* des saints en 4 vol. impr. à Cologne, les deux premiers en 1595, et les deux autres en 1601. — ZACHARIE *de Lisieux* (le P.), capucin, né en 1582, fut attaché pendant 20 ans à la mission catholique d'Angleterre, et mourut en 1660 dans le couvent de son ordre à Évreux. On a de lui: *la Philosophie chrétienne*, etc., Paris, 1637, in-8; 1644, in-4. — *La monarchie du Verbe incarné*, 1642-46, 2 vol. in-4. — *Gyges Gallus*, 1659, in-12; Lyon, 1660, in-8 et in-4; trad. en franç. par le P. Antoine de Paris, 1663 (fiction morale dans le genre du *Diable boiteux* de Le Sage). *Somnia sapientis*, Paris, 1659, in-12. — *Genius sæculi*, 1659, in-12; réimpr. plus. fois, in-8 et in-4. — *Relation du pays de Jansénie*, etc., 1660, 1664, in-8. — *Christus patiens*, etc., 1661, in-4. — *Sylva sacrorum*, etc., 1662, in-4. — ZACHARIE (Auguste-Louis), théolog. luthér., né en 1710 à Neundorf, mort à Kœthen en 1772, a publié: *Lessus mem. Christi Ludov. Schlichteri consecratus*, Kœthen, 1763, in-fol.; et quelq. dissertations critico-théolog. qui offrent peu d'intérêt.

ZACHARIE (JUST-FRÉDÉRIC-GUILLAUME), poète allemand, né en 1726 à Frankenhausen, dans la Thuringe, perfectionna ses études à Leipsig dans la société des plus savants littérateurs de l'époque. Il fut affilié au cercle littéraire de Gœttingue, qui contribua beauc. à ranimer le bon goût en Allemagne, obtint la chaire de poésie du collége *Carolinum* à Brunswick, et mourut dans cette ville en 1777. Outre le journal de Brunswick, qu'il rédigeait depuis 1768, il a laissé un assez gr. nombre de poèmes de différents genres, dont quelques-uns ont été trad. en latin, en franç., en angl. et en ital., et qui ont été recueillis, Brunswick, 1763 à 1765, 9 vol. in-8. Les plus remarquables sont: *Phaëton*, les *Quatre Parties de la journée*, et la *Femme dans les quatre parties de son âge*. On lui doit encore quelques ouvrages, qui ne font point partie de ce recueil, tels que le *Théâtre espagnol*, 1770 et 1771; des *Fables et Contes*, etc., 1771; plus. écrits posthumes, publiés par Eschenburg, avec des *Notes* sur la *Vie* et les ouvr. de l'auteur, 1781, in-8. — ZACHARIE (Gotthilf-Traugott), né en 1729 à Tauchardt (Thuringe), professa la théologie à Butzow, à Gœttingue, puis à Kiel, où il mourut en 1777. Il était fort instruit dans les langues orientales. Outre plus. ouvr. restés MSs., on cite de lui: *Paraphrase et explicat. des Épitres de St Paul*, Gœttingue, 1768-1771, 4 vol. in-8. — *Théologie biblique*, ibid., 1771-77, 4 vol. in-8. — *Doctrinæ christianæ institutio*, plus. fois réimprimée.

ZACHARYASZEWICZ (GRÉGOIRE), évêque métropolitain de Gnesne, mort à Varsovie en 1812, dans un âge avancé, a publié en polonais un *Recueil des anciens moralistes*, Varsovie, 1784-87, 3 vol. in-8.

ZACHÉE (Bible), fermier des impôts perçus pour le compte des Romains à Jéricho, fut honoré de la visite de J.-C., et se convertit à la parole du Sauveur (*Évang.* de St Luc, chap. 19). — ZACHÉE, hérétique du 4e S., fut le chef d'une secte dite des *zachéens*, qui, entre autres erreurs, soutenait que les prières ne sont agréables à Dieu que faites en particulier; que chacun a le droit de célébrer le sacrifice divin et de toucher aux vases sacrés, etc.

ZACHT ou SAFT-LEEVEN (HERMAN), peintre, né à Rotterdam en 1609, mort à Utrecht en 1685, peignit le paysage avec succès, et grava lui-même plusieurs de ses compositions. Ses tableaux sont recherchés. Le musée possède de cet artiste une *Vue du cours du Rhin*. — Corneille ZACHT-LEEVEN, frère du précédent, né à Rotterdam en 1612, s'attacha particulièrem. à la peinture des sujets dits *de genre*, tels que des corps-de-garde, des intérieurs de maisons rustiques, des cuisines, etc., dans le goût de Téniers. Il a peint aussi quelques tableaux d'animaux domestiques et des paysages.

ZACOSTA (RAYMOND), 37e grand-maître de l'ordre de St-Jean-de-Jérusalem, résidant alors à Rhodes, succéda en 1461 à Jacques de Milli. Ce fut lui qui reçut le premier du pape le titre d'*excellentissime*, que ses successeurs ont conservé. Il soutint la guerre contre les Turks, et mourut en 1467 à Rome, où il s'était rendu pour se justifier des plaintes de quelq. chev. de son ordre. Zacosta était Aragonais.

ZACUTH (ABRAHAM ben SAMUEL), juif, natif de Salamanque, professait en 1492 l'astronomie à Saragosse, lorsque l'édit rendu contre ceux de sa religion par Ferdinand et Isabelle le força de se réfugier à Lisbonne. Il y fut nommé astronome et chroniqueur du roi Emmanuel. Son princip. ouvr., qui a pour titre : *Sepher Juchasin* (livre des lignages), renferme de curieux détails sur l'histoire religieuse de la nation israélite. Il a été imprimé pour la prem. fois à Constantinople en 1566, puis à Cracovie en 1580, et à Amsterdam en 1717, in-4. Consulté avec fruit par plus. rabbins et par Scaliger (*De emendat. temp.*), ce livre a été trad. en latin par Aaron Margalith. On doit encore à Zacuth un *Almanach perpétuel*, Venise, 1502, trad. en latin, et quelques autres écrits de théologie hébraïque et d'astrologie.

ZACUTO (ABRAHAM), *Zacutus Lucitanus*, médecin, né en 1575 à Lisbonne de parents israélites, à qui la crainte des persécutions avait fait embrasser le christianisme, fréquenta les écoles de Salamanque et de Coimbre, reçut avant 20 ans le doctorat à l'univ. de Siguenza, puis vint s'établir dans sa ville natale. Depuis 30 années il y pratiquait la médecine avec beaucoup de succès, prodiguant avec le même zèle ses soins aux indigents et aux grands seigneurs, lorsque l'édit rendu en 1625 par le jeune Philippe IV, contre les familles juives, le décida à partir pour Amsterdam. Il s'y fit circoncire dès son arrivée, et mourut dans cette ville en 1642. D'abord publiés séparément, ses ouvr. ont été recueillis en 2 vol. in-fol., Lyon, 1649; 4e édit.; ibid., 1694. Les deux principaux sont : *De medicorum principum historiâ*, Amsterdam, 1629, 1642, 12 vol. in-8; Lyon, 1642, in-fol., et *Praxis medica admiranda*, etc., Amsterdam, 1634, in-8; Lyon, 1643, in-fol., etc.

ZADRIADÈS ou THARIADÈS, roi de la Petite-Arménie dans le 2e S. avant J.-C., servit dans les troupes du roi Artabaze, puis obtint d'Antiochus-le-Grand la souveraineté d'une partie de l'Arménie, l'autre moitié restant dévolue à un certain Artaxias. Ces deux hommes, prenant le titre de roi, secouèrent le joug d'Antiochus, qui, après avoir tenté de les réduire, consentit à faire la paix avec eux. Zadriadès mourut vers l'an 170 avant J.-C.

ZAGA-CHRIST, aventurier, appelé aussi *Zagaxe* ou *Zagaste*, réussit à se faire passer en Europe pour le fils du roi d'Abyssinie, Hasse-Yakoub. Étant venu de Syrie à Rome, où le pape lui donna un palais, et pourvut pendant deux ans à son entretien, il se décida, d'après le conseil du duc de Créqui, à se rendre en France, où il fut bien accueilli du roi et du cardinal de Richelieu, qui lui donna un logem. dans son château de Ruel, près de Paris. Zaga y mourut en 1638 à l'âge de 28 ans, et fut enterré à côté du prince de Portugal. On peut consulter sur cet aventurier : l'*Hist. Æthiopum* de Ludolf, et les *Imposteurs insignes* de Recoles, t. II. Rechac le jeune a publié : *les étranges Événements du voyage de S. A. R. le prince Zaga-Christ*, etc., Paris, 1634.

ZAGLY (le comte), aventurier, né en Perse d'une famille arménienne très obscure, vint à Paris vers l'an 1675, se faisant passer pour un personnage distingué, demanda à être baptisé, et eut pour parrain le duc d'Orléans, frère de Louis XIV, qui lui donna une pension, et le plaça dans les mousquetaires. Il épousa ensuite la fille du voyageur Tavernier; mais il la quitta bientôt, et retourna en Perse, où il embrassa l'islamisme (dans la secte d'Ali). Il prit le nom d'iman Kouli-Beig, persécuta les chrétiens, devint drogman ou interprète du khan d'Érivan, et eut la tête tranchée en 1707, sur la demande de l'envoyé de France Michel.

ZAGO (ORTENSIO), né à Vicence en 1654, d'une famille noble, mort en 1737, possédait des connaissances très variées, et s'attacha surtout à l'hydraulique. On a de lui : *del Torrento astiquo e del modo di reparare a i danni minacciati alla città di Vicenza*, etc., Padoue, 1720, in-fol.; deux dissert. lat. sur les inscriptions des anciens chrétiens, etc.; des *notes* sur d'anc. édifices publics, etc.

ZAHN (JEAN), né en 1641 à Carlstadt, dans la

Franconie, mort en 1707, prevôt du couvent de Niederzell, ordre de Prémontré, s'est fait un nom par son ouvrage intit. : *Specula physico-mathematico-historica notabilium ac mirabilium sciendorum*, etc., Nuremberg, 1696, 3 vol. in-fol. — ZAHN (Benoit-Guillaume), né en 1738 à Nuremberg, où il occupa des fonctions de magistrature, a publié : *Hist. ecclésiastiq. de la ville de Lauf*, etc. (allem.), 1781, in-8. — *Précis des événem. les plus remarquables arrivés à Nuremberg de 1737 à 1787* (id.), 1787-89, 2 vol. in-4. — *Comment. juris pub. de jure collectandi in genere*, etc., Altdorf, 1790, in-4. — ZAHN (Balthazar-Conrad) est auteur d'un *Tractatus de mendaciis*, etc., Cologne, 1686, in-4.

ZAIDOUN (ABOU'L WALID AHMED IBN), écrivain et poète arabe, né à Cordoue en 394 de l'hégyre (1003 de J.-C.), mort à Séville en 463 (1070), est principalement connu comme auteur d'un poème nommé *Nouniyya*, parce que tous les vers se terminent par la syllabe *na;* et d'une *Lettre*, écrite au nom de Vadala, fille du roi Mohamme Almostakfi Billah, à un nommé *Abdouz*, personnage obscur, qui avait osé lui faire des propositions de mariage. Le texte de cette lettre a été publiée, avec une version, par Reiske, Leipsig, 1755. C'est une composition très remarquable, et qui a été commentée par div. auteurs.

ZAINER (GUNTHER), célèbre imprimeur, né à Reutlingen vers 1450, s'établit à Cracovie, et y acquit une grande réputation par ses productions typographiques. Étant passé ensuite à Augsbourg, il y forma un nouvel établissement, et mourut en 1478. — ZAINER (Jean), proche parent (sinon frère) du précédent, fonda une imprimerie à Ulm, où il exécuta un gr. nombre de belles édit., et mourut en 1500.

ZAIONCZEK (JOSEPH), général polonais, né à Kamienieck en 1752, d'une famille noble, mais pauvre, suivit de bonne heure la carrière des armes, devint colonel vers 1786, se fit remarquer à la diète de 1788 à 1792 par ses principes d'indépendance, et servit sous les ordres de Kosciuszko, lorsque la guerre éclata entre les Polonais et les Russes. Forcé de s'expatrier après l'issue de la campagne de 1792, il revint sonder secrètem. les dispositions de ses concitoyens pour une nouvelle insurrect., qui éclata en mars 1794. Zaïonczek y figura encore comme un des princip. lieutenants de Kosciuszko, et donna de nouvelles preuves de son dévouement et de la fermeté de son caractère. Nommé commandant de Varsovie, il défendit avec plus d'intrépidité que de talent le faubourg de Praga contre Souvarof, et fut blessé grièvement dans l'action. Arrêté sur les frontières de la Silésie, au moment où il demandait un asile aux généraux autrichiens, il fut conduit dans une forteresse de Moravie, et ne recouvra la liberté qu'à l'avénem. de Paul Ier au trône de Russie. Il vint alors à Paris demander du service, et fut envoyé comme génér. de brigade à l'armée d'Italie, au commencem. de 1797. Il suivit l'année d'après Bonaparte en Égypte, y fut nommé général de division, et se distingua particulièrement à la bataille d'Héliopolis. Dans le conseil de guerre dont Menou voulut prendre l'avis avant de conclure sa capitulation, Zaïonczek fut (avec Destaing et Delzons) l'un des trois officiers-généraux qui se prononcèrent contre l'abandon de l'Égypte. Il continua d'être employé activement à son retour en France, et commanda en 1805 au camp de Boulogne une division avec laquelle il fit la guerre en Allemagne. Il coopéra ensuite à l'organisation de plus. légions polonaises, et fut mis à la tête d'une des trois divisions qui composèrent l'armée du gr.-duché de Varsovie. Il eut part en cette qualité à la campagne dans laq. les Polonais, en nombre très inférieur, repoussèrent l'invasion tentée sur le grand-duché par le prince Ferdinand d'Autriche (avril et mai 1809). Lors de la désastreuse campagne de 1812, Zaïonczek, qui commandait une des divisions polonaises, fut blessé, subit l'amputation d'une jambe, et resta prisonnier à Wilna. Après le traité de Paris, ce général fut d'abord employé dans la nouvelle armée polonaise, organisée par le grand-duc Constantin; il reçut ensuite le titre de prince et fut nommé vice-roi de Pologne par l'emp. Alexandre lorsqu'une constitut. eut été donnée à ce pays. Dès lors Zaïonczek se montra entièrem. dévoué aux intérêts de la Russie, et se fit l'instrument des volontés les plus despotiques. Toutes les institut. libérales accordées à la Pologne par Alexandre, dans un premier élan de magnanimité, furent attaquées sous les yeux et avec le concours du chef dont on attendait leur maintien. Dans les dern. années de sa carrière, Zaïonczek se vit méprisé et renié par ses anciens amis et frères d'armes, qui avaient eu trop fréquemment à se plaindre de sa servile complaisance. Il mourut le 28 juillet 1826, et fut enterré dans sa belle résidence d'Opatowek.

ZAKRZEWSKI (IGNACE-WYSSYGOTA), né en 1774 à Bialecz, d'une ancienne famille de la Grande-Pologne, fut un de ceux qui se distinguèrent en défendant la cause de l'indépendance nationale en 1794. Élu nonce de la diète, il se fit remarquer à la session de 4 ans qui termina ses trav. en donnant une constitution à la Pologne, le 3 mai 1791. L'ann. suiv. il fut nommé présid. du corps municipal de Varsovie, et devint, en 1794, membre du conseil suprême du gouvernem. choisi par Kosciuszko. Après l'occupation de Varsovie par les Russes, Zakrzewski fut arrêté à Sandomir, et resta détenu dans une forteresse jusqu'à l'avénem. de Paul Ier. Rendu alors à la liberté, il rentra dans sa patrie, y vécut dans la retraite, et mourut en 1802.

ZALASZOWSKI (NICOLAS), archidiacre de Posen vers la fin du 17e S., a publ. : *Jus regni Poloniæ*, Posen, 1699-1702, et Varsovie, 1741, 2 vol. in-fol. Il parut après sa mort un autre écrit de lui, intitulé : *De potestate capituli, sede vacante*, Posen, 1706, in-4.

ZALEUCUS, philosophe et législateur grec, né vers l'an 700 avant J.-C., suivant l'opinion la plus généralement reçue, un siècle avant Pythagore, ne put être, conséquemm., son disciple comme l'ont avancé Diodore de Sicile et Diogène-Laërce. A travers l'obscurité qui enveloppe l'existence de ce personnage illustre, on sait, à n'en pouvoir douter, qu'il fut appelé à donner des lois aux Locriens Zéphyriens par suite de la considération que sa vertu lui avait acquise. Diodore et Stobée nous ont conservé le préambule du code législatif donné par Zaleucus à une cité qui n'était alors, si l'on en croit Aristote, qu'un repaire de brigands et de pirates. « Il n'y a rien dans l'antiquité, dit Voltaire (*Essai sur les mœurs*, etc.), qu'on puisse préférer à ce morceau simple et sublime, dicté par la raison et par la vertu, dépouillé d'enthousiasme et de ces figures gigantesques que le bon sens désavoue. » On raconte que le législateur des Locriens ayant ordonné, par une des dispositions pénales de son code, que l'adultère aurait les yeux crevés, son fils fut convaincu de ce crime. Le peuple demandait la grâce du coupable: Zaleucus s'y opposa; mais se montrant aussi bon père que magistrat inflexible, il se fit arracher un œil pour ne laisser subir à son fils que la moitié de la peine encourue. Suivant Suidas, Zaleucus mourut en combattant pour sa patrie. Plusieurs de ses lois ont été attribuées à Charondas, comme aussi quelq.-unes des institut. de Charondas ont été attribuées au législat. locrien.

ZALKIND-HOURWITZ, juif polonais, né vers 1744 à Lemlin (Lithuanie), quitta sa patrie peu de temps avant la révolut., et vint se fixer à Paris, où, vivant chétivement du commerce de vieux habits, il consacra ses loisirs à l'étude. Devenu en peu de temps assez habile dans la connaissance de notre langue, il écrivit d'abord quelq. articles dans les journaux, puis concourut, en 1790, pour le prix (sur la quest. de la *Régénérat. politiq. des Juifs*), proposé par l'acad. de Metz, et fut couronné avec Grégoire (dep. évêq. de Blois) et Thierri (avocat à Metz). Le *Mémoire* de Zalkind ne pouvait manquer de fixer l'attention sur son auteur: Mirabeau le cita dans un de ses écrits, et l'humble brocanteur fut bientôt attaché à la conservat. des MSS. orientaux de la biblioth. nationale. Il continua d'écrire dans les journ., et publia quelq. écrits de circonstance, qui n'ajoutèrent rien à sa réputation. Il la devait peut-être en grande partie à la singularité de sa position; mais pour cela même qu'il affectait de s'y complaire, on ne songea point à l'en tirer. Il mourut misérable en 1810.

ZALLINGER (JEAN-BAPTISTE DE THURN), jésuite, né en 1731 à Botzen, dans le Tyrol, où il mourut en 1785, avait professé la philosophie au lycée d'Inspruck, puis occupé successivem. les chaires de physiq. et d'hist. natur. de l'académie de Deux-Ponts. Outre quelq. écrits de philos. et d'histoire naturelle (en latin), on cite de lui un *Mémoire* (allem.) *sur les moyens d'améliorer l'agriculture dans le Tyrol*, Inspruck, 1769, in-8. — ZALLINGER (Jacq.-Antoine), de la même famille, né à Botzen en 1735, entra aussi dans l'ordre des jésuites, et mourut recteur du lycée St-Sauveur à Augsbourg vers 1802. On a de lui quelq. écrits de philosophie élémentaire, de droit ecclésiastiq. (en latin), et un examen critique du système de Kant, sous le titre de *Disquisitionum philosophiæ Kantianæ libri II*, etc., Francfort, 1799, in-8. — ZALLINGER (François-Séraphin), parent des précéd., jésuite aussi, et de Botzen, né en 1743, mort vers 1805, professa la philosophie et la physique à Inspruck, et publia quelques écrits (allem.), tels que des dissertat. *Sur les causes des inondations dans le Tyrol*, Inspruck, 1779, in-8; et *Sur la chaleur respective des différentes contrées*, 1787, in-8.

ZALLWEIN (GRÉGOIRE), bénédictin, né en 1712 à Oberwichtach, dans le Haut-Palatinat, fut professeur de droit canon à Salzbourg, puis conseiller ecclésiastiq. de l'archevêq. et recteur de l'univ., et mourut en 1766. Ses princip. ouvr. sont: *Fontes originarii juris canonici*, etc., Salzbourg, 1752-1755, 4 vol. in-4. — *Principia juris ecclesiastici... Germaniæ*, Augsbourg, 1763, 1781, 4 vol. in-4; en tête de la 2ᵉ édit. est une *Vie* de l'auteur.

ZALUSKI (ANDRÉ-CHRYSOSTÔME), gr.-chancelier de Pologne, né en 1655, d'une des plus anciennes familles du royaume, en terminant ses études, visita l'Allemagne, les Pays-Bas, la France et l'Italie; de retour dans sa patrie vers 1675, il entra dans l'ordre ecclésiastique, et suivit là carrière diplomatique. Envoyé successivem. en ambassade près des cours de Portugal, de France et d'Espagne, il obtint ensuite la place de chancelier de la couronne, et fut nommé successiv. évêq. de Kief, de Czernichow, de Ploczka et de Warmie. Lors de l'invasion de la Pologne par Charles XII, il fut forcé de remettre les sceaux au palatin Jablonowski; mais il les recouvra quelq. temps après la bataille de Pultawa, et les conserva jusqu'à sa mort en 1711. On a de lui: *Epistolæ histor. familiares*, Brunsberg, 1709-1711, 6 vol. in-fol.; et trois rec. de discours *Conciones et Orationes* prononcés dans les conseils d'état et dans les diètes. — ZALUSKI (André-Stanislas-Kostka), neveu du précéd., et comme lui gr.-chancelier de Pologne, embrassa l'état ecclésiastique, et exerça d'abord plusieurs emplois publics. Obligé de s'expatrier par suite des troubles civils, il voyagea en Allemagne, en Hollande, en France et en Italie, et de retour à Varsovie, il s'y livra à la prédication et aux autres fonctions ecclésiastiques. Nommé évêque de Plock, puis élevé par le roi Auguste II à la dignité de gr.-chancelier de la couronne, Zaluski, après la mort de ce prince, se prononça en faveur de Stanislas Leckzinski; il reconnut ensuite Auguste III, dont il gagna la confiance entière, et mourut à Cracovie en 1758. Cet homme d'état avait reçu l'éducation la plus soignée, possédait une grande instruction, et était en correspondance avec presque tous les sav. de l'époque. Wolf lui dédia les deux dern. parties de sa *Philosophia moralis*. — ZALUSKI (Joseph-André), frère du précéd., né en 1701, fut évêq. de Kief et référendaire de la couronne, et mourut en 1774. Zélé bibliophile, possédant de vastes connaissances, il avait employé toute sa fortune à former une bibliothèque de 200,000 vol. (dont 20,000 de littérature polonaise), qui, ouverte au public en 1745, fut pillée et dispersée par les cosaques en 1759, lors de la prise de Varsovie par Souvarof. Il est auteur de plus. ouvrages estimés (en latin et en polonais) sur la bibliographie, la législat. et l'hist. polonaise. Les principaux sont : *Programma litterarium ad bibliophilos*, etc., Varsovie, 1732, in-4 ; trad. en lat., Dantzig, 1743, in-4. — *Conspectus novæ collect. legum ecclesiast. Poloniæ*, etc., Varsovie, 1744, in-4. — *Analecta historic. de... cærem. ensem et pileum benedicendi*, etc., 1721, in-4. — *Duo gladii adversùs dissidentes*, 1731, 2 vol. in-4. — *Specimen historiæ Poloniæ criticæ*, etc., 1735, in-fol. — *Anecdota singularia celsiss. Jablonevior. domús*, 1755, in-4. — *Manuel des droits et des usages publics de la Pologne pend. l'interrègne*, etc., 1764, in-8. On lui doit en outre des poésies et pièces dramatiq., en polonais, publ. dans le recueil de Minasowicz, Varsovie, 1756. — Alexandra ZALUSKA, sœur des précéd., épouse du comte Lascoronski, publia à Varsovie, en 1755, une traduct. du *Traité sur la Ste communion* par le P. Crasset. — Thérèse ZALUSKA, épouse du comte Joseph Zaluski, a écrit en latin un opuscule *Sur les vertus et les défauts des Polonaises*, et deux discours sur un sujet politique, publiés dans les *Miscellanea* de J. Ostrowsky-Daneykowicz, Lublin, 1745, in-fol.

ZALUZANSKI (ADAM), d'une famille noble de la Bohême, remplit, de 1580 à 1609, une chaire de médecine à l'univ. de Prague. Entre autres ouvr., on cite de lui : *Methodi rei herbariæ libri III*, Prague, 1592; Nuremberg, 1604, in-4, et *Apothecariorum regulæ*, etc. (v. le t. II, p. 215 de la *Bohemia docta* du P. Balbinus).

ZALYK (GRÉGOIRE-GEORGIADES), né en 1785 à Thessalonique (Macédoine), après avoir fait de bonnes études chez les moines du Mont-Athos, s'établit vers 1802 à Bukarest en Valachie, fut employé comme secrét.-interprète auprès de l'envoyé turk en France, et se fixa à Paris comme secrét. du comte de Choiseul-Gouffier, auquel il fut très utile pour la rédaction de son *Voyage pittoresque de la Grèce*. En 1816, il fut nommé de nouveau secrét. de légat. sous l'envoyé othoman Nikolakis Manos, et quitta ce poste en 1820. De Bukarest où il était retourné, il se rendit à Pétersbourg, dans un état complet de dénûment, et y obtint une pension de l'emper. Alexandre. Revenu à Paris en 1827, il y mourut la même année. On a de lui : *Dictionnaire français et grec moderne*, Paris, 1809, gr. in-8, estimé. Il a laissé MS. une traduction en grec moderne du *Contrat social*, et un *Essai historiq.* sur les événements de la Grèce, que sa fille se proposait de publier.

ZAMAGNA (BERNARD), jésuite, né en 1735 à Raguse, où il mourut en 1820, fut un des principaux ornem. de la célèbre école de poésie latine qui florissait dans cette ville au 18e S. Élève du collége Romain, il devint profess. de rhétoriq. à Sienne, et, après la suppress. de son ordre, obtint au collége de Milan une chaire de littérat. et de langue grecque, qu'il remplit jusqu'à l'époq. de l'invasion de la Lombardie par les Français. Il était membre de l'acad. des Arcadiens sous le nom de *Tryphilius Cephisius*. Outre quelq. poèmes, notamm. : *Écho* (Rome, 1764, in-8), et *Navis aeria* (ib., 1768), etc., on a de lui d'excellentes traduct. en vers latins de l'*Odyssée*, Venise et Sienne, 1777, in-fol. (Cunich a trad. l'Iliade); des œuvres d'*Hésiode*, Parme, Bodoni, 1785, in-4; des idylles de *Théocrite, Moschus* et *Bion*, ibid. 1784, Sienne, 1788, in-8 (v. le t. II des *Notizie istor. crit.* d'Appendini, Raguse, 1802-3).

ZAMAKHSCHARI (ABOU'L CACEM MAHMOUD AL), écrivain arabe, né l'an 462 de l'hégyre (1074 de J.-C.) à Zamakhschar, bourg du Kharizme, mort vers la fin de 538 (1144) dans la capitale de cette province, est auteur d'un *Comment.* sur le *Coran*, et d'autres ouvr. sur la grammaire, dont la plupart se trouvent dans les bibliothèq. de Paris, d'Oxford, de Leyde et de l'Escurial (v. la *Biogr.* d'Ibn Khilcan, et le *Specimen catal. cod. MSs. orient. bibl. acad. Lugd. Batav.*, de M. Hamaker, Leyde, 1820). H.-A. Schuttens a publié une grande partie du *Nawabig* de Zamakschari, sous le titre d'*Anthol. sententiar. arab., cum scholiis*, Leyde, 1782.

ZAMBECCARI (FRANÇOIS), profess. de littérat. grecque à Capo-d'Istria, puis à Pérouse, dans la 2e moitié du 15e S., était né à Venise, d'une famille bolonaise, et, pend. un séjour de 5 ans en Grèce, avait recueilli un gr. nombre de médailles, d'inscriptions et de MSs. On ne cite guère de lui que l'opuscule suiv. : *de Philochrysi et Chrysæ amoribus carmen*, Bologne, 1497 ; Paris, 1498, in-4, rare. — ZAMBECCARI (Joseph), médecin florentin, professait l'anat. à Pise vers la fin du 17e S. On lui doit un *Traité des bains de Pise et de Lucques*, Padoue, 1712, in-4, etc. — Le comte François ZAMBECCARI, né à Bologne en 1756, périt le 21 septembre 1812, brûlé dans un ballon aérostatique qu'il prétendait pouvoir diriger au moyen de rames. Il possédait des connaissances distinguées en physique, et ce fut par zèle pour la science qu'il tenta la funeste expérience qui lui coûta la vie.

ZAMBERTI (BARTHÉLEMI), littérat. vénitien, publia en 1505, in-fol., avec la prem. version qui ait été faite des *Élém.* d'Euclide, celle des *Comment.* de Théon et d'Ypsiclès, ainsi que des fragm. tirés de Pappus, recueil réimpr. par Henri Estienne, Paris, 1516, et par Hervagius, Bâle, 1537, même format. Il est aussi l'aut. d'une comédie lat. intit. *Dolotechne*, Venise, 1504, in-4, l'un des prem. essais de l'art dramat. en Italie, depuis la renaissance des lettres. Enfin on lui attribue un livre très rare, décrit par M. Brunet, t. Ier, p. 158 de la 3e édition du *Manuel du Libraire*, au mot BARTHOLOMEO (v. les *Scrittori venez.* du P. Degli Agostini, t. II, p. 572).

ZAMBONI (BALTHAZAR), ecclésiast. et littérat., né à Brescia vers 1750, mort en 1797, a publié : *la Libreria di Leop. Martinengo*, 1778, in-8. — *Memorie intorno alle dubbliche fabbriche..... della città di Brescia*, 1778, in-fol., fig.; et une édition des *poésies* de Véronique Gambara.

ZAMBRASI (Tibaldello), gentilh. de Faenza, s'est acquis une honteuse célébrité dans l'histoire des républiques d'Italie, pour avoir livré sa patrie aux Bolonais en 1281. Il figure dans l'*Enfer* du Dante, à côté du comte Ugolin.

ZAMBRI (Bible), l'un des chefs de la tribu de Siméon, ayant eu l'impudence d'entrer, à la face de Moïse et de tout le peuple, dans la tente d'une Madianite nommée Cozbi, y fut percé d'un même coup d'épée avec cette femme par Phinées, fils du gr.-prêtre Éléazar, l'an du monde 1553. — Zambri ou Zimri, roi d'Israël, s'empara du trône (929 ans av. J.-C.), après avoir tué le roi Éla, fut assiégé dans la ville de Thersa par Amri, que l'armée venait de choisir pour roi, et périt dans l'incendie de son palais.

ZAMET (Sébast.), célèbre financier, né à Lucques vers 1549, vint en France à la suite de la reine Catherine de Médicis, qui l'attacha au service de son fils Henri III. Il sut plaire à ce prince et aux grands, se jeta dans les affaires de finance, fit une fortune immense, et devint un personnage considérable. A la mort de Henri III, Zamet entrainé, plus par position que par choix, dans le parti de la Ligue, fut employé par Mayenne dans ses négociat. avec Henri IV. Plus tard il obtint la faveur de Henri, et l'aida de son argent, dont il fut remboursé plus tard au centuple. Après la mort de ce grand roi, Zamet, toujours heureux courtisan, continua de jouir de la confiance de Marie de Médicis, devenue régente, et mourut à Paris en 1614. On trouve, dans le *Journal de l'Étoile* et autres mémoires du temps, beaucoup de détails sur ce personnage, qui se qualifiait de *seigneur suzerain de dix-sept cent mille écus*. — Jean Zamet, baron de Murat et de Billy, fils du précéd., fut des braves officiers de son temps. Du rang de simple garde de Henri IV, il s'éleva au grade de maréchal-de-camp, se distingua dans les campagnes contre les protestants en Guienne, en Poitou, en Languedoc, et fut l'ami du sage Arnauld d'Andilly, dans les bras duq. il mourut au siége de Montpellier en 1620 (*v.* les *Mém.* d'Arnaud d'Andilly, publiés par l'abbé Goujet, Paris, 1754, 2 vol. in-12). — Sébastien Zamet, frère du précédent, fut aumônier de la reine Marie de Médicis, évêque-duc de Langres, se montra le protecteur des religieuses de Port-Royal et l'ami de l'abbé de St-Cyran, avec lequel il se brouilla plus tard, et mourut à Mussi en 1655, laissant la réputation d'un prélat rempli de zèle, de piété et de désintéressement.

ZAMOLXIS ou **ZALMOXIS**, personnage ou divinité d'une tribu des Gètes ou Thraces, leur transmit, suivant Hérodote, le dogme de l'immortalité de l'âme. Quelques anciens l'ont confondu avec le philosophe Thalès.

ZAMORA (Lorenzo), théolog., né vers le milieu du 16° S. à Ocana, entra de bonne heure dans l'ordre de Citeaux, dont il devint visiteur-général, et mourut en 1614. Il est auteur d'un gr. ouvrage, publié de 1594 à 1612, en 8 vol. in-4, sous le titre général de *Monarquia mistica de iglesia hecha de geroglificos sacados de humanas y divinas letras*. Nicol. Antonio, dans sa *Bibl. hisp. nova*, mentionne les diverses parties de cet ouvr. de Zamora, dont on a encore un poème en vers héroïques, intitulé *la Saguntina*, Alcala, 1587 ; Madrid, 1607, in-8. — Zamora (Ant.), médecin, né vers 1570 à Salamanque, y occupa une double chaire de médecine et de mathématiques, et mourut vers 1640. Outre des *Commentaires* sur Gallien et Hippocrate, il a publié : *Prognostico del eclipse del sol, 10 jul.* 1600, etc., Salamanque, 1600, in-4, etc. — Zamora (Gaspar de), jés., né en 1546 à Séville, où il mourut en 1621, a publié : *Concordantiæ sacror. Bibliorum duobus alphabetis*, etc., Rome, 1627, in-fol., rare. — Zamora (Jean-Marie), capucin, né à Udine en 1579, mort à Vérone en 1649, est aut. de *Disputat. theologicæ de Deo uno et trino*, Venise, 1626, in-fol., et d'un autre écrit latin sur la perfection de la Ste Vierge, ib., 1629, in-fol. — Zamora (Bernard de), savant religieux de l'ordre du Carmel, né vers 1720 à Zamora, dans le royaume de Léon, mort à Salamanque en 1785, est auteur d'une *Grammaire grecque*, Madrid, 1772, in-8 ; et d'une traduct. espagn. de l'*Histoire des séminaires* de Giovanni, Salamanque, 1778, in-8.

ZAMORI ou **ZAMOREO** (Gabrio), en lat. *Gabrius de Zamoreis*, né vers 1320 à Parme, y fut nommé membre du conseil en 1347. Il remplit depuis la charge d'intendant de J. Visconti, archevêque de Milan, dont il a composé l'épitaphe, rapportée par les div. auteurs de l'hist. ecclésiastique d'Italie, et revint s'établir comme avocat dans sa patrie, où il mourut vers 1400. Zamori fut lié avec Pétrarque : une *lettre* en vers lat. qu'il lui avait écrite, a été publiée par Melius dans la *Vie* d'Ambros. Traversari. Il avait aussi composé deux recueils de vers latins, et un traité *de Virtutibus et earum oppositis*, qui se sont perdus.

ZAMOYSKI (Jean-Sarius), grand-chancelier de Pologne, né en 1541 à Skokow, dans le palatinat de Culm, fut envoyé à Paris pour faire ses études, qu'il alla terminer en Italie, et, de retour dans sa patrie, fut promu à divers emplois publics. Il fut l'un des ambassad. envoyés à Paris en 1573, pour porter au duc d'Anjou l'acte de son élect. au trône de Pologne. Plus tard, Étienne Battori ayant été appelé au trône à la place du duc d'Anjou, ce prince, dont Zamoyski avait favorisé l'élection, le nomma grand-chancelier. Ce ministre justifia la confiance du monarque. Placé en 1580 à la tête de l'armée polonaise, il abaissa l'orgueil d'Ivan IV, tzar de Moscovie, auquel il reprit plus. provinces et en ravagea d'autres, et fit un gr. nombre de prisonniers. Après avoir forcé ce prince à demander la paix, il mit les frontières de la Pologne en sûreté contre les invasion des Tatares, et revint à Cracovie, où le roi lui donna sa nièce en mariage. A la mort de Battori, la plupart des magnats polonais voulurent lui déférer la couronne ; mais il la refusa, et employa toute son influence pour faire élire Sigismond, prince de Suède. Ce gr. homme, dont l'historien de Thou, son contemporain, a fait un brillant éloge, mourut en 1605 à Zamosc, ville qu'il avait fondée dans ses domaines, et où il avait formé une université, ainsi que d'autres établissem. de tout genre. Adam Bursius a publié : *Vita et obitus magni J. Zamoscii*, Varsovie, 1619, in-8. Le comte Thadée Mostowski a aussi publié la *Vie de J. Zamoyski, chancelier et gr.-hetman de la couronne de Pologne*, Varsovie, 1805, in-8. — ZAMOYSKI (Étienne), de la même famille, faisait ses études à Padoue, lorsqu'il publia, en 1593 : *Analecta lapidum vetustorum et aliarum in Daciâ antiquitatum*, etc., réimpr. dans les *Commentaria de republicâ romanâ* de Wolfang Lazius. — ZAMOYSKI (Jean II), petit-fils du chancelier, palatin de Sandomir, né en 1626, resta fidèle au parti de Jean Casimir, lors de la malheureuse guerre de la succession, leva une armée à ses frais pour combattre le tzar dans l'Ukraine, et mourut subitement au milieu de la diète tenue à Varsovie en 1665. Il avait épousé en 1657 Marie, fille du marquis de La Grange d'Arquin, qui se remaria plus tard au gr. Sobieski. — ZAMOYSKI (André), de la même famille, né en 1716 à Biezun, dans le palatinat de Plock, vint à Paris se perfectionner dans l'étude des mathématiques et de la jurisprudence, et s'engagea au service de Saxe, après avoir cédé à ses frères sa part dans l'héritage paternel. Il était parvenu au grade de général-major, lorsqu'en 1754 il revint en Pologne, où il fut élevé successivem. aux postes de maréchal du tribunal supérieur de son palatinat, et de grand-chancelier de la couronne (1764). Lors des troubles qui s'élevèrent au commencem. du règne de Stanislas Poniatowski, il s'opposa à toutes les mesures contraires aux intérêts de l'état, et, quand une désorganisation générale lui eut ôté tout espoir de remédier aux malheurs publics, il déposa les sceaux pour aller vivre dans la retraite, ne se réservant que des fonctions gratuites dans l'enseignement. En 1776, la diète le chargea de revoir toutes les lois de la Pologne et d'en former un code. Il s'acquitta de cette mission honorable en moins de deux ans ; mais comme le nouveau code était surtout favorable aux habitants des campagnes, la plus grande partie de la noblesse s'opposa à son adoption. Zamoyski s'éloigna dès lors et de plus en plus des affaires publiques, pour ne vivre qu'au sein de sa famille. Il avait entrepris le voyage d'Italie, et se trouvait à Bologne, lorsqu'il reçut la nouvelle que les Polonais, dans leur nouv. constitution, proclamée le 3 mai 1791, avaient adopté son code. Il se hâta de revenir en Pologne ; mais il jouit peu de son triomphe, et mourut à Zamosc en 1792. Son projet a été imprimé en polonais, sous ce titre : *Code des lois judiciaires, rédigé en vertu de la constitution de* 1776, Varsovie, 1778, in-fol. ; traduit en allemand, Dresde, 1780, in-fol. La publication de ce projet donna lieu à plus. écrits approbatifs ou contradictoires. — Constance, née princesse CZARTORYSKA, femme du précéd., morte à Vienne en 1796, s'est illustrée par un grand caractère et s'est acquis une place parmi les bienfaiteurs de l'humanité. La ville de Zamosc lui dut l'é-

tablissement d'un hospice, ainsi qu'un cabinet de physique et d'histoire naturelle.

ZAMPI (JOSEPH-MARIE), l'un des missionn. théatins envoyés en 1632, par le pape Urbain VIII, dans la Mingrélie, pour ramener les habitants de ce pays au catholicisme, a laissé une *Relation de la Colchide et de la Mingrélie*, trad. de l'italien en franç., et insérée dans le t. VII du recueil des *voyages au Nord*. — ZAMPI (Félix-Marie), religieux du Mont-Carmel et prédicat. italien, natif d'Ascoli, où il mourut en 1774, est aut. d'une *Paraphrase des lamentations de Jérémie*, en vers ital., impr. à Venise en 1756, in-8, et de quelq. pièces de vers insérées dans les recueils du temps. Ses *Sermons* sont restés MSs.

ZAMPIERI (CAMILLE), littérateur, né en 1701 à Imola, d'une famille patricienne, s'établit à Bologne, en devint gonfalonier, et y mourut en 1784, membre de la plupart des sociétés sav. d'Italie. Fabroni, dans ses *Vitæ Italorum*, etc., tom. XII, donne des détails sur la vie et les productions de Camille Zampieri, dont il suffira de citer : *Poesie lat. ed ital.*, Plaisance, 1755, in-8. — *Tobbia, ovvero della educazione*, etc., Cagliari, 1778, in-4 ; et *Poesie liriche ital.*, ouvr. posth., 1784, in-4.

ZAMPINI (MATTHIEU), juriscons., de Recanati, dans la Marche d'Ancône, suivit en France la reine Catherine de Médicis, se montra très zélé partisan de la Ligue, et quitta le royaume après la soumission de Paris à Henri IV. On a de lui : *de Origine et atavis Hugonis Capeti*, etc., Paris, 1581, in-8, ouvr. rempli de fables et de rêveries.— *Degli stati di Francia e della lora potenza*, ibid., 1587, in-8. trad. en franç. (par J.-D. Montlyard), ib., 1588, in-8, et d'autres pamphlets dans le sens des ligueurs.

ZANARDI (MICHEL), dominicain, né en 1570 à Orgnano, dans le Bergamasque, professa la théologie à Bologne, Milan, Vérone, Crémone, Venise et Faenza, et mourut à Milan en 1641. On a de lui : *Directorium confessorum et theologor.*, Crémone, 1612-14, 3 vol. in-8 ; des *Commentaires* latins sur Aristote et sur Thomas, et plusieurs opuscules ascétiq. en italien. On en trouve la liste dans le t. II des *Script. ordinis prædicator.*, t. II, p. 529.

ZANCHI (JEAN-CHRYSOSTÔME), né vers 1490 à Bergame, où il mourut en 1566, supérieur-général de l'ordre des chanoines réguliers de Latran, avait été d'abord (1540) prieur, puis prem. abbé de la maison du St-Esprit. On a de lui : *De orobior. sive cenomanor. origine*, etc., Venise, 1541, in-8 ; et un panégyr. lat. adressé à Charles V, sans date, in-4. — ZANCHI (Basile), frère du précéd., membre de l'acad. romaine sous le nom de *Petreius Zanchus*, né à Bergame vers 1501, entra aussi dans l'ordre des chanoines de Latran, s'adonna à la poésie latine avec un grand succès, et mourut à Rome en 1558, dans un cachot, pour avoir, selon Tiraboschi (*Stor. della letterat. ital.*), désobéi aux ordres du pape Paul IV, qui avait enjoint aux religieux vivant hors de leur cloître d'y rentrer sur-le-champ. Mais il est plus vraisemblable que Zanchi ne fut traité si rigoureusement que parce qu'il avait embrassé les nouv. opinions religieuses. Ses ouvr. sont : *De horto Sophiæ libri II*, etc., avec quelq. autres poèmes, Rome, 1540, in-4; 1553, in-8. — *Poemata, libri VIII*, ib., 1550, 1553, in-8. Bergame, 1747, in-8. — *Verbor. lat. ex variis auctoribus Epitome*, etc., Rome, 1541, in-4; Bâle, 1543, in-8. — *Epithetorum comment.*, ib., 1542, in-4; réimprimé sous le titre de *Diction. poeticum*, etc., 1612, in-8. — *In omnes divinos libros notationes*, Rome, 1555; Spire, 1558, in-4; Cologne, 1602, in-8. — ZANCHI (Jérôme), théologien protestant de la même famille né en 1516, près de Bergame, entra dès l'âge de 15 ans chez les chan. de Latran; mais ayant eu l'occasion de connaître Pierre Martyr, séduit par les discours de ce novateur, il embrassa les principes de la réforme, et s'enfuit de l'Italie en 1550. S'étant rendu à Strasbourg en 1553, il y souscrivit la confession d'Augsbourg, avec quelques restrictions, et obtint la permission de donner des leçons sur l'Écriture-Sainte, ainsi que sur la philos. d'Aristote. Il fut ensuite appelé à Heidelberg pour y professer la théologie, et y mourut en 1590. Ses ouvr. tous en latin, ont été recueillis par Sam. Crispin, Genève, 1613-19, 8 tom. in-fol., que l'on trouve reliés en 3 vol. On a une *Vie* de ce théolog., suivie du catalogue de ses ouvrages, par Gallizioli, Bergame, 1785, in-8.

ZANCHI (LELIO), de Vérone, mort le 23 sept. 1588, en allant prendre possession de l'évêché de Retino, que lui avait conféré Sixte-Quint, avait, quoique engagé dans les ordres, rempli diverses fonctions municipales. Le sénat de Venise, qui lui confia diverses missions près du St-siége, l'avait créé chevalier doré. On cite de lui : *De privilegiis Ecclesiæ et casibus reservatis*, Vérone, 1587, in-fol., etc. — ZANCHI (Bernard), gentilhomme florentin, fut un des fondateurs de l'académie de la Crusca, établie en 1582. — Jean-Baptiste et Jérôme ZANCHI, étaient ingénieurs à Pesaro dans le 16e S. On a du prem. : *Trattato del modo di fortificar le città*, Venise, 1560; le second a laissé un *Trattato delle offese e difese delle fortezze*, Venise, 1601, à la suite des dialogues de J. Lantieri.

ZANE (JACQUES), né à Venise en 1529, mort prématurém. en 1560, conseiller à la Canée, dans l'île de Candie, a laissé des poésies (*Rime e sonetti*), recueill. par D. Atanagi, Venise, 1561 et 1562, in-8, avec la *Vie* de l'auteur par Ruscelli. Quelques-unes de ces pièces se trouvent dans les *Rime diverse* de Dolce, Venise, 1551, in-8. — Bernard ZANE, de la même famille, a laissé quelq. opuscules et pièces de vers, mentionnés au t. Ier, p. 177, des *Scrittori veneziani*.

ZANETTI (le comte ANTOINE-MARIE), né à Venise en 1680, se livra en amateur à la culture des arts, particulièrem. à la gravure, et après avoir visité les diverses écoles d'Italie, voyagea en Angleterre et en France. Il imagina de suppléer, par une méthode qui lui appartient, au procédé, perdu depuis long-temps, que Hug. de Carpi et autres maîtres avaient employé dans la gravure en bois, pour obtenir différentes teintes et rendre le clair-obscur. Son cabinet d'antiques était des plus riches, et sa seule collect. de pierres gravées avait dû lui coûter des sommes très considérables (le *Catalogue* en a été publié par Gori, Venise, 1758, in-fol., 80 pl.). Aussi était-il souvent gêné, bien que riche et économe sur tout autre point. Zanetti mourut dans sa patrie en 1766. On lui doit : *Antiche statue greche e romane*, etc. (de la Bibliothèque de St-Marc et autres musées publiq.), Venise, 1740, 2 part. in-fol. — *Diversorum iconum........ series prima et secunda...... quæ ex musæo suo deprompsit et monochromatos typis vulgavit A.-M. Zanetti*, ib., 1743, 2 part. petit in-fol., rare; et *Raccolta di varie stampe a chiaroscuro tratte*, etc. (recueil de 101 grav. en bois, à l'eau-forte ou au burin), Venise, 1749, 2 part. in-fol., tiré seulem. à 30 exempl. complets, et par conséquent très rare. — ZANETTI (Jérôme-François), archéologue, de la même famille, né à Venise en 1713, se livra avec ardeur à l'étude des monuments anciens et du moyen âge, se fit connaître par des dissertations savantes sur divers points obscurs de l'histoire de Venise et de l'Italie, fut profess. en droit à l'acad. de Padoue, et mourut dans cette ville en 1782. On trouve dans le *Giornale letterario* du P. Contini, 1783, p. 223, et dans le t. II, p. 16, des *Saggi scientifici* de l'acad. de Padoue, l'*Éloge* et la liste détaillée des ouvr. de J.-F. Zanetti, dont on citera seulement : *Ragionamento dell' origine e dell' antichità della moneta veneziana*, etc., Venise, 1750, in-8. — *Nuova trasfiguratione delle lettere etrusche*, ib., 1751, in-4; et *Chronicon venetum... Joann. Sagornino vulgò tributum*, etc., avec notes, ib., 1765, in-8. — Antoine-Marie ZANETTI, frère du précéd., né à Venise en 1716, prit le surnom d'*Alexandre*, pour n'être pas confondu avec son cousin, fut conservat. de la biblioth. de St-Marc, et mourut en 1778, après avoir publié : *Varie pitture a fresco de principali maestri veneziani*, etc., Venise, 1760, pet. in-fol. — *Della pittura veneziana e delle opere pubbliche de veneziani maestri lib. V*, ib., 1771, 1794, in-8. — ZANETTI (Bernardino), historien, né en 1690 à Castel-Franco (Trévisan), mort en 1762, curé du bourg de Postuoma, a publié : *Del regno di Longobardi in Italia, memorie storico-critico-cronologiche*, Venise, 1753, 2 vol. in-4. On a aussi de lui des méditat. sous le titre de *Frutto del ritiro*, ib., 1730, 2 vol. in-12. — ZANETTI (Guido), né en 1741 au château de Bassano, dans le territoire de Bologne, fut d'abord simple commis, puis direct. de la banque de cette ville; il acquit des notions très étendues dans l'étude des monnaies, se livra ensuite avec le même zèle à la numismatique, et devint conservateur du musée des antiques de Ferrare. La mort le surprit en 1791, avant qu'il eût mis la dernière main à son gr. ouvrage intitulé : *Nuova raccolta delle monete e zecche d'Italia*, Bologne, 1775-89, 5 vol. petit in-fol. L'auteur a laissé de nombr. matériaux pour continuer cet ouvr., qui devait compléter le rec. d'Argellati (*De monetis Italiæ*). On trouve une

Notice sur G. Zanetti dans le t. IX des *Scritt. bolognesi* du comte Fantuzzi.

ZANETTINI (Jérôme), né vers 1430 à Bologne, où il mourut en 1493, y avait occupé de 1459 à 1472 une chaire de droit qu'il reprit après en avoir rempli une de droit canon à Pise pend. six années. On a de lui : *Contrarietates sive diversitates inter jus civile et canonicum*, etc., Bologne, 1490, in-fol.; quelques autres écrits de jurisprudence, insérés, ainsi que le précéd., dans le *Tractatus tractatuum*, de Fr. Ziletti; *Conclusio et comprobatio alchimiæ*, dans le tome IV du *Theatrum chimicum*.

ZANI (Hercule), voyageur, mort à Bologne, sa patrie, en 1684, avait commencé ses excursions en 1669. Parti deux ans après de Varsovie pour Moscou, à la suite de l'ambassade polonaise, il recueillit sur ce pays les matériaux contenus dans l'écrit publié après sa mort par son frère sous le titre de *Relazione e viaggio della Moscovia*, Bologne, 1690, in-12. — Valerio Zani, mort à Bologne en 1696, publia de nouveau (sous le pseud. d'*Aurelio Anzi*) la relation précédente dans un recueil intit. : *Il Genio vagante, biblioteca curiosa di cento e più relazioni de' viaggi stranieri*, etc., Parme, 1691-1693, 4 vol. in-12, avec cart. et fig., assez rare. Ce même Valerio, connu surtout dans son temps comme poète, a laissé une foule d'opuscules mentionnés par J. Fantuzzi et Orlandi. — Jean-Louis Zani, frère de Valerio, tué en Hongrie l'an 1671, officier au service de l'Autriche, est aut. de *Lettres* insérées dans la collect. de voyages dont on vient de parler, et où l'on remarque aussi des extraits de la Martinière, Martans, Ger. de Weerdt, Fr. Negri, V. Flava, Berni, Tavernier, Olcarius, Martini, etc.

ZANIBONI (le comte Ant.), gentilh. bolonais, mort en 1767, fut le fondat. de l'acad. *de Nascosti* (1717). Outre des traduct. ital. de quelques tragédies de Corneille et de Racine, il a publié plus. panégyriques, des discours, des *Dramni per la musica*, des *Oratorio*, etc. (v. les *Scrittori bolognesi* de Fantuzzi).

ZANNICHELLI (Jean-Jérôme), naturaliste, né à Modène en 1662, s'établit pharmacien à Venise, et se livra spécialem. à l'étude des fossiles. Il obtint le titre de médecin et physicien du gouvernement, dans toute l'étendue des états vénitiens, et mourut en 1729. On cite de lui, entre autres ouvrages : *Promptuarium remediorum chymicorum*, Venise, 1701, in-8. — *De ferro ejusque nivis præparatione*, etc., ib., 1713, in-8; et 1719, in-4. — *De lithographiâ duorum montium... Epistola*, 1721, in-4, etc. Ses *Opera posthuma*, 1730, in-4, furent publiés par Jean-Jacques, son fils, qui fit paraître également son *Istoria delle piante che nascono ne' lidi intorno a Venezia*, ib., 1735, in-fol., avec 311 fig., et précéd. d'une *Vie* de l'auteur.

ZANNONI (Jean-Baptiste), célèbre archéologue, mort à Florence en 1832, âgé de 58 ans, avait pendant de longues années rempli les fonctions de secrétaire de l'académie della Crusca, et de directeur des antiques du duché de Toscane. Indépendamment de ses ouvrages d'érudition sur la littérature latine, grecque et étrusque, sa *Galerie royale de Florence* suffit pour le mettre au rang des savants les plus distingués.

ZANNOWICH (Stéfano), aventurier, né en 1751 à Pastrovicio, bourg de l'Albanie, suivit à Venise vers 1760 son père, marchand de chaussures, qui s'établit dans cette ville, dont la police l'obligea de s'éloigner. Cet homme, qu'on représente comme un escroc, de retour en Albanie, acheta la seigneurie de Pastrovicio, et fit donner à ses deux fils, Primislas et Stéfano, une éducat. brillante. Après avoir terminé leurs études à Padoue, les deux frères vinrent à Venise, d'où l'aîné se fit bientôt chasser au même titre que son père. Stéfano suivit son frère à Florence, en France, en Angleterre, en Hollande; mais, lassé de la vie ignoble que Primislas lui faisait mener, il le quitta, résolu de tenter la fortune par des moyens moins vulgaires. Il se rend d'abord au pays des Monténégrins, où il se donne pour le tzar Pierre III; mais démasqué, il passe en Pologne, s'y fait reconnaître comme le prince Castrioto, descendant de Scanderbeg. A l'aide des sommes que lui valut son titre supposé, il vint faire d'autres dupes à Berlin, à Dresde, à Vienne, changeant de nom dans chaque ville, sous le prétexte qu'il avait des motifs de cacher son illustre naissance. Forcé de quitter l'Allemagne, où il était devenu suspect, il se rend à Rome sous le nom de *Warta*; mais expulsé de cette ville et bientôt de l'Italie, il revint en Allemagne, et après avoir erré quelque temps, il passa en Hollande, dans les Pays-Bas, où il réussit à duper plusieurs seigneurs, entre autres le prince de Ligne, puis se retira dans un ermitage, près de Ratisbonne. Informé d'une rupture prochaine entre la Hollande et l'emper. Joseph II, il offrit aux États-Généraux un corps auxiliaire de 10 à 20,000 Monténégrins, et emprunta des banquiers d'Augsbourg jusqu'à 80,000 florins. Arrêté sur les plaintes de ses créanciers et reconnu pour le frère de Primislas, Stéfano prévint le supplice qui l'attendait, en s'ouvrant les veines avec un morceau de verre. On le trouva baigné dans son sang le 25 avril 1785. Son cadavre fut traîné sur la claie et jeté à la voirie. On a de cet aventurier plusieurs ouvr. singuliers et peu connus en France. Barbier en a donné la liste incomplète dans son *Supplément à la correspondance de Grimm*; les princip. sont : *Opere diverse*, Milan et Paris, 1773, 3 t. in-8. — *Opere postume*, Dresde, 1775, in-8 (Zannowich avait alors répandu le bruit de sa mort, et il parut dans le *Giornale enciclopéd.* de Vicence, février 1774, un *Éloge* de cet aventurier). — *Lettres turques*, Leipsig, 1777, 2 vol. in-8. — *Épîtres et Chansonnettes amoureuses d'un Oriental..., écrites à Fréd.-Guill. de Prusse et à Gertrude de Pologne*, etc., 1779, in-8, avec le portrait de l'aut., sous le nom du *Prince Castrioto d'Albanie II*. L'aut. de l'*Hist. de la vie et des aventures de la duchesse de Kington* a donné à la suite de cet ouvr. un *Précis sur le* prétendu *prince d'Albanie*, qui avait été sur le point d'épouser cette femme célèbre.

ZANOBI (Sostegno de'), poète italien du 14º S., né à Florence, n'est connu que par un poème en XL chants, publié d'abord sous le titre de *Questa si è* LA SPAGNA *historiata*, etc. (Milan, 1559, in-4; Venise, 1568, in-8), et ensuite sous celui de *Libro chiamato la Spagna, qual tratta li gran fatti*, etc., Venise, 1610, in-8. Le sujet de ce poème est la dernière expédition de Charlemagne.

ZANOLINI (Antoine), orientaliste, né à Padoue en 1693, fit ses études dans cette ville, y occupa la chaire de syriaque et d'hébreu, et mourut en 1762, après un professorat de 45 ans. On a de lui un assez grand nombre d'écrits, dont les princip. sont : *Quæstiones è sacrâ Script. ex linguar. orientalium usu ortæ*, Padoue, 1725, in-8. — *Lexicon hebraicum*, etc., 1732, in-4, très estimé. — *Grammatica linguæ syriacæ*, 1742, in-8. — *Lexicon syriacum*, etc., 1747, in-4. — *Lexicon chaldaico-rabbinicum*, etc., 1747, 2 vol. in-4. — *Ratio institutioque addiscendæ linguæ chaldaicæ*, etc., 1750, in-4 (v. les *Vitæ viror. illustr. seminar. Patavini*, de J.-B. Ferrari, p. 196-202).

ZANONI (Jacques), né en 1615 à Montecchio (Lombardie), mort en 1682, gardien du jardin botanique de Bologne, qu'il enrichit d'un grand nombre de plantes exotiq., avait remplacé dans cet emploi Paul Gatto en 1642. Il fut en relation avec les plus illustres savants de l'époque. Il avait entrepris sous le titre de *Storia botanica delle piante più rare*, un ouvrage dont il ne put mettre au jour que la prem. partie, Bologne, 1675, in-fol. — Son fils, Peregrino ZANONI, en a publié une trad. latine, ib., 1742, in-fol., fig., précédée de la *Vie* de l'auteur. — ZANONI (Antoine), agronome, né à Udine en 1696, s'occupa avec ardeur de l'agriculture, introduisit dans le Frioul la culture du mûrier et l'éducation des vers à soie, propagea la culture de la vigne et l'améliora, ainsi que plusieurs autres parties de l'économie rurale, et mourut en 1770. On a de lui : *Lettres sur l'influence de l'agriculture*, etc., Venise, 1763, 7 vol. in-8. — *De la formation et de l'usage de la tourbe*, etc. 1767, in-4. — *De la culture et de l'usage des patates*, etc., 1767, in-4. — *De la marne et des autres fossiles pour engrais*, 1768, in-4. — *Essai d'hist. de la méd. vétérinaire*, 1770, in-8. — *De l'utilité morale, économique et politique des acad. d'agriculture, arts et commerce*, Udine, 1771, in-8, précédé de l'*Éloge* de l'aut. — Athanase ZANONI, comédien de Ferrare, mort en 1792, a publié un *Recueil de mots ingénieux et satiriques à l'usage du théâtre*, Venise, 1787.

ZANOTTI (Jean-Pierre), peintre et poète, né à Paris en 1674, fut ramené dans son enfance à Bologne, patrie de son père, et entra dans l'atelier de L. Pasinelli. Après la mort de son maître, dont il avait épousé la nièce, il visita la France et l'Allemagne, et, de retour à Bologne, fut nommé secrétaire de l'académie clémentine. Il mourut en 1765. Ses tableaux sont très estimés des connaisseurs; on en voit à Bologne et dans plusieurs autres villes d'Italie. C'est à lui que l'on doit la descript. des *Pitture esistenti nell' istituto di Bologna*, Venise, 1756, in-fol., et celle des fresques du cloître de Saint-Michel, par L. Carrache, Bologne, 1776, in-fol. Parmi ses autres ouvrages on distingue : *Storia dell' academ. clementina*, 1739, 2 vol. in-4. — *Didone, tragedia*, 1818, 1824, in-8. — *Poesie*, 1741, 3 vol. in-8, etc. — Hercule ZANOTTI, son frère, né à Paris en 1684, mort en 1763, chanoine à Bologne, a publié, entre autres écrits, une *Vie de St Bruno*, 1741, in-4; celles de quelques autres saints personnages, 1742-57, 2 vol. in-4, et laissé MSS. des *Rime* et d'autres ouvr., dont on trouve la liste dans les *Scrittori bolognesi* de Fantuzzi. — François-Marie ZANOTTI, frère des précédents, né à Bologne en 1692, fit dans sa jeunesse de gr. progrès dans les mathématiques. Nommé professeur de philosophie, il devint secrétaire et bibliothéc. de l'institut, et contribua beaucoup à propager le goût des sciences en Italie. Il mourut en 1777. On a de lui : *De la force attractive des idées*, 1747; réimpr. en 1774. — *Discours sur la peinture, la sculpture et l'architecture*, 1750. — *Della forza de' corpi che chiamano viva lib. III*, 1752, in-4. — *De viribus centralibus*, 1762. — *Dell' arte poetica*, 1768, in-8. — *Filosophia morale*, 1774. — *Poesie volgari e latine*, 1734, in-8, 2º édit., augm., 1757, 2 vol. in-8. Il eut part aux *Mémoires de l'instit. de Bologne*, dont il a publié les 9 premiers volumes. — ZANOTTI (Eustache), astronome, fils de Jean-Pierre et neveu du précéd., né à Bologne en 1709, reçut de son oncle des leçons de mathématiques, apprit les éléments de l'astronomie d'Eust. Manfredi, qu'il remplaça dans sa chaire, devint président de l'institut de sa patrie, et mourut en 1782. On a de lui : *Ephemerides motuum cœlestium ex anno 1751 ad annum 1786*, etc., 3 vol. in-4. — *Trattato teorico-pratico di prospettiva*, 1766, in-4. — *La meridiana del tempio di San Petronio rinuovata*, etc., 1779, in-fol., et plus. mém. dans le Recueil de l'instit. de Bologne (v. son *Éloge*, par Fabroni, tome III des *Mem. della soc. ital. di Verona*).

ZANTANI (Ant.), gentilhomme vénitien, publia en 1548 l'histoire numismatique des douze césars sous ce titre: *Le immagini con tutti i reversi trovati le vite degli imperatori*, etc., Venise, in-4, rare.

ZANTEN (Jacob van), médecin hollandais, pratiquait vers 1707 à Harlem, lorsqu'il y fut élu pasteur des *mennonites*. Il n'en continua pas moins d'exercer la médecine jusqu'à sa mort, postérieure à 1729. Paquot, tome II de ses *Mém. pour l'hist. littéraire des Pays-Bas*, a donné la liste des écrits de Zanten. Il suffira de citer : *Causes de la décadence de la piété chrétienne*, etc.; traduit de l'anglais, 1718, in-12. — *Vie de Socrate*, etc., traduite de Charpentier, 1710, in-4.

ZANTFLIET ou ZANTVLIET (Corneille), chroniqueur flamand, ainsi nommé du lieu de sa naissance, mort vers 1462, doyen de l'abbaye de Stavelo, a laissé MS. une *Chronique*, dont les Pères Martenne et Durand ont inséré dans l'*Amplissima collectio*, t. V, la part. qui s'étend de 1230 à 1461.

ZANTI (JEAN), professeur d'astronomie à Bologne, sa patrie, dans les 16e et 17e S., a publié : *Discorso sopra la riforma dell' anno fatta da Gregorio XIII*, etc., Bologne, 1583, in-4, fort rare. — *Nomi e cognomi di tutte le strade, contrade e borghi di Bologna*, ib., 1583, in-4, plusieurs fois reproduit. — *Vita di S. Bernardino da Sienna*, ib., 1630, in-12.

ZANZALE (JACOB ou BARADÉE), moine syrien, fut placé sur le siége épiscopal d'Édesse en 541, par Sévère, patriarche d'Antioche, et d'autres prélats attachés à l'eutichianisme, dans l'espoir que son zèle fanatique les aiderait à relever cette secte, à peu près éteinte par la décis. du concile de Chalcédoine et les édits des empereurs. Zanzale, en parcourant, vêtu de haillons, l'Arménie, la Mésopotamie et les pays voisins, réunit tous les partisans du monophysisme pour continuer son œuvre, et mérita par-là de donner son nom aux eutychiens, que l'on appela depuis *jacobites*. Il mourut à Édesse en 578, après avoir rempli de ses disciples les princip. chaires de l'Asie et de l'Afrique (v. l'*Histoire de l'hérésie des monothélites*, du P. Combefis).

ZAPATA (JEAN-BAPT.), médecin, né vers 1520 à Rome, de parents espagn., pratiqua et professa son art avec succès dans cette ville, où l'on croit qu'il mourut. On ne connaît de lui qu'un recueil intit. : *Maravigliosi secreti di medicina e cerugia*, Rome, 1586, in-8 : cette édition n'est que la seconde ; la 1re est restée inconnue aux meilleurs bibliogr.; cet ouvrage a été réimpr. à Venise, 1595, 1618, 1677, et cependant il est rare. David Splessius l'a trad. en latin, avec des additions, Ulm, 1696, in-8.

ZAPATA (ANT.), cardinal, né à Madrid en 1550, fut d'abord chanoine de Tolède, puis évêque de Cadix et archevêque de Burgos. Il reçut la pourpre de Clément VIII, et fut nommé vice-roi de Naples en 1620. Dès l'année suivante il eut à réprimer une violente sédit. causée par la disette, et la rigueur qu'il déploya dans cette circonstance le fit bientôt rappeler en Espagne. Nommé membre de la junte d'état, puis grand-inquisit. (1626), il n'eut garde de modérer le zèle fanatiq. du redoutable tribunal qu'il présidait, et plusieurs victimes de l'intolérance expirèrent au milieu des flammes dans d'horribles auto-da-fé. S'étant démis de tous ses emplois en 1632, Zapata se retira dans son diocèse, et y mourut en 1635. On lui attribue un opuscule intit. : *De obligatione conscientiæ*. Une édition de l'*Index libror. prohib.* fut publiée sous son patronage à Séville, 1631, in-fol.

ZAPATA (ANT. ou LUPIAN), prêtre, né dans le 17e S. à Segorbe (royaume de Valence), avait le titre de *coronista* ou historiographe roy. Il a laissé MSs. de nombr. ouvrages, dont on trouve la liste dans la *Bibl. nova* de D. Antonio ; mais on n'a imprimé de lui qu'un opuscule : *Epitome de la vida y muerte de la reyna dona Berenguela*, etc., Madrid, 1565, petit in-8, assez rare. — François ZAPATA ou ZAPPATA, mort en 1672 à Florence, prédicateur et théologien du grand-duc Ferdinand II, et chanoine du chapitre de Saint-Laurent, se fit une grande réputation d'éloquence par ses *Sermons*, dont on a un recueil publ. par P. Groppo, Venise, 1691, 1702, in-4.

ZAPF (NICOLAS), né en 1600 dans le bailliage de Zell, professa la théologie et la langue hébraïque à Wittemberg, devint ensuite prédicateur aulique, surintendant, assesseur du consistoire, past. des églises de St-Pierre et de St-Paul à Weimar, et mourut dans cette ville en 1672. Ses princip. ouvr. sont : *Catena aurea articulorum fidei; Philos. univ.*, etc. — Godfried ZAPF, né à Erfurt en 1635, mort en 1664, professeur de philosophie à Iéna, a laissé, entre autres ouvrages : *De esse creat. ab æterno*, etc. — ZAPF (George-Guillaume), conseiller de l'électeur de Mayence, etc., né en 1747 à Nordlingen, mort aux environs d'Augsbourg en 1810, a publié un assez grand nombre d'ouvrages dont on trouve les listes dans Meusel ; la plupart sont écrits en allemand ; on se contentera de citer les plus connus : *Sur l'objet de mes voyages littér. dans les couvents de la Souabe et dans la Suisse*, Augsbourg, 1781-82, 2 vol. in-8. — *Voyage littér. en Bavière, en Franconie, en Souabe et en Suisse, pendant les années 1780-82*, ibid., 1783, in-8. — *Histoire de l'imprimerie à Augsbourg* (de 1468 à 1550), ibid., 1786-91, 2 vol. in-4.

ZAPHI-DIARBEKRI est le masque sous lequel un certain Timothée Carnouc, évêque de Mardin, a publié à Padoue en 1690 un recueil de poésies arabes sur des sujets pieux et moraux, intitulé : *Theatrum arabico-latinum*, etc. Silvestre de Sacy pense que c'est au même personnage qu'est dû un petit vol. impr. à Padoue sous le nom de Timothée Agnellini, avec le titre de *Proverbii utili e virtuosi in lingua araba*, 1688, etc.

ZAPOLY (ÉTIENNE de), noble hongrois, se distingua par sa bravoure sous Mathias Corvin, dont il fut l'un des 4 premiers lieuten. Après la mort de ce prince il s'unit à deux autres magnats pour offrir la couronne à Wladislas Jagellon, à l'exclusion de Jean Corvin et de la reine douairière. Cette circonstance augmenta son influence, et quelques ann. après sa fille épousa Sigismond, frère de Wladislas et roi de Pologne. Il mourut subitement en 1499, laiss. trois enfants, dont l'un fait le sujet de l'article suivant.

ZAPOLY (JEAN Ier), roi de Hongrie, fils du précédent, né en 1487, accomplit les projets de son père, qui, mécontent de Wladislas, avait pris la résolution, si le roi mourait sans héritier, de remettre à la nation le choix de son successeur. Une occasion se présenta bientôt de signaler sa valeur et d'ajouter à l'illustration de son nom ; gouvern. de la Transylvanie, où il avait su maintenir l'ordre, il vint au secours du prince Batlori, assiégé dans Temeswar par une armée de rebelles, et remporta sur eux une victoire complète. Le service import. qu'il venait de rendre à la Hongrie lui valut une influence non moins gr. que celle dont son père avait joui. Après la mort de Louis, tué dans un combat contre les Turks, il convoqua une diète à Albe-Royale, le 5 novembre 1526, pour l'élection d'un nouveau roi, fut proclamé le 10 et couronné le lendemain. Mais dans le même temps une diète, rassemblée à Presbourg, nommait Ferdinand d'Autriche roi de Hongrie. Jean, reconnu par une partie des provinces et certain d'être appuyé par François Ier, roi de France, se préparait à combattre vigoureusement son compétiteur, lorsque le roi de Pologne Sigismond offrit sa médiat., qui fut acceptée : mais les négociateurs se séparèrent sans avoir pu s'entendre. Vaincu à Cassovie, il s'adressa en même temps au sulthan Soliman et au pape Clément VII pour réclamer leur appui. Le pontife fit une réponse évasive ; mais Soliman promit de rétablir Zapoly sur son trône, et tint sa parole. Le sultan, forcé de lever le siége de Vienne, remit la couronne sur la tête de Jean, que Ferdinand assiégea inutilem. La diète hongroise ayant protesté contre une division du roy., des négociations eurent lieu par l'entremise de Sigismond, et la paix fut enfin conclue en 1538, aux conditions que Jean conserverait le titre et l'autorité de roi, qui retourneraient après sa mort à Ferdinand ou à ses enfants. Le fils de Jean, s'il en avait un, devait hériter de la Transylvanie et des autres domaines de la famille Zapoly, mais sans prendre le titre de roi. Jean épousa en 1538 sa nièce Isabelle, fille du roi Sigismond, qui lui donna un fils dont l'article suit. — JEAN II ZAPOLY, né en 1540, quelques jours avant la mort de son père, fut reconnu roi de Hongrie par Soliman. La guerre ayant commencé entre Ferdinand et le jeune Zapoly, le sulthan en prit prétexte pour envahir et ravager la Hongrie. Jean II se retira en Transylvanie avec sa mère, et cette princesse se vit forcée de conclure, au nom de son fils, un traité par lequel celui-ci renonçait au titre de roi et à la couronne de Transylvanie, moyennant le don de 5 duchés et une pension de 15,000 florins de Hongrie. Le jeune prince épousa Jeanne, fille du roi Ferdinand, et, toujours protégé par Soliman, reprit le titre de roi en 1560. Après la mort du sulthan, qui l'avait aidé à s'emparer de quelq. places en Hongrie, Jean fut confirmé dans la possess. de la Transylvanie, et on lui rendit une partie de la Basse-Hongrie. Une trêve de 8 ans fut alors conclue entre le sulthan Sélim et Maximilien, fils et success. de Ferdinand, en y comprenant Zapoly. Ce prince mourut d'apoplexie, comme son gr.-père et son père, en 1570. En lui s'éteignit la famille de Zapoly.

ZAPPI (JEAN-BAPTISTE), littérateur, né à Imola, vers 1540, mort vers la fin du 16e S., est auteur d'un ouvrage intitulé : *Prato della philosofia spirituale*, etc., Bologne, 1577 ; Venise, 1585, in-4. — ZAPPI (Jean-Baptiste-Félix), arrière-petit-fils du précédent, né à Imola en 1667, se fixa à Rome, où, ayant étudié la jurisprudence, il exerça les charges d'assesseur du tribunal d'agriculture et de fiscal de celui des rues. Il fut l'un des fondateurs de l'acad. arcadienne ou des *Arcades* de Rome, et mourut dans cette ville en 1719. Ses *Poésies*, recueillies en un petit vol. in-12, ont été réimprim. plus. fois avec celles d'autres académiciens, notamm. à Venise, 1770, 2 vol. petit in-12. — Faustina MARATTI, femme du précéd., fut membre de l'académie des Arcades, sous le nom d'*Aglaure Cidonia*, et laissa 58 *sonnets*, qui ont été réunis aux poésies de son mari.

ZARA (ANTOINE), sav. prélat, né à Aquilée dans le Frioul, en 1574, d'une anc. famille, obtint de bonne heure la protect. de l'archiduc Ferdinand, qui le fit nommer évêque de Pedena. On ne connaît pas l'époque de sa mort. Il est l'auteur d'un ouvr. plein d'érudition et fort rare, intit. : *Anatomia ingeniorum et scientiarum sectionibus IV comprehensa*, Venise, 1615, in-4.

ZARAGOZA (JOSEPH de), jésuite, l'un des habiles profess. du collége de Madrid, né en 1627 à Alcala, mort en 1678, mathémat. du roi Charles II, a laissé, entre autres ouvr. : *Arithmetica univ. et Algebra vulgaris*, Valence, 1669, in-4. — Un traité de *Trigonométrie*, Mallorca, 1672, et Valence, 1673, in-4 ; un d'*Architect. militaire*, Madrid, 1674, in-4, et *Geom. magna de minimis*, Tolède, 1674, 5 vol. in-4 (v. les *Escritores del regno de Valencia*, de V. Ximenès).

ZARATE (AUGUSTIN de), historien espagnol, né dans les dern. années du 15e S., était secrétaire du conseil royal de Castille, lorsqu'en 1543 il fut envoyé par Charles-Quint au Pérou, en qualité de maître-général des comptes. Après y avoir fait un assez long séjour, il revint en Europe, et passa en Flandre, où il présenta au prince Philippe l'ouvr. qu'il avait composé sous le titre d'*Hist. de la découverte et de la conquête du Pérou*, Anvers, 1555, in-8 ; Séville, 1577, in-fol. ; trad. en ital., Venise, 1563, in-4 ; et en franç. par S. D. C., Amst., 1700 ; Paris, 1706, 2 vol. in-12, avec fig. On ignore l'époque de la mort de Zarate. Son récit s'arrête à l'an 1548. — Il ne faut pas confondre cet historien avec Pedro ORTIZ de ZARATE, gr.-prevôt de Ségovie, l'un des quatre audit. qui accompagnèrent au Pérou le vice-roi Vela en 1543, et qui fut empoisonné en 1545, à ce que l'on croit, par une des poudres que Pizarre lui envoya comme remèdes. — Jean ORTIZ de ZARATE, probablement parent du précédent, fut nommé en 1565 gouv. de Rio de La Plata par le vice-roi du Pérou. Ce fut lui qui rebâtit en 1580 Buénos-Ayres, dans le même endroit où Mendoza avait placé, en 1535, cette ville renversée bientôt après par les Indiens. — ZARATE (François-Lopez de), poète, né vers 1580 à Logrono, dans la Vieille-Castille, mort en 1658, a laissé : *Poesias varias*, Alcala, 1629, in-8 ; 1651, in-4. — *La Invencion de la cruz por el emper. Constantino Magno*, poème, Madrid, 1648, in-4. Le t. VIII du *Parnasse espagnol* renferme, avec une *églogue* et deux *romances* de Zarate, une *notice* sur ce poète.

ZARCALLI ou mieux IBN ZARCAL (ABOU-ISHAK-IBRAHIM-BEN-YAHYA), surnommé aussi *Nakkasch*, astronome arabe, né à Cordoue, vivait, à ce que présume Casiri, dans le 6e S. de l'hég. (vers l'an 1160 de J.-C.). Ses observations ont beaucoup servi à Ibn-Adjemad pour dresser div. tables astronomiques. Les bibliothèques de l'Escurial et de Leyde possèdent de Zarcalli un petit traité sous le titre de *Risalèh.*

ZARCO (JEAN-GONZALÈS), navigateur portugais, introduisit le premier, dit-on, l'usage de l'artillerie sur les vaisseaux. Envoyé en 1417 pour explorer les côtes d'Afrique, il fit naufrage, avant d'y parvenir, sur une île inconnue et déserte, qu'il nomma (de concert avec un compagnon qu'on lui avait donné) *Porto-Santo.* Il en découvrit ensuite une autre en 1419, à laq. il donna le nom de *Madeira,* à cause du bois dont elle était couverte. Il s'y établit avec sa famille en 1421, y fonda la ville de Funchal, et fut nommé l'un des gouverneurs de cette colonie, que le roi de Portugal partagea en deux capitaineries.

ZAREMBA (MICHEL-CONSTANTIN DE KALINOWA), né en 1711 à Kiemelen, dans le gr.-duché de Lithuanie, entra dès l'âge de 10 ans dans un régim. prussien, en qualité de sous-lieutenant, fit toutes les campagnes de Silésie et de la guerre de sept ans, devint général-major en 1770, lieuten.-gén. en 1782, et mourut à Brieg en 1786. Frédéric II avait de la considération pour ce brave officier, dont les *Mémoires* du temps citent plusieurs mots piquants.

ZARINE, reine de Scythie dans le 6e S. avant J.-C., aussi fameuse par son courage et sa vertu que par sa beauté et son esprit, fit la guerre à Cyaxare, roi des Mèdes, et fut vaincue par le gendre de ce prince, Stryangée, qui lui rendit ses états. Zarine eut ensuite un règne glorieux, fit défricher des terres, civilisa des nations barbares, fit bâtir des villes, et reçut après sa mort des honneurs presq. divins. On trouve dans les *Mém.* de l'acad. des inscript. une *Dissertation* de Boivin l'aîné sur cette princesse, qui a fourni le sujet de deux tragédies impr. et non représentées, l'une par Legrand, et l'autre par Devineau, Paris, 1803, in-8.

ZARLINO (JOSEPH), musicien, compositeur et théoricien célèbre, né à Chioggia en 1519, fut l'élève d'A. Willaert, fondat. de l'école de musiq. vénitienne, auq. il succéda dans la place de maître-de-chapelle de l'église de St-Marc, et mourut à Venise en 1599. On a de lui, outre des *canzoni* et des pièces de musique d'église, trois ouvrages sur les institutions harmoniques, et quatre autres sur des sujets de morale et de chronologie, imprimés séparément de 1558 à 1583, et recueillis sous le titre d'*OEuvres,* Venise, 1589, 4 vol. in-fol.; il existe des exemplaires de cette édit. avec la date de 1602.

ZARNOUCHI ou plutôt ZERNOUDJI-BORAN-EDDYN, écrivain arabe du 6e ou 7e S. de l'hégyre (13e de J.-C.), est aut. d'un petit écrit intitulé : *Taalim almoteallim tarik eltéaallum,* c'est-à-dire *Instruction pour celui qui veut apprendre le chemin de l'instruction,* trad. en latin par Abraham Echellensis, sous le titre de *Semita sapientiæ, sive ad scientias comparandas methodus,* Paris, 1646. Le texte a été publié par Reland, Utrecht, 1709, avec la traduct. d'Echellensis, et une autre égalem. en lat. de F. Rostgaard. Cet ouvr. a été commenté et traduit en langue turque.

ZAROTTI (CÉSAR), médecin et littérateur, né vers 1610 à Capo-d'Istria, vint pratiquer son art à Venise, où l'on conjecture qu'il mourut vers 1670. On a de lui : *De angelorum pugnâ, lib. III,* Venise, 1642, in-8. — *Val. Martialis epigr. medicæ aut philos. considerationis enarratio,* etc., ibid., 1657, in-4, rare. — *Centuria sacrorum epigrammatum,* ib., 1666, in-8.

ZASE (ULRIC), *Zasius,* jurisconsulte, né en 1461 à Constance, fut reçu docteur en droit, et professa la jurisprudence à Fribourg, où il mourut en 1535. Ses ouvr. d'abord imprimés séparément, ont été recueillis à Lyon, 1550, et à Francfort, 1590, 6 vol. in-fol. Des *Lettres* du même juriscons. ont été publ. avec une *Notice* sur sa vie, par Riegger, Ulm, 1774, in-8. — Jean-Ulric ZASE, fils du précédent, né à Fribourg en 1521, professa le droit à Bâle, devint vice-chancelier et conseiller-d'état des empereurs Ferdinand Ier et Maximilien II, et mourut en 1570. On a de lui quelq. ouvrages de jurisprudence. — ZASE (Nicolas), médecin à Rotterdam dans le 17e S., a écrit sur l'anatomie contre la doctrine de Th. Bartholin.

ZAUNER (JUDE-THADÉE), juriscons., né en 1750 à Obertrumm, dans le pays de Salzbourg, mort dans les dern. années du 18e S., a publ., outre un certain nombre de *mém.* et *dissertat.* de jurispr. : *Recueil des principales lois qui régissent le pays de Salzbourg,* 1785-90, 3 vol. in-8. — *Corps de droit publ... de l'archevéché de Salzbourg,* 1792, in-8. — *Biogr. des jurisconsultes salzbourgeois depuis la fondation de l'univ.,* etc., 1789 et 1797, 2 vol. in-8, etc.

ZAVADOSKII (le comte PIERRE-VASSILIEVITSCH), homme d'état russe, né en 1738 dans le gouvernement de Tzernikoff, mort en 1812, servit d'abord sous les ordres du feld-maréchal Romantsoff. Nommé en 1775 secrét.-d'état, en même temps que le prince Bezborodko, son frère d'armes, il ne resta dep. étranger à aucun des actes du gouvernement. Ce fut à lui que Catherine II confia l'organisation des écoles primaires, et il fut chargé de celle du ministère de l'instruct. publique au commencem. du règne d'Alexandre. Un grand nombre de manifestes, notes diplomatiques et autres pièces de ce genre font honneur à son érudit. et à son éloquence.

ZAVARRONI (ANGELO), archéol. et biogr., né à Montalto, dans la Calabre, en 1710, vécut dans la retraite, adonné tout entier aux études qu'il avait embrassées comme diversion à un humeur naturellement chagrine, et mourut en 1767. Outre des *Lettres* en latin, où il a consigné plus. *Dissertat.* et *Observat.* archéologiq., on cite de lui : *Historia erectionis pontificii collegii Corsini Ullanensis italo-græci,* etc., Naples, 1750, in-4. — *Bibliotheca calabra, sive illustrium virorum Calabriæ qui litteris claruerunt Elenchus,* ib., 1753, in-4, rare et curieux. L'aut. y donne, à la suite de son propre article, la liste de ses productions.

ZAVAVI (Zein-Eddin-Aboul'-Hassan, etc., al-), connu aussi sous le nom d'*Ibn-Maat*, grammairien arabe de la tribu de *Zavava*, dont il prit son surnom, né l'an 564 de l'hég. (1168 de J.-C.), habita long-temps Damas, et y composa divers ouvrages, entre autres un poème nommé *Dorrat Alifiyya*, dont la biblioth. bodléienne et celle de l'Escurial possèdent chacune un exemplaire, et qui a pour objet la syntaxe de la langue arabe. Zavavi mourut au Kaire en 628 (1230).

ZAWADSKI (Théodore), noble polonais, a publié un recueil de statuts, constitut., priviléges et lois du royaume de Pologne, jusqu'à l'année 1614, sous le titre de *Statuta*, etc., Cracovie, 1614, et Varsovie, 1637, in-fol.; ibid., 1647, in-4. — Jean Zawadzki, palatin de Swiecki, de Parnaw, et châtelain de Dantzig, fut envoyé en 1633, par le roi Vladislas VII, ambassadeur extraordin. en Allemagne, en Hollande et en Angleterre. Les instruct. qu'il reçut pour cette infructueuse mission, ainsi que son journal d'ambassade et quelques autres pièces y relatives, ont été publiées dans le *Choix des Mém. histor. sur l'ancienne Pologne*, par J.-U. Niemcewicz, Varsovie, 1822.

ZAYAS Y SOTOMAYOR (dona Maria de), née à Madrid dans les premières années du 17e S., n'est connue que par deux recueils de *Nouvelles* publiés, le 1er, sous le titre de *Novelas exemplares y amorosas*, Madrid, 1634, 1637; Saragosse, 1638, in-8; le 2e, sous le titre de *Novelas y Saraos*, Madrid, 1647, in-8. L'édition la plus récente de ces recueils réunis est celle de Barcelone, 1716, in-4. Les *Nouvelles* de Maria de Zayas, ont été traduites en franç. par d'Ouville, Paris, 1680, 5 vol. in-12. Scarron en a imité quelques-unes. Cette dame, non moins distinguée par son esprit que par sa naissance, ne méritait pas les dédaigneux oubli où l'ont laissée les biographes espagnols.

ZAZICHOVEN ou ZETZENHOVEN, ou SABENHOVEN (Ulrich de), minnesinger ou troubadour allem. du 13e S., traduisit, dans le dialecte souabe, le roman de *Lancelot du Làc* d'Arnauld Daniel. On en trouve des copies dans les biblioth. de Vienne, du Vatican et de Munich.

ZAZLACÉE, appelé fautivement *Zezelase* dans Laclède et Moréri, Abyssin d'une naissance obscure et qui s'éleva par son courage et sa capacité, fut nommé vers 1590 vice-roi de la province de Dembea par l'emper. Malek-Saghed, qui lui avait fait épouser une princesse de sa maison. Après avoir changé plusieurs fois de parti dans les guerres intestines qui survinrent après la mort de Malek-Saghed, ce général fut surpris et massacré dans son camp par le Susnejos ou Socinios, prince de la famille impér., qui s'était emparé de la couronne en 1606 (*v.* l'*Hist. d'Abyssinie*, par Job. Ludolf).

ZBARAWSKI (Jean), prince polonais, de la famille des Jagellon, né dans le 16e S., avait acquis déjà la réputation d'un bon capitaine, lorsque le roi Étienne Battori lui donna, avec le palatinat de Braclaw et le titre de sénateur, le commandement de l'armée dans la guerre qu'il eut à soutenir contre le gr.-duc de Moscovie Iwan IV. Les succès qu'obtint Zbarawski hâtèrent la conclusion d'un traité tout à l'avantage de son pays, et dont il fut l'un des négociateurs, en 1582. Douze ans plus tard, il ajouta encore à sa renommée dans la guerre contre les Cosaques et les Tatares leurs auxiliaires, qu'il repoussa et poursuivit jusqu'à Zaslaw. Ce brave guerrier mourut en 1608. — Son fils aîné, Christophe Zbarawski, se distingua dans la mission qu'il remplit à Constantinople en 1621, sous Sigismond III. Son journal a été publié dans le *Choix de mém. histor.*, par Niemcewicz, Varsovie, 1822. Zbarawski mourut vers 1624, peu de temps après son retour en Pologne.

ZBIGNIEW Ier, 8e duc de Bohême, succéda en 910 à son père, Borziwoy. Il favorisa la propagation du christianisme dans ses états, en faisant construire des églises, et fit bâtir à Rome, pour ceux de ses sujets qui allaient visiter le sépulcre des SS. apôtres, un hôpital que Charles IV fit réparer en 1357. Zbigniew mourut en 915. — Zbigniew II, duc de Bohême, succéda en 1055 à Brzetislas Ier, son père, dépouilla ses frères de leurs apanages, persécuta toute sa famille, sans en excepter sa mère, Judith, fille de l'emp. Othon, et mourut en 1061, sans postérité et sans avoir rien fait pour la prospérité de ses états.

ZBIGNIEW, duc de Mazovie, était fils naturel de Vladislas Hermann, roi de Pologne, qui, au lieu de le châtier de plus. révoltes, poussa la faiblesse à son égard jusqu'à se dépouiller d'un tiers de ses états pour lui former un apanage. Aussitôt après la mort de ce prince (1102), Zbigniew accourut à Plock, y fit main basse sur les trésors qu'il laissait. Son frère Boleslas, légitime héritier, malgré les représentat. des seigneurs, lui en abandonna la moitié, et, par respect pour la mémoire de son père, le laissa prendre possess. de la Moravie. Plus tard Zbigniew s'étant révolté contre lui, Boleslas se contenta de l'exiler, bien que l'armée polonaise demandât sa mort. Il disparut toutefois vers l'an 1116, massacré selon quelq. traditions, ou confiné dans une prison, après avoir eu les yeux crevés, et Boleslas se reprocha vivement la mort de ce frère.

ZBIGNIEW, chancelier de Pologne, fut d'abord prevôt de la cathédrale de Cracovie. Une mission qu'il remplit en 1335, au congrès entre Charles-Robert, duc d'Anjou et roi de Hongrie, Casimir, roi de Pologne, et Jean, roi de Bohême, lui valut toute la confiance de Casimir-le-Grand. Les historiens lui reprochent d'avoir eu la plus gr. part au choix que fit Casimir du prince Louis de Hongrie pour son success., choix qui ne fut point agréable à la nation polonaise. — Zbigniew *d'Oleschnicz*, de la même famille, fut d'abord secrétaire intime du roi Vladislas Jagellon. Il embrassa ensuite l'état ecclésiastique, fut chargé de plus. missions importantes, obtint le siége épisc. de Cracovie en 1422. reçut le chapeau de cardinal des mains du pape Nicolas V en 1449, et mourut à Sandomir en 1455.

ZBOROWSKI (Samuel), un des premiers magnats de la Pologne au 16e S., s'est rendu fameux par les malheurs qu'il attira sur lui, sur sa famille et sur sa patrie. Ayant, lors des fêtes célébrées à l'occasion du couronnement du duc d'Anjou (Henri III), en 1574, tué un autre magnat, André Wapowski, il fut banni à perpétuité du royaume et se retira en Transylvanie. A l'avénement d'Étienne Battori sur le trône de Pologne, Sborowski sollicita sa rentrée dans sa patrie. Cette faveur lui ayant été refusée, il pénétra à main armée dans le palatinat de Cracovie, fut fait prisonnier par Zamoyski, et décapité le 25 mai 1584. — Christophe Zborowski, frère du précédent, s'était retiré à Vienne après la condamnation de Samuel à l'exil. Il fit d'inutiles efforts pour empêcher l'empereur de reconnaître Étienne Battori comme roi de Pologne, refusa de comparaître devant la diète générale, convoquée en 1585 pour prononcer sur les délits dont il s'était rendu coupable, et réunit même des troupes en Moravie. Toutefois il ne rentra en Pologne qu'après la mort d'Étienne, et vint augmenter les forces du parti qui voulait placer l'archiduc Maximilien sur le trône. Ce prince ayant été battu et fait prisonnier, on n'entendit plus parler de Christophe Zborowski, qui mourut dans l'exil sur la fin du 16e S.

ZEA (D. Francesco-Antonio), né en 1770 à Médelin dans la Nouvelle-Grenade, fit ses études à Santa-Fé de Bogota, et occupa, dès l'âge de 16 ans, une chaire d'histoire naturelle au collège de cette ville. La lecture de Raynal alluma en lui un désir ardent de voir sa patrie indépendante. Il eut la hardiesse de manifester son opinion et ses vœux, et bientôt un ordre du cabinet de Madrid lui enjoignit de se rendre en Espagne (1797). Enfermé dans un des forts de Cadix, il ne fut rendu à la liberté qu'après deux ans d'une procédure qu'on finit par abandonner. Zea fut alors envoyé en France, chargé d'une mission scientifique et avec un traitement de 6,000 fr. Après un séjour de trois ans à Paris, il revint en Espagne, et y obtint, au lieu de la permission qu'il sollicitait de retourner en Amérique, la place de directeur-adjoint, puis celle de directeur en chef du cabinet botanique de Madrid (1804); il eut en même temps le titre de professeur des sciences naturelles. Zea resta dans cette position jusqu'à la révolution d'Aranjuez. Nommé par le nouveau gouvernement membre de la junte réunie à Bayonne en 1808, il eut ensuite la direction d'une partie du ministère de l'intér., et plus tard fut nommé préfet de Malaga, place qu'il conserva jusqu'à la retraite de l'armée française en 1812. A cette époque il se rendit en Anglet., d'où il s'embarqua, en 1814, pour rejoindre Bolivar, qui le nomma bientôt intendant-général de son armée. Appelé en 1817 à la présidence du congrès d'Angostura, il eut ensuite le départem. des finances dans le gouvernement constitué par cette assemblée, puis, à l'organisation de la république de Colombie, devint vice-président. Envoyé en Europe en 1820 avec des pouvoirs illimités, pour établir des rapports politiq. et commerciaux, il fut bien accueilli à Londres par les partisans de l'indépendance américaine. Il passa ensuite en Espagne, où ses efforts, réunis à ceux de deux autres agents spéciaux de Bolivar, envoyés pour traiter avec les cortès, ne purent faire reconnaître l'indépendance de la nouv. république. D'Espagne il se rendit à Paris en avril 1821, et demanda, par une note officielle, la reconnaissance par le cabinet français de sa république, sur les principes établis dans le rapport fait au congrès des États-Unis. Le ministre ne répondit point à cette note, mais il envoya quelques agents en Amérique pour prendre une connaissance positive de l'état des choses. Il vint à bout de contracter, avec des banquiers de Londres, un emprunt de 2 millions sterl. (48 millions environ), au prix de 80 pour 100, et se rendit à Londres pour le réaliser. Les actions de cet emprunt avaient déjà haussé de valeur, lorsque se répandit la nouvelle que Zea n'avait aucun pouvoir pour le réaliser. Il en avait toutefois reçu de Bolivar en déc. 1819, et c'était sur ces mêmes pouvoirs qu'avait été fondé son contrat d'emprunt, signé à Paris. On lui opposa des décrets postérieurs de son gouvernement, qui révoquaient ces mêmes pouvoirs. Au milieu des discussions qu'entraîna ce conflit, il mourut aux eaux de Bath d'un anévrisme, en 1822. Plus tard le gouvernement de Colombie reconnut l'emprunt dont nous venons de parler. Outre la connaissance des sciences naturelles, dont il s'était spécialement occupé, Zea possédait très bien celle de la littérat. ancienne et moderne; il parlait et écrivait le franç. avec autant de facilité que l'espagnol. On a de lui plus. *Mémoires sur le kina de la Nouvelle-Grenade*, et une *Descript. de la chute du Tequendama*. Il avait rédigé, pendant plus. années, le *Mercure d'Espagne* et le *Mercure d'agriculture du même pays*.

ZECCADORO (François), prélat ital., né en 1660 à Gubbio, dans l'état romain, fut camérier d'honneur du pape Innocent XII, conserva la faveur de Clément XI, et mourut en 1703, assassiné par un de ses domestiques. Outre quelq. pièces de vers et des *Disc.*, on connaît de lui: *Problemata arithmetica*, Rome, 1677, in-4.

ZECCHI (Jean), *Zecchius*, médecin, né à Bologne en 1533, après avoir professé dans cette ville, fut appelé à Rome au collége de la Sapience; il vint reprendre sa première chaire en 1586, fut rappelé deux ans après à Rome, reçut, avec des lettres de citoyen, le titre d'*archiâtre*, ou premier médecin de l'état pontifical, et mourut en 1601. Parmi ses ouvrages, mentionnés dans les *Archiatri pontifici* de G. Marini, et dans les *Scrittori bolognesi* de Fantuzzi, on distingue: *Consultat. med. in quibus univ. praxis med. exactè pertractatur*, etc., Rome, 1599, 1601; Venise, 1617, in-4; Francfort, 1650, 1610, in-8. — *De puerorum tuendâ valetudine... Methodus*, etc., Wittemberg, 1604, in-8. — Hercule Zecchi, neveu du précéd., médec. et profess. à l'acad. de Bologne, mort en 1622, fut l'éditeur des ouvr. que son oncle avait laissés MSs.

ZECCHI (Lelio), théologien et juriscons., mort vers 1610, chanoine-pénitencier à Bidiccioli, dans le Brescian, sa patrie, a laissé, entre autres ouvr. : *De republ. ecclesiast.*, Vérone, 1599, in-4; Lyon, 1601, in-8. — *De benficiis et pensionibus eccles.*, Vérone, 1601, in-4, et 1602, in-8. — *Politia, sive de principe*, dédié à Henri IV, ib., 1600, in-8. Les biographes italiens l'ont confondu quelquefois avec Lelio Zanchi.

ZECCHINI (Petronio), médecin, né en 1739 à Bologne, y professa l'anatomie, puis remplit une chaire de médecine à Ferrare, et mourut d'une attaque d'apoplexie en 1793. On citera de lui: *della Dietetica delle donne*, etc., Bologne, 1771. — *De gorterianâ vitalitate miseriis hominum reluctante*, Ferrare, 1778. — *De grano turcico lib. III*, Bologne, 1781 (v. les *Scritt. bolignesi*, t. IX).

ZECH (Bernard de), ministre d'état en Pologne et dans l'électorat de Saxe, né à Weymar en 1649, mort à Dresde en 1720, a laissé, entre autres ouvr. utiles pour l'hist. de l'Allemagne, un *Théâtre des princes actuellement régnants*, 4 vol. in-8. — Zech (le comte Bernard de), fils du précéd., né en 1680, mort à Dresde en 1748, après avoir occupé diverses places honorables dans sa patrie, a publié : *du Gouvernement impérial en Allemagne, tel qu'il est d'après les conventions faites lors de l'élection de S. M. Charles VI*, Leipsig, 1713, in-4. — Zech (François-Xavier), jésuite et savant canoniste, né à Ellingen dans la Franconie en 1692, succéda à son maître P. Pichler, comme profess. à l'université d'Ingolstadt, prit une part active aux disputes théologiques qui firent tant de bruit en Italie vers le milieu du 18ᵉ S., et osa soutenir qu'à l'autorité civile appartenait le droit de fixer l'intérêt de l'argent et de régler les transactions entre les particuliers. Il mourut à Munich en 1772. Nous citerons de lui : *Præcognita juris canonici*, Ingolstadt, 1749, in-8. — *Hierarchia ecclesiastica ad Germaniæ cathol. principia et usum declinata*, 1750, in-8. — *De jure rerum ecclesiasticarum*, 1758-62, 2 vol. in-8. — *De judiciis ecclesiasticis*, 1765-66, 2 vol. in-8.

ZEDLITZ (Charles-Abraham, baron de), ministre d'état et membre de l'acad. de Berlin, né en 1731 à Schwarzwald, près de Landshut, en Silésie, obtint et mérita la confiance du gr. Frédéric, qui le nomma successivement référendaire à la chambre des comptes de Berlin, conseiller à la régence de Breslau, président de la cour suprême de Silésie, chef du consistoire supérieur et du collège des Pupilles à Brieg, enfin, en 1770, ministre de la justice, avec la présidence du tribunal de cassation et l'inspection spéciale de l'administration de la justice dans le duché de Clèves, les comtés de la Mark, de Minden, de Mœurs, de Gueldres, etc. Il eut en 1771 le département des affaires ecclésiast. et de l'instruction publique, la direct. des caisses des pauvres, celle de la bibliothèque royale, des cabinets et des collèges de médecine et de chirurgie. Entre autres actes qui prouvèrent son zèle et sa sagesse, il faut compter l'amélioration du régime des prisons et l'introduction en Prusse de la liberté de la presse. Il perdit une partie de ses emplois et de son influence sous Guillaume II, dont Wœllner avait toute la confiance, obtint sa démission, et se retira dans ses terres de Silésie, où il mourut en 1793.

ZEGEDIN ou SZEGEDIN (Étienne Kis de), théologien protestant, ainsi nommé d'une petite ville de Basse-Hongrie, où il naquit en 1505, fut obligé de faire ressource de ses talents et d'enseigner péniblement dans plus. colléges ; mais ses opinions religieuses lui attirèrent des persécutions qui ne lui permirent de se fixer en aucun lieu. Il avait obtenu le titre de surintendant des églises de la baronie de Luskow, lorsqu'en 1558, dans un voyage entrepris pour les intérêts de ses coreligionn., il tomba dans les mains des Turks, qui le retinrent 5 ans prisonnier. Au sortir de captivité (1563), il vint à Keveny, dans la Haute-Hongrie, où il mourut en 1572. Nous citerons de lui : *Loci communes theologiæ sinceræ de Deo et homine*, Bâle, 1608, in-8.

ZEGERS (Tacite-Nicolas), savant théologien, de l'ordre de St-François, né à Bruxelles dans les dern. années du 15ᵉ S., mort à Louvain en 1559, avait été lecteur ou profess. en théologie au grand couvent des Récollets de cette ville. On le regarde comme un des bons critiques de son temps. Nous citerons de lui : *Scholion in omnes Novi Testamenti libros*, etc., Cologne, 1553, in-12. — *Epanorthotes, sive Castigationes Novi Testamenti*, ibid., 1555, in-12. — Zegers (Hercule), peintre et graveur flamand, né vers 1625, fut le contempor. de Potter, qu'il a presque égalé par son talent ; mais ni ses paysages ni les gravures qu'il en fit lui-même n'eurent de succès tant qu'il vécut. Pauvre et découragé, il cessa presque entièrement de travailler, et noya ses chagrins dans le vin. Un jour, en rentrant ivre chez lui, il tomba sur son escalier, et mourut des suites de cette chute. Sa *Vie* a été écrite par Samuel van Hoogstraaten.

ZEHNER (Joachim), rect. du collège de Schleusingen et surintend. du comté de Henneberg, né à Themar en 1566, mort en 1612, a laissé des *Adagia sacra in V centurias congesta*, Leipsig, 1601, in-4. — Zehner (Louis-Édouard), né à Brunn en 1753, professa l'histoire à l'université de Lemberg. Entre autres ouvrages, on a de lui : *Livre élémentaire pour le cours de l'hist. littér.*, Olmutz, 1776, in-8. — *Matériaux pris dans l'hist. littér. des anc. temps*, ibid., 1777, in-8.

ZEIAD, célèbre capitaine arabe, né à Taiefa la 1ᵉ ou 8ᵉ année de l'hégyre (622 ou 630 de J.-C.), était fils naturel d'Abou-Sofyan et frère du khalyfe Moawya Iᵉʳ, mais n'avait pas été reconnu. Il fut successivem. cadhi, secrét. et trésorier du gouv. de Koufa, Al-Moghéïra ; enfin lienfen. du gouv. de Bassorah, Abdallah, fils d'Abbas. Il vainquit et tua le général que Moawyah avait envoyé pour s'emparer de Bassorah l'an 39 (659), et, comme il n'était pas moins habile que vaillant, il fut chargé de commander en Perse, où il se conduisit avec beaucoup de sagesse. Lorsque Haçan, fils d'Aly, se fut démis du khalyfat en faveur de Moawyah, celui-ci songea à détacher Zeïad du parti des enfants d'Aly et à le mettre dans ses intérêts, en le reconnaissant publiquem. pour son frère. Zeïad, chargé d'abord du gouvernement de Bassorah, réussit promptem. à le purger des voleurs et des assassins qui l'infestaient, et obtint bientôt celui de Koufah, de Bahr-Aïn, d'Oman et de toutes les provinces orientales de l'empire, de sorte qu'il donna des ordres depuis les deux rives du golfe Persique jusqu'aux frontières de l'Inde et du Turkestan. Son nom faisait partout trembler les méchants, parce que sa justice était aussi sévère que prompte. Les habitants de la Mecque et de Médine furent consternés, lorsqu'il eut obtenu aussi le gouvernement de l'Arabie; mais ils furent bientôt délivrés de toute crainte. Un ulcère lui étant survenu à la main droite, il se la fit amputer, et mourut des suites de l'opération, l'an 53 (673). Nul homme de son temps ne le surpassa en éloquence, si ce n'est Aly.

ZEIADET-ALLAH Ier (Abou-Mohammed), 3e souverain de la dynastie des Aglabides en Afrique, s'empara du trône à la mort de son père Ibrahim, l'an 196 de l'hég. (812 de J.-C.), au préjudice de son frère Abdallah, auquel il le céda l'année suiv. pour le remplacer, l'an 201 (817), par droit de succession légitime. La dureté de son administration et l'imprudence qu'il eut de se déclarer d'abord pour le khalyfe Al-Mamoun, puis pour l'anti-khalyfe Ibrahim, fils de Mahdy, donnèrent lieu à des révoltes et à des guerres civiles qui le mirent en danger de perdre ses états. Corrigé par l'expérience, il s'efforça de réparer les maux qu'il avait causés. L'événement le plus important de son règne fut la conquête de la Sicile, entreprise et poursuivie avec succès pendant plus. années par ses lieutenants, mais dont il ne vit pas la fin, étant mort en 223 (838), dans la 52e année de son âge.— Zeïadet-Allah II (Abou-Mohammed), 7e prince de la même dynastie, succéda à son frère Ahmed l'an 249 (863), se distingua par ses vertus et sa piété, et mourut l'année suiv. Il fut remplacé par son neveu Mohammed II, fils d'Ahmed.— Zeïadet.-Allah III (Abou-Naor), 11e et dern. prince de la dynastie des Aglabides en Afrique, monta sur le trône l'an 290 (903), en faisant assassiner son père Abdallah II. Il se plongea dans les plus infâmes débauches, ne s'occupa nullement des affaires de l'état, et sembla prendre à tâche d'exterminer sa famille dans un moment où sa puissance ébranlée avait le plus besoin d'appui. Il finit par abandonner l'Afrique à la doctrine des Chyites et aux armes victorieuses d'Abou-Abdallah, surnommé Al-Maschtak (l'Oriental), l'an 295 (903). Il avait hâté lui-même sa ruine, en faisant périr ses généraux ou en les épouvantant par de terribles exemples d'ingratitude. Il alla continuer ses débauches en Égypte, et y mourut près de Ramlah, épuisé et infirme, au moment où il allait partir pour Jérusalem, avec l'intent. de consacrer à Dieu le reste de ses jours.

La dynastie des Aglabides, qui finit en lui, avait duré 112 ans.

ZEIBICH (Charles-Henri), profess. et conseiller de la faculté de philos. à Wittemberg, né en 1717, mort en 1763, a laissé plus. écrits, parmi lesquels on distingue: *de Linguâ Judæorum hebraica temporibus Christi atque apostolorum*, 1741. — *De codicum Veteris Testamenti orientalium et occidentalium dissensionibus*, 1742.— *De sacerdotum memphiticorum et heliopolitanorum dissidio in enarrando itinere Israelitarum per mare Erythræum*, 1751. — *De quæstione criticâ, nùm Cadytis Herodoti rectè venditetur pro metropoli Palestinæ*, dans les *Nov. Miscellan. lipsensia*, vol. XCVIII.

ZEID BEN THABET avait onze ans quand Mahomet s'enfuit de la Mecque. Après la bataille contre les Arabes du Yémàmah, presque tous les sectateurs du Khoran ayant péri, le khalyfe Abou-Bekr craignant que ce livre sacré ne se perdit, en fit composer une copie complète par Zeid, qui, plus tard, avec d'autres docteurs, en fit plus. nouv. copies, pour empêcher les Arabes de se diviser sur la manière de le réciter. Zeid vivait encore vers le commencement du 7e S. de notre ère.

ZEIDAN (Muley), roi de Fez et de Maroc, de la prem. dynastie des Cherifs, se fit proclamer le successeur de son père, Muley-Ahmed-Labass, à la mort de ce prince, en 1603, quoiqu'il fût son plus jeune fils; aussi eut-il à lutter contre ses trois frères. Il l'emporta sur eux, et, dans tout le cours d'un long règne, il vécut presque toujours en paix. Il protégea et cultiva les lettres, rassembla une nombreuse et belle biblioth., et mourut en 1630. — Zeidan (Muley), fils du fameux Muley-Ismael, empereur de Maroc, avait pour mère une négresse intrigante, Lala-Zeïdana, qui, pour lui assurer le trône, fit étrangler la mère de Muley-Mohammed, héritier présomptif de l'empire, rendit ce prince lui-même suspect à son père, et le poussa à la révolte. Muley-Zeidan, chargé de le réduire, triompha de lui par trahison (1706), et fut bientôt débarrassé de ce concurrent par la cruauté du vieil emper.; mais, étant demeuré à la tête de son armée, il devint à son tour suspect, et fut étouffé entre 2 matelas, par ordre de son père, en 1707.

ZEIDLER (Jean-Godefroi), poète allem., était fils d'un prédicateur luthérien de Freystadt, dans le comté de Mansfield, et prêcha conjointem. avec lui dans sa ville natale pendant 20 ans; mais, après la mort de son père, il renonça au ministère évangélique pour se livrer à la poésie, ou plutôt à toutes les bizarreries d'une imagination vagabonde et sans frein. Il mourut, jeune encore, à Halle en 1711, épuisé par la débauche. On recherche son *Theatrum virorum eruditorum minus*, abrégé qui peut épargner des recherches fastidieuses. — Zeidler (Susanne-Élisabeth), sœur du précédent, publia en 1684 un recueil de poésies sous le titre de *Passe-temps d'une jeune fille*.— Zeidler (Charles-Sébastien), magistrat et littérateur, né à Nuremberg en 1719, mort en 1786, a laissé plusieurs écrits parmi lesquels on distingue : *Vitœ professorum juris qui in academiâ Altorfinâ indè ab ejus jactis fundamentis vixerunt*, Nuremberg, 1770, 3 vol in-4, et 2ᵉ édit., 1786.

ZEILER ou ZEILLER (Martin), géographe, né en 1589 près de Murau, dans la Styrie-Supérieure, mort en 1661 à Ulm, où il avait rempli les fonct. de principal du collége et d'inspecteur des écoles allemandes, a laissé, entre autres écrits : l'*Itinéraire d'Allemagne*, la *Topographie de Bavière*, celles de l'Alsace, de Brunswick et de Souabe, qui ont été insérés dans la *Collection topographique de l'univers*, par Merian.

ZEIN-ALA-BEDIN (Aly II), 4ᵉ iman des Chyites, était petit-fils du khalyfe Aly, gendre de Mahomet. Il n'avait que 12 ans lorsqu'il perdit son père et presque tous ses frères à la bataille de Kerbela, l'an 61 de l'hég. (680 de J.-C.). Conduit à Damas, il fut renvoyé par le khalyfe Yezid 1ᵉʳ à Médine, et reconnu par les partisans de sa maison pour le 4ᵉ des imans ou pontifes légitimes, successeurs de Mahomet. Il mourut l'an 94 (713), et eut pour successeur son fils Mohammed. — ZEIN-ALA-BEDIN, roi de Perse, de la dynastie des Modhafférides, dépouillé de ses états par Tamerlan, fut privé de la vue par son cousin Chah-Mansour, auprès duquel il s'était réfugié, et tomba au pouvoir de Tamerlan, qui l'envoya prisonnier à Samarkande, l'an 795 (1393).

ZEIRI BEN ATYAH, 1ᵉʳ roi de Fez, de la dynastie des Zeïrides ou Zenates, différents des Zeïrides ou Sanhadjides, qui, dans le même temps, régnaient à Tunis, Kairowan, Madhiah et Tripoli, fut d'abord cheik des Zenates, l'une des cinq principales tribus brébères qui s'étaient établies dans le Maghreb ou Afrique-Occidentale, à l'époque de la décadence des Édrissides. Il profita des troubles et de l'anarchie du pays pour s'affranchir de toute dominat., refusa de reconnaître la souveraineté des rois de Cordoue l'an 368 de l'hég. (979), et s'empara de Fez en 377 (988). Al-Mansour, qui était alors l'homme le plus influent en Espagne, sous le règne du faible Hescham-Al-Mowayed, ferma les yeux sur la révolte de Zeïri, et l'opposa bientôt à un autre rebelle, Abou'l-Behar, prince sanhadjide. Zeïri profita de l'occasion pour reculer ses frontières vers l'Orient, jusqu'au fleuve Zab, et se fit confirmer dans la souveraineté du Maghreb comme vassal de l'Espagne ; mais ses victoires et sa puissance ne tardèrent pas à donner de l'ombrage. On l'attira à Cordoue sous prétexte de le récompenser, et on l'y retint jusqu'à ce que la révolte d'un chef de tribu, qui s'était rendu maître de Fez, vint lui fournir un motif plausible de solliciter son congé. Il recouvra Fez de vive force, releva et fortifia l'ancienne ville de Woudjda ou Wadjida, dans la province de Telmesen, y établit sa résidence l'an 585 (995), et battit l'année suivante une armée envoyée d'Espagne pour le soumettre. Moins heureux contre une autre armée plus nombreuse, commandée par Abdel-Melek, fils d'Al-Mansour, il perdit Fez, abandonna la Mauritanie, et se retira vers le Sahra. Il y rallia ses fidèles Zenates et quelq. autres tribus, tourna ses armes contre les Sanhadjides qu'il vainquit, s'empara de Tahert, de la province de Zab, de Telmesen, etc. ; mais les blessures qu'il avait reçues dans sa lutte contre l'Espagne s'étant rouvertes, il mourut l'an 391 (1001), après un règne de 20 ans, au moment où il fondait un nouvel état. Son fils Moezz recouvra Fez, et continua la dynastie des Zeïrides.

ZEIRI BEN MOUNAD AL TACLANI, chef de la tribu des Zeïrides, dite également des Sanhadjides ou des Badisides, dont la domination en Afrique s'étendait depuis Alger jusqu'à Tripoli, s'attacha aisément plusieurs tribus d'origine arabe, se mit à leur tête, battit les Zenates et d'autres tribus brébères, conquit plusieurs provinces, dont il fit hommage au fondateur de la dynastie des Fathimides (v. Obeïd-Allah-al-Madhy), et fonda la ville d'Aschir, dans la contrée de ce nom, l'an 324 de l'hégyre (935 de J.-C.). Il sut se ménager l'amitié des khalyfes fathimides, auxquels il rendit d'importants services, et périt dans une bataille qu'il avait livrée pour eux près de Mansourah, l'an 360 (971), universellement regretté.

ZEKY-KHAN (Mohammed), souverain éphémère de la Perse, était à la fois cousin-germain et frère utérin du célèbre Kerym-Khan, pendant le règne duquel il avait souvent excité des troubles et donné des preuves d'une horrible cruauté. Il prit les rênes du gouvernement en 1779, après la mort de Kerym-Khan, qui laissait pourtant quatre fils. Mais averti du danger de régner en son propre nom par la résistance de plus. chefs de la tribu de Zend, il s'empressa de proclamer deux des jeunes princes, Abou'l-Fethah et Mohammed-Aly-Khan. Il employa la perfidie pour faire tomber ses ennemis en son pouvoir, et des barbaries atroces pour s'en débarrasser : ce fut la seule règle qu'il connût dans sa courte domination, contre laquelle protesta plus d'une révolte, notamment celle de son neveu Aly-Mourad-Khan, auquel il avait confié l'élite de ses troupes. Entrant en fureur, il marcha contre ce rebelle ; mais, arrivé à Yezdkhast, ville frontière du Farsistan et de l'Irak, il y fut assassiné en punition de nouvelles atrocités.

ZELADA (François-Xavier), cardinal, né vers 1717, d'une famille d'origine espagnole, cultiva les sciences sans rien relâcher de ses devoirs, et employa son crédit et sa fortune à favoriser les artistes et les savants. Soupçonné d'avoir eu beaucoup de part à l'élection de Pie VI, il se vit en butte aux attaques des ennemis du nouveau pontife ; mais il se vengea noblement en préservant de la peine capitale l'auteur d'un pamphlet très mordant, où il était peint lui-même des couleurs les plus affreuses. Après avoir rempli les fonct. de secrétaire-d'état et joui d'une grande influence pendant la durée du pontificat de Pie VI, il se démit de ses charges en 1796, et, trop âgé pour accompagner son maître dans l'exil, se retira dans une campagne voisine de Rome, où il vécut oublié. Il assista au conclave dans lequel fut élu Pie VII, et revint à Rome, où il mourut en 1801. On a de lui un opuscule très rare : *De nummis aliquot œreis uncialibus epistola*, Rome, 1778, in-4, fig.

ZELAIA (D. ANTOINE), amiral sicilien, né à Palerme en 1678, servit avec zèle et distinct. le duc de Savoie, Victor-Amédée, et l'emper. Charles VI, que des arrangements diplomatiq. rendirent l'un après l'autre maîtres de la Sicile; il accompagna, en 1735, l'infant don Carlos (depuis Charles III), à la conquête de cette île, se signala dans cette brillante campagne, et fut nommé l'un des membres de la junte de guerre. Il mourut à Naples en 1751, comblé d'honneurs.

ZEL-ALI, heureux chef de révolte sous Mahomet III et Achmet Ier, suivit d'abord les drapeaux d'un autre rebelle nommé Serivano, après la mort duquel il ne tarda pas à se soumettre, moyennant la promesse du pachalick de Bosnie. Il se distingua dans la guerre de Hongrie de 1602, et crut devoir, pour prix de ses services, se mettre lui-même, et à main armée, en possession du gouvernem. qui lui avait été promis, et dont la Porte ne se pressait pas assez de retirer le pacha. Cet homme rusé refusa depuis de se rendre à Constantinople, où on le manda plusieurs fois sous prétexte de lui faire honneur, mais réellement pour le faire périr. Il protesta toujours que les faveurs qu'il avait reçues du sulthan suffisaient à son ambition et à sa modestie, et laissa craindre qu'il ne cherchât un appui dans l'emper. d'Allemagne. On ignore l'époq. de sa mort.

ZELICH (GÉRASIME), archimandrite illyrien, né en 1752 à Shegar, village situé au pied de la montagne Vélébit, a laissé des mémoires sous ce titre : *Vie, Aventures et Voyages de Gérasime Zelich, archimandrite du monastère du Sommeil-de-Marie à Krupa, en Dalmatie, vicaire-général des églises du rit grec dans cette province et dans les Bouches-de-Cattaro*, Bude, 1823, in-8. C'est le prem. ouvr. qui ait paru en prose dans l'idiome populaire dalmato-illyrien, ce qui le rend très précieux pour la littérature de cette contrée. On y trouve des renseignements assez étendus sur la vie de l'auteur, qui mourut dans son monastère de Krupa vers 1822.

ZELL (ULRICH de), célèbre imprimeur du 15e S., né à Hanau, dans la Vétéravie, exerçait la profession de copiste ou calligraphe dans le diocèse de Mayence à l'époq. de la découverte de l'imprimerie. Ayant appris ce nouvel art de J. Fust et de Pierre Schœffer, il établit un atelier typographique à Cologne. Les bibliographes ont revendiqué pour lui une foule d'opuscules sans date et sans nom d'imprimeur, qu'on avait long-temps attribués à Schœffer. Le plus ancien que l'on connaisse, avec la souscription de Zell, est daté de 1466, et porte ce titre : *Sancti Joannis Chrysostomi super psalmo quinquagesimo*. Il exerçait encore son art en 1499, suivant l'ancienne *Chronique* de Cologne.

ZELLER (JEAN-GODEFROI), savant médecin, né dans le duché de Wurtemberg en 1656, visita la France, la Hollande, une partie de l'Allemagne, pour accroître ses connaissances, et revint prendre ses grades. Il entreprit ensuite de nouv. voyages avec le prince d'Œttingen, dont il était devenu le médecin, et fut nommé professeur extraordinaire à l'académie de Tubingen à son retour. Il obtint la première chaire qui vint à vaquer, la remplit avec distinction, et eut en même temps de si gr. succès dans la pratiq., qu'on venait le consulter de toutes les parties de l'Allemagne. Il mourut à Tubingen en 1754, ne laissant guère que des dissertations, parmi lesquelles nous citerons : *De vasorum lymphaticorum administrat. et phœnomenis secundùm et præter naturam*, 1687, in-4, et dans la *Collection* de Haller. — *Quòd pulmonis in aquâ subsidentia infanticidas non absolvat*, 1691, in-4 ; Halle, 1746, in-12.

ZELOTTI (BAPTISTE), peintre, né à Vérone en 1532, mort en 1592, exécuta, dans les salles du gr.-conseil de Venise et à la bibliothèq. St-Marc, des travaux qui lui méritèrent les éloges même de ses rivaux. Parmi ses principaux ouvrages, on cite la galerie du *Catajo*, où il représenta les faits illustres des *Obizzi*.

ZELTER (CARL-FRIEDRICH), profess. et direct. du conservat. de Berlin, où il était né en 1758, exerçait, à 17 ans, l'état de maçon qui était celui de son père, lorsque tout à coup il sentit naître en lui un penchant irrésistible pour la musiq. Devenu violoniste habile, il se livra à la composit. Ses *Chansons* et ses *Ballades* sont remarquables par leur naïveté, leur énergie populaire ou leur gaîté. Ses *Motets* et autres composit. de musique religieuse ont également une grande réputation. La musique vocale de Berlin lui doit de nombr. services et une foule d'élèves, parmi lesquels on remarque Félix Mendelsohn, excell. profess. de chant, et organiste de Berlin. Lié par l'amitié la plus intime avec Goëthe, il se proposait de publier sa *Correspondance* avec ce poète, lorsqu'il mourut à Berlin en 1832, deux mois après son célèbre ami.

ZELTNER (GUSTAVE-GEORGE), théologien et philologue, né en 1672 à Hilpoltstein, près de Nuremberg, fut d'abord inspecteur à l'académ. d'Altdorf, puis diacre de l'église de Nuremberg, et revint, en 1706, professer à Altdorf la théologie et les langues orientales. Il remplit cette double chaire pend. 24 ans d'une manière brillante, se démit ensuite pour cause de santé, et se retira près de Nuremberg, où il mourut en 1738. Nous citerons de lui : *Dissertat. de feminis ex hebrææ gente eruditis*, Altdorf, 1708, in-4. — *Vitæ theologorum altdorfinorum à conditâ academiâ omnium, unâ cum scriptorum recensu*, 1722, in-4, avec 32 portraits gravés sur cuivre. On y trouve la *Vie* de l'auteur. — ZELTNER (Jean-Conrad), frère du précédent, né à Nuremberg en 1687, fut nommé en 1715 desservant de la paroisse d'Altenham et adjoint à la compagnie des pasteurs d'Altdorf, mais il mourut prématurément en 1720. Il s'était fait connaître par l'ouvrage suivant : *Correctorum in typographiis eruditorum centuria speciminis loco collecta*, Nuremberg, 1716, in-8, reproduit seulement avec ce nouveau titre : *Theatrum virorum eruditorum qui speciatim typographiis laudabilem operam præstiterunt*, Nuremberg, 1720. Les exemplaires avec cette date contiennent la *Vie* de Zeltner, par Roth-Scholtz.

ZELWEGER (Laurent), médecin, né dans le canton d'Appenzel vers 1710, fut l'un des premiers membres de la société fondée vers le milieu du 18e S. à Zurich, pour travailler aux progrès de l'économie rurale et des sciences physiques. On a de lui deux *Mémoires* curieux et instructifs dans le recueil de cette société, t. I, p. 115, et t. II, p. 308.

ZENALE (Bernard ou Bernardin), peintre et architecte, né dans le 15e S. à Treviglio, par contraction *Trevio*, seigneurie qui faisait alors partie du Bergamasque, fut chargé de divers ouvrages qui le fixèrent à Milan : de là vient que plus. auteurs l'ont cru né dans cette ville. Il était très habile dessinateur, quoique Vasari lui reproche un peu de sécheresse et de crudité, et Léonard le regardait comme un excellent juge. Il fut chargé de l'entretien et des réparations de la cathédrale de Milan, et, en 1520, il fut appelé par les magistrats de Bergame pour donner son avis sur les embellissements qu'on se proposait de faire à la basilique de Ste-Marie. On ignore l'époq. de sa mort. Parmi ses princip. ouvr., on cite le *Cloître de Ste-Marie delle Grazie*, dans lequel il avait peint à fresque la résurrection, entourée de quatre sujets tirés de la passion ; la *Chapelle* de la Madeleine, dans l'église Ste-Marie *del Carmine*, et l'*Annonciation*, dans l'église St-Symphorien. Il a laissé MS. un *Tr. de perspective*.

ZENDJANI (Azz-Eddin, ou mieux Ezz-Eddyn Abou'l Fadhail Abd-Alwahhab), fils d'Emad-Eddyn Ibrahim, mort postérieurem. à l'an 655 de l'hég. (1257), est auteur d'un traité de grammaire arabe, qui a pour objet la conjugaison des verbes et la formation des noms et des adjectifs verbaux, et qui, à cause de cela, est intitulé *Tasrif*. Pour le distinguer de quelques autres ouvrages qui ont le même objet et portent le même titre, on lui donne dans l'Orient le nom d'*Azzi* ou *Ezzi*, dérivé d'*Ezzeddyn*, titre honorifique de l'auteur. Le *Tasrif* a été publié à Rome en 1610 par A.-J.-B. Raymond, en arabe, avec une traduct. latine, accompagnée d'un commentaire.

ZENDRINI (Bernard), l'un des plus célèbres hydrauliciens de l'Italie, né en 1679 à Saviore, dans la vallée de l'Oglio, prit le grade de docteur à l'université de Padoue en 1701, se livra dès lors à l'étude de la médecine et des mathématiques, et de leurs diverses applications à la mécanique et à l'astronomie. Il alla ensuite pratiquer la médecine dans sa patrie, mais il n'y séjourna pas long-temps ; sa passion d'apprendre et le plaisir qu'il trouvait dans la société des savants le ramenèrent vers 1704 à Venise, où il se fixa. Là, tout en composant quelques estimables écrits sur la médecine, et en exerçant cet art avec beaucoup de distinction, il continua de s'appliquer aux sciences mathématiq., et publia plusieurs solutions de problèmes dans la *Galleria di Minerva* et dans le *Giornale de' lett.* *d'Italia*. Le bonheur ou la sagesse qui lui avait fait adopter l'usage du *calcul infinitésimal*, encore mal apprécié par ses compatriotes, lui donnait sur eux un grand avantage. Il dut à la supériorité de cette méthode la solution incomplète, il est vrai, mais pourtant fort remarquable, d'un problème difficile de la science hydrauliq., et ce fut ainsi qu'il entra dans une carrière où il devait rendre de si grands services à sa patrie et à la science elle-même. Les Ferrarais, qui, plusieurs fois, avaient eu de vifs démêlés avec les Bolonais sur le cours à donner au redoutable torrent du Reno, qui sépare leurs territoires, choisirent Zendrini, sur sa réputat., pour le charger de leurs intérêts. Celui-ci répondit à leur confiance, et, pour prix de ses travaux, fut nommé *mathématicien* (prem. ingénieur hydraulicien) de Ferrare, et agrégé, lui et ses descendants, au patriciat de cette ville. Dans cette même discuss., dont le résultat pouvait intéresser d'autres gouvernements que ceux de Bologne et de Ferrare, il eut la mission de défendre la cause du duc de Modène, qui lui donna le diplôme de son premier ingénieur, et de la république de Venise, qui le nomma son *mathématicien* et surintendant de ses eaux, fleuves, lagunes et ports. Après avoir rempli sa triple mission, il revint à Venise se livrer aux nouvelles et importantes fonctions qu'il avait à y exercer. La cour de Vienne, dans une circonstance qui lui rendait nécessaires les talents d'un habile ingénieur en 1728, eut recours à lui, et s'efforça de le retenir par des offres très séduisantes. Il ne voulut point abandonner sa patrie, mais il resta toutefois en bonne intelligence avec la cour de Vienne, pour laquelle il eut encore occasion de travailler en 1742. Dans cet intervalle, il rendit un grand service à la républiq. de Lucques en améliorant le port de Viareggio, et en assainissant les contrées environnantes, ainsi qu'à la ville de Ravenne, en exécutant des ouvrages qui la préservèrent des inondat. du Ronco et du Montone. Au milieu de tant de travaux, l'étude et l'observation des phénomènes célestes était pour lui une récréation. On trouve dans des collect. d'ouvr. scientifiq., impr. à Venise, onze *Mémoires* ou *Notes* offrant ses observations astronomiq. et météorologiques. Il mourut en 1747. Nous citerons de lui : *Considerazioni sopra la scienza delle acque correnti, e sopra la storia naturale del Po*, Ferrare, 1717. — *Memorie storiche dello stato antico e moderno, delle lagune di Venezia*, etc., Padoue, 1811, 2 vol. in-4. — *Legi e fenomeni, regolazioni e usi delle acque correnti*, Venise, 1741, réimpr. dans le 8e vol. de la 2e édit. de la *Raccolta d'autori che trattano del moto dell' acque*.

ZENGHY (Emad-Eddyn), émir ou roi de Moussoul et d'Halep, et fondateur de la dynastie des Atabeks de Syrie et de Mésopotamie, est le prince que les anciens historiens des croisades, par une ridicule altération de son nom, ont appelé *Sanguin*. Turk d'origine et fils d'Acsencar Cacim-Eddaulah, émir d'Halep, il n'avait que dix ans lorsque celui-ci perdit le trône avec la vie l'an 487 de l'hégyre

(1094 de J.-C.). Il apprit l'art de la guerre sous l'émir Korbouga, servit ensuite sous Djokarmisch et sous Djawali, qui succédèrent à ce fameux capitaine à Moussoul, puis s'attacha aux deux émirs qui obtinrent successivement cette souveraineté de Mohammed, sulthan de Perse, et se distingua sous eux dans les guerres contre les Francs. Il obtint successivement du sulthan Mahmoud, pour prix de ses services, le gouvernement de Waseth, l'intendance, puis le gouvernement de Bassora, l'intendance de Bagdad, et enfin la principauté de Moussoul l'an 521 (1127). Il en eut à peine pris possession qu'il y ajouta plusieurs places par la conquête, et Halep, du consentem. des habitants, l'an 522 (1128). Dès lors il employa, pour agrandir ses états, tous les moyens, sans en excepter la perfidie, et il attira sur lui la haine de tous les princes voisins et les armes de quelques-uns. Il battit les deux frères ortokides, Daoud et Timour-Tasch, rois de Hisn-Khaïfa et de Mardin, emporta d'assaut, et rasa la ville d'Athareb en Syrie, après avoir fait perdre à Bohémond une bataille et la vie, mais il fut repoussé vers Moussoul par Foulques, success. de Baudouin II, roi de Jérusalem. Obligé l'an 526 (1132) en sa qualité de vassal des Seldjoukides de marcher, au nom du sulthan Sandja, contre Bagdad, où Mas'oud, neveu de ce prince, avait mis le khalyfe de Mostarsched dans ses intérêts, il se vit abandonné de ses troupes, intimidées par l'aspect du chef de l'islamisme; mais il força ce redoutable adversaire à signer la paix, et alla se venger sur les Kourdes, qui avaient pris part à cette expéd. En 530 (1136), pour punir les chrétiens qui avaient fourni contre lui des secours au roi de Damas, il fit ravager les environs de Laodicée par des troupes qui ramenèrent une prodigieuse quantité de prisonniers, et des bêtes de somme de toute espèce. Dans les années suiv., il profita des divisions des Grecs et des Francs pour tomber sur ces derniers et leur enlever quelques places. Il continua cette guerre, même lorsqu'il eut vu l'emper. Jean Comnène se liguer avec les chrétiens de Syrie, obtint sur les alliés quelques avantages, après avoir semé parmi eux la mésintelligence; mais s'étant mis à faire le siége de Damas, il échoua contre cette ville, défendue par le régent Mein-Eddyn Anar, auquel il fut trop heureux de pouvoir imposer la paix, à la condit. d'être nommé dans la khothbah. L'an 537 (1142), il porta la guerre avec succès dans le Kourdistan, et y fonda la forteresse d'Emadiah, dont le nom rappelle le sien. Ses conquêtes avaient alarmé son suzerain, le sulthan Mas'oud; mais il sut regagner la confiance de ce prince par des marques apparentes de dévouement et surtout par le ferme appui qu'il prêtait à l'islamisme, tout en travaillant dans l'intérêt de sa propre grandeur. L'an 539 (1144), il prit d'assaut la ville d'Edesse, le boulevard des états chrétiens au-delà de l'Euphrate, puis il en répara les fortificat., y laissa une nombreuse garnison, et alla s'emparer des places qui restaient aux Francs en Mésopotamie. Malgré le déclin de la puissance des Seldjoukides, qui dominaient depuis plus d'un siècle sur la Perse et sur l'Asie-Occidentale, il continuait de leur témoigner une gr. considération et affectait de ne régner qu'à l'ombre de leur autorité: c'est ce que prouve surtout sa conduite dans les dern. temps de sa vie, où il se réservait un grand pouvoir, sous le titre modeste d'*atabek*. L'an 540 (1145), tandis qu'il assiégeait en Syrie la forteresse de Djabar, dernier reste de la puissance des Okaïlides, il fut assassiné par quelques-uns de ses mamloucks. Il était âgé de 60 ans et en avait régné 20. Il laissa plus. fils dont les deux aînés partagèrent ses états (*v.* NOUR-EDDYN et SEÏF-EDDYN). — ZENGHY II (Emad-Eddyn), petit-fils du précéd., et gendre de son oncle Nour-Eddyn, fut privé du trône de Moussoul par son frère Seïf-Eddyn Ghazy II, l'an 565, à la mort de Cothb-Eddyn Maudoud, dont il était le fils aîné, et fut obligé de se contenter de la principauté de Sindjar, qu'il céda à son frère Azz-Eddyn Mas'oud, roi de Moussoul, l'an 578, pour pouvoir se porter héritier de son cousin Melik-el-Saleh Ismaël, sulthan d'Halep et fils de Nour-Eddyn. Mais en 579, il livra lâchement Halep au célèbre Saladin, et retourna régner à Sindjar, où il mourut en 594 (1197).

ZENNER (GODEFROI), philologue et juriscons., né à Altenbourg en 1596, fut appelé en 1700 à la cour du prince d'Anhalt. Il occupa vingt ans le poste de secrétaire du cabinet et des archives, et mourut à Leipsig en 1721. Nous citerons de lui: *Nouvelles mensuelles du monde savant*, etc. (de 1692 à 1697). — *Parnasse du printemps, Parnasse d'été, Parnasse d'automne, Parnasse d'hiver* (de 1692 à 1696). — ZENNER (Albert) né à Costnitz, professa la théologie et le droit canon dans cette ville, où il mourut en 1670. Entre autres ouvrages on a de lui: *Methodus impugnandi et propugnandi philosophiam thomisticam*.

ZENO (CHARLES), grand-amiral de Venise, né vers 1334, reçut dans son enfance une prébende du pape, et se livra à l'étude du droit; mais la fougue de la jeunesse le jeta dans la carrière militaire, et il servit cinq ans dans différentes parties de l'Italie. Plus tard il entreprit un voyage de commerce à Constantinople et à la Canée, et fut sept ans absent de Venise. Le soin de ses intérêts ne l'empêcha pas de conduire la négociat. qui donna l'île de Ténédos aux Vénitiens en 1376. Ceux-ci furent bientôt engagés, pour cette acquisition, dans une guerre contre les Génois, les Hongrois et le seigneur de Padoue. Zeno, chargé de la défense de Trévise contre les Hongrois, conserva cette frontière importante jusqu'au mois de mai 1379, époque à laquelle ses compatriotes, qui venaient de perdre une bataille navale à Pola, lui firent quitter le service de terre pour lui donner le commandement de huit galères. Il ravagea les côtes de la Ligurie, fit voile vers la Grèce, où il trouva des renforts, et alla chercher à Beryte des marchandises que les Vénitiens n'osaient faire venir. Il apprit dans les mers de Chypre la déplorable position de sa patrie, protégée avec peine par Vettor Pisani contre une flotte formidable, qui avait déjà pénétré dans l'enceinte des lagunes. Il parut devant Venise le 1er janv. 1380, sauva la république, et par ce retour inespéré, lui assura la supériorité sur mer. Peu de temps après, il fut mis à la tête des troupes de terre; car il pouvait passer d'un service à l'autre, et développer partout des talents supérieurs. Il enleva aux Génois les places qu'ils avaient conquises, et fut rappelé, la même année, au service de mer, avec le titre de grand-amiral, vacant par la mort de Pisani. La paix de 1381 étant venue suspendre ses succès, il fit un voyage en Lombardie et y occupa quelques emplois sous l'autorité de Jean-Galeaz Visconti. De retour à Venise, après avoir été l'ambassadeur de cette république en France et en Angleterre, il fut élevé à la dignité d'*avogador du commun*, et ensuite le procurat. de St-Marc. Nonobstant l'usage contraire, il cumula avec cette magistrature le commandement d'une flotte chargée de surveiller celle du maréchal Boucicaut, qu'il battit près de Modon (1403). De retour de cette expédition, il ne tarda pas à être envoyé à l'armée destinée à combattre François de Carrare, qui, vaincu, perdit sa souveraineté et la vie. On trouva consigné sur les registres de sa chancellerie le paiement de quatre cents ducats d'or à Zeno, qui, sur cet indice, dont il donna pourtant une explication satisfaisante, fut privé de tous ses emplois et condamné à deux ans de prison, comme suspect de s'être laissé gagner par un ennemi de l'état. Après cette injuste détention, il s'embarqua pour la Terre-Sainte, afin d'accomplir un vœu. Dans ce voyage il accepta le commandement des troupes de Janus de Lusignan, roi de Cypre, chassa les Génois des états de ce prince, et lui procura une trêve de deux ans, suivie d'une solide paix. De retour à Venise en 1410, il consacra le reste de sa vie aux lettres qu'il avait toujours cultivées. Il mourut en 1418. Sa *Vie* a été écrite par Jacques Zeno, son petit-fils.

ZENO (Nicolas et Antoine), voyageurs célèbres du 14e S., plus connus sous le nom des *Zeni*, étaient frères du précéd. L'époque de leur naissance et du commencement de leurs voyages est couverte d'obscurité. Suivant les autorités nombreuses invoquées par le card. Zurla, Nicolas n'aurait commencé ses voyages que de 1388 à 1390. Il parait, d'après le témoignage de Sanuto, de Marco-Ant. Sabellico et de plus. autres historiens, qu'il était l'un des plus riches patriciens de Venise, qu'il servit la république dans plus d'un poste éminent, et qu'il fut notamment chargé, avec deux autres députés, de régler les limites de ses possessions et de celles du seigneur de Padoue, auprès duquel il se rendit vers la fin de 1388, pour recevoir la remise de la ville et du territoire de Trévise. Depuis cette époque, on ne le voit plus figurer dans les affaires de son pays, ce qui porte à croire, avec le cardinal Zurla, qu'alors il commença les excursions auxq. il doit sa célébrité. Il équipa un navire à ses frais, et mit à la voile, avec le dessein de visiter l'Angleterre et la Flandre. Il approchait du terme de son voyage, lorsqu'une violente tempête, le poussa dans les hautes mers et le jeta sur une île, dépendante du roi de Norwége, et à laquelle les habitants donnaient le nom de *Frislanda*. Il y fut accueilli par un prince étranger nommé Zichmni, qui méditait la conquête de cette île et qui possédait lui-même d'autres îles très riches et très peuplées, nommées *Porlanda*, et situées dans le voisinage. Il se mit au service de ce prince, qu'il guida dans ses projets de conquête et de découverte. Il appela bientôt auprès de lui son frère Antoine, qui, en effet, arriva à *Frislanda*, déjà conquise, l'an 1391 ou 1392. A partir de ce moment les deux frères firent chaque jour de nouveaux progrès dans la faveur du prince Zichmni, qu'ils méritèrent par de nombreux services. Nicolas mourut dans la *Frislanda* vers 1395. Son frère Antoine hérita de ses grandes richesses et de ses dignités, et fut retenu par Zichmni, qui l'employa à de nouvelles découvertes. Il parait qu'il obtint enfin la permission de revoir sa patrie vers 1405, et qu'il y mourut la même année ou au commencement de l'année suivante. Les relations et les lettres des frères Zeni, et la carte qui les accompagnait, après être restées plus d'un siècle et demi ensevelies dans les papiers de la famille, tombèrent entre les mains de Nicolas Zeno, dit *le Jeune*, l'un de leurs descendants, qui plus tard en forma un corps d'ouvrage, impr. à Venise en 1558, par Franç. Marcolini en un petit vol. in-8, avec les commentaires du voyage en Perse de M. Caterino Zeno (v. l'art. suiv.), sous ce titre : *De la Découverte des îles de Frislanda, Eslanda, Engrovelanda, Estotilanda et Icaria, faite sous le pôle arctique par les deux frères Zeni, M. Nicolo il Kav et M. Antonio, avec une carte particulière de toutes lesdites parties septentrionales découvertes par eux.* Cette relat. a été réimpr. par Ramusio, *Navigat.*, 2 vol., fol. 230, édit. de 1583 ; par Hakluyt, *Navigat.*, vol. II, partie 2, fol. 121 ; par Hieron, Megiser, *Septentr. novantiq.* ; par Placide Zurla dans sa *Dissertaz. intorno ai viaggi e scoperte settentrion. di Nicolò ed Antonio frat. Zeni*, Venise, 1808. Les voyages des frères Zeni ont soulevé des questions fort intéressantes, sur lesq. on peut consulter Ruscelli, Ortelius, Mercator, Zurla, Buache, Forster, Eggers et Malte-Brun. — Zeno (Caterino), petit-fils d'Antoine, dont l'art. précède, était fils de Pierre Zeno, surnommé *il Dragone*, lequel, après avoir parcouru l'Orient, visité l'Arabie et la Perse, mourut à Damas. Caterino fut envoyé en Perse en 1472 comme ambassadeur de la république. Il était allié par sa femme à Ouzoun-Haçan-Beyg, ce qui lui ménagea un accueil favorable à la cour de Tauris et lui donna de gr. facilités pour étudier les mœurs des Persans et connaître les derniers événements de leur histoire. De retour à Venise au bout de quelques années, il fit imprimer une courte relation de son voyage ; mais elle disparut presque aussitôt, et, malgré toutes leurs recherches, J.-B. Ramusio, non plus que Nicol. Zeno-le-Jeune, ne purent, 60 ans après sa publication, s'en procurer un seul exemplaire. Pour réparer cette perte, Nicol. Zeno-le-Jeune écrivit une nouvelle relat. du même voyage, d'après les lettres que Caterino avait adressées à ses amis pendant son séjour en Perse, et la publia sous ce titre : *Del commentari del viaggio in Persia di Caterino Zeno il k e delle guerre fatte nell' imperio persiano dal tempo di Ussum-Cassano* (l'une des manières dont les écrivains occident. ont travesti le nom d'Ouzoun-Haçan-Beyg), *in qua libri due*, Venise, Marcolini, 1558, in-8, très rare. Le prem. livre contient le voyage de Caterino et la *Vie* abrégée d'Ouzoun-Haçan; le 2e présente le tableau des guerres qui suivirent la mort de ce prince jusqu'à la ligue formée par Ismaël Ier, sophi de Perse, contre l'emper. Selim vers 1514. Le reste du vol. renferme les *Voyages* de Nicolas et Antoine Zeno (*v.* l'article précéd.). — ZENO (Nicolas), dit *le Jeune*, dont il a été parlé dans les deux articles précéd., naquit en 1515, et mourut en 1565, après avoir été membre du conseil des dix, et s'être fait remarquer non moins par son mérite littér. et son amour éclairé des sciences et des lettres que par ses talents comme magistrat. F. Patrizi, son contemporain, le représente comme un homme d'un vaste savoir, fort éloquent, gr. mathématicien, gr. cosmographe, et par-dessus tout admirable historien. On a de lui : *Dell' origine di Venezia ed antiquissima memoria de' Barbari.* — ZENO (Jacq.), petit-fils de Charles, né en 1417, nommé successivement référendaire, puis vicaire apostolique, évêque de Bellune et de Feltre, fut transféré en 1459 à l'évêché de Padoue, où il mourut en 1481. Son principal ouvr. est une *Vie* de son aïeul (*De vitá, moribus rebusque gestis Caroli Zeni*, etc.), insérée dans la *Collect. des historiens d'Italie* de Muratori, t. XIX. — ZENO (Antoine), dit *le Jeune*, helléniste, de la même famille, a laissé : *Commentarius in concionem Periclis et Lepidi, ex Thucydide et Sallustio*, Venise, 1569, in-4.

ZENO (APOSTOLO), célèbre littérat., né à Venise en 1668, descendait d'une de ces familles patriciennes jadis envoyées dans l'île de Candie pour y former une colonie, mais qui avaient été ruinées par la perte de cette possession. Privé des ressources de la fortune, il avait encore à regretter la noblesse de ses ancêtres, éteinte en son aïeul. Il trouva heureusement un appui dans son oncle, évêque de Capo-d'Istria, qui dirigea sa première éducat. Toutefois, dans ses essais en vers et en prose, il paya le tribut au mauvais goût de son temps; mais il ne tarda pas à secouer ce joug si puissant de l'exemple, et fut imité par les Magliabecchi, les Salvini et les Redi : ce fut sans doute de leur noble émulat. qne naquit à Venise l'acad. *degli Animosi* (les Courageux), ainsi nommée parce qu'elle se proposait de faire la guerre à l'abus de l'esprit. Zeno en devint le vice-président lorsqu'elle fut déclarée colonie arcadienne (1698). Il entreprit, en 1710, toujours dans le but d'une sage réforme, le *Giornale de' letterati*, dont il publia 20 volumes. En 1695, il avait fait représenter à Venise son prem. opéra, l'*Inganni felici*. Il songeait, au milieu de ses travaux dramatiques, à se ménager un établissement solide; mais ayant sollicité, sans l'obtenir, une place à la biblioth. de St-Marc, il se décida à se rendre à Vienne, où l'appelait l'emp. Charles VI (1718). Il y fut accueilli avec des marq. de distinct. très flatteuses, et ne tarda pas à recevoir le titre de poète et d'historiographe de la cour, avec une pension considérable, qui le mit à l'abri de la gêne qu'avait éprouvée sa jeunesse. Parmi les nombr. poèmes dont la composition l'occupa entièrem. alors, les uns se rapprochent de la tragédie, les autres de la comédie, et ces dern. ne sont pas heureux; plus. sont dans le genre pastoral, et quelq. autres dans ce genre de *comédie héroïque*, traité par Corneille. Il travaillait aussi à embellir les fêtes de la cour par ces poèmes dialogués que les Italiens appellent *azione sacra* ou *oratorio*. Il quitta la cour de Vienne en 1729, en conservant la moitié de sa pension, et revint dans sa patrie, où il mourut en 1750. Ses poésies dramatiques, au nombre de 63 pièces, ont été recueillies par Gozzi, en 10 vol. in-8, Venise, 1744 : la première est de 1695, et la dern. de 1737. Bouchaud en a traduit un choix, 1758, 2 vol. in-12. Apostolo fut non-seulement un poète lyriq., mais encore un des hommes les plus savants de son temps, comme le prouvent ses nombreux écrits, parmi lesq. on distingue les *Dissertazioni vossiane*, Venise, 1752-53, 2 vol. in-4 (*v.* les *Vitæ Italor.* de Fabroni, t. IX, et la *Vita di Zeno*, par Franç. Negri, Venise, 1816, in-8). — ZENO (Pierre-Catherine), frère aîné du précéd., né à Venise en 1666, fut clerc régulier de la congrégation des somasques. Il y avait long-temps qu'il professait avec honneur la philosophie dans sa ville natale, lorsque le départ de son frère pour Vienne fit retomber sur lui la rédaction du *Giornale de' letterati*. Il s'adonna à ce travail avec une ardeur qui affaiblit sa santé, et l'obligea d'y renoncer en 1728, après l'avoir augmenté de 10 vol. Il mourut à Venise en 1732. On a de lui quelq. *traduct.*, des remarques sur les *poésies* de J. de Casa, et les *Vies* de Bapt. de Nani et de Michel de Foscari, dans les *Hist. de Venise*, t. X. On trouvera sur lui quelq. détails dans le *Giornale de' letterati*, t. XXXVIII.

ZENOB (CLAG), Syrien d'origine, devint, au commencem. du 4e S., secrét. de St Grégoire, fut élevé à l'épiscopat et fonda un monastère célèbre qui existe encore en Arménie, sous le nom de *Clag*. On connaît de lui une *Hist. de la province de Daron*, réimpr. à Constantinople, 1719, in-12, avec l'*Hist.* de la même contrée, par J. Mamigonien.

ZÉNOBE (St), évêq. de Florence, né dans cette ville sur la fin du règne de Constantin-le-Grand, vers l'an 334, reçut le baptême à l'insu de ses parents, qu'il persuada bientôt de suivre son exemple. Dans la fâcheuse situation de l'Église, menacée d'un envahissem. général par l'arianisme, il fit preuve d'un gr. zèle pour soutenir l'autorité du concile de Nicée. Instruit de ses talents, le pape Damase le créa diacre de l'Église romaine, l'envoya ensuite à Constantinople, comme légat du St-siége, pour y défendre la foi catholiq, et, à son retour, le nomma évêq. de Florence. St Paulin, qui écrivait la *Vie* de St Ambroise vers l'an 412, parle de Zénobe dans cet ouvr. comme d'un prélat vivant (*v.* Tillemont, *Hist. ecclésiast.*, t. X, p. 80 et 758).

ZÉNOBIE, femme de Rhadamiste, prince d'Ibérie (maintenant la Géorgie, dans la Turquie d'Asie), était fille de Mithridate, roi d'Arménie. Son mari, ayant été chassé par les Arméniens, indignés de ses cruautés, elle voulut l'accompagner dans sa fuite, quoique enceinte; mais bientôt ne pouvant plus supporter les fatigues de la route, elle pria Rhadamiste de la dérober, en la tuant, aux outrages de la captivité. Ce vœu fut exaucé par la jalousie de Rhadamiste, qui la frappa de son cimeterre et traîna son corps dans l'Araxe. Elle en fut retirée, vivante encore, par des pâtres, et conduite à Tiridate, roi d'Arménie, qui l'accueillit avec bonté et la traita en reine. Cet événement, qui est de l'an 53 de J.-C., a fourni à Crébillon le sujet de sa meilleure tragédie.

ZÉNOBIE (SEPTIMIA), reine de Palmyre, était fille d'Amron, fils de Dharb, fils de Hassan, roi arabe de la partie méridionale de la Mésopotamie. Elle épousa en secondes noces Odenath, chef des tribus du désert voisin de Palmyre, et l'un des sénateurs de cette ville puissante. Elle partagea ses fatigues dans ces brillantes expéditions où les Arabes humilièrent l'orgueil de Sapor; mais ce courage, paraît avoir été commun chez les femmes arabes: c'était même une nécessité de leur vie aventureuse au milieu du désert. Odenath périt assassiné. Zénobie punit les meurtriers, mais profita de leur crime et passa pour leur complice. Outre les deux enfants qu'elle avait de ce prince (Herennius et Timolaüs), elle avait de son prem. époux un fils nommé Athénodore ou Ouaballath, dont les intérêts la rendaient ennemie implacable d'un fils d'Odenath, appelé Ouorodes, qui devait lui succéder. Il périt avec son père, et Zénobie revêtit Ouaballath de la pourpre, se réservant le titre de reine de l'Orient. Elle continua les conquêtes de son époux et résista aux forces que Gallien envoya contre elle. Palmyre étendait alors sa domination de l'Euphrate jusqu'à la Méditerranée, et depuis les déserts de l'Arabie jusqu'au centre de l'Asie-Mineure. Pendant la durée du règne de Zénobie (de 267 à 272), cette ville fut comme la capitale de l'Orient. C'est alors sans doute que ses habitants, enrichis des dépouilles de tant de peuples, élevèrent les monuments dont les ruines font encore l'admiration du voyageur. Quelques-uns les ont, mais sans apparence, attribués en partie à l'empereur Adrien. Dans le même temps s'élevait sur les bords de l'Euphrate une ville, à laq. Zénobie donna son nom, et qui devait faciliter ou défendre aux Persés le passage du fleuve, selon l'intérêt de Palmyre. Cependant le vaste empire agrandi par la veuve d'Odenath était composé d'éléments trop hétérogènes pour se soutenir long-temps. En vain s'efforça-t-elle d'y établir une sorte d'harmonie, en imitant tour à tour les peuples divers qu'elle tenait réunis sous sa loi, et qui n'avaient rien de commun, ni les mœurs, ni la langue, ni la religion. Elle ne put dissimuler assez la faveur qu'elle accordait aux Grecs, et une telle préférence dut éloigner d'elle les tribus arabes qui avaient fait la force de son époux. Vaincue par Aurélien dans deux batailles près d'Antioche et près d'Émèse, et réduite à s'enfermer dans Palmyre, elle s'y défendit avec vigueur. Comptant sur les secours des Perses, des Arabes et des Arméniens, elle fit une réponse hautaine à Aurélien qui lui offrait des conditions honorables; mais bientôt, perdant tout espoir d'être secourue, elle prit la fuite vers l'Euphrate et fut atteinte par les Romains, qui s'emparèrent alors de sa capitale. Zénobie montra d'abord quelq. dignité dans ses paroles. Mais, pour sauver sa tête, demandée par les soldats d'Aurélien, elle descendit à la prière, dénonça tous ses amis, et nomma le Grec Longin comme l'aut. de la lettre si fière qu'elle avait envoyée à l'emper., quoique cette lettre eût été écrite originairem. en syriaque. Selon Zosime, elle mourut de maladie ou se laissa mourir de faim dans la route de Palmyre à Rome. Mais, suivant le récit plus probable de Vopiscus, elle sut mieux se résigner à sa destinée, et après avoir paru au triomphe d'Aurélien, elle vécut avec ses enfants dans la retraite que ce prince lui avait donnée à Tibur, et qui, du temps de Trébellius Pollion, s'appelait encore *Zénobia* (*v.* l'*Hist. auguste;* Zosime et Zonare, et Gibbon, t. II de la traduct. de M. Guizot).

ZENOBIUS, sophiste grec, enseignait à Rome sous le règne de l'emper. Adrien, selon Suidas, qui lui attribue div. ouvr. entre autres l'horoscope (*Genethliacon*) d'Adrien et une version grecq. des *Histoires* de Salluste. Il ne nous reste de lui qu'un recueil de proverbes, avec leurs explications, sous ce titre : *Epitome proverbiorum Lucil. Tarrhœi et Didymi Alexandrini secundùm ordinem alphabetic. gr.*, Florence, 1487, in-4, très rare; Haguenau, 1531, petit in-8, presque aussi rare; Cracovie, 1543, in-4, avec une version lat. de Gilb. Cousin, Bâle, 1560, in-8; et avec une nouv. version, dans les *Adagia sive proverbia Grœcor.*, etc., d'André Schott, Anvers, 1612, in-4.

ZENOCARE (GUILLAUME SNOUCKAERT, plus connu sous le nom de), né à Bruges en 1510, accompagna Corneille Schepper, ambassadeur en France, et pend. son séjour à Paris changea son nom pour en adoucir la prononciation. De retour en Frandre, il devint le bibliothécaire de Charles-Quint, fut ensuite membre du conseil de Hollande, et mourut à La Haye après l'année 1560. On a de lui un ouvrage très rare, et pour cette raison recherché par quelques curieux, mais peu estimé, sous ce titre: *De vitâ Caroli Quinti, imperator., libri V*, Bruges, 1559, in-fol.; Gand, 1560; Anvers, 1594; c'est une édit. unique, avec de nouv. frontispices et quelq. changements dans les pièces préliminaires.

ZÉNODORE, tyran de Panias et d'une partie de la Syrie, avait fondé son espèce de souveraineté, vers l'an 32 av. J.-C., à la faveur des troubles qui suivirent la décadence des rois séleucides. Après la bataille d'Actium, il obtint des Romains la jouissance du Chalée et de plusieurs pays voisins. L'une de ces provinces, la Trachonitide, était un repaire de brigands que Zénodore eut l'impudeur de protéger et de favoriser, et de partager le fruit de leurs crimes. Sur les plaintes réitérées des peuples qui avaient à souffrir de cette funeste collusion, Auguste restreignit, en l'an 24, la domination de ce dynaste dans les limites de ses anc. possessions, le déclarant déchu de toute autorité sur la tétrarchie que Rome lui avait affermée, et dont il conféra la souveraineté à Hérode-le-Grand, roi de Judée. Ce dern. prince, par la générosité du même empereur, réunit bientôt aux états qu'il gouvernait Panias et tout ce qui était resté à Zénodore, qui mourut à Antioche l'an 20 av. J.-C.

ZÉNODORE, sculpteur grec, florissait dans le 1er S. de l'ère chrét., sous les règnes de Claude et de Néron. Appelé en Auvergne par Vibius-Avitus, préfet de cette province, qui le chargea de fondre une statue colossale de Mercure, il employa 10 ans à cet ouvr., qui lui fut payé 40 millions de sesterces (plus de 4 millions de notre monnaie). Il fit, pour le même Avitus, des copies admirables de deux vases ciselés par Calamis. Sa réputation s'étendit jusqu'à Rome, où Néron l'appela pour fondre sa statue. Ce nouv. colosse, de 110 à 120 pieds, placé dans le vestibule du palais d'Or, fut renversé lorsque la mémoire de Néron eut été flétrie par un décret du sénat, puis consacré par Vespasien au soleil, dont la tête fut substituée à celle du fils d'Agrippine (v. l'*Hist. nat.* de Pline-l'Ancien, liv. XXXIV, p. 7; la *Storia della letterat. ital.*, de Tiraboschi, II, 266 et suiv.; l'*Hist. de l'art*, par Winckelmann, II, 424, édit. in-4, et le *Musée de sculpture anc. et moderne*, par M. le comte de Clarac, I, 58).

ZÉNODOTE *d'Éphèse*, célèbre grammairien, suivit en Égypte Philetas, dont il était le disciple, devint précept. des enfants de Ptolémée-Soter, et fut chargé par ce prince de la garde de la bibliothèque d'Alexandrie. Suidas le cite comme auteur d'un poème épique, probablem. peu remarquable, puisque les anciens ne nous en ont pas même conservé le titre. Mais sa récension d'Homère a préservé son nom de l'oubli (v. Fabricius, *Bibl. gr.*, liv. II, chap. 2, et Wolf, *Proleg.*, XLIII). — Il est encore question de plus. ZÉNODOTE, mais on en sait trop peu de choses pour qu'ils puissent être mentionnés.

ZÉNON, qu'on appelle *d'Élée*, pour le distinguer du fondateur du stoïcisme, né à Élée, colonie phocéenne de la Grande-Grèce, vers la 69e olympiade, consacra la prem. partie de sa vie à étudier la philosophie de Parménide, dont ses avantages extérieurs, non moins peut-être que ses talents, lui avaient concilié l'affection. Il vint à Athènes avec son maître, à l'âge d'environ 40 ans, et y jeta un grand éclat par ses leçons. Sa doctrine, dont l'idée fondamentale avait été conçue par Xénophane, le véritable fondateur de l'école d'Élée, puis développée et dégagée de l'élém. empirique et ionien par la main plus assurée de Parménide, était le pur idéalisme pythagoricien, dominé par l'élém. dorien dans sa haute tendance. Il avait trouvé l'école éléatique fondée et achevée, il n'eut qu'à la défendre et à combattre ses adversaires. Il n'échappa point en effet à sa destinée, qui fut d'être toute polémiq. Mais ce ne fut pas seulem. comme dialecticien dans le monde de la pensée, mais aussi comme patriote dans la vie réelle, qu'il eut à lutter de toutes les puissances de son âme. A cette époque, signalée par l'affranchissem. de la Grèce du joug des Perses et par l'élan général des esprits vers la liberté, la colonie d'Élée, nouvellem. fondée, s'adressa à Parménide, selon Plutarque et Diogène, à Parménide et à Zénon, selon Strabon, pour fixer sa constitut. et ses lois. On s'accorde à louer cette législat. sans la décrire, et l'on convient que Zénon, satisfait d'avoir contribué à donner à sa patrie des institutions sages, ne voulut d'autre pouvoir que celui de ses talents et de ses vertus; mais, en se maintenant pur de toute ambition, il conserva son activité politique; il aimait trop ses concitoyens pour n'avoir pas besoin de s'en faire aimer. Il préféra constamment le séjour d'Élée aux magnificences d'Athènes, qu'il ne fit que visiter de temps à autre. Ce fut dans un de ces rares voyages, qu'il accompagna Parménide, qui fit entrer la philosophie éléatique dans le mouvement général de la philosophie grecque. Le *Parménide* de Platon nous montre quel effet la doctrine de l'unité absolue produisit dans Athènes. Les objections et les plaisanteries ne manquèrent pas de la part de l'empirisme ionien, le seul système philosophique qui jusqu'alors y fût connu et accrédité. Zénon, chargé par son maître de soutenir la discussion, au lieu de rester sur les hauteurs de l'idéalisme, descendit sur le terrain même de l'empirisme, et, retournant contre lui ses propres objections et ses plaisanteries, le força de reconnaître qu'il n'est pas plus aisé d'expliquer tout par la pluralité seule que par l'unité absolue. Cette polémique d'un genre tout nouveau déconcerta les partisans de la philosophie ionienne, et excita une vive curiosité et un haut intérêt pour les doctrines italiques: ainsi fut déposé, dans la capitale de la civilisat. grecque, avec un élément nouveau et une nouvelle donnée philosophique, le germe fécond d'un développement supérieur. Ayant pris le parti de se transporter au milieu même de la doctrine de ses adversaires, de l'exposer, de la suivre dans toutes ses conséquences, pour en dévoiler les absurdités, Zénon a été accusé par des juges irréfléchis d'avoir plaidé le pour et le contre, d'être un sceptique, un sophiste, etc. Cette erreur a été expliquée, et dès lors réfutée d'une manière satisfaisante par M. Cousin. Grâce à cette explicat., les arguments si fameux par lesquels Zénon établissait l'impossibilité du mouvem., et qu'Aristote nous a conservés, ne choquèrent plus la raison, et cessèrent d'être une arme pour le scepticisme, puisqu'ils étaient dirigés contre l'empirisme ïonien, avec l'intention d'asseoir sur ses ruines le dogmatisme absolu de la vérité éléatique. La véritable gloire de l'élève de Parménide est dans sa dialectique dans cette lutte qu'il soutint avec une heureuse opiniâtreté contre l'empirisme. Son tort est d'avoir cru que l'école d'Élée, avec un principe non moins absolu et attaquable par les mêmes moyens, triompherait d'elle-même, lorsque le terrain serait ainsi déblayé : la vérité était entre les deux systèmes. Il écrivit de bonne heure, et il écrivit beaucoup, non des poèmes, comme Xénophane et Parménide, qui avaient pu se livrer paisiblement au bonheur de développer, dans une langue de choix leurs inspirations et leurs idées, mais des traités d'un caractère éminemment prosaïque, puisque c'étaient des réfutations. Diogène, qui loue ses ouvrages, ne les nomme pas ; mais Suidas assure qu'il écrivit des *Débats*, c'est-à-dire un examen de certaines hypothèses qu'il réfutait, en les mettant aux prises avec elles-mêmes ; une *Exposition* (probablement critique) d'*Empédocle, de ses opinions ou de ses ouvr.*; un *Traité contre les philosophes qui ont écrit sur la nature.* Suidas ne dit rien sur la forme de ces différents écrits ; mais, observe M. Cousin, il serait assez naturel que l'inventeur de la dialectique (car personne ne conteste ce titre à Zénon) eût inventé ou du moins employé la forme dialogique, qui est celle même de la réfutation. Maintenant un mot sur la vie active et pratique du champion de la vérité éléatique : de retour à Élée, et ici toute date précise nous abandonne, il eut occasion d'y signaler l'énergie de son patriotisme. Tous les historiens attestent qu'Élée étant tombée sous le joug d'un tyran appelé Néarque, ou Diomédon, ou Démylos, Zénon entreprit de la délivrer, qu'il succomba, et qu'il périt dans un horrible supplice, où il montra un caractère héroïque. Voilà le fond du récit des historiens ; mais les variantes sont innombrables : on conte, par exemple, qu'il se coupa la langue avec les dents, et la cracha à la figure du tyran ; qu'avant de s'être mutilé ainsi, il avait dénoncé, comme ses complices, tous les partisans du même tyran, afin de le priver de ses appuis, etc. Outre Platon et Proclus, on peut consulter Aristote, Simplicius, Bayle, et un grand nombre d'écrivains anciens et modernes.

ZÉNON, fondateur du stoïcisme, naquit à Cittium ou Citium, ville grecque sur la côte sud-est de l'île de Chypre. On place sa naissance dans la 3e année de la 104e olympiade, 362 ans av. J.-C., l'an de Rome 392. Comme son père Mnasé, appelé aussi Démé, il se livra d'abord aux spéculations commerciales ; mais il paraît qu'ayant perdu, par un naufrage près du Pirée, la pourpre de Phénicie qu'il apportait à Athènes, il fut ruiné, ou se dégoûta d'une profession qui ne suffisait pas à l'élévation de son âme. Ce fut alors, c'est-à-dire à l'âge de 30 ans, qu'il devint un des auditeurs de Cratès. Il ne resta pas long-temps avec ce maître, dont le cynisme, plus exagéré encore que celui de Diogène, ne pouvait manquer de révolter son âme noble et pure. On peut croire toutefois qu'il était encore sous l'influence et sous la discipline de cette école effrontée, lorsqu'il écrivit son traité *de la République*. Il assista ensuite pendant près de vingt ans, même lorsqu'il fut devenu le chef d'une secte nouvelle, aux leçons de Stilpon de Mégare, de Diodore, autre dialecticien de la secte *éristique*, et surtout des platoniciens Xénocrate et Polémon, qui lui firent apprécier aisément la sublime morale de Socrate. Il en fut dès lors le véritable continuateur, et la protégea, non moins par ses mœurs et son caractère, que par l'autorité de ses paroles, contre les innovations séduisantes d'Aristippe et d'Épicure, et contre le doute d'Arcésilas et de la moyenne académie. Il avait 40 ans lorsqu'il fonda la secte du Portique ou du stoïcisme, ainsi appelée de ce portique (*stoa*), sous lequel il rassemblait ses disciples. Le nombre n'en fut pas d'abord très grand. Son langage simple et froid, sa dialectique pressée et souvent obscure, la sobriété de ses discours, qui n'avait d'égale que la frugalité de sa vie, les épreuves rigoureuses auxquelles il soumettait ceux qui se présentaient à son école, enfin le rigorisme de ses principes et la sévérité empreinte dans son extérieur et dans toutes ses habitudes, devaient être peu propres à le rendre populaire. Cependant telle est l'influence sacrée du devoir sur le cœur des hommes, qu'il excita bientôt un vif enthousiasme parmi les Athéniens, peuple frivole et brillant, si long-temps accoutumé aux douces paroles du divin Platon. Il y eut même des princes étrangers qui briguèrent son amitié, et parmi eux l'on cite le roi de Macédoine, Antigone-Gonathas, fils de Démétrius-Poliorcète, qui trouva pourtant en lui parfois un censeur impitoyable. Une parole de Zénon prouve quelle idée il s'était formée de l'ascendant de sa vertu. On lui demandait ce qu'il fallait faire pour éviter les fautes : « Croyez, répondit-il, que vous êtes toujours devant moi. » Ce fut par son intercession, que les Athéniens furent délivrés de la garnison macédonienne qu'Antigone les avait forcés de recevoir sur la colline du Musée. Loin d'imiter l'égoïsme des cyniques, il fut toujours prêt à secourir les particuliers et à partager les charges de l'état. Il ne conserva pas moins d'attachement pour sa patrie primitive : aussi Athènes et Cittium rivalisèrent à son égard d'estime et de reconnaissance. La douleur de ces deux villes fut unanime, lorsqu'elles le perdirent la 1re année de la 129e olym. (264 ans avant J.-C.). Athènes lui vota, par un décret que rapporte Diogène Laërce, une couronne d'or pour sa sagesse et sa vertu, et une tombe dans le Céramique. Les ouvr. de Zénon sont perdus. Les principaux étaient des écrits de dialectique et de morale. Il suffira d'en citer quelques-uns : *De la Vie selon la nature.* — *Du devoir.* — *De la loi.* — *De la nature humaine.* — *Opinions de Pythagore.* — *Commentaire sur la théologie d'Hésiode,* etc. Il faut bien se garder de regarder le fondat. du stoïcisme d'après cette doctrine elle-même, telle qu'elle est devenue par les modifications qu'y ont apportées ses successeurs. Telle qu'elle était en sortant de ses mains, elle ne lui appartenait déjà pas tout entière. Nous avons vu qu'il devait beaucoup aux enseignem. de Xénocrate et de Polémon. Il a aussi emprunté plus ou moins à Platon, à Pythagore, à Aristote, à Héraclide, à l'école de Mégare et d'Érétrie, au lycée, à l'académie, aux cyniques mêmes, ses prem. maîtres. Au reste, pour avoir plus de détails sur cette quest. de propriété, aussi-bien que sur la destinée du stoïcisme dans l'antiquité et sur d'autres points intéressants, on devra consulter d'abord les divers ouvr. philos. de Cicéron, et après lui Diogène Laërce, Sénèque. Marc-Aurèle, Épictète (ou plutôt Arrien), Plutarque, Sextus-Empiricus, Aulu-Gelle, Simplicius, Eusèbe : voilà pour les anciens. Parmi les modernes : Stanley, Brucker, Tennemann, historiens généraux de la philos., et Juste-Lipse, *Manuductio ad stoicam philos.*, Anvers, 1604, in-4; Scioppius, *Elem. philosophiæ moralis stoicæ*, Mayence, 1606, in-8 ; enfin M. Degerando, *Histoire comparée des systèmes de philosophie*, t. III.

ZÉNON, philos. stoïcien, de Sidon, fils de Musée, est auteur d'une *Apologie de Socrate et des Sidoniaques*. — ZÉNON, de Cittium, fut orateur ou philos. Suidas cite de lui un *Traité des figures*, des *Commentaires* sur Xénophon, Lysias, Démosthènes, etc. — ZÉNON, philosophe stoïcien, de Tarse ou de Sidon, succéda à son maître Chrysippe, de Tarse.

ZÉNON (St), Africain de naissance, fut élevé sur le siége épiscopal de Vérone en 362, sous le règne de Julien-l'Apostat. Il défendit son diocèse avec assez de succès contre la double contagion de l'hérésie et de l'idolâtrie. Il s'éleva aussi avec une heureuse énergie contre les abus des *agapes* ou repas de charité, réunions saintes dans le principe, mais qui étaient devenues une occas. de vanité et d'intempérance. Il mourut en 380, le 12 avril, jour où il est nommé dans le martyrologe. Ses nombreux *Sermons*, impr. à Venise en 1508, puis à Vérone en 1586, ont été insérés dans la *Bibl. patr.* et dans celle des *Prédicat.*, par le P. Combefis. On cite la belle édition qu'en ont donnée les frères Ballerini sous ce titre : *Sti. Zenonis, episcopi veronensis, Sermones*, Vérone, 1739, in-4. L'édition d'Augsbourg, 1758, in-fol., est plus complète, mais moins recherchée.

ZÉNON, emper. d'Orient, né en Isaurie, s'appelait *Trascalisée*, et on le trouve aussi sous les noms barbares de *Tarasiscodiséé* et d'*Aricmèse*. Il dut le commencement de sa faveur, en 468, à l'emper. Léon, qui voulait se faire de lui et des Isaures un appui contre la puissance et les intrig. d'Aspar et d'Ardaburius. Nommé patrice, devenu l'époux de la fille de l'empereur, Ariadne, à laquelle il ne pouvait que déplaire par sa difformité, son caractère vil, sa lâcheté et ses mœurs infâmes, il vit croître de plus en plus son crédit, grâce à quelques services réels rendus à son beau-père, grâce aux piéges mêmes d'Aspar, et surtout au meurtre de ce rival dangereux. Dès lors il fut secondé par sa femme Ariadne, qui convoitait le sceptre ; mais le sceptre fut légué par le vieil empereur à son petit-fils Léon, fils de Zénon et d'Ariadne. La mort de ce jeune prince put être attribuée avec quelque apparence à ses ambitieux parents qui prirent sa place, et firent régner avec eux tous les vices. Zénon ne tarda pas à s'enfuir en Isaurie, pour se soustraire aux piéges de sa belle-mère Vérine, qui, après avoir contribué à lui donner le trône, voulait le donner à Patrice, son amant. Ce fut Basilisque, frère de Zénon, qui l'emporta. Constantinople, livrée à ce nouveau maître, tout aussi indigne de la gouverner, regretta Zénon, qui, malgré sa mollesse et sa lâcheté, mais avec l'aide de la trahison, rentra dans cette capitale. Il avait promis par serment de laisser la vie à Basilisque, et il le fit jeter avec sa femme et ses enfants dans une citerne, où ils périrent de froid et de faim. Il parut tenté un moment d'être juste et généreux, et se mit à élever des monuments et à rédiger des réglements utiles. Bientôt il eut sur les bras Théodoric-le-Louche, prince goth, qui voulait venger Basilisque, et, par ses nouvelles perfidies, il se priva de l'appui de Théodoric-l'Amale, roi des Ostrogoths. Ces deux princes lui firent une guerre funeste, dont les résultats furent encore aggravés par les révoltes de Marcien, de l'habile général Illus et du Syrien Léonce, appuyé de Vérine. Pendant ce temps, Zénon ne sortait de ses débauches que pour se livrer à mille cruautés ; enfin il fut mis tout vivant dans un sépulcre, et périt ainsi, l'an 491, à l'âge de 64 ans, par la trahison d'Ariadne, qui voulait donner, et qui donna en effet le trône à son amant Anastase.

ZENOTHEMIS, de Marseille, n'est connu que par une belle action dont parle Lucien dans son dialogue intitulé *Toxaris, ou de l'Amitié*. Il était fils de Charmolès et ami de Ménécrates, qui fut privé d'une charge considérable par une condamnation du conseil des six-cents, pour avoir proposé un décret contraire aux lois. Ce qui rendait Ménécrates le plus sensible à la perte de sa fortune et de ses honneurs, c'était l'impossibilité de marier sa fille, nubile, mais d'une figure si rebutante, qu'il aurait eu de la peine à l'établir quand il aurait encore possédé toutes ses richesses. Zenothemis lui donna une partie de son bien, épousa sa fille, nommée Cydimaque, et eut de cette femme si laide un fils charmant. Un jour il conduisit au sénat cet enfant, revêtu d'une robe noire, et portant une couronne d'olivier, et se servit avec bonheur de ses grâces naïves, pour faire remettre à Ménécrates sa condamnation et le rétablir dans ses honneurs. Lucien rapporte cette histoire comme très récente à l'époque où il écrivait. Arnaud Baculard a retracé le trait de Zenothemis dans une *Nouvelle*, qui porte le nom de ce héros de l'amitié.

ZENTGRAVE (Jean-Joachim), théologien luthérien, né à Strasbourg en 1643, professa la morale, puis la théologie dans sa ville natale, et mourut en 1707, laissant un grand nombre d'ouvr., parmi lesq. on distingue : *Moses, princeps Hebræorum, charactere politico expressus*, dissertat. curieuse, dont le complément est sa *Libera respublica Hebræorum sub judicibus, charactere politico expressa*. — ZENTGRAVE (Frédéric-Albert), jurisc., aussi de Strasbourg, est auteur d'une dissertation *de Judicio militari criminali*, où il passe en revue la procédure militaire usitée en Allemagne.

ZEPERNICK (CHARLES-FRÉDÉRIC), magistrat de Halle, né dans cette ville en 1751, mort en 1800, a laissé sur la jurisprudence plusieurs écrits importants, entre autres : *Analecta juris feudales*, Halle, 1783-1784, 2 vol. in-8. — *Mélanges sur le droit féodal*, ibid., 1787-1794, 4 vol. in-8.

ZÉPHIRE (mythol.), fils de l'Aurore et époux de la nymphe Cloris ou Flore, préside à la naissance des fleurs et des fruits, et, par son souffle bienfaisant, donne la vie à tous les végétaux. Les poètes le représentent sous la forme d'un jeune homme, à l'air tendre, ayant sur la tête une couronne formée de toutes sortes de fleurs. Ce fut lui que l'Amour employa pour l'enlèvem. de Psyché.

ZÉPHIRIN (St), pape, success. de St Victor Ier, était Romain de naissance, et fut élu en 197, suiv. Lenglet-Dufresnoy, ou 202, suivant Godescard. Il mourut en 217, au commencement du règne d'Héliogabale. L'Église l'honore sous le titre de martyr, à cause des souffrances auxquelles il fut exposé pendant la persécution, sous l'empereur Sévère. C'est ainsi qu'elle en use à l'égard de plus. papes des premiers temps. Au reste, Zéphirin sut maintenir la pureté de la foi et donner au clergé une splendeur à laquelle il n'était pas encore parvenu.

ZEPLICHAL (ANTOINE-MICHEL), jésuite, recteur de l'univ. de Breslau, et directeur des établissem. catholiques d'instruction publique dans la Silésie prussienne, né à Trebitz, en Moravie, en 1737, mort dans les dernières années du 18e S., a laissé plusieurs écrits en allem., dont les princip. sont : *Introduction à la connaissance du globe*, Breslau, 1771, in-8. — *Nouvelle géographie à l'usage de la jeunesse*, 1774, in-8; 2e édit., 1776. — *Plan pour l'histoire générale d'après une table chronologiq.*, 1774, in-8. — *Chrestomathie grammat.*, etc., 1775, in-8. — *Chrestomathie poétiq., avec un Abrégé de mythologie*, 1777, in-8.

ZEPPER (GUILLAUME), théologien de la communion luthérienne à Herborn, a publié entre autres écrits : *Legum mosaicarum explicatio*, 1604. — ZEPPER (Othon-Philippe), jurisconsulte, profess. au gymnase de Brême, mort dans cette ville en 1666, à l'âge de 39 ans, a laissé quelques écrits. — ZEPPER (Philippe), jurisconsulte, qui vivait dans le pays d'Anhalt, est connu par sa *Collectio legum mosaicarum forensium et romanarum*, 1630.

ZERBE (PIE de), missionnaire, fut envoyé en 1704, par le pape Clément XI, avec trois autres relig. franciscains, Liberato, Weis et Samuel de Bienne, dans le roy. d'Éthiopie. Ils y eurent d'abord quelques succès; mais ils furent lapidés en 1716.

ZERBI ou DE ZERBIS (GABRIEL), médecin, né à Vérone dans le 15e S., professa quelque temps la philosophie à Padoue, puis à Bologne, vint ensuite à Rome, où il occupa la chaire de théorie médicale, et accepta en 1495 la prem. chaire de médecine à l'académie de Padoue. En 1505, il consentit à aller soigner un pacha turk, gravem. malade. Au bout de quelques jours, le voyant ou le croyant hors de danger, il reprit le chemin de l'Italie, comblé de présents magnifiques. Mais le pacha mourut presq. aussitôt, et ses esclaves s'étant mis à la poursuite de Zerbi, l'atteignirent dans la Dalmatie et le firent périr dans les plus cruels supplices. Zerbi est un des prem. qui, depuis la renaissance des sciences, aient fait faire quelques progrès à l'anatomie. Nous citerons de lui : *Gerontocomia* (conseils pour les vieillards), Rome, Euch. Silber, 1489, petit in-4. — *Liber anatomiæ corporis humani et singulorum membror. illius*, Venise, 1502; ibid., 1533, in-fol. (v. l'*Hist. de l'anatomie*, par Portal, I, p. 247-53).

ZERMEGH (JEAN), historien hongrois, né en Slavonie vers la fin du 15e S., mort fort âgé dans le même pays, avait été quelque temps conseiller du roi à la chambre des finances de Hongrie. Il a laissé sur les événements de son temps un *Commentaire* qui commence à la malheureuse bataille de Mohacz (29 août 1526), et qui finit à la mort du roi Jean de Zapoly (1540). Cet ouvr. a été publ. dans les *Scriptores rerum hungar.*, t. II, sous ce titre : *Joannis Zermegh rerum gestarum inter Ferdinandum et Joann. Hungariæ reges comment.*

ZERNITZ (CHRÉTIEN-FRÉDÉRIC), poète allem., né en 1717 à Tangermunde, dans la Vieille-Marche, mort en 1744, est auteur de quelques ouvr. laissés imparfaits et publiés sous ce titre : *Essais dans la poésie morale et dans l'idylle, avec des réflexions sur ce genre de poésie*, Hambourg et Leipsig, 1748, in-8.

ZEROLA (THOMAS), canoniste, né à Bénévent en 1448, fut d'abord chargé, comme vicaire-général, de l'administration de plusieurs diocèses, devint, en 1597, évêque de Minori, petite ville du royaume de Naples, et mourut très regretté en 1603. Nous citerons de lui : *Praxis episcopalis*, Rome, 1597, in-4, réimpr. plusieurs fois en Italie, en France et en Allemagne, et mis à l'*index* de la cour de Rome, *donec corrigatur*.

ZESEN (PHILIPPE de), poète allem., né en 1619 dans le bailliage de Bitterfeld, en Saxe, voyagea en Allemagne, en France, en Hollande, et s'établit à Hambourg, où il fonda, en 1643, l'*Ordre des roses*, société littéraire qui avait pour objet l'étude de la langue allemande. Cette étude, au reste, fut la gr. affaire de sa vie, et ses compatriotes doivent lui savoir gré de son zèle passionné, encore qu'il ait voulu introduire dans la langue nationale des modifications qui n'ont pas été et qui ne pouvaient être accueillies. Il a publié un gr. nombre d'écrits dont le catalogue a paru en 1672 et 1687. Joerdens, dans son *Dictionnaire des poètes allemands*, en indique 81, parmi lesquels il nous suffira de citer : *Hélicon allemand, ou Introduction à la poésie et* à la versificat., avec indication des rimes masculines et féminines, Wittemberg, 1640, in-4; ib, 1641 et 1649; Iéna et Berlin, 1656.—*Rosenmohnd, ou Entretiens sur la langue allemande*, Hambourg, 1651 in-12. — *Hélicon du haut-allemand, ou Deuxième semaine de Rosenmohnd*, ib., 1668, in-8.

ZEUNE (JEAN-CHARLES), profess. à Leipsig, puis à l'université de Wittemberg, né en 1736 à Stoltzenhayn, en Saxe, mort en 1788, est connu par quelq. travaux philologiques, notamment sur Xénophon, dont il publia successivem. les *Opuscules politiques, équestres et cynégétiq.* (Leipsig, 1778); *la Cyropédie* (1780); *les Mémorables* (1781); *le Banquet* avec *l'OEconomique, l'Agésilas,* etc. (1782).

ZEUXIS, peintre grec, né dans l'une des nombreuses villes du nom d'Héraclée, vraisemblablement celle de la Gr.-Grèce, vers l'an 478 av. notre ère, mort vers l'an 400, exerça une gr. influence sur le goût de ses contemporains. On a lieu de croire que Phidias lui servit de guide pour le dessin, car la sculpture, chez les Grecs, marcha vers la perfection d'un pas plus rapide que la peinture. Pour le coloris, Zeuxis eut aussi un modèle, ce fut Apollodore, qui, le premier, sut fondre ses ombres avec les teintes environnantes, de manière à obtenir des tons moyens et à reproduire par-là le moelleux de la nature. Les maîtres antérieurs à cet habile artiste formaient les ombres avec des teintes différentes de celles qu'elles avoisinaient, et les peignaient par hachures, et jetant des traits noirs ou bruns, quelquefois croisés, au travers des teintes claires dont ils voulaient varier les effets. Zeuxis perfectionna le procédé inventé par Apollodore. On dut attacher alors un grand prix à ce perfectionnement dans une partie qui pourtant n'était encore que du mécanisme de l'art; mais l'art sortait à peine de l'enfance. Aussi vit-on s'établir entre Zeuxis et Parrhasius une lutte à qui surmonterait plus heureusement les difficultés de la perspective aérienne au moyen des raccourcis et des demi-teintes. On raconte, comme preuve de leur habileté sous ce rapport, des choses incroyables. Quoi qu'il en soit, Zeuxis, tout occupé de ces études mécaniques, ne parvint point à être un coloriste du premier ordre; mais, nourri des nobles images d'Homère, et peut-être aussi enflammé d'émulation par le style grandiose de Phidias, il se fit admirer par le grand caractère de son dessin. Seulement il lui arriva quelquefois, en cherchant la majesté, de prêter aux membres des contours trop robustes, même dans les figures de femmes. Jamais il ne choisit de sujets vulgaires: il les voulait à la fois neufs et d'un caractère élevé. Dans l'exécution, il rechercha par-dessus tout la grandeur du style, la noblesse et la grâce des formes, et il évita les crises violentes pour ne pas compromettre la dignité de ses héros : de là vient qu'il fut peu dramatique, mais qu'il fut assimilé au grand Phidias, dont le caractère est la beauté calme et noble. L'antiquité admira surtout son *Alcmène*, sa *Pénélope*, son *Athlète*, son *Hercule*, son *Amour couronné de roses*, son *Jupiter* et son *Hélène*. On conte que, pour peindre ce dernier tableau, il réunit cinq belles filles empruntant à chacune ce qu'elle avait de plus parfait. Dans ce cas, il dut faire preuve d'un talent bien rare, celui de fondre des parties étrangères l'une à l'autre dans un ensemble harmonieux. Devenu très riche, Zeuxis dédaignant de vendre ses tableaux, en fit hommage à Archélaüs, roi de Macédoine, à la ville d'Agrigente, etc.; mais il fit tort à son désintéressement par son excessive vanité. Ses ouvr., vendus après lui à des prix exorbitants, ornèrent la ville de Rome, et furent ensuite pour la plupart transportés à Constantinople, où ils furent successivem. anéantis dans les incendies qui ravagèrent cette capitale (v. une *Vie de Zeuxis*, par Carlo Dati, dans ses *Vite de' pittori antichi*, Florence, 1669, in-4). — ZEUXIS, statuaire, florissait de la 115e à la 120e olympiade. — ZEUXIS, philosophe, est mentionné par Diogène-Laërce dans la *Vie de Pyrrhon*. — ZEUXIS, médecin, est souvent cité par Gallien.

ZEVALLOS ou CEVALLOS (PEDRO-ORDONES), voyageur, né en Andalousie dans la dern. moitié du 16e S., s'embarqua très jeune comme soldat sur la flotte de Franç. de Valverde, et, après avoir touché aux Canaries, aborda à Carthagène. Il parcourut l'Amérique-Méridionale jusqu'au Chili, visita les Antilles et le Mexique, voyagea ensuite dans toutes les parties des Indes-Orientales, dans le Levant, sur la côte de Barbarie, en Europe, jusqu'en Islande, et revint dans sa patrie après 34 ans d'absence. Il était devenu capitaine et avait fini par recevoir la prêtrise. La relat. de ses ouvr. a été publiée sous ce titre : *Historia y viage del mundo, en las cinco partes, de la Europa, Asia, Africa, America y Magellanica*, Madrid, 1614, 1616, 1691, in-4. Barlæus en a donné un extrait en latin sous le titre de *Descriptio Indiæ occidentalis*, Amsterdam, 1622, in-fol., et on en a une version franç. abrégée, avec la suite de la descript. des Indes-Occident., par Herrera.

ZEVECOT ou ZEVECOTIUS (JACQUES), poète holland., né en 1604 à Gand, suivit quelque temps le barreau, qu'il quitta pour embrasser la règle de St Augustin, visita l'Italie en 1624, refusa plus. emplois à Rome, et, de retour à Leyde l'année suivante, se fit protestant. Peu de temps après il obtint à Harderwick une chaire d'histoire et d'éloquence. Il mourut en 1646. L'édit. la plus récente de ses poésies latines est celle qu'il a donnée lui-même sous ce titre : *Jac. Zevecotii J. U. D. poematum editio ultima*, Amsterdam, 1642, in-12 (v. Paquot, *Histoire littéraire des Pays-Bas*).

ZEYAN (ABOU-DJOMAIL), ou DJOMAIL BEN ZEYAN, que les hist. espagnols nomment *Zaen*, fut le dernier roi maure de Valence. Issu des anciens rois de Saragosse, il se crut des droits pour exciter une sédition à Valence contre les Al-Mohades, spoliateurs de sa famille, et il en expulsa le roi Abou-Zeïd, qui, après plusieurs combats malheureux, se réfugia à la cour de don Jayme-le-Conquérant, roi d'Aragon, l'an 626 de l'hég. (1229). Zeyan, qui possédait à peine la moitié du royaume de Valence, cherchant à s'agrandir, commença par enlever Denia au roi de Murcie et de Cordoue, son parent, attaqué par les rois de Castille et de Léon, puis ravagea l'Aragon pendant une expédition de don Jayme contre les îles Baléares. Mais ce prince, de retour dans ses états, reprit l'offensive, obtint de grands avantages sur le roi maure, qui avait à craindre les factions intérieures en même temps que les ennemis du dehors, et vint enfin, avec Abou-Zeïd, son protégé, l'assiéger dans Valence. Des renforts arrivaient chaque jour dans le camp des Aragonais de tous les points de la chrétienté, et Zeyan, après cinq mois d'une résistance opiniâtre, fut obligé de souscrire (l'an 1238 de J.-C.) à la reddition de sa capitale, ainsi qu'à la perte de toutes les villes et de toutes les terres au nord du Xucar. Il ne lui resta que la ville de Cullera, qu'il perdit dans une nouvelle guerre. On dit qu'alors, pour se dédommager de ses pertes, le perfide Zeyan s'empara de Murcie. Suivant une autre version, il rendit quelques services au roi de cet état, qui lui céda, par reconnaissance, Lorca et Cathagène. L'époque et les circonstances de sa mort sont inconnues.

ZHINGA ou ZINGHA-BANDI, reine d'Angola, sur la côte du Longo, née vers 1582, d'une esclave et de Bandi-Angola, ne succéda pas immédiatement à ce prince, mais se trouva placée, avec tout le royaume, sous l'autorité du cruel Ngola-Bandi, son frère, aux soupçons duquel son fils ne tarda pas à être sacrifié. Dès lors elle jura de se venger; mais dissimulant son ressentim. elle consentit même à se rendre à Loanda, auprès du viceroi portugais, auquel elle montra dans ses négociations autant de fermeté et d'adresse que si elle eût su d'avance qu'elle stipulait pour ses propres intérêts. Elle embrassa le christianisme en 1622, avant de quitter Loanda, elle avait alors quarante ans. Peu de temps après son retour, son frère périt empoisonné, et cette artific. princesse s'empara du trône au préjudice de son neveu, qu'elle attira à la cour et poignarda de sa propre main. Elle songea alors à se délivrer des Portugais, devenus redoutables par leur nombre et leurs richesses. Soutenue par les Giagas et d'autres princes idolâtres, par le roi de Congo et par les Hollandais, elle obtint d'abord quelq. légers avantages, tandis que les Hollandais, s'emparaient de St-Paul de Loanda (1641). Mais le capit.-général don Salvar Correa, répara ces pertes en 1648, et força Zingha, vaincue et abandonnée de ses alliés, à se réfugier dans les déserts du côté de l'est. Réduite au seul royaume de Matamba, dont une partie lui fut même enlevée plus tard, elle combattit pendant 28 ans, pour rentrer dans ses états, qu'elle aurait pu recouvrer sans peine, si sa fierté lui eût permis de se reconnaître tributaire du Portugal. Elle avait renoncé publiquem. à la religion chrétienne, pour obtenir l'appui et conserver la confiance de ses alliés idolâtres. Enfin elle se lassa de faire dans les provinces qui lui avaient été enlevées de continuelles incursions, dont l'unique résultat était de mettre au grand jour sa vigueur de caractère et les ressources de son esprit; et la trahison ou la défaite de ses alliés achevèrent de la préparer à un accommodem. Elle crut devoir auparavant retourner au christianisme, et, dans la crainte que ses sujets ne se révoltassent, supposer quelques miracles, qui lui ordonnaient ce nouveau changement de religion. Cette pieuse supercherie produisit plus d'effet qu'elle n'en attendait, et une partie de son peuple suivit son exemple (1655). Il est vrai qu'elle publia un édit rigoureux contre l'idolâtrie et qu'elle poussa quelquefois son zèle jusqu'à faire périr dans les flammes ceux qui tenaient à l'ancien culte. Elle bâtit des églises, dédia à la Vierge sa ville capitale, sous le nom de *Sainte-Marie de Matamba*, et envoya demander au pape une recrue de missionnaires. Cependant les capucins dont elle était environnée ne purent la décider à reconnaître le roi de Portugal pour son suzerain. Elle consentit seulem. à fixer à l'amiable, en 1657, la limite entre son royaume de Matamba et celui d'Angola, qui restait aux Portugais. On doit louer l'édit qu'elle rendit contre la polygamie. Peut-être fut-elle moins bien inspirée, quand à l'âge de 74 ans, pour encourager le mariage par son exemple, elle épousa un jeune homme de sa cour. Elle mourut en 1663, dans sa 82e année. Jean Castilhon a publié un roman historique sous le titre de *Zingha, reine d'Angola, histoire africaine*, 1769, in-12.

ZIANI (Sébastien), doge de Venise, fut élu en 1172 pour succéder à Vital Michelli. C'est pendant son règne que fut conclue, en 1177, la trêve de Venise, entre l'empereur Frédéric Barberousse et la ligue lombarde. Cette même année il établit la cérémonie, sublime ou ridicule, du mariage de la mer avec la république. Il mourut en 1179, et eut pour success. Orio Mastropetro. — Ziani (Pierre), doge de Venise, fils du précédent; succéda, en 1205, à Henri Dandolo. Après un gouvernement de 24 ans, on lui donna Jacob Tiepolo pour successeur en 1229. Il survécut peu de jours à cet affront. Sous son règne fut achevée par les Vénitiens la conquête de l'empire grec, et furent fondés les duchés des îles de l'Archipel, accordés en fief aux gentilshommes de la république, qui, avec leurs propres moyens, réussiraient à s'en emparer.

ZICHEN (le P. Eustache de), controversiste, né en 1482 dans la ville dont il porte le nom, mort à Louvain en 1558, fut un des premiers religieux de l'ordre de St-Dominique qui combattirent le luthéranisme. Ses ouvr. sont : *Errorum Mart. Lutheri brevis confutatio*, Anvers, 1523, in-4. — *Sacramentorum brevis elucidatio*, 1525, in-4. — *Apologia pro pietate*, 1531, in-12, contre quelques principes avancés par Érasme dans le *Miles christianus*. — Zichen (le P. François de), cordelier, né dans la même ville que le précédent, au commencement du 16e S., mort en 1560, est auteur d'un assez grand nombre d'ouvr. ascétiq., et d'un commentaire intitulé : *Enarratio in prophetam Jeremiam*, Cologne, 1559, in-12.

ZIEGELBAUER (MAGNOALD), bénédictin, né en 1696 dans le marquisat d'Elwangen en Souabe, mort à Olmutz en 1750, a laissé plusieurs ouvr. ou projets d'ouvrages dont les plus importants sont : *Hist. didactica de sanctæ crucis cultu et venerat. in ordine S. Benedicti*, 1745, in-4. — *Historia rei litterat. ord. S. Benedicti*, Wurtsbourg, 1754, 4 vol. in-fol., publ. par son confrère Oliv. Legiprat. — *Centifolium camaldulense, sive notitia scriptor. camaldulens.*, Venise, 1750, in-fol.

ZIEGENBALG (BARTHÉLEMI), né en 1683 à Pulsnitz, pet. ville de la Haute-Lusace, reçut les ordres sacrés à Copenhague, où il avait été admis dans la mission danoise. Il partit pour les Indes-Orientales en 1705, relâcha quelque temps au cap de Bonne-Espérance, où il fit d'inutiles efforts pour convertir les Hottentots, et l'année suivante débarqua à Tranquebar sur la côte de Coromandel. Il trouva de gr. obstacles à l'accomplissem. de ses desseins dans son ignorance de la langue du pays, dans les préventions des indigènes contre les chrétiens, et dans l'opposition même de l'administration coloniale; mais il triompha de toutes les difficultés et vit prospérer de plus en plus sa pieuse entreprise. Afin de répandre avec plus de succès et plus au loin les semences de la foi, il eut l'idée de composer ou de traduire en langue tamoule plusieurs ouvrages, et il fit fondre en Europe des caractères destinés à leur impression. Il repassa lui-même en Europe en 1715, reçut du roi de Danemarck et du collége royal des missions l'accueil le plus flatteur, et repartit avec le titre d'inspecteur de la mission danoise à Tranquebar, où, à peine arrivé, il organisa une imprimerie portugaise et malabare, et commença à publier div. ouvrages dans ces deux langues. En 1718, il entreprit un voyage dans l'intérieur de l'Inde, qui accrut la maladie dont il souffrait depuis long-temps, et à laq. il succomba en 1719. Nous citerons de lui : *Nov. Testamentum damulicum in typis propriis expressum*, Tranquebar, 1714, in-4; ib., 1722, in-8. — *Grammatica damulica*, etc., Halle, 1716, in-4. — *Explication de la doctrine chrétienne*, en damoul (ou tamoul), Tranquebar, 1712, in-8. — *Biblia damulica*, etc., ib., 1723, in-4 (v. l'*Hist. de la mission danoise*, par J.-L. Nieukamp, Genève, 1745, 3 vol. pet. in-8.)

ZIEGENBEIEN (JEAN-GUILLAUME-HENRI), né vers 1750 à Brunswick, où il mourut en 1824, fut chargé long-temps de diriger les écoles de ce duché, et proposa pour leur amélioration plusieurs mesures qui furent adoptées. Son principal ouvrage est intitulé : *Vie et écrits de Calvin et de Bèze*, avec remarques, Hambourg, 1789-90, 2 vol. in-8.

ZIEGENHAGEN (FRÉDÉRIC-MICHEL), savant ministre luthérien, né en Allemagne, remplit pend. 53 ans à Londres les fonctions de prédicateur de la chapelle allemande, et mourut en 1776, dans sa 85e année. Ses nombr. ouvr. sont, ou ascétiq., ou destinés à développer quelq. passages des livres saints. — ZIEGENHAGEN (George), médec., a laissé, entre autres écrits, un traité *de la Cataracte et des moyens de la guérir*, Strasbourg, 1788, in-8. —

ZIEGENHAGEN (F.-H.), négociant de Hambourg, né en 1755, abandonna les affaires de son commerce pour s'appliquer à la philosophie, et imagina un système d'éducation fondé sur des bases analogues à celles de l'*Émile* de Rousseau. Ce ne fut toutefois qu'après avoir long-temps dirigé un institut d'éducation qu'il consigna ses idées dans un livre intitulé : *Théorie des vrais rapports de l'homme avec les ouvr. de la création, qui étant publiquement introduite et pratiquée peut seule opérer le bonheur du genre humain*, 1792. Il mourut en 1806, dans les environs de Strasbourg.

ZIEGLER (JACQUES), théologien et mathémat., né à Landaw, dans la Basse-Bavière, vers 1480, embrassa l'état ecclésiast., et visita les principales villes d'Allemagne et de Hongrie, explorant partout les bibliothèques et les archives pour découvrir de nouveaux docum. historiques. Plus tard, dans le but d'agrandir le cercle de ses connaissances, il se rendit en Italie, où il fut accueilli par plusieurs personnages distingués. De retour en Allemagne, il ouvrit, suiv. de Thou, une école à Vienne; mais cette ville ayant été menacée par les Turks (1529), il accepta les offres de l'évêque de Passaw, qui lui fournit les moyens de cultiver en paix les lettres et les sciences. Il mourut à Passaw en 1549. Nous citerons de lui : *Syria ad Ptolemaici operis rationem, prætereà Strabone, Plinio et Antonio, auctoribus locupletata; Arabia-Petrea, sive itinera filiorum Israel per desertum, iisdem auctoribus ac J. Leone Arabe illustrata; Scondia (seu Scandinavia); Holmiæ, civitatis regiæ Sueciæ deplorabilis excidii per Christiernum Daniæ Cimbricæ regem Historia*, Strasbourg, 1532, 1536; Francfort, 1575, 1583, in-fol. — *Conceptionum in Genesim mundi et Exodum commentarii*, Bâle, 1548, in-fol. — ZIEGLER (Bernard), théologien protestant, né dans la Misnie en 1496, mort en 1552, remplit la prem. chaire d'hébreu à l'académie de Leipsig, et fut très estimé de Luther et de Mélanchthon, qu'il aida plusieurs fois de ses lumières. On trouve de lui trois *sermons* dans les *Conciones synodicæ Ecclesiæ mersburgensis*, Leipsig, 1555. — ZIEGLER (Jean-Érhard ou Reinard), jésuite, né en 1569 à Oedikhoven, dans le diocèse de Spire, mort en 1656, professa la philos. et les mathémat. au collége de Mayence. On a de lui quelq. petits écrits, et on lui doit une édition des *Œuvres mathématiques* du P. Clavius, Mayence, 1612, 5 vol. in-fol. — ZIEGLER (Jérôme), poëte et biographe, né à Rotenbourg vers 1520, remplissait encore en 1562 la chaire de littérature latine à l'acad. d'Ingolstadt. On lui doit, entre autres ouvr. : *Cyrus major, drama tragicum*, Augsbourg, 1547, in-8. — *Illustrium Germaniæ virorum aliquot singulares*, Ingolstadt, 1562, in-4, rare. — ZIEGLER (Gaspar), jurisconsulte, né à Leipsig en 1621, fit d'abord son cours de théologie; mais à l'âge de 32 ans, dégoûté de la langue hébraïque et de la prédication, il se jeta dans la carrière du droit. Il fut nommé successivement à Wittenberg profess. des *Institutes*, du *Digeste*, du *Code*, des *Décrétales*, membre du tribunal d'appel et du tribunal ecclésiastique, et mourut en 1690. Le prem., il avait réuni l'étude de l'histoire ecclésiastique à celle du droit canon. Parmi ses ouvr. sur cette partie, les plus connus sont : *De dote ecclesiæ* (1676) ; *De diaconis et diaconissis veteris Ecclesiæ* (1676), mais surtout son livre, réputé classique, *De episcopis eorumque juribus, privilegiis et vivendi ratione* (1685). Celle de ses *dissertat.* qui regardent le droit civil ont été réunies par George Beyer en un vol. in-4, Leipsig, 1712. — ZIEGLER et KLIP-HAUSEN (Henri-Anselme de), poëte allemand, né en 1663 à Radmeritz, dans la Haute-Lusace, abrégea ses jours par l'excès du travail, et mourut en 1690. Parmi ses ouvr., écrits d'un style boursouflé et presque inconnus aujourd'hui, nous citerons : *la Banise asiatique, ou le Pégu sanglant et courageux, poème héroïq. qui cache bien des vérités*, Leipsig, 1688, in-8; 7ᵉ édit., 1766. — ZIEGLER (Chrétien-Jacques-Auguste), médec., né à Quedlinbourg en 1735, fut nommé archiâtre ou médecin du sénat de sa ville natale, où il introduisit le prem. l'inoculation en 1774. Il mourut en 1765, laissant, entre autres écrits, des *Remarq. sur la médecine, la chirurgie et la jurisprudence médicale*, Leipsig, 1787, in-8. — ZIEGLER (François de), méd., né à Schaffhouse dans les dern. années du 17ᵉ S., obtint en 1731 une chaire de médecine à l'académie de Rinteln, et mourut en 1761, laissant plus *dissertat.* intéressantes. — ZIEGLER (Adrien), né à Zurich vers le milieu du 16ᵉ S., a publ. : *Pharmacopœa spagirica*, 1616, 1628, in-4. — ZIEGLER (Verner-Charles-Louis), professeur de théologie à Rostock, né en 1763 à Scharnebeck, près de Lunebourg, mort en 1809, a publ., entre autres écrits tous en allem. : *Constitution de l'Église pend. ses 6 prem. siècles*, Leipsig, 1790, in-8. — *Discussion où l'on fait voir que la vérité et la divinité de la religion chrétienne se prouvent par l'excellence intrinsèque de la doctrine, plutôt que par les miracles et les prophéties*, etc., dans le *Magasin de Henke*, t. I. — *Pourquoi des pensées ordinaires, exprimées dans le langage des anciens, font-elles sur nous une impression plus agréable que lorsqu'elles sont exprimées dans un idiome moderne? Réponse à cette quest.* dans le *Journal philos.* de Jacob, 1795.

ZIEMOWIT, duc de Masovie, fut, après la mort de Louis, roi de Hongrie et de Pologne (1382), mis sur les rangs pour lui succéder dans le royaume de Pologne. Deux fois proclamé roi par deux diètes rassemblées à Sieradz, il ne put placer la couronne sur son front, et il consentit à faire la paix avec Vladislas Jagellon, et à rendre ce qu'il avait conquis pendant l'interrègne, à condition qu'on lui paierait une somme considérable, jusqu'à l'entier remboursement de laq. il devait garder la Cujavie (1385). Il mourut en 1427.

ZIESENIS (ANNE-CORNÉLIE WATTIER, femme), célèbre actrice, née à Rotterdam en 1762, débuta sur le grand théâtre d'Amsterdam en 1780. Son éducat. avait été fort négligée ; elle n'avait même appris que très difficilement à lire. Cependant elle fut très applaudie, et ne tarda pas à être admise à jouer les prem. rôles. C'est dans ceux d'*Épicharis*, d'*Électre*, de *Sémiramis*, d'*Andromaque*, de *Gabrielle de Vergy*, qu'elle brillait avec plus d'éclat. Cependant sa pénétration était lente, et elle était obligée de lire et d'étudier long-temps un rôle avant de le comprendre. N'ayant aucune théorie de son art, elle n'agissait que par inspirat. ; mais l'inspiration chez elle produisait des effets sublimes. Elle réussissait très bien aussi dans la haute-comédie. Louis Bonaparte et Napoléon lui-même voulurent la voir, et furent enchantés de sa pantomime. Une pension de 6,000 fr. fut la récompense de son talent. Elle avait épousé l'architecte Ziesenis, membre de l'institut de Hollande ; mais elle continua de porter le nom de Wattier auquel était attachée sa réputation. Elle quitta le théâtre en 1815, et se retira dans un village près de La Haye, où elle vécut dans l'obscurité jusqu'à sa mort en 1827. On a plus. *notices* sur cette actrice, entre autres une de M. Westerman, son camarade au théâtre d'Amsterdam.

ZIETHEN (JEAN-JOACHIM de), général, né en 1699 à Wustrow, près de Ruppin, annonça de bonne heure des dispositions étonnantes pour le métier des armes ; mais l'impétuosité de son caractère éclata par plus. duels qui nuisirent à son avancement, puis le firent enfermer et enfin renvoyer du service. Cependant il avait été distingué par Frédéric Iᵉʳ, qui le rappela sous les drapeaux en lui donnant une lieutenance dans un régim. de hussards. Envoyé en Franconie avec le contingent que la Prusse réunissait à l'armée de l'empire chargée de résister aux Français, il justifia par ses exploits la confiance de son souverain. Le grand Frédéric sut également l'apprécier. Il accompagna ce prince dans sa campagne de Silésie (1741), fut nommé par lui lieut-colonel, puis colonel, et eut le commandement du régiment qui, sous le nom de hussards de Ziethen, a été long-temps célèbre dans les armées prussiennes, et dont la réputation date de cette campagne. Son brave chef, nommé gén.-major en 1744, couvrit, l'année suiv., la retraite de Bohême, rétablit les communications avec le corps du margrave Charles, qui était séparé du roi par vingt mille Autrichiens, et prépara ainsi la victoire d'Hennersdorf et la conclusion de la paix. Rendu au repos, dont il avait besoin, son absence de la cour laissa le champ libre à ses ennemis pour le calomnier auprès du roi, dont il remarqua bientôt l'extrême froideur. Ziethen piqué demanda sa retraite, et prit le parti de se bannir pour toujours de la présence de son ingrat souverain ; mais celui-ci reconnut ses torts, et vint lui-même lui offrir une réconciliation. Ziethen l'accepta, et, lorsque la guerre allait éclater, fut créé lieuten.-gén. (1756), et fit en cette qualité la campagne de Saxe, aux succès de laquelle il contribua puissamment. Ce fut surtout à Torgau, en 1760, qu'il se couvrit de gloire, en tombant sur les derrières de l'ennemi des hauteurs de Siptitz, au moment où Frédéric allait perdre la bataille. Après la paix de 1763,

Ziethen, désormais sûr de conserver la faveur de son souverain, dont il reçut plus d'un touchant témoignage, se mit à passer des revues et à commander des parades jusqu'à sa mort, arrivée en 1786. Un monument lui a été érigé sur la place Guillaume à Berlin. On a sa *Vie*, par sa nièce, Louise de Blumenthal, Berlin, 1800; 2e édition, 1805, 2 vol. in-8; trad. en franç. par Catel, 1805, 2 vol. in-8.

ZILETTI (JEAN-BAPTISTE), jurisconsulte, né à Venise dans le 16e S., est surtout connu par son *Index librorum omnium juris tàm pontificii quàm cæsarei*, Venise, 1555, in-4, réimpr. six fois dans l'espace de vingt ans, en Italie ou en Allemagne.— ZALETTI (FRANÇOIS), imprimeur, publia la plus volumineuse collection de jurisprudence qui ait jamais paru. Elle est intit.: *Tractatus tractatuum, sive Tractatus illustr. jurisconsultor. in utroque jure, cæsareo et pontificio*, Venise, 1584-86, 29 vol. in-folio.

ZILIOLI (ALEXANDRE), histor., né à Venise vers la fin du 16e S., mourut en 1650, après avoir publié: *Storie memorabili de' nostri tempi libri X*, 1642, in-4; c'est une suite de l'histoire de Tarcognata et de celle de Denis de Fano. Elle a été continuée par Bisaccioni et par Birago, dont les ouvr. se trouvent ordinairement réunis à celui de Zilioli: de là vient que les bibliographes indiquent cette hist. en 3 vol. in-4. La part de Zilioli, dans ce recueil, comprend les 40 prem. années du 17e S. Il a laissé plus ouvr. MSs.

ZIMARA (MARC-ANTOINE), médecin, né à Galatina, dans la terre d'Otrante, vers 1460, mort professeur de philosophie à Padoue en 1532, a laissé plusieurs écrits, mélange bizarre des principes d'Aristote, de la doctrine médicale des Arabes et des croyances superstitieuses qui régnaient de son temps. Nous citerons seulem. *Tabulæ et dilucidationes in dicta Aristotelis et Averroïs recognita et expurgata*, etc., Venise, 1564, 2 vol. in-fol. — ZIMARA (Théophile), médecin, fils du précéd., mort à Lecce en 1598, à l'âge de 72 ans, est auteur d'un volumineux *commentaire* latin sur le *Traité de l'âme* d'Aristote, Venise, 1558 (v. Taffuri, *Scritt. neapolit.* III, 118).

ZIMISCÈS (JEAN Ier, surnommé), empereur d'Orient, issu par son père d'une des plus nobles familles de l'empire, s'acquit par ses exploits une grande réputat. militaire avant de monter sur le trône. Ayant reçu, ainsi que son cousin Curcuas, les offres les plus avantageuses de l'eunuque Bringas, ministre tout-puissant sous l'empereur Romain II, pour faire périr Nicéphore, il révéla tout à ce général, le détermina à accepter la souveraine puissance, et le fit proclamer emper. par l'armée d'Orient (962). Pour prix de ce service, il eut aussitôt le commandement de cette armée, et fut envoyé en Cilicie contre les Sarrasins. Une victoire éclatante qu'il remporta sur ces barbares, en le plaçant au prem. rang des généraux grecs, excita la jalousie de Léon, frère de l'empereur, qui réussit à lui faire ôter le commandement des troupes.

On lui donna, pour le dédommager, la charge d'intendant-général des postes. Il témoigna son mécontentement, et fut exilé dans ses terres; mais comme il entretenait une intrigue secrète avec Théophanon, veuve de Romain II, remariée à Nicéphore, il obtint par son crédit la permission de venir à Chalcédoine, et bientôt, par ses conseils, il songea à s'emparer du trône. Il pénétra de nuit dans l'appartement de Nicéphore avec une troupe d'amis dévoués, fit assassiner ce prince sous ses yeux, et, proclamé empereur, déclara toutefois, avec une modération hypocrite, qu'il ne voulait être que le collègue ou plutôt le père des deux jeunes Augustes, Basile II et Constantin VIII. Pour se faire couronner par le patriarche Polyeucte, il fut obligé de jurer qu'il n'avait point trempé ses mains dans le sang de Nicéphore, de bannir les assassins et l'impératrice elle-même, et de déchirer publiquement l'édit par lequel son prédécess. avait ôté plus. privilèges à l'Église. Zimiscès continua sous de plus heureux auspices un règne commencé par le meurtre. Il distribua une partie de ses biens aux habitants des campagnes, et consacra l'autre à la dotation et à l'agrandissement d'une léproserie. Il se concilia l'affection des peuples, livrés depuis trois ans aux horreurs de la famine, en achetant des blés dans toutes les contrées voisines et les faisant vendre à bas prix. Ces soins, donnés au soulagem. de l'empire, n'empêchèrent pas le nouveau prince de se faire respecter au dehors. Un de ses eunuques, le patrice Nicolas, dissipa une ligue musulmane qui menaçait Antioche. Son beau-frère, Bardas Sclérus, battit les Russes sous les murs d'Andrinople, et étouffa une révolte causée par les prétentions à l'empire de Bardas Phocas, et enfin il marcha lui-même contre les Russes, qui, malgré leur défaite, restaient maîtres de la Bulgarie, et déploya autant de bravoure personnelle que de talent militaire dans cette campagne, qui eut pour résultat de forcer Sviatoslaf, chef des Moscovites, à demander la paix, et de rendre pour quelque temps la Bulgarie à l'empire grec. Zimiscès fut reçu en triomphe dans sa capitale par le patriarche, le clergé, le sénat et le peuple, et il répondit à ces témoignages d'attachement par l'abolition de l'*impôt de la fumée*, établi depuis plus de 150 ans sur les cheminées. Il résolut alors d'enlever aux Sarrasins Jérusalem et toutes leurs possessions en Syrie et en Mésopotamie; mais l'armée qu'il fit partir dans ce but, en 972, ayant essuyé de grands désastres après de grands succès, il se mit en campagne lui-même, et fit, dans les deux années suiv., de nombreuses conquêtes. Une maladie sérieuse le força de reprendre le chemin de Constantinople. En traversant la Cilicie, il ne put cacher son indignation à la vue des riches domaines de l'eunuque Basile, qui, craignant de se voir dépouillé, fit empoisonner l'empereur. Dès lors ce prince ne fit que languir; il mourut en 975, à l'âge de 51 ans, après un règne trop court, qui avait fait oublier le crime de son avénement.

ZIMMERMANN (Mathias), théol., né à Éperies, Hongrie, en 1625, fut successivement recteur du collége de Leutsch, ministre dans sa ville natale, coadjuteur du surintendant de Colditz, surintendant de Meissen, et mourut en 1684. On lui doit un grand nombre d'ouvr. curieux, entre autres : *Historia eutychiana, ortum, progressum, propagationem, errorum enarrationem et refutationem, cum consectario lutheranos non esse eutychianos, exhibens*, Leipsig, 1659, in-4, pseudonyme, sous le nom de Théodore Althusius. — *Analecta miscella menstrua eruditionis sacræ et profanæ, theologicæ, liturgicæ, philologicæ, moralis, symbolycæ*, etc., etc., Meissen, 1674, in-4. — *Florilegium philologico-historicum*, 1687-89, 2 part. in-4. — ZIMMERMANN (Guillaume), historien et controversiste, de Neustadt, dans le duché de Wurtemberg, fut prédicateur à Wimpfen (1569), membre du consistoire dans les états de l'électeur palatin, et prédicateur aulique à Heidelberg (1578), etc. On lui doit, entre autres écrits, une *Histoire d'Allemagne*, en latin.

ZIMMERMANN (Jean-Jacques), célèbre fanatique, né à Wayhingen, dans le duché de Wurtemberg en 1644, fit dans sa jeunesse de grands progrès dans les mathématiques. Nommé en 1671 diacre de Bittigheim, il y connut le fanatique Bronquelle, dont il devint l'ami et le disciple, et bientôt adopta les opinions des Bœhmistes, auxquelles il donna beaucoup d'éclat par ses prédications. Mandé devant le consistoire de Stuttgard pour rendre compte de ses opinions, il en fut quitte pour une réprimande légère; mais l'ouvr. qu'il publia bientôt après, sous le titre de *Révélation presque complète de l'Antechrist*, lui fit perdre son emploi. Il ne garda plus alors de mesure, et parcourut une partie de l'Allemagne et des Provinces-Unies, prèchant et faisant des prosélytes. Il remplit quatre ans une chaire de mathématiques à Heidelberg, d'où les événements de la guerre le transportèrent à Hambourg. L'opposition que sa doctrine trouvait en Europe le détermina à passer dans le Nouveau-Monde. Il s'était rendu dans ce but en Hollande, mais il mourut subitement à Rotterdam en 1693. Parmi ses nombr. ouvr., on citera : *Scriptura sancta copernicans*, trad. en allem., et publié à Hambourg, 1770, in-8. — *Coniglobium nocturnale stelliferum*, ou le *Globe céleste transféré sur un cône éloigné* (allem.), Hambourg, 1740, in-8. — ZIMMERMANN (Jean-Jacques), né à Zurich en 1685, fut professeur de droit naturel et de théologie, et chanoine dans cette ville, où il mourut en 1756. Ses écrits sont nombreux et estimés. On en a recueilli une partie sous ce titre : *Opuscula varia, histor. et philos. argumenti*, 2 t. en 3 vol., in-4, Zurich, 1751 à 1788.

ZIMMERMANN (Jean-George), philos. et méd., né à Brugg, petite ville de Suisse, en 1728, fut reçu docteur en médecine à l'université de Gœttingue en 1751. Il voyagea ensuite en Hollande, séjourna quelque temps à Paris, et revint d'abord à Berne, puis dans sa ville natale, d'où ses écrits ne tardèrent pas à porter sa renommée dans toute l'Europe. L'impératrice de Russie, Catherine II, après avoir lu ses ouvrages, lui adressa de riches présents qu'accompagnait un billet flatteur, et il entra en correspondance avec cette souveraine, dont il refusa toutefois d'être le prem. médecin. Cepend. sa célébrité croissante l'ayant dégoûté du séjour de Brugg, et la mauvaise santé de sa femme et de ses enfants l'ayant plongé dans une mélancolie continue à laquelle il n'avait déjà que trop de dispositions, il accepta en 1768 l'emploi de prem. médecin du roi d'Angleterre à Hanovre. Son hypocondrie l'empêcha d'apprécier les avantages de sa nouvelle position; et la mort successive d'une épouse adorée et de tous ses enfants, acheva de ruiner sa santé. Mais un nouv. mariage que ses amis lui ménagèrent, lui rendirent quelq. années de bonheur ou du moins de calme. Ennemi déclaré de la révolution franç., qu'il avait prévue et qu'il regardait comme l'œuvre des illuminés, il l'attaqua dans plus. écrits aujourd'hui peu connus ; et, lorsqu'il vit les Français pénétrer dans le Hanovre, il se persuada que leur but était de dévaster sa demeure. Cette idée devint même dominante parmi tous les symptômes de sa maladie. Il mourut en 1795, dans un état de décrépitude anticipée. Ses principaux ouvrages sont : *Traité de la solitude*, Zurich, 1756, in-8; souvent réimprimé et trad. en français par Mercier, Paris, 1790, in-12, et par A.-J.-L. Jourdan, ibid., 1825, in-8; *sur l'Orgueil national*, Zurich, 1758, in-8; trad. en français, Paris, 1769, in-12; *de l'Expérience en médecine*, Zurich, 1763-74; trad. en franç. par Lefebvre de Villebrune, Paris, 1774, 3 vol. in-12; Avignon, 1800, 3 vol. in-12; Montpellier, 1818, in-8; *de la Dyssenterie*, Zurich, 1767; trad. en franç., Paris, 1775, in-12.

ZIMMERMANN (le chev. Joseph), littérateur, né à Lucerne vers le milieu du 18e S., parvint au grade de lieutenant en premier au régiment des gardes-suisses, avec le rang de colonel. On trouve encore son nom dans l'*État militaire de la France*. On a de lui : *Essai des principes d'une morale militaire, suivi de chansons militaires et d'une Hymne à l'obéissance* (allem.), Paris, 1769 ; Lemgow, 1771, in-8. — Henri ZIMMERMANN, né à Wissloch, dans le Palatinat, n'était qu'un artisan, qui, en 1770, suivant l'usage des hommes de cette classe, quitta son pays pour courir le monde. Se trouvant à Londres en 1776, il s'enrôla comme matelot sur la *Découverte*, et fit ainsi avec Cook le 3e voyage que cet illustre navigateur entreprit autour du monde. Cette expédition terminée, il revint dans sa patrie en 1781. Plus tard il fut nommé patron des navires de l'élect. à Sterhberg en Bavière. On a de lui : *Voyage autour du monde avec le capit. Cook*, Manheim, 1782, 1783, 1784, in-8. Roland en a donné une traduction française.

ZIMOROWICZ (Simon), né à Lemberg en 1604, mort vers 1629, a laissé plus. pièces de vers, notamment des rondeaux, dans l'idiome que parlaient les anciens Ruskes. On les a recueillis, avec ceux de Szymonowicz, dans le *Rec. des rondeaux polonais*, Varsovie, 1770, 1778, 1805. — ZIMOROWICZ (Barthélemi), frère du précédent, prem. magistrat de la ville de Lemberg, a publié un poème héroïque *sur la guerre que les Polonais soutinrent en 1621 contre les Turks*, Cracovie, 1623, in-8; et *Viri illustres civitatis Leopoliensis*, Lemberg, 1661, in-4.

ZINCKE (CHRÉTIEN-FRÉDÉRIC), excellent peintre en émaux, né à Dresde vers 1684, vint à l'âge de 22 ans en Angleterre, où il se fit une grande réputation et une belle fortune, et mourut en 1767. On voit plusieurs de ses ouvrages dans la collection du duc de Cumberland. — ZINCKE (Jean), médecin allemand, mort en 1545 à l'âge de 59 ans, professa la philosophie à Fribourg en Brisgau. On a de lui un *Mémoire sur les crises*, Francfort, 1609, in-12.

ZINGARELLI (NICOLO), célèbre musicien, né en 1752 à Naples, n'avait que sept ans lorsqu'il perdit son père. Ses parents le firent entrer au conservatoire de Loretto, où il eut Frenaroli pour maître de composition. En sortant de cette école, il se mit sous la direction de l'abbé Spernaza, qui l'initia dans tous les secrets de la théorie musicale. En 1781 il écrivit pour le théâtre de Naples l'opéra de *Montezuma*, remarquable sous le rapport du travail de l'harmonie, mais qui ne fut point goûté des Napolitains. Il vit que le public demandait autre chose que des accords savamm. enchaînés, et, quittant le style recherché, se livra tout entier à la mélodie. L'opéra d'*Alzinda*, qu'il fit jouer quatre ans après à Milan, lui valut son prem. succès dramatique. Cette pièce fut suivie d'un gr. nombre d'autres, parmi lesquelles on distingue : *Pirro, Artaserse, Romeo e Giuletta, Il conte di Saldagna, Inez de Castro*, etc. Zingarelli fit une courte apparition en France, dans les premières années du règne de Napoléon ; mais pendant son séjour à Paris il n'ajouta pas un fleuron à sa gloire musicale. De retour à Rome en 1806, il fut nommé maître de chapelle du Vatican, à la place de Guglielmi, qui venait de mourir. Il cessa depuis de travailler pour le théâtre ; mais il composa plus. *oratorios* et une infinité de *messes*, de *motets*, qui sont autant de chefs-d'œuvre. Nommé en 1820 direct. du conservatoire à Naples, il termina dans cette ville, au mois de mai 1837, une carrière illustrée par de brillants triomphes dans tous les genres et à toutes les époques.

ZINI (PIERRE-FRANÇOIS), helléniste, né à Vérone vers 1520, fut professeur de morale à l'acad. de Padoue, archiprêtre de Lonato, chanoine du chapitre de St-Étienne de Vérone. Il vivait encore en 1575. On lui doit des traductions de plusieurs ouvr. des pères grecs, entre autres : *D. Gregorii Nazianzeni Oratio de amandis et amplectendis pauperibus*, et *D. Gregorii Nysseni ejusdem argumenti Orationes II*, Paris, 1550, in-4. — *S. Gregorii Nazianzeni Commentarius in Hexameron*, Venise, Alde, 1553, in-8. — ZINI (Vincent), poète latin, parent du précédent, né à Brescia au 16e S., n'est connu que par ses *Carminum lib. III*, Venise, 1560, in-8.

ZINK (JEAN-JACQUES), diplomate, né en 1688 à Meiningen, dans le Henneberg, conduisit avec un succès complet, en 1713, une négociation secrète entre la cour de Brunswich-Wolfenbuttel et le cabinet de St-Pétersbourg. Il fut, en récompense, nommé secrétaire de cabinet par le comte de Meiningen, puis secrétaire intime et conseiller, et continua d'être employé dans presque toutes les opérations diplomatiques jusqu'à sa mort en 1743. On a de lui : *l'Europe actuelle en paix* (allemand), Cobourg, 1726, 2 vol. in-4. C'est une collect. des traités conclus en Europe sous Charles VI. — ZINK (Charles-François-Guill.), jurisc., mérite d'être cité pour son *Introduction à la jurisprud. militaire*, Magdebourg 1774, in-4 ; Helmstadt, 1780, 2 vol. in-8. — ZINK (Frédéric, baron de), littérat., né en 1755 à Querfurth, en Thuringe, fut quelque temps assess. de la juridiction de Carlsruhe, qu'il quitta pour passer le reste de ses jours dans une élégante retraite à Emmedingen, entre l'étude, l'amitié et toutes les jouissances de la fortune. Il y mourut en 1802. Parmi ses écrits, assez peu importants, on distingue div. *épîtres* et morceaux poétiq. insérés dans le *Vade mecum* (Taschenbuch) de Jacobi.

ZINKE (GEORGE-HENRI), né en 1692 à Altenrode, près de Naumbourg, mort en 1769 à Helmstadt, où il était professeur pour l'administration et les finances, a laissé plus. ouvr. estimés, parmi lesq. nous citerons : *l'Économie politique, la Police et les Finances*, Leipsig, 1744 à 1767, 16 vol. in-8. — *Bibliothèque pour ceux qui s'occupent de finances*, 1751, 4 vol. in-8.

ZINKGREF (JULES-GUILLAUME), poète allem., né à Heidelberg en 1591, visita pour son instruct. la Suisse, la France, l'Angleterre et les Pays-Bas. A son retour il fut nommé audit.-gén. de la garnison d'Heidelberg. Cette ville ayant été prise en 1623, il devint secrét.-interprète d'un ambassad. franç. qui l'emmena successivem. dans les différentes cours d'Allemagne. Il fut ensuite employé par l'élect. palatin, dépouillé de sa place, et, après avoir mené une vie fort agitée, mourut de la peste à St-Goard en 1635. Son princip. ouvr. est un recueil intit. : *Apophthegmata, ou Sentences prises dans les anciens aut. allem.*, Strasbourg, 1626-31, 2 vol. in-8 ; ib., 1639 ; Leyde, 1644 et 1693, in-8 ; Amsterdam, Elzevir, 1653 et 1654.

ZINN (JEAN-GODEFROI), médec., né à Schwabach, dans le pays d'Anspach, en 1727, s'attacha particul. à l'étude de l'anatomie et de la botaniq., occupa une chaire de méd. à l'univ. de Gœttingue, et mourut en 1759. On citera de lui : *Observationes quædam botanicæ et anatomicæ de vasis subtilioribus oculi et cochleæ auris internæ*, Gœttingue, 1753, in-4. — *Descriptio anat. oculi humani iconibus illustrata*, ib., 1755, 1760, in-4.

ZINZENDORF (PHILIPPE-LOUIS, comte de), ministre autrichien, né en 1671, n'échappa que par la mort de son frère aîné à l'obligation d'entrer dans l'état ecclésiastique. Dès 1694, il remplit auprès des électeurs de Bavière et du palatinat une mission, à l'issue de laquelle il devint membre du conseil aulique de l'empire. Il fut successivem. ambassadeur extraord. en France, après la paix de Ryswik, conseiller privé lors de la guerre de 1705, et, après la prise de Landau, commissaire impérial à Liége, où il fit l'ouverture des états, et installa le nouveau gouvernem. Il ne tarda pas à exercer une gr. influence dans toutes les affaires de l'état. A l'avénement de Joseph Ier, il obtint le titre de 1er chancelier de la cour, et fut nommé à diverses ambass., mais il échoua dans ses négociations auprès des États-Généraux, de Marlborough et du roi de Pologne, Stanislas. Cependant tant d'échecs ne lui firent rien perdre de son crédit, et sous l'empereur Charles VI il remplaça le prince Eugène dans la haute direction des affaires. Ce fut lui qui décida la guerre avec la Turquie et avec la France, la quadruple alliance, la sanction pragmatique, etc. Mais les résultats de ces importantes décisions n'ayant pas toujours été selon les vœux du public, Zinzendorf ne jouit pas d'une gr. popularité. Il se retira des affaires à l'avénement de Marie-Thérèse, quoique cette princesse l'eût confirmé dans ses emplois, et mourut en 1742. — ZINZENDORF (Philippe-Louis, comte de), second fils du précéd., né à Paris en 1699; au sortir de ses études visita plusieurs contrées de l'Europe; il fut conclaviste du card. Cinfuegos en 1721, lors de l'élection d'Innocent XIII, devint en 1725 évêq. de Raab en Hongrie, et deux ans après reçut le chap. de cardinal. Membre du conclave de 1730, il seconda de tout son pouvoir les vues de l'Autriche et concourut à l'élection de Clément XII. Nommé en 1732 évêque de Breslau, il eut beauc. à souffrir, lorsque le roi de Prusse envahit la Silésie; mais, une fois le sujet de ce prince, il n'eut qu'à se louer de ses bons traitem. et de sa confiance, qu'il acheta, il est vrai, par une docilité sans réserve, au risque de déplaire au pape. Il mourut en 1747.

ZINZENDORF (NICOLAS-LOUIS, comte de), né à Dresde en 1700, était fils de George-Louis de Zinzendorf, chambellan de l'élect. de Saxe roi de Pologne, Auguste III. Il fut tourmenté, bien jeune encore, du désir d'être chef de secte; car, n'étant qu'étudiant à Halle, il créa l'*ordre de la graine de moutarde*, qui avait pour emblème un *ecce-homo*, avec ces mots : *Nostra medela*. A peine parvenu à l'âge des passions, il se livra à tous les genres de débauches. Cependant, en 1721, ayant donné asile dans le village de Berthelsdorf, à quelq. descendants des anciens Moraves, persécutés dans leur pays, il revint à ses premières idées et fit sa propre affaire de l'affermissement de cette secte. Pour atteindre ce but, il n'épargna ni soins, ni dépenses; il prêcha, il écrivit, il voyagea dans plus. contrées de l'Europe, aux îles et dans le continent de l'Amérique, et il envoya des missionn. partout où il ne put se rendre lui-même. Fréd. de Wattewille et Aug.-Gottlieb Spangenberg furent ses disciples et ses apôtres zélés. En 1727, il mit en ordre l'ancienne liturgie des Moraves, et trois ans plus tard il dressa l'acte de leur union avec les fanatiques de Himbach. En 1732, il alla convertir le Groenland. Ce fut alors qu'il confia l'administration de ses biens à sa femme, renonça à toute fonction publique, pour ne plus s'occuper que de son œuvre de prosélytisme. Il mourut à Herrnhut en 1760. On a de lui des *Sermons*, un *Catéchisme*, des *Cantiques*, etc. Sa *Vie* a été écrite par Aug.-Gottlieb Spangenberg, Barby, 1777, in-8; et Duvernoy en a publié une autre en 1793 (*v.* l'*Hist. des sectes religieuses*, par Grégoire, I, p. 265).

ZINZERLING (JEAN), philologue, connu sous le nom de *Jodocus Sincerus*, né dans la Thuringe vers 1590, étudia la jurisprudence, visita la France, l'Angleterre et les Pays-Bas, remplit ensuite à Lyon l'emploi de correcteur d'imprimerie, et mourut vers 1618. Nous citerons de lui : *Criticorum juvenilium promulsis, in quâ plura Ciceronis, Taciti, Ovidii*, etc., *loco notantur, emendantur*, etc., Lyon, 1610, in-12; reproduit par Sminck dans le *Syntagma criticum*, Marbourg, 1717, in-4. — *Itinerarium Galliæ et finitimarum regionum*, Lyon, 1612, in-12, avec un *Appendix de Burdigalâ*, ib., 1616, in-12.

ZINZINE ou ZINZINUS, concurrent d'Eugène II à la papauté, avait été élu par une partie du peuple en 824, pour succéder à Paschal Ier : il fut obligé de céder la place à son compétiteur, élu par la noblesse et appuyé par Lothaire, fils de l'empereur Louis-le-Débonnaire.

ZIPPE (AUGUSTIN), abbé des bénédictins de Braunau, né en 1746 à Mergenthal en Bohème, mort dans les dern. années du 18e S., avait rempli plusieurs fonctions ecclésiastiq. Nous citerons son écrit *Sur l'éducation morale des jeunes ecclésiastiques placés dans le seminaire de Prague* (allem.), Prague, 1784, in-8.

ZIRARDINI (ANTOINE), jurisconsulte, né à Ravenne en 1725, porté par son goût vers les recherches historiq. et l'anc. jurisprudence, y fit de rapides progrès. Par attachement pour sa ville natale, où il remplit plus. fois cum honneur la charge de podestat, il refusa les chaires de droit que lui offraient les académies de Parme et de Pavie. Il mourut en 1784. Nous citerons de lui : *Imperator. Theodosii Junioris et Valentiniani III novellæ leges cæteris antejustinianeis, quæ in Lipsiensi anni 1745, vel in anterioribus edit. vulgatæ sunt, addendæ*, Faenza, 1766, in-8. Ce sav., qui avait été au moment de publier une nouv. édit. des *Hist. ravennat.* de Jér. Rossi, consigna ses recherches dans un écrit intitulé : *Degli antichi edifici di Ravenna lib. II*, ib., 1762, in-4. Son *Éloge*, suivi de la liste exacte de ses ouvr., a été publié par le chan. Gheradini, Rome, 1786, in-8.

ZIRNGIBL (ROMAIN), prevôt des bénédictins de Haindling, et ensuite prieur de l'abbaye princière de St-Emmeran à Ratisbonne, né en 1740 à Teyspach en Bavière, mort dans les prem. années du 19e S., a laissé plus. *dissertations*, notamment une *Sur les ducs de Bavière avant Charlemagne*, *des différentes époques de leur gouvern., des personnes de leur maison, et de leurs actions*, couronnée par l'académie des sciences de Bavière, et insérée dans les *Mémoires* de cette compagnie, t. Ier, 1779, in-4.

ZISKA (JEAN), fameux chef des Hussites, né en Bohême vers 1380, d'une famille noble, qui portait le nom de Trocznow, reçut le sobriquet de *Ziska*, qui signifie le borgne, après avoir perdu un œil dans les combats. Lorsqu'en 1419, après la mort de Venceslas, l'emper. Sigismond, son frère, voulut faire valoir ses droits sur la couronne de Bohême, les disciples de Jean Huss, qui ne pouvaient lui pardonner d'avoir fait brûler leur chef au concile de Constance, se soulevèrent et prirent pour chef Ziska, qui réunit et disciplina en quelq. mois une armée formidable, et fit soulever toute la Bohême, il remporta (1420) une victoire complète sur Sigismond, qui fut obligé d'assurer des priviléges et des garanties aux Hussites et n'obtint qu'à ce prix la couronne. Les hostilités recommencèrent bientôt. Ziska porta ses armes jusqu'en Autriche et en Hongrie, perdit l'œil qui lui restait, et n'en continua pas moins de diriger la guerre, tant était grande la confiance qu'on avait en sa capacité! De retour en Bohême, où Sigismond avait repris l'avantage, il l'atteignit près d'Aurig, le battit, et par cet avantage rendit les Hussites maîtres de tout le royaume. Dès lors il ternit ses exploits par sa férocité; mais cette férocité même eut pour résultat d'effrayer l'emper., qui fut trop heureux d'obtenir la paix, en lui offrant le titre de vice-roi perpétuel de Bohême, avec le droit de nommer à tous les emplois et de percevoir les tributs. Il accepta ces conditions pour se mettre ainsi au-dessus des caprices de ses partisans; ainsi il mourut de la peste au château de Priscon en 1424.

ZITTARD ou ZITTARDUS (MATHIAS VON), prédicateur allemand, né à Aix-la-Chapelle dans les prem. années du 16e S., embrassa la règle de St-Dominique, fut aumônier ou chapelain des emper. Ferdinand Ier et Maximilien II, et mourut à Vienne vers 1571. Entre autres ouvrages on a de lui des *Homélies*, au nombre de vingt-sept, *sur la prem. épître de St Jean* (allem.), Cologne, 1571, in-fol. — ZITTARD (Léonard von), dominicain, frère du précéd., fut d'abord coadjuteur de l'archevêque de Mayence, puis son suffragant sous le titre d'évêq. de Mysie. — ZITTARD (Herman), dominicain, vivait vers 1408. On lui attribue le *Manuale confessorum*, ouvrage en vers.

ZIZANIA (LAURENT), archiprêtre à Koretz en Volhynie à la fin du 16e S., est auteur de la prem. grammaire slavonne proprement dite qui ait été publiée. Elle a été imprimée à Vilna en 1596, avec l'addit. de prières et d'un vocabulaire des dialectes slavon et russe. On doit en outre à Zizania un *Catéchisme* en langue lithuanienne, qui, examiné et abrégé par le clergé de Moscou, a été imprimée dans cette ville en 1627.

ZIZIANOFF (PAUL DIMITRIEVITSCH), prince géorgien, entra de bonne heure au service de la Russie et fut fait en 1803 commandant de l'armée destinée à maintenir la Géorgie sous l'autorité de cette puissance. Dans cette même année, outre qu'il s'acquitta parfaitement de sa principale mission, il soumit à un tribut les Lesghi de Tchar et de Belak' han, qui occupent un pays montagneux, mais fertile et riche, à la frontière orientale de la Géorgie, et il fit chasser les Lesghi, à la solde de la Turquie, dont les incursions fréquentes l'importunaient. L'année suiv., il entreprit trois expéditions, l'une contre Érivan, où il échoua, les deux autres, qui réussirent, contre Djawat, khan de Gandja, ancien fief des rois de Géorgie, et contre les Ossètes du district de Djaukom. En 1805, après s'être emparé de Noukhi, capitale du pays de Chak'hi, et y avoir établi Djafar-Kouli-Khan, comme vassal de la Russie, il se proposait de soumettre Ibrahim, khan du Karabagh, lorsqu'il fut assassiné par ce prince. On l'avait prévenu du sort qui lui était préparé; mais l'assurance où il était qu'on n'oserait porter la main sur lui causa sa perte.

ZIZIM, ou plus exactement DJEM ou DJIM, prince othoman, célèbre par ses aventures et ses malheurs, était fils de Mahomet II. Né l'an 864 de l'hég. (1459 de J.-C.), il n'avait que dix ans, lorsqu'il fut investi du gouvernem. de Kastamouni dans l'Anatolie, d'où il passa à celui de Caramanie en 1475. A la mort du sulthan, son père (1481), il prêta trop facilement l'oreille aux insinuations de quelq. amis qui lui persuadèrent qu'il avait plus de droit à l'empire que son frère Bajazet II : ce fut là l'origine de toutes ses infortunes. Vaincu une première fois, il s'enfuit en Égypte, fit le pélerinage de la Mekke et de Médine, et de retour voulut tenter encore le sort des armes. Battu de nouveau, il passa dans l'île de Rhodes (1482), sur la foi d'un sauf-conduit du gr.-maître Pierre d'Aubusson. Mais d'Aubusson ne tarda pas à vendre chèrement à Bajazet la promesse de surveiller et de garder en captivité le prince fugitif. En exécution de ce honteux traité, Zizim fut transporté, sous la garde des chevaliers, d'abord à Nice, puis à Exiles, au château de Rumilly, au Puy en Dauphiné, enfin au château de Sassenage. On avait eu soin d'éloigner de lui les uns après les autres ses plus fidèles serviteurs, et ce ne fut pas la seule persécution qu'il eut à subir. L'amour s'étant chargé de le consoler pendant son séjour à Sassenage, ses geôliers l'en tirèrent pour l'enfermer successivem. dans le château de Bourganeuf, en Auvergne, dans ceux de Monteil et de Moretel, dans la forteresse de Bois-l'Ami. Il fut, dans toutes ces prisons, détenu avec plus ou moins de rigueur et plus ou moins maltraité. Cependant le grand-maître trompait les souverains de l'Europe en leur persuadant que le prince était libre et restait de son plein gré parmi les chevaliers. Quelques-uns plus difficiles à abuser, ou intéressés à voir le fils de Mahomet rentrer dans l'empire othoman, s'employèrent un moment pour sa délivrance et l'oublièrent bientôt, absorbés par d'autres intérêts plus pressants. Enfin, pour faire droit aux nouvelles réclamations d'Innocent VIII et du roi de Naples, Ferdinand d'Aragon, on le tira de sa prison en 1487, et on l'embarqua pour Civita-Vecchia, d'où il se rendit à Rome. Les plus gr. honneurs l'y attendaient; mais lorsque le pape le vit préférer à tous les rêves de l'ambition le bonheur d'aller retrouver en Égypte sa mère et ses enfants, lorsqu'il le vit rejeter avec colère la proposition de combattre dans les rangs des chrétiens contre son frère, c'est-à-dire contre les musulmans, il l'abandonna, et même bientôt, il le tint plus étroitement resserré, d'après un traité monstrueux qu'il conclut à son tour avec Bajazet. Sous Alexandre VI, le malheureux prince ne fut pas plus libre ni plus heureux. Ce fut à Charles VIII, maître de Rome, qu'il dut son élargissem. en 1495. Il est vrai que le roi de France, moins généreux que politique, se proposait de l'employer utilement dans la guerre qu'il méditait contre la Turquie. Zizim mourut la même année à Naples. Alexandre VI avait eu l'idée aussi bizarre que cruelle de détacher auprès de lui un de ses émissaires, qui lui fit la barbe avec un rasoir empoisonné. Zizim a laissé un *divan*, ou recueil de poésies estimées, et la traduct. en turc du roman persan de Selman, intitulé : *Djemschid et Khorschid*. On en connaît un franç. sous ce titre : *Zizime, prince othoman, amoureux de Philippine-Hélène de Sassenage* (par le prés. Allard), Grenoble, 1673, in-12.

ZOBEIDAH ou ZEBD-EL-KHEWATIN (*la Fleur des Dames*), princesse de la race des Abbasides, était en bas âge lorsqu'elle perdit son père Djafar, fils aîné du khalife Al-Mansor, l'an 150 de l'hég. (767). Elle fut la seule épouse légitime du célèbre Haroun Al-Raschid, son cousin germ., qui parvint au khalyfat l'an 170 (787). Cette même année, elle mit au monde Amyn, qui dès lors fut l'héritier présomptif de l'empire, quoiq. le khalyfe eût de ses concubines d'autres enfants, entre autres Mamoun. Après la mort de son époux l'an 193 (809), elle eut le chagrin de voir qu'Amyn, qui avait perdu par son indifférence de ce prince; lui avait appelé qu'à partager l'empire. Plus tard, elle eut la douleur plus grande de voir Amyn perdre le trône et la vie par suite de sa conduite imprudente et injuste; mais Mamoun, en succédant à son frère, laissa Zobeidah jouir des prérogatives de son rang. Elle continua de résider à Baghdad, où elle mourut l'an 216 (831). Cette princesse joue un plus grand rôle dans les *Mille et une Nuits* que dans l'hist. D'ailleurs, on vante sa piété et sa libéralité; on lui attribue généralement la fondation de Tebriez ou Tauriz, une des princip. villes de Perse, l'an 175 (791-92).

ZOBEIDI (ABOUBEKR-MOHAMMED), fils de Hasan, philologue de Séville ou de Cordoue, est connu surtout pour avoir mis dans un nouvel ordre et corrigé le dictionnaire arabe intitulé : *Kitab élaïn*, du célèbre grammairien Khalil, fils d'Ahmed. Zobeïdi mourut à Cordoue en 330 (941-42). Sylvestre de Sacy conjecture que l'auteur d'une histoire des juriscons. de Cordoue, nommé par Hadji-Khalfa, *Abou-Bekr Hasan, fils de Zobeïdi*, et mort en 379 (989-90), est fils du même Zobeïdi.

ZOBOLI (ALPHONSE), astronome, né à Reggio vers la fin du 16e S., s'attacha au système de Tycho-Brahé, et mourut, à ce que l'on croit, à Bologne vers 1640. Son principal ouvr. est un traité des comètes, intitulé : *Asicometologia, discorso intorno all' apparizione della nuova stella, e del corpo meteorologico che si videro circa alla fine del anno 1618*, Bologne, 1619, in-4.

ZOCCOLI (CHARLES), architecte, né à Naples en 1718, servit d'abord dans le corps du génie, qu'il quitta, ne pouvant supporter les fatigues de l'état militaire, pour s'adonner à l'architecture. Ayant étudié la jurisprudence et publié un bon traité des servitudes, il fut chargé de régler les différends que fait naître si fréquemment le cours des eaux entre les riverains, et toutes ses décisions à cet égard furent regardées comme des oracles. Il remplit aussi la place de contrôleur des bâtiments de la ville de Naples, et mourut en 1771, laissant la réputation, sinon d'un gr. artiste, au moins d'un architecte habile, dont toutes les constructions sont solides et agréables. On estime son traité d'hydraulique : *Della gravitatione de' corpi, e della forza de' fluidi* (v. les Mem. degli archit. de Milizia, II, 347).

ZOÉ, concubine et ensuite femme de Léon VI, emper. d'Orient, dut son élévation au crime par leq. elle se débarrassa d'un prem. mari et au bonheur qu'elle eut de préserver son amant des périls d'une conjuration. Elle ne jouit pas long-temps de son titre d'impératrice, et mourut vingt mois après, en 893. — Zoé, *Carbonopsine*, fut la 4e femme du même emper., qui, ne voulant l'épouser que pour avoir un héritier, commença par en faire sa maîtresse, et attendit quatre ans des preuves de sa fécondité. Enfin elle mit au monde Constantin-Porphyrogénète, et fut couronnée. Comme les quatrièmes noces n'étaient pas alors permises par les canons, il s'ensuivit quelq. troubles. Zoé, chassée du palais, après la mort de Léon, en 911, fut rappelée, trois ans plus tard, sur les instances de son fils encore enfant, et gouverna avec assez de fermeté. En 919, Romain Lecapène, après avoir été son amant, la confina dans un cloître, où elle mourut obscurément. — Zoé, impérat. d'Orient, était dans sa 48e année, lorsqu'elle épousa Romain Argyre en 1028. Elle abusa de son ascendant sur ce prince pour écarter ou perdre tous ceux qui lui faisaient ombrage, et le fit périr enfin lui-même, pour épouser et élever sur le trône son amant, un Paphlagonien nommé Michel, frère de l'eunuque Jean, chambellan du palais. Elle eut lieu de se repentir de son crime; car, éloignée des affaires, elle resta presque prisonnière jusqu'à la mort de Michel, qui la força de reconnaître pour son successeur son neveu Michel-Calafate. Celui-ci la chassa du palais. Mais le peuple se déclara pour elle et la rétablit sur le trône, avec sa sœur Théodora. Le commencem. du règne des deux princesses, jusque-là ennemies, fut sage, ferme et heureux (*v.* Théodora). Cepend. Zoé, pour contre-balancer l'ascendant de sa sœur, voulut prendre un époux, et choisit Constantin-Monomaque, qui seul la pleura, lorsqu'elle mourut en 1044, à l'âge de 74 ans, laissant la réputation d'une femme moins ambitieuse que débauchée.

ZOEGA (George), célèbre archéologue, né en 1755 à Dahler (Jutland), perfectionna à Gœttingue ses études qu'il avait commencées à l'école d'Altona, visita les principales universités de l'Allemagne, de la Suisse et de l'Italie, puis vint se fixer un moment près de son père aux environs de Tondern. Il accepta, en 1778, une place de précepteur, et la quitta bientôt pour voyager comme gouvern. avec un jeune gentilhomme. Avant de se mettre en route, il s'arrêta quelq. temps à Gœttingue, où il revit Heyne, son maître, dont les avis décidèrent sa vocation archéologique. Il partit en 1780, et revint l'année suivante, après avoir seulem. traversé l'Allemagne, parcouru quelques cantons de l'Italie, et séjourné un peu de temps à Rome, déjà l'objet de sa prédilection. La mort inattendue du père de son compagnon de voyage le rendit à son indépendance. Il retourna alors auprès de Heyne, dont il reçut une nouvelle impulsion vers l'étude de l'archéologie. Le ministre danois Guldberg le chargea d'abord de la classification et de la publicité des collect. de médailles existantes à Copenhague, et lui fit ensuite entreprendre, aux frais du roi, un voyage numismatique. Zoëga partit donc encore une fois en 1782. Il consacra quelq. mois à explorer le riche musée de Vienne, et se lia dans cette ville avec le nonce Garampi, sous les auspices duquel, à son arrivée à Rome, l'année suivante, il fut introduit dans le palais de Borgia, depuis cardinal, qui devint pour lui un zélé protecteur. Ce fut quelq. temps après qu'il épousa une jeune Italienne, dont il n'obtint la main qu'en embrassant le catholicisme. Depuis quelq. années devenu sceptiq., cette abjuration ne dut pas beauc. lui coûter; mais il la tint secrète ainsi que son mariage pour ne pas encourir les reproches de son père. Il s'était enfin décidé à quitter Rome, où il avait prolongé son séjour audelà du terme fixé par ses instructions ; il venait d'arriver à Paris, après avoir visité à la hâte la galerie grand-ducale à Florence, lorsqu'il apprit la chute de son protecteur Guldberg (1784). Il reprit le chemin de Rome, avoua son abjurat. et son mariage au nouveau ministère de Danemarck; mais loin d'éprouver une disgrâce comme il le craignait, il fut maintenu dans sa position qui s'améliora même par sa nomination à la place d'interprète de la propagande pour les langues modernes. Malgré l'affaiblissement de sa santé et les embarras domestiques qui ne cessèrent de le tourmenter jusqu'à la fin de sa vie, il trouva le loisir et le courage de publier, en 1787, ses *Numi ægyptii*, ouvrage qui avait exigé de longues études et qui fut bien accueilli des savants. Long-temps avant cette publication, il avait entrepris sur l'Égypte d'autres travaux conçus d'après un plan gigantesque. Son brillant début attira sur lui les regards de Pie VI, qui ayant résolu de reprendre l'œuvre interrompue de ses prédécesseurs, en faisant relever les obélisques qui gisaient encore sur le sol romain, le chargea d'en interpréter les figures et les hiéroglyphes. C'était là une œuvre qui n'était pas mûre; mais il faut reconnaître que l'archéologue danois entra tout d'abord dans une route beaucoup plus sûre que ses prédécesseurs, et se mit en possession d'un fait jusque-là généralement méconnu; c'est que les hiéroglyphes, loin d'être tombés en désuétude avec la conquête de l'Égypte par Cambyse, roi de Perse, ne cessèrent d'être employés qu'après l'entière destruction du paganisme. Il eut la sagesse de ne point s'aventurer dans les détails d'une interprétat. impossible, et se borna à rédiger une immense compilation critique sur l'origine, le but et l'histoire des monuments appelés obélisques et de ceux qui s'en rapprochent : c'était poser la base de toutes les recherches ultérieures relatives à l'archéologie égyptienne. Ce livre ne parut qu'en 1800, sous ce titre : *De usu et origine obeliscorum*. L'auteur lui donna la date de 1797, et voulut dédier à la mémoire de Pie VI une publication qu'avait ordonnée ce pontife, et qui n'avait été retardée que par les événements de la guerre. Pour se consoler des maux que déversa sur sa patrie adoptive l'invasion des Français, Zoëga avait eu recours à l'étude. Il eut d'ailleurs un moment d'enthousiasme, lorsqu'il crut voir ressusciter la républiq. romaine sous les auspices des vainqueurs de Rome. Lors de la création de l'institut national romain, il fut attaché à la section d'histoire et d'antiquités. Dès les prem. temps de la guerre, il avait été investi des fonctions d'agent consulaire du Danemarck, sans en avoir le titre. Zoëga manifesta le désir, en 1800, de revoir son pays natal. En 1802, il fut rappelé formellem. par le roi de Danemarck, en qualité de professeur à l'univ. de Kiel, avec d'assez grands avantages, tant pour lui que pour sa famille; mais il éprouva combien il tenait fortement au séjour de cette Rome qu'il avait cru vouloir quitter : il demanda délai sur délai, et enfin il obtint, en 1804, que les mêmes avantages qui l'attendaient à Kiel lui seraient assurés à Rome, et qu'il aurait, outre le titre de professeur, celui d'agent de S. M. danoise, sans en remplir les fonctions. Il se livra dès lors à l'étude avec une nouvelle ardeur, dont les princip. résultats furent son *Catalogus codicorum copticorum musæi borgiani*, et ses *Bassirilievi antichi di Roma*. Le prem. de ces ouvr. fut pour lui le sujet d'un procès avec les héritiers de Borgia et avec la propagande, dont il ne vit point la fin, mais qui fut jugé en faveur de ses enfants. Le second, pour lequel il s'était associé Piranesi comme collaborateur, sans compter le graveur Piroli, ne fut point achevé. Le 1er vol., grand in-4, publié par livraison, fut terminé au mois de mai 1808; mais le 2e ne fut point complété, de sorte que les dernières planches parurent sans explicat. après la mort de Zoëga, arrivée en 1809. Les *Dissertations* détachées du savant danois ont été recueillies en 1817, avec div. fragm. archéologiq., mythologig., historiq., et publiées en allemand par M. Welker, sous le titre de *Vie de Zoëga*, 2 vol. in-8. Ses MSs. ont été transportés à Copenhague en 1811, et déposés à la bibliothèque royale. On en trouve une *notice* détaillée à la fin du recueil dont on vient de parler.

ZOELLNER (JEAN-FRÉDÉRIC), ministre protest. de Berlin, préfet du gymnase de cette ville, etc., né en 1753 à Neudamm, dans la Nouvelle-Marche, mort à Francfort-sur-l'Oder en 1804, a laissé de nombreux écrits, tous en allem., parmi lesquels on citera : *Hist. de l'Europe moderne*, 1785-93, 12 vol. in-8. — *Lettres sur la Silésie, sur Cracovie, Wieliczka, et sur le comté de Glatz*, écrites dans un voyage fait en 1791, Berlin, 1792-1793, 2 vol. in-8, fig. — *Voyage en Poméranie, dans l'île de Rugen*, etc., 1797, in-8, fig.

ZOEMEREN (HENRI de), théologien, né vers 1420, dans une petite ville du Brabant dont il prit le nom, fut pourvu, dès 1460, d'une chaire de théologie à l'université de Louvain, et mourut dans cette ville en 1472. On lui doit un abrégé de l'ouvrage d'Occam contre les hérétiques : *Epitome primæ partis dialogi Gul. Occam quæ intitulatur de hæreticis*, Louvain, Jean de Westphalie, 1481, petit in-fol. — *Epistolarum liber*, ib., 1481, in-fol. Ces deux ouvrages, surtout le second, sont en cahiers, rares.

ZOES (HENRI), *Zoesius*, jurisconsulte, né à Amersfort en 1571, professa la langue grecque et expliqua successivement les Institutes et les Pandectes à l'univ. de Louvain, et mourut en 1627. Son princip. ouvr. est le suiv. : *Commentarius ad digestorum seu pandectarum juris civilis libros*, souv. réimprimé. Les meilleures édit. sont celles de Louvain, 1717, in-fol., et Cologne, 1736-37, 2 vol. in-4. — ZOES (Nicolas), évêque de Bois-le-Duc, de la famille du précédent, né en 1564, mort à Louvain en 1625, fut un prélat pieux, instruit et zélé. On a de lui, en latin, la *Vie de J. Wendwel*, Douai, 1598, in-8. — ZOES (Gérard), jésuite, de la même famille, né à Amersfort en 1579, mort à Malines en 1628, a trad. en flamand les ouvr. qu'il crut le plus utile de répandre dans les Pays-Bas. Parmi ces nombreuses traductions, presq. toutes anonymes, il suffira de citer le *Traité de la dévotion à la Ste Vierge*, du P. Spinelli.

ZOHEIR, poète arabe, contempor. de Mahomet, fut l'auteur d'une des 7 *Moallakah*, qu'il composa à l'âge de 80 ans. Ce poème a été publié avec les autres *Moallakah* en anglais, accompagné du texte arabe en caractères latins, par W. Jones, Londres, 1782. M. E.-Fr.-Ch. Rosenmüller l'a donné séparément en arabe, avec des scholies arabes, une trad. lat. et des notes, Leipsig, 1792, et dans la 2ᵉ part. de ses *Analecta arabica*, Leipsig, 1826, avec les scholies de Zouzéni en entier, et quelques autres.

ZOILE, personnage trop fameux, dont le nom est devenu commun à tous les critiques envieux et passionnés, n'est connu que par des écrits contradictoires, dont il est impossible de faire sortir une vérité incontestable. Les amateurs de problèmes curieux, mais insolubles, trouveront sur ce grammairien, surnommé *Homeromastix*, ou *le Fléau d'Homère*, assez de données diverses dans les *Allégories* homériq., long-temps attribuées, peut-être mal à propos, à Héraclide de Pont, dans les livres de rhétorique et de critique d'Halicarnasse, dans Strabon (liv. VI), dans Plutarque (*Sympos.*, livre V; *Probl.*, livre IV; *L. de decem oratoribus*), dans Athénée (livres I, VIII et IX), dans Élien (*Hist. div.*, liv. XI, chap. 10), dans Suidas, Vitruve, etc. Parmi ces auteurs, les uns le représentent comme un rhéteur ou grammairien recommandable; les autres le peignent sous les couleurs les plus odieuses. Ils assurent que tout son plaisir était de médire, et son uniq. occupat. de travailler à se faire détester; ils prétendent qu'il finit par se faire crucifier, ou lapider, ou brûler vif. Ces accusations sont au moins exagérées. Les uns le font naître à Amphipolis, les autres à Éphèse. Pour admettre tous les faits qu'on a racontés sur lui, il faudrait supposer qu'il naquit au plus tard vers l'an 400 avant notre ère, et qu'il vécut au moins jusqu'en 269, c'est-à-dire plus de 130 ans. Quelq.-uns ont distingué deux personnages du nom de Zoïle; mais il n'existe aucun texte à l'appui de cette distinction hasardée. Zoïle, probablem. né à Amphipolis, composa dans Athènes des livres de critique littéraire, et jugea sévèrement l'*Iliade* et l'*Odyssée*; ses observations, publiées au 4ᵉ S. av. notre ère, scandalisèrent par leur liberté ou leur hardiesse les savants de l'école d'Alexandrie, qui, sous Ptolémée-Piladelphe, s'appliquaient à recueillir et à expliquer les poèmes d'Homère. Ils n'auront pas manqué de condamner la doctrine de Zoïle, et leurs anathèmes solennels, mal compris, mal exposés, se seront peu à peu transformés, aux yeux des peuples crédules, en des rigueurs exercées sur la personne même de l'Homéromastix. Les ouvrages attribués à Zoïle sont : 9 livres de *Remarques hypercritiques* sur le prince des poètes ; un *Discours* contre Isocrate; un *Examen* de certains *Dialogues* de Platon ; une *Hist. d'Amphipolis*, en III livres; une *Hist. générale* depuis la théogonie jusqu'à Philippe, roi de Macédoine; un *Éloge* des habitants de l'île de Ténédos; un *Traité de gramm.* et une *Rhétorique*. Toutes ces productions nous manquent, sauf un mince fragm. de la *Rhétorique*, conservé par Phébammon, et quelq. lignes extraites plus ou moins fidèlement par les scholiastes. Il est fait mention de plus de 20 autres *Zoïle* dans les livres et les monum., soit de l'antiquité, soit du moyen-âge (v. Diogène de Laërte, VI, 37); St Clément d'Alexandrie (*Strom.*, IV, 522); Plutarque (*Vie de Démétrius-Poliorcétès* et 38ᵉ *Quest. grecq.*) Josèphe (*Antiq. jud.*, livre XIII, chap. 20); Cicéron (*Ep. fam.*, livre XIII, ch. 46); Martial, Galien (*de Antid.*, II, 15, et *de Medicam*, IV, 7), etc.).

ZOLA (JOSEPH), théologien, né en 1739 à Concesio (état de Venise), fut d'abord bibliothécaire, puis professeur de morale et recteur à Brescia. Dépouillé de ces emplois en 1771, sous prétexte qu'il partageait la doctrine des jansénistes, il vint à Rome, y fut accueilli avec la distinction que méritaient ses talents et ses vertus, et obtint au collége Fuccioli une chaire de morale qu'il remplit jusqu'en 1774, époque à laquelle il fut appelé à Pavie. Il y fut nommé professeur d'histoire ecclésiastique, puis rect. du collége Germanique-Hongrois. La direct. qu'avait prise cette univ., et qui, toute conforme aux principes sévères de Zola, était en opposition directe avec le système ultramontain ou *hildebrandisme*, la fit supprimer. A la mort de l'emper. Joseph II, Zola perdit sa chaire en 1794; mais, rappelé lors des conquêtes des Franç., il fut fait professeur d'histoire, des lois et de la diplomatie. Dépouillé encore de cette place en 1799, par la suppression de l'univ. de Pavie, lorsque la cour de Vienne eut recouvré la Lombardie, il y fut rappelé après la bataille de Marengo. Admis en 1802 au collége des *Dotti*, il assista ensuite aux comices convoqués à Lyon sous les auspices de Bonaparte, et mourut à Concesio en 1806. Parmi ses nombr. écrits, nous citerons son livre de *Rebus christianis ante Constantinum*, 1780, 8 vol. in-8, ouvr. mis à l'*index* le 10 juillet 1797, ainsi que ses *Leçons théolog.*, 2 vol. in-8 (*v.* l'*Éloge* de Zola, en italien, Pavie, 1807, in-8).

ZOLKIEWSKI (STANISLAS), hetman ou général en chef des armées polonaises sous Sigismond III, né en 1547, dans la Russie-Rouge, d'une ancienne et illustre famille, fut élevé avec le plus gr. soin, et dès sa tendre jeunesse posséda les anc. histor., et les auteurs classiques. Confié de bonne heure au grand Zamoyski, il le suivit dans ses expéditions militaires, et pendant la paix il en reçut des leçons de gouvernement et de politique. Lorsqu'après la mort d'Étienne Battori (1586), l'archiduc Maximilien entra en Pologne pour disputer la couronne à Sigismond III, l'aile droite de l'armée nationale fut confiée à Zolkiewski. Il défit entièrement les impériaux sous les murs de Witzen, et fut récompensé par le bâton de *hetman polny*, ce qui répond à la dignité de major-général ou de prem. lieuten. du général en chef. Il marcha ensuite vers l'Ukraine, avec la mission de faire rentrer dans l'obéissance les Cosaques, devenus les auxiliaires de l'empereur Rodolphe II, et il obtint sur eux de gr. avantages en 1596. Un peu plus tard, dans une guerre contre les Suédois, il seconda vaillamment les efforts du vieux Zamoyski. Ce gr. capitaine, qui mourut peu de temps après (1605), lui donna un haut témoignage d'estime, en le nommant tuteur de son fils unique. En 1607, à la bataille de Guzow, que Sigismond gagna sur des révoltés, Zolkiewski commanda l'aile gauche de l'armée royale. Dans la guerre déclarée à la Russie en 1609, il dirigea les opérations militaires de la Pologne, avec le titre d'*hetman;* mais il ne put, comme il le voulait, marcher sur Moscou, et fut obligé de perdre son temps au siége de Smolensk, parce que la reine Constance, seconde épouse de Sigismond, l'avait ainsi ordonné. Les Russes, exempts de crainte pour l'intérieur de leur pays, ne tardèrent pas à marcher sur Smolensk pour le débloquer. Zolkiewski prit alors la route de Moscou, dont les portes lui furent ouvertes après une victoire (1610), et il fit proclamer tzar le jeune Vladislas, fils aîné de Sigismond; mais la reine Constance, belle-mère du jeune prince, empêcha l'élection d'avoir aucun effet. Le général polonais revint triompher avec éclat dans Varsovie. En 1620, il fut envoyé au secours de Gaspar Gratian, hospodar de Moldavie, qui se voyait menacé par la Turquie, pour avoir manifesté l'intention de se mettre avec sa principauté sous le patronage de la Pologne; mais il trouva peu d'appui dans l'hospodar lui-même, et, abandonné de ses propres officiers, effectua sa retraite avec autant de bonheur d'abord que de présence d'esprit. Il touchait déjà aux frontières de la Pologne, quand il périt avec ses deux fils dans une attaque nocturne des Turks et des Tatares. Il avait 73 ans (*v.* les *Spiewy historiczne z Musykon i i Rycinami*, ou *Chants historiq.*, etc., Varsovie, 1819, in-8, et les *Sarmatiæ bellatores*, de Starowolski, Breslau, 1773, in-4, p. 158).

ZOLL (HERMAN), juriscons., né à Cassel en 1643, remplit successivement les diverses chaires de jurisprudence à Marpourg, fut conseiller du prince de Rinteln et directeur de sa chancellerie, et mourut en 1725. Ses *dissert.*, qui roulent sur des points capitaux de législation, sont estimées.

ZOLLIKOFER (GEORGE-JOACHIM), prédicateur protestant, né en 1730 à St-Gall en Suisse, fut successiv. ministre dans le pays de Vaud, chez les Grisons, à Isenbourg, à Leipsig, et mourut en 1788. Ses *Sermons* ont été recueillis en plusieurs parties. L'édition la plus complète est celle de Leipsig, 1789-1804, 15 vol. in-8.

ZOLOTAREF (PIERRE), fils d'un boyard russe, attaché à la personne de Joseph, métropolite d'Astrakhan, a écrit en 1669 l'*Histoire de la révolte du Cosaque Stenka Razine, et de la mort du métropolite Joseph, du prince Prozorofski et de beaucoup de Voievodes*. Des copies de ce MS. existent à la biblioth. du synode de Moscou et à celle du couvent de St-Alexandre-Nefski à Pétersbourg.

ZOLTAN ou ZULTAN, duc de Hongrie, fut, pendant la prem. moitié du 10e S., l'effroi de l'Allemagne, de la France et de l'Italie. Déjà les Hongrois, descendus des hauteurs du Caucase sous son aïeul Almus, s'étaient étendus dans la Moravie sous son père Arpad; mais ce fut lui qui les conduisit successivem. dans les plus belles contrées de l'Europe, de l'an 907 à l'an 955. Chaque année les troupes du redoutable conquérant changeaient de direction; mais, en 955, l'empereur Othon Ier entra en Souabe, attaqua les Hongrois, postés sur le Lech, et gagna sur eux une bataille qui releva le courage de l'Allemagne, et amena le jour de sa délivrance. Ce désastre fut une leçon pour Zoltan. Il comprit qu'il était temps d'arrêter dans leurs courses les hordes asiatiques auxquelles il commandait, et qu'il devait travailler désormais à changer leurs mœurs et leurs habitudes, pour amener par degrés, au milieu d'elles, la civilisation européenne. Il se mit à l'œuvre, non sans quelque succès, après avoir lui-même tracé les limites de son duché, qui, selon les auteurs contemporains, s'étendaient au sud jusqu'à la mer Adriatique, comprenant une partie de la Styrie, la Dalmatie, la Croatie, la Bosnie, la Transylvanie et une partie de la Valachie. Il mourut en 960, et eut pour successeur son fils Taxes ou Taksony.

ZONARE (Jean), historien et canoniste grec du 12e S., fut secrét.-d'état sous Jean et Manuel Comnène, puis se retira dans une île éloignée pour prendre l'habit monastique. Outre quelq. opusc. de droit, imprimés dans différents recueils et des Commentaires sur les canons des Apôtres, etc., dont l'édit. la plus complète est celle de Beveridg, Oxford, 1672, in-fol., il a laissé des Annales, depuis le commencem. du monde à la mort d'Alexis Comnène, en 1118, dont la meilleure édition (Ducange) est celle du Louvre, 1686, 2 vol. in-folio, dans le corps de l'Hist. byzantine.

ZONCA (Victor), habile mécanicien, né vers 1580, eut le titre d'architecte de la ville de Padoue. On lui dut une foule d'inventions très ingénieuses, dont il publia la description sous ce titre : Nuovo Teatro di machine ed edifizj per varie e sicure operazioni, Padoue, 1607 ou 1621, in-fol.

ZONDADARI (Marc-Antoine), grand-maître de l'ordre de Malte, né à Sienne en 1658, dut à ses exploits un avancement rapide et la confiance du gr.-maître don Raymond Perellos de Rocafult; il n'en usa que pour le bien général de l'ordre, obtint lui-même la magistrature en 1720, et mourut en 1722. Son successeur fut Antoine-Manuel de Villena. La courte durée de son règne fut signalée par des réglem. et des mesures fort sages. On a de lui un opuscule sous ce titre : Breve e particolare istruzione del sacro ordine militare degli Ospitalari, Rome, 1719, in-12; réimpr. à Paris en 1721, puis à Padoue en 1724, avec une paraphrase du Psaume XLI, qui est aussi de lui (v. le t. XXVII, p. 286, du Giorn. de' letter.).

ZOOGRAPHE (Démétrius), prêtre russe, qui vivait de 1385 à 1402, était Grec d'origine, comme l'indique son nom; il est connu pour avoir traduit du grec en russe, le poème en vers iambiques, de George Pisida, archevêque de Nicomédie, intit. : la Création du monde. Cette traduct. existe en MS. dans les biblioth. de l'acad des sciences et de St-Alexandre Nefski à Pétersbourg, et de Ste-Sophie à Novogorod.

ZOPELLI (Jacques), poète italien, né à Venise en 1639, y remplit les fonctions d'archidiacre, se fit estimer pour ses talents et pour la pureté de ses mœurs, et mourut en 1718. Il a laissé un rec. de vers sous ce titre : Trattenimenti poetici seri e geniali, Venise, 1673, in-12.

ZOPF (Jean-Henri), histor., né à Gera en 1691, directeur du gymnase d'Essen, se fit remarquer par son savoir et mourut en 1774. Il publia en 1729 un Précis de l'hist. univ., souvent réimprimé, et trad. en franç. par Schoell, sous ce titre : Précis d'hist. univ., polit., ecclés. et litt., depuis la création du monde jusqu'à la paix de Schœnbrum, continuée sur un plan plus étendu, et augmentée d'une Hist. de la révolut. franç., etc., Paris, 1810, 5 vol. in-12.

ZOPPIO (Jérôme), littérat., né à Bologne dans le 16e S., suivit d'abord la carrière de la médecine, professa ensuite pendant quelque temps la logique et la morale à Macerata, et revint occuper la chaire de littérat. dans sa patrie, où il mourut en 1591. Nous citerons de lui : les cinq prem. livres de l'Énéide de Virgile, trad. in ottava rima, Bologne, 1554, 1558, in-8. — Rime e prose, ibid., 1567, in-8. — Ragionamenti in difesa di Dante e del Petrarcha, ib., 1583, in-4. — Zoppio (Melchior), fils du précéd., né à Bologne vers 1544, suivit comme son père la double carrière de la médecine et de l'enseignem., professa la philos. à Macerata, puis à Bologne, pendant 50 ans, et mourut en 1634. Outre quelques opuscules aujourd'hui sans intérêt, on a de lui deux comédies : Il Diogene accusato, et Il Giuliano, et quatre tragéd. : l'Admeto, Medea, Creusa, Meandro, Bologne, 1629, in-12.

ZOPPO (Paul), peintre, né à Brescia, mort en 1515, se fit remarquer par la finesse de sa touche. On voit de lui, dans sa ville natale, un Christ au Calvaire, de la manière des Bellini. — Zoppo di Lugano (Jean-Baptiste Discepoli, dit le), peintre de l'école milanaise, né en 1590, mort en 1660, fut un des coloristes les plus vrais, les plus forts et les plus animés de son temps. On cite surtout son tableau de Ste Thérèse, qu'il fit pour l'église de cette sainte à Côme.

ZOPYRE, médecin, qui paraît avoir eu des connaissances assez étendues en botanique, vivait à la cour de Ptolémée-Aulétès, roi d'Égypte. Il imagina pour ce prince l'antidote universel connu sous le nom d'Ambrosia, et dont on trouve la composition dans Celse (liv. V, ch. 23), dans Scribonius Largus (Compositiones medicæ), et dans Galien (Antidotarium, liv. II, ch. 8). C'est à peu près le fameux antidote de Mithridate (v. Sprengel, Hist. de la médecine, trad. de Jourdan, t. I, p. 489). — Zopyre, médecin de Gordium en Phrygie, ou de Gorte dans la Crète, contemporain de Plutarque, est mis par ce philos. au nombre des interlocuteurs des Symposiques ou Propos de table (livre III, ch. 6). — V. Megabyse.

ZORGDRAGER (Corneille-Gisbert), navigat. hollandais, né vers 1650, partit en 1690, comme capitaine d'un navire expédié à la pêche de la baleine dans la mer du Groenland. Il paraît qu'il continua pendant plus. années à faire ces sortes de voyages. On a de lui un livre estimé, en holland., sous ce titre : Progrès florissants de la pêche au Groenland, et Traité de la pêche de la baleine, Amst., 1720, in-4, fig.; La Haye, 1727, in-4.

ZORN (Pierre), philologue et théologien, né à Hambourg en 1682, traduisit du grec plus. ouvr., à peine à l'âge de 14 ans; mais son inconstance et l'amertume qu'il apportait dans la dispute l'empêchèrent de plaire et de se plaire en quelque lieu que ce fût, et lui firent mener une vie errante et agitée. On le trouve en 1725 profess. d'éloquence et d'hist. au gymnase de Stettin, et en 1729 on le voit cumuler avec ces deux chaires celle de professeur d'hist. ecclés. De Stettin il passa à Thorn, où il remplit les fonct. de professeur, de recteur et de bibliothécaire, et y mourut en 1746. Nous citerons de lui : *Index auctorum ab Eustathio in commentario in Homerum allegatorum*, inséré par Fabricius dans sa *Biblioth. grecque*, livre II, art. Homère. — *Bibliotheca antiquaria et exegetica in Scripturam sacram.* — ZORN (Jean), pharmacien, né à Kempten en 1739, y mourut en 1799. On a de lui : *Icones plantar. medicinal.* (lat.-allemand), Nuremberg, 1779-84, 5 vol. in-8, fig. color. — *Trois cents espèces de plantes américaines, rangées d'après le système de Linné* (all.), 1785-89, 3 vol. in-8. — *Choix de plantes rares et remarquables par leur beauté* (allem.), 1794-98, 3 vol. in-8.

ZOROASTRE, réformat. et scribe sacré du magisme, était issu, suiv. la légende des Orientaux, du sang des rois de Perse, et comptait, parmi ses aïeux le célèbre Féridoun. Des prodiges annoncèrent et accompagnèrent sa naissance. Les magiciens, qui savaient combien le nouveau-né devait un jour leur être fatal, lui tendirent divers pièges. Leurs persécut. commencèrent lorsque Zoroastre eut atteint l'âge de 7 ans, et se succédèrent 8 ans sans interruption. Quinze ans se passent ensuite sans que son histoire offre autre chose que des traits de vertu, de piété et de bienfaisance, et le tableau d'une vie consacrée à la solitude et aux méditations. A 30 ans, déjà célèbre parmi les peuples de l'Aderbaïdjan, il fait un voyage dans l'Iran, revient dans sa patrie, puis se dirige vers les montagnes, où il se confine pend. plus. années. C'est là qu'ont lieu ses entretiens avec Ormuzd, et qu'il reçoit l'ordre d'aller à la cour du roi Gustap prêcher la loi nouv., et porter le *Zend-Avesta*, qui en contient les préceptes. Zoroastre obéit et entre à Balkh, où des miracles multipliés lui concilient la confiance du roi. Cependant des envieux lui nuisent auprès du prince, et il est emprisonné sept jours. Mais bientôt son innocence éclate : il promet de guérir d'une paralysie jugée incurable le cheval du roi, à condit. que ce prince, qu'Isfendiar, son fils et son hérit. présomptif, la reine et toute la maison royale croiront à la loi d'Ormuzd et au Zend-Avesta. Toutes ces conversions ont lieu en même temps que la guérison du cheval, et dès lors Gustap élève partout des atechgahs ou temples du feu, établit des mobeds, et écrit à tous ses gouverneurs de venir à pied visiter le cyprès de Zoroastre. Beaucoup plus tard, Tchengrengatcha vient, suivi de 80,000 autres brahmes de l'Inde, à la cour de Gustap, pour adresser des questions au nouveau prophète de l'Iran, et le forcer à reconnaître l'insuffisance de sa doctrine : un chapitre du Zend répond à toutes ses difficultés, et Tchengrengatcha se convertit avec ses 80,000 brahmes. Cepend. d'autres contrées étaient moins promptes à accueillir les innovations religieuses de l'Iran. Des guerres partielles s'engagent en sens divers sur les sollicitat. de Zoroastre; mais, tandis que Gustap triomphe loin de sa capitale, cette capitale même est saccagée par un prince étranger, nommé Ardjasp. Isfendiar, il est vrai, ne tarde pas à reconquérir le royaume de son père ; mais Zoroastre n'est plus, et, soit qu'il ait péri au sac de Balkh, soit qu'il soit mort paisiblem. à une époque antérieure, il n'est plus question de lui dans l'histoire. Telle est la substance de ce que les Orientaux racontent de moins absurde sur le plus fameux législateur de leur pays avant Mahomet. Ce qui en résulte à peu près incontestablement, ce sont des voyages, un long séjour sur des cimes sauvages et solitaires, des miracles à la cour d'un roi puissant, l'établissem. (ou pour mieux dire le rajeunissem.) du culte d'Ormuzd, enfin des guerres intestines et étrangères occasionnées par ses innovat. On peut y joindre ce gr. fait, qui résulte de beaucoup de docum., que le caractère distinctif des doctrines zoroastériennes fut de ramener à une ancienne religion prêchée par Hom ou Omoumi, et de lui donner des formes fixes, précises, arrêtées, dont elle manquait; mais il reste beauc. de questions à faire à l'auteur de cette gr. révolut. religieuse, et l'on en a donné des solutions div., qui, toutes conjecturales qu'elles sont, font aujourd'hui partie de sa biographie. En voici le résumé succinct : 1° Zoroastre a-t-il existé ? Quelques-uns ne voient dans ce nom qu'une personnificat. astron.; mais l'authenticité, au moins partielle, du Zend-Avesta étant admise, on ne peut douter que quelqu'un n'ait écrit ce monument à une époque très reculée : or, ce quelqu'un est ce que nous appelons Zoroastre. 2° N'y a-t-il eu qu'un Zoroastre ? Foucher en admet deux, et a savamment appuyé son opinion ; d'autres en portent le nombre à trois, quatre, cinq et même six. Nul doute en effet que beaucoup de personnages n'aient porté le nom de Zoroastre ou un nom semblable ; mais ici il s'agit du réformateur de l'Iran, et ce personnage, s'il a existé, est essentiellem un. Qu'il ait eu des disciples, des ministres, rien de plus simple ; mais nul de ceux-ci n'est le réformat., le prophète, l'envoyé de Dieu. 3° Zoroastre est-il le vrai nom du notre prophète ? Non : c'est une altérat. grecque de *Zeretochtro,* mot zend, déjà diversement altéré en pehlvi, en parsi et en persan moderne, bien plus diversement altéré encore par la déclinaison. Du reste on a soupçonné (probablement avec raison), que ce nom est ou un titre, ou une dénomination symbolique que choisit le rénovateur, lorsqu'il entreprit sa réforme. Sur l'étymologie et le sens astron. du mot, v. Hyde, *de Rel. veter. Pers.*, et Creutzer, *Histoire des rel. anc.* 4° Où est Zoroastre ? Les Orientaux s'accordent à désigner comme sa patrie Ourmiagh, dans l'Aderbaïdjan (anc. Atropatène). C'est en effet ce qui résulte de la collation de tous les récits, de la géographie du Zend, et des raisonnements à *posteriori.* 5° Quand vécut Zoroastre ? Xanthus de Lydie le fait fleurir 6,000 ans avant J.-C. (600 dans quelq. éditions) :

d'où M. le marquis de Fortia et d'autres encore ont conclu que Zoroastre est un personnage antédiluvien. De même Rhode élève la vie et la réforme du législateur à une hauteur d'antiquité qu'il déclare incalculable. Parmi ceux qui se rapprochent des époques historiques, Volney place la naissance de Zoroastre en 1250 av. J.-C., et sa mort après 1181; Foucher le fait vivre et fleurir sous Darius-le-Mède, autrement Cyaxare Ier; enfin l'opinion commune est qu'il prêcha sous Darius, fils d'Hystaspe. Tous les faits admissibles, relatifs et à l'histoire de Zoroastre et à la propagat. du Zend-Avesta, se répartissent sur une période de 129 ans, sans contrarier en rien l'hist. et la vraisemblance. Zoroastre aura donc commencé sa mission sous Darius Ier, mais il aura vécu sous Xercès II et même sous Artaxerce Ier. On ne s'appesantira point sur l'authenticité du Zend, sur le caractère semi-politique de la réformation zoroastérienne, sur la qualification à donner au rôle import. de Zoroastre, traité par les uns d'imposteur, tandis que les autres ou le justifient ou l'excusent. Il suffit d'appeler l'attent. sur chacun de ces points, et d'indiquer les sources où l'on peut puiser d'amples renseignem., tant sur l'homme que sur ses institutions; ce sont (après le Zend même et ses traducteurs ou commentat.): Hyde, *De rel. vet. Pers.*; Rhode, *die Heilige Sage*; Gœrres, *Mythengesch.*; Foucher, *Mém. de l'acad. des inscript.*, t. XXVII; Anquetil, ibid., t. XXXI et XXXIV; et Creuzer, *Relat. de l'ant.*, liv. II, et *notes* de la traduction franç.; Guigniaud, Parisot, *Biogr. univ.* Le Zend-Avesta a été traduit en français par Anquetil (qui l'a le premier apporté des Indes), et en allemand par Kleuker, qui y a joint un excellent appendice (*Anhang zum Z.-A.*). Les anciens attribuaient à Zoroastre une multitude de livres évidemment apocryphes. Les *Oracles magiq.* (Λόγια μαγικά), très souvent réimpr. sous son nom (Paris, 1538, in-4; 1564, in-8), sont un recueil de sentences et préceptes qu'on croit avoir été écrits en grec sous la dictée d'un mobed persan par quelque philosophe d'Alexandrie.

ZOROBABEL, que tous les auteurs sacrés s'accordent à dire fils de Salathiel, se mit à la tête des Juifs qui habitaient la province de Babylone, pour les ramener en Judée, lorsque Cyrus leur eut rendu la liberté. Il seconda le zèle du grand-prêtre Jésus pour le rétablissement du culte public, et l'aida à dresser un autel pour offrir des sacrifices au Seigneur. Il rebâtit le temple, non sans de gr. obstacles de la part des Samaritains, qui réussirent même à interrompre les travaux pendant quelque temps; mais Zorobabel était sous la protection de Dieu, et avait pu en être informé par une vision du prophète Zacharie.

ZOSIME, sophiste et rhéteur, né à Alexandrie en Égypte, environ 500 ans av. J.-C., avait composé une *Vie* de Platon, aux doctrines duquel il était fort attaché, et différents ouvr. de physique; mais il n'en reste aucun fragment. — ZOSIME, chimiste, né à Panopolis en Égypte, dans le 5e S. de notre ère, a laissé quelq. ouvr. peu importants, qui sont restés MSS., et dont il n'existe qu'un petit nombre de copies. — ZOSIME, écriv. grec du 5e S., était comte et ex-avocat du fisc vers le temps d'Honorius et de Théodose-le-Jeune : on ne sait de sa vie rien autre chose. Il est auteur d'une *Histoire romaine* en VI livres, qui nous est parvenue dans un état fort imparfait. Sa narration ne s'étend que depuis les prem. empereurs jusqu'à l'année 410, seizième du règne d'Honorius, et troisième de l'associat. de Théodose-le-Jeune à l'empire. Il était païen et il n'épargne pas le christianisme. Parmi les édit. de cet ouvr. on distingue celle de J.-Fréd. Reitemeier, grec-latin, avec des *commentaires* de sa façon et des *notes* de Heyne et de Ritter (Leipsig, 1784, in-8), et parmi les versions, celle de Louis Cousin, en français, avec Xiphilin et Zonare (Paris, 1678, in-4, et Amst., 1686, 2 vol. in-12).

ZOSIME (St), pape, success. de St Innocent Ier, et Grec de nation, fut élu unanimement en 417. Obligé de prononcer sur l'appel interjeté à Rome par Célestius, qui partageait les erreurs de Pélage et qui venait d'être condamné par le concile de Carthage, il se laissa abuser par les artifices de ces deux hérésiarq., et les reconnut innocents; mais bientôt, mieux informé, il les condamna tous deux (418). Il écrivit à cette occasion une lettre à tous les évêques, spécialement à ceux d'Afrique, où il explique la doctrine catholiq. sur le péché originel et la grâce de Jésus-Christ. Dix-huit évêq. (d'autres n'en comptent que dix-sept) refusèrent de la souscrire : ceux d'Afrique tinrent un concile, et Zosime rétracta son prem. jugement. Une nouvelle contestat. s'élevait entre lui et les évêq. d'Afrique, lorsqu'il mourut (418). Il eut pour success. St Boniface Ier. Il reste de lui treize *Lettres* et quelques fragm. de sa *Constitution* contre Pélage. L'Église honore sa mémoire le 30 mars.

ZOTTON, premier duc de Bénévent, était un des compagnons d'Alboin, fondat. de la monarchie des Lombards en Italie. Zotton étendit son pouvoir, comme lui, par la conquête, sur Bénévent et sur les provinces qui forment aujourd'hui le roy. de Naples. On assigne l'an 571 pour le commencement de son expédit., et on lui donne un règne de 20 ans, pend. lequel il fut toujours en guerre avec les Grecs. Il mourut en 591.

ZOUBOFF (PLATON), dernier favori de Catherine II, avait à peine vingt-cinq ans lorsque cette princesse, plus que sexagénaire, jeta les yeux sur lui, et bientôt il eut tout le crédit dont avaient joui successivement les Orloff, les Lanskoï et les Potemkin, etc. Il n'était que lieutenant dans le régim. des gardes, et, quoiqu'il n'eût d'autres titres à un avancem. rapide que sa jolie figure et ses manières séduisantes, il fut fait prince et gr.-maître de l'artillerie. Non moins avide d'argent que de pouvoir et d'honneurs, il amassa, par des exactions et d'autres moyens honteux, une immense fortune. Mais à la mort de Catherine (1796), il rentra dans le néant d'où elle l'avait tiré. Exilé de la cour, puis de la Russie, par Paul Ier, il obtint, après quelq. années de voyages en Pologne et en Allemagne, la permission de rentrer dans sa patrie, et devint un des chefs de la conspiration dont le résultat fut la mort de Paul. Il se montra l'un des plus ardents parmi les meurtriers de ce prince, vécut depuis dans la retraite, et mourut vers 1817. — ZOUBOFF (Valérien), frère cadet du précéd., né en 1760, fut lancé par lui dans la carrière des honneurs et de la fortune, et mérita son avancement rapide par des services et un dévouem. du même genre. Il était lieuten.-général en 1794, et faisait en cette qualité la guerre de Pologne, lorsqu'il eut la jambe emportée d'un boulet. Cette blessure lui valut de nouvelles faveurs de Catherine, et le commandement de l'armée qu'elle envoya contre la Perse. La prise de Derbent fut le seul exploit permis à son incapacité. Il était depuis long-temps inactif sur les bords du Cyrus, lorsqu'il reçut la nouvelle de la mort de Catherine et l'ordre de revenir en Russie. Il demanda sa retraite pour n'être pas destitué, et resta dans l'inaction jusqu'à sa mort, arrivée à Pétersbourg en 1804. — ZOUBOFF (Nicolas), frère des précéd., eut part aussi aux libéralités de Catherine, fut général, sénateur, et tomba dans une complète disgrâce après la mort de l'impératrice. Il fut un des meurtriers de Paul Ier, sur lequel il osa le prem. porter la main. Il mourut en 1804.

ZOUCH ou ZOUCHE (RICHARD), jurisconsulte, né en 1590 à Ansley, dans le comté de Wilt, occupa la chaire de législat. à l'univ. d'Oxford, fut chancelier du diocèse, principal du collége de St-Alban et l'un des juges de la haute cour de l'amirauté. Il avait en partie rédigé la protestat. de l'univ. (1647) contre l'adopt. de la ligue solennelle et du *covenant*; mais il sut tenir une conduite assez prudente pour conserver ses emplois. En 1653, Cromwel le désigna l'un des juges de don Pantaléon Sa, frère de l'ambassad. portugais, accusé d'avoir assassiné un gentilhomme près de Westminster. C'est à ce sujet qu'il écrivit un de ses traités les plus célèbres : *Solutio quæstionis de legati delinquentis judice competente*, Oxford, 1657, in-8. Il mourut en 1660, après avoir vu l'aurore de la restaur. royale et joui un moment du poste de juge de l'amirauté. Nous citerons de lui : *Descriptio juris et judicii feudalis secundùm consuetudines Mediolani et Normanniæ, pro introduct. ad jurisprudentiam anglicanam*, Oxford, 1634, 1636, in-8. — *Descriptio juris et judicii temporalis, secundùm consuetudines feudales et normannicas*, ib., 1636, in-4. — *Descript. juris et judicii ecclesiastici, secundùm canones et consuetudines anglicanas*, ib., 1636, in-4. — ZOUCH (Thomas), littérateur anglais et docteur en théologie, né en 1737 à Sandal, près de Wakefield, dans le comté d'York, après avoir enseigné quelque temps au collége de Cambridge, fut pourvu du rectorat de Wycliffe, puis de celui de Scrayingham, dans sa province natale, obtint du ministre Pitt la seconde prébende de l'église de Durham, et mourut à Sandal, en 1815. Entre autres ouvr., on a de lui : *le Crucifiement*, poème, 1765, in-4. — *Considérat. sur le caractère prophétique des Romains, tel qu'il est présenté dans Daniel*, VIII, 23-25. — La *Biographie* de Phil. Sydney, et des *Mémoires sur la vie de John Sudburg*, 1808, in-4. — ZOUCH (Henri), son frère, dont on a quelques écrits sur des objets de police, était mort en 1795.

ZOUISKI ou SCHOUISKI (VASSILI), prince russe, descendait de Vladimir-le-Grand. Il s'empara du gouvernem. pendant la minorité d'Ivan IV (1534), et se rendit redoutable par l'exercice arbitraire qu'il fit de la souveraine puissance; mais il fut arrêté en 1544 par ordre du jeune prince, qui voulait régner lui-même, fut condamné à mort et exécuté sur-le-champ. — ZOUISKI (Vassili), fils du précéd., s'est illustré par son courage et ses exploits. Ce qui l'honore surtout, ce fut la résistance qu'il opposa dans Pleskow, en 1582, aux forces des Polonais, commandés par Zamoÿski. Il fit en quatre mois et demi 46 sorties, et par cette courageuse résistance décida les Polonais à conclure une trêve de dix ans. Elle fut signée le 6 janvier 1583, et ratifiée quelq. jours après. En 1584, les revenus de cette ville lui furent abandonnés par le tzar Fédor, qui avait succédé à son père Ivan; mais en 1587 il fut jeté dans un cachot et étranglé par ordre de Boris Godounoff, favori de Fédor. — ZOUISKI (Vassili), son fils, se réconcilia avec Boris Godounoff, et travailla même à dissiper tous les soupçons qui pouvaient s'élever sur la mort du jeune Dmitri, fils de Fédor, égorgé par l'ordre de Boris, qu'il s'agissait d'accuser de suicide (1590). Sous Boris, qui monta sur le trône en 1598, Zouiski jouit forcément de quelq. faveur. Cet usurpateur étant mort et son fils Fédor n'ayant paru sur le trône que pour être égorgé (1605), Zouiski se soumit à Dmitri, qu'il fit descendre du trône pour y monter lui-même. — V. VASSILI V.

ZSCHACKWITZ (JEAN-EHRENFRIED), jurisconsulte, né près de Naumbourg en 1669, professa le droit public à Cobourg et à Hildbourghausen, et ayant encouru la disgrâce du gouvernement impérial, pour un écrit (*Examen juris publici*), il fut contraint de se réfugier à Halle, où il enseigna le droit et la philosophie jusqu'à sa mort (1744). Entre autres ouvr. on a de lui : *Base sur laquelle s'appuient l'empire et la nation allemande*, Francfort, 1736 et 1737, in-4. — *Origine des maisons électorales et princières*, Zerbst, 1740.

ZUALLART (JEAN), voyageur, d'Ath en Hainaut, se trouvait à Rome en 1585, avec Philippe de Mérode, baron de Frentzen, qu'il avait été chargé d'accompagner dans ses voyages. Il se mit en route avec lui pour la Terre-Sainte en 1586, et revint à Venise la même année. On a de lui : *Devotissimo viaggio di Gerusalemme*, Rome, 1587, in-8, fig.; ib., 1595; trad. par lui-même en sa *langue vulgaire*, comme il le dit, *plutôt vallone grossière sentant son terroir que française*, et publié sous le titre de *Très dévot voyage de Jérusalem, avecq les figures des lieux saints, et plusieurs autres tirées au naturel*, Anvers, 1608, in-4. — *Description de la ville d'Ath, contenant sa fondation et imposition de son nom, aussi ses lieux et édifices publics*, etc., Ath, 1610, in-12.

ZUAZO (Alphonse), jurisconsulte, né à Olmedo vers 1466, habitait Valladolid, où sa probité et son savoir lui avaient acquis une gr. considération. En 1516 le card. Ximenès, régent de Castille, ayant résolu d'envoyer à Saint-Domingue trois surintendants de toutes les colonies espagnoles, avec le pouvoir de décider en dernier ressort sur toutes les affaires, leur associa Zuazo, et lui donna le droit non-seulement de régler l'administration de la justice dans les colonies, mais de les gouverner. Zuazo seconda, dans son département, les louables efforts des surintendants pour inspirer aux Espagnols des sentiments de douceur et d'équité envers les malheureux Indiens. Il s'appliqua à réformer les cours de justice et à régler la police intérieure de la colonie, fit construire plusieurs édifices publics et satisfit la majeure partie des colons; mais Las Casas et les adversaires de la commission se liguèrent contre lui, et réussirent à le déprécier auprès du jeune roi Charles d'Autriche, qui lui donna pour remplaçant le jurisconsulte Rodrigue de Figueroa. La commission des trois surintendants fut aussi rappelée. Cependant Zuazo fut nommé gouverneur de Cuba en 1522. Là il eut encore le même sort, sans être plus coupable. Il mourut à St-Domingue en 1527, cinq ans après avoir déposé le fardeau de sa dern. dignité.

ZUBER (Matthieu), poète lat. et grec, né à Neubourg sur le Danube en 1570, fut profess. de poésie au collége de Sulzbach, puis s'établit à Nuremberg, où il mourut en 1623. Entre autres ouvr. on a de lui: *Epigrammata*, Strasbourg, 1605, in-8. — *Æolohyle, seu Epigrammat. aliorumque carminum poemata*, Halle, 1615, in-8. — *Cato græcus, seu versio græca heroïcome trica disticha. Catonis moralium*, Augsbourg, 1618, et Hanovre, 1619, in-8.

ZUCCARDI (Ubertino), sav. jurisconsulte, né à Corregio vers 1480, après avoir rempli les fonctions d'auditeur à la rote de Florence et à celle de Sienne, fut nommé professeur de droit civil à l'acad. de Ferrare, et mourut en 1541. Nous citerons de lui: *Aurea et subtilia commentaria super L. fin. de edicto D. Adriani*, Ferrare, 1537.

ZUCCARELLI (François), peintre et graveur distingué, né en 1702 à Pitigliano, dans le Siennois, se fixa à Vienne, où il s'acquit par ses paysages une belle réputation et une assez gr. fortune. Pendant un séjour de cinq ans en Angleterre, il peignit pour de riches amateurs les sites les plus riants, les points de vue les plus agréables des bords de la Tamise. Il travailla aussi, depuis son retour en Italie, pour l'électeur de Saxe et pour le roi de Prusse. Il mourut en 1788. Parmi les estampes estimées qu'on a de lui, on distingue la *Vierge* d'après André del Sarto, les *Vierges sages* et les *Vierges folles* d'après Manozzi, et la statue de la *Victoire* d'après le marbre de Michel-Ange.

ZUCCARO ou ZUCCHERO (Taddée), peintre de l'école romaine, né à Sant-Angelo in Vado en 1529, répandit à Rome une quantité considérable de tableaux, bons, faibles et même mauvais, au point que les revendeurs débitaient de ses compositions à tout prix. Lorsqu'il ne négligeait pas son style, il montrait de la facilité : seulement elle était gâtée par un certain *laisser-aller* populaire, agréable toutefois pour ceux qui ne recherchent pas l'élévation des idées et des caractères. Ses ouvrages les plus célèbres sont les fresques du château de Caprarola, qu'on a gravées en 1748. Il mourut en 1565. — Zuccaro ou Zucchero (Frédéric), frère et élève du précéd., né en 1542, a été nommé avec raison par Lanzi un *chef d'école de décadence*. Cependant employé à de gr. travaux, il acquit une immense fortune. Ses premiers succès assez rapides le firent d'abord appeler à Florence, où on le chargea de peindre la grande coupole de l'église métropolitaine. Il y plaça des figures de cinquante pieds et un Lucifer d'une hauteur démesurée. On l'appela ensuite à Rome pour lui confier la voûte de la chapelle Pauline, commencée par Michel-Ange. Obligé de quitter Rome pour quelque temps, par suite d'une vengeance trop peu délicate qu'il avait tirée de ses ennemis, il n'y revint qu'après avoir vu la Flandre, la Hollande, l'Angleterre et Venise. Plus tard il fit deux voyages en Espagne, mais ses travaux n'y furent pas goûtés. Il mourut à Ancone en 1609. On a de lui un livre intit.: *Idea de' pittori, scultori e architetti*, Turin, 1607, in-fol; Rome, 1768.

ZUCCARO (Mario), médecin, né à Naples vers la fin du 16e S., mort en 1634, avait été récompensé de ses services comme professeur par le titre de comte-palatin. Nous citerons de lui: *De verâ ac methodicâ nutriendi ratione Neapoli usurpatâ pro curandis morbis*, Naples, 1602, in-4. — *De morbis puerorum tractatus*, ibid., 1604, in-4.

ZUCCHELLI (Antoine), de Gradisca, prédicat. de l'ordre des capucins dans la province de Styrie, s'embarqua en 1697 pour les missions du royaume de Congo, et ne rentra dans son couvent de Gradisca qu'en 1704. La relat. de son voyage, qu'il a divisée en vingt-trois relat. distinctes, est une des plus curieuses et des plus riches en docum. intéressants sur Angola et le Congo: elle est aussi la plus récente. Elle fut publiée, pour la prem. fois, à Venise en 1712, sous ce titre: *Relazioni del viaggio e missione di Congo*, etc., in-4, de 438 p. Selon les récits des Portugais, l'introduct. du christianisme au Congo date de l'époque même de la découverte qu'ils ont faite de ce pays en 1489. Des religieux dominicains y furent les prem. missionnaires; mais leurs progrès y furent extrêmement faibles, et ils avaient eux-mêmes presque anéanti les résultats de leurs efforts par des persécutions imprudentes dirigées contre les naturels, lorsqu'avec le consentem. du gouvern. portugais, le pape commença en 1645 à envoyer dans ce pays des capucins italiens. Ces détails étaient nécessaires pour expliquer la mission de Zucchelli dans une colonie portugaise. Sa relat. prouve que les missionnaires capucins nuisirent beaucoup, comme leurs prédécesseurs, par un fanatisme aveugle et brutal, à la cause du christianisme et de la civilisation dans ces contrées, où ils avaient acquis une influence étonnante. Cette relat. n'avait jamais été traduite ni analysée en français; mais M. Walckenaer l'a donnée dans le 13e vol. de l'*Hist. générale des voyages.*

ZUCCHI (JACQUES), peintre, né à Florence dans le 16e S., fut élève de Vasari, et vint s'établir vers 1572 à Rome, où il trouva un zélé protect. dans le cardinal Ferd. de Médicis. Il fut chargé de plus. grands ouvr., et mourut très riche vers 1590. Outre des fresques au Vatican et dans plus. églises, on cite de lui un *St Grégoire* célébrant la messe. — ZUCCHI (François), frère et élève du précédent, réussit assez bien à peindre les fleurs et les fruits, mais ne s'éleva jamais à de grandes composit., et finit par abandonner la peinture pour s'appliquer à la mosaïque. C'est à lui qu'on doit les belles mosaïques de la coupole de St-Pierre. Il mourut vers 1620 (*v.* Baglione, *Vite de' Pittori*). — ZUCCHI (Barthélemi), littérat., né à Monza dans le Milanais vers 1560, embrassa l'état ecclésiastique et se rendit à Rome, où il fut douze ans secrét. d'un cardinal; mais, tout-à-fait exempt d'ambition, il revint dans sa ville natale en 1597, y partagea le reste de sa vie entre l'étude et la religion, et y mourut en 1631. Entre autres ouvr. on a de lui : *Istoria di Teodolinda, reina de' Longobardi*, Milan, 1613, in-4. — *Istoria della corona Ferrea di Longobardi*, ib., 1619, in-4. — ZUCCHI (Nicolas), jésuite, né à Parme en 1586, annonça de bonne heure une gr. vocation religieuse, qui ne se démentit jamais. Il fut recteur du collége de Ravenne, suivit Alexandre, cardinal des Ursins, dans sa légation auprès de l'empereur Ferdinand II, et, de retour à Rome, y occupa plusieurs emplois, entre autres ceux de recteur de la maison professe, d'admoniteur du général et de prédicateur du pape Alexandre VII. Il mourut dans cette ville en 1670. Sa *Vie*, écrite par le P. Daniel Bartoli, se trouve dans le prem. vol. de la *Societas europœa* du P. Tanner. — ZUCCHI (D. Marc-Antoine), célèbre improvisateur du 18e S., né à Vérone, embrassa la vie religieuse dans la congrégat. de Mont-Olivet, en fut nommé abbé, puis visiteur-gén., et mourut en 1764. Ses contemporains ne tarissent point sur les éloges donnés à son talent, qu'il appliquait avec un égal succès à la prédicat. et à la poésie. On doit remarquer que, dans ce dernier cas, il n'avait pas besoin du secours de la musique pour s'animer. On n'a rien imprimé de lui, si ce n'est une traduct. de l'hymne *Veni, sancte Spiritus*, qu'on trouve dans plusieurs recueils. Les amateurs conservent dans leurs cabinets quelq.-unes de ses plus belles improvisations, entre autres une sur l'amour platoniq., *in versi sdruccioli.*

ZUCCO (ACCIO), littérat., né à Summacampagna dans le Véronais au 15e S., n'est connu que par sa traduct., ou plutôt son imitation libre des *Fables* d'Ésope, la première qu'on ait vue en italien, et qui parut sous ce titre : *In Æsopi fabulas interpretatio per rhythmos in libellum Zucharianum contenta*, Vérone, 1479, in-4; Venise, 1481, 1483, 1497, etc.

ZUCCOLO (SIMÉON), littérateur, né à Cologna, entre le Vicentin et le Modénois, dans le 16e siècle, n'est connu que par un livre sur la danse, divisé en douze chapitres et intit. : *la Pazzia del Ballo*, Padoue, 1549, in-4. — ZUCCOLO (D. Vital), savant abbé de l'ordre des camaldules, né à Padoue en 1556, mort à Venise en 1630, se voua tout entier à l'étude avec tant d'ardeur, qu'il n'accepta qu'avec répugnance les emplois auxq. l'appelèrent ses talents et le vœu de ses confrères. Tous ses ouvrages étaient conservés à l'abbaye de St-Michel. J. Phil. Tomasini en porte le nombre à 90, dont il donne les titres dans la *Biblioth. veneta manuscripta*, p. 92-93; la plupart sont restés inédits. Parmi ceux qui ont été impr. on distingue : *Discorsi sopra le cinquanta conclusioni del Tasso*, Bergame, 1588, in-4. — ZUCCOLO (Louis), littérat., né à Faenza dans la Romagne vers 1570, passa la plus grande partie de sa vie à la cour des ducs d'Urbin, et composa plus. ouvr. de littérat. et de philosophie morale, dont le P. Mittarelli donne la liste complète dans sa dissertat. *De litteraturâ faventinâ*, 91, nous citerons seulement les *Dialoghi ne' quali si scuoprono vari pensieri filosofici, morali e politici*, Pérouse, 1613, in-8; Venise, 1625, in-4. — ZUCCOLO (Louis), jurisconsulte, né en 1599 à Santa-Croce, maison de campagne près de Carpi, occupa plus. postes honorables, entre autres ceux de conseiller de justice et d'auditeur-général, auxquels l'avait appelé le duc de Modène, et qu'il conserva jusqu'à sa mort en 1668. On n'a de lui qu'un traité de politiq. (*De Ratione statûs*), Hambourg, 1663, in-8.

ZUCCONI (le P. JOSEPH), bibliographe, né à Venise en 1721, embrassa la vie religieuse dans l'ordre des mineurs conventuels, remplit avec beaucoup de fermeté l'emploi de censeur, et fut chargé de rédiger le catalogue de la célèbre bibliothèque del Santo à Padoue. Il en décrivit d'abord les MSs. avec tant de soin et d'exactitude qu'on cite ce travail comme un modèle. Il s'occupait de classer également les livres imprimés, quand il succomba à une mort prématurée en 1754. Entre autres ouvrages MSs., il a laissé des *rime piacevoli* et des *rime varie.*

ZUCKERR (JEAN-FRÉDÉRIC), médecin, né à Berlin en 1737, mort en 1778, avait d'abord travaillé quatre années dans la pharmacie royale, ce qui lui donna l'idée de se livrer à la médecine. Sa faible santé, en lui interdisant une pratique étendue, lui permit de composer un assez gr. nombre d'ouvr. utiles, parmi lesq. nous citerons : *Instruction à l'usage des véritables parents sur les soins diététiques qu'exigent leurs enfants à la mamelle* (allem.), Berlin, 1764, 1771, in-8. — *Instruction sur l'éducation diététique des enfants sevrés jusqu'à l'âge nubile* (allem.), ib., 1765, 1771, 1781, in-8. — *Description systématique de toutes les eaux minérales et des bains de l'Allemagne* (allem.), ib., 1768, 1785, in-4. — *Materia alimentaria, in genera, classes et species disposita*, ib., 1769, in-8. — *Traité physico-diététique de l'air et de la température atmosphérique, et de leur influence sur la santé de l'homme* (allem.), ibid., 1770, in-8.

ZUFFI (JEAN), jurisconsulte, né à Final, petite ville du duché de Modène, dans le 16e S., mort en 1644 à Rome, où il avait exercé avec distinction la profession d'avocat, a publié, entre autres ouvrages: *Tract. de criminalis processûs legitimat.*, 1665, 1722, in-fol.— *Institutiones criminales, quibus judiciorum materia... lib. IV comprehenditur*, Rome, 1667, in-8.

ZUICHEM D'AYTA (VIGILE), jurisconsulte, né en 1507 à Barthusen, dans la Frise-Occidentale, enseigna le droit à Bourges, à Padoue, à Avignon et à Ingolstadt, fut comblé de dignités et d'honneurs par Charles-Quint, et mourut à Bruxelles en 1577. Nous citerons de lui : *Epistolæ politicæ*, Louvain, 1661, in-8. — *Institutiones de Testamentis*, Leyde, 1564, 1592, in-8.

ZULFÉCAR-EFFENDI, né à Constantinople, dut probablem. à sa réputat. de savoir et d'adresse, le surnom de *Zulfécar* ou *Dzoulfécar*, qui est le nom de l'épée à deux tranchants du célèbre Ali. Il était chargé de tenir les registres des janissaires, un des emplois les plus lucratifs de l'empire, lorsque Soliman III, effrayé des succès de l'Autriche, l'envoya près de l'empereur Léopold Ier, en 1688, pour faire des ouvertures de paix : il lui donna pour compagnon Maurocordato. Les négociations, par suite des exigences de la cour de Vienne, n'eurent d'autre résultat que d'armer contre les négociateurs le mécontentement de cette cour et du gr.-visir Mustapha Koproli. Ils ne furent rappelés pourtant qu'après les victoires et la mort de cet habile général (1691). Ils confirmèrent alors le nouv. visir dans son dessein de continuer la guerre, lui assurant qu'il serait facile d'arracher à Léopold une paix avantageuse. Leurs prédictions se réalisèrent, mais Zulfécar mourut avant la signature du traité de Carlowitz.

ZUMALACARREGUY (THOMAS), général en chef de l'armée espagnole, né en 1789 à Ormaisteguy, petit village du Guipuscoa, se destina de bonne heure à la carrière des armes, et servit dans la garde royale, où ses talents ne tardèrent pas à le faire remarquer. Élevé au grade de commandant, il se démit volontairement de ce poste à la mort de Ferdinand VII pour aller offrir ses services à don Carlos, qu'il regardait comme son souverain légitime. Ce prince ayant été obligé de quitter l'Espagne, Zumalacarreguy se rendit dans le Guipuscoa, et ayant réuni quelq. paysans mal armés, entreprit avec cette faible troupe de lutter contre les forces de la régente Christine. Ne pouvant faire la guerre en plaine avec quelques chances de succès, il fit une guerre de ruses et de surprises, profitant des fautes de ses adversaires, tombant sur eux à l'improviste quand l'occasion s'en présentait, et les écrasant dans des défilés où il apparaissait subitement après une marche audacieuse à travers les crêtes les plus escarpées. A force de battre ainsi l'ennemi en détail, il vint à bout d'organiser sa troupe et de créer une armée tellement redoutable que les généraux de la reine furent obligés de lui abandonner tout le pays dans les quatre provinces insurgées, à l'exception de quelq. places. Bientôt il fut décidé que l'armée de Christine se retirerait sur l'Èbre. Libre de ses mouvements, Zumalacarreguy vint mettre le siège devant Villafranca, qu'il prit après quelq. jours de bombardement. Encouragé par ce succès, il se porta sur Bilbao ; mais atteint devant cette place d'un coup de feu à la jambe droite, il fut obligé d'abandonner le commandem. et mourut de cette blessure dans son village natal, le 25 juin 1835. Ce général était doué des plus brillantes qualités. Actif, patient, modeste, affable, il était devenu l'idole de ses soldats, qui le nommaient familièrement l'*Oncle Thomas*. A la nouvelle de sa mort, tous les partis payèrent un tribut d'estime à sa mémoire.

ZUMBO (GAETAN-JULES), célèbre modeleur en cire, né à Syracuse en 1656, devina les principes de la sculpture, sans le secours d'aucun maître. Il perfectionna ses admirables disposit. par l'étude de l'anatomie, et, n'ayant point appris à manier le ciseau, employa pour ses compositions une cire colorée qu'il préparait lui-même, et dont il avait seul le secret. Appelé à Florence par le grand-duc de Toscane, avec un traitem. considérable, il exécuta pour ce prince plus. ouvr. dont le plus fameux est celui que les Italiens nomment *la Corruzione* (la Putréfaction), parce qu'il se compose de cinq figures représentant un moribond, un corps mort, un corps qui commence à se corrompre, un autre à demi corrompu, et enfin un cadavre plein de pouriture et rongé de vers. De Florence il se rendit à Gênes, où il fit deux gr. composit. regardées comme des chefs-d'œuvre : la *Nativité de Jésus-Christ* et la *Descente de la croix*. Il vint ensuite en France, où il mourut en 1701, après y avoir obtenu les plus gr. succès.

ZUMSTEEG (JEAN-RODOLPHE), musicien, né en 1760 à Sachsenflur, dans l'Odenwald, avait à peine achevé ses études de chant qu'il osait s'essayer à la composit., et faisait pour les fêtes de la cour de Wurtemberg des cantates, dont quelques-unes ont été gravées. Admis au nombre des musiciens du duc comme violoncelliste, il se recommanda à l'estime des amat. par des pièces d'un genre plus large et plus difficile ; mais il ne put réaliser toutes les espérances qu'il avait fait concevoir de son talent. Il mourut à Suttgard en 1802, avec le titre de maître des concerts de la chapelle de Wurtemberg. On admire, parmi ses légères product., la *Plainte d'Agar*, *Colma*, le *Chant mélancolique*, *Lénore*, paroles de Bürger, et surtout l'*Ile des Esprits*, paroles de Gotter (v. la *Gazette d'Allemagne*, 1802, no 30, et le *Musée des musiciens célèbres* du professeur Siebigke, Breslau, 1801).

ZUNIGA (don DIEGO-ORTIZ de), historien, né à Séville au commencem. du 16e S., était chev. de de l'ordre de St-Jacques, et remplissait des fonct. de magistrature. Il tira des greffes et des archives de sa province une foule de documents précieux, et mourut en 1680, après avoir publié, entre autres ouvr. : *Anales ecclesiasticos y seculares de la ciudad de Sevilla que contienen sus mas principales memorias desde el año de 1246 en que fue conquistada del poder de los Moros, hasta el de 1671*, Madrid, 1677, in-fol., très rare et fort estimé.

ZURBARAN (François), surnommé *le Caravage espagnol*, naquit en 1598 à Fuente de Cantos dans l'Estramadure. Destiné à suivre la profession de son père, simple cultivateur, il ne tarda pas à montrer des disposit. si décidées pour la peinture, que ses parents le placèrent pour l'étudier à Séville, dans l'atelier de Jean de las Roëlas. Ses progrès sous cet habile maître furent très rapides. Le talent avec lequel il reproduisit plus. tableaux de Caravage arrivés à Séville commencèrent sa réputation, et lui méritèrent bientôt le glorieux surnom sous lequel il est connu. Il n'avait pas trente ans lorsqu'il acheva les gr. tableaux qui décorent l'autel de St-Pierre dans la cathédrale de Séville, et le *St Thomas d'Aquin* pour l'église de ce nom, chef-d'œuvre que l'on a vu quelque temps au musée de Paris, et qui suffirait pour placer Zurbaran à côté des plus gr. peintres d'Italie. Appelé successivem. à Guadeloupe et à Xérès, où il fit un assez long séjour, il enrichit ces deux villes de plus. tableaux qui sont autant de chefs-d'œuvre. De retour à Séville, ce gr. peintre continua d'être occupé à div. ouvrages, soit pour les églises, soit pour les particuliers, et mourut en 1662. Ses princip. élèves sont Barnabé d'Ayala et los Polanos.

ZURITA ou ÇURITA (Jérôme), en latin *Surita*, historien, né à Saragosse en 1512, fut chargé en 1550 de l'administrat. des villes de Barbastre, ou Balbastre et d'Huesica, devint ensuite fiscal de Madrid, et reçut en 1545 du conseil suprême de Castille, la mission de se rendre en Allemagne, pour y veiller à la défense de ses intérêts. De retour en Espagne en 1549, il fut investi de la charge de *coroniste* ou historien d'Aragon, créée nouvellement par les états de cette province. Il visita alors l'Aragon, l'Italie et la Sicile, recueillant partout une foule de pièces très importantes. Il eut encore d'autres emplois; mais, sur la fin de sa vie, il les abandonna pour se livrer exclusivement à l'étude dans le couvent des hiéronymites à Saragosse. Il mourut en 1581. Ses princip. ouvr. sont : *Anales de la corona de Aragon*, Saragosse, 1562-79, 6 vol. in-fol.; ibid., 1585, 6 vol. in-fol.; ib., 1610, 7 vol. in-fol., avec un index publié par les jésuites de cette ville. — *Indices rerum ab Aragoniæ regibus gestarum ab initiis regni ad annum 1410, tribus libris expositi: accederunt Roberti, Viscardi et Rogerii, principum normanorum et eorum fratrum, rerum in Italiá et Siciliá gestarum libri IV, à Gaufredo Malatera*, ib., 1578, in-fol., très rare et très estimé. — *Progresos de la historia en el reyno de Aragon que contiene en quatro libros varios successos desde el año 1512 hasta el de 1580*, ibid., in-fol. C'est à lui qu'on doit la découverte du *Chronicon alexandrinum*, ou *Chronicon paschale*, publié par Rader avec une version latine, et depuis par Ducange, dans la collection *Byzantine*.

ZURLA (le card. Placide), sav. antiquaire, né en 1769 à Legagno, dans l'état de Venise, d'une famille patricienne, embrassa fort jeune la règle des camaldules dans le couvent de St-Michel de Murano, et partagea ses loisirs entre ses devoirs et l'étude des sciences historiques. Ses talents l'ayant fait connaître avantageusement, il devint abbé de sa congrégation, et, dans un voyage qu'il fit à Rome en 1821, le pape Pie VII le nomma préfet des études au collège de la Propagande. Ce pontife le décora de la pourpre en 1823, et Léon XII le nomma son vicaire à Rome. Pie VIII lui confia la préfecture de la congrégation des études, et bientôt il joignit à cette place celle de supérieur-gén. de l'ordre des camaldules. Il avait entrepris un voyage en Sicile pour étudier les restes d'antiquités si communs dans cette île, lorsqu'atteint d'une fièvre pernicieuse, il mourut à Palerme le 29 oct. 1834, à 65 ans. Outre un *Enchiridion theolog.* et quelques *Dissertat. archéolog.*, entre autres sur le groupe de la *Pieta* et sur les différ. sujets religieux exécutés par Canova, on a du card. Zurla : *il Mappamondo di Fra-Mauro descritto ed illustrato*, Venise, 1818, in-fol. — *Di Marco Paulo e degli altri viaggiatori veneziani più illustr. dissertazione*, etc., ibid., 1818, 2 vol. in-4; ouvr. curieux et pleins de recherches qui suffisent pour assurer à l'auteur une réputat. durable.

ZURLAUBEN (Oswald Ier, baron de La Tour-Chatillon de), descendait d'une famille de puissants seigneurs, déjà barons de l'empire sous Othon-le-Grand, et qui, pend. un siècle, soutinrent la guerre contre les habitants de Berne, de Fribourg et du Valais. D'abord capitaine dans les troupes suisses au service des papes Jules II, Léon X et de Maximilien Sforce, il assista aux batailles de Novarre, de Ravenne, de Bellinzona, et, après celle de Marignan, passa au service de François Ier. Il était major-général des troupes du canton de Zug en 1531, et il contribua beaucoup à l'issue de la bataille que les cantons catholiq. gagnèrent et où Zwingli fut tué (v. Zwingli). Il remplit les prem. fonct. administrat. jusqu'à sa mort, arrivée à Zug en 1549. — Antoine III, fils du précédent, servit très jeune dans l'armée française. En 1567, étant alors âgé de 62 ans, il leva une demi-compagnie pour le régim. des gardes suisses au service de Charles IX. Il mourut à Zug en 1586, après avoir rempli les prem. fonct. administratives, laissant, entre autres MSs., une *Hist. des troubles* arrivés dans cette ville en 1585. — Conrad Ier, second fils d'Oswald Ier, fit ses prem. armes en Italie, d'abord au service du pape Jules II, ensuite à celui du roi François Ier, se distingua à la bataille de Cappel et mourut à Zug en 1565. — Béat Ier, fils du précéd., capitaine dans le régim. suisse de Reding, se distingua au combat de Blaville et à la bataille de Moncontour (1569). Après la réforme de son régim., sa compagnie resta attachée à la garde de Charles IX et de Henri III, sous le nom de gardes suisses, et, pour son compte, il montra une fidélité inviolable à ces deux rois, malgré les offres avantageuses de la Ligue. Il mourut à Zug en 1596, après en avoir été landamman ou prem. magistrat. — CONRAD II, fils du précéd., fut envoyé à Paris en 1602, pour renouveler avec Henri IV l'alliance des treize cantons, et en 1619, pour régler la même affaire avec Louis XIII. Il servit avec éclat en 1626 dans la Valteline, comme colonel du régiment suisse qu'avaient levé les cantons catholiques sous le nom de *la Tour de Jérusalem*. Il fut ensuite ministre plénipotentiaire des mêmes cantons et réussit à pacifier la Valteline et le Valais. Il mourut à Zug en 1629, laissant un traité *de Concordiâ fidei*. — HENRI, fils du précéd., mort à Zug en 1650, se distingua au siége de Hesdin en 1639, à celui d'Aire en 1641, et à celui de Piombino en 1647, et fut dignement récompensé de ses services par Louis XIII et Louis XIV. — BÉAT II, frère aîné du précédent, mort en 1663 à Zug, où il avait rempli les hautes fonct. de l'administrat., reçut des cantons catholiques les titres de *Père de la patrie* et de *Colonne de la religion*. Il avait mérité cet honneur en contribuant, par la sagesse de ses conseils, à ramener les révoltés de Lucerne (1655), en renouvelant l'alliance du canton de Zug avec celui du Valais (1657), et en pacifiant ceux de Glaris, de Zurich et de Berne (1656). — BÉAT-JACQUES Ier, fils du précéd., fut chargé par les cantons catholiques en 1638, d'observer sur les frontières les mouvem. de Bernard, duc de Weymar. D'autres services fixèrent sur lui, en 1656, le choix des cinq cantons catholiq. alors en guerre avec ceux de Zurich et de Berne, et il fut nommé capitaine-général. Il obtint de gr. avantages sur les Bernois, et en fut récompensé par le pape Alexandre VII, par le canton de Lucerne et par celui de Zug, qui lui confia les prem. fonctions administratives. Il y mourut en 1690. — CONRAD, frère cadet du précéd., se distingua au service de Louis XIV, fut successivem. colonel du régiment de Furstemberg, gouvern. du château de Zwoll en Hollande, brigadier de l'armée française, inspect.-gén. d'infanterie dans le Roussillon et la Catalogne, et reçut du roi deux seigneuries dans la Haute-Alsace. Il mourut à Perpignan en 1682. — BÉAT-GASPAR, fils aîné de Béat-Jacques Ier, entra d'abord au service de la Savoie, qu'il quitta pour suivre dans sa patrie la carrière administrative. Il mourut à Zug en 1706, après en avoir été landamman et en avoir renouvelé l'alliance avec l'évêque de Bâle et le canton du Valais. — BÉAT-JACQUES II, frère cadet du précéd., fut d'abord au service de France, qu'il quitta pour revenir à Zug suivre la carrière administrative. Il y mourut en 1717, après avoir renouvelé l'alliance de ce canton avec Philippe V, roi d'Espagne (1706), et avec Louis XV (1715). — BÉAT-FRANÇOIS-PLACIDE, fils du précéd., passa par tous les grades au service de France, fut nommé lieutenant-général des armées du roi en 1745, après s'être trouvé aux batailles de Ramillies, d'Oudenarde, aux siéges de Menin, d'Ypres, de Fribourg, de Dendermonde, et mourut en 1770. — HENRI, fils de Béat-Jacques II, se distingua, comme toute sa famille, au service de France. Il mourut à Zug en 1676, après avoir été major-général des troupes de ce canton, dont il vint renouveler l'alliance à Paris avec Louis XIV (1663). — BÉAT-JACQUES III, fils du précéd., reçut de Louis XIV en 1663, comme récompense de sa bravoure, la seigneurie du Val-de-Ville (Haute-Alsace), érigée dès lors en baronie et depuis en comté. Sa bravoure ne parut pas avec moins d'éclat à la bataille de Limmerick en Irlande (1690), à celles de Steinkerque et de Nerwinde, aux siéges de Mons, de Namur, enfin à Mantoue, dont il fit lever le blocus. Un avancem. rapide fut le prix de ses services. Nommé lieutenant-général en 1702, il fit des efforts héroïques à la bataille d'Hochstedt (1704), et y reçut 7 blessures profondes, des suites desquelles il mourut bientôt après à Ulm en Souabe.

ZURLAUBEN (BÉAT-FIDÈLE-ANTOINE-JEAN-DOMINIQUE, baron de LA TOUR-CHATILLON de), né à Zug en 1720, fit de brillantes études au collége des Quatre-Nations à Paris, entra ensuite, comme ses ancêtres, au service de la France, fit les campagnes en Flandre et sur le Rhin dep. 1742, et se distingua aux batailles de Fontenoi et de Raucoux, ainsi qu'aux siéges de Tournai, d'Oudenarde et de Maestricht, et, en 1762, à la défense des retranchements de Meslungen-sur-la-Fulde : il était alors brigadier des armées du roi. Il obtint son congé en 1780, avec le grade de lieutenant-gén., et se retira dans une maison de campagne près de Zug, où il se livra entièrement à l'étude de l'hist. et des antiquités de sa patrie. Il y mourut en 1795. Avec lui s'éteignit la descendance mâle de l'anc. famille des Zurlauben. Il était conseiller du roi, associé de l'acad. roy. des inscript., membre extraordin. de la société d'histoire natur. de Zurich et de celle des Arcades de Rome, et avait mérité ces titres par son érudit. variée et profonde, et par ses nombreux ouvr. Sans parler de ses divers *Mém.*, dont plus. lui ont valu des prix, et que l'on trouve dans le *Recueil* de l'acad. des inscript., nous citerons de lui : *Histoire militaire des Suisses au service de la France, avec les pièces justificatives*, Paris, 1751 à 1755, 8 vol. in-12. — *Code militaire des Suisses, pour servir de suite à l'hist. milit. des Suisses au service de la France*, ib., 1758 à 1764, 4 vol. in-12. — *Bibliothèque milit., historique et politique*, ib., 1760, 5 vol. in-12, fig. — *Lettre sur Guillaume Tell, adressée au président Hénault*, ib., 1767, in-12 de 60 p. — *Tables générales des maisons d'Autriche et de Lorraine, et leurs alliances avec la maison de France*, ib., 1778, in-8. *Tableaux topographiques, pittoresques, physiq., historiques, moraux, politiques et littéraires de la Suisse*, ib., 1780 à 1786, 4 vol. gr. in-fol., 420 grav.; réimprimé sous le titre de *Tableaux de la Suisse, ou Voyage pittoresque fait dans les treize* cantons du corps helvétiq., ib., 1784 à 1788, 12 vol. in-4. On a en outre de Zurlauben deux ouvr. restés MSs., dont l'un est une *Hist. des Suisses et de leurs alliés, avec des notes historiques et critiq., depuis l'origine de ce peuple jusqu'à la mort de Rodolphe III, dernier roi de la Bourgogne-Transjurane*, et continuée jusqu'à la fin du 13e S. (*v.* les *Notices biographiques* de Meister, Zurich, 1784, t. II, et surtout l'estimable *Historien de la Suisse*, Jean de Müller).

ZURLO (le comte JOSEPH), homme d'état, né à Naples en 1759, fut de bonne heure versé dans l'étude des belles-lettres et de la philos., qu'il continua de cultiver au milieu du tracas des affaires publiques. Après avoir débuté au barreau, il fut employé en 1783 dans la commission de gouvernement envoyée dans les Calabres, récemm. bouleversées par des tremblements de terre. Loin de profiter aux peuples, cette expédit. ne fut pour eux qu'un autre fléau ; mais elle mit en évidence la capacité de Zurlo, qui n'avait rien négligé pour atténuer les fâcheux effets de l'ignorance et de la cupidité du général Pignatelli, aux ordres duquel il était subordonné. Il remplit ensuite un des principaux emplois de magistrature, puis fut appelé à la direct. des finances du royaume, alors grevées d'une dette considérable (1798). L'arrivée des Français le trouva dans ce poste, où il n'avait pas encore eu le temps d'opérer les améliorat. qu'il méditait ; il faillit être victime de la vengeance populaire pour les fautes de ses prédécesseurs. La protection des chefs du gouvernement qui s'établit à Naples après la fuite du roi Ferdinand délivra Zurlo de ce péril extrême. Il s'abstint de toute participation aux actes de la république, et reprit son poste au retour du roi. Il réussit à rétablir le crédit en affectant à la valeur nominale des billets de banque un intérêt payable sur les fonds spécialement hypothéqués au service de cette dette. Pour compléter le succès de cette prem. mesure, il entreprit, dans toutes les branches de l'administration, des réformes qui ne pouvaient manquer de lui susciter des contradicteurs ; et, donnant lui-même l'exemple d'un désintéressem. tout patriotique, il renonçait à ses appointements, et conviait les autres grands fonctionnaires à donner à l'état le même gage de dévouement. Cependant il vit bientôt toute sa popularité compromise par la brigue d'Acton, favori de la reine. Après que lui eut été signifié l'ordre de sa destitution, il se rendit lui-même à la prison qui lui était destinée, et y demeura confiné jusqu'à ce que son innocence fût reconnue. Zurlo suivit à Palerme la famille roy. lors de son 2e exil, et ce ne fut qu'en 1809 qu'il revint à Naples, où bientôt l'occasion d'être utile à son pays lui fit accepter de Murat le portefeuille de la justice, puis celui de l'intérieur. C'est à la tête de ce ministère que Zurlo s'est illustré. Par ses soins, des établissements philanthropiques et scientifiq. s'élevèrent à la place des innombrables couvents qui encombraient le sol napolitain. Cet illustre patriote, qui s'était honoré par son zèle et son humanité dans l'exercice du pouvoir, sut tenir une conduite également digne lors de la chute des derniers maîtres dont il avait suivi la fortune. Entourant de ses consolations la veuve de Murat, qu'il avait accompagnée à Trieste, il ne la quitta que pour venir vivre ignoré à Venise. De Rome, où il s'était ensuite rendu, il fut autorisé, vers la fin de 1818, à rentrer dans son pays natal. Il fut même appelé en 1820 à faire partie du nouveau ministère constitutionnel. Le portefeuille de l'intérieur lui était confié de nouveau, et c'est par ses soins que furent convoqués les collèges électoraux qui devaient procéder à la format. d'un parlem. national. Lors du départ du roi pour Laybach, ce même parlement, partageant la haine inconsidérée des *carbonari* envers Zurlo, mit ce ministre en accusation, sous prétexte d'une insignifiante violation d'un des articles de la constitution qui avait prévalu (celle des *cortès* espagnoles). Zurlo, en se démettant du ministère, entraîna tous ses collègues dans sa retraite. Il fut acquitté par la chambre des représentants. Cet homme d'état, que l'étude et de nombreux amis consolèrent de sa disgrâce, mourut à Naples en 1828.

ZURNER (ADAM-FRÉDÉRIC), ingénieur-géogr., né à Mariency, près d'Oelsnitz, dans le Vogtland, vers 1680, proposa à Auguste III, roi de Pologne, de faire lever le plan de toute la Saxe. Ce projet ayant été accepté, il quitta en 1711 la place de pasteur qu'il remplissait depuis quelques années, pour s'occuper de cet immense travail, et, nommé géographe de la Pologne et de l'électorat de Saxe, il poursuivit ce travail qui ne fut achevé qu'en 1732. En 1721, il fut spécialement chargé de lever le plan des routes de poste et de marquer les distances par des bornes en pierre, innovation heureuse que la Saxe doit à ses soins et à son activité. Il n'est pas inutile peut-être de remarquer que le roi, tant qu'il vécut, ne permit de graver que la carte de poste, avec celle des deux baillages de Dresde et de Grossenhayn : les autres plans devaient rester dans son cabinet. Le roi mourut en 1733. Zurner songea alors à publier ses travaux demeurés inédits ; mais il mourut lui-même avant d'avoir accompli son dessein. P. Schenk d'Amsterdam les fit paraître de 1745 à 1760, mais sans y mettre le nom de Zurner, probablement pour éviter toute recherche de la part de la cour électorale : ainsi fut mis au jour l'*Atlas saxonicus novus* (Amsterdam et Leipsig, gr. in-folio), lequel n'est composé que de 49 cartes. Supérieures à toutes celles qui avaient paru jusqu'alors sur la Saxe, elles ont cepend. un grand défaut. Zurner ne suivait que les procédés géométriques, sans savoir ou sans vouloir les rectifier par les procédés astronomiques.

ZUZZERI (BERNARD), jésuite, né à Raguse en 1683, obtint de ses supérieurs la permission d'aller prêcher l'évangile dans la Croatie, où il publia, pendant le long exercice de son ministère, plus. *opuscules* anonymes en langue illyrienne. Rappelé à Rome, il y remplit quelques années les fonctions d'adjoint au maître des novices, puis il se retira dans le collége romain, où il mourut en 1762. On cite de lui une *Hist. des missions de la Croatie* en latin, restée inédite. — ZUZZERI (Jean-Luc), numismate et archéologue, de la même famille, né à Raguse en 1716, mort à Rome en 1746, a laissé: *D'una antica villa scoperta sul dosso del Tusculo, e d'un antico orologio a sole ritrovato tra le rovine della medesima, dissertazioni due*, Venise, 1746, in-4, fig. — *Sopra una Medaglio di Attalo Filadelfo, e sopra una parimente d'Annia Faustina, due dissertazioni*, ib., 1747, in-4.

ZWANZIGER (JOSEPH-CHRÉTIEN), professeur de mathématiq. et de philosophie à l'univ. de Leipsig, né en 1732 à Leutschau en Hongrie, mort en 1808, se déclara l'adversaire du célèbre Kant. Entre autres ouvrages on a de lui : *Théorie des stoïciens et des académiciens sur la perception et le probabilisme, d'après la doctrine de Cicéron, avec des remarques prises dans les philosophes anciens et modernes* (allem.), Leipsig, 1788, in-8. — *Examen impartial de la doctrine de Kant sur les idées et les antinomies* (allem.), ib., 1797, in-8.

ZWEERS (JÉRÔME), poète hollandais, né en 1627, mort en 1696, a laissé 2 vol. in-4 de *Poésies*, Amsterdam, 1757, publiées par son fils Corneille, qui cultivait également les muses hollandaises (v. l'*Hist. anthologiq. de la poésie holland.*, par M. de Vries, t. Ier, p. 221.) — ZWEERS (Philippe), petit-fils du précédent, mort en 1774, était notaire à Amsterdam, ce qui ne l'empêcha pas de cultiver le talent poétique qu'il avait hérité de son père et de son aïeul. On a le recueil de ses *Poésies*, Amsterdam, 1759, in-4.

ZWELFER (JEAN), médecin et chimiste, né dans le Palatinat en 1618, mort en 1668, a été déprécié par les ennemis que lui avait attirés son humeur satirique; mais il n'en reste pas moins démontré qu'il avait de grandes connaissances en pharmacie. Ses ouvrages, devenus inutiles par suite des progrès de la science, ont été recueillis en 2 vol. in-4, Dordrecht, 1672.

ZWENIGORODSKI (SIMÉON), prince russe, fut envoyé en 1589, par le tzar Fédor, en Géorgie, pour soumettre à la domination russe cette contrée, alors gouvernée par le prince Alexandre, mais exposée à devenir la proie de la Turquie ou de la Perse. Alexandre lui-même, pour obtenir de la Russie secours et protection, avait demandé à être le vassal et le tributaire de cette puissance. Zwenigorodski, chargé de la conduite de cette importante affaire, s'en tira avec habileté. C'est depuis cette époque que les tzars de Russie prennent les titres de *souverains de l'Ibérie, tzars de Géorgie, de la Kabarda et princes de la Circassie*. En 1592, il fut envoyé à Kola, sur les frontières de la Norwége et de la Laponie, pour assister à un congrès où furent arrêtées des stipulations favorables au commerce de la Russie avec l'Angleterre et le Danemarck. Il a écrit, sur ses diverses missions, une *Relation* en langue russe, qui contient des faits curieux.

ZWICKER (DANIEL), le chef de la secte des conciliateurs ou tolérants, né à Dantzig en 1612, exerça d'abord la médecine; mais, moins occupé de la pratique de son art que de l'examen des opinions religieuses qui divisaient alors tous les esprits, il embrassa d'abord le socinianisme, puis, étant venu demeurer en Hollande, il se rapprocha des arminiens ou remontrants, dont les idées de paix et de conciliation le séduisirent. Il forma le projet de réunir les diverses communions chrétiennes, et publia dans ce but plus. écrits, dont le seul résultat fut de soulever contre lui les principaux théol. protestants. Trompé dans son espoir, il devint étranger à toutes les communions, et ce fut dans cette indifférence qu'il mourut à Amsterdam en 1678. Il a publié 29 ouvrages en latin, en allem. et en flamand, et il en a laissé 21 MSs. On en trouvera les titres, avec une courte *notice* sur l'auteur, dans la *Biblioth. antitrinitar.* de Chr. Sand, p. 151-56. Nous citerons les suiv. : *Irenicon Irenicorum, seu reconciliatoris christianorum norma triplex : sana omnium hominum ratio, scriptura sacra et traditiones*, Amsterdam, 1658, in-8. — *Irenicomastix victus et constrictus, seu refutatio duplex Comenii, Hoornbekii et alior. adversariorum*, ib., in-8. — *Irenicomastix iteratò victus et constrictus, imò obmutescens*, publ. en 1667, quoique imprimé dès 1662.

ZWIERLEIN (CONRAD-ANTOINE), médecin, né en 1755 à Bruckenau, en Franconie, mort à Fulde en 1825, a laissé plus. écrits, entre autres : *Moyen efficace et facile de conserver sa santé et de prolonger sa vie*, Fulde, 1812, réimpr. en 1825.

ZWINGER ou ZUINGER (THÉODORE), dit l'*Ancien*, médecin, né à Bâle en 1533, fut admis à l'académie de cette ville en 1548, et y suivit avec succès les leçons des professeurs; mais, entraîné par le désir de voyager, il partit bientôt pour Lyon, visita successivem. Paris, Padoue, Venise, etc., et ne revint dans sa patrie qu'en 1559. Il y partagea ses loisirs entre la culture des lettres et la pratique de la médecine, et y remplit l'une après l'autre les chaires de langue grecq., de morale et de médecine théorique. Il mourut en 1588, atteint d'une épidémie, qu'il avait combattue avec un rare courage. Entre autres ouvrages on a de lui : *Theatrum vitæ humanæ* (recueil d'anecdotes et de traits historiq., pour lequel son beau-père, Conrad Lycosthènes, lui avait laissé des matériaux), Bâle, 1565, 1571, 1586, 1596 et 1604, 5 vol. in-fol. — *Leges ordinis medici basiliensis*, ibid., 1570, in-fol. (v. la *Vie* de Zwinger dans les *Athenæ rauricæ*, p. 208-11). — ZWINGER (Jacques), médec. et philologue, fils du précédent, né à Bâle en 1569, alla faire ses études médic. à Padoue, parcourut ensuite l'Italie et l'Allemagne, et, après une absence de 8 années, revint à Bâle en 1593, pour y remplir la chaire de langue grecque, y faire des cours particuliers de médecine, et y pratiquer cet art avec un admirable désintéressement. Il mourut en 1610 d'une maladie contagieuse, qu'il devait à l'ardeur de son zèle. Nous citerons de lui : *Græca-*

rum dialecticar. Hypotyposis, à la fin du *Lexique* de Scapula, dans les édit. de 1600 et les suiv. : *Principiorum chymicorum examen ad Hippocratis, Galeni, cœterorumque Græcor. et Arabum consensum*, Bâle, 1606, in-8. (*v.* les *Athenæ rauricæ*, 565). — ZWINGER (Théodore), son fils, né à Bâle en 1597, orphelin à l'âge de 13 ans, résolut d'étudier la médecine, quoiqu'il n'ignorât pas que son père le destinait à la carrière évangélique ; mais étant tombé malade, il vit dans cet accident une punition de sa désobéissance, et se voua au saint ministère, dont il se montra digne par son instruction et ses vertus. Premier pasteur et surintendant des églises de Bâle, il fut nommé professeur de l'Ancien-Testament à l'acad. de cette ville, remplit cette chaire d'une manière brillante pend. 24 ans, et mourut en 1654. Son princip. ouvr. est intitulé : *Theatrum sapientiæ cœlestis, sive analysis institutionum Calvini*, Bâle, 1652, in-4. (*v.* les *Athenæ rauricæ*, 41-44). — ZWINGER (Jean), théologien, fils du précéd., né à Bâle en 1634, fut d'abord pasteur de l'Église allem. à Genève ; mais il donna bientôt sa démission, et se mit à voyager pour raison de santé. A peine de retour à Bâle, il fut nommé professeur de langue grecque à l'acad. Plus tard, il joignit à cette chaire la place de conservateur de la biblioth. académiq., dont il rédigea le *Catalogue systémat.*, en 6 vol. in-fol. Il mourut en 1696, après avoir rempli pendant 30 ans, avec beaucoup de zèle, les principales chaires de la faculté de théologie. On n'a de lui que des harangues et des thèses, parmi lesq. nous citerons : *Oratio de barbarie superiorum sæculorum*, Bâle, 1661 (*v.* les *Athenæ rauricæ*, 50-53). — ZWINGER (Théodore), dit *le Jeune*, méd., fils du précédent, né à Bâle en 1658, joignit à l'étude de l'art de guérir celle de toutes les sciences accessoires, et perfectionna ses connaissances par les voyages. Fixé définitivement à Bâle en 1682, il s'y plaça bientôt au rang des premiers praticiens, et vit sa réputation s'étendre rapidem. dans toute la Suisse et une partie de l'Allemagne. Nommé professeur d'éloquence à l'acad. en 1684, il permuta trois ans après cette chaire contre celle de physique. Jusqu'à cette époque, l'enseignem. de cette science avait été très incomplet à l'acad. de Bâle, les profess. manquant des instruments nécessaires pour les expériences : Zwinger créa un cabinet à ses frais. L'acad. de Leyde, le landgrave de Hesse-Cassel et le roi de Prusse tentèrent de se l'attacher par les offres les plus brillantes ; mais rien ne put le décider à quitter sa ville natale, où vinrent le trouver les titres honorables de médecin et conseiller aulique du duc de Wurtemberg, du marquis de Bade-Dourlach, de plus. autres princes et de diverses villes d'Allemagne. Il passa, en 1703, de la chaire de physique à celle d'anatomie et de botanique, qu'il remplit avec non moins de zèle. En 1710 il alla secourir la ville de Fribourg, dans le Brisgaw, affligée d'une épidémie. L'année suivante, il fut chargé à Bâle du cours de médecine théorique et pratique, et ce fut dans l'exercice de cette place qu'il mourut en 1724. Sans parler de ses *thèses* et *observat.* nombreuses dans les *Actes* des Curieux de la nature et de la soc. de physique de Breslaw, on citera de lui : le *Théâtre botaniq.* (allem.), Bâle, 1696, in-fol., fig. ; 2° édit. 1744. — *Epitome totius medicinæ*, Londres, 1701, in-8 ; Bâle, 1716, 1724 et 1738, in-8. — *Pædoiatreia practica, seu curatio morborum puerilium*, Bâle, 1722, 2 vol. in-8 (*v.* les *Athenæ rauricæ*, 196-201). — ZWINGER (Jean-Rodolphe), théologien, frère cadet du précédent, né à Bâle en 1660, chapelain d'un régim. suisse au service de France, le suivit à l'armée de Flandre. De retour, il occupa plus. emplois du ministère évangélique, remplit avec beaucoup de succès la chaire de controverses à l'acad. de Bâle, et mourut en 1708, laissant, entre autres écrits, une thèse assez curieuse *De morientium apparitione*, 1704, et un traité de l'*Espoir d'Israël* (allem.), Bâle, 1685, in-12, dans lequel il parle de la future conversion des Juifs. — ZWINGER (Jean-Rodolphe), médecin, neveu du précédent et fils de Théodore le jeune, né à Bâle en 1692, y obtint la chaire de logique en 1712, et sut concilier la pratique de son art avec les devoirs de cette place, qu'il quitta en 1721 pour la chaire d'anatomie et de botanique. Il remplaça son père en 1724 dans celle de médecine théorique et pratique, qu'il remplit pendant 53 ans d'une manière brillante. Il mourut en 1777, après avoir maintenu parmi ses compatriotes la culture des sciences naturelles, et formé un grand nombre d'élèves distingués, parmi lesquels il faut nommer le grand Haller. On citera de lui : *Hippocratis opuscula aphoristica gr. et lat. ex interpretat.* Foesii : *Speculum Hippocraticum de notis et præsagiis morborum*, Bâle, 1748, 2 t. in-8, recueil très estimé. Le *Speculum* a été réimprimé séparém., Florence, 1760 (*v.* les *Athenæ rauricæ*, 201-4). — ZWINGER (Frédéric), médecin, frère du précédent, né à Bâle en 1707, se fit connaître dans cette ville comme un très habile praticien, et fut appelé en 1743 auprès du marquis de Bade-Dourlach, qui le nomma son premier médecin. Créé en 1751 professeur d'anat. et de botanique, il le fut dès l'année. suiv. pourvu de la chaire de médecine théorique qu'il remplit avec distinction. Revêtu plus. fois de la dignité de doyen de la faculté, il fut élu trois fois recteur de l'académie, et mourut en 1776. On cite de lui des *thèses* et des *observations*, relatives à la médecine et à l'hist. nat., dans les *Acta helvetica physico-medica* (*v.* les *Athenæ rauricæ*, 229-231).

ZWINGLI (ULRICH), introducteur de la réforme en Suisse, né à Wildhaus, dans le comté de Tockenbourg, en 1484, d'une famille obscure, fit ses études élément. à Bâle et à Berne, et alla se perfectionner à l'univ. de Vienne en Autriche. De retour à Bâle, il y fut nommé régent à l'âge de 18 ans, et dès lors il se livra avec ardeur à la lecture des auteurs anciens, sans négliger les devoirs de sa place ni les études qui lui étaient nécessaires pour remplir dignem. les fonctions du ministère évangélique, auquel il était destiné. Cependant, aumilieu de ses travaux sérieux, il conservait sa douce gaité et cultivait la musique. En 1506, il prit le degré de maître-ès-arts, et fut promu à la cure de Glaris. Dès ce moment, il crut devoir recommencer sur un nouveau plan ses études théologiques; mais il garda le silence le plus absolu sur les articles de foi qui lui déplurent, et se contenta de gémir en secret sur les abus qui déshonoraient le clergé. En 1512 il accompagna, en qualité d'aumônier, le contingent fourni par le canton de Glaris au pape Jules II contre le roi Louis XII, assista à la bataille de Novare, puis reprit ses fonctions pastorales. Il les quitta de nouveau en 1515, pour marcher avec les Suisses au secours du duc de Milan, attaqué par François 1er, et il fut témoin du grand désastre de Marignan, qu'il avait prévu, et qui le fortifia dans son aversion pour toute guerre qui n'est point entreprise dans le dessein de défendre la patrie. Il ne tarda pas à être nommé à la cure d'Einsiedeln, autrement *N.-D.-des-Ermites*, dont il prit possession en 1516, d'autant plus volontiers qu'il s'était fait des ennemis à Glaris par l'austérité de ses principes et par sa haute désapprobation de l'usage *barbare* des Suisses de se mettre à la solde de l'étranger. C'est de son arrivée dans cette ville que date son début dans la carrière de la réformation. Il n'y marcha d'abord que timidement, et ne se communiqua guère qu'à des amis ou à des hommes graves, capables d'apprécier l'importance des mesures qu'il proposait. Toutefois, dans cette même année 1516, le jour où l'on célébrait la fête de la consécrat. de l'église d'Einsiedeln, il monta en chaire, et parla avec énergie contre ce qu'il y avait d'abusif dans la croyance et dans les mœurs d'un grand nombre de catholiq. Son discours scandalisa quelques-uns de ses auditeurs; mais le plus grand nombre donna les marques les moins équivoques d'assentiment. On dit même que des pèlerins remportèrent leurs offrandes, ne croyant pas devoir contribuer au luxe qui était étalé dans l'abbaye de N.-D.-des-Ermites. L'animosité des moines fut grande, contre celui qui diminuait ainsi leurs revenus. Cependant le hardi prédicateur reçut vers la même époque, du pape Léon X, le titre de chapelain du St-siége et une pension. On voit, par la date de son *sermon*, que Zwingli devança Luther d'un an dans la grande entreprise de la réforme, et que, quand bien même la prédicat. des indulgences n'en aurait point hâté l'explosion, elle eût éclaté infailliblement d'elle-même à la prem. occasion qui se serait présentée. En 1618, Zwingli fut nommé curé de Zurich, à la sollicitat. de ses partisans. Il s'y fit remarquer tout d'abord par une grande austérité de mœurs, mais aussi par des innovat. qui eurent le sort d'édifier les uns et de scandaliser les autres. En 1520, il renonça à la pension qu'il recevait du St-siége, et obtint du conseil de Zurich qu'on prêcherait purement l'Évangile dans le canton. Dans la lutte qui s'engagea entre Charles-Quint et François 1er, il fut d'avis de garder une stricte neutralité, conseil qui lui fit encore des ennemis, quoiqu'il fût plein de sagesse, comme le prouvèrent les événem. Après la défaite de la Bicoque, commune à tous les cantons, excepté celui de Zurich, les habitants de Schwitz, auxquels il répéta le même avis dans une allocution éloquente, lui témoignèrent à la fois leur gratitude et leur déférence, et abolirent, par une loi décrétée en assemblée générale, toute alliance et tout subside durant 25 ans. Quelq. personnes attachées à la nouv. doctrine ayant été mises en prison pour avoir enfreint publiquem. l'abstinence et le jeûne dans le carême de 1522, Zwingli entreprit de les justifier par un *Traité sur l'observat. du carême,* qui eut l'air d'un manifeste contre l'Église catholique, et qui le mit dans la nécessité de se défendre par un nouveau traité, publié la même année. Chaque jour le voyait faire un pas plus hardi dans la réforme, et soulevait contre lui de nouvelles haines. Le scandale était à son comble, lorsqu'il sollicita lui-même en 1523 un colloq. public, où il pût rendre compte de sa doctrine en présence des députés de l'év. de Constance. Le gr.-conseil de Zurich fit droit à sa demande, et, après l'avoir entendu, ainsi que Jean Faber, gr.-vicaire et représentant de l'évêque de Constance, ordonna *que Zwingli, n'ayant été ni convaincu d'hérésie, ni réfuté, continuerait à prêcher l'Évangile comme il l'avait fait; que les pasteurs de Zurich et de son territoire se borneraient à appuyer leur prédication sur l'Écriture-Sainte, et que des deux côtés on eût à s'abstenir de toute injure personnelle.* Cette décision de l'autorité civile en matière de religion assura le triomphe du réformateur suisse, qui parvint à faire tolérer au moins le mariage des prêtres, qui se maria lui-même (1524) pour prêcher d'exemple, et qui fit supprimer définitivement la messe (1525). Nommé rect. du gymnase de Zurich, il organisa l'univ. de cette ville avec beaucoup de talent et de sagesse, appela auprès de lui les hommes les plus distingués des nouvelles doctrines, et les dota avec les revenus des communautés supprimées. Cependant la division se mit parmi les réformat. eux-mêmes. Les anabaptistes furent forcés, il est vrai, d'entrer en conférence avec Zwingli; mais il ne ramena par ses raisonnem. que quelq.-uns des plus modérés, qui n'exercèrent aucune influence sur la majorité de leur secte. Il se trouva bientôt engagé dans une querelle avec Luther, au sujet de la présence de J.-C. dans l'eucharistie. Il s'en tenait à la *figure,* tandis que son inflexible adversaire admettait la *réalité*. Par les soins du landgrave de Hesse, qui prévit tous les maux qu'entraînerait ce grave démêlé, une conférence eut lieu à Marpourg entre les chefs des deux partis, où le docteur de Zurich fit preuve de douceur, de modération, et il s'ensuivit une espèce de réconciliation. Pendant ce temps il continuait ses controverses avec les catholiq., qui condamnaient sa doctrine et ses écrits, et contribuaient ainsi aux progrès de la réforme. En 1528, Berne l'embrassa de la manière la plus solennelle, et Zwingli, auquel était en gr. partie dû ce nouveau triomphe, acquit dans son canton une influence considérable. Les Suisses prirent enfin les armes, en 1329, les uns contre les autres; mais la trêve de Cappel mit presque aussitôt fin aux hostilités. En 1530, Zwingli rédigea deux confess. de foi très remarquables, l'une qu'il adressa à la diète d'Augsbourg, et dans laquelle il se prononçait contre le dogme de la *présence réelle*, l'autre qu'il envoya à François Ier, et où l'on trouvait cette assertion, tant blâmée alors et depuis, que les hommes vertueux du paganisme ne pouvaient être damnés. En 1531, les hostilités ayant recommencé entre les catholiq. et les protestants, Zwingli reçut du sénat l'ordre d'accompagner ces derniers, et il obéit, quoique tourmenté d'un pressentiment funeste. Il arriva le 10 oct. à Cappel avec les siens, reçut un coup mortel dans les premiers moments de cette mêlée devenue fameuse, et fut achevé par des soldats catholiq. qui l'avaient pressé vainement de se confesser et de recommander son âme à la Vierge. Le lendemain Jean Schonbrunner, qui s'était éloigné de Zurich par attachement pour la relig. cathol., ne put s'empêcher de dire en le voyant: *Quelle qu'ait été ta croyance, je sais que tu aimas ta patrie et que tu fus toujours de bonne foi : Dieu veuille avoir en paix ton âme!* La soldatesque, moins tolérante, déchira son cadavre, dont elle livra les lambeaux aux flammes, et jeta ses cendres aux vents. Les ouvr. de Zwingli ont été recueillis en 4 vol. in-fol., Zurich, 1544-45, par les soins de Rodolphe Gualter, qui y a mis une *Préface apologétique*, et 4 tom. en 3 vol. in-fol., 1581. MM. Usteri et Vogelin de Zurich ont publié, depuis 1819, en allem., des *Extraits*, rangés par ordre de matières, des *OEuvres complètes* de Zwingli, dont il existe un grand nombre de traités encore inédits (v. J.-G. Hess, *Vie de Zwingli*, Paris, 1810, in-8; J. Willm, *Musée des protestants célèbres*; Bayle, Chauffepié, Jurieu et l'abbé Pluquet, *Dictionn. des hérésies*, t. II).

ZYB ou ZYB-BAKOUI-KHAN, l'un des plus anciens souverains de la nation turque, était, suivant le prince historien Abou'l-Ghazi, arrière-petit-fils de Turk, fils de Japhet, et, par conséquent, issu du patriarche Noé, à la 5e génération. Les auteurs persans, dont d'Herbelot a consigné des *extraits* dans sa *Biblioth. orientale*, donne, sur ce prince et ses ancêtres, quelq. détails qu'il serait curieux de conserver, s'il était possible de garantir la certitude des traditions nationales sur lesq. ils sont fondés. Suiv. eux, ce prince, dont le nom est celui d'une gr. dignité dans la langue des Turks orientaux, fut plus puissant que ses prédécess., étendit les bornes de ses états, et, le prem. de sa nation, se fit élever un trône et porta le diadème royal. Il amassa de grandes richesses, fut libéral et bienfaisant, aima la justice, et laissa des regrets d'autant plus mérités, que la nation turque commença à se corrompre sous son fils Kaïouk-Khan, et tomba dans l'idolâtrie sous son petit-fils Alindjeh-Khan. Celui-ci laissa deux fils jumeaux, Tatar et Mongol, qui partagèrent l'empire, et furent les chefs des deux grands peuples.

ZYLL (le P. Oth van), *Zylius*, jésuite, né à Utrecht en 1588, mort à Malines en 1656, professa la rhétorique à Ruremonde, remplit les fonctions de recteur au collége de Bois-le-Duc, à Gand, puis à Bruxelles, et assista à la 10e congrégat. générale de l'institut à Rome, comme député de la province de Flandre. Zyll cultiva la poésie latine avec quelque succès. Son meilleur ouvr. est un poëme intitulé : *Cameracum obsidione liberatum à Leopoldo Gulielmo*, Anvers, 1650, in-4, réimprimé dans le *Parnassus soc. Jesu*, 1654, in-4, et à la suite des *Poésies* du P. Hosschius, dans l'édition d'Anvers, 1656, in-8. — ZYLL (Antoine van), aussi d'Utrecht, théolog. remontrant et past. à Alkmaer, est mentionné dans le *Parnassus latino-belgicus*, de M. Hœufft, qui possède de lui des *poésies* latines inédites, écrites de 1604 à 1652, et parmi lesq. se trouve une épigramme qui donna lieu de croire que les *Libri III de resurrectione mortuorum*, publiés par Manassé-ben-Israël, Amsterd., 1656, étaient originairement écrits en espagnol, et ont été trad. en latin par Ant. van Zyll.

ZYPÆUS (Henri van den ZYPE, en latin), bénédictin, né à Malines en 1578, obtint l'abbaye de Saint-André, près de Bruges, en 1616. Il travailla sans relâche à rétablir la discipline dans les maisons placées sous son autorité, se montra charitable envers les pauvres et zélé pour l'embellissem. de son église, et mourut en 1659. Nous citerons de lui : *Gregorius magnus, ex nobilissimâ et antiquissimâ in Ecclesiâ Dei familiâ benedictinâ oriundus*, Ypres, 1611, in-8. — ZYPÆUS (François van ZYPE), frère du précédent, né à Malines en 1578, défendit avec beaucoup de zèle les droits du souverain pontife et les priviléges de l'Église, s'acquit l'estime de la plupart des prélats des Pays-Bas, obtint de nombreux bénéfices, et mourut gr.-vicaire de l'évêché d'Anvers, en 1650, laissant plus. ouvr. de jurisprudence, qui ont été recueillis en 2 vol. in-fol., Anvers, 1675.

ZYPE (François van den), *Zypœus*, médecin, né à Louvain, commença par être lecteur d'anatomie et de chirurgie à Bruxelles, fut ensuite prof. d'anatomie à l'univ. de Louvain, et s'acquit dans l'exercice de cette place une réputat. distinguée. On a un ouvrage élémentaire intit. : *Fundamenta medicinæ physico-anatomicæ*, Bruxelles, 1683, in-12; 1692, in-8; 1737, in-8 ; Lyon, 1692, in-8.

ZYRLIN ou ZIERLIN (George), né en 1592 à Lichsthal, en Suisse, fut successivement à Rotembourg diacre, prédicat., surintendant et président du consistoire. Il mourut en 1661. On cite de lui, entre autres écrits, une explicat. de la prophétie d'Abdias, en allem.

SUPPLÉMENT

CONTENANT

LA BIOGRAPHIE DES PERSONNAGES MORTS

PENDANT L'IMPRESSION DES PREMIERS VOLUMES,

ET LES ARTICLES OMIS.

A

ACHAINTRE (Nicolas-Louis), philologue et critique estimable, né en 1771 à Paris, se destina d'abord à l'état ecclésiastique ; mais la révolution de 1789 dérangea ses projets. Atteint peu de temps après par la réquisition, il fit plusieurs campagnes à l'armée du Nord, et, ayant été fait prisonnier en 1795, fut conduit en Hongrie, d'où il ne revint qu'après une captivité de près de deux ans. De retour à Paris, il embrassa le rude métier d'instituteur ; mais ses précoces infirmités l'ayant forcé d'y renoncer, il se fit éditeur, et publia successiv. de belles édit. d'auteurs classiq. grecs et lat., dont le succès ne put améliorer sa position. Aussi modeste que laborieux, il eut le bonheur de trouver accès près de Louis XVIII, et ce prince éclairé lui accorda sur sa cassette une modique pension qui lui fut continuée. Depuis quelque temps il vivait retiré à Évreux, lorsqu'il y mourut en 1836. Outre de bonnes éditions, entre autres d'*Horace* et de *Juvénal*, avec des notes, on lui doit la première trad. franç. de l'*Hist. de la guerre de Troie*, attribuée à Dictys de Crète ; celle d'un ouvr. inédit de St Jean-Damascène sur la musique, etc. Il est encore auteur de divers ouvr. pour les humanistes. Il a eu part à la *Collect. des classiques latins* de Lemaire, etc. (*v.* pour plus de détails la *France littér.* de Quérard).

ALIBERT (J.-Louis), médecin célèbre, né en 1766 à Villefranche, dans le Rouergue, était fils d'un conseiller au présidial de cette ville. Après avoir terminé ses études avec un brillant succès, il résolut d'entrer dans la carrière de l'enseignem. ; mais la révolution l'empêcha d'exécuter ce projet. Indécis quelque temps sur le choix d'un état, il vint à Paris, où il fréquenta les cours de clinique, et ne tarda pas à se faire remarquer de Dusault et Pinel. La thèse qu'il soutint pour le doctorat, sur les fièvres pernicieuses et intermittentes, eut plus. éditions, honneur qu'obtiennent bien rarem. ces sortes d'ouvr. L'un des fondat., avec Bichat, de la société médicale d'émulation, il ne tarda pas à prendre rang parmi les écrivains distingués de la science qu'il pratiquait. Nommé médecin titulaire de l'hospice de St-Louis, il y fonda un cours d'enseignement clinique des maladies de la peau, qui ajouta encore à sa réputation déjà fort étendue. Après la restauration, il fut nommé médecin ordinaire de Louis XVIII, qui le créa baron. Il remplit les mêmes fonctions près de Charles X, et mourut à Paris en nov. 1837, à 68 ans. Ses princip. ouvr. sont : *Physiologie des Passions*, 3ᵉ édition, 1837, 2 vol. in-8, livre riche d'observations.— *Descript. des maladies de la peau*, 1834, gr. in-folio, fig. color. ; c'est le chef-d'œuvre d'Alibert. — *Nouv. éléments de thérapeutique et de matière médicale*, 1826, 2 vol. in-8, livre plein d'excellentes vues pratiques. — *Précis sur les eaux minérales les plus usitées en médecine*, 1826, in-8. — Un *Recueil d'éloges historiq.*, in-8, qui peuvent être comparés à ceux de Vicq-d'Azyr. Alibert fut l'un des princip. collaborat. du *Dictionn. des sciences médicales*. Dans ses loisirs, il cultiva la poésie, et son poème de la *Dispute des fleurs*, in-18, annonce un véritable talent.

ALLARD (Jean-Franç.), généralissime des armées du roi de Lahore, né en 1785 à St-Tropez (Var), reçut une éducation toute militaire. A peine avait-il atteint sa 18ᵉ année, qu'il rejoignit les drapeaux, et bientôt il se fit connaître par des actions d'éclat. Le maréchal Brune, qui l'avait distingué, le choisit pour son aide-de-camp. De lieutenant il devint capitaine, et reçut la croix d'honneur. Après la mort tragique de Brune, il quitta la France et se rendit à Livourne avec le projet de passer en Amérique. Il avait déjà retenu sa place à bord d'une frégate de l'Union, lorsqu'un officier italien lui persuada de l'accompagner en Égypte. N'ayant pas trouvé dans ce pays les ressources qu'il espérait, il gagna la Perse, où il fut accueilli par Abbas-Mirza, qui lui conféra le titre de colonel et lui promit un régiment qu'il ne lui donna jamais. Lassé de l'attendre, il se rendit à Cabboul, dont le roi l'accueillit avec distinction ; mais à peine établi dans cette ville, il apprit qu'à Lahore était un chef audacieux, politique habile, qui s'occupait de fonder un royaume. Il courut donc à Lahore, vit Runjet-Sing, et, en peu de temps, obtint sa confiance. On lui donna d'abord à discipliner quelq. hommes qui devinrent une excellente pépinière d'officiers instructeurs. Après avoir discipliné cent hommes, il organisa un régiment, puis une brigade, puis une division. L'armée formée, les petits princes qui disputaient à Runjet-Sing la souveraineté du royaume, furent tous successivement attaqués et battus, et, au bout de quelques années, Runjet-Sing fut le seul maître de cet empire. Le général Allard, comblé d'honneurs et de biens, eut un palais à Lahore, des serviteurs, une garde. Il épousa une jeune princesse, nièce du roi, fut nommé généralissime, et devint, après le roi, le personnage le plus puissant de cette vaste contrée. Ayant témoigné le désir de venir en France pour y amener ses enfants et les y faire élever dans les principes du christianisme, Runjet-Sing ne céda qu'avec peine au vœu de son favori, et en exigea la promesse qu'il ne tarderait pas à le rejoindre. Le général Allard revit donc la France en 1836 ; il y reçut de toutes les classes des marques du plus bienveillant intérêt, et fut accueilli d'une manière toute spéciale par le roi Louis-Philippe, qui le nomma commandant de la Légion-d'Honneur. Après avoir satisfait aux besoins de son cœur, fidèle à sa parole, il retourna dans sa patrie adoptive ; mais à peine y fut-il arrivé qu'il tomba malade, et, après avoir langui quelque temps, il mourut en 1840. Son portrait, en costume oriental, a été lithographié, format in-4.

ALLIER (Achille), né dans le Bourbonnais en 1808, a, par l'influence de son talent, donné une puissante impulsion aux études artistiques en province. Ses dispositions naturelles furent développées par son père, qui voulut diriger lui-même son éducat. d'après une méthode spéciale. Nourri dans l'amour de son pays, il songea de bonne heure à lui faire le sacrifice de ses veilles, de son repos et de sa fortune. Il fonda très jeune, à Montluçon, un journal dans lequel il déposa ses prem. essais, vers et prose, tous empreints de couleurs locales et de recherches sur le Bourbonnais. Il publia ensuite, dans les *Esquisses bourbonnaises,* plusieurs notices remarquables sur des monuments de sa province qu'il concourut à préserver de la destruct. dont les menaçaient déjà les bandes de spéculateurs, qui semblaient avoir pour but de niveler la France, et d'effacer jusqu'aux moindres vestiges de son antique civilisation. C'était le prélude de sa grande publication historique, l'*Ancien Bourbonnais,* ouvrage qui se recommanda dès son début par une savante érudition, embellie de tous les charmes d'un style plein de poésie. La mort prématurée d'Allier, en 1836, ne lui a pas permis de voir terminé ce bel ouvr., qui suffit pour lui assurer une place parmi les antiquaires les plus distingués. Il pensait à composer, sous le titre de *la France religieuse,* une hist. de tous les monum. que le christianisme a élevés dans les provinces. On lui doit la fondation de l'*Art en province,* journal destiné à donner aux travaux des artistes dans les départem. une impulsion nouv., et à établir entre eux des liens communs.

AMAR-DUVIVIER (Jean-Auguste), littérat. distingué, né en 1765 à Paris, après avoir fait d'excellentes études au collège de Montaigu, où il avait été admis comme boursier, entra dans la congrégation des doctrinaires. A la dispersion des corps enseignants en 1791, il fut appelé à Lyon pour y faire une éducation particulière. Après le siége de cette malheureuse ville en 1793, il fut traduit devant la commission révolutionnaire ; mais un de ses amis parvint à le soustraire à ses bourreaux. Rendu à la liberté, il s'empressa de quitter Lyon, où il ne revint que lorsque des temps meilleurs lui permirent d'y reprendre ses fonctions d'instituteur, qu'il remplit jusqu'en 1802. A cette époque, il fut attaché comme conservat. à la bibliothèque Mazarine, et il joignit à cette place la chaire de rhétorique au lycée Napoléon, depuis collège Henri IV. Vers la fin de 1816, il quitta l'enseignement pour se livrer exclusiv. à ses travaux littéraires. Il reçut en 1829 le titre d'inspect.-honoraire de l'acad. de Paris, avec la décorat. de la Légion-d'Honneur, et mourut en janvier 1837, à 71 ans. Rédacteur de la *Quinzaine littér.,* 1817, il a été l'un des plus actifs collaborat. des *Annales de la littérat. et des arts,* 1820. Il a eu part à la publicat. de la *Bibliothèque classique lat.* de Lemaire, et a fourni de nombr. articles à la *Biogr. univ.* de Michaud, ainsi qu'à celle du général Beauvais. Il a donné des éditions estimées de *Térence,* trad. de Lemonier, 1812 ; du *Virgile,* de Heyne, 1824, 5 vol. in-12 ; des Œuvres de J.-B. Rousseau, 5 vol. in-8 ; de *Boileau,* avec un nouveau commentaire, 4 vol. in-8, etc. Enfin il est l'éditeur d'une collection d'auteurs latins en petit format: *Scriptores lat. principes.* Parmi ses ouvr., assez nombreux, les princip. sont : *Chefs-d'œuvre de Goldoni,* avec l'italien en regard et des notes, 1800, 3 vol. in-8. — *Le Fablier angl.,* avec le texte, 1803, in-8. — *La Gymnastique de la jeunesse,* 1803, in-8, fig. — *Le Lycée des arts utiles et agréables,* 1804, in-8. — *Conciones et orationes poeticæ,* avec le franç., 1819, 2 vol. in-12. — *Conciones franç., ou choix de discours,* etc., 1822, in-12. — *Conciones poeticæ gr.,* 1828, in-12. — *Cours complet de rhétorique,* 3ᵉ édit., 1822, in-8.

ANSIAUX (Jos.), peintre d'hist., né en 1764 à Liége, vint jeune à Paris, où il entra dans l'atelier de Vincent, qui le distingua bientôt parmi ses nombreux élèves. Encouragé par les éloges de son maître, il ne tarda pas à présenter à l'exposition quelq. tableaux qui réunirent les suffrages des connaisseurs. Le portrait de Kléber en pied lui fut commandé en l'an XII par le gouvernement. Il fut depuis chargé de différents travaux pour des églises. On lui doit en outre un gr. nombre de *por-*

traits et plusieurs compositions gracieuses, parmi lesquelles on cite surtout : *Angélique et Médor, Renaud et Armide, Léda*, etc. Ansiaux mourut à Paris en oct. 1840.

ARTAUD (ANT.-MAR.-FRANÇ.), antiquaire, né en 1767 à Avignon, quitta le commerce pour se livrer entièrement à son goût pour les arts, et se fit bientôt connaître par ses talents comme peintre et comme dessinateur. S'étant établi à Lyon, il devint conservat. du musée, puis direct. de l'école roy. des beaux-arts de cette ville. Il mourut à Orange en 1838. Par son testam. il a fait des legs à l'acad. et à la ville de Lyon, qui lui avait acheté, quelq. années auparavant, son précieux cabinet d'antiquités. Artaud était correspondant de l'acad. des inscript. Ses principaux ouvr. sont : *Description d'une mosaïque représentant des jeux du cirque, découverte à Lyon en 1806*, gr. in-fol., fig. — *Descript. de la mosaïque de M. Macors*, 1806, in-8. — *Notice des antiquités et des tableaux du musée de Lyon*, 1808, in-8. — *Mosaïques de Lyon et des départements méridionaux de la France*, 1825 et ann. suiv., in-fol. max., fig. Cet ouvrage, l'un des plus beaux que nous ayons sur cet objet, se compose de quinze livraisons. Artaud a laissé plusieurs ouvr. MSs. On en trouve la liste, avec l'éloge de l'auteur, dans l'*Histoire de l'académie de Lyon*, par M. Dumas.

AULNAYE (FRANÇ.-MARIE-STANISLAS de L'), littérateur, né en 1759 à Madrid, de parents franç., fit de brillantes études à Versailles, et se rendit très habile dans les langues, l'hist. naturelle, les antiquités et la musique. La bizarrerie de son caractère le priva de tous les avantages qu'il aurait pu tirer de ses talents; et, n'ayant pas su conserver la fortune que ses parents lui avaient laissée, il se vit contraint de se mettre aux gages des libraires. Il mourut à l'hospice de Chaillot en 1830. Outre une dissertation *Sur la danse des anciens*, couronnée par l'acad. des inscript., on lui doit, entre autres ouvr., une trad. de *D. Quichotte*, qui passait pour la plus complète et la plus fidèle dans notre langue, avant la publication de celle de M. Viardot; une bonne édit. des *OEuvres de Rabelais*, 4 vol. in-18, avec des notes pleines de goût et d'érudition; différents écrits *sur la Franc-maçonnerie*, etc. De L'Aulnaye a fourni de curieux articles à la *Biographie univ.* de Michaud.

B

BABOIS (MARGUERITE-VICTOIRE), poète élégiaque, née en 1760 à Versailles, morte en 1839, était par alliance la nièce de Ducis, qui lui porta constamment le plus tendre intérêt. Outre quelq. pièces de vers publiées séparément et qui n'ont point été recueillies, on a de cette dame des *Élégies et poésies diverses*, dont la 3e édition, Paris, 1828, 2 vol, in-18, est enrichie de sa correspond. avec Ducis. Les *Élégies* de Mme Babois, inspirées par la douleur maternelle, sont pleines d'une sensibilité vraie, et remarquables par l'élégance et la pureté de la versification.

BAPTISTE aîné, acteur du Théâtre-Français, né vers 1760 à Paris, débuta en 1791 sur le théâtre de la rue Culture-Ste-Catherine, où il attira la foule par la manière dont il remplit le rôle de *Robert, chef de brigands*, dans la pièce de Lamartelière, imitée des *Voleurs* de Schiller. Il passa, dès la fin de l'année suiv., au théâtre dit *de la République*, où son aplomb et sa rare intelligence le placèrent bientôt au prem. rang. Son organe sourd et nasal nuisit à ses succès dans la tragédie ; mais il déploya, dans le drame et la comédie, une supériorité incontestable. Il excellait dans le rôle du *Glorieux*, et il créa celui du capitaine de marine dans les *Deux Frères* de Kotzebue. A la réorganisation du Théâtre-Français, il continua d'y jouir de la faveur publique, jusqu'au moment où son âge avancé le détermina à quitter la scène. Il se voua dès lors entièrem. aux fonct. de professeur à l'école royale de déclamat., forma plusieurs bons élèves, et mourut à Paris en 1835.

BARBERI (JACQ.-PHILIPPE), né en 1780 à Ajaccio, fit ses premières études à Rome, et, s'étant enrôlé dans un régiment de l'armée d'Italie, parvint au grade de lieuten., et fut attaché à l'état-major de la 1re division. Ramené en France, il quitta le service pour achever ses études, et visita les principaux états de l'Europe, comme maître de langues. Nommé dans les *cent-jours* sous-préfet dans le départ. des Bouches-du-Rhône, il se rendait à son poste lorsque la 2e invasion le força de revenir à Paris, où il continua de vivre dans la retraite, et mourut en 1829. On a de lui : *Grammaire des grammaires italiennes*, 1819, 2 vol. in-8. — *Petit trésor des langues franç. et ital.*, 1821, in-8. — *Dictionnaire portatif franç. et ital.*, 1822, 2 vol. in-16. — *Grand Dictionnaire franç.-ital. et ital.-franç.*, rédigé sur un plan entièrem. neuf, 1838, 2 vol. in-4. Cet ouvrage, qu'il n'avait pas eu le temps d'achever, a été terminé par MM. Basti et Cerati.

BARÈRE DE VIEUZAC (BERTRAND), l'un des membres les plus influents et le constant rapport. du fameux comité de salut public de la convention, né en 1755 à Tarbes, était fils d'un avocat. Le nom de Vieuzac, qu'il joignit pendant quelque temps à son nom de famille, était celui d'un petit fief qu'il avait hérité de son père. Pourvu, dès l'âge de 20 ans, d'une charge de juge à la sénéchaussée de Tarbes, il ne tarda pas à se démettre d'une place qui contrariait ses goûts, et se rendit à Toulouse, où il partagea son temps entre la fréquentation du barreau et la culture des lettres. Plusieurs de ses discours furent couronnés, et lui valurent son admission à l'académie des Jeux-Floraux et à celle de Montauban. La réputation qu'il s'était acquise comme écrivain le fit élire, en 1788, député du tiers-état de Bigorre aux états-généraux. Les députés des communes s'étant constitués en assemblée nationale, le premier il rendit compte des séances de l'assemblée dans un journal intitulé : *le Point du jour ;* il prit d'ailleurs une part très active à ses travaux, fit décréter l'établissem. du jury, provoqua les premières lois pénales contre les émigrés, et, membre de différents comités, en fut souvent le rapporteur, notamment de celui des domaines. Après la session, il fut élu membre du tribunal de cassation. Au mois de sept. 1792, député par le département des Hautes-Pyrénées à la convention, il vota dès la prem. séance, avec enthousiasme, l'abolition de la royauté et l'établissement de la république. Nommé président (décembre), il fut chargé par la convention d'interroger Louis XVI à la barre, et de diriger les prem. débats de ce grand procès. Dans cette circonstance difficile, Barère ne s'écarta point des égards dus au royal accusé, et fit tout ce qu'il put pour être impartial. Plus tard il combattit la proposition de l'appel au peuple. Lors du jugem., il déclara Louis coupable, vota pour la mort, en regrettant que cette peine ne fût pas effacée des codes, et contre le sursis. Membre du comité de constitution, il en fut le rapporteur, et il ne tint pas à lui de faire adopter le projet présenté par Condorcet ; mais la convention était déjà divisée, et le parti de la montagne, qui devait faire tant de mal à la France, soutenu ou dominé par la commune de Paris, fit ajourner la constitution, qui fut remplacée provisoirement par les lois révolutionnaires. Barère, nommé membre du 1er comité de salut public (avril 1793), ne cessa point d'en faire partie jusqu'au 9 thermidor, en y étant constant rapport. Le succès de nos armées, c'est principalement à cette circonstance qu'il doit la sorte de popularité qui s'est attachée à son nom. La division qui existait dans l'assemblée régnait aussi dans les comités. Barère se défiait de Robespierre : mais n'ayant pas le courage nécessaire pour l'attaquer en face, il le flatta jusqu'à sa chute. Dès que Robespierre fut tombé, il se montra l'un de ses plus ardents accusateurs, et se fit l'apologiste du 9 thermidor, sans prévoir les suites que devait avoir cette journée. Exclus du nouveau comité de salut public, il fut bientôt dénoncé par Lecointre, comme ayant participé à tous les actes de l'ancien comité. Ses amis parvinrent à retarder l'effet de cette dénonciation ; mais, au mois de février 1795, à la suite d'un rapport de Saladin, Barère, décrété d'accusation, fut gardé à vue dans sa chambre, et au mois d'avril suivant (12 germinal an III), condamné à la déportation. Ce décret fut rapporté le 1er prairial (*v.* FÉRAUD) ; mais quelq. jours après, la convention renvoya Barère devant le tribunal criminel de Saintes. Il resta quatre mois dans les prisons de cette ville, sans pouvoir être jugé. Craignant que ses ennemis ne trouvassent le moyen de le faire déporter, il s'évada de sa prison, et se tint caché jusqu'après le 18 brumaire. Bonaparte lui permit alors de revenir à Paris, et Barère témoigna sa reconnaissance au consul par div. écrits dirigés principalement contre les Anglais. Moins riche après la révolut. qu'il ne l'avait été auparav., il publia successivement plus. traduct. de l'anglais et de l'italien, dont quelques-unes eurent du succès. La restauration ne troubla point la tranquillité dont il avait joui sous le gouvernement impérial. Mais au retour de Napoléon, les compatriotes de Barère, qui n'avaient pas cessé de lui donner des marques de leur sympathie, l'élurent membre de la chambre des représentants. Barère, que l'âge et l'expérience n'avaient point désabusé de ses utopies politiques, se crut revenu aux prem. jours de la révolution. Il y avait une constitution à faire ; il s'en mêla beaucoup ; il y travaillait encore, lorsque l'entrée des armées étrangères à Paris lui annonça la fin de ses rêves. Atteint par la loi de 1816 contre les régicides, il alla chercher un asile en Belgique, et il y vécut tranquillem. sous la protection du roi des Pays-Bas. Rentré ene Franc après la révolut. de 1830, il ne resta que quelques jours à Paris, et se retira dans sa ville natale, Tarbes, pour y travailler à un grand ouvrage sur la révolution, qu'il avait commencé dans son exil. C'est là qu'il est mort en janvier 1841, à 85 ans. Indépendamm. de ses nombreuses traductions, Barère a publié un gr. nombre de pamphlets dont on trouvera la liste dans la *France littéraire* de Querard. Nous ne citerons de lui que ses *Eloges académiques*, Paris, 1806, in-8.

BARREY (CLAUDE-ANTOINE), médecin distingué, naquit le 29 juillet 1771 à Besançon, où il mourut le 27 octobre 1857. Né d'une famille pauvre, mais honorable, il dut à la persévérance de ses efforts une éducation soignée, et termina ses études classiques avec succès. Après avoir vaincu bien des obstacles, qui pour d'autres auraient été insurmontables, il étudia seul la pharmacie et la médecine. Mis en réquisition dans l'année 1794, comme pharmacien de 3e classe, il fut employé à l'hôpital de Besançon, puis à l'armée cantonnée à Zurich. De retour dans sa ville natale, il s'adonna tout entier à la médecine. C'est à lui que l'on doit la propagation de la vaccine en Franche-Comté. Depuis 1801 jusqu'à sa mort, il ne discontinua point de consacrer un jour de chaque semaine à cette pratique, dont il avait reconnu de bonne heure les avantages ; nous ne saurions dire le nombre de vaccinations qu'il a faites : ses listes, envoyées chaque année à l'académie royale de médecine, dont il était membre, lui méritèrent tous les genres d'encouragement : des prix, des médailles d'argent et d'or, et en dernier lieu la croix d'honneur. Presque toutes les sociétés de médecine de France le comptèrent parmi leurs correspondants. On doit au docteur Barrey un *Tableau comparatif des décès et des naissances qui ont eu lieu à Besançon pendant les 25 années qui ont* précédé et suivi la découverte de la vaccine, 1825, une feuille grand in-fol. ; son but dans ce travail est de prouver que l'on doit à cette pratique l'accroissement de la population.—*Histoire impartiale de la vaccine*, couronnée par la société de l'Eure, 1831, in-8.—*De la vaccine et de ses effets*, 1808, in-8. — *Mémoire sur les maladies épidémiques*, 1813, in-8, couronné par l'acad. de Montpellier. — *De l'influence de l'air atmosphérique dans la production des maladies épidémiques*, inédit, couronné par l'académie de Toulouse ; enfin un grand nombre d'articles importants dans le *Journal de médecine de Montpellier*.

BASSANO (HUGUES-BERNARD MARET, duc de), ministre secrétaire-d'état, pair de France, etc., né en 1763 à Dijon, était fils d'un médecin distingué, auquel on doit d'utiles ouvrages. A l'âge de 18 ans, il concourut pour le prix proposé par l'académie de Dijon, dont le sujet était l'*Éloge de Vauban*. Carnot fut couronné; mais l'ouvr. de Maret, remarqué par ses juges, obtint le 1er accessit. Le comte de Vergennes, informé des disposit. de son jeune compatriote, le fit venir à Paris, avec l'intention de le placer dans la diplomatie ; mais la mort prématurée de ce ministre et les événements qui la suivirent, retardèrent son entrée dans une carrière qu'il devait parcourir avec tant de succès. Il était allé en Allemagne étudier le droit public, lorsque la révolution éclata, et il se hâta de revenir à Paris pour assister à l'ouverture des états-génér. Dès les premières séances de l'assemblée constituante, il conçut avec Méjan l'idée d'en rédiger le *Bulletin*, et peu de temps après, il se chargea pour le *Moniteur*, du même travail qu'il continua jusqu'à la fin de la session. Dans les premiers moments de la révolution, il s'était fait affilier à la fameuse société des *Amis de la constitution*, qui prit le nom de *Jacobins*; mais en 1791, après les événements du Champ-de-Mars, il cessa d'en faire partie, et devint l'un des fondat. du club monarchiste des Feuillants. Après le 10 août 1792, Lebrun, ministre des affaires étrangères, lui offrit une place de chef de division, le fit ensuite direct.-général, et l'envoya négocier à Londres un traité de neutralité. La mort de l'infortuné Louis XVI mit fin à cette mission, et Maret, rappelé en France, fut destiné à l'ambassade de Naples. Arrêté dans sa route (juillet 1793) par les troupes autrichiennes, il fut enfermé dans une forteresse de la Moravie, d'où il ne sortit qu'au bout de trois ans, compris dans l'échange contre Mme la duchesse d'Angoulême. L'année suiv. (1797), il fut envoyé à Lille pour traiter de la paix avec l'Angleterre. La journée du 18 fructidor arrêta les négociat., et Maret, de retour à Paris, cessa d'être employé. Il se consola de sa disgrâce par la culture des lettres, et il venait de faire recevoir une pièce au Théâtre-Français, lorsqu'arriva le 18 brumaire. Lié avec les principaux auteurs de cette révolut., et déjà connu du général Bonaparte, il fut nommé secrét.-gén. des consuls, place qui fut depuis érigée en ministère sous le titre de secrétairerie-d'état. La connais. qu'il avait des affaires du gouvernem. et des différentes parties de l'administration le firent apprécier sur-le-champ de Napoléon, qui depuis ne cessa pas de lui témoigner la plus haute confiance. Il concourut en 1805 au traité de paix avec l'Autriche. L'année suiv. il fut chargé de l'organisat. du gouvernem. polonais. Quelque temps après il conclut et signa avec l'ambassad. persan, qui se trouvait au quartier-général de Finckestein, un traité d'alliance entre la France et la Perse. Appelé en 1811 au ministère des affaires étrangères, et prévoyant une nouv. coalition, il fit tout ce qui dépendait de lui pour en diminuer les effets, en suscitant la guerre entre les États-Unis et l'Angleterre, et en resserrant les liens de la France avec l'Autriche, la Prusse, le Danemarck, etc. Le duc de Bassano remit, l'année suivante, le portefeuille des affaires étrangères à M. de Caulaincourt; mais ce ne fut point une disgrâce, puisqu'il resta ministre secrétaire-d'état, et que Napoléon continua de l'employer dans des miss. import. Il reçut ses adieux à Fontainebleau, et ne le quitta pas un instant jusqu'au départ pour l'île d'Elbe. Resté sans fonct. pendant la 1re restauration, au retour de Napoléon il reprit sa place de secrét.-d'état, et après la seconde abdication, il rentra dans la vie privée. Ni les services qu'il avait rendus pend. son élévat., ni la noblesse de son caractère, ne purent le soustraire à la loi rigoureuse de l'exil. Retiré en Suisse, il y fut arrêté, livré aux Autrichiens, et n'obtint la permission de revenir en France qu'en 1820. Il acquit peu de temps après le château de Beaujeu, près de Gray, et il y vécut jusqu'en 1830, partageant son temps entre les lettres, les amis qui lui étaient restés, et les embellissem. de sa retraite. Nommé pair par Louis-Philippe, il montra dans cette assemblée les talents dont il avait déjà donné tant de preuves, et prit part à toutes les discuss. importantes. Fait premier ministre, président du conseil en 1835, il ne conserva que peu de jours cette haute position, céda la place à une nouv. combinaison, et mourut en mai 1839, regretté des amis de la monarchie constitutionnelle. Membre de l'institut lors de sa réorganisat., sous le consulat, il cessa d'en faire partie en 1815 ; mais plus tard il fut élu à l'Académie française.

BEBIAN (ROCH-AMBR.-AUG.), né en 1790 à la Guadeloupe, vint fort jeune à Paris, et, après y avoir achevé ses études avec succès, obtint une place d'instituteur à l'école des sourds-muets. En 1819 il obtint le prix proposé par la soc. roy. acad. des sciences pour l'*Éloge de l'abbé de l'Épée*. L'année suiv. il donna une nouv. édit. de l'*Art d'enseigner à parler aux sourds-muets de naissance*, ouvr. de l'Épée, qu'il fit précéder de son *Éloge*. Bebian, que la faiblesse de sa santé avait obligé de renoncer à l'enseignem., alla, d'après le conseil des médecins, respirer l'air natal à la Guadeloupe, et y mourut en 1839. Ses princip. ouvr. sont : *Essai sur les sourds-muets et sur le langage naturel*, etc., Paris, 1817, in-8.—*Mimographie, ou Essai d'écriture mimique*, etc., 1822, in-8.—

Manuel d'enseignem. pratique des sourds-muets, 1826, 2 vol., le 1er contenant des *Modèles d'exercices*, in-4, et le second, les *Explications*, in-8.

BÉDOCH (PIERRE-JOS.), né à Tulle, était avocat dans cette ville en 1789. Appelé par ses talents à diverses fonct. dans la magistrature, il les remplit avec autant de zèle que de modérat. En 1810 il fut nommé procureur-impérial près du tribunal criminel de la Corrèze, et l'année suiv. substitut du procureur-général près de la cour de Limoges. Les suffrages des électeurs le désignèrent en 1812 pour représenter son départem. au corps-législatif. En 1814 il vota pour le rappel des Bourbons, et fit partie de la prem. chambre des députés où il se montra l'un des plus zélés défenseurs des opinions libérales. Dans la discuss. sur la liberté de la presse, il prononça un discours remarquable contre le projet présenté par l'abbé de Montesquiou. Lorsqu'il fut question de la remise aux émigrés de leurs biens non-vendus, nommé rapporteur de la commission, il se déclara pour le maintien des faits accomplis. Appelé au conseil-d'état pend. les *cent-jours*, il fut en outre élu membre de la chambre des représentants, où il se distingua par ses lumières et sa modération. Destitué en 1815, comme ayant accepté des fonctions publiques de l'empereur, il fut en 1818, renvoyé par les élect. de son départem., à la chambre des députés, où il continua de siéger sur les bancs de l'opposition. A l'expiration de son mandat en 1822, il rouvrit son cabinet d'avocat à Tulle. Élu de nouveau député après la révolut. de juillet, il fit souv. partie de la commission des pétitions, dont il fut presque toujours le rapporteur. Le roi lui rendit le titre de conseiller-d'état. Bédoch mourut en févr. 1837.

BEFFARA (LOUIS-FRANÇOIS), littérateur, né en 1751 à Nonancourt, remplit, dep. 1792 jusqu'en 1816, les fonct. de commissaire de police du quartier de la Chaussée-d'Antin. Au milieu d'occupat. incompatibles en apparence avec la culture des lettres, il sut trouver le temps de se livrer à des études de son choix, et mérita la réputation d'un érudit. Beffara mourut à Paris en 1838. On lui doit une *Dissertation sur les ancêtres et l'époque de la naiss. de Molière*, 1821, in-8. — *Des Recherches sur les époques de la naissance et de la mort de Regnard*, dans le VIe vol. de ses *OEuvres*, édit. de 1823, et séparém., in-8. Il a laissé MSs : *Dictionn. de l'Acad. royale de musique*, 7 vol. in-4 ; un autre des *opéras, cantates*, etc., exécutés et impr. dans les pays étrangers dep. la fin du 15e S., 17 vol. in-4 ; des *Recherches curieuses sur les familles de Boileau, Quinault, Lully*, etc., 3 vol. in-8.

BELLINI (VINC.), célèbre composit., né en 1806 à Catane, reçut de son père, habile musicien, les premières leçons de son art, et alla terminer ses études au conservatoire de Naples. Placé dès son début au rang des plus habiles maîtres de l'Italie, il vint en France où il fit représenter successiv. : *il Pirata, la Straniera, la Sonnambula, la Norma*, et enfin *i Puritani*, opéra qu'il avait composé depuis son arrivée à Paris, et qui obtint un succès d'enthousiasme. Son talent semblait lui promettre le plus brillant avenir, lorsqu'il mourut en 1835 à Puteaux près de Paris, à l'âge de 29 ans.

BELLUNE (VICTOR PERRIN, depuis duc de), maréchal et pair de France, né en 1766 à Marche (Vosges), entra dans l'artillerie en 1781, passa successivement par tous les grades, qu'il dut à sa bravoure et à sa bonne conduite, et fut nommé général de brigade en 1793, au siège de Toulon, où il s'était distingué et avait reçu deux coups de feu. Envoyé à l'armée des Pyrénées-Orientales, il y prit part au siège de St-Elme et de Rozes, et à toutes les batailles qui eurent lieu jusqu'à la paix avec l'Espagne. Il passa ensuite à l'armée d'Italie, où il fit les campagnes de 1796 et 1797, et fut nommé général de division après l'affaire de St-Georges, où il fit mettre bas les armes à 8,000 Autrichiens. Il prit ensuite Ancône, et détermina par ce succès le traité de Tolentino. Après le traité de Campo-Formio, appelé au commandement du département de la Vendée, il contribua, par sa sagesse et sa modération, à y rétablir le calme. De retour en Italie en 1799, il y prit une part honorable au succès de nos armes, détermina le gain de la bataille de Montebello, et l'année suivante, à Marengo, soutint seul avec sa division le choc des Autrichiens pendant huit heures. Le premier consul lui décerna un sabre d'honneur. Victor alla prendre le commandemen. de l'armée gallo-batave en Hollande, et, après la paix d'Amiens, fut pourvu de l'ambassade de Danemarck. Plus tard il revint à l'armée d'Allemagne, fut blessé à la bataille d'Iéna, contribua beaucoup au succès de celle de Friedland, et, créé maréchal de France, fut nommé gouverneur militaire de la Prusse, après le traité de Tilsitt. En 1808 il acquit une nouvelle gloire en Espagne. Espinosa, Somosierra, Madrid, Modelin, Talavera, Sierra-Morena, furent témoins de son habileté et de sa valeur brillante. En 1812 il partagea les succès et les revers de la grande armée de Russie, qui lui dut son salut au passage de la Bérésina. En 1813 il commanda le 2e corps d'armée ; il enleva 15,000 Autrichiens à la bataille de Dresde, et rendit d'éminents services à Wachau, à Leipsig, à Hanau, etc. Il continua de combattre en 1814 avec vigueur, d'abord dans l'Alsace et la Lorraine, ensuite à Brienne, à Nangis, à Villeneuve, à Craône, où il fut grièvement blessé. Sous la restauration, nommé commandant de la 2e division militaire, au retour de Napoléon, il suivit le roi à Gand, et, après la bataille de Waterloo, fut créé pair de France, major-général de la garde royale, et nommé gouverneur de la 16e division militaire. Ministre de la guerre en 1821, il céda le portefeuille, en 1823, à M. de Damas, et fut nommé membre du conseil privé, puis ambassadeur à Vienne. Il ne tarda pas à se démettre de son ambassade, et revint à Paris, où il vécut dès lors dans la retraite. A la révolution de 1830, il prêta serment à la nouvelle dynastie, et continua de siéger à la chambre des pairs. Il mourut à Paris le 2 mars 1841, à l'âge de 75 ans, laissant de vifs regrets à ceux qui avaient pu apprécier son caractère et ses éminentes qualités.

BENOIST (P.-V.), conseiller-d'état, né vers 1757 dans l'Anjou, acquit de bonne heure l'habitude des affaires, se livra plus tard à l'étude de l'économie politique, et se fit connaître avantageusement par différ. articles qu'il publia dans les recueils périodiq., sur cette science, alors nouvelle. Nommé par le duc de Bassano chef de division au ministère de l'intérieur et direct. de la correspondance, il conserva cette place jusqu'à la 1re restauration. Il obtint alors le titre de conseiller d'état, et fut chargé de la comptabilité des communes. Après les *cent-jours*, il fut attaché au comité du contentieux, et, nommé par le départ. de Maine-et-Loire à la chambre des députés, où il vota presque constamment avec la majorité. Exclus du conseil-d'état après l'ordonnance du 5 sept., il y fut rappelé en 1819, et n'en sortit qu'à la suite de la révolution de 1830. Il mourut à Paris en 1834. Benoist a eu part à la traduction du *Cultivateur anglais*, et a traduit les *Voyages* de W. Bartram dans l'Amérique-Septentrionale, 1798, 2 vol. in-8; les *Mémoires de miss Bellamy*, célèbre actrice, 1799, 2 vol. in-8, etc.

BENTINCK (lord GUILL.-HENRI CAVENDISH), né en 1774, frère cadet du duc de Portland, fut nommé en 1803 gouverneur de Madras, et resta plusieurs années dans l'Inde, où il acquit une immense fortune. De retour en Angleterre, il fut en 1812 accrédité comme ministre plénipotentiaire auprès de Ferdinand, roi de Sicile, et nommé commandant des forces anglaises dans la Méditerranée. Sa mission avait pour but de maintenir la Sicile dans le système de l'Angleterre pendant la guerre contre Napoléon. Après avoir pris toutes les mesures qu'il jugea propres à ce dessein, il se rendit au mois de juin 1813 en Catalogne, où il eut d'abord quelques succès; mais s'étant avancé jusqu'à Villafranca, il fut repoussé et forcé de se rembarquer. Il revint alors en Sicile, et prit des mesures vigoureuses pour comprimer le mécontentement qui avait éclaté pend. sa courte absence. En 1814 il commandait une expédition sur les côtes de la Toscane, et, s'étant emparé de Gênes, s'y maintint jusqu'à la fin de la guerre. Ayant alors cessé d'être employé par son gouvernem., il s'établit à Rome, où il tint plus. années un train de maison considérable. Rentré dans sa patrie, il fut nommé membre de la chambre des communes par le comté de Nottingham. Lord Bentinck mourut en 1839.

BERCHOUX (JOSEPH), littérateur, né en 1765 à St-Symphorien-de-Lay, dans la Bresse, fit d'excellentes études à Lyon, qu'il vint achever à Paris. Effrayé par les premiers excès de la révolution, il retourna dans sa famille, fut élu juge de paix, et sut concilier la culture des lettres avec ses honorables fonctions, qu'il remplit avec beaucoup de zèle. Le succès qu'obtint son poème de *la Gastronomie* (1801) aurait dû le décider à se fixer à Paris, où il était déjà connu par de piquants articles de journaux et par des poésies fugitives très spirituelles, entre autres une *Épître* commençant par ce vers :

Qui nous délivrera des Grecs et des Romains ?

Mais ami du repos et d'une philosophique indolence, il ne put consentir à s'éloigner de la riante campagne qu'il habitait sur les bords de la Saône; Ce ne fut qu'après la restauration que, cédant enfin aux instances de ses amis, il passa plusieurs années à Paris dans la société des gens de lettres les plus distingués. Sentant l'âge s'avancer, il regagna, dès qu'il le put, son champêtre asile, et y mourut en 1839. Indépendamment de *la Gastronomie*, regardée comme son meilleur ouvrage, on citera de Berchoux : le *Philosophe de Charenton, roman nouveau*, 1803, in-18; c'est une critique en action des principes de quelques philosophes du 18e S. — *La Danse des dieux de l'Opéra*, poème héroï-comique, en VI chants, 1808, in-18.—*Voltaire, ou le triomphe de la philosophie moderne*, 1814, in-8; c'est une ironie. — *L'Art politique*, poème en IV chants, 1819, in-18. Tous ces ouvr. ont eu plusieurs éditions.

BERNARD (SIMON), ministre de la guerre, né en 1779 à Dole, de parents pauvres, fut admis à 15 ans élève à l'école des travaux publics, et se rendit ensuite à l'école d'application de Metz, dont il sortit officier du génie. Il était parvenu au grade de capitaine, lorsqu'au début de la campagne de 1805, Napoléon le chargea d'une reconnaissance sur Vienne. La manière dont il s'acquitta de cette mission lui valut le grade de chef de bataillon. Il partit alors pour Ingolstadt, dont il devait démanteler les fortificat., et passa dans la Dalmatie, où il traça de magnifiques routes, et soutint une guerre terrible contre les Monténégrins. Il fut en 1811 rappelé d'Illyrie pour prendre, avec le grade de major, la direction des travaux d'Anvers. En 1813, nommé colonel du génie et aide-de-camp de l'empereur, en galopant à la portière de Napoléon, il tomba de cheval et se cassa la jambe. Il n'était pas encore guéri, lorsqu'il reçut l'ordre de s'enfermer dans Torgau, qu'il défendit pendant trois mois d'un siége terrible. La place ayant été forcée de capituler, il revint en France, se cassa de nouv. la jambe près de Strasbourg, et, sans prendre le temps de se faire panser, il rejoignit à Châlons-sur-Marne Napoléon qui le fit maréchal-de-camp. Il passa l'année 1814 dans la retraite, livré à l'étude des sciences exactes. Au 20 mars il reprit ses fonct. d'aide-de-camp de l'empereur, combattit à Waterloo, et fit après la bataille de vains efforts pendant quatre jours pour rallier et reformer une armée. Il accompagna Napoléon à Rochefort, mais il ne put obtenir de s'embarquer avec lui pour Ste-Hélène. De retour à Paris, sans autre projet que d'y vivre paisible dans sa famille, il fut peu de temps après envoyé en surveillance à Dole. Cet acte d'injustice le révolta, et ce fut alors qu'il forma le projet de passer en Amérique; mais avant de se mettre en route, il demanda et obtint le consentement de Louis XVIII. A son arrivée aux États-Unis, il fut chargé de relier entre elles toutes les parties de l'Union par des routes, des canaux, des rivières, et de mettre à l'abri de toute invasion une frontière de 1,400 lieues, en construisant quinze places fortes et un plus grand nombre de forts. Il avait terminé tous les projets qui devaient entrer dans ce vaste système de défense et de communications commerciales, quand la révolution de 1830 lui fit désirer de revoir la France. Accueilli avec empressem. par le roi qui le nomma l'un de ses aides-de-camp, Bernard fut promu en 1831 au grade de lieuten.-gén. du génie. En 1834 il fit partie du ministère dont le duc de Bassano avait accepté la présidence, mais qui ne put pas se soutenir plus de trois jours, et fut nommé à la pairie. Il reprit, en 1836, toujours malgré lui, le portefeuille de la guerre, et le conserva cette fois assez long-temps pour pouvoir exécuter quelq.-unes des utiles réformes ou des améliorat. qu'il avait conçues dans l'intérêt de l'armée. Dès l'année 1838, l'état de sa santé lui faisait sentir la nécessité de prendre quelque repos. Lorsque sa retraite du ministère lui permit enfin de céder aux vœux de sa famille et de ses amis, il n'était plus temps. Le général Bernard mourut au mois de nov. 1839, à 60 ans. A la nouvelle de sa mort, le présid. de l'Union américaine ordonna que les officiers de l'armée prendraient le deuil pendant trente jours. Le comte Molé a prononcé son éloge (mars 1840) à la chambre des pairs. M. Armand Marquiset, sous-préfet de Dole, a publ. une *Notice* sur le général Bernard dans la *Statistique de cet arrondissem.*, 1841, 2 vol. in-8.

BESSON-BEY, célèbre marin franç., né en 1782, fut admis jeune dans la marine royale, et parvint au grade de lieutenant de vaisseau. En 1815, il était employé dans le port de Rochefort. Marié dep. peu de temps à une demoiselle danoise, propriétaire d'un bâtiment de commerce, ce bâtim. se trouvait sur la rade de Rochefort, lorsque Napoléon, après sa seconde abdicat., arriva dans cette ville, se disposant à quitter la France. Besson offrit à l'emper. de le conduire aux États-Unis sur son vaisseau. Napoléon accepta cette proposition; mais, au moment de s'embarquer, il changea d'avis, et Besson partit seul pour l'Amérique, où il arriva sans même avoir été visité. L'intérêt qu'il avait témoigné à l'emper. le fit rayer des contrôles de la marine franç., et pour assurer l'existence de sa famille, il se vit obligé de naviguer pour le commerce. Ses premières opérations furent malheureuses; mais il ne se découragea point, et tourna ses vues d'un autre côté. Se trouvant en 1820 à Alexandrie, il proposa ses services à Méhémet-Ali, qui s'occupait de la création d'une marine militaire, et son offre fut acceptée. Chargé de surveiller la construct. des vaisseaux que le pacha faisait construire en France, il ne tarda pas à obtenir le commandem. d'une frégate de 64 canons. Méhémet-Ali, ayant deviné la capacité de Besson, songea bientôt à lui donner un poste plus élevé, qui le mit à même de développer ses talents. Dans peu d'années Besson devint vice-amiral et major-général, c'est-à-dire ministre de la marine. Ce fut alors qu'il prit le nom de Besson-Bey qu'il a rendu célèbre dans toute l'Europe. Sous sa direction, la marine égyptienne prit un rapide accroissement, et l'on peut conjecturer que l'amiral anglais Napier n'aurait pas obtenu des succès si faciles dans son expédition contre l'Égypte en 1840, si Besson-Bey eût été là pour défendre sa nouvelle patrie. Ce vice-amiral était mort dès le mois d'oct. 1857. Le *Moniteur* du 15 novembre contient une notice sur cet homme remarquable.

BEUGNOT (JACQ.-CLAUDE), né en 1761 à Bar-sur-Aube, était, avant la révolution, lieutenant-gén. au présidial de cette ville. Nommé en 1790 par ses compatriotes procureur-gén.-syndic du département de l'Aube, il fut député l'année suiv. à l'assemblée législative, où il vota constamm. avec les partisans de la monarchie constitutionnelle. Il dénonça la municipalité de Paris qui favorisait la publication d'écrits incendiaires, notamment de *l'Ami du peuple*, et fit décréter d'accusat. Marat, comme ayant provoqué dans son journal l'assassinat du malheur. Théob. Dillon. La modération de Beugnot lui ayant attiré la haine des révolutionn., il jugea prudent de se tenir à l'écart après la catastrophe du 10 août. Mais découvert dans sa retraite en 1793, il fut arrêté comme suspect, et ne sortit de prison qu'après le 9 thermidor. Ne voulant pas servir le directoire, il continua de vivre dans l'isolem., ne voyant qu'un très petit nombre d'amis, et cherchant dans l'étude une distraction aux affaires publiques. Mais après le 18 brumaire, Lucien Bonaparte, devenu ministre de l'intérieur, déterra Beugnot, le chargea de l'organisation des préfectures, et lui fit obtenir celle de Rouen, qu'il occupa jusqu'en 1806. A cette époque, nommé conseiller-d'état, on lui confia, l'année suivante, le soin d'organiser le nouv. royaume de Westphalie; et le roi Jérôme, dont il avait mérité l'estime, le fit son ministre des finances. En 1808, Beugnot fut mis à la tête du gr.-duché de Berg et reçut le titre de comte. Rappelé en France par les événem. en 1813, il fut nommé préfet du Nord. En 1814, après la déchéance de Bonaparte, il reçut du gouvernem. provisoire le portefeuille de l'intér., et, la même année, fut nommé par le roi directeur-gén. de la police, place qu'il échangea peu de temps après contre le ministère de la marine. Après la seconde restauration, il fut fait direct.-général des postes, puis ministre-d'état et membre du conseil privé. Député du départ. de la Marne à la chambre de 1815, il y vota avec la minorité, et, réélu après l'ordonnance du 5 sept., continua de siéger au côté gauche. Dans la session suiv., il combattit tour à tour les libéraux et les royalistes avec une grande indépendance; mais fatigué de cet état constant d'hostilité dont il ne pouvait prévoir le terme, il donna sa démission en 1821, et vécut depuis dans la retraite à Bagneux, près de Paris, où il mourut en 1835, obtenant enfin de tous les partis la justice qu'ils lui avaient refusée pend. sa vie. Il a laissé des *Mémoires* dont on trouve des extraits dans la *Revue française*, 1838.

BIGARRÉ (Auguste-Julien, comte), lieutenant-général, né en 1775 à Belle-Isle-en-Mer, fils du sénéchal de la juridict. royale de cette ville, s'embarqua dès l'âge de 14 ans comme marin pour les Antilles, fit 4 voyages de suite à St-Domingue, et guerroya en 1790 et 1791 contre les nègres révoltés de cette colonie. De retour en France, il fut nommé sous-lieutenant au 9e régiment d'infanterie, fit en cette qualité la guerre de l'Ouest, et fut blessé d'un coup de feu à Quiberon. Nommé capitaine par le général Hoche en 1796, il fit partie, l'année suiv., de l'expédit. d'Irlande, à bord du vaisseau *les Droits de l'homme*, et, après un combat de 12 heures contre un vaisseau angl. et une frégate, échoua dans la baie d'Audierne, d'où il n'eut le bonheur de se sauver à la nage. Employé depuis successivement à l'armée d'Allemagne et en Suisse, il y soutint sa réputation de bravoure par des actions d'éclat. En 1802 il entra dans la garde des consuls, fut fait en 1804 major du 4e régiment de ligne, dont Joseph Bonaparte était colonel, et commanda ce corps à la bataille d'Austerlitz, où sa belle conduite lui valut la croix d'officier de la Légion-d'Honneur. Joseph, devenu roi de Naples en 1806, le choisit pour un de ses aides-de-camp ; et, lorsque ce prince fut appelé au trône d'Espagne, il l'emmena dans ses nouveaux états. Nommé général de brigade, il eut le commandement de l'infanterie de la garde, qu'il avait été chargé d'organiser, et se trouva aux div. affaires commandées par le prince. Après la débâcle de Vittoria, qui entraîna l'évacuation de l'Espagne, il rejoignit l'empereur sur le Rhin, fit la campagne de 1813 à la tête d'une brigade du corps de Macdonald, et, créé lieutenant-général, obtint le commandem. d'une division de la jeune garde, avec laq. il fit la campagne de 1814. Après l'abdication de l'empereur, il sollicita la place de gouverneur d'une des Antilles ; mais, en attendant qu'il pût être transporté en Amérique, il fut désigné pour commander le départem. d'Ille-et-Vilaine. A son retour de l'île d'Elbe, Napoléon lui confia le commandement de la 13e division militaire, et le département d'Ille-et-Vilaine l'élut un de ses députés à la chambre des représentants ; des troubles sérieux qui éclatèrent dans le Morbihan ne lui permirent pas d'accepter ce mandat. Il dut se porter avec les forces qu'il avait sous ses ordres contre les royalistes bretons, les chassa d'Auray où il fut blessé, et revint à Vannes, où il apprit le désastre de Waterloo. Remplacé dans son commandement, il cessa d'être employé et fut mis à la retraite en 1825. A la révolution de 1830, invité par les anciens fédérés bretons à se mettre à leur tête pour marcher, s'il en était besoin, au secours de Paris, il répondit à cet appel, s'occupa de réorganiser la garde nationale de Rennes, et prit le commandement de la division, dans lequel il fut maintenu par le roi. Il mourut à Rennes le 19 mai 1838.

BIGNON (Louis-Édouard), député et ensuite pair de France, né en 1771 à la Meilleraye (Normandie), fit ses études à Paris, au collège de Lisieux, et venait de les terminer lorsqu'éclata la révolut. de 1789. Atteint quelque temps après par la loi sur la réquisit., il partit comme simple soldat ; mais le gén. Huet l'attacha bientôt à son état-major, et le fit son secrétaire particulier. Ayant eu l'occasion de faire connaître ses talents, il ne tarda pas à être employé dans la diplomatie. Secrétaire de légation en Prusse en 1799, il obtint en 1802 le titre de chargé d'affaires, et ne quitta Berlin en 1803 que pour aller à Cassel remplir les fonctions de ministre plénipotentiaire. Après la campagne de 1807, il fut nommé intend. de Berlin, puis l'un des administrat.-génér. de l'Autriche, et enfin ministre de France près le gr.-duc de Bade. Envoyé en 1810 résident à Varsovie, il fut plus tard chargé d'organiser l'insurrection des Polonais, et parvint à retarder la marche des Russes. Lors de la désastr. retraite de l'armée franç., enfermé dans Dresde, il n'en sortit qu'après la capitulation. Dès qu'il le put, il rejoignit Napoléon, auquel il apprit la défection de Murat. Retiré à la campagne pendant la première restauration, il revint à Paris au mois de mars 1815 offrir ses services à l'empereur, et fut nommé sous secrét.-d'état au ministère des affaires étrangères. Le département de la Seine-Inférieure l'élut membre de la chambre des représentants. Le 8 juillet il remit son portefeuille et quitta momentaném. la scène politique. Renvoyé par le département de l'Eure en 1816 au corps-législatif, il vint y siéger au côté gauche. Le premier il osa faire entendre dans la chambre quelques paroles en faveur des bannis. Il demanda l'établissem. du jury pour les délits de la presse. En 1818 il défendit le projet de loi sur le recrutement de l'armée. En 1819, sommé par M. Decases de s'expliquer sur une révélation dont il avait menacé le gouvernem. dans une opinion impr. sur le rappel des bannis, il refusa de répondre à cette interpellation, disant que le moment n'était pas venu de faire connaître son *secret*. On conjecture que Bignon voulait parler de quelques circonstances particulières de la convention du 3 juillet 1815. Nommé député du Haut-Rhin en 1820, il ne fut point réélu en 1824 ; mais en 1827, les électeurs de Rouen le choisirent pour remplacer Stanislas de Girardin. A la révolution de 1830, chargé du ministère des affaires étrangères, par la commission municipale, il passa quelques jours après à celui de l'instruction publique qu'il ne conserva pas non plus, et reparut à la chambre, où il continua de signaler à la tribune les fautes du gouvernement et des ministres qui se succédaient au pouvoir. Élevé à la pairie en 1838, il fut souvent rapporteur des commissions. Bignon mourut en janvier 1841. On a de lui différ. ouvr. de circonstance : *Du système suivi par le directoire exécutif, relativement à la république cisalpine*, 1799. — *Exposé comparatif de l'état de la France et des princip. puissances de l'Europe*, 1814. — *Coup-d'œil sur les démêlés des cours de Bavière et de Bade*, 1818. — *Des proscriptions*, 1820. — *Du congrès de Troppau*, 1821.— *Histoire de la diplomatie française de 1792 à 1815*, 1829 et années suivantes. Bignon entreprit ce dernier ouvrage sur l'invitation de Napoléon, qui lui légua par son testament 100,000 fr. en l'engageant à écrire cette histoire.

BLACAS (le duc de), né vers 1770 à Aulps en Provence, d'une famille très ancienne, entra fort jeune au service, et parvint au grade de capitaine de cavalerie. Il émigra l'un des premiers, et servit à l'armée des princes, puis dans la Vendée. Plus tard il rejoignit en Italie Louis XVIII, dont il justifia la confiance par un zèle à toute épreuve et par des services réels. Chargé d'une mission particulière en Russie, il obtint de Paul Ier un asile à Mittau pour la famille des Bourbons, et, lorsque Louis XVIII fut obligé de quitter la Russie, il l'accompagna dans sa retraite en Angleterre, et remplaça M. d'Avaray dans les fonct. de ministre et dans l'intimité du roi. Revenu en France, en 1814, avec le prince auquel il avait donné tant de preuves de dévouem., il était impossible qu'il ne jouît pas d'un crédit immense. Les charges de grand-maître de la garde-robe et d'intendant des bâtim. furent réunies en sa faveur au titre de ministre de la maison du roi. Cette haute fortune ne pouvait manquer de lui attirer la haine des courtisans, et le duc de Blacas se vit chargé par eux de tous les torts, de tous les reproches, vrais ou supposés, adressés à la restauration. Au 20 mars 1815, il quitta les Tuileries avec le roi, qu'il suivit dans son nouvel exil; mais à Gand comme à Paris, les haines qu'il avait soulevées se déchaînèrent contre lui, et le roi se vit forcé de se séparer de son favori, en l'envoyant comme ambassadeur à Naples, où il négocia le mariage du duc de Berri avec la princesse Caroline. Chargé depuis de l'ambassade de Rome, il eut la plus grande part au nouveau concordat avec le St-siége. Une intrigue de cour le fit rappeler à Paris pour opposer son influence à celle du nouveau favori; mais toutes les tentatives pour le faire rentrer dans la faveur du roi furent inutiles. Charles X le laissa dans la position honorable, mais secondaire, où il l'avait trouvé en arrivant au trône. Cette indifférence ne refroidit point le duc de Blacas à l'égard des Bourbons. A la révolut. de 1830, il se hâta de rejoindre Charles X en Angleterre, et, se mettant entièrement à sa disposition, il ne quitta plus dès lors cet illustre exilé, qu'il suivit dans ses diverses résidences. Le duc de Blacas mourut à Prague en 1839, léguant une partie de sa fortune au duc de Bordeaux. C'était un homme d'esprit, aimant et cultivant les lettres. Il avait une belle collection de livres rares, et un cabinet de médailles. M. Reinaud a publié la *Descript.* de ses monnaies musulmanes, 2 vol. in-8.

BOIELDIEU (ADRIEN), célèbre compositeur, né en 1775 à Rouen, reçut les premières leçons de musique d'un organiste de cette ville, nommé Broche, dont il ne parlait qu'avec vénération. A 18 ans il composa un petit opéra qui obtint un tel succès qu'on lui conseilla de le porter à Paris. Malheureusement pour le jeune artiste, il venait de s'opérer dans cette capitale une sorte de révolution musicale, dont les chefs étaient Méhul et Chérubini, et la pièce ne put être jouée. Boïeldieu se trouva donc obligé de recommencer son éducation; mais comme il fallait vivre d'abord, il se fit accordeur de pianos. Accueilli dans la maison d'Érard, alors le rendez-vous de tout ce qu'il y avait à Paris d'artistes distingués, il ne tarda pas à se trouver en rapport avec les maîtres, dont les utiles conseils devaient le diriger dans la nouvelle voie où il venait d'entrer. La musique délicieuse qu'il composa sur quelques romances commença sa réputation. Vinrent ensuite des duo de piano et de harpe qui ne réussirent pas moins, et Saint-Just lui confia enfin l'opéra de *Zoraïme et Zulnare*; mais il ne put le faire représenter qu'après s'être essayé sur un petit acte intitulé : *la Famille suisse.* Il donna ensuite successivement *Montbreuil et Verville*, *la Dot de Suzette*, *les Méprises espagnoles*, *Beniowski*, et *le Calife de Bagdad*. L'immense succès de cette dernière pièce n'aveugla point Boïeldieu sur ce qui lui manquait. Professeur alors au conservatoire, il eut la modestie de demander des leçons à Chérubini, et l'opéra de *Ma tante Aurore* prouva combien il en avait profité. On lui offrit et il accepta peu de temps après la place de maître de chapelle de l'empereur de Russie. Pendant qu'il était à Pétersbourg, il composa la musique de *Télémaque* et d'*Aline, reine de Golconde*. De retour à Paris en 1811, il donna successivement *Rien de trop*, *la Jeune femme colère*, *Jean de Paris*, *la Fête du village voisin*, *le Nouveau seigneur*, *le Chaperon*, *les Voitures versées*, *la Dame blanche*, et *les Deux Nuits*, sa dernière product. Sa santé, depuis long-temps altérée, lui commandait le repos le plus absolu. Son médecin lui conseilla les eaux; mais elles ne lui procurèrent pas le soulagem. qu'il y cherchait. Rapporté presque mourant à Bordeaux, il se fit à Jarcy, il expira le 8 oct. 1834. Il avait remplacé Méhul à l'Institut en 1817. La ville de Rouen se propose de consacrer un monument à la mémoire d'un de ses plus illustres enfants.

BONALD (LOUIS-GABRIEL-AMBROISE, vicomte de), l'un des adversaires les plus distingués des principes politiques dont la révolution de 1830 est à la fois le résultat et le triomphe, né en 1755, d'une des plus anciennes familles du Rouergue, servit d'abord dans la maison du roi. Il s'essaya de bonne heure à combattre les idées qu'avaient mises en crédit les philosophes du 18e S.; mais ni la vigueur des pensées, ni le talent réel qu'il déploya dans cette lutte inégale, n'avaient encore pu lui faire un nom comme écrivain, lorsqu'éclata la révolution. Nommé président de l'administration centrale du départ. de l'Aveyron, il ne tarda pas à se démettre de ses fonctions, et quitta la France en 1791. Après la malheureuse campagne des princes, il s'établit à Heidelberg, et ce fut dans une obscure chaumière qui lui servait d'asile ainsi qu'à sa famille, qu'il composa sa *Théorie du pouvoir politique et religieux.* Cet ouvrage, qu'il eut l'honneur de présenter à Louis XVIII, dont il prédisait le rétablissement sur le trône, est devenu très rare, parce que la plus grande partie de l'édition ayant été envoyée en France, y fut saisie et détruite par ordre du directoire. Après le 18 brumaire, Bonald, rayé de la liste des émigrés, put revoir sa patrie. Il concourut en 1806, avec M. de Châteaubriand, à la rédaction du *Mercure* et de quelques autres journaux. Ses articles, dans lesquels il sut conserver, sans se montrer hostile au nouveau pouvoir, l'indépendance de ses opinions et de son caractère, ont été en partie recueillis dans le *Spectateur français au XIXe siècle*. Nommé en 1808 conseiller de l'université, il n'accepta cette place qu'après deux ans, sur les instances des personnes qui l'avaient compris à son insu sur la liste des présentations. Il rejeta constamment toutes les offres qui lui furent faites pour l'attacher au service de l'empereur, et ne voulut pas même accepter l'emploi de gouverneur du fils du roi de Hollande, que ce prince lui avait offerte par une lettre écrite de sa main. Après la restauration, nommé membre du conseil royal de l'instruction publique, il n'en exerça les fonctions que jusqu'au 20 mars, et ne voulut pas les reprendre. Membre de la chambre des députés, il prit une part active à tous les gr. débats de cette époque si féconde en luttes animées. Il concourut par son éloquence à faire prononcer l'abolition du divorce, au rétablissement de la censure, et au projet conçu pour la répression du sacrilége. A la chambre des pairs comme à celle des députés, il se montra constamm. l'adversaire inflexible de toutes les idées, de toutes les innovations qui devaient finir par triompher. Ayant donné sa démission de tous ses emplois en 1830, il vécut dès lors dans la retraite, et mourut au mois de décembre 1840, à 87 ans. Bonald avait encore plus de qualités aimables qu'il n'avait de génie et de savoir. Il était recherché dans le monde pour la douceur et l'aménité de ses mœurs, pour le charme et la verve facile de sa conversation. A toutes les grâces de l'esprit le plus fin et le plus délicat, il unissait le cœur le plus ouvert, le caractère le plus loyal et le plus chevaleresque. Comme écrivain, il jouissait d'une réputation européenne. Il était depuis 1816 membre de l'Académie française, où il a été remplacé par M. Ancelot. L'édition qu'il a donnée lui-même de ses *OEuvres*, mais qui ne comprend pas la *Théorie du pouvoir* dont on a parlé, a été impr. de 1817 à 1840, en 12 vol. in-8, et se compose des ouvrages suivants : t. I, *Essai analytique sur les lois sociales* ; II-IV, *Législation primitive* ; V, *du Divorce* ; VI et VII, *Pensées et Discours* ; VIII et IX, *Recherches philosophiques* ; X et XI, *Mélanges* ; XII, *Démonstration philosophique du principe constitutif de la société*, suivie de méditations politiq. tirées de l'Évangile. Pour les titres des opuscules qui ne font point partie de cette collection, et leurs différentes éditions, on peut consulter la *France littéraire* de Querard. Le *Journal des Débats*, du 5 janvier 1841, contient sur Bonald une *Notice* de M. L. Allousy, dont on s'est servi pour la rédaction de cet article.

BONAPARTE (Lucien), prince de CANINO, frère puîné de l'empereur Napoléon, né en 1775 à Ajaccio, vint en 1793 en France avec sa famille bannie de la Corse par les Anglais, et remplit d'abord des emplois subalternes à l'armée des Alpes-Maritimes. Député en 1797 par le département du Liamone au conseil des cinq-cents, il y fut admis sans difficulté, quoiqu'il n'eût pas l'âge prescrit par la constitution, et ne tarda pas à se distinguer parmi les orateurs de l'époque. Ses discours lui acquirent, avec une certaine popularité, une gr. influence dans le conseil. Il en était présid. au 18 brumaire, et tous les historiens conviennent que cette circonstance décida le résultat de cette journée. Membre du tribunat créé par la nouvelle constitution, il remplaça, peu de temps après, Laplace au ministère de l'intérieur, organisa les préfectures, et se signala surtout par l'éclatante protection qu'il accorda aux arts et aux lettres. Des discussions un peu vives qu'il eut avec son frère ayant amené sa disgrâce, il accepta l'ambassade d'Espagne, dans laquelle il honora le caractère français, et montra des talents qu'on ne lui soupçonnait pas pour la diplomatie. A la fin de sa mission, il rentra au tribunat, où il prononça, sur le concordat avec la cour de Rome, un discours qui fut généralement applaudi. En 1802 il fit adopter le projet de loi portant création de la Légion-d'Honneur, institution dont il développa les avantages en homme supérieur. A la réorganisation de l'Institut en 1803, il devint membre de la classe de la langue et de la littérature française. La même année il se rendit dans les départements du Rhin pour y prendre possession des biens affectés à la Légion-d'Honn. De retour à Paris, il épousa en secondes noces Mme Jouberthon, veuve d'un agent de change. Ce mariage, contracté à l'insu de son frère, fit éclater entre eux de nouvelles mésintelligences. Il partit en 1804 pour l'Italie, avec l'intent. de s'y fixer, et s'établit à Rome. En 1807 il eut à Mantoue avec Napoléon une entrevue qui ne produisit pas le rapprochement que l'un et l'autre semblaient désirer. Ennuyé du séjour de Rome, il vint alors habiter la terre de Canino près de Viterbe, érigée pour lui en principauté par le pape. Ne s'y croyant pas en sûreté contre la vengeance de Napoléon, qui l'avait menacé de le faire arrêter, il résolut de passer en Amérique. Il s'embarqua dans le mois d'août 1810 à Civita-Vecchia, sur un bâtiment que son beau-frère Murat avait mis à sa disposition. Enlevé dans le trajet par deux frégates anglaises en croisière, il fut conduit à Malte, et transporté de là en Angleterre. Il y fit venir sa famille, et, ayant acquis une belle propriété près de Ludlow, il y passa trois années qu'il dut regarder comme les plus heureuses de sa vie. C'est dans cette retraite qu'il mit la dernière main à son poème de *Charlemagne*, auquel il travaillait depuis long-temps. Les événements de 1814 lui permirent de revoir Rome, où l'amitié de Pie VII s'efforça de le fixer. Mais les malheurs de Napoléon avaient réveillé la tendresse de Lucien pour son frère, et il lui écrivit plusieurs fois à l'île d'Elbe. Napoléon étant remonté sur le trône impérial, Lucien vint à Paris solliciter de l'empereur l'ordre de faire évacuer les états du pape, dont les troupes napolitaines s'étaient emparées. Sa mission finie, il voulut retourner à Rome; mais arrêté sur la frontière, il fut forcé de reprendre le chemin de Paris, où il arriva le 9 mai. Appelé à la chambre des pairs, il y soutint avec chaleur les intérêts de son neveu, et, après l'abdication qui suivit le désastre de Waterloo, proposa de reconnaître Napoléon II. Vers la fin de 1815 il retourna en Italie, où, grâce à la protection du souverain pontife, il continua de vivre paisiblement, se livrant à ses goûts littéraires. Après la révolution de 1830 il rejoignit son frère Joseph en Angleterre, et s'établit à Londres, où il s'occupa de la rédaction de ses mémoires. Il y est mort le 29 juin 1840. C'était un homme d'un talent très remarquable, et l'on ne peut douter qu'il ne se fût fait une brillante réputation dans les lettres, si sa vie moins agitée lui eût permis de se livrer entièrem. à la culture de son esprit. Ses ouvrages ont été sagement appréciés dans un article de la *Revue de Paris*, intitulé: *les Bonaparte considérés comme littérateurs*. Les principaux sont: *Stellina*, 1799, roman plein d'intérêt. — *Charlemagne, ou l'Église délivrée*, poème en XXIV chants, 1815, 2 vol. in-4 et in-8, qu'il eut le tort d'écrire d'après le système italien. — *La Cyrnéide, ou la Corse sauvée*, 1819, 2 vol. in-8. Lucien fut le premier protecteur de Béranger, qui lui a dédié une édition de ses *Chansons*.

BONNET (Louis-Ferdinand), célèbre avocat, né en 1760 à Paris, fut inscrit sur le tableau en 1787, et ne tarda pas à se faire connaître par le talent qu'il montra dans les différentes causes dont il fut chargé. Dans la fameuse affaire du banquier Kornmann, il plaida pour Mme Kornmann, qui gagna son procès, et dès lors il fut compté parmi les notabilités du barreau de Paris. La révolution vint l'arrêter presque à son brillant début; mais aussitôt que les tribunaux furent réorganisés, il y reparut avec un nouvel éclat. Le général Moreau, accusé de conspiration, lui confia sa défense, et la plaidoirie qu'il prononça dans cette occasion restera comme un monument qui n'honore pas moins son caractère que son éloquence. Nommé membre de la chambre des députés en 1820, il y siégea jusqu'en 1827 au côté droit, fut chargé de différ. rapports et fit imprimer plusieurs opinions, notamm. contre le projet de remboursement de la rente 5 pour 100. En 1826 il fut appelé à la cour de cassation, se renferma dès lors dans l'exercice de ses honorables fonctions, et mourut en 1839.

BOSSI (Louis, comte de), célèbre historien, né en 1758 à Milan, d'une famille patricienne, après avoir terminé ses études à Paris, embrassa l'état ecclésiastique, et, pourvu de dignités qui lui permettaient de se livrer à son goût pour les recherches historiques, publia successivement un grand nombre de dissertations qui lui ouvrirent les portes des principales académies d'Italie. Lors de l'occupation de la Lombardie par les Français, il se retira à Venise, où il publia plusieurs ouvrages qui prouvaient des connaissances étendues en administration et en politique. Sécularisé par le pape Pie VII en 1801, il fut un des députés à la *Consulta* de Lyon, puis envoyé comme ambassadeur du roi d'Italie à Turin. Plus tard il obtint la place de commissaire des finances, et enfin celle de conseiller d'état. Il mourut à Milan en 1835, laissant la réputation d'un des modernes historiens les plus sav. On a de lui un très grand nombre d'ouvrages. Le plus important est son *Histoire générale d'Italie*, 1818 et années suivantes, 19 vol. in-8. On cite encore de lui des *Vies de Léon X*, des *Manuces*, fameux imprimeurs du 16e S.; de *Christophe Colomb*, etc. A sa mort, il dirigeait la publication du *Dictionnaire des inventions et découvertes*.

BOULAY DE LA MEURTHE (Ant.-Jacq.-Cl.-Jos.), né en 1761 à Chaumousey, dans les Vosges, de parents cultivateurs, fut élevé par les soins d'un oncle curé, qui lui fit faire ses études au collège de Toul. Reçu en 1783 avocat, il ne tarda pas à venir exercer sa profession à Paris, et son nom commençait à percer au barreau quand la révolution éclata. Il fit comme volontaire la campagne de 1792, et se trouvait à la bataille de Valmy; mais étant tombé malade, il rentra dans ses foyers, et ne tarda pas à être élu juge au tribunal de Nancy. Destitué peu après par un conventionnel en mission, il s'enrôla de nouveau dans un bataillon envoyé à Weissembourg, et fut promu au grade de capitaine. Ne voulant pas suivre la carrière des armes, il donna sa démission dès que le danger de la patrie fut passé, et revint encore à Nancy; mais poursuivi comme modéré, il fut obligé de se retirer dans une forêt des Vosges, où il resta caché jusqu'après le 9 thermidor. Il fut alors élu présid. du tribunal de Nancy, et peu après accusateur public du département de la Meurthe. Député en l'an V au conseil des cinq-cents, il s'y prononça dès son début en faveur de la liberté des cultes, et prit la défense des sociétés politiq., dont l'existence était autorisée par la nouvelle constitution. Membre de la commission de salut public, il fut chargé du rapport sur le 18 fructidor, dont il demanda que l'anniversaire fût célébré par une fête. Quelques jours plus tard (27 vendém. an VI), il fit, au nom d'une commission spéciale, un nouveau rapport dans lequel il proposa d'exclure des fonctions publiq. les nobles qui n'auraient pas donné de gages à la cause de la liberté. Ce projet modifié fut admis à une grande majorité, après une vive discussion. Le 12 messidor (30 juin 1798), il fit un rapport sur l'organisation du tribunal de cassation. Dans la séance du 20 floréal an VII, il parla en faveur de la liberté de la presse, et attaqua sans ménagement les membres du directoire, dont l'étrange conduite mettait en danger la république. Ce fut dans l'intention de travailler à l'affermir qu'il prit part à la journée du 18 brumaire. Il succéda à Lucien Bonaparte dans la présidence de la commission législative intermédiaire, et fut chargé de développer les bases de la constitution consulaire à laquelle il venait de coopérer. Appelé par le nouveau gouvernement au conseil-d'état, il fut fait président de la section de législation, et, en cette qualité, chargé de présenter au corps législatif les projets de loi soumis à la discussion. En l'an X il remplaça Regnier, nommé grand-juge, dans l'administration du contentieux du domaine national. A la fin de 1810 il reprit la présidence de la section de législation du conseil d'état, et fit partie du conseil privé. Plus tard, membre du conseil de régence, il s'opposa de tout son pouvoir au départ de l'impératrice, qu'il engageait à parcourir Paris, son fils dans ses bras, et à se réfugier ensuite à l'Hôtel-de-ville, pour s'y défendre jusqu'à l'arrivée de Napoléon. Pendant la première restauration, il n'exerça aucune fonction publique, bien qu'il eût adhéré aux actes du sénat. Il rentra pour la troisième fois au conseil-d'état pendant les *cent-jours*, et fut élu par le départem. de la Meurthe membre de la chambre des représentants. La commission de gouvernement, établie à la suite de la nouvelle abdication de Bonaparte, lui confia le portefeuille de la justice, dont le priva bientôt le second retour du roi. Compris dans l'ordonnance du 24 juillet 1815, il fut arrêté peu de jours après, et se retira d'abord à Nancy, puis à Sarrebrouck, et enfin en Allemagne. Autorisé à rentrer en France en 1819, il vécut dès lors étranger à la politique, exclusivement livré à des travaux de cabinet. Les événements de juillet 1830 n'eurent pas le pouvoir de le faire changer de résolution. Il était occupé depuis plusieurs années de la rédaction de ses *Mémoires*, lorsqu'il mourut en févr. 1840. Indépendamment de ses nombreux rapports, dont plusieurs sont très importants pour l'histoire, on a de lui : *Essai sur les causes qui en 1649 amenèrent en Angleterre l'établissem. de la république, sur celles qui devaient l'y consolider, et sur celles qui l'y firent périr*, Paris, 1798, in-8. — *Tableau politique des règnes de Charles II et Jacques II, dern. rois de la maison des Stuart*, 1820, in-8. Ses *Mém.*, attendus avec impatience, n'ont point encore paru (févr. 1841). Napoléon, à qui Boulay n'avait jamais caché la vérité, a dit de lui dans le *Mémorial de Ste-Hélène* : « Boulay est certainement un brave et honnête homme. » Ce peu de mots seront son plus bel éloge aux yeux de la postérité.

BOULAY-PATY (S.-Pierre), jurisconsulte, était commiss. du pouvoir exécutif près le tribunal civil et criminel de la Loire-Inférieure, lorsqu'il fut élu en l'an VI (1798) au conseil des cinq-cents, et choisi pour secrétaire de cette assemblée. Membre de la commission de la marine et du commerce, il est auteur de plus. *Rapports* et *Opinions* sur le matériel de la marine, sur les marchandises anglaises, sur la course maritime. Du nombre des opposants à la journée du 18 brumaire, son nom se trouva placé sur la liste des représent. proscrits. Cependant, à la demande des membres restants des départ. de l'Ouest, il fut nommé juge au tribunal d'appel de Rennes. Lors du projet de code de commerce, il fit parvenir au ministre de la justice des *Observations* qui furent imprimées par ordre du gouvernement, 1802, in-8. En 1810 il fut autorisé à faire, à l'école de droit, un cours de jurisprudence commerciale. Confirmé, sous la restauration, dans ses fonctions de conseiller à la cour de Rennes, il en était devenu le doyen. C'est à lui que cette cour confia en 1828 le travail sur le projet de loi des faillites. Il a publié : un *Cours de droit commercial-maritime*, 1821-23, 4 vol. in-8; un *Traité des faillites et banqueroutes*, 1825, 2 vol. in-8; il a donné une édit. du *Traité des Assurances et Contrats à la grosse* d'Émérigon, annotée et conférée avec le code, 1826, 2 vol. in-4. Il achevait une *Histoire du commerce de tous les peuples*, lorsqu'il mourut en 1830 à sa terre de Douges.

BOUTERWECK (Frédéric), philosophe et littérateur allemand, né en 1766 dans les environs de Gozlar, fréquenta d'abord le barreau, non sans succès ; mais il ne tarda pas de renoncer à cette carrière pour suivre celle de l'enseignement. Après avoir professé l'histoire littéraire à Gœttingue, il fut, en 1789, nommé maître de philosophie à Helmstadt. Pourvu de la même chaire à l'université de Gœttingue en 1796, il reçut en 1806 le titre de conseiller aulique, et mourut en 1828, laissant la réputation d'un habile professeur. Ses ouvrages de philosophie, assez nombreux, sont peu connus hors de l'Allemagne. Mais son *Histoire de la poésie et de l'éloquence dep. le XIIIe siècle*, 1801-1820, 12 vol. in-8, a étendu sa réputat. dans toute l'Europe. Mme de Streck en a tiré l'*Histoire de la littérature espagnole*, traduite en français, Paris, 1812, 2 vol. in-8; et Loëve-Veimars, *Résumé de la littérature française*, ibid., 1826, in-18.

BROE (Jacq.-Nicol. de), avocat-général, né en 1790 à Beauvais, d'une famille également distinguée dans l'épée et dans la robe, termina ses études avec succès, et vint, à 17 ans, commencer son droit à l'école de Paris. Il fit son début au barreau en 1810, et ne tarda pas à s'y faire remarquer. Conseiller-auditeur en 1815, il fut, à la réorganisation des tribunaux, nommé substitut au tribunal de première instance de la Seine, puis substitut du procureur-général près la cour royale de Paris, et en 1822 avocat-général. Dans ses fonctions, qu'il remplit avec autant de zèle que de talent, il obtint la condamnat. d'un grand nombre de pamphlets et d'écrits dont on trouve la curieuse liste dans la *Biographie des hommes du jour* (III, 217-18). Dès lors il fut en butte aux attaques des journalistes, qui ne lui épargnèrent pas les injures et les épithètes les plus grossières ; mais il n'en poursuivit pas moins la ligne de conduite qu'il s'était tracée, et que lui prescrivaient d'ailleurs ses devoirs. En sa qualité d'avocat-gén., il prononça deux fois le discours à la rentrée de la cour royale (nov. 1823 et 1827); il prit pour texte de ces deux discours *le vrai* et *la conscience*, et traita ces deux sujets philosophiques avec un talent très remarquable. Nommé maître des requêtes en 1825, sans négliger ses devoirs de magistrat, il participa d'une manière active aux travaux du conseil d'état, et fut chargé de préparer divers projets de lois relatifs à des questions judiciaires. Il refusa en 1827 de s'associer au comité de censure. Nommé l'année suivante avocat-général à la cour de cassation, il fut bientôt forcé de renoncer aux fonct. pénibles du ministère public, à cause de l'altération de sa santé, et obtint en mai 1829 la place de conseiller à la même cour. Il mourut en 1840. M. Dupin aîné l'a cité avec éloge dans son discours de rentrée. On assure que de Broë laisse en MSs. un *Voyage en Suisse*, des *Souvenirs d'un voyage en Italie*, et un important ouvr. *Sur les fonctions du ministère public*. Plusieurs de ses *Plaidoyers* et *réquisitoires* ont été imprimés.

BROUSSAIS (Fr.-Jos.-Victor), célèbre médecin et le créateur en France de la médecine physiologique, né en 1772 à St-Malo, se distingua dès son enfance par une aptitude spéciale à toutes les études d'observations, et par une mémoire prodigieuse. Il obtint de nombreux succès au collége de Dinan, puis commença sous son père l'étude de la chirurgie. Après avoir servi six ans comme chirurgien dans la marine militaire, sentant le besoin de perfectionner ses connaissances, il donna sa démission, et vint en 1799 à Paris, suivre les cours des différentes branches de l'art de guérir. Reçu docteur en 1805, sur une thèse *de la fièvre hectique*, qui annonçait à la fois un écrivain érudit et un praticien observateur, le conseil de santé militaire voulut se le rattacher, et le commissionna médecin aux armées. Il fit successivement les campagnes de Hollande, d'Allemagne et d'Italie, et fut en 1808 nommé médecin principal à l'armée d'Espagne. A la paix, en 1814, il vint à Paris où sa famille était fixée, et fut désigné professeur à l'hôpital du Val-de-Grâce, érigé pour la seconde fois en hôpital d'instruction. Pendant qu'il était encore aux armées, il avait publié l'*Histoire des phlegmasies chroniques* (1808, 3 vol. in-8), ouvr. dans lequel, protestant contre les distinctions arbitraires des cadres nosologiques, il sapait les fondements des méthodes consacrées par l'autorité des siècles, et leur en substituait une appuyée uniquement sur l'observation. Cet ouvrage, reçu avec bienveillance par quelques médecins zélés, n'avait pas produit la sensation qu'espérait l'auteur. Mais son *Examen de la doctrine médicale*, qu'il fit paraître en 1816, en soulevant contre lui tous les partisans de la routine, lui donna pour disciples presque tous les jeunes médecins, la majorité des élèves des écoles, et enfin tous les amateurs si nombreux de la nouveauté. Dès lors Broussais jouit comme praticien d'une immense réputation, et l'on doit convenir qu'il la méritait en partie. La nouv. doctrine médicale qu'il avait fondée, il la développa devant les élèves qui se pressaient à ses leçons, soit dans un amphithéâtre particulier, soit au lit des malades à l'hôpital du Val-de-Grâce. Mais la faculté, qui ne pouvait lui pardonner son triomphe, le tint écarté de ses chaires,

et ce ne fut qu'en 1832 qu'il obtint celle de pathologie et de thérapeutique générales à l'école de médecine. Admis quelque temps auparavant à l'Institut, dans la classe des sciences morales, il s'y déclara fortement en faveur de la doctrine phrénologique de Gall ; mais ayant voulu professer ce système à l'école de médecine, son cours fut suspendu par mesure de police. Broussais, comme philosophe, appartient à l'école de Cabanis, de Destutt de Tracy, Laromiguière, etc. Il mourut à Paris le 20 nov. 1838. Outre les deux ouvr. déjà cités, et qui furent le fondement de sa réputation, on a de lui : *Examen des doctrines médicales et des systèmes de nosologie*, Paris, 1821, in-8. — *Catéchisme de la médecine physiologique*, 1823 ; cet ouvrage, qu'il n'a point avoué, lui est généralement attribué. — *Traité de physiologie appliquée à la pathologie*, 1825, 2 vol. in-8 ; on y trouve les bases de son système médical. — *Traité de l'irritation et de la folie*, 1829, in-8. — *Leçons de pathologie et de thérapeutique générales*, 1835, 5 vol. in-8. — *Annales de la médecine physiologique*, 1822-35, etc.

BROUSSIER (Jean-Baptiste, comte de), né en 1760, à Ville-sur-Saulx, départ. de la Meuse, à 25 ans entra au service comme capitaine d'un bataillon de volontaires. Son intrépidité lui valut du général Bonaparte le grade de colonel, et la défaite entière d'un corps d'insurgés napolitains, aux Fourches-Caudines, le porta au rang de général de brigade. A la prise de Naples (1799), il enleva de vive force le pont de la Madeleine, fit prisonnières les troupes albanaises et s'empara du fort del Carmine. Chargé ensuite de s'opposer au card. Ruffo, il soumit en quinze jours, avec 2,000 hommes, 80,000 insurgés. Successivement gouverneur de Milan, et commandant de la place et de la garnison de Paris, il fut nommé général de division en 1805. En 1809 il rendit les plus grands services aux batailles de Sacile et de la Piave, et au combat de Préval ; mais ce fut au blocus du château de Gratz qu'il fit des prodiges d'habileté et de valeur, et qu'un de ses régiments, le 84e, mérita que l'empereur fît graver sur ses aigles : *Un contre dix*. Le bulletin de Wagram est le plus beau titre de gloire de Broussier. En 1212 il commandait la 14e divis. de la grande armée, qui eut la gloire de la journée de Witepsk, se fit remarquer à la bataille de la Moskowa, au combat de Maloïaroslawtz, et périt presque tout entière, le 16 nov., en protégeant la retraite du 4e corps, près de Karasnoï. En 1813, malade encore, de Broussier prit le commandement de Strasbourg. Il mourut le 13 décembre 1814.

BRUN (Mme Frédérique-Sophie-Christiane), poète, née en 1765 à Tonna, dans le duché de Gotha, était fille de Balth. Munter, célèbre prédicateur protestant. Conduite dès le berceau par son père à Copenhague, elle montra de bonne heure les dispositions les plus heureuses, que les liaisons de sa famille avec les littérateurs les plus distingués contribuèrent à développer rapidement.

A dix ans elle savait par cœur des chants entiers de la *Messiade* de Klopstock, et parlait le français, l'italien, l'anglais, avec autant de facilité que sa langue maternelle. Un peu plus tard elle accompagna son père dans un voyage à Gotha, où elle fut accueillie avec l'intérêt que commandaient ses premiers essais poétiques. De retour à Copenhague en 1783, elle y épousa Constant Brun, administrateur de la compagnie danoise des Indes, et le suivit la même année à Pétersbourg, où l'appelaient des affaires qui l'y retinrent plusieurs années. Atteinte, pendant le rigoureux hiver de 1788, d'une surdité presque complète et dont elle ne fut jamais bien guérie, elle chercha des consolations à l'ennui qu'elle éprouvait dans une culture plus assidue des lettres et de la philosophie. Dans un premier voyage qu'elle fit en 1791, avec son mari, en Suisse, elle se lia d'une amitié durable avec Bonstetten, auq. plus tard elle put offrir un asile à Copenhague, le célèbre historien J. de Muller, et Mattishon, qui publia dep. une partie de ses poésies. Des chagrins ayant altéré sa santé, elle partit pour l'Italie, dans le courant de 1795, passa l'hiver à Rome, et se rendit dans l'été de 1796 aux eaux d'Ischia. Elle revint en Suisse en 1801, et passa l'hiver à Coppet, chez M. Necker. En 1805, une maladie douloureuse dont elle fut atteinte la détermina à quitter encore le Danemarck pour revenir en Suisse, vivre au milieu de ses anciens amis. En nov. 1806, elle partit avec sa famille pour les îles d'Hyères, d'où elle retourna pour la troisième fois en Italie. Revenue en 1818 à Copenhague, elle ne quitta plus cette capitale, où elle mourut en 1835, vivement regrettée de tous ceux qui l'avaient connue. On a de cette dame, en allemand : *Journal d'un voyage en Suisse*, 1800, in-8. — *Lettres écrites de Rome pendant les années 1808, 1809 et 1810*, Dresde, 1816, in-8. — *Études de mœurs et de paysages, faites à Naples en 1809 et 1810*, Pesth, 1818, in-8, fig. — *La vérité dans les rêveries de l'avenir et sur le développement esthétique de mon Ida*, Arau, 1824, in-8. Cet ouvrage, qui contient l'histoire de l'éducation de sa fille, est plein d'excellentes observations. Ses prem. *Poésies*, publiées par Mattishon, Zurich, 1795, in-8, ont eu quatre éditions jusqu'en 1806. — *Nouvelles poésies*, Darmstadt, 1812, in-8. — *Poésies récentes*, Berne, 1820, in-8. Les diverses productions poétiques de Mme Brun se distinguent par des idées gracieuses, des images fraîches et naïves, et une verve qui prend sa source dans une âme profondément religieuse.

BRUNI (Ant.-Barthél.), compositeur, né en 1759 à Coni, dans le Piémont, fut élève de Pagnani pour le violon et de Speziani pour la composition. Il vint en 1784 se fixer à Paris, où il donna successivem. plusieurs ouvrages qui sont long-temps restés au répertoire. Modeste et laborieux, ayant acquis par une sage économie une honorable aisance, il retourna dans sa ville natale en 1818, et mourut en 1823. Ses principaux opéras sont : *l'Officier de fortune; Claudine, ou le petit Commissionnaire; le Mariage de J.-J. Rousseau; Toberne, ou le Pêcheur suédois; les Sabotiers; le major Palmer; la Rencontre en voyage; l'Auteur dans son ménage; le Règne de douze heures; le Mariage par commission*, etc. On lui doit en outre des *sonates* et des *duo* pour le violon; des *concerto*, des *quatuor*, et une *Méthode pour l'alto*, publiée en 1817, et qui paraît avoir été son dern. ouvrage.

BUTLER (Charles), jurisconsulte anglais, était neveu du célèbre aut. des *Vies des Saints* (v. Alb. Butler, I, 581). Né à Londres en 1750, il y reçut la première éducation dans une école catholique, et fut ensuite envoyé sur le continent, où il termina ses études à Douai. De retour en Angleterre, il s'y livra à l'étude du droit sous la direction de quelques jurisconsultes de sa communion. Secrétaire du comité formé en 1787 pour la défense des intérêts généraux des catholiques, il y obtint une grande influence, et fit beaucoup de démarches près des ministres et des membres les plus distingués du parlement, à l'effet d'obtenir l'abolit. des lois contraires à la liberté de conscience. Il fit partie du nouveau bureau catholique formé en 1803, et continua de servir avec beaucoup de zèle et d'activité les intérêts de ses coreligionnaires. Ses adresses aux parlements anglais pour dissiper leurs préventions contre les catholiques (1813 et 1817) ajoutèrent encore à sa réputation. L'affaiblissement de sa vue le força de renoncer en 1825 au barreau, dont il était un des ornements depuis 1791. Il mourut à Londres en 1832. Parmi ses ouvrages qui sont nombreux, on distingue : *Horæ biblicæ, ou recherches littéraires sur la Bible*, Oxford, 1799, in-8, réimprimées plus. fois avec des additions, et traduites en franç. par le notaire Boulard, 1810, in-8. — *Horæ juridicæ subcessivæ, or notes of the history of Law*, 1807, in-8; cet ouvrage, fruit de longues et consciencieuses études sur la législation anglaise, n'est pas moins estimé que le précédent. — *Histoire des formulaires et des confessions de foi*, 1816, in-8. — *Mémoires historiques de l'Église de France*, 1817, in-8. — *Mémoires historiques des catholiques anglais*, 1819, 2 vol. in-8, etc. Nous citerons encore ses *Notices sur quelques pieux personnages*, 1823, in-8, traduites en français sous le titre de *Continuation des Vies des saints d'Alban Butler*, et réunies aux éditions les plus récentes du gr. ouvrage de son oncle.

C

CACCIANINO (Antoine), mathématicien, né en 1769 à Milan, était officier du génie lorsque Napoléon descendit par le mont St-Bernard à Marengo. Nommé l'un des chefs du corps du génie de la république cisalpine, il devint ensuite directeur de l'école polytechnique établie à Modène, puis membre de l'institut italien, et mourut en 1838. On a de lui : *Exposition d'un principe géométrique sur le calcul différentiel*, Milan, 1815, in-8. — *Méditations sur le calcul différentiel*, ibid., 1833, in-8. En outre il a laissé plus. ouvr. MSs.

CAILLIÉ (René), célèbre voyageur, né en 1800 à Mauzé (départ. des Deux-Sèvres), de parents pauvres, apprit à lire et écrire, puis un métier dont il se dégoûta. Le roman de *Robinson-Crusoé*, qui lui était tombé par hasard entre les mains, et dont il fit dès lors sa lecture habituelle, décida sa vocation pour les voyages. A 16 ans, ayant pour toute fortune 60 fr., il s'embarqua pour le Sénégal. Après un séjour de quelques années dans diverses parties du pays, il revint en France pour se guérir de la fièvre et se reposer de ses fatigues. Il retourna en 1824 au Sénégal, muni d'une petite pacotille dont un négociant lui avait fait l'avance, et résolu d'employer tous les moyens pour pénétrer dans l'Afrique-Centrale. Le refus du gouverneur français du Sénégal de l'aider dans son entreprise n'ayant pu lui faire abandonner le projet qu'il avait formé, il se rendit à Freetowen, chef-lieu de la colonie anglaise de Sierra-Leone. Là, s'étant lié avec des marchands du pays qui parcourent l'Afrique, il leur confia, sous le sceau du secret que, né en Égypte de parents arabes, il avait été emmené en France, dès son plus jeune âge, par un négociant qui lui avait rendu la liberté pour prix de ses services, et qu'il n'aspirait qu'à retourner en Égypte pour y retrouver sa famille. C'est au moyen de cette fable que Caillié, ayant gagné tout-à-fait la confiance des marchands arabes, obtint la permission de se joindre à l'une des caravanes qu'ils devaient diriger sur Tombouktou, cette ville fameuse qu'aucun Européen n'avait encore pu visiter. Parti, le 19 avril 1827, des bords du *Rio-Lunez*, il atteignit le 3 août le village de Timé, où une maladie cruelle le força de passer la saison des pluies, soigné par une vieille négresse. Ayant recouvré assez de force pour continuer son voyage, il repartit, le 9 janvier 1828, pour aller joindre une caravane qui se rendait à Yennè, ville importante dans une île du Niger, qu'il a décrite le premier. Il y fit une résidence de 13 jours, et s'embarqua pour Tombouktou, capitale du Soudan-Occidental, désignée par les géographes arabes comme le grand marché de l'Afrique-Centrale. Le 20, il fit son entrée dans cette cité mystérieuse, objet des recherches des nations civilisées de l'Europe, et qui depuis si long-temps était le but de tous ses désirs. Revenu de son prem. enthousiasme, il trouva que le spectacle qu'il avait sous les yeux ne répondait point à son attente ; mais pour se consoler, il se dit qu'il y a toujours quelque chose d'imposant dans la vue d'une grande ville au milieu des sables. Il en partit, le 4 mai, avec une caravane de 800 chameaux, qui se rendait à Maroc à travers le désert de Sahara, et arriva, le 17 sept., presque mourant à Tanger, où il reçut du consul de France les secours et les soins que réclamait son état. Le 8 octobre, il était à Toulon, d'où il écrivit à M. Jomard, présid. de la soc. de géographie, pour lui donner l'avis de son arrivée et lui annoncer le résultat de son voyage. Une somme de 500 fr. lui fut aussitôt envoyée pour l'aider à se rendre à Paris, et peu après la société de géographie lui décerna le prix de 10,000 fr. promis au voyageur qui le premier aurait visité Tombouktou. Il reçut en outre le prix de 1,000 fr. destiné à la découverte annuelle la plus importante, et, avec la croix d'honneur, un traitement attaché à un emploi au Sénégal qu'il ne remplit jamais. Sa santé avait été tellement altérée dans son voyage, qu'il prit le parti de se retirer en Saintonge, où il s'appliqua obscurément à cultiver le champ qui nourrissait sa famille. Il y mourut au mois de mai 1838. Le journal de son voyage à Tombouktou a été publié par M. Jomard, avec des remarques géographiques, des vocabulaires des lang. madingue et kinouc, etc., imprimerie royale, 1830, in-8, orné du portrait de l'auteur, etc.

CAMBON (Alexandre, baron de), pair de France, fils du premier président du parlement de Toulouse, suivit la carrière de la magistrature. Obligé de fuir le sol de la patrie, après avoir vu sa mère périr sur l'échafaud révolutionnaire, il n'y rentra qu'après le sénatus-consulaire qui garantissait la sûreté des personnes et des propriétés. Il fut en 1811 nommé conseiller à la cour impériale de Toulouse, et deux ans plus tard créé baron. En 1818 il fut fait président de chambre à la même cour, et en 1822 décoré de la croix d'honneur. Le collége électoral d'Alby l'envoya, en 1827, siéger à la chambre des députés, où il se montra très hostile au ministère de M. de Villèle. Il se rattacha plus tard au ministère Martignac, et fut récompensé de son dévouement par sa nomination à la place de premier président de la cour royale d'Amiens. Il cessa de faire partie de la chambre des députés en 1831 ; mais il fut, en 1835, élevé à la dignité de pair, en considération des services qu'il avait rendus à l'état. Le baron de Cambon mourut en 1837.

CANDEILLE (Amélie-Julie), comédienne, née à Paris en 1767, était fille d'un compositeur auquel on doit la musique de plusieurs opéras qui, dans le temps, jouirent d'une grande vogue, entre autres de *Castor et Pollux*, représenté 150 fois de 1791 à 1799. Douée elle-même des plus heureuses dispositions pour la musique, Mlle Candeille reçut de son père des leçons de composition et de chant. Elle débuta en 1782 à l'Opéra, par le rôle d'*Iphigénie en Aulide*, et fut reçue pensionnaire; mais la délicatesse de sa santé la força bientôt de quitter ce théâtre. Trois ans après (1785), elle reparut sur la scène française, et malgré la médiocrité de ses essais dans la tragédie, fut admise comme sociétaire. Les avis de Monvel la décidèrent à se borner à la comédie, pour laquelle son extérieur et son genre de talent semblaient mieux convenir; et plus tard, en effet, elle obtint d'assez grands succès, notamment dans le rôle de *Catherine, ou la belle Fermière*, comédie qui fut son coup d'essai comme auteur dramatique. Quelques désagréments, inséparables d'un état pour lequel elle ne s'était jamais senti une vocation bien prononcée, la déterminèrent à renoncer tout-à-fait au théâtre en 1795. Après plusieurs excursions en Hollande et dans la Belgique, de retour à Paris, elle se fit institutrice, et donna pendant dix ans des leçons de musique et de littérature. En 1816, elle obtint une pension de 2,000 fr. sur la cassette du roi. Mariée deux fois à diverses époques, Mlle Candeille ne fut jamais heureuse. Elle mourut en 1834, des suites d'une attaque de paralysie. Indépendamment de plusieurs comédies qui ne sont point restées au répertoire, on lui doit quelq. romans, entre autres: *Lydie, ou les Mariages manqués*, 1809, 2 vol. in-12. — *Bathilde, reine de France*, 1814, 2 vol. — *Agnès de France, ou le XIIe siècle*, 1822, 3 vol., etc.

CARAMAN (Louis-Charles-Victor, duc de), pair de France, né en 1762, se destina de bonne heure à la carrière diplomatique, et s'y prépara par des voyages dans les principaux états de l'Europe. De retour en France en 1785, il entra dans un régiment, en attendant qu'il pût être employé suivant ses désirs. Les événements de 1789 le surprirent dans cette position. Forcé d'émigrer en 1792, il obtint du service dans l'armée prussienne comme major, et devint peu après colonel de cavalerie. Appelé en France en 1801 par son père, qui avait obtenu sa radiation de la liste des émigrés, il y vint avec une permission spéciale du premier consul; mais au moment de retourner en Prusse, il fut enfermé au Temple, sans pouvoir connaître les motifs de sa détention, puis envoyé sur sa parole prisonnier à Ivrée en Piémont, où il resta cinq ans. Au moment où il s'y attendait le moins, il reçut la permission de revenir à Paris, sous la condition de n'en pas sortir. La restaurat. le rétablit dans ses droits. Louis XVIII l'envoya son ministre plénipotentiaire à Berlin. Nommé l'année suivante (1815) à l'ambassade de Vienne, il assista au congrès d'Aix-la-Chapelle, et plus tard à ceux de Troppau, de Laybach et de Vérone. De retour en France en 1828, ses services furent récompensés par le titre de duc héréditaire. Après la révolution de 1830, il refusa les places qui lui furent offertes; mais il crut devoir continuer de siéger à la chambre des pairs. En 1837 il se rendit en Afrique malgré son gr. âge, pour recueillir par lui-même des notes exactes sur les nouveaux établissements français. Il accompagna le maréchal Clausel dans son expédition de Constantine; à la seconde attaque de cette place, il perdit son fils aîné (*v.* Caraman, I, 654), fut assez heureux pour sauver plus. de nos braves, et reçut, à son retour, au nom du roi, une médaille réservée à récompenser les actes de dévouement. Le duc de Caraman mourut à Paris en 1839.

CASSAN (Armand), savant archéologue, né en 1804 à Paris, se fit connaître par une traduction des *Lettres inédites de Marc-Aurèle et de Fronton*, qui lui valut un des prix Monthyon, et fut adoptée par l'université. A la révolution de 1830, il devint un des aides-de-camp du général Lafayette, et, peu de temps après, fut nommé sous-préfet à Mantes. Dès qu'il fut installé, l'un de ses premiers soins fut de faire exécuter à ses frais, dans diverses localités de son arrondissem., des fouilles dont il consigna le résultat dans un ouvr. intitulé: *Antiquités gauloises et gallo-romaines de l'arrondissement de Mantes*, in-8. Cet ouvr. remarquable n'était que le prélude ou l'introduction de ceux qu'il méditait, quand une mort prématurée l'enleva dans l'exercice de ses fonctions, au mois de mars 1837.

CASTELLAN (Auguste-Louis), architecte et antiquaire, né vers 1770 à Paris, annonça de bonne heure des dispositions pour le dessin. Il se voua plus tard à l'étude de l'architecture, et, pour perfectionner ses connaissances, visita l'Italie et la Grèce, où il passa plusieurs années à dessiner et à décrire les plus beaux monuments de l'antiquité. De retour en France, il ne tarda pas à s'y faire une réputation comme artiste et comme écrivain. Admis à l'Institut, dans la classe des beaux-arts, il mourut à Paris au mois de mars 1838. On lui doit: *Lettres sur la Morée et les îles de Cérigo, Hydra et Zante*, 1808, 2 vol. in-8.— *Lettres sur la Grèce, l'Hellespont et Constantinople*, 1811, in-8; ces deux ouvrages, ornés de 63 planches dessinées et gravées par l'auteur, ont été réunis dans une 2e édition, 1820, 3 vol. in-8. — *Description d'une machine propre à puiser de l'eau, en usage dans le Levant*, 1811, in-8. — *Mœurs, usages, costume des Othomans, avec un abrégé de leur histoire*, 1812, 6 vol. in-18, fig.— *Essai d'un procédé d'encaustique ou de peinture à l'huile d'olive sur impression de cire*, 1815.— *Lettres sur l'Italie*, 1819, 3 vol. in-8, fig.; elles sont très estimées. Castellan a fourni plusieurs articles sur les beaux-arts au *Moniteur universel*, et des notices sur des artistes à la *Biographie* Michaud.

CAUSSIN DE PERCEVAL (Jean-Jacq.-Antoine), littérateur et orientaliste distingué, né en 1759 à Montdidier, fut dominé presque dès son enfance par un goût très vif pour l'étude des langues anciennes. Encouragé dans ses travaux par son oncle maternel, le savant Bejot, l'un des conservateurs de la bibliothèque royale, il fit de tels progrès dans la connaissance de l'arabe, qu'à l'âge de 24 ans il fut en état d'occuper la chaire de cette langue au collége de France. Quatre ans après il fut nommé garde des MSs. orientaux de la bibliothèque royale, place dont il fut privé en 1792, après la catastrophe du 10 août, et qu'il ne put jamais recouvrer. Étranger à la politique, sa vie entière s'écoula dans les travaux du cabinet et dans l'accomplissement des devoirs de se rinstruant enseignement consciencieux. Ce respectable savant mourut en 1835. Il était membre de l'académie des inscriptions, dont il a enrichi les recueils de différ. morceaux, notamm. d'un *Mém. sur l'optique de Ptolémée*. Parmi ses ouvrages on distingue une bonne traduct. de *l'Argonautique* d'Apollonius de Rhodes, 1796, in-8. — Des *Notices* sur les *Tables astronomiq.* d'Ebn younis, dont il donna la traduction en 1810, in-4; et sur le *Traité des constellations* d'Abd-al-Rahman-Soufi. — La traduction de l'arabe d'une *Suite des mille et une Nuits*, 1806, 2 vol. in-18. — L'*Histoire de la Sicile sous la domination des musulmans*, traduite de l'arabe et imprimée à la suite du *Voyage* de Riedesel *en Sicile*, 1802, in-8. Caussin a donné des éditions de quelques textes arabes à l'usage des élèves de son cours, entre autres des *Fables* de Lokman, 1808, in-4; c'est la meilleure édition de ce fabuliste; des *premiers chapitres du Coran*, etc. Il a eu pour successeur dans sa chaire du collége de France son fils, déjà connu lui-même par des ouvrages estimés, et qui le suppléait depuis quelques années. Daunou a lu une *Notice sur Caussin* dans une séance publique de l'académie des inscriptions (1840), in-4.

CHALMERS (ALEXANDRE), biographe anglais, né en 1759 à Aberdeen, dans l'Écosse, s'appliqua d'abord à la chirurgie, et, ayant obtenu un emploi en Amérique, il était sur le point de s'embarquer pour se rendre à sa destination, lorsqu'il se décida tout d'un coup à venir à Londres essayer ses talents pour la littérat. Admis à la collaborat. d'un journal (*le Public ledger*), il ne tarda pas à être compté parmi les meilleurs écrivains périodiques. Indépendamment de la part qu'il prit à la rédaction de divers journaux, où ses articles se faisaient remarquer par l'exactitude et l'impartialité, Chalmers donna plusieurs bonnes éditions des classiques anglais, entre autres de *Shakespeare*, *Fielding*, *Pope*, *Bolingbroke*, etc., avec des notes et des préfaces biographiques et critiques. On lui doit aussi un *Glossaire* des mots vieillis qui se trouvent dans les œuvres de Shakespeare, 1797; un *Dictionnaire de la langue anglaise*, 1820, in-8, etc. Mais son principal titre à l'estime de la postérité est son *Dictionn. biographique*, 1812-17, 32 vol. in-8, ouvrage estimable pour l'exactitude des recherches, la concision des articles, et l'esprit de critique qui préside au jugement sur les différents aut. Chalmers mourut à Londres en 1834.

CHAMBON (JEAN-MARIE), dit *de la Tour*, membre de diverses assemblées législatives, né vers 1750 à Uzès, était maire de cette ville en 1789. Député du tiers-état aux états-généraux qui se déclarèrent assemblée constituante, il y siégea au côté gauche, et vota toutes les réformes; mais il ne parut pas une seule fois à la tribune. Renvoyé en 1792 à la convention par le département du Gard, il s'y rangea parmi les plus modérés. Pendant le procès de Louis XVI, il feignit une maladie, pour ne point prendre part aux débats dont il prévoyait la sanglante issue. Depuis ce moment, il évita toutes les occasions de se mettre en évidence, et parvint ainsi jusqu'au 9 thermidor. Après la chute de Robespierre, envoyé commissaire dans les départements du Midi, avec Cadroy et Mariette, il y poursuivit les terroristes, qu'il fit désarmer et mettre en arrestation. Sa conduite et celle de ses collègues fut approuvée par la convention. Néanmoins, après la journée du 15 vendémiaire, qui parut devoir rendre la prépondérance au parti de la montagne, il fut accusé par Goupilleau et Pelissier d'avoir, pendant sa mission, favorisé les réactionnaires et laissé égorger les patriotes sous ses yeux. Il repoussa cette accusation avec force, et fut défendu par plusieurs de ses collègues. A la fin de la session, il passa au conseil des cinq-cents, où il siégea jusqu'au 18 brumaire. Rendu dès lors à la vie privée, il se retira dans sa ville natale, où il mourut vers 1810.

CHAMPEIN (SÉBASTIEN), célèbre compositeur, né en 1753 à Marseille, vint jeune à Paris pour y perfectionner ses études musicales. Un motif de sa composition, exécuté à la chapelle du roi, réunit tous les suffrages, et peu de temps après, il fut choisi pour composer la messe de Ste Cécile, que l'on exécutait chaque année aux Mathurins. Bientôt il dirigea ses études vers le genre dramatique. Sa partition du *Soldat français*, jouée en 1779 sur le théâtre du bois de Boulogne fut très applaudie; mais celle de *la Mélomanie* (1781) obtint un succès d'enthousiasme, et cette musique, après 60 ans, conserve toute la fraîcheur, tout le piquant de la nouveauté. Ce chef-d'œuvre de l'opéra comique fut suivi du *Nouveau D. Quichotte*, l'un des meilleurs ouvr. de Champein, qui le donna sous le nom d'un prétendu *maestro* italien, *il signor Zuccharelli*, petite ruse dont les Italiens eux-mêmes furent complétement dupes. Parmi ses autres pièces on distingue : *les Dettes*, en 2 actes; *le Baiser*, en 3 actes, paroles de Florian; *les Déguisements amoureux*, en 3 actes, etc., qui furent accueillis avec une grande faveur dans leur nouveauté, et qui pourraient être remis avec succès au théâtre. Champein mourut en 1830, le doyen des compositeurs dramatiques français. Il a été remplacé à l'Institut par M. Auber, l'auteur de *la Muette de Portici*, etc.

CHAUVEAU-LAGARDE (CLAUDE-FRANÇ.), né en 1767 à Chartres, exerçait déjà la profession d'avocat à Paris av. la révolut., et les causes dont il fut bientôt chargé, dans des temps orageux, lui procurèrent de la célébrité. Il parvint à sauver de l'échafaud le général Miranda, traduit devant le tribunal révolutionnaire ; mais il ne fut pas aussi heureux dans la défense de Brissot et de plusieurs autres victimes de cette époque déplorable. Dans la défense de Charlotte Corday, il dut se borner à invoquer l'indulgence des-juges en faveur d'une jeune fille qui se glorifiait de l'acte pour leq. elle paraissait devant le redoutable tribunal ; néanmoins, touchée de son zèle, elle voulut lui donner une preuve de son estime et de sa reconnaissance, en lui laissant le soin d'acquitter les dettes qu'elle laissait à la prison. Plus tard, chargé de la défense de la reine Marie-Antoinette, il se montra digne de la confiance dont l'avait honoré son auguste cliente. Quelques jours après la condamnation de la reine, il fut arrêté avec Tronçon-Ducoudray, qui avait partagé les dangers et la gloire de la défense, et ne recouvra la liberté qu'après la chute de Robespierre. Il défendit en 1797 Brottier et La Ville-Heurnois, traduits devant une commission militaire comme chefs d'une conspiration royaliste, et l'indulgence avec laquelle ils furent traités fut dans le temps attribuée en partie au talent de leur défenseur. Devenu, sous le règne de Napoléon, avocat au conseil-d'état, en 1814 il porta la parole au nom de son ordre pour féliciter Louis XVIII sur sa rentrée dans la capitale de la France. Il reçut la même année des lettres de noblesse. Après la seconde restauration, il consacra ses talents à la défense des nouveaux proscrits. Son plaidoyer pour le général Bonnaire, accusé en 1816 d'avoir participé au meurtre du colonel Gordon, envoyé parlementaire, au nom du roi, à Condé, fut regardé comme un chef-d'œuvre d'éloquence judiciaire. En 1826 il voulut accompagner au tribunal correctionnel son jeune confrère Isambert, accusé d'un délit de presse. Chauveau-Lagarde fut nommé en 1828 conseiller à la cour de cassation, où sa place était depuis long-temps marquée. Il mourut à Paris en février 1841. Plusieurs de ses plaidoyers ont été recueillis dans le Barreau ancien et moderne. On a de lui : Notice historique sur les procès de Marie-Antoinette d'Autriche, reine de France, et de Mme Élisabeth de France, au tribunal révolutionnaire, 1816, in-8.

CHAZAL (Jean-Pierre), conventionnel, né en 1766 au Pont-St-Esprit, était avocat à Toulouse au commencement de la révolution. Les talents qu'il avait montrés au barreau, dans quelques causes importantes, et l'enthousiasme avec lequel il se prononça pour toutes les réformes, lui donnèrent promptement une telle popularité, que sa présence suffisait pour apaiser les émeutes et les insurrections, si communes alors dans le Midi. Il se servit de son ascendant sur les masses pour arracher plusieurs victimes à une mort certaine, et pour rétablir le calme dans différentes villes. Député par le département du Gard à la convention, il fut du nombre des républicains modérés et de bonne foi, qui se flattaient de parvenir à changer la forme du gouvernem. sans recourir à des moyens violents. Dans le jugem. de l'infortuné Louis XVI, il vota pour la mort, mais pour l'appel au peuple et le sursis. Plus tard il demanda la levée du séquestre apposé sur les biens des étrangers, et la suppression des commissions exécutives, qu'il accusait de dilapidations. Il fit quelque temps partie du comité de salut public. Envoyé commissaire dans les départements de l'Aveyron, du Cantal, de l'Ardèche, etc., il remplit ces diverses missions de manière à se concilier l'estime même de ceux qui ne partageaient pas ses opinions. Sa tolérance envers les prêtres, auxquels il permettait d'exercer leurs fonctions, sous la promesse qu'ils ne chercheraient point à troubler la paix, le fit rappeler par le fameux comité de salut public ; mais il n'obéit point à cet ordre, et se tint caché jusqu'à la fin de la session. Admis au conseil des cinq-cents, il débuta dans cette assemblée par un discours sur les droits successifs des émigrés. Il y parla plusieurs fois en faveur des prêtres, et contribua beaucoup à l'adoucissement des lois pénales qui pesaient sur eux. Quoiqu'il eût souvent réclamé la fin des proscriptions, il se trouva cependant, au 18 fructidor, du côté des proscripteurs, et vota la déportation des membres des deux conseils accusés de vouloir le renversem. de la république. Il concourut à la journée du 18 brumaire sans en prévoir les conséquences, et se chargea de rédiger un nouveau projet de constitution qui fut écarté. Appelé au tribunat, il s'y rangea dans l'opposition ; mais il ne tarda pas d'être nommé préfet du département des Hautes-Pyrénées, où la douceur de son administrat. fit oublier ses écarts. Remplacé au retour du roi, il accepta la préfecture du Finistère pendant les cent-jours, et se trouva compris dans la loi du 12 janvier 1816. Forcé de s'expatrier, il se fixa d'abord à Vilvorde, puis à Bruxelles, où il mourut en 1840.

CHOISEUL (Claude-Ant.-Gabriel, duc de), né en 1762, succéda en 1787 au titre et à la pairie de son oncle, ancien ministre de Louis XV. Il commença sa carrière politique aux séances mémorables du parlement, lors des arrestations de MM. d'Espremenil et Montrambert, et se fit remarquer par la franchise et l'indépendance de ses opinions. D'abord colonel en second des dragons de la Rochefoucault, puis colonel en premier de Royal-dragons, il fut, en 1791, choisi, avec le marquis de Bouillé et le comte de Fersen, pour assurer le départ de Louis XVI et de sa famille. Des ordres mal conçus ou mal exécutés ayant fait échouer cette tentative, le duc de Choiseul fut arrêté avec la famille royale à Varennes, et conduit dans les prisons de Verdun. Traduit devant la haute cour d'Orléans, il fut mis en liberté lors de l'acceptation de la constitution par le roi, et fut nommé chevalier d'honneur de la reine, qu'il ne quitta qu'au moment où cette malheureuse princesse fut transférée au Temple. Il parvint lui-même à s'échapper sous un costume espagnol, et se rendit en Angleterre, où il leva un régiment de hussards, à la tête duquel il se signala dans plus. rencontres. Fait prisonnier en 1795, il fut conduit à Dunkerque, d'où il s'évada et retourna en Angleterre. Il conclut avec le gouvernement anglais une capitulation pour passer avec son régim. aux Indes-Orientales. Le vaisseau sur lequel il se trouvait fut jeté par la tempête sur les côtes de France, et le duc de Choiseul, s'étant sauvé à la nage, fut enfermé dans les prisons de Calais. Traduit avec ses compagnons d'infortune devant une commission militaire, il aurait infailliblement été condamné à mort, si la procédure, suspendue et reprise à plus. intervalles, n'eût traîné en longueur. Le 18 brumaire le sauva. A la suite d'une enquête minutieuse sur l'affaire des naufragés de Calais, il fut, le 1er janvier 1800, déporté en pays neutre. Après une année d'exil, il obtint la permission de rentrer en France. Soupçonné, mais à tort, de n'être pas entièrem. étranger aux conspirations que l'Angleterre ourdissait contre Napoléon, il fut conduit au Temple, puis mis en surveillance à Besançon, où il resta plus. années, sans pouvoir obtenir l'autorisation de se rapprocher de Paris. A la restauration, le duc de Choiseul fut appelé à la pairie et créé lieutenant-général, puis nommé commandant de la première légion de la garde nationale parisienne. Il quitta ce commandem. le 20 mars 1815, et ne le reprit qu'au second retour du roi. Appelé à prononcer sur le sort de Ney, il vota pour l'exil. Lors du procès de la conspirat. du 19 août 1820, il prit la défense du général Merlin, l'un des accusés. Dans plus. autres circonstances il se fit remarquer dans les rangs de l'opposition, et acquit ainsi une assez gr. popularité. Lors de la révolution de 1830, il fut désigné comme l'un des membres du gouvernement provisoire; mais il réclama quelques jours après contre cette allégation. S'étant déclaré pour la nouv. révolution, il devint aide-de-camp du roi, gouverneur du Louvre, et prit une part très active à toutes les mesures propres à consolider l'ordre de choses établi. Il mourut en 1859. M. de Marmier, son gendre, lui a succédé dans son titre de duc. M. de Choiseul a publié en 1824 des *Mémoires* pour justifier sa conduite à Varennes, in-8.

CHOUDIEU (Pierre), conventionnel, né vers 1760 à Angers, d'une famille de robe, embrassa la cause de la révolution avec violence. Accusateur public près le tribunal criminel de son départem., il fut, en 1791, élu député à l'assemblée législative, où il ne tarda pas à se faire remarquer par l'exagération de ses principes. Membre du comité militaire, il dénonça le ministre de la guerre Duportail pour sa lenteur à donner des armes aux nouveaux bataillons. Le premier il osa parler de la déchéance du roi, et, la veille du 10 août, il déclara publiquement que l'assemblée était incapable de sauver la patrie. Après avoir secondé de tous ses efforts le renversement du trône constitutionnel, il tenta d'arrêter la marche de la municipalité insurrectionnelle de Paris, et combattit le projet de transférer dans cette ville les prisonniers d'Orléans; mais il ne put y parvenir. Élu membre de la convention, il vint y prendre place au milieu des hommes les plus exagérés. Dans le procès de Louis XVI, il vota la mort sans appel et sans sursis, et demanda que Manuel et Kersaint fussent déclarés infâmes, pour avoir voulu donner leur démission dans ces tristes conjonctures. Envoyé commissaire dans la Vendée, il s'y prononça pour les mesures les plus rigoureuses, dénonça son collègue Duchâtel comme entretenant des relations avec les insurgés, et revint prendre sa place à la convention sur les bancs de la montagne. Il signala les girondins, et spécialem. Phelippeaux, comme les fauteurs des troubles de l'Ouest; Phelippeaux se justifia facilement de cette absurde accusation; mais Choudieu revint à la charge, et finit par le faire envoyer à l'échafaud. A la chute de Robespierre, il se vit réduit à son tour au rôle d'accusé; mais il se défendit avec vigueur, et, niant qu'il eût eu quelque participation aux actes reprochés à la montagne, il appuya la proposition d'imprimer les pièces trouvées chez Robespierre. Compromis dans l'insurrection du 12 germinal, il fut décrété d'arrestation avec Léonard-Bourdon, Amar, etc., et conduit au château de Ham, dont il sortit par suite de l'amnistie du 4 brumaire. Nommé par le général Bernadotte, chef de division au ministère de la guerre, il donna sa démission à la retraite de ce ministre, et cessa d'être employé. Lors de l'explosion de la machine infernale, inscrit sur la liste des démagogues qui devaient être déportés par mesure de haute police, il parvint à se soustraire à toutes les recherches, et gagna la Hollande, où il exerça quelque temps la profession de libraire. Rentré en France sous l'empire, il y vivait oublié dans les environs d'Angers; mais pend. les *cent-jours*, ayant accepté la place de lieutenant-général de police à Dunkerque, il fut, au second retour du roi, atteint par la loi contre les régicides et condamné à l'exil. Il se réfugia une seconde fois dans les Pays-Bas, et y mourut en déc. 1838.

CLOQUET (Hippolyte), savant médecin naturaliste, né en 1787 à Paris, après avoir terminé ses cours avec succès, reçut le doctorat, et ne tarda pas à se faire connaître d'une manière avantageuse. Le cours de physiologie qu'il professait à l'Athénée accrut encore sa réputat., et lui ouvrit les portes de l'académie royale de médecine. Il avait déjà publié plusieurs ouvrages importants, et il en préparait d'autres, lorsqu'une mort prématurée l'enleva à la science et à ses nombreux amis, au mois de février 1840. Indépendamment d'un gr. nombre d'articles dans les journaux de médecine et dans le *Dictionnaire des sciences naturelles*, dont il a rédigé en entier la partie des reptiles et des poissons, on connaît de lui : *Traité d'anatomie descriptive*, 1815, 2e édit. 1824, 2 vol. in-8. — *Osphrésiologie*, ou traité des odeurs, des sens et des organes de l'Olfaction, 1821, in-8. — *Faune des médecins*, ou histoire des animaux et de leurs produits, etc., 1822 et ann. suiv., 6 vol. in-8, fig. — *Traité complet de l'anatomie de l'homme, comparée avec celle des animaux*, 1825 et années suiv., in-4. Il a terminé le *Système anatomique*, commencé par Vicq-d'Azyr, pour *l'Encyclopédie méthodique*, 1792-1828, 4 vol. in-4.

COLLETTA (Pierre), historien, né en 1775 à Naples, entra jeune dans l'artillerie napolitaine, et fut fait officier après la campagne de 1798. Rayé plus tard des contrôles de l'armée, à raison de la part qu'il avait prise aux événements politiques, il réussit à se faire placer dans le génie civil, et montra dans cette nouvelle carrière beaucoup d'intelligence et d'activité. A la nouvelle occupation du royaume de Naples par les Français en 1806, il fut réintégré dans son grade, et devint successivem. lieutenant-colonel et officier d'ordonnance du roi Joseph, puis plus tard intendant de la Calabre, directeur des ponts-et-chaussées, directeur du génie militaire, et major-général de l'armée. Après la chute de Murat, Colletta continua de servir dans son grade de lieutenant-général, et remplit les fonctions de ministre de la guerre jusqu'à l'entrée des Autrichiens à Naples. Il fut alors arrêté comme complice de la révolution de Pépé, et, après avoir passé trois ans prisonnier au château St-Elme, conduit à Brunn en Moravie. En 1820 il obtint la permission de venir habiter Florence, et c'est pendant son séjour dans cette ville qu'il entreprit de continuer l'*Histoire de Naples*, de Giannone; il l'avait conduite de 1734 à 1825, lorsqu'il mourut le 11 novembre 1833, à un âge qui semblait lui promettre encore de longs jours. L'*Hist. de Naples*, de Colletta, Lugano, 1834, 4 vol. in-8, est écrite dans le genre de Tacite, dont, suivant ses compatriotes, il a la vigueur et la concision; mais l'aut. n'a pas su s'élever au-dessus des événements qu'il avait à raconter, et on lui reproche d'avoir manqué d'impartialité dans le récit des diverses révolutions de Naples, dont il avait été le témoin et l'un des acteurs les plus influents.

COOTE (Charles), littérateur angl., né en 1759 à Londres, était fils d'un libraire instruit, qui dirigea lui-même son éducation. Avide d'apprendre, il acquit en peu de temps des connaissances très variées, et ne tarda pas à se faire connaître par des publications historiques et littéraires, qui, presque toutes, obtinrent un grand succès. Dans le nombre on distingue : *Histoire d'Angleterre jusqu'à la paix de 1783*, avec une *continuation* jusqu'au traité d'Amiens, 1791-1803, 10 vol. in-8; cet ouvr. est remarquable par l'exactitude, l'impartialité et la simplicité du style. — *Éléments de grammaire anglaise*, 2ᵉ édit., 1806, in-8. — *Histoire ancienne de l'Europe*, 1815. — *Histoire de l'union de l'Angleterre et de l'Irlande*, 1832, in-8. On lui doit en outre une *traduction* de l'*Histoire ecclésiastique* de Mosheim, continuée jusqu'au 18ᵉ S., 1811, 6 vol. in-8. Coote mourut en 1835 à Islington, dans sa 76ᵉ année.

CORNUDET (le comte Joseph), pair de France, né en 1755 à Crocq, dans la Marche, vint achever ses études à Paris, et s'y fit recevoir avocat. Destiné à la carrière de la magistrature, il avait acquis depuis peu de temps l'office de lieutenant-général du bailliage de Montaigu, lorsqu'éclata la révolut. Il en embrassa les principes avec une sage modération, et, nommé procureur-syndic du district de Felletin en 1790, fut député l'année suiv. par le département de la Creuse à l'assemblée législative, où il siégea avec les défenseurs de la monarchie constitutionnelle. Après la chute du trône au 10 août 1792, il revint dans son département, et parvint à se faire oublier pendant la déplorable époque de la terreur. Élu membre du conseil des anciens en 1797, il y parut plusieurs fois à la tribune, et ses constants efforts tendirent à purger les lois de cette époque de tout ce que la violence des partis y avait laissé ou voulait y introduire. Après le 18 fructidor, il combattit toutes les mesures proposées contre les nobles et les prêtres, et contribua puissamment à les faire rejeter. Il prit aussi une part active à toutes les discussions sur les matières de finances, les domaines, les hypothèques, etc., et souvent les éclaira d'un examen approfondi et consciencieux. Au 18 brumaire, membre de la commission intermédiaire des conseils, chargée de préparer la nouv. constitution, il fut un des premiers appelé au sénat, où il remplit les fonctions de secrétaire et de rapporteur dans diverses circonstances importantes. Ses services furent récompensés par des titres et des honneurs qu'il n'avait point brigués, mais qu'il accepta. En 1814, commissaire extraordinaire de l'empereur à Bordeaux, il essaya, de concert avec le maréchal Soult, de défendre le Midi de la France contre l'invasion étrangère, et ne quitta Bordeaux qu'avec l'armée. Nommé pair de France par le roi, ce titre lui fut confirmé par Napoléon à son retour de l'Ile d'Elbe. Ayant continué de siéger pend. les *cent-jours*, il fut rayé de la liste des pairs au second retour du roi; mais il y fut rétabli en 1819. A la chambre des pairs, il repoussa les lois contre la presse, et celles du double vote, du droit d'aînesse, du sacrilège, etc.; mais il s'associa au maréchal Macdonald pour appuyer la proposition d'une indemnité aux émigrés dont les biens avaient été vendus. Adversaire déclaré des ordonnances de 1830, il contribua de tout son pouvoir à l'affermissement du trône élevé par la révolution de juillet, et mourut à Paris le 13 sept. 1834, laissant la réputation d'un homme instruit, probe et modéré dans ses actes comme dans ses opinions.

COURTIN (Eustache-Marie-Pierre-Marc-Antoine), magistrat, né vers 1770 à Lisieux, se fit recevoir en 1790 avocat au parlement de Rouen. A l'époque du jugement de Louis XVI, il réclama l'honneur périlleux de défendre cet infortuné monarque. Atteint par la loi sur la réquisit., il partit dans un des bataillons de nouvelle levée, fut ensuite attaché comme secrétaire à différents états-majors, et rentra dans la vie civile en 1796. Il fut ensuite employé comme secrétaire-général de la liquidation des dépenses arriérées au ministère de la guerre; mais une maladie grave l'ayant forcé d'aller prendre les eaux en Allemagne, il fut remplacé dans ses fonctions. En 1803 il fut fait substitut près la cour criminelle du département de la Seine, et en 1811 nommé avocat-général à la cour impériale de Paris. Après les *cent-jours*, il fut appelé par la commission du gouvernem. provisoire à remplir les fonctions de préfet de police de Paris pendant l'indisposition de Réal. Compris dans l'ordonnance du 24 juillet 1815, qui condamnait à l'exil les personnes les plus connues par leur attachement à la cause impériale, il dut se retirer en Belgique. Rentré en France en 1818, il reprit sa profession d'avocat, et s'occupa de la publication de l'*Encyclopédie moderne*, 1824 et années suiv., 25 vol. in-8, dont 2 de pl. ; cette compilation obtint un assez gr. succès. Courtin mourut à Paris en 1839.

CREUZÉ-DE-LESSER (Auguste), littérateur spirituel, né en 1771 à Paris, d'une famille honorable, débuta d'abord dans la carrière diplomatique par le poste de secrétaire de légat. à Parme. Il quitta la diplomatie pour l'administration, et fut nommé sous-préfet à Autun. Élu en 1804 membre du corps-législatif, il y siégea pendant six ans. Ce fut dans l'intervalle des sessions qu'il fit et publia un *Voyage en Italie et en Sicile* (1806, in-8), dans lequel les Italiens sont jugés avec une sévérité que Napoléon ne lui pardonna jamais. Il reçut avec indifférence cette disgrâce à laquelle il était loin de s'attendre, et profita des loisirs qu'elle lui donnait pour se livrer entièrement à la littérature qu'il avait cultivée dès son enfance. En 1815, au second retour du roi, il fut appelé à la préfecture de la Charente-Inférieure, et plus tard à celle de l'Hérault. Dans ces deux départements, il se conduisit avec autant de modération que de fermeté, et sut, dans des moments difficiles, se concilier l'estime de tous les partis. Lors de la révolution de 1830, il répondit aux principaux habitants de Montpellier qui le pressaient de reconnaître le nouveau gouvernem. : « J'ai reçu trop de serments pour avoir oublié les miens, » et partit immédiatement pour Paris. Il revint encore à l'étude, revit ses anciens ouvrages, en composa d'autres, et il en préparait de nouveaux, lorsqu'atteint d'une indisposition grave, il se vit forcé d'interrompre ses travaux. L'espoir de recouvrer plus promptement la santé l'avait conduit chez un de ses amis près de Mantes, mais il fut saisi en arrivant d'une maladie violente qui l'enleva le 14 août 1839. On a de lui quelques pièces de théâtre : *le Secret du ménage*, comédie en 3 actes et en vers, 1809. — *La Revanche*, avec M. Roger, 1809. — *La Manie de l'indépendance*, comédie en 5 actes et en vers, 1812. — *Le Prince et la Grisette*, comédie en 3 actes, 1834. Des opéras comiques, dont plus. ont eu du succès, entre autres : *M. Deschalumeaux*, 1806. — *Le Magicien sans magie*, 1811. — *Le nouveau Seigneur de village*, avec Favières, 1813. Indépendamment de ces pièces, on doit à Creuzé-de-Lesser : *le Sceau enlevé*, poëme imité de Tassoni, 3ᵉ édit., 1795. — *Satires de Juvénal*, traduites en prose, 1796. — *Amadis de Gaule*, 2ᵉ édit., 1813. — *Roland*, 1814. — *Les Chevaliers de la Table-Ronde*, 4ᵉ édition, 1812. Ces trois grands poèmes de chevalerie, le dernier surtout, ont eu beaucoup de succès : tous les trois renferment des récits très ingénieux, et sont pleins de traits fins et spirituels. L'auteur se proposait de les réunir en une seule publication, parce qu'ils composent à eux trois l'histoire de la chevalerie romanesque. — *Apologues*, 2ᵉ édition, 1824. — *Le Dernier homme*, poème imité de Grainville, 2ᵉ édition, 1833. — *Les Annales d'une famille pendant dix-huit cents ans*, 1834, 2 vol. in-8, fiction ingénieuse, cadre neuf, idée neuve. — *De la liberté*, 2ᵉ édition, 1833 ; cet ouvrage, piquant et spirituel, n'est qu'une partie d'un gr. traité de politique qu'il avait conçu, et que l'on doit regretter qu'il n'ait pas pu achever. — *Odéides*, 1836 ; ce sont des espèces de poëmes lyriq., dont l'un est une sorte de traduction du *Romancero* ou romance du Cid ; le second raconte les aventures touchantes d'Héloïse et d'Abailard, et le troisième déplore et flétrit les tragiques événements de la révolution française. — *Les Contes des fées*, imités en vers de Perrault, 1834. M. de Feletz a consacré à Creuzé-de-Lesser, dans le *Journal des Débats*, une notice intéressante qui a été reproduite dans ses *Jugements historiques et littéraires*, 217-20.

CUESTA (D. Gregorio de la), général espagnol, né vers 1745 dans les montagnes de Santander en Biscaye, était parvenu au grade de brigadier lorsqu'il fit la campagne de 1793 contre la France, à l'armée de Catalogne, sous les ordres de Ricardos. La valeur dont il fit preuve dans diverses occasions, principalement le 26 nov., à l'affaire de St-Ferréol, lui valut av. la fin de l'année le grade de maréchal-de-camp. Il remporta, le 20 déc., sur les Français, un nouvel avantage qui les obligea d'évacuer St-Elme, Port-Vendres et Collioure. Il les battit dans quelq. autres rencontres, et lorsque les troupes espagnoles commencèrent à essuyer des revers, il s'enferma dans Urgel. Plus tard il reconquit la Cerdagne que les Français occupaient depuis deux ans, et il se disposait à envahir le Roussillon, lorsque la paix de Bâle mit fin aux hostilités. Créé lieutenant-général, il fut en 1798 nommé président du conseil de Castille. Loin de se ranger parmi les courtisans du prince de la Paix, il se prononça plusieurs fois contre lui, notamment à l'occasion de la digrâce du ministre Urquijo, son ami. A la chute du favori, La Cuesta fut nommé (mars 1806) par Ferdinand VII capitaine-gén. de la Vieille-Castille, et, peu de temps après, vice-roi du Mexique. Les événements le retinrent dans la péninsule ; il prit les armes pour résister à l'invasion des Français ; mais ayant éprouvé successivement des échecs assez considérables, il fut privé de son commandement par la junte de Séville, au mois d'oct. 1809. Voyant la domination française se consolider en Espagne, il se retira dans l'île de Majorque, où il mourut en 1813.

D

DANNEKER, célèbre sculpteur allemand, né en 1758 à Stuttgard, était fils d'un valet d'écurie du prince Charles de Wurtemberg. Son père, mécontent du goût qu'il montrait pour les arts, lui refusait tous les moyens d'instruction; mais soutenu par sa mère, qui s'associait vivement à ses projets d'avenir, il n'en fit pas moins des progrès assez rapides dans ses études artistiques. Distingué par le prince Charles, qui lui fit faire quelques travaux, et lui assigna une pension de 300 florins, il vint à Paris, où il passa deux ans dans l'atelier de Pajou, qui lui inspira l'amour de l'antique. Il se rendit ensuite à Rome, où il étudia les chefs-d'œuvre grecs, sous la direction de Canova et de Thorwaldsen. Revenu à Stuttgard sur l'invitat. du prince Charles, son constant protecteur, il continua d'être employé par ce prince, ainsi que par la plupart des souverains d'Allemagne, et mourut dans sa ville natale en octobre 1836. Parmi ses plus beaux ouvrages on cite: le *Monument funèbre du comte Leppelin*, à Lowisberg, *les bustes de Lavater, de Schiller et de Gluck;* le groupe d'*Ariadne assise sur un léopard et de Bacchus*, etc.; mais rien n'égale sa *statue du Rédempteur*, chef-d'œuvre du spiritualisme en sculpture.

DARMAING (JEAN-JÉRÔME-ACHILLE), journaliste, né en 1794 à Pamiers, d'une famille de magistrats, après avoir achevé ses études avec succès, fut admis à l'école normale pour s'y préparer à la carrière de l'enseignement. Il accueillit le retour des Bourbons avec enthousiasme; mais en 1815, blessé par quelque passe-droit, il se lança dans la politique, concourut à la rédaction de différents journaux, et fonda en 1818 *le Surveillant politique et littéraire*, qui, poursuivi dès son apparition, ne tarda pas d'être supprimé. Il s'attacha alors au *Constitutionnel*, et, sans abandonner cette feuille, au succès de laquelle il avait puissamment contribué, fonda en 1825 *la Gazette des tribunaux*, qui dut au talent de Darmaing un succès très rapide. Il prit une part active à la révolut. de 1830, continua depuis de diriger la *Gazette*, et mourut en 1836, à la suite d'une douloureuse maladie. On a de lui: *Résumé de l'histoire des guerres de la Vendée*, 1818, in-18, réimprimé en 1825. — *Relation complète du sacre de Charles X*, 1825, in-8.

DAUNOU (PIERRE-CL.-FR.), membre de la convention et de la plupart des assemblées législatives de France, secrétaire perpétuel de l'académie des inscriptions, etc., né en 1761 à Boulogne-sur-Mer, était fils d'un habile chirurgien de cette ville. Ses progrès furent si rapides, qu'après avoir terminé ses études d'humanités et de philosophie, il fut admis, dès l'âge de 16 ans (1777), à l'institut. de l'Oratoire à Paris. Chargé de l'enseignement de la grammaire latine dans divers colléges, puis de la philosophie, il occupait en 1789 une chaire de théologie à Montmorency. Ses goûts studieux et sa vie retirée l'éloignaient du tourbillon de la politique; mais député par le départ. du Pas-de-Calais à la convention en 1792, il ne crut pas pouvoir refuser ce périlleux mandat. En face du danger, il se dépouilla de sa timidité ordinaire, tenta de nobles efforts pour sauver l'infortuné Louis XVI, protesta hautement contre la journée du 31 mai, et vit sans s'émouvoir se refermer sur lui les portes d'une prison, d'où il ne croyait devoir sortir que pour monter à l'échafaud. Le 9 thermidor, en lui rendant la liberté, le ramena au sein de la convention, où il exerça dès lors la plus grande influence. Il fit partie du comité de salut public et des commissions les plus importantes, fut l'un des rédacteurs de la constitution de l'an III, prépara la réorganisation de l'instruction publique et celle des anciennes académies sous le nom de l'Institut. Nommé en l'an IV au conseil des cinq-cents par trois départements, il cessa d'y siéger l'année suivante, et fut envoyé par le directoire à Rome, pour extraire des bibliothèques et des archives pontific. les pièces relatives à notre histoire. Pendant ce temps, réélu par son départem. au conseil des cinq-cents, il y siégeait encore lors de la révolution du 18 brumaire. Élu au tribunat, il y continua sa courageuse opposition aux vues du premier consul, qui ne tarda pas à l'éloigner de cette assemblée, avec quelques autres hommes également. indépendants. Il était depuis plus. ann. administrateur de la biblioth. du Panthéon, lorsqu'en 1804 Napoléon le nomma, en remplacement de Camus, garde-général des archives. Cette place lui fut enlevée en 1816; mais Barbé-Marbois, en réparation de cette injustice, le mit à la tête du *Journal des savants*, interrompu pendant nos troubles politiques, et qui bientôt, sous la direct. de Daunou, reprit toute son importance. En 1817, présenté par les professeurs du collége de France pour la chaire d'histoire, vacante par la mort de Clavier, il ne fut institué qu'en 1819, l'année même où il reparut à la chambre comme député du Finistère. Écarté en 1823, il fut réélu en 1828, et dès lors ses fonctions législatives ne furent plus interrompues. Le 7 novembre 1839, appelé à la chambre des pairs, il n'y parut que fort rarem., à raison de l'état de sa santé. Il mourut le 20 janvier 1840, dans sa 80e année. Indépendamment d'un grand nombre d'articles dans les journaux, dans la *Biographie universelle*, dans la *Continuation de l'histoire littéraire de la France*, etc., on doit à Daunou un assez grand nombre d'ouvrages; les plus importants sont: l'*Éloge de Boileau*, couronné par l'académie de Nîmes en 1787, réimpr. séparément en tête des *OEuvres de Boileau*, dont il a publié plusieurs éditions, avec un excellent Commentaire. — *Analyse des opinions diverses sur l'origine de l'imprimerie*, 1801, in-8. — *Essai historique sur la puissance temporelle des papes*, 3e édition, 1811, 2 vol. in-8. — *Cours d'histoire fait au collége de France*, 1819-22, 2 vol. in-8. — *Essai sur les garanties individuelles que réclame l'état actuel de la société*, 1822, in-8.— Des *Mém.*, des *Rapports* et des *Notices* dans les recueils de l'Institut, etc. On peut consulter pour les détails la *Notice sur Daunou*, en tête du *Catalogue de sa bibliothèque*, par M. Natal. de Vailly, mais surtout les *Documents biographiques*, par M. Taillandier, 1841, in-8. Ce vol. contient les deux prem. chap. d'une *histoire de la convention* que Daunou se proposait d'écrire, et qui font vivement regretter qu'il n'ait pas pu exécuter ce projet.

DECOMBEROUSSE (Benoît-Michel), membre des assemblées législatives de France, né en 1754 à Villeurborne, dans le Dauphiné, après avoir achevé ses études, se fit recevoir avocat au bailliage de Vienne, et suivit la carrière du barreau jusqu'en 1788. Député du tiers-état aux deux assemblées de Romans, il s'y montra partisan de toutes les réformes compatibles avec la dignité de la couronne, et salua la révolution de ses vœux. Élu sur la fin de 1792 membre du directoire du département de l'Isère, il se prononça fortem. contre le 31 mai, et il ne tint pas à lui que ce départem. ne s'unît aux fédérés du Midi (*v.* ci-après Français de Nantes). Un peu plus tard il fut destitué comme modéré. Il avait été nommé suppléant de l'Isère à la convention ; il y fut admis en cette qualité au mois de juillet 1795. Il passa dans la même année au conseil des anciens, où il prit une part fort active aux discussions concernant l'organisation des tribunaux. Après le 18 brumaire, il fut nommé président du tribunal criminel de l'Isère, puis juge au tribunal d'appel de Grenoble. Appelé quelque temps après au bureau de consultation et de révision près le ministère de la justice, il y resta jusqu'en 1814. Pendant les *cent-jours*, il fut nommé conseiller à la cour impériale de Paris. Il cessa de remplir des fonctions publiques à la seconde restauration, et, retiré dans sa province, y mourut en mars 1841, à l'âge de 87 ans. Dans ses loisirs, Decomberousse cultivait les lettres ; il a composé des poésies et plus. pièces de théâtre : *la Tentation du chevalier Bayard*, comédie en un acte et en vers. — *La Crise dangereuse*, en un acte. — *Le Siége de Florence*, tragédie en 5 actes, 1794, in-8.—*Asgill, ou le Prisonnier anglais*, comédie en 5 actes, 1796, in-8. Les deux premières pièces n'ont pas été imprimées. On assure qu'il a laissé plusieurs ouvr. de droit inédits.

DE JOLY (Jean-Franç.), dernier ministre de la justice sous Louis XVI, né en 1755 à Loret, fils d'un notaire, se destina de bonne heure au barreau. Avocat aux conseils en 1786, il devint en 1789 lieutenant du maire, puis secrét.-greffier de la municipalité de Paris. Le 29 juin 1792, appelé au ministère de la justice, en remplacement de Duranthon, il s'aperçut bientôt, ainsi que ses collègues, qu'il n'était plus en leur pouvoir de défendre le trône, et donna, en même temps qu'eux, le 10 juillet, sa démission. Il conserva néanmoins encore son portefeuille jusqu'à la veille du 10 août. Arrêté comme suspect en 1793, il eut le bonheur d'être oublié dans sa prison, et recouvra sa liberté après le 9 thermidor. Il refusa d'accepter alors aucune fonction ; mais en 1806 il fut nommé avocat au conseil-d'état, donna sa démission en 1814, et mourut à Paris au mois de mars 1837.

DELAMALLE (Gasp.-Gilb.), jurisconsulte, né en 1752 à Paris, s'y fit recevoir avocat, et de 1774 à 1811 ne cessa pas d'occuper un des prem. rangs au barreau. Appelé au conseil-d'état, il suivit avec un égal succès la carrière administrative, et se fit remarquer par sa pénétration, la solidité de son jugement, et une facilité de travail extraordinaire. Président des comités du contentieux et de la marine, il fut souvent chargé de défendre devant les chambres les projets de loi qu'il avait préparés, et s'acquitta toujours de cette tâche difficile d'une manière distinguée. En 1820, quoique déjà sur le retour de l'âge, il ne dédaigna pas de descendre dans la lice académique, et fut couronné par l'Académie française, pour un discours, qui fut imprimé, sur ce sujet : *Déterminer et comparer le genre d'éloquence et les qualités morales de l'orateur du barreau et de l'orateur de la tribune*. Delamalle cessa en 1830 de faire partie du conseil-d'état, dont il était le doyen, et mourut à Paris en 1834. On a de lui : *Plaidoyers choisis et œuvres diverses*, 1827, 4 vol. in-8 ; les trois premiers volumes contiennent les *plaidoyers*, au nombre de 13 ; et le 4e, les *œuvres choisies*. Il faut y joindre : *Essai d'institutions oratoires*, 2e édit., 1822, 2 vol. in-8.

DELAUNAY (Pierre-Louis-Athanase VEAU), conventionnel, né en 1751 à Tours, exerça la profession d'avocat au présidial de cette ville, avec un talent qui lui aurait fait une réputat. brillante, s'il n'eût pas quitté le barreau en 1775, pour remplir la place de procureur du roi des eaux-et-forêts. Dans les loisirs que lui laissaient ses nouv. fonctions, il cultiva la littérature, et publia dès 1780 un recueil de poésies, parmi lesquelles on distingua une ode dont *Voltaire* était le sujet. Membre de l'assemblée provinciale en 1787, il fut en 1792 appelé à la convention, où il vota constamment avec les hommes les plus modérés. Il ne parut à la tribune qu'après le 9 thermidor, pour y faire des rapports sur l'organisat. de l'instruction publique. Après la session il revint à Tours, et, nommé professeur d'histoire naturelle à l'école centrale de cette ville, il se mit promptement au niveau de la science qu'il était chargé d'enseigner. En l'an VIII (1800), il remporta le prix proposé par l'Institut, par un discours sur cette question : *Rechercher les moyens de donner une nouvelle activité à l'étude des langues anciennes*. Il contribua beaucoup à la formation de la société littéraire de Tours, qui le choisit pour son secrét. perpétuel, et mourut en 1814, laissant plusieurs ouvr. MSs.

DELEUZE (Jos.-Phil.-Franç.), médecin, né en 1753 à Sisteron, vint achever ses études à Paris, et fut attaché comme botaniste au muséum d'hist. naturelle, dont il devint plus tard bibliothécaire. Partisan zélé du magnétisme, il enchérit encore sur les rêves de Mesmer et Deslon, et publia plus. ouvrages dans le but de répandre et de propager une doctrine jugée depuis long-temps par les plus grands médecins. Deleuze mourut à Paris en oct. 1835. Outre une traduction estimée des *Amours des plantes*, poème anglais de Darwin, ses principaux écrits sont : *Eudoxe, ou entretiens sur l'étude des sciences, des lettres et de la philosophie*, 1810, 2 vol. in-8, ouvr. utile. — *Histoire critique du magnétisme*, 1813, 2 vol. in-8. Hoffman rendit compte de ce livre dans plusieurs articles fort piquants, qui ont été recueillis dans la *Collect.* des œuvres de ce spirituel littérateur. — *Histoire et Description du muséum d'histoire naturelle*, 1819, 2 vol. in-8, fig.; réimprimé et traduit en anglais en 1823 (v. pour plus de détails la *France littéraire* de Querard).

DELOLME (Jean-Louis), publiciste distingué, né en 1740 à Genève, y exerça quelque temps la profession d'avocat. Obligé de quitter sa patrie par suite des troubles dont elle fut le théâtre, il se rendit à Londres, et employa le temps de son exil à étudier les principes et la marche du gouvernement anglais. Ses ouvrages, intitulés : *Constitution de l'Angleterre*, Amsterdam, 1771, in-8, et *Parallèle entre le gouvernement anglais et l'ancien gouvernement de Suède*, 1772, in-8, obtinrent, le premier surtout, le suffrage des hommes les plus distingués de la Grande-Bretagne, et firent la réputation de Delolme. De retour à Genève en 1775, il fut élu membre du petit-conseil, et tenta de faire adopter d'utiles réformes dans le gouvernem. de sa patrie. Lors de la nouvelle révolution de Genève, il alla de nouveau chercher un asile en Angleterre, où il avait de nombreux amis, et il y mourut en 1806.

DELRIEU (Ét.-Jos.-Bernard), auteur dramatique, né en 1751 à Paris, entra dans l'enseignement, et fut pourvu de la chaire de rhétorique au collége de Versailles, qu'il remplit avec succès. Plus tard il obtint du comte Français une place de chef de bureau à l'administration des douanes, qui lui laissa le loisir de se livrer entièrement à son goût pour les lettres. Sa tragédie d'*Artaxerce*, imitée de Métastase, obtint en 1808 un brillant succès. Le soir même de la première représentation, Napoléon lui fit sur sa cassette une pension de 2,000 fr. Cette pièce, le chef-d'œuvre de Delrieu, est restée au théâtre, ainsi que sa comédie : *le Jaloux malgré lui*, pleine de situations comiques qui sortent du sujet même. Il se présenta vainement à l'Académie française, et mourut en 1836, à l'âge de 75 ans.

DEMARÇAY (Marc-Jean), général, né en 1772 dans le Poitou, partit fort jeune comme sous-lieutenant d'artillerie, obtint en 1793 l'épaulette de capitaine, et, s'étant signalé l'année suivante à la reprise du Quesnoy, où il fut grièvement blessé, reçut en récompense de sa belle conduite le grade de chef de bataillon. Il se distingua de nouveau dans les campagnes d'Allemagne et de Hollande, fit partie de l'expédition d'Égypte, où, à la bataille des Pyramides, il commandait l'artillerie de la division de Kléber, avec rang de colonel, et fut élevé plus tard à ce grade sur le champ de bataille de Marengo. Placé à la tête du 5ᵉ régim. d'artillerie à pied, il obtint à Austerlitz la croix de commandeur de la Légion-d'Honneur. Nommé en 1806 commandant de l'école d'application à Metz, il fut détaché l'année suivante en Hollande, avec le titre de général-major, premier inspecteur de l'artillerie et du génie. En 1808 il fut nommé général de brigade à l'armée d'Espagne, et deux ans après, ses nombreuses blessures ne lui permettant plus de continuer son service, il demanda sa retraite, qu'il n'obtint qu'avec peine. Livré dès lors aux travaux de l'agriculture, il ne les abandonna qu'un instant pendant les *cent-jours*, pour prendre le commandement de la garde nationale de la Vienne. Élu par ce départ., en 1819, membre de la chambre des députés, il vint s'y placer à l'extrême gauche, prit part à toutes les discussions graves, et vota constamm. avec l'opposition. Écarté de la chambre en 1824, il n'y reparut qu'en 1828, cette fois comme député du 2ᵉ collége d'arrondissement de la Seine, et continua son opposition à tous les ministères. En 1830 il vota l'adresse des 221, et, après la révolution, devenu l'adversaire de ses anciens amis politiques, arrivés presque tous au pouvoir, persista dans la ligne de conduite qu'il avait suivie sous la restauration, et combattit toutes les propositions ministérielles avec une virulente énergie. Demarçay mourut en 1839.

DESPRÉS (J.-B.-Denis), littérateur, né en 1755 à Dijon, fut employé de 1785 à 1792 dans les bureaux du ministre ayant le département de l'intérieur. A la révolution, dont il adopta les principes, mais en homme modéré, il se lia d'une manière très intime avec les chefs des royalistes constitutionnels, et concourut à la rédaction d'une feuille destinée à jeter du ridicule sur les menées des jacobins. Cette feuille cessa de paraître au 10 août 1792, et Després, suspect au parti victorieux, fut enfermé dans la maison de St-Lazare, d'où il ne sortit qu'après le 9 thermidor. A la création du conseil d'agriculture, commerce et arts, il en fut nommé secrétaire-général. Il suivit en Hollande en 1805 le nouveau roi Louis Bonaparte, qui le fit conseiller-d'état, et revint en France l'année suivante, avec le titre de conseiller-général de Hollande, qu'il perdit à la réunion de ce pays au gr, empire. Membre du conseil de l'université en 1811, il fut mis à la retraite en 1818, passa les dernières années de sa vie dans un doux repos qu'embellissaient les lettres, et mourut en 1832. Outre une foule de *vaudevilles* et de petites *pièces*, qui toutes obtinrent plus ou moins de succès dans leur nouveauté, on doit à Després la traduct. de *Velléius-*

Paterculus, dans la *Bibliothèque lat.-franç.* de Panckoucke. Il a eu part à la traduction d'*Horace* publiée par M. Campenon, et il a été l'un des éditeurs de la collection des *Mémoires sur l'art dramatique* à laquelle il a fourni le volume sur *Molière*, et l'*Histoire du théâtre anglais*, à la tête des *Mémoires* de Garrick et Mocklin.

DEVAUX, dit *du Cher* (M.-D.), jurisconsulte, né vers 1770 dans le Berry, se fit recevoir avocat au parlement et très jeune obtint au barreau des succès assez marquants pour fixer l'attention de ses compatriotes. En 1790, nommé procureur-syndic de Châteauroux, il exerça pendant la terreur, dans sa ville natale, les terribles fonctions de président du tribunal révolutionnaire ; mais il n'usa de son pouvoir et de son influence que pour sauver un grand nombre de victimes, et s'acquit dans ce poste effrayant de nouveaux titres à l'estime publique. Il remplit ensuite différ. charges administratives, et se trouvait, au 18 brumaire, commissaire du directoire près l'administrat. centrale du département de l'Indre. Renonçant alors aux emplois publics, il rentra dans la carrière du barreau, et s'établit à Bourges, où il s'acquit bientôt la réputation d'un jurisconsulte et d'un orateur distingué. Plusieurs de ses plaidoiries furent insérées dans le *Recueil des causes célèbres* de Méjan. Nommé maire de Bourges pend. les *cent-jours*, il se conduisit dans cette circonstance délicate avec beaucoup de prudence, et donna sa démission au second retour du roi. En 1817 il fut élu par le département du Cher membre de la chambre des députés, où il vint siéger au centre gauche. Dans la session de 1819, il combattit les lois d'exception et le nouveau système électoral. Il appuya dans la suivante le renvoi au président du conseil de la fameuse pétition de M. Madier de Montjau, Réélu en 1824, dans toutes les discussions importantes il continua de voter avec les partisans d'une sage liberté. Depuis, soit à la chambre, soit au barreau, soit dans divers écrits, il ne cessa de défendre les principes de la monarchie constitutionnelle avec toute l'énergie de son caractère. Après les événements de 1830, il fut nommé conseiller-d'état, et mourut à Paris le 11 oct. 1838.

DEYEUX (Nicolas), savant chimiste, né en 1744 à Paris, après avoir fréquenté les facultés de Paris et de Montpellier, où il acheva ses études d'une manière brillante, se fit recevoir pharmacien et établit une officine dont la réputation s'étendit bientôt dans toute l'Europe. Les expériences auxquelles il se livra pour déterminer par l'analyse la composition des différentes substances médicales, le mirent en rapport avec les plus célèbres chimistes. A l'organisation de l'Institut, il en fut élu membre dans la classe des sciences. Plus tard il fut nommé pharmacien de l'empereur, place qu'il conserva jusqu'en 1814, et dans laquelle, au retour de l'île d'Elbe il fut remplacé par Cadet-Gassicourt. Deyeux mourut au mois de mai 1837, dans sa 93e année. Outre une foule d'articles dans le *Journal de physique*, et dans les *Mémoires de* l'Institut, etc., on a de lui : *Précis d'expériences et observations sur les différ. espèces de lait*, etc., 1800, in-8 ; cet ouvrage, dans lequel il eut pour collaborateur Parmentier, est le meilleur et le plus complet qui ait été publié sur cette matière. — *Considérations chimiques et médicales sur le sang des ictériques*, 1804, in-4. Deyeux a fourni des *notes* à la nouvelle édition du *Théâtre d'agriculture*, d'Olivier de Serres.

DUBARRAN (Barbeau), député à la convention, y vota la mort de Louis XVI sans appel ni sursis. Devenu président de la société des jacobins, il se montra fauteur ardent de l'anarchie. Cependant, soit par esprit de rivalité, soit par haine du despotisme, il s'unit aux adversaires de Robespierre, et contribua à la journée du 9 thermidor. Impliqué ensuite dans la révolte du 20 mai 1795, il ne dut son salut qu'à l'amnistie du 16 octobre, et vécut depuis dans l'obscurité jusqu'en 1816. Atteint par la loi contre les régicides, il se réfugia en Suisse et il y mourut en 1817.

DUBOIS-DUBAIS (Louis-Thibault), conventionnel, né dans le Cotentin, d'une famille noble, était capitaine de cavalerie à la révolution, dont il embrassa les principes avec chaleur. Élu juge de paix de son canton, puis administrateur du Calvados, il fut député par ce départem. à l'assemblée législat., et ensuite à la convention. Lors du procès de Louis XVI, il vota la mort de l'infortuné monarque, mais avec appel et sursis à l'exécution. Envoyé plusieurs fois commissaire dans les départements de la Normandie et de la Bretagne, il sut se concilier l'estime de tous les habitants des pays qu'il parcourait. A la fin de la session, il entra au conseil des cinq-cents, où il parla plus. fois sur des matières de finances. Il concourut à la journée du 18 fructidor, qui renversa les projets des royalistes. Sorti du conseil des cinq-cents en 1798, il fut réélu au conseil des anciens, et porté successivement à la place de secrétaire et à celle de président. Il prit part à la révolution du 18 brumaire, et fut créé sénateur. Pendant les *cent-jours*, ayant signé l'*Acte additionnel*, il fut compris dans la liste des bannis, et se retira dans le pays de Liége. Ayant obtenu en 1820 la permission de rentrer en France, il y habita dès lors sa terre de Dubais, près de Cambremer, et il y mourut le 1er novembre 1834.

DUGAS-MONTBEL (Jean-Baptiste), savant helléniste, né en 1776 à St-Chamond (Forez), quitta le commerce pour se livrer entièrement à la culture des lettres, et vint habiter Paris, où il perfectionna ses connaissances dans les langues anciennes par les leçons des plus habiles professeurs. Sa traduction de l'*Iliade* (1815, 2 vol. in-8) obtint un gr. succès. Trois ans après il donna celle de l'*Odyssée* et des autres poèmes attribués à Homère, qui ne fut pas moins bien accueillie des admirateurs de la muse antique. En s'occupant de revoir et d'améliorer sa traduction d'Homère, la meilleure que nous ayons dans notre langue, il entreprit celle des tragiques grecs, qu'il n'eut pas le loisir de terminer. Ses compatriotes lui donnèrent une preuve de leur estime, en l'élisant membre de la chambre des députés, et il y siégeait encore lorsqu'il mourut au mois de décembre 1834. Par son testament il légua sa bibliothèque à la ville de St-Chamond, avec une somme pour l'entretenir et l'augmenter. Il était membre honoraire de l'académie des inscriptions. Outre la traduct. d'Homère, qui fait partie de la *Bibliothèque grecque-franç.*, publiée par Firmin-Didot, on a de Dugas-Montbel quelques opuscules philologiques, imprimés dans les journaux, un *Éloge de Boissière*, graveur lyonnais, 1810, et une excellente *Notice sur Lemontey*, dans les *Annales nécrologiques*.

DULAURE (Jacq.-Ant.), conventionnel, né en 1755 à Clermont-Ferrand, étudia d'abord l'architecture, qu'il abandonna pour la littérature. Il concourut dès 1785 à la rédaction de quelques journaux littéraires, et publia successivement plusieurs ouvrages dans lesquels on trouve déjà les principes anti-religieux qu'il a développés dans ses dernières productions, mais qui ne purent alors tirer son nom de l'obscurité. Après la révolution de 1789, il attaqua les nobles et les prêtres dans plusieurs pamphlets très violents. Député du Puy-de-Dôme à la convention, il y vota la mort de Louis XVI sans appel et sans sursis; mais effrayé de la marche des événements, il se montra dès lors plus modéré, et, s'associant aux girondins, partagea leur proscription. Décrété d'accusation, il parvint à se soustraire à toutes les recherches, et gagna la Suisse, où il vécut un an employé dans une manufacture d'indiennes. Après sa rentrée à la convention, il fut nommé membre du comité d'instruction publique, et chargé de diverses missions dans les départem. de la Corrèze et de la Dordogne, où il n'employa son autorité qu'à cicatriser des plaies et réparer des malheurs. Entré au conseil des cinq-cents, il continua d'y siéger jusqu'au 18 brumaire, resta dès lors étranger à la politique, et publia une foule d'ouvrages pleins de recherches et d'érudition, et dont quelques-uns ont eu un succès de vogue. Dulaure mourut à Paris en 1835. Ses principaux ouvr. sont : *Pogonologie, ou Histoire philosophique de la barbe*, 1786, 2 vol. in-12. — *Des cultes qui ont précédé et amené l'idolâtrie*, 1805, in-8. — *Des divinités génératrices*, 1806, in-8.— *Histoire civile, philosophique et morale de Paris*, 1821, 7 vol. in-8; 3ᵉ édition, 1825, 10 vol. in-12. — *Histoire des environs de Paris*, 1825-27, 6 vol. in-8. — *Esquisses historiques des principaux événements de la révolution française jusqu'au rétablissement de la maison de Bourbon*, 1823-27, 6 vol. in-8, fig.; 3ᵉ édit., 1827. On lui doit encore plusieurs *Dissertations* dans les *Mémoires de la société royale des antiq. de France*, et il a laissé MSs., entre autres ouvr., une *Histoire d'Auvergne*, et un *État géographique et politique de la Gaule pendant la domination romaine*.

DUPUYTREN (Guillaume, baron), célèbre chirurgien, né en 1778 à Pierre-Ruffières, dans le Limousin, après avoir achevé ses études classiq., se livra tout entier à l'anatomie, dont il vint continuer l'étude à Paris, où il devait trouver plus qu'ailleurs les ressources nécessaires. A 17 ans il obtint au concours la place de prosecteur à l'école de santé, et, à cet âge où l'on est généralem. encore sur les bancs, il commença d'enseigner l'anatomie et la physiologie. Nommé, en 1802, 3ᵉ chirurgien de l'Hôtel-Dieu, il reçut, l'année suiv., le doctorat, sur la présentation d'une thèse très remarquable par le grand nombre de faits nouveaux et d'idées ingénieuses. En 1804 il remplaça M. Duméril, comme chef des travaux anatomiques à la faculté. Il fut en 1808 adjoint au chirurgien en chef de l'Hôtel-Dieu, et en 1811 il succéda à l'illustre Sabatier dans la chaire de médecine opératoire. Enfin en 1815, à la suite d'un concours brillant et solennel, il remporta la place de chirurgien en chef de l'Hôtel-Dieu. Le talent de Dupuytren, l'éclat de son enseignement à l'école de médecine, le succès quelquefois prodigieux de ses opérations lui valurent une célébrité qui s'étendit bientôt dans toute l'Europe. Appelé près du duc de Berri, dans la nuit fatale du 13 février 1820, il mit en œuvre toutes les ressources de son art pour prolonger la vie de ce malheureux prince, et perdit le dern. l'espérance de le sauver. Nommé chirurgien de Louis XVIII, il recueillit enfin le fruit de ses longs et pénibles travaux. La faveur dont il jouissait à la cour, et qui ne fit que s'accroître de plus en plus, ne fut que la juste récompense due à son mérite et aux services éminents qu'il ne cessait de rendre à l'humanité. Sur la fin de sa vie, qu'abrégea sa trop constante pratique, il se rapprocha de la religion, et mourut dans des sentiments chrétiens, le 8 février 1835, à 57 ans. Sa fortune, évaluée à sept millions de francs, était le fruit de son travail. Il en consacra une partie à fonder une chaire d'anatomie pathologique, en désignant pour la remplir M. Cruveilhier, et à créer à la faculté de médecine un *musée* qui a reçu le nom de *Dupuytren*. Ce grand chirurgien a publié peu d'ouvrages. Outre sa thèse intitulée : *Propositions sur quelques points d'anatomie, de physiologie et d'anatomie pathologique*, Paris, 1808, in-8, on n'a de lui que *deux mémoires* lus à l'Institut dont il était membre, l'un *Sur la ligature des nerfs pneumo-gastriques*, et l'autre *Sur la fracture du péroné*; le *Discours d'ouverture* à la faculté de médecine en 1821; et des *articles* dans les journaux et dans les dictionnaires de médecine. Mais toutes les découvertes dont Dupuytren a enrichi la chirurgie franç. ont été consignées par MM. Bégin et Sanson, dans la nouv. édition qu'ils ont publiée de la *Médecine opératoire* de Sabatier.

DURAND (Jean-Louis-Nicolas), architecte, né en 1760 à Paris, élève de Boulet, se fit bientôt remarquer par son maître, qui lui confia l'étude de plusieurs projets importants. La révolution, qui vint interrompre ses travaux, ouvrit un nouveau champ à son génie. Après un brillant concours, il fut choisi par les comités du gouvernement pour diriger l'ordonnance et les travaux des fêtes publiques, alors si multipliées. A la créat. de l'école des travaux publics, il en fut nommé l'un des professeurs, et plus tard il fut chargé du cours d'architecture à l'école polytechnique. Durand mourut en 1835. On a de lui : *Recueil et parallèle des édifices de tout genre, anciens et modernes, remarquables par leur beauté*, etc., Paris, 1800, très gr. in-fol. — *Précis des leçons d'architecture données à l'école polytechnique*, 1801-05, 2 vol. gr.-in-4; nouvelle édition, améliorée, 1823. Ces deux ouvr. sont très estimés.

DUVIQUET (Pierre), littérateur et critique distingué, né en 1766 à Clamecy, fut envoyé, dès l'âge de trois ans, à Paris, où il fit de brillantes études. Reçu docteur-agrégé à l'université en 1788, il se proposait de suivre la carrière de l'enseignement; mais la révolution le fit changer de plan, et, s'étant fait graduer à la faculté de droit en 1790, il revint exercer la profession d'avocat à Clamecy, où venait d'être établi un tribunal d'instance. Nommé en 1791 membre du directoire du département de la Nièvre, puis substitut du procureur-général, sa modération le fit destituer après le 10 août. Il était caché à Nevers pour se soustraire aux poursuites du comité révolutionnaire; mais ayant été découvert, il obtint d'être présenté à Fouché, alors en mission dans cette ville, qui, touché de sa position, lui fit délivrer une feuille de route pour Lyon, où il lui ordonna de l'attendre. Placé par son protecteur en qualité de secrétaire d'un comité de surveillance, il se rendit ensuite à Grenoble avec le grade fictif d'adjudant-général, et remplit quelque temps dans cette ville les fonctions d'accusateur près d'un conseil de guerre. Plus tard Aubert-Dubayet, qu'il avait connu à Grenoble, ayant été nommé ministre de la guerre, l'appela dans ses bureaux, et lui fit obtenir ensuite la place de secrétaire-général de la police, puis de la justice. Élu en 1798 par le départem. de la Nièvre au conseil des cinq-cents, il y prit la défense de Merlin, un de ses anciens patrons, et n'y vota que d'après les inspirations du directoire. Après le 18 brumaire, envoyé commissaire du gouvernem. près du tribunal de Clamecy, il donna sa démission en 1806, et revint à Paris. A l'organisation de l'université impériale, il obtint le titre d'agrégé, et fut nommé professeur au lycée Napoléon. En 1824 il remplaça Geoffroy au *Journal des Débats*, comme rédacteur des articles sur le théâtre, et, moins caustique, moins spirituel peut-être que son devancier, se plaça cependant bientôt au rang des meill. critiques. Il cessa de concourir à ce journal en 1830, et mourut en 1835. Outre quelques *opuscules*, on lui doit une bonne édition des *OEuvres de Marivaux*, et un excellent *Comment. d'Horace* dans la *Collection des classiques latins* publ. par Gosselin, 1825, 2 vol. in-12 ou in-8; le troisième n'a pas paru. Duviquet a fourni plusieurs articles à notre *Biographie*.

E

ELDON (Jean Scott, depuis lord), magistrat anglais, né en 1751, était le 3e fils d'un commerçant de Neucastle, dans le comté de Northumberland. Destiné au barreau, il fit ses études de jurisprudence à l'université d'Oxford et au collége de Middle-Temple à Londres. Ses débuts comme avocat furent peu brillants; mais dès qu'il eut trouvé l'occasion de se faire remarquer, le chancelier Thurlow, ayant deviné ses talents et sa capacité, se chargea de son avancement. Grâce au crédit de son protecteur, il ne tarda pas d'entrer au parlement, où il se montra savant légiste et habile orateur. Appelé en 1783 au conseil privé, il fut fait en 1788 *attorney* (procureur-général), avec le titre de chevalier. Il remplit pendant six ans cette place importante, et obtint en 1793 celle de fiscal-gén. Dans l'exercice des fonctions délicates de cet emploi, il sut conserver sa réputation intacte, et fit preuve d'une telle supériorité d'esprit, qu'il fut nommé grand-juge à la cour des *common-pleas*, et créé pair sous le titre de lord Eldon, nom d'une terre qu'il possédait dans le comté de Durham. Grand-chancelier en 1801, il résigna cette place à l'avénement de Fox au ministère; mais elle lui fut rendue en 1807, et il la conserva, sauf quelques courtes interruptions, jusqu'en 1829. Il se démit alors de la présidence de la chambre des pairs, et, retiré des affaires publiques, vécut dans un honorable repos jusqu'au mois de janvier 1838. Lord Eldon avait été constamment l'un des adversaires les plus déclarés de l'émancipation des catholiq.

ÉMERIC-DAVID (Toussaint-Bernard), savant archéologue, né en 1755 à Aix en Provence, se destina d'abord à la carrière du barreau. Il exerçait la profession d'avocat dans sa ville natale, lorsque la mort de son oncle maternel, André David, le rendit héritier d'un fonds considérable de librairie, dont il dut songer à tirer parti. En 1787 il obtint le brevet d'imprimeur du roi en remplacement de son oncle. Élu maire d'Aix en 1791, il donna sa démission au bout de quelques mois, et crut, en se tenant à l'écart, échapper aux proscript. publiques; mais frappé de deux mandats d'arrêt en 1793, il se vit obligé de se réfugier à Paris, où il eut le bonheur de trouver un asile. Après le 9 thermidor, il vendit son imprimerie, et se livra quelque temps à des opérat. commerciales, auxq. il ne tarda pas de renoncer pour cultiver exclusiv. les lettres et les arts. Un prix qu'il remporta en 1800 à l'Institut, et quelques autres succès littér. l'avaient déjà fait connaître avantageusem., lorsqu'en 1809 il fut élu par son département au corps-législatif. Il y siégeait encore à la restauration, et, dans la session de 1814, il y prononça plusieurs discours sur des objets de finances et de commerce. N'ayant point été réélu en 1815, il se retira dès lors de la scène politique. Nommé membre de l'académie des inscriptions en 1816, il prit une part très active à ses travaux, et mourut en 1840. Ses principaux ouvrages sont : *Recherches sur l'art statuaire, considéré chez les anciens et les modernes*, etc., 1805, in-8, couronnées par l'Institut. —*Éloge de Pierre Pujet*, couronné par l'académie de Marseille en 1807, et de *Nicolas Poussin*, par la société philotechnique en 1812. — *Suite d'études calquées et dessinées d'après cinq tableaux de Raphaël*, etc., 1818-21, 6 livr. in-fol.—*Jupiter, ou Recherches sur ce dieu, sur son culte*, 1833, 2 vol. in-8. — *Vulcain*, pour faire suite à l'ouvr. précéd., 1837, in-8°. Émeric-David a eu part à la publication du *Musée français*, de MM. Robillard-Peronville et Laurent. Il a fourni plusieurs *articles* importants par les recherches à la *Biographie universelle*, et des *Notices des troubadours* à l'*Hist. littéraire de France*, continuée par une commission de l'Institut.

ESQUIROL (J.-ÉTIENNE-DOMINIQUE), célèbre médecin, né en 1772 à Toulouse, destiné d'abord à l'état ecclésiastique, vint achever ses études à Paris, au séminaire de St-Sulpice. Lorsque la populace envahit cet établissement en 1792, il eut le bonheur de s'échapper avec plusieurs de ses camarades, et revint dans sa ville natale. Atteint par la loi de la réquisition, il embrassa la carrière médicale, et reçut une commission d'officier de santé pour l'armée des Pyrénées-Orientales. Dès qu'il put quitter le service, il revint à Paris pour achever ses études médicales, et suivit la clinique de Pinel à l'hôpital de la Salpêtrière. Devenu bientôt l'élève de prédilection de son maître, qui lui confia la rédact. de sa *Médecine clinique*, il s'adonna dès lors spécialem. à l'étude des maladies mentales. Il se fit recevoir doct. en 1805, commença en 1808 la visite de tous les hôpitaux d'aliénés de France, et fut en 1811 nommé médecin de la Salpêtrière. Il fit en 1814 une seconde visite des hôpitaux d'aliénés, et en 1817, ouvrit un cours théorique et pratique des maladies mentales, le premier qui ait été fait en Europe, et qu'il continua jusqu'en 1826 avec autant de zèle que de succès. Devenu à cette époque médecin en chef de la maison de Charenton, il se vit forcé de discontinuer son cours, qu'il ne put plus reprendre. Il avait été nommé en 1823 inspecteur-général des facultés de médecine, place qu'après la révolut. de juillet il perdit sans se plaindre de même qu'il l'avait acceptée sans la demander. En 1834 l'académie des sciences morales lui donna le titre de son correspondant. Il était membre de l'académie de médecine depuis sa formation. L'un des fondateurs de la société de géographie et de celle des établissements charitables, on lui doit aussi la fondat. de la maison d'aliénés d'Ivry, près de Paris, le modèle des maisons de ce genre. Cet homme respectable, après avoir consacré sa vie et sa fortune au soulagem. d'une des classes les plus malheur. de l'humanité, mourut en 1841, entouré de l'estime générale. Outre un assez gr. nombre d'articles dans les journaux et les dictionnaires des sciences médicales, on doit à Esquirol : *Des passions considérées comme causes, symptômes et moyens curatifs de l'aliénation mentale*, 1805, in-4, traduit en allemand.—*Des établissements d'aliénés en France, et des moyens d'améliorer le sort de ces infortunés*, 1819, in-8.

F

FAIN (AGATHON-J.-FR., baron), né en 1778 à Paris, fut, à l'âge de 17 ans, nommé secrétaire du comité de la convention, institué en l'an III pour résister aux menées des royalistes, et qui contribua puissamment à la journée du 13 vendémiaire. L'année suivante il fut employé dans les bureaux du directoire comme chef de division aux archives. Plus tard il remplaça Monneval comme premier secrétaire de l'empereur, qui, l'ayant pris en affection, le fit son secrét. intime, et voulut qu'il l'accompagnât dans toutes ses campagnes. Le zèle et l'intelligence dont il donna des preuves dans ses fonctions, furent récompensés par le titre de baron et celui de maître des requêtes. Privé de toutes ses places à la restauration, il les reprit momentanément pendant les *cent-jours*, et, le 6 juillet 1815, fut nommé secrétaire du gouvernement provisoire. Après le second retour du roi, il se retira près de Montargis dans une campagne où il s'occupa de la rédaction de ses mémoires. La révolut. de 1830 lui rouvrit la carrière des honneurs : nommé secrétaire particulier de Louis-Philippe, puis intendant de ses domaines, il mourut en 1837. On a de Fain : *Manuscrit de l'an III* (1794-95), in-8.—*Manuscrit de 1812, de 1813, de 1814*, 5 vol. in-8. Ces mémoires, écrits avec modérat. et remplis de détails curieux, méritent d'être consultés par les personnes qui veulent connaître à fond l'histoire de cette mémorable époque.

FAUVEL, archéologue distingué, né dans la Bourgogne en 1753, fit jeune un voyage en Italie et en Grèce, d'où il rapporta des dessins qui commencèrent sa réputation et lui valurent les encouragements des savants. Il retourna en 1787 dans l'Orient, avec Choiseul-Gouffier, ambassadeur de France à Constantinople, l'accompagna dans ses excursions sur les côtes de l'Asie-Mineure, et concourut comme peintre et dessinateur au *Voyage pittoresque de la Grèce*. Le besoin qu'il éprouvait d'étudier les restes de la grandeur d'Athènes le fixèrent dans cette ville, et, s'appliquant à rechercher la destinat. primitive des monum., échappée jusqu'alors aux voyageurs, il parvint à déterminer le prem. le tombeau de Thémistocle et la lanterne de Diogène. Il dessina, dans le même temps, le célèbre bas-relief des Panathénées, l'intérieur du Parthénon, et un gr. nombre de morceaux non moins précieux de sculpture et d'architecture, qui furent gravés dans la *Galerie antique*. Sa nomination à la place de vice-consul de France, en ajoutant à la considération personnelle qu'il avait méritée, lui permit d'étendre ses recherches. Il parcourut les lieux les plus célèbres de la Grèce pour les explorer, et ses courses ne furent pas moins utiles à la géographie qu'aux arts. Dans un voyage qu'il fit à Paris en 1802, il fut accueilli avec distinction par le premier consul, et nommé, peu de temps après, correspondant de l'Institut. De retour à Athènes, il s'empressa d'expédier à Paris, pour le musée, divers objets précieux de sculpture, et fit mouler les bas-reliefs de l'Acropolis, dont on n'avait eu jusqu'alors qu'une idée imparfaite. Sa demeure dans la capitale de l'Attique était elle-même un véritable musée, dont il faisait les honneurs avec une grâce parfaite aux savants et aux artistes qui venaient le visiter. M. de Châteaubriand et plus tard lord Byron virent Fauvel à Athènes, et lui payèrent un juste tribut d'éloge, le premier dans son *Itinéraire*, et le second dans *Child-Harold*. Continué dans ses fonctions de vice-consul en 1814, il reçut en 1821 la décorat. de la Légion-d'Honneur. Quarante ann. de séjour dans la Grèce n'avaient point affaibli son admiration pour les chefs-d'œuvre au milieu desq. il avait vécu, et dont il était le plus habile interprète. Il n'aspirait qu'à terminer paisiblement sa vie entre les objets de ses constantes études, lorsqu'éclata la révolut. des Grecs. Persuadé que dans cette lutte inégale les Turcs finiraient par triompher, il avait fait tout ce qui dépendait de lui pour la prévenir. Un an plus tard, les Turcs renfermés dans l'Acropolis menaçaient de s'ensevelir sous ses ruines. Fauvel leur fit accorder une capitulation que les Grecs violèrent indignement en égorgeant tous les malheureux qui s'étaient confiés à leur serment. Dès lors Fauvel, dont le caractère public avait été méconnu dans cette circonstance, et qui redoutait d'ailleurs d'être le témoin d'horribles représailles, ne songea plus qu'à s'éloigner d'Athènes. Retiré dans l'île de Zea, puis à Syra, il vint enfin à Smyrne, où, malgré son grand âge, la gestion du consulat général lui fut confiée. C'est dans l'exercice de ses fonctions qu'il mourut le 9 avril 1838, à 85 ans.

FAVIERES (EDME-GUILLAUME-FR. de), auteur dramatique, né en 1755, entra dans la carrière de la magistrature, et obtint une charge de conseiller au parlem. de Paris. A la suppression de l'ordre judiciaire, il se retira dans une campagne près de Versailles, et parvint à se faire oublier pendant la terreur. Les lettres, qu'il avait cultivées jusqu'alors par délassement, devinrent son unique occupation, et il donna successivem., mais en gardant l'anonyme, une foule de pièces de théâtre, dont quelques-unes obtinrent un succès mérité. Étranger à la politique, la restauration ne changea rien à son existence. Il mourut en 1837. Ses principaux ouvrages sont : *Paul et Virginie*, comédie lyrique en trois actes, 1791 ; *Lisbeth*, 1797 ; *Aline, reine de Golconde*, 1803 ; *le nouveau Seigneur de village*, etc. Ces quatre pièces, restées au théâtre, se jouent encore dans les provinces, où elles ont le privilége d'attirer la foule.

FEA (CHARLES), antiquaire, né en 1753 à Pigna, dans le comté de Nice, vint fort jeune à Rome, où il acheva ses études théologiques d'une manière brillante. Il suivit ensuite les cours de droit à la Sapience, et reçut le laurier doctoral. Ayant embrassé l'état ecclésiastique, il cessa d'exercer la profession d'avocat pour se livrer à l'archéologie, et ne tarda pas à se faire une réputat. parmi les savants. Nommé commissaire pour les recherches des antiquités, et conservateur de la bibliothèque Chigi, il déploya dans ses fonctions un zèle infatigable, et mourut à Rome en 1836. Outre un assez grand nombre d'ouvrages de droit canonique, rédigés dans l'intérêt du St-siége, on a de lui plus. travaux archéologiques remarquables. On se contentera de citer : *Relazione di un viaggio ad Ostia e alla villa di Plinio*, Rome, 1802, in-8.

FEDERICI (J.-B.-CAMILLE-FRÉD. VIASSALO, connu sous le nom de CAMILLE), célèbre auteur dramatique italien, né en 1751 à Garessio, dans le Piémont, fit ses études classiq. à Turin, et donna dès son enfance des preuves de cet esprit ingénieux qui le porta dans la suite à écrire pour le théâtre. Quelques pièces qu'il composa presque au sortir du collége, ayant été jouées par ses camarades, lui valurent beaucoup d'éloges. Mal partagé de la fortune, avide de gloire et encouragé par ses amis, il quitta la place de juge royal à Moncagliéri pour entrer dans une troupe de comédiens. Il était en 1787 à Venise, d'où il se rendit à Padoue et s'y maria. Fixé dans cette ville, il y trouva des amis dont les soins lui furent très utiles pendant une maladie grave, qui mit long-temps ses jours en danger. Il recouvrait à peine la santé, lorsqu'il eut le chagrin d'apprendre que ses comédies, jusqu'alors inédites, avaient été imprimées sans sa participation. Plus tard il entreprit de donner lui-même une édition de ses ouvrages ; mais le 4e volume venait de paraître lorsqu'il mourut en 1802. La meilleure édition des *OEuvres* de Federici est celle de Venise, 1807-16, 14 vol. petit in-8. Le nombre de ses comédies s'élève à 56. Celle qui est intitulée *la Bugia viva poco* (le mensonge ne va pas loin) a été transportée sur la scène française, sous le titre de *la Revanche*, par MM. Roger et Creuzé de Lessert. M. Visconti (Sigismond) a traduit *le Remède pire que le mal*, dans le t. IX des *Chefs-d'œuvre des théâtres étrangers*, et l'a fait précéder d'une *Notice* sur l'auteur, dont on s'est aidé pour la rédaction de cet article.

FERRAND (ANTHELME), jurisconsulte, né en 1757 à Arandas, dans le Bugey, fut en 1792 élu député suppléant du département de l'Ain à la convention, où il ne vint siéger qu'après le jugement de Louis XVI. Il y combattit le projet de taxe des grains, et se montra généralem. favorable à toutes les idées modérées. Après la session il entra au conseil des cinq-cents, où il continua de voter avec les partisans des principes d'ordre. Il cessa de faire partie du conseil en 1797; et fut, à la réorganisation de l'ordre judiciaire en 1800, nommé présid. du tribunal de Belley, dont il exerça longtemps les fonctions. Admis à la retraite sur sa demande, il mourut en 1833.

FERUSSAC (ANDRÉ-ÉTIENNE-JUST-PASCH.-JOS.-FR. D'AUDEBART, baron de), naturaliste, né en 1786 au Chartron, près de Lauzerte, dans le Quercy, d'une famille ancienne et qui a produit plusieurs hommes distingués, était fils du chevalier de Ferussac, mort colonel en 1815, auteur de différents opuscules remarquables, publiés dans les journaux scientifiques. En 1791, son père, décidé à rejoindre l'armée des princes en Allemagne, le conduisit dans le Jura chez son aïeule maternelle, qui se chargea de soigner sa première éducat. Ce fut là que se développa son goût pour les sciences naturelles, dans lesquelles il fit seul et presque sans livres de rapides progrès. A 15 ans, ramené dans son pays natal, il continua de s'y livrer aux recherches géologiques, et se mit dès lors en relation avec plusieurs naturalistes distingués. Plus tard, admis dans le corps des vélites qui s'organisait à Paris, il profita de cette circonstance favorable pour suivre les leçons de Cuvier, de Lamarck, de Latreille, et lut à l'académie des sciences un mémoire sur de nouv. espèces de crustacées, qui fut jugé digne d'être inséré dans les *Annales du muséum* (1806). Son corps ayant été appelé à l'armée d'Allemagne, il se mit en route sans cesser de s'occuper de ses travaux, se battit à Iéna, à Austerlitz, etc., et fut envoyé sous-lieutenant au 103ᵉ régiment, dans la Silésie, où il passa un an qu'il employa à visiter cette province dans le plus grand détail. Appelé bientôt en Espagne, sans interrompre ses plans d'étude, il s'y distingua par son intrépidité dans un grand nombre d'affaires; mais blessé à Moguer d'une balle qui lui traversa la poitrine, il revint en France pour soigner cette blessure, et donna sa démission au moment où il venait d'être nommé capitaine. Depuis son retour à Paris, il avait repris ses travaux scientifiques avec une activité nouvelle. Divers mémoires qu'il lut à la société philomatique, à l'Institut, à l'académie celtique, accrurent sa réputation naissante. Son *Coup-d'œil sur l'Andalousie* (1812, in-8) fut remarqué de l'empereur, qui, s'étant fait rendre compte de la position de Ferussac, le nomma sous-préfet d'Oleron. Par suite d'une intrigue odieuse, il perdit cette place à la restaurat.; mais le duc d'Angoulême, pour le dédommager, lui fit obtenir le grade de chef-de-bataillon dans l'état-major de la garde nationale de Paris. Pendant les *cent-jours* il avait accepté la sous-préfecture de Compiègne, qu'il remit à son prédécesseur au second retour du roi. Nommé en 1816 sous-chef, puis quelque temps après chef d'état-major de la 2ᵉ division militaire, il profita de son séjour en Champagne pour étudier la géologie, et recueillir de nombreux fossiles. A la réorganisat. du corps d'état-major, il fut appelé à Paris, et en 1818 créé professeur de géographie et de statistique militaire à l'école d'application. Il eut à faire la première année le cours d'astronomie; mais n'ayant obtenu, malgré ses efforts, aucun résultat, il donna sa démission pour reprendre ses travaux qu'il avait été forcé, sinon d'interrompre, au moins d'ajourner. En 1823, il fonda le *Bulletin universel des sciences et de l'industrie*, sorte d'encyclopédie périodique, établie sur un plan trop vaste, et qui, malgré les secours du gouvernement, cessa de paraître avant 1830. Élu, après la révolution de juillet, membre de la chambre des députés par le département de Tarn-et-Garonne, il cessa d'en faire partie en 1832, et mourut le 21 juin 1836. Les publications de Ferussac sont très nombreuses; on en trouvera la liste détaillée dans la *France littér.* de Querard. Ses principaux ouvrages sont : *Histoire naturelle des mollusques terrestres et fluviatiles*, etc., Paris, 1817 et ann. suiv., 3 vol. in-4, avec Atlas in-fol., 30 livr. — *Tableau systématique des animaux mollusq.*, 1822, in-4, etc.

FESCH (JOSEPH), cardinal, oncle de Napoléon, né en 1763 à Ajaccio, fut, dès l'âge de 13 ans, envoyé au séminaire d'Aix en Provence, où il acheva ses études et reçut les ordres. Il s'y trouvait encore au commencement de la révolution, dont il adopta les principes avec chaleur ; et, ayant quitté l'habit ecclésiast., il rejoignit en Savoie le général Montesquiou, qui lui fit donner un emploi dans les vivres. Bonaparte, devenu général en chef de l'armée d'Italie, le fit commissaire des guerres. Après le 18 brumaire, il exigea que son oncle rentrât dans la carrière ecclésiastique, et le concordat de 1801 fut suivi de sa nomination à l'archevêché de Lyon. Promu au cardinalat en 1803, il fut envoyé ambassadeur à Rome, d'où il revint avec le pape pour assister au couronnement de son neveu. Nommé grand-aumônier et sénateur en 1805, il fut en 1809 désigné pour l'archevêché de Paris : mais il refusa d'accepter ce nouveau siège, à raison des discussions qui existaient alors entre le pape et Napoléon. Élu présid. du concile de Paris en 1810, il s'y prononça fortem. pour le maintien des droits de l'Église, et fut relégué à Lyon, où il acheta la Chartreuse qu'il habita jusqu'en 1814. A l'approche des armées autrichiennes, il se retira d'abord à Roanne, et, sur les instances de Mᵐᵉ Lætitia, sa sœur, partit pour Rome, où le pape Pie VII l'accueillit très gracieusement. Pendant les *cent-jours* il revint à Paris, et siégea même à la chambre impériale des pairs. Mais au second retour du roi, il reprit avec sa sœur le chemin de Rome, où il vécut dès lors tranquillement, employant une partie de ses revenus à soulager les pauvres, et l'autre à favoriser les arts. Il refusa constamment de se démettre de l'archevêché de Lyon, et mourut à

Rome en mai 1839, laissant une riche bibliothèque et une belle galerie de tableaux.

FIÉVÉE (J.), littérateur et publiciste, né vers 1770 à Paris, embrassa d'abord l'état d'imprimeur, qu'il abandonna bientôt pour se livrer à la culture des lettres. Dans le principe, partisan du nouvel ordre de choses, il concourut à la *Chronique de Paris*, et fit représenter en 1790 un petit opéra intitulé : *les Rigueurs du cloître*, qui eut beaucoup de succès. Les événements, qui se succédaient avec une effrayante rapidité, modifièrent ses opinions politiques. Royaliste constitutionnel, au 13 vendémiaire, il se signala dans la lutte des sections de Paris contre la convention, et parvint à se soustraire aux poursuites dirigées contre lui. Proscrit de nouveau après le 18 fructidor, il se tint caché dans les environs de Paris, et continua d'entretenir une correspondance active avec les agents des Bourbons. Deux de ses lettres ayant été saisies, il fut arrêté en 1799 et enfermé au Temple. Le prem. consul le chargea en 1802 d'une mission délicate en Angleterre. A son retour il devint censeur et propriétaire du *Journal de l'empire*, dont ses articles commencèrent la réputation. Nommé maître des requêtes et chev. de la Légion-d'Honneur, il remplit en 1810 une mission de confiance à Hambourg, et fut fait en 1813 préfet de la Nièvre. Il perdit sa préfecture en 1815, et renonçant dès lors aux fonctions publiq., devint le chef de l'opposition royaliste qui ne cessa de harceler les div. ministères de la restauration. Affaibli par l'âge, fatigué de cette lutte incessante contre tous les pouvoirs qui se succédaient, il passa ses dernières années dans la retraite, et mourut en mai 1839, laissant la réputat. d'un homme d'un esprit souple et fécond, et d'un bon littérateur. Ses principales productions sont : *la Dot de Suzette*, roman plein de grâce et de sensibilité. — *Frédéric*, 1800, 3 vol. in-18, réimpr. plusieurs fois. — *Lettres sur l'Angleterre*, 1802, in-8. — *Correspondance politique et administrative*, dédiée au comte de Blacas, 1815-19, in-8, 15 part. (*v.* ci-après Hennequin). — *Histoire de la session de 1815-1820*, 4 vol. in-8. Fiévée a été l'un des rédacteurs du *Nouveau Mercure*, de la *Nouvelle bibliothèque des romans*, et il a fourni des notices et des jugem. signés L. T. au *Répertoire du Théâtre-Français* de Petitot.

FODERÉ (Franç.-Emman.), médecin, né en 1764 à St-Jean-de-Maurienne, après avoir fait ses études au collège de cette ville, se rendit à Turin, où il reçut ses grades en médecine, et vint à Paris perfectionner ses connaissances par la fréquentation des cours et des savants les plus distingués. De retour en Piémont, il fut nommé médecin-juré du duché d'Aoste, puis du fort de Bar. A la réunion de la Savoie, il fut attaché comme médecin à l'armée française, fit la campagne de 1795 en Italie, et se retira peu après du service. Nommé profess. de physique à l'école centrale du département des Alpes-Maritimes, il fut ensuite médecin de l'Hôtel-Dieu de Marseille. Le roi d'Espagne Charles IV, pendant son séjour dans cette ville, le fit son médecin consultant, et depuis il remplit les mêmes fonct. près de Ferdinand VII à Valençay. En 1814, il obtint au concours la chaire de médecine légale à la faculté de Strasbourg. Il l'occupa pend. 20 ans avec un grand succès, et mourut en 1835, d'une maladie lente, occasionnée par l'excès du travail. Parmi ses ouvrages assez nombreux, les plus remarquables sont : *Mémoire sur le goître et le crétinisme*, Turin, 1789, in-8, réimprimé plusieurs fois et traduit en allemand. — *Les lois éclairées par les sciences physiques, ou Traité de médecine légale et d'hygiène publique*, Paris, an VII, 3 vol. in-8, et, 1815, 6 vol., avec le portrait de l'auteur ; cet ouvrage, le plus complet que l'on ait sur cette matière importante, gagnerait encore à être resserré. — *Traité du délire*, 1816, 2 vol. in-8. — *Voyage aux Alpes-Maritimes, ou Histoire natur. du comté de Nice*, 1821, 2 vol. in-8. — *Leçons sur les épidémies et l'hygiène publique*, Strasbourg, 1822-24, 4 vol. in-8.

FONVIELLE (Bern.-Fr.-Anne), littérateur médiocre, né en 1759 à Toulouse, d'une famille honorable, était employé dans la régie des aides à Perpignan, lorsque la révolut. vint lui ouvrir une plus large carrière. Étant venu habiter alors Montpellier, il fut un des fondateurs du premier club politique de cette ville ; mais la modération de ses principes et son attachement sincère à la monarchie constitutionnelle ne tardèrent pas à l'exposer à la haine des révolutionnaires, et, pour échapper à leur poursuite, il se vit, en 1792, obligé de se réfugier à Marseille, où il établit une maison de commerce. Après le 31 mai, il essaya de soulever les départements du Midi contre la convention, et se rendit à Lyon pour seconder les insurgés. Il quitta cette ville avant le siége, et, après avoir parcouru la Suisse, vint à Toulon, alors occupé par les Anglais. Lors de la reprise de cette ville par les républicains, il parvint à s'échapper et gagna l'Italie. Le 24 septembre 1794, il eut l'honneur de présenter sa tragédie de *Louis XVI* au régent de France (Louis XVIII) à Vérone. Après une absence de 18 mois, il revint à Lyon, où il composa sa tragédie de *Collot-d'Herbois*, dont la journée du 13 vendémiaire empêcha la représentation. Ayant inutilement essayé de rétablir sa maison de commerce à Marseille, il vint à Paris dans l'intent. de s'y fixer ; mais le 18 fructidor l'obligea bientôt de s'éloigner. Il partit pour l'Espagne à la fin de 1797, et, après avoir visité les différentes provinces de la péninsule, revint à Marseille pour y vendre son fonds de commerce, et, de retour à Paris, s'y livra exclusivement à la culture des lettres. Un ouvr. qu'il publia sous le titre de *Résultats possibles du 18 brumaire*, lui valut, dans l'administration de la guerre, une place de chef de bureau, qu'il perdit à la restauration, sans obtenir aucun dédommagement. Ses ouvr. dont le produit était devenu son unique ressource, obtenaient peu de succès. Regardé par les hommes de toutes les opinions comme un intrigant, il mourut en 1837, à 76 ans, dans un état voisin de l'indigence. Ses écrits sont nombr., mais on ne doit citer ici que ceux qui présentent quelque intérêt. Sa tragédie de *Collot dans Lyon*, 1795, in-8, est devenue rare. Celle de *Louis XVI, ou l'École des peuples*, 1820, in-8, est la plus belle qu'ait inspirée un sujet si pathétique.— *Voyage en Espagne en 1799*, Paris, 1822, in-8. — *Mémoires historiques*, 1824, 4 vol. in-8, remplis de faits douteux dès que l'auteur parle de lui, et il en parle presque constamment. — *Mémoires de l'académie des ignorants*, 1825-28, recueil périodique, 2 ou 3 vol. in-8.

FORBIN (Louis-Nicol.-Philippe-Auguste, comte de), directeur-général des musées de France, né en 1779 à la Roque en Provence, échappa comme par miracle aux événements qui environnèrent sa première jeunesse. Réfugié à Lyon pend. le siége de cette ville par les troupes de la convention, il y vit périr sous ses yeux son oncle et son père. Privé de toute fortune, un habile dessinateur lyonnais, Boissieu, le recueillit et lui enseigna les éléments de l'art auquel il dut plus tard sa fortune et son illustration. Forcé d'entrer dans un bataillon dirigé sur Nice, puis sur Toulon, il trouva dans cette ville le peintre Granet, qui fut l'ami de toute sa vie. A la fin de la campagne, il se rendit à Paris, et perfectionna dans l'école de David ses talents naissants; mais atteint par la conscription, il fut obligé de reprendre les armes. Son colonel, le général Sébastiani, le dispensa de la plupart de ses devoirs militaires, pour qu'il pût continuer de se livrer à la peinture, et finit par lui faire obtenir son congé. Le comte de Forbin se rendit alors en Italie, où il trouva une protect. spéciale dans les membres de la famille Bonaparte, et ne revint à Paris qu'à l'époque du couronnem. de l'empereur. Nommé chambellan de la princesse Pauline, il ne tarda pas à reprendre encore du service, et fit plusieurs campagnes en Autriche, en Portugal et en Espagne. A la paix de Schoenbrunn, il quitta l'armée et ses fonctions de chambellan pour retourner à Rome, où son talent comme peintre grandit par l'étude consciencieuse des modèles. De retour à Paris après la restauration, il y exposa son magnifique tableau de l'*Éruption du Vésuve*, qui lui ouvrit les portes de l'Institut. Nommé peu de temps après directeur-général des musées royaux, il s'occupa de les enrichir et de combler les lacunes qu'y avait laissées le passage des alliés en 1815. Il fit en 1817 et en 1818 un voyage en Syrie, en Grèce et en Égypte, dont il publia la relation. En 1821, chargé de l'inspection générale des musées de France, il s'acquitta de ses fonctions avec tant de zèle, que dans l'espace de quelques années il les eut tous visités et réorganisés. Après avoir agrandi le musée royal, il en établit un au Luxembourg pour les ouvrages des peintres vivants, acquis par le gouvernement, et un autre à Versailles, où il réunit les tableaux des maîtres français que le défaut de place ne permettait pas d'étaler au musée royal. Malgré ses nombreuses occupations, il continuait de cultiver la peinture avec un zèle croissant, et trouvait encore des loisirs à donner aux lettres qu'il aimait, et dans lesquelles il aurait pu se faire une réputation brillante. La révolution de 1830 respecta ses droits à la place qu'il remplissait avec tant de distinction. Il mourut en février 1841. Parmi ses productions comme peintre on citera : *la Vision d'Ossian ; la Procession des pénitents noirs ; Inès de Castro ; la mort de Pline ; Gonsalve de Cordoue*, une *Scène de l'inquisition ;* un *Arabe mourant de la peste au lazaret de St-Jean-d'Acre ;* la *Vue du Campo-Santo* à Pise, et celle du *Cloître de Santa Maria Novella* à Florence. Comme littérateur il a publié *Charles Barimore*, Paris, 1810, in-8; 4ᵉ édit., 1823, 2 vol. in-12. — *Voyage dans le Levant*, 1819, gr. in-fol., fig. ; in-8, sans fig.— *Souvenirs de la Sicile*, 1823, in-8. — *Un mois à Venise, ou Recueil de vues pittoresques*, etc., 1824-25, in-fol.

FRANÇAIS, dit *de Nantes* (Antoine, comte), direct.-général des droits réunis, né en 1756 dans le Dauphiné, à Valence, entra de bonne heure dans l'administration des aides et gabelles, et se trouvait revêtu d'un emploi assez élevé à Nantes, à l'époque de la révolution. Partisan enthousiaste des idées de réforme, il se fit remarquer par son patriotisme, et devint membre de la municipalité de cette ville. Élu, en 1791, député de la Loire-Inférieure à l'assemblée législative, il ne tarda pas de s'y faire connaître par ses talents administratifs, et bientôt acquit sur ses collègues une certaine influence. Chargé, en 1792, de présenter, au nom d'une commission, le tableau de la situation intérieure de la France, il accusa le ministre Roland d'avoir cédé trop facilement à ses alarmes en déclarant la patrie en danger, et donna le conseil de déporter les prêtres, qu'il regardait comme les auteurs de tous les troubles. Quelques jours après il dénonça les massacres d'Avignon. Présid. de l'assemblée le 20 juin, il répondit avec courage à la populace des faubourgs qui, envahissant la salle des séances, était venue présenter à la barre une insolente pétition ; mais il n'osa proposer ou provoquer aucune mesure pour protéger le malheureux monarque dont la personne était menacée. N'ayant point été réélu à la convention, il quitta Paris et vint à Grenoble où il fut nommé membre de l'administration centrale de l'Isère. Après le 31 mai, il empêcha ce département de se joindre à ceux qui s'étaient insurgés contre la convention, et contribua ainsi à la défaite des fédéralistes dans le Midi. Destitué comme terroriste après le 9 thermidor, il ne recouvra ses fonct. qu'au 13 vendémiaire. Élu plus tard député de l'Isère au conseil des cinq-cents, il y vota constamment avec les républicains les plus prononcés, contribua, en 1799, à renverser le direct. Merlin, accusé de royalisme, et se prononça contre la révolution du 18 brumaire. Mais Lucien Bonaparte parvint à vaincre ses répugnances pour le nouveau gouvernement, et lui fit accepter la place de préfet de la Charente-Inférieure. Nommé peu après conseiller-d'état, à l'établissem. des droits réunis, il en fut créé direct.-gén. Dans cette haute position, il se montra généreux et bienfaisant: il donna dans ses bureaux des emplois aux hommes de lettres peu favorisés de la fortune, fit accorder des pensions à leurs veuves, et, dans toutes les occasions, adoucit autant qu'il le put les rigueurs de la fiscalité à l'égard des contribuables. Chéri de ses employés, dont il était moins le chef que le père, il en est plusieurs qui lui ont donné des témoignages publics de leur reconnaissance, en lui dédiant leurs ouvrages, ou en lui adressant des pièces de vers. La chute du gouvernement impérial, en 1814, lui fit perdre sa place de directeur-général, et, au second retour du roi, il cessa de faire partie du conseil-d'état. Élu, en 1819, membre de la chambre des députés par le département de l'Isère, il vint y prendre place dans les rangs de l'opposit., avec laquelle il vota constamment. Son mandat ne lui ayant pas été confirmé en 1822, il vécut dès lors dans la retraite, cherchant dans la culture des lettres un adoucissement aux peines presque inséparables de la vieillesse. La révolution de 1830 ne changea presque rien au genre de vie qu'il avait adopté. Appelé dès l'année suivante à la pairie, il n'assista que rarement aux séances de la chambre, et mourut à Paris en 1836, pleuré de ceux qui l'avaient connu. On a de lui : *le Manuscrit de feu M. Jérôme*, 1825, in-8. — *Recueil de fadaises, composées sur la montagne à l'usage des habitants de la plaine*, 1826, 2 vol. in-8. — *Voyage dans la vallée des originaux*, 1828, 3 vol. in-12, sous le pseudonyme de *feu M. Coudrier*. — *Tableau de la vie rurale*, ou l'agriculture enseignée d'une manière dramatique, 1829, 3 vol. in-8. Il y a dans tous ces ouvr. de l'esprit et de l'originalité, mais de la prétention à l'effet et des longueurs.

FRANÇOIS II (JOSEPH-CHARLES), emper. d'Allem., et Ier d'Autriche, né à Florence, le 12 février 1768, fils de Léopold II et de Marie-Louise d'Espagne, fut élevé, sous les yeux de ses parents, par le prince de Kaunitz, dont les leçons et les principes politiq. guidèrent toutes ses actions. En 1788, il accompagna son oncle Joseph II dans la campagne contre les Turks; l'année suivante il commanda en chef, ayant pour conseiller le général Laudon, et mit le feu au premier canon tiré sur Belgrade, qui se rendit par capitulation. En 1791 il signa le traité de Pilnitz (27 août). Léopold II étant mort en 1792, François se mit aussitôt en devoir d'exécuter les clauses de cette convention : au surplus la France lui déclara la guerre le 20 avril de la même année. Les succès furent d'abord variés; pendant que les Prussiens pénétraient en France par la Champagne, les Autrichiens se dirigeaient vers la Flandre sous la conduite du prince de Cobourg. Mais la Prusse ayant fait sa paix, l'empereur, resté seul contre les Français, fut repoussé au-delà du Rhin. Les secours de l'Angleterre lui permirent de continuer les hostilités ; mais les progrès des Français en Italie l'obligèrent de signer le traité de Campo-Formio (17 oct. 1797), par lequel il abandonna la Belgique et la Lombardie, et reçut en compensation Venise avec la Dalmatie et l'Istrie.

La paix ne fut pas de longue durée; l'empereur en profita pour se préparer à la guerre, et dès 1799, il entra dans la nouv. coalit. contre la France, dont le chef était cette fois Paul Ier, empereur de Russie. Avec le secours de leur puiss. allié, les Autrichiens reprirent le Milanais ; mais les Russes n'ayant point été secondés en Suisse, se retirèrent, et François II resta seul pour soutenir la lutte contre la France. Les victoires de Hohenlinden et de Marengo le contraignirent à traiter avec Bonaparte, qui déjà menaçait Vienne, où il serait entré, si l'empereur n'eût demandé lui-même la paix dont les préliminaires furent signés le 3 février 1801. Le traité de Lunéville confirma celui de Campo-Formio. Toujours secondée par l'Angleterre, l'Autriche forma une nouvelle ligue avec l'emper. Alexandre, et la guerre éclata vers la fin de 1805. Napoléon, abandonnant le projet d'une descente en Angleterre, pénètre en Allemagne au moment où on le croyait encore campé sur les bords de l'Océan, enveloppe les Autrichiens dans Ulm, et peu de jours après se rend maître de Vienne. Retiré dans la Moravie, François Ier fut témoin de la déroute complète de l'armée russe à Austerlitz, et vint lui-même dans le bivouac du vainqueur solliciter la paix. Elle fut réglée par le traité de Presbourg (22 décembre 1805) qui réunit les états de Venise à l'Italie, et le Tyrol à la Bavière. Un acte signé à Paris le 12 juillet 1806 abolit l'ancienne constitut. de l'Allemagne et érigea l'Autriche en empire héréditaire. Ce fut alors que Napoléon prit le titre de protecteur de la confédérat. germanique, comme auparavant il avait pris celui de médiateur de la confédération helvétique. Pendant quelq. années François Ier parut garder la neutralité qui lui avait été imposée. Mais les désastres des Français en Espagne lui semblèrent une occasion favorable pour secouer le joug. Sa déclarat. du 27 mars 1809 exposa ses griefs contre la France, et la guerre ne tarda pas à éclater. L'archiduc Charles occupa la Bavière ; mais Napoléon, le 10 mai, était aux portes de Vienne où il serait entré une seconde fois, si la victoire de Wagram n'eût terminé les hostilités. L'une des conditions secrètes du traité de Vienne (4 octobre 1809) fut le mariage de Napoléon avec l'archiduchesse Marie-Louise. Le sort de l'Autriche semblait dès lors lié à celui de la France : aussi lorsque Napoléon conçut le projet d'abattre la Russie, l'aile droite de son armée fut composée d'Autrichiens qui combattirent rarement avant le désastre de Moskow, ne combattirent plus pendant la retraite, et plus tard, après le traité de Tœplitz, tournèrent leurs armes contre leur ancien allié. A la fin de 1813, les Autrichiens pénétrèrent en France par la Suisse, se contentant d'investir les places, et ne se mirent en ligne que devant Lyon, qu'ils occupèrent pour en faire un point d'appui en cas de retraite. François Ier signa la déclaration de Chaumont, et il était à Dijon lorsqu'il apprit l'entrée des alliés à Paris, où il se rendit aussitôt; il y passa deux mois et retourna ensuite à Vienne où un congrès devait régler les intérêts de l'Europe. A la nouvelle du débarquem. de Napoléon, les armées alliées se remirent en marche : celles de l'Autriche occupèrent les mêmes provinces qu'à la première invasion, et ne mirent pas plus d'activité dans leurs opérat. François Ier, revenu en France avec les autres princes de la coalition, retourna dans sa capitale par l'Italie, que les nouveaux traités lui avaient restituée. De retour dans ses états, il s'occupa de réparer les maux causés à ses sujets par tant et de si longues guerres : et, dans ce but, il adopta les meilleurs plans de finances et les plus sages réglements d'administration. Il voulut revoir en 1819 la Toscane où il n'était pas retourné depuis son avènem. à l'empire, et poussa jusqu'à Rome, où il fut accueilli par Pie VII de la manière la plus touchante. En 1820 il se rendit au congrès de Vérone, et l'année suiv. à celui de Laybach, où furent concertés les moyens de rétablir l'autorité royale en Espagne, à Naples et dans le Piémont. Lui-même se chargea d'apaiser les mouvements insurrectionnels qui avaient éclaté à Turin et à Naples, et l'on sait avec quelle facilité il en vint à bout. Il fit, en 1830, couronner roi de Hongrie son fils aîné, l'archiduc Ferdinand. Atteint subitement le 24 février d'une pleurésie, il y succomba le 2 mars 1835, dans la 67e année de son âge, et la 43e de son règne. Ennemi de toutes les innovations, il répondit à la députation du sénat qui était venu le complimenter à son arrivée à Paris : « J'ai combattu pendant vingt ans vos principes qui ont désolé l'univers. » Mais ce prince était bon et affable ; il avait, à des jours fixés, des audiences où chacun était admis sans distinction. Il aimait essentiellement la vie privée ; il se plaisait surtout à se promener dans les lieux publics, dirigeant lui-même sa voiture où se trouvaient avec lui des amis ou des parents. On l'a vu souvent se mêler aux conversations des promeneurs. Sur la connaissance qu'il avait des besoins de quelq. honnêtes artisans ou marchands, il leur prêtait de l'argent de son épargne. Doué d'une immense mémoire, il reconnaissait tous ses soldats, se rappelait les moindres événements, et savait toutes les lois de son empire. D'une santé faible, il l'avait fortifiée par une grande sobriété. Il a créé en 1809 l'ordre de St-Léopold, en l'honneur de son père. Marié en 1788 avec Elisabeth, fille du duc Frédéric-Eugène de Wurtemberg, cette princesse étant morte le 17 janv. 1790, il épousa peu après Marie-Thérèse, fille de Ferdinand IV, roi de Sicile, qui lui donna 13 enfants et vécut jusqu'en 1807. Dès lors il contracta deux autres mariages : le premier en 1808, avec Marie-Louise-Béatrix, fille de l'archiduc Ferdinand, duc de Modène ; le 2e en 1816, avec la princesse Charlotte-Auguste, fille du roi de Bavière.

FRÉDÉRIC-GUILLAUME III, roi de Prusse, né le 3 août 1770, était fils de Frédéric-Guillaume II et de Frédérique-Louise de Hesse-Darmstadt. Dès sa prem. jeunesse il se montra pour les armes un goût qui se fortifia par la suite. Il fit la campagne de 1792 contre la France, et se trouva plus tard à la prise de Francfort, au siége de Mayence et au blocus de Landau, où il commandait un corps d'avant-garde qui obtint des avantages sur les Franç. Il épousa, le 24 déc., Wilhelmine-Amélie de Mecklenbourg-Strélitz, princesse possédant des qualités et des vertus qui la rendirent bientôt l'idole de la nation. Le 16 novembre 1797, il monta sur le trône, et dès son avénement à la couronne, s'occupa de remédier aux maux causés à la Prusse par la mauvaise administrat. du règne précéd. Il se prononça franchement pour le système de neutralité adopté par son père après la signature du traité de Bâle, et résista long-temps aux exigences de l'Angleterre et de la Russie ; mais en 1805, à la suite d'une conférence qu'il eut à Postdam avec l'empereur Alexandre, il finit par accorder le passage aux troupes russes sur le territoire prussien. Cette première concession en amena d'autres, et bientôt la guerre contre la France fut inévitable. Le 6 oct. 1806, Frédéric-Guillaume publia un manifeste dans lequel il exposait les causes qui le déterminaient à prendre les armes. Le 8, les Prussiens, pleins d'enthousiasme et comptant sur la victoire, commencèrent les hostilités, et, le 13, la bataille d'Iéna dissipa comme un souffle cette armée nombreuse et aguerrie, qui rêvait la conquête de la France. Dans cette mémorable bataille, le roi eut deux chevaux tués sous lui, et montra beaucoup de bravoure et de sang-froid. La situation de la Prusse semblait désespérée ; le roi, conservant dans le malheur cette constance qui aide à en supporter le poids, tenta, par sa proclamation du 2 décembre, de relever le courage de son armée, et lui montra dans les secours attendus de la Russie le moyen de réparer une première défaite. Ces secours arrivèrent en effet. Frédéric eut une entrevue avec Alexandre, le 1er avril 1807, à Polengen. Bientôt fut livrée la bataille sanglante d'Eylau, et l'éclatante victoire de Friedland, en anéantissant les forces de la coalition, amena le traité de Tilsitt, signé le 8 juin. Par ce traité, le roi de Prusse perdit la moitié de ses états, qui servit à former le roy. de Westphalie et le grand-duché de Varsovie, qu'il fut forcé de reconnaître. Avant de rentrer à Berlin, Frédéric se rendit à Pétersbourg, accompagné de ses deux fils et de la reine son épouse, qui le soutenait au milieu de ses terribles revers, et dont les vertus et la fermeté parurent encore avec plus d'éclat dans le malheur. Rentré dans sa capitale vers la fin de déc. 1809, il s'empressa de donner une nouvelle organisation à son royaume, et de porter quelque soulagement aux maux récents. Le 19 juillet 1810, il eut le malheur de perdre la reine. A cette époque se forma, sous le nom de *Société de la vertu* (Tugend-Bund), une vaste associat., dans le double but d'expulser les Français de l'Allemagne et d'y établir la liberté constitutionnelle, et qui compta bientôt parmi ses membres les hommes les plus influents. Frédéric n'osait pas seconder ouvertem. l'élan patriotique de ses sujets ; il se vit même obligé d'envoyer à Paris, en 1812, un plénipotentiaire qui signa, le 24 février, une convention par laquelle la France et la Prusse s'en-

39.

gageaient, en cas de guerre, à fournir l'une à l'autre un corps de troupes auxiliaires. Une armée prussienne, commandée par le général York, se réunit en effet aux troupes destinées à faire la conquête de la Russie; mais dès que les désastres des Français furent connus, les Prussiens se joignirent à Alexandre, et leur exemple, suivi par la plupart des autres auxiliaires, rendit la retraite plus difficile au milieu de l'Allemagne soulevée contre les Français. La suite de cette désastreuse campagne fut l'entrée des alliés en France, et l'abdication de Napoléon. Le roi de Prusse, arrivé à Paris le 31 mai 1814, s'y fit remarquer par la simplicité de ses manières et la modestie de ses discours. Il en partit le 4 juin pour se rendre en Angleterre avec l'empereur de Russie, et retourna dans ses états agrandis de la province du Bas-Rhin, et d'une grande partie du royaume de Saxe et du duché de Varsovie. Au débarquement de Napoléon de l'île d'Elbe, Frédéric fit un appel aux Prussiens, et fournit à la coalit. une armée commandée par Blücher, qui contribua beauc. à la mémorable journée de Waterloo. Il accéda depuis à la Ste-alliance, et assista en 1818 au congrès d'Aix-la-Chapelle; mais il conserva une sorte de neutralité dans ses relat. politiq. pend. les révolutions d'Espagne, de Naples et de Portugal. Doué d'un esprit sage et conciliateur, il sut circonscrire les réformes en en prenant l'initiative, et dota la Prusse d'institut. vraiment libérales, qui ont accru l'influence de ce pays et le bien-être de ses habitants. La révolution de 1830 ne changea rien à sa conduite envers la France, ni à son système politique. Il mourut le 7 juin 1840, laissant le trône à son fils Frédéric-Guillaume IV.

FRÉDÉRIC VI, roi de Danemarck, fils de Christian VII et de Caroline-Mathilde d'Angleterre, né le 26 janvier 1763, eut pour gouverneur le célèbre Struensée, qui, malgré son titre d'étranger, avait été choisi par l'influence de la reine Caroline pour principal ministre. En 1784, déclaré régent du royaume pendant la maladie de son père, il parvint, aidé du ministre Bernstorff, à déjouer les projets que la reine douairière, son aïeule, avait formés pour s'emparer du pouvoir, et se concilia l'estime de la nation par les sages mesures qu'il adopta pour assurer la prospérité de son agriculture et de son commerce. Lors de la guerre de 1788 entre la Russie et la Suède, il se vit dans la nécessité de se déclarer pour la Russie, en vertu d'une ancienne alliance; mais la paix, bientôt rétablie, rendit le calme au Danemarck, qui sut conserver la neutralité dans les guerres qui agitèrent l'Europe jusqu'en 1800. Contraint, cette même année, d'entrer dans l'alliance de la Russie et de la France contre l'Angleterre, Frédéric fit occuper Hambourg par ses troupes. Les Anglais envoyèrent alors Nelson dans la Baltique, pour attaquer la flotte danoise, et, après un combat terrible, mais dont le résultat était plus qu'incertain, Nelson, aussi adroit négociateur qu'intrépide guerrier, fit proposer une suspension d'armes, qui fut suivie d'une convention par laq. Frédéric s'obligea d'évacuer Hambourg et de renoncer à l'alliance russe. Depuis cette époque jusqu'en 1807, rien ne troubla la paix du Danemarck. Ce fut cette même année que l'amiral angl., sir Home Popham, fut envoyé avec une escadre demander au gouvernement danois la remise de tous ses vaisseaux de guerre pour rester en dépôt dans les ports d'Angleterre jusqu'à la paix générale. Cette demande ayant été rejetée avec toute l'indignation qu'elle méritait, les Anglais bombardèrent pendant trois jours la malheureuse ville de Copenhague, qui fut réduite en cendres, et, s'en étant emparés, la gardèrent jusqu'en 1808, que sir Popham quitta le Danemarck, emmenant la totalité de la marine danoise, consistant en 15 vaisseaux de ligne, 14 frégates et 5 bricks. Le roi Christian VII étant mort (v. CHRISTIAN, II, 92), Frédéric lui succéda. La veille de son avénement au trône, il exposa dans un manifeste les motifs qui le forçaient à déclarer la guerre à la Suède. Les Suédois ayant tenté de s'emparer de la Norwège, furent repoussés vigoureusem., et la paix, signée à Jockœping, le 10 décembre 1809, rétablit la bonne harmonie entre les deux états. En 1812, Frédéric fit la paix avec l'Angleterre. Cependant il résista à toutes les propositions qui lui furent faites en 1813 pour entrer dans la coalition contre la France. Ce ne fut qu'en 1814 que, se voyant sans appui, il consentit à fournir 10,000 hommes à la coalition. Le traité de Paris lui enleva la Norwège, sans lui donner la Poméranie suédoise, qui lui avait été promise en indemnité. Après la conclusion de la paix générale, il se rendit à Vienne, et, de retour dans ses états, il ne s'occupa plus que du soin de rendre ses sujets heureux, en protégeant efficacement les arts, les sciences, l'agriculture, l'industrie et le commerce. Cet excellent prince mourut le 12 décembre 1839, laissant deux filles de son mariage avec Marie-Sophie-Frédérique, fille de Charles, landgrave de Hesse-Cassel. Il a eu pour successeur son cousin Christian-Frédéric, déclaré prince royal.

G

GAMBA (BARTHÉLEMI), savant philologue et bibliographe, né vers 1770 à Bassano, d'une famille honorable, consacra toute sa vie à l'étude, et se fit une réputation très étendue par la publication de divers ouvrages, entre autres des Serie de' testi di lingua italiana, etc., le meilleur livre de bibliographie que l'on puisse consulter sur l'Italie, et dont l'édit. la plus estimée est celle de Venise, 1828, in-4. Membre des princip. acad. ital., il enrichit leurs rec. de curieuses dissert. qui sont fort estimées. Après avoir habité quelque temps Florence et Milan, il fut appelé à Venise pour remplacer le célèbre abbé Morelli (IV, 290) dans la place de conservateur de la biblioth. de St-Marc. Il mourut subitement au milieu d'une lecture qu'il faisait à l'Athénée de cette ville, dans les derniers jours de mai 1841. Indépendamment d'un gr. nombre d'excellentes éditions de classiq. italiens, on citera de lui : *De Bassanesi illustri narrazione*, Bassano, 1807, in-8. — *Galeria dei letterati ed artisti delle provincie veneziane nel secolo XVIII,* Venise, 1824, 2 vol. gr. in-8, avec 122 portraits.—*Rittrati di donne illustre veneziane*, ibid., 1826, pet. in-4, avec 12 portr.

GAMBART (JEAN-FÉLIX-ADOLPHE), astronome, né en 1800 à Cette, départem. de l'Hérault, entra dès l'âge de dix ans dans la marine, et, lors du licenciement des équipages, en 1814, alla rejoindre son père, professeur de navigation au Havre. Peu de temps après, le savant et modeste Bouvart eut l'occasion de voir cet enfant, et, devinant ce que les sciences pouvaient espérer de son intelligence peu commune, il le fit venir à Paris, où il le traita comme son propre fils. Gambart, sous un pareil maître, fit en deux années les plus grands progrès. Nommé en 1819 astronome-adjoint à Marseille, il devint bientôt directeur de l'observatoire de cette ville. C'est là qu'il fit ses curieuses observat. sur les *satellites de Jupiter,* qui lui valurent le titre de correspondant de l'Institut. De 1822 à 1834, il découvrit et signala *treize comètes*, nombre qu'aucun astronome n'avait jamais atteint. Rappelé à Paris pour être attaché au bureau des longitudes, il y mourut le 23 juillet 1836.

GENCE (J.-B.-MODESTE), littérateur, né en 1755 à Amiens, y fit ses premières études sous la direction de Selis et Delille, alors profess. au collége de cette ville. Plus tard il visita les Pays-Bas et l'Italie, s'attachant particulièrem. à la recherche des anciens MSs. De retour à Paris, il obtint au collége de Navarre un emploi subalterne qu'il quitta bientôt pour la place d'archiviste au dépôt des chartes. Il la perdit à la révolution, et fit un second voyage en Italie, où il accompagna son ami Lasalle, le traducteur de Bacon, dont il a donné depuis, sous le modeste titre de *Notice,* une *Vie* très intéressante. Revenu à Paris en 1791, il y concourut à la rédaction du *Journal grammatical* d'Urbain Domergue, et de quelques feuilles politiques, dans le sens de l'opinion royaliste constitutionnelle. Ses amis lui procurèrent, vers la fin de 1793, une place dans les bureaux du ministère de la justice, et quelques années après, il obtint celle de correcteur en chef à l'imprimerie de la république, qu'il continua de remplir avec zèle sous l'empire, mais qu'il perdit à la restauration. Il devint alors l'un des plus actifs collaborateurs de la *Biographie* Michaud, à laq. il fournit de préférence les articles des écrivains ascétiques, dont il faisait, depuis plusieurs années, l'objet spécial de ses études. Dans le même temps il concourait à la rédaction du *Mémorial religieux* et des *Annales politiques, morales et littéraires*.

Depuis 1812, il avait publié, à la suite de la *Dissertation* de Barbier *sur la traduction française de l'Imitation,* des considérations sur l'auteur de cet admirable ouvrage, qu'il attribue au célèbre J. Gerson. Il revint à diverses reprises sur cette question, pour réfuter Napione, Cancellieri, et plus récemment M. de Grégory, qui revendiquaient cet ouvrage en faveur d'un prétendu J. Gersen, abbé de Verceil ; et, de l'avis de tous les juges impartiaux, il sortit victorieux de cette lutte aussi longue qu'acharnée. En 1826 il donna une édition latine de l'*Imitation,* revue sur les plus anciens MSs., et qui présente le meilleur texte que nous ayons de ce livre; il en avait précédemment donné une excellente *traduction française,* qui a été réimprimée plusieurs fois. Des *Notices biographiques* des Pères et des autres écrivains cités par Bourdaloue, dans l'édition de ses *Sermons,* Versailles, 1812, et quelques autres travaux du même genre, complètent la liste de ses publications, dont on trouvera l'indication dans la *France littéraire* de Querard. Cet homme, aussi modeste qu'érudit, mourut à Paris le 17 août 1840. Son éloge a été prononcé par M. Villenave, dans une des séances de la société de la morale chrétienne, dont Gence était un des membres les plus zélés.

GEORGE (LÉGER-JOSEPH), habile mathématicien, né à Nancy en 1787, enseigna les mathématiques avec succès au collége de Neuchâteau, fut ensuite pourvu d'une chaire à Nancy, puis nommé secrétaire de l'académie universitaire de cette ville. Appelé aux mêmes fonctions à l'acad. de Besançon, il y mourut le 2 juin 1841, à 54 ans. Il est auteur d'ouvrages élémentaires sur les différentes branches de mathématiques, dont l'utilité est constatée par de nombr. éditions. On lui doit aussi des *Précis de physique et d'astronomie* estimés, et il laisse un *Abrégé de l'histoire de France* non terminé.

GIRARD (PIERRE-SIMON), membre de l'acad. des sciences, né en 1765 à Caen, fut, par une vocat. spéciale, attiré de bonne heure vers l'étude des mathématiques. Ingénieur en 1789, il remporta, en 1792, un prix à l'académie des sciences, par un mémoire sur la construction des écluses. Désigné par le général Bonaparte pour faire partie de la commission scientifique d'Égypte, il fut membre de l'institut du Kaire, et concourut à la descript. de ce pays, sur lequel on n'avait, avant l'expédition, que des notions inexactes. De retour en France, il fut chargé de la canalisation de l'Ourcq, de la confection du canal St-Martin, et de la distribution des eaux dans Paris. En 1813 il termina le projet du canal de Soissons. La même année, élu membre de l'Institut, classe des sciences, il enrichit le recueil de cette compagnie de nombreux mémoires qui forment autant de traités spéciaux, et qui seront toujours utilement consultés. Il fut, en 1819, chargé par la maison du roi de l'établissem. d'un gazomètre pour l'éclairage des Tuileries. Il conserva jusqu'en 1831 la direction des eaux de Paris, fut alors admis à la retraite, et mourut le 1er décembre 1836. Indépendamment d'un grand nombre de mémoires dans le *Recueil* de la soc. d'agricult. de la Seine, dont il était membre, dans le *Journal des mines*, la *Décade égyptienne*, le *Journal des savants*, on a de lui : *Traité analytique de la résistance des solides*, 1798, in-4. — *Description des différents ouvrages à exécuter pour la distribution dans Paris des eaux de l'Ourcq*, 1810, in-4. — *Mémoire sur le canal de Soissons*, 1824, in-4, etc.

GIRAUD (le comte JEAN), auteur dramatique italien, né en 1776 à Rome, de parents d'origine française, annonça de bonne heure des disposit. pour l'art dans lequel il devait s'illustrer un jour. Après avoir perfectionné ses premières études par la lecture assidue des classiques et la fréquentat. des hommes les plus distingués, il visita l'Angleterre et la France où il s'arrêta quelques années à Paris. De retour en Italie, il s'établit à Florence en 1805, et il y publia, peu de temps après, sous le titre de *Théâtre domestique*, un recueil de petites comédies de société qui eut beaucoup de succès. L'anonyme, qu'il avait gardé jusqu'alors, ayant été dévoilé par un directeur de théâtre, sa réputation s'étendit promptem. dans toute l'Italie. Ses pièces, dans lesquelles on remarque une force comique qui ne se trouve pas dans les autres auteurs de sa nation, sont toujours vues du public italien avec un grand empressement. Le comte Giraud mourut à Naples le 1er octobre 1834, à 58 ans. Ses *Comédies*, Rome, 1818, 4 vol. in-8, ont été réimpr. à Milan et à Florence en 1825, 6 vol. in-12. Une seule, *l'Ajo nell' imbarazzo, ou le Précepteur dans l'embarras*, a été traduite par M. Sigismond Visconti, dans le tome IX des *Chefs-d'œuvre des théâtres étrangers*. Cette pièce, trad. de nouveau par F.-C. Albites, Paris, 1834, in-18, fait partie du *Répert. italien*, qui en contient trois autres du même auteur : *la Maison abandonnée*, en un acte; *D. Didier au désespoir par excès de bon cœur*, et *le Rendezvous dans l'obscurité*, en un acte. Les *Œuvres choisies* du comte Giraud, imprimées à la suite de celles de Nota, Paris, 3 vol. in-8, se composent des pièces suiv. : le *Précepteur dans l'embarras*, en 4 actes; *la Capricieuse corrigée*, en 5 actes; *l'Amant à l'épreuve*, en un acte, et *le Rendezvous dans l'obscurité*.

GIROD-CHANTRANS (JUSTIN), sav. naturaliste, né en 1750 à Besançon, après avoir terminé ses études, entra dans le génie et fut envoyé dans les Antilles, où il passa plusieurs années, consacrant ses loisirs à recueillir des plantes, des insectes et des minéraux. De retour en Europe, il continua d'être employé dans son arme jusqu'à la révolut. La faiblesse de sa santé l'ayant obligé de demander sa retraite, il se consacra dès lors entièrement à l'histoire naturelle. Aimé généralem. pour sa bienfaisance et la douceur de son caractère, il ne fut point inquiété pendant la terreur. Plus tard il concourut à l'établissement de la société d'agriculture du département du Doubs dont il fut un des membres les plus laborieux. Nommé, en 1802, membre du corps législatif, il cessa d'en faire partie en 180.

L'âge n'avait point affaibli ses facultés ni son goût pour l'étude. Jusqu'au dernier moment de sa vie, il ne cessa pas d'entretenir des relations actives avec les académies et les sociétés savantes dont il était correspond. Il mourut à Besançon le 1er avril 1841, dans sa 91e année. Outre un grand nombre de mémoires dans le *Journal des mines*, dans le *Bulletin de la soc. philomatique*, et de la *Société d'encouragement*, on lui doit plus. ouvrages dont les principaux sont : *Voyage d'un Suisse en Amérique pendant la dernière guerre*, 1787, in-8. — *Entretien d'un père avec son fils sur quelq. quest. d'agriculture*, 1805, in-8. — *Recherches chimiques et microscopiques sur le nouvel ordre de plantes cryptogames* (les conferves, les bisses, les tremelles), 1803, in-4, avec 36 pl. Avant de faire imprimer cet ouvrage plein d'observations curieuses, et qui lui avait coûté dix ans d'applicat., il crut devoir le soumettre à la soc. philomatique. Mais ses cahiers, et les planches qu'il avait dessinées et enluminées lui-même, furent communiqués à M. Vaucher, de Genève, qui s'est approprié plusieurs de ses découvertes. — *Expériences faites sur les propriétés des lézards, tant en chairs qu'en liqueurs*, 1805, in-12, 2e édition. — *Essai sur la géographie physique, le climat et l'histoire naturelle du département du Doubs*, 1810, 2 vol. in-8. Cet ouvr., dans lequel la cryptogamie est augmentée d'un grand nombre d'espèces inédites, fut honoré de l'approbation de la classe des sciences de l'Institut. — Son frère aîné, GIROD-NOVILLARS, mort vers 1812, est auteur d'un *Essai historique sur quelq. gens de lettres nés dans le comté de Bourgogne*, Besançon, 1806, in-8.

GIROD de l'Ain (le baron JEAN-LOUIS), conseill. à la cour des comptes, né en 1753 dans le Bugey, était en 1789 maire perpétuel de Gex, et jouissait de la réput. d'un excellent magistrat. Élu membre du conseil des anciens en 1795 par le département de l'Ain, il y parla sur div. objets de finances et de législation, et fut nommé secrét. en décembre 1796. Il fit, en mai 1797, rayer Imbert-Colomès de la liste des émigrés, et, dans la même année, concourut à faire adopter le projet de loi relatif à la création du départem. du Léman. En 1799, il sortit du conseil; mais il fut aussitôt réélu par son départem. au conseil des cinq cents. Après le 18 brumaire, il fit partie du nouv. corps législatif, dont il fut élu secrét. en 1801, et présid. en 1803. Chev. de la Légion-d'Honneur à la création de l'ordre, il fut, peu de temps après, désigné candidat au sénat conservat. par le collége électoral du Léman. Nommé en 1807 maître des comptes, il fut, à la restaurat., confirmé dans ses fonctions. En 1818, élu membre de la chambre des députés par son département, il cessa d'en faire partie en 1824, et ne put réussir à faire nommer son fils à sa place. Conseiller honoraire en 1828, il ne prit aucune part à la révolut. de 1830, et mourut à Paris le 20 août 1839, à 87 ans.

GRENIER (le baron JEAN), sav. juriscons., né en 1753 à Brioude, termina ses cours à Paris, où il se fit recevoir avocat en 1777, et vint exercer son honorable profession à Riom. Nommé procureur-syndic du district de cette ville en 1790, il fut destitué en 1792, après la catastrophe du 10 août, et reprenant ses fonct. d'avocat, se dévoua tout entier à la défense des opprimés, ne soupçonnant pas les dangers qu'il pouvait courir lui-même. En 1795, désigné commissaire du gouvernement près le tribunal civil du Puy-de-Dôme, il fut, en 1798, député au conseil des cinq-cents, où il fit différents rapports importants sur des objets de législat., et concourut à la rédaction de la loi des hypothèq., et du prem. projet de code civil. Après le 18 brumaire, admis au tribunat, il y fit partie de la sect. de législation, qui le choisit pour secrét., et prit une part notable aux discussions sur le nouveau projet de code civil. A la suppression du tribunat, il passa au corps-législatif, et fut, en 1808, nommé procureur-général près la cour d'appel de Riom. Maintenu dans ses fonctions en 1818, à la réorganisation des tribunaux, il fut, l'année suivante, nommé premier président de la cour royale, place qu'il remplit jusqu'en 1837, où son gr. âge l'obligea de demander sa retraite, et mourut à Riom le 30 janvier 1841, entouré de l'estime et de la considération publique. Il avait été élevé à la dignité de pair en 1832, et l'académie des sciences morales et politiques de l'Institut l'avait admis dans son sein en 1834. On a de lui : *Comment. sur l'édit de 1771, relatif aux hypothèques*, 2e édit., 1787, in-12. — *Essai sur l'adoption*, 1801, in-8, et réimpr. à la suite de l'ouvrage suiv. — *Traité des donations et testaments*, etc., 1807; 3e édit., Clermont, 1820-27, 2 vol. in-4.— *Traité des hypothèques*, 3e édition, 1829, 2 vol. in-4. La rue qu'il habitait à Riom a reçu le nom de Grenier.

GUILLEMINOT (ANNE-CHARLES, comte), pair de France, né en 1774 dans la Belgique, prit très jeune une part active à la révolution du Brabant. Obligé de chercher un asile en France, il y fut attaché comme officier à l'état-major de Dumouriez. Après la défection de son général, il fut enfermé dans la citadelle de Lille ; mais il parvint à s'échapper de cette prison, et, pour se soustraire aux recherches, entra dans un corps placé sous les ordres de Moreau, dont il sut mériter l'estime et la bienveillance. Attaché sincèrement à ce général, il partagea un mom. sa disgrâce ; mais sa noble conduite et ses talents militaires le firent bientôt distinguer par Napoléon, qui lui donna sa confiance et voulut qu'il l'accompagnât dans la campagne de 1805 contre l'Autriche. Les utiles renseignements que l'empereur reçut de ce jeune officier, accrurent encore son estime pour lui ; et, le jugeant non moins propre aux négociations qu'à la guerre, après la paix de Tilsitt, il l'envoya négocier à Constantinople un arrangement entre la Turquie et les Russes. Guilleminot échoua dans cette mission, et rejoignit Napoléon en Espagne ; il s'y signala dans plus. affaires, notamment au combat de Medina del Rio-Seco, et fut, peu après, nommé général de brigade. Il se comporta dans la campagne de Russie avec un courage et un sang-froid dignes d'éloges. Sa brillante conduite à la bataille de la Moskowa fut mentionnée de la manière la plus honorable. Nommé général de division le 28 mai 1813, il battit le 28 septembre suivant les Suédois devant Dessau, et leur fit un grand nombre de prisonniers. Au retour des Bourbons, il fut nommé par Louis XVIII gr.-officier de la Lég.-d'Honn. et chev. de St-Louis. En 1815 le duc de Berri le désigna chef d'état-major de l'armée qui devait se porter à la rencontre de Napoléon, échappé de l'île d'Elbe. Après le désastre de Waterloo, l'un des commiss. chargés de conclure la convent. pour l'occupat. de Paris, il suivit l'armée sur les bords de la Loire. En mars 1816 il fut envoyé à Bâle pour délimiter avec les commissaires des cantons les frontières franç. du côté de la Suisse, d'après les nouv. traités, il fut ensuite chargé de la même opération sur d'autres points, et, de retour en France, fut, en 1818, compris dans le corps d'état-major, avec le titre de lieutenant-gén. Lors de la guerre d'Espagne, en 1823, chef d'état-major de l'armée sous les ordres du duc d'Angoulême, il obtint toute la confiance de ce prince, et ne fut vraisemblablem. point étranger à la fameuse ordonn. d'Andujar. A la fin de la campagne, élevé à la pairie et nommé ambassadeur à Constantinople, il était depuis deux ans à ce poste de confiance, lorsqu'il se trouva compromis, ainsi que Bordesoulle, dans la scandaleuse affaire des marchés Ouvrard pour les fournitures de l'armée d'Espagne. Ces marchés devinrent l'objet d'une poursuite criminelle dont l'instruct. fut renvoyée à la chambre des pairs ; et Guilleminot s'empressa de donner sur sa conduite des explications si claires et si satisfaisantes qu'il fut déclaré, tout d'une voix, déchargé de tout soupçon. Continué dans son ambassade, que les affaires d'Orient rendaient de plus en plus importante, il demanda son rappel après la révolution de 1830, et revint à Paris siéger à la chambre des pairs ; mais l'affaiblissement de sa santé ne lui permit de prendre qu'une faible part aux trav. de cette chambre. Il mourut en mars 1840 à Bade, où il s'était rendu pour attendre la saison des eaux. Homme supérieur, même à sa haute position, par ses talents, son caractère et son noble désintéressement, il n'a laissé à ses enfants qu'une fortune médiocre et le souvenir de ses services. On a de lui : *Campagne de 1823 ; exposé sommaire des mesures administratives adoptées pour l'exécution de cette campagne*, Paris, 1826, in-8. Ce mémoire prouve que Guilleminot avait un talent remarq. comme écriv. S'il a laissé, comme on l'assure, une *Hist. générale des guerres de la révolution*, on ne peut qu'en désirer la publication.

H

HAUTPOUL (ANNE-MARIE de COUTANCES, comtesse d'), née en 1763 à Paris, était nièce de Marsollier, qui se chargea de cultiver ses dispositions pour les lettres. En 1789, elle remporta un prix de poésie à l'acad. des Jeux-Floraux. Mariée à 17 ans au comte de Beaufort, elle eut de cette union un fils qui s'est distingué dans la carrière des armes. Devenue veuve, elle épousa en secondes noces le comte d'Hautpoul, et c'est sous ce nom qu'elle a publié la plupart des ouvr. qui lui assurent une réputation durable. Outre quelq. poésies légères qui se font remarquer par la grâce et le naturel, on a de cette dame un assez grand nombre de romans destinés à l'enfance et à la jeunesse, qu'elle se propose d'instruire en l'amusant. Elle fonda dans le même but, avec Mme de Genlis, l'*Athénée des dames*, 1808, dont il a paru 12 cahiers in-18, et le *Journal de la jeunesse*, 1823-26, in-8, 20 n^{os}. Mme d'Hautpoul donna en 1825 une édition des *OEuvres dramatiques* de Marsollier, 3 vol. in-8, avec une préface pleine d'intérêt. Elle mourut à Paris en 1837, à 74 ans. Parmi les nombreux ouvr. de cette dame, on citera : *Cours de littérature ancienne et moderne, à l'usage des demoiselles*, 1815, in-12.—*Études convenables aux demoiselles*, 1821, 2 vol. in-12.— *Charades mises en action, ou nouveau Théâtre de société*, 1823, 2 vol. in-12.— *Encyclopédie de la jeunesse*, 1825, in-12. — *Les Classiques épistolaires*, 4 vol. in-12, etc.

HAXO (FR.-NICOL.-BENOÎT, baron), lieutenant-général, pair de France, né en 1774, entra fort jeune dans l'arme du génie, où il devait s'illustrer. Employé en Espagne, il se signala au siége de Saragosse, et fut fait colonel. Appelé à l'armée d'Allemagne, sa conduite à Wagram lui valut la croix d'officier de la Légion-d'Honneur. Renvoyé dans la péninsule espagnole, il s'y distingua de nouveau devant Lérida et Méquinenza, dont il hâta la prise. Promu peu de temps après au grade de général de brigade, il fut attaché à l'état-major de l'emper., qu'il accompagna comme aide-de-camp dans la campagne de Russie. Après la bataille de Mohilow, il fut nommé général de divis. Fait prisonnier avec Vandamme en Bohême, il ne revint en France que lorsque la restauration fut accomplie. En 1815 il était commandant du génie dans la garde royale; mais après le départ du roi, il prit du service dans l'armée qui combattit à Waterloo, et dont il suivit les débris sur les bords de la Loire. Rentré promptement en grâce, il fit, en 1816, partie du conseil de guerre qui condamna Lefebvre-Desnouettes à la peine de mort. Nommé inspecteur-gén. du génie, il fut, après la révolution de 1830, élevé à la pairie, et devint membre du comité des fortifications. Il mourut à Paris le 27 juin 1838, avec la réputat. d'un des meilleurs officiers du génie qu'ait eus la France dans ces derniers temps. Il a publié, sous le voile de l'anonyme, *Mémoire sur le figuré du terrain dans les cartes topographiques*, in-8.

HENNEQUIN (ANTOINE-LOUIS-MARIE), célèbre avocat, né en 1786 à Monceaux près de Paris, parut pour la prem. fois au barreau en 1813, et son début dans cette carrière fut un triomphe. Il marcha depuis de succès en succès, et ne tarda pas à être compté parmi les principaux avocats de Paris. Membre du conseil de discipline de l'ordre, il fut nommé chevalier de la Légion-d'Honneur. Après la révolut. de 1830, nommé membre de la chambre des députés, il parut avec éclat à la tribune législat.; mais l'affaiblissement de sa santé l'obligea bientôt de renoncer à s'y faire entendre. Ce gr. orat. mourut en 1840. Un *Choix de ses plaidoyers* a été publié par M. Taillandier, 1824, in-8, avec son portr. et une notice de l'édit. Les *Annales du barreau moderne*, tom. VI, en contiennent plus., entre autres sa défense de Fiévée, accusé d'avoir excité au mépris du gouvernem. du roi dans sa *Correspondance politique et administrative*, et celle du commandant Berard, compromis dans la conspirat. Nantil, qui fut acquitté et replacé dans son grade.

HUMBERT (SÉBASTIEN), conventionnel, né dans le Barrois en 1749, occupait à la révolution un emploi subalterne dans les finances. Député par le département de la Meuse à la convention, il vota dans le jugement de Louis XVI pour l'appel au peuple, le bannissement à la paix et le sursis. Après la session, il entra au conseil des cinq-cents, accepta en 1797 la place de commissaire de la trésorerie, et, sur le retour de l'âge, vint habiter Bar-le-Duc, où il mourut en 1835.

HUYOT (JEAN-NICOL,), architecte, né en 1780 à Paris, étudia l'architecture sous la direct. de son père, et la peinture dans l'atelier de David; mais il ne tarda pas à se livrer entièrement à l'architecture. Dirigé par Peyre, et, ayant remporté le gr. prix en 1807, il fut envoyé à Rome, où il passa six ans. A cette époque, il exécuta la restauration du *temple de la Fortune* à Préneste, qui commença sa réputation. De retour à Paris en 1813, il obtint la place de sous-inspecteur des travaux du gouvernem. Le désir de continuer ses recherches sur les monuments antiques, lui fit entreprendre, en 1817, un voyage dans le Levant, avec le comte de Forbin. En visitant les ruines du théâtre de Milo, il eut le malheur de se casser une jambe. Transporté à Smyrne, où il dut attendre sa guérison, il se rendit ensuite par terre à Constantinople. Il y fut accueilli par notre ambassad., le marquis de Rivière, qui lui demanda les plans d'un hôpital dont la construction était très avancée; l'habile architecte se rendit en Égypte sur un bâtiment français, mis à sa disposition par l'ambassadeur. Après avoir étudié les ruines des monuments égyptiens, en remontant le Nil depuis Alexandrie jusqu'à la seconde cataracte, il vint au Kaire, où il fit une étude particulière des *cartouches*, que l'on croyait déjà contenir la chronologie des anciens rois, et visita les monuments du Delta. Ses conseils furent très utiles au vice-roi dans l'entreprise gigantesque qu'il avait formée d'amener les eaux du Nil à Alexandrie. En quittant l'Égypte, il revint à Smyrne, et, après avoir visité toutes les villes de la côte d'Asie, vit en passant les îles de l'Archipel et la Grèce. L'insurrect. des Grecs l'obligea de s'éloigner, et, après av. couru de gr. dangers, il vint débarquer à Ancône, et se rendit à Rome, où il demeura un an, pour achever les recherches qu'il avait commencées autrefois sur les anciens monuments de cette ville. De retour à Paris en 1821, il fut aussitôt nommé professeur à l'école d'architecture. En 1823, admis à l'Institut, dans la classe des beaux-arts, il fut, à la même époque, chargé de reprendre les travaux de *l'Arc de triomphe de l'Étoile*, commencé par Chalgrin, et qu'il acheva en modifiant ses plans. Remplacé comme architecte du gouvernement en 1830, il fut, en 1836, chargé par M. de Rambuteau, préfet de la Seine, de la restauration du *Palais-de-Justice*. Huyot mourut au mois d'août 1840. Il a eu pour successeur à l'Institut, M. Caristie.

I

ISOARD (JOACH.-JEAN-XAV. d'), cardinal, né en 1766 à Aix en Provence, d'une famille noble, embrassa l'état ecclésiastique ; mais ayant refusé de se soumettre aux décrets de l'assemblée constituante, il prévint sa déportation en se rendant à Rome, où il passa les temps orageux de la révolution. A l'époque du concordat avec la France, nommé membre de la rote, il devint plus tard doyen de ce tribunal. Le pape Léon XII le récompensa de ses services en le créant cardinal en 1827. L'année suivante, il revint en France, fut en 1829 sacré archevêque d'Auch et élevé à la pairie. Il cessa de faire partie de la chambre des pairs après la révolut. de 1830, se renferma dans l'administrat. de son diocèse, et mourut en 1840, laissant la réputation d'un prélat instruit, tolérant et charitable.

ISORÉ (JACQ.), conventionnel, né en 1758 à Covigny (Oise), de riches cultivateurs, après avoir reçu une bonne éducation, voulut diriger lui-même l'exploitation de ses propriétés. Ayant adopté les principes de la révolution, il fut, en 1790, nommé président du district de Clermont, et en 1792, député de l'Oise à la convention. Dans le procès du roi, il vota la mort, sans appel et sans sursis. Au mois de sept. 1793, envoyé en mission à l'armée du Nord, il assura les approvisionnements de cette armée, et concourut ainsi aux divers avantages qu'elle remporta sur les Autrichiens. De retour à Paris, il entra bientôt au comité des finances et d'agriculture, dont il fut nommé secrétaire, et, quelque temps après, fut chargé spécialement de la surveillance de l'approvisionnement de Paris. Il s'acquitta de cette tâche difficile avec un zèle et une intelligence qui lui méritèrent à div. reprises les éloges de ses collègues. Après la session, il reprit ses travaux agricoles, qu'il interrompit pour remplir diverses fonctions administratives qui lui furent confiées par ses concitoyens ou par le directoire. Au 18 brumaire, il retourna bien vite à la charrue ; cependant il accepta la place de maire de sa commune, qu'il remplit jusqu'en 1814. Quoiqu'il n'eût exercé aucune fonction pend. les *cent-jours*, le préfet de l'Oise, lui appliquant la loi sur les régicides, l'obligea de se retirer en Belgique, où il passa quelques mois à étudier les procédés agricoles de ces riches contrées. Autorisé à rentrer en France, il revint dans son lieu natal, consacra le reste de sa vie à propager, par ses leçons et ses exemples, les bonnes méthodes d'agriculture, et mourut en juin 1839, à 81 ans. On a de lui : *Traité sur la grande culture*, 2 vol. in-8.

ITARD (J.-E.-M.-G.), célèbre médecin, né vers 1770 en Provence, vint jeune à Paris pour y perfectionner ses connaissances. Il était interne à l'hôpital militaire du Val-de-Grâce, lorsqu'à la suite d'un concours il en fut nommé chirurgien aide-major. Peu après, il donna sa démission d'une place qui ne lui laissait pas le loisir de se livrer à l'étude d'une des branches de l'art de guérir qu'il affectionnait spécialem. ; mais, en 1799, il accepta celle de médecin de l'institut des sourds-muets, où il eut de fréquentes occas. d'observer les altérations morbides de l'organe de l'ouïe. Ses recherches en ce genre et le succès de sa pratique lui valurent bientôt une réputation européenne. Plusieurs autres parties de la science lui durent des observations précieuses. Itard mourut à Paris le 7 janvier 1838. On a de lui : *De l'éducation d'un homme sauvage, et des premiers développements physiques et moraux du jeune sauvage de l'Aveyron*, 1801, in-8 ; avec une *suite*, 1807, même format. — *Mémoire sur le pneumo-thorax*, 1803, in-8.—*Traité des maladies de l'oreille et de l'audition*, 1821, 2 vol. in-8, c'est son ouvrage le plus important. — *Trois Lettres au rédacteur du Globe, sur les sourds-muets qui parlent et qui entendent*, 1826-27, in-8. Il a fourni d'excellents articles au *Dictionnaire des sciences médicales*, entre autres une monographie des *hydropisies*, supérieure à tout ce qu'on avait sur cette partie, et a été l'un des collaborateurs de la *Bibliothèque médicale*, du *Journal universel des sciences médicales*, etc.

J

JACOTOT (Joseph), inventeur du système d'enseignement universel, et neveu du professeur de physique (v. III, 286), né en 1770 à Dijon, venait d'achever ses études avec distinction, lorsqu'il fut nommé capitaine d'artillerie dans un des bataillons de volontaires de la Côte-d'Or. Rappelé de l'armée en 1793, pour remplir la place de suppléant du directeur de l'école polytechnique, il fut ensuite professeur de langues anc. à l'école centrale, puis de mathématiques spéciales au lycée et à l'acad. de Dijon. Pendant les *cent-jours*, élu membre de la chambre des représentants, il fut, au second retour du roi, remplacé dans ses fonctions. Alors il se retira en Belgique, et fut, en 1818, nommé par le roi des Pays-Bas professeur de littérature franç. à l'université de Louvain. Peu de temps après, il fit les premiers essais de sa méthode d'enseignement, dont le succès lui valut, avec la décorat. du Lion-Belgique, la place de directeur de l'école militaire établie récemment à Louvain. Sa méthode, fondée sur l'axiôme que *tout est dans tout*, et qu'en conséquence on peut tout apprendre en même temps, obtint une vogue immense. L'invent. donna bientôt sa démiss. de ses places en Belgique, et vint à Paris, où il fonda une école dont il partagea la direct. avec ses enfants et qui continue d'être fréquentée. Il mourut en juillet 1840. On a de lui des applicat. de son *Système d'enseignement* à la langue maternelle, — aux langues étrangères, — aux mathématiques, — à la musique, 4 vol. in-8, réimpr. plusieurs fois.

JANSSENS (Jean-Guill.), général hollandais, né en 1762 à Nimègue, simple capitaine, fut en 1797 nommé commissaire-général près des troupes françaises dans la république batave, et remplit cette mission délicate avec autant de zèle que d'intrépidité. Gouverneur du Cap-de-Bonne-Espérance en 1802, sa belle conduite, lors de l'attaque de cette colonie par les Anglais, lui valut une honorable capitulation. A son retour en Hollande, il fut accueilli par le roi Louis, qui le nomma secrét.-général au département de la guerre. Admis ensuite au conseil-d'état, il eut la présidence des sections de la guerre et de la marine, et devint enfin ministre de la guerre en 1807. Remplacé en 1809, et la Hollande ayant par après été réunie à l'empire français, il fut, en 1810, chargé d'aller défendre les établiss. néerlandais aux îles de la Sonde. Dans cette circonstance, il fit comme toujours son devoir; mais, trahi par la fortune et contraint de céder au nombre, il fut fait prisonnier avec sa garnison et conduit en Angleterre. Il obtint en 1812 la permission de se rendre en France, et fut nommé par Napoléon gouverneur de la 31e division militaire, dont le chef-lieu était Groningue. Lors de l'insurrection de la Hollande, fidèle à ses serments, il rejoignit Napoléon, qui l'envoya commander à Mézières. Après l'abdication de l'empereur, il crut pouvoir offrir ses services au nouveau roi des Pays-Bas, qui lui conserva le grade de lieutenant-général et le chargea d'une partie de l'organisation de son armée. Il fit accepter sa démission en mai 1815, et cessa dès ce moment de faire partie du service actif. Il mourut le 30 mai 1838, à 76 ans.

L

LABLÉE (Jacq.), littérat., né en 1751 à Beaugency, se fit recevoir avocat au parlem. de Paris, et fréquenta le barreau jusqu'à la révolut. Officier municipal, et plus tard l'un des 60 administrateurs de la commune de Paris, il déplora sincèrement les excès dont il était le témoin. En 1792 il entreprit, sous le titre de *Fanal parisien*, un journal destiné à combattre les idées démagogiques. Un art. qu'il y inséra sur le procès de Louis XVI le fit destituer et enfermer au Luxembourg, où il subit une détention de six mois. Plus tard il obtint un emploi dans l'administrat. des services militaires, et ensuite dans les droits-réunis. Son grand âge l'obligea de prendre sa retraite. Il mourut à Paris en mars 1841. On a de lui un gr. nombre d'ouvr. dont on trouvera la liste dans la *France littéraire* de Querard. Ses *Romances* ont eu du succès; la 5e édition, augmentée de pièces inédites, parut en 1828. On citera encore ses *Mém. d'un homme de lettres*, ouvrage anecdotique, faisant suite aux *Mémoires sur la révolution franç.*, 1824, in-8.

LABOURDONNAYE (Franç.-Régis, comte de), membre de la chambre des députés, né en 1767 à Angers, embrassa dès sa jeunesse la carrière militaire, et se trouvait, en 1789, capitaine dans le régiment d'Austrasie. Émigré en 1792, il servit dans l'armée du prince de Condé, et lorsque les événements ne lui permirent plus d'être utile à sa cause en Allemagne, il vint la défendre dans la Vendée, où il se signala dans plus. circonstances. Profitant de l'amnistie accordée par le gouvernem. consulaire, il revint alors à Angers, dont peu de temps après il fut nommé maire. Après la restauration, député par son département à la chambre de 1815, il s'y fit remarquer par son talent de tribune, mais aussi par son exaltation, que déploraient plusieurs de ses collègues de son opinion. Il eut la plus grande part à toutes les lois exceptionnelles rendues à cette époque. Après avoir contribué de tout son pouvoir à renverser le ministère de M. Decazes, il ne cessa de harceler celui de M. de Villèle, qu'il embarrassa plus d'une fois par la force de ses arguments et la vivacité de ses répliques. Lors de la format. du ministère de M. de Polignac, Labourdonnaye obtint le portefeuille de l'intérieur; mais ne pouvant pas s'accorder avec ses collègues, il ne tarda pas d'être remplacé, et fut élevé à la pairie. A la révolution de 1830, il disparut de la scène politique, et se retira dans ses terres près d'Angers; il mourut à Beaupréau, le 7 août 1839.

LABROUSTE (FRANÇ.-MAR.-ALEXANDRE), législateur, né en 1762 à Bordeaux, fut en 1795 élu député par le département de la Gironde au conseil des cinq-cents, où il montra des connaissances précieuses en économie politique, et se fit remarquer par sa modération. Après le 18 brumaire, il entra au tribunat, dont il fut élu secrétaire le 24 octobre 1803. Nommé l'année suivante directeur des droits-réunis du département du Rhône, il refusa cette place, ayant combattu de tout son pouvoir l'établissem. des nouvelles contributions. A la suppression du tribunat en 1807, il fut nommé l'un des administrateurs de la caisse d'amortissement, dont il fut en 1816 le commissaire liquidateur. Il obtint depuis la modeste place de receveur particulier des contributions directes de la ville de Paris. L'une des victimes de l'explosion de la machine infernale de Fieschi, il mourut des suites de ses blessures le 30 juillet 1835. On a de lui quelques opuscules, entre autres: *Considérations sur la caisse d'amortissement*, 1816, in-8.

LAFON (J.-B.-HYACINTHE), né vers 1766 à Pessac-sur-Dordogne, était engagé dans les ordres à l'époque de la révolution. Mécontent du nouvel ordre de choses, qui renversait toutes ses espérances de fortune, il ne tarda pas à se lier avec les personnes disposées à rétablir l'ancien régime. Membre en 1795 d'une association organisée dans le Midi contre le gouvernement directorial, le consulat et l'empire trouvèrent également dans l'abbé Lafon un adversaire implacable. Arrêté à Bordeaux dans une imprimerie où il corrigeait l'épreuve de la bulle d'excommunication du pape contre Napoléon, il fut conduit à Paris et renfermé à la Force. Transféré quelque temps après dans une maison de santé où se trouvait Malet, il joua un rôle tres actif dans la conspiration de ce général, et, lorsqu'elle eut échoué, faisant courir le bruit de sa mort, se retira sous un faux nom à Louhans, où il remplit jusqu'à la restauration une place dans l'enseignement public. Revenu à Paris solliciter le prix de son dévouement, le retour de Napoléon de l'île d'Elbe lui fournit l'occasion de donner de nouvelles preuves de son zèle. Commissaire du roi avec Lemare dans les départements de l'Est, il tenta vainement d'y organiser l'insurrection. Le désastre de Waterloo ne tarda pas de le ramener à Paris, où il reçut, la croix d'honneur, et fut nommé sous-précepteur des pages. Après la révolution de 1830, il revint dans sa famille à Pessac, où il mourut au mois d'août 1836. Il a publié : *Histoire de la conjuration de Malet; avec des détails officiels sur cette affaire*, Paris, 1814, in-8 ; 2° édition, même année.

LALLEMAND (le baron FRANÇ.-ANT.), lieuten. général et pair de France, né en 1774 à Metz, était le frère aîné du général Lallemand, fondateur de la colonie du Texas (III, 410). Entré de bonne heure dans la carrière des armes, il devint aide-de-camp de Junot. Lors de l'expédition de St-Domingue, il remplit une mission du premier consul près du général Leclerc. Il fit la campagne de 1805 comme colonel du 27° de dragons, et s'y distingua dans plus. affaires. Employé en 1806 et 1807 à la grande armée, il fut souvent cité dans les rapports et les bulletins pour des traits de courage, et, le 11 juill. de cette dernière année, obtint la croix d'officier de la Légion-d'Honneur. Il passa en 1808 à l'armée d'Espagne. Le 11 juin 1812 il battit à Maguilla une colonne de cavalerie anglaise, et le 13 décembre il culbuta près d'Alicante une division espagnole. De retour en France, il servit avec distinction dans la campagne de 1814, et, après l'abdication de Napoléon, il fut fait par le roi chevalier de St-Louis et commandant du département de l'Aisne. A la nouvelle du débarquement de Bonaparte, il quitta son poste, et ayant réussi à soulever les garnisons de Guise et de Chauni, il rejoignit le génér. Lefèvre-Desnouettes, avec lequel il se porta sur La Fère, pour s'emparer de l'arsenal et marcher ensuite sur Paris. Cette entreprise échoua par la fermeté du commandant de La Fère, le général d'Aboville. Lallemand, abandonné de ses troupes, tenta de gagner Lyon, où il espérait rencontrer Napoléon ; mais arrêté en route avec son frère et quelq. autres offic. qui l'accompagnaient, il ne recouvra sa liberté qu'au 20 mars. Napoléon le nomma lieutenant-génér. et membre de la chambre des pairs. Il combattit à Fleurus et à Waterloo, et, après le désastre de cette journée, il voulut suivre Napoléon à Ste-Hélène. N'ayant pu obtenir cette faveur, il s'embarqua sur un vaisseau angl. qui se rendait à Malte, d'où il avait le dessein de se rendre dans l'Orient; mais à son arrivée dans cette île, le gouverneur anglais le fit enfermer au fort de la Valette. Pend. ce temps son procès s'instruisait en France devant un conseil de guerre qui le condamnait à mort par contumace. Ayant recouvré la liberté, il quitta Malte avec ses compagnons d'infortune, et se rendit à Smyrne, d'où il fut encore obligé de s'éloigner. Il parvint enfin à gagner la Perse, puis les Indes ; mais, informé de la révolut. d'Espagne, il se rendit en 1823 à Cadix, dans le dessein d'offrir ses services aux cortés. La pacification de la péninsule par l'armée française sous les ordres du duc d'Angoulême l'obligea de s'éloigner. La révolution de 1830 lui rouvrit enfin les portes de la France. Rétabli sur le cadre des lieuten.-gén., il fut élevé à la pairie en 1833, et mourut à Paris le 11 mars 1839, à l'âge de 65 ans.

LAMARQUE (Franç.), conventionnel, né en 1756 dans le Périgord, était avocat à l'époque de la révolution, dont il embrassa les principes avec ardeur. Nommé juge, en 1790, au tribunal de Périgueux, il fut, l'année suiv., député de la Dordogne à l'assemblée législative, où il fit différ. rapports sur des matières judiciaires. Attaché dès lors au parti démocratique, il fut un des premiers, dans la journée du 10 août, à demander la déchéance du roi. Réélu à la convention, il vint y siéger au côté gauche, parmi les plus fougueux montagnards, et, dans le procès du roi, vota pour la mort sans appel et sans sursis. Membre du comité de sûreté générale, il prit la défense de la commune de Paris, accusée de fomenter des troubles et de provoquer l'assassinat des députés modérés. Plus tard il défendit le duc d'Orléans contre Robespierre, qui voulait le faire comprendre dans le décret de bannissement perpétuel porté contre les Bourbons, et remporta cette fois un triomphe complet. L'un des commissaires envoyés par la convention pour demander à Dumouriez des explications sur sa conduite, il fut, comme ses collègues, arrêté par ordre de ce général et livré aux Autrichiens, qui le retinrent prisonnier jusqu'en 1795. A son retour, admis au conseil des cinq-cents, il y reprit sa place au milieu des plus inflexibles républicains, et parla dans différentes occasions pour la liberté de la presse, contre les prêtres réfractaires, etc., avec la véhémence qui lui était habituelle. Élu président le 20 avril 1797, il ne s'en prononça pas moins fortement contre le parti clichien, et concourut avec beaucoup de zèle à la journée du 18 fructidor. Après avoir fait adopter la mesure d'exclusion contre les députés royalistes, il fut lui-même exclu du conseil comme jacobin, et se soumit sans murmure à l'applicat. de la jurisprudence qu'il avait contribué à établir. Sa docilité fut récompensée par sa nomination à l'ambassade de Suède. Rentré en 1799 au conseil, son opposition au 18 brumaire fut si faible, qu'il ne tarda pas d'être nommé préfet du département du Tarn. Admis en 1804 à la cour de cassation, il y siégea jusqu'à la réorganisation de ce corps en févr. 1815. Ayant repris ses fonctions pendant les cent-jours, il fut atteint par la loi d'amnistie, et contraint de se réfugier en Belgique, où il demeura plusieurs années. Il finit par obtenir la permission de rentrer en France, et il y mourut en 1839, dans un âge avancé.

LANGLOIS (Jean-Jérôme), peintre d'histoire, né à Paris vers 1782, élève de David, se distingua par la correction et la sagesse du dessin, plus que par la couleur ou le mérite de la composition. Cependant plusieurs de ses tableaux attirèrent les suffrages des connaisseurs, et lui firent une réputation méritée. Admis à l'Institut en 1838, en remplacement de Thevenin, il mourut dans les dern. jours de décembre, même année, à 56 ans. Son tableau de *Diane et Endymion*, acquis par le gouvernement, passe pour son morceau capital. On fait beauc. de cas aussi du *portrait* de son maître David.

LARIVIÈRE (Henri), membre fameux des assemblées législatives de France, né vers 1760 à Falaise, embrassa la profess. d'avocat, qu'il exerçait dans sa ville natale, lorsqu'en 1791 il fut député par le département du Calvados à l'assemblée législative, où, dans le principe, il se fit peu remarquer. Mais l'année suivante il dénonça le ministre de Lessart, félicita la France de son renvoi et de la mort de l'empereur Léopold, et, après la journée du 10 août, appuya la proposition d'exiger des fonctionnaires le serment de haine à la royauté. L'un des commissaires choisis pour examiner les pièces trouvées dans la fameuse armoire de fer aux Tuileries, il fut chargé d'en rendre compte à l'assemblée, et signala dans son rapport Barnave et Lameth comme vendus à la cour. Cependant il parut s'intéresser à l'ancien garde-des-sceaux Duport du Tertre. Il combattit la proposition de Jean Debry d'organiser une légion de tyrannicides, et, réclamant la liberté la plus absolue en matière de religion, demanda que les prêtres fussent dispensés de prêter le serment. Réélu à la convention, dans le procès du roi, il vota pour l'appel au peuple, le bannissement et le sursis. Membre de la commission des 12, chargée de prendre des mesures pour limiter les pouvoirs exorbitants que s'était arrogés la commune de Paris, il prit au 31 mai la défense de ses collègues, dont il partagea le sort. Il se sauva dans le Calvados, et, mis hors la loi avec les girondins, parvint à se soustraire à l'exécution de ce décret. Rentré dans le sein de la convention en 1795, il y poursuivit les restes de la faction vaincue avec Robespierre au 9 thermidor, et, devenu membre du comité de salut public, joignit ses efforts à ceux de quelques-uns de ses collègues pour obtenir l'adoucissement des lois révolutionnaires contre les prêtres et les nobles. Après le 13 vendémiaire, accusé d'avoir favorisé le mouvement insurrectionnel des sections, il cessa de faire partie du comité de salut public. Admis peu de temps après au conseil des cinq-cents, il s'y montra l'un des plus actifs adversaires du directoire, dont il combattit toutes les mesures. Il ne pouvait manquer d'être porté l'un des prem. sur la liste des proscrits au 18 fructidor; mais il réussit encore cette fois à se soustraire aux recherches de la police, et parvint à se sauver en Angleterre. Rentré en France avec les Bourbons en 1814, il fut nommé d'abord avocat, puis en 1818 conseiller à la cour de cassation, et, de l'aveu même de ses ennemis politiques, remplit ses hautes fonctions avec une sagesse et une impartialité très remarquables. Après la révolution de 1830, il se démit de sa place, et il mourut en 1838, à 78 ans.

LATIL (J.-B.-Marie-Ant. de), cardinal, né en 1761 aux îles Ste-Marguerite, acheva ses études au séminaire de St-Sulpice, à Paris, et fut ordonné prêtre en 1784. Nommé grand-vicaire de l'évêque de Vence, il représenta ce prélat à l'assemblée bailliagère du diocèse, qui précéda la convocation des états-généraux, et s'y montra fort opposé aux réformes réclamées alors de toutes parts. Conséquent à ses principes, il refusa le serment à la constitution qui changeait l'ancienne organisation du clergé, et quitta la France en 1791, pour se réunir aux émigrés à Coblentz. Il y revint en 1792, sans doute chargé de quelque mission dans l'intérêt de son parti; mais, arrêté à Montfort-l'Amaury, il se hâta, dès qu'il le put, de retourner en Allemagne, et s'établit à Dusseldorf, où il se fit connaître par son talent pour la chaire. En 1794, le comte d'Artois le fit son aumônier, et, dès ce mom. jusqu'à la restaurat, il ne quitta plus ce prince, qui lui avait donné toute sa confiance. Évêque d'Amyclée en 1816, il obtint, en 1821, l'évêché de Chartres, rétabli par le nouveau concordat, et fut, en 1824, élevé sur le siége archiépiscopal de Reims. L'année suivante, le 29 mai, il sacra Charles X. Créé pair depuis 1823, le duc, auparavant comte de Latil, ne pouvait manquer d'être appelé l'un des prem. dans les conseils du nouveau roi. Nommé ministre-d'état, il fut, en 1826, déclaré cardinal par le pape Léon XII, en récompense des services qu'il avait rendus à l'Église pendant les temps de troubles. Cependant il signa, le 11 avril, la déclaration du clergé français sur l'indépendance de la puissance temporelle en matière purement civile. La haute part qu'on lui attribuait aux fameuses ordonnances et la crainte d'être victime de la fureur populaire, dans un moment de désordre, le décidèrent à quitter la France aux premiers éclats de la révolution de juillet. Il parvint, non sans peine, à gagner l'Angleterre, où il attendit Charles X. Il suivit ce malheureux prince dans son nouvel exil, et mourut à Gemmenos le 6 décembre 1839.

LAUMONT (FRANÇ.-PIERRE-NICOL. GILLET de), minéralogiste distingué, né en 1747 à Paris, était fils d'un célèbre jurisconsulte (Pierre Gillet), et se livra d'abord lui-même à l'étude des lois. Reçu avocat en 1768, il quitta le barreau lors de l'exil des parlements, et se présenta pour être admis à l'école militaire. Enseigne dans les grenadiers royaux en 1772, il parvint rapidement au grade de capitaine-commandant; mais, malgré les brillants avantages que lui promettait la carrière des armes, il l'abandonna en 1784, pour se livrer entièrement à la minéralogie, science dans laquelle, à cette époque, il avait fait déjà plusieurs découvertes importantes. Nommé, cette même année, inspecteur des mines, il visita la Bretagne, où il découvrit la zéolite efflorescente, qui reçut le nom de *laumonite*, et l'année suivante les Pyrénées. En 1787, il vit les houillères des environs de Paris, et, deux ans après, il présenta au gouvernement un mémoire sur les mines de France alors en exploitation. Chargé de l'inventaire des objets d'arts et de sciences appartenant aux établissements supprimés, il fut, en 1794, adjoint à la commission créée dans le même but. Membre de l'agence des mines, il concourut à l'organisation de la nouvelle école dont il est sorti tant de sujets distingués, et fut admis à l'Institut, classe des sciences, à laq. il s'empressa de communiquer la suite de ses recherches et de ses travaux. L'âge ne ralentit point son zèle pour la science qui lui est redevable d'une partie de ses progrès, et il mourut environné de l'estime publique, à Paris, le 1er juin 1834. Ses *mémoires, observations et rapports* sont épars dans le *Journal de physique*, dans les *Annales des mines*, dans le *Bulletin de la société philomatique*, dans les *Recueils de la société centrale d'agriculture*, etc.

LECHEVALIER (J.-B.), célèbre voyageur, né en 1752 à Trely, près de Coutances, fut un des savants qui accompagnèrent le duc de Choiseul-Gouffier à Constantinople, et parcourut avec lui la côte d'Asie et l'Archipel-Grec. C'est à Lechevalier que l'on est redevable de la découverte des tombeaux d'Achille, d'Ajax et de Protésilas. De retour en France en 1790, il dut attendre un moment plus favorable pour publier le résultat de ses recherches scientifiques; mais il fut prévenu par un Anglais, qui, s'étant procuré une copie de son ouvrage, en donna la traduction à Londres en 1791, in-4. Etranger à la politique, vivant dans une retraite absolue, il passa les temps orageux de la révolut. sans être trop inquiété. Plus tard, lorsque le gouvernement s'occupa de réorganiser l'instruction publique en France, il fut attaché comme conservat. à la biblioth. de Ste-Geneviève. Il en était depuis plusieurs années le premier conservat. lorsqu'il mourut à Paris le 2 juillet 1836. On a de lui : *Voyage dans la Troade*, 5e édit., 1802, 3 vol. in-8, avec atlas. — *Voyage dans la Propontide du Pont-Euxin*, 1800, 2 vol. in-8. Ces deux ouvrages lui assignent une place distinguée parmi les voyageurs et les antiquaires. — Sous le pseudonyme de CONSTANT KOLIADES, *Ulysse-Homère*, ou du véritable auteur de l'*Iliade* et de l'*Odyssée*, 1829, gr. in-fol., cart. et fig.; traduit la même année en angl., in-8. Lechevalier a fourni plusieurs *articles* aux *Archives littéraires*, et il a laissé un *Voyage général en Europe*, dont la publication, annoncée dès 1830, était attendue avec impatience.

LECUY (J.-BAPT.), dern. abbé des prémontrés, né en 1748 à Yvois-Carignan, dans le Luxembourg-Français, acheva ses études à Paris, au séminaire du St-Esprit, et prit, en 1761, l'habit religieux au chef-lieu de l'ordre, dont il devint le supérieur-général en 1780. Fort instruit et doué de toutes les qualités nécessaires à sa haute posit., il s'occupa de maintenir la discipline et d'améliorer les études dans son ordre. En 1787, il fut nommé membre de l'administrat. provinciale de Soissons. Il perdit sa prélature et ses bénéfices à la révolution, et fut incarcéré pend. la terreur. Rendu à la liberté par suite des démarches de ses amis, il se retira dans une campagne, où, de concert avec son frère, il se chargea de l'éducation de quelques jeunes gens. En 1801, il vint à Paris, chercher dans la culture des lettres l'emploi de son temps et des ressources contre le dénûment auquel il se trouvait réduit. Attaché, l'année suivante, à la métropole comme chanoine honoraire, il devint, en 1804, chapelain de Mme Joseph Bonaparte, place qu'il conserva jusqu'à la restauration. Chanoine titulaire en 1824, puis vicaire-général de l'archev. de Paris, il mourut en 1835, à 85 ans. Outre un assez gr. nombre d'articles dans l'*Ami de la religion* et dans la *Biographie* Michaud, et des *discours* d'apparat, on a de lui plus. traductions de l'anglais, entre autres des *OEuvres de Franklin*, 1775, 2 vol. in-4, et du *Dictionnaire historique et bibliographique* de Watkins, 1803, in-8. — Un *Dictionnaire de poche latin-français*, 1805, in-12; 2e édition, 1831. — *Abrégé de l'histoire de l'Anc. et du Nouv.-Testament*, 1810, 2 vol. in-8, réimpr. sous le titre de *Bible de la jeunesse*. — *Manuel d'une mère chrétienne*, etc., 1832, 2 vol. in-12, fig. — *Essai sur la vie de Gerson*, 1832, in-8. La *France littér.* de Querard contient l'indication d'autres *ouvrages* et *opuscules* de Lecuy, moins importants, et dont, pour cette raison, on a cru pouvoir se dispenser de rappeler ici les titres.

LELIÈVRE (CLAUDE-HUGUES), savant minéralogiste, né en 1752 à Paris, étudia dans sa jeunesse la médecine à Strasbourg; mais il y renonça bientôt pour se livrer exclusivement à la science vers laquelle il se sentait entraîné. Admis à l'école des mines établie par Lesage sous Louis XVI, il en sortit avec le titre d'ingénieur, devint inspecteur en 1790, puis inspect.-général en 1804. Nommé par Napoléon, en 1810, pour organiser le service des mines à l'île d'Elbe, il y découvrit une nouvelle substance, à laquelle les minéralogistes allemands ont, en son honneur, donné le nom de *liévrite*. De retour de cette mission, il prit, peu de temps après, sa retraite, et, conservant le titre de vice-présid. du conseil des mines, vint habiter près de Sèvres, où il continua tant qu'il le put ses expériences. Il mourut à Paris le 18 octobre 1835. On doit à ce savant divers mémoires d'une haute importance, *sur le feldspath de Sibérie et l'existence de la potasse dans cette pierre; sur le lépidolithe; sur le cuivre arseniaté en lames; sur l'émeraude découverte en France*, etc.

LEMAZURIER (PIERRE-DAVID), littérateur, né en 1775 à Gisors, entra d'abord dans l'administration des finances, et fut successivement receveur de l'enregistrement, puis des loteries. Dans les loisirs que lui laissaient ses fonctions assez arides pour un homme d'intelligence, il cultivait la littérature, et des *stances* qu'il inséra dans les *Soirées* de Coupé (1796), prouvèrent qu'il avait lu et médité les satiriques anciens. En 1808, attaché comme secrétaire au comité d'administration de la Comédie Française, il sut profiter des matériaux qu'il avait entre les mains pour publier la *Galerie historique des acteurs du Théâtre-Français dep.* 1600, Paris, 1810, 2 vol. in-8, ouvrage plein d'intérêt et qui contient des anecdotes entièrement neuves. Il fit en 1817, à l'Athénée, un cours de littérature qui eut beaucoup de succès, mais les circonstances ne lui permirent pas de continuer. Depuis il prit part à la publication de la *Bibliothèque dramatique*, dont il a enrichi 15 volumes de préfaces et d'avertissements qui obtinrent les suffrages des amateurs du théâtre. Cet écrivain mourut à Paris le 7 août 1836, laissant manuscrits un *Recueil de contes en vers*, dont quelques-uns ont été publiés dans l'*Almanach des Muses*; des *Imitations* également en vers de plusieurs *satires* de Juvénal, et l'*Histoire du théâtre et de la troupe de Molière*, dont l'impression est vivement désirée.

LEMERCIER (NÉPOMUCÈNE-LOUIS), littérateur distingué, né en 1771 à Paris, annonça de bonne heure des disposit. pour l'art dramatique. Tourmenté dans sa jeunesse par un asthme nerveux qui le força plusieurs fois d'interrompre ses études, il ne les reprenait qu'avec une nouvelle ardeur, et les termina d'une manière brillante. Il avait, dès l'âge de 16 ans, composé sa tragédie de *Méléagre*. Cette pièce fut jouée en 1787, sur un ordre obtenu par Mme la princesse de Lamballe, dont son père était secrétaire des commandements, après l'avoir été du duc de Penthièvre; mais quoique cette pièce eût été écoutée avec bienveillance, l'auteur crut devoir la retirer le lendemain de la première représentation. D'autres essais qu'il donna successiv. furent reçus avec plus ou moins de faveur; mais sa tragédie d'*Agamemnon*, jouée en l'an V (1797), obtint un succès tel que les annales du théâtre en offrent peu d'exemples. A l'époque où Bonaparte, vainqueur de l'Italie, méditait la conquête de l'Égypte, Lemercier travaillait à sa tragédie d'*Ophis*, dont le sujet est tiré de l'histoire de ce pays. Il eut l'occasion de faire une lecture de cette pièce devant Bonaparte, qui voulut emmener l'auteur dans son expédition, et depuis lui conserva longtemps de l'affection. La comédie de *Pinto*, de Lemercier, jouée en 1800, mérita d'être remarquée comme un des premiers essais entrepris dans le but de modifier le système dramatique, et d'obtenir par-là de nouveaux effets. Cette pièce n'eut pas alors le succès qu'elle aurait obtenu plus tard, lorsque des innovations moins heureuses et beaucoup plus hardies ont été soutenues par un public rassasié des anciens chefs-d'œuvre. L'année suiv., Lemercier offrit au premier consul la belle scène d'*Agar dans le désert*, qui ne fut représentée que long-temps après; mais il refusa la gratification de 10,000 fr. que Bonaparte voulut lui faire donner pour cet ouvrage. Bien que toutes ses pièces n'eussent point été accueillies avec la même faveur, cependant il n'avait pas encore eu à se plaindre du public, qui l'avait ménagé même dans ses écarts; mais sa tragédie d'*Isule et Orovèse*, jouée en 1803, ne put pas aller jusqu'à la fin. Il la fit néanmoins imprimer avec une dédicace à Mme Bonaparte. Dans les rapports qu'il continuait d'avoir avec le premier consul, il avait conservé toute son indépendance, et, lorsque le bruit se répandit que Bonaparte voulait se faire empereur, il fit tout ce qu'il put pour le détourner de ce projet. Dès lors il cessa toute relation avec le chef de l'état, et renvoya son brevet de la Légion-d'Honneur, dont il était membre depuis sa création. En 1811, il remplaça Naigeon à l'Académie française. Il avait commencé, l'année précédente, à l'Athénée, un *cours de littérature dramatique*, qui, continué en 1812, 1813 et 1815, a été imprimé en 4 vol. in-8. Cet ouvrage, dans lequel on trouve, avec beaucoup d'esprit et d'originalité, le goût de l'auteur pour les innovations, sera toujours utilement consulté. Il mit en pratique quelques-unes de ses théories dans ses tragédies de *Louis IX*, jouée en 1819, et de *Frédégonde et Brunehaut*, en 1821, avec un brillant succès. La dernière est restée au répertoire. A part son opposition à l'empire et quelques brochures lancées de temps à autre, Lemercier était resté complétement étranger à la politique. Cependant, à la révolution de 1830, il consentit à se charger momentanément des fonctions de maire du 11e arrondissement, et se présenta deux fois candidat à la députation. Un double échec l'avertit de sa méprise, et, retiré de l'arène où il n'aurait jamais dû descendre, il retourna bien vite à ses occupations. Lemercier mourut en juin 1840, et fut remplacé à l'académie par Victor Hugo. Indépendamment de seize tragédies, dont on a cité les principales, on lui doit un assez grand nombre de comédies. Il a réuni, sous le titre de *Comédies historiques*, 1828, in-8, *Pinto, Richelieu, ou la Journée des dupes*, et *l'Ostracisme, ou la Comédie grecque*. Parmi ses autres productions, dont on trouve la liste très complète dans la *France littéraire* de Querard, il faut distinguer : *Homère, Alexandre, l'Atantiade* et *Moïse*, quatre poèmes publiés séparément, et les deux premiers à un assez long intervalle des deux autres, mais qui, dans l'idée de l'auteur, sont destinés à former un seul ouvrage dans lequel il s'est proposé de peindre la législation, les sciences, la poésie et la guerre, sous les traits des hommes dont la supériorité dans ces différentes carrières est incontestable.—*La Panhypocrisiade, ou le Spectacle infernal du 16e siècle*, 1817, in-8. C'est un poème philosophique et satirique, non moins remarquable par ses défauts que par ses beautés, et qui, n'ayant pas eu de modèle, n'en servira peut-être jamais. L'auteur y ajouta en 1832 quatre nouveaux chants, ce qui en porte le nombre à 20.

LENGLET (Étienne-Géry), membre du conseil des anciens, né à Arras en 1757, reçu avocat au conseil d'Artois en 1781, fut nommé juge au tribunal de Bapaume en 1791, et, l'année suivante, commissaire national (procureur du gouvernem.) près de celui d'Arras. Suspendu de ses fonctions pendant le régime de la terreur, il devint ensuite agent national près du district d'Arras (1794), puis juge à St-Omer. Professeur d'histoire à l'école centrale de Soissons, et juge une seconde fois à St-Omer, en 1798, le Pas-de-Calais le choisit pour son député au conseil des anciens. Lenglet avait salué avec joie la révolut. de 89 ; mais il avait combattu les terroristes : sa vie avait été compromise ; mais après la chute de Robespierre, il signala hardim. ceux qui avaient ensanglanté pendant trois mois la ville d'Arras, et c'est dans ce but qu'il rédigea deux adresses (1794) au nom de cette malheureuse commune. Il apportait dans le conseil de sages idées : il prit une part active à la discussion des lois proposées, et plusieurs fois il prononça des discours remarquables. Au 18 brumaire, ayant invoqué *la constitution*, Bonaparte lui répondit vivement. Nommé professeur d'histoire à l'école centrale du Panthéon, il fut fait, à la réorganisation de l'ordre judic., président de chambre à Douai, fonctions dans lesquelles il se maintint jusqu'à sa mort, en 1834. Cependant, plus d'une fois il donna des preuves de son courage civil : ainsi on le vit refuser son suffrage quand Bonaparte demanda le consulat à vie ; et plus tard, ayant été chargé de complimenter l'empereur, il lui dit : *Vous n'avez pas besoin, pour paraître grand, que tout se courbe autour de vous.* Lenglet a composé plus. écrits : *Observations sur Montesquieu*, 1787 (1792), in-8.—*Du domaine national, ou Réponse à Sieyes sur les biens ecclésiastiques*, 1789, in-8. — *Principe général sur la répartition des impôts*, 1790, in-8 ; *sur les distinctions pécuniaires*, 1790, in-8 ; *sur les assemblées constituantes*, 1791. in-4. — *Essai sur la législation du mariage*, 1792, in-8 ; réimpr. en 1797. — *De la propriété et de ses rapports avec les droits et avec la dette du citoyen*, 1798, in-8. — *Essai sur les rapports et la distribution des différentes parties du Code civil*, 1804, in-8.—*Introduction à l'histoire, recherches sur les dern. révolut. du globe et sur les plus anciens peuples connus*, 1812, in-8. — *Question sur le pacte social des Français*, 1815, in-8. — *Premiers résultats de la révolution de 1830*, 1831, in-8.—*Histoire de l'Europe et de ses colonies depuis la guerre de sept ans jusqu'à la révolution de 1830*, 6 vol. in-8, ouvrage fait avec conscience et talent, qui n'est pas assez connu. M. E. T., conseiller à la cour royale de Douai, a consacré à Lenglet une notice intéressante.

LENOIR (Alexandre), fondateur et directeur du musée des monuments français, né à Paris le 26 décembre 1761, après avoir achevé ses études au collége Mazarin, entra dans l'atelier de Doyen, et cultiva la peinture avec succès. En 1790, l'assemblée nationale ayant, sur sa proposition, décrété que les objets d'art provenant des églises et des couvents supprimés seraient réunis aux Petits-Augustins, il fut nommé conservat. de ce dépôt, qui plus tard prit le nom de Musée, et dont il fut le directeur. Lenoir avait réuni dans ce vaste local plus de 500 monum., qui furent ainsi préservés de la destruction ; il les restaura, les classa par siècle dans six salles décorées avec goût, et rassembla, dans le jardin du même couvent, les tombeaux des hommes dont la France s'honore le plus, Turenne, Molière, La Fontaine, etc. Après le 18 brumaire, le jardin de Mousseaux fut converti en une succursale du musée des monum., et Lenoir en fut nommé l'un des administrateurs. Ces deux établissements furent supprimés par ordonnance royale en 1816, et les monuments religieux rendus à leur destination. Lenoir fut alors nommé administrateur des monuments de l'église St-Denis. En 1820 il fut l'un des commissaires chargés de la restauration du palais des Thermes. Cet habile artiste mourut le 12 juin 1839. Membre de l'académie celtique et de la société royale des antiquaires de France, il a enrichi leurs recueils de plusieurs mémoires. Ses principaux ouvrages sont : *Musée des monuments français*, 1800 et ann. suiv. 8 vol. in-8, fig., dont le 6ᵉ contient l'*Histoire de la peinture sur verre.— Histoire des arts en France par les monuments*, in-4, avec atlas in-fol. — *Nouvelle explication des hyéroglyphes*, 1809-22, 4 vol. in-8. — *La vraie science des artistes*, 1823-24, 2 vol. in-8.

LEOPARDI (JACQUES, comte), littérateur, né en 1799 à Recanati, d'une ancienne et noble famille, se distingua de bonne heure par ses talents poétiques et par son érudition. Ses ouvrages offrent à un degré éminent le rare assemblage de ces deux qualités. Ses *dissertations* et les *commentaires* dont il a fait suivre divers morceaux traduits du grec, lui méritèrent, parmi ses compatriotes, une grande réputation. Ses *Operette morali* sont, au rapport de Manzoni, l'un des ouvrages les plus remarquables de l'Italie au 19ᵉ S. Atteint du choléra, ne se faisant point illusion sur sa fin prochaine, il dicta, deux jours avant sa mort, une suite à la *Batrachomiomachie* d'Homère, dans laquelle il applique sa verve moqueuse aux querelles de notre époque, qu'il compare à celles des rats et des grenouilles. Il mourut à Naples en 1837. On annonce une édition complète de ses *OEuvres*, qui ne peut manquer d'être bien accueillie par les nombreux amateurs de la littérature italienne.

LEVASSEUR, dit *de la Sarthe* (RENÉ), conventionnel, né en 1747 au Mans, y exerçait la profession de chirurgien accoucheur avec une grande habileté. Député par le département de la Sarthe, en 1792, à la convention, il s'y prononça dès les premières séances pour les mesures de rigueur, et, dans le procès du roi, vota la mort sans appel et sans sursis. Le 9 mars suivant, il fit décréter l'établissement d'un tribunal extraordinaire pour juger les ennemis de la république, et, le 5 avril, s'opposa vivement à l'échange de quelq. officiers autrichiens contre les commissaires de la convention arrêtés par Dumouriez. Élu secrét. le 29 juin, il signala Defermont et Coustard, opposants au 31 mai, comme des contre-révolutionnaires dangereux, et fit mettre en jugement la municipalité de Sedan, qui, après le 10 août, avait, par ordre de Lafayette, fait arrêter les commissaires de l'assemblée législative. Envoyé lui-même en mission, il se montra cependant plus modéré qu'on ne devait s'y attendre. Le 28 déc. 1793, il fit aux Jacobins l'éloge de Marat. Son zèle furibond survécut même à la chute de Robespierre ; néanmoins à cette époque il demanda l'élargissement des cultivateurs détenus. En septembre 1794, il dénonça Tallien, Lecointre, etc., qu'il accusa de vouloir succéder à Robespierre. Le 3 décembre, il défendit Carrier, dont le procès venait d'être commencé. Lors des troubles de germinal an III (1795), il fut, sur le rapport de Rovère, décrété d'accusat. ; mais il fut amnistié quelques mois après. Après la session, il revint au Mans, où il reprit sa profession d'accoucheur. Depuis, employé comme chirurgien dans les armées, il revint en 1815 au Mans, d'où il fut enlevé par les Prussiens et conduit à Berlin. Relâché en 1816, il se retira dans les Pays-Bas, et fixa sa résidence à Bruxelles. La révolution de 1830 lui permit de rentrer en France. Il mourut au Mans en septembre 1834, à 87 ans. Levasseur a publié ses *Mémoires*, 2 vol. in-8, avec son portrait.

LIPONA (CAROLINE-MARIE-ANNUNCIADE, comtesse de), sœur cadette de l'empereur Napoléon, née en 1782 à Ajaccio, suivit en France sa famille proscrite par le général Paoli, et passa plusieurs années à Marseille, où elle acheva son éducation. Douée de tous les charmes de l'esprit, et réunissant aux grâces de son sexe un caractère noble et une âme énergique, elle fixa bientôt les regards des hommes que leurs services et leurs talents avaient rapprochés de son frère. Mariée en 1800 à Joachim Murat, successivement grande-duchesse de Berg et reine de Naples, elle se montra digne du haut rang où la fortune l'avait élevée. Pendant qu'elle occupa le trône de Naples, elle prit une part active à l'administration, encourageant les savants et les artistes, et fondant des établissements qui subsistent encore et qui suffisent pour attester son goût éclairé et sa munificence. Elle encouragea les fouilles de Pompéia, dont elle fit exhumer les monuments les plus précieux, pour ajouter aux richesses du musée royal des antiques. Mazois (*v.* IV, 112) dut à sa protection la permission de dessiner les ruines de cette ville, et une pension de 12,000 fr. pour l'encourager à publier son travail. Lorsque Murat quitta Naples pour n'y plus revenir, déclarée régente, elle prit les mesures les plus sages pour assurer, après son départ, la tranquillité publique, et prévenir les effets toujours si désastreux des réactions. Avant de mettre à la voile, elle stipula pour les intérêts de ses anciens sujets avec le commodore Campbell, dont la flotte stationnait dans la rade, et ne s'occupa d'elle qu'après avoir obtenu des garanties pour ceux qui lui avaient témoigné de l'affection. Retirée au château de Baimbourg près de Vienne, elle y vécut, surveillant l'éducation de ses enfants, et faisant sur ses médiocres revenus des économies pour leur assurer une existence conforme à leur position. Après la révolution de 1830, elle vint à Rome voir sa mère et son oncle le cardinal Fesch. L'accueil qu'elle reçut en Italie et le désir bien naturel de se rapprocher de sa famille la décidèrent à s'y fixer. Après la mort de sa mère, elle habitait Florence, et elle y mourut le 28 mai 1839, à 57 ans.

LIVINGTON (ÉDOUARD), célèbre criminaliste, né en 1764 à New-York, d'une ancienne famille anglaise, débuta de la manière la plus brillante au barreau, et devint alderman, puis maire de sa ville natale. Laissant à d'autres le soin des détails de son administration, il se vit obligé de sacrifier sa fortune pour combler le déficit de la caisse municipale, et se rendit en 1805 à la Nouvelle-Orléans, où la supériorité de ses talents ne tarda pas à lui assurer une existence honorable. Député au congrès, il s'occupa, d'après le vœu de ses collègues, de la rédaction d'un *Code de justice criminelle*, qui mit le sceau à sa réputation. Ce travail lui mérita le titre de correspondant étranger de l'Institut de France. Le président Jakson appela Livington, en 1829, à la place de ministre de l'intérieur des états de l'Union, et le chargea de venir en France négocier le remboursement de la dette de 25 millions, contractée par le gouvernement français. Sa mission remplie, il retourna en Amérique, où il mourut en juin 1836, à 72 ans.

LOBSTEIN (Jean-Fréd.-Daniel), médecin, né en 1777 à Giessen dans la Hesse, fut quelque temps employé comme chirurgien militaire, et, retiré du service, obtint bientôt la place de prosecteur, puis de chef des travaux anatomiques à la faculté de Strasbourg. Ses travaux et ses découvertes l'ayant fait connaître avantageusement, on créa pour lui, dans la même faculté, une chaire d'anatomie pathologique, la première de ce genre en France. Il la remplit avec une réputation croissansse, enrichit le cabinet d'anatomie d'un très grand nombre de belles pièces, et mourut à Strasbourg le 7 mars 1835. On doit à ce savant médecin plusieurs mémoires importants, dans lesquels il a consigné des faits qui ont beaucoup avancé la science. Dans le nombre on distingue : *Recherches sur la nutrition du fœtus*, 1802, in-4. — *Discours sur la prééminence du système nerveux dans l'économie animale*, 1821. — *De nervi sympathici humani fabricâ, usu et morbis*, 1823, in-4. Ce dernier ouvrage mit le sceau à sa réputation. Il a traduit quelques traités de l'allemand, et fourni d'excell. articles au *Dictionn. des sciences médicales*.

LOCRÉ (Jean-Guill., baron), savant jurisconsulte, né en 1758 à Leipsig, de parents français, fut amené jeune à Paris, où, après avoir achevé ses études, il acquit une charge de procureur au parlement. Ses talents l'ayant fait connaître, il fut fait secrétaire-général du comité de législation de la convention, et ensuite secrétaire-rédacteur du conseil des anciens. Nommé par Napoléon secrét.-général du conseil-d'état, il prit part à toutes les discussions qui préparèrent les div. Codes. Privé de sa place au second retour du roi, l'empereur Alexandre lui donna le titre de son conseiller. Depuis cette époque, il s'occupa sans relâche des divers ouvrages qui lui assurent un rang distingué parmi les jurisconsultes français les plus instruits et les plus laborieux. Il mourut à Paris en 1840, dans un âge avancé. Ses principaux ouvr. sont : *Procès-verbaux du conseil-d'état*, contenant la discussion du projet de Code civil, 1801-04, 5 vol. in-4. — *Esprit du Code Napoléon*, 1806 et années suiv., 5 vol. in-4 ou 7 in-8. — *Esprit du Code de commerce*, 1811-13, 10 vol. in-8. — *Esprit du Code de procédure civile*, 1815, 5 vol. in-8. — *Législation civile, commerciale et criminelle de la France, ou Comment. et complém. des Codes français*, 1826 et années suiv., 24 vol. in-8.

M

MACDONALD (Étienne-Jacq.-Jos.-Alex.), duc de Tarente, maréchal et pair de France, né en 1765 à Sedan, d'une famille noble d'Irlande, après avoir fini ses études, entra lieutenant dans le régiment irlandais de Dillon, puis servit dans la légion de Maillebois, destinée, en 1784, à seconder les patriotes hollandais. Il adopta les principes de la révolut. en homme sage, ennemi de tous les excès. Sa belle conduite à Jemmapes, en 1792, lui valut le grade de colonel d'un régiment d'infanterie. Employé peu de temps après comme général de brigade à l'armée du Nord, il remporta différ. avantages sur l'armée anglaise, commandée par le duc d'York, qu'il battit en plusieurs rencontres. Il se signala par de nouveaux exploits dans la campagne de 1794, et fit celle de 1795 sous Pichegru, auq. il facilita la conquête de la Hollande, en passant le Vaal sur la glace, malgré le feu terrible des batteries ennemies. Nommé général de division, il servit en cette qualité aux armées du Rhin et d'Italie, où il soutint et agrandit sa réputation. Après l'occupation des états romains par les Français en 1798, il en fut nommé gouverneur, défit les insurgés sur plusieurs points, et, après avoir, avec 6,000 hommes, résisté, sans éprouver de perte, au général Mack qui en commandait 40,000, battit les Napolitains. Il remplaça Championnet dans le commandement de l'armée chargée d'achever la conquête du royaume de Naples, et la Calabre était déjà conquise, lorsque les revers de Scherer l'obligèrent à se retirer. Arrivé sur les bords de la Trebia, il s'y trouva en présence des Austro-Russes commandés par Souvarof, qu'il résolut d'attaquer. Ce fut le 18 juin 1799 que se livra cette mmortelle bataille, où Macdonald, avec 35,000 hommes, fit face à plus de 50,000 Austro-Russes. C'était beaucoup d'avoir résisté avec des forces aussi inférieures ; mais la victoire étant restée indécise, il recommença l'attaque le lendemain, et perdit 12,000 hommes. Furieux de cet échec, il voulait rester dans sa position pour tenter de nouveau le sort des armes ; mais l'avis du conseil de guerre fût pour la retraite, et quelques jours après il fit sa jonction avec Moreau près de Gênes. L'état de sa santé l'ayant obligé de rentrer en France, il se trouvait à Paris lors de la journée du 18 brumaire, à laquelle il concourut de tout son pouvoir. Choisi par Moreau pour commander l'aile droite de l'armée du Rhin, peu de temps après, le prem. consul lui donna le commandement en chef de l'armée des Grisons, avec laquelle il s'empara du Trentin. L'armistice de Trévise ayant mis fin à cette campagne, Macdonald fut nommé ministre plénipotentiaire en Danemarck. A son retour de cette mission, ayant pris la défense de Moreau, il cessa d'être employé. Rappelé en 1809, il servit en Italie sous les ordres d'Eugène, dont il commanda l'aile droite, et prit une part active à la victoire de Wagram. Le lendemain, il fut nommé sur le champ de bataille maréchal d'empire, et créé duc de Tarente. En mai 1810, il alla remplacer Augereau à l'armée d'Espagne, où, de concert avec Suchet, il remporta plusieurs avantages remarquables. Dans la campagne de Russie en 1812, il commanda le 10e corps, composé d'une division française et de deux divis. prussiennes. Les Prussiens l'ayant abandonné, il opéra sa retraite avec honneur, et arriva le 3 janvier à Kœnigsberg. Il se signala dans la campagne de 1813, notamment à Lutzen et Bautzen, et après la défection des Saxons, de concert avec le prince Poniatowski, assura la retraite de l'arrière-garde de l'armée, et prit part à la bataille de Hanau. En 1814, il fit éprouver des pertes à Blucher, et brilla au siège de Nangis. Après l'abdication de Napoléon, il envoya son adhésion au gouvernement royal, et fut nommé pair de France, gouverneur de la 21e division militaire. Au retour de Napoléon, envoyé dans le Midi avec le duc d'Angoulême, il rejoignit, le 8 mars, MONSIEUR à Lyon, et, témoin de la disposition des troupes, revint à Paris près du roi, qu'il accompagna lors de son départ, jusqu'à la frontière. Il refusa tout emploi de Napoléon, et se borna, pend. les *cent-jours*, à faire le service de grenadier de la garde nationale parisienne. Après la seconde restaurat., il prit le commandement de l'armée retirée sur la Loire, dont il opéra le licenciement. Nommé gr.-chancelier de la Légion-d'Honneur et membre du conseil privé, Macdonald ne se servit de son influence que pour atténuer autant qu'il le put les suites de la réaction. L'un des fondateurs de la société pour l'amélioration du sort des prisonniers, il prit part à toutes les œuvres de bienfaisance qui furent exécutées à cette époque. Jouissant à la chambre des pairs de la considération due à l'éclat de ses services et à ses qualités personnelles, il fut plusieurs fois choisi président et rapporteur de divers bureaux. Après la révolution de 1830, il continua de siéger à la chambre des pairs. Il fut, en 1832, remplacé par le duc de Trévise comme grand-chancelier de la Légion-d'Honneur, et mourut le 27 sept. 1840.

MADISSON (JAMES), président des États-Unis, né en 1758 dans la Virginie, suivit d'abord la carrière du barreau d'une manière brillante. Député en 1784 à l'assemblée générale de sa province, il y fit passer la *déclaration* de liberté religieuse, en vertu de laquelle aucune religion n'est reconnue nationale. Il fut ensuite membre de la convention de 1787, et concourut à la rédaction de l'acte constitutionnel qui régit depuis cette époque les États-Unis. Les talents dont il avait donné des preuves dans cette circonstance le firent élever plus tard à la place de secrétaire-d'état, dont il remplit les fonctions pend. la double présidence de Jefferson. Nommé président en 1809, il détermina, deux ans après, le congrès à déclarer la guerre à l'Angleterre. Continué dans la présidence en 1813, il renoua les négociations entamées précédemm. avec cette puissance pour l'amener à reconnaître ses torts envers les États-Unis; mais elles n'eurent pas plus de succès que les précédentes, et, le 18 août 1814, une flotte angl. brûla la ville de Washington. Ce désastre fit taire l'esprit de parti qui jusqu'alors avait paralysé les mesures du gouvernement américain, et les victoires de Baltimore et de Plattibury permirent à Madisson de reprendre les négociat., qui se terminèrent par le traité de Gand, du 24 décembre 1815, honorable pour l'Amérique. A la fin de sa présidence en 1817, il se retira dans son pays natal, où il exerça, le reste de sa vie, les modestes fonctions de juge-de-paix, et mourut en juin 1836. Il a publié : *Manifeste, ou causes et caractères de la dernière guerre de l'Amérique avec l'Angleterre*, trad. par Ch. Malo, 1816, in-8, 2e édition.

MAHMOUD II, 30e sultan turc, frère de Mustapha IV (v. IV, 333), passa sa première jeunesse dans le sérail, où, n'ayant d'autres distractions que l'étude, il se rendit très habile dans les littératures turque et persane, dont il conserva toujours le goût. Plus tard il devint le compagnon de captivité de son cousin Sélim (v. V, 504), qui lui donna des leçons de haute politique, et lui fit partager sa haine contre les janissaires et ses projets de réforme. Mustapha ayant été précipité du trône par une de ces révolutions si fréquentes en Orient, Mahmoud, alors âgé de 23 ans, fut appelé en 1808 à lui succéder. Il arrivait au pouvoir dans les circonstances les plus défavorables ; à l'intérieur des troubles et des désordres sans nombre, et au dehors une guerre malheureuse contre les Russes et les Serviens, semblaient menacer l'emp. turc d'une dissolution prochaine ; mais sa prudence et son énergie conjurèrent le danger. Contraint à faire une paix onéreuse avec les Russes (1811), il sut en profiter pour rétablir son autorité dans ses provinces soulevées ; et, s'appliquant à soumettre successivem. les pachas, tous ceux qui eurent le malheur d'être assez puissants pour lui donner de l'ombrage trouvèrent en lui un maître inexorable. Il avait accompli une partie de sa tâche ; et il ne lui restait plus à soumettre, en 1821, que le fameux pacha de Janina (v. ALI-PACHA, I, 75) et celui d'Égypte. Ali ne succomba qu'après une lutte qui dura deux ans, et léguant à Mahmoud la révolution grecque, devenue la source de tous les maux qui depuis ont accablé l'empire turc. La lutte durait encore lorsque Mahmoud accomplit le projet qui n'avait cessé de le préoccuper, la destruction de cette milice si funeste aux sultans ; par ses ordres les janissaires furent presque tous massacrés. Mais une telle mesure n'avait pu s'exécuter sans soulever une partie de la population. Les Russes profitèrent de cette circonstance pour se précipiter sur la Turquie; et Mahmoud se vit contraint de signer, le 2 novembre 1829, le désastreux traité d'Andrinople. Il n'était pas encore remis de ce coup terrible lorsque le pacha d'Égypte Méhémet-Ali envahit la Syrie, qu'il se vit forcé de lui abandonner par le traité de Koniah (avril 1833). Mahmoud respirant la vengeance avait recommencé la guerre contre le pacha, quand il mourut en juin 1839 à 54 ans, laissant deux fils, dont l'aîné, Abdul-Medjid, est aujourd'hui empereur.

MAISON (NICOLAS-JOSEPH, marquis de), pair et maréchal de France, né en 1770 à Épinay, partit en 1792 comme officier dans un des bataillons organisés pour repousser l'invasion des Prussiens. Nommé capitaine, il se fit remarquer à la bataille de Jemmapes. Il donna de nouvelles preuves de bravoure dans la campagne de 1793; mais destitué sans être entendu, par un des commissaires aux armées, il serait resté sans emploi, si le général Goguet ne l'eût demandé pour aide-de-camp. En 1794, il se trouvait à Fleurus, où il se signala de nouveau. Nommé chef de bataillon dev. Limbourg, après la prise de cette ville, il rejoignit la division de Bernadotte en Franconie, et fit, comme officier de l'état-major de ce général, la campagne d'Italie, que couronna le traité de Campo-Formio. Adjudant-général en 1799, Bernadotte, devenu ministre de la guerre, le fit son prem. aide-de-camp, et le chargea de div. missions dont il s'acquitta avec succès. L'année suivante, il fut employé à l'armée de Hollande, puis à celle de l'Ouest, et, après la paix d'Amiens, nommé commandant du département du Tanaro, il sut y faire aimer la domination française. Rappelé par Bernadotte à l'armée de Hanovre, il fit avec ce général la campagne de 1805, et se distingua particulièrem. à Austerlitz. Général de brigade, il s'empara de vive force, en 1806, de la ville de Lubeck, dont il fut nommé gouverneur. Passé, en 1808, à l'armée d'Espagne, il s'y distingua à l'affaire d'Espinosa, et plus tard devant Madrid, où il fut blessé gravement. Forcé de rentrer en France, dès qu'il put reprendre son service, il fut employé à l'armée de Hollande, et, après la retraite des Anglais, eut le commandem. de différentes places. Dans la guerre contre la Russie en 1812, il déploya beaucoup d'intrépidité, notamment à la bataille de Polotsk, et fut nommé général de division. Il soutint ensuite la retraite avec un courage que n'affaiblirent point ses nombreuses blessures, et ne quitta l'armée qu'à Custrin. En 1813, il battit les Prussiens au pont de Willig, s'empara de Halle et de Leipsig, et plus tard prit une part glorieuse à la bataille livrée sous les murs de cette ville. Nommé, le 22 décembre, commandant en chef de l'armée du Nord, il ne put, avec ses faibles ressources, qu'arrêter la marche d'un ennemi très supérieur en nombre; mais il déploya dans cette campagne des talents militaires qui fixèrent sur lui l'attention de l'empereur. Après l'abdication de Fontainebleau, il fit sa soumission au nouv. gouvernement, et, créé pair de France, fut nommé gouvern. de Paris au mois de mars 1815. Désigné, peu de jours après, pour commander les troupes destinées à repousser Napoléon, il fut obligé de prendre la fuite, et suivit le roi à Gand. Rentré en France avec Louis XVIII, il reprit ses fonctions de gouverneur de Paris. Il fit partie du conseil de guerre qui déclara son incompétence pour juger le maréchal Ney, et, peu de jours après, fut remplacé dans le gouvernem. de Paris. Cette disgrâce dura peu. A la chambre des pairs, il vota constamment avec l'opposition constitutionnelle, et cependant sut conserver la confiance du roi, qui le nomma membre du conseil privé. Chargé en 1828 du commandement d'un corps d'armée destiné à soutenir les Grecs, à son retour de cette expédit., il fut fait maréchal de France. Après la révolution de 1830, il fut l'un des commissaires désignés pour accompagner Charles X de Rambouillet à Cherbourg. Nommé, le 4 nov., ministre des affaires étrangères, il remit le portefeuille quelques jours après, et se rendit en ambassade à Vienne, puis à Pétersbourg. Ministre de la guerre en 1835, il fut remplacé en 1837, et mourut au mois de févr. 1840.

MALTHUS (THOM.-ROBERT), célèbre économiste angl., né vers 1766, après avoir achevé ses études à l'université de Cambridge, fut reçu maître ès arts agrégé au collège de Jésus, et plus tard devint professeur d'histoire et d'économie politique au collège de Hereford. Le premier de ses ouvrages, par ordre de date, et celui auquel il doit surtout sa réputation, est l'*Essai sur le principe de la population*, dans lequel il cherche à démontrer que, loin de l'encourager, les gouvernements doivent faire tous leurs efforts pour la restreindre et la contenir dans les limites des subsistances. Cet ouvrage, publié en 1798, in-8, a été traduit en franç. par P. Prévost, sur la 4e édit., Genève, 1817, 3 vol. in-8. Le système anti-social de Malthus, étayé de chiffres et de calculs, ainsi que de raisonnem. spécieux, a trouvé de nombreux partisans, surtout en Angleterre; mais il a été solidement réfuté par plusieurs écrivains, entre autres Godwin et Booth, dont malheureusement les écrits sont moins lus, parce qu'ils ne sont que raisonnables. Malthus mourut aux eaux de Bath en 1835. Parmi ses autres ouvr., on distingue: *Lettre à Samuel Withbroad, sur le bill qu'il avait proposé pour amender les lois sur les pauvres*, 1807, in-8. — *Lettre à lord Grenville sur l'établissement de la compagnie des Indes pour l'éducation de ses employés civils*, 1813, in-8. — *Observations touchant les lois sur les grains*, 1814, in-8. — *Recherches sur la nature et les progrès du revenu*, 1815, in-8. — *Principes d'économie politique*, 1819, in-8; 2e édit., 1822.

MARC (CHARLES-CHRIST.-HENRI), médecin, né en 1771 dans la Hollande, fut amené fort jeune en France par ses parents, qu'il suivit à l'âge de neuf ans en Allemagne, où il fit ses premières études, et fréquenta les cours de médecine dans les univ. d'Iéna et d'Erlungen. En 1792, il reçut le doctorat, et, pour se former à la pratique, l'étudia dans les hôpitaux de Bamberg et de Vienne. Le désir de perfectionner ses connaissances médicales le décida, en 1796, à venir augmenter le nombre des disciples de Corvisart, et, lié bientôt avec les plus distingués, il concourut à la format. de la société médicale d'émulation. Fixé définitivement à Paris, il publia successivement différents ouvr. traduits de l'allemand, et quelques opuscules, un entre autres sur la *vaccine*, qui étendirent sa réputat. En 1811, il se fit recevoir docteur de la faculté de Paris, et présenta dans ce but une thèse latine de *la Simulation des maladies*, pleine d'aperçus entièrement neufs. Nommé, en 1815, membre du conseil de salubrité, il fut spécialement chargé de la direct. des secours aux noyés et aux asphyxiés, et rendit dans plusieurs circonstances des services importants. Appelé, en 1817, pour donner des soins à Mlle Adélaïde, atteinte d'une maladie grave, il fut dès ce moment le médecin de la maison d'Orléans. Après la révolution de 1830, le roi le nomma son premier médecin. Le docteur Marc, estimé, respecté pour ses talents et sa bienfaisance, mourut en 1839. Indépendamment des divers travaux que nous n'avons pu qu'indiquer, Marc fut un des principaux collaborateurs du *Dictionn. des sciences médicales*, du *Dictionnaire de médecine*, en 20 vol. in-8, et des *Annales d'hygiène et de médecine légale*, dont l'introduction si remarquable lui appartient entièrement. Il a fourni en outre une foule de *notices* et de *mémoires* aux différents recueils des sociétés et des académies dont il était membre.

MICHAUD (Joseph), de l'Académie française, né en 1767 dans un village de la Bresse, après avoir achevé ses études au collége de Bourg, vint en 1791 à Paris, et débuta dans la littérat. par un *Voyage au Mont-Blanc*. Lancé dans la société royaliste, il concourut dès lors, quoique fort jeune, à la rédact. de différents journaux de cette opinion. Après la chute du trône au 10 août, il fut obligé de se cacher; mais il ne tarda pas à se remontrer dans les rangs des adversaires de la révolution, et le 22 sept. 1792 (date remarquable), parut le 1er numéro de la *Quotidienne*, dont il était un des fondat., et qu'il ne cessa de soutenir, malgré des périls et des embarras de plus d'un genre. Il parvint à échapper à la terreur, et, dès qu'il le put, recommença dans les journaux sa lutte en faveur de la monarchie. Au 13 vendémiaire, il fut arrêté à Chartres et condamné à mort par une commission militaire. S'étant soustrait à l'exécution de ce jugement, il le fit annuler un an après, et reprit encore la direction de la *Quotidienne*. Au 18 fructidor, condamné comme journaliste à la déportation, il vint chercher un asile dans les montagnes du Jura, et charma l'ennui de sa solitude en composant le *Printemps d'un proscrit*, poème dans le genre descriptif, dont Chénier a parlé avec éloge dans son rapport sur les prix décennaux, quoiqu'il n'aimât point ce genre et qu'il eût à se plaindre de Michaud, qui l'avait attaqué dans plus d'un article et ridiculisé dans une satire intitulée : *Petite dispute entre deux grands hommes*. De retour à Paris, après le 18 brumaire, lors du départ du prem. consul pour Marengo, il publia les *Adieux à Bonaparte*, pamphlet sérieux, mais écrit avec une verve et une profondeur de vues très remarquables. Pressé par ses amis, entre autres par Fontanes, qui désirait de le rattacher à la nouvelle dynastie, il composa, pour le mariage de Napoléon avec Marie-Louise, *le 13e livre de l'Énéide, ou le Mariage d'Énée et de Lavinie*. Il remplaça Cailhava, en 1813, à l'Acad. franc., et se trouva, par suite des circonstances, dispensé de faire l'éloge de son prédécesseur. A la restauration, il fut nommé censeur-général des journaux, charge qu'il n'exerça point, et lecteur suppléant du roi. Il se réfugia pendant les *cent-jours* dans le départ. de Saône-et-Loire, chez son ami Berchoux, l'auteur de la *Gastronomie*, et ne revint à Paris qu'après la rentrée du roi. Élu la même année (1815), par le département de l'Ain, à la chambre des députés, il y siégea au côté droit, mais parmi les hommes modérés, parce qu'il était lui-même par caractère un homme bienveillant et modéré. Il n'obtint pas à la chambre les succès de tribune auxquels ses amis s'attendaient, et cessa d'en faire partie après l'ordonnance du 5 septembre 1816. Tout en continuant de fournir des articles spirituels à *la Quotidienne*, il acheva son *Histoire des croisades*, restée son premier titre littéraire, et dont la meilleure édit., 1825-29, se compose de 10 vol. in-8, en y comprenant la *Bibliothèque des croisades*, 3 vol., et les *Chroniques arabes*, mises en ordre par M. Reinaud. Il se joignit aux écrivains royalistes qui combattaient le ministère Villèle, et perdit, en 1827, sa place de lecteur du roi, pour avoir signé la délibération de l'Académie contre le projet de loi sur la presse. En 1829, âgé de plus de 60 ans, il alla visiter les lieux qu'il avait décrits dans l'*Histoire des croisades*, et son voyage, dans leq. il fut accompagné par M. Poujoulat, publié sous le titre de *Correspondance de l'Orient*, 1833-36, 6 vol. in-8, vint encore ajouter à sa réputation d'écrivain et d'observateur. En 1835, il entreprit, avec son jeune collaborateur, une *Nouvelle collection de mémoires relatifs à l'histoire de France*, et il vécut assez pour voir la fin de cette honorable entreprise. Michaud mourut en septembre 1840, estimé de tous les partis, et laissant la réputation d'un des causeurs les plus spirituels de notre temps. Il a été remplacé à l'Académie française par M. Flourens, déjà secrétaire-perpétuel de l'acad. des sciences pour la partie de l'histoire naturelle.

MIGER (Pierre-Auguste-Marie), littérateur, né en 1772 à Lyon, après avoir achevé ses études, vint à Paris, où il concourut à la rédaction de quelques journaux, et fut employé quelque temps dans les bureaux du ministère de la police. Le *Recueil de poésies* qu'il publia vers 1798 contient des morceaux imités d'Ossian, qui furent remarqués des connaisseurs. Deux ans après il donna, sous le titre de *Morale des Orientaux*, un excellent choix de maximes tirées des auteurs arabes, indiens, turks et chinois. On lui dut, en 1810, une édition des fragments de Malfilâtre, la plupart inédits, que le jeune et malheur. poète avait traduits de *Virgile* avec une supériorité de talent incontestable. Membre de l'Athénée des arts et de la société philotechnique, il enrichit les recueils de ces deux compagnies de plusieurs morceaux en vers et en prose. Miger mourut à Paris le 2 oct. 1837. La *France littéraire* de Querard contient une liste détaillée de ses productions, dont on n'a cité que les principales.

MILBERT (JACQ.-GERARD), peintre-naturaliste, né en 1767 à Paris, s'appliqua de bonne heure à la peinture, s'attachant de préférence à reproduire les objets d'hist. naturelle, science pour laquelle il se sentait une vocation spéciale. Nommé, en 1795, professeur de dessin à l'école des mines, il reçut, la même année, la mission de visiter les Pyrénées pour en étudier les mines. En 1799, il vit les Alpes. L'année suivante, il accompagna le capitaine Baudin dans son voyage aux Terres-Australes, et, de retour en France, il fut chargé par le ministre d'en faire imprimer la *Relation*. Il repartit en 1815 pour les États-Unis d'Amérique, dont il étudia le vaste territoire et les productions des trois règnes avec un zèle infatigable. Dans une de ses excursions, il revenait chargé d'échantillons qu'il avait recueillis pour le cabinet du roi, lorsqu'il fut rencontré par M. de Chéverus, mort archevêque de Bordeaux (II, 70), qui voulut absolument partager avec lui ce lourd fardeau jusqu'à Boston. Après sept années de recherches, pendant lesq. il avait expédié plus de 60 envois, contenant des plantes nouvelles, des oiseaux vivants, des quadrupèdes, etc., et plus de 8,000 échantillons de roches, de mines, de fossiles, etc., il reprit le chemin de sa patrie, accompagné de M. de Chéverus, qui rentrait lui-même en France. Les secours qu'il avait reçus du gouvernement n'avaient pas suffi pour couvrir ses frais ; il dépensa dans ce voyage une grande partie de sa fortune. Après la révolution de 1830, il obtint la croix d'honneur, et mourut pauvre en 1840. On a de lui : *Voyage pittoresque à l'île de France, au cap de Bonne-Espérance et à l'île de Ténériffe*, 1812, 2 vol. in-8, avec atlas.— *Itinéraire pittoresque du fleuve Hudson*, etc., 1827-29, 2 vol. in-4, avec atlas. — Une *Vie de M. de Chéverus*, etc. M. J. Janin a publié, dans *le Journal des Débats*, une *Notice* sur Milbert, reproduite dans *le Moniteur* du 3 nov.

MOROGUES (PIERRE-MAR.-SÉBAST. BIGOT, baron de), agronome et économiste distingué, né en 1776 à Orléans, d'une famille noble et ancienne, était le petit-fils du vicomte de Morogues, lieutenant-général des armées navales et correspondant de l'académie des sciences (*v.* MOROGUES, IV, 298). Il résolut de suivre la carrière que lui avaient ouverte avec tant de gloire son père et son aïeul ; mais la révolution fit avorter ce projet. Admis en 1794 à l'école des mines, il ne tarda pas à fixer par ses progrès l'attention de ses chefs, et justifia leurs espérances par ses travaux et les publicat. remarquables qu'il consigna dans la plupart des recueils scientifiques. Plus tard, devenu par son mariage avec Mlle de Montaudoin, propriétaire de la terre de la Jouine dans la Sologne, il s'adonna tout entier à l'exploitation de ce domaine ; et, par suite des bonnes méthodes de culture qu'il y introduisit, en quadrupla les revenus dans l'espace de quelques années. Son utile exemple ne fut point perdu pour cette contrée ; et son *Essai sur les moyens d'améliorer l'agriculture en France, particulièrement dans les provinces les moins riches*, etc., fut un nouveau et immense service qu'il rendit au pays. Ce traité méthodique fit nommer immédiatement Morogues membre de la soc. roy. d'agriculture. Ce ne fut qu'après la chute de l'empire qu'il se livra à l'étude des sciences morales et politiques, et dans cette partie, comme dans toutes celles qu'il avait déjà cultivées, son esprit vif et pénétrant porta de nouvelles lumières. Membre du conseil d'arrondissem. d'Orléans, puis du conseil-général du département du Loiret, il fut porté plusieurs fois candidat à la députation pendant les quinze années qui suivirent le retour des Bourbons ; mais ses opinions libérales l'en firent toujours écarter par le plus grand nombre des électeurs. Admis à l'acad. des sciences morales lors de son rétablissement, il fut élevé en 1835 à la dignité de pair de France. Dans la chambre haute il prononça plusieurs opinions remarquables sur des questions d'économie politique ; il eut en 1837, à l'occasion de la discussion du budget, le courage de signaler la puissance abusive de la presse, sentie par tous les bons esprits, mais qui cherchent encore vainement le remède aux maux qu'elle cause chaque jour. Morogues mourut à Orléans le 15 juin 1840. Son éloge a été prononcé à la chambre des pairs par M. le vic. Siméon. Parmi ses nombreux ouvrages, dont on trouvera la liste dans la *France littéraire* de Querard, on distingue : *Essai sur les moyens d'améliorer l'agriculture en France*, Orléans, 1822, 2 vol. in-8. — *Politique religieuse et philosophique, ou constitution morale du gouvernement*, 1827, 4 vol. in-8. — Une *Notice sur Morogues* a été publiée par Jules Wyslouch, in-8, avec portraits.

MORRISSON (ROBERT), savant sinologue anglais, né vers 1770, après s'être livré quelque temps à l'étude des langues orientales, embrassa l'état ecclésiastique, et fut envoyé par la société biblique à Canton, où il apprit en peu de temps la langue chinoise. Il accompagna l'ambassade de lord Amherst à la Chine en 1804, et devint en 1808 interprète de la factorerie anglaise à Macao. Il concourut en 1818 à la fondation du collège anglo-chinois de Malaca, auquel il fit don de 100 livres sterling. Après un voyage en Angleterre, où il reçut de ses compatriotes l'accueil que méritaient ses talents et ses services, il repartit pour l'Inde, et mourut à Calcutta le 1er août 1834. On a de lui : *Horæ sinicæ*, Londres, 1812, in-8, très rare. — *Dictionnaire angl.-chinois*, Macao, 1815 et années suivantes, 6 vol. in-4. — *Grammaire chinoise*, Serampore, 1815, in-4. — Une traduction complète de la *Bible* en chinois, 1819, 8 vol. in-8, avec Milne.

N

NADERMANN (J.-F.), célèbre harpiste, né en 1781 à Paris, essaya son talent en 1795 et 1796, dans quelques réunions choisies, et fit paraître à la même époque différents morceaux de sa composition, dont le succès fut pour lui un puissant encouragement. En 1798, il se rendit à Vienne pour y prendre des leçons du fameux pianiste Muzio-Clementi. De retour en France, il ne tarda pas à se placer au premier rang des exécutants sur la harpe et des compositeurs pour cet instrument. Il fit partie de la chapelle impériale à sa création, fut ensuite nommé professeur au conservatoire, et mourut jeune encore en 1835, laissant plusieurs élèves distingués. On a de ce maître des *sonates* et d'autres *œuvres* distinguées pour son instrument de prédilection.

NAVIER (Louis-Marie-Henri), ingénieur des ponts-et-chaussées, né en 1785 à Dijon, fut admis avec distinction à l'école polytechnique; et, justifiant toutes les espérances qu'il avait fait concevoir de ses talents précoces, obtint en 1806 le brevet d'ingénieur civil. De nouvelles éditions qu'il publia des *Ouvrages* de Gauthey, son grand-oncle, et de l'*Architecture hydraulique* de Belidor, accrurent rapidement sa réputation. Il fut reçu en 1824 à l'Institut, dans la classe des sciences; concourut à l'impulsion donnée aux grands travaux de commucation; construisit des ponts, dirigea l'exécution de plusieurs canaux, et mourut en 1836, à l'âge de 51 ans. Outre les éditions citées plus haut, on doit à Navier: *Mémoires sur les canaux de navigation*, 1816, in-4; — *sur les ponts suspendus*, 1823, in-4. — *Résumé des leçons données à l'école des ponts-et-chaussées sur l'application de la mécanique à l'établissement des constructions et des machines*, 1836, in-8; et une foule d'*articles* importants dans les *Annales de chimie*, dans le *Bulletin de la société philomatique* et dans le *Recueil de l'académie des sciences*.

NOAILLES (Alexis, comte de), membre de la chambre des députés, né en 1783 à Paris, était encore enfant lorsque sa mère, fille du maréchal de Mouchy, périt sur l'échafaud révolutionn. avec une partie de sa famille. Son éducation fut soignée par un pieux instituteur qui lui inspira le goût de l'étude et développa les sentiments religieux qu'il conserva toute sa vie. Accusé, sous le gouvernement impérial, d'avoir répandu la bulle d'excommunication lancée contre Napoléon, il fut arrêté. Son frère, alors au service, s'étant employé pour lui faire rendre la liberté, il se hâta de sortir de France, et, après avoir parcouru la Suisse, l'Allemagne et les états du Nord, il se rendit à Hartwel pour offrir ses hommages à Louis XVIII. Rentré en France avec le comte d'Artois, qui le choisit pour un de ses aides-de-camp, il fut envoyé au congrès de Vienne comme ambassadeur. Au retour de Napoléon de l'île d'Elbe, il rejoignit le roi à Gand. Député de l'Oise en 1815, il ne suivit pas toujours la même ligne de conduite que les royalistes, dont il désapprouva hautement les fautes, et ne cessa pas de faire partie de la chambre jusqu'en 1830. N'ayant point été réélu à cette époque, il rentra dans la vie privée, et mourut en mai 1835, laissant de longs regrets aux pauvres de son quartier, dont il était le soutien et le bienfaiteur.

NOEL (Fr.-Jos.), littérateur, né vers 1755 à St-Germain-en-Laye, annonça de bonne heure des dispositions qu'il cultiva par de solides études. Ayant embrassé l'état ecclésiastique, il entra dans la carrière de l'enseignement, et, nommé professeur de belles-lettres au collège de Louis-le-Grand, il s'était déjà distingué dans les concours de l'Académie française, où il avait remporté plusieurs prix, lorsqu'éclata la révolution, dont il adopta les principes. Chef de bureau au ministère des affaires étrangères, il fut chargé de plusieurs missions diplomatiques, puis nommé successiv. à l'ambassade de Venise et à celle de Hollande. Après le 18 brumaire, il entra au tribunat; mais il en sortit presque aussitôt pour remplir la place de commissaire-général de police à Lyon. Dans la même année, nommé préfet du Haut-Rhin, il fonda dans ce département une société libre d'émulat., qui subsiste encore, et dont les services sont incontestables. En 1802 il quitta la carrière de l'administration, et, nommé inspecteur-général des études, conserva cette place jusqu'au moment où l'âge l'obligea de demander sa retraite. Il mourut à Paris en février 1841. Écrivain laborieux, il a publié un gr. nombre d'utiles compilat. qui ont obtenu un succès mérité: ce sont des *Leçons de littérature et de morale, grecques, latines, françaises, italiennes, allemandes et angl.*; des *Dictionn., latin et franç., franc. et latin*, etc. On lui doit en outre une *Gramm. franç.*, avec M. Chapsal, qui a eu plus de 30 édit. — *Un Dictionn. français*, rédigé sur un plan nouveau. — *Un Dictionn. de la Fable.* — *Les Éphémérides politiques, littéraires et religieuses*, 12 vol. in-8, etc. Éditeur de plus. ouvrages, il en a traduit quelq.-uns, entre autres les *Poésies* de Catulle, 2 vol. in-8. — *Cornélius-Népos*, dans le IIIe vol. des *OEuvres* de Radonvilliers. — *Tite-Live*, avec Dureau de la Malle, etc. La *France littéraire* de Querard contient la liste détaillée de ses productions, avec des notes critiques.

O

O'MEARA (BARRY-EDWARD), Irlandais, était premier chirurgien du vaisseau anglais *le Bellérophon* sur lequel s'embarqua Napoléon, après sa seconde abdication. Pendant la traversée de Rochefort à Plymouth, il se rendit très agréable à l'emper. par ses manières et son instruction. Lorsqu'il fut décidé que Napoléon serait envoyé à Ste-Hélène, O'Meara consentit à l'accompagner dans cette île, après avoir stipulé qu'il pourrait la quitter quand il le voudrait, et qu'il conserverait son grade dans la marine anglaise. Ayant refusé de devenir l'espion de l'illustre prisonnier, il fut rappelé en Angleterre en 1818. Quelq. années après, il publia ses conversations avec l'empereur, dont il avait tenu un journal exact, et fut puni de cette contravention aux volontés du ministère anglais par la perte de tous ses emplois. Il mourut dans les environs de Londres en juin 1836. On a d'O'Meara : *Relation des événements arrivés à Ste-Hélène, postérieurement à la nomination de sir Hudson-Lowe au gouvernement de cette île*, Paris, 1819, in-8. — *Documents historiques sur la maladie et la mort de Napoléon*, 1821, in-8. — *Complément du Mémorial de Ste-Hélène*, 1823, 2 vol. in-8 ou 4 vol. in-12, réimprimé plusieurs fois sous le titre de *Mémoires* d'O'Meara.

OUDOT (CHARLES-FRANÇOIS), né à Beaune vers 1760, était procureur du roi au bailliage de cette ville avant la révolut. Député par le départem. de la Côte-d'Or à l'assemblée législative, il fut réélu à la Convention, où il vota la mort de Louis XVI sans appel et sans sursis. Après le 31 mai il fut chargé d'une mission dans les départem. de l'Eure et du Calvados. Il défendit après le 9 thermidor les membres de l'anc. comité de salut public, et proposa en mars 1795 l'établissem. d'un tribunal indépendant pour juger les députés qui seraient accusés de crimes contre l'état. Pendant ces deux sessions il avait fait partie de différents comités, notamm. de celui de législation, et, chargé fréquemment de rapports import., avait montré de la capacité pour les affaires. Devenu membre du conseil des cinq-cents, il continua de s'occuper de questions de jurisprudence avec succès. En 1798, il entra au conseil des anciens. Quoiqu'il se fût montré dans le principe opposé au 18 brumaire, il fut appelé, lors de sa réorganisat., au tribunal de cassation, et y siégea jusqu'à la restauration. Atteint comme régicide par la loi d'amnistie, il alla chercher un asile à Bruxelles, et ne rentra en France qu'après la révolution de 1830. Il mourut en juin 1841, dans un âge avancé.

P

PAGANINI (NICOLAS), le plus étonnant des violonistes, né en 1784 à Gênes, reçut de son père, qui jouait de la mandoline, les premiers éléments de la musique, et ne tarda pas à montrer un talent précoce sur le violon. A peine dans sa huitième année, il jouait déjà trois fois la semaine à l'église, et se faisait entendre dans les salons. Il avait même, avant cette époque, composé une sonate qui s'est perdue avec quelques autres œuvres de son enfance. Après avoir pris des leçons de Costa, prem. violoniste de Gênes, il fut placé par son père sous la direct. du célèbre Paër, alors chef du conservat. à Parme. Paër le recommanda vivement à son anc. maître Giretti, qui lui enseigna les règles du contre-point, et l'initia lui-même dans les autres secrets de la composition. En quittant Parme, il se rendit à Lucques, où il dirigea pend. plus. années l'orchestre de la princesse Élisa Bacciochi, sœur de Napoléon. Libre de tout engagem., et cédant à son goût pour les voyages, il ne fit plus, depuis 1813, que parcourir l'Europe, sans pouvoir se fixer nulle part. Après s'être fait entendre dans les principales villes d'Italie, à Milan, à Turin, à Rome, à Naples, il se rendit en 1828 à Vienne, où il fut accueilli avec enthousiasme. Le souvenir de son passage dans cette ville fut consacré par une belle médaille qui représente son portrait, et au revers les attributs de la musique. De Vienne il alla à Prague, et parcourut successivem. les capitales de l'Allemagne, recevant partout l'accueil le plus distingué. Ce ne fut qu'en 1831 qu'il vint à Paris, où il était impatiemm. attendu par les meilleurs *dilettanti*. Il y donna quinze concerts très suivis, et dont l'effet fut d'accroître encore sa réputat. déjà si grande. Il alla recueillir à Londres de nouveaux applaudissements, et revint à Paris en 1833 ; mais cette fois, par une bizarrerie inconcevable, il ne se fit point entendre en public, malgré les instances de ses admirateurs. Sa santé déjà chancelante l'obligea de retourner en Italie, et il y mourut en 1840. Son testament, publié par les journaux, contient des dispositions singulières. Il existe plus. notices sur ce gr. musicien.

PASTORET (CLAUDE-EMMANUEL-JOSEPH-PIERRE,

marquis de), pair de France, né en 1756 à Marseille, d'une anc. famille de robe (v. IV, 507), après avoir paru quelque temps au barreau avec éclat, entra dans la carrière de la magistrature. Pourvu, en 1781, d'une charge de conseiller à la cour des aides de Paris, les faciles devoirs de cette place lui permirent de cultiver son goût pour les lettres, dont fort jeune il avait donné des preuves; et ses nouv. travaux, couronnés par l'acad. des inscript., lui ouvrirent, en 1785, les portes de cette savante compagnie. Nommé, en 1788, maître des requêtes, il semblait marcher d'un pas rapide aux prem. emplois, lorsque la révolution arriva. Comme une foule d'autres bons esprits, il en adopta les principes; et, élu, en 1791, procur.-génér. syndic du départem. de Paris, il fit rendre en cette qualité le double décret portant que l'église Ste-Geneviève serait tranformée en un Panthéon pour les grands hommes, et que les restes de Mirabeau y seraient déposés. Devenu membre de l'assemblée législative, ses disc. et ses propositions furent d'abord conformes aux prem. actes de sa vie politique; mais effrayé bientôt de la marche des événements, il s'arrêta, et fit des efforts aussi courageux qu'inutiles pour prévenir la chute du trône dont il redoutait les funestes conséquences. Après la journée du 10 août, obligé de fuir, il se tint caché pend. les mauvais jours, et eut ainsi le bonheur d'échapper à l'échafaud révolutionnaire. Député, en 1795 (an III), par le départem. du Var, au conseil des cinq-cents, il parut souvent à la tribune pour y parler avec éloquence en faveur des prêtres persécutés au nom d'une constitut. qui ne subsistait plus, et pour y proposer div. mesures propres à réparer les maux qu'un régime de sang avait faits à la France. Proscrit au 18 fructidor comme royaliste, et condamné à la déportat., il parvint à se soustraire à ce décret en se réfugiant en Suisse; et ne revint en France qu'à l'époque du consulat. Nommé par le chef du gouvernem. l'un des administrateurs des hôpitaux de Paris, il contribua beauc. à leur rendre leur anc. prospérité. En 1804 il remplaça Bouchaud (v. I, 445) dans la chaire du droit naturel et des gens; et quelq. années après, désigné par les électeurs de Paris candidat au sénat conservat., il vint y prendre place parmi les gr. notabilités de la France impériale. A la restauration; élevé à la pairie, il fut, en 1816, l'un des membres de l'Académie franç. nommés par ordonnance. Dès cette époque, il ne cessa de prendre part aux discussions importantes soulevées à la chambre des pairs, et dans lesq. sa parole grave et modérée eut toujours un gr. poids. Après les événem. de juillet il cessa de faire partie de la chambre dont il était vice-président, et, renonçant à la politique, ne s'occupa plus que d'achever les ouvr. qui doivent lui assurer une réputat. durable dans la postérité. Il mourut à Paris en sept. 1840, à 84 ans, et fut remplacé à l'Acad. franç. par M. de Saint-Aulaire. Ses princip. ouvr. sont: *Zoroastre, Confucius et Mahomet*, 1787, in-8. — *Moïse considéré comme législateur et comme moraliste*, 1787, in-8. — *Traité des lois pénales*, 1790, 2 vol. in-8. — *Histoire de la législat. des anc. peuples*, 1817-27, 9 vol. in-8. Il a eu part à la publicat. du *Recueil des ordonnances* depuis le 15e vol., et de l'*Hist. littéraire de France* depuis le 13e (v. pour ses autres product. l'ouvr. de Querard que l'on ne peut trop citer).

POISSON (DENIS-SIMÉON), savant géomètre, né en 1781 à Pittiviers, fut reçu à l'école polytechnique le prem. de la promot. de 1798. Les travaux d'analyse qu'il fit étant encore élève lui méritèrent la bienveillance de ses maîtres, et en particulier du célèbre Laplace, qui dans la suite contribua beauc. à son avancement. A la création de l'école normale, en 1811, il y fut nommé profess. de mécanique. L'année suiv. il remplaça Malus à l'acad. des sciences. En 1816, il fut nommé profess. à la faculté de Paris, puis successivem. examinat. des aspirants aux écoles spéciales, membre du conseil royal de l'instruct. publique, du bureau des longitudes, etc. Ce savant distingué mourut à Sceaux le 25 avril 1840. Outre une foule de mém. fort intéressants dans les journaux scientifiq. et dans le rec. de l'acad., dont on trouve la liste détaillée dans la *France littér.* de Querard, on a de lui: *Traité de mécaniq.* 1811; 2e édit., augment., 1832, 2 vol. in-8. — *Nouvelle théorie de l'action capillaire*, 1831, in-4. — *Théorie mathématique de la chaleur*, 1835, in-4.

Q

QUÉLEN (HYACINTHE-LOUIS de), archevêque de Paris, né dans cette ville en 1778, d'une famille noble originaire de Bretagne, commença ses études au collége de Navarre, et reçut la tonsure en 1790. Persistant dans son goût décidé pour l'état ecclésiastique, il fit son cours de théologie pendant la révolution, dirigé par des prêtres instruits qui avaient trouvé un asile chez ses parents, et lors de l'ouvert. du séminaire de St-Sulpice, en 1801, en devint un des premiers élèves. Ordonné prêtre en 1807, il obtint peu après le titre de gr.-vicaire de l'évêque de St-Brieuc, et fut ensuite attaché, sans titre particulier, au card. Fesch, pour lequel il montra toujours de la reconnaissance. A la restauration, nommé d'abord vicaire de la grande-aumônerie, il fut fait en 1817 évêque *in partibus* de Samosate, puis coadjuteur de M. de Talleyrand-Périgord, archevêque de Paris, auquel il succéda sur ce siége en 1821. Élevé l'année suivante à la pairie, il se signala en 1824 par son opposition au projet de remboursem. des rentes, et reçut dans cette circonstance les éloges exagérés des mêmes journaux qui depuis lui furent presque continuellement hostiles. Il fit en 1825 un voyage à Rome, où il fut accueilli avec distinction par le pape Léon XII, qu'il avait connu personnellement pendant sa nonciature à Paris. De retour dans son dioc., il s'adonnait aux soins de l'épiscopat, lorsqu'arrivèrent les événements de 1830. Forcé, dans les journées de juillet, de fuir son palais livré au pillage, l'archevêq., le danger passé, était revenu s'y établir, lorsqu'une terrible émeute, dirigée principalement contre sa personne, le força de fuir une seconde fois au mois de février 1831. Cette fois, les insurgés jetèrent les meubles du prélat dans la Seine, ainsi que sa précieuse bibliothèq., et ne se retirèrent qu'après avoir rendu son palais inhabitable. Il supporta cette nouv. épreuve avec une soumiss. toute chrétienne, et lorsque, l'année suiv., le choléra vint affliger Paris, il s'empressa d'offrir son château de Conflans pour les malades, et, bravant le danger, vint prodiguer lui-même les secours de la religion à ceux qui étaient atteints du redoutable fléau. La noble conduite qu'il tint dans cette circonstance força l'admiration même de ses ennemis, qui depuis n'osèrent plus troubler une vie consacrée entièrement à des œuvres de charité. Ce vertueux prélat mourut à Paris en décembre 1839, à 61 ans, regretté des pauvres dont il avait été le père et l'appui. Il avait remplacé le cardinal de Bausset à l'Académie française. Son successeur, M. le comte Molé, l'a dignement loué dans son discours de réception. Outre des mandements, on connaît de ce prélat l'*Oraison funèbre de Louis XVI*, prononcée en 1814, et celle *du duc de Berry*, en 1820.

QUIROGA (D. ANTONIO), célèbre général espagnol, né en 1784 à Betauzol, dans la Galice, de parents nobles, fut destiné par sa famille au service de mer, et, après avoir achevé ses études préliminaires, fut nommé garde-marine. Il quitta ce service en 1808, et, nommé sous-lieuten., puis lieut. dans le régiment de *la Victoire*, qui prit plus tard le nom de *la Mort*, il passa bientôt capitaine dans le régiment de *l'Union*, organisé par Morillo (IV, 493), et, pendant toute la guerre de l'indépend., servit comme offic. d'état-major. Colonel en 1811, il se trouvait en 1815 à Santiago, lors de la tentative de Porlier (V, 28) pour rétablir la constitut. des cortès. Envoyé par son général à Madrid pour rendre compte de cette affaire au gouvernement, il devint suspect au ministre, qui le fit arrêter; mais traduit en 1819 devant un conseil de guerre, il fut acquitté faute de preuves et renvoyé à son régiment, qui faisait partie de l'armée destinée à passer en Amérique pour soumettre les colonies espagnoles. A la veille de l'embarquement, cette armée s'étant insurgée, Quiroga fut arrêté de nouveau; mais délivré par le régim. d'Espagne, il rejoignit Riégo (V, 201), et, reconnu chef de l'armée insurrectionnelle, s'empara de l'île de Léon, où il proclama la constitut. que le roi Ferdinand se vit contraint de jurer une seconde fois. Créé par le roi maréchal-de-camp, puis député de la Galice aux cortès de 1820, il fit preuve dans cette assemblée de talents oratoires très remarquables, et, dans les discussions que les circonstances rendaient si orageuses, il montra beaucoup de sagesse et de modération. Capitaine-général de la Galice en 1823, lors de l'entrée de l'armée française sous les ordres du duc d'Angoulême, il déploya du courage dans la défense de la Corogne, et fit tout ce qu'il put pour retarder la soumission de cette province. Quand les Français s'en furent rendus maîtres, il s'embarqua pour l'Angleterre, et, à travers mille dangers, revint à Cadix essayer de ranimer l'énergie des cortès. Mais, ayant perdu l'espoir de sauver son pays, il retourna en Angleterre, et fixa sa résidence à Londres, où il vécut avec sa femme et sa fille, consacrant tout son temps à l'étude des sciences. Après la mort du roi Ferdinand, il revint en Espagne; il y fut accueilli d'abord avec enthousiasme; mais, trop sage, trop modéré pour ne pas déplaire aux exaltés de tous les partis, il cessa bientôt d'être employé, et, retiré dans la Galice, y mourut en juin 1841, presque oublié de ses ingrats compatriotes.

R

REDOUTÉ (PIERRE-JOSEPH), célèbre peintre de fleurs, né en 1759 à St-Hubert, dans la Belgique, reçut de son père, artiste distingué, les prem. leçons de dessin, et en profita si bien qu'à l'âge de quatre ans il crayonnait déjà de petits tableaux de genre. A treize ans, il quitta sa famille pour visiter la Flandre et la Hollande, et trouva dès lors dans son talent naissant des ressources suffisantes pour vivre honorablement. Arrivé à Paris pour s'y perfectionner par l'étude des modèles et la fréquentation des maîtres, il y connut le botaniste Lhéritier, qui, frappé de sa facilité à peindre les fleurs, le décida sans peine à se consacrer exclusivement à ce genre dans lequel il devait obtenir une réputation si brillante. Il accompagna Lhéritier à Londres, où il dessina une partie des fig. du *Sertum anglicum*. La reine Marie-Antoinette venait de le nommer dessinateur de son cabinet, lorsque la révolution éclata. En 1792, il obtint le titre de dessinateur de l'acad. des sciences. L'année suivante, après un brillant concours, il fut chargé de continuer la magnifiq. collect. de plantes et d'animaux peints d'après nature sur vélin, et qui est déposée au musée d'histoire naturelle. A la création de l'Institut, il en devint le dessinateur en titre. En 1805, peintre de fleurs de l'impératrice Joséphine, il obtint en 1831 le même emploi près de la reine Marie-Amélie. Il mourut à Paris le 20 juin 1840. C'est à Redouté que l'on doit les fig. de la plupart des beaux ouvrages de botanique publiés depuis quarante ans par Ventenat, Desfontaines, de Candolle, Michaux, Bonpland, etc.; mais il doit principalement sa réputation à sa belle *Collection de liliacées*, 8 vol. in-fol., contenant 486 pl., et à ses *Roses*, 1817-24, 3 vol. in-fol., 168 pl., sans compter le frontispice. M. Bouchard a publié une *Notice nécrologique sur Redouté*, in-8.

REICHA (Ant.-Jos.), célèbre music., né en 1770 à Prague, après avoir terminé ses études littér. à l'université de Bonn, où il avait eu pour condisciple Beethoven, à son exemple, étudia la musique, dans laquelle il fit de rapides progrès. Il était depuis quelque temps attaché à la chapelle de l'électeur de Cologne, lorsque les Français s'emparèrent de l'électorat en 1794. Il alla se fixer alors à Hambourg, et vint en 1797 à Paris, où il se fit connaître avantageusement par une symphonie à grand orchestre, exécutée aux concerts de la rue de Cléry. En 1802, il se rendit à Vienne près d'Hayden, dont les conseils lui furent très utiles. De retour à Paris, il y donna des leçons de composition qui commencèrent sa célébrité. En 1818, il remplaça Méhul au Conservatoire, et forma plusieurs élèves qui tous sont devenus des maîtres distingués. Naturalisé Français depuis plusieurs ann., il fut en 1835 nommé membre de l'Institut, classe des beaux-arts, et mourut à Paris en 1836, à 66 ans. Indépendamment d'un grand nombre de morceaux remarquables et de deux opéras représentés à l'Acad. roy. de musique, *Nathalie* (1816), et *Sapho* (1822), on lui doit plus. ouvr. de théorie adoptés pour l'enseignement du Conservatoire: *Traité de mélodie*, 1814, in-4. — *Cours complet de composition*, 1818. — *Traité de haute composition*, 1816, 2 vol. in-4.

RICHEMONT (Philippe PANON-DESBASSAYNS, comte de), né en 1774 à St-Paul (île de Bourbon), d'une famille ancienne et riche, fut envoyé de bonne heure en France pour y faire ses études. Il se destinait à l'artillerie; la révolut. l'ayant arrêté dans son projet, il retourna dans les colonies, et s'y livra bientôt à des spéculations commerciales qui vinrent accroître sa grande et honorable fortune. Revenu en France en 1798, il fut chargé par le gouvernement consulaire de différentes missions en Angleterre, et parvint à sauver des pertes considérables au trésor, en démontrant l'injustice des réclamat. de plus. maisons de Hambourg. En 1811, il eut le bonheur de réussir dans une négociation d'un autre genre ; nos malheureux soldats retenus sur les pontons anglais lui durent leur liberté. Après la restaurat., nommé administr. du conseil-général des établissements français dans l'Inde, il obtint la restitution de nos comptoirs à Madagascar et au Bengale, et, sans le retour de Napoléon, il nous aurait fait rendre la magnifique colonie de l'île de France. Après 1815, il fut nommé intendant à l'île Bourbon, qu'il a dotée d'utiles institutions, puis remplit dans l'Inde deux missions qui ont contribué puissamment à la prospérité de nos colonies orientales. A son retour, il fut récompensé de ses services par le titre de conseiller-d'état et de membre du conseil de l'amirauté. Dès-lors président de presque toutes les commissions nommées pour s'occuper des colonies, c'est sur ses propositions que, de 1825 à 1830, furent rédigées toutes les ordonnances relatives à ce service. Élu par le départ. de la Meuse membre de la chambre des députés, il cessa d'en faire partie après la révolution de juillet, et se retira dans sa terre de Cangé, où il se livra tout entier à l'amélioration des pratiques agricoles, et au soulagement des malheureux. Il mourut à Paris en septembre 1840, laissant par testam. 140,000 fr. aux pauvres de sa paroisse, et faisant d'autres legs qui serviront à perpétuer le souvenir de cet homme de bien. M. David, son ancien collègue au conseil-d'état, prononça sur sa tombe un discours touchant, dont on s'est servi pour la rédaction de cet article.

RICHERAND (Anthelme), célèbre chirurgien, né, en 1779 à Belley, vint en 1796 à Paris, suivre les cours de cette école de santé d'où sont sortis tant de praticiens habiles et de personnages distingués. Admis en 1799 à l'exercice de son art, il se livra dès-lors à l'enseignem. de la physiologie, et sut attirer à ses leçons un grand nombre d'élèves par la clarté et la précision avec lesq. il décrivait les fonctions. Il fut en 1800 nommé chirurg. en chef adjoint à l'hôpital St-Louis, puis chirurgien-major de la garde de Paris. En 1807 il obtint la chaire de pathologie externe que la mort de Lassus laissait vacante à l'école de médecine. Plus tard il obtint celle de chirurgie-opératoire à la faculté. Plusieurs décorations et des titres honorifiq. furent la récompense légitime de ses travaux; mais il eut des envieux dont les attaques troublèrent les dernières années de sa vie; et il mourut en janvier 1840, d'une maladie occasionnée par le chagrin. Ses princip. ouvr. sont: *Nouveaux éléments de physiologie*, 1802, 2 vol. in-8; 9e édit., 1824. — *Nosographie chirurg.*, 1805, 2 vol. in-8; 8e édit. 1821, 4 vol. in-8, fig. — *Des erreurs populaires relatives à la médecine*, 1809, in-8; 2e édit., 1812. — *De l'enseignement actuel de la médecine et de la chirurgie* (1816), in-4 : c'est une apologie de la faculté de Paris. — *Histoire des progrès récents de la chirurgie*, 1825, in-8. — *De la population dans ses rapports avec le gouvernement*, 1836, in-8. Tous ces ouvr., écrits d'un style brillant, se distinguent moins par la nouveauté des faits, ou par la profondeur, que par la clarté et l'enchaînement des idées.

ROGNIAT (Joseph, vicomte), lieuten.-gén. du génie, né, en 1767 à Vienne, dans le Dauphiné, d'une famille honorable, entra au service dans les prem. années de la révolution. Parvenu au grade de capitaine il fit la campagne de 1800 sous les ordres de Moreau, et se distingua le 26 juin à la bataille de Neubourg. Après avoir fait les campagnes de 1805, 1806 et 1807, il fut nommé chef de bataillon, et employé dans ce grade au siége de Dantzig, à la suite duquel l'empereur le nomma command. de la Légion-d'Honneur. Élevé au grade de colonel, et envoyé en Espagne en 1808, il y trouva de nombreuses occasions de signaler ses talents. Il rendit les plus grands services au siége de Saragosse, et, en ayant été récompensé par le grade de général, dirigea en cette qualité les travaux d'attaque aux siéges de Tortose et de Tarragone, qui furent poussés avec une remarquable activité. Après la prise de ces deux places importantes, nommé général de division, il combattit sous les murs de Sagonte, dont le siége fut commencé et terminé au mois d'octobre 1811. Il eut aussi la plus gr. part à la prise de Valence. Appelé en 1813 à la gr. armée, il fut chargé de fortifier Dresde. Pendant la campagne de France, il commanda le génie à Metz. Au retour du roi il fut fait gr.-officier de la Lég.-d'Honneur, et nommé membre du comité de la guerre. En 1816, il présida le conseil qui prononça la peine de mort contre le gén. Brayer, à côté duquel il devait plus tard siéger à la chambre des pairs, et fut membre de celui qui acquitta Drouot. Inspecteur-gén. du génie, il devint, en 1820, membre du conseil de perfectionnem. de l'école polytechnique, et plus tard reçut du duc d'Angoulême la commission honorable de donner au duc de Bordeaux les prem. leçons de l'art des fortifications. Après la révolut. de 1830 le titre de prem. inspecteur-gén. du génie dont il était revêtu ayant été supprimé par le maréchal Gérard, il obtint un congé de plus. mois, et ne revint à Paris qu'après son élévat. à la pairie. Il mourut en mai 1840, laissant la réput. d'un excellent officier et d'un habile administrateur. On a de lui : *Relat. des siéges de Saragosse et de Tortose par les Français dans la dern. guerre d'Espagne*, 1814, in-4. — *Considérations sur l'art de la guerre*, 1816; 2ᵉ édit., 1817, in-8, ouvrage très estimé des hommes du métier. Napoléon, dont les plans de campagne y sont discutés sévèrement, entreprit de le réfuter à St-Hélène. Rogniat fit paraître une *Réponse à ses notes critiques*, etc., 1823, in-8. — *Situation de la France en 1817*, in-8. — *Des gouvernements*, 1819, in-8, tom. Iᵉʳ. Il n'a paru que ce volume; l'ouvrage devait en avoir quatre.

ROSENMULLER (ERNEST-FRÉD.-CHARLES), célèbre orientaliste, frère de Jean-Chrétien (*v.* V, 282), après avoir terminé ses études à Leipsig d'une manière brillante, fut nommé en 1795 professeur de langue arabe, puis en 1813 de littérat. orientale. Son enseignem. lui acquit en Allemagne une gr. réputat. qu'accrurent encore ses nombreux ouvr. dont les princip. sont: *Scholia in Vetus Testamentum*, 1788-1827, 8 vol. in-8. — *Manuel de critique et d'exégèse biblique*, 1797 et 1800, 4 vol. in-8. — *L'Orient ancien et moderne, ou Éclaircissement sur les Stes Écritures*, 1818-20, 6 vol. in-8. — *Institutiones ad fundamenta linguæ arabicæ*, 1818, 4 vol. in-8. — *Selecta quædam Arabum adagia*, etc., 1825-26, 2 vol. in-8. Ce savant mourut à Leipsig le 27 novembre 1835.

ROUGEMONT (MICHEL-NICOLAS BALISON DE), auteur dramatique, né à la Rochelle en 1781, d'une ancienne famille de Normandie, entra dans la marine à l'âge de 16 ans, et, fait prisonnier par une frégate anglaise, fut conduit à Lisbonne. Ayant été échangé, il revint en France, et servit dans l'armée vendéenne sous les ordres du comte de Suzannet, qui le choisit pour son officier d'ordonn. Après la pacificat. de la Vendée, renonçant à la carrière militaire, il s'établit à Paris. L'éclat de ses débuts littéraires décida de sa vocation, et depuis il ne cessa de publier des romans et des pièces de théâtre, qui presque tous eurent du succès. Président de la société de Momus, et devenu membre de l'Athénée des arts, du Caveau moderne, etc., Rougemont eut beaucoup d'amis, et les mérita par son obligeance et la loyauté de son caractère. Il mourut à Paris, en 1840. Parmi ses nombreux ouvrages, on citera : le *Rôdeur français*, 1816-23, 6 vol. in-12; 6ᵉ édit., 1827. Il a composé près de 150 pièces de théâtre, dont les plus connues sont: *l'Ours au sérail; M. et Mᵐᵉ Denis;* la *Femme innocente, malheureuse et persécutée,* l'une des meilleures parodies des drames niais qui attiraient alors la foule au théâtre de la Porte St-Martin ; le *Tailleur de J.-J. Rousseau, la Laitière de Montfermeil, Mᵐᵉ de Lavabalière*, etc. (*v.* la *France littéraire* de Querard).

ROUGIER DE LA BERGERIE (J.-B.), célèbre agronome, né en 1757 à Bonneuil (Limousin), se sentit dès sa jeunesse porté par un instinct irrésistible vers les études de l'agriculture théorique. Étant venu se fixer à Paris, il fut élu membre de la prem. municipalité de cette ville en 1789, et se fit remarquer de ses collégues par son zèle et son patriotisme éclairé. Député à l'assemblée législative, il ne parut à la tribune que pour y lire des rapports sur diverses questions d'économie politique. Il ne fit point partie de la convention ; mais, en 1793, chargé d'inspecter les étangs et les marais de France, le compte qu'il rendit de sa mission prouva qu'il en avait senti toute l'importance. En 1796 il fut nommé correspondant de la prem. classe de l'Institut (section d'économie rurale). A l'organisation des préfectures en 1800, il fut désigné préfet de l'Yonne, et sut se concilier l'estime et l'affection de ses administrés. Il passa les dern. années de sa vie dans la retraite, et mourut en 1836. Ses ouvrages sont fort nombreux ; les princip. sont: *Recherches sur les princip. abus qui s'opposent aux progrès de l'agriculture en France*, Paris, 1787, in-8. — *Essai sur le commerce et la paix, considérés dans leurs rapports avec l'agriculture*, 1797, in-8. — *Mémoire sur la cult., le commerce, et l'emploi des chanvres et lins de France, pour la marine et les arts*, 1799, in-12. — *Sur l'abus du défrichement, et la destruction des bois et forêts, avec un projet d'organisation forestière,* Auxerre, 1804, in-4. — *Les Géorgiques françaises*, poëme didactique, 1804, 2 vol. in-8;

2e édit., 1824, avec 2 pl. — *Histoire de l'agricult. française*, 1815, in-8. — *Cours complet d'agriculture pratique*, 1819 - 22, 8 vol. in-8. — *Les forêts de la France, leurs rapports avec les climats, la température et l'ordre des saisons*, etc., 1817, in-8. — *L'Histoire de l'agriculture des Gaulois depuis leur origine jusqu'à Jules-César*, 1819, in-8. Rougier de la Bergerie a été l'un des collaborateurs les plus actifs des *Annales d'agricult.* (v. la *France littéraire* de M. Querard).

ROMAN (J.-B.-Louis), statuaire, né en 1795, à Paris, fut élève de Cartellier, et remporta en 1812 le 2e grand prix de sculpture. Le sujet du concours était *Aristée pleurant la perte de ses abeilles.* A son retour de Rome où il avait étudié pend. cinq ans, il obtint des travaux du gouvernement, et fut chargé de différents ouvr. importants, entre autres du *monument de Quiberon*, du *bas-relief* ajouté à l'arc-de-triomphe du Carrousel, et du *grand bas-relief* qui décore la salle des séances de la chambre des députés. Il terminait le modèle d'une statue de *Caton* pour le jardin des Tuileries, et des *pendentifs* pour l'église nouv. de la Madeleine, lorsqu'il mourut en 1835, à peine âgé de 42 ans. Parmi ses meill. ouvr. on cite un groupe de *Nysus et Euryale*, et une statue de l'*Innocence*.

S

SALANDRI (PELLEGRINO) poète, né en 1723 à Reggio, de parents pauvres, dut le bienfait d'une bonne éducation à un ecclésiastique charitable qui le fit admettre au séminaire de cette ville. Après avoir reçu le laurier doctoral en théologie, il quitta le séminaire, et ne tarda pas à se faire connaître par ses talents naturels pour la poésie. Étant passé quelque temps après à Modène, le comte Cristiani le choisit pour précepteur de ses enfants, et l'emmena depuis comme secrétaire à Milan et de là dans les cours de Vienne, de Turin et de Parme. Dans un voyage qu'il fit à Rome, il fut admis à l'académie Arcadienne. Le comte Cristiani son protecteur, lui fit obtenir en 1758 la place de premier employé à la secrétairie royale de Mantoue ; et lors de la fondation de l'acad. de cette ville en 1767, il en fut élu secrétaire perpétuel. Il mourut d'un accident en 1771, à 48 ans. Ses *Poesie*, qui consistent principalement en sonnets, ont été imprimées plusieurs fois. L'édition la plus complète est celle de Reggio, 1824, in-16, avec portrait. Les Italiens font beaucoup de cas des ouvrages de Salandri. Tiraboschi, dans la *Bibliothèque modenèse*, le place au premier rang des poètes qui ont illustré l'Italie au 18e siècle.

SAVARY (Félix), astronome, né en 1797 à Paris, fut nommé professeur à l'école polytechnique, dont il était l'un des plus brillants élèves, devint membre de l'académie des sciences et du bureau des longitudes, et mourut en juillet 1841. Ses trav. sont consignés dans le *Journal de physique*, les *Annales de chimie*, et la *Connaissance des temps*. Deux de ses écrits ont été tirés à part : *Mémoire sur l'application du calcul aux phénomènes électro-dynamiques*, 1823, in-4 de 28 pages, avec une planch. — *Mémoire sur la détermination des orbites que décrivent autour de leur centre de gravité deux étoiles très rapprochées l'une de l'autre*, 1827, in-8 de 24 pages.

SCHLEGEL (AUG.-GUILL.), célèbre littérateur, né en 1767 à Hanovre, était fils de Jean-Adolphe (V, 456), et frère de Frédéric (*ibid*, 457), tous deux connus par d'importants travaux, mais qu'il devait surpasser. Doué d'une aptitude remarquable, il apprit en peu de temps les principales langues de l'Europe, et, après avoir achevé ses études classiq. au lycée de sa ville natale, vint à Gœttingue suivre le cours de théologie. Lorsqu'il eut pris ses grades, il refusa une vocation pour accepter la place de précepteur des enfants d'un bourgeois d'Amsterdam. Plus tard, nommé profess. à l'univ. d'Iéna, il y donna des leçons d'estétique, et prit part en même temps à la rédact. de la *Gazette littér. génér.*, puis, avec son frère Frédéric, à l'*Athénée*, revue dans laq. il consigna plus. articles remarquables. En 1802, il devint avec Tieck l'un des édit. de l'*Almanach des Muses*. Dans un séjour qu'il fit vers la même époque à Berlin, il connut Mme de Staël, qu'il suivit en 1805 à Coppet, pour diriger l'éducat. des enfants de cette femme célèbre. Le parallèle, qu'il publia en 1807, de la *Phèdre* de Racine et de celle d'Euripide produisit une grande sensation en France, à cause des attaq. qu'il s'y permit contre un des chefs-d'œuvre de notre théâtre. En 1808, il ouvrit à Vienne un *Cours de littérature dramatique*, qui fut publié plus tard en 3 vol. et trad. en français. La hardiesse avec laquelle il y combat les théories d'Aristote plut beauc. aux jeunes novateurs, et de là date ce mépris des règles qui a produit tant d'ouvrages monstrueux, pour quelques-uns d'estimables. Son recueil de *poésies*, publ. en 1810, et réimpr. en 1811, obtint un grand succès en Allemagne, où Schlegel est placé près de Bürger dans le *sonnet*, et ne connaît point de rival dans la *romance* et l'*élégie*. Ses belles *traductions* de Shakespeare, de Calderon, et d'un choix de poésies ital., espagn., et portug., ajoutèrent encore à sa renommée au-delà du Rhin. Les événements de 1813 ne pouvaient le trouver indifférent. Il attaqua la politique de Napoléon, si funeste à l'Allemagne, dans plusieurs écrits qui le firent connaître comme publiciste, et lui valurent des marques d'estime de plus. souverains, notamm. du prince royal, dep. roi de Suède, qu'il suivit comme secrétaire pendant la campagne de 1814. Il rejoignit ensuite Mme de Staël à Coppet. Après la mort de celle qu'il nommait son illustre protectrice, il vint à Paris, où il publia en 1818, en franç., son *Essai sur la langue et la littérature provençales*, ouvr. plein de remarques ingénieuses, et qui mérite d'être lu, même après les trav. de Raynouard. Nommé, la même année, professeur à l'univ. de Bonn, il porta dès lors toute son activité vers l'érudition, et se livra tout entier à l'étude des langues de l'Asie. Il concourut à la *Bibliothèque indienne*, et donna en 1823 une édit. en samskrit du *Bhagavad Geta*, avec une version lat. et un commentaire. Après un assez long séjour en Angleterre, où il s'était rendu pour examiner les MSs. orientaux et se lier avec les savants, il revint en Allemagne, rapportant de nouvelles richesses. En 1828 il fit à Berlin un *Cours d'hist. génér. des beaux-arts*, et publia deux vol. de *Mélanges critiq.* L'année suiv. parut le 1er vol. de son édit. du *Ramayana*, qu'il termina en 1831. Cet infatigable érudit poursuivit ses div. public. jusqu'à sa mort, arrivée en juillet 1836, et laissa la réputat. d'un des savants les plus judicieux et les plus distingués qui aient paru en Allemagne depuis la renaissance des lettres.

SELLON (JEAN-JACQUES, comte de), membre du conseil souverain de Genève et membre correspond. de plus. soc. savantes, fondateur et présid. de la société de la paix, naquit à Genève en 1782. Sa prem. enfance fut confiée au gendre d'Oberlin, M. le pasteur Witz, qu'il eut long-temps près de lui comme précepteur, et qui acquit bien vite sur le cœur et l'esprit de son élève l'ascendant que donnent le talent et les vertus. A peine âgé de dix ans, conduit à Rome, il y fut pris de cet amour de l'art qu'il conserva depuis, et qu'on retrouvait partout dans la décoration des séjours qu'il affectionnait. Mais il était un autre genre d'impression qui vint, non plus séduire, mais effrayer son imagination et bouleverser sa nature et douce nature. Rome servait alors de refuge au dernier des Stuart et aux tantes du malheureux Louis XVI, derniers débris d'une histoire qui finissait, et dont la présence retraçait les vicissitudes. Bouleversé du récit des sanglantes exécutions qui enlevaient à la France ses hommes les plus illustres et les plus généreux, en passant de Rome à Florence, il trouva en Toscane le consolant contraste d'un pays où l'abolition de la peine de mort avait exercé la plus heureuse influence. Suspendue d'abord, l'application de cette peine venait d'être entièrem. supprimée par le gr.-duc Léopold. Le jeune de Sellon en reçut la conviction que la peine de mort reposait moins sur la nécessité que sur l'habitude. Mais il fallait à cette conviction, pour se manifester au dehors dans toute son énergie, la maturité de l'âge et la liberté d'une tribune. Ce n'était pas de l'empire qu'il devait l'attendre. Toutefois l'emper., qui aimait à se rattacher les hommes dont il appréciait la valeur personnelle, le nomma son chambellan. Ce ne fut qu'à la chute du grand empire que, rendu à son prem. titre de citoyen de Genève et appelé par le vœu de ses concitoyens au sein du conseil de ce canton, il se dévoua tout entier à la cause de l'abolition de la peine de mort, devenue depuis la vocation et l'honneur de sa vie. Le premier usage qu'il fit du droit de proposition individuelle au sein du conseil représentatif, fut d'y proposer la substitution de la réclusion à la peine capitale. Son infatigable persévérance à reproduire cette proposit. chaque année, de 1816 à 1826, eut un grand retentissem. en Europe. Voyant les esprits suffisamment préparés pour prendre une part active et sérieuse à l'examen de cette grave question, il jugea le moment opportun pour appeler les publicistes de l'Europe à concourir à sa solution. Tel fut le but du célèbre concours qu'il ouvrit en 1826 en faveur du meilleur mémoire sur l'abolition de la peine de mort. Celui de M. Ch. Lucas remporta le prix. Après avoir donné l'ébranlem. aux esprits par ce double levier de la tribune et du concours, il s'imposa la mission de publier le récit de tous les faits importants et l'analyse de tous les ouvrages intéressants qui surgissaient en faveur de la cause qu'il avait si noblement embrassée. L'espace ne nous permet pas d'énumérer ici toutes les publications successives qui attestent tout ce qu'il y avait de religieux, d'élevé, de généreux dans cet homme excellent. Encore moins nous arrêterons-nous à parler du talent de l'écrivain, qui secondaire à ses yeux. Il voyait le but, et y marchait sans perdre le temps à faire des livres, quand il croyait plus utile d'analyser et répandre les meilleurs arguments de ceux qui étaient déjà faits. C'est là que se révélait chez lui la véritable vocat. du réformat., qui, sans rien envier ni prétendre à des succès d'amour-propre, ne s'occupe qu'à réunir tous ses moyens et à les faire tous converger vers le résultat qu'il veut produire et la fin qu'il veut atteindre. C'est là ce qui lui a valu en Europe son influence et sa célébrité. Cependant il a un beau titre encore. Son esprit logique lui fit promptement sentir qu'il serait bien difficile d'empêcher les gouvernements de répandre sur les places publiques le sang des malfaiteurs, tant qu'on les verrait, pour vider leurs querelles, inonder les champs de bataille du sang le plus pur et le plus généreux. C'est alors que, s'appuyant sur le plan de pacification conçu par Henri IV et consigné dans le XXXe livre des *Mémoires* de Sully, il invoque l'application du système d'arbitrage aux affaires internationales. C'est en 1830, au moment où l'Europe semblait menacée d'une guerre générale, que M. de Sellon, fonda la société de la paix, et ouvrit un concours sur les meilleurs moyens de procurer une paix générale. Cette impulsion donnée aux idées pacifiques eut de la portée; déjà, à l'étranger et notamment en Angleterre et en Amérique, on avait vu des sociétés de la paix s'élever pour prêcher et répandre que les querelles des nations ne devaient, pas plus que celles des particuliers, se vider par le fer et le meurtre. Ce qui n'était qu'un rêve de l'esprit chez l'abbé de Saint-Pierre, qu'un élan de cœur chez Henri IV, était devenu un besoin et un progrès du temps, aux yeux de M. de Sellon. La sainte-alliance de 1814, quoique momentanément hostile aux intérêts généraux de la civilisation, devait leur profiter plus tard. Elle avait inauguré sous une forme l'idée de congrès arbitral, qui depuis s'est reproduite dans l'Occident, pour éviter la guerre entre la Hollande et la Belgique, èt dans l'Orient, pour donner une solution pacifique à une question grosse de tant d'orages et de difficultés. Rien n'égale le zèle avec lcq. Sellon a plaidé la cause de l'arbitrage international comme celle de l'abolition de la peine de mort, s'attachant toujours à publier le récit de tous les faits et l'analyse de tous les écrits propres à propager ses convictions. Ce n'était pas seulement son temps, sa vie, mais sa fortune qu'il consacrait à ces deux réformes, qui réaliseraient deux éminents progrès dans le perfectionnement moral de l'humanité. Cet homme de bien, fut enlevé le 7 juin 1835, à la suite d'une pénible maladie aggravée par son zèle infatigable à poursuivre la mission qu'il avait reçue de sa conscience et de sa foi, car il était profondément religieux. On trouve la liste détaillée de ses nombreux opuscules dans la *France littéraire* de M. Quérard.

SIDNEY-SMITH (sir WILLIAM), amiral angl., né en 1764 à Westminster, fils d'un officier distingué par ses talents, entra dès l'âge de 15 ans dans la marine milit., et dut à son courage un avancem. rapide. En 1783 il était command. en second de la frégate *la Némésis*. A la paix, il alla servir en Suède, où il se distingua dans plus. combats contre les escadres russes; et obtint le gr. cordon de l'ordre de l'Épée. Il se rendit en 1790 à Constantinople, et servit quelque temps sur la flotte turque; mais la guerre ayant éclaté entre l'Angleterre et la France, il rejoignit l'escadre de l'amiral Hood devant Toulon, et, après la prise de cette ville, fut chargé d'incendier l'arsenal et les vaisseaux franç. dans le port. Nommé commandant de la frégate *le Diamant*, il tenta diverses expédit. incendiaires sur les ports de France, et fit éprouver au commerce des pertes considérables. Fait prisonnier en 1806 sur un corsaire dont il venait de s'emparer, il fut conduit à Paris et enfermé à l'Abbaye, puis au Temple, dont les ennemis du gouvernement parvinrent à le tirer, au moyen d'un ordre supposé du ministre de la guerre. A son retour à Londres, nommé command. du vaisseau *le Tigre*, il se rendit à Constantinople, où son frère, Spencer-Smith, était ambassadeur, et contribua beauc. à conclure le traité d'alliance entre la Porte et la Grande-Bretagne, ayant pour but l'expulsion des Français de l'Égypte. Après avoir bombardé Alexandrie, il s'empara de la flottille franç., mouillée à Caïffa, et, se portant devant St-Jean-d'Acre assiégé par les Français, les força de se retirer à travers le désert, et de renoncer à la conquête de la Syrie. Après la sortie des Français de l'Égypte, il revint en Angleterre, où il fut accueilli par le peuple de Londres avec enthousiasme. Élu en 1802 membre de la chambre des communes, par la ville de Rochester, il y prononça dans cette session plus. discours remarquables, et proposa div. mesures pour repousser l'invasion dont la France menaçait l'Angleterre. Renvoyé l'année suiv. en Égypte, lors de la reprise des hostilités, il obtint le commandement d'une escadre légère, avec laquelle il attaqua, mais sans succès, la flottille franç., dans les ports d'Ostende et de Flessingue. Élevé en 1805 au grade de contre-amiral, il rejoignit l'escadre angl. dans la Méditerranée, et fut chargé d'inquiéter les Français dans le roy. de Naples, dont ils venaient de s'emparer. En 1807 il vint avec une escadre croiser à l'embouchure du Tage, pour favoriser les projets du cabinet portugais, et lorsque le prince royal eût pris la résolution de se rendre au Brésil, il l'accompagna jusqu'à Rio-Janeiro. L'intérêt qu'il montra dans div. circonstances à la princesse de Galles fut, à ce que l'on présume, la cause de sa disgrâce; mais ce qu'il y a de sûr, c'est qu'il cessa d'être employé. En 1814, il parut au congrès de Vienne, pour y demander, au nom de plusieurs sociétés philanthrop., l'abolition de la traite des noirs et l'extirpation des pirates barbaresques. Peu de temps après, il s'établit à Paris, où il fonda la société nommée *Anti-Pirate*, et ne cessa de prendre une part très active à tous les projets qui se sont exécutés pour l'améliorat. des prisons, l'instruct. primaire, l'établissement des caisses d'épargne, des salles d'asile pour l'enfance, des secours à domicile pour les malades et les infirmes, etc. Sidney-Smith mourut en mai 1840. M. Jullien, de Paris, a prononcé son *éloge* dans une réunion de la société philanthropique.

STAPFER (PHILIPPE-ALBERT), littérateur et diplomate, né en 1766 à Berne, après avoir achevé ses études théologiques avec succès, embrassa la carrière du ministère évangélique. Professeur de théologie, puis de philosophie à l'académie de sa ville natale, il remplit cette double chaire avec éclat, et se fit une réputation qui s'étendit au loin. Lors de la révolution de l'Helvétie, il fut nommé ministre des cultes et des sciences, puis ministre plénipotentiaire à Paris, où il se fixa. A la cessat. de ses fonctions, il partagea son temps entre la culture des lettres et les soins qu'il devait à sa famille. Vice-président de la société biblique, il fit un voy. en Angleterre dans l'intérêt de cette œuvre, et visita les principales associat. du mème genre formées récemment en Allemagne et en Hollande. M. Suard le nomma son exécuteur testamentaire. Il mourut à Paris en 1840. L'un des rédacteurs des *Archives littér.*, et plus tard de la *Revue encyclopédique*, il a trad. de l'allem. le *Faust* de Goëthe, et revu la trad. de l'*Histoire de la littér. espagn.* de Bentuweck, et publié quelques opuscules dont on trouve la liste dans la *France littéraire* de Querard.

T

TE-WATER (J.-W.), ministre protestant, né en 1740 à Zaamslay, en Hollande, mort à Leyde en 1822, membre de commiss. ecclésiast., de diverses sociétés savantes et historiogr. de Zélande, avait consacré une grande partie de sa longue carrière à l'enseignem. de la jeunesse. Il a publié plus. ouvr. qui sont inconnus en France, mais sur lesquels les curieux trouveront des détails dans des *Mém.* qu'il a publ. sous le titre de *Levens Berigt*, etc.. Leyde, 1824, in-8 (*v.* la *Revue encycl.*, tom. XXI, pag. 409).

THABAUD-BOIS-LA-REINE (GUILLAUME), conventionnel, né en 1755 dans le Berri, d'une famille noble, était en 1789 prevôt de la connétablie à Châteauroux. Ayant adopté les principes de la révolution, il fut nommé successivement l'un des administrat. du district de cette ville, puis membre du directoire du département de l'Indre. Le zèle dont il donna des preuves dans ces différentes fonctions le firent élire en 1792 à la convention, où il vota la mort du roi sans appel et sans sursis. Entré au conseil des cinq cents, il en sortit en mai 1797, et devint l'un des administrateurs de la loterie. L'année suiv., porté par les électeurs de son département au conseil des anciens, il y siégeait encore au 18 brumaire. Il reprit alors sa place dans l'administration de la loterie, qu'il ne perdit qu'en 1814. Ayant siégé pend. les *cent-jours* à la chambre des représentants comme député de l'Indre, il fut atteint en 1816 par la loi d'amnistie, et se réfugia dans les Pays-Bas. La révolut. de 1830 lui permit de revenir dans sa famille, et il mourut en 1836 à Châteauroux.

TRÉMOILLE (CH.-BRETAGNE-MARIE-JOSEPH, duc de la), prince de Tarente, né à Paris en 1764, reçut une éducation des plus distinguées. Colonel à 23 ans, il rejoignit en 1790 les princes français à Coblentz, et concourut avec son oncle, le prince Maurice de Salm, à lever et organiser un corps de hussards à la tête duq. il fit la campagne de 1792. Il abandonna l'année suivante le commandem. de ce corps à son frère, et passa au service de la cour de Naples, avec le titre de colonel d'état-major aide-de-camp du roi. Il fit en cette qualité plus. campagnes dans la Lombardie, et se signala particulièrement à l'affaire du pont de Lodi, où il protégea la retraite de l'armée autrichienne assez efficacement pour mériter les éloges des généraux. Après l'invas. du royaume de Naples par les Français en 1798, il donna sa démission, et se joignit au comte de Frotté pour opérer un débarquement sur les côtes du Poitou, et prendre part comme volontaire à la dernière tentative des Vendéens en faveur des Bourbons. Rentré en France en 1814, il fut fait par le roi lieut.-général et créé membre de la chambre des pairs. Lors des événements de 1830, il habitait son château près de Rambouillet; il s'empressa de venir offrir ses services à Charles X; ce prince lui ayant dit que le devoir des pairs était de se rendre à leur poste, il regagna Paris, où il arriva que tout était décidé. La crainte de l'anarchie l'engagea à se rallier au nouveau gouvernem., et il continua de siéger à la chambre des pairs. Le duc de la Trémoille mourut en nov. 1838, à 75 ans.

TRÉMOILLE (le prince LOUIS de la), frère du précédent, né en 1767, termina très jeune de fort bonnes études au collége du Plessis, et visita ensuite l'Angleterre et les principales cours d'Allemagne. De retour en France, il entra dans le régiment de Colonel-Général; et, lors de l'émigrat., il suivit le prince de Condé qui le nomma son aide-de-camp. Chargé de missions importantes en div. cours de l'Europe et en France, il fut arrêté et mis en prison; mais il eut le bonheur d'échapper aux dangers qu'il avait bravés pour remplir son devoir. A la restauration, il ne sollicita pour lui-même ni grâces ni faveurs, et ne se servit de son crédit que pour être utile à ses anciens compagnons d'infortune. Il cessa de faire partie de la chambre des pairs en 1830, et mourut aux eaux d'Aix-la-Chapelle en 1837. L'abbé de Feletz lui a consigné une touchante notice dans ses *Jugements historiques*, 1840, in-8.

TRIPIER (JEAN), célèbre avocat, né en 1765 à Autun, vint fort jeune achever ses études à Paris, au collége de Montaigu, où, dès la prem. année, il obtint au concours général le grand prix de sa classe. Sans fortune, sans patron, sans prôneur, il ne dut qu'à ses persévérants efforts les succès qu'il obtint dans la suite. Il débuta seulement en 1790 au barreau, devant des tribunaux de district, dans des causes d'un intérêt privé qui peuvent fournir au jurisconsulte l'occasion de faire preuve de savoir, mais ne prêtent point à l'éloquence. Ce fut là qu'il contracta l'habitude de ne voir jamais que l'affaire dont il était chargé, et de n'employer dans ses plaidoiries que les ressources de la dialectiq. Esprit froid, juste et logiq., très laborieux, doué d'un excellent jugem., il se plaça par ses qualités au rang des prem. avocats de Paris. Quoiqu'il ne fût nullement orateur, il ne crut pas devoir refuser son ministère à des accusés politiques. Ce fut lui qui défendit Lavalette sous la seconde restaurat., et plus tard Gévaudan dans l'affaire de la souscription nationale. Membre de la chambre des députés en 1822, malgré son incontestable talent de tribune, il ne s'y fit point remarquer. Le soin de sa santé l'ayant forcé de renoncer à la plaidoirie, il accepta la place de conseill. à la cour roy. de Paris. Nommé en 1831 conseiller à la cour de cassation, deux ans plus tard il fut élevé à la pairie, et mourut en 1840.

TURPIN (Pierre-Jean-Fr.), botaniste et dessinateur célèbre, né en 1775 à Vire, se fit soldat à l'époque de la révolution, et fut en 1796 conduit avec son bataillon à St-Domingue, où il étudia l'histoire naturelle de cette île. Ses progrès dans la connaissance des végétaux et de leur applicat. en médecine lui firent promptement une grande réputation parmi les colons. Le gén. Leclerc, lors de son expéd. à St-Domingue, en 1802, le nomma pharmac. en chef de son armée. Il ne quitta point la colonie avec notre armée, et, profitant de l'ascendant que ses talents et ses services lui avaient donné sur les chefs des nègres, il visita l'île dans toutes ses parties pour en composer l'herbier. De retour en France où sa réputation l'avait précédé, il ne tarda pas à prendre part à la publication de plus. ouvr. importants, tels que la *Flore médicale* et la *Flore parisienne*. En 1833 il fut nommé membre de l'acad. des sciences, à laquelle il avait précédemment communiqué une foule de mémoires et d'observations très remarquables. Il continua de prendre une part active aux travaux de cette compagnie, et mourut à Paris le 1er mai 1840, à 65 ans. On peut consulter, pour des détails sur les travaux de Turpin, son art. dans la *France littér.* de Querard.

V

VIAL (Jean-Charles), auteur dramatique, né à Lyon en 1771, après avoir achevé ses études au collége de sa ville natale, travailla quelque temps dans l'étude d'un notaire à Paris, et revint dans sa famille à l'époque où la révolution venait d'éclater. Lorsque l'armée conventionnelle vint assiéger Lyon, il prit une part honorable à l'héroïque défense de cette ville, et par suite se vit en butte aux poursuites des agents de la terreur. Dès que le calme fut rétabli, il revint à Paris, et s'y livra tout entier à son goût pour les lettres. Parmi les pièces qu'il composa pour divers théâtres, les plus connues sont: *Aline, reine de Golconde; les Deux Jaloux; le Mari et l'Amant; les Rencontres*, etc. Vial mourut à Paris en 1837.

WILKIE (David), célèbre peintre angl., né en 1785 à Cultes, dans le comté de Fife, était l'un des quatre fils du ministre de la paroisse. Son père, lui trouvant des dispositions pour le dessin, l'envoya à Édimbourg, dans l'école de John Graham, maître habile et dévoué à ses élèves, sous la direction duq. Wilkie fit de rapides progrès. Arrivé en 1804 à Londres, il y vécut quelque temps inconnu; mais ses *Politiques de village*, exposés en 1806, commencèrent sa réputation. Son *Joueur de violon aveugle*, qu'il exposa l'année suiv., est un de ses chefs-d'œuvre, et fait maintenant partie de la galerie nationale. Agrégé de l'acad. royale en 1809, il y fut admis en 1811, sur la présentation de ses *Petits garçons cherchant des rats*. De cette époq. jusqu'en 1825, il ne laissa passer aucune année sans exposer quelques nouv. chefs-d'œuvre qui lui étaient commandés par de riches amateurs, et payés chèrement. En 1826 il se rendit à Rome et passa trois ans à visiter l'Italie et l'Espagne, où il composa dans la manière de Velasquez, son peintre favori, quatre tableaux qui furent achetés par Georges IV, aussitôt qu'il les eut envoyés en Angleterre. Nommé premier peintre du roi en 1834, il fut créé chevalier en 1836, et mourut le 1er juin 1841, sur le vaisseau l'*Oriental*, dans la rade de Gibraltar. Les productions de ce maître, le plus renommé, le plus populaire de la Grande-Bretagne, sont très nombreuses. Un article inséré dans le *Moniteur* du 22 juillet contient l'indicat. de ses tableaux les plus remarquables.

FIN.

www.ingramcontent.com/pod-product-compliance
Lightning Source LLC
Chambersburg PA
CBHW071152230426
43668CB00009B/929